定西市安定区志

（1986—2010）

上　卷

定西市安定区志编纂委员会　编

甘肃人民出版社

图书在版编目（CIP）数据

定西市安定区志：1986—2010/ 定西市安定区志编
纂委员会编. — 兰州：甘肃人民出版社，2018.9
ISBN 978-7-226-05331-7

Ⅰ．①定… Ⅱ．①定… Ⅲ．①安定区-地方志-
1986-2010 Ⅳ．①K294.24

中国版本图书馆 CIP 数据核字（2018）第 208127 号

责任编辑：李依璇

定西市安定区志（1986—2010）
定西市安定区志编纂委员会 编
甘肃人民出版社出版发行
（730030 兰州市读者大道 568 号）
甘肃澳翔印业有限公司印制
开本 880 毫米×1230 毫米 1/16 印张 111.5 插页 47 字数 2070 千
2018 年 12 月第 1 版 2018 年 12 月第 1 次印刷
印数：1~2000
ISBN 978-7-226-05331-7 定价：680 元

《定西市安定区志(1986—2010)》编纂委员会

1. 2010 年 6 月—2015 年 6 月

主　任	赵众炜
副主任	祁永和　宋军兵　南廷富　景利军

委　员

卢兆宾	张维德	亢卫忠	李良荣	张应贤
张仲林	马建成	李　锋	马俊英	张爱民
孙学仁	燕立三	周孝仁	王政文	南俊武
卢兆功	付　贵	高学平	马　平	梁君涛
张永宏	丁天珍	任小林	魏正中	杨立新
胡全良	尚振明	李顺荣	吴建章	潘燕军
董兵悟	史耀国	王志祥	李俊生	孙存海
李存德	柴岳军			

2. 2015 年 6 月—2016 年 10 月

主　任	祁永和
副主任	杨元成　刘　荣　张荐贤　高永伟

委　员

韩喜乾	马占忠	陈海荣	郭建虎	范公宪
亢卫忠	毛致军	蔺　福	田富贵	王　强
马俊英	王廷福	令　让	于踩军	马建成
南俊武	张永红	付　贵	杨彦兵	燕立三
杜　琳	梁君涛	吴建章	谢　平	魏正中

定西市安定区地图

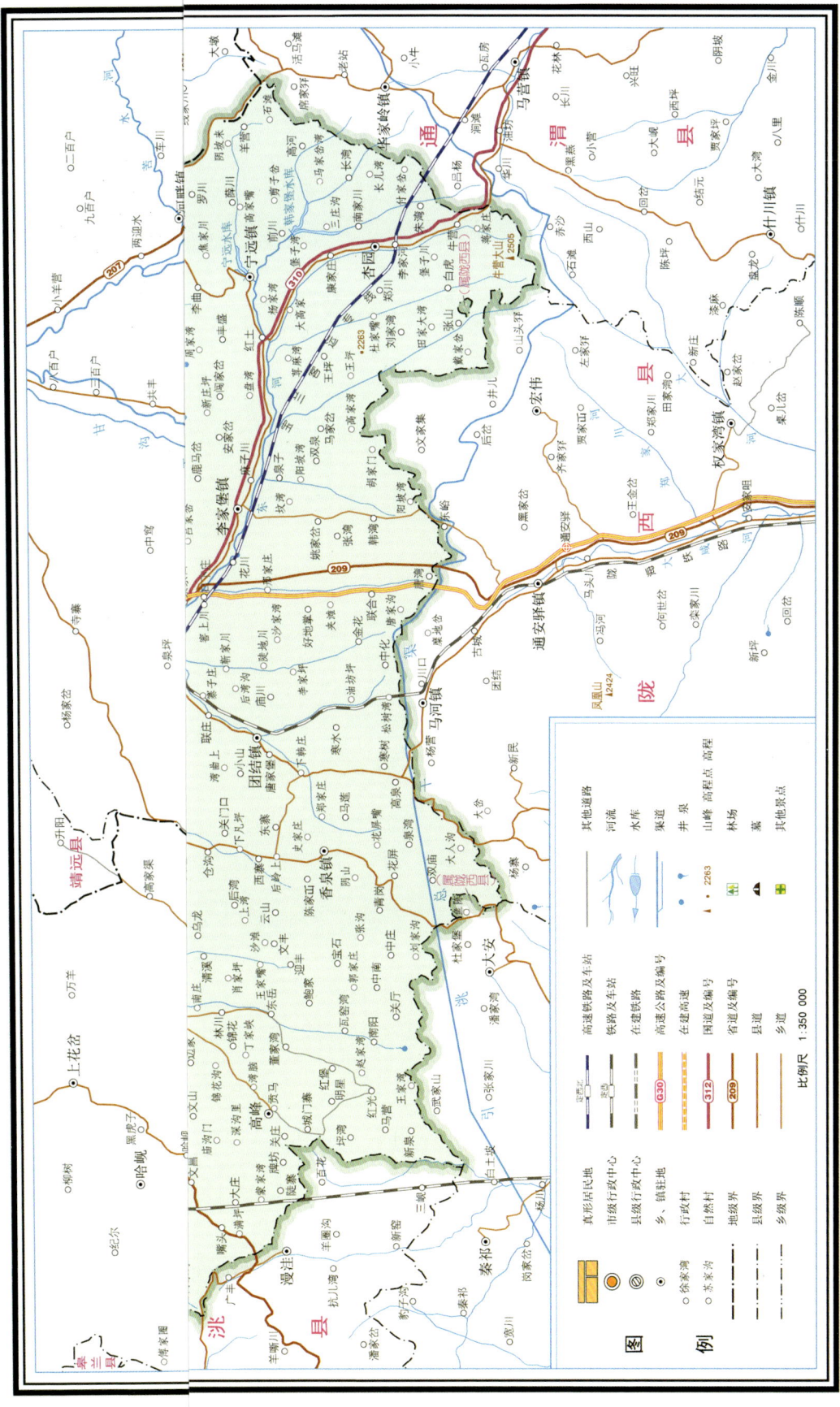

甘肃省基础地理信息中心编制

审图号：甘S（2018）010号

图例

	真形居民地		其他道路
	市级行政中心		河流
	县级行政中心		水库
	乡、镇驻地		渠道
	行政村		井 泉
	自然村	▲2263	山峰 高程点 高程
	地级界		林场
	县级界		菜
	乡级界		其他景点

	高速铁路及车站
	铁路及车站
	在建铁路
G30	高速公路及编号
	在建高速
312	国道及编号
209	省道及编号
	县道
	乡道

比例尺 1：350 000

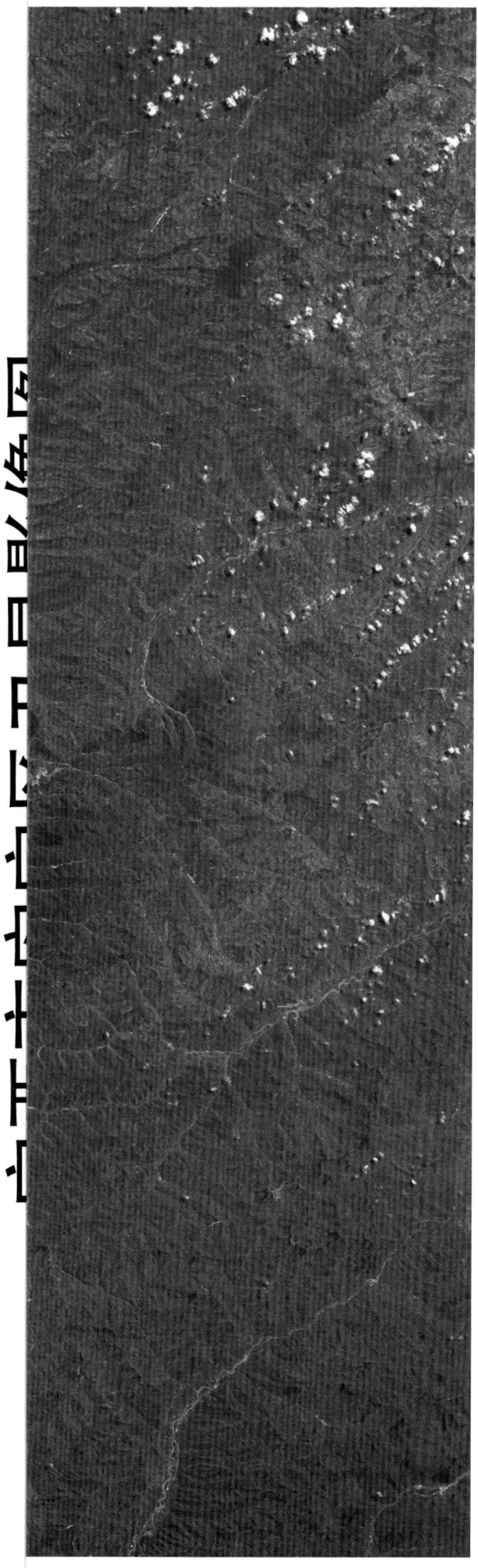

金沙江流域月河段图

定西城区道路规划图

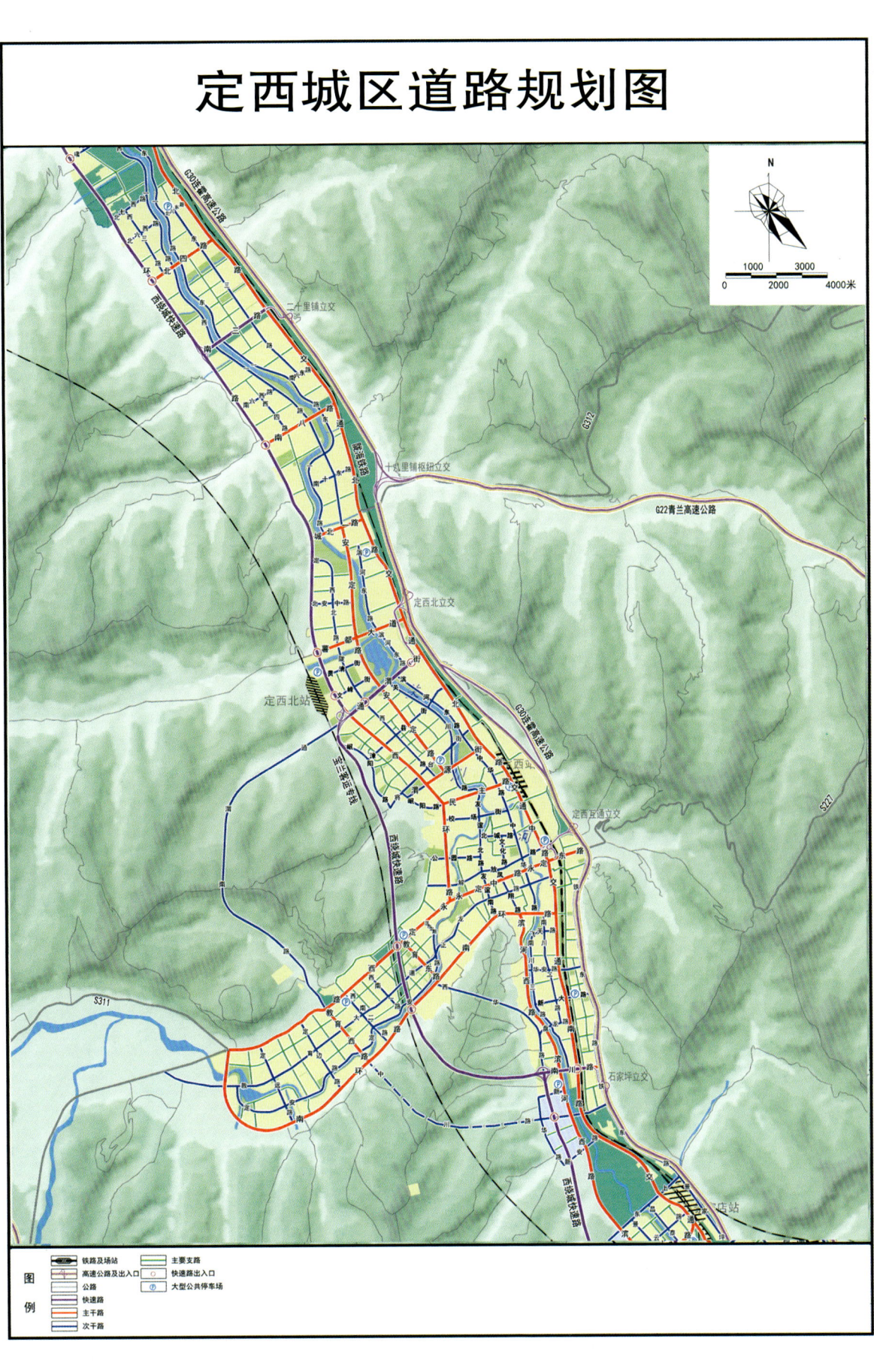

生态建设

壕口林场周家山

生态建设

响河流域退耕还林

中国农业银行员工林

巉口镇赵家铺退耕还林

定西城区南山造林绿化

花岔流域

流域治理

官兴岔流域

石家岔流域

石门流域

九华沟流域

旅游资源

西岩山公园 国家AA级景区

玉湖公园 国家AA级景区

定西人工湖

南山公园

旅游资源

嶰口镇青烟寺

文天祥纪念馆

许公纪念馆

内官营镇锦鸡塬公园

石门水库

2006年11月22日,九甸峡水利枢纽及引洮供水一期工程开工建设

2008年8月4日,九甸峡水利枢纽正式建成,首台机组并网发电成功

2011年11月1日，引洮供水一期工程总干渠9#隧洞贯通

2014年11月8日，引洮供水一期工程开始试通水运行 摄于内官营镇东岳村

马铃薯产业

网室扩繁　　　　　　晚疫病防治　　　　　　机械采挖

市场交易　　　　　　　　　　专列发运　　　　　　　　　　企业加工

全国马铃薯产业发展经验交流会议

中国定西马铃薯交易中心

2010`中国·定西马铃薯大会

畜禽养殖

育强奶牛养殖场荷斯坦奶牛

定西伊兰纯牛业有限公司西蒙塔尔肉牛

萨福克羔羊

育耕牧业公司良种肉羊

定西西泰养殖有限公司仔猪繁育场

兰州希望种禽公司定西分公司 20 万套种鸡场

畜禽养殖

定西伊兰纯牛业有限公司牛肉屠宰车间

甘肃民祥草业有限公司饲草料加工

推广牧草加工机械

香泉镇牛羊交易市场

旱作高效农业

定西国家农业科技园区

定西市旱农中心马铃薯脱毒苗

日光温室生产白灵菇

定西育强牧业有限公司奶牛养殖场

安定区农机局农机具补贴展示

香泉镇马铃薯基地机械化种植

香泉镇马铃薯基地机械防治病虫害

香泉镇马铃薯基地机械化采挖

田园风光

春种 摄于石泉乡吕坪村

夏管 摄于团结镇联庄村

秋收 摄于香泉镇西寨村

冬藏 摄于鲁家沟镇南川村

丰收的喜悦　摄于内官营镇先锋村

丰收的喜悦　摄于定西国家农业科技园区

丰收的喜悦　摄于高峰乡贡马村

丰收的喜悦　摄于内官营镇先锋村

城市建设

交通路

中华路

西岩路

永定路

解放路

民主路

城市建设

友谊广场

新城生态园

关川河景观

定西新城

地方工业

甘肃超兴淀粉
制品有限公司全粉
生产车间

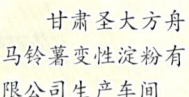

甘肃圣大方舟
马铃薯变性淀粉有
限公司生产车间

甘肃扶正药
业科技股份有限
公司

定西薯峰淀粉
有限公司马铃薯精
淀粉生产车间

甘肃金大地
食品公司薯条生
产线

定西高强度
螺钉有限公司生
产车间

交通邮电

定西火车站

巉(口)柳(沟河)高速公路　摄于巉口镇康家庄村

定西汽车站

天(水)巉(口)高速
公路定西互通立交

定西市邮政大楼

中国移动通信集团甘肃有限公司定西分公司

中国电信定西分公司

中国联合网络通信集团有限公司定西分公司

教育体育

定西高等师范专科学校

定西市卫生学校

定西市第一中学

东方红中学

定西理工中等专业学校

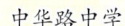

中华路中学

定西英才高级中学

巉口中学

教育体育

内官营中学

宁远中学

交通路中学

公园路中学

大城小学

公园路小学

定西市幼儿园

安定区幼儿园

石炭纪 鱼化石
安定区博物馆旧藏
(以下简称馆藏)

石炭纪 蕨类化石
馆藏

白垩纪 水牛角化石
凤翔镇李家岔出土
馆藏

更新世 猛犸象牙化石
新集乡鹿马岔出土
馆藏

更新世 羊角化石
高峰乡红沟山出土
馆藏

更新世 鹿角化石
青岚山乡付家湾出土
馆藏

全新世 鹿头骨化石
凤翔镇丰禾村出土
馆藏

划纹红陶双耳瓶
马家窑类型
石峡湾乡出土
馆藏

四大圆圈菱格纹彩陶双耳罐
马厂类型
石峡湾乡出土
馆藏

平行线锯齿纹网纹彩陶双耳壶
半山类型
石峡湾乡庙梁出土
馆藏

玉璜
齐家文化
馆藏

四圈菱格纹彩陶双耳罐
半山类型
石峡湾乡大泉湾出土
馆藏

石铲
齐家文化
馆藏

玉钺
齐家文化
馆藏

律权石 重四钧(一百二十斤)
刻有新莽诏书八十一字铭文
现存中国国家博物馆

新莽诏书铭文：黄帝初祖，德匝于虞。
虞帝始祖，德匝于新。岁在大梁，龙集戊辰。
戊辰直定，天命有民。据土德受，正号即真。
改正建丑，长寿隆崇。同律度量衡，稽当前人。
龙在己巳，岁次实沉。初班天下，万国永遵。
子子孙孙，享传亿年。

铜环权 律二钧(六十斤)
新朝始建国元年(即公元9年)
现存台北故宫博物院

铜环权 律九斤
现存中国国家博物馆

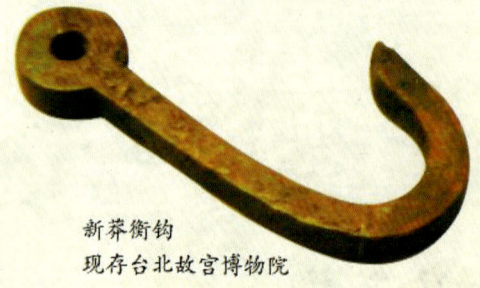

新莽衡钩
现存台北故宫博物院

铜环权 律六斤
现存台北故宫博物院

铜环权 律三斤
现存台北故宫博物院

铜丈 长一丈 宽二寸 厚一寸 出土断为两节
新莽诏书铭文余七十一字 现存台北故宫博物院

铜衡 中部刻有新莽诏书八十一字铭文 现存中国国家博物馆

泥封（西汉）
巂口镇出土
馆藏

铜镜（西汉）
巂口镇出土
馆藏

玉蝉（西汉）
巂口镇汉墓出土
馆藏

绿釉熊灯（东汉）
巂口镇周家庄汉墓出土
馆藏

绿釉陶井（东汉）
巂口镇巂口村汉墓出土
馆藏

四禽蜂蝶图铜镜（唐代）
安定区元墓出土
馆藏

侍女红陶俑（唐代）
定西师专建筑工地出土
馆藏

敦煌写经《大乘无量寿经》（局部） 馆藏

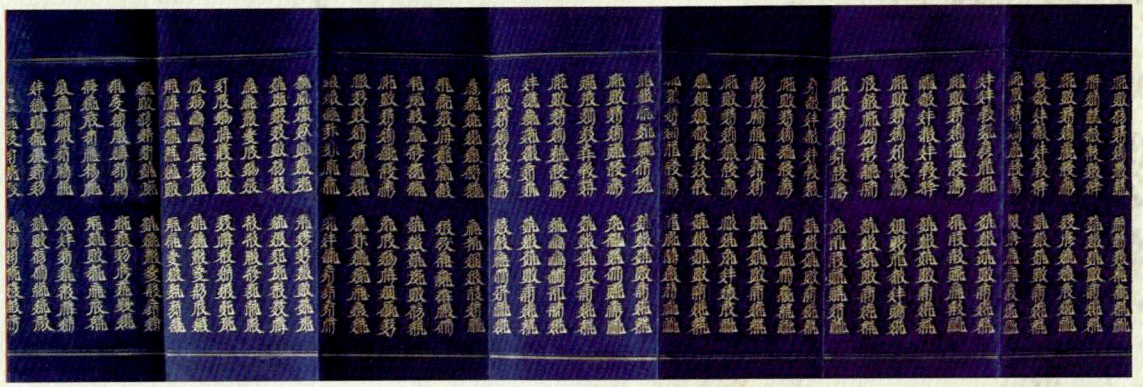

西夏文写经《大方广佛华严经》部分偈语（西夏）馆藏

动物图砖雕（宋代）
安定区元墓出土
馆藏

释迦牟尼铜坐像（明代）
城关乡安家坡金墓出土
馆藏

铜印(元代) 1982年岷口林场出土 馆藏
印文为八思巴文。汉译为：扬威征行义兵万
户府印。铸造于元至正十一年(1351年)

孔子圣迹图·鲁君观戏图（明代）馆藏

安西古城遗址　宋哲宗绍圣三年(1096 年)筑　位于巉口镇东川村

平西古城遗址　宋哲宗绍圣四年(1097 年)筑　位于鲁家沟镇南川村

熨斗坪遗址　宋神宗元丰五年(1082年)筑　位于鲁家沟镇太平村

称钩驿站　位于称钩驿镇梁家坪村　明清以来西安经定西通往兰州的重要驿站

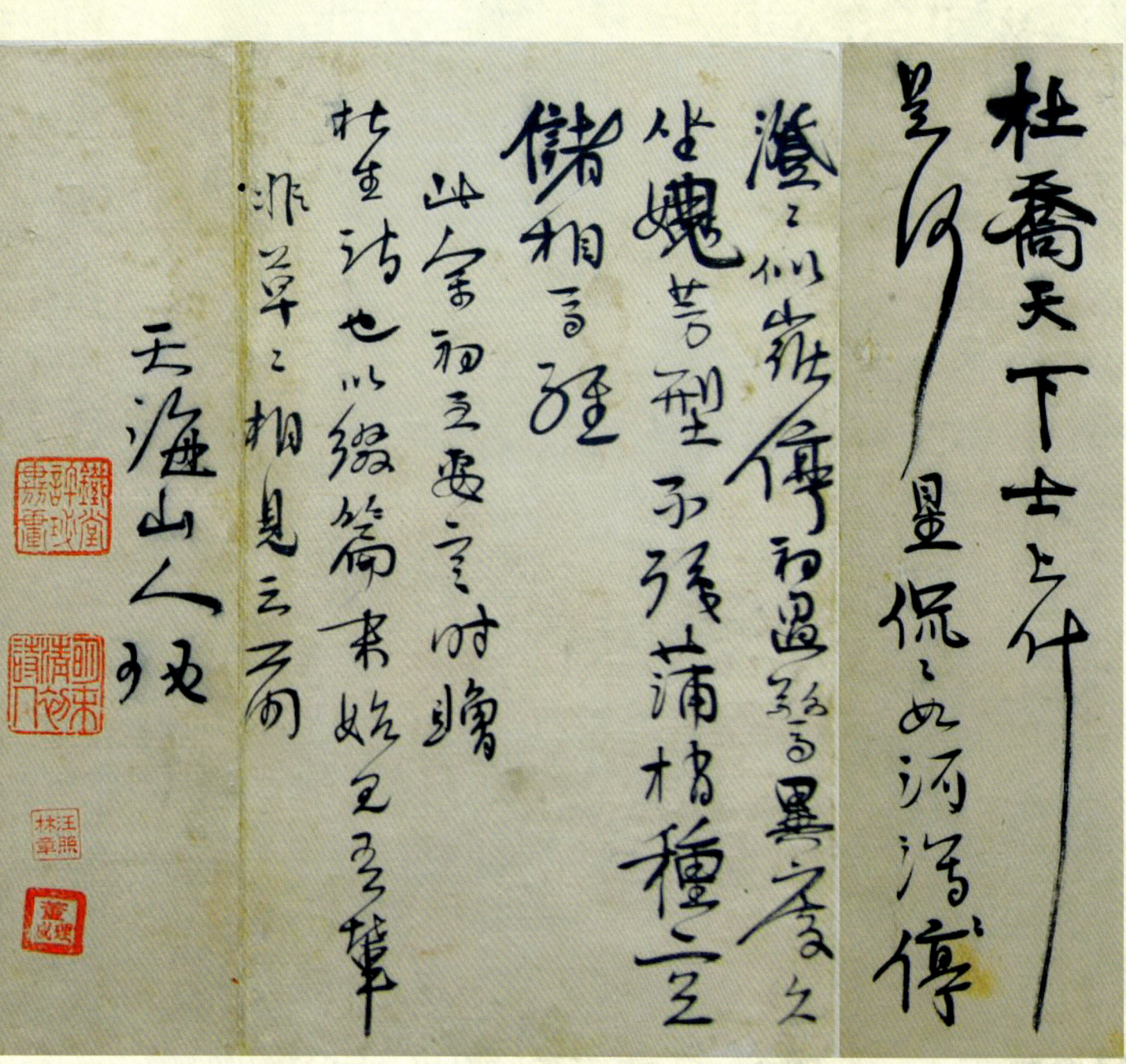

行书册页局部 许 琰 (清)福州府侯官人,康熙四年授安定县知县

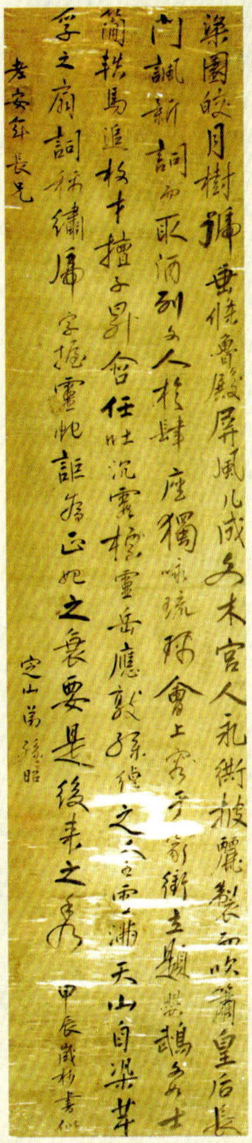

▶行书条屏　孙昭

（清）巩昌府安定人，进士，授广西迁江县知县

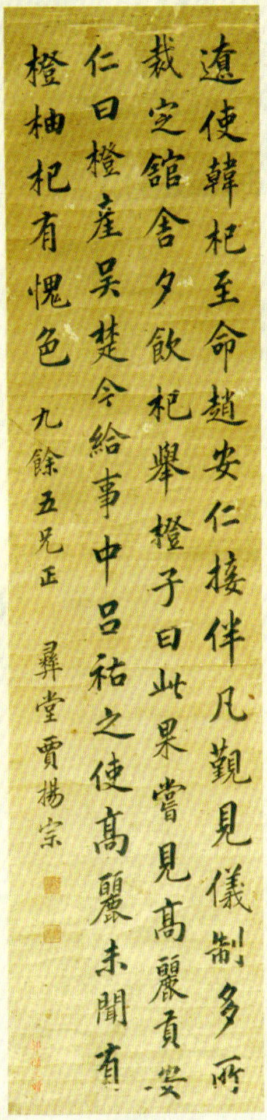

▶行楷条屏　贾扬宗

（清）巩昌府安定人，进士，官至刑部江西司主事

▶楷书对联　马疏

（清）巩昌府安定人，进士，历任陕西府谷等县知县

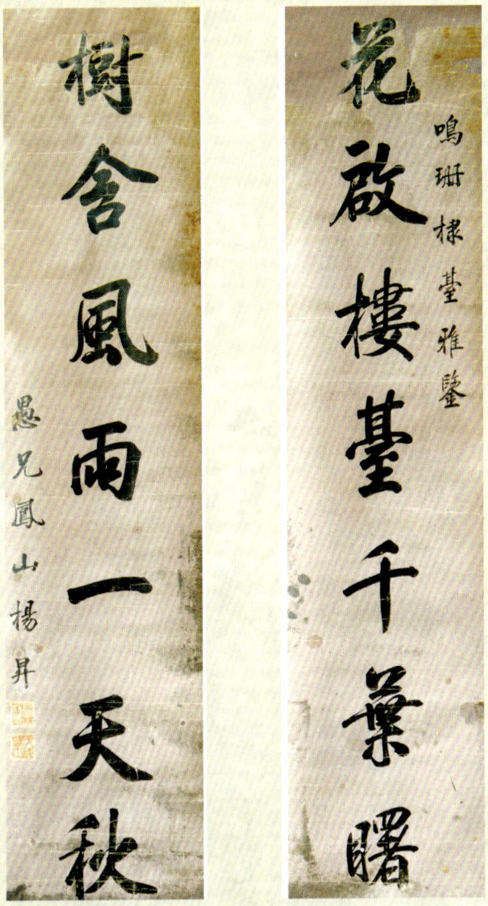

▶楷书对联　杨升

（清）巩昌府安定人，进士，官至九江兵备道，加按察使衔

▶行书对联　左宗棠

（清）湖南湘阴人，举人，任陕甘总督督办，军务期间驻扎安定

事理通達心氣和平

辰垣王作樞

品莭詳明德性堅定

雲橋三兄雅囑

銅街珂里學士風聲

八旬有三張一貞

金馬玉堂文人日講

峴峯八兄大人雅屬即正

▶楷書對聯　王作樞　（清）鞏昌府安定人，進士，官至翰林院編修、國史館協修

▶行書對聯　張一貞　（清）鞏昌府安定人，副榜

治璞劉春堂書

▶墨竹四條屏　劉春堂　（清）河北河間人，進士，光緒年間任安定縣知縣

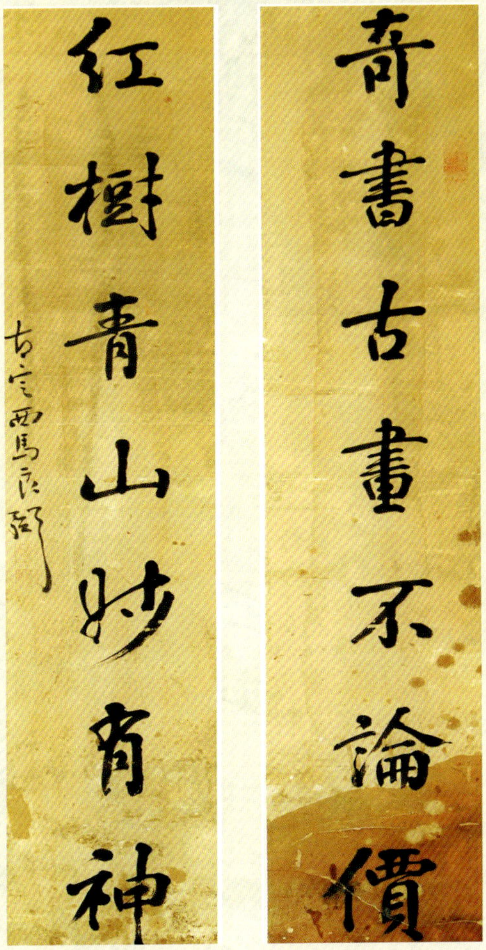

▶楷书对联　马良弼　安定宁远人，民国二年当选国会参议院议员

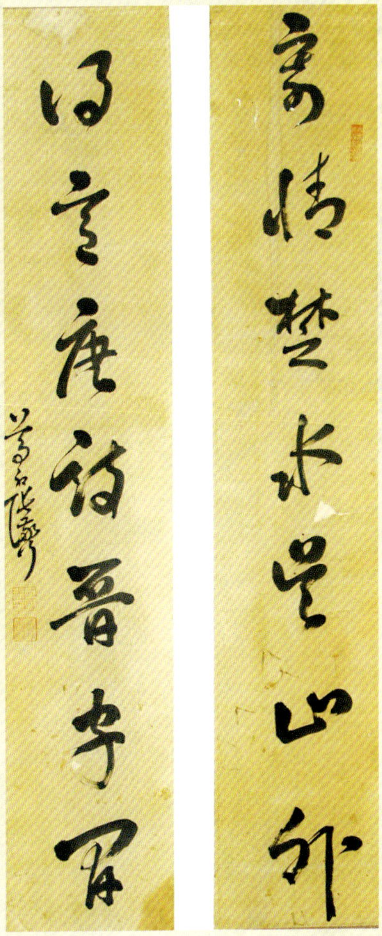

▶草书对联　张敬行　（清）巩昌府安定县人，贡生

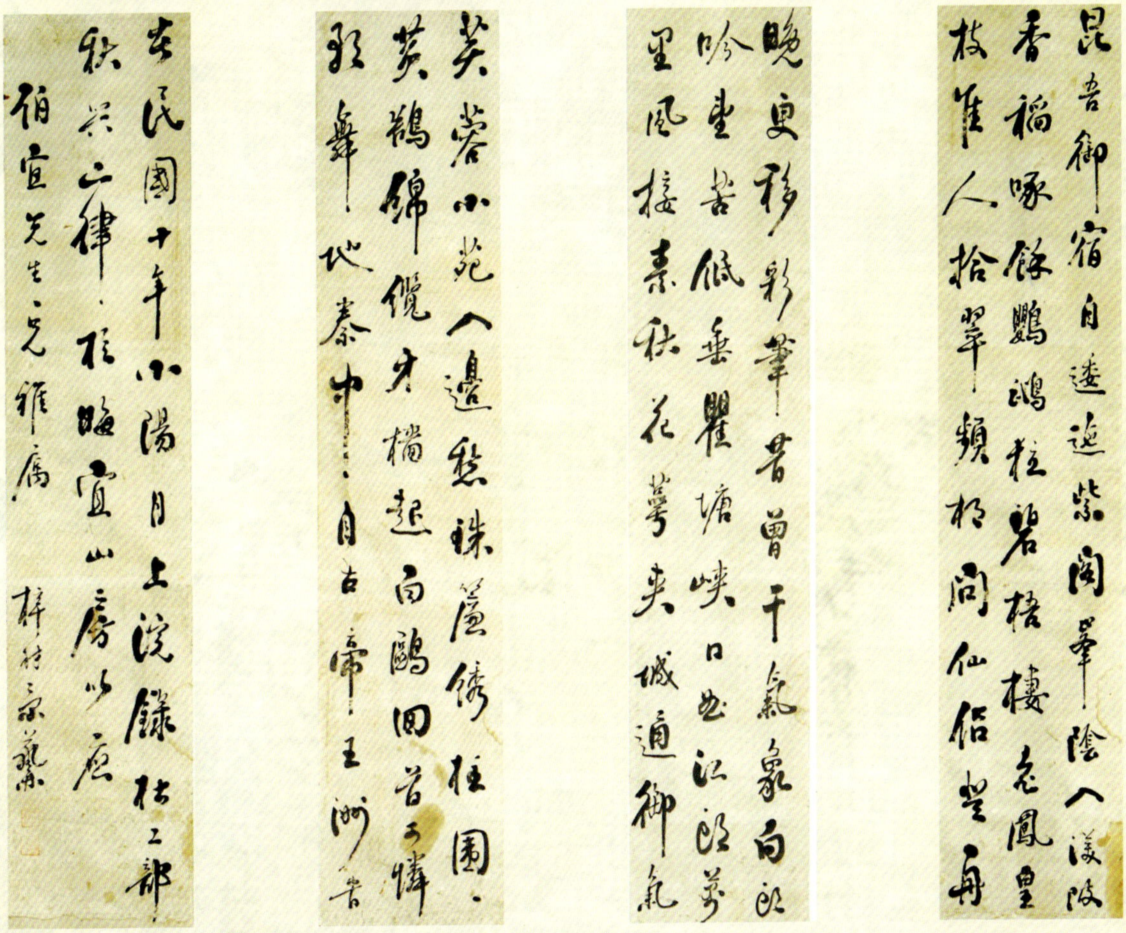

▶草书四条屏　景芝林　（清）巩昌府安定人，拔贡，直隶州判

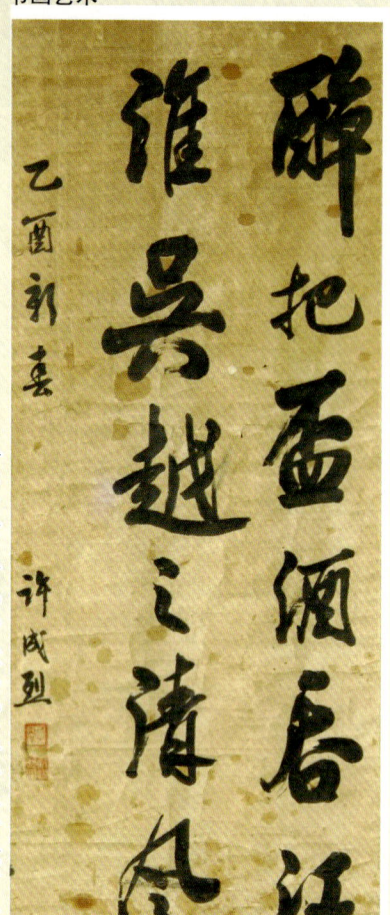

▶ 行书中堂　许成烈　（清）巩昌府安定县人，贡生

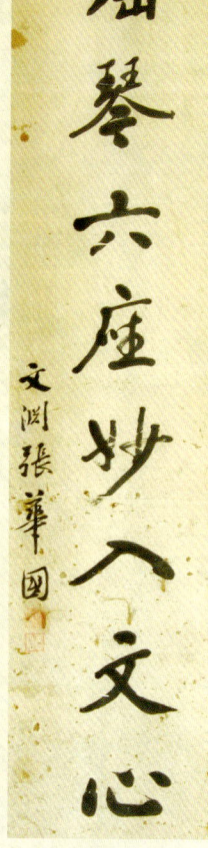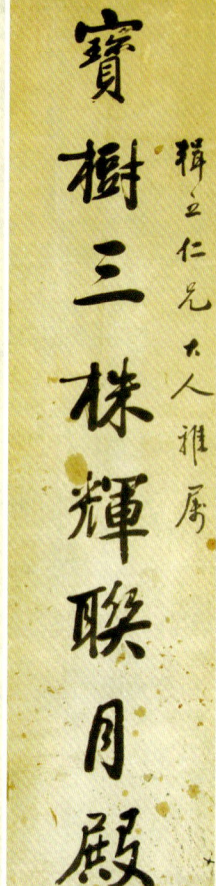

▶ 行书对联　张华国　巩昌府安定人，民国十五年代理定西县县长

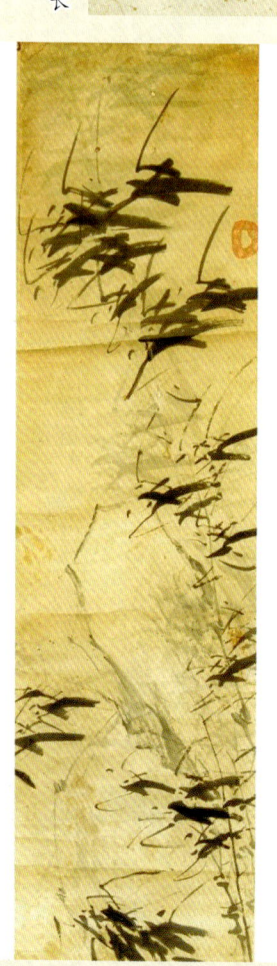

▶ 墨竹四条屏　康锡晋　定西县城关镇人

天然文吐春雲潤

集多寶塔字

室有芝蘭其香自韻

景德賢孫存余

人只松柏興歲長新

八旬老于天　于天

▶ 行書對聯　楊于天　定西縣人，隴西師範講習科畢業

悟後心如秋月超

馬希元

▶ 集字魏碑對聯　馬希元　安定寧遠人，民國八年當選國會參議院議員

岑山時或浮隹句

筱垣仁兄大人雅屬

弟貴薰

開卷還如見古人

弟貴薰

▶ 行書對聯　貴薰　定西縣西寨人，民國年間蘭州商號匾額多出其手

北風捲地百草折　胡天八月即飛雪　忽如一夜春風來　千樹萬樹梨花開
散入珠簾濕羅幕　狐裘不暖錦衾薄　將軍角弓不得控　都護鐵衣冷猶著
瀚海闌干百丈冰　愁雲慘澹萬里凝　中軍置酒飲歸客　胡琴琵琶與羌笛
紛紛暮雪下轅門　風掣紅旗凍不翻　輪臺東門送君去　去時雪滿天山路
山迴路轉不見君　雪上空留馬行處

仁山賢兄雅正

弟珀堂

山石犖确行徑微　黃昏到寺蝙蝠飛　升堂坐階新雨足　芭蕉葉大梔子肥
僧言古壁佛畫好　以火來照所見稀　鋪床拂席置羹飯　疏糲亦足飽我飢
夜深靜臥百蟲絕　清月出嶺光入扉　天明獨去無道路　出入高下窮煙霏
紅澗碧紛爛漫　時見松櫪皆十圍　當流赤足蹋澗石　水聲激激風吹衣
人生如此自可樂　何必局束為人鞿　嗟哉吾黨二三子　安得至老不更歸

仁山賢兄雅正

韶泉弟何蘊珊

▶ 行書條屏　何蘊珊　定西縣人，民國年間定西商號匾額多出其手

自公少時已擢高科登顯仕海内之士聞下風而望
餘光者盖亦有年矣所謂富貴而將相皆公所宜
素有也非如窮厄之人僥倖得志於一時以驚駭而
夸耀之也然則高牙大纛不足為公貴桓圭衮裳

擢後夫愚之人相與駢肩累迹瞻望咨嗟羞愧
俯伏以自悔罪於車塵馬足之間此一介之士得
志當時而意氣之盛昔人比之衣錦之榮者也惟大
丞相魏國公則不然公相人也世有令德為時名卿

仕宦而至將相富貴而歸故鄉此人情之所榮
而今昔之所同也盖士方窮時困厄閭里庸人孺
子皆得易而侮之若季子不禮於其嫂買臣見
弃於其妻一旦高車駟馬旗旄導前而騎卒

衰雲不足為公貴惟德被生民功施社稷勒之金石
之聲詩以耀後世而垂無窮此公之志而士亦以此望於相
也豈在志豈系夫一雲一庵之節一來諸於相
　晉三薛云峰

▶行书四条屏　薛云峰　定西县人

張老夫人八旬晉三壽辰　誌慶

南極輝騰影雲端集

西池宴會絳雪春家

翩曉　孫伯尔敬書

▶行书对联　孙仕进　定西县城关镇人，甘肃自卫军总司令部总参谋长，1949年率部起义

戊子年於蘭州白雲觀

雲臥天游善不可

風清水白致多佳

雲臺

▶行书对联　蒋云台　定西县李家堡人，国民军一一九军中将副军长兼二四四师师长。1949年率部起义，先后担任解放军第七军副军长、省政协副主席

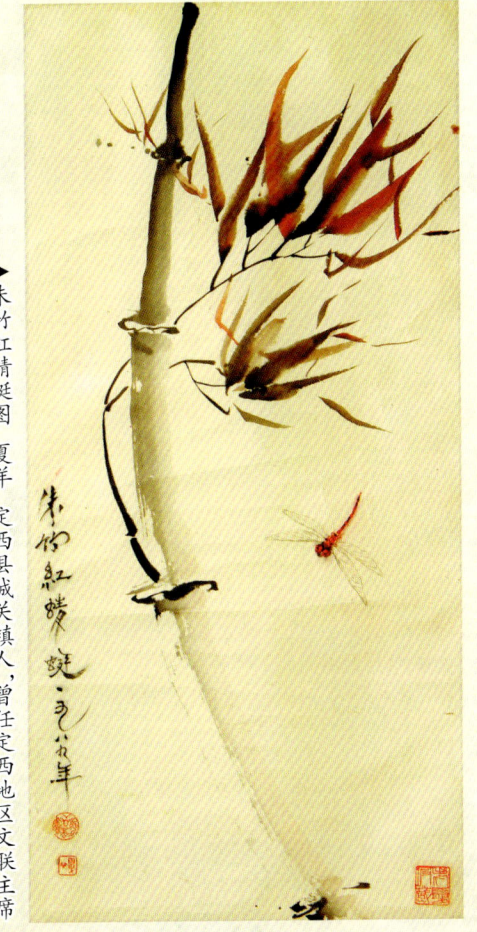

▶ 草书中堂　谢少清　定西县人

▶ 行书对联　赵重原　定西县内官营人

▶ 隶书对联　冯麟　定西县城关镇人，甘肃省特级教师，政协定西县第三、四届副主席

▶ 朱竹红蜻蜓图　夏羊　定西县城关镇人，曾任定西地区文联主席

2010年春节社火会演　摄于定西城区西苑广场

锣钹大鼓　摄于巉口镇区

雄狮闹春　摄于称钩驿镇新胜村

内官营净街

内官营镇锦鸡塬四月八山会

秦腔演出　摄于定西体育场

荡秋千　摄于内官营镇东岳村

定西七台山祭祀人文始祖女娲活动

《定西市安定区志（1986—2010）》评审会合影
2017.11.23

《定西市安定区志（1986—2010）》编辑部人员合影

前排左起 马宝珊 杨树林 冯惠东 莫 邪 张林如 李维平 后排左起 张吉林 张宏绩 孙彦林 张伯权 刘 瑾 王 侃 张艳芸

序　一

　　盛世修志是我国的一项优秀历史文化传统,在全国各地得到贯彻和实施。关于旧志的作用,清人何廷风在《六合县志序》中说:"邑之有志,所以备一邑掌故,纪政治之利弊,使官于此者,得有所籍,以相土宜、考风俗、察民瘼、监成宪也。"说明旧方志最主要的作用还是便于统治者对所辖区域经济社会和文化风俗的了解,有利于对辖境实行有效的统治和管理。清人编撰的《吏治悬镜》专门讲了新官上任要奉行的二十三项"莅任初规",其中第三项就是"览志书",就是这个意思。

　　我区自金代皇统二年(公元1142年)设县,明代正德年间由当时的县教谕袁秉哲、贾守义创修《安定县志》,至新中国成立前先后进行过八次续修,其中最后一次由郭杰三主持修订的《重修定西县志》,吸收了前修各志的成果,最为翔实。其志截止下限为定西解放前的1948年,与后来九〇版的《定西县志》首尾相接,使我区的地方志形成了一个完整的系统。

　　新中国成立后,我区人民在中国共产党的领导下,步入建设新中国的历史历程,修志的目的也由为统治者服务转变为记录全区人民艰苦奋斗、建设社会主义新国家的奋斗过程。九〇版《定西县志》截止下限为1984年,忠实地体现了全县人民从"一穷二白"开始,经过不懈努力,在政治、经济、文化、教育等方面的建设成就。改革开放以后,我区人民与全国人民一道进入社会主义建设的新阶段。以"三西"扶贫开发为契机,全区人民拉开了"治穷致富,恢复生态,解决温饱"的扶贫脱贫序幕,通过"修梯田,打水窖",改善基本生产生活条件,在2000年前顺利完成全县稳定解决困难群众"温饱"的问题。在此期间,我区人民创造的"领导苦抓,部门苦帮,群众苦干"的"三苦"精神,以及在与严酷自然环境抗争的实践中凝结的"人一之、我十之,人十之、我百之"的艰苦奋斗的精神,经省委提倡,上升为"甘肃精神",成为激励全省人民加快脱贫致富步伐的精神动力。进入新世纪以后,我区以"适应性"结构调整为开端,通过大力发展马铃薯、草畜和劳务产业,主动顺应天时,加大农业种植结构的调整力度,开创出了"开发式"扶贫的路子,使全区人民逐步走上"小康社会"建设的康庄大道。同时，全区积极开展了以水土保持为主的生态建设，和以改善农村基础设施为主的公路交通、供电、供水网络建设，城乡一体化建设得到了长足发展。这些成绩的取得，是党中央正确领导的结果，是全区人民共同努力的结果。另一个重要原因，是历届党委在确定正确的发展思路以后，坚持不懈，一届接着一届干的结果。《安定区志》对这25年全区人民的奋斗历程进行了真实的记载。

目前，我们正肩负历史使命，接过全面建成小康安定的"最后一棒"；我们正加快产业转型升级，打造以现代农业为基础、特色工业为支撑、现代服务业为主的现代产业体系；我们正围绕"薯都""草都"和高原夏菜基地建设，培育马铃薯、草牧、蔬菜三大产业并驾齐驱；我们正以新型农业经营主体培育和农业社会化服务体系建设，加速推动农业一二三产融合发展；我们正坚定不移推进新型城镇化，拓展发展空间，合理布局产居，实现主城与美丽农村协调发展、产业与城镇融合发展的格局；我们正着力完善城市功能，加快推进棚户区改造、"断头路"打通，以及文化广场和学校医院等公共服务设施建设，提升绿化美化亮化水平，打造"东西畅、南北通"的美丽宜居新安定。这些都是我们敬重历史，尊重先辈，以史为鉴，抢抓机遇取得的重要发展。

今后，我们要进一步发挥地方志"存史、资政、教化"的功能，探索各种形式的志书开发利用途径，更好地认识历史、把握现状、发挥优势、借鉴经验。我们要时时刻刻不忘初心、牢记使命，大力弘扬"敦厚、包容、坚韧、自强"的安定精神，紧紧围绕"致力脱贫攻坚、加快转型升级、建成小康安定"的目标要求，锲而不舍，锐意进取，以习近平新时代中国特色社会主义思想为指导，继续谱写社会主义现代化建设新篇章！

是为序。

定西市安定区委书记：

2018 年 9 月

序　二

　　郡县有志,如国之有史。县志是如实记录和反映历史、地理、经济、政治、风俗、人物等的专书,是一地观兴废、知得失、察未来的重要文献。新中国成立后安定区自1986年首次修志,已过去三十多年,面貌翻天覆地,发展变化万千,应当记述之事和记述之人不可胜数。2010年,区委、区政府顺应时势,集各方之力,启动了新一轮修志工作。通过修志人员八年多的精心撰写、反复打磨和社会各界的支持参与,《定西市安定区志(1986—2010)》终于编纂完成。这是安定文化建设领域一大盛事,可喜可贺!

　　定西,曾因"苦甲天下"、"不宜生存"而闻名于世;也因"三西"建设在此启幕、首开区域扶贫先河并取得丰硕成果而备受关注,历届党和国家领导人多次亲临视察,帮助寻找治穷致富之策。"种草种树,发展畜牧,改造山河,治穷致富"的号召和"群策群力,定西大有希望"的题词,"山河一新,面貌大改"和"小土豆,大产业,管大用"的赠语,无不凝结着中央对这片土地47万人民的深切关怀和殷切期望,引领着定西人民战天斗地、治穷致富的伟大实践,同时也造就了"人一之、我十之,人十之、我百之"的奋斗精神和"领导苦抓、社会苦帮、群众苦干"的"三苦精神"。特别是1986年到2010年的25年间,历届县委县政府和区委区政府抢抓国家"三西"建设扶贫和退耕还林(草)工程等政策机遇,坚持"换届不换方向、换人不换精神",大力实施生态环境建设,持续改善城乡基础条件,培育壮大特色富民产业,力促经济社会协调发展,战胜了长期以来形成的"定西没治论",使全区整体转入巩固温饱成果、提高发展能力、缩小发展差距的新阶段,实现了历史性跨越。

　　25年的区域变迁和发展历程,即将付梓的《定西市安定区志》均作了详尽记述。全志共20编、93章、500节,约120万字,选用图照1166幅,是过去的定西、现在的安定留给后世的一笔丰厚的文化遗产,工程之浩繁,工作之艰辛,非常人所能及。特别是参与修志的大多为退休老同志,虽年过花甲或年近古稀却治学严谨、不计名利、潜心修纂。对他们为地方文化建设奉献余热的情怀和为编修地方志付出的心血和汗水,我们表示深深的敬意!作为编纂工作的主持人,我也和他们一起,为这部志书的成功问世而感到莫大的欣慰和喜悦!

记述过去,是为了告慰前辈、激励当代、启迪后世,更好地造福于人民;而47万安定人民向往的美好生活,就是我们为之奋斗的目标。使命呼唤担当,使命引领未来。当前,全区上下正以习近平新时代中国特色社会主义思想为指导,围绕"致力脱贫攻坚、加快转型升级、建成小康安定"的目标要求,凝心聚力决战脱贫攻坚。区政府将承前辈之志、聚全区之力、集各方之智,解放思想,开拓创新,苦干实干,坚决打好打赢脱贫攻坚这场硬仗,努力建成全面小康社会,在社会主义现代化建设征程中谱写安定更加壮丽的新篇章!我坚信,美好的未来属于敦厚、包容、坚韧、自强的全体安定人民!

在《定西市安定区志》即将付梓之际,既为应约,也为自励,略陈固陋,赘数言以为之序。

定西市安定区人民政府区长:祁永和

2018 年 9 月

凡 例

一、本志以马克思列宁主义、毛泽东思想、邓小平理论、"三个代表"重要思想、科学发展观、习近平新时代中国特色社会主义思想为指导，坚持辩证唯物主义和历史唯物主义的立场、观点和方法，依照国务院《地方志工作条例》的各项规定，力求客观系统地记述定西市安定区1986至2010年期间自然、政治、经济、文化、社会等各方面的情况，充分反映改革开放和社会主义现代化建设的历程，为存史、资政、育人，发展中国特色社会主义事业服务。

二、本志遵循和坚持依法修志的原则、实事求是的原则、质量第一的原则、"述而不论"的原则和"生不立传"的原则，力求达到思想性、资料性、科学性的统一。

三、本志接续1990年版《定西县志》，在严格控制1986至2010年25年时限的前提下，为了述清事情的来龙去脉，个别内容作了适当上溯或下延。此时段内，本区域经历了改地设市、改县设区和撤乡并镇的变革，为了叙事清楚，以2003年9月为界，之前称定西县，之后称安定区，部分内容用括注处理，并按有关规定将志书定名为《定西市安定区志》。乡镇街道部分以撤乡并镇、重新划界命名后的情况叙写。

四、本志严格遵守志书体例，综合运用章节体和条目体，横排门类，综述史实，全志由述、记、志、传、图、照、表、录、索引等构成；以志为主，采用编、章、节、目、子目结构，按照自然、政治、经济、文化、社会的次序，共设20编、93章、500节，约120万字；依据"事以类聚"、"类为一志"的基本要求设置篇目，综合考虑科学分类和现行管理体制、全志整体性与分志相对独立性的关系，不完全受行政隶属关系的限制。为了集中记述党和国家领导人来本区视察的重大事项，为了充分反映本区的特色和重大事件，探索运用了"特载"和"专记"两种体裁。

五、入志人物以较长时期在安定活动并对本区经济社会发展做出突出贡献的本客籍人物为主，兼及本籍在外地有重大影响的人物。时间范围上限为1986年年初，下限为2010年年底。人物编排以生年为序。入志人物分立传、简介、表录三个层次。立传人物标准为：为安定区经济发展和社会事业做出重大贡献的已故人物，有重大影响的安定籍在外地已故名人。简介人物标准为：散留在安定区的红四方面军战士，荣立一等功的解放军官兵，全国党代会代表、人代会代表，荣获国家级奖先进个人，副地级以上领导干部，区四大班子正职，享受政府特殊津贴或正高级职称专业技术人员，有较大社会影响的地方知名人物。列表人物标准为：参加解放战争、朝鲜战争的解放军和志愿军，荣立一等功的解放军官兵，省党代会代表、人代会代表、政协委员，离休干部，副县级以上领导干部，荣获省部级表彰的先进人物，副高级职称专业技术人员，中国文联各专业协会会员，政府主办的省级以上体育竞赛获前三名的运动员，百岁老人。

六、大事记是以时为经、以事为纬的"一志之经"。本志大事记采用编年体为主、记事本末体为辅的体例编写，记述时间、空间和内容范围与全志相关内容一致。记述的基本事项为：行政区划调整变动，重要机构改革和重大体制改革；各种重要会议；重要政策、法规、制度的制定和贯彻落实；获市级以上的表彰奖励；区级重要领导干部的任免；省部级以上领导及市上主要领导在本区的活动，各界著名人士在本区的活动，重要外事活动；经济建设及科研上的重大成果；重点基本建设工程和重要基础设施建设的起讫和成果；农业的丰歉，严重的自然灾害、疫情；重大政治、军事活动，重大涉外事件，重大案件的侦破，重大安全事故；重大社会公益活动，重大民间习俗活动，重要文物古迹的发现、保护、损毁等。

七、艺文作品入志范围和标准为：1986至2010年期间，在省级以上正式报刊发表、获得省级以上行政主管部门奖励的文学作品；由省级以上正式出版社出版的著作；中国文联专业协会会员的代表性艺术作品，获得省级以上主管部门奖励的艺术作品，有较大社会影响的资深作者的代表性艺术作品。

八、本志资料主要由区属各部门确定的经过培训的资料员提供，大多采自各部门文书档案，部分资料通过查档、调查、采访等方式获得。尽力做到真实、准确、全面、系统，具有代表性和权威性。

九、本志使用规范的现代语体文、以第三人称记述。语言文字、标点符号、名称术语、计量单位和图表照片等，以国家相关规定为准则。纪年以公元纪年表述，用阿拉伯数字记写，农历用汉字记写。统计数据以本区统计部门的统计数据为准，统计部门没有统计的，采用有关部门提供的数据。

十、为了充分发挥图照在志书中的作用，遵循典型性、科学性和资料性相统一的原则，本志选用有存史价值的图片照片 1166 幅，一部分编排在卷首，一部分配合文字内容编排在各章节中。

目 录

上 卷

第一编 政区 环境

第二编　人口　计划生育　人民生活

第三编　中国共产党

第四编　人大　政府　政协

第五编 民主党派 人民团体

第六编 政法 军事

第七编　综合政务

第八编　农　业

第九编　马铃薯产业

第十编　生态环境建设

下　卷

第十一编　水利　电力

第十二编　工业　建筑业　乡镇企业

第十三编　城乡建设

第十四编　财政　税务　金融　保险

第十五编　交通　邮电

第十六编　商业贸易　饮食服务业

第十七编　教育　科技　卫生　体育

第十八编　文化　媒体

第十九编　民族　宗教　方言　民俗

第二十编 人 物

专　记

补　遗

附　录

索　引

概

述

概　述

一

安定区原为定西县,2003年9月24日撤县设区。该区位于甘肃省中部偏南,地跨东经104°12′48″~105°01′06″,北纬35°17′54″~36°02′40″之间,南北长82.9千米,东西宽73.3千米,总流域面积3638.711平方千米。东面和东北面与会宁县接壤,西北面与榆中县毗邻,西南面与临洮县交界,南面与渭源、陇西二县相连,东南面和通渭县邻接。为定西市委、市政府所在地,是全市政治、经济、文化中心。陇海铁路,巉柳、平定、天定高速公路,310、312国道穿境而过,距省会兰州市100千米,被称为"兰州门户,甘肃咽喉"。2010年,安定区辖2个街道办事处、12个镇(1个民族镇)、7个乡,经第六次全国人口普查有户籍人口420614人,其中城镇人口158062人。区内主要为汉族,少数民族有回、藏、蒙古、维吾尔、壮、布衣、朝鲜、满、土家、东乡等11个,占总人口的2.22%。

全区地势自西南向东北由高到低倾斜。地势最高处为西南部高峰乡麻地湾村康家窑山嘴(原城门寨),海拔2577.3米,最低处为北部关川河谷地,海拔1671.3米,城区所在地平均海拔为1898.7米。全境地处黄土高原丘陵沟壑区,梁峁纵横,土地贫瘠,降水稀少。农作物植被约171.54万亩,占总面积31.4%;草地植被约153.01万亩,占28%;人工造林植被约124.16万亩,占22.7%。

安定区属大陆性干旱农业气候区:干旱、光富、欠热——春季风大少雨,冷暖无常,多寒潮;夏季温和凉爽,雨水集中,多洪雹;秋季降温较快,阴雨连绵,多云雾;冬季晴朗寒冷,干燥少雪,多风沙。全年日照2500.2小时,日照率为56%。太阳辐射量为141.4千卡/平方厘米。全年平均气温7.2℃,最热7月平均为19.3℃,最冷1月平均为零下6.9℃,平均差值26.2℃。全区年平均降水量为377毫米。无霜期140天。

区内有工业价值的矿产资源匮乏,农作物种类较多。养殖动物有马、牛、猪、羊、狗、兔、鸡等14种以上,原有品种和大量引进外地品种共有70余种。野生动物近50种。原有部分动物如狼、喜鹊等基本消失。全区严重缺水,境内河流有祖厉河一级支流关川河、西巩河及关川河支流东河、西河、称钩河,河道径流靠降水补给。地下水 1480 万立方米,可利用水占 77.9%,占水资源总量的 16%,地下水多分布在内官营、香泉等河谷地带,由于人工大量开采,水位逐年下降,面临枯竭趋势。

安定区自然灾害主要为旱灾,由于降水稀少,且不得其时,故十年九旱。除此之外,20 世纪八九十年代在青岚山、香泉、称钩驿等乡镇出现过较严重雹灾,在新集、青岚山等乡镇部分地方出现过洪灾。全区范围受汶川等地震影响出现过较轻微地震。在葛家岔镇大营村,李家堡镇锦鸡村,石泉乡大坪村、吕坪村等地曾出现过较严重的山体滑坡。

安定区历史文化悠久,早在 4000 年前的新石器时代,就有人类繁衍生息。夏、商、周时期为羌人居地。秦属陇西郡。汉从陇西郡分置天水郡(后改为汉阳郡),安定分属郡下源道、勇士二县所辖。秦汉之际,"畜牧为天下饶"(《史记·货殖列传》),又"迫近戎狄,修习战备,高上气力,以狩猎为先"(《汉书·地理志》)。区北巉口镇为"丝绸之路"上一个重要的政治、经济、文化、军事重镇和交通枢纽。这里曾发现汉代巉口村遗址及大片汉墓群,出土国宝"新莽权衡"和大量陶、石、玉、铜等珍贵文物和品类繁多的钱币,由此可证明安定境内曾比较繁荣一时。魏晋时期,安定区属秦州南安郡源道县。南北朝时期,汉、匈奴、鲜卑、羯、氐、羌等民族政权不断更迭,因此安定区曾隶属多个民族统治。政权更迭致使民族大迁徙、大融合,各民族文化互相吸纳、互相渗透,由当地方言可见一斑,但战乱频繁,经济遭受极大破坏。隋朝废郡改州,安定区隶属渭州。唐时,仍属陇右道渭州。"贞观之治"陇右亦不例外,到天宝十二年(753 年),"自定远门西尽唐境万二千里,闾阎相望,桑麻翳野,天下称富庶者,无如陇右"(《资治通鉴·唐纪》)。唐代宗广德元年(763 年),安定"陷于吐蕃"。据境内出土文物西魏玉菩萨、唐代写经残卷和黑山李家峡六字真言石刻等证明,南北朝至唐期间佛教文化非常活跃。宋景祐三年(1036 年),西夏李元昊举兵攻吐蕃,安定区遂为西夏占领。元丰四年(1081 年),宋神宗出师伐夏,李宪败夏人于西使城,遂赐西使城为"定西城",含稳定西边之意。为御外侵,在相近时间,宋在努札川(今巉口至鲁家沟关川河西岸平地)筑安西城(巉口东川)、平西城(鲁家沟镇),并在南部筑通西城(陇西通安驿)。金于太宗天会八年(1130 年),取定西。皇统二年(1142 年),设立定西县治。贞祐四年(1216 年),升定西县为州,辖定西、安西、通西三县。据出土墓葬(砖雕、陶器、瓷器)证明,此时耕作技术、手工技艺、建筑水平得到提高,茶马贸易非常活跃,文化艺术空前繁荣,儒家思想成为道德规范。金元交替,安定辖地亦被战火弥漫。定西州初为巩昌路便宜都总帅府所辖,后为陕西省巩昌府所管。元惠宗至正十二年(1352 年),定西一代发生强烈地震,诏改定西州为安定州,取"安宁稳定"之意。当时,战乱加自然灾害给人民生活带来极大危害，但大量考古资料从另一方面反映出安定人民以顽强的再生力和创造力，使社会经济得到尽快恢复，农业、畜牧业、建筑业得到较快发展，人口急剧增加。明太祖洪武三年(1370年)，明将徐达率军与元将扩廓帖木儿数十万大军在城北展开"沈儿峪大战"，大败元军，将元残余势力消灭殆尽。明洪武十年(1377年)，降安定州为安定县。英宗正统八年(1443年)，在宋城基础上，扩筑新城，东城部分突出，形似"凤凰单展翅"，故又名"凤凰城"。此时，安定县隶属陕西布政使司巩昌府管辖。明代为加强边防，境内多设烽燧和驿站。清朝，安定先后隶属于陕西布政使司、巩昌布政使司、甘肃布政使司(1668年)、甘肃省(1669年)之巩昌府。清同治年间，陕甘总督左宗棠曾驻军安定(1871年)。为应军事之需，修通宁夏至兰州、马营至安定、内官营至临洮等多条道路，沿途广栽杨柳，后人称"左公柳"。为加强军队防御，境内多建营戍、筑堡寨、设铺递(邮政)。此期间，由于兵燹不断，垦荒烧荒，水土流失，致使地瘠民贫，"苦瘠甲于天下"(左宗棠语)。

民国二年(1913年)，废除府制，安定县归兰山道管辖。民国三年(1914年)，改安定县为定西县。民国十六年(1927年)，废道，定西县直属甘肃省。中华人民共和国成立前夕，定西县辖五镇五乡。此期间，军阀割据，土匪横行，战乱频发，自然灾害频繁。民国十八年(1929年)尤甚，物价飞涨，民不聊生。1936年，红四方面军一小部过境，在内官营建立苏维埃政权，在西巩驿吴家堡子等地进行大小数战。1946年至1949年，陇右地下斗争在境内非常活跃。1949年8月14日，解放军彭德怀部进驻定西城，定西解放。

1949年8月19日，定西县人民政府成立。同月22日，定西成为地委行署所在地。1968年4月20日，成立定西县革命委员会，实行党政合一的"一元化"领导。1981年7月6日，恢复定西县人民政府名称。2003年9月，撤县设区，定西县改称安定区，辖于定西市。

二

25年来，安定区各项事业得到了较大的发展，它的发展得益于历届中央领导的高度重视、极大关怀和大力支持。1983年7月21日，中共中央总书记胡耀邦，针对定西实际提出"种草种树、发展畜牧、改造山河、治穷致富"的战略方针。嗣后，又两次寄来树种。1986年5月18日，胡耀邦视察车道岭林场、官兴岔和石家岔小流域治理，书写"旱塬斗天、草木当先、百折不挠、造福万年"的题词。1995年12月24日，中共中央总书记、国家主席、中央军委主席江泽民深入鲁家沟乡太平村农户、官兴岔流域治理现场车道岭农户视察,随后题词:"群策群力,定西大有希望。"2000年6月19日,江泽民再次来到定西,视察九华沟流域综合治理,并给予充分肯定。1999年9月9日,中共中央政治局常委、国家副主席、中央书记处书记胡锦涛来定西视察,对"水保立县"给予充分肯定。2007年2月17日,中共中央总书记、国家主席、中央军委主席胡锦涛来到青岚山乡大坪村和群众共度春节。1995年7月24日,中共中央政治局常委、国务院总理李鹏视察定西县水土保持综合治理情况,并走访巉口乡康家庄农户。1996年7月2日,中共中央政治局常委、国务院副总理朱镕基走访鲁家沟乡太平村困难户,视察官兴岔流域,并说种草种树很好,划得来,嘱托"三西"的钱可以向这里倾斜。1999年10月22日,中共中央政治局常委、国务院总理朱镕基视察小流域治理,并作出"退耕还林、封山植树、以牧代赈、个体承包"的重要指示。1995年6月13日至14日,中共中央候补委员、书记处书记温家宝视察小流域治理和西巩驿、青岚山等乡镇工作。2009年10月17日,中共中央政治局常委、国务院总理温家宝来定西视察,先后深入巉口镇赵家铺村、甘肃扶正药业科技股份有限公司、凤翔镇南川万亩马铃薯基地、定西马铃薯综合交易中心,对生产、生活情况予以高度关注。另外,乔石、贾庆林、宋平、曾庆红、吴官正等中央重要领导曾来到定西县(安定区)视察,对当地经济、社会发展做出重要指示。

　　25年来,安定区得到了较大的发展,得益于区四大班子的正确引领、科学决策。中共安定区委始终是安定区各项事业坚强的领导核心,始终引领着安定区的发展方向,并根据不同时期的发展形势和党的重大任务,对党的建设、改革开放、两个文明建设、建设小康社会等重大问题做出决议。在思想上与党中央保持高度一致。此间,先后进行了"三讲"教育、"三个代表"重要思想教育、先进性教育、科学发展观教育、廉政警示教育、"两个务必"教育等思想教育活动。在组织建设方面,努力做到选好人,用好人。先后推行从优秀村干部中招聘乡镇干部,竞争上岗、公开选拔干部、干部任前公示、试用期制度和表决制等一系列改革,2002年开始对乡镇一把手任用实行常委会表决制。多年来,安定区委一直重视后备干部的选拔、储备、培养和使用,同时,重视对干部的监督、考核。1996年3月,建立目标责任制考核、领导班子考核、公务员考核和党风廉政考核"四位一体"的考核评价机制,并严格兑现奖罚,与干部发展挂钩。在作风建设方面,注重"创新班子、实干班子、和谐班子"创建。2000年以来,在干部队伍中开展了"治庸、治懒、治散、治浮、治腐"的"五治"活动。2003年4月开始,开展"双培双带"工程(把党员培养成致富能人,把致富能人培养成党员,党员带领群众共同致富,党组织带领致富能人不断进步)。2004年6月起,开展"三链"建设(支部建在产业链、党员致富能人聚在产业链、农民富在产业链)。2010年4月初,开展创先争优活动,先后开展了教育收费、小金库、商业贿赂等专项治理工作。在当地经济发展方面,就种草种树、发展畜牧、马铃薯产业、劳务输出、土地有偿联产承包、科技兴农、小康社会发展目标、城乡建设、教育发展、经济转型等问题召开不同层次会议,做出重大决策,使安定区经济社会不断提升发展。

区政府始终将发展作为第一要务,将改善民生当作工作重点,创新管理体制,提升服务水平,干了一系列大事实事好事,有力地推进了经济社会大发展。1989年、1997年、2002年,定西县(安定区)政府本着精简、高效、廉洁的原则,进行了三次较大机构改革,对所属单位实行分、撤、并、设。政府所做重要工作主要有:1987年5月就关川河流域水土保持综合治理,1998年3月就经济转型、开放搞活,2000年2月就西部大开发中的定西发展,2005年10月就新型农村合作医疗,2008年初就集体林权制度改革,2008年就依法行政等关于地方发展的重大问题进行决策,拿出方案,付诸实施。1992年至2010年,先后召开政府常务会、县(区)长办公会,对水土保持、工业园区建设、给水工程、公路建设、小城镇建设、教育发展、抗旱救灾、危房改造、设施农业、环境保护等具体问题进行专题研究,科学部署,督促落实。与此同时,在扶贫开发、饮水安全、医疗保障、安居工程、廉租房建设等方面关注民生、筹措资金、兴办实事。

区人大正确履职,保障人民当家做主,稳步推进民主法治建设进程,积极督查各项工作的实施,在经济社会发展中发挥了重大作用。区政协充分发挥政治协商、民主监督、参政议政职能,积极参政议政、建言献策、开展多项公益活动,有力地推动了各项事业的发展。

25年来,安定区得到了较大发展,得益于改革开放、西部大开发、惠民富民政策带来的发展机遇;得益于全区人民发扬领导苦抓、社会苦帮、群众苦干的"三苦"精神;得益于坚持"顺应天时、遵循自然规律,顺应市场、遵循经济规律,顺应时代、遵循科学规律"的原则;得益于抓和谐稳定,抓经济转型,抓支柱产业,抓项目建设,促基础夯实,促环境优化,促民生改善的工作方针,使经济社会一直呈现出平稳较快发展的良好态势。

三

2010年与1986年相比,安定区生产总值由2087.94万元增加到30亿元,财政收入由 2186.9 万元增加到 3.1 亿元,农民人均纯收入由 277 元增加到 2419 元,增长 8.7 倍,城镇人均可支配收入由 1994 年的 2413 元增加到 2010 年的 10800 元,增长 3.5 倍。这 25 年是安定区稳步发展,实力提升最快,城乡面貌变化最大,人民群众得实惠最多的一个重要历史阶段。

农牧业在结构调整中显著受益

2010 年,安定区耕地面积 171.5 万亩,其中川地 24.3 万亩,有效灌溉面积 11.7 万亩。1986—2010 年,共修梯田 88.2 万亩,梯田总数达 151.1 万亩。20 世纪 80 年代农业以粮食种植为主,用于自给,后逐步进行结构调整,提出了"压夏扩秋,压粮扩经"的发展思路,大力发展小杂粮、马铃薯等粮食作物和油料、果菜等经济作物。2009 年,又将旱作高效农业列入支柱产业之一,农业逐步向效益型、产业型、小康型迈进。1986 年,粮食作物播种面积占原有作物播种面积的 74.2%,其中夏秋比为 70:30;经济作物播种面积占原有作物播种面积的 8.7%,粮经比为 89:11。2010 年,粮食作物播种面积占原有作物播种面积的 89.1%,夏秋比 14:86;经济作物播种面积占原有作物播种面积的 10.8%,粮经比为 89:11。农业生产过程中始终注意科技推广运用,到 2010 年,玉米全部采用全膜双垄沟播技术,面积为 36.5 万亩,地膜马铃薯面积为 40.2 万亩,应用配方施肥面积 165.2 万亩,实行良种引进、示范、推广、扩繁等措施,一批新良种投入生产,单产面积不同程度提高。80 年代蔬菜种植区域主要集中在城郊的中川、东河、李家嘴等地,到 2010 年发展到凤翔、内官营、符家川、香泉、团结等乡镇,近 20 个村的 6.56 万亩菜地实现日光温室、塑料大棚、地膜栽培、露天种植等多元格局。通过引进、试验,品种趋于多样,特别是早熟甘蓝、秋大白菜、芹菜等名优品种产销两旺。蔬菜生产实现了由一季生产到多季生产。产品销往上海、广州、厦门、南京等国内大中城市,部分出口到沙特阿拉伯、阿联酋、中国香港、中国澳门等国家和地区。为确保蔬菜保鲜外运,内官营、凤翔等乡镇建成恒温保鲜库 151 处,单库年销售量达 3000 吨,年总销售量 45.3 万吨,年交易额超 1 亿元。菜农收益较为喜人,除个别年份外,大多数年份亩产值都在 2000 元以上,好的年份亩产值达 6000 元以上。2009 年,一亩芹菜上万元者比比皆是。2010 年,种植业总产值 114211.41 万元,人均收入 2456.16 元。

1990 年以来,县委、县政府着力把马铃薯作为全县战略性主导产业和区域性优势产品来培育,初步形成区域化布局、标准化生产和产销加工一条龙、科研工贸一体化的产业化经营格局。2001 年,中国农学会特产之乡组委会命名定西县为

"中国马铃薯之乡"。从当年开始,连续成功举办了 10 届马铃薯经贸洽谈会,马铃薯价格进入农业部全国农产品价格行情采集系统。2010 年,全区马铃薯种植面积达到 104 万亩,占全区农作物播种面积的一半,占全省马铃薯种植面积的 1/8,总产量 135 万吨;生产马铃薯脱毒原原种 1.2 亿粒,占全省的 60.2%。相继注册了"新大坪"、"陇中大坪"、"鲁家沟"、"金定"、"环宇"、"超兴"、"金大地"等 10 多个商标,"定西马铃薯"被评为甘肃省著名商标。先后在广东、上海、成都等省市建立直销窗口 52 个,向广东、上海、四川、天津等地发送了 14 列马铃薯专列。年外销马铃薯 3500 个车皮,年外销总量达到 45 万吨,鲜薯贮藏能力达到 60 万吨以上,实现了旺吞淡吐、均衡上市,有效规避了市场风险。建成精淀粉、变性淀粉、全粉、休闲食品等各类薯制品加工生产线 22 条,加工能力达到 27.5 万吨。马铃薯产业总产值 14 亿元,占全区生产总值的 20.7%,农民人均从马铃薯产业获得收入 1800 元,占农民人均纯收入的 66.7%。安定区成为全国最大的县(区)级商品薯标准化种植基地、脱毒种薯扩繁基地、精深加工基地、仓储基地和全国具有影响力的价格形成中心、信息发布中心、物流集散中心、技术研发中心、宣传展示中心。

畜禽养殖逐渐呈现役畜减少,商品畜增多;马骡驴减少,奶牛、肉牛、肉羊、肉蛋鸡增多;本地老品种减少,新优良品种增多的新格局。大家畜出栏量由 2000 年的 1.14 万头(匹)增加到 2009 年的 1.64 万头(匹),增长 43.86%。猪的养殖无论养殖条件、饲养方式、品种、规模、饲料、疫病防治、出栏率都有了大的变革。1986 年,猪存栏 16.2040 万头,出栏 13.8228 万头,出栏率 85.3%;2009 年底,猪存栏 13.6 万头,出栏 13.4 万头,出栏率 98.53%。羊的养殖,政府予以大力扶持,不断引进改良新品种。2010 年,羊存栏 12.16 万只,比 2006 年增长 12.8%。鸡的养殖由家养土鸡,逐渐迈向现代化规模化养鸡。2009 年,全区有规模养鸡户 224 户,一般养鸡 500 至 1000 多只,部分达 3 万只以上。2010 年,牧业产值 24609.45 万元,人均牧业收入 529.2 元。在农牧业发展过程中,先进农机具得到进一步推广使用,2010 年,有 224 瓦以上大中型拖拉机 500 台,节水灌溉机器 41 台,全方位深松机 18 台,旋耕机 1500 余台,精耕谷物播种机 84 台,地膜覆盖机 5000 余台,马铃薯种植机 153 台,马铃薯收获机 161 台,大型饲料加工机械 50 台。机械铺膜面积达到 40 万亩。

工商业在改革中平稳推进

25 年来,安定区工业在巨大变革中前行,经历了承包经营、售股改制、破产重组等过程,同时对非公有制经济在政策上支持、法律上保护、技术上帮助、管理上指导。由计划经济向市场经济迈进，由公有经济为主体向各种经济成分并存过渡。1986年，有县办企业9家，集体企业10家，乡镇企业68家，从业人员6900人，工业总产值3478.19万元。到2010年，有县办企业1家，乡镇企业35家。截至2010年，全区有个体工商户9135家，经营企业635家，从业人员5.08万人，工业总产值62000万元。形成了以马铃薯系列产品加工、现代制药、冶金机电、化工建材为主体的工业体系。工业布局主要集中在南川经济开发区和巉口镇区。建筑业原有三家国有、集体企业，后来，有的破产，有的改制为民营性质。2010年，有建筑企业四家，能承建40层以下、20万平方米以下的各类建筑。承建项目以本地为主，延伸省内外。进入21世纪，建筑业成为当地农民工主要就业基地和当地税收主要渠道。

25年来，商贸饮食服务业由有计划的商品经济逐渐走向社会主义市场经济，商品供应日益丰富，服务项目日益增多，人民生活日益方便。到2010年，有大的市场60余处，小店铺随处可见，农村各乡镇都有集贸市场；有个体商业户5983户，从业8522人，注册资金31391万元，营业额4587万元；从事个体贸易业9747户，从业人员16223人，累计资金总额50369万元，销售总额71627万元，上缴税金77.9万元；有私营贸易业672户，投资人数1430人，雇工人数10518人，注册资金111593万元，销售总额36820万元；社会消费品零售额7824万元；外贸出口总额1017万元；有个体私营住宿餐饮业922户，从业2531人；居民服务业1320户，从业3010人；多项注册资金12654万元，营业额16793万元；有较大规模餐饮店、旅馆20余家。

基础设施在项目实施中逐步优化

生态环境　本区域林业资源匮乏，境内无天然森林，植被稀少，光山秃岭，自然条件恶劣，生态环境脆弱。20世纪80年代，定西县列入国家"三北"(东北、华北、西北)防护林建设范围，相继实施了"三北"防护林一期、二期、三期、四期工程，加快道路绿化、荒山绿化步伐。1983年，定西县列为全国水土保持重点治理地区和国务院"三西"(甘肃定西、河西和宁夏西海固)建设重点县，坚持以小流域为单元，从恢复植被、植树种草、兴修梯田入手，工程措施和生物措施结合，开展水土保持综合治理，改变农业生产条件，加快生态环境建设。1987年，关川河流域水土保持综合治理工程列为世界银行贷款建设项目，引进外资700万美元，加快了小流域综合治理步伐。1996年，县委、县政府提出"水保立县"发展战略，把水土保持、生态环境建设作为改善农业生产条件、加快农村脱贫致富的战略性措施来抓。1997年,省"两西"农业建设指挥部、省计划委员会、省水利厅批准实施九华沟流域综合治理扶贫开发项目,治理水土流失,建设生态农业,再造秀美山川。1999年,国家扶贫基础工程试验项目启动实施,购置、引进推土机,大规模开展机修梯田。2000年,定西县列为全国退耕还林试点县。2002年8月31日,全国退耕还林现场经验交流会在定西县召开。定西县坚持大规模生态工程建设,实施生态扶贫开发项目,积极探索黄土高原干旱区通过水土保持、生态治理、脱贫致富的经验,得到与会代表的好评。期间,相继实施天然林保护、重点公益林补偿等国家重点生态林业工程和称钩河、李家河坝系工程。随着一大批林业、水土保持重点项目的启动实施,区委、区政府带领全区广大干部群众,坚持山、水、田、林、路综合治理,治理与开发并举,加强生态环境建设,控制水土流失,改善农业生产条件,发展生态经济,创立了生态循环经济模式,探索出由基本解决温饱到稳定解决温饱,进而向小康迈进的自然条件严酷地区可持续发展的新路。

交通运输　2002年6月,陇海铁路宝鸡至兰州复线建成通车,从此进入准轨双线电气化阶段,日均有44列客车停靠定西站。2008年9月18日,定西至广州首趟马铃薯专列发送,解决了上市高峰期运力不足的问题,实现了产地和市场的直接对接。2010年,安定境内有高速公路3条264.4公里,省道2条70公里,县道11条306.82公里,乡道10条149.83公里,乡镇通车率达到了100%,公路密度63.4千米/万平方千米。有运输车辆11984辆,其中客车320辆,货车11664辆,出租车404辆,客货运输业户35户。全区开通客运班线144条,日发班次586个,完成客运量552万人次,旅客周转量33066万人/千米。货运量392万吨,周转36938万吨/千米,年产值2.3亿元。市内有公交车70辆,公交线路4条。

邮电通信　2010年年底,安定区共有邮政支局(所)21处,其中农村13处。邮路单程总长度258千米,在原基础上新开通邮政储蓄、特快专递、物流等业务。1998年10月,定西地区邮政、电信分设。次年6月,定西电信与定西移动分设。2001年10月,成立定西联通公司。电信业务由起初的电报、有线电话,发展到小灵通、无线寻呼,再发展到移动电话。截至2010年年底,中国电信安定区用户5.9万户,中国移动安定区用户20万户,中国联通安定区用户6.5万户。1996年定西始有互联网,2010年底有用户2.63万户。

水利　从1995年开始,实施"121"雨水集流工程,共建成水窖191,903眼,建成混凝土集流场506.054万平方米,解决了74,092户、33.37万人、35.51万头大家畜的饮水困难。2010年,有机井170眼,灌溉面积5007公顷,有大灌渠4条,总长83.6千米,灌溉面积2506公顷,投资6534.04万元。建成人畜饮水工程16项,水源工程12处,解决19个乡镇49个行政村、41所中小学、153家事业单位、98,412人的饮水安全。发展农村自来水用户14,669户。2006年11月22日,引洮工程开工,支渠工程、田间配套工程、城乡供水工程同时开工建设。

电力 境内有750千伏线路1条,330千伏线路2条,主变2台×万千伏安;110千伏送电线路10条,总长度148.71千米,110千伏变电站4处。有35千伏送电线路13条,线路长度226.91千米,变电所10个,变压器17台,容量达39550千伏安。有6千伏线路7条,长度71.688千米,变压器209台,总容量19640千伏安。1999年至2004年,投资1331.48万元进行城市电网改造,投资97.59万元进行"一户一表"改造12195户。与此同时,投资10487.23万元实施农网建设改造项目、户户通工程、新农村电器化工程、农电完善工程。改造10千伏线路1040千米,0.4千伏线路1800.475千米,建成10千伏线路1049.73千米,改建0.4千伏线路2040.54千米。改配变压器2283户,改造用户电表43648户,总用户达88696户。2010年,总共有10千伏线路2074千米,0.4千伏线路4568千米,配电变压器2077台、106631千伏安,供电量达3950.23万千瓦时,累计电费2276.20万元。

城乡建设 城市建设按照人口规模、用地规模、先后主次进行统一规划。在公用设施方面,建设、改造、拓宽城市主干道10条,次主道6条,总长度26388米,红线宽度24~40米,占地面积85.82公顷,沿途因地制宜植成绿化带。另建设、改造、拓宽小街小巷30条,长度8600多米。道路建设总投资近1.4亿元。在东河、西河新建、修补、拓宽桥梁8座,总长度460.1米。建成大型广场4处,占地面积34202平方米。建成公园2处,分别占地104亩和160亩。城市供热、供水、排水等配套设施完备。城市居民住宅初为私房、公租房,1986年开始商品房建设,1993年1月开始全方位住房改革,出售公有房、集资建房,从1986年到2005年共建成商品房108.36万平方米,约4万多户入住商品楼。从2003年开始,对6处城中村进行改造,改造面积68.2万平方米(1023亩),拆迁1980户,拆迁面积36万平方米,新建总面积162万平方米,其中住宅147万平方米。建成较大规模住宅小区14处,总面积156.11万平方米。定西新城区建设总占地面积2145亩,已建成主要干道13条、两个景观带4.95千米、生态园、体育公园和5处景点雕塑。小城镇建设方面,投资320万元,建成3个自来水工程,解决31.4万人的人畜饮水。集资45万元,改造街道6.5千米,建成农贸市场31个。

内官营、巉口等十多个乡镇的小城镇建设,功能齐全,镇容整洁。2006年,新建农村住房21029户,建筑面积206.1万平方米。2004年至2006年,各地扶贫项目涉及7镇21村,总投资7572.6万元,建成一批新农村示范点。

社会事业在务实创新中全面进步

教育　25年来教育有了较大发展,幼儿园由3所增加到19所,在园人数由1362人增加到6025人,教职工由98人增加到275人,且由城区向农村辐射延伸。小学由444个减少到224个,在校学生由52744人减少到26751人,教职工由2334人增加到2552人,且民办代理教师逐渐被公办教师代替。初中由10所增加到23所,学生由17349人增加到24971人,教职工由604人增加到1801人。高中由6所增加到10所(民办4所),学生由5258人增加到18924人,教职工221人增加到623人。职业学校由5所增加到7所(民办学校1所),在校学生由1011人增加到10826人,教职工由99人增加到249人。所在地有高等学校2所,在校学生8894人,教职工353人。进入2000年,民办学校迅速兴起,先后出现23所,2所中途停办。有青少年活动中心1处。在此期间,教育投资明显加大,由1986年的524.90万元,占财政总支出的21.60%,至2010年增加到35424.10万元,占财政总支出的25.13%。通过"贫三"、"义教"、"援助"等十多个项目,总投资2.5亿元人民币,新建校舍27万多平方米。办学条件明显改善,危房基本排除,学校面貌焕然一新。同时,"两免一补"政策为义务教育阶段学生免除学杂费、课本费,住宿生享受住校补助。2000年9月,全县"基本普及九年义务教育,基本扫除青壮年文盲"通过省级验收。高中、高校逐年扩招,高考上线人数迅速攀升,1986年本专科上线人数248人,2010年本专科上线人数4993人。职业教育由专业单一、本地就业转化为根据市场设专业、订单式全国就业。

科技　2010年,安定区有各类专业技术人员7167人,有专业科研机构4家,有区级科技协会110个,技术推广机构10个,乡镇级技术推广机构38个,村级农业服务站272个。有3家企业被认定为"高新技术企业"。25年来,开展科普活动386场(次),捐赠科普图书28万余册,举办科技讲座86场次,科技咨询2.15万人次,举办各类培训班52次,培训人员2.2万人次。在全国青少年科技创新大赛中,先后有43件作品获奖,另有125件作品在全省获奖。争取实施科技项目340项,其中国家级16项,省级23项,争取科技经费1300万元。科技项目实施后,新增产值3.1亿元,获利税7800万元,农民增收人均540元。共投入科技发展创新基金2600万元,企业技术开发经费4226.47万元,占产品销售收入的 2.4%。获各级科技进步奖 256 项，有 269 项科研成果通过省级鉴定，有 63 项取得国家专利。

医疗卫生　有医疗机构 354 所，其中，区级综合医院 2 所，区级卫生机构 4 所，乡镇卫生院 19 所。有医疗卫生工作人员 1317 人，其中，区直事业单位 755 人，乡镇（社区）卫生院 562 人。另有乡村医生 312 人，社区卫生服务站 49 人。先后对医疗体制进行改革。2001 年，界定医疗机构为营利性与非营利性两类，县乡医疗机构药品收支实行分别核算，分别管理。至 2010 年，全区乡镇卫生院实行基本药物零差价销售、病人选择医生制度，一日清单制度，药品收支两条线。从 2005 年起，实行农村新型合作医疗，至 2010 年参合率达 90.11%。2006 年，乡镇卫生院差额（60%）拨付转化为全额拨付，病人负担大为减轻。1986 年全区卫生投资为 153.49 万元，2009 年增加到 3898 万元。1986—2009 年，用于医疗卫生基础设施建设资金 7099 万元，建设面积 66638 平方米，设备不断更新，乡镇卫生院通过Ⅷ。妇幼保健等项目医疗条件明显改善。防疫工作在预防治疗肺结核、乙肝、艾滋病等方面取得了显著成就，尤其在战胜非典方面发挥了积极作用。

体育　有国家级裁判员 1 人，一级裁判员 13 人，二级裁判员 68 人，专职教练 20 人，体育教师 298 人。重点抓了"学生体育达标率"、"阳光体育运动"。1989 年，承办"旱塬杯"全国男篮甲级邀请赛。2001 年，承办"农行杯"全国女篮四强邀请赛。2003 年，承办"地税杯"全国青年男篮对抗赛。2006 年，承办"建行杯"全国甲级女篮四强对抗赛等赛事。参加全国运动会并获奖 16 人次，参加国际性比赛并获奖 5 人次。

文化　每逢重大节庆日，城乡各单位都要组织文化活动。从 2000 年起，春节期间定西城区主要街道张灯结彩，且一年比一年花样繁多，正月十五有大型秧歌会演，正月十六晚有大型焰火晚会，节日氛围浓郁。2007 年，在巉口举行的"安定之春"秧歌会演，被新华社、中央电视台、人民日报社等全国大型新闻媒体刊播。从 2002 年起，在马铃薯大会期间，都要举行以马铃薯产业为主题的大型文艺演出、小曲演唱、书画义送等活动。城乡庙会活动也非常活跃，如农历五月十八玉湖公园庙会、四月八内官营锦鸡塬庙会。立交桥、友谊、正立等广场群众自发组织的各种舞蹈、演唱等常年活动。每年都举办五次以上书画展。全区有 20 余家画廊，并时邀全国名家前来献艺。校园文化活动更为活跃，大型学校都有校报校刊。艺术创作日趋活跃。安定区图书馆有馆藏图书 168363 册，其中地方文献 630 册，古籍 7846 册，报刊合订本 4136 册。馆藏档案 108 全宗，34264 卷，排架长度 1516 米，抢救保护档案 2842 卷。有网吧、歌舞厅、印刷企业、影像图书出版零售企业 193 家,从业 615 人,年营业额 1300 多万元。有各种文化类经营店铺 180 余家,营业额 1700 多万元。有各级文物保护单位 57 处,其中省级 6 处,县、区级 51 处。有馆藏一级文物 6 件,二级文物 23 件,三级文物 46 件,未定级 14 件。有爱国主义教育基地 5 处。有国家级 AA 级公园 2 处,旅行社 8 家,宾馆 14 家,农家乐 16 家,共接待境外旅游者 5 万人,境内 500 万人,旅游收入 1.5 亿元人民币。有市、区级电视台(广播)两家,实现电视数字化。城区能收看中央、各省市区地方台 60 套基本频道和 57 套专业付费频道节目,用户达 3 万余户。内官营、巉口等大镇也能看到有线电视。农村广播电视覆盖率 99.80%。

民生保障在机制完善中不断改善

扶贫开发　从 20 世纪 80 年代中期开始,国家一系列惠农支农政策在定西县得到有效推行。首先,对农民负担进行监督管理,制止"三乱"(乱收费、乱罚款、乱集资摊派),取消不合理收费项目 134 项,农民负担由高峰期人均 118 元,降到 2000 年的 29.94 元。其次,调整农牧业税,经改革,2000 年农民人均负担税费 43.89 元。2005 年,全区一次性取消农业税及其附加,全县农民承担费用 47 万元,人均负担 1.25 元。2010 年,取消一切费用,全区农民实现零负担。从 2000 年开始,中央财政和省财政先后给予农民种粮直接补贴、农业生产资料增支综合补贴、农机具购置补贴、良种补贴、能繁母猪补贴,到 2010 年,安定区农民共领取国家各类补贴资金 9.25 亿元。2002 年,定西县被列为国家扶贫开发工作重点县。定西县扶贫开发工作大致分三个阶段:"三西"建设时期(1983—1993),以"三年停止破坏,五年解决温饱,二年巩固提高"为目标;"八七"攻坚时期(1994—2000),着重解决贫困户的粮食、吃水、花钱三大问题,实施温饱工程、"121"雨水集流工程、马铃薯工程、梯田建设工程;产业化扶贫开发时期(2001—2010),培育壮大马铃薯、畜草、劳务三大产业,增加农民收入。截至 2010 年年底,国家累计投入各类扶贫资金 76327.09 万元,年均 2826.93 万元。1986 年,有绝对贫困乡 20 个,绝对贫困村 230 个,贫困户 3.04 万户,贫困人口 13.68 万人,贫困面 39.98%。2010 年,下降到绝对贫困乡 0 个,绝对贫困村 3 个,绝对贫困户 0.12 万户,绝对贫困人口 0.56 万人,贫困面 1.41%。

农村低保　2006 年,按照"低标准起步、小范围实施、逐步扩大覆盖面"的原则开始在区内试点。2007 年,有低保对象 148 户、500 人,保障面 2.3%,低保标准,人均年 600 元。至 2010 年,有低保对象 18408 户、62895 人,保障面达 17%,低保标准人均年 800 元。

农村"五保" 自2006年起,实现由集体内部的互助救济向国家财政供养为主的现代社会救助体制的历史性转变,实施"分散供养"和"集体供养"(敬老院)相结合的新机制。2010年,有"五保"1800户、2117人,每人每年供养费1722元(不包括取暖、临时补助等费用),总投入资金364.54万元。建敬老院14所,供养213人,实现应保全保。

新型农村合作医疗 从2006年起步,至2010年参合人数由39612人增加到354923人。报销比例按乡镇、区、市、省不同层次医院分别为80%、70%、60%、50%,最高额度分别为3000元、13000元、15000元、25000元。

城镇养老保险 从1984年起,由国有企业、国家机关、事业单位及人民团体逐步扩展到个体私营企业工人,再到城镇临时工,实施国家统筹和个人缴费相结合的办法。参保由1992年1832人、基金收入157万元,增加到2010年10649人、基金收入4067万元。

城镇医疗保险 从2007年试点,覆盖范围由从业人员到非从业人员,保险金由国家统筹和个人缴费结合。至2010年,参保人数由5170人、基金112万元增加到18530人、基金2478万元。按乡镇、区、市医院等次,报销比例分别为70%、65%、60%,最高支付额2万～4万元。2010年,参加城镇失业保险14598人,基金320.5万元;参加工伤保险9206人,基金123万元。

再就业 面对经济转型、城市失业人口不断增加的实际,1998年至2010年,区委、区政府通过政策扶持、就业服务、宏观调控,广开就业门路,多层次、多渠道、多形式安置再就业人数累计7854人,领取基本生活费379人、58.32万元,代缴社会保险费30.99万元,享受社会补贴2846人、1489.8万元,开发公益性岗位,安置下岗"4050"人员、城镇零就业家庭人员、特殊人员,开发岗位2076个,安置人数2081人,落实补贴金额2378.59万元。

"两免一补" 2004年秋季,安定区开始实行"两免一补"政策。2010年,为义务教育阶段学生免除学杂费53127人,总金额2430万元,占学生总数100%;免费提供教科书50842人,总金额550.60万元,占学生总数的96%;补助住宿生生活费6143人,总金额449万元,占住宿生总数的78%。

四

25年来的实践证明,要取得经济社会的快速发展,必须深入贯彻落实科学发展观,不断深化区情认识,准确把握经济社会发展的阶段性特征,努力拓宽发展思路;必须坚持把加强基础设施建设和改善生态环境作为一项重大任务,常抓不懈,为加快发展奠定坚实的基础;必须坚持走认准的路子,发挥比较优势,发展特色经济,着力培育和壮大特色产业,切实增加农民收入;必须坚持发展抓项目的战略举措,把项目作为助推发展的载体,依靠项目拉动,增强经济发展后劲;必须坚持把保障和改善民生作为工作的出发点和落脚点,加大扶贫开发力度,尽心竭力为群众办实事、办好事,让全体人民共享改革发展成果;必须坚持物质文明、精神文明、政治文明一起抓,形成和谐发展的社会态势;必须坚持不懈地发扬"三苦"精神,知难而上,奋力拼搏,开拓创新,确保各项任务有效落实。

安定区在快速发展的同时,也存在不少矛盾和问题,主要表现在:农业基础脆弱,抵御干旱等自然灾害的能力不强;特色产业升级的难度加大,农民增收的任务艰巨;经济总量小,支撑发展的骨干项目缺乏;工业化程度低,经济转型难度较大;财源基础薄弱,收支矛盾仍然突出;就业再就业压力大,低收入群众生活比较困难;人文资源的挖掘尚属起步阶段,文化产业尚未形成气候,与发达地区对比尚有较大差距。

审时度势,安定区委、区政府决定:抓住新一轮西部大开发、国家支持甘肃经济社会发展和引洮工程建设的良好机遇,充分利用毗邻兰州的区位优势和兰渝铁路、宝兰客运专线、天定高速公路、平定高速公路建成后的交通优势,着力提升马铃薯、畜草、劳务和现代旱作高效农业四大产业,全力抓好项目建设、工业建设、城镇建设、招商引资四个重点,全力推进社会事业、民生改善、平安创建、作风建设四大工程,努力把安定区打造成"中国薯都"核心区、绿色食品生产重点区、产业梯度转移承接区、扶贫开发试验示范区,开创全区经济社会跨越式发展的新局面。

大事记

大 事 记

1986 年

1月8日至11日　召开定西县勤劳致富、精神文明建设表彰大会,中共甘肃省委书记李子奇到会讲话。

1月9日至12日　中共甘肃省委、甘肃省人民政府在定西召开现场办公会,省委书记李子奇及省直有关部门负责人参加会议。

4月11日　法国《世界报》记者戴秉来定西采访。

4月17日　共青团中央第一书记宋德福来定西县检查工作。

5月18日　中共中央总书记胡耀邦、国务院副总理田纪云一行来定西视察。

是月　甘肃无纺织地毯厂一期工程在城区北郊动工兴建。

6月22日　新建永定农贸市场开市。

7月9日至10日　英籍华人著名女作家韩素音到定西县青岚山乡大坪村、巉口林场和石家岔小流域采访。

是月　省、地、县在定西联合举办《陇中治贫之道》展览会,介绍定西县调整产业结构、种草养畜经验。

8月1日至4日　全国政协副主席费孝通参加宁夏全国贫困地区经济文化开发学术讨论会之后第三次来定西,考察了石家岔小流域治理,乡镇企业和种草养畜。费孝通还作了总结讲话。

8月11日至14日　全省种草养畜开发治贫现场经验交流会在定西召开。

8月20日上午　中共中央政治局委员、国务院副总理万里在甘肃视察期间乘飞机专程察看了定西县山区面貌。

是月　定西县被列为全省政治体制改革试点县。

9月23日　黄河中游水土保持官兴岔综合治理试点项目验收鉴定会在定西县召开。

12月6日　定西县关川河流域水土保持综合治理工程经省政府批准立项。

是月　定西县委副书记、县长卢秀华离职,张根生任县委副书记。

是年　中共甘肃省委、甘肃省人民政府授予定西县实现停止植被破坏先进县称号。

甘肃省人民政府授予定西县农村经济目标管理先进县称号。

农牧渔业部授予定西县城区绿化工作先进县称号。

1987 年

1月5日至10日　政协定西县第三届委员会第一次会议召开。

1月7日至9日　定西县第十届人民代表大会第一次会议召开。

2月18日至20日　中国共产党定西县第八次代表大会召开。

3月10日　县上举行追悼会,悼念在老山前线为国捐躯的李含俊(巉口乡人)、祁林邦(黑山乡人)两位烈士。

5月12日　关川河流域水土保持综合治理工程经世界银行董事会批准,成为甘肃农业发展项目。

5月15日　甘肃无纺织地毯厂建成投产,省顾问委员会主任黄罗斌为庆典活动剪彩。书法家赵朴初书写"甘肃无纺织地毯厂"厂名。

8月1日　巉(口)—郭(城驿)公路举行通车典礼。

8月14日至15日　中共甘肃省委常委会在定西召开现场会,总结"两西"建设以来的工作经验。省委书记李子奇作了总结讲话。

9月6日　省上在定西召开"三田"(梯田、沟坝地、砂田)建设及小流域治理会议,与会人员参观官兴岔、石家岔、大坪、新集等水土保持重点工程。

11月12日至13日　定西县第十届人民代表大会第二次会议召开。选举马占才(回族)、冯麟、曲秀梅(女)、李子奇、宋得寿、张根生、程培祥为甘肃省第七届人民代表大会代表。

是月　省政协副主席、民革甘肃省委副主任委员蒋云台追悼会在兰州举行,县上部分党政领导参加追悼会。

12月24日　定西县监察局、土地管理局成立。

是年　中共甘肃省委、甘肃省人民政府授予定西县人民武装部和水利水保局扶贫工作先进单位称号。

1988 年

1 月 13 日至 15 日　省委书记李子奇带领省直有关部门负责人来定西县调研。

1 月 26 日　中共定西县委、定西县人民政府为在老山前线参战牺牲的李含俊、祁林邦二烈士及 139 名立功战士授匾。

2 月 2 日　内官营乡政治体制改革试点工作启动。

3 月 8 日　中共定西县委印发《深入开展生产力标准问题讨论的通知》。

3 月 29 日　中共定西县委、定西县人民政府印发《进一步搞活经济的若干暂行规定》。

5 月 5 日　人工增雨在白碌乡作业成功。

6 月 26 日　全国 20 多家新闻单位记者到定西县采访小流域综合治理及乡镇企业。

7 月 16 日　中共中央政治局委员、国务委员兼国家教委主任李铁映来定西考察。

7 月 25 日　全国人大常委会副委员长费孝通第四次来定西考察。

9 月 13 日　定西县经济体制改革办公室成立。

10 月 7 日　城关、内官营和巉口三个经济开发区领导小组成立。

是年　甘肃省人民政府授予定西县"建设基本农田,发展旱作农业先进县"称号。

1989 年

1 月 21 日至 24 日　全县经济工作会议召开,有 500 多人参加。

3 月 18 日　中共定西县委书记高存弟调任定西地区行署专员。

7 月 24 日　定西县被列为全国县级机构改革 9 个试点县之一。

8 月 19 日至 20 日　国务委员、国家科委主任宋健到定西县考察。

10 月 1 日　定西人民广播电台成立。

10 月 7 日　国务委员、国务院贫困地区经济开发领导小组组长陈俊生来定西考察。

10 月 27 日至 30 日　世界银行信用贷款关川河流域水土保持综合治理工程

技术规程评审论证会在定西召开。

12月22日　省委书记李子奇在省军区司令员周越池、省委宣传部长姚文仓陪同下参加在定西举行的全省学雷锋现场会。

12月26日至28日　中国共产党定西县第九次代表大会召开。

1990 年

1月2日至7日　政协定西县第四届委员会第一次会议召开。

1月3日至6日　定西县第十一届人民代表大会第一次会议召开。

2月23日　省委书记李子奇、省长贾志杰来定西县检查备耕生产。

4月27日至28日　省委书记李子奇在省委常委韩正卿、地委书记张国维等陪同下,来定西县调研。

5月20日　关川河指挥部承担的《定西县关川河流域水土保持综合治理工程技术管理规程》获甘肃省水利科技进步二等奖。

7月8日　西巩驿、新集、香泉、东岳、葛家岔等13个乡、33个村的10万亩农田遭受雹灾。

7月25日　中共中央纪律检查委员会副书记陈作霖一行来定西考察小流域综合治理和工业企业。

8月1日　埃塞俄比亚科委代表团团长阿贝贝·穆伦娜一行,考察定西县小流域综合治理。

8月4日　黄土高原综合治理试验示范区定西试区高泉沟小流域治理通过国家验收。

9月3日　地、县党政军领导和数千名群众在定西县城参加"亚运之光"火炬传递引火仪式。

9月26日　甘肃省中部地区横向经济联合促进会第二次理事会暨产品交易会在定西百货大楼开幕。

10月10日　省委书记李子奇参加定西县劳动模范座谈会。

10月22日　美国、法国、意大利、西德和日本驻华使馆馆员考察关川河流域综合治理项目。

是月　国家工商局命名永定集贸市场为"全国文明集贸市场"。

12月5日　中共中央组织部副部长赵宗鼐在省委副书记阎海旺等陪同下来定西考察乡镇企业和小流域治理。

是年　国家土地管理局授予定西县土地管理先进县称号。

国家民委授予定西县全国民族团结进步先进集体称号。

甘肃省人民政府授予定西县"筹措教育经费、改善办学条件先进单位"称号。

甘肃省人民政府授予定西县农田水利基本建设劳动竞赛先进县称号。

1991 年

2月20日　省委书记顾金池来定西县检查乡镇企业。

5月19日　定西县在南川划出50公顷土地建设经济开发区。

5月31日　《定西县志》出版发行。

7月1日下午　县直单位及各乡镇干部职工,收看中共中央总书记江泽民在建党节上讲话实况转播。

7月2日　定西城区无线寻呼系统正式开通。

是月　畜牧兽医工作站承担的《河东百万细毛羊杂交改良技术承包》项目获农牧渔业部农牧渔业丰收三等奖。

11月10日　县委决定在内官营、黑山、西寨、杏园、张湾、青岚山、石峡湾和景家泉等8个乡开展社会主义思想教育,其余乡镇各选2个村进行社教试点。

12月1日　由定西籍人李生江捐款35万元修建的朝阳小学和捐资14.7万元建成的友谊幼儿园举行落成仪式。

12月22日至25日　县长崔振乾赴北京,向中央编委汇报《定西县机构改革方案》实施情况。

12月27日　西兰公路(312国道)车道岭隧道通车。

是年　甘肃省人民政府授予定西县土地管理先进县称号。

甘肃省人民政府授予定西县1990年度"三田"建设一等奖。

1992 年

2月28日　中共中央政治局常委、国务院总理李鹏,中共中央政治局常委宋平,在中南海接见县长崔振乾一行,听取关于定西县机构改革情况汇报。

3月12日　中共定西县委、定西县人民政府印发《认真学习贯彻邓小平同志重要谈话的通知》。

是月　中央电视台《新闻联播》节目报道定西县机构改革情况。

5月6日至7日　甘肃省政协副主席,国务院"三西"建设领导小组副组长黎中来定西县调研。

9月3日　定西城区供水扩建工程在西寨水源地动工。

10月8日15时35分　一架苏制伊尔-14型旅游包机在白碌乡铧尖村迫降时坠毁。

10月30日　中共定西县委、定西县人民政府印发《设立城关、内官营、巉口三个经济开发区建设管理委员会的决定》。

11月13日至14日　省委书记顾金池,省委常委韩正卿来定西县调研。

12月8日　中共中央政治局委员、国务院副总理田纪云第二次来定西县考察。

12月26日至28日　中共定西县第十次代表大会召开,选举李兰图为县委书记。

是年　甘肃省人民政府、甘肃省军区授予定西县人民武装部"民兵预备役部队基层建设先进单位"称号。

全国水资源与水土保持工作领导小组和水利部授予定西县全国水土保持先进单位称号。

甘肃省人民政府授予定西县两西建设扶贫开发暨帮村扶贫工作先进集体称号。

1993 年

2月17日　省长阎海旺带领省直有关部门负责人来定西县调研。

4月1日　县委、县政府召开机关创办经济实体动员大会。

是日　取消城镇居民和农村返销粮凭证供应,全县城乡粮食销售价格全部放开。

4月2日至8日　全国水土保持重点治理定西县治理工程通过国家验收组验收。

是月　定西县玉湖公园奠基仪式在城关苗圃举行。

定西城区给水扩建二期工程并网通水。

7月18日　由定西县水利水保局承担的干旱半干旱地区雨水集蓄利用技术项目通过省上专家组鉴定验收。

8月18日　欧洲共同体官员萨比·让·克罗德·托马斯来定西县考察水土保

持工作。

8月31日至9月2日　中共中央政治局原常委宋平来定西视察。

9月4日　省政协主席黎中陪同台、港考察团在定西县考察开发区建设及小流域治理。

9月8日　中共定西县委印发《关于毛泽东同志诞辰100周年纪念活动的安排》。

9月17日至18日　城关乡中川村厘金局社和宁远乡红土村上街社麦场发生火灾,经济损失19.68万元。

10月17日　定西县雨水集蓄工程通过省级鉴定。

是月　中共定西县委书记李兰图任中共定西地区委员会委员,中共定西地区委员会委员张根生调离。

1994 年

1月16日　定西城区8000门程控电话正式开通。

3月12日　联合国农村青年人口教育培训班在巉口乡举行开学典礼。

5月28日　省委书记阎海旺带领省属有关部门负责人,来定西县检查抗旱工作。

6月16日至17日　省长张吾乐来定西县检查经济运行情况和抗旱救灾工作。

7月6日　中共定西县委、定西县人民政府印发《定西县"七七"扶贫攻坚计划》。

7月13日　崔振乾不再担任定西县人民政府县长职务,由副县长刘金良代理县长。

7月15日　美国农业部水保局埃弗雷特·B·戴尔一行,来定西县考察关川河流域水土保持综合治理工程建设情况。

8月2日　鲁家沟、石峡湾、葛家岔、新集等4乡遭受冰雹和暴雨灾害;7日,香泉、东岳、石泉、御风、景家泉、西寨等乡又受到特大冰雹袭击。两次共造成3.1万亩粮食和经济作物绝收。

8月17日　全国人大常委会副委员长王丙乾来定西县考察。

9月7日　全国政协副主席钱正英率全国政协甘肃考察组来定西县考察。

9月14日至16日　全国八片水土保持重点地区第十次工作会议在定西召

开。

是月　中华路小学校长张兆吉一家三代从教荣获"甘肃省教育世家"称号。

12月7日　由香港新界社团联会捐款20万元港币,地方财政划拨6万元人民币建成的全县第一所"希望学校"在城关乡张家庄村举行竣工典礼。

12月16日至19日　省委副书记赵志宏在地委书记刘生荣、行署专员顾军等陪同下来定西县调研。

是年　定西县城旧城改造东大街拓宽,新建4~6层砖混结构楼房17座。

中共甘肃省委、甘肃省人民政府、甘肃省军区授予定西县"双拥模范城"荣誉称号。

中共甘肃省委、甘肃省人民政府、甘肃省军区授予定西县人民武装部民兵基层组织建设先进单位称号。

1995 年

1月11日　中共中央政治局委员、书记处书记姜春云来定西县考察。

1月12日　定西县第十二届人民代表大会第三次会议补选刘金良为定西县人民政府县长。

是月　内官营镇被国家建设部列为全国小城镇建设试点镇。

6月13日至14日　中共中央政治局候补委员、书记处书记温家宝来定西县考察。

6月20日　江苏省无锡市华西村党支部书记吴仁宝在省委常委、组织部长陆浩,副省长贠小苏等陪同下来定西考察。

7月24日　中共中央政治局常委、国务院总理李鹏来定西视察。

7月25日　中共定西县委、定西县人民政府召开全县"121雨水集流工程"捐助暨实施动员大会。

8月中旬　畜牧兽医工作站承担的《千万头只畜禽塑料暖棚综合养殖技术推广》项目获农牧渔业部农牧渔业丰收二等奖。

9月4日　全国人大常委会副委员长、民盟中央主席费孝通第五次来定西考察。

9月21日　省委书记阎海旺带领省直有关部门负责人来定西县检查"121雨水集流工程"实施情况。

9月25日　朱同心任中共定西县委书记,李兰图不再担任县委书记职务。

10月28日　定西地区最大的马铃薯淀粉生产线投产。

12月24日　中共中央总书记、国家主席、中央军委主席江泽民来定西视察。

是年　定西县被中央综治委、公安部和铁道部评为铁路护路工作先进单位。

1996年

1月21日　广东省汕头市向定西县捐献资金400万元,衣物160万件。

4月3日　中共定西地委书记石作峰,定西地区行署专员张继武来定西县调研。

5月8日　水土保持工作站承担的《水土保持治理措施对位配置推广及深化研究》获甘肃省水利科技进步二等奖。

7月2日　中共中央政治局常委、国务院副总理朱镕基来定西视察。

7月30日　全国政协委员赴甘肃视察团一行来定西县视察小流域治理和"121雨水集流工程"。

8月6日　何振中任定西县人民政府代理县长,刘金良不再担任县长职务。

8月17日　中共中央政治局常委、全国人大常委会委员长乔石来定西视察。

8月20日　以中华人民共和国驻法国大使蔡方柏为团长的外交部部分驻外使节参观团一行来定西县考察"121雨水集流工程"和小流域治理工程。

9月12日　联合国促进妇女参与干旱、半干旱农业发展研讨会在定西县举行。

9月19日　中国南方航空集团公司捐资15万元修建的"南鹰小学"在西巩驿乡河畔村动工。

10月中旬　经省、地评审验收,县第一人民医院晋升为"二级甲等"医院。

11月9日　代理省长孙英带领省直有关部门负责人来定西县调研农田水利建设。

11月20日　副省长贠小苏带领省直有关部门负责人来定西县检查小流域治理和农村经济工作。

12月31日　全国第一次农业普查开始。

是日　定西城区举行万人环城长跑比赛。

是年　中共甘肃省委、甘肃省人民政府、甘肃省军区授予定西县"双拥模范县"称号。

中共甘肃省委、甘肃省人民政府授予定西县"二五"普法先进县称号。

　　中共中央纪律检查委员会办公厅授予定西县纪委"全国纪检监察系统案件管理工作先进单位"称号。

1997 年

　　3 月 14 日　　副省长崔振华来定西县检查商流企业和地方财源建设工作。

　　3 月 25 日　　省委书记阎海旺一行来定西县视察小流域治理和集雨节灌工程。

　　4 月 7 日　　中共中央委员、全国人大常委、中华慈善总会会长崔乃夫一行来定西县调研"121 雨水集流工程"。

　　5 月 4 日　　投资 120 万元、可容纳 6000 名观众的定西体育场竣工。

　　5 月 5 日　　联合国项目管理培训班在定西举办。

　　5 月 10 日　　省长孙英带领"两西"建设指挥部负责人检查小流域治理和农村工作。

　　5 月 18 日　　中共中央政治局委员、全国人大常委会副委员长田纪云来定西考察。

　　5 月 24 日　　参加全国北方小麦生育期地膜覆盖穴播栽培技术现场会的代表来定西县观摩。

　　6 月 1 日　　国务委员、国务院扶贫开发领导小组组长陈俊生,到定西县考察小流域治理。

　　6 月 14 日　　中共中央政治局委员、国务院副总理邹家华来定西县考察。

　　8 月 13 日　　全省放开搞活国有小企业经验交流现场会在定西召开。

　　8 月 19 日　　国务委员、国家科委主任宋健到定西县九华沟流域考察。

　　9 月 1 日　　团中央第一书记李克强到定西县九华沟流域考察。

　　9 月 12 日至 14 日　　由国家水利部、黄河水利委员会和甘肃省水利厅组成的验收组,对定西县列入全国八片水土保持二期重点治理工程第一阶段实施情况进行检查验收。

　　10 月 12 日　　西关市场举行开业典礼。

　　10 月 12 日至 14 日　　兰州军区政委温宗仁一行来定西县考察。

　　10 月 27 日　　何振中任中共定西县委书记,朱同心不再担任县委书记职务。

　　11 月中旬　　畜牧兽医工作站承担的《良种猪及配套饲养技术》项目获农牧渔业部农牧渔业丰收三等奖。

12 月 11 日至 13 日　中共定西县第十一次代表大会召开。

12 月 12 日　省委副书记李虎林来定西县检查农村基层组织建设工作。

同日　当年发生在定西县团结乡中化村化家湾社刘某某一家 4 人被杀的"11·3"特大杀人案告破。

12 月 19 日　省人大常委会主任卢克俭来定西县考察市场建设工作。

12 月 23 日至 27 日　政协定西县第六届委员会第一次会议召开。

12 月 24 日至 27 日　定西县十三届人民代表大会第一次会议召开。

12 月 29 日　经林业部验收,定西县为林业工作站建设合格县。

是年　中共甘肃省委授予定西县全省农村基层组织建设先进县称号。

　　定西县城关镇被中央综治委和人事部评为社会治安综合治理先进单位。

1998 年

2 月 20 日　中共定西地委书记石作峰来定西县检查集雨节灌溉工作。

3 月 23 日　中共定西县委、定西县人民政府印发畜牧、林果、蔬菜和洋芋"四大产业"实施方案。

5 月 27 日　总投资 1244.7 万元的定西县贫困地区义务教育工程启动。

6 月 6 日　国道主干线(310 国道)天(水)巉(口)公路正式通车。

6 月 17 日　代理省长宋照肃来定西县调查研究。

6 月 18 日至 19 日　水利部副部长朱登铨一行来定西县检查水土保持工作。

7 月 1 日　中共定西县委、定西县人民政府召开"水保立县"座谈会。提出"水保立县、农业稳县、工业富县、科教兴县、依法治县"的发展战略。

7 月 15 日　定西县首家有线电视站——内官营镇有线电视站开通。

8 月 13 日　省委书记孙英来定西调查研究。

8 月 17 日　全国人大常委会原委员长乔石一行视察定西县官兴岔流域治理工程和"121 雨水集流工程"。

8 月 19 日　国务委员、国家科委主任宋健来定西县九华沟流域考察。

10 月 18 日　定西地区邮电局分设为定西地区邮政局和定西地区电信局。

10 月 28 日　毛里塔尼亚民主社会共和党全国委员会委员、全国青年临时委员会主席阿卜杜·拉赫曼·马尔德·哈马·瓦扎兹率领青年干部代表团来定西县参观考察九华沟流域治理工程。

12 月 7 日　定西县安居工程在定西城区友谊北路动工。

12 月 28 日　定西县广播电视台成立。

是年　定西县被国家卫生部命名为全国农村人人享有卫生保健规划目标普及阶段先进县。

甘肃省人民政府授予定西县"城镇住房制度改革先进县"称号。

1999 年

1 月 31 日　何振中任中共定西地委委员。

2 月 5 日　省长宋照肃一行来定西县慰问困难职工。

2 月 10 日　中共中央办公厅、国务院办公厅联合督查组来定西县检查"121雨水集流工程"。

3 月 23 日　中共定西县委、定西县人民政府印发《洋芋产业发展规划》《畜牧产业发展规划》《蔬菜产业发展规划》和《南川经济开发区发展规划》。

4 月 14 日　中共定西地委书记张继武来定西县检查农村工作。

4 月 17 日　中共定西县委、定西县人民政府印发《工业富县实施方案》。

5 月 20 日　中共定西县委、定西县人民政府表彰奖励 1997—1998 年度优秀人才。

6 月 15 日　省人大常委会主任卢克俭来定西调研。

7 月 16 日　持续暴雨造成葛家岔乡大营村山体滑坡 6 处，约 69 万立方米，倒塌房屋 34 间。

7 月 28 日　中央"三讲"教育巡视团团长刘广祥一行来定西县巡视。

7 月 30 日　农业部总经济师、国家乡镇企业局局长魏永涛一行来定西县调查研究。

同日　中共定西县委印发《在全县抓紧处理和解决"法轮功"问题的安排》。

8 月 2 日　中共定西县委、定西县人民政府印发《加强小城镇建设的决定》。

8 月 28 日　兰洽会期间，县政府在兰州召开招商引资新闻发布会，并与客商签订总投资 1300 万元的协议。

是月　由全国残疾人联合会组织的送光明医疗队，在定西县无偿实施白内障手术 142 例。

9 月 2 日　全省第三届农民运动会开幕式在定西举行。

9 月 4 日　由中国工程院、中国社会科学院部分院士组成的黄土高原农业考察团，来定西县考察小流域治理、旱作农业试验和扶贫综合技术应用项目。

9月9日　中共中央政治局常委、国家副主席胡锦涛一行视察定西县九华沟流域、花岔流域、无纺织地毯厂、景家泉乡常川村和青岚山乡大坪村。

9月16日　中共定西地委、定西地区行署授予景家泉乡定西地区梯田化第一乡称号。

9月17日　全省第一所"手拉手"小学在西寨乡后湾村落成。

9月26日　巉柳高速公路奠基开工仪式在凤翔镇十八里铺举行。

9月28日　定西县玉湖公园举行开园典礼。

10月12日　东关市场举行开业典礼。

10月14日　定西县水土保持生态环境建设通过国家级验收。

10月22日　中共中央政治局常委、国务院总理朱镕基来定西县视察。

12月7日至8日　省人大常委会主任卢克俭带领部分全国人大代表来定西县考察。

12月10日　经省教委验收,全县26个乡镇全部达到国颁标准脱盲教育。

12月23日至24日　省政协主席杨振杰来定西参加定西地区实施西部大开发战略研讨会。

是月　台湾郑铭家捐资50万元人民币修建的白碌平定小学落成。

是年　定西县作为整体基本解决温饱县受到中共甘肃省委、甘肃省人民政府表彰。

全国双拥领导小组、民政部授予定西县全国爱心贡献功臣先进县称号。

中共甘肃省委、甘肃省人民政府、甘肃省军区授予定西县双拥模范县称号。

2000 年

2月15日　中共定西县委、定西县人民政府印发《关于贯彻实施西部大开发战略的决定》。

2月28日　定西地区行署命名定西城区为"地级科技城"和"地级文化城"。

3月13日　定西县召开退耕还林(草)暨春季植树造林广播动员大会。

3月31日　省委书记孙英带领省直有关部门负责人来定西县检查退耕还林(草)进展情况。

5月6日　科技部部长朱丽兰考察定西国家农业科技园区和九华沟流域治理。

5月11日　国家发改委副主任王春正一行在副省长贠小苏、行署专员刘立军等陪同下,来定西检查农村工作。

5月15日　中共定西县委、定西县人民政府召开乡镇党委书记、乡镇长和县直行政、企事业单位副科级以上干部"三讲"(讲学习、讲政治、讲正气)教育动员会。

6月19日　中共中央总书记、国家主席、中央军委主席江泽民来定西视察。

7月4日　中共中央政治局原常委宋平来定西视察。

7月10日　由甘肃省长城电工环保公司投资2500万元的定西县污水处理项目,在兰州签约。

是月　关川河指挥部承担的《半干旱区农业生态资源畜牧利用模式研究》获甘肃省水利科技进步二等奖。

8月22日　35位中华人民共和国驻外使节来定西县考察退耕还林（草）及"121雨水集流工程"。

8月28日　全国政协副主席陈锦华考察九华沟流域。

9月14日　全国政协副主席万国权一行来定西考察。

9月16日　国务委员、国务院秘书长王忠禹考察定西县小流域治理工程。

9月27日　定西县城关乡更名为凤翔镇,巉口乡更名为巉口镇,宁远乡更名为宁远镇,西巩驿乡更名为西巩驿镇。

10月2日　定西县基本普及九年制义务教育、基本扫除青壮年文盲和普及实验教学工作,通过省上评估验收。

12月11日　中共定西地委副书记石晶一行来定西县检查文明城市创建活动。

12月21日　中国人民银行行长戴相龙来定西考察农村信用社体制改革。

12月27日　省长宋照肃来定西县慰问困难职工和农户。

是年　科技部授予定西县"全国科技工作先进县"称号。

定西县被水利部、财政部联合命名为全国水土保持生态建设"十百千"示范县。

中共甘肃省委、甘肃省人民政府命名定西县为精神文明建设先进县。

中共甘肃省委、甘肃省人民政府命名定西县为法制宣传教育先进县。

2001 年

3月7日　中共定西地委、定西地区行署命名定西城区为"地级文明城"。

3月9日　李家堡乡更名李家堡镇,鲁家沟乡更名鲁家沟镇。

4月7日　中国气象局局长秦大河来定西看望气象工作者。

4月11日　水利部部长汪恕诚一行来定西县调查研究。

4月24日　中共定西县委书记何振中调离。

是月　定西县被中国农学会命名为"马铃薯之乡"。

5月11日至12日　美籍华人邵子凡博士一行来定西考察。

5月26日　中共定西县委印发《在全县农民党员中实施"双富"创业工程的安排》。

8月2日　全国人大常委会原副委员长费孝通第六次来定西考察。

是月　定西县西川旱作农业科技园区被科技部确定为"甘肃定西国家农业科技园区"。

9月7日　王冠军任中共定西县委书记。

9月19日　定西符家川乡、葛家岔乡、香泉回族乡分别更名为符家川镇、葛家岔镇和香泉镇。

9月22日　定西马铃薯贸易洽谈会开幕。

10月11日　中共定西县委在巉口镇召开全县"三个代表"重要思想学习教育活动动员会。

11月26日　定西县团结乡更名为团结镇,称钩驿乡更名为称钩驿镇。

11月29日　副省长郭琨带领省直部门负责人检查国债项目建设情况。

是年　中共甘肃省委、甘肃省人民政府授予定西县精神文明建设先进县称号。

中共甘肃省委、甘肃省人民政府授予312国道定西县境内路段"文明样板路"称号。

2002 年

1月4日　中共定西县委、定西县人民政府印发《定西县机构改革和人员编制精简方案》。

1月7日　中共定西县党员代表会议召开,选举王冠军、李旺泽、冉桂英为出席省第十次党代会代表。

1月19日至22日　定西县第十三届人民代表大会第五次会议召开,选举李旺泽为人民政府县长。

3月10日18时08分　定西县巉口镇境内北纬35度44分、东经104度27分发生2.1级地震。

5月18日　全国政协副主席杨汝岱来定西考察。

5月26日　定西教育学院建筑现场,发现一座金代仿木画像砖木合葬古墓。

6月9日18时16分和21时30分　定西县境内先后两次遭受冰雹袭击,造成凤翔镇、巉口镇、称钩驿镇、景家泉乡、李家堡镇、张湾乡、宁远镇和青岚山乡等8个乡镇7933.3公顷农作物受损。

6月13日　国家计委引洮工程考察团来定西县考察。

8月3日　"华夏故土地图"取土活动在定西县巉口镇"新莽权衡"出土处康家河沿举行。

8月4日　一辆牌号为甘A.16334的大客车在定西县凤翔镇柏林村响河沟被山洪冲入沙沟,造成28人死亡、6人受伤。

8月5日　中国残联主席邓朴方在省委常委、副省长洛桑灵智多杰陪同下来定西县考察残疾人协调工作。

8月31日　全国退耕还林现场经验交流会代表来定西县参观。

9月26日　全国政协副主席、民革中央常务副主席周铁农来定西考察"引洮工程"。

是日　定西第二届马铃薯贸易洽谈会召开。

10月13日至14日　全国八片水土保持工程项目验收会议在定西召开,冯家岔等32条重点治理小流域通过验收。

10月17日至18日　21世纪中国区域生态经济可持续发展论坛在定西举行。

11月26日　省长陆浩来定西县检查工作。

是月　饲草饲料站承担的《草产品综合开发利用技术推广》项目获农牧渔业丰收二等奖。

12月8日　中共定西县第十二次代表大会召开。

12月9日　省人大常委会主任卢克俭一行来定西县调研。

12月25日至29日　政协定西县第七届委员会第一次会议召开。

12月26日至29日　定西县第十四届人民代表大会第一次会议召开。

是月　定西县被国务院正式批准为对外开放县。

是年　定西县被国务院扶贫办确定为国家扶贫重点县。

2003 年

2 月 14 日　省长陆浩来定西县调研党风廉政建设及领导班子建设。

4 月 13 日　中共中央政治局常委、全国政协主席贾庆林来定西视察。

4 月 19 日　定西发现两例输入性非典型性肺炎患者。

4 月 21 日　中共定西县委办公室、定西县人民政府办公室印发《加强非典型肺炎防治工作的通知》。

4 月 30 日　定西县召开防治"非典"工作广播电视会议,强调要切实抓好全县"非典"防治工作。

5 月 6 日　定西县人民政府印发《全县草畜转化整村推进工作的实施意见》。

5 月 19 日　国家税务总局局长谢旭仁一行来定西调研。

5 月 30 日　中共定西县委印发《2002—2006 年"双培双带"工程规划》。

6 月 24 日　中共甘肃省委、甘肃省人民政府表彰全省防治非典型肺炎工作先进基层党组织和优秀共产党员。香泉镇党委、工商局党总支、县医院党支部被评为先进基层党组织;县医院副院长支莲英、卫生防疫站站长何佩琴、公安局干警潘汉东被评为全省防治非典型肺炎优秀共产党员。

8 月 7 日　定西县列为"国际雨水集蓄利用技术培训班"教学基地,首届来自 19 个国家的 40 名学员参观学习。

8 月 26 日　根据国务院批复,撤销定西县,设立定西市安定区。

8 月 31 日　全国人大常委会原副委员长费孝通第七次来定西考察。

9 月 14 日至 15 日　全国人大常委会副委员长、民进中央主席许嘉璐来定西考察。

9 月 19 日　定西第三届马铃薯投资贸易洽谈会召开。

9 月 24 日　举行定西市安定区设立大会暨中共安定区委、安定区人大常委会、安定区人民政府、政协安定区委员会揭牌仪式。省委常委、宣传部长陈宝生,省人大常委会副主任胡惠娥,中共定西市委书记石晶,定西市市长武文斌等参加。

12 月 5 日　玉湖公园获国家 AA 级旅游点资质。

是年　中共甘肃省委、甘肃省人民政府授予安定区人民武装部支援地方建设先进单位。

安定区被中共甘肃省委、甘肃省人民政府、甘肃省军区评为"双拥模范县(区)"。

安定区人武部被中共甘肃省委、甘肃省人民政府、甘肃省军区评为拥政爱民先进集体。

2004 年

1月6日　省委副书记韩忠信、省长助理郝远一行来安定区慰问企业困难职工。

是日　全国妇联、甘肃省妇联"送温暖、三下乡"活动在巉口镇举行。

1月17日　李旺泽任中共安定区委书记。

2月17日至19日　安定区第十届人民代表大会第三次会议召开,选举郭维团为安定区人民政府区长。

2月18日　葛家岔镇境内发生一起交通事故,造成8人死亡、24人受伤。

是月中旬　中共安定区委、区人大常委会、区人民政府和政协安定区委员会四大班子及所属机构,统一搬进新落成的公园路统办大楼。

3月3日　甘肃省人民政府授予安定区无毒县区称号。

4月8日　330千伏定西变电站工程竣工。

5月17日　中共中央政治局常委、书记处书记、国家副主席曾庆红一行来安定区视察。

5月23日至24日　参加上海"全球扶贫大会"的代表来安定区考察。

5月26日　浙江省金华市委书记汤黎路一行来安定区考察。

5月28日　安定区鲁家沟镇与巉口镇交界处,北纬35度49分,东经104度32分,发生3.2级地震,无人员伤亡。

6月17日　安定区梯田化通过省级验收。

7月15日　美国农业部水土保持局埃弗雷特·B·戴尔一行考察关川河流域综合治理。

7月22日　第二届"国际雨水集蓄利用"培训班35名学员来安定区参观学习。

7月25日　中共中央政治局常委、中央纪律检查委员会书记吴官正来安定区视察。

8月3日　甘肃省农村计划生育家庭奖励扶助试点资金首发仪式在内官营镇举行。

8月12日　由《人民日报》、中央人民广播电台、《经济日报》和《中国青年报》

等新闻媒体组成的记者团联合采访安定区生态建设实况。

8月22日　安定区召开纪念邓小平100周年诞辰座谈会。

9月6日　安定区在定西火车站举行欢送仪式,2000余名农民工赴新疆生产建设兵团采摘棉花。

9月13日至14日　中国·定西马铃薯产销衔接洽谈会在安定区举行。

9月15日　中央电视台新闻频道报道中国·定西马铃薯产销衔接洽谈会情况。

9月16日　省委副书记王宪魁来安定区调研马铃薯运销工作。

9月21日　安定区举行马铃薯专列发运仪式,2820吨马铃薯从定西火车站发往郑州北站。

10月21日　中央电视台《新闻观察》栏目以《洋芋蛋变成金蛋蛋》为标题,报道安定区马铃薯产业情况。

11月4日　中共安定区委、安定区人民政府印发《乡镇行政区划调整工作方案》。全区共辖12镇7乡和2个街道办事处。

11月20日　定西市易地搬迁工作现场会议分别在内官营镇和鲁家沟镇召开。

12月31日　全国第一次经济普查开始。

是年　中共甘肃省委授予安定区"农村基层组织建设先进县(区)"称号。

2005年

1月10日　由中国红十字会、甘肃省红十字会、香港汇丰银行上海分行组织的"红十字博爱送温暖"活动捐赠仪式,在称钩驿镇平安村金川小学举行。

1月12日　中央电视台报道巉口镇生态环境建设情况。

1月24日　安定区保持共产党员先进性教育活动工作会议召开。

2月25日　天(水)—巉(口)公路定西市安定区十八里铺附近发生一起交通事故,造成11人死亡、21人受伤。

3月30日　市委书记、市人大常委会主任石晶一行来安定区调研。

是日　安定区水土保持生态建设图片展览在水利部"阳光展厅"展出。展览面积70平方米,展出图片540张。

4月11日　副省长冯健身一行来安定区调研。

4月13日至14日　全国人大常委会副委员长、民盟中央主席丁石孙,全国政协副主席、民盟中央常务副主席张梅颖,全国人大常委、民盟中央副主席李重庵一行来安定区考察。

4月25日　全区实施农村义务教育阶段贫困学生免除教科书费、学杂费和补助寄宿生生活费。

5月9日　中共中央政治局委员,国务院副总理回良玉来安定区考察。

5月14日　甘肃省2005年科技活动周启动仪式在西川科技园区博览中心举行。

5月16日至17日　甘肃省劳务工作现场会在定西召开。

5月25日　甘肃省"千名医师支持农村卫生工程"县乡联动项目启动会议在安定区召开。

5月30日13时30分到18时30分　安定区葛家岔、青岚山、鲁家沟、西巩驿、石泉、李家堡、宁远、石峡湾、白碌等9个乡镇先后遭受冰雹灾害,造成1人因触碰被损电线死亡。

6月29日　全区参加全国普通高校招生考试,本科上线人数达到1101人。

8月24日至25日　甘肃省以工代赈易地搬迁中西部片区会议在安定区召开。

是月　水利水保局承担的《黄土高原半干旱地区径流调控技术体系研究》获甘肃省水利科技进步一等奖。

9月12日至13日　中国·定西2005年马铃薯产业发展暨经贸洽谈会在安定区召开。

9月14日　蒙古国公民意志共和党总书记、国家大呼拉尔委员蒙·卓里格特一行来安定区考察。

9月23日　安定区石泉乡合营村庙坪遗址、巉口镇三十里铺村汉墓群、西巩驿镇栗家川村汉墓群、内官营镇边家村陈氏祖茔碑刻、凤翔镇永定村许公纪念馆等五处文物遗迹被确定为安定区第三批县(区)级文物保护单位。

是月　安定区公安局建成集110、119、122综合系统为一体的指挥中心。

10月27日　市委书记、市人大常委会主任石晶一行来安定区调研。

11月11日　浙江省金华市委书记徐止平带领党政代表团来安定区考察并向"金华林"建设工程捐助资金400万元。

12月3日　由安定区水利水保局承担的"半干旱区水保生态修复技术与可持续发展研究"课题通过甘肃省科技厅鉴定验收。

12月12日至14日　人民日报社、新华社、新华网、人民铁道报社等媒体记者联合采访安定区马铃薯产业发展情况。

12月23日　省长陆浩一行来安定区慰问困难群众。

是月　马琴等主持的《无特定疫病兽禽养殖场建立与示范研究》项目获农牧渔业部农牧渔业丰收二等奖，李爱萍等主持的《蝇蛆蛋白质饮料的开发利用研究》项目获农牧渔业部农牧渔业丰收三等奖。

2006 年

1 月 21 日　安定区人民医院更名为定西市第二人民医院。

4 月 28 日　安定区马铃薯综合交易中心扩建方案出台。

5 月 25 日　区委书记李旺泽参加北京 "中国扶贫开发 20 周年纪念座谈会"，并作题为《历史性跨越》的发言。

6 月 9 日　农业部测土配方施肥项目在安定区启动。

是日　经教育部教学指导委员会评估验收，定西职业中专晋升为国家级重点职业学校。

6 月 26 日　安定区人民政府发布第 1、第 2、第 4、第 5 号令，公布《安定区农村医疗救助实施细则》《安定区城市居民最低生活保障实施办法》《安定区城市医疗救助实施细则》《安定区农村人畜饮水工程管理办法(试行)》。

8 月 24 日　省委副书记王宪魁一行来安定区调研。

9 月 28 日　安定区被评为全国农田水利基本建设先进县(区)。

10 月 14 日　总投资 3800 万元的甘肃超兴淀粉制品有限公司6000 吨马铃薯全粉生产线在安定区试车成功。

10 月 16 日至 17 日　中国·定西 2006 年马铃薯产业发展论坛暨经贸洽谈会在安定区西川国家农业科技园区召开。

11 月 22 日　九甸峡水利枢纽及引洮供水一期工程在燕子坪举行开工庆典。

12 月 1 日　中共安定区委、安定区人民政府印发《关于开展以 "讲政策思路、讲法律法规、讲技术信息" 为主要内容的农村宣讲教育活动安排意见》。

12 月 13 日至 16 日　中共安定区第十三次代表大会召开。

12 月 31 日　全国第二次农业普查开始。

是年　安定区被中宣部和司法部评为法制宣传教育先进县(区)。

定西城区被中共甘肃省委、甘肃省人民政府、甘肃省军区命名为 "双拥模范城"。

2007 年

1月2日　安定区陇曲剧团团长刘福当选陇人十大骄子。

1月6日至10日　政协安定区第八届委员会第一次会议召开。

1月7日至10日　安定区第十五届人民代表大会第一次会议召开。

1月8日　市长杨子兴一行来安定区调研。

2月4日　中共中央政治局委员、国务院副总理回良玉来安定区考察。

2月17日　中共中央总书记、国家主席、中央军委主席胡锦涛来安定区视察。

3月9日至10日　安定区召开全区工作会议,传达胡锦涛总书记、回良玉副总理视察甘肃时的讲话精神。

4月5日　市委书记、市人大常委会主任石晶一行来安定区调研。

4月10日　中共安定区委决定在全区开展"作风建设年"活动。

是月　安定区对符合条件的农村低保对象全部实施最低生活保障。

4月20日　由新华社、人民日报、中央电视台、中央人民广播电台、农民日报和健康报等媒体组成的记者团,采访安定区农村合作医疗情况。

5月29日　副省长泽巴足到鲁家沟镇和巉口镇检查抗旱生产。

6月12日　由甘肃中辰马铃薯种薯有限公司投资350万元建设的全市最大的马铃薯种薯库在石泉乡开工建设。

6月29日　定西市文天祥纪念馆陈列室举行开馆仪式。

7月27日　经安定区"户户通电"工程建设小组检查验收,确认全区通电率达到100%。

8月6日　省委书记、省人大常委会主任陆浩一行来安定区调研引洮工程建设情况。

8月9日至10日　副省长咸辉一行来安定区调研卫生和计划生育工作。

8月15日　中共中央政治局委员、书记处书记、中央宣传部部长刘云山来安定区考察。

8月18日至19日　中国水土流失与生态安全综合科学考察团来安定区考察。

8月25日　安定区荣获国家林业局"全国退耕还林先进县(区)"称号。

8月26日　安定区引洮供水一期工程建设征地工作领导小组成立。

9月8日　区上召开庆祝教师节暨表彰大会。

9月21日　纺织专用马铃薯变性淀粉生产线在安定区建成投产。

9月28日　中国·定西马铃薯产业经贸洽谈会召开。

是日　《甘肃日报》报道,安定区马铃薯产业总产值达到11亿元,占全区工农业总产值的33%;农民人均马铃薯收入达1200元,成为全国马铃薯产业收入最多的县(区)之一。

11月1日　国家大型商品粮生产基地建设项目甘肃优质马铃薯生产基地建设项目专家组来安定区考察工作。

11月16日　甘肃省军区领导机关"送温暖、献爱心"活动及捐赠仪式在立交桥广场举行。

11月19日　全省铁路护路联防暨推进创建平安铁路示范路段现场会在安定区召开。

12月5日　新加坡吉保集团总裁高克诚一行来安定区考察马铃薯产业情况。

12月10日　安定区农村宣讲教育活动启动仪式在鲁家沟镇举行。

12月14日至15日　水利部专家组和省水土保持局专家来安定区验收国家水土保持定西项目。

2008年

1月21日　安定区荣获农业部"全国粮食生产先进县(区)"称号。

2月17日至18日　春季人力资源推介对接洽谈会在定西宾馆举行。

3月24日　定西市代理市长许尔锋一行来安定区调研。

4月4日　国家发改委经贸流通司司长尹淑琴一行来安定区考察定西马铃薯综合交易中心建设。

4月11日　省委副书记刘伟平一行来安定区调研。

4月13日　商务部市场体系建设司胡俭萍一行来安定区检查马铃薯综合交易中心建设。

4月17日　市委书记杨子兴,代理市长许尔锋一行来安定区调研。

4月22日　市区举行城市重点建设项目开工典礼。

5月12日　下午2点28分,四川汶川发生8级强烈地震,波及安定区,农村部分房屋受损。

5月15日　安定区举行抗震救灾捐款仪式。

5月18日　国家地震局专家来安定区评估地震灾害。

6月10日　省委书记、省人大常委会主任陆浩一行来安定区检查抗震救灾和灾后重建工作。

6月12日至13日　省委常委、副省长刘永富一行来安定区调研。

6月25日　2008年普通高校招生本科录取最低控制分数线正式公布，安定区本科上线2006人，上线率达到22.23%，居全市之首。

7月4日　浙江省金华市市长陈昆忠一行来安定区考察。

7月29日　安定区组团到宁夏回族自治区、内蒙古自治区和陕西省考察马铃薯产业发展情况。

8月25日　副省长泽巴足一行来安定区调研。

8月26日　甘肃、宁夏两省(区)农产品铁路运输现场会在安定区召开。

8月29日　甘肃省科普队"百千万科普惠农"下乡活动仪式在立交桥广场举行。

9月2日　浙江省金华市政协主席陈章风一行来安定区考察工作，捐赠100万元用于"金华林"建设。

9月4日　甘肃省农村公路建设质量年活动现场会在安定区召开。

9月9日至10日　甘肃省村镇建设定西现场会召开，与会人员观摩了鲁家沟、巉口、青岚山、宁远和李家堡等乡镇村镇建设情况。

9月18日至19日　中国·定西马铃薯大会在安定区召开，全国政协副主席、民革中央常务副主席厉无畏出席会议并宣布大会开幕。

10月20日　安定区风景水土保持生态建设示范区通过水利部和甘肃省水利厅专家组验收。

10月21日　中央学习实践科学发展观活动指导检查组一行来安定区调研。

11月6日　省委副书记、省长徐守盛一行来安定区调研。

11月7日　甘肃省"农村党员致富能力培养工程"在定西市启动，安定区石泉乡大下坪村、鲁家沟镇太平村、内官营镇锦屏村、香泉镇后湾村、葛家岔镇北坪村、石峡湾乡清水村6个村率先成为试点村。

11月21日　由中央宣传部和地方政府投资100万元兴建的青岚山乡文化站落成。省委常委、宣传部长励小捷，定西市委书记、市人大常委会主任杨子兴参加揭牌仪式。

11月21日　定西市"转变作风、服务三农"现场会在安定区召开。

12月12日　中央电视台新闻频道《我们的30年》栏目播出《大坪村：山坡地上的致富路》。

12月17日　中共安定区委、安定区人民政府印发《关于集体林权制度改革的实施意见》。

12月31日　全国第二次经济普查开始。

2009 年

1月6日　省委副书记刘伟平、副省长石军、省政协副主席黄选平带领省直有关部门负责人慰问安定区下岗职工。

2月9日　省委常委、宣传部长励小捷一行来安定区慰问，并观看定西城区"欢乐之春"社火会演。

2月11日　省委书记、省人大常委会主任陆浩，省委副书记刘伟平一行检查抗旱生产工作。

2月12日　省人大常委会副主任崔玉琴一行来安定区调研帮村扶贫工作。

2月13日　副省长石军一行来安定区调研工业经济运行和循环经济推进情况。

2月24日　市委书记、市人大常委会主任杨子兴一行来安定区调研。

是日　中央巡视组来安定区督察学习实践科学发展观活动开展情况。

4月1日　中央各大媒体"喜看农村新面貌"专栏记者团来安定区采访。

4月24日　省委常委、省人民政府副省长刘永富带领省直有关部门负责人来安定区检查中央储备粮库情况。

4月24日　副省长郝远一行来安定区调研。

5月13日　经水利部专家组检查验收，确定安定区为全国梯田建设模范县（区）。

6月22日　国家部委联合调研组来安定区调研。

6月23日　中国·荷兰马铃薯产业发展研讨会在安定区召开，与会人员现场考察安定区马铃薯产业发展情况。

6月25日和26日　安定区部分乡镇遭受严重冰雹袭击。灾害造成宁远镇等8个乡镇的37个村214个村民小组6744户28711人受灾，经济损失7024万元。

7月9日　定西市区工业污水处理管网工程建设开工。

7月31日　位志荣任中共安定区委书记。

8月1日　甘肃农资中部物流配送中心在南川经济开发区举行开工奠基仪式。

8月12日　全国人大常委会副委员长、民盟中央主席蒋树声一行来安定区考察。

8月20日　定西市循环经济产业园区在安定区凤翔镇十八里铺正式启动。

9月1日　安定区廉租房建设项目在新城区开工。

9月7日　全区科技教育大会召开,会议表彰五年来科技教育先进集体和先进个人。

9月8日　甘肃省工商行政管理系统现场观摩交流会在安定区召开。

9月11日　甘肃省乡镇综合文化站建设现场会在安定区召开,副省长咸辉到会讲话,与会代表观摩了巉口和李家堡两个镇的综合文化站。

9月25日至27日　中国·定西马铃薯大会在安定区召开。

9月28日　安定区在灯光球场举办庆祝新中国成立60周年大合唱。

10月12日　甘肃省国税系统普法教育基地揭牌仪式在内官营国税所举行。

10月17日　中共中央政治局常委、国务院总理温家宝来定西视察。

10月22日　在定西职业中专的基础上,成立定西理工中等专业学校。

10月24日　《甘肃日报》报道,经农业部专家组对安定区内官营镇万亩玉米示范片进行田间测产,平均亩产达901.8公斤,创全国旱作区玉米产量最高纪录。

11月4日　中央书记处书记、中央纪律检查委员会副书记何勇来定西考察。

11月5日　省政协主席陈学亨带领省政协考察组考察引洮供水一期工程建设情况。

12月4日　市委副书记、市长许尔锋一行来安定区调研。

12月6日　副省长泽巴足来安定区调研。

12月30日　省人大常委会副主任孙效东一行来安定区考察马铃薯产业。

是年　位于凤翔镇福台村一带的新城区建设动工,规划建成"一环、三轴、六片区"。

2010 年

1月5日　省人大常委会副主任朱志良、副省长泽巴足、省政协副主席黄选平一行来安定区慰问职工和农户。

1月11日　教育部总督学顾问、全国中职中小学学习实践科学发展观活动

第六巡回指导组组长刘仲一行来安定区调研。

1月30日　省委常委、常务副省长冯健身陪同教育部副部长鲁昕一行来安定区调研教育工作。

2月1日　省妇联、省红十字会"送温暖、献爱心、促和谐"活动启动仪式在鲁家沟镇举行。

2月27日　省委书记、省人大常委会主任陆浩一行来安定区检查备耕抗旱工作。

2月28日　安定区举行2010年春节社火集中会演。

3月2日　副省长泽巴足来安定区检查指导备耕抗旱工作。

3月8日　安定区举行千名党员志愿者行动启动仪式。

3月18日　定西市委副书记、市长许尔锋一行来安定区调研。

3月26日　兰州公路运输枢纽东部物流园区项目签约仪式在安定区举行。

3月31日　省委副书记刘伟平一行来安定区调研企业生产经营情况。

4月17日　省政协主席陈学亨来安定区调研扶贫开发工作。

4月19日　安定区举行为青海玉树地震灾区捐款活动。

5月6日　省人大常委会副主任崔玉琴、省政府副省长张晓兰、省政协副主席李永军一行来安定区参加甘肃省实施"大地之爱·母亲水窖"项目十周年纪念活动。

5月20日　由共青团中央和农业部主办的"保护母亲河—种草护草、有你有我"活动启动仪式在巉口镇举行。

5月21日　内官营烈士陵园搬迁奠基仪式在内官营镇锦鸡塬山举行。

5月25日　省委常委、宣传部部长励小捷来安定区调研。

6月1日　赵众炜任中共安定区委委员、常委、副书记、安定区人民政府代理区长,安定区人民政府区长郭维团调离。

6月27日　引洮供水一期工程9号隧洞出口至内官营镇稍家沟斜井主洞贯通。

7月12日　市委书记杨子兴一行来安定区调研。

7月13日　参加第六期国际雨水集蓄利用技术培训班的35名专家学者来安定区参观。

7月19日　举行定西湖公园及大小涧沟景观工程开工典礼。

8月2日　安定区召开政府机构改革动员大会。

8月16日　安定区在民主路举行档案局(馆)新馆开馆仪式,省委副秘书长刘玉生,市委常委、秘书长郑红伟,区委书记魏志荣分别讲话。

8月25日　副省长郝远一行来安定区调研教育工作。

8月30日　定西理工中专举行欢迎仪式,接受来自舟曲特大泥石流灾区的919名学生借读。

8月31日　甘肃省委原书记李子奇一行来安定区检查指导工作。

9月3日　第二轮区志编纂启动。区委办公室、区人民政府办公室印发《关于调整安定区地方志编纂委员会的通知》。

9月5日　区委书记位志荣、区长赵众炜、副区长柴生芳参加安定籍在京人士恳谈暨项目推介会。

9月6日　区委书记位志荣、区长赵众炜参加在北京举行的中国·定西马铃薯大会新闻发布会。

9月9日　省人大常委会原副主任李文辉带领省上离退休干部来安定区考察。

9月15日　省委副书记鹿心社一行来安定区调研马铃薯产业和农村经济工作。

9月15日至17日　中国·定西马铃薯大会在安定区召开。

是日　全国政协副主席、民盟中央第一副主席张梅颖在省政协主席陈学亨,省委副书记鹿心社,省政协副主席、民盟甘肃省委会主委张世珍陪同下,调研马铃薯产业。

10月10日　全国首届沼气生产技能大赛在鲁家沟镇举行。

11月4日　省委原副书记李虎林一行来安定区调研。

11月9日　安定区召开乡镇机构改革工作会议。

11月23日　省委常委、副省长冯健身一行来安定区调研。

12月1日　中共安定区委、安定区人民政府印发《关于开展以"讲科学发展、讲政策法规、讲技术信息"暨"送支农物资、送科技文化、送医疗卫生"为主要内容的农村宣讲教育活动安排意见》。

12月18日　省委副书记、代理省长刘伟平来安定区调研企业生产和特色产业发展情况。

12月30日　定西市委常委、中共安定区委书记位志荣参加北京"农超对接"第三方服务平台暨新发地农产品电子商务平台启动仪式。

12月31日　第六次全国人口普查开始。

是年　安定区荣获农业部"全国粮食生产先进县(区)标兵"称号。

特　载

党和国家领导人视察安定

胡耀邦

1986 年 5 月 18 日，中共中央总书记胡耀邦，中共中央政治局委员、国务院副总理田纪云亲临定西视察。在国务院"三西"领导小组组长林乎加及省委书记李子奇，副书记侯宗宾、卢克俭等的陪同下，胡耀邦一行首先来到定西县车道岭林场，听了地委书记韩正卿的汇报，对林场的绿化深表满意。李子奇介绍了景家泉乡新坪村扶贫户唐俊元家的情况，还指了指新盖的房子。胡耀邦一行又来到石家岔流域，他看着郁郁葱葱披上绿装的荒山，也看到尚未恢复植被的秃岭。听了现场介绍，总书记表示："要百折不挠，打持久战。"

中午时分，总书记来到地委。休息片刻后，便开始听取地委、行署的工作汇报。首先详细过目了定西地区行政区划图，然后一一询问了参加汇报的地委、行署负责同志以及各县县委书记、县长的姓名、年龄、籍贯、文化程度和各县的面积、人口、山水等情况。当韩正卿代表地委、行署作工作汇报时，胡总书记穿插询问了全区的粮食产量、作物品种、林草发展、畜牧现状以及群众吃粮、饮水等一系列与人民生活息息相关的情况，并在商品生产的发展、各项事业的建设、干部的培养使用等方面做了重要指示。听完汇报后，林乎加介绍了"三西"建设在定西的情况。田纪云听了地委、行署的工作汇报后，充分肯定了定西人民艰苦奋斗的成绩，并提出了殷切的希望。他送给定西人民这样两句话："向后看，成绩很大，信心增强；向前看，持之以恒，前途光明。"座谈中间休息时，胡总书记接见了正在定西工作的中央讲师团的同志，同他们作了亲切交谈，并合影留念。晚饭后，总书记应地委领导同志请求，挥笔题词"旱塬斗天，草木当先，百折不挠，造福万年"。

江泽民

1995 年 12 月 24 日，中共中央总书记、国家主席、中央军委主席江泽民视察定西。上午 11 月 30 分，来到鲁家沟乡太平村，闻讯赶来的干部群众以热烈的掌声欢迎江总书记的到来。在人们的簇拥下，江总书记先后徒步踏进半山坡上的李奎、张淑芳、李左清 3 户贫困户家门，坐在炕沿上仔细地问吃问穿、问寒问暖，把带来的棉被、面粉等钱物送到农民手里，亲自把棉大衣披到了李奎他们的身上。3 户人家都讲,今年政府扶持村里人搞了"121"雨水集流工程,并把江总书记引到自家水窖前,打开井盖,提上一桶桶清亮甘甜的水时,江总书记很感兴趣,连声问:"水窖满不满?够不够吃?"听了满意的回答,江总书记忍不住笑出了声。当30余岁的张淑芳代表定西人民说出"盼望能把洮河水引过来"的美好愿望时,江总书记停住脚步爽朗地一笑道:"这个心愿,省、地的同志都向我作了汇报,看来深得民心啊!"当得知大部分农户明年春播的籽种还没有时,马上对地区领导说:"这是一件大事,一定要千方百计想办法解决。"

下午3时,江总书记兴致勃勃地登上官兴岔流域的山顶,用望远镜把那里的山上山下看了一遍。当他看到山头林木成行,山腰梯田层层,山沟也修成蓄水塘坝时,高兴地连声说:"好!好!"地委书记韩正卿对江总书记说:"群众把这一带形容为'山顶戴帽子,山腰系带子,沟底穿靴子'。后来又加两句'找到新路子,狠狠抓票子'。"总书记听到最后一句话时,风趣地说:"票子就是钱啦!"同时,还问了定西县大旱之年,梯田的收成情况怎么样。得知梯田总比山地好一些的答复时,他满意地说:"你们搞的小流域治理,就是加强农业,改变生产条件,脱贫致富的好路子,这个路子应该坚持走下去。"

在官兴村车道岭社,江总书记走进村民郑耀华家,高兴地同郑耀华拉起了家常。郑耀华向总书记汇报说,今年虽然遭受严重旱灾,人均产粮只有160斤,但家里的存粮还有6000多斤时,总书记站起身:"走,去你家粮仓看看。"总书记摸着堆得高高的两簖麦子说:"这我就放心了!"一进车道岭社村民王彦雄家,总书记便问:"你家的水窖在哪儿?"当他看到主人在水窖边上刻着"吃水不忘共产党"时,对王彦雄说:"是呵,水对人来说太重要了!"王彦雄也感慨地说:"过去我们这里吃水可难了。现在好了,多亏了党和政府帮咱修了这'121'雨水集流工程。"

回到兰州后,江泽民总书记对省上党政领导同志说:"今年,你们动员各方面的力量,在干旱地区帮助30万贫困户搞了储水窖,我看是一大实事,我去实地看了,确实了不起。"他还说:"没看到这些之前我很感到忧愁,两面都是大山,水怎么办啊!三天不吃饭不要紧,三天不喝水不得了。'121'工程解决了干旱山区的饮用水问题,群众称之为'爱民工程',这个事做得好,是深得民心的。"

视察期间,江泽民总书记题词:"群策群力,定西大有希望。"陪同江总书记视察的有中央军委、国务院办公厅、农业部、中国人民银行总行、国家计委、经贸委、财政部、民政部、兰州军区及省、地负责同志王克、曾庆红、曾培炎、周正庆、刘江、戴相龙、阎海旺、刘精松、张吾乐、顾军、张继武等,县上在家领导和部分干部群众等候、陪同视察。

2000年6月19日,中共中央总书记、国家主席、中央军委主席江泽民和随行的中央政治局候补委员、书记处书记、中央组织部部长曾庆红第二次专程视察定西。在省委书记孙英、省长宋照肃等领导的陪同下,江总书记来到九华沟小流域制高点,听着地委委员、县委书记何振中的介绍,看着层层平整的梯田如碧绿的翡翠腰带在群山环绕,山顶新栽的小树在微风中轻轻摇摆……"几年没来,定西的变化还真不小。原来光秃贫瘠的山梁如今都变绿了。"望着周围连绵起伏的浅绿色群山,江泽民十分欣慰。在山顶的一口水窖前,江泽民停下了脚步。"这是雨水集流工程的水窖。有了它,一年只要下上几场透雨,我们浇树浇地的水就全有了。"何振中介绍说。"是吗?你们把'121'工程搬上了山,推广到农田,真是不简单。"江泽民夸奖道。在山顶,江泽民嘱托随行的省委、省政府领导:一个地区面貌的根本改变,需要许多代人的持续努力,不能毕其功于一役,我们必须充分做好长期艰苦奋斗的思想准备,又要有只争朝夕的紧迫感,力争用5到10年的时间,使西部地区基础设施和生态环境有明显进展,同时加快资源优势向经济优势转化的过程,初步形成具有西部特色的地区经济。看到靠近山顶的地方,农民们正在技术人员指导下种树,江泽民快步走过去,与大家亲切交谈。"你们种的这是什么树啊?""是美国大仁用杏。""政府的退耕还林政策,你们觉得好吗?""好,好!"离江泽民最近的景家泉乡官兴村农民黄世雄大声回答。"你今年多大年纪了?全家几口人?一年收入多少?家离这远吗?"江泽民十分关切地问。"我今年57岁,全家俩大人,三个娃娃,人均收入1200元,口粮够吃着哩!从家里到这儿就十分钟的路。"听了这些回答,江泽民脸上露出满意的笑容。在一株新栽的杏树苗前,江泽民提起一桶水,仔细地浇在树苗的根部。"这片杏树什么时候能够成林?"江泽民指着眼前的树苗问。"有10年就成了。到时候,我们把杏子给总书记寄去尝尝。"江泽民眼望群山,开怀大笑。"10年后,我再来,看看这片杏林。"临行前,江总书记高声向在场的农民说:"希望你们继续努力,让山都绿起来。""一定不辜负总书记的期望。"人们争抢着回答。望着总书记远去的车辆,群众不停地挥手致意。

中央和国家机关有关部门负责人王刚、曾培炎、华建敏、陈耀邦、由喜贵、虞云耀、王沪宁、李子彬、贾延安等陪同考察。

胡锦涛

1999年9月9日,中共中央政治局常委、国家副主席胡锦涛专程来定西视察工作。在省委书记孙英,省长宋照肃,省委常委、秘书长牟本理,行署专员刘立军,地委副书记王仲保,定西县县长王冠军等领导的陪同下,胡锦涛一行先后深入到九华沟流域、花岔流域、甘肃无纺织地毯厂、景泉乡常川村、青岚乡大坪村调查研究,走访了刘学智、敬志雄、冉彩、冉芳等 5 家农户。

在九华沟小流域,胡锦涛听取县长王冠军的汇报之后,对定西县多年来坚持"水保立县",全力改善农业基础条件的做法给予充分肯定。他说,中华民族有团结一心、吃苦耐劳、不畏艰难的优良传统,1998 年的抗洪体现了这一点,使国际社会看到了中华民族战无不胜的光辉形象。定西人民几十年如一日坚持改造山河,也使人们看到了这一点,其成绩可用"山河一新,面貌大变"八个字来概括。只要光大这种精神,定西改善自然环境的努力一定会取得成功。

下午,胡锦涛到青岚山乡大坪村视察,含笑向村民们挥手致意。在村民冉彩的家里,胡锦涛和基层干部群众座谈,详细询问他们的收入、吃水、养殖、孩子上学等情况和存在的困难。胡锦涛说,我在甘肃工作时就知道大坪村。大坪村当年以吃大苦、耐大劳、战天斗地闻名全省,是省委树立起的老典型。解决了吃饭问题后不能满足,还要过更好的日子。他勉励大家要继续把大坪的事情办好,把生产搞上去,把大坪这面模范红旗高举起来,带领群众奔小康。座谈之后,胡锦涛又走访村民冉芳的家,还同聚集在村口的群众、教师、学生亲切交谈,向教师致以节日祝贺和亲切问候,与教师、少先队员合影。在离开前,胡锦涛在村口对群众和学校师生说:"乡亲们,我曾在甘肃工作了 14 年,在甘肃省工作的时候就知道大坪是一个战天斗地、改造山河的先进典型。这一次来甘肃后,我就提出要到定西来,要到大坪来,看看乡亲们! 首先,让我代表党中央、国务院向大坪的父老乡亲们表示亲切的问候!"他还说:"看到你们盖了新房,生活有了很大改善,吃饭没有问题了,我非常高兴。生活改善了,但还要有奋斗精神,还要向小康目标迈进。"还叮嘱在场的干部群众:"要下决心把我们的娃娃培养好,让他们上完小学上中学,上完中学上大学,让他们学到科学技术。这样,就能使我们大坪插上科学技术的翅膀,就能使我们的经济发展更快,我们大坪人民就一定能够富裕起来。我在北京等着听大家的好消息。"

离开定西前,胡锦涛来到花岔流域治理区,在听取地、县领导的情况介绍后强调:定西目前已经解决温饱,现在面临的问题是温饱解决以后怎么办? 必须调整思路,努力改变经济增长方式,提高生产力水平,加快经济发展速度,争取在不长的时间内达到小康。地、县现在都有了一个好思路,还必须一层一层抓落实,将其变为群众的自觉行动。他说,相信经过大家的共同努力,定西的面貌一定会得到彻底的改变。

2007 年 2 月 17 日,中共中央总书记、国家主席、中央军委主席胡锦涛视察定西,看望慰问干部群众,致以节日的慰问和新春的祝福。一大早,胡锦涛和随行的中央政治局候补委员、中央书记处书记、中央办公厅主任王刚,在省委书记陆浩、省长徐守盛等领导的陪同下,再次来到大坪村。在大坪村碾盘社,胡锦涛专门来到困难户雍万宝家。同他们一家人促膝而坐,嘘寒问暖。家里有几亩地、修了几口水窖、去年收入如何……胡锦涛问得十分仔细。了解了他们家的情况后,胡锦涛深情地说,你们的生活遇到了暂时困难, 党和政府会千方百计帮助你们渡过难关,日子一定会好起来的。

在村委会,胡锦涛详细了解村里发展和群众生活的情况。几位8年前见过胡锦涛的冉志功、冉桂英、刘玉秀等围了上来,拿出一篮村里种植的优质马铃薯,告诉总书记,这几年通过发展特色产业,村民收入增加了,日子越过越红火。胡锦涛听后露出了满意的笑容。

在老党员李彩家里,胡锦涛问年景、看水窖、察粮仓,同主人亲切地拉起家常。走进屋里,看到女主人正在剪窗花,胡锦涛兴致勃勃地拿起剪刀剪了起来。不一会儿,一幅乡土气息浓郁的窗花剪好了,胡锦涛同李彩家人一起把窗花贴到窗玻璃上。一张8年前胡锦涛在村口同一群孩子合影的老照片引起了总书记的注意。胡锦涛拿起照片,一一询问这些孩子的近况。得知这些孩子有的在念高中,有的上了中专,胡锦涛感到由衷的欣慰。随后,胡锦涛来到灶间,同主人一起炸油果子,准备年饭。热腾腾的蒸土豆、香喷喷的油果子端了上来,胡锦涛高兴地同大家一起品尝起来,屋子里洋溢着浓浓的年味。

总书记到来的喜讯,传遍整个山村。乡亲们兴高采烈地聚集在坡头、路边,热情地向总书记问好。胡锦涛向大家挥手致意,给乡亲们拜年。胡锦涛总书记面对群众说:"八年前,我到过定西,到过大坪。看到大坪现在各方面有了很大变化,新房盖起来了,家里的存粮多了,年货也置办得多了,说明大坪人的生活正在一天天好起来,我感到特别高兴。希望乡亲们继续发挥大坪人民战天斗地、艰苦奋斗的精神,进一步改造山河,调整经济结构,依靠科学技术,共同把大坪的经济发展得更好,使村民收入能够进一步增加,使大家的日子能够越过越好!"

在定西市马铃薯脱毒繁育中心,胡锦涛详细了解当地发展特色产业、带动农民脱贫致富的情况,希望他们更好地发挥龙头作用,为农民持续增收作出更大贡献。胡锦涛又来到响河梁退耕还林示范基地, 看到远近山梁上都已种上树木,总书记十分欣慰。他对市区领导说,要下更大的气力,继续推进天然林保护、退耕还林、退牧还草、防沙治沙等工作,努力遏制生态恶化趋势,实现人与自然和谐发展。

李 鹏

1995年7月24日,中共中央政治局常委、国务院总理李鹏视察定西。在省委书记阎海旺、省长张吾乐的陪同下,李鹏总理来到官兴岔流域,察看梯田、沟塘池坝及林草建设,详细询问小流域综合治理的生态效益和社会效益,并对综合治理成效表示肯定。当县长刘金良汇报说,今年定西县遭遇了几十年不遇的特大旱情,没搞梯田的山坡地减产在70%以上,梯田地只减产40%时,李鹏指示:梯田地抗旱能力强,应该继续抓紧搞下去,这是改善干旱山区农业生产基本条件的有效措施。

随后李鹏总理又深入至青岚山乡塬坪村农民陈宏德和巉口镇康家庄村农民刘彦家问寒问暖,详细了解所种土地、今年收成、家中余粮、孩子上学、计划生育、劳务输出、人畜饮水等问题,并亲自进粮房、察水窖、看住宿,体现了总理对定西人民的关怀之情。他嘱咐在场的省地县领导,一定要多关心群众,安排好灾区群众生活,解决他们的实际困难,稳定群众情绪,在大旱之年让群众有饭吃、有水喝。在农民刘彦家,总理还察看询问了庭院雨水集流的效益和作用,对"121雨水集流工程"给予了充分肯定,并请同行的水利部部长钮茂生对窖水进行了口感鉴定,指示随行的水利部和国务院有关部门领导要给予大力支持,把"121雨水集流工程"作为部、省联合项目,帮助干旱贫困地区真正解决群众的人畜饮水问题。

地委书记顾军同车向总理一行汇报了定西地区"两西"建设12年、扶贫开发9年取得的成绩和存在的困难、问题。总理对定西干部群众在大灾之年所表现出的精神面貌和在十分艰苦的环境中取得的成绩给予了肯定。反复说,定西变化不小。他一再勉励广大干部群众,继续发扬"三苦"精神,坚持行之有效的做法,改善农业生产条件,加大扶贫开发力度,带领群众脱贫致富。

陪同视察的还有水利部长钮茂生,核工业总公司总经理蒋心雄,国务院副秘书长金人庆,国家计委副主任陈耀邦及省委常委、秘书长仲兆隆,副省长贠小苏,行署专员张继武,副书记罗笑虎,副专员张乃等省地县领导同志。

乔 石

1996年8月17日,中共中央政治局常委、全国人大常委会委员长乔石专程来定西视察工作。在省委书记阎海旺,省人大常委会主任卢克俭,省委副书记、代省长孙英等领导同志陪同下,登上郁郁葱葱的官兴岔山顶,乔石委员长详细询问了流域综合治理情况。当听到定西县委书记朱同心介绍说,在正常年景下这里人均产粮600公斤,人均纯收入800元;目前,农户的燃料、饲料、肥料等困难都得到彻底解决;家家通了电,户户有余粮、有存款;95%的农户盖起了新瓦房,温饱问题已得到基本解决时,他很高兴。"今年这里的情况怎么样?"乔石同志接着问道。"今年夏粮丰收已成定局,秋粮长势喜人,预计人均产粮可超历史最高水平。"朱同心汇报说。"很好!"乔石同志说:"甘肃今年雨水比较充足,粮食丰收在望,这是十分可喜的。"他强调说:"要确保丰收,还需要继续努力,切不可掉以轻心。兴修水平梯田、雨水集流灌溉、地膜覆盖保墒等,是人民群众在党的领导下从实践中摸索出的治理水土流失、适合干旱地区特点的好办法,一定要继续大力推广。从长远看,要保证粮食生产稳步增长,必须增强抗御自然灾害的能力。"乔石委员长深刻指出, 根据我国人多地少的具体情况, 我们必须牢固树立把农业长期抓下去的思路,丝毫不能放松。离开官兴岔时,乔石同志亲切勉励定西地区干部要密切联系群众,同群众同甘共苦,带领群众早日脱贫致富。返回兰州市途中,乔石委员长还走访了景家泉乡胜利村朱家店社的秦凤林和蔡凤明两户农家,详细了解了他们的生产、生活情况,并察看了"121雨水集流工程"。

朱镕基

1996年7月2日,中共中央政治局常委、国务院副总理朱镕基来到定西视察工作。随同朱副总理视察的中央各有关方面负责同志有:朱镕基的夫人劳安、国务院副秘书长周正庆、中央农办副主任段应碧、国家计委副主任陈耀邦、国家经贸委副主任李荣融、中国人民银行副行长陈耀先、财政部部长助理金立群、中央财办财贸组局长苗复春、国务院扶贫办主任高鸿宾等。省委书记阎海旺,副书记孙英,省委常委、秘书长仲兆隆等领导陪同考察。在鲁家沟乡太平村付家湾社,朱副总理首先看望了贫困户。在付文举家,他送上面粉和慰问金后,关切地问:"今年情况怎么样?""近几年受旱灾,吃回销粮,今年种植地膜玉米1亩、洋芋2亩、小麦4亩、豌豆3亩,地膜玉米长得很好。"朱副总理听了点了点头,向在场的同志说:就是嘛,关键还是要靠自己努力啊!在付英悦家,朱副总理在水窖旁仔细地观察,并就水质与卫生情况进行了详细的询问和了解。这时,正好另一贫困户金彩霞来到副总理身边,当朱副总理了解到金彩霞丈夫外出挣钱,每月还能给家里寄回200多元时,高兴地说:这就好,这就好。慰问了3户贫困户之后,朱副总理一行又来到该村杨家湾社的杨恭家,当他在杨恭家的玉米地里视察滴灌时,对陪同的省委书记阎海旺说:滴灌是一种先进的灌溉方式,将来很可能在全国是最先进的灌溉方式的一个地区。闫书记回答:我们已经搞了好几年了,正在大力推广。

下午4时,省委书记阎海旺主持召开了由地区党政军及人大、政协领导和各县县委书记、县长及地直有关部门的主要负责同志共40多人参加的汇报会。在听取了地委书记石作峰关于全区扶贫开发工作的汇报后,朱副总理对我区的扶贫开发工作给予了充分肯定,并作了重要讲话。朱镕基说:定西自然条件恶劣,但我们地、县、乡、村干部,能够与群众同甘共苦,对群众的疾苦非常关心。我们感到最高兴的,就是觉得定西人民已经找到了一条脱贫致富的道路,并已经做出了成绩。朱副总理还就"121"工程、滴灌、地膜、乡镇企业等,一一讲了具体意见。引洮工程是每一个定西人期盼的致富工程,在谈到引洮工程时,朱副总理讲:引洮工程我们一定会搞好的,引大入秦花二十个亿,这个要一百亿,九五计划能够努力使它上马,就很不错了。我可以告诉大家,这个工程一定会列入计划,没有问题的,困难再大,这一百个亿还是要花的,因为这是关系到甘肃最重要的一个脱贫的工程。朱副总理在谈到定西在不长的时间里将脱离特别贫困的状态时,高兴地说:送大家两句话:人穷志不短,致富路已通。照这个方向去努力,非常的有希望。

下午四时五十分,朱副总理一行启程前往官兴岔视察小流域综合治理情况。他一边认真地听着县委书记朱同心的汇报,一边举目远眺,并询问什么叫山顶戴帽子,山腰系带子,山底穿靴子,朱同心一一解答。朱副总理高兴地说,从长远看,种草种树很有前途,植被好了,雨水也就多了。他把随行的国务院扶贫办主任高鸿宾叫到身边叮咛:"三西"的钱可以向这方面倾斜,高鸿宾微笑着点了点头。上车前,地委书记石作峰恳请副总理下次再来定西看看,副总理风趣地说:到2000年,我在任也好,不在任也好,一定再来,你们搞好了,我为你们树碑,搞不好可不行。石作峰、张继武表示,决不辜负党中央、国务院的期望,一定搞好,使定西尽快脱贫。

1999年10月22日,中共中央政治局常委、国务院总理朱镕基又一次专程来到定西视察工作,为定西的小流域综合治理、梯田开发建设、退耕种草种树作了重要指示。在省委书记孙英、省长宋照肃等省上领导的陪同下,来到定西县九华沟流域治理区视察。他听取县上党、政领导的汇报,点头赞许。对在场的地、县领导讲:"河南的同志讲,只要黄河上游把土固住,水土不流失了,我们供他们粮食。"说到这里,朱总理话锋一转:"我想和你们商量一下,25度以上山坡绝对不能修地,25度以下的可以修坡改梯,但不能光种粮。我们商量个办法,国家给你粮,每亩250斤,你退耕种树护土,恢复生态,这叫以粮代赈,这正是落实江总书记建设大西北的具体行动。"他强调,"我给你粮,让你种树,还要监督,确实把树种好,不能光吃粮不种树。"朱总理讲:"我想,这样坚持搞上10年就可见成效,50年可见大效,看你们愿不愿意跟我一起干?"地、县领导回答:"这样好,我们愿干。"

午时过后,在景家泉乡常川村水沟川社 30 多位村民经久不息的欢迎掌声中,朱镕基迈进村民敬志忠家,当主人讲到去年人均纯收入 1520 元,现有余粮 3000 公斤、存款 3000 元时,总理脸上溢满了笑容,连声鼓励敬志忠多下功夫早致富。

黄昏,朱镕基又到景家泉乡上岘流域,看到山上层层梯田时,说县里提出的梯田开发规划"和我想到一块了"。当看到田边路旁树木苗壮成长时,朱总理深有感触地讲:"看来甘肃也能种好树。"行前,对陪同的地、县领导们讲:"我今天看得很满意,对你们很有信心,在我有生之年,还要来定西看看。"

温家宝

1995 年 6 月 13 至 14 日,中共中央政治局候补委员、书记处书记温家宝考察定西工作。随同考察的中央有关部门负责人有韩长赋、王澜明等。在省委书记阎海旺、地委书记刘生荣、行署专员张继武、副专员张乃等领导陪同下,温家宝到西巩驿、青岚山、内官营视察地膜玉米、小流域治理、科技示范和林场建设,并走访了大坪村村民冉彩,询问了解群众的生产和生活。14 日晚,温家宝在听取地委和定西县工作汇报后作了重要指示。温家宝指出,定西扶贫攻坚的重点要放在改变农业生产条件、提高生产力水平、解决群众温饱上。要按照多年来行之有效的经验,切实抓好小流域综合治理、庭院雨水积蓄、地膜玉米种植、"三田"建设等重点工作,实现"两高一优"的科技农业目标。温家宝反复强调:要发扬艰苦奋斗的优良传统,特别是定西人民几十年坚持的"三苦"精神,今后还要发扬这种精神,这是克服困难、改变面貌的政治优势。温家宝指出,扶贫攻坚是一项关系全局的大事,各级领导干部一定要深入生产第一线,到村、户帮助群众解决实际问题,特别要安排好贫困户、特困户、五保户的生活,一定要让群众有饭吃、有水喝。他勉励干部群众,我们有改革开放的政策,有几十年的物质基础,有党中央、国务院的关心支持,有全国各方面的帮助,定西干部群众团结奋斗,一定能够克服困难,改变面貌,脱贫致富奔小康。地委书记刘生荣就引洮工程、财政状况等问题作了专题汇报。

2009 年 10 月 17 日,中共中央政治局常委、国务院总理温家宝视察定西,对扶贫开发、企业发展、生态建设、改善民生等情况进行深入调查研究。一大清早,在省委书记、省人大常委会主任陆浩,省委副书记、省长徐守盛的陪同下,温家宝来到巉口镇金盆山考察退耕还林情况。伫立山头,眺望远处,沟壑间、山坡上层层叠叠的梯田里人工种植的侧柏、苜蓿等长势见好,小流域综合治理成效显著,总理对当地生态建设工作给予充分肯定。他说,各级政府必须把退耕还林、植树造林、林权改革、畜牧养殖等结合起来,发挥综合效益。他还拿起铁锹培土浇水,在山上种下一棵绿油油的云杉。

随后,温家宝来到赵家铺村甘沟社,挥手向热情的村民们致意。在贾信家看到院内摆放整齐的玉米棒,随手拿起一个询问产量,又到贾信家的厨房,亲自点燃沼气,询问村子里沼气建设情况。然后招呼村民们坐下,与大家聊家常。主人端来煮熟的土豆,请总理尝一尝。他说,"这是好东西",并拿起一个边尝边对主人说道:"味道不错。"询问贾信家里生产生活情况,听说全家四口靠退耕还林补助、种植马铃薯和玉米、畜牧养殖和外出打工,一年收入上万元时,他很高兴。说:"历史上说的陇中苦瘠甲天下,指的就是定西等地。这些年,定西经济社会发展出现可喜变化,主要得益于退耕还林,得益于产业结构调整,得益于农民外出打工。但定西还有许多农民年人均纯收入不到1200元,还是全国最困难的地方。党和政府一直惦记着定西的群众。我来过定西4次,看到定西的情况一次比一次好。80年代中期我来时,光那条土路就跑了半天。现在路修好了,孩子上学解决了,医疗基本解决了,再逐步把养老保险解决,这个地方还是有盼头,一年会比一年好。特别是前几年下决心上马了引洮工程,将来有望使缺水问题得到缓解,让群众的生活越过越好。"

接着,温家宝来到甘肃扶正药业科技股份有限公司。在参观了公司的产品展厅后,温家宝从工作人员手里拿过话筒,发表了热情洋溢的讲话。他说,刚才我看了农业,一个退耕还林,一个小土豆大产业,把定西的农业面貌改变了。其实定西另外还有一个优势是中药材。今天看到的这些药材都是常用的中药材,但它们又是全国人民离不开的一些药材。定西的经济发展应该走特色产业之路,药材加工就是其中的一个重要产业。我希望扶正药业还有甘肃其他的制药厂,都能充分利用甘肃这一宝贵的资源,把农民的种植和产业的发展结合起来,既让农民得实惠,又促进医药产业的发展。

上午11时许,温总理来到凤翔镇南川万亩马铃薯基地,查看生产和收获情况。庄稼地里,人们正忙着挖土豆,一片热火朝天的劳动景象。温家宝走进地里,从村民郭涛手里接过铁锹,一锹下去翻出来5个土豆,还详细询问:"种了多少亩土豆?亩产多少斤?一亩收入多少?"郭涛回答说:"种了12亩土豆,每亩2000多株,大约3000斤,一亩纯收入四五百块钱。"

温家宝来到定西马铃薯综合交易中心。在交易市场里,在装满马铃薯的汽车上,在高高的围墙上都站满了闻讯而来的村民,大家都想亲眼看一看总理,许多人打出了横幅,高喊着"总理好!""总理辛苦了!"温家宝面带微笑,向大家频频挥手致意。总理与前来卖土豆的农民和收购的客商交谈,详细了解土豆的销售情况。他鼓励大家要继续努力,把马铃薯产业做大做强。

国家发改委主任张平、国务院研究室主任谢伏瞻、国务院副秘书长丘小雄、国务院副秘书长项兆伦、财政部副部长王军、国务院研究室副主任田学斌、扶贫办副主任王国良等随同温家宝一同视察。

贾庆林

2003 年 4 月 13 日,中共中央政治局常委、全国政协主席贾庆林视察定西。中央统战部副部长、国家民委主任李德洙,省委书记、省人大常委会主任宋照肃及省上有关领导陪同视察。上午,贾庆林一行来到九华沟流域,听着地、县领导的汇报,看着山间梯田内草木含春吐蕊时,他说:"'五子登科'的治理模式,是定西干部群众改善生态环境、脱贫致富的有效探索和成功经验。"贾庆林向县委书记王冠军问道:"这些梯田是种树呢,还是继续种粮食?"王冠军回答说:"人均留了 4 亩口粮田,其他的都种上了树。"贾庆林又问:"4 亩地能让老百姓吃饱饭吗?"王冠军回答说:"能吃饱。原来没有修梯田的时候,亩产在 80 到 100 斤之间,修成梯田以后,亩产都在 200 斤左右。再加上中央提出的退耕还林补助,腾出劳动力还可以搞非农生产。"贾庆林说:"国家实施西部大开发战略,就是要让老百姓得到实惠。根据自然情况进行综合治理,这是一条好路子。在改善生态环境的过程中,一定要给老百姓留下口粮田,同时要把退耕还林还草补助的粮款足额发放给老百姓。"

贾庆林来到景家泉乡官兴村马儿湾社村民刘成会家中,握住刘成会的手,边走边问:"60 年代和现在相比,变化大不大?"刘成会回答说:"变化大得很。吃的穿的都没啥问题,还能看上彩电。罪让我们这些人受了,福也让我们享了。我做梦也想不到您能来看我们,今天是我一生中最难忘的一天!"刘成会的老伴还高兴地给大家端上了刚出锅的油馍馍。贾庆林拿起油馍馍边吃边关切地问:"你们家的主要经济来源是什么?"刘成会说:"去年全家经济收入 8000 多元,外出打工挣了 3000 多元,种洋芋收入 3000 多元,养了些羊也收入了 2000 多元。"他领着贾庆林看到粮食堆了满满一房子时,贾庆林满意地笑了。贾庆林又来到村民尹进财家中,看到砖混砌盖的四间房屋,还添了不少新家具时,贾庆林笑着问:"你家的日子看上去过得挺好。像你家的情况,在定西处于什么样的水平?"尹进财回答:"定西县比我好的人家多着呢。我在我们村属于中等偏上的。"交谈中,主人端上来一盘冒着热气的洋芋,贾庆林问:"你们经常吃这个吗?"尹进财回答说:"经常吃,但算不上主食。一年产的洋芋很多,多的到市场上卖了。和过去比,生活好着哩!"贾庆林又问:"盖这个房子花了多少钱?"回答说:"3 万多元。"又问:"都是靠自己的钱来盖的吗？"回答："是的。卖粮食,卖洋芋,卖小杂粮,还有外出打工,能挣不少钱呢!"

宋　平

1993年8月31日至9月2日,原中共中央政治局常委宋平视察定西。宋平和夫人陈舜尧在省委书记顾金池、副省长路明、省政协副主席韩正卿陪同下,视察官兴岔、石家岔、花岔3条小流域治理工程,参观了甘肃无纺地毯厂、内官暖泉工业公司,走访看望了山区农户。看到定西已和他在甘肃工作时的情景大不一样,心情很激动："这里真好,值得一看。"宋平肯定定西县的小流域治理,说："小流域治理好。"视察期间,听取了地委书记刘生荣就十多年来发展变化情况的汇报。宋平对改变农业生产条件和提高群众生活水平等方面所采取的措施非常重视,对小流域治理、山区群众吃水等问题进行了详细询问。宋平还针对一些实际问题讲道："一个党的组织,党员的数量很重要,党员的素质、战斗力更重要。党的建设是一个大问题,不能只当'太平官'。"临行前,宋平应邀为定西地区题词："人一能之己百之,人十能之己千之,艰苦奋斗,脱贫致富。"为定西县题词："艰苦奋斗,贵在坚持。"

2000年7月4日,原中共中央政治局常委宋平来定西视察。下午三时,84岁高龄的宋老在省政协主席杨振杰、副省长贠小苏、地委书记张继武、行署专员刘立军等领导的陪同下,来到九华沟流域视察。当他站在山顶拿远望镜眺望喜人的景象后,盛赞定西人民艰苦创业、改造山河的愚公精神,并用形象的语言说,"这是重新绘制大地彩图"。一面认真听取地委委员、县委书记何振中的汇报,一面详细察看九华沟流域综合治理示意图,当他听到在流域治理过程中坚持做到泥不下山、水不出沟时,接连点头叫好。当宋老得知流域内群众人均产粮726公斤,人均纯收入达到1620元,已稳定解决温饱,并开始向新的台阶迈进时,他喜笑盈腮："这是一项了不起的成绩!"在九华沟流域退耕还林(草)示范点,宋老一边听介绍,一边实地察看,他对这种因地制宜,遵循自然规律的做法表示赞赏和满意,并谆谆告诫陪同的地、县领导："今后关键要在保栽保活上下功夫。"在一座集雨节灌工程处,宋老看得很仔细,听得很认真,并就有关问题和大家一起探讨,宋老说："这是干旱半干旱地区发展农业、增加农民收入的一条好路子。"在定西期间,宋老还特意会见了定西县青岚乡大坪村原党支部书记冉桂英,并和她进行了亲切交谈。

曾庆红

2004 年 5 月 17 日,中共中央政治局常委、国家副主席曾庆红在定西农村考察工作时强调指出,农村各级党组织要在加强基层党建中落实好科学发展观、落实好中央关于"三农"问题的一系列政策措施,巩固和发展"三个代表"学教成果,在实践中让干部经常受教育,使农民长期得实惠。

上午 9 时许,曾庆红及随行的国家发展改革委员会主任刘江、中央政策研究室副主任何玉亭等部门负责同志来到巉口镇赵家铺村,实地考察万亩退耕还林示范工程。曾庆红一边观看退耕还林(草)泛着绿意的层层地带,一边仔细听取区委书记李旺泽关于实施退耕还林(草)工作的汇报,还不时插话了解有关情况。他高兴地说,这里的山变绿了,地变平了,农民收入增加了,干群关系进一步改善了。在山上,曾庆红还兴致勃勃地同大家一起栽了一棵松树,并和市、区领导合影留念。

在村民张万宝家的院子里,曾庆红与大家座谈。60 多岁的老党员张汉杰说,这几年党的政策好,农民在基层党组织的带领下,生活一天比一天好。现在农民大都盖起了新房,各种家电也进了百姓家庭。张汉杰老人还高兴地对曾庆红说,定西人民盼望了几十年的引洮工程今年就要开工了,把洮河水引过来,我们致富奔小康的信心更足了。赵家铺村党支部书记张廷明汇报了村里退耕还林、沼气建设和养殖的情况。曾庆红问:"农村现在最缺什么?"张廷明说:"缺技术,科学性的东西掌握得不多。"曾庆红又问村民:"如果洮河水引过来,把水价提高一点,你们能承受得了吗?"村民们说:"能承受得了,现在浇一亩地需要三十多块钱,洮河水引过来,就是水价再高一点,也能承受得了。"

自 1995 年以来的 9 年时间里,曾庆红先后三次来到定西考察工作,心系农民,心系定西。曾庆红强调,党中央把"三农"问题作为当前工作的重中之重。两年前开展的"三个代表"学教活动,就是要让基层干部受教育,用"三个代表"重要思想武装头脑,通过学教活动,让广大干部能够转变作风,能够真正为百姓服务。各级党组织和党员干部要通过大量工作,巩固学教成果,继续把学习"三个代表"重要思想引向深入,要结合形势的变化,结合农村的实际,结合当地的实情,丰富学教内容,让干部经常受教育,让群众长期得实惠。要把学教活动的成果落实到农村,落实到解决"三农"问题的各个方面。要把加强党的基层组织建设作为发展农村经济的重点工作来抓,党的各级基层组织以及广大党员,首先自己要带头致富,带领群众共同致富,并把致富能人中的优秀党员培养成基层干部。

曾庆红再次强调,在发展经济中,一定要实事求是,总结经验,吸取教训,要按照科学的发展观,遵循自然规律,顺应自然规律,不能以破坏环境的代价来发展经济。要通过封山育林、种草种树、开发沼气等新型能源,把发展经济与改善生态环境结合起来,多做一些为子孙后代打基础的事,妥善处理好农民生活与协调、全面、可持续发展的问题。同时,要加强农村物质文明、精神文明、政治文明建设,让农民的生活越来越好.最终实现民富国强、振兴中华的宏伟目标。

吴官正

2004 年 7 月 25 日,中共中央政治局常委、中央纪律检查委员会书记吴官正来定西考察,着重了解党的作风建设情况。吴官正一行首先到定西国家农业科技园区,了解马铃薯产业及农业科技发展现状。随后,吴官正一行又来到青岚山乡大坪村,走进村民冉雄、马志超家里,察看畜牧养殖、沼气利用及农民生产生活,并与当地干部群众座谈了解基层党风廉政建设有关问题。他还深入大坪村委会所在地实地察看,对大坪村址基础设施建设、支柱产业的发展与群众生活的重大变化给予充分肯定。下午,吴官正一行到巉口镇赵家铺村退耕还林基地,看着微风中摇曳的沙棘、柠条与生长旺盛的树苗时,吴官正高兴地笑了。在考察活动中,吴官正一再强调,领导干部要认真实践"三个代表"重要思想,按照廉洁自律的规定严格要求自己。吴官正指出,党风廉政建设责任制是深入开展反腐倡廉工作的重要制度保证,各级纪检部门要务必保持查办违纪案件的强劲势头。

贺国强

2012 年 5 月 20 日,中共中央政治局常委、中央纪律检查委员会书记贺国强考察指导岷县特大冰雹山洪泥石流灾害灾区救灾工作后,来到安定区视察工作。在甘肃圣大方舟马铃薯变性淀粉有限公司,贺国强参观和了解公司研发、生产和经营情况时说:"这一段时间,大概所有的添加剂这个剂、那个剂都是否定,因为有的是超标的,有的是假的,这个需要打击。但是,这个添加剂,包括所有的增稠剂、防腐剂都是需要的。我说过,没有食品添加剂,就没有现代食品工业。"贺国强鼓励企业负责人大胆创新,研发生产适销对路的产品,把企业做大做强,带动产业发展壮大,带动农民增收致富。贺国强说:"科研要以企业为主体,这个还要下大的决心,高校也好、科学院所也好,除了必要的工艺性研究,像大的功能和技术研究以外,绝大部分的科研项目都要和企业结合。"贺国强视察了巉口镇康家庄新农村建设,并看望慰问了困难户魏俊。魏俊次子魏小虎外出务工遭遇车祸致残,次媳姬彩玲患有慢性肾炎。贺国强为魏俊送上慰问金,并拉着魏俊 82 岁母亲的手,详细询问他们家的情况。他十分关心魏俊儿媳的病情,指示有关部门一定要联系有关医院和专家对魏俊儿媳进行良好诊治。次日,姬彩铃即入住甘肃省人民医院,医院为她做了初步的检查和治疗,确诊了病情,制定了治疗方案。

李铁映

1988 年 7 月 16 日,中共中央政治局委员、国务委员兼国家教委主任李铁映来定西视察教育工作。下午 4 时,李铁映在省委副书记卢克俭、副省长刘恕以及地委书记韩正卿、县长张根生等领导的陪同下,来到定西县职业技术学校,看到学生们制作的工艺品、服装、电子玩具,安装的收录机、电视机等,他赞不绝口:"很好,学校就要这样办。"李铁映指出:"教育必须改变'两张皮'的做法,要为商品经济服务,走文化科技相结合的道路,为社会提供有技能的劳动者,提高全民族的素质;应该动员社会上一切力量办学育人,打破教育部门独家办学的旧传统;各级领导要关心教育,尊重老师,学校要内行来当家。"李铁映为定西县职业中学题词"致富之校,光明之路"。随同李铁映视察的还有国家教委副主任柳斌、国家民委副主任江家富等同志。

田纪云

1992 年 12 月 8 日,中共中央政治局委员、国务院副总理田纪云到定西视察扶贫开发工作。在国家计委副主任刘江、财政部副部长项怀诚、国务院扶贫办主任杨钟、国务院研究室副主任杨雍哲和省委书记顾金池、省长贾志杰、省委常委韩正卿以及定西地县领导的陪同下,视察了花岔流域的综合治理,访问了大坪村 2 户农户。田纪云在视察和听取汇报后充分肯定了定西的扶贫开发工作,他说:"在我看来,你们的成功有两条经验:第一条是政策正确,明确宣布谁治理谁受益,允许继承,长期不变。国家给的钱实际上是个引子,起了一个启动作用,主要是依靠广大群众的劳动投入,效益很好。第二条是你们走的路子符合实际,'五子登科'就是山顶戴帽子,山腰系带子,山下穿靴子,找到新路子,狠狠抓票子。这个就体现了山、水、田、林、路综合治理原则,是符合实际的。"田纪云指出,在定西这样的地区,关键是解决水的问题。解决了水,家庭经济、畜牧业、林业都可以搞起来。进一步说,即使贫困人口都解决了喝水问题,也只是解决了绝对贫困的问题,而解决相对贫困的问题还是一项长期的任务。因此,我们说扶贫是一项长期的、艰巨的、光荣的历史使命。田纪云就今后扶贫工作应坚持的方针、政策和做法提出了具体要求。他说:第一,要继续坚持开发扶贫的方针。第二,国家对贫困地区要继续在资金、物资、技术上给予支持,实行优惠的政策。第三,因地制宜,扬长避短,立足当地资源优势,走自己开发脱贫的路子。第四,实行科教扶贫,大量培训人才。第五,继续实行对口支援,发挥全社会扶贫济困的作用。第六,要大胆启用能人,放手发展个体、联户、股份和合作经济。第七,关键在于加强领导。视察结束后,田纪云题词"看过去,成绩巨大,信心百倍;望未来,持之以恒,前途光明"。又应邀为关川河流域指挥部题词"流域治理,利国富民。书赠关川河流域指挥部"。

1997年5月18日,中共中央政治局委员、全国人大常委会副委员长田纪云视察定西。在省委书记阎海旺、省人大常委会主任卢克俭、省长孙英等领导同志的陪同下,田纪云一行来到九华沟流域视察。他一边听着地委书记石作峰、行署专员张继武等地县领导的汇报,一边深有感触地说,水田林路综合治理,你们的生产思路是正确的。你们既有成功的老经验,又有新成绩。要稳定政策,下一步主要是要在生产力上大发展,在生产力上大做文章。田纪云副委员长对流域治理区的地膜粮食作物及高位雨水滴灌工程非常满意,他一边听着汇报,一边插话说,看来白色革命带来的效益还没有挖尽,大有潜力可挖,没有水和没有粮一样重要,看来你们的"121工程"发挥了重要作用。望着九华沟对面的官兴岔,田纪云一眼就认出了那里的山村林路,他向地县领导指示,人有人路,水有水路,田有田路,你们的"五个坚持"和"五个依靠"我从材料上都看到了,很好。这里耕地多是个优势,搞好了不要说温饱,小康也不成问题。

姜春云

1995年1月11日,中共中央政治局委员、中央书记处书记姜春云来定西视察工作。在中央有关部门和省委书记阎海旺、省长张吾乐及地县领导陪同下,姜春云首先来到官兴岔流域的山梁上,一边听取汇报,一边放眼远眺,当听到这里治理程度已经达到83.5%,基本实现水不下山、泥不出沟,农民基本稳定解决了温饱时,高兴地连声说:"这个真不简单,这儿变化很大。"在花岔流域,姜春云对定西人民苦干实干,坚忍不拔,改造山河的精神给予了充分肯定和赞扬,他还不时地对身边的同志讲:"定西的变化不小,比原来想象的要好得多。"姜春云专程来到景泉乡胜利村朱家岘社看望群众。他先后深入到乔发科、张林、卢国荣、贾玉芳家中,进厅房,入厨房,看粮囤,察水窖,拉家常。听到卢国荣媳妇赵梅英说过年杀了一头肥猪时,他说:"不错,很好。"陪同姜春云视察的还有国务院副秘书长刘济民以及农业部、林业部、水利部等国家有关部委负责人和地县领导韩正卿、刘生荣、顾军、李兰图、刘金良等。

邹家华

1997 年 6 月 14 日,中共中央政治局委员、国务院副总理邹家华及中央有关部门负责同志一行,在省委书记阎海旺、省长孙英等领导的陪同下,来到官兴岔和九华沟小流域视察。在官兴岔,邹家华详细询问着这一带的变化情况,当他了解到这里以前树木稀少,庄稼稀薄,近年来田、林综合治理,农民已解决温饱时,满意地说,看来你们治理小流域,已经形成了良性循环,只要坚持下去,一定会产生更好的影响。

邹家华一行来到九华沟流域,他向当地领导指示,要大力发展种树,要在梯田以外的沟沟岔岔、坡坡山山都能看到绿色,要使人们看不见沟,看不见黄坡;要有意识地扩大林木面积,树多了,水也就多了,俗语说"一棵树就是一个小水库",大家不能小看。当他了解到当地今年持续干旱,有些小树林是用地膜栽种时,指示说,要多动脑子,要用科技指导生产,同时还要在树种上好好研究一下,尽量用最好的,适应当地生长的良种树木。

邹家华对当地的机修梯田和高水位节灌非常感兴趣,他说要尽量减轻农民的劳动量,保证农民受益。在马儿湾塑膜集雨场,邹家华认真地进行观察。他说,这是科学的创造,要大力推广。当他了解到定西县已全面普及这项技术,部分工程今年已初见成效时,高兴地说,很好,让我们共同努力,把大家的事情办好。地委、行署、人大工委、政协工委在家领导,定西县和地直各有关部门的负责同志陪同邹家华一行视察。

回良玉

2007 年 2 月 4 日,中共中央政治局委员、国务院副总理回良玉来定西视察工作并慰问基层干部群众。下午 3 时许,回良玉带领国务院副秘书长张勇,中财办副主任、中农办副主任唐仁健,民政部副部长李立国,财政部副部长张少春,农业部副部长尹成杰,扶贫办副主任高鸿宾等,来到青岚山乡大坪村,参观了大坪村发展历程的图片展览,并听取了市委常委、安定区委书记李旺泽的情况介绍。随后,回良玉走访慰问了大坪村农民刘玉秀,并围绕发展特色经济和大家座谈。在大坪村的马铃薯贮藏窖群,在定西市旱农中心马铃薯脱毒种薯快繁中心,回良玉认真听取介绍,饶有兴趣地仔细查看,并不时插话提问。他指出,贫困地区发展最终还得靠产业,没有产业就没有收入,也不能富裕地方。定西已经有了支柱产业,还得做大、做强、做靓,做出高效益来。回良玉强调,要做好产业,第一要有特色,但光有产业还不行;第二要有规模,第三要有档次和科技含量,第四要做出品牌。像马铃薯产业要从育种、栽培、标准化生产、销售加工环节以及注重品牌入手,特色加规模加档次再加品牌就有了高效益,产业就做大做强了。同时要把千家万户的、零星的、各家各户的生产户组织起来搞营销,形成产地集散优势,并充分发挥产销协会作用,提供信息,服务农民,努力把特色产业做好,更好地富裕农民,推进社会主义新农村建设。

2012 年 8 月 23 日,国务院扶贫开发领导小组在定西召开六盘山片区区域发展与扶贫攻坚启动会。中共中央政治局委员、国务院副总理、国务院扶贫开发领导小组组长回良玉在会上作重要讲话,宣布六盘山片区区域发展与扶贫攻坚规划正式启动。回良玉强调,以甘肃定西、宁夏西海固为核心,包括周边部分地区和陕西、青海部分毗邻地区在内的六盘山片区,区域发展和扶贫攻坚的任务仍很艰巨。各有关地区和部门要继续发扬"三西"精神,同心同力,真抓实干,一步一步把规划落到实处。回良玉强调,要深入贯彻落实中央关于新阶段扶贫开发工作的决策部署,把连片特困地区作为扶贫攻坚主战场,加大政策和资金扶持力度,集中力量解决制约片区经济社会发展的瓶颈问题,使片区扶贫攻坚尽快见到实效。要认真组织实施六盘山片区区域发展与扶贫攻坚规划,以建设节水型社会为切入点,坚持扶贫开发和水利建设、生态建设、人力资源开发相结合,走出一条西北干旱地区脱贫致富的新路子。

刘云山

2007 年 8 月 15 日,中共中央政治局委员、中央书记处书记、中宣部部长刘云山来定西调研。刘云山和随行的中宣部副部长欧阳坚,在甘肃省委书记、省人大常委会主任陆浩,省委副书记刘伟平,省委常委、宣传部部长励小捷,省委常委、副省长杨志明,省委常委、省委秘书长姜信治以及市、区领导的陪同下,先后深入凤翔镇北二十铺村、青岚山乡大坪村等地,走访农户,召开干部群众座谈会,视察农家书屋和农村文化设施,就新农村建设和农村文化建设等进行调研。刘云山强调,要坚持以邓小平理论和"三个代表"重要思想为指导,深入贯彻落实科学发展观,把加强文化建设摆在突出位置,更加自觉、更加主动地推动文化大发展大繁荣,不断满足人民群众日益增长的精神文化需求,维护好、实现好广大人民群众的基本文化权益。

汪　洋

2015年9月18日,中共中央政治局委员、国务院副总理汪洋出席"三西"扶贫开发定西现场会。上午,汪洋在省、市、区领导的陪同下,深入李家堡镇窑坡村,就精准扶贫、产业扶贫等情况进行调研。国务院扶贫办主任刘永富带领与会代表考察了香泉镇陈家圊村和甘肃巨鹏食品公司。下午,"三西"扶贫开发现场会召开大会,汪洋对"三西"扶贫取得的成就予以充分肯定。他指出,"三西"开辟了开发式扶贫道路,创造了许多扶贫新思路、新模式、新经验,丰富了中国特色扶贫开发的内涵,为全国扶贫事业树立了典范。汪洋指出,"三西"作为中国特色扶贫开发的发源地,在扶贫的理念思路、体制机制、方式方法等方面做了大量的探索和实践,有很多方面值得认真总结。汪洋强调,要清醒认识当前脱贫攻坚的形势和难度,弘扬和坚持"三西"扶贫开发宝贵经验,完善政策措施,加大工作力度,确保完成扶贫开发目标任务。要把精准扶贫做深、把扶贫路径做宽、把扶贫方式做活、把扶贫工作做实。要深化精准扶贫,不断完善建档立卡工作,让遗漏的、返贫的进来,让已脱贫的退出。因地制宜创造多样化的扶贫路径,推进资产收益扶贫,探索以财政扶贫资金作为农民股金,参股合作社或龙头企业,让懂市场会经营的人带领群众脱贫致富。创新扶贫方式方法,注重用财政扶贫资金撬动信贷资金和社会资金投入扶贫领域,调动各方面力量,形成扶贫合力。用好考核指挥棒,促进扶贫政策措施有效落实,确保取得有质量、可持续、经得起检验的扶贫成果。

何　勇

2009年11月4日,中央书记处书记、中央纪委副书记何勇视察定西。中纪委常委、秘书长吴玉良,省委副书记刘伟平,省委常委、省纪委书记蒋文兰,省委常委、副省长刘永富,省委常委、省委秘书长姜信治陪同视察。从定西出发到响河流域,何勇说得最多的一句话就是:"定西的变化真大!"在大坪村村民杨禄家,何勇一一察看住房、水窖、沼气、养殖,询问他们家生产生活情况。主人端上了热腾腾的煮洋芋,何勇和大家坐在院子里,有滋有味地吃了起来,他连声说:"味道真不错!"大坪村村委会的陈列室里,何勇在一幅幅反映大坪发展变化的图片前仔细观看,不时驻足询问。在村委会门口,他跟聚拢来的乡亲们一一握手,并勉励乡亲们:"希望你们按照总书记的要求,把大坪建设得越来越好!"在定西马铃薯综合交易中心二楼展厅,当了解到定西马铃薯综合交易中心是全国产地市场最大的马铃薯批发市场,物流配载中心,信息、价格形成中心,给薯农搭建了一个良好的交易平台时,何勇听后不住点头,仔细观看了陈列在展台中的马铃薯脱毒苗、微型薯和"新大坪"等40多个展品以及马铃薯全粉和变性淀粉等深加工产品,饶有趣味地辨认着"新大坪"、陇薯3号等马铃薯品种。马铃薯综合交易中心的收购摊点前,全国人大代表、定西马铃薯综合批发市场总经理刘大江向何勇汇报了定西马铃薯产业发展情况和市场运营情况。在唐家堡五社农民宋平的摊点前,何勇停住了脚步,仔细地询问宋平,今年种了多少亩?是什么品种?价格是多少?收入咋样?宋平一一做了回答。何勇高兴地说:"希望你的收成越来越好!"

费孝通

1984年9月17日至21日,全国政协副主席、民盟中央副主席、著名社会学家费孝通率领民盟中央种草种树考察组一行10人到定西考察访问。费孝通一行首先听取定西地委、行署领导同志的工作汇报,座谈了解经济与人口发展情况。19日上午,在县长卢秀华等陪同下,费孝通走访了城关乡友谊村养鸡户艾国俊、电焊户谢丽沙、农机修理户杨丽艳、种花户杨永胜、磨面户刘仰吉等5户专业户。20日,去巉口镇参观石家岔小流域综合治理。考察组其他成员分别去青岚山乡大坪村、城关乡安家坡等地现场察看了小流域治理、种草种树、水土保持和旱作农业等,并向地直单位职工作了学术报告。随后,费孝通在《关于定西地区区域发展》中提出:"祖国发达的东部沿海地区要以财力、技术与智力支援西部边远地区的开发和建设,落后的西部地区要以自然资源的提供充实东部地区的发展。"

1985年8月8日,全国政协副主席、著名社会学家费孝通教授率领专家组第二次来定西,重点考察乡镇企业发展情况。费孝通在内官营考察时了解到,由兰州化学工业公司提供原料,内官营塑料厂制成塑料编织袋,又送回兰州化学工业公司装化肥的做法时,频频点头,表示满意。他对内官营张缙绅由三对夫妇和子女组成的分别负责种植、养殖、加工为一体的家庭经济结构深为赞叹。他认为,定西发展乡镇企业,应以户办小企业为主,它符合现阶段资金薄弱、技术和经营水平较差等客观实际。欣然为内官营乡题词,"调整产业结构,发展乡镇企业,治穷致富"。这次,费老还视察了国有敬东电视配件总厂,重访了谢丽沙的家庭电焊工厂和既开磨坊又新办榨油厂的刘仰吉。回到北京后,发表了《边区开发·定西篇》。

1986年8月2日,全国政协副主席、著名社会学家费孝通在省政协副主席朱宣人的陪同下第三次到定西考察。途中看到蜿蜒的林带、遍野的牧草和喜人的庄稼时,费老不禁脱口吟诗一首:"三年雨露春草生,千山浅绿染边城。勤种草树得天助,远客重来喜相迎。"76岁的费老下车后,只做了短暂休息,就督促地委书记韩正卿介绍情况。费老边听边问。他说:"我来定西三次,每次都是慎重观察,定西这几年发展快,真正走上了路子。"行署专员张国维汇报定西在发展乡镇企业中,采取"东引西进"的方针,把沿海的技术引进来,又把产品向西面打出去,使地方工业有了一定的发展。费孝通听后非常高兴。他说:"凡是横向联合搞得好、搞得活的企业,就有发展,而且步子还快;相反,不搞横向联合,用封闭的落后办法办企业,就不会有发展。"并反复强调:"贫困地区如何致富?要根据当地的资源,开辟几个大的工业城镇,也还可以成立小规模的工业城镇,用发展地方工业包括乡镇企业的办法来发展地方经济。这样把资源变成了商品,农民变成了工人,经济效益就会越来越好,这是挖穷根的一个好办法。"费老专门为"全国贫困地区经济、文化开发学术研讨会"作了学术报告,重访了敬东电视配件厂,专访了一些乡村。

1988年7月25日,全国人大常委会副委员长、民盟中央主席费孝通,在副省长阎海旺、省政协副主席朱宣人的陪同下,又一次来到定西考察。省委常委、地委书记韩正卿,行署专员张国维,地委副书记宋德寿,县长张根生等同行,参观甘肃无纺织地毯厂时,费老颇有感触地说:"这是新事物,社会反响怎么样?"厂长李政清答道:"一开始我们把地毯背到南京、北京去卖,人家连看都不看一眼,就是不相信西北人会生产出好产品。亚运会选中我们的'飞天牌'后,外地人很快就接受了,内地人看到外地人抢购,也逐渐认识了,1分钟生产7.4平方米都满足不了市场的需求。"费老重访了定西镇龙沙发厂,听到沙发厂月产量300副,收入6万元,且在兰州、青海、西藏都办起了销售点时,发现现实印证了自己"西西合作"战略思想的可能性。在定西友谊工艺厂,吴建业向费老讲述了自己和一位朋友在一个榨油作坊的基础上联合创办了工艺厂,生产夜光杯、茶具,吸收农村闲散劳力,发展当地经济,从而脱贫致富的过程。走访即将结束,费老好像还沉浸在深深的思索之中。考察期间,费老为"定西制鞋厂""定西镇龙沙发厂"题写了匾额,为正在编纂的《定西县志》题写了书名。

1995年9月4日,全国人大常委会副委员长、民盟中央主席费孝通第五次到定西考察,在省人大常委会副主任柯茂盛、副省长郭琨和地区领导王仲宝、刘念宗等领导的陪同下,又一次访问了甘肃无纺织地毯厂、新大方石羊鞋业有限公司。当耳闻目睹着两个他曾经访问过、并寄予厚望的集体企业近年来发生的巨大变化时,感到由衷的欣慰,十分高兴地为无纺厂题词"飞天地毯名扬四海"。费孝通在考察时指出:"大西部主要是生态问题。"他希望重视水利建设,支持引洮事业。关于农业问题,费老希望有水走水路,无水走旱路。要重视旱农科研工作,把专家请回来研究一些办法。他说,不要把农业只限制在种粮上,要大力发展乡镇企业,着眼于农副产品、自然资源的加工开发。他还强调,要把农村剩余劳动力向市场转移。

2001年8月2日，全国人大常委会原副委员长、著名社会学家费孝通第六次来定西视察。在省人大常委会副主任陈绮玲、副省长李重庵、省政协副主席周宜兴和地县领导的陪同下，费老到巉口镇三十里铺村，调查了解"121雨水集流工程"建设、改善农民生活的情况。在大堡子社马德家里，费孝通详细查看水窖蓄水情况。马德打了一桶水提到面前，他把手伸到水里摸了摸，高兴地说："水不硬，很干净。"马德告诉他，现在有了"121"工程，不仅解决了吃水问题，还能利用水窖所蓄的水发展庭院经济。在剡茂林家，得知他们依靠劳务输出，2000年全家人均纯收入达到2100元时，费老非常高兴，并为剡茂林14岁的女儿剡娜娜题写，"好好学习，天天向上"。座谈会上，听取了地委书记石晶的工作汇报后，费孝通在讲话中说，定西的发展能到今天这种状况是很不容易的。希望各级党政领导再动脑子，再想办法，再找路子，外引内联，千方百计寻找并抓住发展机遇，加快发展速度。他强调指出，农业结构调整后，要利用高科技化工农产品，使其走向市场，这样才会有好的效益。他还就生态建设、支柱产业开发等讲了一些具体意见。

2003年8月31日，全国人大常委会原副委员长、著名社会学家费孝通第七次到定西考察。省政协副主席、民盟甘肃省委主任委员周宜兴，省人大常委会党组副书记、副主任姚文仓等有关领导陪同考察。市委、行署和有关方面领导接待了费老一行，行署副专员牛兴民汇报了定西地区退耕还林、脱贫致富及经济发展运行情况。听取汇报后，费老讲：变样了，太好了！山绿了，水也多了。我到定西来，一次比一次绿，一次比一次富。这次来，就是看看西部大开发后，定西人民得到的实惠有多少。费老说，我一生关注的是穷人的事情，是抓水抓人的学问。定西发展这么快，我很高兴。现在要撤地设市了，这是机遇，这是台阶。如果身体允许，我还要来定西，那时的定西发展会更好。下午，费老还访问了巉口镇三十里铺村大堡子社，仔细了解雨水集流工程和当地农民的生产生活状况。

王丙乾

1994年8月17日，全国人大常委会副委员长王丙乾在省人大常委会副主任柯茂盛、副省长崔振华及定西地县领导的陪同下，先后来到石家岔、花岔流域视察，走访了部分农户，对当地发生的巨大变化表示满意，并对干旱山区人民艰苦创业的精神给予了充分的肯定和高度赞扬。党的十一届三中全会以来，定西县以小流域为单元，科学治山治沟，保持水土，改善生态环境。11年来，梯田、林、草分别超过三个百万亩，粮食生产连续11年获得丰收，全县温饱问题基本得到解决。

对此,王丙乾表示十分高兴,称赞这是了不起的成绩,是改革开放带来的巨大变化。他希望干旱山区人民继续发扬自力更生、艰苦奋斗精神,为脱贫致富奔小康而努力奋斗。王丙乾还挥笔题词:艰苦奋斗,再创辉煌。

许嘉璐

2003 年 9 月 14 日,全国人大常委会副委员长、民进中央主席许嘉璐视察定西。在国家有关部门负责人和省委常委、宣传部部长陈宝生,省人大常委会副主任杜颖及定西市、区领导陪同下,许嘉璐一行来到定西师范高等专科学校,受到全校师生热情的欢迎。他要求学校要本着为社会培养技术型、实用型人才的目标,多渠道、多层次、多规格地办学,进一步改善办学条件,拓宽办学门路,提高办学效益。夜幕降临,许嘉璐一行到定西玉湖公园,高兴地听着市区领导的介绍,希望大家要多为群众着想,多提供一些休闲娱乐的场所,改变群众的生活方式,活跃精神生活。

9 月 15 日,许嘉璐一行来到青岚山乡大坪村。在村民马志超家,详细询问全家的生产生活情况,并到新建的沼气池旁,认真察看。在村民冉雄的家中,许嘉璐看到阁楼式的小康住宅,显得很满意。这家人端上了用沼气灶蒸熟的洋芋和苞谷,许嘉璐便和干部群众围坐在一起,要求各级干部一定要积极实践“三个代表”,替群众着想,深入基层,深入群众,一心一意为群众谋事、办事。同时,要政策引导,整村推进,合理规划,进一步搞好农村生态能源建设和生态家园富民工程。

丁石孙　张梅颖

2005 年 4 月 13 日至 14 日,全国人大常委会副委员长、民盟中央主席丁石孙,全国政协副主席、民盟中央常务副主席张梅颖和随行的全国人大常委、民盟中央副主席李重庵,民盟中央有关部门负责同志,中央有关部门负责同志及企业家在定西考察工作。13 日上午,丁石孙、张梅颖听取了定西市和安定区的工作汇报。丁石孙指出,定西虽然自然条件十分艰苦,但定西人民从实际出发,顺应天时,遵循自然规律,走出了一条富有特色的脱贫之路。定西的经验表明,只要当地干部群众从实际出发,遵循科学的发展观,经过艰苦努力,就可以脱贫致富。定西 20 年的变化,对中国的发展具有特殊意义;定西的经验,对全国贫困地区的脱贫致富有很大的借鉴意义,应该很好地总结推广。丁石孙说,民盟中央将继承老一辈的意愿,尽自己最大努力,一如既往地支持和帮助定西人民,推进定西的发展,造福定西百姓。张梅颖说,费老一生志在富民,十分关心定西的发展,曾七下定西。这次民盟中央率 23 人的考察团来定西学习考察,就是踏着费老的足迹,总结定西脱贫致富的经验,为定西人民奔小康多出主意、多做实事。

13 日下午,丁石孙副委员长来到巉口镇三十里铺村农户剡东海家,详细考察了"121"水窖、小尾寒羊舍饲养殖以及太阳能和沼气池建设等。13 日下午至 14 日,张梅颖、李重庵一行深入青岚山、巉口等乡镇的部分农户,九华沟流域综合治理工程,赵家铺退耕还林及草畜转化示范点及甘肃金大地食品有限公司考察。在大坪村,张梅颖还受费孝通的嘱托,特意登门看望了张雄一家,当看到他家建起了砖木结构的 4 间房屋,又买了三轮农用车,生活发生了很大变化时,张梅颖激动地说,你的幸福也是我们的幸福!看到你的发展变化,我们就放心了。

张梅颖在巉口镇先后走进五六户农家考察农民生活、养殖、生态建设等方面的情况。在上岘村农民刘银祖家里,张梅颖看到他家的生活虽发生了变化,但还没有用上沼气,生活还不富裕时,她拿出了慰问金交到户主手里,语重心长地说:"只要你努力,用上沼气的日子不远了。"

在 14 日下午召开的由石晶主持的座谈会上,在座的中央各部门、前来考察的企业家纷纷建言献策。张梅颖在座谈会上说,在这两天的考察中,我们目睹了定西人在荒山秃岭上造出的如诗如画般的层层梯田、万亩林带。干旱缺水的定西,家家户户有了解决吃水难的"121"水窖,有的农户建成了科学环保的沼气池,创立了五配套生态节能经济模式,定西人走出了一条生产发展、生态良好、生活富裕、人与自然和谐发展的新路子。在千百年苦甲天下的黄土地上创下了感天动地、神话般的奇迹。这些奇迹不是从天上掉下来的,是定西各级领导苦抓、群众苦干得来的。张梅颖说,定西的干群关系也十分融洽,领导干部带领群众脱贫致富,总结出了一条科学协调发展的好经验,定西人民苦抓苦干的精神,使我们受到了一次很好的艰苦奋斗的教育。总之,定西精神极大地鼓舞了我们,给我们留下了深刻的印象。

2010 年 9 月 16 日,全国政协副主席、民盟中央第一副主席张梅颖在出席 2010'中国·定西马铃薯大会开幕式之后,在省政协主席陈学亨,省委副书记鹿心社,省政协副主席、民盟甘肃省委主委张世珍和市、区领导杨子兴、秦素梅、牛兴民、马虎成、郑红伟、位志荣等陪同下,来到位于定西国家农业科技园区的爱兰薯业有限责任公司进行调研。在爱兰薯业的生产流程监控中心,张梅颖一边观看视频监视器,一边详细听取企业负责人的介绍,并饶有兴致地询问了脱毒种薯生产中"茎尖剥离"这一关键技术环节。她说,马铃薯产业要实现产业优化升级,就是要以市场需求为导向,提高马铃薯良种利用率,进而提高鲜薯的市场占有率。在种薯扩繁网棚种植区,张梅颖仔细查看了种薯生长的各个环节。她随手拿起了几颗泛着金黄色光泽的种薯,听企业负责人介绍说,这一颗种子可以卖到六角钱,张梅颖认真地说,这可真是致富的"金蛋蛋"。在公司种薯贮藏库,张梅颖查看了原原种、原种、一级种、二级种薯,并听取了市委书记杨子兴就良种生产从"茎尖剥离"到大田种植全流程的简要介绍。她说,种薯繁育不仅是马铃薯产业的基础,本身也确实是一个很大的产业,推进种薯生产体系的规范化建设,提升种薯产业的科技含量和市场竞争力,才能真正把"小土豆"做成"大产业"。张梅颖一行还前往陇中画院参观了 2010'中国·定西马铃薯大会书法作品展。

蒋树声

2009 年 8 月 12 日,全国人大常委会副委员长、民盟中央主席蒋树声和随行的民盟中央副主席索丽生、水利部副部长胡四一带领由民盟中央与水利部科技司组成的联合调研组,在省委常委、统战部部长刘立军,省政协副主席、民盟甘肃省主委张世珍等陪同下,就定西的水土流失问题和经济社会发展进行专题调研。蒋树声在定西视察工作时强调,民盟要沿着费老关心和支持定西的足迹继续走下去,把民盟的优良传统坚持下去,而且进一步发扬光大,坚定不移地支持定西的发展。通过大家的共同努力,经过十几年到二十年,使定西能够成为西部乃至全国的生态文明示范区,把定西建设成全国脱贫致富的典范。

2011 年 9 月 16 日,全国人大常委会副委员长、民盟中央主席蒋树声应邀出席 2011'中国·定西马铃薯大会。蒋树声宣布大会开幕,并与参加马铃薯大会的中央和国家部委、省市领导一同剪彩。签约仪式结束后,蒋树声带领参加会议的国家部委和省上领导参观马铃薯产业科技成果展览。蒋树声来到甘肃定西马铃薯产业园电子沙盘前,详细听取市委常委、区委书记位志荣关于打造马铃薯产业"一园三区"进展情况的汇报。在"中国薯都核心区"展台前,蒋树声一边观看马铃薯产业发展情况展览,一边关切地询问定西的旱情和农民的吃水情况,位志荣介绍说,虽然今年旱情十分严重,但在各级政府的帮助下,农民每家都挖了好几眼水窖,吃水没发生困难。蒋树声听后满意地点了点头。蒋树声饶有兴趣地观看了定西马铃薯综合交易中心与北京新发地市场的电子交易平台,查看了当天的销售价格和交易情况。10 时 30 分,2011'中国·定西马铃薯大会举行马铃薯专列发送仪式。蒋树声和国家部委、省、市领导参加发送仪式。

张宝文

2013 年 11 月 8 日,全国人大常委会副委员长、民盟中央主席张宝文在定西专题调研农业可持续综合开发。全国政协常委、副秘书长、民盟中央副主席徐辉,全国人大常委、农业与农村委员会副主任、民盟中央副主席龙庄伟,农业部发展计划司司长、民盟中央农业委员会主任钱克明,中国工程院院士、中国农业大学中国农业水问题研究中心主任康绍忠,中国农业科学院科技局局长、可持续发展所所长梅旭荣随同调研。张宝文一行先后深入到甘肃圣大方舟马铃薯变性淀粉公司、定西蓝天淀粉公司,实地调研马铃薯淀粉、变性淀粉的生产、综合利用、科技创新等情况。在甘肃圣大方舟马铃薯变性淀粉公司,张宝文边听边看,不时拿起那些马铃薯家族的"变身产品",与企业负责人及研发人员交流,称赞定西特色产业发展迅速,理念超前,措施得力,在科技创新方面颇具示范引领效应。在定西蓝天淀粉公司调研,张宝文一行来到公司时,正赶上一批精淀粉装车运往外地。公司负责人介绍说:"定西洋芋品质好,加上今年雨水多,马铃薯产量高、行情好,生产的精淀粉已供不应求。公司下一步要加强技术改造,扩大生产。"张宝文边听边点头,他说:"这样既延长了马铃薯产业链,又扩大了生产规模,为农业增效、农民增收搭建了良好的发展平台。"要求定西要紧抓特色产业不放松,为农民脱贫致富奔小康做出努力。

严隽琪

2014 年 10 月 12 日,全国人大常委会副委员长、民进中央主席严隽琪带领全国人大调研组到安定区视察调研旱作农业发展情况。全国政协副秘书长、民进中央副主席朱永新,省人大常委会副主任马青林以及市区领导陪同调研并介绍情况。上午 11 时许,在香泉镇马铃薯种薯标准化示范基地,严隽琪径直来到摆放 20 多个马铃薯品种的长桌前,一边听取赵众炜关于节水农业发展的情况汇报,一边饶有兴致地拿起一个新大坪马铃薯端详。赵众炜介绍说,新大坪是定西的当家品种,不仅口感好、淀粉含量高,还被群众亲切地称为增收致富的"金蛋蛋"。严隽琪风趣地说,这些"金蛋蛋"家家户户种,群众脱贫致富就有了希望。几位村民正在路旁用当地传统方法烧烤马铃薯。严隽琪兴致勃勃地观看土法烧烤马铃薯的过程,并接过张令平递给她的一个马铃薯慢慢品尝了起来,高兴地说,味道真香,北京的马铃薯没有定西的好吃。在安定区水土保持科技展览馆,严隽琪听汇报、看图片,了解安定人民苦干实干、改变贫穷落后状况的精神风貌以及毫不动摇地坚持山、水、田、林、路综合治理,生态环境建设所取得的成绩。随后,严隽琪来到青岚山乡大坪村老党员李彩的家,从吃水、家庭人口、收入到孩子上学就业等,一一提出关心关注的问题。当得知打工收入一年3万多元,还有养殖,地里的庄稼等,看到窖水直接抽到了厨房的水缸里,严隽琪说,"看到你们吃水问题解决了,生态环境改善了,我们感到非常高兴,祝你们家的生活越过越好!"

宋　健

1989年8月20日,国务委员、国家科委主任宋健考察定西。在青岚山乡大坪村,宋健来到五届全国人大代表刘玉秀的家里,两排新房,一园桃杏,还有满囤的存粮使宋健喜不自禁。他提出要看一户差点的,李万福一家5口人,主劳力疾病缠身,算是村里最差的了。进入门洞,只见一排新房在建,满园树木葱茏,据说李万福全家温饱也基本解决。宋健招呼陪同的省委常委韩正卿、副省长张学忠:"请你们给宋平同志带个话,请他回来看看。他在甘肃时曾立志要改善定西的贫困面貌。"在大坪,他同村支书冉志功告别时说:"看来温饱已经解决了。能不能搞点加工业,更上一层楼?"冉志功对他说,现在好多原料都涨价了。宋健风趣地说:"能不能搞点不涨价的? 养点羊、养点猪,还有经济作物,这些主动权在你手里,市场又很需要,加工后收入就能增长好多倍,就能富起来。"说完大家高兴地笑起来。

宋健看了内官营镇的加工业格外兴奋,他对大家说:"以农业为基础,又提高农业产值,这是农业的相关产业,要重点支持。"他又说:"这就是农村的支柱产业,很好。"他对乡村的同志们说,产品要提高档次。淀粉生产的东西很多,赖氨酸、胱氨酸、鱼粉、糊精、蛋白酶。一吨糊精卖上万元。他鼓励大家"脑袋再活点",依靠科学技术,发动千家万户,农民得利,市场收益。在定西地区无纺织地毯厂,宋健仔细察看每道工序,认真做笔记,并对国家科委的同志讲,要组织自己的企业生产、支援星火企业,宋健对科技人员到西北安家落户表示极大赞赏。

1997年8月19日,国务委员、国家科委主任宋健来到定西,在省委书记阎海旺等领导的陪同下,视察九华沟流域。在听取了定西地委书记石作峰和定西县委书记何振中的介绍后,宋健高兴地说,通过小流域治理,进行雨水补灌,增强抗旱能力,是个很好的措施,潜力很大,要充分发挥作用,增加农民存粮。宋健一边认真地听取地县领导的汇报,一边插问,并不时地作着记录。这里有没有畜牧业? 主要措施是什么?老百姓吃粮怎么样?当地、县领导告诉他,措施主要是挖水窖,加工业、养殖业、种植业同步进行,80%以上的农民有余粮时,宋健兴奋地说,这就很好,你们是"三西"为代表的一西,一定要做出榜样,带领群众尽快脱贫。漫步九华沟流域制高点四周,对面官兴岔流域映入眼帘。这是宋健第二次来定西,对小流域治理有着深刻的印象。当他得知那是曾经去过的治理区时,便又详细地询问了其他小流域治理区的情况,当他得知官兴岔、花岔等小流域已解决温饱,今年虽然定西大旱,夏粮减产,但秋粮丰收在望,全地区各县也没有成灾时,要求当地领导抓住"三西"建设的有利时机,创造战绩,创造成果。宋健一行还兴致勃勃地观看了马儿湾集雨节流场,一个个刚刚装满的雨水窖,使大家流连忘返。宋健一边视察,一边还就集雨场的塑膜质量等,向当地领导提出了更高的要求。地区在家领导及定西县和地直有关部门的负责同志陪同视察。

陈俊生

1989 年 10 月 7 日,国务委员、国务院贫困地区经济开发领导小组组长陈俊生专程到定西调查研究。在省长贾志杰等领导的陪同下察看了花岔小流域治理。他高兴地对省地县领导说:"小流域治理使大西北达到绿色革命。"陈俊生指出,小流域治理这是"三西"长期建设的一项重要成就,是黄土高原"绿色革命"的曙光。要发扬"愚公移山"的精神,一带干给一代看,一代接着一代干。这件事办好了,不仅对改变西北地区的自然面貌、贫困落后面貌意义重大,也是对维护整个中华民族的生存环境的重大贡献。古人云:"圣人出,黄河清。"从小流域综合治理情况看,现在已经出了一批"圣人",这就是共产党领导下的广大人民群众、广大科技人员、各级领导干部。在大坪村,同村支书冉志功进行了交谈。当了解到大坪村农民的存粮增加时表示满意。陈俊生说:"党中央、国务院对'三西'地区很关心,种草种树的政策是正确的。清政府提出的问题没有解决,我们解决了,还是社会主义好。"

1997 年 6 月 1 日,国务委员、国务院扶贫开发领导小组组长陈俊生来到定西,在省委书记阎海旺、省长孙英等领导同志的陪同下,视察九华沟流域。在听取了定西地委书记石作峰、行署专员张继武、县委书记何振中的介绍后,陈俊生高兴地说,看来机修梯田潜力很大,要充分发挥作用,确保定西农业丰收。望着满山绿林和层层梯田,陈俊生想起了他第一次到定西时看过的花岔流域,当他了解到这里比花岔流域治理面积大时,兴致勃勃地问这问那,这儿离县城有多远?"三西"建设给农民补助如何?增产效果怎样?当他了解到每亩给农民补助 30 多元,眼下有 70 台推土机在工作时,要求要集中搞,要把治理与增产结合起来进行。陈俊生对当地的地膜粮食温饱工程及高位节灌工程非常感兴趣,他强调指出,这是科学,是定西人民的创举,要总结经验,不断推广。对于地膜所造成的白色污染,要及早防备,督促检查,绝不能造成不良后果。陈俊生是第二次来定西视察,他对定西的情况比较熟悉,他再三要求当地领导,要高起点、高标准、高效益地进行扶贫开发,通过治理开发,确保干旱山区群众解决温饱,稳定脱贫。地区在家领导及定西县委、县政府和地直各有关部门负责同志陪同视察。

王忠禹

2000 年 9 月 16 日,国务委员、国务院秘书长王忠禹一行来定西检查指导计划生育工作。王忠禹和国家计生委主任张维庆在省上领导宋照肃、吴碧莲的陪同下,率领参加西部地区人口和计划生育工作座谈会的部分省区副省长、国家有关部门负责人,首先来到九华沟流域,县长王冠军介绍了该流域生态治理及当地群众实行计划生育、脱贫致富奔小康的情况。王忠禹详细询问了雨水集流水窖建设及水质状况、群众退耕还林后粮食兑现、种植苗木来源及经济林木的种植情况。随后,来到巉口镇、凤翔镇、内官营镇实地查看计划生育工作。在内官营镇,与当地基层干部群众进行了座谈。王忠禹听后十分满意。他说:"这次到基层看了不少,听了不少,了解了很多情况。西部大开发终究是要把经济搞上去。国务院正在加紧制订西部大开发战略的规划,我们要把了解到的合理的情况规划进去,以便今后更好地开展工作。要加大医疗制度改革,关心、重视边远山区妇女妇科病的检查,为老百姓办一些实实在在的事情。"

钱正英

1994 年 9 月 7 日,全国政协副主席钱正英率领全国政协赴甘肃考察组,就甘肃农业问题和水利建设情况来定西考察。在全国政协常委李子奇、省政协副主席韩正卿、省长助理贠小苏及地区领导刘生荣、顾军、刘生儒等同志陪同下,考察了官兴岔流域、花岔流域,走访大坪村五户农家,参观甘肃无纺织地毯厂二期工程。在听取了地委的工作汇报后,钱正英着重就引洮工程如何尽快上马同地县党政领导及有关方面负责同志进行了座谈。在听取引洮工程汇报后说,省地要尽快研究论证引洮方案,部署策划引洮的前期准备工作。钱正英提议,定西最根本的是水的问题,选定"九甸峡大引洮方案"或者"大碧河中引洮、东峪沟小引洮方案",都要考虑投资成本与长远效益,顾及群众的承受能力。钱正英赞扬定西十年的"两西"建设非常有成效,并题词"定西大有可为"。

陈锦华

2000 年 8 月 28 日,全国政协副主席陈锦华在省政协副主席朱作勇,地委书记张继武,行署专员刘立军,地委委员、县委书记何振中,地区政协工委副主任莫守拙的陪同下,视察九华沟流域。站在九华沟山巅举目远眺,只见梯田层层,林草丰茂,呈现一派生机,陈锦华连声赞叹道:搞得不错,规模大,有气势。在详细了解了定西县的流域面积、治理规划、梯田建设、粮食收成、农民收入等情况后,陈锦华非常满意,频频点头。他说,定西县的小流域治理效果很好,既改善了生态环境,又使农民受益,应坚持搞下去。得知定西上半年旱情十分严重、夏粮减产幅度较大时,陈锦华十分关切问地、县领导,群众生活安排得如何?并再三叮嘱地、县领导要千方百计安排好群众生活,保证不出问题。陈锦华语重心长地对何振中说,你在县上工作多年,有丰富的工作经验,只要你带领县委一班人为全县人民出主意、想办法、谋利益,全县人民一定支持你、爱戴你。相信经过广大干部群众的共同努力,贫困出了名的定西县会实现经济腾飞,各项事业全面发展。

万国权

2000年9月14日,全国政协副主席万国权、共青团中央书记处书记崔波及30多位全国政协委员"保护母亲河行动"考察团,视察九华沟流域综合治理示范区。听取县长王冠军的介绍后,万国权盛赞定西"保护母亲河行动"成就卓著。在谈到设想和困难时,王冠军说,"保护母亲河"工程,是一项造福当代、功在千秋的事业,我们一定按照江泽民总书记"再造秀美山川"的指示持续奋斗。但要实施大规模的开发治理,任务非常艰巨,巨额的资金投入需要国家的支持。万国权当即说:"我记住了你这位县长的话。"地委书记张继武在回答关于"121"工程的效益时说:"今年初春以后连续200天没有降雨,像以前要从县城拉水,但今年靠'121'保证了人畜饮水。群众称'121'是民心工程。"万国权称赞说:"你们的'121'集雨节灌和小流域综合治理是一项伟大的创举。"

杨汝岱

2002年5月18日,全国政协副主席杨汝岱一行,在副省长贠小苏、省政协副主席喇敏智等领导的陪同下,视察定西退耕还林工作。地区领导朱同心、秦素梅、武文斌及有关部门负责人陪同视察。下午3时,杨汝岱一行来到定西国家农业科技园区。在听取汇报的同时,现场查看珍稀食用菌生产和马铃薯脱毒种薯生产,一边和专业技术人员交流,一边和拉运白灵菇的农民交谈。当他得知当地农民从中获取大量经济效益时,高兴地说,这太好了。并欣然挥笔题词"发展白灵菇,致富农民"。下午,杨汝岱一行登上九华沟,听取县委书记王冠军的介绍后,对定西退耕还林的做法非常赞赏,称:"这里为生态环境建设、为农林牧副各业的可持续发展,提供了宝贵的经验。"杨汝岱向随行的全国政协经济委员会副主任黄璜、全国政协委员陈耀邦、全国政协经济委员会委员阎颖说:"一定要把这种贫困干旱地区脱贫致富的路子坚持走下去。"

周铁农

2002 年 9 月 26 日,全国政协副主席、民革中央常务副主席周铁农一行视察"引洮工程"定西灌区。上午 10 时,周铁农带领全国政协常委、民革中央副主席朱培康,全国人大代表、民革中央调研部部长杨新人,水利部水利水电规划设计总院教授级高级工程师卜漱和,水利部党委办公室主任浦晓津等领导和专家,与省政协副主席杨镇刚及省水利厅有关领导和专家,首先来到香泉盆地,与当地的回汉群众交谈,了解引洮工程实施后新增灌溉面积和解决人畜饮水困难情况。随后,周铁农一行来到内官营灌区,握着 70 岁老人李汉章的手,得知老人盼望引洮50 多年时,兴奋地告诉他,现在只待开工,现场群众报以热烈的掌声。下午 5 时,周铁农一行来到鲁家沟镇,在南川村陈瑞雄家,他在查看了"121 雨水集流工程"的同时,与当年"引洮工程"的见证人赵河清、史活等老人亲切交谈,并兴奋地告诉大家,"引洮工程"已经国务院批准,马上即可上马开工。顿时,广大群众欢欣鼓舞。傍晚时分,周铁农一行来到复兴流域退耕还林生态工程示范区,听了定西县领导的汇报,他对乔灌结合、针阔混交的复合林非常赞赏。他说:"这里为干旱山区生态建设树立了典型,相信随着引洮工程的实施,这里一定会是一片绿洲,为定西农民的稳定脱贫,拉动农村经济健康发展做出积极的贡献。"

厉无畏

2008 年 9 月 18 日,全国政协副主席、民革中央常务副主席厉无畏参加由国家农业部、甘肃省人民政府主办,农业部种植业管理司、甘肃省农牧厅、定西市人民政府承办的 2008'中国·定西马铃薯大会开幕式。厉无畏宣布大会开幕。随后,厉无畏一行前往定西宾馆,参加项目签约仪式。共有 25 个合作项目签约,签约资金 13.6 亿元。下午,厉无畏参加全国马铃薯产业发展高端论坛,并做了题为《发展创意农业,推进社会主义新农村建设》的主题报告,着重就创意农业产生的背景、表现特征及在马铃薯产业领域的应用等方面,深入阐述了发展创意农业的内涵。参加马铃薯大会的部分参会代表和市区干部近千人聆听报告。厉无畏还为定西灾区群众捐款 2 万元,并深入甘肃超兴淀粉有限责任公司、甘肃马铃薯工程技术研究中心、甘肃金大地食品有限公司、巉口镇调研马铃薯产业发展情况。

王家瑞

2016年8月3日，全国政协副主席王家瑞来定西，调研脱贫攻坚工作及马铃薯产业发展情况。在省政协副主席张津梁、市委书记张令平等陪同下，王家瑞首先来到中国·定西扶贫开发纪念馆，观看了扶贫开发纪录片，详细了解新中国成立以来特别是改革开放以来定西扶贫开发取得的显著成就和巨大变化。在马铃薯博物馆考察时，王家瑞说，马铃薯产业是定西的一张名片，产业的发展相对成熟，今后要抓住马铃薯主食化战略机遇，将马铃薯产业真正做强，在地方经济发展中起到支撑作用。在甘肃圣大方舟马铃薯变性淀粉有限公司产品展台前，王家瑞仔细听，认真看，详细了解这些产品的市场推广和社会生活中的应用情况，对定西在优势特色产业上的深度开发成果给予高度评价。

政区 环境

第一编 政区 环境

第一章 自然环境

第一节 地质 地貌

地质

安定区大地构造位于祁、吕、贺兰山字型构造体系的前弧西翼内侧部分地段及山字形脊柱(六盘山)西侧马蹄形地盾陇西旋卷构造第三层之南。前震旦系、震旦系、前寒武系、白垩系、下第三系、上第三系、第四系均有出露。而以形成较晚的第三纪内陆红色山麓相—湖相和第四系中上更新统黄土分布最为广泛。

南部内官营南山由前震旦系马衔山群形成背斜隆起带，是马衔山复式倒转背斜的东延部分。呈北西—南东走向，构成基岩低山地貌。形成混合岩化地层并有岩浆活动。在中、新生代以来，先是部分沉降，继而整体上升。其北缘是一条多期活动的呈北西—南东走向的深大断裂，为高角度逆断层，由榆中黄石坪经符家川至宁远延至华家岭，长约 105 千米，构成与安定区—内官营凹陷的分界线。

安定区内官营与榆中高崖之间形成东西长约 35 千米，南北宽约 20 千米，方圆约 700 平方千米的新生代凹陷。其基底可能由震旦系兴隆山群所构成，第三系厚度在李家堡附近约 250 米，内官营一带可达 750 米。

西巩驿、宁远至华家岭之间，为一隐状基底隆起构造，由震旦系兴隆山群及华家岭花岗岩构成。上覆下白垩系及第三系地层，约呈北西至南东走向，为长 25 千米、宽 15 千米的块状隆起构造。自震旦系后长期隆起，直到中生代后期开始下降，沉积了下白垩系、第三系地层。第三、第四系以来，一直处于上升隆起状态。

在西巩驿南暖泉，有一大断层，断层面倾向南西，倾角 75°，系榆中兴隆山北麓小康营大断层之东延部分，为北西走向，在安定区境内仅暖泉有出露。由震旦系兴隆山群结晶灰岩逆推到第三系上新统及第四系更新统之上，其余均为第四系覆盖深埋于地下，当属多期活动的深大断裂。

小康营—暖泉断裂以北，榆中北山—铁木山前寒武系隆起以南为一凹陷带，南北宽约 20 千米,东西长约 45 千米以上,下陷较深。主要沉积地层为下白垩系及第三系,上覆第四系黄土层,其层底西南深、东北浅。可能由震旦系兴隆山群及前寒武系皋兰群所构成。

在上述区域构造背景的基础上,安定区境内地质构造分为六种类型。

内官营南山背斜断隆带 包括内官营镇西南部、高峰乡的全部和符家川、香泉镇的南部一带,海拔 2100～2580 米,是安定区的最高部位。下自 1000 米左右处为古生代和中生代花岗岩、片麻岩、角闪斜长片岩、石英片岩、黑云母石英片岩及砾岩等。其上为 800～1000 米厚的暗红色砾岩、巨砾岩、沙砾岩、砂岩、砂质泥岩、泥质砂岩、石膏质泥岩夹粉砂岩及石膏等。再上为一组厚度 145 米左右的河湖相橘红色砂岩及砂质泥岩夹钙质砂岩。更上则是分布最广的湖相厚层泥岩。最上为第四系黄土层覆盖。

内官营—香泉断陷带 在内官营南山背斜断隆之北,是其山前盆地,包括内官营、香泉腹地,海拔 1960～2150 米,断陷宽 8 千米。在下更新统泥岩之上有厚约100 米的中更新统湖相亚黏土堆积,夹有粉砂或泥质粉砂薄层。上面有很厚的上更新统浅黄、深黄、黄褐和青灰色黄土状亚砂土、亚黏土与薄层灰白色沙砾,砾砂和砂层互层。最上层是冲击、洪积物在山前陆面的堆积。南部近山麓地带为粗大的砾卵石层,中部、北部砾石层略细,上覆有较厚的亚砂土层。

中部单斜带 主要分布在杏园、宁远、李家堡、团结、凤翔、巉口、称钩驿一带。地层近于水平或微向南倾。深层以上以第三系中新统河相砂岩、砾状砂岩为主,上覆第四系深厚黄土层。其第四系黄土有晚更新统淡黄色马兰黄土、中更新统棕黄色离石黄土和早更新统午城黄土。按部位顺序愈往下颜色愈红,质地愈黏重。

北部轻度褶皱带 分布在石泉、西巩驿、青岚山、新集、葛家岔、鲁家沟、石峡湾、白碌一带。基地断裂翘起,形成一些小背斜、向斜构造。在第三系湖相厚层泥岩之上,覆盖第四系很厚的黄土层。沟谷底部,有白垩系、前寒武系、前震旦系基岩的零星出露。表层黄土和中部单斜带相同,形成典型的黄土丘陵沟壑区。为安定区内主要成土母质。

河谷地带 主要分布在关川河及其一级支流东河、西河、称钩河等两岸早期冲积堆积层地带。总厚 80～100 米。下层为上第三系中更新统橘红色沙砾岩、泥质砂岩、泥岩、砂质泥岩和泥质砂岩互层,由下而上颗粒渐细,构成河谷一、二级阶地及河漫滩。上层为上更新统冲积物。三级阶地自下而上一般由砾岩、亚砂土、亚黏土、黄土状亚砂土构成。

黄土丘陵冲沟堆积区 系风成黄土再搬运的堆积,构成黄土丘陵沟谷宽坦的谷底。以黄土状质地为主，属上更新统。下层是薄层层理明显的亚黏土和亚砂土互层，常夹青灰色、黑色淤泥质亚黏土。其底部与第三系连接处含厚 40～80 米的红层碎屑。上层为质地均一的浅黄色、褐黄色黄土状亚砂土，偶夹淤泥质薄层亚黏土，微显风化层理，具有坡积相特征，厚 20～30 米。

地貌

安定区属于陇中黄土高原丘陵沟壑区。境内沟壑纵横，梁峁起伏，地势由西南向东北倾斜。南高北低。西南为山地，山地下部为小型内官营盆地。北部为丘陵，丘陵之间为河流切割成的沟谷阶地。全境 1 千米以上的冲沟达 1236 条。其地貌可分为五种类型。

基岩低山地貌　与内官营南山背斜断隆地质构造区重合。为浅切割土石中山区，岩层裸露，山坡较陡，山梁狭窄，山坡直接沟底，坡长多在 300 米左右。沟头上方坡面稍缓，一般小于 10°，沟腰坡度多在 15°~25°。山顶沟头多为第四纪风成黄土。山坡多为裸露之泥岩、砂质泥岩。侵蚀严重的山顶有橘红色、暗红色砂岩外露。沟底有较厚的第四纪堆积物。

基岩低山地貌　拍摄于高峰乡城门寨村

小型山前盆地地貌　其地带为内官营—香泉盆地，四周为基岩低山及梁峁状黄土丘陵所环抱。盆地内主要为低缓陇岗状洪积黄土台地及

小型山前盆地地貌　拍摄于内官营镇锦屏村

近代冲积、洪积平原。内官营地带较宽广，乌龙川、香泉地带范围较小，呈开阔的长条状，为小型山前断陷盆地。

黄土堆积侵蚀长梁地貌在安定区内广泛分布。梁呈长条形，顶不宽，坡翼到谷缘坡梁较长，坡面积较大，坡度在15°~25°之间。沟头上方为"掌地"。局部被现代槽状冲沟切割成破碎的沟台，黄土堆积较厚。

黄土堆积侵蚀梁峁地貌侵蚀较长梁区严重，梁峁并存，峁顶面积不大，四周斜坡较缓，一般为3°~10°。峁缘到谷面的坡面较长大，坡度变化于10°~35°之间。峁缘与黄土梁相接者梁身不长，为沟谷深切。

黄土堆积侵蚀长梁地貌　摄于鲁家沟白碌乡拽碾村

黄土堆积侵蚀梁峁地貌　摄于鲁家沟镇东风村

河谷平原地貌　在关川河及其支流西河、东河、称钩河与西巩河及其一级支流两侧，形成不同的三级河谷阶地，宽数百米至3千米，呈树枝状嵌入黄土丘陵中。一级阶地包括河漫滩，分布于河槽凸岸，高出河床1~3米，宽数十米，可为特大洪水淹没。二级阶地高出河漫滩10~30米，向上游递减，阶面平坦，宽0.3~1.2千米。三级阶地断续分布于河谷边缘，坝高30米左右。阶地多由第四级冲积、洪积物组成。一、二级阶地多属于堆积或上迭式阶地，三级阶地属侵蚀堆积式阶地。村镇居民住地多在二级阶地。

河谷平原地貌　拍摄于巉口镇东川村

第二节 土壤

安定区土壤,分黑垆土、灰钙土、黄绵土、潮土等 4 个土类,6 个亚类,28 个土属,105 个土种。

黑垆土

黑垆土是安定区内主要土壤类型。多发育在风积和次生黄土母质上,局部地区为残积、坡积母质。分布于广大丘陵地区和东南部中山区。占土地总面积的78.2%。以地形结构对水热条件的再分配作用及海拔高度而分为 3 个亚类:一般在海拔 2300 米以上为黑麻垆土,2100 ~ 2300 米为黑垆土,2000 ~ 2100 米为淡黑垆土。内官营—香泉盆地和丘陵之间的绝大部分川坝地区为黑垆土分布区。黑垆土一般无盐化和碱化特征,PH 酸碱度在 7.7 ~ 8.3 之间,具有良好的渗水和保水性能。其剖面具有暗棕色腐殖质层,常呈霜状和假菌丝状碳酸钙聚积层。土体构形以 A—B—C 发育层为主。

黑麻垆土(IA) 发育在残积、坡积母质上。面积 37.38 万亩(其中耕地 25.72 万亩),占黑垆土总面积的 8.7%。主要分布在 2300 米以上的西南部山区。在较陡山坡上有半湿润草原植被,覆盖度达 40% ~ 50%。在较平缓部位土层中,常有古埋藏层,与腐殖质层组成 2 ~ 4 米的黑棕土壤,团块状结构。质地中—重壤,腐殖质层深厚,有机质 2% ~ 4%,全氮含量高,速效钾丰富,熟化层易遭侵蚀,耕作层碳酸钙含量 9%,石灰反映自下而上增强。分 4 个土属,22 个土种。

黑垆土(IB) 主要分布在 2100 ~ 2300 米的南部和中部丘陵区,北部丘陵区上部小面积存在。母质为黄土状物质。碳酸钙淋溶比较弱,20 厘米以上碳酸钙平均含量 12.7%。向下略有增加,多呈假菌丝状,质地以中壤为主,南部阴坡为中—重壤。有机质积累大于分解,腐殖质层一般 100 ~ 150 厘米。耕层平均有机质1.5%,全氮 0.11%、速效磷 4PPm、速效钾 142PPm。钙积层位较高,含石灰多。共分7 个土属,35 个土种。

淡黑垆土(IC) 面积 247.32 万亩(其中耕地 16.67 万亩),是黑垆土总面积的58%。主要分布在海拔 2000 ~ 2100 米的北部和中部丘陵区,与灰钙土相接,南部较少。在黑垆土亚类下部,为丘陵区主要土壤。区地气温 6℃左右。≥10℃的积温1971 ~ 2124 小时。降水较少,蒸发量大,微生物活动旺盛。有机质矿质化大于积累,含量低、色淡、腐殖质较薄,一般在 60 厘米左右。耕层平均有机质 1.07%,碳酸钙含量 12%~15%。钙积层厚 20~30 厘米,犁底层紧实,质地以轻壤为主。分 8 个土属,27 个土种。

灰钙土

灰钙土发育母质为风积黄土和部分冲洪积物质。主要分布在鲁家沟镇将台村以北的关川河和西巩河及其支流两岸海拔 2000 米以下的低海拔区。与二水系相联系的白碌、称钩驿、巉口、石峡湾、葛家岔、新集、李家堡和石泉等乡镇也有少量分布。呈镶嵌状掼入大面积黑垆土之中。面积 114.17 万亩(其中耕地 68.20 万亩),占安定区土地总面积的 20.9%。在地表出现荒漠化过程所特有的荒漠假结皮及附生的黑色地衣和藻类等短命植物,为一种形成于荒漠草原生态环境下的土壤。植被稀疏矮小,微生物活动旺盛,没有明显的腐殖质层。一般有机质在 0.80% 左右,平地表层高于心土层,色灰黄,心土层为淡黄棕色。碳酸钙淋溶很弱,二氧化碳分压低,含钙一般为 12.0% 左右,多以少量霜状或假菌丝状形态出现。PH 酸碱度 8.3。表层黏粒含量平均 9.0%。通层轻壤。1 个亚类,7 个土属,12 个土种。

黄绵土

黄绵土直接发育在深厚的黄土母质上,为无明显剖面发育、母质特征明显的黄土性土壤。以土壤疏松、绵软、色淡而命名。分布在黑垆土区的较陡坡耕地上,与黑垆土交错出现。主要在团结、巉口、杏园等 12 个乡镇,面积 3.99 万亩,是安定区土地总面积的 0.7%。垆土层为水土流失剥蚀殆尽。直接耕种在黄土母质上,处于发育—侵蚀—发育的循环中,可谓侵蚀性幼年土,有机质含量 0.80% 左右,粒块状结构。底土显黄土母质特征,色多黄棕,块状结构,有机质大多为 0.30%~0.50%,少明显的犁底层和淀积层。耕层碳酸钙含量平均高达 15.9%。只有黄绵土亚类和山地耕种黄绵土 1 个土属,分 3 个土种。

潮　土

潮土发育在现代河流冲洪沉积物上,为受季节性地下浸润形成的半水成型非地带性土壤。其形成过程主要为草甸过程、盐化过程和土壤的熟化过程。主要分布在内官营、香泉、符家川、巉口、鲁家沟等乡镇的河漫滩上,地下水距表层 1~6 米。沉积层薄厚悬殊,水文条件差异大,只在河漫滩局部低地零星分布,面积 8805 亩,占安定区土地总面积的 0.2%。香泉镇池沟村、内官营镇先锋村和锦屏村、符家川镇兰星村等地地下水位浅,地下水可浸润在地表。旱季下降,干湿交替,土壤中铁锰氧化物随之迁移和局部积聚,一般在 30 厘米土层中,即有锈纹锈斑潴育化特征,个别剖面含铁锰结核。巉口、鲁家沟地下水位较深,在 80～100 厘米处出现锈纹锈斑。香泉、内官营、符家川等地草甸植物生长较好,土壤有机残体较多,腐殖质在 30 厘米土层中得到积累,一般都有盐分随毛细管上升所致的盐分积聚过程,易遭洪水和盐碱危害。只有 1 个亚类和盐化河潮土 1 个土属,6 个土种。

第三节　植被

安定区位于黄土高原西部,降水稀少,属于温带大陆性气候。从境内水牛头骨的发现,说明安定区在古代是一个以草原为主的稀树草原地区,气候较温暖、湿润,自然生态良好。大约从宋代以后,由于历史变革、社会动荡、战乱频仍、地震多发,加之掠夺式的农业经营手段,森林资源受到破坏。清乾隆以后,森林砍伐殆尽。咸丰以后,仅存毛林(俗名黑酸刺)。安定区的植被经历了森林—毛林—草地的演变过程。中华人民共和国成立后,虽大力植树造林,但至今仍然植被稀疏,水土流失严重。现有植被,就分布面积来说,农作物植被约 171.54 万亩,占全区土地面积的 31.4%;草地植被约 153.01 万亩,占全区土地面积的 28%;人工造林植被约 124.16 万亩,占全区土地面积的 22.7%。

草地植被

以禾本科、菊科、藜科、莎草科植物为最多,其次有豆科、蒺藜科、蓼科、瑞香料、毛茛科等。针茅草是各类草地的建群种,各类草地的阴坡、阳坡、梁峁顶部、丘陵及沟谷地均有分布。梁峁顶部常有冷蒿、无茎萎陵菜、铁秆蒿、艾蒿、地椒群落;阴坡下部为本氏针茅、细叶苔群落;阳坡下部石砾山坡、梯阶等处为针茅、扁穗冰草、紫苑群落;沟滩、碱坡则以针茅、茵陈蒿占优势。除建群种外,伴生有骆驼蓬、二裂萎陵菜、野葱、箭叶旋花、旱地野菊、碱蓬、粗紫云英等杂草。草地植被分为三类。

干旱草原植被　分布于鲁家沟、白碌、石峡湾、葛家岔、新集 5 个乡镇的 49 个行政村。占地面积 135.14 万亩,有草地 76.01 万亩,为全区草地总面积的 49.6%。主要生长本氏针茅、短花针茅、赖草、冷蒿、艾蒿、铁杆蒿、锦鸡儿、骆驼蓬、小黄菊、芨芨草、萎陵菜等。

湿润草原植被　分布于凤翔、巉口、称钩驿、青岚山、西巩驿、李家堡、葛家岔、新集、符家川、内官营、团结、宁远、香泉、石泉、杏园 15 个乡镇的 228 个行政村。占地面积 375.66 万亩,有草地 54.71 万亩,为全区草地总面积的 35.8%。植被以禾本科、菊科为主,还有适量的蔷薇科。主要草种为本氏针茅、冷蒿、无茎萎陵菜、野棉花、茵陈蒿、细叶鸢尾及多种蒿类和菊类。

草原化草甸植被　分布于高峰乡的全部村,内官营镇的勤宝、嘴头、大庄、陡寨、南阳、关厅、中南、瓦窑湾、董家湾村,香泉镇的泉湾、双庙、花屏、青岗、中庄村,杏园乡的牛营、李家河、白虎、张家山村。占地面积 36.59 万亩,有草地 22.29 万亩,为全区草地总面积的 14.6%。植被主要有冷蒿、无茎萎陵菜、地椒、扁穗冰草、阿尔泰紫苑等。

人工造林植被

南乔北灌和南部乔灌结合是安定区造林的特点。面积上,北部大较集中,南部小又分散;蓄积上,南部立地条件较好,活立木蓄积量大,北部条件差,蓄积量小;树种上,南部以乔木林为主,杨树较多,北部以灌木林为主,柠条较多;垂直分布上,山脊及坡面以灌木为主,沟壑与川台地以乔木林为主。

1986—1994 年,全县营造防护林 22.97 万亩。1995—1999 年,全县营造经济林 19.6 万亩。2000 年,主要在退耕地及荒山造林。2001 年,在九华沟流域退耕地造林 9000 亩,荒山造林 1000 亩,栽植侧柏 5.5 万株,山毛桃 30 万株,云杉 5000 株,柠条 32 万丛。2002 年,在巉口朱家山退耕地造林 6499.95 亩,荒山造林 4500 亩,栽植侧柏 48.4 万株,大果沙棘和四翅冰藜 16.3 万株,柠条 46 万丛;在李家堡鹿马岔流域退耕地造林 1.15 万亩,荒山造林 5025 亩。2003 年,在巉口镇赵家铺退耕地造林 6000 亩,荒山造林 4675.22 亩,栽植侧柏 11 万株,山毛桃 25 万株,臭椿 6 万株,柠条 55 万丛,扦插红柳 79 万株,种植紫花苜蓿 3566.8 亩。2005 年,在响河流域退耕地造林 4999.86 亩,荒山造林 6100.05 亩,栽植优质大侧柏 44 万株,山毛桃、臭椿、刺槐等 80 万株,点播柠条 137 万丛,成活率和出苗率均达到 95% 以上。2007 年,在内官营、高峰境内改造林带 25 千米,造林 4868.25 亩。2008 年,在内官营侯家山完成造林 3188.6 亩。2009 年,在内官营林川、锦花完成林带改造 1000.5 亩,共栽植云杉 74 万余株,油松 20 万余株,并点播了柠条等。2010 年,在青岚山乡祁家湾流域造林 4946.65 亩,共栽植文冠果、刺槐、侧柏等各类苗木 60 余万株。城区东山、南山、西山完成绿化面积 2.1 万亩,栽植各类苗木230 万余株,种草 7005 亩。

在大面积造林的同时,人们还在房前屋后、路旁、河谷、荒坡等地分散、小面积栽种树木,这种栽种模式遍布安定区,在抵御自然灾害、美化环境、净化空气、调节小气候等方面起到了一定作用。

第四节 山系 水系

山 系

定西市安定区山脉属昆仑山系。由黄河与长江之分水岭自四川循岷山山脉进入甘肃省,经甘南、陇南抵岷县;继循洮河与白龙江、渭河之分水岭经漳县、甘南、渭源至临洮泉头,一支东向至安定区西部为胡麻岭。

安定区内山脉以胡麻岭分南北向与邻县诸分水岭之分支长梁及其梁峁绵延境内。其安定区境长梁(局部有插花地段)与安定区内长梁在境内呈包围圈形式,以关川峡为出口,形成关川河水系;以西巩驿镇与会宁县境为出口,形成西巩河水系。关川河水系又以诸长梁呈小包围圈形式,以城区为出口处,形成西河流域与东河流域;以巉口为出口处,形成称钩河流域。

安定区境长梁

从胡麻岭北向长梁,以关川河与苑川河流域为分水岭,经

临 洮 县
————————————→榆中→
安定区内官营镇、符家川镇

榆 中 县
—————————————————→
称钩驿镇、巉口镇、鲁家沟镇、白碌乡

榆中县
榆中县,继东循————————数千米入白碌乡为中山梁,锁于关川河西侧。
白碌乡

从胡麻岭南向长梁,以关川河与渭河流域为分水岭,循

安定区内官营镇
——————————→高峰乡→
临洮县

高峰乡、内官营镇、香泉镇
————————————→
渭源县

香泉镇、团结镇、李家堡镇
————————————→
陇西县

杏园乡
→陇西县→————————入通渭县至华家岭,又北向,循东河与祖厉河支流厉河之分水
陇西县

宁远镇
岭经通渭→————————→会宁漫湾。其一支北行,循西巩河与厉河分水岭由会宁经
会宁县

石泉乡、西巩驿镇
————————————→锁于西巩河出境处之南侧。
会宁县

安定区内长梁

符家川经鲁家嘴至安定区城长梁与符家川经鲁家嘴至巉口长梁。自胡麻岭

北长梁 $\dfrac{临洮县}{安定区}$ 段循称钩河与西河之分水岭经符家川镇、榆中县龙泉乡、

$\dfrac{称钩驿镇}{符家川镇}$、$\dfrac{称钩驿镇}{内官营镇}$ 至鲁家嘴梁峁,其南支循西河与大涧沟、小涧沟之分水

岭入凤翔镇至安定区城西为西岩山,锁于东、西河汇为关川河之西侧。

自鲁家嘴循糖坊岭至称钩驿镇花岘子,其一支东北循大涧沟、大柏林与称钩河之分水岭,入巉口镇至巉口街之西南为金鳌山,踞称钩河汇入关川河之南侧。

车道岭至巉口长梁。自安定区与榆中县界之车道岭经景家泉、称钩驿镇、巉口镇等至巉口街西北侧,踞称钩河汇入关川河之北侧。此长梁为称钩河与关川河支沟盐沟、甄家沟、磨石沟之分水岭。

香泉镇至安定区城长梁。自安定区与陇西县界长梁分支,循西河与东河之分水岭,经香泉、团结等镇入凤翔镇,至安定区城西南为南安山,锁于东西河汇入关川河之侧。

漫湾至西巩河北长梁与漫湾至关川峡东长梁。自会宁县漫湾入境经宁远、石泉、李家堡、青岚山、凤翔等乡镇至安定区城东为安家坡、照城等山,踞东河汇入关川河之东,为东河与西巩河之分水岭。此长梁又继续东延,经青岚山至西巩驿镇之王公桥。在青岚山四方堡分支,西北向经巉口镇至葛家岔镇大营梁。又西延至巉口街东为丁家山。东经葛家岔、新集等乡镇,继沿新集、西巩驿等乡镇与会宁县界锁于西巩河出境处之北侧。此段长梁为西巩河与关川河、黑窑沟及西坪沟之分水岭。从葛家岔分支北向,经石峡湾乡,锁于关川河之东侧。与西侧中山梁相对,形成对关川河流域之包围圈。自葛家岔至石峡湾段,为关川河与黑窑沟水系之分水岭。

水 系

安定区内水系主要为黄河流域祖厉河水系。主要河流有祖厉河支流关川河、西巩河及关川河支流西河、东河、称钩河等。

西河发源于胡麻岭南北两麓,集符家川、内官营、高峰、香泉、凤翔等乡镇以及榆中县之入境水在安定区城西北侧与东河汇合为关川河。主流长 67.5 千米,流域面积 636.87 平方千米(包括境外 3.12 平方千米)。

东河发源于华家岭西北麓,集宁远、杏园、李家堡、团结、香泉、凤翔等乡镇及通渭、陇西等县入境水在安定区城西北与西河汇入关川河。主流长76.7千米,流域面积788.04平方千米(包括境外97.2平方千米)。

关川河集东、西河之水起于安定区城西北侧。集凤翔、内官营、称钩驿、巉口、白碌、青岚山、鲁家沟、葛家岔、石峡湾等乡镇及榆中县之入境水在安定区东北关川峡红岘儿流入会宁县,至郭城驿汇入祖厉河。境内主流长104千米,流域面积2660.39平方千米(包括境外178.64平方千米)。

称钩河发源于符家川镇,经榆中县龙泉乡入安定区内称钩驿镇,集巉口等乡镇之水于巉口街西侧注入关川河。主流长34.2千米,流域面积281.74平方千米(包括境外45.88平方千米)。

西巩河集石泉、宁远、李家堡、青岚山、葛家岔、新集等乡镇及会宁县入境之水在西巩驿镇三合东流入会宁县注入祖厉河。主流长34.5千米,集水面积728.47平方千米(包括境外5.5平方千米)。

黑窑沟集新集、葛家岔、石峡湾等乡镇之水分数支出境会合于会宁县汇入祖厉河。主流长12千米,集水面积238.42平方千米。

马营滩河集高峰乡安定区境长梁外侧及从临洮县入境之水入新泉河(属渭河水系秦祁河流域)。主流长6.3千米,境内集水面积28平方千米,境外2平方千米。

第五节 水文

降水量

安定区地处内陆腹地,远离海洋,海洋潮湿空气随季节风到达本区时,因沿途受群山的阻隔消耗,空气中水分含量已为数不多,因而成雨机会少,降水历时短,降雨量稀少,是一个水资源不充足的黄土丘陵地带,淡水资源较为缺乏。在区域分布上南多北少,由北部370毫米左右向南渐增为420毫米左右,且降水量极为不均,汛期(6~9月)降水量约占全年降水量的68%左右,多以局地暴雨和雷阵雨形式出现,对土壤补给的有效降水很少,作物播种及幼苗生长期(3~5月)的降水仅占20.8%。全区年均降水量1960年代为436.6毫米,1970年代为429.9毫米,1980年代为376.3毫米,1990年代为372.6毫米,2000年代为374.1毫米。

地表水

安定区境内的河川径流量主要由降水补给,大气降水所产生的径流,一部分由地表直接汇入河流,一部分渗入地下,延期以泉水形式复出地面转化为河川径流。境内各河道的径流主要是自产水,入境水量极少。因此,各地径流大小基本上取决于降水量的多少,其分布与降水大体一致,具有南多北少的特点。南部地区是安定区主要的产流地带,有泉水出溢而常年有水的主要沟道有 14 条,其多年平均流量为 15～200 升/秒,其余沟道为季节性河沟,仅在多雨期及洪水期才产生径流。

依据 1998 年甘肃省地质环境监测总站的《甘肃省定西县区域水文地质调查报告》,安定区主要河流的基本特征为:

关川河流域集水总面积 1132.38 平方千米,其中境内 1097.91 平方千米,境外 34.47 平方千米。干流长 104 千米,径流深 11.7 毫米,径流系数 0.029。多年平均径流量 1325×10^4 立方米,其中自产 1285×10^4 立方米,入境 40×10^4 立方米。矿化度在 7.0 克/升左右,水质较差。

西巩河流域集水总面积 728.47 平方千米,其中境内 722.97 平方千米,境外 5.5 平方千米。干流长 34.5 千米,径流深 14.96 毫米,径流系数 0.036。多年平均径流量 1090×10^4 立方米,其中自产 1082×10^4 立方米,入境 8×10^4 立方米。矿化度大于 5.0 克/升,水质差,基本无利用价值。

地下水

根据地下水的分布及赋存条件,安定区境内地下水可分为四种类型。

基岩裂隙水　主要分布于内官营南山、华家岭、铁木山及榆中北山一带。赋存于基岩裂隙及半风化构造裂隙带中,局部有断层脉状水。单泉流量 0.01～0.5 升/秒,富水性自南向北逐渐减弱。

碎屑岩类孔隙裂隙水　主要分布于内官营南山及安定区中部黄土覆盖区。赋存于第三系碎屑岩孔隙裂隙中,据赋存条件和水力性质可分为浅部潜水和深部承压水。浅部潜水与黄土孔隙裂隙水上下相通,联系密切。深部承压水主要赋存于老第三系砾岩、新第三系砂岩中,含水层顶板埋深 260～300 米。富水性差,单位涌水量小于 0.01 升/秒米。矿化度 9～15 克/升,水质极差,无开采利用价值。

黄土孔隙裂隙水　主要分布于称沟驿—西巩驿以南地区,以北仅零星分布于各支沟沟脑。赋存于黄土孔隙裂隙和第三系表层风化壳中,以第三系为隔水底板。水位埋深随黄土堆积厚度而变化,大口井涌水量 3～25 立方米/天。

松散岩类孔隙水　根据地下水分布范围及赋存条件,该类水可分为两个亚类。一类为山前盆地松散岩类孔隙水。主要分布于内官营南山山前盆地—内官营盆地、乌龙川谷地及香泉盆地,这3个盆地之间无水力联系。内官营盆地位于山前盆地西端,地势平坦,以10‰左右坡度微向东北倾斜。盆地地下水主要以潜水形式存在,在盖家庄附近稍具承压性,压力水头小于5.0米。地下水赋存于上更新统、全新统砂砾石中,含水层厚15~100米。盆地内含水层厚度变化较大,永丰渠、阳阴峡等河床附近含水层厚26~100米;距河床较远的盖家庄、年家沟和东岭一带为15~40米。地下水位埋深5~60米,自南向北逐渐变浅。含水层富水性好,单井涌水量500~3000立方米/天。乌龙川谷地位于山前盆地中部,以10‰左右的坡度自南向北倾斜。地下水在甘家庙一带略具承压性,其余地段均以潜水形式存在。地下水主要赋存于上更新统、全新统砂砾石中,含水层厚3~20米。含水层厚度变化较大,南部原庄一带厚20米,北部田家埂子一带厚3~10米。地下水位埋深5~60米,由南向北逐渐变浅。含水层富水性好,单井涌水量一般大于1000立方米/天。香泉盆地位于山前盆地东端。南部被黄土梁分割,地势较陡,坡度在20‰左右;北部地势较平缓,坡度在10‰左右。地下水主要以潜水形式存在,仅在下凡坪一带略具承压性。地下水赋存于上更新统、全新统砂砾石中,含水层厚3~45米。含水层厚度纵向和横向变化较大,凡坪—新庄一带厚20~45米。由凡坪向北逐渐变薄,至陈家庄一带小于5.0米;向南至后岭一带砂砾石逐渐变薄。定渭公路以西凡坪—新庄一带含水层厚20~45米,以东寨子一带含水层不足10米。地下水位埋深3~70米,自南向北逐渐变浅。南坪—上凡坪一带为70米左右,到大堡子一带为30米,北至陈家庄一带则小于20米。含水层富水性好,单井涌水量1000~3000立方米/天。另一类为河、沟谷松散岩类孔隙水。主要分布于关川河、西巩河及其一、二级支流河、沟谷谷地。赋存于河、沟谷漫滩及其一、二级阶地砂砾石中,含水层厚1~8米。其中西河河谷古洞庄—马家车门段、东河河谷李家堡—安定区城区段、团结沟、符川沟及称钩河等河、沟谷含水层厚度4~8米,其余地段则小于4米。地下水位埋深一般小于40米,在一、二级阶地埋深10~40米,而漫滩则小于10米。单井涌水量100~1500立方米/天,不同河、沟谷和同一河、沟谷的不同地段差别较大。单井涌水量与含水层厚度相关,含水层厚4~8米地段单井涌水量500~1500立方米/天;含水层厚小于4米的地段单井涌水量100~500立方米/天。

根据《甘肃省定西县区域水文地质调查报告》和近年水质分析资料,选取矿化度、总硬度、SO_4^{2-}、Cl^-、NO_3^-—N等五项分组进行动态分析,安定区境内地下水水质动态可分为基本稳定型和恶化型。

基本稳定型的地下水分布于内官营盆地、乌龙川谷地、香泉盆地李家庄以南、西河河谷古洞庄—李家嘴段、东河河谷、团结沟和西巩河河谷。其特点是除 NO_3^-—N浓度增幅较大外（增幅0.6～21.5毫克/升），其他组浓度基本稳定。

恶化型的地下水主要分布于香泉盆地李家庄以北、西河河谷李家嘴—安定区城区段、关川河河谷和符川沟沟谷。其特点是地下水中矿化度、总硬度、SO_4^{2-}、CI^-和NO_3^-—N等组浓度均有不同程度的增加，其增幅分别为385.2～5608.8毫克/升、215.0～2296.3毫克/升、147.5～1587.4毫克/升、122.0～2080.9毫克/升和6.6～32.7毫克/升。

造成水质恶化的主要原因，其一，地下水开采区均为农灌区，因大量施用农药化肥，地下水中NO_3^-—N浓度均有不同程度的增加。其二，由于大量开采地下水，使上游淡水来水量减少，造成水质恶化。

第六节　气候

安定区属甘肃省中部半干旱农业气候区，气候因区内地形及海拔高度的不同在时空分布上表现出明显差异。主要表现为春季风大少雨，冷暖无常，多寒潮；夏季温和凉爽，雨水集中，多洪雹；秋季降温较快，阴雨连绵，多云雾；冬季晴朗寒冷，干燥少雪，多风沙。

光　能

日照　安定区地处中纬度地区，日照时数长，强度大。全年日照总时数为2500.2小时，日照率为56%。春季3～5月为667.3小时，占全年日照时数的26.7%；夏季6～8月为688.4小时，占全年日照时数的27.5%；秋季9～11月为532.9小时，占全年日照时数的21.3%；冬季12～2月为611.6小时，占全年日照时数的24.5%。≥0℃的日照时数为1505.9小时，占全年日照时数的60.2%；≥10℃的光照时数为994.2小时，占全年日照时数的39.8%。6月份日照时数最多，为247.7小时；9月份最少，为168.0小时。旬日照时数最多的为5月下旬及6月上旬，均为87.0小时；旬日照时数最少的为9月下旬，只有53.1小时。夏作物成长期，平均每天日照时数8.4小时，可达到小麦、豌豆、胡麻等作物的日照下限要求。秋作物平均每天日照8.2小时，有利于谷子、糜子、马铃薯等短日照作物的成长。但9月份常出现连绵阴雨天气，日照时数相对减少，不利于秋作物的干物质积累与正常成熟。

太阳辐射　全年太阳辐射量为141.4千卡/平方厘米。辐射量最大的6月份为 16.0 千卡 / 平方厘米,占全年辐射总量的 11.3%;辐射量最小的 12 月份为 7.6 千卡 / 平方厘米,占全年辐射总量的 5.3%。5 ~ 8 月为全年太阳辐射峰值期,其各月辐射量都在 15.2 千卡 / 平方厘米以上。此期正值各类农作物光合作用旺盛期,有利于农作物产量及品质的提高。旬太阳辐射量以 5 月下旬最大,为 5.9 千卡 / 平方厘米;旬太阳辐射量以元月上旬最小,为 2.3 千卡 / 平方厘米。太阳辐射自 3 月上旬至 5 月下旬增至最大值,其后波动不大,直至 9 月上旬始出现下降趋势。主要农作物生育期,谷子接受太阳辐射最多,为 73.6 千卡 / 平方厘米;豌豆接受太阳的辐射最少,为 56.6 千卡 / 平方厘米。

气 温

安定区年平均气温 7.2℃。最热的 7 月平均气温为 19.3℃,最冷的 1 月平均气温为 -6.9℃。平均气温年较差 26.2℃。极端最高气温为 35.1℃(2000 年 7 月 28 日),极端最低气温为 -29.7℃(1991 年 12 月 28 日)。春季升温较快,平均气温月较差约 5.6℃;夏季气温变化不大,平均气温月较差约 2.0℃;秋季降温迅速,平均气温月较差约 5.9℃;冬季气温波动较明显,平均气温月较差约 3.9℃。

区内各乡镇气温随海拔高度的增加而递减。以西南部高峰乡年平均气温 4.5℃ 为最低,以北部河谷区鲁家沟镇年平均气温 7.7℃ 为最高。最热的 7 月份平均气温仍以高峰乡 15.3℃ 为最低,鲁家沟 20.4℃ 为最高。

农业界限气温≥0℃的平均日数为 244.7 天,平均活动积温为 3002.6℃;≥5℃的平均日数为 197.7 天,平均活动积温为 2826.3℃;≥10℃的平均日数为 146.2 天,平均活动积温为 2365.1℃。春季自≥0℃的初日到≥10℃的初日共 54 天,秋季自 10℃终日到≥0℃初日共 47 天,春秋季升、降温平均日较差约 0.2℃。因之,春播应抢时间,秋季需防低温霜冻。

地 温

耕层土壤 5 厘米地温年平均 8.85℃。年最高地温为 9℃,年最低地温为 -8.2℃。7 月份地温最高为 23.8℃,1 月份地温最低为 -6.5℃。秋冬 5 厘米土壤温度<0℃平均出现日期为 11 月 24 日,最早为 11 月 13 日,最晚为 12 月 4 日。耕层土壤 10 厘米地温年平均 9℃,年最高地温为 9.6℃,年最低地温为 -8.4℃。7 月份地温最高为 23.3℃,1 月份地温最低为 -6.1℃。10 厘米深入的土壤冻结日,最早在 12 月初,最晚在 12 月下旬。历年平均冻土层深度为 79.3 厘米,年际最大冻土层深度为 97 厘米,最小为 60 厘米。10 厘米深处的土壤解冻日期最早在 2 月中旬,最

晚在3月中旬。西南部山区冻结早而解冻迟，与北部河谷区相差1个月左右。

降 水

由于受马衔山、华家岭诸山脉小地形的影响，境内降水的区域分布比较明显，总的趋势是由西南向东北递减。全区年平均降水量为377毫米。西南部高峰乡和东南部杏园乡年平均降水量400毫米以上，北部鲁家沟、白碌及东北部石峡湾等乡镇年平均降水量不足300毫米。年降水量最多为471.1毫米（2003年），最少为264.4毫米（1997年），年际相差最大值为206.7毫米。多水年份降水量是少水年份降水量的1.8倍。

霜 期

安定区无霜期年平均为140天，占全年日数的38%，占各类作物生育期（3~9月）的65%。因此，农作物有35%的时间受霜冻的威胁。东北部西巩驿镇等河谷区无霜期为145天，西南部高峰乡无霜期为111天，大部分地区无霜期在130~145天之间。年无霜期最长为180天2000年），无霜期最短为99天（1997年）。早霜初日最早为1989年9月14日，最晚为2006年10月17日，平均初日为9月28日；终霜日最早为1997年4月15日，最晚为1996年6月10日，平均终日为5月9日。

第七节 物 候

物候记录

杏树

时间＼过程	花芽开放	开花始期	展叶始期	展叶盛期	果实成熟	叶变色	落叶
最早	3月30日	4月6日	4月16日	4月22日	6月26日	9月26日	10月8日
最迟	4月29日	4月26日	5月10日	5月15日	8月11日	10月21日	11月4日
变幅	30天	20天	24天	23天	46天	25天	27天
平均	4月14日	4月16日	4月28日	5月3日	7月19日	10月9日	10月22日

牡丹

时间＼过程	叶芽开放	展叶始期	开花始期	果实成熟	叶变色	落叶
最早	3月24日	4月4日	5月8日	7月18日	9月12日	10月18日
最迟	4月11日	4月24日	5月25日	9月10日	10月18日	11月12日
变幅	18天	20天	17天	54天	36天	25天
平均	4月2日	4月14日	5月17日	8月14日	9月30日	10月31日

家燕

家燕始见				家燕终见			
最早	最晚	平均	变幅天数	最早	最晚	平均	变幅天数
4月12日	5月13日	4月28日	31天	9月7日	10月24日	10月1日	47天

土壤冻融

土壤冻结				土壤解冻			
最早	最晚	平均	变幅天数	最早	最迟	平均	变幅天数
10月3日	11月27日	10月31日	55天	2月8日	4月20日	3月16日	71天

降雪、积雪

降 雪			积 雪		
平均降雪初日	平均降雪终日	平均降雪日数	平均积雪初日	平均积雪终日	平均积雪日数
10月19日	4月28日	48.6天	11月4日	4月14日	34天

四季概况

按季节划分,3~5月为春季,6~8月为夏季,9~11月为秋季,12~2月为冬季。依照生物的周期性现象与季节气候的关系、自然界非生物变化与季节气候的关系,安定区四季的概况是:

春季,入春后气温逐渐升高,气候相对变暖,但天气多变,冷暖无常,常出现乍暖还寒现象。初春,是冬季进入春季的过渡期,土壤解冻,土地表面昼消夜冻,指标植物为垂柳芽开放,日平均气温2.5℃;榆树、杨树、旱柳、杏树等依次芽膨大,地面呈现出草色遥看近却无的景象。豌豆、扁豆、春小麦等开始播种。仲春,降雪终,冰消融,家燕开始出现;指标植物为杏树开花,日平均气温8.7℃;垂柳、牡丹、毛白杨、槐树依次展叶,气温冷暖交替频繁。夏庄稼长出地面,秋庄稼谷子、糜子、玉米等播种。季春,指标植物为牡丹始花,日平均气温13.6℃;霜已终,雷始鸣,气温不断上升,偶有"倒春寒";早花植物花已凋谢,洋槐始花。夏庄稼锄草、追肥,番茄、黄瓜定苗,马铃薯下种。春季最明显的指标植物为垂柳,发芽时迎春,絮飞时仲春,成荫时季春。

夏季,昼夜温差大,日照时间长,气候温和凉爽,植物茂密旺盛,动物繁育成长,鸟语花香,绿树成荫。初夏,指标植物为臭椿开花,日平均气温17.1℃。马铃薯培土,苦荞下种。仲夏,指标植物为洋槐盛花,日平均气温19.3℃;蚊蝇乱舞,杜鹃啼鸣;易发阵性大风和雷暴。甜荞下种,糜、谷抽穗,夏收作物由北到南陆续成熟,豌豆、扁豆开始收割。季夏,指标植物为牡丹种子成熟,日平均气温18.3℃。抢收小麦,伏天耕地,搬运夏收作物上场。

秋季,秋庄稼及各种植物果实、籽粒成熟,是收获的季节。初秋,天气逐渐转凉,夜晚空气中的水汽常在草木等物体上凝结成白色的露珠;指标植物为茄梨果实成熟,日平均气温13.7℃;早霜初见,牡丹、槐树、榆树叶变色,胡麻、莜麦等庄稼陆续收割。仲秋,天气渐冷,露积为霜;指标植物为菊花开花,日平均气温7.6℃;雷雨终止,开始降雪;蚊蝇消匿,家燕远走他乡;秋风萧瑟,草木枯黄,杨、柳树叶脱落。农事上,挖马铃薯,收割谷子、糜子、苦荞、甜荞,储存马铃薯、萝卜、胡萝卜、白菜等,量墒铺地膜。季秋,土壤冻结,日平均气温0.9℃;臭椿、牡丹、洋槐、榆树叶依次落尽。农民收割玉米,平整土地,兴修梯田。

冬季,天寒地冻,蛙、蛇等动物进入冬眠。初冬,天气干燥而寒冷,日平均气温-5℃。农民打碾庄稼,颗粒归仓。隆冬,晨霜浓铺,白雪皑皑,日平均气温-6.9℃。农民整理粪土,运送农家肥。季冬,气温慢慢回升,日平均气温-2.8℃;春天的信息已来临,野草露出稚嫩的黄芽。农民打糖、碾轧土地,修理农具,簸晒种子。

安定区节气、气温、物候现象及农事农谚

表1—1—1

节气	月份	日期		旬均温度(℃)	物候现象	农事农谚
小寒	1	5	6	-6.3	雾凇出现	整理粪土,运送农家肥
大寒	1	20	21	-7	白雪覆地	大寒不寒,人马不安
立春	2	4	5	-4.4	冰草萌芽	立春一日,百草回芽
雨水	2	19	20	-2.3	新疆杨叶芽发红	修理农具,簸晒种子
惊蛰	3	6	7	0	柠条发芽	过了惊蛰节,耕田不停歇
春分	3	21	22	4.6	土壤解冻	春小麦播种
清明	4	5	6	6.8	降雪终	雨打清明,干到夏至
谷雨	4	20	21	10.7	家燕始见	谷雨前后,种瓜种豆。
立夏	5	6	7	12.9	柠条开花	立夏种胡麻,十月绿疙瘩
小满	5	21	22	14.8	榆树种子成熟	小满暖洋洋,锄麦种杂粮
芒种	6	6	7	16.1	玫瑰开花	芒种不种,过后落空
夏至	6	21	22	18.3	紫花苜蓿开花	夏至无雨,囤里无米
小暑	7	7	8	18.7	柠条荚果变红	小暑不种薯,入伏不种豆
大暑	7	23	24	19.7	洋槐花盛开	伏里耕一遍,赛过秋里两三遍
立秋	8	8	9	19.8	柠条种子成熟	立秋雨淋淋,来年好收成
处暑	8	23	24	17.1	牡丹果实成熟	处暑雨,贵如金
白露	9	8	9	15.3	菊花盛开	白露无雨,百日无霜
秋分	9	23	24	12.1	牡丹叶变色	秋风不割,霜打风磨
寒露	10	8	9	9.8	家燕终见	粮冒尖,寒露不忘把地翻
霜降	10	23	24	5.3	降雪始	储存马铃薯、旱萝卜、白菜等,量墒覆膜
立冬	11	7	8	3.5	土壤冻结	冬天有浓霜,必有好太阳
小雪	11	22	23	-1.6	树木秃,野草枯	平整土地,兴修梯田
大雪	12	7	8	-3.5	动物冬眠	打碾庄稼,粮食归仓
冬至	12	22	23	-6.2	河水结冰	冬至大白霜,来年谷满仓

第二章 自然资源

第一节 土地资源

各类土地面积

2009 年，全国第二次土地调查结果显示，安定区总流域面积为 364592.38 公顷，其中耕地 162356.30 公顷（水浇地 7231.79 公顷，占耕地总面积的 4.45%；川旱地 10679.07 公顷，占耕地总面积的 6.58%；旱地梯田 68275.82 公顷，占耕地总面积的 42.05%；坡旱地 76169.62 公顷，占耕地总面积的 46.92%。），占总流域面积的 44.53%；园地 18.94 公顷，占总流域面积的 0.01%；林地 77032.91 公顷，占总流域面积的 21.12%；草地 77610.30 公顷，占总流域面积的 21.29%；城镇村及工矿用地 14133.49 公顷，占总流域面积的 3.88%；交通运输用地 7290.23 公顷，占总流域面积的 1.99%；水域及水利设施用地 3087.68 公顷，占总流域面积的 0.85%；其他土地 23062.53 公顷，占总流域面积的 6.33%。

农用地分等定级

根据《农用地分等规程》和《甘肃省农用地分等技术规定》确定的技术规范、方法及指标和参数体系，安定区通过对土地自然质量、土地利用水平、土地经济状况的逐项评估，综合评定出农用地等别。等别数值越大，农用地质量越高。

农用地自然质量等别 自然质量等别反映了农用地自然属性的空间变化规律，由于安定区地处陇中黄土丘陵区，农用地的自然质量处于较低水平，自然质量等别分为 4～12 等，其中 4 等地最多，面积 46921.71 公顷，占全区分等面积的 28.90%，主要分布在石峡湾乡、宁远镇、内官营镇；10 等地最少，面积 11.22 公顷，占全区分等面积的 0.01%，主要集中在内官营镇。

农用地利用等别 农用地自然质量等别经过土地利用状况的修订，得出农用地利用等别，反映了农用地利用情况的空间分布规律。利用等别分为 1～6 等，其中 2 等地最多，面积 126240.72 公顷，占全区分等面积的 77.76%，主要分布在李家堡镇、宁远镇、西巩驿镇；5 等地最少，面积 127.95 公顷，占全区分等面积的 0.08%，主要分布在凤翔镇、内官营镇。

农用地等别 农用地利用等别经过土地经济状况的修订，得出农用地等别，反映了农用地等别的空间变化规律。等别分为1~4等，其中1等地最多，面积142653.04公顷，占全区分等面积的87.87%，主要分布在巉口镇、李家堡镇、内官营镇；面积较小的为3等地，共36.2公顷，占全区分等面积的0.02%，主要集中在团结镇、香泉镇。

安定区农村土地利用现状一级分类面积汇总表

表1—2—1

单位：公顷

行政区域名称	行政区域总面积	耕地	园地	林地	草地	城镇村及工矿用地	交通运输用地	水域及水利设施用地	其他土地
安定区	364592.38	162356.30	18.94	77032.91	77610.30	14133.49	7290.23	3087.68	23062.53
凤翔镇	27429.94	12205.68	2.61	4734.08	5086.86	2439.29	945.35	404.41	1611.66
内官营镇	31560.20	17830.23	1.86	3638.89	5357.18	1619.34	589.36	408.65	2114.69
巉口镇	32248.24	11283.19	1.20	9585.31	7567.34	958.67	728.94	325.8	1797.78
称钩驿镇	18736.25	7837.49	5.57	4139.64	4285.93	576.76	442.22	170.50	1278.14
鲁家沟镇	29177.15	9352.43	2.08	8221.97	9089.21	585.22	384.50	240.87	1300.87
西巩驿镇	20519.86	9792.19		4351.34	3666.49	707.09	433.54	164.12	1405.09
宁远镇	19183.15	10122.02		3262.60	3041.08	759.20	366.81	251.61	1379.83
李家堡镇	23086.49	11391.50	0.61	4424.63	4040.36	905.25	514.97	145.83	1663.34
团结镇	13398.12	7399.20	3.09	1804.25	2069.45	571.40	434.55	155.40	960.78
香泉镇	15409.80	8205.07	0.42	2348.07	2174.83	1218.67	254.44	305.29	903.01
符家川镇	8964.37	4780.97		1686.57	1199.03	356.99	145.12	61.00	734.69
葛家岔镇	15925.22	7283.88	0.26	3767.71	3000.80	460.50	292.80	30.73	1088.54
白碌乡	19526.85	4540.48	0.46	4703.53	9162.36	237.51	186.84	14.24	681.43
石峡湾乡	17181.26	6478.70		5063.80	3993.39	361.24	216.54	71.44	996.15
新集乡	19950.89	9287.61		4580.30	3706.07	572.81	275.78	45.03	1483.29
青岚山乡	21940.77	9625.48	0.78	4797.27	4691.22	660.90	516.76	75.20	1573.16
高峰乡	6231.24	3445.03		671.95	1314.41	231.39	80.96	55.56	431.94
石泉乡	13109.73	6725.30		2464.99	2041.45	578.99	272.92	84.20	941.88
杏园乡	10930.67	4711.18		2782.86	2114.25	329.92	206.60	77.79	708.07
安定区飞入地	82.18	58.67		3.15	8.59	2.35	1.23		8.19

单位:公顷

行政区域名称	行政区域总面积	耕地	园地	林地	草地	城镇村及工矿用地	交通运输用地	水域及水利设施用地	其他土地
会宁县飞地 1	1.20	1.08					0.01		0.11
会宁县飞地 2	6.15	5.51					0.09		0.55
会宁县飞地 3	9.61	8.37					0.10		1.14
通渭县飞地	1.00	0.91							0.09
陇西县飞地	64.22	42.80		3.15	8.59	2.35	1.03		6.30

第二节　矿藏资源

安定区境内地表黄土广布,基岩出露不多,成矿地质构造所见甚少,尚未发现有工业价值的矿藏。

1979 年,甘肃省地质局地质二队在李家堡公社铧尖堡经钻探取样,发现含有微量铁、铜的矿石。按地质构造推测,似为县西榆中县高崖至兴隆山带的"兴隆山铜、铝矿产远景区"的延伸。在宁远公社羊营经钻探取样,发现微量黄铁矿。

在兴隆山北缘有侏罗纪水岔沟及祁家坡煤矿点;会宁炭山,盖家岔等地有侏罗纪地层出露。其间安定区巉口至暖泉一带,亦值得注意地下侏罗纪煤矿的赋存。

西巩驿镇南河村暖泉社,有地下热水从沿华家岭北麓—西巩驿暖泉大断层上盘的震旦纪结晶灰岩中涌出。有明显露头 4 处:1 号泉水温 28℃,2 号泉水温 35℃,3 号泉水温 23℃,4 号泉水温 29℃。总流量 215 立方米 / 昼夜,水无色透明,总矿化度 2.7 克 / 升。

安定区内建筑材料以石块、砾石、河沙、石灰石等为主,关川河及其支流西河流域为主要产地。石膏、料礓石等散见于全区各地。

以红黏土、次生黄土烧制的砖瓦,亦为重要的建筑材料。

第三节　生物资源

植　物

一、栽培植物

（一）农作物

粮食作物 主要有小麦（64 个品种）、莜麦（6 个品种）、荞麦（3 个品种）、豌豆（6 个品种）、扁豆（5 个品种）、谷子（5 个品种）、糜子（6 个品种）、玉米（16 个品种）、马铃薯等。

油料作物 主要有胡麻（11 个品种）、油菜、芸芥、黄芥、向日葵（3 个品种）等。

草　　种 有紫花苜蓿、格林苜蓿、草木樨、红豆草、沙打旺、箭舌豌豆等。

蔬菜瓜类 主要有甘蓝、白菜、油菜、菜花、萝卜、胡萝卜、苤蓝、芜菁、茄子、番茄、辣椒、番瓜、黄瓜、西瓜、香瓜、芹菜、香菜、茴香、生菜、菠菜、豆角、豇豆、菜豆、苦豆子、韭菜、大葱、大蒜、洋葱、菊芋、百合、黄花、蘑菇等。

（二）树木

杨、柳、榆、杏、桃、梨、苹果、樱桃、臭椿、油松、侧柏、槐树、桑树、核桃、花椒、李子、柠条、酸刺、白刺、野枸杞、榆叶梅等。

（三）花卉

园栽花卉 牡丹、玫瑰、黄蔷薇、野刺玫、紫丁香、月季、秋海棠、迎春、探春、海棠、夹竹桃、金银花、石榴、芍药、大丽花、草菊花、绣球、萱草、牵牛花、金盏菊、金丝莲、马兰花、荷包花、土红花、美人蕉、水红花等。

盆景花卉 金钟、紫铜锤、仙人掌、荷花令箭、金钱树、老来红、黄扬、冬青、白天鹅、大富贵、一串红、君子兰、文竹、夜来香、吊兰、金边兰、红珊瑚、马蹄莲、紫罗兰、五色梅等。

（四）药用植物

党参、当归、甘草、生地、黄芪、黄柏、柴胡、大黄、秦艽、芦根、麻黄、何首乌、板蓝根、白芷、萹蓄、蒲公英、狗尾草等。

二、野生植物

野燕麦、赖草（冰草）、画眉草、芨芨草、芦苇、艾蒿、黄蒿、臭蒿、灰叶黄花、天蓝苜蓿、灰绿藜、虫实（土名"绵蓬"）、蘸子草（土名"葛蓬"）、荠菜、野油菜、香茅草、牛角花、黄莲花、香根芹、小花针茅、细叶苔、铁线莲、鸡冠花草、麻叶草、野百合、狼尾草、骆驼蓬、黄花草等。

动　　物

一、饲养类

（一）兽类

牛：本地牛、秦川牛、早胜牛、荷斯坦奶牛、鲁西黄牛、蒙古牛、新疆杂种黄牛、安西黄牛等。

驴:本地驴、关中驴、庆阳驴、河西驴。

骡:马骡、驴骡。

马:蒙古马、伊犁马、河曲马、山丹马、黄香沟马、肃南马、杂种马。

骆驼:阿拉善右驼。

猪:杜洛克猪、瘦肉型猪、长白猪、甘肃白猪、甘肃黑猪、内江猪、杂种猪。

羊:蒙古羊、滩羊、小尾寒羊、新疆细毛羊、甘肃高山细毛羊、奶山羊、本地山羊、波尔山羊、道赛特、波德代、萨福克、特克塞尔、杂种羊。

兔:力克斯兔、公羊兔、中国白兔、哈白兔、安哥拉长毛兔、青紫蓝、大耳兔、塞北兔。

狗:本地狗、狮娃狗、狼狗、改良狗、家养品种繁多的宠物狗等。

猫。

(二)禽类

鸡:伊莎褐、安卡红、黄金褐、罗曼、黄羽、AA 肉鸡。

另有鸭、鹅、鸽子、鹌鹑等。

(三)昆虫类

蜂:中蜂、意蜂。

(四)鳞介类

鱼:草鱼、白鲢鱼、花鲢鱼、鲤鱼等。

二、野生类

(一)兽类

狼、狐狸、高原兔(野兔)、旱獭、獾猪(土名"宿猪")、蝙蝠、家鼠、仓鼠、鼢鼠、沙土鼠(土名"黄老鼠")、金花鼠(松鼠)、中华鼢鼠(土名"瞎瞎")、黄鼬等。

(二)禽类

麻雀、喜鹊、白脸山雀、红嘴鸦、野鸡、野鸽、乌鸦、猫头鹰、啄木鸟、戴胜、布谷鸟、燕子、鸢(老鹰)、火燕等。

(三)爬虫及节肢类

蛇、蜥蜴、伊威(土名"麻鞋底")、蚰蜒、沙沙、蜘蛛、蚯蚓等。

(四)水生及两栖类

青蛙、蟾蜍、鱼等。

(五)昆虫类

蝗虫、甲虫、蚂蚁、苍蝇、蚊子、蚜虫、跳蚤、蛾子、野蜂等。

由于生态环境的不断恶化、人为的捕杀和毒害,野生动物的种类及数量逐年

地表水

安定区境内外积水总面积 3833.74 平方千米，其中祖厉河水系的关川河、西巩河、黑窑沟流域 3805.74 平方千米，渭河水系的秦祁河流域 28 平方千米。境内的河川径流量主要由降水产生，大气降水一部分蒸发，一部分渗入地下，一部分由地表直接汇入河流。主要河流有祖厉河一级支流关川河、西巩河，关川河支流西河、东河、称钩河等。地表水资源量 5719 万立方米，占水资源总量的 79.4%。（参见 88 页第一编第一章第五节）

地下水

安定区地下水的储存量为 20880.33 万立方米，年总天然补给量 4537.53 万立方米，允许年开采量 1480 万立方米。在总补给量中，基岩裂隙水 866.33 万立方米，占 19.09%；黄土孔隙裂隙水 2157.96 万立方米，占 47.56%；河、沟谷松散岩类孔隙水 1082.98 万立方米，占23.87%；山前盆地松散岩类孔隙水 430.26 万立方米，占 9.48%。地下水资源主要蕴藏于内官营盆地、乌龙川谷地、香泉谷地、西河河谷、东河河谷、关川河河谷、西巩河河谷等地带。地下水资源量 1480 万立方米，占水资源总量的 20.6%。（参见 89 页第一编第一章第五节）

水资源总量

安定区水资源总量 7199 万立方米，其中地表水 5719 万立方米，地下水 1480 万立方米。按其来源可分为自产水与入境水两部分，自产水资源总量 6752 万立方米，其中地表水 5272 万立方米，地下水 1480 万立方米；入境水资源总量 447 万立方米，全部为地表水。

安定区水资源总表

表1-2-2   单位：万 m³

区分	水系	河谷	地表水资源量	地下水资源量	水资源总量	可利用水资源量		
						地表水	地下水	合计
自产水量	关川河	东 河	1279	351	1630	1279	201	1480
		西 河	1113	817	1930	1113	817	1930
		称钩河	380	10	390	61	10	71
		干 流	1061	271	1332	680	110	790
		小 计	3833	1449	5282	3133	1138	4271
	祖厉河	西巩河	1049	31	1080	334	15	349
		黑窑沟	320		320	56		56
		小 计	1369	31	1400	390	15	405
	渭河	秦祁河	70		70	37		37
	合 计		5272	1480	6752	3560	1153	4713
入境水量	关川河	东 河	310		310	310		310
		西 河	7		7	7		7
		称钩河	90		90	40		40
		干 流	30		30			
		小 计	437		473	357		357
	祖厉河	西巩河	10		10			
	合 计		447		447	357		357
全区总计			5719	1480	7199	3917	1153	5070

水资源质量

安定区地表水资源贫乏，且水质较差，多属极硬水和腐蚀性水，不适于工业用水和生活饮用。从表1-2-3中可以看出西河流域的水质最好，可供农业灌溉和生活饮用；东河的水质较差，仅可供农业灌溉；西巩河及称钩河的河口处水质最差，不适宜农业灌溉；关川河的水质从上游到下游逐渐变差，主要是因沿河汇入各碱沟的苦水，其次是因流入沿岸灌溉下渗而排泄的矿化度较高的水和城区排出的工业废水。

安定区河川径流水质情况表

表 1-2-3

项　目 河　名		PH	阳离子(mg/L)			阴离子(mg/L)				矿化度 (g/L)
			Ca⁺⁺	Mg⁺⁺	K⁺+Na⁺	Cl′	SO₄″	HCO₃′	CO₃″	
西巩河河口		7.5	243.3	383.4	1385	1831	2013	192.2	5.2	6.05
关川河支流	东河上游	7.7	191.7	168.6	530	721	880	364		2.855
	东河下游	7.5	161	195	435	785	750	192	3.9	2.522
	西河中下游	7.6	140	100	249	325	460	323		1.597
	称钩河河口	7.8	238.8	286.2	972.3	1226	1656	206.2	2.9	4.628
关川河	巉口水文站	7.7	168.4	150.2	630.2	692.7	1074	125	4.4	2.929
	郭城水文站	7.3	223.2	193.1	772.4	1050.8	1387.1	208.6	1.7	3.825

　　境内地下水水质根据有关资料和依据井水化验结果显示:内官盆地,潜水矿化度大部分在0.7～1.0毫克/升之间;乌龙川谷地,矿化度在0.5～2.8毫克/升之间;西河河谷,矿化度大部分区域在1～3毫克/升之间;东河支流团结沟,潜水矿化度在0.4～3.0毫克/升之间;东河河谷,潜水比较复杂,在接近现代河床的地带矿化度在2～6毫克/升之间;关川河河谷,接近河床地带潜水矿化度在3～6毫克/升之间;香泉谷地,潜水矿化度大部分区域在1.0毫克/升以下,不含有害元素,各项指标符合生活用水标准,是安定区城区工业及生活用水的主要水源;西巩河谷,潜水矿化度在2～6毫克/升之间。

可利用水资源

　　安定区大部分水资源矿化度高,含有害元素多,腐蚀性系数大,不能作为工农业及人畜生活用水。在水资源总量中有苦水资源量2129万立方米,占水资源总量的29.6%,其余5070万立方米可用于农业灌溉,极少部分可供生活饮用和工业用水。地表水可利用量3917万立方米,占地表水资源量的68.5%;地下水可利用量1153万立方米,占地下水资源量的77.9%。在自产水资源总量6752万立方米中,可利用水量为4713万立方米(地表水可利用量3560万立方米,地下水可利用量1153万立方米),占自产水资源总量的69.8%,其余均为苦咸水。

第三章 自然灾害

第一节 气象灾害

安定区处于复杂的气候环境中，再加南部山脉屏障和境内生态环境破坏严重，因此气候干燥，降水稀少，自然灾害频发。

旱灾

1988年，西巩驿镇旱情严重，粮食作物受灾面积达17596亩，减产3~5成的有8587亩，减产5~8成的有6823亩，绝收的有2186亩。1995年，石泉乡夏秋持续大旱，半数以上水窖干涸，造成3932户、17548人及19800余头牲畜饮水困难，农作物受灾面积达59350亩，绝收37724亩，直接经济损失约560万元。1999年，杏园乡春旱，春播推迟，直到清明节过后才下种，减产5成以上。2007年，团结镇春夏连旱，导致4000亩农作物无法下种，1424户、5627人及2240余头牲畜饮水困难，夏粮减产5成，经济损失约230余万元。自1986年以来，全区发生春旱16次，夏旱16次，伏秋旱5次，每次旱灾使100万亩以上的农田遭受损失，1万以上的人口饮水困难，10万头以上家畜遭遇水荒。

雹灾

1988年，青岚山乡雹灾造成25000亩农作物绝收。1993年，西巩驿乡小溪、百页、涝池三村遭受雹灾，受灾面积6500亩。2000年，香泉乡遭受冰雹袭击，受灾面积达36000亩，受灾农户9865人，直接经济损失达35万元。2010年，称钩驿镇遭受冰雹灾害，受灾面积19950亩，经

冰雹

济损失达 200 万元。

洪灾

1986 年以来，全区发生较大的洪涝灾害 34 次，有 50 余人被洪水冲走，2971290 亩农田被毁，11389 间房屋坍塌，1426 头大牲畜死亡，直接经济损失在 10 亿元以上。2005 年 6 月 30 日，新集乡的坪塬、田坪、仁义、西坪 4 个村遭受特大暴雨袭击，冲毁羊圈 9 个、水窖 21 眼，农作物受灾面积达 3820 亩，成灾 2865 亩，绝收 1670 亩。田坪村的中川和中湾两社出现山体裂缝，长约 2.5

洪 灾 摄于定西城区气象新村

千米，最宽处 50 厘米。2010 年 8 月 7 日，青岚山乡强降雨引发山洪暴发，农作物受灾面积 2794 亩，绝收 374 亩，冲毁道路 66 千米，冲垮梯田 1125 亩，直接经济损失 155.94 万元。

第二节 地质灾害

地震

2002 年 3 月 10 日，巉口、景泉一带发生 Ms3.1 级地震；2002 年 11 月 6 日，石泉乡合营村发生 Ms3.5 级地震；2004 年 5 月 28 日，鲁家沟镇将台村发生 Ms3.2 级地震；2006 年 8 月 30 日，李家堡镇锦鸡村发生 Ms3.6 级地震。

2008 年 5 月 12 日，受四川汶川大地震影响，安定区地震烈度为 6 度。地震造成 19 个乡镇、292 个村、9860 户、44370 人受灾，2622 户农户的 10587 间房屋受损，105 所学校的 41277 平方米校舍、42 个医疗卫生机构的 22049 平方米病房、51 个计划生育机构的 10017 平方米房屋、9 个社会福利机构的 3111 平方米房屋、32 个机关单位办公用房、24 处农林水利交通等设施损坏，直接经济损失累计 27671.65 万元。

地震发生后，安定区成立灾后恢复重建工作领导小组，全面负责和统筹协调灾后恢复重建工作。民政部门接收社会各界捐款 194.8 万元、衣物食品等物资折价 641.6 万元,安定区红十字会收到卡塔尔政府、荷兰红十字会、加拿大红十字会、广州备灾中心、上海红十字会、内蒙古红十字会、温州红十字会、市卫生局等捐赠的救灾帐篷 1230 顶、面粉 30 吨、大米 10 吨、棉被毛毯 2250 条、衣物 406 包(箱)。全区拟定恢复重建项目 64 个,总投资 18054 万元,2010 年 10 月底,全部完成项目建设任务。

滑坡

2003 年 7 月 29 日晚 19 时 20 分至 20 时 30 分,安定区葛家岔镇大营村薛家洼社遭遇特大暴雨,70 分钟内降雨量达 80 毫米。7 月 30 日 6 时许,暴雨诱发薛家洼社北侧山体滑坡。滑坡后缘略呈弧形,滑坡体南北长 1500 米,东西宽 1400 米,滑坡体厚 15 ~ 20 米,滑动土方量达 3000×10⁴ 立方米 ~ 4000×10⁴ 立方米,属巨型黄土滑坡。山体滑坡致使 44 户 187 人受灾,176 间房屋倒塌,粮食、家具、牲畜等家庭财产全部受损,1334 亩耕地毁坏,1334 亩农作物绝收,2 千

李家堡镇锦鸡村山体滑坡

米高压农用线路、3 千米低压线路、18 千米道路毁坏,造成直接经济损失 297.36 万元,未造成人员伤亡。

2006 年 5 月 3 日 18 时 40 分至 23 时 40 分,李家堡镇、石泉乡遭持续 5 个多小时的特大暴雨,造成山体滑坡 1 处,地裂缝 4 处。李家堡镇锦鸡村鸡嘴山山体滑坡(北纬 35° 32′ 39″,东经 104° 49′ 26″),长约 1.5 千米,宽约 1 千米,滑坡体后壁最大落差 60 米以上,滑坡体土方约 4500 万立方米,滑坡舌部位堵塞了"苜蓿沟"。滑坡毁坏耕地 75 亩,近百亩耕地丧失耕作条件,毁坏乡村道路 5 条 38 千米、农电线路约 300 米,7 户农户的 21 间房屋出现裂缝,造成直接经济损失 150 万元,潜在经济损失近 300 万元。石泉乡大坪村地裂缝(北纬 35° 34′ 04″,东经 104° 51′ 03″),长约 2 千米,裂缝区域面积约 4.5 平方千米,涉及 6 个村民小

组、250 户、1300 人,有 3 户农户的 3 间房屋倒塌,潜在经济损失 500 万元。石泉乡吕坪村地裂缝(北纬 35° 32′ 19″,东经 104° 50′ 23″)为 3 条平行地裂缝,主裂缝长约 1 千米,地裂缝区域面积约 2.5 平方千米,地裂缝危及寺坪社 37 户、123 人,潜在经济损失 75 万元。石泉乡石泉村腰巴社地裂缝(北纬 35° 33′ 49″,东经 104° 53′ 42″),长约 2 千米,裂缝区域面积约 2 平方千米,裂缝纵穿石泉中心小学,5 户农户的 8 间房屋出现裂缝,直接经济损失 5 万元,潜在经济损失 150 万元。灾情发生后,各级政府高度重视,积极采取措施,有效开展抗灾救灾工作。

第四章　区域　区划

第一节　区　域

　　定西市安定区位于甘肃省中部偏南，地跨东经104°12′48″至105°01′06″，北纬35°17′54″至36°02′40″之间，南北长82.9千米，东西宽73.3千米，总流域面积3638.711平方千米，东面和东北面与会宁县接壤，西面和北面与榆中县毗邻，西南面和临洮县交界，南面与渭源、陇西二县相连，东南面和通渭县邻接，是定西市委、市政府所在地，全市政治、经济、文化中心。陇海铁路，巉柳、平定、天定高速公路，310、312国道穿境而过，距省会兰州仅100千米，因而被称为"兰州门户、甘肃咽喉"。

　　地势自西南向东北倾斜，最高处在西南部高峰乡城门寨，海拔高度2577.3米；最低处在北部关川河谷地，海拔高度1671.3米。城区平均海拔高度为1898.7米。地形大体可分为四类：(1)北部高丘陵沟壑区。包括白碌、石峡湾、新集、葛家岔等乡镇，其相对高度150米以上。深沟大涧，水源极缺，农业生产很不稳定。(2)中部丘陵沟壑区。包括巉口、凤翔、内官营、团结、李家堡等乡镇的大部分地区，其相对高度150米以下，坡度15°以下，地势稍平缓。耕地多在山的中下部缓坡地带，属半干旱山区，适宜于发展农业。(3)南部低山浅山区。低山区相对高度250～500米，坡度30°以上，地势高，气候湿润，植被良好，但因热量条件差，作物成熟多无保障。高峰、内官营、香泉、杏园等乡镇的一部或大部均属于这类地区。浅山区地势较平缓，土壤蓄墒能力差，粮食产量低而不稳。符家川、香泉、杏园以及内官营、宁远、石泉等乡镇的部分地方属于这类地区。(4)河谷区。关川河、西巩河、西河、东河、称钩河沿岸，多为冲积平川。地势平坦，起伏在10米以下，河谷宽度为2500米至5000米，水利条件较好，是安定区人口稠密，文化、交通比较发达，农业生产水平较高的地区。包括凤翔、内官营、巉口、鲁家沟、西巩驿、李家堡、宁远等乡镇的大部或者一部。

　　安定区历史悠久，境内发现不少新石器时代晚期文化遗存，说明早在4000年前，这里就有人类繁衍生息。有汉代古村镇遗址、汉墓群多处，并出土过"新莽权衡"和汉代古钱币、陶器、铜器等，表明2000年前已经有了较发达的文化。公元

763 年，包括安定区在内的陇右之地被吐蕃民族占领。1051 年（宋仁宗皇祐三年），归宋王朝管辖。1142 年（金熙宗皇统二年），置定西县，县治在定西城，为定西建县之始。1216 年（金宣宗贞祐四年），置定西州，辖定西、通西、安西三县。1266 年（元世祖至元三年），撤并定西、通西、安西三县，直属定西州。1352 年（元顺帝至正十二年），诏改定西州为安定州。1377 年（明太祖洪武十年），安定州降为安定县，历明、清两代。1914 年（民国三年），又改称定西县。1949 年 8 月，定西解放，19 日正式成立定西县人民政府。2003 年 9 月，撤县设区，定西县改称定西市安定区。迄今，设区（县）已有 860 余年的历史。

第二节　区　划

安定区地处祖厉河支流关川河流域。位于关川河与渭河流域分水岭之北，关川河与秦祁河、苑川河流域分水岭之东，西巩河与厉河分水岭及祖厉河之西。史载行政区划，总以关川河、西巩河等流域为主，变动不大。

1983 年，定西县辖 1 镇 25 乡，即城关镇，城关、巉口、称钩驿、景家泉、鲁家沟、白碌、御风、葛家岔、石峡湾、新集、青岚山、西巩驿、石泉、宁远、李家堡、杏园、张湾、团结、香泉、西寨、内官营、东岳、高峰、黑山、符家川乡，镇辖 9 个居民委员会，各乡辖 293 个村民委员会。

1988 年，内官营乡撤乡建镇。2000 年，巉口乡、西巩驿乡、宁远乡、城关乡撤乡建镇。2001 年，符家川乡、称钩驿乡、香泉乡、鲁家沟乡、团结乡、葛家岔、李家堡乡撤乡建镇。2003 年，撤县设区，定西县改称定西市安定区。2004 年，撤销御风、张湾、景泉、西寨、东岳、黑山乡建置。将御风乡 8 个村民委员会并入到鲁家沟镇，合并后，鲁家沟镇由原来的 7 个村民委员会增加到 15 个村民委员会，农业人口总数由原来的 10342 人增加到 15006 人，流域面积由原来的 169.5 平方千米增加到 294.7 平方千米。张湾乡 6 个村民委员会并入李家堡镇，合并后，李家堡镇由原来的 15 个村民委员会增加到 21 个村民委员会，农业人口总数由原来的 19036 人增加到 23686 人，流域面积由原来的 138.5 平方千米增加到 235.1 平方千米。景泉乡 12 个村民委员会并入巉口镇，合并后，巉口镇由原来的 17 个村民委员会增加到 29 个村民委员会，农业人口总数由原来的 20188 人增加到 26878 人，流域面积由原来的 199.35 平方千米增加到 322.9 平方千米。西寨乡 7 个村民委员会并入香泉镇，合并后，香泉镇由原来的 8 个村民委员会增加到 15 个村民委员会，农业人口总数由原来的 12681 人增加到 21257 人，流域面积由原来的 78.7 平方千米增加到 150.2 平方千米。东岳乡 9 个村民委员会、黑山乡 9 个村民委员会并入内官营镇,合并后,内官营镇由原来的 17 个村民委员会增加到 35 个村民委员会,农业人口总数由原来的 41003 人增加到 56420 人,流域面积由原来的 166.8 平方千米增加到 314.8 平方千米。2005 年 1 月,撤销城关镇建置,设立永定路街道办事处、中华路街道办事处。

2010 年,安定区辖 2 个街道办事处、12 个镇、7 个乡,即永定路街道办事处、中华路街道办事处、凤翔镇、内官营镇、巉口镇、称钩驿镇、鲁家沟镇、西巩驿镇、宁远镇、李家堡镇、团结镇、葛家岔镇、符家川镇、香泉镇、白碌乡、石峡湾乡、新集乡、青岚山乡、高峰乡、石泉乡、杏园乡。2 个街道办事处辖 11 个居民委员会,19 个乡镇辖 306 个村民委员会,2308 个村民小组。乡镇行政区域面积平均为 190.7 平方千米。面积最大的是内官营镇,为 314.8 平方千米;面积最小的是高峰乡,为 60.7 平方千米。

第五章　乡镇街道概况

第一节　永定路街道办事处

1965 年,定西城区按城镇居民与农业户分设城关镇与城关公社。城关镇位于定西县县城中心,东达东山根,南连永定村,西接友谊村,北靠东河村。总流域面积 15 平方千米。镇政府驻永定路 81 号。1983 年,城关镇辖中西、东街、西河、新市区、永定、汽车站、火车站、北街、东河 9 个居民委员会。2003 年,辖西河、西街、中西、南街、东街、永定、汽车站、东河、火车站、新市区、北街 11 个居民委员会,11752 万户,65450 人,人口密度为每平方千米 4363 人,有回族、藏族、满族等少数民族。

城关镇地势平缓。年平均气温 7.3℃,年降水量 400 毫米左右,年无霜期 140 天,海拔高度 1898.7 米。东河、西河穿境而过,东河上有永定桥、解放桥、中华桥,西河上有清水桥、西河桥、西岩桥、气象桥。纵向道路有交通路、中华路、文化路、友谊路、西岩路等,横向道路有永定路、解放路、公园路、北城路、民主路等。广场有立交桥广场、友谊广场、正立广场、西岩山广场。境内高楼林立、店铺密布,绿树成荫、环境优美,道路宽阔、四通八达。

2005 年 1 月 25 日,永定路街道办事处正式挂牌成立。永定路街道位于安定区城区南半部,东至 310 国道,南邻凤翔镇永定村,西连凤翔镇友谊村,北以解放路为界与中华路街道接壤。总流域面积 9 平方千米,占全区面积的 0.25%。街道办事处驻永定路 81 号。辖永定、东街、南街、中西、西街、西河 6 个居民委员会,40 个居民小组,14206 户,38483 人。2010 年,有 22018 户,47524 人,人口密度为每平方千米 5280 人。辖区内有行政、事业、企业单位 151 个,其中省直单

永定路街道办事处办公楼

位 23 个,市直单位 45 个,区直单位 35 个,街道办事处管辖企、事业单位 48 个。安定区区委、区政府驻西岩新村。

学校 14 所,其中大学有定西师范高等专科学校、甘肃广播电视大学定西市分校,卫校有定西市卫生学校、安定区卫生职业技术学校,中专有定西理工中等专业学校,独立高中有定西市第一中学、东方红中学,民办中学 3 所,小学 3 所,幼儿园 1 所。医疗卫生机构有定西市人民医院、定西市妇幼保健站、定西市疾控中心、永定路社区卫生服务中心、凤翔镇卫生院。

企业 30 家,其中工业企业 3 家,年总产值 1110 万元,增加值 289 万元,营业收入 788 万元,上缴税金 20 万元,利润总额 35 万元;建筑企业 8 家,年总产值 2896 万元,上缴税金 51 万元,利润总额 90 万元;交通运输企业 6 家,年营业收入 1639 万元,上缴税金 41 万元,利润总额 72 万元;商流企业 13 家,年营业收入 2220 万元,上缴税金 55 万元,利润总额 97 万元。2010 年,劳务输出 2919 人,创收 1638.14 万元,劳务人员人均收入 5612 元。

2005—2010 年,6 年共为居民发放最低生活保障金 3751.35 万元。2007—2010 年,4 年累计为居民报销医药费 611.72 万元。

2005 年,街道居民人均收入 8040 元,人均支出 4384 元,人均存款 3656 元。2010 年,街道居民人均收入 14100 元,人均支出 6034 元,人均存款 8066 元。2010 年同 2005 年相比,人均收入增加 6060 元,人均存款净增 4410 元。

第二节　中华路街道办事处

2005 年 3 月 20 日,中华路街道办事处正式挂牌成立。中华路街道位于安定区城区北半部,东至东山根,南以解放路为界与永定路街道毗邻,西接凤翔镇友谊村,北与凤翔镇东河村相连。总流域面积 6 平方千米,占全区面积的 0.16%。街道办事处驻中华路 65 号。辖新市区、汽车站、火车站、北街、东河 5 个居民委员会,34 个居民小组,13301 户,36245 人。2010 年,有 19877 户,40719 人,人口密度为每平方千米 6786 人。辖区内行政、事业单位 174 个,其中省直单位 36 个,市直单位 53 个,区直单位 85 个;各类大型商场 6 家,购物超市 4 家;文化娱乐广场 2 个,体育活动中心 2 个,中老年活动场所 11 个。定西市委、市政府驻中华路 31 号。

学校 9 所,其中定西市体育运动学校 1 所,中学 4 所,小学 3 所,幼儿园 1 所。医疗卫生机构 5 个,分别是定西市中医院、定西市第二人民医院、安定区妇幼保健站、安定区疾控中心、中华路社区卫生服务中心。

2008 年,街道建立文化站,组织秦腔自乐班、舞蹈队、秧歌队、柔力球队、老年健身操队等团队,每年举办文艺会演,群众文体活动丰富多彩。评选文明市民 100 人,文明家庭 130 户,文明楼院 110 家,四好值班室 21 个,综治先进单位 52 个。北街社区被评为定西市"文明社区",街道司法所被授予"全省优秀司法所"称号,汽车站社区获得"全国文化先进社区"、"全国群众体育先进单位"称号。

2005—2010 年,6 年为街道居民共发放最低生活保障金 4514.03 万元。2007—2010 年,4 年为街道患者报销医药费 463.83 万元。为下岗职工 560 人担保贷款 1800 万元,建立失业人员个人档案 2966 份,有 2927 人再就业;对优抚人员发放抚恤金 132 万元。

中华路街道办事处办公楼

2005 年,街道居民人均可支配收入 6510 元;2009 年,街道居民人均可支配收入 9858 元,同 2005 年相比,增加 3348 元。2010 年,人均存款 4624 元,劳务输出 2300 人,创收入 1219 万元,劳务人员人均收入 5300 元,有小汽车 473 辆、摩托车 1823 辆、彩电 3898 台、电冰箱 3598 台、洗衣机 3539 台、电脑 3032 台。

第三节 凤翔镇

凤翔镇位于安定区城郊,处在市区与乡村的结合地带。东邻青岚山乡,东南与李家堡镇毗邻,南接团结镇和香泉镇,西连内官营镇和称钩驿镇,北靠巉口镇。南北长 19.5 千米,东西宽 17.4 千米,总流域面积 257.2 平方千米,占全区面积的 7.1%。镇政府驻西川园区。1983 年,城关公社改称城关乡。2000 年,撤乡建镇,城关乡更名为凤翔镇。2010 年,辖友谊、永定、东河、西二十铺、北二十铺、柏林、福台、中川、李家嘴、石坪、景家店、景家口、张家庄、南二十铺、安家坡、义安、口下庄、永安、吴家川、丰禾、花坪、中岔、李家岔、小西岔、榆河、上台、响河 27 个村民委员会,223 个村民小组,9112 户,36696 人,人口密度为每平方千米 143 人。

地势由南向北倾斜,地形复杂,东山西山遥遥相对,南安山远望关川河北流,大致构成"三川三河(东河、西河、关川河)一道岭"的地貌形态。年平均气温6.3℃，年降水量380毫米，年无霜期140天，海拔高度1904米。在退耕地植树种草61930亩，主要种植紫花苜蓿、柠条、山毛桃等。

耕地面积133177.24亩，人均3.63亩；梯田113750.86亩，人均3.1亩。有效灌溉面积2.68万亩。修建混凝土水窖1.09万眼，解决了大部分村社人畜饮水的困难；川区部分村社人畜饮用自来水。

凤翔镇人民政府办公楼

陇海铁路，天定高速公路，310、312国道，定临公路穿境而过；村社道路总里程290千米，均为沙砾路。村村通汽车，社社通农用三轮车。村社全部通电，农户通电率100%。2010年，全镇用电量694.4万千瓦时，农业机械总动力58772.96万千瓦，通讯方便。

2010年，种植马铃薯73000亩，亩产841.5千克，总产量61429.5吨；用全膜双垄沟播技术种植玉米17000亩，亩产337.5千克，总产量5737.5吨；养殖小区12个，肉牛200头，奶牛500头；企业82家，其中工业企业12家，建筑企业26家，交通运输企业22家，商流企业22家。

2010年，参加新型农村合作医疗42399人，参合率为95%。2007—2010年，4年共发放低保金863.3万元。给五保户148人发放供养金26万元，给优抚对象138人发放抚恤金43万元。

南川万亩马铃薯标准化种植示范基地

学校29所，其中独立初中1所，九年制学校6所，小学19所，民办幼儿园3所；在校学生2380人，教师346人。卫生院1所，村卫生室32个。

2010年，经济总收入

2.82亿元,人均纯收入2918元;建沼气池1500座;有电脑8273台,照相机1245部,大型载重汽车194辆,农用三轮车2801辆,摩托车3500辆,小汽车745辆。

第四节 巉口镇

巉口镇位于安定区城区以北19千米处。东与葛家岔镇、青岚山乡接壤,南与凤翔镇、称钩驿镇毗邻,西和榆中县甘草镇交界,北和鲁家沟镇相连。东西长26.4千米,南北宽21.6千米,总流域面积322.87平方千米,占全区总面积的8.9%。镇政府驻巉口村。1983年,公社改称乡。2000年,撤乡建镇,始称巉口镇。辖17个村民委员会,98个村民小组,4121户,18550人。2004年,景泉乡12个村民委员会,66个村民小组,2585户,10440人并入到巉口镇,时辖巉口、赵家铺、三十里铺、康家庄、冯家岔、剡家川、松川、大柏林、张家曲、花林、小柏林、盐钩、北川、东川、甘林、石家岔、学房、常川、席滩、上岘、西坪、联星、金滩、张湾、龙滩、胜利、新坪、官兴、阳山29个村民

巉口镇人民政府驻地全貌

委员会,164个村民小组,6706户,28990人。2010年,全镇有6821户,27793人,人口密度为每平方千米86人,28人获得硕士、博士学位。

地形复杂多样,西面与东面山梁连绵起伏,沟壑纵横交错,中间是一片南高北低的川地。年平均气温7.3℃,年降水量380毫米,无霜期127天,海拔高度1850米。植被主要是人工造林,在朱家山、金盆山、凤凰山和石家岔流域、唐家岔流域、常川流域、九华沟流域相继植树种草。退耕还林初期在退耕地造林5000亩,栽植侧柏4.9万株,杏树3.9万株,臭椿5.27万株,扦插红柳31万株,种植柠条600亩,紫花苜蓿3500亩;到2010年,集体林地达92578亩。

耕地面积131698亩,人均4.7亩;梯田面积123407亩,人均4.4亩。建成混凝土水窖15668眼,人畜饮水困难基本得到解决。

陇海铁路，巉柳高速公路，310、312国道穿境而过；修筑乡村道路520余千米，其中柏油路23千米，混凝土路35千米，其余均为沙砾路；村村通汽车，社社通农用三轮车。2010年，农户通电率100%，用电总量284.54万千瓦时，农业机械总动力43836.85千瓦，通讯便利。

2010年，种植马铃薯5万亩，亩产900千克，总产量45000吨；用全膜双垄沟播技术种植玉米42000亩，亩产400千克，总产量16800吨；建成聚源、富家、兴达3个养殖小区，有1000立方米的青贮、氨化池3座，500立方米的青贮、氨化池1座；新建标准化圈舍3500间，养肉羊3800只；企业120家，其中工

巉口交通优势明显，陇海铁路、巉柳高速穿境而过

业企业45家，建筑企业21家，交通运输企业30家，商流企业24家；劳务输出6923人，创收5330万元，全镇人均收入1917元。

2006—2010年，5年为患者报销医药费482.6万元；2007—2010年，4年共发放低保金450万元。

镇文化站1个，村文化室18个，其中"陇中人家"是集文化娱乐、古具展览、计生宣传、农家书屋为一体的群众文化活动场所。玩社火是巉口镇盛行的娱乐活动之一，每年春节期间都组建社火队，阵容强大，表演精彩，有彩车队、彩旗队、太平鼓、高跷、舞龙灯、狮子舞、跑旱船、担洋芋等表演形式。在区政府组织的会演中，曾3次获得一等奖，一次获得特等奖。学校27所，其中完全中学1所，初中7所，小学17所，幼儿园2所；在校学生3330人，教师267人。卫生院1所，村卫生室29个。

2010年，农民人均纯收入2813元，建沼气池230座，有彩电7500台、电脑980台、农用三轮车4235辆、摩托车5928辆、小汽车190辆。

第五节　内官营镇

内官营镇位于安定区西南部，距城区25千米。东面与凤翔镇、香泉镇接壤，南

面与高峰乡、渭源县大安乡相连,西面和临洮县漫洼乡毗邻,北面和符家川镇、称钩驿镇交界。东西长 26.4 千米,南北宽 25.2 千米,总流域面积 314.8 平方千米,占全区总面积的 8.6%。镇政府驻内官村。1983 年,公社改称乡。1988 年,撤乡建镇,始称内官营镇。时辖 17 个村民委员会,143 个村民小组,9081 户,43568 人。2004 年,东岳乡 9 个村民委员会、56 个村民小组、2189 户、9066 人,黑山乡 9 个村民委员会、76 个村民小组、2230 户、9366 人,并入内官营镇,时辖内官、锦屏、永丰、永安、锦花、边家、林川、文丰、清溪、乌

内官营镇人民政府驻地全貌

龙、安连、进化、先锋、万崖、泉坪、右丰、庆丰、迎丰、东岳、文山、中河、崖湾、董家湾、瓦窑湾、南阳、关厅、中南、鲍家、文昌、咀头、大庄、陡寨、宝石、勤宝、米粮 35 个村民委员会,275 个村民小组,13500 户,62000 人。2010 年,内官营镇有 13470 户,58182 人,人口密度为每平方千米 185 人,15 人取得硕士、博士学位。

地势由西南向东北倾斜,地形可分为西南山地和东北盆地两类。年平均气温 6.2℃,年降水量 420 毫米,年无霜期 138 天,海拔高度 2035 米。植被主要是人工造林,造林面积达 44330.3 亩,其中退耕地植树种草 28240.3 亩,荒山造林 12590 亩,封山育林 3500 亩,主要栽种杨树、旱柳、柠条、紫花苜蓿等。

耕地面积 196328 亩,人均 3.37 亩;梯田 133662 亩,人均 2.3 亩。建筑材料有砾石、河沙、红黏土等。有许多可观赏的景点,锦鸡塬山就是其中之一。锦鸡塬山俗称四月八山,山上寺庙较多,绿树成荫,晨钟暮鼓,梵音袅袅。每逢庙会,有烧香拜佛的,有看戏观景的,有设点摆摊的,人来人往,热闹非凡。山上建有烈士陵园(2009 年整体搬迁至此山)。

定临公路穿境而过;境内道路总里程 520 千米,其中土路 270 千米,沙砾路 120 千米,混凝土路 50 千米,柏油路 80 千米;村村通汽车,社社通农用三轮车。2010 年,农户通电率 100%,总用电量 3500 万千瓦时,农业机械总动力 150099 千瓦,通讯方便。

甘蓝、大白菜产品获国家农业部无公害产品认证。甘蓝、大白菜、辣椒、马铃薯产品获国家农业部绿色食品 A 级产品认证,并在国家工商总局注册"内官"、"绿

锐"牌蔬菜商标。在内官、锦屏两村建日光温室 100 座,在永丰、先锋等村建塑料大棚 1000 座。马铃薯种植面积 81600 亩,亩产 851.3 千克,总产量 69466.5 吨。蔬菜种植面积 5 万亩(其中复种 5000 亩,复种品种主要是甘蓝),总产量 23.71 万吨,总产值 1.422 亿元,农民人均获得 2500 元收入。修建青贮、氨化池 306 座,加大饲草饲料的加工,提高紫花苜蓿、玉米秸秆等畜草的利用率。企业 90 家,其中工业企业 15 家,建筑企业 20 家,交通运输企业 28 家,商流企业 27 家。

内官营镇高原夏菜

2010 年,参加新型农村合作医疗 51288 人,参合率 91.13%,自建立农村最低生活保障制度以来,共发放低保金 487.9 万元,为五保户发放供养金 37 万元,为 300 户危旧房改建的家庭发放补助资金 222 万元。

文化站 1 个,农家书屋 14 家。"净街"是内官营镇的一项民俗活动。每年正月十三日,由民众推举一位当地的德高望重的人士,装扮成古代官员模样,坐上轿车,居中行走,前有敲锣开道和举着"肃静、回避"牌子、打着华盖(俗称"万民伞")的衙役,后有骑马佩带弓箭和手持兵器、公文、印信等物的兵勇,巡视内官营镇四关三街。所到之处,人们都要燃放鞭炮,每到繁华地段就驻轿讲些祝福之类的话。

学校 42 所,其中完全中学 1 所,独立初中 4 所,九年制学校 2 所,小学 33 所,幼儿园 2 所;在校学生 7283 人,教职工 649 人。医院 1 所,卫生院 2 所,村医疗室 35 个。

2010 年,人均纯收入 2967 元,有彩电 11000 台、电冰箱 1500 台、洗衣机 7000 台,建沼气池 290 座,储蓄 2.8 亿元,人均 4812 元。

第六节　鲁家沟镇

鲁家沟镇位于安定区北部,距城区 35 千米。东连石峡湾乡和葛家岔镇,南接巉口镇,西邻榆中县韦营乡,北与白碌乡接壤。东西长 22.5 千米,南北宽 16.2 千米,总流域面积 294.7 平方千米,占全区面积的 8.1%。镇政府驻南川村。1983 年,公社改称乡。2001 年,撤乡建镇,始称鲁家沟镇。时辖 7 个村民委员会,65 个村民小组,2497 户,9821 人。2004 年,御风乡 8 个村民委员会,47 个村民小组,1480 户,5698 人并入鲁家沟镇,时辖太平、南川、小岔口、将台、东风、紫云、花岔、御风、鸾沟、罗川、大湾、张沟、山林、三湾、大岔 15 个村民委员会,112 个村民小组,3977 户,15519 人。2010 年,有 3616 户,15307 人,人口密度为每平方千米 52 人,85 人取得硕士、博士学位。

地势南高北低,东面和西面为山地,中间是被关川河分割成两半的川地。年平均气温 7.8℃,年降水量 300 毫米左右,年无霜期 142 天,海拔高度 1800 米。在退耕地植树种草 4.1

鲁家沟镇人民政府驻地全貌

万亩,荒山造林 13.8 万亩,主要栽种侧柏、杨树、旱柳、杏树、柠条、紫花苜蓿等。

耕地 92124 亩,人均 6 亩;梯田 85873.66 亩,人均 5.6 亩。修建混凝土水窖 7851 眼,能解决人畜饮水的困难。

2010 年,修筑道路 193 千米,均为沙砾路,村村通汽车,社社通农用三轮车;农户通电率 100%,全镇总用电量 178 万千瓦时,农业机械总动力 28008.44 千瓦,通讯方便。

2010 年,用全膜双垄沟播技术种植玉米 24300 亩,亩产 450 千克,总产量 10935 吨;种植马铃薯 60000 亩,亩产 700 千克,总产量达 42000 吨;建成养殖小区 5 个,养羊 1500 只,有养猪大户 15 家,年产仔猪 1200 头;企业 16 家,其

鲁家沟镇将台村新农村

中工业企业 3 家,建筑企业 4 家,交通运输企业 4 家,商流企业 5 家;劳务输出 3894 人,创收 2000 万元,全镇人均 1306 元。

2006 年,有 12704 人参加新型农村合作医疗,参合率 83%。至 2010 年,5 年为患者报销医药费 310.26 万元。2007 年,建立农村居民最低生活保障制度,至 2010 年,共发放低保金 545 万元。

文化站 1 个,农家书屋 6 家。学校 13 所,其中初中 2 所,九年制学校 1 所,小学 9 所,幼儿园 1 所;在校学生 1501 人,教师 171 人。卫生院 1 所,村卫生室 15 个。

2010 年,人均纯收入 2701 元,建沼气池 1049 座,有彩电 3728 台、洗衣机 2035 台、音响 2600 台、电脑 368 台、小汽车 70 辆、摩托车 1799 辆,储蓄 4500 万元,人均 2939 元。

第七节　宁远镇

宁远镇位于安定区东南部,距城区 35 千米。东邻通渭县华家岭乡和会宁县丁沟乡,南接杏园乡和陇西县宏伟乡,西连李家堡镇,北与石泉乡接壤。东西长 19.2 千米,南北宽 15 千米,总流域面积 188.7 平方千米,占全区面积的 5.2%。镇政府驻宁远村。1983 年,公社改称乡。2000 年,撤乡建镇,始称宁远镇。时辖宁远、前川、长湾、高河、薛川、羊营、李家曲、李家塘、罗川、贾堡、闫家岔、丰胜、王坪、红土 14 个村民委员会,124 个村民小组,5016 户,20644 人。2010 年,有 4649 户,20687 人,人口密度为每平方千米 109 人,32 人获得硕士、博士学位。

宁远镇人民政府驻地全貌

地势东高西低,山梁连绵,沟壑纵横。年平均气温 6.2℃,年降水量 420 毫米,年无霜期 128 天,海拔高度 1996 米。植被主要是人工造林,在退耕地植树种草 23800 亩,在荒山造林 44348.5 亩,主要栽种杨树、旱柳、山毛桃、柠条、紫花苜蓿等。

耕地面积 100490

亩,人均4.9亩;梯田95697.17亩,人均4.6亩。修建混凝土水窖9247眼,能解决群众的饮水困难。

310国道穿境而过;修筑乡村道路110千米,其中柏油路35千米,沙砾路75千米,能通汽车;修筑村社道路30千米,全是土路,只能通农用三轮车。2010年,农户通电率100%,总用电量231.59万千瓦时,农业机械总动力3.77万千瓦,通讯方便。

原来主要以种植小麦为主,小麦种植面积占粮食作物种植面积的70%以上。随着农业科学技术的应用推广,对粮食作物的种植结构进行调整,不断扩大马铃薯、玉米的种植

华家岭林带

面积。2010年,马铃薯种植面积64000亩,亩产1400千克,总产量89600吨;玉米种植面积22700亩,亩产550千克,总产量12485吨;修建青贮、氨化池433座;企业9家,其中建筑企业2家,交通运输企业3家,商流企业4家;劳务输出6594人,收入4060万元。

2006—2010年,5年为村民报销医药费200.1万元。2007—2010年,4年累计发放低保资金348.3万元。2008年,投资36万元,建成"五保家园"1所,占地面积1200平方米,有房屋15间,入住五保老人15人次。

文化站1个,农家书屋7家。学校20所,其中完全中学1所,初中3所,小学15所,幼儿园1所;在校学生3944人,教师248人。镇卫生院1所,村卫生室14个。

2010年,人均纯收入2531元,储蓄5493万元,人均2655元,建成沼气池1200座,有客车15辆、小汽车110辆、摩托车3150辆、电脑215台、彩电4300台。

第八节　西巩驿镇

西巩驿镇位于安定区东部,距城区40千米。东邻会宁县柴门乡,南接石泉乡

和李家堡镇,西连青岚山乡和葛家岔镇,北靠新集乡。东西长 21 千米,南北宽 16.2 千米,总流域面积 207 平方千米,占全区面积的 5.7%。镇政府驻中驿村。1983 年,公社改称乡。2000 年,撤乡建镇,始称西巩驿镇。时辖安乐、肖川、新寺、铧尖、寺坪、南河、中驿、花沟、新街、营坊、河畔、栗川、罗川、百页、涝池、小溪 16 个村民委员会,112 个村民小组,4755 户,19444 人。2010 年,有 4610 户,19669 人,人口密度为每平方千米 95 人,11 人获得硕士、博士学位。

地势西高东低,属黄土丘陵沟壑区。年平均气温 7.5℃,年降水量 375 毫米,年无霜期 145 天,海拔高度 1793 米。西巩河将镇域分成南北两部,河水东流入会宁县,注入祖厉河。在退耕地植树种草 27081 亩,在荒山造林 51600 亩,主要栽种杨树、旱柳、杏树、柠条、紫花苜蓿等。

西巩驿镇人民政府驻地全貌

耕地面积 95243 亩,人均 4.8 亩;梯田 95235 亩,人均 4.8 亩。修建混凝土水窖 15289 眼,有效解决了人畜饮水的困难。

312 国道和平定高速公路穿境而过;修筑乡村道路 155.32 千米,均为沙砾路;村村通汽车,社社通农用三轮车。2010 年,村社全部通电,农户通电率 100%,农业机械总动力 22391.7 千瓦,通讯方便。

2010 年,种植马铃薯 72000 亩,亩产 647.35 千克,总产量 46609.2 吨;畜牧业收入 710.5 万元,人均收入 361 元;企业 10 家,其中工业企业 2 家(伍明太阳灶厂,年生产太阳灶 10 万台以上,销往宁夏、青海、西藏等省区;振兴建材厂,年生产砖 800 余万块,年产值 200 万元),建筑企业 2 家,交通运输企业 3 家,商流企业 3 家。

1990 年,开始组建敬老院,建成房屋 7 间,先后入住五保老人 26 人。2009 年,投资 88 万元新建中心敬老院 1 所,占地面积 2800 平方米,建造砖混结构的房屋 19 间,其中宿舍 15 间,医务室、餐厅、灶房、活动室各 1 间,配有彩色电视机、太阳能热水器、洗衣机、电冰箱、老年人健身器材等,入住五保老人 17 人。2007—2009 年,3 年共发放低保资金 280.88 万元。2010 年,参加新型农村合作医疗 16256 人,参合率 84%;为村民报销医药费 57.28 万元。

在栗川、三里铺等地有汉墓存在,被列为安定区文物保护点;红军三大主力会师时的河畔阻击战遗址和吴家堡子遗址,被命名为安定区爱国主义教育基地。文化站 1 个,农家书屋 8 家。学校 17 所,其中中学 1 所,九年制学校 3 所,小学 12 所,幼儿园 1 所;在校学生 2631 人,教职工 237 人。卫生院 1 所,村卫生室 16 个。

王公桥位于西巩驿镇宋家沟,建于明万历年间,历代多次重修。1958 年 11 月,建成长 44 米、宽 6 米、高 18 米半永久式八字撑木架桥。1979 年,停止通行。2010 年,建设平(凉)定(西)高速公路时新建大桥

2010 年,人均纯收入 2678 元,比 1986 年人均纯收入 289 元净增 2389 元,建沼气池 990 座,有农用三轮车 2134 辆、摩托车 2323 辆。

第九节　李家堡镇

李家堡镇位于安定区南部,距城区 18 千米。东接石泉乡和宁远镇,南连陇西县宏伟乡和陇西县通安驿镇,西邻团结镇和凤翔镇,北靠青岚山乡和西巩驿镇。南北长 21.3 千米,东西宽 14.7 千米,总流域面积 235.1 平方千米,占全区面积的 6.5%。镇政府驻李家堡村。1983 年,公社改称乡。2001 年,撤乡建镇,始称李家堡镇。辖15 个村民委员会,119 个村民小组,4338 户,18149 人。2004 年,张湾乡 6 个村民委员会,42 个村民小组,1564 户,6482 人并入李家堡镇,时辖李家堡、麻子川、安家岔、马家岔、双泉、菜坪、花川、红川、锦鸡、东坡、鹿马岔、南湾、箍窑川、窑坡、黄金、泉子、姚家岔、张湾、韩湾、唐

李家堡镇人民政府驻地全貌

湾、联合 21 个村民委员会，161 个村民小组，5902 户，24577 人。2010 年，有 5566 户，23917 人，人口密度为每平方千米 102 人，11 人取得硕士、博士学位。

地势由东向西倾斜，地形复杂多样，南部和北部山梁起伏，沟壑纵横，中部是被东河分割成两半的川地。年平均气温 7.1℃，年降水量 380 毫米，年无霜期 137 天，海拔高度 1947 米。在退耕地植树种草 11451.41 亩，荒山造林 5025 亩，鹿马岔流域治理面积达 10000 亩，栽植文冠果 10 万株，侧柏 15 万株，山毛桃 47 万株。

定西市汽车驾驶员考训场选址建设在麻子川村，拉动第三产业快速发展

耕地 131433 亩，人均 5.5 亩；梯田 125498.72 亩，人均 5.2 亩。共有水窖 11235 眼，有效解决了人畜饮水的困难。

定陇公路、310 国道、天定高速公路穿境而过，修筑村社道路 247 千米，村村通汽车，社社通农用三轮车。2010 年，农户通电率 100%，农业机械总动力 22273.11 千瓦，通讯方便。

2010 年，种植马铃薯 65000 亩，亩产 1080 千克，总产量 70200 吨；用全膜双垄沟播技术种植玉米 25100 亩，亩产 410 千克，总产量 10291 吨；麻子川村有小尾寒羊养殖户 160 户，改建标准化圈舍 100 间；花川村修建青贮、氨化池 80 座，引进基础母牛 50 头，基础母羊 250 只；企业 6 家，其中建筑企业 2 家，交通运输企业 2 家，商流企业 2 家；有百货市场 1 处，牲畜市场 1 处，煤炭市场 4 处，木材市场 1 处。

2006 年，参加新型农村合作医疗的有 21460 人，参合率为 87.84%；2010 年，为患者报销医药费 57.28 万元。2007—2010 年，为农村居民共发放最低生活保障金 376.81 万元。2008 年，投资 52 万元，建成占地 10 亩、砖木结构房屋 20 间的“五保家园”1 所；2010 年，又投资 20 万元，对“五保家园”进行修缮，配备生活用品，硬化院落道路，修建混凝土水窖 4 眼，建成日光温室 2 座，集中供养五保老人 23 人。

文化站 1 个，农家书屋 8 家。学校 19 所，其中初中 3 所，小学 15 所，幼儿园 1 所；在校学生 2652 人，教职工 258 人。卫生院 2 所，村医疗室 15 个。

2010 年，人均纯收入 2520 元，建有沼气池 990 座，拥有电脑 115 台、彩电 4211 台、客车 7 辆、小汽车 129 辆、摩托车 2859 辆。

第十节 称钩驿镇

称钩驿镇位于安定区西部,距城区 27 千米。北面和东面与巉口镇接壤,东南与凤翔镇相连,南界内官营镇、符家川乡,西邻榆中县龙泉乡、高崖镇。东西长 17.1 千米,南北宽 15 千米,总流域面积 189.13 平方千米 占全区面积的 5.2%。镇政府驻周家河村。1983 年,公社改称乡。2001 年,撤乡建镇,始称称钩驿镇。时辖周家河、新民、杨家河、白杨、称钩驿、梁家坪、好麦、新胜、阳坡、双乐、川坪、平安、金川、花园 14 个村民委员会,153 个村民小组,4263 户,17001 人。2010 年,有 3979 户,17618 人,人口密度为每平方千米 93 人,19 人取得硕士、博士学位。

地势由南向北倾斜,属黄土丘陵沟壑区。年平均气温 5.9℃,年降水量 380 毫米,无霜期 132 天,海拔高度 1942 米。在退耕地植树种草 3.22 万亩,荒山造林 10970 亩,种植苗木 361.89 万株,

称钩驿镇人民政府驻地全貌

主要栽植杨树、柳树、柠条、紫花苜蓿、红豆草、沙打旺等,林地面积达 61333 亩。

耕地面积 109355.1 亩,人均 6.2 亩;梯田面积 101700.06 亩,人均 5.8 亩。修建混凝土水窖 9800 眼,解决了人畜饮水的困难。

陇海铁路、312 国道、巉柳高速公路穿境而过;境内公路总里程 114.6 千米,其中柏油路 7 千米,混凝土路 36.7 千米,沙砾路 32.3 千米,土路 38.6 千米;村村通汽车,社社通农用三轮车。2010 年,农户通电率 100%,总用电量 112.2 万千瓦时,农业机械总动力 20170.5 千瓦,通讯便利。

2010 年,推行"全膜覆盖+优良品种"的种植模式,种植马铃薯 56000 亩,亩产 1000 千克,总产量 56000 吨;采用全膜双垄沟播技术种植玉米 20590 亩,亩产 315.6 千克,总产量 6498.2 吨;修建青贮、氨化池 314 座,年完成 9000 吨饲草饲料的调制;企业 3 家;劳务输出 3400 人,创收 850 万元,全镇人均 482 元。

2010 年,参加新型农村合作医疗 15054 人,参合率 85%,为患者报销医药费

陇海铁路道回沟大桥,宝兰二线建成后改造为公路桥　　　　1954年发行的道回沟大桥邮票

61.83 万元;有五保老人 115 人,每人得到供养金 1722 元;有 2917 人享受农村居民最低生活保障待遇;有优抚对象 65 人,按时发给抚恤金;对 90 岁以上老人每人发给高龄补助金 300 元。

文化站 1 个,农家书屋 9 家。学校 15 所,其中独立初中 1 所,小学 14 所;在校学生 1417 人,教职工 146 人。卫生院 1 所,村卫生室 14 个。

2010 年,人均纯收入 2689 元,建沼气池 190 座,有彩电 2100 台、冰箱 790 台、洗衣机 160 台、电脑 690 台、摩托车 5967 辆,储蓄 4570 万元,人均 2594 元。

第十一节　团结镇

团结镇位于安定区南部,距城区 18 千米。东接李家堡镇,南连陇西县马河镇,西临香泉镇,北界凤翔镇。南北长 13.8 千米,东西宽 12 千米,总流域面积 136.2 平

团结镇人民政府驻地街道

方千米, 占全区面积的 3.7%。镇政府驻唐家堡村。1983 年,公社改称乡。2001 年, 撤乡建镇, 始称团结镇。时辖联庄、唐家堡、高泉、中化、小山、寒树、金花、庙川、好地掌、寒水 10 个村民委员会,92 个村民小组,3969 户,16271 人。2010 年,有 3384 户,16315

人，人口密度为每平方千米 120 人，8 人获得硕士、博士学位。

地势南高北低，山梁沟壑相间，成纵向排列。年平均气温 6.9℃，年降水量 410 毫米，年无霜期 135 天，海拔高度 1971 米。在退耕地及荒山种植紫花苜蓿、柠条、杨树、柳树等，林地面积达 59500 亩。

耕地面积 79660 亩，人均 4.9 亩；梯田 79571 亩，人均 4.8 亩。打机井 12 眼，在联庄八家院建水库 1 座，灌溉农田 2000 亩。修建混凝土水窖 5158 眼，解决了人畜饮水困难。

团结镇高泉流域

陇海铁路、定陇公路穿境而过；境内公路总里程 153 千米，其中柏油路 18 千米，沙砾路 53 千米，土路 82 千米；村村通小型汽车，社社通农用三轮车。2010 年，农户通电率 100%，全镇用电量为 87.1 万千瓦时，农业机械总动力 19147.3 千瓦，通讯方便。

2010 年，马铃薯种植面积 38180 亩，亩产 1600 千克，总产量 61088 吨；采用全膜双垄沟播技术种植玉米 14000 亩，亩产 343.8 千克，总产量 4813.2 吨；建成青峰、新隆、兴发、玉林 4 个养殖场，修建 500 立方米的青贮、氨化池 4 座，30 立方米的青贮、氨化池 200 座，15 立方米的青贮、氨化池 160 座；企业 13 家；劳务输出 2106 人，创收 843 万元，全镇人均 517 元。

2010 年，参加新型农村合作医疗 12645 人，为村民报销医药费 29 万元。

文化站 1 个，农家书室 3 家。学校 11 所，其中初中 1 所，小学 10 所；在校学生 2141 人，教职工 174 人。卫生院 1 所，村卫生室 10 个。

2010 年，人均纯收入 2610 元，建沼气池 412 座，有彩电 3940 台、洗衣机 700 台、电冰箱 28 台、摩托车 347 辆、小汽车 15 辆，储蓄 103 万元。

第十二节 香泉镇

香泉镇位于安定区西南部，距城区 25 千米。东邻团结镇，南接陇西县福星乡和渭源县大安乡，西靠内官营镇，北连凤翔镇。南北长 21 千米，东西宽 10.2 千米，总流域面积 150.2 平方千米,占全区面积的 4.1%。镇政府驻香泉村。1983 年,公社改称乡。2001 年,撤乡建镇,始称香泉镇。时辖 8 个村民委员会,70 个村民小组,2721 户,11876 人。2004 年,将西寨乡 7 个村民委员会,52 个村民小组,2248 户,9501 人并入香泉镇,时辖香泉、陈家屲、双庙、花屏、马莲、中庄、青岗、泉湾、西寨、后湾、云山、仓沟、池沟、关门口、东寨 15 个村民委员会,122 个村民小组,4969 户,21377 人。2010 年,全镇有 4457 户,21502 人,其中回族 1759 户,8058 人,占总人口的 37.5%;东乡族 47 户,210

香泉镇人民政府驻地全貌

人,占总人口的 1%;汉族 3179 户,13234 人,占总人口的61.5%;人口密度为每平方千米 143 人。

地势南高北低,属黄土山梁沟壑区。年平均气温 6.4℃,年降水量 410 毫米以上,年无霜期 127 天,海拔高度 2109 米。土壤肥沃,植被保护较好,有林地 66400 亩,主要栽种杨树、柳树、山杏、柠条、紫花苜蓿、红豆草等。

香泉旧称沙坡子,以水质甘甜而叫香泉。耕地面积 99900 亩,人均 4.6 亩;梯田面积 52173.8 亩,人均 2.4 亩。地下水资源较丰富,先后打机井 53 眼,有 2166 户人家饮用自来水。自实施"121"雨水集流工程以来,建成混凝土水窖 3779 眼,解决了山区人畜饮水的困难。

定渭公路纵贯其境,修建村社道路 59.1 千米,路面用沙砾铺成,村村通汽车,社社通农用三轮车。2010 年,用电入户率 100%,总用电量 405.87 万千瓦时,农业机械

香泉镇马铃薯种薯繁育基地

总动力 51070.6 千瓦,通讯方便。

2010 年,种植马铃薯 50147 亩,亩产 850 千克,总产量 42669.5 吨;种植蔬菜 20000 亩(包括二茬和三茬种植面积),其中芹菜(2 茬)亩产 5000 千克、总产量 20000 吨、总收入 2400 万元,甘蓝(三茬)亩产 2500 千克、总产量达 39500 吨、总收入 2370 万元;建成库容量 6000 吨的通达蔬菜市场 1 个,蔬菜恒温保鲜库 18 眼;有多年生优质牧草地 20834 亩,区级示范养殖小区 5 个,养牛的人家 713 户,养羊的人家 1508 户,年肉产量达 3615 吨,畜牧业收入 2846 万元;市级牛羊养殖园区 1 个,占地 300 亩,养殖户 64 家;企业 7 家;劳务输出 4918 人,收入 4072 万元,全镇人均 1894 元。

2010 年,参加新型农村合作医疗 17293 人,参合率 80.42%;2007 年,开始实行农村居民最低生活保障政策,至 2010 年,4 年共发放低保金 382.9 万元;为五保老人发放供养金 38.5 万元,投资 50 万元,建成占地面积 2.62 亩、建筑面积 533.8 平方米的敬老院 1 所。

农家书屋 7 家。学校 20 所,其中完全中学 1 所,小学 18 所,幼儿园 1 所;在校学生 3244 名,教职工 238 人。卫生院 1 所,村卫生室 15 个。

2010 年,人均纯收入 2807 元,建沼气池 937 座,有彩电 3655 台、电脑 560 台、摩托车 3840 辆、小汽车 56 辆,银行存款 4350 万元,人均 2023 元。

第十三节 符家川镇

符家川镇位于安定区西部,距城区 34 千米。东面和南面与内官营镇毗邻,西与临洮县漫洼乡和榆中县龙泉乡交界,北同称钩驿镇接壤。东西长 13.5 千米,南北宽 8.1 千米,总流域面积 88.87 平方千米,占全区面积的 2.4%。镇政府驻兰星村。1983 年,公社改称乡。2001 年,撤乡建镇,始称符家川镇。时辖杨家湾、红庄、长丰、金星、兰星、高阳、秦家岔、罗家岔、大岔、黄家坪 10 个村民委员会,55 个村民小组,3162 户,13372 人。2010 年,

符家川镇人民政府驻地全貌

有 3006 户,13351 人,人口密度为每平方千米 150 人,11 人取得硕士、博士学位。

地势西高东低,山梁起伏,沟壑纵横。年平均气温 5.6℃,年降水量 386 毫米,年无霜期 126 天,海拔高度 2131 米。土壤肥沃,植被良好,在退耕地植树种草 10041 亩,荒山造林 22608 亩,主要种植紫花苜蓿、柠条、山毛桃等。

耕地 57694 亩,人均 4.3 亩;梯田 57332 亩,人均 4.2 亩。修建混凝土水窖 3152 眼,每个水窖容积为 45 立方米,解决了人畜饮水困难。石门水库每年可为下游提供 128.1 万立方米的灌溉用水。

修筑村社道路 156 千米,其中柏油路 15 千米,混凝土路 7 千米,沙砾路 134 千米,村村通汽车,社社通农用三轮车。2010 年,农户通电率达 100%,全镇用电量为 362 万千瓦时,农业机械总动力 23322.4 千瓦,中国移动、中国联通基站 5 座,通讯方便。

符家川镇细水岔流域

2008 年,用全膜双垄沟播技术种植玉米 10000 亩,亩产 659 千克,总产量 6590 吨。在水川区种植蔬菜 4050 亩,其中甘蓝 2015 亩,芹菜 900 亩,辣椒 986 亩,大白菜 149 亩,总产量 20250 吨,平均每亩收入 5000 元。2010 年,种植马铃薯 30144 亩,亩产 1500 千克,总产量达 45216 吨。投资 1600 余万元,在南坪社建设占地 500 亩的高效设施农业示范区,采取边建设边育苗边种植的方法,力争达到当年建设、当年生产、当年见效的目标。在园区内架设高压线 790 米、低压线 2800 米,硬化道路 4800 米,修建水渠 4380 米,建成塘坝 1 座,蓄水 4 万立方米,建成日光温室 310 座,全部栽种新品种,栽植美国大樱桃 30 棚,种植辣椒 170 棚、茄子 90 棚、芹菜 20 棚,每个大棚可收入 15000 元。建成青贮、氨化池 513 座,改建圈舍 2060 间。企业 2 家。

2006—2010 年,为患者报销医药费 145.7 万元;2007—2010 年,共发放低保金 267.7 万元。

学校 14 所,其中独立初中 1 所,九年制学校 1 所,小学 11 所,民办幼儿园 1 所;在校学生 1482 人,教职工 145 人。卫生院 1 所,村卫生室 10 个。

2010 年,人均纯收入 2510 元,建沼气池 669 座,有彩电 3055 台、洗衣机 1420

台、电冰箱 56 台、电脑 29 台、客车 6 辆、小汽车 15 辆、摩托车 1965 辆,储蓄 3950
万元,人均 2959 元。

第十四节　葛家岔镇

葛家岔镇位于安定区东北部,距城区 34 千米。东与新集乡和西巩驿镇毗邻,
南和青岚山乡相连, 西与巉口镇和鲁家沟镇交界, 北和石峡湾乡接壤。南北长

17.4 千米, 东西宽 12 千
米,总流域面积 155.47 平
方千米, 占全区面积的
4.3%。镇政府驻葛家岔
村。1983 年,公社改称乡。
2001 年,撤乡建镇,始称
葛家岔镇。时辖葛家岔、
清明、大营、贾家湾、黑
营、康乐、鹿坪、南林、中
寨、黄家湾、北坪 11 个村
民委员会,80 个村民小

葛家岔镇人民政府驻地全貌

组,3000 户,11939 人。2010 年,总户数为 2853 户,总人口为 12041 人,人口密度
为每平方千米 77 人,18 人取得硕士、博士学位。

地势东高西低,属黄土梁峁沟壑区。年平均气温 6.3℃,年降水量 380 毫米,年
无霜期 127 天,海拔高度
2217 米。在退耕地和荒山
造林 4.78 万亩,主要栽植
山杏、红柳等。

耕地面积 69303 亩,
人 均 5.8 亩 ; 梯 田
67981.04 亩,人均 5.6 亩。
自实施"121"雨水集流工
程以来,累计建成混凝土
水窖 7500 眼, 解决了人
畜饮水的困难。

葛家岔镇康乐村梯田

公路里程 78.3 千米，村村通汽车，社社通三轮车。2010 年，农户通电率为 100%，全镇总用电量 93.786 万千瓦时，农业机械总动力 17009.6 千瓦，通讯方便。

2010 年，马铃薯种植面积 48780 亩，亩产 614 千克，总产量 29950 吨；用全膜双垄沟播技术种植玉米 18840 亩，亩产 308.5 千克，总产量 5812.1 吨；建成标准化圈舍 150 间，引进小尾寒羊 500 只；改建圈舍 1126 间，养殖小尾寒羊 5610 只，种植畜草 20261 亩；企业 2 家。

2010 年，有 10524 人参加新型农村合作医疗，参合率为 87%，为患者报销医药费 405.19 万元。2007—2010 年，共发放低保金 300.45 万元。为五保户 68 人先后累计共发放供养金 51.23 万元。

镇文化站 1 个，农家书屋 5 个。学校 12 所，其中初级中学 2 所，小学 10 所；在校学生 1437 人，教职工 135 人。卫生院 1 所，村医疗室 11 个。

2010 年，人均纯收入 2558 元，建成沼气池 300 座，有彩电 1246 台、电冰箱 78 台、洗衣机 114 台、电饭煲 1037 个、电磁炉 653 个、摩托车 2645 辆，储蓄 6720.6 万元，人均 5581 元。

第十五节　青岚山乡

青岚山乡位于安定区城区以东 5 千米处。东与西巩驿镇毗邻，南与李家堡镇接壤，西和凤翔镇相连，西北、北和巉口镇、葛家岔镇交界。南北长 20.7 千米，东西宽 15 千米，总流域面积 214.4 平方千米，占全区面积的 5.89%。乡政府驻青岚村。1983 年，公社改称乡。辖青岚、付家、郑沟、青湾、下湾、庙坪、贾川、王家湾、任川、红庄、青义、榆林、打鹿岔、上坪、大坪、郭川、车门川、花岔、原坪、赵家岔 20 个村民委员会，127 个村民小组，3360 户，17722 人。2010 年，有 3991 户，18868 人，人口密度为每平方千米 88 人，16 人取得硕士、博士学位。

青岚山乡人民政府驻地全貌

地势南部和北部高，

中部低,属黄土梁峁沟壑区。大小河沟 23 条,有 12 条属于关川河水系,11 条属于西巩河水系。年平均气温 6.5℃,年降水量 380 毫米,年无霜期 130 天,海拔高度 2231 米。先后在花岔村 312 国道以北、花岔村东山和大坪村、祁家湾栽植侧柏、柠条、刺槐、文冠果等,林地总面积 1.2 万亩。在大坪村贾河湾山顶生长着一棵高约 15 米、树冠约 14 米、树干胸围 3.89 米的古树。据说此树为清朝同治年间左宗棠率部路过时所栽,称之为"左公柳"。

耕地 102364.75 亩,人均 5.4 亩;梯田面积 96288.77 亩,人均 5.1 亩。修梯田,大坪村人民为安定区树立了榜样。大坪村辖 3 个村民小组,123 户,556 人,耕地 2717 亩。20 世纪 60 年代,大坪人民用铁锹、背篓等简单的劳动工具和勤劳的双手,平整土地,兴修梯田,成为甘肃省农业学大寨的一面旗帜。修成梯田 2717 亩,占耕地面积的 100%,是安定区首个实现梯田化的村社。大坪村在新农村建设中,建成具有独家院落特点的阁楼造型式的砖木结构的住宅 118 座,有 118 户人家入住。硬化道路 6.5 千米,建成塘坝 1 座、混凝土水窖 560 眼、日光温室 28 座、沼气池 118 座,改

青岚山乡大坪村新貌

建标准化圈舍 118 间,饲养小尾寒羊 500 只。形成"种草—养畜—沼气—肥田—增收"的发展模式。大坪村被中共甘肃省委、甘肃省政府评为"甘肃省文明村",被中共精神文明建设指导委员会评为"全国文明村镇"。

312 国道、平定高速公路穿境而过;有乡村公路 71.85 千米,其中混凝土路 6.5 千米,沙砾路 65.35 千米;有村社道路 320 千米,均为土路,村村通汽车,社社通农用三轮车。2010 年,农户通电率 100%,总用电量为 215.19 万千瓦时,农业机械总动力 20550.73 千瓦,移动基站 7 座,通讯方便。

2009 年,马铃薯的种植面积 64950 亩,亩产 739 千克,总产量 47998 吨。用全膜双垄沟播技术种植玉米 15636 亩,亩产 311.4 千克,总产量 4869 吨。2010 年,劳务输出 4110 人,收入 3329.9 万元,全乡人均 1765 元。

乡敬老院占地面积 1000 平方米,建筑面积 246 平方米,2010 年集中供养五

保老人7人，每人平均得到供养金3600元。2007—2010年,4年共发放低保金332.76万元。

文化站1个,农家书屋8家。从2005年开始,大坪村兴起剪纸活动,中华民族文化促进会剪纸艺术委员会、西风烈·中国剪纸艺术大赛组委会授予乡党委、乡政府"中华剪纸艺术特别贡献奖"。学校20所,其中独立初中2所,九年制学校1所,完全小学17所;在校学生1422人,教职工180人。卫生院1所,村卫生室17个。

2010年,农民人均纯收入2681元,有彩色电视机3200台、洗衣机880台、电冰箱190台、电脑250台、摩托车3820辆、小汽车10辆,储蓄6800万元,人均3604元。

第十六节　石泉乡

石泉乡位于安定区东部,距城区56千米。东面与会宁县丁沟乡接壤,南面与宁远镇相接,西面和李家堡镇毗邻,北面和西巩驿镇交界。南北长14.4千米,东西宽12.3千米,总流域面积130.3平方千米,占全区面积的3.6%。乡政府驻石泉村。1983年,公社改称乡。2003年,辖石泉、中寺、合营、竹林、吕坪、大坪、下坪、上川、中坪、中山、石元、湾羿、赵河、山庄、岳羿、户峡16个村民委员会,108个村民小组,4085户,16586人。2010年,有3629户,17115人,人口密度为每平方千米131人,39人取得硕士、博士学位。

地势南高北低,山梁连绵,坡陡沟深。年平均气温6.5℃,年降水量400毫米左右,年无霜期127天,海拔高度2098米。在退耕地植树种草20714亩,荒山造林33600亩,栽植白杨树15.68万株,其他乔木16.87万株。

耕地79686亩,人均4.7亩;梯田79039亩,人均4.6亩。修建混凝土水窖9092眼,每眼水窖容积30立方米,能解决人畜饮水的困难。

村社道路总里程291.18千米,其中柏油路

石泉乡人民政府驻地全貌

17.08 千米,沙砾路 274.1 千米,村村通汽车,社社通农用三轮车。2010 年,农户通电率 100%,全乡用电量 112.23 万千瓦时,农业机械总动力 25203.33 千瓦,移动基站 6 座,联通基站 3 座,信号覆盖率100%。

2010 年,种植马铃薯 43000 亩,其中地膜栽培 10000 亩、亩产 1801.7 千克,露地种植 33000 亩、亩产 1250 千克;采用全膜双垄沟播技术种植玉米 12000 亩,亩产116.02 千克, 总产量 1392.24 吨;修建青贮、氨化池 450 座, 年青贮饲草 1 万吨以上;改建圈舍 3248 间,建成养殖小区 1 个,饲养肉羊 200 只;企业 3 家;劳务输出 4078 人, 收入 2857 万元,全乡人均 1669 元。

自落实党的惠农政策以来, 共发放退耕还林还草补贴 2424.47 万

石泉乡合营村梯田

元,粮食直接补贴 123.93 万元,农村居民最低生活保障金 227.85 万元,五保老人供养金 52 万元, 优抚对象抚恤金 32.34 万元, 为村民 1935 人报销医药费用 124.44 万元,为全乡所有群众建立了健康档案。

农家书屋 6 家。学校 12 所,其中初中 1 所,九年制学校 2 所、小学 8 所,幼儿园 1 所;在校学生 1379 人,教师 148 人。卫生院 1 所,村卫生室 14 个。

2010 年,农民人均纯收入 2542 元,建沼气池 1260 座,有彩电 4073 台、冰箱 485 台、洗衣机 560 台、摩托车 3967 辆,储蓄 2610 万元,人均 1525 元。

第十七节　杏园乡

杏园乡位于安定区东南部,距城区 35 千米。东南与通渭县马营镇接壤,西南与陇西县宏伟乡交界,北面与宁远镇相连。南北长 15 千米,东西宽 11.7 千米,总流域面积 109.4 平方千米,占全区面积的 3%。乡政府驻李河村。1983 年,公社改称乡。2003 年,辖康家庄、李家河、牛营、南家川、郑家川、张家山、刘家湾、朱家湾、白虎 9 个村民委员会,76 个村民小组,1999 户,8222 人。2010 年, 有 1860 户,8242

杏园乡人民政府驻地全貌

人,人口密度为每平方千米 75 人。

地势南高北低,山梁起伏,沟壑纵横。年平均气温 5.9℃,年降水量 410 毫米,年无霜期 124 天,海拔 2051 米。在退耕地植树种草 26880 亩,荒山造林 13245 亩,封山育林 5000 亩,李家河小流域治理 22 平方千米,主要种植杨、柳、山杏、柠条、紫花苜蓿、红豆草等。

耕地面积 43214.5 亩,人均 5.2 亩;梯田 42384 亩,人均 5 亩。修建混凝土水窖 4120 眼,解决了人畜饮水困难。

310 国道穿境而过,村社道路总里程 126.9 千米,均为沙砾路,村村通汽车,社社通农用三轮车。2010 年,农户通电率 100%,总用电量为 103.2 万千瓦时,农业机械总动力 10058.17 千瓦,通讯方便。

2010 年,马铃薯种植面积 26000 亩,亩产 980 千克,总产量 25000 吨;建成青贮、氨化池 370 座,年青贮饲草 3885 吨;新建标准圈舍 250 间,改建圈舍 1720 间;企业 2 家;劳务输出 2340 人,创收 1600 万元,全乡人均 1941 元。

蟾牟山下牛营村

2006—2010 年,5 年为村民报销医药费用 37.18 万元;2007—2010 年,4 年共发放低保金 154.1 万元。有五保老人 70 人,年发放供养金 12.06 万元。优抚对象 26 人,年发放抚恤金 78360 元。

文化站 1 个,村文化室 9 个。学校 6 所,其中九年制学校 2 所,完全小学 4 所;在校学生 1024 人,教师 87 人。乡卫生院 1 所,村卫生室 8 个。

2010 年,农民人均纯收入 2529 元,有彩电 1000 台、电冰箱 93 台、洗衣机 900 台、电脑 20 台、摩托车 2967 辆,储蓄 1300 万元,人均 1577 元。

第十八节　高峰乡

高峰乡位于安定区西南部,距城区 35 千米。北面东面与内官营镇接壤,南面同渭源县秦祁乡毗邻,西面与临洮县漫洼乡交界。南北长 12 千米,东西宽 6 千米,总流域面积 60.67 平方千米,占全区面积的 1.7%。乡政府驻麻地湾村。1983 年,公社改称乡。2003 年,辖牌坊、麻地湾、关庄、贡马、明星、城门寨、坪湾、马营、新泉、红堡、红光 11 个村民委员会,63 个村民小组,1967 户,8053 人。2010 年,有 1870 户,8046 人,人口密度为每平方千米 133 人,27 人获得硕士、博士学位。

高峰乡人民政府驻地全貌

地势北高南低,山峦起伏,沟壑纵横。城门寨是全区最高点,海拔高度 2577.3 米,年平均气温 4.5℃,年降水量 420 毫米,年无霜期 111 天,海拔高度 2480 米。土地湿润,植被较好,在退耕地植树种草 6827 亩,主要栽种杨树、柳树、柠条、紫花苜蓿等,林地总面积 23127 亩。

耕地面积 35929 亩,人均 4.5 亩;梯田 24654 亩,人均 3 亩。地表泉水遍布,人畜饮水主要靠泉水、井水,累计修建混凝土水窖 2084 眼。

修筑乡村道路 77.6 千米,其中柏油路 5 千米,沙砾路 72.6 千米,乡汽车站 1 个,村停车点 5 个。2010 年,

高峰乡明星村梯田

农户通电率 100%,全乡总用电量为 90 万千瓦时,农业机械总动力 28964.3 千瓦,通讯方便。

2010 年,种植马铃薯 25000 亩,亩产 2072 千克,总产量 51800 吨;企业 3 家;劳务输出 2192 人,创收 1040 万元,全乡人均 1292 元。

2006—2010 年,5 年为患者报销医药费 30.6 万元;2007—2010 年,4 年累计发放低保金 161.28 万元。

文化站 1 个,农家书屋 6 家。学校 8 所,其中初中 2 所,小学 6 所;在校学生 1016 人,教师 96 人。卫生院 1 所,村卫生室 11 个。

2010 年,人均纯收入 2514 元,建沼气池 703 座,有小汽车 37 辆、摩托车 1321 辆、电脑 72 台、彩电 1827 台,储蓄 2016 万元,人均 2506 元。

第十九节　白碌乡

白碌乡位于安定区北部,距城区 73 千米。东与石峡湾乡接壤,南和鲁家沟镇毗邻,西和榆中县中连川乡交界,北与会宁县头寨子镇相连。东西长 19.5 千米,南北宽 12 千米,总流域面积 197.8 平方千米,占全区面积的 5.4%。乡政府驻录丰村。1983 年,公社改称乡。2003 年,辖录丰、拽碾、前进、田家岔、铧尖、中山、复兴 7 个村民委员会,46 个村民小组,1431 户,5575 人。2010 年,有 1219 户,5735 人,人口密度为每平方千米 29 人,4 人获得硕士、博士学位。

地势自西南向东北倾斜,属黄土丘陵沟壑区。年平均气温 6.3℃,年降水量 280 毫米左右,年无霜期 126 天,海拔高度 2264 米。在退耕地植树种草 37504.1 亩,荒山造林 50365.9 亩,主要种植旱柳、柠条、紫花苜蓿、红豆草、沙打旺等。

耕地面积 39114 亩,人均 6.8 亩;梯田 39114 亩,人均 6.8 亩。建成混凝土水窖 6480 眼,解决了人畜饮水的困难。

309 国道穿境而过;修成乡村道路 118.1 千

白碌乡人民政府驻地

米,均为沙砾路;客运站 1 个,开通班车线路 2 条,营运客车 2 辆;通乡能行大班车,通村能行小汽车,通社能行三轮车。2010 年,农户通电率 99.4%,全乡总用电量为 4379 万千瓦时,农业机械总动力 11428.28 千瓦,通讯方便。

白碌乡录丰村梯田

1995 年前后,以播种春小麦为主。2004 年后,大面积种植马铃薯、玉米等高产作物。2010 年,马铃薯的播种面积 31108 亩,亩产 600 千克,总产量 18664.8 吨;采用全膜双垄沟播技术种植玉米 3710 亩,亩产 301 千克,总产量 1116.7 吨;建成青贮、氨化池 220 座,年青贮饲草 5600 吨;外出务工人员 2583 人,劳务收入 410.7 万元,全乡人均 716 元。

2006—2010 年,5 年为患者报销医药费 312.3 万元;2007—2010 年,4 年累计发放低保金 97.8 万元,有五保老人 72 人,先后发放供养金 23.11 万元。

文化站 1 个,村文化室 7 个。学校 10 所,其中初级中学 1 所,小学 9 所;在校学生 509 人,教职工 63 人。卫生院 1 所,村医疗室 7 个。

2010 年,人均纯收入 2502 元,有彩电 1200 台、冰箱 78 台、洗衣机 114 台、电饭煲 1037 个、电磁炉 228 个,储蓄 3720.6 万元,人均 6488 元。

第二十节　石峡湾乡

石峡湾乡位于安定区北部,距城区 55 千米。东邻会宁县头寨子镇,南与新集乡、葛家岔镇交界,西连鲁家沟镇,北与白碌乡、会宁县接壤。南北长 17.4 千米,东西宽 16.2 千米,总流域面积 169.5 千米,占全区面积的 4.7%。乡政府驻石峡湾村。1983 年,公社改称乡。辖长川、新建、九岔、站湾、三湾、清水、三岔、石峡湾、景子岔、三泉、大泉湾 11 个村民委员会,73 个村民小组,2395 户,9820 人。2010 年,有 2292 户,9841 人,人口密度为每平方千米 58 人,6 人获得硕士、博士学位。

地势西南高东北低,属黄土丘陵沟壑区。年平均气温 5.9℃,年降水量 380 毫米,年无霜期 123 天,海拔高度 2232 米。在退耕地植树种草 16934.2 亩,荒山造林

石峡湾乡人民政府驻地全貌

11.53 万亩，主要种植刺槐、山桃、柠条、文冠果、紫花苜蓿等。

耕地面积 49616 亩，人均 5 亩；梯田 42279.87 亩，人均 4.3 亩。清水村的花岗岩储藏较丰富，现有采石场 11 个，年采石 7.6 万立方米，产值 440 万元。建成混凝土水窖 10522 眼，解决了人畜饮水困难。

修筑道路 105 千米，其中柏油路 35 千米，混凝土路 14 千米，沙砾路 56 千米，村村通汽车，社社通农用三轮车。2010 年，农户通电率 100%，全乡总用电量 56 万千瓦时，农业机械总动力 23053.3 千瓦，通讯方便。

2007 年，在国家工商总局注册"石峡湾"牌马铃薯商标。2010 年，用地膜覆盖技术种植马铃薯，面积 26000 亩，亩产 1000 千克，总产量 26000 吨；用全膜双垄沟播技术种植玉米 14000 万亩，亩产 306 千克，总产量 4284 吨；修建青贮、氨化池 406 座，年青贮饲草 9850 吨；在清水村建成肉羊繁育场，引进基础母羊 200 只；企业 2 家；输出剩余劳动力 3500 人，创收 1250 万元，全乡人均 1270 元。

石峡湾乡景子岔村梯田

2010 年，参加合作医疗 8470 人，参合率为 86%，为患者报销医药费用 40.96 万元。2005—2010 年，6 年共发放低保金 195.923 万元，五保老人 92 人，共发放供养金 19.5 万元。

文化站 1 个，村文化室 11 个。学校 13 所，其中独立初中 1 所，小学 11 所，幼儿园 1 所；在校学生 1225 人，教职工 121 人。卫生院 1 所，村卫生室 11 个。

2010 年，人均纯收入 2508 元，建沼气池 980 座，有小轿车 44 辆、摩托车 2100

辆、电脑 56 台、彩电 2260 台、洗衣机 650 台、电冰箱 210 台,储蓄 2082 万元,人均 2116 元。

第二十一节　新集乡

　　新集乡位于安定区东北部,距城区 55 千米。东接会宁县柴门乡,南邻西巩驿镇,西连葛家岔镇,北靠石峡湾乡。南北长 18.3 千米,东西宽 15.3 千米,总流域面积 201.4 平方千米,占全区面积的 5.5%。乡政府驻新集村。1983 年,公社改称乡。

辖坪塬、西坪、进马、石湾、田坪、大园、仁义、中义、鲁家岔、张家坪、小南岔、丰旺、景坪、新集、大南岔 15 个村民委员会,100 个村民小组,3638 户,15107 人。2010 年,有 3225 户,15178 人,人口密度为每平方千米 75 人,1 人获得博士学位。

新集乡人民政府驻地

　　地势西高东低,梁峁起伏,沟壑纵横。年平均气温 6.6℃,年降水量 360 毫米,无霜期 130 天,海拔高度 2092 米。2003 年,在 4531.9 亩林地中补栽山杏 33.74 万株、红柳 36.59 万株。2004 年,在荒山造林 5600 亩。2005 年,在退耕地植树种草 8000 亩,并在 11050 亩林地中补植各种树木,主要种植柠条、紫花苜蓿、红豆草、沙打旺等。

　　耕地 69033 亩,人均 4.54 亩;梯田 68631.9 亩,人均 4.52 亩。修建混凝土水窖 13500 眼,解决了人畜饮水困难。

　　修建村社道路 86 千米,其中柏油路 34.1 千

新集乡丰旺村梯田

米,沙砾路 51.9 千米,村村通小型汽车,社社通农用三轮车。2010 年,农户通电率 100%,全乡用电量为 130.2 万千瓦时,农业机械总动力 16842.91 千瓦,通讯方便。

2010 年,用地膜覆盖技术种植马铃薯 32000 亩,亩产 992.4 千克,总产量 31756.8 吨;用全膜双垄沟播技术种植玉米 18000 亩,亩产 450 千克,总产量 8100 吨;修建青贮、氨化池 251 座,新集村富康养殖小区引进良种小尾寒羊 200 只,修建混凝土水窖 9 眼;企业 3 家;劳务输出 5120 人,创收 3021 万元,全乡人均 1990 元。

2010 年,参加新型农村合作医疗 12218 人,参合率达 80.5%,为患者报销医药费 42.2 万元。2007—2010 年,4 年共发放低保金 310.35 万元。

农家书屋 11 家。学校 17 所,其中独立初中 2 所,小学 15 所;在校学生 1543 人,教职工 163 人。卫生院 1 所,村卫生室 15 个。

2010 年,人均纯收入 2523 元,建沼气池 170 座,有彩色电视机 239 台、洗衣机 2907 台、电冰箱 65 台、摩托车 2266 辆、小汽车 20 辆,储蓄 2670 万,人均 1759 元。

第二编

人民生活

人口 计划生育

第二编　人口　计划生育　人民生活

第一章　人口

第一节　人口总数及分布

人口总数

考古发掘证明,早在 4000 年前,安定区境内就有人类繁衍生息。经过夏、商、周 3 代,各民族之间相互交往,大部分人过上了定居生活。后虽经多朝,因史籍记载简略,直至元代,安定区境内人口仍无从查考。1566 年(明世宗嘉靖四十五年),人口为 3225 户,35478 人。1907 年(清光绪三十三年),人口为 6646 户,44867 人。1909 年(清宣统元年),人口为 6714 户,48964 人。1928 年(民国 17 年),人口为 11561 户,70100 人。1947 年(民国 36 年),人口为 16992 户,108875 人。1949 年,人口为 25964 户,178788 人。1953 年,人口为 34161 户,207130 人。

1986 年到 2003 年,安定区人口呈持续增长态势。1986 年,381459 人;2003 年,476618 人。2010 年,安定区总户数 125504 户,总人口 454346 人(城镇人口 90345 人,农村人口 364001 人),比 1986 年的 381459 人(城镇人口 39056 人,农村人口 342403 人)增长 72887 人,年平均增长 7.8‰。

1986—2010 年安定区(定西县)人口总数及城镇、农村人口数示意图

图 2-1-1

单位:人

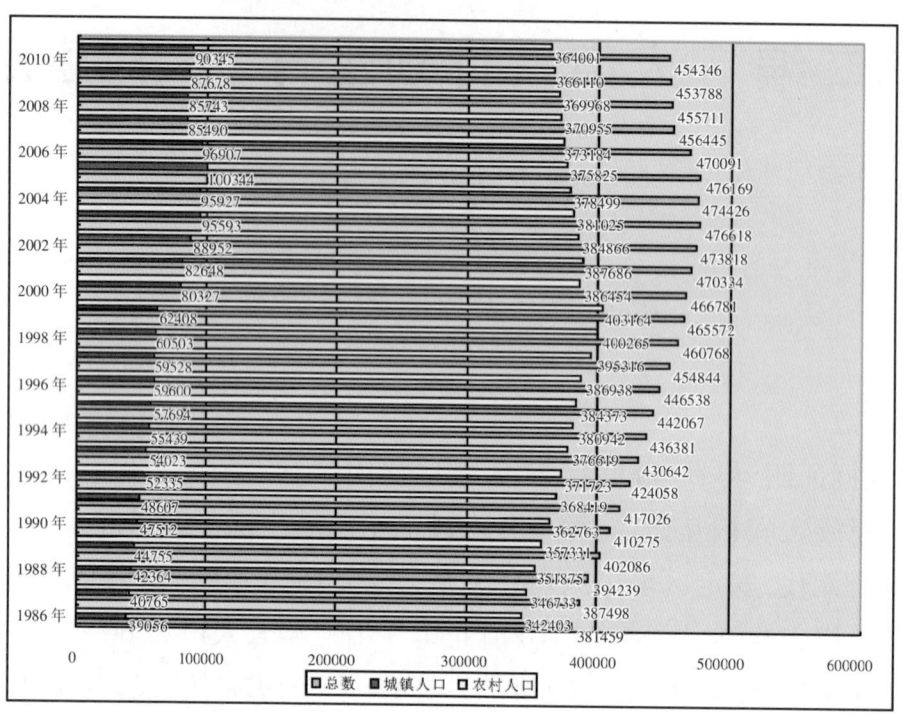

人口分布

2010 年,安定区总人口在 3 万人以上的有永定路街道办事处、中华路街道办事处、凤翔镇、内官营镇,共计 183121 人,占全区总人口的 40.30%,每平方千米平均 312 人;在 2 万人至 3 万人之间的有巉口、宁远、香泉、李家堡 4 个镇,共计 93899 人,占全区总人口的 20.67%,每平方千米平均 105 人;在 1 万人至 2 万人之间的有称钩驿、鲁家沟、葛家岔、新集、青岚山、西巩驿、石泉、团结、符家川 9 个乡镇,共计 145462 人,占全区总人口的 32.02%,每平方千米平均 90 人;在 1 万人以下的有白碌、石峡湾、杏园、高峰 4 个乡,共计 31864 人,占全区总人口的 7.01%,每平方千米平均 59 人。除城区外,内官营镇总人口最多,为 58182 人,每平方千米平均 185 人;白碌乡总人口最少,为 5735 人,每平方千米平均29 人。

2010 年安定区人口分布示意图

图 2-1-2   单位:人

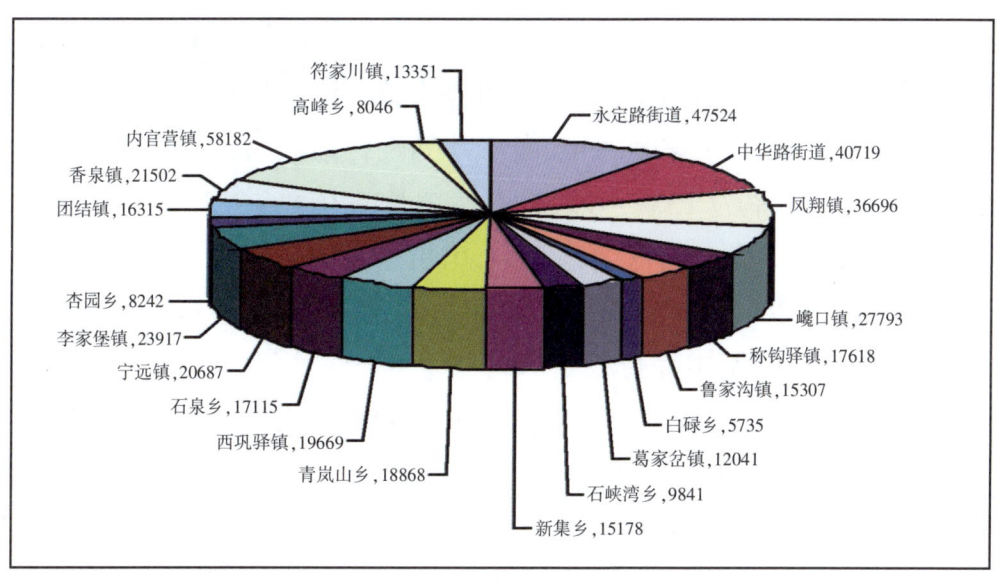

人口密度

地域上,城区、川区及交通方便的地方人口密集,偏远乡镇人口零散;西南部人口密度较大,东北部人口密度较小。年份上,1986—2010 年,年均人口密度每平方千米 121.8 人。1986 年,人口密度最小,每平方千米平均 104.8 人;2003 年,人口密度最大,每平方千米平均 131 人。

1986—2010 年安定区(定西县)人口密度示意图

图 2-1-3   单位:人

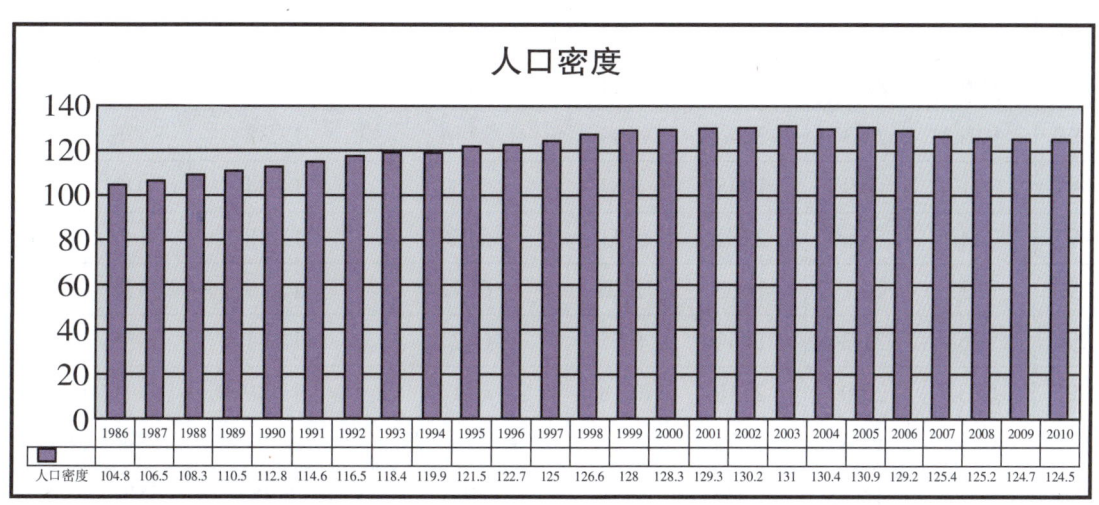

第二节　人口变动

1986—1996年,人口出生呈现增长的势头,出生率为13‰～22‰,自然增长率在8‰～14‰之间;1997—2003年,由于计划生育政策得到落实,人们生育观念逐渐转变,人口出生率为13‰～9‰,自然增长率在8‰～3‰之间;2004—2010年,人口出生基本保持稳定的低生育水平,出生率为8‰～7‰,自然增长率在3‰～2‰之间。1986—2010年,随着医疗条件的改善、人民生活水平的提高,人口死亡率在4‰～6‰之间,基本保持稳定。

1986年至2010年,全区共迁入172291人,年均迁入6892人;迁出171513人,年均迁出6861人。迁出比迁入年均少31人,基本处于平稳状态。

2000年前,劳务输出有有计划的,有自发的;有长期的,有短期的,流动人口无具体数字统计。2000年,县上把流动人口纳入当地临时户口实行统一管理。2002年4月,《甘肃省流动人口计划生育管理办法》出台,流动人口管理逐渐规范化。2000—2010年,将暂住人口登记在册,全面建立流动人口长效管理机制,加强管理。总计登记47168人,年均4288人。2001年最少,1427人;2010年最多,13933人。

1986—2010年安定区(定西县)人口变动统计表

表2-1-1　　　　　　　　　　　　　　　　　　　　　　　　　　单位:人、‰

年份	出生人数	出生率	死亡人数	死亡率	自然增长人数	自然增长率	迁入	迁出
1986	5011	13.2	1751	4.6	3260	8.6	173	297
1987	5683	14.78	1718	4.47	3965	10.31	7968	5894
1988	5965	15.26	1888	4.83	4077	10.43	7907	5309
1989	8961	22.51	1767	4.44	7194	18.07	7182	6529
1990	9160	22.37	2046	4.99	7114	17.38	8576	7009
1991	7917	18.98	1948	4.67	5969	14.34	7042	6281
1992	7440	17.69	2282	5.31	5158	12.38	8340	6928
1993	8635	20.19	1663	3.86	6972	16.19	7327	6444
1994	9268	21.36	2841	6.55	6427	14.81	5835	5643
1995	8832	20.07	2718	6.18	6114	13.89	5741	5858
1996	6431	14.31	2275	5.06	4156	9.25	5896	6625
1997	5174	11.38	2227	4.9	2947	6.48	5521	5983

续表 2-1-1 单位：人、‰

年份	出生人数	出生率	死亡人数	死亡率	自然增长人数	自然增长率	迁入	迁出
1998	4713	10.25	2183	4.75	2530	5.5	5580	5962
1999	4971	10.71	2367	5.1	2604	5.61	4734	5381
2000	4325	9.27	2742	5.88	1583	3.39	9477	10241
2001	6137	13.06	2296	4.88	3841	8.17	5690	6516
2002	5206	11.00	2346	4.96	2860	6.04	6763	7292
2003	4342	9.12	2335	4.9	2007	4.21	7886	8715
2004	3826	8.05	2313	4.87	1513	3.18	6476	7703
2005	3638	7.63	2452	5.14	1186	2.49	7357	7717
2006	3445	7.26	2389	5.03	1056	2.23	7639	9200
2007	3766	8.13	2508	5.41	1258	2.72	10420	7867
2008	3855	8.45	2627	5.76	1228	2.67	7855	8940
2009	3747	8.24	2479	5.45	1268	2.79	7298	7953
2010	4101	8.96	2493	5.45	1608	3.51	7608	9226

第三节　人口构成

家庭人口

2010 年，安定区常住人口中有家庭户 122481 户，家庭人口 399270 人，平均每个家庭 3.26 人，比 2000 年第五次全国人口普查的 4.01 人减少 0.75 人。

年龄构成

2010 年，安定区常住人口中 0～14 岁，61784 人，占 14.73%；15～64 岁，318404 人，占 75.66%；65 岁以上，40426 人，占 9.61%。同 2000 年第五次全国人口普查相比，0～14 岁人口比重下降 14.84 个百分点，15～64 岁人口比重上升 10.93 个百分点，65 岁以上人口比重上升 3.97 个百分点。

性别构成

2010 年，安定区常住人口中男性 214398 人，占 50.97%；女性 206216 人，占 49.03%。人口性别比（女性为 100）由 2000 年第五次全国人口普查时的 105.62 下降为 103.97。

文化构成

2010年,安定区常住人口中具有大学(指大专以上)文化程度的为30749人,具有高中(含中专)文化程度的为61101人,具有初中文化程度的为141886人,具有小学文化程度的为137958人(以上各种受教育程度的人包括各类学校的毕业生、肄业生和在校生)。同2000年第五次全国人口普查相比,每10万人中具有大学文化程度的由2186人上升为7310人,具有高中文化程度的由8930人上升为14539人,具有初中文化程度的由23991人上升为33733人,具有小学文化程度的由39915人下降为32799人。文盲人口(15岁以上不识字的人)为25531人,文盲率由2000年的13.62%下降为6.07%,下降7.55个百分点。

民族构成

2010年,第六次全国人口普查,安定区常住人口中汉族411279人,少数民族9335人,其中蒙古族18人,回族8985人,藏族50人,维吾尔族3人,壮族8人,布依族2人,朝鲜族3人,满族66人,土家族15人,东乡族177人,土族8人。

第四节　人口普查

第一次人口普查

第一次全国人口普查标准时间为1953年6月30日24时。定西县共34161户,207130人。其中男106148人,占总人口的51.25%;女100982人,占总人口的48.75%。男女性别比为100∶105.12(女为100)。汉族197541人,占总人口的95.37%;少数民族9589人,占总人口的4.63%。

第二次人口普查

第二次全国人口普查,确定1964年6月30日24时为标准时点。定西县共44907户,239038人。其中男122528人,占总人口的51.26%;女116510人,占总人口的48.74%。男女性别比为100∶105.17(女为100)。汉族230709人,占总人口的96.52%;少数民族8329人,占总人口的3.48%。城镇人口15759人,占总人口的6.59%;农村人口223279人,占总人数的93.41%。

第三次人口普查

第三次全国人口普查,确定1982年7月1日零时为标准时点。定西县共

68106 户,370285 人。其中男 190988 人,占常住人口的 51.58%;女 179297 人,占常住人口的 48.42%。男女性别比为 100:106.52(女为 100)。汉族 358888 人,占常住人口的 96.92%;少数民族 11397 人,占常住人口的 3.08%。城镇人口 30016 人,占常住人口的 8.11%,农村人口 340269 人,占常住人口的 91.89%。

第四次人口普查

第四次全国人口普查,确定 1990 年 7 月 1 日零时为标准时点。定西县共 87207 户,412241 人。其中男 213592 人,占常住人口的 51.81%;女 198649 人,占常住人口的 48.19%。男女性别比为 100:107.52(女为 100)。汉族 400112 人,占常住人口的 97.06%;少数民族 12129 人,占常住人口的 2.94%。城镇人口 45067 人,占常住人口的 10.93%;农村人口 364930 人,占常住人口的 88.52%;户口待定 2244 人,占常住人口的 0.55%。

第五次人口普查

第五次全国人口普查,在 2000 年 11 月 1 日开始。定西县共 111517 户,449293 人。其中男 230786 人,占常住人口的 51.37%;女 218507 人,占常住人口的 48.63%。男女性别比为 100:105.62(女为 100)。汉族 437243 人,占常住人口的 97.32%;少数民族 12050 人,占常住人口的 2.68%。城镇人口 80327 人,占常住人口的 17.88%,农村人口 368966 人,占常住人口的 82.12%。

第六次人口普查

第六次全国人口普查,确定 2010 年 11 月 1 日零时为标准时点。安定区共 125504 户,420614 人。其中男 214398 人,占常住人口的 50.97%;女 206216 人,占常住人口的 49.03%。男女性别比为 100:103.97(女为 100)。汉族 411279 人,占常住人口

安定区第六次全国人口普查资料

的 97.78%;少数民族 9335 人,占常住人口的 2.22%。城镇人口 158062 人,占常住人口的 37.58%;农村人口 262552 人,占常住人口的 62.42%。

第二章　计划生育

第一节　组织机构

行政机构

1984 年 6 月,设立定西县计划生育委员会。1991 年 8 月,设立定西县计划生育局。2005 年 1 月,设立安定区人口和计划生育局,内设办公室、规统股、利益导向协调股、宣传教育股、流动人口管理办公室和政策法规股等 6 个股室。人员编制 12 人,设局长 1 人、副局长 2 人。2010 年 5 月,内官营、凤翔、永定路、中华路等 3 万人以上乡镇及街道办事处的计划生育办公室升为正科级建置,其他乡镇配备计划生育专职干部。

事业机构

1984 年 6 月,设立定西县计划生育技术指导站。1989 年 8 月,定西县计划生育技术指导站改称定西县计划生育技术服务站。1996 年 11 月,25 个乡镇配齐计划生育技术服务人员。1997 年 9 月,各乡镇成立计划生育服务所。2010 年 7 月,安定区计划生育技术服务站改称安定区人口和计划生育服务中心。人员编制 26 人,设主任 1 人、副主任 4 人,各乡镇设立人口和计划生育服务站。

第二节　管理与服务

管理机制

自 1986 年以来,定西县计划生育管理网络逐步形成,建立起县、乡镇、村、社上下配合,齐抓共管的管理机制。各级领导层层落实计划生育目标管理责任制,县上党政主要领导负总责,分管领导抓落实,其他领导包乡包镇;乡镇党政主要领导全面抓,一般干部包村包社;村社干部包重点对象。实行"月个例督察、季积分考核、年综合评估"的工作制度。每月接到报表后,对上报的个例进行全面核查,每次考核结果由组织、人事部门备案。每季度按任务指标完成情况进行量化考核,将季度积分纳入年终综合考核,作为衡量干部政绩的重要依据。在每次考核或督察中,对计划生育工作开展不力、措施不到位的乡镇,在全县范围内通报批评,并追究领导责任。对计划生育工作开展好的干部和对计划生育政策执行好的群众,予以表彰奖励。

加强乡镇、村、社三级计生队伍建设。重点解决乡镇、村、社三级缺少计划生育工作人员和专干不专的问题。2006年,按照省、市要求,安定区进行自管小组长"筛选"工作,将原来的2864个自管小组长通过竞争上岗、择优录用的方法,缩减为2159个,自管小组长年报酬人均达到360元以上。在计划生育合格村和村民自治村建设中,2006年,全区有285个村经验收达到合格村标准,占村民委员会总数的90%;有257个村达到自治村标准,占村民委员会总数的81%。

服务体系

至2010年,有计划生育服务中心1个,中心乡镇服务站6个,普通乡镇服务站15个;技术服务人员中有高级职称1人,中级职称22人,初级职称69人。计划生育服务机构拥有医疗设备508台(件),其中手术床43张、综合床26张、妇检床34张、B超机64台、X光机27台、妇科诊断治疗仪27台、无影灯4个、电动吸引器19个、氧气罐1个、心电图机1台、高速离心机1台、双目显微镜23台、高压锅26个、紫外线消毒灯27个、乳腺诊断仪26个、冰箱1台、物理治疗仪19个、净手杀菌器25个,其他医疗辅助设备113台(件),流动服务车1辆。

为降低婴儿出生发病率,开展妇科病普查普治,提高育龄妇女健康水平。从1986年起,为育龄群众提供免费服务、优质服务、人性化服务。至2010年,普查普治人数累计达到56万人次。

第三节　政策措施

1987年,中共定西地委、定西地区行政公署相继制定《关于计划生育有关政策的规定》《定西地区干部职工、城镇居民超生处罚的具体规定》,定西县按照规定对一孩夫妇的子女在入托、入学、保健等方面给予优惠,所需经费由教育、民政、计划生育、乡(镇)等部门统筹解决。对国家职工(不含合同工)、城镇居民符合下列条件之一者,可安排生育二胎:经县以上医院确诊第一个孩子为非遗传性残疾,不能成为正常劳动力的;独生子与独生女结婚的;婚后五年未育,抱养他人一个孩子后又怀孕的;再婚夫妇,一方只有一个孩子,另一方系初婚或未生育的;夫妇双方或一方是少数民族,只有一个孩子,要求生二胎的;两代以上单传的;夫妇一方因非遗传性疾病而造成残废(包括二等乙级以上残废军人),丧失劳动能力,生活不能自理的;烈士的独生子女;夫妇一方从事采矿井下作业满5年以上,并继续从事井下作业,只生一个女孩的;夫妇一方属归国华侨、港澳或台湾同胞的。农村居民除以上条件外,凡符合下列条件之一者,可有计划地安排生育二胎:夫妇一方为独生子女的;兄弟两人以上(含两人),只有一人有生育条件,并办了公证手续,保证所生孩子给无子女兄弟的;男女一方丧偶,重新组合家庭,已有两个孩子,另一方系初婚或未生育过的。

1986—1989年,在农村,计划生育工作的重点是试行二胎生育间隔,对于已生一个男孩年满8周岁,或已生一个女孩年满5周岁的夫妇可安排生二胎。1990—1997年,提倡晚婚晚育,凡男年满25周岁、女年满23周岁以上初婚的为晚婚,已婚妇女年满24周岁后生育第一个子女的为晚育。1998—2002年,夫妻双方均为农业人口,只要符合"只生育一个女孩的、是少数民族的、男到有女无儿家结婚落户并赡养女方老人的"条件的,就准许生育第二个孩子,但生育间隔必须在四年以上。2003—2005年,鼓励公民晚生晚育,提倡一对夫妇只生一个孩子,在符合政策规定的条件范围内也准许生育第二个孩子。

2006年,区委、区政府制定出台《安定区人民政府关于整合政策资源进一步落实计划生育优惠政策的决定》。2008年,又出台《定西市安定区人民政府关于进一步完善计划生育利益导向机制的补充意见》。各乡镇(街道)、各部门结合各自工作实际,拓宽思路,科学合理地制定出工作计划,建立健全奖励、优先、优惠、扶持、救助、保障"六位一体"的计划生育利益导向机制,不断加大计划生育资金投入,使计划生育利益导向作用得到了充分体现。

第四节　宣传教育

1986年开始,计生部门与文化、教育、广播电视等相关部门,利用每年元旦、春节、"五一"、"国庆"等节假日,通过广播电视、宣传橱窗、报纸杂志、横幅标语、文艺演出、知识竞赛、大小会议、展板等方式向广大群众宣传人口与计划生育的政策法规。先后投资100余万元,在19个乡镇、2个街道办事处建立40余处宣传教育点;每年投资3万元,与宣传部、广播局合作,在安定区电视台开设"人口纵横"、"人口与健康"专题栏目,以提高人们生殖保健,优生优育,婚前、妊娠期间检查,避免近亲结婚等方面的认识;投资20余万元,建成区、乡镇、村、社四级宣传教育网络,制作宣传画11万幅,宣传册10万本,让人们了解孩子哺乳、护理、饮食搭配、

安定区人口和计划生育局在西巩驿镇开展宣传活动

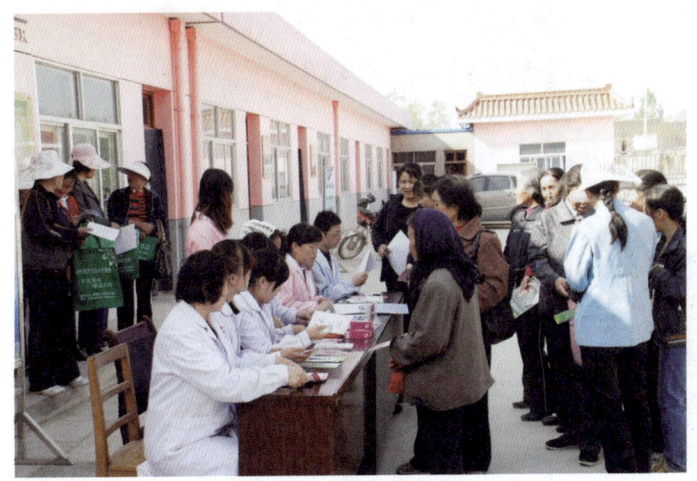

青岚山乡组织开展生殖健康免费检查

卫生保健、智力训练等方面的知识。2009年，出动宣传车1辆，使用摄像机4台、录像机5台、照相机12台、录音机3台、投影仪1台，投放电视机316台，走街串巷，深入农村，加大宣传力度，使计划生育这一"基本国策"深入人心。在宣传教育活动中，不断探索，努力创新，培育人们新型的生育观念，倡导优生优育、婚育文明的新风尚。让人们在理解中接受新思想，在接受中转变生育观念，在转变生育观念中规范自己的生育行为，逐渐树立健康、进步、文明的人生观、价值观。

在20多年的人口与计划生育宣传教育工作中，始终坚持党的领导，在各级党组织的统一指挥下，各部门密切配合，开展人口与计划生育工作；坚持以人为本的原则，正面引导、确立新型的生育观念，促进人的健康、文明、全面发展；坚持以宣传教育为主、以避孕为主和以经常性工作为主的"三为主"工作方法；坚持依靠群众，密切联系群众，让群众广泛参与。关爱计生家庭，关爱新生儿，关爱育龄妇女，关爱女孩，关爱贫困计生人群，营造温馨、宽松、和谐的社会氛围。

第五节 工作成效

建立起"一定"（定目标任务）、"五抓"（区上党政一把手全面抓、分管领导具体抓、其他领导深入基层抓、乡镇领导蹲点抓、村社干部配合抓）、"七包"（区上党政主要领导包大乡镇、分管领导包后进乡镇、其他领导包一般乡镇、有关部门包帮扶村社、乡镇领导及村社干部包村包社包重点对象、区乡计划生育干事包摸底访查、各级技术人员包技术服务)的工作制度。

提高人口计生服务水平。开展生殖健康检查、免费服务和妇科病普查工作,引导育龄群众选择安全、有效、适宜的避孕措施,免费服务率和普查率都达到100%。

形成流动人口长效管理机制。按照"流入管理合同制、住户楼长协管制、租房业主联管制、店铺社区直管制、小区物业包干制、法人代表负责制、服务免费承诺制"的要求开展工作,解决了城区人口摸底难、管理难和服务难的问题。

落实优惠奖励政策。至2010年底,为"两户"(独生子女领证户和二女结扎户)子女落实"两免一补"(免收书本费、学杂费,对寄宿生补助)资金470万元;投入升学奖励资金366万元;落实升学和招考公务员加分政策,1371人因加分被录取到高中和大专院校学习,51人因加分走上工作岗位。为"两户"落实扶贫资金556万元;办理养老资金360万元;补助医疗费用199万元;优先享受最低生活保障待遇;优先安排沼气建设项目,投入资金292万元;优先安排以工代赈易地搬迁项目,投入

农村"两户"子女成才工程奖励大会

资金125万元。为"两户"特别困难家庭发放救助金31万元,为二女结扎户发放奖励金479万元,为独生子女领证户发放奖励金147万元。

2004年,安定区被命名为省级计划生育优质服务县。2006年,获得全国人口和计划生育科技奖。2003—2007年,连续5年在全市人口与计划生育工作考核中获得第一名。

1986—2010 年安定区 (定西县) 出生人数、计划生育及初婚统计表

表 2-2-1　　　　　　　　　　　　　　　　　　　　　　　　　　　单位 : 人、%

年份	出生总数				政策内出生				计划生育率	初婚妇女数	早婚		晚婚	
	人数	男	女	性别比	人数	一孩出生	二孩出生	三孩出生			人数	早婚率	人数	晚婚率
1986	5011									3690	336	9.11	696	18.86
1987	5489									3609	325	9.01	918	25.44
1988	5383									2875	321	11.17	671	23.34
1989	5616	3012	2604	115.67						3688	446	12.09	1352	36.66
1990	6733	3681	3052	120.61	5731	4739	992		85.12	3650	364	9.97	1012	27.73
1991	6998	3835	3163	121.25	5846	4520	1324	2	83.54	3669	525	6.87	1157	31.53
1992	8170	4360	3810	114.44	6547	5061	1481	5	80.13	3758	247	6.57	1359	36.16
1993	8635	4638	3997	116.04	6241	4822	1410	9	72.28	3484	212	6.08	1235	35.45
1994	9265	4995	4270	116.98	6625	5246	1377	2	71.51	3524	202	5.73	1282	36.38
1995	8730	4650	4080	113.97	5867	4740	1118	9	67.21	3351	168	5.01	1315	39.24
1996	5365	2856	2509	113.83	3272	2797	471	4	60.99	2705	89	3.29	1212	44.81
1997	5119	2776	2343	118.48	4085	3670	409	6	79.80	2610	26	1.00	1326	50.80
1998	4653	2370	2283	103.81	4133	3650	477	6	88.82	2242	18	0.80	745	33.23
1999	4582	2350	2232	105.29	4278	3195	1068	15	93.37	2302	12	0.52	1138	49.44
2000	4174	2267	1907	118.88	3914	2741	1147	26	93.77	2327	13	0.56	1091	46.88
2001	5926	3078	2848	108.08	5134	3884	1237	13	86.64	2137	25	1.17	873	40.85
2002	5054	2621	2433	107.73	4833	3312	1508	13	95.63	2907	21	0.72	985	33.88
2003	4260	2229	2031	109.75	3878	2757	1105	16	91.03	2260	44	1.95	1005	44.47
2004	3826	2048	1778	115.19	3435	2455	990	10	89.78	2038	85	4.17	817	40.09
2005	3638	1936	1702	113.75	3198	2215	966	17	87.91	2030	97	4.78	829	40.84
2006	3446	1833	1613	113.64	2998	2108	869	21	87.00	1926	112	5.82	1044	54.21
2007	3766	2068	1698	121.79	3197	2139	1030	28	84.89	2069	145	7.01	1117	53.99
2008	3855	2081	1774	117.31	3337	2192	1111	34	86.56	2070	150	7.25	1063	51.35
2009	3747	2014	1733	116.21	3202	2200	974	28	85.46	2206	168	7.62	1029	46.65
2010	4101	2161	1940	111.39	3552	2560	959	33	86.61	2714	167	6.15	1201	44.25

1986—2010年安定区(定西县)已婚育龄妇女及独生子女领证统计表

表2-2-2

单位:人、%

年份	已婚育龄妇女孩次构成													独生子女领证	
	总人数	占总人口	无孩		一孩		二孩				多孩				人数	领证率
			人数	占%	人数	占%	人数	占%	二女	占%	人数	占%	多女	占%		
1986	62699	16.44	5588	8.91	12003	19.14	15370	24.51			29738	47.43			3791	6.05
1987	65887	17.03	6023	9.14	13619	20.67	17905	27.18			28340	43.01			3544	5.38
1988	68026	17.33	7030	10.33	14359	21.11	18512	27.21			28125	41.34			3731	5.48
1989	74748	18.69	6864	9.18	16000	21.41	23068	30.86			28816	38.55			4095	5.48
1990	79534	19.48	6630	8.34	16404	20.63	26280	33.04			30220	38.00			4576	5.75
1991	81706	19.59	6052	7.41	17397	21.29	29456	36.05	2618	8.89	28801	35.25	1688	5.86	5112	6.26
1992	81433	19.29	5999	7.37	17945	22.04	29653	36.41	2039	6.88	27836	34.18	1620	5.82	5588	6.86
1993	84355	19.6	5654	6.70	18407	21.82	33423	39.62	3554	10.63	26871	31.85	1637	6.09	5385	6.38
1994	87957	20.11	5634	6.41	19211	21.84	35748	40.64	3400	9.51	27364	31.11	1637	5.98	6189	7.04
1995	89752	20.26	4699	5.24	20231	22.54	37865	42.19	3347	8.84	26957	30.03	1702	6.31	6818	7.60
1996	90934	20.21	4456	4.90	20219	22.23	39279	43.20	3209	8.17	26980	29.67	1835	6.80	7035	7.74
1997	89554	19.68	3974	4.44	21213	23.69	39495	44.10	2865	7.25	24872	27.77	1909	7.68	6936	7.75
1998	91298	19.86	4590	5.03	22946	25.13	39297	43.04	3766	9.58	24465	26.80	1979	8.09	7331	8.03
1999	91292	19.61	3925	4.30	24492	26.83	39466	43.23	3898	9.88	23408	25.64	2003	8.56	7821	8.57
2000	90828	19.54	3742	4.12	25543	28.12	39569	43.56	3828	9.67	21974	24.19	1973	8.98	8189	9.02
2001	91917	19.52	3814	4.15	27492	29.91	39924	43.43	3559	8.91	20687	22.51	11974	9.54	8634	9.39
2002	91809	19.38	3663	3.99	28557	31.10	40597	44.22	4026	9.92	18992	20.69	1918	10.10	8659	9.43
2003	94347	19.8	3776	4.00	31190	33.06	41095	43.56	4116	10.02	18286	19.38	2029	11.10	9258	9.81
2004	95921	20.22	3574	3.73	32435	33.81	41531	43.30	4449	10.71	18381	19.16	2037	11.08	9923	10.34
2005	94836	19.92	3503	3.69	32700	34.48	41255	43.50	4663	11.30	17378	18.32	1985	11.42	10552	11.13
2006	94607	20.13	3497	3.70	33011	34.89	41378	43.74	4877	11.79	16721	17.67	1941	11.61	12838	13.57
2007	93147	20.41	3382	3.63	33285	35.73	40844	43.85	5082	12.44	15636	16.79	1849	11.83	14703	15.78
2008	93590	20.54	3536	3.78	34119	36.46	40926	43.73	5375	13.13	15009	16.04	1794	11.95	15667	16.74
2009	94076	20.73	3615	3.84	34861	37.06	41102	43.69	5591	13.60	14498	15.41	1752	12.08	14177	15.07
2010	95801	20.75	4090	4.27	35999	37.58	41690	43.52	5873	14.09	14022	14.64	1713	12.22	14566	15.20

第三章 人民生活

第一节 经济收入

城镇居民收入

1994 年前,定西县未开展城镇住户调查。随着改革开放的深入推进,城镇建设步伐的不断加快,区内区外市场的开拓,1994 年,经统计,城镇人均可支配收入 2413 元;2010 年, 人均可支配收入增加到 10800 元, 同 1994 年相比, 增长 8387 元,增长了 3.5 倍。

1994—2010 年安定区(定西县)城镇居民可支配收入示意图

图 2-3-1   单位:元

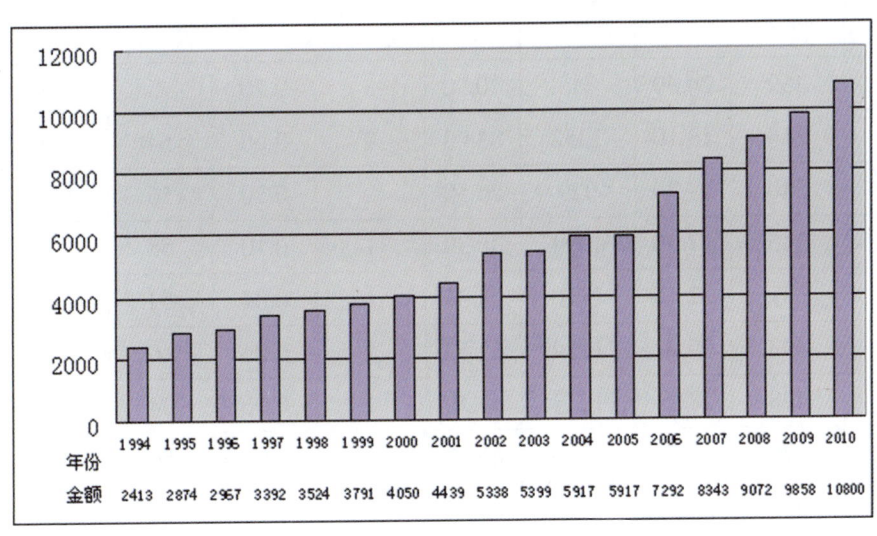

年份	1994	1995	1996	1997	1998	1999	2000	2001	2002	2003	2004	2005	2006	2007	2008	2009	2010
金额	2413	2874	2967	3392	3524	3791	4050	4439	5338	5399	5917	5917	7292	8343	9072	9858	10800

农村居民收入

随着全区乡镇企业的快速发展和农业产业结构的调整,农村居民收入有了较快增长。1986 年,人均纯收入 277 元。2010 年,人均纯收入达 2696 元,同 1986 年相比,增长 2419 元,增长 8.7 倍。1986 年,人均总收入 408 元。2010 年,人均总收入 4269 元,同 1986 年相比,增长 3861 元,增长 9.5 倍。

全区农民人均总收入基本由家庭经营收入、工资性收入、财产性收入、转移性收入4部分组成，农民人均总收入的增长，主要由农民家庭经营收入的增长决定。随着农村居民外出经商、劳务输出等支柱产业的不断发展，总收入的不断增加，使各部分之间的比例也不断发生变化。

符家川镇大岔村新农村面貌

1995—2010年安定区（定西县）农民人均收入及构成统计表

表2-3-1　　　　　　　　　　　　　　　　　　　　　　　　　　　　　单位:元、%

年份	人均总收入	人均总收入构成								人均纯收入
		工资性收入	百分比	家庭经营收入	百分比	财产性收入	百分比	转移性收入	百分比	
1995	1057	259	24.50	745	70.50	8	0.70	45	4.30	758
1996	1629	214	13.10	1352	83.00	9	0.60	54	3.30	898
1997	1218	240	19.70	920	75.50	2	0.20	56	4.60	899
1998	1398	245	17.50	1094	78.30	1	0.10	58	4.10	1038
1999	1494	331	22.15	1110	74.30	1	0.07	52	3.48	1188
2000	1648	493	29.92	1114	67.59	1	0.06	40	2.43	1258
2001	1747	498	28.51	1214	69.49	1	0.06	34	1.94	1354
2002	1873	576	30.75	1240	66.20	1	0.06	56	2.99	1413
2003	1988	608	30.58	1327	66.75	3	0.15	50	2.52	1490
2004	2245	609	27.13	1540	68.60	3	0.13	93	4.14	1593
2005	2487	612	24.60	1674	67.30	13	0.50	188	7.60	1683
2006	2560	625	24.41	1624	63.44	9	0.35	302	11.80	1763
2007	2725	629	23.10	1810	66.40	22	0.80	264	9.70	1868
2008	3452	768	22.20	2332	67.60	2	0.10	350	10.10	2153
2009	3721	843	22.66	2505	67.32	47	1.26	326	8.76	2397
2010	4269	920	21.55	2975	69.69	-14	-0.33	388	9.09	2696

第二节 消费结构

随着居民收入的逐年增加,城乡居民的消费水平均有较大提高,消费观念也发生了显著变化。

衣着

由原来穿补丁、粗布衣服转向现代穿化纤、呢绒、丝绸衣服,服装档次渐由低档转向中高档以至知名品牌。人们对衣着不仅要求质量好,而且要求款式新、色调雅、花样美。西装革履、皮夹克、羊毛衫、休闲服已进入寻常百姓家。农村居民的消费由 1986 年的人均 29 元上升到 2010 年的人均 151 元,增加 4 倍。城镇居民的消费由 1994 年的人均 255 元上升到 2010 年的人均 1049 元,增加 3 倍。

食品

由解决温饱转向营养高和蛋白高的食品,主食消费量减少,副食和其他食品消费量增加。农村居民消费由 1986 年的人均 174 元上升到 2010 年的人均 1152 元,增加 5.6 倍。城镇居民的消费由 1994 年的人均 962 元上升到 2010 年的人均 2975 元,增加 2 倍。

住房

由过去的崖窑、箍窑、土木结构房转向现代的砖瓦房或砖混、框架结构的楼房。大多数家庭室内装潢讲究,地面铺木地板、釉面砖,墙壁用涂料粉刷一新,有的墙面也贴釉面砖装饰。农村居民消费由 1986 年的人均 22 元上升到 2010 年的人均 279 元,增加 11.7 倍。城镇居民消费由 1994 年的人均 121 元上升到 2010 年的人均 988 元,增加 7 倍。

农家小院 摄于鲁家沟镇南川村

交通、通信

由原来的自行车、寄信转向摩托车、小汽车、固定电话、移动电话。农村居民消费由1986年的人均15元上升到2010年的人均175元,增加10.7倍。城镇居民消费由1994年的人均81元上升到2010年的人均709元,增加7.8倍。

文化教育

由原来不识字、识字少、低学历转变为读高中、上大学以至取得硕士、博士学位。城镇居民消费由1994年的人均178元上升到2010年的860元,增加3.8倍。农村居民消费由1996年的人均47元上升到2010年的人均133元,增加1.8倍。

家庭设备

原来只有桌椅板凳等简单的几样家具,发展到沙发、写字台、彩色电视机、洗衣机、电冰箱、照相机、电磁炉、电脑等。农村居民消费,1986年人均31元,2010年人均126元,增加3倍。城镇居民消费,1994年人均为152元,2010年人均为715元,增加3.7倍。

医疗保健

原来看病缺钱,农村居民还要走很远的路,看病难。随着新型农村合作医疗制度的建立、乡镇卫生院医疗水平的提高,人们随时随地能够就近就医。农村居民消费,1993年人均23元,2010年人均123元,增加4倍。城镇居民消费,1994年人均68元,2010年人均550元,增加7倍。

其他商品消费

由原来单一的追求吃饱、穿暖,发展到能购买所需的多种多样的物品。城镇居民消费,1994年人均129元,2010年人均237元,增长108元。农村居民消费,1996年人均17元,2010年人均20元,增长3元。

1994—2010 年安定区(定西县)城镇居民人均消费支出统计表

表 2-3-2　　　　　　　　　　　　　　　　　　　　　　　　　　　　　　　　　单位:元

年份	合计	衣着	食品	住房	交通通信	文化教育	家庭设备	医疗保健	其他商品
1994	1946	255	962	121	81	178	152	68	129
1995	2166	267	1142	177	91	172	121	67	129
1996	2324	304	1233	142	97	179	196	84	89
1997	2551	352	1242	150	107	254	172	142	132
1998	2430	375	1204	173	125	307	109	17	120
1999	2911	402	1303	162	162	325	276	122	159
2000	3446	487	1298	171	209	522	396	155	208
2001	3636	488	1428	250	243	526	183	299	219
2002	3950	547	1387	375	386	592	310	171	182
2003	4198	498	1523	591	308	484	397	312	85
2004	4424	577	1794	481	380	401	252	357	182
2005	5070	663	1984	665	381	597	260	320	200
2006	5553	825	1960	550	537	612	416	431	222
2007	6315	897	2447	669	510	764	361	375	292
2008	6936	1105	2895	868	397	516	350	523	282
2009	7568	1342	2973	728	468	733	457	708	159
2010	8083	1049	2975	988	709	860	715	550	237

1986—2010 年安定区(定西县)农村居民人均消费支出统计表

表 2-3-3　　　　　　　　　　　　　　　　　　　　　　　　　　　　　　　　　单位:元

年份	合计	衣着	食品	住房	交通通信	文化教育	家庭设备	医疗保健	其他商品
1986	271	29	174	22	15		31		
1987	279	27	174	17	20		41		
1988	308	29	192	19	20		48		
1989	319	20	219	18	20		42		
1990	320	24	239	12	20		25		
1991	403	25	274	22	24		58		
1992	445	36	304	45	9		51		
1993	620	41	418	99	13		26	23	

续表 2-3-3 单位:元

年份	合计	衣着	食品	住房	交通通信	文化教育	家庭设备	医疗保健	其他商品
1994	773	37	601	70			34	31	
1995	1037	43	869	47			40	38	
1996	950	31	745	42	10	47	28	30	17
1997	871	33	646	72	6	44	23	20	27
1998	743	36	466	101	13	47	35	24	21
1999	767	38	511	61	5	75	28	26	23
2000	1264	72	667	168	51	117	53	80	56
2001	1138	60	601	154	59	120	45	78	21
2002	1110	65	550	182	37	117	44	77	38
2003	1128	57	544	149	148	115	48	56	11
2004	1373	75	732	114	158	155	30	102	7
2005	1827	87	942	221	182	216	49	121	9
2006	1750	87	947	151	158	190	58	149	10
2007	1764	234	920	180	161	91	88	76	14
2008	1857	101	1068	248	192	107	89	42	10
2009	2359	127	1071	504	206	238	109	93	11
2010	2159	151	1152	279	175	133	126	123	20

第三节 生活质量

城镇居民生活质量

1994 年,人均可支配收入为 2413 元,人均消费支出总数为 1946 元,占可支配收入的 80.6%。2010 年, 人均可支配收入为 10800 元, 人均消费支出总数为 8083 元, 占可支配收入的 74.8%。2010 年比 1994 年人均可支配收入增长 8387 元,增长 3.5 倍;人均消费支出增长 6137 元,增长 3 倍。

衣着消费 1994 年,人均支出 255 元,占支出总数的 13%;2010 年,人均支出 1049 元,占支出总数的 13%,同 1994 年相比,消费支出持平。

食品消费 1994 年,人均支出 962 元,占支出总数的 49%;2010 年,人均支出 2975 元,占支出总数的 37%,同 1994 年相比,下降 12 个百分点。

住房消费 1994 年,人均支出 121 元,占支出总数的 6%;2010 年,人均支出

988 元,占支出总数的 12%,同 1994 年相比,上升 6 个百分点。

交通、通信消费　1994 年,人均支出 81 元,占支出总数的 4%;2010 年,人均支出 709 元,占支出总数的 9%,同 1994 年相比,上升 5 个百分点。

文化、教育消费　1994 年,人均支出 178 元,占支出总数的 9%;2010 年,人均支出 860 元,占支出总数的 11%,同 1994 年相比,上升 2 个百分点。

家庭设备消费　1994 年,人均支出 152 元,占支出总数的 8%;2010 年,人均支出 715 元,占支出总数的 9%,同 1994 年相比,上升 1 个百分点。

医疗保健消费　1994 年,人均支出 68 元,占支出总数的 3%;2010 年,人均支出 550 元,占支出总数的 7%,同 1994 年相比,上升 4 个百分点。

其他商品消费　1994 年,人均支出 129 元,占支出总数的 7%;2010 年,人均支出 237 元,占支出总数的 3%,同 1994 年相比,下降了 4 个百分点。

农村居民生活质量

1996 年,农民人均总收入 1629 元,人均消费支出总数 950 元,占总收入的 58%。2010 年,人均总收入为 4269 元,人均消费支出总数为 2159 元,占总收入的 50.6%。2010 年比 1996 年人均总收入增长 2640 元,增长 1.6 倍,人均消费支出增长 1209 元,增长 1.3 倍。

衣着消费　1996 年,人均 31 元,占支出总数的 3%;2010 年,人均 151 元,占支出总数的 7%,同 1996 年相比,上升 4 个百分点。

食品消费　1996 年,人均 745 元,占支出总数的 78%;2010 年,人均 1152 元,占支出总数的 53%,同 1996 年相比,下降 25 个百分点。

住房消费　1996 年,人均 42 元,占支出总数的 4%;2010 年,人均 279 元,占支出总数的 13%,同 1996 年相比,上升 9 个百分点。

交通、通信消费　1996 年,人均 10 元,占支出总数的 1%;2010 年,人均支出 175 元,占支出总数的 8%,同 1996 年相比,上升 7 个百分点。

文化、教育消费　1996 年,人均 47 元,占支出总数的 5%;2010 年,人均 133 元,占支出总数的 6%,同 1996 年相比,上升 1 个百分点。

家庭设备消费　1996 年,人均 28 元,占支出总数的 2.9%;2010 年,人均 126 元,占支出总数的 5.8%,同 1996 年相比,上升 2.9 个百分点。

医疗保健消费　1996 年,人均 30 元,占支出总数的 3%;2010 年,人均支出 123 元,占支出总数的 6%,同 1996 年相比,上升 3 个百分点。

其他商品消费　1996 年,人均 17 元,占支出总数的 2%;2010 年,人均支出

20元,占支出总数的1%,同1996年相比,下降1个百分点。

从消费整体看,食品消费下降幅度最大,城镇下降12个百分点,农村下降25个百分点。住房、交通通信消费上升幅度最大,城镇分别上升6个百分点和5个百分点,农村分别上升9个百分点和7个百分点。文化教育、家庭设备、医疗保健消费等均有上升,说明城乡居民随着收入的增长、生活的富裕,消费观念也在发生转变,在生活的各方面追求全面、合理的发展,生活质量正在一步步地提高。

中国共产党

第三编　中国共产党

第一章 中国共产党安定区委员会

第一节　党员代表大会

中国共产党定西县第八次代表大会

1987 年 2 月 18 日至 20 日,中国共产党定西县第八次代表大会在县城召开。大会代表 237 名。大会主席团由高存弟等 20 人组成,郭南任秘书长。代表资格审查委员会由 5 人组成,刘长发任主任。大会审议通过高存弟代表七届委员会所作的工作报告。审议通过杨见教作的中国共产党定西县纪律检查委员会工作报告。在县委八届一次全委会上,选举高存弟等 8 人为县委常委,选举高存弟为县委书记,选举张根生等 4 人为县委副书记。在同期举行的县纪律检查委员会八届一次全委会上,选举康文彰等 5 人为纪委常委,选举康文彰为县纪委书记,选举刘俭、贵天成为县纪委副书记。

中国共产党定西县第九次代表大会

1989 年 12 月 26 日至 28 日, 中国共产党定西县第九次代表大会在县城召开。大会代表 237 名。大会主席团由 25 人组成。代表资格审查委员会由 5 人组成。大会审议通过张根生代表中共定西县第八届委员会所作的《加强党的建设,发扬创业精神,为实现全面稳定地解决温饱而努力奋斗》的工作报告。大会审议通过杨海荣作的中共定西县纪律检查委员会工作报告。在县委九届一次全委会议上,选举宋得寿等 9 人为县委常委,选举宋得寿为县委书记(兼),选举张根生等 4 人为县委副书记。在同期举行的中共定西县纪律检查委员会九届一次会议上,选举杨海荣为纪委书记,贵天成、安学军为纪委副书记。

中国共产党定西县第十次代表大会

1992 年 12 月 26 日至 28 日, 中国共产党定西县第十次代表大会在县城召开。大会代表 237 名。大会主席团由 31 人组成,李仁兴兼任秘书长。代表资格审查委员会由 5 人组成,李仁兴任主任。大会审议通过李兰图代表中国共产党定西县第九届委员会所作的《进一步解放思想,深化改革,加快发展,为全面稳定地解决温饱而努力奋斗》的工作报告;审议通过杨海荣作的中共定西县纪律检查委员会工作报告。在县委十届一次全委会上,选举李兰图等 9 人为县委常委,选举李兰图为县委书记,崔振乾等 5 人为县委副书记。在同期举行的中共定西县纪律检查委员会十届一次会议上,选举杨海荣为纪委书记,陈仲山、安学军为纪委副书记。

中国共产党定西县第十一次代表大会

1997 年 12 月 11 日至 13 日,中国共产党定西县第十一次代表大会在县城召开。大会代表 255 名。大会主席团由 30 人组成,张兆祥兼任秘书长。代表资格审查委员会由 7 人组成,张兆祥任主任。大会审议通过何振中代表中共定西县第十届委员会所作的《高举伟大旗帜,抢抓历史机遇,把全县两个文明建设事业全面推向新的历史阶段》的工作报告;审议通过杨海荣作的中共定西县纪律检查委员会工作报告。在十一届一次全委会上,选举何振中等 10 人为县委常委,选举何振中为县委书记,王冠军等 4 人为县委副书记。在同期举行的中共定西县纪律检查委员会十一届一次会议上,选举杨海荣为纪委书记,陈仲山、邵恭为纪委副书记。

中国共产党定西县第十二次代表大会

2002 年 12 月 17 日至 20 日,中国共产党定西县第十二次代表大会在县城召开。大会代表 286 名。大会主席团由 31 人组成,燕胜三兼任秘书长。代表资格审查委员会由 7 人组成,燕胜三兼任主任。中共定西地委书记石晶参加大会开幕式并作重要讲话。大会审议通过王冠军代表中共定西县第十一届委员会所作的工作报告;审议通过中共定西县纪律检查委员会的书面工作报告。在中共定西县第十二届委员会第一次会议上,选举王冠军等 11 人为县委常委,选举王冠军为县委书记,选举李旺泽等 5 人为县委副书记。在同期举行的中共定西县纪律检查委员会十二届一次会议上,选举尹建中为纪委书记,陈仲山、李进成为纪委副书记。

中国共产党安定区第十三次代表大会

2006 年 12 月 13 日至 16 日,中国共产党安定区第十三次代表大会在定西召开。大会代表 286 名。大会主席团由 26 人组成,郭景虎兼任秘书长。代表资格审查委员会由 7 人组成,郭景虎兼任主任。大会审议通过李旺泽代表中共安定区第十二届委员会所作的《产业富民，工业强区，加快发展，为实现稳定解决温饱向初级型小康迈进而努力奋斗》的工作报告。审议通过中共安定区纪委检查委员会的书面工作报告。在中共安定区第十三届委员会第一次全体会议上，选举李旺泽等11人为区委常委，选举李旺泽为区委书记，选举郭维团、郭景虎为区委副书记。在同期举行的中共安定区纪律检查委员会十三届一次全体会议上，选举闫粉棠（女）为纪委书记，周孝仁、张应贤为纪委副书记。

2010年12月27日至28日，中共安定区第十三届代表大会第二次会议在定西召开。大会实到代表268人。中共定西市委常委、安定区委书记位志荣作题为《转变发展方式，加快经济转型，为实现全区经济社会跨越式发展而努力奋斗》的工作报告。大会在讨论通过这个报告的同时，还审议通过《中共安定区纪律检查委员会工作报告》和《中共安定区委关于制定国民经济和社会发展第十二个五年规划的建议》。

2010年12月27日，中国共产党安定区第十三届代表大会第二次会议在定西宾馆开幕

中共安定区(定西县)委员会书记、副书记、常务委员更迭一览表

表 3-1-1

届次	职 务	姓 名	任离职时间
第八届	书记	高存弟	1987.02—1989.12
	副书记	张根生	1987.02—1989.12
		郭 南	1987.02—1989.12
		宋继业	1987.02—1989.12
		刘长发	1987.02—1989.02
		左俊文	1989.02—1989.12
		虎登岗(回族)	1989.09—1989.12
	常务委员	高存弟	1987.02—1989.12
		张根生	1987.02—1989.12
		郭 南	1987.02—1989.12
		宋继业	1987.02—1989.12
		刘长发	1987.02—1989.02
		崔振乾	1987.02—1989.12
		康文彰	1987.02—1989.11
		吕振民	1987.02—1989.12
		左俊文	1989.02—1989.12
		李志昌	1989.06—1989.12
		虎登岗(回族)	1989.09—1989.12
		杨海荣	1989.11—1989.12
第九届	书记	宋得寿(兼)	1989.12—1990.09
		张根生	1990.09—1992.10
	副书记	张根生	1989.12—1990.09
		张尔信	1989.12—1991.03
		虎登岗(回族)	1989.12—1992.12
		崔振乾	1990.09—1992.12
		李金川	1991.03—1992.12
		赵 文(挂职)	1992.08—1992.12

续表 3-1-1

届次	职务	姓名	任离职时间
第九届	常务委员	宋得寿	1989.12—1990.09
		张根生	1989.12—1992.12
		张尔信	1989.12—1991.03
		虎登岗(回族)	1989.12—1992.12
		崔振乾	1989.12—1992.12
		刘怀成	1989.12—1992.12
		杨海荣	1989.12—1992.12
		韩中林	1989.12—1992.12
		景江	1990.06—1990.09
		李金川	1991.03—1992.12
		左俊文	1991.08—1992.12
		赵文(挂职)	1992.08—1992.12
第十届	书记	李兰图	1992.12—1995.10
		朱同心	1995.10—1997.10
		何振中	1997.10—1997.12
	副书记	崔振乾	1992.12—1994.06
		刘金良	1994.06—1996.05
		李仁兴	1992.12—1995.10
		虎登岗(回族)	1992.12—1995.10
		杨国爱	1992.12—1993.10
		赵文(挂职)	1992.12—1994.04
		赵新文	1993.10—1995.02
		牛芳琴(女)	1994.10—1995.12
		王冠军	1995.10—1995.12
		燕胜三	1995.12—1995.12
		张俊德	1996.12—1997.12
		张兆祥	1997.10—1997.12
	常务委员	李兰图	1992.12—1995.10
		崔振乾	1992.12—1994.06
		李仁兴	1992.12—1995.10
		虎登岗(回族)	1992.12—1995.10

续表 3-1-1

届次	职 务	姓 名	任离职时间
第 十 届	常 务 委 员	杨国爱	1992.12—1993.10
		赵 文(挂职)	1992.12—1994.04
		何振中	1992.12—1995.10
		刘怀成	1992.12—1995.12
		杨海荣	1992.12—1995.12
		周学彦	1993.06—1995.12
		赵新文	1993.10—1995.02
		刘金良	1994.06—1995.12
		牛芳琴(女)	1994.10—1995.12
		朱同心	1995.10—1995.12
		王冠军	1995.10—1995.12
		段习文	1995.10—1995.12
		燕胜三	1995.12—1995.12
		张 璧	1996.09—1997.12
		张俊德	1996.12—1997.12
		张兆祥	1997.10—1997.12
第 十 一 届	书记	何振中	1997.12—2001.04
		王冠军	2001.09—2001.12
	副书记	王冠军	1997.12—2001.09
		张兆祥	1997.12—2000.09
		牛芳琴(女)	1997.12—2000.01
		燕胜三	1997.12—2002.12
		杨海荣	1997.12—2002.11
		张俊德	1997.12—2002.09
	常 务 委 员	何振中	1997.12—2001.04
		王冠军	1997.12—2002.12
		张兆祥	1997.12—2000.09
		牛芳琴(女)	1997.12—2000.01
		燕胜三	1997.12—2002.12
		杨海荣	1997.12—2002.11
		段习文	1997.12—2000.05
		张 璧	1997.12—1999.08

续表 3-1-1

届次	职　务	姓　名	任离职时间
第十一届	常务委员	张俊德	1997.12—2002.09
		刘保华	1997.12—2002.11
		苏　奇(回族)	1997.12—2001.09
第十二届	书记	王冠军	2002.12—2004.01
		李旺泽	2004.01—2006.12
	副书记	李旺泽	2002.12—2004.01
		郭维团	2004.01—2006.12
		燕胜三	2002.12—2004.01
		赵　爱	2002.12—2005.03
		张小平	2004.09—2006.11
		尹建中	2002.12—2004.09
		郭景虎	2004.01—2006.12
		汪咏国(挂职)	2004.08—2006.11
	常务委员	王冠军	2002.12—2004.01
		李旺泽	2002.12—2006.12
		郭维团	2004.01—2006.12
		燕胜三	2002.12—2004.01
		赵　爱	2002.12—2004.01
		张小平	2004.09—2006.11
		尹建中	2002.12—2004.09
		郭景虎	2002.12—2006.12
		陈登科	2002.12—2006.12
		段虎祥	2002.12—2006.11
		郭荣祥	2002.12—2005.07
		乔　俊	2002.12—2006.12
		常正贵	2004.01—2006.12
		汪咏国(挂职)	2004.08—2006.08

续表 3-1-1

届次	职务	姓名	任离职时间
第十三届	书记	李旺泽	2006.12—2009.05
		位志荣	2009.07—2010.12
	副书记	郭维团	2006.12—2010.06
		郭景虎	2006.12—2009.10
		赵众炜	2010.06.—2010.12
		常正贵	2009.10—2010.08
		许树德	2010.10—2010.12
	常务委员	李旺泽	2006.12—2009.05
		位志荣	2009.07—2010.12
		郭维团	2006.12—2010.06
		赵众炜	2010.06—2010.12
		郭景虎	2006.12—2009.10
		常正贵	2006.12—2010.09
		许树德	2010.10—2010.12
		宗学谦	2006.12—2009.11
		祁永和	2006.12—2010.12
		郭燕宏	2006.12—2009.11
		乔俊	2006.12—2008.05
		陈登科	2006.12—2008.10
		闫粉棠(女)	2006.12—2009.10
		杨振军	2006.12—2010.12
		张新梅(女)	2007.08—2009.08
		曹信	2008.09—2010.12
		武海玉	2008.10—2010.07
		卢建军	2009.11—2010.12
		柳生坠(女)	2009.11—2010.12
		李兆权	2009.11—2010.04
		柴生芳	2009.12—2010.12
		宋军兵	2010.04—2010.12
		王嘉魁	2010.07—2010.12

第二节　组织机构

在原有机构的基础上,1987年3月,设立定西县委老龄委员会,撤销农村工作部,并将档案馆划归县政府序列。1987年12月,县委设立13个工作机构,即办公室、组织部、宣传部、统战部、政法委员会、政策研究室、老干部工作科、党史资料征集办公室、信访室、保密委员会(下设办公室)、机关党委、党校、老龄委员会。1988年3月,设立机要室,隶属县委办公室;将原县委信访室、县政府信访室合并为中共定西县委、定西县人民政府信访室,隶属县委序列。1989年7月,成立定西县保密局,与保密委员会合署办公。1991年8月,实施《定西县机构改革方案》,撤销保密局和老干部工作科,成立老干部活动服务中心;将党史资料征集办公室更名为党史编纂室,与信访室一并归属县委办公室;将老龄委员会与老干部活动服务中心合并为一个机构,挂两块牌子。1995年5月,恢复保密局,与保密委员会办公室两块牌子,一套机构,归属县委办公室管理。

中共定西县委、定西县人大常委会办公楼　摄于20世纪80年代

区委、人大、政府、政协机关统办大楼

1996年8月,设立目标管理委员会办公室,归属县委序列。1997年10月,根据定西地区编制委员会《关于定西县党政机构微调的批复》精神,结合实际,对个别工作机构作了微调。这一时期的县委工作机构(包括事业单位和保留牌子的)有办公室、组织部、宣传部、统战部、政法委员会、研究室、党史编纂室、老干局、保密委

员会(下设办公室)、机关工委、党校、信访室、目标管理办公室。1998年3月,恢复档案局,隶属县委序列。1999年1月,县委工作机构(包括事业单位和保留牌子的)有办公室、组织部、宣传部、统一战线工作部、政法委员会、研究室、党史编纂室、老干部工作局、保密委员会(下设办公室)、县直机关党工委、党校、信访办公室、目标管理办公室和档案局。2002年1月,根据《定西县机构改革和人员编制精简方案》,将保密委员会办公室(保密局)、机要室、信访办公室,隶属于县委办公室管理;将县直机关党工委和老干部工作局归属组织部管理;并撤销县委研究室,其职能并入县委办公室。2005年4月,信访局成立后划归政府序列。2010年7月,恢复农村工作部,并将机构编制办公室归属区委序列。至此,区委工作机构(包括事业单位和保留牌子的)有办公室、组织部、宣传部、统一战线工作部、政法委员会、党史编纂室、老干部工作局、保密局、区直机关党工委、党校、档案局、目标管理办公室、农村工作部和机构编制办公室。

第三节　重要会议

1989年6月9日至11日,中共定西县委召开常委扩大会议。参加会议的有县上四大班子领导、各乡(镇)党委书记、乡(镇)长、县直各单位负责人及城区学校负责人共165人,县直单位党员和干部1200余人。会议传达等文件。还传达了中共甘肃省委书记李子奇、省长贾志杰在全省地、州、市负责人座谈会上的讲话和中共定西地委书记张国维、行署专员高存弟在全区县委书记、县长会议上的讲话精神。中共定西县委书记张根生就全县形势和今后工作作了讲话。

1992年7月7日,中共定西县委召开常委扩大会议。会议的主要内容是进一步贯彻落实邓小平南方谈话精神。会议指出:通过学习邓小平南方重要讲话,要办好定西的事情,最根本的一条,就是坚持以建设有中国特色社会主义理论为指导,坚持从定西实际出发,认真研究和解决自己的问题,走好自己的路子。会议要求:要认真学习党的基本路线,推动干部群众解放思想;要贯彻"双带整推"(以城带乡、以大带小,整体推进)方针,促进地方工业和乡镇企业协调发展;要加强市场建设,打开商品流通局面;要以经济建设为中心,促进科教文卫事业健康发展。

会议强调:在经济建设和改革开放的全过程中,必须以清"左"破旧为重点,不断解放思想,更新观念;全党全民必须牢固树立以经济建设为中心的思想,把"发展才是硬道理"落实到工作的各个方面;越是贫穷落后的地方,必须在改革开放上有大的突破,实行比发达地区更优惠的政策,更灵活的措施;必须振奋精神,真抓实干,干而论道;必须努力为干事业的人创造良好环境,支持和保护他们的积极性、主动性、创造性,形成大家奋发努力,一心干事业的良好风气。

1998年7月1日,中共定西县委、定西县政府召开"水保立县"座谈会。参加会议的有县上四大班子领导,各乡镇长、县直单位负责人和黄河上中游管理局技术干部,共100人。省水利厅水土保持局副局长刘海峰,中共定西地委副书记王仲保,定西行署副专员武文斌,定西地区水保总站站长马根林、总工程师吴祥林,水保科研所所长张富分别到会讲话。会议由中共定西县委书记何振中主持,定西县县长王冠军代表县委、县政府对"水保立县"的基本思路、目标任务、工作措施作了说明。会上认真讨论了县委、县政府提出的"水保立县、农业稳县、工业富县、科教兴县、依法治县"发展战略。重点对"水保立县"的必要性、可行性、基本思路、目标任务、工作措施以及实现水保产业化等问题进行论证,形成共识。会议认为:坚持"水保立县",就要通过水土保持综合治理,改善生态环境,改善基础条件,提高土地等级,建设高产农田,发展种植业、养殖业,发展有市场需求的主导产业和支柱产业;"水保立县"的基础是解决水土流失,搞好综合治理、实行规模开发、建立商品基地、搞活商品流通;"水保立县"最有效的途径是以小流域为单元,小集中、大连片,区域化布局、专业化生产,最终实现水保产业化。

2000年5月15日,定西县召开"三讲(讲学习、讲政治、讲正气)"教育动员大会。县上四大班子领导,各乡镇党委书记、乡镇长,县直各行政、事业单位副科级以上干部参加会议。中共定西地委书记张继武、地委巡视组组长王培选到会分别讲话。

中共定西县委书记何振中作动员讲话,指出要严格按照中央要求和省委、地委的部署,坚持高标准、严要求,扎实、有效地搞好"三讲"教育。要把理论学习摆在"三讲"教育首位并贯彻始终;切实找准、抓住并解决突出问题;广泛深入地听取群众意见;勇于开展批评和自我批评;认真边整边改;以这次"三讲"教育为契机,在定西县各级班子和干部中掀起一个"讲学习、讲政治、讲正气"的高潮。

2001年10月11日,定西县在巉口镇召开"三个代表"重要思想学习教育活动动员大会。中共定西地委书记石晶,地委委员、地委组织部长杨志武,定西地区原人大工委主任、地委检查组组长宋得寿到会指导。定西县四大班子主要领导,学教活动领导小组成员,地委检查组成员,督导组成员,开展学教活动的各乡镇党委书记、县直各部门党组织主要负责人共180人参加会议。会议指出:要深刻认识在农村开展"三个代表"重要思想学习教育活动的重要性和紧迫性,切实把思想统一到中央的重大决策上来;要进一步明确目标要求,以良好的精神状态把学教活动开展得扎扎实实、富有成效;要改进作风,加强领导,抓好落实。

2006年3月6日,安定区在青岚山乡大坪村召开保持共产党员先进性教育活动动员大会。区上四大班子领导,省、市、区先进性教育指导组工作队员,各乡镇(街道)党(工)委书记、乡镇长(主任),区委各部门、区直各单位党政主要负责人,青岚山乡全体党员干部、大坪村全体村民,共1000余人参加会议。会议指出:要紧密结合正在深入开展的第三批先进性教育活动,真正建立起"党员永葆先进性,群众长期得实惠"的长效机制,为全区建设社会主义新农村奠定良好的思想基础。

2006年3月6日,安定区农村保持共产党员先进性教育工作会议暨"三讲""三送""一对一"结对帮扶主题实践活动启动仪式在青岚山乡大坪村举行

2007年3月2日,中共安定区委中心组组织学习胡锦涛总书记和回良玉副总理在定西视察时的讲话精神。区委中心组副县级以上成员参加集体学习。中共定西市委常委、安定区委书记李旺泽主持会议,并传达胡锦涛总书记2月17日和回良玉副总理2月4日在安定区视察期间的讲话精神。会议指出:全区广大干部群众,特别是副县级以上领导干部要认真学习讲话精神,深刻领会精神实质。党中央、国务院对贫困地区的关怀和我们艰苦拼搏所取得的成绩,是迎来胡锦涛和回良玉视察慰问的根本所在。安定区一定要按照胡锦涛讲的"要发扬求真务实的作风、艰苦奋斗的精神",抓好各级领导干部作风建设,抓好产业发展和项目建设。

2009年10月19日,中共安定区委召开中心组学习会议。中共定西市委常委、市委秘书长、中共安定区委书记位志荣通报中共中央政治局常委、国务院总理温家宝10月17日来安定区视察情况。会议要求:各乡镇(街道)、区直各单位要把学习贯彻落实温家宝视察安定时的讲话精神与学习贯彻党的十七届四中全会精神、第三批学习实践科学发展观活动结合起来,切实抓好马铃薯营销、畜草产业、劳务输出、项目建设、工业建设、生态建设、民生工程等重点工作。

第四节　重大决策

种草种树调整产业结构

1986年5月18日,中共中央总书记胡耀邦视察定西时,肯定了定西县种草种树三年起步阶段所取得的成绩,并鼓励定西要继续念好"草木经"。为贯彻落实胡耀邦的指示,中共定西县委5月20日召开常委扩大会议,讨论研究落实胡耀邦指示的具体措施。5月31日至6月1日,经常委扩大会议再次讨论并一致通过,中共定西县委、定西县人民政府《关于贯彻胡耀邦总书记视察定西时指示的意见》,指出:全县要做好五个方面的工作:坚持种草种树,提高经济效益;抓好改良舍饲,大力发展养畜;调整种植结构,推广集约经营;重视加工增值,兴办乡镇企业;组织劳务输出,增加农民收入。

深化农村改革

1988年5月26日,中共定西县委、定西县人民政府作出《关于进一步深化农村改革的安排意见》,指出:从1988年6月开始到11月底,用半年时间在全县范围内完善农村土地有偿联产承包责任制。总的原则是:土地分等、以等定产、有偿承包、允许转让、民主评议、三榜定案、奖罚分明、年终兑现。全县完善土地有偿联产承包责任制工作分两步实施。第一步从1988年6月份开始,用两个月时间先在巉口乡三十里铺村、宁远乡宁远村、黑山乡文昌村、葛家岔乡鹿坪村等4个村进行试点,取得经验。第二步从8月份开始在全县推行,11月底全部结束。

通过这次农村土地有偿责任制承包,使定西县的联产承包制真正走上了规范化道路。

党的建设

1989年12月28日,中共定西县第九届一次全委会议讨论通过《关于加强党的建设的决定》,指出:定西县党组织和党员绝大多数是好的和比较好的,能够在两个文明建设中发挥战斗堡垒作用和先锋模范作用,这是主流,应当充分肯定。但是必须看到,由于国内外敌对势力的渗透和资产阶级自由化思潮的泛滥,也由于我们党内放松了对党员的思想教育,严重削弱了党的领导和建设,损害了党的形象。因此,必须认识加强党的建设的重要性和紧迫性,下决心抓好党的建设。《决定》强调:认真做好思想上、组织上的清查和清理工作,进一步纯洁党的组织;

全面考察领导干部,建设好各级领导班子;加强政治理论学习,搞好党员思想教育;发扬党的优良作风,克服消极、腐败现象;加强党的基层组织建设,增强党组织的战斗力;坚持党的组织生活制度,做好民主评议党员工作;严格党员标准,确保党员发展质量;加强理论学习,提高党的工作的科学性。

科技兴农

1992年1月9日,中共定西县第九届二次全委会议讨论通过《关于"八五"期间科技兴农的决定》,指出:为了实现定西县农村改革的第二步战略目标,切实使农业和农村经济工作真正转移到依靠科技进步和提高劳动者素质的轨道上来,确保九十年代农村各项任务的顺利完成,县委决定:依靠科技进步振兴农村经济;大力组织推广农业科技成果;建立健全科技管理和服务组织;抓好人才培训,提高科技队伍素质;增加科技兴农的资金投入;为科技人员创造良好的工作环境。并提出,定西县近期内科技兴农的总目标是:科学技术进步对农业增长量的作用比例由30%左右提高到40%以上。力争在"八五"末农村人均生产粮食达到400公斤,人均纯收入达到500元。

小康社会建设

2003年4月23日,中共定西县第十二届全委会议讨论通过《关于深入贯彻党的十六大精神,全面建设小康社会的实施意见》,指出:根据定西县的实际情况,全面建设小康社会要分三步走,即在优化结构和提高效益的基础上,全县国民生产总值年均增长10%以上,财政收入同步增长,城乡人民收入稳步增长,人口自然增长率控制在6‰以下,到2007年全县实现稳定解决温饱,百分之七十的城镇居民户和百分之五十的农户基本实现小康;到2010年,百分之八十的城镇居民户和百分之六十的农户基本实现小康;到2020年,全县百分之九十五的城镇居民户和百分之九十的农户基本实现小康,进而向富裕型小康迈进。

发展劳务产业

2004年11月2日,中共安定区委、安定区人民政府作出《关于加快劳务产业发展意见》,指出:2005年安定区向外输转劳动力7万人,其中有组织输转1.5万人;2006年输转劳动力7.8万人,其中有组织输转3万人;2007年输转8.6万人,其中有组织输转4万人。通过3年努力,农村人均劳务收入由600元增加到1000元以上,劳务基地达到200个以上。

加快教育事业发展

2005 年 1 月 26 日，中共安定区委、安定区人民政府作出《关于进一步深化教育改革，加快教育事业发展的决定》，指出：到 2007 年，安定区适龄儿童入学率达到 99.3%，初等教育完成率达到 99.5%，初级中等教育率达到 96% 以上；适龄儿童少年辍学率控制到小学 0.5‰和初中 1.9‰以下，青壮年文盲率控制在 3% 以下；初中升高中的比率提高到 60% 以上，高考成绩位居定西市前列；城区和乡镇政府所在地幼儿入园率不低于 80%，农村接受学前教育率不低于 60%；将东方红中学建成省级示范高中，力争有 2 所高中、8 所初中和 25 所小学进入市级示范学校，创建区级示范学校 100 所。

精神文明建设

2007 年 3 月 10 日，中共安定区委、安定区人民政府印发《安定区精神文明建设"十一五"规划》，指出：安定区精神文明建设在第十一个五年计划时期的主要内容是：大力弘扬以爱国主义为核心的民族精神和以改革创新为核心的时代精神；广泛普及爱国守法、明礼诚信、团结友善、勤俭自强、敬业奉献的道德规范；弘扬社会主义荣辱观，推进未成年人思想道德建设的改进和创新；开展诚信实践活动、小康文明示范工程创建活动、文明城市创建活动、文明村镇创建活动和文明行业创建活动。

实施工业强区

2008 年 12 月 2 日，中共安定区委、安定区人民政府作出《关于实施工业强区战略，加速经济转型的意见》，指出：实施工业强区，加速经济转型的主要措施是培育壮大绿色食品加工、现代制药、冶金机电、建筑建材四大工业体系。安定区要培育 10 户产值上亿元、50 户产值上 1 千万元、100 户产值上百万元的企业。培育 3~5 个具备创国家名牌实力的产品，5~7 个省级名牌产品，争创 1 个国家级企业技术中心，一个省级企业技术中心。到 2010 年，全区工业总产值达到 23 亿元，工业增加值达到 7.1 亿元，上缴税金达到 9000 万元。

加强非公有制企业党的建设

2009 年 3 月 19 日，中共安定区委作出《关于进一步加强和改进非公有制企业党的建设工作的意见》，指出：安定区非公有制企业中共党的建设，经过 5 年的努力,实现有 3 人以上正式中共党员的企业党组织组建率达到 100%;员工在 30 人以上的企业 100%有党员;从业人员 100 人以上和从业人员 50 至 99 人且年营业收入 500 万元以上的规模以上企业 100%建立党组织。中共安定区委设立非公企业党工委,作为区委派出机构,配备党工委书记、副书记各 1 人。

实行党务公开

2010 年 12 月 21 日,中共安定区委作出《关于全区各级党组织实行党务公开的实施意见》,指出:要充分认识在中共党的基层组织实行党务公开的重要意义,准确把握各级党组织实行党务公开的基本原则,明确各级党组织实行党务公开的内容、程序和方式,要建立健全各级党组织党务公开的保障制度。

第五节　民主政治建设

实行人民代表大会制度

1987 年 1 月 7 日至 9 日召开的定西县第十届人民代表大会,有代表 223 名,结构组成是,妇女代表占代表总数的 23.6%;少数民族代表占 3.1%;共产党员代表占 72.9%;民主党派代表占 0.4%。体现出人民代表的广泛性。1988 年 8 月,定西县第十届人大常委会第三次会议讨论通过《关于人大常委会设"旁听席"的决定》;1991 年 1 月,第十一届人大常委会第六次会议讨论通过《关于定西县人民代表大会设"旁听席"的决定》;1998 年 5 月,定西县第十三届人大常委会第五次会议讨论通过《关于设立村民代表会议的决定》;定西县(安定区)第十至第十五届人民代表大会代表坚持依法提出议案,审议各项议案和报告,对各项议案进行按程序表决,人民代表大会及其常务委员会表决各项议案实行绝对多数原则,全体组成人员必须超过半数赞成才能通过。

加大法律监督力度

自 1989 年 5 月,定西县从对《中华人民共和国环境保护法》执行情况第一次执法检查开始,在以后的 22 年中,先后对《中华人民共和国土地管理法》《中华人民共和国义务教育法》和《甘肃省实施中华人民共和国义务教育法办法》等 38 部法律法规和决议决定贯彻执行情况进行了检查,并向人大常委会提交执法检查报告,对出现的问题,采取了处理措施。1990 年至 2007 年的 17 年间,每年第四季度组成执法检查组,对人民政府、人民法院和人民检察院的年度执法情况进行检查,并向人大常委会提交执法检查报告。每届人民代表大会举行会议期间,人民法院、人民检察院就审判、检察等工作向大会作出报告,接受人民代表的监督,并经过与会代表讨论审议后,形成决议。1992年1月,定西县十一届人大三次会议期间,人大常委会组织人大代表对人民政府、人民法院、人民检察院、公安局和司法局执法情况评议以后,每年都要对公检法工作进行测评。2009年5月至11月期间, 司法局、人民法院和人民检察院等三个执法部门向人大常委会作专题报告,并接受人大常委会评议调查和满意度测评。

坚持中国共产党领导的多党合作和政治协商制度

中国人民政治协商会议安定区(定西县)委员会由中国共产党、各民主党派、无党派人士、人民团体、各少数民族和各界代表组成。1987年政协定西县第三届会议期间有18个界别,到2007年第八届时增加到26个,使政协委员具有广泛的代表性。1987年8月,中共定西县委以〔1987〕45号文件批转政协党组关于进一步加强"政治协商、民主监督"制度的意见,指出人民政协要通过进行考察和专题调查等活动,加强对经济、文化、教育、医疗卫生等部门的民主监督和咨询工作,向党政部门提出有情况、有分析、切实可行的意见建议。同时,各级党组织要保证"政治协商、民主监督"的顺利进行。1990年6月,中共定西县委〔1990〕38号文件批转政协定西县委员会关于政治协商、民主监督的暂行规定。指出县上对政治、经济、文化和社会生活中的重要问题,在决策之前和决策执行过程中,都要与政协进行协商,听取各方面意见。同年8月,中共定西县委制订《贯彻中共中央关于坚持和完善中国共产党领导的多党合作和政治协商制度意见的实施意见》,明确提出,中共定西县委每半年举行一次民主协商会,召开一次工作通报会,每季度召开一次民主人士参政议政座谈会;参政议政内容涉及农业、林业、水利、城乡建设、文教卫生、经济建设、政治法律、劳动、人事、反腐倡廉、统战、民族、宗教等。2002年以来,各民主党派对事关全区经济发展的前瞻性、战略性问题开展调研和视察20余次,参加委员200余人(次),向区委报送调研、视察报告20余篇,提出意见建议100余条。

完善职工代表大会制度

1998年至2009年的11年间,安定区(定西县)的民营企业有153家建立工会组织;参加工会组织人数有18715人,占职工总人数21336人的88%;到2009年底,安定区基层工会委员会达288个,工会会员人数有29480人,区域、行业基层工会联合会达31个。工会组织职工代表大会依法对企业生产经营、发展计划和方案进行审议,对工资、奖金、劳动保护、奖惩等规章制度进行审查表决,对事关职工生活福利等事项进行审议决定,对企业行政领导干部进行评议监督,对厂长经理进行推荐和选举。

第六节　党的建设

党员干部选拔任用

1988年7月22日,中共定西县委批转《内官营镇政治体制改革中干部人事制度改革的几点做法》的调查报告,定西县实行干部人事制度改革正式起步。1996年,中共定西县委又制订《从优秀村干部中招聘乡镇干部的暂行办法》,从此,定西县开始从农村干部中招聘乡镇干部。1998年开始,定西县(安定区)的干部人事制度实行竞争上岗,公开选拔领导干部,干部任前公示,试用期制和票决制等一系列制度改革。当年,首先在县检察院试点,实行科级干部竞争上岗;1999年,县纪委、法院、公安局、宣传部和关川河指挥部5个部门进行科级中层干部竞争上岗;又在司法局、卫生局、乡镇局和劳动就业服务中心4个单位对副局长职位实行面向社会公开选拔;2000年,竞争上岗制度又扩大到县直其他单位和部分乡镇,并开始对拟提拔的科级干部实行任前在媒体公示;2005年开始,实行区委常委会任用干部票决制,对区直单位和乡镇党政一把手的任用实行区委常委会提名,区委全委会投票表决制。2010年,中共安定区委又制定出台《党政机关中层领导干部竞争上岗实施办法》和《定岗公开竞争选拔副科级领导干部办法》等文件。

通过干部人事制度改革,安定区干部队伍素质明显提高,2010年底,全区共有1092名科级干部,其中,35岁以下147人,占13.5%;36至40岁176人,占16.1%;41至45岁251人,占23.0%;46至50岁269人,占24.6%;51岁以上249人,占22.8%。研究生学历11人,占1.0%;大学445人,占40.8%;大专485人,占44.4%;中专及以下151,占43.8%。

基层党组织建设

1987年8月25日,中共定西县委印发《关于巩固整党成果,加强党的建设的意见》,明确指出,统一思想认识,增强搞好党的建设的自觉性;狠抓党的思想建设,努力提高党员的政治素质;紧抓党的作风建设,密切党和群众的关系;加强领导班子建设,充分发挥战斗堡垒作用;健全党内生活制度,提高党的战斗力,把组织建设列为党的建设的重要内容。1988年12月26日,中共定西县委向中共定西地委报送的《关于党风检查情况的总结报告》中,根据大检查和纪检、组织、机关党委等部门掌握的情况,全县各级党组织抓党的建设汇总情况是:在 26 个乡镇党委和 161 个县直单位党组织中,好的有 90 个（14 个党委、5 个党组、9 个总支、62 支部）,占 48.1%；比较好的 89 个（15 个党委,2 个党组、8 个

岘口镇龙滩村村址

总支,64 个支部）,占 47.6%；比较差的 8 个（1 个党组、1 个总支、6 个支部）,占 4.3%。1990 年 11 月 8 日,中共定西县委印发《关于加强村级组织建设的实施方案和今冬明春整顿后进村建立示范村的安排意见》指出,要用 3 年时间,集中力量,集中精力,采取有效措施,切实加强村级组织建设。经过 8 年努力,1998 年 10 月,定西县被中央组织部确定为农村基层组织建设联系县。到 2010 年底,有 64 个农村党支部升格为党总支部,2701 名党员成为农村致富能人；107 个城市党组织与 69 个农村党组织结对共建,79 家非公有制经济组织建立了党的组织。

"三讲"教育

根据中共甘肃省委安排,定西县在全省第二批开展"三讲"（讲学习、讲政治、讲正气）教育活动,从 2000 年 5 月 15 日开始,同年 7 月底结束。分思想发动,学习提高；自我剖析,听取意见；交流思想,开展批评；认真整改,巩固成果四个阶段。全县有县委、人大、政府、政协、纪委、组织部、宣传部、检察院、法院、公安局等 10 个领导班子,41 名副县级以上领导干部,22 名科级领导班子成员参加。中共定西县委召开县委常委会议和"三讲"教育领导小组会议,对《实施方案》进行反复讨论修改。在整个活动中召开各种动员会议 6 次,参加人数达 1200 人(次)、配合巡视组召开座谈会 56 次、参加人数达 600 人(次)；深入农村、企业、学校召开座谈会166 次、参加人员 2627 人(次)、发放征求意见表 2328 份,梳理整理意见建议 173 条。针对提出的问题,先后派出人员 1320 人(次),帮助基层解决一些长期难解决的问题,为基层办实事 168 件。

"三个代表"重要思想学习教育

定西县"三个代表"重要思想学习教育活动从 2001 年 8 月开始,到 2002 年 1 月结束。在学习借鉴全省第一批"学教"活动经验的基础上,采取分三步走的工作方法进行,即:第一步,以内官营镇被中组部、国务院扶贫办确定为"三个代表"重要思想学习教育活动与扶贫开发相结合试点镇的机遇,先行进行,取得经验,逐步推广。随后在县水利局、景家泉乡和巉口镇财政所、鲁家沟镇太平村开展学教活动试点工作。第二步,从 2001 年 10 月 11 日开始,学习教育活动在 89 个县直部门和单位副科级以上干部中全面开展。第三步,从 2001 年 12 月 7 日开始,在全县农村、乡镇所辖站所全面展开,共涉及 317 个村(居)委会和 306 个乡镇站所,重点学教对象为村支部书记、村委会主任和站所副科级以上干部。

保持共产党员先进性教育

2005 年 1 月至 2006 年 6 月,中共安定区委按照中央和省、市委的统一部署,围绕"提高党员素质,加强基层组织,服务人民群众,促进各项工作"的总目标,组织全区 716 个党组织、16455 名党员进行保持共产党员先进性教育活动。第一批:2005 年 1 月至同年 6 月,在党政机关和部分企事业单位进行;第二批:2005 年 7 月至同年 12 月,在城市基层组织和乡镇机关进行;第三批:2006 年 1 月到同年 6 月,在农村和部分党政机关进行。每批分学习动员、分析评议、深入整改三个阶段。活动中发展党员 347 名,帮教转化后进党员 11 名;整顿软弱涣散党组织 24 个,撤并党组织 56 个;多渠道筹集资金,维修基层办公场所 146 个,配备电教设备 128 套。

学习实践科学发展观

根据中共甘肃省委安排部署,安定区学习实践科学发展观活动,从 2009 年 3 月 10 日开始到 2010 年 2 月结束,分第一、第二两个层次进行。

第一层次:2009 年 3 月开始,当年 8 月底结束。党政机关,人大机关,政协机关,法院、检察院和人民团体,区直各事业单位共 106 个法人单位,182 个党组织,2645 名党员参加学习。

第二层次:2009 年 9 月开始,2010 年 2 月底结束。乡镇(街道)、村(社区)、中小学校,未参加第一批活动的企业、社会团体等 682 个党组织,14847 名党员参加学习。

每一层次学习实践活动分学习调研、分析检查、整改落实三个阶段。以"党员干部受教育、科学发展上水平、人民群众得实惠"为总体要求。以"坚持解放思想、突出实践特色、贯彻群众路线、正面教育为主"为原则。以实现"提高思想认识、解决突出问题、创新体制机制、促进科学发展"为目标。

活动中组织1938名党员干部开展与农村结对帮扶活动；对在活动中梳理的4681条问题，通过落实整改措施，圆满解决4524条，占整改任务的98%。经组织测评，全区参学单位群众满意率达到90%以上。

创先争优

2010年4月30日，中共安定区委根据中央、省、市委安排部署，决定在全区党的基层组织和党员中开展创建先进基层党组织、争当优秀共产党员活动。整个活动分四个步骤进行。即：4月至5月为组织动员，制定方案阶段；6月份为设计载体，推进活动阶段；2010年7月至2011年6月为深化活动效果，带动整体提升阶段；2011年7月至2012年6月为全面系统总结，巩固活动成果阶段。

这次活动全区有32个党（工）委，98个党总支，747个党支部和17796名党员参加，活动主题为"筑堡垒树形象促科学发展，调结构促转型建首善之区"。突出抓"党性教育"、"岗位奉献"、"服务群众"、"亮牌示范"、"组织创新"五项活动。安定区四大班子党员领导干部在不同领域、不同行业建立联系点81个，抽调24名骨干力量组成8个指导检查组进行督导检查。安定党建网开辟"创先争优、科学发展"专栏，开展集中核查、公开承诺、领导点评、群众评议四项活动。到2010年底各级基层党组织公开承诺事项875件，党员公开承诺事项2.2万件。

第七节　组织工作

干部任用

安定区干部任用工作主要依据中发〔2002〕7号文件《党政领导干部选拔任用工作条例》和中共安定区（县）委先后制订的《干部任用工作程序》《干部推荐、考察、任用决策责任制》《安定区全委会任用乡镇党政正职领导干部表决办法（试行）》《安定区任用干部表决办法（试行）》等有关文件进行。坚持对德才兼备、素质好、实绩突出、群众公认程度高的使用；对只说不干，不务实、不干事，在一个乡镇或部门工作多年，山河依旧，面貌未改的干部不用；对不廉洁，群众意见大的干部不用；对不团结，拨弄是非，搞内耗，影响班子整体功能的干部不用的"三用三不用"选人用人标准。执行干部任前公示、试用期制度，实行干部轮岗交流、竞争上岗和任用干部票决制度。2010年,对乡镇和区直部门19个副科级干部岗位进行定岗公开竞争选拔,对6个区直科级干部岗位进行公开推荐提名,对40个领导岗位实行差额遴选,选拔1980年以后出生的优秀年轻干部31名,全日制大专以上学历干部70名。

后备干部使用

建立科级后备干部管理库,坚持每2—3年对后备干部队伍调整补充一次,使其保持一定的数量和合理的结构。落实日常监管措施,注重多视角、全方位地考察年轻后备干部。不仅了解在单位的表现,还要了解在八小时以外"社交圈"、"生活圈"的表现。定期不定期地同后备干部谈话,提要求,查问题,使其有则改之,无则加勉。坚持随时跟踪考察,定期进行思想汇报,分类指导,对拟提拔的后备干部,采取交任务、压担子、轮岗工作等办法,使其在实践中增长才干;对缺乏处理复杂问题的干部,有计划地放到急、难、险岗位去锻炼,以增强综合能力,确保后备干部队伍生机和活力。至2010年底,经公开选拔确定科级后备干部350名;推荐选拔1名省级领军人才、3名市级领军人才和13名市管拔尖人才;选拔4名区级领军人才和28名区管拔尖人才;引进区域经济学和草原科学等专业硕士以上研究生16名。

干部考核

1992年3月29日,中共定西县委、定西县人民政府印发《关于对党政机关工作实行定期考评的决定》,把县委、县政府所属职能部门和群众团体的干部纳入定期考评对象。1996年,定西县建立起目标责任制考核、领导班子考核、公务员考核和党风廉政建设考核"四位一体"的考核评价机制。地方财政每年拿出100万元资金用于干部考核奖励。这期间有44个单位的167名党政一把手被直接评定为优秀等次,对16名乡镇和部门党政一把手进行经济处罚,有4个单位的13名领导干部直接评定为不称职,对62名领导干部进行免职处理,有近百名干部得到提拔重用。2000年,全县开展以"创新班子、实干班子、和谐班子"为主要内容的"三创建"活动,在干部队伍中开展以"治庸、治懒、治散、治浮、治腐"为主要内容的干部作风纪律整顿和领导干部警示教育活动。2002年,县委制订《定西县干部监督管理暂行规定》。2003年,中共安定区委制订《安定区科级领导干部诫勉制度(试行)》,建立起干部考核管理机制和制度。2010年,中组部确定的乡镇干部服务责任制试点工作在内官营镇、巉口镇、鲁家沟镇和凤翔镇实施,对乡镇干部的考核以"三定三评"(定岗位责任、定目标任务、定服务对象,党委考评、镇村干部互评、服务对象测评)为主要内容。

"双培双带"

2002 年 7 月,中共定西县委在鲁家沟镇搞试点,开展以"党员带头致富,带领群众共同致富"为内容的"双富"创业工程。2003 年 4 月,中共甘肃省委在总结安定区"双富"创业工程和临洮县"双带"工程的基础上,在全省推广"双培双带"(把党员培养成致富能人,把致富带头人培养成党员,党员带领群众共同致富,党组织带领致富能人不断进步)工程。中共安定区委以农民党员、致富能人为骨干,全面实施"双培双带"工程。到 2010 年底,全区有 2701 名贫困党员培养成为致富能人,占贫困党员总数

2002 年 7 月 1 日,鲁家沟镇太平村率先开展以"党员带头致富、带领群众共同富裕"为主要内容的"双富"创业工程

3480 人的 77.6%;575 名村干部培养成为致富能人,占村干部总数 886 人的 64.8%;有 1779 名致富能人培养成中共党员。建立"双培双带"工程示范点 360 个。创建"五个好"(领导班子好、党员队伍好、工作机制好、工作业绩好、群众反映好)乡镇党委 19 个,"五个好"村党(总)支部 292 个。

"三链"建设

2004 年 6 月,安定区探索和总结出"党支部建在产业链、党员致富能人聚在产业链、农民富在产业链"的做法。在"三链"建设的基础上,2006 年又总结出"协会、支部建在产业链,党员、致富能人聚在产业链,产、销农民富在产业链"的工作机制。中共安定区委还制定《关于进一步加强"三链"建设的意见》,促进"三链"建设向纵深发展。至 2010 年底,全区在马铃薯、畜草、劳务等产业链上建立党组织 249 个,其中,产业协会党支部 150 个,党小组 99 个;有 1300 余名党员和 5000 余名致富带头人活跃在各类产业协会中,服务产业发展,维护农民利益。

1986—2010年安定区(定西县)党组织情况统计表

表 3-1-2   单位:个

年份 \ 数量 \ 类别	党组	基层党组织		
		党委	党总支部	党支部
1986	6	28	16	555
1987	8	29	17	565
1988	8	28	17	580
1989	8	29	18	586
1990	8	28	20	618
1991	10	28	22	625
1992	10	28	23	626
1993	8	29	19	629
1994	8	29	21	642
1995	8	29	24	648
1996	8	29	25	648
1997	8	29	28	652
1998	9	29	28	646
1999	7	30	27	657
2000	9	33	26	664
2001	10	33	26	664
2002	10	33	26	661
2003	10	34	26	642
2004	10	34	30	654
2005	10	28	41	653
2006	10	28	65	687
2007	10	28	73	706
2008	10	28	87	736
2009	10	26	98	747
2010	10	32	107	824

1986—2010年安定区(定西县)中共党员情况统计表

表3-1-3　　　　　　　　　　　　　　　　　　　　　　　　　　　　　　　　　　　单位:人

年份	总计	其中		性别		民族		年龄结构						学历			
		正式	预备	男	女	汉族	少数民族	25岁以下	26—35岁	36—45岁	46—55岁	56—60岁	61岁以上	大专以上	中专	高中	初中以下
1986	12324			10698	1626	12042	282	330	2699	7267		1057	971	198	276	866	10984
1987	12977	12216	761	11290	1687	12668	309	554	2604	3278	3880	1184	1477	242	510	1168	11057
1988	13021	12711	310	11323	1698	12715	306	439	2511	3355	3854	1328	1534	283	553	1192	10993
1989	13119	12857	262	11398	1721	12809	310	495	2443	3418	3696	1557	1510	301	586	1250	10982
1990	13188	12888	300	11483	1705	12863	325	456	2456	3513	3683	1669	1411	316	615	1305	10952
1991	13392	12957	435	11666	1726	13086	306	379	2343	3510	3654	1702	1804	373	683	1390	10946
1992	13652	13219	433	11891	1761	13340	312	369	2164	3633	3608	1825	2053	399	742	1517	10994
1993	13933	13531	402	12107	1826	13617	316	275	1990	3681	3571	2117	2299	443	822	1641	11027
1994	14113	13775	338	12263	1850	13804	309	350	2047	3600	3608	2029	2479	495	901	1739	10978
1995	14267	13902	365	12381	1886	13961	306	434	2129	3633	3512	1993	2566	567	966	1805	10929
1996	14731	14127	604	12726	2005	14422	309	461	2345	3646	3533	2091	2655	655	1096	1995	10985
1997	14944	14453	491	12919	2025	14636	308	501	2423	3461	3563	1850	3146	760	1138	2171	10875
1998	14977	14624	353	12919	2058	14668	309	561	2254	3263	3498	1835	3566	818	1191	2187	10781
1999	15244	14783	461	13127	2117	14930	314	441	2194	3280	3619	1852	3858	943	1273	2294	10734
2000	15465	14965	500	13244	2221	15148	317	411	2332	3317	3632	1861	3912	1297	1221	2350	10597
2001	15703	15211	492	13428	2275	15380	323	398	2390	3283	3541	1659	4432	1549	1228	2346	10597
2002	15990	15477	513	13625	2365	15663	327	454	2536	3323	3575	1624	4478	1803	1274	2448	10465
2003	16148	15690	458	13717	2431	15809	339	2025 (35岁以下)		3403 (36—45岁)	3542 (46—54岁)	1652 (55—59岁)	5526 (60岁以上)	1960	1286	2530	10372
2004	16455	16028	427	13941	2514	16117	338	3232		3483	3573	1709	4458	2170	1325	2671	10289
2005	16495	16137	358	13965	2530	16164	331	3354		3533	3480	1728	4400	2270	1382	2713	10112
2006	16261	15830	431	13719	2542	15935	326	3088		3704	3244	1639	4586	2520	1336	2713	9692
2007	16505	16105	400	13845	2660	16175	330	3320		3875	3254	1617	4439	2721	1312	2796	9676
2008	17084	16423	661	14218	2866	16764	320	2876		3781	3151	1882	5394	3414	860	2700	10110
2009	17796	17155	641	14688	3108	17468	328	3119		3900	3317	1900	5560	3775	893	2852	10276
2010	18252	17704	548	14898	3354	17919	333	3213		4028	3328	1989	5694	3961	910	3031	10350

注:自2003年起,年龄结构分组改为"35岁以下、36—45岁、46—54岁、55—59岁、60岁以上"。

第八节　宣传工作

理论学习

1986年至1988年,定西县的理论学习以《建设有中国特色社会主义》和《坚持四项基本原则,反对资产阶级自由化》两本书和中共十三大报告为主要内容。宣传部门还编印"如何认识我国正处在社会主义初级阶段"等34道学习思考题,结合生产力标准问题开展学习讨论。

1989年7月1日中共中央总书记江泽民"七一"讲话发表后,全县的理论学习,主要是在中共党员中,进行马克思主义基本理论、党的基本路线和党的基本知识的"三基本"教育;在农民中,主要进行社会主义思想教育。

1992年2月28日,中共中央发出《关于传达学习邓小平同志重要谈话的通知》,定西县思想政治教育主要围绕贯彻落实中共中央2号文件精神和党的十四大文件精神进行,理论学习和思想教育突出"抓一带五",即抓好县委中心组学习,带动干部理论教育、党员"三基本"教育(马克思主义基本理论、党的基本路线和党的基本知识)、中小学师生社会主义信念教育、企业职工"双基"(基础知识、基本技能)教育和农村社会主义思想教育。

1993年11月2日《邓小平文选》正式出版发行后,组织全县干部群众学习《邓小平文选》第三卷,系统学习领会邓小平建设有中国特色社会主义理论。县委中心组于1993年12月至1997年8月以《邓小平文选》第三卷为学习讨论的主要内容。

1997年9月江泽民在中共第十五届代表大会报告中首次运用"邓小平理论"的概念,此后至2000年,定西县各级党政机关组织干部系统学习邓小平理论和党的十五大精神。

从2001年10月11日开始至2002年12月,全县集中开展"三个代表"重要思想学习教育活动。

2003年至2004年,结合中共党的十六大精神学习,举办各乡镇和区直单位主要领导干部加强执政能力建设理论研讨班。

2005年至2008年,开展保持共产党员先进性教育活动,纪念红军长征胜利70周年和建党85周年纪念活动,结合贯彻落实中共十七届三中全会精神,在全区开展中国特色社会主义理论"进乡镇、入社区,进企业、入校园"活动,围绕改革开放30周年纪念活动,举行理论研讨会。

2009 年至 2010 年,结合第二、第三批深入学习实践科学发展观活动和创先争优活动,采取自学、集中学习和"普训式"、"菜单式"、"党委书记上党课"等多种形式,提升干部职工理论素质。

中心组学习

自 1992 年开始,定西县由县委讲师组负责,组织副县级以上领导干部每月定期

2010 年 5 月 25 日,全省中国特色社会主义理论体系"进乡镇入社区进企业入校园"宣讲对谈活动启动仪式在凤翔镇举行。省委常委、宣传部部长励小捷出席启动仪式并作主题报告

进行一次集中理论学习,这种学习制度称为中心组学习。中共安定区委每年都要印发《中心组学习制度》,内容包括组织领导、学习计划、集中研讨、自学原著、学习情况通报、考勤考核、档案管理等制度。对每月一次的集中学习制度,实行领导责任制、中心发言人制度、理论联络员制度和学习目标管理责任制。在具体学习中,坚持"六有"(有制度、有计划、有组织、有安排、有检查、有效果)要求,做到"八个落实"(落实计划、落实时间、落实人员、落实内容、落实笔记、落实资料、落实考试、落实考核)。要求中心组成员在坚持参加集中学习的同时,搞好自学,每年要撰写理论文章 4 篇以上,并在地市级以上刊物发表文章 2 篇以上,书写学习笔记 2 万字以上。凡中心组组织的学习,坚持每次突出一个重点,集中一个主题,解决一个方面的实际问题,收到很好的效果。

宣传教育

从 1996 年开始,定西县(安定区)每年都要从县直单位和各乡镇抽出 1000 余名业务素质强,理论水平高的机关干部,利用冬季农闲时期,深入到全县(区)所有乡镇,开展以"讲政策法规,讲发展思路、讲科学技术"为主要内容的宣

2009 年 12 月 11 日,全区"三讲""三送"活动启动仪式在巉口影剧院召开

讲教育活动,并把这种形式称为"小三讲"教育。每年在"小三讲"开始之前,要组织人员编写教材,内容主要包括:党在农村的各项方针政策、农民关心的热点问题、全县(区)的发展思路和农业实用技术等。2003 年至 2006 年的主题是:讲农村常用政策、讲法律法规、讲适用技术;2007 年至 2008 年的主题是:讲政策思路、讲道德法规、讲技术信息;2009 年至 2010 年的主题是:讲科学发展、讲政策法规、讲技术信息。

安定区的"小三讲"不但受到农村群众的欢迎,而且引起各级媒体的关注和各级领导的肯定。2004 年 5 月 17 日,中共中央政治局常委、国家副主席曾庆红在安定区巉口镇赵家铺村视察工作时指出:"你们结合'三个代表'重要思想学习教育活动,有针对性地开展农村'小三讲',让干部转变作风,更好地为群众服务,这个很好。"2006 年 2 月 20 日,《甘肃日报》头版头条以"定西教育培训农民记事——'讲'出来的新生活"为题目进行宣传报道。

新闻宣传

1986 年,制作《定西县种草种树电视录像》,开始宣传定西县的生态建设。1988 年 10 月 6 日,《甘肃日报》刊出定西专版,系统宣传定西县的变化。1990 年,反映定西人民苦干实干事迹的《足迹在田塬上延伸》,被省委宣传部,省委政研室编辑出版的《陇原英模谱》一书采用。1991 年,录制了电视片《复苏的黄土地》,编辑出版了《当代定西人》一书。2002 年 7 月 10 日,《人民日报》刊登《脱贫攻坚再现党员先进性》的文章,报道了鲁家沟镇党员"双富"创业工程产生的社会效益,并配发《请再喊一声:跟我来》的评论员文章。同年 8 月 16 日,《甘肃日报》头版头条刊登《定西县农村经济走可持续发展新路》的文章,称定西生态建设是:"走退耕路、念饲草经、发养畜财"。2004 年,邀请中央、省、市 50 余家媒体记者来安定采访,先后在中央电视台、人民日报、甘肃日报等发表稿件 60 余篇。中国·定西 2006 年马铃薯产业发展暨经贸洽谈会期间,《经济日报》刊发的题目是:《小

2009' 中国·定西马铃薯大会期间,中央、省级新闻媒体记者竞相聚焦定西

土豆:富裕定西挑大梁》《光明日报》的题目是:《小土豆做成大产业》《人民日报》的题目是:《洋芋专家的马铃薯情》,香港《大公报》题目是:《定西:脱贫致富写历史》。2007 年 2 月 17 日, 中共中央总书记胡锦涛在大坪村和干部群众一起过大年,中央电视台《新闻联播》于 2 月 17 日、2 月 18 日在头条新闻中予以报道;2 月 18 日《人民日报》头版头条发表《总书记在甘肃同各族群众共迎新春》及《冉志功给总书记送定西马铃薯》的文章和图片。2008 年 12 月 12 日, 中央电视台新闻频道《我们的三十年》大型直播节目,在青岚山乡大坪村以《甘肃定西大坪村:山坡地上的致富路》为题, 对大坪村建设社会主义新农村的成就进行现场直播。2004 年

2008 年 12 月 12 日,中央电视台新闻频道《我们的三十年》节目组现场直播青岚山乡大坪村的变迁

至 2010 年,安定区连续举办七届马铃薯洽谈会,邀请新华社、人民日报、中央电视台、甘肃日报等中央、省、市媒体进行集中采访报道,累计邀请记者达 500 人次,在各大媒体发稿 400 余篇。据统计,1986 年至 2010 年,定西县(安定区)在地、市级以上新闻媒体发表稿件 16000 余篇、中央媒体发表稿件 60 余篇。

国防教育

1991 年 5 月, 中共定西县委印发《关于在全县开展国防教育的安排意见》,为促使全民参与国防教育, 县上组织编写《国防教育教材》18000 余份,发放到县直各部门、各单位供干部职工学习。1991 年至 1994 年,在党校举办各类培训班 15 期,安排国防教育内容 150 课时, 培训

2009 年 8 月,中华路中学第十八期高一级新生军训动员大会

县、乡、村三级干部 1230 人(次)。2000 年 12 月,成立国防教育委员会,各乡镇(街道)、县直单位成立相应的机构。全区(县)中、小学校确定专人负责国防教育工作。城区中学及部分农村中学在每年开学之际,邀请驻定部队官兵对高一和初一入学新生进行为期 20 天的军事训练。安定区中华路中学坚持每年对高一和初一新生进行军训,共举行 19 期,近万名学生接受了军事训练。2001 年 10 月,该学校被中共甘肃省委、甘肃省人民政府命名为省级国防教育示范学校和省级国防教育十佳阵地。

2005 年,在全区组织开展以"不忘国耻,强我国防,建设小康,振兴中华"为主题的国防教育有奖征文活动,区国防教育办公室荣获优秀组织奖,8 名中小学生分别获一、二、三等奖。

2010 年 5 月 21 日,举行内官营烈士公园揭牌仪式

在每年清明节来临之前,安定区党政领导、武警官兵、教师学生、农民群众坚持到市级国防教育和爱国主义教育基地内官营烈士陵园,向陈超群、陈振刚、杨积玺、王英才、陈清俊五位烈士纪念碑敬献花篮,举行纪念活动,开展爱国主义教育和革命传统教育。

1991 年至 2010 年,定西县(安定区)先后表彰了 90 个国防教育先进单位和 70 名先进个人,总结推广了城关镇等 10 个单位的典型经验。

第九节　政法工作

群防群治

1986 年至 1990 年期间,组织政法系统制止动乱和维护社会稳定;打击贪污、贿赂等经济犯罪活动;遏制社会丑恶现象,着手治安联防网络建设。

1991 年到 1995 年,在城镇查处贪污贿赂等经济案件,开展反盗车专项斗争、打击车匪路霸。在农村开展以打击乡霸、村霸、路霸为重点的专项斗争。

1996 年,集中开展禁毒、禁赌、反盗窃自行车和加大追逃工作力度的"两禁一反一追"活动,维护社会稳定。

队伍建设

1997 年, 在执法队伍中进行 "解决一个问题"(认识问题),"深化两个教育" (执法执纪教育和队伍形象教育),"突出三个重点"(违法违纪案件的查处、清调不 合格人员、规范干警行为),"开展四个讨论"(世界观、人生观、价值观大讨论,为谁 执法、怎样执法大讨论,如何用好手中权、当一名好领导大讨论和如何当一名好 干警大讨论),"落实五个制度"(一岗双责制、错案追究制、民主评议班子制、队伍 建设领导责任制和队伍建设监督制)活动。

1998 年确定了"城里切块、乡里抓村、安全为主、整体推进"的十六字原则,当 年实现了组织序列化、职责具体化、工作正规化、例会制度化、图表明细化、簿册标 准化的要求。

平安建设

2002 年,在城区和重点乡镇,建立警务责任区,并配备干警;设立企事业单位 保卫机构,配备保卫干部;组建村(居)委、社区治安义务巡逻队;设立楼群院落联 户联防小组和治安室。在农村组织开展联学、联调、联防、联帮和联保活动;报警 服务网络建设,以 110 报警服务中心为基础,建立刑警、巡警、交警等多警种一体 化,快捷便利的报警服务网络和处警指挥网络,形成区、乡、村、社区报警网络体 系。

2007 年 9 月 23 日,中央综治委平安建设督促组到安定区宁远镇、李家堡镇 和中华路、永定路街道办检查平安建设工作。通过看硬件、听汇报、查资料、访群 众,抽查平安建设情况后,对安定区平安建设工作给予充分肯定。同年 11 月 19 日, 甘肃省铁路护路联防工作会议暨推进创建平安铁路示范路段现场会在安定 区召开,与会代表参观了铁护办台账、财务管理和景家店、梁家坪及称钩驿镇护 路办。安定区铁路联防工作受到甘肃省铁路护路联防领导小组表彰奖励。

禁毒工作

2008 年 4 月 9 日,安定区被甘肃省禁毒办确定为全省社区禁毒(康复)试点 区。中共安定区委、安定区政府结合实际,提出了以贯穿一条主线(试点工作)、主 抓两个阵地(社区、派出所)、搞好三个培训(领导小组、业务骨干、吸毒人员及家 属)、创新"4+X"工作小组模式、设计制作五种表册(告知书、调查表、界定表、统计表、评估表)、开展六项宣传(制作一本问答手册、书写一处标语、开展一次大型活动、创作一台文艺节目、开设一个专题、制作一部专题片)为主要内容的"123456"总体工作思路。基本形成"以社区为基础,家庭为依托,专业组织提供指导和服务,公安、司法、卫生、民政、劳动保障等相关部门齐抓共管,志愿者、工青妇等社会力量参与的戒毒和康复工作机制。

2010年6月24日,《法制日报》以"甘肃如何创造禁毒'国际奇迹'"为题,对"4+X"工作小组模式进行报道。报道称:在长期的禁毒工作中,甘肃省定西市安定区在全国范围内首创了一种被称为"4+X"的社区戒毒(康复)新模式。所谓"4+X"社区戒毒(康复)模式,就是对每个社区戒毒(康复)对象建立由"社区工作人员、社区民警、社区医务人员、家庭成员"4人组成的固定工作小组,在此基础上采取"因人而异、灵活操作"的方法,针对不同的对象再增加一个或几个"X"工作人员,形成"4+X"工作小组。

第十节　统战工作

多党合作与政治协商

从1985年12月到2010年9月的25年间,安定区(定西县)的民主党派组织得到发展,现有中国国民党革命委员会安定区委员会,中国民主同盟安定区总支部委员会,中国民主促进会定西市安定区委员会,九三学社定西市安定区委员会,中国农工民主党定西市安定区总支部委员会,这些民主党派共有成员278人,为多党合作与政治协商做了大量工作。25年来,各民主党派按照"长期共存、互相监督、肝胆相照、荣辱与共"的原则,围绕中心,服务大局,突出团结,发扬民主。每年中共安定区委在作出重大决策前,都要召集民主党派、无党派人士协商、座谈,通报情况,听取意见,共商大事。

在政协定西市第一届一次全委会议上,安定区有10人被选为市政协常委。在政协定西市第二届一次全体委员会议上,安定区有8人被选为市政协常委。

港澳、台胞统战工作

1985年7月,成立定西县对台工作领导小组,下设县委台湾工作办公室、县政府台湾事务工作办公室。1988年12月,成立定西县三胞联谊会。

1987年统计,全县有去台人员13人,在台人口78人。台属34户,177人,主要居住在李家堡、西寨、新集、巉口、凤翔、内官营、鲁家沟等乡镇。从1988年到

2004 年,共接待探亲台胞 15 人(次),台胞马心川、姚莲久曾两次探亲。1992 年 10 月,一架载有 11 名台胞和法国人的飞机在县境北部失事,白碌乡华尖村教师和群众冒雨抢救了遇难和受伤台胞及其他人员。受伤台胞郑铭家先生于 1998 年 4 月给白碌乡平定小学捐款 50 万元修建校舍。2004 年以来,台湾台塑集团董事长王永庆先生援建高峰明德小学、柏林明德小学、万崖明德小学和白碌明德 4 所小学。

由台湾同胞郑铭家先生捐资重建的白碌乡平定小学

1993 年统计,全县有港胞 4 人,在港人口 19 人;有侨胞 5 人,在外人口 28 人;归侨 2 人。1994 年 9 月,侨胞王吉庆、王吉库、王基钦曾来定西县探亲,受到热情接待。

党外人士工作

1986 年到 2010 年,全县(区)先后提名选举非中共党员徐延充、曹成章、黄万林和郑维莉 4 人为副县(区)长,冯麟、董世德、景亚安、张亚琳、燕思三和杨世雄等 6 名非中共党员为县(区)政协副主席,有 51 名非中共党员担任政府职能部门负责人,有 17 名非中共党员但任乡镇政府领导,有 7 名非中共党员担任定西市政协常委。2010 年统计,全区有非中共党员干部 5839 人,占全区干部总数的 61%,这些人员主要集中在教育、农业、卫生、文化等行业。非中共党员知识分子中有高级职称 75 人,中级职称 1321 人,任副县级以上职务 2 人,副科级以上职务 82 人。2010 年 10 月,成立安定区党外知识分子联谊会,有会员 65 人。

宗教管理

1989 年 10 月,成立定西县民族宗教局。安定区宗教组织主要有佛教、道教、伊斯兰教、天主教和基督教,信教群众 17696 人,占全区总人口的 3.7%,分布在香泉、团结、凤翔、内官营、巉口、符家川、李家堡、宁远、青岚山、鲁家沟 10 个乡镇和中华路、永定路 2 个街道办事处。经政府批准开放并予以登记的宗教活动场所有

41 处,其中,伊斯兰教 26 处、基督教堂 1 处、基督教活动点 9 处,佛教 3 处、天主教 1 处、道教宫观 1 处。宗教团体主要有伊斯兰教协会、佛教协会、基督教三自爱国运动委员会和天主教爱国会 4 个宗教团体。宗教管理部门积极引导信教群众文明信教,合法活动,没有出现过宗教纠纷。

少数民族工作

2010 年统计,全区有 12 个民族,少数民族共 9335 人,约占总人口的 2.2%,其中,回族 8982 人、蒙古族 18 人、东乡族 177 人,满族 66 人、藏族 50 人、壮族 8 人、维吾尔族 3 人、土族 8 人、布衣族 2 人、朝鲜族 3 人、土家族 15 人。这些民族以"大分散、小集中"的特点散居在香泉、团结、凤翔、内官营、巉口、符家川、李家堡、宁远 8 个乡镇和中华路、永定路 2 个街道办事处,其中,香泉、团结两镇回族较为集中。香泉镇是全市唯一的少数民族镇。全区有民族学校 13 所,其中,民族中学 1 所、小学 12 所。

全区共有少数民族领导干部 59 人,其中,副处级 1 人,副科级以上 10 人。回族干部 52 人,满族干部 2 人,东乡族干部 4 人。少数民族各类专业技术干部 123 人,少数民族妇女干部 43 人。全区各民族互相团结,和睦共处,没有出现过民族冲突。

落实统战政策

全区有起义投诚人员 354 人,其中,投诚人员 13 人,起义人员 341 人。在落实统战政策中,为 354 人颁发《起义投诚人员证明书》,起义投诚人员中在职 32 人。落实政策中,改正右派 209 人(外地转来 54 人),在职留用工作的 35 人,保留公职的 45 人,对 55 人实行生活困难补助。1990 年 11 月,确定汪浩洋为台属特困户,属县(区)民政局定期救济对象。1991 年 3 月,有 6 户台属确定为扶贫对象。1998 年以来,共有 54 名民主党派和无党派人士被中共党组织和政府聘请为特约检察员、监察员、审计员、教育督导员和行风评议员。

第十一节　党校教育

干部培训

自 1983 年 5 月《中共中央关于实现党校教育正规化的决定》和 2008 年 9 月《中国共产党党校工作条例》颁布以来,党校坚持以邓小平理论、"三个代表"重要思想和科学发展观为指导,坚持理论联系实际的办学方针,教学模式主要以中国特色社会主义理论体系为中心,以掌握基础理论,学习当代知识,加强党性修养,拓宽发展思路为教学目标。在教学内容的安排和专题的设置上,以学习宣传邓小平理论、"三个代表"重要思想和科学发展观为中心,以加强党的执政能力建设为核心,以强化对党员干部的"五观"(发展观、政绩观、人才观、群众观、荣辱观)教育为重点,着眼于区域经济开发,党的基层组织建设以及当代世界经济、文化、社会思潮等前沿问题的研究。

中共定西市安定区委党校

干部教育培训严格按照中共安定区委干部培训规划和年度培训计划进行,在以科级领导干部、科级后备干部和理论宣传骨干为主要培训对象的同时,向乡镇干部、村两委会干部、致富能人、专业技术人员、计算机信息技术教育培训扩展。自1996年以来,共举办各级各类培训班312期,培训党员干部26769人次。

学历教育

1995年,党校与甘肃农业大学成人教育学院联合,举办甘肃省地方委培两年制"工商企业经济管理"成人大专班,共招生34人。1996年8月至2006年,招收甘肃省委党校函授学院经济管理和思想政治教育两个专业共636名学员。1999年8月至2002年6月,招收甘肃农业大学地方委培经济管理专业203名。2002年至2009年,招收甘肃省委党校函授学院行政管理和法律两个专业351名。自1995年以来,党校共招收16届学员,毕业1124人,为安定区培养一批专业人员。

教学科研

党校坚持科研为教学质量服务,为党委、政府决策服务,为社会实践服务的方针,把教学与科研结合起来,形成了教学水平逐步提高、科研成果不断显现的局面。自1986年以来,党校教师撰写的各类调研文章、理论文章先后有300余篇分别被《时代潮》《鲜红的党旗》《国际学术论坛》《甘肃农业》《甘肃科技》《甘肃理论学刊》《定西日报》《定西论坛》等学术专著和报刊采用,有100余篇分别获得省、市级优秀科研成果奖。

设施建设

2000年,筹措资金98万元建成面积2200平方米的教学楼。2002年,建成占地720平方米、可容纳120人住宿的综合楼。2004年建成面积260平方米、可供200人同时就餐的餐厅,同时添置了办公桌椅、会议桌椅,安装了校内程控电话,更换了工作用车。此后又开通了中央党校远程教学C级站,建设以计算机网络中心和电教中心为重点的校园信息网,组建电子阅览室,添置电教设备和器材,信息化建设和远程教育已具规模。2006年,安定区被中共甘肃省委组织部确定为基层党员干部教育培训基地试点县(区)。随后投资40万元,在原有1330平方米教学楼的基础上,扩建教学楼350平方米,完善了多功能报告厅、多媒体电教室、多媒体计算机教室、资料接待室、活动室和休息室。同年11月,中共甘肃省委组织部基层党员干部教育培训定西基地正式挂牌成立。2007年6月,中共定西市委组织部依托党校建成定西市安定区农村基层干部专修学校。

第十二节　其他工作

办公室工作

办文方面:积极协调,统筹安排,保证区委日常工作顺利开展。2000年以来,印发各类文件2789份,起草讲话稿1106份;撰写调研文章297篇。在自身管理方面,制定和完善了《公务公示》《管理制度》《工作规则》《保密守则》《保密工作制度》《查阅档案规定》和《文书档案管理制度》等。

办会方面:从筹办1987年2月18日中国共产党定西县第八次代表大会,至筹办2006年12月13日中共安定区第十三次代表大会,共筹办6次党代会。1986年至2010年,每年承办各类大型会议50余场(次)。

办事方面:按照"超前、主动、节俭、周到"的原则,发挥办公室综合协调职能作用,对领导的公务活动按照"适度、实效"的原则统筹安排。

信访工作:按照"分级负责,归口管理"要求,加强基层网络建设,推进逐级上访制度,每年受理来信来访案件350余件(起)。1997年至1999年,督办领导批件和群众来信访件798件,办结率100%;2000年到2010年共上报《督察专报》1034期,处理各类督查信件699件,开展督查活动70余次,专项督查40余次。

党史编纂

党史资料征集编纂:1986 年至 2010 年期间，共撰写社会主义改造和建设时期、改革开放时期的党史专题资料 36 篇;1987 年 12 月，印刷出版《中共定西县 1926—1949 年党史资料汇编》一书;2001 年 10 月，印刷出版《中国共产党 1921—1991 年定西县大事记》一书;2010 年 12 月，完成《中国共产党安定区大事记 1992—2011 年》一书编辑工作。

定西县(安定区)党史资料汇编

重要党史事件纪念活动:2004 年 8 月，组织纪念邓小平诞辰 100 周年理论研讨会;2005 年 8 月，组织纪念抗日战争胜利 60 周年研讨会;2006 年 9 月，组织纪念红军长征胜利 70 周年理论研讨会。

革命遗址遗迹普查:2008 年 8 月和 2010 年 5 月，对内官营镇革命烈士陵园、巉口起义旧址新貌、西巩驿镇吴家堡子及曹家河畔阻击战战斗遗址等进行了普查建档。

老干部工作

自 1986 年成立 2 个离休干部中共党支部之后，到 2010 年年底，老干局党总支辖 8 个党支部，共有中共党员 241 名。

老干部工作局将离退休党员的教育管理纳入党建工作总体规划，建立健全"三会一课"制度，党员学习制度，离退休副县级以上干部传达学习文件制度。

组织老干部外出学习考察，老干局从 2000 年到 2010 年，共组织 11 批(次)400 余人(次)，赴陕西、山东、上海、北京、天津、南京、贵州、青岛、大连等地参观考察。

老干部发挥余热，言传身教，自 1986 年以来，离退休老干部深入到城区和乡镇 32 所中小学进行过 43 场(次)革命传统教育报告会。

目标管理

1996 年 11 月 28 日,中共定西县十届四次全委会议通过《关于进一步建立完善目标管理责任运行机制的意见》,决定成立目标管理委员会,下设办公室,对全区(县)的经济建设和重大项目实行目标管理。内容主要包括:经济发展、党的建设、精神文明建设、人口与计划生育、生态环境建设、社区管理、社会治安综合治理、党风廉政建设、重点项目建设和企业经营等。至 2010 年底,安定区纳入目标管理考核的部门和单位共 78 个。目标管理考核的方法步骤主要有平时督查、单项考核、测评考核和年终综合考核。对考核指标完成情况的认定,主要依据年初签订责任书时制定的评分标准,实行计分制认定。乡镇、街道责任制考核结果按优秀、良好、合格、不合格四个等次进行奖惩;党群、政法、政府部门按优秀、合格、不合格三个等次进行奖惩。对责任制综合考核连续两年居前三名的乡镇、街道、部门,给予现金奖励,另给党政一把手也给予一定现金奖励,并在干部任用时优先推荐重用;对责任制考核定为不合格等次的乡镇、街道、部门,其党政一把手公务员考核时直接定为不称职,班子其他成员公务员考核时不确定优秀等次。

机关党建

至 2010 年 12 月,机关党(工)委所属党组织由 1978 年的 85 个(党工委 1 个,党总支部 9 个,党支部 75 个)增加到 130 个(党委 5 个,党总支部 14 个,党支部 111 个)。机关党(工)委所属党组织按照"坚持标准,保证质量,改善结构,慎重发展"的方针,严把党员队伍"入口关",保证新发展党员质量,不断提高党员素质。据统计,至 2010 年 12 月,机关党(工)委所属党组织党员由 1978 年的 830 名(其中女党员 89 名,少数民族党员 6 名,35 岁以下党员 273 名,高中以上学历党员 151 名)增加到 1788 名(其中女党员 367 名,少数民族党员 15 名,35 岁以下党员 293 名,大专以上学历党员 1109 名),党员素质不断提高,党员结构日趋合理。

第二章　中共安定区纪律检查委员会

第一节　组织机构

1950年9月,设立中共定西县纪律检查委员会,1956年5月,改称监察委员会,"文化大革命"期间监察委员会停止工作,1979年1月,恢复定西县纪律检查委员会。1985年4月,在纪委内设秘书科、纪律检查科、案件审理科,为科级建制。1988年5月,定西县监察局成立。1989年4月,纪委原秘书科、纪律检查科、案件审理科改为办公室、纪律检查室、案件审理室。1990年10月,纪委增设信访教育室。1993年6月,纪委与监察局合署办公,内设办公室、信访室、党风监察综合室、纪检监察室、案件审理室和宣教调研室。2002年6月,纪委增设行政执法监察室。2003年8月,中共定西县纪律检查委员会更名为中共安定区纪律检查委员会,定西县监察局更名为定西市安定区监察局,并延续至2010年12月。

全区19个乡镇2个街道办事处和5个区直部门设置纪委,26个区直单位设纪检组(室)。2010年5月,区纪委内部增设党风廉政室和纠正行业不正之风室。

第二节　纪检监察

警示教育

2000年9月至10月,利用江西省原副省长胡长清贪污受贿案和全国人大常委会原副委员长成克杰在广西工作期间受贿案等重大典型案例,在全县党员干部中开展为期两个月的专题警示教育活动。活动期间组织讨论172场次,播放《胡长清》等专题电教片52场次,观看电影《生死抉择》13场次,党政机关、企事业单位的6869名干部接受警示教育。2010年9月,组织服刑人员现身说法警示教育大会,3名服刑人员讲述违法犯罪的教训,880余人参加大会。全区在各乡镇(街道)、区委各部门、区直各单位开展以案说法教育,并组织观看电教片680余场次。下发案例通报3期,通报各类案件12起。

监督检查

对支农惠农资金监督检查,会同财政、教育、农业等部门,对全区19个乡镇在2006年至2010年中的退耕还林、粮食直补、农资补贴、农村医疗救助、农村低保五保、能繁母猪补贴、农民培训资金、阳光工程、农村计划生育补助、农村合作医疗、农机具补贴和农村义务教育经费等资金落实情况进行专项检查,共检查资金28635.3万元。

对大额资金管理使用监督检查,2010年,对国土资源局、凤翔镇和自来水公司挪用国债项目资金问题,发出监察建议,限期作了纠正。在对建筑市场进行执法监察中,共检查50万元以上在建工程项目22个,对4项存在问题的工程,责令限期作了整改。在事关民生问题的监督检查中,对全区5658户、14038人城市低保对象和5646户、18533人农村低保对象进行查对。经过查对,退出城市低保对象298户、803人,调整标准417户、1114人;退出农村低保对象233人。对廉租住房补贴管理使用进行监督检查时,对超出保障条件的299户、593人及时停发保障金。在对环境保护、节能减排进行执法监察时,对2家排污严重企业予以关停,对3家存在污染问题的马铃薯淀粉加工企业,限期整治。

2002年到2010年,安定区纪委累计开展执法监察73项,参与调查处理重大事故9起,查处行政效能投诉案件17起,处分违纪人员3人,下发《监察建议书》6份。清理行政审批事项439项,削减审批项目164项;检查项目566个,对存在问题的67个项目进行整改;查纠违规违纪资金66.6万元;清理拖欠农民工工资7.7万元,维护了农民工合法利益。

信访举报

1986年至2010年,安定区纪委信访室共受理群众来信来访和上级交办信访件2346件,来访79件(次),举报电话76件。其中,纪委自办处理1151件,转基层纪检部门办理1278件,转非纪检部门办理62件。在检举控告问题中,涉及违反政治纪律类7件,违反组织人事纪律类18件,违反廉洁自律规定类320件,贪污贿赂类425件,破坏社会主义经济秩序类358件,违反财经纪律类416件,失职渎职类182件,侵犯党员及公民权利类401件,违反社会道德类170件,妨害社会管理秩序类162件,其他检控类42件。在受理的案件中涉及县级干部24人,科级干部1087人,一般干部1236人,其他人员154人。在上述人员中有中共党员2150人,占86%,监察对象1776人,占71%。

案件查办

为确保违纪案件的查办力度,安定区纪委制订《违纪违法案件查办联席会议制度》《违纪违法案件和线索移交制度》《乡镇和区直单位办案协作制度》《区纪委常委联系协作协调指导工作制度》;对案情比较复杂的案件,在主动争取上级纪委指导和支持的同时,从区直单位纪检组织抽调人员协助办案,既保证了办案质量,又提高了基层纪检干部的办案能力。

纪委在查办案件时,按照构建惩防体系的要求,坚持查办案件与警示教育、整章建制、监督管理、服务发展相结合的原则,严格实行"一案三报告"(案件调查报告、案件剖析报告、案件总结报告)制度,做到查处一起重大案件,教育一批党员干部,完善一套廉政制度。1986年至2010年,安定区纪委在办理案件中共核实各类案件线索512件,其中,立案344件,结案344件,涉及违纪人员401人(其中,科级干部145人,一般干部147人,其他人员109人)。处分违纪人员408人,其中,党纪处分251人(开除党籍83人,留党察看30人,撤销党内职务16人,严重警告76人,警告46人),政纪处分157人(开除公职24人,开除留用察看8人,撤职14人,降级13人,记大过34人,记过18人,警告46人),免予处分29人;有36人受到了党纪政纪双重处分,26人被追究刑事责任。查处违纪资金960万元,挽回经济损失230万元,收缴违纪资金163万元。

第三节 廉政建设

宣传教育

2001年至2004年,开展"三个代表"重要思想学习教育,"权力观"教育,"两个务必"(务必保持谦虚谨慎、不骄、不躁的作风,务必保持艰苦奋斗的作风)教育,"两个条例"(《中国共产党党内监督条例》《中国共产党党内处分条例》)学习教育活动。2005年至2006年,开展保持共产党员先进性教育活动;组织6700名党员干部参加《建立健全教育制度监督并重和惩治预防腐败实施纲要》知识竞赛活动。在安定区电视台开办《党风廉政建设之声》专题节目和《今日话题》监督性栏目,播放反腐倡廉专题节目25场次、评论性文章360篇、监督性新闻61期。2008年至2009年,开展学习实践科学发展观活动。2010年,组织4320名党员干部参加《中国共产党党员领导干部廉洁从政若干准则》知识竞赛活动,还参加了定西市《廉政准则》电视知识竞赛。

在廉政文化建设方面,自2006年起,组织各类廉政文艺演出35场次。刘山三剧团演出的陇剧《许铁堂》被定西市纪委评为 2009 年廉政文学特等奖。2010 年 9 月,中共安定区委确定区国税局廉政文化进机关和青岚山乡大坪村"三苦"精神为廉政教育基地。纪检监察干部撰写的《安定区注重发挥查办案件的治本功能》《关于加强基层制度建设的思考》分别被中纪委主办的《党风与党纪》和《中国纪检监察报》登载。

制度建设

2002 年,中共定西县委、定西县政府印发党风廉政建设责任制考核制度、民主测评制度、报告制度、监督检查制度和廉政档案制度等五项制度,为全县 576 名科级干部建立廉政档案。2006 年印发《安定区基层干部作风纪律要求》和《安定区农村基层党风廉政建设实施细则》。

根据对党风廉政建设责任制每年考核一次的要求,年终对 19 个乡镇、2 个街道办、50 个区直单位进行全面考评,量化打分,严格奖罚。2006 年和 2007 年,连续两年对党风廉政建设、反腐败工作和作风建设中成绩突出的 20 个先进集体和 27 名先进工作者进行表彰奖励;2009 年对 77 个领导班子和 576 名领导干部年度考核结果进行通报。2010 年改进考核方法,对乡镇、街道办和机关单位的党风廉政建设责任制进行单独考核,对 554 名班子成员进行民主测评。对落实责任制不力,有失职行为,造成重大经济损失或恶劣影响的,进行责任制追究。2000 年至 2010 年对 40 人进行了责任追究,其中,谈话诫勉 10 人,通报批评 12 人,纪律处分 18 人。

作风建设

2003 年 4 月 23 日,中共定西县第十二届委员会第二次全委会议通过《关于深入开展"落实年"活动的决定》,2007 年开展干部"作风建设年"活动。活动期间,在《甘肃日报》《甘肃经济日报》等媒体发稿 12 篇,在《定西日报》、定西电视台和《定西纪检监察信息》刊发作风建设稿件 43 篇,在安定区电视台播出作风建设和党风廉政建设专题报道 32 期。纪检监察机关处理反映干部作风方面的信访问题 9 起,立案查处 2 起,给予政纪处分 2 人,下发监察建议书 5 份,对 5 个单位的 12 名主要负责人进行诫勉谈话。2008 年 11 月 21 日,承办定西市"转变作风,服务三农"安定区现场会。2010 年开展治懒、治庸、治散、治浮、治腐"五治"为主要内容的又一次作风建设年活动。针对全区提出的 702 个问题,制定整改措施 686 条。同时,安定区纪委编印《廉政准则》和《廉洁自律手册》,发给副科级以上干部。在作风年建设活动中制订《安定区机关事业单位公务用车管理办法》《安定区关于加强本级财政支出的规定》《关于干部下基层交付工作餐费用的通知》等制度;对全区副科级以上干部每年进行述职述廉和民意测验,测评结果向领导班子和领导干部本人进行反馈后装入本人廉政档案,并将考核结果进行通报。

政务公开

2003 年,由监察局牵头组织有关部门对区直部门和事业单位的行政审批、审核等项目进行清理,共清理出行政审批项目 439 项,其中,保留项目 275 项,占清理总数的 62.7%。在政务公开方面,制定印发《定西县政务公开实施方案》《关于在全县政权机关全面推行政务公开制度的通知》《安定区全面推行政务公开实施方案》等文件。通过设立组织机构、办事窗口、办事公开栏、留言牌等措施向社会实行政务公开。至 2010 年底,全区有 69 个行政机关、63 个事业单位推行了办事公开,规范和完善了 8 个办事服务中心,建立起政府网站,对 21 个乡镇(街道)和 49 个区直行政事业单位编制政务公开信息目录,实行网上公开。

纠风工作

1993 年,纪检部门会同农民负担管理委员会、财政、物价等部门,对县直单位所发文件和行政事业性收费进行全面清理,取消要求农民出钱、出物、出工的项目和行政事业性收费项目 102 项;查办涉农信访件 71 件,查纠涉农乱收费资金 11.1 万元,取消涉及企业收费项目 84 项。1994 年至 1995 年,集中清理党政机关和企事业单位超标准购买和更换小汽车、住房制度改革过程中干部职工多占住房、干部职工挪用借用公款长期不还、党政机关无偿占用企业财物等工作。清理出借欠公款单位 20 个121 人,清退借欠公款 21.9 万元。2004 年至 2010 年,清理纠正超编制配备小汽车 17辆;清理违规着装部门和单位 20 个,人数 416 人,着装经费 44.4 万元。

第四节　专项治理

治理教育乱收费

1995 年组成清理领导小组,对全县中小学收费情况进行清理,共查出教育乱收费项目 25 个,查纠教育乱收费 138.12 万元。

"小金库"专项治理

1995 年,开展治理"小金库"工作,组织 255 个单位进行自查,对有问题的 28

个单位进行重点检查,共查出违纪违规资金 34.5 万元。2009 年至 2010 年,在全区又开展"小金库"专项治理,会同财政、审计等部门,组织 171 个单位进行自查,对 58 个区直部门和 21 个乡镇、街道办进行重点监督检查。清理检查出"小金库"24 个,涉及金额 280.71 万元。

纠正医药购销不正之风

2000 年,清理废止医药行业不符合国家政策规定文件 5 份,查出并销毁假冒伪劣药品和医疗器械 61 种, 取缔非法私人诊所 40 个, 依法关闭无证经营者 84 户。

治理商业贿赂

2006 年至 2007 年,开展治理商业贿赂,查处商业贿赂案件 11 起,罚款 16.8 万元。督促有关单位和部门建立规章制度 30 个,修订完善制度 190 个。

民主评议行风

1998 年开始,对工商、电力、公安、卫生、地税、国税、教育、物价、交通、农机管理、环保、城管、旅游、广播电视、社保中心、残联等 16 个部门、单位和中华路、永定路两个街道办进行行风评议工作。2007 年对基层法庭、公安派出所和乡镇卫生院等 15 个基层站所和窗口单位进行行风评议。通过行风评议,整理群众意见建议 420 条,制定落实整改措施 644 条。2009 年对地税、国税和工商等 25 个执法部门和窗口单位政风行风进行民主测评。通过行风评议,涉及单位和部门制定了整改措施。

第三章　精神文明建设

第一节　组织机构

1985 年定西县成立"五四三"委员会,指导全县"五讲四美三热爱"活动。1986年 10 月 9 日,中共定西县委印发《关于学习贯彻中共中央关于精神文明建设指导方针的决议的安排意见》,对全县精神文明建设机构,作了明确规定。1992 年成立定西县精神文明建设委员会。1996 年成立由县委书记任主任,县长任第一副主任,分管书记任常务副主任,分管县长、宣传部长任副主任,有关部门领导为委员的"定西县精神文明建设指导委员会",同年设立"定西县精神文明建设指导委员会办公室",具体负责全县精神文明建设相关工作。2003 年安定区文明委印发《安定区精神文明建设指导委员会成员单位责任制》,明确各成员单位工作职责,使全区精神文明建设更加制度化和规范化。2007 年 3 月 10 日,中共安定区委、安定区人民政府印发《安定区精神文明建设"十一五"规划》,《规划》对全区精神文明建设的组织机构和具体内容都有明确的要求。

第二节　创建活动

1986 年至 1988 年,定西县精神文明创建活动主要以开展"五讲四美三热爱"、"双文明竞赛"、"争当女能人"及创文明单位、文明村镇、文明街道和做文明个人、"五好家庭"、"双文明户"建设活动为主要内容。1989 年 9 月 4 日,中共定西县委印发《关于贯彻全国少儿工作经验交流会议的意见》,同年 10 月 8 日,县委又印发《关于认真开展以学习雷锋为中心内容的

全国文明乡镇——内官营镇

全国文明乡镇——巉口镇

思想政治教育安排意见》。根据这两个文件精神，精神文明建设主要在全县青少年中开展"学雷锋、树新风"活动。1991年，在城区开展评选十佳服务员和创建文明单位活动，简称"十佳一创"活动。1993年，开展评"三户"（双文明户、遵纪守法户、科技示范户）活动。1996年11月27日，中共定西县十届四次全委会通过《关于贯彻中共中央加强社会主义精神文明建设若干重要问题的决议的实施意见》。到1997年，全县涌现出一批精神文明建设和宣传思想工作先进集体和先进个人，全县共评出"十佳个人"141人，"双文明户"2370户，创建县级文明单位72个，地级文明单位8个。1998年到2004年，定西县城创建成为地级卫生城、地级双拥城、地级科技城、地级文化城和地级文明城。在精神文明创建活动中，制定了《定西县文明行业评选标准》《定西县文明社区基本标准》《定西县文明单位建设管理办法》《定西县县级文明单位（行业、乡镇等）标准化建设动态化管理实施办法》。2004年中共甘肃省委、甘肃省人民政府授予定西县文明建设先进县。2005年在"小康文明示范村工程"建设中，巉口镇三十里铺村、凤翔镇北二十里铺村、青岚山乡大坪村、定陇公路安定段被确定为市级小康文明工程示范点。

2008年中共安定区委、安定区人民政府印发《安定区文明行业建设管理办法》等四个管理办法，按照经常化、制度化、规范化的要求，对文明单位实行标准化建设、动态化管理，对已满五年的文明单位进行全面复核考查，对工作严重滑坡的取消荣誉称号。至2010年安定区共创建国家级文明镇2个、文明村1个，省、部级文明单位12个、文明镇1个、

全国文明村——青岚山乡大坪村

文明村 2 个、文明社区 2 个,地、市级文明单位 27 个、文明镇 3 个、文明村 7 个、文明社区 4 个;60%以上的农户创建为"十星级文明农户"。

第三节 军地联谊

定西县于 20 世纪 80 年代中期,成立由县委书记任组长,分管副书记、常务副县长和人武部部长、政委任副组长,有 30 多个单位的主要领导参加的军民共建领导小组。先后建立健全了《联席议军制度》《军地联谊制度》《救灾联防制度》《检查评比制度》《双拥公约》《党政军领导过军事日制度》和《党政军领导互访制度》等多项制度。从 1990 年开始,县上先后与各部、委、办、局及 26 个乡镇党委签订创建双拥工作及党管武装工作目标责任书。全县窗口单位开展为军人及军属提供优质、优先、优惠的"三优"服务。定西县先后为 750 户农村籍现役军人家属解决各种扶贫资金 60 余万元,组织劳务输出 2500 余人(次),培训技术骨干 1300 余人(次)。县乡卫生部门为 1500 余名现役军属检查身体,为 200 余名实行免费治疗。县土管局和各乡镇先后为 300 余户军属优先解决宅基地;县教育系统为 180 名军人子女提供了优先入托、入学条件,并减免了部分学杂费用;在城镇先后安置转业退伍军人 298 名,安置率始终保持在 100%。在军地两用人才利用方面,乡镇录用的 20 名军地两用人才,已有 7 名担任领导职务。

在军民共建中,有 16 家驻安定区部队与 16 个新农村建设试点村结成共建对子,开展文化、科技、卫生、信息、资金等帮扶活动。

第四节 讲文明 树新风活动

1992 年 3 月 2 日,中共定西县委印发《关于在全县妇女中开展"巾帼建功"活动的通知》,在全县妇女中开展"自尊、自信、自立、自强"的"四自"和"学政治、学文化、学科学、学技术、学管理,比效益、比质量、比服务、比成果、比贡献"的"五学五比"活动,树立"有理想、有道德、有文化、有纪律"的"四有"观念。到 2006 年,全区有 62 名妇女成为女科技能手,有 167 名妇女成为"技术能手",创建县、区级"巾帼文明示范岗"9 个,地、市级"巾帼标兵"2 名。

1993 年 2 月 25 日,中共定西县委、定西县人民政府印发《关于 1992 年度文明单位、"十佳"个人命名表彰的决定》,对 1992 年度在精神文明建设中做出优异成绩的 4 个单位和 22 名个人授予"文明单位"和"十佳人员"称号。同年 3 月 5 日,中共定西县委、定西县人民政府印发《全县精神文明建设工作要点》,对全县讲文明、树新风活动提出要求。当年全县评选市级岗位能手22个,青年文明号10个。1994年开展"讲文明、树新风"活动,以解决文明言行、环境卫生、服务质量、交通秩序等四方面的问题为重点,促使公民素质和城乡文明程度的提高。2001年1月4日,政协定西县第六届委员会第四次会议期间,委员们在提案建议中提出"关于制定和实施《市民精神文明公约》的建议"和"在各行业加大推行文明、规范用语的建议"。根据政协委员提案建议,定西县文明委制定了《市民文明公约》和行业文明规范用语,同年修订完善《村规民约》。

2002年在开展"讲文明、树新风"活动中,开展文明执勤、礼貌用语、满意服务和"百城万店无假货"活动。2003年开展"个十百"诚信建设工程,即:1个诚信城镇,10个诚信单位和学校,25个诚信商店(场)和行业,30个诚信家庭(城市开展"五好家庭"创评活动,农村开展"十星级文明农户"创评活动)和45个诚信企业(服务业),打造"诚信定西"形象。区文明委及时制定印发《安定区诚信城镇建设管理办法》等四个通知。当年评选出市级诚信行业1个、诚信单位2个、诚信商店1个、诚信企业5个。2005年以来,开展绿色机关(单位、学校、小区)和交通安全文明村(学校、小区、企业)创建活动,共创建绿色机关1个、绿色单位1个、绿色学校6个、绿色小区2个、绿色军营1个,交通安全文明村3个、交通安全文明学校5个、交通安全文明小区2个、交通安全文明企业3个。

安定区在讲文明、树新风活动中,还开展了争创"五星级私营企业"、"五星级个体文明户"、"大户帮小户、一户带一户"、"致富思源、富而思进"、"光彩事业"、"爱心助残"、"扶贫济困送温暖、健康快乐过新年"等活动。

第五节　社会新风

1989年10月8日,中共定西县委印发《关于认真开展以学雷锋为中心内容的思想政治教育安排意见》,要求切实把全县以学雷锋为中心内容的思想政治教育活动推向社会,进入单位,逐步走出一条学校、家庭、社会三者教育同步的路子。10月21日定西县组织召开学雷锋动员大会,县长张根生作题为《重振雷锋精神,把学习雷锋活动深入持久地开展下去》的讲话。曾一度淡化的学雷锋活动,又出现了转机,并涌现出许多好人好事。1991年全县开展"十佳个人"评选活动,共评出"十佳个人"141人。2001年文明委对原"十佳个人"评选标准进行修订后,增加评选"十杯"(公仆杯、劳动杯、科技杯、园丁杯、致富杯、创税杯、文化杯、新风杯、健康杯、安定杯)活动,当年有 84 人获得"十杯"称号。2008 年安定区开展道德模范(助人为乐、见义勇为、诚实守信、敬业奉献、孝老爱亲)评选活动,内官营镇永丰村下什字社农民曹爱玲荣获 2008 年度全省首届孝老爱亲道德模范称号。

为活跃农村文化生活,1997 年至 2000 年, 全县共组织送文化下乡演出 125 场,参加演出人员 3158 人(次),观众达 14 万人(次)。安定区农民业余剧团 2002 年被中共甘肃省委、甘肃省人民政府授予"三下乡"(文化、科技、医疗)先进集体,安定区农民业余剧团团长刘福 2003 年被中宣部和文化部授予全国"三下乡"先进个人。2007 年开始,开展"千台大戏送农村"活动,每年组织本地专业、业余剧团开展演出达 50 余场次。

第六节　考核管理

1984 年 4 月 9 日,中共定西县委批转县"五讲四美三热爱"活动委员会《关于建设文明单位、文明村(镇)的安排意见》,要求全县各级党组织把建设文明单位、文明村(镇)的活动列入议事日程,并提出考核管理具体办法。1986 年 1 月 8 日至9 日,定西县召开勤劳致富和精神文明建设表彰大会,有 118 名精神文明建设代表参加会议,会上有 24 个单位被命名为"建设社会主义精神文明单位",44 个单位、26 名个人和 10 个"五好家庭"受到表彰,中共甘肃省委书记李子奇参加会议并讲话,亲自给获奖人员颁发奖状。此后,定西县把精神文明建设列为与经济建设同等重要的地位,每年都要召开精神文明建设大会,进行命名和表彰奖励。从1994 年开始,中共定西县委、定西县人民政府与各乡(镇)、县直各单位签定目标管理责任书时,将精神文明建设按 40% 的分值计算,经济指标按 60% 分值计算,年底按百分制折算进行表彰奖励。1996 年至 1999 年,责任书内容及所占分值都进行过多次修改,但精神文明建设一直占据很高分值。2000 年至 2009 年制定的责任书,共六个部分:即经济社会发展、基层组织建设、党风廉政建设、精神文明建设、社会治安综合治理、人口和计划生育,精神文明仍占到重要部分。2010 年这六部分均按百分制进行考核, 单项进行表彰奖励。精神文明建设内容包括理论教育、舆论宣传、文明创建、科技工作、教育工作、文广工作、卫生工作等 8 个部分。

对于已经命名的精神文明建设先进单位,市、区两级精神文明建设指导委员会定期进行考核检查,检查后对该升级的及时申报升级,对未达到创建要求的取消其文明单位称号。

1992—2010 年安定区(定西县)精神文明建设先进单位一览表

表 3-3-2

级别 单位	国家级	省、部级	地、市级
文明单位		市气象局 市公路总段 市广播电视局 定西中学 市电力公司 建设银行定西分行 市移动公司 市国家税务局 东方红中学 安定区国税局 安定区地税局 定西公路总段安定段	螺钉公司　　区科技局 电大定西分校　区幼儿园 大城小学　　区教体局 天巉公路收费处　区卫生职业学校 定西理工中专　市新华书店 市第二人民医院　区供电公司 公园路中学　区司法局 区工商局　　市地税局 市扶贫办公室　农发行安定支行 市体校　　交通路中学 内官国税所　市石油公司 水利水保局　自来水公司 市会计核算中心　市水保局 工商银行定西分行
文明乡镇	内官营镇 巉口镇	鲁家沟镇	宁远镇　称钩驿镇　李家堡镇
文明村	大坪村	巉口镇三十里铺村 凤翔镇北二十里铺村	凤翔镇友谊村　　杏园乡李河村 香泉镇陈家屲村　鲁家沟镇太平村 巉口镇赵家铺村　内官营镇锦屏村 内官营镇文丰村
文明社区		中华路街道办新市区社区 中华路街道办汽车站社区	中华路街道办火车站社区 中华路街道办北街社区 永定路街道办西街社区 永定路街道办中西社区

第四编

人大 政府 政协

第四编 人大 政府 政协

第一章 定西市安定区人民代表大会常务委员会

第一节 历届人民代表大会及会议

第十届人民代表大会

定西县第十届人民代表大会第一次会议于 1987 年 1 月 7 日至 9 日在定西县城召开。应到代表 229 人,实到代表 223 人。会议主要议程是听取和审议政府工作报告、人大常委会工作报告、国民经济计划与社会发展计划执行情况报告、财政预算执行情况报告、人民法院工作报告和人民检察院工作报告。大会审议通过上述报告和《关于定西县人民政府工作报告的决议》。选举谢安为定西县人民代表大会常务委员会主任,张伦、杨文杰为副主任;选举张根生为定西县人民政府县长,张尔信、崔振乾、景江为副县长;选举秦贵仁为定西县人民法院院长,选举徐应奎为定西县人民检察院检察长。

1987 年 11 月 12 日至 13 日,定西县第十届人民代表大会第二次会议在定西县城召开。会议传达和学习党的十三大精神。选举马占才、冯麟、曲秀梅、李子奇、宋得寿、张根生、程培祥为甘肃省七届人大代表。

1988 年 3 月 7 日至 10 日,定西县第十届人民代表大会第三次会议在定西县城召开。会议听取和审议政府工作报告、全县国民经济和社会发展计划报告、财政预算报告、人大常委会工作报告、人民法院和人民检察院工作报告。会议审议通过上述报告,批准全县国民经济和社会发展计划报告及全县财政预算报告。

1989 年 3 月 5 日至 8 日, 定西县第十届人民代表大会第四次会议在定西县城召开。会议听取和审议政府工作报告、国民经济和社会发展执行情况的报告、1989 年国民经济和社会发展计划报告、财政预算执行情况和 1989 年财政预算报告、人大常委会工作报告、人民法院和人民检察院工作报告。会议通过上述报告。会议增选杨生茂为定西县人民代表大会常务委员会副主任。

第十一届人民代表大会

定西县第十一届人民代表大会第一次会议于 1990 年 1 月 3 日至 6 日在定西县城召开。应到代表 231 人,实到代表 217 人。大会听取和审议政府工作报告、国民经济计划和社会发展计划执行情况报告、财政预算执行情况报告、人大常委会工作报告、人民法院工作报告和人民检察院工作报告。通过《关于定西县人民政府工作报告的决议》。选举谢安为定西县人民代表大会常务委员会主任,杨生茂、王明义、陆国良为副主任;选举张根生为定西县人民政府县长,崔振乾、景江、左俊文、何振中为副县长;选举苏源泉为定西县人民法院院长,选举李存科为定西县人民检察院检察长。

1991 年 1 月 21 日至 23 日,定西县第十一届人民代表大会第二次会议在定西县城召开。会议听取和审议政府工作报告、国民经济"七五"计划执行情况和"八五"国民经济和社会发展计划报告、财政预算执行情况报告、人大常委会工作报告、人民法院工作报告和人民检察院工作报告。会议通过上述报告。会议补选崔振乾为定西县人民政府县长,张敏政为副县长。

1992 年 1 月 14 日至 16 日,定西县第十一届人民代表大会第三次会议在定西县城召开。会议听取和审议政府工作报告、国民经济"七五"计划执行情况及"八五"计划报告、财政预算执行情况报告、人大常委会工作报告、人民法院工作报告和人民检察院工作报告。会议通过上述报告。

1992 年 11 月 14 日,定西县第十一届人民代表大会第四次会议在定西县城召开。会议选举申效曾、刘生荣、李兰图、左俊文、吴神沙、董世德、安巧兰、苏凤英为甘肃省第八届人民代表大会代表。

第十二届人民代表大会

定西县第十二届人民代表大会第一次会议于 1993 年 1 月 4 日至 6 日在定西县城召开。应到代表 231 人,实到代表 230 人。大会审议通过政府工作报告、国民经济计划和社会发展计划执行情况报告、财政预算执行情况报告、人大常委会工作报告、人民法院工作报告和人民检察院工作报告。选举左俊文为定西县人民代表大会常务委员会主任,杨生茂、王明义、陆国良、师小平为副主任;选举崔振乾为定西县人民政府县长,何振中、牛芳琴、张敏政、李宝环、祁鸿基、曹成章为副县长;选举苏源泉为定西县人民法院院长,选举李存科为定西县人民检察院检察长。

1994 年 1 月 18 日至 20 日,定西县第十二届人民代表大会第二次会议在定西县城召开。会议听取和审议政府工作报告、国民经济和社会发展计划执行情况及国民经济和社会发展计划报告、财政预算执行情况报告、人大常委会工作报告、人民法院工作报告、人民检察院工作报告。会议通过上述报告。批准 1994 年全县国民经济和社会发展计划报告、1994 年全县财政预算报告。

1995 年 1 月 10 日至 12 日，定西县第十二届人民代表大会第三次会议在定西县城召开。会议听取和审议"一

1995 年 1 月 10 日，定西县第十二届人民代表大会第三次会议在定西宾馆召开

府两院"工作报告，人大常委会工作报告，并作出相应决议。会议补选李仁兴为人大常委会主任，姚汉杰为副主任；补选刘金良为定西县人民政府县长。

1996 年 1 月 16 日，定西县第十二届人民代表大会第四次会议在定西县城召开。大会听取和审议"一府两院"工作报告，听取和审议国民经济和社会发展计划执行情况报告，听取和审议财政预算执行情况报告，听取和审议人大常委会工作报告；会议审议通过上述报告。大会接受何振中、张敏政、颜华东辞去定西县人民政府副县长职务的请求；补选蒲丰、郭宽宇、苏永新为定西县人民政府副县长；补选祁建华为定西县人民法院院长。

1997 年 1 月 15 日，定西县第十二届人民代表大会第五次会议在定西县城召开。大会听取和审议政府工作报告、国民经济和社会发展计划执行情况报告、人大常委会工作报告、人民法院工作报告和人民检察院工作报告。会议审议通过上述报告。大会补选何振中为定西县人民政府县长。决定接受刘金良辞去定西县人民政府县长、陆国良辞去定西县人大常委会副主任的请求。

1997 年 11 月 17 日，定西县第十二届人民代表大会第六次会议在定西县城召开。大会选举仲兆隆、关春枫、苏凤英、李仁兴、李建国、何振中、张继武、贾国江为甘肃省第九届人民代表大会代表。

第十三届人民代表大会

定西县第十三届人民代表大会第一次会议于 1997 年 12 月 24 日至 27 日在定西县城召开。应到代表 210 人，实到代表 207 人。大会听取和审议政府工作报

告、国民经济和社会发展计划执行情况的报告、财政预算执行情况的报告、人大常委会工作报告、人民法院工作报告和人民检察院工作报告。大会审议通过了上述报告。选举李仁兴为定西县人民代表大会常务委员会主任,周学彦、师小平、李存科、景宏为副主任;选举王冠军为定西县人民政府县长,段习文、曹成章、杨瑞英、郭宽宇、赵学仁为副县长;选举祁建华为定西县人民法院院长;选举文礼为定西县人民检察院检察长。

1999年1月14日至16日,定西县第十三届人民代表大会第二次会议在定西县城召开。大会听取和审议政府工作报告、国民经济和社会发展计划执行情况报告、财政预算执行情况报告、人大常委会工作报告、人民法院工作报告和人民检察院工作报告。大会审议通过上述报告。

2000年1月9日至11日,定西县第十三届人民代表大会第三次会议在定西县城召开。大会听取和审议政府工作报告、国民经济和社会发展计划报告、财政预算执行情况报告、人大常委会工作报告、人民法院工作报告、人民检察院工作报告,大会审议通过上述报告。会上县政府副县长段习文、郭宽宇、杨瑞英、赵学仁、曹成章分别向代表述职,并接受代表测评。大会作出《关于解放思想加快发展的决定》。

2001年1月4日至6日,定西县第十三届人民代表大会第四次会议在定西县城召开。大会听取和审议政府工作报告、国民经济和社会发展"九五"计划执行情况及"十五"国民经济和社会发展草案的报告、县乡两级财政预算执行情况的报告、人大常委会工作报告、人民法院工作报告、人民检察院工作报告,大会审议通过上述报告。大会补选田怀林为县人大常委会副主任。乡镇企业管理局、公安局、交通局、计划生育局等政府部门负责人向代表述职,并接受代表测评。

2002年1月19日至22日,定西县第十三届人民代表大会第五次会议在定西县城召开。大会听取和审议政府工作报告、国民经济和社会发展计划执行情况报告、县乡两级财政预算执行情况的报告、人大常委会工作报告、人民法院工作报告、人民检察院工作报告,大会审议通过上述报告。大会选举李旺泽为定西县人民政府县长。农业局、民政局、卫生局、文广局4个政府部门负责人向代表述职。大会作出《关于加快定西县林业生态建设的决定》。

2002年11月18日至19日,定西县第十三届人民代表大会第六次会议在定西县城召开。大会选举马芳兰、王明义、王冠军、石晶、杨继宏、陈绮玲、曾海珊为省十届人大代表。

第十四届人民代表大会

定西县第十四届人民代表大会第一次会议于 2002 年 12 月 26 日至 29 日在定西县城召开。应到代表 211 人,实到代表 204 人。大会听取和审议政府工作报告、国民经济和社会发展计划执行情况的报告、财政预算执行情况的报告、人大常委会工作报告、人民法院工作报告和人民检察院工作报告。大会审议通过上述报告。选举王明义为定西县第十四届人大常委会主任,李存科、田怀林、刘保华、祁建华、王桂莲、南廷富为副主任;选举李旺泽为定西县人民政府县长,郭景虎、常正贵、王美萍、黄万林、祁永和为副县长;选举张利明为定西县人民法院院长,选举杨若平为定西县人民检察院检察长。

2003 年 12 月 7 日至 8 日,安定区第十四届人民代表大会第二次会议在安定城区举行。经过代表酝酿讨论,选举石晶等 58 人为安定区出席定西市第一届人民代表大会代表。

2004 年 2 月 16 日至 19 日,安定区第十四届人民代表大会第三次会议在安定城区举行。大会听取和审议政府工作报告、国民经济和社会发展计划执行情况报告、财政预算执行情况报告、人大常委会工作报告、人民法院工作报告、人民检察院工作报告。大会审议通过上述报告。补选郭维团为安定区人民政府区长,刘娟玉、焦烈为副区长。

2005 年 1 月 6 日至 9 日,安定区第十四届人民代表大会第四次会议在安定城区召开。会议听取和审议政府工作报告、国民经济和社会发展计划执行情况报告、财政预算执行情况报告、人民法院工作报告和人民检察院工作报告。会议审议通过上述报告。

2006 年 3 月 28 日至 31 日,安定区第十四届人民代表大会第五次会议在安定城区举行。会议听取和审议政府工作报告,审查和批准安定区国民经济和社会发展第十一个五年规划纲要,听取和审议国民经济和社会发展计划的报告、财政预算执行情况报告、人大常委会工作报告、人民法院工作报告和人民检察院工作报告。大会审议通过上述报告。会议补选王仲谦为安定区人大常委会主任。

第十五届人民代表大会

安定区第十五届人民代表大会第一次会议于 2007 年 1 月 7 日至 10 日在安定城区举行。应到代表 210 人,实到代表 205 人。大会听取和审议政府工作报告、财政预算执行情况报告、国民经济计划和社会发展计划执行情况报告、人大常委会工作报告、人民法院和人民检察院工作报告。大会审议通过上述报告。大会选举王仲谦为安定区第十五届人民代表大会常务委员会主任,田怀林、祁建华、王桂莲、南廷富、王明海为副主任;选举郭维团为安定区人民政府区长,常正贵、祁永和、黄万林、刘娟玉、焦烈为副区长;选举周维进为安定区人民法院院长,选举杨若平为安定区人民检察院检察长。

2008年1月8日至11日,安定区第十五届人民代表大会第二次会议在安定城区举行。出席会议代表共205人。大会听取和审议政府工作报告、财政预算执行情况报告、国民经济和社会发展计划执行情况报告、人大常委会工作报告、人民法院和人民检察院工作报告。大会审议通过上述报告。大会补选王勇为安定区第十五届人民代表大会常务委员会副主任。

2008年12月27日至30日,安定区十五届人民代表大会第三次会议在安定城区举行。出席大会的代表共198人。会议听取和审议政府工作报告、国民经济和社会发展计划执行情况报告、财政预算执行情况报告、人大常委会工作报告、人民法院工作报告和人民检察院工作的报告。大会审议通过上述报告。

2010年6月10日,定西市安定区第十五届人民代表大会第五次会议在定西宾馆召开

2010年1月5日至8日,安定区十五届人民代表大会第四次会议在安定城区召开。出席大会代表共202人。会议听取和审议政府工作报告、国民经济和社会发展计划执行情况报告、财政预算执行情况报告、人大常委会工作报告、人民法院工作报告和人民检察院工作报告。大会审议通过上述报告。补选李文娟为安定区人民检察院检察长。

2010年6月10日至12日,安定区十五届人民代表大会第五次会议在安定城区举行。出席大会代表共185人。大会补选赵云青、水兆林为安定区人大常委会副主任;赵众炜为安定区人民政府区长,胡世祯、孙淑芳、贾文举为副区长。

第二节　组织机构

常委会内设机构

1986年1月至1989年8月,人大常委会内设科教文卫、经济计划和人事政法科。1989年9月至1990年1月,内设办公室、人事任免科、司法民政科、财经科和教科文卫科,均为科级建制。

1990年2月至1991年1月,人大常委会内设办公室、政治法律科、经济计划科和科学教育科。

1991年1月19日,人大常委会内设机构名称更改为:人大办公室、财经工作委员会、法制工作委员会、代表联络工作委员会、教科文卫工作委员会,属科级建制,这一设置延续到2010年9月。

乡镇街道人大设置

1983年人民公社改为乡镇后,定西县设立26个乡镇人民代表大会,乡镇人大工作走上规范化和制度化。2004年撤乡并镇后,设立19个乡镇人大,各设专职主席1名,专职工作人员1名。2005年城关镇改制,设中华路街道和永定路街道人大工作委员会。

1983年11月到2001年10月期间,乡镇人民代表大会每届任期三年。2001年10月以后,乡镇人大任期改为每届五年。

第三节　主要工作

评议工作

1992年1月,在十一届人大三次会议期间,组织人大代表首次对县政府、法院、检察院、公安局和司法局执法情况进行评议。1995年十二届人大常委会第十六次会议作出《关于县人民政府组成人员和县人民法院、县人民检察院负责人述职、接受评议的决定》。同年7月,对工商局局长进行首次述职评议。此后对粮食局、土地管理局、公安局和城建局等部门局长和法院院长、副院长进行述职评议。1997年8月至10月,组织人大代表对公安局局长进行评议。1998年11月至1999年2月,对法院院长和副院长进行评议。1999年9月至11月,检察院检察长和副检察长向人大常委会述职,并接受满意度测评。从2000年起,对林业局、畜牧

2010 年 4 月 26 日,区人大常委会评议调查组评议区农业局工作

局、交通局、水利水保局、城乡建设局进行工作评议。2003 年 9 月至 11 月,又对公安局进行评议。2008 年 8 月至 10 月,对民政局进行评议。2009 年 5 月至 11 月,司法局等三个政府职能部门向人大常委会专题报告工作,并接受评议调查和满意度测评。

代表视察

1993 年 6 月 14 日至 24 日,对企业经营机制、农民负担、社会治安综合治理和打击假冒伪劣商品等情况进行视察。1994 年 7 月 22 日至 8 月 11 日,对法院、检察院、公安系统严打斗争、查禁毒品和维护社会稳定工作进行视察。

1997 年 12 月至 2002 年 12 月,十三届人大期间,围绕医药执法、农技推广、财源建设、流域治理、非公有经济发展等工作,组织区内全国、省人大代表和部分县、乡(镇)人大代表开展视察。

2003 年 12 月至 2006 年 12 月,十四届人大期间,围绕经济结构调整、基础建设、城镇建设及产业培育等工作,组织区内全国、省、市人大代表和部分区、乡(镇)人大代表开展视察。

2007 年,对部门预算编制工作存在的问题提出意见建议,得到政府及其相关部门重视。通过视察,对乡镇财政资金使用监督力度不够、预算外资金和非税收入管理不严等问题提出建议,区上当年成立非税收入管理局和会计核算中心。

2008 年 1 月至 2010 年 10 月,十五届人大期间,围绕

2008 年 5 月 10 日,参加安定区第十五届人大常委会第八次会议与会代表视察引洮供水一期工程建设情况

政府主要工作,组织区内全国、省、市人大代表和部分区、乡(镇)人大代表开展视察。先后对"一府两院"执法责任制和执法过错(错案)责任追究制等 15 项工作进行视察,并向人大常委会分别提交视察报告。同时还组织省人大代表和部分区人大代表,先后对甘肃省劳改第四支队和安定区看守所劳改情况,环境污染和城区卫生状况,西巩驿、葛家岔、鲁家沟、巉口、内官营、香泉、宁远等 7 个乡镇法庭、工商所、税务所和派出所执法情况进行视察,并分别向人大常委会提交视察报告。

调查研究

1989 年对"两西"农业建设专项资金使用情况进行调查后,形成《关于"两西"农业建设专项资金投放和使用情况报告》。同年 12 月 15 日,定西县第十届人大常委会第 18 次会议通过《关于加强审计监督、严肃财经纪律的决定》。1990 年至 1992 年期间,开展关于县乡公路建设、养护和管理情况调查,城区环境综合治理情况调查,关川河流域水土保持综合治理工程建设情况调查和林业生态效益情况调查,分别向常委会提交调查报告。1993 年至 2001 年期间,多次对春耕生产及群众生活安

2008 年 3 月 13 日,区人大常委会组织代表专题调研抗旱农业生产开展情况

排、经济运行进行调查,形成《关于洋芋产业发展情况的调查报告》和《认清形势,采取得力措施,切实加强畜草产业发展》等调查报告。2002 年第十四届人大期间,对教育教学工作开展跟踪调查,向区政府提出落实地方政府分级负责、分级管理的农村义务教育管理体制;完善基础、高中、职业教育体系;建立校长教师评价体系及素质教育综合评价体系和加强德育工作等建议。2003 年春,定西县发现首例输入性非典型性肺炎病例,立即组织人大代表对"非典"防治工作进行视察,常委会及时作出《关于切实做好非典型性肺炎防治工作的决议》。2004 年至 2006 年,对卫生工作跟踪调查,提出《关于全区农村医疗机构建设情况调查报告》,政府先后投资 5238 万元,改造乡镇卫生院 6018 平方米,排除危房面积 5759 平方米。2006 年,新农合工作启动,开展调查研究后,形成《关于全区新型农村合作医疗制

度试点情况调查报告》。2007年组织教育界人大代表,深入10个乡镇的20多所农村中小学,对师资力量进行调查,向常委会提交《关于全区农村中小学师资力量配置情况调查报告》。针对群众普遍关注的文化建设情况,对网吧管理、文化产业、农家书屋、乡镇文化站建设开展调查,其中,《关于全区网吧管理需要改进和提升的意见》引起政府重视。2010年对马铃薯、畜草、劳务三大产业开展调查研究,并形成《深挖潜力,提质增效,切实做大做强马铃薯产业》等调查报告。同年,还对15个乡镇税费改革、农业产业化、劳务产业、城镇建设、工业发展及企业治污减排、全膜双垄沟播技术推广、项目建设、环境保护等10余项工作开展调查,并向常委会提交调查报告。

建议意见办理

自1993年第十二届人大一次会议起,每年年初,人大常委会、政府、政协、法院、检察院联合召开人大代表建议意见交办会,分解办理任务,明确办理责任,要求承办单位在6个月内办理完毕。常委会每年5月份和10月份,对办理情况进行督查,11月份听取和审议"一府两院"办理情况报告。在十四届人民代表大会第三次会议上,关于修建巉口中学教学楼的建议、关于对饭店和饮食摊点加大卫生监管力度的建议和关于修建马铃薯贮藏库的建议被评为优秀建议;教体局、城建局、卫生局、文广局、扶贫办和洋芋产业办被评为办理工作先进单位。十五届人大常委会对代表建议意见办理实行台账、销号制度,实行人大常委会主任、副主任现场督办制度。2010年人大常委会实行主任、副主任挂牌督办建议意见制度,督促解决人大代表和群众关心的热点难点问题。

安定区(定西县)第十二至十五届人代会建议意见办理结果一览表

表4-1-1 单位:件

届别	会次	数量	办理结果				其中:现场办理
			A类	B类	C类	D类	
十二届	一	93	65	11	17	—	
	二	102	55	30	17	—	
	三	66	30	18	18	—	
	四	89	24	57	8	—	
	五	75	38	36	1	—	

续表 4-1-1

单位:件

届 别	会次	数量	办理结果				其中:现场办理
			A 类	B 类	C 类	D 类	
十三届	一	77	15	26	30	6	
	二	74	16	17	29	12	
	三	94	32	47	11	4	
	四	128	70	45	9	4	
十四届	一	98	43	28	23	4	
	三	108	40	31	34	3	
	四	72	37	23	11	1	3
	五	73	40	26	5	2	5
十五届	一	91	49	23	16	3	7
	二	75	34	22	17	2	7
	三	88	52	14	22	—	7
	四	117	48	42	27	—	7

注:议案、建议、批评和意见办理结果 A 类表示已经解决或基本解决,B 类表示正在解决或列入计划解决,C 类表示因条件限制或其他原因只能以后解决,D 类表示作为参考而不能解决。

第四节　重大决议

自身建设决议

2004 年 5 月 18 日,安定区第十四届人民代表大会常务委员会第十次会议通过《安定区人民代表大会常务委员会议事规则》《安定区人民代表大会常务委员会主任会议议事规则》《安定区人民代表大会常务委员会依法监督区人民政府、区人民法院、区人民检察院工作暂行办法》和《安定区人民代表大会评议工作暂行办法》。

2007 年 5 月 9 日, 安定区第十五届人民代表大会常务委员会第二次会议对上述 4 个《规则》《办法》进行修改。

2004 年 5 月 18 日,安定区第十四届人民代表大会常务委员会第十次会议通过《安定区人民代表大会常务委员会人事任免办法》《安定区人民代表大会常务委员联系人大代表办法》《安定区人民代表大会常务委员与区人民政府、区人民法院、区人民检察院工作联系办法》。

2005年3月10日,安定区第十四届人民代表大会常务委员会第十六次会议通过《安定区人民代表大会常务委员讨论决定重大事项暂行办法》。

2010年7月13日,安定区第十五届人民代表大会常务委员会第二十八次会议通过《安定区人大常委会决议、决定及审议意见督办办法(试行)》。

全区工作决议

1986年1月至2009年12月期间,人大常委会根据全县(区)政治建设和经济社会发展需要,作出一系列重要决议、决定。

安定区(定西县)历届人大常委会所作决议、决定一览表

表4-1-2

决议、决定名称	通过时间
关于在公民中基本普及法律常识的决议	定西县第九届人大常委会第十三次会议于1986年1月17日通过。
关于学习贯彻全国人民代表大会常务委员会《关于加强法制教育维护安定团结的决定》的决议	定西县第十届人大常委会第一次会会议于1987年3月31日通过。
关于继续加强综合治理社会治安的决定	定西县第十届人大常委会第四次会议于1987年10月14日通过。
关于进一步贯彻国家《文物保护法》的决定	定西县第十届人大常委会第六次会议于1987年12月26日通过。
关于县人大代表持证视察暂行办法的决定	定西县第十届人大常委会第八次会议于1988年5月12日通过。
关于贯彻执行《关川河流域水土保持综合治理实施规划的有关规定》的决定	定西县第十届人大常委会第八次会议于1988年5月12日通过。
关于进一步学习、宣传、贯彻《档案法》的决定	定西县第十届人大常委会第八次会议于1988年5月12日通过。
批准定西县人民政府《关于处理违法占地问题的规定》的决定	定西县第十届人大常委会第九次会议于1988年7月6日通过。
关于定西县人民政府发布《关川河流域水土保持综合治理工程若干规定》的决定	定西县第十届人大常委会第九次会议于1988年7月6日通过。
人大常委会关于设"旁听席"的决定	定西县第十届人大常委会第十次会议于1988年8月31日通过。

续表 4-1-2

决议、决定名称	通 过 时 间
关于依法撤销、补选五名乡人民代表资格的决定	定西县第十届人大常委会第十四次会议于 1989 年 5 月 12 日通过。
关于加强法制工作维护安定团结保障治理整顿和深化改革顺利进行的决定	定西县第十届人大常委会第十四次会议于 1989 年 5 月 12 日通过。
关于加强审计监督、严肃财经纪律的决定	定西县第十届人大常委会第十八次会议于 1989 年 12 月 14 日通过。
关于清理规范性决议和处理意见的报告的决定	定西县第十届人大常委会第二十四次会议 1990 年 11 月 29 日通过。
关于定西县人民代表大会设"旁听席"的决定	定西县第十一届人大常委会第六次会议于 1991 年 1 月 19 日通过。
关于人大常委会办事机构设置的决定	定西县第十一届人大常委会第六次会议于 1991 年 1 月 19 日通过。
关于保证《定西县机构改革方案》顺利实施的决议	定西县第十一届人大常委会第十次会议于 1991 年 8 月 8 日通过。
关于深入开展"二五"普法教育的决议	定西县第十一届人大常委会第十一次会议于 1991 年 10 月 22 日通过。
关于联系人民代表的暂行办法	定西县第十一届人大常委会第十一次会议于 1991 年 10 月 22 日通过。
关于停止执行《关于加强定西城区管理的暂行规定》和《关于违法占地问题的处理办法》的决定	定西县第十一届人大常委会第十二次会议于 1991 年 12 月 12 日通过。
关于定西县撤县建区议案的审议决定	定西县第十一届人大常委会第十六次会议于 1992 年 7 月 28 日通过。
关于充分发挥人民代表在经济建设中作用的决定	定西县第十二届人大常委会第二次会议于 1993 年 3 月 11 日通过。
关于授权主任会议实施《审议意见书》的决定	定西县第十二届人大常委会第四次会议于 1993 年 7 月 21 日通过。
关于办理"大会专题审议发言"的决定	定西县第十二届人大常委会第八次会议于 1994 年 3 月 18 日通过。
关于对近期城市建设项目实施的决定	定西县第十二届人大常委会第十五次会议于 1995 年 5 月 30 日通过。
关于县人民政府组成人员和县人民法院、县人民检察院负责人述职、接受评议的决定	定西县第十二届人大常委会第十六次会议于 1995 年 7 月 28 日通过。

续表 4-1-2

决议、决定名称	通 过 时 间
关于《定西县科学技术发展"九五"计划和 2010 年规划纲要》的决定	定西县第十二届人大常委会第二十六次会议于 1996 年 12 月 4 日通过。
关于在全县公民中开展法制宣传教育和"三五"普法规划的决定	定西县第十二届人大常委会第二十七次议于 1997 年 1 月 6 日通过。
关于依法治县的决定	定西县第十二届人大常委会第三十五次会议于 1997 年 12 月 18 日通过。
关于设立村民代表会议的决定	定西县第十三届人大常委会第三次会议于 1998 年 5 月 12 日通过。
关于在"一府两院"实行部门执法责任制的决议	定西县第十三届人大常委会第五次会议于 1998 年 10 月 23 日通过。
关于县政府实行行政执法责任制实施方案的决定	定西县第十三届人大常委会第七次会议于 1998 年 12 月 25 日通过。
关于解放思想加快发展的决定	定西县第十三届人大常委会第二十三次会议于 2000 年 1 月 11 日通过。
关于进一步开展法制宣传教育的决议	定西县第十三届人大常委会第二十八次会议于 2001 年 12 月 26 日通过。
关于加快定西县林业生态建设的决定	定西县第十三届人大常委会第二十九次会议于 2002 年 1 月 11 日通过。
安定区科技发展"十一五"规划的决定	安定区第十五届人大常委会第一次会议于 2007 年 3 月 6 日通过。
关于定临公路改造及资金安排的决议	安定区第十五届人大常委会第八次会议于 2008 年 5 月 26 日通过。
关于进一步加强"五五"法制宣传教育工作的决议	安定区第十五届人大常委会第十二次会议于 2008 年 7 月 30 日通过。
关于区人民政府对定西市英才高级中学教学实验综合楼及公寓楼建设项目筹资方案的决议	安定区第十五届人大常委会第二十二次会议于 2009 年 12 月 16 日通过。

第五节　重要意见建议

1994年1月,在定西县第十二届人大二次会议上,李兰图、王卿等16名代表联名提出小引洮工程议案,建议县政府做好前期准备工作,向地、省、中央汇报情况,争取尽快立项建设。接到议案后,县政府组织人员进行细致的前期调研论证工作。此后,引洮工程被提上定西行署和省政府的议事日程。1995年4月21日至24日,中共定西地委书记刘生荣带领地委、行署、地区人大工委、政协工委和定西、临洮两县主要领导及有关部门负责人、技术人员共25人,实地勘察,初步提出东峪沟线路方案。计划从洮惠渠提水(4立方米/秒),在临洮东二十里铺、连儿湾、漫洼三乡建八级泵站,提水高程473.5米,横跨47.3公里,引水至海拔2349米的定西县黑山乡流域上游,自流灌溉内官营、鲁家沟等11个乡的12万亩农田。在省八届人大二次会议期间,定西县人大代表又联名汇报,省人大常委副主任王金堂、副省长崔正华以及老同志李子奇、葛士英等组织召开座谈会,对方案表示理解和支持。会后省长张吾乐来定西,专题调查论证小引洮工程事宜。此项工作得到宋平、李瑞环等中央领导的关心和支持,为后来实施的"引洮工程"打下基础。

1996年1月,在定西县第十二届人大四次会议期间,内官营镇王仲谦、刘兴邦等10名代表联名提出关于在全县实施地膜粮食工程的议案,这项议案被列为常委会督办议案。定西县第十二届人大常委会第二十一次会议提出:把大力推广地膜粮食作为农村工作的一项重要任务。1996年,此项议案得到中共定西县委、定西县政府和承办单位的重视,当年全县地膜覆盖种植粮食作物34.5万亩,占粮食作物面积的24.6%。

2004年2月,在安定区第十三届人大三次会议期间,张滔等代表提交的《关于将个体私营企业协会及个私会员纳入全区经济工作先进单位及个人表彰奖励范围的建议》,引起中共安定区委、区政府的重视,区上制定出台《关于落实民营强县战略大力发展非公有制经济的实施意见》等文件,从企业用地、税费、信贷、政治待遇、市场准入、就业等方面进行扶持,并从财政安排专项资金用于非公企业的技术创新,扶持起了众星锌业、超兴淀粉、蓝天淀粉、薯峰淀粉、金大地食品、陇海乳品、扶正制药等一批培植财源的骨干企业,推动了全区个体私营经济的发展。根据《关于落实民营强县战略大力发展非公有制经济的实施意见》等文件精神,每年将全区个体私营企业协会及个私会员的工作纳入全区经济工作目标管理责任制进行考核,对发展个体私营经济先进单位及有功人员进行表彰。

2006年3月,在安定区第十四届人大五次会议期间,有4条关于解决排危建校资金的建议被列为A类提案办理。当年,区政府将杏园乡大河学校和郑川小学列为二期危校改造项目,投资50.23万元;符川乡罗家岔小学和秦家岔小学被确定为"兰州乐邦希望小学"项目,投资51万元;宁远镇王坪小学、罗川小学和贾堡小学,香泉镇苍沟小学、石峡湾乡三湾小学确定为2007年"二期危改"项目实施学校。

2007年1月,在安定区第十五届人大一次会议期间,曾海珊代表提出的《关于加大食品卫生管理力度的建议》,被列为A类提案。区政府安排卫生部门集中开展食品卫生专项整治活动,完善食品卫生监督量化分级管理制度,加强对食品卫生的宣传和行政执法力度。监督检查餐饮经营单位628户,办理、复核卫生许可证493户(件);督促体检食品从业人员1985人;培训食品从业人员842人;监督监测消毒备用餐具1654件,合格1546件,合格率93.5%,餐饮业经营单位监督监测覆盖率达100%。

2008年1月,在安定区十五届人大二次会议期间,魏振中、石攀峰等16名代表提出涉及称钩驿和内官营镇等9个乡镇交通道路方面的11条建议。区政府对这些建议高度重视,当年,实施重点公路建设项目60项,总投资6434万元,其中通达、通畅工程51条164.11千米,总投资1270万元。代表所提建议意见中涉及的内官大桥头至称钩南山道路全长39.6千米,当年完成31.7千米,所余7.9千米于2009年完成;当年还完成新集大南岔村、内官鲍家村、宁远贾堡至石泉吕坪、称钩周家河至平安村、李家堡箍窑川村、高峰乡麻地湾至明星、凤翔镇南二十里铺至团结好地掌、大柏林沟道大桥、巉口镇松川至马源路等9条道路工程建设任务;内高公路至石门水库道路硬化工程被列为甘肃省2009年旅游公路建设项目。

2010年1月,在安定区第十五届人大四次会议期间,蒲海玉、曹玲等16名代表提交关于小城镇基础设施建设和城市管理等方面的建议和意见10条。安定区在办理这些建议意见中筹措资金1412.5万元,对西川园区道路进行硬化,对巉口镇和香泉镇镇区道路进行改造并配套完成排水管网建设。筹措资金157万元,购置市区道路清扫车和垃圾清运车各1辆。区上还制定出台《市区建筑工地和建筑垃圾清运管理办法》。

安定区(定西县)历届人大常委会领导更迭一览表

表4-1-3

届次	职务	姓名	任离时间
第十届	主任	谢安	1987.11—1990.01
	副主任	张伦	1987.11—1990.01
		杨文杰	1987.11—1990.01
		杨生茂	1989.03—1990.01
第十一届	主任	谢安	1990.01—1992.12
	副主任	杨生茂	1990.01—1992.12
		王明义	1990.01—1992.12
		陆国良	1990.01—1992.12
第十二届	主任	左俊文	1993.01—1995.01
		李仁兴	1995.01—1997.12
	副主任	杨生茂	1993.01—1994.06
		王明义	1993.01—1997.12
		陆国良	1993.01—1997.01
		师小平(女)	1993.01—1997.12
		姚汉杰	1995.01—1997.10
第十三届	主任	李仁兴	1997.12—1998.12
	副主任	周学彦	1997.12—2002.12
		师小平(女)	1997.12—1998.12
		李存科	1997.12—1998.12
		景宏	1997.12—1998.12
第十四届	主任	王明义	2002.12—2007.01
		王仲谦	2006.03—2007.01
	副主任	李存科	1999.01—2007.01
		田怀林	2002.12—2007.01
		刘保华	2002.12—2007.01
		祁建华	2002.12—2007.01
		王桂莲(女)	2002.12—2007.01
		南廷富	2002.12—2007.01

续表4-1-3

届次	职 务	姓 名	任离时间
第十五届	主 任	王仲谦	2007.01—2010.12
	副主任	田怀林	2007.01—2010.12
		祁建华	2007.01—2010.06
		王桂莲(女)	2007.01—2010.06
		南廷富	2007.01—2010.12
		王明海	2007.01—2010.12
		王 勇	2008.01—2010.12
		水兆林	2010.06—2010.12
		赵云青(女)	2010.06—2010.12

第二章　定西市安定区人民政府

第一节　组织机构

1981 年 7 月,定西县革命委员会改为定西县人民政府,下设 32 个工作机构。以后县政府工作机构不断进行调整和完善, 到 1987 年 10 月, 共有 42 个工作机构,即办公室、信访室、人事局、编制委员会办公室、劳动局、县志办公室、民政局、科学技术委员会、物价委员会、审计局、经济计划委员会、统计局、档案局、司法局、公安局、农业委员会、农业建设办公室、农业局、林业局、水利水保局、农业机械局、种草养畜服务中心、财政局、税务局、工商行政管理局、商业局、供销合作社联合社、粮食局、物资局、交通局、手工业联社、乡镇企业管理局、城乡建设环境保护局、文化广播局、教育局、体育运动委员会、卫生局、计划生育委员会、中国人民银行定西县支行、中国工商银行定西县支行、中国农业银行定西县支行、中国人民保险公司定西县支公司。

定西县人民政府(摄于 1985 年)

2004 年 2 月,区委、人大、政府、政协机关统办大楼正式投入使用

1989 年 7 月,定西县被国家编委和国务院机构改

革办公室确定为全国县级机构改革试点县之一,着手实施机构改革工作。1991年8月,《定西县机构改革方案》批准实施,定西县人民政府工作机构由原36个局级单位调整为2室3委19局,即办公室、经济研究室、计划委员会、经济委员会、农业委员会、粮食局、商业局、科学技术局、教育体育局、文化广播局、劳动人事局、监察局、审计局、民政局、财政局、税务局、统计局、司法局、公安局、工商行政管理局、卫生局、计划生育局、城乡建设环境保护局、土地管理局。

1997年10月,定西县人民政府根据定西地区机构编制委员会《关于定西县党政机构微调的批复》,对个别机构作了调整。调整后,县政府工作机构26个,即办公室、经济研究室、农业委员会、劳动人事局、民政局、公安局、监察局、司法局、统计局、财政局、工商行政管理局、审计局、教育体育局、文化广播局、科学技术局、卫生局、计划生育局、粮食局、城乡建设环境保护局、土地管理局、农业局、水利局、交通局、乡镇企业管理局、计划局、经济贸易局。

2002年1月,《定西县机构改革和人员编制精简方案》出台,县政府工作机构由原26个精简为22个,部门管理机构2个,议事协调机构1个,即政府办公室、民政局、公安局、监察局、司法局、统计局、财政局(加挂农税管理局牌子)、审计局、科学技术局、卫生局、计划生育局、交通局、乡镇企业管理局(挂非国有经济发展局牌子)、经济贸易局、教育体育局、城乡建设环境保护局、文化广播局;计划局更名为发展计划局,劳动人事局更名为人事劳动和社会保障局,农业局更名为农牧局,水利局更名为水利水保局,土地管理局更名为国土资源局;组建林业局,撤销农业委员会,行政职能划归农牧局等有关部门。

2004年5月,设立畜牧局,将农牧局更名为农业局;同年12月,成立安全生产监督管理局,将计划生育局更名为人口和计划生育局。2005年4月,国土资源局上划为条管部门;9月,撤销城乡建设环境保护局,成立城乡建设局和环境保护局;发展计划局更名为发展和改革局。2006年12月,文化广播局更名为文化出版广电局。

2008年3月,成立定西市安定区城市行政管理执法局。2010年7月,成立工业和信息化局、商务局;人事劳动和社会保障局更名为人力资源和社会保障局,水利水保局更名为水务局,城乡建设局更名为住房和城乡建设局,交通局更名为交通运输局,文化广播出版局更名为文化广播影视局;撤销乡镇企业管理局、经贸局、农业办公室、物价局、园林局。至2010年12月,安定区政府工作机构为:区政府办公室、财政局、人力资源和社会保障局、发展和改革局、农业局、水务局、林业局、教育体育局、卫生局、住房和城乡建设局、审计局、公安局、畜牧局、人口和计划生育局、民政局、监察局、交通运输局、工业和信息化局、司法局、安全生产监督管理局、科学技术局、文化广播影视局、统计局、商务局、环境保护局、粮食局。扶贫办公室为政府议事机构，国税局、地税局、工商局、国土资源局、电力公司、气象局、农业发展银行安定区支行、农业银行安定区支行、农村信用联社为垂直条管机构。直属事业单位有：法制办公室、劳务办公室、农业机械管理局、农技服务中心、社保中心、能源区划办公室、信访局、粮食局、园林绿化局、西川旱作农业开发区管理委员会、南川经济开发区管理委员会、就业服务中心和供销合作社联合社。

第二节　重要会议

1992年3月20日，县政府召开乡镇负责人、水保员、林业员及关川河指挥部技术人员参加的全国水土保持重点治理定西县第二期规划工作协调会。会议决定成立定西县规划领导小组，何振中任组长，周汉漪任副组长，王卿、景亚安、秦全忠、李富春为领导小组成员。

1993年1月12日，县政府召开常务会议，会议决定成立工业开发区协调领导小组，同时成立南川工业开发区、内官营工业开发区和巉口乡镇企业扶贫开发区建设管理委员会，并配备副县级领导担任正、副主任。

1997年4月11日，县政府召开定西城区给水工程南山2000立方米高地水库建设协调会。决定在定西城区南山修建一处容积为2000立方米的高地水库，以缓解城区供水问题。

2002年7月28日，县政府召开定陇公路建设协调会，决定定陇公路境内22千米所经过的3个乡镇，宣传群众、靠实责任、加强领导，确保6天内全面完成征地拆迁任务。

2005年9月17日，区政府召开第十五次常务会议，专题研究区公安局"三台合一"指挥中心系统建设事宜。会议决定，力争9月底全面建成"三台合一"指挥中心一次性验收；多渠道筹集"三台合一"指挥中心建设资金，区财政配套40万元。

2006年5月9日，区政府召开区长办公会议，专题研究巉口镇和内官营镇建设有关事宜。会议认为：这两个镇在推进区域协调发展中具有相当重要的作用，区政府要多方筹措资金，重点支持两个小城镇的发展。区财政解决巉口镇东大街、民主路、镇南路道路排水工程款290万元；解决内官营镇北环路建设工程款75万元。

2006年5月30日，区政府召开区长办公会议，专题研究东方红中学建设有关事宜。会议认为，东方红中学在全区教育事业的发展中具有十分重要的地位和作用。加强校园基础设施建设,改善办学条件是学校发展的当务之急。会议原则同意有关部门和学校提出的校园建设方案,区财政解决50万元资金,用于拆迁补偿,缺额部分由学校自筹解决。

2007年1月26日,区政府召开第一次常务会议,专题研究北部乡镇抗旱拉水事宜。会议决定,针对当前北部4个乡镇的5个村缺水突出的问题,区政府筹资20万元,建立5个集中供水点,每个点确定3~5眼水窖,组织拉水900吨,以解决春节期间群众用水困难。

2007年3月13—14日,区政府召开第二次常务会议,听取区环保局关于关川河流域农产品加工企业污水治理实施意见。会议指出,加强对淀粉加工企业的污水污染治理是落实环保政策,营造良好环境,促进人与自然和谐相处的重要任务。会议决定,对内官营水源地保护区内的农产品加工企业,必须依法按程序强制关停;在万吨以上淀粉加工企业建设污水处理设施,做到达标排放;从2007年技改资金中安排30万元作为支持企业购置污水处理设备贷款的利息补贴。

2008年5月11日,区政府召开第十九次常务会议,研究解决农村特困户危房改造配套资金问题。会议决定,区财政筹措40万元,为200户农村特困户危房改造工程每户配套资金2000元;危房改造任务要分解到各乡镇,不能集中安排;具体工作由常务副区长负责。

2008年7月23日,区政府召开第二十二次常务会议,专题研究解决2008年"十件实事"办理进展中遇到的问题。会议听取了发展和改革局、水利水保局、教育体育局、城乡建设局、文化局、农业局、交通局、计生局、财政局和档案局的工作汇报。会议要求还没有开工建设的广电中心综合大楼、档案馆业务楼、李通公路和巉口镇区南路等4个项目,要在8月10日前开工建设;建设进度较慢的市二院住院部大楼、易地扶贫搬迁、雨水集蓄利用工程等15个项目,要加快建设进度;即将完工的中华路社区卫生服务中心、友谊路和北城路道路改造等3个项目做好扫尾工作。

2009年2月8日,区政府召开第三十次常务会议,对全区2002年至2006年以来发布的规范性文件进行全面梳理,共梳理出涉及34个部门的规范性文件131份。会议决定,对符合相关法律法规、适应经济社会发展的84份文件予以保留;对部分内容与相关法律法规不相符合,与经济社会发展不相适应的15份文件进行修改;对32份文件予以废止。

2009年3月18日,区政府召开区长办公会议,就内官营镇高效节能日光温室建设事宜进行专题研究。会议认为,内官营镇100座日光温室建设已完成预算和前期规划工作,并取得预期效果。会议决定,日光温室建设标准为每座7万元,区政府补助3.5万元,群众自筹30%以上,其余部分由贷款解决;区财政暂拨付支农资金200万元,扶贫办公室拨付部分扶贫款,用于贷款贴息;农业局拿出20万元抗旱资金为锦屏村日光温室建设配套打井一眼。同时还专题研究香泉国家大型商品粮优质马铃薯生产基地建设事宜。会议要求,要立即成立项目部,3月30日前启动项目;香泉镇要做好项目协调,农业局做好技术指导,发改局要进行现场督查,审计局要及时进行资金审查,财政局要确保项目资金及时到位。

2009年5月24日,区政府召开第三十四次常务会议,听取教体局关于辞退代课教师并对辞退人员给予一次性补助的意见。会议认为随着大中专学生逐年分配补充,公办教师队伍已经满编,辞退代课教师已势在必行。会议决定,成立代课教师辞退工作领导小组,并于8月底以前完成71名代课教师辞退工作;区财政给1985年后辞退和本次辞退的代课教师按照任教年限发放补助款,具体标准为:5年以下补助500元,6—10年补助1000元,11—15年补助1500元,16—20年补助2000元,21—25年补助2500元,26年以上补助3000元。

2010年3月14日,区政府召开第四十二次常务会议,研究定西市生活垃圾填埋场启动运行事宜。会议决定:区市政工程公司上缴的168万元,由区财政局拨付用于垃圾填埋场启动经费;垃圾场配备工作人员20人,由市政工程公司抽调;生活垃圾处理和医疗废物处置工程两个项目一次性并入区环卫站管理。

2010年4月1日,区政府召开区长办公会议,专题研究全区设施农业建设有关事宜。2010年全区共建设日光温室480座,塑料大棚1500座。会议决定:符家川镇的300座日光温室和1000座塑料大棚,由扶贫办公室从扶贫连片资金中补助,超出项目设计部分由财政区从支农资金中补助200万元;香泉镇的100座日光温室由爱兰公司统一建设,农业局负责从农业项目经费中予以补助;凤翔镇的50座日光温室,从退耕还林成果经费中予以补助;西巩驿镇的20座、石峡湾乡的10座日光温室,从支农资金中分别补助20万元和10万元;内官营镇的500座塑料大棚,从支农资金中补助35万元。

2010年4月20日,区政府召开四十四次常务会议,听取教体局关于解决校舍安全工程鉴定经费、教职工体检费用以及3所农村幼儿园改建的意见。会议决定:解决农村校舍安全工程鉴定经费97.24万元;对全区教职工进行一次健康体检,经费由医疗保险等渠道解决;改建鲁家沟、西巩驿、香泉3所农村幼儿园,积极争取社会援助资金,不足部分从财政转移支付资金中拨付。

2010年6月28日,区政府召开第六十六次区长办公会议,专题研究城区环境卫生管理事宜。会议决定:对酒店、宾馆、网吧等经营性场所,要按规定收取垃圾处理费;城建部门与各收费部门签订收费责任书,确保收费、使用合理化;各建筑工地要将建筑垃圾倾倒到指定地点,严禁乱倒乱撒;切实加强监督管理,加大环卫执法力度;加强舆论宣传,营造环境卫生管理良好氛围。

2010年7月4日,区政府召开第四十六次常务会议,研究支持部分乡镇政府建设办公用房,改善办公条件事宜。会议决定:区财政给高峰乡拨付52万元,符家川镇拨付70万元,香泉镇拨付60万元,新集乡拨付90万元,白碌乡拨付90万元用于建设办公用房和改善办公条件。

第三节　施政纪要

进一步搞活经济

1988年3月29日,中共定西县委、定西县政府印发的《关于进一步搞活经济的若干暂行规定》,是经济转型时期的重要文件,为以后全县经济建设起了指导性作用。《规定》明确提出搞活经济的主要措施:

大力发展乡镇集体企业、个体企业、乡村企业、联营企业、私营企业。除已经营的行业外,还可开办、创办其他工业、商业和各种服务业,拓宽经营范围。

鼓励行政、科技、企事业单位的干部、职工停薪留职到农村领办或承包租赁乡镇企业,粮户关系留城,住房不退,工龄连续计算,不影响正常提级。

鼓励国家干部、职工投资入股兴办城乡集体企业,欢迎在外地工作的定西籍干部职工来家乡投资入股办企业,实现利润按规定比例分红。鼓励农民集资入股办企业,实行按股分红、保本付息,国家企事业单位也可与集体、个人合股承办乡镇企业。

鼓励定西籍外地干部、职工和科技人员对家乡建设进行智力投资。欢迎外地科研单位、大专院校及城市企业或科技人员承包定西县的粮食、蔬菜、林果、畜禽和其他经济开发项目或各类企业。

国有企业、城镇集体企业和乡村企业,可以试行股份制形式,相互参股,小型全民所有制企业的产权,可以有偿转让给集体或个人。全县所有集体企业,全部实行“企业自营、厂长自选、工人自招、工资奖金自定、盈亏自负”的办法。

放宽税收政策,增强企业内部活力。确定重点发展区,鼓励干部到边远山区工作。

关川河流域水土保持综合治理

关川河流域水土保持综合治理工程，于1987年5月经国际复兴开发和国际开发协会执行董事会批准为"信用贷款（软贷款）"项目，工程包括白碌、御风、景家泉、称钩驿、鲁家沟、巉口、城关、内官营、符家川、高峰、东岳、黑山、西寨、香泉、团结等15个乡镇，195个村，1316个农业生产合作社，涉及3.87万户，20.5万人。工程面积为1980.51平方千米，占全县流域面积的56.4%。

根据《甘肃省开发项目农业部分备忘录》规定，关川河流域水土保持综合治理工程从1987年开始实施到1992年为止，用6年时间完成项目规定的各项指标。

县上成立以县长为总指挥，副县级职务干部为副指挥的关川河流域治理指挥部，下设综合治理工程专职机构。关川河流域水土保持综合治理工程以小流域为单元和集中连片治理为原则，工程措施与生物措施相结合，山、水、田、林、草、路、电和沟道工程综合配套治理。

1993年3月，定西县又提出关川河流域水土保持综合治理二期工程建设意见。二期工程是在一期工程相毗邻的乡镇实施，涉及10个乡、107个行政村、953个生产合作社、3.10万户、14.76万人。工程总投资8565.5万元，世界银行和国内投资各占50%。国内投入4282.75万元，其中，省上配套3426.07万元，县财政自筹匹配856.68万元。工程期限为6年，1995年开工，2000年竣工。工程完工后，水土流失得到有效控制，农、林、牧、副各业得到发展，生态环境有所改善，产业结构得到调整，农民生活有所提高，贫困面貌得到明显改变。

1999年9月，中共中央政治局常委、国家副主席胡锦涛视察流域治理工程后说："其成绩可用'山河一新，面貌大变'八个字来概括。"2000年6月19日，中共中央总书记、国家主席、中央军委主席江泽民视察工程后说："你们不仅改善了生态环境，而且促进了经济的不断发展，做了一件大好事啊！"

实施西部大开发

中共定西县委、定西县政府2000年2月15日印发《关于贯彻实施西部大开发战略的决定》，对定西县如何实施西部大开发战略提出了指导性意见。主要包括：把水利建设特别是节水农业作为一大产业来发展，使水资源的利用更加科学化、合理化，积极配合引洮工程做好有关工作；全面实施水保立县战略，坚持不懈地抓好梯田建设、乡村道路建设、流域治理、集雨节灌、农电建设等基础设施建设；以县城为中心，带动小城镇和区域经济发展；推广各类适用新技术，加快科学技术向现实生产力转化，提高科技对生产的贡献率；优化政策环境，要用足用活国家政策,并针对发展中出现的新情况、新问题,制定更加切合实际、更有吸引力、更有利于发展的政策措施;全力抓好城镇基础设施、交通、水利和农村小城镇建设。

西部大开发战略的实施为安定区经济建设和社会发展起了重大作用。

封山禁牧发展舍饲养殖

2005 年 5 月 17 日,安定区人民政府印发《安定区实施封山禁牧发展舍饲养殖实施方案》,确定从 2005 年 7 月 1 日起,在安定区一次性全面实行封山禁牧。凡是封山禁牧区,严禁放牧、砍柴、打猎、挖土、采砂、乱砍滥伐等人为破坏林地资源的行为,严禁野外用火,严禁破坏生态建设标志。封山禁牧总面积为 219.56 万亩(除村镇、道路、耕地外),占全区土地面积 545.81 万亩的 40.2%。具体工作部署为一年启动实施,两年基本到位,三年完善提高,五年明显见效,十年大见成效,二十年建成山川秀美新安定。

集体林权制度改革

2008 年初,安定区政府确定在高峰乡红光村、葛家岔镇贾家湾村、白碌乡录丰村、鲁家沟镇太平村、凤翔镇北二十铺村、巉口镇常川村、团结镇高泉村、内官营镇文丰村等 8 个村进行集体林权制度改革试点,并在其他乡镇各确定一个村作本乡试点。试点工作在 2009 年 3 月底完成,为全区全面开展林改工作提供经验。2009 年 4 月,林改工作在全区全面展开。通过这次林改,建立起产权归属明晰、经营主体多元化、权责利相统一、流转规范有序、监管服务有效的林业产权制度,以实现资源增长、农民增收、生态良好的目标。

依法行政报告制度

为贯彻落实国务院 2004 年发布的《全面推进依法行政实施纲要》和 2008 年发布的《关于加强市县政府依法行政的决定》精神,安定区人民政府制订了《定西市安定区人民政府全面推进依法行政五年规划(2005—2009)》。按照《规划》要求,区政府每年向中共安定区委和安定区人大常委会报告依法行政工作实施情况。主要内容包括:学习贯彻《纲要》《决定》等依法行政文件情况;建立推进依法行政工作制度和保障措施情况;便民服务开展情况;建立政府信息公开制度及落实情况;行政执法行为规范情况;健全完善行政执法程序,履行法定职责情况;行政执法人员培训和行政执法队伍建设情况;落实行政执法责任制情况;行政许可项目审批和监督检查情况;行政处罚实施情况;行政调解、信访处理和应急处置等制度落实情况等。

第四节　实事工程

帮村扶贫

1987 年 3 月,中共定西地委、定西地区行署印发《关于地县单位开展帮村扶贫工作的决定》,据此,中共定西县委、定西县政府确定以"领导苦抓,社会苦帮,群众苦干"的"三苦"精神和"人一之、我十之,人十之、我百之"的艰苦奋斗精神,实行县级干部包乡,县直单位、部门的领导和干部包村的帮村扶贫制度,全县共有 70 余个单位和部门开展了对口帮村扶贫工作。

1989 年定西县针对帮扶工作新特点又制订"123"和"1122"扶贫措施,即在水川地区帮助每个贫困户种 1 亩地膜玉米,给每个贫困户供给 2 袋平价化肥,帮助贫困户种好 3 亩高产田;在特别干旱地区,给贫困农户增供 1 袋平价化肥,资助农户更换 1 个土炕,种好 2 亩洋芋和 2 亩胡麻。

1994 年 7 月,县委、县政府印发《定西县七七扶贫攻坚计划》,提出帮助贫困户户均转移 1 个劳动力,建成 1 个雨水集蓄工程,添置 1 台太阳灶;户均饲养 2 头大家畜,2 头猪;户均建成 3 亩基本农田;户均养羊 5 只的扶贫措施。经过几年不懈帮村扶贫,到 1999 年底,全县实现了整体基本解决温饱的目标,受到中共甘肃省委和甘肃省政府的表彰。

饮水安全

2004 年根据测算安定区农村饮水不安全人口为 35.52 万人,占农村总人口的 91.76%,其中,饮用水水质不达标人口 5.3 万人,水源保证率不达标人口 11.89 万人,水量不达标人口 17.74 万人,用水方便程度不达标人口 0.59 万人。根据水利部规划用 5～10 年时间解决农村饮水不安全问题的要求,安定区规划在"十一五"期间解决 13.04 万人饮水不安全问题。

一期工程从 2005 年开始,以内官营镇许家河和香泉镇老人沟截引工程为给水水源,日供水规模 2512.5 立方米,受益区覆盖内官营、香泉、凤翔、巉口、鲁家沟 5 个镇的 31 个村,解决农村 5.08 万人饮水安全问题。二期工程依托引洮一期工程为供水水源,从引洮供水一期工程内官营水厂引水,设计日引水量 8786 立方米,受益区覆盖凤翔镇等 11 个乡镇、109 个行政村,解决 11.47 万人的饮水安全问题。

医疗保障

2006年1月,安定区启动新型农村合作医疗制度试点,当年全区参合农民达31.4万人,参合率83.93%。归集合作医疗基金1256.05万元。

2007年实施城镇居民合作医疗试点。城镇居民凭户口本、身份证等有效证件,到所在社区居委会申请参保。当年有3.18万人办理《城镇居民合作医疗卡》,归集基金206.7万元。

到2009年新型农村合作医疗参合率达90.1%,城镇居民基本医疗保险参保率达91%。

2010年底,安定区参合农民32.08万人,参合率达90.37%。在城镇居民医保方面将符合政策规定的停产、半停产企业退休人员全部纳入医疗保险社会统筹,同时还将定西师专、定西电大两所高校的学生纳入城镇居民基本医疗保险。城镇居民基本医疗保险参保率达到96.74%。

安居工程

1998年正式启动安居工程建设项目,2003年年底竣工。工程占地面积8.15万平方米,建设规模2.70万平方米,总投资2025万元。

工程分三期进行,共建设楼盘16栋,总建筑面积5.19万平方米,完成总投资3682.57万元,配套建设幼儿园一所、供热锅炉房和洗浴、茶水锅炉房各一座,绿化覆盖率达30%。安居工程缓解了部分低收入居民居住难问题。

廉租住房

2007年安定区根据国务院〔2007〕24号文件精神和省、市有关文件精神,对城镇低收入住房困难家庭,实行廉租住房租赁补贴,当年共补贴1802户,4207人;2008年对人均住房建筑面积在8平方米以下的1120户,2618人城镇低收入住房困难家庭实行租赁补贴保障,补贴标准按每月人均10平方米30元,补贴12个月,当年发放补贴资金94.25万元。

2009年安定区廉租房建设选址新城规划区,总建筑面积4.39万平方米,建成廉租住房11栋412套,解决了市区部分居民住房困难问题。

安定区(定西县)人民政府历届领导更迭一览表

表 4-2-1

届次	职　务	姓　名	任离时间
第十届	县　长	张根生	1987.01—1990.01
	副县长	崔振乾	1987.01—1990.01
		张尔信	1987.01—1990.01
		梁益凤	1987.01—1990.01
		景　江	1987.01—1990.01
		何振中	1989.09—1990.01
第十一届	县　长	张根生	1990.01—1990.09
		崔振乾	1990.09—1992.12
	副县长	崔振乾	1990.01—1990.09
		景　江	1990.01—1990.09
		左俊文	1990.01—1992.12
		何振中	1990.01—1992.12
		牛芳琴(女)	1990.11—1992.12
		张敏政	1991.01—1992.12
第十二届	县　长	崔振乾	1993.01—1994.06
		刘金良	1994.07—1996.07
		何振中	1996.07—1997.12
	副县长	何振中	1993.01—1996.06
		牛芳琴(女)	1993.01—1994.10
		张敏政	1993.01—1995.10
		李宝环	1993.01—1997.12
		曹成章	1993.01—1997.12
		祁鸿基	1993.01—1995.01
		颜华东(挂职)	1993.03—1995.12
		杨瑞英(女)	1994.11—1997.12
		段习文	1995.10—1997.12
		蒲　丰	1996.01—1997.12
		苏永新(挂职)	1996.01—1997.12
		郭宽宇	1996.01—1997.12

续表 4-2-1

届次	职务	姓名	任离时间
第十三届	县长	王冠军	1997.12—2001.09
		李旺泽	2001.09—2002.12
	副县长	段习文	1997.12—2000.04
		曹成章	1997.12—2002.12
		杨瑞英(女)	1997.12—2001.09
		郭宽宇	1997.12—2001.09
		赵学仁	1997.12—2002.12
		赵爱	2000.01—2002.12
第十四届	区(县)长	李旺泽	2002.12—2004.02
		郭维团	2004.02—2007.01
	副区(县)长	郭景虎	2002.12—2004.02
		常正贵	2002.12—2007.01
		王美萍(女)	2002.12—2004.02
		黄万林(回族)	2002.12—2007.01
		祁永和	2002.12—2007.01
		焦烈	2002.12—2007.01
		刘娟玉(女)	2004.02—2007.01
		唐矽(女,挂职)	2006.05—2007.01
		魏其祝(挂职)	2006.06—2007.01
		赵凯(挂职)	2005.07—2007.01
第十五届	区长	郭维团	2007.01—2010.06
		赵众炜	2010.06—2010.12
	副区长	常正贵	2007.01—2009.11
		祁永和	2007.01—2010.12
		黄万林(回族)	2007.01—2010.06
		刘娟玉(女)	2007.01—2010.05
		焦烈	2007.01—2009.08
		赵凯(挂职)	2007.01—2007.07
		魏其祝(挂职)	2007.01—2008.07
		柴生芳	2009.12—2010.12
		郑维莉(女,挂职)	2010.06—2010.12
		孙淑芳(女)	2010.06—2010.12
		胡世祯	2010.06—2010.12
		贾文举	2010.06—2010.12
		马建林(挂职)	2010.10—2010.12

第三章 中国人民政治协商会议定西市安定区委员会

第一节 机构设置

1982年9月28日,根据中共甘肃省委统战部转发中央统战部《关于县(市)设县(市)政协问题的意见》精神,中国人民政治协商会议定西县委员会正式成立,同时召开政协定西县第一届委员会第一次会议。1983年3月10日,成立政协定西县委员会党组。同年5月5日,设立民族宗教组、对台侨务组、文史资料组和经济科技组。1986年12月,组改为科,即民族宗教科、对台侨务科、文史资料科和经济科技科。1987年4月,增设政协办公室。1987年8月,撤销县政协经济科技科、民族宗教科和对台侨务科,设立工作组委员会(统管经济科技、文教体育、医

政协定西县委员会 摄于20世纪80年代

药卫生、对台侨务、民族宗教、群工工作)和学习宣传科、提案科,保留文史资料科和办公室。1989年11月,撤销工作组委员会、学习宣传科、文史资料科和提案科,保留政协办公室,设置经济科技委员会、教文卫体委员会、提案法制群工委员会、文史资料委员会和民族宗教三胞联谊委员会。2007年11月,经济科技委员会更名为经济与环境资源委员会;科技工作职责划归教文卫体委员会,随后教文卫体委员会更名为科教文卫体委员会,民族宗教三胞联谊委员会更名为民族宗教与港澳台侨委员会。2010年12月,政协机关机构设经济与环境资源委员会、科教文卫体委员会、提案法制群工委员会、文史资料委员会、民族宗教与港澳台侨委员会5个专门委员会和政协办公室。

第二节 历届委员大会与会议

第三届委员会

政协定西县第三届委员会第一次会议于 1987 年 1 月 5 日至 10 日在定西饭店召开。委员会由中国共产党、民革、民盟、无党派民主人士、中国共产主义青年团、工会、妇女联合会、农民、工商联、文化艺术界、科学技术界、教育界、医药卫生界、少数民族界、体育界、港澳台属界、宗教界、侨联等 18 个界别组成。会议应到委员 62 人,实到委员 62 人。会议听取常委会工作报告和提案办理情况报告;中共定西县委书记高存弟到会讲话;与会委员列席了定西县第十届人民代表大会第一次会议;会议审议通过政协定西县第三届委员会第一次会议提案审查情况报告、政协定西县第三届委员会第一次会议政治决议。会议选举杨见教为政协定西县第三届委员会主席,马锡玉、刘鸿藻为副主席,王庆发为秘书长,黄权钜等 7 人为常务委员。会议共收到委员提案和建议 27 件,经审查立案 10 件。

政协定西县第三届委员会第二次会议于 1988 年 3 月 7 日至 11 日在定西饭店召开。会议学习中共十三大文件、传达甘肃省政协六届一次会议精神;听取常委会工作报告和提案办理情况报告;与会委员列席了定西县第十届人民代表大会第二次会议;审议通过政协定西县第三届委员会第二次会议提案审查情况报告、政协定西县第三届委员会第二次会议政治决议。会议增选王庆发为副主席。会议共收到委员提案和建议 39 件,经审查立案 16 件。

政协定西县第三届委员会第三次会议于 1989 年 3 月 4 日至 9 日在定西饭店召开。会议听取常委会工作报告和提案办理情况报告;中共定西县委副书记郭南到会讲话;与会委员列席了定西县第十届人民代表大会第三次会议;审议通过政协定西县第三届委员会第三次会议提案审查情况报告、政协定西县第三届委员会第三次会议政治决议。会议增选王晰、冯麟为副主席。会议共收到委员提案和建议 33 件,经审查立案 10 件。

第四届委员会

政协定西县第四届委员会第一次会议于 1990 年 1 月 2 日至 7 日在定西饭店召开。本届委员会新增民进、九三学社 2 个界别,委员会由 20 个界别组成。会议应到委员 75 人,实到 75 人。会议听取常委会工作报告和提案办理情况报告;中共定西县委副书记、县长张根生到会讲话;与会委员列席了定西县第十一届人民代表大会第一次会议；审议通过政协定西县第四届委员会第一次会议提案审查情况报告；审议通过政协定西县第四届委员会第一次会议政治决议。会议选举杨见教为政协定西县第四届委员会主席，冯麟、陆世荣、程培祥、黄权钜为副主席，张仲义为秘书长，王庆发等12人为常务委员。会议共收到委员提案和建议38件，经审查立案11件。

政协定西县第四届委员会第二次会议于1991年1月19日至23日在定西饭店召开。会议听取常委会工作报告和提案办理情况报告；与会委员列席了定西县第十一届人民代表大会第二次会议；审议通过政协定西县第四届委员会第二次会议提案审查情况报告；审议通过政协定西县第四届委员会第二次会议政治决议。与会委员还就如何进一步搞好人民政协工作提出了很好的意见和建议。会议共收到委员提案和建议34件，审查立案18件。

政协定西县第四届委员会第三次会议于1992年1月13日至16日在定西饭店召开。会议听取常委会工作报告和提案办理情况报告；中共定西县委书记张根生到会讲话；与会委员列席了定西县第十一届人民代表大会第三次会议；审议通过政协定西县第四届委员会第三次会议提案审查情况的报告；审议通过政协定西县第四届委员会第三次会议政治决议。会议增选王让为第四届委员会副主席。会议共收到委员提案和建议31件，经审查立案16件。

第五届委员会

政协定西县第五届委员会第一次会议于1993年1月3日至7日在定西饭店召开。委员会由20个界别组成。会议应到委员76人，实到76人。会议传达学习中共十四大会议精神；听取常委会工作报告和提案办理情况报告；中共定西县委书记李兰图到会讲话；与会委员列席了定西县第十二届人民代表大会第一次会议；审议通过政协定西县第五届委员会第一次会议提案审查情况报告；审议通过政协定西县第五届委员会第一次会议政治决议。会议选举秦贵仁为政协定西县第五届委员会主席，陆世荣、王让、程培祥、董世德为副主席，张仲义为秘书长，冯麟等12人为常务委员。会议共收到委员提案和建议23件，经审查立案7件。

政协定西县第五届委员会第二次会议于1994年1月17日至21日在定西县农副公司招待所召开。会议听取常委会工作报告和提案办理情况报告；政协定西地区工委主任刘生儒、中共定西县委书记李兰图到会讲话；与会委员列席了定西县第十二届人民代表大会第二次会议；审议通过政协定西县第五届委员会第二次会议提案审查情况报告；审议通过政协定西县第五届委员会第二次会议政治决议。会议共收到委员提案和建议 13 件,经审查立案 3 件。

政协定西县第五届委员会第三次会议于 1995 年 1 月 8 日至 12 日在定西县农副公司招待所召开。会议听取常委会工作报告和提案办理情况报告;政协定西地区工委副主任沙文升到会传达全国地方政协经验交流会和全省政协工作会议精神;中共定西县委副书记李仁兴到会讲话;与会委员列席了定西县第十二届人民代表大会第三次会议;审议通过政协定西县第五届委员会第三次会议提案审查情况报告;审议通过政协定西县第五届委员会第三次会议政治决议。会议补选周汉漪、黄继祖、张亚琳为副主席。会议共收到委员提案和建议 13 件,经审查立案7 件。

政协定西县第五届委员会第四次会议于 1996 年 1 月 16 日至 19 日在定西县政府招待所召开。会议听取常委会工作报告和提案办理情况报告;中共定西县委书记朱同心到会讲话;与会委员列席了定西县第十二届人民代表大会第四次会议;审议通过政协定西县第五届委员会第四次会议提案审查情况报告;审议通过政协定西县第五届委员会第四次会议政治决议。会议同意秦贵仁辞去县政协第五届委员会主席职务,补选虎登岗为主席。会议共收到委员提案和建议 25 件,经审查立案 12 件。

政协定西县第五届委员会第五次会议于 1997 年 1 月 15 日至 18 日在定西地委宾馆召开。会议听取常委会工作报告和提案办理情况报告;中共定西县委副书记、代县长何振中到会讲话;与会委员列席了定西县第十二届人民代表大会第五次会议;审议通过政协定西县第五届委员会第五次会议提案审查情况报告;审议通过政协定西县第五届委员会第五次会议政治决议。会议增选景亚安、庞汉三为副主席,陈鹏为秘书长。会议共收到委员提案和建议 40 件,经审查立案 16 件。

第六届委员会

政协定西县第六届委员会第一次会议于 1997 年 12 月 24 日至 27 日在定西地委宾馆召开。本届委员会新增新闻界,委员会由 21 个界别组成。应到委员 75 人,实到 75 人。会议学习中共十五大精神;听取常委会工作报告和提案办理情况报告;政协定西地区工委副主任张凤林、中共定西县委书记何振中到会讲话;与会委员列席了定西县第十三届人民代表大会第一次会议;审议通过政协定西县第六届委员会第一次会议提案审查情况报告;审议通过政协定西县第六届委员会第一次会议政治决议。会议选举王明义为政协定西县第六届委员会主席,周汉漪、黄继祖、张亚琳、景亚安、庞汉三为副主席,周汉漪兼秘书长,张超栋等 11 人为常务委员。会议共收到委员提案建议 41 件,经审查立案 21 件。

政协定西县第六届委员会第二次会议于 1999 年 1 月 13 日至 16 日在定西地委宾馆召开。会议听取常委会工作报告和提案办理情况报告;中共定西县委副书记张兆祥到会讲话;与会委员列席了定西县第十三届人民代表大会第二次会议;审议通过政协定西县第六届委员会第二次会议提案审查情况报告;审议通过政协定西县第六届委员会第二次会议政治决议;听取 6 位委员大会发言。会议共收到委员提案和建议 57 件,经审查立案 46 件。

政协定西县第六届委员会第三次会议于 2000 年 1 月 7 日至 11 日在定西地委宾馆召开。会议听取常委会工作报告和提案办理情况报告;政协定西地区工委主任张乃、中共定西县委副书记张兆祥到会讲话;与会委员列席了定西县第十三届人民代表大会第三次会议;审议通过政协定西县第六届委员会第三次会议提案审查情况报告;审议并通过政协定西县第六届委员会第三次会议政治决议;听取 7 位政协委员大会发言。会议增选张新民、李建国为副主席。会议共收到提案和建议 49 件,经审查立案 33 件。

政协定西县第六届委员会第四次会议于 2001 年 1 月 2 日至 6 日在定西地委宾馆召开。会议听取常委会工作报告和提案办理情况报告;中共定西县委常委苏奇到会讲话;与会委员列席了定西县第十三届人民代表大会第四次会议;审议通过政协定西县第六届委员会第四次会议提案审查情况报告;审议通过政协定西县第六届委员会第四次会议政治决议;听取 6 位政协委员的大会发言。会议增选燕思三为副主席,刘文为秘书长。会议共收到委员提案和建议 60 件,经审查立案 34 件。

政协定西县第六届委员会第五次会议于 2002 年 1 月 19 日至 22 日在定西地委宾馆举行。会议听取常委会工作报告和提案办理情况报告;政协定西地区工委主任张乃、中共定西县委书记王冠军到会讲话;与会委员列席了定西县第十三届人民代表大会第五次会议;审议并通过政协定西县第六届委员会第五次会议提案审查情况报告;审议并通过政协定西县第六届委员会第五次会议政治决议;会议表彰了县政协六届一次会议以来优秀提案、提案办理工作先进单位和先进工作者。会议增选刘俭为副主席、曾海珊为常务委员。会议共收到委员提案和建议 60 件,经审查立案 37 件。

第七届委员会

政协定西县第七届委员会第一次会议于 2002 年 12 月 25 日至 29 日在定西

地委宾馆召开。本届委员会新增社会保障界，委员会由 22 个界别组成。应到委员86 人，实到 81 人。会议听取常委会工作报告和提案办理情况报告；中共定西县委

书记王冠军到会讲话；与会委员列席了定西县第十四届人民代表大会第一次会议；审议并通过政协定西县第七届委员会第一次会议提案审查情况报告；审议通过政协定西县第七届委员会第一次会议政治决议。会议选举杨海荣为政协定西县第七届委员会主席，

2002 年 12 月 25 日，政协定西县第七届委员会第一次会议在定西地委宾馆开幕

张亚琳、庞汉三、李建国、燕思三、刘俭、杨世雄为副主席，张亚琳兼秘书长，常金钰等 10 人为常务委员。会议共收到委员提案 67 件，会后收到平时提案 1 件，共审查立案 41 件。

政协安定区第七届委员会第二次会议于 2004 年 2 月 15 日至 19 日在定西宾馆召开。会议听取常委会工作报告和提案办理情况报告；定西市政协主席秦素梅、中共安定区委书记李旺泽到会讲话；与会委员列席了安定区第十四届人民代表大会第二次会议；审议通过政协安定区第七届委员会第二次会议提案审查情况报告；审议通过政协安定区第七届委员会第二次会议政治决议。听取 5 名委员大会发言。会议补选于晓杰为秘书长，增选景利军、贾怀忠为常务委员。会议共收到委员提案 55 件，经审查立案 39 件。

政协安定区第七届委员会第三次会议于 2004 年 9 月 29 日在定西宾馆召开。会议学习贯彻了中共十六届四中全会精神。增选王辉、景利军为政协安定区第七届委员会副主席。这次会议没有委员提案议程。

政协安定区第七届委员会第四次会议于 2005 年 1 月 5 日至 9 日在定西宾馆召开。会议听取常委会工作报告和提案办理情况报告；定西市政协主席秦素梅、中共安定区委书记李旺泽到会讲话；与会委员列席了安定区第十四届人民代表大会第四次会议；审议通过政协安定区第七届委员会第四次会议提案审查情况报告；审议通过政协安定区第七届委员会第四次会议政治决议。会议表彰奖励了

区政协七届一次会议以来的 6 件优秀提案、6 个提案办理先进单位和 9 名提案办理先进工作者。会议共收到委员提案 47 件,经审查立案 37 件。

政协安定区第七届委员会第五次会议于 2006 年 3 月 27 日至 31 日在定西宾馆召开。会议听取常委会工作报告和提案办理情况报告;定西市政协副主席董继信、中共安定区委书记李旺泽到会讲话;与会委员列席了安定区第十四届人民代表大会第五次会议;审议通过政协安定区第七届委员会第五次会议提案审查情况报告;审议通过政协安定区第七届委员会第五次会议政治决议。会议共收到委员提案 32 件,经审查立案 24 件。

第八届委员会

政协安定区第八届委员会第一次会议于 2007 年 1 月 6 日至 10 日在定西宾馆召开。本届委员会新增青联、台联、经济、特邀 4 个界别,委员会由 26 个界别组成,应到委员 94 人,实到 93 人。会议听取常委会工作报告和提案办理情况报告;中共安定区委书记李旺泽到会讲话;与会委员列席了安定区第十五届人民代表大会第一次会议;审议通过政协安定区第八届委员会第一次会议提案审查情况报告;审议通过政协安定区第八届委员会第一次会议政治决议。会议选举杨海荣为政协安定

2007 年 1 月 6 日,政协安定区第八届委员会第一次会议在定西宾馆开幕

区第八届委员会主席,杨世雄、景利军、贵天成、张荐贤、赵云青为副主席,于晓杰为秘书长,马杰等 13 人为常务委员。会议共收到委员提案 60 件,会后收到平时提案 1 件,共审查立案 40 件。

政协安定区第八届委员会第二次会议于 2008 年 1 月 7 日至 11 日在定西宾馆召开。会议听取常委会工作报告和提案办理情况报告;中共安定区委书记李旺泽到会讲话;与会委员列席了安定区第十五届人民代表大会第二次会议;审议通过政协安定区第八届委员会第二次会议提案审查情况报告;审议通过政协安定

区第八届委员会第二次会议政治决议。会议增选高永伟为政协安定区第八届委员会副主席。会议共收到委员提案 50 件,经审查立案 44 件。

政协安定区第八届委员会第三次会议于 2008 年 12 月 26 日至 30 日在定西宾馆召开。会议听取常委会工作报告和提案办理情况报告;中共安定区委书记李旺泽到会讲话;与会委员列席了安定区第十五届人民代表大会第三次会议;审议通过政协安定区第八届委员会第三次会议提案审查情况报告;审议通过政协安定区第八届委员会第三次会议政治决议。会议表彰奖励了区政协八届一次会议以来 5 件优秀提案、7 个提案办理先进单位和 9 名提案办理者。会议共收到委员提案 46 件,审查立案 44 件。

政协安定区第八届委员会第四次会议于 2010 年 1 月 4 日至 8 日在定西宾馆召开。会议听取常委会工作报告和提案办理情况报告;中共安定区委书记位志荣到会讲话;与会委员列席了安定区第十五届人民代表大会第四次会议;审议通过政协安定区第八届委员会第四次会议提案审查情况报告;审议通过政协安定区第八届委员会第四次会议政治决议。会议增选郭景虎为政协安定区第八届委员会副主席。会议共收到委员提案 46 件,会后收到平时提案 1 件,共审查立案 36 件。

政协安定区第八届委员会第五次会议于 2010 年 6 月 9 日在定西宾馆召开。会议审议通过关于同意杨海荣同志辞去政协安定区第八届委员会主席职务的决定,审议通过关于同意贵天成、赵云青二同志辞去政协安定区第八届委员会副主席职务的决定;补选郭景虎为政协安定区第八届委员会主席,增选李良荣、鲍秀珍为副主席。这次会议没有委员提案议程。

第三节　主要工作

调查研究

1986 年至 1992 年,县政协组织委员对基础教育、职业技术教育、医疗卫生、工农业生产等进行专题调查研究,形成调研报告 41 份。其中《对科技兴农重点项目和体系建设情况的调研》和《对内官营镇排危建校情况的调查》调研报告,在中共定西县委《要事反映》转发。

1993 年至 2002 年,县政协组织委员对本县农田水利、文化设施建设、医药卫生、小城镇建设、民族地区发展等进行专题调查研究,形成调研报告 65 份。其中《对全县洋芋产业调查》等 13 份调研报告分别被地区《政协动态》、县委文件或县委《要事反映》、县政府《定西动态》转发。

2003 年至 2010 年，区政协组织委员对小城镇建设、民族地区发展、合作医疗、乡镇卫生院建设、马铃薯产业等进行专题调查研究，形成调研报告 39 份，有 9 份在区委文件和区委《要事反映》、区政府《安定工作通报》上转发，为区委、区政府科学决策提供了参考。

2010 年 7 月 24 日，区政协常委会组成人员，各民主党派、工商联负责人，区政协各委室主任及部分政协委员视察全区经济社会发展情况

文史资料整理

1987 年至 1997 年，征集到文史资料 46 篇，12.4 万字。部分资料编入《甘肃省文史资料选辑》和《中华人民共和国减灾实录》。1999 年 11 月，出版《定西县文史资料选辑》第一辑，入编文稿 70 篇，21 万字，印数 1500 册。2002 年 6 月，出版《定西县政协简

区政协整理出版的文史资料

史》一书，全书 46 万余字，印数 700 册。2006 年 8 月，出版《安定文史资料》第二辑，25 万字，印数 2000 册。2009 年 6 月，出版《安定书画集》，收录古今 144 人的 249 件书画作品。至 2010 年，共编辑《安定区文史资料选刊》104 期，50 万字。此后文史资料整理工作重点转向《重修定西县志》（手抄本）等地方古籍文献的整理。

提案办理

在政协三届一次会议至八届四次会议期间，政协各参加单位和广大政协委员紧紧围绕产业发展、工业建设、项目建设、城市建设、环境保护、社会事业等方面提交提案 986 件，经审查立案 596 件，立案率 87.2%，办结率 100%。政协六届二次会

议后,对每届全委会议期间立案的提案,选择一些建议可行、质量较高、事关全局的提案,作为重点提案,由主席、副主席领衔督办。区上办理民革、民进提出的《关于大力发展畜草产业,加快农民增收步伐的建议》提案,制定《安定区畜草产业发展规划》,通过引进良种、圈舍改造、饲草加工、规模养殖等措施,增加农民收入;办理民盟提出的《关于进一步做大做强马铃薯产业,促进农民增收的建议》提案,区上当年将马铃薯种植任务分解到各乡镇,并与各乡镇签订责任书,同时组建超兴、薯峰、宏煊、蓝天、陇峰等马铃薯精淀粉加工企业和马铃薯综合交易中心;民进提出的《关于进一步加快城市"四山"绿化步伐的建议》提案,得到县委、县政府的高度重视,制定《定西城区"面山"造林十年规划》,组织动员城区各单位参加植树活动,使城区面山环境得到很大改善;办理九三学社提出的《关于加大玉米全膜覆盖推广力度,建立半干旱地区优质高效农业生产体系的建议》提案,通过政府和业务部门的努力,全膜双垄沟种植技术被列为全省旱作农业综合技术重点项目;办理工商联提出的《关于推进非公有制经济增长方式的转变,促进循环经济发展的建议》提案,区委、区政府将循环经济的发展理念贯穿于发展非公企业的各个环节,使全区非公有制经济得到了长足发展。

政协安定区(定西县)委员会历届领导更迭一览表

表 4-3-1

届次	职务	姓名	任离时间
第三届	主席	杨见教	1987.01—1990.01
	副主席	马锡玉	1987.01—1988.11
		刘鸿藻	1987.01—1990.01
		王庆发	1988.03—1990.01
		王晰	1989.03—1990.01
		冯麟	1989.03—1990.01
第四届	主席	杨见教	1990.01—1993.01
	副主席	冯麟	1990.01—1993.01
		陆世荣	1990.01—1993.01
		程培祥	1990.01—1993.01
		黄权钜	1990.01—1993.01
		王让	1992.01—1993.01

续表 4-3-1

届次	职 务	姓 名	任离时间
第五届	主 席	秦贵仁	1993.01—1996.01
		虎登岗(回族)	1996.01—1997.12
	副主席	陆世荣	1993.01—1996.07
		王 让	1993.01—1995.05
		程培祥	1993.01—1994.12
		董世德	1993.01—1995.05
		周汉漪	1995.01—1997.12
		黄继祖	1995.01—1997.12
		张亚琳(女)	1995.01—1997.12
		景亚安	1997.01—1997.12
		庞汉三	1997.01—1997.12
第六届	主 席	王明义	1997.12—2002.12
	副主席	周汉漪	1997.12—2000.06
		黄继祖	1997.12—2002.10
		张亚琳(女)	1997.12—2002.12
		景亚安	1997.12—2001.01
		庞汉三	1997.12—2002.12
		张新民	2000.01—2001.07
		李建国	2000.01—2002.12
		燕思三	2001.01—2002.12
		刘 俭	2002.01—2002.12
第七届	主 席	杨海荣	2002.12—2006.12
	副主席	张亚琳(女)	2002.12—2003.12
		庞汉三	2002.12—2006.12
		李建国	2002.12—2006.12
		燕思三	2002.12—2005.07
		刘 俭	2002.12—2006.12
		杨世雄	2002.12—2006.12
		王 辉	2004.10—2006.12
		景利军	2004.10—2006.12

续表 4-3-1

届次	职务	姓名	任离时间
	主席	杨海荣	2007.01—2010.06
		郭景虎	2010.06—2010.12
第八届	副主席	郭景虎	2010.01—2010.06
		杨世雄	2007.01—2010.12
		景利军	2007.01—2010.12
		贵天成	2007.01—2010.06
		张荐贤	2007.01—2010.12
		赵云青(女)	2007.01—2010.06
		高永伟	2008.01—2010.12
		李良荣	2010.06—2010.12
		鲍秀珍(女)	2010.06—2010.12

第五编

民主党派　人民团体

第五编　民主党派　人民团体

第一章　民主党派　工商联

第一节　中国国民党革命委员会

组织机构

1985年12月,成立中国国民党革命委员会(简称民革)定西县委员会(简称民革县委),下设2个支部,有党员40人。

2003年9月,民革定西县委员会更名为民革定西市安定区委员会(简称民革区委)。

2010年,民革区委下设4个支部(1个支部设在渭源县),有党员99人。党员中,大专以上学历86人,中、高级职称74人,省政协委员1人,市、区人大代表和政协委员10人。

民革区委曾被民革甘肃省委评为甘肃民革先进单位,有17名党员受到中共甘肃省委统战部、民革甘肃省委、甘肃省文化厅的表彰奖励。

党员大会

1985年12月,召开党员大会,选举马锡玉任民革定西县第一届委员会主任委员,黄权钜、刘笃、汪量轩任副主任委员。

1988年10月,召开党员大会,选举黄权钜任民革定西县第二届委员会主任委员,汪量轩、李文魁、常金钰任副主任委员。

1992年1月,召开党员大会,选举汪量轩任民革定西县第三届委员会主任委员,李文魁、常金钰、姚晏茹任副主任委员。

1997年1月,召开党员大会,选举李文魁、常金钰、姚晏茹、马杰任民革定西县第四届委员会副主任委员,主任委员空缺。

1999年12月,召开党员大会,补选常金钰任民革定西县第四届委员会主任委员。

2001年12月,召开党员大会,选举常金钰任民革定西县第五届委员会主任委员,马杰、康学昆、王统和任副主任委员。

2006年12月,召开党员大会,选举梁笑玉任民革安定区第六届委员会主任委员,马杰、康学昆、王统和、蒋小军任副主任委员。

主要工作

参政议政 1986年至2010年,民革区(县)委向市、区(县)人大、政协"两会"提交议案和提案331件,其中,《关于深化改革,全面提升定西县农技推广服务体系功能建设的建议》《关于在全市马铃薯产业中,尽快提高农民组织化程度,确保农民增产增收的建议》《关于进一步规范高中办学行为,提高高中入学率的建议》等107件提案,被市、区(县)政协列为重点提案和主席督办提案。《关于兴建临定电力提灌工程(引洮工程)的建议》被省政协列为重点提案。民革区(县)委还组织党员调查研究本市(地)、区(县)经济和社会发展的热点难点问题及社情民意,撰写调研报告和工作建议249篇(条),其中,《关于对基层扶贫资金开支全面采取公示制的建议》《关于在新农村建设中,要特别注重和保护非物质文化遗产的建议》等10条建议被民革省委选报全国政协信息中心。民革区(县)委7次被区(县)政协和市政协评为优秀提案单位。

学习考察 1986年至2010年,民革区(县)委举办骨干党员和新党员培训班12期,召开邓小平理论、"三个代表"重要思想、科学发展观、多党合作制度、新时期统战政策、参政党建设和定西民革党史等专题学习研讨会17次,选派32名党员参加国家和省、市(地)社会主义学院及民革省委举办的学习培训班,组织党员到周边省、市、县考察学习12次。

服务社会 1986年,民革县委创办定西中山业余学校,先后开办初三文化补习班、企业商业会计培训班、机械电工技术学习班、高考补习班等10期,招收学生、学员400余人。在庆祝中华人民共和国成立35周年、纪念辛亥革命80周年、庆祝中华人民共和国成立50周年暨澳门回归之际,民革县委3次举办大型书画展览,征集展出著名书画家启功、屈武、佟韦、宣祥鎏、张有清、张书范、杨再春、韩不言、陈伯希、应中逸和全国政协副主席、民革中央常务副主席周铁农等人的书画作品530余幅,受到定西文化艺术界和书画爱好者的好评。从2009年开始,民革区委把推广秸秆生物反应堆种植技术列为服务社会的重点项目,争取到项目资金14万元,建立试验示范点(户),培养专业技术人员,成立培训中心,在全区逐步推广秸秆生物反应堆种植技术,取得明显的增产增收效益。

　　组织募捐活动　1987年,民革县委邀请民革党员、著名秦腔表演艺术家肖玉玲、刘茹惠、王君秋、张新华等来定西义演,为西岩寺公园建设募捐资金9800余元。1991年,民革县委与中共定西地委宣传部、定西行署民政处、文化处等单位联合举办陇中秦腔名伶赈灾义演,为南方洪涝灾区募捐现金、药品、物资等共计6万余元。1994年至2003年,民革县委组织党员为团结、香泉、符家川3个乡镇5所贫困小学和8名特困学生捐款3.52万元,被中共定西地委、定西行署评为尊师重教先进集体。2007年,

民革安定区委开展助学捐资活动

民革区委与民革甘肃省委、民革厦门市委联合给渭源县清源镇小学捐款9000余元,捐赠图书及学习用具5000余件(套)。2010年1月,民革区委与北京等地一些热心公益事业的人士协商,决定每年捐款2.3万元资助定西23名贫困学生完成中学及后续学业。当年3月,民革区委将首批捐款2.3万元发放给定西市一中、安定区东方红中学和渭源县一中的23名贫困学生。

　　促进统战工作　民革区(县)委多次邀请甘肃省政协常委、省民革副主席、祖国和平统一促进委员会副主任马耀南来定西给政协委员、三胞联谊会成员和民革党员作统战形势报告。先后8次接待回定西探亲的台湾同胞汪瀚祥、马心川、苑增泽等。民革老党员保持与台湾一些同学、好友和亲戚的书信、电话联系,向台湾同胞宣传中国共产党的统战政策,介绍祖国、家乡的发展变化,不断增进友谊和共识。

第二节　中国民主同盟

组织机构

1990年4月,成立中国民主同盟(简称民盟)定西县支部(简称民盟县支部),有盟员17人。

2003年9月,民盟定西县支部更名为民盟定西市安定区支部(简称民盟区支

民盟安定区总支成立大会

部）。

2007年4月，成立民盟定西市安定区总支部（简称民盟区总支）。

2010年，民盟区总支下设6个支部，有盟员114人。盟员中，本科学历92人，中、高级职称83人；省人大代表1人，市、区人大代表和政协委员10人。盟员主要分布在文化教育和医疗卫生界。

民盟区总支曾被中共定西市委统战部评为全市统一战线工作先进集体，有6名盟员受到全国妇联、教育部、民盟甘肃省委和中共定西市委统战部的表彰奖励，2名盟员分别入选"定西市十大杰出青年"、"定西市十佳优秀青年"。

盟员大会

1990年4月，召开盟员大会，选举杨怀智任民盟定西县第一届支委会主任委员。

1994年4月，召开盟员大会，选举李成业任民盟定西县第二届支委会主任委员。

1997年4月，召开盟员大会，选举李成业任民盟定西县第三届支委会主任委员，贾国江、冯军任副主任委员。

2001年3月，召开盟员大会，选举李成业任民盟定西县第四届支委会主任委员，贾国江、冯军任副主任委员。

2007年4月，召开盟员大会，选举冯军任民盟安定区第一届总支委会主任委员，李金、杨天顺、张学东任副主任委员。

主要工作

参政议政 1990年至2010年，民盟区（县）支部、总支向市、区（县）政协会议提交各类提案66件，其中，《关于加大高中办学规模，提高初中毕业生升学率的建议》《关于加大马铃薯种植面积，促进农民增收的建议》《关于修建许铁堂纪念堂的建议》等提案被列为重点提案和主席督办提案。民盟区（县）支部两次被民盟甘肃省委评为参政议政工作先进集体，有3名盟员被民盟甘肃省委评为参政议政工作先进个人。

支持教育　1998年，成立民盟定西外语补习学校，先后招收学生1500余人。2000年，民盟县支部通过清华大学民盟组织，促成清华大学远程教育校外教学网站与定西教育学院联网项目，联系民盟江苏省委为香泉中学捐赠计算机20台。2006年，民盟区支部邀请民盟甘肃省外国语培训中心的外籍教师到定西卫校进行教学交流活动，对该校外语教学工作起到促进作用。2007年至2010年，民盟区总支协助民盟甘肃省委组织实施"农村教育烛光行动"项目，举办暑假师资培训班4期，培训中小学校长82人、教师1000余人；选送37名中小学校长到北京、广东、江苏等地培训和进修；促成安定区东方红中学与宁波市慈溪育才中学的教育合作项目，东方红中学选送20名贫困优秀学生到慈溪育才中学"民盟育才定西班"，接受为期两年的高中义务教育。

第三节　中国民主促进会

组织机构

1988年3月，成立中国民主促进会（简称民进）定西县支部（简称民进县支部）。

1996年12月，成立民进定西县总支部（简称民进县总支）。

2003年9月，民进定西县总支部更名为民进定西市安定区总支部（简称民进区总支）。

2006年12月，成立民进定西市安定区委员会（简称民进区委）。

2010年，民进区委下设3个支部，有会员80人，其中，教育界56人，医药卫生界9人，其他部门15人；中、高级职称71人；市、区人大代表和政协委员7人。

会员大会

1988年3月，召开会员大会，选举罗进忠任民进定西县第一届支委会主任委员。

1991年11月，召开会员大会，选举罗进忠任民进定西县第二届支委会主任委员。

1996年12月，召开会员大会，选举罗进忠任民进定西县第一届总支委会主任委员，赵荣、陈太定任副主任委员。

2001 年 12 月,召开会员大会,选举赵荣任民进定西县第二届总支委会主任委员,李景辉、刘海峰任副主任委员。

2006 年 12 月,召开会员大会,选举赵荣任民进安定区第一届委员会主任委员,李景辉、刘海峰、郭剑平任副主任委员。

主要工作

参政议政　1988 年至 2010 年,民进区(县)支部、总支和区委向市、区(县)人代会、政协会议提交各类提案 341 件,其中,《关于保护耕地、节制生育的建议》《关于进一步加强定西城周四山绿化管理工作的建议》《关于尽快调整中华路中学和中华路小学布局的建议》等 126 件提案被列为重点提案和主席督办提案。组织会员对全区中小学教育衔接、学生《行为规范》落实、《教师法》贯彻实施、学校收费、学生作业负担、学校精神文明建设及全区农业产业发展等情况进行专项调研,向区(县)政府报送调研报告 46 篇。民进区(县)负责人参与区(县)有关部门组织的调研、提案督办等活动 240 余次,提意见、建议 120 余条。民进区(县)组织 6 次被民进甘肃省委和市、区(县)政协评为参政议政先进单位。

服务社会　1989 年至 1992 年,民进县支部开办高三补习班 3 期,招收学生 393 人,有 138 名补习生考入大中专院校。邀请民进在兰书画家到定西进行文化

2007 年 10 月 30 日,民进江苏省委在葛家岔镇举行捐建爱心水窖仪式

宣传和咨询服务活动,为农民群众写字作画 150 余幅,给巉口乡文化站捐赠各类图书 300 余册。2000 年代,民进区(县)总支、区委广泛开展社会服务活动。联系东南沿海发达城市的民进组织结对帮扶葛家岔初级中学、张湾初级中学等 5 所农村贫困学校,捐助资金 15 万元,修建"爱心水窖"5 眼,硬化集流场地 870 平方米,捐赠书籍 3000 余册、课桌凳和高低床 180 套。引进扶持西部教育发展资金 1 万元,为中华路中学购置课桌 100 套。组织会员参加区(县)各项"献爱心"活动,共捐款 7 万余元。

第四节　九三学社

组织机构

1987年8月,成立九三学社定西县小组,有社员5人。

1990年7月,成立九三学社定西县支社(简称县支社)。

2003年9月,九三学社定西县支社更名为九三学社定西市安定区支社(简称区支社)。

2007年4月,成立九三学社安定区委员会(简称社区委)。

2010年,社区委下设3个支部和漳县小组,有社员50人,其中,大专以上学历44人,中、高级职称50人,市、区人大代表和政协委员9人。

社区委曾被九三学社甘肃省委评为优秀组织,有2名社员被评为全国先进工作者,10人被评为全省先进工作者,8人获中共定西市委和市政府授予的"定西市科技拔尖人才"、"定西市科技领军人才"等荣誉称号。

社员大会

1987年8月,召开社员大会,选举王琳任九三学社定西县小组组长。

1990年7月,召开社员大会,选举王琳任九三学社定西县支社第一届委员会主任委员。

1993年8月,召开社员大会,选举王琳任九三学社定西县支社第二届委员会主任委员。

1996年11月,召开社员大会,选举王琳任九三学社定西县支社第三届委员会主任委员。

2001年10月,召开社员大会,选举曾海珊任九三学社定西县支社第四届委员会主任委员,曹志东、梁淑珍任副主任委员。

2007年4月,召开社员大会,选举曾海珊任九三学社安定区第一届委员会主任委员,曹志东、雷成多、梁振强任副主任委员。

主要工作

参政议政　1987年至2010年,区(县)支社和社区委向市、区(县)政协会议提交各类提案100余件,内容涉及生态建设、城市建设、医疗改革和农业发展等。《关于退耕还林(草)的建议》《关于加快建立新型合作医疗试点的建议》《关于加大全覆膜玉米种植技术推广力度的建议》等24件提案被列为主席重点督办提案。《关于打造定西市三山三园一堂一面立体特色景观的建议》《关于加强治理东西河乱倒垃圾、排放污水和城区大气污染的建议》等提案,被市、区政协评为优秀提案。

服务社会　1990年,县支社与县农技中心组成考察组,到省农科院就定西县低产田改造、豌豆立枯病防治、小流域治理和生态环境建设等进行专题调研咨询,给县政府提出10条建议。1999年,建立九三学社门诊部,为群众治病,开展卫生保健知识宣传和医疗咨询服务活动。2002年,县支社配合省医疗专家组在巉口镇和县医院举办医疗培训班2期,培训医务人员100余人。2009年,社区委配合社省委和省科技局在东方中学举办科普知识讲座,宣传现代科技知识和重大科研创新成果。至2010年,区(县)支社、社区委组织卫生宣传和农技咨询服务活动30余次,组织社员为灾区捐款2万余元。

九三学社社员慰问凤翔镇生活困难群众

第五节　中国农工民主党

组织机构

2008年6月,成立中国农工民主党(简称农工党)定西支部,有党员22人。

2010年9月,成立农工党定西市安定区总支部(简称农工党区总支),下设5个支部,有党员31人,其中,区直属单位20人,医药卫生界11人;大学本科以上学历25人,中、高级职称27人。

党员大会

2008年6月,召开党员大会,选举李长文任农工党定西支部主任委员,连振波任副主任委员。

2010年9月,召开党员大会,选举李长文任农工党安定区第一届总支委主任委员,连振波任副主任委员。

主要工作

参政议政　2008年至2010年,农工党定西支部、区总支向市、区政协会议提交《关于推行新型农村合作医疗制度的建议》《关于强化社会监察,保障劳动者合法权益的建议》《关于强化体育广场等公共设施建设的建议》等提案14件,多数提案被市、区政协列为A类提案或主席督办提案。

服务社会　2008年5月,农工党定西支部筹备小组两次召集党员举行抗震救灾捐款仪式,为汶川地震灾区捐款3000余元,被农工党中央评为抗震救灾先进单位。同年11月,农工党定西支部在友谊广场举行义诊和健康咨询服务活动,义诊群众400余人。2009年1月,农工党定西支部争取到农工党中央捐赠的价值23万元的药品,援助5所乡镇卫生院。

农工党安定区总支组织党员开展送文化下乡活动

第六节　工商业联合会

组织机构

1987年9月,恢复定西县工商业联合会(简称县工商联)组织,时有会员77家(人),其中企业会员20家,团体会员13家,个人会员44人。

2003年9月,定西县工商业联合会更名为定西市安定区工商业联合会(简称区工商联)。

2010年,区工商联下设巉口、内官营、宁远、鲁家沟、香泉5个基层分会和古玩、家具2个行业商会。有会员430家(人),其中,企业会员81家,团体会员10家,个人会员339人。会员中,全国人大代表1人,市、区人大代表和政协委员37人。

代表大会

1987年9月,召开县工商联第七次会员代表大会,选举柴旺林任县工商联主任,吴藾任副主任。

1991年6月,召开县工商联第八次会员代表大会,选举柴旺林任县工商联主任,吴藾、徐子清任副主任。

1997年1月,召开县工商联第九次会员代表大会,选举邵桂林任县工商联会长,宋成德、王建业、张广宏、谢卫东任副会长。

2001年11月,召开县工商联第十次会员代表大会,选举姚禄任县工商联会长,王俏、宋成德、孟礼、谢卫东、杨杰、吴安祖任副会长。

2006年12月,召开区工商联第十一次会员代表大会,选举姚禄任区工商联会长,王俏、孟礼、谢卫东、杨杰、陈永斌、肖聪勇、李文华、张滔任副会长。2007年,工商联会长、副会长分别改称主席、副主席。

主要工作

参政议政 1987年至2010年,区(县)工商联在区(县)人大和政协会议上提交提案102件,其中,《关于提升畜草产业发展水平,着力增加农民收入的建议》《关于逐步解决寄宿制学校师生饮水困难的建议》《关于加强基层公安派出所基础设施建设的建议》等8件提案被列为重点提案,《关于调整平衡私营个体户税负的建议》被区政协评为优秀提案。区(县)工商联先后对乡镇企业和私营企业发展状况、全区(县)四大支柱产业发展状况和国有、集体企业改制情况进行专项调查研究,向区(县)政府有关部门提交调研报告15篇。

发展光彩事业 1989年,县工商联组织会员捐款5.4万元资助排危建校和西岩寺公园建设。1992年至2005年,在支援"121雨水集流工程"建设、帮扶农村贫困群众、资助下岗职工再就业和助残等"献爱心"活动中,会员共捐款56.4万元,捐衣物500余件。34名会员与称钩驿镇39名贫困学生结对帮扶,资助学费等1.19万元。2006年,内官营分会从省、市、区有关部门争取资金100万元,修建老年活动中心2处。2008年至2010年,组织会员为四川汶川、甘肃陇南、青海玉树地震灾区和遭遇特大泥石流灾害的甘南舟曲捐款27.4万元,内官营分会筹集300余万元支援内官营烈士陵园搬迁建设。

收集工商联史料 区(县)工商联每年收集工商联史料,确保工商联史料衔接和保存完整。1990年,通过走访、座谈和查阅资料等方式,对定西县建材厂前身同钦砖瓦厂改制情况进行全面调查,编写《定西县同钦砖瓦厂社会主义改造史略》,该资料被收入《甘肃工商史料》。1996年,在多年收集资料的基础上,编写《定西县工商联史料(初稿)》。

第二章　群众组织

第一节　工会

组织机构

1986年,定西县总工会(简称县总工会)下设基层工会133个,会员8401人,工会专职干部6人。

2003年9月,定西县总工会更名为定西市安定区总工会(简称区总工会)。

2010年,区总工会下设基层工会333个,其中,行政机关工会41个,事业单位工会124个,国有企业工会2个,集体企业工会6个,私营企业工会160个;全区有工会会员3.5万人,工会专职干部7人。

区总工会曾被省总工会评为全省工会工作"五好县(区)工会"。

代表大会

1987年3月24日至25日,召开定西县工会(简称县工会)第六次代表大会,听取和讨论县总工会第五届委员会工作报告,选举产生县总工会第六届委员会,马兆恩、梁新英(女)分别当选为主席、副主席。

1992年9月11日至12日,召开县工会第七次代表大会,听取和讨论县总工会第六届委员会工作报告,选举产生县总工会第七届委员会,杨勤、刘中伟分别当选为主席、副主席。

1998年7月10日至12日,召开县工会第八次代表大会,听取和讨论县总工会第七届委员会工作报告,选举产生县总工会第八届委员会,刘中伟、曹碧荷(女)分别当选为主席、副主席。

2003年7月4日至5日,召开县工会第九次代表

2003年7月4日,定西县工会第九次代表大会在定西宾馆举行

大会,听取和讨论县总工会第八届委员会工作报告,选举产生县总工会第九届委员会,刘中伟、姚元成分别当选为主席、副主席。

2008年12月8日至9日,召开区工会第十次代表大会,听取和讨论区总工会第九届委员会题为《团结和动员广大职工群众为推动全区经济又好又快发展而努力奋斗》的工作报告,选举产生区总工会第十届委员会,王勇当选为主席,刘中伟当选为常务副主席,姚元成、陈静萍(女)当选为副主席。

主要工作

建设基层工会组织 1986年,进行"整顿建家"活动,调整和加强基层工会班子,建立"职工之家"94家。1995年至2002年,成立乡镇企业和私营企业工会39个,发展会员1万余人。2004年至2006年,组建乡镇农民工工会19个、村农民工工会6个、超市商场和酒店餐饮业工会22个,发展会员9800余人,在全省率先举行商场和餐饮业工会整体挂牌仪式。2007年至2010年,进行基层工会规范化建设,有142个工会达到规范化建设标准,其中,43个工会达到市级规范化建设标准,中华路街道工会被全国总工会评为"全国百家乡镇街道示范工会"。创建模范"职工之家"173家,其中,省级3家,市级10家。

维护职工合法权益 1986年,县总工会督促辖区各企事业单位建立职工代表大会(简称职代会)制度,培训职工代表829人,职工通过职代会行使参政议政和民主管理权利。1990年,县总工会组织职工开展提合理化建议活动,至2006年,全区职工提合理化建议3600余条,有939条建议被单位采纳实施,创造和节约经济价值139.5万元。2007年,区总工会督促和协助企业实行劳动合同制,创建"劳动关系和谐企业"。至2010年,有202家企业与职工签订劳动合同,9家国有和集体企业全部签订集体合同,124家私营企业和企业化管理的事业单位签订集体合同,占企业总数的75%,有8家企业被区总工会评为"劳动关系和谐企业"。

开展技术创新活动 1993年,组织职工开展技术

区总工会举办餐厅服务员技能大赛

创新和技能竞赛活动,至2010年,全区职工技术创新99项,其中,市级24项、省级5项,评选职工技术能手和技术标兵262人。

评选推荐劳动模范 1986年以来,区(县)总工会每年通过基层工会评选推荐劳动模范。至2010年,在区(县)总工会推荐的劳动模范候选人中,有56人被评为市级以上劳动模范,其中,全国劳动模范3人,甘肃省劳动模范26人。

组织职工文体活动 1986年,县总工会举办纪念"五一"国际劳动节100周年职工文艺会演,有530余名职工参加演出。1987年至1992年,每年举办"五一"职工运动会和国庆节职工歌咏比赛。2009年至2010年,举办庆祝新中国成立60周年职工演讲和大合唱比赛,与区"双拥"办联合举办"双拥杯"运动会,组队参加省职工运动会。

帮扶救助困难职工 1997年,县总工会建立特困职工档案,开展"送温暖"活动,慰问特困职工168人(次)。1998年至2007年,筹集资金120万元,慰问困难职工5400余户(次),救助特困职工152人。2008年7月,成立安定区困难职工帮扶救助中心(简称区帮扶救助中心),至2010年,区帮扶救助中心建立困难职工档案1030份(户),筹集资金75.4万元,帮扶救助特困职工570户,给考入大学的36名家庭特困学生发放助学金7.2万元。

培训农民工 2009年,区总工会和区人事劳动与社会保障局在兰州航空技校

建立安定区农民工技能培训基地,举办首届农民工岗位技能培训班,59名农民工参加车床、电气焊和电脑等专业技术学习,其中,39人获得技术资格证。2010年,区总工会培训农民工260人,依托劳务部门和乡镇对准备外出打工的400余名农民进行培训,发放《务工人员手册》300余册。

区总工会举办农民工技能培训班

第二节 中国共产主义青年团

组织机构

1986年,中国共产主义青年团定西县委员会(简称团县委)下设35个团委,

18 个团总支,556 个团支部;有团员 1.15 万人,其中,女团员 3644 人。

2003 年 9 月,共青团定西县委员会更名为共青团定西市安定区委员会(简称团区委)。

2010 年,团区委下设团(工)委 38 个,其中,乡镇街道团(工)委 21 个,中学团委 16 个,企业团委 1 个;团总支 16 个,团支部 729 个。全区有团员 2.63 万人,其中,女团员 9262 人,少数民族团员 708 人。专职基层团干部 38 人,团区委机关工作人员 4 人。

团区(县)委 4 次受到团中央和团省委的表彰奖励,连续 20 年被团市(地)委评为先进团委、"五四红旗团委"。

代表大会

1987 年 7 月 16 日至 17 日,召开共青团定西县第九次代表大会,听取和讨论共青团定西县第八届委员会题为《动员全县青年团员,为脱贫致富、振兴定西贡献青春》的工作报告,选举产生共青团定西县第九届委员会,燕胜三、田雁青分别当选为书记、副书记。

1992 年 6 月 11 日至 12 日,召开共青团定西县第十次代表大会,听取和讨论共青团定西县第九届委员会题为《解放思想,加快改革开放步伐,为开创全县共青团工作新局面而努力奋斗》的工作报告,讨论制定《共青团定西县"八五"期间建设、改革、发展规划纲要》,选举产生共青团定西县第十届委员会,柴繁荣、罗保科分别当选为书记、副书记。

1996 年 12 月 21 日至 23 日,召开共青团定西县第十一次代表大会,听取和讨论共青团定西县第十届委员会题为《突出重点,狠抓落实,全面推进全县基层团组织整体化建设》的工作报告,讨论制定《共青团定西县委 1997~1999 年基层团建三年规划要点》,选举产生共青团定西县第十一届委员会,朱始建、李珍分别当选为书记、副书记。

2002 年 7 月 18 日至 19 日,召开共青团定西县第十二次代表大会,听取和讨论共青团定西县第十一届委员会题为《与时俱进,开拓创新,努力推进世纪之初全县共青团事业的新发展》的工作报告, 选举产生共青团定西县第十二届委员会,李珍、郭海莲(女)分别当选为书记、副书记。

2006 年 6 月 26 日至 27 日,召开共青团安定区第十三次代表大会,听取和讨论共青团安定区第十二届委员会题为《在科学发展观指导下,与时俱进,开拓创新,努力开创全区共青团工作新局面》的工作报告,选举产生共青团安定区第十三届委员会,柴越隆、张尚俊分别当选为书记、副书记。

主要工作

建设基层团组织 1986年至1987年,在全县开展基层团组织竞等升级活动,有10个团支部被团省委评为全省基层团组织竞等升级先进团支部。1993年至1996年,实施团省委安排的基层团组织整体化建设示范县工作,按照"三位一体"(村团支部书记由青年星火带头人担任并兼任村委会科技副主任)原则配备村团支部书记,建立团校25所、"青年之家"266家。1997年至2002年,发展新团员3.1万人,建立党团共用活动阵地268个、青年图书室35个,创建"六好团委"、"五好团支部"和"五四红旗团委(团支部)"251个,有3个基层团组织受到团省委的表彰。定西县被团省委评为全省基层团组织建设创优县、团建先进县,被团中央评为全国团建先进县。2006年至2008年,从学区、农技、企业负责人和农村青年星火带头人中选拔配备乡镇团委副书记,在民办中学和民营企业建立团组织。2009年,进行全国街道团组织格局创新试点工作,在街道团工委试行"1+1"(街道团工委配备一名专职副书记和一名兼职副书记,书记由街道年轻领导干部兼任)等团建新模式。2010年,创新村级团建工作,从大学生"村官"、"三支一扶"大学生和致富带头人、村小学骨干教师中选拔优秀青年担任村团支部书记、副书记。

组织青年参加经济建设 1986年至1989年,团县委组织全县青年营造"青年林"2.37万亩,种草14.8万亩。1990年至1996年,全县成立青年突击队213个,突击队修梯田3700余亩、修建乡村公路37公里、架设农电线路27公里。新集乡大园村青年绿化突击队治理荒山荒坡4500余亩,获团中央授予的"全国新长征突击队"称号。团县委先后评选表彰"新长征突击手"93人。1997年至2010年,实施青年科技和农业产业化工程,全区(县)建立青年科技和农业产业化示范基地67个,树立青年科技示范户和农业产业化示范户467户,培养青年星火带头人和农业产业化青年带头人687人,其中,省部级15人。

开展志愿者服务活动 1990年代,团县委建立青年志愿者服务中心,各基层团组织成立青年志愿者服务队,在全县开展青年志愿者服务活动。宁远乡薛川学校青年志愿者服务队200余名志愿者在"121雨水集流工程"建设中,义务投工2650个,帮助当地农民采集拉运砂料210立方米,硬化集流场地2100平方米,打水窖16眼。东方红中学和中华路中学的500余名青年志愿者在火车站奋战一整天,义务搬卸完汕头市支援定西抗旱救灾的5车皮物资。2000年代,全区(县)先后建立青年志愿者服务基地36个,服务站(点)28个,成立青年志愿者服务队21

支、服务小分队 235 支，2300 余名青年加入志愿者服务队。团区委每年组织青年志愿者开展科技咨询、法律宣传、植树护绿、道路整修、垃圾清理等志愿服务活动，安定区（定西县）被团中央列入"全国共青团服务万村行动百强县（区）"。

2006 年 8 月，团区委组织志愿者开展共同关注圆梦行动募捐

促进少先队工作 1986 年至 1999 年，在全县少先队员中开展"准备着，做二十一世纪开发大西北主力军"（简称"主力军"）和学雷锋、学赖宁等活动。大城小学、东关小学少先大队及 70 余名少先队员在"主力军"活动中受到甘肃省少工委的表彰奖励。全县成立少先队员学雷锋、学赖宁小组 1283 个，参加 1.54 万人，组织学雷锋、学赖宁实践活动 5700 余次。2000 年代，各校少先队组织贯彻《中共中央国务院关于进一步加强和改进未成年人思想道德建设的若干意见》，通过开办红领巾广播站、召开主题队会、举行入队仪式和开展"雏鹰行动"等活动，全面加强少先队员的思想道德和行为养成教育。至 2010 年，全区颁发"雏鹰行动"达标证书 5 万余册，城区学校颁证率达 100%，农村学校颁证率为 95%。

实施"希望工程" 1992 年，开始实施"希望工程"。当年，国有敬东厂在生产经营十分困难的情况下，干部职工捐款 3 万余元资助 100 名失学儿童重返校园。1994 年，建成定西县第一所"希望小学"南二十里铺小学，使附近 12 个村庄的 367 名学龄儿童就近上学。2010 年，组织全区团员捐款 5 万余元，为在定西理工中专借读的舟曲灾区师生购置教学用品和文体活动器材等。至

2010 年 10 月 27 日，区团委在定西理工中专举行希望工程关爱舟曲学生捐赠活动

2010 年末,全区累计接收海外侨胞和社会各界捐款 715.6 万元,建成"希望小学"和"希望网校"16 所,救助贫困学生 1900 余人。

第三节　妇女联合会

组织机构

1986 年,定西县妇女联合会(简称县妇联)下设 26 个乡镇妇联。

2003 年 9 月,定西县妇女联合会更名为定西市安定区妇女联合会(简称区妇联)。

2010 年,区妇联下设乡镇(街道)妇联 21 个,社区妇联 11 个,村妇代会 292 个。

代表大会

1988 年 5 月 9 日至 10 日,召开定西县第九次妇女代表大会(简称妇代会),听取和讨论县妇联第八届执行委员会(简称执委会)工作报告,选举产生县妇联第九届执委会,张玉梅、朱映兰分别当选为主任、副主任。

1993 年 5 月 21 日至 22 日,召开定西县第十次妇代会,听取和讨论县妇联第九届执委会工作报告,选举产生县妇联第十届执委会,杨瑞英、王桂莲分别当选为主任、副主任。

1998 年 6 月 16 日至 17 日,召开定西县第十一次妇代会,听取和讨论县妇联第十届执委会工作报告,选举产生县妇联第十一届执委会,王桂莲当选为主席,李桂林、井卫平当选为副主席。

2003 年 7 月 3 日至 4 日,召开定西县第十二次妇代会,听取和讨论县妇联第十一届执委会题为《与时俱进,开拓创新,团结带领全县广大妇女为稳定解决温饱、建设小康社会而奋斗》的工作报告,选举产生县妇联第十二届执委会,赵云青、刘晓霞分别当选为主席、副主席。

2008 年 12 月 9 日至 10 日,召开安定区第十三次妇代会,听取和讨论区妇联第十二届执委会题为《坚持科学发展,奋力开拓创新,团结带领全区妇女为推进安定区又好又快发展而努力奋斗》的工作报告,选举产生区妇联第十三届执委会,鲍秀珍、唐彩莲分别当选为主席、副主席。

主要工作

建设基层妇联组织　1986 年,全县 26 个乡镇、293 个行政村全部建立妇联组织。1987年至1992年,建立城区机关和企事业单位妇委会、妇女小组、女工委员会64个,25名县、乡妇联干部参加全国妇联和国务院"三西"办举办的学习班。1993年至1998年,整顿和加强基层妇联工作,层层签订目标管理责任书,建立考核制度,村妇代会主任进村"两委"班子,培训农村妇女干部327人(次),选派34名妇女干部参加省、地妇联举办的培训班。2004年至2009年,全区各机关单位全部建立妇委会,115名妇女干部参加省、市妇联组织的赴发达地区考察学习活动。2010年,开展"五好"(领导班子好、干部队伍好、工作机制好、工作业绩好、妇女反映好)基层妇联组织建设活动,巉口镇、凤翔镇北二十里铺村、内官营镇锦屏社区被全国妇联分别评为全国基层妇联组织建设示范镇、村、社区。

实施科技致富工程 1986年至1992年,县、乡、村妇联(妇代会)举办地膜覆盖、配方施肥、药剂拌种、良种兑换、果树栽培和养殖、加工等农业实用技术培训班1437期,培训妇女6.23万人(次)。1993年至1998年,树立巾帼科技示范户2400余户,全县以妇女为主的规模种植户和养殖户发展到2591户。2000年代,培训妇女12.1万人(次),全区有690名妇女通过学习培训获得农民技术员职称。建

区妇联举办女青年劳务技能培训班

立巾帼科技示范村(基地、点)26个,培养巾帼创业致富带头人和科技女能手213人,巾帼科技示范户发展到4743户。

建设"三八绿色工程" 1990年代,县妇联组织全县妇女参加退耕还林建设,建设"三八绿色工程"27处,绿化面积1.83万亩,西寨乡妇联和高峰乡红堡村妇代会被省妇联、省林业厅评为全省"三八绿色工程"建设先进集体。2000年代,全区(县)建立"三八绿色基地"示范点170个,示范面积1.35万亩。

开展评先选优活动 1990年代,县妇联评选表彰先进集体19个、优秀家庭559户、优秀妇女160人,有3名妇女受到省妇联和全国妇联的表彰。2000年代,创建"双学双比"、"美德在农家"示范基地(点)和平安示范村(社区)、巾帼文明岗92个,评选五好文明户、和谐家庭、文明富裕新农家等204户,表彰优秀妇女320

人、好婆婆好媳妇435人。超兴淀粉公司、中华路街道北街社区、大城小学语文教研组被全国妇联分别评为全国"三八红旗集体"、"平安之家"创建活动先进示范社区、"巾帼文明岗",有7名妇女受到全国妇联表彰,其中,4人获全国"三八红旗手"称号。

帮扶救助贫困妇女　1993年至1998年,县妇联建立扶贫点26个,发动全县妇女干部和科技人员结对帮扶678户贫困户,联系省、地一些机关和院校的妇联组织与71户农村贫困户、106名贫困女童结对帮扶,共捐款3.6万元,捐衣物4900余件、面粉800余公斤。引进和推广抽纱项目,安排1000余名贫困妇女从事抽纱工作。通过帮扶,全县有3600余户贫困户脱贫。2000年代,区(县)妇联争取到各类扶贫项目资金80.12万元,救助贫困妇女1394人,援建单亲母亲安居房31套。2010年,区妇联争取到小额担保贷款1780万元,帮助789名农村贫困妇女和城镇下岗妇女发展生产和再就业。争取到单亲母亲安居房和"留守妇女阳光家园"建设项目资金11万元,在8个乡镇援建单亲母亲安居房16套,在鲁家沟镇将台村和巉口镇康家庄村建立"留守妇女阳光家园"。

促进儿童少年工作　1987年至1992年,先后成立定西县妇女儿童工作协调委员会、定西县家庭教育委员会等机构,在县妇联设立办公室。开展优生、优育、优教"三优"教育,散发宣传资料5万余份,举办"三优"知识竞赛活动。筹集2.39万元资助内官营、巉口、友谊幼儿园建设。全县学龄儿童入学率达98.2%,在校学生巩固率为98.9%。定西县被中国儿童少年工作协调委员会、全国妇联、国家教委评为全国儿童少年工作先进县、全国家庭教育工作先进单位。1993年至1998年,县妇联争取到广州市妇联和香港镇泰集团助学项目资金40万元,建成鲁家沟乡穗花小学和西巩驿乡镇泰小学。2000年代,区(县)妇联争取到"春蕾计划"等儿童少年教育援助资金106.09万元,办春蕾班10个,建立"留守儿童之家"21所(其中省级19所),救助贫困学生1716人。建立家教服务中心5个,举办家庭教育报告会26场(次)、家长培训班87期(次),共培训家长6800余人(次)。2010年,区妇联建立家长学校21所,培训家长4100余人(次),与区电视台联合制作关爱留守儿童宣传片《托起明天的太阳》。

第三章　其他人民团体

第一节　残疾人联合会

组织机构

1989 年 6 月,成立定西县残疾人联合会(简称县残联),内设办公室、业务股。

1991 年,成立乡镇残联组织。

1998 年,成立行政村和居委会残疾人协会。

2003 年 9 月,定西县残疾人联合会更名为定西市安定区残疾人联合会(简称区残联)。

2004 年,成立安定区盲人协会、聋人协会、肢残人协会、智残人协会和精神残疾人协会。

2010 年,区残联下设乡镇(街道)残联 21 个,区残疾人协会 5 个,村(社区)残疾人协会 317 个。全区有各类残疾人 3.47 万人,占全区总人口的 7.4%。残疾人中,有劳动能力的 2.08 万人,无劳动能力的 1.39 万人;肢体残疾人 1.08 万人,智力残疾人 0.28 万人,听力言语残疾人 0.79 万人,精神残疾人 0.23 万人,视力残疾人 0.58 万人,多重残疾人0.5 万人。社会救济的贫困残疾人 0.36 万人。

区残联 4 次被省残联评为全省先进残联组织。

代表大会

1989 年 6 月 9 日,召开定西县残联第一次代表大会,选举景江任县残联主席,张万年任副主席,肖锐任副主席、理事长。

1994 年 10 月 18 日,召开定西县残联第二次代表大会,选举何振中任县残联主席,李林、王辉、景宏任副主席,肖锐任副主席、理事长。

1998 年 4 月 21 日,召开定西县残联第三次代表大会,选举段习文任县残联主席,张超栋任副主席,曲维民任副主席、理事长,呼耀祥任副理事长。

2005 年 3 月 5 日至 7 日,召开安定区残联第四次代表大会,选举常正贵任区残联主席,王银宝任副主席,焦耀国任副主席、理事长,呼耀祥任副理事长。

2007 年 10 月 28 日,召开安定区残联第五次代表大会,选举常正贵任区残联主席,王银宝任副主席,焦耀国任副主席、理事长,曾强任副理事长。

主要工作

实施残疾人康复项目 1990年,成立定西县残疾人康复工作办公室,启动残疾人康复工作。当年,组织输送18名小儿麻痹患者到定西专医院进行手术矫治。1995年,建立县、乡(镇)和村(居)委会残疾人康复服务站,全面开展残疾人康复服务工作。1997年至2010年,实施"送光明"、"香港健康快车"、"蓝天行动"和联合国儿基会残疾儿童社区康复、全国精神病防治等项目,给全区3400余名白内障患者免费做复明手术,对110余名脑瘫、癫痫患儿进行手术和药物治疗,资助100余名贫困精神病人服药治病,对800余名残疾儿童实行系统的康复训练。给残疾人购置轮椅3500余辆,装配假肢256例,配制各类辅助用具2800余件。区(县)残联6次被省政府残工委评为全省残疾人康复工作先进集体。

帮助残疾人就业和脱贫 1998年,开始征收残疾人就业保障金和实施残疾人扶贫项目,帮助残疾人逐步就业和脱贫。至2010年,共征收残疾人就业保障金240余万元,安置1140名残疾人就业,对3600余名残疾人进行实用技术培训,残疾人就业率达到80%,区残联被中国残联评为全国残疾人按比例就业工作先进单位。争取到残疾人扶贫贷款、小额信贷资金和专项扶贫资金720万元,建立残疾人种植、养殖扶贫基地7个,扶持、培养残疾人致富带头人380余人,有2.9万名残疾人脱贫,占残疾人总数的84.4%。实施国家彩票公益金农村残困户危房改建项目,为196户农村残困户改建危房,补助资金117.6万元。

推进残疾人教育工作 从1990年开始,县残联组织实施视力残疾儿童融合教育、盲童特殊教育、"长江新里程计划"、中国福利彩票公益金助学等项目和落实残疾人教育各项优惠政策,逐步提高残疾儿童入学率。至2010年,全区培训特教师资70余人(次),有1320余名残疾儿童上学,残疾儿童入学率达70%以上,有24名残疾学生考入高等院校。建成永新特教学校,配备特教教师和管理人员14人,对首批55名盲聋哑儿童进行正规的特殊义务教育,并给学生提供免费食宿。

组织残疾人参赛 2006年,区残联组队参加甘肃省第七届残运会,权红梅获田径赛3枚金牌,马君武获男子标枪赛金牌。同年,谭萍在全国盲人、肢残人歌手大奖赛中获通俗唱法和美声唱法两项优秀奖。2008年,张淑萍在省残联和省文化厅举办的全省首届残疾人散文诗歌大赛中获奖。2010年,组队参加甘肃省第八届残运会,杨丽获田径赛3枚金牌,徐文静获乒乓球赛金牌。

维护残疾人权益　1994 年,成立定西县残疾人工作协调委员会,负责实施《中华人民共和国残疾人保障法》、落实对残疾人的各项优惠政策。2007 年,成立安定区残疾人法律援助中心, 至 2010 年, 残疾人法律援助中心接待残疾人来信来访300 余人(次),解答残疾人法律咨询 56 人(次),代理残疾人诉讼案件 12 件,办理残疾人权益案件 2 件。

第二节　计划生育协会

组织机构

1990 年 10 月,成立定西县计划生育协会(简称县计生协会),与县人口与计划生育委员会合署办公。同年,各乡镇和行政村、居委会成立计生协会。

2003 年 10 月,定西县计划生育协会更名为定西市安定区计划生育协会(简称区计生协会)。

2010 年,区计生协会下设基层计生协会 360 个,其中,乡镇(街道)计生协会21 个,村(社区)计生协会 317 个,流动人口计生协会 22 个;有计生协会会员 4.98万人。

区(县)计生协会会长由区(县)人大常委会主任兼任,副会长由分管计生工作的区(县)委副书记、副区(县)长兼任。乡镇(街道)计生协会会长由乡镇(街道)党(工)委书记兼任。

主要工作

建设基层计生协会　1991 年,进行基层协会规范化建设,至 2004 年,全区绝大多数计生协会达到有工作制度、有活动场所、有服务项目、有宣传队伍、有文体器材"五有"基本要求,21 个乡镇(街道)全部配备计生协会专职副会长,各村(社区)民主选举计生协会会长和副会长。2008 年,在城区建立流动暂住人口计生协会 3 个,在本区劳务输转人口较多的内蒙古、浙江、新疆等地建立流出人口计生协会19 个。

宣传计生法规政策　区(县)、乡镇(街道)计生协会每年春节和"7·11"世界人口日等重大节日、纪念日,举办宣传活动,宣传计划生育法规政策和优生优育、生殖保健常识,教育和引导广大群众树立婚育新风,自觉遵守国家的计生政策。2010年,结合纪念中国计生协会成立 30 周年,组织宣传活动 140 余次,张贴张挂宣传标语3000 余条(幅),刷写墙体标语 500 余条,印发宣传资料 30 余万份,展出宣传板 237 块,咨询服务 2500 余人(次)。制作宣传橱窗 21 个、宣传牌和灯箱广告等 200 余块(幅),建成人口文化大院 21 处、人口文化长廊 6 条、人口文化广场和人口文化公园 3 处。

监督基层计生工作 计生协会履行监督职能,监督基层政府和计生管理部门贯彻落实国家计划生育各项法规政策,实施计生"阳光政务"。 各村(社区)计生协会督促计生对象与村(社区)委会签订计划生育诚信管理合同。至 2010 年,全区累计签订计生管理合同 10 万余份,流出人口计生管理合同 3.19 万份,外出环孕检对象双向管理合同 1600 余份。全区设立计生工作意见箱 60 个, 举报电话 21 部。

救助计生特困家庭 2004 年,实施计划生育特殊困难家庭救助政策,区计生协会协助计生特困家庭救助办公室进行摸底核查、确定救助对象和发放救助资金等工作。至 2010 年,救助计划生育特殊困难家庭 216 户、计划生育家庭特别扶助对象 101 人,发放救助资金 32.88 万元、大米、面粉、食油等 6250 公斤。

第三节　科学技术协会

组织机构

1986 年,定西县科学技术协会(简称县科协)与县科委合署办公。

1988 年 10 月,县科协与县科委分设机构。

1991 年 8 月,县科协又与县科技局(原县科委)合署办公。此后,县科协曾一度被撤销。

1996 年 5 月,恢复县科协机构,仍与县科技局合署办公。同年,成立定西县青少年科技活动中心(隶属县科协)。

2003 年 9 月,定西县科学技术协会更名为定西市安定区科学技术协会(简称区科协)。

主要工作

组织青少年科技创新活动 从 1982 年开始,县科协与县教育、科技等部门联合,组织中小学师生开展科技创新活动、参加全国青少年科技创新大赛(简称创新大赛)。创新大赛是一项面向全国中小学生和科技辅导员开展的综合性科技创新成果展示与交流活动,活动包括发明创造比赛、科学讨论会、科学幻想绘画展览和创新方案设计展示等。至 2010 年,全区参加科技创新活动的师生总数达 10.3

万人(次),共选送科技创新参赛作品 3200 余件,其中,43 件获全国竞赛奖,125 件获全省竞赛奖,500 件获市(地)竞赛奖。173 名教师获全国、省、市(地)优秀科技辅导员奖,2 名教师被评为甘肃省优秀科技教师,区(县)科协先后 8 次获全国、省、市(地)青少年科技创新活动优秀组织奖。

开展科普宣传工作 从 1997 年开始,县科协每年组织会员参加科技、文化、卫生"三下乡"活动,宣传农业科技知识,指导农民科学种田。2001 年,县科协配合有关部门组建农村科普宣传队、农业科技讲师团,全面开展农业科技宣传和农技咨询服务活动。2005 年全省"科技活动周"和"科普宣传日"启动后,区科协每年协助区科技局举办"科技活动周"和"科普宣传日"科普宣传教育活动。至 2010 年,区(县)科协共组织科普宣传活动 400 余场(次)。

第四节 个体私营企业协会

组织机构

1986 年,定西县个体劳动者协会(简称县个协)下设 9 个分会,有会员 2200 余户。

2000 年,定西县个体劳动者协会改称定西县个体私营企业协会(简称县个私协)。

2003 年 9 月,定西县个体私营企业协会更名为定西市安定区个体私营企业协会(简称区个私协)。

2010 年,区个私协下设凤翔、永定、内官营、巉口、香泉、西巩驿、宁远 7 个基层分会及农资行业协会,有会员 1.03 万户(家),其中,个体户会员 9623 户,私营企业会员 658 家。

区个私协 3 次被国家工商局和中国个私协评为全国个私协系统先进单位,被定西市人民政府评为先进民间组织。

代表大会

1986、1988、1990 年,分别召开县个协第二、三、四次会员代表大会,选举吴蘋任县个协第二、三、四届理事会会长。

1993、1996、1999 年,分别召开县个协第五、六、七次会员代表大会,选举宋成德任县个协第五、六、七届理事会会长。

2004 年 10 月,召开区个私协第八次会员代表大会,选举武汉江任区个私协第八届理事会会长,王宜陇、景利民、张滔、肖聪勇、邢振科、李静民任副会长。

2010年10月,召开区个私协第九次会员代表大会,选举孙存海任区个私协第九届理事会会长,张飞燕、剡海、杨建雄、陈永斌、肖聪勇、何应文、李静民、张滔、邢振科、杨慧琴、郭东标任副会长。

主要工作

开展法制教育活动 1989年至1990年,县个协开展税法普及教育活动。召开税法学习会和举办税法讲座12场(次),税法普及率达98%,县个协被国家税务局和团中央评为全国税法普及宣传教育合格单位。1994年,县个协与县卫生、防疫部门联合举办食品卫生法规学习班30期,培训个体饮食经营者600余人。1999年,组织会员参加省个协举办的法律知识竞赛,收交答卷4507份,县个协获优秀组织奖。2003年至2004年,区个私协举办全区个体私营者法律知识竞赛,组队参加市个私协举办的法律知识竞赛,获比赛一等奖。2008年至2010年,在全区食品安全专项整治活动中,区个私协组织会员学习食品安全法规,举办食品安全知识竞赛,与会员签订《食品安全责任书》。

评选文明经营户 1986年,在全县开展"三好"(执行政策,遵章守法好;文明经营,团结互助好;童叟无欺,诚实待客好)个体工商户评选活动,至1994年,评选表彰"三好"个体工商户1007户。1995年,开展"五星级"(遵章守法,模范执行政策星;诚实劳动,文明经营星;经营有方,效益显著星;带头脱贫,帮贫致富星;关心国家,热心社会公益事业星)个体工商户评选活动,县政府命名和表彰首批"五星级"个体工商户47户。至2010年,共评选表彰"五星级"个体工商户和私营企业160户(家)。

为会员和市场服务 1990年,县个协组织个体工商户联购分销,销售金额120万元。1993年至1999年,县个协为经营困难的个体户协调解决周转资金30余万元,赊销价值220万元的商品。组织联购分销130余次,销售金额400余万元。2003年至2007年,区个私协帮助个体户和私营企业推销农副土特产品260吨,推销价值300余万元的库存积压产(商)品,帮助一企业在兰洽会签订2200万元的肉食品加工项目。2008年,区个私协帮助和指导企业与农户签订农产品收购合同和订单7600余份,金额达6亿余元。2010年,区个私协与电信部门联合建立工商信息服务网络,为会员提供各类商品经营信息400余条。协助3家私营企业在兰洽会签订销售协议4份,销售金额1200余万元。

组织文体活动 1988年至1991年,县个协组队参加省个协举办的文艺调演和县上举办的歌咏比赛,并组织象棋、乒乓球等比赛活动。1993 年至 2001 年,每年春节组建 200 余人的个体劳动者秧歌队,在城区街道、广场和机关单位演出 20 余场次,中央电视台、中国工商报等新闻媒体多次报道宣传。在此期间,县个协还组建篮球代表队参加地、县篮球比赛,举办个体私营企业文艺会演和运动会,与县电视台联办"光彩杯"有奖征文活动。2002 年至 2008 年,区(县)个私协两次举办书画展览,展出会员书法、绘画、摄影等类作品 300 余件。巉口分会举办"和谐杯"运动会,北部 7 乡镇 20 个代表队近千名运动员参加比赛。2009 年至 2010 年,区个私协举办"光彩杯"爬山赛和"海旺杯"运动会。

　　组织捐助活动　1987 年至 1994 年,县个协组织会员为西岩寺公园建设、亚运会、"希望工程"和中国第四届艺术节等捐款 15.3 万元。1998 年,在支援南方抗洪救灾活动中,县个协组织会员捐款 4.3 万元,捐物 6200 余件(价值 4.8 万元)。2001 年至 2007 年,在捐资助学、抗击非典、爱心助残和抗旱救灾等活动中,区

市工商局安定分局、区个体私营企业协会向灾区人民捐款

(县)个私协组织会员捐款 46 万元,有 5 名会员捐款 1 万元以上。2008 年至 2010 年,区个私协组织会员为四川汶川、青海玉树地震灾区和甘肃舟曲灾区捐款 34.5 万元。

第五节　消费者协会

组织机构

1994 年 3 月,成立定西县消费者协会(简称县消协)。

2003 年 9 月,定西县消费者协会更名为定西市安定区消费者协会(简称区消协)。

2010 年,区消协下设凤翔、永定、内官营、巉口、香泉、西巩驿、宁远 7 个分会。

区消协曾被省消协评为全省保护消费者合法权益先进集体,被中国消协评为

全国消协系统先进单位。

理事会

1994年3月,召开理事会,推选刘治邦任县消协第一届理事会会长,蒲丰、亢吉庆、尹俊海、刘中伟任副会长。

1997年,召开理事会,推选刘治邦任县消协第二届理事会会长。

2000年,召开理事会,推选段宝增任县消协第三届理事会会长。

2004年10月,召开理事会,推选武汉江任区消协第四届理事会会长,寇雄任副会长。

主要工作

组织宣传活动 1997年3月15日,县消协与县工商局联合举办第一次"3·15"国际消费者权益日大型宣传活动,宣传消费者权益保护法规和中国消协公布的"讲诚信,反欺诈"年主题等。出动宣传车42辆(次),张贴悬挂宣传标语1200余条,散发《受理消费者投诉规定》和识假防假等宣传材料5万余份(册)。1999年,有54个单位参加"3·15"宣传活动,出动宣传车36辆,表彰"消费者信得过单位"29家。2001年

市、区工商行政管理局和消费者协会在立交桥广场联合举行"3·15"消费者权益保护日宣传活动

至2004年,区(县)消协与区(县)电视台联合制作《金桥·红盾》《秩序·使命》等打假维权专题片,联办《消费之友》《红盾之光》等消费专题宣传节目。在"3·15"宣传活动中,挂牌奖励"诚信单位"45家,接受群众咨询2万余人(次),集中销毁20类300余个品种、标值56万元的假冒伪劣商品。2008年,区消协与安定工商分局承办市上"3·15"大型宣传活动,市、区10个部门30余家单位600余人参加,出动宣传车17辆,展出消费维权宣传展板20幅(块),设立宣传台30个,发放宣传资料4万余份,3家新闻单位记者跟踪报道。2010年,区消协发布消费警示30余条,内容涉及假劣种子、化肥、计量器具及不合格食品、禽流感、含三聚氰胺奶制品等。

受理消费者投诉　1995年,巉口乡一农民被啤酒瓶炸伤眼睛,县消协受理其投诉,多次与啤酒生产厂家交涉并主持双方协商,最终厂家赔付受害人医疗费等3.2万元。1996年,城区一下岗女工从兰州某公司购买一台编织机准备自谋职业,但所购编织机因质量问题不能使用,她在多次与兰州售机公司交涉退机事宜无果的情况下向县消协投诉。县消协联系省工商局和省消协协调,兰州售机公司给她退回编织机价款7080元,并赔偿误工补贴1500元。1997年,实施《受理消费者投诉规定》,县消协正式受理消费者投诉。内官营乡和城关乡56户农民因购买的菜籽质劣而导致41.4亩菜地无收成,县消协受理投诉,协调和督促菜籽销售者给农民赔付经济损失5万元。当年共受理各类投诉252件,其中,日用百货类175件,家用电子电器类9件,农用生产资料类5件,家用机器类和服务类各3件,为消费者挽回经济损失17.7万元。1998年至2001年,受理各类投诉1060件,其中,日用百货类397件,家用电子电器类169件,服务类101件,家用机器类72件,农用生产资料类63件,为消费者挽回经济损失66.8万元。2002年至2005年,受理各类投诉1314件(支持起诉7件),其中,日用百货类469件,家用电子电器类149件,服务类132件,家用机器类74件,农用生产资料类59件,房屋及装修建材类32件,为消费者挽回经济损失92.7万元。一消费者在某酒店设宴待客,170余人就餐后出现腹泻,18人住院治疗。县消协受理投诉,督促酒店与消费者达成协议,赔偿医药费等4100余元。巉口消协分会与工商所联合查处一起因过期牛奶致乳猪死亡的投诉案,受害人获赔8700元。香泉消协分会配合工商所查处一起销售劣质化肥案,经销商给63户受害农民赔偿经济损失1.8万元。2006年至2009年,受理各类投诉897件,其中,日用百货类297件,家用电子电器类123件,服务类119件,农用生产资料类107件,家用机器类39件,房屋及装修建材类38件,为消费者挽回经济损失39.2万元。投诉总件数呈下降趋势,但农用生产资料类投诉增多。2010年,某农药经营店给凤翔镇一农户售错农药,导致该农户即将上市的一亩芹菜全部萎蔫,经永定消协分会调解,农药店赔偿农户经济损失8000元。当年,受理各类投诉184件,其中,日用百货类67件,服务类34件,家用电子电器类和农用生产资料类各26件,房屋及装修建材类7件,家用机器类6件,为消费者挽回经济损失6.4万元。服务类投诉增多,其他各类投诉减少。

1997—2010年安定区(定西县)消协受理投诉概况表

表 5-3-1　　　　　　　　　　　　　　　　　　　　　　　　单位:件、万元

年份	投诉总数	家用电子电器	家用机器	日用百货	房屋及装修建材	农用生产资料	服务类	其他类	挽回经济损失
1997	252	9	3	175		5	3	57	17.7
1998	420	67	13	194		7	20	119	10.6
1999	213	18	27	81		11	14	62	26.8
2000	151	46	9	49		7	25	15	13.8
2001	276	38	23	73		38	42	62	15.6
2002	342	47	26	121	11	30	35	72	17.5
2003	335	35	15	115	3	2	44	121	29.6
2004	318	23	22	95	7	13	35	123	26.3
2005	319	44	11	138	11	14	18	83	19.3
2006	239	31	16	99	8	22	33	30	3.4
2007	245	8	10	59	8	36	47	77	4.9
2008	205	35	6	70	10	9	27	48	18.4
2009	208	49	7	69	12	40	12	19	12.5
2010	184	26	6	67	7	26	34	18	6.4

　　监督市场经营　1997年,县消协评选表彰"消费者信得过商店"10家,对消费者投诉较多的皮鞋经营店试行"保真承诺"制。2002年,县消协配合县工商局开展集贸市场专项整治活动,查处无照经营户591户,取缔非法经营户17户,捣毁制假窝点4处。2004年,区消协配合安定工商分局实施"食品放心工程",查处无照经营户45户,查处制售假冒伪劣食品案件149件。同年,区消协组织群众对建筑、供热、供电、供水、电信、医疗等10类企事业进行民主评议,督促有关单位整改商品房漏水、供暖不热、医院药价高、手机滥发广告等问题。2008年至2010年,区消协配合安定工商分局开展食品安全专项整治行动,查获"三鹿"问题奶粉5200公斤、奶制品4300公斤,受理和查处消费者投诉、举报"问题食品"案件36件,为消费者挽回经济损失5万余元。

第六编

政法 军事

第六编　政法　军事

第一章　公　安

第一节　机构设置

　　1986 年,定西县公安局(简称县公安局)内设秘书股、政保股、治安股、内保股、消防股、预审股、刑侦队、交通队、纪检组和看守所、拘留所及 11 个派出所,在编民警 143 人。

　　1987 年至 2001 年,逐步改革和完善机构设置。撤销内保股、预审股,增设户政股、法制股、计算机通讯管理股、出入境管理股、监所管理股、警务督察大队、巡警大队(后改为治安巡逻大队)、城市交通警察大队、经济犯罪侦查大队、缉毒队、110 报警服务台(后改为 110 指挥台)等机构。秘书股、政保股、刑侦队、交通队、消防股、纪检组分别改为办公室、国内安全保卫股、刑侦大队、交通警察大队、消防科、纪委。派出所增至 21 个。

　　2003 年 9 月,定西县公安局更名为定西市安定区公安局(简称区公安局)。

　　2005 年 ,110、119、122

定西市安定区公安局办公大楼

“三台合一”,设立区公安局指挥中心。同年,城市交通警察大队划归市公安局管理。2008 年,整合职能配置,规范机构设置。办公室、110 指挥台、计算机通讯管理股合并设立指挥中心,治安股、户政股及计算机通讯管理股互联网安全管理业务合并成立治安管理大队,法制股改为法制室,交通警察大队改为交通管理大队,其他股和队均改为大队,增设政工监督室和警务保障室。

2010年，区公安局内设指挥中心（内设综合办公室、110指挥台、机要通信室）、刑事侦查大队（内设刑事侦查一、二、三中队和便衣中队、刑事科学技术室、综合办公室）、经济犯罪侦查大队、禁毒大队（加挂安定区禁毒委员会办公室牌子）、治安管理大队（内设治安管理中队、公共信息网络安全监察大队、户政管理室）、交通管理大队、治安巡逻大队、警务督察大队、国内安全保卫大队、出入境管理大队、消防科、政工监督室、法制室、警务保障室、纪委和看守所、拘留所及18个派出所。民警编制166人，均为国家公务员身份，其中，警督101人，警司58人。

第二节　打击犯罪

1986年，在全国第一次严厉打击刑事犯罪活动（简称"严打"）集中统一行动第三战役中，县公安局刑侦队侦破各类刑事案件68起，其中，杀人、伤害、强奸、抢劫等重大刑事案件14起，查获盗窃、流氓团伙15个，抓获各类刑事犯罪嫌疑人111人。

1987年至1990年，开展"两打一追"（打团伙、打流窜、追逃犯）、缉毒破案等专项行动。打掉各类犯罪团伙92个，抓获团伙成员379人，抓捕流窜犯和逃犯49人。破获毒品案件42起，抓获毒品犯罪嫌疑人47人，缴获毒品5533.7克。

1991年至2000年，按照中央综治委和公安部的统一部署，开展围歼"车匪路霸"、打击毒品犯罪、惩治金融犯罪、治理自行车被盗等专项行动和第二次"严打"集中统一行动。侦破境内312公路八盘山、景泉梁、大营梁和陇海铁路巉口至梁家坪路段盗抢运输物资案件399起，打掉盗抢团伙24个，追回价值65万元的被盗物资。组建缉毒队（后改为缉毒大队），破获贩毒案件262起，缴获毒品5635.6克。侦破定西县信用联社金融证券被盗案和5起系列金融诈骗案，挽回经济损失70余万元。查获盗窃自行车案件709起，追回被盗自行车615辆。共打掉盗窃、抢劫等犯罪团伙253个，抓获各类刑事犯罪嫌疑人2356人，抓捕流窜犯和逃犯195人。缉毒队被省公安厅评为全省公安系统优秀基层单位，并获团省委授予的全省"青年文明号"称号，刑侦大队获省公安厅授予的集体二等功，刑警三中队被省公安厅评为全省优秀刑警队。经过多次严打整治，全县社会治安状况日趋好转。

2001年，开展以反盗窃、缉毒、打击经济犯罪和打黑除恶为重点的第三次"严打"集中统一行动。至2002年，破获重大盗窃案件35起、贩毒案件87起、经济案件10起，打掉黑恶势力犯罪团伙5个，抓获各类刑事犯罪嫌疑人和逃犯484人，缴获毒品4348克，挽回经济损失317万元。

2003年至2009年，开展第四次"严打"集中统一行动和侦破命案会战、打击

"两抢一盗"（抢劫、抢夺、盗窃）、打黑除恶等专项行动。侦破"9·16"特大杀人抢劫案、"3·07"杀人焚尸案、"1·18"特大故意杀人案等命案 18 起，连续 7 年保持命案现案全破。破获"两抢一盗"案件 816 起、涉黑涉恶案件 32 起、毒品案件 126 起、经济案件 107 起，打掉黑恶势力和盗窃团伙 85 个。抓获各类刑事犯罪嫌疑人和逃犯 1843 人，缴获毒品 4808 克，挽回经济损失 882 万元。区公安局被省公安厅评为全省公安机关侦破命案先进集体，刑侦大队被省公安厅评为全省公安系统优秀基层单位并获集体二等功，汽车站派出所被公安部等六部委评为全国治理自行车被盗专项行动先进集体。在此期间，区公安局在全省率先启动网上办案系统，在网上受理刑事和其他案件，录入各类犯罪人员信息等，提高办案效率。

2010 年，继续贯彻"严打"方针，精心组织破案工作。先后侦破"2·19"特大劫车杀人团伙案、"3·12"劫车杀人案和涉案金额 300 余万元的特大系列诈骗案等重大刑事案件 77 起，打掉黑恶势力和盗窃团伙 10 个，抓获各类刑事犯罪嫌疑人和逃犯 357 人，挽回经济损失 248 万元。

第三节 治安管理

治安防控体系建设

1986 年，各机关单位进一步完善值班、保密、防火、防盗、财物保管、安全生产等制度，全面加强内部治安管理工作。1987 年，在城区设立 4 个治安联防所，从各单位抽调联防队员，划片巡逻，维持车站和集贸市场等公共复杂场所治安秩序。1992 年，在全县实行社会治安综合治理和目标管理责任制。1994 年 5 月，组建巡警大队（后改为治安巡逻大队）。1997 年 5 月，设立 110 报警服务台，在城乡重点区域设立报警点 400 余处。同年，成立保安服务公司，给机关单位培训和配备专职保安人员。2002 年，各乡镇组建治安联防队，村（社区）、村庄、居民小区成立治安联防小组，开展治安巡逻活动。建立机关单位职工夜间值班巡逻

2005 年，区公安局建成 110、119、122"三台合一"指挥中心

110紧急出动

防卫制度。2005年10月,区公安局建成集110、119、122综合接处警、GPS全球定位、城市动态管理、电子巡更、公安无线通信、公安专网查询、技防联防报警、数字程控调度等8个系统为一体的指挥中心,建立警务快速反应和多警种联合作战机制。省政法委在定西召开全省社会治安防控体系建设现场会,向全省推广安定区指挥中心建设经验。2006年至2010年,全面开展治安技防设施建设和警务室建设。先后在城区公共重点区域、部位安装动态视频监控探头272个,视频监控覆盖城区主要出入口、路段和党政机关、金融单位及公共复杂场所。城区176个单位安装内部视频监控探头1026个、自动报警设施415处,有7个乡镇建成视频监控区域网,全区有5.6万户农户安装小技防设施。在城镇企事业单位、学校(幼儿园)和居民小区设立派出所警务室161个,配备专职保安人员453人。建成以公安局指挥中心为龙头,派出所、刑侦队、巡逻队、联防队、警务室相互配合、相互策应和视频监控、自动报警网络化的社会治安防控体系。

禁毒和扫黄禁赌工作

1988年,全县排摸和查处参赌人员835人。1989年,针对本县再度出现吸毒、贩毒和种植毒品原植物等违法犯罪问题,在全县开展禁吸、禁贩、禁种"三禁"并举的禁毒专项行动。组织干警缉毒破案,发动群众铲除毒品原植物,对吸毒人员实行初吸强制戒毒,复吸劳教戒毒。至1991年,破获贩毒案件93起,抓获毒品犯罪嫌疑人145人;铲除毒品原植物罂粟、米兰子等46万余株;强制戒毒155人,劳教戒毒30人。1992年,成立定西县戒毒所,对吸毒人员进行隔离强制戒毒。1996年至2000年,全面开展禁毒和扫黄禁赌工作。共破获贩毒案件136起、卖淫嫖娼案件40起、赌博案件118起,取缔关闭涉黄涉赌录像放映厅和电子游戏厅25家,收缴淫秽光盘366张。打击处理黄赌毒涉案人员1010人。2001年,破获一起特大贩毒案,缴获毒品海洛因2151.4克。2002年,成立定西县禁毒领导小组,设立禁毒办公室,加强对禁毒工作的组织领导。是年,破获贩毒案件36起、淫秽案件25起、赌博案件

35 起，打击处理黄赌毒涉案人员 296 人。2005 年至 2007 年，破获贩毒案件 59 起、赌博案件 113 起、卖淫嫖娼案件 14 起，打掉赌博团伙 12 个，打击处理黄赌毒涉案人员 408 人。2008 年，创建社区"4+X"戒毒康复工作小组（社区民警、工作人员、医务人员、

开展"6·26"国际禁毒日宣传活动

家庭成员和帮扶救助机构工作人员组成的戒毒康复工作小组），加强对戒毒康复人员的帮教和管理工作。有 2 个社区成为无毒社区，安定区被省禁毒委评为 2006—2008 年全省禁毒工作先进单位。2009 年，破获贩毒案件 19 起，打掉 1 个跨区域特大赌博团伙，查封涉赌电玩城 3 家，捣毁色情服务窝点 2 处，缴获淫秽光盘 399 张，打击处理黄赌毒涉案人员 135 人。2010 年，深入开展禁毒工作，破获贩毒案件 17 起，抓获毒品犯罪嫌疑人 18 人，强制戒毒 32 人，毒品案件数和戒毒人数呈下降趋势。建立社区戒毒康复工作小组 203 个，有帮教工作人员 800 余人，对 203 名戒毒康复人员进行全方位帮教和管理。

公共场所和特种行业管理

1986 年以来，公安机关对文化娱乐场所等公共场所和旅社、印刷、典当、废旧品收购等特种行业，采取登记、办证、培训、检查、整顿等措施，实施治安管理。1996 年，在整治公共场所秩序专项行动中，取缔关闭非法电子游戏厅和录像放映厅 23 家。2000 年，对全县 360 家公共复杂场所和 190 家特种行业经营场所进行整顿，签订治安责任书 550 份。2001 年，县公安局设立计算机通讯管理股，对全县计算机机房和网吧进行监督管理。同年，对全县 97 家娱乐服务场所进行清理整顿，依法责令停业 26 家，取缔关闭辖区内所有电子游戏厅，停止办理城乡录像放映营业执照。2002 年至 2007 年，取缔鼠药无照经营户 92 家，查处违规网吧 11 家，关闭非法网吧 4 家。2008 年至 2009 年，成立公共信息网络安全监察大队，建立文化娱乐场所、特种行业管理档案和情报信息系统。检查网吧、游戏厅、夜总会、卡拉 OK

警务巡逻

歌舞厅等 173 家，取缔无照经营黑网吧和黑游戏窝点 8 家（处）。2010 年，开展整治校（园）及周边环境集中统一行动。先后出动警力 7000 余人（次）、警车 1200 余辆（次），清查网吧 273 家（次）、娱乐场所 266 家（次）、旅社 531 家（次）、出租房屋 996 家（次）。排查校（园）和周边治安隐患 37 处，发放整改通知书 281 份，查处危害校（园）安全的治安案件 4 起。在城乡 108 所学校（幼儿园）设立警务室或治安岗亭，配备专职保安人员 186 人。56 所城镇校（园）安装视频监控探头，其中，城区 8 所校（园）视频监控装置与区公安局指挥中心联网。给 345 所校（园）安装报警设施345 个，配发安防器材 690 件。是年，对全区公共复杂场所和特种行业进行重点清查整治。检查网吧、旅社、烟花爆竹销售店和内部单位等 462 家（次），查处违规经营网吧、旅社 13 家，取缔无证经营旅社 1 家。全区 161 家旅社、22 家娱乐场所和 19 家网吧全部安装信息管理系统，对 800 余家互联网单位、网站和网络大户全部备案。至 2010 年 12 月，全区有公共场所 1046 家，特种行业经营单位 225 家。

枪爆物品管理

公安机关严格管理枪爆物品，实行枪支弹药使用和民用爆炸物品销售经营审批办证制度，依法查处非法经营和使用枪爆物品案件。1992 年至 1995 年，收缴非法枪支 305 支、子弹 93 发。1996 年，整顿和规范枪支弹药管理工作，对全县公务用枪、射击用枪和猎用枪支重新登记，换发持枪证。收缴非法枪支 1873 支、子弹 33 发、炸药 6.1 公斤，捣毁非法制枪窝点 4 处。1997 年，开展治爆缉枪专项行动，至 2009 年，收缴各类非法枪支 1343 支、子弹 1089 发、雷管 1.57 万枚、炸药火药 1596 公斤、管制刀具 590 把。2010 年，进一步加强枪爆物品管理工作，对全区 12 家配备公务用枪的单位和 12 家经营民用爆炸物品的单位进行全面检查考评，对存在安全问题的 4 家单位下发限期整改通知书，并进行复查验收。收缴非法枪支 99 支、子弹 142 发、管制刀具 184 把。

流动暂住人口管理

2000 年,辖区流动暂住人口逐年增多,公安机关逐步加强和规范流动暂住人口管理工作。坚持以房、业、证管人,建立流动暂住人口综合信息管理系统,每年清查登记流动暂住人口和出租房屋,办理暂住证,与房屋出租者签订治安责任书。至 2009 年,共清查登记流动暂住人口 3.93 万人、出租房屋 5172 户(次),办理暂住证 1.97 万证,签订治安责任书 4446 份。2010 年,全区清查登记流动暂住人口 1.55 万人(省内 13684 人,省外 1788 人),办理暂住证 1.21 万证。清查登记出租房屋 1309 户,签订治安责任书 1025 份。侦破、查处涉及流动人口的刑事案件 4 起、治安案件 78 起。

治安案件查处

1986 年,依法查处结伙斗殴、盗窃等治安案件 68 起,治安处罚 106 人,其中,行政拘留 79 人。1987 年至 1994 年,查处寻衅闹事、偷盗、赌博等治安案件 1443 起,治安处罚 2575 人,其中,行政拘留 321 人。1995 年至 2002 年,在查禁黄赌毒和治爆缉枪等专项行动中,查处各类治安案件 3571 起,治安处罚 5409 人,其中,行政拘留 498 人。2003 年至 2009 年,查处卖淫嫖娼和违法经营等治安案件 6986 起,治安处罚 8250 人,其中,行政拘留 1081 人。2010 年,在整顿交通秩序、治理校(园)周边环境和检查公共场所、

区公安局警察深入人员活动密集场所查处治安违法案件

特种行业经营等活动中,查处治安违法违规案件 1607 起,治安处罚 750 人,其中,行政拘留 156 人。

第四节 户政管理

居民身份证颁发

1987 年 3 月,设立颁发居民身份证办公室(简称颁证办公室),至 1989 年 12 月,颁发居民身份证 26.2 万余张,占全县应发证人数的 96%,提前完成集中发证

任务,定西县被省政府评为全省颁发居民身份证工作先进单位。2006年6月,开始换发第二代居民身份证,至2009年底,制发第二代居民身份证31.7万张,换证率为85%,按期完成集中换证任务,火车站派出所被省公安厅评为全省第二代身份证换发工作先进集体。

户政管理制度改革

1989年7月,撤销颁证办公室,设立户政股,管理居民户籍和身份证。同年,改革农村户政管理机制,农村居民户籍由乡镇政府管理移交派出所管理。在未设派出所的15个乡镇配备公安员兼管户籍和居民身份证工作。1996年,按照公安部的统一要求,农村户口实行城市化管理,签发农村户口簿和装订农户门牌。1997年,换发全国统一的家庭户口簿。2000年,进行居民身份证18位号码升位编制。从2001年开始,按照公安部关于小城镇户籍制度改革政策,审核办理小城镇落户手续,实行出生婴儿随父随母自愿申报户口等新政策。在全国第四、五、六次人口普查中,全面核查和整顿户籍。

人口信息建设

1989年7月,户政股首次利用制发身份证底卡整理编制人口信息卡片。1991年至1993年,建立城区人口信息微机管理系统,户政股被省公安厅评为全省人口信息计算机管理先进集体。2001年,建立全县人口信息微机管理系统。2003年,在全市率先实行户政股和派出所户籍联网办公。2004年,户政股启用微机办理户口准迁证、边境通行证和身份证等业务。2006年,又在全市率先建成县(区)级派出所人口信息综合管理系统,户政股被市公安局评为全市人口信息建设先进集体。

第五节　消防管理

消防管理

1986年以来,区(县)公安局设有消防管理机构(消防股、科)。在消防管理工作中,贯彻"预防为主,防消结合"的方针,坚持以"遏制和减少重特大火灾事故,减少一般火灾事故"为目标,落实各项消防安全管理措施。区(县)消防安全工作领导小组每年定期召开联席会议,研究部署全区(县)消防安全工作。通过新闻媒体宣传、印发宣传资料、开设消防教育课和在城乡设点宣传等方式,宣传消防法规和防火救火常识,增强群众的消防意识,营造人人重视消防、支持消防和参与消防的社会氛围。把公共场所、高层建筑、地下商场和易燃易爆、危险化学品存放场所等列为消防安全重点。对各项建筑工程实行建前审核,竣工验收,严把建筑消防安全关。在全区(县)实行消防安全管理目标责任制,年初签订责任书,年中检查小结,年末考核验收。通过印发《消防安全检查意见书》《责令整改意见书》《重大火灾隐患通知书》和《复查意见书》等,督促各机关单位整改消防安全工作中存在的问题和隐患。在全区开展消防安全创建活动。至2010年,在市政公共重点场所安装防火栓120个、地下消火栓97个、室内消火栓526个、消防水池17个;共确定消防安全重点单位119个,各消防安全重点单位均建立消防工作管理制度和配备消防器材;有18个乡镇(街道)成为消防安全乡镇(街道),占乡镇(街道)总数的86%,全区连续12年无重大火灾。

火灾概况

1986年,全县发生火灾8起,直接经济损失4万元。1987年至1997年,发生火灾81起,死1人、伤4人,直接经济损失95万元,年均发生火灾7起,直接经济损失8.6万元。1998年,发生火灾73起(其中重大火灾1起),死3人、伤12人,直接经济损失86万元。当年10月19日,定西县城关乡景家店村中街社因小孩玩火引发一起集体麦场着火的重大火灾,烧毁饲草22.2万公斤、粮食2200余公斤,直接经济损失9万余元。1999年至2009年,发生火灾731起,直接经济损失220万元,年均发生火灾66起,直接经济损失20万元。2010年,全区发生火灾32起,直接经济损失22万元,是近13年火灾最少的一年。

第六节　交通管理

交通管理机构

1987年,改革道路交通管理体制,县公安局交通队与县交通管理站合并,组建县公安局交通警察队。1995年,交通警察队改为交通警察大队(科级建制,后改为交通管理大队)。1999年,组建城市交通警察大队。2000年,巉柳高速公路开通后,省交警总队高速支队在定西县设立巉口、凤翔两个高速大队,负责定西县内高速公路交通管理。2005年,城市交通警察大队划归市公安局管理,城区交通改由市公安局交通警察支队管理,城区交通事故仍由区公安局交通管理大队负责处理。2010年,巉口高速大队撤至会宁县改称会师大队,安定区境内高速公路全部由凤翔大队管理。

道路交通管理

90年代,逐步加强和规范交通法规宣传、交通安全教育、交通秩序维护和机动车辆安全检测、牌照发放、驾驶员培训和路查路检等道路交通管理工作,定期排查和整改交通安全问题。2000年代,全面提升道路交通管理水平,开展创建平安大道工作。交通警察大队每年与交通、教育、新闻等部门联合举办交通安全宣传活动,通过制作电视广播专题节目、召开大会、出动宣传车、展出图片、散发资料、开设交通安全教育课和组织知识竞赛等多种方式,宣传交通法规和交通安全常识,教育广大群众懂得交通规则,遵守交通秩序,预防交通事故。建立机动车、驾驶员和交通违法、警务查询等信息管理系统,给值勤交警配备投影仪、照相机、酒精测试仪、反光锥筒、反光背心等交通技术检测和警用安全设施。成立定西县预防道路交通事故工作领导小组,进一步严格营运车辆和驾驶员资质审核,定期培训机动车辆驾驶员,督促营运企业和司机落实交通安全责任制。先后评选命名"交通安全文明示范校(村)"16所(个),巉口交警中队被公安部评为全国创建平安大道工作先进集体。2010年,针对超载超速、酒后驾车、乱停乱放车辆等问题,在全区开展道路交通秩序整治专项行动。交通管理大队设立5个临时检查点和1个固定测速点,检查登记客运车3300余辆(次)、大型货车1.3万辆(次),查处各类交通违法违规案件180余起。与区司法局、法院协商成立道路交通事故人民调解委员会和道路交通事故巡回法庭,加大道路交通事故调处工作力度。是年,区交通管理大队管理辖区公路总里程858.8公里,其中,国道3条210.2公里,省道2条71公里,县道8条239.7公里,乡道325.4公里,专用道8条21.5公里;管理辖区各种机动车2.3万辆(台)、驾驶员2.9万人。

城市交通管理

城市交警疏导交通

1986年,在城区大十字设有交通指挥岗亭,交通民警值勤指挥交通。1999年,在大十字和立交桥十字安装交通信号灯。2003年撤地设市后,进一步加强和规范城市交通管理工作。在城区主要路段施划道路标线,设置道路中心隔离栏和机动车与非机动车隔离栏,增设交通标志牌,在各十字路口安装多相位交通信号灯或黄闪警示灯。交通民警实行车流人流"高峰站点、平峰巡线、点线互补"的勤务方式,检查纠正违章驾车、行人乱走和占道经营等交通违章行为,创建文明、安全、畅通的城市交通。2010年,在南川、西川、北川三个出入口安装闯红灯和超速自动抓拍设施。各十字路口均设立交通民警值勤点,各主要路段配备交通民警和交通协管员,疏堵治乱,确保城市交通安全畅通。当年,城区有主、次干道13条22.1公里,支路13条5.8公里,交通路口20个;有长途客车160辆,短途客车84辆,出租车457辆,自行车约7万余辆。城区总人口10.6万人,其中,常住人口9.1万人,流动暂住人口1.5万人。

交通事故

1986年,全县发生交通事故52起,死23人,伤28人,直接经济损失1.3万元。1987年至1997年,发生交通事故628起(其中特大交通事故8起),死222人、伤592人,直接经济损失165.7万元。年均发生交通事故57起、伤亡74人、直接经济损失15.1万元。1998年,发生交通事故82起(其中特大交通事故1起),死32人,伤72人,直接经济损失26.5万元。当年11月18日,榆中县甘草店乡一辆大货车行至G312线2079KM+300M处弯道时,与相向行驶的一辆宁远镇小客车相撞,造成7人死亡、13人受伤且车辆严重损坏的特大交通事故。2000年至2003年,发生交通事故843起(其中特大交通事故8起),死172人、伤723人,直接经济损失494.6万元。年均发生交通事故211起、伤亡224人、直接经济损失123.8万元。2004年,发生交通事故73起(其中特大交通事故1起),死24人、伤141人,直接经济损失32.1万元。当年2月18日,安定区葛家岔镇一辆大客车行至马巉公路45 KM+50M时,车辆滑到路边翻入深沟,造成8人死亡、28人受伤且车辆严重损坏的特大交通事故。2005年至2009年,发生交通事故306起(其中特大交通事故5起),死129人,伤269人,直接经济损失129万元。年均发生交通事故61起、伤亡80人、直接经济损失25.8万元,交通事故数呈下降趋势。2010年,全区发生交通事故24起(其中特大交通事故14起),死17人,伤8人,直接经济损失4.7万元。

第七节　看守所　拘留所　戒毒所

看守所

1986年以来,看守所不断完善看守、教育、劳动、生活、卫生等规章制度,全面开展监管改造工作。对被羁押的罪犯和犯罪嫌疑人实行武装警戒看守,确保监所安全。贯彻"感化、教育、挽救"方针,组织在押人员收看电视、阅读报刊,学习政策法规和劳动技能,教育他们认罪伏法、悔过自新和争取宽大处理,保障侦查、起诉和审判工作顺利进行。根据市场物价等因素,适时提高在押人员的给养标准和生活水平。经常保持监室整齐清洁,对患病人员及时给予治疗。建立看守所、武警中队、检察院联席会议和人大、政协委员定期视察评议制度,及时整改监管工作中存在的问题。2001 年,县公安局设立监所管理股,进一步加强对看守所的管理。同年,利用 120 万元国债资金对监所进行改建和维修。2010 年,选址新建看守所。至2010 年,看守所先后收押各类罪犯和犯罪嫌疑人 7100 余人。

拘留所

1986 年以来,拘留所按照有关法规建立和落实各项管理制度,严把被拘留人员的出入所关、教育关、生活关和卫生关,坚持教育与处罚相结合,力争每个被拘留人员受到教育。2005 年,选址新建拘留所,建有办公室 3 间,拘留室 3 间,设有值班室、会见室、档案室、小伙房、卫生间等。至 2010 年,拘留所先后执行拘留2276 人。

戒毒所

1992 年,县公安局与县民政、卫生等部门联合成立定西县戒毒所,对吸毒较重的人员实行集中教育和强制戒毒。1996 年,经县政府批准,成立专门戒毒所。戒毒所对戒毒人员进行思想教育和戒毒治疗,使他们逐步戒除毒瘾。2002 年,撤销县戒毒所,此后本区(县)吸毒人员集中在市戒毒所隔离戒毒。县戒毒所自成立至撤销,先后收戒毒人员 1165 人。

第八节　基层派出所

派出所设置

1986 年,县公安局下设城关、内官营、巉口、宁远、西巩驿、香泉、团结、葛家岔、鲁家沟、称钩驿、景家店 11 个派出所。1988 年,鉴于城区区域扩大,人口增多,治安日趋复杂,撤销城关派出所,设立汽车站、西河、火车站和国有敬东电视配件总厂 4 个城区派出所。1994 年至 1995 年,设立李家堡、石泉、新集、御风、符家川、高峰 6 个派出所和城关林业派出所,全县派出所增至 21 个。2000 年,景家店派出所改称凤翔派出所。2004年,撤销御风派出所。2008年,国有敬东电视配件总厂派出所因企业破产停止办公。2009年,城关林业派出所划归市森林公安局管理。2010年,区公安局下设18个派出所。

派出所建设

从1986年开始,全县派出所逐步转变职能,由以户口管理为主转变为以户口管理为基础,以治安管理为中心,管理辖区人口、公共复杂场所、特种行业和内部单位的治安。1995年,各派出所以"发案少、秩序好、社会稳定、群众满意"为工作目标,以治安管理和防范工作为主要任务,实行工作责任制,建立与动态治安环境相适应的工作模式和运行机制。从2001年开始,进行派出所规范化建设。各派出所逐步完善人口管理、治安管理、安全防范、执法办案、服务群众、队伍建设、内务管理、后勤保障8方面机制。至2010年,有11个派出所达到规范化建设标准,占派出所总数的61%,18个派出所全部与区公安局联网办公,并建成视频监控系统。

第二章 检 察

第一节 机构设置

1986年,定西县人民检察院(简称县检察院)内设秘书股、刑事检察股、经济检察股、法纪检察股、监所检察股5个股,有工作人员41人。

1987年,县检察院由科级建制升为副县级建制。1988年,秘书股更名为办公室,刑事、经济、法纪、监所4个检察股改为检察科,增设控告申诉检察科和税务检察室。1991年,刑事检察科分设为批捕检察科、起诉检察科、刑事技术科,增设政工科,当时有10个科室。1997年,经济检察科改为反贪污

定西市安定区人民检察院办公楼

贿赂局(内设综合科、预审科、侦查科),撤销税务检察室,增设民事行政检察科。

2002年6月,批捕检察科、起诉检察科、法纪检察科分别更名为侦查监督科、公诉科、渎职侵权检察科。2003年8月,反贪污贿赂局预审科单设,更名为职务犯罪预防科。

2003年10月,定西县人民检察院更名为定西市安定区人民检察院(简称区检察院)。

2004年9月,刑事技术科更名为检察技术科。2006年3月,渎职侵权检察科更名为反渎职侵权局。

2010年,区检察院内设办公室、政工科(含法警队)、侦查监督科、公诉科、控告申诉检察科、检察技术科、民事行政检察科、监所检察科(含驻看守所检察室)、职务犯罪预防科、反贪污贿赂局(内设侦查科和综合科)、反渎职侵权局11个机构,均为正科级建制。在编人员62人,其中,公务员56人,工人6人;检察官34

人,司法警察 5 人。

第二节　刑事检察

1986 年,在第一次"严打"集中统一行动中,县检察院坚持快捕快诉,依法严厉打击各类刑事犯罪活动。刑事检察股共受理公安机关和本院自侦部门提请批捕刑事案件 70 件 85 人,经审查批捕 65 件 74 人,其中,杀人伤害犯罪嫌疑人 11 人,重大盗窃犯罪嫌疑人 46 人;受理公安机关和本院自侦部门移送各类审查起诉案件 64 件 80 人,经审查向法院提起公诉 60 件 64 人。

1987 年至 1990 年,在反盗窃和打击毒品犯罪等专项行动中,刑事检察科受理提请批捕案件 343 件 628 人,经审查批捕 319 件 554 人,其中,杀人伤害犯罪嫌疑人31 人,重大盗窃犯罪嫌疑人 285 人,毒品犯罪嫌疑人 23 人;受理移送审查起诉案件 334 件 561 人,经审查提起公诉 302 件 489 人。

1991 年,撤销刑事检察科,设立批捕检察科和起诉检察科,加强内部制约,进一步提高办案质量和效率。当年,批捕检察科受理提请批捕案件 107 件 207 人,经审查批捕 98 件 179 人,其中,杀人伤害犯罪嫌疑人 13 人,重大盗窃犯罪嫌疑人84 人,毒品犯罪嫌疑人 3 人。起诉检察科受理移送审查起诉案件 104 件 208 人,经审查提起公诉 92 件 176 人。

1992 年至 1995 年,在打击"车匪路霸"和惩治毒品犯罪等专项行动中,受理提请批捕案件 429 件 867 人,经审查批捕 406 件 812 人,其中,杀人伤害犯罪嫌疑人 58 人,重大盗窃犯罪嫌疑人 382 人,毒品犯罪嫌疑人 22 人,拐卖妇女儿童犯罪嫌疑人 1 人。受理移送审查起诉案件 463 件 873 人,经审查提起公诉 446 件 825人。县检察院被省检察院评为全省检察系统查办大要案先进集体。

1996 年至 2000 年,在第二次"严打"集中统一行动和打击毒品犯罪等专项行动中,受理提请批捕案件 603 件 925 人,经审查批捕 544 件 794 人,其中,杀人伤害犯罪嫌疑人 68 人,重大盗窃犯罪嫌疑人 202 人,毒品犯罪嫌疑人 184 人。受理移送审查起诉案件 587 件 870 人,经审查提起公诉 530 件 780 人。在此期间,县检察院提前介入公安机关对重大案件的侦查预审活动,依法从快打击各类严重刑事犯罪。

2001 年至 2003 年,在第三次"严打"集中统一行动和反盗窃等专项行动中,受理提请批捕案件 323 件 507 人,经审查批捕 294 件 462 人,其中,杀人伤害犯罪嫌疑人 45 人,重大盗窃犯罪嫌疑人 122 人,毒品犯罪嫌疑人 102 人。受理移送审查起诉案件 399 件 577 人,经审查提起公诉 369 件 544 人。

2004 年至 2005 年,侦查监督科受理提请批捕案件 162 件 272 人,经审查批捕 150 件 242 人,其中,杀人伤害犯罪嫌疑人 13 人,重大盗窃犯罪嫌疑人 49 人,毒品犯罪嫌疑人 13 人。公诉科受理移送审查起诉案件 210 件 327 人,经审查提起公诉 176 件 268 人。

2006 年至 2009 年,在第四次"严打"集中统一行动和打击"两抢一盗"、打黑除恶等专项行动中,受理提请批捕案件 328 件 557 人,经审查批捕 300 件 499 人,其中,杀人伤害犯罪嫌疑人 58 人,重大盗窃犯罪嫌疑人 176 人,毒品犯罪嫌疑人 64 人,涉黑涉恶犯罪嫌疑人 3 人。受理移送审查起诉案件 447 件 695 人,经审查提起公诉 409 件 621 人。

2010 年,受理提请各类刑事批捕案件 104 件 154 人,经审查批捕 102 件 148 人,其中,杀人伤害犯罪嫌疑人 13 人,重大盗窃犯罪嫌疑人 37 人,毒品犯罪嫌疑人 17 人,涉黑涉恶犯罪嫌疑人 10 人。受理移送审查起诉案件 145 件 220 人,经审查提起公诉 120 件 175 人。批捕案件准确率和起诉案件有罪判决率均为 100%。

第三节　反贪污贿赂

1986 年,县检察院按照最高人民检察院的统一部署,在不放松打击刑事犯罪的前提下,把打击经济犯罪放在首位。当年受理经济犯罪举报线索 16 件 21 人,立案侦查 11 件 15 人,其中,贪污案 3 件 3 人,贿赂案 2 件 4 人,挪用公款案 1 件 1 人。审查批捕 5 件 7 人,提起公诉 6 件 8 人,为国家和集体挽回经济损失 2.2 万元。

1987 年至 1996 年,在打击经济犯罪专项行动中,受理经济犯罪举报线索 208 件 253 人,立案侦查 77 件 106 人,其中,贪污案 35 件 46 人,贿赂案 12 件 17 人,挪用公款案 17 件 21 人。审查批捕 64 件 84 人,提起公诉 47 件 63 人,为国家和集体挽回经济损失 165.4 万元。

1997 年,成立反贪污贿赂局,负责立案侦查国家工作人员贪污、挪用公款、受贿、行贿等案件。当年受理贪污贿赂举报线索 28 件 31 人,立案侦查 7 件 10 人,其中,贪污案 2 件 2 人,贿赂案 3 件 3 人,挪用公款案 1 件 1 人。审查批捕贪污案 1 件 1 人,提起公诉 6 件 6 人,为国家和集体挽回经济损失 64 万元。

1998 年至 2009 年,受理贪污贿赂举报线索 185 件 218 人,立案侦查 56 件 61 人,其中,贪污案 28 件 30 人,贿赂案 11 件 12 人,挪用公款案 16 件 18 人。审查批捕 18 件 18 人,提起公诉 55 件 60 人,为国家和集体挽回经济损失 777.8 万元。

2010 年,在全区开展惩治职务犯罪专项行动。区检察院受理贪污贿赂举报线索 9 件 13 人,立案侦查平定高速公路建设工程贪污大案 4 件 6 人、涉农贪污案 1 件 2 人、贪污学校公款案 1 件 2 人。审查批捕 3 件 4 人,提起公诉 4 件 8 人,为国家和集体挽回经济损失 54.3 万元。结合办案,向发案单位发出《检察建议书》17 份。召开重点行业和部门预防职务犯罪警示教育座谈会、联席会 5 次,举办专题讲座 10 场次,与区纪委联合召开全区领导干部预防职务犯罪警示教育大会。

第四节 渎职侵权检察

1987 年,县检察院贯彻全国法纪检察工作会议精神,加强和规范以惩治渎职侵权犯罪为主的法纪检察工作。当年受理渎职侵权举报线索 8 件 9 人,立案侦查 2 件 2 人,其中,玩忽职守案 1 件 1 人,滥用职权案 1 件 1 人。审查批捕 2 件 2 人,提起公诉 2 件 2 人。

1988 年至 1995 年,在反渎职侵权专项行动中,受理渎职侵权举报线索 68 件 120 人,立案侦查 14 件 24 人,其中,玩忽职守案 9 件 16 人,滥用职权案 3 件 3 人。审查批捕 8 件 11 人,提起公诉 12 件 19 人。

1996 年至 2005 年,受理渎职侵权举报线索 53 件 75 人,立案侦查 4 件 6 人,其中,玩忽职守案 2 件 3 人,徇私枉法案 1 件 1 人,滥用职权案 1 件 2 人。审查批捕滥用职权案 1 件 2 人,提起公诉 4 件 6 人。

2006 年,渎职侵权检察科改为反渎职侵权局,负责立案侦查国家机关工作人员玩忽职守、滥用职权和徇私枉法等渎职犯罪案件和侵犯公民民主权利、人身权利的犯罪案件。至 2009 年,受理渎职侵权举报线索 8 件 8 人,立案侦查玩忽职守案 2 件 2 人,提起公诉 1 件 1 人。

2010 年,在惩治职务犯罪专项行动中,受理渎职侵权举报线索 3 件 3 人,立案侦查和提起公诉玩忽职守案 1 件 1 人。

第五节 检察监督

立案和侦查监督

区(县)检察院对公安机关刑事立案、侦查工作进行监督,依法提出检察建议和监督纠正漏捕漏诉等违法行为。1986 年至 2003 年,监督公安机关纠正漏捕 99

人、漏诉34人。2004年9月,设立侦查监督科,至2009年,监督公安机关纠正漏捕16人。2010年,办理立案和侦查监督案件11件,向公安机关发出《要求说明不立案理由通知书》5份、《要求提供法庭证据所需材料意见书》48份、《纠正违法通知书》6份、《检察建议书》5份。对不应当立案而立案的6件案件,建议和督促公安机关作撤案处理。监督公安机关追捕漏犯2人,追诉犯罪事实1起,追加漏罪3个。

刑事审判监督

区(县)检察院通过出庭公诉,对法院刑事审判程序中出现的问题,以书面或口头形式提出纠正意见。以召开联席会议、列席审判委员会会议和审查刑事裁判文书等方式,对法院适用法律、定罪量刑明显不当的案件依法提出抗诉。1986年至2009年,共提出抗诉23件,法院改判19件。2010年,在刑事审判监督中提出抗诉1件。

民事行政检察

1997年,设立民事行政检察科,对法院民事行政案件审判活动实行监督,依法提出检察建议或提请抗诉。至2009年,受理民事行政申诉案件118件,经审查,提请抗诉33件,法院改判12件。2010年,受理民事行政申诉案件13件,立案11件。经审查,向法院发出再审检察建议2件,其他检察建议5件。向市检察院提请抗诉3件,建议提请抗诉1件,市检察院采纳抗诉意见4件,法院改判1件,裁定再审3件。

刑罚执行监督

1990年至1996年,监所检察科和驻所(看守所)检察室监督看守所纠正监管改造违法违规4890件,纠正超期羁押1人。1997年至2002年,监督纠正监管改造违法违规98件,纠正超期羁押80人,驻所检察室被省检察院评为全省检察机关优秀派驻检察室。2003年至2009年,监督纠正监管改造违法违规141件,纠正超期羁押46人。在此期间,开展监所检察机构创优达标活动,驻所检察室被最高人民检察院评为全国一级规范化检察室,监所检察科被省检察院评为全省检察机关一级达标单位,并获省检察院授予的集体二等功。2010年,监所检察机构开展创优保级活动,对驻所工作制度、联席会议等16项制度进行修改和完善,强化日常监督工作。针对看守所监管工作中存在的问题,发出纠正意见8件、书面检察建议 5 件。参与看守所安全大检查 12 次,召开联席会议 6 次,与在押人员谈话 78 人(次),接待在押人员家属 13 人(次),督促看守所对不宜关押的 6 名在押人员向办案单位建议变更强制措施。对 179 名监外罪犯的刑罚执行情况进行全面监督检查,依法纠正和解决脱管、漏管等问题。

控告申诉检察

1987 年,设立控告申诉检察科,全面开展控告申诉检察工作,实行控告申诉案件首办责任制和检察长接待日制度,开展排查化解涉检信访专项活动,妥善处理各类涉检信访案件,合理解决群众的诉求。至 2009 年,共受理群众涉检信访案件 922 件,结案答复率为 100%,信访接待室被省检察院评为全省检察机关文明接待室。2 010 年,受理群众涉检来信 24 件、来访 30 人(次),全部结案答复。奖励职务犯罪举报人 3 人,救助刑事被害人 14 人。

检察院内部监督

1986 年以来,区(县)检察院每年定期向区(县)委和区(县)人大报告工作,接受审议。每年召开民主评议会并开展走访活动,征求公安、法院、律师事务所和人大代表、政协委员、人民监督员对检察工作的意见、建议。制定《检务督查工作办法》,建立干警执法档案,落实“一案三卡”制度,逐步完善内部检务工作监督和制约机制。2010 年,邀请有关部门负责人和部分人大代表、政协委员评议检察工作,并视察新搬迁的看守所及驻所检察室。两次启动人民监督员评议案件程序,邀请 5 名人民监督员对 2 件自侦案件进行评议。对当年百件重点案件办案情况和扣押冻结款物管理等情况进行专项检查,整改存在的问题。

第三章　审　判

第一节　机构设置

1986年,定西县人民法院(简称县法院)内设办公室、刑事审判庭、民事审判庭、经济审判庭及城关、内官营、巉口、宁远、鲁家沟、香泉、西巩驿、葛家岔8个基层人民法庭,共有51名工作人员。

1988年,设立行政审判庭。1991年,县法院由科级建制升为副县级建制。1995年,设立执行庭和李家堡、青岚山、东岳人民法庭。2000年,设立政工科、纪检监察室、告诉审诉审判庭,组建司法警察大队。2001年,设立立案庭和审判监督庭,撤销告诉审诉审判庭和城关、李家堡、东岳、青岚山人民法庭,时有11个内设机构和7个基层人民法庭。2002年,民事审判庭和经济审判庭分别改为民事审判第一庭、民事审判第二庭。

2003年9月,定西县人民法院更名为定西市安定区人民法院(简称区法院)。

2004年,调整基层人民法庭布局,将7个人民法庭

定西县人民法院旧址,1991年建成使用,建筑面积910平方米

定西市安定区人民法院综合大楼,占地12076平方米,建筑面积6274平方米,总投资1100万元

整合为内官营、巉口、西巩驿、宁远4个中心人民法庭（正科级建制），并进行中心人民法庭规范化建设。2006年，宁远中心人民法庭迁至李家堡镇。

2010年，区法院内设办公室、纪检监察室、政工科、立案庭、刑事审判庭、民事审判第一庭、民事审判第二庭、行政审判庭、审判监督庭、执行庭、司法警察大队及内官营、

宁远人民法庭于2005年移址李家堡镇，建筑面积460平方米，总投资52万元

巉口、西巩驿、宁远4个中心人民法庭。职工总人数82人，其中，审判员和助理审判员31人，书记员3人，法警10人。

第二节 刑事审判

1986年，在第一次"严打"集中统一行动中，县法院坚持依法从重从快惩处各类刑事罪犯。共受理各类刑事案件60件83人，审结59件82人，其中，杀人、伤害、强奸案19件22人，抢劫、盗窃案18件23人，流氓案3件6人。判刑68人，10名罪犯被判处5年以上有期徒刑。

1987年至1995年，在反盗窃、禁毒、扫黄禁赌和惩治腐败等专项行动中，受理各类刑事案件1118件1790人，审结1119件1793人，其中，杀人、伤害、强奸案347件432人，抢劫、诈骗、盗窃案478件891人，毒品案40件57人，流氓案60件119人，贪污贿赂和渎职侵权案24件36人，赌博、淫秽案11件22人。判刑1141人，385人被判处5年以上有期徒刑。

1996年至1998年，在第二次"严打"集中统一行动和打击毒品犯罪、惩治职务犯罪等专项行动中，受理各类刑事案件419件595人，审结416件591人，其中，杀人、伤害、强奸案167件199人，抢劫、诈骗、盗窃案139件213人，毒品案38件63人，贪污贿赂和渎职侵权案20件24人，交通肇事案32件32人。判刑313人，142人被判处5年以上有期徒刑。刑事审判庭被甘肃省高级人民法院评为先进集体。

1999年至2002年,在第三次"严打"集中统一行动和禁毒等专项行动中,受理各类刑事案件704件960人,审结702件959人,其中,杀人、伤害、强奸案291件340人,抢劫、诈骗、盗窃案138件236人,毒品案121件169人,寻衅滋事案27件60人,贪污贿赂和渎职侵权案21件26人,交通肇事案60件60人,拐卖妇女儿童案2件2人,出售假币案4件8人,邪教案1件1人。判刑565人,184人被判处5年以上有期徒刑。刑事审判庭获中共定西地委、定西行署授予的"人民满意政法单位"荣誉称号,被定西地区中级人民法院评为"人民满意好法庭"。

2003年至2009年,在第四次"严打"集中统一行动和打击"两抢一盗"、打黑除恶、反贪污贿赂等专项行动中,受理各类刑事案件1016件1501人,审结1019件1504人,其中,杀人、伤害、强奸案427件553人,抢劫、抢夺、诈骗、盗窃案264件487人,毒品案81件99人,交通肇事案102件107人,贪污贿赂和渎职侵权案41件53人,私藏枪支案4件5人。判刑783人,207人被判处5年以上有期徒刑。

2010年,受理各类刑事案件162件223人,审结156件217人,其中,杀人、伤害、强奸案63件75人,抢劫、诈骗、盗窃案43件71人,毒品案11件11人,交通肇事案20件21人,贪污贿赂和渎职侵权案7件12人。判刑113人,22人被判处5年以上有期徒刑。同年,区法院启动量刑规范化改革试行工作。

第三节　民事审判

1986年,民事审判庭受理各类民事案件224件,审结225件,其中,婚姻家庭纠纷案162件,赔偿纠纷案36件,债务纠纷案18件,宅基地纠纷案5件,继承纠纷案1件。在民事案件审理中,坚持调解优先原则,调判结合,妥善处理各类民事矛盾纠纷。在当年审结的民事案件中,调解187件,占结案总数的83%。

人民法院开庭审判

1987年至1995年,受理各类民事案件4446件,审结4440件,其中,婚姻家庭纠纷案3254件,赔偿纠纷案565件,债务纠纷案361件,房屋和其他不动资产纠纷案67件,继承纠纷案24件,邻里关系纠纷案6件。年均审结民事案件493件。

　　1996年,改革民事审判方式,实行公开审判制度,强化当事人举证责任、庭审职能、合议庭和独任审判员职责,民事审判工作趋于规范化。至2001年,共受理各类民事案件5962件,审结5957件,其中,婚姻家庭纠纷案3261件,债务纠纷案1456件,赔偿纠纷案851件,房屋和其他不动资产纠纷案242件,继承纠纷案37件,邻里关系纠纷案37件。年均审结民事案件993件。

　　2002年,民事审判庭改为民事审判第一庭,经济审判庭改为民事审判第二庭,将经济案件并入民事案件审理,建立大民事审判格局。至2006年,共受理各类民事案件7719件,审结7713件,其中,婚姻家庭和继承纠纷案2663件,权属纠纷和侵权案1336件,借款、买卖、建房工程承包等合同纠纷案3714件。年均审结民事案件1543件。

　　2007年,建立人民调解协议诉前司法确认制度。由人民调解委员会、行政机关等非诉调解组织或其他第三方,对当事人之间的矛盾纠纷调解达成的协议及当事人就解决民事纠纷自行协商达成的协议,经当事人申请,人民法院审查认为协议不违反法律规定的,出具法律文书确认该调解协议,赋予该调解协议强制执行效力。至2009年,办理人民调解协议诉前司法确认案451件。共审结民事案件5285件,其中,婚姻家庭和继承纠纷案1703件,权属纠纷和侵权案866件,合同纠纷案2716件。年均审结民事案件1762件。

　　2010年,受理各类民事案件2569件,审结2565件,其中,婚姻家庭和继承纠纷案686件,权属纠纷和侵权案616件,合同纠纷案1263件。在审结的民事案件中,调解1045件,占40.7%。办理人民调解协议诉前司法确认案465件。

第四节　经济审判

　　1986年,经济审判庭受理经济案件7件,审结9件,其中,购销合同纠纷案8件,诉讼标的金额43万元。

　　1987年至1993年,受理经济案件216件,审结211件,其中,购销合同纠纷案177件,诉讼标的金额409万元。年均审结经济案件30件,诉讼标的金额58.43万元。

　　1994年以后,随着市场经济发展,经济案件和诉讼标的金额逐渐增多。至2001年,共受理经济案件2121件,审结2127件,其中,各类合同纠纷案1385件,赔偿纠纷案7件,交通运输纠纷案7件,企业破产纠纷案2件,诉讼标的金额4755万元。年均审结经济案件266件,诉讼标的金额594万元。经济审判庭获定西地区中级人民法院授予的"人民满意好法庭"荣誉称号。

2002年,经济审判庭改为民事审判第二庭,经济案件并入民事案件。

第五节　行政审判

1988年11月,设立行政审判庭。1989年,行政审判庭开始审理因不服国家行政机关的行政决定而提起的行政诉讼案件。当年受理行政案件3件,审结3件,其中,土地案件2件;审查裁定撤销行政机关决定1件,变更2件。

1990年,实施《中华人民共和国行政诉讼法》,行政审判庭依法规范各类行政案件审理工作,维护行政相对人的合法权益,监督和支持行政机关依法行政。至2002年,受理各类行政案件76件,审结76件,其中,土地、宅基地案件25件,治安案件13件,城建、交通、卫生、计划生育等案件38件;审查裁定维持行政机关决定34件,撤销行政机关决定和判定行政机关决定无效15件,驳回起诉4件,原告撤诉18件,变更和移送5件。

2003年,在行政案件审理工作中增加审查行政非诉执行案件内容。至2009年,审查行政非诉执行案件398件,其中,计划生育案件253件,征地拆迁案件24件,自然资源案件29件;审查裁定准予执行378件,不予执行20件。受理行政案件83件,审结82件,其中,城建案件23件,治安案件14件,土地、宅基地案件13件,乡政府案件11件;审查裁定维持行政机关决定17件,撤销行政机关决定8件,判定行政机关决定无效7件,驳回起诉14件,原告撤诉20件。

2010,受理行政案件8件,审结8件,审查裁定维持行政机关决定1件,驳回起诉2件,原告撤诉4件。审查行政非诉执行案件147件,其中,社会抚育费征收案件115件,征地拆迁案件31件,审查裁定准予执行147件。

第六节　案件执行

1992年至1994年,各审判庭审结各类案件1512件,标的金额496万元;执行案件1441件,标的金额453万元,案件执行率、标的执行率分别为95.3%、91.4%。

1995年,设立执行庭,审执分离,法院各庭、室、队及基层法庭审理判决生效的案件,逐步移交执行庭执行。至2005年,执行庭受理执行案件7844件,标的金额10528.6万元;执行7405件,标的金额9864.9万元,案件执行率、标的执行率分别为94.4%、93.7%。

2006 年,采取财产申报、公开曝光、执行第三人到期债券、以经营权和收益权抵债等方式,促进执行工作,扭转案件执行难的被动局面。共受理执行案件 753 件,标的金额 1398 万元,执结 766 件,标的金额 1398 万元,案件执行率、标的执行率分别为 101.7%、100%。执结执行积案 454 件,标的金额 625.6 万元。

2008 年至 2009 年,按照中央政法委和最高人民法院的统一部署,开展集中清理执行积案专项行动,共清理执结各类执行积案 1049 件。与有关部门协调建立执行联动机制,将案件执行工作纳入全区综合治理目标责任书考核范围,推动执行工作良性运转。执行庭共受理执行案件 1683 件,标的金额 4118.9 万元;执行 1689 件,标的金额 4166.6 万元,案件执行率、标的执行率分别为 100.4%、101.2%。

2010 年,受理执行案件 731 件,标的金额 3024.8 万元;执行 781 件,标的金额 3122.6 万元,案件执行率、标的执行率分别为 106.8%、103.2%。排查执行积案 99 件,执结 96 件,执结率为 97%。清理委托执行积案 4 件,执结 4 件。建立执行救助制度,给 7 件执行案件申请人发放司法救助金 3.9 万元。

第七节 审判监督

1986 年至 1987 年,县法院先后复查历史老案 2379 件,对"文化大革命"前后提出申诉的 561 件案件进行重点复查,维持原判 495 件,宣告无罪 63 件,改变定性 3 件。

2001 年,设立审判监督庭,审理再审案件,审查涉嫌违法审判案件和进行案件质量监督管理与业务指导。至 2004 年,审判监督庭共受理审判监督案件 42 件,审结 39 件。

2005 年至 2007 年,受理审判监督案件 18 件,审结 18 件,其中,审理本院决定再审案件 8 件,检察院抗诉案件 6 件,上级法院指令再审案件 1 件,其他案件 3 件。

2008 年,实施新修订的民事诉讼法,审判监督庭的主要职能是对审判、执行案件的事后监督管理,核查二审发回及改判案件,审理部分二审发回重审的案件。至 2009 年,共受理审判监督案件 17 件,审结 17 件,其中,审理上级法院指令再审案件 1 件,其他案件 16 件。

2010 年,受理审判监督案件 12 件,审结 12 件,其中,审理本院决定再审案件 2 件,检察院抗诉案件 2 件,上级法院指令再审案件 1 件,其他案件 7 件。对近两年审结执行的 3220 件案件进行全面检查,重点检查涉诉信访、二审改判和发回重审、检察院抗诉或建议再审的 60 件案件,逐案进行查评,建立台账和查评档案,集体评议,反馈通报查出的问题,提出纠正意见。区法院两次邀请人大代表、政协委员旁听有重大社会影响案件的庭审。召开人大代表、政协委员座谈会 5 次,征求他们对审判工作的意见和建议。进一步完善廉政监察员制度,实行廉政监督卡制度,设立举报电话和投诉电话,加强对审判、执行等重点部门和关键部门的监督。

第四章　司法行政

第一节　机构设置

1986 年,定西县司法局(简称县司法局)内设办公室、基层股、法制宣传教育股(简称宣教股)和定西县公证处、法律顾问处及 26 个乡镇司法办公室。

1988 年,开始设立乡镇法律服务所。同年,定西县法律顾问处更名为定西县律师事务所(后又改称定西县意诚律师事务所、甘肃实诚律师事务所)。1998 年,各乡镇司法办公室改称司法所。2002 年 6 月,司法局增设执法监督股。

2003 年 9 月,定西县司法局更名为定西市安定区司法局(简称区司法局)。

2010 年,区司法局内设办公室、基层股、宣教股、执法监督股和公证处、律师事务所及 21 个司法所、12 个法律服务所。有工作人员 145 人,其中,政法编制 59 人。

第二节　普法宣传与依法治区(县)

"一五"普法

1986 年至 1990 年,实施"一五"普法规划,在全县开展以干部职工和青少年为重点对象,以《中华人民共和国宪法》为重点内容的"一五"普法工作。培训法制宣传员 456 人,召开法制教育大会和举办法制讲座 246 场(次),举办法制展览 40 场(次),印发法制宣传资料 3 万余份,出动法制宣传车 128 辆(次),组织 8000 余名干部职工参加法律知识考试。按时完成"一五"普法规划确定的各项目标任务,经定西地区和甘肃省普法工作领导小组考核验收合格。

"二五"普法

1991 年至 1995 年,实施"二五"普法规划,对各级干部、青少年和农民进行以宪法为重点的基本法律教育和专业法规教育。举办培训班 60 期,培训干部职工 3300 余人。给农民发放普法书籍 6 千余册。按时完成"二五"普法规划确定的各项目标任务,经定西地区和甘肃省普法工作领导小组考核验收合格。1996 年 7 月,定西县被中共甘肃省委、甘肃省人民政府评为全省"二五"普法先进县。

"三五"普法和"一五"依法治县

1996年至2000年,实施"三五"普法和"一五"依法治县规划,对各级干部、行政执法人员、司法人员、企业管理人员和青少年进行宪法和市场经济法规教育,开展以依法治村为主的依法治县活动。举办法律知识讲座48场(次),培训普法骨干500余人。举办行政执法部门法律知识竞赛活动,组织干部职工参加法律知识考试,颁发《干部职工普法合格证》。全县306个行政村、11个居委会全部制定自治章程,成立宣传、计生、治保、禁赌、帮教、护村、调解等群众自治组织。各部门、单位建立职代会,实行政务公示制和民主评议制,逐步提升依法行政和民主管理水平。将法制宣传教育和依法治理工作纳入全县目标管理范围。按时完成"三五"普法和"一五"依法治县规划确定的各项目标任务,经定西地区和甘肃省普法依法治理工作领导小组考核验收合格。2000年10月,定西县被省委、省政府评为全省法治宣传教育先进县。

"四五"普法和"二五"依法治区(县)

2001年至2005年,实施"四五"普法和"二五"依法治区(县)规划,组织各级干部和全区(县)企业管理人员、青少年进一步学习宪法和基本法规,开展民主法治示范村创建和各行各业依法治理工作。举办法律知识大奖赛、行政法规知识电视大赛和中小学校长、教师法制教育讲座。创建民主法治示范村51个,凤翔镇北二十里铺村被国家司法部评为全国民主法治示范村,青岚山乡大坪村、巉口镇三十里铺村、内官营镇锦屏村和鲁家沟镇太平村被省司法厅评为全省民主法治示范村。按时完成"四五"普法和"二五"依法治区(县)规划确定的各项目标任务,经定西市和甘肃省普法依法治理工作领导小组考核验收合格。2006年5月,安定区被中共中央宣传部和司法部评为全国法制宣传教育先进县(区)。

"五五"普法和"三五"依法治区

2006年至2010年,实施"五五"普法和"三五"依法治区规划,在全区深入开展普法宣传教育和依法治理工作。组建普法教育讲师团,给学校和学区配备法制副校长,举办"安康杯"、"新农村杯"、"希望杯"和"和谐社区杯"法律知识大奖赛,评选命名民主法治示范村(社区)78个,给乡镇(街道)、社区图书室发放法

律书籍 1 万余册。按时完成"五五"普法和"三五"依法治区规划确定的各项目标任务,经定西市和甘肃省普法依法治理工作领导小组考核验收合格,被评为定西市"五五"普法先进县(区)。

2009 年 12 月 4 日,市、区联合开展"12·4"全国法制宣传日集中宣传活动

第三节　律师　公证　法律援助

律师工作

1986 年以来,区(县)律师事务所把律师事务工作逐步拓展到民营经济发展、企业改制、劳动产业发展、新农村建设、小城镇建设等方面涉法涉诉案件代理,开展常年法律顾问、刑事辩护、行政代理和法律咨询等业务,为全区(县)经济发展和社会稳定提供法律服务。至 1995 年,律师事务所先后为 59 家企事业单位担任法律顾问,代理各类案件 2583 件,代写法律文书 944 份,解答法律咨询 1300 余人(次)。1996 年至 2005 年,律师事务所担任法律顾问 93 家,代理各类案件 2776 件,代写法律文书 1500 余份,解答法律咨询 1000 余人(次)。2006 年至 2009 年,担任法律顾问 77 家,代理各类案件 258 件,其中,代理诉讼案件 78 件,非诉案件 180 件,协调处理各类民事纠纷 300 余件,代写法律文书 700 余份,解答法律咨询 1700 余人(次)。2010 年,律师事务所担任法律顾问 16 家,代理各类案件 92 件,其中,民事 73 件,刑事 7 件,法律援助案件 12 件,代写法律文书 245 份,解答法律咨询 900 余人(次)。是年,律师事务所有工作人员 7 人。

公证工作

1986 年,县公证处实行公证联络员制度,发展公证联络员 29 人,在全县广泛开展民事和经济公证工作。至 1995 年,办理各类公证 7112 件,年均办证 711 件。1996 年,实施《公证程序规则(试行)》,县公证处规范公证工作,提高公证服务水平。在办证过程中,公证人员向当事人解答法律咨询,提供司法建议,引导当事人

依法进行经济和民事活动,并调处证后纠纷,参与代书合同、协议等,办证项目和数量逐年增加。至 2005 年,共办理各类公证 8882 件,年均办证 822 件。办证项目经济方面涉及商业承包、信贷合同、租赁、转让等,民事方面涉及遗赠抚养、房屋买卖、证据保全等。2006 年至 2009 年,建立公证联络协办网,全面推行公证工作岗位责任制和公示制,实行上门办证等便民措施,共办理各类公证 1301 件,年均办证 325 件。2010 年,办理各类公证 340 件,其中,民事公证 192 件,经济公证 148 件。区公证处办证数连续 8 年名列全市第一。当年,公证处有工作人员 5 人。

法律援助工作

2000 年,设立定西县"148"("8360148"简称)法律服务咨询专线电话(后改为 12348 法律服务热线)。2004 年,成立安定区法律援助中心,下设 21 个乡镇(街道)法律援助工作站,将"148"法律服务热线划归法律援助中心管理,正式启动全区法律援助工作。至 2009 年,区法律援助中心办理各类法律援助案件 491 件,代写法律文书 378 份,接待群众法律咨询 3100 余人(次)。在此期间,先后建立定西监狱和区总工会、妇联、残联、关心下一代委员会及共青团区委 6 个法律援助工作站,全区法律援助工作站发展到 27 个。2010 年,区法律援助中心受理法律援助案件 65 件,办结 51 件,其中,民事案件 37 件,刑事案件 14 件,结案率为 78.5%。代写法律文书 34 份,接待群众法律咨询 200 余人(次)。

第四节　人民调解　安置帮教　社区矫正

人民调解工作

1986 年至 1995 年,整顿和加强基层人民调解组织,对各乡(镇)、村人民调解委员会(简称调委会)主任和人民调解员进行集中培训,成立行政企事业单位和农村社(组)人民调解小组,完善各级调委会工作制度,全面开展人民调解工作。各级调委会共排查婚姻、财产、债务等民事纠纷 1.71 万件,调解 1.68 万件。1996 年,在全县开展创建标准化调委会活动,至 2006 年,创建标准化调委会 82 个。全区调委会排查各类民事纠纷 1.13 万件,调解 1.09 万件。2007 年至 2009 年,实行人民调解员岗前培训和持证上岗制度,建立人民调解协议诉前司法确认制度和人民调解联络员制度。在全区开展集中排查调处民事矛盾纠纷活动,调委会共排查各类民事纠纷 1800 件,调解 1705 件,完成人民调解协议诉前司法确认案件 285 件。中华路街道调委会被甘肃省司法厅评为全省优秀人民调解委员会。2010

年,成立交通事故、医疗事故和劳动争议 3 个专业调委会,全区调委会发展到 342 个,其中,乡镇(街道)调委会 21 个,村(社区)调委会 318 个,专业调委会 3 个,有 186 个调委会达到规范化标准, 占调委会总数的 54.4%。全区共有人民调解员 1271 人, 其中,首席人民调解员 134 人。当年,全区调委会共排查各类民事矛盾纠纷 1006 件,调解 996 件,完成人民调解协议诉前司法确任案件 221 件。

安置帮教工作

1996 年,成立定西县刑释解教人员(刑满释放和解除劳动教养人员简称)安置帮教工作领导小组,在县司法局设立安置帮教办公室,各乡镇设立安置帮教工作站(后改为办公室)。2003 年,成立行政村和社区安置帮教小组。各级安置帮教机构建立健全工作制度,层层签订和落实安置帮教责任书和协议书,全面开展刑释解教人员的过渡性安置和帮教工作,并对刑释解教人员进行跟踪管理。至 2006 年,全区登记刑释解教人员 1028 人(刑释人员 987 人,解教人员 41 人),采取多种方式安置 1015 人,安置率为 98.7%。2007 年至 2009 年,从公安部门接收刑释解教人员 343 人(农村 271 人,城镇 72 人),协调安排就业 290 人,对符合城市低保条件的 43 人落实低保政策,共安置 333 人,安置率为 97%。2010 年,接收刑释解教人员 91 人,给 81 人落实责任田,帮助 9 人从事个体经营,1 人通过协调安排在企业就业,安置率为 100%。

社区矫正工作

2010 年 11 月,成立安定区社区矫正工作领导小组,安排部署社区矫正工作,确定矫正对象相对集中的中华路、永定路、凤翔、内官营 4 个街道(镇)为重点试点街道(镇),启动全区社区矫正试行工作。当年接收社区矫正对象(被判处管制、宣告缓刑和暂予监外执行的罪犯)144 人。

第五节 基层司法行政和法律服务工作

基层司法行政工作

1986 年,各乡镇设有司法办公室并配备司法助理员。1998 年,撤销乡镇司法办公室,设立乡镇司法所(县司法局派出机构),实行县司法局和乡镇政府双重管理。各司法所行使基层司法行政工作职权,组织开展普法宣传、依法治理、人民调解、刑释解教人员安置帮教等工作,参与重大民事纠纷调解活动和社会治安综合治理工作。从 2001 年开始,进行司法所规范化建设。各司法所逐步加强干部队伍、业务能力、所务管理、基础设施等方面的建设。至 2006 年,全区 21 个乡镇(街道)司法所全部达到规范化建设标准。2010 年,进一步加强基层司法所规范化建设,提升基层司法行政工作水平。当年,乡镇(街道)司法所由区司法局和乡镇政府(街道办)双重管理改为区司法局直接管理。21 个司法所共编制 93 人,其中,政法编制 23 人。

基层法律服务工作

1988 年至 1999 年,设立城关、内官营 2 镇和城关、宁远、李家堡、团结、巉口、称钩驿、青岚山、鲁家沟、符家川 9 乡法律服务所,逐步开展基层法律服务工作。法律服务所共接待群众法律咨询 895 人(次),代写法律文书 97 份,代理民事案件 31 件。2000 年至 2005 年,撤销城关镇法律服务所,设立永定路街道法律服务所和中华路街道法律服务所。开始实行基层法律服务"三证"(资格证、上岗证、执业证)执业制度,区(县)司法局对基层法律服务工作者的执业证进行年检注册,基层法律服务工作逐步规范化。法律服务所共接待群众法律咨询 1359 人(次),代写法律文书 640 份,代理民事案件 416 件。2006 年至 2010 年,法律服务所接待群众法律咨询 2143 人(次),代写法律文书 931 份,代理民事案件 733 件。

第五章　社会治安综合治理

1992 年 1 月,成立定西县社会治安综合治理委员会(简称县综治委),设综治委办公室和各乡镇综治办公室。2003 年 9 月,定西县社会治安综合治理委员会更名为定西市安定区社会治安综合治理委员会(简称区综治委)。

第一节　综治管理

建立目标管理责任制

1992 年,县上制定社会治安综合治理管理制度,建立综治目标管理责任制。确定各级党政主要领导为综治第一责任人,分管领导为直接责任人,其他领导承担分管工作范围内治安管理工作责任。县、乡(镇、局、委)、村(机关单位)每年逐级签订综治目标管理责任书,并逐级考核责任书落实情况,奖优罚劣。

实行年度检查考核制

对综治工作进行日常督查、半年检查和年末考核,评选表彰综治先进单位和个人,对综治考核不合格的单位实行"一票否决"制,并对相关责任人进行行政处分和经济处罚。1992 年,主要检查考核打击刑事犯罪、普法教育和公安队伍建设情况,有 6 个综治先进单位和 33 名综治先进个人受到县委、县政府的表彰奖励。1993 年至 1998 年,主要检查考核普法依法治理、刑事案件侦破、铁路护路联防、禁毒和安全文明乡镇创建情况,评选命名安全文明村 65 个、城市安全文明小区28 个、安全文明单位 50 个,评选表彰综治先进单位 15 个、先进个人 35 人。1999至 2004 年,主要检查考核"严打"整治、"扫黄打非"、内部安全保卫、矛盾纠纷排查调处和重点人员管理情况,评选表彰综治先进单位 10 个。2005 年至 2009 年,主要检查考核反邪教斗争和治安防控体系建设情况,评选表彰综治先进单位 12 个,有 10 个单位受到"否决警告"。2010 年,着重检查考核校(园)及周边环境治理、道路交通秩序整治和平安创建情况,评选表彰综治先进单位 6 个,对综治工作不力的 3 个单位给予"否决警告"。

第二节　综治措施

开展普法宣传教育活动

1992 年至 2010 年,组织实施"二五"至"五五"普法规划,对全区(县)公民进行以宪法为主的各项法律法规教育。举办法律学习培训班 120 余期,培训普法宣传员、乡镇司法助理员和单位负责人等 4300 余人(次)。印发普法宣传资料 100 余万份,给农民和乡镇(街道)、社区图书室发放法律书籍 1.6 万余册。组织干部职工参加法律知识考试,举办农民、学生、居民法律知识竞赛活动。各学校开设法制教育课,学校和学区配备法制副校长。圆满完成四个"五年"普法规划中确定的各项目标任务,

区人民法院开展法制宣传咨询活动

安定区(定西县)被中共中央宣传部、司法部评为全国法制宣传教育先进县(区),被中共甘肃省委和甘肃省人民政府评为全省普法先进县、全省法制宣传教育先进县(区)。

构建社会治安防控体系

1990 年代,完善行政村治保会和机关单位治保小组工作制度,加强内部治安保卫工作。县公安局组建巡警大队,开展城区治安巡逻活动。设立 110 报警服务台,在城乡重点区域设立报警点 400 余处。成立定西县保安服务公司,给机关单位培训和配备专职保安人员。2000 年代,区公安局设立 110、119、122 "三台合一"指挥中心,建立警务快速反应和多警种联合作战机制。各乡(镇)、村(社区)、村庄、居民小区成立治安联防队、联防小组,开展治安巡逻联防活动,各机关单位实行职工夜间值班巡逻制。逐步开展治安技防设施建设、治安信息员队伍建设和派出所警务室建设。至 2010 年,在城区公共区域和机关单位安装视频监控探头 1298 个、自动报警设施 415 处,有 7 个乡镇建成视频监控区域网。全区有 5.6 万户农户安装

电子狗、气死贼等小技防设施,占全区总农户的 62.8%。发展区、乡镇(街道)、村(社区)三级治安信息员 2700 余人。在城镇机关单位和居民小区设立派出所警务室 161 个,配备专职保安人员 453 人。逐步建成专群结合和打防控结合的社会治安防控体系。

打击各类刑事犯罪

县综治委成立后,一直把严厉打击严重危害社会治安的刑事犯罪活动作为综治工作的首要任务,组织开展第二、三、四次"严打"集中统一行动和围歼"车匪路霸"、打击"两抢一盗"、禁毒缉毒、侦破命案会战、打黑除恶等专项行动。至 2010 年,区(县)公安局共破获各类刑事案件 3816 起,其中,重大刑事案件 991 起。区(县)人民检察院批捕各类刑事犯罪嫌疑人 2957 人,提起公诉 3213 人。区(县)人民法院判决各类刑事罪犯 2262 人,其中,杀人、伤害、强奸罪犯 514 人,抢劫、抢夺、诈骗、盗窃罪犯 889 人,毒品罪犯 270 人,交通肇事罪犯 202 人,寻衅滋事罪犯 101 人,贪污受贿和渎职侵权罪犯 96 人,有 757 名罪犯被判处 5 年以上有期徒刑。

防范和处理邪教问题

2001 年,成立定西县防范和处理"法轮功"问题领导小组办公室(后改为中共定西县委防范和处理邪教问题领导小组办公室,简称县委 610 办公室)。在全县开展反邪教宣传教育活动,依法查禁取缔各类邪教组织和非法宗教活动,开展对邪教人员的帮教转化工作。至 2008 年,查处邪教案件 20 余起,打掉邪教团伙 2 个,捣毁邪教窝点 4 处,查缴邪教组织宣传品 4000 余份(本、盒)。登记在册的 187 名邪教人员经过帮教全部脱离邪教组织。安定区被省综治委评为全省同"法轮功"邪教组织斗争先进集体。

开展重点整治活动

1992 年至 1995 年,重点整治交通运输秩序。破获铁、公路盗抢运输物资案件 399 起,打掉盗抢团伙 24 个。成立铁路护路联防队,组建交通警察大队,查处交通肇事案件 67 件 67 人。2000 年代,重点整治公共复杂场所和文化娱乐场所秩序。取缔关闭辖区内所有电子游戏厅和 38 家非法娱乐场所,查处违规网吧 11 家,收缴非法出版物和淫秽光盘 1026 本(张)。公安机关建立公共复杂场所和文化娱乐场所情报信息管理系统。2010 年,重点整治校(园)及周边环境。组织警力清查校

（园）周边娱乐场所、网吧、旅社和出租房屋 2066 家（次），排查整改校（园）和周边治安隐患 37 处，查处危害校（园）安全的治安案件 4 起。在 108 所学校（幼儿园）设立警务室或治安岗亭，配备专兼职保安人员 186 人。给 345 所学校（幼儿园）安装报警设施和配发安防器材，给 56 所城镇校（园）安装视频监控探头。区政府投入校（园）安防基础设施建设专项经费 100 万元。

排查调处社会矛盾纠纷

1992 年至 2006 年，全区（县）各级人民调解组织排查各类民事纠纷 1.28 万件，调解 1.26 万件。2007 年至 2009 年，建立人民调解、行政调解和司法调解三位一体的"大调解"工作格局。在全区开展集中排查调处民事矛盾纠纷活动，共排查各类民事纠纷 1800 件，调解 1705 件，办理人民调解协议诉前司法确认案件 285 件。区法院调解民事案件 1811 件，占民事结案总数的 34.3%。2010 年，全区调委会排查民事纠纷 1006 件，调解 996 件。区法院调解民事案件 1045 件，办理人民调解协议诉前司法确认案件 465 件，民事案件调解率为 40.7%。

安置帮教刑释解教人员

1996 年，启动刑释解教人员安置帮教工作，成立县、乡（镇）、村（社区）刑释解教人员安置帮教管理机构，全面开展刑释解教人员的过渡性安置和帮教工作。至 2009 年，采取多种方式安置刑释解教人员 1348 人，安置率为 98.3%。2010 年，全区安置刑释解教人员 91 人，安置率达 100%。

管理流动暂住人口

2000 年代，辖区流动暂住人口逐渐增多，区（县）公安局建立流动暂住人口综合信息管理系统，每年清查登记流动暂住人口和出租房屋，办理暂住证，与房屋出租者签订治安责任书。至 2009 年，全区共清查登记流动暂住人口 3.93 万人（次）、出租房屋 5172 户（次），办理暂住证 1.97 万证，签订治安责任书 4446 份。2010 年，全区清查登记流动暂住人口 1.55 万人、出租房屋 1309 户，办理暂住证 1.21 万证，签订治安责任书 1025 份，查处涉及流动暂住人口的刑事案件和治安案件 82 起。

第三节 综治效果

重大刑事案件下降

安定区重大刑事案件(杀人、伤害、强奸、抢劫等案件)由1990年的117起下降至2010年的71起。区公安局、检察院分别被省公安厅、省检察院评为全省公安机关侦破命案工作先进集体、全省检察系统查办大要案先进集体。

禁毒工作成效显著

强制戒毒人数由1996的171人下降至2010年32人,劳教戒毒人数由2000年的45人下降至2010年0人。贩毒案件由2001年的51起下降至2010年的17起。区公安局缉毒大队被省公安厅评为全省缉毒优秀单位,安定区被省政府评为全省禁毒工作先进县(区)。

交通事故和火灾减少

全区交通事故由2001年的278起下降至2010年的24起,火灾由2002年的108起下降至2010年的32起,有18个乡镇(街道)成为无火灾乡镇(街道),占乡镇(街道)总数的85.7%,全区连续12年无重大火灾。

铁路治安由乱到稳

1995年,为打击境内盗抢铁路运输物资的"车匪路霸"、整治铁路交通运输秩序,成立定西县铁路护路联防工作领导小组和办公室,组建70余人的铁路护路队,在全县铁路沿线开展护路联防工作,使铁路治安由乱到治,由治到稳,提前建成安全文明路段。安定区(定西县)3次被中央综治委、铁道部、公安部、总参动员部评为全国铁路护路工作先进集体,被甘肃省综治委和铁路护路领导小组评为全省创建安全文明铁道线先进单位、

爱路护路集中宣传活动

铁路护路联防工作十周年先进单位、铁路护路工作先进集体。区(县)铁路护路办连续13年被省铁路护路办考核评为全省铁路护路工作先进单位。

城关镇成为全国综治先进单位

城关镇加强社会治安管理体系建设,组织开展"严打"整治专项行动,集中整治治安方面存在的突出问题,使城区治安状况大为改观。1997年,被中央综治委、人事部评为全国社会治安综合治理先进单位,2003年又被中央政法委、中央综治委评为全国"严打"整治工作先进集体,被省禁毒办和省妇联评为全省"不让毒品进我家"活动先进集体。

中华路街道平安建设创佳绩

中华路街道办事处自2005年成立以来,以打造全市"平安第一街"为目标,扎扎实实抓矛盾纠纷排查调处、治安防控体系建设、戒毒帮教、治安重点整治等工作。至2010年,辖区保安员服务率达到95.4%,单位物防措施落实率达到100%,技防措施落实率达到96.3%。创建的"4+X"戒毒康复工作小组模式受到中央综治委的充分肯定,《法制日报》曾专题报道宣传。中华路街道被定西市综治委、禁毒委评为定西市"平安建设"示范街道、定西市禁毒工作先进单位,被省综治委评为全省社会治安综合治理先进集体。

安定区多次获综治考核奖

2000年至2006年,安定区(定西县)在全市(地)社会治安综合治理工作年度考核中,五次获一等奖,受到中共定西市委(地委)和市政府(定西行署)的表彰。2009年,安定区获全市维稳工作一等奖。2010年,安定区被省综治委考核评为全省平安县(区),并再次获全市综治工作年度考核一等奖。

第六章　武装

第一节　机构设置

1986年,中国人民解放军定西县人民武装部改为地方建制,称定西县人民武装部(简称县人武部),为副县级单位,隶属于中共定西县委、定西县人民政府领导。内设办公室、军事科、政工科3个机构,下设26个乡镇人民武装部。

1994年10月,县人武部收归军队建制,恢复中国人民解放军定西县人民武装部(简称定西县人民武装部、县人武部)名称,为正团级单位,受中共定西县委、定西县人民政府和定西军分区双重领导。

2003年9月,中国人民解放军定西县人民武装部更名为中国人民解放军定西市安定区人民武装部(简称安定区人民武装部、区人武部)。

2010年,安定区人民武装部内设军事科、政工科、后勤科3个机构,下设21个乡镇(街道)人民武装部。

安定区人民武装部为中共安定区委的军事部、安定区人民政府的兵役机关、中国人民解放军地方部队团级军事机构。

第二节　征兵工作

征兵工作机构

1986年至2010年,每年成立区(县)征兵工作领导小组,由区(县)人民政府主要领导任组长,人武部领导任副组长,区(县)纪检委、公安局、卫生局、宣传部、民政局、教体局等单位的领导为组员,设立征兵办公室和征兵纪检组,各乡镇(街道)设立相应的征兵工作机构。征兵工作实行岗位责任制,分工把关,确保兵员征集质量和按时完成征兵任务。安定区征兵办公室曾被国防部征兵办公室评为廉洁征兵先进单位。

征兵工作程序

每年征兵工作按照宣传、报名、体检、政审定兵、接送新兵等程序进行。通过新闻媒体宣传和召开会议、张贴张挂标语、散发资料等方式，宣传征兵政策和具体事项，进行爱国主义和依法服兵役教育，营造参军光荣的社会舆论氛围。在此基础上，各乡镇组织应征青年报名和参加体检，再由征兵领导小组政审定兵，部队接兵或人武部送兵。每年举行欢送新兵仪式。

区人武部开展征兵宣传活动

征兵工作改革

1986年，在继续实行地方送兵制度的同时，试行新兵自行报到制度，当年定西县有50名新兵到指定的部队自行报到。1989年，恢复部队接兵制度。从2008年开始，优先征集高中(含高职、技校)以上学校的应届毕业生入伍，城镇入伍青年必须具备高中以上文化程度，农村入伍青年尽量具备高中以上文化程度。2010年，部队不再派人接兵，由区人武部负责送兵。

历年征兵人数

1986年，定西县春季征集新兵267人，其中，女5人，城镇78人。1988年没有征兵。1990年，春季和冬季两次征兵553人，其中，女8人，城镇79人。以后各年均为冬季征兵，年征兵人数多为200余人。2001年，城镇青年入伍人数猛增，在征集的326名新兵中，城镇158人，占征兵总人数的48.5%。2002年，城镇入伍人数达162人，占征兵总人数的53.6%。2008年征集新兵195人，是历年

欢送新兵

征兵人数最少的一年。2010年,征集新兵227人,其中,女10人,城镇87人。

第三节 民兵预备役工作

登记预备役军人

从1985年开始,对全县退伍军人进行预备役登记、统计,县人武部设立退伍军人预备役档案资料室。此后,每年区(县)、乡镇(街道)、村(社区)逐级对预备役军人进行登记和核查。1988年,全县登记预备役军官1117人(包括转业军人100人),其中,军事军官679人,政治军官139人,后勤军官96人,技术军官203人;团职军官12人,营职军官104人,连职军官334人,排职军官667人。1991年6月,在国防潜力调查中,全县登记适合服预备役军官6346人,其中,军事干部2952人,政工干部1174人,后勤干部1306人,技术干部914人;部队复员转业干部210人,武装干部73人,民兵干部1991人,地方乡以上党政企干部3185人,适合军队需要的地方技术干部887人。从1995年开始,在国防潜力调查的基础上,按照平时管理和战时动员的需要,对预备役军官进行分类登记和统计。至2010年,全区共登记预备役军人5324人(不含1986年以前的人数),其中,男5219人,女105人;农村3718人,城镇1606人。

调整压缩民兵组织

1986年,按照"减少数量,提高质量,突出重点,打好基础"的原则,压缩民兵人数,重点抓专业技术分队整组。全县基干民兵总数由1985年的3.45万人(占全县总人口的9.27%)调整压缩至7280人(占全县总人口的1.91%)。基干民兵编3个营、23个连,专业技术兵编82迫击炮连、12.7高射机枪连、侦察连3个连252人。1987年,全县基干民兵总数压缩至6390人,专业技术民兵增至3220人,占基干民兵总数的50.4%。1990年,增编民兵应急连1个、应急排33个、应急

青岚山乡人武部民兵预备役点验

民兵918人。1992年至1996年,全县基干民兵总数保持5300人,其中,专业技术分队2532人,应急分队1000人。县人武部被省委、省政府、省军区和总参、总政评为民兵基层组织建设先进单位。1997年,全县基干民兵总数压缩至3100人。在民兵编组上,坚持城镇多编,偏远山区少编,形成以城区和主要方向为重点的兵员储备新格局。同年,定西县组建定西地区民兵应急营,编3个连360人,每连辖3个步兵排和1个含通信、地炮、保障分队的特种排,营部设在定西军分区,编制40人。1999年,全县基干民兵总数调整为3140人,占全县总人口的0.7%。专业技术兵编2330人,占基干民兵总人数的74.2%。民兵应急营编2个步兵连、1个机炮连共360人。民兵应急分队单独编组,队员从基干民兵中择优选编。

开展民兵军训工作

1986年,将民兵周期训练改为年度训练,集中训练20天,参训民兵200人,其中,专业技术分队74人,步兵分队126人。1990年,将民兵应急分队训练列为民兵训练重点,按照《民兵应急分队军事训练纲目》要求,进行擒敌拳、盾棍术、射击、队列和通讯等军事基础科目训练。把民兵政治教育纳入民兵集训计划,统一安排部署和组织实施。1991年,投资20余万元建成面积1170平方米,有住房、餐厅、电化教室,一次可供200人集训的民兵训练基地,并在定西建材厂、李家

区人武部组织民兵开展防汛演练活动

嘴分别修建轻武器、重武器射击场,民兵训练基地化、规范化和一体化。是年7月,基干民兵第一营和独立连举行以应付突发事件为背景的快速集结演练活动。1993年至1995年,民兵应急分队举行野外战术演练和以保护重点目标及平暴为背景的维稳演练。1997年,82迫击炮连在训练改革试点工作中,创新训练方式,提高训练质量,为总参修改《民兵训练大纲》和训练成绩评定标准提供了一些参考数据,兰州军区《西北民兵》专题报道宣传定西县民兵训练改革试点经验。同年,组织民兵应急营参加兰州军区举行的维稳演练。1998年,民兵应急营和独立连举行携带武器、通信工具的紧急集结和以抓捕逃犯为背景的应急演练。2000

年,组织民兵应急分队、驻定武警部队、公安干警参加以处置突发事件为背景的维稳联合演练和军事项目汇报表演。同年,反映定西县民兵应急分队基地化训练情况的纪实专题片《威武的风采,强大的阵容》在县电视台和省电视台播放宣传。2002 年,举行民兵应急营基地化训练表演活动,定西地区各县有关单位负责人观摩演练。2006 年, 民兵应急分队实施新训练大纲工作受到总参谋部检查组的好评,在大连召开的全国民兵训练工作会议上汇报交流试训经验。2008 年,组织医疗、救护等专业分队参加定西市"陇中 2008"演练活动。

管理民兵武器装备

1986 年,改革民兵武器管理方式,由乡镇人武部分散管理改为由县民兵武器装备仓库集中统一管理。1987 年至 1997 年,先后三次扩建和改建民兵武器装备仓库,更新消防设施,安装报警设施和脉冲电网。2006 年,在仓库重点部位和区域安装视频监控设施。仓库达到坚固、防盗、防抢、防火、防尘、防潮、防腐"一固六防"和水通、电通、路通、电话通"四通"的战备要求。至 2010 年,民兵武器装备仓库连续 25 年保持安全无事故,区(县)人武部被兰州军区、省军区分别评为民兵武器装备普查整顿先进单位、民兵武器装备管理先进单位,民兵武器装备仓库被省军区、定西军分区分别评为达标单位、民兵武器仓库建设先进单位。

发动民兵参加经济建设

1980 年代,发动民兵参加退耕还林(草)建设。新集乡组建 24 个民兵突击队,连片治理 14 座荒山,种草种树 3300 余亩,该乡大园村民兵连获团中央授予的"新长征突击队"称号。景家泉乡 46 名民兵带头承包 8800 亩荒山种草种树,带动全乡提前完成退耕还林(草)任务。全县民兵共营造"民兵林"5000 余亩,植树 17 万株,育苗6700 余亩,种草 4 万余亩。县人武部被省委、省政府评为扶贫工作先进单位。1990 年代,组织民兵参加小流域治理活动。符家川乡石门流域民兵种草种树 5000 余亩,形成种植管护一体化,成为全县小流域治理的典范。青岚山乡和葛家岔乡 365 名民兵带头实施关川河流域中部治理区 "双千亩"(千亩造林, 千亩梯田)工程,保质保量完成治理任务。全县民兵在 14 条小流域治理中,造林 2 万亩,种草 2500 亩,修梯田 1.5 万亩。县人武部被兰州军区评为发动民兵参加经济建设先进单位。2000 年代,组织民兵开展"千树扶贫"活动,治理荒山 1 万余亩,植树 200 万株,有 19 个乡镇建成 300 ~ 500 亩"民兵示范林"。区人武部被省委、省政府评为支援地方建设先进单位。

组织民兵抢险救灾

1992 年 10 月 8 日下午，武汉航空公司一架载有 35 人的客机在飞往陕西途中，因机器故障坠毁于定西县白碌乡铧尖村的一座山梁上，机上 14 人死亡，21 人受伤。空难发生后，白碌乡铧尖村民兵快速集结，率先投入救援工作，白碌乡人武部紧急召集应急排民兵和机关干部赶赴现场救援，县人武部领导亲临现场指挥救援战斗。参加救援的民兵不顾劳累，摸黑冒雨为伤员送水送饭、送衣送被并向山下公路边背抬伤员、搬运尸体，连续奋战 10 多个小时，圆满完成各项救援工作任务。事后，县人武部召开"10·8"空难救援工作总结大会，表彰救援工作先进民兵组织和优秀民兵，号召全县民兵向白碌乡民兵学习。1994 年 8 月，内官营乡发生40 多年来未曾遇过的特大洪水灾害，山洪冲毁河堤，严重影响当地群众安全和农业生产。县人武部闻讯后，立即组织民兵参加抢险修堤工作。经过当地民兵和驻军官兵及县上党政机关干部 3000 余人 3 天奋战，修复河堤，排除险情。

第四节　国防教育及军训

国防教育

1991 年，组织实施《甘肃省国防教育条例》。成立定西县国防教育委员会，设立国防教育办公室，制定国防教育实施规划。当年，在农村社会主义思想教育活动中，把国防教育列为一项教育内容，宣传国防基本常识，教育农民树立爱国必须加强国防、发展经济不忘国防建设的思想。在 12 月份国防宣传月期间，县国防教育办公室组织宣传队在城区和各乡镇进行巡回宣传，县电视台制作专题宣传节目。1992 年至 1994 年，县国防教育办公室组织全县干部职工、青年民兵和人武干部参加省上举办的国防知识竞赛，订购《国防知识 500 题》100 余册，印发国防知识答卷 1 万余份。在县委党校举办国防知识学习班 15 期(次)，培训国防教育宣传员和县、乡、村干部 1200 余人。举办国防知识竞赛活动 3 次，参加 2200 余人。2000 年代，贯彻实施《中华人民共和国国防教育法》，在全区(县)深入开展国防教育工作。把国防教育纳入部队政治教育规划、宣传部门工作计划、学校教育教学计划、全民思想教育规划和全区(县)工作目标管理序列。编写印发《国防教育教材》1.8 万余本，编印国防知识测试卷 9000 余份。在市武警支队、公安消防支队等4 个驻军单位建立国防教育基地，组织干部职工、学生和居民到国防教育基地参观学习。市武警支队、公安消防支队等驻定部队给学校和机关单位选派国防教育辅导员和军训员 100 余人(次)。各中小学开设国防教育课，对学生进行国防常识教育。中华路中学把国防教育作为学校教育的一项重要内容,成立国防教育工作领导小组,设立国防教育展览室,举办国防知识讲座,组织学生参加军训,在国防教育工作中取得优异成绩。2000年5月,被甘肃省国防教育委员会列为甘肃省国防教育示范学校;2001年10月,被中共甘肃省委、甘肃省人民政府、甘肃省军区和甘肃省国防教育委员会联合命名为甘肃省国防教育"十佳阵地";2003年3月,又被中共甘肃省委、甘肃省人民政府、甘肃省军区评为甘肃省"双拥"工作先进单位。省委、省军区的主要领导曾到中华路中学参加颁奖会和指导工作。至2010年,全区完成国防教育条例中规定的重点教育和普及教育两个层次的教育目标任务,评选表彰国防教育先进单位90余个。

部队训练

1986年至2010年,先后投资45万元建成军事训练基地和军事训练指挥中心。在部队军事训练工作中,坚持以合同战术训练为重点,围绕合同练专业,着眼战术练技术。组织检验性演习,采取实兵、实装、实弹的方式,演练等级战备转换、机动展开、攻防作战等多个课题多项内容,形成合同战术训练上的"一条龙",使部队受到近似实战的训练。把学习科学文化和培养军地两用人才纳入训练计划,实施一体化训练。成立育才领导小组、文化训练队和文化学校,举办各类技术学习班,为地方输送人才,为老兵解决退伍就业问题。区人武部曾被省军区评为军事训练先进单位。

学生军训

从1990年开始,县人武部军事科配合武警定西支队,对定西电大、定西师专、定西中学、定西卫校、定西职专、东方红中学、中华路中学每年入学新生进行为期一周的军事训练,教育学生增强国防观念,培养学生吃苦耐劳精神和守纪律、听指挥的好习惯。2008年,区人武部军事科被省军区评为学生军训先进单位。至2010年,全区参加军训活动的学生达12万人。

区人民武装部军事教练在东方红中学开展军训活动

第七章　驻　军

第一节　武警定西市支队

机构设置

1983 年,在定西军分区独立营和定西地区公安处民警科、消防科的基础上,组建中国人民武装警察部队定西地区支队(简称武警定西支队、武警支队),设 5 个直属中队和定西县、陇西县、临洮县、通渭县、渭源县、漳县、岷县 7 个县中队。2003 年,武警定西地区支队更名为武警定西市支队,定西县中队更名为安定区中队。

政治工作

武警支队党委坚持把党的建设作为加强部队全面建设的首要工作,进行党的组织、思想和作风建设,发挥支队党委"一线指挥"和基层党支部的战斗堡垒作用及党员的先锋模范作用,确保党对部队的绝对领导和部队建设坚定正确的政治方向。围绕永远做党和人民忠诚卫士这一根本要求,教育全体官兵唱响《忠诚卫士组歌》,践行《忠诚卫士誓词》和《忠诚卫士守则》,确保官兵思想道德纯洁和政治信念坚定。2010 年,贯彻实施中央军委颁布的军队条令,逐步形成机关按条令指导,基层按条令运行,官兵按条令规范言行的良好局面。组织官兵开展拥政爱民、警民共建和扶贫济困活动。支队和所属中队先后与 186 个地方单位建立军民、警民共建关系,为地方植树 4.6 万株,军训学生 12 万人,无偿献血 4 万毫升。与安定区西寨小学、联庄小学、太平小学等农村贫困学校结对帮扶,捐赠教学用具 2000 余件、图书 5400 余册、学习用品 680 件。为灾区和当地贫困群众捐款 10 万余元。支队被省、市评为支援地方经济建设先进单位和拥政爱民先进单位,被武警甘肃总队(简称省总队)评为基层建设先进支队、"三无"(无安全事故、无犯罪案件、无严重违纪问题)安全工作先进单位,10 个中队被省总队评为标兵中队、基层建设先进中队,有 7 人获全国政法系统先进工作者、全国抗洪抗旱模范、甘肃省新长征突击手、甘肃省十大杰出青年、甘肃省优秀青年卫士等荣誉称号。

"处突"工作

武警支队组织官兵参加当地突发事件处置（简称"处突"）活动。成功处置1992年发生的武汉航空公司 B-4211 客机在定西县白碌乡坠毁事故、1993年陇海铁路陇西站发生的火车颠覆脱轨特大事故和1994年609次列车上发生的歹徒持刀杀人事件。圆满完成2002年定西县鲁家沟特大交通事故打捞搜救、2003年定西县景家店火车脱轨倾覆事故外围警戒、2003年岷县震后救灾、2005年定西师专建筑工地塌方和洮河决堤抢险救援任务。

执勤工作

武警支队配合公安机关高标准完成江泽民、胡锦涛、温家宝等党和国家领导人来定西视察时的重大警卫任务。协助公安机关完成定西撤地设市庆典、陇西"李氏故里"大型演唱会、全国攀岩精英演唱会、定西马铃薯展销大会和引洮工程渭源九甸峡开工典礼等重大活动的安全保卫任务。在重大节日、重要活动期间和非常时期，各中队出动兵力进行武装巡逻，维护城区治安。每年春运高峰期，各中队组织官兵在车站值勤，维持客运秩序。武警支队三次被省总队评为值勤一级支队。

后勤工作

1984年，武警支队投资34.5万元建成办公楼和公寓楼，被省总队评为营房建设先进单位。1992年，各中队兵器室、弹药库基本设施和管理达到"三防"、"七有"和"四统一"标准。支队卫生队于1996年、1997年被解放军总后勤部和武警总部评为基层卫生工作先进单位、先进卫生队。1997年，贯彻落实军委颁发的《武器装备管理工作条例》，开展"四无"达标和爱装护装活动，"四无"达标率和武器装备完好率分别达100%、98%。2001年以来，先后投资548万元新建卫生所、改建维修营房、发展农副生产等。与地方政府协商为部队解决生产用地274.8亩，修建日光温棚2座，保温猪圈42间，实现肉菜自给。2007年，支队承担省总队安排的营地正规化建设试点工作，坚持高起点谋划、高标准建设。至2010年，新建机关办公楼和部分县中队营房，完成所属中队21个改建、扩建和维修项目，硬化营院1.2万平方米，绿化营区1800余平方米，植树5000余株，铺设彩砖4700余平方米，营地建设达到省总队制定的规范化建设标准。

第二节 定西市公安消防支队

机构设置

1995年,定西地区公安处消防科(又称定西地区人民武装警察消防大队)改为定西地区公安处消防分局,又称定西地区公安消防支队(简称定西消防支队、消防支队),正团级建制,由定西地区公安处和甘肃省公安消防总队双重领导。消防支队设办公室(司令部)、政治部、后勤处、防火监督处,均为副团级建制。原消防大队直属的定西公安消防中队改称定西县公安消防中队(支队直属)。各县公安局消防股改称消防科,又称县公安消防大队,正营级建制。2003年,定西地区公安消防支队改称定西市公安消防支队(简称市消防支队),定西县公安消防中队改称安定区公安消防中队。2010年,市消防支队辖安定区公安消防中队和陇西县、临洮县、通渭县、渭源县、漳县、岷县6县公安消防大队及安定区公安消防科,有专职消防队员87人。

营地建设

消防支队成立后,坚持边训练、边值勤、边建设,至2001年,建成办公楼和训练塔及饭厅、库房、客房等,官兵的办公和生活条件得到改善。2002年,消防支队借助公安部消防局扶持国家级贫困县公安消防大队建设项目,与地方政府协调解决6个县公安消防大队营房建设用地17.5亩,建成6栋办公楼共4073平方米。

消防宣传

消防支队建立消防宣传基地,开放消防站,定期举办消防安全培训班和消防知识竞赛活动,在《甘肃法制报》《定西日报》开设"来自定西119之声"、"119的呼唤"等消防宣传专栏,宣传消防法规和防火救火常识,教育全市干部群众增强消防安全意识,重视

市消防支队开展消防知识宣传活动

消防安全工作,消防支队两次被省总队评为全省消防宣传先进单位。

消防设备

市消防支队逐步添置和更新消防装备,提升抢险救灾能力。2010年,市消防支队有水罐消防车15辆、抢险救援车3辆、泡沫车1辆。企业消防队有水罐消防车3辆、泡沫车2辆,群众义务消防队有消防摩托车2辆、手抬式机动消防泵36台。安装市政消火栓353个。

消防监督

消防支队先后组织检查全市8900余个单位和场所的消防安全工作,发现和整改火灾隐患2万余处,被省公安厅消防局评为公安消防监督工作规范化单位。

灭火救援

安定区(定西县)公安消防中队和各县公安消防大队坚持每天24小时值班,接到火灾和险情报警,立即出动灭火救灾和抢险救援,力争把火灾和险情的损失降到最低程度。2000年8月15日,定西县城关乡焦家坡村一非法液化气销售点起火爆炸,定西县公安消防中队接到火灾报警后,迅速派消防官兵赶到火灾现场,仅用15分钟的紧急处置,就将大火扑灭,并将几十罐被大火烤

消防车紧急出动

热有可能随时爆炸的液化气搬至安全地带,进行放空处理,确保陇海铁路线和周围居民的生命财产安全。2003年7月2日,一辆大客车在定西县内官营镇被山洪冲入河中,定西县公安消防中队接到报警后,立即组织消防官兵赶赴现场抢险救援,使车上27名遇险人员全部获救。至2010年,消防支队组织官兵参加灭火救灾1482次,出动消防车2052辆(次),参加人员1.3万余人(次)。组织官兵参加抢险救援活动25次,出动抢险救援车50辆(次),参加人员183人(次),保护价值1100余万元。中共定西市委、定西市人民政府授予消防支队"平安使者,救援先锋"称号。

第七编

综合政务

第七编 综合政务

第一章 政务

第一节 民政管理

机构

2002年6月,根据定政办发〔2002〕59号文件通知,定西县民政局行政编制11名,后勤事业编制1名。

2007年8月,安定区城市居民最低生活保障办公室更名为安定区城乡居民最低生活保障工作办公室,增加事业编制3名。2008年6月,核定民政局事业编制7名。至2010年,区民政局内设办公室、优抚安置股、救灾救济股、社会事务和社会福利股、民政综合股5个股室,下设双拥办公室、城乡低保办公室、老龄工作办公室3个办公室,下辖区救助管理站、区殡葬管理所、区殡仪馆3个事业单位。局机关共有干部职工20名。

赈灾救灾

安定区自然条件严酷,干旱、洪涝、冰雹、低温冷冻等自然灾害频发,给人民生命财产带来严重损失。区委、区政府每年及时安排灾前预报预防,灾中抢险救护,灾后及时救助,把灾害损失降到最低程度,妥善安排受灾困难群众基本生活。

2003年7月29日19时20分至20时30分,葛家岔镇、鲁家沟镇遭受百年不遇的特大暴雨,造成大营村五组和紫云村四、六、八组发生地质性山体滑坡,落差21米,滑坡面积3.8平方公里,滑坡威胁区域面积16.8平方公里,涉及2个镇2个村5个村民小组113户195人。滑坡中心区276间房屋倒塌,46户200人全部失去农业生产资料;毁坏道路18公里、10千伏高压线路4公里、0.4千伏农电线路6公里,造成直接经济损失398.36万元。

灾情发生后,区政府立即组织有关部门赶赴灾区紧急转移和安置受灾群众,保证了人畜无一伤亡。政府投资100万元,统一采购建房材料,对46户群众进行集中异地安置重建,每户建房 3 间 66 平方米,2003 年 11 月竣工入住。社会各界捐款 2.9 万元,捐赠衣被等物资 6.8 万件,全部发放到受灾群众手中。

2008 年 5 月 12 日 14 时 28 分,受四川省汶川地震的波及,安定区地震烈度为 6 度。造成 19 个乡镇 292 个村委会 9860 户 44370 人不同程度受灾,2622 户农户的 10587 间房屋受损(其中,22 户农户的 66 间房屋倒塌),直接经济损失达 8192.4 万元。

在抗震救灾募捐中,全区共收到捐款 195.03 万元,全区党员缴纳特殊党费 99 万元。共重建房屋 402 户,维修加固 2142 户。石峡湾乡清水村作为灾后集中重建村,重建 70 户,平均每户补助 2 万元;维修加固 29 户,平均每户补助 3300 元。

1984 年省民政厅投放定西县扶贫款 365.64 万元,坚持"有灾救灾,无灾扶贫"的原则,按照小额、短期、高效投放的办法,加快运转,增加效益。截止 2010 年,全区共有救灾扶贫周转金 245.6 万元;扶贫周转金专职会计 21 名,其中:乡镇正式干部人员 4 名,区招聘人员 14 名,其他人员 2 名,反聘人员 1 人。全区有偿扶持的灾民和贫困户超过 1 万多户,其中多数已甩掉了贫困帽子,有些跨入富裕户的行列。救灾扶贫周转金的滚动使用,增强了救灾救济工作实力,弥补了救灾救济经费的不足,加快了农村群众脱贫致富奔小康的步伐。

1986—2010 年安定区(定西县)自然灾害及救灾救济情况统计表

表 7-1-1 　　　　　　　　　　　　　　单位:个、万人、千顷、吨、万元、万件、间

年份	受灾情况							救灾			捐赠		上级调拨
	乡镇	行政村	人	房屋		农作物		口粮	折现金	救灾款	衣物	现金	衣物
				倒塌	损坏	受灾	绝收						
1986	19	138	18	890	320	25	1.8	2860	35.9		0.6		
1987	22	164	17.8	36	3600	35.42	4.67	3000	33.6		0.5		
1988	24	240	23.7	42	1110	59.1	9.2	3000	33.6				
1989	25	218	24.6	32	51	0.87	0.75	3700	38.8				
1990	18	156	19	15	470	26	6	6200	75		0.5		
1991	14	116	15.2	15	120	67	7.2	3000	47.7		0.4	5.3	
1992	19	182	16.3	6	63	55.12	3.74	2810	71				
1993	14	90	14.8	3	42	16.04	2.12	3000	72.1				

续表 7-1-1 单位:个、万人、千顷、吨、万元、万件、间

年份	受灾情况							救灾			捐赠		上级调拨
	乡镇	行政村	人	房屋(间)		农作物		口粮	折现金	救灾款	衣物	现金	衣物
				倒塌	损坏	受灾	绝收						
1994	21	257	26	38	284	75.5	4.4	2500	54.7		1.7		13.4
1995	22	286	28		9	90.4	40	2200	113		2.3	16.5	
1996	12	71	5.8		72	16.3	2.2	13600	124		0.1		
1997	18	186	19		8	48.6	14.2	26000	101		0.8	30	
1998	19	182	17		15	43	12	32000	159		0.9	14	
1999	22	229	28	8	62	86.5	35.7	24000	99		2.5	5.8	
2000	25	286	35	30	1983	89.3	39	1110	154		0.1	0.5	2
2001	18	83	21	62	2475	96	15	1110	162		1.9		0.2
2002	21	295	12.6		2500	39	0.16	460	190		3	2	1.25
2003	25	244	26	88	1622	72	15	690	118		5.6	2.9	1.2
2004	19	205	23	10	1013	50	15	270	57		1.6		5
2005	19	187	26	9	1048	65	21	300	62		14	2.1	
2006	19	183	22	8	294	63	21	1110	236		0.9		12
2007	19	206	29.8			146.25		966	226.4	29	0.3	61.6	
2008	19	292	4.4	66	5411							195.03	
2009	19	256	32.9	26	136	98.48	28.4	3496	938			12	8
2010	19	276	32.1	56	4.4	60.2	9.8	477	530			167.9	2.5

2000 年开始由区民政局实施灾民建房工作,采取实物供应为主,主要包括椽、檩,2000 年至 2008 年共投入资金 990 万元,重建 3017 户。2009 年后从民政部门整体移交到住建部门并改为危房改造工程。

2000—2008 安定区（定西县）灾民建房统计表

表 7-1-2　　　　　　　　　　　　　　　　　　　　　　　　单位：户、万元

年份	户数	金额
合计	3017	990
2000	660	200
2001	526	150
2002	498	150
2003	433	130
2004	333	100
2005	67	20
2006	100	30
2007	100	30
2008	300	180

双拥共建

1980 年开始，驻定各部队积极响应中共中央号召，与驻地单位建立了形式多样的双拥共建关系。

1986 年至 1988 年期间。1986 年"八一"期间，地方各企业、单位踊跃为部队捐款 8900 元，支持部队建设。1987 年 3 月，在老山自卫反击战中牺牲的李含俊和祁林帮二烈士的骨灰盒，由所在部队送回定西后，地、县领导亲自到车站迎接，并召开了各界群众 1400 人参加的追悼大会。1988 年元旦，县上领导对 129 名赴滇参战立功人员走访慰问，并召开庆功大会。

拥军座谈会

1990 年至 1994 年期间，驻定各部队参加抢险救灾 12 次，挽回经济损失 100 多万元；组织官兵清扫街道 38 次，清理垃圾 3 万余吨；参加城区四山绿化 400 多人，植树 1.5 万株。1991 年 5 月，县上召开双拥工作会议，成立定西县双拥工作领导小组。1992 年，县政府制定《定西县拥军优属拥政爱民模范

乡镇标准(试行)》;驻定84592部队义务为定西中学修理电器40件(次),义务投工120多人(次),在文化路义务植树80余株,在定西城区二期自来水工程改造中,承担了500米挖沟埋管任务;驻定84514部队为中川村浇地600多亩。1993年,驻定84514部队给大城小学资助1万元的教学楼基建款;84517部队坚持为李家嘴学校师生每周放一场电影。1994年,定西县首次被省委、省政府、省军区命名为双拥模范城(县)。

1996年至1999年期间,驻定84514部队利用该部队铁路专用线、站台和库房,无偿为"121"雨水集流工程卸运水泥200多个车皮,合计1.1万吨。1996年8月,李家嘴村村民的麦垛发生火灾,84517部队出动30多名士兵及时扑救,保护了村民的生命及财产安全。1997年,县人武部为西坪村争取到水利资金3.5万元,帮助修筑大型集雨节灌工程8个、"121"雨水集流工程126个。1996年、1999年分别被省上命名为"双拥模范城(县)"。

2000年至2007年期间。2000年,16个驻定部队与全县5个乡镇的15个贫困村结成扶贫对子,指导帮助贫困户开展农业生产,并取得了良好的效果。2004年,我县将"天兰双拥文明线"创建活动列为军民共建的重要内容,建成75公里的绿色铁路通道、国防林1片、生态绿化基地5处,绿化面积达25万余亩;建成5个精神文明示范点、10个文明社区、10个文明新村和4所文明学校。在2007年,区上组

驻地部队官兵参加城区四山植树造林

织开展了庆祝建军节80周年系列活动;驻定部队为我区北部9个乡镇的干旱地区捐款11660多元。2002年、2006年被省上命名为双拥模范城(县)。

2008年至2010年期间,驻定部队为安定区建成水窖170多个,实施"一池三改"30户,整修道路50多公里,运送人畜饮水5000多吨,运送物资800多吨。市、区政府筹资200多万元,修建了武警定西支队办公大楼;筹资34万元,改善了消防支队和武警区中队基础设施建设;筹资26万元,硬化民兵武器库道路;筹资608.6万元,改造正龙双拥路;筹资262.3万元,改造北城双拥路;筹资10万元,为

定西军分区开展军民共建,协调资金330多万元,建成巉口镇松川学校

部队配备计算机、电视机、洗衣机等设备。2008年,驻区6家团级部队,与6个新农村建设试点村结成共建对子,积极开展文化、科技、卫生、信息、资金等帮扶活动;定西军分区协调资金400余万元,为巉口镇松川中学建学生宿舍楼;援建李家堡、宁远等镇的"五保家园"、5镇的敬老院和村级图书室1个。武警定西支队积极筹资筹劳,参与石峡湾乡清水村灾后重建项目,实施整体搬迁70户。2010年,区政府把内官营烈士公园整体搬迁项目列为2010年"政府十件实事"之一并开工建设,项目总投资263万元。(参见第三编第三章第三节)

优待抚恤

优抚对象包括残疾军人、烈士家属、因公牺牲军人家属、病故军人家属、在乡退伍红军老战士、在乡复员军人、带病回乡退伍军人、现役军人家属。对优抚对象定期进行普查,以普查结果进行优抚,分别给予定期和临时补助。定补标准均按照民政部、财政部规定标准严格执行,并历经数次调整。义务兵家属优待金根据当地经济社会发展情况按自然增长机制逐年提高。

1986年,定西县有各类优抚对象共2798人,分类酌情予以优抚。对1488户农村现役军属共发放优待资金78050元,对160户城镇现役军属按照180元/户的标准发放优待金,全年共支出各类优抚资金37.2万元。对65户住房困难的退伍军人,拨付建房款13000元。对5名带病回乡的退伍军人,给予疾病治疗和生活困难补助金2500元。县计委等单位拿出20立方专用木料,解决鲁家沟、葛家岔等8个乡的31户参战军属建房木料困难。

1987年至2001年期间,农村义务兵家属优待金由各乡镇统筹安排,各乡镇按照有关优待标准,普遍采用粮食优待与现金优待相结合的方式进行。从2002年开始,义务兵家属优待金改为由国家转移支付资金支付。

1987—2010 年安定区(定西县)优抚资金发放统计表

表 7-1-3   单位:人、户、元、万元

年份	优抚对象总数	农村义务兵家属	现役军人家属户均优待标准	各类优抚资金总额
1987	1467	1026	180	28.2
1988	1477	1026	180	29.5
1989	2017	1235	180	32.8
1990	1345	904	180	27.5
1991	1705	1250	200	36.5
1992	2015	1242	450	61.8
1993	2126	1351	450	77.2
1994	2257	1268	450	84.3
1995	2223	1179	450	79.9
1996	2218	1214	450	81.6
1997	2362	1278	520	92.8
1998	2549	1352	600	97.1
1999	2263	1260	600	106.6
2000	2208	1347	600	120.8
2001	2321	1441	600	126.6
2002	1852	930	1000	131.7
2003	1671	728	1250	207.4
2004	1354	445	1260	262.5
2005	1418	463	1360	296.6
2006	1411	450	1400	350.8
2007	1506	424	1450	363.2
2008	1836	414	1868	497.4
2009	1704	323	2153	635.1
2010	1647	247	2397	677.7

退伍军人安置

1983 年至 1986 年期间,全县退伍军人中有各种技术的军地两用人才 254 名,在国有、集体企业安置的有 62 名,乡镇企事业单位安置的有 14 名。1986 年,县政府根据国务院《关于义务兵退伍的暂行规定》,对城镇退伍军人统一安排,保

退伍军人参加适用技能培训

证第一次就业。对回农村退伍军人主要结合开发军地两用人才进行多渠道、多行业、多形式推荐安置，实行"三优"（即招聘乡镇干部优先考察，选拔村干部优先考虑，外地用人优先推荐）倾斜政策。

1987 年至 1990 年期间。1987 年，退伍军人 208 人，对 34 名二、三等残废军人和 13 名转业志愿兵全部安置工作。1988 年，对 79 名城镇退伍军人、82 名荣立三等功以上的农村退伍军人和 17 名转业志愿兵，全部安置工作；对接收的 9 名军队离休干部，配备了 2 名人员负责服务工作；成立了定西县军队离退休干部服务站（2005 年上划到市级管理），修建 5 套住房，并配置了相应的出行工具和休闲设备设施。1989 年，接收 279 名退伍军人，安置 4 名转业志愿兵和 116 名城镇退伍军人（含 36 名荣立三等以上战功的农村退伍军人）。1990 年，安置城镇义务兵 51 名，转业志愿兵 8 名，农村入伍荣立二等以上战功及二、三等伤残军人 18 人。

1991 年至 1999 年期间，共安置退伍军人 881 人。

2000 年至 2004 年期间，共安置退伍军人 236 人。

2005 年至 2010 年期间，岗位安置 65 人，自谋职业补偿安置 131 人，发放补助金 214 万元。2005 年，全区开始实行指令性安置、自谋职业与经济补偿相结合的办法安置；经济补偿的金额，按照上年度城镇居民可支配收入的标准计算。

婚姻登记

区民政局设立社会福利和社会事务股，负责全区婚姻登记管理工作。在各乡镇人民政府、街道办事处设立婚姻登记处，负责本辖区的婚姻登记。婚姻登记坚持申请、审查、登记三个程序，由当事人双方携带相关证件材料，到任何一方户口所在地乡镇人民政府或街道办事处进行婚姻登记。

1986—2010 年安定区(定西县)婚姻登记统计表

表 7-1-4

单位:对

年　份	结婚对数	离婚对数	私早婚对数
1986	3521	10	520
1987	3410	8	435
1988	3612	12	615
1989	3523	6	654
1990	3556	13	576
1991	3476	78	459
1992	3952	117	178
1993	3825	98	215
1994	3251	12	
1995	3173	71	
1996	3027	59	
1997	3125	42	
1998	2985	35	
1999	3022	33	
2000	2375	26	
2001	3121	28	
2002	2376	27	
2003	2174	35	
2004	2341	38	
2005	1630	45	
2006	1820	127	
2007	1832	119	
2008	2075	156	
2009	2206	284	
2010	3023	209	

社团管理

1990 年,政府赋予民政部门社团登记管理职能。1991 年,安定区根据国务院《社会团体登记管理条例》和《民办非企业单位登记暂行条例》,开始对社团进行清理及注册登记管理。2010 年底,全区注册登记的社会组织 116 家,其中,社会团体

104 家,民办非企业单位 12 家。

村民自治

1992 年开始,各村进行了第一次村民委员会选举,村民委员会设主任、副主任各 1 人,委员若干人,由村民直接选举产生,每届任期 3 年,不脱产。对村干部实行生活补贴。村民委员会下设民政、人民调解、治安保卫、计划生育等工作委员会或委员。村以下以原生产队为基础建立村民小组,设组长、副组长。在农村普遍实行民主选举、民主决策、民主管理、民主监督。全县设 25 个乡镇(除城关镇)306 个村,共选举产生村委会主任 306 名,副主任 86 名,委员 1383 名。2010 年,全区设 19 个乡镇,306 个村,时有村委会主任 292 名,副主任 15 名,委员 1285 名。

社区建设从 2001 年开始,至 2010 年,全区共有城市社区 11 家,其中,中华路街道办事处 5 家(东河、汽车站、北街、火车站、新市区社区),永定路街道办事处 6 家(西河、西街、永定、南街、中西、东街社区)。2009 年争取国家扩大内需项目资金 210 万元、区上配套资金 60 万元,新建了中华路街道社区服务中心、东河社区服务站和永定路街道南川、西川社区服务站,在新开发小区建设中,采取由政府出资、开发商在住宅小区内调配建设用地并负责施工建设的方式,建成了永定路街道南街社区服务站。

老龄工作

2003 年 4 月,成立定西县老龄工作委员会,在老干局下设办公室,由县委副书记或常务副县长任老龄委主任,同年 10 月整体划入县民政局,由民政局局长任办公室主任,并配备 1 名专职副主任。后随着人事调整和人员变动,由区委常委、组织部长任老龄委主任,分管民政工作的副区长任老龄委副主任。

2006 年以来,区老龄委以"六个老有"(老有所养、老有所医、老有所教、老有所学、老有所为、老有所乐)为目标,以《中华人民共和国老年人权益保障法》为依据,制定出台了《定西市安定区关于进一步加强基层老龄工作的意见》和《定西市安定区老龄工作委员会成员单位工作职责》。全区老龄工作遵循"党政主导、社会参与、全民关怀"的方针,取得了以下重大进展:建立健全基层老龄工作机构,完善工作网络;老龄宣传工作形式多样,增强了全社会尊老、敬老、养老意识;广泛开展老龄工作先进单位创建工作;积极推进养老保障体系建设,加大对贫困老年人的帮扶和救助;有效维护老年人合法权益;组织开展各种类型的老年文体活动,丰富老年人精神文化生活;表彰奖励了一批敬老模范单位、敬老好儿女和老有所为先进个人;按照"政府分级负责、财政分级负担"的原则,对 85～89 岁的老人,每人每年发放 300 元,对 90～94 岁的老人,每人每年发放 500 元,对 95～99 岁的老人,每人每年发放 700 元,对 100 岁以上的老人,每人每年发放 1200 元,全面落实高龄老人生活补贴。在全社会营造了浓厚的尊老、敬老、养老氛围。

社会福利

为了救济、教育和安置城市流浪乞讨人员,维护社会秩序稳定和社会和谐,1986 年以来,公安部门、定西县收容遣送站负责将城市流浪乞讨人员遣送回原籍。从 1991 年始,国务院将收容遣送人员范围扩大到"三无人员"(无身份证、暂住证、务工证的流动人口)。民政、公安部门进一步强化收容遣送工作,至 2003 年,共收容遣送各类流浪乞讨对象 2192 人(次)。自 2003 年 7 月,根据民政部《关于将收容遣送站更名为救助管理站的通知》(民函〔2003〕151 号)和国务院《城市生活无着的流浪乞讨人员救助管理办法》文件精神,原定西县收容遣送站更名为定西市安定区救助管理站,按照自愿救助、无偿补助原则,依法救助流浪乞讨人员,保障其基本生活权益。

安定区救助管理站主要负责流入到定西市区内生活无着的流浪乞讨人员及流浪未成年人的临时救助、救治、管理、教育、护送和安置,同时负责定西市辖区内流浪乞讨人员的接收中转护送工作,并为临时陷入生活困境人员提供基本生活救助。

2003—2010 年,共救助流浪乞讨人员 2537 人(次)

2003—2010 年安定区(定西县)救助流浪乞讨人员统计表

表 7-1-5　　　　　　　　　　　　　　　　　　　　　　　　　单位:人次

年度	人次	年度	人次
2003	124	2007	334
2004	104	2008	409
2005	134	2009	541
2006	278	2010	613

殡仪

自 1981 年 9 月定西火葬场投入使用以来,火葬场一直与县殡葬管理所合署办公。1991 年,火葬场更名为定西县殡仪馆,馆址位于定西县香泉镇池沟村高家

定西市安定区殡仪馆,地处香泉镇池沟村

庄社,总占地70亩,建筑面积2500多平方米。馆内设有火化间、追悼厅、遗体告别间、丧主休息室、业务值班室、骨灰寄存室、殡葬用品服务部等服务设施;殡葬设备有火化炉两台、冷藏柜一台、遗体瞻仰棺一台、殡葬专用车一辆。本着"对逝者文明、给生者慰藉"的服务宗旨,主要向丧主提供遗体接运、防腐整容、悼念服务、遗体火化、骨灰寄存及骨灰安葬、殡葬用品销售等服务。

1986—2010年安定区(定西县)火化及公墓安葬数

表7-1-6   单位:人

年份	火化人数	公墓安葬(具)
1986	77	
1987	84	
1988	143	
1989	145	
1990	176	
1991	194	
1992	183	
1993	190	
1994	222	
1995	250	7
1996	280	42
1997	345	56
1998	362	66
1999	374	51
2000	542	74
2001	654	72

续表 7-1-6

单位:人

年份	火化人数	公墓安葬(具)
2002	687	78
2003	697	65
2004	678	112
2005	661	81
2006	695	71
2007	672	74
2008	682	110
2009	645	114
2010	688	140

殡葬

1994 年,殡葬管理所搬迁至定西县交通路 323 号。设追悼厅 5 个、休息室 17 间、大型冷藏机 3 个、小型冷藏机 6 个、灵车 1 辆。1998 年,县政府制定的《定西县殡葬管理办法》实行后,县内国家干部、职工死后均实行火化。1995 年,民政局筹划选址,确定兴建公墓区。2009 年 7 月 30 日,定西市政府下发了《定西市人民政府关于划分安定区火化区域的批复》,明确划定了安定区火化区域。殡葬管理所主要承担办理丧事业务,为丧主提供了方便。

1994—2010 年安定区(定西县)接待办理丧事统计表

表 7-1-7

年份	次数	年份	次数	年份	次数	年份	次数	年份	次数
1994	16	1995	23	1996	32	1997	31	1998	35
1999	55	2000	71	2001	122	2002	140	2003	145
2004	130	2005	145	2006	168	2007	207	2008	215
2009	252	2010	265						

收养工作

1991 年前,全县居民收养子女,由司法机关或公证机关确立收养关系。1991 年 12 月《中华人民共和国收养法》颁布实施,为办理收养登记工作提供了法律依据。为了保护合法的收养关系,维护当事人权益,从 1992 年开始,县民政局开始负责办理收养登记工作。至 1998 年,为符合收养条件的申请人共办理收养登记 12 对。1998 年《收养法》修改后,进一步严格了收养条件,规范了登记手续。至 2010 年,全区共依法办理收养登记 54 对。

地名管理

区民政局内设民政综合股,对全区地名规划、变更、命名进行有效行政管理。定西市城区街、路、巷、桥梁的命名工作,由市民政局负责;安定区乡镇、村的区划地名,普查、登记工作,由区民政局负责。区地名公共服务工程从 2007 年开始,重点对现有城市街、路、巷、居民区地名中含有生僻字、异体字、一地多名、一地多写、重名重音及俗字俗音并不规范名称进行重新命名,对老城区 4 条街、26 条路,新城区 10 条街、8 条路及全城区的 46 条巷、14 条道路十字、13 座桥梁、4 个广场进行了多次讨论、修改,最后定名。2010 年 8 月,市政府审批通过。

一、街路名称

(一)老城区

序号	原名称	标准地名及汉语拼音		位　置
1	交通路	交通北路	JIAOTONG BEILU	北十里铺—定西火车站(民主路丁字路口)
2		交通中路	JIAOTONG ZHONGLU	定西火车站(民主路丁字路口)—立交桥十字
3		交通南路	JIAOTONG NANLU	立交桥十字—马铃薯交易中心
4	中华路 凤羽街	中华路	ZHONGHUA LU	新城区渭源街—东方红中学
5	文化路	文化路	WENHUA LU	北城路—安定区文化馆
6	小北街 南大街 凤翔街	凤翔路	FENGXIANG LU	解放路—南山新村
7	友谊北路	友谊北路	YOUYI BEILU	民主桥西—正立十字(盘旋路十字)
8	友谊南路	友谊南路	YOUYI NANLU	正立十字(盘旋路十字)—南山根
9	西环路	西岩路	XIYAN LU	民主十字—西川十字(新盘旋路十字)
10	永定东路	永定东路	YONGDING DONGLU	东山根—东门口十字
11	永定西路	永定中路	YONGDING ZHONGLU	东门口十字—西川十字(新盘旋路十字)
12	定临公路	永定西路	YONGDING XILU	西川十字(新盘旋路十字)—中川村

序号	原名称	标准地名及汉语拼音		位　置
13	解放路	解放路	JIEFANG LU	310国道入口—西岩路(原西环路)
14	公园路	公园路	GONGYUAN LU	市委党校丁字路口—西岩山根
15	北城巷	北城路	BEICHENG LU	欣大宾馆—农科大厦
16	建材路	建安路	JIAN´AN LU	310国道—交通中路
17	自由街	自由街	ZIYOU JIE	交通中路—中华桥北
18	民主路	民主路	MINZHU LU	定西火车站—民主十字
19	和平街	和平街	HEPING JIE	火车站派出所—市电力局
20	镇龙路	正龙路	ZHENGLONG LU	消防支队丁字路口(按规划将向东延伸至中华路)—定西武警支队
21	飞天路	飞天路	FEITIAN LU	南川无纺织地毯厂南侧—东河
22	华泰路	华泰路	HUATAI LU	南川杭州家具公司—东河
23	金龙路	金龙路	JINLONG LU	驾驶员服务中心南侧—东河
24	新大路	新大路	XINDA LU	陇裕酒厂—东河
25	新民路	新民路	XINMIN LU	模具厂—液化气供应站
26	新泉路	新泉路	XINQUAN LU	马铃薯交易中心—红旗山煤矿转运站
27	通宝路	通宝路	TONGBAO LU	金牛木器厂—飞天路街心花园
28	定临路	双河路	SHUANGHE LU	中华桥南—农科大厦
29	西河路	校场街	JIAOCHANG JIE	气象桥—建宁苑小区南侧
30	中和巷	中和步行街	ZHONGHE BUXINGJIE	永定中路(中国银行西侧)—东中北侧正龙路(建设中)

(二)新城区

序号	原名称	标准地名及汉语拼音		位　置
1	劲东路	渭源街	WEIYUAN JIE	交通北路—岷阳路
2	城南六路	将台街	JIANGTAI JIE	交通北路—岷阳路
3	城南五路	平襄街	PINGXIANG JIE	安定路—岷阳路
4	城南四路	岷县街	MINXIAN JIE	关川路—岷阳路
5	城南三路	漳县街	ZHANGXIAN JIE	关川路—岷阳路
6	城南二路	洮阳街	TAOYANG JIE	关川路—岷阳路
7	城南一路	霸陵街	BALING JIE	关川路—岷阳路
8	政府南路	通渭街	TONGWEI JIE	交通北路—临洮路

序号	原名称	标准地名及汉语拼音		位　置
9	行政中心内环南路	文峰街	WENFENG JIE	安定路—临洮路
10	行政中心内环北路	贵清街	GUIQING JIE	安定路—临洮路
11	政府北路	薯都大道	SHUDU DADAO	天定高速入口—临洮路
12	新城西路	岷阳路	MINYANG LU	民主十字沿西山根至临洮路
13	福台路	福台路	FUTAI LU	霸陵街—将台街
14	凤安路	临洮路	LINTAO LU	薯都大道—民主十字
15	定西路	陇西路	LONGXI LU	薯都大道—渭源街
16	新城大道	安定路	ANDING LU	薯都大道—渭源街
17	新城东路	沈峪路	SHENYU LU	洮阳街—岷县街
18	滨河西路	关川路	GUANCHUAN LU	关川十字向北沿关川河西岸至通渭街

二、巷道名称

序号	原名称	标准地名及汉语拼音		位　置
1	镇龙路	石羊巷	SHIYANG XIANG	正龙路南侧、友谊南路西侧,通往市医院背后、南山根下居民区的老巷道
2	小西街	西街巷	XIJIE XIANG	正龙路北侧、友谊南路西侧、永定中路南侧所包围区域内的网状巷道
3	西关巷 西河巷 油坊院巷	西关巷	XIGUAN XIANG	永定中路北侧、友谊南路西侧、解放路南侧和西岩路东侧所包围区域内的网状巷道
4	水磨巷	水磨巷	SHUIMO XIANG	解放路北侧与公园路南侧相通的老巷道
5		丰泽巷	FENGZE XIANG	卫校南侧解放路通往干休所的巷道
6	大同巷	大同巷	DATONG XIANG	正立广场通往卫校北侧的巷道
7		平安巷	PING´AN XIANG	水磨巷以西、公园路南侧通往居民区的巷道
8		瑞丰巷	RUIFENG XIANG	公园路北侧、市民政局西侧通往市农机局的巷道
9		民福巷	MINFU XIANG	公园路北侧、市林业局东侧通往市社会福利院的巷道
10		康宁巷	KANGNING XIANG	民福巷以西、公园路北侧通往居民区的小巷道

序号	原名称	标准地名及汉语拼音		位 置
11		志远巷	ZHIYUAN XIANG	西岩路西侧通往公园路中学、公园路小学的新巷道
12	榆林巷	榆林巷	YULIN XIANG	市幼儿园对面、永定中路南侧连通凤翔路的老巷道
13	南台巷	南台巷	NANTAI XIANG	东门口十字以西、永定中路南侧通往东中方向的老巷道
14	凤羽巷	凤羽东巷	FENGYU DONGXIANG	中华路南端东侧、东门口十字通往木材市场的老巷道(老城区现在的凤羽街)
15		安康巷	ANKANG XIANG	东门口十字以南、中华路东侧与凤羽东巷毗邻的一条新巷道
16		安泰巷	ANTAI XIANG	东门口十字以南、中华路东侧与凤羽东巷毗邻的另一条新巷道
17		中意巷	ZHONGYI XIANG	东门口十字以南、中华路东侧与凤羽东巷毗邻的另一条新巷道
18		顺意巷	SHUNYI XIANG	东门口十字以南、中华路东侧与凤羽东巷毗邻的另一条新巷道
19		如意巷	RUYI XIANG	东门口十字以南、中华路东侧与凤羽东巷毗邻的另一条新巷道
20		宏远巷	HONGYUAN XIANG	中华路南端西侧通往东中家属区和东关小学的深巷道
21	凤羽巷	凤羽西巷	FENGYU XIXIANG	中华路南端通往凤翔路(原南大街)的老巷道(老城区凤羽街)
22	小北巷	小北巷	XIAOBEI XIANG	市幼儿园东侧、永定中路连通解放路的老巷道
23	文昌巷 石头巷 水门巷	文昌巷	WENCHANG XIANG	永定中路、凤翔路北段、解放路和中华路所包围区域内的网状巷道
24		洪福巷	HONGFU XIANG	市第二人民医院对面、解放路南侧的一条小巷道
25	延寿巷	延寿巷	YANSHOU XIANG	友谊北路东侧通往大成小学后门的巷道
26	海家巷	海家巷	HAIJIA XIANG	友谊北路东侧、友谊广场南侧的老巷道

序号	原名称	标准地名及汉语拼音		位　置
27	大城巷	大城巷	DACHENG XIANG	友谊广场南边和文化路西侧通往大城小学的老巷道
28	北城巷	北城巷	BEICHENG XIANG	中华路(新华书店以南)、北城路(定西报社门前)和文化路(体育场北边)所包围区域内的网状巷道
29	北门巷	北门巷	BEIWEN XIANG	北城路、中华路和双河路所包围区域内的网状巷道
30		金谷巷	JINGU XIANG	中华路东侧、金谷宾馆与欣大宾馆之间的巷道
31		宁远巷	NINGYUAN XIANG	交通中路东侧铁路下面穿过的一条巷道
32	公交巷	公交巷	GONGJIAO XIANG	交通中路西侧通往居民区的一条巷道
33		文华巷	WENHUA XIANG	交通中路东侧通往交通路中学(原铁中)的一条巷道
34		同兴巷	TONGXING XIANG	解放桥东头、解放路北侧通往市劳动就业局的一条巷道
35		兴业巷	XINGYE XIANG	铁路以东、与永定东路和解放路连通的一条巷道
36	许公巷	许公东巷	XUGONG DONGXIANG	交通南路东侧、立交桥广场舞台背后通往永定东路(铁道洞口旁)的老巷道
37		许公西巷	XUGONG XIXIANG	交通南路西侧(汽车站以南)与永定东路相连通的网状巷道
38		东市巷	DONGSHI XIANG	永定东路南侧、东关市场以东的一条巷道
39		通远巷	TONGYUAN XIANG	交通南路东侧、凤翔镇政府旁边、铁路下面穿过的一条巷道
40		和畅巷	HECHANG XIANG	交通南路西侧的一条巷道
41		和平巷	HEPING XIANG	交通南路西侧的一条巷道
42		和顺巷	HESHUN XIANG	交通南路西侧的一条巷道
43		和煦巷	HEXU XIANG	交通南路西侧的一条巷道
44		谐和巷	XIEHE XIANG	交通南路西侧的一条巷道
45		仁和巷	RENHE XIANG	交通南路西侧的一条巷道
46		祥和巷	XIANGHE XIANG	交通南路西侧的一条巷道

三、道路十字

序号	原名称	标准地名及汉语拼音		位　置
1	东关十字	东关十字	DONGGUAN SHIZI	交通南路与永定东路相交的十字
2	东门口十字	东门口十字	DONGMENKOU SHIZI	中华路与永定路相交的十字
3	小十字	南关十字	NANGUAN SHIZI	凤翔路与永定中路相交的十字
4	西关十字	西关十字	XIGUAN SHIZI	友谊南路与永定中路相交的十字
5	新盘旋路十字	西川十字	XICHUAN SHIZI	西岩路与永定路相交的十字
6		立交桥十字	LIJIAOQIAO SHIZI	解放路与交通路相交的十字
7	大十字	大十字	DA SHIZI	中华路与解放路相交的十字
8	盘旋路十字	正立十字	ZHENGLI SHIZI	友谊路与解放路相交的十字
9		西岩十字	XIYAN SHIZI	西岩路与公园路相交的十字
10	北关十字	北关十字	BEIGUAN SHIZI	中华路与民主路相交的十字
11		民主十字	MINZHU SHIZI	西岩路与民主路相交的十字
12		关川十字	GUANCHUAN SHIZI	关川路与民主路相交的十字
13		校场十字	JIAOCHANG SHIZI	友谊北路与校场街相交的十字(规划中)
14		南山十字	NANSHAN SHIZI	友谊南路与正龙路相交的十字(规划中)
15		南街十字	NANJIE SHIZI	凤翔路与正龙路相交的十字(规划中)

四、桥梁名称

序号	原名称	标准地名及汉语拼音		位　置
1	永定桥	永定桥	YONGDING QIAO	永定东路跨越东河的老桥
2	解放桥	解放桥	JIEFANG QIAO	解放路跨越东河的老桥
3	中华桥	中华桥	ZHONGHUA QIAO	中华路跨越东河的老桥
4	气象桥	气象桥	QIXIANG QIAO	双河路拐弯处的老桥
5	西岩桥	西岩桥	XIYAN QIAO	公园路跨越西河的老桥
6	西河桥	西河桥	XIHE QIAO	解放路跨越西河的老桥
7	老西河桥	老西河桥	LAOXIHE QIAO	西关巷跨越西河的老桥
8	清水桥	清水桥	QINGSHUIHE QIAO	永定中路跨越西河的老桥
9		民主桥	GUANCHUAN QIAO	民主路跨越关川河的新桥
10		石羊桥	SHIYANG QIAO	新城区渭源街跨越关川河的新桥(规划中)
11		将台桥	JIANGTAI QIAO	新城区将台街跨越关川河的新桥

序号	原名称	标准地名及汉语拼音		位 置
12		凤凰桥	FENGHUANG QIAO	新城区通渭街跨越关川河的新桥
13		迎宾桥	YINGBIN QIAO	新城区薯都大道跨越关川河的新桥

五、广场名称

序号	原名称	标准地名及汉语拼音		位 置
1	立交桥广场	立交桥广场	LIJIAOQIAO GUANGCHANG	解放路东段立交桥下
2	友谊广场	友谊广场	YOUYI GUANGCHANG	北城路中段南侧
3	正立广场	正立广场	ZHENGLI GUANGCHANG	定西卫校门前
4	西岩山广场	西岩山广场	XIYANSHAN GUANGCHANG	西岩山舞台前

行政区划勘界

安定区行政区划勘界涉及2条市级界限和4条市内县级界限。1991年8月至1994年9月,对定西县与陇西县行政区域界线进行勘定,边界线长78公里,埋设双面单立界桩3个。1992年5月至1995年8月,对定西县与临洮县行政区域界线进行勘定,边界线长37公里,埋设单面双立界桩3个。1992年5月至1995年12月,对定西县与渭源县行政区域界线进行勘定,边界线长24公里,埋设双面单立界桩1个,三面单立界桩1个。1993年5月至1994年10月,对定西县与榆中县市级行政区域界线进行了勘定,边界线长92公里,埋设双面单立界桩6个。1993年6月至1995年12月,对定西县与通渭县行政区域界线进行了勘定,边界线长30公里,埋设双面单立界桩2个。1995年3月至1996年11月,对定西县与会宁县市级行政区域界线双方进行了勘定,边界线长130公里,埋设双面单立界桩4个,三面单立界桩1个。对勘定的域界,2005年双方共同逐地进行了第一次联合检查,边界线及两侧地貌、地物没有变化,界桩没有移动、丢失、损坏。2010年双方进行了第二次联合检查,对界桩丢失损害的,在原地重新埋设或修补,恢复原样设置。

第二节　人事管理

机构

1986年,定西县政府设有县人事局,县编制委员会及办公室办公地点设在县人事局。1991年8月,定西县人事局、定西县劳动局合并成立定西县劳动人事局。1992年11月,定西县人才交流开发服务中心成立,事业单位,股级建制,隶属县劳动人事局。1994年,成立县劳动监察大队,股级建制,隶属于县劳动人事局。1996年12月,县人才交流开发服务中心升格为副科级建制。1999年3月,设立县事业单位登记管理服务中心,隶属县机构编制委员会办公室,为副科级事业单位。2001年12月,县劳动人事局更名为县人事劳动和社会保障局,县机构编制委员会办公室与县人事劳动和社会保障局合署办公。2003年,撤县设区后,定西县人事劳动和社会保障局更名为安定区人事劳动和社会保障局。2007年6月,成立区人事劳动争议仲裁委员会办公室,副科级建制。2010年12月,撤销区人事劳动和社会保障局,成立安定区人力资源和社会保障局,与区机构编制委员会办公室分设。区人力资源和社会保障局内设人秘股、事业单位人事管理股(安定区职称改革领导小组办公室)、就业促进股、社会保险股、调解仲裁管理办公室(副科级建制,挂劳动人事争议仲裁院牌子)、劳动关系股(人力资源和社会保障监察大队)。机关行政编制16名,后勤事业编制2名,其中,局长1名、副局长2名、纪检员1名,调解仲裁管理办公室专职副主任1名(副科级)、人力资源和社会保障监察大队大队长1名(副科级)。隶属单位有:区人才交流开发服务中心(副科级建制,事业单位)、区社会保险事业管理中心、区劳动就业服务中心、区劳务工作办公室,后三个单位均为科级建制,事业单位。

干部人事制度改革

1980年开始,随着经济建设的发展,干部队伍向"革命化、知识化、年轻化、专业化"方向发展。干部录用贯彻"公开、平等、竞争、择优"的原则,采取面向社会、公开报名、统一考试,德、智、体全面考核的办法录用。对"以工代干"职工、招聘干部、非在职"五大生"城镇待业青年,在转干、录用、安排就业等方面全部实行"择优录用"。1988年3月,根据中央组织部、劳动人事部关于政法、税务、工商行政部门和银行保险系统招收干部实行统一考核精神,定西县进行了统一时间、统一步骤、面向社会、公开报名、择优录取的招收考试,公开接受社会监督。在人事制度改革方面,一是加强干部队伍的宏观调控,采取了三条措施:第一,严格控制人员编制;第二,冻结从企业单位向行政、事业单位调人;第三,干部余缺互相调剂。新设单位人员从现有干部、军转干部和大中专毕业生中调剂解决。二是继续完善乡镇干部招聘制度。

1989年,严格执行省、地组织、人事部门作出的党政机关和事业单位干部调动的具体规定,经编制部门正式核编,调配干部控制在定编以内;严格控制从企业和县外调入干部;从企业、县外调入以及要调出的干部,调动时都要如实填写《干部调动审批表》,由本人写出申请调动报告,并附调干所在地组织人事部门同意调进、调出的证明,经组织人事部门审批同意后,方可办理调动手续。做到干部调配工作审批条件公开、调配指标公开、审批程序公开、审批结果公开。

1997年开始,全县按照"三定"方案在县直单位、各乡镇执行国家公务员制度。

2002年,乡镇畜牧兽医站全面推行聘用合同制管理制度,52名现有人员经考试、考核竞争上岗,签订了聘用合同。

2003年,根据《甘肃省事业单位实行聘用合同制管理办法》,结合安定区实际制定的《关于事业单位实行聘用合同制管理的实施意见》,在总结畜牧中心和东方红中学改革试点工作经验的基础上,又对文化馆、香泉卫生院进行人事制度改革,经过对现有人员专业知识的考试和综合考核,有43人竞争上岗,与单位签订了聘用合同。

2005年,区卫生监督所、城建局、交警大队、军休干部服务所、城管办、国土局等单位人员根据上划条件分流,对符合上划条件的人员和部分需上划的职能全部上归市级职能部门。

2006年,在区房产公司推行竞争上岗、全员聘用的人事制度改革。通过考试考核、竞职演讲、民主测评等方式,使11名素质好、业务强、善管理的同志走上了中层领导岗位。

2007年,确定畜牧兽医系统(含乡镇畜牧兽医站)和宁远中心卫生院为改革试点单位,称钩驿镇和石峡湾乡为改革试点乡镇。

2008年,先后在畜牧兽医局机关、动物卫生监督所、动物疫病预防控制中心、畜牧技术推广站、饲草饲料站和乡镇畜牧兽医站、救助站、殡葬所、殡仪馆、葛家岔镇、杏园乡等单位,进行人事制度改革试点,开展岗前培训,竞聘上岗,完成了改革试点任务。

2009—2010年,实施事业单位岗位设置管理,认定管理岗位七级至十级625人,专业技术岗位四至十三级6888人,工勤岗位二至五级953人,普工75人。深入推行医药卫生体制改革,制定出台《安定区基层医疗卫生单位人事制度改革实施意见》《基层医疗卫生服务机构竞争上岗实施办法》,实施院长竞聘上岗6人,副院长12人,合同聘用354人,离岗分流12人。

公务员管理

1997 年，依据《国家公务员暂行条例》和《甘肃省国家公务员录用实施办法》有关规定，各级行政机关录用担任主任科员(含主任科员)以下非领导职务的国家公务员，开始实行凡进必考制度。确定一般行政职务 753 人，主任科员 88 人，副主任科员 480 人，办事员 109 人。1998 年，党政机关和部分有行政职能的事业单位，在管理上全面建立国家公务员制度和参照、依照公务员制度执行。县直推公、参管、依管单位准予过渡 780 人，暂缓过渡 21 人，不准过渡 209 人；各乡镇党委政府(含财政所、计生站)准予过渡 96 人，暂缓过度 31 人，不准过渡 95 人。之后，陆续对暂缓过渡人员办理过渡手续。全年招考录用公务员 13 人，交流公务员 8 人。对区委管理的党政领导班子和领导干部开始实行"三位一体"(目标管理责任书、领导班子、领导干部)年度考核。

1999 年，公务员录用考核制度趋于完善，为检察院、政府办、乡镇财政所录用公务员 19 名，从优秀大学生中选拔录用公务员 9 名，在公务员中积极启动计算机知识等培训工作。并合理交流公务员 15 人(县内 14 人，调出县外 1 人)。

2000 年，为工商局基层工商所录用公务员 91 名，从优秀大学生中选拔基层公务员 9 名，为公安局录用取得资格的公务员 4 名，安置军转干部 2 名。在公安局、法院进行竞争上岗试点，在优秀年轻干部中选拔中层干部 50 人，科办员竞争上岗238 人。启动公务员培训工作，举办培训班 4 期，培训 145 人。

2002—2003 年，采取公开考试、择优录用办法，两年分别招考录用公务员各17 名。

2004 年，对全区近 1400 名公务员进行行政许可法培训考试。

2005 年，根据市委组织部、市人事局定人发〔2005〕158 号文件精神，确定乡镇机关过渡公务员 186 名，补充录用公务员 13 名。

2006—2007 年，对七大机关和省上明确参管的事业单位 1122 名公务员进行登记。统一登记七大机关在职人员 1142 人，单独登记 2006 年 6 月 30 日后退休人员12 人，暂缓登记 3 人；群团组织统一登记在职人员 18 人。录用公务员 22 人。

2008 年开始，实行"四位一体"(目标管理责任书、领导班子、领导干部、党风廉政建设责任制)考核，由纪检、组织、人社等部门组成考核组进行全面考核，对目标管理责任书考核为优秀单位的党政一把手直接确定优秀等次，优秀比例不平均分配，体现了考核的绩效优先原则。对科级以下公务员的考核，结合年初制定的工作目标，全面考核"德、能、勤、绩、廉"，重点考核完成本职工作的数量、质量、效率，以及业务工作在全国或全省、全市、全区范围内所产生的实际效果、获得的表彰奖励和服务对象满意程度等情况。认真执行《公务员奖励规定（试行）》，对年度考核连续三年获得优秀的公务员记三等功。考核结果为优秀247人，称职1059人，未参加考核3人，未定等次1人。

2009年，登记公务员78名，考试录用公务员32名；全年公务员考核优秀243人，称职1048人，未定等次26人。

2010年，考试录用公务员27名。

专业技术人员管理

根据中发〔1986〕8号、国发〔1986〕27号和甘职改组〔1986〕5号文件精神，从1987年4月至1988年6月，全县546个事业单位、2639名专业技术人员、16个系列圆满完成首批聘任工作。有任职资格2288人，其中，正高级1人，副高级52人，中级650人，初级1585人，全部兑现了职务工资。

1998年，对全县专业技术人员进行建库储备，共储备专业技术人员5904人，其中，高级65人，中级1430人，助理级1899人，员（士）级991人，未评定职称709人，储备乡土人才540人。对出退休专业技术干部进行第二次开发，建立出退休专业技术人才库，登记在册251人，其中，高级22人，中级209人。

2005年，完成培训各类人才6.52万人（次），占任务6.5万人（次）的100.3%。其中，项目管理知识与实务培训4300人，"走进甘肃"公（商）务实用英语培训2680人，计算机培训607人，职务晋升培训22人。

2006年，共举办继续教育培训班19期，培训1153人；职务晋升培训班1期，培训43人；公务员法培训班21期，培训1300人。

2007年，举办计算机应用能力培训班4期，培训242人；卫生系列培训班10期，培训424人。

2008年，举办专业技术人员专业课培训班11期，培训各类专业技术人员1112人。其中，卫生系统5期，培训476人；信息技术1期，培训50人；职称计算机培训2期，培训117人；承办市畜牧养殖培训班1期，培训217人；农业系列培训班1期，培训202人；水利专业技术人员培训1期，培训50人。

2009年，举办专业技术人员专业课培训班11期，培训1249人。

2010年，举办专业技术人员专业课培训班11期，培训1190人。其中，卫生系列6期，培训630人；信息技术2期，培训160人；农口系列1期，培训180人；水利、林业系列1期，培训149人；畜牧兽医系列1期，培训71人。组织开展公修课《国学知与行》《创新与创业实践》培训7000人。

1986—2010年安定区(定西县)干部队伍构成一览表

表 7-1-8　　　　　　　　　　　　　　　　　　　　　　　　　　　单位:人

年度	总数	行政	事业						
			小计	管理人员	专业技术人员				
					小计	高级	中级	初级	无职称
1986	2150	1052	1098	585	513	1	18	368	126
1987	2826	972	1854	596	1258	169	33	808	248
1988	4740	1130	3610	753	2857	53	650	1585	569
1989	4875	769	4106	588	3518	53	665	1775	1025
1990	4437	398	4039	398	3641	44	672	1888	1037
1991	6659	1238	5421	2297	3124	35	709	1785	595
1992	5875	676	5199	2075	3124	46	724	1766	588
1993	5985	782	5203	1988	3215	48	737	1823	607
1994	6107	793	5314	1954	3360	52	862	1835	611
1995	6743	814	5929	1723	4206	59	866	2574	707
1996	6734	850	5884	1543	4341	55	858	2743	685
1997	5743	874	4869	1432	3437	59	1025	1765	588
1998	6317	889	5428	1325	4103	65	1430	1899	709
1999	7273	768	6505	1217	5288	46	1076	3125	1041
2000	7886	1197	6689	1219	5470	53	1172	3184	1061
2001	8192	1171	7021	1214	5807	67	1315	3319	1106
2002	8552	1060	7492	1279	6213	89	1399	3544	1181
2003	8845	1078	7767	1435	6332	90	1400	3632	1210
2004	9149	1110	8039	1149	6890	146	1767	3539	1438
2005	9535	1106	8429	1226	7203	161	1917	3596	1529
2006	9694	1106	8588	916	7672	190	2197	3696	1589
2007	9976	1196	8780	968	7812	190	2235	3756	1631
2008	10028	1225	8803	972	7831	198	2240	3759	1634
2009	9063	785	8278	1111	7167	213	2560	4029	365
2010	9501	717	8784	1408	7376	249	2764	4189	174

职称评聘

1986年,实行专业技术职务聘任制,定西县成立以常务副县长为组长的县职称改革工作领导小组,办公室设在县人事局。从 1987 年开始,全县按照教育、卫生、农业、工程、经济、会计等系统成立评审机构,对所有事业和部分企业单位逐步实行专业技术人员职务聘任制度。1990 年,对全县审评的 2604 名专业技术人员进行了考核复查,2469 名专业技术人员续聘,66 名调离岗位,7 名解除合同,62 名缓聘。

1991 年,根据甘职改办函字〔1991〕23 号文件要求,组织 43 名要求晋升职务的人员参加全省统一进行的外语考试;组织 240 名从事经济的工作人员,参加了全国统考的经济员资格考试。根据《国务院关于依靠科技进步振兴农业加强农业科技成果推广工作的决定》精神,开始在技术培训成绩和水平突出的农民中评定相应的技术职称。

1992 年,职称改革工作转入经常化、正规化。职称晋升人数 273 名,其中,高级 9 名,中级 119 名,助理级 99 名,员士级 46 名。组织 228 名专业技术人员参加经济员资格考试。

1993—1995 年,试行评聘公开,建立中高级人员卡片、初级职称人员花名册。办理资格证书 246 人,审批职称晋升 899 人,初次确定专业技术职务 521 人,审查上报、转评专业技术职务晋升材料 2225 人,办理聘任手续 118 人,重新确认专业技术职务资格 16 人。

1996—1998 年,16 名专业技术人员办理换岗手续,初次确定专业技术职务 458 人;办理聘任手续 782 人,办理任职资格证 515 人。

1999 年,职称工作重点是搞好岗位设置和结构比例工作,核定了 2 个县级、68 个科级及 81 个科级以下事业单位的专业技术职务。办理专技干部聘任续聘 605 人,办理各类资格证 635 人次,办理职称外语考试合格证 109 人。

2000—2002 年,办理聘任手续 2299 人,办理资格证书 2046 人,初次确定职务 534 人,转岗 29 人,重新确定初级 1 名,转换系列 13 名,推荐晋升职称 429 人,专业技术聘干 71 人。

2003—2005 年,办理聘任手续 2402 人,办理资格证书 700 份,初次确定职务 431 人,转换系列 95 人,聘用专业技术人员 108 人,为城区小学(幼儿园)按 60% 比例重新核定中级岗位。

2006—2008 年,初次确定专业技术职务 1033 人,工人中聘用专业技术人员 77 人,聘任初、中、高级专业技术人员 1816 名,办理各类资格证 2050 多份;办理聘用手续(含续聘和专项)779 人。申请专项限额 36 人,其中,高级 7 人,中级 29 人。

2009—2010 年,聘任初、中、高级专业技术人员 391 人,其中,高级 43 人,中级 157 人,初级 209 人。申报中高级专项指标 16 人,从工人中聘用专业技术人员 10 人。

1986—2010 年安定区(定西县)专业技术人员职称评聘一览表

表 7-1-9

年度	取得资格人数				其中:当年取得资格人数				已聘任人数			
	合计	高级	中级	初级	合计	高级	中级	初级	合计	高级	中级	初级
1986	1962	68	569	1325	387	1	18	368	1575	67	551	957
1987	2002	169	597	1236	866	25	33	808	1136	144	564	428
1988	2288	53	650	1585	729	8	36	685	1559	45	614	900
1989	2493	53	665	1775	848	12	44	792	1645	41	621	983
1990	2604	44	672	1888	892	16	89	787	1712	28	583	1101
1991	2529	35	709	1785	792	11	96	685	1737	24	613	110
1992	2536	46	724	1766	914	9	119	786	1622	37	605	980
1993	2608	48	737	1823	771	14	232	525	1837	34	505	1298
1994	2749	52	862	1835	952	19	260	673	1797	33	602	1162
1995	3499	59	866	2574	499	17	153	329	3000	42	713	2245
1996	3656	55	858	2743	355	7	152	196	3301	48	706	2547
1997	4283	57	1021	3205	344	16	97	231	3939	41	924	2974
1998	4525	54	1170	3301	565	15	197	353	3960	39	973	2948
1999	4710	49	1149	3512	449	14	71	364	4261	35	1078	3148
2000	5441	55	1200	4186	661	28	74	559	4780	27	1126	3627
2001	4981	58	1233	3690	722	33	428	261	4259	25	805	3429
2002	5392	101	1431	3860	1336	36	414	886	4056	65	1017	2974
2003	5805	114	1524	4167	935	53	701	181	4870	61	823	3986
2004	5452	146	1767	3539	710	39	330	341	4742	107	1437	3198
2005	5674	161	1917	3596	907	33	308	566	4767	128	1609	3030
2006	6083	190	2197	3696	927	36	274	617	5156	154	1923	3079
2007	6181	190	2235	3756	990	51	403	536	5191	139	1832	3220
2008	6197	198	2240	3759	1018	55	507	456	5179	143	1733	3303
2009	6802	213	2560	4029	189	16	58	115	6613	197	2502	3914
2010	7202	249	2764	4189	220	27	99	94	6982	222	2665	4095

录用与考核

1986年，根据政法委〔1985〕34号文件精神，按照一定程序为政法系统录用干部2人；根据甘人事〔1986〕6号文件精神，从在职职工取得中专以上文凭的人员中考核录用干部14人。1987年，根据定人发〔1986〕692号通知精神，招聘乡干部40人。

1988年，坚持公开招考、公平合理、面向群众、面向社会的原则，实施平等竞争，择优录用，首次将46名成绩优秀者录用为干部。

1989年，改进大、中专毕业生分配办法，鼓励、动员大中专毕业生到基层去，共分配非师范类大、中专毕业生91人。招考录用"五大生"17人，其中，农财员5人，税务系统干部11人。接收军转干部3人。

1990年，为农税部门录用干部3人，税务第一线录用干部17人，安置军转干部2人。安排非师范类毕业生87人，其中，乡镇农、林、牧站68人，全民、集体企业和医疗卫生19人。录用"五大生"20人。

1991年，将36名符合条件的"以工代干"人员录用为国家干部；将3名省级优秀农民企业家和1名乡镇企业骨干人员录用为干部。聘用22名非在职"五大"毕业生到基层工作。根据甘人事〔1991〕82号文件精神，录用公安系统"以工代干"人员3人。安排非师范类大中专毕业生99人，其中，分配到乡镇农、林、牧站51人，文教卫生系统及乡镇服务体系30人，全民、集体企业18人。对全县具有专业技术职称的2800多名专业技术人员进行年度考核。对26个乡镇的16名招聘干部和117名非师范类大中专毕业生进行全面考察。

1992—1994年，录用干部28人，安排大中专毕业生298人。安置复退军人97人，转业干部1人，聘用乡镇干部121人，其中，农技站33人，经管站25人，农机站18人，兽医站30人，财税所15人。乡镇卫生院和乡村学校聘用206人，向企业推荐77人，医疗卫生专业49人，农业畜牧及财会类17人。随着定西地区《党政机关干部年度考核试行办法》的制定，定西县开始每年对党政机关进行考核、考评，为干部的奖惩、培训及职务调整、级别晋升提供依据，事业单位参照执行。

1995—2000年，聘用"五大生"、中专毕业生43人；安置大中专毕业生335人。卫生、财政、民政部门招聘乡镇干部30人，乡镇计生站招聘技术人员25人。对全县35个县属科级机关、26个乡镇、2个副县级事业单位、42个科级事业单位、82个股级行政事业单位的1995年度考核工作进行检查验收，共考核3239人，其中，县级27人，科级603人，科办员1002人，考核试用期人员31人，工勤人员1577人。吸引外语口语六级本科毕业生1人，为卫生系统返聘离退休人员4人，第一批分配国任统配生 87 人,对 1997 年度考核中有问题人员经调查核实处理 20 人。

2001—2003 年,引进急缺人才 6 人,分配大中专毕业生 504 人。共登记、接收大中专毕业生 725 人,对其中非师范类大中专毕业生和持择业通知书的师范专业毕业生,组织考试后择优录用,安排到乡镇事业站所工作或农村边远学校任教。

2004—2006 年,根据《定西市事业单位招考工作人员试行办法》,对事业单位新进人员参照公务员凡进必考制度,主要面向大中专毕业生进行考试录用。共登记大中专毕业生 892 人,经考试录用 536 人,安排到乡镇事业单位、医院、乡镇站所,选拔进村(社区),从事"三支一扶"工作。

2007—2010 年, 对 3331 名大中专毕业生进行注册登记,引进硕士研究生 1 人,事业单位录用 664 人,其中,中小学教师 329 人,区直卫生单位 35 人,乡镇事业站所 300 人。在年终干部考核工作中,三年实际参加考核 28006 人(次),三年未参加考核 38 人(次)。在 2009 年始的两年间,完成了全省选拔 5000 名高校毕业生到农村中小学任教和选拔 5000 名高校毕业生到乡镇卫生院工作的报名和考试工作,录用 878 人到农村中小学、乡镇卫生院、村(社区)从事"三支一扶"工作,或到急缺专业岗位就业。推荐 12 人到工业企业、农业产业化企业服务。

工资福利

1986 年,根据国家第三次工资制度改革要求,将国家机关、事业单位等级工资制度改为以职务工资为主要内容的结构工资制,包括基础工资、职务工资、工龄工资、奖励工资四部分。各单位工作人员全部进行了套改;又对 237 名第一步套改偏低人员分别更正进档。根据有关文件精神,审批退职老职工生活补助费 183 人,批准享受教(护)龄津贴 286 人,办理奖励晋升工资 15 人。

1987 年,全县 2332 人增资,人均月增资 9.25 元,月增资总额 1.97 万元。对 87 名干部、工人的工资进行套改。

1988 年, 对事业单位 1362 名首批聘任专业技术职务的人员进行工资进档,对 3002 名中小学、幼儿园、中等专业学校教师工资标准提高 10%。

1989 年,为 4173 名职工普调一级工资,人均月增资 8.54 元,月增资总额 3.43 万元。共建立国家机关、事业单位职工工资档案 5126 本。

1990 年,列入三次调资范围的国家机关 62 个,群众团体 5 个,事业单位 18 个, 企业管理的行政职能性公司 4 个, 普调工资 4713 人, 总计月增资 27455.50 元,平均每人每月增资 8.24 元。提高见习期定级工资 188 人,月增资 1326 元。

1991 年,完成机关、事业单位 2012 名职工调资任务,占职工总人数的 32.9%,

年增资 18.16 万元。

1992 年，机关事业单位人员工龄工资津贴标准由每年 0.5 元提高到 1 元；给离退休人员按本人月离退休费增加 10%，不足 15 元的按 15 元增加。办理行政、事业单位职工享受知老补助 220 人，重新确定工资标准 74 人，转正定级 223 人，享受教龄津贴 273 人，专业技术职务工资进档 134 人，一般行政职务工资进档 14 人，新增工龄津贴 5491 人，新增奖励工资 6190 人（含离、退休职工），增加离退休费 116 人，工资偏低升级 47 人，审批乡镇机关事业单位浮动工资 567 人。

1993 年，共有 6817 人增加工资，人均增资 117 元。办理机关、企事业单位职工知老补助 224 人，乡镇聘用制干部确定工资 121 人，调入人员重新确定工资 150 人，享受浮动工资 835 人，专业技术职务进档 506 人，定职定级 977 人，计划内临时工确定工资 43 人，确定一般行政职务 7 人，更改工龄 56 人，解决工资突出问题 4 人，新参加工作人员升级 375 人，初次确定专业技术职务 207 人。

1994 年，实施事业单位工资制度改革，工资套改 7814 人，人均月增资 140 元，月增资总额 109.44 万元。自此，每年按新工资制度进行正常运转。

2003 年，调整工资标准 11564 人，审核年终一次性奖金 9033 人。

2007 年，机关事业单位工资收入分配制度改革，套改工资 10922 人。同时，加强人员计划管理和工资基金管理，对乡镇（街道）1489 人纳入工资基金管理。

2008 年，规范 10851 名在职人员及 2106 名离退休人员的津贴和补贴。提高 137 名区聘人员工资标准，大专以上文化程度每人每月增加到 720 元，中专及以下文化程度每人每月增加到 690 元，并将区聘人员纳入社会保险参保范围。增加机关事业单位职工生活补贴 100 元，增发聘用制工勤人员生活补贴 400 元，并大幅度提高了职工冬季取暖补贴。对 40 名教龄满 30 年、不满 35 年的退休教师合理调整了退休费比例。核发年终一次性奖金 10212 人，1070 万元。

2009 年，对 142 名聘用制工勤人员工资按照国家机关事业单位工资标准重新确定，人均增资 600 元。

2010 年，增加地方性津补贴 11361 人。

1995—2010 年安定区(定西县)行政事业单位工资变动统计表

表 7-1-10　　　　　　　　　　　　　　　　　　　　　　　　　　　　单位:人、元

年份	正常晋升	转正定级	级别工资	固定浮动	重新确定标准	晋职晋级	增加各种津贴	享受知老补助	学历工资	增加离退休费	重新套改	行业补贴	奖励工资
1995	120	1045		460	85		330	658			270		
1996	742	1156		251	459			828		1223			
1997													
1998	585	464		113	88	1894		361	5		243	623	24
1999	8665	416	72	770	305	839		534	21	1388		653	
2000	917	326	192	490			662	504	40				19
2001	6031	370	151	108	69		667	284	7	1502			45
2002	1997	464	153	1474	156	448	729	371	41	12			11
2003	6047	196	567	192	96	651	532	571	30	1719			15
2004	2590	310		810	301	586		308	206				
2005	8513	194		183	193	650	13180	323	62				12
2006	25080	649		542	92	746	165	573	84				12000
2007	8981	351	287		121	850	6394	390		2085	10922		10217
2008	10426	267	222		47	763	1058		115	106			
2009	8716	396	210		59	410	152						
2010	10617	551	192		107	553	908		57				

1986—2010 年安定区(定西县)干部录用、交流调配、奖惩、辞退等情况一览表

表 7-1-11　　　　　　　　　　　　　　　　　　　　　　　　　　　　　　单位:人

年度	增加	录用聘用	公务员招考	大中专生分配	复转军人	其他	减少	开除辞退	交流调配	培训(人次)	奖励	处分
1986	164	28		110	5	21	59		37	3437	15	19
1987	123	40		49	12	22	33	1	129	2015	204	39
1988	137	46		75		16	102		150	3959	109	
1989	130	17		91	3	19	157		80	3733	342	5
1990	142	35		87	2	18	243		137	3552	205	

续表 7-1-11 单位：人

年度	增加	录用聘用	公务员招考	大中专生分配	复转军人	其他	减少	开除辞退	交流调配	培训（人次）	奖励	处分
1991	181	65		99		17	296	409	342	5762	265	7
1992	609	28		459	66	56	481	4	136	4724	283	
1993	1474	791		463	89	131	1839	101	414	4815	265	5
1994	1754	856		381	67	450	1291	164	1286	4933	289	3
1995	289	43		134		112	201		377	6180	211	
1996	260	55		127	27	51	155		417	6171	157	10
1997	162	35		115		12	65		315	4592	421	
1998	663	229	13	351	2	68	311	9	45	5754	487	12
1999	492	31	28	308		125	134	3	56	5669	435	13
2000	516	19	100	319	5	73	215		257	6262	421	8
2001	215	147			53	15	132		303	6523	432	25
2002	537	71	17	416	1	32	315	102	81	6808	417	23
2003	1084		17	1012		55	698		132	7072	437	32
2004	173			151	4	18	89	12	142	8586	412	15
2005	563	104	13	412	2	32	57		109	8972	406	33
2006	822	245	15	526	1	35	152		253	9131	298	19
2007	945	252	7	624		62	132	6	336	9413	429	17
2008	812	243		539	5	25	201		421	9465	368	25
2009	1176	438	32	632	9	65	235	32	286	9875	354	29
2010	1380	569	27	695		89	312		563	10213	245	31

人才交流

1992年，成立人才交流中心。1995年，引聘急缺专业人才15名、短线专业大中专毕业生15人，通过聘任等形式启用离退休科技人员82人。1996年，引进短线专业应届大专毕业生14人，引进急短缺人才10名。从1999年开始，先后制定出台《定西县人才开发管理实施办法》《关于进一步做好人才开发工作的决定》《关于鼓励县乡行政事业单位工作人员和大中专毕业生到企业和村上工作的意见》《关于企业领导干部管理办法》《关于深化全区干部人事制度改革的意见》《安定区2007—2010年人才队伍规划》《安定区"十二五"人才队伍发展规划》等一系列决定和制度。随着西部大开发战略的实施,为了规范引进高层次人才,又制定出台《关于引进高层次管理和科技人才的意见》,对硕士研究生以上学历者打破地域界线,区政府直接落实单位;对急缺专业本科毕业生,由用人单位与毕业生签订就业协议,不再参加区上统一组织的事业单位招考,直接安排工作。同时,还决定本科以上紧缺专业毕业生自愿到区内民营企业从事新技术、新工艺、新产品研究开发,或从事马铃薯、畜草等产业开发、技术研究的,如本人提出贷款申请,有关部门可为其提供创业小额贷款和担保,并在工资支付、社会保险、劳动争议处理等方面维护其合法权益。请进技术合作单位6个,引进急缺人才13名,聘用非在职"五大生"、中专毕业生9名,聘用22名从事乡镇企业统计工作15年以上的工作骨干。

2000—2002年,先后引进急缺人才20名,请入技术合作单位27个,请入技术合作人员47名,选送急缺人才进修深造21名,确定骨干人才32名,推荐地区创新人才5名。

2003年,引进各类急缺人才17名,引进外国专家3名,请入技术合作单位20个,请入技术合作人员46名,选送急缺骨干人才进修深造17名,确定县级骨干人才18名,推荐地区创新人才13名。

2006—2010年,引进急缺专业人才13人、硕士研究生12人。对2009年选拔的28名"三支一扶"、进村(社区)和当年考录选拔的高校毕业生安置到乡镇事业单位工作。详细情况见统计表。

2006—2010年安定区落实甘肃省5000名、进村(社区)、卫生、兽医、纯农户毕业学生一览表

表7-1-12　　　　　　　　　　　　　　　　　　　　　　　　　　　单位:人

年度	三支一扶	进村(社区)	五千名卫生	兽医	纯农户	城镇零就业	紧缺专业	研究生
2006	20	39						
2007	20	43						
2008	27	40					16	6
2009	28	40	125		50	10	3	
2010	28	140	95	17			3	9

离退休人员管理

安定区始终坚持干部职工实行离退休及待遇审批制度,到龄即退(干部男满

60周岁,女满55周岁;工人男满60周岁,女满50周岁),按规定发给离退休人员一切费用。

1986—1990年,审批办理离休干部51人,退休干部205人,办理病故干部遗属生活困难补助15人。357名退休干部填写了《退休职工登记表》。

1991—1995年,办理离休干部15人,退休干部576人,退休工人383人。为30名回原籍安置和到农村安家落户的离退休职工审批了建房补助费。为122名符合退休顶替条件的工人办理退休和顶替招工手续。并按有关政策规定为745名离退休职工增加离退休费。

1996—2000年,办理退休干部342名,29人发退休干部建房补助费,35人发病故干部遗属生活困难补助费。

2002—2008年,机构改革中离岗人员34人(其中申请享受优惠政策提前退休3人),工龄满30年、享受优惠政策提前退休5人,辞职1人,办理正常退休手续干部325人、工人133人,享受遗属困难补助42人。

从2009年开始,参照《公务员法》,符合下列条件之一的,本人自愿提出申请,经批准可以提前退休:一是工作年限满30年的;二是距国家规定的退休年龄不足五年,且工作年限满二十年的。在对行政机关、事业单位工作人员工资制度进行改革和实行普调时,同时给离退休人员按政策规定相应增加离退休费和生活费。在职和离退休干部职工去世后,按规定的政策和标准,给其享受遗属补助条件的父母、配偶、子女及其他有抚养关系的人员发给遗属生活困难补助费。当年,办理退休干部179人、工人127人,享受遗属生活困难补助9人。

2010年,干部退休185人,工人退休192人。享受遗属生活困难补助13人。

1986—2010年安定区(定西县)离退休干部及抚恤统计表

表7-1-13

单位:人

年　度	离　休	退　休	抚　恤
1986	11	35	4
1987	5	20	11
1988	10	45	6
1989	20	51	5
1990	6	54	4
1991	9	238	11
1992	32	350	18

续表 7-1-13　　　　　　　　　　　　　　　　　　　　　　　　　单位：人

年　度	离　休	退　休	抚　恤
1993	2	157	8
1994	1	374	3
1995		171	5
1996		144	1
1997		169	9
1998		119	7
1999		157	8
2000		196	4
2001		204	6
2002		34	8
2003		205	5
2004		108	6
2005		89	10
2006		121	8
2007		125	7
2008		125	14
2009		306	9
2010		377	13

机构与编制管理

定西县一直对县直党政群机关单位的人员编制进行核定。1989 年，定西县被国务院确定为全国县级机构改革试点县。通过改革，全县党政群机关由 58 个减为 40 个，精简 31%。其中，党委部门由 10 个精简为 6 个，政府机构由 36 个精简为 24 个。行政编制由 560 名精简为 500 名，精简 11%。对各部门普遍进行了定职能、定机构、定编制的"三定"工作，将 58 个部门的 546 条职能逐条分解归类，调整充实为 914 条，分解到 40 个新机构，严格了机构编制管理。

1997 年，根据县委、县人民政府《关于定西县党政机构微调的通知》精神，对全县机构进行微调，党政机构合并 11 个，改为事业单位的 1 个，恢复原撤销机构 6 个，改为经济实体的 1 个。并对全县 46 个党政群机构、8 个参照公务员管理的事业单位以及 26 个乡镇的"三定"方案进行重新修订。

1999 年,成立定西县事业单位登记管理服务中心。当年,经县事业单位登记管理服务中心审核,符合法人登记条件 409 个,符合非法人登记条件 69 个。共登记210 个,占应登记 478 个的 43.9%。

2002 年,县委、县人民政府印发《定西县机构改革和人员编制精简方案》和《定西县乡镇机构改革和人员编制精简方案》。改革后,定西县党政机构设置 28 个,其中,县委 6 个,县政府 22 个。议事协调机构的办事机构 2 个,部门管理机构 4 个。党政群机构行政编制由 498 名减为 388 名,精简 22%;实有人员由 496 名减为 388 名,精简 21.8%。同时明确机构编制委员会办公室是县机构编制委员会的常设办事机构,既是县委的工作部门,也是政府的工作机构,与人事劳动和社会保障局合署办公。内设机构上,一类乡镇和小城镇综合改革试点乡镇设四办一部一所,二类乡镇设一办一部一所,其他的只设职位,实行兼职。将 6 个事业机构合并重组为 2 个。乡镇行政编制由 561 名减为 450 名,精简 20%;实有人员由 534 名减为 450 名,精简 15.7%。乡镇事业编制由 1530 名减为 1080 名,精简 20%。

2003 年,根据国务院《关于同意撤销定西地区设立地级定西市的批复》精神,撤销定西县,设立安定区,各机关事业单位名称随之更名。

2004 年,根据《关于印发安定区人民政府机构改革方案的通知》精神,安定区政府机构进行调整,组建工作部门 1 个,更名 3 个,撤销 1 个。根据区政府制定下发的《安定区基层农技推广体系改革试点方案》,对区乡两级农业推广机构进行重新调整设置,编制由改革前的 586 名减少为 513 名,精简 12.45%;对现有人员实行竞争上岗,全员聘用。

2005 年,根据省民政厅《关于定西市安定区等 6 县(区)乡镇行政区划调整的批复的通知》,撤销东岳乡、黑山乡、西寨乡、张湾乡、景泉乡、御风乡;撤销城关镇,设立永定路、中华路两个办事处。根据《关于调整定西市与安定区部分职能的决定》,将城建、公安、国土资源、广播电视、卫生、民政、城市防汛等方面的部分职能由安定区划归市政府管理。

2006 年,省机构编制委员会办公室印发《关于开展乡镇机构改革试点工作的通知》,区上在石泉乡进行乡镇机构改革试点工作,调整了乡政府职能及机构设置,党政机构设置一个内设机构,事业机构设置两个内设机构,对现有编制进行了调整。

2009 年,《甘肃省机构编制管理办法》颁布实施,市编委对安定区事业编制基数进行了重新核定,共核定事业编制基数 9039 名,其中,全额拨款 8303 名,差额拨款 736 名。编制基数中区直事业为 2473 名,其中,全额拨款 1737 名,差额拨款

736 名。中小学校教职工编制 5160 名,附加编制 155 名;卫生院编制 368 名;乡镇事业编制 883 名。另外,自收自支事业编制控制数为 114 名。

2010 年,安定区人民政府机构改革方案经市委、市政府批准实施,区政府设工作部门 25 个,比改革前减少 3 个,精简 11%。改革中共涉及职责调整 133 项,其中取消 22 项,加强 64 项,划转 47 项;核定行政编制 236 名,比改革前减少 1 名;核定后勤事业编制 32 名。同时,将原与区人力资源和社会保障局合署办公的区机构编制委员会办公室单独设置,列党委机构序列。同时,全区乡镇机构改革同步推进,改革调整了乡镇政府职能,规范了乡镇机构设置。改革后,一类乡镇设 5 个党政内设机构,6 个事业机构;二类乡镇设 4 个党政内设机构,5 个事业机构;三类乡镇设 3 个党政内设机构,4 个事业机构。对乡镇编制进行重新核定,共核定行政编制 424 名,工勤事业编制 38 名,事业编制 883 名。

第三节　劳动管理

用工制度改革

1986 年,根据《国有企业实行劳动合同制暂行规定》,按照培训、考试、政审、录用的程序,招收城镇待业青年就业。国家机关、集体企业和社会团体招收的劳动合同制工人,其工资性补贴以所在单位合同制工人月平均工资(基础工资、岗位工资、工龄津贴三项之和)的百分之十至十五计发。全年共招收劳动合同制工人 301 名,子女顶替 15 人。退休养老金,从签订合同之月起,分别由单位和个人缴纳。

1987 年,对 1982 年以来招收的 237 名劳动合同制工人补签了《劳动合同书》,并进行了公证。全民集体企业和部分行政事业单位招收劳动制合同工人 390 人,集体企业转集体工人 473 人(其中,待业青年 326 人)。

1988 年,顶替招收退休工人子女 33 人,其中,劳动合同制工人 6 人,集体工 11 人,临时工 16 名。

1989 年,随着农村剩余劳动力进城务工人数的增多,为缓解逐年增大的城镇劳动力就业压力,县政府建立农村计划外用工审批制度,严格控制计划外用工,加强对计划外用工的宏观管理,劳动部门进行协助和督查。并将清退工作与审批工资总额相结合。全年共清退各类人员 200 人。

1990 年,劳动仲裁机关开展劳动合同鉴证,对劳动合同的履行情况进行监督,预防劳动争议的发生。为 1960 年底前参加工作、家居农村的 14 名老工人办理子女顶替与退休手续,顶替子女为劳动合同制工人。清退计划外用工 218 人。

1991 年,将符合招工条件的 88 名城镇待业青年,招收为劳动合同制工人,同时招收集体工 141 名。为缓解城镇待业青年就业难的问题,深化企业各项用工制度改革,行署劳动处对县直行政、企事业单位的计划外用工全面调查摸底,有计划地进行了清退。定西县共清退 266 人,其中,党政机关、事业单位 119 人,国有企业 90 人,集体企业 57 人,为待业青年安置提供一定数量的岗位。对乡镇企业待业人员安置,依照四条办法进行:一是公开报名,经考试择优招收;二是已在乡镇企业工作的,本人提出申请,企业同意,即可办理招工手续;三是个人联系,企业同意,也可办理招工手续;四是对民政救济特困户优先照顾招收。先后在 13 个乡镇的 33 户乡镇企业中安置待业人员 275 人。

1992 年,县上出台《关于深化劳动人事制度改革若干问题的意见》,坚持聘用制,实行能进能出、能上能下;促进人才向企业流动,满足企业对各类人才的需求;鼓励科技人员在本县内承包、租赁、领办、创办、帮办集体企业和乡镇企业;鼓励县直行政、事业单位职工和大中专毕业生,在本县内向企业流动;允许企业合理确定本单位专业技术职务结构比例和在编工人自主调入调出;全民所有制企业招收劳动合同制工人,先提出计划,报劳动部门审批;妥善安置企业富余人员和未被组合而下岗的人员;提前退休或病退等八个方面作出了具体要求。

1993 年,实行企业自主招工和个人自主择业双向选择用工机制,共招收劳动合同制工人 560 人,集体工 160 人,计划内临时工 5 人。同年 5 月份,县委、县政府召开城镇待业青年自谋职业动员暨表彰大会,为自谋职业、合法经营、照章纳税,以及在振兴定西经济中作出贡献的 11 名优秀城镇青年和在安置待业青年工作中做出显著成绩的 6 个先进集体进行了表彰奖励。至年底,全县城镇青年办理营业执照,走自谋职业之路,从事商业、饮食业、加工业等个体经营的达 564 人,其中,当年新增 104 人,有效减轻了就业压力。

1994 年,根据《甘肃省非国有企业招用大中专毕业生暂行办法》及《甘肃省高新技术产业开发区人事委托管理试行办法》规定,全县共招工 729 人,其中,国有企业招工 276 人,集体企业招工 202 人,乡镇企业招工 251 人,各类企业招用临时工 378 人。

1995 年 9 月,在国有、集体、乡镇、私营企业和个体经济组织中全面推行全员劳动合同制,按照"先国有县直、集体企业,后乡镇、私营等其他经济类企业"的步骤,全县 50 户企业与 3666 名职工签订了劳动合同,其中 58 家乡镇、私营企业与 1378 名职工签订了劳动合同,规范了职工与企业的劳动关系。在此基础上,首次在乡镇企业签订劳动合同 170 份。当年共签订 2766 份劳动合同,其中,国有企业 1499 份,集体企业 1267 份,机关事业单位 133 份。年内县属各类企业招收劳动合同制工人 392 名,集体工 165 名,自谋职业 341 人,临时就业 91 人。

1996 年,根据《关于加快我省非国有企业和城镇个体经济组织全面实行劳动合同制的意见》精神,在国有企业、集体企业实行全员劳动合同制的基础上,对签证情况进行全面检查、总结,扫尾工作签订劳动合同 61 份;全县 58 家乡镇、私营企业和个体经济组织法人与 1387 名职工签订了《劳动合同》,规范确立了非国有企业职工与其法人的劳动关系。

2008 年,国家《劳动合同法》开始施行,要求用工单位与工会签订集体合同,规定劳动者的集体劳动条件,一切用工制度按法律程序办理。

培训就业

1986 年,根据《国务院关于改革劳动制度四个规定的通知》精神,按照先培训后就业的原则,以及"国家指导就业、组织起来集体就业和鼓励个人自谋就业"的方针,当年安置待业青年就业 1767 人,其中,一次性就业 932 人,临时就业 835 人。1987 年,待业青年家长所在单位实行"三包"(包管理、包培训、包就业),依靠社会力量解决城镇劳动力就业,同时对制鞋、修理、理发、饮食等行业及工业会计、家电维修、银行财会、钳工修理、粮油储藏、宾馆服务等行业就业人员进行就业前培训。1988 年开始,有计划、有组织地开展劳务输出,举办各类培训班 19 个,其中 2 年以上 1 个,1 年以上 7 个,半年以上 11 个。1989 年,县政府召开全县培训就业工作会议,落实培训就业"三包",签订"三包"责任书,有 84 个单位签订了协议书。1990 年,举办粮油装卸、汽车修理、织毯、烹饪、锅炉司炉等专业技术培训班 27 期,定向培训班 11 期,普通培训班 16 期。1992—1997 年,在鼓励自谋职业、走自求道路的基础上,依靠全社会力量,广开培训就业门路,共举办商业、粮油、家电维修和工艺美术、砖瓦制作、服装裁剪、保安、烹饪等专业培训班 46 期,并制定《定西县城镇待(失)业人员就业办法》,提出降低城镇待业率的 8 条就业途径和 3 条措施。1998 年,提出"劳动者自主择业、市场调节就业、政府促进就业"的"三结合"方针。至 2000 年,县培训中心举办各类培训班 40 期。对外来 236 名人员就业加强管理,办理《甘肃省外来人员就业证》。2001 年,为了促进人才和劳动力合理流动,建立市场导向的就业机制,为劳动力自主择业和各类用人单位用人提供服务,县人事劳动局与就业中心联系建立了全县第一家劳动力市场,每逢周五定期组织洽谈会,组织用人单位和求职人员供需见面,双向选择,现场办理有关手续。进行职业指导 1339 人次,为下岗职工免费指导 4 次,发布就业、择业信息 30 条,登记求职人员 179 名,介绍成功 142 人。登记城镇失业人员 921 人,就业 1152 人,失业率 3%。2002 年起,积极推进职业资格证书制度,建立定西第七国家职业能力技能鉴定所,对辖区内首批实行就业准入制度的餐饮服务、美容美发等 8 个技术工种的从业人员组织职业技能培训,共培训各类人员 762 人。2003—2005 年,开展再就业宣传活动,涉及用人单位 48 户,职工 1400 多人。接受政策咨询 600 多人(次),散发宣传资料 15000 多份,免费开展职业介绍 478 人,下岗失业人员实现再就业 632 人,其中,困难人员再就业 96 人。全区城镇失业率 3.6%,低于全市 3.8%的控制目标。2006—2009 年,全区城镇新就业 5600 人,下岗失业人员再就业 3673 人。认真开展《就业失业登记证》换发申领工作,审核发放《就业失业登记证》2491 人。

2010 年,以定西理工中专、定西机电工程学校为骨干,以乡镇培训为主体,不断壮大民办培训力量,积极开展家电维修、服装裁剪、美容美发等实用技术培训,劳动者素质进一步提高。

1986—2010 年安定区(定西县)培训就业人数统计表

表 7-1-14   单位:期、人

年 度	举办培训班数	培训人数	就业人数	技能鉴定人数
合 计	288	18064	37063	6091
1986			1767	
1987			3304	
1988	19	910	2278	
1989	19	877	1954	
1990	27	656	2265	
1991	15	530	1846	
1992	10	288	646	
1993	4	222	1013	
1994	5	396	511	
1995	7	346	560	
1996	8	368	935	
1997	12	488	670	
1998	25	1052	1031	
1999	10	450	1312	

续表 7-1-14　　　　　　　　　　　　　　　　　　　　　　　　　　　单位:期、人

年　度	举办培训班数	培训人数	就业人数	技能鉴定人数
2000	5	137	1123	
2001	10	420	1152	
2002	5	180	1132	124
2003	24	2387	1052	202
2004	7	635	1145	176
2005	6	582	1343	183
2006	12	1411	2486	1051
2007	13	934	1168	901
2008	15	1675	1946	1034
2009	16	1652	2042	1697
2010	14	1468	2382	723

劳动保护

1986 年,县上成立安全生产委员会,相关部门组成安全生产检查组,定期开展企业安全生产检查,督促建立健全规章制度,实行安全生产责任制。890 名对职工进行安全生产技术培训,占职工总数 24.3%。

1988 年,安委会先后 4 次对县属 50 多家工厂、公司、仓库、施工点、门市部的安全生产进行重点抽查和全面检查。对检查出的问题提出整改意见和措施,责令限期整改,进行复查和复验,大力开展安全生产教育。与工会密切配合,组建企业劳动争议调解委员会。

1990 年,会同工会、公安、交通、农机、二轻、乡镇、水利、卫生等单位组成劳动保护检查组,对全县国有、集体、乡镇的交通、农机、商业、供销、建筑等企业和行业的安全生产情况进行检查,并作为制度每年执行。

1991—1995 年,审查签证劳动合同 1655 份,审查纠正违法合同 76 份,督促补签劳动合同 30 份,并对企业处理的违纪职工进行严格备案审查,对符合政策规定和法定程序处理的 7 名予以备案认可,对不当的 5 名予以退回,保护了劳动者权益。

1996 年,根据"遵章守纪、保障安全"行动这一主题,配合冬季防火灾,春运保安全,多渠道、多层次开展宣传活动,先后对 64 个建筑工地、10 家国有企业、12 家集体企业、3 家合资企业、65 家乡镇企业和私营企业进行了全面检查整顿,对问题

作了限期整改。

1997—2000年,劳动部《关于认真落实安全生产责任制的意见》及《甘肃省劳动安全卫生监察条例》发布后,组织各行业、各单位开展劳动保护宣传活动,张贴标语3000多张,悬挂横幅52条,在县广播电台举办为期一周的劳动保护专题讲座。鉴证劳动合同1349份。举办安全教育培训班2期,对73名厂长经理、安全员进行培训。督促用人单位通过多种形式对职工进行安全生产教育。

2004年,《工伤保险条例》施行,对纺织、塑料编织、餐饮服务等行业的妇女和未成年工等用人单位进行专项检查,涉及劳动者5953人,其中,女职工2256人,未成年工23人。检查中现场责令改正违法违规行为23起,查处使用童工案1件1人。

2005年,在安全生产月活动中,散发宣传材料2万份,答复群众咨询600人次。

2006年,加大对使用女职工和童工的专项检查力度,继续进行专项检查,共检查用工单位160户,涉及劳动者5932人,其中,女职工2350人,未成年人39人,维护了女职工和未成年人的合法权益。

下岗职工再就业

1998年,县上成立以分管劳动工作的副县长为组长,分管工业的副县长为副组长,20个县委、政府职能部门主要负责人为成员的国有企业下岗职工基本生活保障与再就业工作协调小组,企业主管部门成立了再就业指导服务中心和企业再就业服务中心。召开专题会议,讨论出台《县委县政府关于进一步做好国有企业下岗职工基本生活保障和再就业工作的意见》,制订《定西县1998—2000年职业技术培训和再就业培训计划》,印发《劳动人事系统为国有企业下岗职工基本生活保障与再就业工作做好服务的八条措施》和《国有企业下岗职工基本生活保障与再就业工作咨询值班制度》。通过调查摸底,共有下岗职工990人,占职工总数的19.8%。根据实际情况,提出九条分流安置下岗职工再就业的具体措施,并采取政策扶持、就业服务、宏观调控等多种手段,广开就业门路,多层次、多渠道、多形式安置待失业人员1031人,其中招工安置109人,临时性就业、自谋职业705人,异地安置就业176人。

1999—2002年,根据甘劳发〔1998〕15号文件要求,规定职工下岗程序,做到职工随下岗随签协议随进企业职工再就业服务中心,确保下岗职工基本生活费按时足额到位。2000—2002年,共筹措解困与再就业资金143.6万元,为下岗职工发放基本生活费、缴纳各项社会保险费、支付门诊医药费。

2003 年，筹措再就业资金 45.3 万元，为滞留在再就业服务中心的下岗职工发放基本生活费、支付医疗门诊费、代缴社会保险费；为 786 名下岗失业人员办理《再就业优惠证》，鼓励自谋职业，自主创业；启动实施再就业小额担保贷款，筹集担保资金 10 万元；筹建下岗失业人员再就业市场一处，面积 289.6 平方米，申请岗位补贴 3.4 万元，安置下岗失业人员 15 人，为下岗失业人员提供再就业设施，帮助其再就业；落实收费减免政策，对 175 名下岗失业人员减免人事档案托管费、劳动合同鉴证费和仲裁费 0.27 万元。2004 年，筹集再就业资金 53.7 万元，为国有企业下岗职工发放基本生活费及代缴各项社会保险费。同时，积极筹措下岗失业人员小额贷款担保基金 52 万元，强化就业服务，帮助困难人员实现再就业。2005 年，在下岗失业人员实现再就业过程中，制定了《安定区灵活就业人员社会保险补贴实施方案》（试行），对市、区两级 2595 名已领取《再就业优惠证》的下岗失业人员进行调查摸底，对 1680 名灵活就业人员进行审核。2006 年，为 1946 名灵活就业人员发放社会保险补贴。多渠道开发公益性岗位 679 个，发放公益性岗位从业人员社保补贴和岗位补贴 179.64 万元。政府通过落实小额担保贷款政策，扶持下岗失业人员 700 多人实现了自主创业。2007 年，争取再就业资金 453 万元，发放公益性岗位补贴 169.6 万元，社保补贴 67.8 万元，为 1946 人拨付灵活就业社保补贴 207.2 万元。2008 年，争取再就业资金 361 万元，发放灵活就业人员社会保险补贴 154.7 万元，公益岗位从业人员岗位补贴 147.4 万元，社会保险补贴 68.7 万元。制定下发《公益性岗位开发管理办法》《公益性岗位从业人员管理制度》，签订《公益性岗位从业人员管理协议书》690 份，公益性岗位从业人员动态管理质量进一步提高。2009 年，再就业培训 1652 人。结合小额担保贷款，组织有创业意向和创业能力的 150 名下岗失业人员参加了全区第二期 SIYB 创业培训，扶持了一批创业带头人，带动 316 人实现就业。安置符合条件的就业困难人员 350 人。对参加社会保险并按时足额缴费的 300 名就业困难人员纳入补贴范围，及时兑现了补贴。2010 年，协调广升中小企业信用担保公司，为 620 名下岗失业等各类创业人员落实小额担保贷款 1860 万元，带动就业 1920 人。

1998—2010年安定区(定西县)下岗失业人员再就业及享受政策补贴统计表

表 7-1-15 单位:人、万元

年 度	再就业人数	领取基本生活费人数	发放基本生活费	代缴社会保险费	发放门诊医疗费	享受社保补贴人数	累计补贴金额	享受小额担保贷款人数	贷款金额	公益性岗位安置人数
合计	7854	379	58.3	31	3.4	2846	1489.8	1710	3917.6	1300
1998	731	53	2.5							
1999	139	65	4.4	2.3	0.3					
2000	83	110	13	7	1					
2001	43	18	20	10	1					
2002	58	52	6.7	4.1	0.5					
2003	169	47	7.9	4.9	0.6			12	18.6	238
2004	337	34	3.8	2.7				194	291	159
2005	632					483	104.7	160	320	120
2006	1823					1463	421.7	339	678	272
2007	856						207.2	200	400	150
2008	1012					300	203.1	205	410	85
2009	838					300	200.8	300	900	153
2010	1133					300	252.3	300	900	123

公益性岗位开发

2003年,根据《中共甘肃省委、省政府关于进一步做好下岗失业人员再就业工作的通知》和《甘肃省人民政府关于进一步完善下岗失业人员再就业政策的通知》文件精神,为解决下岗失业的"4050"人员、身有残疾的未就业大中专毕业生、城镇零就业家庭中的大龄失业人员、身有残疾且享受城市低保的失业人员、离异或丧偶且享受城市低保的失业人员、配偶有重大疾病且享受城市低保的失业人员、夫妻双方失业且享受城市低保的失业人员等7类就业困难人员的就业问题,积极争取再就业资金,重点在街道办事处和社区开发自行车看护、交通协管、卫生监督、治安巡逻等公益性就业岗位,帮助大龄就业困难对象就业。在城关镇所辖11个社区开发岗位90个,安置"4050"人员95人;开发治安岗位12个,安置下岗失业人员12人;开发行政事业单位门卫等临时岗位21个,安置下岗失业人员

21人;开发其他岗位110个,安置下岗失业人员110人。积极筹建下岗失业人员再就业市场一处,面积289.6平方米,申请岗位补贴3.4万元,安置下岗失业人员15人。

2004—2007年,多渠道开发公益性岗位,按标准发放从业人员社保补贴和岗位补贴。(详见附表)

2008年,积极开展零就业家庭就业援助活动。利用开发新的公益性就业岗位,在安置就业困难人员85人中,有零就业家庭8人。

2009年,受理认定就业困难人员820人,通过开发交通协管、劳动保障、监察协管员等公益性就业岗位,安置符合条件的就业困难人员350人。

2010年,继续开发公益性岗位,至年底,中华路、永定路街道办和凤翔镇、内官营镇、巉口镇、西巩驿镇、李家堡镇、宁远镇、鲁家沟镇、团结镇、称钩驿镇、区公安局交警大队共安置公益性从业人员1256人。

2003—2010年安定区(定西县)公益性岗位开发及人员安置表

表7-1-16　　　　　　　　　　　　　　　　　　　　　　单位:个、人、万元

年　度	开发数	安置人数	落实补贴金额
合　计	2076	2081	2378.6
2003	233	238	25.2
2004	159	159	38.2
2005	120	120	135.2
2006	679	679	179.6
2007	150	150	237.4
2008	85	85	386.6
2009	350	350	549
2010	300	300	827.4

退休职工管理

1986—1990年间,调整了离、退休人员护理费标准。嗣后,又开始实行全民企业离退休费用统筹。共审批工人退休202人,其中,全民工162人、集体工40人,退养16人。还给家居农村的30名老工人办理子女顶替手续,招收为劳动合同制工人。1991年,办理工人退休手续165人,为30名回原籍安置和农村安家落户退休职工发了建房补助费。1992年开始,允许符合条件的职工提前退休;对回原籍

和农村的落实建房补贴。积极落实企业离、退休人员基本养老金调整机制,提高发放标准,为745名离退休职工增加了离退休费。保证养老金按时足额发放。当年审批工人退休158名,75名工人办理了退休顶替手续;25名退休职工落实了建房补助。475名企业离退休和免职职工增加了离退休金和退职生活费。

1993—2000年,做到了应退尽退,共办理退休手续585人。47名工人办理了退顶手续。前后3次为1837名退休(职)职工增加了退休养老金。并对全县所有退休职工进行造册登记,对其生活待遇的落实情况进行详细普查,对3个单位无故拖欠退休人员生活费问题及时进行纠正补发。又依照省劳动厅《关于进一步加强企业职工退休审批工作的通知》精神,对企业职工的退休,进一步严格审批条件,促进了企业职工基本养老保险制度的改革。2001—2008年,共审批工人退休225人。

工资福利

1985年始,对国有企业螺钉厂、五金公司的工资进行改革试点,提高奖金税起征点,自选工资分配办法,或工资与经济效益挂钩,或实行奖金制度,小型国有企业可转为集体企业,在简化统一工资标准的基础上,执行全国统一工资标准。集体企业执行国有企业职工工资标准。

1986年,根据上级劳动人事部门文件精神,全县22个国有企业,普遍进行套改、调标等理顺工资制度改革工作。调标共涉及职工2100人,其中,干部283人,工人1513人,集体工249人,计划内临时工55人;没有调标的32人,批复使用3%的奖励晋级指标38人。全年应提奖金总额494559元,用于调标金额234343元,相当于标准工资的1.8个月,人均增资9.25元。集体企业19个,调标共涉及职工1188人,全年应提奖金总额173135元,用于调标金额173135元,相当于月标准工资的1.6个月,平均每人7.97元。

1987年,根据《国有企业实行劳动合同制暂行规定》中的退休养老基金统筹实施办法,对237名劳合工的退休养老金,由企业按月工资总额的10%进行补缴。对1986年11月1日以后的劳合工退休养老金,按月工资总额的17%缴纳。并完善工资管理办法,建立健全工资审批制度,对职工转正定级、知老补助、奖励晋级进行审批。

1988年,按照上级业务部门有关精神,共审批转正定级217人,进职务档次34人,享受知老补助101人,享受3%奖励晋升61人,简化理顺套改工资36人,在原工资基础上上升一个序号的11人,补发"文革"中25名被强迫退职人员工资。国家机关、事业单位和社会团体的劳动合同制工人,其退休养老金分别由用工单位和个人缴纳。

1989年,全县22家全民企业实行工资总额同经济效益挂钩,其中上缴税利2家,实现税利和包干管理的各10家。实行工资总额包干的企业,发放的奖金超过限额,按规定缴纳奖金税;实行工资总额同经济效益挂钩的企业,发放的工资总额超过限额,缴纳工资调节税。当年,审批转正定级289人,进职务档次161人,享受知老补助171人,享受3%奖励晋级的69人,简化理顺套改工资20人。

1990年,共审批转正定级504人,享受知老补助191人,3%奖励晋级64人,重新评定工资25人,进职称职务档次14人。根据有关文件精神,在对企业浮动工资摸底和清理整顿的基础上,完成46户企业3334名在职职工和525名离退休职工的升级转标工作的同时,对全县企业浮动升级范围内国有、集体企业45家、职工4231人中,符合浮动升级条件的36户、1280人,符合升级条件升级职工2132人,升两个序号384人,升一个序号1748人,核定月增资额17975元,实际月增资额17485元。

1991年,根据国务院《关于进一步加强工资基金管理的通知》,按职工管理权限审批44家全民集体企业2628名职工40%浮动升级。实行挂钩的企业有8家,包干的企业有17家。共审批转正定级444人,知老补助613人,3%奖励晋级78人,职务进档386人,年增资20.49万元。

1992年,审批转正定级433人,享受知老补助85人,3%奖励晋级70人,调整定级工资标准592人,调整企业职工工资标准3958人。根据地区劳动人事处《关于提高全民企业现行标准工资的意见》,将全民企业职工工资在现行标准工资基础上提高10%。

1993年,根据甘肃省《关于实行弹性劳动工资计划暂行办法》精神,为控制企业工资分配不合理增长,实行《企业工资管理手册》,对国有企业中工资挂钩企业、工资基数包干企业以及集体企业进行工资总额管理,形成了宏观总量调控、微观自主搞活的格局。同时,对企业领导人工资晋升进行适当平衡。审批3%奖励晋级85人,企业提高标准工资4418人。

1994年,根据《甘肃省人民政府关于调整企业离退休人员离退休金的通知》,在国有企业中,从1993年10月起,对1978年12月31日前离退休的人员,每月增发100元离休金和60元退休金;1979年1月1日至1985年工资改革前离退休的人员,每月增发85元离休金和45元退休金;1985年工资改革后至1988年12月31日离退休人员,每月增发70元离休金和30元退休金;1989年1月1日至1993年9月30日离退休人员,每月增发60元离休金和20元退休金。1978年12月31日前退职人员,每月增发40元退职费;1979年1月1日至1985年工资改革前退职的人员,每月增发30元退职费;1985年工资改革后至1988年12月31日退职人员,每月增发20元退职费;1989年1月1日至1993年9月30日退职人员,每月增发10元退职费。城镇集体所有制企业的离退休、退职人员,私营企业的离退休、退职人员,增加离退休金、退职生活费,参照国有企业规定执行。当年,审批转正定级1273人,知老补助310人,职务工资进档424人,3%奖励晋级25人。又根据甘劳薪〔1994〕84号、128号文件精神,为企业职工升级、调整标准5495人。

1995年,审批转正定级1045人,批准享受知老补助658人,3%奖励晋级99人。在自来水公司试点开展岗位技能工资制度,新工资制度10月份批准运行。

1996年,在工资正常晋升中,企业职工增资3544人,审批知老补助828人,转正定级1156人,3%奖励晋级32人。24家国有企业和19家集体企业按工资总额同经济效益挂钩及包干管理的结算和基数的测算调整,调整企业离退休人员基本养老金,提高发放标准。

1998年,对24家国有企业和14家集体企业按1997年工资总额包干管理和工效挂钩基数进行了结算和测算,企业发放工资全部纳入统一管理。共审批转正定级277人,3%奖励晋级23人,重新确定工资12人,审批知老补助32人,下达1997年3%奖励晋级指标22人。

1999年起,遵循“按劳分配、效率优先、兼顾公平”的原则,坚持企业与机关事业单位职工工资增长脱钩,建立根据企业自身经济效益提高职工工资的机制,企业职工工资由企业根据经济效益状况,在国家政策允许的范围内自主决定。认真落实企业职工各项工资福利政策,审批转正定级170人、知老补助96人,3%奖励晋级13人。下达1998年3%奖励晋级指标12个单位58人,对46家企业4293名职工调整了工资标准。

2000年,探索适应现代企业制度的工资分配制度,加强宏观管理,落实职工福利待遇。共审批转正定级23人,3%奖励晋级38人,享受知老补助212人。

2001—2005年,每年对县属国有企业工资总额包干管理进行结算和测算。共审批企业转正定级72人,企业离退休人员增加养老金1036人,知老补助63人,3%奖励晋级4人,审批建房补助13人,审批防雹站临时工工资3.5万元。

第四节　社会保障

机构

1987年3月,成立定西县社会劳动保险局,科级事业单位,隶属定西县人事局。5月,与原定西县就业服务中心合署办公,一套人员,两块牌子。1996年7月,定西县社会劳动保险局与县就业服务中心分设。1998年4月,县社会劳动保险局内设4个职能股室:办公室、业务股、工伤生育保险股、财务股,有事业编制9名。2002年1月,撤销定西县社会劳动保险局,设立定西县社会保险事业管理中心。2003年9月,更名为定西市安定区社会保险事业管理中心。2006年12月,设立城镇居民合作医疗管理办公室,即城镇居民医疗股,为区社会保险事业管理中心内设机构。至此,共有综合办公室、养老失业保险股、城镇职工医疗保险股、城镇居民医疗股、工伤生育保险股、稽核股6个职能股室。2007年底,职工人数共21人,其中,专科及以上学历17人,占81%,中专3人;科级以上干部6人,高级职称5人,中级职称2人。办公地点迁至中华路41号,建筑面积814平方米,设立社保服务大厅,形成"一站式"服务格局。

养老保险

1978年到1984年,根据国务院颁布的《关于安置老弱病残干部的暂行办法》和《关于工人退休、退职的暂行办法》,重新对国有企业职工和机关事业单位工作人员退休条件及待遇作了统一规定,退休制度开始步入正轨。1984年,党的十二届三中全会后,企业养老保险制度改革开始启动。1986年10月,国有企业、国家机关、事业单位及人民团体招用的劳动合同制工人,从签订合同之日起,由所在单位按劳动合同制工人工资总额的17%缴纳退休养老基金,个人按本人标准工资的3%缴纳。1987年6月,按《国务院改革劳动制度四个暂行规定实施办法》和《甘肃省人民政府关于贯彻国务院改革劳动制度暂行规定实施办法的通知》文件精神,劳动合同制工人的退休养老待遇全部实行统筹。

从1989年1月开始,根据《定西县人民政府关于实施〈定西县国有企业固定职工离、退休(职)费用统筹方案及试行办法〉的通知》,对固定职工中离休、退休及退职职工的养老待遇,统筹离休费、退休费和按国家规定支付的退职生活费,离休、退休职工生活补贴、补助,离休、退休、退职职工的生活费补贴,副食品价格补贴,冬季职工宿舍取暖补贴;部分知识分子和少数老职工的补助费等6项。医疗费、丧葬补助费、供养直系亲属的抚恤费、遗属生活困难补助费暂不实行统筹,仍由原单位支付。定西县按"双挂钩二八开"分年达到的办法提取统筹基金,即将统筹基金的 20%与工资总额挂钩,统筹基金的 80%与离退休费用总额挂钩。劳动合同制工人退休后的退休费标准,每月按缴纳退休养老基金期间最后五年月平均标准工资的 70%发放。本人缴纳退休养老基金满十五年以上的,过一年增发 1%,但最高不得超过 100%;退休金低于当地机械行业二级工标准工资的,按当地机械行业二级工标准工资数额发放。从批准本人退休的次月起发,至本人去世时为止。

1991 年,根据国务院《关于企业职工养老保险制度改革的决定》,改革养老保险完全由国家、企业包下来的办法,逐步建立起基本养老保险、企业补充养老保险和职工个人储蓄性养老保险相结合的制度。1992 年,根据国务院国发〔1991〕33号文件规定,定西县首次启用职工养老保险手册和首次启动甘肃省社会保险证制度。1993 年,在地区级社会统筹方案中,增加了离退休(职)人员 5 元生活补助费、4 种物价补贴、高原费、洗理费、交通费、书报费、粮油加工补贴费等统筹项目。劳动合同制工人的个人缴纳部分按本人标准工资的 3%缴纳退休养老基金。

1994 年,根据省社会劳动保险局文件规定,对符合国家规定退休条件,缴纳基本养老保险费满十五年的职工,从办理退休手续次月起,按月领取基本养老金,直至去世为止。基本养老金由社会性养老金和缴费性养老金组成。

1995 年,根据国务院下发《关于深化企业职工养老保险制度改革的通知》,在实行社会统筹的基础上,建立了基本养老保险个人账户,改革基本养老金计发办法。

1997 年,定西县对粮食系统所属各基层粮管所(库)的全部离退休(职)人员的基本养老金,由社会保险局直接发放。《国务院关于深化企业职工养老保险制度改革实施办法》和《甘肃省城镇企业职工养老保险制度改革实施办法》,《定西县非国有制经济职工实行基本养老保险暂行办法》出台实施,逐步建立起统筹基金与个人账户相结合的管理模式,制定了社会统筹与个人账户相结合的养老保险制度改革方案。从业人员按全县统筹企业职工上一年度月平均工资为个人缴费基数,最低不得低于全县统筹企业职工平均工资的 60%。比例上,私营企业主、个体工商户本人等非工薪收入者按缴费基数的 20%缴费,其中 8%进入社会统筹基金,12%进入个人账户。其从业人员个人按缴费基数的 3%缴费,企业按 17%缴费(其中 8%进入社会统筹基金,9%进入个人账户)。随着国务院《关于建立统一的企业职工基本养老保险制度的决定》的下发,统一了缴费比例、个人账户规模和计发办法等。

1998 年,党中央、国务院"两个确保"方针的提出,解决了条块分割的矛盾。原行业统筹企业职工基本养老保险个人账户,统一按照本人缴费工资 11% 的比例记入。未建立职工个人账户的补建;职工个人缴纳的基本养老保险费全部记入职工个人账户,其余部分从企业缴费中划入,补齐至个人缴费工资基数的 11%。城镇集体企业(含劳动服务企业)中的集体工养老金计发办法同国有企业固定工一样,并统一从 1996 年 1 月 1 日起建立个人账户。当年,定西县个体私营企业养老保险有了良好开端,截至 6 月底,已有 23 户个体户和私营企业参加了养老保险社会统筹,并有 3 户实行企业化管理的事业单位纳入了养老保险社会统筹。1999年,国务院《社会保险费征缴暂行条例》颁布,使社会保险费征收有了政策保证。

2006 年,根据国务院《关于完善企业职工基本养老保险制度的决定》,区政府研究决定,全区各乡镇(街道)、区直行政事业单位的所有集体工、劳合工,从 2006 年 1 月起全部纳入养老保险范围。

2010 年,将全区符合条件的 200 多名城镇户籍的临时工纳入到社会保险的统筹范围,补缴养老保险基金 520 余万元,一次性解决 104 名未参保职工的养老问题。

1992—2010 年安定区(定西县)养老保险发展情况统计表

表 7-1-17
单位:人、万元

年份＼数据	人数	基金收入	基金支出
1992	1832	157	128
1993	2015	181	133
1994	3250	221.8	171
1995	3583	279	198
1996	3680	264	276
1997	2859	364	300
1998	4041	363	366
1999	4066	391	494
2000	4756	483	535
2001	5058	565	614
2002	5300	682	757
2003	5300	723	893

续表 7-1-17   单位:人、万元

年份＼数据	人数	基金收入	基金支出
2004	5300	756	928
2005	5500	945	1120
2006	7338	1636	1425
2007	7265	2340	1706
2008	7350	2199	1988
2009	8706	2642	2430
2010	10649	4067	3497

城镇医疗保险

中华人民共和国成立以来,国家机关事业单位实行的是公费医疗制度,企业实行的是劳保医疗制度,基本上是国家和用人单位自行管理,据实报销。随着市场经济体制的确立,原有医疗制度已无法继续实行,到了非改革不可的地步。

城镇职工基本医疗保险

1998 年,国务院印发《关于建立城镇职工基本医疗保险制度的决定》。经过几年的努力,定西县基本上完成了公费、劳保医疗制度向基本医疗保险制度转轨,覆盖范围逐步从国有、集体单位扩大到非公有制经济组织,从正规就业人员扩大到灵活就业人员。

2001 年,启动实施城镇职工基本医疗保险,医疗保险费由用人单位和职工共同缴纳。用人单位缴费率控制在职工工资总额的 6% 左右,在职职工缴费率为本人工资的 2%。退休人员个人不缴费。又按照《定西地区城镇职工基本医疗保险暂行办法》,将职工基本医疗保险分为两个部分,即基本医疗保险、特殊病种补助。报销比例为当地医院就医 80%,外地 75%。

2003 年,制定出台《安定区人民政府关于调整基本医疗保险有关规定的通知》,对起付线标准、甲乙类药自付标准、最高支付限额、特殊门诊病种、个人账户划转、医院定额标准等方面均做了调整。调整为:(1)降低起付线标准(括号内为 2001 年起付线标准):市医院 400 元(500 元);区医院 350 元(450 元);区妇保站、安定区二院、中医院、康复医院 250 元(300 元);乡镇级卫生院 150 元(200 元);转外市医院 500 元(600 元)。(2)合并甲乙类药品和诊疗项目,降低自付比例,患者住院自付比例(不包括全额自费药品)统一为 20%,转外地医院自付比例为 25%,特殊病种门诊费用自付比例为 35%。(3)提高统筹基金最高支付限额,按全区参

保职工年平均工资的4倍计算,由18000元提高到28000元。(4)增加特殊门诊治疗病种,在原方案规定的各种癌症、脑梗塞、尿毒症、白血症、肝硬化失代偿期、糖尿病合并并发症、椎管占位性病变、颅内占位性病变等八种特殊病种的基础上,新增加一次性眼科激光治疗、帕金森化综合症、强直性脊柱炎、再生障碍性贫血。(5)增加个人账户划转项目,在统筹基金中给在职职工按1.5%,退休人员按2%划入个人账户,用于门诊费用。(6)调整定点医院定额标准并实行分段结算。

2010年,再次提高职工医疗保险的报销比例和最高支付限额,城镇职工基本医疗保险的报销比例由原来的80%提高至85%;统筹基金年度最高支付限额由原来的3万元提高至4万元;大额医疗保险职工医疗统筹基金年最高支付限额由原来的10万元提高至18万元。并为1024名关闭破产的国有集体企业退休人员解决了职工医疗保险问题;为606名停产半停产企业的退休职工解决了职工医疗保险问题;积极动员灵活就业人员参加基本职工医疗保险90人。城镇职工医疗保险的报销范围由基本医疗保险报销延伸到大额医疗补助、特殊病种门诊医疗费用补助、国家公务员医疗补助、团体意外伤害保险报销。同时,制定出台《城镇职工基本医疗保险定点零售药店服务协议》《安定区城镇职工基本医疗保险定点医疗机构医疗服务协议》《安定区城镇职工基本医疗保险定点医疗机构和定点零售药店管理办法》,有力地规范了城镇职工基本医疗保险定点医疗机构和定点药店的管理,保障了职工的基本就医需求。形成参保人数不断增加的局面,共有参保单位239家,参保人数达到1.85万人。全年共为2731名住院患者报销医疗费用928万元,人均报销3398元,人均报销比例为统筹区域内一级医院70%,二级医院75%,三级医院66%,统筹区域外60%。其中,基本医疗保险在统筹区域内报销2497人次,703万元,在统筹区域外报销234人次,225万元;大额医疗报销47人,71.2万元;公务员医疗补助109人次,9.5万元;特殊病种报销173人次,52万元。

2001—2010年安定区(定西县)城镇职工医疗保险情况统计表

表7-1-18

单位:人、万元

年份　　数据	参保人数	基金收入	基金支出
2001	5170	112	25
2002	6008	231	64
2003	7100	606	112
2004	8038	659	153

续表 7-1-18　　　　　　　　　　　　　　　　　　　　　　　　　　单位:人、万元

年份　　数据	参保人数	基金收入	基金支出
2005	9538	754	365
2006	11050	922	340
2007	12181	1059	577.6
2008	13672	1244	877
2009	16278	1706	1132
2010	18530	2478	1615

城镇居民基本医疗保险

2007 年 1 月,安定区率先在全省启动实施城镇居民基本医疗保险试点工作。城镇居民基本医疗保险的参保范围,不但包括未纳入城镇职工基本医疗保险参保范围的具有本市城镇户口的非从业居民,还包括各类在校学生、进城务工人员以及长期居住在本辖区的其他人员。参保居民按每人每年 20 元、城市低保人员按每人每年 10 元的标准缴纳医疗保险基金。省、市财政分别对低保人员每人每年拨付 50 元、2 元的医疗补助资金。区财政对参保居民每人每年拨付 35 元的补助资金,对城市低保人员每人每年拨付 18 元的补助资金。当年共筹集城镇居民基本医疗保险基金 245.6503 万元。2008 年,城镇居民按每人每年 120 元标准缴费,其中,各级财政补助 60 元,个人缴费 60 元;全日制在校学生按每人每年 80 元标准缴费,其中,各级财政补助 40 元,个人缴费 40 元;城市低保人员按每人每年 90 元标准缴费,其中各级财政补助 70 元,个人缴费 20 元。全年共筹集基金 605.94 万元。安定区人民政府《关于对城镇居民基本医疗保险门诊特殊病种实行补助的通知》,从 2008 年 1 月 1 日起实施,更加完善了城镇居民基本医疗保险制度,有效地保障了参保居民的切身利益。

2009 年,政府对所有参保居民给予不少于人均 80 元 / 年的补助,对城镇特困群众的参保再给予不少于人均 60 元 / 年的补助。2010 年,各级财政对城镇居民医疗保险的补助标准提高到每人每年 120 元。为定西师专、定西电大等高等学校的 5091 名大学生办理参保手续,参保率达到 100%;进城务工人员及其他长期居住人员首次享受与城里人一样的医疗保险待遇。参保居民住院医疗费用基本医疗保险统筹基金最高支付额由原来的 1.4 万元调整为 2 万元,大额医疗费用报销比例为 60%,年最高补助标准由原来的 1.6 万元调整为 4 万元。

2010 年,乡镇卫生院报销比例由原 50% 提高到 70%;区直医院由原 40% 提高

到65%；市第一人民医院及区外医院由原30%提高到60%。随着特殊疾病门诊补助项目启动实施,将各种癌症、肝硬化失代偿期、白血病、器官移植术后的抗排斥治疗、尿毒症的患者每个统筹年度由按不超过2000元补偿提高至不超过3000元补偿,其余病种的患者每个统筹年度按不超过500元补偿提高至不超过1000元补偿。在制定出台的优惠政策中,对连续三年以上(含三年)未发生住院费用的参保人员,由区社会保险事业管理中心组织,分期分批进行常规体检或预防接种,将个人累计缴费部分的50%划入个人账户,用于门诊费用补助。城镇居民参保缴费满三年后,连续缴费年限每增加一年,其住院医疗费用报销比例提高1%,累计提高比例不得超过5%。至年底,已为52061人办理参保手续(非从业居民28361人,学生24074名),其中,低保人员16361人,参保率为96.75%。筹集资金763万元,其中,各级财政补助557万元,个人缴费205万元。基金支出657万元,登记住院患者3488人,报销3467人,报销金额为657万元,人均1896元,其中,城市低保人员605人;大额医疗补助52人,补助金额45万元。

2007—2010年安定区城镇居民医疗保险情况统计表

表7-1-19 单位:人、元

年份＼数据	参保人数	基金收入	基金支出
2007	39612	213.4	84.75
2008	45743	397	15
2009	48978	461	551.7
2010	52061	701	588

农村合作医疗

2005年,区政府办公室印发《定西市安定区新型农村合作医疗试点工作实施方案》,新型农村合作医疗正式起步。2006年,甘肃省将安定区列为全省第一批新型农村合作医疗试点。筹资标准按每人每年10元标准缴纳合作医疗基金,中央、省、市、区四级财政按20元、10元、1元、4元的标准,逐级审核拨付35元的补助资金。农村"五保户"、"军烈属"、"特困户"按个人申请,村民代表会议评议,逐级上报,区民政局审核批准,从医疗求助资金中缴纳。对个人缴费中的8元建立家庭账户基金,用于门诊药费补助;大病住院统筹基金37元。住院补助规定:参合农民在乡镇卫生院住院,起付医药费为100元,药费按60%的比例报销,最高额度为5000元;在区级医院住院,起付标准为300元,按50%比例报销,最高不超过8000

元;区中医院、二院和妇保站住院起付标准为 250 元,按 50%比例报销,最高不超过 8000 元;在县外医院住院(市级及以上医院),起付标准为 1000 元,凭有效转院证明按 40%比例报销,最高不超过 10000 元。对符合计划生育政策在定点医疗机构正常住院分娩的按每胎次 100 元报销。

2007 年,参加新型农村合作医疗的农民达 32.25 万人,占农业人口的 87.49%。患病住院 14460 人,占参合人数的 4.48%;住院费用报销 1000.57 万元,占住院总费用 2700.9 万元的 37%。

自 2008 年起,中央财政按人均 40 元补助,省级财政提高到人均 30 元,市区两级财政补助标准提高到各 10 元,农民个人缴费标准提高到 20 元(2009 年开始执行)。当年参合人数达 32.7002 万人,占农业人口的 89.54%;患病住院 22061 人,占参合人数的 6.75%;住院费用报销 2483.62 万元,占总费用 4644.28 万元的 53.48%。区二院、乡镇卫生院,补偿比例由 70%提高到 80%,最高仍为 3000 元;市二院、中医院和妇保站住院,补偿比例由 55%提高到 70%,最高额度由 8000 元提高到 13000 元;市级医疗机构住院,补偿比例由 45%提高到 60%,最高额度由 10000 元提高到 15000 元;在省级以上医疗机构住院,补偿比例由 45%提高到 50%,最高额度由 20000 元提高到 25000 元。

2010 年,各级财政的补助标准提高到每人每年 120 元,个人缴费提高到 30 元。

2006—2010 年安定区新型农村合作医疗基本情况统计表

表 7-1-20 单位:人、万元

年 份	应参合人	实参合人	资金筹集	个人账户	统筹基金	住院费	住院报销
2006	374144	314019	1418.32	251.22	1167.10	1766.58	640.63
2007	368590	322479	1620.29	257.98	1362.31	2700.90	1000.57
2008	365202	327002	2953.42	261.60	2691.82	6466.28	2502.22
2009	362268	326440	3270.61	522.30	2748.31	6095.30	3182.09
2010	354923	320815	4813.63	962.45	3851.38	5600.35	2874.04

失业保险

1986 年,定西县根据省人民政府文件精神,明确待业保险范围为全民所有制职工。救济对象为:宣告破产的企业职工;濒临破产的企业法定整顿期间被精简的职工;企业终止、解除劳动合同的职工;企业辞退的违纪职工。

从 1992 年 7 月开始,职工待业保险基金实行国家、企业、职工三方合理负担原则,按本企业全部职工工资总额的 1% 缴纳,国家机关、人民团体及其他事业单位按本单位劳动合同制工人工资总额的 1% 缴纳。凡已参加待业保险的职工,每月每人缴纳 1 元。对省、市、自治州人民政府和地区行署批准关停企业被精简到社会上行业的职工,企业实行全员劳动合同制后,对企业终止、解除劳动合同到社会上行业的职工,按《企业职工奖惩条例》除名后到社会上行业的职工,均发放行业救济金。

1993 年,根据定西县人民政府《关于落实定西地区城镇集体所有制企业职工待业保险暂行规定的通知》,全县城镇集体所有制企业职工纳入待业保险范围。待业职工领取待业救济金的期限和标准为:在企业连续工作 1 年以上不足 2 年,最多发给 6 个月,每月标准为 50 元;在企业连续工作 2 年以上不足 5 年,最多发给 12 个月,每月标准 60 元;在企业连续工作 5 年不足 10 年,最多发给 18 个月,每月标准为 70 元;在企业连续工作 10 年以上,最多发给 24 个月,每月标准 80 元。待业救济金由就业服务机构按月发给,发放期限应扣除企业已发给本人生活补助费的月份。

1998 年 7 月,失业保险基金的缴费比例由企业工资总额的 1% 提高到 3%,其中,职工个人缴纳 1%,企业缴纳 2%。原来个人所缴纳的 1 元和增收 1 元解困金自行取消。凡驻定西县辖区内的中央、省属企业和实行企业化管理的事业单位,都按照属地管理的原则,参加地方政府组织实施的事业保险社会统筹;国家机关、事业单位和社会团体中的劳动合同制工人也按照工资总额和规定的比例缴纳事业保险金;企业和职工个人缴纳的失业保险费,仍由企业或单位按月从职工工资中代扣。

1999 年,国务院颁布《失业保险条例》,省上也相继制定出台《甘肃省实施〈失业保险条例〉细则》对于保障失业人员基本生活,帮助失业人员实现再就业,推进国有企业下岗职工基本生活保障制度向失业保险并轨有了政策根据。在保障失业人员基本生活的同时,积极探索失业保险促进再就业的有效途径和办法。2004 年 10 月,全省失业保险金发放标准调整为 205 元 / 月,维护了失业人员权益。至 2010 年,保险的人数年均增长 27%,参加失业保险人数达 14598 人;保险基金收入年均增长 129.07%,全区失业保险基金收入 320.5 万元,基金支出 131 万元。基本情况见附表。

1987—2010 年安定区(定西县)失业保险基本情况统计表

表 7-1-21　　　　　　　　　　　　　　　　　　　　　　　　单位:人、万元

年份　　　数据	人数	基金收入	基金支出
1987		2	
1988		2	
1989		3	
1990		3	
1991		4	
1992		7	
1993		10	
1994	3351	12	
1995	3765	14.78	
1996	3737	15.6	
1997	3862	19.1	
1998	3997	25.36	
1999	4174	32	
2000	4770	51.4	
2001	7529	60	11
2002	10410	61	15
2003	10410	70.3	19
2004	10410	83	45
2005	10410	106	72
2006	10410	132	79
2007	11927	211	364
2008	12400	151	228
2009	13968	215	240
2010	14728	320.5	313

工伤保险

1996 年 8 月,定西县开始实施劳动部颁发的《企业职工工伤保险试行办法》。1997 年,完成全县工伤保险各项基础性工作。1998 年 4 月,定西县企业职工工伤保险社会统筹制度开始启动,工伤保险费率按企业职工工资总额的 1%缴纳。

2003年4月,国务院颁布《工伤保险条例》。2005年,劳动保障部会同人事部、民政部、财政部印发了《关于事业单位、民间非营利组织工作人员工伤有关问题的通知》,随着事业单位工伤保险工作的启动实施,统一覆盖企事业单位职工和个体工商户雇工的工伤保险制度全面建立。

1997—2010年,全区工伤保险参保人数年均增长13%。到2010年底,全区参加工伤保险人数9206人(其中,农民工参加工伤保险达4621人),高风险企业参加工伤保险企业户数达23户,参保人数达到1621人;工伤保险基金收入年均增长220.03%,支出年均增长104.5%;全区工伤保险基金收入123万元,支出79万元。

1998—2010年安定区(定西县)工伤保险基本情况统计表

表7-1-22

单位:人、万元

年份＼数据	人数	基金收入	基金支出
1998	3979	4	
1999	3845	8	6
2000	2986	15	5
2001	5000	10	7
2002	5500	10	5
2003	5500	12	10
2004	5300	12	6
2005	5300	7.1	10
2006	7300	14	24
2007	6052	25	21
2008	6502	31	13
2009	7408	37	40
2010	9206	123	79

生育保险

1988年,根据国务院颁布的《女职工保护规定》,将产假期延长至90天,难产或多生的增加15天产假。1994年,劳动部颁布《城镇职工生育保险试行办法》,主要覆盖城镇企业及其职工。定西县在执行中,保障了女职工生育期间的基本生活和医疗保障需求。2002年,定西地区劳动保障工作会议决定:定西县的生育保险于2002年12月31前启动运行。通过调查摸底,测算比例,制定实施方案,至年底,单位经申报登记,缴纳生育保险费5700元,参保职工120人。2007年,全区生育保险参保人数254人,年基金征缴5000多元。2008年,将城镇职工的生育保险列入城镇职工基本医疗保险的报销范围。2009年,全面启动实施生育保险,全区所有行政事业单位和各类企业职工全部纳入到生育保险的保障范围。

2002—2010年,生育保险参保人数年均增长15%。到2010年底,全区参加生育保险的单位254家,参加生育保险人数5100人。

2008—2010年安定区生育保险基金收支统计表

表7-1-23   单位:人、万元

年份＼数据	人数	基金收入	基金支出
2008	157	1.6	
2009	3241	9	1
2010	5100	22	21.8

社会保险基金管理

1999年,根据国务院《社会保险费征缴暂行条例》,对社会保险费征缴范围、征缴管理、监督检查和处罚等作出规定,建立社会保险基金财务制度和会计制度,由经办机构统一对基金进行会计核算。建立了部门协同监管的工作机制,注重发挥工会组织、企业、职工和媒体的作用,接受社会监督。安定区社保基金按照收支两条线管理办法(即税务征缴,财政专户管理,社保负责支出),确保企业离退休(职)人员基本养老金按时足额发放,确保下岗失业人员失业金按时足额发放,确保各项医疗保险待遇按时足额支付。在基金管理中,做到了严把"三关",为百姓管好用好养命钱:严把收入关,确保基金征缴应收尽收;严把支出关,确保基金的合理使用;严把管理关,确保基金安全完整。

1998—2000年,连续三年开展了对全区养老和失业保险基金、原行业统筹企业基本养老保险基金以及全县5项社会保险基金的清理检查,摸清了各项基金总量、积累、存储和管理情况,查出了挤占挪用基金问题,督促各单位整改回收基金,开通举报电话,建立全县基金监督举报系统。

为了加强社会保险经办机构内部管理与监督,防范和化解风险,规范社会保险服务管理工作,确保社会保险基金安全,根据《甘肃省社会保险经办机构内部控制实施细则(暂行)的通知》,出台了《安定区社会保险管理中心关于2009年度

社会保险内部控制和审计工作安排意见》,对养老、失业、工伤、生育、职工医保、居民医保的各岗位业务按社保内部控制细则相关规定进行监督检查,不断健全基金管理的内部控制制度,规范基金征缴、拨付、管理的内部流程,基金进入财政专户;在收、支两条线管理中,每月与财政局社保股核对账务,相互制约,相互监督,把基金管理落到实处。

1987—2010 年安定区(定西县)社保各项保险参保人数和基金收支统计表

表 7-1-24

单位:人、万元

年份	养老保险			失业保险			工伤保险			职工医疗保险			居民医疗保险			生育保险		
	参保人数	基金收入	基金支出	参保人数	基金收入	基金支出	参保人数	基金收入	基金支出	参保人数	基金收入	基金支出	参保人数	基金收入	基金支出	参保人数	基金收入	基金支出
1987		4			2													
1988		4			2													
1989		73	35		3													
1990		63	52		3													
1991		86	75		4													
1992	1832	157	128		7													
1993	2015	181	133		10													
1994	3250	211.8	171	3351	12													
1995	3583	278.5	198	3765	14.78													
1996	3680	264.2	276	3737	15.6													
1997	3859	364	300	3862	19.1													
1998	4041	363	366	3997	25.4		3979	4.3										
1999	4066	391	494	4174	32		3845	7.6	6.3									
2000	4756	483	535	4770	51.4		2986	14.9	5.2	准备阶段								
2001	5058	656	614	7529	60	11	5000	10	7.2	5170	112	25						
2002	5300	682	757	10410	61	15	5500	10	5.2	6008	231	64						
2003	5300	723	893	10410	70.3	19	5500	11.6	9.5	7100	606	112						
2004	5300	755.8	928	10410	83	45	5300	12	5.9	8038	659	153						
2005	5500	945	1120	10410	106	72	5300	7.1	10	9538	754	365						
2006	7338	1636	1425	10410	132	79	7300	14	24	11050	922	340						
2007	7265	2340	1706	11927	211	364	6052	25	21	12181	1059	577.6	39612	213.4	84.8			
2008	7350	2199	1988	12400	151	228	6502	31	13	13672	1244	877	45743	397	15	157	1.6	
2009	8706	2642	2430	13968	215	240	7408	37	40	16278	1706	1132	48978	461	551.7	3241	9	1
2010	10649	4067	3497	14728	320.5	131	9206	123	79	18530	2478	1615	52061	701	588	5100	22	21.8

城市低保

1998 年,定西县根据国务院《关于在全国建立城市居民最低生活保障制度的通知》(国发〔1997〕29 号)和甘肃省人民政府《关于建立城乡社会保障制度的通知》(甘政发〔1997〕130 号)精神,制定了《定西县城市居民最低生活保障制度暂行办法》,1999 年 1 月城市低保启动实施,保障标准每人每月 90 元。同年 9 月城市居民最低生活保障标准提高 30%,保障标准由每人每月 90 元提高到每人每月 117 元。

2005 年,根据省民政厅《关于做好提高城市居民最低生活保障标准工作的通知》和定西市人民政府办公室《关于认真做好城市低保提标有关准备工作的通知》(定市政办发电〔2005〕50 号)精神,从 4 月 1 日起,全省城市居民最低生活保障标准提高 10%,保障标准由每人每月 117 元提高到每人每月 129 元。

2006 年,区政府第 7 次常务会议讨论通过《安定区城市居民最低生活保障实施办法》,按照甘肃省民政厅、财政厅《关于全省城市居民最低生活保障标准提高 10%有关问题的通知》(甘民发〔2006〕2 号),保障标准由每人每月 129 元提高到每人每月 142 元。同年民政局下发了《创建"城市低保示范社区、诚信低保进万家"活动实施方案的通知》(安民发〔2006〕33 号)。根据甘肃省人民政府《关于切实做好最低生活保障工作的紧急通知》(甘政办发电〔2002〕5 号)和《关于进一步加强和规范城市低保工作的意见》(甘政办发〔2004〕99 号)精神,安定区下发了《进一步完善城市低保社区民主评议和公示制度的通知》(安民民电〔2006〕07 号),实行了城市低保评议和公示制度。

2007 年城市低保标准提高到每人每月 156 元,按照省市文件精神对低保对象实施了临时物价补贴和取暖补助。

2009 年 4 月 1 日起,城市低保保障标准提高 10%,由每人每月 156 元提高到每人每月 172 元。

2010 年,根据省政府《关于 2010 年省委省政府为民办实事的通知》,城市低保保障标准提高 10%,由每人每月 172 元提高到每人每月 189 元。

1999—2010年安定区(定西县)城市低保发放统计表

表7-1-25 单位:%、人、日、户、元、万元

年份	保障面	保障标准	保障对象		月人均补差	发放低保资金	物价补贴		取暖补贴	
			户	人			人均	资金	户均	总资金
合计						10000.09425587		3015.6		813.3
1999	1.3	90	399	979	33.2	38.9847				
2000	2.4	117	914	2061	32.6	84.3739				
2001	3.4	117	1195	2963	37.2	135.708				
2002	12.8	117	3767	9637	40.1	371.9878				
2003	15.5	117	5579	14143	44.5	553.5282				
2004	15.2	117	5558	13918	45.9	755.3399				
2005	15	129	5424	13666	65.7	441.377				
2006	15	142	5638	14084	78.2	1315.903				
2007	15	156	5654	14038	92.5	1565.4734	30	182.4	168	95
2008	15	156	5712	14111	92.5	1632.2897	58	805.3	310	177.1
2009	15.3	172	5876	14450	108.7	1863.3931	58	987.9	310	180.5
2010	15	189	5963	14673	125	2184.2	58	1040	600	360.7

农村低保

2006年,根据《甘肃省农村居民最低生活保障制度试行办法》文件精神,区政府制定《安定区农村居民最低生活保障制度试点工作实施方案的通知》,将香泉镇确定为试点乡镇。按照自然条件、群众生活基础、历年受灾情况,分为好、中、差三类,低保标准每人每年600元。按照政府牵头、民政主管、乡镇主抓、社会参与的机制,坚持"低标准起步,小范围实施,逐步扩大覆盖面"的原则,按月人均5元、10元、15元、20元四个补差档落实。

2007年,《安定区农村居民最低生活保障制度试点工作实施方案》出台。根据文件精神以及在香泉镇试点的基础上,区政府决定从其他18个乡镇选择一个村进行试点,确定农村低保对象148户500人。同年7月,甘肃省下发《关于全面启动全省农村最低生活保障工作的紧急通知》,根据文件精神,低保标准由原来的每人每年600元提高到每人每年685元,月人均补差按5元、10元、15元、20元、25元五个补差档落实。

2008年,全区各乡镇对低保对象进行集中核查。按照市财社《关于下拨2008年农村居民最低生活保障补助资金的通知》规定,从当年1月起,低保对象人均提标10元,月人均补差提高到26元;月人均补差按15元、20元、25元、30元、35元

五个补差档落实;根据省民政厅、财政厅《关于提高城乡低保对象补助水平的通知》和《关于做好 2008 年第三季度城乡低保工作的紧急通知》文件精神要求,从 2008 年 1 月 1 日起月人均提高 9 元补助标准,月人均补差由 26 元提高到 35 元,月人均补差按 25 元、30 元、35 元、40 元、45 元五个补差档落实;从 7 月 1 日起,月人均再提高 10 元补助标准,月人均补助标准提高到 45 元,月人均补差按 35 元、40 元、45 元、50 元、55 元五个补差档落实。

2009 年,根据《安定区城乡低保和农村五保提标扩面工作实施细则》规定,农村低保标准提高到每人每年 728 元,农村低保对象扩大到 13813 户 48150 人,保障面达到 13%,月人均补差 43 元,月人均补差按 30 元、35 元、40 元、45 元、50 元、55 元、60 元七个补差标准落实。

2010 年,根据《关于分解落实 2010 年省委省政府为民办的"14 件、23 项"实事任务的通知》和《关于印发 2010 年定西市农村低保提标扩面工作指导方案的通知》要求,出台了《关于印发安定区农村低保提标扩面工作实施方案的通知》,农村低保标准提高到每人每年 850 元,月人均补差 43 元提高到 44 元,月人均补差按 30 元、40 元、50 元、60 元、70 元、五个补差标准落实。按照省委办公厅、省政府办公厅《关于进一步做好城乡居民最低生活保障工作的意见》和《关于印发定西市城乡居民最低生活保障工作实施方案的通知》要求,制定了《安定区城乡居民最低生活保障工作实施方案》,提标后月人均补差按 30 元、55 元、70 元、100 元四个补差标准落实。

2006—2010 年安定区农村低保统计表

表 7-1-26

单位:%、户、人、年、元、万元

| 年 度 | 保障标准 | 保障面 | 月人均补助 | 保障对象 | | 低保资金 |
				户	人	
合计						7227
2006	600	2.3	11	237	932	3.1
2007	685	5	16	5648	18533	150.4
2008	685	5	45	5634	18533	889.6
2009	728	13	43	13813	48150	2495.4
2010	850	17	53.7	18549	62895	3688.5

农村五保

2006 年 3 月 1 日,国务院重新修订和颁布实施《农村五保供养工作条例》,规定农村五保供养资金,在地方人民政府财政预算中安排。自此,五保供养变成国家责任,实现由集体内部的互助互济体制向国家财政供养为主的现代社会救助体制的历史性转化。主要采取分散供养和集体供养两种形式进行,形成以敬老院集中供养为依托,以协议分散供养为补充的五保供养新机制。当年,农村五保对象由1793户2021人增加到1834户2146人;集中供养标准年人均达到2153元,分散供养标准年人均达到1722元。2006—2010年,共发放五保供养资金1315.6万元,其中,2010年发放364.5万元,实现了应保尽保。全区先后新建、改建、扩建农村敬老院及"五保家园"13所。敬老院占地总面积29580平方米,建筑面积4449平方米,床位236张,集中供养五保对象213人,其中,2010年集中供养率超过10%。按照建管并重的原则,进一步规范了全区敬老院(五保家园)各项制度,配备了专职管理人员和服务人员,不断提升服务质量和管理水平。同时,取暖补贴、一次性生活补贴、物价补贴、普惠制慰问、农村合作医疗、家庭财产保险等优惠政策得到落实,使更多的困难群众享受到了党和政府的温暖。

2006—2010年安定区五保供养情况统计表

表7-1-27　　　　　　　　　　　　　　　　　　　　　　　　　　单位:户、人、元

年　度	户数	人数	标准(年)	资金(年)	丧葬费(年)
2006	769	1177	1260	1483020	0
2007	1016	1406	1260	1771560	55000
2008	1275	1624	1722	2796528	92000
2009	1722	2009	1722	3459498	107000
2010	1800	2117	1722	3645474	57000

城乡医疗救助

2006年,为完善城乡医疗救助制度,帮助困难群众病有所医,根据《甘肃省城乡医疗救助试行办法》(甘肃省人民政府令〔2006〕第62号规定,制定了《定西市安定区农村医疗救助实施细则》(区政府〔2006〕1号令)、《定西市安定区城市医疗救助实施细则》(区政府〔2006〕4号令),严格按照低标准起步、规范化管理、逐步提高、稳健运行的原则对患大病的困难群众实行救助,医疗救助标准按照救助对象个人自付费用的10%～40%确定,医疗救助对象个人享受医疗救助金额全年累计不超过5000元。

2010年,根据《定西市城乡医疗救助试行办法》(定西市人民政府〔2010〕69号

令),制定了《定西市安定区城乡医疗救助试行办法》(区政府〔2010〕20 号令),医疗救助坚持与新型农村合作医疗、城镇居民基本医疗保险相衔接,医疗救助标准按照救助对象个人自付费用的 40%~80%确定,个人年度救助总额一般不得超过15000 元,特别困难的最高不得超过 30000 元。2006 年至 2010 年共发放城乡医疗救助资金 2140.15 万元。

2006—2010 年安定区城乡医疗救助资金发放统计表

表 7-1-28   单位:人、万元

年　份	救助人数	救助资金
合　计	66049	2140.2
2006	14597	95.9
2007	19829	283.7
2008	4272	256.4
2009	18102	689.5
2010	9249	814.7

城乡临时救助

临时救助是指对因突发性、临时性原因造成基本生活暂时困难的家庭给予的非定期、非定量的一次性现金或物质救助制度,是城乡低保、城乡医疗救助和其他社会救助制度的补充和完善。

根据《甘肃省城乡居民临时救助试行办法》《定西市城乡居民临时救助试行办法》规定,结合全区实际,2010 年 7 月 16 日制定了《定西市安定区城乡居民临时救助试行办法》(安定区人民政府第 19 号令),开展实施城乡临时救助制度。当年共救助 1469 户 4934 人,发放城乡临时救助金 185.35 万元。

第五节　政府法制

机构

1990 年 8 月始,政府法制业务由司法局承担。1997 年 10 月,职能转入政府办公室。2000 年 12 月,职能又并入司法局,保留法制局的牌子。2002 年 1 月,法制局更名为法制办公室,归政府办公室管理。2010 年 7 月 31 日,按照安发〔2010〕22 号文件,不再保留区政府法制办公室,在区政府办公室加挂区政府法制办公室牌子。

行政复议及应诉

1990 年 9 月，成立了由县长担任主任的定西县行政复议委员会，下设办公室，办公地点设在司法局。同年，各乡镇和县直各机关相应成立复议小组，开展行政复议工作。1990—1999 年，县政府共受理承办行政复议案件 23 起，其中，维持 6 起，撤销 11 起，变更 3 起，撤回行政复议申请 3 起。

从 1999 年《中华人民共和国行政复议法》颁布实施，至 2010 年，区（县）政府共受理行政复议申请 49 起，经审议维持 23 起，撤销 7 起，变更 1 起，撤回行政复议申请 14 起，和解 3 起，驳回复议请求 1 起，责令限期履行 3 起，不予受理 3 起。自 1990 年《中华人民共和国行政诉讼法》颁布实施后，至 2010 年，区（县）政府共参与行政诉讼 54 起。

规范性文件清理

自县政府法制工作机构成立以来，共进行三次大规模的规范性文件清理。2002 年，对 1978 年至 2001 年制定的规范性文件进行了清理，确定清理对象 745 件，经清理保留 255 件，修订 13 件，废止 477 件。2008 年，对 2002 年至 2006 年发布的 135 件规范性文件进行了全面梳理，经过汇总，保留 85 件，修改 15 件，废止 35 件；2010 年，对 2007 至 2009 年发布的 36 件规范性文件进行了清理，经过汇总，保留 33 件，修改 1 件，废止 2 件。

2009 年，制定了《安定区规范性文件制定和备案审查办法》，严格落实规范性文件的"两审一签一备案"，前移审查关。至 2010 年，共审查规范性文件 25 件，其中，提交常务会议讨论 23 件，做了退回处理 2 件。

规范执法行为

1998 年开始，探索建立行政执法责任制，制订了《定西县行政执法机关实行行政处罚罚款决定与罚款收缴分离制度的实施意见》，确定定西县农村信用合作社为行政执法机关的罚款代收机构。全县 137 个执法单位与各罚款代收网点签订了罚款代收协议书，建立起行政处罚罚款代收新机制。2004 年，对全区 153 个行政执法主体的行政许可事项进行了逐项清理，对准予执行的 245 项行政许可事项经区政府常务会议研究后向社会公告，取消不符合法律、法规规定的 78 项。2005 年，对全区行政许可事项逐项进行分类处理和集中评审，共清理 125 项，减少 95 项，保留 30 项。同时制定《安定区实施行政许可监督规定》，作为行政许可正确实施的保障措施。2006 年,制定《推进行政执法责任制实施方案》,结合政务公开的推行,对全区 19 个乡镇、2 个街道办、32 个区直执法单位的行政执法依据进行梳理,共梳理出行政职权 23 类 1084 项。2007 年,下发《关于配套和完善行政执法责任制有关工作制度的通知》,至 2010 年,制定重大行政决策、评议考核、过错责任追究、限时办结、案卷评查等 10 余项制度。

行政执法管理

根据《甘肃省行政执法证件管理办法》和《甘肃省行政执法监督条例》的规定,1998 年开始,对行政执法证件实行动态化管理,进行第一轮持证执法培训,举办培训班 8 期,培训执法人员 1108 人,监督人员 90 人,确认行政处罚主体资格 153 个。2003 年,进行第二轮持证执法培训,举办培训班 7 期,培训执法人员 903 人,确认行政处罚主体资格 149 个、行政执法人员 883 名、行政执法监督人员 76 名。2008 年,进行第三轮持证执法培训,举办培训班 7 期,培训行政执法人员 1047 人,确认行政执法主体资格 97 个、行政执法监督资格人员 11 名、行政执法人员资格 1047 名,对 65 个行政执法主体资格依法予以取消。第三轮持证执法培训后,安定区被甘肃省依法行政工作领导小组授予全省先进单位称号。

安定区政府采取经常性检查和专项检查相结合的方法,每年开展 2~3 次行政执法监督检查,形成制度并纳入目标责任书管理考核。至 2010 年,在对公共法律法规的贯彻实施情况进行监督检查中,围绕社会关注的热点、行政执法的重点难点,对涉及城市建设、计划生育、食品药品安全、农产品安全、劳动保护、交通安全等 30 多个方面的情况和 90 多部法律执行情况,进行专项监督检查。对在执法检查中发现的问题,通过发送监督通知书、催办通知书和现场督办等形式加以整改,进一步规范了行政执法行为。

第六节 外事侨务

安定区一直未设立外事侨务办公机构,具体业务由区政府办公室负责,如有重大、特殊外事活动及侨务接待,根据上级部门的要求,由办公室临时组织,抽调人员进行接待。

外事活动

1986 年 4 月 5 日,法国《世界报》记者戴秉来定西访问,《世界报》报道文章说:是"《世界报》第一个被批准访问甘肃省定西县的西方记者。"

1987年9月9日,世界银行中国局局长伯基、世界银行驻中国办事处首席代表林重庚一行,在省贷款办卫儒华、崔正华、陈讯达的陪同下,考察官兴岔、石家岔小流域治理情况及沿途农户生活情况。

1987年9月17—21日,世界银行中国局农业处杜莱特、哈瑞、郑南生组成的世行农业代表团考察关川河项目进展情况,就项目招标、采购、组织、管理、培训、考察、财务支付、咨询、检测、评估等问题进行讨论交流。

1988年3月28日,世界银行行长巴伯·科纳布尔率领世行代表团,在副省长张吾乐、刘恕的陪同下,考察官兴岔小流域治理和巉口丁家山梯田建设情况后说:"我们高兴地看了这些流域。这里的事实证明,经过艰苦奋斗才有这样的成绩。我相信,你们把项目能搞好,我们会合作得更好。"

1988年3月28日,世界银行行长巴伯·科纳布尔率领世行代表团,考察定西县农户生活情况

1988年6月22—23日,世界银行农业代表团郑南生、艾萨·皮亚赞、格林督导检查关川河治理工程,认为项目进展顺利,十二项实体工程超额完成计划,同意采购5000吨化肥。

1989年9月25日,世界银行督导团团长郑南生现场督导关川河流域治理工程

1989年3月29日,朝鲜民主主义共和国经济考察团一行7人,来定西考察联合国援定项目。4月3日,埃塞俄比亚综合委员会专员尤素福·沃尔德·迈克尔一行5人来定西县考察。

1989年9月25日,世界银行督导团团长郑南生一行,听取关川河流域治理工程进展情况,观看了三条流域治理

1990年9月21日，世界银行农业代表团高级经济专家艾萨·皮亚赞一行现场查看关川河流域治理进展情况

1990年10月22日，美国、法国、意大利、西德、日本驻华使馆官员在世界银行驻华代表杨光辉陪同下，考察关川河流域水土保持综合治理工程

的录像资料，现场查看了两条流域后说："我第一次来定西，给我感到的是进度完成一半。看来，1992年完成任务没有问题。"

1990年5月8日，加拿大国际发展署中国部主任伊丽莎白·麦克阿莉斯特，考察加拿大大使基金援助定西县西巩驿乡打井项目和内官营乡绿化培训班项目的执行情况。8月1日，埃塞俄比亚科委代表团团长阿贝贝·穆伦挪率领的一行人，考察定西县官兴岔、花岔小流域综合治理工程和唐家堡旱农试验基地。9月21日，世界银行农业代表团高级经济专家艾萨·皮亚赞一行六人，现场查看关川河流域治理进展情况，在兰州会谈时说："我向大家报告一个好消息，关川河项目进展很顺利、质量很好，能够按期完成任务。"10月22日，美国、法国、意大利、西德、日本驻华使馆官员劳伦·莫里尔蒂、贾伯力、德朱莉、亨利希、管井和之，在世界银行驻华代表杨光辉陪同下，考察定西县关川河流域水土保持综合治理工程。

1991年5月18日，加拿大新任驻华大使碧福及夫人5人一行，应甘肃省政府邀请，来定西县考察访问。6月28日，美国墨西哥大学五位教授考察定西县水土保持和青岚山乡大坪村

1991年6月28日，美国墨西哥大学教授考察定西县水土保持工作

雨养农业后讲:"你们搞的小流域治理不简单,规模大,有气派,各项工程主要是人工搞的。大坪的经验很好,治理得不错,你们有办法与干旱做斗争。"

1992年5月19日,联合国计划署专家莎提一行,在国家农业部和省、地、县有关负责人陪同下,对定西县团结乡高泉村旱农试验进行实地考察,研讨了旱农作物项目。8月1日,世界银行农业部高级顾问沃利斯,在甘肃省"两西"指挥部负责人陪同下,来定西县考察关川河流域综合治理情况,并留言:你们在这样短的时间内完成工程任务,成绩显著;采取工程措施、植物措施结合是巨大的发明创造,这在世界上都有普遍意义。

1992年8月1日,世界银行农业部高级顾问沃利斯考察石家岔流域治理情况

1993年7月28日,法国《人道报》记者萨莱姆一行,在中央对外联络部、省政府外事办人员的陪同下来定西考察,撰写一部反映中国改革开放成就的专辑《今日中国》。8月8日,加拿大驻华使馆参赞潘允忠一行2人,来定西县考察庭院雨水集蓄工程。

1993年8月18日,欧洲共同体官员萨比、让·克罗德·托马斯考察定西县水土保持工作。萨比留言:"今天我到定西给我们留下了深刻印象,当地农民的勤劳致富和向美好的明天前进的愿望给我们留下了美好的印象,当地人民用他们的辛勤劳作和良好的愿望使当地变成了美好的花园。"11月13日至14日,国际泥沙研究培训中心专家徐明雄及黄委会水科院专家钱意颖等,来定

1993年11月13日,国际泥沙研究培训中心专家徐明雄及黄委会水科院专家钱意颖一行,考察定西县水土保持工作

西县考察小流域治理和水土保持工作。

1994年1月27日,美国《纽约时报》驻北京记者台培德,来定西县考察水土保持综合治理工作。此后,在西方报刊报道了定西的人畜饮水、梯田建设及贫困地区人民与困难做斗争的精神。5月19日,世界银行官员尤瑟夫·埃·汉巴利一行考察定西县水土保持工作后留言:"这里的人民受益很大,生活水平得到极大改善,生态环境效益也很明显,并且在以后的时间里人们会从中得到更大益处。"7月15—16日,美国农业部水土保持局访华考察团埃弗雷特·B·戴尔、杜安·约翰逊、查尔斯·库帕、谢利尔·B·帕柯利瓦,现场参观安家沟、大坪、祁家湾、花

1994年7月15日,美国农业部水保局访华团参观定西县关川河小流域治理工程

岔、石门、高泉、官兴岔等小流域治理后留言:"你们的努力使你们的成就成为世界第八大奇迹,你们为人民所做的工作值得称赞。"

1994年4月2日,联合国开发计划署旱地农业项目技术总顾问UNDP黑勒斯考察定西县小流域治理后留言:"花岔流域对我来说就像探索工作中的一个新的奇迹,你们为农民的利益而付出的所有努力都是极不寻常的,继续干下去。"

1995年9月13日,非洲部分国家气象考察团来定西参观考察气象工作。

1996年4月23日,国际劳工组织成员中村镇一行4人,来定西县考察农村剩余劳动力开发项目。5月7日,加拿大国际培训基金会严雯女士一行两人,来定西县考察鬃毛厂,并邀请女厂长漆兰芳去加拿大接受培训学习。9月12日,联合国促进妇女参与西北地区干旱、半干旱农业发展研讨会在定西县举行。

1997年4月11日,以建华基金会詹姆斯为代表的英国红十字会一行8人,来定西县考察贫困地区卫生工作。5月5日,联合国扶贫项目管理培训班在定西举办,来自广西、内蒙古、青海和甘肃的50多名项目管理负责人员参加了培训。6月17日,佛得角争取民主运动全国领导委员会委员、政协委员会委员和常务委员会委员、全国议员马里奥·佩雷拉·席尔瓦率领的代表团,在中央对外联络部非洲

局局长朱俊发的陪同下,来定西县考察九华沟、官兴岔、花岔小流域综合治理。7月18日,乍得爱国拯救运动主席马尔东·巴达·哈巴斯率乍得共和国代表团一行7人,在中联部副部长宦国英、省委副书记杨振杰的陪同下,在定西县考察小流域治理工程。

1997年6月17日,佛得角争取民主运动全国领导委员会委员、政协委员会委员和常务委员会委员、全国议员马里奥·佩蕾拉·西尔瓦率领的代表团,在中央对外联络部非洲局局长朱俊发等陪同下考察九华沟流域。

　　1998年8月24至25日,荷兰专家普拉茨久克和布拉维公司总裁布鲁克,应邀来定西县洽谈开发马铃薯生产加工项目。10月28日至30日,毛里塔尼亚民主社会共和党全国委员会委员、全国青年临时委员会主席阿卜杜·拉赫曼·马尔德·哈马·瓦扎兹率领的青年干部代表团,在中联部负责人陪同下,来定西县参观考察九华沟小流域治理。

　　1999年3月15日,澳大利亚外交贸易部北亚司中国处执行官托尼·戈德纳一行,来定西县考察集雨节灌、人畜饮水工程。5月16日,美国ZDE公司总裁波拉克一行,来定西县团结乡考察。5月24日,美国经济学家、哈佛大学国际发展研究所前任所长德怀特·森索西,来定西县考察。11月中旬,联合国官员、新西兰水土保持专家道·米来一行,在定西县考察小流域治理情况,并给予高度评价。

　　2003年11月7日至9日,越南驻中国大使馆商务参赞潘玉宝一行,来安定区考察马铃薯、食用菌等特色产业。

　　2004年4月4日,非洲高级外交官访问团来安定区考察。6月23日,国际劳工组织亚太区北京分区区长庄古一行,来定西县检查中国农村就业促进试点项目执行情况。7月中旬,联合国开发计划署项目专家彼得·可意和国内小额信贷专家吴国宝一行,在省外贸厅项目官员及市经贸局负责人陪同下,考察评估安定区执行联合国开发计划署援助的甘肃省通过雨水集流和持续农村发展脱贫项目及其持续性发展等情况。同年,叙利亚复兴党干部考察团、津巴布韦社会进步党总书记来安定区考察。

　　2004年5月23日,全球扶贫大会甘肃考察团团长、世界银行副行长古宾得·

南卡尼在市长武文斌的陪同下,深入景家泉乡联星村农户家中考察。5月25—26日在上海召开的全球扶贫大会上,联星村生态经济型反贫困整村推进扶贫开发模式,作为全球70个、中国8个成功案例广泛交流。

2005年6月17日,英国IR项目官员穆斯塔法一行,来安定区考察英国伊斯兰教救助组织社区发展项目前期工作。6月27日,国际助老会官员魏苏姆、约瑟夫、张晓亚、肖宏燕一行,在省老龄办副主任刘柏林、临夏市市长孙加震的陪同下,来安定区考察有关产业扶持项目工作。8月13日,加拿大籍华人田青青代表资助中国乡村贫困女童基金会,前来安定区内官营镇开展捐资助学活动,共计为内官营镇先锋、仁化、乌龙和香泉镇4所小学的150名贫困女童捐赠助学金3万元。9月28日,南非全国省级事务委员会(省务院)代表团,来安定区考察小流域治理及马铃薯产业。10月13日,世界银行行长威廉·沃尔茨来安定区考察。12月20日,美国专家史蒂文一行,来安定区调研GAVI项目实施情况。

2006年2月27日,世界卫生组织JICA(计划免疫)项目评估团,来安定区考察计划免疫工作。8月15日,加拿大资助中国乡村女童基金会董事长田青青一行来安定区,为当年新录取的经济困难女学生发放资助金。9月21日,非洲法语国家新闻团来安定区考察联星扶贫模式。

2007年7月1日,非洲官员考察团来安定区考察扶贫开发工作。12月28日,联合国儿基会项目官员来安定区检查项目工作。12月5日,新加坡吉保集团总裁高克诚一行,来安定区考察马铃薯产业发展情况。

2008年3月28日,法国国际友人团来安定区考察人畜饮水情况。5月18日,塞舌尔国民议会代表团来安定区考察工作。5月26日,加拿大籍华人田青青来安定区考察学校援建项目。8月17日,加拿大籍华人田青青一行,来安定区考察大学生资助有关事宜。8月25日,日本驻华大使馆一等秘书大崎佳奈子一行,来安定区考察教育援助项目。

2009年6月6日,中外媒体"甘肃行"记者团采访青岚山乡大坪村

2009年6月6日,中外媒体"甘肃行"记者团,来安定区采访生态环境建设情况。8月16日—17日,加拿

大籍华人田青青一行,来安定区参加王家山屈叶素文纪念小学落成典礼。

2010 年 4 月 24 日,秘鲁马铃薯专家考察团来安定区考察马铃薯产业发展情况。7 月 7 日,伊朗库姆省副省长、省工矿部部长阿瓦里法德·马吉德(Avarifard Majid),带领伊朗库姆省政府经贸代表团,来安定区考察马铃薯脱毒育种和深加工技术。7 月 28 日,日本驻华大使馆经济部利民工程项目助理池村小叶,来安定区考察项目学校。8 月 12 日,加拿大资助中国乡村女学生教育基金会董事长田青青一行,来安定区慰问受资助学生。11 月 24 日,哈萨克斯坦、塔吉克斯坦考察团,在GEF/OP12 项目中央项目办经理刘勇和省林业厅科技处处长高建玉的陪同下,来安定区考察 GEF/OP12 甘肃项目。

第七节　信　访

机构

1988 年 4 月,县委、县政府信访室合并,隶属县委办公室序列,负责办理县委、县政府信访业务。2005 年 5 月,撤室设局,成立安定区信访局,由区委办、区政府办管理,以区政府办管理为主。2010 年 8 月,信访室归区政府办管理,在区政府办公室加挂区信访局牌子。信访局在编 10 人,局长 1 名,副局长 2 名,主任科员 1 名,科员 1 名,事业管理人员 3 名,工勤人员 2 名。有办公室、办信室、督查室和接访室四个内设机构。

信访重点

1986 年至 1990 年,检举揭发违反党风党纪问题 158 件,民事纠纷 182 件。1991 年至 1995 年,涉及农转非 76 件,计划生育 99 件,农村生产生活问题 347 件。1996 年至 2000 年,涉及劳动就业 100 件,计划生育 137 件,群众生活困难 240 件。2001 年至 2005 年,涉及企业改制 235 件,下岗职工安置 236 件,拖欠道路建设款 86 件,排危建校款 75 件,机修梯田作业款 118 件,征地补偿款分配 176 件,居民生活困难 293 件。2006 至 2010 年,涉及军转干部待遇 52 件,复转军人安置 107 件,涉法涉诉 125 件,重点项目实施 131 件,征地拆迁 178 件,异地安置 125 件,社会就业 163 件,民生保障 192 件,城市管理 259 件。

信访工作

1986 年,《定西县党政机关信访工作责任制度》和"三联单"制度实施,促进了信访工作的正常进行。1987 年，26 个乡镇重新建立治保、民调、信访"三合一"领导小组，308 个村成立民调组织，2183 个社都有民事调解员，三级信访网络得到建立健全。1990 年，建立县委、县政府领导定期接待日制度，处理重大疑难案件。并制定《关于信访问题实行分级负责、归口办理的暂行办法》，进一步规范信访工作。1994 年，信访室印发《关于进一步加强宣传教育，认真搞好引导群众逐级上访工作的通知》，逐级上访工作落到实处。1995 年，国务院《信访条例》颁布实施，信访工作正式纳入法制法、规范化、经常化的轨道。1997 年，签订信访工作责任书，从 10 个方面考核信访工作，实现了"一总四定"。1998 年，出台《定西县人民群众逐级上访接待处理制度》，保障人民群众合法权益，维护社会政治稳定。2003 年，针对全区信访实际，制定了《定西县信访工作领导责任制》和《关于开展群众重复上访问题专项治理工作的实施意见》，保证了信访渠道畅通。2004 年，成立区集中处理信访突出问题及涉访群体性事件联席会议领导小组，确立了联席会议制度。2005 年，按照国务院《信访条例》要求，区信访工作进一步完善制度，出台一个规定（《安定区信访工作责任追究暂行规定》）；一个方案（《安定区群众信访问题分类归口包案办理方案》）；两个办法（《定西市安定区区直机关各部门信访问题归口处理办法》《安定区化解和处理集体上访问题暂行办法》）；三个规则（《定西市安定区信访局办理群众来信工作规则（试行）》《定西市安定区信访局接待群众来访工作规则（试行）》《定西市安定区信访局督查督办工作规则（试行）》）；六项制度（《党委、政府定期研究信访工作制度》《党政领导信访接待日制度》《领导包案制度》《领导阅批群众来信制度》《目标管理制度》《信访情况通报反馈制度》）。开展信访目标管理考核。2005 年国家信访局局长王学军、副局长卫金木、副局长王石奇先后 3 次来安定区调研信访工作的正规化、程序化、法制化建设工作，给予充分肯定。2006 年，按照"双向规范、三级终结"的做法，规范受理办理信访行政行为，实行专项目标责任制管理。2007 年，"三会一代理"制度建立，多方参与，齐抓共管，解决重信重访问题。2008 年，为使信访事项及时有效地解决，实行信访事项"督办令"制度。2010 年，区信访事项复查复核委员会成立，制订《安定区信访事项复查复核实施细则（暂行）》和《安定区解决特殊疑难信访问题专项资金管理实施细则》，为信访工作的健康发展提供保障。同时重新确定各乡镇（街道）、各部门信访专（兼）职干部 124 人。

第八节 住房公积金

从 1993 年开始，定西县同全国一样，全面实施住房制度改革。

机构与职责

1993年3月29日,定西县成立住房资金管理中心,和房地产公司合署办公,一套人马,两块牌子,编制4人。同年6月27日,县住房资金管理中心划归县房改办公室管理,和县房改办合署办公,一套班子,两块牌子,事业性质,定编3人。1997年10月,增加编制2人,同时将住房资金管理中心由全额拨款改为自收自支,独立核算,自负盈亏。2001年1月,重新核定编制为7人。2003年9月,更名为安定区住房资金管理中心。2006年12月,划归安定区政府办公室管理。2010年3月,上划定西市住房公积金管理中心,更名为定西市住房公积金管理中心安定区管理部。其主要职责:编制、执行住房公积金归集、使用计划;负责记载职工住房公积金存缴、提取、使用等情况;负责住房公积金核算;审核住房公积金提取、使用;负责住房公积金保值和归还;编制住房公积金的归集、使用计划执行情况的报告。

业务发展

归集方面,1993年,县房改办以《关于转发甘肃省住房公积金管理试行办法》为起点,全面推行住房公积金制度,住房公积金缴存财政拨补按1990年底标准工资4%执行,职工个人按标准工资4%缴存。1995年,因财政收入出现较大困难曾一度停止。1996年4月22日,定政发〔1996〕226号《关于住房公积金缴存管理有关问题的通知》文件下发,调整缴存比例,为住房公积金缴存再实施注入新的活力。1997年,住房公积金按职工工资总额财政拨补2.5%,归集缴存转入正常。1999年4月3日,国务院颁布《住房公积金管理条例》,使住房公积金管理工作有法可依。2000年,县政府下发《批转关于在全县各乡镇及县直行政事业单位延伸到乡镇的派出机构实行住房公积金的意见通知》,为全县住房公积金缴存奠定了基础。2005年开始,住房公积金缴存财政拨补比例每年增加一个百分点,2010年达到8%。住房公积金的缴存人员从行政事业单位职工逐步扩大到国有、集体企业职工,省市驻定单位职工以及乡镇和区直行政事业单位在乡镇的派出机构职工。住房公积金的缴存单位由1993年的90个发展到2010年的218个,缴存人数由4110人发展到14500多人。截至2010年底,住房公积金归集额由1993年的26.89万元发展到2.36亿元,累计归集余额达1.99亿元。

个人住房贷款方面,按《住房公积金管理条例》的规定,为缴存住房公积金一年以上,购买、建造、翻建、大修自住住房职工提供个人住房贷款。贷款时限和金额根据住房公积金管理委员会审议的决定和个人购买住房房价而确定。贷款发放由 1995 年的 80 万元发展到 2010 年底的 3.33 亿元，累计为 6873 人次投放购房、建房贷款，个人住房公积金贷款余额达到 1.95 亿元。职工因退休、购房等原因累计支取住房公积金 3660.87 万元。累计实现增值收益 885.21 万元，累计提取风险准备金 152.6 万元，累计提取廉租住房建设补充资金 321.13 万元，实现了住房公积金的保值、增值目标。

1993—2010 年安定区(定西县)住房公积金业务发展一览表

表 7-1-29 　　　　　　　　　　　　　　　　　　　　　　　　　　　　　单位:元

统计年份	归集额	支取额	归集余额	委托贷款余额	增值收益
合　计	236,094,619.8	36,608,768.5			8,852,150.3
1993	268,923	330.6	268,592.4		
1994	324,845.4	3,535.8	589,902.0		
1995	278,948.9	14,436	854,415		
1996	305,605.7	16,782.1	1,143,238.5	319,000	
1997	1,113,462.6	33,737.9	2,222,963.2	712,000	106,075.6
1998	1,592,498.3	116,095.4	3,699,366.13	1,827,000	275,386.5
1999	2,844,670.2	191,169.5	6,352,866.8	5,173,700	290,108.7
2000	4,045,679.2	345,150.6	10,053,395.4	6,616,311	213,911
2001	4,486,328.6	601,481.9	13,938,242.2	7,724,581	358,802.8
2002	5,303,508.7	1,007,851.5	18,233,899.3	11,731,460	307,746.9
2003	9,483,829.5	1,911,936.0	25,805,792.8	15,130,456	278,675
2004	12,272,717.2	1,456,317.2	36,622,192.8	18,295,862.3	805,889.7
2005	15,137,144.9	2,570,333.4	49,189,004.3	26,115,145.1	752,136.2
2006	18,435,021.7	3,069,663.4	64,554,362.6	26,534,742.8	363,021.4
2007	25,113,422.9	5,642,596.1	84,025,189.3	61,156,475.7	832,934.3
2008	37,336,281.5	4,123,090.2	117,238,380.6	76,442,851	983,732.8
2009	44,598,067.5	5,233,745.1	156,602,703.1	152,525,031	3,283,729.5
2010	53,153,664.2	10,270,516.1	199,485,851.2	195,130,763.4	

第二章 经济管理

第一节 计划管理

机构

1986 年 3 月，县计划委员会再次与县经委合并，改称定西县经济计划委员会。1991 年 8 月，再次分设为定西县计划委员会和定西县经济委员会。1992 年，确定计划委员会为科级建制，定编 8 人。1997 年 10 月，更名为定西县计划局。1998年，将县物价局职能并入县计划局，编制 11 人。2002 年 1 月，更名为定西县发展计划局，内设 5 个职能股（室）：办公室、以工代赈办公室、综合计划股、基本建设计划股、信息中心，共有职工 16 人。2004 年 12 月，更名为安定区发展和改革局，正科级建制，共有职工 11 人，其中，正科级 2 人，副科 2 人，科员 4 人，工人 3 人。又下设安定区重点项目建设管理办公室，副科级建制。2005 年，将原区经济体制改革办公室的职能划入区发展和改革局，增加区以工代赈易地扶贫搬迁项目管理办公室的职能。2010 年 12 月，区发展和改革局加挂安定区物价局牌子，为区政府工作部门。以工代赈易地扶贫搬迁项目管理办公室从内设机构中分离，设为独立事业单位，副科级建制，内设 6 个职能股（室）：办公室、规划和综合信息股、经济体制改革办公室、价格管理股（价格认证中心）、收费管理股、重点项目建设管理办公室（副科级建制），行政编制 11 名，事业编制 2 名，其中，局长 1 名，副局长 2 名，纪检组长 1 名，非领导职务职数按有关规定另行核定，实有职工 20 人。

计划编制与执行

"七五计划"时期（1986—1990 年） 主要奋斗目标：全县工农业总产值达到17500 万元，其中，农业总产值达到 11000 万元，工业总产值达到 6500 万元；农民人均纯收入达到 365 元；油料总产量达到 725 万公斤。实际执行情况是：全县工农业生产总值达到 20807.94 万元，年均递增 11.8%，高于"六五"8.9% 的年递增速度，其中，农业产值 12483.19 万元，平均年增长 6.5%；工业产值达到 8324.75 万元，平均年递增 24.3%，财政收入达 2186.9 万元。农民人均纯收入达到 360.34 元；粮食播种面积基本稳定在 140 万亩左右，油料播种面积基本稳定在 17 万亩左右，油料总产量达到821.43万公斤，畜牧业产值达到2944.49万元，新增有效灌溉面积发展到12.12万亩，新增梯田面积发展到88.02万亩。乡镇企业5047家，初步形成以机械加工、轻工、电子、化工、食品、塑料制品、建筑、建材、地毯、造纸等行业为主的工业生产体系，产品达到300多种。完成25.1万亩的梯田建设及10千伏农电线路579.5公里等重点建设项目。

"八五计划"时期（1991—1995年）　主要奋斗目标是：全县社会总产值达到29700万元，其中，农业总产值达到14500万元，工业总产值达到13000万元，乡镇企业总产值达到3000万元，社会商品零售总额达到18000万元，财政收入达到3400万元，粮食总产量达到14500万公斤，肉类总产量达到1250万公斤，农民人均产粮达到365公斤，农民人均纯收入达到460元。实际执行情况是：全县国民生产总值达到5.46亿元，人均国民生产总值达到1235.1元，比"七五"增长1.04倍，工农业总产值完成4.37亿元，乡镇企业总产值完成34.78万元，财政收入完成3866万元，农民人均纯收入758.12元，粮食播种面积基本稳定在140万亩左右，林地保存面积达到126.97万亩，种植业产值完成1.24亿元，林业产值完成710.68万元，畜牧业生产完成8834.87万元，肉类总产值达到1638.55万公斤，梯田累计达到112.94万亩，有效灌溉面积达到13.27万亩，保灌面积达到11.09万亩，机耕地面积19.67万亩，机播39.2万亩，"121"雨水集流工程，解决了4.5万户、17.5万人和6.1万头大家畜的饮水困难，五年治理水土流失面积达2345平方公里。建成中河渠衬砌等21项小水利工程及23项库坝工程，新架设10千伏农电线路321.02公里，完成16000门程控电话安装、6乡市场建设、8个学校教学楼建设及城关等8乡卫生院改造。128所学校实现"六配套"。广播覆盖率达到88%，通乡率100%，通村率95%，通社率78%，入户率70%，电视覆盖率62%。

"九五"计划时期（1996—2000年）　主要目标是：国民生产总值达到10.4亿元，人均国民生产总值达到2167元，工农业总值达到17亿元，其中，农业总产值达到4亿元，工业总产值达到13亿元。乡镇企业总产值达到30亿元，财政收入达到6500万元；粮食总产量达到1.7亿公斤，油料总产量达到1300万公斤，农民人均纯收入达到1200元，农民人均产粮达到410公斤，社会消费品零售总额达到5亿元。实际执行情况是：全县国民生产总值达到8.98亿元，财政收入达到8244万元，粮食产量达到1.26亿公斤，农民人均产粮达326公斤，农民人均纯收入增加到1258元，社会消费品零售总额达到4.37亿元，新建"121"水窖5.7万眼，集雨节灌窖6.3万眼，完成小水利工程155处，发展集雨补灌面积17万亩，有效灌溉面积1.6万亩，新增梯田36.8万亩，新增林地18.3万亩，累计治理水土流失面积586.4

平方公里。乡镇企业增加值达到 2.14 亿元;全县非公有制经济完成产值 3.4 亿元,实现销售收入 3.7 亿元,税金 1259 万元。社会消费品零售总额完成 4.37 亿元,固定资产投资超过 8.4 亿元,比"八五"期间增长了 3.5 倍。城镇居民人均可支配收入达 4050 元,增长 1.43 倍,农村人均居住面积由"八五"末的 15.1 平方米提高到"九五"末的 17.8 平方米,城镇人均居住面积由"八五"末的 15.4 平方米提高到"九五"末的 21.1 平方米。

"十五计划"时期(2001—2005 年)　主要目标是:国内生产总值达到 15 亿元,年均增长 11%;农业增加值达到 4.6 亿元,年均增长 5%,工业增加值达到 1.95 亿元,年均增长 10%。乡镇企业增加值达到 5.32 亿元,年均增长 20%。财政收入达到 1.5 亿元,年均增长 13%。粮食总产量达到 1.8 亿公斤,年均增长 7%;农民人均纯收入达到 1800 元,年均增加 108 元。社会消费品零售总额达到 7.1 亿元,年均增长 10%;固定资产投资总额累计达到 16 亿元。人口自然增长率控制在 6‰以内,总人口控制在 48.82 万人以内。实际执行情况是:全区生产总值达到 16.36 亿元,年均增长 12.7%。财政收入达到 1.02 亿元,年均增长 4.5%。城镇居民人均可支配收入达到 6509 元, 年均增长 10%。农民人均纯收入达到 1683 元, 年均增长 6%。新造林 95 万亩,森林覆盖率提高到 10.2%。实现了梯田化区(县)的目标。水土流失治理程度达到 70.9%。人畜饮水困难的问题得到有效缓解。探索和创立了"草多—畜多—肥多—粮多—钱多"的生态循环经济新模式;马铃薯和畜草两大产业总产值分别达到 4 亿元和 1.95 亿元,劳务总收入达到 2.8 亿元。粮食总产量达到 18.8 万吨。争取、引进和筹集建设资金 16 亿多元,建成各类项目 180 多项。新修、改建县乡公路 169 公里、乡村道路 872 公里。建成 18 个各具特色的小康村。全社会固定资产投资累计完成 26 亿元,非公有制经济较快发展, 累计上缴税金 1.06 亿元。人口自然增长率控制在 2.5‰以内。

"十一五计划"时期(2006—2010 年)　主要任务是,坚持水保立区、农业稳区、工业富区、科教兴区、依法治区发展战略,做强马铃薯、畜草、劳务三大支柱产业,培育绿色食品加工、现代制药、冶金机电、化工建材四大主导工业,构建市域经济中心,推进社会主义新农村建设,努力把安定区建成全国水保生态建设第一区(县)、全国最大的马铃薯生产加工基地和集散中心,全面提升区域经济综合实力和竞争力。主要目标是:全区生产总值达到 27 亿元,其中,第一产业达到 6.7 亿元,第二产业达到 7.8 亿元,第三产业达到 12.5 亿元,三大产业比重达到 25∶29∶46,财政收入达到 1.5 亿元;固定资产投资达到 21 亿元;社会消费品零售总额达到 15.8 亿元。城镇居民人均可支配收入达到 9000 元,农民人均纯收入达到 2250 元。

人口自然增长率控制在 8‰。实际执行情况是：生产总值达到 30 亿元，三大产业结构比为 22:26:52，全社会固定资产投资 36 亿元，财政收入 3.1 亿元，社会消费品零售总额 17.8 亿元，城镇居民人均可支配收入 10528 元，农民人均纯收入 2685 元。新修、改建通乡公路 234 公里，乡村道路 1025 公里，公路通车总里程 2308 公里。"定西马铃薯"被评为甘肃省著名商标。建成各类大型养殖场（小区）101 处，发展规模养殖户 1240 户，规模养殖比重达到 35%，跻身全省"养羊大县（区）"行列。全区马铃薯、畜草产业总产值分别达到 6.8 亿元和 3.2 亿元，劳务总收入达到 9.8 亿元，粮食总产量达到 25 万吨。新造林 7.9 万亩，森林覆盖率达到 11.2%。新增流域治理面积 2980 平方公里，治理程度达到 84.8%。累计兴修梯田 189 万亩，人均达到 4 亩以上。工业企业完成增加值 4.2 亿元，实现销售收入 10.6 亿元，上缴税金 0.6 亿元，全区商业网点达到 7382 个，交易市场总数 69 个，商贸流通企业达到 743 户，注册资金达到 11.3 亿元，从业人员达到 1.1 万人，营业收入达到 3.1 亿元，社会消费品零售总额达到 17.8 亿元。累计发放各类惠农资金 8.6 亿元。城市低保人均月补差标准达到 125 元，农村低保保障面达到 17%。城镇居民基本医疗保险参保率达到 96.7%，新型农村合作医疗参合率达到 90.4%。全区小学、初中适龄儿童入学率分别达到 99.9%和 99.3%，初等教育、初级中等教育完成率分别达到 99.8%和 99.5%。人口自然增长率控制在 6.3‰以内。

项目管理

重点项目管理　在加强计划、财政、审计等方面管理力度的基础上，实行奖励制度。2004 年，安定区区委办发〔2004〕51 号文件印发了《安定区项目建设和资金争取考核奖励办法》规定争取资金奖励标准是：计划、财政、扶贫等综合部门以上年本部门争取项目资金为基数，对当年争取项目资金较上年增长部分按增量的 2%奖励，最高不超过 10 万元；教育、卫生、城建、交通、经贸、农林水、民政、科技、粮食、乡镇企业等项目主管部门以相同标准进行奖励，最高不超过 8 万元；各乡镇和其他部门根据争取到的项目资金数额的 2%奖励，奖金最高不得超过 5 万元。争取资金累计达不到 10 万元的不予奖励。项目建设奖励标准是：分设一、二、三等奖各一个，按照考核得分由高到低顺次确定，得分相同时按总投资大小确定。一等奖 10000 元，二等奖 8000 元，三等奖 5000 元。

2010 年，安定区委办和政府办以安办发〔2010〕42 号文件印发了《安定区重点建设项目领导责任制考核办法（试行）》加强了各环节的管理。

以工代赈项目管理　2004 年，安定区人民政府根据《甘肃省易地扶贫搬迁试点工程实施意见(试行)》精神和省发改委关于《定西市安定区 2004 年以工代赈易地扶贫搬迁试点工程实施方案的批复》要求,结合安定区实际,制定安定区以工代赈易地扶贫搬迁试点工程实施管理办法。

第二节 统计管理

机构

1952 年下半年,成立定西县人民政府统计科,1958 年 8 月撤销。1965 年 4 月,成立定西县统计局。1968 年"文化大革命"期间自行消失。1982 年 1 月,恢复县统计局。1984 年 12 月,定西县农村社会经济调查队建立,隶属于甘肃省农村社会经济调查队,委托县统计局管理,并合署办公。2003 年,定西撤县设区后,定西县统计局更名为安定区统计局。2008 年年末,农村社会经济调查队改制为省直属,脱离统计局管理。2010 年末,区统计局在职职工 17 人,其中,局长 1 人,党支部书记 1 人,副局长 2 人,纪检员 1 人。下设 4 个内设机构:办公室(综合统计股)、农贸能源统计股、投资劳资统计股、普查中心,均为股级建制,事业单位。

统计调查

常规统计

新中国成立以后,为了便于进行年度间对比,满足制定国民经济和社会发展目标的需要,定西县统计部门在农业、工业、交通邮电业、建筑业和商贸餐饮业等行业统计中,执行了国家统一制定的 1952 年、1957 年、1970 年、1980 年、1990 年、2000 年 6 个时期的不变价格和当地的现行价格。

1986—2010 年,安定区(定西县)统计调查的内容主要有综合、固定资产投资、农业、工业、商业、物资、财政金融、基本建设、交通邮电、劳动工资、综合平衡 10 个统计专业,共 120 多种报表、960 多个类别、近 9000 个统计指标。

到 2005 年,定期报表和

1986—2010 年定西县(安定区)国民经济和社会发展统计年报

年报的统计内容主要划分为核算,包括农业、工业、能源、固定资产投资,建筑业,批发零售和贸易业、劳动工资等,使反映价值量和社会经济效益的指标更为全面系统。

抽样调查

自1984年以来,定西县相继开展了农村住户调查,农产品产量调查,农村固定资产投资调查,规模以下工业和个体经济、人口、劳动力、投入产出等抽样调查。农村住户抽样调查,是从农民家计调查(农民家庭收支调查)发展而来的非全面调查。定西县开展该项调查,始于1981年。调查的项目有住户基本情况,农作物种植,林业,动物饲养,出售产品,粮食收支存,现金收支与结存,商品购买,主要消费品消费量,耐用消费品拥有量等。到2005年,定西县农村住户调查的项目主要有农村居民家庭概况,农村居民家庭收入与支出,农村居民居住情况,农村住户人口与劳动力就业情况,农村居民家庭实物收支情况等。

从1984年开始,定西县农产品产量调查主要开展了农作物产量调查和畜牧业抽样调查。1998年起,开展规模以下工业抽样调查。2002年取消规模以下工业全面调查,直接使用抽样调查数据。调查对象:一是年产品销售收入500万元以下的非国有工业企业(简称规模以下工业企业),不包括非独立核算工业企业。调查内容包括企业的详细名称、地址、企业法人代码、登记注册类型、行业类别、人员及生产经营状况等。二是全部个体经营工业户,调查内容包括户主姓名、行业类别、人员及生产经营状况等。

农村固定资产投资调查

始于1981年,调查的主要对象分为三类:一是企业单位;二是乡镇行政事业单位和社会群众团体;三是农户固定资产投资情况调查。调查内容有投资来源、投资构成、投资方向及具体投资项目,建房施工、竣工面积和投资完成额等。

人口普查

中华人民共和国成立以来,我国先后于1953年、1964年、1982年、1990年、2000年和2010年分别进行了六次人口普查,为国民经济发展,远景目标制订提供了重要依据。(详见第二编第一章第四节)

农业普查

第一次全国农业普查 根据国务院《关于开展第一次全国农业普查的通知》,

普查的标准时点是 1996 年 12 月 31 日,时期指标为 1996 年度。普查的主要内容是 4 张调查表、2 张卡片,即"农村住户调查表"、"非农村住户类农业生产经营单位调查表"、"行政村调查表"、"乡镇调查表"、"非农乡镇企业基本情况卡片"、"农业用地卡片"。县上成立了由分管县长和相关职能部门组成的领导小组,下设办公室,负责组织协调普查工作。

第二次全国农业普查　时期资料为 2006 年度,时点资料为 2006 年 12 月 31 日。

经济普查

第一次全国经济普查　为了全面掌握第二产业和第三产业的发展规模、结构和效益等信息,建立健全覆盖国民经济各个行业的基本单位名录库(含编码)及其数据库系统,国务院决定 2004 年开展第一次全国经济普查。普查的标准时点是 2004 年 12 月 31 日,时期资料为 2004 年度。普查的内容包括单位标志、从业人员、财务收支、资产状况,以及企业的主要生产经营活动和生产能力,主要原材料和能源消耗及科技开发的投入状况等。安定区成立了由相关部门和单位组成的领导小组,领导小组下设办公室,组织协调普查工作。全区共划分 26 个普查区,337 个普查小区,共抽调普查指导员 101 人,普查员 486 人。经普查,全区共有单位 2093 家,个体户 7613 家。

第二次全国经济普查　为了全面反映第一次经济普查之后我国改革发展的成果、经济规模、产业结构等情况,国务院决定开展第二次全国经济普查。此次普查的标准时点是 2008 年 12 月 31 日,历时两年,于 2009 年底结束。安定区共普查法人单位 1590 家,其中,单产业法人 1220 家,多产业法人单位 370 家;产业活动单位 2571 家,其中多产法人所属的产业活动单位 1351 家,从业人员 50202 人,个体经营户 9052 家。

统计服务

1986 至 2010 年,区统计部门每年编印《统计年鉴》,并从 2002 年起,每季提供经济运行态势分析报告。围绕区上的中心工作,先后开展了县区经济,劳务经济,马铃薯、草畜、中药材等支柱产业及粮食生产,梯田建设,人畜饮水,劳动力等专题调查,撰写了有情况、有分析、有建议的调查报告,为区委、区政府科学决策提供了依据。

第三节　国土资源管理

机构

1987年4月,县农委设立土地科,开始管理全县的土地工作。1988年1月,成立定西县土地管理局,为科级建制,政府部门序列,编制初定7人,撤销农委土地管理科。1989年,成立土地管理执法队。1992年,成立土地开发公司。1994年,成立定西县土地估价事务所。土地管理局内设办公室、地籍股、监察股、建设用地股;下设执法队、土地估价事务所、土地开发服务公司。1997年,土管局增设宣教规划股。根据县政府定政发〔1998〕12号文件要求,在各乡镇设立土地管理所,人员由乡镇干部兼职,配合县土地管理局开展本乡镇土地管理工作。2001年,局机关下设国有土地储备中心。2002年, 定西县土地管理局更名为定西县国土资源局。2003年,撤县设区,县国土资源局更名为安定区国土资源局。2004年,重设职能股室,内设办公室、地籍股、执法监察股、耕地保护股、土地估价事务所、土地开发咨询整理中心(原开发公司)。2005年,更名为定西市国土资源局安定分局,为定西市国土资源局派出机构。核定行政编制5名,后勤事业编制11名(安定分局执法监察大队),领导职数2名。撤销原安定区所辖乡镇国土资源所,整合组建5个副科级建制的乡镇国土资源中心所,业务归市国土资源局安定分局管理,工作人员依照公务员管理。保留安定区土地开发咨询服务公司,由安定分局管理,自收自支,企业化管理。2006年,进行国土系统机构体制改革,原土地估价事务所和国有土地储备中心上划定西市国土资源局。安定分局在乡镇下设五个国土资源中心所即内官营、巉口、凤翔、葛家岔、李家堡。2007年,国土安定分局内设引洮供水工程、天定高速公路、兰渝铁路等征地协调小组;人员在分局与基层所之间变动。

地籍管理

土地调查　1988年,县政府组织力量对全县非农业用地进行全面清查。1990年,县政府组织人员对全县土地利用现状进行大规模调查。通过外业调查,航片转绘,面积量算等程序,对全县土地总面积5463327.8亩有了较为精确的数据。1992年,开展了城镇地籍权属调查,共调查5151宗,占地12922亩,查清了城区各类建设用地的分类面积。1996年,对城镇地籍调查进行了细步测量,共实测土地4650宗,占地1.62万亩,摸清了当时全县土地面积变化的总趋势。根据国发〔2006〕38号以及省、市相关文件精神,于2008年11月,全面开展第二次全国土地调查工作。2010 年 6 月，顺利通过省二调办专家组预检验收。共完成土地调查面积 3645.92 平方千米，其中，农村土地面积 3627.92 平方千米；完成 1 ∶ 10000 卫星影像平面图 177 幅。全区耕地面积为 162431.57 公顷，按照《安定区基本农田调查上图工作实施方案》，最后将全区的耕地保有量划定为 143062.89 公顷、基本农田保有量划定为 131616.67 公顷。以二次调查全区最新耕地面积 162431.57 公顷测算，基本农田保护率为 81.36%。

土地登记、发证　1988 年，按照《中华人民共和国土地管理法》《甘肃省实施土地管理法办法》的相关规定，开始《集体建设用地使用证》的发放工作。1996 年，城镇地籍细步测量结束后，开始《国有土地使用证》的发放。至 2010 年 9 月，累计颁发国有土地使用权证 10687 宗、集体土地所有权证 306 宗、集体建设用地使用权证 320 宗、宅基地使用权证 112872 宗。初始登记：国有 7596 宗，其中，划拨 251 宗、出让 7344 宗、作价出资 1 宗；集体 113034 宗，其中，所有权登记 306 宗，宅基地使用权登记 112728 宗；国有建设用地抵押权登记 68 宗，其中，集体土地抵押权登记 1 宗；变更登记国有累计 3038 宗，其中，用途变更 2042 宗、到期转让 989 宗、更名更址 7 宗；变更登记 155 宗，其中，宅基地使用权变更 144 宗。

土地分等定级　从 1994 年开始，对国有企业和集体企业清产核资中的土地资产进行估价，对旧城改造中的土地进行估价；土地出让、转让中，对土地进行估价。2006 年，安定区被确定为农用地分等定级与估价试点，在国土资源部土地整理中心的安排部署下，由甘肃省国土资源规划研究院与安定区国土资源局共同组织实施了农用地分等定级及产能核算工作。对土地自然质量、土地利用水平、土地经济水平逐级订正，综合评定农用地等别。全区分等单元为自然质量一般的 7 等地占 72.63%，而自然质量最高的好 10 等地仅占 3.44%。

耕地保护及管理

1992 年，制定《定西县重点农田管理暂行办法》，全县划定了重点农田保护区，即一级区，保护面积共 105577.26 公顷（1583658.86 亩），保护率为 60.86%。1996 年，印发了《定西县基本农田保护及农村非农业建设用地管理办法》，加强了对耕地的保护。1998 年，依照国家《基本农田保护条例》，划定基本农田 309327 块 127912 公顷，基本农田保护率为 83%。区、乡共绘制基本农田保护图 20 幅，均设立基本农田保护标志，建立了基本农田保护档案和统计台账。2001 年 6 月，中华人民共和国国土资源部、农业部授予县土地管理局全国基本农田保护工作先进单位称号。截至 2006 年底，区政府与各乡镇政府签订基本农田保护责任书 25 份，责任书签订到村 302 份，到组 2312 份，两级政府与农户签订基本农田保护合同 88133 份，规范了管理行为。全区共投入资金 4465 万元，完成基本农田改造 19845 公顷。2010 年，全区 19 个乡镇达到了基本农田保护规范化标准，5 个乡镇达到了基本农田保护模范化标准，逐步建立了基本农田保护工作长效机制。并依照《土地复垦规定》，大力实施土地开发整理和复垦项目，及时补充各类重点建设项目占用的基本农田，确保基本农田总量动态平衡。自 2006 年立项，在建和竣工的土地整理开发复垦项目共 12 个。

建设用地管理

1986 年以来，国家建设用地和村镇建设用地的审批权限，全部归县人民政府。征用农用地，必须办理农用地转用审批手续。从 2006 年开始，由国土资源中心所会同乡（镇）人民政府现场勘查核实后，对符合土地利用总体规划和村庄集镇规划的，由乡（镇）人民政府上报国土安定分局审核，由区人民政府批准，批准后的宅基地由国土资源中心所跟踪监测并组织验收。市场调节用地管理始于 1992 年，县政府将县农技中心闲置的土地使用权收回后，转让给定西地区中级人民法院，修建法院审判庭，从此，全县的土地出让和转让工作开始。土地出让金收入，1993 年 10 万元，1994 年达 35 万元，1995 年达 40 万元，1996 年达 46 万元，1997—2006 年底共计 1000 多万元。

土地经营管理

国有、集体企业的土地经营管理　定西县于 1996 年由土地管理部门结合土地估价结果进行土地资产价格登记，在土地登记卡上注明每宗地的资产价格，正式列入企业资产。

企业改制中对土地的经营管理　1997 年，定西县首先对原螺钉厂进行改制，其土地使用权以有偿出让方式进行处置。接着对原贸易公司、轮胎厂、城关粮站等几十家企业逐一进行改制，以同样方式对划拨土地使用权作了处置。截至 2006 年底，对原所有企业划拨土地使用权都以不同方式作了有偿处置，明确了土地权益，发挥了土地资产效益。

土地有形交易市场　2002 年，随着《定西县国有土地使用权招标拍卖挂牌出让实施办法》的制订，国有土地有偿出让正式启动。2003 年，挂牌出让国有土地使用权 2 宗，面积为 112.9 亩。招标拍卖 1 宗，面积为 1.6 亩。2004 年，挂牌出让 3 宗，面积 63.35 亩。2005 年，出让 32 宗，面积 4 公顷。2006 年，出让 1 宗，面积 5.76

公顷。2007年,出让4宗,面积1.67公顷;流转兔肉冷冻厂使用的凤翔镇永定村集体土地14.54亩。2008年,出让9宗,面积6.32公顷。2009年,土地市场交易6宗,517.22平方米;国有建设用地转让5宗,435.22平方米;集体建设用地流转1宗,82平方米;上报审批村镇建设用地项目15.24亩。2010年,办理国有建设用地使用权转让5宗,面积561平方米;审查上报14个乡镇17个批次村镇建设用地项目,总面积71.40公顷。

矿产资源管理

定西县的矿产管理机构名为定西县矿产资源管理办公室。2003年,更名为安定区矿产资源管理办公室,区国土资源局内设矿产管理股负责开展日常工作。2006年,更名为安定分局矿产资源管理办公室。管理机构成立后,首先对分布在14个乡镇的28家矿山企业和12个川区乡镇的部分河道采砂点以及公路沿线的小砖瓦窑进行全面清理,逐一排查。协调公安、工商及河道主管部门,全面清查,逐一造册核实,制定整顿方案;按照统一标准,逐个进行检查验收。2004年,对关川河、西河河道的采砂和石峡湾乡青石峡河谷一带的采石场及砖瓦粘土矿无证开采进行专项整治;对20个砖瓦场进行安全评估;对20家有采矿许可证企业的矿产资源开发利用进行年度监督检查;建立了区、乡、村、社四级群测群防地质灾害监测网络和预警信息系统。2005年,按照《国务院关于全面整顿和规范矿产资源开发秩序的通知》,对安全生产进行了拉网式检查,建立档案,指出隐患,提出整改措施。2006年,继续开展以河道采石、采砂为重点的矿产资源开发秩序整顿和规范工作,共清查整顿非煤矿山企业57家,其中,开采矿山企业32家(砖瓦用粘土矿23家,河道采砂1家,花岗岩石料采石厂8家),无证开采准备出让6家,关闭在河道内乱采滥挖19家。

土地执法监察

1989年,在全县26个乡镇成立土地管理所,任命38个专职土地监察人员,持证上岗,专门负责处理全县的各类违法违规用地。1989年至1996年,共查处各类土地违法案件671件,形成了区、所、村、社4级土地监察网络。2003年起,经过大规模的土地市场清理整顿,至2010年,共查处各类土地违法案件46件。2009年开始,通过卫星遥感图片对全区的土地利用变化情况进行监测,拍摄了32张图斑实地照片,绘制出1∶10000的局部土地利用现状彩图23幅和监测时段前土地利用现状图,全部整理归档,形成规范卷宗15件。全区17个图斑(19个地块)核查数据,全部录入土地卫片执法检查信息系统,按时填写了《土地卫片图斑核查情况登记卡》《实地变化汇总表》《实际占用新增建设用地统计表》和《2009年新增建设用地情况统计汇总表》,于2010年11月15日通过市局验收。

第四节　工商行政管理

机构

1960年,成立定西县工商行政管理局。1962年撤销,归商业局管辖。后几经变更,至1979年2月,又正式成立。发展到1985年,内设人秘、市场管理、企业管理、经济合同、个体经济5个股和1个合同仲裁庭,下辖8个基层工商所(城关、内官营、巉口、葛家岔、宁远、香泉、李家堡、西巩驿),管辖26个乡镇。1986年,增设经济检查股。1989年,增设财务股,设立城区市场治安管理室和鲁家沟工商所。1993年,城关工商所分为城关、永定两个工商所。1994年3月,成立县消费者协会。1995年,成立县市场建设服务中心。1996年,建立市场派出所,增设法制股和商标广告管理股。1997年,成立价格事务所。1998年,设立县个体私营经济发展局,与工商局一个机构,两块牌子;12月,县工商局归省工商局垂直管理。1999年,工商体制上划时,将个体私营经济发展局和市场建设服务中心并入县经贸局;物价局分离,物价检查所划出。2003年9月,更名为定西市工商行政管理局安定分局,基层工商所相应更名。内设机构有:办公室、人事教育科、财务审计科、法规科、市场监督管理科、消费者权益保护科、商标

工商行政管理执法人员现场检查超市食品安全

广告监督管理科、登记注册管理科、监察室、经济检查大队(科级)10个科室,均为副科级建制。协会2个(安定区消费者协会及个体私营企业协会),分局派出机构(工商所)8个(凤翔镇、永定、内官营、巉口、香泉、西巩驿、宁远、葛家岔),均为科级建制。

市场管理

1987年,配合物价部门,严厉打击抬价抢购、扰乱市场、短斤少两、掺杂使假等违法经营行为。1989年,推行以岗位责任制为核心的目标管理,至1990年底,依据《考评标准》考核38个集贸市场。1993年,推行《市场登记证》,共登记商品交易市场43处,其中,综合集贸市场25处,工业品专业市场5处,农副产品专业市场13处。1995年,整顿粮食、成品油、农资、药品等重要商品市场秩序。1996年,对所有集中交易市场进行规范清理和登记公告,对6处有场无市的空壳市场予以注销。1997年,开始在城区市场实行以巡查式为主,进驻式与巡查式相结合的

定西市工商行政管理局安定分局向广大消费者现场展示查获的假冒伪劣商品

巡查制度;在对经纪人进行规范清理中,有36名个体经纪人、2户中介组织取得经纪资格证书。至1999年,市场巡查制全面展开,实现动态监管。2001年,在将永定市场定为全省"百城万店无假货"活动示范市场的同时,对全县97家娱乐服务场所进行清理整顿。2002年,全面清理各类市场经营主体,查处无照经营591户,补办营业执照469户,限期办理115户,依法取缔17户;查处违法违章案件864件,案值38万元。2003年"非典"期间,严厉打击制售假劣防"非典"用品行为,并开展了鼠药市场的专项整治。2004年,进行奶粉市场专项整治。2005年,对盐业、电信、网吧、地面卫星接收设施开展专项整治。2006年,检查餐饮行业、调料经营户的违法行为,对煤炭、中药材、劳动力市场进行整治。2008年,对烟花爆竹、危险化学品、高危农药、毒鼠强、非煤矿山及石油、成品油市场等重点行业开展专项整治。2009年,继续专项整治市场达22项。至2010年底,检查经纪人达499户,执业人员577人,农业经纪人服务公司1家,经纪业务量达5亿元。

企业登记管理

1986年,全县有各类公司48家,标准登记营业31家,保留变更项目3家,撤销8家。发展到1992年底,登记企业900家,其中,国有企业176家,集体企业

717家,联营企业7家,从业人员17900人,注册资金14589万元,上缴税金2387万元。2001年,有各类企业615家,注册资金28796万元。截至2010年,有各类企业815家,其中私营企业598家,注册资金89848万元;内资企业217家,注册资金24980万元;农民专业合作社59家。企业法人核准登记程序是:受理—审查—核准—发照—公告;营业登记程序一般是:申请—审查—核准—发照。

监督管理主要从日常监管、企业年检、行政处罚三个方面对企业进行依法监督管理,核实登记注册与监督管理并重,清理整顿与规范发展并重,依法管理与高效服务并重。

合同监督管理

2008年,办理抵押登记5份,主债权数额2260万元,抵押贷款605万元。2009年,办理抵押登记20份,抵押贷款1615万元。2010年,办理企业动产抵押登记38份,借款金额6156万元。在开展"守合同、重信用"活动中,有4家被批准为区级"守合同、重信用"企业。同时,推行合同示范文本制度及监督检查,2008年,推广合同示范文本220份;2009年,推广合同示范文本5240份;2010年,推广合同示范文本618份。在监督管理上,2008年,现场参加拍卖监督4起,参加工程建设招标投标13次,查处合同案件5起,罚款1100元。2009年,检查各类合同368份,检查涉农企业26家、涉农合同286份,签约合同26500份;参加现场拍卖监督3起,参加工程建设招投标4次,查处合同案件3件,罚款1.27万元。2010年,参加现场拍卖监督3起,参加工程建设招投标1次;在格式合同专项检查中,共检查各类合同45份,检查涉农企业18家、涉农合同184份,查处各类合同案件3起,罚款1.1万元。

公平交易执法

查处不正当竞争及传销行为 1998年,查处第一例伪造商品产地和认证标志,非法加工、销售茶叶的不正当竞争案。1999年查封、取缔全国工商局所列十大传销案之一的连锁店,没收非法所得8800元,并处罚8800元。至2006年,共查处各种形式的不正当竞争案件23件,罚没款20.1万元。2008年,开展打击侵权仿冒行为、保护知识产权执法行动,共办理虚假宣传案件19件,案值41.37万元,罚没款6.83万元。2010年,办理虚假宣传案件7件、企业抽逃注册资金案件1件。

查处其他经济违法违章行为 1992年开始,打击制售假冒伪劣商品行为。2000年至2005年底,共查处案件922件,案值204.81万元。2010年,查处各类经销假冒伪劣商品案件 15 件,检查农资经营户 760 家(次),查办案件 9 件。

查处侵害消费者权益案件　1996 年开始,立案查处侵害消费者权益案件。2000 年至 2006 年,共查处 157 件,案值 47.85 万元,罚没金额 15.11 万元。2010 年,查处 34 件,案值 26 万元,罚没款 13.25 万元。

查处无照经营行为　2003 年,开始清理无照经营专项执法行为,依法取缔无照经营 214 户,查办 152 件,收缴罚没款 4.8 万元。2008 年至 2010 年,开展 7 次专项清理行动,共查处无照经营案件 180 起,罚没款 40 余万元,清理取缔无照经营户 430 余家。

商标广告管理

1988 年,对全县 14 件注册商标核发了《商标印刷许可证》。定西市场商标发展缓慢,1998 年,从事生产加工和服务行业的企业 976 家,使用注册商标的仅 32 件。至 2006 年底,有效注册商标 53 件。2007 年,以鲜土豆及其淀粉精深加工为主的农资、农副产品注册商标 25 件。2008 年,注册商标 10 件,当年查办商标违法案件35 件。2009 年,各类有效注册商标 81 件,查处侵权案件 16 件。2010 年,各类注册商标总数达 100 件,当年查处侵权案件 16 件。1998 年开始,清理整顿各类广告,进行监督管理。至 2000 年,共查处各类违法广告 93 件。2004 年,监测电视广告 780 条,查处违法广告案件 11 起。2005 年,监测电视、户外广告 434 条次,查处违法广告案件 15 起。2008 年,查处违法广告案件 23 起。2009 年,查处 17 起。2010 年,查处 14 起。

个体私营企业监督管理

从 1991 年起,实施规范化管理,完善了登记程序。1995 年,重点对假集体和无证经营行为进行清理,对个体运输业登记注册。1998 年,对符合条件的个体私营企业补办登记 660 家。2000 年,登记注册个体工商户 139 家,注册私营企业 19 家。2002 年,清理无证经营 200 多家,符合条件的依法注册登记。2005 年,登记注册个体工商户 946 家、私营企业 43 家。2006 年,登记注册个体工商户 1211 家、私营企业 103 家,办理有限责任公司 16 家。2008 年,新设个体工商户 956 家、私营企业 90 家、有限公司 26 家,农民专业合作社 22 家。2009 年,登记个体工商户8922 家,新设私营企业 162 家、农民专业合作社 42 家。变更登记方面,1995 年,办理个体户 54 家。2005 年,办理个体户 150 家。2009 年,变更私营企业 46 家。证照管理从 1984 年首次使用全国制发的营业执照以来,经历了 1988、1992、1996、

2000年四次营业执照换发工作。证照管理除日常检查外，主要通过验照贴花和年检进行，1990至2010年，每年年检率在95%以上。

第五节　国有资产管理

1991年，定西县财政局内设国有资产管理股。1992年更名为定西县国有资产管理局，副科级建制。从1994年开始，实行对国有资产的管理职能。

国有资产产权登记

1994年5月，根据国家、省、地有关文件精神，成立了国有资产产权登记工作领导小组，开展国有企业资产产权登记工作。共有55户企业进行了产权登记。重点解决企业和单位普遍存在的产权归属不清、定性不准、账实不符、国有资产流失等问题。

1996年3月，根据国家关于行政事业单位国有资产产权登记的文件精神，开展了对行政事业单位的产权登记工作。以乡（镇）政府、县直行政事业、文教卫生单位为主，全县177家单位完成了登记并核发了《国有资产产权登记证》。登记结果显示，全县三大口行政事业单位资产总额为8017万元，负债748万元，资产总额中国有资产7269万元，其中，固定资产总额6752万元。主要财产是：土地占用面积471万平方米、房屋建筑物面积112万平方米、汽车156辆、专用仪器设备1135台。

清产核资

国有企业清产核资　1995年，定西县清产核资领导小组办公室部署安排了国有企业清产核资工作。通过资产清查、产权界定、土地估价、固定资产价值重估和资金核实，全县55家国有企业资产总额为12295万元，负债总额为8329万元，占资产总额的67.74%；所有者权益为3966万元，占资产总额的32.26%，全部为国家所有者权益。核定国家资本4137万元，核定国有资产价值总量3966万元。全部资产损失净额555万元，已核销资产损失总额457万元，尚不能处理需核销经营性亏损或留待以后年度自行消化的资产损失98万元，资金挂账总额822万元。

行政事业单位资产清查　2007年，成立行政事业单位资产清查工作领导小组，统一领导清查工作。清查范围是行政、党群机关、事业单位、社会团体以及上述单位的附属营业等。通过汇总，全区有（一二级会计机构）行政单位58家、事业单位 101 家、社会团体 3 家。账面资产总额为 37055.2 万元,负债总额为 6968 万元,所有者权益总额为 30087.2 万元。清查后的资产总额为 36862.2 万元,负债总额为 6774.9 万元,所有者权益总额为 30087.3 万元。盘盈固定资产 4368.7 万元,盘亏固定资产 305.4 万元;毁损固定资产 53.1 万元,报废固定资产 291.7 万元,其他原因 106.3 万元;清查后的土地面积为 529.82 万平方米,房屋建筑物类面积 69 万平方米。

城镇集体企业清产核资　1998 年,城镇集体企业清产核资领导小组对全县 26 户城镇集体企业进行清产核资,其中,工业企业 25 家,建筑企业 1 家。通过清产核资,26 家企业资产总额清查值为 224.97 万元,负债 208.95 万元,占资产总额的 92.88%;所有者权益 16.02 万元,占资产总额的 7.12%;固定资产和流动资产两项合计净损失 45.90 万元,占资产总额的 20.43%。在清查中,督促企业建立健全了规章制度。

企业产权制度改革

1992 年,五金公司、百货公司、糖酒公司、饮食服务公司、食品公司进行了国有民营改制。1998 年 3 月,根据关于企业改制的有关精神,选择 10 户企业为全县企业改制试点单位。1999 至 2000 年底,对宏星百货零售公司、兴百百货公司、兴隆商贸公司、食品厂、盛兴工贸公司、五交化公司、饮食服务公司、糖酒公司、高强度螺钉厂、建材厂、环宇淀粉公司、医药公司、兴盛粮油公司、旌盛粮油公司、中兴粮油公司、面粉厂、家电厂、食品公司、干酪素公司、煤炭公司、物资公司等进行了以"三置换一保障"为内容的产权制度改革。2006 年,对现有粮食购销企业 16 家、附营企业 1 家,除城关粮油收储军供站外,以谷丰粮油收储公司为主体,整合部分企业的资产,组建国有独资粮食购销企业。巉口国家粮食储备库管理权属中储粮总公司平凉直属库,进行人员身份置换,不变动产权;对内官营、巉口、西巩驿、鲁家沟、李家堡、宁远、团结、石泉、香泉、葛家岔、梁家坪等粮管所及城关粮库、粮油总公司、粮食宾馆进行出售,资产变现收益用于安置职工。

第六节　招商引资

机构

2000 年 4 月,成立定西县人民政府招商引资工作团,为政府临时性常设机构。工作人员由计划、经贸等部门抽调的班子成员和业务人员组成,办公室设在计划局。2003年4月,随着"工业富县"战略的深入实施,县招商团与县发展计划局(原计划局)分设,更名为定西县招商局,为县政府直属事业机构,参照公务员管理。2003年9月,定西县撤县设区后,更名为安定区招商局,编制8人,领导职数2人,内设办公室、财务股、招商股、信息股。2010年9月,成立安定区商务局,招商局职能并入商务局。

优惠政策

1998年12月,出台《定西县招商引资招贤纳士的有关规定》。2001年7月,全文转发了《甘肃省地方税务局关于贯彻落实甘肃省实施西部大开发战略优惠政策的实施意见的通知》,对地税机关需重点执行和落实的税收优惠政策从项目扶持等四个方面作出了具体安排。2002年8月,定西县委、县政府印发《关于实施工业富县战略的优惠政策的通知》,对工商企业实行特殊优惠政策,给予六项奖励和四项政策予以扶持,对准上市企业实行"一企一策"予以培育。2003年2月,定西县委、县政府提出了《落实民营强县战略大力发展非公有制经济的实施意见》,切实加强"投资环境、建设环境、干事创业环境"建设,进一步加大招商引资,推动全县非公有制经济快速健康发展作出了详细规定。2004年,定西市人民政府印发了《定西市扶持招商引资和发展非公有制经济的规定》。安定区又先后制定出台了《安定区项目建设和资金争取考核奖励办法》《安定区招商引资项目考核奖励办法》《定西市工商企业考核奖励办法(试行)的通知》。2005年12月,《定西市招商引资优惠政策(试行)》制定出台,从财税优惠、土地优惠、证件办理、引进人才、奖励等方面做出了具体规定。2009年,《定西市循环经济产业园区企业入园优惠政策》制定出台。2010年,安定区制定出台《安定区招商引资工作考核奖励办法(试行)》。

招商引资

2002年,按照全县"三高两增一稳定"的总体工作思路,以营造"三个环境"为突破口,遵循"围绕工农业支柱产业招商;围绕定西陇海经济带的建设招商;围绕兰州'卫星城'的重新定位招商;围绕'五区一带'建设招商;围绕'三个环境',提高全员服务水平招商"的原则,充分发挥县域区位优势,采用节会招商、以商招商等多种形式,加大招商引资力度。与外地客商共达成合同协议48项,签约资金达4.465亿元,引进资金4.427亿元,占地区下达计划4.2亿元的105.4%;已有45家企业在定西县安家落户,实际到位资金1.837亿元,占地区下达任务1.4亿元的

131.2%,其中,工业项目24项、农业项目5项、商业项目16项、其他项目3项,38项已建成投产或营业。2003年,以"发展抓项目"为总揽,新引进项目16项,总签约资金6.8亿元,当年到位资金2.1亿元(新建项目8685万元,续建项目12315万元)。2004年,与外地客商共达成合同协议16项,签约资金达3.26亿元,到位资金1.37亿元,其中,工业项目10项、农业项目1项、商业项目3项、其他项目2项。2005年,共签约资金5.78亿元,其中,新引进项目10项,签约资金3.9亿元,到位资金1.33亿元;续建项目5项,年内到位资金0.17亿元。2006年,新引进项目9项,签约资金2.35亿元,到位资金1.84亿元。2007年,全区把招商引资作为提升支柱产业的抓手,立足区位、产业、资源三大优势,积极吸引客商投资,招商引资项目共签约资金7.7亿元,引进项目12项,到位资金2.1亿元。2008年,共实施项目11项(不含房地产开发项目7项,总投资176023万元,到位资金1.5亿元),签约资金16亿元,实际到位资金2.38亿元。2009年,按照市委、市政府关于"招商引资年"和"项目建设年"的具体实施方案,

定西市区2008年城市重点建设项目开工典礼

全面落实全区"工业发展十大举措",突出产业招商和项目招商,共落实招商项目16个,总签约资金13.1亿元,到位资金4.05亿元。2010年,全区各类招商引资项目19项,签约金额17.63亿元,到位资金5.5亿元,其中,重点工业项目10项,分别是:定西聚信生物工程有限公司超氧化物歧化酶结合物生产项目、甘肃彩云追服饰有限公司品牌西服加工基地建设项目、甘肃巨鹏工贸有限公司农产品保鲜加工及冷链储运中心建设项目、甘肃圣大方舟马铃薯变性淀粉有限公司废水废渣综合利用项目、定西薯峰淀粉有限公司薯渣综合利用项目、甘肃鑫路通工程有限公司3.2万吨沥青库建设项目、甘肃深陇电子科技有限公司LED灯具及电子显示屏生产项目、定西鸿洲建材有限公司新型建材生产项目、定西玉成面业有限公司小麦面粉生产线项目、定西伊兰纯公司牛羊肉屠宰加工生产线项目。

2000—2010 年 10 月，全区共引进招商引资项目 300 项，到位资金 30 多亿元，上缴税金 10 亿元以上，提供就业岗位 3000 多个，有力地推动了全区经济的协调发展。

第三章　经济监督

第一节　审计监督

机构

1984年,定西县审计局成立,人员编制10人,内设秘书股、工交审计股、财贸审计股、农财审计股。1994年,定西县乡镇企业审计事务所成立,隶属县审计局,从审计局调剂人员2名,事业编制,科级建制。1997年,定西县乡镇企业审计事务所更名为定西县审计事务所。1998年,县审计局按《国家公务员暂行条例》,全面实行国家公务员制度,14名工作人员过渡为国家公务员。1999年,县审计事务所与审计局脱离隶属关系。2002年,根据审计局"三定"方案,机关内设办公室、行政事业审计股、企业审计股、财政金融审计股、经济责任审计办公室(副科级建制);核定行政编制10名,专项事业编制5名;经济责任审计办公室主任由副局长兼任。2003年,撤县设区后,定西县审计局更名为定西市安定区审计局。2005年,新增事业编制1名。2006年,经济责任审计办公室增加事业编制2名,办公室主任不再由副局长兼任,配备专职主任1名(副科级)。2010年,根据审计局"三定"方案,机关内设办公室、财政金融审计股、行政事业企业审计股、固定资产投资审计股、定西市安定区经济责任审计办公室(副科级建制),核定行政编制10名,专项事业编制7名,后勤事业编制1名。

财政审计

1983至1994年,县审计局财政审计对象是全县26个乡镇。1994年至2004年,财政审计对象是区财政局、地方税务局、区国库、各预算执行单位及全区26个乡镇。2004年之后,财政审计对象是区财政局、地方税务局、区国库、各预算执行单位及全区19个乡镇和2个街道办事处。

根据《中华人民共和国审计法》规定,从1996年开始,对上年度本级财政预算执行情况和其他财政资金收支情况进行审计。1996年至2010年,共完成预算执行审计35项,审计有关预算执行单位629个,查出违规违纪资金8696万元。对发现的预算编制不够完整、预算收入未及时解缴国库、欠拨(挪用)部分专项资金、财政报账专户结存资金数额较大、个人所得税代扣代缴手续费未及时解缴入库、扩大范围或无依据收费、公费列支应由职工个人负担的相关费用、会计核算不规范等问题及时作出了处理与纠正；审计结果均向县（区）人民政府报送审计结果报告。2002年以来，受区政府委托，每年向区人大常委会作审计工作报告。在实行乡财县管之前，对乡镇年度财政决算的真实性、合法性进行重点审计，截至2005年底，完成乡镇财政决算审计173项，查出违纪违规资金798万元。

金融审计

1984年审计机构成立后，逐步展开对金融机构财务收支审计。1988年至2000年，县审计局主要对国有商业银行县级分支机构、保险公司县级分支机构、地方金融机构的财务收支进行了审计。截至2006年底，先后对工商银行定西县支行1985—1986年、1991—1992年财务收支，定西县人民银行1988、1991年财务收支，县保险公司1987年财务收支，县农业银行1991—1992年财务收支，内官营、宁远等23个农村信用社财务收支进行了审计，共查出违纪资金624万元。

专项资金审计

按照市（地区）统一安排审计部门对财政、发展、科技、民政、扶贫、教育、林业、水利、交通、医疗、社保、国债、救灾、国外贷援款、计划生育费等专项资金进行了审计，安定区（定西县）的重点是1997年对渭源县1994—1996年支援不发达地区资金、"两西"农业建设补助资金、以工代赈和扶贫贷款资金进行交叉审计，1998年对通渭县粮食挂账资金进行交叉审计，2002年对陇西县住房公积金管理情况进行了交叉审计，同时对抗震救灾资金物资的管理使用情况进行了专项审计。1986年至2010年，共审计专项资金287项，查出违规违纪资金6527万元。

企业审计

1983年，审计部门对企业的审计监督逐步展开。当年，主要是对县物资局领导人员的经济责任审计。1996年以前，主要对糖酒、煤炭、电力、螺钉公司、自来水公司、石羊鞋厂、轮胎厂、建材厂、淀粉厂等企业的利润、企业负债、上缴税金、国有资产保值增值、领导人员经济责任等方面进行审计。1999年以后，面对企业改制、国有企业减少、现有企业大多处于停产状态或名存实亡的实际，企业审计工作减少。主要对宏星百货、饮食服务公司、供销大楼等企业改制情况进行审计。1986年至2010年，共完成企业审计109项，查出资产不实1578万元，负债不实1687

万元,损益不实 851 万元。

经济责任审计

1987 年开始,开展对县属企业领导人员的经济责任审计。当年,对县物资局领导人员进行了经济责任审计。但仅限于企业领导人员,审计模式也未脱离财务收支审计的模式。1999 年,根据国家下发的《县级以下党政领导干部任期经济责任审计暂行规定》和《国有企业及国有控股企业领导人员任期经济责任审计暂行规定》,逐步开展了行政、事业领导干部及企业领导人员经济责任审计工作。2002年,定西县成立了领导干部经济责任审计办公室,从此,每年适当增大任职中经济责任审计项目。2005 年以来,对全区一、二级预算单位和乡镇基本做到了 3 年轮审一遍,经济责任审计逐步走上了制度化、规范化管理的轨道。1998 年至 2010年,共完成党政领导干部及企业领导人员经济责任审计 476 项,审计经济责任人595 名(其中党政领导干部 431 名,企业领导人员 164 名)。

固定资产投资审计

主要是对以国有资产投资或融资为主的固定资产投资基本建设项目和技术改造项目的预算或概算的执行情况、年度决算、项目竣工决算以及与国家建设直接有关的建设、设计、施工、采购等单位的财务收支,依法进行审计监督。固定资产投资项目审计主要通过聘请相关专业人员和委托社会中介机构完成。2002 年以来,审计工作紧紧围绕政府经济工作中心,不断深化和完善财政、金融、企业、固定资产投资、专项资金审计。2003 年撤地设市、撤县设区后,城市基础设施建设加快,政府投入基本建设项目的资金增大,审计部门重点对项目预算编制的真实、合法进行审计,从源头上预防高估冒算的发生。 2004 年至 2010 年,共完成固定资产投资审计 391 项,核减工程成本造价,为财政节约支出 4386 万元。

第二节 物价监督

机构

1984 年,定西县物价委员会与计划委员会分立后,设立县物价检查所,为科级单位,隶属县物价委员会,两个牌子,一套人员。1991 年,撤销物价委员会,其业务并入工商局。1997 年,成立定西县价格事务所,为专门从事价格认证、评估、咨询和管理事务的事业单位,与县物价检查所一个机构,两块牌子,事业编制 6 人。

1997年,恢复物价委员会,改称物价局,职能并入工商行政管理局,保留物价局牌子。1999年,将县物价局并入计划局,挂物价局的牌子,县物价检查所隶属物价局。2001年,县价格事务所更名为县价格认证中心。2003年,县物价局更名为定西市安定区物价局;县物价检查所(县价格认证中心)更名为安定区物价检查所(安定区价格认证中心)。内设办公室、商品价格及收费管理股、价格监督检查股(挂区价格举报中心牌子)、综合监测及成本调查监审股、区价格认证中心5个职能股(室、中心)。行政编制4名,事业编制9名。

价格及收费管理

从1986年开始,至2010年,物价管理部门坚持每年集中力量全面清理全区所有行政事业性收费,取消不合法收费,降低不合理标准,共审证300多本,累计停止和取消收费项目460多项,变更收费项目180项。根据历年实际,先后拟报了农村低压网维护管理费;调查测算上报了公有住房租金标准;农机作业收费标准;制定了玉米、小麦、胡麻等价格;核定了农村救灾粮和返销粮价格;调整了18种服务、食品和工业品等价格;调整了冬季取暖费标准;调查制定了农村中小型水利供水及团结、景家店、西寨、凤翔、内官营、宁远人畜饮水和自来水供水价格;调查上报了城区污水、垃圾处理费标准,物业管理费收费项目和标准;调查拟定了市区、郊区拆迁房屋重置价格;调查测算上报了城区物业小区、机关单位、医院、农贸市场、商场、旅馆、店铺等垃圾处理意见和医疗单位医疗垃圾处理意见;调查上报了全区建制镇及街道办基础设施配套费的报告;审核上报减免学校、医院基础设施配套费473.17万元。共涉及水利、电力、学校、工商、公安、医院等19个部门、19个乡镇、2个街道办及306个行政村,制作收费公示栏(牌),实行收费公示,提高收费透明度。

价格监督检查

2006年,根据国家、省、市要求"价格服务进万家"(七进)活动,首先在内官营镇锦屏村和内官营村、巉口镇巉口村和康家庄村、永定路街道东街社区、中华路街道新市区社区、公园路中学、大城小学、市第二人民医院、大西洋服饰超市、春天超市、文祥超市、医药大厦、广电商城、区电力公司等15个单位进行试点,随之在全区全面推开。同时在19个乡镇、2个街道办建立价格监督总站2个、价格监督站30个,聘请义务价格监督员373名,形成由区、乡镇(街道)、村(社区)三级组成的价格服务和监督网络。负责全区价格监督检查和明码标价、"价格诚信单位"评选的初验和所辖行业有关价格的评先选优等工作，至 2010 年被省市命名价格诚信单位 23 家。1986—2010 年，围绕整顿和规范市场价格秩序，开展市场物价检查 120 次；开展对教育、药品和医疗收费，涉农价格及收费，工商、土地、机动车辆和路桥收费，公安、劳动人事、林业、动物检疫收费等专项检查和重点检查 248 次；检查各种商品 8 万多个品种，检查各类收费标准 1800 个（项），被查单位 2900 个（次），被查个体户 4900 余户；查处价格违法案件 245 件，查处违纪金额 150 余万元，其中，退还群众 82 万元，罚款 2 万余元，没收上缴财政 39 万元。有效地制止了乱收费、乱涨价，保护了消费者权益，维护了价格政策贯彻执行。并受理价格举报案件 155 件，在时限内，按照法律程序全部进行了查处和答复。

价格认证

1986 年至 2010 年，共完成价格鉴定和认证 866 件，其中，刑事案件 413 件，民事案件 313 件，行政案件 106 件，出具价格证明 34 件，鉴定总值 4074 余万元。为司法机关、行政执法机关对各类案件进行价格评估鉴定及量刑、处罚、经济赔偿等提供了科学依据。

第三节　质量技术监督

机构

1974 年 8 月，定西地区标准计量管理所成立，为正科级事业建制，隶属地区科学技术委员会。1985 年 6 月，划归行署经济处领导。1989 年 4 月，成立定西地区产品质量监督检验所。1991 年 4 月，成立定西地区行署质量管理处，为县级建制，内设办公室、业务科，下设定西地区产品质量监督检验所和定西地区标准计量所，均为科级事业单位。1993 年 2 月，成立定西地区质量监督稽查大队。2001 年 1 月，地区质量监督管理机构划转省质量技术监督局管理。从 1985 年始，各县相继成立与地区相对应的质量技术监督管理机构。安定区（定西县）因是市（地区）所在地，未成立相应机构，区（县）内相关业务直接由市（地区）管理。至 2010 年 12 月 26 日，正式成立安定区质量技术监督分局，正科级建制，编制 14 人。

计量考核认证

1977—1996 年 12 月，经甘肃省质量技术监督局考核评审，先后建立了 14 项计量标准器，取得了《中华人民共和国国家法定计量检定测试计量授权证书》。

1988—1990 年，对国有定西敬东厂建立的万能量具计量检定标准器具进行了考核评审，取得了《计量标准器考核合格证书》。地区计量行政部门对授权的定西地区电力计量检定所、定西县自来水公司建立的电表、水表检定标准器进行了考核、认证。1990 年以后，经现场考核评审、验收，定西县疾病控制中心（县防疫站）取得计量认证合格证书和产品质量监督检验合格证书。

标准化管理

2000 年以后，定西地区质量技术监督部门与地、县农业部门共同制定了一批农产品地方标准，报省质量技术监督局正式颁布实施。2003 年，定西市制定发布的无公害农产品地方标准 14 项中，定西金大地马铃薯公司建立的马铃薯专用薯种植示范区名列其中。

定西地区实行代码标识制度始于 1993 年，至 2003 年，全地区分步为党政机关、企业事业单位、社会团体颁发了代码证书。定西县代码办理情况是：1993 年 1192 个，1994 年 141 个，1995 年 96 个，1996 年 247 个，1997 年 304 个，1998 年 295 个，1999 年 358 个，2000 年 198 个，2001 年 203 个，2002 年 270 个，2003 年 375 个。

质量管理与监督

定西地区的质量管理工作始自 1991 年 4 月，划归质量技术监督部门管理，重点是生产许可证的管理。2000 年，在全县开展了查处无生产许可证产品的生产和销售。获得合格产品生产许可证者，2002 年准入市场营销。1994 年，在工业企业中开展了争创名牌产品、实施名牌战略活动，定西制药厂生产的定西牌贞芪扶正颗粒、甘肃无纺织地毯厂生产的飞天牌丙纶无纺织针刺地毯、定西地区活塞环厂生产的高原牌 95 系列活塞环、甘肃扶正药业科技股份有限公司生产的扶正牌贞芪扶正胶囊，被评为甘肃省"陇货精品"。

1989 年，对全地区 33 个厂家的 52 项（次）产品进行监督检查，合格率为 82.7%（包括定西县在内）。同时对包括定西县辖内的 20 多种食品、日用商品及农业生产资料进行了抽样检验、检查，没收非法计量器具，审理群众的质量投诉，为消费者挽回大量经济损失。2002 年产（商）品合格率为 72%，2003 年为 71.8%。在全市开展的商业店面专项整治工作中，安定区工商部门积极配合，联手行动，开展了对农资（复合肥、农药）、建材、汽车配件、"黑心棉"、危险化学品等商品的打假和对加油站、集贸市场的整治，仅 2008 年，查处各类假冒伪劣商品案件 77 件，收交罚款 14 万余元。查处不合格化肥 2.35 吨,不合格种子 5.3 公斤,过期农药 125 瓶,予以销毁。

第四节 食品药品监督

机构

2007 年 4 月 6 日,安定区食品药品监督管理局挂牌成立,该局是甘肃省食品药品监督管理局垂直管理的直属行政机构,正科级行政执法单位。2009 年 6 月,根据《甘肃省食品药品监督管理体制调整实施意见》,原由该局履行的食品安全综合监管职能划交同级卫生行政部门,原由卫生行政部门履行的食品安全餐饮环节监管职能划归该局。在行政体制上,由甘肃省食品药品监督管理局垂直管理改为由地方政府管理,实行市局垂直管理,为市食品药品监督管理局直属行政机构。内设办公室、药品安全监管科、食品安全监管科 3 个职能科室。编制 8 人,其中,行政编制 4 人,事业编制 4 人;2010 年,有工作人员 8 人,设局长 1 人,副局长 1 人,副主任科员 2 人,科员 4 人;工作人员中大学本科学历 6 人,大专学历 2 人。

基本情况

截至 2010 年底,安定区食品药品监督管理局监管辖区内涉药单位 600 多家,农村餐饮服务单位 300 余户(安定城区、巉口、内官营所属餐饮服务单位,由定西市食品药品监督管理局监管),分布在全区 21 个乡镇、社区。其中,药品(中药饮片)生产企业 4 家,药品批发企业 8 家,药品零售企业 160 家。县级医疗卫生机构 9 家,乡镇卫生院以上医疗机构 21 家(含社区服务中心),村卫生所、个体诊所(含厂、校医务室)400 多家。农村学校食堂 27 户,建筑工地食堂 12 户,乡镇政府机关食堂 15 户,小型餐饮业 240 多户。药品从业人员 920 人,餐饮服务环节食品从业人员 450 人。

食品安全监督

按照省、市食品药品监督管理局药品市场监管覆盖面 100% 和 124 频次的监管要求,对村、社涉药单位每年至少检查一次,乡镇政府所在地涉药单位每半年检查一次,重点乡镇和城区涉药单位每季度检查一次;按照国务院《食品安全专项整治工作实施方案》的要求,对全区餐饮业食品安全监管至少半年检查一次。2008 年 9 月,成立安定区食品药品安全委员会,下设办公室,办公室设在安定区食品药品监督管理局，开始正式履行对食品、保健品、化妆品的安全管理的综合监督、组织协调和依法组织对重大食品安全事故的查处职能。先后制定了《安定区食品安全联席会议制度》《安定区食品安全委员会议事规则》《安定区食品安全委员会办公室工作制度》《安定区食品安全案件举报与查处制度》《安定区食品安全事故应急处理工作规则》《安定区重大食品安全事故报告制度》等多种制度，进一步加强食品安全监管和重大食品安全事故应急处理，保障公众健康与生命安全。会同卫生、工商、质监等成员单位，在全区范围内开展食用农产品、食品生产加工、食品流通、餐饮消费、畜禽屠宰、学校(幼儿园)及周边食品安全等环节食品安全专项整治及节日、重要会议、重要活动期间食品市场专项整治和联合执法行动。

2009年6月，大力宣传《食品安全法》、食品安全科普常识及对假冒伪劣食品和有毒有害食品的辨别知识。并针对部分餐饮服务从业人员法律法规及业务知识欠缺、对食品安全重要性认识不到位的实际情况，以乡镇为单位，对食品从业人员进行现场指导培训。

截至2010年，主要开展了对全区农村餐饮业的摸底调查和食品安全监管，开展了对建筑工地食堂、学校食堂、机关单位食堂的调查摸底和专项检查，进行了《餐饮服务许可证》的换发工作。特别在市区"两会"等大型会议、重要接待和高考中考等重要活动和节日期间，积极派员进驻宾馆开展食品安全监督。对地沟油、一次性餐盒、卫生筷、保健食品、乳制品、亚硝酸盐等进行重点检查。并在每年年初，与各学校签订"学校食堂食品安全责任书"，与各餐饮服务单位签订"餐饮业食品安全承诺书"，明确企业是第一责任人的食品安全责任体系，强化了从业人员法制观念，提高了自律意识，规范了餐饮业食品安全管理，确保了群众饮食安全。

药品监督

药品市场监管　单位成立至2010年，坚持专项整治与日常监管有机结合，严厉打击制售假劣药械和无证经营等违法行为，扎实有效地开展药品市场监管工作。每年初，结合全区实际及存在的问题，研究制定年度工作要点、《药品监管工作提纲》《药品生产企业监管计划》《药品经营企业GSP认证跟踪检查工作安排》《医疗器械监管工作计划》及《进一步加强医疗机构药品医疗器械管理工作安排》等各类专项整治计划。及时对全区药品生产企业的药品生产全过程，对药品经营企业、医疗机构的药品、医疗器械的采购、储存、养护、管理等进行全面检查。结合日常监管及跟踪检查，净化了药品市场，使群众用药安全得到有力保障。至

2010 年底,共立案查处药械违法案件 260 起,依法取缔无证经营 15 户,罚没款 25.4 万元。

农村"两网"建设　2008 年 9 月,区政府下发了《安定区人民政府办公室关于推进全区农村食品药品监管网络和供应网络建设的实施意见》,全面深入推进农村食品药品"两网"建设。11 月 17 日,召开全区农村食品药品"两网"建设现场会,推广内官营镇试点示范工作经验。随之,各乡镇(街道)成立了由主要领导任组长的食品药品安全领导小组,实施"食品药品放心工程",保障"食品药品两网"正常运转。领导小组下设办公室,具体协调、组织食品药品社会协管员开展经常性食品药品安全社会监督。全区共聘请食品药品工作专干 22 名,食品药品协管员 618 名。并及时制定了农村食品药品"两网"建设的有关制度、工作职责、工作程序、工作记录、明示公约等,建立健全工作档案,明确责任义务,延伸监管触角,拓宽监管层面,"一主三辅"的监督网络初步健全,形成了"上下联动、齐抓共管"的工作局面。

同时,坚持"监督为中心,监、帮、促相结合"的工作方针,按照"两网"建设规划,结合实际,从人员条件、执业环境、制度建设和质量管理等方面采取积极措施培育市场发展主体,既注意量的增长,又注重质的提高,大力推进农村食品药品"两网"建设。并以新型农村合作医疗为突破口和切入点,把"两网"建设融入新型农村合作医疗制度体系的建设中,实现了"两网"建设与新型农村合作医疗的有机结合。充分运用市场竞争机制和实施"万村千乡"市场工程的机遇,进一步健全农村食品药品供应网络,使全区乡镇药品配送率达 100%。

第五节　安全生产监督管理

机构

安定区安全生产监督管理局成立于 2005 年 7 月,科级建制。加挂安定区安全生产委员会(安委会)办公室牌子,安委会成员单位共 44 个,各单位具体负责本行业或本领域内的安全生产监督管理及相应的行政监管工作。安监局负责指导、协调各部门的安全生产监督管理和安全生产综合监督管理工作。

安全生产责任制

从 2005 年开始,在组建了主管全区安全生产综合监督管理工作部门的同时,各乡镇(街道)、区直各部门和生产经营单位也相应成立安全生产委员会或安全生产工作领导小组,各乡镇(街道)成立了安监站,配备了专职安全管理人员,配合安监局开展各项工作。为了更好地明确责任、细化职责,在不断完善安全生产工作领导责任制和目标管理责任制的同时,认真落实行政一把手负总责和分管领导一岗双责的责任追究制度。区政府与各乡镇(街道)、安委会各成员单位,各乡镇(街道)与村委会(社区),主管部门与各生产经营单位层层签订《安全生产目标管理责任书》。

2005—2010年,每年初召开全区安全生产工作会议,区政府与21个乡镇(街道)、44个安委会成员单位签订安全生产目标管理责任书,将安全生产工作纳入各级各部门考核的重要内容,并纳入干部政绩考核,实行年终考核"一票否决制";各乡镇(街道)与村委会(社区),主管部门与各生产经营

2008年6月7日,市、区在友谊广场联合举行安全生产宣传活动

单位层层签订《安全生产目标管理责任书》;企业内部把安全生产责任制量化、细化,延伸到各车间、班组、重点岗位和个人。每年,区政府主要领导和分管领导都要带队,每季度或每月对全区各行业主管部门和企业安全重点工作进展情况进行专项督查,确保各项工作措施落实到位。

安全生产大检查

2005年,由区政府分管领导带队,组织开展安全生产大检查9次、大督查2次,安委会专项大检查10次,各乡镇(街道)、区直有关部门多次开展自查自纠活动。全区共出动工作人员12480人(次),车辆248台(次),检查各类生产经营单位285家,查出事故隐患458条,当场整改356条,限期整改102条,下发整改指令书66份,停产整顿企业3户,取缔关闭非法生产经营单位3家。2006年,共出动执法人员6712人(次),检查各类场所和单位274家(次),查出事故隐患352条,当场整改264条,下发《限期整改指令书》88份。2007年,共出动执法人员7580人(次),检查各类场所和单位315家(次),查出事故隐患331条,当场整改311条,下发《限期整改指令书》22份。2008年,全年累计出动各类执法人员6400余人

（次），检查各类生产经营单位 500 余家（次），共查出各类事故隐患 405 条，下发整改指令书 35 份，整改到位 398 条，整改率 98%。其中，省政府挂牌督办的 6 条重大隐患中，有 5 条整改到位，1 条当年 12 月整改完成。2009 年，全区共出动工作人员 400 余人（次），车辆 80 台（次），检查各类生产经营单位 242 家，查出事故隐患 149 条，全部整改到位。2010 年，出动工作人员 2600 多人（次），检查各类生产经营单位 1258 家（次），共查出各类事故隐患 1350 条，整改 1350 余条，整改率 100%。

开展安全生产检查

安全专项整治

道路交通安全专项整治　将专项整治与安全大检查活动和春运紧密结合，建立安全生产工作领导小组，开展预防道路交通事故百日竞赛、摩托车交通违法行为专项整治、超速行驶等严重交通违法行为专项整治、客运企业及驾驶人交通安全隐患排查等专项行动，制止了"三品"上车、非法从事客运、农用车违法载客和交通工具带病、超速、超载、超时运营等危及旅客安全行为的发生。2005 年至 2009 年，共出动执法人员 23687 人（次），检查车辆 363740 辆，查处违章 34723 起，违法记分 7737 人（次），检查各类农业机械 1340 台（次），纠正违章作业 3770 人（次），督促驾驶员培训办证 3760 人，车辆登记 27 台。

公众聚集场所的消防安全专项整治　以商场、歌舞厅、宾馆、饭店、网吧、集贸市场、学校、加油站等人员密集场所和易燃易爆场所为重点，进行全面检查，建立健全了《重点单位防火档案》。2005 年至 2009 年，检查单位 1112 个（次），共查出火灾隐患 1715 条，当场整改 1488 条，限期整改 116 条，下发责令限期改正通知书108 份。

建筑施工企业和非煤矿山安全专项整治　对建筑工地的"三防"（防火、防毒、防盗），脚手架、井架、塔吊及临边防护和非煤矿山的取土、炸石作业面、生产设备及各项安全管理制度的建立、安全生产目标责任制的签订、特种工持证上岗和职工培训等进行检查。2005年至2010年，共查出事故隐患598条，当场整改480条，下发《限期整改指令书》95份，全部整改到位。

危险化学品和烟花爆竹等方面安全专项整治 重点对液化气站、加油站、城乡农药经营户、油漆等危险化学品经营单位从生产、储存、运输、经营、燃放、应急救援及事故查处等各个环节和每一个要害部位进行检查，落实人防、物防、技防措施和各项安全管理责任制，规范销售、购买、领用等流向登记制度。2005年至2010年，共检查各类企业181家，查出各类事故隐患133条，当场督促整改40条，责令限期整改93条；责令停产停业2家，办理乙类气化品经营许可证74家；查处"非法运输烟花爆竹"治安案件2起，查扣烟花爆竹300余箱，处罚责任人6名，罚款800余元。2009年，1户企业取得了《烟花爆竹安全生产许可证》和《烟花爆竹批发许可证》，20户新办理了《危险化学品经营许可证（乙类）》。至此，共有79户农药、油漆经营单位取得了《危险化学品经营许可证（乙类）》。2010年，全区79户危化品（乙类）生产经营单位延期换证工作全部完成。

第八编

农业

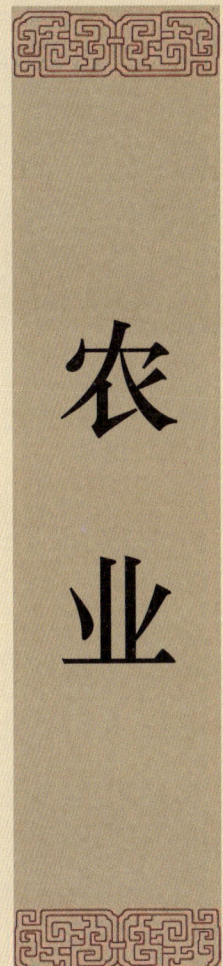

第八编　农　业

第一章　农村经营管理体制改革

第一节　家庭联产承包责任制

机构设置

1990年11月24日,成立定西县农业承包合同管理委员会,由县政府分管农业的副县长任主任,县农委、农业局、乡镇局、工商局、司法局、经营管理站主要负责人为成员。委员会下设办公室,办公地点设在县经营管理站。

1993年5月29日,中共定西县委对定西县农业承包合同管理委员会成员进行调整。

1995年5月21日,成立定西县农业承包合同纠纷争议仲裁庭,负责全县农业承包合同纠纷案件受理、调处、仲裁、复议等日常工作。仲裁庭设在县经营管理站。

2001年1月8日,增设农业承包合同仲裁庭。

2003年,撤县设区,定西县农业承包合同管理委员会更名为定西市安定区农业承包合同管理委员会。

2009年9月14日,甘肃省农牧厅将安定区列为全省第一批五个农村土地承包经营纠纷调解仲裁试点县之一。同年11月12日,省农牧厅批准了《安定区农村土地承包经营纠纷调解仲裁试点工作方案》。2010年5月10日,成立安定区农村土地承包经营纠纷调解仲裁领导小组和仲裁委员会。试点工作从2009年10月开始,2010年12月底结束。

家庭联产承包责任制

党的十一届三中全会以来,定西县农业出现新的转机。1979年11月,全县开始划分作业组,实行定额管理、联产计酬和建立农、工、副专业组。同时分组包干、责任到人,实行田头评产、评定奖惩等办法。同年12月,多种形式的生产责任制开始出现。生产队虽给予10项权利,但因干涉过多,统得过死,作业组和社员仍没有自主权,不为农民所欢迎。1980年,国民经济"调整、改革、整顿、调高"的方针得到贯彻,农业经济体制改革中,实行生产责任制。同年 4 月,中共定西地委召开县委书记会议,肯定了农村推行各种形式责任制的做法,要求适当放宽"小自由"。在 5 月的地委委员会上,又传达了中央领导关于"地广人稀,经济落后,生活贫困的地区,政策上要放宽一些,全部实行包产到户之类的办法"的指示。11 月末,地委召开委员扩大会议后,《中共定西地委关于实行包产到户责任制若干问题的意见》在定西县讨论落实。改联产承包责任制为大包干到户生产责任制,即"上交国家的,留下集体的,其余都是自己的"。1981 年,全县有 2355 个生产队实行了包产到户、包干到劳的责任制,取代了人民公社"三级所有,队为基础"制度,农民生产积极性空前高涨。

1987 年, 家庭有偿联产承包责任制进一步得到完善, 实行农村土地有偿承包,进行合同签订,将承包方和发包方的权利和义务以农村土地有偿承包合同的形式固定下来,明确了双方的责、权、利,并开始土地"小调整"。同年 3 月上旬,中共定西县委农村工作部、县委政策研究室、中共东岳乡委员会组成工作组,在东岳乡东岳村上马社和下马社进行农民承包地"小调整"试点,共调整土地 85.06 亩。

1988 年 5 月,根据中共定西县委、定西县人民政府《关于进一步深化农村改革的安排意见》,全县有偿联产承包责任制和农村土地有偿承包合同签订工作开始实施,由县长总负责,县委副书记具体负责,县委政研室承担具体工作,全县抽调 300 名干部进村,6 月份开始,先在巉口乡三十里铺村、宁远乡宁远村、黑山乡文昌村、葛家岔乡鹿坪村进行试点,8 月份开始在全县推行,年底全部结束。共签订土地有偿联产承包合同 76667 份。在"大稳定,小调整"的大原则下(在小范围内调出,调入户小于总农户三分之一),进行了土地调整,共调整农户耕地 98876 亩。承包期限自 1988 年 1 月 1 日至 1992 年 12 月 31 日,此为定西县第一轮土地有偿承包。

1993 年,根据中共定西县委、定西县人民政府《关于稳定农村政策搞好农业承包合同续签工作的通知》,对全县第一轮土地有偿联产承包合同进行了续签,共签订土地承包合同 80555 份。根据"大稳定,小调整"的原则,调整农户承包耕地 157796 亩。承包期限自 1993 年 1 月 1 日至 1997 年 12 月 31 日,此为定西县第二轮土地承包。

1997 年,根据定西县人民政府《关于全县第三轮耕地承包合同的实施意见的通知》精神,成立定西县延长农村土地承包期工作领导小组,对全县的第三轮土地承包合同进行签订。从 7 月 1 日开始,12 月底结束。共签订土地承包合同 86023 份,共调整农户耕地 66923 亩。承包期自 1998 年 1 月 1 日至 2002 年 12 月 31 日,此为定西县第三轮土地承包(界定为全国、全省的第一轮承包期)。

1998 年,党的十五届三中全会做出《中共中央关于农业和农村工作若干重大问题的决定》,开始实行以家庭联产承包为基础统分结合的双层经营体制,将农村土地承包经营期限再延长 30 年。县人民政府在贯彻决定过程中,出台《关于发放土地承包经营权证书的实施意见的通知》,历时一年,向全县农户发放《农村土地承包经营权证书》86128 本,到户率 100%。该证书由省农业厅统一印制,发证机关为定西县人民政府, 承包期限为 30 年（1996 年 1 月 1 日至 2025 年 12 月 31 日）。同时建立由农户签名盖章认可、分地块到农户、翔实情况记载的农户土地档案,一式两份,乡（镇）、村委会各保存一份。

2002 年,根据定西县人民政府《关于土地承包合同续签实施意见的通知》,用 1 年半时间,对全县的土地承包合同进行了续签,共签订土地承包合同 86366 份,鉴证 86366 份（城关乡友谊、永定二村的 1635 户农户由于其耕地大部分位于城市建设规划区内,没有续签）。合同承包期为 23 年,自 2003 年 1 月 1 日至 2025 年 12 月 31 日。总的承包期限为 30 年（自 1996 年 1 月 1 日至 2025 年 12 月 31 日）,与全国、全省的第二轮土地承包的概念和内涵接轨。遵照国家 30 年不变的政策,根据“增人不增地,减人不减地”的原则,这次续签没有进行土地“小调整”。

第二节 农民负担监督管理

1986—1987 年,定西县实行家庭联产承包责任制,农民只负担国家税金和村提留两部分,交了国家的,留足集体的,余下都是自己的,人均负担不足 10 元。1988—1989 年,在实行第一轮土地承包过程中,农民负担仍然为国家税金和村提留两部分,但数额明显加大,人均负担 20 多元。1990—1992 年,增加了乡统筹、行政事业性收费、罚款、集资摊派等社会性负担,“三乱”（乱收费、乱罚款、乱集资摊派）现象开始抬头,农民负担进一步加重,人均负担接近 30 元。在此期间,国务院颁布了《农民承担费用和劳务管理条例》,规定了“三提五统”（三提为公积金、公益金、管理费;五统为计划生育、优抚、民兵训练费、乡村道路、乡村小学）标准是低于上年人均纯收入的 5%,“两工”（劳动积累工和义务工）在 30 个工作日内的限额。根据此精神,针对本县实际问题,定西县于 1993 年 4 月 13 日,设立定西县农民负担监督管理委员会, 委员会下设办公室, 办公室设在县农村合作经济经营管理站。从 7 月开始,定西县农民负担监督管理委员会结合实际,依法对县直部门和单位的涉农收费项目进行清理,分别于 1993 年 7 月 15 日、9 月 2 日、12 月 7 日分三批取消了 102 项对农民的不合理收费项目。1997 年,全县农村土地进行第三次

"小调整",签订第三轮农业承包合同,为期五年。此时农民负担仍居高不下,人均达到107.2元。1998年,农民人均负担高达118元。针对此状况,中共定西县委于1999年8月4日,对县农民负担监督管理委员会成员进行了调整,并在12月份对县直单位和部门的涉农收费、集资、摊派、评议、达标文件和项目进行了认真清理,废止文件28份,取消涉农收费、集资、摊派、评议、达标项目32项,当年农民人均负担降为36.2元,较1998年降低69.3%。

2000年,县人民政府出台《定西县农民承担费用和劳务监督管理办法》,对减轻农民负担工作进行标本兼治,使农民人均负担降到29.94元,并着手进行农村税费改革试点工作。

第三节　农村税费改革与支农惠农补贴

农村税费改革

2002年4月,成立定西县农村税费改革领导小组及办公室,由县委书记任组长,县政府县长任副组长,县委副书记、副县长、县委办、政府办、财政局、农业局、人事局、教育局等二十三个部门的主要负责人为领导小组成员,开展了以减轻农民负担为目的的农村税费改革试点工作。出台了《定西县农村税费改革试点方案》,经甘肃省人民政府批准实施。方案规定取消乡统筹费、农村教育集资等专门面向农民征收的行政事业性收费和政府性基金、集资;取消屠宰税;规定用三年时间逐步取消劳动积累工和义务工;调整农业税、农业特产税和牧业税征收使用办法;改革村提留的征收使用办法,按农业三税正税的20%作为三税附加由税务部门随正税代征,拨付村委会使用,不再由乡村干部直接向农民收取。农村税费改革试点方案确定,全县农业税税率为7%,每年农业税原粮征收总数为10202063千克,折合税款1122万元;经测算,全县农业特产税每年应征税额147848元,牧业税应征税额618374元。农业三税附加按正税的20%计征,每年为2368077元。经过改革,全县农业三税及附加实收每年14208719元,与改革前1997年农民税费负担18967331元相比,减少4758612元,农民大口径减负25%,人均减负12.04元,亩均减负2.77元;小口径减负4.25%,人均减负1.6元,亩均减负0.37元。当年全县农民实际承担税费1689万元,农民人均负担43.89元。2003年,全县农民实际承担税费1799万元,农民人均负担47.21元。

2004年,农业税税率降低到6%,取消农业特产税和牧业税。全县农民实际承担税费1628万元,农民人均负担46.75元。同年,为了进一步落实农村税费改革的配套措施,精简乡镇机构,减轻农民负担,撤销御风、景泉、黑山、东岳、西寨、张湾 6 个乡级建制,分别并入到鲁家沟、巉口、内官营、香泉、李家堡 5 个镇。撤乡并镇工作于次年 1 月全部完成,全区由 25 个农村乡镇精简到 19 个。

2005 年 5 月,全区统一一次性取消了农业税及其附加。当年,全县农民承担费用 47 万元,农民人均负担 1.25 元。至此,全区农民彻底告别了延续 2600 多年的"皇粮"。2006—2009 年,全区农民人均承担的费用仅在 2 元左右。2010 年全部取消,全区农民实现零负担。

1986—2010 年安定区(定西县)农民负担情况统计表

表 8-1-1　　　　　　　　　　　　　　　　　　　单位:万人、亩、万元、元、万个

项目\年份	农业人口	耕地面积	国家税金	村提留	乡镇统筹费	社会性负担	一事一议筹资筹劳	负担总额	农民人均负担	亩均负担	义务工	劳动积累工
1986	34.24	1703114	156.48	63.57				220.05	6.43	1.29		
1987	36.67	1712755	258.66	81.98				340.64	9.82	1.99		
1988	35.19	1718800	424.99	274.12				699.11	19.87	4.07		
1989	35.73	1724000	415.49	494.15				909.64	25.46	5.28		
1990	36.28	1733400	504.59	263.29	11.49	196.12		975.49	26.89	5.63	34.9	36.71
1991	36.84	1749500	521.1	240.4	44.7	117.8		924	25.08	5.28	32.6	84.9
1992	31.17	1755700	705.2	229	84.1	50.6		1068.9	28.76	6.09	39.6	44.1
1993	37.67	1775200	739.4	245.3	174.2	73.4		1232.3	32.72	6.94	71.3	22.5
1994	38.03	1777200	768	263	169	70.6		1270.6	33.41	7.15	60.3	20.1
1995	38.33	1777100	809	268	172	71.3		1320.3	34.44	7.43	64.6	22.3
1996	38.55	1790400	3213.1	241.5	92	292		3838.6	99.57	21.44	107.9	217.9
1997	39.53	1789900	3423	246	260	309		4238	107.21	23.68	114	250
1998	39.14	1789324	3229	378	684	328		4619	118.01	25.81	127	222
1999	39.02	1786052	592	280	344	197		1413	36.21	7.91	139	278
2000	38.65	1749259	484	323	295	55		1157	29.94	6.61	131	253
2001	38.77	1722700	554	416	422	77		1469	37.89	8.53	130	257
2002	38.49	1719758	1204	206	240	39		1689	43.89	9.82	100	273
2003	38.10	1718926	1305	205	247	42		1799	47.21	10.47	77	155
2004	37.85	1723072	1189	198	241	142		1770	46.76	10.27	25	25

续表 8-1-1   单位：万人、亩、万元、元、万个

项目 年份	农业 人口	耕地 面积	国家 税金	村提留	乡镇 统筹费	社会 性负担	一事 一议 筹资 筹劳	负担 总额	农民 人均 负担	亩均 负担	义务 工	劳动 积累工
2005	37.59	1722753	17				30	47	1.25	0.27		
2006	37.32	1721298	17				49	66	1.77	0.38		
2007	37.10	1721064.87	18				50	68	1.83	0.39		
2008	37.00	1715362.59	21				50	71	1.92	0.41		
2009	36.61	1715362.59	21				81	102	2.79	0.59		
2010	36.40	1715362.29										

支农惠农补贴

2000 年开始，中央财政给予农民退耕还林补助。2004 年起，中央财政和省财政开始进行支农惠农补贴，先后又陆续给予农民种粮直接补贴、农业生产资料增支综合补贴、农机具购置补贴、农村义务教育阶段"两免一补"、良种补贴、能繁母猪补贴等多项支农惠农补贴、补助，生活困难的群众也享受到了农村低保，到2010 年，安定区农民领取国家补贴资金 9.25 亿元。（详见统计表）

2000—2010 年安定区支农惠农补贴统计表

表 8-1-2   单位：万元

项目 年份	粮食 直补	农资综 合补贴	退耕还林		农机具购 置补贴	两免 一补	能繁母 猪补贴	良种 补贴	农村 低保	合计
			粮补	现金						
2000			640	80						720
2001			812	116						928
2002			2002	286						2288
2003			4802	686						5488
2004	219		5082	726	162.9					6189.9
2005	294		6738	962.6	421.2					8415.8
2006	1255	835	6822	975	1492.1			18		11397.1
2007	532	1623	6822	975	120	1490.2	127.4		137	11826.6
2008	532	4083	6615	895	165	2234	95.4	136.6	894	15651
2009	546	4069	6532	895	370	2466	73.8	1204	3241	19396.8
2010	546	4069			480	1612		990	2490	10187

第四节 种子管理体制改革

1960年以前,种子经营由粮食部门负责。1978年9月,定西县种子公司成立,专门负责农作物良种经营,统一供种,保证良种增产效能。并下设西巩驿、御风、宁远、巉口、内官营、葛家岔6个直属国有种子站和一个种子经营股,编制45人。至1993年12月,县种子公司坚持实行品种布局区域化、种子生产专业化、种子加工机械化、种子质量标准化和以县为单位组织统一供种的"四化一供"原则,为全县粮食生产提供良种服务。

1993年12月,成立定西县种子管理站,与县种子公司一套人员,一个班子,两块牌子,原单位性质编制不变。种子管理站成立以来既负责全县种子经营,又负责全县种子管理工作。2000年12月1日,《中华人民共和国种子法》颁布实施,县种子生产经营机构不再参与和从事种子行政管理工作,种子的行政主管部门与生产经营机构在人员和财务上彻底分开,县种子管理站和种子公司正式分设。 2003年9月,定西县撤县设区,原定西县种子公司和定西县种子管理站分别更名为安定区种子公司、安定区种子管理站。2004年5月,安定区种子公司撤销。2007年7月8日,安定区机构编制委员会决定将安定区种子管理站列为财政全额拨款事业单位,机构级别和隶属关系不变。随着管理体制的不断深化改革,种子管理站在全区范围内承担农作物品种引进、试验、示范和推广,建立健全了种子检测体系,加强了马铃薯脱毒种薯质量管理;实施马铃薯良种和小麦良种补贴惠农项目。2010年,全区共引进试验、示范新品种137个,示范面积230亩;建立健全种子管理体制,特别是马铃薯种薯质量监督和管理,与各种薯生产企业订单生产马铃薯原原种3850万粒,脱毒原种6400吨,脱毒一级种4.5万吨,建立马铃薯脱毒种薯生产基地18万亩,脱毒种薯推广种植面积68.5万亩,脱毒种薯覆盖率达65%以上。同时稳定和壮大了种子管理队伍,20人取得种子市场执法检查执法证。2003—2010年,共检查全区种子经营户277户,其中,证照齐全191户,无证经营或证照不全86户,没收过期蔬菜种子71袋,罚没玉米杂交种子1150公斤,种子抽查102批次,散发种子宣传资料3万余份。2010年,又重点对全区有经营许可证的种子经营户11家、有生产许可证的种子生产单位10家依法专项整治,净化了种子市场;并建立实验室进行检测,以控制种薯质量;实施惠农良种补贴项目,当年种子站实施马铃薯、小麦、玉米良种补贴项目7个,项目资金投资1524万元;完成基础设施建设项目4个,项目资金投资达891万元。

第五节　农业结构调整

农业生产概况

20世纪80年代末期至90年代初期，全县农业生产以种植业为主，化肥、农药、良种、地膜、设施农业、节水灌溉、机械化耕作等新技术的应用，使粮食产量大幅度提高。结构比例上粮食作物面积大，经济作物面积小，且粮食主要用于农民自给，基本没有商品粮。

1993年起，全县按大力发展粮食、林果、瓜菜、畜禽四大农业商品基地建设的思路发展。1995年，按照定西地委、行署提出的"顺应天时，遵循自然规律；顺应市场，遵循经济规律；顺应时代，遵循科技规律"的原则，提出了"压夏扩秋、压粮扩经"的发展思路，大力发展小杂粮、马铃薯等粮食作物和油料、果菜等经济作物。至1998年年底，粮食生产实现自给，全县基本解决了农民温饱问题。到90年代后期，县委和县政府为更好地解决"三农"问题，提出了农业产业化经营的思路，确定马铃薯、果菜、中药材、食用菌为四大支柱产业，使粮食播种面积相对稳定，产量、效益提高。

作物种植结构由小麦、豌豆等夏粮作物为主调整为以马铃薯、地膜玉米等秋季作物为主.摄于香泉镇香泉村

2003年，农业产业化按照区域化布局、标准化生产、集约化经营的思路，立足区域特色，发挥比较优势，大力发展马铃薯、畜草、药材、食用菌产业，加快推进农业内部结构调整，压粮扩经，压夏扩秋。2005年，把马铃薯、畜草、劳务三大支柱产业作为农业增效、农民增收的主要措施来抓。2009年，区政府又将现代旱作高效农业列入支柱产业。25年间，农作物种植品种不断更新、增加，农业由温饱型逐渐向效益型、产业型、小康型迈进。

粮食作物　全区种植的粮食作物主要有马铃薯、小麦、玉米、豌豆、扁豆、谷子、糜子、荞麦、莜麦、燕麦、蚕豆等8类50多个品种。随着种植业结构的调整，马铃薯、玉米成为两大旱作优势作物。逐年发展变化情况见下表：

1986—2010 年安定区（定西县）粮食作物播种面积统计表

表 8-1-3　　　　　　　　　　　　　　　　　　　　　　　　　　　　　单位：万亩

年份	粮食作物和播种面积合计	夏粮作物			秋粮作物		
		面积	其中		面积	其中	
			小麦	豆类		马铃薯	玉米
1986	136.9	95.4	59.8		41.4	15.3	0.15
1987	139.8	89.5	54.8		50.3	20.4	0.3
1988	139.5	93.5	58.5		45.9	20	0.035
1989	140.4	95.8	60.2	32.1	44.6	18.9	0.41
1990	140.2	91	56.8	31.6	49.2	19.1	1.8
1991	140.7	90.4	56.4	31.2	50.3	19.3	3
1992	140.4	85.9	54	29.1	54.5	20	1.7
1993	138.1	92.2	55.1	33.6	45.9	18.9	
1994	142.5	91.8	54.6	33.4	50.8	20.6	
1995	134.6	88.7	52.8	32.6	46	20.7	
1996	138	82	51.2	27.2	56	29	
1997	141.2	74.9	46.9	23.6	66.3	38.7	
1998	143.4	71.7	44.2	23.8	71.7	38.9	
1999	141.5	54.5	35.8	16.1	87	48.9	
2000	137.5	58.4	38.1	17.8	79	53.7	10.1
2001	133.9	49.1	32.5	15.7	84.8	63	10.3
2002	127.7	46.2	29.4	16.1	81.5	67.2	7.2
2003	123.3	45.4	28.6	16.2	77.8	64.3	6.7
2004	129	41.7	26.3	14.8	87.3	70	6.7
2005	122.9	36.5	24.7	11.5	86.4	73	3.9
2006	129	32	21.1	10.3	97	85.1	6.3
2007	134.6	30.3	19	9.6	104.3	94.7	4.5
2008	143.6	25.5	17.7	7.2	118	103	12.1
2009	154	24.3	17.8	6.5	129.7	100	27
2010	159.4	24.4	17.5	6.9	135	102.8	30.5

1986—2010年安定区(定西县)粮食作物产量统计表

表 8-1-4   单位:万公斤

年份	粮食作物合计	夏粮作物			秋粮作物		
		面积	其中		面积	其中	
			小麦	豆类		马铃薯	玉米
1986	11843.3	8767.3	5880.7		3076	1450	0.15
1987	10937.8	7482.2	5089.9		3455.6	1734	0.3
1988	10146	7130	5173.9		3016	1550	0.04
1989	10123	6696.4	5005.3	1525.1	3425.3	1701	0.41
1990	12503	8355	6239.4	1854.1	4149	1858	1.8
1991	11354	9437.8	6697.8	1076.6	3309.7	1405	3
1992	11597	6726	4800.2	1638.3	4872.3	2074	1.7
1993	13810	9312.2	6357.2	2487.1	4507.4	2221	
1994	11528	7142	4847.4	2019.3	4394.2	1969	
1995	7013	2536.8	1874	558.8	4475.8	2621	
1996	14807	7970.4	5474.7	2098.8	6837.6	3860	
1997	11352	4846	3793.3	664.1	6510.7	3839	
1998	16104	6897.5	5020.4	1531.6	9206.3	5609	
1999	16683	5003.1	3411.6	1299.4	11684.1	6919	
2000	12595	3036.8	2138.3	782.4	9551.1	7217	10.1
2001	17045	4257	3119	1070.8	12779.4	10332	10.3
2002	14813	4495.3	3121	1326.9	10317.9	8682	7.2
2003	17669	2751.2	1901.7	823.6	14898.7	12545	6.7
2004	18550	3461.1	2471.4	944.4	15085.4	13321	6.7
2005	18841	3120.8	2329.4	765.1	15716.2	14191	3.9
2006	16873	1475.2	1155	823.6	15403.6	14697	6.3
2007	16314	921.1	717	148.6	15405.1	14679	4.5
2008	22502	1657.5	1304.3	321.5	20827	18664	12.1
2009	24840	823.8	648.2	174.6	24007.5	15150	27
2010	2770	2912	2392.1	519.85	24786.8	74830	9800

经济作物 全区种植的经济作物主要有胡麻、中药材、芸芥、葵花、蔬菜、瓜果、甜菜、花卉等。逐年发展变化情况见下表：

1986—2010年安定区（定西县）主要经济作物和青饲草种植情况统计表

表8-1-5　　　　　　　　　　　　　　　　　　　　　　　　单位：万亩、万公斤

年份	经济作物面积	油料作物		中药材		蔬菜种植面积	青饲草种植面积
		种植面积	产量	种植面积	产量		
1986	16.1	15.8	728.4	0.03	2	0.28	24.8
1987	17.2	16.67	745.1	0.09	3.7	0.4	19.7
1988	17.3	17.1	716	0.15	10	0.06	20.4
1989	17.0	16.5	531.3	0.12	11	0.36	21.9
1990	17.1	16.7	821	0.07	6.7	0.28	22.6
1991	17.3	16.8	840	0.12	11	0.36	23.7
1992	16.8	16.1	774.4	0.2	21	0.46	24.7
1993	19.4	18	1036.8	0.88	87	0.51	24
1994	20.7	19.5	926.3	0.37	32	0.84	26.2
1995	21.6	18.2	338.5	0.35	22	3	10.4
1996	23.8	21.5	22.3	0.39	28.6	1.9	7.9
1997	21.4	19.9	463.7	0.1	81.8	1.4	7
1998	21.3	19.4	1109.7	0.2	17.7	1.7	5.7
1999	22.9	20.5	1539.6	0.8	609.3	1.6	6.4
2000	23.2	13.8	531.3	6.6	4913	2.8	8.4
2001	30.8	17.1	1084.1	10.9	12563	2.8	4.7
2002	32.2	13.2	856.7	16.2	8312	2.8	3.7
2003	36.0	16.5	998.3	16.6	15512	2.9	5.9
2004	30.5	12.3	184.5	15.4	15036	2.8	5.2
2005	35.1	15.9	912.7	16.3	13543	2.9	4
2006	29.1	13.5	1020.6	11.6	8969	4	4
2007	20.0	11.5		4.5		4	4.4
2008	18.2	11.2		2.9		4.1	3.6
2009	13.3	6.7		2		4.6	2.5
2010	19.3	7.7		5.15		6.45	0.3

结构调整情况

定西县农业产业化遵循自然规律、市场规律和经济规律,着眼于发展商品农业、市场农业和现代农业,在大力提高农业产业化水平的基础上,继续调整农业内部结构。

1986 年,粮食作物年均播种面积占所有作物播种面积的 74.2%,其中夏秋比为 70:30;经济作物年均播种面积占所有作物播种面积的 8.7%,粮经比为 89:11。

1990 年,粮食作物年均播种面积占所有作物播种面积的 77.8%,其中夏秋比为 65:35;经济作物年均播种面积占所有作物播种面积的 9.5%,粮经比继续稳定在 89:11。

1995 年,粮食作物年均播种面积占所有作物播种面积的 80.7%,其中夏秋比为66:34;经济作物年均播种面积占所有作物播种面积的 12.9%,粮经比为 86:14。

从 1996 年开始,县政府提出"马铃薯工程",马铃薯种植面积增幅 40.1%。由于以马铃薯为主的秋粮作物种植面积扩大,以小麦为主的夏粮种植面积逐年下降,至 2000 年,夏粮种植面积减幅 40.4%。当年,粮食作物年均播种面积占所有作物播种面积的 81.3%,其中夏秋比为 42:58;经济作物年均播种面积占所有作物播种面积的 13.7%,粮经比为 86:14。

2001 年始,马铃薯种植面积逐年继续扩大,继续压粮扩经,压夏扩秋,粮经比调整为 78:22,夏秋比调整为 27:73。至 2003 年,马铃薯面积增幅为 91.4%。从 2007 年开始,大面积普及推广全膜双垄沟播玉米,玉米种植面积不断扩大,以小麦为主的夏粮种植面积继续下降。2010 年,粮食作物年均播种面积占所有作物播种面积的 89.1%,其中夏秋比为 14:86;经济作物年均播种面积占所有作物播种面积的 10.8%,粮经比为 89:11。

第六节　农村集体资产管理

农村财务管理

1988—2002 年,主要是对土地承包费"三提五统"的管理,其中公积金、公益金、管理费提留归村级使用;计划生育、优抚、民兵训练、乡村道路、乡村办学等费用乡镇统筹安排,村收乡代管。由乡镇经营管理站单独设账,监管各村"三提五统"收支,原村积累部分继续由村级设账核算。2003 年,根据甘肃省村级财务规范化管理方案,开始推行村会计乡镇代理制。在集体资产所有权、资金使用权、投资收益权、财务审批权四权不变的前提下,进行村会计委托代理。乡镇集体资产管理中心全面无偿代理辖区村的会计业务,实行"村账乡管",统一科目,统一账簿,统一制度,保证了税费改革的顺利进行。村委会只设出纳。2008年,根据中共安定区委、安定区人民政府关于"乡财县管"改革实施方案的要求,乡镇政府将所属单位所有账户全部合并,乡镇经管站不再单独设账,并将代理的各村会计账移交给乡镇会计,各村的经济业务均在乡镇政府会计账上统一记载核算,村只设二级科目明细核算。村级财务管理主要建立有现金管理制度、财务审批制度、民主理财制度、收付款凭据管理制度、会计档案管理制度、村会计委托代理制度等,并建立逐年审计制度,有错必纠。逐年审计情况见统计表。

1986—2010 年安定区(定西县)农村集体资产审计统计表

表 8-1-6

单位:个、万元、件

年度	审计乡村数	审计总额	违纪金额	其中			纠正处理		
				不合理开支	挪用案件数	挪用金额	不合理开支	挪用案件	挪用金额
1986	252	8.1	4.6	2.3	3	2.3	2.3	3	2.3
1987									
1988									
1989	262	204	7.4	2.1	1	5.3	2.1	1	5.3
1990	14	33.6	0.4	0.2	1	0.2	0.2	1	0.2
1991	229	92.5	0.9	0.9			0.9		
1992	22	74.8	4.7	4.3	2	0.4	4.3	2	0.4
1993	81	226.8	1.8	0.9	1	0.9	0.9	1	0.9
1994	92	192.8	7	7			7		
1995	64	66.2	5.2	2.8	120	2.4	2.8	120	2.4
1996	283	837.8	6.7	6.7			6.7		
1997	306	447.8	14.5	14.5			14.5		
1998	263	584	6	6			6		
1999	303	636.9	10	10			10		
2000	75	759.2	14.5	14.5			14.5		
2001	149	1840	10	10			10		
2002									
2003									
2004	6	489	87	87			87		

续表 8-1-6 单位:个、万元、件

年度	审计乡村数	审计总额	违纪金额	其中			纠正处理		
				不合理开支	挪用案件数	挪用金额	不合理开支	挪用案件	挪用金额
2005	51	1698	83.8	83.8			83.8		
2006	39	528	72	72			72		
2007	157	17984	21	21			21		
2008									
2009									
2010									

农村合作基金会

根据中央有关文件精神,允许在农村合作经济组织内部开展集体资金融通活动,把集体闲置的资金集中起来,采用有偿使用的办法,支持本村或本乡合作经济组织和农户发展商品生产,其组织称为农村合作基金会。定西县结合本县实际,于 1990 年在符家川乡兰星村先行试点,然后在全县范围内推广,成立农村合作基金会。至 1997 年,共建立农村合作基金会 121 个,其中乡级 25 个,村级 96 个,拥有资金 276.83 万元。后来,因农村合作基金会在全国迅速发展壮大,资金融通活动干扰了正常的金融秩序,中央便决定取消农村合作基金会。至 2000 年底,121 个农村合作基金会的债权清收、债务清偿全部结束,按政策要求按期清盘关闭。

村务公开

村务公开的重点是财务公开。从 1998 年开始,根据农业部、监察部制定的《村集体经济组织财务公开暂行规定》和中共中央办公厅、国务院办公厅及省市区的相关政策,定西县经营管理站结合实际制定了统一的《村级财务公开表》,统一公开时间、公开内容,于每年 1 月 31 日、7 月 31 日分两次对财务收支,农民负担,计划生育管理,优抚和救灾救济款物发放,使用土地和宅基地审批,集体土地、集体经济项目承包和经营,电费、水费收缴使用,征兵、招生和乡镇或村办中小学收费,上级党委、政府的有关政策、规定的执行情况,村干部工作目标,重大决策等重要事项进行公布。据统计调查,全区 85% 以上的村务公开达到规范要求。

第二章 扶贫开发

第一节 组织机构

1998年4月,定西县扶贫开发办公室与定西县农业委员会分设,为县政府主管扶贫开发工作的协调议事机构。内设办公室、扶贫业务股、小额信贷股、财务室4个股室。

2000年11月,县劳务工作办公室与扶贫开发办公室合并,保留县劳务工作办公室的牌子,一个机构,两块牌子。内设办公室、劳务股、财务股、项目办、县外对口帮扶和县内农村基层帮扶办公室5个股室。

2003年4月,撤销定西县,设立安定区。劳务工作办公室与扶贫开发办公室分设。定西县扶贫开发办公室更名为安定区扶贫开发办公室,内设综合办公室、财务股、帮扶股、外援项目办4个股室。

第二节 扶贫开发综述

定西县的扶贫,从1973年至1982年,为救济式扶贫阶段;从1983年至1998年,为攻坚式扶贫阶段;从1999年开始,进入产业式扶贫阶段。1983年,定西县被国务院确定为"三西"农业建设重点扶持县。1998年底,全县整体基本解决温饱。2002年,定西县被列为国家扶贫开发工作重点县,县内共确定19个扶贫开发重点乡(撤乡并镇后合为14个)、134个扶贫开发重点村。

"三西"建设

1983年,定西县作为甘肃中部地区二十个干旱贫困县的代表,被国务院列为"三西"建设重点扶持县。在"三西"建设第一期工程的10年中,全县紧紧围绕"三年停止植被破坏,五年解决温饱,二年巩固提高"的奋斗目标,坚持"有水走水路,无水走旱路,水旱不通另找出路"的扶贫原则,从1986年开始,主要以解决群众温饱为重点,立足当地资源,大办乡镇企业,推广科学种田,开展农业综合开发。1991年以后,在绝大多数群众初步解决温饱的基础上,以实现"两个稳定"(稳定解决群众温饱,稳定增加农民收入)为重点,狠抓巩固提高。通过"三西"建设和扶贫开发,到 1993 年,定西县工农业总产值达到 3.84 亿元,其中农业总产值 2.55 亿元,地方财政收入达到 4094 万元;人均纯收入由 1982 年的 105 元提高到 1993 年的 562元,净增 457 元,贫困人口由 1982 年底的 23.67 万人下降到 1993 年底的 7.7 万人;农村贫困面由 1982 年的 70%下降到 1993 年的 15.6%。

八七攻坚

1994 年,在《国家八七扶贫攻坚计划》《甘肃省四七扶贫攻坚计划》实施中,定西县制定了《定西县七七扶贫攻坚计划》(即利用 7 年时间解决 7 万贫困人口的温饱问题),把扶贫攻坚的重点向贫困片带转移。首先从解决贫困户的吃粮、吃水、花钱三大问题入手,大规模地组织实施以温饱工程、"121"雨水集流工程、马铃薯工程、梯田建设工程为主的扶贫到户措施。分别按贫困户基本解决温饱、温饱户稳定解决温饱、稳定户奔小康三种类型,逐户摸底,分类造册,因地制宜地确定到户扶贫方案。其扶贫目标是:使贫困户人均达到 1 亩地膜粮食、1 亩马铃薯、1 眼集雨节灌窖、2 亩补灌田、3 亩基本农田、户均 1 间标准化圈舍、养殖收入达千元以上、1亩经济林、1 个劳务输出、小额信贷扶贫到户、乡村道路到户。从 1996 年开始,将"121"工程进一步延伸,开展大规模的集雨节灌工程建设。创出地下水、地表水、天上水"三水"齐抓,种、养、加三业齐举的新型扶贫开发路子,总结出了"梯田+水窖+科技=基本解决温饱"、"市场+龙头+结构调整=脱贫致富"的扶贫开发模式。到 2000 年,全县国内生产总值达到 8.98 亿元,其中农业总产值 3.15 亿元,粮食总产达到 1.26 亿公斤;地方财政收入达到 8312 万元;农民人均纯收入增长到1258 元,较 1993 年净增 696 元;农民人均产粮达到 326 公斤;贫困人口由 1993年底的 7.7 万人下降到 2000 年底的 2.2 万人;农村贫困面由 1993 年底的 15.6%下降到 2000 年底的 5.7%。

产业化扶贫开发

2001 年开始,扶贫开发重点由改善生产生活条件为主向增加农民收入为主转变,培育壮大了马铃薯、畜草、劳务三大产业。以"一体两翼"(整村推进、产业化扶贫、劳动力培训)为重点,坚持用特色经济理念狠抓马铃薯产业,打造县域经济发展主导模式;坚持用生态经济理念狠抓畜草产业,打造生态循环经济发展模式;坚持用市场配置人力资源理念狠抓劳务产业,打造"安定技工"劳务品牌。到 2006年底,全区农民人均从马铃薯产业中获得的收入达到 1200 元,农民人均从畜草产业中的收入达到 345 元,农民人均劳务收入达到 780 元。同时,全区有计划、有步骤地在 1 镇 34 村开展了参与式整村(乡)推进扶贫开发项目建设,实施了符合当地社会经济条件的扶贫开发项目,为每个村培育了一个以上的主导产业,为每户贫困户安排了一个以上扶贫项目。农民人均纯收入增长到 1763 元,较 2000 年净增 505 元。绝对贫困人口由 2000 年年底的 2.2 万人下降到 2006 年年底的 0.86 万人,农村贫困面由 2000 年底的 5.7% 下降到 2006 年底的 2.3%。

第三节　贫困人口

定西县随着农业产业化结构的调整,扶贫开发项目的实施,社会各项事业呈现健康发展态势,农民贫困面逐年不断缩小。

1982 年底,有贫困户 4.3 万户、23.67 万人,贫困面为 70%。当年人均产粮 134 公斤,人均纯收入 105 元。

1998 年底,有贫困户 2600 户、12400 人,贫困面为 3.2%。当年人均产粮 411 公斤,人均纯收入 923 元;贫困户人均产粮 376 公斤,人均纯收入 838 元。

1999 年底,有贫困户 1200 户、5600 人,贫困面为 1.4%。当年人均产粮 427 公斤,人均纯收入 1188 元;贫困户人均产粮 387 公斤,人均纯收入 956 元。

2000 年底,国家重新确定扶贫开发工作重点县贫困标准,全县人均纯收入 625 元以下的绝对贫困户有 5024 户,2.2 万人,贫困面为 5.7%;人均纯收入 625～865 元的低收入贫困人口 10.75 万人,占当年农业人口的 27.8%。当年人均产粮 320 公斤,人均纯收入 1258 元,贫困户人均产粮 305 公斤,人均纯收入 625 元。

2005 年底,全区共有绝对贫困人口(人均纯收入 675 元以下)2350 户、0.94 万人,贫困面为 2.5%(不包括社救户);低收入人口(人均纯收入 675～942 元之间)14117 户、6.35 万人,占农业人口的 16.9%。当年农民人均产粮 501 公斤,人均纯收入 1683 元。因旱灾、雹灾、疾病等灾害原因返贫人口占农业人口的 8%,为 6680 户、3.0064 万人。

2008 年底,全区共有贫困人口 14200 户、6.4 万人,贫困面为 17.3%(不包括社救户)。当年农民人均纯收入 2153 元。因地震、旱灾、雹灾、疾病等灾害原因返贫人口为 3.16 万人,占农业人口的 8.6%。详见贫困人口情况统计表。

1982—1999 年定西县贫困人口情况统计表

表 8-2-1   单位:个、万户、万人

项目 年度	绝对贫困乡	绝对贫困村	贫困户	贫困人口	贫困面%
1982	24	267	4.83	23.67	70
1983	20	230	4.16	18.73	55.45
1984	20	230	3.72	16.75	49.14
1985	20	230	3.73	19.36	56.90
1986	20	230	3.04	13.68	39.98
1987	10	81	1.90	8.67	25.03
1988	10	81	1.09	4.94	14.12
1989	10	81	0.67	3.01	8.42
1990	10	81	0.87	3.92	10.80
1991	10	81	0.61	2.78	7.55
1992	10	97	2.94	13.90	37.40
1993	9	90	2.36	11.03	29.30
1994	7	81	1.84	8.38	22.40
1995	7	81	3.27	15.06	38.90
1996	7	81	1.06	4.89	12.60
1997	5	42	0.53	2.43	6.20
1998		3	0.26	1.24	3.16
1999		3	0.12	0.56	1.41

2000—2010 年安定区(定西县)贫困状况统计表

表 8-2-2

单位:个、元、万户、万人

年度	重点乡	重点村	农业人口	绝对贫困人口				低收入人口				合计贫困人口	全区贫困面
				标准	户数	人口	占农业人口%	标准	户数	人口	占农业人口%		
2000	19	134	38.65	625	0.49	2.20	5.69	625~865	2.39	10.75	27.82	12.95	33.51
2001	19	134	38.77	625	0.47	2.01	5.18	625~865	2.39	10.75	28.73	12.76	32.91
2002	19	134	38.48	625	0.36	1.61	4.18	625~866	2.19	9.86	25.62	11.47	29.80
2003	19	134	38.10	630	0.29	1.28	3.36	630~879	1.59	7.15	18.77	8.43	22.13
2004	19	134	37.85	658	0.28	1.09	2.88	659~919	1.58	7.06	18.65	8.15	21.53
2005	14	134	37.58	675	0.22	0.94	2.50	676~942	1.65	6.35	16.90	7.29	19.40
2006	14	134	37.15	685	0.21	0.86	2.31	686~956	1.47	5.52	14.86	6.38	17.17
2007	14	134	37.10	728	0.20	0.78	2.10	729~1067	1.22	6.23	16.79	7.01	18.89
2008	14	134	37.00	当年脱贫 0.61 万人				1196 元以下	1.40	6.40	17.30	6.40	17.30
2009	14	134	36.61	当年脱贫 0.73 万人				1196 元以下	1.42	5.67	15.49	5.67	15.49
2010	14	134	36.4	当年脱贫 1.3 万人				1274 元以下	1.09	4.37	12	4.37	12

第四节 扶贫资金

以改善生产条件为重点的"三西"建设初期(1983—1993 年),国家投入各类扶贫资金 6565.39 万元,其中"三西"专项资金 4302.24 万元,以工代赈资金 1858.15 万元,财政扶贫资金 405 万元。

以提高生活质量为重点的扶贫开发攻坚阶段(1994—2000 年),国家投入各类扶贫资金 33429.91 万元,其中"三西"专项资金 4948.81 万元,扶贫贷款 21511 万元,以工代赈资金 5605.1 万元,财政扶贫资金 1365 万元。

以"一体两翼"为重点的产业化扶贫开发时期(2001—2010 年),国家投入各类扶贫资金 36331.79 万元,其中"三西"专项资金 6834.58 万元,扶贫贷款 7257 万元,以工代赈资金 14651.9 万元,财政扶贫资金 7588.31 万元。

截至 2010 年底,国家累计投入各类扶贫资金 76327.09 万元,年均 2826.93 万元。其中,"三西"专项资金 16085.63 万元,年均 595.76 万元;扶贫贷款 28768 万元,年均 1065.48 万元;以工代赈资金 22115.15 万元,年均 819.08 万元;财政扶贫

资金 9358.31 万元,年均 346.6 万元。(见 1986—2010 年安定区各类扶贫资金投资完成情况统计表)

1986—1999 年定西县各类扶贫资金投资完成情况统计表

表 8-2-3　　　　　　　　　　　　　　　　　　　　　　　　单位:万元

		合计	年均	1986	1987	1988	1989	1990	1991	1992	1993	1994	1995	1996	1997	1998	1999
合计		25941.59	960.7	756.2	600.8	609.4	421.8	537.3	593.2	682	525.7	1118.1	1180.1	2077.8	3375	4304	8384
三西专项	水利	2018.7	74.8	13.0	34.6	42.0	22.0	122.0	39.0	55.0	15.0	10.0	17.0	158.1	220.0	522.0	749.0
	水保	2386.0	88.4	70.0	86.0	80.0	100.0	100.0	75.0	75.0	135.0	135.0	135.0	145.0	350.0	420.0	480.0
	农电	378.0	14.0		68.5	14.0	10.5	25.0	40.0	50.0	20.0	40.0	40.0	30.0		40.0	
	农业	221.1	8.2	1.2	46.4	31.8	28.0	26.9	18.3	22.3	8.3	20.0	13.0			5.0	
	林业	414.2	15.3	221.1	112.0	35.7			7.2	9.2	2.0	4.0	8.0	15.0			
	牧业	263.8	9.8	140.2	38.6	36.0	29.0	20.0									
	乡镇企业	845.4	31.3	25.0	81.5	93.0	164.5	88.4	72.0	63.0	63.0	55.0	10.0	55.0	75.0		
	能源	38.5	1.4	38.5													
	科技	124.8	4.6	0.6	14.8	8.3	12.7	3.8	7.2	3.9	2.9		3.0			7.0	60.6
	移民	47.7	1.8		0.2	0.6	0.1			0.3			15.6			7.5	23.4
	其他	281.0	10.4													80.0	201
	小计	7019.2	260.0	509.5	482.6	341.4	366.8	386.1	258.7	278.7	246.2	264.0	241.6	403.1	645.0	1081.5	1514
扶贫贷款	农业	1680.0	62.2											90.0	370.0	590.0	630
	经济林	57.0	2.1													57.0	
	养殖	907.0	33.6										65.0	80.0	163.0	378.0	221
	企业	5690.0	210.7									480.0	323.0	310.0	1347	1150	2080
	集雨节灌	775.0	28.7											150.0	300.0	145	180
	机修梯田	2100.1	77.8														2100
	其他	100.0	3.7														100
	小计	11309.0	418.9	0.0	0.0	0.0	0.0	0.0	0.0	0.0	0.0	480.0	388.0	630.0	2180	2320.0	5311

续表 8-2-3 单位：万元

		合计	年均	1986	1987	1988	1989	1990	1991	1992	1993	1994	1995	1996	1997	1998	1999
以工代赈	水利	2136.6	79.1			40.0	7.0	22.2	125.5	110.9	111.0	133.0	279.0	303.0	218.0	357.0	430
	水保	1476.9	54.7			150.0			214.0	292.4	108.5	77.0	76.0	48.0	78.0	65.0	368
	交通	1850.8	68.5	207.6	102.2	60.0		71.0			60.0	163.0	160.0	187.0	384.0	186.0	270
	其他	923.1	34.2									0.4	35.5	343.7	70.0	125.5	348
	小计	6387.4	236.6	207.6	102.2	250.0	7.0	93.2	339.5	403.3	279.5	373.4	550.5	881.7	750.0	733.5	1416
财政扶贫资金	林业	24.0	0.9		2.0	1.0	2.0		4.0					10.0		5.0	
	水利	568.0	21.0	17.0	5.0	2.0	5.0	7.0	12.0			1.0		110.0	381.0	10.0	18
	农电	111.0	4.1	10.0	3.0	8.0	5.0	10.0						6.0	50.0	11.0	8
	文教	183.0	6.8	1.0		1.0	6.0	6.0	13.0					18.0	23.0	50.0	65
	其他	340.0	12.6	11.0	6.0	6.0	30.0	35.0	6.0					19.0	82.0	93.0	52
	小计	1226.0	45.4	39.0	16.0	18.0	48.0	58.0	35.0	0.0	0.0	1.0	0.0	163.0	536.0	169.0	143

注：财政扶贫资金包括中央、省财政资金，贫困地区发展资金，支持少数民族发展资金等。

2000—2010 年安定区（定西县）各类扶贫资金投资完成情况统计表

表 8-2-4 单位：万元

		合计	年均	2000	2001	2002	2003	2004	2005	2006	2007	2008	2009	2010
	合计	48586.39	1799.7	12254.6	6515.7	3139	3030	5051	3322.7	4073.2	2984.1	4013.1	4203	378.2
三西专项	水利	1014.0	37.6	530.0	204.0	50.0	110	50		35.0	35.0			
	水保	372.0	13.8	177.0	67.0	12.0	36	40			40.0			
	农电	0.0	0.0											
	农业	413.0	15.3	25.0	30.0				28.0	30.0	195.0	75.0	30	
	林业	0.0	0.0											
	牧业	658.0	24.4		22.0	136.0	142		36.0	124.0	100.0	50.0	48	112
	乡镇企业	0.0	0.0											
	能源	10.0	0.4						10.0					
	科技	468.0	17.3	31.0	52.0	64.0	56	56	37.0	56.0	16.0	94.0	6	171
	移民	26.6	1.0	26.6										
	其他	4672.6	173.1	10.0	770.6	640.0	250	421	382.0	611.0	315.0	603.0	670	282
	小计	7634.2	282.7	799.6	1145.6	902.0	594	567	493.0	856.0	701.0	822.0	754	565

续表 8-2-4   单位：万元

		合计	年均	2000	2001	2002	2003	2004	2005	2006	2007	2008	2009	2010
扶贫贷款	农业	4510.0	167.0	1100	2660			750						
	经济林	0.0	0.0											
	养殖	275.0	10.2	275										
	企业	6271.0	232.3	3227	680.0	900.0	634	430		400.0				
	集雨节灌	1465.0	54.3	800	665.0									
	机修梯田	4300.0	159.3	4300										
	其他	638.0	23.6	500	138.0									
	小计	17459.0	646.6	10202	4143.0	900.0	634	1180	0.0	400.0	0.0	0.0	0	
以工代赈	水利	1538.0	57.0	297	55.0				258.0	258.0			670	399
	水保	1216.0	45.0	198	52.0			291	30.0				645	1238
	交通	3841.0	142.3	279	375.0		1504	1275	204.0	204.0				
	其他	8956.9	331.7	126	327.0	793.0	41	993	1518.7	1340	1415.6	2402.6		
	小计	15551.9	576.0	900	809.0	793.0	1545	2559	2010.7	1802.0	1415.6	2402.6	1315	1637
财政扶贫资金	林业	9.0	0.3		9.0									
	水利	629.0	23.3	150	17.0		245	15			20.0	85.0	97	20
	农电	17.0	0.6		17.0									
	文教	83.5	3.1		26.0						57.5			
	其他	7202.8	266.8	203	349.4	544.0	12	730	819.0	1015.2	790.0	703.5	2037	1566
	小计	7941.3	294.1	353	418.1	544.0	257	745	819.0	1015.2	867.5	788.5	2134	1586

注：财政扶贫资金包括中央、省财政资金，贫困地区发展资金，支持少数民族发展资金等。

第五节　扶贫方式

以工代赈

农田水利项目　1980 年代中期开始，在以工代赈项目实施中，坚持天上水、地表水和地下水"三水"齐抓的方针，以小水为主，节水为主，效益为主，共投入资金3448.4万元,建成东河渠、中河渠、鲁家沟南川支渠等水利骨干工程;新建小提灌工程17处,新打机井64眼,维修31眼。新修梯田11.5万亩,新增有效灌溉面积2.96万亩,恢复失灌面积1.51万亩。建成30~50立方米补灌窖(池)1.3万座,发展集雨节灌面积3.7万亩,治理河堤8公里,保护村庄9处,保护耕地5300亩,有效地改善了农业生产基本条件。

水保生态项目 随着"水保立区"发展战略的贯彻,以工代赈项目的实施,全区的水土保持生态建设实现了山、水、田、林、草、路、电综合治理,实践了"以小流域为单元,以水定业,恢复植被,修梯田、集雨水、兴科技、搞调整"的路子,生态经济社会发生了深刻变化。以工代赈项目先后投入资金1799.8万元,治理小流域46条,完成小流域治理面积192平方公里,建成淤地坝和治沟骨干工程31座,造林2.56万亩,种草5.1万亩,全区水土流失治理程度已达到61.8%。

人畜饮水项目 20年间先后投入以工代赈资金1086.6万元,在内官营、西巩驿、宁远等地建成人畜饮水工程15处,新建"121"雨水集流户1.57万户,硬化集流场63.6万平方米,新打水窖3.1万眼,解决了6.2万人、3.7万只大家畜的饮水困难。北部干旱山区高质量高标准"121"雨水集流工程的建成和普及,受到江泽民、胡锦涛、李鹏、朱镕基等党和国家领导人及国内外专家的充分肯定。

农电、道路、支教项目 累计投入资金7037万元,新修等级公路220公里,铺油路67公里,新修乡村道路629.5公里;建成红马公路、巉郭公路、高内公路、御大公路、马坪公路、西石公路、葛西公路等县乡骨干公路;建成清水桥、西岩桥、王家什字桥等桥梁16座;修筑涵洞涵管528道4261米。同时还投入资金871万元,架设农电线路54公里,铺设光缆60公里,建成学校3所。

农业支柱产业开发项目 共投入资金836万元,用于调整农业产业结构,扶持马铃薯、药材、畜牧、食用菌等生态支柱产业发展。改造中低产田2万亩,种植优质牧草2.3万亩,建成日光温室80座、优质马铃薯基地2000亩、药材基地1500亩,发展小尾寒羊300只。这些项目都成为农村经济新的增长点,对增加农民收入起到重要作用。特别是马铃薯、畜草和劳务经济三大产业,已成为农民增收的主要来源。2005年,农民从支柱产业中获得的收入为1500多元,占当年农民纯收入的80%以上。

易地扶贫搬迁项目 2004—2010年,区委、区政府共争取以工代赈资金4061.5万元,搬迁贫困群众787户、3721人,有效地改善了贫困地区群众的生产生活条件。

改善基础条件

全区把改善农业基本条件作为增强群众自我发展能力的重要措施,大力开展了梯田、水利、农电和道路等基础设施建设。截至 2010 年年底,全区累计治理水土流失面积 2276 平方公里,建成治沟骨干工程 152 座,形成 204 条完整的坝系流域。在梯田建设上,实行"三集中、四统一"的办法,连片治理。从 1983 年开始,每年新修梯田 5 万亩以上。至 2009 年,全区累计梯田面积达到 161 万亩,人均达到 4 亩以上,有 4 个乡镇整体实现了梯田化。完成退耕还林 48.73 万亩,荒山造林 49 万亩,林草覆盖率达到 32%;新建集雨节灌水窖 19.2 万眼,户均达到 2.6 眼。

大力推进农电改造,共建成 35 千伏变电所 1 处,架设 35 千伏农电线路 17.4 公里、6-10 千伏农电线路 1073.8 公里,新增通电乡 8 个、通电村 261 个,通电户达到 7.89 万户,乡、村、户通电率均达到 100%,实现了村村通电、户户通电。

全面加强道路建设,采取以工代赈、义务投工等措施,从 1983 年到 2000 年,乡村通路 1851 公里,通公路乡 7 个,通汽车村 216 个。2001 年以来,改造新建区乡公路 81.2 公里,新修乡村道路 824 公里,其中新修村社道路 301 公里。截至 2009 年年底,全区乡村道路通车总里程达到 2220 公里,实现了"乡乡通汽车、村村通农用车"的目标。

解决人畜饮水问题

干旱、缺水一直困扰着安定人民,因此,在扶贫工作中始终没有放松计划用水、节约用水和科学用水。在水利建设扶贫上,完成干支渠衬砌 51.7 公里,机井更新 305 眼,新修小型水利工程 14 项,新发展水地 1.34 万亩,新打水窖 2.73 万眼,新建人畜饮水和苦水淡化工程 8 处,修建庭院集雨工程 1500 户,解决 5.02 万人、2.58 万头牲畜的饮水问题。并以现有水利设施的维修和管理为重点,开源节流,使有效灌溉面积达到 13.38 万亩,保灌面积达到 10.24 万亩。从 1996 年开始,共打集雨节灌水窖 8.73 万眼,发展补灌面积 23.92 万亩;新建人畜饮水工程 8 处、"121"雨水集流工程 95978 处,新打、维修机井 13 眼,解决 29.16 万人、34.24 万头牲畜的饮水困难,全区人畜饮水问题得到基本解决。

产业扶贫

温饱工程 属于粮食扶贫计划的地膜覆盖"温饱工程",1996 年开始在全县实施。重点推广种子统供、包衣、精选系列技术;推广地膜覆盖穴播、膜侧和双垄沟种植技术;推广早熟、耐旱品种;因地制宜调整种植结构,扩大地膜洋芋、谷子等

作物面积;实施提前育苗、待雨抢墒移栽，着力推进以种子工程、膜侧沟播、注水沟播、双垄沟种植为主的农业新技术应用。

马铃薯工程　作为四大支柱产业之一的马铃薯，2000年，全区共种植 53.7 万亩，总产达到 43 万吨，产值达 1.5 亿元，农民人均增收 306 元。一批淀粉加工企业的建成，马铃薯

地膜全覆盖种植　摄于香泉镇马莲村

香泉镇西寨村马铃薯标准化种植基地

购销公司、销售网点和个体加工点的组建，带动了马铃薯产、加、销的全面发展。至 2006 年，全区马铃薯种植面积达 85 万亩，产量达 82 万吨。通过"品牌＋专列"的营销方式，抢占终端、开拓终端、直销终端，使全区马铃薯市场占有份额大幅度提升，农民人均从马铃薯产业中获得收入达到1200 元，形成生产、加工、销售"三旺共赢"的良好局面。

畜牧畜草产业　全区抢抓西部大开发、退耕还林还草和参与式整村推进项目的机遇，走"种草—养畜—沼气—肥田—增收"的生态循环经济路子，2000年，各类畜禽存栏累计达到107.55 万头（只、匹），牧业收入达到 0.7 亿元，人均牧业收入190 元。畜草转化步伐加快，提高了畜牧业在农业中的比重，2003

引进扩繁良种肉羊萨福克

年,建立阿尔冈金优质牧草基地 5000 亩,建成整村推进草畜转化示范点 30 个,改进标准化圈舍 2200 间;引进小尾寒羊 3500 只,纯繁 1.4 万只,肉羊存栏 18.6 万只,奶牛存栏 540 头。发展到 2006 年,畜草产业全区农民人均纯收入 345 元。

药材和食用菌 药材产业稳步推进,种植态势良好,2000 年,种植面积达到 6.3 万亩,总产量达到 4900 吨。2003 年,种植面积 15.6 万亩,实现销售收入 8935 万元。食用菌产业持续发展,充分利用当地气候资源,多方引进技术,扩大规模,品种已由平菇发展到金针菇、白灵菇等多种新特优品种,成为全区新的经济增长点。2003 年,以巩固提高为重点,建立小西岔等 19 个示范基地,新建菌棚 77 座,生产鲜菇 2385 吨,实现销售收入 1282 万元。

日光温室培育蘑菇

科教扶贫

从 2003 年开始,安定区首先组织区、乡 262 名干部和 25 名示范村党支部书记先后参加了国务院贫困地区经济开发领导小组举办的培训班,505 名村干部参加了区上举办的培训班。农民技术员参加区、乡(镇)短期培训达到 6 万多人次。其次,借助省农科院、甘农大和省草原生态研究所在安定区实验点的科技力量,为全区培训人才,推广技术,实施了高泉等村的立体农技推广试点。多次组织乡镇企业管理人员 1000 多人(次)外出考察,开阔了眼界,拓宽了思路,开展技术协作,发展横向联合。同时本着"提高区级、强化乡级、组建村级、发展社级、普及到户"的原则,加强服务体系建设。全区建成 25 个乡镇农技站和 14 个咨询服务部,56% 乡站达到有机构、有人员、有场所、有设备、有活动、有效益的"六有"标准。乡站现有农技人员 123 名,聘用村农民技术员 344 名,建立农科示范户 6654 户。每年培训农民 10 万人(次)以上,使全区 80% 以上的农民掌握 1~2 门农业实用新技术。并依托各级服务组织,开展技术承包,大力推广科学种田。1988 年以来,连年推广地膜玉米、带状种植、膜侧沟播、双垄沟播、注水沟播、种子包衣、滴灌、渗灌、洋芋整薯播种等增产项目 10 余项,完成科技承包 134 万亩。

移民

境外移民　1989年以来,定西县先后组织向宁夏隆德等地移民748户、2899人。1993年至1999年,向新疆农六师移民共480户、1875人;1996年,向新疆农八师移民24户、94人;1997年,向新疆独立112团移民80户、328人。2000年,向新疆昌吉移民163户、597人。

生态移民　1983年以来,定西县先后组织向酒泉等地移民1808户、8625人。其中酒泉104户、472人,金塔190户、873人,玉门84户、385人,安西74户、321人,敦煌232户、1125人,肃北2户、12人,嘉峪关2户、14人,张掖26户、118人,临泽87户、442人,高台762户、3659人,民乐237户、1167人,山丹1户、4人,皋兰1户、7人,永登6户、26人。基本实现了"1年搬迁、2年定居、3年解决温饱"的目标。

到户扶贫

省、市各帮扶单位和区直各单位都建立了帮扶工作责任制,确定了帮扶点。省、市、区三级每年共下派76个单位、300多名干部,进驻25个乡镇的71个村,进行对口帮扶及帮村扶贫工作,各帮扶单位发挥自身优势,有钱出钱、有物出物、有策献策,形成了全社会帮困扶贫的合力。为帮扶点新打机井34眼,新增灌溉面积2.5万亩,维修及新建学校196所,架设各类农电线路70.3公里,新修道路950公里,捐赠衣物棉被35万件、化肥1650袋,无偿投资650多万元,引进资金500多万元,有力地加快了扶贫开发进程。

参与式扶贫

1998年开始,实施参与式整村推进扶贫开发项目,全县共实施整村推进项目村75个。实施后,各级领导重视,群众广泛参与,实施载体得力,扶贫效果显著。到2001年,进一步明确扶贫目标,确定了扶贫重点,划定了扶贫区域,引入参与式扶贫理念,充分尊重群众在选择、实施和管理项目过程中的知情权、选择权、决策权、监督权和管理权。在政府主导上实行"一体化服务",在资金配套上实行项目资金和群众自筹双渠道融资,从而使项目村的经济和社会各项事业整体推进。经过几年的实施,在34个项目村共发展药材种植6061亩,建成马铃薯良种繁育基地58000亩,发展养羊户3223户,引进良种基础母羊13670只,发展养牛户1450户,引进良种基础母牛3066头,建成沼气池2627座,建成氨化池1880座,投放太阳灶899台。

生态环境治理

2000年以来,全县把生态环境治理作为扶贫的一项内容方式,新种草81.47万亩,新造人工林91.56万亩,种草留床面积达到100万亩,人均2.7亩;林地留床面积达到123万亩,人均3.3亩。新增小流域综合治理面积1819.24平方千米,年均递增17.6%。并完成改灶5.98万户,改炕400铺,新建沼气池362个,投放太阳灶1999台,结束了群众因缺燃料而破坏植被的现象,促进了生态环境的良性循环。年土壤侵蚀模数由5640吨/平方千米下降到2796吨/平方千米,水土流失控制率由10.6%提高到62.3%。通过大力实施退耕还林(草)和荒山造林工程建设,全县25度以上坡耕地全部退耕,降低了水土流失程度,改善了生态环境,提高了生态效益。

第六节　重点项目

国家扶贫基础工程试验项目

国家扶贫基础工程试验项目是国务院原总理朱镕基在甘肃省考察时提出的。是根据《研究试办国家长期优惠贷款扶贫与开拓中西部农村市场搞活国有企业的会议纪要》(国阅〔1997〕65号)、国务院扶贫开发领导小组关于认真抓好国家扶贫基础工程试验项目的精神、中国人民银行〔1998〕219号文件和《中国农业银行扶贫基础工程试验项目贷款管理暂行办法》等有关文件,以建设基本农田、改善农业生产条件为目标,加大对贫困地区的扶持力度和农村市场的开拓,并为国有企业生产结构调整创造宽松环境而实施的扶贫工程。试验项目贷款的使用范围是:基本农田建设和集雨节灌工程;种植业、林果业和暖棚蔬菜种植及其产业建设;购买农机具、原材料;为改善农业基础条件提供产前、产中、产后服务的项目。1997年,国务院确定定西县为这一试验项目实施县。按照国务院会议精神的要求,省上于1999年5月下发了《甘肃省扶贫基础工程试验项目实施意见》,批准定西县项目计划贷款总额为1亿元,其中:机修梯田16.25万亩,贷款3900万元;购置推土机100台,贷款1100万元;集雨节灌水窖2万眼,发展灌溉面积6万亩,贷款2000万元;日光温室500座,贷款500万元;经济林园3.2万亩(杏树1万亩,花椒1万亩,果树1.2万亩),贷款300万元;畜禽养殖(养羊1万只,养猪2万头,养鸡2万只),贷款500万元;产业化服务体系贷款1400万元;购置农机具9444台,贷款300万元。截至2000年底,全县共完成贷款投放9977万元,其中机修梯田贷款5778万元,完成机修梯田19.3万亩（每亩贷款300元）;购置推土机(包括小型农机具)贷款364万元,购置推土机57台、小型农机具138台;集雨节灌贷款859万元, 完成集雨节灌窖4.5万眼;日光温室贷款567万元,建成日光温室498座；服务体系贷款2409万元,扶持服务体系7个。

机修梯田

内官营镇"三个代表"重要思想学习教育与扶贫开发相结合示范项目

2001年,中组部、国家扶贫办在确定农村"三个代表"重要思想学习教育活动与扶贫开发相结合示范项目中,定西县将内官营镇确定为该示范项目,把"学教"活动与扶贫开发项目实施有机结合起来,坚持在教育中落实项目,在项目实施中体现"三个代表"。

内官营镇有17个行政村,143个村民小组,9055户、4.1万人。项目于2001年开始实施,两年内完成项目总投资5074万元,其中,扶贫专项资金1000万元,吸引和调动群众自筹资金和投工投劳3505万元,其他渠道筹资569万元。完成5个分项目19个子项目建设。

项目实施中,一是始终坚持以"三个代表"重要思想指导扶贫开发,深入调查研究,从经济发展最亟待解决的和最根本性的问题抓起,进行新的实践。二是重视基础建设,改善生产条件。全镇按照"机修为主,人机结合,统一规划,规模治理"的原则,新修高标准梯田14972亩,维修村、社道路34条160公里,新开辟8米宽的村、社道路9条48公里,架设桥梁4座,实现了村村、社社通汽车的目标,有效地解决了当地群众行路难问题。生产条件的改善,加快了全镇由传统粗放型、数量型农业向现代效益型、质量型农业的转变。三是狠抓城镇建设,构建经济平台。为了把内官营镇建设成为定西西南部最大的具有辐射性、带动性、中心性的物资集散地和"旱码头",拉动当地经济的快速发展,先后打通了五条道路,建成了五个大市场;在内官等村建成6处高标准的小康住宅示范点,服务功能配套完善的现代化新型小城镇初具规模。四是为了营造一个良好的投资环境、建设环境和干事创业环境，在项目建设中，全镇上下深入开展了"解放思想，与时俱进，优化环境，加快发展"的大学习、大讨论活动，加快招商力度，先后与韩国药业社、兰州天龙蔬菜有限公司签订中药材种植、加工和蔬菜种植等五个项目，吸引外资2600多万元。

通过项目的全面实施，基础条件明显改善，增强了农业发展后劲。全镇提前五年实现梯田化，水利设施进一步完善，道路网络全面提升，为大面积发展蔬菜、药材、马铃薯等高效农作物奠定了基础。经济发展步伐加快，经济实力进一步增强，至2002年，全镇农村经济总收入达3.08亿元，较2000年增长18.9%；财政收入由240万元增加到320万元，增长25%；人均纯收入由1490元增加到1650元，增长10.7%。农村贫困面由项目实施前的6.3%下降到了4.3%。

九华沟流域综合治理开发项目

九华沟流域位于定西市安定区北部，总流域面积83平方千米，包括5个行政村，35个村民小组。该流域是黄土高原干旱地区的典型代表，年降水量仅为380毫米，水土流失严重，土地贫瘠，植被稀少，治理前林草覆盖率24%，治理程度44.9%，农业生产条件严酷，生态环境恶劣。1997年，被省扶贫办列入"三西"建设小流域综合治理重点项目，于2000年完成。该项目共完成总投资1179.69万元（不包括群众投工投劳和自筹资金），其中"三西"专项资金840万元。全流域内综合治理面积由37.3平方千米增加到71.6平方千米，治理程度由44.9%提高到86.3%；流域林草面积由29800亩增加到71090亩，林草覆盖率由24%提高到57.1%；流域内94%的坡耕地通过坡改梯田整治，实现了耕地梯田化、荒坡绿色化；土地利用率达81.7%，比治理前的62.9%提高18.8个百分点。经济效益稳步增长，实现农村各产业协调发展。项目区初级产品经就地加工转化实现了增值，每年所产生的经济

九华沟流域综合治理扶贫开发

效益达 50 万元左右；土地生产率由治理前的 50.70 元 / 亩提高到 203.43 元 / 亩，提高了 4 倍多；农产品产量不断增长，粮食总产量由 2835.28 吨增加到 3346.02 吨，人均产粮由 427 公斤增加到 485 公斤；各业总产值由 765.37 万元增加到 1577.94 万元，增长 106.2%，年均增长 26.6%；农民人均纯收入由 750 元增加到 1486 元，增长 96.3%，年均增长 24%。社会效益显著，流域内实现了"五通"，即农路通、农电通、电话通、电视通、广播通，群众生产生活条件明显改观；流域内 1486 户贫困户实现基本解决温饱，绝对贫困面下降到 3%，稳定解决温饱的农户已达到 85% 以上，返贫现象基本消除，群众饮食结构由以粮为主的单一型向食物多样化结构转变，生活质量得到不断提高；物质文明的提高带动了精神文明的健康发展，促进了农民文化素质的提高。

项目的实施充分证明：首先，山、水、田、林、路、电综合治理，为黄土高原丘陵区扶贫开发探索出的是条成功之路。项目的实施，实现扶贫开发工作思路和战略部署上的重大转折，在扶贫方式上由过去的单一扶贫措施变为山、水、田、林、路、电综合治理、综合配套；生物措施和工程措施相结合整流域推进，将过去的分散扶贫变为集中扶贫、区域经济开发，彻底解决了水土流失问题，有效改善了生产生活条件和生态环境，为脱贫致富奠定坚实的基础。

其次，扶贫项目实施与科研示范推广相结合，总结出了旱作农业发展的新途径。九华沟流域综合治理开发，使半干旱区水土保持生态环境建设中所涉及的综合治理技术体系、综合开发措施体系、生态农业技术体系、径流聚集工程技术体系、林草恢复与重建技术体系等的研究更加深入、广泛。在径流聚集方面，创出隔坡软埂水平沟、燕尾式鱼鳞坑、正方形漏斗式聚流坑等不同形式的径流聚集技术；在水土保持生态环境建设中创出了"草灌乔结合，生态林为主"的治理模式；集雨节灌技术、蔬菜栽培技术、膜侧沟播技术、施水沟播技术等的综合运用，创出了持续高产型、稳定增收型、特色产业型三类旱作农业技术新体系，科技含量普遍增加。

其三，治理与开发相结合，是提高综合效益的新模式。项目的实施，通过对社会、经济、自然资源的优化组合和合理配置，实行山、水、田、林、路综合治理和种、养、加、销一体化开发，实现了由过去的防护性治理向开发性治理的转变，使土地资源得到合理利用，生物资源得到积蓄培育。一个以治理带动开发，以开发促进治理，"梯田＋水窖＋科技＝基本解决温饱"、"市场＋龙头＋结构调整＝脱贫致富"的模式被确定。

第七节　社会帮扶

中央单位帮扶

2001年7月,中央确定中国生物技术集团公司帮扶定西县。2003年3月,时任中国生物技术集团公司副总经理王玉山一行实地考察了全区扶贫开发工作后,2004年3月10日,为内官镇营边家小学捐赠价值15万元的教学设备和器材。

天津市政府帮扶

自天津市对外经济协作办公室帮扶安定区以来,共投入帮扶资金631万元,其中,2002年投入帮扶资金205万元,物资16万元;2004年投入帮扶资金75万元;2005年投入帮扶资金80万元;2007年投入帮扶资金60万元;2008年投入帮扶资金170万元;2009年投入帮扶资金315万元;2010年投入帮扶资金50万元。

天津市帮扶凤翔镇柏林村建设小康住宅

本省单位帮扶

1.省农牧厅帮扶凤翔镇丰禾村,共投入资金131.21万元。其中,投入资金3万元,新建沼气池20座;投入资金10万元,新修道路5.8公里;投入资金4.8

2008年7月4日,定西·金华两市友好合作座谈会暨""531"工程捐款仪式在定西宾馆举行

万元,给丰禾村投放新大坪马铃薯良种30吨,建成马铃薯标准化示范点300亩;筹集资金7.56万元,投放良种羊63只,发展养殖户20户;落实帮扶资金1.2万

元,新建圈舍 20 间;落实补助资金 6.3 万元,投放铡草机 60 台。同时,走访慰问老党员、致富能人 10 户,为每户送去价值 300 元的三件套衣服 1 套;慰问贫困户 10 户,每户送去现金 500 元;捐赠衣物 3000 多件。

2. 省妇联帮扶鲁家沟镇将台村,共投入资金、物资、贷款等 212.73 万元,协调项目 5 个 223 万元。其中,协调整村推进等项目资金 223 万元;争取"巾帼建功小额信贷"资金 200 万元,用于发展养殖;为穗花小学捐赠图书价值 5000 元;帮扶留守儿童 20 人 2000 元;捐赠慰问物资 8 万余元;慰问贫困患病妇女 2 户,捐助资金 1 万元;救助患病妇女 5 户,赠送保健药品 10 件。

3. 省水电勘测设计院帮扶香泉镇香泉村,2008 年,引进项目资金 50 万元,投入资金 1.8 万元,物资 0.2 万元;2009 年,投入帮扶资金 9 万元。

4. 省水电工程局帮扶巉口镇上岘村,2005 年,帮扶资金 50 万元。

5. 金川公司帮扶青岚山乡大坪村,共投入帮扶资金 369 万元。其中:2002 年,投入资金 20 万元;2003 年, 投入资金 80 万元;2004 年, 投入资金 99 万元;2005 年, 投入资金 50 万元;2006 年, 投入资金 50 万元;2007 年, 投入资金 50 万元;2008 年, 投入资金 20 万元;2009 年,投入资金 12 万元,整修金川路。

金川集团公司帮扶青岚山乡大坪村开展扶贫义诊活动

市、区单位帮扶 2002 年以来,市、区直属帮扶单位共投入帮扶资金 388.79 万元,帮扶各类物资 586.81 万元。在具体帮扶中,重点突出"六个围绕":

一是围绕基础设施建设抓帮扶。共为帮扶乡村新修、维修村社道路 38 公里,建成翻水桥 8 座,压设涵管 5 道,新修 20 万立方米塘坝一处、排洪主干渠 5000 米、渠道衬砌 3000 米,新打水窖 180 眼。在香泉镇建成截引工程一处,解决了该镇 10 个村、4200 户、16000 人、10000 头大家畜的饮水问题。二是围绕产业开发抓帮扶。共建成马铃薯良种繁育基地 2500 亩,建成马铃薯交易市场一处,年交易量达 3 万吨以上;协调发展养羊户 180 户,引进良种羊 580 只,发展养牛户 50 户,引进良种牛50头;帮助青岚山乡大坪村组建养殖、劳务等专业协会,为协会配备了办公设施,指导农户走自由组织、自主投资、自负盈亏、自我发展的产业化经营路子。三是围绕科技推广应用抓帮扶。各帮扶单位充分利用自己的科技文化力量,聘请农业科技人员深入帮扶村开展科技培训,组织农民外出考察,学习科技示范典型,共培训农民16800多人(次),使帮扶村的每个农户至少有一名懂1~2门农业适用技术的明白人,成为培育科技试验示范基地和科技示范户、科技致富典型,带动群众增产增收。四是围绕劳动力培训输转抓帮扶。按照培训服务配套、需求供给对接、就业创业并举的目标,帮助乡村建立健全培训中心和基地,广泛开展劳动力转移培训,积极协调建立新的劳务基地,确保帮扶村剩余劳动力输出在80%以上。同时,注重新生劳动力的技能培训,使之及时掌握新技术、熟练新操作,以身怀一技之长实现脱贫致富。通过帮扶共输出剩余劳动力3800人(次),人均年劳务收入达到8000元以上。五是围绕基层组织建设抓帮扶。将帮扶村作为单位党性实践活动的阵地,建立长效机制,使党员长期受教育、农民长期得实惠的结对帮扶形成制度,已建成集科技培训、文化娱乐、医疗卫生、综合服务为一体的高标准村级活动阵地2个。进一步落实了帮扶干部驻村蹲点制度,通过调查掌握村情民意,规范和加强村级班子建设,推进村民自治和社区化管理进程,为建设和谐文明新农村提供了组织保证。六是围绕改善人居环境抓帮扶。以建设新农村住宅样板村为目标,按照统一规划、统一标准、统一实施、集中连片的原则,将帮扶工作的开展与新农村住宅建设紧密结合起来,改善了以农村住宅为主的人居环境。先后在青岚山乡大坪村、凤翔镇北二十铺村、柏林村建成新农村住宅214户,圈舍、沼气池、太阳能、绿化带等生态能源设施和医疗、文化等公益设施全面配套,村貌焕然一新。

市直单位帮扶

2002年后,市上共有11家单位在我区的11个村进行帮扶工作,共计投入帮扶资金、物资384万元,其中帮扶资金146万元,帮扶物资238万元;帮助引进各类项目21个6560万元。其中:

市发改委帮扶内官营镇边家村,帮扶资金物资共计36万元,帮助引进项目6个5060万元。

定西军分区帮扶巉口镇松川村,帮扶资金物资62.5万元。

市中小企业管理局帮扶石峡湾乡站湾村,帮扶资金32万元。

市畜牧局帮扶石峡湾乡清水村,帮扶资金物资3.8万元。

市财政局帮扶高峰乡明星村,帮扶资金物资 86 万元。

市国资委帮扶西巩驿镇花沟村,帮扶物资 13 万元。

市劳动和社会保障局帮扶高峰乡坪湾村,帮扶资金物资 3.4 万元。

市委统战部帮扶团结镇好地掌村,为该村争取民族发展资金 42 万元。

市机关工委帮扶宁远镇前川村,帮扶物资 16 万元。

市委办公室帮扶香泉镇青岗村,帮扶资金物资 42 万元。

市政府办公室帮扶内官营镇崖湾村,帮扶物资资金 56 万元,引进项目 12 个 1500 万元。

区直单位帮扶

区直 67 个单位帮扶 67 个村,共计投入帮扶资金、物资 1220 万元,其中帮扶资金 300 万元,帮扶物资 920 万元;帮助引进各类项目 18 个 194 万元。其中 2010 帮扶资金 28 万元、物资 94 万元,共计 122 万元。

文教、卫生、林业帮扶资料详见教育、卫生、林业相关章节。

第八节　典型选介

太平村

鲁家沟镇太平村在项目实施中,始终坚持以人为本,将扶贫开发与构建区域政治文明紧密结合,充分发挥党支部和党员的先锋模范作用,村干部和致富带头人的示范带动作用。至 2010 年,太平村 3 名村干部成为当地叫得响的致富带头人。每个村干部每年帮扶 2 户贫困党员脱贫,培养 1 名致富能人加入党组织,与贫困群众结成帮扶对子,走共同致富的路子。在 49 名党员的带动下,全村发展养鸡户 11 户,养牛户 25 户,马铃薯营销

鲁家沟镇太平村

大户 21 户,小尾寒羊规模养殖户 64 户。全村已有 80% 的党员户参与了农业产业化经营,80% 的农民党员成为致富能手,致富农户达到 334 户,占总户数的 80%。在实施"双向"培养中,通过互帮互带,真正使党员置身于群众之中,党员和群众携手创市场、抓信息、办实体、学科技、传帮带、同致富。形成基层组织牵头,带动党员致富,帮带农户共富,区域和谐共建,促进当地经济发展的模式。

在产业发展链条上兴建各类专业协会,以协会建设促进扶贫开发。全村共成立养鸡协会、养羊协会、马铃薯经销协会三个专业协会,在协会中成立党支部,保证各专业协会成为产业发展的主体力量,提升了农业产业化水平。养鸡协会为规模养鸡户提供统一培育、统一良种、统一圈舍、统一饲料、统一防疫、统一培训和帮助贫困户解决资金困难的"六统一、一帮助"的全程服务,使全村发展规模养鸡户 53 户,养鸡 10.3 万只,户均收入 32000 元。马铃薯协会在发展马铃薯产业中,为群众提供产前、产中、产后"一条龙"服务,每年马铃薯种植面积在 4900 亩以上,招引 80 多家马铃薯客商前来收购,每天收购马铃薯达 500 吨以上,成交额 9 万多元。养羊协会在帮带中,采取投羊还羊、保贷买羊、十户信用联保、养殖技术服务、组织投放良种等有效措施,在羊买入、外销中搞"中介",在羊改良、引进中搞"引导",在羊疫病、饲养中搞"服务"。协会全方位帮助贫困农户发展畜草产业,全村发展养羊户 307 户,促进了全村畜草产业的进程,加快了脱贫致富奔小康的步伐。形成"依托扶贫项目、开发主导产业、发挥能人带动、组建协会组织、强化市场运作、促进农民增收"的可持续发展模式。

联星村

崾岘口镇联星村在项目管理上探索出了群众参与的新模式。项目从规划、实施、监测、后续管理等各个环节,分别召开村干部会、村民代表会、贫困户代表会、村民大会,体现群众的广泛参与,增强了民主性、透明性,增强了群众民主意识和自立、自主观念,把扶贫开发变成群众的自觉行动。项目实施的每个阶段完工后,都由群众代表签字认可,资金运行和项目实施都在群众代表的监督下进行,切实做到了规划民定、项目民选、任务民担、财务民管,提高了项目实施和资金运行的透明度。

在项目资金运作上探索出打捆滚动使用的新模式。联星村项目补助资金共 70 万元,为进一步提高扶贫资金使用效益,在资金使用上将其中 50 万元作为基础设施建设、公益事业建设项目和沼气、氨化池、圈舍改建等农户基础设施建设项目的资金,按照项目补助形式,确定标准,一次性补助到项目或农户。20 万元作为养殖业项目种畜引进的资金,先存入信用社,由镇政府委托信用社按照无息贷款的方式贷给项目户,养羊两年收回,养牛三年收回,贷款到期后,由镇政府负责回收资金。然后,在扶贫部门的监督下,又将这部分资金重新用于扶持贫困户和低收入户引进良种牛羊,作为滚动使用资金。同时,将财政扶贫资金与信贷资金打捆使用,由当地信用社配套贷款资金30万元,并由信用社确定贷款额数和贷款期限,按照常规贷款的方式贷给贫困户和低收入的项目户,解决贫困户和低收入户实施项目的资金需求。

峡口镇联星村

项目实施过程中,应用各项技术的组装配套和综合利用,发挥当地资源优势,改造养殖业经营模式,形成户均饲养5只小尾寒羊、2头良种牛的格局。实施良种、良料、良舍、良医的"四良"配套,用引进的陶塞特、波德代肉羊进行杂交改良,生产优质肉羊;引进良种牛,提高肉用品质。利用青贮、氨化、配合饲料等办法,提高饲养的科技水平。对规模饲养户全面进行圈舍改建,形成冬可搭暖棚,夏可遮凉棚,易于饲养管理的标准化圈舍。发展以沼气能源建设为主的沼、圈、厕联建,牛、羊、猪、厕标准化圈舍联建,在圈舍内配套沼气,做到粪便、饲草下脚料及时入池,净化环境,四季产气,节约能源,并进行程序化防疫,确保畜禽健康成长。探索出"种草—养畜—沼气—肥田"的生态循环经济模式。

大坪村

青岚山乡大坪村是整村推进和社会帮扶相结合,以基础条件改善和生态治理为主的综合开发项目村。2003年,被列为参与式整村推进扶贫开发项目村以来,通过整合扶贫,社会帮扶,民政、交通等部门帮扶,共投入各类资金440.5万元,其中,扶贫专项资金105万元,金川公司帮扶230万元,民政资金6.5万元,交通资金10万元,群众自筹89万元。重点开发了以马铃薯、畜草、劳务和蔬菜为主的四大特色支柱产业,建立了4个产业化经济合作组织,实现了种植规模化、产品良种化、技术规范化、市场组织化、收入最大化。培育出"陇中大坪"和"陇上大坪"2个马铃薯品牌,建设万吨贮藏库群28眼,动员群众新建贮藏窖100眼,建成交易市

青岚山乡大坪村

场一处,交易量达到5万吨。建成劳务培训基地1处,配套电动缝纫机18台,培训860人(次),年均输出富余劳动力110人以上。建成良种养殖场一处,引进优质纯种肉羊30只。建成标准化圈舍108间,养殖基础母羊500多只。建设高效节能日光温室28座,塑料大棚100个。同时,加大了基础设施建设力度,新修、维修村社道路15公里,修筑谷坊110道,塘坝5座,配套渠系3000米,配套水窖560眼,发展补灌面积800亩;完成退耕还林800亩,荒山造林2000亩,四旁植树6.3万株,种草1600亩;建成阁楼式生态家园示范户108户,配套标准化圈舍108间,建成沼气池110座,配套太阳灶130个,打造出"种草—养畜—沼气—肥田—增收"的生态经济模式。通过整村推进、社会帮扶和交通建设等的措施有效整合,基础条件得到明显改善,村容村貌大为改观,人均纯收入由1900元增加到2850元,实现整村稳定解决温饱,为全市山区贫困村新农村建设做出了示范。

第三章 种植业

第一节 组织机构

安定区农业局

1986年,定西县农业局内设办公室、财务股、业务股、防雹办公室,下设县农业技术推广站、县农村合作经济经营管理站、县种子公司、县良种繁殖场。1988年,撤销县农业技术推广站,成立县农业技术推广服务中心,履行服务、经营、管理职能。1990年年底,县农业广播电视学校从县职业中学划入。1991年1月,县园艺工作站由县林业局划入。1992年,县农业局撤销,职能划归县农业委员会,暂保留农业局牌子。1996年,恢复县农业局,与县农业技术推广服务中心一套机构,两块牌子。1998年3月,县农业局、县园艺工作站和县农业技术推广服务中心分设。农业局内设办公室、农业股、计划财务股、科技教育股、人工影响天气办公室,下设县农业技术推广服务中心、县园艺工作站、县农业广播电视学校、县农村合作经济经营管理站、县种子公司、县良种繁殖场。2001年7月,人工影响天气办公室划归县气象局管理;县农业局更名为县农牧局,增加畜牧业、农业机械行政管理职能。2003年,更名为区农牧局,区农业区划农村能源办公室从农委划入。2004年9月,成立区农产品质量安全检测监督所,与区园艺工作站一套班子,两块牌子。2005年,更名为区农业局,将畜牧业、农业机械行政管理职能划出;内设机构为办公室、农业股、科技教育股、计划财务股;下设区农业技术推广服务中心、区园艺工作站、区农业广播电视学校、区农村合作经济经营管理局、区农业区划农村能源办公室、区种子公司、区良种繁殖场。

安定区农业技术推广服务中心

前身为县农业技术推广站。1988年,机构改革,撤销县农业技术推广站,成立县农业技术推广服务中心,与农业局合署办公。1990年12月,增设农业广播电视学校(由县第一职业中学划入)。1991年1月,增设园艺站(由县林业局划入)。1992年,财务股改为经营部。1996年10月,农业局与农技中心合署办公。1998年3月,农技中心与农业局分设。2001年,巉口区站成立,归农技中心管理。2003年,县农技中心更名为安定区农业技术推广服务中心。2005年,成立西巩驿区站、内官营区站,归农技中心管理。至此,区农技中心下设办公室、农技站、植保站、土肥站、经营部、巉口区站、内官营区站、西巩驿区站8个职能部门。

安定区园艺工作站

1987年,县林业局设立园艺站。1991年,划归县农业局(县农技中心)。1998年,与农技中心分设。2004年9月,成立区农产品质量安全检测监督所,与区园艺工作站一套班子,两块牌子。为农业局下属全额事业单位,负责全区蔬菜生产技术指导和农产品质量安全检测及监督管理工作。

安定区农业广播电视学校

1981年秋成立,校址设在农业局内,成立了由主管农业县长负责的校务会,成员包括农业、人事、财政等有关部门负责人,配备专职办学人员1人。1985年6月,县委、县政府实行"三校合一"即将县农业广播电视学校、县农技学校、县职业学校合并,校址设在县职业中学(今定西理工中专),有专职教师1名。1990年底,重新划归县农业局(农技中心),校址迁到农业局内,配备专职办学人员4人。1996年7月,与农业局(农技中心)分设,财务独立。

安定区农村合作经济经营管理局

前身是定西县农村人民公社经营管理站,成立于1974年。1985年8月,更名为定西县农村合作经济经营管理站,各乡镇经营管理指导站更名为乡经营管理站。1992年,增设业务后勤综合组。2001年,内设机构调整为农民负担监督管理委员会办公室、农业承包合同管理委员会办公室、来信来访办公室、农业承包合同仲裁庭、农村财务审计股、农村会计培训股、农村经济信息股。2003年,撤县设区后,更名为安定区农村合作经济经营管理站。2005年1月,更名为安定区农村合作经济经营管理局,隶属区农业局。内设机构调整为办公室、农村集体资产管理股、农村土地承包管理股、农民负担监督管理股、综合服务股。同时,各乡(镇)经营管理站更名为乡镇农村合作经济经营管理办公室。

安定区农业区划农村能源办公室

1986年,定西县的农村能源建设由县农业建设指挥部办公室业务科兼管,主要工作是节柴改灶和供煤植薪。1988年6月,定西县农业建设指挥部办公室更名为定西县农业委员会(以下简称县农委),业务随之划归县农委业务科。同年12月,成立定西县能源公司,属企业性质。1990年4月,撤销县能源公司。同年7月,成立定西县农村能源站,隶属县农委管理。1992年7月,将定西县农业区划办公室、定西县农村能源站合并,成立定西县农业区划农村能源办公室,两块牌子,一套机构,属科级建制事业单位,隶属于县农委。1993年3月,县农业区划农村能源办公室从县农业委员会分设出来,机构独立。2003年,定西县农业区划农村能源办公室更名为安定区农业区划农村能源办公室。

安定区种子管理站

1993年12月,定西县种子管理站成立,差额事业单位,科级建制,编制45人。其中,科级管理人员3人,专业技术人员12人,工勤人员30人。2005年7月,区机编办重新核定种子管理站编制为34人,未分人员结构。2007年7月,区机编办核定种子管理站编制为28人,其中领导职数3人(正科级2人,副科级1人),为事业管理型区直科级单位,经费来源为全额财政拨款。2010年4月,与区良种繁殖场合署办公,一套人员,两块牌子。现有在职职工30人,其中管理人员3人(兼职专业技术人员1人),专业技术人员6人,工勤人员21人。

安定区良种繁殖场

1988年成立,位于县城西郊定临路5号,科级建制,为差额拨款事业单位,编制21人,其中,管理及专业技术人员3人,中级职称3人,工人15人。有耕地面积173亩。1986年至2000年,主要以小麦良种繁育为主,种植面积120亩,年产小麦良种36吨。2001年起,主要以大田玉米及鲜食玉米生产为主。建有奶牛饲养场1处,饲养奶牛20头,年产鲜奶2800公斤。2006年5月,奶牛养殖场关闭。2003年,更名为安定区良种繁殖场。2010年4月,合并到区种子管理站,与种子管理站一套人员,两块牌子,合署办公。

第二节 农技推广体系改革

全县农技推广体系在25年的发展中经历了三个阶段。1986—1990年,逐步建立了乡一级农技站,健全了农技推广体系,形成技术承包责任制度,并逐步建立国家扶持与自我发展、有偿服务与无偿服务相结合的运行机制。随着家庭联产承包责任制的推行,"四级农科网"也相应解体。1987年,针对乡镇一级农业技术推广机构处于缺失状态、农技体系不健全的情况，县委、县政府制定了《定西县农技服务体系建设试行意见》，按照"提高县级，充实乡级，完善村级，普及到户"的原则，建立健全农技推广体系。全县 25 个乡镇全部成立了农技服务站，每个乡站配备 1 名农技员，并聘请 210 名农民技术员，建立 3000 户农业科技示范户，形成全县农业

农技人员现场指导马铃薯病虫害防治

技术推广体系的雏形。1989 年，乡站农技员达到 95 人，293 个村聘用 374 名农民技术员，在 2219 个社建立 3356 户科技示范户，内官营、团结、石泉 3 个乡镇率先成立农技咨询服务部，开展以经营为主的有偿服务。1990 年，县政府下发《关于加快农牧服务体系建设的意见》，任命各乡镇长为农技站站长，从各乡镇选调 28 名农技人员充实到乡镇农技站工作；并决定，凡分配到定西县的农业院校大中专毕业生，一律分配到各级农技服务部门，以加强农技队伍的整体实力。各乡站农技员达到 98 人，拥有经营服务周转资金 31 万元，14 个乡镇开设了农技咨询服务部，村级农民技术员达到 334 人，科技示范户发展到 5717 户。

1991—1999 年，农技队伍发展壮大，农技推广机制由技术承包责任制向行政、技术双轨制过渡。对乡镇农技站进行了新修改建，总占地面积 8626.19 平方米，建筑面积达到 4366.49 平方米，拥有周转资金 25 万元，县乡两级农技推广机构人员总数 153 人。

2000—2010 年，改革创新体制机制，实施农技推广综合试点和农业科技示范场建设。2000 年 7 月，全国农技中心下发了《关于开展农技推广综合试点工作的通知》，定西县被列为试点县。至 2004 年，先后建成巉口区站、西巩驿区站和内官营区站。根据中央中发〔2000〕3 号文件"各级财政要拨出专项经费作为启动资金，支持各地以现有农业技术推广机构为基础，有计划、有重点地创办一批农业科技示范场，使之成为农业新技术试验示范基地、优良种苗繁育基地、实用技术培训基地，在结构调整中发挥带动作用"的精神，2001 年起，定西县启动了农业科技示范场建设项目，先后建立了西川科技示范场、巉口镇康家庄科技示范场，示范推广马

铃薯脱毒微型薯生产技术和集雨节灌等技术。根据 2006 年《国务院关于深化改革加强基层农业技术推广体系建设的意见》和 2009 年中央 1 号文件精神,建立健全了农技推广运行机制和创新管理体制,健全了推广队伍,加强了条件建设,提升了服务能力。基层农技推广体系改革,突出了农技推广体系的公益性职能与主体地位,探索出新的推广体制、机制和方法,为粮食及主要农产品生产实现"高产、高效、优质、生态、安全"提供了有力的技术支撑。到 2010 年,全区农技推广系统共有机构 20 个,人员达 184 人。

第三节　农业生产条件

土地

2010 年,安定区总土地面积 3638.7 平方千米,耕地面积 171.5 万亩,梯田达到 151.1 万亩,川地 20.4 万亩,有效灌溉面积 11.7 万亩,保灌面积 9.4 万亩。

劳动力

随着社会经济的不断发展,农村劳动者的观念发生着变化,逐步走出传统农业,从事更多能较快增加收入的产业,定西县部分农村劳动力脱离农业生产转向其他行业,使从事非农业生产人员比重逐年上升。1986 年,全县农村劳动力 159621 人,从事农业的劳动力有 115615 人,占农村劳动力的 72.4%;从事非农业的有 44006 人,占农村劳动力的 27.6%。1996 年,全县农村劳动力 193795 人,从事农业的劳动力 118408 人,占农村劳动力的 61.1%;从事非农业的劳动力 75387 人,占农村劳动力的 38.9%。2006 年,安定区农村劳动力 198341 人,从事农业的劳动力有 116410 人,占农村劳动力的 58.7%;从事非农业的劳动力有 81913 人,占农村劳动力的 41.3%。

农田基本建设

安定区地处黄土丘陵沟壑地貌区,85% 以上的土地是山坡地。从 1960 年代开始,至 1980 年代中期,通过平整土

大规模开展农田基本建设

地,兴修梯田、坝地的农田基本建设,在全县范围内共兴修梯田坝地 61.12 万亩,条田 16.76 万亩。1986—2010 年间,共兴修梯田 88.2 万亩,全区梯田达到 151.1 万亩。

农田保护

安定区始终突出基本农田保护这个重点,坚持建设用地不占用耕地的尽可能不占的原则,对非占不可的,严格审批程序,坚决杜绝违法占用基本农田的现象发生。并严格执行农田占补平衡制度,积极实施土地开发整理,及时补充各类重点建设项目占用的基本农田,确保基本农田总量动态平衡,缓解基本农田保护压力。至 2009 年末,全区耕地面积为 171.5 万亩,与 1985 年末全县耕地面积 170.3 万亩基本持平。

第四节　农作物生产

耕作改革

安定区农作物种植沿袭了传统的春播一年一熟制,农业生产基本围绕抗旱进行。在长期的抗旱生产实践中,逐渐总结形成了一套旱农耕作模式。

农民原来长期在沟壑梁峁山坡开垦种植,采用广种薄收式的生产,加之水土流失严重,土壤理化性质恶化,肥力下降,使农业生产与生态环境处于恶性循环状态。1963 年以后,开始推广兴修水平梯田,至 1980 年代中期,通过大力开展平整土地、兴修梯田、坝地的农田基本建设,极大改善了农业生产条件。也使世代沿用的以"三耕两糖"、中耕除草为中心的旱农耕作制,随着科技的加大投入,农用机械的普及,土地条件的改进,逐渐向精细发展。对伏秋犁翻三次,再边犁边糖一次,最后再糖一次的"三耕两糖"进行改进,适当加大耕作深度,耕层到 24 厘米左右,使土壤既能更好的接纳保蓄雨水,又通过曝晒,加速腐殖质分解,促进生土熟化,增加土壤肥力效果。

中耕锄草也是土壤耕作的一项主要措施,通过松土锄草,疏松土壤,减少蒸发,力求保墒。根据作物生长发育需要,一般夏田作物(豆类、小麦)中耕 1~2 次,秋田(玉米、马铃薯)管理比较精细,中耕 2~3 次。

轮作倒茬是合理利用土壤养分,恢复地力,防治病虫害,提高作物产量的重要措施。轮作倒茬的顺序,北部地区一般为:豆类或禾田—小麦—马铃薯—糜谷—胡麻或苜蓿—马铃薯(糜谷)—小麦—胡麻;南部地区一般为:豌豆—小麦—莜麦—马铃薯—荞麦,或豆类—小麦—马铃薯—胡麻。

2000年代后期,因旱作农业项目的实施,地膜覆盖面积的逐年扩大,在大部分川区实行玉米—马铃薯—玉米的连片轮作。

土壤改良

根据1983年全国第二次土壤普查结果,定西县土壤分为黑垆土、灰钙土、黄绵土和潮土四个土类,土类下又划分为黑麻垆土、黑垆土、淡黑垆土、灰钙土、黄绵土和潮土六个亚类,28个土属和105个土种。全县土壤养分总体上表现为有机质水平低,缺磷、少氮、富钾属中等偏瘠薄地。

增加土壤有机质、重施有机肥,是培肥土壤,改良土壤理化和生物性质的重要手段。从1979年开始,推广水地套种毛苕子,与饲草混种,旱地留种;退耕还草,恢复植被,减少水土流失。在化肥应用上,基本为适施氮肥,普施磷肥,施肥方式为深施、集中施、秋季卧肥。1985年,推广配合施肥,不同的作物以相应的氮、磷比例进行简单的配方施肥。2006年,实施测土配方施肥项目以后,以土壤测试和肥料田间试验为基础,根据作物需肥规律,推广氮、磷、钾及中、微量元素等肥料的科学配方施肥。(见主要作物测土配方施肥表)

安定区主要农作物测土配方施肥表

表 8-3-1 单位:公斤/亩

品种	区域	目标产量	亩施配方肥纯养分量			按配方施肥 尿素+过磷酸钙+硫酸钾			尿素+磷酸二铵+硫酸钾			施配方肥 配方肥养分含量			配方肥亩施量	N:P₂O₅:K₂
			N	P₂O₅	K₂	尿素	过磷酸钙	硫酸钾	尿素	磷酸二铵	硫酸钾	氮	五氧化二磷	氧化钾		N:P₂O₅:K₂
马铃薯	北部干旱区	1000	6	4.6	3.6	13	38	11	9	10	11	17	13	10	40	1.7:1.3:1.0
	东南部半旱区	1500	10.6	7.0	5.6	23	58	17	17	15	17	18	12	10	60	1.9:1.3:1.0
	西南部二阴区	2000	14.3	9.6	7.3	31	80	22	23	21	22	18	12	10	80	2.0:1.3:1.0
小麦		200	7.2	4.9	0	16	41	0	11	11	0					1.5:1.0:0
玉米		400	13	8.4	5.0	28	70	15	21	18	15					2.6:1.7:1.0

农作物生产

安定区种植历史悠久,品种较多,粮食作物主要有小麦、豌豆、蚕豆、扁豆、糜子、谷子、莜麦、荞麦、马铃薯、玉米等;经济作物主要有胡麻、蔬菜、药材(柴胡、党参)等。

马铃薯 在粮食生产中处于首要地位,1999 年,种植面积 48.91 万亩,超过小麦成为种植面积最大的作物;2008 年,种植面积首次突破 100 万亩。2009、2010 年,种植面积仍保持在 100 万亩左右。

玉 米 在粮食生产中逐步占据重要地位,特别是推广全膜双垄沟播技术之后,产量大幅度提高,种植面积迅速扩大。

小 麦 在全区粮食生产中一直占有重要地位,随着马铃薯和玉米种植范围的扩大,面积逐年下降。

蚕豆、豌豆、扁豆、糜子、谷子、莜麦、荞麦,由于产量低,又不稳定,近 25 年期间种植面积逐年缩小。

胡 麻 是全区主要的油料作物,深受人民喜爱,是食用油的主要来源。

药 材 主要为党参和柴胡,逐年在扩大种植面积。

其 他 包括蔬菜(详见第四章《蔬菜种植》)、瓜类和青饲料等。各种农作物种植情况见下表。

马铃薯

玉 米

小 麦

胡 麻

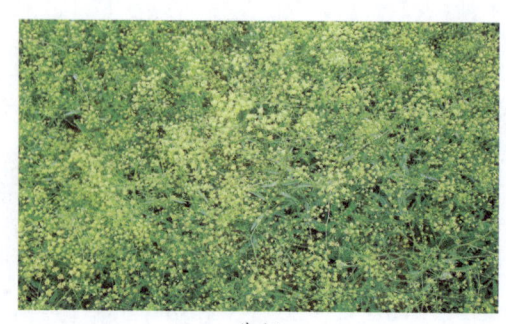

柴胡

1986—2010年安定区(定西县)农作物生产情况摘年统计表

表 8-3-2　　　　　　　　　　　　　　　　　　　　　　　　　单位:亩、公斤、吨

项目	年份	1986			2000			2005			2009			2010		
		面积	平均亩产	总产	面积	平均亩产	总产	面积	平均亩产	总产	面积	平均亩产	总产	面积	平均亩产	总产
粮食作物	马铃薯	153100	474.15	72592.37	536676	672.1	360699.9	730017	972	709576.5	1000013	757.5	757509.8	1001002	149.5	149679.5
	玉米	1500	86.15	129.23	100827	128.39	1245.18	38620	161.4	6233.27	269980	322.62	87100.95	305456	321.56	98218.3
	小麦	598400	98.27	58804.77	381374	56.07	21383.64	246546	94.48	23293.67	177596	36.5	6482.25	170458.1	140.33	23921.15
	蚕豆	1700	125.62	213.55	15853	96.02	1522.21	10184	89.06	906.99	1223	50.04	61.2	950	84.21	80
	豌豆	189400	93.62	17731.63	100435	41.16	4133.91	58978	70.5	4157.95	42567	28.2	1200.39	42152	87.99	3709.01
	扁豆	147800	64.23	9493.19	61975	34.98	2167.88	45441	63.5	2885.59	21646	22.4	484.87	21151.5	66.64	1409.48
	糜子	34100	53.99	1841.06	60171	58.38	3512.78	64050	91.7	5873.39	11616	52.03	604.38			
	谷子	80600	64.55	5202.73	40626	67.19	2729.66	20120	108.6	2185.14	13719	63.91	876.78			
经济作物	胡麻	157900	46.12	7285.51	137965	38.52	5314.41	159099	57.37	9127.51	66506			68290	85.21	5819.11
	药材	300	1986.67	5.96	62755	78.3	4913.51	151200	89.57	13543.4	20016			41375	120.6	4989.03
	其他	315700	16.48	5202.73	113005	189.23	21383.64	71589	325.38	23293.67	71636			64253	818.5	52589

第五节　农业科技推广

受自然条件的影响,全区农业收成好坏的首要因素是降雨量的多少,因此,农业科技推广工作始终以抗旱、土壤保墒为中心,从品种引进、栽培技术、土壤培肥等多方面展开。

地膜覆盖种植技术

该项技术的推广在全区已有 30 年的历史,自 1981 年始,地膜覆盖面积小,覆盖方式为半覆盖式平铺。至 1985 年,覆盖面积接近 100 亩。1986—2005 年,地膜覆盖方式以半覆盖式平铺为主,采用了膜侧沟播(半覆盖)、全地面覆盖、双垄沟播(半覆盖)等多种技术模式,涵盖小麦、玉米、马铃薯、糜谷、蔬菜等多种作物,覆盖面积逐年扩大。逐年发展不尽相同,1986 年,地膜覆盖面积 171 亩,全部为半覆盖式平铺。1990 年,地膜覆盖面积 17761 亩,全部为半覆盖式平铺。2000 年,地膜覆盖面积 10.2 万亩,其中,半覆盖式平铺 6.02 万亩,膜侧沟播(半覆盖)1.8 万亩,双垄沟播(半覆盖)1.23 万亩,全地面覆盖 1.15 万亩。但各种模式都有技术上的不足,在抑制土壤水分蒸发方面能力有限。2006 年,省上首次投资安定区资金项目,大力推广地膜覆盖技术,当年地膜覆盖面积 17.7 万亩,覆盖方式仍以半覆盖式平铺为主,而在鲁家沟镇以试验的形式推广 500 亩全膜双垄沟播技术。2007 年开始,结合膜侧沟播(半覆盖、半膜垄作模式),大力推广全膜双垄沟播技术,玉米和马铃薯覆盖面积不断扩大。发展到 2010 年,玉米全部采用全膜双垄沟播技术,面积为 36.4766 万亩;地膜马铃薯面积为 40.2067 万亩,以全膜双垄种植为主。

地膜覆盖种植。摄于符家川镇金星村

间套复带种植

1986 年开始,示范推广间套复带种植技术,在水地小麦中套种毛苕子 6500 亩。1988 年,示范小麦、玉米带状种植 170 亩,较常规种植增产 68%。1990 年,推广马铃薯、蚕豆间套带种 1.36 万亩（带田 0.42 万亩,间套 0.92 万亩）。2000 年,完成间套复带种植 13.1 万亩。 2010 年,完成间套复带种植 31.7 万亩。

土壤培肥技术

土壤培肥是一项改良土壤理化性质,提高作物产量的重要措施,由于农业科技项目的推广,农民的施肥方式发生了深刻变化,在保留传统的重施有机肥、合理轮作等的基础上,一些新的、科学的施肥方式逐渐占据主导地位。1979 年开始,推广绿肥种植,发展到 2000 年,绿肥种植面积 6.7 万亩,至 2010 年,面积已达 10.2 万亩。1986 年起,推广配方施肥,结束了化肥单施的历史,面积达 2.34 万亩,秋季施肥 13.49 万亩。2000 年,推广配方施肥 135 万亩,秋季施肥 73 万亩。并不断探索,总结经验,根据作物需肥规律、土壤供肥性能和肥料效应,在合理施用有机肥料的基础上,按照氮、磷、钾及中、微量元素等肥料的施用数量、施肥时间和施用方法进行配方施肥,到 2010 年,应用配方施肥面积 165.2 万亩,秋季施肥 80 万亩。并推广磷酸二氢钾、"5406"菌肥、小麦联合根系氮菌、植物生长调节剂、微肥等新肥料的应用。

第六节　种子管理

安定区种子管理站农业行政执法人员,强化农作物品种管理,监督农作物的种子生产、经营活动,依法加强了全区种子行政执法管理。2003—2010 年,共检查整顿种子经营户 277 户,其中,证照齐全的 191 户正常经营,无证经营或证照不全的 86 户予以停业整顿;没收过期蔬菜种子 71 袋,罚没玉米杂交种子 1150 公斤;种子抽查 102 批次,散发种子宣传资料 30000 余份。在监管企业培育方面,2008 年,推广合格玉米种子 6.1 万公斤,全年推广合格种子 19 万公斤。在加强监督管理的基础上,对种子管理实行良种引进、示范、推广、繁殖等一系列有效措施。

小　麦

小麦

分冬小麦和春小麦。冬小麦主要品种有洮 157、陇中 1 号;春小麦在全区广泛种植,是全区内主要栽培的作物之一。1993 年,由种子公司负责穗选小麦良种 2.3 万公斤。1994 年,穗选小麦良种 2.65 万公斤。2002 年,种子公司开始统供小麦良种,小麦种子全部包衣。1986—2010 年,在全区种植的小麦品种有 64 个,种植面积累计超过 10 万亩的品种有 23 个。为全区农业生产发挥了主要作用的品种有:定西农科所育成、先后引入区内的定西 24 号、定西 32 号、定西 35 号、定西 38 号、定丰 11 号;由渭源引入的渭春 1 号;省农科院粮作所选育、引入的陇春 14 号、陇春 81(39)-2、陇春 20 号、陇春 23 号;县种子公司从青海省调入的高原 602。

玉米

1988 年,全县开始玉米良种推广。2002 年,县种子公司储备统供玉米种子 3 万公斤。2003 年,统供 1.5 万公斤。2004 年,统供 1 万公斤。2005 年,统供 4.5 万公斤。在全区主要栽培的玉米品种有:临单 160 号、酒单 2 号、中单 2 号、酒单 3 号、酒单 4 号、豫玉 22 号、沈单 16 号、金穗 3 号、金穗 4 号、敦玉 10 号、富农 1 号、吉单 261 号、承单 20 号、承单 22 号、承单 3359 号、沈单 10 号。

秋杂粮

莜麦　在全区种植的优良品种有华北 2 号、冀杂 2 号、定莜 1 号、定莜 2 号、高 7-19 号、小 465 号。其中,以高 7-19 为主要栽培品种,1986—2010 年,累计种植面积 14.5 万亩。

荞麦　主要品种有北海道、本地甜荞、本地苦荞。

胡麻　主要种植品种有天亚 2 号、天亚 4 号、天亚 5 号;定亚 10 号、定亚 12 号、定亚 14 号、定亚 17 号、定亚 18 号、

玉　米

莜　麦

胡　麻

定亚 20 号、定亚 21 号、定内胡麻;宁亚
7 号、陇亚 7 号、84–87 号、63–98 号等。
定亚系统以定亚 17 号、定亚 18 号、定
亚 20 号为主,1991—2010 年,累计种植
超过 100 万亩。定内胡麻由区农技中心
选育,1988 年推广种植面积 13 万亩。
天亚系统由甘肃省兰州农业学校育成,
在全区以天亚 5 号种植为主,1991 年
种植面积 3 万亩。宁亚 7 号 1987 年由
庄浪引入;陇亚 7 号 1991 年种植 3 万
亩。

糜子

　　糜谷类　在全区种植的糜谷品种
有陇谷 3 号、陇谷 4 号、陇谷 5 号、缰绳
头、本地小黑谷、本地小黄谷、陇糜 1
号、陇糜 3 号、陇糜 4 号、陇糜 5 号、本
地小黑糜、保安红等。其中,以陇谷 3
号、陇谷 4 号、陇糜 3 号和陇糜 4 号推
广种植为主,1986—2000 年,累计种植
超 10 万亩。2000 年以后,糜谷类作物
全县零星种植。

陇谷

　　豆类　蚕豆以临夏大白蚕为主。
豌豆品种有定豌 1 号、草原 11 号、草原
12 号、当地白豌豆、当地绿豌豆、当地
麻豌豆,其中以草原 11 号、草原 12 号
及定豌 1 号推广为主。扁豆有英国大
绿、英国中绿、英国小绿、当地扁豆等。

豌豆

英国扁豆系统,1988 年由种子公司引入,当年种植面积 2242 亩。

第七节　植物保护

病害防治

安定区农作物病害,多达数百种,能够危害成灾、造成严重经济损失的主要

有:

马铃薯晚疫病　真菌性病害,病薯易被其他病菌侵染而软腐,病菌可以在田间发病,入窖后腐烂,也可在田间被侵染(症状未表现),而入窖后大批腐烂。带病种薯为主要初侵染源。带病种薯播种后,经多次再侵染,造成病害,大面积流行危害。在环境条件适宜时,病害从出现发病中心到全田枯死仅需 15～20 天时间。大西洋、夏波蒂、新大坪发病早,危害重;陇薯 3 号、陇薯 5 号、陇薯 6 号、庄薯 3 号在一般年份发病较迟,危害轻,对产量影响较小。田间能见到病害明显症状在 8 月下旬至 9 月上旬。防治措施:一是种植抗病品种,南部二阴区和川水区应种植抗病品种;二是晾种催芽,淘汰病薯,播种前 7～10 天将种薯摊开放在通气良好的房间,隔天翻动薯块,拣除病烂薯,减少初侵染源;三是消灭中心病株,田间发现中心病株时,将病株连薯块挖出,拿到田外深埋,病穴周围 5 米范围内用石灰撒施消毒或用杀菌剂喷雾;四是喷药控制,发病前(8 月上中旬)用代森锰锌或丙森锌喷雾,发病初期用 72%霜脲锰锌或 64%恶霜锰锌、58%甲霜灵锰锌喷雾,每隔 7～10 天喷一次,连喷 3～4 次,每亩每次用药量 150 克,兑水量 45～50 千克。

大田喷洒农药防治马铃薯晚疫病　摄于凤翔镇口下庄村

马铃薯环腐病　细菌性微管束病害,病原为密执安棒杆菌,分枯斑和萎蔫两种类型。枯斑型多在植株基部复叶的顶上先发病,向上扩展致全株枯死;萎蔫型初期则从顶端复叶开始萎蔫,向下扩展,终致植株倒状枯死。块茎发病,切开可见维管束部分或全部变为乳黄色以至黑褐色,皮层内现环形或弧形坏死,用手挤压薯块,可从维管束部挤出乳白色或黄色菌液,皮层和薯肉分离。病株的根、茎部维管束常变褐。初侵染源是带病种薯。通过切刀切薯传播,病薯块带菌,成为翌年侵染源。病薯混杂在种薯中,在播前切薯时,如果用切刀切了带病的薯块,再切健康薯时可以传病,增加田间发病率。据试验,切一刀病薯,可传染 28～60 个健薯。防治措施:一是播前挑拣,播种前 7～10 天将种薯摊开在房间内,厚度 2～3 层,隔天挑拣一次,拣出病烂薯,待出芽后将薯种再放在散射光下晒种 2～3 天,幼芽长到火柴头大小变紫或变绿时再切薯播种;二是整薯播种留种;三是芽栽;四是切刀消毒。切薯时准备 2 把刀具,当切到病薯或可疑薯块时,切刀放入0.1%高锰酸钾溶液中浸泡消毒,或用75%的酒精搓拭消毒,换用另一把切刀切薯。

马铃薯黑茎病　细菌性病害,主要侵染茎或薯块,从苗期到生育后期均可发病。种薯染病,腐烂成黏团状,不发芽,薯块染病始于脐部,呈放射状向髓部扩展,初侵染源主要是带病的种薯。通过切刀切薯传播,造成种薯带菌。在贮藏期间,病、健薯接触,病菌可从伤口或皮孔侵入健薯,导致烂薯。防治措施:一是严格挑拣,淘汰病薯;二是田间发现病株及时拔除,减少菌源量;三是降雨后及时疏松土壤,培土起垄,防止茎叶上的病菌趁雨水渗入土壤侵染薯块;四是田间积水时应及时排水。

玉米丝黑穗病　属苗期侵入,系统侵染病害。主要危害雌穗和雄穗,一旦发病,往往全株无收成。成株期病穗分两种类型,一是黑穗型:受害果穗较短,除苞叶外,整个果穗变成黑粉包,其内混有丝状寄生维管束组织;二是畸形变态型:雄穗花器变形,不形成雄蕊,雌穗颖片过度生长成管状长刺,呈刺头状,整个果穗畸形。病菌以冬孢子散落在土壤、混入粪肥里或沾附在种子表面越冬,在土壤中可存活2～8年;在通过牲畜消化道后不能完全死亡。土壤带病是初侵染主要来源,其次是粪肥,再次是种子,见发生系统侵染。防治措施:一是适时抢墒播种,田间发现病株在未散苞前及时拔除病穗并集中深埋;二是轮作倒茬;三是药剂拌种,先用种子重量1%的水把种子拌湿,再按种子重量的0.2%加12.5%烯唑醇拌种,稍晾干后播种,也可用2%戊唑醇或2%烯唑醇种衣剂拌种;四是土壤处理,可用70%甲基托布津或50%多菌灵与细土按1:1000拌匀制成药土,播种时每穴用药土100克覆盖在种子上。

玉米大斑病　属半知菌类。主要危害叶片,严重时也危害叶鞘和苞叶。病源以其休眠菌丝体在病残体内越冬,成为翌年发病的初侵染源。玉米生长季节,菌源分生孢子随气流传播,进行多次再侵染,造成病害流行。多雨多雾或连续阴雨天气易导致病害迅速扩展蔓延,造成危害。防治措施:一是选用抗、耐病杂交种;二是实行轮作倒茬,清除田间病残体,消灭菌源,减少初侵染源;三是药剂防治,在玉米抽穗前后喷药,可选用50%多菌灵、75%百菌清、80%代森锰锌500倍液喷雾,亩用药液量50～75千克,隔7～10天喷一次,共防治2～3次。

玉米小斑病　病原为蠕孢菌。从苗期到成熟期均可发病,以抽雄后发病为重。其病源是上年遗落在田间或玉米秸秆堆中的病残株,其次是带病种子。在适宜的条件下,病菌产生分生孢子,侵入寄生,再产生新的分生孢子进行再侵染,经过多次反复再侵染造成病害流行。防治措施:一是种植抗病杂交种;二是消灭菌源,玉米收获后彻底清除田间病残株,播种前尽量处理完堆放的玉米秸秆,消灭菌源;三是培育健壮植株,施足底肥,增施磷肥,重施追肥;四是药剂防治,在玉米抽穗前后,先摘除底部病叶,再用75%百菌清、50%多菌灵、70%甲基托布津500倍液喷雾,亩用药液量50～75千克,隔7～10天喷一次,共防治2～3次。

玉米黑粉病 局部侵染性病害,在玉米生长期间均可发生,根、茎、叶、叶鞘、雄穗及雌穗等幼嫩组织和器官都可被侵染, 发病部位的典型特征是产生大小不等的病瘤。其病源是玉米收获后,病菌的冬孢子在田间土壤中、保留地表、病残株上以及混在粪肥中越冬。条件适宜时冬孢子产生担孢子和次生担孢子,在玉米生育期内可进行多次再侵染。防治措施:一是减少菌源,彻底清除田间病株,秋季进行深耕翻地,在田间发病后及早割除菌瘤,带出田外深埋;二是选用抗病品种;三是轮作,发病重的田块采用3年轮作制;四是药剂拌种,可用种子重量0.3%的50%福美双拌种;五是药剂防治,在玉米抽雄前喷50%多菌灵或50%福美双500倍液,可减轻病害。

玉米顶腐病 是由土壤中串珠镰刀菌引发的一种土传病害,可在玉米整个生长期侵染发病。病原菌在土壤、病残体和带菌种子中越冬,成为下一年发病的初侵染源。玉米顶腐病为土壤习居菌,种子可带病菌远距离传播,病株产生的病菌分生孢子还可以随风雨传播,进行多次再侵染。防治措施:一是对发病较重,玉米心叶已扭曲腐烂的病株,可用剪刀剪去包裹雄穗以上的叶片,以利于雄穗正常吐穗,剪下的病叶带出田外深埋;二是玉米进入大喇叭口期,要及时追施氮肥;三是药剂拌种,75%百菌清、50%多菌灵、80%代森锰锌, 以种子重量的0.4%拌种;四是喷雾防治,用50%多菌灵500倍液喷雾,连喷2～3次。

小麦锈病 小麦锈病有三种,即条锈病、叶锈病和杆锈病,为全区小麦主要病害之一。影响了小麦的正常生长和发育,籽粒瘪瘦,一般造成减产5~15%,严重时可达40%以上。锈病的共同特征是产生铁锈色夏孢子堆和黑色冬孢子堆。防治措施:一是种植抗病品种;二是调节播种期,如冬麦区不宜过早播种;三是控制氮肥用量,适当增施磷、钾肥,以防止贪青晚熟,加重锈病危害;四是药剂拌种,减少病原菌, 对秋苗常年发病较重的地块, 用15%粉锈宁可湿性粉剂60～100克或12.5%速保利可湿性粉剂,每50千克种子用药60克拌种;五是大田防治,病叶率达到5%、严重度在10%以下的每亩用15%粉锈宁可湿性粉剂50克或20%粉锈宁乳油每亩40毫升,或25%粉锈宁可湿性粉剂每亩30克,或12.5%速保利可湿性粉剂每亩用药15～30克,兑水50～70千克喷雾,或兑水10～15千克进行低容量喷雾。在病害流行年如病叶率达25%以上,严重度超过10%,要用以上药量的

2~3倍浓度喷雾。

麦类黑穗病　麦类主要真菌性病害,危害较为严重的有小麦腥黑穗病、小麦散黑穗病。防治措施:腥黑穗病可采用0.3%的福美双拌种,或采取土壤处理,每亩用大氯苯1斤,加细土10倍,再与种子混合均匀播下;散黑穗病可采用浸种法,用2%的石灰水浸没种子,约每100斤种子用石灰水180斤。

小麦黄矮病　由大麦黄矮病毒引起,主要传播媒介是麦蚜。在整个生育期均可发病,发病越早危害越重。防治措施:一是药剂拌种,每100斤种子取75%甲拌磷乳油150克,兑水8公斤,均匀喷拌种子;二是田间喷药,每亩用40%乐果乳剂3000倍液喷雾。

小麦赤霉病　是真菌病害,在小麦各生育期均能发生,主要侵染穗部,症状是穗腐。防治措施:一是选用抗病品种;二是清除作物秸秆等病残体或冬前耕翻,将病残体深埋,以减少田间初侵染菌源数量;三是化学防治,在齐穗扬花期用50%多菌灵,或70%甲基托布津可湿性粉剂800~1200倍液喷雾,每亩100千克,可有效地防止病害流行,一般用药1~2次。

谷子白发病　是全区发病普遍的谷物病害之一,病原为谷子白发病菌。防治措施:一是选用无病种子,建立无病留种地,选留无病穗单打单收单藏,获得无病种子;二是实行3年轮作倒茬;三是及时彻底拔除病株并深埋;四是种子处理,每50公斤种子,喷洒300倍福尔马林液70毫升,喷后用麻袋覆盖5小时,或用50℃温水浸种20分钟,或用种子重量0.3%的瑞毒霉或瑞毒锰锌拌种。

虫害防治

黏虫　为安定区历史上普遍发生、危害严重的害虫,可危害小麦、玉米、谷子、莜麦、豆类等多种作物。其发生与蛾量多少、气候因素及天敌等因素密切相关。黏虫属中温喜湿性害虫,天敌有青蛙、步行甲、鸟类、计生峰等。防治措施:一是诱杀成虫,利用成虫多在禾谷类作物叶上产卵的习性,在麦田插谷、麦草把,每亩60~100个,每5天更换新草把,把换下的草把集中烧毁。也可用糖醋盆、黑光灯等诱杀成虫,压低虫口;二是根据预测预报,掌握在幼虫3龄前及时喷撒2.5%敌百虫粉或5%杀虫畏粉,每亩喷1.5~2.5公斤,或喷洒40%乐果乳油1500倍液,每亩用量75公斤。

麦蚜　主要有麦长管蚜、麦二叉蚜两种,以小麦、莜麦为主要危害对象,常大量聚集在叶片、茎秆和穗部刺吸汁液。还能传播小麦黄矮病等病毒性危害。防治措施:一是加强田间管理,选用良种,多施基肥,追施化肥,促进作物生长健壮,增强抗蚜能力;二是拌种防治,在小麦播前用75%3911乳剂150克,兑水8公斤,喷在100斤麦种上,堆闷10小时;三是喷药防治,每亩用1.5%乐果粉剂或敌百虫粉剂3公斤,或40%乐果乳剂1500倍液100公斤。

糜子钻心虫 糜子生长一直受到糜子钻心虫的威胁,轻则造成减产20%~30%,重则破苗改种。防治措施:一是土壤处理,播种时,每亩用3%呋喃丹颗粒剂2公斤处理土壤;二是药剂拌种,播前用种子重量0.2%的50%甲胺磷乳油拌种;三是苗期施药,在定苗期喷洒5%氯氰菊酯乳油2500倍液或2.5%溴氰菊酯乳油3000倍液,每亩用液75升。也可喷洒2.5%敌百虫粉剂,每亩1.5~2公斤。或用3%甲胺磷粉剂每亩2公斤,拌细土15公斤撒在谷株附近。

谷子钻心虫 为谷子的主要害虫,还可危害小麦、糜子等。防治措施:一是清除枯心苗,田间出现枯心苗时,要及时拔除,在田外深埋;二是药剂防治,掌握好卵盛期,用50%对硫磷乳油,每亩100毫升,加20公斤细土拌匀制成毒土,撒在谷苗基部。或用50%对硫磷乳油1000倍液喷雾。

地下害虫 蝼蛄、蛴螬、金针虫、地老虎为全区主要地下害虫。蝼蛄分为非洲蝼蛄和华北蝼蛄,区内以前者为主。蛴螬是金龟甲类幼虫的统称,食性杂,可以为害多种农作物、果树、牧草及蔬菜。轻则缺苗断垄,重则毁种绝收。金针虫是叩头甲类的幼虫,主要有细胸金针虫、褐纹金针虫和沟金针虫三类,全区皆有分布。在土壤蛀食种子和幼苗,为害麦类、糜谷、马铃薯等。地老虎,全区主要有小地老虎、黄地老虎、白边地老虎三种,食性杂,以幼虫危害作物幼苗、嫩叶、嫩茎,造成缺苗断垄甚至毁种。这些害虫的防治措施:一是土壤处理,亩用50%辛硫磷或40%甲基异柳磷500毫升,加水5千克,喷于50千克细土中拌匀制成毒土,犁地时撒入犁沟,也可撒于地表,随即耕翻耙糖。或亩用5%辛硫磷颗粒剂或3%甲拌磷颗粒剂3~5千克处理土壤;二是拌种,用辛硫磷或甲基异柳磷、甲拌磷按种子重量的0.2%拌种,兑水量是用药量的30~40倍。三是毒谷诱杀,用5千克谷子或麦皮炒半熟,拌50%辛硫磷100克制成毒谷,傍晚在作物行间开浅沟,将毒谷撒入沟内,诱杀地下害虫;四是用频振式杀虫灯(黑光灯)诱杀成虫;五是施用腐熟有机肥。

农田鼠害防治

全区为害农作物的鼠类主要有鼢鼠、黄鼠、沙土鼠、鸣声鼠、仓鼠、金花鼠等。鼢鼠的食性很杂,主要危害农田、果树和牧草的根苗,最喜食马铃薯、豆类、小麦、糜谷等,严重时会造成缺苗断垄。黄鼠在夏季主要取食植物绿色部分,毁坏作物幼苗,秋后啃食作物乳熟种子。沙土鼠对小麦、荞麦、莜麦、糜谷等危害严重,在夏季噬食植物绿色部分,作物成熟时,大量拉运粮食,一个鼠洞贮粮可达 20~30 斤,不冬眠。鸣声鼠不冬眠,不存粮,喜食牧草、小麦、糜谷和豆类作物的幼苗。金花鼠喜食豆类、小麦、糜谷种子,作物成熟时穗部常被咬断,拉去贮存,一只金花鼠能存粮 20~30 斤。仓鼠喜食豆类、荞麦、小麦等,作物成熟时,不分昼夜盗运粮食。防治措施:一是人工捕打,用笼子、夹子、灌水等方法捕杀;二是毒饵诱杀,选择防治对象喜食的食料,每 100 斤加磷化锌 6 斤、油 1 斤,拌匀,在距鼠洞半米左右下饵;三是保护蛇等鼠类天敌。

第八节　农业教育

农业广播电视教育

农业广播电视学校自划归农业局管理后,1990—1992 年,在全县范围内广泛招生。专业有农学、农村电气化、审计与统计、畜牧兽医等 14 个专业,三年常规招生 580 多名。重视联合办学,扩大培训范围,大力推广农业科技知识。在办好常规班的同时,1993 年,与石泉中学、团结四职中联合举办教学班,设农业、园艺 2 个专业,分别招生 43 人、41 人。1994 年,与巉口中学联合开设脱产班一个,农学专业,招生 40 多人。每年在校生保持在 200 名以上。1993 年,与甘肃农业大学联合办班,开设农技推广专业大专班,招生 210 多名。1996 年,招生 120 多名。自此以后,与甘农大联合办学,一直没有终止。为农村输送大专以上学历人才 420 多名,专业由原来单一的农学扩展到农技推广、畜牧兽医,办学层次由大专延伸到大专、本科并举。1998 年,县农广校被农业部授予全国百强学校荣誉。此后,中央农广校允许安定区农广校开办大专班,专业有农技推广、农村经济管理、畜牧兽医三个专业。自办班以来,共招生 1700 多人,毕业 1400 多人。

至 2000 年,为农村培养实用技术人才 2800 多名;学校教师队伍不断壮大,由原来的 4 人发展到 12 人,并聘请兼职教师 17 人;专业设置由原来的 6 个扩展到 18 个。并从当年开始,开展农业实用技术培训和新型农民科技培训,平均每年培训农民 20000 人次。2004—2010 年,实施农村劳动力转移培训阳光工程项目,平均每年培训农村劳动力 1500 人次。

农民科技文化培训教育

冬季"小三讲"　从 1996 年开始,县上每年都利用农闲时节组织千名干部进村入户开展"小三讲"活动。主要内容:一讲政策思路,二讲法律法规,三讲技术信息。采取干部讲政策，能人讲经验，技术员讲科学种田的方式，开展冬季农村教育培训活动。主要采取形式：一是每年组织专人，编印《农村政策思路、法律法规、技术信息问答》宣讲教材，散发到农民手中。二是从马铃薯种植能手、牛羊养殖能手、协会经销大户、劳务输转能人、优秀村务工作者中挑选骨干，组成

农村冬季"小三讲"

宣讲团巡回各村宣讲，通过传授致富信息，交流致富经验，树立典型，用身边事教育身边人。三是用农民喜闻乐见的方式，以村为单位大会宣讲，以社为单位小范围对谈，以户为单位上门辅导，哪种方式适用就采取哪种方式，说快板、唱小曲、写楹联、赠书画、发资料、看光盘、诊疾病、送健康。十多年开展的"小三讲"教育活动，发挥了组织农民、引导农民、帮助农民、宣传农民、教育农民、服务农民的重要作用，同时也培养、锻炼、教育了干部。

"三法"宣传　2003年，随着中华人民共和国《农业法》、《农村土地承包法》、《草原法》的颁布，省农牧厅首先在内官营镇开展"三法"学习宣传活动。在内官营镇广场设立中心会场，张贴"三法"宣传挂图，设立咨询台，省、市、区领导20多人参加了会议，并做了重要讲话，市、区农牧系统的执法人员、科技人员、县司法局干部200多人参加了宣传咨询活动，当天受教育群众达1万多人。相继在定西城区和巉口、凤翔、宁远、李家堡、团结等乡镇进行宣传活动，共散发法律法规、农业科技资料2.5万份，受教育群众4万多人。

农资下乡宣传　2006年，在全区范围内开展了以"放心农资下乡，维护农民权益"为主题的促进优质农资供应、营造农资打假氛围、切实维护农民权益、保障春耕生产的"放心农资下乡进村宣传周"活动。在内官营镇举办了全省放心农资下乡进村宣传周现场宣传咨询大会。整个活动中，区上相关部门和乡镇，充分利用广播、标语、专栏、黑板报以及召开现场咨询大会等形式，开展宣传活动，农业局组装了宣传车和科技入户直通车深入乡镇进行巡回宣传。据统计，活动期间，新闻媒体播放宣传报道19次，开展宣传咨询30场（次），参与群众达5万人，开展咨询服务的专家达150人，接受现场咨询的群众达5千人。

第九节 农业信息化建设

1984年12月,随着国务院关于把电子和信息产业的服务重点转向发展国民经济为整个社会生活服务的决定的作出,定西县农业部门在全县设立农经信息站8个,开展农情信息工作。工作人员将调查、观测等得来的信息数据汇总成表,用信函逐级上报传递。

1992年,县农技中心购进日本产夏普pc1500型微型计算机,用于农业信息数据的处理,完成庞大的计算任务,受到农业部表彰。

1993年,省上配给县农技中心一台"长城0520"计算机和一台24针汉字打印机,农业信息部分工作实现了初步电子化。

1995年初,一批计算机及相关专业的大中专学生分配到农技中心,并增加信息化工作的硬件设备,先后购进康柏、清华同方、联想台式计算机等设备若干台,使农业信息化正式起步,可以将农情报表以电子文档的形式存储到计算机中,初步实现了资料库建设。

2002年,定西地区农经网(http://www.dxnw.gov.cn)、定西县农经网(http://dxnw.gansu.gov.cn)相继建成,县马铃薯产业协会主办、铁通公司技术支持的中国·定西马铃薯网(http://www.dxmls.com)开通。2003年,设立马铃薯价格测报点,在马铃薯市场(火车站旁)搭建电子公告牌,及时公布马铃薯行情。2005年,区农业局举办农村信息员培训班2期,进行农村信息员培训,有100多人取得省农牧厅颁发的农村信息员资格证书。2006年,根据省政府启动实施全省农村信息公共服务网络工程的有关精神,区上成立农村信息公共服务网络工程领导小组,在区农业局设立安定区农村公共服务网络中心,股级建制,事业编制3人。随之,建起了一个县级信息采集发布平台和30个村级信息服务点,布及全区19个乡镇。2007年,县级信息采集发布平台的建设,共建成宽带线路两条;局域网配置

安定现代农业网

有联网计算机 18 台套、交换机 1 台、微机 12 台,扫描仪、数码照相机等信息采集处理设备齐全;网站一个、专题网页一个,各类信息采集处理工具软件较为齐备,局域网规模已达到中等水平。实现农业系统内信息资源共享,使信息采集速度和质量明显提高。

随着区农业信息网(http://www.adny.gov.cn)的良好运行,网站依托自身优势,及时在网上发布农业科技、农业政策等涉农信息,宣传全区农业生产情况和农产品信息,及时为农民提供全面、准确的农业和市场信息。

网站的 22 个栏目发布各类农业信息 4000 多条。至 2009 年,累计发布农业信息 15000 条以上。同时,依靠村级信息点,以《安定农村信息导报》为信息传递媒介,最大限度覆盖全区 19 个乡镇 38.18 万农业人口。

30 个乡镇信息点组建信息小分队,以解决农村信息传递"最后一公里"问题。《信息导报》印刷近 60 万份,由队员发放到农户手中。

网站累计文章点击数达 33 万多次。具体农业新闻栏目文章数 1395 篇,点击数为 123779 次;实用技术栏目文章数 1404 篇,点击数为 98440 次;市场动态点击数为 33125 次;其他各栏目的点击数均已过万。同时,区信息联播地方频道在省农业信息联播栏目发布信息近百条,被全国信息联播栏目地方频道采用的信息 2 条。网站被省信息中心授予全省信息联播先进单位。

2008 年,甘肃省 12316"三农"服务热线正式开通。区农业、电信、广电部门协作,遴选了 7 名本区农业专家,进行种植业、植物保护、农业环保、农村能源、政策法规、农业信息、农产品质量安全等各类信息服务。

2009 年,在全国金农工程一期应用系统——农业综合统计信息系统填报工作中,承担了基点县填报工作。

2010 年,在由农业部门和移动公司联合搭建 ACD 平台"农信通"工作中,区农业局与定西移动分公司联手,开展设施农业信息化管理系统的试验示范安装。在内官营选择的三座温室大棚内,安装各类生物生理传感器,以计算机和手机为终端,发布操作指令,通过因特网和手机通信网络,实现了远程全程自动化生产管理。

第十节　农产品质量安全

机构与建设

根据 2002 年在全国范围内全面推进的"无公害食品"行动计划,结合 2003 年实施的全国基层农技推广体系改革试点工作，安定区机构编制委员会办公室于2004年9月25日批复，在区园艺工作站加挂 安定区农产品质量安全检测监督所牌子，设置农产品质量安全管理机构。2005年，园艺站又内设检测股，配备专（兼）职工作人员3人，全区农产品质量安全检测监督工作正式起步。

根据《定西市人民政府关于加强新阶段"菜篮子"工作的意见》，安定区在内官营、凤翔两镇建成蔬菜产地质量安全检测点，在东关、西关两市场建成蔬菜市场质量安全检测点。2008年11月，安政发〔2008〕146号文件确认，农产品质量安全检测监督所的主要业务范围涉及农业投入品、生产环境和农产品质量三个方面，覆盖全区种植业、畜牧业、渔业三个行业。

农技人员现场开展蔬菜农药残留快速检测

设备上，2003年，区农牧局筹资2万元，购置上海CL-1型农药残留速测仪2台（其中1台留农牧局，1台投放到内官营蔬菜协会）。2009年，区园艺站（检测监督所）利用2008年中低产田改造项目投资的10万元，购置上海RP—508型农药残留测定仪1台，配套高速离心机、超纯水仪、化验台等仪器设备15台（套），建立了区农产品质量安全检测实验室，正式开展了农产品农药残留检测工作。2010年，根据省农牧厅文件批复，在定西国家农业科技园区良种繁殖场设立安定区农产品质量安全监督检测站。项目总投资300万元，其中，中央预算内投资240万元，地方配套60万元。新建检测实验室536.7平方米，购置气相色谱仪、液相色谱仪、原子吸收仪、双道原子荧光光度仪、紫外—可见分光光度仪等检测仪器及配套快速监测设备和信息网络设备共91台（套）。

品牌认定认证

2003年6月，区农牧局委托省农业科学院测试中心，对以内官营为核心，辐射香泉、符家川、凤翔等周边乡镇区域的土壤、水质、大气等进行取样检测、化验，结果各项指标均达到无公害蔬菜生产技术要求。后经省农业环境保护站审批，省农牧厅于12月核发了无公害蔬菜（甘蓝、大白菜、平菇、双孢菇）产地证书。从此，各企业每年都开展各种认定认证注册工作。

2003—2010 年安定区农业品牌认定认证注册情况统计表

表 8-3-3   单位:个

年度	类　别	品　种	单　位
2003	无公害产地认定	甘蓝、大白菜	安定区万丰农林产品购销服务站
2003	无公害产地认定	平菇、双孢菇	定西金泉菌业公司
2004	原产地保护标记注册	脱毒种薯及其制品	定西市安定区农牧局
2005	无公害产品认证	甘蓝、大白菜	安定区万丰农林产品购销服务站
2005	无公害产品认证	平菇、双孢菇	定西金泉菌业公司
2005	A 级绿色食品认证	菊芋	陇海乳品有限公司
2005	无公害产地认定	中药材(柴胡)	定西民康药业公司
2005	A 级绿色食品认证	马铃薯、马铃薯精淀粉	甘肃超兴淀粉公司
2006	有机食品认证	马铃薯	定西大江薯业开发有限公司
2007	有机食品认证	菊粉、菊粉糖浆、菊粕	甘肃利康营养品有限责任公司
2008	A 级绿色食品认证	马铃薯、甘蓝等 9 个品种	安定区万丰农林产品购销服务站
2008	无公害产品认证	芹菜	安定区万丰农林产品购销服务站
2009	无公害产品认证	马铃薯	定西喜农马铃薯专业合作社

2005 年,区园艺站与定西金泉菌业公司共同申报的《定西市无公害蔬菜—鸡腿菇周年生产技术规程》,经省质量技术监督局审核后颁布实施。2006 年 1 月,安定区获全省无公害蔬菜生产基地称号。当年,"国家农业标准化示范区—安定区马铃薯标准化示范区"建设项目立项;2007 年 9 月 26 日,通过国家标准化管理委员会和省、市质检局联合专家组审定验收,达到了优秀等次;2008 年 7 月 28 日,由国家标准化管理委员会授牌。

安全管理

2003 年以后,农业行政主管部门每年都要牵头组织公安、工商、供销、经贸以及农业系统内部农业行政执法、农产品质量安全管理、植物保护、种子管理等部门,对国家明令禁止使用的 18 种农药和在蔬菜、果树、茶叶、中草药材上不得使用和限制使用的 19 种农药,按照《农药管理条例》的有关规定,在全区范围内开展 1~2 次专项整治集中行动。同时,由农产品质量安全管理机构,对蔬菜种植基地以及蔬菜生产基地区域内的农药经营户,进行农业投入品日常监督管理;并签订高毒高残留农药经营及使用责任承诺书;查处违规经营、使用高剧毒农药的行为。同时,结合农业投入品监管、农产品抽样检测等,对区内市场上销售的农产品进行无公害农产品、绿色食品、有机食品(简称"三品")标识标志监督检查,打击假冒和伪造"三品"标志的行为,保护认证企业的合法权益不受侵害。

2009 年,开始农产品质量安全例行检测及抽检工作。检测对象为全区蔬菜生产基地、蔬菜批发市场、蔬菜零售市场、超市,重点对内官营、符家川、香泉、凤翔等无公害蔬菜生产基地、定西马铃薯综合交易中心、东关农贸市场、西关市场、万家和超市随机抽取样品,主要检测产品中有机磷农药和胺基甲酸酯类农药的残留情况。同年, 在农业部组织的全国第二季度农产品质量安全例行检测中, 安定区 100%的合格率居全国抽检县第一。

2007—2010 年安定区农产品质量安全例行检测情况统计表

表 8-3-4   单位:次、个、%

年 度	检测次数	样品总数	不合格样品数	合格率
2007	5	147	3	97.96
2008	11	500	11	97.80
2009	13	705	14	98.01
2010	14	697	18	97.42

2007—2010 年国家部、省、市对安定区农产品质量安全例行抽检情况统计表

表 8-3-5   单位:次、个、%

年度	市检测中心			省检测中心			农业部检测中心		
	次数	样品数	合格率	次数	样品数	合格率	次数	样品数	合格率
2007	2	80	96.25	2	100	97.00	1	44	97.73
2008	4	198	98.48	3	132	98.48	1	45	97.78
2009	4	200	98.50	4	177	99.44	1	50	100.00
2010	4	184	97.28	4	96	96.88	1	39	89.74

第四章　蔬菜种植

第一节　种植规模

蔬菜种植概况

安定区是定西市主要的蔬菜生产基地之一。1980年代初,蔬菜种植区域主要集中在定西城郊的城关乡中川、东河和李家嘴村,以中川厘金局种植面积大,区域集中、品种比较丰富。1985年,全县蔬菜种植迅速发展,面积达到3200亩,种类达10余种。1986年以后,蔬菜种植上大力推广先进生产技术,引进优良品种,实行温室育苗。随着地膜覆盖技术的应用,蔬菜面积不断扩大。到1991年,种植面积大、效益高的有中川厘金局的芹菜、张家湾的韭菜和东河的甘蓝。特别是张家湾的韭菜,采用多层覆盖,能够越冬生产。全县蔬菜种植面积达到3564亩。发展到1990年代中期,香泉西寨(原西寨乡)部分村社大面积种植甘蓝,蔬菜种植区域进一步扩

中甘15号

大。至1990年代末期,内官营蔬菜种植面积扩大,种植种类增多,主要有甘蓝、大白菜、芹菜、花椰菜、胡萝卜等。特别是由于日光温室的大力引进和推广,内官营镇充分借助优越的地理环境和适宜的气候条件,大力发展蔬菜产业。2003年后,以内官营为代表的高原夏菜按照"川菜山薯"的发展布局迅速发展,栽培区域和规模不断扩大,种植水平不断提升。至2010年,蔬菜的规模种植发展到凤翔镇中川、李家嘴,内官营镇内官、锦屏、永安、永丰、乌龙、清溪、先锋、万崖,符川镇高阳、金星、兰星,香泉镇西寨、关门口、仓沟、池沟,团结镇唐家堡、联庄等近20个村,而且地膜辣椒种植不断向浅山区发展。全区蔬菜面积发展到6.45万亩,菜田实现地膜覆盖。日光温室、塑料大棚、地膜栽培和露地种植面积分别达到1632亩、2346亩、

47660 亩和 12969 亩,分别占全部菜田的 2.8%、3.7%、73.9%和20.4%。蔬菜生产成为主要的种植业之一,总产量 34.8 万吨,产值 3.15 亿元。

设施蔬菜生产

设施蔬菜包括小拱棚、塑料大棚、日光温室、现代化的智能温室等,春夏秋冬一年四季全天候生产,满足了人们日益增长的生活需求。我区的设施蔬菜有五个发展历程。一是自然发展期。从 1980 年代中期到 1992 年,在农业部门的引导下,学习外地经验,在城市周边和重点区域,发展塑料大棚。到 1993 年设施农业(塑料大棚)面积为 100 亩左右。同时有少量的玻璃温室。二是引导发展期。1993 年后,学习山东寿光经验,重点发展日光温室建设,每年平均以 200 亩以上的速度发展。到1998 年种植面积达到 1000 亩。日光温室以琴弦式为主。塑料大棚在香泉、内官等乡镇地膜和露地蔬菜种植区域得到一定程度的发展,类型以塑料中棚为主,跨度 6 米,长度不超过 20 米,面积达到 300 亩左右。设施种植面积达到 1300 亩。三是快速发展期。从 1999 年开始,县委、县政府决定把设施农业作为农业增效、农民增收的重要措施来抓,并随着西川国家农业示范园区的建设,使安定的设施农业建设步入快速发展期。这一时段,日光温室种植种类和生产效益得到大幅度提升,西甜瓜、油桃等试验示范成功,以双孢菇、金针菇、白灵菇和杏鲍菇为代表的食用菌得到大面积推广种植。2003 年全区设施蔬菜面积达到 4000 亩。四是缓慢发展期。从 2004 年开始,由于日光温室分布区水源不足,不能满足蔬菜正常生长需求,生产效益较低,有 20%左右的日光温室停止生产或恢复耕地。但塑料大棚随着西南部"高原夏菜"生产规模和经济效益的不断提升,育苗棚和春提早芹菜、秋延后辣椒等的面积发展较快。至 2008 年底,日光温室面积 1741 亩,塑料大棚 1741 亩,设施农业总面积 3482 亩。五是加速发展期。 从 2009 年开始,各级政府高度重视设施农业的发展,2009 年新建日光温室 100 座,塑料大棚 520 座 141 亩,并及时投入生产,经济和社会效益比较显著。

2010 年设施蔬菜生产 4259 亩,其中日光温室 2036 亩(包括高科技园区),塑料大棚 2223 亩。2010 年新建日光温室 295 亩, 塑料大棚 382

日光温室蔬菜种植

亩。日光温室由有立柱向高光效机制厚墙体钢拱架无立柱日光温室方向发展。蔬菜品质得到进一步优化，无公害蔬菜发展面积进一步扩大，2010年全区无公害蔬菜达4万亩，设施蔬菜大部分达到无公害标准。杀虫灯、黄板诱杀害虫，营养盘育苗、温室卷帘机、滴灌等新技术，博耐系列黄瓜、航椒系列辣椒、冬玉系列西葫芦等新品种得到推广应用。

塑料大棚蔬菜种植

经过近年来的试验示范，机制厚墙体钢拱架无立柱日光温室已在内官镇内官村、锦屏村，符川镇金星村，西巩镇中驿村，凤翔镇中川村等地得到了规模建设，内官和锦屏村取得了亩收入近万元的收入，带动了周边群众兴建新型温室的积极性,发展设施蔬菜已成为农民增收、农业增效的重要举措。

1986—2010年安定区(定西县)蔬菜田面积表

表8-4-1   单位:万亩

年　份	面　积	年　份	面　积
1986	0.28	1999	1.62
1987		2000	2.84
1988		2001	2.78
1989		2002	2.85
1990	0.53	2003	2.94
1991	0.36	2004	2.81
1992	0.35	2005	2.94
1993	0.46	2006	4.01
1994	0.51	2007	4.01
1995	3.04	2008	4.10
1996	1.91	2009	4.63
1997	1.44	2010	6.45
1998	1.77		

说明:2010年数据为农业部门数据

2010年安定区各乡镇蔬菜面积统计表

表8-4-2   单位:亩

乡　镇	面　积
内官营	47000
符家川	2000
香泉	6500
凤翔	6500
其他	2500
合计	64500

随着设施蔬菜种植在各乡镇的普及推广应用,规模的不断扩大,也带动了其他蔬菜的种植,鲁家沟镇小岔口村刘家河和碱川社种植沙地大蒜和西瓜;西南部乡镇在夏田地复种小白菜、菠菜、油白菜、绿萝卜、香菜,或在马铃薯田间套种萝卜等,增加了乡村农民收入。高原夏菜种植面积的扩大日光温室和塑料大棚为代表的设施蔬菜的兴起,菜农的人数相应增加,种植水平不断提高,至2010年,全区菜农达到6万人以上。

第二节　良种引进与推广

定西县原来蔬菜的种植以地方品种为主,至1986年,农户留种仍然基本保持甘蓝(鸡心种、牛心种)、西葫芦(一窝猪)、小白菜(短青菜、麻叶菜)、绿萝卜、旱萝卜、胡萝卜、黄瓜、茄子、辣椒、菜豆、豇豆等原有种型。进入80年代后期,城关乡东河村开始引进晚丰等甘蓝晚熟品种。1990年代,仅有萝卜、胡萝卜、芹菜留种。西

阳春大白菜

天玉西葫芦

寨乡西寨村开始引进庆丰等中熟甘蓝、鲁白2号大白菜等品种。到90年代中期，蔬菜种子品种基本杂交种化和商品化。随着日光温室的引进和推广，良种引进进入高峰期，密刺、津春、津研系列黄瓜，毛粉系列番茄，早青一代西葫芦等进入设施栽培和少量露地种植。到2010年，全区蔬菜种类和品种已经比较齐全，业务单位有计划引进试验和群众自发引进齐头并进。大宗蔬菜种类有甘蓝、大白菜、芹菜、西葫芦、辣椒、花椰菜、胡萝卜等;小面积栽培种类有番茄、黄瓜、茄子、西瓜、甜瓜、小白菜、萝卜、菠菜、芫荽、油白菜、茼蒿、生菜、油麦菜、南瓜、菜豆、豇豆等。上市供应的蔬菜有:大白菜、小白菜、甘蓝、花椰菜、水萝卜、旱萝卜、胡

台湾西芹3号

陇椒2号

萝卜、芹菜、芫荽、小茴香、菠菜、茼蒿、莴苣、大葱、洋葱、韭菜、茄子、辣椒、番茄、黄瓜、南瓜、西葫芦、西瓜、甜瓜、菜豆、豇豆、苋菜、豌豆、油白菜、生菜、油麦菜、大蒜、平菇、双孢菇、姬菇、白灵菇、香菇等。蔬菜种植品种见下表:

安定区蔬菜主要品种

表8-4-3

蔬菜种类	主要品种
甘蓝	中甘11号、中甘15号、中甘17号、中甘21号、金春早、钻石1号、铁头四号、中甘55、绿宝石、韩绿50、三农珍绿、柏纯、快绿等
大白菜	高冷地、四季王、春秋玉、春夏名家、阳春、金冠1号和金冠2号等
芹菜	美国加洲王、文图拉、秦皇西芹、法国皇后、高优它、胜利、台湾西芹3号、双港西芹等
西葫芦	天玉、冬玉、冬强、碧浪、纤手等
辣椒	陇椒2号、陇椒5号等。

续表 8-4-3

蔬菜种类	主要品种
番茄	毛粉 802、中杂 9 号、霞光、佳粉 15 号、天府大红、大明 605、宝红一号、佳红、红将军、粉都皇后等
黄瓜	津优 30、津优 31、津优 32、中农 21、博耐 13 号 B 型、博耐 13 号 C 型、津科裕神、博杰 21 号、好运、雷优 3 号、金世纪等
茄子	长茄有紫阳长茄等;圆茄快园茄等
菜豆	美国架豆王等
豇豆	之豇 28—2、之豇 844、之豇特长 80 等
韭菜	本地香韭、汉中冬韭、平韭 4 号、791 等
油白菜	上海青等
茼蒿	大叶茼菜、小叶茼菜等
生菜	软尾生菜、玻璃生菜、意大利全年耐抽薹生菜、美国 PS 等
菠菜	塌地菠、全能菠菜、新世纪等
芫荽	青梗种、红梗种等
苋菜	白米苋、青苋、尖叶红苋、圆叶红苋、麻秆种(收菜梗)等
大蒜	紫皮大蒜等
洋葱	本地红皮洋葱和黄皮洋葱等

产销量大的蔬菜种类有早熟甘蓝、秋大白菜、芹菜(毛芹)等为安定区名优品种。以中甘 11 号、中甘 15 号、中甘 21 号为代表的早熟甘蓝,由于海拔高,夏季气温低等独特的气候条件,加上高密度栽培技术,生产的甘蓝个头小,单个 1~1.5kg,结球紧实,口感好,深受南方市场的青睐。芹菜大多采用高密度栽培,俗称毛芹,由于独特的气候条件和特有水质灌溉,生产的芹菜质地好,茎秆颜色翠黄,产销两旺。

第三节　栽培技术

育苗

80 年代初,开始应用阳畦或与风障结合进行瓜类、茄果类育苗,部分条件好的农户建造玻璃加温温室。80 年代后期,随着塑料大棚的应用,育苗方式多元化,采用方式根据蔬菜种类和生产季节确定。蔬菜育苗依季节可分为冬春育苗和夏秋育苗;按采用的不同育苗方式可概括为露地育苗和保护地育苗。露地育苗多在适宜季节进行,操作简便,技术易掌握。保护地育苗是指利用现代先进设备和技术措施,为非正常生长发育适期的蔬菜栽培服务的,通过人为调控和改变局部环境条件而创造出一个类似或接近于蔬菜正常萌发所需要的外部环境条件,从而促使蔬菜种子在非正常期萌动发芽、出苗、生长的过程。

保护地育苗根据对温度的不同控制管理又可分为增温育苗和降温育苗两种。增温育苗主要用于夏菜的早熟栽培育苗(包括越冬育苗);而降温育苗则主要用于夏种秋收和秋种冬收的蔬菜生产栽培育苗。增温育苗根据热

甘蓝育苗栽植

源的来源不同分为冷床育苗和温床育苗。在保护设施下只利用太阳光能而没有其他人工加温措施的育苗方式称为冷床育苗,包括阳畦和塑料棚育苗等。除利用太阳光能外还有其他加温措施的育苗方式称为温床育苗。温床育苗根据加温方式的不同则分为酿热加温育苗、火热加温育苗和电热加温育苗等。降温育苗根据使用的降温材料不同也可分为作物秸秆遮阴降温育苗和遮阳网遮阴降温育苗等几种形式。其他的育苗方式还有工厂化育苗、无土育苗、组织培养化育苗和无性营养繁殖育苗等。

甘蓝栽培全部采用育苗移栽,育苗方式根据栽培时间确定,早熟甘蓝在保护地塑料大棚育苗,中熟和晚熟甘蓝在露地育苗。春大白菜采用直播栽培,复种模式(秋大白菜)采用露地育苗移栽,传统方法有营养苗床和纸钵育苗两种。芹菜西芹栽培大多采用育苗栽培。日光温室栽培芹菜全部栽培西芹,在温室内部提前育苗,育苗方式为营养苗床;塑料大棚栽培芹菜分为毛芹和西芹,毛芹直播栽培,西芹一茬直播,二茬用毛芹平茬作为种苗;露地西芹多在塑料大棚育苗,一是用营养苗床育苗;二是利用毛芹平茬作种苗。辣椒设施和水浇地采用育苗栽培,旱地直播栽培。育苗方式有营养苗床、营养钵、营养盘等。花椰菜全部采用育苗栽培,方式为塑料大棚营养苗床;西葫芦设施栽培育苗栽培,地膜栽培直播。

施肥

蔬菜施肥主要由农家肥和化肥。农家肥肥源主要靠农户自己养殖大牲畜、猪、羊、鸡等积攒,少数城郊菜农农家肥肥源来自城区各单位。1980年代初,施用肥料仍以农家肥为主,化肥使用量较少,主要施用氨水和普通过磷酸钙。到1980年代后期,化肥使用量增加,部分地方甚至出现重视化肥而轻视农家肥的现象。使用的化肥有尿素、硝铵、磷酸二铵、普通过磷酸钙等。

蔬菜的需肥情况 叶菜类蔬菜,主要以鲜嫩的叶片、叶柄或嫩茎为产品的速生性蔬菜,如小白菜、油白菜和菠菜等,对这类蔬菜的施肥方法应以追肥为主,肥料以速效氮肥为主。一般在苗期和每收获一茬产品后,立即追肥一次,促进下茬植株叶片迅速生长,每亩追施尿素8~10公斤或腐熟人粪尿500公斤,条施或逐株浇灌,以利于植株尽快吸收利用。

果菜类蔬菜生长期较长,开花结果的蔬菜,如茄果类、豆类和瓜类蔬菜等。该类蔬菜所需氮、磷、钾肥较多,施肥应以基肥和全程追肥为重,营养元素以氮、磷、钾为主。以基肥足、追肥早、结实期花肥重为原则进行施肥,并在每收获一茬果实后,立即追施一次速效氮肥,促进下茬果实迅速形成、膨大。

根茎类蔬菜,以肥大的肉质直根为产品的蔬菜,如萝卜、胡萝卜等。这类蔬菜的施肥方法应以基肥和早期追肥为主,掺入少量速效氮和钾肥,并应在苗期或定植后,迅速早施追肥。先亩施尿素4~6公斤或人粪尿300~400公斤,促进植株早发快长。然后,在蔬菜进入旺盛生长期前,每亩穴施磷钾肥6-8公斤,以促进植株高产。此时根外喷施1~2%的尿素水溶液1~2次(每隔5~7天一次),还可延长叶片功能,不致早衰。

施肥方式

地面撒施 蔬菜浇水前或下雨时趁墒将化肥撒施于畦面或植株行间,这种方法比较简单,省时省工,可随时使用,但肥料的利用率低,会挥发损失一部分化肥养分,特别是碳酸氢铵,由于挥发性极强,不易撒施;尿素、硫酸钾在蔬菜急需肥的情况下撒施,但撒施时不要撒在叶面上,以免烧伤叶片。

机械深施 包括蔬菜栽培前的基肥深施和栽培过程中的追肥埋施,一般采用沟施、穴施和条施,将有机肥或化肥施入后再整细耙平。开沟挖穴要离植株基部10厘米以上,防止损伤根系,埋施后一定要浇水,使土壤肥料浓度降低。

滴灌施肥 是将溶解的肥料随滴灌水流入蔬菜根系周围的土壤。因采用地膜覆盖,肥料几乎不挥发,又省工省力,是目前较先进的施肥方法。但需要配套的滴灌和供水设备,并有严密的地膜覆盖,以及土壤中营养水平的测定,可在高效温室大棚蔬菜种植区使用。

随水冲施 蔬菜在浇水前,将化肥撒在水沟内,使化肥随浇水溶化进入土壤。在大面积蔬菜严重缺肥而不便于埋施的情况下, 可作为首选的追肥方法, 冲施前最好先将化肥溶化, 根据水量多少随水冲施。

叶面施肥 可结合喷药防治病虫害进行多次叶面施

灌溉施肥

肥。这种方法肥效快、用量少,经济有效。在植株衰老、根系受到损伤以及吸收能力不足或缺素严重的情况下使用,效果明显,但只能作为一种辅助方法。

2000年以后,测土配方施肥技术和生物肥料得到推广应用。推广应用的生物肥料有:氨基酸生物液肥、绿原康高效活性有机无机复混肥、大民钾王、大民先锋、农大哥复合生物肥以及稀土微肥等。

病虫害防治

80年代,蔬菜散种区一般不进行防治,当发生蚜虫等虫害时,用草木灰撒施防治。蔬菜集中种植区的蔬菜保护,仅用手动喷雾器进行防治。以后随着蔬菜面积的增加和科学技术的进步,药剂和防治器械不断增加,蔬菜病虫害防治面积不断增大,至2010年达到10万亩。

蔬菜病害 80年代初, 蔬菜病害有黄瓜霜霉病、马铃薯晚疫病(俗称炭焦瘟)、萝卜软腐病、瓜果类炭疽病(俗称出痘子),采取撒草木灰防治,有一定效果。80年代中期,病情发展,早疫病、幼苗猝倒病、白菜炭疽病严重。1990年后,番茄病毒病增加,黄瓜枯萎病蔓延,严重的田块有种无收,马铃薯地方品种因软腐病、环腐病而绝种。推广施用波尔多液、石硫合剂防治。引种外地马铃薯,带进黑胫病,学习外地经验,拔除、销毁薯苗。番茄早疫病、晚疫病仍为主要病害。病毒病危害的发展,影响了茄果类和瓜类生产,推广铜氨剂、代森铵、石硫合剂等进行防治。21世纪初,大白菜病毒病突发,2004年引进的韩国系列品种,如阳春等,通过改进栽培环节,并采用病毒钝化剂和营养液喷施的办法,病害得到控制。番茄早疫病、晚疫病以及芹菜斑枯病 90 年代多用多菌灵、托布津、福美双、代森锌等农药防治。2000 年后,采用百菌清、瑞毒霉,代森锰锌、乙磷铝防治番茄早晚疫病、黄瓜霜毒病。新出现辣椒疫病、黄瓜黑斑病、冬瓜蔓枯病、番茄疮痂病。2008 年后,黄瓜根结线虫病在设施栽培中发生严重。2010 年,蔬菜发生病害 57 种,其中真菌类病害 38 种,细菌类病害 9 种,病毒类病害 6 种,生理性病害 4 种。

蔬菜虫害　80 年代,蔬菜虫害有蚜虫(又叫旱虫)、地老虎、菜青虫、潜叶蝇、瓜种蝇、黄守瓜、猿叶蝉、黄条跳蝉、豆芫菁等,喷雾器很少,灭虫靠手捉、洗帚刷或布袋套。80 年代后期,出现斜纹夜蛾、棉铃虫、红蜘蛛等虫害,推广施用有机磷和拟除虫菊酯防治,效果显著。90 年代,主要有菜青虫、小菜蛾、黄条跳、蚜虫、小地老虎、红蜘蛛和潜叶蝇等虫害,施用有机磷低毒农药敌百虫、乐果以及生物农药阿维菌素等,黄条跳、菜青虫虫量下降;中后期,小菜蛾和红蜘蛛虫害上升。2000 年后小菜蛾、小地老虎、棉铃虫、豆野螟、蚜虫、红蜘蛛和茶黄螨仍是主要害虫。2010 年蔬菜害虫有 32 种分属于 12 科 17 属,多数可控制,小菜蛾、红蜘蛛等虫害尚难全面控制。蔬菜防虫主要用药为有机磷类、拟除虫菊酯类和生物农药类。

黏虫板诱杀大田黏虫

蔬菜除草　2000 年前,蔬菜田一般不使用除草剂,采用人工办法除草。后试用氟乐灵、施田布等消灭杂草,2010 年,施用面积 0.5 万亩,占菜田面积 8%。

病虫害预测预报　始于 1990 年代,测报工作在病虫害多发季节,每当浓雾或闷热天气之后,立即喷药预防病虫害发生;病害检查中心病株,如果天气有利于病害流行,应及时喷药防治。虫害根据成虫发生情况和近期天气预报,若有利于发生,应及时全面防治。

病虫害综合防治技术　无公害生产的关键技术,以优选生产基地和农业防治为基础,物理、生物防治为主,化学防治为辅。农业防治是基础,即采用优化农作措施防治病虫害。主要措施有:选用抗病品种;改革耕作制度,合理轮作换作换茬或间作套作;培育无病虫壮苗;合理配置植株,增加种植密度;采用高畦栽培;适宜的肥水控制措施;清洁田园,消灭病虫滋生场所。物理防治是利用各种物理、机械措施防治病虫害。主要措施有:设施栽培的薄膜、防虫网和遮阳网,既可遮阳、避雨,又可减轻病虫害发生;人工清洁田园中心病株和病叶,是防治有些病虫害的有效措施;采用高温消毒技术,包括种子、土壤等;利用害虫驱避特性进行诱杀,如用黑光灯、食饵、色板等。生物防治目前主要是使用农用抗生素、植物源农药和昆虫生长调节剂。化学防治仍是蔬菜病虫害防治上的重要措施。在蔬菜生长的各个生育时期,进行全面调查,摸清主要发生的病虫,然后根据病虫发生规律和气象条件,发布病虫情报,并提出指导用药,对症下药,适时适量防治病虫害。同时使用农药必须注意安全间隔期和每季蔬菜上的用药次数,尽量减少农药在作物的残留量。

第四节　栽培模式

蔬菜生产在安定区从普通露地、地膜栽培,到小拱棚、塑料大棚,再到日光温室,层次不同,各具优势。从寒冷的隆冬,到凉爽的春夏,一年四季全天候生产,蔬菜产品的淡旺季供求落差逐渐弱化,满足了人们日益增长的生活需求。这是进入21世纪后才真正形成的特色产业,特别是2002年以来,以内官营为中心的高原夏菜得到迅速发展,逐步形成全区特有的多种种植模式。甘蓝采用早春塑料大棚育苗,5月初定植,7月上旬上市。大白菜采用直播或育苗定植。春大白菜一般在5月上旬直播,8月初上市。或5月中旬在地头露地育苗,6月中旬定植,8月底上市;秋大白菜于6月底或7月初进行直播,10月上中旬上市。甘蓝在主要有两种模式,一是低垄栽培,垄高10~15cm,每亩定苗7000株左右,二是平垄栽培,采用1.2~1.4米地膜覆盖,每亩定苗10000株左右。

2005年以后,高原夏菜除甘蓝、大白菜以外,芹菜、西葫芦、辣椒、花椰菜和胡萝卜等初步形成规模。芹菜分为西芹和毛芹,有两种种植模式。西芹一般2月底至3月初在日光温室或塑料大棚育苗,5月上旬定植,亩保苗1.3万株左右。毛芹有塑料大棚和露地栽培两种形式,塑料大棚种植毛芹于2月上旬建棚上膜暖地,中旬整地施肥,下旬播种,6月中旬以后上市;露地毛芹于5月上旬播种,9月份上市。辣椒是2008年以后发展较为迅速的高原夏菜菜种,不仅在水浇地种植面积发展迅速,而且在川旱地和浅山区的沟坝地和梯田地都有种植,并应用了双垄沟种植技术,2010年亩产值达到4000元以上。花椰菜一般采用低垄栽培,亩保苗2000株,生育期较短,在塑料大棚可作为前茬种植。胡萝卜一般作为间套带菜种植,也可作为塑料大棚前茬种植。

套种模式有粮菜套种和菜菜套种。粮菜套种有地膜玉米套种洋葱或胡萝卜；菜菜套种有甘蓝套种蒜苗或胡萝卜，大白菜套种蒜苗或胡萝卜。复种模式方面，粮菜复种有早熟豌豆复种大白菜，大麦复种大白菜，油菜复种大白菜；菜菜复种有甘蓝复种大白菜，甘蓝复种甘蓝。高原夏菜推广的栽培模式有早熟甘蓝高密度丰产栽培技术、芹菜高密度黄化栽培技术、早熟甘蓝套种蒜苗技术、春大白菜套种胡萝卜技术、辣椒套种菠菜和芫荽技术、地膜马铃薯复种大白菜技术、早熟豌豆复种大白菜技术、早熟甘蓝复种大白菜技术等。

第五节　市场营销

安定区蔬菜种植区所处的地理位置独具优势，夏季气候温和，光能资源丰富，适合甘蓝、大白菜、西葫芦、芹菜、辣椒等高原夏菜生产。特别是主栽区内官营镇灌溉条件良好，交通十分便利，区域优势明显，生产的高原夏菜品质好，营养价值高，深受消费者青睐。2007年后，蔬菜生产实现了由一季生产向多季生产，一季增收向四季增收的转变。日光温室蔬菜亩纯收入大多在1~1.2万元，有的高达2万元，成为种植业中经济效益最高的产业之一。蔬菜产品还销往上海、广州、厦门、南京等国内大中城市，部分出口到沙特阿拉伯、阿联酋、香港、澳门等国家和地区。生产的甘蓝、大白菜、西葫芦、芹菜、

定西市兴盛恒温保鲜库制冷车间

辣椒、洋葱、胡萝卜、花椰菜、马铃薯等9个品种，质量优良，不但得到社会的公认，而且通过了中国绿色食品发展中心绿色食品A级认证，并在国家工商局注册"绿锐"牌和"内官"牌蔬菜产品商标，打出了品牌，获得了效益，成为农民脱贫致富的特色产业之一。在运销方式上分为两种，一是铁路外运，占40%，二是单车外运，占60%。安定区由于交通区位优势明显，陇海铁路、国道312、310、平定、天定高速公路及建设中的兰渝铁路穿境而过，因此蔬菜外运铁路公路基本均衡搭配。2006年，定西万丰蔬菜薯业经纪有限公司在内官营镇成立，为促进全区农产品流通、增加农民收入提供了方便。

在蔬菜恒温保鲜库建设中,安定区本着"高水平、大规模、专业化、外向型"和"立足农业办工业,立足资源上项目,盘活总量促增量"的思路,优化投资环境,坚持向上抓争取,向外抓引进,向内抓聚集,促进了一大批蔬菜龙头企业项目的建设落成,截至2010年,内官营、凤翔两镇共建成恒温保鲜库151间,单库设计贮藏能力为30吨,高峰期满负荷运转,年销售量30万吨左右。年带动就业人数5000人以上。

同时,按照民办、民营、民受益的原则,成立了由种植大户、贩运大户、龙头企业、农药经营网点人员组成的蔬菜经销协会,协会会员120人。协会在蔬菜营销中发挥着重要作用,上市季节,协会组织向农民提供市场需求信息和收购价格,在一定程度上解决了外地客商压级压价、损害群众利益的问题。通过协会的组织,使农民生产的组织化、社会化程度有了大幅度提高。2010年,内官蔬菜经销协会帮助农民外销蔬菜10万吨,主要品种有甘蓝、大白菜、芹菜、西葫芦、辣椒、花椰菜、胡萝卜等。

第六节　经济效益

80年代,安定区蔬菜仅在近郊条件较好的地方小面积种植,亩产值200~300元。进入90年代,由于中川等地的地下水位下降,蔬菜逐步向香泉、内官营等地发展。2000年以后,高原夏菜种植规模不断扩大,并随着恒温冷藏库的不断发展,吸引了大量的外地客商,为区高原夏菜的销售奠定了基础,蔬菜的种植效益不断提高,除2006年全国菜价普遍较低,菜农收益较差外,其他年份亩产值都在2000元以上,好的年份亩产值达到6000元以上。2009年一亩芹菜上万元的比比皆是。

2010年,全区已形成以内官营为中心,辐射香泉、符家川、凤翔、团结等乡镇20多个村的种植片带。规模种植由2005年的4万亩扩大到2010年的6.45万亩,总产量33万吨,产值3.1亿元。其中设施蔬菜生产4259亩,设施蔬菜中日光温室2036亩,塑料大棚2223亩。2010年新建日光温室295亩,塑料大棚382亩。设施蔬菜总产量17870吨,总产值3640万元。

蔬菜的发展由松散型、粗放型向集约型、专业型方向转化,产品向追求品质方向转化,绿色无公害蔬菜生产已成为主要趋势。全区先后在城区和内官营镇建立了南川、内官营两大专业蔬菜批发市场,年交易额超过1亿元,使区内外蔬菜、瓜果经营有了一个集散地和内外交流的窗口。同时通过成立蔬菜生产协会,引进大批冷藏企业,促进了全区蔬菜产业的信息交流和产业化开发,为蔬菜产业的集约化生产、产业化经营勾画了初步发展模式。

第五章 畜牧业

第一节 组织机构

安定区畜牧兽医局

1991年8月,成立于1985年3月的定西县种草养畜服务中心更名为定西县畜牧服务中心,科级建制。1995年11月,成立定西县畜牧局,与畜牧服务中心一套人员,两块牌子,属事业单位。2002年1月,定西县农业局更名为定西县农牧局,继续保留定西县畜牧服务中心的牌子,隶属农牧局。2003年9月,定西县畜牧服务中心更名为定西市安定区畜牧服务中心。2004年5月,安定区农牧局更名为安定区农业局,在安定区畜牧服务中心加挂安定区畜牧局的牌子,隶属农业局。同年9月,安定区畜牧局成为区政府直属事业局。2007年1月,更名为安定区畜牧兽医局,成为区政府行政管理机构。核定编制18人,内设综合办公室、兽医股、畜牧产业股(科教股)、计财股。

安定区畜牧技术推广站

原定西县畜牧兽医工作站,科级单位,隶属定西县种草养畜服务中心。1991年8月,隶属定西县畜牧服务中心。2003年9月,更名为定西市安定区畜牧兽医工作站。2004年5月,设立安定区渔业站,与畜牧兽医工作站一个机构,两块牌子。2007年1月,在安定区畜牧兽医工作站的基础上组建安定区畜牧技术推广站,加挂安定区渔业站的牌子,隶属安定区畜牧兽医局。编制26人,内设办公室、技术推广股。分出兽医部分,人员业务归安定区动物疫预防病控制中心。

安定区动物卫生监督所

1987年7月,成立定西县动物检疫站,隶属定西县种草养畜服务中心,科级单位。1992年8月,成立定西县兽医卫生监督检验所,与定西县动物检疫站一套人员,两块牌子。2001年9月,定西县动物检疫站与兽医卫生监督检验所分设。2003年9月,定西县动物检疫站更名为定西市安定区动物检疫站。2007年1月,在安定区动物检疫站的基础上组建安定区动物卫生监督所,为兽医行政执法机构。2008 年,动物卫生监督所为参照公务员法管理的事业单位。2010 年 7 月,成立安定区畜牧兽医行政执法大队,与动物卫生监督所合署办公,一个机构,两块牌子。编制 28 人,内设办公室、综合执法股、城区检疫股。

安定区动物疫病预防控制中心

1992 年 8 月,成立定西县兽医卫生监督检验所,与定西县动物检疫站一套人员,两块牌子,隶属定西县畜牧服务中心。2001 年 9 月,定西县兽医卫生监督检验所与动物检疫站分设。2003 年 2 月,设立定西县畜产品质量安全检测站,与兽医卫生监督检验所一个机构,两块牌子。同年 9 月,定西县兽医卫生监督检验所更名为定西市安定区兽医卫生监督检验所。2007 年 1 月,在安定区兽医卫生监督检验所的基础上,组建安定区动物疫病预防控制中心,为兽医技术支持机构,科级事业单位。编制 17 人,内设办公室、疫情测报室、化验室、技术服务室。

安定区饲草饲料站

1988 年 8 月,成立定西县饲料试验厂,隶属定西县种草养畜服务中心。1992 年 5 月,定西县种草站与定西县饲料试验厂、定西县良种兔场合并,成立定西县饲草饲料站,为科级事业单位,隶属定西县畜牧服务中心。2001 年 7 月,定西县饲料试验厂与定西县饲草饲料站分离,划归定西县牧工商公司经营管理。2003 年 9 月,定西县饲草饲料站更名为定西市安定区饲草饲料站。2004 年 5 月,设立安定区草原监理站,与饲草饲料站一个机构,两块牌子。2007 年 1 月,保留原来设置的饲草饲料站,加挂安定区草原监理站的牌子,一个机构,两块牌子。2008 年 12 月,经安定区实施公务员法领导小组办公室批准,饲草饲料站为参照公务员法管理的事业单位。编制 18 人,内设办公室、技术推广股。

安定区牧工商公司

1986 年 8 月,成立定西县牧工商公司,为科级单位。1987 年 11 月,定西县牧工商公司和养兔服务站合并,成立定西县养兔开发公司,隶属定西县种草养畜服务中心。2001 年 7 月,定西县饲料试验厂与定西县饲草饲料站分离,划归定西县牧工商公司经营管理。2003 年 9 月,定西县牧工商公司更名为定西市安定区牧工商公司。

甘肃陇中通达实业公司

1988年,建成定西县兔肉冷冻厂,隶属定西县城关乡政府。1992年6月,定西县兔肉冷冻厂划归定西县畜牧服务中心,由畜牧服务中心与甘肃省畜牧总公司入股联营。2000年12月,定西县兔肉冷冻厂和甘肃陇中通达实业公司合并为甘肃陇中通达实业公司。2006年3月,定西市中级人民法院裁定甘肃陇中通达实业公司破产;6月,委托兰州国际商品拍卖有限公司将甘肃陇中通达实业公司拍卖。

第二节　畜牧兽医体制改革

改革和完善畜牧兽医管理体制,是促进畜牧业快速发展和保障动物健康及产品质量安全的重要保证。定西县首先从核定机构与人员编制入手,1992年10月,甘机编〔1992〕104号、甘牧字〔1992〕135号文件,核定定西县乡镇畜牧兽医站人员编制数177人。1993、1995年分两批由定西地区行政公署、定西县劳动人事局招聘乡畜牧兽医站集体所有制人员,为县政府财政发工资的聘用制干部。

1995年11月,定西县人民政府决定成立定西县畜牧局,与定西县畜牧服务中心一套人员,两块牌子。

1996年12月,乡镇畜牧兽医站由各乡镇人民政府管理,实行"条块结合,以乡镇管理为主"的管理体制。

1998年4月,县畜牧服务中心职能转变,逐步减少指令性生产计划任务,从微观管理转向宏观指导和技术指导;依靠法律、法规手段保障畜牧业生产健康发展,强化政策法规实施力度;加强技术培训,推广生产实用技术,引导生产者向种养加、产供销、贸工牧一体化方向发展。事业编制,人员25人,直属事业单位有畜牧兽医站、动物检疫站、饲草饲料站、牧工商公司。

2001年1月,根据定劳人发〔2001〕167号文件,对畜牧局机关及下属事业单位专业技术人员、管理人员和工勤人员实行聘用合同制管理,并与干部职工签订聘用合同书。2001年9月,根据定西县人民政府《关于进一步加强乡镇畜牧社会化服务体系建设的通知》,全县乡镇畜牧兽医站,实行竞聘上岗,竞聘上岗人员享受同级同类技术干部的待遇,工资纳入乡财政预算,坚持"以块为主,条块结合"的原则,实行聘用合同制管理。11月,通过个人报名、资格审查、笔试和各类考核等程序竞聘上岗。2002年3月,52名符合竞聘条件的人员签订乡镇畜牧兽医站聘用合同书。6月,通过内设机构和人员编制的调整,改善生产结构和布局,逐步建立以市场调控为主的畜牧业发展机制,做好产业规划,积极争取项目和资金,在农民增收和壮大地方财政收入等方面加大了职能转变。

2005年1月,安定区机构编制委员会实施关于《安定区撤并乡镇和乡镇机构编制调整方案》后,对被撤销乡的所属畜牧兽医站继续保留,作为所并乡镇畜牧兽医站的分站,仍为事业机构。全区19个乡镇畜牧兽医站核定编制103人。2007年7月,重新分类定编,乡镇畜牧兽医站核定编制69人。

2007年1月,畜牧局更名为畜牧兽医局,成为区政府畜牧兽医行政管理机构,主管辖区内的畜牧、兽医、兽药、饲料、饲料添加剂、畜产品安全、草原、水产、水生野生资源保护等工作。整合下属动物防疫、检疫、监督机构、人员及其行政执法职能,组建区动物卫生监督所,为兽医行政执法机构;整合动物防疫、检疫、监督机构、人员及其技术资源,组建区动物疫病预防控制中心,为兽医技术支持机构;整合畜牧兽医技术系统内的畜牧技术推广机构和资源,组建区畜牧技术推广站,加挂区渔业站的牌子,分离兽医工作职能。保留区饲草饲料站,加挂区草原监理站的牌子,草原监理站为草原执法机构,一个机构,两块牌子。保留乡镇或区域内设置的畜牧兽医站,加挂防疫检疫站的牌子,为区级兽医行政管理部门的派出机构,实行区级畜牧兽医局和乡镇政府"条块结合、以条为主"的双重管理体制,剥离兽药饲料经营、诊疗服务等非公益性职能。非公益性人员在畜牧兽医站的领导下开展兽医诊疗、兽药和饲料销售等非公益性的经营工作。建立村级动物防疫体系,在行政村聘用配置村级动物防疫员(兼疫情观察员),原则上按每村1名配置,对工作区域较大、畜禽存栏较多的村可适当增配,全区292个村共配备村级防疫员296名。补贴报酬标准,300户以下的村每人不低于800元,300~500户的村每人不低于1000元,500~800户的村每人不低于1200元,800户以上的村每人不低于2400元。补贴按核定的标准列入区财政预算,同乡镇公用经费一并下拨,由乡镇政府根据防疫员工作情况,实行绩效制,统一发放。全面落实和健全了区、乡、村三级畜牧兽医管理体制。同年10月,中共安定区委组织部与区人事劳动和社会保障局联合发出《关于乡镇畜牧兽医站人事制度改革实施方案的批复》,将乡镇畜牧兽医站机构及岗位设置分为四类:畜牧兽医管理岗、动物及产品检疫岗、动物防疫岗、动物疫病监测预警预报岗。

2008年6月,中共安定区委组织部与区人事劳动和社会保障局联合下发安人劳社发[2008]98号文件,批准区级人员实施竞争上岗聘用制。12月,安定区实施公务员法领导小组办公室批准区动物卫生监督所和区草原监理站为参照公务员法管理的事业单位。至此,新的畜牧兽医管理体制全面建立。

第三节 畜禽饲养

随着市场经济的发展和产业结构调整，全区畜禽品种结构不断得到调整优化，逐渐呈现出役畜减少，商品畜增多；马骡驴减少，奶牛、肉牛、肉羊、肉蛋鸡增多；本地老畜种、老禽种减少，引进杂交优良品种推广普及的新格局。

大家畜养殖

农村市场经济的发展，种植结构的调整，农业机械的推广使用，使大家畜饲养由原来专用的役畜向役肉兼用的商品畜发展，特别是大家畜肉品在国内外市场供需量的增加，价格的不断攀升，使全区在大家畜养殖上发生了大的变化，年出栏量由 2000 年的 1.14 万头(匹)增加到 2009 年的 1.64 万头(匹)，增长 43.86%。退耕还林(草)面积的加大，雨水集流、水窖保水工程的实施，地膜玉米种植面积的扩大，秸秆青贮氨化等饲草加工调制技术的推广应用，为商品化养殖创造了条件。自 2004 年以来，世界银行贷款畜牧综合发展项目实施，使全区肉牛、奶牛发展较快。荷斯坦奶牛养殖，在原定西旱作农业研究中心、区农作物良种繁殖场及凤翔镇东河、友谊、永定等村早期养殖的基础上，发展到以定西国家农业科技园区为繁育中心，建成定西市陇源乳业科技有限责任公司、定西育强牧业有限公司两个千头奶牛养殖场和定西伊兰纯牛业有限公司千头肉牛场，辐射带动内官营、巉口、宁远、李家堡等乡镇的 330 多家养牛户的发展。牛的存栏量 2009 年达到 2.28 万头，占大家畜的 30.48%；出栏 0.75 万头，出栏率 32.89%。以秦川牛为主的杂种母牛，用西门塔尔、海福特、利木辛等良种牛的冻精配种的普遍推广应用，使养殖品种质量得到明显提高。

定西伊兰纯牛业有限公司西蒙塔尔牛育肥养殖场

猪的养殖

随着市场经济的发展,养殖观念、条件方式和品种都出现彻底的转变。在猪的养殖上,首先是养殖条件由原来的"地坑"、"崖窑"做圈,转变为规范化塑料暖棚圈舍;饲喂方式由"吊架子"转变为"直线育肥";品种由脂肪型黑猪转变为瘦肉型白猪;养殖规模由一家一户养过年猪转变为规模商品猪养殖;饲料由粗糠秕粮食和下脚料转变为混合全价配合饲料;疫病防治由春秋两季防疫转变为常年按程序免疫;出栏由养"隔年猪"变为养四五个月就出栏。

1986年,猪存栏16.2040万头,出栏13.8228万头,出栏率85.3%。1990年,出现规模养猪户。1993年,全县农户基本普及冬季塑料暖棚养殖。1996年,投放生猪贷款130多万元,选择各乡镇42户农户,成为万头瘦肉型仔猪繁殖育肥户。规模养殖户又带动农户发展建成127户瘦肉型仔猪供应育肥体系,年提供优良仔猪2.5万头,向市场供应育肥猪4万多头,担负起全县仔猪繁育和商品育肥猪的供应。养殖户采用良舍、良种、良料、良法、良医的"五良"配套技术进行科学饲养,全县各乡镇

生猪养殖场

由原来养黑猪逐步转变为养白猪,脂肪型猪变成瘦肉型猪,饲养量大幅增加,1999年存栏19.63万头,户均2.24头,出栏率达到96.68%。

2006年,政府出资对繁殖母猪实行补助养殖措施,每头年补贴资金50元,并实施母猪保险,病死后由保险部门予以赔偿,调动了农户养猪的积极性。2009年底,猪存栏13.6万头,出栏13.4万头,出栏率98.53%。

羊的养殖

1986—1990年,定西县多次引进新疆细毛种羊和甘肃高山细毛羊,达1.1254万只,重点投放到水草料较为充足的西南部13个乡镇。1991年,细毛羊及改良羊存栏7.39万只,占绵羊总数的40.36%。1996年,县财政筹资60多万元扶持养羊业,全县基本普及了良种小尾寒羊与寒蒙改良羊。从2004年开始,又引进国外专

用肉羊无角道赛特、萨福克、波德代、瑞德欧、特克塞尔等优良品种,全面开展肉羊繁殖改良。结合退耕还林(草),大力推广舍饲养殖和圈舍规范化建设,配套发

小尾寒羊养殖

展肉羊生产。截至2006年,累计新建规范化暖棚圈舍6.36万间,养羊54.85万只,发展肉羊规模养殖户680户,饲养量累计达6.12万只。并在西川园区和9个乡镇建立30个养殖小区,带动和促进舍饲养羊业发展,出栏量由2000年的9.04万只提高到2009年的15.87万只,净增6.8万只,增长75.55%;年产肉量由0.1356万吨,提高到0.1972万吨,增长45.46%。2010年,羊存栏发展到12.16万只,比2006年增长12.8%。

鸡的养殖

安定区农村养鸡的传统习惯,每家饲养三五只或七八只,属于附带性养鸡。饲养方法简单,品种多是土种鸡,一只鸡年产蛋120枚左右。随着市场经济的发展,养鸡专业户不断涌现,养鸡技术迅速提高。农村出现了保温鸡舍和塑料大棚养鸡,城郊及部分乡镇广泛应用多层阶梯式笼养鸡、电热育雏和电孵鸡等集约化养鸡。呈现出普遍饲养优良品种,使用配合饲料养鸡的格局,每只母鸡产蛋量年

蛋鸡场

均上升到200~250枚。2009年,全区已有规模养鸡户224户,普遍养鸡500至1000多只,部分达到3万只以上。鲁家沟镇太平村形成初具规模的养殖小区,并成立了养鸡协会,实行统一供鸡苗、统一配送饲料、统一疫病防治、统一产品销售、统一管理、分户饲养,提高了劳动生产率和经营效益,全村户

均年收入 1.2 万元。2007 年,禽蛋产品通过农业部无公害产品认证。2009 年,成立了太平村盛大畜禽养殖有限责任公司,并申请注册了"鲁太缘"牌小鸡蛋商标。

兔的养殖

1986 年,县政府筹措资金,大批量购进皮肉兼用兔。全县购进大耳兔、青紫蓝兔等 11 个品种的良种兔 4.54 万只, 建起了定西县种兔繁殖场和兔肉冷冻厂,实行以场带村,以村带户,促进了全县养兔业的发展。1987 年,全县 25 个乡镇的 2254 个生产合作社有 13100 户农家养兔,肉兔饲养量达到 29.9559 万只,建起各式兔舍 16400 多座。后来,由于销路不畅而停养。 2003 年以来,定西国家农业科技园区管委会和中国农技协兔业发展中心示范推广獭兔养殖,成立了定西市安定区养兔合作

养兔场

社,在合作社的引导支持和带动下,发展以獭兔为主的养殖户 300 多户,存栏 4 万多只,养兔业又出现新的生机。

　　附:农业总产值、种植业产值与畜牧业产值对照表。

1986—2010 年安定区(定西县)农业总产值、种植业产值与畜牧业产值对照表

表 8-5-1　　　　　　　　　　　　　　　　　　　　　　　　单位:万元、%、元

项目 年份	农业总产值	种植业产值	占	牧业产值	占	种植业/畜牧业	人均总收入	人均种植业收入	占	人均牧业收入	占
1986	12507.39	6867.39	54.91	3173.72	25.37	2.16:1	295.06	216.54	73.39	75.13	25.47
1987	13000.54	6867.01	52.82	3296.03	25.35	2.08:1	273.82	162.45	59.33	61.09	22.31
1988	13818.76	5822.69	42.14	4817.34	34.86	1.21:1	313.91	152.98	48.73	87.80	27.97
1989	14332.80	6054.90	42.25	5090.3	35.52	1.19:1	343.98	187.55	54.52	90.49	26.31

续表 8-5-1 单位:万元、%、元

项目 年份	农业 总产值	种植业 产值	占	牧业 产值	占	种植 业/ 畜牧 业	人均 总收入	人均 种植业 收入	占	人均 牧业 收入	占
1990	19657.99	9978.17	50.76	5796.62	29.49	1.72:1	357.34	218.08	61.03	90.74	25.39
1991	21170.50	10111.69	47.76	6801.42	32.13	1.47:1	442.73	269.15	60.79	116.61	26.34
1992	22502.63	9830.98	43.69	8013.69	35.61	1.23:1	450.00	256.00	56.89	13.00	2.89
1993	25476.8	15939.91	62.57	8001.2	31.41	1.99:1	534.72	316.48	59.19	151.31	28.30
1994	40732.11	21515.17	52.82	18790.83	46.13	1.15:1	1047.38	553.10	52.81	490.41	46.82
1995	38699.42	22018.26	56.90	15939.65	41.19	1.38:1	1003.98	567.47	56.52	422.67	42.10
1996	55303.94	37375.12	67.58	17384.03	31.43	2.15:1	1352.00	1074.00	79.44	214.00	15.83
1997	55277.96	34039.61	61.58	20560.59	37.19	1.28:1	920.00	515.00	55.98	260.00	28.26
1998	62074.24	41765.25	67.28	19651.19	31.66	2.13:1	1094.00	764.00	69.84	245.00	22.39
1999	63885.14	44675.59	69.93	18007.33	28.19	2.48:1	1110.00	851.00	76.67	178.00	16.04
2000	55455.34	42745.45	77.08	11308.86	20.39	3.78:1	1114.00	693.00	62.21	227.00	20.38
2001	58703.25	45748.27	77.93	11762.77	20.04	3.89:1	1214.00	775.00	63.84	253.00	20.84
2002	63228.32	47114.68	74.52	13052.13	20.64	3.61:1	1240.00	801.00	64.60	215.00	17.34
2003	71287.16	49506.72	69.45	13628.03	19.12	3.63:1	1324.00	919.00	69.41	214.00	16.16
2004	75427.93	52792.31	69.99	17179.55	22.78	3.07:1	1540.00	1086.00	70.52	270.00	17.53
2005	91497.41	58569.32	64.01	19439.85	21.25	3.01:1	1674.00	969.00	57.89	440.00	26.28
2006	101691.95	65266.41	64.18	21317.99	20.96	3.06:1	1624.00	999.00	61.51	410.00	25.25
2007	116443.34	69618.86	59.79	26474.13	22.74	2.63:1	1810.00	1079.00	59.61	546.00	30.17
2008	108838.93	85242.32	78.32	21053.49	19.34	4.05:1	2332.00	1552.00	66.55	603.00	25.86
2009	113816.54	90811.96	79.79	20343.84	20.51	3.89:1	2505.00	1574.00	62.83	764.00	30.50
2010	141694.8	114211.41	80.6	24609.45	17.37	4.64:1	3892.7	2456.16	63.09	529.2	13.59

第四节　畜禽品种改良

畜禽品种引进

牛品种：有新疆杂种黄牛，陕西秦川公牛、母牛，东北黄牛及三河公牛，庆阳早胜牛，安西黄牛，鲁西黄牛，酒泉荷斯坦奶牛，澳大利亚荷斯坦奶牛等，其中秦川牛和荷斯坦奶牛是饲养的主要品种。

驴、马品种：有杂种驴、关中驴，凉州驴；河曲马，黄香沟马，肃南草原役用马等。

猪品种：有内江猪，甘肃黑猪、白猪，杜洛克，大约克，巴克夏，苏联大白猪，长白猪等，其中以杜洛克、大约克、长白猪为主的二、三元杂交猪是饲养的主要品种。

定西育强牧业有限责任公司奶牛养殖场荷斯坦奶牛

羊品种：有蒙古羊，新疆细毛羊，甘肃高山细毛羊，宁夏、靖远滩羊，中卫山羊，青山羊，奶山羊，山东小尾寒羊，国外引进品种有无角道赛特、萨福克、波德代、瑞德欧、特克赛尔等，其中小尾寒羊是主要品种。

鸡品种：有来航鸡，北京白鸡，星杂288，罗曼，伊沙褐，黄羽，黄金褐，AA肉鸡，艾维茵肉鸡等。

兔品种：有安哥拉长毛兔，獭兔，青紫蓝，大耳兔，中国白兔，哈白兔等。

西蒙塔尔牛

畜种改良

牛种改良

1985年，香泉、内官营两乡镇建立了黄牛冷冻精液配种点，当年授配母牛229

头,翌年产活犊牛 143 头,受胎率 62%。1989 年,25 个乡镇均建立黄牛冻精配种点。1993 年,以秦川牛、西门塔尔、海福特、利木辛等为主的杂种改良牛已达到 1.181 万头,改良率达到 59%。同时,开展了"增肉剂"育肥和"畜大壮"牛耳埋植育肥及冬季塑料暖棚养牛等技术的推广。据测定,"畜大壮"埋植育肥 90 天,牛体重可增加 15%~20%;冬季用塑料暖棚养育肥牛,比敞棚养牛每头平均增重 17.04 千克。1994 年,由于冻配补助经费的压缩,仅有三个乡镇的冻配点维持工作。2004 年,安

杂交改良肉牛

定区利用世界银行贷款畜牧综合发展项目,发展奶牛和肉羊养殖,促进了此项工作的开展。2006 年,区畜牧兽医工作站又重新组建开展了冻精配种业务,培训业务人员,建立乡镇畜牧兽医站授配点 22 个,又使牛种改良步入正轨。

黄牛改良及产肉性能对比表

表 8-5-2

单位:月、厘米、千克、%

品 种	月龄	体　高		体　长		胸　围		管　围		体　重		胴体重		屠宰率	
			与本地牛对比(±)		与本地牛对比(±)		与本地牛对比(±)		与本地牛对比(±)		与本地牛对比(±)		与本地牛对比(±)		与本地牛对比(±)
秦川牛	18	136.5	+24.5	158.3	+35.8	182	+36	18.6	+2.7	438	+194	245.3	125.2	56	+6
肉×秦杂	18	124.5	+12.5	135	+12.5	159	+13	16.4	+0.5	280	+36	142	+21.9	55	+5
蒙古牛	19	112.4	+0.4	132	+9.5	161.8	+15.8	15.4	-0.5	264	+20	123.4	+3.3	51	+1
土种牛	19	112		122.5		146		15.9		244		120.1		50	

绵羊改良

1987 年, 定西县被甘肃省畜牧厅绵羊改良项目《河东百万只细毛羊杂交改

特克塞尔与小尾寒羊的杂交后代

萨福克肉羊

良》课题组列为重点发展区域，当年授配母羊 2.6143 万只，繁活细毛及改良羊 9086 只。至 1991 年，全县存栏细毛及改良羊 73914 只，占绵羊总数的 40.36%。随着羊产品市场销售的变化，农户首先自发引进山东鲁西高腿寒羊进行试养，1994 年，县业务部门开始有组织地较大数量地引进。1996 年，定西县人民政府筹措周转资金 60 万元，引进小尾寒羊 614 只，投放到 6 个乡 19 个村 243 户农家中饲养。2003 年，小尾寒羊存栏达到 0.632 万只，良种及改良羊已达到 6.6 万只，占绵羊存栏总数的 48.28%。2006 年，小尾寒羊及改良羊存栏 8.1744 万只，占绵羊总数 75.83%。

绵羊及改良后代生产性能对比表

表 8-5-3　　　　　　　　　　　　　　　　　　　　　　　单位:月、厘米、千克、%

品种	月龄	体高		体长		体重		胴体重		屠宰率		产毛量	
			与本地羊对比(±)		与本地羊对比(±)		与本地羊对比(±)		与本地羊对比(±)		与本地羊对比(±)		与本地羊对比(±)
小尾寒羊	成年	86.2	+29.2	86.5	+27.5	78	+47	35.88	+21.31	46	−1	2.1	+0.4
特克赛尔	成年	70	+13	71.8	+12.8	79.5	+48.5	41.34	+26.77	52	+5	3	+1.3
萨福克	成年	69	+12	78.6	+19.6	78.5	+47.5	40.82	+26.25	52	+5	3.5	+1.8
无角道塞特	成年	67	+10	81.5	+22.5	74	+43	39.2	+24.63	53	+6	2.5	+0.8
寒×蒙 F₁	成年	69.5	+12.5	70.3	+11.3	40	+9	18.8	+4.23	47	0	1.9	+0.2
特×寒	成年	78	+21	78.5	+19.5	75	+44	37.5	+22.93	50	+3	2.6	+0.9
萨×寒	成年	75	+18	80	+21	76	+45	38	+23.43	49.5	+2.5	3	+1.3
道×寒	成年	78	+21	78.5	+19.5	75	+44	37.5	+22.93	50	+3	2.6	+0.9
本地蒙古羊	成年	57		59		31		14.57		47		1.7	

猪种改良

1996年,县畜牧局与县农业银行联系,发放养猪贷款130多万元,投放到定西县内官营、西寨、凤翔、巉口等乡镇,建成定西县万头瘦肉型仔猪繁育体系,普及了瘦肉型白猪的养殖。

进入21世纪后,提倡饲养大约克、长白猪、杜洛克等二、三元杂交繁殖母猪和杂交一代商品猪,使猪种改良出现新转机。通过多项科技研究、试验、示范、推广应用项目,总结了大量的疾病诊治经验,获得了部分猪种改良的科学数据和资料,使猪种改良后生产性能发生了明显变化。

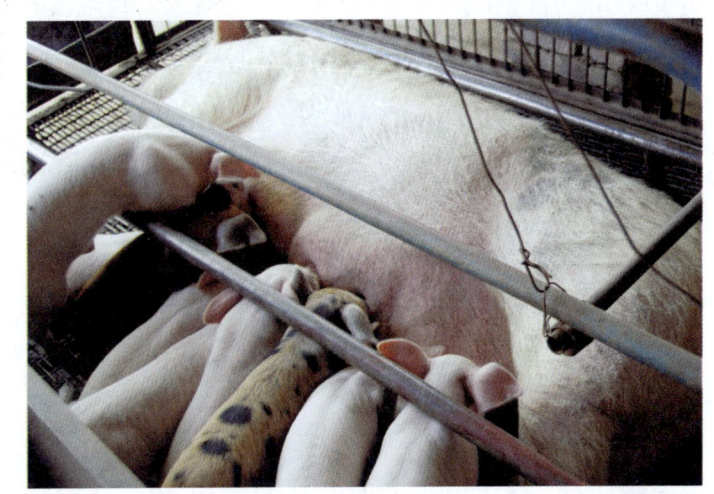

猪种改良

猪种杂交及生产性能对比表

表 8-5-4

单位:月、只、克、千克、%

项目	月龄	窝产仔数		窝断奶数		日增重		体重		胴体重		屠宰率		瘦肉率	
			与本地猪对比(±)		与本地猪对比(±)		与本地猪对比(±)		与本地猪对比(±)		与本地猪对比(±)		与本地猪对比(±)		与本地猪对比(±)
杜洛克	6	14	+6	14	+6	620	+100	89.6	+14.6	63.2	+7.9	71.3	+11.3	61.4	+4.4
大约克	6	14	+6	14	+6	650	+130	91.03	+16.03	65.5	+10.2	72.18	+12.18	60.7	+3.7
长 白	6	12	+4	12	+4	645	+125	90	+15	60.3	+5	67	+7	65	+8
双肌臀	6	15	+7	14	+6	670	+150	100	+25	72.1	+16.8	75	+15	78	+21
甘 白	7	10	+2	10	+2	540	+20	86	+11	55.9	+0.6	65	+5	59	+2
甘 黑	7	10	+2	9	+1	528	+8	86	+11	55.9	+0.6	65	+5	59	+2
长×大	5.5	11	+3	11	+3	649	+129	91	+16	63.7	+8.4	70	+10	62	+5
本地内江猪	7	8		8		520		75		55.3		60		57	

鸡、兔的引种

全区没有大型雏鸡原种场,千家万户散养的良种雏鸡均由市场提供;集中笼养鸡的农户,大部分雏鸡从兰州、天水、陇西、临洮等地的良种鸡场分期分批购入。

1986年，县政府在全县推动大养皮肉兔，并多次向陇东、兰州、榆中、临洮等地取经考察学习。1987年，成立了定西县养兔服务站，负责兔种的引进推广。至1990年，全县共引进大耳兔、青紫蓝等皮肉兔11个品种、4.54万只。

獭 兔

2000年前后，定西国家农业科技园区的部分养殖户又从山东等地购进皮肉兔饲养，由于国内没有形成兔产品加工、销售生产链，致使产品滞销而停办。2004年后，引进獭兔，在凤翔、巉口、鲁家沟、白碌、石峡湾、李家堡等乡镇定户饲养。

第五节　饲草饲料

安定区饲草饲料主要来源于天然草场、人工种草、农作物秸秆及衣壳、农产品加工副料、饲用籽实类、块根块茎类及其加工副产品等。

天然牧草

全区有可利用天然草场108.79万亩。牧草草种以禾本科、菊科、藜科、莎草科植物为主，其次有豆科、蒺藜科、蓼科、瑞香科、毛茛科等。干旱草地类分布在北部5个乡镇的49个行政村，有草地76.01万亩，占全区总草地面积的52.81%。主要植物为本氏针茅、短花针茅、赖草、

天然牧场　摄于杏园乡牛营村蟾牟山

冷蒿、艾蒿、铁杆蒿、锦鸡儿、骆驼蓬、小黄菊、芨芨草、萎陵菜等,亩产青干草31~34千克,为三等八级草地。湿润草地类分布在全区东、南、中、西部的15个乡镇的228个行政村,草场面积54.71万亩,占全区总草场面积的33.55%。主要草种为本氏针茅、冷蒿、无茎萎陵菜、野棉花、茵陈蒿、细叶鸢尾、冰草百里香以及多种蒿类和菊类。亩产青干草58~65千克,为二等八级草地。草原化草甸类分布在高峰乡和内官营镇、香泉镇、杏园乡的29个行政村。草场面积22.29万亩,占全区总草场面积的13.64%。主要为冷蒿、无茎萎陵菜、地椒、扁穗冰草、阿尔泰紫苑等,草质较好,为二等七级草场。

人工种草

1994年,以紫花苜蓿为主的多年生牧草留床面积达60.90万亩,累计种草92.8万亩,品种扩大到20多种。至2009年,人工种草面积达到61.04万亩,其中多年生牧草55.2万亩,一年生牧草及农田复种、套种青绿鲜草6.84万亩,年产青干草24959万

紫花苜蓿

吨。种植的豆科牧草有紫花苜蓿、红豆草、沙打旺、红三叶、草木樨、毛苕子、箭舌豌豆。种植的禾本科牧草有无芒雀麦、老芒麦、披碱草、黑麦草、苏丹草、猫尾草、燕麦、草高粱、黑谷子、旱稻子等。

农作物秸秆及衣壳

是饲养畜禽的主导性饲草。禾本科类以小麦、大麦、青稞、莜麦、玉米、燕麦、糜谷草衣为主;豆科类有豌豆、蚕豆、扁豆、三棱豆、箭舌豌豆等秸秆衣壳。

红豆草

农作物秸秆、秕壳品种及产量统计表(摘年)

表 8-5-5 单位:万吨

项目	总产草量	可利用量	夏收作物秸秆			秋收作物秸秆						油料秕壳
			合计	小麦	豆类	合计	玉米	糜子	谷子	洋芋蔓	其他	
2004 年	18420.94	14528.60	8064.71	4014.56	4050.15	8917.73	682.7	583.4	1395.9	5054.81	1200.92	1438.5
2005 年	16796.52	13501.99	3431.84	1874.6	1557.24	11498.48	804.9	524.6	1428.7	6513.80	2226.48	1863.2
2006 年	14219.88	10664.91	2447.72	1963.5	484.22	9742.58	1193.52	63.05	105.14	7351	1029.87	2029.58
三年平均	16478.12	12898.50	4648.09	2617.55	2030.54	10052.94	893.71	390.35	976.58	6306.54	1485.76	1777.09

农产品加工副料

包括磨粉、碾米、榨油、酿造的下脚料,主要有麸皮、糠类、油渣、糟渣等。

农产品加工副料及常用块根、籽实饲料产量(摘年)

表 8-5-6

项目	总产量	麦麸	其他糠麸	油饼	其 中		块根块茎及加工副产品	籽实类
					胡麻饼	菜籽饼		
2004 年	3800.91	296.49	308.22	391.55	390.64	0.91	2198.9	605.75
2005 年	4420.15	396.51	275.12	289.17	282.42	0.75	2725.08	740.27
2006 年	4109.71	346.50	291.67	336.54	336.50	0.035	2461.99	673.01
三年平均	4110.26	346.50	291.67	339.09	336.52	0.57	2461.99	673.01

饲用谷物籽实

包括禾谷类和豆类,农户用的饲料都是从每年产的粮食作物中提留。禾谷类籽实作为饲料的品种主要有玉米、大麦、青稞、旱稻子、秕麦子、糜谷等,是饲喂各类畜禽的主要精料。豆类籽实用作饲料的主要品种有豌豆、蚕豆、箭舌豌豆、三棱豆等。

块根块茎及其加工副产品

主要有马铃薯、菊芋、甜菜、胡萝卜、包菜及其糟渣。至 2009 年,全区有各类主、兼业饲料加工机械 2.29 万台(套),拥有动力 17 万千瓦时,建成小型配(混)合饲料、粗饲料加工点 3450 个。

2009 年,全区各类饲草饲料总产量约为 52977.74 万吨,其中,天然草场年产青干草约 7430.36 万吨,占总产量 14.03%;人工种草年产青干草 24959 万吨,占总产量 47.11%;农作物秸秆及衣壳年产量 16478.12 万吨,占总产量 31.10%;糠麸类产量 638.17 万吨,占总产量 1.20%;油渣类产量 337.09 万吨,占总产量 0.64%;粮食作物籽实类饲料 673.01 万吨,占总产量 1.27%;以马铃薯、甜菜、胡萝卜为主的块根块茎类及其加工副产品年产 2461.99 万吨,占总产量 4.65%。

第六节　畜禽及其产品安全

全区的动物防疫及畜产品安全始终按照目标管理责任制的基本要求,坚持"加强领导、密切配合,依靠科学、依法防治,群防群控、果断处置"的工作方针,围绕"防疫保健、安全提质"这一中心,大抓重大动物疫病防控和畜禽及其产品质量安全监管,全区牲畜 W 病、禽流感等重大动物疫病免疫密度均达 100%,上市肉品定点屠宰检疫率达 100%。大家畜、猪羊、鸡因病死亡率分别控制在 1%、3% 和 13%的目标之内,实现了"有疫不流行、有病不成灾"的防治目标。

动物疫病防治

2000 年,县上对基层畜牧兽医人员进行了用人机制改革,加强防检疫队伍建设,定编、定岗,双向选择,竞聘上岗,优化动物防检疫队伍。注重疫病和疫情信息报告监测,对禽流感疫苗免疫抗体监测 1800 余份,口蹄疫疫苗免疫抗体监测猪、牛、羊 450 份。2006 年 4 月,区政府先后成立安定区防治牲畜口蹄疫指挥部、安定区防治高致病性禽流感领导小组和安定区防治重大动物疫病指挥部。2007 年 1 月,区政府在完成行政村聘用配置村级动物防疫员(兼疫情观察员)工作的同时,制定了《安定区重大动物疫病防治应急预案》,严格了疫情报告制度,健全了疫情报告网络。一旦发现重大动物疫情,立即到现场调查核实疫病疫情,上报区指挥部

畜牧技术人员听诊检查检测疫病

讨论决定防治方案。

在传染病免疫及寄生虫病防治上,1986年,动物免疫种类在原有的基础上增加了羊痘、兔瘟的免疫接种。1990年,增加了鸡马立克氏病、鸡传染性支气管炎、传染性喉气管炎的免疫接种,加强了对牲畜口蹄疫的免疫预防接种工作。2000年以后,加大了对兔大肠杆菌病、魏氏梭菌病、巴氏杆菌病、禽流感的免疫预防。据统计,1990—2006年,免疫接种鸡马立克氏菌1091.39万只(次),免疫接种牛口蹄疫疫苗32.69万头(次),接种猪219.12万头(次)、接种羊233.06万只(次)。1993~2006年,接种仔猪副伤寒苗409.02万头(次)。1999—2006年,免疫接种鸡传染性支气管炎、鸡传染性喉气管炎525.01万只(次)。2000—2006年,分别接种兔大肠杆菌苗、兔魏氏梭菌苗、兔巴氏杆菌苗44.16万只(次)、41.06万只(次)、41.06万只(次)。2005—2006年,免疫接种禽流感苗264.82万只(次)。基本上扑灭了猪吸虫病、猪旋毛虫病、牛皮蝇蛆等病,有效地控制了肝片吸虫病、脑包虫等病。

动物检疫

1987年7月,成立定西县动物检疫站,先后开展了产地检疫、定点屠宰检疫、公路运输检疫、市场销售检疫等环节的动物及其产品的检疫。截至2006年,共检疫各类活畜禽490.53万头(只、匹),检出病害动物10.30万头(只、匹),检出率为2.1%;检疫各类动物产品50551.30吨,检出病害产品445.16吨,检出率为0.88%;消毒圈舍、市场等污染场地3173万平方米,消毒装载动物及其产品的各类车辆5.84万辆,消毒各类皮张304万张。产地检疫从1991年始,公路运输检疫从1989年5月始。动物市场检疫从1983年始,首先在动物交易量较大的城关、内官营、宁远等乡镇集贸市场进行。1985年又扩展到符家川、团结、李家堡、石泉、西巩驿、葛家岔、鲁家沟、巉口、称钩驿、香泉等10个乡镇。同时进行消毒灭源工作,对象主要是被患病动物污染的圈舍、场地、饲喂用具、车辆、道路、工作人员的穿戴用具,患病动物的排泄物、分泌物,掩埋病死动物的场地等。消毒药品

屠宰场检验合格肉品

主要有强力消毒灵、烧碱、84消毒液、菌毒敌、0.1%的过氧乙酸、来苏尔等。截至2006年12月,累计消毒交易场地730.3万平方米,消毒各类圈舍2443万平方米。

第七节 畜牧技术推广

从1986年开始,全区广泛开展畜牧兽医科技研究、试验,共示范推广80多个项目,有44项获得区级以上奖励,其中8项获农业部农牧渔业丰收二、三等奖。

1992—1994年,推广应用《千万头只畜禽塑料暖棚综合养殖技术》。示范推广期,育肥猪日增重提高128.84克,仔猪成活率提高12.12%;蛋鸡产蛋率提高11.01%,育雏成活率提高14.74%;细毛羊及杂种羊只均体重、产毛量分别提高3.92千克和0.43千克,母羊产羔成活率提高13.93%;育肥牛头均增重17.04千克。该项技术成果荣获农业部农牧渔业丰收二等奖。

1995—1997年,推广应用《农户畜禽规模养殖综合技术》。示范推广期,各类畜禽规模养殖户发展到6300户,饲养畜禽总量达82.6万头(只),出栏商品畜42.93万头(只),新增肉类总产量1546.89吨,禽蛋1612.40吨。该项技术成果荣获农业部农牧渔业丰收三等奖。

1997—1998年,推广应用《万头良种仔猪繁育点建设》。示范推广期,建立良种仔猪繁育点40个,完成标准化猪舍343间,母猪产仔舍1500平方米,装备母猪产仔床98付,仔猪培育床20付;引进、选留瘦肉型杜洛克、长白、大约克等种公猪52头,长白、大约克、长大、大长等母猪685头,两年累计生产二、三元瘦肉型良种仔猪1.74万头。该项技术成果荣获定西地区科技进步二等奖。推广应用《仔猪早期补饲培育技术》。完成仔猪补饲培育10.86万头,60日龄平均个体活重达到17.85千克,头均增加5.41千克。该项技术成果荣获甘肃省畜牧局科技进步三等奖。推广应用《肉羊杂交改良生产试验研究与示范推广》。累计生产边寒、边细等肉用杂交羔羊1220只,8月龄出栏体重达40.5千克,胴体重19.8千克,胴体重增加9.8千克;推广地方品种杂交育肥羔羊2.32万只,胴体重平均增加7.31千克。该项技术成果荣获甘肃省畜牧局科技进步二等奖。

1997—1999年,推广应用《畜禽规范化圈舍改建及配套技术》。累计改建各类规范化圈舍19184间,面积33.4万平方米。其中牛舍750间,面积3万平方米;羊舍1943间,面积5.9万平方米;猪舍15429间,面积20.9万平方米。饲养各类畜禽34.88万头(只),其中牛0.71万头,羊7.56万只,猪12.99万头,鸡13.62万只。该项技术成果荣获定西地区科技进步二等奖。

1999—2001 年,推广应用《良种肉羊配套增产技术》。项目期组织生产 6～8 月龄肉用杂种肥羔 3.13 万只,新增产值 725.44 万元,新增纯收益 248.02 万元,新增羊肉 18.91 万千克。该项技术成果荣获甘肃省畜牧局科技进步二等奖。

2000—2003 年,推广应用《陇中黄土丘陵沟壑区退耕还林草畜 转化模式试验示范》。全县共完成退耕还林 34.3 万亩,种草 24.2 万亩(2006 年底全区紫花苜蓿留床面积 54 万亩),其中收草田 18.7 万亩,改种田 5.5 万亩。项目实施期内累计产青干草 8350 万千克,可饲养 204 万个羊单位,产优质牧草种子 93 万千克。该项技术成果荣获定西地区科技进步三等奖。

2001—2003 年,推广应用《优质皮肉兔高产配套技术》。示范推广期发展皮肉兔养殖示范点 6 个,示范场(户)85 个,引进推广良种皮肉兔 5.2 万只,其中优质肉兔 4.0 万只,獭兔 1.2 万只,推广出栏商品肉兔 16 万只,生产优质獭兔皮 1.2 万张。该项技术成果荣获甘肃省农牧渔业丰收三等奖。

2004—2010 年,推广应用畜禽规范化圈舍建造技术、设施畜牧集成技术 、水库塘坝渔业技术、青贮氨化技术。各乡镇建立玉米秸秆青贮利用示范点,应用"三贮一化"技术,仅 2009 年,完成 38 个秸秆转化利用示范点建设,配套改建圈舍 9029 间,建沼气池 9029 个。推广应用肉牛杂交优势利用及规模化综合配套技术(荣获甘肃省农牧渔业丰收一等奖),干旱半干旱区肉羊引进杂交配套技术(荣获甘肃省农牧渔业丰收三等奖),优质肉羊产业化生产配套技术(荣获甘肃省农牧渔业丰收一等奖),干旱半干旱区奶牛饲养管理技术(荣获甘肃省农牧渔业丰收二等奖),牛冻精配种改良技术,绵羊常温人工授精技术,猪常温人工授精技术,生物发酵床养猪技术等项目。并推广应用动物疫病综合防治技术,以防治重大动物疫病为重点,为规模养殖场、养殖小区和养殖大户制定程序化免疫方案,印发科学养殖资料,保障了千家万户的畜禽安全,避免了动物重大疫情事故的发生。

第八节　畜牧重点项目

动物防疫冷链体系建设项目

项目建设期 2 年(2001—2002 年),是部列项目。项目计划资金 71.938 万元,实际完成71.9496 万元,其中中央财政投资 61.938 万元,地方配套 10 万元。新建实验楼(三层)一栋,其中实验室两层 128.36 平方米,疫菌苗藏贮室 20 平方米,配电室及防检监专用车库 106.20 平方米;改建动物防疫药品冷藏库一处。省统配设备有电子分析天平等 102 台(套),自购显微镜等 18 台(套)。该项目于 2004 年验收投入使用。通过项目实施,解决了乡村两级防疫药品存放和携带难的问题,全面开展了对各类畜禽产品的检测与监测。

世界银行贷款畜牧综合发展项目

项目建设期为6年,从2004年开始,到2009年结束,还款期为20年。项目投资3528万元,其中,世界银行贷款2352万元,国内配套1176万元。实施六年来,累计完成投资3845.76万元,其中世行贷款2180.57万元,国内配套1665.19万元。新建中型商品肉羊繁育户14户,肉羊配种站3个,肉羊养殖农户770户,其中200只规模肉羊育肥户50户,120只规模肉羊育肥户50户;100头奶牛场2个,奶牛人工授精站1个,兽医站1个,2头以上养殖户281户,5头以上养殖户30户,10头以上养殖户24户;集中收奶站1个,挤奶站2个;累计完成各类技术培训24649人(次),其中,国外培训3人(次),国内培训15人(次),省内培训101人(次),区内培训1380人(次),乡镇培训1050人(次),培训农民22100人(次)。开展国内技术援助6人(次);建立区级项目管理机构1个,乡级项目管理机构4个。项目累计覆盖14个乡镇、30个村、1229家农户。

全球环境基金(GEF)项目

项目建设期6年,2004年开始,2009年结束。项目投资280.70万元,其中GEF(中国加拿大动物健康服务项目)赠款220.99万元,国内配套59.71万元。实施六年来,累计完成投资271.46万元,其中GEF赠款237.97万元,国内配套33.49万元。建立草原固定监测点4个,防治草原鼠虫害3000亩;建成多年生或一年生人工饲草料地7300亩,草原围栏1700亩。修建青贮池20个,沼气池30个;购置投放铡草机170台,割草机40台,粉碎机5台,太阳灶120台,肉用种羊35只。累计完成各类技术培训10241人(次),其中,国外培训2人(次),国内培训6人(次),省级培训10人(次),区级培训140人(次),乡级培训407人(次),培训农民9676人(次);结合农民培训开展畜牧技术小型试验研究12项;中小学生环境教育3期、受教育学生达300人(次)。

中加可持续农业发展项目(二期)

项目2005年开始2009年结束。实施期开展了以草山草坡保护与利用、畜牧业生产、农业保护性耕作、节水农业、农村能源生态沼气建设、国内外科研合作等为主要内容的技术培训活动。

共完成各类技术培训61期、917人(次),其中,国外培训5期5人(次),国内培训21期31人(次),省级培训9期42人(次),区乡培训9期263人(次),农民培训17期576人(次)。

中加动物健康推广服务项目

该项目2006年开始2011年结束。以引进加拿大在动物健康领域的先进技术、经验和牲畜饲养管理模式为宗旨,实施5年来,完成各类培训51期1206人(次),其中,国外培训2期2人(次),国内培训10期21人(次),省级培训18期46人(次),区乡两级及农民培训21期1137人(次)。

乡镇畜牧兽医站基础设施建设项目

项目实施期为2006年12月—2009年6月,总投资244.2万元,其中,国家投资212.37万元、地方配套31.83万元。完成新建站13个,改建站6个,每个乡站占地面积在500~1000平方米,建设办公室3间、实验室3间、库房1间、厕所1间。配备实验、动物防检疫、电脑、传真等常用仪器设备共855台(套)。19个乡镇畜牧兽医站基础设施建设共投资285.79万元,其中,中央投资212.27万元,地方配套73.42万元。同时,建设动物诊疗室19间405.67平方米,冻配室和操作室各34间401.61平方米,配备冻配设备810台(套)。

动物检疫监督设施建设项目

项目建设期1年(2008—2009年),属部列项目。总投资44万元,完成改建管理用房6间200平方米。配置识读及数据采集设备4台、业务票据打印机2台、执法监督车1辆等,共计79台(套)。建立动物标识和疫病可追溯体系建设试点29个,利用该项目识读及数据采集设备开展免疫猪2428头、牛294头、羊3271只;设置乡镇产地检疫报检点63个,报检各类动物2100头(只),动物产品1.02万公斤,监督检查各类进出境畜禽8400头(匹、只),畜禽产品10.8万公斤,对促进和保障畜牧业发展,维护人民群众健康起到了重要作用。

巩固退耕还林成果项目

2008年,巩固退耕还林成果启动实施项目,省财政厅下达专项资金1112.7万元,规划新建养殖小区40个,建青贮窖1607座,购置发放青贮袋1万条。项目于2010年4月完成,共新建养殖小区40个,其中,奶牛养殖小区3个,每区饲养奶牛 100 头以上;肉牛场 6 个,每区存栏基础母牛 100 头以上;獭兔养殖小区 1 个;肉羊养殖场(小区)30 个,每个场区长年存栏繁殖母羊 200 只以上。建成青贮窖1607 座,其中,5000 立方 6 座,1000 立方 22 座,500 立方 32 座,15 立方 1547 座。购置发放青贮袋 1 万条,投放小型铡草机、大型青贮铡草机、粉碎机、饲料搅拌机等各类加工机械 572 台,完成圈舍改建 9029 间。项目完成投资 2544.71 万元,其中中央专项资金 1534.58 万元。

动物防疫基础设施续建项目

2009 年安定区被甘肃省列为第三批扩大内需县级动物防疫基础设施续建(动物疫病预防控制中心业务用房改建)项目设施区。总投资 60 万元,其中中央财政预算投资 52 万元,地方配套资金 8 万元。实施 1 年,改建业务办公用房 6 间206 平方米,改造疫菌苗贮藏室 1 间 150 平方米,购置冷藏柜等仪器设备 40 台(套)。

第九节 规模化养殖

安定区规模养殖起步于 1990 年,按照"百头规模起步、千头规模发展、万头规模突破"的发展思路,采取"世行贷款帮、贴息贷款扶、良种资金补、规模发展奖"的扶持鼓励措施,截至 2009 年,建成百头奶牛场 3 个,千头奶牛养殖小区 2 个;百头肉牛场 6 个,千头肉牛场 1 个;200 只以上规模肉羊场 30 个;千头仔猪繁育场 7个,万头仔猪繁育场 1 个;20万套肉用种鸡场 1 个,10 万只蛋鸡场 3 个;万只种兔场 1个。在规模养殖场(小区)的辐射带动下,适度规模养殖户达到 1240 户,其中,养猪户 77 户,养牛户 320 户,养羊户 619 户,养鸡户 224 户。

养牛企业

定西市陇源乳业科技有限责任公司,是位于定西国

定西市陇源乳业科技有限公司良种牛繁育场

家农业科技园区的集鲜奶生产与深加工为一体的高效奶牛饲养企业。一期工程存栏奶牛150头，年生产鲜奶800多吨。二期工程奶牛饲养规模1000头以上。

定西育强牧业有限公司奶牛养殖场

定西育强牧业有限公司，是以家畜繁育、品种改良、饲料生产、畜牧技术推广服务等为主营业务的企业。年向社会提供优质奶牛胚胎500枚，母牛犊300头，改良当地奶牛500头，奶牛单产达到5吨以上。

定西伊兰纯牛业有限公司千头肉牛场，位于安定区香泉镇牛羊养殖园区。对商品牛羊进行育肥屠宰加工，肉品分割，形成集繁育、育肥、屠宰、加工为一体的产业链条。年出栏西蒙达尔、夏洛莱等良杂种肉牛3000头，萨福克、陶赛特等杂种肉羊500只，扩繁良种羔羊300只。

巉口镇兴达肉牛繁育场，位于巉口镇赵家铺村，养殖规模达到150头，其中基础母牛50头，出栏西门塔尔育肥牛200头。

定西伊兰纯牛业有限公司肉牛养殖场

养羊企业

甘肃育耕牧业有限公司，位于安定区内官营镇永丰村，是集纯种繁育、杂交生产、收购加工及销售于一体的万只良种肉羊生产基地，年生产杂种肉羊10000只，

甘肃育耕牧业有限公司肉羊养殖场

存栏种羊435只。在商品肉羊生产上采用"科技专家+种羊基地+养殖企业+农户"的模式。

团结镇唐家堡村肉羊标准化养殖小区，由青峰、新隆、兴发3个养殖场组成。青峰、新隆养殖场存栏基础母羊分别达500只以上，兴发养殖场达200余只，小区年出栏肉羊3000多只。

巉口镇赵家铺村巉口聚源肉羊繁育场，存栏基础母羊500只，年生产羔羊2000只。

安定区鲁家沟镇南川村定西兴牧肉羊养殖场，养羊500只，为繁殖、育肥销售于一体的企业。另有史家河社的定西钰鑫养殖场年出栏肉羊达1200只。

巉口镇赵家铺养殖专业村，辖8个社529户2181人，有耕地面积1.37万亩，建成各类标准化圈舍820间，发展养羊304户，存栏肉羊1216只；发展养牛户50户，存栏68头；建成青贮氨化池20个，投放青贮袋240袋，青贮氨化饲料2085吨。通过实施整村推进、农村沼气国债、世行贷款和生态富民工程等项目建设，2009年，全村畜牧业人均纯收入达到720元，占该村农民人均纯收入2800元的25%。

养猪企业

位于安定区内官营镇先锋村的定西西泰养殖有限公司，始建于2007年，占地面积85亩。存栏猪2000头，其中繁殖母猪600头，向社会年提供优质仔猪1万头。2009年，被甘肃省养猪专家组评为甘肃省种猪繁育场，并颁发了省级《种畜生产经营许可证》。

定西西泰养殖有限公司养猪场

养鸡企业

位于安定区巉口镇康家庄村的兰州希望种禽责任有限公司定西分公司,始建于 2008 年,饲养量达 20 万套(公鸡 15 只,母鸡 100 只为百套),年产商品雏鸡 2600 万羽,培养商品代饲养基地户 100 多户。形成"公司提供种鸡、饲料、养殖技术服务,农户筹备场所,分散饲养"的生产模式。

兰州希望畜禽有限公司定西分公司巉口 20 万套种鸡场

安定区鲁家沟镇太平养鸡专业村辖 8 个社 424 户 1737 人。规模养鸡 125 户,养鸡 20 多万只。2009 年,养鸡业总产值达 500 多万元,户均收入 1.2 万元,人均达到 2880 元。

养兔企业

定西华西兔业有限公司位于定西国家农业科技园区,建于 2003 年,年向社会提供优良种兔 1 万只,出栏商品兔 6 万只。以"基地+农户"的模式,从事獭兔良种扩繁、供种、养殖技术指导和产品加工经营为一体。

定西华西兔业有限责任公司养兔场

加工企业

甘肃民祥牧草有限公司成立于 2007 年 9 月,位于定临公路 3.5 公里处,占地 6000 平方米,职工 65 人,建成收购网点 36 个,产品主要有:苜蓿草粉、苜蓿草捆、苜蓿草颗粒。年加工能力达到 2 万吨,产值 3600 多万元,产品主要销往浙江、上海、四川等地。

第六章　劳务输出

第一节　机构与发展

　　1987年，为了适应市场经济变化的新要求，解决建筑基地和建材企业的用工需求，成立了县劳务输出办公室，挂靠在县乡镇企业管理局。从成立至1990年，全县每年有统计的劳务输出人员仅500人左右。1992年，县人民政府劳务工作办公室正式成立，隶属于县政府。开始向兰州、河西、白银及周边的内蒙古、新疆等地发展劳务基地，主要为劳力型输出。至1995年，每年组织劳务输出2000人左右。1996年至2000年，劳务培训工作列入重要议事日程，重点实施中国农村就业促进试点项目，定西县被省委、省政府确定为省中部地区劳务实用技术培训基地。五年期间，培训农村劳动力1.34万人，累计输转农村剩余劳动力12.84万人，劳务基地发展到122个。2003年，安定区在全省率先提出将劳务经济作为一项大产业来培育，劳务产业发展由劳力型向技能型、由无序向有序、由分散单独输转向有组织输转、由单纯的输出挣钱向输出后的回乡创业转化，实现从行业到产业的飞跃。当年5月，定西县人民

2004年1月9日，区委、区政府召开劳务产业工作会议。提出力争通过2—3年的努力，使全区人均从劳务产业中获得的收入达到1000元以上的目标任务

政府劳务工作办公室更名为安定区劳务工作办公室，事业单位，科级建制，内设财务股、办公室、培训股、输转股等四个股室。2005年，新增驻青岛和驻义乌劳务工作站，编制由10人增加到15人。2008年，又新增驻新疆劳务工作站，未增加编制。按照"五子登科"（即换一个脑子，练一副胆子，挣一笔票子，开一个铺子或办一个厂子，走出一条脱贫致富奔小康的新路子）的发展目标，大抓劳务产业。劳动力

技能培训由 2002 年的 0.8 万人增加到 2010 年的 3.16 万人。劳动力输转由 2002年的 5.1 万人增加到 2010 年的 11.1645 万人(次),其中,组织输转由 2002 年的1.8 万人增加到 2010 年的 6.8 万人。劳务收入由 2002 年的 0.9 亿元增加到 2010年的 9.81 亿元。农民人均劳务收入由 2002 年的 233 元增加到 2010 年的 2651元。形成了转移领域由区内向区外转变,转移渠道由单一向多元转变,转移方式由输出向吸纳转变,转移农民由劳力型向技能型、管理型转变,组织形式由无序向有序转变的态势。

第二节　劳务培训

培训基地

1995 年,开始实施中国农村劳动力开发就业试点项目,并于 1998 年成立"甘肃省中部劳务实用技术培训基地"。至 2000 年,结合实施中国农村就业促进试点项目,探索出了"培训+农户创造就业"和"培训就业"两个模式。2004 年,在各乡镇设立劳务站,站长由乡镇长兼任,将劳务产业确定为一把手工程,并配备了专职劳务副站长。在村设立劳务联络员,建立起了区、乡镇、村三级劳务网络。按照"信息搜集、考察宣传、组织招收、技能培训、输送管理"的机制,开展农村劳动力培训工程。2005 年,成立区城乡劳动力技能培训中心,下设职业中专、农业广播电视学校、就业中心、义安职业培训学校 4 个培训基地。并将培训链条向各乡镇延伸,建立了分校,做到场地、人员、设施"三落实"。组建了区劳动力培训协会,下设服装裁剪、美容美发、机械制造、烹饪等四个行业协会。在企业建立实训基地,将螺钉公司、汽车驾驶学校、德胜小汽车修理厂等企业和服务场所作为实训基地。2008年,安定区被国家发改委、人力资源和社会保障部共同组织实施的农村劳动力转移就业服务体系基础设施建设试点项目列为全国20 个、全省 3 个试点项目县

城乡劳动力技能培训中心电动缝纫工实训班

(区)之一,建成1个区级公共就业服务中心和内官营、巉口、李家堡、西巩驿4个乡镇级公共就业服务中心,劳务培训以打造"安定技工"劳务品牌为目标展开。

培训形式

区劳务工作协调领导小组整合劳动保障、劳务、扶贫、计划、科技、职业中专、就业中心、农广校等多方资源,开展劳动力职业技能培训,走"先培训、后就业"的路子。根据用工信息及订单,以订单定专业,以专业定模块,以模块定内容,以内容定时间,充分发挥三大基地作用,坚持"先计划、后培训,先审核、后实施"的原则。在培训形式上采取:针对下岗失业人员有技能特长的特点,免费开展以就业观念转变为主要内容的培训;抓住冬闲时间农民工返乡的有利时机,针对劳动力低学历的实际,开展法律法规、就业形势、务工常识、权益维护、农业实用技术等流动式引导性培训;针对初中及以上文化程度劳动力,依托培训基地,紧盯市场需求,进行订单培训,开展以建筑、机械制造、家政、餐饮、保安、汽车维修、计算机应用、电动缝纫、牛肉拉面等为主的职业技能培训,培训后输往上海高帆服装厂、上海绍兴饭店、上海海东餐饮有限公司、北京马华餐饮有限公司、安徽奇瑞轿车制造厂等多家企业;充分利用企业螺钉公司、远东建筑公司等实训基地现有的生产设备,采取以师带徒方式,创造条件进行储备式培训;针对部分偏远山区乡镇信息不畅的实际,遵循"就地就近、方便群众"的原则,积极筹资17.9万元,购置电动缝纫机150台,在19个乡镇设立以缝纫工为主的流动式培训点,进行就地就近培训。

从2005年起,对"两后生"(高、初中毕业后的学生)全部进行调查摸底,登记造册,配合教育部门编制培训教材8000多份,进行引导性培训,先后有1.2万名学生参加了培训。并积极鼓励民间力量创办培训学校,2006年成立义安培训学校,以实训方式对全区有志于缝纫工作的城乡女青年进行实践操作培训。2008年,成立区现代信息工程职业培训学校,对劳动力进行技能培训。

经过培训的"两后生"输送到上海高凡服装有限公司就业

第三节　劳务基地

80年代开始,随着国家对新疆开发力度的加大,定西县城乡居民自发赴新疆务工,开始搞建筑、进砖厂、包耕地、包砖厂或进生产企业务工。同时,一部分农民先后移居新疆。1992年,县劳务部门有组织地向新疆输送劳动力。根据当时和静工务段(现库尔勒工务段)的用工需求,县劳务办组织输出铁路养护工80名。又与阿克苏工务段(喀什工务段)、奎屯工务段建立了用工关系,组织输送了大批务工人员。经过多年的精诚协作,累计组织输送务工人员4000多人。2000年以来,县

赴疆拾花工集结出发

扶贫办、劳动保障、劳务、就业等相关部门及工青妇组织,为搜集可靠准确的劳务信息,每年组派相关人员前往北京、上海、天津、浙江、山东、新疆、内蒙古等地,对用工单位的生产安全、民工生活和工资待遇等进行实地考察,与用工单位签订协议,建立长期合作关系,广泛搜集整理可靠准确的劳务信息。并按照"巩固老基地、占领新市场、合作讲信誉、提高求质量"的要求,在巩固壮大新疆等地劳务用工基地的基础上,开拓思路,紧盯市场,在主攻东南沿海发达城市餐饮服务、小商品生产加工等二、三产业劳动密集型市场的同时,抢抓国家实施西部大开发、加大西部基础设施建设投资的机遇,在中西部地区开辟新的劳务基地,利用春节后、春耕结束、初高中学生毕业、夏收结束等城乡劳动力大量流动的有利时机,加大宣传和组织力度,协调乡镇劳务机构加大组织输转力度。

拾花工在新疆

2008 年 7 月 20 日,安定区与新疆生产建设兵团劳务洽谈对接会议在定西宾馆举行

2003 年,先后与新疆农二师、农五师生产建设兵团建立了季节性拾花用工合作关系，共发送拾花专列 12 列,累计输出季节性拾花工 3 万多人次;团区委和白碌等乡镇也先后向新疆克拉玛依油田等用工企业输送务工人员 200 多人。

2006 年以来，新建了胜利油田、北京中纺汉东制衣有限公司、北京东城区保安服务公司、天津一汽夏利公司、义乌浪莎袜业、天津天纺集团、兰州铁道设计院、库尔勒工务段、青岛明杰公司等一批劳务基地，形成了以新疆、山东、北京、浙江、天津、上海为龙头，东进西出、南北并举、辐射全国的发展格局。走出了建龙头、拓基地、扩领域，一业为主、多业并举的路子。截至 2010 年,安定区在全国各地开辟了相对集中、用工需求量大、生产生活条件好、工资待遇高的劳务基地 307 个。

2005 年至 2010 年，利用春节期间大量劳动力返乡的有利时机，举办了11 届人力资源推介洽谈会，先后邀请北京、山东、浙江、江苏、广东、福建、天津、山

赴天津天纺集团务工的民工专车

西及省内和区内 600 多家用工企业开展现场招聘，求职人员累计达到 12 万多人(次)。各乡镇(街道)、区直有关单位与用工单位现场签约，建立对接关系，开展长期劳务合作，累计输送城乡劳动力 3.6 万多人(次)。同时,区劳务办编印了 10 万份《安定区城乡劳动力务工培训读本》，进行发放宣传。

2010 年 2 月 25 日,定西·安定 2010'春季人力资源对接洽谈会在安定区就业培训中心召开

第四节 监察维权

根据国务院《关于解决农民工问题的若干意见》,2006年,出台《安定区农民工基本养老保险实施办法》,全区第一批600名在新疆铁路务工的农民工率先享受养老保险和医疗保险。区乡两级劳务机构积极为务工人员提供全方位服务,做好信息、政策咨询等服务。凡组织输送的务工人员,都派专人带队,在考察务工基地的同时,最大限度地回访务工人员,帮助解决遇到的困难和问题。为加强对务工人员的服务与管理,在青岛、义乌和新疆三大基地,分别先后设立了劳务工作站,确定专人常驻基地,全程跟踪服务,既是管理员,又是联络员、信息员,定期通报反馈工作情况,协调用工单位处理解决务工中存在的一些困难和问题,为务工人员提供权益维护、信息咨询服务,加强对用工单位的用工监督,维护了务工人员的合法权益。2004年以来,区劳务办在考察回访各地用工单位和务工人员期间,共协调处理用工纠纷120余起,为36名务工人员协调解决工资和伤残赔偿60余万元。《安定区农民工基本养老保险实施办法》的实施,为农民工的社会保险提供了政策依据。

第五节 综合效益

提升了农民生活质量和水平

截至2010年,全区共输转农村劳动力11.1645万人,创劳务总收入9.81亿元,劳务收入成为许多农民的重要收入来源。巉口、李家堡两镇近两年通过政府组织,60%的富余劳动力在广东东莞、浙江义乌、山东青岛等发达城市从事劳务,人均年收入在2万元以上。青岚、石泉等乡镇近两年主要向胜利油田、新疆铁路、兰州铁道设计院等劳务基地组织输送劳动力,人均年收入达1.8万元以上。

推进了土地适度规模经营

农村劳动力转移使全区4万多亩耕地流转,一批专业种植户,发展马铃薯、蔬菜等特色种植基地20多万亩,吸纳农村富余劳动力1万余人。如高峰乡贡马村六社的一农户,承包他人土地20亩,连同自家的土地共种植马铃薯40亩,收入7.5万元;内官营镇锦屏村一农户,承包他人土地11亩,共种植蔬菜20亩,收入10万元以上。

提高了农民素质

农民进入城镇务工,融入城市生活,增强了市场经济意识,一些人已从最初的"打工族",逐渐成为各行各业的技术骨干和农村经济发展的带头人。西巩驿镇一农户通过打工学到了太阳灶制作技术,返乡办厂创业,目前已在会宁、静宁、通渭、陇西、皋兰等地设立七个太阳灶分厂,产品远销西北各地,年销售量达 5 万台,销售收入达 600 万元以上,安置剩余劳动力 400 余人。新集乡坪塬村一致富党员,通过多年打工,先后在新疆乌鲁木齐承包两个砖厂,每年带出本乡剩余劳动力 230 人,实现年劳务创收 100 余万元。而且致富不忘家乡,2000 年,投资 20 万元兴建了新集乡鑫源市场,占地 2000 多平方米,使 620 户个体工商户入住经营。

聚合了农村经济发展集群产业链

随着国家西部大开发战略的稳步推进以及退耕还林生态建设、旱作高效农业的深入实施,大批务工人员,将技术、资金、资源等外在优势,充分运用到马铃薯、畜草、劳务和旱作农业四大支柱产业发展上,使四大产业相互依存、相互支持、相互促进、共同发展,成为助推全区经济发展的"四套马车"。

马铃薯产业以务工创收的资金为保障,依靠科技,扩充总量,提升质量,在延伸链条、提高农民的组织化程度上,在完善市场体系、提高市场竞争力上大有突破。巉口镇一返乡创业人,开拓马铃薯终端市场,为马铃薯提供产前、产中、产后服务,先后到广州、福州、深圳、上海、杭州等大城市进行调查,宣传介绍全区马铃薯产业的显著优势。并组建了定西东方马铃薯有限公司,招募当地从业人员达 60 余人,有效地解决了当地部分剩余劳动力及下岗失业人员的就业问题,增加了农民收入。宁远镇一返乡创业人员,通过在本村兴办马铃薯加工企业,解决了周围群众的马铃薯销售难问题,安排当地闲散劳动力 300 余人。

畜草产业以务工增收资金作后盾,以富余劳动力发展规模养殖为基础,结合退耕还林和旱作高效农业的全面发展,走出了"种草、养畜、转化、增值"的高效生态畜牧业可持续发展路子。鲁家沟镇太平村的两农户打工回乡后,在当地建起标准化的养鸡场,带动本村发展养鸡业,发展养鸡户 169 户,养鸡 30 万只,养鸡总收入 450 多万元,户均达到 32000 元,全村人均纯收入达 3709 元。正是回乡创业人员的带动,全区建成草畜转化示范点 98 个,辐射带动规模养殖户 3.4 万户。

随着农村劳动力的大量转移,全区近 4 万亩耕地随之流转。流转土地及时转租承包到回乡创业人员手中,他们将务工收入投入到地膜、化肥等农业生产资料中,出现一批种植专业大户。李家堡镇花川村一务工人员,承包他人土地10亩,共种植地膜玉米25亩,年收入5万元。内官营镇锦屏村一农户,承包他人土地11亩,共种植蔬菜20亩,年收入10万元以上。

劳务经济在逐步走上市场化运作之路后,培育锻炼了一大批经验丰富、实力雄厚的劳务经纪能人。他们积极建龙头、拓基地、扩领域,走出了一条一业为主、多业并举的路子。全区有1800多名劳务经纪能人,分头带动周边近2万名农村劳动力走南闯北、务工挣钱,实现了更大范围、更广领域的就业。

加速了农村城镇化建设进程

通过大力发展劳务产业,合理统筹城乡经济发展,加速了如巉口、内官营、李家堡等一批产业密集、商贸发达、承载力强的精品小城镇的发展,从而使以县城为龙头、中心镇为依托的小城镇发展体系初步形成。同时,随着二、三产业的发展,吸引部分务工人员回乡创办各类企业和经营实体,推动了当地经济的发展,又反哺了"打工经济"。据统计,至2010年,全区有1200多名外出务工农民变为"市民",靠劳务资本积累投资,从事建筑建材、交通运输、商贸流通、农产品加工、个体经营等多个行业。

实现了"回归经济"的全面发展

近年来,区委、区政府积极鼓励农民工回乡创业,工商部门联合相关部门启动"凤还巢"工程,大力引导农民工回乡创业,发展"回归经济"。截至2010年,全区外出务工人员返乡投资兴业人数已达到5100余人,创办、领办各类企业和经济实体1600多家,投资总额2亿多元,年创产值3亿多元,吸纳农村富余劳动力1万多人,为地方经济发展注入新的活力。

1993—2010 年安定区(定西县)劳务发展情况统计表

表 8-6-1 单位：万人、个、亿元、元

年度	培训人数	输转人数	劳务基地	劳务总收入	农民人均纯收入
1993	0.21	0.98		0.2052	
1994	0.25	1.46		0.3405	
1995	0.28	2.42		0.3964	
1996	0.31	2.83		0.4532	
1997	0.35	3.13		0.476	
1998	0.38	3.56		0.506	
1999	0.41	3.98		0.5843	
2000	0.45	4.32	121	0.6263	86
2001	0.56	4.85	155	0.6859	128
2002	0.84	5.13	162	0.914	233
2003	1.24	6.34	171	1.2	326
2004	1.47	7.24	182	2.3	593
2005	1.58	7.82	201	2.8	720
2006	2.36	9.31	218	2.98	780
2007	2.98	9.96	229	3.43	900
2008	3.11	8.95	240	4.95	1300
2009	2.92	9.8	299	6.96	1870
2010	3.16	11.1645	307	9.81	2040

第七章 农业机械

第一节 组织机构

1960年7月,设立定西县农业机械局。1961年6月,并入县工交局。其后,全县农机主管部门几经撤并与更名。1984年,全县机构改革中再次撤销定西县农业机械局,设立定西县农业机械管理站,隶属于县农业局,为财政全额拨款的科级事业单位。

1986年8月,撤销定西县农业机械管理站,恢复定西县农业机械局,事业编制,事业开支。1991年8月,撤销定西县农业机械局,设立定西县农机服务中心,隶属于定西县农业委员会。1995年11月,恢复定西县农业机械管理局,与定西县农机服务中心一套人员,两块牌子,事业性质不变。1996年10月,定西县农业机械管理局变更为事业性质的二级局。1997年9月,定西县农机服务中心(定西县农业机械管理局)依照国家公务员制度管理。2002年6月,定西县农机服务中心,事业编制18人;定西县农业机械化学校(定西县农业机械技术推广站),事业编制11人;定西县农机监理站,事业编制11人。2004年9月,安定区农机服务中心更名为安定区农业机械管理局,隶属安定区农业局。2008年6月,区农业机械管理局,事业编制,重新核定为52人,其中,农机监理站11人、农业机械技术推广站(农业机械化学校)11人。7月,区农业机械管理局列入参照公务员法管理范围。2009年12月,区农业机械管理局27名干部,依法登记为国家公务员。至此,全局共有职工51人,设局长、党支部书记、总工程师职位各1人、副局长2人、纪检员1人,正科级参照公务员管理事业单位,内设办公室、管理股两个职能股室,下设农机监理站、农机技术推广站和农机化学校三个股级事业单位。

第二节 农机化发展成就与现状

农业机械装备

定西县农业机械设备,发展积累到1985年,有农机总动力4.7万千瓦,农用拖拉机1460台,农用拖拉机动力1.9万千瓦,拖拉机配套农机具1355台,架子车

34232 辆,农用运输汽车 63 辆,畜牧业机械 1173 台,排灌机械 418 台。随着农村经营体制改革的不断深入,国有、集体农机经营的权限逐渐被打破,到 1990 年代后期,转变为以农户为主的经营模式,农户积极购进实用农机具进行生产、加工和农副产品的贩运。从 1996 年开始,国家实施大中型拖拉机更新补贴,2004 年,国家又开始实施农机购置补贴政策,至 2010 年,国家及省级农机购置补贴资金共计 1200 余万元,带动农民及农机作业服务组织投入 5000 余万元,购进各类农业机械 6500 余台,农业机械呈现出国家、集体、农户的联合经营、合作

农机具购置补贴机械现场演示

经营、个体经营等多种形式的经营局面。全区拥有农机总动力达 61.5 万千瓦,每万亩耕地拥有农机动力 3300 千瓦,各类农业机械原值 4.7 亿元,农民每户拥有农机总值近 6000 元。农业机械已成为安定区农业生产的重要物质条件。(发展情况见附表)

1986—2010 年安定区(定西县)主要农业机械拥有量发展情况表

表 8-7-1 单位:千瓦、台

项目 年份	农机 总动力	农用 拖拉机	农用 运输车辆	拖拉机 配套农具	排灌 机械	收获 机械	畜牧业 机械	农副产品 加工机械
1986 年	50871	1722	79	1318	335	2	1007	1568
1987 年	54587	1982	105	1229	369	4	945	1648
1988 年	63947	2325	166	1603	400	12	819	1734
1989 年	64913	2304	200	1590	420	11	994	1660
1990 年	68988	2354	222	1778	444	18	1052	1749
1991 年	77463	2544	433	1899	461	25	1042	1717
1992 年	81826	2821	781	2232	566	27	1026	1683
1993 年	76943	2640	996	1872	535	25	1042	1629

续表 8-7-1　　　　　　　　　　　　　　　　　　　　单位：千瓦、台

项目 年份	农机 总动力	农用 拖拉机	农用 运输车辆	拖拉机 配套农具	排灌 机械	收获 机械	畜牧业 机械	农副产品 加工机械
1994 年	83984	2586	1568	2120	561	25	867	1796
1995 年	85046	2174	2128	2197	597	24	893	1500
1996 年	89164	2152	2377	1903	548	17	830	1612
1997 年	95259	2210	2739	2078	1522	21	820	1575
1998 年	104998	2185	2768	2115	1546	22	1022	1571
1999 年	144914	1980	7940	2565	1015	33	773	1796
2000 年	163912	2108	9369	2582	1161	33	743	1835
2001 年	165553	2041	10525	2724	1026	30	745	2108
2002 年	183473	2043	11901	2735	1991	34	777	2177
2003 年	199532	2046	13286	2777	1995	34	809	2335
2004 年	241832	2047	17000	2789	2025	36	824	2350
2005 年	295773	1854	19051	2167	2232	39	1979	2473
2006 年	332371	1914	21652	2311	2269	64	2166	1950
2007 年	369813	2167	23349	3413	2367	107	3019	1802
2008 年	494201	2604	31289	3732	2462	150	4869	1873
2009 年	564454	7888	33465	7862	2758	2034	22965	2187
2010 年	615000	9865	35465	9850	2865	2560	23115	2195

　　注：农用运输车辆包括农用载重汽车、农用运输车。拖拉机配套农具包括大型拖拉机配套农具和小型拖拉机配套农具。

农业机械化

　　1996 年以前，国家对从事农田作业的农业机械实行平价油制度，由农机管理部门根据农机户作业用油情况进行审批分配。1996 年后，实行市场价购油。1989—1996 年，实行国家配套机耕用油补贴专项资金。1996—

新疆 2 型小麦联合收割机

2010年,对配套农业生产救灾柴油实行专项补贴资金,并对农机农田作业和农机救灾用油给予适当补贴。2010年,全区机耕、机播、机收分别达到46万亩、12万亩和10万亩,机械化水平分别达到27%、7.1%和5.9%,耕、播、收综合机械化水平为14.7%;农村农业机械运输量8434万吨公里,机械运输量占农村运输总量的60%以上。同时,19个乡镇设有农机管理服务站,并建有农机经销企业13家、农机经销点4家、农机供油点9个、农机零配件供应点66个、农村维修网点72个、成立农机合作组织5个。(发展情况见附表)

1986—2010 年安定区(定西县)农业机械作业量发展情况统计表

表 8-7-2　　　　　　　　　　　　　　　　　　　　　　　　单位:万亩、%、万吨

项目 年份	机耕面积	机耕水平	机播面积	机播水平	机收面积	机收水平	农业机械运输量
1986 年	11.05	6.49	3.04	1.88	0.05	0.03	144
1987 年	11.78	6.90	4.52	3.20	0.06	0.04	318
1988 年	13.37	7.50	8.13	5.30	0.04	0.03	280
1989 年	16.00	9.02	2.50	1.66	0.10	0.07	321
1990 年	15.97	9.01	2.76	1.76	0.18	0.11	378
1991 年	17.02	9.73	2.78	1.53	0.25	0.14	413
1992 年	17.74	10.14	2.65	1.86	0.20	0.14	529
1993 年	17.69	10.11	3.24	2.28	0.30	0.21	579
1994 年	18.55	10.60	3.24	2.28	0.22	0.15	504
1995 年	19.67	11.30	3.79	2.67	0.05	0.03	706
1996 年	20.01	11.18	5.40	4.28	0.24	0.19	767
1997 年	21.39	11.95	3.45	2.08	0.12	0.07	802
1998 年	23.42	13.08	7.78	4.63	0.35	0.20	812
1999 年	25.50	14.24	4.01	2.34	0.61	0.35	873
2000 年	28.40	16.50	4.24	4.24	2.40	1.42	927
2001 年	30.14	17.24	3.21	2.10	2.42	1.43	1197
2002 年	30.65	17.53	3.25	1.98	3.26	1.99	1801
2003 年	31.59	18.07	3.38	2.05	3.49	2.11	2322
2004 年	32.38	18.52	4.30	2.60	3.78	2.29	2900

项目 年份	机耕面积	机耕水平	机播面积	机播水平	机收面积	机收水平	农业机械运输量
2005 年	32.58	18.99	3.58	2.21	3.25	2.70	3140
2006 年	33.14	18.54	4.24	2.72	5.10	3.28	4346
2007 年	36.28	20.38	10.45	7.19	5.29	3.60	5386
2008 年	38.68	21.70	8.11	5.37	6.14	4.06	6347
2009 年	41.96	23.70	9.54	6.32	7.86	5.21	8387
2010 年	46.00	27.10	12.00	7.10	10.00	5.90	8434

第三节　农机管理与服务

农机管理

1986 年,充实乡镇农机管理服务站,农机管理逐步发展。1992 年,乡镇农机管理服务站实行晋等定级,到 1997 年 4 月,全县共有一等二级站 2 个,二等三级站 10 个,二等四级站 6 个,三等五级站 3 个。1986 年后实行的油料与农田作业任务挂钩、油料与机车技术状态和节油情况挂钩、"以油管机,以机促农"的用计划控制柴油供应的办法被取消,转变为农机产、供、销一体化的服务经营体系。1998 年 8 月,县农机局、物价局制订《定西县主要农机作业项目收费暂行标准》。1999 年,将政府筹资或利用国家扶持农业的优惠贷款购买的, 专门用于梯田建设和小流域治理等农业作业的履带式推土机, 纳入农机行业管理。《定西县专用推土机管理及承包经营实施意见》出台,就管好用好推土机,促进全县梯田建设快速稳步发展提出 24 条实施意见。同时,县农机局负责农机具研制及推土机采购、租赁承包、管理使用和驾驶人员技术培训;与机手签订使用合同,折旧费由农行统一划入县农机局推土机折旧费专户进行管理。2002 年,根据定西地区物价处、农机局制定的《定西地区主要农机作业项目收费参考价格》,规范农机作业收费行为。并调整了农业机械维修工人技术考核委员会组成人员;清理整顿农村机械维修点和维修工人考核发证等事宜,进一步完善市场机制,加强对农机维修业务的管理。2007 年,安定区就如何加快农业机械化发展提出了具体意见和措施,付诸实施。2010 年,农村机械维修网点达到 72 个,进一步推动农业机械维修业的健康发展。

1999 年,县农机局制作的十集专题片《腾飞的农机事业》播映,全面展示了中华人民共和国成立50年来定西县农机化发展的成就。2001年7月,县农机局主办的内部信息刊物《定西农机》第1期发行,使农机化信息服务工作迈出了第一步。2003年10月,安定区农机化协会诞生,是全区第一个农机行业社团组织。到2010年底,全区有农机大户32户,农机专业合作组织5个,农机专业作业户800户;有农机经营机构92个,农机户4.3万户,农机从业人员总数达5.15万人。全区已基本形成以区为龙头,以乡镇为重点,以农机专业户为主体,具备农机作业、农机供应、农机维修等功能的服务体系。

农机推广

1985年,从河南引进三行人畜力播种机5台,分别在城关、符家川、称钩驿等

机械深松 摄于香泉镇香泉村

乡镇设点试验示范。1986年,进行三行人畜力播种机仿制生产,田间生产试点扩大到全县各乡镇。到1995年,全县人畜力播种机保有量达到1万余台,播种面积35.41万亩。1996年,首次与西北农业大学联合示范推广以施水增墒为主的机械化坐水播种技术,出苗率比常规播种高9.7个百分点,平均亩增产15~20公斤。同年6月,县政府利用广东省汕头市捐款500万元、县财政筹资22.6万元,购置东方红-70Q型专用推土机60台。引进地膜铺膜机、小麦穴播机,推广实施机械化铺膜种植技术。1998年,首次引进1SQ-240、340型全方位深松机,推广以蓄水纳墒、改土保水为主的全方位深松营造"土壤水库"的工程技术,年均推广面积3万亩。1999年,购置移动式喷灌机1台、XG50-120型悬挂式卷管喷灌机2台和卷管

全膜双垄沟覆膜机械作业演示 摄于巉口镇康家庄村

全膜双垄沟起垄覆膜机作业　摄于香泉镇西寨村

移动式喷灌机10台,推广以节水补灌为主的行走式节水灌溉技术。同年11月,省政府分配给定西县东方红－802X2型推土机19台、装载机1台,用于全县梯田建设。地区农机局统一购置后,又给定西县投放马铃薯挖掘机5台,并引进投放德国产马铃薯播种机4台、马铃薯挖掘机4台、泰山－30型拖拉机4台,以配合"马铃薯工程"的全面实施。2000年,县政府将双象挂车公司仿制德国机型的10台马铃薯种植机分配到10个乡镇,加快了马铃薯机械化生产技术的推广应用。2001年,引进3WX－650型悬挂式喷杆喷雾机1台,用于防治马铃薯病虫害机械化喷药作业。从2004年开始,区政府连续三年每年筹资20万元用于机械全方位深松作业补贴,年均推广面积10余万亩。机械深松比未深松地增产

机械喷药　摄于凤翔镇口下庄村

10%～15%。2006年,三行畜力播种机的引进试验示范和推广应用,彻底改变了定西农民"朝天一把籽"的粗放播种方式,淘汰了沿用数千年的木耧播种。发展到2008年,全膜覆盖双垄沟播技术大面积推广应用。

至2010年,全区推广使用的先进实用农业机械累计有:22千瓦以上大中型拖拉机500台、节水灌溉机械41台、全方位深松机18台、旋耕机1500余台、精量谷

马铃薯机械采挖　摄于香泉镇香泉村

物播种机 84 台、地膜覆盖机 5000 余台、马铃薯种植机 153 台、马铃薯收获机161 台、大型饲料加工机械 50 台,机械铺膜面积达到 40 万亩。

农机驾驶员培训

确立"立足农机、面向农业、服务社会"的理念,采取长训与短训相结合、校内培训与校外培训相结合、集中培训与分散培训相结合的"三结合"培训模式,主要开展各类拖拉机驾驶员、农具手、农机修理工、农机管理人员和农民农机技术员的培训。1999 年 12 月 11—19 日,配合甘肃省农业机械管理局,承办全省推土机驾驶技术师资培训班。2004 年,实施农机化实用技术培训工程马铃薯培训基地项目,培训人员 800 人。2005 年起,每年实施农村劳动力转移培训"阳光工程"项目,至 2010 年,累计培训人员 1032 人。从 1986 年至 2010 年,全区共培训农业技术人员 66573 人。

第四节　农业机械制造与销售

农机制造业

定西市三牛农机制造有限公司（原定西县巉口镇农机制造厂）始建于 1976

定西市三牛农机制造有限公司

年,2001 年改制。主要研制开发生产收膜捡膜系列机具,马铃薯全程机械化生产系列机具,牧草机械化生产加工系列机具,全膜双垄沟种植铺膜点播系列机具,小麦、胡麻播种系列机具等,获国家专利 10 余项,获市科技进步奖 4 项,28 种产品获甘肃省农业机械推广鉴定证书,6 种产品获"全国工业产品生产许可证书",有 25 种产品被列入国家和甘肃省农业机械补贴产品目录。

甘肃省陇中工业公司　始建于 1983 年,2001 年改制。主要生产谷物、玉米脱粒机,小麦播种机及零配件。

定西市永丰塑料制品厂　1994 年建厂,主要生产各类农业机械所需的塑料制品。

定西市希武农机制造有限公司　是 2005 年成立的一家生产中药材收获机械的专业厂家,其产品 4Y-1600C 型中药材挖掘机,列入甘肃省农业机械补贴产品目录。

以上 4 家企业共有职工 150 人,拥有固定资产原值 2000 余万元,净值 500 余万元,年销售总额 1600 万元,销售利润 96 万元,上缴税金 48 万元。产品销往甘肃及新疆、青海、山西、陕西、宁夏等周边地区。

农机销售网络

1987 年前,农机经销由农机公司统一管理,销售渠道单一。1988 年 10 月,成立定西县农机咨询服务站,围绕农机具供应、修理、租赁、农机技术推广、信息咨询,开展有偿服务。1990 年 9 月,成立定西县农机技术咨询服务站,属城镇集体企业,实行独立核算、自负盈亏、自主经营。1991 年 4 月,县农机服务中心创办服务性经济实体定西县农业机械化服务公司,开展农机具及配件经销、农用石油供应、机具修理、咨询、租赁等服务项目。

定西市东升农机有限责任公司

随着农村经济的发展,原有单一的国有农机公司和农机管理部门所办企业的体制和服务能力已不适应农机化的发展。2006 年,安定区农业机械化服务公司被注销,私营农机供销企业应运而生。定西市汇丰农机公司首先成立,主要以经销农用三轮车为主,年销售各类农业机械 8000 余台,销售收入 3000 余万元。此后相继成立私营定西东升农机公司、定西大明农机公司等农机专营经销公司。到 2010 年,全区有农机经营机构 92 家,基本形成了包括农用拖拉机、农用运输车、畜牧业机械、农副产品加工机械等农业机械整机和农机零配件销售的比较完备的农机经销网络。全区农机经营总收入达到 9200 万元,纯收入 3500 万元。(逐年经营情况见附表)

1986—2010年安定区(定西县)农业机械经营情况统计表

表8-7-3　　　　　　　　　　　　　　　　　　　　　　　　　单位:万元、人、个

项目　　　年份	农机经营总收入	利润总额	乡村农机人员	农机经营机构
1986	691	306	2655	14
1987	623	184	2896	16
1988	643	222	3485	16
1989	721	202	3728	16
1990	910	276	4153	10
1991	973	309	4450	
1992	1084	391	7494	
1993	1865	463	11569	
1994	1898	613	13930	
1995	2378	612	17167	
1996	3020	953	16259	
1997	3457	998	16540	
1998	3652	1200	12206	
1999	3800	1320	15211	
2000	4179	1384	17740	
2001	4868	1581	18816	77
2002	4957	1599	19528	83
2003	5184	1794	20418	83
2004	5400	2015	23912	83
2005	5707	2027	26058	72
2006	6712	2542	29191	80
2007	7822	2651	33009	88
2008	8251	2896	42617	90
2009	9108	2995	48851	90
2010	9200	3500	51550	92

备注:农机经营机构包括农机流通企业和农机供应(油)点。

第五节　农机安全监理

监理机构

1984 年以前,定西县没有农业机械安全专管机构,其职能由定西县农业机械局统一行使。1984 年 12 月,设立定西县农机监理站,股级建制,全额事业单位,隶属于县农机局。主要负责各类农业机械的登记,安全技术检验,驾驶、操作人员考核,村镇、田间、场院作业中的安全检查,农业机械事故处理等工作。

监理工作

1986 年开始,依据农牧渔业部《农用拖拉机及驾驶员安全监督管理规章》,实施对农用拖拉机办理报户(过户)、发牌证手续,监理农用拖拉机上公路行驶的有关证件,进行拖拉机道路行驶安全技术检验,开展驾驶员考核考试,核发全国统一的道路行驶牌证等项管理工作。至 1996 年 11 月,全县在册换发"九二"拖拉机牌证 2201 台,在册审验拖拉机驾驶员 1997 人。1999 年 1 月,定西县农机监理站被确定为首批 14 个省级"文明监理、优质服务"示范窗口单位。依据《甘肃省农机管理条例》关于由农机监理部门对农用运输车进行牌证管理的规定,2000 年 3 月,配合甘肃省农机局,在定西县白碌乡开展农用运输车归口农机部门管理试点工作,全乡实施农机牌证管理报户的农用运输车 430 辆,占应报户的 97.07%,参加培训考证的机手 409 人,占无证机手总数的 98.55%,按期完成试点各项工作任务。2004 年 5 月 1 日,《中华人民共和国道路交通安全法》实施,农用运输车归口公安交警部门管理。至 2006 年 1 月,农机监理站向区交警大队移交农用运输车技术档案 6581 份,其中,四轮农用运输车档案 795 份,三轮农用运输车档案 5786 份,农用运输车驾驶员档案 3801 份。

1986 至 2010 年,安定区农机监理部门共调查处理农机事故 90 起。其中,大事故以上事故 49 起,死亡 49 人;一般事故 37 起,伤 38 人;直接经济损失累计 19 万元。

根据农业部、国家安全生产监督管理总局《关于开展"创建平安农机,促进新农村建设"活动的通知》要求,从 2006 年起到 2008 年,安定区第一批共创建"平安农机"示范乡(镇)6 个、示范村 16 个、示范户 100 户。至 2010 年,安定区作为"平安农机"达标县区,累计创建"平安农机"示范乡(镇)14 个、示范村 172 个、示范户 1600 户。

第八章 农业综合开发与科技园区

第一节 农业综合开发

机构与管理

1983年全国实施农业综合开发项目以来,定西县于2002年成立定西县农业综合开发办公室,与原定西县农业办公室合署办公。2006年,安定区正式进入国家农业综合开发县(区)行列。是年3月,农业综合开发办公室从农业办公室分离出来,划归区财政局管理,属参照行政管理的事业单位。核定事业编制6名,其中,领导职数3名(主任1名,副主任2名)。其主要职责是:贯彻执行国家、省、市农业综合开发的方针政策及项目、资金、财务管理制度;编制全区农业综合开发中、长期规划和审核上报年度计划,管理和统筹安排全区农业综合开发财政资金;组织全区农业综合开发项目立项、项目论证,检查在建农业综合开发项目执行情况及竣工项目组织验收;负责组织编报全区农业综合开发项目和资金统计表,会同有关部门监督、检查资金使用情况;负责全区农业综合开发以及科技成果的推广应用;承办区委区政府和财政局交办的其他事项。

重点项目开发建设

农业综合开发项目于2006年开始实施。实施的4年中,在内官营镇乌龙、清溪、永丰、永安、内官、先锋6个行政村改造中低产田2.27万亩;冲洗旧井7眼,维修机井7眼,更换380V输电线路3.3公里,埋设低压输水管道17.3公里,修建渠系建筑物216座,衬砌渠道52公里;增施有机肥8700亩,机耕深松4000亩,修筑机耕农路15条、23.7公里,购置农机具7台套;营造农田防护林600亩,举办各类培训班16期,培训1800人(次),推广优势农作物3000亩,引进良种500公斤。2007年,新修泵站1座,埋设输水管道2.7公里,衬砌田间渠道80公里,修建各类渠系建筑物5840座,土壤改良4500亩,修农路18条,修翻水桥3座,平整市场1处,配套农机具21台套;营造农田防护林600亩,推广优势农作物3000亩,举办各类培训班10期,培训2100人(次),引进新技术3个,新品种3个。2008年,更新改造机井7眼,埋设低压输水管道5.61公里,衬砌田间渠道58.2公里,修建各类渠系建筑物 6394 座,整修农路 20 条 18 公里;配套农机具 41 台套;新栽农田防护林 3.02 万株;举办各类培训班 6 期,培训 1500 人(次);建立农产品质量安全监测速测站 1 个。2009 年,在符家川镇兰星、金星、高阳、永安四村改造中低产田 0.72 万亩,完成干渠改造 3.38 公里,泵站改造 1 座,埋设低压输水管道 10.49 公里,修建

2009 年,符家川镇中低产田改造项目机耕路、渠道、防护林配套

所属建筑物 231 座、渠系建筑物 2942 座,衬砌渠道 38.53 公里,整修农路 36 条、27.96 公里,新建翻水桥 5 座,科技培训 1158 人(次)。在葛家岔、宁远两镇新修梯田 2500 亩。

2010 年,在西巩驿镇安乐村改造中低产田 0.43 万亩,完成机修梯田 4300 亩,整修机耕农路 12 公里,科技培训 1100 人(次)。

投资与效益

“十一五”期间,实际投入中低产田改造项目资金 3952 万元(中央财政资金 1550 万元,省级配套资金 625 万元,市财政配套 129 万元,区财政配套 100 万元,项目区群众自筹 548 万元),共改造中低产田 3.42 万亩,完成机修梯田 0.68 万亩,新增灌溉面积 0.15 万亩,改善灌溉面积 2.54 万亩,项目区内年减少地下水开采 310 万立方米,新增机耕面积 0.7 万亩,扩大良种种植面积 0.8 万亩,优质农产品播种面积 2.91 万亩,新增种植业总产值 800.8 万元,增加项目区农民收入总额 433.9 万元。

第二节　科技园区机构

甘肃定西国家农业科技园区 (以下简称定西园区),位于定西市西郊 2 公里处,始建于 1999 年 11 月,前身为定西县旱作高效农业开发区。2000 年 5 月 10 日,成立定西县旱作高效农业开发区管理委员会,正处级建制。主任由县政府县

长担任,副主任由县委、县政府分管农业的副书记、副县长担任,成员由科技、土管、计划、农业、财政、农委、水利、畜牧、农机、扶贫、林业、城建、农行、凤翔镇等单位的负责人担任。11月10日,成立中共定西县旱作高效农业开发区管委会总支部委员会,隶属县农委党委。管理委员会下设办公室,为全额拨款事业单位,隶属县政府管理,正科级建制,主要职责是全面负责园区日常事务管理。2001年1月县编委核定编制8名,2003年11月增编5名,2005年7月核定为15名,2008年6月重新核定为16名。

2001年8月,定西园区被国家科技部批准为全国首批21个国家农业科技园区(试点)之一。12月,定西地区行政公署成立甘肃定西国家农业科技园区领导小组,组长由行署专员担任,副组长由分管农业的副专员、甘肃省科技厅副厅长、定西县政府县长担任,成员由地区农委、科技处、省科技厅农社处、定西县副县长、计划处、财政处、扶贫办、旱农中心等单位负责人担任。领导小组办公室设在定西园区管委会,主任由科技处处长担任。

2002年6月, 定西县旱作高效农业开发区更名为甘肃定西国家农业科技园区, 定西县旱作高效农业开发区管理委员会更名为甘肃定西国家农业科技园区管理委员会, 定西县旱作高效农业开发区管理委员会办公室更名为甘肃定西国家农业科技园区管理委员会办公室。同时,成立中共甘肃定西国家农业科技园区管理委员会总支部委员会,隶属地区农委党委;撤销中共定西县旱作高效农业开发区管委会总支部委员会。

2009年5月,科技部组织专家对定西园区进行现场评审。11月,科技部在北京召开综合评审会,对定西园区进行了综合评估和挂牌验收。2010年1月,正式批准定西园区为全国38个国家农业科技园区之一。

第三节 决策与规划

重大决策

1998年,定西县实现了整体基本解决温饱的奋斗目标,农产品由供给不足转变为供需基本平衡、丰年有余。但是,由于自然条件比较严酷,农业生产水平依然较低,整体效益不高,靠天吃饭的被动局面仍未从根本上得到改变。农业生产的主体是一家一户的分散经营,商品化程度和组织化程度低,加之,绝大多数农民科技文化素质较低,市场经济意识淡薄,捕捉、分析信息能力较差,生产上的盲目性和模仿性较强,造成了生产的大起大落,农产品价格波动剧烈,"谷贱伤农"的现象时有发生。

为了更好地贯彻落实党中央、国务院《关于加强技术创新、发展高科技产业的决定》精神和西部大开发战略的有关政策,根据国家科技发展"十五"计划和农业科技园区建设要求,定西县委、县政府组织有关部门负责人和企业代表到北京、山东、天津等地进行了考察学习,在科学思考、反复论证的基础上,结合本县实际,于1999年10月,提出了在城郊西川兴建万亩旱作生态型农业科技园区的重大决策。

定西国家农业科技园区牌楼式大门

建设规划

总体规划 定西园区规划总面积36万亩,其中核心区1万亩,示范区5万亩,辐射带动区30万亩。核心区设在定西城郊西川,涉及友谊、中川两个村2353户农户,总耕地面积19753亩。示范区主要分布在凤翔、内官营、香泉3个乡镇的11个村、113个社的8265户农户,有耕地108626亩,大部分为旱川地或水浇地,旱川地有一定的补灌条件;辐射带动区分布在巉口、鲁家沟、符家川、香泉、团结、宁远、李家堡、杏园等乡镇的53个村、460个社的20208户农户,有耕地397754亩,大部分为旱川地和梯田,有一定的灌溉或补灌条件。

功能定位 重点开展新品种、新技术、新工艺的研究开发;对已经开发的新品种、新技术、新工艺进行中试和进一步完善、提高和创新;进行市场、科技、生产、信息开发;提供综合示范作用;辐射带动周边地区以及广大农民应用农业科技新成果,促进农业增效,农民增收;并提供产前、产中、产后全方位服务,展示现代农业发展的最新成果。

定西国家农业科技园区鸟瞰图

小区设置及建设重点 核心区设置 8 个功能小区,即:组培生物技术开发中心,农业科技信息交流培训中心,高档食用菌,专用型马铃薯种薯设施栽培园,生态农业园,珍稀动物养殖园,特种植物观赏园,观光旅游农业园。示范区设置 6 个功能小区,即:优质专用型马铃薯原种扩繁示范小区,高档食用菌设施栽培示范小区,优质无公害蔬菜设施反季节生产示范小区,优质牧草良种繁育及生产示范小区,农村能源开发利用双向小区,农业科技信息咨询培训网络建设示范小区。

辐射区主要建好种植和养殖生产基地。

土地利用

园区的土地是根据《中华人民共和国土地管理法》第二章第十五条和《甘肃省农业承包合同管理条例》第三章第二十五条规定,采用反租倒包的流转形式租用,园区管理委员会分别与凤翔镇友谊村、中川村签订土地承包合同书,凤翔镇人民政府为监督单位。2000 年,租用友谊村土地 1616.3 亩,租用中川村土地 487 亩。2001 年,分两次租用中川村土地 853.83 亩。2002 年,租用中川村土地 236 亩。3 年共租用土地 3193.13 亩。因定西监狱在园区迁建,至 2008 年,园区实际租用土地 2891.96 亩。土地租用期限从 2000 年 1 月开始到 2029 年 12 月,共 30 年。2001年、2002 年租用的土地,租用期限分别为 29 年、28 年。土地承包费每亩每年 225公斤小麦,每年 9 月底由园区管委会付给村委会,再由村委会统一兑现给农户;引洮工程发挥效益后,土地承包费提高到每亩每年 300 公斤小麦。

园区租用的土地,按照总体规划,由园区管委会与入园企业签订土地承包合同书后,分别划给企业经营使用。土地承包费不变,每亩每年收取管理费 50 元。入园企业在土地承包期内不得随意改变土地用途。

第四节 科技园区发展综述

定西科技园区是定西农业生产发展到一定阶段后出现的一种新的组织形式,是现代农业高新技术推广应用的有效载体和平台,是农业科技和农村经济紧密结合的重要切入点。定西园区从建立到 2010 年十余年的发展历程,可分为三个阶段,各阶段特点各异。

第一阶段:从 1999 年到 2001 年,基础设施建设阶段。完成道路硬化 15 公里,整修土路基础 11 公里,架设高低压线路 10 公里,修建集流水渠 15000 米、集流场10000 平方米,栽植行道树 5600 余株,8 座中心花坛全部完成场地平整,农业科技博览中心大楼主体竣工,仿古楼门、园区雕塑、彩色音乐喷泉建成并投入使用。93户入园企业生产设施建设方面,主要建成三代双拱无立柱高效节能日光温室 513座、科研办公设施 30000 平方米、养殖圈舍 15000 平方米。

第二阶段:从 2002 年到 2006 年,起步探索发展阶段。绝大多数企业已全面投入生产。种植企业主要生产马铃薯脱毒种薯、食用菌、各类瓜果蔬菜、花卉、苗木、中药材等;养殖企业主要以奶牛、小尾寒羊、鸽子、蝎子、土元、蚯蚓、鸡、猪、獭兔、蛇、肉狗等为主。各业种类比较繁多,变化波动较大。特别是养殖企业业主对市场信息掌握不够,选项不准,盲目上马,加之管理、经营、技术等方面经验不足,导致经济效益较差,部分企业有的转产,有的退出养殖行业,有些甚至退出了园区。在不断探索发展过程中,逐步形成了马铃薯、食用菌、畜牧养殖三大主导产业。规模较大的马铃薯制种企业有 4 户,年产脱毒苗 4500 万株左右,原原种 5000 万粒左右。生产食用菌企业有 12 户,年产各类菌袋 200 余万袋,年产值 900 万元以上。在食用菌产业发展中提出了"抓两头、促中间"的思路,规模较大的明珠公司、金泉公司、华灵公司等龙头企业,通过提供菌种、菌袋以及回收产品,加强产中技术指导和服务,示范、辐射带动了园区及周边凤翔、团结、西巩驿、内官营等乡镇建立生产基地 6 个,示范带动 160 余户群众从事食用菌生产。品种既有高档的白灵菇、杏鲍菇、茶树菇等,又有中低档的双孢菇、金针菇、鸡腿菇等,形成了高中低档品种搭配种植、立体栽培、周年生产的格局。

第三阶段:从 2007 年到 2010 年,稳定发展阶段。绝大部分企业经过几年的探索实践,逐渐成熟定位。种植企业中食用菌产业因受原材料涨价、市场行情不稳、成本高、风险大、效益低等因素的影响,逐渐萎缩。养殖企业仅留下了奶牛、生猪、鸡、兔、羊等种类。这一阶段的主导产业主要是马铃薯和畜牧养殖。马铃薯产业已经发展成为园区的品牌产业,脱毒种薯面积大、产量高、品质好,受到全国各地业主的青睐和好评。规模比较大的种薯企业有旱农中心、爱兰薯业、凯凯植物快繁中心、鑫铃马铃薯专业合作社、定西百泉马铃薯有限公司、定西市隆欣马铃薯专业合作社、兴旺农业服务有限公司、定西市马铃薯研究所等 8 家企业。占地面积 1057 亩,总投资 4420 万元。先后建成组培室及自然光照培养室 5800 平方米、种薯贮藏库 11000 平方米,年产脱毒苗达到 7000 万株、原原种 9500 万粒,生产马铃薯脱毒种薯的日光温室达到 270 多座、网棚达到 300 多座。生产的品种主要有大西洋、夏波蒂、费乌瑞它、台湾红皮、新大坪、陇薯 3 号、5 号等。生产的种薯除供应定西市周边各县区外,还远销上海、山东、河北、贵州、青海、新疆、西藏、内蒙古、甘肃河西等地。各类马铃薯良种种植面积累计达到 60 余万亩。2009 年,园区马铃薯产业实现产值 2500 多万元。最大的制种企业爱兰薯业公司实现产值 1500 万元、利润 300 多万元。园区的奶牛产业借助世行贷款畜牧综合发展项目的实施,也有了较大发展。2004 年至 2007 年 4 年间,世行贷款畜牧综合发展项目投放贷款 586 万元,使奶牛的存栏量由原来的近 200 头发展到现在的 1450 头,净增奶牛 1250 头。鲜奶除销售到定西市区和周边乡镇外,在区奶牛养殖协会的组织下,同伊利等奶品加工企业建立了稳定的合作关系,年调运销售鲜奶 500 多吨。一些大型龙头企业正在配套建设挤奶站、奶产品加工生产线,产品涉及酸奶、早餐奶、草莓奶等多个系列。通过鲜销、外调和加工等多种措施,有效地解决了园区鲜奶销售难的问题。同时,通过建设奶产品加工生产线,提高了产品附加值,使奶牛养殖的产业链条得到了进一步延伸,一个产、加、销一体化的经营格局逐步形成。

第五节　科技园区建设成效

定西科技园区建立以来,按照"政府引导、企业运作、中介参与、农民受益"的总体思路,以产业为主线,以科技为支撑,以市场为导向,发挥比较优势,突出地方特色,积极引进项目、资金、技术和人才,紧密结合当地农村经济实际,以马铃薯、草食畜养殖为突破口,着力发展主导产业,培育龙头企业,不断强化科技成果转化和科技创新能力,增强示范引导和辐射带动作用,使园区建设保持了良好的发展势头,取得了显著的经济效益和社会效益。2010 年底,入园企业达到 126 家,其中种植企业 56 家,占总数的 44%;养殖企业 70 家,占总数的 56%。总投资达到 1.93 亿元,累计实现产值 2.8 亿元,实现销售收入 2 亿余元。核心区占地面积 4200 亩,其中,租用农民土地 2890 亩,国有土地 1310 亩。

集雨节灌工程建设

园区建设以来,在总结传统的修梯田、挖水窖的技巧,以及发展"121"雨水集流工程的基础上,探索出了水窖、日光温室相配套,地面、屋面、水渠、水窖相结合,喷灌、滴灌、渗灌相补充的雨水集蓄、贮存利用新模式,在园区共建成以路面、棚面、屋面、集流场等设施为主的集流面 50 万平方米、集流渠 50 公里以及 50 立方米集雨水窖 1100 眼,有效提高了自然降水的利用率。

农业高新技术推广应用

建园以来,累计引进、试验、示范、推广各类国内外、省内外新品种 130 余种,示范推广面积达 260 余万亩。种植业有马铃薯、玉米、食用菌、花卉、蔬菜、苗木等。马铃薯新品种主要有大西洋、夏波蒂、费乌瑞它、台湾红皮、陇薯 3 号、陇薯 6 号、青薯系列、武薯系列、渭薯系列等；玉米品种主要有水果玉米、甜(糯)玉米等；食用菌品种主要有白灵菇、茶树菇、杏鲍菇、鸡腿菇、双孢菇、金针菇、姬菇、平菇等；苗木品种比较珍贵的有祁连圆柏、千头柏、云杉等；蔬菜和花卉品种较多，突出的有彩色椒、以色列长寿番茄、香水百合等。养殖业有奶牛、肉牛、生猪、肉(蛋)鸡、皮肉兔、肉狗等，突出的有荷斯坦奶牛等。

累计引进、试验、示范、推广各类新技术、新成果、新设施 210 余项。主要有：高效节能日光温室建造、地膜覆盖栽培、植物快繁、无土栽培、反季节(冬季)栽培各类蔬菜、节水灌溉、设施种养、性控冻精配种、生物发酵床养猪、奶肉产品的初级加工与无公害贮藏保鲜等技术。

农业精品生产基地建设

园区企业利用现代农业设施和自身优势，采取集约化规模经营、企业化管理和市场化运作的方式，进行精品蔬菜、食用菌、专用加工型马铃薯等各类农产品的生产和畜牧养殖，建成了一批高效、优质、无公害的农产品生产基地，如专用加工型马铃薯脱毒种薯生产基地、食用菌生产基地、反季节精品蔬菜生产基地、荷斯坦奶牛生产基地等。鲜菜、菇、肉、蛋、奶等产品供应到国内外、省内外、县内外市场。特别是马铃薯脱毒种薯的生产，已发展成为全国最大的生产基地，年产原原种达到 1.1 亿粒，产值 2600 余万元。

产业化龙头企业建设

科技促进生产，生产展示科技，马铃薯脱毒种薯生产已形成组培室脱毒苗快繁、日光温室原原种生产、网棚原种扩繁、大田一级种生产等梯级生产体系。爱兰薯业公司、百泉公司、凯凯公司等制种龙头企业通过提供种苗、种薯，进行产前、产中技术指导与服务，开展产后统收统销，发展订单农业，和广大农民建立起了利益共享、风险共担、合作共赢的良好格局；外联市场，内联农户，以经济为纽带辐射带动周边地区广大群众大力发展马铃薯产业。兴牧奶牛养殖场、陇源乳业、育强牧业、绿源养猪场等养殖企业通过提供畜禽良种、回收产品、开展初级加工等措施，调整优化了畜禽品种结构，养殖效益得到大幅度提高。园区已建成万只规模的养鸡场、养兔场各 1 个，5000 头规模养猪场 3 个，千头规模的奶牛场 2 个，百头奶牛场 3 个，对全区畜牧业发展起了带动示范作用。

科技人才培训与科技合作交流

园区建立以来，一大批先进适用的农业高新技术、新品种、新成果、新设施在园区得到了集中展示和示范，并通过生产示范、参观学习、技术培训、信息咨询、印发资料等形式，培养培训了一大批技术骨干。举办各类培训班 50 期，培训人员3000 人次，印发各类资料 2 万余份。邀请国外专家 3 名、省内外专家 16 名开展专题讲座 35 次。每年都有 3000 余人在园区从事农业生产经营活动。120 余名下岗职工在园区找到了新的创业门路。

园区内 10 余户企业围绕主导产业发展，积极主动加强与中国农业大学、兰州大学、甘肃农业大学、甘肃省农业科学院等省内外高等院校、科研院所的科技合作和信息交流，使生产的科技含量不断提高，产品的市场竞争力逐步增强。

第六节　农业科技企业

定西市爱兰马铃薯种业有限责任公司

是 2001 年成立的民营科技企业。主要从事专用型马铃薯品种选育、脱毒种苗组织培养、种薯规模化生产及订单商品薯购销等产业化开发经营。公司产品通过国家质量监督检验检疫总局原产地标记认证和国家商标总局商标注册的认定。已形成一整套管理与生产技术体系和引进开发与市场营销体系。公司被定西市政府确认为市级农业产业化龙头企业，被省农行和省农发行评定为 AA+级信用企业和 AA

定西市爱兰马铃薯种业有限责任公司脱毒种苗生产车间

级信用企业，被省工商行政管理局评为"守合同、重信用"单位，被中国科协授予全国先进科普惠农示范基地。（详见 672 页第九编第二章第四节）

定西市凯凯生态园植物快繁有限公司

成立于 2002 年，属个人独资企业。是定西市马铃薯良种繁育重点龙头企业，甘肃省重点扶持的马铃薯良种繁育高科技企业之一。年生产马铃薯脱毒苗2000万株、微型薯3000万粒以上、原种4000吨、一级种薯40000吨。公司现有组培及

办公等用房1400平方米、仓储设施1325平方米、培养室及光照室1760平方米、原原种生产网棚1680平方米、日光温室15座，现有仪器设备50台(套)。建成示范生产区网棚原种生产基地500亩、山区隔离区原种扩繁基地2500亩。(详见672页第九编第二章第四节)

定西市凯凯生态园植物快繁有限公司

定西农夫薯园马铃薯脱毒快繁有限公司

位于定西科技园区内，是2009年开始建设的民营科技企业，主要以马铃薯脱毒种薯生产供应为主，同时，开展马铃薯新品种选育、栽培技术试验示范等一系列科研工作。公司占地面积60多亩，总投资1700万元，规划建设长85米、宽7.5米的日光温室30座，组培室2550平方米，恒温贮藏库2200平方米，科研、办公等综合大楼一座4000平方米，道路及场区硬化3800平方米。建成后，年生产马铃薯脱毒种薯原原种3000

定西农夫薯园马铃薯脱毒快繁有限公司

万粒左右，年产值达到750万元。现已建成日光温室15座，并投入使用。

定西兴牧养殖有限公司

位于甘肃定西国家农业科技园区内，占地面积33亩，2006年5月建成投产。

定西兴牧养殖有限公司奶牛养殖场

现有职工14人,其中,管理人员2名,技术负责人2人,生产工人10人。场区建成标准化牛舍4栋4480平方米,包括犊牛舍、育成牛舍、产犊室;建成办公室、职工宿舍、兽医室、冻配室等16间280平方米,青贮池4座1000立方米,粪便发酵污水处理池3个150立方米,场区道路全部硬化。存栏奶牛206头,其中,成年牛124头,育成牛54头,犊牛28头,年产鲜奶600余吨,销售收入达150余万元。

定西市陇源乳业科技有限责任公司

成立于2007年6月,位于甘肃定西国家农业科技园区中心。是集生产与深加工为一体的高效率奶牛饲养管理科技创新企业。现有员工22人,其中管理人员6人,技术人员2人。公司一期工程建设已完成投产,占地总面积50亩,投资总额达530万元,其中,世行贷款资金150万元,企业自筹380万元。办公区占地6000平方米,现有二层办公楼1栋,建筑面积600平方米。养殖生产区占地13866平方米,建有消毒室2间48平方米,草料仓库一栋6间520平方米,饲草青贮池1座1500立方米,年可青贮玉米饲草1200余吨。建有牛棚1栋300平方米,敞棚1栋300平方米,运动场720平方米,设有产奶牛舍、干奶牛舍、育成牛舍、犊牛舍。建有机械挤奶厅和职工宿舍1栋260平方米,粪便发酵池1座180立方米,污水处理池4个180立方米。2008年5月,从内蒙古引入澳大利亚荷斯坦奶牛100头,采用科学的管理模式饲养。存栏奶牛120头,日产鲜奶2.1吨,

定西市陇源乳业科技有限公司良种牛繁育场

年产鲜奶 756 吨,年销售收入 304 万元,实现利润 91 万元。二期千头奶牛养殖小区建设项目,总占地面积 285 亩,计划总投资 5000 万元,于 2008 年开工建设,已完成场区规划布局。现已投资 530 万元建成玉米青贮池 6 座,年青贮饲草 6000 吨,建成牛棚 6 个4839 平方米,草料库房 3 栋1344 平方米,预计奶牛饲养规模达到 1000 余头。

定西育强牧业有限公司

成立于 2008 年7月, 注册资金 500 万元, 位于甘肃定西国家农业科技园区内,总占地面积 170 亩。预计总投资 5000 万元,饲养 3000 头荷斯坦奶牛。场区规划分四个区:生活区、生产区、饲料区和粪便处理区。已完成投资 2300 多万元, 引进荷斯坦青年奶牛 514 头。建成每栋能饲养 500 头奶牛的牛舍 3 栋,挤奶厅 1 座,5000 立方米青贮池 3 个,饲料加工库房 1 座,干草棚 1 座,配备了办公生活设施等。2010 年底,饲养荷斯坦奶牛 1000 头。

定西育强牧业有限责任公司奶牛养殖场

定西市华西兔业有限责任公司

始建于 2003 年,占地面积 33 亩,现有职工 14 名,其中畜牧师 1 名,专业技术人员 4 名。公司先后从外地引进法、德、美系优质种兔 500 多只,经过选育,培育出适宜本地区饲养的优质后备种兔 1200 多只, 存栏商品兔 4000 多只。2004 年,在全国兔业大会上被评为"骨干企业"。2005 年,在全国兔业参赛中荣获金奖,并颁发了锦旗、证书、金杯和金牌。公司按照"公司+基

定西市华西兔业有限责任公司养兔场

地+农户"和签订供种收购合同相结合的经营模式,发展养兔企业和农户 100 家,先后供应种兔 2000 多只。

定西科达养殖场

是以养殖蛋鸡为主的民营企业,始建于 1984 年。 2003 年 3 月,搬迁至定西国家农业科技园区。现有机械化养鸡车间 4 栋、普通养鸡车间 8 栋、育雏舍 3 栋、蛋鸡饲料配置车间 1 栋、过道式消毒室 1 间、储蛋库 1 间、集中办公房 6 间、职工住宿房 8 间。场内设有较先进的消毒池、消毒室、消毒泵等消毒、隔离、防疫设施。现有固定资产 380 万元,饲养蛋鸡能力 7 万只,存栏 4 万只,年产鸡蛋 60 万公斤,年产值 450 万元,创利润 70 万元。产品销往省内外,成为全省第四、全市第一的规模化蛋鸡养殖基地。

第七节　科技园区重要接待和活动

自园区建立以来,受到社会各界的普遍关注,先后接待前来考察、参观、学习的国内外、省内外各级领导,专家学者,社会各界人士 5 万余人(次)。党和国家领导胡锦涛、吴官正、回良玉、张梅颖、杨汝岱,以及朱丽兰、李学勇、刘燕华等国家部委领导先后来定西园区视察。

2000 年 5 月 3 日,科技部部长朱丽兰来定西园区视察,看了园区建设情况后,高兴地称赞为"定西模式"。

2002 年 6 月,全国政协副主席杨汝岱视察定西园区明珠公司后,欣然提笔写下了"发展白灵菇,致富农民"的题词。

2006 年 11 月,中央政治局常委、纪委书记吴官正来定西园区视察。

2007 年 2 月 4 日,国务院副总理回良玉来定西园区视察。

2007 年 2 月 17 日,中共中央总书记胡锦涛来定西园区视察甘肃省马铃薯工程技术研究中心后,高兴地说:"要进一步扩大规模,扩大制种产业,要建成西部地区的马铃薯优质种薯快繁中心。"

2004 年 5 月和 10 月,成功接待了参加"全球扶贫"大会的会议代表。

2004 年 10 月,成功接待了参加"联合国亚太社会残疾人扶贫国际研讨会"的代表。

2003 年至 2005 年, 先后三次成功接待了国际雨水利用现场培训会议的学员。

2004 年至 2006 年，连续三年成功举办了中国·定西马铃薯产业发展经贸洽谈会。

2005 年 7 月，成功举办了甘肃省科技活动周启动仪式。

2007 年 7 月，成功召开了中国兔业西部工作会议。

第九编

马铃薯产业

第九编　马铃薯产业

第一章　马铃薯产业发展概况

第一节　重大决策

1996年,县委、县政府提出"围绕富民富县、加大结构调整、突出重点产业、发展规模经济"的发展思路,遵循两个规律(自然规律和市场经济规律),加大结构调整,压夏扩秋、压粮增经,实施地膜粮食、马铃薯、集雨节灌、梯田建设"四大工程",加速实现由传统农业向现代农业的转变。

1997年12月,中共定西县第十一次党代会提出,以扶贫攻坚总揽农村工作,进一步强化农业基础地位,推进农业产业化进程。把畜牧、林果、马铃薯、蔬菜产业确定为实施农业产业化的重点。马铃薯产业按照"区域化布局、专业化生产、一体化经营、社会化服务、企业化管理"的要求,走"产加销、贸工农、农科教"一体化的路子。

1998年,县委制定《关于实施农业产业化的意见》,印发《定西县畜草、林果、马铃薯、蔬菜产业化实施方案》,成立由县委书记、人大常委会主任、政府县长、政协主席分别担任组长的行政领导小组和有关部门、专业技术人员组成的技术指导小组。提出马铃薯产业以市场为导向,以效益为中心,努力扩大种植面积,依靠科技进步,不断提高产量和质量,提高商品率,稳定增加群众收入。

1999年,马铃薯产业开发按照"抓基地、建市场、牵龙头、连农户"和"种、加、销"并举的原则,一手抓马铃薯种植,大力引进和推广优良品种,建立马铃薯基地,增加总产,提高品质;一手抓加工销售,完善马铃薯市场和各类购销网点,论证新上马铃薯速冻薯条等项目,提高加工销售能力。制定出台《定西县畜牧、林果、马铃薯、蔬菜产业发展规划》(1999—2002)。

2002年12月,中共定西县第十二次党代会提出,立足区域特色,大力发展以马铃薯、畜草、现代制药、建筑建材为主的主导产业,加快产业化经营步伐,推进工业化进程。充分发挥"中国马铃薯之乡"的品牌优势,按照"抓两头(良种引进、精深加工),带中间(科技投入、产后服务),实现三个转变(由数量型向质量型转变、由粗放型向集约型转变、由无序流通向有序流通转变)"的思路,稳定面积,改良品种,敞开销路,扩大加工,全面提升定西马铃薯的市场竞争力和占有率。

2004年,安定区第十四届人民代表大会第三次会议提出,提升马铃薯、畜草、药材、食用菌四大产业,壮大绿色食品加工、现代制药和现代藏贮业。在马铃薯产业发展中,提出通过三至五年努力,力争使马铃薯种植面积达到100万亩,加工能力达到10万吨,外销能力达到50万吨,农民人均增收1000元,财政从马铃薯产业中增加税收3000万元,把安定区打造成全国最大的马铃薯生产加工基地和集散中心。

2005年12月,区委、区政府重奖10名马铃薯种植大户、10名马铃薯经销大户、3名马铃薯加工大户。

2006年12月,中共安定区第十三次党代会提出,做强做优马铃薯产业,提升绿色食品加工业,把安定区打造成全国最大的马铃薯生产加工基地和集散中心,加速推进农业主导型向工业主导型经济格局的转变,为实现稳定解决温饱向初级型小康迈进的目标而努力奋斗。马铃薯产业要在坚持扩张总量、创造规模优势的同时,把重心转移到依靠科技创新、提高品种品质、打造产业集群、延伸产业链条、开发品牌产品、开拓占领市场上来,全面提升马铃薯产业的核心竞争力,实现做强做优的目标。

2008年7月29日至8月8日,市委常委、区委书记李旺泽带领四大班子主要领导、分管领导和各乡镇、区直有关部门以及马铃薯加工企业、经销协会负责人50多人组成党政企考察团,赴内蒙古乌兰察布市、鄂尔多斯市达拉特旗和陕西省靖边县,考察马铃薯种植基地和龙头加工企业建设情况。考察报告建议:加快安定区马铃薯产业的发展,需要量的扩张,更需要质的提升。一要建立健全科学、便捷、高效的脱毒良种快繁体系,二要建立规模化、集约化、标准化马铃薯种植基地,三要提高以地膜覆盖为主的抗旱增产技术装备水平,四要大力推广机械化耕作技术,五是加工企业和经销主体要建立原料生产基地,六要积极争取农业产业化扶持项目,七要优化发展环境、加大招商引资、引入竞争机制,八要弘扬马铃薯精神、打造马铃薯文化。

2009年12月,中共安定区第十三届代表大会第二次会议提出"率先科学发展、加快经济转型、建设首善之区"的战略部署,着力提升马铃薯、畜草、劳务、现代旱作高效农业四大产业,努力把安定区打造成"'中国薯都'核心区、绿色食品生产重点区、循环经济发展示范区、现代物流商贸承接区"。努力把安定区建设成全国最大的县区级马铃薯脱毒种薯扩繁、商品薯标准化种植、精深加工、仓储四大基地,全国最具影响力的价格形成、信息发布、物流集散、技术研发、产品宣传展示五大中心,使安定区真正成为"全国马铃薯贸工农一体化示范区",成为"中国薯都"的一面旗帜。

第二节　发展阶段

自给自足阶段(1986—1995年)

1995年以前,马铃薯种植面积在15～20万亩之间,占粮食作物播种面积的12%,亩产630千克左右,总产量13万吨左右。马铃薯主要由农民自发种植、自食为主,规模小,无外销,家庭小作坊加工粗淀粉、粉丝、粉条等,加工比重不足5%。

产业培育阶段(1996—2003年)

1996年,定西县实施"马铃薯工程",提出"人均种植一亩马铃薯"。将扩大马铃薯种植面积列为全县农村工作的重点和解决群众温饱的主要措施之一。是年,全县马铃薯种植面积31万亩,推广地膜马铃薯1万亩、马铃薯整薯坑种芽栽13万亩。1997年,全县种植马铃薯38.7万亩,马铃薯产业产值0.8亿元,农民人均获得收入210元。

1998年,全县种植马铃薯38.8万亩,平均亩产1300千克,总产50.44万吨,产值1.5亿元,农民人均增收270元,占当年农民人均纯收入1038元的26%。县城火车站、鲁家沟、内官营、巉口4个马铃薯购销网点逐步形成,全县13家马铃薯购销公司、

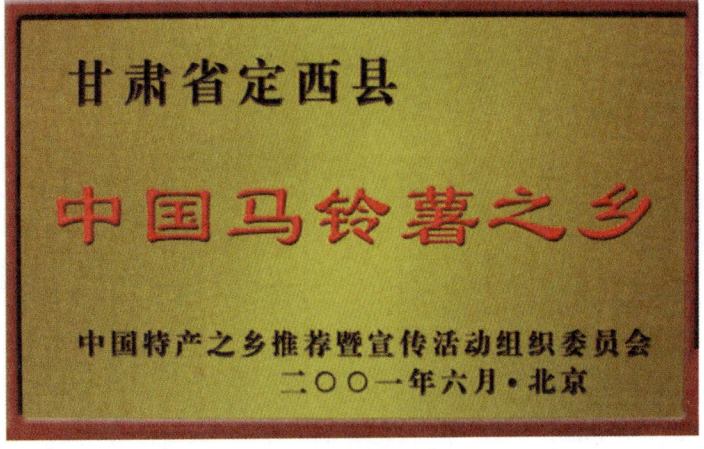

中国马铃薯之乡

630家运销户,销售马铃薯18.13万吨。定西环宇淀粉工业公司、九华沟淀粉公司和城关、内官营、香泉、团结、巉口等7家淀粉加工企业和318个马铃薯粗加工点,年加工消化马铃薯1.8万吨。

2000年,全县种植马铃薯53.7万亩,平均亩产800千克,总产42.96万吨,产值1.5亿元,农民人均收入306元。由于市场发育程度较低,产业规模没有真正形

中国马铃薯之乡碑

成，外地客商主导定西产地市场价格，当地的小商小贩只起"代办"作用，对终端市场的价格掌握不透，无论丰歉，产地市场始终处于一个很低的价位运行，农户种植的积极性不高。马铃薯只是一种初级形态的"商品薯"。

2001年，全县种植马铃薯63万亩，总产量94.5万吨，已经具备5000万粒脱毒原原种繁育能力和5000亩原种扩繁基地、5万亩一级种薯生产基地；建成环宇淀粉工业公司、金大地食品有限公司等20多家马铃薯加工企业，加工消化马铃薯10万多吨；在巉口、鲁家沟等乡镇建成一批马铃薯专业批发市场，年吞吐量20多万吨。是年7月，定西县被中国特产之乡推荐暨宣传活动组织委员会命名为"中国马铃薯之乡"。9月22日，召开定西县首届马铃薯贸易洽谈会，有80多名国内外客商参加，签订购销合同15万吨。2002,2003年，县上相继召开第二届和第三届马铃薯洽谈会，每年有400多名中外客商云集定西，定西马铃薯开始源源不断地行销到全国20多个省市和香港、俄罗斯等国家和地区。

2003年7月，成立定西县马铃薯经销协会，首批发展会员89名。是年，全县种植马铃薯64万亩，总产量96万吨，建立专用薯基地1.1万亩，引进国内外加工型、高淀粉型和优质菜用型三个系列10多个品种，进行大面积推广。建成巉口、鲁家沟、内官营等10多个专业市场，招引外地客商350人，设立购销摊点476个，形成较为完整的马铃薯销售市场体系，申请注册"鲁家沟"、"金芋"、"环宇"、"金大地"等商标。新(扩)建宏煊、薯峰、超兴、蓝天等一批龙头加工企业，主要生产精淀粉、薯条、薯片、精粉皮等产品，年加工能力5万吨，可解决35万吨鲜薯的加工转化增值。马铃薯产业总产值2.32亿元，农民人均增收604元，产加销一条龙、贸工农一体化的马铃薯产业链条初具雏形。

产业攻坚阶段(2004—2007年)

2004年，区委、区政府用区域经济的理念指导马铃薯产业发展，提出进一步扩大面积、扩充总量、改良品种、提高品质、打造品牌、精深加工、开拓市场的新思路,确立经过三至五年的努力,使种植面积达到100万亩,市场鲜销50万吨,淀粉加工能力10万吨,农民人均从马铃薯产业中获得纯收入1000元,财政从马铃薯产业中增加税收3000万元, 把安定区打造成全国最大的马铃薯生产加工基地和集散中心的新目标。是年,全区马铃薯种植面积74万亩,总产量80万吨,马铃薯产业生产总产值3.4亿元,农民人均从马铃薯产业中获得收入860元。地方政府、铁路部门和协会组织成立联合运输办公室,货物配载有序,公开、公平、公正,为当地购销大户和外地客商构建交易平台,当年发运车皮3600多个,销售鲜薯20多万吨。9月21日,首次发运直达郑州的马铃薯专列。按照"工业倒推成本"的办法,确定产地市场指导价,保护农民利益;运用贮藏手段,均衡上市,保值增值;建立直销窗口,减少流通中间环节,增大利润空间;研究运输半径,确定主销目标市场;创新联运模式,实现路地协作,降低运输成本;发挥"品牌+专列+团队"精神,扩大市场占有份额;深入开展"把支部、协会建在产业链上,把党员、致富能人聚在产业链上,把产、销农户富在产业链上"的"三链"建设活动,培育壮大营销主体,提高农民进入市场谈判价格的能力;搭建交流交易、信息发布、物流配载、价格监控四大平台,为马铃薯销售提供良好的服务和公平竞争环境。

2007年,全区马铃薯种植面积95万亩,总产量112万吨,马铃薯产业总产值6.72亿元,农民人均从马铃薯产业中获得收入1500元,成为全国最大的县(区)级马铃薯种植基地和全国依靠马铃薯增收最多、占比最高的县(区)之一。全区万吨级精淀粉加工生产线12条、全粉生产线2条、变性淀粉生产线2条,年加工能力15万吨,实际加工5万吨,产值3亿多元,形成以精淀粉、全粉、变性淀粉、休闲食品为主的比较完整的加工体系,呈现出集群式、系列化、精深化发展的良好态势,连续向天津发送4列马铃薯淀粉专列,开创全省乃至全国淀粉专列的先河。安定区成为全国最大的县(区)级马铃薯淀粉加工基地。总投资6800万元的定西马铃薯综合交易中心建成投入使用,全区外销鲜薯42万吨,成为全国最大的马铃薯销售基地。

产业提升阶段(2008—2010年)

2008年,区委提出今后五年要以打造"中国薯都"、推动产业升级为目标,以统筹城乡发展、增加农民收入为核心,以科技和市场为先导,按照工业化思维谋划马铃薯产业,坚持走品种优质化、生产标准化、销售品牌化、加工精深化、企业集群化的内涵式发展路子。种植上实现由主抓面积扩充总量向主抓品种提升单产转变,营销上实现由规模优势占领市场向品牌经营主导市场转变,加工上实现由低端产品为主向精深产品为主转变,整个产业实现由鲜薯外销为主向加工转化增值转变,推动产业实现战略升级,提高产业核心竞争力,真正把安定区建设成为全国最大的马铃薯种植、加工基地和集散中心,加速农业主导型向工业主导型经济格局转变。

发展马铃薯产业,加快农民增收致富步伐,带动二、三产业快速发展,增强区域经济综合实力,成为全区经济社会发展的重要支撑。2010 年,马铃薯产业总产值 14 亿元,占全区生产总值的 20.7%。辐射带动相关产业的发展,马铃薯销售总额 6.4 亿元,相关产业产值 1.8 亿元,转移农村劳动力 1 万多人,农民人均从马铃薯产业获得收入 1800 元。

表 9-1-1

1997—2010 年安定区（定西县）马铃薯产业发展一览表

项目 年份	种植面积	单产	总产量	外销量	马铃薯销售价格				马铃薯产业产值	农民薯业收入	农民人均纯收入	薯业占纯收入比重	营销大户
					平均价	高峰前	高峰期	高峰后					
单位	万亩	千克/亩	万吨	万吨	元/吨	元/吨	元/吨	元/吨	亿元	元/人	元	%	人
1997	38.7	640	24.77	18	320	340	300	320	0.8	210	899	23.6	30
1998	38.8	1300	50.44	20	300	300	280	320	1.5	270	1038	26.0	70
1999	48.9	1036	50.66	19	340	360	320	340	1.72	340	1188	28.6	110
2000	53.7	800	42.96	21	350	360	340	350	1.5	306	1258	24.3	180
2001	63	1500	94.50	39	160	200	140	240	1.52	400	1365	29.3	260
2002	67.3	700	47.11	25	400	400	360	420	1.89	480	1423	33.7	330
2003	64	1500	96	38	240	340	240	240	2.32	604	1484	40.7	389
2004	74	1081	80	31	425	480	400	440	3.4	860	1593	54.0	420
2005	73	1096	80	30	509	560	440	600	4.07	1050	1683	62.4	460
2006	85	972	82.62	38	540	520	600	640	4.8	1264	1763	71.7	510
2007	95	1179	112.01	42	600	700	720	720	6.72	1500	1868	80.3	474
2008	103	1262	130	45	600	600	560	800	7.8	1659	2153	77.1	320
2009	100	757	75.75	40	900	800	900	1200	9	1292	2391	54.0	305
2010	104	1298	135	42	950	850	1100	1100	14	1800	2696	66.8	320

第三节　中国薯都

全国最大的县(区)级商品薯标准化种植基地

坚持无公害、绿色、有机食品的标准化生产,全面推广马铃薯高产高效技术和综合抗旱技术,形成"北部以新大坪为主、南部以陇薯系列为主、水川区脱毒种薯

为主"的种植格局,呈现出种植规模化、品种优质化、生产标准化、耕作机械化、基地订单化的发展态势。2010年,马铃薯种植面积104万亩,占农作物播种面积的一半,占全省马铃薯种植面积的1/8。亩产1298千克,总产量135万吨。

南川万亩马铃薯标准化种植基地

全国最大的县(区)级马铃薯脱毒种薯扩繁基地

按照"政府主导、主体经营、市场运作"的良种推广经营机制,建立健全新品种引进试验示范、优势品种脱毒快繁、当家品种提纯复壮三大良种繁育体系,形成原原种、原种、一级种梯级扩繁体系,在全省率先实现脱毒种薯全覆盖。2010年,

爱兰马铃薯种业有限公司、凯凯生态园植物快繁有限公司、旱农中心马铃薯脱毒种薯快繁中心、百泉马铃薯有限公司、甲天下农产品产销专业合作社、金峰马铃薯种业有限公司等6家脱毒种薯企业生产原原种1.2亿粒,占全省的60%。

高峰乡高山自然隔离区马铃薯脱毒种薯扩繁基地

全国最大的县(区)级马铃薯精深加工基地

坚持培育壮大龙头骨干企业,全面推进淀粉加工企业的技术改造、装备升级和联合重组,推动马铃薯加工企业向集团化发展。甘肃圣大方舟变性淀粉有限公司 3 万吨湿法生产线、5000 吨干法生产线、3000 吨溶剂法生产线和6000 吨混粉生产线,定西市博瑞淀粉有限公司年产1 万吨精淀粉、3 万吨精淀粉生产线,定西薯峰淀粉有限责任公司年产 5 万吨薯渣再加工综合利用,甘

马铃薯精淀粉库房

肃超兴淀粉制品有限公司 1 万吨全粉生产线建成投产,全区精淀粉、变性淀粉、全粉、休闲食品等各类薯制品加工生产线 22 条,年加工能力 27.5 万吨。

全国最大的县(区)级马铃薯仓储基地

按照"多挖窖、广积薯、均上市、稳价格、保加工、增收入"的思路,实施马铃薯

宁远镇红土马铃薯贮藏库

贮藏体系建设工程,龙头企业建成恒温贮藏库 5 座、贮藏能力 3.3 万吨,销售大户建成自然通风式贮藏库 650座、贮藏能力 5 万多吨,窑窖群 1130 眼、贮藏能力 12 万吨,千家万户挖小窑窖 9.3万眼、贮藏能力 30 万吨,全区鲜薯贮藏能力 60 万吨,旺吞淡吐,均衡上市,有效规避市场风险。

全国具有影响力的价格形成中心、信息发布中心、物流集散中心、技术研发中心、产品宣传展示中心

充分运用"定西马铃薯"等地理标志和农产品商标,主打原产地认证、绿色A级食品认证、有机食品认证、定西马铃薯产地商标四个共享品牌,完善路地联运、银地联贷模式,提升品牌营销能力,购销网络日益健全,营销主体不断壮大,贮藏体系逐步完善,市场份额稳步扩大。初步形成以定西马铃薯综合交易中心为龙头的一级市场,内官营、巉口、鲁家沟镇马铃薯市场为二级市场,74个定点收购网点为三级市场的购销网络

定西马铃薯综合交易中心

体系。马铃薯价格进入农业部全国农产品价格行情采集系统,与北京新发地农产品交易市场合作建立马铃薯电子交易中心。销售旺季,定西马铃薯综合交易中心日交易量4000吨以上。马铃薯经销协会216名会员,遍及全区19个乡镇,成为一支活跃在产地与终端、充满竞争活力和团队精神的营销家队伍。"协会+基地+农户"、"企业+基地+营销家队伍"的运作模式显示强大的活力。依托"中国马铃薯之乡"品牌优势,相继注册"新大坪"、"陇中大坪"、"鲁家沟"、"金定"等28个马铃薯商标,"定西马铃薯"被评为甘肃省著名商标。先后在广东、上海、成都等终端市场建立52个直销窗口,向广州、上海、四川、天津等地发送14列鲜薯和淀粉专列。2010年,外销马铃薯3500个车皮,加上汽车运输,外销总量42万吨。

第四节　定西县马铃薯贸易洽谈会

定西县首届马铃薯贸易洽谈会

2001年9月22日上午9时30,在行署宾馆举行开幕式和新闻发布会。定西地区人大工委主任刘念宗,地区政协工委主任张乃,地委委员、地委秘书长宋敬国,行署副专员牛兴民以及县委书记王冠军、人大常委会主任李仁兴、县长李旺泽、政协主席王明义等出席会议。中央驻甘及省、地、县新闻单位10多名记者,美国、韩国、泰国

驻华商务代理和北京、上海、新疆等 10 多个省市的 70 多名商客,县内马铃薯加工企业、购销大户,各乡(镇)、县直有关部门负责人共 200 多人参加会议。

上午 10 时,与会领导在大什字举行"中国马铃薯之乡"揭牌仪式。副县长曹成章主持揭牌仪式。随后参观了定西县高科技示范园区、地区旱农中心马铃薯脱毒种薯繁育基地、马铃薯规模化生产基地和环宇淀粉工业公司。晚上,在行署宾馆礼堂举行签约仪式,A·亚太瓦行神穆光华边贸总公司商务代表马忠英、临洮县悦宾蔬菜购销站经理康启祥等客商分别与定西县洋芋产业办公室、景家泉乡人民政府等单位签订马铃薯购销合同 15 万吨,价值 6000 多万元。

定西县第二届马铃薯贸易洽谈会

2002 年 9 月 26 日,在行署宾馆礼堂举行开幕式。大会的主题是:让马铃薯走向世界。中国农学会特产经济专委会执行主任刘真、地区人大工委主任刘念宗、人大工委副主任莫守拙、行署副专员牛兴民和县委书记王冠军、人大常委会主任李仁兴、县长李旺泽、政协主席王明义等出席会议。来自河北、河南、安徽、陕西、湖北、湖南、广东、上海以及省内兰州、天水等地的客商 230 多人参加贸易洽谈会。刘念宗宣布开幕,牛兴民、王冠军分别致辞,并介绍定西地区和定西县马铃薯支柱产业发展情况。刘念宗、牛兴民、莫守拙及县上四大班子主要领导为开幕式剪彩。随后,全体与会人员参观定西县无公害马铃薯等农副产品展览,并在行署宾馆举行签约仪式,定西县同外地客商签订购销合同 22 份,价值 1.25 亿元,其中鲜薯购销合同 23 万吨、淀粉销售合同 4000 吨、粉条 1000 吨、精粉皮 500 吨。下午,与会代表赴有关乡镇参观马铃薯种植基地、加工企业及市场营销情况。

定西县第三届马铃薯贸易洽谈会

2003 年 9 月 19 日,在定西立交桥广场举行开幕式。大会的主题是:绿色·品牌·诚信。上午 8 时 30 分,市委书记石晶宣布大会开幕。市委副书记、行署专员武文斌向与会代表介绍定西地区马铃薯生产现状。中国农学会特产经济专委会执行主任刘真、地区领导刘念宗、黄周会、葛兴才以及李旺泽、李仁兴、郭维团、王明义等四大班子领导和有关部门负责人出席贸易洽谈会。来自上海、天津、深圳、江苏、吉林等省市的马铃薯经销商和全县马铃薯加工企业负责人等共计 300 多人参加会议。定西县洋芋购销协会与上海、郑州、襄樊等市蔬菜批发市场客商签订鲜薯购销合同 15 项 27.5 万吨,签约金额 1 亿多元。

第五节　中国·定西马铃薯产销衔接洽谈会

中国·定西首届马铃薯产销衔接洽谈会

2004年9月13—14日,在定西市安定区举行。由定西市人民政府主办,安定区人民政府承办,临洮、渭源、陇西、通渭、漳县、岷县人民政府协办。大会主题:绿色·品牌·诚信。

中国·定西首届马铃薯产销衔接会开幕式

13日上午9时18分,在定西国家农业科技园区博览中心举行开幕式。省人大常委会副主任丁泽生宣布大会开幕。国家有关部委、省直有关部门的领导,全国马铃薯专家、学者,国内外马铃薯贸易客商,中央和省市新闻媒体记者共1400多人参加开幕式。国际马铃薯中心驻京办事处、中国蔬菜流通协会和天津市对口支援工作领导小组办公室向大会发来贺电、贺信。中国农学会特产经济专委会执行主任刘真即席讲话,中国农业机械化科学院薯类中心主任杨延诚、沃德实业集团董事长王治平就马铃薯加工与经济结构调整作专题报告。与会领导、客商观看定西马铃薯展览,参观考察定西国家农业科技园区脱毒种薯生产基地、安定区马铃薯标准化种植基地和马铃薯加工企业。

14日,在定西宾馆举行签约仪式。市政府副市长成柏恒主持签约仪式,省经委蔬菜瓜果调运办主任张晋龙,市上领导武文斌、秦素梅、杨志武、吴世庭、张敏政、王向机、赵新文、董继信、景亚安及各县区主要领导,市直有关部门主要领导,项目签约双方代表,新闻记者,部分会议代表共200多人参加签约仪式。51家外地客商与当地部分企业签订了马铃薯及其淀粉制品购销合同51项,总金额7.83亿元。其中安定区马铃薯经销协会等经销协会和公司与25个终端市场流通企业签订马铃薯购销合同37项98.5万吨,金额5.2亿元,精淀粉购销合同11项4.5万吨,金额1.62亿元,其他合同3项3000万元。

中国·定西2005'马铃薯产业发展暨经贸洽谈会

9月11—13日,在定西市安定区举行。由甘肃省农牧厅、定西市人民政府主办,安定区人民政府承办,通渭、陇西、临洮、渭源、漳县、岷县人民政府协办。大会主题:绿色·品牌·诚信。

11日晚7时30分,在定西宾馆二楼礼堂举行新闻发布会。市委副书记王仲勤主持新闻发布会。省农牧厅副厅长尚勋武,市农办主任、农业局局长高占彪介绍全省及定西市马铃薯产业发展情况,甘肃出入境检验检疫局副局长李桂荣介绍定西马铃薯脱毒种薯及其制品原产地标记注册情况,并颁发证书。定西市领导,甘肃省6市州、29个县区分管领导和农业部门负责人,定西市各县区主要领导及市区宣传、农业、科技、招商、经贸、发改、财政、金融、乡企部门负责人,安定区各乡镇负责人参加新闻发布会。中央电视台、新华社、人民日报等中央媒体驻甘记者站和省内外媒体记者参加新闻发布会。

12日上午9时,在定西国家农业科技园区博览中心举行开幕式。中国农科院副院长屈冬玉、中国特产之乡推荐暨宣传活动组委会副主任孙翔、省人大常委会副主任程有清、省政协副主席喇敏智、省农牧厅厅长武文斌及市上领导秦素梅、黄周会、刘宝珍、王仲勤、刘国正、牛兴民、王永生、靳来福、吴世庭、郑红伟、张敏政、刘为民、

中国·定西2005'马铃薯产业发展暨经贸洽谈会开幕式

王建太、成柏恒、陈尊峰、王全进、赵新文等,兰州铁路局副主任金黎平,尚勋武、王蒂、高新才、道脑等国内外专家学者,天津、上海、广州、浙江等省市客商代表,陇南、天水、庆阳、白银、平凉、临夏6市州和甘谷、天祝、永登等29个兄弟县区领导,定西市各县(区)主要领导共1500多人参加大会。市委副书记黄周会主持开幕式,程有清宣布大会开幕,武文斌介绍全省马铃薯产业发展现状及其发展前景,屈冬玉、孙翔先后发表热情洋溢的讲话。开幕式上表演了精彩的文艺节目。开幕式结束后,与会领导以及来自全国各地的客商来到定西国家农业科技园区博览中心大厅,参观定西马铃薯展览。

中国·定西2005'马铃薯产业发展暨经贸洽谈会马铃薯专列发送仪式

上午11时许,在定西火车站举行马铃薯专列发送仪式。屈冬玉、喇敏智、孙翔、张宏遵、盛奕庆、杨继绳、任轲、苏文华、何光第、柳民、武文斌、尚勋武等出席专列发送仪式。李旺泽主持专列发送仪式,成柏恒、郭维团介绍马铃薯专列发送准备情况。此次专列由定西开往广州,共47节车皮,2820吨马铃薯,全部为优良品种新大坪,印制"定西马铃薯"证明商标。11时38分,兰州铁路局局长助理高金阳宣布发车令,列车徐徐驶出定西火车站。

同日下午,在市政府礼堂举办专家论坛。刘国正主持专家论坛。中国农科院副院长屈冬玉作《全球马铃薯产业发展研究和开发现状》的报告,省农牧厅副厅长尚勋武作《甘肃省马铃薯产业发展现状、思路及目标》的报告,甘肃农业大学校长、教授王蒂作《马铃薯市场细分及品种特征》的报告,山东师范学院教授汤安中作《市场经济与产业化》的报告,兰州大学经济学院院长、教授高新才作《农业产业化的几点思考》的报告,分别对定西马铃薯产业发展提出意见和建议。国家有关单位领导,国内外马铃薯专家学者,省直有关部门领导,省内6个市州、29个县(区)分管农业工作的领导,市上四大班子领导及各新闻媒体记者,安定区马铃薯经销协会会员,加工企业、乡镇、区直部门负

中国·定西2005'马铃薯产业发展暨经贸洽谈会专家论坛

责人近1000人参加专家论坛。

13日上午,与会代表现场观摩定西市旱农中心马铃薯脱毒种薯繁育中心、凤

翔镇南川万亩马铃薯无公害标准化种植基地、李家堡镇马家岔万亩马铃薯标准化种植基地、宁远镇万亩新大坪种植基地、宁远镇马铃薯市场、团结镇联庄夏波蒂专用薯种植基地、安定区马铃薯经销协会。

同日下午，在定西宾馆礼堂举行签约仪式。成柏恒主持签约仪式。秦素梅、黄周会、王仲勤、刘宝珍、刘国正、牛兴民及6县县委或县政府主要领导、安定区四大班子领导、有关部门及乡镇负责人，甘肃省腾胜农产品集团公司等110多家国内外企业客商代表及新闻媒体记者共200多人参加签约仪式。定西市与全国各地客商签约项目56项，签约资金9.06亿元。其中马铃薯购销合同39项，销售马铃薯86.33万吨（新大坪15万吨），签约资金4.33亿元；精淀粉购销合同16项，销售精淀粉11.96万吨，签约资金4.73亿元；马铃薯薯叶购销合同1项，销售薯叶7000吨，签约资金532万元。

中国·定西2005'马铃薯产业发展暨经贸洽谈会签约仪式

同日下午，全省马铃薯产业座谈会在定西召开。省农牧厅副厅长尚勋武主持座谈会，省内7个市州、30个县区分管农业工作的领导和农业部门负责人参加座谈会。

会议期间，安定区与兰州铁路局举行座谈会，研究解决马铃薯外运中急需解决的问题。李旺泽向兰州铁路局局长助理高金阳介绍了马铃薯产销情况，提出马铃薯运销中存在的困难和问题。高金阳表示将尽一切努力满足安定区马铃薯外运需求，确保每天发送30个车皮以上，确保马铃薯外运畅通。

中国·定西2006'马铃薯产业发展论坛暨经贸洽谈会

10月15—18日，在定西市安定区举行。由甘肃省农牧厅、定西市人民政府主办，安定区人民政府承办，通渭、陇西、临洮、渭源、漳县、岷县人民政府协办。大会主题：走向世界的定西马铃薯。

10月15日晚7时30分，在定西宾馆二楼礼堂举行新闻发布会。省农牧厅副厅长尚勋武、市委副书记杨志武先后介绍全省及定西市马铃薯产业发展情况。市委常委、宣传部部长郑红伟主持新闻发布会。市委、市政府和7县(区)主要领导、分管领导及定西市宣传、农业、科技、招商、经贸、发改、财政、金融等部门负责人，安定区各乡镇负责人参加新闻发布会。中央电视台、新华社、人民日报等中央新闻媒体驻甘记者站及省内各新闻媒体记者参加新闻发布会。

16日上午，在定西国家农业科技园区博览中心举行开幕式。民盟中央社会服务部部长郭勇，中央文献研究室第二编研部副主任黄峥，中国特产之乡推荐暨宣传活动组委会主任刘真等国家有关单位领导；省人大常委会副主任丁泽生，省政协副主席喇敏智等省上领导；亚太经合组织粮农分会副秘书长、中国农业大学客座教授卢勇，中国农科院院长助理谢开云，兰州大学经济学院院长、教授高新才，兰州大学经济学院教授宋超英，甘肃省农科院马铃薯研究所所长王一航，天津顶峰淀粉集团董事长兼总经理胡中萍，美国国民淀粉公司技术总监赵从伟等国内外专家学者等参加开幕式。国家农

中国·定西2006'马铃薯产业发展论坛暨经贸洽谈会开幕式

业部、国际马铃薯中心中国办事处、天津经济协作办公室、浙江省金华市为大会发来了贺电和贺信。尚勋武、刘真分别讲话，武汉乘龙蔬菜集团董事长曹成龙代表客商发言。开幕式上演出了精彩的文艺节目。参加开幕式的还有省农牧厅、扶贫办、文化厅、财政厅、科技厅、文联、工商局、经委、农机局、商务厅、乡镇局等省直部门负责同志，贵州毕节地区、贵州农科院、天水师院、金川公司等友好城市和帮扶单位负责同志，上海、武汉、南京、长沙、广州、深圳、香港等地企业家、商界代表，定西市7县区党政主要领导和市、县(区)农业部门负责同志，各方面代表4000多人参加了开幕式。开幕式后，与会代表参观定西国家农业科技园区博览中心大楼马铃薯展览，安定区马铃薯经销协会介绍运作情况。中央和省内外新闻媒体记者参加大会并进行报道。

16日上午11时，在定西火车站举行马铃薯专列发送仪式。国家有关单位领导、省上有关领导、省直有关部门领导、定西市四大班子领导及各县区领导、协会

会员代表、新闻媒体记者共 150 余人参加仪式。李旺泽主持发送仪式,杨志武讲话。11 时 38 分,兰州铁路局副局长张憬发布发车令。43 个车皮 2580 吨品质优良的新大坪马铃薯专列启程,发往广州大朗市场。

16 日下午,与会代表观摩考察安定区巉口镇贮藏库群,甘肃薯峰淀粉制品公司变性淀粉生产线,甘肃金大地食品有限公司,甘肃超兴淀粉制品公司全粉生产线,甘肃爱兰薯业公司,安定区香泉镇马铃薯良种繁育基地等企业和基地。

17 日,在定西市政府礼堂举办专家论坛。市政府副市长成柏恒作主题报告,天津顶峰淀粉集团董事长兼总经理胡中萍,中国农科院院长助理谢开云,甘肃省农科院马铃薯研究所所长王一航,兰州大学经济学院教授宋超英,兰州大学经济学院院长、教授高新才,甘肃省农牧厅副厅长尚勋武,亚太经济合作组织粮农分会副秘书长、中国农业大学客座教授卢勇,美国国民淀粉公司技术总监赵从伟分别作专题报告。有关方面领导和马铃薯贸易客商近 1000 人参加论坛。

17 日下午,在定西宾馆二楼礼堂举行签约仪式。市政府副市长成柏恒主持签约仪式。定西市与国内外各地的客商共签订项目 43 项,签约金额达 9.06 亿元。其中马铃薯鲜薯购销合同 21 项,销售鲜薯 61.8 万吨;马铃薯精深加工产品购销合同 20 项,销售精淀粉 8.7 万吨;彩色马铃薯新品种引进协议 1 项,种植基地合同 1 份,种植面积 8000 亩。其中安定区签订鲜薯购销合同 15 项,销售鲜薯 36.8 万吨。安定区马铃薯经销协会与上海蔬菜集团公司签订 5 万吨的鲜薯销售合同,签约资金 4000 万元;定西薯峰淀粉有限公司与天津顶峰淀粉开发有限公司签订变性淀粉购销合同 4000 吨,签约资金 3200 万元。

第六节　中国·定西马铃薯大会

中国·定西 2007'马铃薯产业发展暨经贸洽谈会

9 月 28—29 日,在定西市安定区举行。国家农业部和甘肃省人民政府主办,农业部种植业管理司、甘肃省农牧厅和定西市人民政府承办。大会主题:走向世界的定西马铃薯。

9 月 25 日上午,省政府新闻办公室在兰州宁卧庄宾馆举行新闻发布会。市委副书记黄周会介绍将于 9 月 28 日在定西召开的全国马铃薯产业发展经验交流会议有关情况,省农牧厅副厅长尚勋武、市农业局局长高占彪、安定区委书记李旺泽分别介绍甘肃省、定西市和安定区马铃薯产业发展情况,回答记者的提问。新华社、人民日报社、中央人民广播电台等中央及省内各新闻媒体的 30 多名记

中国·定西2007'马铃薯产业发展暨经贸洽谈会开幕式

者参加新闻发布会。

28日，在定西马铃薯综合交易中心举行开幕式。民盟中央主席、全国人大常委蒋树声，国家农业部副部长危朝安，国务院扶贫办副主任王国良，中国农科院副院长、中国马铃薯专业委员会主任屈冬玉，民盟中央秘书长高栓平，民盟中央社会服务部副部长郭勇，民盟中央社会服务部原副部长盛栾庆,中央文献研究室办公厅副主任王云瑞,信息产业部信息化推进司副巡视员张宝泰等有关司局领导;省委副书记刘伟平,省人大常委会副主任石作峰,省政协副主席李宇鸿等省上领导;省政协副秘书长、研究室主任杜孟嘉,民盟甘肃省主任委员、省政协常委、兰州市副市长张世珍,民盟甘肃省主任委员、省政协常委、省政协副秘书长周鹰,各省市区农业厅厅(局)长、种植业处处长、农技站站长及9个省市区扶贫办领导和出席全国马铃薯产业高端论坛的各位专家学者,兰州铁路局副局长苏在朝,省经委副主任于光明,省商务厅党组成员、纪检组长王勇谦,以及定西市和安定区的友好城市及帮扶单位领导,联想集团、摩托罗拉北京分公司的代表,全国从事马铃薯经销及加工的部分客商代表,中央及省级主要新闻媒体记者,全省各市州和40多个县市区农业局、农技站领导,定西市四大班子和各县区、各部门负责人,城乡群众近万人参加开幕式。蒋树声、危朝安、王国良、屈冬玉、刘伟平、石作峰、李宇鸿、武文斌为大会剪彩。开幕式表演了精彩的文艺节目。开幕式结束后,与会领导和代表参观全国马铃薯产业发展成果展览。

28日上午11时许,在定西火车站举行马铃薯专列发送仪式。蒋树声及石作峰、李宇鸿、高栓平、郭勇、盛栾庆、王云瑞、张宝泰、杜孟嘉、张世珍、周鹰、苏在朝、于光明、王勇谦,定西市四大班子领导,陇西车务段、定西火车站领导,友好城市领导,定西市六县领导,安定区四大班子领导,重点客商代表,经销协会会员代表,新闻媒体记者150多人参加专列发送仪式。王美萍主持专列发送仪式。市长助理、区政府区长郭维团致辞。蒋树声以及国家有关部委司局领导、省上领导、省直有关部门领导为马铃薯专列发送剪彩。兰州铁路局副局长苏在朝发布发车令。满载着优质新大坪的 45 节车皮、承载量 2700 吨马铃薯专列从定西发往广州。

28 日下午,与会代表观摩凤翔镇马铃薯标准化种植基地、甘肃超兴淀粉制品有限公司、巉口镇马铃薯贮藏库群、定西市马铃薯脱毒快繁中心等企业和基地。

29 日上午 11 时 30 分,在西锦大酒店举行签约仪式。市上领导秦素梅、郑红伟、张敏政、景亚安及 7 县区主要领导出席签约仪式。市长助理、区政府区长郭维团主持签约仪式。共签约项目 37 项,签约资金 10.12 亿元。其中马铃薯鲜薯购销合同20项,58.1 万吨,销售金额 5.2 亿元(出口合同 2 项,1.6 万吨,800 万美元);马铃薯深加工产品购销合同 17 项,合同金额 4.69 亿元。

29 日下午,由中国马铃薯专业委员会主办,甘肃省农牧厅和定西市人民政府承办的"全国马铃薯产业发展高端论坛"在市政府礼堂举行。中国农科院副院长、中国马铃薯专家委员会首席专家屈冬玉主持论坛。黑龙江省马铃薯研究所研究员盛万民、中国农业科学院蔬菜花卉研究所研究员黄三民、中国农业科学院博士谢开云、中国农机化研究院研究员刘文秀、兰州大学经济学院博士高宏霞分别作专题报告。国家有关部门领导,省直有关部门领导,各地客商代表、企业家,市上四大班子在家领导,市直部门负责人、农口部门干部职工、各县区主要负责同志及农业局局长,安定区四大班子负责同志、各乡镇和区直部门党政主要负责人、马铃薯经销协会、淀粉行业协会、种植大户近千人聆听报告。

全国马铃薯产业发展经验交流会

2007 年 9 月 29 日上午,在定西宾馆二楼礼堂召开。农业部副部长危朝安主持会议并作重要讲话,国务院扶贫办副主任王国良出席会议并讲话。会议总结交流近年来各地发展马铃薯的做法和经验,研究推进马铃薯产业发展的对策措施,制定加快马铃薯产业发展规划,全面部署马铃薯生产工作。

危朝安指出,农业部已制定了加快马铃薯产业发展规划,在新的历史条件下大力发展马铃薯产业是确保国际粮食安全的战略举措,也

全国马铃薯产业发展经验交流会在定西隆重召开

是促进农民增收的迫切需要,农业部计划到"十一五"期末,全国马铃薯种植面积达到1亿亩,比2006年增加2500万亩;单产达到1200千克,比2006年提高200千克;加工比例20%,比2006年提高5个百分点。危朝安指出,发展马铃薯产业要坚持区域发展、种薯先行、科技兴薯和产业化推进的战略方向,着力推进布局区域化,建立东北、华北、西北、西南、南方五大马铃薯优势产区;着力推进种薯良种化,加强优质专用马铃薯品种选育,建立健全种薯质量控制体系,加快脱毒种薯繁育和推广步伐;着力推进种植标准化,大力推广马铃薯标准化种植技术,全面提升马铃薯生产水平;着力推进经营产业化,建立马铃薯生产基地和专业化批发市场,培育专业合作组织,发展马铃薯精深加工,促进产销衔接;着力推进合作国际化,积极扩大商品薯出口,开展脱毒种薯、种薯质量控制、马铃薯生产机械和加工设备等方面的国际交流与合作。

全国各省、市、自治区农(牧)业厅厅长及西部地区扶贫办主任,甘肃省14个地州市农牧局局长、农技中心主任、15个重点县农业局局长、农技中心主任,新闻记者共200余人参加会议。

2008'中国·定西马铃薯大会

9月18—19日,在定西市安定区召开。由国家农业部、甘肃省人民政府主办,农业部种植业管理司、甘肃省农牧厅、定西市人民政府承办。大会主题:马铃薯·粮食安全。

9月10日下午,在省政府新闻发布中心举行新闻发布会。省农牧厅副厅长刘志民通报大会筹备情况。市委常委、副市长成柏恒,区委常委、副区长祁永和分别介绍定西市和安定区马铃薯产业发展情况。市委常委、宣传部部长郑红伟及市、区农业等有关部门负责人,中央驻甘新闻单位,香港《文汇报》《大公报》,省市46家新闻媒体记者参加新闻发布会。

18日上午,在定西马铃薯综合交易中心举行开幕式。全国政协副主席、民革

2008'中国·定西马铃薯大会隆重开幕

中央常务副主席厉无畏出席会议并宣布大会开幕。农业部副部长危朝安、国家粮食局副局长郄建伟、中国农科院副院长、宁夏回族自治区政府主席助理、甘肃省人民政府科技顾问屈冬玉，民盟中央社会服务部副部长郭勇；省政协主席陈学亨，省委副书记刘伟平，省人大常委会副主任洛桑·灵智多杰，副省长泽巴足，省政协副主席黄选平，省长助理夏红民，省人大常委会秘书长张开勋等出席开幕式。市委副书记、市长许尔锋主持开幕式，市政协主席秦素梅及市上四大班子在家领导参加开幕式。农业部副部长危朝安、甘肃省副省长泽巴足分别讲话。全国27个省、市、自治区农牧厅负责人，内蒙古、陕西、黑龙江、青海等马铃薯主产区有关方面负责人，参加马铃薯产业发展高端论坛的马铃薯专家，省直有关部门和单位相关负责人，各市州、县区政府领导和农业部门的负责人，马铃薯产业开发方面的知名企业代表等出席大会。人民日报、新华社、中央电视台等21家媒体的56名记者进行宣传报道。

18日上午，在定西宾馆举行签约仪式。厉无畏以及国家有关部委领导，陈学亨、泽巴足、黄选平等省上四大班子领导，石卫东、孙宁兰、尚勋武等省直有关单位负责同志，市区领导许尔锋、秦素梅、牛兴民、成柏恒、李旺泽、位志荣、张敏政、赵新文、郭维团以及各县主要负责同志出席签约仪式。参加签约仪式的还有市直、安定区有关部门负责人，项目签约双方代表以及新闻媒体记者共300余人。市政府副市长陈尊峰主持签约仪式。共有25个合作项目签约，签约资金13.6亿元。其中马铃薯鲜薯购销合作6项，61.8万吨，资金6.3亿元；马铃薯精深加工产品购销合作12项，资金5亿元；马铃薯良种购销合作2项，资金595万元；马铃薯产业项目投资合作4项，资金2.2亿元；技术合作项目协议1项。

18日下午，在定西火车站举行马铃薯专列发送仪式。兰州铁路局副局长王传河，市上领导牛兴民、成柏恒、韩中林、景亚安，区上领导王仲谦、郭维团、宗学谦、田怀林、张荐贤，市、区有关部门负责人，区马铃薯经销协会会员，新闻媒体记者共150多人参加发送仪式。郭维团主持发送仪式。成柏恒、王传河分别讲话，与会领导为专列发送仪式剪彩，兰州铁路局副局长王传河发布发车令。满载42节车皮、载重2520吨的优质新大坪马铃薯鲜薯专列发往广州。

18日下午，由农业部种植业管理司、甘肃省农牧厅和定西市人民政府主办的2008'中国·定西马铃薯大会高端论坛在定西市政府礼堂举行。论坛主题：走向世界的定西马铃薯。全国政协副主席、民革中央常务副主席厉无畏作了题为《发展创意农业，推进社会主义新农村建设》的主题报告，深入阐述了发展创意农业的内涵。国家农业部种植业管理司副司长胡元坤、甘肃省农牧厅产业处处长程浩明、荷兰马铃薯育种专家杨万鲁恩、加拿大马铃薯专家亚仕都作专题报告。部分参会代表、新闻媒体记者共1000人参加论坛。

19日上午8时，参加会议的部分代表现场观摩定西市马铃薯脱毒种薯快繁中心、香泉镇马铃薯原种网室扩繁基地、香泉镇后湾马铃薯标准化种植基地、高峰乡马铃薯标准化种植基地。

9月19日下午，安定区邀请部分商界、企业家代表召开恳谈会。李旺泽主持会议。天津立特比兰业生物科技有限公司董事长胡中萍，中国淀粉工业协会马铃薯淀粉专业委员会主任、内蒙古奈伦农业科技股份有限公司董事长周庆峰，云南润凯淀粉有限公司行政部总经理石建雄，韦斯伐里亚分离机(中国)有限公司工程师王文杰，上海蔬菜集团专用线经营公司经理陈良，广州大朗农产品集散地经理谢永团，深圳农产品进出口公司经理郑清旋等商界、企业家代表参加会议并作了发言。王仲谦、杨海荣、祁永和、宗学谦、王勇、焦烈、张荐贤等区上领导，定西火车站，区经贸、农业、农办、工商等部门负责人，区马铃薯经销协会、淀粉行业协会会员，新闻媒体记者200多人参加会议。

2009'中国·定西马铃薯大会

9月26—27日，在定西市安定区召开。农业部和甘肃省人民政府主办，农业部种植业管理司、甘肃省农牧厅、定西市人民政府承办。大会主题：马铃薯产业与农民增收。

9月10日，在省政府新闻发布中心举行新闻发布会。省农牧厅副厅长尚勋武，市委常委、副市长成柏恒，市长助理、区政府区长郭维团分别介绍了甘肃省、定西市、安定区马铃薯产业发展情况以及马铃薯大会筹备情况。新闻发布会后，举行马铃薯题材大型报告文学《土豆天下》首发式。

9月26日上午10时，在定西马铃薯交易中心举行开幕式。农业部党组成员、人事劳动司司长梁田庚，省委副书记刘伟平，省人大常委会副主任马尚英，省政府副省长泽巴足，省政协副主席邵克文以及市上领导许尔锋、秦素梅、牛

2009'中国·定西马铃薯大会开幕式

兴民、王建太、成柏恒、梁春满、李晓林、位志荣、王美萍、李晋利等出席开幕式。许尔锋主持开幕式,牛兴民宣读了全国人大常委会副委员长、民盟中央主席蒋树声和全国政协副主席、民进中央常务副主席罗富和发来的贺信。梁田庚、泽巴足分别作了讲话。刘伟平宣布大会开幕。中央和国家部委、省市领导剪彩。农业部、中央文献研究室、中国农业银行、国家质检总局、国家工信部等部门有关司局负责同志,省委、省人大、省政府、省政协办公厅和工委有关负责人,民革甘肃省委有关负责人,省农牧、扶贫、农行、工信、发改、科技、财政、商务、农发行、储备、信用联社等部门有关负责人,全国马铃薯主产区代表,国内外专家学者及科研单位人员,兰州铁路局负责人,甘肃省各市州、县区负责同志,市上四大班子在家领导,省内外参展商和定西社会各界人士等共 5000 余人参加开幕式。新华社、人民日报、中央电视台等 34 家中央及省市媒体的 68 名记者对大会进行采访报道。开幕式结束后,刘伟平、梁田庚、马尚英、泽巴足、邵克文以及许尔锋、秦素梅等国家部委和省、市领导、参会代表参观了马铃薯科技成果展览。

26 日上午 11 时,在定西火车站举行马铃薯专列发送仪式。梁田庚、刘伟平、马尚英、邵克文等国家部委、省、市领导及相关部门负责同志出席专列发送仪式并剪彩。位志荣主持专列发送仪式,成柏恒致辞。11 时 30 分,兰州铁路局局长吴云天发布发车令。42 节车皮、2520 吨的新大坪鲜薯专列从定西火车站发往广州。

26 日上午,在定西宾馆二楼礼堂举行签约仪式。梁田庚、张秀娟、曾衍德、黄连贵、牛犁等国家有关部委领导,刘伟平、马尚英、邵克文以及张生桢、程正明、杜孟嘉、武文斌、尚勋武、王景辉、杨肃昌等省上和有关部门领导,许尔锋、秦素梅等市上四大班子在家领导,各县区党委、政府主要负责同志,有关科研院所领导、专家、学者、科研人员,马铃薯主产区农业部门负责同志,新闻媒体记者,项目签约双方代表等参加签约仪式。黄爱菊主持签约仪式。共有 32 个项目签约,签约资金 11.8 亿元。其中,马铃薯鲜薯购销合同 9 份,数量 54.15 万吨,签约资金 4.92 亿元;马铃薯精深加工产品购销合同 12 份,签约资金 5.1 亿元;马铃薯良种购销合同 4 份,签约资金 3840 万元;马铃薯产业投资项目合同 3 份,签约资金 1.1 亿元;技术合作项目合同 2 份;马铃薯耕作机械研发推广项目合同 2 份,签约资金 3000 万元。签约项目中,安定区签约 16 项,签约资金 6.5 亿元。

26 日下午,由农业部种植业管理局、甘肃省农牧厅、定西市人民政府主办的2009'中国·定西马铃薯大会专家论坛在定西市政府礼堂举行,来自国内著名的马铃薯专家学者共同探讨马铃薯产业发展大计。尚勋武主持大会论坛,成柏恒致辞。农业部脱毒种薯检验测试中心常务副主任、黑龙江省农科院植物脱毒苗木研究所所长李学湛,农业部农业产业化办公室常务副主任黄连贵,中国马铃薯产业委员会秘书长、东北农业大学教授陈伊里,甘肃省农牧厅副厅长尚勋武分别作专题报告。国家有关部门领导,省直有关部门领导,各地客商代表、企业家,市上四大班子在家领导,市直部门负责人、农口部门干部职工,各县区主要负责同志及农业局局长,安定区四大班子负责同志、各乡镇和区直部门党政主要负责人、马铃薯经销协会、淀粉行业协会、种植大户近千人聆听了报告。

26日下午,中国淀粉工业协会马铃薯淀粉专业委员会第一届八次理事会在定西宾馆举行。工信部、农业部、质检总局等国家有关部委负责人,全国各省区大中型马铃薯生产企业及相关机械制造业负责人参加会议。

27日,全国人大常委会副委员长、民盟中央主席蒋树声莅临定西调研。陪同调研的有民盟中央秘书长高拴平,省委常委、省委统战部部长刘立军,民盟甘肃省委主任委员、省政协常委、兰州市副市长张世珍以及市上领导秦素梅、李旺泽、位志荣、王美萍等。蒋树声一行调研了巉口镇马铃薯储藏窖的运营及仓储情况、青岚山乡上坪村部分农户和大坪村新农村建设情况,并为打鹿村新建成的希望学校——贺家岔学校揭牌。在听取市、区工作汇报后,蒋树声讲了三点体会。第一个体会是,这20多年来翻天覆地的变化充分证实,今后最重要的还是要坚持发扬"三苦精神";第二个体会是,定西市提出的"三个顺应、三个遵循"的工作指导原则,充分体现了科学发展观的内涵,促进了当地经济社会又好又快发展;第三个体会是,定西今后要取得长足发展,教育仍然是关键。没有教育,没有科技,经济社会各方面的发展步伐将会受到极大影响,要让定西的年轻人都接受先进的教育,使他们成为今后定西发展的主力军。蒋树声一行还看望了部分定西城区民盟盟员。

27日上午,与会代表实地观摩定西市爱兰马铃薯种业有限公司、凤翔镇南川万亩陇薯3号马铃薯加工薯生产基地、定西薯峰淀粉有限责任公司和甘肃圣大方舟马铃薯变性淀粉有限公司。国家有关部委、省直有关部门和全国马铃薯主产区代表,省内部分市州农业局局长,国内外专家学者,重点客商代表,各级新闻媒体记者参加观摩。王仲谦、杨海荣、祁永和、曹信、张荐贤等区上领导陪同观摩。

27日下午,分别举行加工企业恳谈会、鲜薯产销衔接会和良种推介会。市政府副市长王明寿为加工企业恳谈会致辞,定西市中小企业管理局局长李宝环、区政府副区长焦烈分别介绍定西市和安定区马铃薯加工及重点项目情况。中国淀粉工业协会马铃薯淀粉专业委员会会长周庆锋、韦斯伐里亚分离机(中国)有限公司工程师王文杰、甘肃祁连雪淀粉工贸有限公司董事长廖国泰、甘肃圣大方舟马铃薯变性淀粉有限公司副总经理赵斌、北京宏达食品技术有限公司总经理孙红光等从不同角度对定西马铃薯产业的发展提出建设性的意见和建议。参加马铃薯大会的企业界、商界代表、区人大常委会副主任王勇，定西市16家马铃薯加工企业、区直有关部门负责人参加会议。

市长助理王全进参加鲜薯产销衔接会，深刻分析定西马铃薯生产销售状况、销售趋势。区政协主席杨海荣参加会议并讲话。区委常委曹信主持会议。区人大常委会副主任田怀林对马铃薯销售工作提出具体要求。定西火车站和区农办、马铃薯经销协会、农行、农村信用社的负责同志介绍马铃薯营销和服务产业情况，与来自上海、福建、武汉等地的客商讨论并交流马铃薯产销衔接等相关问题。

省种子管理站副站长吴正强参加良种推介会，介绍全省马铃薯产业发展及良种生产推广情况，河北省承德大丰马铃薯种业有限公司、新加坡利农公司、定西市爱兰马铃薯种业有限公司的负责人作交流发言。全省从事马铃薯脱毒种薯生产的10家企业，有4家在安定区扩繁种薯，形成年生产脱毒苗8000万株、原原种1.2亿粒的生产能力，占全省的60.2%；建立脱毒原种扩繁基地5000亩，生产原种7500吨，安定区成为省内原种生产规模最大的县区。王仲谦、祁永和、张荐贤等区上领导，市、区农业部门负责人、技术人员，区内各种薯企业及客户共100多人参加会议。

2010'中国·定西马铃薯大会

9月16—17日，在定西市安定区隆重举行。由农业部和甘肃省人民政府主办，农业部种植业管理司、甘肃省农牧厅、定西市人民政府承办。会议主题：马铃薯集群发展与贸工农一体化。

9月6日上午9时，在国务院新闻办发布厅举行新闻发布会。省新闻办主任梁和平主持新闻发布会，甘肃省农牧厅副厅长韩临广，市委副书记、市长许尔锋介绍甘肃省、定西市马铃薯产业发展及大会筹备情况。市、区领导秦素梅、马虎成、郑红伟、位志荣、王美萍、王向机、赵众炜、卢建军、柴生芳参加新闻发布会。中央电视台、人民日报社、新华网、香港文汇报、大公报、俄中日报等86家中外媒体的113名记者参加新闻发布会。

16日上午9时30分，在定西马铃薯交易中心举行开幕式。全国政协副主席、民盟中央第一副主席张梅颖宣布大会开幕，农业部展览馆党委书记沈镇昭，省政协主席陈学亨，省委副书记鹿心社，省委常委、省委宣传部部长励小捷，省人大常委会副主任马尚英，省政府副省长泽巴足，省政协副主席、民盟甘肃省委主委张世珍，国家发改委农经司副司长、巡视员胡恒洋，科技部农村司副司长曹一化，国

2010' 中国·定西马铃薯大会开幕式

家工商总局商标局副局长郭连连，中央文献研究室机关党委专职副书记张家权，商务部市场建设司副处长方林，省委副秘书长、省档案局局长刘玉生，省人大常委会副秘书长、办公厅主任薛金山，省人民政府副秘书长石卫东，省委农办主任王义，省农牧厅厅长武文斌，市区领导秦素梅、许尔锋、牛兴民、马虎成、成柏恒、郑红伟、陈尊峰、梁春满、李晓林、位志荣、王美萍、王仲谦、赵众炜、郭景虎等 1200 多人参加开幕式。许尔锋主持开幕式。中央和国家有关部委领导，全国马铃薯主产区负责人，国内外科研单位专家、学者，国内外商界、企业界代表，各市州、县市区负责人以及当地干部群众 1 万多人参加开幕式。

16 日 11 时，在定西火车站举行马铃薯专列发送仪式。马尚英、泽巴足、沈镇昭、胡恒洋、郭连连、张家权、薛金山、石卫东、王传河、许尔锋、王永生、王向机、董继信以及香港无国界梦想成真基金会主席黄桂荣等参加专列发送仪式并进行剪彩。赵众炜主持发送仪式，王向机致辞。参加专列发送仪式的还有中央和国家有关部委领导、兰州铁路局以及定西市、安定区四大班子领导，安定区马铃薯经销协会会员，中央、省、市各级新闻媒体记者共 120 多人。兰州铁路局常务副局长王传河发布发车令，42 节车皮、3538 吨新大坪鲜薯专列发往广州。

16 日上午 11 点 30 分，在定西宾馆举行签约仪式。陈学亨、马尚英、泽巴足、沈镇昭、胡恒洋、张家权以及省直有关部门领导薛金山、石卫东、武文斌、常正国、王勇谦、刘保平、方建功等，市上领导秦素梅、许尔锋、牛兴民、郑红伟、位志荣、王向机等出席签约仪式。刘富春主持签约仪式。参加签约仪式的还有省直、市直有关部门负责人以及各县县委书记、县长，项目签约双方代表，社会友好人士，新闻媒体记者共 200 多人。签订马铃薯鲜薯销售及精淀粉加工购销合同 40 项，签约资金16.2 亿元。其中安定区签约项目 16 项，签约金额 6.15 亿元。

16 日下午 3 时，在定西市人民政府礼堂举行高端论坛。杨祁峰主持论坛，王向机致辞。中国农业大学教授、博士生导师吴学明，中国农业科学院研究员、国际马铃薯中心驻京办事处主任谢开云，中国食品工业协会马铃薯专业委员会副会长、高级工程师徐开生，内蒙古农科院研究员、中国马铃薯专业委员会种薯生产部主任李文刚，省农牧厅副厅长、研究员杨祁峰作专题报告。科研院所有关专家学者，定西市四大班子领导，市直部门负责人，各县县委书记、县长，安定区四大班子领导、各乡镇(街道)和区直部门党政主要负责人，市、区农口部门全体干部职工，区马铃薯经销协会、淀粉行业协会会员，新闻媒体记者共880多人聆听报告。

16日下午3时，与会代表现场观摩定西市爱兰马铃薯种业有限责任公司、青岚山乡马铃薯标准化种植基地、甘肃圣大方舟马铃薯变性淀粉有限公司。中央和国家有关部委领导，甘肃省领导及省直有关部门领导，部分市区农业局领导，全国马铃薯主产区领导，市直有关部门负责人，重点加工企业、客商代表参加观摩活动。区上领导柳生坠、柴生芳、贾文举等陪同观摩。

17日上午，分别举行加工业恳谈会、良种推介会和鲜薯产销衔接会。市政府副市长刘富春参加加工业恳谈会，介绍定西市马铃薯产业发展情况。柴生芳、王勇等参加会议。安徽中诚塑业科技有限公司董事长胡雪林等与会企业和商界就定西马铃薯产业的发展提出了建设性的意见建议。与会企业界、商界代表，市区马铃薯加工企业、定西市中小企业管理局和区财政、发改、招商、环保、工商局以及农行、农发行、信用社等金融部门负责人参加会议。

区政府副区长贾文举主持良种推介会。省种子管理总站副站长吴正强、市长助理王全进分别介绍甘肃省和定西市马铃薯良种生产推广情况。定西爱兰薯业有限公司总经理周爱兰代表与会种薯企业发言，呼伦贝尔鹤声薯业发展有限公司经理赵广明代表与会客商发言。来自全国各地的马铃薯良种购销企业、农业部门与定西市部分良种繁育企业签订马铃薯良种购销协议。黑龙江、湖北、内蒙古、河北、新疆、新疆生产建设兵团、山西等省区和省内各地的马铃薯良种购销企业，市内8家马铃薯良种繁育企业，各县区种子管理站站长、种子协会会长，农业技术人员，安定区各乡镇分管农业的乡(镇)长，新闻媒体记者参加良种推介会。

区委常委、区政府常务副区长祁永和主持鲜薯产销衔接会。定西火车站、区马铃薯经销协会负责人在发言中提出如何加强协作，搞好马铃薯销售工作。北京新发地农产品电子交易中心的销售代表就定西马铃薯产销信息化远景规划提出建议。南京江陵蔬菜市场销售代表简要介绍马铃薯产销终端市场的运输、储藏和销售情况。全国各大终端市场的客商代表，铁路等有关部门负责人，各乡镇党委书记或乡镇长，区马铃薯经销协会会员，新闻媒体记者参加会议。

在举办马铃薯节会的同时，安定区还组团参加了2009年8月在陕西定边举办的全国第二届马铃薯饮食文化节，2010年4月在北京举办的第一届中国国际薯业博览会,2010年5月在贵州举办的2010中国马铃薯大会暨贵州马铃薯文化节,2010年9月在兰州举办的全省第一届农业博览会等一系列大会。组织企业参展,开展品牌宣传推介,宣传推介定西马铃薯,学习外地发展马铃薯产业经验,开展对外交流与合作。

第二章　马铃薯良种

第一节　马铃薯品种

1986 年以来,定西县(安定区)推广种植的马铃薯品种有陇薯 1 号、陇薯 2 号、陇薯 3 号、陇薯 5 号、陇薯 6 号、陇薯 7 号、陇薯 8 号、陇薯 9 号、陇薯 10 号,渭薯 1 号、渭薯 2 号、渭薯 8 号、大白花、小白花、渭会 1 号、高原 4 号、青海 552 号、甘农 7 号、青引 2 号、青引 5 号、夏波蒂、武薯 8 号、天薯 107 号、早大白、克新 1 号、克新 2 号、克新 6 号、新大坪、D1533、庄薯 3 号、青薯 9 号、费乌瑞特、大西洋、LK99、定薯 1 号、定薯 2 号、黑美人、台湾红皮、武薯 9 号、武薯 10 号、堪内贝克、K299、中薯 5 号、紫白花等 44 个品种。

大白花

传统当家品种。生育期 130 天以上,晚熟品种,菜用商品薯。株型半直立,株高 70 厘米,花白。结薯多而集中,薯块椭圆形,皮白肉黄,表皮光滑,芽眼中等,个头大,口感好。对环腐病、病毒病及晚疫病均有一定抗性。淀粉含量 18% ~ 20% 左右,还原糖 0.4%,适宜在干旱山区、二阴山区及高寒山区种植,宜垄作和坑种,在半干旱区亩产 2500 ~ 3000 千克。食用口感佳。

渭薯 1 号

从渭源县引进。属晚熟淀粉加工和菜用兼用型品种。株型直立,分支中等。茎绿色,叶小,浅绿色,长势强,花白色。块茎长形,皮肉色白,中等大小,芽眼深,表皮光滑。淀粉含量 16% 左右。结薯较集中,抗晚疫病和黑胫病,易感环腐病,退化慢。平均亩产 2300 ~ 2500 千克,最高亩产 3500 千克,适宜于二阴及旱地种植。

渭薯 8 号

从渭源县引进。属晚熟品种,生育期 125 天左右,口感好,抗病,淀粉含量 18.97%、还原糖 0.24%、维生素 C17.4 毫克/100 克、粗蛋白质 1.18%,属菜用型品种。适应性强,抗旱,薯型好,块茎大,商品率高,平均亩产 3500 千克左右,适应海拔 1800～2200 米的地区种植。

陇薯 3 号

陇薯 3 号

甘肃省农业科学院粮作所育成。中晚熟品种,植株直立,花白色,块茎圆形或椭圆形,皮肉色黄,生育期 110 天左右,大中型薯率 90% 以上,干物质含量 24.1%～30.7%、淀粉 20.09%～24.25%、粗蛋白质 1.78～1.88%、还原糖 0.13%～0.18%、维生素 C26.0 毫克/100 克。水旱地均可种植,亩产 1800～3700 千克。

陇薯 4 号

甘肃省农业科学院粮作所育成。中熟品种,生育期 90～100 天、株型半直立,株高 55～60 厘米,花冠白色。出苗快而齐,幼苗长势强,植株繁茂,结薯集中,单株结薯 4~5 颗,薯块大而整齐,大中型薯率 80% 以上,薯形椭圆,皮色淡黄,薯肉白色,芽眼浅。干物质含量 23.8%～27.5%、淀粉 15.64%~19.67%、粗蛋白质 2.0%~2.2%、还原糖 0.28%、维生素 C18.9~22.3 毫克/100 克,口感较好,品质优良,适合粮、菜和食品加工多种用途,为兼用型品种。

陇薯 5 号

甘肃省农业科学院粮作所育成。中晚熟品种,生育期 115 天左右。株型半直立,幼苗生长势强,成株繁茂。茎绿色,叶片墨绿色,花冠白色,无天然结实。结薯集中,薯块大,薯块椭圆形,皮肉色白,皮较光滑,芽眼较深,薯块休眠期较长,耐贮藏运输。干物质含量 26.65%、淀粉 19.49%、粗蛋白质 2.44%、还原糖 0.57%、维生素 C27.7 毫克/100 克,是优良的菜用型品种,也可用作淀粉加工原料。高抗晚疫病,对花叶、卷叶病毒有较好的田间抗性。生产试验、示范亩产 2363～3415 千克,比各地主栽品种增产 18.9%～55.6%。

陇薯 6 号

甘肃省农业科学院粮作所育成。中晚熟品种,生育期 115 天左右。株型半直立,主茎分枝数多,株高 70～80 厘米,幼苗长势强,成株繁茂。茎绿色,叶片深绿色,花冠乳白色,无天然结实。结薯集中,薯块扁圆形,皮淡黄肉白,芽眼较浅。薯块休眠期中长,较耐贮藏。食用与加工品质优良,干物质含量 27.75%、淀粉 20.05%、粗蛋白质 2.04%、维生素 C15.53 毫克/100 克、还原糖 0.22%,高淀粉、低还原糖,适宜淀粉加工和全粉加工。抗病性强,植株高抗晚疫病,对花叶卷叶病毒具有很好的田间抗性。适宜在高寒阴湿、二阴及半干旱地区推广种植。

新大坪

定西市安定区农技中心选育。生育期 115 天,中熟品种。株高 40 ~ 50 厘米, 叶色墨绿,花白色,薯型椭圆,白皮白肉,芽眼浅,结薯集中,耐贮藏。干物质含量 22.3%、淀粉 20.19%、还原糖小于 0.16%。食用品质优良,口感好,适合加工薯条、薯片和全粉。亩产 2000 ~ 2500 千克,适宜在半干旱地区种植。

新大坪

武薯 8 号

幼苗生长势强,茎秆绿色,株形直立,株高 84 ~ 108 厘米,结薯集中,皮白、肉淡黄色,芽眼一般在 12 个左右,还原糖 1.03%,粗蛋白质 1.35%、维生素 C21.5 毫克/100 克。抗晚疫病和病毒病,较抗环腐病和黑胫病。喜水肥,耐贮藏运输。是高产、高淀粉优质品种,亩产一般在 2500 千克以上。

武薯 9 号

幼苗生长势强,株型直立,茎秆紫色,株形紧凑,株高 130 厘米左右。皮紫色,肉白色,芽眼稀而深,结薯集中,薯块椭圆形,薯大,结薯个数少,口感好,淀粉含量高,抗晚疫病,适宜在定西地区川水地和二阴地区种植,亩产一般为 2300 ~ 2700 千克。

武薯 10 号

早熟品种。白花、薯圆形,皮较粗,芽眼较稀,薯肉淡黄色,淀粉含量高。叶色深绿,茎半直立,株高 80 ~ 90 厘米。适宜在海拔 2300 ~ 2500 米半川地、半山地种植。

一般亩产 2000～2200 千克。

青薯 9 号

青海省农林科学院育成。品质优,抗病,抗旱,高产稳产,抗晚疫病、病毒病,抗旱性强。干物质含量 25.72%、淀粉 19.76%。

大西洋

原产地美国。生育期 80~90 天,早熟品种。花冠白色,块茎圆形,薯皮浅黄,有麻点网纹,薯肉白色,芽眼较浅,结薯集中,耐贮藏,不抗晚疫病。干物质含量 23%、淀粉 18%、还原糖小于 0.16%。食用口感好,是炸片的最佳品种。亩产一般为 1000 千克左右,适宜于水川区种植。

大西洋

夏波蒂

原产地加拿大。生育期 85 天左右,早熟品种。叶色浅绿,花冠白色,薯型长椭圆形,皮色浅黄,肉白色,表皮光滑,芽眼极浅而突出,结薯集中,喜水肥,不抗晚疫病。干物质含量 19%～23%、淀粉 18.4%、还原糖小于 0.2%。食用品质优良,口感好,特别适宜油炸,是马铃薯薯条加工的理想原料。亩产一般为 1000～1500 千克,适宜水肥条件较好的水川地区种植。

费乌瑞特

原产地荷兰。早熟高产品种,生育期 80 天左右。花紫色,块茎长椭圆形,芽眼少而浅,表皮光滑,耐贮藏,淡黄皮,薯肉鲜黄色,食用品质极好,干物质含量 17.7%、淀粉 12.4%～14%、还原糖小于 0.3%、粗蛋白质 1.55%、维生素 C13.6 毫克/100 克。抗马铃薯 Y 病毒,对 A 病毒和癌肿病免疫,植株易感晚疫病。块茎中度抗病。生长势强,茎粗壮繁茂,叶片大,早期扩展迅速,块茎形成早、膨大快、结薯集中。一般亩产 1500 千克,高产可达 2500 千克,适宜水川地区种植。

D1533

属早中熟品种。薯块椭圆形，芽眼特浅，淀粉含量20%左右，还原糖0.22%。耐贮藏运输，适合加工薯条、薯片、全粉或雪花粉。

堪内贝克

薯形扁圆形，大小均匀，芽眼少而浅，表皮光滑耐贮藏。干物质含量23.2%、淀粉16%~18%、粗蛋白质1.25%、还原糖0.4%、维生素C16.4毫克/100克，蔬菜食用品质极好。亩产1500~2000千克。

克新2号

黑龙江省农业科学院马铃薯研究所育成。中熟菜用和淀粉加工兼用型品种。茎粗壮，分枝多，叶绿色，花淡紫红色。块茎圆形至椭圆形，表皮光滑，大而整齐，皮黄肉淡黄，表皮有网纹，块茎大而整齐，芽眼较浅，顶芽有淡红色素，块茎休眠期长，耐贮藏。生育期90天左右，淀粉含量15%~16.5%、蛋白质1.5%、还原糖0.86%、维生素C13.8毫克/100克，抗晚疫病，退化轻，抗旱，亩产1500千克左右。

台湾红皮

原产地荷兰。中晚熟品种，生育期115天左右，适应性和抗旱性较强。叶色深绿。块茎短椭圆形，表皮粗糙，耐运输，皮红色，肉黄色，芽眼浅，口感好，油炸色泽鲜亮。淀粉含量14%左右，属菜用型品种，主要用于炸薯片。对马铃薯A病毒免役。亩产一般1500千克，高产可达2500千克。

第二节　良种引进、扩繁和推广

1996年，定西地区旱农中心生产陇薯3号、大西洋、夏波蒂、台湾红皮、费乌瑞特脱毒原原种100万粒，建立原种扩繁基地50亩、一级种扩繁基地100亩。

1999年，旱农中心生产脱毒原原种800万粒，建立原种扩繁基地600亩、一级种扩繁基地500亩。是年，县种子公司从山东省潍坊市引进加工型专用薯夏波蒂1000千克，投放到西寨、内官营、西巩驿、团结等水川地区试验种植。县农委从渭源县五竹乡调进77—847(后定名渭薯8号)马铃薯新品种48吨，投放到青岚山、新集、鲁家沟、御风、称钩驿、黑山、香泉、景家泉等8个乡进行扩繁。各乡镇从渭源、榆中调进马铃薯良种192吨。全县建立优质商品马铃薯基地2569亩。县农委在西寨乡池沟村拍卖"四荒"地40亩,成立高效农业综合开发公司,建立77—847良种繁育基地,亩产1500千克。

2001年,县种子公司从甘肃省农科院调入陇薯3号和77-847一级种薯1500千克。2002年,县种子公司在青岚山乡大坪村建立陇薯3号种子扩繁基地500亩。2003年,县种子公司引进克新1号。

2004年,区种子公司在青岚山乡建立1000亩陇薯3号良种基地,提纯复壮陇薯3号和新大坪1500亩。区农技中心在西川专用薯原原种繁育基地和巉口区站农业科技示范场栽植大西洋、夏波蒂脱毒苗85万株,生产微型种薯80万粒;在符家川镇高阳村搭建防虫网棚100亩,生产夏波蒂原种100吨。是年,旱农中心扩繁新大坪、陇薯3号、大西洋、夏波蒂、费乌瑞

脱毒苗在营养钵苗壮成长

特脱毒原原种2500万粒,建立原种扩繁基地2800亩、一级种扩繁基地2000亩。

2005年,区农技中心在西川专用薯原原种繁育基地和巉口区站农业科技示范场培育陇薯3号、新大坪、大西洋、夏波蒂脱毒苗300万株,生产微型种薯112万粒;在团结、香泉镇种植夏波蒂、大西洋专用薯500亩,总产480吨,以0.70元/千克的价格销往临洮三江公司用于全粉生产。爱兰种业有限公司在香泉镇西寨村以反租倒包的形式种植大西洋500亩,总产620吨。是年,区上协调信贷资金276万元,统一调运旱农中心等种薯企业扩繁的新大坪良种3540吨、陇薯3号良种1918吨,投放到各乡镇扩繁推广。

联栋日光智能温室培育马铃薯脱毒苗

2006年,区农技中心在

内官营、青岚山、石峡湾、李家堡、宁远等5个乡镇进行26个马铃薯新品种引进试验,在高峰、符家川、石峡湾、李家堡、宁远等5个乡镇建立500亩K299新品种示范基地。区农业部门依托爱兰种业有限公司生产脱毒微型薯200万粒,在香泉镇建立300亩新大坪、陇薯3号原种扩繁基地,在石泉乡建

日光温室扩繁原原种

立陇薯3号脱毒种薯扩繁基地4000亩,生产二级种5000多吨,探索出"政府引导、企业经营、农户参与、市场运作"的马铃薯脱毒种薯扩繁机制。各乡镇组织调运马铃薯良种4576吨,建立种薯扩繁基地。

2007年,区农技中心在内官营、香泉、凤翔、青岚山、西巩驿等5个乡镇进行46个马铃薯优质品种(系)试验,对2006年试验结果表现较好的庄薯3号、L0227—18、L0029—39、L0032—19、"团结薯"、K299等6个新品种(系)建立3个品种示范园。在香泉镇搭建马铃薯扩繁防虫网棚500亩,建立马铃薯脱毒原种生产基地740亩(其中新大坪340亩、陇薯3号400亩),扩繁原种740吨。在石泉乡建立一级种薯扩繁基地2600亩(其中新大坪1800亩、陇薯3号800亩),扩繁一级种2600吨。各乡镇组织调运马铃薯良种4439吨,群众互换良种8869吨。

2008年,区农技中心在团结、石峡湾、凤翔、内官营、李家堡、巉口等6个乡镇进行36个新品种(系)对比试验,筛选出L325—17、L0332—3、L0307—30、L0032—19、L0227—18、L0321—4等6个新品种试验验证,中薯5号、定薯2号、陇薯7号示范推广。旱农中心、爱兰、百泉、凯凯等4家马铃薯种薯企业生产脱毒微型薯,在香泉、高峰建立脱毒原种扩繁基地1620亩(其中网棚扩繁900亩),生产原种1800吨。区上筹资300万元补贴到原种环节,在石泉等乡镇建立一级

钢拱架防虫网棚种植原原种扩繁生产原种

脱毒种扩繁基地 6500 亩,生产一级种 7000 吨。建立种子田 4200 亩,各乡镇组织调运马铃薯良种 2900 吨(其中陇薯 3 号 1200 吨、新大坪 1200 吨、陇薯 6 号 500 吨),群众互换 10400 吨,良种应用率 90%。

2009 年,区农技中心引进定选 1 号、晋薯 7 号等 29 个新品种(系)进行试验,对定选 2 号、GD1 等 4 个品种开展示范,对大西洋、夏波蒂、紫白花、费乌瑞特、克新 6 号示范推广。爱兰、凯凯、旱农中心、百泉 4 家种薯企业生产新大坪、陇薯 3 号、费乌瑞特等原原种 2500 万粒,在香泉、团结、高峰建立脱毒原种网棚扩繁、高山隔离扩繁、机械化扩繁基地 2950 亩。区政府筹资 241 万元补贴到原种扩繁环

搭建防虫网棚生产一级种薯

节(新大坪补贴 1.20 元/千克、陇薯 3 号补贴 1.00 元/千克),向石泉、香泉、高峰、内官营等 16 个乡镇调运脱毒原种 2600 吨、一级种 6500 吨,建立新大坪一级种扩繁基地 9000 亩,陇薯 3 号一级种扩繁基地 9000 亩。

2010 年,全区 6 家马铃薯脱毒种薯企业年生产原原种能力 1.2 亿粒,占全省的 60.2%,向安定区订单生产 3850 万粒;建立原种扩繁基地 5000 亩,生产原种 3295 吨;一级种生产基地 3 万亩,二级种生产基地 15 万亩,初步建立健全新品种引进试验示范、优势品种脱毒快繁、当家品种提纯复壮三大良种繁育体系,良种化率 100%,形成原原种、原种、一级种梯级扩繁体系,脱毒种薯覆盖率 65%以上,安定区已成为全国最大的县(区)级马铃薯脱毒种薯扩繁基地。

香泉镇马铃薯种薯扩繁基地

2005—2010 年安定区马铃薯良种扩繁推广统计表

表 9-2-1

单位:万粒、亩、吨

年份	原原种		原 种		一级种		二级种		良种推广	
	企业生产能力	向安定区订单生产	面积	产量	面积	产量	面积	产量	面积	产量
2005	2000	150	100	103	400	460	1500	2250	15000	22500
2006	3000	400	300	300	980	1020	4600	6900	22500	33750
2007	5000	870	800	596	1924	1823	10200	15300	69000	103500
2008	8000	1000	1620	1800	5444	6500	18230	27345	153000	229500
2009	10000	2500	1815	3295	11800	16240	65000	97500	273450	410175
2010	12000	3850	5000	3295	30000	16240	150000	225000	465000	697500

第三节 马铃薯种薯质量管理

种薯企业管理

2008 年,区种子管理站按照《甘肃省马铃薯脱毒种薯质量管理办法》的要求,清理整顿马铃薯种薯企业生产、经营许可证,严格执行企业准入制度。定西市爱兰马铃薯种业有限责任公司、定西市凯凯生态园植物快繁有限公司、甘肃定西百泉马铃薯有限公司、定西市旱作农业科研推广中心、定西市甲天下农产品产销专业合作社、定西市安定区金峰马铃薯种业有限公司等 6 家马铃薯种薯企业相继取得《农作物种子生产许可证》。

农业技术人员检查马铃薯长势情况

生产基地管理

2005—2010 年,区内马铃薯种薯企业在 19 个乡镇选择气候冷凉、隔离条件较好、周围 300~500 米没有商品薯种植、轮作年限至少在一年以上、土壤无检疫性病虫害的地块,建设马铃薯脱毒种薯扩繁基地 30.9 万亩,生产马铃薯脱毒种薯 42.60 万吨。

种薯质量管理

2009年,省农牧厅下达安定区马铃薯良种繁育基地建设项目,由区种子管理站组织实施,购置检测仪器14台(套),建立马铃薯脱毒种薯病毒检测中心,检测脱毒种薯样品120份,检测品种5个。是年,对马铃薯脱毒原种和一级种生产基地田间检验2次,面积7500亩。2010年,对马铃薯脱毒原种和一级种田间检验2次,面积1.5万亩。

马铃薯田间管理

种薯档案管理

区种子管理站对马铃薯种薯生产地点、来源、产地环境、种植农户、种薯级别进行建档管理。2008年建立种薯生产档案180份,2009年650份,2010年1500份。

马铃薯大田机械喷药

种薯标签管理

2009年,区种子管理站按照《甘肃省马铃薯种薯生产和经营管理办法》规定要求,统一定制包装袋和标签,原种为黄网袋蓝标签,一级种为白网袋棕色标签。是年,统一包装和标签原种3295吨、一级种1.6万吨。2010年,统一包装和标签原种1万吨、一级种4.5万吨。

马铃薯机械采挖

种薯贮藏管理

按照因地制宜、科学贮藏的原则,减少马铃薯种薯窖藏损失。2008 年种薯贮藏损失在 10%以下,2009 年种薯贮藏损失在7.5%以下。

第四节　马铃薯种薯繁育企业

定西市旱农中心马铃薯脱毒种薯快繁中心

定西市旱农中心位于定西国家农业科技园区,1996 年开始培育马铃薯脱毒种薯,2001 年组建甘肃省马铃薯工程技术研究中心。拥有 260 平方米组培室,800 平方米病毒检测和品质测试分析实验楼,800 平方米原原种恒温贮藏库,2000 平方米原种半地下式贮藏库,1000 平方米自然光照培养室,800 平方米雾培生产线,3 万平方米高效节能温室,1000 亩防虫网棚原种生产基地和 1 万亩一级种薯扩繁基地,具备年产脱毒苗 2000 万株,脱毒微型薯(原原种)

定西市旱农中心培育的马铃薯新品种定薯 1 号

3000 万粒的种薯快繁中心及规模化专业种薯生产基地, 拥有先进的仪器设备和国内领先的脱毒快繁及病毒检测技术。2008 年,自主培育出淀粉、薯片加工型品种定薯 1 号和中早熟菜用型品种定薯 2 号。1996—2010 年,培育大西洋、夏波蒂、费乌瑞它、台湾红皮、新大坪、陇薯 3 号、陇薯 8 号、定薯 1 号、定薯 2 号、庄薯 3 号、青薯 9 号等马铃薯脱毒原原种 2.83 亿粒,在定西市 7 县区和古浪、景泰、静宁、新疆吉木乃等地建立原种生产基地 28530 亩,一级种薯基地 22400 亩,是全省 6 家马铃薯种薯重点生产企业之一。

定西市爱兰马铃薯种业有限责任公司

2001 年组建,位于定西国家农业科技园区,资产总额 6400 万元,其中固定资产 4164 万元,拥有 4000 平方米组织培养室、420 平方米办公楼、380 座日光温室和1.3 万平方米贮藏设施以及先进的组织培养快繁设备和马铃薯机械化耕种设

定西市爱兰马铃薯种业有限公司种薯繁育中心

备。员工 190 人，其中技术人员 28 人，中级以上技术职称人员 5 人。主要从事专用型马铃薯品种选育、脱毒种苗组织培养、种薯规模化生产及订单商品薯购销等产业化开发经营，形成一整套管理与生产技术体系和引进开发与市场营销体系。自主和合作完成科研成果 3 项，成果达国内领先水平，其中一项获市科技进步一等奖。年产新大坪、陇薯 3 号、大西洋、夏波蒂、费乌瑞特、台湾红皮、早大白等马铃薯脱毒微型种薯 3000 万粒，种薯基地 500 亩，商品薯订单生产基地 2.5 万亩，带动农户 11500 户，是全省 6 家马铃薯种薯重点生产企业之一。

定西市凯凯生态园植物快繁有限公司

2002 年组建，位于定西国家农业科技园区，注册资本 1000 万元，独资企业。主要从事马铃薯良种扩繁生产和示范推广，繁育陇薯 3 号、新大坪和大西洋等 10 多个品种，产品供给甘肃、新疆、山东、内蒙古、黑龙江等 10 多个省区。按照专业化、标准化、优质化、一体化的要求，建立基地，扩繁推广，初步建立脱毒苗、原原种、原种、一级种薯生产的马铃薯良种繁育体系和"龙头企业+基地+农户"的产业化经营模式。2010 年，按照订单合同的办法，建立原种扩繁基地 1500 亩，发展种薯生产专业户 920 户，辐射带动内官营、香泉、鲁家沟、高峰等 15 个乡镇 80 个村 2 万农户，示范

定西市凯凯生态园植物快繁有限公司香泉马铃薯种薯基地

推广面积 2.5 万亩,是全省 6 家马铃薯种薯重点生产企业之一。

定西百泉马铃薯有限公司

2000 年 5 月,定西地区农业处批准成立的民营科技种子企业,位于定西国家农业科技园区。员工 38 人,其中高级技术职称人员 2 人,中级技术职称人员 3 人,下岗职工、农民工 33 人。有种子贮藏窖 3000 平方米, 可贮藏原原种 3000 万粒、种薯 3000 吨。2004 年 10 月, 注册 "黄都百福"种薯和"黄都百福"休闲食品商标。主要繁育陇薯 3 号、陇薯 5 号、陇薯 6 号、新大坪、大西洋、夏波蒂、费乌瑞特等马铃薯良种。2010 年,生产马铃薯

定西百泉马铃薯有限公司香泉镇马铃薯标准化种植基地

脱毒种苗 1500 万株,脱毒微型薯 2250 万粒,原种 3000 吨,一级种薯 5000 吨。

定西市甲天下农产品产销专业合作社

1997 年,成立定西市东方土产经贸有限公司,位于巉口经济开发区,主要从事马铃薯鲜薯销售。2009 年 7 月,更名为定西市甲天下农产品产销专业合作社,入社社员 404 人,入股资金 123.8 万元, 主要从事马铃薯鲜薯与良种的订单种植和购销。建成马铃薯贮藏库 6000 立方米,种薯贮藏库 1400 立方米,固定资产514.4 万元。当年投入资金 80 万元,在巉口、宁远镇投放马铃薯良种 1200 吨, 建立新大坪、陇薯 3 号、庄薯 3

定西市甲天下农产品产销合作社标准化生产基地

号马铃薯良种扩繁基地 1.31 万亩,辐射带动农户 1500 多户,平均亩产 2 吨以上,户均收入 1 万元以上。销售鲜薯 2.6 万吨,存储8000 吨,销售收入 5200 万元,净利润 262 万元,社员分红 18 万元。

定西市安定区金峰马铃薯种业有限公司

2007 年 12 月注册成立,注册资金 100 万元。主要扩繁马铃薯陇薯 3 号原种、一级种,新大坪原种、一级种生产、销售。员工 15 人,其中中级以上职称专业技术人员 9 人。2008—2010 年,繁育优质马铃薯种薯 3 万多吨,销往青海、宁夏、内蒙古、新疆等地。

安定区金峰马铃薯种业有限公司种薯繁育基地

第三章　马铃薯种植

第一节　马铃薯种植简史

马铃薯起源和世界马铃薯的发展

马铃薯原产于南美洲安第斯山区的智利和秘鲁,为印第安人驯化,在世界上栽培的最早文献记载是 1536 年。据考证,马铃薯在原产地的栽培历史已达 4000 年以上。17 世纪,马铃薯由荷兰人从海外传入中国,很快在内蒙古、河北、山西、甘肃、陕西普及。世界马铃薯面积分布以欧洲、亚洲为主,中国、俄罗斯、乌克兰、印度四大生产国占世界种植面积的一半。全球约有 150 个国家和地区种植马铃薯,面积 3 亿亩左右,总产量 3 亿多吨,是仅次于水稻、小麦、玉米的第四大作物。

中国马铃薯种植居世界首位

中国是世界上最大的马铃薯生产国。全国种植面积稳定在 8000 万亩,总产量 8000 多万吨,均居世界首位。主产区为西南、西北、内蒙古和东北地区。种薯生产已形成了适宜不同生态条件的脱毒种薯生产体系,脱毒马铃薯应用面积占 20%以上。2006 年,国家农业部出台了《关于加快马铃薯产业发展的意见》。2007 年,农业部首次在定西召开全国马铃薯产业发展经验交流会。2008 年,农业部印发了《全国马铃薯优势区域布局规划(2008—2015 年)》,坚持区域发展、种薯先行、科技兴薯和产业推进的战略思路,建立东北、华北、西北、西南、南方五大马铃薯优势产区,大力推进布局科学化、种薯优质化、种植标准化、经营产业化、加工精深化、合作国际化,马铃薯产业形成集群发展与贸工农一体化的良好态势。

甘肃省马铃薯种植位居全国第三

2010 年,甘肃省马铃薯种植面积 979 万亩,生产鲜薯 1100 万吨,仅次于内蒙古和贵州省。甘肃省将马铃薯产业作为重点优势产业扶持,支持脱毒种薯扩繁、加工、贮藏和市场流通体系建设,形成中部淀粉加工型、河西及沿黄灌区全粉加工专用型、陇东南早熟菜用型三大专业生产基地,集中产区面积占全省种植面积的 70%以上。先后育成陇薯系列、天薯系列、武薯系列、庄薯系列和甘农薯等新品种

(系)40多个。甘肃省农科院选育的高淀粉品种陇薯3号，淀粉含量高达20.09%～24.25%，成为全省马铃薯主栽品种和淀粉加工专用品种。全省脱毒种薯生产企业(单位)发展到40多家,种薯生产趋向企业化、市场化和规范化。

定西跻身全国马铃薯三大集中产区

定西市是中国种植马铃薯的最佳适宜区之一。2010年全市马铃薯种植面积328万亩,成为全国马铃薯三大集中产区。2009年全市生产脱毒苗1亿株、原原种1.5亿粒,2010年建成马铃薯原种扩繁基地1.6万亩,建立一级种基地18.7万亩、二级种基地75万亩,脱毒种薯生产能力居全国之首。组建甘肃省马铃薯工程技术、甘肃省马铃薯淀粉加工工程技术、甘肃省马铃薯变性淀粉工程技术3个省级马铃薯工程技术研究中心,研发出35种马铃薯变性淀粉新产品,市旱农科研推广中心和爱兰公司选育出了5个优质马铃薯新品种(系),是全国重要的马铃薯科研育种基地。建成各类贮藏窖(库)93万眼(座),贮藏能力306万吨;马铃薯批发交易市场50多个,其中农业部定点专业批发市场4个,贮藏、流通和品牌营销体系全国一流。农民人均纯收入中25%以上来自马铃薯产业,马铃薯已由昔日的"救命薯"、"温饱薯"变成今日的"脱贫薯"、"致富薯",是农民获益最多的马铃薯优势产区。

安定区着力打造"中国薯都"核心区

安定区马铃薯产业基本实现种植规模化、品种优质化、生产标准化、耕作机械化、基地订单化,产业体系趋于完善,贸工农一体化的发展格局基本形成。坚持无公害、绿色、有机食品的标准化生产,全面推广以黑膜种植为主的马铃薯高产高效技术和综合抗旱技术,2010年马铃薯种植面积104万亩,总产量135万吨。建立健全新品种引进试验示范、优势品种脱毒快繁、当家品种提纯复壮三大良种繁育体系,脱毒种薯覆盖率达到100%,形成了原原种、原种、一级种梯级扩繁体系,生产脱毒原原种1.2亿粒。全区精淀粉、变性淀粉、全粉、休闲食品等各类薯制品加工生产线达到22条,年加工能力27.5万吨,马铃薯鲜薯贮藏能力60万吨以上,已成为全国最大的县(区)级商品薯标准化种植基地、种薯扩繁基地、精深加工基地、仓储基地和全国具有影响力的价格形成中心、信息发布中心、物流集散中心、技术研发中心、产品宣传展示中心,着力打造"中国薯都"核心区。

第二节　马铃薯种植基地建设

　　坚持以建成全国一流的马铃薯种植基地为目标,以市场为导向,以科技为支撑,以龙头企业为带动,运用市场化理念和工业化思维指导马铃薯基地建设,加快脱毒种薯、新品种、新技术和标准化生产的推广力度,实现由面积扩充总量向品质提升单产转变。

种植规模逐年扩大

　　1999 年,全县种植马铃薯 48.91 万亩,超过小麦成为种植面积最大的作物。2004 年,马铃薯种植面积 74 万亩,建立千亩以上示范片带 48 个、9.5 万亩,其中万亩以上示范片带 8 个、10.4 万亩。2010 年,马铃薯种植面积 104 万亩,建立千亩以上示范片带 84 个、64.75 万亩,其中万亩以上示范片带 11 个、12.75 万亩。推行"统一优良品种、统一种子处理、统一配方施肥、统一种植模式、统一机械耕种、统一病虫害防治"的标准化种植模式,建立优质、稳定、可控的良种扩繁、优质商品薯和专用加工薯标准化生产基地。

马铃薯良种培育

加快良种繁育步伐

　　把优质种薯繁育推广作为提高马铃薯产业竞争力的关键性措施,按照"政府主导、多元经营、主体参与、市场运作"的良种扩繁机制,形成以企业为主的优势品种脱毒快

香泉镇香泉村马铃薯标准种植基地化

繁,以农业部门为主的新品种引进试验示范和以乡镇为主的当家品种提纯复壮三大良种繁育体系建设。爱兰、凯凯、旱农中心、百泉等4家种薯企业分别在香泉、高

峰、团结等乡镇建立原种扩繁重点基地,在石泉等乡镇建立了一级种扩繁基地,按照"订单收购"的办法,从事新大坪、陇薯3号、费乌瑞特、克新6号、LK99等优质种薯的脱毒快繁,由区种子管理站对种薯扩繁建档立卡,实行全程监管和技术指导。区农技中心每年引进新品种(系)开展试验研究,大面积

葛家岔镇马铃薯标准化种植基地

推广陇薯3号、陇薯5号和新大坪等品种,在团结、符家川等川水地区示范推广大西洋、夏波蒂、紫花白等中早熟品种。各乡镇大力推广小整薯播种和芽栽"一分田"种子工程,加快当家品种的提纯复壮,保持特有种性,提高种薯质量。

推广抗旱集成技术

立足抗旱生产,综合组装抗旱集成技术,全面推广地膜覆盖种植、良种应用、小整薯坑种、芽栽移植、旱地宝拌种、测土配方施肥、机械化耕作、病虫害防治等标准化栽培技术。2007年,试验推广地膜覆盖种植4200亩,增产效果十分显著。借

助旱作农业项目的机遇,不断加快黑色地膜在马铃薯生产中的应用步伐,2010年种植面积41.27万亩。抢抓国家实施农机具购机补贴的政策机遇,推广高效、实用的机械深松、旋耕、覆膜技术,提高马铃薯生产机械化作业水平。2004年,推广马铃薯机械化作业面积7800亩,2010年达到20万亩。

马铃薯种植基地建设中推广地膜全覆盖为主的综合抗旱增产技术。摄于团结镇联庄村

建立订单农业基地

引导、鼓励、支持马铃薯种薯企业、经销大户、加工企业通过产前投放良种、化肥、地膜等生产资料,产中提供技术服务,产后以高于市场价格收购的方式,与马铃薯示范基地农户签订订单合同,建立"公司+基地+农户"的订单农业生产基地,探索种植农户、经销商以及龙头企业三大主体风险共担、利益共享的产业化经营机制。2010年,马铃薯种薯企业、加工企业、协会会员建立种薯基地、加工薯基地、市场鲜销薯基地52万亩。

2004—2010年安定区马铃薯种植示范基地统计表

表9-3-1　　　　　　　　　　　　　　　　　　　　　　　单位:个、万亩

年份	马铃薯种植总面积	千亩以上示范片带	千亩以上示范面积	其中:万亩以上示范片带		机械化作业面积	地膜覆盖种植面积
				个数	面积		
2004	74	48	9.5	8	10.4	0.78	
2005	73	65	27	12	13.2	5	
2006	85	42	28	16	19.8	10	
2007	95	40	30	13	20.1	10	0.42
2008	103	43	36	16	18.5	13	1.9
2009	104	46	65	19	19.9	15	10.06
2010	104	84	64.75	11	12.75	20	41.27

第三节　马铃薯种植技术推广

良种选用技术

西南、东南部乡镇推广陇薯3号、陇薯5号等品种,北部乡镇以新大坪为主,水川区早熟马铃薯种植区域搭配种植大西洋、夏波蒂、费乌瑞特、LK99等品种,大力推广应用脱毒种薯。2004年,全区马铃薯良种覆盖率60%,2006年达到70%,2007年达到80%,2008年达到90%,2009年实现脱毒种薯全覆盖。

稀土新材料应用技术

稀土磷肥(基肥)、植物全营养素、大丰收、益植素可增加马铃薯苗高,推迟枯萎期,减少黑胫病、晚疫病等病害,提高单株生产能力。2004年,区农技中心在内

官营镇应用稀土材料种植马铃薯 330 亩,平均亩产 1536 千克,比对照增产 164 千克。是年,全区推广稀土材料示范 8688 亩。

抗旱小整薯播种技术

选用 100 克左右的小整薯,开挖大小 30～50cm、深 25～40cm 的播种坑,施足底肥,坑内均匀播种 2～3 粒小整薯,覆土堆集成土堆,或采取条播技术,减少土壤对块茎水分的吸收,避免细菌通过切刀传染马铃薯环腐病、黑胫病、晚疫病等病害,发挥顶芽优势,出苗早,植株生长健壮,抗病性强,适宜留种。2004 年,区农技中心在鲁家沟镇试验结果:亩产 1152 千克,比切薯增产 103 千克。2006 年全区推广小整薯播种技术 3.8 万亩,2007 年推广 6 万亩,2008 年推广 7.5 万亩,2009 年推广 7.5 万亩。

抗旱育苗芽栽技术

选背风向阳、土壤肥沃、墒情较好的地块,挖深 40～50cm 的苗床,种薯摆放顶部朝上,种薯之间留 3cm 左右空隙,覆土 7～10cm,地面加盖麦草,及时浇水。

抗旱覆膜芽栽

苗床内育芽长出 4～6 片叶子时即可掰芽。移栽时一边掰芽,一边栽植,用犁开沟,将薯芽根甩展,斜放在犁沟内。马铃薯芽栽使每个芽眼发芽移栽,多繁快繁,保持种性,适宜留种。2005 年,区农技中心在石峡湾乡三泉、大泉湾村户均推广 0.5 亩芽栽种子田,亩产 1681 千克。2006 年全区推广芽栽 6003 亩,2007 年推广 2.4 万亩,2008 年推广 1.5 万亩,2009 年推广 1.5 万亩。

测土配方施肥技术

1987 年,推广优化配方施肥技术,马铃薯种植按氮磷比 1：1 的经验值配方。2006 年,实施测土配方施肥技术项目,以土壤测试和肥料田间试验为基础,根据作物需肥规律、土壤供肥性能和肥料效应,合理施用有机肥料,提出氮、磷、钾及中、微量元素等肥料的施用数量、施肥时间和施用方法。2010年,全区推广测土配方施肥应用面积100万亩。

全膜双垄沟播技术

在旱川地和梯田、坝地大面积推广。施肥整地后,抢墒起垄覆膜。起垄时用划行器划行,大行宽70cm,小行宽40cm。大行一次性施足肥料后,用步犁沿大行划线,向中间来回翻耕起大弓形垄,大垄高5~10cm,小垄高5cm。选用120cm宽、厚度0.008~0.01mm地膜覆盖,每隔2~3m压土腰带。覆膜一周左右,待地膜紧贴垄面或降雨后,在垄沟内每隔50cm打微孔。播种时在大垄垄侧距集流沟10~15cm处用点播器打孔播种。株距40cm左右,每亩保苗3000~3500株。全膜双垄沟播技术通过大小双垄全地面覆盖地膜,充分接纳马铃薯生长期间的全部降雨,通过膜面汇集到集流沟,减少土壤水分的无效蒸发,提高地温,延长马铃薯生育期,有利中晚品种发挥增产潜力,具有明显的增产效果。2010年,区农技中心在青岚山、葛家岔、凤翔等乡镇开展马铃薯不同覆膜方式对比试验,亩产量依次为:全膜覆盖(接缝在小垄)1070.5千克,全膜覆盖(接缝在大垄)1049.5千克,膜侧沟播774.3千克,半膜覆盖699.3千克,露地栽培676.3千克。

半膜垄作播种技术

适宜在水川地区推广。施肥整地后,抢墒起垄覆膜。垄高10~15cm,垄面呈拱形,垄底宽60cm,膜间距40cm,起垄时按垄拉线,垄面拍平整细,用80cm宽的超薄膜覆膜,每隔4~5m压土腰带。播种时在垄面上按行距40cm、株距40cm挖窝点播。半膜垄播技术能大幅度提高降水的有效利用率,提高出苗率,保证马铃薯生长发育期所需水分,增产效果明显。

田间管理技术

及时查苗、补苗、摘花打顶和追肥。播种后25天左右及时检查幼苗出土,地膜覆盖种植地块苗孔错位时要引苗出膜,用细土封严播种孔。现蕾期垄间深锄,清除杂草,摘花打顶,减少养分和水分消耗;疏松土壤,提高垄间接纳雨水和向膜内渗透水分能力。大田出现马铃薯早疫病、晚疫病中心病株后及早防治。川水地区有条件的地方,在初花期和终花期适时灌水。当三分之二叶片变黄,植株开始枯萎时收获,及时清除废膜,以防污染土壤。

第四节 马铃薯病虫害防治

危害马铃薯的病虫害很多,马铃薯病害主要有黑胫病、环腐病、软腐病等细菌性病害,晚疫病、早疫病等真菌性病害,卷叶病毒病(PLRV)、Y病毒(PVY)、X病毒(PVX)等病毒性病害,马铃薯虫害主要有蚜虫、金针虫等。实践中采取"预防为主、防治结合"的原则,综合防治马铃薯病虫害。

轮作倒茬

马铃薯黑胫病、环腐病、软腐病等细菌性病菌和晚疫病、早疫病病原菌以菌丝可以在土壤中的植株残体上或贮藏期间的病薯上越冬,采取轮作倒茬,能够有效阻断土壤中残留病菌和菌丝的传播,减轻病害的发生和危害。

培肥地力

实施测土配方施肥,施足农家肥,增施钾肥、磷肥,避免偏施氮肥,培肥土壤,提高地力,高垄或高埂栽培,促进植株健康生长,减轻病虫害的发生和危害。

种薯处理

种薯切块前选种,剔除病、虫、烂薯,晒种3~4天。切薯时采用0.1%高锰酸钾溶液或75%酒精对切刀消毒。大田播种,种薯切块后放在甲霜锰锌和旱地宝(30千克水加甲霜锰锌75克,旱地宝100克,浸种薯100千克)中浸泡20分钟,捞出晾干后播种。种薯生产可选用7.25%亮盾(胳菌腈、适乐时)拌种,对马铃薯晚疫病、立枯丝核菌病、早疫病以及镰刀菌、半知菌引起的病害都有极好的防治效果。晾干后用600g/L高巧(吡虫啉)种衣剂拌种,预防苗期蚜虫,控制病毒病害传播途径。晾干后播种。每千克亮盾处理种薯2000千克,30毫升高巧处理原原种27千克、原种100千克。

药剂拌种

田间防治

马铃薯晚疫病病原菌以菌丝播种后,随幼芽生长侵入茎叶,然后形成分生孢子(孢子囊),通过空气或流水传播浸染。卷叶病毒通过蚜虫传播或嫁接传播,Y病毒(PVY)通过蚜虫传播,X病毒(PVX)通过汁液传播。播种后适时松土、除草、灌溉,加强田间管理,及时发现拔除有病植株,空窝施用石灰消毒。马铃薯晚疫病防治选择在7月下旬至8月上旬,亩用70%代森锰锌可湿性粉剂150克,或70%丙森锌可湿性粉剂150克,兑水45千克喷雾,每隔10天喷一次,连喷2次;8月中旬至9月上旬在晚疫病流行期,亩用58%甲霜锰锌可湿性粉剂

马铃薯大田喷药防病

100克,或72%霜脲锰锌可湿性粉剂150克,或687.5g/L氟菌霜霉威悬浮剂75毫升,兑水45千克喷雾,每隔10天喷一次,连喷3次;8月中下旬,亩用10%吡虫啉可湿性粉剂30克加喷2次防治蚜虫,防止传播病毒病。2009年,区农技中心建立马铃薯晚疫病综合防治示范点17个,示范面积11800亩,病情指数控制在10%以下。

挑选种薯

植株茎叶变黄时,选择晴好天气收获。严格挑选种薯,剔除带病薯、腐烂薯、破伤薯和虫蛀薯,田间晾晒5小时以上,在通风防冻的地方预藏10~20天,促进薯皮木栓化和愈伤组织的形成,完成后熟阶段,单窖贮藏。

贮藏窖消毒

清理窖内杂物,用甲醛和高锰酸钾发烟熏蒸。每立方米用高锰酸钾16克,甲醛(40%福尔马林)32毫升,水16毫升。在瓷盆中先加入甲醛和水,再加入高锰酸钾,稍加搅拌,密闭窖门和通气孔,熏蒸48小时。打开窖门和通气孔,通气48小时后入窖贮藏。

第四章　马铃薯市场营销

第一节　营销队伍

协会组织

2002 年 10 月 20 日,鲁家沟、白碌、葛家岔、景家泉上岘村、内官营、巉口 6 个洋芋经销协会在民政部门登记成立。

2003 年 6 月 30 日,定西县马铃薯经销协会登记成立。7 月 1 日,召开成立大会,选举产生协会会长、副会长、理事、副理事,发展会员 89 人,下设 23 个分会,分布全县 25 个乡镇。马维明当选为会长。协会提出"分散经营、集中管理、联合对外、统一营销"的销售战略,成为定西地区规模最大的马铃薯协会组织。

2006 年 5 月,安定区马铃薯淀粉协会登记成立,推选定西宏煊淀粉有限公司董事长周来喜担任会长,定西薯峰淀

定西县马铃薯经销协会成立大会

粉有限公司副总经理蒲海江担任党支部书记。协会会员 28 人,理事 12 人。协会以服务种植农户和马铃薯加工企业为宗旨,协调企业和农户建立原料订单生产基地,产前为农户提供良种,产中提供技术,产后拓展销路,确定原料最低收购价格,保护农民种植积极性。为全区 11 家淀粉加工企业提供信息服务,推行品牌营销战略,组织发送马铃薯精淀粉专列,占领终端市场。至此,全区共有马铃薯种植、销售、加工协会 27 家。

安定区(定西县)马铃薯协会一览表

表 9-4-1

序号	登记时间	协会名称	会　长	会员数	地　址
1	2002.10.20	定西县鲁家沟洋芋经销协会	杨维国	50	南川维国洋芋购销站
2	2002.10.20	定西县白碌乡洋芋经销协会	魏家常	50	白碌乡录丰村
3	2002.10.20	定西县葛家岔洋芋经销协会	王　雄	50	葛家岔农技站
4	2002.10.20	定西县景家泉乡上岘村洋芋经销协会	魏喜明	50	景家泉乡上岘村委会
5	2002.10.20	定西县内官营洋芋经销协会	牛建忠	50	内官营镇锦屏路 5 号
6	2002.10.20	定西县巉口洋芋经销协会	张维汉	50	巉口东方洋芋市场
7	2002.10.20	定西县凤翔洋芋经销协会	杨存生	50	北二十里铺村
8	2003.2.4	定西县西巩驿镇洋芋购销协会	张　林	50	西巩驿镇中驿村
9	2003.6.30	定西县马铃薯经销协会	马维明	89	定西金龙食品公司
10	2003.12.4	安定区称钩驿镇洋芋营销协会	牛廷奎	50	称钩驿镇周家河村
11	2003.12.4	安定区符家川镇洋芋经销协会	王书义	50	符家川镇石门水库
12	2004.3.4	安定区御风乡洋芋经销协会	史永良	50	御风农技站
13	2004.8.1	安定区石峡湾乡洋芋购销协会	张汉勇	50	石峡湾乡石峡湾村
14	2004.8.1	安定区石泉乡洋芋籽种经销协会	韩　军	50	石泉乡吕坪村
15	2004.8.29	安定区青岚山乡马铃薯产销协会	杨文平	50	青岚山乡青岚村
16	2004.10.10	高峰乡牌坊村洋芋经销协会	李生科	50	高峰乡牌坊村
17	2004.10.10	西寨乡洋芋经销协会	王俊花	50	西寨乡后湾村
18	2005.5.28	安定区新集洋芋经销协会	石小丽	50	新集粮站
19	2005.5.28	青岚山乡大坪村马铃薯产销协会	马志超	50	青岚山乡大坪村
20	2005.5.28	青岚山乡付家村马铃薯产销协会	李青春	50	青岚山乡付家村
21	2005.10.19	团结镇马铃薯购销协会	贵天祥	50	团结镇唐家堡村
22	2006.3.27	安定区石峡湾乡新建村马铃薯种植协会	齐　雄	50	石峡湾乡新建村
23	2006.3.27	安定区石峡湾乡三岔村马铃薯种植协会	刘彦懿	50	石峡湾乡三岔村
24	2006.3.30	安定区称钩驿镇阳坡村洋芋种植协会	张尚忠	50	称钩驿镇阳坡村
25	2006.5.1	安定区马铃薯淀粉协会	周来喜	28	宏煊淀粉有限公司
26	2006.8.23	安定区凤翔镇友谊村马铃薯协会	王　刚	50	凤翔镇友谊村
27	2006.11.12	安定区葛家岔镇北坪村马铃薯协会	李万雄	50	葛家岔镇北坪村

农民专业合作社

2007年8月2日,定西喜农马铃薯专业合作社在工商部门登记成立,发展会员600人,注册资金128万元,主要从事马铃薯及农产品收购、销售,是安定区第一家农民专业合作社。

2008年,葛家岔镇北坪村、石峡湾乡新建村、石泉乡石泉村、凤翔镇中川村、内官营镇万崖村、内官营镇锦屏蔬菜市场、李家堡镇李家堡村分别成立马铃薯产销农民专业合作社。内官营镇农民赵登文组建的安定区盈丰农产品经销专业合作社,发展会员166人,拥有占地60亩的马铃薯销售市场1处,占地70亩的蔬菜交易市场2处,占地20亩的蔬菜交易市场3处。当年收购量27万吨,其中单车外运25万吨,铁路运输2万吨,农户总收入1.5亿元,合作社成员人均从蔬菜、马铃薯产业中获得收入3500元。

2009年7月,长期从事马铃薯购销的定西市东方土产经贸有限公司,在工商部门登记更名为定西市甲天下农产品产销专业合作社。注册资金123.8万元,张维汉担任理事长。合作社社员404人(其中农民社员402人),入股资金123.8万元。合作社员工33人(贮藏技术人员2人、种植技术人员4人、检验人员2人),其中大专以上学历3人。建成马铃薯贮藏库6000立方米,种薯贮藏库1400立方米,固定资产514.4万元。2009年销售鲜薯2.6万吨,存储8000吨,销售收入5200万元,净利润262万元,分红18万元。

截至2010年底,全区农民专业合作社达到75个。其中,从事马铃薯种植、贮藏、销售的农民专业合作社17个,注册资金704.7万元,发展会员2242人,带动农户23457户,外销马铃薯鲜薯35万吨,年经营服务总收入6548万元,会员人均纯收入6099元。

安定区马铃薯专业合作社一览表

表9-4-2

单位:人、户、元、万元

法人代表	企业名称	会员数	带动农户	注册资金	年经营服务总收入	经营服务收入	会员人均收入	经营地址	经营范围	成立日期
肖映瑭	定西薯农马铃薯专业合作社	600	4800	128	1000	46	767	交通路68号	马铃薯栽培推广、种植、加工和开发、马铃薯及农产品收购、销售	2007.8.2
王菊花	定西市鑫铃马铃薯专业合作社	60	30	10	100	5	833	西川园区	马铃薯种植、销售及马铃薯无土栽培技术服务、整石粉、化肥、地膜零售	2007.9.28
李万雄	安定区北坪马铃薯产销农民专业合作社	235	178	15	350	15	638	葛家岔镇北坪村九盆湾社	马铃薯种植、销售	2008.4.24
齐雄	安定区新建马铃薯产销农民专业合作社	25	154	15	12	5	2000	石峡湾乡新建村	马铃薯种植、销售	2008.4.25
程章	安定区石泉洋芋良种农民专业合作社	60	80	2	13	8	1333	石泉乡石泉村刘坪社	马铃薯良种引进、筛选和培育	2008.4.29
贺雪红	定西诚宏马铃薯专业合作社	75	50	3	20	7	933	凤翔镇中川村黑土窝社50号	马铃薯种植、收购、销售及马铃薯栽培技术服务	2008.7.11
李富才	定西市内官富才洋芋专业合作社	50	60	30	30	15	3000	内官营镇万崖村六社	洋芋良种推广、种植、洋芋收购	2008.8.7
赵登文	安定区盈丰农产品经销专业合作社	166	13000	50	2000	800	48192	内官营镇锦屏蔬菜市场	蔬菜、马铃薯种植、购销	2008.8.26
何俊峰	安定区李家堡马铃薯专业合作社	85	100	3.82	106	32	3765	李家堡镇李家堡村	马铃薯购销、贮藏及信息咨询服务	2008.9.9

续表 9-4-2

单位:人、户、元、万元

法人代表	企业名称	会员数	带动农户	注册资金	年经营服务总收入	经营服务收入	会员人均收入	经营地址	经营范围	成立日期
屠伯荣	定西众益马铃薯专业合作社	500	3000	100	90	45	900	定西南川经济开发区	马铃薯购销、包装、加工、贮藏、种植、蔬菜、小杂粮购销	2009.4.21
杨晓东	安定区唐家堡马铃薯专业合作社	50	50	2.35	10	5	1000	团结镇联庄村	马铃薯销售、加工、运输、贮藏	2009.5.22
刘忠平	安定区联庄马铃薯专业合作社	50	15	0.3	9	4	800	团结镇联庄村十四社	马铃薯销售、加工、运输、贮藏	2009.5.22
张振强	安定区振强马铃薯专业合作社	50	50	10.2	70	35	7000	团结镇高泉村	马铃薯销售、加工、运输、贮藏	2009.5.22
张维汉	定西市甲天下农产品专业合作社	200	1500	100	2400	100	5000	巉口经济开发区	马铃薯、农产品的收购、储藏、种植、销售及信息咨询服务、化肥参售	2009.7.23
温成	安定区温成马铃薯经销专业合作社	5	300	180	300	10	20000	符家川镇兰星村	马铃薯的收购、销售、贮藏。	2009.10.16
申树明	安定区石峡湾马铃薯专业合作社	5	40	25	10	3	6000	石峡湾乡石峡湾村	马铃薯种植、收购、销售、贮藏。	2009.12.23
丁华	安定区丰收马铃薯专业合作社	26	50	30	28	4	1538	马铃薯交易中心B区南105房	马铃薯购销、种植、农副产品购销。	2010.3.23
合计	17	2242	23457	704.7	6548	1139	6099			

第二节　品牌营销

1999 年，定西金龙绿色食品有限公司投资 248 万元，建成鲁家沟马铃薯市场，2002 年申请注册"鲁家沟"马铃薯商标，成为定西县第一个马铃薯注册商标，在精品马铃薯包装纸箱上印制商标销售，品牌效应凸显，从事马铃薯收购、包装、销售的贩运大户纷纷效仿，注册马铃薯商标。

2004 年，安定区农牧局申请的定西马铃薯脱毒种薯及其制品，被国家质量监督检验检疫总局认定为原产地标记产品。区农牧局授权，马铃薯种薯扩繁企业销售中可以使用定西马铃薯脱毒种薯及其制品原产地标记。定西爱兰马铃薯种业有限公司注册"爱兰"马铃薯商标，甘肃定西百泉马铃薯有限公司注册"黄都百福"马铃薯商标。

"新大坪"薯形规则、外形好看、味道鲜美，深受市场青睐，成为精品马铃薯鲜销的首选品种，价格行情高涨，种植面积越来越大。2006 年，城关镇民主街党爱萍注册"新大坪"马铃薯商标。此后，青岚山乡马铃薯协会注

陇上大坪精品马铃薯装箱

册"陇中大坪"、"陇上大坪"马铃薯商标。

2007 年，定西石羊倍里工贸有限公司获得甘肃出入境检验检疫局颁发的出口蔬菜种植基地登记备案证书，登记备案面积 6600 亩（马铃薯、洋葱、胡萝卜、甘蓝等）。

2007 年，安定区马铃薯经销协会注册"薯都"商标，2008 年注册"定西马铃薯"商标，马铃薯销售大户均可使用"定西马铃薯"商标和"中国马铃薯之乡"品牌。

2010 年，安定区马铃薯经销协会"定西马铃薯"商标、定西爱兰马铃薯种业有限公司 "爱兰"商标被甘肃省工商行政管理局认定为 "甘肃省著名商标"。截至 2010 年，安定区注册马铃薯商标 28 个，获得马铃薯脱毒种薯原产地地理标志、出口蔬菜种植基地登记备案、陇薯 3 号绿色 A 级食品、有机食品等国家级认证。

表9-4-3

安定区马铃薯鲜薯、种薯注册商标统计表

序号	申请人名称	申请人地址	注册商标	注册号	类别	注册时间	商品/服务项目	备注
1	定西金龙食品有限责任公司	定西县南川经济开发区	鲁家沟	1948105	31	自2002年8月14日起 至2012年8月13日止	新鲜蘑菇;磨菇丝;黄瓜;新鲜蔬菜;新鲜蚕豆;鲜扁豆;洋葱;青蒜;鲜豆;鲜土豆	
2	定西喜成食用菌加工厂	甘肃省定西县西川开发区	喜成 XICHENG	3156418	29	自2003年4月21日起 至2013年4月20日止	腌制块菌;干食用菌;腌制蔬菜;干蔬菜	
3	甘肃金芋科技开发有限责任公司	甘肃省定西县定临路3号	金芋	3136979	31	自2003年11月14日起 至2013年11月13日止	鲜土豆;植物用种苗;植物种子;籽苗;植物种子;菌种;鲜食用菌;鲜扁豆;新鲜蚕豆;鲜豌豆	
4	定西海源农业科技发展有限责任公司	甘肃省定西县西川开发区	辉 王辉	3156420	31	自2004年1月14日起 至2014年1月13日止	新鲜蘑菇;磨菇丝;新鲜蔬菜;新鲜蚕豆;鲜食用菌;坚果(水果);鲜水果	
5	杨伟国	甘肃省定西县鲁家沟乡太平村喜家岘社		3623075	5	自2005年2月7日起 至2015年2月6日止	鲜土豆;新鲜蔬菜;鲜食用菌;新鲜蚕豆;食用植物根;新鲜豌豆;青蒜	
6	定西地区爱兰马铃薯种业有限责任公司	甘肃省定西县西川开发区	爱兰 AILAN	3733844	31	自2005年5月7日起 至2015年5月6日止	新鲜蔬菜;鲜土豆;植物种子;植物用种苗;植物种子;植物园鲜草本植物;鳞茎;花球茎;树木;鲜食用菌	2010获甘肃省著名商标
7	党爱洋	甘肃省定西县城关镇民主街12号		4242342	31	自2006年11月28日起 至2016年11月27日止	新鲜蘑菇;动物食用蛋白;动物食品;菌种;青蒜;植物种子;鲜扁豆;鲜豌豆;新鲜蔬菜;鲜土豆	2010获甘肃省著名商标

续表 9-4-3

序号	申请人名称	申请人地址	注册商标	注册号	类别	注册时间	商品/服务项目	备注
8	甘肃定西百泉马铃薯有限公司	甘肃省定西市安定区定临路3号		4122563	31	自2006年9月14日起至2016年9月13日止	植物种子;未加工谷种;植物种子;新鲜蔬菜;新鲜蚕豆;鲜土豆;鲜豌豆;花球茎(水果);杏仁(水果);新鲜的园艺草本植物	
9	安定区青岚乡马铃薯产销协会	甘肃省定西市安定区青岚乡青岚村		4254498	31	自2007年2月14日起至2017年2月13日止	鲜土豆;新鲜蔬菜;植物种子;鲜水果;活家禽;饲料;水果渣;植物;豆(未加工的);树木	
10	安定区青岚乡马铃薯产销协会	甘肃省定西市安定区青岚乡青岚村		4254499	31	自2007年2月14日起至2017年2月13日止	鲜土豆;新鲜蔬菜;植物种子;鲜水果;活家禽;饲料;水果渣;植物;豆(未加工的);树木	
11	定西市安定区马铃薯经销协会	甘肃省定西市安定区北城巷3号		4721240	31	自2008年1月21日起至2018年1月20日止	鲜土豆;马铃薯	2009年获甘肃省著名商标
12	赵登文	甘肃省定西县内官营乡内官营村史家庄社		4663479	31	自2008年3月7日起至2018年3月6日止	新鲜蔬菜;鲜土豆;西红柿(新鲜的);食用葫芦科蔬菜;鲜食用菌;食用鲜花;芹菜(新鲜的);辣椒(新鲜的);饲养备料;黄瓜	
13	赵登文	甘肃省定西县内官营乡内官营村史家庄社		4637085	31	自2008年1月28日起至2018年1月27日止	食用葫芦科蔬菜;鲜食用菌;食用鲜花;芹菜(新鲜的);辣椒(新鲜的);饲养备料;黄瓜;新鲜蔬菜;鲜土豆;西红柿(新鲜的)	
14	杨继武	甘肃省定西县城关镇中华路37号		5119171	31	自2008年11月28日起至2018年11月27日止	新鲜蔬菜;鲜土豆	

续表9-4-3

序号	申请人名称	申请人地址	注册商标	注册号	类别	注册时间	商品/服务项目	备注
15	朱文	甘肃省定西县巉口乡三十里铺村北街社		5132360	31	自2008年12月7日起至2018年12月6日止	新鲜蔬菜;食用葫芦科蔬菜;鲜土豆;鲜豌豆	
16	定西市安定区石峡湾乡洋芋购销协会	甘肃省定西市安定区石峡湾乡石峡湾村		6173793	31	自2009年9月7日起至2019年9月6日止	鲜土豆;玉米;西瓜;新鲜蔬菜;鲜扁豆;洋葱(新鲜蔬菜);青蒜;鲜豌豆;植物种子;动物饲料	
17	景璀	甘肃省定西县城关镇延寿巷29号		5899941	31	自2009年7月21日起至2019年7月20日止	豆(未加工的);鲜水果;苹果;甜瓜;自然花;酿酒麦芽;新鲜蔬菜;鲜土豆;牲畜饲料;鲜食用菌	
18	张琇灵	甘肃省定西市安定区解放路34号		5839718	31	自2009年7月7日起至2019年7月6日止	新鲜蔬菜;鲜土豆;洋葱(新鲜蔬菜);南瓜;青蒜;鲜水果;苹果;梨	
19	定西市马铃薯研究所	甘肃省定西市安定区城关镇定临路19号		5241734	31	自2009年5月7日起至2019年5月6日止	新鲜蔬菜;新鲜蚕豆;鲜扁豆;洋葱(新鲜蔬菜);青蒜;鲜土豆;食用植物根;新鲜块菌;食用鲜花	
20	定西市马铃薯研究所	甘肃省定西市安定区城关镇定临路19号		5273213	31	自2009年4月7日起至2019年4月6日止	新鲜蔬菜;新鲜蚕豆;鲜扁豆;洋葱(新鲜蔬菜);青蒜;鲜土豆;食用植物根;新鲜块菌;食用鲜花	
21	马丽英	甘肃省定西县城关镇凤羽街136号		5456818	31	自2009年5月14日起至2019年5月13日止	新鲜蔬菜;鲜土豆;洋葱;黄瓜;青蒜;鲜豌豆;洋葱	

续表 9-4-3

序号	申请人名称	申请人地址	注册商标	注册号	类别	注册时间	商品/服务项目	备注
22	冯爱玲	甘肃省定西县城关镇南山新村50号	顶佳 DINGJIA	5453343	31	自2009年5月14日起至2019年5月13日止	新鲜蔬菜；鲜土豆；食用鲜花；食用植物根；鲜扁豆；新鲜蚕豆；鲜豌豆	
23	冯有铭	甘肃省定西县城关镇中华路13号		5446359	31	自2009年5月7日起至2019年5月6日止	鲜土豆；新鲜蔬菜	
24	朱文	甘肃省定西县巉口乡30里铺村北街社	大坪源	5190214	31	自2009年3月21日起至2019年3月20日止	新鲜蔬菜；食用葫芦科蔬菜；鲜土豆；鲜豌豆	
25	定西市安定区称钩驿镇阳坡村洋芋种植协会	甘肃省定西市安定区称钩驿镇阳坡村		5322260	31	自2009年10月28日起至2019年10月27日止	鲜土豆；鲜水果；杏；新鲜蘑菇；食用葫芦科蔬菜；新鲜蚕豆；青蒜；鲜豌豆；新鲜的园艺草本植物；食用的园艺草本植物根	
26	张胜林	甘肃省定西县城关镇吕家店村吕家湾社	张盛雄	5553771	31	自2009年5月21日起至2019年5月20日止	鲜土豆；新鲜蔬菜；谷种；植物种子；饲料；小麦；豆（未加工的）；新鲜蚕豆；杏仁（水果）；鲜豌豆	
27	定西市天泰薯业有限责任公司	甘肃省定西市安定区西川农业开发区	田大	6272742	31	自2010年1月8日起至2020年1月6日止	鲜土豆；甜菜；新鲜蘑菇；新鲜蔬菜；新鲜蚕豆；洋葱（新鲜蔬菜）；鲜豌豆；新鲜块菌；鲜食用菌；植物种子	
28	定西市广生元商贸有限公司	甘肃省定西市安定区永定西路	广生元 GUANG SHENG YUAN	7509589	31	自2010年11月9日起至2020年11月6日止	猪饲料；饲料；鲜土豆；植物种子；菌种；坚果（水果）；鲜水果；鲜葡萄；新鲜蔬菜；洋葱（新鲜蔬菜）	

第三节　销售网络

产地交易市场

1997年,定西火车站马铃薯销售市场形成。销售大户主要有刘大江、朱文、张盛林、冯有铭、王智祥、赵国荣、袁玉山、康仁民、安玉等20多家,租用交通路两旁门面,搭建简易帐篷,设立临时摊点收购马铃薯,为外地客商联系车皮、组织货源。

1998年3月,鲁家沟镇太平村农民杨维国自筹资金6万元,申请信用社贷款30万元,租用鲁家沟农机站场地20多亩,安装50吨电子地磅,成立维国洋芋购销公司,在巉郭公路沿线设立8个固定收购点,招引20多家外地客商前来收购。县城火车站、鲁家沟、内官营、巉口四个马铃薯购销网点逐步形成,全县13个马铃薯购销公司、630家运销户,销售马铃薯18.13万吨。

1999年7月1日,甘肃省临洮腾胜总公司定西县公司成立。公司设在县农委,租用西源粮库门面、办公室8间,筹措资金90万元,当年向广州、柳州、合肥等地销售马铃薯2.5万吨。是年,定西金龙绿色食品有限公司董事长马维明投资248万元,建成鲁家沟马铃薯市场,成为全县马铃薯集散中心。

2006年,定西火车站马铃薯购销摊点增加到60个,从事贩运的三轮车最多时达到246辆。为了公开价格信息,各摊位设立价格公示牌,并通过西锦大酒店电子屏发布马铃薯收购价格信息,区广播电视台定期播放价格信息,市场监管小组巡逻检查收购价格,确保价格公开、信息畅通、秩序稳定。

2007年9月,定西马铃薯综合交易中心一期工程建成投入使用。占地面积158亩,总投资6800万元,划分为信息区、交易区、贮藏区、配载区四个功能区。城区马铃薯购销大户搬迁进入市场,火车站及城郊5千米范围内公路两旁临时摊点全部取缔。按照区建中心市场、乡镇建定点初级市场的总体布局,加强市场建设的规划布局和有序引导,培育产地市场。

2008年,整顿交易秩序,规范马铃薯市场,确定73个马铃薯定点收购市场,2010年增加到78个。形成以定西马铃薯综合交易中心为中心,以各乡镇定点初级市场为支撑的马铃薯销售服务网络,年交易量100万吨左右。

2010 年安定区农产品定点收购市场

表 9-4-4　　　　　　　　　　　　　　　　　　　　　　　单位：平方米、吨

乡　镇	序号	市场名称	详细地址	占地面积	贮藏能力
凤翔	1	定西马铃薯综合交易中心	南川开发区	105300	15000
	2	凤翔镇景家口村马铃薯购销市场	景家口村二社	1000	1000
	3	蒋氏农产品有限公司	李家嘴村新庄社	18000	5000
	4	凤翔镇安家坡交易市场	安家坡村		
李家堡	5	李家堡镇马铃薯综合交易中心	李家堡村下小河	2500	4000
	6	李家堡镇南湾豁岘马铃薯市场	南湾村	2000	300
	7	李家堡镇花川马铃薯市场	花川村	2500	280
	8	李家堡镇麻子川马铃薯市场	麻子川村	2200	350
杏园	9	杏园乡李河水库市场	李河水库		
	10	杏园乡康庄村马铃薯交易市场	康庄村大路社	4000	10000
巉口	11	中国马铃薯之乡定西市场	康家庄	53360	30000
	12	巉口镇景泉市场	景泉梁	10000	3000
	13	巉口镇松川市场	松川村	1500	800
高峰	14	高峰乡坪湾村马铃薯购销市场	坪湾村人民庄	2000	300
	15	高峰乡明星村马铃薯购销市场	明星村金家湾	2000	240
	16	高峰乡麻地湾新市场	麻地湾	320	3000
内官营	17	定西市兴盛恒温保鲜库	北环路	22898	200000
	18	建祥果蔬恒温保鲜有限公司	锦屏村	40000	300000
	19	锦屏蔬菜恒温保鲜库	北环路	50000	450000
	20	内官营镇马铃薯综合交易市场	永丰路	35750	75000
	21	东岳马铃薯交易市场	东岳村	2000	100000
	22	崖湾马铃薯交易市场	崖湾村	2000	3000
宁远	23	宁远镇马铃薯交易市场	宁远村	3335	5000
	24	宁远镇红土马铃薯交易市场	红土村上街社	6670	10000
	25	宁远镇罗川村市场	罗川村		
	26	宁远镇李曲村马铃薯交易市场	李曲村	3335	3000
	27	宁远镇前川马铃薯交易市场	前川村	3335	1000

续表 9-4-4 　　　　　　　　　　　　　　　　　　　　　　单位:平方米、吨

乡　镇	序号	市场名称	详细地址	占地面积	贮藏能力
石峡湾	28	石峡湾乡马铃薯交易中心	石峡湾乡政府	4000	2500
	29	石峡湾乡新建村洋芋市场	新建村九岔梁社	4500	1000
	30	石峡湾乡三泉村洋芋经销点	三泉村新泉社	5100	1200
	31	石峡湾洋芋经销市场	石峡湾村康家沟	4800	900
	32	石峡湾乡马铃薯经销协会经销点	石峡湾村石峡湾	5500	1500
	33	石峡湾乡石峡湾村安伯茂经销点	石峡湾村康家沟	4900	1000
葛家岔	34	葛家岔镇北坪马铃薯市场	北坪村马家湾社	2000	200
	35	葛家岔镇鹿坪村马铃薯经销市场	鹿坪村漫源社	2000	200
	36	葛家岔镇马铃薯综合交易市场	葛家岔村	2000	200
	37	葛家岔镇贾家湾村市场	贾家湾村址		
	38	葛家岔镇黑营渠马铃薯市场	黑营村黑营渠社	2000	200
符家川	39	符家川镇红庄马铃薯市场	红庄村马家庄社	3000	600
	40	符家川镇马铃薯经销市场	兰星村店子街社	13000	3000
	41	符家川镇长丰路市场	长丰村东部路		
	42	符家川镇粮管所	粮管所		
称钩驿	43	称钩驿镇南部马铃薯市场	平安村九社	2500	240
	44	称钩驿镇阳坡村马铃薯市场	阳坡村十社	2700	250
	45	称钩驿镇马铃薯交易市场	周家河村十一社	2300	210
香泉	46	香泉蔬菜交易市场	西街社	2200	200
	47	定西市通达物流中心	香泉镇	2200	3000
	48	香泉农产品收购市场	西街社	2000	500
	49	香泉镇牛羊交易市场	西街社	2400	200
鲁家沟	50	御风农产品定点初级市场	御风村	2800	300
	51	太平农产品定点初级市场	太平村开发区	3000	400
	52	将台农产品定点初级市场	将台村新农村	2430	265
	53	安家墩农产品定点初级市场	罗川村井沟脑社	2250	230
	54	南川农产品定点初级市场	南川村	3200	600
西巩驿	55	西巩驿镇马铃薯市场	西石路口	2000	400
	56	西巩驿村中街社市场	西巩驿村中街社		

续表 9-4-4　　　　　　　　　　　　　　　　　　　　　　　　单位:平方米、吨

乡　镇	序号	市场名称	详细地址	占地面积	贮藏能力
青岚山	57	碾盘马铃薯交易市场	大坪村碾盘社	2000	2000
	58	大坪村马铃薯交易市场	大坪村大坪社	4000	4000
	59	塬坪村农贸市场	塬坪村三合湾社	2000	600
	60	上坪村马铃薯交易中心	上坪村	1800	1600
	61	青岚山乡农贸市场	青岚村	6000	200
	62	四方堡马铃薯交易市场	四方堡	1200	2000
新集	63	新集乡马海元洋芋市场	新集村二社	2000	300
	64	新集乡高玉安洋芋市场	新集村一社	1000	200
	65	新集乡洋芋市场	新集村二社	24700	6000
	66	新集乡邱伟东洋芋市场	新集村一社	2000	400
	67	新集乡高家豁岘洋芋市场	新集村一社	1000	200
	68	新集乡刘虎洋芋市场	新集村二社	1000	200
团结	69	振强马铃薯合作社市场	高泉村新分社	2200	1200
	70	唐家堡马铃薯专业合作社市场	唐家堡村十三社	2600	10000
	71	联庄马铃薯专业合作社市场	联庄村	2001	1000
	72	团结镇马铃薯中心市场	唐家堡村一社	10000	4000
白碌	73	白碌洋芋销售市场	录丰村黄背阳洼	2600	300
	74	铧尖洋芋销售市场	铧尖村蒲家滩社	2300	270
石泉	75	石泉乡吕坪收购点	石泉乡寺湾社	2500	500
	76	大坪洋芋市场	大坪村红大庄社	3000	300
	77	石泉乡漫湾市场	合营林场	3500	250
	78	石泉乡中心市场	石泉村刘坪社	2000	2000

终端销售市场

2001 年，县上成立马铃薯产业办公室，组织重点乡镇及部门负责人考察成都、重庆、广州、深圳、长沙、武汉、西安等 7 大城市 30 多个农副产品批发市场，设立定西马铃薯直销站。

2004 年以来，安定区按照"工业倒推成本"的办法，确定产地市场指导价，保护农民利益；运用贮藏手段，达到均衡上市，实现保值增值；建立直销窗口，减少流通中间环节，增大利润空间；研究运输半径，确定主销目标市场；创新联运模式，实

现路地协作、降低运输成本；发挥"品牌+专列+团队"精神，扩大市场占有份额；搭建交流交易、信息发布、物流配载、价格监控四大平台，为马铃薯销售提供良好服务和公平竞争的环境。先后在广东、上海、成都等省市建立直销窗口52个，全面占领郑州、武汉等中原市场，巩固扩大广州、福州等华南市场和重庆、成都等西南市场，努力开拓上海、南京等华东市场，提高市场占有份额。

第四节　贮藏设施

马铃薯贮藏具有延缓上市、稳定价格、调节供求的重要作用。随着马铃薯产业的逐步发展壮大，安定区将贮藏设施建设作为提升马铃薯产业发展水平的一个重要环节。2003年以来，区委、区政府提出"深挖窖、广积薯、均上市、保加工、稳价格、增收入"的工作思路，将贮藏体系建设列入乡镇和部门目标管理考核内容，龙头企业、经销协会、贩运大户、千家万户齐抓共建，投入大量资金、人力和物力，建立贮藏设施。

2004年，巉口镇投资120万元，利用陇海铁路和312国道交汇的空闲地段建成窑窖式马铃薯贮藏库，占地41.2亩，地上房屋为收购、经营场地，地下建成92座窑窖，总库容4000吨。是年，全区新建300吨以上的贮藏库或贮藏窖群92处，新增库存容量6万吨；动员农户新建、改扩建小型贮藏库1万眼，新增贮藏量5万吨，累计13万眼。全区马铃薯贮藏能力20万吨。

2005年，甘肃金大地食品有限公司新建马铃薯恒温贮藏库1座，贮藏能力1万吨；定西陇峰淀粉制品有限公司筹资43万元，在巉口镇新建自然通风式贮藏库23座；定西薯峰淀粉有限公司筹资150万元，在宁远镇新建自然通风式贮藏库82座；定西蓝天淀粉有限公司筹资43万元，在葛家岔镇新建自然通风式贮藏库14座；马铃薯销售大户刘大江、朱文、杨继武联合投资200万元，在巉口镇上岘村、团结镇联庄村、青岚山乡大坪村、葛家

农户庄前屋后的马铃薯贮藏窖

岔镇葛家岔村、石峡湾乡石峡湾村、李家堡镇张湾村等地建成自然通风式贮藏库、窖 7 处 150 多眼,贮藏量 2 万吨。是年,全区共投入资金 2124 万元,新建马铃薯贮藏窖(库)21489 眼(座),新增贮藏量 18 万吨。

2006 年,刘大江、朱文、杨继武联合投资 400 多万元,在宁远、新集、杏园、称钩驿、香泉、符家川、李家堡、巉口、内官营等乡镇建设一批贮存窑窖库。是年,新建马铃薯贮藏库群 76 处、899 座,贮藏量 11 万吨。截至 2007 年,区马铃薯经销协会大户建成自然通风式贮藏库 650 座,贮藏能力 5.2 万吨;乡镇马铃薯协会建成窑窖群 1130 间,贮藏能力 11 万吨;区内马铃薯精淀粉加工企业建成恒温贮藏库 5 座,贮藏能力 3.3 万吨;千家万户农民在田间地头、庄前屋后建成小窑窖 9.1 万眼,贮藏能力 21.1 万吨,全区鲜薯贮藏能力 40 万吨。2008 年达到 50 万吨。

2009 年,辛泰公司投资 1000 多万元,新建定西马铃薯综合交易中心钢筋混凝土结构地下恒温气调库 80 座,地上鲜薯贮藏库 80 座,贮藏能力 2.6 万吨;定西甲天下农产品专业合作社投资 500 万元, 在巉口镇建设 3200 平方米的种薯贮藏库,贮藏能力 3000 吨。

截至 2010 年,建成甘肃金大地食品有限公司万吨恒温贮藏库,内官营、凤翔镇等地建设恒温库 5 座, 贮藏能力 3.3 万吨;陇峰淀粉公司、薯峰淀粉公司、超兴淀粉公司、蓝天淀粉公司在巉口、宁远、葛家岔等乡镇建设自然通风式贮藏库 650 座,贮藏能力 5 万多吨; 区马铃薯经销协

定西薯峰淀粉有限责任公司宁远红土马铃薯贮藏库

会经营大户在各乡镇建设窑窖群 1130 间,贮藏能力 12 万吨;千家万户利用庄前屋后、自家院落挖小窑窖 9.3 万眼,贮藏能力 30 万吨。全区鲜薯贮藏能力 60 万吨。通过实施贮藏营销战略,有效调节销售季节上市集中、压级压价和企业生产周期短、高投资低效益等问题,促进产、加、销各环节、各主体的有效连接,实现产、贮、运、加、销的良性发展,增强马铃薯运销和价格调控能力。

第五节　铁路产地联运

马铃薯是鲜销农产品,季节性要求严格,运销指向明确。西部铁路货运一向紧张,鲜销农产品外运压力很大。公路运输成本较高,同时受路途、时间、限载等诸多因素限制,难以向广州、上海等东南沿海城市直接发运。运输问题成为制约鲜薯销售以至整个马铃薯产业发展的"瓶颈"。2004年,由地方政府、铁路部门、经销协会联合成立了马铃薯联合运输办公室,下设配载组、信息组、市场监管组,从区马铃薯产业办公室、定西火车站、区马铃薯经销协会抽调人员联合办公。按照"公正、公开、公平"的原则,以量定车,阳光服务,利用车皮配载权调控农民马铃薯最低保护价,开拓和占领终端市场,搭建物流配载平台,确保物流畅通,保护农民利益,实现协会、农户利益"双赢"。

在具体运作中,成立了四大购销联合体,将所有核心会员吸收到联合体中。各联合体准确掌握每天的实际发运量,及时向联运办申报计划,联运办根据掌握的外销量及时向铁路部门申报车皮数,每天召开一次联合体负责人参加的办公会议,共商配载方案。联运办要求各收购网点和业主,每天按收购量和销售市场向相对应的联合体提供准确的外销信息,各联合体向联运办提交配运方案,联运办业务人员根据当天联运会议确定的运量和运向办理车皮票据。各联合主体所分配的车皮数,由各组长签字后,交联运办受理,统一送票。对因虚报办理空票的贩运户,取消当日发运权,按市场管理条例进行处罚,并在以后发运中限配车皮,制止了倒卖空票以谋取不当利益的现象,维护了市场秩序。

2004—2010年,通过铁路系统外销鲜薯多27098个车皮,总量162万吨,占全区农产品外销量的三分之二以上。2008年铁路发运马铃薯4735个车皮28.4万吨,较2003年净增3228个车皮,保证了安定区马铃薯的外销,还辐射带动了定西市各县及白银、兰州等周边地区鲜活农产品的销售。

2004—2010 年安定区马铃薯运销情况统计表

表 9-4-5　　　　　　　　　　　　　　　　　　　　单位:个、万亩、万吨、列

项目 年份	种植面积	总产量	外销量						加工薯条	发运专列	贮藏
			鲜薯			淀粉					
			总量	其中铁路外运	车皮	总量	其中铁路外运	车皮			
2004	74	80	28.6	22	3657	1.9	1.8	300	420	2	25
2005	73	80	35	23.7	3956	2.6	2.4	400	800	3	35
2006	83	83	12	9	1550	0.67	0.14	22	490	3	50
2007	95	112	42	34.2	5700	4.8	0.9	150	1500	3	60
2008	103	130	45	28.4	4735	4.3	1.14	190		1	64
2009	105	108	40	24	4000	3.8	2.2	360		1	52
2010	104	135	45	21	3500	4.4	3	500	900	1	53

第六节　火车专列发送

　　发运马铃薯专列,是抢占市场的有效手段。通过发送马铃薯专列,提高定西马铃薯在全国各大终端市场的影响力,减少流通环节,加快运输速度,缓解运输压力,用规模优势、低成本优势和品牌优势占领市场份额,提高定西马铃薯市场核心竞争力。

　　2004 年 9 月 21 日,定西首列直达郑州的马铃薯专列在定西火车站启行,开创中国铁路运输史上用专列外运马铃薯的先河。省委副书记王宪魁和省经贸委、兰州铁路局以及市、区领导参加欢送仪式。装载 2820 吨马铃薯的 47 节车皮的专列直达郑州北站后按计划编组,发往金华、上海、广州等 23 个终端消费市场。同年 11 月 21 日上午 10 时 50 分,定西火车站第二列马铃薯专列编组 47 个车皮、满载 2800 多吨马铃薯发往成都。市上领导秦素梅、王仲勤、张敏政、王建太及市直有关部门负责同志,安定区四大班子领导,铁路部门负责同志到站为专列送行。

　　2005 年 9 月 12 日上午 11 时许,中国·定西 2005'马铃薯产业发展暨经贸洽谈会期间,47 节车皮、2820 吨定西马铃薯专列发往广州大朗市场。9 月 15 日,12014 次马铃薯专列满载 46 节车、2760 吨新大坪从定西火车站发往南京。正在定西检查先进性教育活动的中央第八巡回检查组组长、云南省政协主席杨崇汇,省委副书记王宪魁,兰州铁路局局长朱友文,省直有关部门负责同志,市委副书记、

市长杨子兴及安定区四大班子领导等出席专列发送仪式。9月22日,46节车皮2760吨马铃薯专列从定西火车站发往成都。

2006年10月16日上午11时,中国·定西2006'马铃薯产业发展论坛暨经贸洽谈会期间,43节车皮2580吨新大坪马铃薯专列发往广州大朗市场。11月6日

定西火车站马铃薯专列装运

上午11时,"甘肃定西—天津塘沽"马铃薯精淀粉专列首发仪式在定西火车站举行。省长助理程正明出席首发仪式并讲话,马铃薯淀粉专列是全省乃至全国第一列马铃薯精淀粉专列,是甘肃省马铃薯产业发展由量的扩充向质的提升的历史性转变。省委第三巡视组副组长徐召辉、市委书记石晶、兰州铁路局副局长王传河、省农牧厅副厅长尚勋武等出席首发仪式。安定区委书记李旺泽,区政府区长郭维团,区人大常委会主任王仲谦,区政协主席杨海荣以及区上有关部门的负责同志参加首发仪式。11时38分,兰州铁路局副局长王传河发布发车令,总价值1104万元、2850吨马铃薯精淀粉"乘"12001次专列,从定西火车站开往天津塘沽,销往天津顶峰集团。同年12月3日上午11时56分,第二列马铃薯淀粉专列发往天津顶峰集团。

定西马铃薯专列发往广东

2007年1月4日上午11时许,定西发送天津顶峰集团的第三列马铃薯精淀粉专列启程,专列共43节车皮,载重量2580吨,总价值1300多万元,平均价格每吨5050元。市领导秦素梅、黄周会、张文学、张敏政、成柏恒以及省委巡视组有关领导参加专列发送仪式。同年9月11日,发往天津顶峰集团的第4列马铃

薯淀粉专列从定西火车站启程。9 月 28 日上午 11 时许,中国·定西 2007'马铃薯产业发展暨经贸洽谈会期间,45 节车皮 2700 吨新大坪马铃薯专列从定西火车站发往广州。

2008 年 9 月 18 日下午,2008'中国·定西马铃薯大会期间,42 节车皮 2520 吨新大坪马铃薯专列从定西火车站发往广州。

2009 年 9 月 26 日上午 11 时,2009'中国·定西马铃薯大会期间,42 节车皮 2520 吨新大坪马铃薯专列从定西火车站发往广州。

2010 年 9 月 16 日上午 11 时,2010'中国·定西马铃薯大会期间,42 节车皮 3538 吨新大坪马铃薯专列从定西火车站发往广州。

2004—2010 年,定西火车站发送马铃薯专列 14 列,其中淀粉专列 4 列。每年通过铁路系统外销鲜薯约 4000 个车皮 24 万吨, 占全区农产品外销量的三分之二。通过实施"品牌+专列+团队"精神的营销战略,抢占销售市场制高点,掌握销售主动权,减少中间环节,降低交易成本,为定西马铃薯稳定占领各大终端市场奠定了基础。

第七节　定西马铃薯综合交易中心

定西马铃薯综合交易中心是农业部批准的定点农产品批发市场,商务部"双百市场工程"项目,"中国薯都"的标志性工程,由安定区马铃薯经销协会筹资建设。主要股东刘大江、杨继武、朱文。企业法人代表刘大江,是安定区马铃薯经销协会会长、定西辛泰农产品开发有限公司董事长、第十一届全国人大代表。

交易中心位于凤翔镇石坪村 (南川开发区以南),占地面积 158 亩。按照"高标准设计、高起点谋划、多功能配套"的要求,一次性规划、分批次实施, 共设计四个功能区:A 区为信息区,包括综合信息大楼等基础设施;B 区为交易区,包括商铺 100 套,每套 288 平方米,以鲜薯交易为主, 同时进行蔬菜等鲜

定西马铃薯综合交易中心

活农产品的批发;C区为贮藏区,建设地下恒温气调库和自然通风式贮藏库;D区为配载区,建设停车场,开展运输配载服务。年交易马铃薯30万吨,销售收入3亿元。

交易中心于2006年11月动工建设,2007年9月建成并投入使用,一期工程贮藏区、交易区完成投资6800万元,建成钢瓦交易大棚两座4800平方米,服务用房2.3万平方米(含地下恒温库2栋),建成"三纵一横"道路4条3.9千米,地面硬化8600平方米。2009年,定西城区东关蔬菜批发市场整体搬迁到定西马铃薯综合交易中心,入住经营户216家,其中蔬菜经营户87家。2009年,完成C区1万平方米的场地硬化、60座地下恒温式贮藏库以及电子结算、安装冷链系统设备。

区公安、工商、物价、农办等部门抽调人员组成市场管理办公室,加强对市场交易秩序的监督管理,并对市场内收购户实行车皮配载、信贷支持、信息共享"三优先"服务。2007—2010年,成功举办中国·定西马铃薯大会。交易中心二楼举办的全国马铃薯科技成果展览,先后接待中央及各有关方面的考察团268批5000多人(次)。马铃薯购销旺季,每天有120多户收购摊点进驻市场集中交易,1000多人进行收购及装拣,高峰期上市的农用车达到1500多辆,日交易量2000吨以上。马铃薯贮藏能力1.5万吨,年吞吐量30万吨。在中心市场的带动下,全区各乡镇建立二级市场78个。交易中心的建成,从根本上改变了定西马铃薯以路为市的现象,便于统一管理,统一配载外运、统一信息指导,发挥了一级市场的辐射带动作用。

第五章 马铃薯加工

1990 年代中期,小作坊加工马铃薯粗淀粉、粉条等,加工企业开始兴起,并逐步走上产业化经营的道路。从 2002 年开始,产品由初级加工向精深加工方面发展。到 2010 年,全区有马铃薯龙头加工企业 11 家,建成万吨级精淀粉生产线 11 条(其中 3 万吨生产线 3 条)、生产能力 18 万吨;全粉生产线 1 条,生产能力 1 万吨;薯条生产线 1 条,生产能力 0.3 万吨;变性淀粉生产线 7 条,生产能力 10.6 万吨;水晶粉丝生产线 2 条,生产能力 0.6 万吨。马铃薯加工业形成了以精淀粉、全粉、变性淀粉、休闲食品为主的比较完整的加工体系,呈现出集群式、系列化、精深化发展的良好态势。

第一节 粉丝、粉条、粉皮

马铃薯粉丝、粉条、粉皮以马铃薯粗淀粉、马铃薯精淀粉和水为原料,经过蒸箱糊化、低温冷却老化、切丝、室内连续干燥等封闭流水线作业生产而成,无任何添加剂。成品晶莹透亮如水晶,耐煮耐泡、不糊汤、不断条、不粘连。具有干净卫生、外观平整、晶莹透亮、口感细腻、食用方便、易贮运等优点,可直接用于烹饪、煎炸、火锅、热炒、凉拌等。

1987 年,内官营三粉厂成立,是定西县最早成立的马铃薯粗淀粉加工厂,加

传统加工粉条晾晒

甘肃环宇淀粉工业公司 (改制为定西宏煊淀粉制品有限公司)生产的粉皮

工粉条、粉皮等产品。2002年,定西薯峰淀粉有限责任公司建成300吨精粉皮生产线一条。2004年,陇原宏淀粉厂新建年产1000吨粉条生产线,年产量200多吨,

产品销往周边市县。2007年,定西薯乡淀粉有限责任公司新建年产3000吨精粉皮生产线一条。2009年,定西宏煊淀粉制品有限责任公司和定西蓝天淀粉有限公司建成马铃薯水晶粉丝生产线一条,年设计能力均为3000吨。当年生产水晶粉丝1100吨,价格达到每吨1.1万元左右,产品销往全国各大城市。

第二节　休闲食品

马铃薯富含多种人体必需的氨基酸、碳水化合物及多种维生素,经过加工的马铃薯薯条加入多种天然食品添加剂,不但保持了上述营养成分,而且增加了维生素A、氨基酸和多种矿物质的含量,其味道鲜美、口感酥脆、营养丰富,著称于欧美各国,流行于国内,成为人们主要休闲食品之一。

1998年3月,甘肃金大地食品有限公司注册成立,投资1600多万元新建3000吨薯条生产线,2001年10月投产,是定西地区马铃薯产业从资源优势迈向产品优势的一个标志。主要产品为速冻薯条、薯片。建厂初期由于原料不足,每年生产的速冻薯条两三

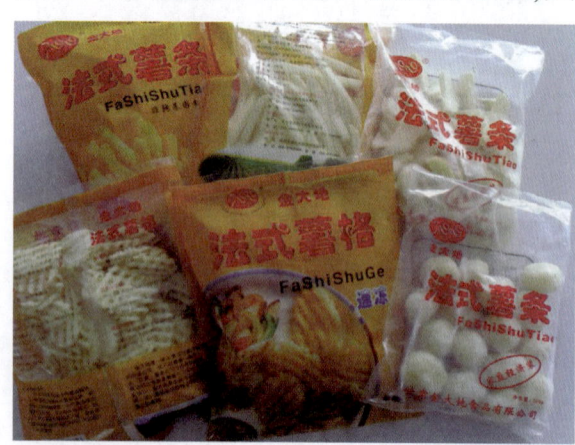

甘肃金大地食品有限公司速冻薯条系列休闲食品

百吨。2006年,速冻薯条产量达到1500吨,产品价格每吨6000~8000元,主要销往北京、上海、天津、哈尔滨等地。

第三节　精淀粉、全粉、变性淀粉

马铃薯精淀粉

马铃薯精淀粉洁白光泽,晶体状,伴有晶体状光泽,气味温和,具有白度高、透明度高、黏度高、糊化温度低等特殊性能,广泛用于方便食品、休闲食品、膨化食品、火腿肠、婴儿食品、低糖食品、果冻布丁等食品的生产及印染、造纸、医药、化工、石油、纺织、农业、建材等工业产品的生产。

1995年10月,建成甘肃省定西淀粉工业公司,是全县第一家精淀粉加工企业,设计产能3000吨。1998年更名为甘肃环宇淀粉工业公司。

2002年9月,定西薯峰淀粉有限责任公司设计加工能力1万吨的精淀粉生产线建成投产。10月,定西蓝天淀粉有限公司设计加工能力1万吨的精淀粉生产线建成投产。是年,全县精淀粉加工量3000多吨,产品价格每吨3500元左右。

定西蓝天淀粉有限公司生产的马铃薯精淀粉

2003年,甘肃环宇淀粉工业公司改制后更名为定西宏煊淀粉制品有限责任公司,生产能力由3000吨改扩建到1万吨。

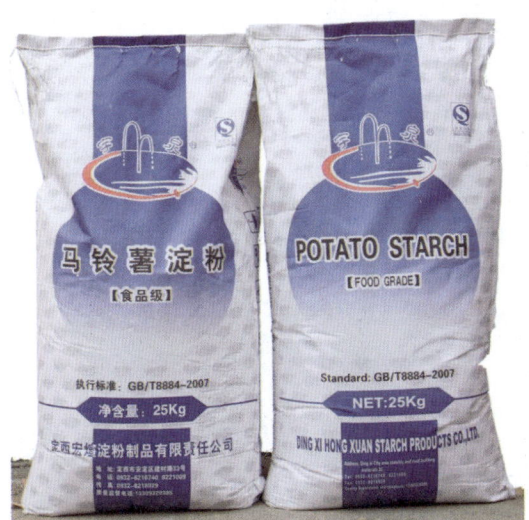

定西宏煊淀粉制品有限责任公司生产的马铃薯精淀粉

同年6月,甘肃超兴淀粉制品有限公司1万吨精淀粉生产线建成投产。

2005年6月,定西陇峰淀粉制品有限责任公司1万吨精淀粉生产线建成投产。9月,定西市同丰淀粉有限公司1万吨精淀粉生产线建成投产。10月,定西薯乡淀粉有限责任公司、定西市飞雪淀粉有限公司、定西银积山淀粉加工有限公司、甘肃雪峰淀粉有限公司和定西宝丰马铃薯淀粉有限公司分别建成1万吨精淀粉生产线并投产。全区精淀粉加工企业达到11家,设计加工能力 11 万吨，产品加工量 2.6 万吨，产品价格每吨 3500~3600 元，产品主要销往天津、上海、广州、杭州及江苏、福建、安徽等地。

2006 年 8 月，定西市博瑞淀粉有限公司年产 1 万吨精淀粉生产线建成投产。定西薯峰淀粉有限责任公司兼并甘肃雪峰淀粉有限公司，定西宏煊淀粉制品有限责任公司兼并定西宝丰马铃薯淀粉有限公司。全区 1 万吨以上精淀粉加工企业

定西陇峰淀粉制品有限责任公司生产的精淀粉

10 家，设计加工能力 12 万吨，当年生产精淀粉 4.8 万吨，产品价格每吨 3800~4400 元。

定西市博瑞淀粉有限公司生产的马铃薯精淀粉

2008 年，定西薯峰淀粉有限责任公司和定西宏煊淀粉制品有限责任公司 3 万吨精淀粉生产线技术改造项目相继建成投产。技术设备引进北京泰德康科技有限公司成套技术，主要设备采用世界上最先进的丹麦工艺。定西银积山淀粉加工有限公司因废水废渣污染定西城市水源被强行关闭拆除。全区万吨以上精淀粉加工企业 9 家，设计生产能力 15 万吨。

2010 年，定西市博瑞淀粉有限公司年产 3 万吨马铃薯精淀粉生产线建成投产。全区相继建成 9 家马铃薯精淀粉加工龙头企业，设计加工能力 17 万吨，产品加工量 3 万多吨，产品价格每吨 9000~11500 元。

马铃薯全粉

马铃薯全粉包括马铃薯雪花和颗粒全粉。主要作为添加剂或冲调马铃薯泥、马铃薯脆片等各种风味和强化食品的原料，广泛应用于制作复合薯片、坯料、薯泥、糕点、膨化食品、蛋黄

甘肃超兴淀粉制品有限公司生产的雪花牌马铃薯全粉

浆、面包、汉堡、冷冻食品、渔饵、焙烤食品、冰淇淋及中老年营养粉等食品。

2006 年,甘肃超兴淀粉制品有限公司年产 1 万吨全粉生产线建成投产。当年生产全粉 3500 吨,产品价格每吨 9000～9300 元,"蝴蝶泉"牌全粉销往北京、上海等全国各大城市和新加坡、马来西亚等国外市场,市场前景看好。

马铃薯变性淀粉及其衍生物

马铃薯变性淀粉主要用于食品添加剂、医用填料、药物载体、纺织浆料添加剂、造纸用湿部添加剂、层间或表面喷雾剂、表面施胶剂以及涂布黏合剂、工业废水处理吸附剂、植物种子保水涂层、新型建材添加剂,矿山废料及贵金属综合利用吸附剂等诸多方面。

定西薯峰淀粉有限责任公司生产的马铃薯变性淀粉

2006 年,定西薯峰淀粉有限责任公司一期 1 万吨马铃薯变性淀粉生产线建成投产,当年生产变性淀粉 1600 吨,产品价格每吨 7800 元。2008 年,建成马铃薯变性淀粉二期工程,设计年加工能力 3 万吨。

2007 年,甘肃圣大方舟马铃薯变性淀粉有限公司筹建年产 7.6 万吨变性淀粉项目,主要包括 2 条年产 3 万吨湿法生产线、1 条 5000 吨干法生产线、1 条 3000 吨溶剂法生产线、1 条 2000 吨滚筒法生产线、1 条 6000 吨混粉生产线。其中,30000 吨湿法线、5000 吨干法线、3000 吨溶剂法生产线和 6000 吨混粉生产线 2010 年建成投产。公司引进国际先进变性淀粉技术,通过消化吸收和二次创新研究形成自

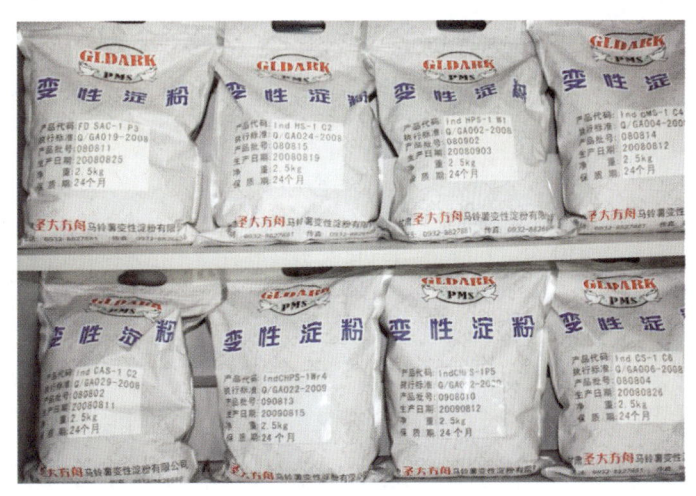

甘肃圣大方舟马铃薯变性淀粉有限公司生产的变性淀粉

主知识产权,生产产品种类有醚化、酯化、氧化、多孔、接枝共聚等五大系列,包括食品用羟丙基淀粉、羧甲基淀粉、氧化淀粉、醋酸酯淀粉、磷酸酯淀粉、交联多孔复合变性淀粉、交联辛烯基琥珀酸复合变性淀粉,工业用羟丙基淀粉、羧甲基淀粉、醋酸酯淀粉、磷酸酯淀粉、交联多孔复合变性淀粉、交联辛烯基琥珀酸复合变性淀粉、苯乙烯接枝淀粉乳液等。

第四节　废水、废渣综合利用

废水处理

至 2010 年,全区共建成马铃薯淀粉加工企业污水处理系统 5 座。分别是:超兴和同丰两家淀粉公司联合建成污水处理系统一套,宏煊淀粉公司建成污水处理系统一套,薯乡淀粉公司建成污水处理系统一套,巉口的陇峰、薯峰、蓝天三家淀粉公司建成污水处理系统一套,博瑞淀粉公司建成污水处理系统一套。尽管在污水处理方面投入了很大的资金,建成污水处理设施,但还存在着一定的困难和问题,主要表现在:资金紧张,新上污水处理项目需用资金量大,企业资金短缺,影响污水处理建设的进度;污水处理系统技术要求高,缺乏专业技术人员,处理后的污水难以达标。

废水、废渣综合利用

2009 年 5 月,甘肃圣大方舟马铃薯变性淀粉有限公司马铃薯淀粉废渣废水综合利用项目,列入 2009 年第三批扩大内需中央预算内投资计划,利用定西马铃薯淀粉、变性淀粉企业废渣废水以及当地丰富的玉米等农作物秸秆,通过固体发酵,年产复合颗粒饲料原料 15 万吨。总投资 1.6 亿元,其中固定资产投资 1.28 亿元,中央预算内投资 1000 万元。项目建成后可实现销售收入 2.25 亿元,实现利润 4370.21 万元,上缴税金 1249.91 万元。2009 年开工建设,至 2010 年建成主体工程,设备安装到位。

2009 年 2 月,定西宏煊淀粉制品有限责任公司 3 万吨马铃薯精淀粉生产线综合节能减排及废液蛋白回收技术改造项目,经省经委备案批复。总投资 5406 万元,其中国家投资 430 万元。引进一条年产 3 万吨全自动数控马铃薯精淀粉生产线,配套节水设施;建设一条日处理能力达 2000 吨的污水处理站及总容积达 5800 立方米的循环池 7 座;引进一套自来水软化设施。2009 年 4 月开工建设,完成马铃薯原料入库前筛选和输送装置的购置添加,并对原有清洗水回用系统、生产污水处理系统和水晶粉丝生产线进行全面改造，新建超滤膜系统和生化处理系统等。2010年12月建成投产。

2009年2月，薯峰淀粉有限责任公司马铃薯薯渣再加工综合利用项目，由省经委批复立项。采用国外马铃薯淀粉加工废水蛋白提取回收及国内薯渣高湿物脱水烘干先进工艺，建设回收利用薯渣、蛋白、农作物秸秆生产配合饲料的生产线一条。总投资5282万元，其中国家投资420万元。至2010年，建成主体工程，设备安装到位，投入使用。

第五节　名优品牌

1998年，甘肃定西环宇淀粉制品有限责任公司注册"宇泉"淀粉商标，成为定西县第一个马铃薯淀粉商标。2001年，定西县泽融淀粉制品厂注册"泽融"淀粉商标。2004年，定西薯峰淀粉有限责任公司注册"曙峰"淀粉商标。2006年，甘肃超兴淀粉制品有限公司注册"蝴蝶泉"淀粉商标。

2008年，定西薯乡淀粉有限责任公司注册"曙乡"淀粉商标，定西市宝丰淀粉有限公司注册"陇薯王"淀粉商标，定西陇峰淀粉制品有限责任公司注册"陇上雪"淀粉商标。

2009年，定西市同丰淀粉有限公司注册"同丰淀粉"淀粉商标，甘肃圣大方舟马铃薯变性淀粉有限公司注册"圣大方舟"淀粉商标，定西市博瑞淀粉有限公司注册"雪柳"淀粉商标。是年，甘肃定西环宇淀粉制品有限责任公司注册的"宇泉"淀粉商标和定西薯峰淀粉有限责任公司注册的"曙峰"淀粉商标被认定为"甘肃省著名商标"。

2010年，甘肃巨鹏工贸有限公司注册"陇上绿莹"淀粉商标，定西蓝天淀粉有限公司注册"幸泽"淀粉商标。是年，甘肃超兴淀粉制品有限公司注册的"蝴蝶泉"淀粉商标被甘肃省工商行政管理局认定为甘肃省著名商标。截至2010年，安定区注册马铃薯淀粉及其制品商标达到28个。

安定区马铃薯淀粉及其制品注册商标统计表

表9-4-6

序号	申请人名称	申请人地址	注册商标	注册号	类别	注册时间	商品/服务项目	备注
1	甘肃定西环宇淀粉制品有限责任公司	甘肃省定西县建材路33号		1197012	30	自2008年8月7日起至2018年8月6日止	淀粉;食用淀粉制品	2009年被认定为甘肃省著名商标
2	定西县泽融淀粉制品厂	甘肃省定西县团结乡唐家堡		1619083	30	自2001年8月14日起至2011年8月13日止	食用淀粉产品;烹调食品增稠剂;含淀粉食物;含淀粉食品;食品淀粉;食用土豆粉;木薯粉;食用淀粉	
3	定西县龙雨食品有限责任公司	甘肃省定西县南川开发区新火路		1654878	30	自2001年10月21日起至2011年10月20日止	方便面;膨化土豆片;蔬菜片;虾味片;锅巴;食用淀粉产品;糕点;粉丝(条);豆浆;玉米片	
4	定西薯峰淀粉有限责任公司	甘肃省定西市安定区巉口开发区		3454456	30	自2004年12月14日起至2014年12月13日止	食用淀粉产品;食用土豆粉;粉丝(条);含淀粉食物;含淀粉食品;食品淀粉;马铃薯粉丝	2009年被认定为甘肃省著名商标
5	甘肃超兴淀粉制品有限公司	甘肃省定西市安定区南川开发区通宝路	蝴蝶泉	4011097	30	自2006年3月28日起至2016年3月27日止	食用淀粉产品;含淀粉食物;食品淀粉;马铃薯粉;粉丝(条);百合粉;地瓜粉;香肠黏合剂;食用淀粉	2010年被认定为甘肃省著名商标
6	甘肃定西百泉马铃薯有限公司	甘肃省定西市安定区定临路3号		4131619	30	自2006年9月14日起至2016年9月13日止	膨化土豆片;食用淀粉;食用土豆粉;玉米花;食用冰粉;地瓜粉;香肠黏合剂;食用香料(不包括含醚含香精油)	2009年被认定为甘肃省著名商标
7	定西市安定区永恒粉条加工厂	甘肃省定西市安定区镇龙路141号		4341818	30	自2007年4月7日起至2017年4月6日止	马铃薯粉;粉丝(条)	

续表 9-4-6

序号	申请人名称	申请人地址	注册商标	注册号	类别	注册时间	商品/服务项目	备注
8	孙宝霞	甘肃省定西市安定区镇龙路		5084233	30	自 2008 年 11 月 7 日起至 2018 年 11 月 6 日止	天然增甜剂;果冻(糖果);食品用糖蜜;糕点;八宝饭;膨化土豆片;食用淀粉产品;食用淀粉;食用冰;调味品	
9	定西薯乡淀粉有限责任公司	甘肃省定西市安定区南川开发区		4886447	30	自 2008 年 6 月 14 日起至 2018 年 6 月 13 日止	食用淀粉产品;马铃薯产品;含淀粉食品;含淀粉食物;食用土豆粉;粉丝(条);膨化土豆片;食品淀粉;地瓜粉	
10	定西市宝丰淀粉有限公司	甘肃省定西市安定区南川经济开发区新大路		4826964	30	自 2008 年 8 月 7 日起至 2018 年 8 月 6 日止	食用淀粉;食用土豆粉;马铃薯粉;食品淀粉;粉丝(条);地瓜粉;食用淀粉产品;含淀粉食物	
11	张礼康	甘肃省定西市安定区交通路 261 号		5048413	30	自 2008 年 10 月 28 日起至 2018 年 10 月 27 日止	谷类制品;面粉;饼干;糕点;麻花;食用淀粉产品;豆粉;食用面筋;锅巴;醋	
12	定西陇峰淀粉制品有限公司	甘肃省定西市安定区巉口镇		4983313	30	自 2008 年 9 月 14 日起至 2018 年 9 月 13 日止	食用淀粉产品;含淀粉食品;食品淀粉;食用土豆粉;含淀粉食物;粉丝(条);马铃薯粉;烹调食品增稠剂;食用淀粉	
13	张　德	甘肃省定西市安定区凤翔镇李家嘴村李家嘴社		4888439	31	自 2008 年 6 月 14 日起至 2018 年 6 月 13 日止	食用淀粉;食品淀粉;食用淀粉产品;食品用土豆粉;醋;粉丝(条);谷类制品;方便面;面条;调味品	
14	孙宝霞	甘肃省定西市安定区镇龙路		5084232	30	自 2009 年 3 月 21 日起至 2019 年 3 月 20 日止	天然增甜剂;果冻(糖果);食品用糖蜜;八宝饭;谷类制品;人用麦芽;食用淀粉产品;食品用土豆粉;食用淀粉;调味品	

续表 9-4-6

序号	申请人名称	申请人地址	注册商标	注册号	类别	注册时间	商品/服务项目	备注
15	定西市天昊淀粉有限公司	甘肃省定西市安定区凤翔镇柏林村	双牛 SHUANGNIU	6012167	30	自 2009 年 12 月 15 日起至 2019 年 12 月 13 日止	含淀粉食品；食品淀粉；食用土豆粉；马铃薯粉；粉丝(条)；蕨粉；龙虾片；香肠黏合料；食用淀粉	
16	定西市同丰淀粉有限公司	甘肃省定西市安定区南川开发区通宝路	TF 同丰登图	5384622	30	自 2009 年 5 月 14 日起至 2019 年 5 月 13 日止	食用淀粉产品；食品淀粉；食用土豆粉；含淀粉食品；烹调食品增稠剂；含淀粉食物；香肠黏合料	
17	张 鑫	甘肃省定西市安定区凤翔镇北二十铺村北庄社	绿荷堂	5698196	30	自 2009 年 8 月 28 日起至 2019 年 8 月 27 日止	粉丝(条)；马铃薯粉；含淀粉食物；烹调食品增稠剂；含淀粉食品；木薯粉；香肠黏合料；食用淀粉	
18	甘肃圣大方舟马铃薯变性淀粉有限公司	甘肃省定西市安定区巉口镇	GLDARK APMS	6035737	30	自 2009 年 12 月 29 日起至 2019 年 12 月 27 日止	含淀粉食物；含淀粉食品；食用淀粉产品；马铃薯粉；食品淀粉；烹调食品增稠剂	
19	定西天景祥马铃薯淀粉有限公司	甘肃省定西市安定区交通路 467 号	GLD 天景祥 PGMS	6036346	30	自 2009 年 12 月 22 日起至 2019 年 12 月 20 日止	食用淀粉产品；含淀粉食品；马铃薯粉；食品淀粉；烹调食品增稠剂	
20	定西市博瑞淀粉有限公司	甘肃省定西市安定区内官营镇	雪柳 XUE LIU	5949971	30	自 2009 年 12 月 8 日起至 2019 年 12 月 6 日止	食用淀粉产品；粉丝(条)；食用土豆粉；含淀粉食品；马铃薯粉；食品淀粉；食用淀粉	
21	甘肃圣大方舟马铃薯变性淀粉有限公司	甘肃省定西市安定区巉口镇	圣大方舟	6763510	30	自 2010 年 4 月 16 日起至 2020 年 4 月 13 日止	食用面粉；豆类粗粉；玉米粉；食用淀粉；大麦粗粉；粗燕麦粉；生糯粉；含淀粉食品；烹饪食品用增稠剂	

续表 9-4-6

序号	申请人名称	申请人地址	注册商标	注册号	类别	注册时间	商品/服务项目	备注
22	甘肃圣大方舟马铃薯变性淀粉有限公司	甘肃省定西市安定区巉口镇	圣大方舟 GLDARK	6840955	30	自2010年4月30日起至2020年4月27日止	食用面粉;豆类粗粉;玉米粉;食用淀粉;大麦粗粉;粗燕麦粉;生糯粉;含淀粉食品;香肠黏合料;烹饪食品用增稠剂	
23	定西市食品工业公司南川加工厂	甘肃省定西市安定区南川开发区	恩洁	6636132	30	自2010年3月30日起至2020年3月27日止	醋;调味酱油;酱油;辣椒粉;除香精油外的饮料用调味品;除香精油外的五香粉;调味酱;酱菜(调味品);食用淀粉	
24	李永贤	甘肃省定西市安定区宁远镇红土村南川社	定缘 DINGYUAN	6493065	30	自2010年3月30日起至2020年3月27日止	糖;糖;蜂蜜;食用芳香剂;含淀粉食品;咖啡;家用嫩肉剂;豆粉;粉丝(条);食用淀粉;酵母	
25	甘肃巨鹏工贸有限公司	甘肃省定西市安定区建材路64号	陇上绿鉴	7501198	30	自2010年11月9日起至2020年11月6日止	肉;鱼(非活的);蔬菜罐头;冷冻水果;油炸土豆片;土豆煎饼;以果蔬为主的零食小吃;速冻方便菜肴;速冻菜;蛋	
26	甘肃宏生安乐生物科技有限公司	甘肃省定西市安定区凤翔镇柏林村校门社8号	金林森	7440309	30	自2010年9月9日起至2020年9月6日止	茶饮料;糖;食用王浆(非医用);非医用营养液;非医用营养膏;非医用营养胶囊;非医用营养粉;食用香料(不包括含醚香料和香精油)	
27	甘肃龙苑中药材开发有限公司	甘肃省定西区香泉镇西寨村河西社西寨油料站	帝泉岭	6894643	30	自2010年6月23日起至2020年6月20日止	茶;茶叶代用品;茶饮料;甘草(糖果);非医用营养膏;非医用营养粉;糕点;食用淀粉;马铃薯粉;调味品	
28	定西蓝天淀粉有限公司	甘肃省定西市安定区巉口镇北		7338333	30	自2010年10月9日起至2020年10月6日止	含淀粉食物;含淀粉食品;食用淀粉;土豆粉;粉丝(条);豆粉;以谷物为主的零食小吃;以谷物为主的零食小吃;方便面;谷类制品	

第六节　加工企业选介

甘肃圣大方舟马铃薯变性淀粉有限公司

位于巉口工业开发区,2007年11月成立,占地面积195亩,注册资本9343万元,是一家集马铃薯变性淀粉生产、销售及其衍生制品科研开发为一体的加工企业,甘肃省农业产业化重点龙头企业、甘肃省高新技术企业、甘肃省创新型企业和甘肃省循环经济试点企业。员工126人,其中大专及以上学历75人,本科以上技术人员58人,副高(含博士)以上职称15人。公司建设年产7.6万吨变性淀粉生产线及马铃薯淀粉变性淀粉废渣废水综合利用项目,总投资1.6亿元,包括2条年产3万吨湿法生产线、1条5000吨干法生产线、1条6000吨混粉生产线、

甘肃圣大方舟马铃薯淀粉有限公司变性淀粉生产车间

1条3000吨溶剂法生产线和1条2000吨滚筒法生产线,2011年9月全部建成投产,通过ISO9001质量、ISO22000食品安全和HACCP管理体系认证。公司组建甘肃省马铃薯变性淀粉工程技术中心和生物质基材工程实验室,引进国际先进变性淀粉技术,通过消化吸收和二次创新形成自主知识产权,主要应用于纺织、造纸、环保涂料、食品工业等领域,部分产品填补国内空白。拥有3400平方米的科研大楼及价值350万元的基础实验设备,研制变性淀粉产品35种,起草并在甘肃省质量技术监督局备案25种产品企业标准。《马铃薯变性淀粉系列产品工艺研究及其中试》《羧甲基系列变性淀粉新工艺研究及其中试》《羟丙基系列变性淀粉新工艺研究及其中试》《辛烯基系列变性淀粉新工艺研究及其中试》等4个项目的研究成果已通过甘肃省科技厅成果鉴定,均达到国内领先水平。《羧甲基系列变性淀粉新工艺研究与产业化研究》获得2009年度国家财政部科技成果转化项目资金250万元支持,《一种制备辛烯基琥珀酸淀粉酯的方法》和《一种制备辛烯基琥珀酸酯的方法》两项变性淀粉制备新工艺发明专利被国家专利局受理。

定西薯峰淀粉有限责任公司

位于巉口工业开发区,2002 年 9 月建成投产,占地面积 111 亩,总资产 1.04 亿元,员工 132 人,其中专业技术人员 8 人。引进北京泰德康科技有限发展公司技术设备, 新建 3 万吨精淀粉生产线、3 万吨马铃薯变性淀粉生产线。企业通过 ISO9001:2000 质量管理体系认证, 取得全国工业产品 QS 生产许可证、进出口贸易证书,“曙峰”牌马铃薯精淀粉、变性淀粉主要销往天津、北京、上海、郑州等地,2009 年获得“甘肃省著名商标”,是农发行 AA 级信誉企业、省级农业产业化龙头企业。

定西薯峰淀粉有限公司收购的马铃薯加工原料

2009 年,启动建设 5 万吨马铃薯薯渣再加工综合利用项目,总投资 5282 万元,从马铃薯废水中提取蛋白,并与马铃薯淀粉废渣一起加工,用于生产配合饲料,2010 年建成主体工程,设备安装到位,投入使用。

定西宏煊淀粉制品有限责任公司

位于建材路 33 号,占地面积 28 亩, 注册资金 1080 万元, 是全国农产品加工示范企业、甘肃省农业产业化龙头企业、农发行 AA 级信誉企业。1992 年 7 月, 在定西县建材厂院内筹建定西淀粉工业公司。1995 年 10 月, 封闭式机械化加工流水线建成投产, 成为甘肃省第一家淀粉加工企业。1997 年, 更

定西宏煊淀粉制品有限责任公司

名为定西环宇淀粉工业公司。2001年,改制为定西宏煊淀粉制品有限责任公司。引进北京泰德康科技有限发展公司技术设备,新建1万吨马铃薯精淀粉生产线、3000吨马铃薯水晶粉丝生产线。员工84人,其中专业技术人员25人,总资产达8574万元。企业通过ISO9001:2000质量标准体系认证,取得全国工业产品QS生产许可证,生产的"宇泉"牌精淀粉和水晶粉丝主要销往黑龙江、天津、上海、广州等地,2009年被评为甘肃省著名商标。

甘肃超兴淀粉制品有限公司

位于南川开发区飞天路通宝街14号,占地面积96亩,总资产7177万元,员工120多人,是国家级扶贫龙头企业和甘肃省农业产业化重点龙头企业。2003年,通过招商引资引进兰州客商刘新兰投资2700万元,新建年产1万吨马铃薯精淀粉生产线。2005年,利用国家开发银行贷款,投资2480万元,从无锡捷尔食品机械有限公司引进国内一流成套设备和技术,建成年产1万吨马铃薯雪花粉和颗粒全粉生产线,配套2万吨马铃薯贮藏库。企业通过ISO22000:2005食品安全管理体系认证、绿色食品、绿色基地认证、清真食品认证、出口检验检疫认证。马铃薯精淀粉主要销往北京、上海、广州、南京、无锡、郑州、福建等地,马铃薯全粉出口到欧洲等国家和地区。2009年,蝴蝶牌马铃薯淀粉被评为甘肃省名牌产品。2010年,蝴蝶泉牌商标被评为甘肃省著名商标。

甘肃超兴淀粉制品有限公司全粉生产车间

定西薯乡淀粉有限责任公司

位于定西经济南川开发区新大路—新泉路,是甘肃省农业产业化重点龙头企业、农业发展银行 AA 级信誉企业。2005 年 10 月,北京办公伙伴公司投资建厂,占地面积 25.5 亩,总资产 3000 多万元,员工 40 多人。拥有年产 1 万吨马铃薯精淀粉生产线和年产 500 吨水晶粉皮生产线,通过 ISO：9001-2008 质量管理体系认证,产品获得对外出口证书。"曙乡"牌马铃薯精淀

定西薯乡淀粉有限责任公司

粉各项指标均达到 GB/T8884-2007 一级标准,销往上海、广州、郑州、西安、天津等地。

定西陇峰淀粉制品有限责任公司

位于巉口工业开发区,2005 年成立,注册资金 310 万元,占地面积 25 亩,甘肃省农业产业化龙头企业、农发行 AA 级信誉企业。公司拥有年产 1 万吨精淀粉生产线一条,原料储藏库 90 孔,储藏量 33000 吨。员工 50 人,总资产 3309 万元。企业通过 ISO9001：2000 质量体系认证,取得全国工业产品 QS 生产许可证。生产的"陇上雪"牌精淀粉各项指

定西陇峰淀粉制品有限责任公司

标均达到 GB/T8884-2007 一级标准,销往天津、河北、郑州、上海等地。

定西蓝天淀粉有限公司

位于巉口工业开发区,注册资金 500 万元,占地面积 30 亩,定西市蓝天热力工程有限公司投资建设,2002 年 8 月投产,是定西市农业产业化龙头企业。引进北京泰德康科技有限发展公司技术设备,建成年产 2 万吨精淀粉生产线一条、年

定西蓝天淀粉有限公司

产3000吨水晶粉丝生产线一条，总资产2800万元，员工80多人，其中高级工程师2人，工程师3人，大中专生及各类专业技术人员8人。产品通过ISO9001:2000质量体系认证。2010年，公司选址定西经济开发区食品工业园，建设年产2万吨醋酸酯变性淀粉、20万吨淀粉糖生产线、2万吨壁纸胶生产线，占地面积96亩，总投资3.3亿元。一期工程建设年产2万吨醋酸酯变性淀粉生产线，总投资8367万元，完成车间主体和设备安装。

定西市博瑞淀粉有限公司

位于内官营镇暖泉河畔，定临公路23千米处，占地面积23亩。1987年，成立内官营三粉厂，是定西最早成立的马铃薯粗淀粉加工厂，加工粉条、粉皮等产品，为内官营乡镇企业。2006年8月，改制成立定西市博瑞淀粉有限公司，新建年产3万吨马铃薯精淀粉生产线，蔬菜保鲜库22间，储藏能力3000吨。占地面积扩展到50亩，注册资金1580万元，从业人员60人，其中专业技术人员8人。总资产8422万元，固定资产2631万元。生产的"雪柳"牌马铃薯精淀粉销往天津、上海、广州等地，是甘肃省农业产业化重点龙头企业。

定西市博瑞淀粉有限公司马铃薯生产原料

甘肃金大地食品有限公司

位于交通路 467 号，占地面积 16 亩，1998 年 3 月在定西县物资公司院内筹建甘肃金大地食品有限公司，引进荷兰主设备与国内先进设备配套，建设年产 3000 吨速冻薯条、2400 吨速冻薯饼和 1000 吨油炸薯片生产线，2001 年 10 月投产，在北京、广州、深圳、成都、西安等城市设立销售分公司，是甘肃省农业产业化龙头企业、农发行 AA 级信誉企业。2006 年，公司投资 1172 万元，建成占地面积 6200 平方米的万吨原料气调库。总资产 4880 万元，员工 120 人，其中管理人员 10 人，专业技术人员 9 人。2007 年，通过 QS 食品认证。2008 年，公司选址定西经济开发区食品工业园，在巉口镇区新建年产 2.5 万吨速冻薯制

甘肃金大地食品有限公司速冻薯条生产线

品生产线，总投资 9450 万元，其中固定资产投资 7950 万元。项目得到国家高技术产业化项目资金 1000 万元的支持，征地 78 亩，2010 年开工建设。

第六章 项目支持

第一节 基础设施建设

定西马铃薯综合交易中心建设项目

国家发改委、商务部下达,安定区马铃薯经销协会实施。总投资 8260 万元,其中商务部双百示范工程 720 万元、国家发改委信息系统升级改造项目 450 万元、地方配套 150 万元、银行贷款 1500 万元、协会自筹 5440 万元。2006 年 11 月开工,2007 年 9 月建成并投入使用。主要建设内容及规模:建设年交易马铃薯 100 万吨的交易中心,4257 平方米综合办公楼 1 栋,500 吨容量恒温库 1 栋,1 万吨马铃薯贮藏库 1 栋,6000 平方米交易大棚 1 座,8756 平方米配货中心停车场 1 处,安装 60 吨、20 吨电子磅各一台,配备宽带信息网络等现代信息设施。

2007 年马铃薯贮藏市场建设项目

甘肃省财政厅下达,安定区农业局实施。总投资 250 万元,均为国家投资。主要建设内容及规模:在凤翔镇石坪村新建马铃薯贮藏窖群一处,总贮藏量 1 万吨。

2008 年马铃薯脱毒一级种薯贮藏库建设项目

甘肃省财政厅、农牧厅下达,安定区农业局实施。总投资 150 万元,均为国家投资。主要建设内容及规模:新建马铃薯一级种薯贮藏库 5 座,贮藏能力 5000 吨。

2009 年马铃薯脱毒一级种薯贮藏库建设项目

甘肃省财政厅、农牧厅下达,安定区种子管理站实施。总投资 240 万元,均为国家投资。主要建设内容及规模:8 家种薯生产企业建成马铃薯一级种薯贮藏库 8 座。补助资金:中辰公司 50 万元、金峰公司 20 万元、石峡湾马铃薯协会 10 万元、薯峰公司 20 万元、爱兰公司 60 万元、陇峰公司 20 万元、凯凯公司 50 万元、种子站 10 万元。

第二节　良种扩繁推广

旱作节水特色农业马铃薯示范基地建设项目

2004 年农业部下达"十五"第二批旱作节水农业示范基地建设项目,安定区农牧局承担,安定区农技中心组织实施,总投资 150 万元,其中国家投资 120 万元,地方配套 30 万元。在西川示范场、巉口示范场栽培大西洋、夏波蒂脱毒苗 85 万株,生产原原种 85 万粒,搭建防虫网棚 200 亩;在团结、香泉镇建立节水喷灌示范基地 500 亩,马铃薯脱毒种薯繁育基地 1.2 万亩,推广旱地垄沟覆膜技术示范 2580 亩,保护性耕作 5400 亩,主要示范机械深松耕、旋耕、少免耕、光解膜、秸秆覆盖等技术。

优质马铃薯良种基地建设项目

2006 年农业部下达,安定区农业局实施。总投资 280 万元,主要建设内容及规模:定西爱兰公司组织生产脱毒微型薯 200 万粒,在香泉镇建立新大坪、陇薯 3 号脱毒原种繁育基地 300 亩,石泉乡建立陇薯 3 号脱毒种薯扩繁基地 4000 亩,生产二级种薯 5000 多吨;在高峰、符家川、石峡湾、李家堡、宁远等 5 个乡镇建立 K299 示范基地 500 亩。

2007 年马铃薯良种基地建设项目

甘肃省扶贫办下达,安定区农业局承担,定西市爱兰马铃薯种业有限责任公司实施。总投资 400 万元,其中国家投资 230 万元,企业自筹 170 万元。主要建设内容及规模:在香泉镇新建网棚 800 亩,建立马铃薯一级种薯生产基地 15000 亩。

2008 年马铃薯良种工程建设项目

甘肃省扶贫办下达,安定区农业局承担,定西市凯凯生态园植物快繁有限公司实施。总投资 424 万元,其中国家投资 230 万元,企业自筹 194 万元。主要建设内容及规模:在香泉镇搭建网棚 650 亩,建立马铃薯一级种扩繁基地 15000 亩。

2008 年旱作农业项目

甘肃省农技总站下达,安定区农业局承担,安定区农技中心实施。总投资 330 万元,其中国家投资 200 万元、自筹 130 万元。主要建设内容及规模:推广全膜双垄沟播技术面积 13.98 万亩,其中全膜双垄沟玉米 12.08 万亩,平均亩产 437.8 公千克,较半膜种植平均亩增产 81 千克,增长 22.7%;全膜马铃薯 1.9 万亩,平均亩产 1572.4 千克,较露地种植平均亩增产 398.1 千克,增长 34%。

2009—2010 年国家大型商品粮马铃薯生产基地建设项目

甘肃省发改委下达,安定区农业局实施。总投资 1241 万元,其中国家投资 1157 万元、自筹 84 万元。主要建设内容及规模:建成优质马铃薯生产基地 3.68 万亩,安装低压管道 100.5 千米,配套辅助建筑物 1996 座;整修机耕道路 23 条 39.13 千米,衬砌防渗渠道 37.1 千米,维修机井 10 眼,配套设备 10 台(套),管理房 120 平方米,配套变压器 10 套,输电线路 7.5 千米,建成自然通风式良种贮藏库 1200 平方米,采土样 160 个,化验 960 项(次),发放配方施肥建议卡 1731 份,推广测土配方施肥 1.62 万亩,农业科技培训 1795 人,机械深耕深松 12065 亩(其中机械深松 8030 亩、机械深耕 4035 亩)。

2009 年旱作农业项目

甘肃省农技总站下达,安定区农业局承担,安定区农技中心实施。总投资 809 万元,其中国家投资 509 万元、自筹 300 万元。主要建设内容及规模:除高峰乡之外的 18 个乡镇、274 个村、1920 个社实施,完成全膜双垄沟播技术示范推广 39.6 万亩,其中玉米 29.5 万亩、地膜马铃薯 10.1 万亩;建立 500 亩以上的示范点 50 个 13.3 万亩,其中 2000 亩以上的重点示范点 14 个 7.18 万亩。项目区玉米平均亩产 420.7 千克,较半膜对照平均亩增产 80.9 千克,增长 23.8%;地膜马铃薯平均亩产 1420.2 千克,较露地对照平均亩增产 259.5 千克,增长 22.4%。

2009 年马铃薯膜侧沟播栽培技术示范推广项目

甘肃省农技总站下达,安定区农业局承担,安定区农技中心实施。总投资 183 万元,其中国家投资 150 万元、自筹 33 万元。主要建设内容及规模:在鲁家沟、石峡湾、新集、葛家岔、青岚山、巉口等北部 6 乡镇选用优质马铃薯品种新大坪,建立 15000 亩马铃薯膜侧沟播栽培技术示范基地。

2009 年旱作农业示范基地建设项目

甘肃省农牧厅下达,安定区农业局承担,安定区农技中心实施,爱兰马铃薯种业有限责任公司为协作单位。总投资 375 万元,其中国家投资 300 万元,地方配套、企业自筹 75 万元。主要建设内容及规模：建成旱作农业综合技术示范基地2.27 万亩，全膜马铃薯标准化生产示范及马铃薯一级种繁育核心示范基地建设1270 亩(其中香泉 750 亩、团结 520 亩)，在香泉、团结和巉口镇完成马铃薯、玉米地膜覆盖、适宜播种期、病虫害防治等试验研究 12 项(次)，在香泉镇香泉村二社完成日光温室建设 24 座，繁育新大坪、陇薯 3 号等脱毒马铃薯原原种 365 万粒。化验室改造 260 平方米,购置土壤墒情监测仪器设备 9 台、农机具 3 台,配置技术培训设备 31 台(个、套)。举办农业技术培训 9 期(次),培训人员 2.14 万人(次)。

2010 年旱作农业项目

甘肃省农技总站下达，安定区农业局承担，安定区农技中心实施。总投资2000 万元,其中国家投资 1500 万元、自筹 500 万元。主要建设内容及规模:在全区 19 个乡镇、287 个村、2028 个社 5.87 万户农户中实施，完成全膜覆盖面积76.68 万亩。其中全膜玉米 35.41 万亩,平均亩产 526.4 千克,较半膜对照平均亩增产 116.9 千克,增长 28.5%;地膜马铃薯 41.27 万亩,平均亩产 1379.6 千克,较露地对照平均亩增产 319.5 千克,增长 30.1%。

2010 年马铃薯良种基地建设项目

国家农业部下达,安定区农业局承担,安定区种子管理站实施。总投资 671 万元,其中国家投资 610 万元,地方配套 61 万元。主要建设内容及规模:在安定区良种场新建马铃薯贮藏窖 2736 平方米(不包括保温层面积 189.21 平方米),在香泉镇搭建马铃薯原种扩繁网棚 314 亩、一级种扩繁基地 3320 亩,整修道路 25.09 千米,完成渠系 27.02 千米,安装低压供水管道 3 千米,建成机井房 12 平方米,50 立方米蓄水池 1 座,自动化上水设备 1 套,招标采购马铃薯病毒检测仪器设备 14 台(套)、农机具 6 台(套)。

第三节　加工技术及设备

甘肃超兴淀粉制品有限公司年产 1 万吨马铃薯精淀粉技改项目

总投资 1860 万元,资金来源均为企业自筹。新增建设投资 1620 万元,新增铺底流动资金 240 万元。新建年产 1 万吨马铃薯精淀粉生产线一条,新建生产车间、成品库等 3485 平方米,购置设备 26 台(套)。2003 年建成投产。

定西薯峰淀粉有限责任公司年产3万吨马铃薯精淀粉建设项目

总投资 2832 万元。其中,新增建设投资 2041.68 万元、新增铺底流动资金 750 万元。企业自筹 1432 万元,银行贷款 1400 万元。新建年产 3 万吨马铃薯精淀粉生产线一条,新建生产车间一套,贮料池三座,贮渣池一座。2009 年开工建设,2010 年建成投产。

定西市博瑞淀粉有限公司年产3万吨马铃薯精淀粉技改项目

总投资 2832 万元。其中,新增建设投资 2041.68 万元,新增铺底流动资金 750 万元。资金来源:企业自筹 1432 万元,银行贷款 1400 万元。新建年产 3 万吨马铃薯精淀粉生产线一条,新建生产车间一套,贮料池三座,贮渣池一座。2009 年开工建设,2010 年建成投产。

定西宏煊淀粉制品有限责任公司3万吨马铃薯精淀粉生产线综合节能减排及废液蛋白回收技术改造项目

总投资 5406 万元。资金来源:国家投资 430 万元,银行贷款 1200 万元,企业自筹 3776 万元。新建年产 3 万吨马铃薯精淀粉生产线一条,对淀粉及水晶粉丝生产线进行节水技术改造,建设废液蛋白回收及污水处理设施,对变压器和锅炉进行节能改造。2009 年开工建设,2010 年建成投产。

定西薯峰淀粉有限责任公司年产3万吨马铃薯变性淀粉及配套加工生产线项目

总投资 4298 万元,资金来源:银行贷款、自筹。新建年产 3 万吨马铃薯变性淀粉(及配套淀粉加工)生产线及附属设施。2006 年开工建设,2008 年建成投产。

甘肃圣大方舟马铃薯变性淀粉有限公司年产7.6万吨马铃薯变性淀粉生产线项目

总投资 9900 万元。其中,固定资产投资 7900 万元,铺底流动资金 2000 万元。资金来源:银行贷款 3000 万元,自筹 6900 万元。建设内容包括 2 条年产 3 万吨湿法生产线,1 条 5000 吨干法生产线、1 条 6000 吨混粉生产线、1 条 3000 吨溶剂法生产线、1 条 2000 吨滚筒法生产线和企业工程技术中心及配套设施。建设综合车间 8200 平方米,企业工程技术中心 2800 平方米,锅炉房、职工用房等辅助服用房共计建筑面积 15520 平方米。2008 年动工建设,2010 年 7 月建成投产。

定西蓝天淀粉有限公司年产 3000 吨水晶粉丝生产线项目

总投资 1320 万元。资金来源:银行贷款 500 万元、自筹 820 万元。新建年产 3000 吨水晶粉丝生产线一条。2008 年开工建设,2009 年建成投产。

定西宏煊淀粉制品有限责任公司年产 3000 吨水晶粉丝生产线项目

总投资 3100 万元。其中,固定资产投资 2890 万元。资金来源:银行贷款 800 万元,企业自筹 2300 万元。新建年产 3000 吨水晶粉丝生产线一条。2009 年开工建设,2010 年建成投产。

甘肃超兴淀粉制品有限公司年产 9000 吨马铃薯全粉生产线项目

总投资 3000 万元。其中,固定资产 2700 万元、流动资金 300 万元。资金来源:企业自筹 2200 万元,银行贷款 800 万元。新建年产 9000 吨马铃薯全粉生产线 1 条,购置设备 23 台(套),建设生产车间、保鲜库、锅炉房等建筑物 8600 平方米。2006 年开工建设,2007 年建成投产。

甘肃金大地食品有限公司年产 3000 吨速冻薯条生产线项目

总投资 1650 万元。资金来源:企业自筹,银行贷款。建设年产 3000 吨速冻薯条生产线一条,整条生产线引进荷兰主设备与国内先进设备配套,生产过程中引入 GMP 和 HACCP 管理模式,保证产品质量达到国际标准。1998 年动工建设,2001 年建成投产。

甘肃金大地食品有限公司 1 万吨马铃薯薯饼及鲜薯贮存库技改项目

总投资 600 万元。资金来源为企业自筹。新建 1 万吨马铃薯储存库一座。2006 年建成使用。

甘肃金大地食品有限公司年产 2.5 万吨法式速冻薯制品生产线项目

总投资 9450 万元。其中,固定资产投资 7950 万元。资金来源:国家投资、国外银行贷款、企业自筹。建设年产 2.5 万吨速冻薯条生产线一条,6000 吨速冻薯泥(饼)生产线一条,配套建设 3 万吨马铃薯恒温储藏库。2007 年开工建设,至 2010 年完成钢结构安装,购置设备。

定西薯峰淀粉有限责任公司马铃薯薯渣再加工综合利用项目

总投资 5282 万元。其中,固定资产投资 4232 万元,铺底流动资金 1050 万元。资金来源:国家投资 420 万元,银行贷款 1085 万元,企业自筹 2027 万元。新建设年产 10 万吨马铃薯薯渣、淀粉生产污水提取蛋白、农作物秸秆配合饲料生产线。2009 年开工建设,2010 年建成投产。

甘肃圣大方舟马铃薯变性淀粉有限公司马铃薯淀粉废渣废水综合利用项目

总投资 1.6 亿万元,其中建设投资 1.29 亿元,铺底流动资金 3016 万元。资金来源:企业自筹 1.5 亿元,国家投资 1000 万元。新建成年产 15 万吨复合颗粒饲料原料生产线,年处理浓缩薯渣 4.35 万吨(折合鲜薯渣 35 万吨),玉米、豆类、小麦秸秆 12 万吨。2009 年开工建设,2010 年建成投产。

第四节 马铃薯循环经济产业园

为了贯彻落实国务院办公厅《关于进一步支持甘肃经济社会发展的若干意见》,加快马铃薯贸工农一体化示范区建设,全力打造"中国薯都",安定区委托兰州大学城市规划设计研究院完成《甘肃定西经济开发区发展规划》修编和《甘肃·定西马铃薯产业园发展规划》(中国马铃薯贸工农一体化示范区)编制工作。2010 年 11 月 13 日,甘肃省开发区建设发展领导小组批复批准定西经济开发区发展规划。

规划范围及规模

规划范围 甘肃·定西马铃薯循环经济产业园 (中国马铃薯贸工农一体化示范区)整合定西国家农业科技园区(西川)、定西经济开发区(南川)及巉口工业开发区优势资源和生产要素,突出良种繁育、推动现代物流、提高精深加工、加快产品研发,提升产业核心竞争力,按照核心区、示范区和辐射区三个层次,打造中国马铃薯贸工农一体化示范区,组建"甘肃·定西马铃薯产业园"。包括巉口精深加工区(规划用地 4.72 平方千米)、西川种薯繁育区(规划用地 3.76 平方千米)和南川综合物流区(规划用地 1.1 平方千米),总规划面积 9.58 平方千米。

规划期限 2010—2020 年。

规划目标 依托定西,放眼甘肃,展望全国,通过马铃薯产业园建设,实现"一园三区"的联动发展;整合周边市(县)优势资源,实现区域马铃薯逐步向园区集中;推行集群化发展战略, 确立在干旱和半干旱地区马铃薯产业发展的核心地位——"中国薯都"。

园区性质 中国马铃薯产业战略基地。以种薯繁育、精深加工、现代物流为核心的现代化马铃薯贸工农一体化示范区。

发展目标 打造"中国薯都",形成全国马铃薯产业信息发布中心。

投资估算及资金筹措 包括基础设施建设和征地费用,总投资20.62亿元。所需资金通过申请国家扶持资金、申请银行贷款、建设单位自筹等方式筹措。

巉口精深加工区

目标定位 "中国薯都"的核心工业区,集研发、精深加工、综合服务于一体的标准化马铃薯加工示范区。

总体思路 引进国内外先进技术、设备,改造传统生产工艺,对马铃薯加工企业进行技术升级和改造。新建马铃薯变性淀粉、全粉、功能性食品、复合薯片、方便粉丝等一批马铃薯精深加工以及废水、废渣的综合利用项目,将安定区建设成为全国最大的县(区)级马铃薯精深加工基地和技术研发中心。

发展目标 到2015年,马铃薯加工能力达到30万吨,其中精淀粉15万吨、变性淀粉及衍生物9万吨、全粉3万吨、休闲食品3万吨。马铃薯加工业产值达到25.5亿元,增加值达到10.5亿元。到2020年,马铃薯加工能力达到40万吨,其中精淀粉15万吨、变性淀粉及衍生物15万吨、全粉5万吨、休闲食品5万吨。马铃薯加工业产值达到35亿元,增加值达到15亿元。

投资概算 总投资9.99亿元,主要是基础设施建设和征地费用。其中基础设施建设包括道路与停车场工程、供水与消防工程、排水工程、供电工程、环卫设施与绿化工程、热力与燃气工程、场地平整、防洪工程,费用5.3亿元;征地费用依照当地土地价格,按每亩4.8万元计算,建设用地6783.45亩,征地费用3.26亿元。

西川种薯繁育区

定西国家农业科技园区占地面积4200亩,建成用于马铃薯脱毒种薯扩繁的日光温室274座;爱兰、凯凯、百泉等7家马铃薯脱毒种薯繁育企业年生产脱毒原原种达到1.78亿粒。

目标定位 "中国薯都"的脱毒种薯扩繁基地,全国马铃薯育种技术研发中心。

总体思路 依托甘肃省马铃薯工程技术研发中心,为进入园区的省内外科研单位、大专院校、种薯繁育企业提供马铃薯新品种选育、试验研究和脱毒种薯繁育的工作场所。建成开放的马铃薯品种和技术创新与交流平台,与国内外马铃薯技术界建立广泛联系,使之成为全省马铃薯学科的科技创新基地、成果示范基地和技术培训基地。

发展目标　到2015年,原原种年生产能力达到5亿粒,原种扩繁基地3万亩,一级种扩繁基地30万亩,占到种植面积的三分之一以上,走种薯销售与商品薯销售并重的路子。到2020年,引进、选育马铃薯新品种10个,生产脱毒马铃薯原原种10亿粒以上,把安定区建设成为全国最大的县(区)级马铃薯脱毒种薯生产及供应基地。

投资概算　总投资7.82亿元,主要是基础设施建设和征地费用。基础设施建设费用4.54亿元;征地费用按每亩6.6万元计算,建设用地3550.95亩,征地费用2.34亿元。

南川综合物流区

定西南川经济开发区已完成建设面积1000亩,培育发展绿色农产品加工、物流服务等龙头企业54家。

目标定位　立足定西、服务西北、辐射全国的"中国薯都"物流集散地。成为甘肃省期货物流、冷链物流、高端物流等综合型物流的示范中心。

总体思路　依托种薯生产基地、提升服务品质、活跃国内外薯业市场,以供应链引导产业集群,以新技术、先进交易方式降低成本,实现现代物流业跨越式发展。

发展目标　到2020年,年货运量达到1500万吨,市场交易额达到100亿元,辐射半径达到300千米,把安定区建成集交易、配送、仓储、加工、会展等功能为一体的全国最大的农副产品集散中心。

投资概算　总投资2.81亿元,主要是基础设施建设和征地费用。基础设施建设费用1.48亿元;征地费用按每亩6.6万元计算,建设用地1540.5亩,征地费用1.02亿元。

第七章　管理服务

第一节　安定区马铃薯产业办公室

2001年成立,与定西县农业办公室合署办公,2003年撤县设区后更名为定西市安定区马铃薯产业办公室,与区农业办公室合署办公,科级建制事业单位,参照公务员管理。职工20人,大专以上文化程度16人,科级干部8人。内设办公室、信息股、贮藏股、监管股、运输股等五个股室。2010年7月,撤销区农业办公室,将市场体系建设的职能划转区商务局,市场体系建设以外的职能和马铃薯产业办公室机构划入区农业局。马铃薯产业办公室成立以来,紧紧围绕区委、区政府做大做强马铃薯产业的总体要求,以搞好马铃薯营销服务为重点,发挥协调服务和调控市场的职能作用,在抓联运、联管、联贷、贮藏、信息、服务等方面发挥重要作用。

路地联运,公平配载车皮

车皮配载由会员、联管小组、联管大组、四大联合体逐级申报,联运办集体讨论分配,保证车皮配载公开、公平、公正。制定《马铃薯购销管理办法》,实行统一标准、统一价格、统一商标的"三统一"购销服务。引入竞争投标机制,确定3家马铃薯包装袋供应商,加强对箱装精品马铃薯的管理,维护定西马铃薯品牌形象。车皮配载对收购价格高的优先,对市场内存货多的优先,对信誉度高的优先。以车皮配载为手段,稳定市场价格,稳定市场秩序,平衡主体利益。

马铃薯集中上市期间,定西马铃薯综合交易中心电子屏幕滚动播出全国马铃薯市场信息

部门联管,公平交易行为

加强市场管理,对各级市场不间断地进行巡逻检查,打击压级压价、短斤少两等坑农害农行为。对营销人员实行区农办、工商局、协会"三合一"的管理体制,农办会同工商部门对马铃薯经纪人进行集中培训,对 568 名马铃薯经纪人进行资格确认,颁发协会会员证和经纪人执业证。对协会会员实行积分制考核,严格入口,疏通出口,动态管理,调动会员积极性,提高营销队伍整体素质。对市场内从事购销的经营户,在准入许可、检疫、货运办票、公路配载、装拣上站、贷款推荐、信息共享等方面联合办公,实行"一站式"、"一条龙"服务。

银地联贷,加大资金支持

实行会员申请、协会推荐、乡镇政府或有关部门把关、银行审贷的联贷制度。农办与银行制定出台协会会员星级管理办法,增加客户的诚信意识。区马铃薯经销协会会员申请贷款,必须先向协会提出申请,由关联小组、关联大组组长签字后,区农办以正式文件分别报农行和信用社,由农行和信用社及时安排客户调查并在 7 日内发放贷款,减少环节,方便群众,提高办事效率,降低信贷风险。

宣传推介,畅通销售信息

开通中国·定西马铃薯信息网站,每天向农业部上报产地市场马铃薯价格,及时更新和丰富信息内容,扩大信息的辐射面。在区马铃薯经销协会内部建立信息服务平台,为区内所有经纪人开通移动短号和彩铃服务,利用移动平台发送信息,实现信息资源共享。及时搜集全国各主产区及销端市场马铃薯信息资源,通过电子显示屏、信息快报、黑板报、电话、传真等形式及时将信息宣传到千家万户,确保信息真实、及时、有效。组织外地客商积极参加一年一度的中国·定西马铃薯大会,组织协会会员参加全国马铃薯商贸活动,宣传推介定西马铃薯,提升定西马铃薯及其产品在全国的知名度和影响力,为打造"中国薯都"营造良好的舆论氛围。

第二节 安定区马铃薯经销协会

2003 年 7 月成立,发展会员 568 人,常务理事 15 人,理事 59 人,下设 23 个分会,会员遍布全区 19 个乡镇及周边地区,覆盖 7.8 万户农户。协会成立以来,以服务"三农"为宗旨,以实现农户、企业"双赢"为目标,按照"分散经营、集中管理、联合对外、统一营销"的要求,为种植农户和终端市场客户搭建销售平台,发挥农民走向市场的桥梁和纽带作用。

加强队伍培训,推行资格确认

2006 年 5 月,区上从马铃薯经销协会、淀粉企业中挑选 80 名经营人员赴兰州大学经济管理学院进行集中培训,通过理论与实践的结合,提高会员科学分析市场、研究市场、开拓市场、驾驭市场的综合能力。2009 年,农办会同工商部门对马铃薯经纪人集中进行三次培训,并对 568 名马铃薯经纪人进行资格确认,颁发协会会员证和经纪人执业证。

发扬团队精神,抢占终端市场

协会实行统一商标、统一包装、统一质量、统一价格、统一签单的"五统一"购销服务,发扬团队精神,运用"品牌+专列"的营销方式,先后在广州、上海、成都、福建、湖北、四川等省市建立直销窗口 30 多个,与全国 42 个大型终端市场建立稳定的协作关系,每年外销马铃薯 40 万吨,实现销售额 2.8 亿元,提高安定马铃薯在全国各大终端市场的占有率。以新大坪为主的一些名优产品已经稳定地占据了各大销端市场。

畅通价格信息,推行订单农业

协会建立信息发布中心, 每天将全国各大终端市场的马铃薯销售价格通过网络下载,根据全国三大主产区的价格和全区当天的收购价以及终端市场的销售价,进行综合分析,得出近期指导价,通过电视、传真、简报等各种形式发送到各乡镇、会员及收购网点。从农户到协会, 从协会到客商到终端市场, 形成畅通的价格信息网络。协会发挥"上联市场、下联农户"的作用,组织企业、分会与农户签订订单,投入良种、化肥、农药,扩大种植面积, 推广标准化种植

区马铃薯经销协会建立的马铃薯标准化生产基地

技术,提高产量和品质,增加农民收入,推进马铃薯产业健康持续发展。

2004—2005 年,安定区马铃薯经销协会连续两年被省科学技术协会命名为"甘肃省十佳农村专业技术协会",被市委、市政府评选为"定西市农业产业化经营先进单位",被市精神文明建设指导委员会评为"市级诚信单位";2006 年,中共中央组织部命名安定区马铃薯经销协会党支部为"先进基层党组织";2007 年,被市科技局评选协会为科普先进单位。

第三节　安定区马铃薯淀粉行业协会

2006 年 5 月成立,有会员 28 人,协会以服务马铃薯加工企业为中心,以实现农户、企业"双赢"为目标,按照"分散经营、集中管理、联合对外、统一营销"的要求,履行服务、教育、宣传、协调、管理、监督的职责,开展以马铃薯加工服务为主的活动,发挥中介组织在农业产业化中的桥梁和纽带作用,促进马铃薯产业的持续健康发展。

2006 年 12 月 3 日,区马铃薯淀粉行业协会组织的国内首列马铃薯精淀粉专列从定西发往天津塘沽

推动联合集群发展

按照市场规律,通过兼并、联合发展,整合壮大骨干优势企业,提高马铃薯淀粉生产的规模化和组织化程度,企业向集团化发展的路子逐步形成,企业参与市场竞争的能力进一步增强。

构筑精深加工体系

区上不断加大农业产业化龙头企业的扶持力度,相继制定出台一系列帮助龙头企业发展的政策和措施,马铃薯加工龙头企业呈现出强劲的发展势头。马铃薯加工业形成了以精淀粉、全粉、变性淀粉、休闲食品为主的比较完整的加工体系。

不断提升品牌意识

企业积极申请质量、产品认证。宏煊淀粉公司被列为全国马铃薯加工示范企业之一,超兴淀粉公司获得绿色食品认证,超兴、宏煊、薯峰、陇海、金大地、薯乡、博瑞等 7 家企业获得省级龙头企业授牌,蓝天、同丰 2 家企业获得市级龙头企业授牌;超兴、薯峰、陇海、宏煊、金大地、薯乡、博瑞等 7 家企业为农发行 AA 信用企业,蓝天为农行 AA 信用企业,超兴全粉实现了直接出口,企业品牌的科技含量和知名度不断提升。

延长延伸产业链条

马铃薯加工业在纵向上促进产业链的延伸,形成原料生产、简单加工、精深加工的系列配套;在横向上带动了相关产业的发展,呈现出包装、运输、仓储和流通业集中跟进的势头,形成"一业兴、百业旺"的多赢局面。

建设企业原料基地

实行企业与各乡镇对接,乡镇与农户签订协议,由企业投资提供籽种,乡镇负责落实种植,秋后按照等同或高于市场的价格,统种统收,分等定价,以企业自收或委托代收的方式组织实施,建立新大坪、陇薯 3 号马铃薯良种繁育基地。

第十编

生态环境建设

第十编 生态环境建设

第一章 林 业

第一节 组织机构

行政管理机构

定西市安定区林业局 1986 年,定西县林业局内设财务股、政工股、业务股、林木种子站、林业技术推广站、林木病虫害防治站,下设城关苗圃、车道岭林场、红土苗圃和城关、内官营、李家堡、鲁家沟、葛家岔等五个造林站。1990 年,定西县林业局更名为定西县林业服务中心。1995 年 11 月,恢复定西县林业局,保留定西县林业服务中心。2002 年 6 月,撤销定西县林业服务中心。2003 年 12 月,更名为定西市安定区林业局。2010 年,内设办公室、林勘队、林技推广站、森防站、种苗站、林政站等六个事业站室,下设定西市森林公安局安定分局、车道岭林场和红土苗圃。共有职工 83 人,其中局机关 55 人,基层场圃 28 人(车道岭林场 18 人,红土苗圃 10 人)。专业技术人员 41 人,其中高级工程师 1 人、工程师 20 人、助理工程师 19 人、技术员 1 人,研究生学历 5 人、本科 19 人、大专 26 人、中专 8 人。

定西市安定区绿化委员会办公室 1991 年 12 月,在林业局设立定西县绿化委员会办公室,组织动员、协调指导全民义务植树、城乡绿化和国土绿化,开展宣传教育、法律普及、信息管理以及发展规划、年度计划的制定、实施、检查、验收。2003 年 12 月,更名为定西市安定区绿化委员会办公室。

定西市安定区护林防火指挥部办公室 1999 年 11 月,在林业局设立定西县护林防火指挥部办公室,与林政管理站合署办公。负责制定并组织实施森林防火工作总体规划和年度计划,森林火情、火险的预测、预报和信息发布,制定森林火灾扑救预案,组织、协调、指导专业森林扑火队伍的防火扑火工作。2003 年 12 月,更名为定西市安定区护林防火指挥部办公室。

定西市安定区以粮代赈退耕还林(草)项目建设领导小组办公室 2000 年 5 月,将设立在定西县农业委员会的以粮代赈退耕还林(草)项目建设领导小组办公室改设在林业局。主要职能:贯彻执行退耕还林(草)工程政策法规,编制上报退耕还林(草)工程总体规划、年度建设计划,编制退耕还林(草)工程年度实施方案,负责退耕还林(草)工程作业设计的评审、审批、变更,监督检查退耕还林(草)工程的政策落实和补助资金兑现,检查验收退耕还林(草)工程,建立退耕还林(草)工程信息管理系统,负责退耕还林(草)工程资料的收集、整理、汇总、上报、建档和工程建设的宣传、人员培训、科技推广,指导退耕还林(草)工程确权发证工作。2003年12月,更名为定西市安定区以粮代赈退耕还林(草)项目建设领导小组办公室。

定西市安定区天然林保护办公室　2003年3月,在林业局设立天然林保护办公室。主要职责:贯彻执行天然林资源保护的有关方针、政策、法规,制定并监督执行天然林资源保护工程的规程、标准和管理办法,编制并组织实施天然林资源保护工程规划设计和年度计划,组织天然林资源保护工程的检查验收、宣传、建档和科技推广,监督天然林资源保护资金的安排和使用。2003年12月,更名为安定区天然林资源保护工程领导小组办公室。

定西市森林公安局安定分局　1994年7月,成立定西县公安局城关林业派出所,股级建制,编制8人,业务上受定西县公安局指导,行政上受定西县林业局领导。2009年,更名为定西市森林公安局安定分局(挂定西市安定区公安局森林警察大队牌子),正科级建制,政法专项编制13人。

事业管理机构

定西市安定区林政稽查队　1989年3月,林业局内设林政股。1991年3月,变更为定西县林政管理站。1997年9月,成立定西县林政稽查队。依法审批森林采伐限额,监督管理凭证采伐、运输、销售,查处无证采伐和超限额采伐行为,依法办理征占用林地审批,调处林权纠纷,颁发《林权证》,监督陆生野生动植物狩猎、驯养、繁殖、运输、经营、加工等行政许可。2003年12月,更名为定西市安定区林政稽查队。

定西市安定区森林病虫害防治检疫站　1983年,成立定西县森林病虫害防治检疫站,负责宣传、贯彻森林病虫害防治检疫方面的法律法规;组织、指导、监督本辖区森林病虫害防治工作;建立健全森林病虫害监测预警体系,发布森林病虫害信息,制定应急除治预案;组织森林植物疫情普查,开展森林植物及其产品的检疫工作;开展森林病虫害防治检疫技术的研究、培训和交流,引进、推广森林病虫害防治检疫适用技术,提高科学防治水平;查处违反森林病虫害防治检疫法律法规的行为。2003年8月,被国家林业局命名为森林病虫害防治标准站。2003年12

月,更名为定西市安定区森林病虫害防治检疫站。2005 年,被甘肃省林业厅评为全省林业有害生物防治先进集体。

定西市安定区林木种苗管理站　1984 年,成立定西县林木种子站,负责林木种子苗木引进、繁育、推广和林木种苗的生产、经营、管理工作。2003 年 12 月,更名为定西市安定区林木种苗管理站。

定西市安定区林业勘察设计队　2000 年 6 月,成立定西县林业勘察设计队,负责森林资源、野生动植物资源、湿地资源、荒漠化土地调查监测和评价,森林分类区划界定,占用征收林地可行性报告编制,森林资源规划设计调查,实施方案编制,林业专项核查,林业作业设计调查,营造林规划设计,林业数表编制,地方林业标准制定。2003 年 12 月,更名为定西市安定区林业勘察设计队。

定西市安定区林业技术推广站　1985 年 5 月成立定西县林业技术推广站。主要职责：监督检查林业行业政策和技术标准的贯彻执行,负责林业新技术开发、引进、试验示范及推广,开展林业科技培训、教育和宣传,制定林业科技发展规划,指导林业生态工程的组织实施及检查验收,指导林业技术鉴定和林果产品加工与销售,负责国家、省级退耕还林效益监测汇总上报工作,指导森林旅游、花卉业和经济林果业的建设与管理,开展古树名木普查、管理和保护工作。2003 年 12 月,更名为定西市安定区林业技术推广站。

国有林场、苗圃,造林站

定西市巉口林业试验场(定西市林业科学研究所)　1956 年 6 月,成立甘肃省定西专区林业试验场,隶属甘肃省林业局,1958 年 6 月下放定西专区管辖,1963 年 6 月上划省林业科学研究所管理,1966 年 1 月隶属定西专区,1969 年下放定西县管理。1975 年 8 月,成立定西地区巉口林业试验场、定西地区林业科学研究所,合署办公,隶属定西地区林业处管理。2003 年 12 月,更名为定西市巉口林业试验场、定西市林业科学研究所。

定西市巉口林业实验场

定西市华家岭林业站　1971 年 1 月成立定西地区华家岭林业站,隶属定西地区林业处管理。指导华家岭林带村社林场整地、育苗、造林、林木管护。2003年12月，更名为定西市华家岭林业站。

定西市华家岭林业站

定西县苗圃 民国十六年（1927）建立城关苗圃，二十四年（1935）改属省改进所，二十八年（1939）仍归县属。中华人民共和国成立后，除育苗外，兼管城区东、西、南山造林。1969—1972年，曾与定西地区安家坡水保站合并。1992年更名为定西县苗圃，占地面积160余亩。1991年，筹建陇中画院，建筑面积1000余平方米。1993年，筹建文天祥纪念馆，占地9.36亩。1998年6月，开辟为玉湖公园，占地166.6亩（含水域）。1999年12月，划归定西县园林局管理。

定西市安定区车道岭林场 1959年10月筹建定西县车道岭林场，位于城北35千米。1969—1972年，与巉口林场合并。2003年12月，更名为定西市安定区车道岭林场。2010年，有职工18人，全场总经营面积12960亩，其中有林地7272亩（侧柏、油松针叶林2000余亩），灌木林5312亩，以侧柏、油松、山杏、

安定区车道岭林场

山毛桃、柠条、杨树等树种为主，列入国家重点公益林4296亩，苗圃用地102亩，活立木蓄积量1584立方米，森林覆盖率80.7%。

定西市安定区红土苗圃 位于定西城区东南27千米处的宁远镇红土村境内，距310国道2000米。1965年7月，筹建定西县红土苗圃。1975年，红土良种繁

殖场合并于苗圃。2003 年 12 月，更名为定西市安定区红土苗圃。2010 年，有职工 10 人，经营面积 1760 亩，其中人工林地 1340 亩，为针阔混交林，覆盖度 80%以上，苗圃地 420 亩。

红土苗圃

乡镇林业工作站　1986 年，林业局下设城关、李家堡、鲁家沟、内官营、葛家岔五个造林站，负责辖区内林业生产规划、技术指导、林地管理和林木管护等工作。1988 年 12 月，内官营造林站划归内官营镇人民政府管理。1991 年 3 月，成立团结、香泉、内官营、御风、西巩驿、高峰等林业工作站，并将城关、李家堡、鲁家沟、葛家岔造林站相应更名为林业工作站。1994 年 1 月，御风林业工作站更名为景泉林业工作站。1996 年 6 月，乡镇林业工作站划归乡镇人民政府管理，林业部门进行业务指导。

第二节　林木资源

1986—2010 年，定西县（安定区）林业局开展三次森林资源调查和统计。1990 年，开展国有场圃森林资源清查。1993 年，开展第一次森林资源规划设计调查（二类调查）。2010 年，开展第二次森林资源规划设计调查。

1990 年国有场圃森林资源清查

车道岭林场　位于定西城北 35 千米的景家泉乡境内，国道 312 线横穿全场。林场总面积 12960 亩，二类调查区划 8 个林班 97 个小班。森林覆盖率 78.1%，活立木蓄积 1423 立方米，年净生长量 43.2 立方米，造林树种 10 科 17 属 29 种。乔木树种主要有杨树、榆树、杏树、侧柏、油松等，灌木树种有柠条、沙棘、山毛桃等。

巉口林场　位于定西城北 23 千米的巉口镇境内。林场总面积 22200 亩，二类调查区划 12 个林班 113 个小班。森林覆盖率 84.9%，活立木蓄积 138 立方米，年净生长量 8.1 立方米，乔木树种有油松、侧柏、云杉、樟子松、杨树、杏树等，灌木树种有柠条、文冠果等。

1993年定西县森林资源规划设计调查

1993年9月—1994年6月,开展定西县森林资源规划设计调查,共划分324个林班,6182个经营小班,8177个调查小班。此后,每5年对资源数据进行一次调查修订。

林业用地资源 定西县总土地面积545.67万亩,林业用地124.43万亩,其中有林地16.43万亩(用材林0.33万亩,防护林12.84万亩,特种用材林0.03万亩,经济林3.15万亩),疏林地3.18万亩,灌木林地23.55万亩,未成造林地4.30万亩,苗圃地0.07万亩,无林地76.90万亩,非林业用地421.24万亩,森林覆盖率8.4%。

森林蓄积资源 全县活立木蓄积71.99万立方米,其中林分蓄积31.07万立方米,疏林蓄积0.71万立方米,四旁树及散生木蓄积30.38万立方米。

森林资源结构 全县林分面积13.17万亩,蓄积31.07万立方米。按林种分:用材林0.33万亩,蓄积138立方米;防护林12.84万亩,蓄积31.06万立方米。按权属分:国有林1.19万亩,蓄积3043立方米;集体林12.69万亩,蓄积30.87万立方米;其他0.51万亩,蓄积2022立方米。

1993年定西县森林资源规划调查汇总表

表10-1-1
单位:万亩、立方米

乡 镇	土地总面积	林地	有林地	疏林地	灌木林地	未成林造林地	苗圃地	无林地	蓄积量
合 计	545.67	124.43	16.43	3.18	23.55	4.30	0.07	76.90	719867
城 关	40.29	6.90	0.56	0.20	0.72	0.09	0.02	5.03	11705
巉 口	26.78	6.20	0.54	0.18	1.98	0.06		3.44	9337
称钩驿	27.89	5.58	0.71	0.06	0.75	0.26		3.81	19906
景家泉	18.99	3.71	0.47	0.02	0.87	0.14		2.22	13691
鲁家沟	25.07	7.49	0.38	0.18	1.59			5.34	4980
白 碌	29.37	13.26	0.17	0.18	1.86	0.45		10.61	454
御 风	17.76	5.85	0.15	0.14	1.73	0.27		3.57	463
葛家岔	23.94	6.29	0.47	0.21	1.8			3.81	9445
石峡湾	25.61	9.09	0.35	0.26	4.23	0.02		4.25	17451
新 集	29.99	8.39	0.41	0.05	4.2	0.17		3.57	3808
青岚山	32.69	6.57	0.57	0.06	0.53	0.62		4.8	5173

续表 10-1-1　　　　　　　　　　　　　　　　　　　　　　　单位:万亩、立方米

乡　镇	土地总面积	林地	有林地	疏林地	灌木林地	未成林造林地	苗圃地	无林地	蓄积量
西巩驿	30.75	6.47	0.51	0.26	0.81	0.26		4.64	10800
石　泉	19.61	3.80	0.9	0.17	0.02	0.06		2.66	27659
宁　远	29.00	3.15	1.37	0.14	0.17	0.14	0.02	1.34	35757
李家堡	23.85	4.82	0.47	0.09	0.12	0.15		3.99	19467
杏　园	16.41	2.09	0.41	0.11	0.15	0.08		1.35	18060
张　湾	10.74	0.87	0.33	0.05	0.03	0.02		0.45	23287
团　结	20.15	3.06	0.56	0.06	0.20	0.05		2.21	29042
香　泉	14.63	3.45	1.14	0.09	0.05	0.06		2.12	203090
西　寨	7.31	1.23	0.35	0.14	0.03	0.11		0.62	17887
内官营	26.39	3.21	0.98	0.15	0.15	0.08		1.86	76597
东　岳	9.41	1.82	0.86	0.08	0.02	0.02		0.86	64220
高　峰	9.51	2.27	0.65	0.02		0.32		1.29	14178
黑　山	11.30	2.60	0.84	0.05		0.41		1.31	42473
符家川	13.35	2.91	1.17	0.11	0.11	0.32		1.22	39376
国有林场	4.88	3.35	1.11	0.12	1.43	0.14	0.03	0.53	1561

2010 年安定区森林资源规划调查

2008—2010 年,安定区林业局开展全区森林资源规划设计调查。全区 19 个乡镇和车道岭林场、红土苗圃共划分林班 315 个,小班 48781 个。其中,有林地小班 4346 个,疏林地小班 931 个,国家特别规定灌木林地小班 6780 个,未成林地小班 9611 个,无立木林地小班 840 个,宜林地小班 2749 个,林业辅助生产用地小班 4 个,苗圃地小班 3 个,非林地小班 23517 个。巉口林场和华家岭林业站作为单独单位调查。

林业用地资源　全区总土地面积 546.9 万亩,林业用地 212.0 万亩(其中,有林地 24.6 万亩,疏林地 3.7 万亩,灌木林地 67.6 万亩,未成造林地 68.7 万亩,苗圃地 0.1 万亩,无立木林地 13.1 万亩,宜林地 34.1 万亩,林业辅助用地 0.1 万亩),非林业用地 334.9 万亩。森林覆盖率 15.98%(其中,有林地覆盖率 4.1%,国家特别规定灌木林地覆盖率 11.9%),林木绿化率 16.3%,四旁树森林覆盖率 0.3%。

森林资源结构　全区活立木蓄积 56.03 万立方米。本次调查将全区森林全部

划分为生态公益林,一级林种为防护林,二级林种为水土保持林。

2010年安定区森林资源规划调查汇总表

表 10-1-2　　　　　　　　　　　　　　　　　　　单位:万亩、%、立方米

乡　镇	土地总面积	林地	有林地	疏林地	灌木林地	未成林造林地	苗圃地	无立木林地	宜林地	林业辅助生产用地	非林地	森林覆盖率	蓄积量
安定区	546.9	212.0	24.6	3.7	67.6	68.7	0.1	13.1	34.1	0.1	334.9	15.98	560382
凤　翔	40.8	14.2	4.9	0.5	1.4	2.1		2.7	2.6		26.6	15.37	17011
巉　口	46.0	21.0	2.7	0.1	6.9	8.2		1.2	1.9		25.0	20.91	12448
称钩驿	27.9	9.9			4.2	3.7		0.7	1.3		18.0	15.24	6554
鲁家沟	43.0	24.3	0.2		8.9	5.9		2.4	6.9		18.7	21.19	7597
白　碌	29.3	20.3			4.3	15.4			0.6		9.0	14.76	903
葛家岔	23.9	8.3	0.3	0.1	3.5	2.4		0.4	1.6		15.7	15.73	7902
石峡湾	25.8	11.0	0.1		5.7	2.3		0.4	2.5		14.9	22.30	1869
新　集	30.0	10.8			6.9	3.9					19.2	22.93	665
青岚山	32.7	10.9	1.2	0.4	2.6	6.8					21.8	11.61	11612
西巩驿	30.7	11.4	1.7	0.6	3.8	1.3		1.0	3.0		19.3	17.76	6709
石　泉	19.0	6.1	0.5		0.8	2.2		0.1	2.5		12.9	6.71	18936
宁　远	26.4	6.0	0.3	0.1	1.4	2.6		0.7	0.9		20.4	6.40	15351
李家堡	34.4	11.1	0.3		4.3	3.9			2.6		23.1	13.57	11824
杏　园	15.4	6.4	0.3	0.1	1.5	2.8		0.3	1.4		9.0	11.40	20763
团　结	20.2	5.8	0.7	0.1	0.7	1.4		2.2	0.6		14.4	7.25	23202
香　泉	22.8	5.8	1.6	0.3	2.3	0.1		0.2	1.4		17.0	16.74	69319
内官营	47.4	13.0	4.6	0.2	2.0	2.2		0.4	3.5		34.5	13.98	155604
高　峰	9.5	3.2	1.0	0.1	0.6	0.9		0.1	1.4		6.3	17.49	69732
符家川	13.4	4.3	1.3	0.9	1.5	0.3		0.2	0.2		9.1	20.84	39735
红土苗圃	0.2	0.2	0.1									90.90	7620
车道岭林场	1.3	1.3	0.5	0.1	0.7							92.75	12423
巉口林场	2.3	2.2	1.0	0.1	0.9		0.1	0.1		0.1		85.76	765
华家岭林业站	4.5	4.5	1.3	0.0	2.7	0.3			0.2			87.86	41838

备注:华家岭林业站含会宁县、通渭县,合计后安定区土地面积超出 1.3 万亩。

第三节　林木种类

本区域植被类型处于森林植被向荒漠草原过渡地带，虽然地理成分比较复杂，但主要树种是北温带成分。全区树种分属 40 科,73 属,181 种。

松　科

云杉属　紫果云杉、云杉、青海云杉、大果云杉、青杆

松　属　华山松、油松、樟子松、白皮松、马尾松、红松

落叶松属　华北落叶松

雪松属　雪松

柏　科

侧柏属　侧柏、千头柏

圆柏属　香柏、圆柏、桧柏

刺柏属　刺柏、杜松

杨柳科

杨　属　银白杨、毛白杨、山杨、河北杨、响叶杨、小叶杨、二白杨、青杨、钻天杨、新疆杨、加拿大杨、84K 杨、大官杨、小黑杨

柳　属　垂柳、旱柳、河柳、龙爪柳、高山柳、杞柳、棉柳、红心柳、黄尖柳、康定柳、金丝柳、沙柳

茄　科

枸杞属　枸杞、黑果枸杞

蔷薇科

李　属　红叶李、樱花、碧桃、美人梅

珍珠梅属　珍珠梅

枸子属　水枸子、黑果枸子、灰枸子、西北枸子

山楂属　山楂

梨　属　白梨、沙梨、金平梨、红果、莱阳梨、化心、酸梨、西洋梨、长把梨、早酥

梨、茄梨、杜梨

　　苹果属　红星、黄元帅、国光、倭锦、青香蕉、印度、红富士、乔纳金、山荆子、贴梗海棠

　　蔷薇属　月季、玫瑰、野蔷薇

　　悬钩子属　黄刺玫

　　梅　属　榆叶梅

　　樱桃属　山杏、接杏、毛桃、樱桃、海棠

　　桃　属　桃树、毛桃、山毛桃、榆叶梅

豆　科

　　槐　属　国槐、龙爪槐、金枝槐、红花槐

　　刺槐属　刺槐

　　紫穗槐属　紫穗槐

　　锦鸡儿属　鬼见锦鸡儿、小叶锦鸡儿、柠条、毛条、高山锦鸡儿

　　胡枝子属　胡枝子

　　黄芪属　花棒

　　合欢属　合欢

麻黄科

　　麻黄属　木贼麻黄

锦葵科

　　木槿属　木槿

卫矛科

　　卫矛属　矮卫矛、华北卫矛、胶东卫矛

蓼　科

　　蓼　属　赤地利(山荞麦)

槭树科

　　槭　属　五角枫、复叶槭、梣叶槭

鼠李科

枣　属　酸枣、大枣

葡萄科

葡萄属　葡萄

柽柳科

柽柳属　桧柽柳、多枝柽柳、甘蒙柽柳

胡颓子科

胡颓子属　胡颓子、沙枣、香柳

沙棘属　沙棘、大果沙棘

五加科

五加属　刺五加

楤木属　楤木

木樨科

丁香属　紫丁香、北京丁香、小叶丁香

白蜡属　白蜡、水曲柳

女贞属　大叶女贞、金叶女贞、水蜡

连翘属　连翘

素馨属　探春

黄杨科

黄杨属　小叶黄杨

杜仲科

杜仲属　杜仲

悬铃木科

悬铃木属　法国梧桐

毛茛科

芍药属　芍药、牡丹

胡桃科

胡桃属　核桃

榆　科

榆　属　白榆、垂榆

朴　属　小叶朴

桑　科

桑　属　桑树、龙桑

无花果属　无花果

小檗科

小檗属　大叶小檗、小叶小檗、红叶小檗

忍冬科

忍冬属　金花忍冬、盘叶忍冬、葱皮忍冬、金银花

荚迷属　甘肃荚迷、球花荚迷

禾本科

箭竹属　箭竹

无患子科

文冠果属　文冠果

栾树属　栾树

银杏科

银杏属　银杏

杜鹃花科

杜鹃属　金背杜鹃、密枝杜鹃、小叶杜鹃

芸香科

花椒属　红袍、小红袍、白椒

苦木科

臭椿属　臭椿

藜科

盐爪爪属　盐爪爪

滨藜属　四翅滨藜

瑞香科

瑞香属　瑞香

山茶科

山茶属　茶树

玄参科

泡桐属　泡桐

山茱萸科

梾木属　红瑞木

木兰科

木兰属　白玉兰

梧桐科

梧桐属　梧桐

柿　科

柿　属　柿

第四节　名木古树

云　杉

生长在海拔 2050 米的内官营镇锦花村云山寺。据原云山寺小学韩映堂老师记载,清道光二十五年(1845),当地"陈老爷"从岷县背来 4 株松柏树苗,栽植于云山寺大殿前,2 株枯死,存活 1 株云杉、1 株华山松,树龄 166 年。其中云杉树高 24 米,胸围 143 厘米,冠幅东西 12 米、南北 10 米,长势旺盛。

华山松

生长在内官营镇锦花村云山寺。树龄 166 年,树高 22 米,胸围 100 厘米,冠幅东西 10 米、南北 9 米,长势旺盛。

内官营镇锦花村云山寺院内的云杉、华山松

旱　柳

清同治十一年(1872),陕甘总督左宗棠驻军定西,令军民在县境及官道两侧栽植杨柳 10.6 万株。今青岚山乡大坪村墩儿梁生长 1 株旱柳,老百姓称"左公柳"。树高 15 米,胸围 2.5 米,冠幅东西 10 米、南北 15 米。原长势旺盛,1997 年濒临枯死,现一枝独活。

青岚山乡大坪村左公柳

称钩驿镇川坪村庙湾梁社大柳树壑岘有一株旱柳,生长在海拔 2192 米,树龄逾百年,树高 8.4 米,胸围 4.73 米,冠幅东西 13.5 米、南北 18.3 米,向西南方位倾斜,曾遭雷击,基部部分腐朽,为防止倾倒,当地群众在西南角修建砖墩支撑。

称钩驿镇川坪村旱柳

内官营镇锦花村云山寺有5株旱柳，树龄逾200年。云山寺山门前方100米处有2株柳树，1株树干分叉为两支，上有许多圆孔，树干截顶，树高9米，胸围6.1米，冠幅东西12米、南北14米，长势一般，树干深埋，严重腐干；另1株树干枯死、倒地，长7米，胸围4.3米。云山寺内有3株柳树，1株在大殿后左侧，树高4米，分叉两支，树干截顶后长出细枝，胸围3.4米，冠幅东西5.5米、南北4.5米，长势一般；1株在大殿右侧约100米处，1982年遭雷击，树高2米，树干截顶后长出细枝，胸围3.8米，冠幅东西3.5米、南北2.5

内官营镇锦花村云山寺院内旱柳

内官营镇锦花村云山寺山门前旱柳

葛家岔镇康乐村高家山旱柳

定西城区南关榆林巷榆树

米，长势一般；1株在大殿右侧约100米处，胸围6.3米，树干分叉两支，其中一枝树高8米，冠幅东西3.5米、南北2.5米，另一枝倒在院墙上，枝长8米，长势一般。

葛家岔镇康乐村高家山有一株旱柳，1941年栽植，树高15.3米，树冠10米，胸围2.9米，长势良好。

榆　树

定西城区南关榆林巷16号张鹄年院内有一株榆树，树龄数百年，树高12.8米，胸围4.5米，生长较好，主干高3.4米，主枝因为建筑原因被短截。

凤翔镇上台村桑家川社有3株榆树，树龄数百年。1株在马国庄园，主干分3

枝,树高 12.3 米,胸围 4.2 米,生长旺盛。王兴全祖坟地有榆树 2 株,其中 1 株树高 12.3 米,胸围 4.20 米,主干基部腐蚀空心,呈三角形支撑,生长差;1 株树高 17.6 米,胸径 4.42 米,生长较差,主枝有 5 个折损,现存 3 个,顶枝枯死严重。

凤翔镇上台村院内榆树

凤翔镇上台村坟地榆树

柽 柳

生长在香泉镇池沟村,树龄近百年,树高 10 米,胸围 1.05 米,冠幅 5~7 米。

茶 树

生长在杏园乡李家河村河西社李文军庄园,丛生,50 余株,最粗的 3 株直径分别为 8 厘米、6 厘米、6 厘米,树高 3.3 米,冠幅东西 3 米、南北 4 米,树龄逾百年,生长旺盛。

杏园乡李家河村茶树

第五节 林木种苗

1986 年以来,人工栽植的乔木树种有北京杨、河北杨、小叶杨、新疆杨以及侧柏、云杉、油松、白榆、山杏、刺槐、臭椿、白蜡等,经济林树种有梨、苹果、花椒、仁用杏等,灌木树种主要是柠条直播造林和沙棘、红柳、山毛桃、珍珠梅等植苗造林。

林木种子采集

1986年,定西县林木种子采集以山杏、榆树等乡土树种为主,采集量90吨。其后,大规模栽植的柠条逐渐进入采收期,1996年,全县采收柠条种子200吨,成为全国柠条种子主产区之一。2000年,国家实施退耕还林(草)生态工程建设,林木种子需求量猛增,全县采集以柠条为主的林木种子725吨。同时,侧柏、花椒、山毛桃、山杏等乡土树种种子采收量亦逐年增加。2010年,全区林木种子采集量100吨。

柠 条 主要分布于巉口、称钩驿、鲁家沟、白碌、石峡湾、葛家岔、新集、西巩驿、青岚山、凤翔等乡镇,有采种林分10万亩,年均采种能力200吨,种质较好,千粒重34.3克,发芽率70%以上。

山 杏 全县均有分布,多以房前屋后四旁栽植为主,年采种能力1200吨,净度达95%以上,发芽率85%以上。

育 苗

1986年,全县育苗留床面积14395亩,当年出圃苗木299.5万株,树种有杨树、榆树、山毛桃、刺槐、杏树、花椒、臭椿、侧柏、沙棘、杜梨、油松、文冠果、柳树、山定子等。"三西"建设、关川河流域治理工程项目实施期间,苗木需求量增加,除国有场圃育苗外,出现农户育苗、合作育苗、合同育苗等多种形式,品种以杨树和侧柏为主,

柠 条

山 杏

油松育苗

相继形成内官营岩坪庄、巉口北川等一批育苗基地，除满足当地造林所需苗木外，销往青海、内蒙古、西藏等地。

　　1999年，国家实施退耕还林(草)生态建设工程，造林绿化苗木需求量大幅度增加，定西国家农业科技园区、内官营镇先锋村岩坪庄育苗基地成为定西乃至周边地区主要苗木生产基地。2003年，全区育苗户3000余户，当年育苗面积7407亩，留床面积8366亩，出圃苗木6867万株，创历史最高水平。此后，国家退耕还林(草)指标锐减，育苗面积逐年减少。至2010年，育苗留

云杉育苗

床面积2407亩，出圃苗木1632万株。品种主要有云杉、侧柏、油松、落叶松、梨树、花椒、仁用杏、山杏、山毛桃、杨树、柠条、臭椿、沙棘、白蜡、杜梨、速生柳、国槐、刺槐等20余种。

　　定西县苗圃　1983年12月26日、1984年11月27日，中共中央办公厅给中共定西县委寄来胡耀邦总书记及工作人员采集的侧柏、华山松、白皮松、油松等树种种子7.5千克。苗圃指定专人精心培育，成功培育苗木344.19平方米。陆续向关川河流域重点治理的小流域和内官营烈士陵园等地移植，剩余部分全部移植青岚山乡花岔流域喇嘛墩，生长旺盛。一部分就近移植玉湖公园。

　　红土苗圃　场圃面积420亩，育苗品种有云杉、山毛桃、山杏、臭椿、刺槐、落叶松、侧柏、速生柳、柠条、红柳、文冠果等造林绿化树种和乡土树种，所育旱地苗木适应性强，造林成活率高。年留床苗木200余亩、400万株。年出圃各类苗木200万株，历年来为退耕还林、三北防护林工程、天然林保护工程、公益林建设等国家林业生态建设培育大量的优质苗木，所生产的苗木除供给本县及周边县外，远销青海、内蒙古等地。

　　车道岭林场苗圃　场圃育苗面积102亩，培育树种有侧柏、油松、柠条、臭椿、山毛桃、云杉、文冠果等，年出圃各类苗木50万株，除满足本场造林苗木需求外，为全区及周边地区造林提供大量优质苗木。

　　内官营镇先锋村岩坪庄育苗基地　位于定(西)临(洮)公路17千米处。1986

年,岩坪庄社何增云在自家的承包地里试种一亩榆树苗,当年收入 3000 余元。第二年,在林业部门的帮助指导下,岩坪庄农户开始试验育苗,相继成功繁育新疆杨、北京杨、苹果、梨等多种苗木。至 1995 年,岩坪庄育苗户发展到 56 户,培育苹果、梨、花椒、新疆杨、北京杨、侧柏、油松等苗木 250 亩,满足本县造林种苗需要,销往陇西、渭源、临洮、康乐、兰州、榆中等地,年出售苗木收入 30 万元。2009 年 1 月,岩坪庄社孙宝才、何冠军等五人发起成立定西市安定区绿盛专业育苗合作社,吸收社员 18 人,产前为种植户提供市场信息、技术培训、种

内官营镇先锋村育苗基地

子、化肥等配套服务,产中进行苗木管理、病虫害防治等技术指导,产后联系贩运客商开拓销售市场、提供销售服务。合作社当年向社员及群众提供沙棘、柠条、杜梨、山毛桃、山杏、榆树、侧柏种子 22 吨,云杉、国槐、白腊、新疆杨、河北杨、北京杨、小叶杨、速生柳、刺槐幼苗 608 万株,辐射带动全村及周边群众 300 户,发展规模育苗 1170 亩。岩坪庄育苗基地累计出售苗木 1 亿余株,总收入 1000 余万元,户均近 10 万元。

巉口北川育苗基地　1987 年,巉口镇北川村开始育苗,以侧柏、新疆杨为主。1990 年以后,逐渐发展成为以侧柏为主的针叶树育苗基地,育苗面积 200 亩。1995 年,开始出售侧柏苗木,年出圃苗木 10 万株左右,除满足当地造林用苗外,远销青海、宁夏、内蒙古等地,带动周边地区发展侧柏育苗面积近千亩。培育的旱地侧柏苗木带土坨好,造林成活率高,成为干旱地区造林的首选。2010 年,育苗面积 320 亩,树种以侧柏为主,还有云杉、文冠果、山毛桃等,年出圃苗木 60 万株左右,收入 150 余万元。

林木种子引进试验

1986 年以来,定西县林业局先后引进树种 48 个,推广应用 26 个,其中新疆杨、红柳、仁用杏、苹果梨、早酥梨、日面红、油桃、速生柳、金丝柳、大果沙棘、四翅滨藜、苦水玫瑰、桧柏、红叶李、红叶小檗、小叶女贞、落叶松等 17 个品种表现较

好。1996 年,引进脱毒早生富士、新乔纳金、145 等苹果品种和脱毒临泽小枣、秦选一号花椒,投放到鲁家沟林业站、西巩驿林业站、车道岭林场、内官营岩坪庄育苗基地。1997 年,从河北涿鹿引进龙王帽、优一、一窝蜂等优质仁用杏品种。1997—2000 年,通过高接换种,改造山杏林 3000 余亩,栽植仁用杏近万亩。

育苗技术

1986 年,定西县林业局在内官营岩坪庄开展新疆杨地膜覆盖扦插育苗技术试验成功,成活率由 10% 提高到 70%。1989 年,新疆杨地膜育苗试验项目获定西县科技进步三等奖。至 1990 年,新疆杨造林面积达到 1.5 万亩(含川区林网)。新疆杨扦插育苗技术逐渐成熟,成活率提高到 90% 以上,苗木销往西藏、宁夏、内蒙古等地。1994 年,推广使用 ABT 生根粉和断根育苗技术。1997 年,引进推广十刀法嫁接技术,仁用杏嫁接成活率由 50% 提高到 80%。2000 年,推广日光

杨树育苗

温室、塑料大棚育苗技术。2001 年 11 月,日光温室、塑料大棚侧柏容器育苗技术获得成功。2002 年,生产容器侧柏苗木 80 余万株,用于荒山造林。同时培育出油松、落叶松、银杏等多种苗木。2010 年,全区日光温室生产苗木 100 余万株。

苗木生产基地

红土标准化苗圃建设　2000—2001 年,投入国债资金 20 万元,建成日光温室 2 座、集雨节灌水窖 26 眼、"U"型渠道 300 米、硬化集流场(晒场)4300 平方米,配套喷灌设施一套,发展灌溉面积 100 亩,移植苗木 20 万株。

柠条采种基地　2001 年,投入国债资金 40 万元,在石家岔流域、车道岭林场选择连片程度高、生长健壮的母树林,建成柠条采种基地 5700 亩。

红土苗圃种苗基地　2002 年,投入国债资金 30 万元,建成高位蓄水池 2 座、日光温室 1 座、种子贮藏室一座、苗木储藏室一处,平整土地改良土壤 30 亩,移植种苗 70 亩。

香泉重点苗木基地 2002年，投入国债资金15万元，在香泉硬化集流场（晒场）2700平方米，新建50立方米蓄水池12眼，整修道路3千米，平整土地105亩，种苗移植80亩。

臭椿采种基地 2004年，在巉口镇赵家铺村和凤翔镇北二十里铺村建成臭椿采种基地，一次性补植臭椿3000亩。投资105万元，其中国债资金84万元，地方配套21万元。

种苗管理

2001年，退耕还林（草）生态工程建设全面推行"三位一体"的种苗供应凭证制度，即供种苗户、用种苗单位调苗人、林业部门技术负责人三人签字把关。2002年，县林木种子站依托定西县林木种苗经销站贮备柠条、山杏种子，收购柠条种子120吨、山杏6吨。2003年以来，每年收购柠条种子30吨左右，用于林木育苗和直播造林。2005年，实行《林木种子生产许可证》和《林木种子经营许可证》制度。至2010年，颁发《林木种子生产许可证》13本，《林木种子经营许可证》8本。

1986—2010年安定区（定西县）林木种子采收及育苗情况统计表

表10-1-3　　　　　　　　　　　　　　　　　　　　　　　单位：千克、亩、万株

年份	林木种子采集量	当年育苗面积	当年出圃苗木	年末实有育苗面积	年份	林木种子采集量	当年育苗面积	当年出圃苗木	年末实有育苗面积
1986	90055	4678	299.90	14395	1999	22400	728	281.30	949
1987	26911	2200	210.90	7800	2000	725000	3066	1173.30	4123
1988	85458	3166	197.30	7568	2001	200000	2842	1103.92	3389
1989	4635	1799	337.10	5354	2002	140000	3010	1517.00	3810
1990	10120	711	317.63	2978	2003	350000	7407	6867.00	8366
1991	5150	885	311.27	1377	2004	200000	2046	5979.00	2836
1992	8182	660	226.79	1391	2005	150000	1116	1286.40	2332
1993	14300	666	206.23	1453	2006	150000	1116	1132.00	2582
1994	45000	377	94.65	712	2007	411000	1162	1706.00	1917
1995	52000	347	171.69	788	2008	420000	997	1947.34	1653
1996	200000	455	217.37	668	2009	420000	630	1170.00	1680
1997	75000	420	145.65	542	2010	100000	687	1632.00	1720
1998	150700	670	340.00	902					

第六节　植树造林

本区域造林树种主要有侧柏、山杏、山毛桃、柠条、沙棘、刺槐、白榆、云杉、油松等,造林技术主要采用针叶树带土坨造林、泥浆蘸根造林、截干造林、直播造林、容器育苗造林等,造林季节分春、秋两季,以春季造林为主。

全民义务植树

1986年11月,制定《定西县全民义务植树规划》。1990年以来,乡乡建立义务植树基地。2003年以来,市委市政府、区委区政府全面启动实施城区面山造林绿化工程,动员城区270个单位11000余名干部职工发扬"住在定西、建设定西、绿化定西、美化定西"的精神,积极参加义务植树活动。定西城区面山造林绿化工程由市、区绿化委员会安排部署、组织协

掀起群众植树造林热潮

调、督促检查、考核验收,从区园林局、林业局、水利水保局抽调技术人员进行技术指导,先培训、后施工,先整地、后造林,统一标准,抢墒栽植。在东山至响河、西岩山至柏林、南山等城郊和公路沿线荒山荒坡开展义务植树,栽植以侧柏、云杉为主的常绿树种,每年新造林5000亩以上。采取统一苗木标准、统一栽植、划片包干、保栽保活保管护等一系列行政措施和大苗移植造林、带土坨栽植、一次性灌足浇根水、地膜覆树盘保墒等一

凤翔镇响河梁人工造林

整套技术措施,造林成活率达到95%以上,绿化效果明显。截至2010年,城区义务植树累计完成造林面积4.8万亩,生态环境有较大改善。2010年开始,城区面山2.1万亩造林绿化任务一次性划包给城区270个单位,一包70年不变。在开展全民义务植树的同时,积极争取社会各方面的资金,加快生态工程建设步伐。2003年以来,中国农业银行、浙江省金华市先后投入援助资金1500余万元,建成中国农行员工林、金华林等一批精品生态示范工程。

防护林

1983年,定西县被列入国务院"两西"建设范围,国家给予重点扶持。1984年,省委、省政府提出"三年停止植被破坏、五年解决群众温饱"的近期目标,荒山造林每亩补助15元,育苗每亩补助50元。县林业局统一组织,从陕北调入大量柠条种子,在北部山区乡村大面积推广柠条直播造林,南部乡镇造林以杨树、沙棘为主。1999年以来,国家先后启动实施天然林资源保护工程、退耕还林还草工程、"三北"防护林体系建设工程等六大林业重点工程,加快林业建设步伐。到2010

高峰乡公路林带

年,全区累计造林面积达到246.92万亩,造林保存面积164万亩。

1986—2010年安定区(定西县)林业生产基本情况统计表

表 10-1-4 单位:万亩、亩、万株、立方米

年份	年末森林面积	当年造林面积	其中				当年四旁植树	采伐木材
			用材林	防护林	经济林	薪炭林		
1986	102.76	133595	53969	4873	4091	70662	402.70	3490
1987	110.77	51200	22500	4700	5900	18100	316.14	5114
1988	113.00	34200	13955	5857	7887	6501	289.53	4389
1989	116.42	34177	19336	1652	5757	7432	217.30	2199
1990	118.42	20053	6571	3778	6515	3189	213.69	1075
1991	121.19	27622	5117	3900	8361	10244	167.39	1685
1992	124.05	28621	9459	2529	6914	9719	130.83	1378
1993	126.88	28350	5989	5386	7476	9499	141.89	1678
1994	129.26	23797	4758	4003	6127	8909	135.71	1444
1995	128.78	22694	3365	7387	4142	7800	146.19	8475
1996	131.54	28346	3909	4800	15739	3898	142.35	4006
1997	134.35	28057	3909	7766	10559	5823	144.57	5607
1998	137.36	30100	4145	10173	10100	5682	142.30	4709
1999	141.18	38171		27891	10280		143.69	4150
2000	145.82	46401		32499	13902		145.26	
2001	149.33	35103		30100	5003		280.34	
2002	169.80	204700		204700			131.61	
2003	206.00	362000		362000			131.90	
2004	222.99	169900		169900			130.20	
2005	239.37	163800		163800			131.20	
2006	242.47	31000		31000			142.00	
2007	244.62	21500		21500			131.70	1402
2008	245.32	7000		7000			140.10	887
2009	246.02	17000		17000			140.70	225
2010	246.92	9000		9000			140.70	137.9

经济林

1986年,全县果园面积7299亩,其中苹果1433亩,梨5866亩。水果产量3016吨,其中苹果245.1吨,梨756.6吨,杏子2003.4吨。花椒产量9.68吨。此后,相继开展了果树引种试验,培育优良品种,建立果园。

1995年,省委、省政府组织实施"121"雨水集流工程(每户新建一处100平方米集流场、两眼50立方米水窖、发展一处庭院经济),彻底解决以定西县为代表的中部地区人畜饮水困难。定西县实施"121"雨水集流工程3.7万户,提出户均建成1亩经济林的目标,"梨

果园

树入川进园、花椒栽埂锁边、杏树围庄上山",北部山区建设花椒基地,水川地区为梨树基地,符家川、西巩驿等乡为杏树基地。

1996年,县上重点确定鲁家沟南川至太平,巉口东川至赵家铺,西巩驿新寺至马家岔,团结高泉至唐家堡,李家堡两库一川一坝,葛家岔康乐,内官营先锋至仁化,城关李家嘴、中川、东河等10个高效农业综合示范点和80个科技示范点。在经济林基地建设中,苹果以新红星、黄色145为主,梨树以早酥、苹果梨、日面红、身不知、朝鲜洋梨为主;梨和苹果栽植密度每亩42株,杏树荒山造林每亩110株,围庄每亩30株,花椒每亩74株。筹措专项补助资金66.3万元(其中林业局"两西"专项资金8万元,水利局雨水集流专项资金10.8万元,关川河治理专项资金47.5万元),银行贴息贷款资金30.9万元,组织调运果树33.6万株、杏树35万株、花椒14.8万株,栽植经济林15739亩,其中果树9227亩,杏树3100亩,花椒3412亩。此后,人工造林以经济林为主,5年内栽植经济林园4.98万亩,建立鲁家沟乡太平村、青岚山乡郭沟川、内官营乡文丰和练马滩、城关乡中川和安家坡、团结乡寒水等一批示范点,起到示范和推动作用。2000年实施退耕还林工程以来,大规模栽植仁用杏。

至2010年,全区果园面积30508亩,其中苹果2919亩、梨树19930亩;水果产量13124吨,其中苹果785吨,梨10927吨。干果主要以花椒为主,产量80吨。

1986—2010年安定区(定西县)果园生产情况统计表

表 10-1-5   单位:亩、吨

年份	果园面积	其中		水果产量	其中			花椒
		苹果	梨		苹果	梨	杏子	
1986	7299	1433	5866	3016.0	245.1	756.6	2003.4	9.68
1987	10097	1627	8470	988.2	117.7	377.2	488.3	2.16
1988	12583	1667	10916	4135.6	293.9	1201.9	2624.1	13.00
1989	14585	1667	12918	5054.3	243.8	1584.7	3173.7	6.30
1990	16433	1773	14528	5084.6	392.6	1587.2	3036.8	11.50
1991	18801	1809	16578	5259.9	332.6	1905.0	2942.2	8.15
1992	20224	1892	17769	4778.0	319.0	1839.0	2560.0	6.27
1993	21002	1851	18442	7043.8	465.9	2791.5	3721.2	14.44
1994	23146	1896	20228	7866.9	480.0	3186.5	4123.7	18.32
1995	23868	1952	20882	5873.4	426.9	2555.2	2848.3	28.93
1996	26701	2536	22685	6131.5	518.9	2816.9	2770.4	26.77
1997	26199	2410	21886	5940.6	534.2	2602.9	2771.1	20.00
1998	27753	2674	22887	7482.9	412.2	4245.9	2809.7	25.00
1999	28613	2781	23277	8191.3	718.5	4072.1	3362.7	27.50
2000	33179	2811	24156	8846.6	776.0	4363.7	3640.2	29.71
2001	35027	2975	23541	9290.0	817.0	4584.0	3824.0	34.52
2002	32983	2908	23913	9167.0	836.0	4471.0	3806.0	34.52
2003	32976	2950	23394	6111.4	536.1	3368.0	2042.5	37.50
2004	32625	2691	23200	4141.1	407.3	3002.7	717.1	54.40
2005	30605	2538	22008	4960.3	442.5	3465.8	1021.9	64.80
2006	30544	2526	21968	5265.5	355.3	3894.1		72.00
2007	30544	2526	21968	5884.1	715.0	3716.4		76.00
2008	30556	2535	21969	13164.5	780.0	10899.0		76.00
2009	30556	2535	21969	13164.5	780.0	10899.0		79.00
2010	30508	2919	19930	13124.1	785.5	10927.0		80.00

林业建设成效

生态环境明显改善。在实施林业生态工程建设的过程中,坚持整乡、整村、整山系、整流域推进,乔、灌、草结合的原则,运用科技措施和生物措施相结合的方法

综合配套实施天然林保护工程、三北防护林工程、重点公益林等项目，因地制宜，合理规划，科学配置，宜林则林，宜草则草，乔、灌、草有机结合，加快造林绿化步伐。截至 2010 年，13 个乡镇基本实现整体灭荒，相继建成朱家山、赵家铺、响河梁、城区四山、佛沟门、鹿马岔等一批万亩以上精品绿化示范工程，提高水、土、光、热资源的利用率，林草植被覆盖率显著提高，气候明显好转，降水量逐年增加，水土流失得到有效控制，生态环境面貌得到逐步改善。

经济收入明显提高。退耕还林(草)生态工程建设，为受益农户兑现粮食折资和生活补助费 16 亿余元。退耕还林(草)提供大量优质牧草，促进养殖业快速发展，农村劳动力从繁重的农业生产中解放出来，大力发展二、三产业，马铃薯、畜草、劳务、现代旱作高效农业等四大支柱产业蓬勃兴起，农民收入逐年增加。

社会效应空前高涨。广大干部群众生态建设意识明显提高，全民参与和保护生态建设的积极性空前高涨，每年参加义务植树的公民达到 25 万人(次)，林业生态环境建设迎来新的发展阶段。2006 年 3 月，全国绿化委员会、国家人事部、林业局授予安定区人民政府"全国绿化先进集体"称号；2007 年 8 月，国家林业局授予安定区"全国退耕还林先进县"称号。

第七节　重点项目

"三北"防护林体系建设工程

"三北"防护林体系建设工程总体规划，从 1978 年开始到 2050 年结束，分三个阶段八期工程建设：1978—2000 年为第一建设阶段；2001—2020 年为第二建设阶段；2021—2050 年为第三建设阶段。

第一阶段第一期工程（1978—1985 年），人工造林 27.21 万亩，国家投资 577.52 万元。第一阶段第二期工程(1986—1995 年)，人工造林 15.77 万亩，国家投资 270.9 万元。第一阶段第三期工程(1996—2000 年)，人工造林 3.43 万亩，国家投资 126.2 万元。第二阶段和第三阶段按 10 年为一期执行。第二阶段第四期工程(2001—2010 年)，人工造林 4.9 万亩，封山育林 0.73 万亩，国家投资 631.1 万元。

"三北"防护林建设体系工程建设坚持因地制宜、分类指导、突出重点、典型引路的原则，造林树种选择由生态林业向生态经济型林业转变；工作推进上坚持各级领导办绿化点，动员全社会办林业；工程管理上推行工程造林，按项目进行管理和投资，为大规模开展群众性工程造林探索实践经验。

天然林保护工程

2001 年初,定西县林业局组织 40 余名工程技术人员,集中 6 个月时间,开展全县天然林保护资源工程森林分类区划界定工作,确定禁伐区、限伐区和商品林经营区。同年 6 月,省林业厅核定初步方案报告。2002 年 3 月,《定西县天然林保护资源工程实施方案》通过省林业厅审查。实施范围包括全县 25 个乡镇、303 个行政村,县属车道岭林场、红土林场及城区"面山"。工程建设期:2000—2010 年,共 11 年。总投资 915.8 万元(中央投资 732.68 万元,地方投资 183.12 万元),其中国有 351.07 万元,集体 564.73 万元。2000—2005 年为第一期:2000 年封山育林 0.25 万亩,飞播造林 0.3 万亩,投资 140.91 万元;2001—2005 年封山育林 1.23 万亩,飞播造林 1.5 万亩,投资 464.84 万元。2006—2010 年为第二期,封山育林 0.25 万亩,飞播造林 3.3 万亩,投资 310.05 万元。

重点公益林区划界定

2005 年 7~8 月,开展重点公益林区划界定,申报生态公益林 171.3 万亩,省林业厅、财政厅初审认定安定区重点公益林 81.32 万亩。同年 11 月,全省重点公益林生态效益补偿制度启动实施。2006 年,安定区列入中央森林生态效益补偿范围的重点公益林 39 万亩,补偿实施范围涉及 19 个乡镇、2 个林场和 1 个林业派出所。区人民政府制定《安定区重点公益林管护实施方案》《安定区重点公益林管护办法》《安定区森林生态效益补偿基金管理办法》《安定区重点公益林保护管理办法实施细则》等规定。2007 年 1 月,全区重点公益林生态效益补偿制度启动实施,聘用专职护林人员 122 人。公益林补偿投资每亩每年 4.5 元,其中补植、抚育补助费用每亩不低于 1 元,其余作为专职管护人员劳务费。

社会援助项目

金华林 2002 年 9 月,浙江省金华市与定西地区结为对口帮扶和友好合作地市。同年 12 月,定西地区党政代表团赴金华市考察学习,确定金华市所属永康、义乌、东阳、兰溪四市对口帮扶内官营、巉口、凤翔、鲁家沟 4

响河梁金华林

镇。2004年5月,金华市党政企业考察团来定西考察,拟用3年时间筹资1000万元帮助安定区实施5万亩退耕还林工程(即"531"工程)。2005年5月,启动金华林工程,在内官营镇佛沟门、凤翔镇响河、巉口镇凤凰山、鲁家沟镇南山栽植侧柏、文冠果、山毛桃、山杏、红柳、沙棘、柠条等各类苗木680万余株,造林5万亩,种植紫花苜蓿2.1万亩,整修道路20余千米,投入资金1000万元。金华林工程内官营佛沟门项目区涉及先锋、永安、内官、右丰4个行政村,2009年一次性完成整地造林1.5万亩,栽植侧柏、文冠果、山毛桃等苗木50余万株,拉水2万余吨,整修道路5千米,造林成活率95%以上。

　　中国农业银行万亩员工林　中国农业银行50万员工以实际行动贯彻落实江泽民总书记"再造山川秀美的西北地区"指示精神,通过捐款形式与定西人民携手共建农行万亩员工林。选址位于定西城区以北15千米的朱家山,涉及凤翔镇丰禾、柏林村,巉口镇三十里铺、大柏林村。2003年3月启动实施一期工程,在巉口镇三十里铺村朱家山栽植苗高1.5米以上、冠幅60厘米以上的大侧柏35万株,配置行道树0.2万

中国农业银行万亩员工林　摄于巉口镇朱家山

株,混交各类灌木50.3万株,新造林5000亩,拓宽整修道路10千米,总投资219万元,其中农行员工捐资155万元。2004年实施二期工程,在凤翔镇虎头山栽植苗高1.5米、冠幅60厘米、带土坨30厘米的大侧柏29.15万株,配套柠条、红柳等灌木73.15万株,新造林6000亩,总投资374万元,其中农行员工捐资305万元。两期总投资593万元,其中农行员工捐资460万元。工程竣工后,农行筹措资金在朱家山修建具有永久性纪念意义的碑亭。

定西城区面山造林绿化工程

　　定西城区面山造林绿化工程北起柏林村,南至石坪村,西起李家嘴,东至安家坡,包括凤翔镇的10个行政村,总面积4.8万亩。2003年以来,市委市政府、区委

定西城区东山造林绿化工程

区政府全面启动实施城区面山造林绿化工程，动员城区270个单位11000余名干部职工发扬"住在定西、建设定西、绿化定西、美化定西"的精神，积极参加义务植树活动。自筹资金2000余万元，栽植各类苗木230余万株，完成绿化面积2.1万亩，种草7000亩,配套整修道路11.2千米,修建蓄水池12个,造林成活率95%。定西城区面山造林绿化工程由市、区绿化委员会安排部署、组织协调、督促检查、考核验收,每年从区园林局、林业局、水利水保局抽调技术人员进行技术指导,先培训、后施工,先整地、后造林,统一标准,抢墒栽植。组建专业队,对25度以下坡面反坡台整地、25度以上坡地鱼鳞坑整地。按照规定的苗木标准和混交比例,选择本区域出圃的旱地苗木,筛选竞标,确定供苗基地。各责任单位自定价格,自选苗木,负责运送,技术人员验收合格后栽植。划片包干,一包到底,统一树种,分头栽植,统一管理,保栽保活。技术人员跟班服务,严把整地、种苗、栽植、浇水、覆土关,带土坨浇水栽植,提高造林成活率。2010年开始,城区面山4.8万亩造林绿化任务一次性划包给城区270个单位,一包70年不变。城区面山义务植树造林绿化建设分两期进行。第一期(2010—2011年)以抗旱造林为主,每年每人完成不少于150株的植树任务,保存率95%以上。第二期(2012—2017年)以上水工程、观光景点、营林企业建设为主,每人每年参加义务劳动不少于15天。

南部水源涵养林工程

内官营—香泉盆地是定西城区工业生产及城镇居民生活用水的水源地,地下水常年超采,水位持续下降。为实现水资源可持续利用,全面保护补充涵养地下水源,2005年启动水源涵养林工程,一次

南部水源涵养林　摄于内官营镇文丰村

性规划,逐年实施。2006 年在内官营镇锦鸡塬造林 5000 亩,2007 年改造内官营、高峰境内 25 千米林带造林 5000 亩,2008 年在内官营镇文丰村候家山造林 3200 亩,2009 年在内官营文丰、锦花村改造林带 1000 亩,共栽植云杉 74 万余株,苗高 80 厘米以上的油松 20 万余株(2.8 万丛),点播柠条、混交沙棘等树种。区林业局组建车道岭林场和红土苗圃两个造林专业队,负责苗木调运、技术培训、整地栽植技术指导,承包施工,一包三年不变。内官营、高峰两乡镇组织劳力,先培训后整地,整地后再栽植,边栽植边浇水,造林成活率达到 95%以上。

李家堡镇鹿马岔流域碳汇林工程

涉及李家堡镇鹿马岔等5 个行政村、37 个村民小组、1843 户、7416 人,总流域面积 36.93 平方千米。2002 年以来,完成退耕还林 1.15 万亩,荒山造林 5000 亩,新修 6.5 米宽道路 8 千米,3.5 米宽道路 12 千米。该工程以荒山造林为重点,坚持山、水、田、林、路、草综合治理。区林业局与李家堡镇紧密配合,科学规划,合理布局,组织专业队精心施工,跟班作业,严把质量关,提高造林成活率。

鹿马岔流域退耕还林

青岚山乡祁家湾流域林业精品示范工程

位于定西城区以东 13 千米处,与大坪村相接,王(公桥)定(西)公路穿境而过。总流域面积 31.46 平方千米,辖青岚、红庄、上坪 3 个村,23 个村民小组、674 户、2714 人。2010 年,建设高标准林产品基地 5000 亩,栽植以文冠果为

青岚山乡祁家湾流域荒山造林

主的能源林,共栽植文冠果、刺槐、侧柏等各类苗木 60 余万株。采取专业队施工,高起点规划,高标准实施,做到生态建设与林业产业、巩固退耕还林成果、劳务产业、新农村建设相结合,严把种苗、整地、栽植、浇水、覆土五道关口,确保一次性成林。

第八节　林木管护

护林联防

1984 年 9 月,《中华人民共和国森林法》颁布实施。乡、村普遍订立护林公约,组织群众护林,划定护林责任区,配备专职或者兼职护林员,查处毁林案件,加强森林保护。2000 年,退耕还林(草)生态工程建设启动实施,退耕农户负责林木管护。2007 年,全区重点公益林生态效益补偿制度启动实施,聘用专职护林人员 122人,开展护林联防。

林政管理

案件查处　1994—2010 年,森林公安分局查处各类林业行政案件 410 起,处罚 602 人(次),罚款 52.91 万元。查处治安案件 51 起,处罚 62 人(次),罚款 8432元,行政拘留 13 人,警告 6 人。查处盗伐、滥伐林木和非法收购盗伐林木刑事案件 9 起、涉案 18 人。通过查处案件,打击违法犯罪,遏制毁林行为,保护林业资源。

审核发证　1982 年首次发放《林权证》。2000 年开始换证,发放新的《林权证》,共颁发 67376 本,其中退耕还林 66858 本,荒山造林 518 本。1984 年,采伐林木实现限额管理,审核发放《林木采伐许可证》。1996 年,从事木材经营加工实行许可证制度,审核发放《木材经营加工许可证》56 份。

森林防火

组建森林防火队伍　每年 11 月 1 日至翌年 5 月 31 日为森林防火期,组建森林火灾应急救援队,公布值班电话,坚持 24 小时值班。全区组建半专业消防队 6支 80 人,群众消防队 19 支 190 人,专职防火信息员(护林员)122 人。

加强森林防火宣传　组装森林防火宣传车,深入乡镇村社、城区面山、通道绿化区等重点区域及中小学校,散发森林防火宣传材料。广播电视播放防火宣传公告,向移动用户发送森林防火短信,设立固定宣传牌,刷写固定防火宣传标语,宣传乡规民约和护林防火公约。成立防火巡查组,重点林区不间断巡查,蹲守上山路口,严禁带入火种。开展森林防火进校园活动,宣讲森林防火知识。加强特殊人群管理,乡镇、村社与林区坟主和痴、呆、傻、幼等特殊人群层层签订森林防火责任书。

排查森林防火隐患　森林防火期内,组织森林公安、技术人员深入各乡镇、国有场圃进行全面排和防火督察,下发火灾隐患整改通知书,消除火灾隐患。元旦、春节、清明等重点时段,发布戒严区、戒严期,确保森林防火安全。

购置防火设备设施　购置发电机、灭火水枪、消防水泵、油锯、组合工具、防火服、对讲机、焚纸炉、头灯、手电筒、喊话器、铁锹等各类防火设备263个(套、把、台、部、),修建防火通道165千米。

封山禁牧

2002年,定西县率先开展封山禁牧工作,141个退耕还林生态重点工程区域实行封禁管护。经过三年多时间的实施,基本实现"树上山、粮下川、羊进圈"的目标。通过人工种草,改良天然草地,生态环境得到初步改善。2005年7月1日,安定区按照市上确立的实施封山禁牧发展舍饲养殖"一年启动实施、两年基本到位、三年完善提高、五年明显见效、十年大见成效、五十年建成山川秀美新定西"的要求,全面实行封山禁牧。

第九节　森林病虫害防治

森林病虫鼠害普查

1981—1982年,第一次森林病虫鼠害普查,定西县有害昆虫8目33科67种。1991—1992年,第二次森林病虫鼠害普查,有害昆虫8目33科71种。2003—2005年,第三次森林病虫鼠害普查,有害昆虫8目34科78种。共收集森林病虫鼠害标本(包括天敌昆虫)1380号次,鉴定保存标本虫害8目45科108种,病害15种,鼠害4种。主要林业有害生物69种。

全区林业有害生物发生面积12万亩,每年造成经济损失300万元以上。危险性病虫如黄斑星天牛、光肩星天牛、白杨透翅蛾、杨圆蚧、柳蛎盾蚧、柳沫蝉、杨树锈病、果树腐烂病、杆基湿腐病、柠条豆象、中华鼢鼠等不断传播蔓延。

安定区(定西县)常见林木病虫鼠害一览表

表 10-1-6

危害树种	虫　害	病　害	鼠　害	分　布
杨树	黄斑星天牛	杨树锈病		全区
侧柏	侧柏银蛾			车道岭林场
杨树	青杨天牛			全区
杨树	白杨透翅蛾			巉口 凤翔
杨树	杨卷叶蛾			内官营 团结 凤翔 巉口
榆树	榆毒蛾			内官营 团结 凤翔 巉口
柠条	柠条豆象			全区
油松		松针锈病		车道岭林场
			中华鼢鼠	全区
			达吾尔鼠兔	全区

森林病虫害防治

柳蛎蚧等枝梢害虫试验示范项目　柳蛎蚧壳虫、杨圆蚧壳虫等枝梢害虫,通过刺吸式口器吸取树木韧皮部中的营养液,从而造成生长量减少,树体树势衰弱。1983—1989 年,开展试验示范、综合防治,摸清柳蛎蚧壳虫生物学特性,掌握综合防治技术,试验示范累计防治面积 10 万亩(次),该试验示范项目获省科技进步三等奖。

杨树蛀干天牛的工程治理项目　杨树是主要造林树种,分布广、成活率高、适应性强、用途广泛。1970 年代以来,杨树蛀干天牛发生面积逐年扩大,危害程度日趋严重。2000—2002 年,定西县杨树蛀干天牛防治列入国家级工程治理示范项目启动实施,治理面积 1.2 万亩,清除虫害木 2.56 万株。采用解板、剥皮暴晒、喷药熏蒸等方法进行灭虫处理,灭虫率达 100%。栽植河北杨、三倍体毛白杨、84K 杨树、国槐、云杉等抗虫树种,改造公路行道树针阔混交林 1500 亩,伐根嫁接毛白杨优良品种 2 万余株,营造有益啄木鸟等天敌生物生存环境,控制扩散蔓延,达到有虫不成灾的控制目标。

杨树病虫害国家级工程治理项目　2003 年立项实施,是杨树蛀干天牛国家级工程治理示范项目的延续。主要防治杨树蛀干类害虫黄斑星天牛、光肩星天牛、杨干透翅蛾、芳香木蠹蛾和食叶害虫杨尺蠖、杨树烂皮病等。杨树病虫害年治理面积 2 万亩,三年共治理 6 万亩(次)。

杨干透翅蛾性引诱剂防治技术推广项目　杨干透翅蛾是检疫对象,危害性仅次于杨树天牛。1988—1992年,依照"既不引祸入境、又不染灾于人"的原则,引进杨干透翅蛾的雌成虫性信息素,诱杀杨干透翅蛾的雄成虫,控制杨干透翅蛾的蔓延成灾。

在退耕还林工程实施中,针对鼠害危害严重的情况,采用捕杀一只中华鼢鼠给予3元误工补贴的方法,动员千家万户全民防治,防治面积7.95万亩,人工捕打中华鼢鼠10万余只,控制鼠害蔓延发展。

森林植物检疫

1983年,成立定西县林木病虫害防治站,配备专职检疫员,严格按照森林病虫害防治检疫要求实施检疫。2002年,《植物检疫证》实行上网开证。1986—2010年,调运检疫各类苗木1.5亿株,检疫各类种子203.5吨,有效保护造林绿化苗木安全。2000年以来,产地检疫率70%以上。2007年后,产地检疫率100%。

1986—2010年安定区(定西县)森林病虫害防治情况统计表

表10-1-7　　　　　　　　　　　　　　　　　　　　单位:万头、万个、万只、万株、千克

年份	捕杀天牛虫卵	捕杀害鼠	清理病虫树木	调运检疫苗	检疫种子	年份	捕杀天牛虫卵	捕杀害鼠	清理病虫树木	调运检疫苗	检疫种子
1986	4.2	1.2	0.6	1200	10000	1999				440	1200
1987	16.2		0.8	1300	11000	2000				770	8000
1988	4.3	0.2	0.3	800	5000	2001			0.3	800	28000
1989	13.8	0.2	0.6	600	2000	2002			0.5	800	1100
1990	4.7	2.0	1.0	800	4000	2003			0.4	400	24000
1991	5.0	0.8	1.2	880	4000	2004				300	11000
1992	88.0	0.8	6.3	420	2000	2005				300	12000
1993	4.2		0.3	770	1000	2006				312	22000
1994			2.0	1100	1200	2007				417	22000
1995	10.2		12.0	220	1100	2008		1.8		600	8000
1996				530	3100	2009		3.2		200	8000
1997				600	1100	2010		2		240	5000
1998				220	800						

森林病虫害预测预报

2001年3月19日,国家林业局公布国家级森林病虫害中心测报点,定西县确定为国家级森林病虫害中心测报点,测报对象有杨树蛀干天牛、杨干透翅蛾、草地螟、落叶松球蚜、落叶松叶蜂、落叶松鞘蛾、云杉顶芽瘿蚊、云杉梢斑螟、杨柳毒蛾、中华鼢鼠、达乌里鼠兔等。每年根据调查数据和气候因子综合分析,提出主要森林病虫鼠害发生趋势分析及防治对策。测报准确率80%以上。

第十节　林业科研与技术推广

1986年,林业局主持开展毛白杨组织培养工作,培育苗木2000株,广泛用于造林。是年,新疆杨地膜覆盖扦插育苗技术试验成功,并开始推广。1989年,新疆杨地膜育苗试验项目获得定西县科技进步三等奖。1995年7月,"滴灌果园"列入定西县科技重点试点推广项目,在鲁家沟定植果树527.4亩,21740株。1996年,大量引进新红星、黄色145等苹果品种和早酥、日面红、身不知、朝鲜洋梨等梨树品种,引进花椒苗13.37万株,试验引进脱毒早熟果树苗1250株,临泽枣树苗200株,推广仁用杏高接换种259.95亩。2000年以来,开展退耕还林地乔灌草种植模式研究、推广应用和效益监测。

广大林业工作者通过多年的探索研究,推广应用容器育苗技术、截杆造林技术、深栽技术、地膜覆盘造林技术、大苗带土坨造林技术、泥浆蘸根技术、汇集径流抗旱造林技术等为主的系列抗旱造林技术,造林成活率提高40%,突破工程建设造林成活率低、保存率低的技术瓶颈。

柳蛎蚧生物学特性及综合防治技术研究项目(1989—1990年),获定西县科技进步一等奖;定西县黄斑星天牛综合防治技术推广项目(1993—1994年),技术成果达到省内先进水平,获定西地区科技进步三等奖;果树丰产坑栽培技术研究项目(1996—1998年),技术成果达到省内同类研究先进水平,获定西县科技进步二等奖;中部半干旱区仁用杏高接换种技术示范推广项目(1999—2000年),技术成果达到国内同类研究先进水平,获定西地区科技进步三等奖;陇中黄土丘陵沟壑区退耕还林(草)草畜转化模式研究试范推广项目(2000—2003年),技术成果达到国内领先水平,获定西地区科技进步二等奖;陇中黄土丘陵沟壑区生态系统植被恢复技术研究项目(2002—2010年),技术成果达到国内同类研究先进水平,获安定区科技进步二等奖。

第十一节　集体林权制度改革

2008 年 6 月,安定区列为甘肃省集体林权制度改革试点,制定出台《安定区集体林权改革实施意见》,巉口镇常川村、凤翔镇北二十铺村、鲁家沟镇太平村、白碌乡录丰村、葛家岔镇贾家湾村、团结镇高泉村、内官营镇文丰村、高峰乡红光村等 8 个村列为区级试点村,19 个乡镇分别确定一个具有代表性的村先行试点,2009 年 3 月完成林地勘界、划分、登记、纠纷调处等试点工作。

2009 年 4 月,在总结试点经验的基础上,集体林权制度改革全面推开。高速公路、国道、省道、区道、区乡道及陇海铁路两旁的绿化带,环城绿化工程,主干河道两岸护堤林, 不纳入改革范围;森林公园、风景名胜区、国有林(农)场经营管理的集体林地 (含华家岭林带),维持现行的经营管理方式,权属不变。本区内其他所有集体林及林地、区级以上人民政府规划的集体所有的宜林荒山荒地,全部确权到户。勘

划界定桩

界确权 111.72 万亩,占应改林地 111.72 万亩的 100%。其中,承包到户 104.12 万亩,占 93.2%;集体经营 7.6 万亩,占 6.8%。19 个乡镇、304 个行政村共颁发《林权证》68655 本,颁证面积 111.72 万亩,颁证率、纠纷调处率、档案管理合格率均达到 100%,确权准确率 99.4%,群众满意率 96.5%。林地明晰产权,放活经营权,落实处置权,保障收益权,实现"山有其主、主有其权、权有其责、责有其利",建立"产权归属明晰,经营主体多元,责权利相统一,利益保障严格,流转规范有序,监管服务有效"的现代林业产权制度。

安定区集体林权制度改革成果汇总表

表 10-1-8   单位：万亩、本

乡　镇	集体林地面积	应改集体林地	确权到户面积	其中		颁　发林权证	颁证面积
				承包到户	集体经营		
合　计	118.40	111.72	111.72	104.12	7.60	68655	111.72
凤　翔	6.72	6.61	6.61	5.62	0.99	5793	6.61
巉　口	10.26	10.25	10.25	9.38	0.87	6031	10.25
称钩驿	6.84	6.66	6.66	6.66		4213	6.66
鲁家沟	14.55	4.55	14.55	14.25	0.30	3765	14.55
白　碌	13.11	13.11	13.11	12.07	1.04	1370	13.11
葛家岔	5.32	5.32	5.32	4.90	0.42	2970	5.32
石峡湾	7.32	7.08	7.08	7.08		2370	7.08
新　集	6.30	6.20	6.20	6.20		3706	6.20
青岚乡	5.76	5.76	5.76	5.22	0.54	3635	5.76
西巩驿	5.15	5.15	5.15	4.95	0.20	4608	5.15
石　泉	3.15	1.75	1.75	1.75		3216	1.75
宁　远	4.60	2.32	2.32	1.98	0.35	2548	2.32
李家堡	5.37	4.65	4.65	3.96	0.70	4075	4.65
杏　园	4.21	2.95	2.95	2.95		1994	2.95
团　结	3.22	3.17	3.17	2.70	0.47	2553	3.17
香　泉	3.48	3.21	3.21	2.79	0.42	3300	3.21
内官营	8.10	8.07	8.07	7.23	0.84	7730	8.07
高　峰	2.14	2.11	2.11	1.81	0.30	1945	2.11
符家川	2.80	2.80	2.80	2.63	0.17	2833	2.80

第二章　退耕还林(草)

第一节　政策措施

1999 年 10 月 22 日,中共中央政治局常委、国务院总理朱镕基视察定西县九华沟流域时,提出"退耕还林(草),封山绿化,以粮代赈,个体承包"的十六字方针。26 日,国家发展计划委员会办公厅下发《关于编制长江、黄河流域上中游地区"以粮代赈"退耕还林(草)实施规划的通知》,按照"五年初见成效、十年大见成效"的总体目标要求, 制定 2000—2004 年和 2005—2009 年规划。"初步考虑退耕还林(草)一亩,中央补助相当于 200 斤粮食(价值约 160 元)的投资,由政府组织采购粮食并兑现到农户。国家还对农民退耕后的还林还草和承包荒山造林种草所需苗木和草籽,实行定额补助,平均每亩补助 50 元左右。"

2000 年 3 月 14 日,国家发展计划委员会、粮食局、林业局、财政部、农业部、中国农业发展银行印发《以粮代赈、退耕还林草粮食供应暂行办法》:"粮食供应标准每亩退耕地每年补助粮食(原粮)标准,长江上游地区 300 斤,黄河上中游地区 200 斤,省内可进行平衡安排。粮食补助期限暂定 5 年,并根据试点情况,需要几年就补几年,以防止砍树复耕。"2000 年 9 月,定西县列为全省、全国退耕还林试点县。2002 年 1 月 6 日,财政部印发《退耕还林工程现金补助资金管理办法》,规定现金补助标准为每亩退耕地补助 20 元,现金补助年限,还生态林补助 8 年,还经济林补助 5 年,还草补助 2 年。2002 年 12 月 6 日,国务院第 66 次常务会议讨论通过《退耕还林条例》,2003 年 1 月 20 日实施,退耕还林工作纳入法制化管理。

2005 年 1 月 13 日,安定区人民政府办公室印发《安定区退耕还林粮食补助改补现金的实施方案的通知》。从 2004 年起,兑现各年度的粮款补助全部改为现金补助。

2007 年 8 月 9 日,国务院制定《关于完善退耕还林政策的通知》,原先的补助政策到期后,继续对退耕农户给予适当补助,建立巩固退耕还林成果专项资金。

第二节　建设规划

1999 年 10 月 30 日,定西县召开全县领导干部大会,传达中共中央政治局常委、国务院总理朱镕基视察定西时提出的"退耕还林(草),封山绿化,以粮代赈,个体承包"指示精神和国家计委《关于编制长江、黄河中上游地区"以粮代赈"退耕还林(草)实施规划的通知》,成立以粮代赈退耕还林(草)项目建设领导小组,由农委牵头,从水保、林业等部门抽调 28 名工程技术人员,编制退耕还林(草)总体规划、实施方案、种子苗木供应方案、管理办法。要求各乡镇制定切实可行、具有可操作性的退耕还林(草)实施方案,加快生态环境建设步伐,调整农业结构,推进农村经济发展。

总体规划

2000—2009 年,规划退耕还林(草)130 万亩,保留耕地 160 万亩(人均 4 亩),荒山造林 100 万亩,建成 119 万亩生态林、51 万亩商品林、60 万亩优质紫花苜蓿,建立比较协调的农林牧产业结构和比较完整的生态防护体系。总投资 20.22 亿元,其中国家投资 17.9 亿元(退耕还林草投资 1.3 亿元,荒山造林投资 1 亿元,总补助粮食 9.75 亿千克,折合资金 15.6 亿元),农户整地、栽植投劳折资 2.32 亿元。

树种布局

南部二阴地区以杨树、云杉、油松、落叶松等为主,营造水源涵养生态林,适当配置花椒、山楂、梨、沙棘等经济树种;中部河谷地带以杨树、仁用杏、梨、花椒、针叶树为主,营造经济林和用材林;北部干旱山区以柠条、侧柏为主,草灌结合,建设生态林,适当配置仁用杏、梨等经济林。

试点方案

选择三个不同类型区,分别制定九华沟流域干旱区退耕还林(草)试点实施方案、西巩河流域三荒地植树种草试点实施方案、东河流域退耕还林(草)试点实施方案。

第三节　组织实施

退耕还林(草)试点

1999 年 11 月,定西县在内官营镇锦鸡塬山率先进行退耕还林试点。2000 年 1

月,退耕还林(草)生态建设工程列为国家西部大开发的重点工程,定西县列为国家退耕还林试点县。2000年9月,县政府印发《关于退耕还林(草)封山绿化的决定》。当年退耕还林45262.81亩,其中退耕地还林40262.81亩,荒山造林5000亩;在退耕地还林中还经济林8734.42亩、防护林852.75亩,还草30675.64亩(2004年与西北

退耕还林试点期间,推行长方形集流坑整地,坑内栽植杏树,坡面种植紫花苜蓿,坡跟点种柠条　摄于景家泉乡常川村

林勘院衔接,全部改造为生态林)。2001年,退耕还林29891亩(国家下达18000亩,超任务11891亩,列入下年指标)。

退耕还林(草)全面启动实施

2002年,退耕还林生态建设工程正式启动,涉及全县25个乡镇,造林54.3万亩,其中退耕还林28.5万亩,荒山造林25.8万亩,农户退耕还林的积极性空前高涨,各乡镇积极争取退耕还林指标,提前完成任务。2002年省上下达8.5万亩退耕还林任务全面完成后,秋季预先完成2003年10万亩退耕还林。2003年省上下达退耕还林指标20万亩,春季一次性完成,秋季预先完成2004年15万亩退耕还林。

退耕还林(草)政策调整

2004年,国家对退耕还林建设作出结构性、适应性调整,下达安定区退耕还林工程任务16.5万亩,其中退耕地造林2万亩,荒山造林14.5万亩。此时,安定区2003年秋天预先完成2004年退耕还林15万亩,尚有13万亩退耕还林因指标限制无法落实政策。区委、区政府综合各方面情况,决定将已整地未造林的停止造林,恢复耕种,已造林的不提倡复耕。区林业局与省业务部门多次协调,省林业厅派员现场核实,2005年省上下达安定区15.83万亩退耕还林指标,其中退耕地造林11.83万亩,荒山造林3万亩,封山育林1万亩,消化预先完成的退耕还林面积。2006年5月,植树造林时机即将结束时,省上未下达2006年造林任务,区上

根据造林示范点的要求,安排退耕还林 0.8 万亩。2006 年 10 月,省上下达退耕还林工程指标 2.1 万亩,其中退耕地造林 0.6 万亩,荒山造林 1.5 万亩。到 2006 年底,还有 1.5 万亩退耕还林未落实指标。2007 年至 2010 年,省上未下达退耕地造林指标,2007 年下达荒山造林 2000 亩,2008 年下达荒山造林 7000 亩、封山育林 5000 亩,2009 年下达荒山造林 4000 亩、封山育林 3000 亩,2010 年下达荒山造林 2000 亩、封山育林 5000 亩。

2000—2010 年安定区(定西县)退耕还林面积统计表

表 10-2-1   单位:亩

年度	下达指标			当年完成		
	退耕还林	荒山造林	封山育林	退耕还林	荒山造林	封山育林
2000	40000	5000		40262.81	5000	
2001	18000	9000		29891	9000	
2002	85000	95000		85000	258000	
2003	200000	160000		100000	160000	
2004	20000	145000		145000	14500	
2005	118300	30000	10000		30000	10000
2006	6000	15000			15000	
2007		20000			20000	
2008		7000	5000		7000	5000
2009		4000	3000		4000	3000
2010		2000	5000		2000	5000
合计	487300	492000	23000	487300	492000	23000

退耕还林工程投资多、规模大、任务重、涉及面广、政策性强。安定区退耕还林工程分布在全区 19 个乡镇的 289 个行政村 5.65 万户 24.82 万人,占农业人口的 68.4%。林种为生态林,主要树种有侧柏、山杏、山毛桃、新疆杨、刺槐、臭椿、云杉、沙棘、红柳、柠条等,草种有陇中紫花苜蓿和阿尔金冈,树草生长旺盛,成活保存率高,管护措施得力,植被得到恢复,多年不见的野生动植物大量繁殖,生态环境明显改善,生态效益显著。

表10-2-2

2000—2010年安定区(定西县)退耕还林面积统计表

单位：亩

乡镇	合计	2000	2001	2002	2003	2004	2005	2006	2007	2008	2009	2010
合　计	1002300	45000	27000	180000	360000	165000	158300	21000	20000	12000	7000	7000
凤　翔	68480	3000	2509.6	12739.9	26000	12891	7950	2089.5	300		1000	
巉　口	110185.4	7368.93	2858.8	16131.6	45700	18694.1	13043.7	4688.3	200	1500		
称钩驿	49810.01	4755.41	1026.3	10000	19000	2898.3	9800		100	2230		
鲁家沟	126033.5	3000		18483.5	41000	34600	18800	3600	3000		1150	2400
白　碌	129884.1	1000		12550	35000	37474.1	30300	5750	3300	1410	1000	2100
葛家岔	33779.2		1000	5160.7	14000	3238.5	4000		2800	820	1260	1500
石峡湾	32609.2		1000	5729.2	10000	3000	9330		1000	1050	500	1000
新　集	38885.4		1000	6005.4	11000	5000	10000	3260	2620			
青岚山	70061.7	3441.7	2694.2	5148.5	25000	20000	11520.1	102.2	760	1395		
西　巩	58026.86	3841.46	2672	10387.8	20000	12355.6	4500	810	2570		890	
石　泉	24214		970	5180.9	9000	463.1	8500		100			
宁　远	34775.7	3005		5084.9	8000	2990	15395.8		300			
李家堡	58388.78	1958.38	1000	12130.4	38000	1300	2000		1000		1000	
杏　园	47062.69	4104.69	1521.4	23541.6	12000		5000			895		
团　结	28333.1	2000		7500	12000	5102.7	1610.4		120			
香　泉	14972.1		1000	4279.5	6300	1362.6	2030					
内官营	44330.23	5511.53	6020.7	11018	16500	150	2000		1630	1500		
高　峰	11827		1227	4900	4000		1000			700		
符家川	15261	2012.9		4028.1	7000		1520		200	500		
国　营	5380		500		500	3480		700			200	

第四节　粮款补助

粮款补助政策

按国家规定,黄河流域及北方地区,每亩退耕还林每年补助粮食(原粮)100千克,每亩退耕地每年生活补助 20 元,补助期限为 1999—2001 年退耕还草补助按 5 年计算,2002 年以后退耕还草补助按 2 年计算、还经济林按 5 年计算、还生态林按 8 年计算,种苗补助费按退耕区和宜林荒山荒地造林每亩 50 元计算,尚未承包到户的坡耕地退耕还林的,以及纳入退耕还林规划的荒山造林,只享受种苗补助费。甘肃省从 2004 年起,退耕还林粮食补助全部改为现金补助,对 2003 年以前应供未供的粮食,粮食部门继续负责足额兑付给退耕农户,对 2003 年当年及2003 年应兑付以前年度的补助粮食,已兑现粮食的不再变更,尚未兑付部分改补现金,补助标准为每亩每年 140 元(按每千克原粮 1.4 元计算)。

第二轮补助标准为:黄河流域及北方地区每亩退耕地每年补助现金 70 元。原每亩退耕地每年 20 元生活补助费,继续直接补助给退耕农户,并与管护任务挂钩。补助年限:还草补助 2 年,经济林补助 5 年,生态林补助 8 年。

粮款补助发放办法

退耕还林工程粮款兑现,严格按照检查验收结果兑付,当年退耕还林任务,经区、乡政府自查合格后,先兑付 60% 补助粮款和 20 元生活补助,待省、市核查合格后再兑付剩余的 40%;对历年退耕还林保存率达不到 85% 以上的暂缓兑现,责令补植补造,经验收合格后兑现。退耕还林验收合格后,逐乡、逐村、逐户填制《退耕还林分户管理卡》,核发《退耕还林补助粮款供应证》,作为政策兑现的依据。退耕还林粮款兑现实行公示制度,乡、村将拟兑现补助粮款的退耕户姓名、退耕还林面积、兑现粮款数量等情况报请区林业部门审核后公布,接受群众监督。建立退耕还林档案,根据乡镇提供的退耕农户花名册,在乡、村、户建立兑现补助粮款的底卡、台账等进行兑现,兑现粮款时登记数量,填报相关报表,核对账、卡、证、册,严格履行签字、盖章等手续。退耕还林当年验收合格后,颁发《林权证》,纳入林权管理。

粮款补助发放

2000—2010 年,累计兑现退耕还林补助资金 58422.57 万元,其中粮食补助折资 46107.46 万元,生活补助 7239.61 万元,累计拨付种苗款 5075.5 万元。

2000—2010年安定区(定西县)退耕还林粮款补助发放统计表

表 10-2-3
单位:万元

乡镇	2000	2001	2002	2003	2004	2005	2006	2007	2008	2009	2010
合 计	640.0	928.0	2288.0	5488.0	5808.0	7700.8	7796.8	7796.8	7509.9	7390.8	6795.8
凤 翔	48.0	88.2	183.8	359.8	438.1	557.6	591.0	589.8	567.5	549.7	510.6
巉 口	106.2	152.0	272.5	603.7	774.8	965.9	1026.8	1028.6	978.3	965.1	907.6
称钩驿	71.8	88.2	184.2	344.2	359.0	515.8	515.8	515.8	484.3	477.3	435.3
鲁家沟	48.0	48.0	160.2	416.2	436.4	657.3	657.3	657.3	635.7	636.3	587.0
白 碌	16.0	16.0	120.0	360.0	361.7	600.1	600.1	600.1	593.7	593.7	547.6
葛家岔			18.6	146.6	166.4	198.4	198.4	198.4	198.4	198.4	190.3
石峡湾			9.7	121.7	121.7	270.9	270.9	270.9	270.9	270.9	266.7
新 集			24.1	152.1	152.1	280.1	280.1	280.1	280.1	280.1	269.5
青岚山	36.7	63.8	92.7	252.7	252.7	405.0	406.7	406.6	390.5	378.6	366.1
西巩驿	47.9	74.6	172.1	364.1	369.8	433.8	433.8	433.3	412.4	400.7	358.5
石 泉		15.5	66.4	194.4	195.4	331.4	331.4	331.4	331.4	324.6	302.4
宁 远	32.6	32.6	82.0	130.0	130.0	376.3	376.3	376.3	361.6	361.6	340.5
李家堡	31.3	31.3	96.2	544.2	544.2	576.2	576.2	576.2	562.5	562.5	534.1
杏 园	49.1	73.5	366.2	430.2	430.2	430.2	430.2	430.2	406.7	395.7	270.0
团 结	32.0	32.0	104.0	216.0	217.6	243.4	243.4	243.4	229.4	229.4	197.9
香 泉			29.6	130.4	136.2	136.7	136.7	136.7	136.7	136.7	123.7
内官营	88.2	160.5	211.8	451.8	451.8	451.8	451.8	451.8	414.0	382.5	359.2
高 峰		19.6	45.2	109.2	109.2	109.2	109.2	109.2	109.2	100.6	89.4
符家川	32.2	32.2	48.7	160.7	160.7	160.7	160.7	160.7	146.6	146.6	139.4

第五节 巩固退耕还林成果项目

　　为了巩固退耕还林成果,进一步改善退耕农户的生产生活条件,彻底解决退耕区农民的后顾之忧,逐步建立起生态良性循环、农民不断增收和经济可持续发展的长效机制,国家批复甘肃省 2008—2015 年巩固退耕还林成果专项规划。其中批复安定区退耕还林成果林业项目林产品基地 9.61 万亩,专项资金 4486.17 万元,每亩补助 470 元;补植补造 12.18 万亩,专项资金 609.13 万元,每亩补助 50元。

2008—2010 年,完成巩固退耕还林成果项目林产品基地 2.6 万亩,补植补造 4.57 万亩。通过林产品基地建设和退耕还林补植补造,促进林业产业化发展,提高退耕还林保存率和森林覆盖度,有效拦蓄径流,保持水土,巩固退耕还林成果。

2008—2010 年安定区巩固退耕还林成果项目面积统计表

表 10-2-4　　　　　　　　　　　　　　　　　　　　　　　　　　　　单位:亩

乡镇	补植补造				林产品			
	合计	2008 年	2009 年	2010 年	合计	2008 年	2009 年	2010 年
安定区	45656	15228	15228	15200	26000	4000	12000	10000
凤翔	2252	672		1580	3400	1000		2400
巉口	4649	1976	993	1680	3500	1000		2500
称钩驿	3165	1026	1338	800	2704		2704	
鲁家沟	1975		1149	825	1000	1000		
白碌	2250		1500	750				
葛家岔	966		566	400	1140			1140
石峡湾	604		604					
新集	200			200				
青岚山	4603	1694	1808	1100	3310		3310	
西巩驿	3226	1672	993	560				
石泉	2358	970	549	838				
宁远	1907		856	1050				
李家堡	2190		1000	1190	800			800
杏园	3244	1521	772	950	4422		4422	
团结	2319		918	1400				
香泉	347		347					
内官营	6468	4468	1089	910	4160	1000		3160
高峰	1967	1227	740					
符家川	967			967	1562		1562	

第六节　成果效益

实施退耕还林(草)工程以来,全县(区)造林保存面积由 1999 年的 57.32 万亩增加到 2010 年的 164 万亩。综合配套其他措施,治理 10 平方千米以上的小流域 149 条,新修梯田 166 万亩,人均达到 4 亩。建成"121"雨水集流工程水窖 18 万眼,户均达到 2 眼。13 个乡镇基本实现了整体灭荒,森林覆盖率 11.2%,涌现出朱家山、赵家铺、响河梁、城区四山、鹿马岔等一大批生态示范工程。

生态效益

林业资源呈现大幅增长 实施退耕还林生态建设工程,大面积的陡坡耕地和荒山荒坡得到绿化。监测结果显示,林业用地面积和有林地面积逐年增加,1998年到 2010 年,林业用地面积增加 106.68 万亩,有林地面积增加 32.74 万亩,森林覆盖率由 9.5%提高到 11.2%。

土壤结构性质趋于改良 不同植被恢复模式及未退耕还林地土壤物理性质监测结果表明:混交类型林地(如乔、灌、草型)土壤容重比纯林小、孔隙度高、饱和含水量和田间持水量高,土壤理化性质得到改良。乔、灌木群体浓密的地上部分和强大的根系,发挥固岸、固坡、防冲、护滩、缓流挂淤作用,减免滑坡、崩塌等危害。地表种植牧草,粗糙度增加,削弱地表径流,降低土壤侵蚀,减少径流泥沙,有利于土壤改良,有效控制水土流失。

经济效益

增加群众经济收入 实施退耕还林工程,调整农村土地利用结构,扩大经济型作物、林果业、养殖业等多种经营,农民人均纯收入从 1999 年的 1188 元增加到2010 年的 2696 元。退耕还林粮食和资金补助使大多数农民受益,全区累计退耕补助资金 5.84 亿元,退耕农户每年人均直接增加收入 297.8 元。补助期限再延长8 年,16 年总补助资金 12.47 亿元,大批退耕农户收入持续稳定增长。

加快特色产业发展 实施退耕还林工程,改变广种薄收的耕作习惯,合理调整产业结构和土地利用结构,一、二、三产业结构从 2001 年的 47.7%、24.0%、28.3%,调整为 2010 年的 24%、26%、50%,农业生产方式逐步向精耕细作、集约经营方式转变。特色马铃薯种植规模逐年增加,2010 年全区马铃薯种植面积 104.8万亩,总产量 135 万吨,产值 14 亿元,农民人均获得收入 1800 元。蔬菜、玉米、药材等特色农作物种植蓬勃兴起,退耕还林和林草间作提供优质牧草资源,促进畜草产业快速发展。2010 年牧草留床面积 54.45 万亩,发展舍饲养殖,加快草畜转化,畜草产业产值 2.03 亿元,农民人均从畜草产业中获得收入 559 元。

促进富余劳动力输转 实施退耕还林工程,大量劳动力从广种薄收的农业生产中解放出来,从事第二、三产业和劳务输出,劳力分配多元化,劳务产业迅速发展壮大。2010年,全区输转劳动力11.2万人(次),创劳务收入9.8亿元,农民人均从劳务产业中获得收入1914元。

社会效益

推动新农村建设　退耕还林工程的实施与发展舍饲养殖、开发新型能源、实施易地搬迁等扶贫项目紧密结合,优化、组装、配套水窖、圈舍、沼气、道路等基础设施,村村通公路,户户通农用车,加快新农村建设步伐。人均口粮田达到4亩,户均2眼水窖,人畜饮水困难得到有效解决。配套"一池三改"项目,建成沼气池20159座,标准化圈舍基本普及,太阳灶普及率82%,农民生产条件日益改善,生活质量普遍提高。深居山区、人口稀少、生产生活条件差、退耕还林面积大且相对集中的区域开展生态移民,2339户、11962人实施易地搬迁,建成一批生态小康示范村。

减少贫困人口数量　实施退耕还林工程,大量陡坡地退出粮食生产领域,调整土地利用结构,现代农业悄然兴起,呈现快速发展势头,农业综合生产能力显著提高,农、林、牧收入不断增加,适龄儿童入学、病人就医、住房投入、居住面积等呈现增长态势,农民人均纯收入865元以下的贫困人口由2000年的12.95万人下降到2010年的4.37万人,贫困面下降到12%。

提高全民生态意识　退耕还林使农民直接受益,对国家拿钱粮换植被、建设生态文明的认识进一步提高。政府政策引导,加强制度建设,开展教育培训,宣传生态建设的重大意义,大规模全面展开生态文明教育,促进人与自然和谐发展,推动农村社会文明进步。

第七节　典型选介

响河流域退耕还林示范工程

位于安定区北部15千米处的响河梁,国道312、310在山下交汇。涉及凤翔、巉口、青岚山3乡镇的8个行政村、1410户、6935人,总流域面积79.4平方千米,耕地面积20.42万亩。2005年4月15日,市委、区委先进性教育活动领导小组发出倡议,动员定西城区447个党支部8155名党员以实际行动展示共产党员先锋模范作用,开展"万名党员入万户送金点子"党性实践活动,建设万亩党员先锋林。坚持整乡整村整流域推进模式和乔、灌、草相结合的治理模式,退耕还林工程1.1

万亩，其中退耕地造林 5000 亩、荒山造林 6000 亩，栽植苗高 1.5 米、冠幅 60 厘米的优质大侧柏 44 万株，山毛桃、臭椿、刺槐等 80 万株，点播柠条 137 万丛，成活率和出苗率达到 95% 以上。同期，定西市与浙江金华市共建"金华林"在响河流域启动实施。

响河流域退耕还林

巉口镇赵家铺退耕还林示范工程

巉口镇赵家铺村位于安定区北部 26 千米处，巉郭公路穿境而过。全村辖 8 个村民小组、538 户、2198 人，耕地面积 1.4 万亩，人均 6.2 亩。2003 年，抢抓国家实施退耕还林工程的机遇，按照整山系、整流域推进的原则，一次性退耕还林 6000 亩，荒山造林 5000 亩，栽植侧柏 11 万株，山毛桃 25 万株，臭椿 6 万株，柠条 55 万穴，扦插红柳 79 万株，种植紫花苜蓿 3500 亩。工程建设中严把整地、苗木、栽植、浇水、覆土等重点关口，乔、灌、草混交，整村、整山系推进，探索"山上退耕种草保植被、山下舍饲养殖建沼气、沼液肥田壮畜调结构、剩余劳力输出增收入"的生态农业循环经济发展模式。

巉口镇赵家铺退耕还林工程

九华沟流域退耕还林综合治理示范工程

九华沟流域位于安定区西北部,总面积83平方千米,辖巉口镇、称钩驿镇的5个村、35个社、1476户、6640人。1997年列入甘肃省小流域建设重点工程。2000年,九华沟流域列入退耕还林(草)示范工程,退耕还林9000亩、荒山造林1000亩,栽植侧柏5.5万株,柠条、山毛桃62万株,云杉5000株,拉水900余吨。在退耕种草中,推广膜侧沟播、条播等农业新技术。在退耕还林(草)中,水平梯田采取正方形集流坑和膜侧集流坑整地;坡度在25度以下的缓坡地采取水平阶长方形集流坑整地,沿等高线连续布设;坡度在25度以上的陡坡地采用燕尾式集流坑整地;旱川地、沟台地采取丰产坑整地,推广径流林业造林技术,把好施肥关、整地关、苗木关、栽植关、浇水关、管理关六个重点环节,确保栽一株、活一株,种一片、成一片,实现生态效益、经济效益和社会效益的高度统一。

九华沟流域退耕还林综合治理示范工程

第三章　水土保持

第一节　机构沿革

政府职能机构

1985 年 10 月,定西县水利电力局分设水利水保局、电力公司,水利水保局下设水土保持工作站(科级事业建制)。

1987 年 7 月,成立定西县关川河流域水土保持综合治理工程指挥部(县级,以下简称关川河指挥部),下设办公室、财务科、规划设计科、治理科、工程科 5 个科室,编制 92 人。定西县水土保持工作站划归关川河指挥部。其主要职能是负责世界银行贷款项目关川河流域水土保持综合治理工程的规划、建设管理和实施,开展全县水土保持工作。

1996 年 10 月 7 日,定西县水利水保局分设为县水利局和县水土保持局。定西县水土保持局与关川河指挥部合署办公,两块牌子,一套班子。

1997 年 5 月 16 日,成立定西县九华沟流域综合治理开发指挥部,与关川河指挥部合署办公,两块牌子,一套班子。

2002 年 1 月,定西县关川河指挥部(水土保持局)与定西县水利局合并,成立定西县水利水保局,与关川河指挥部两块牌子,一套班子,内设 11 个职能科室,包括办公室、财务科、监察科(加挂定西县水政监察大队、定西县水土保持预防监督站牌子)、水管科 4 个行政科室,规划设计科、监理科、治理科、工程科、雨水利用科、防汛抗旱办公室、经营管理站等 7 个事业科室,行政编制 11 人,事业编制 148 人。

2003 年 12 月,定西县水利水保局更名为定西市安定区水利水保局。

2010 年 11 月 29 日,成立定西市安定区水土保持局,为区水务局所属事业单位,挂定西市安定区关川河流域水土保持综合治理工程指挥部牌子,事业编制 73 人。

内设职能机构

1988 年 3 月 21 日,成立关川河指挥部工程科。

1992 年 8 月 20 日,成立定西县水土保持预防监督站,与定西县水土保持工作站合署办公,两块牌子,一套班子。1995年4月14日,成立定西县水土保持预防监督站,不增编制,人员由关川河指挥部内部调剂解决。

1995年4月14日,成立25个乡镇水土保持预防监督所。1997年6月,乡镇水保员(共19人)划归乡镇人民政府管理,县水土保持部门进行业务指导。

1997年10月31日,成立定西县水土保持监察大队,隶属于关川河指挥部,事业编制5人。

1999年1月27日,撤销财务科,业务并入办公室。成立定西县水土保持经营管理站,科级建制,隶属于关川河指挥部。同年11月30日,成立规划监理科(副科级)。

内设经营性机构

1991年2月5日,成立定西县水土保持技术综合服务工程队,属城镇集体企业,由关川河指挥部管理。

1992年,组建定西县水土保持技术综合服务工程队,安置待业青年35人。

1995年4月11日,成立定西县水利水保工程建设机械化施工队。

1996年3月11日,成立甘肃省定西利保实业有限公司,下设机械化施工队、水保技术服务工程队、先锋基地和万崖基地。是年10月20日,成立定西利保实业有限责任总公司商贸公司。

1999年9月,九华淀粉厂在国道312线景家泉乡黄家川骨干坝旁建成投产,关川河指挥部工程科承包经营。

2003年,定西利保实业有限公司与定西金泉水利工程有限责任公司合并,成立定西市金泉水利水保工程有限责任公司,主营业务为水利水电工程及辅助生产设施的建筑、安装和基础工程施工。

第二节　水土保持综述

1983年,定西县列为国务院"三西"建设重点县和全国八片水土保持重点治理区,县委、县政府带领全县广大干部群众大力弘扬领导苦抓、社会苦帮、群众苦干的"三苦"精神,以小流域为单元,山、水、田、林、路、草、电统一规划,工程措施、植物措施、农艺措施对位配置,集中连片、综合治理,先后组织实施全国八片水土流失防治工程、黄河上中游地区治沟骨干工程等水土保持重点建设工程,91条小流域被列入国家重点治理工程,全部通过国家验收,相继建成官兴岔、花岔、芦家沟、石家岔、高泉、石门等一批"全国水土保持生态环境建设示范小流域"。官兴岔、安家沟、高泉、鹿马岔流域综合治理成果先后获得甘肃省科技进步二等奖。

1987年,关川河流域水土保持综合治理工程列为世界银行贷款项目,这是甘肃省第一个世界银行贷款农业开发项目,也是国内第一个世界银行贷款的水土保持综合治理项目,开创水土保持工作与国际合作交流的先例。在防治水土流失的实践中,攻克一道又一道科学难题,创造工程措施对位配置技术、梯田优化设计和骨干坝水坠等综合治理技术。在综合治理措施上总结的"山顶造林戴帽子、山坡种草披褂子、山腰梯田系带子、山下建棚穿裙子、沟底打坝穿靴子"模式,被形象地称为"五子登科"。跑水、跑土、跑肥的"三跑田"变成保水、保土、保肥的"三保田",基本解决燃料、饲料、肥料"三料"俱缺的问题,改变吃粮靠供应、喝水靠拉运、花钱靠救济的贫困局面,生产条件和生态环境得到有效改善,土地利用率和生产率明显提高。

1997年,县委、县政府立足县情,积极响应江泽民总书记"再造秀美山川"的号召,在全国率先确立"水保立县"发展战略,确立"顺应天时、遵循自然规律,顺应市场、遵循经济规律,顺应时代、遵循科技规律"的指导原则和创建"全国水保生态建设第一区(县)"的奋斗目标,以项目建设为支撑,以扶贫开发为主线,以科技创新为动力,治理水土流失与农村扶贫开发相结合、综合治理与特色产业发展相结合、生态效益与经济效益相结合,把加强水土保持生态环境建设作为控制水土流失、改善生产条件、发展生态经济、增强发展后劲的一项重要举措,坚持不懈地开展以小流域为单元,山、水、田、林、路综合治理,集种养加、产供销、贸工农于一体的扶贫攻坚,农林牧副综合开发、全面发展,以治理促开发,以开发促治理,初步走出一条生态恢复、生产发展、生活改善、生态与经济良性互动的可持续发展路子。水土保持工作实现"五个转变",即由人工治理为主向防治结合转变,由注重坡面治理向沟坡兼治转变,由以分散性治理向大示范区建设转变,由防护型治理向开发型治理转变,由水保部门独家治理向全社会共同参与转变。技术层面取得重大突破,创立径流调控理论和综合扶贫开发利用体系,丰富水土保持理论,其成果获得省科技进步二等奖;工作机制多元化,形成"政府导演、水保搭台、部门联动、群众参与、同台唱戏"和"各投其资、各司其职、各记其功、各收其效"的建设管理机制,坚持"谁承包、谁管护,谁治理、谁受益"的原则,租赁、承包等方式治理"四荒地"资源深入推进;产业开发以市场为导向,以项目为支撑,在水、土、钱、粮"四字"上做文章,探索创立"梯田+水窖+科技=解决温饱"、"结构调整+市场引导+龙头带动=脱贫致富"、"荒山封禁造林、坡地退耕种草,平田覆膜种薯,打坝拦泥淤地,村村路电畅通、户户窖池配套,家家建棚养畜、人人劳务致富"和"修梯田,保水土,调结构,兴产业,增收入,促发展"、"种草—养畜—沼气—肥田—增收"的生态经济发展模式,壮大马铃薯、畜草、劳务、旱作高效农业四大特色支柱产业,县域经济得到长足发展。

截至2010年年底,安定区累计治理水土流失面积2378平方公里,治理程度71.9%,其中:新修梯田166万亩,造林保存面积134.3万亩,种草留床面积56.4万亩。149条列入国家水土保持重点防治工程的小流域通过国家验收。建成各类淤地坝157座,建成小流域坝系6条,拦泥、蓄水、淤地、造田、抗旱、行路、经营的作用明显,建成各类小型拦蓄工程1.08万座、集雨水窖19.2万眼,形成多功能、多目标、多方位的水土流失综合防治体系。现有工程措施每年可拦泥1200余万吨,拦泥效益59%;拦蓄径流能力4700万吨,蓄水效益65%;年土壤侵蚀模数由5640吨/平方千米减少到2340吨/平方千米,年平均流失泥沙量由2052万吨下降到852万吨,实现"土不下山、泥不出沟、就地拦蓄"的目标。农村道路、农民用电实现网络化、全覆盖。水土保持生态建设成为贫困地区经济社会发展的基础性工程,农民群众能够直接受益的民生工程,投入少、回报高、见效快、受益广的长效工程,可持续利用水土资源的富民工程。

多年来,党和国家领导人胡耀邦、江泽民、胡锦涛、温家宝、李鹏、朱镕基、贾庆林、宋平、曾庆红、吴官正、回良玉、刘云山等多次来到定西县(安定区)视察工作,历届中央领导的极大关怀和水利部及省水利厅等部委、厅局的大力支持,鼓舞和鞭策全区广大干部群众,成为苦干实干、改变贫穷落后面貌的精神支柱和动力源泉。国内外著名专家、学者及100多个国家和地区的官员、友人来定西视察、参观和交流,惊叹定西县的小流域治理是"世界第八大奇迹"。

水土保持工程为保障粮食安全、防汛安全、生态安全起到重要的支撑作用,水土保持也成为享誉全国的一张重要名片。定西县(安定区)人民政府及水土保持部门多次受到水利部和省市区各级党委、政府及有关部门的表彰奖励。1997年4月,人事部、水利部授予定西县水土保持局"全国水土保持先进集体"。2000年3月,水利部、财政部命名定西县为"全国水土保持生态环境建设示范县"。2006年9月,水利部、财政部授予安定区"全国农田水利建设先进县(市、区)",奖励100万元。2009年10月,水利部新增安定区为"黄土高原梯田化县(区)"。据统计,从1986—2010年,7次获得省、部级表彰奖励,34次获得黄河上中游管理局、省"两西"建设指挥部、省世界银行贷款项目执行委员会、省水利厅、省财政厅等地厅级表彰奖励。6人授予"全国水土保持先进个人",4人享受国务院政府特殊津贴或授予省优秀专家、省"555"创新人才、甘肃青年科技奖等称号。

表 10-3-1

1986—2010 年安定区（定西县）水土流失治理情况统计表

年限	水土流失面积（平方千米）	治理面积(平方千米) 本年新增	治理面积(平方千米) 历年增减	治理面积(平方千米) 累计达到	治理程度%	分项措施（万亩）合计	梯田	坝地	条田	铺压砂田	造林	种草	封禁治理	其他措施（增长数）水窖（眼）	谷坊（道）	涝池（座）	沟头防护（道）	淤地坝（座）
1986	3638.71	305.60	-0.27	1754.60	48	45.84	3.96	0.02			16.53	25.33			67			
1987	3638.71	131.80	0.07	1886.33	52	19.76	5.57	0.03	0.12	0.003	5.12	8.92			23	6		3
1988	3638.71	143.40	-17.00	2012.73	55	21.51	5.26	0.07	0.10		5.89	10.19			1898	75	194	1
1989	3638.71	112.53	-42.66	2082.60	57	16.88	5.13		0.07		3.42	8.26			2397	87	218	3
1990	3638.71	90.80	-8.80	2164.60	59	13.62	5.23	0.02	0.02		2.00	6.35			1252	75	62	2
1991	3638.71	106.30	-55.30	2215.60	61	15.94	5.01	0.12	0.17		2.64	8.00			783	9	1	3
1992	3638.71	112.60	-33.80	2294.40	63	16.89	5.25	0.02			2.02	9.60			687	16	15	3
1993	3638.71	107.60	128.50	2530.50	70	16.14	5.04				2.84	8.26			-1506			5
1994	3638.71	108.40	-36.00	2602.10	72	16.26	5.19				2.75	8.32		4476	-94	5		1
1995	3638.71	93.40	-41.40	2654.10	73	14.01	5.07		0.29		4.26	4.68		72200		-5		5
1996	3638.71	115.80	-239.30	2530.60	70	17.37	5.06	0.21			5.76	6.05		4036				7
1997	3638.71	104.10	-281.00	2353.70	65	15.62	6.09				5.03	4.50		27036				1
1998	3638.71	128.90	-7.90	2474.70	68	19.34	6.08	1.19			7.60	4.47		15145				3

续表 10-3-1

年限	水土流失面积（平方千米）	治理面积（平方千米）			治理程度%	分项措施（万亩）								其他措施（增长数）				
		本年新增	历年增减	累计达到		合计	梯田	坝地	条田	铺压砂田	造林	种草	封禁治理	水窖（眼）	谷坊（道）	涝池（座）	沟头防护（道）	淤地坝（座）
1999	3638.71	107.40	-145.10	2421.10	67	16.11	6.00				6.48	3.63		13652	915			4
2000	3638.71	130.20	-149.80	2401.50	66	19.54	8.01				8.39	3.14		15982	165			3
2001	3638.71	105.40	-30.10	2476.80	68	15.81	6.44				6.50	2.87		19500				3
2002	3638.71	130.00	-42.00	2564.80	70	19.50	5.50				12.00	0.50	1.50	11258	20		-20	2
2003	3638.71	92.80	-39.80	2617.80	72	13.93	2.52				10.01	1.10	0.30		355		-3	1
2004	3638.71	76.00	-44.80	2649.00	73	11.40	1.50				7.50	2.00	0.40		71		-6	3
2005	3638.71	88.00	-78.00	2659.00	73	13.20	1.50				7.10	2.60	2.00	251	82			15
2006	3638.71	58.00	-23.20	2758.10	76	8.69	1.50				4.26	1.99	0.94	196	363			16
2007	3638.71	55.70	-19.70	2794.10	77	8.35	1.50				4.01	0.72	2.12	4914	618			35
2008	3638.71	30.00	-11.10	2813.30	77	4.50	0.99				1.64	0.67	1.20	3227	55			31
2009	3638.71	55.90	-17.60	2851.30	78	8.38	4.13				2.98	0.47	0.80	30	121			6
2010	3638.71	60.00	-15.50	2895.80	80	9.00	5.19				1.56	0.23	2.02		15			1
合计	3638.71	2650.63		2895.80	80	397.59	112.72	1.68	0.77	0.003	138.29	132.85	11.28	191903	8287	268	461	157

第三节　水保立县战略

水保立县战略的提出

1996年,县委、县政府认真总结多年来的实践经验,提出"水保立县、农业稳县、工业富县、科教兴县、依法治县"的发展战略。是年9月,国家八片水土保持重点治理地区第十二次会议在江西赣州召开,定西县在大会上作《坚持水保立县、促进经济发展》的交流发言,在全国首次提出"水保立县"发展战略,水利部副部长朱登铨在大会总结讲话中给予充分肯定,盛赞定西县水土保持为"全国水土保持战线的一面旗帜"。

水保立县战略的确立

1997年12月11日,中共定西县第十一次代表大会确立"水保立县、农业稳县、工业富县、科教兴县、依法治县"的发展战略。水保立县战略,是立足县情战胜酷劣自然条件的历史选择,是长期生产实践经验的科学总结,是发展农村经济实现脱贫致富奔小康的必由之路。"水保立县"战略的提出,总结历史,立足现实,展望未来,规划前景。

1998年7月1日,县委、县政府主持召开水保立县座谈会。地委副书记王仲保、行署副专员武文斌、甘肃省水利厅水土保持局副局长刘海峰参加会议并讲话。县委书记何振中主持会议,县长王冠军在讲话中阐述为什么要提出水保立县

1998年7月1日,定西县委、县政府主持召开"水保立县"座谈会

战略和怎样实施水保立县战略。与会领导、专家深入研讨水保立县战略的必要性、可行性、基本思路、目标任务、工作措施,以及实现水保产业化的途径等问题。

水保立县战略的内涵

水保立县的内涵,就是通过水土保持综合治理,改善生态环境,改善基础条件,提高土地生产力,建设高产稳产农田,发展种植业、养殖业,促进加工业和流

通领域龙头企业的兴起,建立稳定的商品生产基地,发展主导产业和支柱产业,加快县域经济的全面协调可持续发展。

水保立县战略的实践

水保立县战略确立后,历届县(区)委、政府领导班子按照"顺应天时、遵循自然规律,顺应市场、遵循经济规律,顺应时代、遵循科技规律"的指导原则和创建"全国水土保持生态建设第一县(区)"的奋斗目标,坚持治理水土流失与农村扶贫开发相结合、综合治理与特色产业发展相结合、生态效益与经济效益相结合,把水土保持生态环境建设作为控制水土流失、改善生产条件、发展生态经济、增强发展后劲的一项重要举措,坚持不懈地开展以小流域为单元,山、水、田、林、路综合治理,集种养加、产供销、贸工农于一体的扶贫攻坚,农林牧副综合开发、全面发展,以治理促开发,以开发促治理,走出一条生态恢复、生产发展、生活改善、生态与经济良性互动的可持续发展路子。

"水保立县"战略是定西县(安定区)贯彻落实科学发展观、全面实施国家可持续发展战略的具体实践,形成一条西部欠发达地区通过水土保持改善生态环境实现脱贫致富的特色发展之路,实现由不得温饱—基本解决温饱—稳定解决温饱—初级型小康迈进的历史性转变。面对新一轮西部大开发等多重利好政策,水土保持更加成为推动生态环境建设与保护进程、构建生态安全屏障的基础性工程,成为促进生态文明建设和全面实现建成小康社会目标任务的重大战略举措之一。

第四节　水土保持科技成果

定西县(安定区)在水土保持重点工程建设中,先后邀请中国科学院西北水土保持研究所、甘肃省水利厅水土保持局、甘肃省农业科学院、甘肃省草原生态研究所、甘肃农业大学、兰州水土保持科学研究所、定西水土保持科学研究所等科研院所,结合小流域治理实际,开展《黄河中游水土保持小流域综合治理试点官兴岔流域试验示范项目》等17项科学技术研究与推广应用项目,取得丰硕成果。荣获甘肃省科技进步二等奖5项、三等奖1项,甘肃省水利科技进步一等奖2项、二等奖4项、三等奖1项,定西地区科技进步二等奖2项,定西县科技进步一等奖1项。在水土保持小流域治理中注重推广和应用科研成果,加大小流域治理与开发的力度,提高科学技术效应。

黄河中游水土保持小流域综合治理试点官兴岔流域试验示范项目

项目来源　黄委会黄河中游治理局　甘肃省水利厅

研究时间　1983—1986年

完成单位　定西县水土保持工作站等

鉴定意见　1986年9月28日通过鉴定：本项目以黄土高原丘陵沟壑区第五副区有代表性的甘肃省定西县官兴岔小流域为试点，试验示范目的明确，技术路线正确，应用措施也比较完善合理，试点在原来较好的治理基础上各类治理措施已初步形成体系。已解决"三料"缺乏的困难，提前实现"三年停止破坏，五年解决温饱"的要求，生态系统由恶性循环开始向良性循环转化。各项措施质量符合省颁《小流域综合治理技术规程》的规定，拦水减沙效益显著。到1986年6月底达到试点治理标准，经济、生态、社会效益明显。官兴岔的治理比较好地贯彻了因地制宜，因害设防的原则，在工作中注意生产和科研相结合，组织农林水牧各专业协同进行工作，实行领导、群众、技术干部三结合，取得的各项原始资料比较齐全，数据基本准确、可靠。在调查分析，论证总结中利用系统工程方法，采用遥感、微机等现代技术手段，结合比较切合实际，提出的治理途径，结构调整意见，防护体系布设以及开发治理顺序等都是正确的和可行的。

官兴岔流域的治理开发具有较好的典型示范作用，对同类地区小流域综合治理具有指导意义，在类似地区有参考价值。达到国内同类项目先进水平。

获奖情况　1987年获甘肃省科技进步二等奖。

黄河中游水土保持小流域试点石家岔流域试验示范项目

项目来源　黄委会黄河中游治理局　甘肃省水利厅

研究时间　1983—1987年

完成单位　定西县林业局等

鉴定意见　1988年10月9日通过鉴定：石家岔流域属黄土丘陵沟壑区第五副区，试点工作依据本类型区水土流失特点、社会经济需要，按照"因地制宜、因害设防、统一规划、连片治理，先坡后沟、林草齐抓"的原则，对流域进行以林草为主体的梁峁防治体系，以乔木和经济林木及贮水工程伴随的村庄道路防护体系比较完整。措施和配置，治理顺序，开发的途径，实施的办法是合理的。特别是针对该流域"三料"俱缺的突出问题，以林草为突破口，以灌为主，切合实际。在治理实施的组织管理上，采用"统一规划、集中连片、招标施工、承包到户"的方法，治理进度快、质量好、保存多。在项目执行上采取科技人员承包,同当地领导、群众结合一抓到底的形式,为小流域治理开创新路子。作为应用技术推广项目,主题准确,技术资料文件齐全,调查计算数据、图表基本准确可靠,总结分析论证中采用线性规划,灰色预测方法,系统耦合程度较好。

本项目在技术上,通过已有措施筛选组装实现优化组合,生态、经济、社会效益显著,综合治理达到国内同类地区先进水平。其中,治理速度、质量、保存率、组织管理办法以及推广应用方面,在国内同类地区的小流域中处领先地位。

获奖情况 1989 年获甘肃省科技进步三等奖。

旱农生态系统及综合增产技术研究

项目来源 甘肃省科委

研究时间 1984—1986 年

完成单位 甘肃农业大学

研究方向 本课题的研究方向,是从调查旱农经验入手,引进国内外有关的先进科学技术,特别是各地行之有效的应用技术,开展科学实验,以小流域作为综合治理单元,以种草种树、发展畜牧、建立高产稳产农田为突破口,探讨该地区改善生态环境,发展农业生产的综合技术途径,在充分利用当地资源的前提下,调整农业结构,不断提高农业、草业、畜牧业和林业的生产力,综合发展旱农生态经济,逐步实现生态效益、经济效益和社会效益的良性发展。

获奖情况 1987 年获甘肃省科技进步二等奖。

小流域地形小气候、土壤水分特征与治理措施对位配置研究

项目来源 甘肃省水利厅

研究时间 1982—1988 年

完成单位 定西地区水土保持科学研究所

鉴定意见 1988 年 10 月 12 日通过鉴定:本课题选题准确,针对性强,技术路线正确,所取得的数据资料丰富系统、准确可靠,所揭示的小流域地形小气候、土壤水分变化规律具有较高的学术价值,所提出的对位配置结论意见是合理的、可行的,在半干旱地区具有重要的推广应用价值。在寻求小流域不同部位治理措施配置的科学依据上,综合多种因子、运用多种手段方法观测研究小流域生态环境方面有创新,在国内处于领先地位。

获奖情况 1989 年获甘肃省科技进步二等奖。

水土保持综合治理措施及其效益研究

项目来源 甘肃省水利厅

研究时间 1982—1987 年

完成单位 定西地区水土保持科学研究所

鉴定意见 1989 年 8 月 3 日通过鉴定:安家沟小流域的水土保持综合治理,在土地资源合理利用的前提下,依照水土流失规律,坚持"因地制宜、因害设防"的原则,采用水平梯田、反坡梯田、鱼鳞坑等整地工程,水窖、涝池、谷坊、库坝等拦蓄工程,果树、林草、农作物等生物措施三结合,基本形成综合防护体系。该课题采用的技术路线正确,提供鉴定的技术资料、文件齐全,比较准确可靠,特别是配置监测设施比较充分,在小流域治理减流减沙等效益监测方面资料系列较长、分析结论完整、定量系统准确可靠。在规划及成果分析中应用较先进的技术方法,结论比较可靠,作为水土保持措施结合配置进行区域性治理这一应用技术,在省内达到先进水平。可以在条件相近地区推广应用。

获奖情况 1990 年获定西地区科技进步二等奖。

关川河流域水土保持综合治理工程技术管理规程

项目来源 自列

研究时间 1985—1989 年

完成单位 甘肃省水土保持局、定西县关川河指挥部

鉴定意见 1990 年 1 月 5 日通过鉴定:关川河流域水土保持综合治理工程(报告号:中国一 6443)是甘肃省第一个利用外资大面积群众性进行水土保持综合治理的重要项目, 也是一项为民造福、为国争光的区域性治理开发的系统工程。在项目执行过程中,以系统工程理论为指导,制定一整套科学、系统、全面的规划、设计、施工、管理、监测体系。在两年多的治理中,规模大、进度快、效果好。在近两千平方千米范围内年治理进度达到 6.6 %,这在黄土高原地区是少有的。两年多的实践证明,研制的规划、设计、施工、管理、监测体系,有效指导水土保持治理工作,为黄土丘陵沟壑区的开发治理,提供大面积的实施经验,丰富和完善水土保持综合治理的科学体系,在国内处于领先地位。

获奖情况 1990 年获甘肃省水利科技进步二等奖。

定西黄土丘陵沟壑区高效农业生态区建设研究

项目来源 国家"七五"重点科技攻关项目

　　研究时间　1986—1990 年

　　完成单位　甘肃省农业科学院

　　验收结论　1990 年 8 月 6 日通过验收：高泉沟试验区水土保持综合治理体系、旱地农业增产技术体系等组合而成的高效农业生态区，充分发挥生态区整体功能的作用，具有强大的生命力和推广应用价值，为黄土高原同类地区推广这项成果做出了突出的贡献，树立了榜样。

　　鉴定意见　1990 年 7 月 1 日通过鉴定：试验研究主攻黄土高原丘陵沟壑区土地产出低和水土流失严重两个突出而敏感的重要问题，切准建设高效农业生态区的要害。初步形成粮油生产持续稳定增长的内部机制与外部生态环境，并使经济效益、生态效益和社会效益有机统一起来，为研究国内这一生态环境脆弱带长远发展的生态经济战略做出突破性贡献，并为进一步挖掘农业增产潜力进行若干有益的储备性研究。本项专题研究主攻方向明确，技术路线恰当，记录资料齐全，完成国家"七五"科技攻关规定的指标，水土保持治理体系与旱农技术体系达到国内同类研究的先进水平。

　　获奖情况　1991 年获甘肃省科技进步二等奖。

半干旱地区利用坡面径流发展山区林果业研究

　　项目来源　甘肃省水利厅

　　研究时间　1988—1991 年

　　完成单位　兰州水土保持科学研究所、定西县水土保持工作站

　　鉴定意见　1991 年 12 月 25 日通过鉴定：该课题紧密结合生产实际，在半干旱地区通过聚流工程措施，合理集蓄调配地表径流，在满足人畜饮水的同时，节水灌溉发展山区林果生产，是半干旱地区加快林果业建设的一项有效技术措施。该课题选题准确、技术路线正确、资料齐全、试验数据翔实、工程设计布局合理，在生产应用中具有可操作性，鉴定委员会一致认为该课题在同类研究中达到省内先进水平。

　　获奖情况　1992 年获甘肃省水利科技进步二等奖。

优良水保灌木资源的开发研究—蒙古荻花开发利用试验

　　项目来源　甘肃省水利厅水土保持局

　　研究时间　1989—1991 年

　　完成单位　甘肃省农业科学研究院、定西县关川河指挥部

鉴定意见　1991年9月15日受省科委委托,省水利厅主持了书面函鉴定,鉴定委员会成员根据各专家对成果鉴定评审意见归纳为:黄土高原自然条件严酷,植被稀疏,种类单一,优良灌木树种从沙区引到黄土高原地区,针对性强,意义重大,选题是准确的。研究技术路线正确,方法先进,所提供的鉴定材料齐全,数据完整可靠,所提出的育苗培育及栽培技术措施可行。该项目在我省处于领先地位,在干旱半干旱地区有一定的推广意义。其中,生态学特性的研究,用生态序列择优选种的方法,具有一定的开拓和创新,达到国内先进水平。

获奖情况　1992年获甘肃省水利科技进步二等奖。

祖厉河流域水利水土保持措施对入黄水沙变化的影响及发展趋势研究

任务来源　水利部黄河水沙变化研究基金会

起止时间　1990—1993年

完成单位　甘肃省水利厅水土保持局、定西县关川河指挥部等

鉴定意见　(一)本课题采用技术路线正确,研究成果达到任务书要求,为治黄宏观决策提供科学依据,对本流域开发治理具有重大现实意义。(二)本课题通过深入细致调查研究,收集大量基本资料,经过去伪存真,落实各项水利工程、水保措施数量、质量及分布,为取得现有成果和今后深入研究,打下坚实基础。(三)通过对气象、水文资料分析,对祖厉河流域产水产沙时空变异性认真细致分析,探讨不同类型的降雨~产流和降雨~产沙的计算模型,探索雨水沙的某些规律,对计算成果作了各方案论证与合理性分析。(四)在成因分析方法中,改进单项效益计算方法,采用多项措施相互影响的修正系数,在确定沟壑减蚀量影响系数方面,根据实际情况做了某些调整,方法有所创新。“水文法”和“水保法”的计算成果基本可信。(五)本研究成果,在过去水沙资料既不完善、水沙分析研究又很薄弱的基础上,首次比较清楚地揭示祖厉河水沙变化的基本情况,总结基本经验。文字编写简洁,所用图表清晰,资料详实,内容丰富,图文并茂。科研与生产相结合,理论与实践相结合,具有较大的使用价值。

科研成果　该研究成果整体上已处于国内先进水平。鉴于黄河自然地理和社会经济条件的复杂性在世界上是罕见的,祖厉河在黄河流域尤为突出,该成果为适应此种特殊情况,在成因分析上有首创,达到国际先进水平。

定西县常川等45条小流域水土保持综合治理措施示范推广

项目来源　水利部、财政部

研究时间　1993—1998 年

完成单位　定西县关川河指挥部

获奖情况　1999 年获定西县科技进步一等奖。

半干旱区芦笋栽培及效益研究

项目来源　甘肃省水利厅下达

研究时间　1994—1998 年

完成单位　定西地区水土保持科学研究所、定西县关川河指挥部

鉴定意见　受甘肃省科委委托,省水利厅于 1998 年 12 月以通信方式进行鉴定。综合鉴定委员书面意见,鉴定意见如下:(一)选择抗旱、耐寒,生态适应性广,具有高产值特点的芦笋这一经济植物进行研究,目的明确,选题正确。(二)试验中采用的技术路线正确,所提供的鉴定材料齐全,取得的数据资料系统完整。(三)芦笋不仅是一种优良的水土保持植物, 而且是一种经济利用价值较高的蔬菜作物。该研究为我省半干旱贫困地区增加一个前景广阔的新植物。(四)试验表明,芦笋能够在定西县这样典型的半干旱地区自然完成生育周期,对不利的干旱、寒冷的自然条件具有非常突出的抗逆力,并且达到栽后第三年亩产 400 千克的生产水平,显示出良好的经济效益,对半干旱贫困地区农民脱贫致富具有很好的现实意义。(五)育苗技术试验结果符合当地实际,具有操作简单可靠,使用方便的特点。栽培技术研究,根据当地生产力和芦笋产笋量对 N、P、K 肥的需求,进行科学配置,对定植密度和施肥量的水平进行优化组合;通过对芦笋产笋期的水分损失量和滴灌技术研究,确定芦笋适宜补灌制度,栽培措施研究中对人为采收行为与芦笋产菜质量进行分析评价,方法科学,在生产上具有较好的指导性。

项目选题准确,技术路线合理、工作措施有力,完成合同规定的任务,所取得的成果达到国内同类研究的先进水平。

获奖情况　1998 年获甘肃省水利科技进步三等奖。

半干旱区农业生态资源高效利用模式研究

项目来源　自列

研究时间　1997—1999 年

完成单位　定西县关川河指挥部

鉴定意见　该项成果在雨水资源、叠加富集与利用方面有创新,达到国内同类研究的先进水平。

获奖情况　2000 年获甘肃省水利科技进步二等奖。

半干旱地区水土保持开发性扶贫高效途径研究

项目来源　甘肃省"两西"建设办公室

研究时间　1997—2000 年

完成单位　定西县九华沟流域指挥部

鉴定意见　2001 年 10 月 28 日通过鉴定:一致认为,选题准确,指导思想、技术路线和研究方法正确,目的明确,研究成果和资料翔实可靠,该课题在吸取已往水土保持治理开发研究成果的基础上,针对半干旱区的特定条件,以 80 余平方千米的九华沟流域为研究重点,以创新的观念和治理开发技术体系,在理论和实践上都有新的突破。主要是运用径流调控理论,以系统工程和生态经济学原理,优化配置综合治理开发措施,形成一个有机的多功能、多目标的水土保持综合防治体系,即从上游到下游,从坡面到沟道,分层设防的完整的径流调控体系,将导致水土流失主导因子的降雨径流通过径流调控体系和径流开发利用体系变为调整产业结构、将低效劣质侵蚀地改造为高效优等土地、发展高效农林牧业生产的有效水资源。以降雨径流调控为主线贯穿于九华沟流域水土保持综合治理开发的全过程,从而有效地控制水土流失,明显地改善生态环境和生产条件,加快治理速度。

该项研究的社会效益很大,在半干旱地区起示范作用,在全国和国际上也有很大影响。为西部地区有效控制水土流失和加快治理进程,搞好生态环境建设,实现农林牧生产可持续发展提供了宝贵经验。该项成果达到国际先进水平。

获奖情况　2003 年获甘肃省科技进步二等奖。

半干旱区水保生态修复技术及可持续发展研究

项目来源　甘肃省科技厅

研究时间　2002—2005 年

完成单位　安定区水利水保局

鉴定意见　该课题结合水土保持生态修复工程项目,研究生态修复工程与水土流失区生态经济可持续发展的关系,总结提出水土保持生态修复集成技术和农村生态经济发展模式,在同类地区具有广泛的推广应用价值,成果达到国内领先水平。

获奖情况　2007 年获定西市科技进步二等奖。

黄土高原半干旱地区径流调控技术体系研究

项目来源　水利部

研究时间　2002—2005 年

完成单位　安定区水利水保局

鉴定意见　本项研究将梯田、径流聚集工程、集雨节灌、农艺技术、小型治沟工程等径流调控技术进行总结和集成，形成适合本区域特点的径流调控技术体系。

获奖情况　2009 年获甘肃省水利科技进步一等奖。

半干旱区雨水高效农业调控技术研究与应用

项目来源　水利部国际合作与科技司

研究时间　2006—2007 年

完成单位　甘肃省水利科学研究院、安定区水利水保局等

研究结论　系统地总结和提出旱作农业降水资源高效利用技术，主要包括雨水高效农业集水技术、蓄水技术、灌溉技术以及农业高效用水调控技术模式并进行应用示范，形成一整套适合我国北方旱作农业地区的农业水资源高效用水技术体系，为我国旱作农业由粗放经营向集约经营转化和农村经济结构的战略性调整创造条件，提供十分重要的技术支撑。

获奖情况　2009 年获甘肃省水利科技进步一等奖。

第五节　水土保持展览

世行援助在定西—关川河流域水土保持综合治理工程汇报展览

1992—1994 年，关川河流域治理指挥部在定西县文化馆三楼举办《世行援助在定西—关川河流域水土保持综合治理工程汇报展览》，运用图片、展台、实物、沙盘等多种形式，全面反映世界银行贷款项目—关川河流域水土保持综合治理工程建设成就，展览共分历史选择、科学决策、组织实施、显著成效 4 个单元、22 个章节，全方位展示通过梯田、坝地、造林、育苗、种草、草场改良、谷坊、沟头防护、涝池、水窖、农村道路、农电线路建设取得的社会效益、经济效益和生态效益，集中体现推行科学管理体系、技术服务体系、质量效益监测体系在项目管理中的重要作用，全面反映世界银行官员和各级领导、国内外专家对项目建设的鞭策和鼓舞，

成为展示关川河项目建设成就的有效载体，深受各级领导、专家和干部群众好评。

十年治理十年巨变—全国八片水土保持重点治理区定西县十年治理成就展览

1994年8月，在《世行援助在定西—关川河流域水土保持综合治理工程汇报展览》的基础上，重新布设《十年治理，十年巨变—全国八片水土保持重点治理区定西县十年治理成就展览》，地委书记刘生荣为展览题词。参加全国八片水土保持重点治理区第十次会议的代表参观后给予高度评价。至2005年撤展，10年期间，接待大批参观者，成为展示定西县水土保持建设成就的重要窗口。

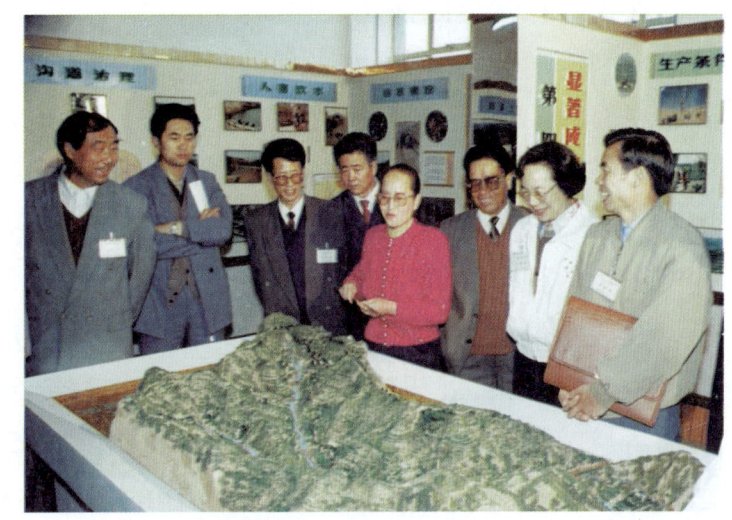

1994年9月，全国八片水土保持重点工作会议在定西召开，与会代表参观定西县水土保持综合治理展览

旱塬铸丰碑——安定区水土保持生态建设成就展览

2005年3月30日，《旱塬铸丰碑—安定区水土保持生态建设成就展览》在国家水利部"阳光展厅"展出。展览由水利部水土保持司和安定区人民政府联合主办，布设鼓舞与鞭策、酷劣与贫困、实践与探索、建设与成就、苦干与创新、机遇与挑战等6个单元，近500张图片、40幅图例，生动地再现50年来安定区水土保持生态环境建设取得的成就。水利部部长汪恕诚、副部长鄂竟平、陈雷，水土保持司司长刘震、副司长张学俭，以及水利部

安定区水土保持生态建设成就展览

专家、机关干部相继观看展览,给予高度评价。展览在北京展出15天后,赴郑州、西安和兰州等地向黄河水利委员会、黄河上中游管理局和甘肃省水利厅巡回展出。该展览被列为"全国水土保持生态建设北方流域治理区精品展览"长期存档。

国家水土保持科技示范园区—安定区水土保持科技展览馆

安定区水土保持科技展览馆位于青岚山乡大坪村,距城区5公里,是安定区水土保持科技示范园区建设项目的主要内容之一。2010年10月建成,2012年2月被水利部命名为"国家水土保持科技示范园区"。展馆占地面积300平方米,装潢布展面积1200平方米,包括展板92块、展台60个,实物、仿品、图片、影印件等展品70件,以及电子沙盘和电视专题片。图片展览以"坚持水保立区、发展生态经济"为主题,分历史、历程、成效、经验、前景五个单元,再现酷劣的自然环境,探索贫困产生的根源,回顾改善生态环境和综合治理开发的艰难历程,展示生态环境建设和改善群众生活取得的成效,总结生态环境建设的五个结合、五个转变和两大理论创新成果,展望建设生态环境、发展区域经济的机遇挑战。展览充分展示胡锦涛、江泽民、温家宝、贾庆林、李鹏、朱镕基、宋平、曾庆红、吴官正等历届党和国家领导视察安定时,对水土保持工作的评价和称赞,展示国家水利部、省市区领导,以及水利水保主管部门对安定区及其水土保持生态建设的关怀与支持。展览集中反映安定人民始终不渝发扬"领导苦抓、社会苦帮、群众苦干"的"三苦"精神和"人一之、我十之,人十之、我百之"的拼搏精神,毫不动摇地坚持"水保立区"发展战略,苦干实干、改变贫穷落后状况的精神风貌。展品通过实物、仿品、图片、影印件,展示典型的生产工具、产业成果、科技成果、荣誉奖牌、民俗风情。电子沙盘通过实景、灯光、立体投影、图片、文字、视频等手段,直观体现水土保持和经济社会发展成效,重点介绍自然概况、气象、降水、交通、水系、坝系工程、水保重点项目、引洮工程、产业分布、安全饮水和典型示范小流域。展览以史为鉴,教育和鼓励后人,坚持不懈地推进水土保持生态建设,为全面建成小康社会目标努力奋斗。

安定区水土保持科技展览馆

第四章　梯田建设

第一节　建设综述

1985年,全县梯田累计62.93万亩,人均1.85亩。1986年,随着全国八片水土保持重点治理的实施,特别是1987年世界银行贷款关川河流域水土保持综合治理工程全面启动,梯田建设进入规模治理、快速发展阶段。这一时期,梯田建设以人工连片新修为主,统一规划、集中连片、规模治理、整体推进,就宽不就窄,长不限,沿山转,大弯就势,小弯取直,田、林、水、路、渠综合配套,每年新修梯田5万亩以上,无论数量、质量,还是规模,都在全省遥遥领先。

花岔流域梯田

1993年后,每年筹措100万元水保资金"以奖代补",根据任务完成情况、机修面积、百亩以上连片工程三大项实行百分制考核打分,评出5个等级,分等兑现,拉开奖励档次,调动乡村干部群众的积极性。1996年,从广东省汕头市800万元捐款中拿出500万元,县上筹措30万元,购买推土机60台,分配到各乡镇专门从事机修梯田,要求每台推土机每年完成机修梯田300亩以上。1999年,国家扶贫基础工程试验项目启动实施,安排扶贫贴息贷款1亿

冬闲季节人机结合兴修梯田

集中连片修梯田

元，其中 5700 万元用于机修梯田。从县外、省外引进推土机 1100 台，加大机修力度，建成高标准机修梯田 20 万亩。2000 年后，梯田建设由人修全面转入机修，每年修梯田 6 万亩。2004 年 6 月，安定区通过甘肃省梯田化区（县）达标验收。2009 年，省委、省政府启动实施 4 年新增 500 万亩梯田建设工程，安定区列为全省重点建设的 38 个县区之一。是年 9 月，水利部命名安定区为"黄土高原梯田化县"。

截至 2010 年，全区梯田累计面积 166 万亩，人均 4.35 亩。梯田化目标的实现，为发展旱作农业奠定坚实的基础，为推广农业高新技术、提升农业综合开发水平打下良好基础。农业、林业、水利、畜牧、农机、能源等各行各业都把最新科技成果推广到梯田地中，全面推广间作套种、双垄沟播、地膜覆盖、日光温室、注水沟播、集雨补灌、配方施肥、良种引进、机械化耕作、模式化栽培技术等一系列先进的农业实用技术，大力发展马铃薯种植、畜草养殖、现代旱作高效农业，农业和农村经济实现历史性跨越。

第二节　建设规划

1985 年，定西县农业区划办公室水土保持专业组编制《定西县水土保持调查及区划报告》，规划梯坝地在 1984 年累计 61.12 万亩的基础上，1990 年达到 87.88 万亩，1995 年达到 101.71 万亩。1992 年，购进优化测设仪 80 台，每年举办梯田规划和小流域治理规划技术培训班，各乡（镇）分片培训到村、社，使每个社都有一名懂技术、懂规划的技术员，逐片、逐块进行勘测放线、优化设计。1998 年，编制《定西县梯田化县项目实施规划报告》，规划到 2003 年实现梯田化县。每年新修梯田 10 万亩，累计基本农田达到 174.44 万亩，人均梯田 4.2 亩，北部人少地多的地方人均 5 亩以上，中部乡镇人均 4 亩，南部人多地少的地方人均 3 亩，个别土石山区的乡因受地质条件的限制人均 2.5 亩。基本农田占农耕地 260 万亩的 68%，剩余 85.5 万亩坡耕地，用于退耕还林还草。

第三节　重点项目

1982—1993 年,全国八片水土保持重点治理区定西县第一期 46 条小流域综合治理项目,新修梯田 38.57 万亩。

1987—1992 年,世界银行贷款关川河流域水土保持综合治理工程,新修梯田 22.57 万亩、坝地 2.53 万亩。

1994—1997 年,全国八片水土保持重点治理区定西县二期一阶段 45 条小流域治理项目,新修梯田 13.82 万亩。

1997—2001 年,九华沟流域水土保持扶贫开发项目新修梯田 1.5 万亩。

1998—2002 年,全国八片水土保持重点防治工程定西县二期二阶段 32 条重点小流域治理项目新修梯田 9.09 万亩。

1999—2001 年,国家扶贫基础工程试验项目(亿元贷款项目)安排扶贫贴息贷款 5700 万元,新修高标准机修梯田 20 万亩。

2003—2007 年,国家水土保持重点建设工程定西项目 19 条小流域治理项目新修梯田 1854 亩。

2008—2013 年, 国家水土保持重点建设工程定西项目区 8 条小流域计划新修梯田 3.22 万亩。

第四节　政策措施

实行目标管理

梯田建设纳入农村经济目标管理责任书,建立县、乡、村三级目标管理责任制。县(区)委、人大、政府、政协四大班子领导联系乡(镇),乡(镇)干部包村、村干部包社,县(区)上主要领导和分管领导每人抓一个 200 亩以上的梯田连片示范工程,乡(镇)领导和帮村扶贫单位抓一个 100 亩以上连片工程。确定每年 9 月为梯田建设月,每年召开各乡镇及有关部门参加的梯田建设现场观摩会,检查评比,学先进,促后进。

营造浓厚氛围

每年春季、秋季组织开展梯田建设大会战,充分利用广播、电视、报纸、杂志、传单、标语、会议、横幅等形式,大力宣传梯田建设的重要性和必要性,大讲梯田建设的政策、先进人物和典型事例,充分发动群众,掀起梯田建设高潮。每个百亩以上梯田施工现场,红旗、喇叭、标语、架子车、推土机、指挥部"六到位",开展流动红旗竞赛活动。

红旗、喇叭、帐蓬、标语和架子车"五到工地"

干部义务劳动

每年夏收后,地委、行署组织动员城区各单位干部职工参加梯田大会战。1995 年 11 月,地、县单位 2000 余名干部职工,集中一个星期时间,在城关乡安家坡、永定村连片新修宽度大、田面平、质量高的梯田 59 亩。1996 年 9 月 5 日—12 日,组织地、县 135 个单位、3300 余名干部职工,在城关乡友谊村参加义务劳动,新修梯田 60 亩。

干部群众义务劳动修梯田

亩。1998 年 9 月 3 日,地县 4000 余名干部职工在城关乡张家庄村,集中一个星期开展梯田大会战,新修梯田 150 亩。

集中连片治理

从 1986 年开始,梯田建设实行"统一规划、统一标准、统一组织、统一施工,集中劳力、集中时间、集中连片"的原则,一条流域、一道梁、一道弯、一座山、一面坡、一条沟整体推进,提高梯田建设的进度和质量。明确规定,连片程度 30 亩以下的不验收,不计任务。

大规模开展机修梯田

实行奖励政策

1986年开始,谁修地,谁受益,无正当理由不修地者不划新梯田地,另划山坡地。建立劳动积累工制度,每个劳力按20个工计算,不投工者征收山坡地治理费。实行修梯田和拉电、化肥供应、修路三挂钩,大干大支持,小干小支持,不干不支持。关川河流域内乡镇每拉1千米农电线路,要有20亩以上连片梯田;每修1亩梯田,供应一袋磷酸二铵化肥。

梯田补助政策

1987—1992年关川河流域水土保持综合治理项目实施期,补助标准实行"三级九等",即连片程度按100亩、50亩、30亩分三个级别,每个级别分三个等级兑现梯田建设补助款,平均补助标准80元/亩。修1亩梯田供应一袋磷酸二铵化肥。1997年,九华沟流域治理期每亩梯田补助120元。1999—2001年国家扶贫基础工程试验项目(亿元贷款项目)实施期,每亩梯田补助300元。2009年启动实施的4年全省新增500万亩梯田建设工程,水土保持项目每亩梯田补助400元。

实行以奖代补

1994年,对梯田建设考核验收前5名的乡镇实行"以奖代补",分别奖励5万元、4万元、3万元、2万元、1万元,其中10%奖励给乡(镇)、村、社班子。对考核验收后3名的乡(镇)给予处罚,党政主要领导公务员考核不评定优秀等次或直接定为不称职。1996年,梯田建设实行"以奖代补"。设立一、二、三等奖,分别奖给受奖单位补助总额的50%、30%、20%。县上将奖补资金一次性拨付到乡镇,由乡镇包干使用;受奖励的乡镇从奖励部分中提10%作为党政一把手的奖金,40%作为乡镇其他干部的奖金,50%作为村社干部的奖金;受处罚的乡镇,党政一把手扣发一个月工资总额,乡镇其他干部扣发月工资总额的50%;没有补助的乡镇,扣党政一把手两个月工资总额,其他干部扣一个月工资总额。

严格验收办法

关川河项目执行时期(1987—1992年),严格执行《甘肃省"三田"检查验收办法》,实行乡村普查、县上验收的办法。乡镇组织包片干部、乡水保员及村社领导,逐社、逐户、逐块进行验收仗量,造册登记,张榜公布,填写四联单,原始表册一式三份,验收负责人签字。县上抽调人员重点抽查,抽查面积不少于新修梯田面积的10%。验收连片面积一般不小于10亩,黄土丘陵沟壑区田面宽度8米以上,每块面积不小于1亩;土石山区田面宽度5米以上,每块面积不小于0.5亩;田面纵横水平,田埂坚固,死土深翻,活土还原。验收时田面不平不验收、地埂不实不验收、宽度不够不验收、活土不还原不验收。

1996年,县委、县政府印发梯田验收以奖代补办法,明确规定梯田验收质量标准、连片规模、打分标准、奖罚办法、验收办法、验收纪律。田面宽度按照梯田优化设计标准,不能小于10米;田面纵横水平,人工梯田死土深翻,活土还原,机修梯田当年深翻;田埂宽30厘米,高出田面20厘米;先村验,乡复验,县上抽验。采用万分之一地形图逐片、逐点现场勾绘图斑,与逐村、逐社、逐块丈量相结合的办法进行验收。

1999年,国家扶贫基础工程试验项目(亿元项目)启动实施,梯田验收利用万分之一地形图现场勾绘的办法进行验收,各乡镇梯田建设任务完成后,由乡镇组织普验,普验必须逐村、逐社、逐块丈量,编号造册,绘制竣工验收图,验收结果(图、表、册)上报水土保持部门。县上

葛家岔镇黄家湾村连片新修梯田

组织验收考核领导小组,利用万分之一地形图现场勾绘,逐点对图、逐块对号、随机丈量,运用推算核实比例的办法抽查验收。

第五节　综合效益

生态效益

2010年底,全区水土保持综合治理面积2378平方千米,治理程度71.9%,水土流失得到有效控制。梯田是拦蓄径流的最主要工程措施之一,现有梯田每年可拦泥760万吨,拦蓄径流1775万立方米。通过实施梯田拦蓄工程,基本实现"水不下山、泥不出沟",有效地控制水土流失,改善生态环境。

经济效益

测产表明,坡耕地修成水平梯田后,提高水、土、光、热资源的综合利用率,自然降水利用率提高20%,抵御洪涝等自然灾害的能力显著增强,农业生产潜力得到有效发挥。正常条件下,梯田地比坡耕地增产30%～50%。1949—1982年的33年间,全县粮食总产1亿千克以上的只有5年。1983年以来,粮食总产连年保持在1亿千克以上。1983—2010年,全区农民人均纯收入由177元提高到2696元。

兴修水平梯田,调整种植结构,实现增产增收　摄于杏园乡牛营村

社会效益

梯田建设为农业产业化经营奠定坚实基础,马铃薯种植规模逐年迅速扩大,呈现规模化、良种化、机械化、标准化发展。以水平梯田为平台,推广全膜双垄沟播技术,发展旱作高效农业,抗旱增产效果十分明显。农村剩余劳动力从广种薄收的困境中解放出来,通过劳务输转,增加经济收入,劳务产业成为农民增收致富的支柱产业。在满足基本口粮田的前提下,实施坡耕地退耕还林(草)工程,推广建沼气、改厕所、改圈舍、改厨房的"一建三改"措施,发展生态循环经济。

大面积推广地膜覆盖种植技术被誉为"旱作农业的一场革命"。摄于称钩驿镇双乐村

地膜玉米和退耕还林(草)种植的紫花苜蓿为发展畜牧业提供大量饲草资源,促进家庭养殖业快速发展。

第六节　典型选介

青岚山乡大坪村—从全省农业学大寨的旗帜到干旱山区小康示范村

青岚山乡大坪村位于定西城东 5 千米,总流域面积 4.21 平方千米,耕地面积 2717 亩,人均 4.7 亩。辖 3 个村民小组,123 户,539 人。20 世纪六七十年代,大坪人民在党支部书记冉桂英的带领下,坚持不懈兴修梯田,成为干旱山区"农业学大寨"的一面旗帜。

八九十年代以来,大坪人民坚持不懈、艰苦奋斗,加快综合治理,兴修梯田 2700 余亩,基本实现梯田化。坚持山、水、田、林、路综合治理,修筑谷坊 110 道,塘坝 5 座,配套渠系 3000 米,实施"121"雨水集流、集雨节灌工程,修建水窖 560 眼,解决人畜饮水困难。造林 2920 亩,其中退耕还林 920 亩,荒山造林 2000 亩,四旁植树 6.3 万株,栽植侧柏 5420 株、国槐 500 株,种草 1600 亩,林草覆盖率达到 68.2%。

大坪梯田

进入 21 世纪,在金川公司和社会各界的支持帮扶下,建成阁楼式小康住宅 118 户,配套沼气池、标准化圈舍、太阳灶,硬化村社道路 6.5 千米,成为全市第一个整村硬化通社道路的村,农村面貌焕然一新。发展马铃薯、畜草、劳务和现代旱作农业四大支柱产业和蔬菜、剪纸两大特色产业。推广黑色地膜全覆盖马铃薯、双垄沟全膜玉米两大作物种植技术,培育的"新大坪"马铃薯,成为定西马铃薯通往终端市场的"王牌",建成马铃薯交易市场两处,贮藏库群 33 眼、贮藏窖 100 眼,注册"陇上大坪"和"陇中大坪"两个马铃薯商标。2010 年,建立黑膜全覆盖新大坪一级种扩繁基地 1860 亩,户均种植马铃薯 15 亩,人均从马铃薯产业获得收入 1650 元。发展规模养殖户 20 户,其中规模养鸡户 8 户,户均饲养蛋鸡 5000 只,养殖户年均收入 5 万元。全村羊存栏 600 只,猪存栏 310 只,大家畜存栏 160 头,人均畜草产业收入 600 元。转移剩余劳动力 110 人,人均从劳务产业中收入 1730 元。建成日光温室 28 座,每座年收入 5000 元以上。培养年轻手巧、有创作能力的农家妇女加入剪纸协会,农闲季节剪纸增加收入。2010 年,全村人均纯收入 4120

元,高于全区平均水平1400余元,成为干旱山区小康建设示范村。

2007年2月17日,中共中央总书记、国家主席、中央军委主席胡锦涛专程来到大坪村,和大坪群众共度除夕、共迎新春。总书记讲:"八年前,我到过定西,到过大坪。时隔八年,再次来到大坪,看到大坪各方面有了很大的变化,新房盖起来了,家里的存粮多了,年货也置办得多了,说明大坪人的生活正在一天天好起来,我感到特别高兴。希望乡亲们继续发扬大坪人民战天斗地、艰苦奋斗的精神,进一步改造山河,调整经济结构,依靠科学技术,共同把大坪的经济发展得更好,使村民收入能够进一步增加,使大家的日子能够越过越好!"

景家泉乡—定西地区梯田第一乡

景家泉乡位于定西县西北部,辖12个行政村,总土地面积109.8平方千米。

1983年以来,景家泉乡抓住官兴岔小流域治理和关川河流域治理的良好机遇,按照统一规划,统一组织,集中连片,规模治理的原则,大搞梯田建设。1996年,新坪村引进推土机20台,一个月修成高标准连片梯田760余亩。同年,景家泉乡提出"苦战三年,全乡实现梯田化"的奋斗目标。截至1999年8月,累计移动土石方1779万立方米,投工415万个,兴修水平梯田5.93万亩,占坡耕地面积的95%,人均达到7亩。1999年9月,中共定西地委、定西地区行政公署命名景家泉乡为"定西地区梯田化第一乡"。2004年,撤销景家泉乡,整体并入巉口镇。

定西地区梯田化第一乡——景家泉乡

景家泉乡龙滩村梯田

第五章　小流域综合治理

　　1983年以来,安定区先后被列入国务院"三西"建设重点县、全国八片水土保持重点治理区、黄河上中游地区骨干工程重点县。先后实施的水土保持重点项目有:全国八片水土保持重点治理区水土流失防治一、二期工程、黄河上中游地区治沟骨干工程、世行贷款项目关川河流域综合治理工程、黄河流域多沙粗沙区重点支流治理、中央预算内资金专项治理、九华沟流域综合治理扶贫开发、中加科技合作示范、黄河水保生态工程生态修复试点、黄土高原水土保持淤地坝建设、国家水土保持重点建设工程、水保科技示范园区等,累计完成投资6.3亿元,其中国家投资2.7亿元,地方配套和群众投劳折资3.6亿元。同时,全民参与保持水土改造环境,采取实施招商引资、对口援建、义务植树和群众投工投劳等方式,弥补地方配套和群众自筹资金的不足,建成官兴岔、花岔、九华沟、响河等一大批精品示范小流域。

第一节　试点小流域

官兴岔流域试验示范项目

　　基本概况　1983年,黄委会黄河中游治理局和甘肃省水利厅水土保持局在黄土丘陵沟壑区第五副区,选择具有代表性的定西县景家泉乡官兴岔流域作为试点小流域进行试验示范,由定西县水保站主持实施。流域面积20.76平方千米,342户、1697人,包括景家泉乡的官兴、阳山、新坪村的15个生产合作社和车道岭林场部分区域,称钩驿乡的白杨村及榆中县的137亩土地。

　　治理成效　1983—1986年,黄委会黄河中游治理局下

官兴岔流域

拨补助款 30.95 万元,每平方千米造价 4.96 万元。新修梯田 9321 亩,造林 8865 亩,种草 2560 亩,谷坊 24 座,水窖 796 眼,淤地坝一座,涝池 41 个,治理面积 13.83 平方千米,治理程度 66.6%,年平均治理速度 10.1%。土地利用趋于合理,粮食产量明显提高,亩产比 10 年前平均值提高 1.4 倍,人均纯收入增长 4 倍,人均产粮增长 0.8 倍。综合防护体系初具规模,水土流失得到有效控制,农、林、牧综合发展的立体镶嵌大农业模式初步形成。

验收意见　1986 年 9 月,黄河水利委员会、黄河中游治理局以及甘肃、河南、宁夏、陕西、山西、内蒙古、青海七省区水利厅(水保局)组成专家验收小组对官兴岔流域试验示范项目进行验收。总体评价为:土地利用趋于合理,初步形成以基本农田为基础的水土保持综合防护体系,农业经济结构得到合理调整,获得明显的水土保持效益和经济效益,群众生活超过"两西"地区的温饱标准,各项技术成果对黄土丘陵沟壑第五副区的水土保持综合治理具有示范作用和推广价值。

石家岔流域试验示范项目

基本概况　1983 年,被黄委会黄河中游治理局列为黄河中游水土保持综合治理试点小流域,由定西县林业局主持实施。石家岔流域位于定西县城北 20 千米,总面积 40.29 平方千米,辖巉口、葛家岔两乡的 4 个村,13 个生产合作社,494 户、2707 人。1982 年,粮食亩产 29 千克,人均产粮 226 千克,人均收入 146 元。

治理成效　1983—1987 年,投入资金 108.6 万元,其中国家投资 52.09 万元,按照"因地制宜、因害设防、统一规划、连片治理、先坡后沟、林草齐抓"的总原则,五年新修梯田 2375 亩、坝地 408 亩,新造林 1.87 万亩,种草 5159 亩,治理面积 17.8 平方千米,治理程度 44.2%,年平均治理率 8.8%。新修水窖 221 眼,涝池 5 个,打谷坊 312 座。1987 年,有梯田 9842 亩、坝地 563 亩、林地 2.18 万亩、草地 6201 亩,加上梯田地埂 2010 亩,治理面积 26.9 平方千米,建成水窖 1141 眼、涝池 11 个、土谷坊 312 座,治理程度 66.9%。

试点结论　通过五年的综合治理,土壤侵蚀模数由 1982 年的 5567 吨/平方千

石家岔流域

米,下降到 1987 年的 2291 吨/平方千米。径流模数由 3.41 万立方米/平方千米下降到 2.11 万立方米/平方千米。林草覆盖率由 6.8%提高到 46.3%。各项水土保持工程措施拦蓄泥沙 34.11 万吨,拦蓄径流 244.55 万立方米。户均水窖 2.3 眼,群众吃水问题得到解决。粮食总产提高 2 倍,人均产粮由 1982 年的 226 千克提高到试点后五年平均 514 千克。农民人均收入由 1982 年的 146 元提高到 1987 年的 321 元。人民生活水平明显改善,水土流失得到控制。

高泉沟流域试验项目

基本概况　1983 年,高泉沟流域被中国科学院列为黄土高原综合治理 11 个试验区试点小流域,1986 年列为国家"七五"重点科技攻关项目,由甘肃省农科院主持实施。高泉沟流域包括团结乡高泉村的 8 个社,371 户,1618 人,总面积 9.17 平方千米,耕地 6800 亩,均为山坡地。

治理成效　按照"全部降水就地入渗拦蓄利用"的指导思想,以林草、梯田建设为突破口, 发展旱作农业。林草建设上运用工程措施和生物措施对位配置,自上而下形成林—草—农格局。沟谷修建柳石谷坊、土谷坊,拦淤造林。1997 年底,

营造防护林 5238 亩,退耕种草 750 亩,修筑谷坊 494 道,沟头防护 1500 米。新修水平梯田 5713 亩,推广地膜种植 1886 亩,打水窖 391 眼,集雨节灌 173 座, 发展补灌面积 398 亩, 建成山地果园 350 亩, 治理程度达到 85.1%,初步形成比较完整的综合防护体系。积极推广农业综合丰产栽培技术,从蓄水、节水、

高泉沟流域

保水入手,使水平梯田、地膜覆盖、集雨节灌相配套,充分拦蓄利用天然降水,发展高产、优质、高效旱作农业。被专家誉为黄土高原治理的"明珠"。

安家沟流域试验示范项目

基本概况　1983 年,被甘肃省水利厅列为重点试验小流域,同时被列为水土保持综合治理措施及其效益研究项目,由定西地区水保站主持实施。流域面积 10

平方千米，辖城关乡安家坡、永定两个村，11 个生产合作社，361 户，1848 人。

安家沟流域

治理成效　通过多年综合治理，到 1994 年底，新修梯田 5121 亩，造林 4407 亩，种草 1459 亩，治理水土流失面积 7.32 平方千米，治理程度达到 73.2%。土地利用趋于合理，流域防护形成体系，水土流失大大减轻，径流模数由治理前的 1.43 万立方米/平方千米降到 8971 立方米/平方千米，侵蚀模数由 6097 吨/平方千米降到 1049 吨/平方千米。生态环境得到改善，农业生产水平逐年提高，经济效益显著，人均产粮达到 400 千克，人均纯收入达到 850 元。

鹿马岔流域试验示范项目

基本概况　1984 年，被甘肃省科学技术委员会列为重点试验小流域，同时列为旱作系统及综合增产技术研究项目，由甘肃农业大学主持实施，治理期限 1984—1986 年。流域面积 13.42 平方千米，包括李家堡乡鹿马岔、麻子川、李家堡 3 个村。

试点结论　通过三年农、林、草、牧综合治理，经济效益、生态效益、社会效益取得明显效果。1986 年，农田面积由 1983 年的 7687.8 亩减少到 5698.6 亩，粮食亩产由 1979—1983 年平均 47.35 千克增长到 107.3 千克；人均产粮由 1983 年前五年平均 268.7 千克增加到 501.7 千克。造林面积由 102 亩增加到 3128.1 亩；种草面积由 740 亩增加到 1986 年的 6087.8 亩。畜牧业得到同步

鹿马岔流域

发展,大牲畜由 247 头增加到 400 头,猪由 365 头增加到 550 头,鸡由 1215 只增加到 2000 只。羊只品种改良后,数量由 594 只减少到 300 只,产毛量增加 12.2%。经济收入得到大幅度提高,1984—1986 年三年较前五年平均收入净增 66.6 万元,其中种植业净增 45.3 万元,林业收入净增 0.5 万元,牧业收入净增 15.2 万元,副业收入净增 5.4 万元。人均纯收入由 50.13 元提高到 1986 年的 316.4 元。通过种草种树,兴修水平梯田,修筑拦淤坝等生物措施和工程措施,调整土地结构,土地利用率由 46.1%提高到76.7%,林草覆盖率 45%,治理率 59%,水土流失得到有效的控制。

第二节　国家水土保持重点建设工程

全国八片水土保持重点治理区定西县一期工程项目

项目来源　水利部、财政部

项目背景　1982 年,国务院批准将黄河流域的无定河、皇甫川、三川河、甘肃省定西县等八片水土流失严重地区总面积近 8 万平方千米列为国家重点治理区。8 月,全国第四次水土保持工作会议决定,将定西县丰禾、大碱沟、安家坡、花岔沟、郑沟、下湾、任川沟、亥沟、北岔沟、马家岔、薛川河、南岔沟、李家河、白家岔、唐家堡、水沟、后湾、柴家峡、阳阴峡、红堡沟、新泉河、庙儿河、石门沟、细水岔、榆木岔、道沟河、磨石沟、甄家沟、盐沟、小岔沟、大岔、白碌沟、黑羊滩、狮子沟、冯家岔、石家岔、甘林岔、康家河、西坪沟、

瓦岔沟流域

丰旺沟、瓦岔沟、葛家岔、赵河、峡沟、双头岔、苦水沟等 46 条小流域列为全国八片水土保持重点治理区,涉及全县 25 个乡镇,总面积1836.5 平方千米,按照"两三年理顺关系、五年初见成效、十年基本治理"的要求,开展综合治理。

治理期限　1982—1992 年。

资金投入　总投资 13182.6 万元。其中:中央补助 679.8 万元,省、地、县投资 3125.2 万元,群众投劳折资 9377.6 万元。

治理成效　46 条小流域,10 年新增水土保持治理面积 906 平方千米,平均年治理速度 4.9%。其中:新修梯田 38.57 万亩,新造林 63.38 万亩,新种草 33.93 万亩。1992 年底,累计完成水土保持治理面积 1303 平方千米,治理程度 71%。其中梯田 73.46 万亩,造林 79.72 万亩,种草 42.3 万亩。新建淤地坝 13 座,小型拦泥坝 34 座,水窖 2.36 万眼,新修县乡公路 480 千米,架设 10 千伏农电线路 793 千米。全县面貌发生了十个方面的变化:一是农业基本条件有较大改变,人均基本农田达到 3 亩。二是粮食产量稳步提高,粮食单产、总产、人均产粮分别比 10 年前平均数增长 47%、34% 和 24%。三是农村基础设施明显改善,乡乡通汽车,村村通拖拉机,80% 的农户通了电。四是生态环境开始好转,林草覆盖率由 1982 年 8.2% 提高到 1993 的 43%。五是水土流失得到有效控制,每年可拦蓄泥沙 1217 万吨,拦泥效益为 59.3%;拦蓄径流能力 4730 万立方米,蓄水效益为 65%。六是人畜饮水困难得到很大缓解,缺水地区农户户均有水窖 2.5 眼,加上雨水集流工程、涝池和塘坝,人畜饮水问题基本得到解决。七是农村经济结构趋于合理,1993 年与 1982 年相比,经济作物的收入占种植业总收入的比重由 21% 提高到 36%,林牧业产值占农业总产值的比重由 33.8% 提高到 36.8%,从事非农业的劳动力占全县总劳力的比重由 9.6% 提高到 38%。八是农民的生活水平显著提高,1993 年与 1982 年相比,人均纯收入由 105 元提高到 562 元,净增 457 元;农村年人均产粮不足 150 千克、收入不足 200 元的贫困面由 45% 下降到 4%。九是整体经济实力逐渐增强,1993 年与 1982 年相比,经济总收入由 1484 万元增加到 4.56 亿元,增长 29.7 倍;工农业总产值由 5279.7 万元增加到 3.88 亿元,增长 7.3 倍;财政收入由 346 万元增加到 2965 万元, 增长 7.6 倍。十是干部群众的精神面貌发生深刻变化, 改变"等、靠、要"和定西"没治"的思想,从发展变化看到希望,受到鼓舞,增强信心。

验收意见　1993 年 4 月,通过了财政部、水利部的验收。验收组认为,通过十年坚持不懈的综合治理,全面完成治理任务,取得巨大成果。总体评价为"十年治理,十年巨变"。

全国八片水土保持重点治理区定西县二期一阶段工程项目

项目来源　水利部、财政部

项目背景　1994 年 1 月,水利部、财政部将定西县常川、先锋、胜利、紫云、红庄、兰星、水泉沟、小西岔、袁家岔、景坪、大柏林、董家岔、小南岔、庞家岔、黑山沟、道回沟、马家沟、五台山、录丰、吊沟、御风、花坪、进化、西河、上峡沟、石峡湾、九岔湾、万崖、柴家坪、刺沟、牛营、青湾、青义、青岚、狼儿山、大湾、安家岔、汶家岔、蛮子湾、小岔沟、联庄、柏林、大崖沟、响河、康家庄45条小流域列为全国八片水土保持重点治理区二期一阶段治理项目,涉及13个乡镇69个村,总面积737.69平方千米。

治理期限　1993—1997年。

资金投入　总投资7098.33万元,其中财政部、水利部投资455万元,地方匹配1432.11万元,群众投劳折资5211.22万元,治理每平方千米造价24.84万元。财政部、水利部投资用于小流域治理345.14万元,预防监督管护89.86万元,八片会议费20万元。

治理成效　5年新增水土保持治理面积281.39平方千米。其中新修梯田13.82万亩,造林12.4800万亩,营造经济林4.76万亩,多年生牧草留床11.15万

李家堡镇柴家坪流域

亩,新建治沟骨干坝5座,"121"等小型水利工程4713处。治理水土流失面积532.58平方千米,治理程度由34.1%提高到72.2%。截至1997年,基本农田38.45万亩,人均4.8亩;水土保持林22.72万亩,经济林5.18万亩,多年生牧草13.55万亩。土地利用率趋于合理,土地利用率由64.2%提高到81.8%,林草覆盖率由11.8%提高到37.5%。水土流失得到控制,拦泥效益73.7%,蓄水效益55.5%。群众生活水平明显提高,人均产粮由349千克提高到492千克,人均纯收入由345元增加到988元。

验收意见　1997年9月,通过水利部水土保持司组织的专家验收组验收。认为通过5年连续治理,全面完成计划任务。常川等24条小流域为良好工程,狼儿山等10条小流域为合格工程。

全国八片水土保持重点治理区定西县二期二阶段工程项目

项目来源　水利部、财政部

项目背景　1998年6月,水利部、财政部将定西县冯家岔、乌龙、后湾、马莲、小山、寒树、马家岔、闫家岔、户峡、宋家湾、罗川、付家湾、园坪、赵家岔、南林、正家

岔、大南岔、田家坪、井子岔、大泉湾、复兴、山湾、花岔、董家湾、永安、东山、西山、泉子岔、映泉、甘林、麻地湾、文昌 32 条小流域列为全国八片水土保持重点防治工程定西县二期二阶段重点治理项目。涉及 22 个乡镇的 48 个村,1.16 万户,5.33 万人,总面积 462.4 平方千米。

治理期限　1998—2002 年,治理期限 4 年。

资金投入　总投资 6002.6 万元。其中:国家投资 550 万元,地方匹配 214.84 万元,群众投劳折资 5237.76 万元。国家投资用于小流域的治理资金 464.3 万元(其中,用于植物措施 257 万元,工程措施 207.3 万元,其他 85.7 万元。)

治理成效　通过 4 年实施,32 条小流域完成水土保持综合治理面积 196.97 平方千米。其中,新修梯田 9.09 万亩,新造林保存面积 13.07 万亩,新种草留床面积7.39 万亩,修建谷坊 1595 座,建成集雨节灌水窖等其他小型水保工程 6682 处,新修农村道路 86 千米。加上原有治理措施,累计治理面积 346.42 平方千米,治理程度 74.9%。其中,基本农田 22.56 万亩,林地保存 19.99 万亩,种草留床 9.41 万亩。林草覆盖率由治理前的 12.9%提高到 42.4%。

验收意见　2002 年 9 月,通过由甘肃省水利厅、省财政厅主持的验收。验收组认为:定西县在重点治理中,始终坚持"水保立县"发展战略,以径流调控理论为指导,以市场为导向,以小流域为单元,优化配置综合治理开发措施。形成比较完整的多功能、多目标的水土保持综合防护体系和高效的生态农业体系,取得显著的生态、社会、经济效益。由于各级党政部门的高度重视,业

青岚山乡赵家岔流域

务部门精心组织,有关部门密切配合,实施规划科学合理,技术措施先进实用,治理任务超额完成,治理经费使用恰当,监督执法规范有力,三大效益比较显著。在理论和实践的结合及综合防治开发模式上都有创新,具有示范推广意义。

国家水土保持重点建设工程定西项目区

项目来源　水利部、财政部

项目背景　水利部、财政部将定西县九华沟、官兴岔、唐家岔、磨石沟、冯家岔、石家岔、甘林、松川、花岔、牟家川、小碱沟、大柏林、小柏林、丰禾沟、孟家岔、董家岔16条小流域和称钩驿、巉口、凤翔三个整合片带列为国家水土保持重点建设工程定西项目。涉及称钩驿、巉口、青岚山、葛家岔、凤翔5个乡镇，42个村，总面积435.31平方千米。

治理期限　2003—2007年

资金投入　总投资2247.73万元。其中，中央投资840万元，地方匹配778.72万元，群众自筹629.01万元。

治理成效　五年共完成治理面积123.98平方千米。其中，新修梯田1854亩，营造水保林6.95万亩，经济林1.30万亩，种草4.75万亩，封禁治理5.41万亩，新建小型拦蓄工程3447处，新修道路41.8平方千米。治理面积中，包括梯田地退耕造林种草24.82平方千米，疏林地补植造林13.71平方千米，封禁抚育林地5.11平方千米，实际新增水土保持治理面积80.35平方千米。累计治理面积333.7平方千米，其中，基本农田23.06万亩，造林

松川流域

保存15.47万亩，优质牧草留床6.90万亩，封禁治理荒山荒沟4.63万亩。建成集雨节灌窖2.89万眼，谷坊2785座，农村道路123千米。形成较为完整的水土流失防治体系，治理程度由58.21%提高到76.67%，林草覆盖率由17.48%提高到41.36%，各项治理措施年可拦蓄泥沙181.98万吨，蓄水542.4万立方米，拦泥效率76.8%、蓄水效率62.3%。人均产粮由437千克提高到504.5千克，人均纯收入由1428元提高到1998元，分别增加了15.4%和39.9%。人均纯收入比全区高出13.3%。

验收意见　2007年12月，通过水利部主持的国家级验收。验收组认为，该项目各项指标都超额完成建设任务，工程规模大、建设标准高、治理成效好，树立水土保持大示范区建设的样板，为继续立项建设国家水土保持重点建设工程创造条件。

国家水土保持重点建设工程安定区青石项目

项目来源　水利部、财政部

项目背景　水利部、财政部将安定区岳家沟、堡子岔、南河、黑沟岔、贾川、庙坪、郭沟川、黑莺 8 条小流域列为国家水土保持重点建设工程安定区青石项目。涉及青岚山、葛家岔、西巩驿、石泉、宁远、李家堡 6 个乡镇，48 个行政村，75379 人，总面积 498.8 平方千米。

治理期限　2008—2012 年。

资金投入　总投资 5346.03 万元。其中，中央投资 2011.44 万元，地方配套及群众投劳折资 3334.59 万元。

治理成效　2008—2010 年，三年下达水土流失治理面积 38.5 平方千米，截至 2010 年底，新增水土保持治理面积 36.62 平方千米。其中，新修梯田 8304 亩，种植紫花苜蓿 8704.5 亩，营造水土保持林 1.37 万亩，封禁治理 2.43 万亩。新建谷坊 191 道、水窖 90 眼、沟头防护 1.05 千米。完成总投资 1062 万元，其中国家投资 460 万元，地方配套及群众自筹、投劳折资 602 万元。

黑莺流域

第三节　关川河流域水土保持综合治理工程

1987 年 2 月，关川河流域水土保持综合治理工程被列为世界银行贷款项目，是甘肃省第一个世界银行贷款农业开发项目，国内第一个世界银行贷款的水土保持综合治理项目。甘肃省人民政府与国际开发协会、国际复兴与开发银行协定，贷款 700 万美元(折合人民币 2600 万元)，内投人民币 6920 万元，总投资 9500 万元，主要实施梯田、坝地、造林、育苗、种草等工程，控制水土流失和土地开发，完善农村道路、农电线路等基础建设。

项目概况

项目范围　关川河流域位于甘肃省中部，属黄土丘陵沟壑区，为黄河水系祖厉河一级支流,辖陇西、通渭、定西、榆中、会宁五县,总面积3511平方千米,其中定西县境内2660平方千米,项目涉及1980.51平方千米,占流域总面积的56.4%,辖白碌、御风、景家泉、称钩驿、鲁家沟、巉口、城关、内官营、符家川、西寨、黑山、高峰、东岳、香泉、团结15个乡镇,95个村,1316个生产合作社,38741户,20.49万人。

流域概况　全流域海拔1700～2480米之间,境内沟壑纵横,丘陵起伏,地形复杂,植被稀疏,土地支离破碎,生态环境恶劣,土壤瘠薄,水土流失严重。年径流模数17358立方米/平方千米,土壤侵蚀模数5115吨/平方千米,每年流入黄河泥沙1013万吨。年平均气温6.3℃,无霜期141天。年均降水量425毫米,蒸发量1560毫米,降水分布不均,南部450毫米,北部300～350毫米,60%以上集中于7～9月降落,且以暴雨形式为多,往往造成农作物生产需求与自然降水的"时期错位",冬、春、伏旱交替或连续发生。农业生产以粮食为主,生产单一,耕作粗放,产量低而不稳。1986年,粮食总产5.96万吨,平均亩产58.4千克,人均产粮291千克。农村经济总收入7510万元,纯收入4569万元,人均纯收入223元。燃料、饲料、肥料俱缺,群众生活长期处于"吃粮靠返销、花钱靠

梯　田

坝　地

造　林

救济、生产靠贷款"的贫困状况。

评估任务指标 新修梯田
13380 公顷,坝地 1667 公顷,新造林
21300 公顷,育苗 233 公顷,种草
20387 公顷,草场改良 19687 公顷,
修建谷坊 136550 座,沟头防护
12400 道,涝池 1412 个,水窖 8910
眼,新修农村道路 205 千米,架设 10
千伏农电线路 400 千米。新增水土
保持治理面积 764 平方千米。

种 草

工程期限 1987 年开工,1992 年竣工,历时六年。

关川河流域水土保持综合治理工程项目执行情况汇总表

表 10-5-1

项 目	单位	世界银行评估计划	项目实际执行完成	占%	财务支付(万元人民币)
梯 田	公顷	13380	15043	112	2836.71
坝 地	公顷	1667	1683	101	238.35
造 林	公顷	21300	23319	109	916.43
育 苗	公顷	233	242	103	70.52
种 草	公顷	20387	24099	118	519.10
草场改良	公顷	19687	21459	109	202.79
谷 坊	座	136550	145425	106	1108.87
沟头防护	道	12400	12709	102	327.71
涝 池	个	1412	1414	100	44.06
水 窖	眼	8910	8912	100	61.01
农村公路	千米	205	226.1	110	678.30
农电线路	千米	400	462.22	115	1247.99
土建工程	万元人民币	7450.49	8281.84		
化肥采购	万元人民币	1119.42	1144.99		
培训费	万元人民币	44.45	39.71		
总 计	万元人民币	9500.00	9436.54		

项目执行情况

关川河治理工程1987年开工以来,流域内干部群众发扬自力更生、艰苦奋斗和苦干实干精神,全面开展十二项工程综合治理,截至1992年12月,新修梯田15043公顷,坝地1683公顷,造林23319公顷,育苗242公顷,种草24099公顷,草场改良21459公顷,新建谷坊145425座,沟头防护12709道,水窖8912眼,涝池1414个,新修农村道路226.1千米,架设10千伏农村输电线462.2千米。新增水土保持治理面积856平方千米,累计治理水土流失面积1510平方千米,治理程度76.2%。在治理的同期,采用国际有限招标方式,采购两批化肥,第一批从韩国采购磷酸二铵(D、A、P)化肥5285.45吨(实物吨),第二批从美国采购磷酸二铵(D、A、P)化肥4615.6吨(实物吨)。

育苗

草场改良

谷坊

财务分析

计划投资　关川河治理项目1987—1992年计划总投资9500万元人民币,其中世行和协会借款2600万元人民币(折合700万美元),国内配套资金6900万元人民币。总投资中土建工程投资计划7450.49万元人民币(申请借款1448.11万元人民币,折合388.09万美元,国内配套6002.38万元人民币);化肥采购1119.42万元人民币,均为世行借款,折合300万美元;培训费44.45万元人民币,均为世行借款,折合11.91万美元。

财务支付 本项目 1987—1992 年累计拨入资金 9436.54 万元人民币,占计划投资的 99.3%,其中世行和协会贷款 2802.52 万元人民币(折合 699.60 美元);国内配套资金 6634.02 万元人民币。总投资中用于土建工程8251.84 万元人民币,化肥采购 1144.99 万元人民币,培训 39.71 万元人民币。世行贷款中用于土建工程 433.86 万美元,化肥采购 256.15 万美元,培训 9.59 万美元。

效益分析

蓄水保土效益 六年治理期,径流量降为 2293 万立方米,比治理前减少 1140 万立方米;输沙量降为 617 万吨,比治理前减少 396 万吨。水保措施蓄水效率达50%,保土效率达 41.8%,年土壤侵蚀模数由治理前的 5115 吨/平方千米下降到3115 吨/平方千米,年径流模数由 17364 立方米/平方千米下降到 11606 立方米/平方千米。

经济效益 六年治理期,通过对土地、劳力、资金投入的调整,流域内各产业均同步增长。1986 年与 1992 年相比,总产值由 10327 万元上升到 17741 万元,年增长率9.44%,比非项目区高 0.73%。水土保持植物措施对位配置、梯田优化测设、优良农作物、畜禽良种、旱地高产耕作技术等一系列新技术的大面积推广应用,以及劳

沟头防护

水 窖

涝 池

动文化素质的提高，技术培训工作的加强，总产值增量中，科技进步效应达51.48%，投入效应下降到48.52%。生产率大幅度提高，劳动生产率由1134元提高到2054元，土地生产率由34.73元/亩提高到79.13元/亩，资金生产率由2.93元/元提高到3.29元/元。

社会生态效益 资源利用率大幅度提高，供需矛盾得到缓解，群众生活质量显著改善，生活水平明显提高，人均纯收入由223元提高到506元。粮食产量由58.4千克/亩上升到310.27千克/亩。每平方千米粮食、燃料、人畜饮水、饲料环境容量由100人、53人、68人和211个羊单位上升到152人、135人、137人和348个羊单位。救灾资金由年均86.98万元下降到48.88万元，救济粮由233万元下降到141.9万元。经过六年治理，基本农田、林草占地总面积由6.9%和18.5%上升到22%和42.5%。农、林、畜产品商品率由42.4%、2.6%、55.0%变为59.2%、0.7%和44.5%。交通条件明显改善，加快商品流通速度。

新修农村道路

架设农电线路

化肥采购

世界银行评估报告

1997年1月，世界银行中国蒙古局农村与社会发展业务处郑南生（项目经

理)和李群(经济咨询专家)组成代表团,向世界银行总部提交《实施评估》摘要如
下:

项目的目标及说明 项目的主要目标是改良定西地区关川河流域现有旱作
农业土地,包括兴修条田及梯田耕地约 76000 公顷,使 39000 户农户(约 205000
人)受益。

实施的经验与结果 最有意义的成果是,1992 年关川河项目完成以来,农业
产量和农民收入均获得增加。农民人均净收入从 223 元增至762 元,增长 242%。
关川河流域项目完全实现目标, 项目的满意实施使得经济收益率 (ERR) 达到
27.6%,而评估时其预算值则为 18.6%。

形象成果 关川河流域项目实际上于 1992 年底完工,已完全达到目标,而且
在许多方面已超过原计划。通过修筑水平梯田条田,植树造林,开发并改良牧草
等措施,已改良土地总计约 85600 公顷,超过 76000 公顷的计划目标。

农业效益 目前已开发的面积和获得的单产土地上的收入已经相当于或超
过预评估时对全面发展年(2003)的预计。

减少贫困 有效地减少 39000 户人的贫困。

其他社会经济效益 创造 3700 人临时非农业就业机会, 妇女约占 60%。为
当地居民及其家畜提供安全的饮用水。已建成的 8912 眼水窖及 1414 个水池和水
井,为 33420 户人和 42420 头家畜(主要是绵羊)提供干净的饮用水。已完成的农
村供电系统(462 千米 10KV 输电线),为 135 个村、34700 户人和 693 个新建农村
企业提供农电。所采取的水土保持措施以及修筑梯田坝地、沟道谷坊和植树造林
的措施,增加了土壤的含水能力和植被,减少了地表水的流失和土壤的侵蚀,这
使得环境恶化得到控制,并为当地农业生产的持续发展改善生态系统。

项目影响 水土保持措施完成后,项目区的环境已得到改善。根据 6 年来对
径流、泥沙的监测结果,年平均水土流失减少 33%,输沙总量减少 39%。这证明修
梯田坝地、植树造林在减少土壤侵蚀和增加保墒能力方面产生积极的效果,农业
产量的增加实际消除粮食的亏空;从广义上说,这也阻止了农民大面积耕种低产
田以及像过去那样砍伐植被作燃料的做法,从而控制对环境的进一步恶化。公路
建设、安全的水质和电力供应已大大提高人民的生活质量。

项目的可持续性 1992 年完成的关川河项目已营运 4 年时间, 对各种实施
状况参数的检测表明,除 1995 年由于受到 60 年来最严重旱灾的影响之外,效益
得到持续保障。

借款人绩效 关川河流域项目表现非常令人满意。关川河项目管理办公室

的管理是高效的、有力的。所以如此,这部分得益于项目执行人员的努力,部分得益于项目区受益者的热情和参与。而且,山坡耕作管理和旱作农业改良措施,过去就在这一地区成功地实施过,因此在项目实施的过程中遇到的问题极少。关川河流域办公室还具有革新精神,很早就建立监测和评价系统,以跟踪项目的执行情况和抽样调查受益人的经济状况。

成果评估 关川河项目的实施是成功的,已达到主要目标,目前正在精心保持其正常运营能力的前提下运行。

今后的运行 关川河项目管理办公室继续负责项目工程的运行和维护,并规划和实施未来工程的扩建;利用甘肃省水土保持基金,在 1996 年到 2002 年通过修筑 10000 公顷梯田耕地,植树 10000 公顷,改良草场 19000 公顷,继续改良旱作农业用地;继续对项目径流和泥沙的影响进行检测和评价;努力扩大和加强农民的生产新科技培训,使其发挥最佳效益。

第四节　九华沟流域综合治理开发

1997 年 3 月,甘肃省"两西"农业建设指挥部、省计划委员会、省水利厅决定在半干旱区具有较强代表性的定西县实施九华沟流域综合治理扶贫开发项目,以实际行动贯彻江泽民总书记关于治理水土流失,建设生态农业,再造秀美山川的重要批示精神,探索水土保持综合治理开发机制,发展小流域经济,使农民走上稳步脱贫致富的新路子,为半干旱地区树立一个综合、科学、快速、高效治理水土流失、改善生态环境的样板。

九华沟流域

项目概况

基本情况 九华沟流域位于定西县北部,距县城 40 千米,海拔 1990—2271 米之间。流域总面积 83 平方千米,包括景家泉乡的常川、席滩和称钩驿乡的白杨、杨家河、新民 5 个行政村,35 个生产合作社,1476 户 6640 人。

治理期限 1997—2000 年。

资金投入 投入总资金 1179.6 万元,其中"两西"专项款 840 万元,财政扶贫资金137.75 万元,地方配套 141.94 万元。

项目实施情况

通过 4 年综合治理开发,新增水土保持治理面积 34.3 平方千米,新修梯田 1.5 万亩,累计 4.58 万亩,占耕地总面积的 94%,人均 6.6 亩,整体实现了梯田化;营造乔木林 2998 亩,灌木林 11.43 万亩,经济林 7880 亩,新增造林保存面积 2.52 万亩,加上原有的 2.32 万亩,造林保存面积累计 4.83 万亩,整体实现了荒山荒坡绿色化;新种紫花苜蓿 1.61 万亩,多年生牧草种草留床 2.28 万亩。建成雨水集流场 61 处、水窖 619 眼,发展补灌面积3699 亩,配套滴灌 240 亩,发展庭院经济 1532 亩。新建治沟骨干工程 7 座,控制面积 30.75 平方千米,库容 167.42 万立方米,发展水浇地 2474 亩。修建谷坊 356 座,涝池 35 座。新修和改造农村道路干线 2 条 51.78 千米,农村道路支线 13 条97.22 千米,道路两旁阴沟混凝土衬砌 49.6 千米,开挖集流坑 9.94 万个,实现农村道路网络化。黄家川小康示范村建成砖混平顶房 2 排 14 幢 28 套 151 间,入住农户 28 户,每户配套太阳灶 1 台、水窖 2 眼;修建沼气池 14 座,推广太阳灶766 台,改建圈舍 2956 间,新建日光温室 15 座、塑料大棚 157 座。九华淀粉厂建成投产。

治理成效

生态环境明显好转 水土流失基本得到控制,治理程度由 44.9%提高到 86.3%,初步形成水土保持综合防护体系。人工重建植被初见成效,林草面积由 2.98 万亩增加到 7.1 万亩,林草覆盖率由 24%提高到 57.1%。坡耕地基本得到整治,实现耕地梯田化、荒坡绿色化。土地利用结构趋于合理,土地利用率由 62.9%提高到 81.7%。土壤水分得到改善,水土保持工程每年可拦蓄降雨和坡面径流 128.17 万立方米,增强"土壤水库"效应,生态系统趋向良性循环。

经济效益稳步增长 农业总产值由 765.37 万元增加到 1577.49 万元,农民人均纯收入由 750 元增加到 1486 元,粮食总产由 2835.28 吨增加到 3346.02 吨,人均产粮由 427 千克增加到 485 千克,农、林、牧、副产值结构由 58∶4∶24∶14 调整为32∶8∶31∶29,粮油、洋芋淀粉、饲草等加工业开始起步。

社会效益明显提高　群众生产生活条件明显改观,农用车和汽车由 50 辆增加到111 辆,农电入户 100%,新增电话 24 部,电视 650 台。治理开发促进教育事业的发展,群众生活质量明显提高,加快脱贫致富步伐,1486 户贫困户实现基本解决温饱,绝对贫困率下降到 3%,稳定解决温饱的农户达到 85%以上,返贫现象基本消除。

第五节　复兴流域生态环境综合治理

项目概况

2002 年,水利部将巉口镇复兴流域列为中国/加拿大水土保持生态环境建设技术合作项目。涉及巉口镇的冯家岔、巉口、张家川、北川 4 个行政村,12 个社,1428人,总面积 19.32 平方千米。

治理成效

项目总投资 355 万元,其中国家投资 220 万元,地方匹配 35 万元,群众自筹80万元。经过 3 年综合治理,新修梯田 1516.5 亩,整地造林 2817 亩,种草 5491.5 亩,抚育幼林 1800 亩,地埂种植 351 亩,四旁植树 3.2 万株,道路绿化 16.3 千米,山杏高接 45 亩,杨树嫁接 1000 株,新建水窖 352 眼,沟头防护 10 道,谷坊 159 座,新修道路 8.4 千米,旧路拓宽 17.3 千米,新增治理面积 6.46 平方千米,累计治理面积 16.73 平方千米,治理程度达到 86.6%。该项目又被列为《黄土高原半干旱地区径流调控技术体系研究》应用研究课题,建成塑料大棚 30 座,育苗 18 亩,购置太阳灶 312 个,新(改)建标准化圈舍150 间,发展养殖示范户 24 户, 引进小尾寒羊100 头,推广农业实用技术示范种植 2250 亩,发展抗旱节水补灌 900 亩,种植中药材 157.5 亩,推广径流聚集工程 1800 亩。

复兴流域

验收情况

2004 年 12 月,由水利部水土保持司牵头,水利部沙棘管理中心、中国科学院寒旱所、甘肃省水利厅、省水土保持局组成验收组进行验收。验收组认为,项目实施中以径流调控理论为指导,以市场为导向,综合防治,综合技术,综合开发,综合经营,优化配置综合治理开发措施,超额完成建设任务。质量是一流的,实施是规范的,监测手段是现代化的,技术是先进的,成果是可靠的,效益是显著的,经验是可贵的,是值得推广的。各项技术经济指标符合初步设计要求,各项措施技术指标符合规范要求,流域内初步形成比较完整的多功能、多目标的水土保持综合防护体系和高效的生态农业体系。开展的"黄土高原半干旱地区径流调控技术体系研究"课题,处于国内领先水平。

第六节　生态修复试点项目

项目概况

2002 年,定西县被列为黄河水土保持生态工程生态修复试点项目,包括杏园、东岳高峰 2 个修复区,涉及 11 个行政村,总面积 104.25 平方千米,其中,规划封禁修复面积 75.25 平方千米。项目建设期限 3 年(2002—2004 年),采取退耕、禁牧、封育等措施全面恢复植被。

治理成效

为了依法加强生态修复管理,加快水土流失防治步伐,先后补充制订和颁布《关于对重点生态工程建设区域实行封禁保护的公告》等 9 项地方性的法规和制度。印发传单、公告、宣传画及日历和手册 3 万份,设置永久性标志牌 6 座,标语牌 200 座,制作封育界牌 858 个,安装工程围栏 44.01 千米。荒山及陡坡地造林 8271 亩,抚育 95820 亩,退耕种草 19212 亩。生态修复区林草覆盖率 66.3%,年径流模数下降为 1.2 万立方米/平方千米,输沙模数由 2001 年的 5845 吨/平方千米·年下降到 2004 年的 2100.8 吨/平方千米·年。蓄水保土效益分别达到 45.9%、64.1%,水土流失得到有效遏制,生态环境得到明显改善。项目建设总投入 215.3 万元。其中,中央投资 120 万元,地方匹配 73.8 万元,群众自筹 21.5 万元。

第六章　沟道治理工程

第一节　建设概况

　　沟道治理工程包括淤地坝、骨干坝、沟头防护、谷坊等,共同构成沟道拦泥蓄水的水土保持综合防护体系。1985年,定西县被黄委会黄河中游治理局列为黄河中游地区治沟骨干工程重点县。先后在青岚山乡花岔流域、新集乡小南岔流域、巉口镇松川流域、景家泉乡官兴岔流域、符家川镇石门流域建成骨干坝51座,控制水土流失面积271.52平方千米,总库容3825.78万立方米,拦泥库容1911万立方米,淤地257.1公顷。总投资2034万元,其中国家投资1227.54万元。骨干坝建设与坡面治理相结合,在提高防洪能力,减少水毁灾害,缓洪拦泥淤地,稳定沟床,防治沟壑侵蚀等方面发挥重要作用。同时,骨干坝在选址方面注重坝路结合,成为连接沟壑两岸的桥梁,形成四通八达的交通网络,为购买农业生产资料、农民生活用品和农产品销售、农民出行提供便利条件,方便群众生产生活,深受广大群众欢迎。

　　2003年,水利部将淤地坝建设作为三大"亮点工程"之一。定西县称钧河、李家河坝系工程先后列入中央财政预算内专项资金小流域淤地坝试点工程项目,建成各类淤地坝104座,总投资4882.76万元,其中国家投资2583.59万元。

　　截至2010年,全区共建成各类淤地坝155座,其中骨干坝81座,中型淤地坝37座,小型淤地坝37座,分布在全区12个乡(镇)43个行政村20条小流域。控制水土流失面积485.24平方千米,总库容6721.45万立方米,拦泥库容3241.81万立方米,淤地面积7941.3亩,工程总投资6822.86万元,其中国家投资3811.13万元。以小流域为单元,科学规划,合理布设坝系工程,以骨干坝为骨架,配设一定数量的大、中、小型淤地坝,具有显著的滞洪、拦泥、淤地、生产、灌溉、养殖等多种效能,调洪削峰减沙,提高防御能力,形成拦、蓄、排和防、种、养相结合的综合防护体系。

第二节　安全运行管护

　　1996年,定西县人民政府印发《水土保持治沟工程建设与管理使用办法》。

2006年,安定区人民政府印发《水利水保工程管理办法(试行)》,区水利水保局制定《水利水保工程建设管理实施细则》,加强工程建设与管理。工程建设完成后移交当地人民政府管理,水保部门与工程所在地乡镇人民政府签订淤地坝管护协议,确定专人管护,实行"一人一坝"管护模式,做到"制度、人员、目标、责任、待遇"五落实。区级财政每年将骨干坝管护经费列入财政预算资金,骨干坝每年补助管护经费300元。工程所在乡镇和村社就近划出3亩左右的耕地作为"护坝田"。同时,对交通条件便利,灌溉、养殖及兴办加工业等条件较好的工程,将其使用权、管护权通过拍卖、承包、租赁等多种形式转让给当地农户或集体,实行三十年不变的政策,让群众自主经营、自主管理、自主维修、滚动发展。防汛工作纳入全区防汛管理体系,按照"属地管理"的原则,实行行政首长负责制,水保部门对淤地坝安全隐患定期不定期开展监督检查,强化监管责任,做到汛期有人管,险情有人报,确保工程安全运行,做到"治、管、用"结合,"责、权、利"统一。

第三节　典型工程

花岔流域坝系工程

　　花岔流域位于安定区东北部,包括青岚山乡的大坪、青岚、车门川、花岔、郭川村和凤翔镇的响河、上台村,706户,3115人。流域面积45.6平方千米,人口密度68人/平方千米,耕地面积22330亩,人均7.2亩。1983年,列入国家八片一期重点治理小流域,建成大坪1号、2号淤地坝。1985年,花岔流域坝系工程列为黄河中游局治沟骨干工程第一批试点项目,1987年全面竣工投入使用,累计建设各类淤地坝14座,其中骨干工程7座、小型淤地坝7座,总控制流域面积40.92平方千米,总库容609.42万立方米,其中拦泥库容327.73万立方米。通过淤地坝工程的建成,抬高侵蚀基准,稳定沟坡,控制沟床下切和沟岸扩张,下泻泥沙得到有效拦蓄,解决当地群众行路难的问题。是年,花岔流域列入

花岔流域坝系

关川河流域综合治理项目重点治理的小流域,坚持坡面治理和沟道治理相结合、工程措施与生物措施相结合、治理与开发相结合、建设与管护相结合的方针,按照缓坡耕地兴修梯田、荒山荒坡整地造林、陡坡耕地退耕种草、沟道打坝淤地拦蓄的原则,实施山水田林路综合治理,改善生产生活条件,促进流域经济快速发展。

称钩河流域坝系工程

称钩河流域位于安定区西北部,距离城区 45 千米,流域面积 126 平方千米,属黄土高原丘陵沟壑区第五副区,是祖厉河水系二级支流。覆盖称钩驿镇的周家河、花园、川坪、平安、阳坡、好麦、新胜、双乐 8 个行政村,2500 户,11330 人,人口密度 96.02 人/平方千米。多年平均降水量 380 毫米,多年平均径流深 25 毫米,年径流模数 2.5 万立方米/平方千米,年均侵蚀模数 5600 吨/平方千米,年输沙量 50.83 万立方米。主沟道长 17.5 千米,比降 1/230,由花园、李家坪、双乐、新胜四条支流会聚而成。有大于 3 平方千米的支沟 14 条,小于 3 平方千米的支毛沟 24 条,沟壑密度 2.72 千米/平方千米。规划新建骨干工程 15

称钩河坝系姚门坪骨干坝水坠施工现场

座,中型淤地坝 22 座,小型淤地坝 32 座。2003 年开工,2008 年竣工,建设期限 6 年。骨干坝达到 21 座,控制面积 81.16 平方千米,占流域总面积的 68.78%。总投资 2897 万元,其中国家投资 1434 万元,地方匹配 1463 万元。

李家河流域坝系工程

李家河流域位于安定区东南部,距离城区 45 千米,系黄河流域祖厉河水系一级支流关川河上游的东河源头,属黄土丘陵沟壑区第五副区,总流域面积 86.88 平方千米。多年平均降水量 500 毫米,年均侵蚀模数 6600 吨/平方千米,年均输沙量 57.34 万吨。覆盖杏园乡的白虎、刘湾、郑川、牛营、李家河、康庄和宁远镇的王家坪、红土共 2 个乡镇 8 个行政村,1896 户,6852 人。有大小支毛沟 155 条,沟壑密度 1.74 千米/平方千米,建成李家河小 II 型水库 1 座。按照全面规划、综合防治、因地制宜、注重拦泥蓄水效益和充分合理利用水沙资源的指导思想,规划新建骨干坝 17 座、中型坝 13 座、小型坝 5 座。2005 年开工,2010 年全面竣工,建设期限 6 年。调整批复后,实际建成骨干坝 18 座、中型淤地坝 13 座,小型淤地坝 6 座。控制面积 83.02 平方千米,总库容 1335.18 万立方米,其中拦泥库容 645.19 万立方米,可淤地 130.66 公顷。总投资 2193.00 万元,其中国家投资 1343.00 万元,地方配套 850.00 万元。

李家河坝系下张沟骨干坝施工现场

第四节　称钩河流域水土保持监测

监测内容

2006 年以来,称钩河流域先后被列为黄土高原第一批小流域坝系示范工程、全国水土保持监测网络和信息系统建设二期工程水土流失监测点、全国水土流失动态监测与公告项目。布设雨量观测站 3 处,主沟道出口处建成把口站 1 座,前庄里骨干坝(称钩驿镇对面)右下侧建成投影面积 100 平方米的径流小区 5 个。监测内容主要包括工程建设动态监测、拦沙蓄水监测和坝系工程安全监测。水土保持监测是防治水土流失的基础工作,对于及时掌握水土流失及其防治动态、认识水土流失规律、建立土壤侵蚀模型、预报土壤流失量、掌握水土流失动态、制定水土保持规划、评价水土保持措施效益、制定水土保持方案、贯彻落实水土保持法规具有重要意义,为水土保持预防监督、综合治理、生态环境建设提供可靠信息,加强国家和地方政府对水土流失的宏观监控,实现科学决策。

工程建设动态监测

工程建设动态监测分为坡面治理动态监测和沟道工程建设动态监测两部分。坡面治理工程主要包括梯田、造林、种草、封禁及其他坡面措施等,主要监测坡面工程数量及其变化。沟道工程包括骨干坝和中、小型淤地坝等,主要监测坝系工程数量及其变化。逐年在万分之一地形图上现场勾绘,并将相关信息扫描、矢量化处理后,利用相关软件汇总分析。截至 2008 年 11 月,建成淤地坝 74 座(沟道工程),其中骨干坝 20 座,中型坝 22 座,小型坝 32 座。修建梯田 79284 亩,营造乔木林 5622 亩、灌木林 13852 亩、经济林 1771 亩,退耕还林 5464 亩,水土保持综合治理面积 72.92 平方千米,治理程度 66.9%。

拦沙量监测

在拦沙量监测中,主要通过测量河床淤积高程,计算在不同治理程度和控制面积下,不同类型淤地坝的拦沙量及拦沙率等指标。在拦沙量监测方法上,考虑监测实施安全性与可行性,在库内水面封冻后,采用平均淤积高程法破冰进行拦沙量监测,即从坝前到淤积末端布设若干个断面,测算每一断面各测点高程,然后采用平均淤积高程法计算每个断面的平均高程,再通过各断面的平均高程计算坝内淤积面的平均高程,根据水位~库容~淤积量关系曲线推求淤积量,通过淤积量来计算拦沙量。2006 年,建成淤地坝 24 座,首次开展了淤积面平均高程测量,是下年监测基数。2007 年,建成淤地坝 48 座,已于上年施测的 24 座淤地坝拦沙量 1.89 万吨。2008 年,坝系工程全面完成建设任务,建成淤地坝 74 座,已于上年度施测的 48 座淤地坝拦沙量为 20 万吨。2009 年,规划的淤地坝全部建成,整个坝系工程全面运行的第一年,74 座淤地坝的拦沙总量为 9.32 万吨。2010 年 74 座淤地坝拦沙总量为 10.82 万吨。

径流输沙监测

径流输沙监测的内容主要是通过把口站的径流量及泥沙量。通过监测断面含沙量和流量,计算输沙量。流量监测采用流速仪或浮标法测量,绘制流速面积曲线,计算断面流量。含沙量通过取样、记录体积、排清、烘干、称重等环节计算得出。经监测,2007—2010 年通过把口站的径流量分别为 17.57 万立方米、45.4 万立方米、133.2 万立方米、94.9 万立方米;输沙量分别为 0.10 万吨、2.83 万吨、0.25 万吨、0.44 万吨。

蓄水用水监测

蓄水用水监测,主要监测淤地坝内蓄水情况和生产、生活用水情况。包括淤地坝年末蓄水量、水域面积以及灌溉用水量、人畜用水量。水域面积在拦沙监测过程中直接进行测量；同时在拦沙监测过程中对水面高程测量，根据库容曲线推算年末蓄水量；用水量可根据涵管泄水流量的监测计算，记录取水设施的流量及时间，推求用水量。具体记录每一次单位时间的排、用水量和排、用水时段，计算出每次的总排、用水量，最后对全年的排、用水量进行求和汇总。另外，对蓄水用水监测坝内饮水的牲畜量进行统计，按日用水量估算全年牲畜饮用水量。淤地坝内的蓄水在用途上，除用于解决牲畜饮水外（2006、2007 年进行了试灌溉，但由于碱度过大，2007 年以后不再灌溉），还为下游采砂场及淀粉厂等提供工业用水。

坝系工程安全监测

坝系工程安全监测，包括坝体及其泄水建筑物安全监测和坝系安全运行监测两部分。坝体及其泄水建筑物安全监测，重点检查坝体有无滑坡、冲刷、渗流、沉陷、裂缝等问题；坝系安全运行监测，重点检查是否有病、险坝，是否有水毁、人为毁坏等情况。汛期前后，分别全面巡视检查 1 次，并根据降雨等具体情况随时检查。通过检查，为淤地坝的维修加固提供重要依据，确保工程安全运行。

第七章 预防监督

第一节 队伍建设

1992 年,定西县开展水土保持预防监督试点工作,陆续对各乡镇水保预防监督所的机构和人员进行了调整、完善和加强。2010 年,全区配备水土保持预防监督执法人员 86 人,其中专职监督执法人员 27 人(区水保监督站 6 人,各乡镇水保预防监督所 21 人),兼职监督执法人员 59 人(区水保预防监督站 10 人,各乡镇水保预防监督所 49 人)。区水保预防监督站配备专用执法车、电脑、传真机、摄像机、GPS、数码照相机等设备,并在区财政局设立财政专户。各乡镇水土保持预防监督所确定所长 1 名、专职水保监督员 1~2 人、兼职水保监督员 1~9 人,配备摩托车、照相机等设备。27 名专职水保监督员通过执法培训,持证上岗。负责方案评审和设施验收的 6 名技术人员参加省水土保持局组织的专业培训。

第二节 法规制度建设

为了增强水土保持法律法规和规章的可操作性,规范水土保持监督执法行为,根据水土保持法律法规和规章规定,1994 年 10 月,定西县十二届人大常委会第八次会议审议通过,印发《实施水土保持法办法》。1995 年,定西县人民政府印发《陡坡地治理暂行办法》《水保案件调查处理程序暂行办法》《水土流失危害补偿费、防治费征收、使用和管理办法》《开发建设水土保持方案报告管理办法》《挖砂、采石、取土及用地管理暂行办法》。2001 年 6 月,定西县人民政府印发《水土保持法实施细则》,对原有的管理办法修订完善,制定颁布《水土保持行政执法程序》《水保违法行为举报及查处制度》《水土保持方案审批制度》《水土保持方案年检制度》《生产建设项目水土保持设施竣工验收制度》《水土保持监督检查制度》等 6 个规范性文件。定西县水土保持局制定《水土保持监督执法人员管理办法》《水土保持监督执法工作程序》《水行政处罚决定与收缴分离制度》《水行政处罚听证制度》《水行政复议应诉制度》《水行政监督执法学习培训制度》《水行政执法持证上岗制度》《水行政执法过错追究制度》《水行政执法评议考核制度》等 9 个管理制度,为公平、公正、全面开展水土保持监督执法工作提供制度保障,水土流失防治和水土保持生态植被保护工作走上依法监督管理的轨道。

第三节　生态植被保护

四荒地拍卖

1994年,国务院办公厅下发《关于治理开发农村"四荒"资源,进一步加强水土保持工作的通知》,水利部号召在全国各地开展以荒山、荒丘、荒沟、荒滩为主的"四荒"地拍卖治理工作。1992年,关川河指挥部在内官营镇先锋村购买荒滩地500亩,与内官营镇政府签订30年土地租用合同(土地管理部门、公证部门办理相关手续)。1995年,购买万崖村荒滩地100亩,作为水土保持部门的综合开发基地,打机井,修水渠,引洪压碱,改良土壤,发展种植、养殖、加工业。

1996年,县上组织关川河指挥部、经济研究室、土地管理局在杏园乡联合开展农村"四荒"地拍卖试点工作,白虎村鞋掌湾社农民吴汉以每亩10元的价格拍卖25亩荒坡地50年的开发使用权,成为定西县首例拍卖"四荒"地的农户。1998年,定西县人民政府制定《关于加快治理开发农村"四荒"资源步伐,进一步加强水土保持工作的意见》《"四荒"资源拍卖实施细则》,水保部门在荒山治理程度较好的景家泉乡常川村开展"四荒"地拍卖试点工作。通过3个月的宣传、摸底、组织、发动,60余户农民全部参与"四荒"地拍卖活动,45户农民买走1829亩荒山、荒沟的治理、开发、管护的使用权,占全村"四荒"地资源的86%。按照《中华人民共和国拍卖法》规定的程序进行,公平竞争,乡政府监证,村委会与中买人签订合同,定

西县人民政府颁发《"四荒"资源治理开发使用证》,使用期50年。是年,在景家泉乡常川、席滩和巉口乡赵家铺3个村开展"四荒"地拍卖试点工作。3个村共有可利用"四荒"资源3740亩,其中拍卖2818亩;集体林场和群众宅基地周围治理较好的922亩(占"四

四荒地拍卖

荒"资源面积的24.7%)仍归原治理者管护。参与拍卖农户74户,占总户数的23.4%。收取拍卖金3630元,按县、乡、村3:3:4的比例分成。

2002年7月,根据县人大十三届五次会议《关于加快定西县林业生态建设的决定》,县林业局制定《荒山工程造林区等有林地资源拍卖、承包实施细则》,对本县范围内的荒山工程造林区,凡乡、村认为无力管理或管理不善的集体林场、宜林地、疏林地等(简称"有林地资源")都可以采取拍卖或承包的方式,其使用权、经营权到农户,但所有权仍属集体所有。当年9月,葛家岔乡贾家湾村向营林积极性高的12户农民拍卖(承包)有林地资源1149亩,使用期限50年。

封山禁牧

2001年4月,定西县人民政府印发《关于清理开荒、毁林和实行封禁管护的通知》,对全县范围内已治理和正在治理的重点小流域,国家、集体、个体林场和公路、铁路沿线实行封禁保护,全面推行圈舍养畜,禁止野外放牧、铲草皮、开荒等一切破坏林草植被的行为发生。随后,定西县人民政府发布《关于加强林草管护、改善生态环境的公告》,将全县范围内已治理和正在治理的防护林带、重点小流域,国家、集体、个体林场,退耕还林(草)示范区,以及铁路、公路沿线全部实行封禁保护。

2002年5月,定西县人民政府发布《关于对重点生态工程建设区域实行全面封禁保护的公告》,对各乡镇的部分区域和个别乡镇逐年实施封禁保护,到2004年,全面实施封山禁牧政策。2002年,水利部下达黄河水土保持生态工程定西县生态修复项目,东岳、高峰、杏园三乡的部分区域确定为项目区,促进水土保持生态植被自然修复。按照水土保持生态修复区的建设规划,县水土保持局制订《封育保护区管理制度》《封育保护区村规民约》《黄河水土保持生态工程定西县生态修复项目区水土保持封育保护办法》。2004年,定西市总结安定区封禁保护的经验,制定全市实施封山禁牧政策。

第四节　预防监督执法

开展林草管护工作

1983年,定西县被列为全国八片水土保持综合治理重点县,县乡各级政府加大植被保护力度,每个重点治理小流域确定1名林草管护人员,加强植被保护。1987年,关川河指挥部配备专业林草管护队伍,常年巡回管护。1992年,成立水土保持预防监督站,负责重点流域植被保护工作,与各乡镇签订林草管护责任书,在花岔、官兴岔、石家岔等18条重点流域内确定32名专职林草管护员,巡回检查,保护林草植被,每月报酬40元。1994年,各乡镇制订林草管护《村规民约》。1995年,水土保持预防监督站印发水土保持《三字诀》。1996年,县委书记朱同心、县长刘金良向全县人民致公开信—《林草管护刻不容缓》,号召全县人民积极行动起来,保护林草植被。1997年,组建县、乡、村三级林草植被保护网络,水保部门与各乡镇签订《水保监督责任书》,进一步靠实植被保护责任。从1995年开始,水土保持部门用7年的时间全面清查治理乱开荒现象,1998年在开荒严重的石峡湾乡清查出历年群众开荒3万余亩。截至2002年,清查出历年开垦荒坡地23万亩,全部退耕治理,全县范围内杜绝开垦荒坡地现象。

落实"三同时"制度

1992年,水土保持预防监督管理工作全面启动,主要是清理乱开荒现象,查处进林放牧行为。2000年开始,水土保持监督管理工作重点是监督开发建设项目,落实水土保持"三同时"制度(水土保持设施与主体工程同时设计、同时施工、同时投产使用)。对国道312线改建工程、兰平330KV输变电工程、巉柳高速公路工程、310国道改建工程、宝兰铁路复线工程、兰平750KV输变电工程、平定高速公路工程、兰郑长输油管线工程、天定高速公路工程、兰渝铁路工程、引洮供水一期工程等11个国家重点工程建设项目进行跟踪监督,督促生产建设单位严格按照已审批的水土保持方案报告落实水土流失防治措施,对建设过程中的乱开挖乱弃倒行为及时制止,及时查处,指导施工单位积极开展水土流失防治工作。2009年开始,水土保持监督机构将水土保持监督执法工作逐步深入到地方建设项目中,对2007年以来开工建设的130条乡村公路和城区基础设施建设中形成的裸露边坡,督促乡镇进行治理绿化。截至2010年底,全区各类建设项目累计投入水土流失防治费210余万元,生态植被和水保治理成果得到有效保护。

审批水土保持方案

在水土保持方案的审批工作中,严格执行水利部颁布的《开发建设项目水土保持方案编报审批管理规定》,对本级政府立项的砖瓦(建材)厂、采石厂编报的水土保持方案,按照审批程序和时限依法审批,杜绝违规受理和越权审批现象。截至2010年底,累计受理、审批水土保持方案30个,生产建设单位水土保持方案编报率90%、审批率100%,水土保持设施落实率70%以上。

查处水土保持违法案件

2003年以前水土保持违法案件主要集中在陡坡开荒方面,2003年以后集中在生产建设项目方面。水土保持监督执法机构在查处各类水土保持案件的过程中,坚持教育与处罚相结合、治理恢复植被与征收水保"规费"(即水土流失危害补偿费和防治费)相结合的原则,重治理恢复植被,轻罚款征收水保"规费"。对于违法开荒案件,按照开垦1亩限期治理3亩的标准查处,逾期完不成治理任务的,依法征收水土保持"规费";生产建设项目中的违法案件,责令责任单位积极落实水土流失防治措施,缴纳水土流失危害补偿费,水土流失防治措施落实到位的不予罚款,否则从重处罚。截至2010年底,累计查处各类水土保持违法行为120余起,立案查处45起,涉案人员447人,涉案单位10个;毁坏植被1330.8亩,乱弃渣取土34.23万立方米,治理恢复植被4000余亩,征收水土保持"规费"32.8万元,罚款5182元,治理弃渣34万立方米,恢复植被4000余亩。

征收水土保持规费

1996年,开始征收水土流失危害补偿费和防治费,全县30个砖瓦(建材)厂和6个石料厂,水土流失补偿费收缴率95%左右。至2010年,累计征收水土流失补偿费80余万元。

水土保持预防监督工作取得显著成效。1996年获得"全国水土保持监督执法试点先进县"称号,2001年获得"全国水土保持生态环境监督管理规范化建设先进县"称号。

第八章　城市绿化

第一节　西山、东山、南山绿化

1986年以来,各级领导十分重视城市绿化工作,驻地单位积极踊跃参与,城市绿化步伐明显加快。城区义务植树范围扩展到北起柏林村,南至石坪村,西起李家嘴,东到安家坡,造林树种以侧柏、云杉为主,并配置油松、刺槐、山杏、山毛桃、红柳、珍珠梅、文冠果、榆叶梅等。

西山绿化

西山造林绿化西南至凤翔镇中川村山庄社,北至巉口镇卅里铺村朱家山社,跨度20千米,总面积9720亩(含退耕还林)。从1986年开始,西山绿化以西岩寺为中心,逐年辐射和延伸。1986—1989年,西岩山栽植果树、杏树、榆树等乡土树100亩11000株。1997—1999年,西岩山栽植侧柏、云杉、山毛桃200亩22000株。2001—2002年,西岩山造林绿化与县委统办大楼周边环境绿化相配套,在和尚沟一带栽植侧柏、云杉110亩13000株。2004年4月,市委、市政府和区委、区政府召开城区义务植树绿化动员大会,市、区四大班子领导带领驻地255个单位干部职工和驻定部队官兵,掀起义务植树热潮。各单位划片包干,自筹资金购买树苗,历时三个多月,栽植苗高1.5米、冠幅60厘米、带土坨30厘米以上的侧柏、云杉等常青树85万株,栽植大果沙棘5万株、四翅冰藜7万株、紫丁香3万株、山毛桃50余万株、柠条70余万丛,扦插红柳110万枝,造林面积7100亩。工程前期,区林业局筹措资金开挖植树穴135万个、修建道路13千米,区水利水保局建成蓄水池10座。秋后抽查验收时,侧柏、

定西城区西山绿化

云杉平均成活率达到 97%。

东山绿化

东山造林绿化东南起凤翔镇安家坡村，北至柏林村，绵延 18 千米，总面积 7680 亩(分东山片区和岳家山片区)。1994—1996 年，东山栽植杏树、侧柏、柠条等 60 亩 7000 株。2000 年 4 月，定西城区驻地单位积极响应国家实施西部大开发和退耕还林生态环境建设的号召，加快东山造林绿化步伐。东山片区 27 个单位 810 名干部职工整地 106 亩，造林 70 亩，种植山杏 12000 株;岳家山片区 11 个单位 360 名干部职工整地 76 亩，栽植山杏

定西城区东山造林绿化

6000 株 34 亩。2003 年 4 月，地、县绿化委员会牵头，从林业、水保、园林等部门抽调 60 名技术人员，按照"统一规划、集中连片、综合治理"的原则，划定造林区域和造林任务，统一确定造林绿化树种和完成时限，从规划、整地、调苗、验苗、栽植、浇水、覆土、管理等一系列环节跟班作业，蹲点指导。各单位在造林整地、苗木调运、栽植浇水、补植管护等各环节建立承包责任制，确保一次性绿化、一次性成活，完成造林绿化 5400 亩(含退耕还林地)，栽植侧柏 30 万株，成活率达到 80%。2004 年以后，陆续栽植侧柏 15 万株，造林 2280 亩。

南山绿化

南山造林绿化东起石坪村，西至凤翔镇李家嘴，绵延 11 千米，总面积 3500 亩(含退耕还林)。1990—1993 年，栽植杏树、榆树、侧柏等 80 亩 9000 株。2000 年 4 月，123 个驻地单位 13000 余名干部职工整地 350 亩 (其中退耕

定西城区南山绿化

还林地 150 亩,荒山宜林地 200 亩),栽植侧柏、云杉 287 亩 13720 株。2005 年,定西城区驻地单位营造"共产党员先锋林",栽植侧柏 1350 亩 30 万株(含退耕还林)。2007 年,栽植侧柏、文冠果、刺槐等 783 亩 30 万株。

2010 年,市委、市政府将城区"面山"2.09 万亩造林绿化区域一次性划分给 270 个市、区直属单位及驻定单位,实行造林绿化承包责任制,一包 70 年。

第二节　公园绿化

西岩山森林公园绿化

西岩寺位于定西城西 1.5 千米处西岩山半山腰,寺内栽植牡丹、芍药、探春、连翘等花卉和侧柏、云杉等常绿乔木,榆叶梅、红花槐、国槐、龙爪槐、垂柳、金丝柳等观赏植物。1985 年 11 月,县上成立西岩山森林公园建设委员会,下设办公室,办公地点设在定西县城乡建设局。1986 年,组建定西县园林绿化站,具体负责公园建设。县上筹措资金维修西岩寺 4 座大殿,甘肃无纺织地毯厂出资修建"飞天亭",城区部分单位筹资修建 1 座四角亭、剧场和舞台,县水利局修建公园一级上水工程,县园林绿化站移植"中国牡丹之乡"山东菏泽牡丹 2000 余株,移植玫瑰 1000 余株,建成牡丹园 10 亩、玫瑰园 10 亩、花灌木园 10 亩。西岩山森林公园占地 2340 亩,种植针阔叶树种刺柏、侧柏、云杉、红柳、垂柳、国槐、刺槐、红棉木、新疆杨、五角枫、榆叶梅、丁香、连翘、探春、文冠果、杏树、山毛桃、沙棘、柠条等。1986—1989 年,在西岩山阳屲山栽植果树、杏树、榆树等乡土树种 100 亩 11000 株。1993 年 3 月,牡丹园内建成牡丹仙子雕塑 1 尊,从定西县车道岭林场移植 1.5 米以上大侧柏 2000 余株,定植周围山上。1995 年,西岩山森林公园二级上水提灌工程开工,次年 5 月竣工,解决 500 亩 67190 株人工林及 30 亩花灌木园的灌溉用水。其余 1840 亩宜林地采用修筑反坡台、鱼鳞坑等抗旱措施,选用抗旱、耐瘠薄树种,雨季采用大坑、大苗、深栽造林,提

西岩山绿化

高苗木成活率。1997—1999年,栽植侧柏、云杉、山毛桃200亩22000株。1998年,西岩山公园被省林业厅批准为省级森林公园。

2000年,动员城区37个单位3260名干部职工整地389亩,栽植侧柏2697株、山杏6630株、山毛桃4420株,造林238亩,成活率90%以上。2001年4月,城区单位栽植侧柏2188株、云杉150株,点播柠条13亩,园林绿化站栽植侧柏26.4亩、山杏100亩。2002年4月,城区30多个单位干部栽植侧柏1712株、云杉1150株,公园管理人员栽植芍药66墩、侧柏630株。2003年,实施和尚沟流域治理工程,投入资金48万元,栽植大苗侧柏、高杆云杉86亩5400余株。2004年,栽植侧柏19万株。2005年,补植侧柏280株、牡丹280余株。2009年,西岩山森林公园被省旅游局评为国家AA级旅游景区。

玉湖公园绿化

1997年,县上决定在定西县苗圃原址修建玉湖公园,北临永定路、南临镇龙路、西接定临路。1998年6月开工建设,建成希望碑、玉湖楼、凤城龙门、湖心岛、秋花仙子、城隍棋台、儿童游乐城、愚公移山雕塑、文天祥纪念馆等20个景点,1999年9月28日向游客开放运营。总投资4000余万元,总面积8.13万平方米,建筑面积2.53万平方米,水域面积1.2万平方米,绿化面积4.4万平方米,栽植国槐50株、垂柳120株、红叶李80株、云杉70株、刺柏球50株、侧柏30株、祁莲圆柏50株、榆叶梅150株、紫丁香120株、黄刺玫90株、水腊、黄杨、金叶女贞、红叶小檗等花灌木色带1万平方米45万株,山荞麦、五叶地锦等藤本植物5000株,草坪2.8万平方米。湖、山、亭、榭、楼、台遥相呼应,布局合理,工艺精细,风格独特,配置月季、香石竹、唐菖蒲、九月菊等20万株,具有地方特色和时代气息。2003年,被甘肃省旅游局评为国家AA级旅游景区。2007年7月1日,向游客免费开放。

玉湖公园绿化

第三节　街道、广场、花坛绿化

1986 年,定西县城市建设初具雏形。县城建局负责城区主干道两旁街道绿化管理。从河南、陕西及榆中、永登、甘谷、临洮、陇西、渭源等地引进高杆、高档树种,广植国槐、刺柏、云杉、垂柳、垂榆等树种,红叶小檗、金叶女贞、黄杨、水腊、红花槐、金枝槐、红叶李、雪松等树种也逐年落户定西。

中华路街道绿化

中华路呈南北走向,为城区交通主干道。1995 年,编制建设性规划,栽植国槐 40 株、侧柏 15 株、绿篱 10820 株,修剪行道树 500 余株;1996 年,栽植胸径 10 厘米以上的大国槐 50 株、大侧柏 18 株;1998 年,栽植花灌木 109 墩、国槐 50 株、绿篱 7000 株;1999 年,中华路街道绿化改造,栽植木槿 40 株、绿篱 4000 株、国槐 50 株、侧柏 25 株;2000 年,城市街道拓宽,栽植国槐 128 株、低杆苗木 400 株;2001 年,栽植低杆苗木 600 株;2004 年,栽植侧柏 6.5 万株。

中华路街道绿化

交通路街道绿化

交通路呈南北走向,为城区交通主干道。1995 年,编制建设性规划;1996 年,栽植 10 厘米以上大国槐 36 株、大侧柏 18 株;1999 年,栽植国槐 37 株、侧柏 25 株、云杉 50 株;2000 年,栽植国槐 558 株、低杆苗木 171 株、刺柏 457 株;2001 年,栽植国槐 547 株、低杆苗木 1000 株;2004 年,栽植国槐 300 株。

永定路街道绿化

永定路呈东西走向,为城区交通主干道。1995 年,编制建设性规划,栽植国槐 38 株;1998 年,栽植国槐 100 株,街道绿化 200 米;1999 年,栽植国槐 100 株;

2000年,栽植低杆苗木300株、国槐219株;2001年,栽植低杆苗木500株、桧柏399株、国槐76株;2004年,栽植国槐423株、金枝槐201株;2010年,栽植金叶女贞10000株、水腊6300株、红叶小檗2750株。

永定西路绿化

永定西路位于新盘旋路十字至中川村,呈东西走向,为定西通往临洮、渭源县的交通主干线。2004年,城市绿化重点改造,栽植花灌木5000株、乔木6000株、侧柏50株、龙柏2000株。

解放路街道绿化

解放路呈东西走向,为城区主干道。1995年,编制建设性规划;1999年,栽植国槐836株;2000年,栽植低杆苗木300株、国槐213株;2001年,栽植低杆苗木1000株;2010年,栽植金叶女贞2000株。

西岩路街道绿化

西岩路呈南北走向,为城区环城主要路段。2010年,栽植刺柏257株、云杉176株、国槐377株。

西岩路街道绿化

北城路街道绿化

北城路呈东西走向,为城区交通主干道。1995年,编制建设性规划,栽植垂柳64株、其他苗木500株;2000年,栽植垂柳200株;2004年,栽植金丝柳134株;2010年,栽植金叶女贞1000株。

公园路街道绿化

公园路呈东西走向,为城

公园路街道绿化

区交通主干道。2000 年,拓宽改造为宽 26 米、长 1.35 千米的两块板式道路;2001
年,栽植雪松 32 株、金丝柳156 株、刺柏造型 6 株、高山黄杨 12000 株、红叶小檗
11000 株;2004 年,栽植低杆苗木 5000 株、乔木352 株、花灌木 3000 株、香椿 100
株、黄杨 3000 株;2010 年,栽植国槐 1000 株、红叶小檗1000 株、红黄金带 100 株。

友谊路街道绿化

友谊路呈南北走向, 为城
区交通主干道。1999 年,栽植国
槐 73 株;2001 年,栽植国槐 26
株;2004 年,栽植香椿 52 株、红
叶李 21 株;2010 年, 栽植水腊
3000 株、红叶小檗 2000 株。

友谊路街道绿化

民主路街道绿化

民主路呈东西走向,为城
区环城交通主干道。1998 年,拓宽改造,栽植刺柏 50 株、侧柏 3000 株;1999 年,栽
植垂榆 61 株、刺柏 77 株;2000 年,栽植垂榆 42 株、刺柏61 株,草坪绿化 704 平方
米;2001 年,栽植垂榆 14 株;2004 年,栽植垂榆 9 株、侧柏 42 株、红叶李 20 株;
2010 年,栽植红叶李 1150 株、水腊 1000 株、金叶女贞 3000 株。

正龙路街道绿化

正龙路呈东西走向,为城区交通主干道。1999 年,拓宽改造,栽植国槐 50 株、
侧柏 25 株。

文化路街道绿化

文化路呈南北走向,为城区交通主干道。1999 年,拓宽改造,栽植大侧柏 25
株;2010 年,栽植国槐 50 株、大侧柏 25 株。

2010 年底,园林绿化部门对定西城区东至交通路,南至马铃薯市场,西至定
西师专,北至污水处理厂的街道绿化进行了详细调查统计。定西城区街道绿化主
干道 12 条,绿化带总面积 52194 平方米,栽植各类乔木树 6470 株。其中,常绿乔
木 1561 株、落叶乔木 4909 株。

定西城区各路段绿化树木一览表

表 10-7-1

路 段	长度	面积	刺柏	云彬	红叶李	红花槐	龙爪槐	龙柏	雪松	泡桐	国槐	金枝槐	柳树	香椿	侧柏
交通路	9237	18474	775		481						1461				
中华路	2231	4161			47				49	51	510				
西环路	1377	8190	257	176							377				
永定路	420	1008									362	187			
永定西路	2212	8848			237			138			73				
解放路	598	1451									369				
公园路	1388	5552	23		29	16							113		
友谊路	783	1566									97			126	
北城路	168	610											22		
民主路	1556	2334	143				48				162				
正龙路															192
文化路											141				
合 计		52194	1198	176	794	16	48	138	49	51	3552	187	135	126	192

大什字街心花坛绿化

1986 年,建造大什字街心花坛,占地面积 1800 平方米,为城市公共绿地。栽植绿篱墙 1000 米,栽植贴梗海棠 8 株、紫丁香 12 株、探春 12 株、牡丹 8 墩、芍药 12 墩、刺柏 20 株、云株 8 株,花坛中央位置矗立"中国马铃薯之乡"碑,为定西城区标志性建筑。2003 年,大什字街心花坛拆除。

盘旋路街心花坛绿化

1986 年,在解放路西口与友谊路交叉处建成分散式花坛,占地 600 平方米,建有月季园 1 处,为市民主要娱乐场所。1998 年,补植花灌木 109 墩、绿篱 400 米 400 株。2006 年 10 月,道路提升改造时拆除花坛,在定西市卫生学校门口新建正立广场,建筑面积 2682 平方米。

清水桥花坛绿化

2000 年,在永定路西口与定临公路的交叉处建成清水桥花坛,北与西环路南口相接,占地面积 400 平方米,为三岔路口交汇地带。2000 年,栽植红叶小檗、贴梗海棠、玫瑰等苗木 456 株,栽植草坪 285 平方米。2001 年,栽植花草苗木 1200 株。2009 年,城区街道拓宽时拆除。

西苑广场绿化

2008 修建,占地面积 6500 平方米,绿化面积 5853 平方米,绿化设计结合护坡工程,设计立体式现代园林景观,铺设崎岖卵石小道,安装休闲桌椅和喷泉等园林基础设施。栽植国槐 150 株、油松 58 株、香柳 80 株、云杉 80 株、红叶李 125 株、柽柳 800 株、碧桃 300 株、紫丁香 120 株、刺柏球 120 株、榆叶梅 120 株、月季1500 株、黄刺玫 50 敦、贴梗海棠 50 墩、牡丹 75 墩、金叶女贞 50000 株、红叶小檗 50000 株、水腊 50000 株,种植三叶草 2000 平方米。

立交桥广场绿化

2001 年修建,占地面积 19000 平方米,铺设彩砖 8000 平方米,绿化面积 6000 平方米,栽植国槐 50 株、垂柳 80 株、红叶小檗 10000 株、金叶女贞 10000 株、水腊 10000 株,种植草坪 5000 平方米。至 2010 年,经过多次改造提升,占地面积 18000 米,其中绿化面积 5000 平方米。改造提升绿化设计充分利用立交桥桥桥墩的空闲地和周围建筑、道路,建造喷泉、雕塑、建筑小品、座椅等设施,融合集会、休闲为一体的娱乐广场。绿化改造提升注重乔灌草合理搭配,栽植国槐 33 株、火炬 16 株、樱花 13 株、银杏 6 株、油松 4 株、梧桐 15 株、白皮松 6 株、丝棉木 11 株、白腊 8 株、红瑞木 10 株、白玉兰 30 株、刺柏球 150 株、小叶黄杨 10000 株、胶东卫矛 20000 株、金叶女贞 45000 株,红叶小檗 2000 株。红帽子月季2100 株、地被石竹 1700 株,播种草坪 2795 平方米。

友谊广场绿化

2005 年修建,占地面积 20000 平方米, 绿化面积 6000 平方米。绿化设计强调人文、自然、建筑与可持续发

友谊广场绿化

展的规划设计理念,形成强调主轴、利用辅轴、供绿生景、协调统一的开放式规划结构。自然式与规划式手法相结合,期间设置叠水、雕塑等环境小品,通过片状集中绿地、生态绿化带、景观步行几个不同功能的景观中心,在空间上形成和谐的绿化景观观赏系列。种植云杉 30 株、马尾松 15 株、侧柏 15 株、刺柏球 10 株、红叶李 5 株、连翘 5 墩、榆叶梅 5 墩、丁香 5 墩、红叶小檗 1200 株、金叶女贞 1800 株、黄杨 4000 株,混播草坪 5000 平方米。

第四节　机关庭院绿化

市委机关庭院绿化

1988 年,定西地委、行署机关绿化一期工程开始建设。1997年, 建成 1 号楼前花园1 处,占地 2.7 亩, 栽植侧柏绿篱墙 342米、4980 株、榆叶梅 41 株、紫丁香 11 株、松树 20 株、龙柏 10株、玫瑰 14 墩、牡丹 26 墩、芍药26 墩,建成花园中心人工喷泉,投入资金 100 万元。1998 年建

市委机关庭院绿化

设二期工程,建成 1 号楼周围小花园 4 个,占地近 1 亩。2010 年,栽植榆叶梅 20株、紫丁香 26 株、松树 20 株、龙柏 18 株、玫瑰20 墩、牡丹 20 墩、芍药 20 墩,机关庭院绿化面积 3.27 亩, 投入资金 20 余万元。

区委统办楼机关庭院绿化

2004 年, 区委统办大楼落成,庭院绿化规划设计建设同步进行。草坪绿化面积 41000 平方米。中心花园内有红、黄、绿三色花灌木组成的色带。庭院周围栽植垂柳,铺设卵石小道,种植刺槐 200 株、垂柳 110 株、国槐

区委机关庭院绿化

100株、红花槐50株、红叶李50株、龙爪槐100株、刺柏球200株、红叶小檗10000株、金叶女贞10000株、侧柏绿篱5000株、月季1000株。绿化覆盖率70%。

武警定西支队营区绿化

1984年,武警定西支队建队,先后投入200余万元绿化、美化营区。1985年,种植国槐30株、垂柳20株。1998年,种植草坪2600平方米,栽植金丝柳40株、云杉16株。2007年,种植草坪2400平方米,栽植银杏8株、刺柏88株、紫丁香2株、刺柏球20株、龙爪槐10株、月季1000株。营区内绿树成荫,花色满园。

驻定84514部队营区绿化

驻定84514部队在营区内开展植绿、护绿活动,大量栽植阔叶树和针叶树。建成草坪绿地1000平方米,栽植云杉30株、侧柏40株、油松20株,栽植牡丹、探春、丁香、月季、大丽花、郁金香、芍药、八瓣菊、翠菊、麦秆菊等花卉、灌木数十种。

定西供电公司机关庭院绿化

2003年,定西供电公司注重机关庭院及住宅小区绿化。投入资金300余万元,栽植云杉、雪松、国槐、龙爪槐、高杆侧柏、祁连圆柏、龙柏、栾树、梧桐、垂柳、合欢、刺柏球、玉兰、木槿、红叶李、海棠、日本樱花、龙桑、黄杨、月季、八瓣菊、丁香、

月季、牡丹、芍药、玫瑰、碧桃、黄迎春、黄刺梅、榆叶梅、金叶女贞、红叶小檗、冬青球、爬山虎等各类乔灌木高杆树种1.5万余株、常青乔木6万余株、落叶乔木3万余株,种植草坪26000平方米,修建玻璃温室1座,摆放鲜花5000盆,庭院绿化率36%。

定西供电公司机关庭院绿化

定西师范高等专科学校校园绿化

定西师范高等专科学校是2003年4月教育部批准成立的全日制普通高等专科学校。校园占地358亩,绿化面积125亩。后山占地450亩,绿化面积200亩。

2003年,被甘肃省人民政府授予"甘肃绿化模范单位"称号。绿化校园54.6亩,校园绿化率35.5%,栽植各类花卉苗木50余种,侧柏绿篱墙890米,榆树绿篱墙800余米,草坪(包括足球场地)2万平方米。建有喷泉荷花池、牡丹园、月季园、玫瑰园等各种花坛、花池20个。绿化树种有杜松、红松、油松、华山松、侧柏、刺柏、祁连圆柏、云杉、洒金柏等常绿乔木,落叶松、火炬、白腊、垂柳、金丝柳、红叶李、新疆杨、香椿、梧桐、榆树、国槐、文冠果等落叶乔木,苹果、梨、毛桃、杏、樱桃、花椒等果木类乔木,红叶李、龙柏、沙柳、黄杨、金叶女贞、红叶小檗等灌木,榆叶梅、黄迎春、黄刺玫、牡丹、月季等花灌木。校内还种植兰草、万年青、石竹、黄花、串草、大七叶、菊花、一串红、鸡冠花、矮牵牛等多年生草本花卉,以及金银花、爬山虎、荞麦花、串竹帘、牵牛花等藤本植物。

定西卫生学校校园绿化

定西卫校为原财贸干校旧址,绿化基础好,早期栽植大量刺槐、青杨、榆树、柳树等树种。卫校建校以后,开辟新的绿地空间,引进栽植侧柏、刺柏、雪松、椴叶槭等常绿树种,修建花灌木园,大量种植牡丹、芍药、丁香、长寿菊、翠菊、旱地金莲、八瓣菊、金盏花等花卉苗木,校园绿化率30%。

定西市第一中学校园绿化

定西一中有年代久远的柳树、洋槐、榆树等名木古树和紫花槐、忍冬、丁香、海棠、榆叶梅、碧桃、连翘、探春等珍贵稀有树木,花草树木繁多。栽植侧柏绿篱12000平方米,月季园200平方米,草坪6000平方米,榆树绿篱墙2600米,绿化面积33800平方米,占校园面积的30%。2003年被评为城区绿化先进单位,1997年、2009年先后被评为省级绿化单位。2003—2010年,投入资金40万元,栽植云杉、盘头榆、龙爪槐、国槐、高杆侧柏、香椿等乔木650株,连翘、迎春、月季、榆叶梅、丁香、忍

定西市第一中学校园绿化

冬、牡丹、芍药等花灌木 420 株，红叶小檗、金叶女贞等 4 万株，种植草坪 3500 平方米。

东方红中学校园绿化

东方红中学校园绿化景观包括花架长廊、花池、花灌木园，绿地面积 4600 平方米，种植云杉 18 株、国槐 30 株、垂柳 30 株，龙爪槐 15 株、刺柏球 30 株、侧柏 20 株、榆叶梅 50 株、紫丁香 40 株、贴硬海棠 30 株、连翘 20 株、月季 200 株，金叶女贞、红叶小檗色带 2000 平方米。高杆树和花灌木相互搭配，四季常绿，三季有花，别具风格。

第五节　住宅小区绿化

安居工程住宅小区绿化

安居工程地处友谊北路和北城路交汇处，是地县两级政府为解决城市居民住房困难修建的第一处"安居工程"。2003 年绿化费用 18000 元，2010 年增加到 28000 元。栽植红花槐 5 株、龙爪槐 161 株、侧柏 55 株、刺柏 340 株。草坪绿化面积 19445 平方米，绿化率 32.1%。

广厦住宅小区绿化

广厦小区位于中华路北段与民主路交汇地。2005 年，栽植各种高杆树种及阔叶低杆树 1127 株。其中，雪松 38 株、云杉 35 株、侧柏 60 株、刺柏 138 株、国槐 20 株、龙爪槐 85 株、马尾松 10 株、牡丹 100 株、黄刺梅 20 株、高山黄杨 150 株、月季 340 株。累计投入绿化资金 51.5 万元，每年绿化养护费用 36800 元。小区绿化面积 3.2 万平方米，绿化率 32%。

铁路住宅小区绿化

铁路小区位于定西火车站与定西运输公司之间，分为仟僖园、仟福园、丽景园三个小区。仟僖园小区 2003 年开始修建，绿化面积 4823 平方米，绿化率 25.3%。栽植针阔树种和花灌木 16 类 8627 株。其中，红花槐 26 株、金丝柳 26 株、木槿 22 株、沙金柏 14 株、黄杨球 2 株、雪松 5 株、龙爪槐 19 株、红叶李 18 株、丁香 11 株、刺梅 6 株、榆叶梅 3 株、桧柏 5 株、黄杨 5120 株、龙柏 1120 株、红叶小檗 1200 株、月季 1030 株。仟福园小区 2003 年开始绿化建设，绿化面积 2939 平方米，绿化率

35.5%。投入资金 58280 元,栽植各类针阔叶树木 500 株。其中,雪松等高杆树种 66 株、阔叶类 16 株,栽植红花槐 24 株、木槿 7 株、沙金柏 5 株、雪松 2 株、龙爪槐 6 株、桧柏 7 株、黄杨 78 株、红叶小檗 50 株。丽景园 A 区 2009 年建成,庭院绿化面积 300 平方米,绿化率 3.5%。栽植各类树木 8 种 28 株。丽景园 B 区 2010 年建成,绿化面积 3700 平方米,绿化率 26.3%。栽植各类树木 8 种 191 株。

江夏名城住宅小区绿化

江夏名城住宅小区地处西岩路,小区绿化分三期进行。2003 年一期绿化 20 亩,2005 年二期绿化 20 亩,2007 年三期绿化 30 亩。栽植柏树 600 株、松树 500 株、桃树 100 株、杏树 200 株、柳树 80 株、樱花树 50 株、花灌木 300 株。历年增补树木 300 株,绿化草坪 25 亩,开辟花园 16 个、面积 8 亩。

兴隆苑住宅小区绿化

兴隆苑住宅小区毗邻区委统办大楼。2005—2010 年,绿化面积 4927 平方米,绿化率 36.3%。栽植各类针阔叶树 200 株。其中,刺柏 90 株、龙爪槐 15 株、榆叶梅 6 株、红叶小檗 40 株、月季 40 株,绿化草坪 900 平方米。每年投入绿化资金 8000 多元。

宏通苑住宅小区绿化

宏通苑小区位于定临路旁,东临玉湖公园。2008 年 10 月开始小区绿化,绿化面积 32000 平方米,绿化率 38%。栽植各类树木 1000 余株。其中,雪松 4 株、国槐 105 株、金丝柳 70 株、刺柏 60 株、美人梅 103 株、珍株梅 107 株、木槿 81 株、刺柏球 25 株。

凤凰苑住宅小区绿化

凤凰苑小区位于西岩路北端。2007—2009 年,A 区绿化 4780 平方米,绿化率 35.2%;2010 年,B 区绿化面积 12290 平方米,绿化率 35.2%。栽植各类针叶阔叶乔木 242 株。其中,云杉 63 株、刺柏 16 株、垂柳 22 株、垂榆 10 株、国槐 10 株、龙爪槐 20 株。栽植各类花灌木 860 株。其中,黄刺梅 40 株、榆叶梅 60 株、紫丁香 60 株、黄杨 250 株、月季 450 株。投入绿化资金 62.5 万元,每年养护费用 38900 元。

新城佳苑住宅小区绿化

新城佳苑住宅小区位于临洮路东段西侧,绿化工程 2010 年 5 月建成使用,绿化面积 30591 平方米,绿化率 35.6%。栽植各类乔木 30 个品种 1996 株,其中,云杉 42 株、国槐 47 株、红花槐 38 株、法桐 85 株、栾树 25 株、椿树 166 株、银杏 32 株、樟子松 24 株、垂柳 16 株、五角枫 19 株、红叶李 129 株、白玉兰 76 株、龙爪槐 121 株、樱花 181 株、牡丹 196 株、榆叶梅 134 株、芍药 86 株。栽植花灌木 335 株,其中,大叶黄杨 136 株、龙柏球 102 株、刺柏球 97 株。种植三叶草坪 20257 平方米。

广厦阳光家园小区绿化

广厦阳光家园小区位于民主路西段北侧,绿化工程 2009 年建成,绿化面积 200 平方米。栽植刺柏 28 株、榆叶梅 50 株、红叶李 5 株、高山黄杨 150 株、垂柳 1 株、国槐 2 株、牡丹 10 墩。

瑞丽佳苑住宅小区绿化

瑞丽佳苑住宅小区位于民主路南段北侧,绿化工程 2010 年 8 月建成使用,绿化面积 59647 平方米,绿化率 36.3%。栽植各类乔木 18 个品种 551 株,其中,银杏 23 株、国槐 164 株、云杉 38 株、樟子松 8 株、核桃 15 株、金枝槐 14 株、合欢 5 株、刺槐 126 株、垂柳 61 株、五色碧桃 25 株、樱花 11 株、红叶李 11 株、梅杏 10 株、龙爪槐 3 株、枣树 1 株、圆柏 18 株、刺柏 17 株、柿子树 1 株。配置花灌木 24 个品种。其中,探春 2 株、金叶假连翘 17 株、毛叶丁香球 19 株、榆叶梅 25 株、黄刺玫 27 株、连翘 2 株、贴梗海棠 37 株、蓝丁香 13 株,丝兰、大叶黄杨、小叶黄杨、金叶女贞、红叶小檗、迎春、麻叶绣线菊、月季、牡丹、芍药、鸢尾、马莲、景天、水腊、五叶地锦、萱草等花灌木 1630 平方米。

第六节　新城区绿化

生态园绿化

2009 年,市委开展"天更蓝、地更绿、水更清"学习实践科学发展观主题活动,动员市区各单位干部职工捐款 491 万元,本市工作过的老领导及本籍在外工作人士捐款 201 万元,启动实施新城区生态园绿化工程。工程由甘肃省林业规划设计院设计,市林业局负责,巉口林场施工,2009 年 3 月 24 日开工,2012 年 5 月建成正式向市民开放。生态园东临关川河,南接体育场和新城佳园,西连薛家岔沟口,北靠惠民家园、悦馨家园,呈东西走向,分为东、中、西三区,总占地面积 234 亩。绿化工程以乡土树种和景观树种为主,依原有地势而建,疏密适当,错落有致,形成一定的层次感;常绿树种与落叶乔木相结合,四季不同花色的花灌木搭配。尽量避免裸露地面,广泛进行垂直绿化,各种灌木和草本类花卉加以点缀,使园区达到四季常绿,三季有花。乔木选择观赏价值高、树干挺拔、抗逆性强、生态功能强、冠幅大、遮阴效果好、适宜本地生长的刺槐、国槐、红花槐、河北杨、榆树、白蜡、臭椿、西湖垂柳等树种,常绿树选择树形较好的刺柏、云杉、祁连圆柏、油松、樟子松、杜松、龙柏、高山黄杨、金叶女贞、北海道黄杨、胶东卫矛等树种,风景树主要选择龙爪槐、金枝槐、金叶榆、栾树、五角枫、

新城区生态园

雪松等观赏价值高的树种,灌木树选择易开花挂果的文冠果、黄刺梅、紫丁香、榆叶梅、桃梅、迎春、连翘、贴梗海棠、牡丹、珍珠梅、玫瑰、紫叶李、红叶小檗、金叶莸、醉鱼草、花棒子等花灌木,绿篱及藤本植物主要选择易修剪造型的侧柏、刺柏、榆树、山荞麦、五叶地丁等树种。2009年,栽植各类针叶树382株、阔叶树481株、花灌木1161株,彩灌组团26932株。2010年,栽植各类针叶树170株、阔叶树3350株。

临洮路绿化

临洮路南北走向,连接民主路和薯都大道,道路总长3512米,绿化工程投资概算800万元。道路断面宽36米,中央绿化带宽6米,机动车道与非机动车道隔离带宽2米,道路两侧另有1米绿化带。道路中央绿化带,种植高大常绿乔木白皮松350株、樟子松350株,四季常绿。迎合四季节气分段,种植锥形刺柏720株、樱花500株、白玉兰400株、红叶碧桃400株、紫薇300株,三季开花,观赏价值高。间隔种植小叶女贞球400株、连翘400株、紫丁香300株、大叶黄杨球300株、忍冬300株。下层种植由金叶女贞、小龙柏、红叶小檗等红、黄、绿三色组成的花灌木色带9000平方米,栽植苗木27万株。坡面种植三叶草、麦冬草草坪9000平方米。中间绿化带设计成微地形,苗木搭配高低错落,风格独特,纵向通过曲线变化和竖

向起伏,使绿化效果特色鲜明。机动车道与非机动车道隔离带中间种植高杆苗木

锥形刺柏400株、红叶李400株、火炬树300株、红叶枫300株,其间分段种植由金叶女贞、小龙柏、红叶小檗、红帽子月季、胶东卫茅拼成的花灌木色带12000平方米,栽植苗木25万株。道路两侧绿化带中间种植高杆乔木国槐1400株,其间种植麦冬草7000平方米。

临洮路绿化

关川河景观带绿化

新城区关川河景观带总长2860米,宽18~20米,设计修建各式园林景观、景点,配以大面积的草地和花木绿化为衬托。绿化地带底色以三叶草坪为植被植物覆盖全线,种植草坪5万平方米,中间点缀栽植乔、灌、花,众多品种的花木镶嵌其中,融为一体。栽植云杉100株、刺柏600株、刺槐500株、核桃树50株、国槐1400株、栾树80株、白皮松200株、龙爪槐120株、丝棉木100株、垂柳550株、复叶槭80株、碧桃100株、樱花30株、火炬30株、榆

关川景观带绿化

叶梅200株、贴梗海棠150株、紫丁香100株、连翘100株。绿化地带中间,人行步道贯穿全线,将台街与通渭街中间设置200米长的休闲广场。通渭街以北绿化带中间安装设置自动喷灌系统,所有草坪绿化地带安装草坪灯。

第七节　园林绿化管理

1984年,成立定西县绿化工程队,负责城市园林绿化管理工作。1986年,绿化工程队改称定西县绿化站,为科级事业单位,工作人员42人。征用城关乡友谊村五社南山脚沟台地12亩,作为园林绿化苗圃基地。1987年,制订《定西城区绿化规则》,确立城区街道、单位庭院、公共绿地等园林绿化近期、远期规划。城区绿化"以面为主、点线穿插",公共绿地"以小为主、中小结合",单位庭院绿化"见缝插针"。1988年,定西县绿化站更名为定西县园林绿化站。1994年5月,定西县人民政府印发《定西城区绿化管理暂行办法》,明确定西城区绿化管理范围、绿化管理职能部门、苗木绿地归属、绿化规划、绿化管理单位责任、奖励惩罚办法等,要求绿化管理部门完善各项管理制度,建立健全绿化档案,科学养护及引种、换种等工作。坚持任务划片包干,责任到人,奖罚分明,绩效挂钩,使城区绿化达到一个较高的水平。1997年7月,撤销定西县林业局所属城关造林站,人员划转园林绿化站,城区四山绿化管理职能划归园林绿化站。

1999年,成立定西县园林局,将定西县城乡建设环境保护局所属园林绿化站划归园林局管理。2003年12月,更名为定西市安定区园林绿化站。园林绿化站由定西西川搬迁至交通路78号凤翔镇人民政府院内。2010年,安定区园林绿化站有职工71人。其中管理干部10人,专技人员21人,技术工人40人。本科学历3人,大专学历28人。副高级工程师1人,工程师7人,助理工程师13人。

第九章　环境保护

第一节　管理机构

1986 年前,定西县城乡建设环境保护局内设环境保护股,开展城区水、气的排污收费工作。1987 年 10 月,成立定西县环境卫生管理站。1991 年 9 月,成立定西县环境保护监理站。2002 年 11 月,定西县环境保护监理站更名为定西县环境监察大队,负责全县环境保护及水、气、噪声、固体废物的排污收费和登记管理工作。2005 年 9 月,组建安定区环境保护局,负责全区环境影响评价、放射性污染监测、城乡环境保护、生态保护和水、气、噪声、固体废物的排污收费管理、监督监察工作。2010 年 7 月,区环境保护局由区政府直属事业机构调整为区政府工作部门,负责城乡环境保护、环境影响评价、放射性污染监测、环境执法监察、生态保护及各项排污收费等工作。

第二节　污染源

1986 年以来,随着定西城镇人口急剧增加、地方工业企业兴起、城镇化进程不断加快,大气、水、声、固体排放物污染问题日益突出。总体上呈现先污染、后治理,再污染、再治理的态势,发展地方经济与治理环境污染矛盾并存。随着环境治理投入不断增加,环境状况有所改善,但环境自净能力和环境控制能力仍十分薄弱。

废气

1984 年,定西县首次开始调查统计废气污染源。当年燃烧煤炭 5.22 万吨,其中工业燃煤 1.34 万吨,民用燃煤 3.88 万吨。县境内有各种机动车辆 2187 辆,年消耗各类油料 3200 余吨。城区有工业、民用锅炉 51 个,排尘量 1866.9 吨,废气排放量 647.23 吨,其中二氧化硫 184.15 吨,氮氧化物 49.08 吨,一氧化碳 152.3 吨,烟尘 258.76 吨,其他 2.94 吨;工业粉尘排放 0.02 吨。

2010 年,根据污染物排放量,全区确定 42 家主要污染源。二氧化硫排放量比 2005 年增加 690 吨, 烟尘排放量同比增加 126 吨, 氮氧化合物排放量同比增加

209吨。大气污染属煤烟型污染,主要大气环境污染源自工业企业生产锅炉和采暖锅炉烟尘排放,以及城乡居民生活燃煤、汽车尾气排放等。大气环境污染物因子为大气总悬浮微粒(TSP)、二氧化硫(SO_2)、氮氧化物(NOX)、烟尘和粉尘,大气污染在冬季、清晨和傍晚最为严重。二氧化硫、氮氧化物、烟尘和粉尘浓度冬季高、夏季低;大气总悬浮微粒浓度春季高,冬季次之,夏秋季低;大气总悬浮微粒为各季节主要污染物。全区以城区为集中区域。2007年以后,大气环境质量二氧化碳年平均值呈逐年恶化趋势,大气总悬浮微粒、二氧化硫平均值呈逐年好转趋势。2010年,全年二氧化硫排放量1630吨,烟尘排放量878吨,氮氧化合物排放量478吨。

废水

定西城区河道主要由祖厉河水系关川河及其一级支流西河和东河组成。东河河道长6千米,西河河道长7千米,西河、东河在气象桥北侧汇入关川河,至王家窝窝河道长4.4千米,城区内河道总长17.4千米,水资源匮乏,持续断流时间长,自净能力弱,水质差。污染以有机污染为主,主要污染因子为化学需氧量(COD)、氨氮、大肠菌群和悬浮物。地表水污染枯水期最为严重。污染物化学需氧量、氨氮浓度春秋季高、夏冬季低,枯水期高、丰水期低;大肠菌群深度枯水期高、丰水期低;化学需氧量和大肠菌群在各季节为主要污染物。2002年为劣五类水质,严重超标,主要污染断面为气象桥,主要污染物为化学需氧量和氨氮。化学需氧量346毫克/升,超标10.5倍;氨氮24.73毫克/升,超标15.5倍。水体污染主要来自三个方面:工业企业特别是淀粉行业废水排放量大,处理率低;酒店餐饮行业废水排放,基本是无处理排放;城市生活污水和污染物排放量大幅度增加。2010年底,河道内共有污水排放口130个,其中企业排污口18个,生活排污口112个。污水年排放量316万吨,污染物化学需氧量排放量700吨,氨氮排放量111吨,还有其他污染物。

企业排污口 定西城区河道共有企业排污口18个(东河12个、西河6个)。其中,接入工业污水管网的10个:薯乡淀粉公司、市政料场、宏煊淀粉公司(南川厂区)、金龙路口、陇海乳品公司、超兴淀粉公司、马家岔沟口、宏煊淀粉公司、陇朊乳品公司、清源污水处理厂各1个。未接入管网的8个:陇海乳品公司3个、超兴淀粉公司1个、张家湾王岗养殖场1个、原锌厂隔壁3家小型塑料编织袋回收加工点3个。已接入工业污水管网,但污水排放不达标的有宏煊淀粉公司排污口。

生活排污口 定西城区河道共有生活污水排污口112个(东河50个、西河62个),其中,接入生活污水管网的39个(水冲式公厕2个、其他生活污水排污口37个),未接入管网的73个(旱厕27个、水冲式公厕1个、其他生活污水排污口

45 个)。沿河共有旱厕 27 处(东河 14 处、西河 13 处),水冲式公共厕所 3 处(其中接入管网的 2 处,未接入管网的 1 处)。其他生活排污口 82 个(其中接入生活污水管网的 37 个,未接入管网的 45 个)。未接入管网且河道污染比较严重的有凤翔镇居民所属 10 个,永定路街道居民所属 29 个,中华路街道居民所属 6 个。

声环境

影响定西城区声环境质量的主要因素是交通噪声和生活噪声。噪声污染在清晨和正午时段较为突出。2006 年以来,区域环境噪声年平均值范围在 51.0 ~ 54.8 分贝之间,最高值 2006 年,最低值 2009 年,5 年平均值为 53.60 分贝;交通干线噪声年平均值范围 63.4 ~ 69.8 分贝之间,最高值 2007 年,最低值 2008 年,5 年平均值 67.32 分贝。定西城区声环境中,区域环境噪声质量呈逐年递减的趋势,道路交通噪声不稳定,但总体上呈逐年上升趋势。噪声污染主要来自交通噪声、生活噪声、商业噪声、工业噪声和建筑施工噪声。

固体废弃物

固体废弃物在城区主要是采暖锅炉炉渣、工业废弃物、生活垃圾、建筑垃圾等。2010 年,河道内有垃圾倾倒点 23 处,其中生活垃圾倾倒点 11 处,建筑垃圾倾倒点 12 处。垃圾量 17.34 万立方米,其中城区沿河建筑垃圾 10.61 万立方米、生活垃圾 4.69 万立方米,城区外河道垃圾 2.03 万立方米。生活垃圾倾倒点 11 处,其中东河生活垃圾倾倒点 5 处,西河生活垃圾倾倒点 6 处。建筑垃圾倾倒点共有 12 处,其中东河建筑垃圾倾倒点 4 处,西河建筑垃圾倾倒点 8 处。

2005—2010 年定西城区主要污染源统计表

表 10-8-1 　　　　　　　　　　　　　　　　　　　　　单位:吨、万吨、分贝

年度	大气污染年排放量			工业废水污染年排放量			噪声日平均值	
	二氧化硫	烟尘	氮氧化合物	工业废水	化学需氧量	氨氮	区域环境噪声	交通干线噪声
2005	940	752	269	156	902	174		
2006	968	757	328	183	1279	180	54.8	69.3
2007	1015	639	813	282	1381	199	54.3	69.8
2008	1003	766	404	268	1623	133	53.4	63.4
2009	1015	623	392	295	862	190	51.0	64.8
2010	1630	878	478	316	700	111	54.7	69.3

第三节　环境污染治理

水污染治理

定西地区清源污水净化公司　2002年9月，地县两级政府投资1000万元，选址东河村焦家坡建设城市污水净化公司，2004年10月投入运行，更名为定西市清源污水净化公司。日处理能力1万立方米，主要处理生活污水以及允许排放的工业废水，设计进厂水水质：COD ≤310mg/L，BOD ≤140mg/L，SS ≤200mg/L，氮氧≤25mg/L，PH=6—9。处理后水质排放控制执行国家《污水综合排放标准》（GB8978—1996）二级排放标准和《农田灌溉水质标准》（GB5048—1992）II类标准：COD ≤120mg/L，BOD ≤30mg/L，SS≤30mg/L，氮氧≤

定西市清源污水净化公司

25mg/L，6≤PH≤9。污水处理采用"改进型氧化沟"机械曝光工艺；污泥处理采用"一体化浓缩，压滤脱水"工艺。平均日产泥6～10吨，由工作人员当天拉运至垃圾场填埋处理。进出水口均安装在线监测设施，与各级环保部门监控中心联网运行，对各项指标自动监控。

定西市第二人民医院SDH污水净化机　2004年，安定区人民医院（后更名为定西市第二人民医院）筹措资金17.69万元购置SDH污水净化机，当年投入运行。将生物菌培养成生物群，自动脱膜于水中，处理溶解性和未被转化的有机物，从而使污水中的BOD、COD、SS、PH、氨氮等指标得到净化，处理后的污水排放达到《污水综合排放标准》（GB8978—1996）二级标准。

马铃薯加工企业污水处理设施　2007年5月，区委、区政府贯彻落实中共中央办公厅、国务院办公厅的有关精神，整治马铃薯加工企业污水排放问题，凡是没有达到国家排放标准的企业，一律不准开工生产。是年，马铃薯淀粉加工企业建成污水处理系统5座，均投入运行。在南川开发区，甘肃超兴淀粉制品有限公司和定西同丰淀粉有限公司联合投资293万元，新建日处理1500吨的污水处理系统一套，定西宏煊淀粉制品有限公司投资 260 万元建成污水处理设备一套,定西薯乡淀粉有限公司投资 227 万元建成污水处理设备一套。定西市博瑞淀粉有限公司投资 158 万元在内官营镇建成污水处理设备系统一套。定西陇峰淀粉有限公司、定西薯峰淀粉制品有限公司、定西蓝天淀粉有限公司联合投资 368 万元,引进江苏宜兴绿宙环保有限公司技术设备，在巉口工业开发区建成日处理污水 1800 吨的污水处理系统一套。

定西市区工业污水收集处理工程　2009 年 7 月,定西市区工业污水管网工程开工建设。工程总投资 1.4 亿元,起点分别位于南川定西马铃薯综合交易中心西侧河道和西川新建的定西监狱南侧河道,东河、西河两条管网汇合后沿关川河布设,终点至巉口镇赵家铺村,全长 37.4 千米,规划在赵家铺河滩建设污水处理厂 1 座,建成后市区工业污水日收集处理能力 9.3 万方以上,从根本上解决了河道污染问题。工程由安定区组织实施,分两期建设,一期工程为东河、西河城区段至王家窝窝大碱沟,二期工程为王家窝窝大碱沟至赵家铺。一期工程东河干管全长 6 千米,主要收集定西经济开发区工业污水,兼收小部分标高受限的城市生活污水;西河干管全长 7 千米,主要收集定西监狱、众星锌业公司的工业生产污水和宏通苑住宅小区的生活污水;东河、西河管道沿河床西侧布设,交汇后至王家窝窝段干管全长 4.4 千米,沿关川河东岸布设,敷设管径 700～1200mm 不等的防腐钢筋混凝土管。总投资 3000 万元,2010 年 7 月投入使用。

大气污染治理

工业生产和居民生活中消耗的燃料主要是煤炭、燃料油和燃料气,燃烧过程中产生一定数量的一氧化碳、二氧化硫、碳氢化合物、氮氧化物和烟尘等污染物,是造成城区大气污染的主要因素之一。燃料燃烧过程中产生的大气污染物的种类和数量,与燃料种类、消耗数量、燃烧方式、净化除尘设备的完善程度和效率以及管理有密切的关系。在产生同样热值的条件下,燃煤产生的大气污染物数量高于燃料油和燃料气。

关停小锅炉　2006 年,定西城区关闭小型分散锅炉和民用茶水炉 2 台;2007 年,关闭分散锅炉 3 台;2008 年,关闭分散锅炉 6 台;2009 年,关闭分散锅炉 12 台;2010 年,关闭分散锅炉和供热点 13 台(处)。

市区集中供热工程　2000 年 8 月,定西大同物业有限责任公司注册成立,承担中华路南段集中供热,有 20 吨热水锅炉 3 台,供热面积 46.8 万平方米。2003 年,交通路集中供热站批准立项,定西交运集团自筹资金 1200 万元,配置 20 吨热水锅炉1台,铺设供热主管网1201米,供热面积6.3万平方米;2004年购置安装20吨热水锅炉1台,供热面积13.6万平方米;至2010年,供热面积48.93万平方米。2007年9月,定西恒源供热有限公司在安居工程住宅小区实施A区域供热站,投资2807.93万元,建设锅炉房和热力管网敷设工程并投入运行;2008年9月,在南大街(原绿化站院内)实施D区域供热站,投资2326.3万元,建成锅炉房和热力管网敷设工程并投入运行,总供热面积55.38万平方米。2008年,定西市城投物业管理有限公司供热公司成立,安装10吨热水锅炉2台,承担凤凰苑周边地区集中供热,供热面积21.65万平方米。2008年5月,定西凤凰苑供热有限公司成立,注册资金1187万元,有蒸汽锅炉1台、10吨热水锅炉2台,承担凤凰苑小区、江夏四期、市银监局集中供热,供热面积40.46万平方米。定西兴隆物业有限公司有15吨锅炉1台、8吨锅炉1台,承担兴隆苑周边地区供热,供热面积13.5万平方米。定西市广厦物业有限公司总投资1346万元,有10吨热水锅炉4台、15吨热水锅炉1台,承担温馨家园、阳光家园、建宁小区及周边地区供热,供热面积39.1万平方米。定西市物业管理公司下设供热站5处,1#小区供热站有4吨热水锅炉2台,供热面积4.5万平方米;3#小区供热站有20吨锅炉1台、10吨锅炉2台,供热面积24.9万平方米;物资局供热站有4吨锅炉1台,供热面积1.64万平方米;车辆厂供热站有2吨锅炉1台,供热面积1.35万平方米;敬东厂供热站有20吨锅炉2台,供热面积32.4万平方米。至2010年,定西城区有供热站84处,供热小区、办公楼、家属院370个,供热面积474.86万平方米。

固体废物污染治理

定西市区城市生活垃圾填埋场　为减少固体废弃物对环境的影响,2006年,安定区在凤翔镇义安村苦水沟西侧山坡荒沟内修建定西市区城市生活垃圾填埋场,原友谊村八社临时垃圾场停用。填埋场占地120.35亩,2009年投入运行,日处理生活垃圾180吨,建设总投资1566.97万元。总容积80万立方米,有效容积72万立方米,使用年限10年。配有生活管

定西市区城市生活垃圾填埋场

理区及垃圾收运车 7 辆等主要设备。

定西市医疗废物集中处置中心　2008 年 3 月，安定区在定西市区城市生活垃圾填埋场旁边开工修建"定西市医疗废物集中处置中心",2010 年投入运行。占地面积 12 亩,日处理医疗废物 3 吨, 建设总投资 791.57 万元,使用年限 10 年。配有灭菌车间、污水处理车间、污水调节池、配电室、锅炉房、消防泵房和水池等设施。

定西市医疗废物集中处置管理中心

第四节　环保执法

2010 年 11 月,安定区人民政府制定《定西市区环境噪声管理办法》。2010 年,区级环境保护工作以区环保局为行政执法主体,编制 25 人。配备执法监察用车 3 辆,办公用电脑 12 台,照相机 4 架,摄像机 2 架。先后有 25 人参加全省行政执法培训、省环保厅环境监察执法培训,持证上岗,亮证执法。2005 年以来,不定时地开展环保执法检查,主要检查缴纳超标准排污费情况、新建项目执行"三同时"和环境影响评价情况、环保设施运行情况、各类污染源排污及治理情况等。环境监察员行使行政执法权力,现场调查取证,当场给予警告和其他处罚。2005 年 8 月,对定西宏利、永兴两个防水材料厂依法强制关闭。2006 年 10 月,对建设在内官营水源地保护区内的 50 余家违法企业依法强制关停。实施行政许可 7 项、行政征收 2 项、行政处罚 42 项、行政强制 1 项、行政调解 1 项,严格执行环保审批制度。

2005—2010 年环保行政处罚及排污费征收统计表

表 10-8-2　　　　　　　　　　　　　　　　　　　　　　单位:起、万元

年度	处罚案件	处罚金额	排污费征收	年度	处罚案件	处罚金额	排污费征收
2005			32.55	2008			30.00
2006	6	1.98	26.13	2009	3	1.20	23.25
2007	5	1.43	23.69	2010	3	1.98	23.13

定西市安定区志

（1986—2010）

下　卷

定西市安定区志编纂委员会　编

甘肃人民出版社

水利 电力

第十一编

第十一编　水利　电力

第一章　水　利

第一节　机构沿革

安定区水利水保局(安定区关川河流域水土保持综合治理工程指挥部)是区政府主管水行政工作的职能部门。其内设机构有4个行政科室和7个事业科室,行政科室包括办公室、财务科、监察科、水管科,事业科室包括规划设计科、监理科、治理科、工程科、雨水利用科、防汛抗旱办公室、经营管理站。

1988年,东岭塬喷灌站移交内官营水利管理所管理。1990年9月6日,成立西寨水利管理所、西巩驿水利管理所、石门水库灌区(符家川乡)管理所。1992年,定西县水利水保局更名为定西县水利服务中心。1995年2月,定西县水利服务中心恢复为定西县水利水保局。1996年,成立定西县水土保持局,定西县水利水保局更名为定西县水利局。1997年9月30日,成立定西县水政监察大队,隶属县水利局。1999年3月,成立定西县水利金泉有限责任公司。1999年5月,成立西寨水管所。1999年9月24日,水政监察大队经过两年多的工作实践和完善,报请省水利厅批准,正式挂牌。

2000年4月28日,水利局、关川河流域治理指挥部(水土保持局)在水利局院合建办公大楼。2001年,成立西川旱作高效农业开发区水利管理所。2001年3月,水利局物资站与抗旱服务队合并为水利抗旱服务队。2002年1月,定西县水利局与定西县水土保持局合并为定西县水利水保局,与甘肃省定西县关川河流域水土保持综合治理工程指挥部(以下简称关川河指挥部)合署办公。2002年6月,关川河指挥部(水利水保局)机关下设2室、8科、1站,即办公室、财务科、监察科、监理科4个行政科室,治理科、水管科、工程科、雨水利用科、规划设计科、防汛抗旱办公室、水利水保多种经营管理站。下属机构设8所、1公司:东河渠管理所、中西河渠灌区管理所、内官营水利管理所、西寨水利管理所、石门水库灌区管理所、宁远水库管理所、西巩驿水利管理所、联合渠管理所等。定西县水利金泉有限责任公司与定西县利保实业有限责任公司合并（与水利水保多种经营管理站为一套人员,两块牌子),下设水利抗旱服务队、机械化工程队、宏利工程队、打井队。2002 年 12 月,水利水保局办公大楼建成,关川河流域治理指挥部、水利水保局搬入新办公大楼,正式合署办公。2003 年 9 月 24 日,定西撤县设区,定西县关川河流域水土保持综合治理工程指挥部、定西县水利水保局更名为定西市安定区关川河流域水土保持综合治理工程指挥部、定西市安定区水利水保局。2003 年 10 月 10 日,成立定西龙腾水利水保工程规划设计院,事业编制,企业管理。2006 年 3 月 3 日,安定区成立中西河灌区续建配套与节水改造项目建设管理处,办公地点设在区水利水保局,具体负责中西河灌区续建配套与节水改造项目建设的管理工作。

2010 年 11 月,定西市安定区水利水保局分设水务局,水土保持局、引洮工程建设管理局。

第二节　水利改革

随着市场经济体制的形成, 原集体性质的水利管理体制已不适应新的发展。从 90 年代开始,定西县在水利体制改革中,先后从水管单位管理机构、水利工程管理体制、水价、制度等方面多次进行改革。

水利工程管理机构改革

为加强水利工程建设管理,按照安定区水利工程运行管理分布和职能,先后设立 8 个水利工程管理单位。1971 年成立东河渠管理所和西河渠管理所、1974 年成立宁远水库管理所、1975 年成立中河渠管理所、1980 年成立内官营水利管理所、1981 年成立联合渠管理所、1982 年将中河渠管理所和西河渠管理所撤并为中西河渠灌区管理所、1990 年成立西寨水利管理所、西巩驿水利管理所和石门水库灌区管理所。2007 年,将现有水管单位分为两大类:一类是承担防洪排涝等水利工程管理运行维护任务的水管单位,为纯公益性水管单位(事业单位);另一类是承担既有防洪排涝等公益性任务,又有供水、灌溉等服务与经营为一体的水利工程管理运行维护任务的水管单位,为准公益性水管单位。

水利工程管理体制改革

2004 年,成立定西县农村小型水利改革领导小组。按照"谁受益、谁负担、谁投资、谁所有"的原则,加快小型水利工程改革,明晰工程产权。对属于国家、集体经营管理的机电井、小提灌、小型人畜饮水、蓄水池等小型水利工程设施,采取集约经营、股份、租赁、拍卖、承包等形式,全面进行改革。完成产权制度改革的机电井 91 眼,其中统一管理的 71 眼,租赁 3 眼,拍卖 17 眼,新打机井 11 眼,更新配套机井 25 眼,改造提灌工程 2 处,衬砌田间配套工程 67 千米,维修新建泵房 26 座,架设改造低压线路 2778 米,埋设塑管 9832 米,恢复灌溉面积 270 公顷,总投资232.31 万元。

水价改革

80 年代,农村水利工程以公益性供水为主,国管灌区实行行政事业性收费,大多数小型水利工程基本不收取水费。1990 年对内官营镇机井、塘坝、提灌等小水工程实行统一标准计收水费,并对年家沟提灌、东岭喷灌工程、各村社机井、提灌工程、按电机千瓦数及电价标准核定水费标准。1994 年至 1995 年,分别对内官营卫生饮水工程和国管灌区按成本核收供水水价。内官营卫生饮水水价分 3 年(1995—1997 年)执行到位。

2000 年,对东河渠灌区、中西河渠灌区、联合渠灌区、石门水库灌区、西寨井灌区、内官营东岭塬提灌站、内官营年家沟提灌站等农业用水工程和内官营卫生饮水、宁远人畜饮水工程等非农业用水工程的供水生产成本费用分类进行核定,重新核算供水成本,把水价纳入国家商品价格管理体系。2006 年,对新(扩)建的唐家堡—景家店氟病改水工程、西寨—凤翔人畜饮水工程、西巩驿人饮解困工程等 3 处农村人畜饮水工程的供水成本费用进行核算调整。2008 年,将内官营镇农村人饮工程供水成本费用又进行重新核算,对原供水价格进行了调整。

通过水价改革,一是建立水价形成机制和完善的水费计收管理方式,水价水平和水费收取率逐步提高,有偿供水已被社会普遍接受;二是整顿水价秩序,推行到户的终端水价制度,切实减轻农民负担;加强对供水收费的监督,提高水费收取的透明度;三是推行分类计价、超定额累进加价、季节水价、浮动水价等水价制度,促进节约用水;四是改进供水计量手段,保证供水计量的准确性、公平性;六是水费收取对水管单位工程运行、维护和管理经费不足的矛盾有所缓解。

第三节　水利建设

水　库

截至 2010 年,安定区有水库 8 座,其中:小(1)型水库有石门、七一、马家岔 3座;小(2)型水库有青年、许家岔、泉子岔、韩家堡、李家河 5 座。

石门水库 1976年7月开工,1978年建成。位于黄河流域祖厉河水系二级支流西河上游的符家沟,地处符家川镇长丰村,主沟长11.35千米,控制流域面积

石门水库

49.2平方千米。大坝为黄土均质坝,设计坝高27.4米,总库容368.5万立方米。水库按30年一遇洪水设计,300年一遇洪水校核。是一座以灌溉为主的小(1)型水库,设计灌溉面积333公顷,灌区包括符家川镇的兰星、金星、高阳和内官营镇的永丰、永安5个村的部分川台地。2006年5月,列入国家"病险水库除险加固"项目,投入资金368.85万元。将坝顶加高2.02米,坝体进行了加固。加固维修后,坝高23.48米,坝顶长154米,宽6米,总库容234万立方米,新增保灌面积133公顷。亩均综合灌溉效益为625.30元/亩,则年均灌溉新增效益为125.06万元。

七一水库 1975年开工,1976年5月建成。位于黄河流域祖厉河水系一级支流关川河右岸的大涧沟沟口,地处凤翔镇福台村。水库坝址以上主沟长13.6千米,汇流面积60平方千米。大坝为黄土均质坝,坝高19.4米,长142米,坝顶宽6米,总库容250万立方米。水库按30年一遇洪水设计,300年一遇洪水校核。是一座以灌溉为主、兼顾防洪的小(1)型水库。水库灌区包括巉口、鲁家沟两个镇的部分村、社,设计灌溉面积367公顷。防洪范围涉及耕地2267公顷、人口2.4万人及陇海铁路、312国道等设施。2008年11月,列入国家"病险水库除险加固"项目,投入317.95万元,全面进行加固维修,2008年11月开工,2009年9月30日竣工。大坝加高0.4米,坝体进行了加固。工程实施后,可保灌367公顷。

马家岔水库 位于李家堡镇马家岔村。1975年动工兴建,1976年12月建成。坝高20.1米,坝长355米,坝顶宽6米,设计总库容485万立方米。防洪标准按20年一遇洪水设计,200年一遇洪水校核。是以灌溉为主、兼顾防洪的小(1)型水库,正常蓄水位1964.27米,校核洪水位1967.77米。水库灌区为李家堡镇的马家岔、麻子川、李家堡、华川4个村,设计灌溉面积345公顷,也是安定区东河灌区春、夏灌的补给水源,防洪范围涉及耕地2220公顷、9.2万人口及陇海铁路、312国道等设施。2008年11月,列入国家"病险水库除险加固"项目,投入413万元,于2008年11月至2009年8月进行加固维修。坝顶加高0.5米,坝体进行了加固。

韩家堡水库 位于宁远镇前川村,1972年开工,1973年12月建成蓄水。大坝为均质土坝,坝高22米,顶宽6米,长270米,总库容原设计435万立方米。按20年一遇洪水设计,200年一遇洪水校核。水库原属小(1)型水库,因淤积严重,后降为小(2型),现总水库容336万立方米。设计灌溉面积420公顷,有效灌溉面积400公顷。是东河渠灌区的主要水源,同时担负着下游3787公顷耕地、14万人口及陇海铁路、312国道的防洪安全。2008年11月,列入国家"病

韩家堡水库

险水库除险加固"项目,投入453万元,于2008年11月至2009年9月全面进行加固维修,坝顶加高0.42米,坝体进行了加固。

泉子岔水库 位于李家堡镇泉子村,1976年动工兴建,1977年建成蓄水。大坝采用均质黄土坝,设计最大坝高17米,坝长233米,坝顶宽9米。总库容89万立方米,调洪库容27万立方米。正常蓄水位85.83米。属小(2)型水库。按10年一遇洪水设计,100年一遇洪水校核。水库灌区为李家堡镇的麻子川、双泉、泉子3个村,原设计灌溉面积66.7公顷。并担负着下游8.4万

泉子岔水库

人,2133公顷耕地及铁路、公路的防洪任务。2007年6月,经安全分析,评价为病险水库。

李家河水库 位于杏园乡李家河村,1976年动工兴建,1978年建成蓄水。设计最大坝高21.54米,坝长214米,坝宽6米。总库容89万立方米,设计正常蓄水位2057.46米,相应库容50.78万立方米。大坝采用红土心墙坝,属小(2)型水库,

按 20 年一遇洪水设计,200 年一遇洪水校核,设计洪水位 2061.2 米,校核洪水位 2062.4 米。水库灌区为杏园、宁远两个乡镇、3 个村、11 个社,原设计灌溉面积 162 公顷。1992 年,对李家河水库输水洞闸门工程进行改建,将原深孔式进水口改为塔式低孔大洞形式,1993 年,为方便闸门启动,对该工程的分闸室、启闭塔及工程过桥进行了改建和扩建,同时对原灌区渠道进行了改建,恢复灌溉面积 26.7 公顷,该水库不但承担灌区的灌溉任务,同时承担 8 千米公路、4 千米村庄、0.98 万人、560 公顷耕地的防洪任务。2007 年 6 月,进行安全分析,评价为病险水库。

　　许家岔水库　位于团结镇联庄村,1977 年动工兴建,1978 年 12 月建成蓄水。大坝为均质土坝,设计最大坝高 18.45 米,坝长 102 米,坝宽 9 米。总库容 35 万立方米,调洪库容 12 万立方米,兴利库容 10 万立方米。设计洪水位 120 米,校核洪水位 121 米,正常蓄水位 120 米,属小(2)型水库,按 10 年一遇洪水设计,100 年一遇洪水校核。水库灌区为团结、凤翔 2 个镇 4 个行政村,原设计灌溉面积 93 公顷,保灌面积 66.7 公顷。水库不但承担本灌区

许家岔水库

的灌溉任务,而且还承担着下游铁路、公路、村庄及 9.6 万人口、2200 公顷耕地的防洪任务。2007 年 6 月,进行安全分析,评价为病险水库。水库现淤积严重。

　　青年水库　位于凤翔镇中川村,1975 年 3 月开工建设,1976 年 2 月建成并投入运行。设计最大坝高 16 米,坝长 78 米,坝宽 6 米。总库容 48 万立方米,兴利库容 29 万立方米,正常蓄水位 1930.43 米,校核洪水位 1932.93 米。大坝采用黏土心墙坝,属小(2)型水库,防洪标准按 20 年一遇洪水设计,200 年一遇洪水校核。水库以灌溉为主,兼顾防洪,设计灌溉面积 100 公顷,主要分布在水库下游西河渠灌区,防洪范围涉及定西城区、西川开发区及定临路等设施。库区淤积十分严重。现已全部淤平,淤泥面同溢洪道进口底坎相平齐,失去了兴利蓄水和拦蓄洪水的作用。2008 年 6 月,进行安全分析,评价为病险水库。

水窖与"121"雨水集流工程

水　窖　安定人民曾与恶劣的自然环境抗争,为收集利用雨水付出过艰辛的劳动。用水窖集蓄利用雨水历史久远。1949年后,红黏土水窖得到广泛应用。1990年以前,主要以传统的红黏土水窖收集雨水解决人畜饮水,这种水窖是山区农民家庭主要的蓄水设施。1990年代中期,定西县全面实施"121"雨水集流工程,原来红黏土的水窖逐渐被混凝土水窖所取代。

1987年10月,甘肃省水利厅(以下简称省水利厅)总工程师雒鸣岳曾提出"在黄土高原地区修建集水面,把雨水集蓄于水窖用于补灌"的建议。嗣后,省水利厅科研所、省农科院旱农所等科研单位历时4年,取得雨水集流资料,并据此拟定多种雨水集流模式和设计方案。

1990年开始,定西县组织科研人员在北部干旱地区,运用雨水利用技术进行试验和研究,率先在全省利用农户屋面和硬化混凝土庭院收集雨水,形成与打混凝土水窖相配套的雨水集流工程。1991年,在白碌、御风、鲁家沟3乡89家农户进行试验推广。截至1994年底,御风、白碌、景泉、葛家岔、新集、石峡湾、称钩、西巩驿、鲁家沟、巉口、团结等11个乡镇建成雨水集流工程4376户,硬化混凝土集流场36.86万平方米,配套水窖(池)4376眼,

农家传统水窖

解决了2.2万人、5564头大牲畜和1.2万头(只)猪(羊)的饮水困难。

1994年9月至1995年5月,定西县持续干旱,降水量仅为26.7毫米,比1994年同期减少23.2毫米,河水干涸,地下水位下降,水库、水窖蓄水严重不足。定西县出现大面积饮水困难。

"121"雨水集流工程　1995年7月12日,中共甘肃省委、甘肃省人民政府发出《关于进一步做好抗旱减灾保粮增收工作的紧急通知》,决定动员全社会力量捐款捐物,组织各方面的资金实施"121"雨水集流工程。即每户建1个混凝土集流场、2眼水窖、发展1处庭院经济。从1995年8月开始,定西县在21个乡镇253个村1809个社36119户农户中实施"121"雨水集流工程。贯彻群众自筹为主、国

家补助为辅和谁建谁持有、谁管谁受益的原则，因地制宜，统一标准，整乡整片实施。1995年到1996年7月，定西县筹措资金3600万元（其中省"121"雨水集流工程指挥部安排1320万元，县政府自筹300万元，群众自筹1980万元），实施"121"雨水集流工程40662户，建成混凝土集流场313.9万平方米，新打水窖（池）3.92万眼，整修利用旧窖3.3万眼，拉运到户水泥4.76万吨，完成混凝土12.79万立方米，拉运砂石料23.54万立方米，发展庭院经济635公顷，解决了21个乡镇253个村1809个社

"121"雨水节灌工程

18.16万人24.25万头牲畜的饮水困难，庭院经济也为群众脱贫致富开辟了新的门路。1996年8月，集流场从屋面、庭院发展到路面、坡面、沟道；水窖从院内、门口修到村旁路旁、田间地头；用途从人畜饮水拓宽到规模养殖、点浇点种、农田补灌等。2002年底，定西县共建成集雨节灌工程87307眼，整修拓宽农路162.53万平方米，衬砌混凝土集流渠40.97千米，发展补灌面积15947公顷。南京爱德基金会、中华慈善总会、国际无国界梦想成真基金会等慈善机构捐助资金建设"121"雨水集流工程。2001—2002年，实施农村人畜饮水解困工程、氟病改水工程。从1996年8月到2002年底，共新建人畜饮水窖15317眼，改造利用旧窖3985眼，建成集流场135.88万平方米，解决了1.96万户8.78万人8.23万头大家畜的饮水困难。2005—2006年，结合易地扶贫搬迁项目和新农村建设，配套人畜饮水水窖447眼，建成集流场3.26万平方米，解决了427户1832人1381头大家畜的饮水困难。

2006年秋至2007年夏，安定区发生了1995年以来最为严重的干旱灾害。2007年6月2日，安定区人民政府决定以干旱特别严重的北部乡镇为重点区域，实施"141"雨水利用工程建设，使户均达到1处集流场、4眼水窖、保证1亩基本保收田。2007年，安定区干部职工捐款50万元，2008年中国人民大学徐之明教授为青岚乡原坪村、付家村、郑沟村、青湾村群众捐资10万元，兴建水窖165眼、集流场71处。2008年，汶川地震波及安定区石峡湾乡清水村，有99户403人家园不同程度地受灾。灾后重建配套人畜饮水水窖112眼，新建混凝土集流场5680平

方米。2010年，安定区共建成水窖191,903眼，其中人畜饮水水窖104,596眼、集雨节灌水窖87,307眼，建成混凝土集流场506.054万平方米，解决了74,092户33.37万人，35.51万头大家畜的饮水困难。

雨水集蓄利用水窖的施工及特点　雨水集蓄利用工程以新型的混凝土水窖代替红黏土水窖。混凝土砂浆薄壁水窖成为安定区广泛使用的水窖形式。其结构是上部为拱形现浇混凝土顶盖，底部为拱形现浇混凝土锅底，中部为近似圆柱形，防渗处理形式为砂浆抹面。窖顶及窖底均为拱形，其中拱顶矢高1.0米，拱底矢高0.6米，窖底拱形基础夯填3:7灰土厚30厘米，其上现浇C15混凝土厚20厘米，然后在砼底板上部夯填红黏土抹平，用于改善水质。窖顶采用C15混凝土现浇，厚10厘米，并在窖顶颈部留一孔径为50厘米、高60厘米、侧壁厚6厘米的窖孔，孔顶部设6

集雨节灌水窖灌溉农田

厘米厚铅丝网预制混凝土窖盖，窖顶覆土50厘米。窖壁采用M10砂浆抹面，壁厚3厘米。其特点是防渗效果好，寿命长，容积大，一般在30~45立方米之间。缺点是施工过程较复杂，施工的技术要求严格。

雨水集蓄利用工程的影响及成果　1995年12月24日，中共中央总书记、国家主席、中央军委主席江泽民在鲁家沟看了"121"工程后，称赞"121"工程为老百姓办了一件大实事、大好事。1999年9月9日，中共中央政治局常委、国家副主席胡锦涛视察安定区大坪村"121"雨水集流工程后说，安定区人民几十年如一日坚持改造山河，其成绩可用"面貌一新，山河大改"八字来概括。2003年以来，尼日利亚吉嘎瓦州州长土拉凯先后3次来定西考察"121"雨水集流工程和集雨节灌工程，称定西雨水集蓄利用工程对全人类做出了巨大贡献。他说："你们的这项工程技术，不仅解决了你们的干旱地区的用水问题，也给我们尼日利亚缺水地区以很大启示，我们还要派专家、技术人员和基层长官来安定区继续考察，并邀请你们的专家到我州进行技术指导，把这项技术实实在在引过去，解决我州的缺水状况。"截至2010年，安定区水利水保局先后有18人次赴尼日利亚指导雨水利用技术。安定区研究、推广的雨水集蓄利用技术在国内处于领先水平,并走出了国门,成为国家的外援项目。2002年第三届世界水论坛"水行动大奖赛",甘肃省水利科学研究院以安定区雨水利用工程建设为基础提供的"甘肃雨水利用行动"获特等奖。

2005年,安定区雨水集蓄利用工程设计被中国科学技术协会评为全国农村科普技术进步奖。从2003年开始,商务部将"雨水利用技术"培训纳入国家对外援助计划。2006年8月,由中国水利学会组织主办,甘肃省水利科学研究院承办的全国雨水集蓄利用培训班在安定区实习基地实习,共有来自陕西、广州、深圳、重庆、贵州等省市的学员参加实习培训。

机电井

1970年以前,多以大开挖式的大口柴油机灌井为主。在内官营北城角打成第一口人工大口机井。1971年后,机械打井逐渐代替了人工开挖,柴油机提灌向电

新打机电井

力提灌过渡。1972年,机电井发展到94眼,1982年增至420眼。1978年以后,农村实行家庭联产承包制,机电井由于产权归属及承包未臻完善,在一些地方曾出现人为破坏。电机被偷,变压器被毁的现象。为了保护这些水利设施,农民曾自发出钱出力,维修和改造机井。随着农村改革的不断完善,这些农村集体所有制时期的水利设施基本得到保护和利用。

截至2010年年底,安定区共建成机电井459眼,正常运行170眼(办理取水许可证的),其中:内官营镇94眼,西巩驿镇14眼,团结镇4眼,符家川镇5眼,凤翔镇23眼,称钩驿镇2眼,宁远镇2眼,巉口镇7眼,鲁家沟镇1眼,香泉镇17眼,李家堡镇1眼。在170眼机电井中,用于农业灌溉114眼,工业用水38眼,养殖、生态等其他用水18眼。有效灌溉面积5007公顷,保灌面积4133公顷。

1986年至2010年年底,水管单位共新打机井20眼,其中西寨7眼:西寨亚麻厂机井(2000年)、西寨史家滩机井(2005年)、西寨村河南社机井(1997年)、西寨河北社机井(2001年)、西寨苍坪社机井(2001年)、西寨塘家坪机井(2001年)、

香泉东寨村中川社机井（1999 年），恢复和增加灌溉面积 245 公顷。

内官营 17 眼：林川水源机井 3 眼（1999 年、2005 年、2008 年），东岭源灌溉站灌溉机井 2 眼（2007 年），锦屏六社 1 眼（2007 年），锦屏八社 1 眼（1999 年），年家沟灌溉站灌溉机井 5 眼、内官五社 3 眼（2000 年、2007 年、2010 年），内官村六社 2 眼（2002 年、2005 年），恢复灌溉面积 333 公顷；联合管理所新打机井 2 眼：凤翔镇景家店中街社 1 眼、团结镇唐家堡村八社 1 眼，成井时间均为 2001 年，恢复灌溉面积 22.7 公顷；西巩新打机井 1 眼，井址在西巩中驿村南河社，恢复灌溉面积 13 公顷。

渠　道

东河渠　始建于 1954 年 10 月 15 日，1955 年 9 月 3 日建成投入运行。干渠上起定西城东河西河交汇口下游 600 米处，下至巉口镇，全长 16.3 千米。渠首有拦水枢纽工程，以引洪灌溉为主，属四等小（一）型，设计渠首引水流量 4.5 立方米/

东河渠节水改建工程斜河坪渡槽施工现场

秒。后经逐年扩建，建成东、西支渠 2 条，其中：东支渠从巉口镇经赵家铺到鲁家沟将台村，全长 10.925 千米；西支渠从巉口镇至北川村，全长 3.95 千米。全线有效灌溉面积 943 公顷，保灌面积 730 公顷。灌区包括凤翔、巉口、鲁家沟 3 镇 947 公顷川地。2003 年 12 月，列入国家以工代赈"灌渠节水改建工程"项目，2005 年 4 月开工改建，2007 年 7 月建成投入运行。改善灌溉面积 720 公顷，恢复灌溉面积 227 公顷。

中河渠　始建于 1971 年，干渠上起巉口拦河坝，下至鲁家沟镇太平村付家湾，干渠首建长 22.084 千米，1991 年从鲁家沟镇小岔口村杜家湾延长到付家湾 6.916 千米，干渠总长 29 千米。灌区包括巉口镇的康家庄、北川、赵家铺村、鲁家沟镇的南川、将台、小岔口、太平共 7 个村 24 个社，有效灌溉面积 730 公顷，保灌面积

中河渠老庙山渡槽

490公顷。2005年12月,列入甘肃省"中型灌区(1万～5万亩)续建配套与节水改造"工程项目。2006年4月10日开工建设,2007年4月9日完成竣工。

西河渠　始建于民国十八年(1929年)5月,华洋义赈会以工代赈兴修了西河渠,干渠上起梁家庄(凤翔镇李家嘴红土坡),下至康家河坪,干渠全长5千米,有效灌溉面积133公顷。1952年重新修建,1990年进行渠道及部分工程改建,干渠由西向北延长至凤翔镇北二十里铺村四社,干渠全长增加到18.3千米。有效灌溉面积扩大到700公顷,保灌面积580.4公顷。2006年,列入甘肃省"中型灌区(1万～5万亩)续建配套与节水改造"工程项目,2006年4月10日开工,2007年4月9日完成竣工。

联合渠　始建于1956年,为截引唐家堡河床地下水的自流灌溉渠道,截引流量0.4立方米/秒,灌溉面积138.6公顷。1989年7月25日,遭暴雨袭击破坏。1990年9月至1991年9月进行改扩建,恢复灌溉面积133公顷,保灌面积67公顷。

中河渠巉口段倒虹吸

西河渠

联合渠

第四节　水资源管理

水资源管理体制是国家管理水资源的组织体系和权限划分的基本制度,是合理开发、利用、节约和保护水资源和防治水害,实现水资源可持续利用的组织保障。在20世纪80年代前,水资源开发利用供需关系单一,管理内容较为简单。随着社会经济的飞速发展,水资源工程的大量兴建和用水量的增长,水资源管理显得越发重要。1997年9月30日，成立定西县水政监察大队，隶属县水利局。1999年9月24日，水政监察大队经过两年多的工作实践和完善，报请省水利厅批准，正式挂牌。安定区成立水资源管理委员会，协调各部门的水资源开发利用，统管本地区的地表水和地下水，改革水管理体制，加强水资源的统一管理，从水资源分割管理的体制向"一龙管水、多龙治水"的体制转变。

水资源管理体制

管理内容　水资源的所有权、开发权和使用权，水资源政策执行、水量的分配、调度、防洪、水情预报等。

管理原则　水资源管理遵循的基本原则是：1. 水资源属国家所有，在开发利用水资源时，应满足社会经济发展和生态环境最大效益；2. 利用水资源，一定要按照自然规律和客观规律办事，实行"开发与保护"、"兴利与除害"、"开源与节流"并重的方针。3. 水资源的开发利用进行综合科学考察和调查评价，编制综合规划，统筹兼顾，综合利用，发挥水的综合社会效益；4. 水资源的开发利用，要维护生态平衡；5. 节约用水，计划用水，加强需水管理，控制需水量的过速增长；6. 取水管理，实施取水许可制度；7. 水资源费，加强水价管理和水行政管理，对水资源实行有偿使用；8. 加强能力建设。

管理措施　1. 行政法令措施。运用国家行政权力，成立了管理机构，依法管水。2. 经济措施。主要包括：审定水价和征收水费，明确谁投资谁受益的原则，对保护水源、节约用水、防治污染有功者给予资金援助和奖励，对违反法规者实行经济赔偿和罚款，集中使用水利资金和征收水资源费等措施。3. 技术措施。加强水资源基本资料的调查研究，采用先进的管理技术，采用计算机技术系统分析水资源，实现水资源的经济科学的管理体制。4. 宣传教育措施。利用媒体、展览会、报告会等多种形式，介绍水资源的科普知识，节约用水和保护水源的重要意义，宣传水资源管理的政策法规。

方法手段　安定区(定西县)水资源管理于1993年正式组织专门机构。水资源管理的基本框架得到确立，建立起了基本完善的水资源管理体系，基本保障了经济社会发展对水资源的需求，主要方法和手段有以下5个方面：1. 建立取水许可制度；2. 确立水资源有偿使用制度；3. 组建水资源管理队伍；4. 开展水资源管理基础工作；5. 依托科研单位建立水资源管理技术支撑体系。

水资源管理实施

依法加强水资源管理 为全面建设节水型社会,严格取水审批许可程序,合理开发利用和有效保护水资源,执行"取水许可制度"和"有偿使用制度",在取水工程建设上,按照"先申请、后审批、再取水"的原则,强化对取水工程的申请、审批程序,严格控制新打机井,保护香泉、内官营水源地。

截至2010年年底,审批新建凿井取水工程19处。共新颁发取水许可证10本,核定年取水量79.62万立方米。对香泉、内官营未经许可的11处违法凿井行为依法进行了立案查处,有2起移交法院强制执行。

加强河道管理,有效保护河道资源 截至2010年,安定区共有大中型采砂户59家。2010年,区政府常务会研究通过的16家,其中,办证的11家,5家未办证。新申请开采的砂厂15家,未提交申请的有28家,其中有10家在耕地采砂,2家占用林地采砂,2家在截引工程上游的禁采区河道内采砂,其余14家都是以家庭为单位不定期的小型偷采者,砂厂主要分布在西河内官营段、香泉段和关川河。

通过宣传《定西市安定区人民政府关于切实加强河道管理的通告》〔第5号〕,《做好防范措施 确保安全度汛——致全区河道沿途朋友们的一封信》,向广大群众大力宣传水行政法律法规和耕地保护的有关法律法规,宣传河道采砂清理整顿的重要性和有关会议精神,使采砂区的广大农民充分认识到河道采砂清理整顿的重要性,增强了积极配合河道采砂清理整顿的主动性和自觉性。

河道采砂清理整顿 针对河道采砂存在违法侵占耕地采砂,毁坏林区采砂等问题,逐年加大整治力度。从2010年5月开始,全面开展河道采砂清理整顿。首先,对上一年区政府审批后至今未在水务部门办证的截引工程上游采砂及未提交申请但有固定采砂场所21家砂厂全部停产整改。其次,对在禁采区内违法采砂、未提交申请的违法采砂户采取断电措施。区水务局和区安监局两次联合区电力公司于2010年6月上旬,对16家无证违法采砂户及1户影响行洪的河道内违法预制厂采取断电措施,强制停止生产。第三,清理2009年以前的遗留问题。区国土部门对2家破坏耕地的重点违法户补充证据材料后移交司法机关,水务部门对已申请法院强制执行的案件水利部门配合法院强制执行。第四,将屡禁不止的违法采砂户作为重点,联合执法各部门依法查处。对破坏耕地的违法采砂行为由国土部门牵头依法查处。对占用河道的违法采砂行为由水利部门牵头依法查处。对毁坏林地的违法采砂行为由林业部门牵头依法查处。

通过专项整顿,影响河势稳定、危害河岸堤防安全、妨碍河道行洪的4家违法采砂户全部停止违法开采,由水利部门依法立案查处;租用或征用耕地的14家违法采砂户,停电后大多数已停止开采。大多数采砂场弃料回填到位,安全防护措施到位,采区河道行洪畅通,集中清理整顿工作取得了阶段性成效。

积极组织力量回填采砂坑　抽调专人深入到各河道内进行巡查,督促采砂户对易形成积水砂坑进行回填。全区共组织装载机 85 台(次)、自卸汽车 135 辆(次),对采砂形成的 52 个采砂坑,进行回填和疏通水路,确保行洪畅通,共回填土方 18 万立方米,对没有回填的全部设立了警示牌或布设了安全网,并由砂场配专人看守,设置警示牌 268 块,积水砂坑安全围栏

回填河道采砂坑

861 米,宣传横幅 87 条,全区共疏通河道 4.2 千米。

加大对城区河道管理力度,优化城市环境　城乡交界地域,河道内乱倒生活和建筑垃圾十分突出,乱占河道现象十分严重。2010 年 4 月中旬,组织人员对城区河道内垃圾和违章建筑物进行了一次全面排查,共排查出垃圾倾倒点 23 处、15万立方米,其中生活垃圾倾倒点 11 处、4 万立方米,工业垃圾倾倒点 12 处、11 万立方米,违章建筑物 33 处。城区河道内的垃圾由市、区各单位和驻定各单位组织力量清除。

依法查处重点违法案件　对调查摸底确定的 10 家非法占用耕地采砂、2 家占用林地采砂、2 家在截引工程上游的禁采区河道内采砂的无证采砂户进行严厉打击,对 14 家以家庭为单位不定期的小型偷采者坚决予以取缔。在 2010 年清查整顿中,共查处河道违法案件 21 起,其中河道内违章建筑案件 4 起,违法采砂案件 17 起。有 1 起移交法院强制执行。

严格依法征缴规费　通过加大水资源规费征收力度,规范水事秩序。以水资源和砂石资源收费作为手段,增强管理力度,提高全民自觉遵守水资源法律、法规意识,维护和规范全区正常的水事秩序,有效开发利用水资源和砂石资源。截至 2010 年底,共收缴水资源费 18.5 万元,河道采砂管理费 50 多万元。

水资源管理现状

安定区水资源管理逐渐走入规范,但由于地方经济的制约,以及群众法制观

念的有待提高,水资源管理仍存在不少问题:

1. 水政水资源管理队伍整体素质较低,专业人才缺乏,制约了规范化执法的提高。

2. 内官营盆地、乌龙川谷地、香泉盆地等区域内,20世纪七八十年代建成的浅井,多因地下水位下降无水而报废,近年来农民自筹资金竞相打井现象十分突出,用水矛盾相当突出。

3. 随着城市人口不断增长,国民经济的飞速发展,用水量逐年增加,水资源供需矛盾日益尖锐。

4. 非法采砂现象时有发生。因河道相对均较为狭窄,砂石料资源储备有限,采砂户在经济利益的驱动下相互争夺,采砂已向耕地和林地蔓延,引发社会矛盾。

5. 侵占河道现象较为普遍。由于土地与建设的矛盾日益突出,人们便把河道、河滩地当成土地资源,与河争地。非法侵占城区防汛河道的违法事件,给城区安全度汛带来严重隐患。

6. 近年来,由于对河砂的大量需求导致其价格上涨,一些单位和个人受利益驱动,无证、超范围、乱挖滥采河砂的现象时有发生。2008年至2011年,安定区对河道采砂采取高压严管,但还未从根本上杜绝对河砂的非法开采。

第五节　人畜饮水

安定区大部分地区依靠打水窖来解决人畜饮用水。但全区东北部依然缺水严重。从1986年开始,为解决缺水困难,提高饮水质量,保证饮水安全,在大力发展水窖的同时,积极争取项目,在有水资源的地方采取打井、截引等办法,实施集中供水工程项目,使项目区农民用上了自来水。

1986—2010年,完成人畜饮水项目工程有:西巩驿人畜饮水(以下简称人饮)、西巩驿人饮解困、宁远人畜饮水、宁远人畜饮水水源井改造、内官营卫生饮水一期和二期、内官营永安七社泉水截引、东岳人饮、内官营永丰人饮、内官营人饮解困、香泉庙沟口截引、云山截引、西寨—凤翔人饮、唐家堡—景家店氟病改水、巉口镇抗旱应急、凤翔镇北川人饮、中部农村安全饮水工程第一期(2005年第一批安排)、第二期(2006年第一批安排)、第三期(2006年第二批安排)、第四期(2006年第四批安排)、第五期(2007年第一批安排)、第六期(2008年第一批安排)、东部农村饮水安全工程第一期(2009年第一批安排)、第二期(2009年第二批安排)等24项农村人饮集中供水工程建设。在内官营、香泉、团结、凤翔、巉口、鲁家沟、西巩驿、宁远等8个乡镇,建成水源工程12处,(其中截引工程6处、水源井工程6眼),埋设供水主支管道453.6千米,建成800立方米蓄水池1座、500立方米蓄水池1座、200立方米蓄水池9座、100立方米蓄水池7座、50立方米蓄水池3座、20立方米蓄水池13座,各类闸阀井共630个,供水管理房47间,工程管理房9处等。人畜饮水项目工程的建设,解决了内官营、香泉、团结、凤翔、巉口、鲁家沟、西巩驿、宁远等8个乡镇49个行政村、41所中小学校、153家企事业单位共98,412人的饮水不安全问题,发展农村自来水入户14,669户。累计完成项目总投资6536.04万元。

1980—1990 年

在以灌溉为重点的农田水利基本建设中,结合蓄、引、提等水利工程,附带解决了个别地方农民饮水难问题。从1986年开始,在西巩驿、宁远两镇分别建成农村人畜饮水集中供水工程。解决西巩驿镇区、宁远镇区及南河、中驿、花沟、新街、羊营、薛川、宁远等7个行政村6746人、8所中小学、15个企事业单位的饮水难问题。完成工程总投资134.5万元。1986年,西巩驿镇暖泉沟建成水源集水井两座。沿南河河谷埋设输水主管道4.72千米,支管道0.845千米,检查井30座,供水房5间。1988年,建成宁远人畜饮水工程。取水工程有水源大口井、泵房、出水沉砂池、水源除氟、机电设备、水源管理房等;输水主管线长7.6千米,覆盖宁远村六个社;供水工程包括100立方米蓄水池1座,20立方米蓄水池8座,供水检查井8座,供水支管3条3.5千米,供水房6座,工程管理房40平方米。1989年,修建改造香泉镇老人沟截引工程主管线改造工程,投资18.3万元。

1991—2000 年

农村人饮解困正式纳入国家规划,以水源工程建设为重点,主要在内官营、香泉分别建成4处农村人饮解困集中供水工程,开始实行供水到户。解决凤翔镇友谊、永定村,内官营镇东岳、林川、内官、锦屏、永安村,香泉镇云山村等3个镇、8个村、7所中小学校、29个企事业单位,共计21,270人的饮水安全问题。发展农村自来水用户2847户,总投资274.35万元。1992年,利用城市供水管网工程解决凤翔镇友谊、永定等村的饮水困难。是年,建成内官营卫生改水工程。在内官营镇的阳阴峡新建地下水截引一处,主管线从阳阴峡水源截引开始,至锦屏、内官村,支管覆盖内官营镇区,共修建500立方米蓄水池一座,20立方米减压池2座,丁家峡倒虹吸1座。供水房22座,检查井23座,供水管理站1处。1996年,建成内官营镇永安七社泉水截引工程。完成水源截引一处,埋设输水主管道 850 米,建成 50 立方米蓄水池 2 座,供水房 1 间。1997 年,建成东岳人饮工程和香泉云山截引工程。东岳人饮工程在内官营镇东岳村南岔峡完成水源截引一处,埋设输水主管道 4.44 千米,建成 100 立方米、20 立方米蓄水池各 1 座;香泉云山截引工程在云山村青岗岔新建截引 1 处,埋设输水主管道 2.94 千米,供水支管四条 2.30 千米,建成 20 立方米高位调蓄池 1 座。

2001—2010 年

以流域为单位,因地制宜,整合资源,建设规模化、集中连片的农村规模集中供水工程。农村供水城市化,从"饮水解困"转变到"饮水安全",建设农村规模集中供水工程。从 2001 年至 2010 年十年间,先后在内官营、香泉、团结、凤翔、巉口、鲁家沟、西巩驿、宁远等乡镇建成 19 项规模集中供水工程。解决了内官营镇内官、林川、锦屏、万崖、先锋、清溪、乌龙、永安、永丰、边家村,香泉镇香泉、西寨、苍沟、池沟、关门口、东寨、马莲、花屏、陈家屲村,团结镇唐家堡村,凤翔镇景家店、南廿里铺、李家嘴、中川、友谊、福台、西二十里铺、柏林、北廿里铺、永定、安家坡村,巉口镇巉口、东川、二十里铺、北川、康家庄、赵家铺村,鲁家沟镇南川、小岔口、将台、太平村,西巩驿镇南河、中驿、花沟、新街村,宁远镇羊营、薛川、宁远村等 8 个乡镇、48 个行政村、26 所中小学校和 109 家企事业单位, 共计 70,396 人的饮水不安全问题。发展农村自来水用户 11422 户。总投资 6127.19 万元。

2002 年,完成宁远人畜饮水水源改造工程。在羊营村关下社河边新建大口井 1 眼,埋设 PVC 主管线 0.90 千米,供水支管 4 条 3.20 千米,建成 100 立方米蓄水池 1 座。唐家堡—景家店氟病改水工程,利用 1976 年建成的唐家堡南岸支沟截引工程为水源,在镇政府附近新建泵站提水到高位水池,埋设 D300 钢筋混凝土预应管 0.5 千米、PVC 供水主管 10.44 千米, 供水支管四条 4.16 千米, 建成 200 立方米、100 立方米、20 立方米蓄水池各 1 座。同年,完成内官营镇永丰村农村人饮解困工程,从锦屏路支管检查井取水,主管道跨过定临公路至内官村七社,再向南到永丰村王家什字。埋设 PVC 管道 5.42 千米、装 200 毫米铸铁管 0.36 千米、供水支管 3 条 1.36 千米。

2003 年,建成巉口镇抗旱应急工程。供水主管从城市自来水管网末端的巉口中学门前至巉口林场。工程埋设 PVC 主管 4.77 千米,支管 4 条 3.04 千米。

2004 年, 完成西巩人畜饮水维修改造工程。在南河村暖泉沟水源集水井取水,主管经西巩驿西山高位调蓄池并与原有西巩人饮工程相接。分支管经西巩驿至旧堡子结束,共更新输水主管道4.64千米,埋设供水支管10条6.92千米。同年,完成西寨—凤翔人饮工程。以云山青岗岔截引为水源,主管线经西寨村南坪至东寨村中川社,并在西寨村河南社分支,至苍沟村高位调蓄减压池,进入凤翔镇李家嘴再至中川村。埋设PVC供水主管3条21.19千米,支管4条12.28千米,建成200立方米蓄水池1座。同年,完成凤翔镇北川人饮工程。该工程利用城镇自来水巉口供水管网,在北廿里铺村的南北庄、斜河坪、甘林口分别设有分水口,布设PVC供水主管1.50千米,支管3条3.14千米。同年,完成内官营人畜饮水解困工程。该工程从内官营卫生饮水工程供水管网末端(二中路口)闸阀井接水,主管道经二中、穿西河到内官村佛沟门、经先锋村古洞庄过西河,沿定临公路再至先锋、万崖村各社。在先锋仁化寺设支管,沿北山至万崖村申家庄。在林川村新打机井1眼、埋设PVC主管线4.85千米、支管4条4.58千米、调水池2座,检查井26座。

2006年8月,完成农村饮水安全项目许家河截引工程,被省水利厅验收为优质工程。在内官营镇迎丰村许家河新建截引一处,经截引将水源消毒处理区输水至调蓄池。一主管线延伸至香泉镇上湾、苍坪、前番坪;另一主管线经许家河沿乌龙川经乌龙村七社、六社至先锋村中庄、李家庄、彭家庄。共建成水源截引工程1处,干管1条长11.2千米,支管3条长9.13千米,分支管3条长6.52千米,入户管道74.95千米。解决了内官营镇清溪、乌龙、先锋3个村1499户5500人的饮水问题。同年11月,香泉老人沟截引工程竣工。三期工程2007年9月竣工。共建成1道高8.3米、长208米、顶宽0.5米、底宽2米的混凝土截水墙;1座长168米、底宽2.2米,顶宽1.8米、边墙高1.8米、厚0.3~0.5米的浆砌块石拱形集水廊道;200立方米高位水池1座。共安装潜水泵1台/套,上水管道580米,自动化上水设备1台/套, 安装截引出口直径250毫米PVC输水管道1.156千米,直径200毫米PVC引水三支管6.1千米,镇区供水支管1条1千米。工程总投资:第二期156.96万元,第三期255.72万元。解决了香泉镇香泉、陈家屲、东寨、关门口、池沟、苍沟、后湾、云山和西寨9个村1784户9500人的饮水安全问题,并为中部农村饮水安全工程及东部工程提供了水源保障。

2007年12月,香泉老人沟截引的供输水工程第四期工程竣工。建成800立方米蓄水池1座,引水一支管1条长8.742千米,分支管6条7.382千米;供水三支管1条11.40千米,分支管12条9.618千米;供水四支管1条6.757千米,分支管2条6.391千米;总干管1条8.1千米。香泉镇区和陈家屲水管网11.175千米。

2008年,建成中部农村安全饮水工程第五期工程。从凤翔镇中川村开始对西寨人饮工程管网进行延伸扩建续建,干管线沿凤翔镇友谊、福台、西二十里铺、柏林村,经巉口镇三十里铺村到巉口止。埋设主管道40.102千米,分支管87.532千米。

2009年,建成中部农村饮水安全工程第六期工程。是中部农村饮水安全续建工程,工程包括巉口至鲁家沟太平段、香泉马莲、香泉花屏、内官营南部四部分。巉口至鲁家沟段从巉口开始,由巉口镇、康家庄、赵家铺村、鲁家沟镇街道、小岔口村,止于太平村付家湾,埋设PVC供水管道32.8千米,分支管53条71千米。香泉镇马莲小型农村饮水安全工程建成马莲截引1处,100立方米蓄水池、10立方米蓄水池各1座,埋设供水管道17.555千米。香泉镇花屏农村饮水安全工程新建50立方米蓄水池1座,埋设供水管道3.22千米。内官营镇南部农村饮水安全工程在林川新打机井一眼,在东岳陈家寺建调蓄池一座,机井提水至蓄水池。主管道起始于陈家寺,经红河子、盖家庄、年家沟、宋家沟,止黄家坡,全长11.5千米。年家沟建200立方米调蓄减压池;埋设支管道7条长13.47千米,覆盖东岳村陈家寺,林川村红河子、岳家川,边家村的盖家庄、年家沟新农村,永丰村洞子门、宋家沟、店儿峡、黄家坡、湾儿川。新打补充水源井1眼,埋设供水管道24.97千米。

2009年12月,安定区东部农村饮水安全工程主体工程建成。前期利用内官营盆地的机井为给水水源,引洮工程供水一期建成通水后关闭井水水源。建成输水管道23.70千米,第一批安装直径500PVC管8.3千米,第二批安装直径500钢管8.70千米,直径450钢管6.7千米。主管从内官营引洮供水工程9号洞口出水厂开始,沿内官营镇内官、清溪、乌龙、先锋、万崖村,凤翔镇李家咀、中川村川台地布设,止于安定区城区东山脚下。工程全部完工后,将解决安定区东部农村凤翔、巉口、鲁家沟、葛家岔、石峡湾、新集、青岚、西巩、石泉、宁远、李家堡11个乡镇、109个行政村、11.47万人的饮水安全问题。

第六节　防汛抗旱

安定区是一个局地性暴雨多发的地区,山多川少,洪水来势凶猛。但防汛抗洪的基础设施相对薄弱,抗洪能力较差。现有的水库、骨干坝等水利水保设施已运行多年。没有观测设备,加之历年水毁、淤积严重,加固维修、更新改造滞后,工程普遍存在老化失修、带病运行等严重问题。除石门水库外,其余水库每年汛期空库度汛,无控制、利用洪水作用。

境内主要河流有祖厉河一级支流关川河、西巩河及二级支流东河、西河和称钩河5条。均属季节性河流,河道防洪标准不高,抗洪能力差。河道历年被洪水冲刷,淤积严重,险段多。群众防汛意识淡薄,河道内乱采、乱挖、乱倒、人为设障等破坏现象严重,致使河床逐年升高,抗洪能力下降。内官营"四峡"(李家峡、丁家峡、阳阴峡、柴家峡)属防洪重点部位,"四峡"将内官营镇环抱,镇区内有4万多亩良田,3万多人,40多个企事业单位。"四峡"河道纵坡平缓,遇有大暴雨,两岸坍塌,山体滑坡,形成较大泥石流,大量沙砾沉积河床,主流左右摆动,河堤多处决口。居住在山沟口、洪道口、河道旁的部分群众,汛期存有一定的安全隐患。城区三面环山,山洪入城汇入东、西河。东河全长63.8千米,流域面积789平方千米,50年一遇洪量为748~833立方米/秒;西河全长61.5千米,流域面积631平方千米,50年一遇洪量为397~488立方米/秒。东河、西河环绕城区,交汇于城区西北侧气象桥下游约60米处,形成106°的大汇角,洪水发生时,两河洪水相互顶托,排洪相互受阻,造成壅水现象,行洪不畅。

洪雹灾害

安定区雹灾季长达7个月(4~10月),多发期为5~6月份。降雹最长时间记录为1974年6月30日,定西县持续降雹105分钟。有记录的冰雹最大直径为40毫米、重12克,发生在1987年5月20日19时。影响安定区的冰雹移动路径有两条:一是发源于乌鞘岭,经马啣山加强后影响定西市安定区及通渭、陇西县;第二条来自宁夏贺兰山,影响定西市安定区及通渭、陇西县。

1991年6月12日,定西县遭受特大暴雨,受灾人口11.5万人,受灾面积2.3万公顷,绝收5800公顷。

1992年6月22日,定西县境内遭受特大冰雹袭击,38个村的222个社不同程度地遭受雹灾,损失粮食275万千克,338户农户的10158间房屋瓦片被击碎。

1992年8月5日,白碌等6个乡27个村遭受暴雨袭击,死亡2人,农作物受灾面积4万余亩。

1994年8月10日,内官营镇永丰、内官两村遭受特大暴洪袭击,冲决河堤5处100米,受灾农户35户174人、62间

冰雹

房屋被围困,倒塌 17 间,冲毁机井 5 眼,农作物成灾 153 公顷,绝收 140 公顷。

1996 年 6 月 25 日,宁远、杏园等 7 个乡镇遭受特大暴洪灾害,农作物受灾面积 6667 公顷,成灾面积 4467 公顷,绝收 800 公顷,冲毁梯田、沟坝地 24 公顷,死亡 2 人,冲走羊 60 只,猪 2 头。

1998 年 6 月 24 日,巉口、团结、称钩驿、张湾等乡镇遭受冰雹袭击,部分农作物受灾严重。巉口乡大柏林村梁家堡子境内降落一块厚约 40 厘米、长宽各 2 米的冰块。

1999 年 7 月 11 日—16 日,全县普降中到特大暴雨,强度大,历时长,降雨量最高达 110 毫米,致使 9 个乡镇、63 个村、66,444 人受灾。农作物受灾面积达 8,718 公顷,绝收 1,977.83 公顷;冲走粮食 3000 多斤,冲毁耕地 1,918.4 公顷。死亡 2 人、牲畜 60 头(只);淹没房屋 333 间,倒塌房屋 173 间,毁坏水窖 183 眼,冲毁排洪渠 40 米、水库排水管 3 处;葛家岔乡大营村山体滑坡 6 处,约 69 万立方米,倒塌房屋 34 间;田家岔一带,遭受了百年不遇、持续时间最长、降雨量最大的特大暴雨,山洪连续暴发。

2000 年 6 月 3 日,景家泉、巉口、新集、青岚山、凤翔、杏园、李家堡等乡镇遭暴雨灾害,庄稼受灾 1,049.6 公顷,成灾 921.9 公顷,绝收 112.5 公顷,倒塌房屋景家泉 6 间、新集 2 间、巉口 4 间,凤翔死亡 1 人。

2001 年 7 月 1 日,定西县遭受特大冰雹袭击,14 个乡镇受灾严重。其中景家泉、御风、香泉 3 个乡暴雨后发生特大洪灾,耕地、道路冲毁严重。灾害涉及全县 65 个村、1.3 万户、近 6 万人,农作物受灾面积 14667 公顷,造成直接经济损失 2000 余万元,御风乡一牧羊妇女被山洪冲走死亡。

2002 年 7 月 2 日—4 日,葛家岔、内官营等乡镇,局部地方先后受灾,暴雨持续 40 多分钟,降雨量达 33 毫米。导致山洪暴发,水毁河堤 6 处、乡村道路 24 千米、房屋 7 间、耕地 19.33 公顷。内官营镇锦屏村 2 眼机井水毁报废。农作物受灾面积 185 公顷。同年 8 月 4 日 23 时许,凤翔镇柏林村响河沟一带降暴雨,响河沟暴发山洪,由兰州开往庆阳镇原的客车(车号甘 A—16334)在响河沟口 312 国道恰巧遇上洪水,被洪水冲走。车上共载 34 人,28 人死亡,2 人失踪,4 人获救。同年 8 月 4 日—13 日,连续暴雨,白碌、鲁家沟等 8 个乡镇先后遭受冰雹袭击。冲毁乡村道路 69 千米、耕地 113.5 公顷,倒塌房屋 13 间,白碌乡被压死 1 人,损坏房屋 14 间,水窖 89 眼。

2003 年 7 月 22 日 15 时 30 分—16 时 30 分,暴雨加冰雹袭击御风、西巩驿等 7 个乡镇,35 个村,19,600 多人受灾。水毁耕地 130 公顷、乡村道路 38 千米。农作物受灾面积 4,534.7 公顷。西巩驿一鸡舍倒塌,300 多只鸡死亡。同年 7 月 29 日 19

时 20 分许,鲁家沟、葛家岔、巉口、御风等 4 乡镇普降特大暴雨。鲁家沟降雨 70 多分钟,降雨量达 80 毫米。共有 5 个村、24 个村民小组、780 户、3,430 人不同程度受灾。农作物受灾面积 3,400 公顷,倒塌房屋 51 户,205 间,损坏房屋 266 间,被困村庄 3 个、132 户、580 人,毁坏耕地 1,933.3 公顷、道路 182 千米。东河、中河二渠水毁严重。葛家岔镇大营村五社山体滑坡,滑坡面积 3.8 平方千米,有 6 户房屋被埋,7 户房屋半埋入土中,44 户 187 人无家可归。

2004 年 7 月 25 日下午,安定区境内普降中到大雨,持续 8 个多小时。城关、凤翔、青岚山 3 个乡镇 467 户、2050 人遭灾。倒塌房屋 7 间,破坏房屋 86 间,水毁道路 28 千米、麦田 40 公顷,直接经济损失约 36.75 万元。城区降雨量达 40 毫米,积水、水毁较为严重。

2005 年 5 月 30 日 13 时 30 分—18 时 30 分,安定区遭受局部特大雹灾。葛家岔、青岚山、鲁家沟、西巩驿、石泉、李家堡、宁远、石峡湾、白碌等 9 个乡镇先后受灾。冰雹最大直径约 7 厘米,降雹持续 15 分钟,积厚 10 厘米。造成 9 个乡镇、45 个村、197 个社受灾。鲁家沟电力线打断,死亡 1 人,农舍屋面瓦片 80% 被打破。

2006 年 5 月 3 日,安定区石泉、李家堡、内官营等乡镇先后出现冰雹和暴雨天气,石泉乡降雨量达 75 毫米。洪涝灾害造成全区 18,000 人受灾,紧急转移安置人口 184 人,倒塌房屋 7 间,损毁房屋 476 间,死亡牲畜 33 头(只);水毁水利设施 8 处,冲毁防洪河堤 3 处 0.8 千米。

2009 年 6 月 25 日,安定区宁远、石泉、杏园、青岚山、葛家岔、西巩驿 6 乡镇遭冰雹袭击(为 200 年一遇)。宁远最为严重,50 分钟降雨 60 毫米以上,风力 8~9 级,农作物受灾面积 108,254 亩,13 户 20 间房屋倒塌,57 户 67 间重度裂缝,24 户民房瓦片被风吹走,217 户屋内进水。水毁桥梁 1 座、翻水坝 13 座、土桥涵洞 42 个、机电井 1 眼、梯田地 1020 公顷;水毁乡村道路 292 千米,淹死猪 6 头、牛 2 头、鸡 600 只;冲走 1 户农民的粮食 3750 千克,冲倒高压电杆被 1 根。

2009 年 8 月 15 日晚,安定区新集、白碌、石峡湾 3 个乡镇遭受暴洪灾害,强降雨持续 1 个多小时,降雨量 40 毫米以上。造成 3 个乡、9 个村、1302 户受灾,农作物受灾面积 7217 公顷,16 户房屋进水,水毁耕地 54 公顷、公路 1 条、农村二级道路 11 千米、水窖 16 眼。

1986—2010年安定区(定西县)洪涝灾害统计表

表 11-1-1

年份	受灾人口(万人)	农作物受灾情况(千公顷)			死 亡	
		受灾面积	成灾面积	绝收面积	人	牧畜(头)
1986	13	15.5	15.5	1.2		515
1987	0.2	0.03	0.02			
1988	0.7	0.11	0.11	0.1		22
1989	7.5	9.3	5.5	1.0		3
1990	12.1	23.4	17.7	5.8		18
1991	11.5	23.0	20.0	5.8		3
1992	18	32.0	21.0	3.74	2	60
1993	6	14.0	10.1	2.1		26
1994	6	15.0	10.0	1.5		23
1995	1	4.4	4.0	3.0		
1996	4.8	14.2	11.2	2.2	2	40
1997	8	13.3	0.9	2.1		40
1998	2	7.0	7.0	5.0		20
1999	3	9.5	6.0		2	12
2000	5	14.0	14.0		1	14
2001	7	30.0	20.0	15.0	1	8
2002	7	26.0	8.0	0.16	29	
2003	6.8	14.0				12
2004	3	3.0	3.0	1.5		
2005	8	15.0	8.0	6.0	1	30
2006	1	6.0	4.0	3.0		41
2007	2.8	5.0	2.0			
2008	5	11.0	10.0	1.8		
2009		7.8	7.6	2.9		
2010		2.1	1.86	0.07	1	

防汛工程建设

安定区河流径流量极不均匀，主要由降水补给，径流量集中在汛期，发生在7~10月份，关川河为67%。径流量集中出现，极易造成洪涝灾害发生。加之自然地理条件差，山大沟深，黄土层深厚，多为直立结构，地势起伏较大，植被覆盖差，一遇暴雨，黄土大面积崩塌、泄流。中华人民共和国成立后，国家非常重视水利防汛工程建设。1953年9月开工，1954年4月竣工，建成内官营区宋家沟、丁家峡、阳阴峡防洪工程；1979年6月，建成香泉、西寨防洪工程；1976—1985年建成定西县城区东河防洪堤工程。

2004年11月20日，西川河堤防护工程开工建设，投资98万元，在清水桥以西修建西河堤防护工程，由临洮水利建筑安装有限责任公司承建。

2005年8月，东河南山段河道护岸工程动工，投资47.6万元，在东河末端南山新村段修建水泥浆砌石河道南岸护岸180米。

2006年4月，东河至西河护岸工程开工，2006年8月竣工。投资267.67万元，建成浆砌石护岸880米。

2008年6月，东河右岸堤防工程竣工。投资86万元，建成仰斜式浆砌块石重力挡洪墙440米，堤高7米。同年11月，巉口上堡子段堤防工程竣工，投资93.49万元，建成治理河道485米，其中砼护坡260米，浆砌石护坡225米。

2009年11月，关川河东河渠渠首至王家窝窝段河道改道和堤防工程竣工。两岸建成河堤护岸6.854千米，其中左岸长3.52千米，右岸长3.334千米，两岸堤距55米。河道改线处挖断东河灌区渠道部位用2座倒虹吸连接；布设堤路交叉建筑物4座，为防止治理后河谷下切对河堤基础造成威胁，布置谷坊3座、排洪涵洞6处。可

新城河道防洪护堤工程

保护人口2.65万人，耕地2.67万亩，新增土地400亩，保护经济林木1.7万株。总投资897.77万元。

通过各期河道护岸工程的实施，穿越定西城的东河、西河、关川河河道两岸河堤，基本实现混凝土现浇、仰斜式浆砌石挡洪墙的防护。

2004年至2009年，先后对石门水库、七一水库、马家岔水库、韩家堡水库等

四座病险水库进行了坝体加固、坝顶加高等除险加固维修措施。

防汛措施

组建机构，明确责任　2006年4月，安定区成立防汛抗旱指挥部，由区政府副区长任指挥，区人武部部长、区水利局局长任副指挥。各乡镇也成立专门机构，实行行政首长负责制和部门岗位责任制，落实职责，责任到人。

排查险情，制定预案　每年及时排查地质灾害安全隐患，重点对病险水库、主要河道、城区排水、学校危房、抢险设备等重点部位和重要设施进行全面细致的检查，对度汛安全隐患进行限期整改。制定防汛预案和预警预报方案，确定紧急避险场所，组建防汛抢险队伍。

召开会议，层层签订责任书　每年及时召开安定区防汛工作会议，安排部署防汛工作，签订责任书。各乡镇签订年度安全度汛责任书，水库签订水库防洪安全责任书，市水务局与区水利水保局、区水利水保局与各水管所之间也签订责任书。

河道清障，确保行洪安全　东河、西河、关川河等"三河"是安定区防汛工作重点，对向河道弃土、倒垃圾、非法采砂、河边近距离建违法建筑等隐患，按照"谁设障，谁清除"的原则，予以清理整顿，确保河道行洪安全。

另外，对于水库、淤地坝的防汛安全，城市防汛安全及汛期24小时值班制度都进行严格检查，对暴雨天气监测预警，水情、汛情预报和传递，险情、灾情核实上报等工作都进行具体安排。

旱　情

定西市安定区深居大陆腹地的陇西黄土高原中部，距海遥远，东南有山脉屏障，海洋潮湿气流不易到达，且易受内蒙古、新疆沙漠及西伯利亚干冷空气侵袭，因此，降水稀少，气候干燥，干旱频繁。"大旱"、"岁歉"等词屡见史志。旱灾是全区发生最频繁、危害最严重的灾害之一。直接影响农作物下种、出苗和生长，轻则减产，重则颗粒无收；北部干旱地区，人畜饮水时常发生困难。

安定区干旱特点、发生周期及时空分布规律是：降水量主要集中在6~9月，占全年的50%~67%。干旱类型及发生时段大致分为春旱、春末初夏旱、伏旱及秋旱。降水在空间分布上由南向北递减，平均纬向递减率150毫米，经向递减率50毫米，南北相差150毫米。西南高峰乡、东南杏园乡年降水500毫米左右，北部鲁家沟镇年降水350毫米左右。降水在时间分布上变率大，一般春季(3~5月)降水占全年降水的 21%,相对变率 46%,夏季(6～8月)占 52%,变率 31%,秋季(9～11月)占26%,变率 41%,冬季(12～2月)占 2%。全年降水量分布极不均匀,有效降水少。初夏和盛夏是相对少雨的时段,往往发生干旱,对农业生产的危害较大。旱灾几乎年年都有,只是范围、时间、地点、危害程度不同而已。据统计,从 1949 年至 2003 年 54 年中,共发生旱灾 39 年,平均 1.3 年发生一次,发生大旱 17 年,平均 3 年发生一次。可得出一年、三年、九年出现大小旱灾和连续干旱规律。秋旱发生频率最大为 42%,即 2～3 年一遇;其次是春旱频率为 40%,伏旱为 37%,春末初夏旱 33%。一年中,不同时段发生干旱的气候频率为 83%,也就是说,干旱是安定区的气候常态。

大旱之年小麦颗粒无收

1995 年,大旱。 1994 年 9 月至次年 7 月上旬,持续干旱少雨,降水量仅为 112.5 毫米,比历年同期 248.4 毫米减少 135.9 毫米,1 至 5 月份降水量仅为35.4 毫米,比历年同期减少 6 成。135 万亩农作物受旱,其中严重受旱面积达 65,333 公顷,破苗改种的有 10000 公顷,粮食生产比正常年景减少 0.54 亿公斤。全区有 80 所学校、机关、66 个村、272 个社、1.8 万户 8.1 万人和 2.2 万头大家畜、2.7 万头猪、5.6 万只羊发生饮水困难,北部的白碌、鲁家沟、新集等 7 个乡镇尤为严重。

1997 年,夏旱。5 月下旬,全县农作物受灾面积 10,440 公顷。7 月上旬,重旱 22,950 公顷。全年连续干旱长达 11 个月之久,属历史之最。

1998 年,秋旱。全县 24 个村、121 个社、1580 户、7900 人饮水发生困难。

1999 年,春旱。农作物重灾面积 13,670 公顷。

2000 年,春末初夏大旱。全县农作物受旱面积 42,340 公顷,其中重旱25,350 公顷,轻旱 16,990 公顷。6 月,旱情加重,重旱 62,360 公顷,作物未出苗 9,398 公顷,3 万多人饮水发生困难。

2001 年,夏旱。5 月至 6 月中旬,干旱少雨,全县重旱 20,000 公顷,轻旱 36,670 公顷。持续到 6 月下旬初解除。

2002 年,夏秋连旱。6 月 21 日降雨 18.8 毫米,至 8 月 11 日仅降雨 12.5 毫米,持续 30 天干旱,夏粮大幅度减产。8 月 12 日降水后至 10 月 18 日少雨,秋旱严重。

2003 年,春末夏初旱。全县 25 个乡镇、244 个村的小麦、豌豆、扁豆、胡麻等受灾 84,000 公顷,成灾 23,330 公顷,绝收 1,030 公顷。粮食减产 2,008 万公斤,6,375 人、21 万头(只)家畜饮水困难。经济损失达 2,208.8 万元。

2006 年,安定区旱。全区农作物受灾面积达 83,333 公顷,成灾面积 49,333 公顷,绝收面积 1,733 公顷。北部乡镇旱情严重,从 2005 年秋冬开始到2006 年夏季,连续 10 个月没有有效降水,干土层厚度达 20 厘米以上,白碌、鲁家沟等 6 乡镇、76 个村、522 个社、17,233 户、71,246 人、45.7 万亩农作物均遭受了严重干旱,夏粮绝收 933 公顷,秋粮绝收 667 公顷。全区有 10 个乡镇、118 村、601 社、3,823 户、17,104 人、3,906 头大家畜发生饮水困难。

2007 年,安定区旱。自入春以后即降雨偏少,扬尘天气频发。4 月,旱情严重。北部 7 个乡镇降雨比历年偏少 3～4 成,40% 的水窖干涸,干土层达 20 厘米,马铃薯无法下种。全区受旱面积 80,000 公顷。有 7 个乡镇的 12,581 人和 3,800 头大家畜发生饮水困难,白碌、鲁家沟、石峡湾、新集等乡镇尤为严重。

1986—2010 年安定区(定西县)旱情统计表

表 11-1-2

年份	主要时段	受旱人数(万人)	作物受旱情况(千公顷)			缺水人口(万人)
			受旱面积	成灾面积	绝收面积	
1986	1—4 月、7 月 10—28 日、9—11 月、	2.0	3.5	3.5		1.5
1987	1—4 月上旬、7 月 4 日—8 月 10 日、9 月下旬—11 月下旬	6.0	11.6	3.5	1.5	1.5
1988	4 月 1 日—5 月 7 日、6 月 8—30 日、9 月 1 日—30 日	10.0	28	18.1	3.1	6.5
1989	5 月 10 日—6 月 5 日、6 月 14 日—7 月 17 日	24.6	0.87	0.85	0.075	0.5
1990	7 月 11 日—11 月初降水偏少	1.0	1.01	1.01	0.2	0.25
1991	6 月 13 日—8 月 18 日	7.0	44.0	33	1.4	0.96
1992	1—2 月、4—5 月、7 月、11—12 月	7.8	23.12	12.5		7.6
1993	1 月—4 月	1.4	2.0	1		0.62
1994	3 月—5 月降水偏少	18.0	53.0	38	1.1	7.5

续表 11-1-2

年份	主要旱段	受旱人数（万人）	作物受旱情况（千公顷）			缺水人口（万人）
			受旱面积	成灾面积	绝收面积	
1995	4月1日—7月10日	27.0	86.0	80	37	9.2
1996	5月中旬—6月中旬	1.0	2.1	1		0.58
1997	3月10日—6月30日、7月10日—9月10日	11.0	35.3	26.3	12.1	3.7
1998	1月1日—4月10日	15.0	36.0	29	7.0	2.6
1999	1月1日—5月15日	15.0	45.0	38.2	18.7	3.5
2000	1月1日—3月8日、4月1日—6月15日	20.0	50.0	50.0	20.0	7.8
2001	5月1日—6月25日	14.0	66.0	41.0		8.2
2002	7月15日—9月10日	7.0	11.0	4.0		
2003	5月25日—6月23日	8.0	22.0	22.0		1.6
2004	6月5日—28日、8月2日—18日	3.0	3.0	3.0	1.5	
2005	4月10日—5月15日、8月10日—9月10日	18.0	50.0	40.0	15.0	6.5
2006	6月4日—7月21日	14.0	40.0	38.0	18.0	5.6
2007	4月1日—6月15日	27.0	92.0	83.0	12.0	8.5
2008	4月1日—5月24日、6月1日—7月17日	16.0	80.0	45.0		8.4
2009	3月12日—7月25日	8.7	110.0	95	15	6.1
2010	6月21日—28日、7月27日—8月1日 8月21日—8月31日	5.0	55.4	34.3	3.5	3.9

抗旱措施

安定区十年九旱，针对旱情，采取有效的抗旱措施十分必要。历年在抗旱过程中采取的主要措施是：

加强领导，科学指导抗旱　安定区委、区政府每年多次召开抗旱专题会议，安排部署抗旱工作。农业、水利、民政等有关部门派出技术人员深入旱情严重的乡镇、村社，调查了解旱情，分析耕地墒情，指导群众抗旱救灾，普及和推广节水技术，提高抗旱能力，帮助群众解决实际困难，增强群众抗旱的信心和决心。

以人为本，确保用水安全　在干旱时段，不但农作物受旱严重，人畜饮水也不同程度发生困难。区防汛抗旱指挥部办公室经过排查摸底，采取应对措施，为葛家岔、白碌、石峡湾、新集、西巩驿、石泉、青岚山、李家堡、景家泉、称钩驿、鲁家沟等乡镇的机关单位、学校和群众组织拉水，解决群众用水困难，确保用水安全。

调整结构，依靠科技抗旱扩大马铃薯和全膜玉米种植面积，抵御干旱灾害。2008至2010年，全区马铃薯种植面积在66,667公顷以上，全膜双垄沟播旱作农业种植面积达到46,667公顷。同时，推广"全膜覆盖+良种应用+配方施肥+病虫害防治"的马铃薯高产高效技术等综合抗旱技术。普及实用农业科学技术，提高整体抗旱能力。

打井提灌，提高抗旱能力充分挖掘利用现有水资源，实行定额配水制度，提高水资源利用率，扩大灌溉面积。并加强水利设施的检修养护，保证正常运行。每年完成冬灌5,000公顷，春灌1,533公顷，夏灌5,000公顷。

改善基础条件，解决人畜饮水困难 2007年7月，安定区委、区政府采取职工捐款和政府整合资金的办法，实施雨水利用工程，以北部干旱山区为主，三年建成15,000眼水窖，彻底解决北部山区的人畜饮水困难，提升基础抗旱能力。

为山区群众拉水解决饮水困难

机电井灌溉

喷灌

第二章 引洮工程

第一节 引洮工程回顾

洮河是黄河上游较大的一级支流,发源于西倾山北麓甘南藏族自治州,自南向北流经定西市西部,在临夏州永靖县注入黄河,全长673.1千米,流域总面积25,527平方千米,多年径流量49.2亿立方米。筑坝抬高水位后,具有向中部地区引水的条件。安定区地处黄土高原丘陵沟壑区,干旱少雨,植被稀疏,水资源极度匮乏。生态环境逐渐恶化,人口、资源与环境的矛盾日益严重,成为限制发展的瓶颈,严重制约经济和社会的可持续发展。根据水土资源的分布特点,在中华民国时期,不少有识之士提出了"引洮济渭"设想,可视为引洮工程的先声。中华人民共和国成立后的1957年,定西专署农业基本建设局提出"把洮河水引到靖远县的旱坪川发展水浇地"的建议,得到中共定西地委的支持。上报省上后,中共甘肃省委提议将引

1958年6月17日,引洮上山工程正式开工。图为参加大会战的民工游行队伍

洮工程向东延伸至庆阳专区董志塬。1958年2月,中共甘肃省第二届代表大会第二次会议通过引洮河水上董志塬的计划。

引洮工程是中部干旱地区人民多年期盼的愿望。但由于受时代、认识、科技、经济等方面的限制,曾走过一段艰难、曲折的道路。从1958年到现在,引洮工程工作大致经历了四个阶段:

第一阶段:引洮上山工程(1962年3月工程下马)

1957年,定西地区专署提出了引洮河和大通河两项工程计划,得到甘肃省政

引洮上山

府支持。1957年12月,甘肃省引洮工程在定西地区专员公署主持下进行勘察筹备。1958年元月,定西专署农田基本建设局局长梁兆鹏和省水利局总工程师杨子英研究引洮查勘事宜。在"大跃进"的形势下,引洮工程上马。2月中旬勘察结束,3月下旬开始测量定线,在渭源县会川成立甘肃省引洮水利工程局。定西县抽调民工1.4万人开赴引洮工地。1958年6月17日,在岷县古城举行引洮工程开工典礼,有12000人参加。省委第一书记张仲良、省长邓宝珊等出席大会。6月18日《甘肃日报》头版在"共产主义工程,英雄人民创举"的通栏标题下,以《劈开高山大岭喝令龙王上山—引洮工程破土动工》为题,报道开工典礼。同年7月9日,来甘肃考察工作的国家副主席朱德同志,在兰州为引洮工程题词:"引洮上山是甘肃人民改造自然的伟大创举"。8月11日,中共甘肃省委给中共中央和毛泽东主席写了专题报告。11月中旬,国务院副总理兼秘书长习仲勋考察引洮工程,在陇西、靖远施工工地与民工一起操作运载土旱船,鼓励工程大干快成。当时,省上决定的引洮工程建设方针为:"灌溉为主,综合利用,民办公助,机土并重,边修边用"。采用"全面查勘,统一规划,分段测量,分段设计,分段施工","边勘测、边设计、边施工"的"三边"建设程序。定西、天水、平凉3个专区近20个县的干部和民工参加工程建设,临夏回族自治州也派出了突击队给予支援。整个工地的干部职工300余人,民工10万人,施工最高峰时达16万人。

此次引洮工程以灌溉为主,规划灌溉范围:西至洮河,北至黄河,东至马莲河,南至渭河和泾河,东西长320千米,南北宽200千米,包括甘肃中部和陇东的岷县、临潭、卓尼、临洮、渭源、陇西、定西、会宁、通渭、榆中、靖远、武山、甘谷、秦安、天水、静宁、镇原、环县、庆阳、宁县、正宁、泾川、平凉、兰州,以及后划归宁夏回族自治区的西吉、海原、固原等27个市县。主体工程包括古城水库、总干渠、干渠、灌溉总面积 100 万公顷。总干渠从岷县古城水库输水洞出口引水,引水流量 150 立方米/秒,沿途经过临洮的海甸峡,渭源的宗丹岭、会川、庆坪、北寨,陇西大营梁,通渭华家岭,西吉赤土岔,固原南城,环县小掌村至庆阳董志塬,全长 1150 千米。干渠 14 条,总长 2500 千米框算工程总投资 3.5 亿元。

工程实行工区制组织施工,最多时达 15 个工区。计划施工人数保持 23 万人,农闲时增至 30 万人以上。但开工初仅有 10 万人左右,1959 年 3 月最高达到 16.9 万人。

由于三年自然灾害日趋严重,农村生活极度困难,施工人数不断锐减。1960 年 7 月,精减 3.6 万余人。8 月,又减员近 2 万人,实有施工人员 4.35 万人。1961 年 6 月,大部分民工返回,仅有 3500 余人留守古城库区。1962 年 4 月,最后 500 名民工返回农村。至此,引洮工程全线停工。限于当时的技术水平和经济条件,终因工程规模过大,国力民力不支,工程被迫停建。

1962 年 3 月 8 日,甘肃省委决定引洮工程彻底下马,并上报中央和西北局。

第二阶段:临定电灌工程(有规划,未实施)

1975 年至 1994 年,面对水资源短缺,干旱频发的现状,在大引洮工程尚不成熟的条件下,定西地委、行署提出了多种方案的临定电灌工程,俗称"小引洮工程"。临定电力提灌工程是旨在解决定西地区北部水资源严重短缺的中型骨干提灌调水工程。经过多次研究论证,形成多种方案,均以灌溉效益为主。虽最终未能付诸实施,但对推动自九甸峡自流引水的大引洮方案的实施,起到一定的积极推动作用。

1975 年规划的 23 万亩方案(东峪沟线路) 1975 年 11 月勘测,规划总灌溉面积 1.57 万公顷,灌区包括定西、临洮、渭源 3 县。总干渠从临洮玉井乡油磨滩引水,至东山入东峪沟,终点定西县高峰乡嘴头,规划全长 67.2 千米。干渠 2 条长 70.15 千米。

1986 年规划的 33 万亩

水利专家现场考察临定提灌工程大碧河线后沟口枢纽

水利专家现场考察临定提灌工程洮惠渠渠首

方案(大碧河线路) 方案总灌溉面积 2.2 万公顷，其中定西市 25 万亩，榆中县 8 万亩。灌区涉及定西、陇西、临洮、榆中 4 县。主体工程包括在洮河皇后沟口建坝拦河闸式取水枢纽 1 处，兴建总干渠 1 条长 72.5 千米。总干渠分 7 级提水，总扬程 366.1 米，装机 5.9 万千瓦，设计提水流量 9 立方米/秒，加大流量 11 立方米/秒，提水至 2200 米高程；设计布置干渠 4 条，总长 194.7 千米。估算总投资 4.7 亿元。

1994 年规划的 1 万公顷方案 定西地区水电设计院提出了东峪沟小流量提水方案，1994 年 9 月踏勘完毕。规划自洮惠渠东峪沟渡槽进口前修建分水闸，灌区范围限于定西、渭源、临洮 3 县，灌溉规模 1 万公顷。改从东峪沟左岸穿行，地质条件好，避开了滑坡影响，分 9 级提水。计划总投资 3.85 亿元。

第三阶段：引洮灌溉工程(有规划，未实施)

1992 年至 2000 年，甘肃省全面组织开展引洮工程前期工作，工程定位为引洮灌溉工程。多次向国家申报总体规划、可行性研究报告等，积极争取立项。

1992 年，甘肃省把引洮工程列为中部地区扶贫开发的重点项目，向水利部和国家计委上报了引洮工程总体规划。同年 7 月，成立引洮工程筹备处，组织和领导引洮工程的前期工作。1993 年 8 月，国家计委批复总体规划。1996 年 6 月，朱镕基同志在甘肃视察后指出："引洮工程是关系到甘肃脱贫的一个最重要的工程，这个工程一定会列入计划，一定会搞，只是迟早的问题。"

1996 年 10 月，完成《甘肃省引洮灌溉工程可行性研究报告》，并上报水利部。工程规划从九甸峡筑坝引水，发展灌溉面积 8 万公顷。涉及兰州、定西、白银、平凉、天水 5 个市所辖的榆中、渭源、临洮、定西、陇西、通渭、会宁、静宁、武山、甘谷、秦安等 11 个县 155 个乡(镇)。总干渠全长 185.6 千米，其中隧洞 41 座长 162.9 千米。总干渠下设 10 条干渠、8 条分干渠，总长 736 千米。定西地区是引洮灌区的主要受益区，灌溉面积 4.17 万公顷，占引洮总灌溉面积的 52.2%。在此期间，胡锦涛等国家领导人先后到定西视察,对引洮工程作出指示。

第四阶段:引洮供水工程

引洮供水工程即"九甸峡水利枢纽及引洮供水一期工程"。2001 年,中共甘肃省委、甘肃省政府将引洮工程作为甘肃省西部大开发的重点项目,多次向国家有关部委汇报和请示。2002 年 9 月,国家批准引洮供水一期工程项目建议书。同年11 月 22 日,甘肃省在九甸峡举行了隆重的开工典礼,计划 2012 年完工。自此,引洮工程正式拉开序幕,定西人半个世纪的"引洮梦"终于要变为现实。

第二节　引洮供水一期工程项目确立

2001 年 5 月14 日,甘肃省政府向国务院上报了《关于立项建设甘肃省洮河九甸峡水利枢纽及引洮一期工程的请示》。

2002 年 2 月,《甘肃省洮河九甸峡水利枢纽及引洮供水工程项目建议书》,通过了国家计委的审批立项。同年 8 月,国家计委向国务院上报了《国家计委关于审批甘肃省洮河九甸峡水利枢纽及引洮供水工程项目建议书的请示》。同年 9 月18 日,国务院总理办公会议讨论通过了《甘肃省洮河九甸峡水利枢纽及引洮供水一期工程项目建议书》,考虑到西部开发政策和甘肃省的实际情况,以及作为受益区的甘肃中部地区是我国最为贫困的地区之一, 国家对总干渠及干渠主体建筑工程投资按 70%给予补助, 其余工程投资由中央定额补助 3 亿元,两项合计18.54 亿元;其余 15.86 亿元资金由甘肃省筹措。

2005 年 1 月,启动九甸峡水利枢纽主体工程的招标,同年 6 月主体工程全面开始建设。

2006 年 4 月 20 日,国家发展和改革委员会主任办公会议审查通过了甘肃省九甸峡水利枢纽及引洮供水一期工程可行性研究报告。同年 7 月 5 日,温家宝主持国务院常务会议,审议通过这一可行性研究报告。至此,洮河九甸峡水利枢纽及引洮供水一期工程正式立项。根据国家发改委可行性研究报告批复意见及以往各阶段历次审查评估意见, 甘肃省水利水电勘测设计研究院受甘肃省引洮公司的委托,编制完成了《甘肃省引洮供水一期工程初步设计报告》,甘肃省水利厅及时上报水利部。2006 年 8 月 5 日,国家发展改革委员会正式发文通知甘肃省发改委,引洮一期工程立项。同年 11 月 22 日,引洮供水一期工程开工。

第三节　引洮一期供水工程规划概况

　　引洮工程供水范围西至洮河、东至葫芦河、南至渭河、北至黄河,受益区总面积为 1.97 万平方千米,涉及甘肃省兰州、定西、白银、平凉、天水 5 个市辖属的榆中、渭源、临洮、安定、陇西、会宁、通渭、静宁、武山、甘谷、秦安等 11 个县(区),155 个乡镇,总人口 298.53 万人。

　　洮河九甸峡水利枢纽及引洮供水工程（简称引洮工程）是甘肃省规划建设的大型水利枢纽及跨流域调水工程，其建设任务是重点解决中部干旱地区城镇生活及工

2008 年 8 月 4 日,九甸峡水利枢纽正式建成,首台机组并网发电成功

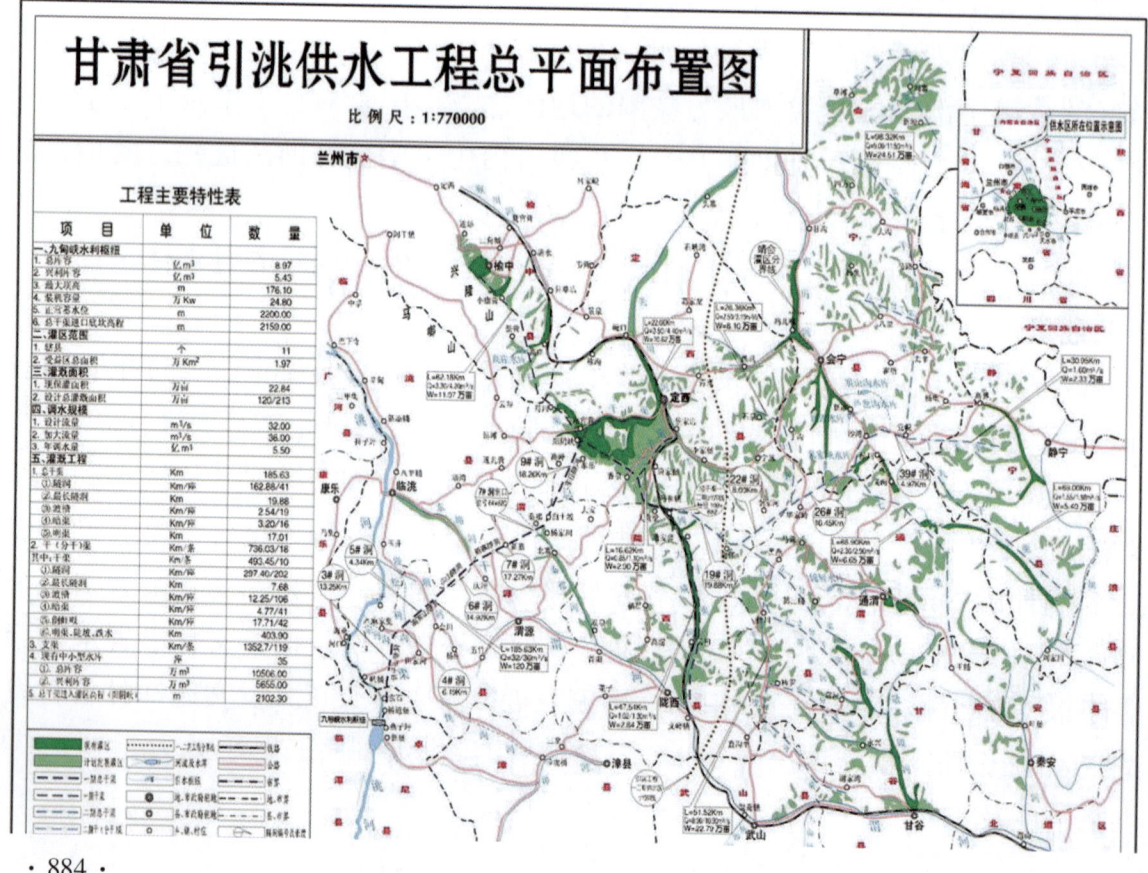

业用水、农村人畜饮水及生态环境用水，兼有灌溉和发电等综合利用功能，建设内容包括九甸峡水利枢纽和引洮供水工程，工程项目分两期实施，一期工程建设九甸峡水利枢纽和引洮供水一期工程，核定工程总投资 62.72 亿元，其中九甸峡水利枢纽总投资 25.74 亿元，引洮供水一期工程总投资 36.98 亿元。施工总工期 74 个月，预计 2012 年建成通水。

九甸峡水利枢纽工程位于甘肃省甘南州卓尼县与临潭县交界的洮河干流中游九甸峡峡谷段，是黄河流域规划和洮河流域规划确定的一座具有供水和发电等综合利用功能的大型水利枢纽，面板堆石坝最大坝高 133.0 米，水库正常蓄水位 2202.00 米，校核洪水位 2205.11 米，总库容 9.43 亿立方米，调节库容 5.72 亿立方米，具有完全年调节能力，能够满足供水及调蓄的要求。电站装机容量 300 兆瓦，年发电量约 10 亿千瓦时。

引洮供水工程是以九甸峡水利枢纽工程为龙头，通过水库抬高水位，调节水量后进行自流引水的大型跨流域调水工程。按照可行性研究确定的工程建设目标，引洮供水一期工程的建设旨在解决甘肃中部干旱地区定西和陇西等 6 个国家扶贫重点县城镇生活及工业用水、农村人畜饮水、生态环境用水，适量发展当地节水灌溉农业，改善生活供水条件及工农业生产条件，为区域经

引洮一期供水工程一干渠布设示意图

引洮一期供水工程二干渠布设示意图

引洮一期供水工程三干渠布设示意图

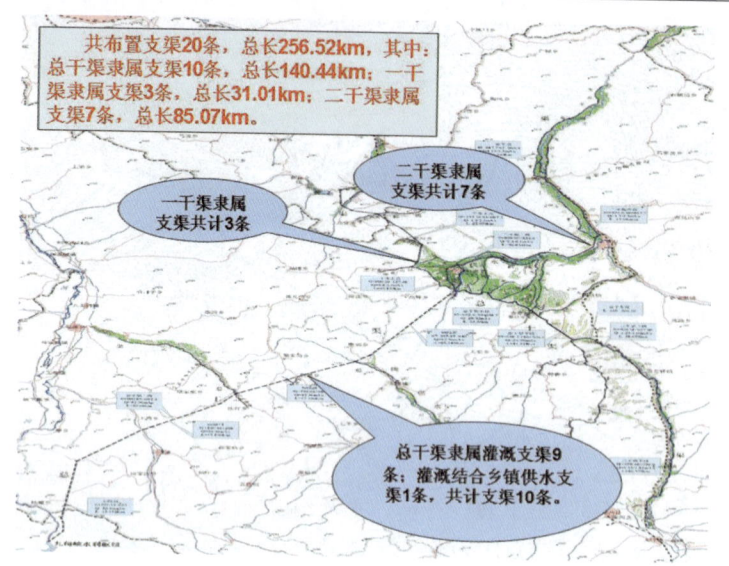

共布置支渠20条，总长256.52km，其中：总干渠隶属支渠10条，总长140.44km；一干渠隶属支渠3条，总长31.01km；二干渠隶属支渠7条，总长85.07km。

二干渠隶属支渠共计7条

一干渠隶属支渠共计3条

总干渠隶属灌溉支渠9条；灌溉结合乡镇供水支渠1条，共计支渠10条。

引洮一期供水工程支渠布设示意图

济社会的发展及小康社会建设提供水资源保障。根据中咨公司《关于甘肃省洮河九甸峡水利枢纽及引洮供水一期工程受水区水资源合理配置专题的评估报告》，一期工程受水区范围涉及定西市安定区、陇西县、渭源县、临洮县，兰州市榆中县、白银市会宁县6个县区，预测2000年受水区总人口133.05万人，2020年增加到154.86万人，城市化率42%，工业总产值109.72亿元，按照经济社会规划发展指标及节水定额预测各部门总需水量3.16亿立方米。评估确定引洮供水一期工程设计水平，2020年新发展灌区12,667公顷，一期工程年调水量2.19亿立方米，配置方案为非农业用水1.53亿立方米，占外调水量的70%，其中，城镇生活0.58亿立方米，农村生活0.40亿立方米，工业0.55亿立方米；农业灌溉用水0.66立方米，占30%。

按照确定的工程建设任务和规模，初设阶段供水一期工程设计中规划：渠（管）系包括总干渠1条，长度110.47千米；干渠三条，长146.18千米；支渠20条，长度256.52千米；专用供水管线12条，总长117.27千米。

总干渠进水口位于洮河九甸峡水利枢纽大坝以上约400米处的洮

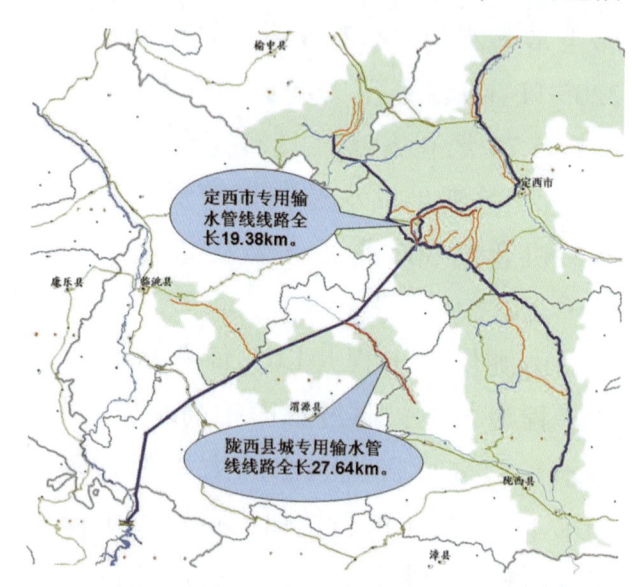

定西市专用输水管线线路全长19.38km。

陇西县城专用输水管线线路全长27.64km。

引洮一期供水工程专用输水管线布设示意图

河右岸，以隧洞和跨沟连接建筑物形式相继穿越或跨越洮河流域支流桥道堡沟、宗丹沟、漫坝河及东峪沟等沟道，经由总干渠7号隧洞穿越洮河及渭河流域分水岭、9号隧洞穿越渭河及祖厉河流域分水岭，然后进入引洮供水一期工程主要受益区祖厉河流域关川河上游的定西内官营至香泉盆地一带。总干渠后段沿内官

引洮一期供水工程乡镇输水专用管线布设示意图

营盆地南缘向东偏南行进，跨过乌龙川、水岔沟及吴家川等盆地边缘沟谷，经15号隧洞穿越大营梁分水岭进入渭河流域，在大营梁南坡马河镇结束，总干渠渠尾与原规划一、二期分界位置一致。

规划一、二干渠均自阳阴峡总干渠9号隧洞出口处的1号总分水闸分水，一干渠沿阳阴峡、符家川、龙泉及高崖走向布置，供水区主要为安定区内官营镇、符家川镇与称沟驿镇，以及榆中县龙泉乡、高崖镇及甘草店；二干渠沿阳阴峡、内官营、城关镇（定西县城）、巉口镇及鲁家沟走向布置，供水区主要为安定区内官营镇、城关乡、巉口镇、鲁家沟镇和会宁县头寨乡；三干渠自总干渠15号隧洞出口处2号总分水闸分水，沿马河、通安驿及云田走向布置。三条干渠总长146.18千米，同时规划了向定西市城区和陇西县城供水的2条专用管线，总长度47.02千米。

与2002年上报的可行性研究设计相比较，初步设计总干渠长度由原109.73千米增加至110.47千米，增加长度0.74千米；干渠减少一条（原三干渠降为总干渠9支渠），长度由原148.40千米减至146.18千米，减少2.22千米；支渠由原40条减少至20条，长度由341.46千米减至256.52千米，减少84.94千米；初设新增专用供水管线12条，总长117.27千米。

引洮供水调蓄调度示意图

引洮一期供水工程供水调蓄调度示意图

引洮供水一期工程各级渠系及管线输水流量与断面参数汇总表

表 11-2-1

单位：米、立方米/秒

渠系及管线名称		设计流量	加大流量	分段及分水桩号	分水口渠底设计高程	水位高程	断面水深
总干渠	上　段	32/12	36/13.6	0-125.0~86+146.4	2103.93	2107.86	3.93
	中　段	24/4	27/4.7	86+146.4~100+721.0	2103.58	2106.74	3.16
	下　段	21/2	24/2.4	100+721.0~110+366.1	2095.8	2099.19	3.39
	一支渠	0.41	0.47	46+298	2130.47	2134.4	3.93
	二支渠	0.35	0.43	63+972	2118.57	2122.5	3.93
	三支渠	0.37	0.51	88+391.34	2102.53	2106.07	3.54
	四支渠	0.27	0.35	89+906.26	2101.61	2105.27	3.66
	五支渠	0.18	0.24	91+029.62	2101.05	2104.6	3.55
	六支渠	0.25	0.32	93+663.99	2099.28	2102.88	3.6
	七支渠	0.22	0.27	97+877.69	2097.49	2101.15	3.66
	八支渠	0.31	0.39	99+041.66	2097.27	2100.51	3.24
	九支渠	0.32	0.37	100+481.88	2095.98	2099.58	3.60
	十支渠	0.44	0.49	107+894.78	2091.00	2094.45	3.45
总干渠沿线	庆坪专用输水管线	0.04		46+298	2130.47	2134.4	3.93
	新寨及黎家湾专用输水管线	0.06		53+955	2125.25	2128.92	3.67
	陇西县城专用输水管线	1.70		63+972	2118.57	2122.5	3.93
	秦祁专用输水管线预留口	0.05		66+595	2116.74	2120.41	3.67
	定西市专用输水管线	1.30		85+682.36	2103.93	2107.86	3.93
	东岳专用输水管线	0.04		85+682.36	2103.93	2107.86	3.93
	香泉专用输水管线	0.06		98+817.55	2097.08	2100.74	3.66
	种和专用输水管线	0.06		总干渠十支渠6+608.49	2085	2085.45	0.45
	福星及高楞专用输水管线	0.13		总干渠十支渠18+878.47	2074	2074.50	0.50
一干渠	分水口			85+682.36	2103.93	2107.86	3.93
	上　段	2.24	2.47	0+000~10+137.48	2103.93	2107.86	3.93
	下　段	1.91	2.1	10+137.48~33+087.4	2094.8	2095.99	1.19

引洮供水一期工程各级渠系及管线输水流量与断面参数汇总表

表 11-2-2

单位:立方米/秒

渠系及管线名称		设计流量	加大流量	分段及分水桩号	分水口渠底设计高程	水位高程	断面水深
一干渠沿线	一支渠	0.19	0.24	10+120.48	2094.8	2096.08	1.28
	二支渠	0.31	0.42	29+082.78	2078.7	2079.89	1.19
	三支渠	1.39	1.44	33+087.39	2060.4	2061.65	1.25
	黑山专用输水管线	0.05		9+129.19	2097.92	2099.13	1.21
	符川专用输水管线	0.05		14+684.52	2090.83	2091.98	1.15
	龙泉专用输水管线	0.05		24+017.79	2082.76	2083.91	1.15
	称沟专用输水管线	0.12		24+017.79	2082.76	2083.91	1.15
二干渠	分水口			85+682.36	2103.93	2107.86	3.93
	上　段	3.00	3.37	0+000~30+833.6	2103.93	2107.86	3.93
	中　段	2.27	2.44	30+833.6~48+817.7	1904.1	1905.76	1.66
	下　段	1.6	1.75	48+817.7~65+060.4	1850.7	1851.97	1.27
二干渠沿线	一支渠	0.14	0.19	12+404.69	1994.1	1995.76	1.66
	二支渠	0.31	0.42	30+833.12	1905.4	1907.06	1.66
	三支渠	0.14	0.19	47+828.01	1851.7	1852.97	1.27
	四支渠	0.33	0.45	48+817.66	1850.7	1851.97	1.27
	五支渠	0.19	0.25	65+060.4	1805	1805.89	0.89
	头寨支渠	1.19	1.35				
	其中 头寨西支渠	1.04	1.15				
	其中 头寨东支渠	0.18	0.24		1657.9	1658.70	0.8
	葛家岔、石峡湾及新集预留口	0.21		48			
	景家泉预留口	0.05		50			
	鲁家沟预留口	0.05		65			
	青岚及西巩预留口	0.15		40			
三干渠	分水口			110+366.1	2090.13	2093.62	3.49
	上　段	1.33	1.51	0+000~31+657.86	2090.13	2093.62	3.49
	下　段	0.85	1.00	31+657.86~48+035.97	1779.6	1780.20	0.60

备注:总干渠流量斜线上为总规模流量,下为一期规模流量。

引洮供水工程总干渠一期工程技术特性表

表 11-2-3

序号	项目		单位	指标	备注
1	线路长度	总 长 度	米	110466.91	
		九甸峡~阳阴峡上段 0-125.00~85+640.00		85740.81	输水段
		阳阴峡~大营梁下段 85+640.00~110+366.10		24726.10	主要供水区
2	输水流量	九甸峡~阳阴峡 0-125.00~86+146.40 L=86247.21m	设计	米³/秒	32	
			加大		36	
		阳阴峡~香泉 86+146.40~99+254.00 L=13107.60m	设计		28	
			加大		32	
		香泉~大营梁 99+254.00~110+366.10 L=11112.10m	设计		24	
			加大		28	
3	设计高程	进水口	米	2162.00	
		阳阴峡		2103.95	9号隧洞出口
		大营梁		2090.00	一期总干渠终点
4	设计纵坡	隧洞		1/1500	
		渡槽		1/1250~1/1300	
		暗渠		1/1300~1/2050	与隧洞及渡槽同
		梯形明渠		1/5000	
		矩形明渠		1/2000	
5	纵向渠系建筑物	隧洞	米/座	93522.68/15	占84.7%
		渡槽		1755.00/9	占1.6%
		暗渠		3716.52/22	占3.4%
		明渠		11212.24	占10.1%
		退水节制闸		212.03/7	
		干渠分水节制闸		48.44/2	全部位于下段
6	横向交叉渠系建筑物	退水闸	座	7	
		干渠分水闸		2	
		供水管线分水口		6	其中县城2座
		支渠分水口		10	
		直斗渠分水口		9	
		交通设施		32	全部位于下段
		排洪建筑物		14	全部位于下段
		下渠通道		11	
		合 计		91	

第四节 引洮供水一期工程概况

总干及支渠

引洮供水一期工程输水总干渠及干渠系统包括总干渠及一、二、三干渠,总干渠自九甸峡水利枢纽大坝上游洮河右岸进水口开始,止于大营梁南坡。总干渠除向干渠配水外,还有三至九支渠在总干渠沿线直接分水。一干和二干渠穿越安定区境内,其中一干有附属支渠1条,二干有附属支渠5条。规划总灌溉面积12.25万亩。

总干渠3支渠 自内官营镇何家岔总干渠10号隧洞进口前分水,分水桩号88+391.34米,分水口总干渠渠底高程2102.48米。其供水区主要为内官营镇,渠线由南向北行至肖家坪后拐向东,平行等高线布置,经东岭至锦鸡塬山正南约1千米里处的金窝窝终止。总干渠3支渠控制灌溉面积1.09万亩,其中提灌面积0.08万亩,设计流量0.37米3/s,加大流量0.51米³/s,渠线全长5.839千米。

总干渠4支渠 自内官营镇稍家门处总干渠分水,分水桩号89+906.26米,分水口总干渠渠底高程2101.71米。其供水区主要为内官营镇,渠线由南向北沿乌龙川右岸布置,在彭家庄拐向东沿西河右岸经斜道口至苏家庄终止。总干渠4支渠控制灌溉面积0.79万亩,设计流量0.27米³/s,加大流量0.35米³/s,渠线全长11.914千米。

总干渠5支渠 自内官营镇沙滩村前总干渠分水,分水桩号91+029.62米,分水口总干渠渠底高程2101.30米。其供水区主要为内官营镇及西寨乡,总干渠5支渠为提灌支渠,分水后渠线上提至沙滩村正北方向山梁顶,然后向东北方向前行,经上湾、何家山、官路坪至后山,再次提水至阎家岔终止。提水泵站设在沙滩村正北总干渠左侧。总干渠5支渠控制灌溉面积0.50万亩,全为提灌面积,设计流量0.18米³/s,加大流量0.24米³/s,渠线全长4.963千米。

总干渠6支渠 自西寨乡东坡村总干渠12号隧洞进口前分水,分水桩号93+663.99米,分水口总干渠渠底高程2099.62米。其供水区主要为西寨乡及凤翔镇,渠线由南向北沿青岗岔沟右岸布置,在支家坡跨过青岗沟后沿中河及定(西)渭(源)公路右侧山脚前行,经西坡、高家庄至凤翔镇中庄附近终止。总干渠6支渠控制灌溉面积0.72万亩,设计流量0.25米³/s,加大流量0.32米³/s,渠线全长11.898千米。

总干渠7支渠 自香泉镇正北约1.5千米处总干渠分水,分水桩号97+

877.69 米,分水口总干渠渠底高程 2097.70 米。其供水区主要为香泉镇及西寨乡,渠线由南向北布置于中河及定(西)渭(源)公路之间的耕地中,经河沿上、下番坪后在支家坡正东定渭公路右侧跨过苍沟沟后终止。总干渠 7 支渠控制灌溉面积 0.57 万亩,设计流量 0.22 米³/s,加大流量 0.27 米³/s,渠线全长 5.976 千米。

总干渠 8 支渠　自香泉镇史家庄总干渠 13 号隧洞进口前分水,分水桩号 99+041.66 米,分水口总干渠渠底高程 2097.27 米。其供水区主要为香泉镇、西寨乡及凤翔镇,渠线由南向北顺水流方向布置于中河右岸,经东寨、傅家川于李家嘴西侧跨过定渭公路后终止。总干渠 8 支渠控制灌溉面积 0.88 万亩,渠线全长 13.051 千米,设计流量 0.31 米³/s,加大流量 0.39 米³/s。

总干渠 9 支渠　自香泉镇阳山湾总干渠 13 号～14 号隧洞连接段分水,分水桩号 100+481.88 米,分水口总干渠渠底高程 2096.31 米。其供水区主要为香泉、团结及凤翔镇,分水后渠线顺水流方向布置于水岔沟左侧山坡上,行至伍家庙跨过定(西)陇(西)公路,经团结、许家岔水库后接入联合渠,在东坡庄后离开联合渠再次穿过定陇公路及陇海铁路后沿铁路方向前行,跨过东河、新建定陇公路及原西兰公路至景家店终止。总干渠 9 支渠控制灌溉面积 0.53 万亩,设计流量 0.32 米³/s,加大流量 0.37 米³/s,渠线全长 19.044 千米。

一干渠及支渠

一干渠的供水区主要在内官营镇、符家川镇、称钩驿镇。渠线自内官营镇阳阴峡总干渠 9 号隧洞出口处的 1 号总分水闸分水,分水闸底板高程 2104.50 米。分水后渠线沿内官盆地南缘北偏西方向前行,跨过红河子沟、卜卜子沟后以暗渠型式穿过丁家峡,在宋家沟西侧渠线拐向北偏东方向,跨过店儿峡并穿过定(西)临(洮)公路,在姚家坪一干渠里程桩号 10+457.60 米处进入 1 号隧洞,隧洞长 3739 米,出洞后跨过符川并以暗渠形式穿过内官营至符家川公路及右岸台地,渠线恢复至原北偏西的整体走向。在符家川镇高阳村王门东一干渠 14+991.6 米处进入 2 号隧洞至黄家坪出洞,隧洞 4222.90 米;跨过沟道后进入 3 号隧洞穿过安定区与榆中县两县县界至吊坡出洞,4 号隧洞于吊坡进洞至花郎岔出洞,5 号隧洞于花郎岔进洞至好麦川郭家庄出洞,3～5 号隧洞总长 4326.63 米。然后渠线跨过好麦川于右岸 24+054.13 米处进入 6 号隧洞,隧洞长 3547.21 米;跨过沟道后进入 7 号隧洞穿过关川河与宛川河两流域分水岭后进入宛川河流域。一干渠在安定区渠线全长 24.054 千米,控制灌溉面积 2.27 万亩(包括榆中县面积)。

一干渠 1 支渠　自内官营镇姚家坪一干渠分水,分水桩号 10+120.48 米,分水口一干渠渠底高程2094.78米。其供水区主要为内官营镇,渠线沿内官盆地东缘山坡平行等高线布置,经黄家坡、湾儿川跨过内官营至符家川的公路,过秦家山至佛沟门终止。一干渠1支渠控制灌溉面积0.54万亩,设计流量0.19米³/s,加大流量0.24米³/s,渠线全长6.277千米。

二干渠及支渠

二干渠自内官营镇阳阴峡总干渠9号隧洞出口处的1号总分水闸分水,分水后渠线沿阳阴峡左岸河防洪堤经魏家庄、丁家峡河沟(暗渠穿过)至内官营镇,于镇东面5+254.3米处自东向西北方向穿过定(西)临(洮)公路及西河支流(黑山沟)、永丰渠(暗渠穿过)至北山脚下古洞庄后缘桩号8+957.7米,之后沿北山脚由西向东顺西河水流方向行至桩号22+276.7米至梁家庄,渠线离开北山脚横穿定临公路,在桩号22+670.6米处接入西河渠,本段渠线全部为新建渠道,渠道长度22.671千米。接入西河渠后渠线沿西河渠经教育学院、城区到桩号30+833.1米处,以新建渠道及渡槽跨过关川河到关川河右岸,在桩号31+892.6米处入东河渠。东河渠改建利用段由城区行至巉口镇,穿过陇海铁路和巉柳高速公路到黑庄48+817.7米处,新建倒虹吸管跨过关川河到关川河左岸,在桩号49+769.5米处入中河渠。中河渠改建利用段顺关川河水流方向下行至鲁家沟镇,在桩号65+060.4米处结束。二干渠渠线全长65.06千米,其中新建段渠道总长24.682千米;原渠改建利用段渠道总长40.378千米,控制灌溉面积7.02万亩(包括会宁县面积)。

二干渠1支渠 自安定区内官营镇新庄门村二干渠分水,分水桩号12+404.69米,分水口二干渠渠底高程1994.12米。其供水区主要为内官营镇及凤翔镇,分水后渠线顺水向方向布置于西河左岸,与二干渠并行,在北坡村跨过定(西)临(洮)公路后平行公路前行,经谢家庄、井台庄于凤翔镇李家嘴对岸终止。二干渠1支渠控制灌溉面积0.41万亩亩,设计流量0.14米³/s,加大流量0.19米³/s,渠线全长8.929千米。

二干渠2支渠 自定西城区西北二干渠跨关川河前分水,分水桩号30+833.12米,分水口二干渠渠底高程1905.37米。其供水区主要为城区及凤翔镇,分水后渠线顺水流方向布置于关川河左岸山脚下,经五里铺、安家庄、二十里铺至涝池沟终止,为原西河渠改建和利用。二干渠2支渠控制灌溉面积0.93万亩,设计流量0.31米³/s,加大流量0.42米³/s,渠线全长10.759千米,其中原渠改建利用段长9.283千米,新建渠道长1.476千米。

二干渠3支渠 自巉口镇关川河右岸二干渠分水,分水桩号47+828.01米,分水口二干渠渠底高程 1851.72 米。其供水区主要为巉口镇，分水后渠线自东向西跨过关川河，然后向北顺水流方向布置于关川河左岸山脚，经巉口林场至张家庄终止，渠线前段及后段为新建渠道，中段为原有渠道改建和利用。二干渠 3 支渠控制灌溉面积 0.40 万亩，设计流量 0.14 米³/s，加大流量 0.19 米³/s，渠线全长 6.539 千米，其中原渠改建利用段长 2.867 千米，新建渠道长 3.672 千米。

二干渠 4 支渠　自巉口镇黑庄村二干渠分水，分水桩号 48+817.66 米，分水口二干渠渠底高程 1850.70 米。其供水区主要为巉口镇及鲁家沟镇，渠线自南向北顺水流方向布置于关川河右岸山脚，经赵家铺于蒋台河对岸终止，渠道前段为原有渠道改建和利用，后段为新建渠道。二干渠 4 支渠控制灌溉面积 1 万亩，设计流量 0.33 米³/s，加大流量 0.45 米³/s，渠线全长 9.341 千米，其中原渠改建利用段长 8.524 千米，新建渠道长 0.817 千米。

二干渠 5 支渠　自鲁家沟镇二干渠渠尾分水，分水桩号 65+060.40 米，分水口二干渠渠底高程 1805.0 米。其供水区主要为鲁家沟镇，渠线顺水流方向布置于关川河左岸，经罗圈、李家堡于傅家湾终止，均为原有渠道改建和利用。二干渠 5 支渠控制灌溉面积 0.55 万亩，设计流量 0.19 米³/s，加大流量 0.25 米³/s，渠线全长 10.109 千米。

水资源配置方案

引洮供水一期工程实施后，安定区规划水平 2020 年达到年外调水总量 9774.15 立方万米，水资源配置方案为：

非农业用水　水量为 5288.36 立方万米，其中：城镇生活 2333.35 立方万米，农村居民生活 836.54 立方万米，牲畜养殖业 511.97 立方万米，工业 1606.50 立方万米。

农业用水　水量为 4485.79 立方万米，其中：灌溉粮食作物 1188.75 立方万米，经济作物 2352.43 立方万米，林果业 466.89 立方万米，灌溉牧草 477.71 立方万米。

第五节　引洮一期供水工程建设

2006 年 11 月 22 日，甘肃省在九甸峡水利枢纽坝址区燕子坪举行引洮工程开工典礼，甘肃省委书记陆浩下达开工令，九甸峡水利枢纽及引洮供水一期工程正式开工建设。省上领导陆浩、徐守盛等出席开工仪式；省上老领导李子奇、韩正卿等应邀出席开工盛典;定西市委书记石晶,市委副书记、市长杨子兴,市政协主席秦素梅,副市长牛兴民及甘南州、酒泉市、白银市、兰州市的负责同志,省直各相关部门、受益县区的负责同志参加了开工典礼。

2006 年 11 月 22 日,九甸峡水利枢纽及引洮供水一期工程开工建设

安定区境内的隧洞工程

9 号隧洞 由中国水利水电第四工程局甘肃引洮中意联合体承建施工的引洮供水一期总干渠 9 号隧洞工程,由总干渠 9 号隧洞和总干渠 9 号隧洞稍家沟施工斜井两部分组成。工程进口位于渭源县秦祁乡白马峡,出口在定西市安定区内官营镇阳阴峡左岸,由东向西穿越渭河与祖厉河两流域分水岭,全长 18.275 千米,是引洮总干渠隧洞群中洞线最长、施工难度较大的隧洞。工程施工合同价 4.2651 亿元,合同工期为 65 个月,于 2007 年 9 月 18 日开工建设,计划 2012 年 11 月 30 日竣工。

9 号隧洞工程开工以来,省水利厅、省引洮工程建设管理局加强管理,落实责任,明确目标,精心组织,发挥监督检查的职能作用,确保工程顺利推进。承担施工任务的中国水电四局与意大利 CMC 公司组建甘肃中意联合体,充分发挥各自优势,认真组织施工,不断创新技术,优化施工方案,确实加快了工程进度;承担设计和监理任务的省水利水电勘测设计研究院严格履行监理职责,严格控制工程安全、质量、进度和投资,各项质量指标始终处于受控状态。参建各方同心协力,攻坚克难,确保了 9 号隧洞提前贯通。施工选择一台双护盾全断面掘进机(简称

2009 年 12 月 6 日,引洮供水一期工程 9# 隧洞 TBM 掘进机启动

引洮供水一期工程 9# 隧洞 TBM 掘进机施工现场

引洮供水一期工程 9# 隧洞预制管片

TBM），开挖直径为 5.75 米，TBM 包括主机和后配套系统，其中主机长约 13 米，包括前盾、伸缩盾、撑紧盾和尾盾；后配套系统长约 173 米。平均月掘进能力为 630 米，最高月进尺可达 1600 米；工程建设中，TBM 在 23 个月的掘进中，平均月掘进能力为 802 米，并创造了日进尺 86.7 米、月进尺 1464

2011 年 11 月 1 日，引洮供水一期工程 9# 隧洞贯通

米的施工纪录。2011 年 10 月 26 日，9 号隧洞全线贯通，不仅赶回因 TBM 设备推迟进场延误的 13 个月工期，而且提前 6 个月实现隧洞贯通的合同目标。

10 号隧洞 包括阳阴峡渡槽、7 号暗渠及总干渠三支渠等工程，位于安定区内官营镇境内，距兰州市 140 公里。总干渠 9A 号、10 号隧洞及连接段（85＋666.35～88＋903.77），原设计长度 3237.42 米，招标阶段

引洮供水一期工程阳阴峡渡槽施工现场

将杨家坪段明渠变更为 9A 号隧洞,施工图设计长度 3219.56 米,其中 9A 号隧洞 1106.18 米,10 号隧洞 956.24 米,隧洞围岩为粉质壤土、重粉质壤土,横断面形式均为类马蹄型,净高 4.42 米,净宽 4.26 米,纵坡 1/1500,设计流量 24 立方米/秒,加大流量 27 立方米/秒。本标段还包括阳阴峡分水闸、泄水闸、390 米的阳阴峡渡槽以及 3 段总长 695 米的暗渠和下渠通道等工程。

9A 号、10 号隧洞及连接段工程由中铁十八局集团公司承建,监理单位为甘肃引大建设监理有限责任公司,工程于 2007 年 11 月 10 日开工建设,合同总工期为 45 个月,合同价为 4651.88 万元。总干三支渠工程自 10 号隧洞进口前分水,控制灌溉面积 1.09 万亩,其中提灌面积 0.08 万亩,设计流量 0.37 立方米/秒,加大流量 0.51 立方米/秒,渠线全长 5.839 千米。以梯形明渠为主,三支渠于 2008 年 5 月份完成招标,由甘肃省水电工程局承建,甘肃中东监理咨询公司监理,合同价款 279 万元。

11 号隧洞 连接段工程由浙江省第一水电技术集团有限公司中标承建,标段全长 3990.44 米,11 号隧洞 1972.7 米,包括乌龙川暗渠、许家河暗渠、青岗川暗渠,在 2007 年 9 月 20 日进点施工,2009 年的 1 月 14 日两公里的隧洞开挖完成,2010 年 8 月 27 号暗衬混凝土浇筑完成,2010 年 9 月 17 号连接段暗衬混凝土浇筑完成,工期总共 36 个月,比合同工期提前了 9 个月。

13、14 号隧洞 位于安定区香泉镇、团结镇境内。13 号、14 号隧洞及连接段 (97+570 ~ 101+706.85),原设计长度 4136.85 米,施工图阶段为保证总干渠冬季

引洮供水一期工程 12# 隧洞、12A 隧洞及连接段施工现场

运行,将焦家湾、吴家川、马莲沟 3 座渡槽变更为填方暗渠工程,设计长度 4135 米,其中 13 号隧洞全长 1245 米,横断面形式均为类马蹄型,净高 4.42 米,净宽 4.26 米,14 号隧洞全长 955.5 米,横断面形式均为类马蹄型,净高 4.24 米,净宽 4.07 米,隧洞围岩为粉质壤土、重粉质壤土,纵坡 1/1500,本标段还包括中河、水岔沟、焦家湾—马莲沟等 3 段总长 1934.5 米的暗渠等工程。13 号、14 号隧洞及连接段工程由甘肃省水电工程局承建,监理单位为甘肃引大建设监理有限责任公司,

工程于 2007 年 11 月 5 日开工建设,合同总工期为 45 个月,合同价为 4696.6 万元。于 2010 年 6 月 10 日竣工。

安定区负责管理的工程建设

2009 年 11 月份,甘肃省政府决定将引洮工程支渠以下工程及管网配套工程建设与管理移交受益市县负责。安定区负责建设管理的引洮工程主要包括支渠工程、田间配套工程和农村供水工程 3 大部分。

支渠工程 引洮供水一期工程在安定区境内规划实施总干 3—9 支渠、一干 1 支渠、二干 1—5 支渠,共 13 条支渠,总长度 124.6 千米,布设建筑物 784 座,规划总投资 4942.66 万元的工程建

引洮一期供水工程支渠 摄于鲁家沟镇太平村

设。其中,总干 3—9 支渠、一干 1 支渠已于 2009 年开工建设,总长度 78.96 千米,批复总投资 3690.02 万元,合同总造价 3378.85 万元。

截至 2010 年年底,支渠工程已完成渠道开挖 61.6 千米,渠道夯填 57.3 千米,渠道衬砌 23.7 千米,埋设管道 9 千米,预制混凝土构件 5577 立方米,建成渠系建筑物 19 座,累计完成投资 1783 万元;已完成支渠征地 1365 亩,投入征地费用 1485 万元。

田间配套工程 引洮供水一期工程规划在安定区实施田间配套工程 0.82 万公顷,其中,渠灌面积 0.38 万公顷,管灌面积 0.36 万公顷、滴灌面积 800 公顷,涉及内官营、符家川、凤翔、巉口、鲁家沟、香泉、团结等 7 个乡镇。工程建设期限为三年,总投资 11476万元(其中引洮供水一期投资

引洮一期供水工程田间配套 摄于巉口镇赵家铺村

5279万元,市、区两级自筹6197万元),规划新建斗渠159条209.3千米,农渠1519条785.3千米。按照定西市政府安排,2010年安定区实施田间配套工程3020公顷,其中渠灌面积2020公顷,管灌面积1000公顷,涉及内官营、香泉、团结、凤翔等4个乡镇,规划新建斗渠81条97.1千米、农渠801条306.9千米,计划完成投资4118万元(其中,引洮供水一期投资1954万元,市、区两级自筹2164万元)。

截至2010年年底,已建成预制厂9处,购置混凝土"U"型槽成型机4台套,制作"U"型槽钢模310副,硬化场地3300平方米,完成"U"型槽预制34.6千米,完成各类混凝土量3305.8立方米,累计完成投资194.95万元。安定区政府于2010年10月23日引洮工程建设会议之后,抽调专业技术人员与受益乡村积极衔接,进行施工放线及设计优化,各施工单位迅速组织施工队伍进地安装。截至2010年底,已完成渠道施工放线45千米,土方开挖14千米,完成渠道衬砌13千米。低压管道累计放线19千米,管沟开挖6.3千米。

农村供水工程　安定区农村供水工程规划解决19个乡镇、296个村、5815城镇人口、37.43万农村人口的饮水问题,设计年供水量1406万立方米,规划总投资44723万元。工程设计从引洮供水一期工程9号洞出口附近的内官镇东岳村引水,在东岳村合建城市、农村水厂1处,设计日供水能力17万立方米。从水厂开始布设输水东干管、自流干管、输水西干管、内官营及内官营南部扩网管线四条管线。供水管网布置干、支管泵站7座,输水干管1条35.65千米、配水干

引洮一期供水工程农村供水施工现场　摄于石峡湾乡新建村

管8条321.6千米、配水分干管11条131.3千米、配水支管107条658.1千米、配水分支管1030条3193.1千米、村级管3250千米,自流干管新建隧洞2座3313米,各类阀门井7189座;新建管理房3处1328平方米、收费站20处1200平方米。从2009年开始,该工程进入全面实施阶段。

截至2010年年底,已批复农村供水项目总投资9856.6万元,其中国家投资8629.2万元。批复新建内官营水厂,安家坡泵站,西干一、二级泵站及压力管线工程,输水干管35.65千米,供水干管18.26千米,各类检查井86座。内官营水厂完

成 2 座清水池、反清洗泵房土方开挖 10 万立方米,反清洗间和自用水泵房基础开挖,池底及池壁的浇筑工作;安家坡泵站完成施工便道 1 千米,架设高压输电线路800 米,完成泵站基础土方开挖 1 万立方米,完成泵站底板钢筋混凝土浇筑 101 立方米;完成东干管输水管道 35.65 千米,检查井 43 座,跨河工程 2 处;完成东干管供水管道开挖 15.5 千米,管基处理 15 千米,安装管道 6 千米。累计完成投资 4770 万元。

第三章　电　力

第一节　机构沿革

1985年3月,成立定西县电力公司,撤销原定西县农电管理所。同年12月,定西县电力公司仍归口农业管理,事业单位,企业管理,自负盈亏。

1988年6月,县电力公司为县政府电力管理的职能部门,政府和电力部门双重领导,不占行政、事业编制,实行企业管理,独立核算,自负盈亏。

1998年10月,甘肃省电力公司委托定西地区电力工业局同定西县人民政府签订代管协议,对定西县电力公司实行代管。同年10月26日,定西地区电力工业局通知:各代管县电力局组织机构暂不变动,仍按原机构运作;各代管县电力局两级领导暂不调整;各县电力局职工工作调动暂时冻结。自此,定西县电力公司属县政府资产,但经营、人事等管理权由甘肃省电力工业局实行代管。

基层机构

1974年,定西县从定西地区农电处接收了内官营、张家河滩供电区域,于1985年成立定西县电力公司,并成立内官营、张家河滩、梁家坪、西巩驿、宁远、阳坡庄6个供电站。1987年,鲁家沟35千伏变电所投入运营,鲁家沟供电站成立。该供电站是电力部门的派出机构,受电力部门直接管理。1997年12月,供电站更名为供电所。2001年,供电所更名为电力管理所。2003年,香泉变电站35千伏投入运营,成立香泉供电所,并从张家河滩电力管理所分离,成为县公司直管的供电所。2006年3月,各电力管理所复名为供电所。是时,定西县电力公司共辖内官营、张家河滩、阳坡庄、宁远、西巩驿、巉口、鲁家沟、香泉等8个供电所。

多种经营

1985年定西县电力公司成立初,根据电力物资采购、供应和管理的需要,设立物资供应站。1992年6月,公司成立低压电器门市部,经营低压电器、电线电缆、开关设备等。1995年3月,成立电器修造厂,负责电器设备的维修、加工等,自负盈亏,独立核算。1997年12月,成立定西电力物资购销公司,将物资站、门市部、修造厂进行整合,形成包括电器材料销售、物资采购与供应、电器设备试验加工等业务的多种经营企业。2007年8月,成立定西明源电力工程有限责任公司,由公司全体员工自愿参股,成为自负盈亏的有法人资格的民营企业。

乡镇电管站

为了加强农村用电管理,先后在26个乡镇成立电管站。供电每万度以下配电工1名,万度以上配电工两名,副乡长兼任站长。行政上受乡政府领导,业务上受电力部门检查指导,是乡政府的集体管电组织,又是电力部门的基层组织。乡镇电管站具体负责管理全乡范围内低压电网和用电设备,以及低压电力网的规划、自建、自管;汇总全乡新装、增容、照明申请,到供电站办理报装手续;认真执行国家电价政策,及时准确抄表,并摊算与变压台站总表的差额电量;检查用户的用电情况,处理违章用电;定期巡视线路及用电设备,宣传安全用电常识。1990年2月,乡电管站由供电站直接领导,成为由电力部门直接管理的基层管电机构。2001年,各乡电管站更名为供电所,由各电力管理所管理,成为公司最基层的供电营业机构。2006年3月,各供电所更名为营业站。

第二节 电力改革

1985年3月,定西县供电公司仍归于农业口管理。1988年6月,受县政府和电力部门双重领导,企业化管理。1993年12月,成立定西县电力局,为县政府电力管理职能部门,与电力公司实行"一个班子,两块牌子",原单位性质不变。1998年4月,定西县电力公司由事业单位改为企业单位,全面实行企业化管理。1998年10月,定西县人民政府委托定西地区电力工业局对定西县电力局(公司)实行代管。农电由县政府直接管理变为行业管理。2001年6月,全面实行了农电体制改革,26个乡电管理站改为供电所,实行收支两条线,人、财、物由县公司统一管理。2003年10月,定西县电力局(公司)更名为定西市安定区电力局(公司)。2006年8月,安定区电力局(公司)中国共产党组织关系由定西市供电公司党委垂直管理。同年,定西市供电公司党委对安定区电力公司领导班子进行了调整,干部实行交流。

2006年3月,乡镇电管站调整为电力部门负责管理,全部更名为××供电所××营业站,负责辖区内电费收缴、线路维护等工作,受所在地供电所直接管理。自此,运行20年的农电体制结束。2008年,安定区电力公司更名为安定区供电公司。

第三节　电力建设

330千伏定西变电站(兰州超高压公司管理)

330千伏定西送变电工程是陇海铁路宝兰二线供电工程的配套项目,于2002年11月8日由国家计委以《国家计委关于宝兰二线(甘肃段)供电工程可行性研究报告的批复》(计基础〔2002〕2382号文)批复立项,该变电站工程批准概算为14407万元。

2003年4月22日,甘肃省电力公司组织有关单位就330千伏定西变工程施工总承包方案进行了研究解决。同年5月20日,定西供电公司向甘肃送变电工程公司提交了总承包委托书,由甘肃省送变电工程公司以总承包形式施工,该

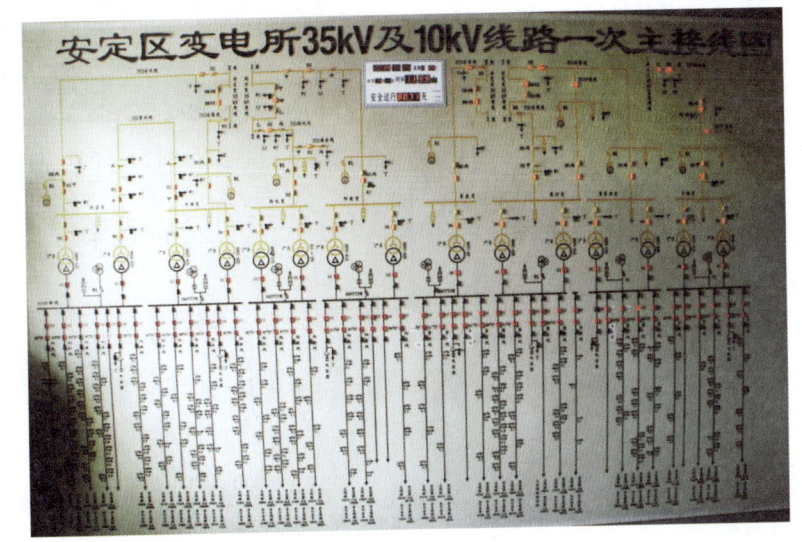

安定区电力线路图

项工程的设计单位是甘肃省电力设计院,监理单位是甘肃光明电力监理公司。

2003年4月25日,甘肃送变电工程公司施工队开始土建工程施工,11月26日全面进行电气安装。2004年4月8日开始竣工验收,2004年5月31日投入运营,共有线路两条,主变压器2台,每台15万千伏安。供电范围包括安定变、南川变、高崖变、巉口变、定西牵引变、高崖牵引变、通安驿牵引变。

国家电网甘肃省电力公司抢修公司定西330KV变电站

330千伏定西变是

连接甘肃东部电网与兰州电网的枢纽变电站，是定西北部电网的重要电源支撑点。它的建成运营，标志着定西电力跨入了高电压、大电网的行列，结束了定西电网没有330千伏电压等级的历史，优化了定西北部110千伏电网结构，供电可靠性有了很大提高，从根本上解决了定

330千伏高压输电线路

西北部电网及宝兰二线新增用电负荷的发展需要。

110千伏送变电工程

输电线路　110千伏输电线路共计划10条，线路改造建设在2002年至2005年相继完成。

1119定安Ⅰ回线路是在原110千伏榆定Ⅰ回线路的基础上改建形成。原线

110千伏高压输电线路

路由原西北电力设计院勘测设计，甘肃省送变电工程公司二工区施工，兰州供电局验收，于1977年7月1日投入运行，1983年1月移交定西地区电力局运行。110千伏定安Ⅰ回新建段(1号～11号)由甘肃科林电力设计有限责任公司勘测设计，甘肃通达电力有限责任公司施工，定西地区电力局验收，于2004年6月16日投入运行。该线路从330千伏定西变西起第九个间隔向南出线，右转与110千伏定安Ⅱ回同塔架设沿康家庄西侧山上走线，行至7号后与110千伏定安Ⅱ回分开，左转单回路向南走线，跨

过312高速公路、宝兰铁路及关川河后接至原110千伏榆定Ⅰ回线路135号（现运行杆号12号）后向南在定西川西侧台地上行走约7公里至二十里铺下台，在关川河西岸的平地上行走约10公里后由西面进入110千伏安定变由南向北的第二个间隔。

1120定安Ⅱ回线路是在原110千伏榆定Ⅱ回线路的基础上改建形成。原线路由原西北电力设计院勘测设计，甘肃省送变电工程公司二工区施工，定西电力局验收，于1983年10月1日投入运行。110千伏定安Ⅱ回新建段（1号～11号）由甘肃科林电力设计有限责任公司勘测设计，甘肃通达电力有限责任公司施工，定西电力局验收，于2004年6月18日投入运行。该线路从330千伏定西变西起第十个间隔向南出线，右转与110千伏定安Ⅰ回同塔架设沿康家庄西侧山上走线，行至7号后与110千伏定安Ⅰ回分开，左转单回路向南走线，跨过312高速公路、宝兰铁路及关川河后接至原110千伏榆定Ⅰ回线路129号（现运行杆号12号）后向南在定西川西侧台地上行走约7公里至二十里铺附近跨过祖厉河后向南，在河岸东侧的平地上行走约5公里后，又跨过河至西侧平地，最后由西面进入110千伏安定变由南向北的第四个间隔。

1124定南线由甘肃省科林电力设计有限责任公司勘测设计，甘肃省通达电力有限责任公司施工，于2004年7月30日投入运行。该线路从330千伏定西变东起第三个间隔向南出线，并与110千伏定定牵线同塔架设（1号～14号），向东从黑庄南侧经过至黑庄东侧的山附近，线路右转从黑庄东侧的山上走线，行至周家山附近与110千伏定定牵线从双回路14号塔分开左转向东南走线至小泉湾的南侧右转，向南走线至涝坝东侧的响河沟沟口，左转跨过响河沟经寒沟、寺坪湾至陆家湾的南侧，线路右转从杨家湾和张家湾的西侧走线至河坪上附近，从60号塔与110千伏南定牵线（15号～2号）同塔架设走线，在河坪上附近线路右转平行天巉高速公路和宝兰铁路走线，行至天巉高速公路东侧的史家沟附近右转下山跨过天巉高速公路至安家沟的西侧，右转跨过宝兰铁路、西兰公路、35千伏南巩线路、35千伏南宁线路、一条110千伏线路至东河西侧的史家沟附近线路右转沿东河西岸走线至李家沟附近，右转进入110千伏南川变110千伏侧南起第一个间隔。

1121定巉Ⅰ线由甘肃省电力设计院勘测设计，甘肃省通达电力有限责任公司施工，于2005年1月18日投入运行。该线路从330千伏定西变的110千伏出线门型构架东起第五个间隔出线后（与预留的330千伏定西变至110千伏巉口变的二回线路同塔架设，且本线路挂至双回路终端塔的西侧），左转避过下堡子村后左转跨过定西至郭城的简易公路和祖厉河,接着沿原330千伏平和二回线路走径至东侧山脚下,线路右转之后跨天巉公路,接着线路避过村庄,跨过宝兰铁路后右转进110千伏巉口变东起第二个间隔。

1122 定巉Ⅱ线由甘肃省电力设计院勘测设计,甘肃省通达电力有限责任公司施工,于2005年1月18日完成本体工程。该线路从330千伏定西变的110千伏出线门型构架东起第五个间隔出线后(与330千伏定西变至110千伏巉口变的Ⅰ回线路同塔架设),左转避过下堡子村后左转跨过定西至郭城的简易公路和祖厉河,接着沿原330千伏平和二回线路走径至东侧山脚下,线路右转之后跨天巉公路,接着线路避过村庄,跨过宝兰铁路后右转进110千伏巉口变东起第二个间隔。

1123 定定牵线由甘肃省科林电力设计有限责任公司勘测设计,甘肃省泰康电力有限责任公司施工,于2004年8月11日投入运行。该线路从330千伏定西变东起第五个间隔向南出线,110千伏定定牵线和110千伏定南线同塔架设,从330千伏定西变出线后向东从黑庄南侧经过至黑庄东侧的山附近,线路右转从黑庄东侧的山上走线,右转至周家山附近110千伏定南线和110千伏定定牵线出双回路14号 JGu2(15)塔分开走线,110千伏定定牵线左转至周家山的西侧,右转基本平行巉柳高速公路走线,跨过安马沟、马家沟、响河沟至王家山的东南侧,左转经寒沟至寺坪湾的东侧,线路右转从寺坪湾和陆家湾脑之间穿过下山,跨过巉柳高速公路后进入至110千伏定西牵引变北起第一个间隔。

1115 定高Ⅰ回线路是在原110千伏榆定Ⅱ回线路的基础上改建形成。原线路由原西北电力设计院勘测设计,甘肃省送变电工程公司二工区施工,定西电力局验收,于1983年10月1日投入运行。110千伏定高Ⅰ回新建段(1号~11号、49号~70号)由甘肃省科林电力设计有限责任公司勘测设计,甘肃省通达电力有限责任公司施工,于2005年1月22日投入运行。该线路从330千伏定西变西起第五个110千伏间隔(含设备间隔)向南与西起第三个备用间隔采用双回路终端塔同塔出线,右转在康家庄西侧山上向西走线3.264公里,接至原110千伏榆定二回123号(定西侧1号~2号与第三备用间隔采用双回路塔同塔架设,长度152米,该段只架设本线路侧地线),从梁家坪至前脑湾段定高Ⅰ回线利用原榆定Ⅱ回线86号~123号段线路,从原榆定Ⅱ回线86号起至110千伏高崖变7.203公里,本线路基本平行110千伏定高Ⅱ回线向西南走线经祁家岔、祁家庄、跨过宝兰铁路、甘草店—高崖公路,至高崖变西侧连续左转进入110千伏高崖牵北起第三个间隔。

1116定高Ⅱ回线路是在原110千伏榆定Ⅰ回线路的基础上改建形成。原线路由原西北电力设计院勘测设计,甘肃省送变电工程公司二工区施工,兰州供电局验收,于1977年7月1日投入运行,1983年1月移交定西电力局运行。110千伏定高Ⅱ回新建段(1号~11号、47号~72号)由甘肃科林电力设计有限责任公司设计,甘肃省送变电工程公司施工,于2005年1月24日投入运行。该线路从330千伏定西变西起第六个110千伏间隔(含设备间隔)向南与西起第八个备用间隔采用双回路终端塔同塔出线,右转在康家庄西侧山上向西走线3.112公里,接至原110千伏榆定Ⅰ回线127号(现运行杆号12号),从梁家坪至前脑湾段定高Ⅱ回线利用原榆定Ⅰ回线89号~127号段线路,从原榆定Ⅰ回线89号起至110千伏高崖变6.932公里本线路基本平行110千伏定高Ⅰ回线向西南走线经祁家岔、祁家庄,跨过宝兰铁路、甘草店至高崖公路,行至高崖变西侧连续左转进入110千伏高崖变北起第二个间隔。

1113南定牵线由甘肃省科林电力设计有限责任公司勘测设计,甘肃省通达电力有限责任公司施工,于2004年8月20日投入运行。该线路从110千伏南川变南起第三个间隔向西出线,1号与110千伏安南线24号同塔,至2号与110千伏定南线同塔架设跨过东河至李家沟附近左转沿东河西岸走线,行至东河西侧的史家沟左转向东跨过两条35千伏线路、西兰公路、宝兰铁路至安家坡附近左转跨过天巉公路至天巉公路东侧的史家沟附近,线路左转基本平行天巉公路走线,行至河坪上附近从15号塔与110千伏定南线(60号)分开走线,跨过河坪上附近的大沟后继续沿天巉公路和宝兰铁路走线经东关村至110千伏定西牵引变的东侧左转跨过天巉公路,进入110千伏定西牵引变南起第一个间隔。

1115安南线由甘肃省电力设计院勘测设计,甘肃通达电力有限责任公司送变电工程分公司施工,于2002年12月16日投入运行。该线路从110千伏安定变南起第一个间隔向西出线,与110千伏安通牵线同塔架设(1号~17号),大角度左转向东南走线,与110千伏安通牵线同塔架设穿越城区,其中经玉湖公园、定西中学后上石羊岭至17号安南线和安通牵线分开为单回路继续向东南走线,跨过东河至110千伏南川变电所西侧,然后左转进入南川变由北向南第二个间隔。

110千伏送电线路一览表

表11-2-1

单位:千米

序号	线路名称	线路编号	投运时间	长度	改造时间	备 注
1	定安Ⅰ回	1119	2004.6.16	19.31	2004	
2	定安Ⅱ回	1120	2004.6.18	20.60	2004	
3	定南线	1124	2004.7.30	24.87		
4	定巉Ⅰ线	1121	2005.1.18	3.06		
5	定巉Ⅱ线	1122	2005.1.18	3.06		未投运
6	定定牵线	1123	2004.8.11	19.23		
7	定高Ⅰ回	1115	2005.1.22	24.38	2004	
8	定高Ⅱ回	1116	2005.1.24	24.21	2004	
9	南定牵线	1113	2004.8.20	6.01		
10	安南线	1115	2002.12.16	3.98	2004	

变电站建设 1994年9月,110千伏定西变进行了增容改造为31.5+20兆伏安。2003年1月17日,定西变电所易地建成投运,占地面积3866平方米。改名为安定变,供南川变、通安驿牵引变、城区及梁家坪变、鲁家沟变、张家河滩变、内官营变、锌厂专用变。主变仍用旧设备,110千伏设备为GIS组合电器,为综合自动化变电站,实现了无人值班。

2002年11月,南川变建成投运,供定西牵引变、城区及西巩驿变、宁远变、马营变、阳坡变,主变容量为2×31.5兆伏安。变电站为综合自动化变电站。占地面积6900平方米。

2004年10月,巉口变建成投运,由定西变出线一回供电,站内现有单台主变,35千伏、10千伏配电设备户内金属密封柜,为梁家坪变、鲁家沟变供电,主要容量31.5兆伏安,为综合自动化变电站。占地面积5026平方米。

2009年8月西郊变站建成投入运行,站内现有单台主变压器,容量为40000千伏安,供内官营变、张家河滩变、香泉变、魏家窑变、符家川变,为综合自动化变电站。

110 千伏变电站一览表

表 11-2-2

变电站名称	容量(千伏A)	占地面积(立方米)	投运时间	变电站性质	供电范围
安定变	31500+20000	3866	2003.1.17	综合自动化	南川变、通安驿牵引变、城区及梁坪变、鲁家沟变、河滩变、内官营变、锌厂专用变。
南川变	2×31500	6900	2002.11	综合自动化	定西牵引变、城区及西巩驿变、宁远变、马营变、阳坡变。
巉口变	1×31500	5026	2004.10	综合自动化	梁家坪变、鲁家沟变
西郊变	1×40000		2009.8	综合自动化	香泉变、内官营变、河滩变、魏家窑变、符家川变

35 千伏送变电工程(定西供电公司管理)

　　1974 年,定西–张家河滩–内官营 35 千伏送电线路投入运行,同年建成张家河滩、内官营变电所。这是安定区境内最早建成的 35 千伏送变电工程。截至 2010 年,安定区共有 35 千伏送电线路 12 条,线路长度达 226.91 千米;35 千伏变电所 10 个,变压器共计 17 台,容量达 39550 千伏安(见下表)。

35 千伏输变站

35千伏送电线路一览表

表 11-2-3

单位:千米

序号	线路名称	线路编号	线路长度	投运时间	改造时间	备注
1	南定线	3511	31.83	2004 年		市管网
2	南巩线	3522	25.69	1981 年	2002 年	市管网
3	南阳线	3512	9.98	2002 年	2003 年	市管网
4	南宁线	3521	25.22	1981 年	2003 年	市管网
5	安张线	3512	11.5	1974 年	2002 年	市管网
6	宁马线	3522	26.7	1981 年		市管网
7	张内线	3521	12.4	1974 年		市管网
8	安香线	3523	21.72	2000 年		市管网
9	安内线	3522	21.2	2003 年		市管网
10	巉梁线	3513	6.4	2003 年		市管网
11	巉鲁线	3512	16.89	2004 年		市管网
12	T 魏线	3512	6.9	2008 年		区管网
13	西符线	112	10.51	2010 年		区管网

35千伏变电所一览表

表 11-2-4

序号	变电所名称	容量(千伏 A)	台数(台)	投运时间	改造时间	备注
1	西巩驿变电所	4150	2	1981 年		市管网
2	宁远变电所	3000	2	1981 年	2001 年	市管网
3	内官营变电所	8000	2	1974 年	2001 年	市管网
4	河滩变电所	4000	2	1974 年	2003 年	市管网
5	梁家坪变电所	3600	2	1979 年	2000 年	市管网
6	阳坡变电所	3200	2	1975 年	2001 年	市管网
7	鲁家沟变电所	4000	2	1986 年	2003 年	市管网
8	香泉变电所	1600	1	2000 年		市管网
9	魏家窑变电所	4000	1	2008 年		区管网
10	符家川变电所	4000	1	2010 年		区管网

6～10千伏配电线路

1984年,定西城区运行6千伏线路71.688千米。配电变压器209台,合计容量19640千伏安,0.4千伏线路增至33.17千米。详见下表。

1984年(以前)定西城区6千伏线路参数表

表11-2-5

单位:千米

线路编号	线路名称	起止地点	线路长度
621	电南线	发电厂至南关	7.678
622	701线	发电厂至701	3.160
623	电通线	发电厂至起重机厂	0.284
624	电环线	发电厂至活环厂	0.260
625	电安线	发电厂至安家坡	15.940
631	电张线	发电厂至张家湾	21.086
632	电福线	发电厂至福台	23.280
	合计		71.688

1985年6千伏配电线路配电变压器统计表

表11-2-6

公用变压器		企事业单位变压器		农用变压器		合计	
台数	合计容量	台数	合计容量	台数	合计容量	台数	总容量
11	1165	134	14270	64[①]	4205	209	19640

在6千伏线路运行期间,农用配电变压器为代管设备,经配电线路的升压改造,此部分设备资产隶属县电力局。

从1984年6月开始,历时两年,分两期完成了城区6千伏配电线路的升压改造工程,第一期投资32万元,第二期投资30万元。截至1986年10月,10千伏电压等级的配电线路,在定西城区投入运行。经过线路及其配电设备的改造,使电网架结构得到优化。城区10千伏配电线路总长度为85.42千米,运行配电变压器198台,总装建容量18905千伏安。地委、县政府、医院等重要用户构成了环网供电。配电变压器广泛采用了86系列S7型节能产品,淘汰了高耗能配电变压器,经济运行水平提升,网损大大降低。

城市电网改造

定西中低压网建设改造从 1999 年底开始，城市电网改造由定西供电公司实施。

第一期工程 2000 年 12 月，甘肃省电力公司批复第一批工程，共计 3 项 10 个子项。工程规模为：10 千伏线路 24.42 千米，0.4 千伏线路 53.14 千米，配变 31 台，开关 14 台。实际建设改造 10 千伏线路 24.07 千米，建设改造 0.4 千伏线路 52.49 千米，配变建设改造 43 台，分段、联络开关 10 台。工程批复总资金 800 万元，结算资金 792.93 万元。其中，设备购置费 503.48 万元，安装工程费 191.17 万元，其他费用 98.27 万元。

第二期工程 2001 年 3 月，甘肃省电力公司批复第二期 5 个项目，即 111 定交线、113 定华线、124 定坪线、开闭站和箱式变。工程规模为：10 千伏线路 18.8 千米，0.4 千伏线路 14.46 千米，配变 20 台，开关 19 台，箱式变 11 台，开闭站 3 座。实际建设改造 10 千伏线路 24.53 千米，0.4 千伏线路 15.4 千米，箱式变 11 台，开闭站 3 座，配变建设改造 32 台，分段、联络开关 11 台。二期建设改造工程批复总资金 1641 万元，结算资金 1602.48 万元，节余 38.52 万元。其中，设备购置费 1099.55 万元，安装工程费 278.68 万元，其他费用 224.25 万元。通过对第二期五个项目的优化和资金调整，重点解决了南川、安定两座 110 千伏变电所 10 千伏线路的送出和定西变迁址后线路的连接问题。

定西城网 10 千伏一期建设改造工程于 2001 年 3 月 10 日开工，同年 12 月 30 日竣工。定西城网 10 千伏二期建设改造工程于 2002 年 6 月开工，2002 年 12 月竣工。质量达到国颁验收规范标准，竣工资料齐全，工程总体评价为优良工程。城网建设改造后，强化了配电网络结构，缩短了线路供电半径，提高了配网供电能力，主线路实现可靠供电。消除南川、汽车站、气象新村、西川、镇龙路等供电线路瓶颈问题 21 处，提高了供电可靠性及配调灵活性，售电量快速增长。2004 年底，配网比同期多售电量 336 万千瓦时，增长 10.17%，2004 年配网售电量增长在 20% 以上。建设改造后设备完好率达 100%，主设备一类率 ≥80%，基本上解决了城区配网线路混乱、供电不合理的局面。

"一户一表"改造工程 从 1999 年 2 月开始，对定西城区一户一表改造工程进行科研、总体设计。2000 年 7 月，完成定西城区"一户一表"改造工程总体设计及工程实施方案计划表。甘肃省电力公司于 2000 年 8 月、12 月分别批复后，定西城区"一表一户"改造工程正式启动，2003 年 1 月结束。共改造户数 12195 户，投资 797.59 万元。"一表一户"改造工程的实施,规范了电能计量,理顺了电费抄核收程序,减少了电能计量纠纷,降低了电能损耗,提高了供电可靠性,基本解决了城区电能计量管理漏洞。

农村电网建设与改造

农电普及情况 安定区农村电网建设从 1970 年代起步,1980 至 1990 年代为农电大发展时期。1974 年,定西县水电局从定西地区农电处接收内官营、张家河滩供电区域后,逐步形成农村电网雏形。1985 年底,定西县共有农村电网 10 千伏线路 538.565 千米,0.4 千伏线路 183.664 千米。

农电发展过程中, 在地方政府的支持与关注下,利用国家"两西"建设资金、关川河流域治理项目资金进行了电网建设, 部分村社利用国家扶贫项目资金、村社和农户自筹资金等方式千方百计筹措资金建设电网。1990年代末, 安定区农村用电基

农村电网升级改造

本普及,但由于最初农电建设资金紧缺,电网设计建设标准低,规划没有前瞻性,且在施工过程中随意性较大,很多乡村仅仅是通了电,但供电质量无法保证,电网运行故障突出。

农网建设与改造项目 1999—2004 年, 安定区供电公司负责完成国家投资6376 万元,对全区 40522 户农户实施了农村电网的改造建设,建设和改造 10 千伏线路 901.8 千米、0.4 千伏线路 1332.6 公里,新增、更换配电变压器 898 台。

实现户户通电工程 2007 年,通过实施"户户通电"工程,使居住在边远山区的、长期未能用上电的 172 户农户全部用上了电,实现了全区户户通电的目标,通电率全部达到 100%。

新农村电气化工程 2007 年 4 月 19 日, 甘肃省电力公司决定实施 2007 年全省新农村电气化村建设计划。定西市 2007 年新农村电气化村建设试点为:一镇一村,即安定区巉口镇和内官营镇万崖村。试点建设于 2008 年开工,并于当年全部完成工程建设。完成 10 千伏线路 32.69 千米; 0.4 千伏线路 341.14 千米;安装

配电变压器 99 台；安装 10 千伏真空开关 21 台；安装 10 千伏无功补偿装置 12 台；安装电压监测仪 8 台。工程结算资金为 1499.9 万元。

农村电网完善工程 一、二期农网改造工程竣工以后，2006 年实施了农网完善工程，建设 10 千伏线路 24.77 千米，建设 0.4 千伏线路 63.203 千米，新增配电变压器 33 台，总投资 345 万元。2008 年，又实施了电网延伸无电户通电工程、第二批农网完善工程及农网完善新增投资工程。工程于 2008 年下半年开工，2009 年 8 月底竣工。共建设 10 千伏线路 38.826 千米，建设 0.4 千伏线路 43.967 千米，新增配电变压器 74 台，总投资 826.4 万元。投资 1345 万元的第二、三批扩大内需电网建设工程也于 2009 年 9 月开工，2010 年 3 月底竣工。共建设 10 千伏线路 47.04 千米，建设 0.4 千伏线路 242.01 千米，新增配电变压器 77 台。

截至 2010 年 9 月底，安定区共有 10KV 线路 2074 里，0.4KV 线路 4568 千米，配电变压器 2077 台。累计改造 10KV 线路 1040 千米，改造 0.4KV 线路 1800.475 千米，改造配电变压器 1108 台，综合改造率为 48%。共改建 10KV 线路 1049.73 千米，改建 0.4KV 线路 2040.54 千米；改建配电变压器 1185 台，改造户表 43648 户，共投入资金 10487.23 万元。经过大幅度的农网建设改造，全区农村电网供电质量较 1999 年以前有了很大提高，供电半径逐步趋于合理，电网运行情况也明显好转，电网经营效益得到了很大提升。

2010 年 9 月安定区农村电网建设改造情况一览表

表 11-2-7

工程项目	10KV 线路（千米）	0.4KV 线路（千米）	配电变压器（台）	投资资金（万元）
一一二期农网改造	901.8	1332.6	898	6376
"户户通电"工程	3.78	19.57	4	94.93
2006 年农网完善工程	24.77	63.203	33	345
2008 年第二批农网完善工程(07 电气化工程)	32.688	341.136	99	1499.9
2008 年电网延伸无电地区通电工程	29.6	21.89	36	266.4
2008 年第二批农网完善工程（110KV 内官营变 10KV 线路送出工程）	8.303	1.951	1	140
2008 年农网完善新增投资工程(含营销系统 85 万元)	1.795	18.178	37	420
2009 年农网完善新增投资计划工程	26.163	131.212	43	744
2009 年农网完善(第三批扩大内需)建设工程	20.874	110.796	34	601
已建设改造合计	1049.773	2040.536	1185	10487.23
全区现有农网	2074	4568	2077	

第四节　供电用电

供　电

超高压输变电　1977年,110千伏榆—定输变电工程竣工投入运行后,定西城郊形成以110千伏定西变为中心的单电源辐射供电。2004年,330千伏定西变电所投入运行,向巉口、安定、南川、高崖等四个110千伏变电所以及甘草店牵引变、高崖牵引变、定西牵引变三个110千伏用户变电所供电,定西北部电网薄弱状况得以改善。截至2009年,安定区相继建成南川、巉口、西郊(内官营镇)三座110千伏变电站,实现了110千伏输电线路手拉手供电。

35千伏输变电　1986年底,安定区共有张家河滩、内官营、阳坡庄、梁家坪、西巩驿、宁远、鲁家沟等8座35千伏变电站。在一期农网改造中,由定西供电公司在香泉建设35千伏变电站1座,改善了西南部供电能力薄弱状况,缓解了西南部供电压力。2008年底,引洮供水工程开工建设以来,由引洮工程公司相继投资,建成魏家窑、符家川两座35千伏变电站,为引洮供水工程专用变电站,由安定区供电公司管理维护。2009年底,全区共有35千伏变电站10座(其中定西供电公司8座,引洮专变2座),容量209500千伏安,35千伏送电线路166.2千米。

配电设施　自1959年定西电厂开始建设6千伏线路以来,20多年里,6千伏一直是定西县配电网络主要电压等级。1986年10月,定西城区配电线路进行升压改造,改为10千伏配送电压,结束了定西城区27年6千伏电压配电线路的供电史。城区10千伏配电线路总长度达85.42千米,运行配电变压器198台,总装建容量18905千伏安,对地委、县政府、医院等重要用户构成了环网供电。

供电范围　1989年下半年,定西地区电力工业局用电科与定西县电力公司进行配电营业区域供电线路的划分工作,定西地区供电所向定西县电力公司移交10千伏配电线路37.127千米、0.4千伏配电线路0.4千米、总杆数425基、配电变压器28台。定西地区供电公司与定西县电力公司配电线路交叉、供电区域不明晰的问题得到解决,运行维护及安全管理得到保证。除定西城区及东至青岚山乡大坪村、南至南山根、西至城关乡李家嘴村、北至城关乡二十铺村由定西地区供电公司供电外,其余全县各乡镇均由定西县电力公司供电。2010年底,安定区农村电网10千伏配电线路总长度2074千米,0.4千伏线路总长4568千米。配电变压器总数2077台、106631千伏安、电压合格率99.85%。乡(镇)、村、户的通电率均达到100%。

用　电

1986年底,定西县农村共有各类供电客用户15770户。经过23年发展,农村用电全面普及,自1998年实施村村通电后,2007年已实现户户全面通电。截至2010年底,安定区境内共有各类用电用户134591户,其中安定区所属88696户。其中,居民生活用户127501户,安定区管辖79142户,占总户数的88%。其中,大工业用户39户,非居民用户1170户,商业用户3811户,非普工业用户1482户,农业生产用户1583户,农灌用户1469户。用电设备总容量为183173千瓦。

甘肃盛大方舟马铃薯淀粉有限公司配电室

经营管理

1986年底,定西县农村供电量达1240万千瓦时,售电量1050万千瓦时,线损16%,各类收入92万元,支出91.4万元。随着改革开放的不断深入,安定区人民生活水平日益提高,农电建设快速发展,用电量节节攀升。截至2010年12月底,年售电量达21.1亿千瓦时,其中,安定区供电公司完成供电量3950.23万千瓦时,完成售电量3631.44万千瓦时,综合线损率为8.07%,累计应收电费2276.20万元,实收电费2276.20万元,电费上缴率和回收率均为100%。2010年6月底,上缴税金147万元,实现利润11万元。

1998年,国务院做出"改造农村电网,改革农电管理体制,实现城乡用电同价"的决定,简称"两改一同价"。这一政策的实施,为安定区农电事业带来了前所未有的发展机遇。2009年11月20日起,执行新电价标准。居民照明0.51元/千瓦时,非居民照明0.8032元/千瓦时,商业0.7678元/千瓦时,非普工业0.7678元/千瓦时,大工业0.4383元/千瓦时,农业生产0.593元/千瓦时,农灌0.37元/千瓦时。定西县电力公司成立之初,电价政策延续执行原水电局农电所时期的政策,执行地方物价、财政等部门核定的农村分类电价。1998年农电体制改革后,安定区农村电价执行甘肃省物价部门核定的分类电价标准。从2006年开始,城乡居民用电同价,除农业生产和农业排灌用电执行农村分类综合电价外,其余均执行城乡同网同价电价。

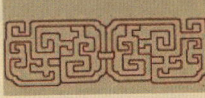

第十二编

工业 建筑业 乡镇企业

第十二编　工业　建筑业　乡镇企业

第一章　工　业

第一节　工业发展概述

中华人民共和国成立以前,安定区(定西县)的工业只有铸造、铁器、木器加工、烧制砖瓦、酿酒、制醋等手工作坊。1949年后,县、乡、镇成立手工业联社,兴办地方国有企业,工业经济有了一定的发展。1970年由兰州迁入几家企业,各乡镇兴办企业如雨后春笋,异军突起。1978年改革开放,全党工作重心转移到以经济建设为中心的轨道上,企业通过实行放权让利、厂长负责制、承包经营责任制等,管理制度初步完善,工业生产出现稳步发展势头。

1986年,经过深化改革,无论地方国有企业,还是集体企业,挖潜改造,新上项目扩大再生产,整个工业生产出现好势头。全县完成工业总产值3499.39万元,占年计划的111.1%, 比上年增加690.79万元, 增长24.59%, 比1983年增加1773.37万元,增长102.74%,实现利润180万元。

1987年,全县19家工业企业中,13家实行承包经营,煤炭、运输及其他6家企业中4家实行租赁承包或承包。全县完成工业总产值4088万元, 占年计划3800万元的107.58%,比上年增加609.8万元,增长17.53%。

1989年,全县面对资金、原材料紧缺、销路不畅等困难,坚持治理整顿,严格执行国家关于压缩经济过热的战略决策,调整产品结构,开展"双增双收",科学管理,强化技术改造,除个别企业略有亏损外,大多数企业仍然保持稳步发展的势头,全县工业总产值实现7300万元,比1988年增长22.3%。

1991年,全县在工业生产方面主要抓完善承包责任制,维护企业的自主权;调整产品结构,开发新产品;坚持考评和季度分析制度,及时掌握动态,逐个"会诊",帮扶困难企业扭亏,同时协调金融部门走"支、帮、促"的道路,支持企业恢复生产。工业总产值实现9287.17万元,占计划的103.2%,增长6%。

1994年,全县工业企业扣除新税制后利转税,行息增加、政策性增加工资等转移利润758万元,按可比口径,完成产值17100万元,预计销售收入13000万元,实现利税1141万元,实现利润670万元,分别比上年增长33.19%、10.86%、39.83%和204%。

1997年,全县乡及乡以上工业企业完成产值28300万元,比1992年增长180.2%,年平均增长22.9%;完成销售24300万元,销售率达到83%。新建无纺厂二期、环宇淀粉工业公司、新星泉电脑针织羊毛衫厂等一批培植财源的重点骨干项目。工业结构发生了较大变化,企业经济效益有所提高,全员劳动生产率由1992年的4960万元增加到11300万元,开发新产品50项,主要产品产量和质量有所提高,资源综合利用和节能降耗工作也取得了较大成效。

2000年,工业企业经营按照"抓两头,活中间"的思路,全面推进"工业富县"战略。通过落实企业改革、结构调整、技术改造、市场开拓、股权经营、强化管理和整治"三乱"、强化服务等措施,为企业创造较好的生产经营环境,工业企业保持了稳定增长势头。新建马铃薯速冻薯条生产线、再生胶生产线、新型建材生产线等一批骨干项目,工业结构发生了较大变化。全县工业企业完成总产值36372.6万元,增加值11903万元,实现销售产值30253.8万元,全县企业有4家减亏,整体减亏128万元。

2001年,以产权制度和内部三项制度改革作为推动企业发展的突破口。按照"三置换一保障"的要求,对县属国有企业、集体企业、乡镇企业和劳服企业全面进行了民营化改制,完成改制企业84家,转让资产20900万元,置换职工身份2539人。完成工业增加值12500万元。

2003年,按照"立足农业办工业,依托资源上项目,盘活存量促增量"的思路,培育发展绿色食品加工、现代制药两大主导产业,工业经济总量进一步壮大。安定区限额以上工业企业完成工业增加值5402万元,同比增长15.6%。

2005年,坚持以"立足资源办工业、依托产业上项目、依靠区位扩总量、盘活存量促增量,加速农业主导型向工业主导型经济的转变"的工业发展总体指导原则,坚持以项目建设为支撑,着力培育特色食品加工、现代制药、冶金机电、化工建材等四大主导工业,不断提升产业发展水平。全区35家限额以上工业企业完成工业增加值8112.75万元。

2009年,工业经济活力进一步增强,全年完成工业总产值136000万元,实现增加值40700万元,增长16.9%。其中规模以上企业实现总产值114000万元,增长16.4%,增加值34500万元,增长9.3%。出口交货值1400万元。

2010年,规模以上工业完成增加值42000万元,是2005年的5.2倍,占生产总值的13.9%,较2005年增加9.3个百分点。财政对工业发展的扶持力度加大,设立工业发展基金500万元,支持重点工业项目建设和技术改造。共实施各类项目30项,完成投资77900万元。甘肃圣大方舟马铃薯变性淀粉有限公司年产7.6万吨变性淀粉项目建成投产,工程技术研发中心获得省级资格认证,研发变性淀粉品种50余个。全区以马铃薯深加工为龙头的地方特色工业体系逐步形成。实施技术改造项目27项,完成投资25600万元,产品质量和市场竞争力有所提高。积极配合定西市循环经济产业园区建设,征地拆迁任务全面完成。

1986年至2010年的25年间,安定区(定西县)工业结构通过产权改革、产业调整,并积极应对国家加入WTO后国内外经济形势的变化,紧抓西部大开发的历史机遇,适时提出了工业富县(区)、民营强县的发展战略,"大锅饭"被彻底打破,非公有制经济得到了长足的发展,一大批重点骨干企业和项目相继建成,企业综合实力逐年提高,规模不断扩大,初步形成了以绿色食品加工、现代制药、冶金机电、化工建材为主体的工业体系,可生产马铃薯精淀粉、全粉、变性淀粉、速冻薯条、菊粉、锌锭、地毯、标准件、紧固件、标砖、空心砖、玻纤布、丙纶丝、干酪素、活性炭、电动机、白酒、肉制品、彩印等260余种产品,工业经济呈现出稳步发展的态势。

1986—2010年安定区(定西县)工业企业发展变化表

表12-1-1

工业个数 项目 年度	总计(家)	县办全民所有制企业(家)	全县集体所有制企业(家)	乡镇企业(其他经济)(家)	有限责任(股份)(家)	个体工业(家)	私营工业(家)	县办工业职工数(人)
1986	263	9	10	68		174	2	6900
1987	343	9	11	74		246	3	6733
1988	330	9	11	74		232	4	7025
1989	367	9	11	74		269	4	6406
1990	429	9	17	78		280	45	5809
1991	457	9	17	81		313	37	6326
1992	461	9	13	73		320	46	6304
1993	489	9	36	72		326	46	7765
1994	491	8	11	94		330	48	5838
1995	490	9	10	89		334	48	5448

续表 12-1-1

年度	总计（家）	县办全民所有制企业（家）	全县集体所有制企业（家）	乡镇企业（其他经济）（家）	有限责任（股份）（家）	个体工业（家）	私营工业（家）	县办工业职工数（人）
1996	499	7	6	92	2	342	50	5615
1997	498	6	6	83	2	350	51	5712
1998	630	7	6	102	102	360	53	3258
1999	561	4	4	108	6	388	51	3156
2000	654	1	3	104	8	451	87	5871
2001	689	1	104	10	8	465	101	6106
2002	939	1	89	3	3	746	97	5857
2003	891	1	20	3	3	753	111	3762
2004	776	1	15	6	43	594	117	3556
2005	694	1	2		37	566	88	3298
2006	729	1	2		45	581	100	3264
2007	719	1	1		42	596	79	3508
2008	825	1	1		73	660	90	2397
2009	929	1	1		47	764	116	3670
2010	1130	1	1	35	86	846	161	4032

1986—2010 年安定区（定西县）工业总产值统计表

表 12-1-2

单位：万元

年度	工业总产值	其中					
		全民企业	集体企业	乡镇企业（其他经济）	私营企业	个体企业	有限责任
1986	3857.89	1271.16	1059.41	1147.62	291.7	88	
1987	4872.97	1269	1750	1170	325.8	358.17	
1988	7076.77	1672.17	2511.02	1815.3	347.28	731	
1989	8732.24	1668.74	4104.2	1618.4	431.7	909.2	
1990	8324.75	1482.65	4998.9	1843.2			
1991	12431.7	2028	4857	2402	557.5	2587.2	
1992	14469.94	2178.15	4775.69	3125.8	865.7	3524.6	

续表 12-1-2

单位：万元

项目 工业产值 年度	工业总 产值	其　中					
		全民 企业	集体 企业	乡镇企业 (其他经济)	私营 企业	个体企业	有限责任
1993	28883.89	2066.25	6697.64	4092	1480	14548	
1994	17123	1537	9077	6509			
1995	21650.18	1869.78	10472.4	9308			
1996	24459	2332	8763	10923			2441
1997	27710	2351	7320	15413			2626
1998	32139	2199	10005	19560			375
1999	52564.2	527.3	7031.3	23306	2566	16649	2484.6
2000	59510.6	542.2	7228.9	27269	3752	18396	2322.5
2001	82218	581	19589	31024	3835	21760	5429
2002	60156.5	690.4	12796.1	5352.5	5000	30535	5782.5
2003(限额)	28755.36	9465	577	9029.36	4512	2671	2501
2004	35318.7	10512	463	13320.7	4480	2754	3789
2005	38664.7	11224	820	13162.7	4697	2870	5891
2006	44276	15626	854	12460	5205	3260	6871
2007	52140	22304	701	13024	4959	3901	7251
2008	61460	24329	860	16761	5000	4857	9653
2009	142333	71968	2981	39051	4800	10461	13072
2010	173363	84442	3017	41141	4863	25389	14511

第二节　工业体制改革

　　1978 年后，国家进入改革开放时期，定西县认真贯彻执行中央关于改革、开放、搞活的一系列方针政策，加快了经济建设的步伐，地方工业得到迅速发展。围绕搞活企业，实行一系列改革措施，1979 年，国务院发出《关于扩大国有工业企业经营管理自主权的若干规定》等五个文件。1984 年 5 月，企业扩权全面展开。1987年，进行企业承包经营试点。1988 年，全县工商企业中普遍推行承包经营，为了改变分配中的平均主义，调动干部职工的积极性，全县在承包的基础上，还采取了工资与效益挂钩、劳动合同制、优化劳动组合、人事制度改革等配套改革措施。实行指令性计划、指导性计划和市场调节三种形式。从 1985 年起，工业生产指令性计划逐步减少，到 1989 年已减少到原煤、原盐两种。综合改革使企业活力明显增强。1985 年 9 月，定西地委提出"把发展集体经济和乡镇企业当作振兴定西的突破口"，促进了集体工业和个体工业的发展，尤其是乡镇工业得以迅猛发展。1986 年到 1989 年，工业企业总产值由 3478.19 万元增加到 7391.74 万元。从 1992 年开始，以企业为主的体制改革工作进入了一个崭新的阶段。

1990 年代以后，随着改革的不断深入和社会主义市场经济体制的逐步建立，地方工业得到了长足的发展。

定西县国有、集体企业在制度创新上的改革，经历了酝酿、试点、深化、全面推广四个阶段。采取租赁、承包、剥离转制、股份合作制等形式。1991—1995 年"八五"期间，进行股份制改革，虽然建立健全了企业组织机构、经营管理机构和监督机制，但相应的规章制度和管理办法尚不够完善，职工的风险意识和参与意识不强，影响着新机制的运行。1996—2000 年"九五"期间，进行售股改制试点，10 家工商企业参与试点，涉及资产 3525 万元、职工 675 人。这次改革涉及企业的权力再调整和利益的再分配，体现责任与风险相对应的原则。这些改革措施并没有从根本上解决广大干部职工积极性和创造性不高这一企业深层次矛盾。

定西县在总结借鉴历次企业改革经验教训的基础上，从 2000 年 11 月开始，按照《定西县国有集体企业产权制度改革实施办法》（县委发〔2000〕37 号），对企业进行以"三置换一保障"（即：置换国有净资产、置换国有土地使用权、置换身份，所有职工进入社会保障体系）为核心内容的企业产权制度改革。改革的基本原则是坚持"有进有退、进而有为、退而有序"和"因企制宜、一企一策、通盘谋划、分步实施"的原则，不断深化和完善企业改革。总体政策是：一是对资产状况良好、市场发展前景广阔、已进行公司化改制的企业，重点实施以扩股增资、优化股权结构为主要内容的深化改革，建立适应市场经济体制要求的现代企业制度；二是对资产状况一般、发展后劲不足、公司化改制不到位的企业，重点通过破产重组、兼并联合、引资嫁接等途径改制盘活，增强发展活力；三是对资不抵债、市场衰退、改造无望的企业依法实施破产，实行"退二进三"（退出第二产业工业，进入第三产业服务业），妥善安置职工。

2004 年，安定区对 17 家工业企业进行企业改制"回头看"，在深入调查研究的基础上提出改制意见。具体实施过程中，对通用汽配厂、广安建筑公司两家企业通过完善改制手续、变现资产、补交和接续职工养老保险，全员安置职工；对已依法破产的石羊公司拍卖资产；对创佳机电厂、干酪素厂、皮革厂依法实施破产；

将童车厂用地出让,所得收益全部用于补交、续交职工社会养老保险。在深化完善企业改革上,选择螺钉公司大胆进行尝试。设计总股本 500 万元,其中法人代表出资 100 万元,占 20%;经营层出资 204 万元,占 40.8%;职工出资 196 万元,占 39.2%,形成经营者持大股、经营层控股、员工层参股的股权结构。改制后该企业运营良好,截至当年 10 月底,完成产品销售收入 746 万元,比上年同期 621 万元增长 20.13%;产值 665 万元,比上年同期 575 万元增长 15.65%;上缴税金 66.5 万元,比上年同期 43.63 万元增长 52.42%。螺钉公司改制推动了全区深化完善企业改制工作的进展。

2010 年末,安定区在岗职工 25978 人,比上年增长 3.6%,其中,国有经济在岗职工 23311 人,集体经济在岗职工 535 人,其他经济在岗人数 2132 人。在岗职工年平均工资 30612 元,比上年增长 20%。

第三节 区属工业企业

国有和集体企业

1990 年,定西县属国有和集体企业共计 19 家,其中,地方国有企业 9 家(定西县高强度螺钉厂、定西县建材厂、定西县钢窗厂、定西县家电厂、定西县食品厂、定西县罐头厂、定西县饲料厂、定西县面粉厂、定西县自来水公司),集体企业 10 家。实现产值 8324.75 万元,销售收入 6647.55 万元,上缴税金 398 万元。其中,国有企业完成产值 1482.65 万元,占 17.81%;实现销售收入

定西高强度螺钉有限公司南山根旧厂区

1798.23 万元,占 27.05%;上缴税金 105.3 万元,占 26.46%。集体企业(不包括乡镇及劳动服务公司等企业)实现产值 3909.97 万元,占 46.97%;销售收入 2883.45 万元,占 43.38%;上缴税金 178.22 万元,占 44.78%。国有和集体企业在工业经济中占有绝对优势。

1992 年和 1995 年,分别建立了甘肃省干酪素工业公司和定西县淀粉工业公司。

定西高强度螺钉有限公司南山根旧厂区机床加工车间

1999 年，县属工业企业实现总产值 10788 万元，销售收入 24229 万元，上缴税金 1221 万元。其中，国有和集体工业企业产值 2884 万元，占 26.73%；销售收入 7423.4 万元，占 30.64%；上缴税金 695.4 万元，占 56.95%。乡镇工业企业产值 7904 万元，占 73.27%；销售 16805 万元，占到 69.36%。

国有和集体工业企业在工业经济中的优势地位下降。

随着市场经济制度的不断完善，安定区（定西县）从 2000 年开始，对国有和集体企业进行全面产权制度改革。2005 年，全区地方国有企业 6 家，集体所有制企业 12 家，分别完成了产权制度改革。国有企业改制情况是：法人代表个人买断 2 家，改制股份制公司 2 家，依法实施破产 2 家；改制中应安置职工 736 人，已安置 639 人，支付安置费 211.76 万元。自此，安定区小型地方国有企业全部改制为有限责任公司。

12 家集体所有制企业改制情况是，定西县服装厂、定西县制鞋厂、定西县皮革厂因经营亏损，分别于 1996 年、2003 年、2004 年审批破产。定西县五金厂经营亏损，于 2003 年变现所有资产，安置职工。甘肃省新星泉时装公司由于经营亏损，拖欠银行贷款，于 2003 年 6 月被依法拍卖。甘肃新大方石羊鞋业有限公司是 1993 年定西制鞋厂与台湾商人合建的企业，1998 年与台资分离，成立了定西县九星制鞋厂，经营困难，暂未改制。甘肃无纺织地毯厂（1987 年建成）、定西工艺美术地毯厂经营困难，未改制。2009 年，鞋厂和地毯厂申请破产。定西县铁器厂与定西县风机厂合并为定西县通配厂，2003 年改制为定西鑫泰工贸有限公司。定西县轮胎厂、定西县木器厂于 2000 年分别改制为定西大力轮胎有限责任公司、定西金牛家具有限责任公司。

外资企业、合资企业

1993 年，定西县制鞋厂与台湾新大方鞋业股份有限公司合资兴建甘肃新大方石羊鞋业有限公司。公司位于定西南川经济开发区，成立后，管理和技术落后、产品滞销,连年亏损。1998年6月,公司董事会决定终止与台方的合作,更名为定西九星鞋业有限公司。1999年4月,更名为定西县九星制鞋厂。靠来料加工维持运营。

1993年,甘肃新星泉时装有限公司筹建,该公司是与新加坡珍宝私人有限公司合资的轻纺企业,地处定西南川经济开发区,1995年投产。2003年6月,因经营不善拖欠银行贷款,其厂房、设备全部抵偿给银行,后银行申请法院拍卖还债。

2001年,经省经贸委审核立项,甘肃省人民政府批准,香港客商投资3000万元,建成定西县第一家外商独资企业"甘肃众星锌业有限公司",位于定西市安定区镇龙路西段。工程总设计年产锌锭5万吨,一期工程生产能力2万吨。生产电解锌锭,销往上海、广州、天津及亚洲、欧美等国内外市场。因公司生产工艺落后、高能耗、高污染,不符合有色冶金行业的市场准入条件,2009年,按照定西市经济委员会《关于甘肃众星锌业有限公司申请淘汰关闭电解锌厂的批复》(定经委发〔2009〕71号)文件精神,该公司于2010年1月10日关闭、拆除。

非公有制企业

安定区(定西县)非公有制经济于20世纪60年代起步,70年代开始发展,90年代形成规模。

1992年,定西县首家民营企业定西陇海乳品有限责任公司建成投产。2000年,全县非公有制企业总数较上年净增1097家,年产值34000万元,销售收入37000万元,上缴税金1259万元,其中,私营企业发展到133家,净增50家。

进入21世纪,安定区(定西县)民营企业初具生产集约化、资本社会化、经营集团化的模式,非公有制经济发展较快,经营方式多元化。2003年后,相继建成薯峰淀粉公司、蓝天淀粉公司、超兴淀粉公司、陇峰淀粉公司、金大地食品公司、圣大方舟公司、博瑞淀粉公司、内官营福利淀粉厂等一大批非公有制企业。安定区新增个体工商户1038户,总数1.4万户;新增民营企业75家,累计348家。非公有制企业年产值56000万元,同比增长8.8%;销售收入55000万元,同比增长9.7%;上缴税金2140万元,同比增长13.2%。2007年,全区个体工商户和民营企业共上缴税金3108万元,同比增长10.2%。2008年,全区工商户和民营企业上缴税金3428万元,同比增长10.3%。2009年,全区民营企业463家,从业人员5.08万,产值103000万元,销售收入136500万元,上缴税金3086万元。2010年,全区个体民营企业636家,个体工商户9135户。

安定区政府对非公有制经济在政策上扶持、法律上支持、技术上帮助、管理上引导,从而扩充了全区非公有制经济总量,不断提高运营质量和效益,使之成为全区经济的中坚,在活跃城乡经济、增加财政收入、扩大就业、促进国民经济发展等方面发挥了重要作用。

第四节 职工安置

安定区(定西县)从 2000 年下半年开始,对所属地方国有企业、集体企业、劳动服务企业和乡镇企业进行产权制度改革和劳动用工制度改革,推行业主制经营,职工成为自主择业的劳动者,从而出现了一大批下岗职工。首先,安定区(定西县)对企业下岗职工进行职业培训和技能培训,增强就业能力,发放就业贷款,鼓励自谋职业。不少职工通过政府、企业的帮助和自己的努力,在新的企业或单位再就业。2003 年,有 719 人走上新的岗位。其次采取了停薪留职、买断工龄、内退等安置方式。

停薪留职

国家劳动部、国家经济委员会《关于企业职工要求停薪留职问题的通知》规定:停薪留职的时间一般不超过 2 年。停薪留职期间,不升级,不享受各种津贴、补贴和劳保、福利待遇;因病、残而基本丧失劳动能力的,可按退职办法处理。对停薪留职人员或期限已满的,可继续履行。停薪留职期满,按停薪留职协议执行,企业无法安排职工岗位的,职工可进入再就业服务中心;不愿进中心的,解除劳动合同。停薪留职人员在从事其他收入的工作时,原则上应按月向原单位缴纳劳动保险金,其数额不低于本人原工资的 20%。停薪留职期间计算工龄。

停薪留职,是计划经济向市场经济过渡转型过程中的产物。1999 年,市场经济不断完善,用人机制较为健全,打破企业员工的"铁饭碗",实行合同制。党政机关和事业单位实行聘任制。地方就业压力大、岗位竞争激烈,停薪留职逐渐停止。2003 年,安定区停薪留职 228 人。

买断工龄

2000 年 11 月 15 日,中共定西县委、定西县人民政府印发《定西县国有集体企业产权制度改革实施办法的通知》,对买断工龄的职工安置规定,整体买断工龄,由职工申请。企业与职工签订协议,报劳动部门鉴证后,职工身份由国有集体企业职工转换为企业员工,继续参加各种社会保险。不愿成为改制企业员工的,按规定领取安置费,给予一次性补偿,并一次性交清拖欠的社会保险金,不再享受失业保险的有关待遇。2003 年,安定区卖断工龄 905 人。

内退

是企业在用人制度改革、更新人员结构或降低人力成本、减少正式员工的数量,让部分年龄偏大的职工从企业内部提前退休的一种权宜之计。全称为"内部退养"、"内退内养"或"离岗退养",内退不是真正意义上的退休,是单位内部一种近似退休待遇的办法。办理内退的人员可不在单位工作,但每月可从单位领取一定数额的内退费,社会保险由单位继续在社保中心缴纳,到退休年龄后正式办理手续。单位一般对内退设置一定的年龄界限。内退在国有企业较多,是对一些无法安排合适岗位但又未达到退休年龄的老员工的过渡性办法。

2000 年 11 月 15 日,中共定西县委、定西县人民政府印发《定西县国有集体企业产权制度改革实施办法的通知》,在职工安置上对内退的规定是:男职工 50 岁,女职工 45 岁,在本人自愿的情况下可实行内退,由改制后的企业根据实际发放一定的生活费,上缴养老保险费用,到退休年龄后办理正式退休手续。2003 年,安定区内退 49 人。

2004 年,安定区参加社会养老保险的职工 2031 人,占总人数的 75.4%;妥善安置职工 916 人,占总人数的 43.7%。2010 年,15 家企业的 1955 名职工得到安置。

第五节　工业园区的建立与发展

安定区工业企业主要分布在安定工业园(南川片、巉北片)、现代物流园、马铃薯产业园(巉口精深加工区、西川种薯繁育区、南川物流区)、循环经济园及辖区内各乡镇。工业经济发展以构建市域经济中心为目标,以结构调整为主线,以项目建设为载体,依托产业办工业,立足资源上项目,盘活存量促增量,通过强力实施"工业强区"战略,特抓工业项目建设,工业结构发生了明显的变化,工业总量取得了明显的扩充,运行质量也得到了极大的提升。

2010 年 9 月,由甘肃省开发区领导小组会同有关部门及专家,对甘肃定西经济开发区发展规划(2010—2020 年)进行了评审。安定区工业园规划为 2 个,即甘肃定西经济开发区(原安定区南川经济开发区),安定工业园巉口北片。

甘肃定西经济开发区

甘肃定西经济开发区(原安定区南川经济开发区)于1992年5月经定西行署批准设立。

其区域东至312国道,南至新民路,西至东河,北至飞天路,占地面积为0.667平方千米。2000年,被农业部命名为"全国乡镇企业东西合作示范区"。2001年,获"全省十强示范区"荣誉。2006年8月,经甘肃省人民政府报请国家发改委、国土资源部、建设部批准为省级开发区,并命名为"甘肃省乡镇企业示范区"。

安定区南川经济开发区

开发区建立后,前后引进日化、冶炼、食品加工、养殖、鞋帽、服装缝制、汽车修理等企业,逐步培育发展了绿色农产品加工、机电制造、木器家具、印刷包装、技能培训、物流服务等产业,形成了以"中国薯都"为主体的区域特色经济,成长起了陇海乳品公司、超兴淀粉制品公司、长津电器制造公司、佶业包装公司等规模化、产业化龙头企业。

截至2010年,开发区进驻各类企业58家(工业企业46家,商业服务企业12家),总投资累计51000万元,马铃薯加工企业产值占开发区总产值的63%,达到29200万元。企业占地828.46亩,公用设施占地171.54亩。2010年,区内企业实现产值27750万元,工业增加值8325万元,销售收入16650万元,上缴税收666万元。累计完成固定资产投资51000万元,国内生产总值60200万元,工业总产值46300万元,工业增加值1296.4万元,实现销售收入41700万元,上缴税金680万元,从业人数4800人。

安定工业园巉口北片

2010年9月,甘肃省开发区领导小组将原北川、巉口两个开发区合并为安定工业园巉口北片。

安定工业园巉口北片区建设按照"一区多园"的发展思路,在巉口镇区以北规划建设用地4.93平方千米(7402亩),规划范围南起康家庄330KV变电站,北至赵家铺张家庄涧沟,西至莲花山,东至巉郭路,南北长约4.6千米,用地呈狭长带状。园区内有饲草加工、养殖、金属加工和化工产业,以及新材料和装备制造等相关产业,重点承接中东部产业梯度转移,引导冶金、化工等工业企业聚集。在规划布局上,概况为"一心、两轴、五片区":"一心"为园区

安定工业园巉口北片

公共服务中心,"两轴"为园区东西两侧交通性干道形成的两条生产轴线,"五片区"为园区北侧的化工片区、园区中部的有色金属加工片区、新材料片区、园区南侧的仓储片区和公共服务片区。

2010年底,园区内路网及配套设施启动建设,定西市恒升金属制品有限公司是首个入园企业,其铸钢件及机加配套生产线项目随即建成投产。

第六节　企业及产品选介

企业简介

甘肃省定西地毯公司　甘肃省定西地毯公司下属有甘肃无纺织地毯厂、甘肃无纺织地毯厂南川分厂、甘肃省定西工艺美术地毯厂、定西工艺美术地毯二厂、甘肃省定西深飞地毯厂等五家企业,由于负债率高,富余人员多,产品成本高,效益不断下降,经营十分困难,分别于2001年至2007年期间先后停产。

甘肃无纺织地毯厂。位于安定区交通路459号,划拨企业用地25301平方米,于1986年3月筹建,1987年5月投产,属集

甘肃无纺织地毯厂

甘肃无纺织地毯厂南川分厂

体所有制企业,实行独立核算、自负盈亏的管理体制。2003年6月,申请注销登记,经原定西县工商行政管理局审核同意后注销。2005年,全面停产,职工全部下岗。

甘肃无纺织地毯厂南川分厂。位于安定区南川开发区,租用南川开发区管委会开发土地69987平方米,依据甘肃省计划委员会甘计技(外)〔1992〕507号文件精神,于1992年组建,1993年10月成立,1994年4月进行了工商企业登记,为甘肃省定西地毯公司下属的生产企业。2002年5月,定西地毯公司提出《关于甘肃无纺织地毯厂南川分厂申请注销的意见》(定毯字〔2002〕20号),经原定西县工商行政管理局审核同意后注销。2007年6月,全面停产,职工全部下岗。

甘肃无纺织地毯厂生产车间

甘肃省定西工艺美术地毯厂。位于安定区中华路146号,划拨企业用地8792.9平方米,原名为甘肃省定西县地毯厂,于1974年10月成立,属集体所有制企业,实行独立核算、自负盈亏的管理体制。1986年8月,更名为甘肃省定西工艺美术地毯厂。2002年开始,企业经营不景气,部分职工陆续下岗。2007年底,全面停产并办理注销登记,职工全部下岗。

甘肃省定西工艺美术地毯厂

定西工艺美术地毯二厂。依据原定西县委发〔1990〕16号文件精神,定西地毯公司以定毯字

〔1990〕1号文件于1990年3月决定成立该厂，在解放军87418部队院内开展生产经营活动，租用部队厂房、办公室、食堂、宿舍等房屋，属集体所有制企业，实行独立核算、自负盈亏的管理体制，隶属于甘肃省定西地毯公司。2002年6月，全面停产并办理注销登记，职工全部下岗。

甘肃省定西深飞地毯厂。依据原定西县人民政府定政复字〔1992〕16号文件批复，于1992年6月成立，在解放军87418部队院内开展生产经营活动，租用部队厂房、办公室、食堂、宿舍等房屋，属集体所有制企业，实行独立核算、自负盈亏的管理体制，隶属于甘肃省定西地毯公司。2001年5月，全面停产并办理注销登记，职工全部下岗。

甘肃省定西地毯公司下属各企业自停产之后，根据广大职工意愿和企业实际，经2009年1月17日举行全体职工大会进行表决，到会职工一致同意依法破产（到会职工352人，占应到人数的80.5%）。随后，该公司向安定区人民法院提交破产申请，安定区人民法院于2009年2月25日以〔2009〕安民破字第1—1号《民事裁定书》依法裁定受理，于2009年3月20日在《人民法院报》（第七版）登报向社会予以公告，于2010年1月19日以〔2009〕安民破字第1—3号《民事裁定书》宣告该公司依法破产。后依照《中华人民共和国企业破产法》的规定，该公司成立破产清算管理人，在安定区人民法院的监督指导下依法开展破产清算等各项工作。之后，该企业破产清算管理人委托甘肃正达会计师事务所和甘肃正达评估事务有限公司对该企业破产资产进行了清算审计和资产评估。截至2008年12月31日，甘肃省定西地毯公司资产总额7472.72万元，总负债22419.88万元，所有者权益-14947.157545万元，资产负债率为300.02%。截至2009年2月底，在册职工有432人（其中：无纺厂187人，工美厂142人，工美二厂29人，深飞厂74人），退休人员有268人，历年拖欠各项社会保险费的退休、调出、解除劳动关系、买断工龄、病故人员有126人。

甘肃省定西建材有限责任公司 始建于1956年4月，位于安定区建材路33号，占地155380.985平方米，建

定西建材有限责任公司

筑面积36000平方米,是生产砖瓦的"老字号"企业。2010年,在册职工223人,其中在职145人,离、退休78人。企业拥有510、500、350机砖生产线各1条,52门窑、40门窑及双筒隧道窑各1座,年产1万吨超细重质碳酸钙生产线1条。设计年产标砖、空心砖(折标砖)共计4000万块。

公司早期为河南工匠谢敬斋于民国二十五年(1936年)自营的砖瓦窑(位于今安定区城解放桥北河滩一带),时占地10余亩,有土窑2座,年产青砖40万块,小青瓦30万片。1950年贷款扩大再生产。1956年3月,与陕西人王金山合伙开办的"工友"窑厂公私合营。1957年改为国有。1959年迁至今址(安定城区陇海铁路东侧),占地2.7万平方米,建筑面积7489平方米。1960年8月停产,人员精简下放,1963年恢复。1975年更名为定西建材厂,1979年初步实现了机械成型,轮窑、隧道窑焙烧,原料土的采、备、运的机械化和半机械化。1980年后,购置推土机9台,运输矿车15辆,铺设运土专线铁轨3条。该厂从建立到1995年的39年中,累计生产机砖12亿块,机瓦1亿片,水泥3.5万吨,产值5067.54万元,形成固定资产2990.50万元,上缴利税2100多万元。1996年,产值110万元,工业增加值34万元,销售收入119万元。2000年,产值580万元,比1996年增长4.27倍,工业增加值239万元,比1996年增长6.03倍。2003年,产值840万元,比1996年增长6.63倍,比2000年增长44.83%。1996年至2003年,共计上缴利税450万元。1973年,生产的机砖被建设部评为优质产品,产品供不应求。1978年,被甘肃省授予"大庆式企业"称号。1987年,该厂生产的机制黏土砖被评为甘肃省优质产品。对地方财政贡献突出。

2004年后,公司因经营管理不善造成企业资金短缺,负债沉重,首次亏损。职工"五金"欠缴,债务难以清偿。天定高速公路切断原料地,根据国家有关规定不能长期取土,生产原料不能保证,运营艰难。2010年8月,全面停产,职工全部下岗。公司资产总额1800.13万元,负债2297.62万元,负债率127.64%。经公司申请,安定区政府同意,向安定区人民法院申请破产,要求清算资产,安置人员,并清偿债务。

定西大力轮胎翻修橡胶制品有限责任公司 始建于1976年10月,位于安定区建材路60号,原为定西县轮胎厂,1997年8月作为全县售股改制试点企业,改制为由全体职工持股的有限责任公司。企业占地面积6870平方米(厂区用地5222平方米,生活用地1648平方米),其中建筑面积2674平方米(厂区建筑面积1812平方米,家属院住宅建筑面积862平方米)。产品主要有再生胶、翻新轮胎等,主要销往青海、宁夏及省内一些地区。近年来,由于企业资金短缺,技术力量不足,设备落后老化,产品市场占有率低,加之经营管理不善,经济效益连年下滑,严重亏损,经营举步维艰,经常处于半停产状态,于 2008 年 8 月全面停产,职工全部下岗。截至 2008 年 12 月 31 日,有在册职工 60 人(其中:退休 33 人,在职 27 人;公司账面资产总额为 266.16 万元,负债总额 268.3 万元,所有者权益为-2.14 万元,负债率 100.8%)。2009 年 10 月,经企业申请,安定区人民政府以安政发〔2009〕92 号文件批复同意对该企业依法进行破产。安定区人民法院于 2009 年 11 月 12 日以〔2009〕安民破字第 2-1 号民事裁定书裁定立案受理,于 2010 年 5 月 5 日以〔2009〕安民破字第 2-9 号民事裁定书裁定宣告依法破产。

　　甘肃省工业干酪素公司　始建于 1992 年 10 月,位于安定区交通路 473 号,占地面积 4833.6 平方米,是原定西县属国有小型企业,主要产品有干酪素、食醋等。企业有在册职工 56 人,其中:退休 13 人,在职 43 人。由于关停多年,启动无望,于 2004 年 8 月,经企业申请,区政府以安政发〔2004〕118 号文件批复同意对该企业依法进行破产。安定区人民法院于 2004 年 9 月 10 日以〔2004〕安民二破字第 12-1 号民事裁定书裁定宣告依法破产。经该企业破产清算小组清算,并委托甘肃荣诚会计师事务所有限公司评估确认,该厂资产总额为 178.51 万元,负债总额为689.41 万元,净资产为-510.9 万元,资产负债率为 386.2%。

　　定西高强度螺钉有限公司　1966 年 5 月由兰州迁入,位于定西市安定区友谊南路,占用原县拖拉机培训站地址。占地面积为 36025.6 平方米,有职工 310 人,企业总资产 6197 万元,其中固定资产 1473 万元。是中国紧固件工业协会常务理事,国家工业计量管理二级企业,甘肃省机械工业重点企业和科技先导型企业。主要产品有螺钉、螺栓、螺母和异型紧固件等,其"南山牌"紧固件被评为甘肃省名牌产品和著名商标。2009 年在市循环经济产业园区征地 103 亩,实施"出城入园"战略,项目总投资 10729 万元,其中,固定资产投资 9130 万元,铺底流动资金 1599 万元。2010 年底,生产车间、办公楼、职工宿舍、材料库主体已建成。原有厂区全部开发为住宅楼,向社会出售。经过几年的发展,公司由2004 年的年产销量不足1000 万元,提升到 2010 年的

定西高强度螺钉有限公司新城区办公大楼

定西高强度螺钉有限公司新城区生产车间

产值和收入过亿元，上缴利税由 2004 年 110 万元提高到 2010 年的 500 万元，员工人均月工资达 3000 元。

定西市三牛农机制造有限公司　建于 1958 年，位于安定区巉口镇，原为巉口农具社，隶属于巉口公社。1992 年，改制为民营企业，成为专业农业机械制造企业。内设办公室、质量检验科、铸造车间、锻造车间、焊接车间、钳工车间、车工车间及装配车间等。职工 88 人(其中工程技术人员 31 人)，固定资产 960 万元，流动资金 683 万元，年销售额 1600 万元，实现利润 96 万元。主要产品有四轮牵引玉米双垄沟施肥起垄覆膜联合作业机。并研制开发生产收膜、捡膜系列机具，马铃薯全程机械化生产系列机具，牧草机械化生产系列机具，小麦、胡麻播种系列机具等。产品获国家专利 12 项，市科技进步奖 4 项。32 种产品取得甘肃省农业机械推广鉴定证书，6 种产品获全国工业产品生产许可证书。2010 年，注册了"陇塬牛"商标。产品全部被列入甘肃省农业机械推广和补贴产品目录，28 种产品被列入国家农业机械推广和补贴产品目录。产品销往新疆、青海、

巉口农机制造厂

山西、陕西、宁夏等省区。企业发展迅速，在全省同行业中名列前茅。2010 年，在巉口工业园区(蔡家庄)新建厂区 82 亩，建筑面积 20666 平方米，总投资 5100 万元。

甘肃省定西造纸厂　成立于 1985 年，位于安定区巉口镇三十里铺村，占地 4500 平方米，属社队集体企业，有员工 60 余人。利用本地麦草生产瓦楞纸，年生产能力为 2000 余吨。曾一时添补定西造纸空白，解决了兰州、临夏、天水及本地包装箱用纸的困难。厂长马贵荣获甘肃省优秀企业家荣誉称号。

定西烟花爆竹厂 始建于1986年,位于安定区巉口镇三十里铺村马家庄西山下,占地22011平方米,建筑面积1200平方米,原属集体企业。企业总投资16万元,有员工150人,有专业化生产车间20间、专用设备30台(套),年设计生产能力23000余箱。产品有礼花弹、吐珠类、烟雾类、喷花类、组合烟花、线香类、升空类、爆竹类等8大类,共40余个品种。2001年引进先进技术,产品质量不断提高,达到国家相关标准。主要销往兰州、定西及周边地区各专营市场。

甘肃定西佶业包装有限责任公司 成立于1999年,位于安定区南川开发区,占地面积10000平方米,是以生产各种塑料袋、纸箱(盒)为主的民营企业。2010年,总资产达1084万元,其中固定资产687万元,流动资产397万元,有员工120人。公司拥有制袋、制箱机械和通用机械130余台(套),形成年产值2000余万元,生产各类塑料编织袋、纸箱、彩盒各1000万只(条)的生产规模。2004年11月,通过了中国质量认证中心ISO9001:2000国际质量管理体系认证。2005年3月,被甘肃省工商行政管理局评为守合同重信用单位。连续五年被中国农业银行甘肃省分行评为AA级信用企业,销售网络遍布西北各地。

甘肃定西佶业包装有限责任公司生产车间

定西市同兴面粉有限责任公司 成立于1958年,位于安定区交通路,占地面积14674平方米,前身是定西县面粉厂(国企),2000年由国有企业改制为民营企业。2007年和2009年,分两次对设备进行技术改进,制粉工艺由原来4支4心改为5

定西市同心面粉有限责任公司生产车间

支7心2渣2尾,达到国内先进水平。2010年,固定资产683万元,净值479万元,有员工35人,销售收入1054万元,上缴税金10万余元。先后被有关部门授予甘肃省产品质量用户满意企业、放心粮店、全省粮食系统抗震救灾先进集体、重合同守信用企业等荣誉称号。

定西市田丰面粉有限责任公司　成立于1990年,位于安定区巉口镇,占地面积7003.5平方米,原为定西县巉口粮油加工厂(镇属集体企业),1992年改制为民营企业。2010年,总资产达800万元,其中固定资产500万元,流动资产200万元,有员工20人。公司拥有年可生产45000吨面粉生产线一条。宁远、内官营、凤翔镇亦有小型面粉加工企业,均以不添加任何化学制剂而受到百姓好评。

定西市陇海乳品有限责任公司　成立于1992年9月,位于安定区南川开发区,占地32596平方米,建筑面积10540平方米,属股份制民营企业。2010年,总资产达6500万元,其中固定资产4600万元,流动资产1900万元,有员工120人。

定西市陇海乳品有限责任公司生产车间

公司主要经营干酪素、酪朊酸钠、菊粉、菊粉糖浆、菊芋粕的生产与销售,已通过ISO9001：2000质量体系认证,德国BCS、中国中绿华夏有机食品及HACCP认证,具有进出口检验检疫资格和自营进出口权。有年产干酪素2400吨、酪朊酸钠800吨、菊粉2000吨、菊芋粕2000吨、低聚果糖1500吨生产线各1条。"陇海"牌商标被评为甘肃省著名商标,"陇海"牌菊粉被评为甘肃省名牌产品。公司先后被甘肃省委、省政府、省乡镇局授予先进私营明星企业及科技进步先进企业。产品销往美国、日本、欧洲以及甘肃、上海、广州、河北、江苏、福建、安徽、重庆、河南、陕西、天津等省市。

定西宏煊淀粉制品有限责任公司　成立于1995年10月,位于定西市安定区建材路33号,占地面积18036平方米,建筑面积10978平方米。(详见第九编第五章第六节)

甘肃金大地食品有限公司　成立于1998年3月,位于定西市交通路467号(原定西县物资局),占地10667平方米,建筑面积6867平方米,是甘肃省农业产

业化龙头企业、农发行 AA 级信誉企业。(详见第九编第五章第六节)

定西蓝天淀粉有限公司　成立于 2002 年 8 月,位于安定区巉口镇,占地面积 20000 平方米,建筑面积 3000 平方米,是由定西市蓝天热力工程有限公司为主组建的股份制马铃薯加工企业。(详见第九编第五章第六节)

定西薯峰淀粉有限责任公司　成立于 2002 年 9 月,位于安定区巉口镇,占地 74090 平方米,建筑面积 9292 平方米。(详见第九编第五章第六节)

甘肃超兴淀粉制品有限公司　成立于 2003 年 6 月,位于定西市安定区南川开发区飞天路通宝街 14 号,占地面积 64000 平方米。(详见第九编第五章第六节)

定西陇峰淀粉制品有限责任公司　成立于 2005 年 6 月,位于安定区巉口镇,占地面积 16000 平方米,建筑面积 1076 平方米,是一家集收购、贮藏、加工、销售于一体的省级农业产业化重点龙头企业。(详见第九编第五章第六节)

定西市同丰淀粉有限公司　成立于 2005 年 9 月,位于安定区南川开发区,占地面积 18000 平方米。2006 年和 2007 年连续两年被定西市农业发展银行评为 A 级信用企业,2006 年被定西市工商行政管理局安定分局评为重合同守信用企业,2007 年被初步确定为市级农业产业化重点龙头企业,产品质量符合国标 GB8884 - 88。2010 年,总资产达 2680 万元,其中固定资产 1159 万元,流动资产 1521 万元,有员工 86 人。公司拥有年产 10000 吨马铃薯精淀粉生产线 1 条,并先后在凤翔镇景家口村建立马铃薯优质品种种植基地 3000 亩,与农户达

定西市同丰淀粉有限公司

成协议,在提高企业效益的同时,带动周边 1000 户农户脱贫致富,实现了农户与企业的双赢。生产的"同丰"牌马铃薯精淀粉销往甘肃、上海、山东、广州、河南、陕西、天津、福建、湖北等省内外各地。

定西薯乡淀粉有限责任公司　成立于 2005 年 10 月,位于安定区南川开发区新大路新泉路,占地面积 17000 平方米,建筑面积 6800 平方米,是定西市农业产业化龙头企业,农业发展银行 AA 级信誉企业。(详见第九编第五章第六节)

飞雪淀粉有限公司　成立于 2005 年 10 月,位于安定区内官营镇,占地面积

5000平方米,建筑面积1000平方米,由原内官营塑料厂改制而成。2010年,公司总资产达280万元,其中固定资产150万元,流动资产130万元,有员工35人。公司拥有年产1万吨的马铃薯精淀粉生产线1条,生产的"雪花"牌马铃薯精淀粉销往甘肃、上海、山东、广州、河南、陕西、天津等省内外各地。

定西市博瑞淀粉有限公司 成立于2006年8月,位于安定区内官营镇,定临公路23公里处,公司占地面积15150平方米,建筑面积4923平方米。(详见第九编第五章第六节)

甘肃圣大方舟马铃薯变性淀粉有限公司 成立于2007年11月,位于安定区巉口镇,占地面积130065平方米,建筑面积3400平方米,是一家集马铃薯变性淀粉生产、销售及其衍生制品科研开发的加工企业。(详见第九编第五章第六节)

产品简介

高强度紧固件 定西高强度螺钉有限公司主要生产普通标准件螺栓、螺母,高强度螺栓、螺母,双头螺柱,非标紧固件产品,美制紧固件产品,达克罗表面处理的风电紧固件产品等。其外螺纹M6~M95规格均采用滚压成型的工艺。

定西高强度螺钉有限公司高强度紧固件

速冻马铃薯薯条 甘肃金大地食品有限公司采用"夏波蒂"、"大西洋"等专用薯,运用先进生产工艺加工成纯天然食品"金大地法式速冻薯条"。产品具有丰富的营养价值,富含人体所需的8种氨基酸。公司还推出土豆字母、土豆卷、土豆花以及薯饼、薯丸、薯泥等系列优质马铃薯产品。

菊粉(菊糖)、干酪素(酪蛋白) 定西市陇海乳品有限责任公司生产的"陇海"牌干酪素、酪朊酸钠、酪蛋白磷酸肽等系列产品,90%出口到美国、西欧等地。干酪素(酪蛋白)分为工业干酪素和食用干酪素,主要

甘肃金大地食品有限公司生产的"金大地"牌法式薯条、法式薯格

用于皮革、造纸、涂料、塑料、纺织工业和食品加工等行业。

马铃薯淀粉　马铃薯淀粉颜色洁白，光泽晶体状，气味温和，由于其具有白度高、透明度高、粘度高、糊化温度低等特殊性能而被广泛运用于方便食品、休闲食品、膨化食品。也是制作火腿肠、婴儿食品、低糖食品、果冻布丁等食品的好原料。还被广泛应用于工业生产中。

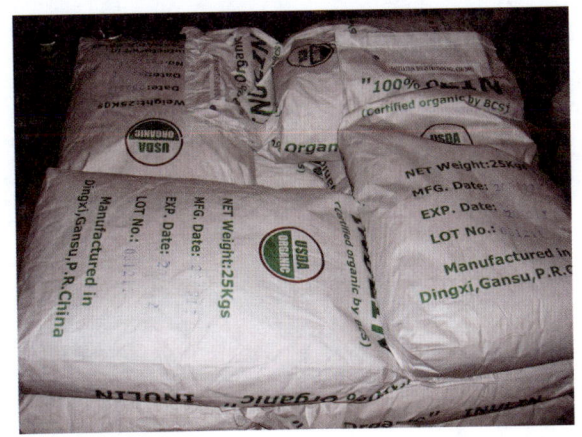

定西陇海乳品有限责任公司生产的菊粉

马铃薯全粉　马铃薯全粉是食品深加工的基础，主要用于两方面：一是作为添加剂使用；另一方面广泛应用于制作复合薯片、坯料、薯泥、糕点、膨化食品、蛋黄浆、面包、汉堡包、冷冻食品、渔饵、焙烤食品、冰淇淋及中老年营养粉等食品之中。马铃薯营养粉所含热量低于一般的谷物，是理想的减肥食品。

定西市同丰淀粉有限公司马铃薯精淀粉

马铃薯变性淀粉　变性淀粉是一种经过改性的淀粉，即原淀粉经过某种方法处理后，不同程度地改变其原来的物理或化学特性，添加到食品配方中后可以使食品在加工或食用时具有更好的性能。为改善淀粉的性能、扩大其应用范围，利用物理、化学或酶法处理，在淀粉分子上引入新的官能团或改变淀粉分子

甘肃超兴淀粉制品有限公司"蝴蝶泉"牌超级全粉淀粉

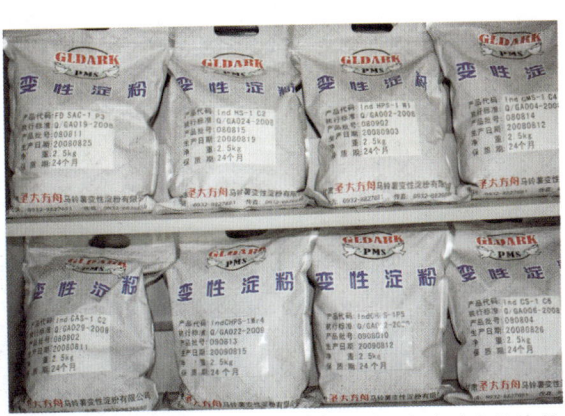

甘肃圣大方舟马铃薯变性淀粉有限公司生产的变性淀粉

大小和淀粉颗粒性质,从而改变淀粉的天然特性(如:糊化温度、热黏度及其稳定性、冻融稳定性、凝胶力、成膜性、透明性等),使其更适合于一定应用的要求。

第七节　驻区工业企业

甘肃扶正药业科技股份有限公司

始建于1970年,位于安定区交通路305号,是甘肃省制药行业的骨干企业之一。是一家集大容量注射剂、颗粒剂、胶囊剂、栓剂、丸剂等中药制剂生产与销售为一体的中型国有控股企业。公司前身为甘肃省定西制药厂,1999年5月,整体改制为甘肃定西扶正制药有限公司。公司原有职工400余人,资产总额10300万元。

甘肃扶正药业科技股份有限公司

2002年9月,改制为民营。2003年,经国家发展计划委员会办公厅批复,在安定区巉口镇征地100050平方米,投资近5000万元,建设贞芪扶正中药产品高技术产业化示范工程,有全自动输液生产线两条,全自动颗粒、胶囊制剂包装生产线各一条,多功能处理提取线一条,蜜丸、水丸、浓缩丸生产线一条。其产品2001年已通过国家药品监督管理局大容量注射剂GMP认证。有以大输液系列产品和以地道的中药材黄芪为主要原料生产的贞芪扶正系列产品为主导的各类"FuZheng"牌产品共192个品种,其中扶正系列产品被评为国家中药保护品种,甘肃省名牌产品。产品畅销全国各省、市,并远销美国、日本、东南亚各国。改制后,又成立了甘肃扶正药业科技股份有限公司技术中心,以进一步开发高新技术产品,促进和带动相关产业。原厂址开发为居民住宅出售。

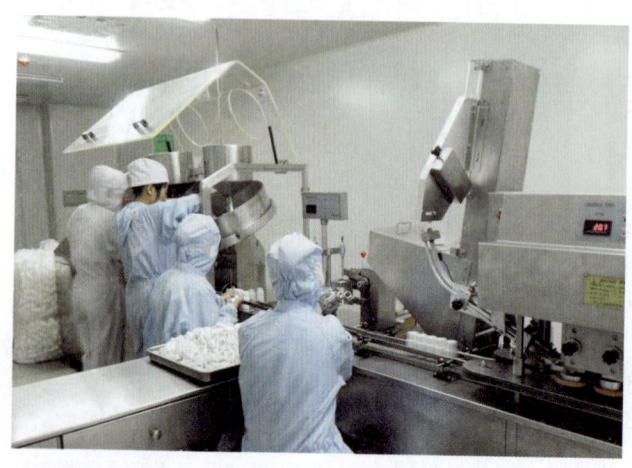
甘肃扶正药业科技股份有限公司制药车间

截至2010年年底,公司注册资金为14478万元,总资产61600万元。2010年,实现销售收入近

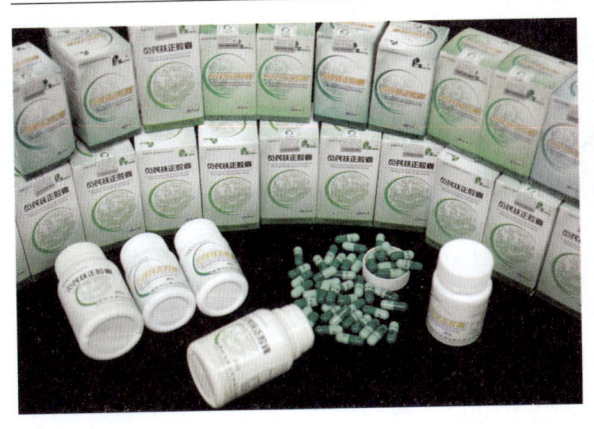

甘肃扶正药业科技股份有限公司生产的贞芪扶正胶囊

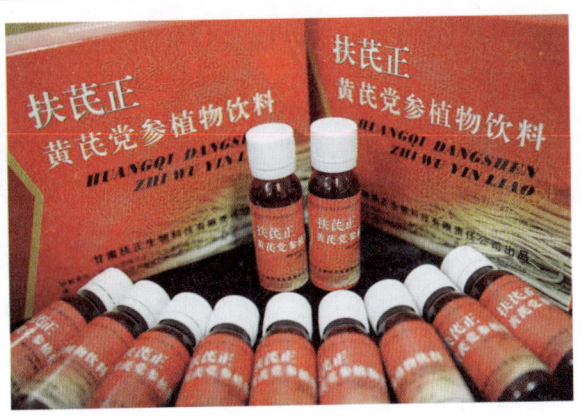

甘肃扶正药业科技股份有限公司生产的扶芪正黄芪党参饮料

20000 万元,创利税 4000 余万元。

甘肃省金羚集团药业有限公司

位于安定区巉口镇工业开发区,是联络山东大学等单位共同组建的股份制企业。占地面积 83000 平方米,建筑面积 38000 平方米,绿化面积 26000 平方米,注册资本 2055 万元,总资产 16000 万元,有职工 180 人,各类专业技术人员 68 人,是集科研、生产、销售为一体的综合性制药企业。

主要生产经营精品肝素钠原料药、肝素钠低分子制剂、中药中间体、中药制剂和中药饮片等产品。拥有颗粒剂、胶囊剂、糖浆剂、口服液等剂型的 GMP 生产线六条。年可生产精品肝素钠原料药 6.5 吨,低分子肝素钠 1 吨,口服液 5000 万支,糖浆剂 5000 万瓶,颗粒剂 3000 万袋,可提取甘草酸系列产品 100 吨,当归浸膏 100吨,黄芪系列提取物 100 吨,可完成年产值 17000 万元。

定西地区植物油厂

位于安定区交通路,占地面积 68156.64 平方米,建筑面积 23567.56 平方米,曾经是西北地区生产能力最大的植物油厂,于 1958 年由定西县粮食局筹建,同年投产。1959 年上交地区,初建厂址在中华路 60 号,厂名为国有定西专员公署榨油厂。同年,更名为定西榨油厂。1962 年,划归甘肃省油脂公司。1963 年 1 月,划归甘肃省粮食厅粮食工业管理局,更名为甘肃省粮食厅定西榨油厂。1964 年 1 月,划归定西专署粮食局。1966 年,更名为定西榨油厂。1968 年,定西榨油厂划归定西县粮食局。1971 年,定西榨油厂划归定西地区粮食局,更名为定西地区榨油厂。1979 年,迁至交通路 364 号。原址被中共定西县委、定西地区粮食处、居民小区占用。1987年1月,定西地区榨油厂更名为定西地区植物油厂。1993年2月,定西地区植物油厂总厂成立,下辖陇清油脂化工厂、陇清粉丝厂和供销公司。1996年1月至1997年12月,企业进行破产清算。1998年,将破产财产整体转让给西北永新化工股份有限公司(以下简称西北化工),企业更名为甘肃省永新油脂化工有限公司。2000年,西北化工内部决定将永新油脂化工有限公司资产整体转让给其控股企业西北油漆厂。2003年4月,由西北油漆厂整体划转移交给定西地区粮食处。2003年11月至12月,企业进行民营化改制。2004年1月登记注册,企业更名为定西市熙海油脂有限责任公司,改制为民营企业。

定西地区活塞环厂

始建于1968年,位于安定区中华路北末端,原定西地区红旗展览馆位置。总投资260万元,1971年正式投产。建厂初以手工操作生产为主,年加工活塞环毛坯能力仅300万件。1986—1990年,投入技改资金400余万元,新建1800平方米的机加工车间和700平方米的镀铬车间,引进20世纪80年代先进水平的日本长筒旋转镀铬新工艺,新增生产设备94台(套)。1991—1995年,又投资1034万元进行了技术改造,其中土建投资354.57万元,设备投资537.25万元,建筑面积7980平方米,购置设备115台(套)。通过几次技术改造,形成年产1500万件、80余个品种、120余个规格活塞环的生产能力。新产品产值率

定西高原活塞环有限责任公司"高原"牌活塞环

占总产值的60%左右,其中优质产品率占50%以上。"高原牌"活塞环产品获国家级优质产品称号,曾经供不应求,企业更名为定西高原活塞环有限公司。

2006年5月,公司依法破产。2010年,企业改制,原厂址建住宅楼出售,新企业名为定西金荣活塞环有限公司,迁往城北开发区。

国有敬东机器厂

始建于1970年9月,位于定西城内(原国民党县政府、城隍庙部分、文庙、监

狱诸地),主要生产军用通讯电台,归属于甘肃省国防工办。1979年实行军转民后,逐步发展为集生产器件、消费、装备三大类产品于一身的电子行业大型二档企业。于1981年划归甘肃省电子工业局,更名为国有敬东电视配件总厂,是电子工业部定点生产电视配件的骨干企业。1983年,定西县针织厂并入敬东厂。2003年12月,下放定西市管理。该企业有各类人员2123人,占地92705平方米。1996年后,企业因设备老化,技术落后,经营管理不善而亏损,停产。2006年8月,该企业被全国企业兼并破产和职工再就业领导小组批准,列入全国政策性破产项目。2007年11月22日,启动破产程序。

甘肃省定西起重机厂有限责任公司

始建于1952年,位于安定区交通路东山根,占地151000平方米,是甘肃省劳改局下属企业。1971年将酒泉起重机厂并入。主要产品为电动葫芦。1989年底,动力机械总能力为3500千瓦,主要生产设备538台,设计生产能力4000台,1990年前累计投资1293万元,拥有固定资产1277.6万元,其中生产性固定资产813.4万元。曾经工艺先进,标准化管理,产品质量在全国同行业中处于领先地位。1998年,合作研制新结构多功能天车。2004年,在定西西川中川村征地400余亩修建新厂。至2010年底,土建工程已基本完成。

甘肃省定西起重机厂有限责任公司

定西地区车辆厂

1958年,定西专署投资77万元,筹建了定西地区滚珠轴承厂和通用机械厂。1959年,滚珠轴承厂与通用机械厂合并,称为通用机械厂。1963年,该厂与拖拉机修配厂合并,改称"定西地区农业机械厂"。1969年9月,兰州马铁社下放定西,并入该厂,自此开始了农业拖拉机挂车的生产。1985年10月,改称定西地区车辆厂。后又改称为甘肃定西地区双象挂车有限公司。"双象牌"挂车以质量取得国内市场好评。

2000年5月,公司的生产、经营活动已基本终止。2002—2005年改制,对在册的370名职工和149名退休职工分别予以身份置换和妥善安置。原厂址全建为住宅小区出售。

定西地区印刷厂

初建于1952年,占用小北街私改杨氏门面一间(约30平方米),命名为定西行政公署印刷所,职工7人。1957年,搬至中华路地区物资局旁,占地200余平方米,开始活字印刷。1963年下放定西县,占地8000余平方米。1970年又收归地区,改名为定西地区印刷厂。1980年后,进行技术改造,产品由原来印制单一的学生课本、作业本、稿纸、一般的票据发展到承印各种报刊、书籍、塑料彩印、商标、装潢材料、包装材料等。1990年后,应用电脑技术、电子排版,企业一度红火,给地方财税做了一定贡献。2002年,改制为私营企业。人员分流、买断,原厂区房屋出租。技术工人在定西创办数家小印刷厂。

甘肃定西网典印业包装有限公司

成立于2001年1月,公司聘用原定西地区印刷厂技术人员兴办。2010年,在定西经济开发区循环园城北一路3号购置土地30.39亩, 兴建厂房5600平方米,引进世界一流德国高宝利必达105五色印刷机和覆膜机、烫金模切机、粘盒机、对

褙机、富士施乐5000数码彩色快印机、佳能黑白打印机、书刊胶装机、切纸机等多台印前、印刷、印后设备。有员工68人,其中专业设计人员及高级印刷工程师20余名。主要承接高精彩盒、彩箱、书刊、画册、商标、挽手袋、宣传广告等为主的包装装潢、出版物及商务印刷。

甘肃定西网典印业包装有限公司

第二章　建筑业

第一节　建筑业发展综述

中华人民共和国成立以前,定西没有建筑企业,仅有分散、个体的建筑工匠。1950年后,成立工商业协会。1952年,成立定西县建筑生产合作社。1959年,更名为地方国有定西县建筑公司。1975年,划归地区,更名为定西地区建筑公司。与此同时,定西县手工业联社下属的修缮社更名为定西县建筑公司(即后来的第一建筑公司)。在此期间,城关公社的石坪、薛家岔、永定、友谊、中川、福台等建筑队及巉口、内官营、宁远、西巩驿等公社的建筑队,已能承建四层以下楼房和跨度20米以内厂房的建筑。友谊大队下属的一、二、三、六、七、八、九、十生产队,都有独立的建筑队,所承建的701部队所有建筑,定西地委组织部、宣传部、团地委、档案局办公楼,定西体育场石砌工程,定西新华书店等工程至今质量尚好。友谊村社员的工值,曾高于同龄工人、干部的收入。

1976年,各人民公社一大批新的建筑队相继成立。

定西县第二建筑工程公司,成立于1979年,是以农村建筑队为主的具有乡镇集体所有制性质的联合施工企业。起初是定西县乡镇企业管理局下属的公司,后来经过企业产权改制,成为甘肃省定西远东建筑有限责任公司。

定西县第三建筑工程公司,在原友谊大队建筑队的基础上组建于1980年。隶属于城关乡人民政府,为乡镇集体性质的三级资质建筑企业。

2010年,安定区属建筑企业共有5家,分别为定西市正立公司、定西市安定区第三建筑安装工程公司、定西远东建筑有限责任公司、甘肃海旺建筑安装有限责任公司、甘肃广安建筑有限责任公司,下属项目部有100余个。

随着时代的需要,建筑队伍不断壮大,定西县社队企业管理局采用送出去和集中培训的方式,申请上级认定了大批土木建筑、采暖、采光、给排水工程安装施工的工程师、技术员、施工员。每个建筑工程公司都有自己的技术队伍,能承揽规模较大、功能多样、质量精良的建筑工程。每个建筑队人数少则100余人,多则数千人,分项施工,实行砼土、基础、主体、采光、采暖、给排水、粉刷、装饰等专业化施工。混凝土搅拌机、吊车、夯土机、打桩机、升降机等现代化的大型施工机械广泛使用。建筑材料由起初的泥浆、白灰发展到混凝土、砂浆,空心砖、加砌块、石材、木材、钢材、陶瓷、玻璃、高强度碳纤维等成了建筑的基本材料。此外,装饰材料、耐火材料、防渗材料、保温材料、电力电讯材料、铝材、塑钢等新兴建筑材料已普遍使用。

到 2010 年,主体施工结构形式主要为砖木结构、砖混结构、框架结构、钢结构等,工业厂房则大部分为预置装配式排架结构。与之相对应的建筑主体施工技术主要有砌块建筑技术、现浇钢筋混凝土施工技术、预置装配式施工技术、预应力混凝土技术、内浇外砌以及模板及滑模工艺等。建筑结构的变化,极大地提高了建筑物的抗震能力。

安定区的五个建筑公司都具有承建 40 层及以下各类跨度的高楼大厦和建筑面积 20 万平方米及以下的住宅小区或建筑群体的能力;还可承建单跨度 40 米以内的桥梁工程和各类排水管道工程。建筑市场向外地扩展,省内不少大中型城市,已有安定区建筑工程公司的杰作。

2010 年年末,全年建筑业实现增加值 30000 万元,具有资质等级以上建筑企业 5 家,实现建筑业总产值 79900 万元,完成施工面积 189.6 万平方米。

第二节　建筑业体制改革

1968 年以前,地方国有定西县建筑公司由经理下属三个施工队组成,自负盈亏。1970 年,公司开始设立财务股、技术股、质检股、施工股、预算股、材料股。

1979 年后,建筑企业不断增多,建筑市场竞争日益激烈,各企业重视内部管理,从建筑质量、施工技术、安全生产、操作施工、施工现场、机械设备、建筑材料、财务资产等各方面进行系统完善。到 1990 年,建筑企业一般都有技术科、施工科、动力科、设备科、材料科、财务科、质检科、安全科、施工队(处)、栋号、班组等机构设置,相对完善。

1991 年,县内所有等级施工企业全部实行承包责任制。1992 年,首先在地区建筑安装公司进行建筑业企业施工现场管理试点工作。1993 年,全县各等级施工企业都进行定点、定项目的试点工作,对各试点现场进行检查落实,为实现现场标准化管理准备条件。同时,在地区建筑安装公司进行项目经理制度试点,随后组织并督促项目经理的培训和上岗。1995 年,全县对所有等级施工企业推行项目经理承包制。

从 1990 年至 2000 年,定西县属建筑企业进行产权、人事制度改革和资产重组,由原来的集体企业改制为民营企业。

2010年,安定区各建筑公司及施工队的施工项目已由单一的建房向水利、道路、市政等多个领域拓展,可承建40层以下,跨度30米以下的建筑物,高度120米以下构筑物的建筑施工。已完成数座铁路桥梁和公路桥梁的高难度施工任务。同时,施工由市内向市外市场拓展,承揽周边地区乃至大城市城建工程,有许多工程被评为优质工程,受到用户及社会的好评。各建筑公司还实行以建为主、多业并举、多种经营、综合开发,为企业开辟了新的业务领域,从而增强了企业的经济实力,增加了职工的经济收入,使企业处于良性循环状态。

第三节　建筑企业

定西市广厦建筑安装工程有限责任公司

定西市广厦建筑安装工程有限责任公司的前身是定西地区建筑安装工程公司(属地方国有企业),成立于1975年。1997年改制为国有控股企业,2001—2002年改制为民营的有限责任公司。公司总资产5000余万元,注册资金2000余万元。有各种大中型机械100余台(套),是甘肃省建筑业联合会会员企业。有高级工程师2名,中级专业技术职称人员38名。

公司下辖房地产开发、物业管理、砼预制构件、装饰工程、科诚建筑工程质量检测试验、建筑设备租赁等6个子公司,以及40余个项目经理部。截至2010年,获市级以上优质工程奖、文明工地奖30余项。

定西市安定区第三建筑安装工程公司

定西市安定区第三建筑安装工程公司创建于1983年。2010年底,共有九个项目部和一个直属项目部,从业人数1018人,其中有职称的工程、会计、经济、统计人员157人,具有中高级职称的38人,注册资本2035万元,固定资产原值3839万元。年产值8000万元以上,主要施工机械设备468台(件),全员劳动生产率6.69万元。公司先后创优质工程52项,其中省优质工程6项,地区样板工程14项。多次荣获"省优质工程"、"省飞天奖"及地市优质工程奖。

甘肃省定西远东建筑有限责任公司

是在原定西县第二建筑安装工程公司的基础上,经过改制而成立的有限责任建筑企业。经甘肃省建设厅核定,为建筑总承包二级施工企业。公司注册资金

2006万元,固定资产1993.3万元,流动资金1728万元,拥有大中型施工机械设备779台(件)。公司有从业人员1688人,各种技术工人481人,工程技术人员163人,其中高级工程师4人,工程师46人,助理工程师78人,技术员35人。

2009年,公司总资产4401.3万元,增加值为1941万元,企业总收入8491.5万元,上缴利税总额998.4万元。

甘肃正立建筑安装(集团)有限公司

甘肃正立建筑安装(集团)有限公司属国家一级建筑企业,在原定西县第三建筑公司基础上成立于2001年3月。是以工业与民用建筑、市政公用工程、水利水电工程、道路桥梁、消防安装、装饰、装潢工程施工为龙头,集房地产开发、木器加工、材料检测试验、金属门窗制作等多产业经营的集团企业。2002年通过了ISO9001∶2000质量管理体系认证,取得了认证资格。

甘肃正立建筑(安装)集团有限公司

注册资金近亿元,资产总额45000万元,职工2800余人,各种施工机械1500余台(套),各类型号运输车120余辆,机械设备总功率达8828千瓦。年产值40000万元以上,年全员劳动生产率在4.5万元以上。公司有工程、经济、会计、统计类技术人员522人,持证上岗率达到了100%。创省、市优等优良工程70余项。公司先后为教育文化、扶贫助残、园林绿化等公益事业捐款560余万元。

甘肃海旺建筑安装有限责任公司

该公司是建筑施工总承包二级企业,可承接公路、市政、水利水电、电力土建、金属门窗工程及建筑装修装饰工程。是在原定西县第三建筑安装工程第一分公司的基础上发展起来的独立法人经济实体。注册资金3300万元,资产总额4688万元,其中固定资产2353.3万元。有大型机械设备150余台(件)。有从业人员1150人,有技术职称人员156人,其中高级工程师2人,会计师1人,助理会计师4人,经济师1人,持证上岗人员107人。

2009年施工建设的新城佳苑住宅小区,一举获得省文明、市文明两个奖项。2010年,实现主营业务收入8048万元,利润总额973万元。2008—2010年,累计上缴各种税金460余万元。

甘肃广安建筑有限责任公司

公司原名定西县手工业联社修缮社,成立于1954年,现为集建筑、装修装饰施工、建材与建筑构件生产销售、建筑机械与周转材料租赁等多种经营于一体的民营企业。注册资本616万元,资产总额778万元,固定资产601万元。有机械设备353台(件)。从业人员1000余人,有职称人员86人,其中工程技术人员39人。

甘肃定西金屋建筑业责任有限公司

创建于1995年,公司隶属于定西市勘察设计院,拥有注册资金630万元,固定资产630万元,流动资金725万元。公司设立2个直属工程队,8个项目部,拥有各种机械设备338台(件),能承建14层以下单跨跨度24米以内的、高度70米以下的建筑物,建设面积6万平方米及以下的住宅小区或建设群体。

公司从业980人,有高级工程师2人,工程师21人,助理工程师15人,技术员5人,经济管理人员9人,项目经理16人。

公司属建设施工总承包三级,多年来完成各类建筑工程项目46个,建筑面积28万平方米,建安总产达3亿余元。

公司多次被评为省、地(市)、县(区)级先进单位,为社会公益事业捐资数百万元人民币。2004年12月,被甘肃省人民政府评为"捐资助学造福桑梓"先进单位。

第四节　建筑管理

建筑工程关系到人民的生命和财产,是百年大计。每个市(地区)都设立建筑管理总站这一机构,履行管理职责。工程管理主要是以下几个方面:

工程承发包方式及管理

1990年前,在计划经济条件下,国有建筑公司工程承发包长期是政府指派制。随着改革开放和市场经济体制的逐步建立,开始有了由建设单位选择施工队伍,双方协商工程造价及开工建设的程序。1990年后,工程承发包逐渐规范化,转变为公开性招标、邀请招标和议标3种招标方式并存的竞争性市场管理模式。

1994 年，甘肃省政府 6 号令颁布实施后，工程承发包步入规范化和法制化的轨道。安定区内所有建设项目招投标都由定西市建设工程承发包交易中心管理：审查施工企业是否具备资格；审查建设项目是否具备招标条件；审查标底、评标和中标单位是否合理；审查和批准建设单位申请招标报告；审批标底、承包方式和中标单位。做完以上审查之后，还须审查每个招标法人的条件。每个招标法人应具有项目法人资格或者法人资格；有从事同类工程招标的经验；有与招标项目规模和复杂程度相适应的工程技术、概预算、财务和工程管理等方面的专业技术力量，即招标人应当具有三名以上本单位的中级以上职称的工程技术人员，熟悉和掌握招标投标有关法规，并且至少包括一名在本单位注册的造价工程师。凡不具备条件者，招标人须委托具有相应资格的工程建设项目招标代理招标。

审查完每个招标法人的条件后，让具备条件的招标法人通过竞争确定中标人。中标人确定后，将在甘肃省工程建设信息网和定西市建设工程承发包交易中心公示三个工作日后，无异议，发布中标通知书；市外企业，中标后到市建设委员会（建管科）办理中标后备案手续；中标工程的勘察设计、施工、监理、装饰装修、设备和材料等合同，必须按照中标通知书和内容订立，订立书面合同后 5 个工作日，由招标人或者中标人将签署的所有合同报招标办备案，不加盖合同备案专用章的合同视为无效合同；中标合同备案前，中标单位需到建筑管理总站办理好意外伤害保险及定额测定费手续；招标人在招标代理机构完成招标代理业务后，应将代理收费发票原件报市招标办核查（同时提供复印件）。

工程造价管理

严格执行国家和省上有关工程计价方面的政策、法律、法规，适时了解工程计价改革的动态，及时学习掌握新的计价办法，根据需要与省造价管理部门协商对全市各有关造价人员进行培训学习，以提高工程造价管理人员的业务素质。

积极认真的广泛征集、调查当期建设工程材料价格、全面考虑当地运杂费等费用标准，平衡测算、编制全市建设工程材料预算价格。

适时、不定期的了解、掌握全市建材市场主要材料、设备价格的变化信息，在调查测算的基础上，每半年发布一次真实、客观、公正的综合材料预算价格指导价及二类材料价差调整系数。

认真履行全市工程造价咨询单位申报、年检的初审工作，监督检查咨询单位的执业行为，对存在的违法违规行为进行查处。

接受司法部门委托，严谨细致、客观公正地鉴定工程造价纠纷。对需要进行现场查勘测算的工程项目,规定由 2 人以上共同完成,对出具的工程造价鉴定结果承担法律责任。

负责对全区所属单位工程造价专业人员资格初审和持证人员业绩考核、验证、年检、组织培训和继续教育等日常的管理,对有违法违规行为的工程造价执业人员进行查处。

对全区所属施工企业一、二、三类费用标准证书申报和年检资料的初审、四类费用标准证书申报和年检资料的审核,坚持原则、秉公办事,并对全区施工企业费用标准证书统一管理。

建立与省、市建设工程造价信息联系网络,利用科学手段提高工作质量和工作效率,推广工程预(结)算工作的微机化及全区材料价格信息化管理。

工程造价管理人员必须坚持公平、公正、合理、合法、实事求是的原则,清正廉洁,不以权谋私、吃拿卡要、索贿受贿。对于违反上述规定的工程造价人员按照有关规定和制度进行处罚。

工程质量安全监督工作管理

质量安全监督工作坚持规范性、科学性和准确性的原则,规范监督,热情服务。

监督人员必须认真学习贯彻国家有关工程建设的法律法规,热爱监督工作,严格把关,秉公办事,不徇私情。

坚持科学态度,按照国家和地方颁布的规范标准、规范性文件等进行监督,按监督程序,以事实和科学数据为依据,尊重客观事实,不弄虚作假,不以权代法。

公开办事制度、监督程序、监督方案;办事结果向受监单位公开,接受社会监督。要求严格自律、廉洁奉公、抵制各种不正之风。工作中要严格遵守"八不准",树立良好的职业道德,不做有损于单位和公众利益的任何事。

日常监督检查工作采取周计划的方式。每周星期五,各监督组对下周准备检查的工程项目做出计划,分送站长、主管领导。监督检查中严格按计划执行,特殊情况需局部调整时,应告知有关领导。监督检查通常安排在每天上午进行,下午进行内业工作。对在监督检查中发现的质量问题和安全隐患做到跟踪监督,重大问题及时上报。

监督工作实行工作例会制度。每两周召开一次工作例会,各监督组分别汇报所监督工程在检查中发现的突出问题,进行工作交流,传达学习有关文件精神,研究监督工作的措施和对策,安排部署实施,并作好会议记录。

工程监督方面的报表统计由专人负责，填写上报。及时收集整理监督档案，并在提交监督报告（总体安全评价书）之日起 15 个工作日内，将监督档案整理装订经相关负责人审核，报分管领导签审后存档。

严格遵守各项规章制度。对违规违纪行为经调查核实后按有关规定予以处罚。

第五节　建筑设计

1970 年前，一般的民用建筑由工匠设计，较大的建设项目主要由省级设计部门承担。1970 年后，定西县建筑工程公司技术科开始大、中型建设项目的勘察设计。

1981 年 12 月，经甘肃省建委批准成立定西地区建筑勘察设计室，职工 14 人，为丙级收费单位，实行对外收费制。工程师 1 人，技术人员 8 人，固定资产 2 万元。可承担本地区 8 层以下的中高层民用建筑，跨度不超过 25 米、吊车吨位不超过 10 吨的单层工业厂房、仓库和民用建筑工程的设计任务。1988 年，职工 34 人，其中高级工程师 2 人，固定资产 42 万元。内设土建设计组、设备预算组、勘测队、土工实验室。从事工程测量、工程地质勘查及建筑、结构、工艺、水、暖、电、概预算设计。

1996 年 12 月 26 日，更名为定西地区建筑勘察设计院。承担 15 层以下有电梯住宅、框架结构建筑和跨度 30 米、吊车吨位 10 吨厂房的勘察设计任务。1995 年，有职工 34 人，其中高级工程师 3 人。

定西市建筑勘察设计院隶属于定西市建设委员会。是由国家建设部审核批准的具有勘察乙级、设计丙级资质的建筑勘察设计企业。位于定西市安定区南大街 183 号。院下设办公室、建筑室、结构室、设备室、地质勘查队、定西方正建设工程监理有限责任公司、定西天合房地产开发有限责任公司。主要经营民用建筑设计、工程测量、地质勘查、房地产

定西市建筑勘察设计院

开发、工程承发包等。有正式职工 26 人,副高级职称 1 人、中级职称 12 人。设计院还有一个职责是审核和批准全市、各县、各个建筑公司及各行业土木建筑设计方案、图纸,收取费用。

<h1 style="text-align:center">第六节　建筑施工</h1>

建筑工程土方工程施工

基坑支护与土方开挖施工　通常按照《危险性较大的分部分项工程安全管理办法》(建质〔2009〕87 号文)的规定执行。开挖深度超过 3 米(含 3 米)或虽未超过 3 米但地质条件和周边环境复杂的基坑(槽)支护和开挖深度超过 3 米(含 3 米)的基坑(槽)的土方开挖工程,属于危险性较大的分部分项工程范围。开挖深度超过 5 米(含 5 米)的基坑(槽)的土方开挖、支护工程以及开挖尝试虽未超过 5 米,但地质条件、周围环境和地下管线复杂,或影响毗邻建筑(构筑)物安全的基坑(槽)的开挖、支护工程,属于超过一定规模的危险性较大的分部分项工程的范围。

浅基坑支护有下列类型:斜柱支撑、锚位支撑、型钢柱横挡板支撑、短柱横隔板支撑、临时挡土墙支撑、挡土灌注桩支撑、叠袋式挡墙支撑。

人工降排地下水施工　人工降低地下水位,常用各种井点排水技术,在基坑开挖土方之前,用真空(轻型)井点、喷射井点或管井深入含水层内,用不断抽水方式使地下水位下降至坑底以下。同时,使土体产生固结,以便土方开挖。

建筑工程地基处理与基础工程施工

钢筋混凝土基础施工　混凝土基础主要有条形基础、独立基础、筏型基础和箱型基础等。混凝土基础工程中,分项工程主要有钢筋、模板、混凝土、后浇带混凝土及混凝土结构缝处理等。高层建筑筏型基础和箱型基础长度超过 40 米时,宜设置贯通的后浇施工缝(后浇带),后浇带宽度不宜小于 80 厘米,在后浇施工缝处,钢筋必须贯通。

砌体基础施工　砌体基础主要有条形基础、独立基础等,砌体基础常采用扩大基础。

桩基础施工　根据打(沉)桩方法的不同,钢筋混凝土预制桩基础施工有锤击沉桩法和静力压桩法及振动法等,以锤击沉桩法和静力压桩法应用最为普遍。

钢筋混凝土灌注桩基础施工　该项施工直接在现场桩位上就地成孔,然后在孔内浇筑混凝土或安放钢筋笼再浇筑混凝土而成的桩,按其成孔方法的不同,分为钻孔灌注桩、沉管灌注桩、人工挖孔和挖孔扩底灌注桩等。

建筑工程主体结构施工

混凝土结构施工　混凝土结构强度较高,钢筋和混凝土两种材料的强度都能充分利用;可模性好,适用面广;耐久性和耐火性较好,维护费用低;现浇混凝土结构整体性好,延性好,适用于抗震抗爆结构,同时防震性和防辐射性能较好,适用于防护结构;易于就地取材。由于混凝土结构具有以上很多优点,因而适用于各种结构形式,在房屋建筑中得到广泛就用。

砌体结构施工　砌筑砂浆原材料要求水泥,进场使用前应有出厂合格证和复试合格报告。水泥的强度等级应根据设计要求选择。水泥砂浆宜采用砌筑水泥(GB/T3183),当采用其他品种水泥时,其强度等级不宜大于32.5级;水泥混合砂浆采用的水泥,其强度等级不宜大于42.5级。

钢结构施工　常用材料有普通碳素钢、优质碳素结构钢、普通低合金钢等三种。钢结构的连接方法有焊接、普通螺栓连接、高强度螺栓连接和铆接。钢结构涂装工程通常分为防腐涂料(油漆类)涂装和防火涂料涂装两类。

预应力混凝土工程施工　按预加应力的方式可分为先张法预应力混凝土和后张法预应力混凝土。

防水工程施工

地下防水　地下防水工程根据不同的防水等级要求设防,严禁在雨天、雪天和五级以上大风时施工。其施工的环境气温条件要求应与所使用的防水层材料及施工方法相适应。

屋面防水　屋面工程应根据建筑物的性质、重要程度、使用功能要求,将建筑屋面防水等级分为Ⅰ、Ⅱ、Ⅲ、Ⅳ级,根据不同的防水等级规定防水层的材料选用及设防要求。

屋面防水工程一般包括屋面卷材防水、屋面涂抹防水、屋面刚性防水、瓦屋面防水、屋面接缝密封防水。屋面防水严禁在雨天、雪天和五级以上大风时施工。

室内防水　是指建筑室内厕浴间、厨房、浴室、水池、游泳池等防水工程。基本要求是防水材料应符合设计要求,也可按工程需要选用合成高分子防水涂料、聚合物水泥防水涂料、水泥基渗透结晶型防水材料、界面渗透型防水材料与涂料复合等多种防水材料,以实施冷作业、对人身健康无危害、符合环保要求及安全施工为原则。

建筑装饰装修工程施工

抹灰工程施工　将抹面砂浆涂抹在基底材料的表面,保护墙体不受风、雨、雪的侵蚀,增加墙面防潮、防风化、隔热的能力,提高墙身的耐久性能、热工性能;改善室内卫生条件,净化空气,美化环境,提高居住舒适度。

墙面及轻质隔墙工程施工　饰面板安装工程一般适用于内墙饰面板安装工程和高度不大于 24 米、抗震设防烈度不大于 7 度的外墙饰面板安装工程。饰面砖粘贴工程一般适用于内墙饰面砖粘贴工程和高度不大于 100 米、抗震设防烈度不大于8 度、采用满粘法施工的外墙饰面砖粘贴工程。

轻质隔墙主要有骨架隔墙、板材隔墙、玻璃隔墙。

吊顶工程施工　按照施工工艺不同可分为暗龙骨吊顶和明龙骨吊顶。暗龙骨吊顶施工工艺流程是:防线—划龙骨分档线—安装水电管线—安装主龙骨—安装副龙骨—安装罩面板—安装压条。明龙骨吊顶施工工艺流程是:顶棚标高弹水平线—划龙骨分档线—安装水电管线—安装主龙骨—安装副龙骨—安装罩面板—安装压条。

地面工程施工　建筑地面按面层不同分为石材面层,瓷砖面层,竹、木面层,地毯面层,塑料面层。

幕墙工程施工　建筑幕墙主要有玻璃幕墙、金属幕墙和石材幕墙。

涂饰工程施工　涂饰工程按采用的建筑涂料主要成膜物质的化学成分的不同,分为水性涂料涂饰、溶剂型涂料涂饰、美术涂饰工程。

第七节　建筑工程选介

东方红中学教学实验综合楼

位于城区风雨街东方红中学校区,由定西远东建筑有限责任公司承建。为 5 层(局部 6 层)框架结构,建筑面积 10434 平方米,2003 年 10 月开工,2005 年 5 月竣工。获"市建筑文明工地"称号。

东方红中学教学实验综合楼

广厦住宅园区"温馨家园"

位于中华路和民主路交汇处南侧，由定西市广厦建筑安装工程有限责任公司开发建设。2002年6月28日，一期工程破土动工。2003年8月3日，"温馨家园"二期工程开工建设。总建筑面积约10万平方米，园区内绿树成荫，鲜花争艳，环境优雅，工程质量获得甘肃省群体建筑工程"飞天奖"。

定西师范高等专科学校

位于城区西郊定西师范高等专科学校校区，由定西远东建筑有限责任公司承建。为7层框架结构，建筑面积9659平方米，2002年5月开工，2003年8月竣工。获"地区文明工地"称号。

定西师范高等专科学校教学楼

定西市新城佳苑

位于西岩山麓东北，面临临洮路，由定西市广厦房地产开发有限责任公司和甘肃海旺房地产有限责任公司联合开发建设。占地85912平方米，建筑面积177697平方米(26栋)。小区的规划设计中，充分利用了台地建筑的优势，依山就势，逐级提升，景观轴线特色鲜明，横向切片式布置，形成了一环、一轴、两心、四节点、六组团的结构形式，为小区独有的特色。

新城佳苑

其中21#、22#、23#、24#楼被评为"2009年甘肃省建设工程文明工地"和"定西市建筑工程文明工地"。

定西市中医院门诊大楼

位于西岩路和民主路交汇处南侧,由定西远东建筑有限责任公司承建。为5层框架结构, 建筑面积5574平方米,2003开工,2008年竣工。

定西市中医院门诊大楼

甘肃省粮食局景家店3# 住宅楼

位于正龙路46号,由安定区第三建筑安装工程公司承建。 砖混结构,建筑面积5000平方米,工程造价280万元。获"省飞天奖"和"定西地区建筑工程优质工程奖"。

定西市中级人民法院审判楼

位于民主路南侧,2003年由甘肃广安建筑有限责任公司承建,5层框架结构, 建筑面积7239.5平方米,造价1000万元。被评为 "2005年甘肃省建设工程文明工地"。

定西市中级人民法院审判楼

安定区政府统办楼

位于西岩山下,由甘肃正立建筑安装(集团)有限公司承建。9层框架结构,建筑面积17480平方米,造价990万元。工程施工工地被甘肃省建筑业联合会评为"文明工地"。

定西卫校图书馆

位于城区解放路定西卫校校区,由甘肃广安建筑有限责任公司承建。为6层框架结构,建筑面积8185.5平方米,造价560万元。被评为"2005年度定西市建筑工程文明工地"。

第三章　乡镇企业

第一节　组织机构

定西市安定区乡镇企业管理局(撤县设区前为定西县乡镇企业管理局),成立于 1975 年 11 月,初名为定西县社队企业管理局,位于中华路 77 号。其后,各公社陆续相应成立社队企业管理站。1984 年 1 月,撤销社队企业管理局,成立定西县乡镇企业管理局。1991 年 8 月,定西县被国家确定为全国机构改革试点县,乡镇企业管理局遂更名为乡镇企业服务中心。1995 年 8 月,又重新启用乡镇企业管理局印章,实行"一套人员、两块牌子"的机构设置。2003 年 11 月,撤销乡镇企业服务中心,恢复为定西市安定区乡镇企业管理局。从 2005 年 3 月至 2010 年 10 月,乡镇企业管理局内设办公室、项目信息股、企业管理股三个股室,职工 22 人。2010年 10 月,在市、县(区)机构改革中,乡镇局与经贸局合并成立工信局,乡镇企业管理局机构撤销。

第二节　乡镇企业发展综述

1952 年,部分兼营和专营的手工业者(包括木匠、铁匠、泥瓦匠、石匠、篾匠、毡匠等)参加了农业生产合作社后,由合作社组织办起了一些生产经营农具及农副产品加工的小作坊,开始发展集体工业和副业。1958 年,农村建立人民公社,一些公社在原有集体副业的基础上,办了一些农机具修造为主的社队企业,形成定西县乡镇企业的萌芽。1960 年后,大部分社队企业停办或改为手工业合作社。

1970 年,国务院提出农村要发展小钢铁、小煤窑、小水泥、小化肥、小水电等"五小"企业,乡镇企业逐渐复苏。到 1977 年,定西县有社队企业 342 家。

中共十一届三中全会以后,定西县乡镇企业技术和管理水平迅速提高。1986年,乡镇企业在抓紧 1985 年所上项目扫尾工作及老企业的挖潜改造的同时,又办了一批"短、平、快"项目,年底,全县乡镇企业 2351 家,产值达 2725.13 万元,比上年增长 65.16%;销售收入 2727.47 万元,比上年增长 54.88%。1990 年,乡镇企业资金短缺,产品滞销,但它们调整结构,优化组合,经营减缓了下滑速度。企业发展到

5049 家,从业人员 18614 人。1992 年,县乡镇企业立足当地优势,引进联营,以建筑建材、塑料、化工、机修、地毯、淀粉、畜产品为主营商品,乡办、村办、户办、联户办为主要形式,利用国家扶持资金,重点扶持乡村 27 家骨干企业。乡镇企业 5603 家(乡办 149 家),从业 2.16 万人,产值 14100 万元,比 1989 年增长 91.45%,比 1991 年增长 39.1%;总收入 13106.9 万元,比 1989 年和 1991 年分别增长 100.5% 和 35.2%;利润 991.8 万元,分别增长 76.1% 和 24.9%;税金 430 万元,分别增长 59.2% 和 46.6%。1996 年,县政府一手抓乡镇企业的机制改革,一手抓管理促效益,完成股份制改造 14 家,吸纳职工股金 464 万元;完成技改扩产项目 8 项,全县乡镇企业总数达 7796 家,比上年净增 284 家,从业人员 31604 人,产值 90000 万元,比上年增长 44.9%,销售收入 80000 万元,较上年增长 59.9%。1999 年,乡镇企业新发展 86 家,累计达到 11362 家,产值 66500 万元,上缴税金 1610 万元,已占农村经济的一半以上。

进入 21 世纪,乡镇企业进入转型时期,即从国有企业和集体企业转入民营企业和个体企业,有四个方面的变化:

产业产品结构优化升级。培植壮大了绿色食品、冶金机电、建筑建材、塑料化工四大支柱产业。绿色食品产业发挥"中国马铃薯之乡"的品牌优势,投资建成超兴、薯峰、宏煊等 11 家设计能力在万吨以上的淀粉加工企业,形成了龙头企业深加工,小型企业精加工,千家万户粗加工的格局。陇海乳品有限公司的干酪素、胳肮酸钠、菊粉等产品相继进入市场。投资 1000 万元兴建了长津电机制造公司,改制了定西巉口农机厂等老企业,整体素质和综合效益显著提高。建筑建材产业形成了定西市广厦建筑安装工程公司、甘肃正立建筑安装工程公司和甘肃省定西远东建筑安装公司等年建筑安装量在 6000 万元以上的骨干企业,带动了砖瓦、塑钢门窗、预制构件等相关产业的发展。全区乡镇砖瓦企业年产标砖达到了 1 亿块预期目标。塑料化工产业,以技改扩产为手段,以开发名优产品为目标,完成了定西宏利塑编等老企业的改造,新建了甘肃定西佶业工贸有限责任公司,在农用地膜、棚模、PVC 管材、PP-R 塑材、工程塑料、塑料编制、包装等方面形成了品种齐全的高中低档系列产品格局。

园区建设初具规模。按照统一规划、合理布局、分类指导的原则,鼓励和引导乡镇企业向示范区集中,南川、巉口、内官营三个乡镇企业示范区已成为全区乡镇企业发展的主要基地。到 2008 年年底,3 个开发区乡镇企业年产值 92000 万元,占全区乡镇企业总产值的 44.8%。

整体素质明显提高。 2010 年,完成了 41 家有一定规模集体企业的改制,甘肃正立建筑安装公司、定西市陇海乳品有限公司、甘肃超兴淀粉公司、定西蓝天淀粉公司已通过 ISO9000 国际质量管理体系认证。完成陇海乳品有限公司胳朊酸钠、菊粉生产线和林立空心砖生产线等 16 个项目的技改扩产,开发出"陇海牌"胳朊酸钠、菊粉和"蝴蝶泉牌"精淀粉等市级新产品 8 项,创甘肃省建筑行业最高奖—"飞天奖"4 项。新增专技人员 114 人,有 1 人被评为全国乡镇企业家,3 人被省政府树为全省乡镇企业家,整体素质全面提高。

发展速度加快。2005 年,全区乡镇企业增加值达到 52100 万元,占全区国内生产总值的 36.4%;上缴税金 3780 万元,占全区财政收入的 34%;农民人均纯收入中来自乡镇企业的工资性收入达到 405 元, 占到了农民人均纯收入的 24.1%。2010 年,全区乡镇企业完成增加值 61000 万元,同比增长 16.9%;完成营业收入 175700 万元,同比增长 14.5%;实现利润 7533 万元,同比增长 12.9%;上缴税金 4263 万元,同比增长 14.5%。发放职工工资 17200 万元。企业数量达到 2428 家,从业人员达到 27120 人。

1986—2010 年的 25 年间,安定区乡镇企业用于农村各项事业的建设资金达 35000 万元,全县乡镇企业集体资产占到全农村集体资产的 80% 以上,有效地支援了农业生产,巩固和壮大了农村集体经济,使农村富余劳力有了稳定的职业和收入,为农村基层政权建设提供了物质保证,同时促进了农村的物质文明和精神文明建设协调发展。

2010 年安定区乡镇企业一览表

表 12-3-1

单位:万元

企业名称	企业规模	企业产值	企业利润
甘肃正立建筑安装(集团)有限责任公司	500 万以上规模企业	40000	3000
甘肃省定西第三建筑有限公司	500 万以上规模企业	5880	518
甘肃省陇海乳品有限公司	500 万以上规模企业	4651	-174
甘肃省定西远东建筑有限公司	500 万以上规模企业	6478	310
巉口粮油加工厂	规模以外企业	95	10
巉口农机厂	规模以外企业		
巉口第一砖厂	规模以外企业	65	5
巉口建材厂	规模以外企业	120	18
城关乡印刷厂	规模以外企业	90	16
城关乡预制厂	规模以外企业	70	14

续表 12-3-1

单位:万元

企业名称	企业规模	企业产值	企业利润
内官营活性炭厂	规模以外企业	80	16
内官营内纶厂	规模以外企业	74	17
内官营玻纤公司	规模以外企业	36	
内官营淀粉制品厂	规模以外企业	40	3
内官营面粉厂	规模以外企业	13	1
内官营塑料编织袋厂	规模以外企业	300	45
鲁家沟预制厂	规模以外企业	16	3
宁远砖厂	规模以外企业	116	12
东岳钢窗厂	规模以外企业	140	10
甘肃超兴淀粉有限公司	规模以外企业	2900	190
定西薯乡淀粉制品有限公司	规模以外企业	1395	85
定西宏煊淀粉有限责任公司	规模以外企业	3045	200
甘肃金大地食品有限责任公司	规模以外企业	1235	60
定西陇峰淀粉有限责任公司	规模以外企业	945	56
薯峰淀粉有限责任公司	规模以外企业	2730	180
飞雪淀粉有限责任公司	规模以外企业	1247	60
心连心淀粉有限公司	规模以外企业	1320	70
定西博瑞淀粉有限责任公司	规模以外企业	1800	120
定西蓝天淀粉有限责任公司	规模以外企业	1870	120
定西同丰淀粉有限责任公司	规模以外企业	1530	100
甘肃定西佶业包装有限公司	规模以外企业	1340	95

说明:产值 4000 万元以上为规模以上企业;产值低于 4000 万元以下为规模以外企业。

第十三编

城乡建设

第十三编　城乡建设

第一章　城区建设

第一节　城乡建设机构

1984年5月,定西县城市建设局更名为定西县城乡建设和环境保护局。2003年9月,更名为定西市安定区城乡建设环境保护局。

2005年9月,城乡建设与环境保护机构分设,设立安定区城乡建设局。内设办公室、财计股、房管股,设规划股、建设管理股,设旧城改造办公室3个事业机构,下辖安定区园林局(旅游局)、园林绿化站、环境卫生保护管理站、房产公司和市政工程公司5个企事业单位。

2010年11月,更名为定西市安定区住房和城乡建设局。内设办公室、住房保障及房地产管理股、执法稽查股、工程指挥通信股及建设工程质量安全监督站、区规划建设管理所,增加了人民防空、住房制度改革、城市房屋拆迁管理等职责。主要负责城市基础设施建设、城中村改造、城市绿化、城市管理、小城镇建设和城乡住房保障工作。

第二节　城市规划

安定区位于甘肃省中部,是中共定西市委、定西市人民政府所在地,是全市政治、经济、文化中心,是以加工业和制药业为支撑的生态型新兴综合城市,是兰州都市圈的重要城市。

1983年,定西县辖26个乡镇:城关镇、城关乡、巉口乡、称钩驿乡、景家泉乡、鲁家沟乡、白碌乡、御风乡、葛家岔乡、石峡湾乡、新集乡、青岚山乡、西巩驿乡、石泉乡、宁远乡、李家堡乡、杏园乡、张湾乡、团结乡、香泉乡、西寨乡、内官营乡、东岳乡、高峰乡、黑山乡、符家川乡。

2003年,撤乡并镇,区划调整。2004年,安定区辖12镇(凤翔、内官营、巉口、西巩驿、鲁家沟、葛家岔、宁远、李家堡、香泉、团结、符家川、称钩驿)、7乡(白碌、石峡湾、新集、青岚山、石泉、杏园、高峰)、两个街道办事处(永定路、中华路)。全区人口 48 万人,其中农业人口 38 万人。

陇海铁路、310 国道、312 国道和兰(州)定(西)、平(凉)定(西)、天(水)定(西)高速公路穿境而过。地处黄土高原丘陵沟壑区,流域面积 3638 平方千米,耕地面积 172 万亩。属中温带干旱半干旱气候,年平均降雨量 425 毫米,是自然条件差、相对落后的农业县(区)。1998 年整体解决温饱。

1983 版定西县城总体规划

目标定位:把定西县城建设成为具有农业科学技术、文化教育、交通运输、支农工业和发展地方农副产品加工工业的中心城镇。规划期限 1990—2000 年。人口规模 55000~70000 人。用地规模控制在 6.5 平方千米,人均用地指标 92.86 平方米。用地规划:以新市区为城区中心,其周围为行政、经济、文化单位用地;城西为文教科研单位用地;城北为工业、仓库用地。

2001 版定西县城总体规划

确定为"兰州市卫星城"、"区域性中心城市"。人口规模至 2020 年达到 18 万人,用地规模 2020 年达到 20 平方千米。陆续开辟衔接西兰公路的南、西、东、北四条环城路,减少过境公路对城区的影响。

2004 版定西市安定区城市总体规划

由上海同济城市规划设计研究院规划,甘肃省人民政府批准。城市性质:安定城区为定西市政治、经济、文化中心,是以加工业和现代制药业为支撑的生态型新兴综合城市,是兰州都市圈内的重要城市。人口规模近期(至 2010 年)20 万人,远期(至 2020 年)30 万人。用地规模近期 2254.45 万平方米,人均用地指标 112.72 平方米;远期 3587.5 万平方米,人均用地 119.58 平方米。城市东西向距离 1.5~2.5 千米,南北向距离 23 千米。建设用地范围,南起南川工业园南端、北至巉口镇北缘、东临陇海铁路、西抵西山山麓,建设用地面积 35.88 平方千米。未来城市由四区八片组成,巉口分区包含巉口工业片区、巉口中心片区,市级工业分区包含市级工业片区和市级高新技术片区,新城分区为今后城市的中心片区,老城分区包含老城片区、南川工业片区和教育片区。

第三节　公用设施建设

城市主干道

中华路　开辟于 1952 年。60 年代,拓宽整修,长 1200 米,宽 6 米。70 年代,继续整修, 长 1794 米, 宽 12 米。1989 年,铺设两侧非机动车道(各宽 3.5 米)和人行道 (各宽 1.8 米, 预制砖路面)。1991 年,开拓北端、南端。1999 年,拓宽南端(东门口至东方红中学), 长 250 米,宽 36 米,三块板式(机动车道 15.5 米,两边绿化带各 1.5 米,非机动车道各 4.5 米)。至 2010 年,中华路(从东方红中学门口向北至和平街)全长 2030 米,红线宽度 36 米,占地面积 7.31 万平方米。

中华路

解放路　开辟于 1952 年。60 年代,拓宽整修,长 1000 米,宽 6 米。70 年代拓宽改造,长 1373 米,宽 10 米。1986—1988 年,第三次拓宽改造,路面宽度 14.5 米。1995 年,拓宽铺设解放路东段(交通路至大十字),长 440 米,宽 6 米。1997—1998 年,车行道改造后平均宽 17 米。1999 年拓宽西段(定西卫校门口花坛至西河桥), 长 380 米, 宽度从 10 米扩至 26 米 , 其中车行道 15 米。2007 年,翻建人行道,建设绿化带。至 2010 年,解放路(从 310 国道入口向西至西岩路)全长 1826 米,红线宽度24 米, 占地面积 4.38 万平方米。

解放路

永定路　1980 年,投资 50 万元对永定路东段进行拓宽, 长 433 米,宽 24 米,主车道宽 14 米。1993 年,拓宽铺设中段(商业一条街),长 450 米,宽 15 米,铺沥青路面 7965 平方米,开拓人行道 900 米,面积 3600 平方米。1997—1998 年,拓宽西段(小什字至西关什字),长 455 米,车行道宽 15 米。1999 年,拓宽改造东段和

西段,东段(东门口十字至交通路十字)长 380 米,从 24 米拓宽到 36 米,车行道宽 18 米;西段(西关十字至定临公路)780 米,人行道宽 2.8 米,车行道宽 15 米。2000 年,对中段(商业一条街)进行整治。2004 年,拓宽改造东段(东关市场至安家坡),长 1000 米,主车道宽 9 米,投资 165 万元。2008 年,东起铁路

永定路

涵洞口,西至定临路口,长 2073.7 米,道路全线埋设路灯电缆,更换路灯、道牙、道板砖,增设雨水排水管道,铺沥青路面,投资 1435 万元。2010 年,新盘旋路十字至中川村定临路更名为永定西路。至此,永定路分东、中、西路,东起 310 国道,西至中川村,全长 5487.6 米,宽 28~40 米(西路宽 40 米),占地面积 18.79 万平方米,是老城区最长的主干道。

交通路　原为西(安)兰(州)公路途经定西县城的一段道路。1991 年,定西公路总段对交通路进行加宽改造,长 3500 米,平均宽 17 米,投资 42 万元。1999 年,拓宽改造中段,长 2000 米,宽 36 米,三块板式(机动车道 15.5 米,两边绿化带各 1.5 米,非机动车道各 4.5 米)。2000 年,对北段拓宽改造,长 1600 米,宽度从 15 米拓至 36 米,三块板式(机动车道 15.5 米,两边绿化带各 1.5 米,非机动车道各 4.5 米)。2001—2002 年,拓宽改造南段,长 3100 米,宽 36 米,三块板式(机动车道 15.5 米,两边绿化带各 1.5

交通路

米,非机动车道4.5米)。2004年,北端延伸540米,投资157万元。2008年,交通路南段改造,长3020米,宽40米,投资2033万元。2009年,北段改造,长3810米,宽40米,投资2183万元。2010年,北段拓宽改造1100米。至此,交通路(南起马铃薯交易中心,北至北十里铺)分南、中、北路,全长7920.4米,红线宽度36米,占地面积28.52万平方米,是安定城区最长、占地面积最大的主干道。

友谊路　延伸拓展经历近40年。1982年,拓宽南段解放路至西大街段,长260米,宽12米;继而拓展正龙路至南山根一段,长340米,宽8米。2000年,完成北段拓宽改造,长560米,宽28米,车行道15米。2008年,改造友谊路,从西关什字向北至农科大厦一段,全长878.3米,投资614.58万元。

友谊路

其中西关什字至正立广场长280米,宽按18米设计;正立广场至农科大厦598.3米,宽按15米设计;在人行道宽度允许的情况下,增加4米宽的绿化带。至此,友谊路(从南山根向北,至北城路)分南路、北路,长1455米,宽28米,占地面积4.07万平方米。

民主路　60年代,民主路从火车站向西至红旗馆仅260米。1990年,进行拓宽改造。2003年,打通民主路,从中华路至西岩路,长1031米,宽40米,三块板式(机动车道15.5米,两边绿化带各1.5米,非机动车道各5米),总投资856万元。至此,民主路(从交通路往

民主路

西,至西岩路)长1280米,宽36米,占地面积4.61万平方米。

定临路　原为定(西)临(洮)公路定西县城内的一段,起自中华桥头,向西南延

伸,始建于 1970 年。中华桥头至街心花坛(后命名为正立广场)段,长 1350 米,宽 8 米,面积 1.2 万平方米,投资 10 万元。1997—1998 年,完成定临公路改线工程,长 600 米,宽 15 米。2001—2002 年,定临公路西川段拓宽改造,长 3100 米,宽 40 米,两块板式(两边车行道各 9 米,中间绿化带 4 米)。2010 年,中华桥头至农科大厦段定名为双河路,农科大厦至正立广场段定名为友谊北路,正立广场至西河桥段并入解放路西段,从盘旋路向西至中川村,定名为永定西路。长 2886 米,宽 40 米,占地面积 11.5 万平方米。

西岩路 原名西环路,位于西岩山下,南北走向,始建于 2001 年。首先完成永定路西端花坛(新盘旋路)到公园路 718 米的路基工程。2003—2006 年,开通新盘旋路至民主路口全线,长 1717 米,宽 40 米,两块板式(两边车行道各 10.5 米,中间绿化带 6 米),投资 1099 万元。2009 年,进一步改造完善,配套照明及交通标线设施。2010 年,进行整体绿化,绿化工程长 1700 米,宽 6 米,面积 10200 平方米。是年,西环路更名为西岩路,由新盘旋路向北,至民主路口。

西岩路

长 1690 米,红线宽度 40 米,占地面积 6.76 万平方米,是按规划新修的第一条环城道路。

城市次干道

南大街 南大街是明清时期从西安去兰州的必经之路。1990 年,对南端至南山新村道路进行改造,长 670 米,宽 8 米。1994 年,整修南大街,完成道路基础工程,长 670 米,面积 6800 平方米,投资 7.1 万元。1995 年,铺设沥青路面。经多次拓宽改造,南大街(从

南大街

永定路小十字向南,至南山新村)长 670 米,宽 24 米,占地面积 1.61 万平方米。2010 年,原小北街与南大街合并称凤翔路,长 880 米,宽 24 米,占地面积 2.11 万平方米。

公园路　1992 年,完成公园路路基整修和路面沥青铺设,长 413 米,宽 10 米,占地面积 4200 平方米。2000 年,拓宽改造,长 869 米,宽 36 米,两块板式(两边车行道宽各 10 米,中间绿化带 4 米)。至此,公园路(从友谊路口向西,至西岩山下)长 869 米,宽 36 米,占地面积 3.13 万平方米。

公园路

北城路　1996 年,北城巷开通投入使用。2000 年,开通拓宽北城路西段,长 380 米,宽 26 米。2008 年,投资 360.94 万元进行改造,车行道宽 15 米。2010 年,北城巷更名北城路(从中华路中段路口向西,至友谊路农科大厦),长 620 米,宽 24 米,占地面积 1.49 万平方米。

北城路

文化路　大操场西侧,在定西县古宋城(大城)城墙的遗址上开拓建成。1986 年开通,全长 560 米,宽 15 米。1990 年,完成道路基础工程。1991 年,铺设沥青路面。2009 年,进行拓宽改造。至此,文化路(从解放路向北,

文化路

至北城路)长560米,宽18米,占地面积1.01万平方米。

正龙路　1991年,铺设沥青路面,长355米,宽12米。1999年,完成608米道路拓宽改造,宽从15米扩至26米,车行道宽15米。2001年,向武警支队延伸拓宽改造,铺设沥青路面,长378米,宽4.2米。2003年,对武警支队至锌厂段进行改造,从6米拓宽至13米,投资122万元。2010年,镇龙路更名为正龙路(从友谊南路市卫生局向西,至武警支队),长1071米,宽24米,占地面积2.57万平方米。

小北街　1993年,整修小北街,长180米,铺设沥青路面1920平方米。2008年,改造小北街道路,车行道全线宽14米,双向两车道,道路两边各留3米的停车带,增设雨水污水合流管道,投资99.81万元。至此,小北街(从解放路向南,至永定路)长240米,宽18米,占地面积4300平方米。

小路小巷

1985年,铺设大城路、文昌巷、东方红中学至东关小学路、凤羽街、石头巷、榆林巷等6条小路的沥青路面,长1535米;自由街路基改造,长274米,宽4米。1986年,自由街用沥青铺路面1854平方米。1990年,对南山新村、猪毛厂路段铺设沥青。1992年,南山新村小路铺设柏油,南川开发区修建路基1000米。1993年,修建南川开发区道路,长1428米,宽10米,面积14280平方米,整修人行道长2836米,面积5672平方米;修建建材路路基,长300米,面积2100平方米。2002年,改造车辆厂至电力局道路,长190米,宽15米;修建垃圾处理厂道路,长582米,宽4.5米,为沙石路面。2008年,投资265万元改造自由街(东起交通路口,西至中华路),全长280米。2009年,对金羚路(原冷库东墙背后)、小西街、南城巷等18条背街小巷拓宽改造,巷道总长4290米,面积2.1万平方米。小巷加当年旧城区6条道路的改造,总长7.86千米,总投资2406.25万元。2010年,对城区10条背街小巷、西川园区道路硬化,全长4.58千米。南川开发区设飞天路(长369.6米、宽10米)、华泰路(长310.1米、宽16米)、华安路(长214.7米、宽13.5米)、金龙路(长307.5米、宽15米)、新泉路(长800米、宽16米)、通宝路(长432米、宽9米)。

1980—2010年,城区道路建设、改造、拓宽共14条(主干道8条,次干道6条),长度26388米,占地面积85.82万平方米。建设、改造、拓宽小街小巷30条,长度8600余米。80年代投资203万元,90年代投资833万元,21世纪初始投资12592万元,总计投资近1.4亿元。

安定城区主要道路一览表

表 13-1-1

单位:米、万平方米

序	道路名称	起止	道路性质	道路长度	红线宽度	占地面积
1	交通北路	北十里铺—火车站(民主路口)	主干道	1985.4	36	7.15
2	交通中路	火车站—汽车站(立交桥)	主干道	2499	36	9.0
3	交通南路	汽车站—洋芋市场(马铃薯交易中心)	主干道	3436	36	12.37
4	中华路	东方红中学—和平街	主干道	2030	36	7.31
5	民主路	交通路—西岩路	主干道	1280	36	4.61
6	永定东路	东山根—东门口	主干道	1159	28	3.25
7	永定中路	东门口—西川十字(盘旋路)	主干道	1442.6	28	4.04
8	永定西路	西川十字—中川村	主干道	2886	40	11.5
9	西岩路	民主路—西川十字	主干道	1690	40	6.76
10	解放路	310 国道入口—西岩路	主干道	1826	24	4.38
11	友谊北路	农科大厦—正立广场	次干道	604	28	1.69
12	友谊南路	正立广场—南山根	次干道	851	28	2.38
13	文化路	解放路—北城路	次干道	560	18	1.01
14	凤翔路	解放路—南山新村	次干道	880	24	2.11
15	正龙路	友谊南路口—武警支队	次干道	1071	24	2.57
16	北城路	中华路口—农科大厦	次干道	620	24	1.49
17	公园路	友谊路口—西岩山根	次干道	869	36	3.13
18	双河路	中华桥南—气象桥—农科大厦	次干道	402	9	0.36
	合计			26091		85.11

2010 年 10 月,定西市人民政府公布定西市地名规划方案,将安定城区交通路分为交通北路、交通中路、交通南路;中华路、凤羽街定名中华路;西环路更名西岩路;定临公路更名永定西路;北城巷更名北城路;镇龙路更名正龙路;定临路中华桥南至农科大厦段定名双河路;西河路气象桥至建宁小区南段定名校场街等。

城市桥梁

定西城坐落在东河、西河之间,两河在原宋城以北 400 米处交汇后流入关川河(现中华路中学西北角)。河流环形长 9.8 千米,间距宽 1.4 千米。

东河共有桥梁 3 座。

永定桥 始建于明代,名广惠桥,屡毁屡修,曾易名偕乐桥、惠济桥。民国四年(1915 年)重修木桥,民国十五年(1926 年)加固,民国十六年(1927 年)水毁,民国十七年(1928 年)重修,桥两端建有斗拱木制牌坊。1953、1963、1973 年迭遭水毁。

1980 年 9 月,于旧桥阶地建成钢筋混凝土曲拱桥,桥长 56 米,宽 14.5 米,车行道 10 米,载重 20 吨,总投资 140 万元。2009 年,拓宽改造,对原桥结构进行维修加固。桥的南北两侧各加宽 6.55 米,加宽部分与原桥断开,断缝宽 2 厘米,在接缝处设置 1.5 米隔离带。加宽后,桥梁总宽为 27.5 米。从城市景观考虑,桥栏杆采用大理石成品栏杆,路灯采用中华灯。

永定桥

永定桥原桥建设及本次加宽改造,均由定西公路总段组织施工。

解放桥 1952 年 7 月修建,钢筋混凝土梁式桥,长 48 米,宽 6.4 米,载重 15 吨,造价 30 万元。1994 年 4 月拓宽改造,1995 年 1 月竣工。桥长 53.7 米,宽 14.5 米,车行道 9 米,人行道两边各 2.5 米。桥面东头提高 1 米,西头提高 0.85 米,桥面坡度千分之三,投资 123 万元。2008 年再次拓宽改造,南侧拓宽 3 米,北侧将原 2.75 米人行道改建为车道。拓宽改造后,桥宽由原 14.5 米增至 17.5 米(车行道 15.5 米,南侧人

解放桥

行道 2 米),总投资 176 万元。兰州交通大学勘察设计院设计,甘肃土木工程科研院承建,兰州滨河工程监理有限公司监理。

中华桥 1956 年始建(木桥),1963 年水毁,1966 年 5 月重修,钢筋混凝土梁式桥。桥长 29.3 米,宽 10.4 米,车行道 6.9 米,载重 15 吨,投资 50 万元。1991 年,

两侧各加宽 3.5 米人行道,投资 31.5 万元。2007 年,加固桥梁及桥面。2009 年再次进行拓宽改造。东侧拓宽 5.9 米,西侧拓宽 5.3 米,拓宽部分的桥梁结构形式与原桥相同，行车道由 2 车道增加为 4 车道，设置独立的非机动车道和人行道。改建后，桥宽由原 17.4 米增至 28.5 米,总投资 189 万元。兰州交通大学勘察设计院设计,甘肃省第二建筑公司承建,定西市陇中建设监理有限公司监理。

中华桥

西河共有桥梁 5 座。

老西河桥　1968 年 1 月建成西河桥,钢筋混凝土梁式桥,长 24.5 米,宽 6.8 米,车行道 5.8 米,载重 10 吨,造价 15 万元。2010 年,西河桥更名为老西河桥。

西河桥　1970 年 10 月建成跃进桥，为定临公路配套工程。钢筋混凝土双曲拱桥,长 43 米,宽 8 米,车行道 7 米,载重 15 吨,造价 32 万元。在 2005 年加固的基础上,2009 年再次拓宽改造。桥梁北侧拓宽 3.25 米,南侧拓宽 5.75 米。拓宽后,桥宽由 15.56 米增至 24.6 米,行车道由 2 车道增加为 4 车道,设置独立的非机动车道和人行道,投资 150 万元。2010 年,跃进桥更名西河桥。

老西河桥

西河桥

气象桥　1980年8月建成，钢筋混凝土双曲拱桥，长40米，宽6米，车行道5.6米，载重10吨，造价24万元。

清水桥　位于玉湖公园西侧，1997年，在永定路西河上修建钢筋混凝土悬臂钢架拱桥，桥长50.78米，宽14.5米，车行道9米，设计荷载汽—20级、挂—100级，造价143万元。2009年又进行拓宽改造。桥两侧各拓宽4.1米，拓宽部分结构形式与原桥相同，桥宽由原14.5米增至22.7米，原2车道增加为4车道，设置独立的非机动车道和人行道，投资260万元。

西岩桥　1998年，在公园路西河上修建钢筋混凝土悬臂钢架拱桥，桥长50.78米，宽14.5米，车行道9米，设计荷载汽—20级、挂—100级，造价150万元。在2008年拓宽改造的基础上再次拓宽改造，原桥两侧各拓宽6米，桥梁结构形式与原桥相同，车行道由2车道增加为4车道，桥宽由

气象桥

清水桥

西岩桥

14.5米增至26.5米，设置独立的非机动车道和人行道，并对原桥局部进行加固，投资245万元。兰州交通大学勘察设计院设计，甘肃利海新技术有限公司承建，兰

州滨河工程监理有限公司监理。

关川河共有桥梁 4座。

民主桥　2006 年，在民主路关川河上建成钢筋混凝土间支梁桥关川河大桥，桥长 87 米，宽 32米，设计荷载城市一级，投资 670 万元。2010 年，更名为民主桥。

民主桥

安定城区桥梁统计表

表 13-1-2　　　　　　　　　　　　　　　　　　　　　　单位：米

桥梁名称	建桥地段	结构形式	桥梁性质	跨度	长度	宽度
永定桥	永定路东河上	钢筋砼双曲拱桥	城市	40	56	14.5
解放桥	解放路东河上	钢筋砼梁式桥	城市	48	53.7	14.5
中华桥	中华路东河上	钢筋砼梁式桥	城市	39.3	39.3	17.4
西河桥	解放路西河上	钢筋砼双曲拱桥	公路	30	43	13
气象桥	西河	钢筋砼双曲拱桥	轻型	30	40	6
老西河桥	西河	钢筋砼梁式桥	公路	24.5	43.1	6.8
清水桥	永定路西河上	钢筋砼双曲拱桥	城市	40	48	14.5
西岩桥	公园路西河上	钢筋砼双曲拱桥	城市	40	50	14.5
民主桥	民主路关川河上	钢筋砼梁式桥	城市	48	87	32

城市照明

定西城区照明始于 1958 年，火车站、中华路设路灯 61 盏，白炽灯泡。1973 年增至 158 盏，1986 年增至 326 盏，线路总长 13.51 千米，耗电 39 千瓦时，亮灯率 98%，投资 28.8 万元。嗣后，路灯光源逐步由白炽灯向高压汞灯、高压钠灯过渡，广场、街口竖起高架路灯。1987 年，安装光、时控制箱 10 个；在中华路西侧架设路灯

中华路北段路灯

杆 17 根，灯线 890 米，投资 14 万元。1990 年，新增路灯线 3 条 3.2 千米，增灯 64 盏，解决了街心花坛至西岩寺、汽车管理站一带道路长期无灯的问题，投资 6.5 万元。1991 年，改造大什字广场照明灯四柱 16 盏，中华桥圆球灯四柱 36 盏，投资 4.5 万元。1992 年，在东门口安装固定式中杆灯一柱 8 盏，街心花坛升降式中杆灯一柱 8 盏，文化路新增高压钠灯 13 盏，投资 6 万元。1993 年，东大街安装双排 250 瓦高压钠灯 18 盏，投资 6 万元。1995 年，解放桥安装豪华柱灯四柱 44 盏（其中钠灯 16 盏、汞灯 4 盏、白炽灯 24 盏），投资 4 万元。城区路灯合计 476 盏，用电量 62 千瓦时，线路长 16.78 千米。截至 1995 年，城市照明总投资 69.9 万元。2006 年，城区路灯共计 3485 盏，总容量 381.8 千瓦，光时联控 41 处，时控 8 处。路灯光源除在立交桥、大什字、正立广场、中华路、解放路安装节能灯 1300 多盏外，其他皆安装钠灯。在西岩路什字、南关什字、东关什字、大什字、北城路口、公园路、火车站、西关什字、立交桥、正立广场、东门口、解放路、凤安路口、新盘旋路等地点各设一组交通信号灯，总容量 0.3 或 0.5 千瓦。路灯总盏数 6907 盏，其中高压钠灯 2081 盏，桥柱 1676 盏，花灯 3150 盏，线路总长度 55821 米，总容量 7180 千瓦，共安装表箱 81 处（其中不含镇流器、触发器等电器元件总量），平均亮灯时间 11～12 小时。

大什字花灯

广　场

立交桥广场　位于解放路东段立交桥下，汽车站对面，2003 年建成，占地面积 3500 平方米。建观礼台、城雕、花坛，种植草坪 1000 平方米，投资 80 万元。每年的国际消费者权益日、国际禁毒日,交通安全、消防、卫生等各种大型宣传活动都在这里举行,每天群众聚集在这里晨练、跳舞、清唱、聊天。

友谊广场　位于北城路南侧,2006年甘肃兴隆房地产公司开发建成,占地面积20000平方米,周边商业建筑围合,建有喷泉、雕塑、花坛、草坪,安装各种运动器械,是一处规模较大的市民健身、娱乐、休憩之地。

西岩山广场　位于西岩山下,2008年建成,占地面积8020平方米,其中广场面积3262平方米,绿化面积4757平方米。种植国槐、红叶李、红花槐等植物16万株,紫花苜蓿3850平方米。设喷泉1处。总投资152万元。2010年,举办了元宵节大型社火调演活动。

正立广场　位于定西卫校门前,甘肃正立建筑安装(集团)有限公司投资建设,2006年10月竣工,占地面积2682平方米,地面铺砌花岗岩石材,建有

立交桥广场

友谊广场

西岩山广场

雕塑、景观柱、公厕等,安装各种体育器材,绿化680平方米,总投资126万元。

体育场

田径场 1954年,在大城巷城墙边荒地内,各单位义务劳动,建成操场。1958年,为迎接全国田径分区赛(西北五省田径运动会),改建成占地面积20000平方米的田径场。50—70年代,庆祝国庆、毛泽东主席追悼大会、欢庆粉碎"四人帮"大会等重要活动都在这里举行,也是举办各类运动会及群众锻炼身体的场所。改革开放后第一次物资交流大会和90年代春节焰火晚会都在这里举行。1991年,财政投资20万元,改建成占地23400平方米、设有400米跑道的标准田径场。

灯光球场 在大操场南端,始建于1966年,1982年改建,占地面积1855平方米。固定看台8层,可容纳观众2500人。1996年,投资120万元重新改造,面积扩大到2671平方米,可容纳观众4700人。这里经常举办篮球比赛、歌咏比赛和文艺表演。

正立广场

田径场

灯光球场

体育健身训练中心　国家体育总局体育彩票"雪炭工程"援建项目,2004 年 7 月竣工,建筑面积 3170 平方米,二层全框架结构,总投资 400 余万元。可开展篮球、排球、羽毛球、乒乓球、武术、柔道、摔跤、棋牌、健身、健美等多项训练和比赛。

新城体育运动中心　占地面积 13.34 万平方米,其中体育公园 2.6 万平方米,体育场、体育馆等项目占地 8.87 万平方米,游泳馆占地 1.87 万平方米。体育公园项目概算总投资 1305 万元。分广场入口区、休闲娱乐区、体育场区、篮球场、乒乓球场、网球场、儿童游乐场、健身步道及雕塑、旱喷广场、花坛等。2009 年 9 月底,竣工投入使用。

体育健身训练中心

新城体育运动中心

公　厕

1950 年,安定城区开始建设公共厕所(旱厕)。1993 年,开始兴建水冲式公厕。1995 年底,城区有旱厕 11 座,水冲式公厕 1 座,分布在主要街道和居民区,如厕基本不收费。2008 年,投资 18.9 万元,设立 3 座免水冲环保移动公厕(分别置于市医院门口、西岩路和农科大厦附近)。公厕位置大部分比较隐蔽,为方便群众,2007 年,制作 26 个公厕标志牌、40 个导向牌。2010 年,城区公厕 29 座,其中水冲式公厕 28 座,有 6 座向市民免费开放(由街道办事处管理)。

给排水

水井　水源地　安定城区虽处两河交汇地带,但水质很差,矿化度高,盐碱度大,不可饮用。地面以下 4～16 米的潜层地下水硬度大,有侵蚀性,也难以饮用。

1953年天兰铁路通车后,铁路工程局在城西李家嘴取水,埋设10千米陶瓷管道供机车用水。1965年,地方与铁路共建水塔一座,铁路供水系统每天给城区补充供水50立方米。1971年,省地质局水文队勘探,确认香泉河谷地为水源地。省给排水设计院进行打井供水设计。1973年8月,第一眼大口水源井完工,设计日供水能力2100立方米,实际日供水1500立方米。1974年7月,第二眼大口水源井完工,设计日供水能力3000立方米,实际日供水1960立方米。1975年,实现向全城区供水。日用水量从最初的500多立方米增加到3460立方米。1980年,两口井日产水4050立方米,而城区每天需水量为5000立方米,供水明显短缺。1981年,供需矛盾更加突出。1982年,中国市政工程西北设计院进行新水源地的勘察选点,并完成西寨乡下凡坪和新庄深井的设计。水源地海拔高程2000米,地形西南高、东北低,有3条较大的冲沟由西向东纵贯其间。地下水属松散沉积物孔隙承压水,富水性较好,水位埋深18~38米,水质符合生活饮用水标准,是本区域最具开采价值的含水层。当年完成1号、2号深井的开凿任务,日供水能力11200立方米。由于资金和配套工程不足,实际日供水6000立方米。1990年,城区日用水量8000立方米,缺水状况严重。1990年,县自来水公司开展化验工作(原由防疫部门取样化验)。香泉、卧龙川水源地周围30米范围内、内官营9眼井周边50米范围内为一级保护区,香泉水源地480米、卧龙川水源地512米、内官水源地424米内为二级保护区。保护区不许修建、扩建居民点,不许堆放垃圾、粪便,禁用污水浇地和使用农药。准保护区设在水源地二级保护区以外到上游各沟谷内。保护植被,禁止乱砍滥伐树木和破坏草皮的行为,保护山原地表水。1992年,给水扩建二期工程动工,历时一年,开凿深井3眼。1995年,又开凿深井5眼,新增日产水能力1.08万立方米,使日供水能力增加到2.58万立方米。1999年,又一给水扩建工程由省计委立项。2000年,省地质勘查院对香泉、卧龙川、内官营等三个盆地详勘,在内官营开凿深井3眼(合计9眼),平均井深120米。经铺设管道、建深井泵房、架输电线路、香泉水井洗井、深井自动化改造等一系列过程,2002年9月工程竣工验收,从根本上解决了城区供水紧张的矛盾。

蓄水池 管线 1987年,两座容积各2000立方米的水池建成,同时,水厂加氯车间、水质化验室及库房、值班室等竣工。1988年以后,对城区原有枝状管网改成枝状与环状管网相结合的混合管网。1995年底,市政供水管网线56790米,其中配水干管32661米。2000年11月,巉口镇庙儿坪高位水池建成,现浇钢筋结构;敷设定西至巉口DN300输水管线16.41千米,建成巉口管理站。2001年,新建张家河滩配水厂,建成1000立方米清水池一座;敷设内官营镇至新配水厂

DN500 输水管线 11.68 千米,敷设 DN400～DN600 输水管线 12.26 千米;建成西川计量站。2002 年 4 月,建成南山容积 2000 立方米高位水池。2006 年,改造市区老化管网 20.24 千米, 其中主干线 14.53 千米, 支管 5.71 千米, 投资 1565.6 万元。2007 年,城区 DN100 毫米以上供水管道总长 52 千米。

自来水价格 由定西行署或定西地区物价处批复执行。1965 年, 每立方米 0.3 元。1988 年,生活用水每立方米(以下均每立方米)0.3 元,生产用水 0.4 元,新安装用户一次性收基建设施费每立方米 120 元,超计划用水加收 50%。1992 年 5 月, 经营用水由 0.4 元调为 0.55 元, 生活用水由 0.30 元调为 0.40 元, 零担水由 0.01 元/担调为 0.02 元/担,基建用水 1.00 元。当年 8 月,经营、生活、零担水分别调为 0.60 元、0.45 元、0.03 元。生活用水和零担水以后各年价格为:1994 年 7 月, 0.60 元,0.04 元/担;1955 年 6 月,0.80 元,0.05 元/担;1996 年,征收供水建设基金, 每立方米 0.10 元(与水费同时收取)。2003 年 3 月,居民生活用水 1.50 元/立方米 (下同),行政事业用水 2.30 元,工业用水 2.80 元,经营服务用水 3.00 元,特种用水 4.80 元,零担水 0.10 元/担。巉口镇生活用水加 0.30 元,其他用水加 0.50 元。以上各水价中含水资源费 0.05 元/立方米。污水处理费随水价价外征收。2003 年,居民用水 0.30 元/立方米,其他非居民用水 0.40 元/立方米。2006 年 11 月,分别调整为 0.50 元/立方米、0.70 元/立方米。

排水 2000 年以前,排水工作由定西县城建局设计,市政工程队施工,定期维修检查水井,更换损坏的井盖、井箅。2001 年 11 月,排水业务从市政工程公司划归自来水公司。2007 年,市区 DN300 毫米以上排水管道 31.4 千米,排水井室 1807 座。沿河 17 处排水主截流干管倒虹 34 个主井,2006—2007 年,清掏 10 次; 并清淘污水井 117 次,补充混凝圆井盖 60 个,维修护坡、基础塌陷 5 处。2006 年春秋两季,对所有井室清掏两次,更换破损井箅 26 个,疏通排水管通 42 处。购买大型管道疏通专用车一辆(15.38 万元)。

防 洪

流经安定城区的东河有一处 90° 的转弯,水流不畅。东、西两河穿越城区 5800 米,在城西北汇合为关川河,两河交汇角 106°,互相顶水,排洪复阻,水灾隐患较大。1963 年 6 月 4 日下午 6 点半至 12 点,县境出现罕见的特大暴雨,降雨量 77.1 毫米,城关地区平均降雨量 80 毫米,城东南安家坡降雨量 101.4 毫米,一小时最大降水量 35.5 毫米。关川河水暴涨,流量 828 立方米/秒。当晚,城东、西、北三面被洪水包围。永定村、东门口一带受灾 185 户 872 人,倒塌房屋 619 间、窑 8 孔,冲走

3个人、1头牛。位于民主街尾专区物资局仓库的价值10万元的物资被冲走,永定桥、中华桥、西河桥全被冲毁,洪水从解放桥面流过。1973年8月25日下午7点至次日上午10点,定西县降雨63～130毫米,关川河水流量622立方米/秒,冲走沿河奶牛场、硝厂、马车站价值3万元的财产,冲倒职工宿舍5间,进水78间,造成危房30间,永定桥又被冲垮。1976—1985年,东河防洪工程由沿河13个地县单位承担,河堤长1743米,工程量17542立方米,投资44.42万元。八九十年代,修建西岩山排洪渠道,数次清理和维护4个蓄水涝坝(东大街的梢家坑、南台巷,南大街的榆林巷、南仓巷)及城区排水管道。1990年,在南山新村东河崖边埋设4条长5米、直径300毫米的钢管,并用砖砌拦水槽,将4条巷道排水引入管道。

东河防洪护岸工程

1991年,清除河道、排洪渠垃圾1600立方米。1993年,清理排水井淤泥1000多立方米。2001年,整修永定路公路铁路立交桥下排水渠,清淤858立方米,更换水泥盖板20块,埋设排水管道70米,并砌挡水墙;彻底清理榆林巷涝池,南台巷埋设排水管道118米。1989—1995年,定西县每年拨款购买防汛汽油、柴油,修理水泵,购买草袋(年备用草袋1000～2000条)。汛期来临,专人昼夜值班,巡查重点地段,及时抽排低洼地带积水。2010年,随着旧城区改造和欧康小区楼群拔地而起,4个涝坝不复存在,局部水患消除。

供 热

20年代到80年代,居民取暖以土炕、火炉为主,后来有了烤箱。1992—1994年,地区工人俱乐部、北城巷住宅小区、南川停车场住宅小区、铁路房建定西领工区安装锅炉,敷设管网,给本小区及周边楼宇供热。1993年以后,城区各单位职工集资建房,同时建设自给型锅炉房,保障职工住宅冬季供热。定西县房地产开发经营公司(以下简称房地产公司)在永定路中段投资兴建锅炉房1座,敷设供热管网800米,供热面积4.5万平方米,标志着城市供热由单位自给自足向区域化供热转变。1996年,定西县供热公司注册成立。1998—1999年,定西车辆检测站在西关建锅炉房,敷设管网 750 米,供热面积约 4 万平方米。房地产公司在小北街建锅炉房一座,敷设管网 1300 米,给永定西路及周边供热,面积约 4 万平方米。2000年,铁路供热点建成投入使用,管网长 1000 米,供热面积 5.8 万平方米;大同商业总公司在南台巷建成一处集中供热点,直埋式管网 5000 米,供热面积 30 万平方米。

　　2002 年,房地产公司为保障定西县国家级安居工程住宅小区的冬季采暖,投资 214.21 万元,新建锅炉房一座,敷设供热管网 2100 余米,给安居工程住宅小区及友谊北路一带供热,面积约 11 万平方米。

　　2003—2005 年,每年增加两处供热点,安定区连片供热速度加快。2003 年,敬东厂片区集中供热点建成,供热面积 30 万平方米,管网长度 2600 米;定西交通运输集团公司投资 1200 万元建成的交通路片区集中供热点投入使用,供热面积 30 万平方米,主管长 1200 米。2004 年,兴隆房地产开发公司管理的西岩山片区供热点投入使用, 供热管网长 4000 余米,供热面积 16 万平方米; 广厦物业公司投资 2000 万元, 兴建锅炉房, 敷设供热管网 3000米, 供热面积 17 万平方米。2005 年,民康物业公司投资兴建的中华路片区供热点建成,供热面积 20 万平方米,管网长 3000 米;温源煤炭公司投资建设的火

广厦物业公司供暖锅炉

车站片区集中供热点建成投入使用,供热面积 15 万平方米,管网长 1500 米。

　　2006 年 10 月,原供热公司更名为定西恒源集中供热公司。2007 年开始,供热公司负责实施安定城区集中供热工程建设项目。当年 9 月,A 区域供热在友谊北路安居工程院内开工建设,对原锅炉房资源整合,总投资 2820.74 万元,新建锅炉房一座,建筑面积 1886 平方米,安装 20 吨链条式热水锅炉 1 台、10 吨链条式热水锅炉 2 台,敷设提力管网 2.4 千米,设计供热能力 56 万平方米,给友谊北路、西环路、北城路及滨河路一带供热,面积 30.7 万平方米。2007 年,由凤凰供热有限责任公司管理的凤凰苑集中供热站建成投入使用, 管网长度 7000 米, 供热面积 24万平方米。民康物业公司锅炉房面积 1200 平方米,设 15 吨、20 吨锅炉各一台,水

浴式除尘器 2 台，设变频器节电装置。锅炉房投资 800 万元，管网投入 400 万元，供热能力 40 万平方米。锅炉建设开始走上节能减排之路。2008 年 9 月，供热公司负责实施的安定城区集中供热工程 D 区域供热站，在南大街原区绿化站院内正式开工建设，2010 年 10 月竣工交付使用，总投资 4141.12 万元，新建锅炉房一座，建筑面积 2908.5 平方米，安装 20 吨链条式热水锅炉 3 台，敷设热力管网 3.6 千米，设计供热面积 56 万平方米。

凤凰苑供暖锅炉

2007 年，城区有供热锅炉房 237 座，烟囱 240 个，锅炉 272 台，锅炉总容量 468.8 吨/小时，总供暖面积 122.8 万平方米。其中采暖和生产锅炉房 41 座，锅炉 60 台，容量 112.9 吨/小时。4 吨/小时以下锅炉 220 台，其中大部分是 2 吨/小时以下锅炉。供暖形式，联片供热仅占一小部分，分散独立供暖仍占多数。小型锅炉房多、锅炉容量小、效率低、消烟除尘设施不完善，造成大气污染，悬浮物排放量严重超标，加快城区集中供热进程十分迫切。

2010 年，供热企业 10 家，设区域供热站 15 处，累计安装链条式热水锅炉 31 台（其中 7 兆瓦以上的 29 台，7 兆瓦以下的 2 台）。供热总面积 486 万平方米。其中定西恒源集中供热公司 67.2 万平方米，民康物业公司 20.72 万平方米，温源物业公司 15.26 万平方米，大同物业公司 48.94 万平方米，兴隆物业公司 13.52 万平方米，凤凰苑供热站 40.46 万平方米，定西市物业公司 71.43 万平方米，市城投公司 21.65 万平方米，交运集团供热站 20.71 万平方米，广厦物业公司 39.1 万平方米，其他单位供热面积 127.01 万平方米。

城区供热面积中，居民住宅 344 万平方米，行政事业单位办公房 94 万平方米，宾馆、饭店、招待所 10 万平方米，生产性用房、礼堂、体育馆 38 万平方米。

安定城区供热企业供热情况一览表

表 13-1-3

序号	供热单位名称	锅炉		启用时间	供热面积(万平方米)	管网长度(千米)	供热范围	年消耗		
		吨	台					煤(吨)	电费(万元)	水(万元或吨)
1	敬东厂供热站	20	2	2003	30	1.75	敬东厂、友谊广场、军分区、大城小学、文化路周边	8500	59	(18830)
2	大同物业有限责任公司	20	1	2004	48.91	6.5	东门口、永定市场、原饮食公司、百货公司、东中、二轻、鬃毛厂、欧康ABC小区	9800	50	5
		10	1	2010						
		6	1	2010						
3	城投物业有限责任公司	10	2	2008	20	1	宏通苑、清水桥一带	3500	15	(200)
4	兴隆物业有限责任公司	15	1	2003	13.52	1	西环路、兴隆苑、区政府、公园路中学	6000	35	(10000)
		8	1	2004						
5	凤凰苑供热有限责任公司	20	1	2008	40.46	1	凤凰苑、江夏3栋、瑞丽、新城、银监局	8780	30	5
		6	1	2010						
6	交运集团供热站	20	1	2004	20.5	2	定运、交通路、秦剧团、汽车站一带	7000	40	3
		10	1							
7	温源煤炭有限责任公司	15	1	2005	15.65	0.8	兰铁房建、县社、印刷厂、自由街一带	4000	25	2
		2	1	2003						
8	广厦物业有限责任公司	10	3	2003 2006	39.1	2.3	广厦小区、车辆厂、金荣、河滩工房、建宁、阳光、英才、民主路一带	10000	50	5
		15	1	2008						
		1	1	1992						

续表 13-1-3

序号	供热单位名称	锅炉		启用时间	供热面积（万平方米）	管网长度（千米）	供热范围	年消耗		
		吨	台					煤（吨）	电费（万元）	水（万元或吨）
9	民康物业有限责任公司	20	1	2009	21	1.5	中华桥、中华路、粮库、鸿运苑、交通路一带	6500	40	0.8
		15	1	2005						
10	市物业公司供热站		8		61.96	4.05		17500	109	10
	1号小区锅炉房	4	2	1993	5.8	0.3	市委家属院、定西日报社一带			
				2000						
	2号小区锅炉房	4	1	1997	6.7	0.4	市党校、民政局、林业局一带			
		6	1	1998						
	3号小区锅炉房	10	2	2000	16.5	1	3号小区、4号小区、市农业局、卫校一带			
	市物资局供热站	2	4	1992	1.6	0.4	原市物资局一片			
	原车辆厂供热站	4	4	1992	1.36	0.2	原车辆厂家属楼院			
11	恒源集中供热公司		6		20.7	6		15000	79	(110000)
	A区域供热站	20	1	2009	20.7	2.4	市人事局、北城巷、江夏小区一带			(40000)
		10	2	2002						
	D区域供热站	20	3	2010	40	3.6	西河桥、正龙路、永定路一带			(70000)

第四节　公益场所建设

学　校

80年代，建设定西电大、体校、东方红中学的办公楼和教学楼。90年代，建设大城小学教学楼、县幼儿园综合楼、电大实验楼、北关小学和地区幼儿园教学楼。21世纪初，建设公园路中学、中华路中学和中华路小学综合楼，教育学院、定西中学和东关小学教学楼，东方红中学和职业中学实验楼，青少年校外活动中心楼等。

安定城区学校建设一览表

表 13-1-4

时间	建筑名称	结　构	建筑面积(平方米)	造价(万元)	建设施工单位
1986	电大教学办公楼	3 层砖混结构	1526	20	定西县联建 8 队
1988	定西体校教学楼	5 层砖混结构	1850	35	临洮第二建筑公司
1989	东方红中学教学楼	5 层砖混结构	3800	85	定西地区建筑公司
1991	永定路小学教学楼、办公楼		1604		
1993	定西县幼儿园综合楼	6 层半框架结构	1964	83	
1995	香港邵逸夫先生援建大城小学教学楼	4 层砖混结构	2188	101	定西县三建公司
1996	定西电大实验楼	4 层砖混结构	828	37	
1997	香港邵逸夫先生援建北关小学教学楼	4 层砖混结构	2129	109	
1997	定西地区卫校科技服务中心大楼	6 层砖混结构	2862	147	
1998	定西地区幼儿园教学楼	5 层砖混结构	1455	87	
2000	中华路中学综合楼	7 层砖混结构	2634	130	
2000	定西体校综合楼	7 层砖混结构	3500	190	
2001	公园路中学教学楼	4 层框架结构	5930	600	定西县二建公司
2001	定西县青少年学生校外活动中心综合楼		2056	268	
2002	中华路小学综合楼	6 层砖混结构	3810	220	
2002	定西教育学院教学楼	5 层框架结构	9562	700	
2003	定西中学综合教学楼	6 层框架结构	6000	480	
2003	东方红中学教学实验楼	5 层框架结构	10434	987	远东建筑公司
2003	东关小学教学楼	4 层砖混结构	4021	233	
2003	交通路中学		5100		
2004	职业中学实验综合楼	5 层框架结构	4065	400	
2005	东方红中学教学实验综合楼	6 层框架结构	10310	1019	远东建筑公司
2007	职业中专综合楼	5 层框架结构	4000	400	安定区三建公司
2007	中华路小学教学楼(整体搬迁)	4 层框架结构	5940	861	甘肃华辰建筑公司
2008	大城小学教学楼	框架 4 层局部 5 层	3776	500	定西市广厦建筑公司
2008	中华路中学教学楼	5 层框架结构	5950	863	甘肃华辰建筑公司

续表13-1-4

时间	建筑名称	结构	建筑面积(平方米)	造价(万元)	建设施工单位
2008	英才高级中学学生公寓	6层框架结构	5527	536	正立建筑集团公司
	西关小学教学楼		4351	392	
	永新特教学校			117	
2009	安定区福台小学教学楼	4层框架结构	3540	652	甘肃海旺建筑公司
2009	市幼儿园教学楼和多功能活动室	5层框架结构	6050	914	正立建筑集团公司
2009	东方红中学学生宿舍楼	6层框架结构	6400	960	远东建筑公司
2009	中华路中学学生宿舍及食堂	6层框架结构	5555	800	甘肃华辰建筑公司
2009	甘肃广播电视大学定西市分校学生宿舍楼和综合服务楼	宿舍楼6层框架结构，综合服务楼3层框架结构	12823	1955	甘肃静宁建筑集团公司
2010	东方红中学学生餐饮楼	3层框架结构	4644	885	远东建筑公司
2010	职业中专学生宿舍楼	5层框架结构	6900	1040	安定区三建公司
2010	定西一中综合实验楼	4层框架结构	12062	2659	正立建筑集团公司
2010	英才高级中学实验楼	5层框架结构	7281	776	正立建筑集团公司

八九十年代,建筑基本上是砖混结构。1980年代造价每平方米平均131~224元。1990年代造价从每平方米373元增至446元,又增至597元。21世纪初始建设的楼房中,部分砖混结构,平均每平方米造价494~579元;部分框架结构,平均每平方米造价732~1045元。

1995—2009年,安定区(定西县)校舍建设资金来源可分十个方面。

世界银行贷款第三个贫困地区基础教育发展项目(简称"贫三"项目,以下同),属世界银行贷款(不付息,付手续费、承诺费),期限1996年4月—2001年4月。贷款102万美元(折合人民币846万元),内配资金880万元,总投入1700多万元(包括土建成本885万元)。新建校舍2.55万平方米。内官营中心小学教学楼等20所"贫三"项目学校按期完成建设任务,建筑面积2.44万平方米。

教育扶贫工程("义教工程"项目),18所学校,建筑面积2.1万平方米,投资944万元。

基本消除农村中小学严重危房项目("危改"项目),分两期改造11所学校,完成建筑面积 1.23 万平方米,投资 987 万元,消除危房面积 1 万平方米。

高中扩招与农村初中校舍改造项目,包括东方红中学教学实验综合楼、职业中专综合楼在内,建筑面积 2.54 万平方米,投资 2180 万元。

转移支付项目,投资 1718 万元,为 114 所学校所用,建筑面积 3.58 万平方米。

校舍维修改造项目,17 所学校享用 1129 万元,建筑面积 1.58 万平方米。

5.12 汶川特大地震灾后维修重建项目,为东方红中学、理工中专等 25 所学校所用,建筑面积 6.35 万平方米,投入 8853 万元。另 13 所小学建筑面积 3487 平方米,投资 430 万元。

农村初中项目,17 所学校校舍改造,建筑面积 2 万平方米,投资 2309 万元。

校安工程项目, 规划改造学校 325 所, 改造面积 41.53 万平方米, 总投资 49435 万元。2010 年,13 所学校动工改造, 建筑面积 2.33 万平方米, 规划投资 3638 万元,已建成 3 所。

援助项目,多方奔走,争取单位及个人援助资金 1814 万元,援建学校 71 所,建筑面积 4.41 万平方米,极大改善了办学条件。

学校重点建设项目

定西中学　创建于民国三十年(1941 年),甘肃省重点中学。1995 年占地面积 122866 平方米,是甘肃省校园面积最大的学校之一,建筑面积 24260 平方米,其中教室 4515 平方米、办公室 2130 平方米。1986 年,投资 40 万元建成两幢建筑面积 2000 平方米的教学楼。1993 年, 投资 62 万元建成建筑面积 1560 平方米的教学楼。 2003 年 12 月,更名为定西市第一中学。2004 年,甘肃省教育厅命名定西市第一中学为甘肃省示范性普通高中。校舍建筑面积

定西中学

增至 5.8 万平方米,先后建成实验楼、教学楼、办公楼、学生公寓楼、信息网络中心、计算机教室、电子阅览室、声乐室、舞蹈室等。校园分为教学区、运动区、生活区和园林区。校园绿化面积 2 万余平方米,体育场地 12500 平方米,建成有 400 米塑

胶跑道的田径场和草坪足球场,硬化篮球场12个、排球场6个、羽毛球场8个、乒乓球场30个。2010年,由中国建筑上海设计有限公司设计,投资2600余万元的2号教学楼(灾后重建项目)开始兴建,投资2000万元、建筑面积12062平方米的3号教学楼也已动工。

东方红中学　始建于1955年,定西市重点中学。1990年,投资155万元修建水电暖齐全的5层教学楼,建筑面积3800平方米。平房教室24间,教师办公室和宿舍、学生宿舍90间,建筑面积6300平方米。操场18000平方米。2004年,高初中分离,成为独立高中。2005年,被命名为市级示范性高中。先后投入资金5000多万元,完成教学实验综合楼、北教学楼、学生宿舍楼、餐饮楼、体育馆、多媒体教室、标准化操场等校园基础工程建设。2010年,建成全市

东方红中学

一流的图书馆和阅览室。现占地5.33万平方米,校舍建筑面积3.18万平方米。

定西师范高等专科学校　前身是定西教育学院,1979年8月创办,占地面积10.67万平方米,建筑面积16239平方米。1987—1989年,投资61万元建教学实验楼,建筑面积3558平方米;体育场地6640平方米;附属初中占地7000平方米,建筑面积5200平方米。2003年,改建为定西师范高等专科学校,占地面积23.84万平方米,校舍建筑面积11.68万平方米,固定资产1.4亿余元。拥有5个实验室、9个微机室、1个接口技术实验室、21套多媒

定西师范高等专科学校

体投影教学系统、3套语音教学系统、2套现代远程双向网络教育系统。

甘肃电大定西分校　创建于1979年2月,是一所以成人高等专科学历教育

为主的远距离教育大
学。占地面积 8000 平方
米，建筑面积 3033 平方
米。1987 年投资 37 万元
建成 3 层单面教学楼，
建筑面积 1953 平方米。
2007 年，选址于新城区
的电大新校区开始动工
兴建。

甘肃电大定西分校

　　大城小学　创建于
民国二年（1913 年）。
1984 年，建教学楼，建筑
面积 1320 平方米，投资 19.8 万元。1990 年，投资 14.6 万元建教师住宅楼，建筑面积

大城小学

866 平方米。1994 年，建井桩砖
混结构 5 层单面"逸夫教学
楼"，香港邵氏影视集团公司董
事长邵逸夫先生捐款 50 万元，
总投资 106 万元，建筑面积
2188 平方米。2008 年，投资
500 万元，建成框架结构的
（4～5 层）教学楼，建筑面积
3776 平方米。

　　定西县幼儿园　始建
于 1952 年，占地 2167 平方
米。1984 年，投资 60 万元，建
成建筑面积 3721 平方米的
教学楼。1992 年，投资 32 万
元，建成建筑面积 422 平方
米的苗苗乐园（小礼堂）。
1993 年，建起 6 层半框架结

定西县幼儿园

构的综合楼,建筑面积 1964 平方米,造价82.9 万元。1995 年,投资 11 万元建起 2 层幼儿活动长廊。

定西地区幼儿园　建于1980 年,占地面积 6600 平方米,建筑面积 2681 平方米。1981 年,投资 30 万元建成单面教学楼,建筑面积 1300 平方米。1998 年,建设 5 层教学楼。2009 年,建教学楼和多功能活动室,建筑面积 6050 平方米,5 层框架结构,投资 914 万元。

定西地区幼儿园

定西理工中等专业学校原名定西职业中等专业学校,建于 1985 年。1995 年,占地面积 1.73 万平方米,建筑面积 5008 平方米。1986 年,投资 20 万元建成 3 层砖混结构教学楼,建筑面积 900 平方米。1987 年,投资 37 万元建成 3 层砖混结构教学楼,建筑面积 1789 平方米。2004 年,建设 5 层实验综合楼。2007 年,建 5 层框架综合楼,建筑面积 4000 平方米,投资 400 万元。2010 年,建 5 层框架结构学生宿舍

定西理工中等专业学校

楼,建筑面积 6900 平方米,投资 1040 万元。

中华路中学　1978 年 8 月,建成独立初中。2005 年,改为普通完全中学。1988—2010 年,先后建设东教学楼、电教楼、实验综合楼、南教学楼、学生宿舍楼(包括餐厅),学校占地面积 1.6 万平方米,建筑面

中华路中学

积 1.85 万平方米。

公园路中学　位于西岩山下,始建于 2002 年,初级中学。2002 年,一期工程完成投入使用, 共筹措资金 550 万元,建筑面积 5930 平方米。2007 年 4 月,投资 80 万元续建教学楼。2009 年初, 建成占地 9500 平方米的操场;同年,集行政、教科研、多媒体等为一体的综合大楼正式立项,建 5 层框架双面楼,建筑面积 540 平方米,其中教室 42 个,办公室 35 间,阶梯教室 1 个,投资近 810 万元。学校占地面积 2.61 万平方米, 建筑面积 6664 平方米。

公园路中学

英才高级中学　位于民主路中段南侧,占地面积 3.33 万平方米, 建筑面积 3 万余平方米,总投资 3288 万元。建成教学楼、多功能图书馆、综合试验楼、学生公寓楼、餐饮中心等,建有 300 米全塑胶环形跑道的操场,绿化面积 1000 余平方米。是定西市规模最大的民办全日制独立高级中学。

英才高级中学

福台小学　位于新城区,2009 年开工建设,建一栋框架结构(4 层)的教学楼,建筑面积 3540 平方米,预算投资 652 万元。

福台小学

医 院

1986—2009 年,安定区(定西县)为改善医疗卫生服务条件,筹措和整合资金7100 万元,改建、扩建、新建医疗用房66681 平方米。2001 年,建成 7550 平方米的门诊、儿科住院综合楼,投资 614 万元。2005 年 8 月,占地 1.33 万平方米,建筑面积 5574 平方米的新址门诊综合大楼开工建设, 第一期工程投资 600 万元。2006年将安定区第一人民医院更名为定西市第二人民医院。2008 年,征用市法院搬迁后的地址,开工新建住院大楼,建筑面积 1.54 万平方米,11 层框剪结构,总投资2300 万元,2010 年底竣工,病床从 253 张增至 500 余张。医院占地面积由原 7577平方米增至 9765 平方米。

2006 年 11 月,安定区中医院更名为定西市中医院。2008 年 11 月,中医院整体搬迁至民主路新址。

2008 年,项目到位资金共计 1380 万元,定西市儿童福利院宿舍和康复楼开工建设,5 层框架结构,建筑面积 5757 平方米,预算投资 796 万元。

2010 年,在新城区开工建设市第一人民医院新院区,占地面积 3.7 万平方米,建筑面积 6.8 万平方米,其中业务用房 3.3 万平方米。总投资 1.46 亿元。

1986—2004 年安定区(定西县)医疗卫生系统基础设施建设情况统计表

表 13-1-5

年份	医院建筑名称	建筑面积(平方米)	投资或造价(万元)
1986	定西县妇幼保健站业务办公楼	2851	50
1986	地区卫生学校实验楼	3600	109
1986	定西县医院临时门诊楼	1482	25
1987	地区医院住院楼	6700	138
1987	定西县中医院门诊楼	2194	39.70
1988	定西县计划生育指导站综合楼	1661	33.80
1990	定西县医院综合楼	1217	27.40
2010	住院楼	15420	2310
1994	定西县第二人民医院门诊综合楼	1884	88
2000	住院部	1393	78

续表 13-1-5

年份	医院建筑名称	建筑面积 （平方米）	投资或造价 （万元）
1995	定西县医院综合楼	2100	80
1995	地区妇幼保健站门诊住院部楼	2138	100
1996	定西县计划生育服务站综合楼	2035	100
1997	地区卫校科技服务中心大楼	2862	147
1998	定西县医院门诊大楼	7833	525
1999	定西卫校教学楼	4000	293
2000	定西县卫生防疫站综合楼、办公楼	2802、1680	155
2003	综合楼	1244	
2003	地区疾控中心业务楼	2700	352
2008	定西市中医院新门诊楼	5574	1381
2004	定西卫校图书馆	8186	560
2007~2009	安定区乡镇卫生院	9000	1270

文　化

1979 年，投资 25 万元建成定西地区群众艺术馆，建筑面积 1100 平方米，2008 年又重新修建。

定西县文化馆位于文化路南端对面，前身是民众教育馆（建于 1926 年）。1988 年，筹建文化中心大楼，7 层框架结构，建筑面积 4776 平方米，造价 698 万元，地县投资 159 万元，1993 年 6 月竣工交付使用，文化馆使用面积 2333 平方米。

定西电影院位于中华路中段西侧，建于 1958 年，土木结构，座位 700 个。1965 年，扩建为砖木结构，建筑面积 1532 平方米，座位 1024 个。2003 年，改为定西市人民政府礼堂。

人民剧院位于解放桥西头南侧，建于 1950 年。1965 年，扩建为砖木结构，400 个

定西市人民政府礼堂

座位。1966年改扩建,建筑面积1500平方米,座位930个,演出戏剧,放映电影。1993年,投资180万元改建,建筑面积2100平方米,座位800个。

岳家山转播台

地区新华书店位于中华路中段西侧,1982年,新华书店营业楼重新修建,共投资20万元,3层砖混结构,建筑面积1347平方米。2000年,建办公楼,5层砖混结构,建筑面积930平方米,造价55万元。

1985年,投资120万元修建地区工人俱乐部,3层砖混结构,建筑面积2780平方米。

1986年,地区电视调频转播台建成,为城区近郊海拔最高的建筑物,投资50万元,占地面积3128平方米,建筑面积945平方米,建铁塔两座。地区广播转播台1989年建成,投资85万元,占地面积9000平方米。定西地区广播电视大楼,1996年9月竣工,9层框架结构,建筑面积3741平方米,总投资310万元。定西电视台设在地区广播电视大楼内,投资31万元。

定西县档案馆1988年建起办公楼,建筑面积969平方米。2008年,在民主路选址开始建设,占地面积5430平方米,投资726万元,主楼4层,建筑面积2886平方米,库房面积1100平方米。2010年7月,整体搬迁。

2002年,建设陇中书画院展览馆,2层砖混结构,建筑面积762平方米,造价55万元。

车　站

定西汽车站　始建于民国二十七年(1938年),1957年扩建,1964年改建。1983年,投资110万元再次改建,

陇中画院

定西地区汽车站 摄于1980年代

定西汽车站 摄于2010年

于 1985 年建成较为先进的甘肃省二级车站。甘肃省勘测设计院设计，定西地区建筑公司第三建筑队施工。建筑面积 9394 平方米，其中候车楼 3872 平方米，主体建筑造型新颖，美观大方。混凝土地面停车场 5000 多平方米，同时可容纳 100 辆客货汽车。2010 年，原址改建的新的汽车客运站投入使用，7 层框架结构，总投资 1300 万元，建筑面积 9900 平方米。一层候车室设施新颖，布置美观。

汽车北站

汽车北站 位于火车站东南侧，2000 年，定西县运输公司修建的公用型汽车站，造价 567 万元。

定西火车站 始建于 1951 年年底，三等车站，为帆布帐篷候车室。1958 年，改为大屋顶候车室，面积 175 平方米。1989 年，建成 1054 平方米的砖混结构候车室。轨道由最初的三股道增至 1995 年的七股通，长度由 500 米延长到 1000 米。站台两个，长度由 200 米延长到 500 米。2002 年站舍全面改造，2004 年

定西火车站 摄于1980年代

定西火车站 摄于2010年

初投入使用,建筑面积5136平方米,投资1000万元。新候车大厅宽敞明亮,座椅舒适,内部设施齐全,各种标牌醒目。

办公楼

1986—2000年建设的22栋办公楼中,砖混结构19栋,框架结构3栋;2001—2003年建设的7栋中,框架结构5栋。

1986—2003年安定区(定西县)办公楼建设情况统计表

表13-1-6

时间	建筑名称	结 构	建筑面积(平方米)	造 价(万元)
1986	定西地区农业银行	5层砖混	3229	65
1986	定西县税务局	5层砖混	2300	30
1988	定西地区人民银行营业楼	7层框架	3741	94
1991	定西地区电力局营业楼	8层框架	2195	68
1991	定西保险支公司办公楼	6层砖混	2050	57
1992	地区汽车运输公司办公楼	5层砖混、1层框架	3255	98
1994	定西地区工商银行	12层框架	5300	510
1997	定西地区农业发展银行	6层砖混结构	4488	250
1997	定西县工商局综合楼	7层砖混结构	5228	260
1997	定西地区人才服务中心培训楼	6层砖混结构	1315	80
1997	定西地区邮电局邮件处理中心楼	9层砖混结构	6300	680
1997	定西地区邮电局综合楼	6层砖混结构	9151	667
1998	定西地区医药公司综合楼	6层砖混结构	3400	243
1998	定西县农村信用合作联社综合楼	6层砖混结构	3300	260
1998	定西县县乡公路管理站综合楼	7层砖混结构	4272	223
1999	定西地委、行署办公楼	7层砖混结构	5669	400
1999	定西地区农发行综合营业楼	6层砖混结构	3068	234
1999	定西地区民政社会福利中心	6层砖混结构	2772	144
2000	定西电信局综合楼	7层砖混结构	3600	290
2000	定西县畜牧局综合楼	6层砖混结构	2476	120

续表 13-1-6

时间	建筑名称	结　构	建筑面积（平方米）	造价（万元）
2000	定西地委党校综合楼	7 层砖混结构	3529	170
2000	定西地区体育处综合楼	6 层砖混结构	3908	190
2001	定西县政府统办楼	9 层框架结构	17480	990
2001	定西地区农业处综合楼	6 层砖混结构	4572	348
2001	定西地区交警支队	6 层框架结构	5000	400
2003	定西地区财政处综合楼	7 层框架结构	2009	185
2003	定西地区建筑管理总站综合楼	6 层砖混结构	4487	325
2003	定西地区邮政综合楼	8 层框架结构	6800	750
2003	定西地区中级人民法院审判楼	5 层框架结构	7240	1000

第五节　商业服务建设

1983 年,定西县第一栋综合性百货大楼兴建,1984 年 5 月投入使用。之后,商业服务设施快速发展。90 年代,金阳酒店、金谷宾馆、西关市场等商业、饮食服务业建筑应运而生。21 世纪初,建起家具市场、友谊商城、马铃薯综合交易中心。

宾馆餐馆

定西宾馆位于中华路中段西侧,1979 年 9 月开业,时名定西饭店二部、定西行署招待所。占地面积 8135 平方米,建筑面积 2680 平方米。西锦大酒店位于汽车北站隔壁,楼房 9 层,占地面积 1200 平方米,建筑面积 6813 平方米。肖老四在大什字有餐饮楼 5 层,2008 年 7 月又以 460 万元购买民主街金荣房产公司的二楼,主营火锅,营业面积 1500 平方米。京跃华大酒店前身称京跃华肥牛城,租用原敬东厂厂房经营。2009 年 3 月扩大规模,以 1070 万元购买整座楼房(6 层)产权,营业面积 7200 平方米,是城区面积最大的餐饮店,用工 280 人。

西源粮库

西源粮库位于火车站北面, 始建于 1956 年 6 月, 由甘肃省粮食局投资 79.7万元建设,建筑面积 1.07 万平方米,容量 2.5 万吨。1967 年,投资 16.4 万元建成

725 米长的铁路专用线。1982 年，投资 43.7 万元建成半地下式钢梁框架油库。1986 年，投资 76 万元扩建砖混结构房式仓库 6 座，建筑面积 4900 平方米。1991 年，投资 116 万元改造专线，建设站台、粮棚。先后投资 107 万元建设和改善办公场所，建筑面积 2000 平方米。1993 年，投资 27 万元建设砖混结构招待所，建筑面积 1800 平方米。

景家店粮库

1965 年建成，占地面积 10 万平方米。初期投资 309 万元。1965—1976 年，建成砖木结构苏式仓库 14 幢，建筑面积 2344 平方米，并建成长 906 米的铁路专用线。1979 年，投资 251 万元建成砖木结构立筒库，建筑面积 877 平方米。1991 年，省粮食局投资 68 万元扩建 18 米跨度的砖混结构高架房式仓 2 座，建筑面积 1800 平方米。1992 年，投资 62 万元改造铁路专用线，修建站台 1 万平方米。1995 年，粮库自筹资金 440 万元，在城区永定路建起粮食大厦，经营餐饮、住宿、商贸。

巉口国家粮食储备库

位于凤翔镇北二十里铺，地处新城区与巉口镇接壤处，2001 年 4 月开工建设。占地 6.72 万平方米，投资 1450 万元，建筑面积 8788 平方米。2007 年，自筹 786 万元，扩建平房仓 4 栋 6552 平方米，仓容量 25000 吨，其他辅助设施 2236 平方米。

巉口国家粮食储备库

1984—2007 年安定区（定西县）商业服务建设情况统计表

表 13-1-7

时间	建筑名称	结构及说明	建筑面积（平方米）	营业面积（平方米）	造价（万元）
1984	定西百货楼	4 层框架结构	4800	3900	152
1986	永定集贸市场	砖混结构平房	3786	占地面积 8700	58
1986	城关供销大楼	5 层砖混结构	2930		58
1986	定西地委招待所	4 层砖混结构	3200		96

续表 13-1-7

时间	建筑名称	结构及说明	建筑面积（平方米）	营业面积（平方米）	造　价（万元）
1988	陇中贸易大厦	7 层砖混结构	5270	4670	
1990 年代	金阳酒店	原陇达宾馆，2005 年更名	3250		
1994	定县饮食服务公司营业楼	4 层砖混结构	1360		48
1995	地区外贸公司综合楼	6 层砖混结构	3000		100
1995	金谷宾馆		3600		267
1996	西关市场	营业室 258 间	19255	占地面积 15000	1200
1996	定西县工商大厦	6 层砖混结构	7214		441
1997	定西县食品公司综合楼	6 层砖混结构	2868		220
1998	大什字市场	2 层砖混结构	1020		57
1999	粮食宾馆	5 层砖混结构	542		33
2000	东关市场		28000	占地面积 30 亩	1500
2000	地区物资公司建材市场	5 层砖混结构	3806		180
2001	家具市场		3500	占地面积 2000	
2004	兴百有限公司综合楼	6 层砖混结构	5500		330
2006	欣大宾馆		3000		
2007	火车站建材市场	建房 106 间		占地面积 10000	180
2007	定西马铃薯综合交易中心	硬化场地 8600 平方米	一期工程建筑面积 56600	占地面积 158 亩	6836
2007	友谊商城	负一楼 8000 平方米由万家和超市经营		3200	
2007	长乐文化超市	共四层	4310		

第六节　住宅建设

1995年,定西县城区占地总面积7.35平方千米,总人口7.8万人。省、地、县机关单位463个,居民委员会9个,行政村3个(农户1331户)。共有房屋221.46万平方米,其中平房68.60万平方米,楼房510幢,建筑面积103万平方米。住宅房屋53.08万平方米,占房屋总面积的24%;商业服务用房19.92万平方米,占房屋总面积的9%;工业交通办公用房45.28万平方米,占房屋总面积的20%;教育、医疗、卫生、科研用房19.08万平方米,占房屋总面积的9%;公益办公用房48.68万平方米,占房屋总面积的22%;其他用房15.18万平方米,占房屋总面积的7%。定西城区人均居住面积8.8平方米。

公房建设

1990年代,定西地区房产公司负责地直行政事业单位职工统建统配房屋的管理,定西县房产公司负责县级行政事业单位职工统建统配房屋的管理。1995年底,地直有平房4840平方米,楼房占地46019平方米,人均居住面积6.25平方米。定西县1958—1984年私房变公房2654平方米,政府投资98.7万元统建房屋1130间26545平方米,分配住户679户。1983年以前,基本上都是土木、砖木结构平房,按间分配。单位职工住房一般由本单位分配。1989年,定西县房屋产权登记发证4245户,其中公产491户,私产3475户,县房产直管公房279户,直管公房面积149万平方米。1979—1981年,定西县城建局修建3幢3层砖混结构无暖住宅楼,建筑面积3264平方米,投资44万元,居住67户。1984年,地区房产公司修建4幢4层、2幢5层砖混结构无暖住宅楼,建筑面积15000平方米,投资270万元,居住300户;城区共有直管公房22339平方米,其中住宅17506平方米,居住543户。土木结构的16010平方米,占总面积的80%;砖木结构的3076平方米,占总面积的15%;砖混结构的占5%。1994年末,县房产公司直管公房39977平方米,其中住宅39625平方米,安排职工、居民425户。1995年,定西城区住宅房屋总面积114.66万平方米,其中住宅38.73万平方米,私人住宅11.36万平方米。地、县房产公司公房分别为5.1万平方米、3.6万平方米;砖混结构6.79万平方米,砖木结构1.96万平方米。集体单位等建筑面积18.74万平方米,其中住宅2.16万平方米。

私房建设

1987年,县房产公司在南山根征用4.61万平方米空闲地,有偿划分给私人建房,每户130平方米（长13米,宽10米）。共修建小院落225座,建筑面积共13110平方米。其中2层砖混结构80户,建筑面积6000平方米;2层砖木结构1户110平方米;砖木结构平房60户,建筑面积3000平方米;砖混结构平房84户,建筑面积4000平方米。1994年,进行大规模旧城改造和道路建设,原东大街两边旧房全部拆除重新改建,规划底层全部为铺面房,形成第二个私房建设高潮。建筑物4~6层,均为砖混结构或底框架结构,室内装修及室外装潢考究,多为彩色釉面砖贴面,茶色或宝石蓝玻璃封闭阳台。计有6层楼3幢,占地750平方米;5层楼5幢,占地1300平方米;4层楼9幢,占地2250平方米。有些自己居住兼经营,有些完全出售,有些一二楼出租。1995—2010年,友谊村、永定村、东河村、福台村等城中村沿街及小巷掀起私人建房热潮,有职工盖的,有居民盖的,有村民盖的。业主富余房屋多数出租,房屋租赁市场行情看好。2003—2005年,旧城改造拆迁户较多,安定区在西川征用土地20万平方米,安置290多户。按照"新村规划现代化,基础设施城市化"的设计理念,投入1000余万元进行基础设施建设;每户无偿划拨宅基地200平方米,统一规划,各自建设,户均建筑用地面积110平方米,建筑风格各具特色。

商品房建设

1986年,定西县房产公司在北城巷兴建商品住宅楼5幢208套,总建筑面积15609平方米。单位购买195套,个人购买7套。1986—1995年,城区成立9家房地产开发公司,开发建设商品住宅29幢,建筑面积12.26万平方米,总投资1158万元,住户5765户。十年中,县房产公司继开发北城巷商品房之后,又在南川停车场、安家坡、苗圃等地建设砖混结构商品住宅楼,总计539套,建筑面积4.19万平方米,总投资1301万元;在自由街、东大街、东门口建设半框架结构商业综合楼,建筑面积7900平方米,总投资110万元。地区建设银行开发公司在定西饭店开发砖混结构商品住宅楼6.10万平方米,总投资2100万元。1993年,定西县商业局在东门口商业家属院建起6层砖混结构住宅楼4幢,建筑面积1.60万平方米,共计住房222套。以成本价安排商业职工84套,小套2.2万元,中套2.6万元,大套3万元左右;以市场价出售138套,基准价460元/平方米,分一六层、二五层、三四层三个档次,差价千元左右。同时,建设县五金公司中华路门市部半框架结构综合楼。两项合计建筑面积1.8万平方米,总投资900万元。1994年以后,定西城区居民住房全部进入商品化轨道。1996—1999 年,行政事业单位职工集资建房出现高潮,建设单位 100 多家,建筑面积 36.08 万平方米,投资 2.05 亿元。2000—2004年,96 家单位职工集资建房,建筑面积 54.36 万平方米,投资 3.08 亿元。2001—2005 年,广厦建筑公司、安陇房地产公司、天翔房地产开发公司、兴隆房地产公司、江夏房地产公司等开发建设商品楼 11.66 万平方米,投资 7637 万元。

住房制度改革

1993 年 1 月,定西县人民政府印发《定西县住房制度改革实施细则》,主要内容为提高住房租金、出售公有住房、推行公积金制度、筹资建住房、新房新制度等。1995 年,城区标准价购房 3144 户,回收资金 28.3 万元。其中地直单位 2057 户,建筑面积 16450 平方米;县直单位 1087 户,建筑面积 86960 平方米。县上成立住房资金管理中心,建立城镇单位、个人住房公积金制度。

第七节　重要建筑

专署礼堂

50 年代初建设,位于解放路西段,坐北朝南,门厅上端制有"礼堂"二字,可容纳七八百人听报告。70 年代后,作为国有敬东机器厂的仓库。2003 年拆除,旧址建设为商品房小区。

定西电影院

1958 年建设,土木结构。1965 年,改建为砖木结构,座位由 700 个增至 1024个。以放映电影为主, 同时也是定西地县两级重大活动的场所。历经多次改造,2003 年年末,改建为定西市人民政府礼堂。

定西饭店

1957 年开业,位于解放桥东,系 1990 年代以前定西地区规模最大的旅店,占地面积 13266 平方米。客房分东院、西院、中院三部分。西院一般安排贵宾。中院南端建二层小楼,木地板会议室。前院设饭厅。后拆除,开发建设为文祥家园。

定西宾馆

1976年筹建的定西饭店二部，占地面积8135平方米，四层楼房，建筑面积2680平方米。1982年改称为定西行署招待所，2000年更名为行署宾馆，2003年地改市后更名为定西宾馆。系市委(地委)、市政府(行署)接待服务单位，先后接待过十几位党和国家领导人。

定西宾馆

定西百货楼

1983年在原百货公司第一门市部（俗称大门市部）旧址兴建，1984年5月投入使用。定西地区建筑公司承建，是定西地区第一栋框架结构建筑，定西县第一栋综合性商厦。4层框架结构，建筑面积4800平方米，营业面积3900平方米，投资152万元。

定西百货楼

定西县文化中心大楼

1988年建设，7层框架结构，各层阶梯式设计，建筑面积4776平方米，造价698万元。大楼内设图书馆、文化馆、博物馆等单位。

定西县文化中心大楼

定西地区工商银行大楼

1994 年,在县图书馆、陇春旅馆(浴池)旧址建起。位于大什字东北角,12 层框架结构,建筑面积5300 平方米, 造价 510 万元,定西地区建筑公司承建。门厅台阶上竖立 5 根直径一米左右的圆柱, 楼顶自鸣钟定点报时, 楼体正面设计古钱币装饰。为当时定西城区楼层最高的建筑物。

定西地区工商银行

定西市广播电视大楼

位于永定路、小北街交界处,9 层框架结构, 建筑面积3275 平方米, 造价 200 万元,1995 年建成使用。

定西市广播电视大楼

安定区人民政府统办楼

位于西岩山下,2001 年开工建设,2004 年 3 月正式迁入办公。9 层框架结构, 建筑面积17480 平方米,占地面积 2040 平方米,坐北朝南,造价 990 万元。红瓦屋顶,粉红墙面,咖啡色门楣装饰。楼长 120 米,宽 17 米,高 36 米。设电梯 2 部,房屋 630间, 小会议室 13 个,9 楼大会议室设 180 个座席。区委、区人大、区政府、区政协、区纪检委及区

安定区人民政府统办大楼

直 33 个单位在此办公。兰州铁道设计院设计,甘肃正立建筑工程公司施工。楼前广场面积 3 万平方米,绿化 2 万平方米,门前设信访室和值班室。

中国人民银行定西市中心支行

位于西岩山下西环路(2010年更名西岩路)南段。2003年3月中国人民银行总行立项批复,2005年8月开工建设,2008年6月正式搬入使用。占地面积8987平方米,建筑面积7912平方米,投资总额2747万元。二类高层建筑,二类防火等级(发行库防火一级),抗震设防烈度7度,全现浇钢筋混凝土框架剪力墙结构。合理使用年限50年,外观造型为欧式建筑风格。甘肃省建筑设计研究院设计,临洮县建筑工程总公司直属公司施工,甘肃省方圆工程监理有限责任公司监理。设计充分考虑票据交换中心、电子计算机中心、营业室、档案室等方面的功能,突出发行库、钞票处理、监控及警务用房等功能,兼顾政策性、特殊性、保密性、科学性和超前性原则。

中国人民银行定西市中心支行

第八节　企业简介

自来水公司

1965年,定西专署办公室领导的水塔办公室,有职工5人。1974年,成立城区供水站(地区革委会办公室所辖)。1976年4月,移交定西县城市建设局。1981年1月,定西县革命委员会决定成立定西县供水公司。1984年3月,更名为自来水公司。1986年10月,公司设生产计划、营管、财务、行政等四股和管道安装工程队、配水厂。1993年,营管股改为营管所,增设机修车间和劳动服务社。2001年,设内官营水厂、污水处理厂。2002年9月,设立自来水公司排水分公司。2003年3月,设立自来水公司巉口分公司。2005年,安定区自来水公司整体上划市上管理,更名为定西市自来水公司。

1965年,公共供水站2个,1976年13个,1984年24个,1991年30个,1995年22个。1983年,开始办理自来水入户业务。1985年,开展对外修表校表业务。

2005年,销售收入832万元,纳税69万元,收取污水处理费104万元,上交水资源费15.5万元。2006年,销售收入1260万元,其中水费收入890万元,工程安装收入370万元;纳税78.1万元,售水量340万吨,漏失率8%。2007年底,公司业务扩展为自来水的生产与供应、排水设施的维护与管理、城市生活污水的收集与处理。拥有水厂2座,深井23眼,苦咸水淡化车间1座,污水处理厂1座,DN100以上输配水管线141千米,排水管线52千米,供水能力50000立方米/天,苦咸水淡化能力5000立方米/天,污水处理能力10000立方米/天。公司辖清源污水净化公司、排水分公司、巉口分公司、自来水工程公司等4个分公司。固定资产8519万元,日供水能力5万立方米。1997年5月,国家建设部授予精神文明建设先进单位荣誉。2000年9月,授予文明服务示范窗口单位荣誉。2003年9月,在西北供水行业首家通过ISO9001:2000质量管理体系认证。公司系甘肃城镇供排水协会副会长单位。

1965—2006年安定区(定西县)自来水供应统计表

表13-1-8

时间	集体用户	个体用户	装 表(块)	年供水量(万立方米)	水费收入(万元)	城区供水人口(万人)	用水普及率(%)
1965	50			5	1.70		
1975	97						
1976	108		138	28	7.63		70
1982	216		245	68	18.92		90
1991	362	384	773	188	59.73	5.20	94
1995	432	1582	2040	223	205.00	6.10	96
2004				331	862.00		99
2006	585	4235		340	890.00		99

房产公司(房地产开发经营公司)

70年代,公司地址在交通路中段(现城建局地址)。主要业务是公房分配、出租、修缮及租金收取。80年代,主要以城镇房屋的产权产籍管理、产权户籍登记发证工作为主。1986年,成立房地产开发经营公司,除承担原房产公司公房管理职能外,还负责城区商品房的开发建设与经营。1990年,成立房地产交易所,接受并办理、委托双方签订合同的房地产交易300余宗。1995年,开办房地产权证抵押贷款业务。1996年,成立县房地产管理局,与县城乡建设环境保护局合署办公。1997年,成立县房地产评估事务所。1998年10月,地、县房产公司启动开发定西县安居工程项目,2003年全面竣工,建成楼盘17栋,建筑面积7万平方米。2006年,公有房产登记发证3736件,建筑面积285万平方米,其中县城2576件,建筑面积270万平方米;私有房屋登记发证29604件,建筑面积374万平方米,其中县城24124件,建筑面积220万平方米;建有产权档案,为房地产利用提供资料,经统计核查,实有公房320套,建筑面积1万平方米。1990—2006年,房地产交易登记16281起,面积147.2万平方米,交易金额10.24亿元。

第二章　旧城改造

第一节　城中村改造

安定城区的城中村主要指友谊村、永定村、中川村、东河村、福台村和石家坪村,80年代,城市建设扩展,6个村靠近城区中心地带的面貌逐渐改变。21世纪初,城中村的改造和建设日新月异,友谊村的大城、南街、西河、气象台一带面貌大变,其次是永定村、中川村等地。2003年撤地设市、撤县设区以后,城市建设进一步加快。为了提升城市品位,改善投资环境和人居环境,完善城市服务功能,定西市、安定区党委、政府按照"合理布局、因地制宜、综合开发、配套建设"的原则,加大对城中村的改造力度,先后对北城巷、自由街、南大街、气象新村、西河桥头和甘河湾等6处城中村实施整体改造。改造面积68.2万平方米,拆迁1980户,拆迁面积36万平方米。规划新建总面积162万平方米,其中住宅147万平方米,可安置住房15000余户;开发建设商铺、公共服务用房15万平方米。建设休闲绿化广场5处,面积约5万平方米;配套新修、拓宽、改造城市道路8条4.5千米,总投资约23亿元。截至2010年末,完成投资近10亿元。

大城片

北城巷改名北城路,路南一片4万平方米的地方,建设友谊广场及商务中心。

大城旧城改造

南至安定区防疫站,西至友谊北路,东至文化路,是宋代定西城遗址,已有900多年的历史。1965年前,为定西县的行政中心。大城原有居民、村民360户,改造中拆迁建筑面积4万平方米。总投资2.5亿元,2009年10月完成。建筑面积16万平方米,其中高层住宅楼12万平方米,商业及公共服务用房 4 万平方米。此项目由甘肃兴隆房地产开发有限责任公司开发建设。

南大街片

改造项目东自中华路凤羽街，西接螺钉厂及外贸家属院，南临东方红中学、东关小学及市环保局，北至永定路。项目占地面积 16.47 万平方米，涉及拆迁户 650 户，拆迁建筑面积 8.8 万平方米。项目总投资约 4.38 亿元，规划设计建筑面积 30 万平方米，其中住宅 26 万平方米，商业及公共服务用房 4 万平方米。改造建成新的南大街，长 654 米、宽 30 米；改造建成新的正龙路，长 600 米、宽 30 米；新建商业步行街，长 253 米、宽 17 米。3 条道路投资 4425 万元。建休闲

南大街城中村改造

广场一处，面积 2750 平方米，计划 3 年全面完成。2009 年拆迁全部结束，启动建设住宅楼 32 栋 22 万平方米，已封顶 29 栋 19 万平方米（其中 7 栋 3 万平方米已交付使用）。此项目由定西欧康房地产开发有限责任公司开发建设。

气象新村片

改造项目东至西河桥，西至江夏名城和建宁小区，南至西河边，北至市气象局和中级人民法院。占地面积 23.98 万平方米，拆迁约 700 户，拆迁建筑面积 16.5 万平方米。总投资 6.5 亿元，预计项目建设 5 年。规划设计建筑面积 50 万平方米，建设住宅楼 58 栋、

气象新村城中村改造

4230 套、43 万平方米，商铺 490 间、7 万平方米。建筑长 330 米、宽 24 米的友谊北

路（包括友谊大桥）和长 660 米、宽 24 米的西河路等两条城市道路。配套建设 2150 平方米的幼儿园和 1.6 万平方米的休闲广场各一处。此项目由定西琏鑫房地产开发有限责任公司承建。

西河桥头片

改造项目东临西河桥及西河南侧，西临西岩路，南临安园物业小区，北临市质检站家属院。占地面积 3.22 万平方米，拆迁建筑面积 2.45 万平方米，拆迁户 95

西河桥头城中村改造

户。总投资 1.7 亿元，项目建设时间预期三年。规划设计建筑面积 8 万平方米，建设住宅楼 8 栋、782 套、7 万平方米，商铺 120 间 1 万平方米，建设长 100 米、宽 36 米的解放路西段和 4688 平方米的休闲广场。此项目由定西亨泰房地产开发有限责任公司承建。

甘河湾片

改造项目东至东河渠及新规划的中华路延伸段，西南至关川河，北至新规划的渭源街。占地面积 19.13 万平方米，拆迁户 158 户，拆迁建筑面积 2.7 万平方米。总投资 6 亿元，规划设计建筑面积 53 万平方米，其中住宅 42 万平方米，商业及

甘河湾城中村改造

公共服务用房 11 万平方米。配套建设 2 条城市道路、1 条景观带和 1 所幼儿园。渭源街长 370 米，宽 36 米；中华路长 343 米，宽 36 米；关川河景观带长 700 米、宽 15 米；幼儿园占地面积 2700 平方米。此项目由天水福门房地产开发公司定西分公司承建。

自由街片

改造项目东至交通路,西至工艺美术地毯厂,南临东河,北至煤炭公司住宅区。拆迁 64 户,拆迁建筑面积 9700 平方米。项目总占地面积 1.38 万平方米,总投资 3326 万元。同时改造自由街,260 米长度不变,宽由 10 米拓至 18 米,道路建设投资 265 万元。

自由街城中村改造

第二节　安置与补偿

按照国务院和省、市城市房屋拆迁管理的有关规定,在充分调研和科学论证的基础上, 结合安定区的实际情况, 研究制定了详细可行的拆迁补偿安置方案。对被拆迁人主要采取货币补偿、异地安置、产权调换三种方式安置,被拆迁人自愿选择其中一种。

货币补偿安置

按照定西市物价局、市建设委员会公布的定西市市区房屋价格,结合同地段、同期市场价,以房屋评估机构的评估结果为标准,由拆迁人与被拆迁人协商确定被拆迁建筑物及附属物货币补偿金额。在搬迁过渡期间,由拆迁人付给每户一定的搬家补助费和临时安置补助费, 由拆迁人提供周转过渡房的不付给临时安置补助费。

异地安置

由定西市国土资源局安定分局负责,在城市规划区域内预征拆迁集中安置用地。给被拆迁人按规定分配建房用地指标,每宅 196 平方米。被拆迁人在收到拆迁补偿款后,按城建规划部门统一规划设计要求和规定的期限,在异地安置区域内自行修建房屋。拆迁人在异地安置区域内修建一定数量符合国家质量安全标准的解困房,用于安置拆迁范围内特困户、五保户等无力自行修建房屋的被拆迁人。

修建解困房的费用从被拆迁人的拆迁补偿费中扣除,拆迁补偿款不够抵扣的,不足资金由拆迁人支付。

房屋产权调换安置

拆迁人在城中村改造片区内建设一定数量的安置用房用于产权调换,根据被拆迁人房屋结构等级、附属物与装修标准,房屋建筑面积实行产权比例调换。其调换比例,以评估确认的房屋面积大小、结构、等级为标准。被拆迁人应尽量按调换面积选择调换房屋户型、套数,被拆迁人实际调换建筑面积小于应调换面积部分,按评估确定的平均补偿价格以货币形式一次性补偿;被拆迁人实际调换建筑面积大于应调换面积部分,按同地段、同期市场价结算。住宅房屋拆迁面积按实际建筑面积计算,非住宅房屋拆迁面积按实际经营的建筑面积计算。被拆迁户调换面积不足50平方米的,提供本开发小区最小套住房。

自由街产权置换55户,货币安置1户,异地安置8户;南大街产权置换625户,货币补偿9户,异地安置无;西河桥头产权置换90户,异地安置1户,货币补偿4户;气象新村产权置换188户,货币补偿77户,异地安置16户。

甘河湾项目拆迁158户,本着补偿标准一致、前后补偿一致、同类型房屋补偿一致的原则,三种安置方式由拆迁户自主选择。52户货币补偿(按公告发布前同类地区房地产市场交易价格),一次性付给每户搬家补助费300元,临时安置补助费400元;91户产权置换,以评估确认的房屋面积、结构、等级为标准,进行房屋建设面积产权比例调换,共建264套安置房,产权置换总体比例1:0.95。

交通路向北延伸拆迁91户,赔偿金额1800余万元。就近安置89户,其中货币安置29户,异地安置33户,产权置换27户。

定临路过境段拆迁82户,补偿资金2100余万元,签订协议82户,其中货币安置10户,异地安置3户,产权置换69户。

第三章　房地产开发

第一节　定西企业开发建设

定西县国家级安居工程

1998 年 10 月—2003 年，由定西县房产公司开发建设，位于友谊北路与北城路交界点西侧。系定西县第一处新型住宅小区，占地面积 4.36 万平方米，建成住宅楼 17 栋，47 个单元，住房 550 套，建筑面积 7.8 万平方米。整个小区由西向东分为 3 块，4 种类型，均为 6 层住宅。

安居工程住宅小区

温馨家园

2002 年 6 月动工，由定西广厦房地产开发有限责任公司建设。总建筑面积 10 万平方米。园区绿树成荫，环境优雅，获甘肃省群体建筑工程"飞天奖"。

温馨家园

阳光家园

由定西广厦房地产开发有限责任公司建设,地址在民主路西段北侧。2007 年 6 月动工,2009 年 7 月竣工。占地面积 1.47 万平方米,总建筑面积 45460 平方米,包括阳光大厦、滨河 A 座、B 座,北区 1、2 号楼,南区 1、2、3 号楼。

阳光家园

新城佳苑

由定西广厦房地产开发有限责任公司建设,位于西岩山山麓,东北面临临洮路,西北面临渭源街,西南面靠岷阳路,东南面接天庆国际大酒店。占地面积 85912 平方米,总建筑面积 177697 平方米,其中地上建筑 164346 平方米,地下建筑 13351 平方米,住宅 26 栋,总面积 149935 平方米。其中多层住宅 13 栋,60897 平方米;小高层住宅 13 栋,89038 平方米。公共建筑面积 14411 平方米,其中商场 6553 平方米,会所 1456 平方米,幼儿园 1200 平方米。居住 1435 户,其中多层住宅 578 户,小高层住宅 857 户。容积率 1.91%,建筑密度 23.5%,绿地率 35.6%。地面机动车停车泊位 105 辆,地下机动车停车泊位 176 辆,地下非机动车停车泊位 1880 辆。依山就势、逐级提升的设计,环轴心点的结构和横向切片式的布置,是该台地建筑的特点。

新城佳苑

温源住宅小区

由安定区温源煤炭有限责任公司挂靠天祥房地产开发有限责任公司开发建设。一期工程建设住宅楼 4 栋,建筑面积 22305 平方米;二期工程属旧城改造经济适用住宅,用地面积 13837 平方米,建设住宅 8 栋,以 6 层建筑为主,总建筑面积 24800 平方米,其中住宅建筑面积 21554 平方米,商铺建筑面积 3246 平方米。住宅基地面积 4234 平方米,建筑密度 30.6%,容积率 1.79%,绿地率 26.6%,居住 238 户。

瑞丽家园

位于体育公园南侧,占地面积 59647 平方米, 由甘肃正立建筑安装(集团)有限公司建设。6 层住宅为框架结构,12 层住宅为框架剪力墙结构。建筑面积地上 10.68 万平方米, 地下 6127 平方米。其中住宅建筑面积 93658 平方米,商业建筑面积 8769 平方米, 停车场地上车位 91 个,地下车位 68 个。设幼儿园、会所、超市。小区入口设在民主路,沿轴线从南向北依次是大门、花池、树池、小桥、广场等,东西设景观带。

瑞丽佳苑

宏通苑

经济适用房建设项目,由定西市城投公司建设。小区位于西河西北岸, 西北临定临公路(永定西路),东南临玉湖公园。东西长 521 米,南北宽 131 米,规划用地8.2 万平方米。总建筑面积

宏通苑

16万平方米,其中住宅建筑面积15.3万平方米,商铺1万平方米,地下室0.7万平方米,幼儿园1800平方米。总投资1.68亿元。建筑容积率1.72%,建筑密度22.6%,绿化率38%。建29栋住宅楼,安排住户1293户。其中6层楼6栋、7层楼17栋,框架结构6跃7层楼4栋、剪力墙结构18层楼1栋、框剪结构22层楼1栋。

怡馨苑

国家批准的廉租住房建设项目,定西市城投公司建设,西临临洮路,南临平襄街,北临岷县街,东临规划待建的小学。用地面积7.5万平方米,其中建设用地6.42万平方米,公共绿地面积1.08万平方米。建筑密度23.1%,建筑容积率2.01%,绿化率

怡馨苑

34.19%。总投资20302万元。总建筑面积14.2万平方米,其中住宅面积10.5万平方米,商铺1.8万平方米,车库及人防工程1.6万平方米,配套公共建筑面积0.3万平方米。设计住房1079户,其中50平方米户型216套,90平方米户型437套,120平方米户型257套,135平方米户型169套。2010年年底完成。

第二节　招商引资与开发建设

江夏名城

2003年4月,第一个招商引资企业江夏(黄氏)房地产开发有限责任公司落户定西,兴建住宅小区。位于西岩路北段东侧,北临校场街,用地范围地势平坦。以江夏广场为中心进行建筑布局,四期工程总占地面积23688平方米,

江夏名城住宅小区

总建筑面积 82601 平方米,总投资 6833 万元。1～3 号楼为 6 跃 7 层住宅,位于广场东北角;4～6 号楼为 18 层高层住宅,位于广场西北角、东侧及南侧,三栋楼合围成 1 万平方米的广场。小区建筑高低错落,商业与住宅出入口独设,满足人们对空间领域的归属感和安全感。物业用房和幼儿园设在一期院内。

兴隆苑

2004 年 5 月,甘肃隆鑫集团公司兴隆房地产开发有限责任公司建设。小区位于西岩路中段东侧,东临西河,南临公园路,北邻江夏名城。占地面积 16500 平方米,建筑面积 47000 平方米,建多层楼房 8 栋,412 套。小区内安装众多体育器材,方便居民锻炼身体。

兴隆苑

友谊广场住宅小区

位于北城路南侧,兴隆房地产开发有限责任公司建设,施工期 2005 年 10 月—2009 年 10 月,住宅建筑面积 12 万平方米。高层住宅楼 1 号、2 号、3 号,多层住宅楼 4～14 号,均为砖混结构。广场周边商业建筑围合,广场由绿化、喷泉及硬质铺地等元素组成,绿地率 36%,景色宜人。

友谊广场住宅小区

文祥家园

位于解放路南侧,西邻东河,南邻定西饭店家属院,东邻市秦剧团住宅楼群,

文祥家园

在原文祥超市位置修建 3 栋 18 层住宅楼,1 号楼地下为库房,1~2 层商店,3~18 层住宅;2、3 号楼地下和 1 层为库房、自行车库及设备用房,2~18 层为住宅。总占地面积 8540 平方米,总建筑面积 41645 平方米,住户 378 户,预算总投资 6100 万元,2010 年 10 月封顶。

欧康家园

南大街住宅小区,2003 年 10 月启动,因拆迁等原因一度搁浅。2006 年 10 月,定西市和安定区人民政府通过招商引资,由四川欧康房地产开发有限责任公司

欧康家园

开发建设。欧康家园北邻永定中路,东邻中华路,西邻友谊南路。小区南北长 660 米、东西宽 600 米,整个用地被南大街和正龙路分隔为四块,规划总用地面积 16.31 万平方米,总建筑面积 29.98 万平方米,预算总投资 4.38

亿元。小区划分为 ABCDE 五个区,建筑面积 295874 平方米,其中商铺建筑面积 48968 平方米,小区设地下停车场,面积 2500 平方米,设停车位 235 个。小区定位中高档,设置多种户型的多层住宅及部分小高层。

凤凰苑

由天水聚宝房地产开发有限责任公司开发建设。东临西岩路,北接民主路,南邻公园路中学、区国税局,西靠西山。总用地面积 4.85 万平方米,规划建筑面积 14.46 万平方米,其中住宅建筑面积 12.92 万平方米,公共建筑面积 8614 平方米,地下室建筑面积 6743 平方米,居住总户数 1122 户,预算总投资 2.16 亿元。小区以涵洞为界分南北两区,南区为框架结构多层住宅,北

凤凰苑

区为框剪结构高层住宅。建有幼儿园、商店、文化活动及物业管理场所。6 层住宅楼 9 栋,18 层住宅楼 8 栋。

安定城区商品房价格:90 年代末期每平方米 400～500 元,2000 年每平方米 600～700 元,2001 年 890 元,2003 年 1160 元,2005—2006 年 1300～1400 元,2007—2008 年 2300 元,2009 年 2500 元,2010 年 2700 元,每隔 5 年价格翻一番。买房成为老百姓最大的消费支出,商品房成为市场经济中最突出的交易活动。

第四章　新城区开发建设

第一节　规　划

位置

新城区是安定城区四大片区之一，位于西山东麓、关川河西岸，北与工业片区接壤，南与老城区相连。中心位置南起通渭街，北至薯都大道，西临西岩路，东抵关川路，总占地面积143万平方米。地势西高东低，地形标高1879.3～1912.6米，地貌差异较大。关川河雨季有水，旱季干枯。片区2008年以前为农田。东侧关川河由南向北蜿蜒而过，西边高山连绵，大涧沟、小涧沟出西山通向关川河，把大地分隔成几块。河东为东河村十里铺一带，临西兰公路、陇海铁路和高速公路。

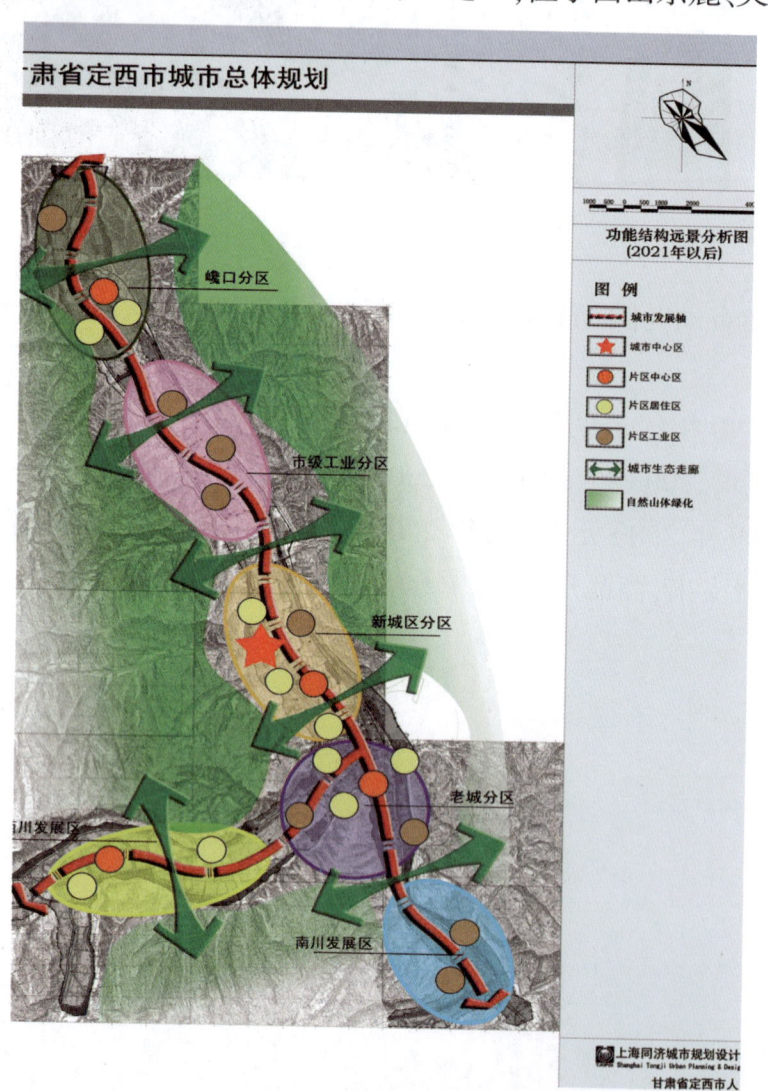

定西市新区控制性详细规划

结构

新城区规划设计遵循生态性、可持续性原则，因地制宜，提高土地利用价值。建成以行政办公为主,集文化、休闲、娱乐、市民活动于一体的城市多功能复合型行政区,体现现代都市气息,注重生态环境优美。规划结构为"一环、三轴、六片区"。"一环"以行政区为中心,外围沿关川路、通渭街、临洮路、薯都大道成环状围合的道路绿化带。"六片区"为行政办公区、商业混合区、文化娱乐区、混合商住区、城市广场区与城市公园区。商业混合区位于文化娱乐区东侧,以宾馆及商业服务功能为主。文化娱乐区由文化中心与艺术中心组成,以建筑群与小广场为主要形式。混合商住区与大小涧沟毗邻,以自然风格为主,形成以人为本的人性化绿色住宅区。城市广场区具有人流集散、集会演唱、举行庆典、娱乐休闲等功能。城市公园区位于通渭街、薯都大道、安定路和关川河围合而成的生态景观区,设置植物园、温室、儿童乐园、水景园、青少年活动中心、博物馆等。

道路

道路分城市快速路、城市主干道、城市次干道、城市支路、内部道路及步行道路等六个等级。南北向道路四条,东西向道路四条。

2010年10月,定西市人民政府公布定西市城市地名规划方案,将安定区新城区道路临时用名政府北路、新城大道、政府南路、凤安路等分别定名为薯都大道、安定路、通渭街、临洮路等,这样,南北向道路为临洮路、陇西路、安定路、关川路;东西向道路为薯都大道、贵清街、文峰街、通渭街、霸陵街、洮阳街、漳县街、岷县街、平襄街、将台街、渭源街等。

南北向道路临洮路(从大涧沟起)向南延至民主路,陇西路、安定路、关川路延至渭源街。民主路是旧城区与新城区的分界线。东西向的霸陵街、洮阳街、漳县街、岷县街位于临洮路与关川路之间,平襄街在临洮路与安定路之间,将台街、渭源街向东连接交通北路。

绿地　广场　照明

设计绿地面积91.76万平方米,绿地率64.4%。纵横交错的绿廊中心与行政中心一高一低彼此呼应。建筑物自东向西逐层抬高,从绿地公园—博物馆—升旗台—行政广场到行政会议中心,西尽头制高点形成标志性建筑。行政广场布局对称,线条分明、简洁而有层次感。次要广场主要是道路交叉广场以及各功能区入口广场。街具布局包括太阳能遮光板、生态座椅、垃圾箱、灯饰、生态柱、信息展示屏、生态亭等。各种广告(实物造型广告、隔离带广告、占地广告、墙体广告、建筑顶部广告、围挡广告等)体现时尚与文化的结合,具有更多的视觉美感和观赏效果。

夜间景观照明,划分为点状、线状、面状照明区。建筑色彩以乳白、米黄、浅褐、青灰为基调,采用中灰、土红、褐色的线条,使整个区域的基调与周边山体的周期性色调变化相统一。

水暖管线

供水规模用水量 0.8 万吨/日。水管网采取环状网与树枝网相结合的形式。消防给水与生活用水属同一供水系统。排水采用雨污完全分流制,雨水就近排放,污水通过污水主干管排入河东岸市污水处理厂处理。设立两个 10 千伏开闭所,一处邮政所,4200 对电话线。燃气工程以西岩路上的燃气主干管为输气通道,采用中压管网输送至箱式调压器或专用调压器,低压进户的供气方式,确保可靠稳定。设一座 50 兆瓦的大型锅炉房,占地面积 1.5 万平方米,沿西岩路和安定路的两条供热干管作为主要供热的通道。所有管线原则上埋在道路边上的人行道或非机动车道道路下边,减少管线检修、道路铺设等开挖给交通带来的影响。各类地下管线覆土厚度应大于 0.7 米。环境卫生规划设公共厕所 2 处、果皮箱若干、小型转运站 1 座。

第二节　已建工程

道路

渭源街　全长 976 米,宽 24～36 米(临洮路以西 24 米,以东 36 米),建筑安装工程费用 719 万元;

将台街　全长 1683 米,宽 18～28 米(临洮路以西 18 米,以东 28 米)。建筑安装费用 878 万元;

通渭街　全长 1699 米,宽 36 米,建筑安装工程费用 1320 万元;

漳县街　全长 1040 米,宽 24 米,建筑安装工程费用 601 万元;

陇西路　全长 1861 米,宽 24 米,建筑安装工程费用 845 万元;

陇西路延长段　长 1145 米,宽 24 米,建筑安装工程费用 564 万元;

关川路　长 2857 米,宽 12 米,建筑安装工程费用 876 万元;

临洮路　长 3517 米,宽 36 米,建筑安装工程费用 2893 万元;

岷县街　长 1543 米,宽 18 米,建筑安装工程费用 594 万元;

平襄街　长 1706 米,宽 18 米,建筑安装工程费用 683 万元;

文峰街　长 1984 米,宽 24 米,建筑安装工程费用 745 万元;

安定路　一期(渭源街至通渭街段)长 1878 米,宽 60 米,建筑安装工程费用

2049万元；

岷阳路　长709米,宽24米,建筑安装工程费用393万元。

薯都大道　长1348米,宽36米。

贵清街　长741米,宽18米。

桥梁

凤凰桥　长84米,宽36米,工程造价1192万元；

将台桥　长101米,宽28米,建筑安装工程费用979万元。

绿化及景观带

临洮路绿化带长3517米,工程造价672万元。体育公园占地面积2.6万平方米,建筑安装工程费用751万元。

关川河绿化景观带,北起通渭街,南至东河大坝,全长4.6千米,占地面积12.93万平方米, 总投资4867万元(其中建筑安装投资3367万元, 征地拆迁费1415万元, 前期费用85万元)。工程于2008年7月动工。河道两侧长2.6千米,宽20~70米不等, 占地6.67万平方米,投资3020万元,已累计完成投资2774万元。设计绿化面积占75.5%,硬化面积占22%,水体面积占2.5%。乔木灌木和花草等相结合, 植物种类达50多种,草坪种植面积5万平方米, 其中三叶草3万平方米,混播草坪2万平方米。

关川河绿化景观带

福台墩

景点雕塑

福台墩　明将徐达点

将福台墩,又名中山垒,为明初征虏大将军徐达大败元军扩阔帖木儿升帐点兵的遗址。整体布局为椭圆形广场,坐北朝南。主体建筑是在福台墩原址上重建的阅兵台,阅兵台上的雕塑再现征虏大将军指挥千军万马、所向披靡的雄姿。从台阶到地面,依次布设战鼓、伏虎、华表石雕。战车高大雄伟,骏马驾车欲奔。地面拼装各色花岗石板,镶嵌花草图案。福台墩背后是虎符托着的铭文石碑。

马家窑文化广场 马家窑彩陶文化广场,总体构图是马家窑造型与水景的结合,大胆运用空间结构的形式,将马家窑彩陶罐的局部形状进行了艺术夸张,陶罐外表的花纹与制作等要素,展示了马家窑彩陶的精湛工艺。主雕是截取的马家窑陶罐顶端部分,像是一个刚出土的文物,内壁上有反映当时制陶工艺的浮雕,寓意着马家窑彩陶深厚的文化底蕴。正中火焰象征着马家窑文明源远流长,弧形水池与主雕之间有一段弧形的挡墙,正面几个小陶罐向外吐水。背面雕刻有装饰性的花纹图案,主雕采用铸铜工艺打造。

马家窑文化广场

云砚跌水 是以中国四大名砚之一的洮砚为创作素材,通过艺术加工而成的水景雕塑。整个水池就是一方砚台,层层叠叠的石块搭起的云砚中有细水流出,动静结合。背面镌刻着黄庭坚、冯延登、王了望、牛树梅、赵朴初等历代文人赞美洮砚的诗文和手迹。周围布设小桥流水、荷花池塘,曲径通幽,完美体现水景雕塑的文化品位和人文气息。

云砚跌水

诗道春秋 人文雕塑诗道春秋,以秦长城走向的山脉为主要背景,反映雕塑的地理背景和时代背景。雕塑后墙面镌刻着东汉五言诗人秦嘉、徐淑夫妻二人的传世佳作,明代成化年间御史刘宪的《青岚凝翠》,明代嘉靖年间御史刘仑的《鸟鼠山》,开国元帅陈毅的《过临洮》等,诗章动人,光耀千古。

诗道春秋

凤凰城 石墙浮雕凤凰城,通过艺术手法,融汉代石阙、蜿蜒长城、风雨凤凰亭、金钻石羊传说等定西的四个代表性元素为一体,透过汉阙与长城连接处的门,红砂石墙的浮雕,反映定西的历史故事和美好传说,诉说凤城的来历,远望凤凰亭,形成一幅穿越时空的历史画卷。

凤凰城

新莽权衡 新莽权衡雕塑以巉口出土的国家一级文物新莽权衡为主题,以铜权、铜衡、铜丈为主要文化元素,以斗拱和文化柱为主要构成方式,刻有铭文及文化符号。整个雕塑简洁、浑厚,有建筑般的力量感和强烈的视觉冲击力。

新莽权衡雕塑

各类工程

土建工程 包括地形测量、打点定桩、地形整理、山丘堆积、土方移动、道路与广场平整、人工整形等,共移动土方 12 万方,其中机械铲运土 4.9 万方,人工修整土丘 4.9 万方,建筑开挖、管沟开挖等 2.2 万方。人工平整道路 1935 米,面积 7143 平方米,平整广场 3524 平方米。隐蔽工程包括蓄水池、化粪池、供排水、检查井、阀门井、雨水池、灯线埋设等。其中修建 100 方的蓄水池 2 眼,20 方的化粪池 2 眼。喷灌系统埋设管道 3810 米,砌阀门井 4 眼、渗水井 5 眼、洒水井 12 眼,安装喷头 120 个。雨水排放系统埋设管道 1140 米,砌汇合井 2 眼、雨水池 36 个。

铺装工程　包括广场、道路、台阶、花池的混凝土浇筑、铺装和道牙栽置。完成混凝土浇筑、台阶、休息平台等 1900 平方米,栽置道牙 1200 米。

景观工程　包括亭、台、花池、花坛等的建设,已完成缀红亭主体建造和亭面琉璃瓦的铺设,群芳阁和花架走廊的地基处理,完成两处厕所的主体工程。

生态园工程项目　工程已基本竣工。动员社会力量参与生态园建设,定西市直单位交绿化费 101 万元 (38 个单位交 52.2 万元,52 个单位个人交款 48.6 万元);安定区直单位交绿化费 78.7 万元(单位交 62.7 万元,个人捐 16 万元)。

第三节　在建项目

天庆国际大酒店

位于西岩路与岷阳路交汇处西北侧,由甘肃省城乡规划设计研究院设计。占地面积 33416 平方米,建筑面积 31593 平方米,建筑密度 14.1%,容积率 0.95%,绿地率 35%。概算总投资 16682 万元。主楼 15 层(地上 14 层)23352 平方米,建筑高度 49.8 米。1～2 层为中心大堂,设礼宾台、服务台、贵宾接待室、商务中心、旅行社等;3～14 层为宾馆客房 252 间, 其中标准间 232 间、套间 18 间、豪华套间 2 间。附楼会议中心 3 层 4930 平方米, 建筑高度 16.8 米。一层为宴会厅、西餐厅和操作间, 可容 240 人同时就餐;二层为餐饮包厢 17 间,可容 216 人同时就餐;三层为中小型会议室、贵宾接待室、

天庆国际大酒店

休息厅、多功能厅等,可容纳500人。附楼休闲中心4层3312平方米,建筑高度17.1米。一层为水浴娱乐馆大厅、KTV入口等,二层为健身房、游戏娱乐区、开放式网吧等,三层为按摩房、VIP贵宾房、悬挑式休息廊等,四层KTV包厢、封闭式酒吧、酒水超市等。

惠民家园

位于临洮路以东,平襄街以南,将台街以北。占地面积2.29万平方米。容积率1.7%,建筑密度20%,绿地率36.8%。建框架结构楼房11栋412套,建筑面积2.01万平方米。单户建筑面积为44.8平方米、43.8平方米、49.9平方米、48.1平方米、49.5平方米、49.3平方米和48.6平方米。总投资3448.3万元,其中中央预算内投资816万元,省级配套投资408万元,其余安定区自筹。

惠民家园

甘肃电大定西分校

位于临洮路以西、福台路以东、平襄街以南、将台街以北。东西长216米,南北宽170米,占地3.68万平方米,按全日制学生2000~2500人的规模规划。单体建筑教学楼(5~6层)、二栋宿舍楼(6层)、图书馆(4层)、实验楼(4层)、综合服务楼(3层)。建筑全为框架结构,面积2.92万平方米,概算投资1亿元。整体规划,分期建

甘肃电大定西分校

设,计划2011年完成主体工程。建设特点有三:太阳能发电,在教学楼、宿舍楼顶安装太阳能板用于教学和生活用电;校园设2~3个地下水池,集雨节流,用于绿化、卫生用水;学生用电、用水、上网、借书、饮食消费等采用一卡式刷卡管理。

安定区广电中心

位于将台街与陇西路拐角处, 占地面积4462平方米,4层框架多层结构,建筑面积4660平方米。设记者室、新闻部、广播部、编辑室、采编室、播音室、演播室、制作室、发射机房、办公用房等。总投资982万元,其中中央财政地震恢复重建基金600万元。该项目由安定区第三建筑安装工程公司中标承建,陇中建筑工程监理有限公司监理。2010年4月开工,年末

安定区文化广播影视局办公大楼

主体工程封顶(2011年投入使用)。

定西市人民医院

定西市人民医院

2009年,定西市委、市政府决定在新城区建设新的定西市人民医院,床位设置700张,总建筑面积68380平方米,总投资1.46亿元。2010年12月正式开工。

定西湖

人工湖是为提升安定城区品位、改善城市环境特意开凿的,水域面积18万平方米,是安定城区最大的人工湿地。总体设计大气磅礴,景观构图雅致,体现人文特色,湖水清澈,碧波粼粼,芦苇茂盛,水鸟成群,空气清爽,景色宜人。湖边建造大型广场,地面用青石铺砌,环境优美,夜色降临,灯火辉煌,泉水喷涌,蛙声一片,是人们休闲游玩的好去处。

定西湖

环湖道路红色沙砾铺成,简洁明快,四通八达。景观绿化精选名贵树种,高秆树和花灌木相互搭配,花草树木郁郁葱葱,三季有花,四季常绿,绿树成荫,赏心悦目,湖边游人拍照游玩,构成一副人与自然和谐相处、怡然自乐的美丽画面。

第五章　城市管理

第一节　城建管理与房地产管理

城建管理

主要有建设项目基本建设程序管理,建设项目质量监督管理,建设工程安全生产监督管理,建设工程重大事故调查与事故的应急救援等。城市所有公共建筑工程、居民自建房屋均须办理施工许可证。立项报告30万元以下自筹资金项目报区城建局,30万元以上自筹资金项目报市建设委员会。建设工程必须提交选址意见书、建设用地规划许可证、建设工程规划许可证、乡村建设规划许可证。未经开工批准擅自施工的,建设管理部门责令停止施工。工程竣工,建设方组织竣工验收,城建部门备案。检查建筑工程的安全防护、文明施工情况,严格安全生产许可证的动态监管。加强对施工现场安全生产监督和对建设、勘查、设计单位的安全生产监督。

房地产管理

主要有规划区内房屋产权产籍的管理,房地产转让、抵押、房屋租赁管理,房地产价格评估,直管公房管理等项。市、区房地产登记发证由定西市房地产管理局统一管理。市与区分开办理,市局办理市直单位具体业务,区局办理区直单位具体业务。市、区房地产管理部门工作体制有待进一步理顺。市房地产管理局统一管理房屋勘查、房产平面控制测量、房屋要素测量、房产图测绘、面积量算及变更测量等房产测绘工作,并办理市直单位具体业务。区房地产管理局受委托办理安定区具体业务。按照中介服务机构的管理体制和运行机制,开展房产价格评估,做好直管公房的管理、服务、收费和修缮工作。安定区房地产公司下设恒源集中供热公司、鸿兴物业管理公司和兴熙房屋拆迁公司等三个法人企业。所属锅炉房3处,供热面积27.5万平方米;管理12处住宅小区的治安保卫、环境卫生、设施维修等物业,配合城建局开展房屋拆迁工作。

第二节　交通管理

人员

1972 年 9 月,城区首设由 12 名民警组成的交通队,管理城市交通秩序和公路交通安全,在新市区大什字设立指挥岗亭。2005 年,城市交通秩序管理职能划归市公安局,城区发生事故仍由区公安局交警大队处理。2010 年,城市交通管理民警 34 人,协管员 30 人。

车辆

2010 年,城区主次干道 13 条,长 22.1 千米;支路 13 条,长 5.8 千米;交通路口 20 个。有常住户籍人口 9.1 万余人,流动人口 1 万余人。长途客车 160 辆,短途客车 84 辆,出租车 457 辆,三轮摩托车 800 余辆,电动、人力客运黄包车 300 余辆(2005 年,取消电动、人力黄包车客运。),自行车 7 万余辆。

信号灯

1999 年,在大什字和立交桥什字安装信号灯。2005 年开始,在中华路、解放路等主要路段设置中心隔离栏和机动车与非机动车隔离栏。拆除了大什字中心花坛和原两处信号灯;在大什字、东关什字、公园路什字、正立广场什字、北关什字安装五处多相位信号灯;在立交桥什字、南关什字、西关什字、火车站、北城路、公园路 T 形路口安装六处单相位信号灯;在小北街路口、中华桥南、正龙路与友谊南路丁字路口、中华路市政府门口等地安装黄闪警示灯。

措施

2004 年以后,政府在加强城市改扩建的同时,筹措资金,购置设施,在中华路、永定路、友谊路、北城路、文化路、解放路、民主路、西岩路等 13 条主要街道施划道路标线、人行横道线、减速让行标志、导向箭头,喷涂路面提醒文字,设立交通标志 140 块。2007 年以后,建立了交通违法信息系统,机动车和驾驶员户籍化信息系统,办案办公系统,警备查询系统,无线查询机动车和驾驶员信息系统。为执勤交警配备了投影仪、照相机、酒精测试仪、反光锥筒、反光背心等技术检测和警用安全设备,推进了交通安全管理信息化、规范化建设。2010 年,在南川、西川、北川三个出口安装超速自动抓拍系统,在城区主要路段安装闯红灯自动抓拍系统。

通过这些措施,创造有利条件,方便人车通行,提高城市品位,减少事故隐患,保障安全畅通。城区人多、车多、商业服务网点多,交通秩序时好时坏。针对管理重点、乱点和难点,交警实行"高峰站点、平峰巡线、点线互补"的勤务方法,及时检查纠正违章驾车、乱停乱放、行人乱走、占道经营、以路为市等违章行为,疏堵治乱,规范车辆、行人交通行为。

第三节　环境卫生管理

1978年,定西县城建局成立清洁队,有环卫职工21人。1988年,定西县环境保护卫生管理站(简称环卫站)成立,仍属城建局管理。1991年,环卫站归属城关镇,职工129人(其中干部8人)。1996年成立城区环境卫生监察队,编制12人。2005年,机构又归属安定区城乡建设管理局。2010年末,干部职工221人(其中临时工17人)。环卫站内设清扫一队、清扫二队、清运队、监察队和办公室。

清扫

1978年,清扫面积4.1万平方米。90年代旧城改造,道路延伸拓宽,面积增加10.2万平方米。1995年,两个清扫队62人,分10个组划片包干,清扫道路长14.2千米,面积27.1万平方米。2006年,清扫队111人,分21个作业组,每组清扫一条路,天亮前清扫,白天保洁两次(错时保洁)。2010年清扫队144人,占全部职工的65%,划分为23个作业小组,配备54辆人力架子车,担负市区19条街道102万平方米路面的清扫保洁工作,人均工作面积7083平方米,超过建设部《全国城镇市容环境卫生统一劳动定额》规定2000多平方米。城区路段清扫保洁承包到队,实行定人员、定工资、定费用、定任务、定奖惩的"五定一包"全日管理责任制,要求"五净五无":路面净、非机动车道净、下水道井口净、果皮箱净、道沿净,无瓜皮果核、无纸屑塑料、无沙土粪便、无遗撒物垃圾、无丢清扫路段。2002年,定西县达到省级卫生县城标准。2007年,通过省级卫生城市验收。

清运

每天清理城区12个垃圾点,运到友谊村8社(武警支队对面)垃圾场。1988年后年清运垃圾5000余吨,1991年清运垃圾8000余吨,1995年清运垃圾2万余吨,2006年清运处理2.6万吨,平均日清运70余吨。

撤县设区后,提高环卫工作标准,生活垃圾日产日清,按时清运。要求各垃圾台点仓内净、台点仓周围 10 米内地面净、车辆归站车身净,保证行车路途不遗撒、不乱倒。环卫设备逐年增加,1978 年,购置 12 马力翻斗车。1980 年代,购置 3.5 吨解放牌翻斗车、2 吨北京 130 型车、1.5 吨华山车、东风洒水车、2 吨环都牌汽车等。1992 年,投入 8.5 万元购买洒水车,盛夏中午在中华路、解放路洒水 1 次。1993 年,在中华路、解放路安放铁制果皮箱 60 个。2006 年,省建设厅支援东风小霸王封闭式垃圾收运车 1 辆(收运主要街道沿街门店的生活垃圾),购置封闭式垃圾车 3 辆。2007 年省建设厅支援东风康明斯多功能洒水车 1 辆。投资 35 万元,在 12 条主次干道设分类式果皮箱 500 多个。2010 年,投资 210 万元购买压缩式垃圾车 3 辆,摆臂式垃圾车、道路清扫车、洒水车各 1 辆,环卫监督面包车 2 辆,行政用车 1 辆。设 54 个固定垃圾台(点),新建落地式垃圾房 5 个,新安装摆臂式车辆专用垃圾箱 6 个,取代原有马路裸露垃圾点。环卫站拥有各种机动车辆 20 辆。

生活垃圾填埋

垃圾填埋场位于凤翔镇义安村附近的一处荒沟里,距安定城区 2～3 千米,占地面积 8.02 万平方米。拥有装载机 1 台,翻斗车 2 辆,压实机 1 台,通勤车 1 辆,承担安定城区生活垃圾的无害化填埋处理工作。2006 年,总投资 1567 万元(申请国家补助 900 万元,其余为银行贷款和自筹),建设规模日处理生活垃圾 180 吨的填埋场,填埋场容积 80 万立方米,有效容积 72 万立方米,设计使用年限 10 年。引进先进垃圾处理设备和工艺,使城区、城郊生活垃圾、粪便无害化处理率≥95%。已建成填埋区、生活区、车棚、排洪渠(860 米)、围墙、水窖(10 立方米)、厕所等,完成边坡砌筑,建成长 830 米、宽 6 米的进场沥青道路及长 10 米、宽 2 米的板涵,种植侧柏 800 株。生活垃圾卫生填埋操作程序:检验、计量、收费、进场倾倒、填埋、消毒灭蝇。2010 年,日处理生活垃圾 134 吨。

医疗废物处置

2008 年 3 月建设城市医疗废物集中处置管理中心,2009 年 10 月完工,占地面积 8000 万平方米。总投资 792 万元(其中国家补助 543 万元,自筹249 万元),负责城区医疗废物收集、运输及处置,设计使用年限 10 年,处理能力 3 吨/天。

第四节　园林绿化管理

1983 年 12 月,中共中央办公厅给定西县委寄来中共中央总书记胡耀邦和随他到西北视察的工作人员采摘的 10 斤白皮松和 1 斤油松树籽。1984 年 11 月,再次寄来树种。同年,定西县城建局设立绿化工程队,职工 7 人,负责城市园林绿化管理。1985 年 4 月,省、地、县党政领导亲自到城关苗圃点种,育苗 344 平方米。1986 年,改称绿化站(科级事业单位),职工 42 人,具体负责城区和西岩山公园的绿化及管理。1987 年,制定《定西城区绿化规则》,城区绿化"以面为主,点线穿插",公共绿地"以小为主,中小结合",单位、庭院绿化"见缝插针"。1994 年 5 月,定西县人民政府印发《定西城区绿化管理暂行办法》,就城区绿化管理范围、绿化管理的职能、苗木草地的归属、绿化规划、绿化单位责任制、奖罚办法等作了具体规定。

公园

西岩山公园 位于城西西岩山半山腰,历史上数次遭毁。1985 年,定西县成立西岩寺公园建设委员会,以修复古建筑为中心,建山门,修道路,广植树。公园海拔 1900 ~ 2050 米,占地 408 亩。山脚至山门石台阶 783 阶、165 米,盘山公路 780 米。园内种牡丹、玫瑰、探春、丁香、大丽花等花卉百余株,云杉、侧柏、山毛桃、国槐、文冠果、五角枫等树种近 2 万株。1995 年,建设公园二级提灌工程。2000 年,投资 18 万元在西岩山广场西侧建古典式牌坊门,投资 48 万元治理和尚沟流域,广植侧柏、云杉,绿化面积 60 亩。2006 年,定西市和安定区投资 300 万元,硬化路面 2 千米,铺设鹅卵石小道 7 条,设坐凳 80 余条,建旱厕 5 个,社会募捐修复关帝圣君庙,更新电线网络,架设彩灯。逐年广植云杉、侧柏、油松等针叶树种 10 余种,栽植红柳、榆树、杏树、桃树、柠条等 80 余种,建成 10 亩牡丹园、10 亩玫瑰园。2010 年 5 月,公园占地 156 公顷,林地 2340 亩。1998 年省林业厅批准为省级森林公园,2009 年确定为国家 2A 级森林公园。

玉湖公园 位于西关清水桥南、西河东岸。2000 年,在原城关苗圃基础上扩大建设,占地 160 多亩,培植草皮 5.8 万余平方米,栽植各类长青树木 5000 多株,培育各类花卉 1.5 万株。建成玉湖、玉湖楼、凤城龙门、飞虹桥、仿古楼阁等景点 28 处,建有儿童乐园一处(定西城隍庙建在公园内)。

绿化

道路绿化 1986 年,定西城区主干道规模成型,行道树、路边小花栏、局部绿篱、树墙、街心花坛成为主要绿化形式,从外地引进侧柏、油松、云杉、国槐等高杆名贵树种,中华路、解放路等 6 条主干道栽植乔木 9150 株,其中常绿 150 株,阔叶 9000 株。绿化带 24.6 千米,面积 4.56 万平方米。1995 年,在解放路与中华路、友谊路的两处交汇点建大什字和盘旋路街心花坛,植有绿篱墙1000米,贴梗海棠、紫丁香、探春、牡丹、芍药、刺柏、云杉等80株,地区卫校门口建有600平方米的月季园。同年,中华路绿化带栽植侧柏绿篱1.08万株,修剪行道树500余株。1996年,新栽胸径10厘米以上大国槐86株,移植大侧柏、大国槐28株,新栽1.2米以上侧柏50株,绿化带松土、换土、浇水3次。1998年,绿化民主路、永定路、友谊路,加强中华路,改造盘旋路,清理杂土,改换肥土,全年共栽植大国槐307株,补植花灌木109墩以及垂柳、刺柏100多株。1999年,新栽苗木114株、补植苗木4162株、移植树木308株。喷施磷酸二氢钾防虫药,喷施植物动力营养液,整枝修剪,同街道两侧单位、个人签订"门前三包"责任书。2000年,在"退耕还林、封山还林、封山绿化"方针指导下,按照绿化、美化、香化、亮化、净化城区环境的要求,"插漏补空",完成民主路等5条路段的栽植、补植、修剪任务,淘汰成活率低的树种,引进栽植较为高档的南方乔灌木。公园路绿化带栽植红叶李、红叶小檗、红花槐和黄杨等,小乔木和花灌木树种搭配,针阔叶混交,适度修剪造型成为道路绿化样板,冬季建塑料保温棚度过严寒。2004年,重点进行公园路、定临路的绿化,四条路段共栽植各类苗木11034株(乔木1352株,花灌木9682株)。2010年,民主路新栽红叶李1150株,水腊1000株,金叶女贞3000株;永定路新栽金叶女贞10000株,水腊1000株,红叶小檗1000株,红黄锦带1000株。友谊路、西岩路、文化路、解放路、北城路等新栽水腊等树8099株。中华路南段(大十字以南)栽植雪松、金叶女贞、北海道黄杨、刺柏、云杉、祁连圆柏、小龙柏等树种,实行乔灌花草相搭配。城区主干道11条,绿化带总面积8.06万平方米。

机关院落绿化 一些南方的名贵花木逐渐落户定西,雪松、马尾松、复叶槭、银杏、法国梧桐、玉兰、紫薇等高档树种,青杨、长寿菊、翠菊、旱地金连、八瓣菊、金盏花、贴梗海棠、探春、月季、郁金香、麦秆菊等名贵花灌木都有种植。市人民政府大院绿化面积2900平方米,迎门喷泉周围绿篱墙1000米,花灌木65株,草坪1300平方米。定西师专绿化面积3万平方米,植柏杉等树种857株,建草坪2万平方米。市第一中学绿化面积3.9万平方米,植侧柏2500株,槐树360株,中心花园种有榆叶梅、芍药、金盏菊等花木,草坪面积1.3万平方米。公园路小学绿化面积6800平方米,植有国槐、红花槐等220株,连翘、刺柏球、贴梗海棠等300余株,高大侧柏7株,建草坪3250平方米。市人民医院绿化面积4070平方米,植刺柏13株,侧柏206株,龙爪槐10株,建草坪4000平方米。军分区绿化面积8200平方米,栽植侧柏120株,龙爪槐8株,洋槐36株,云杉150株,白杨树20株,建草坪640平方米。68056部队绿化面积1.3万平方米,栽植白杨树800株,云杉600

株,侧柏、槐树 120 株,建草坪 500 平方米。68029 部队绿化面积 1.2 万平方米,栽植马尾松 48 株,云杉 115 株,白杨 121 株,圆柏 7 株,建草坪 1.2 万平方米。据对 56 个城区单位的抽样调查,占地面积 3246 亩,绿化面积 1245 亩,绿化率达 38.3%。栽植乔木 3.48 万株,灌木 23.45 万株,建草坪 360 亩。

城区四山绿化　东山、南山、西山、岳家山的绿化工作几十年来从未中断。2000 年,在东山有 27 个单位整地 106 亩,造林 70 亩;在南山有 123 个单位整地 350 亩,造林 287 亩;在西山有 37 个单位整地 389 亩,造林 238 亩;在岳家山有 11 个单位整地 76 亩,造林 70 亩。栽植侧柏、云杉、山杏、山毛桃等树。2003 年撤地设市后,植树造林力度加大,向北二十里铺发展。在林业、园林绿化、水利等部门的协作配合下,每年造林在 5000 亩以上。2005—2006 年,达到 11000 ~ 12000 亩。2003—2008 年,栽植侧柏、山毛桃、刺槐 59000 亩,404.5 万株,投入资金共计 3954 万元。成活率一般在 90% 以上。从 2010 年开始,城区四山绿化任务包给 270 个单位,每年春秋两季组织职工上山植树。植树范围北起柏林村,南至石家坪,东至安家坡,西至李家嘴,区域面积 2.09 万亩。其中东山 7680 亩,西山 9720 亩,南山 3500 亩。四山绿化统一规划,划片包干,分步实施,"包栽植、包管护、包成活",建设"宜居、宜游"城市,努力实现"天蓝、地绿、水清"的目标。

新城区生态园　2009 年,定西市委、市政府决定建设生态园。该园北邻将台街,南邻渭源街(紧靠体育公园),呈东西走向,总占地 234 亩,分东、中、西三区。东区 91.1 亩,西区 82.7 亩,中区 60.2 亩。按照"高、中、低"结合、"针、阔、灌"结合、"乔、灌、草"结合的理念,2010 年共栽植各类花草树木 30.7 万株,成活率 95% 以上。生态园由绿地、广场、景观组成。绿地以栽植云杉、落叶松、油松、华山松、新疆杨、旱柳、垂柳、馒头柳、金丝柳、红柳以及臭椿、白蜡、栾树、五角枫、红花槐、国槐、龙爪槐、刺槐、河北杨、沙枣、杏树、樱花等高大乔木为主,面积 4.68 万平方米,占生态园面积的 77.2%。道路、健身场地、停车场等面积 1.27 万平方米,占 21%。廊亭、花坛、花池、小桥、花架、厕所、休憩区、管理区等面积 794 平方米,占 1.3%。水池 308 平方米,占 0.5%。西区以坡地为主,因地制宜,就地取景,绿地面积占 78%。中区植物造景,树种多样,阔叶乔木为主,常绿为辅,绿地面积占 90% 以上。设计理念以人为本,改善生态人居发展环境;以绿为主,最大限度提高绿视率;因地制宜,选择适生树种,宜树则树,宜花则花,宜草则草;崇尚自然,寻求人与自然的和谐,力求经济、实用和美观三者的统一。乔木选择观赏价值高、树干挺拔、抗逆性强、生态功能强、冠幅大、遮阴效果好的刺槐、国槐、河北杨等树种;常绿树选择树形好的刺柏、云杉、油松等树种;风景树选择观赏价值高的龙爪槐、金叶榆、雪松等树种;灌木树选择易开花挂果的文冠果、紫丁香、珍珠梅、醉鱼草等树种;绿篱及藤本植物主要选择易修剪造型的侧柏、榆树、五叶地丁等。

小区绿化　始于1990年代末的定西县安居工程,除居民住宅外的空地全部用于绿化。建设面积6.05万平方米,草坪面积1.94万平方米,绿化率32.1%。园内龙爪槐、刺柏等长势旺盛。

定西供电公司住宅小区,绿树环绕,环境优雅,"人在小区,绿在其中",2003—2010年,共计投入346.3万元用于小区绿化,建草坪2.6万平方米,种植灌木高秆树1.5万余株,常青乔木6万余株,落叶乔木3万余株,绿化率36%。玻璃温室培育鲜花5000盆。

凤凰苑小区(AB两区),绿化面积1.7万平方米,绿化率35.2%,绿化费用62.5万元,每年养护费近4万元。栽植云杉、刺柏、垂柳、垂榆、国槐、盘头槐等乔木242株,黄刺柏、榆叶梅、紫丁香、黄杨、月季等花灌木860株。

江夏名城小区,2003年一期绿化20亩,2005年二期绿化20亩,2007年三期绿化30亩。栽植柏、松、桃、杏、柳、樱花等1830株。历年增补树木300株,增加草坪25亩,开辟花园16个,面积8亩。

兴隆苑小区,植树200株,占地面积13575平方米,绿化面积4927平方米,绿化率36.3%。宏通苑小区,栽植珍珠梅、国槐、金丝柳等树木1000余株,绿化面积3.2万平方米,绿化率38%。广厦小区,栽植雪松、高山黄杨、月季等1127株,绿化率32%,投入资金51.5万元。铁路小区,2003年开始绿化建设,其中仟僖园植树8627株,绿化面积4823平方米,绿化率25.3%;仟福园植树500株,绿化面积2939平方米,绿化率35.5%;丽景园(AB两区),绿化面积4000平方米,植树219株。

2003—2010年安定城区四山造林统计表

单位:亩、万株、万元

表13-5-1

年度	造林地点	面积	株数	资金
2003	东山	5600	39.2	706
2004	西山	7100	150	490
2005	南山、西山、响河	11000	39.7	596
2006	南山、东山、响河、北二十铺	12000	54	542
2007	南山、响河	5600	25.2	315
2008	西岩山、阳山	5700	28.2	375
2009	岳家山、东山	5000	35	300
2010	四山	7000	33.2	630

第五节　城市管理行政执法

20世纪80年代,城关镇人民政府负责城市管理。1991年6月,县城建局成立管理监察队。1995年,职工10人。1997年10月,成立定西县城市管理委员会办公室(科级事业单位),编制22人。1998年2月,县政府印发《定西县城市管理办法》。2005年6月,依照《甘肃省人民政府关于在定西市开展相对集中行政处罚权工作的批复》,城市管理职能整体上划市政府,成立定西市城市管理行政执法局。2007年12月,成立定西市城市管理行政执法局安定分局。2010年1月,撤销定西市城市管理行政执法局,其所有职能由安定分局行使。同年9月,安定分局更名为定西市安定区城市管理行政执法局,职工40余人。

违章建筑管理

1991年开始,城建管理监察队依法拆除违章建筑,对确因建设需要暂时在街道两侧或公共场所堆放建筑材料的进行收费。1997年,对市区内违反《城市规划法》的建设工程,早发现、早停建、早拆除。2005年,市行政执法局6次会同相关部门,对历年违反规划、土地、建筑管理法规和未取得建设工程有关许可手续的建筑,全面清查清理,清理违规建筑523起,其中立案查处56起,依法拆除违法建筑6处,有效遏制了私搭乱建现象。2009年3月,执法分局查处新城区(福台村、东河村)违法占地、随意扩大建筑面积和老城区未批先建、加层或拆除重建等违法行为,发放停建通知385份(违章建筑总面积6.46万平方米),责令自行拆除34家,行政处罚111家,组织强制拆除22家,停止建设7家,扣押施工工具22起,查封施工现场12处。新城区抢建势头得到控制,老城区严控二层,严禁宅基地外建筑。2010年,发出停建通知293份(违章建筑面积7.13万平方米),行政处罚114家,责令自行拆除21家,强制拆除15家,拆除违章建筑2300平方米,扣押施工工具32起,查封施工现场42处。

街道及流动摊点管理

1995年末,城区集贸市场已有十多个,但流动摊点以路为市现象时有发生,道路秩序时好时差。城建监察队与工商局共同商定,各市场内部秩序由工商局负责,市场外秩序由城建负责,分工明确,齐抓共管。1998年,对市区主要街道流动摊点、商业门店占道经营以及市场周边环境全面整顿。2005年,围绕打造宜居、宜游、宜投、宜会、宜商的"五宜"城市形象,进一步规范现有市场,开辟社区市场,增加市场容量,确定在解放西路、东门口、报社巷口、中华路北段等几处设立临时交易摊点。先后发出纠正违法行为劝诫书 2000 余份,处罚 1280 人次,取缔占道摊点 650 个、占道洗车点 11 处,限期整改 24 处。清理城市"牛皮癣"小广告 5.8 万处,查获夜间来安定喷涂办证号码广告的 13 人,查处没收随意散发、张贴的小广告数万份。成立保洁服务中心,组织"4050"工作人员清理屡清屡贴、层出不穷的"牛皮癣"。向各店铺、广告商和房屋产权单位印发了《关于设置户外广告规范标准的通知》,对影响市容的破旧广告,发函通知拆除、刷新或更换,对逾期未改正的采取措施纠正。共查扣取缔门前流动广告牌匾 680 块,拆除楼体竖式广告牌 476 块,更换门头牌匾 524 块。规范跨街横幅,清理沿街路灯杆、电线杆上的横幅广告和遗留绳索,净化市区空间环境。

环境卫生、绿化及网吧的监督管理

督促各单位、社区、物业公司清除死角垃圾,要求早餐、小吃摊点配备护道油布和垃圾容器,要求建筑工地设置防护设施,处置建筑垃圾,完善拉运密闭措施,拆除临时建筑,清理场地。对施工车辆带泥上路、拉运渣土沿街撒落、乱扔乱倒建筑垃圾的行为予以查处。督促餐饮业安装专用油烟管道和排烟设备,解决群众反映的噪音扰民、粉尘污染等问题。对影响车辆、行人通行和存在安全隐患的树木进行修剪、移植,对擅自砍伐树木、破坏草坪的行为严肃查纠。多次召开市区网吧经营者座谈会,宣传讲解有关法律法规,通报网吧经营中存在的问题。组建网吧经营协会,制定章程,加强自律。在中小学生上学前、放学后及双休日、节假日、寒暑假等时段重点巡查。对无证或证照不全的"黑网吧"、接纳未成年人进入网吧、闭锁门窗等行为作为查处重点。查出无证上网人员 560 人次,未成年人进入网吧 97 人次。立案查处网吧违法案件 57 起,取缔"黑网吧"4 家,责令停业整顿 8 家,自行关闭 4 家,使绝大多数网吧做到规范经营。

第六章 新农村建设

第一节 村镇规划

1984—1985年,县城建局对全县8个集镇、200个中心村和1278个基层村进行生产与生活、局部与整体、近期与远期的规划。1988年,建设部批准内官营镇为部级试点集镇。1995年,甘肃省建委委托西北市政设计院,对内官营镇建设进行规划:期限近期到2000年,远期到2010年;范围东起锦鸡塬山和东河渠,西至王家什字,南到曾家庄,北至二中北侧;用地面积326.35万平方米;人口规模近期、远期分别为2.5万人、3.3万人。2001年,委托兰州有色冶金设计研究院编制了定西县域城镇体系规划。规划等级划分为城市规划区、中心镇、小城镇和中心村。在集镇规划中,综合规划了居住用地、公共建筑用地、生产建筑用地、绿化用地、道路用地、农贸市场用地等项目,严格用地标准,改变集镇建设用地的无政府状态。在中心村和基层村规划中,注意各类用地比例,力求布局合理,节约土地。

乡镇域规划主要内容:集镇中心位置,村镇居民点布局,人口规模,建设用地规模,基本农田的空间分布和总量动态平衡,交通网的布局,一、二、三产业及科、教、文、卫等事业的发展目标,人均国民生产总值增长目标,邮电、通讯、电力、供水等基础设施发展目标,城镇化发展水平等。小城镇规划以当地经济社会发展计划为依据,近远期结合,旧镇改造与新建结合,维护原有风貌特色与加强环境保护结合。因地制宜搞好镇区布局结构,逐步达到城市化,把小城镇建设成为区域性政治、经济、文化和科技信息中心。村庄规划注重保护和利用自然环境,力求人口与资源环境的协调发展;力求总体布局活泼自然,建设形式美观大方,建筑群体和谐统一。搞好旧村改造,居住分散占地较多、生产生活不便的小自然村适当集中建新村,提倡建楼房。实现村村通公路,社社通汽车,户户通农用车。天上水、地表水、地下水"三水"齐抓,抗旱与防汛并重,开源与节流并举。继续修建混凝土水窖,推广先进适用的节水灌溉技术。加快农村电网改造,基本实现户户通电。建设以光缆为主的干线传输网,发展高速宽带信息传输网和数字移动通信,实现村村通电话。荒山造林,使林草覆盖率达到20.8%,建设生态防护林。饮用水源保护区水质达到二类标准,东西两河水质达到国家地面水三类标准。加强大气污染点源治理,削减污染物排放。主要道路、河流沿线建设 10～50 米宽绿带，绿化覆盖率达到 30% 以上。逐步建成高标准防洪体系，城区、巉口镇以 100 年一遇的洪水为设防标准，其他乡镇以 50 年一遇洪水设防。要求一般建筑按地震烈度七度设防，重要公共建筑按地震烈度八度设防，尽量避开崩塌、滑坡、断层地带。

安定区（定西县）城镇规划一览表

表 13-6-1

等级	镇名	2020 年人口规模（万人）	用地规模（平方千米）	人均建设用地（平方米）
中心镇	内官营镇	3.8	3.8	
中心镇	巉口镇		2.8	
小城镇	鲁家沟镇	0.9	0.95	105
小城镇	西巩驿镇	0.87	0.85	98.15
小城镇	李家堡镇	0.6	0.74	123
小城镇	宁远镇	0.89	0.89	99.44
小城镇	香泉镇	0.56	0.55	97.3
小城镇	符家川镇	0.53	0.67	127
小城镇	称钩驿镇	0.95	0.81	145.25

第二节 小城镇建设

内官营镇

位于安定城区西南 24 千米处。镇区居住人口 1.3 万人，企事业单位 53 家，建成区面积 1.84 平方千米。

1986 年，投资 63 万元兴建内官商场，占地 6400 平方米。1987 年，建成幼儿园、精神病医院。1988 年，建成电视地面卫星接收站。1989 年，拓宽主街道路，硬化市场 1700 平方米。1991 年，投资 23 万元开通 200 门程控自动电话。1992 年，建成广播电视站，投资 170 万元建成农业银行营业楼、邮电楼、玻璃纤维公司综合楼，总建筑面积 6200 平方米。1993 年，建成 3 层农技推广站服务楼、敬老院；省地县集资 105.7 万元完成集镇供水一期工程，敷设输水主管道 7464 米，供水房 22 座，日供水量 1032 立方米。1996 年，投资 88 万元，建筑面积为 1884 平方米的定西县第二人民医院的建筑工程完工。2004年，浙江省永康市帮扶建设永康路两座桥涵。2006年，拓宽改造总长5900米的锦屏路、永康路、文化路、永丰路、北环路、南川开发区道路及排

内官营镇

水工程；建成马铃薯交易市场，总投资1000多万元，占地面积3.4万平方米；锦屏农贸市场建成，投资243万元，建筑面积4000多平方米。

镇区辖内官村、锦屏村、永丰村、边家村等四个村，镇区柏油路长2578米、宽12米，面积2.85万平方米；三合土硬化道路长5000米、宽15米，面积7.5万平方米；农二级道路140千米，四级农村公路130千米；总投资1218万元。建成文化娱乐广场，占地面积4500平方米，建筑面积2000平方米，投资780万元。完成自来水工程及二期工程30千米，投资400万元；打机井9眼，投资2000多万元。敷设地下排水管道6500米，投资315万元。建成商贸、蔬菜、洋芋、木材、牲畜、日杂六大专业市场，总占地面积5万平方米，投资3000多万元。建成内官、锦屏蔬菜恒温保鲜库两处，占地面积8万平方米，建筑面积3.2万平方米，投资4000多万元。镇区栽植国槐300多株，垂柳220株，柏树绿化带3000多米，榆树绿化带2000多米。锦鸡塬公园绿化面积240万平方米。全镇实施退耕还林、荒山造林绿化面积2667万平方米。镇区道路两边建成两层以上楼房230栋。推行环境卫生"五包"责任制，公用设施、绿化树木管理责任制。清扫街道卫生人员10名，垃圾仓、垃圾台定时清理。

巉口镇

位于安定城区以北19千米处。镇区规划面积13.1平方千米，建成区2.8平方千米，人口0.85万人。定西市重点建设试点集镇，全国小城镇综合改革试点镇。1991—1999年，铺设街道920米，排水1800米，投资5万元。建设生产、居住、商业服务建筑2万平方米。投资560万元建设上水工程，主管线长21千米。投资

1500万元完成镇区环网上水工程。2001年,投资300万元改造建成世纪大道、开发区道路及安装路灯,埋设排水管道1500米。同年,建成综合市场,占地1.86万平方米,投资500万元。2003年,投资185万元,建设长900米新主干道,占地1.46万平方米。2005年,建成牲畜市场,占地8000平方米,投资20万元。2006年,投资440万元建成占地2.66万平方米的马铃薯市场。总投资552万元建设道路三条:民主路长800米、宽24米,东大街长298米、宽40米,镇南路长491米、宽20米。埋设排水管道2600米。修建

岘口镇

广场,占地1.08万平方米。至此,完成了以"世纪大道"为主干道的"三纵三横"道路和给排水工程。建起3个市场、1个商贸城、5栋住宅楼、8栋办公楼、3处居民小区,建成岘口中学公寓楼和教学楼。扶正制药、金铃生化、陇峰淀粉、蓝天淀粉、薯峰淀粉等加工企业落户岘口,田丰面业快速发展。投资1200万元建设自来水工程,建成330千伏、100千伏变电站以及无绳、移动、联通信号塔,开通有线电视。镇区绿化面积5000平方米。

西巩驿镇

位于安定区东部。2002年,启动小城镇建设。规划面积5平方千米,建成面积3.5平方千米,镇区常住人口5500余人。2004年3月,列为甘肃省小城镇建设综合改革试点镇。科学规划,分步实施,拆迁农户92户,拆迁面积7320平方米;拆迁机关单位12家,拆迁面积4570平方米。拓宽改造古驿道,拆迁农户57户,建成600米长的古驿路和500米长的文昌路。拆迁农户21户,新开通长300米的商贸街。镇区道路铺油硬化,安装路灯83盏,栽植行道树1000多株,建成面积1200平方米的灯光球场,安置健身器材。完成镇区电网改造和电信线路改造工程,投资45万元建设自来水引水和地下排水工程。新建常安幼儿园(投资25万元)、粮管

所综合楼（投资 60 万元）、供销社综合楼（投资 70 万元）和水管所综合办公楼（投资 25 万元）。东部商贸城占地面积 1.56 万平方米，建筑面积 5500 平方米，经营户 80 多户，个体摊位 120 多个，投资 400 万元。建材和农副产品批发市场占地面积 7000 平方

西巩驿镇

米，建筑面积 1800 平方米。牲畜市场占地 8000 平方米，东部马铃薯市场占地 1.4 万平方米。陆续建成文昌宫楼、信用社、法庭、西巩中学、中心小学办公楼或综合楼。建成敬老院（投资 7.5 万元）、西巩汽车站、剧场及大彩门，建公厕 3 处。镇政府办公楼于 2006 年 8 月投入使用。

宁远镇

位于安定城区东南部 35 千米处。镇区规划建设面积 5.3 平方千米，4800 余人。1993 年，筹资 9 万元，整修街道长 1500 米、宽 4.5 米，面积 6750 平方米。2000年，撤乡建镇。拓宽改造旧 312 国道，由 10 余米拓宽至 24 米，路边修筑 2 层以上楼房。建成占地 1.3 万平方米的乐民新村，入住 28 户。2005 年，招商引资 500 万元，建成占地 3.3 万平方米的马铃薯专业市场两个、通风式马铃薯贮藏窖 130 个。以工代赈易地扶贫搬迁项目集中安置农户 200

宁远镇

户。至2006年,共敷设供水管道5千米、排水管道2千米,道路铺油1.2千米,修建街心花坛。投资50万元建成农贸、建材、蔬菜、牲畜等四个专业市场,共占地6660平方米。投资84万元建起信用社、幼儿园、公用型汽车站。建成电视转播塔,电视入户率98%。相继建起地税所、邮政所、工商所、电信所、水管所等办公楼。镇区基础设施总计投入资金1000万元。镇区环境卫生专人管理。

鲁家沟镇

位于安定区城区北部35千米处,定(西)靖(远)公路穿境而过,镇区规划面积4.2平方千米。2003年,列为甘肃省小城镇建设综合改革试点镇。同年,定靖公路拓宽改造,拆迁农户78户、机关单位12家,拆迁面积2万平方米,道路拓宽到24米。2005年,实施以工代赈易地扶贫搬迁项目,集中安置农户191户802人,占地面积13.5万平方米,总建筑面积2.24万平方米。镇区栽植侧柏、刺柏等树3万多株,绿地面积2000平方米。城镇建设管理办公室具体负责建设用地、建筑施工、环境卫生和市场管理工作。2006年,"两纵四横"4千米长的主干道路网基本形成。修

鲁家沟镇

建宽5米、长12米的桥涵,敷设地下排水管道3400米、排水渠1000米。投资160万元建成洋芋市场,投资100万元建成综合农贸市场。相继建成镇政府办公楼、信用社、卫生院、科技文化服务中心、供销社等楼房,共投资181万元。个人建设商住综合楼面积1.2万平方米。

李家堡镇

位于安定城区东南部20千米处,312国道过境,规划面积4.82平方千米。2003年,列为甘肃省小城镇建设综合改革试点镇。拆迁农户、机关单位118户,拆

迁面积4.1万平方米,拓宽改造主街道。2004年,建成镇政府办公楼。民间筹资995.2万元建设商住用房150户,面积2.49万平方米。投资36万元建设社会化服务楼,投资18万元建设公共汽车站(停车场地2668平方米)。2005年,改造黄金路段,长1700米,宽从20米拓宽到40米;敷设排水主管道1675米,支管道732米,道路铺油900米;实施以工代赈易地扶贫搬迁项目,在下小河和麻子川村安置农户196户980人,占地面积6万平方米。建成马铃薯及百货综合市场,占地

李家堡镇

3.4万平方米,投资100万元。贮藏窖40眼,可贮存马铃薯6000吨。投资150万元建成牲畜市场、木材市场。

香泉镇

位于安定城区西南20千米处,定渭公路穿境而过。镇区面积0.54平方千米,人口900多人。到2006年,建成商住二层楼39家,建筑面积4670平方米。敷设排水管道300米,新建清真寺

香泉镇

及综合市场、牲畜市场、蔬菜市场,建公共厕所2座,安装路灯20盏。

葛家岔镇

位于安定区东北部山区，距城 34 千米。镇区设北街、东街。2004 年，建成北部蓝天洋芋市场，建筑面积 4900 平方米，投资 30 万元。2005 年，建成正大洋芋市场，投资 45 万元。相继建

葛家岔镇

成镇政府办公楼、计划生育服务站、工商所、派出所办公楼，建成公共汽车站、葛家岔中学等，总投资 285 万元。2006 年，完成北街排水工程，投资 17 万元；完成镇区电网改造，投资 25 万元；拓宽平整街道长 500 米，宽 15 米；拆迁面积 1 万平方米，街道两侧建成商铺 33 户、1650 平方米。

符家川镇

位于安定区西部，规划建设面积 3.6 平方千米。2001—2005 年，共投入资金 4989 万元进行小城镇改造。拆除面积 6350 平方米，建设镇政府办公楼、电管站、信用社、水管所、剧场等，建筑面积 3950 平方米。市场铺沙整修。2006 年，修建排水渠 500 米，路面铺油 200 米。建成派出所楼和汽车站，建成洋芋贮藏市场和洋芋加工厂各一处。

符家川镇

称钩驿镇

位于安定区西北部，规划建设面积 0.6 平方千米，已建成 0.2 平方千米，镇区

人口 1400 人。到 2006 年，拓宽改造文化路、好麦路、周河路共长 500 米；硬化市场地面 6000 平方米；建排水渠 1000 米，建成二层商住楼 7 栋，建筑面积 6944 平方米，投资 580 万元；建成马铃薯市场，占地

称钩驿镇

面积 1.07 万平方米；投资 200 多万元对镇政府、卫生院、派出所、学校等单位办公用房及校舍进行改造。建成大戏楼、汽车站、公厕 2 处。

团结镇

位于安定区南部，镇区人口 1400 多人，建成面积 0.5 平方千米。到 2006 年，拓宽改造主街道长 400 米，埋设排水管道 300 米，投资 52 万元；改造临街铺面 134 间，建筑面积 1.6 万平方米，融资 800 多万元；投资 460 万元建设供水工程，新建蓄水池 2 座，日供水量由 20 吨提高到 30 吨。投资 200 万元建成占地 6400 平方米的综合贸易市场。建成镇政

团结镇

府办公楼(452 平方米)，投资 76 万元。投资 12 万元建成汽车站。

第三节　村庄建设

农房建设

80年代,农房建设热潮兴起,在注重实用的同时,开始讲究建房的规格和外观。砖木、土木结构房屋占新建民房的四分之三以上。门窗多木制,少数使用钢窗或铝合金窗。前墙从水泥勾砖缝到全部粉刷,顶棚从纸糊到塑料带打顶。90年代后期到21世纪初,农村建房材料与城市居民建房用材趋于一致,部分新建房屋地基结构从砖石转向混凝土,铝合金、钢门窗渐占主导地位。各种彩色面砖取代普通粉刷,瓷砖地坪取代普通室内地坪,装饰向新颖美化方向发展。农村新建房结构以砖木为主,经济条件较好者建造二三层楼房。到2006年,安定区新建农房21029户,占村镇总户数的24%。建筑面积206.1万平方米。全区农房总面积485万平方米,其中楼房11万平方米,土瓦房273万平方米,砖瓦房201万平方米。一批公用设施较齐全的农民新村陆续建成。

新农村建设

2005年10月,安定区制定2006—2020年社会主义新农村建设总体规划。按照"生产发展、生活宽裕、乡风文明、村容整洁、管理民主"的要求,科学规划,分类指导,优化布局,典型示范,扎实推动全区新农村建设。坚持政府主导,农民自愿,不强迫命令,不一刀切,全区292个村,经济基础和自然条件较好的63个村划分为一类建设村,先行一步。建设标准有十点:道路主次分明,主干道硬化;路灯照明率达到40%;自来水入户率达到20%以上;程控电话和有线电视入户率达到80%;实现四旁(水旁、路旁、宅旁、村旁)绿化和庭院绿化,绿化覆盖率达到30%以上;村建卫生所,并达到有关规定标准;建立文化娱乐活动场所;学校消除危房,学生有文体活动场地;村民住房砖混及砖木结构达到90%;环境卫生好,农户改厕率达到100%,消除垃圾乱堆乱放。通过新农村建设,实现农村生产力较快发展,农民生活水平明显改善,农村社会和谐稳定,形成家庭和睦、团结友善、勤俭自强、诚信守法的新风尚。扶贫开发整村推进和易地搬迁工程与新农村建设相结合。重点推进道路硬化、自来水入户、安全用水和有线电视村村通工程。

2005年,启动实施7个参与式整村推进扶贫开发项目。2006年,易地扶贫搬迁项目涉及7个镇、21个村、36个社、1436户、7054人,项目总投资7572.6万元。启动10个参与式整村推进扶贫开发项目。完成宁远、李家堡易地扶贫搬迁项目工程道路、农宅规划设计及青岚山乡花岔村等 7 个村规划编制，边规划、边建设。2008 年，建成内官营镇崖湾、青岚山乡大坪、鲁家沟镇南川、巉口镇康家庄、宁远镇宁远村、李家堡镇李家堡村等一批新农村建设示范点。2009 年，安定区委确定巉口、西巩驿、高峰、青岚山等四乡镇为新农村建设试点乡镇，赵家铺、麻子川等 11 个村为试点村。

第四节　农村能源建设

安定区农村能源主要以各种农作物秸秆、林木柴火、荒山杂草、牲畜粪便为主。随着国家"两西"建设的实施，省政府提出"三年停止破坏，五年解决温饱"的奋斗目标。安定区开展"多能互补、综合利用"措施，集中大量资金节柴改灶、种草种树、发展畜牧。

1986—1989 年，改建节煤灶 5.98 万台，比旧炉灶节柴 30% 以上。改建节柴炕 2000 铺，发展薪炭林近 21 万亩，种植草木樨 28.3 万亩，建成沼气池 680 口，投放太阳灶 1599 台，全区燃料短缺状况有了初步改善。

1990 年，国家实施"八七"扶贫攻坚，大力发展太阳灶、蜂窝煤、沼气池建设。建起太阳灶生产企业 13 家，年产太阳灶上万台；建起蜂窝煤加工点 10 家，年产蜂窝煤 150 万块。李家堡太阳灶厂年产太阳灶 500 台。1992 年，全区节柴灶达到 7.64 万台，占农户炉灶总数的 97%。推广太阳灶 2300 台，修建沼气池 1500 口。1995 年，全区新增太阳灶 788 台，改建节能灶 1.98 万台、节能炕 2500 铺。1997 年，建日光节能温室 352 座、塑料大棚 1020 座、暖圈 5 万平方米。1999 年，全区累计推广应用节柴灶 7.92 万台、节燃炕 5900 铺、太阳灶 5 万台。

2000 年，九华沟流域综合治理示范点建设项目投放太阳灶 100 台。全区正常使用的沼气池累计 400 口，省柴节煤灶 8.2 万台，节燃炕 7800 铺，累计推广太阳灶 7.55 万台、太阳能热水器 500 台、多功能采暖炉 490 台。塑料大棚发展到 2384 座、日光温室 2276 座。2004 年，安定区被列为农业部农村沼气国债项目实施区，安排沼气池建设 1119 口，总投资 391.6 万元。该项目在凤翔、巉口、葛家岔、青岚山四乡镇的 9 个行政村实施。2005 年，全区累计建成沼气池 2570 口，投放太阳灶 8.02 万台，改建节柴灶 8.5 万台、节能炕 2 万铺。2006 年，国家投资 2892.5 万元建沼气池，改厕所、厨房、圈舍。其中国债项目 8400 户 1102.2 万元，扶贫项目 2500 户 300 万元，爱德项目 345 户 41.4 万元，拉动内需项目 3600 户 540 万元，巩固退耕还林成果项目 5858 户 878.5 万元。2007 年，投资 292.4 万元建成农村沼气村级服务网点 67 处，其中国家投资 205.3 万元，省上及地方配套投资 87.1 万元。2010年，全区累计建成沼气池 23438 口，投放太阳灶 88619 台，改建节柴灶 8.7 万台、高效节柴坑 2.5 万铺，培训沼气生产工 345 人。通过大力推广"一池三改"建设，以沼气池为纽带，促养殖，带种植，发展"种草—养畜—沼气—肥田"能源生态循环经济模式，区内农村经济发生明显变化，生态环境明显改善，促进了农业可持续发展。

2010 年 10 月 10日，全国首届农村沼气生产工技能大赛在安定区鲁家沟镇南川村举行。比赛展现了各省沼气生产工的风采，交流了经验，提高了技术。甘肃省代表队获得了银奖。

全国首届农村沼气生产工技能大赛

第五节　农村合作经济组织建设

2010 年底，全区共建有各类农民专业合作经济组织 114 个，其中专业合作社75 个，协会 39 个，共有会员 6589 人，带动农户 5.88 万户。合作社社员 4007 人，带动农户 3.66 万户，实现收入近 1.1 亿元，社员人均 4407 元；协会会员 2582 人，带动农户 2.22 万户，实现收入 1777 万元，会员人均 3421 元。专业合作社中从事农业生产资料购买的合作社 6 个，农副产品销售的 34 个，种植业 15 个，养殖业 20个。农副产品经营中冠名马铃薯合作社的 20 个，冠名蔬菜合作社的 9 个。养殖业中养猪合作社 7 个，饲养牲畜的 8 个，饲养家禽的 5 个。其他有农机专业合作社、苗木专业合作社、洋姜专业合作社、农业技术服务合作社等。合作社成员中农民成员占 95.6%，非农民成员占 3.9%，企业单位成员占 0.5%。农民专业合作社出资总额 5488 万元，其中货币出资额 4880 万元，非货币出资额 908 万元，分别占出资总额的 83.5%和 16.5%。

农民专业合作社选介

定西市喜农马铃薯专业合作社　是安定区成立最早的农民专业合作社,2007年8月在工商行政管理部门注册,取得法人资格。合作社拥有良种种植基地1万余亩,对安定区北部6乡镇91个村作了无公害产地认证。销售总量7600吨,实现直接效益760万元。2008年,销售5万吨,直接效益4560万元。

盈丰农产品经销合作社　地址在内官营镇锦屏村。拥有占地70亩的蔬菜交易市场2处,占地20亩的蔬菜交易市场3处,蔬菜恒温保鲜库130间,年销售甘蓝、大白菜、辣椒、芹菜、胡萝卜、菜花、番茄、菜瓜、洋葱等高原夏菜30万吨,主要销地为广东、福建、上海、湖南、湖北、浙江等地。专业合作社作用的发挥,大大提高了安定区内官营镇蔬菜的知名度,提升了蔬菜产业化发展水平,增加了农民收入,带动了当地餐饮、商贸业的发展。2010年,全镇蔬菜种植面积4.5万亩,总产量30万吨,合作社年总收入1.5亿元,社员人均从蔬菜产业中获得收入8000元,占人均总收入的80%。

太平养鸡专业合作社　地址在鲁家沟镇太平村。2006年禽蛋产品通过省农牧厅"无公害产地"认证,2007年通过农业部"无公害产品"认证。申请注册"鲁太缘"小鸡蛋商标,精心包装,近销安定城区各大超市,远销临夏、甘南、青海及西藏等地。2010年7月,在工商行政管理部门登记设立。社员216人,带动农户169户,养鸡规模30万只,每天产蛋20余吨,年养鸡收入500多万元,户均收入3.6万元。

甲天下农产品产销专业合作社　地址在巉口镇开发区。前身是东方土产经贸有限公司,1997年在工商行政管理部门登记设立。主要从事马铃薯购销,社员404人,入股资金123.8万元。员工33人,带动农户5000户。合作社拥有马铃薯贮藏库6000平方米,种薯贮藏库1400平方米。2009年,固定资产514.4万元。自筹资金在巉口镇、宁远镇新建总投资1000万元的贮藏库,可一次性贮藏6000吨。2010年,合作社销售鲜薯2.6万吨,存储8000吨,销售收入5200万元,实现净利润262万元,社员分红18万元。

博鑫农产品购销专业合作社　地址在内官营镇锦屏村。拥有占地40亩的蔬菜交易市场,社员108人,资金200万元,连接带动农户500户。2010年,投资260万元建立蔬菜种植基地1800多亩,种植甘蓝、花菜、娃娃菜、芹菜。建立新品种示范基地20亩,引进西兰花、花椰菜、特菜红笋等新品种进行试验示范种植。外销各终端市场1.3万余吨,实现产值1100多万元,社员人均分红10万元。

南坪果蔬专业合作社　位于符川镇兰星村。2010年,符川镇集中连片流转土地 500 亩,建设日光温室 310 座,农民获得每亩租金 800 斤小麦。嫁接从国外引进无限期生长的精品蔬菜、种植樱桃、李广杏及错季节高档瓜果,组装配套有机无土栽培、生物反应堆等技术。每座日光温室建一座沼气池,沼气增温照明,沼液沼渣喷叶肥田。利用未建温室的闲散地建养殖小区,解决沼气池原料和园区用肥。通过业主投资经营、政府补助扶持、部门项目整合、群众参与发展,形成龙头企业、生产基地与千家万户风险共担、优势互补、效益双赢的利益共同体。

　　安定区马铃薯经销协会　2004 年 7 月成立,会员 568 人。下设 23 个分会,遍布全区 19 个乡镇及周边地区,覆盖 7.8 万多农户。协会以服务"三农"为宗旨,以实现农户、企业"双赢"为目标,按照分散经营、集中管理、联合对外、统一营销的要求,开展以马铃薯经销为主的服务活动,发挥带领农民走向市场的桥梁、纽带作用,为实现农业增效、农民增收做出贡献。

第六节　新农村建设成果选介

内官营镇边家村

距镇 1.5 千米,2004 年实施以工代赈易地扶贫搬迁项目。整体搬迁 200 户、909 人,用地 8 万平方米,其中住宅用地 6 万平方米,道路占地 1.1 万平方米,公共建筑及绿地 0.22 万平方米。总建筑面积 1.82 万平方米,其中住宅面积 1.78 万平方米。道路系统以主干道、次干道和支路为骨架,路宽分别为 5 米、3 米和 2 米,配置

内官营镇边家村

道路绿化与零星绿地。供电、供水、排水设施齐全,建有老少文体活动室、综合服务部及商店等。

巉口镇康家庄村

位于镇北 1 千米处,在青烟寺下、巉口中学旁边。新农村始建于 2007 年,项目总投资 2322 万元, 其中国家易地扶贫专项资金 880 万元。占地 17.33 万平方米, 建筑面积 36000 平方米,建住宅 349 套,其中门面开发型 52 户,二层养殖型 122 户,农家乐型 36 户, 一层带高房养殖型 44 户,一层养殖型 95 户。建于村口高台阶上的"陇中人家"独院,建筑面积 680 平方米,投资 32 万元。集文物民俗展览、

巉口镇康家庄村

农家书屋、文化娱乐为一体,体现了陇中乡土风情。住宅区道路三纵七横;拓宽改造门前公路长 490 米,宽 20 米;敷设 DP300 管道 3770 米;建水窖 349 眼,沼气池 349 座,菜窖 349 个;架设农电线路 2000 米、电信线路 500 米;埋设电信光缆 200 米;养殖业以獭兔为主,农家乐经营餐饮服务业。

青岚山乡大坪村

位于安定城区以东 5 千米处,有 125 户,535 人,3 个村民小组。在金川公司及社会各界大力帮扶下, 累计投入资金 100 多万元,建成阁楼式住宅 108 户,沼气池 123 座,塑料大棚 100 座,日光温室 28 座;改建标准化圈舍 105 间,配置太阳灶 130 台。新修、维修村社道路 15 千米,铺沙 8 千米,铺

青岚山乡大坪村

柏油 10 千米。修谷坊 110 道、塘坝 5 座、配套渠系 3000 米,建"121"雨水集流水窖 560 眼,人均 1 眼。建成占地 427 平方米的综合办公楼和 650 平方米的展厅,楼内配备电脑、电视、VCD 等电教及文娱设备,创办农家书屋,绿化道路 18 千米。修建马铃薯贮藏库 33 个,新建贮藏窖 100 眼,建成两处交易市场,交易量 8 万吨。注册"陇上大坪"、"陇中大坪"两个马铃薯精品商标。投资 20 多万元,建起占地 2000 平方米的良种场,引进优质纯种肉羊。发展养鸡户 8 户。每年输出富余劳动力 110 人。发展剪纸业,在全国剪纸大赛上获奖,大坪剪纸走出了安定,走出了国门。人工造林 2920 亩,四旁植树 6.3 万株。2004 年以来,先后获得第四届全国创建文明村镇工作先进村,全省民主法制示范村、省级文明村、小康村,市级文明村等荣誉。2008 年 12 月 12 日上午,中央电视台新闻频道《我们的三十年》特别节目中,现场直播了大坪村的巨大变化。

符家川镇兰星村

扶贫搬迁项目,将本镇大岔村 1～5 社、长丰村暖水沟社共计 168 户 842 人整体搬迁安置于兰星村。2006 年 8 月,省发改委批准实施方案,实际投资 1276.3 万元,其中国家扶贫专项资金 443 万元,群众自筹 803.3 万元,其他资金 30 万元。农田基本建设 45.33 万平方米,完成 40 立方米水窖 168 眼,硬化雨水集流场 168 处,面积 13440 平方米,建成集雨水进口 168 座,排水检查井 61 座,布设 PVC 排水管 1600 米,砼排水管 2818 米。修建道路 3.2 千米,建设 10KV 线路 4.45 千米。建设住宅 168 套(其中 A 型 104 户,单户建筑面积 132.4 平方米;B 型 37 户,单户建筑面积 105.1 平方米;C 型 7 户,单户建筑面积 80 平方米;D 型 20 户,单户建筑面积 85.1 平方米),占地面积 19920 平方米;完成标准化塑膜暖棚圈舍 64 间,1920 平方米;建 10 立方米沼气池 64 座。2008 年,搬迁户人均纯收入由 850 元增至 2100 元。

符家川镇兰星村

李家堡镇李家堡村

位于安定城区东南 20 千米处,易地扶贫搬迁项目。在下小河征用闲散撂荒地 13.02 万平方米,安置菜坪、红川、锦鸡 3 村 7 社的 196 户 980 人,总投资 1095.9 万元。建设养畜暖棚 116 间,沼气池 101 座,水窖 148 眼,硬化集流场 10800 平方米。将原来长 900 米、宽 20 米的旧街道改造成长 1700 米、宽 40 米的新街道,建成绿化带及人行道,栽植榆叶梅、连翘、侧柏、国槐、金丝柳等 1036 株。建

李家堡镇李家堡村

成马铃薯市场、百货综合市场和牲畜市场,促进了集贸市场的发展。

内官营镇崖湾村

全省第一批社会主义新农村建设示范点。总投资 599 万元,其中群众自筹 111.2 万元。新修道路 24 千米,新建翻水桥 2 座;机修梯田 900 亩,荒山绿化 33.33 万平方米;建马铃薯良种繁育基地 333.33 万平方米,储藏窖 500 眼,储藏库 15 间;建沼气池 80 座,改建圈舍 300 座;建起中河村文化卫生室 5 间 148 平方米。居民小区建设初具规模。

内官营镇崖湾村

巉口镇赵家铺村

定(西)靖(远)公路穿村而过,交通便利。按照"三改五配套"(改圈、改厕、改厨,配套养殖、沼气、贮藏窖、水窖、青贮氨化池)的要求,每户建标准化圈舍1间、沼气池1座、养肉羊5只左右,建15立方米青贮氨化池1座、水窖2眼、马铃薯贮藏窖1眼。实现了"喝干净水、用清洁灶、上卫生厕、住整洁房"的目标。成立养殖协会,马铃薯种植协会,沼气协会。

巉口镇赵家铺村

第十四编

财政 税务 金融 保险

第十四编　财政　税务　金融　保险

第一章　财　政

第一节　组织机构

1986年,定西县财政局内设人秘股、预算股、企业股、农财股、监察股。

1988年9月,定西县财政局增设行政事业财务股和综合股。

1991年7月,财政局设立人秘股、预算股、行政事业财务股(含控制社会集团购买力办公室)、农业财务股(含支援不发达地区发展资金办公室)、企业财务股、综合股、国有资产管理股、会计事务管理股、税收财务物价大检查办公室(含财政监察)九个职能股(室)。

1992年11月,成立定西县国有资产管理局,下设国有资产管理股,编制为3人,其中副局长1名,人员从财政局内部调剂,与县财政局合署办公。

1993年9月,成立定西地区国债服务部定西县代办处,地点设在县财政局。

1994年9月,国家、地方税务局分设,县财政局管理的农业税业务划归地方税务局管理。

1995年8月,成立定西地区会计师事务所定西分所,事业性质,人员编制为5人,经费自收自支,办公地点设在县财政局。

1997年8月,定西县财政局内设人秘股、综合计划股、预算股、行政事业财务股、农业财务股、企业财务股、会计事务管理股、财政监督股,辖国有资产管理局。

1999年1月,设立基本建设股、社会保障股。

2000年10月,定西地区会计师事务所定西分所撤销,人员自行分流。12月,农业税征收管理再度划归财政管理,成立定西县农业税征收管理局,全面负责农业税收的政策执行,票据、征收管理等各项工作。编制6人,隶属于县财政局,副科级建制。

2002年6月,依据编制精简方案,财政局内设9个股室:办公室、综合股、预算股、国库股、行政事业财务股、农业财务股、社会保障股、会计监督股(挂定西县财经监督检查办公室牌子)、经济建设企业股;辖定西县国有资产管理局、定西县政府采购办公室、定西县财源建设领导小组办公室、定西县农业税征收管理局等4个二级单位。

2003年9月,根据定西县撤县设区机构更名的通知,定西县财政局更名为定西市安定区财政局;定西县国有资产管理局、定西县政府采购办公室、定西县财源建设领导小组办公室、定西县农业税征收管理局随之更名。

2005年1月,设立定西市安定区专项资金核算中心(副科级),隶属于区财政局。

2006年3月,将农业综合开发办公室从农业办公室分解出来,划归区财政局管理。撤销安定区农业税征收管理局,在区财政局内设农税股,其农村税费改革职能归农税股管理。2010年12月,将耕地占用税和契税的征收管理移交区地税局管理。

安定区财政局、安定区地方税务局办公楼

2010年11月,成立定西市安定区国库集中收付核算中心,为区财政局所属股级建制事业单位,编制3名。成立定西市安定区政府非税收入管理局,为区财政局所属股级建制事业单位,编制3名。成立定西市安定区城市建设投资经营管理办公室,为区财政局所属股级建制事业单位,编制7名。

2010年,安定区财政局内设办公室、综合股、预算股、国库股、行政文教股、社会保障股、农业财务股、经济建设企业股、国库集中收付核算中心、国有资产管理股、税政农税股、会计事务管理股、监督股;辖国有资产管理局、政府非税收入管理局、政府采购办公室、专项资金核算中心、农业综合开发办公室、城市建设投资经营管理办公室等;下辖19个乡镇2个街道办事处财政所。

第二节　财政体制改革

财政管理体制改革

1985年,按照省、地财政部门财政体制要求,定西县执行"划分税种,核定收支,分级包干"的财政管理体制。

1989年,全省进行财政体制改革,对定西县实行了包收包支,自求平衡,一定五年不变的新财政体制。

1990年,为贯彻执行治理经济环境,整顿经济秩序,全面深化改革的方针,实行了"包死基数,自求平衡"的财政包干体制。

1993年,实行分税制财政管理体制。分税制就是分级分权、分级分税。基本内容:一是按照事权,合理确定支出范围;二是根据事权与财权相结合的原则,统一划定中央税、地方税和共享税,并建立中央和地方的税收体系;三是按照"温和"改革的原则,制定了税收返还政策,收入增量的大部分归中央;四是根据政府公共服务能力均等化的要求,制定过渡期转移支付制度,并逐步建立规范的转移支付制度。实际上就是分支出、分收入、分设税务机构、实行税收返还的三分一返分税制财政体制。

1994年11月,按照分税制体制要求,根据《定西地区行政公署关于实行分税制财政管理体制改革的决定》要求,定西县财政承担本县党政机关运转所需支出以及本县发展经济、事业等方面的公共所需支出。划分为县乡级的固定收入有:营业税、县乡企业所得税、上缴利润、农业各税、个人所得税、房产税、车船税、印花税、屠宰税、土地增值税、其他收入等。

为保持原地方既得利益,逐步达到改革目的,中央对地方的税收返还以上年收入为基数,实行增量环比分成,按本县增值税和消费税平均增长率的1∶0.3系数确定。两税上划收入达不到上年两税上划数,则相应扣减税收返还补助。

1997年,为保证分税制的实施,省政府印发三保一挂责任制暂行办法(甘政发〔1997〕45号)。即保证财政收入稳定增长、保证职工工资发放、保证财政收支平衡,三项指标完成情况与奖惩政策挂钩,奖优罚劣,以奖代补。具体办法是将原由上级财政提供的财源建设资金、发展农村特产资金、部分重点扶持资金和发放工资补助等,先以财政借款形式下达,年终完成责任目标的,借款转为拨款,并给予奖励;完不成目标的,借款收回并加收利息,同时给予扣减财力的处罚。

1998年3月,省政府办公厅下发了《关于修订三保一挂责任制暂行办法的通知》,将原保证职工工资发放改为保证重点支出及时到位,这个重点支出不仅包括职工工资,还包括扶贫和救灾等支出。

2000年,又将当年省下三条社会保障线财政支出到位率和当年西部大开发专项支出到位率列入重点支出的考核范围。2001年,定西行署制定《定西地区三保一挂激励机制暂行办法》。

2003年7月,按照甘肃省政府及定西行署通知,从2003年1月1日起对共享收入留县级的比例进行调整。定西扶正制药有限公司的增值税打破（原330.7万元）基数，留地方部分市县实行五五分成。上划中央增值税和消费税的增量返还，以上年两税返还数为基数，依照财政部和省财政厅税收返还办法计算确定。

2009年7月，定西市政府为进一步规范市与县（区）政府间财政体制关系，根据《甘肃省人民政府关于调整和完善省对市州及直管县财政管理体制的决定》，从2009年1月1日起调整和完善市对县（区）财政管理体制。主要涉及增值税、营业税、城市维护建设税的收入分享范围和比例。

共享税收分享比例表

表14-1-1

单位：%

税种名称	1994年实行分税制时税收分享比例				2003年调整后分享比例				2009年调整后分享比例			
	中央	省级	地区级	县级	中央	省级	地区级	县级	中央	省级	市级	区级
增值税	75			25	75	5		20	75			25
金融保险业营业税				100		30	20	50	100			
一般营业税				100		30	20	50		30	25	45
企业所得税				100	60	20	5	15	60	20	5	15
个人所得税				100	60	20	5	15	60	20	5	15
城市维护建设税	30	20		50			50	50			100	
资源税		70		30								100
城镇土地使用税	50	25	25									100
耕地占用税		30		70								100
固定资产投资方向调节税	50	25	25									
农业特产税		20		80								

乡财县管体制改革

乡镇财政管理　乡（镇）财政是我国五级财政中最基层的一级财政，是国家财政的重要组成部分。1985年4月，财政部颁发《乡（镇）财政管理试行办法》，对乡（镇）财政的工作任务、收支范围、管理体制和办法以及组织机构等都做出明确规定。

1985 年,定西县在内官营乡推行乡财政试点,建立第一个乡财政所,实行一年一定,超收三七分成(县三乡七),结余留用,超支部分不予补贴的财政体制。

1988 年,在符家川、鲁家沟、巉口、称钩驿、葛家岔、团结、石泉、西巩驿、香泉、宁远、李家堡等 11 个乡建立财政所。

1990 年,对城关乡、城关镇、青岚山、石峡湾、新集、御风、东岳、高峰、黑山、西寨、张湾、杏园、景家泉、白碌等 14 个乡财政所进行组建。至此,全县 26 个乡镇都建立财政所,人员编制 105 人。

1996 年,定西县 26 个乡镇财政所全部建立乡级国库(乡镇国库设在农行营业所),并划转了预算关系。

1997 年,改革乡镇国库原一库几所的问题,将部分乡镇国库业务划归所在乡镇信用社承办,减少资金周转环节,使乡镇及时掌握和直接调度本级财政资金。

2002 年,重新制定《定西县 2002 年乡镇财政管理体制及奖罚实施办法》,实行教育经费上划,工商税收统一管理,重新核定乡镇收支基数,一年一定。主要是农村中小学教师工资上划县级,统一发放,各乡镇的工商税收上划县级统一管理。

2003 年,制定《乡镇财政管理暂行办法》,实行界定收支范围,核定收支基数(上年收入+当年增长),超收全留,超支不补,结余留用的管理体制。对农村小作坊零散税收委托乡镇财政所代征,收入全留乡镇。

乡财县管体制改革　2007 年,制定《安定区乡财县管改革实施方案》,当年 4 月起正式运行。这次改革是在县(区)与乡镇既得利益不变的前提下,采取乡财县管乡用的方式,以乡镇为独立核算主体,实行预算共编、账户统设、集中收付、采购统办、票据统管的财政管理方式,由区财政设立乡镇业务部代理乡镇财政总预算会计业务,乡镇设立财政结算员等岗位。

2010 年 9 月,乡镇财政所实行区财政局垂直管理,为副科级建制。内设财政所长、乡镇财政结算员、村财乡管核算员、强农惠农资金管理员、财政周转金管理员等岗位,全区人员编制 97 人。

第三节　财政收入

1993 年以前,农业各税由财政部门征收,工商税收由税务部门负责征收。实行分税制以后,财政收入的完成形成财政、国税、地税三大块。每年的收入任务按照 GDP 的增长幅度或略高于 GDP 的增长幅度,先提出收入预算,与上级部门衔接后,根据下达的数额分解到三个部门,并向人代会报告上年财政预算执行和当年财政收支预算安排及其任务分解情况。

　　从 2007 年起,伴随着经济形势的好转,财政收入每年都有大幅度增长,2007 年大口径财政收入达到 1.35 亿元,2009 年达到 2.2 亿元,2010 年达到 3.1 亿元。

表14-1-2

1986—2010年安定区（定西县）财政收入统计表

单位：万元

科目＼年份	1986	1987	1988	1989	1990	1991	1992	1993	1994	1995	1996	1997	1998	1999	2000	2001	2002	2003	2004	2005	2006	2007	2008	2009	2010
产品税	139.9	104.3	31.7	23.1	14.9	15.8	18	16																	
增值税	102	224.4	374.7	463.5	507.4	503.6	575	882	461	483	600	659	630	614	643	733	715	522	513	480	527	529	712	837	985
营业税	487.8	561.3	794.6	863.8	959.7	964.5	1108	1230	597	713	912	110	1632	1879	2559	3035	3413	1703	1799	1844	2088	2667	3254	3579	5147
企业所得税	134.5	95	128.4	210.4	241.6	299.3	274	199	93	121	82	146	186	120	266	211	113	106	61	77	70	116	150	219	312
企业所得税退税									−1										−4						
个人所得税									21	52	31	32	100	345	578	633	367	171	178	209	153	222	288	384	515
企业奖金税	17.9	2.1	8.7	32.2	6.2	38.8	29	40																	
国营企业上交利润	0.7		26.6	16.3	11.1	17.5	16			4															
国营企业计划亏损补贴			−97.3	−105.4	−102	−124.9	−129	−35																	
固定资产投资方向调节税	0.6	1.3							42	46	58	52	49	120	82	9	5								
城市维护建设税	34.9	43	58	69.4	78.4	74	87	122	75	83	88	136	126	149	153	201	249	193	231	235	268	284	348		
房产税		56.3	52.1	49.7	60.2	67.6	68	79	88	108	92	150	180	192	208	244	285	267	349	301	327	356	387	445	533
印花税				17.1	4.1	27.9	9	5	6	7	8	8	16	12	19	17	26	41	36	41	61	55	84	115	110

续表14-1-2

单位：万元

科目\年份	1986	1987	1988	1989	1990	1991	1992	1993	1994	1995	1996	1997	1998	1999	2000	2001	2002	2003	2004	2005	2006	2007	2008	2009	2010
城镇土地使用税				15.8	13.8	13.1	13	16	12	12	12	12	15	12	11	13	14	21	98	85	86	165	199	247	298
土地增值税										2			1			5					40	106	267	70	154
车船使用和牌照税		6.7	8	7	7.4	7.4	7	6	7	9	7	15	20	17	21	23	9	19	27	38	43	54	158	466	801
屠宰税	1.5	1.7	2.3	3	3.1	5.6	4	3	2	1	2	46	79	15	7	2	2								
农业税	122.7	154.9	157.9	198.1	198.8	198.9	234	239	374	318	536	538	517	408	376	229	1117	1075							
农业特产税				0.9	1	1.8	1	2	3	6	15	94	81	66	22	32	64	56	889						
牧业税	0.9	0.9	0.9	0.9	0.9	3.9	3	3	3	4	15	38	38	26	22	19	23	21							
耕地占用税		2.3	14.9	14.8	15.5	46.1	48	13	17	22	23	30	154	33	239	130	7	25	8	17	4				
契税										4	1	8	7	5	8	23	22	40	156	245	222	378	305	1091	1441
国有资本经营收入																									6
国有资源资产有偿使用收入													3	3	14	38	4	4	8	2	148	73	353	188	708
行政性收费收入						34.2	21	22	50	48	135	46	134	537	483	664	425	710	439	212	338	636	691	559	1417
罚没收入												85	210	116	81	108	236	283	511	463	614	521	317	598	732

续表 14-1-2

单位：万元

科目	1986	1987	1988	1989	1990	1991	1992	1993	1994	1995	1996	1997	1998	1999	2000	2001	2002	2003	2004	2005	2006	2007	2008	2009	2010
土地和海域有偿使用收入													25	27	172	225	218	251	229	240	282	323	400	565	574
专项收入					17.6	34.34	40	56	66	73	83		128	131											
其他收入	24.6	11.3	87	106.2	89.9	37.4	35	67	48	151	80	252	341	566	251	236	69	237	176	135	15	9	30	159	32
一般预算收入合计	1068	1292.3	1648.5	1986.8	2129.6	2266.9	2461	2965	1964	2267	2780	3447	4672	5393	6215	6830	7379	5745	5704	4624	5286	6530	7956	9522	13765
地县体制内上划中央各税									1390	1459	1807	1985	1892	1842	1932	2200	2628	3065	2883	2947	2875	3337	4430	4929	6267
地县体制内上划省级各税									90	97	108	123	118	106	97	101	121	1522	1526	1607	1685	2183	2719	4333	6612
地县体制内上划市级各税																		966	1029	1069	1177	1464	1796	3226	4334
大口径收入总计	1068	1292.3	1648.5	1986.8	2129.6	2266.9	2461	2965	3444	3823	4695	5555	6682	7341	8244	9131	10128	11298	11142	10247	11023	13514	16901	22010	30978

第四节　财政支出

　　财政支出以以收定支、量入为出为原则,在保证职工工资发放的前提下,根据可用财力再安排事业支出和建设支出。因定西县是国家级贫困县,财源结构单一,财政包袱沉重,加之政策性调资和刚性支出因素不断增多,致使收入的增长远远赶不上支出的需求,财政资金调度异常紧张,借款发工资时有发生(从1996年4月开始,出现不能按月发工资,形成拖欠多达数月),导致当年安排支出挤占专项款严重,甚至一些专项资金不能正常结转而用于平衡预算,虽然赤字额度控制在地区核定的范围之内,但财政资金调度紧张的困难局面较为明显。

　　从2004年起,随着经济形势的好转,资金调度紧张的问题逐步缓解。财政考核由原来注重财政收入进度转向注重财政支出拨款进度。这样,不但职工工资的按月发放有了保证,而且事业支出和建设发展资金也相对有了保障。从2008年工业发展基金列入部门预算,由100万元增加到2010年的500万元;从2009年城市基础设施建设列入部门预算,2009年、2010年各500万元;从2010年设施农业建设列入部门预算每年500万元。

1986—2010年安定区(定西县)财政支出统计表

表14-1-3

单位:万元

科目 \ 年份	1986	1987	1988	1989	1990	1991	1992	1993	1994	1995
合计	2427	2166.9	2666.1	2870.5	3055.7	3324.8	3738	4092	4038	5650
一般公共服务										
基本建设支出	216.4	34.8	36.4	47.1	137	88	53	79	24	57
公共安全			91.5	134.7	121.9	163.9	253	201	244	323
企业挖潜改造资金	11.6	7.8	18.5	5.6	87	70.5	185	382	162	35
科技三项费用	1.1	0.3								
支援农村生产支出	131.7	122	156.9	122	80.5	179.6	180	164	132	251
农业综合开发支出										11
农林水利气象部门事业费	135	122.3	142.3	148.3	195.2	215.8	282	328	381	519

续表 14-1-3

数目 \ 年份 \ 科目	1986	1987	1988	1989	1990	1991	1992	1993	1994	1995
工交商等部门事业费	0.5	0.1	0.3	24.4	38.2	36.1	58	67	88	110
文化体育与传媒										
教育事业费										
科学事业费		1	1	2.5	5.2	10.5	9	3	1	1
文教卫生事业费	730	777.1	987.2	1083.6	1191.4	1211.4	1470	1619	1808	2526
医疗卫生										
环境保护										
税务统计财政审计部门事业费	54.5	57.3	68.7	84.6	88	82	126	173	148	229
抚恤和社会福利救济费	70.7	59.2	89.1	93	130.4	95.8	118	143	140	286
行政管理费	334.3	347.7	413.7	467.4	494	543.9	654	692	848	974
社会保障和就业				1.1	0.9	0.7	1			
城乡社区事务	61.3	24.8	41.3	56.1	60.7	119	94	38	105	122
政策性补贴支出	87.2	108.1	244.5	311.1	267.4	301.4	171	20	10	31
支援不发达地区支出			326.9	224.7	85.9	35			1	
专项支出			0.2		17.6	33.2	18	20	30	39
地震灾后恢复重建支出										
国土资源气象等事务										
住房保障支出										
其他支出	592.7	504.4	47.6	64.3	54.4	138	66	163	−84	136

1986—2010年安定区（定西县）财政支出统计表

续表14-1-3

单位：万元

1996	1997	1998	1999	2000	2001	2002	2003	2004	2005	2006	2007	2008	2009	2010
6135	7526	8590	10547	14584	19501	23827	26614	28414	34595	46746	62995	84600	117280	140948
											6243	7414	8253	9640
85	118	101	336	1420	3225	3491	2833	3542	4614	6320				
358	324	490	505	575	839	790	846	1070	1301	1741	2188	2875	3699	5720
150	21	38	25	25	76	75	83	26	82	126				
	13	14	69	83	98	145	166	228	190	878	810	454	925	722
288	355	306	346	509	543	182								
17	16	32	36	20	10	30								
511	482	606	769	953	1093	1630	2425	2771	3536	5619	11338	18246	19305	21689
102	108	143	150	203	273	369	376	477	592	718	3599	3741	3884	7745
		265	330	381	411	528	605	785	1282	1348	620	1184	1419	1748
		2347	3012	3750	4544	6193	7592	8065	9320	13206	17841	25138	27874	31216
4	3	3	3	3	4	3	3	5	1	2				
2047	2147													
376	398	415	598	792	828	934	1046	983	1107	2369	4184	7551	9683	11031
											2603	4822	6838	8198
264	458	528	367	453	755	555	598	421	577	514				
245	258	234	344	528	433	856	1234	1309	1639	2359				
1017	1064	1105	1414	2273	2621	3023	3217	2778	3790	3685				
	625	819	1069	1316	1696	1951	2238	2383	2785	3959	8701	11139	21684	19961
90	122	200	311	307	416	307	257	299	155	124	4718	5909	7698	7604
24	61	59	57	47	10			2	7	111				
225	771	676	508	629	1113	1851	2250	2179	2190	2416				
32		71	91	81	183	143	116	355	538	282				
												696	5734	8467
													2133	
													4462	
300	182	138	207	236	330	771	729	736	889	969	150	431	284	612

1986—2010年安定区(定西县)财政收支总表

表 14-1-4　　　　　　　　　　　　　　　　　　　　　　　　　　　　　　单位:万元

项目 年度	收入						支出		年终 结余
	大口径 财政收入	上划上 级收入	一般预 算收入	税收返 还补助	补助 收入	上年 结余	一般预 算支出	调拨上 解支出	
1986	1068		1068		1108	507	2428	5	250
1987	1292		1292		1106	250	2169	166	313
1988	1649		1649		1236	313	2667	149	382
1989	1987		1987		941	382	2870	15	425
1990	2130		2130		982	425	3056	71	410
1991	2267		2361		906	410	3325	79	273
1992	2461		2461		1103	273	3738	126	−27
1993	2965		2965		951	−27	4092	154	−357
1994	3444	1480	1964	1183	850	−357	4038	214	−612
1995	3823	1556	2267	1159	994	−612	5650	269	−2111
1996	4695	1915	2780	1201	2250	−2111	6135	352	−2367
1997	5555	2108	3447	1219	2924	−2638	7526	250	−2824
1998	6682	2010	4672	1222	2545	−2824	8590	427	−3402
1999	7341	1948	5393	1192	4735	−3225	10547	247	−2699
2000	8244	2029	6215	1206	8960	−2699	14584	158	−1060
2001	9131	2301	6830	1214	12295	−1060	19501	273	−495
2002	10128	2749	7379	1639	14657	−495	23827	590	−1237
2003	11298	5553	5745	1731	19907	−1237	26614	358	−826
2004	11120	5416	5704	1728	22873	−826	28414	1279	−214
2005	10247	5623	4624	1716	27780	−214	34595	200	−889
2006	11023	5737	5286	1734	40351	−889	46746	41	−305
2007	13514	6984	6530	1735	52968	−305	62995	107	−2174
2008	16901	8945	7956	1798	76622	−2174	84600	188	−586
2009	22010	12488	9522	1876	105099	−586	117280	45	−1414
2010	30978	17213	13765	1946	125154	−1414	140948	26	−1523

第五节　财源建设

财政扭补

1991年9月，省政府把定西县列为国民经济发展第八个五年计划财政扭补县。县政府及有关部门进行多方论证，向省、地争取无纺织地毯厂新上提花栽绒地毯、海绵背衬4米幅宽地毯两个新产品作为财政扭补项目，被省计划委员会(以下简称计委)批准立项。省财政拨款250万元用于扭补项目补贴。争取省财政厅挖潜改造资金150万元支持无纺织地毯二期工程建设，项目建成投产后，给予政策性退税扶持共1027万元。在国民经济发展第八个五年计划期间，全县财政收入得到较快增长，由1990年的2129.6万元增加到1995年的3866万元，年均增长16.3%。按期实现了财政扭补目标。

财源建设

1991年，多方筹集各类周转金、利用预算外间歇资金525万元，重点扶持国有工业企业3家、商业企业5家、城乡集体企业67家、个体多种经营48家，扶持企业更新设备、技术改造、提高产品质量、拓宽销售门路、提高经济效益。

1993年，经县政府批准，扩大预算外资金的管理和使用，为企业提供有偿使用，解决企业资金周转困难。当年共为25个乡镇及39家县级涉农企业投入乡镇企业发展支农周转金634.4万元，主要扶持绿色食品、中药材、淀粉加工、塑料制品等企业的设备购进及挖潜改造。

2000—2005年，筹措资金686万元，用于无纺地毯、金牛家具、宏利塑料、建材公司、华艺地毯、工艺美术地毯、陇海乳品、陇兴淀粉、佶业包装、远东铝塑、鬃毛厂、兴旺养殖、金成菌业等企业的技术更新、挖潜改造等方面，积极支持地方财源建设。

2006—2010年，累计拨付资金10395万元用于爱兰薯业、圣大方舟、辛泰、爱兰、金羚等农产品加工企业产业链建设和陇海、超兴、金大地、螺钉公司等企业科技创新、企业技术改造和综合节能减排，大力培植和壮大财源规模，加大财源建设步伐。

第六节　财政管理

预算、非税收入、政府性基金管理

预算外资金管理　预算外资金属于财政性资金,所有权归国家,调控权归政府,管理权归财政,必须纳入财政管理。1987年,健全机构,配备专管人员,开始对预算外资金实施管理,建立预算外资金用款审批制度和预算外自筹基建资金来源审批制度。1989年,对县级行政、事业单位和企业主管部门的预算外资金,实行专户储存的管理办法,并制定收支两条线管理措施。1998年,在全县范围内开展清理收入来源、清理收费项目、清理银行账户和票据审核为主要内容的预算外资金清查工作,规范和整顿财经秩序。2002年,设立彩票公益金专户,纳入财政预算外专户管理。

预算管理　2000年,实施机关事业单位职工工资由财政统发,提高工资支出管理的水平。自2002年开始试编部门预算,2005年在全区预算单位中全面推行。通过统筹安排预算内外资金,全面实行定员定额标准管理办法,规范基本支出,细化项目支出内容,增强预算编制的完整性和准确性,切实提升预算管理的透明度、科学化、精细化水平。

推行专项资金专户管理制度,相继建立了工资统发专户、中央专项资金特设专户、扶贫资金专户、社会保障资金专户和强农惠农专项资金专户等,为各项重点资金的封闭运行、及时到位创造了条件。

1986—2010年安定区（定西县）预算外资金收支表

表14-1-5

单位:万元

年份 数目 项目	预算外资金收入	预算外资金支出	结余
1986	26	56	28
1987	425	368	85
1988	623	627	81
1989	723	566	238
1990	708	647	299
1991	825	780	344
1992	659	668	335
1993	303	268	370
1994	461	398	433
1995	759	672	520
1996	2178	1676	1022

续表 14-1-5

单位:万元

年份 数目 项目	预算外资金收入	预算外资金支出	结余
1997	827	798	1051
1998	1163	1309	905
1999	1146	1051	1000
2000	1116	801	1315
2001	1344	1180	1479
2002	1411	1341	1549
2003	2292	2443	1398
2004	2041	2116	1323
2005	3994	3710	1607
2006	2617	2637	1587
2007	2818	2777	1628
2008	4089	3912	1805
2009	3927	3846	1886
2010	3616	3876	1626

政府性基金管理　按财政部印发的政府收支科目,从1996年起,将工业交通部门基金收入、商贸部门基金收入、文教部门基金收入、农业部门基金收入、土地有偿使用收入、其他财政税费附加收入等政府性基金纳入财政预算管理,实行收支两条线,收入全额上缴国库,先收后支,专款专用;在预算上单独编列,自求平衡,结余结转下年继续使用。

非税收入管理　2009年9月,制定《定西市安定区政府非税收入管理改革实施办法(试行)》,组建政府非税收入管理机构,严格落实收支两条线管理制度,建立并实行收缴考核制度,强化非税收入征管。全面实行罚缴分离和票款分离,开展收费项目和银行账户清理,加强票据源头管理,初步形成较规范的非税收入收缴管理框架。

1997—2010年安定区(定西县)政府性基金收支表

表14-1-6

单位:万元

年份 数目 项目	基金收入	基金支出	结余
1997	336	296	40
1998	573	372	241
1999	391	363	269
2000	412	283	398
2001	423	295	526
2002	76	92	510
2003	205	154	561
2004	127	63	625
2005	93	44	674
2006	113	91	696
2007	215	346	565
2008	337	481	421
2009	425	134	712
2010	684	822	574

行政事业文教财务管理

1995年1月,按照"划小核算单位,强化预算管理"的要求,将东方红中学、中华路中学、职业中学、教师进修学校、东关小学、西关小学、大城小学、中华路小学、永定路小学、县幼儿园、友谊幼儿园等单位会计核算从教育局分设为独立拨款单位。

1996年9月,将县委办公室和政府办公室2个核算单位分设为18个独立核算单位。其中县委部门分设为县委办、目标办、纪检委、组织部、宣传部、统战部、政法委、政研室、团委、妇联10个核算单位;政府部门分设为政府办、经研室、审计局、计划局、劳人局、统计局、科技局、档案馆8个核算单位。

1999年,对计生指导站、党校、教师进修学校、图书馆、广播电视台5个事业单位,以上年末在编人员工资总额基数上压缩5%,财政按95%比例核定当年供给经费;文化馆压缩20%,按80%的比例供给经费。

1999 年 4 月,定西县工商行政管理局垂直省管理,上划经费 119 万元。

2004 年 6 月,原定西铁路中学移交地方管理,41 名在职职工移交地方财政。2006 年 1 月,28 名离退休职工移交地方财政。兰州铁路局一次性拨付三年经费支出补偿 591.53 万元。

从 2005 年春季起,国家将农村义务教育全面纳入公共财政保障范围,对农村中小学实施公用经费补助,对贫困家庭学生减免杂费、免费提供教科书。建立了中央和地方分项目、按比例分担的农村义务教育经费保障机制。至 2010 年累计拨付补助资金 12065.15 万元。区财政配套免杂费补助 255 万元、寄宿生生活补助 636.32 万元。

财政供给总人数

1986 年 6976 人,经费支出 744.8 万元;1990 年 8357 人,经费支出 1371.3 万元;2000 年 10888 人,经费支出 8228 万元;2010 年 13991 人,经费支出 48008 万元。

社会保障财务管理

保险基金　包括企业职工基本养老保险基金、失业保险基金、城镇职工基本医疗保险基金、工伤保险基金、生育保险基金等。2010 年底,全区社会保险基金规模达到 6862.4 万元。

城市居民最低生活保障　1999 年,定西县开始城市居民最低生活保障试点,2000 年全面实施。至 2010 年,保障标准经过 6 次提标,由每人每月 90 元提高到 189 元,保障面达到 15%,基本达到应保尽保。低保户取暖补贴从 2007 年实行,保障标准由每户每年 168 元提高到 2010 年的 600 元。

农村最低生活保障　2006 年 11 月在香泉镇试点,2007 年全面实施,2009 年和 2010 年两次提标扩面,补助标准由 600 元/人年,提高到 850 元/人年,保障面由 2.3% 提高到 17%,基本达到了应保尽保。

新型农村合作医疗　2005 年 10 月,宣传动员新型农村合作医疗,2006 年当年实际参合人数 314019 人,参合率达到 83.93%。筹资标准人均 45 元,其中:个人 10 元/人年,中央、省、市、区财政分别配套 20 元、10 元、1 元、4 元/人年;当年筹集资金 1258.4 万元,其中个人缴费 314 万元,财政补贴 942 万元,利息收入 2.4 万元。当年支出 891.8 万元,其中家庭账户基金支出 251.2 万元,统筹账户基金支出 640.6 万元。到 2010 年参合农民 320815 人,参合率 90.39%。

城镇居民基本医疗保险 2007 年，安定区在全省率先探索建立城镇居民基本医疗保险制度，当年城市居民参加基本医疗保险人数达到 31828 人次，居民缴费人均 20 元，筹资 47.6 万元，省配套 72 万元，区配套 80 万元。2007—2010 年，各级财政共配套资金 2383 万元。

地震灾后恢复重建资金管理

2008 年 5 月，受"5·12"汶川特大地震波及，设立抗震救灾专户统一管理资金。2008 年 1323 万元、2009 年 6037 万元、2010 年 8317.1 万元。具体项目是：城乡居民住房建设 2 项，824.9 万元；教育 29 项，7678 万元；卫生 2 项，613.1 万元；交通 28 项，4529 万元；公共服务 2 项，1114 万元；西巩驿罗川土地整理 1 项，400 万元。至 2010 年，共筹集灾后重建资金 15677 万元（其中上级专项 15297 万元、本级安排 380 万元）。

村干部离任补贴及养老保险

定西县从 1991 年起对离任村干部实行补贴，2008 年，根据《甘肃省村干部养老保险试行办法》，及时实施了村干部养老保险。缴费标准：财政补助 700 元/人年，个人缴费 300 元/人年。2008 年参保 765 人，个人缴费 21.57 万元，财政补助 61.32 万元；2009 年参保 806 人，个人缴费 23.385 万元，财政补助 52.56 万元；2010 年参保 800 人，个人缴费 23.28 万元，财政补助 52.56 万元。2010 年底补助人数达到 302 人，年支付补贴资金 27 万元。

离休干部经费

医药费补助 1997 年为 2.5 万元/月。2002 年 5 月，由 2.5 万元/月提高到 3 万元/月。2004 年 1 月，由 3 万元/月，提高到 4 万元/月。从 2008 年起，每年拨付参观考察经费 10 万元。至 2010 年，累计拨付离休老干部医疗费 447.5 万元。

企业财务管理

1988 年 10 月，根据财政部文件，制定《定西县国有企业试行主要副食品价格变动给职工补贴有关财务问题的通知》，规定补贴的 30% 进入成本，70% 用自有资金支付。

1992 年，对全县公交、商业、粮食等企业的潜亏进行清理，共清出潜亏资金454.8 万元。对第一轮承包到期的县蔬菜公司、陇中贸易大厦、食品公司、百货大楼、五金公司、食品加工厂等7家国有工商企业,进行了第二轮承包和新的工资总额与经济效益挂钩和工资总额包干核定。多渠道筹集资金,支援生产发展,一次性安排企业挖潜改造资金21万元,用于家用电器厂、运输公司、制鞋厂、建材厂、风机厂、陇中贸易大厦、医药公司等工交、商贸企业的技术改造和商品流通。

2008—2009年,中央扩大内需共安排四批资金13810.5万元,用于农林水牧教育等基础设施30个项目建设。2009年实施家电及汽车、摩托车下乡补贴政策,2009年补贴442万元,2010年补贴716万元。

农业财务管理

惠农财政补贴　2000年,定西县实施退耕还林补助政策。至2010年,累计拨付退耕还林粮食补助资金46720万元,生活补助资金7249.6万元。

2009年,财政部门推行惠农政策"一折统""一册明"。安定区8.9万户农户家家都有《农村信用合作社存折》和《农村惠农财政补贴明白册》。摄于鲁家沟镇南川村

2004年,对种粮农民实行直接补贴。2006年针对柴油、化肥等农资价格上涨对农民种粮收益的影响,中央财政实施农资综合直补政策。至2010年,共拨付粮食直补资金3089万元,农资综合补贴14679万元。

农机具购置补贴是国家鼓励和支持农民使用先进适用的农业机械设立的专项补贴资金。按照每台价格的30%补贴,2005—2010年,共拨付农机具购置补贴资金1235万元。

2007年,全国猪肉价格大幅度上涨,国家出台了能繁母猪直接补贴政策。2008年,能繁母猪补贴从50元/头增加到100元/头。2009年,随着猪肉价格的回落,国家取消了此项补贴政策。

2008年,国家对农民选用优质农作物良种和马铃薯种薯给予财政补贴。共拨付补贴资金2330.6万元。

2000—2010年安定区(定西县)强农惠农补贴资金发放表

表14-1-7　　　　　　　　　　　　　　　　　　　　　　　　　　　　　　　单位:万元

项目＼年度	2000	2001	2002	2003	2004	2005	2006	2007	2008	2009	2010
粮直补					219	294	420	532	532	546	546
农资综合补贴							835	1623	4083	4069	4069
退耕还林粮食补助				2002	5082	6738	6822	6822	6615	6532	6107
退耕还林现金补助	80	116	286	686	726	962.6	975	975	895	859	689
能繁母猪补贴									64.37	16.4	
能繁母猪保险								50.7			
奶牛补贴									6.65	7.38	
农机具补贴						40	60	120	162	370	480
良种补贴									136.6	1204	990
义务教育经费保障机制					162.9	421.2	1492	1490	2234	2466	3699
农村粮食直补							18	137	894	3241	492
五保户补贴				45	45	45	83	145	212.3	377	492
新型农村合作医疗							962	1430	2615	2625	3854
农村医疗救助						85	103	107	231	586	811

专项资金报账　2003年4月,定西县被省财政厅、发改委、扶贫办、民族宗教事务局列为全省财政扶贫资金报账制试点县。根据财政部《财政扶贫资金报账制管理办法(试行)》和《甘肃省财政扶贫资金县级报账制实施细则(试行)》,制定定西县财政扶贫资金报账制操作规程,对各类财政扶贫资金全部实行报账制管理。

2006年,按照省财政专项资金管理规定和《定西市支持特色产业发展财政专项资金管理暂行办法》,对用于扶持地方特色优势产业发展的财政专项资金也实行报账制管理。

化解债务　2007年11月,省农村税费改革领导小组对安定区2005年12月31日前,因"普九"和农村义务教育阶段形成的债务逐校审定,共审定债务3570.87万元。经核查后,最终锁定债务1943.93万元。随后,省财政厅下达2008年化解任务数1438.47万元,其中中央及省下达补助资金1349.51万元,区级配套88.96万元。2009年7月,省财政厅下达2009年化解任务数505.46万元,其中中央及省下达补助资金 257.87 万元,区级配套 247.59 万元。至当年 12 月底,"普九"和农村义务教育债务化解任务全面完成。

2009 年 9 月,根据中央、省、市清理化解农村其他公益事业性债务的要求,共清理出 2005 年底以前农村公益事业性债务 4598.33 万元。

村级公益事业建设 2010 年 10 月,安定区被纳入全省村级公益事业建设一事一议财政奖补试点县区,省财政下拨资金 727 万元,区级配套及整合资金 887 万元,当年审批建设项目 129 个,惠及 19 个乡镇。

公债与国库管理

公债(国库券) 1987 年以来,国务院发行国库券,并分配推销任务。发行对象主要为党政机关和事业单位以及城乡职工、居民、个体工商户。

1990 年,国库券发行推销任务是参照 1989 年度工资总额分配。1995 年以后,发行国债采取了由商业银行承购包销的方式。

1986—1994 年定西县国债推销任务完成情况表

表 14-1-8

年度＼项目	国库券			保值公债			特种国债		
	计划（万元）	认购（万元）	占比（%）	计划（万元）	认购（万元）	占比（%）	计划（万元）	认购（万元）	占比（%）
1986	26.7	26.7	100						
1987	26.7	26.7	100						
1988	40.9	45.02	110						
1989	40.9	43.4	106	90	106	118	9.1	9.1	100
1990	34.5	39.08	113				16.3	17.5	107
1991	390	517	133				176	232	132
1992	137	137	100						
1993	83.1	93.1	112						
1994	35	40	114						

经济开发集资 1993 年 2 月 19 日,县政府常务会议决定发行定西县经济开发集资券 500 万元,用于地方企业发展。其中:三年期 350 万元,年利率 10.5%,五年期 150 万元,年利率 11%。并经 1993 年 5 月 31 日县政府常务会议决定,将年利

率提高到14%。后来因各种原因只发行293万元,1996年到期还本292.8万元,付息114.21万元。

国库管理　长期以来,实行的是分散的收付制度,财政支出以拨作支,层层转拨。在这种模式下,资金运行效率比较低,大量财政资金滞留在中间环节的账户上,容易发生截留、挤占、挪用等问题,资金运行的信息反馈缓慢,透明度低,不能为预算管理提供准确的数据。

2009年10月,安定区被确定为全省财政国库集中支付改革试点县(区)。根据省财政厅通知,结合实际,参照省、市做法,制定《定西市安定区财政国库管理制度改革资金支付管理暂行办法》。按照总体规划、稳步推进、先试点、后推广的原则,当年11月,成立财政局国库支付中心。12月,首批试点的农业机械管理局、人民法院、发展和改革局3个单位正式上线运行。2010年5月,推广到教育体育局等28个预算单位实行国库集中支付。

会计事务管理

1991年,全县开展会计工作达标升级活动,当年有38个单位达标,51个单位升级。

1993年,对全县行政事业单位取得《会计证》的会计人员进行审验和评定。1996—2010年,举办《企业财务通则》和《企业财务制度》、会计法规和业务、会计知识更新培训班16期,累计培训1988人;会计电算化培训,共举办培训班10期,累计培训1022人,经考试合格的985人颁发了《会计电算化知识培训合格证》;会计人员继续教育培训班9期,累计培训4100人。

2001年,开展《会计证》年检1097人,换发《会计从业资格证书》996人。2001—2010年,共有1600余人通过参加全省统一考试,取得了《会计从业资格证书》。

2010年12月开始,对全区1603名有《会计从业资格证书》的持证人员,在继续教育的基础上审核换发新《会计从业资格证书》。

第七节　财政监督

控制社会集团购买力

1985年,对社会集团购买力采取从严控制的办法,恢复指标管理到县的规定,扩大专控范围,专控审批商品由上年的14种增加为17种,1986年又增加为18种,1988年2月增加为19种,10月增加为29种,12月增加为32种,同时严格专控审批,审批权全部收归省控办。1987年和1988年相继制定违控处理暂行办法,加大监督检查力度。

定西县的控制指标由1985年的66.9万元逐年增加到1990年的470万元。专控商品主要是家具类,1988年为536件9.4万元、1989年为493件8.6万元、1990年为422件11万元。

1995年,甘肃省人民政府对社会集团购买力管理的范围重新作调整,规定各级党政机关、行政事业单位、社会团体、企业(包括国有企业、集体企业、乡镇企业、"三资"企业、股份制企业等),以及凡是构成社会集团的单位,都属于社会集团购买力管理范围,购买专控商品必须办理专项审批手续。

1996年,政府采购工作开始试点。2003年1月1日施行《中华人民共和国政府采购法》。撤县改区后,结合安定区实际,制定《定西市安定区政府采购管理办法(试行)》。

2007年完成政府采购资金176万元,2008年808万元,2009年984万元,2010年实现采购资金2300万元。2007—2010年,政府采购累计完成采购资金4268万元,节支率12%。政府采购完成的项目主要有:办公自动化设备、学校课桌凳、农膜、沼气池建设材料等。

税收财务物价大检查

1985年,定西县成立税收财务物价大检查领导小组。主要以财政、税务、物价部门为主,同时抽调审计等其他有关部门的人员40余人左右,组成若干个工作组,分别深入到全县各系统、基层单位进行重点检查,检查面不少于30%。

1985—1997年,全县通过大检查共查出违纪金额834.86万元,其中应上缴财政809.33万元,占违纪金额的96.94%,实际上缴财政809.3万元,占应上缴财政的100%。

1998年,国务院决定取消在全国范围内开展的税收财务物价大检查。2000年,定西县税收财务物价大检查领导小组更名为财经监督检查领导小组,并设立办公室。税收财务物价大检查工作随之纳入了正常的监督检查范围。

1985—1997 年定西县税收财务物价大检查统计表

表 14-1-9

年份 \ 内容 数目	检查户数（户）	查出违纪金额（万元）	应缴财政金额（万元）	已缴财政金额（万元）	占应缴的比例（%）
1986	992	80.40	80.40	80.37	99.96
1987	1185	33.78	28.93	28.93	100
1988	1147	82.6	57.6	57.6	100
1989	1229	66.37	59.16	59.16	100
1990	1720	99.75	65.53	65.53	100
1991	265	71.62	40.76	40.76	100
1992	855	54.34	44.42	44.42	100
1993	836	114.3	114.3	114.3	100
1994	1437	61.93	60.22	60.22	100
1995	1464	114	83.1	83.1	100
1996	1996	90	63	63	100
1997	1762	142	112	112	100

针对性检查

1991 年，对乱收费、乱罚款和乱摊派进行清理检查，共检查 24 个单位，查出乱罚款 61.82 万元，其中应入库 59.46 万元，实际入库 59.46 元。1992 年 5 月，对农业税及部分支农资金进行检查，共查出违纪资金 3.25 万元。其中：农业税 2.99 万元，支农资金 0.26 万元。当年 12 月，对农业税征管及小型农田水利补助费、水土保持补助费、抗旱经费使用情况进行检查，查出违纪资金 3.25 万元，上缴财政 3000 元。1998 年 7 月，对预算外资金开展检查，共检查 66 个单位，查出违纪资金 34.4 万元，上缴财政专户 32 万元，上缴国库 2.4 万元。2000 年 10 月，对全县 52 个单位预算外资金进行检查，共查出违纪资金 95 万元，上缴预算内资金 4 万元，上缴财政专户 91 万元。

2001 年 6 月，为贯彻执行新修订的《会计法》对 64 个单位开展执法检查。2005 年 12 月，核实 19 个乡镇和永定路街道办事处及所属站所的乡镇债务 6240 万元。2006 年 12 月，对 12 个乡镇和区直 16 个单位上年各类专项资金和项目执行情况进行检查，查出违纪违规资金 913.5 万元。其中：纠正 856.9 万元，入国库

56.6万元。2009年,根据中央办公厅和国务院办公厅《关于深入开展"小金库"治理工作的意见》和省纪委、监察厅、财政厅、审计厅《关于对全省党政机关和事业单位开展"小金库"专项治理工作方案》,对31个区直部门、4个下属单位和14个乡镇进行"小金库"重点检查,检查违规违纪资金40.65万元,纠正30.79万元,入库9.86万元。2010年7月,根据国务院关于加大会计监督检查力度,综合治理会计信息失真问题指示,对卫生系统、民政局及下属等9家单位开展会计信息质量检查。查出违规违纪资金199.61万元,纠正117.37万元,入库82.24万元。

第二章 税 务

第一节 税制改革

国税改革

1986 年 4 月 21 日,国务院发布《税收征收管理暂行条例》。1992 年,《中华人民共和国税收征管法》颁布实施,并于当年颁发了《税务行政复议规则》。

1994 年,对原有税制格局进行改革,主要包括四个方面,即流转税制改革、企业所得税制改革、个人所得税制改革、其他税种改革。

企业所得税改革 把国有企业所得税、集体企业所得税和私营企业所得税三个税种合并为一个统一的企业所得税。统一采用比例税率形式,基本税率为33%。

个人所得税改革 对于我国境内居住的中外籍人员,开征统一的个人所得税。即通过全国人民代表大会常务委员会修改现行的个人所得税法,同时废止个人收入调节税和城乡个体工商业户所得税。推行个人收入申报制度,并加强源泉控管。

其他税种改革 主要有四项:土地增值税、证券交易税、遗产和赠产税、城镇维护建设税,均属地方税务局征收管理内容调整的一些税种。取消产品税、盐税、特别消费税、集市交易税、牲畜交易税等。

2008 年 1 月 1 日,统一内外资企业所得税,完成两法合并。

2009 年,进行结构性减税政策的调整。为扩大内需,促进汽车产业发展,经国务院批准,对 2009 年 1 月 20 日至 12 月 31 日购置 1.6 升及以下排量乘用车,暂减按 5% 的税率征收车辆购置税;2010 年 1 月 1 日至 12 月 31 日购置 1.6 升及以下排量乘用车,暂减按 7.5% 的税率征收车辆购置税。

地税改革

1994 年 9 月 24 日,定西县税务局分设国税、地税两局,按照中央与地方划分的税种,开展征管。1994 年以来,划入地税局征收的税种有 18 个,实际有收入的税种 15 个。2002 年,又将养老金、失业保险金划归地税部门征收。

1998 年,鲁家沟税务所、葛家岔税务所、西巩驿税务所撤并于巉口中心税务所,香泉税务所撤并于内官营中心税务所,李家堡税务所撤并于宁远中心税务所,并分步分批取消专管员管户制。

1998 年初,定西县地方税务局建立计算机征管信息管理体系,将税务登记的建立、纳税申报的处理、税款的收缴和核销、综合税收信息的统计分析、税收会计的核算和监督、纳税信息的查询和税源监控等全面纳入计算机管理。

2000 年 10 月,农业五税征管业务划归财政部门,地税局农税股撤销。之后,又成立定西县地方税务局发票管理所和定西县地税局社会保险费征收中心两个税务机构。

2003 年,定西县地税局更名为安定区地方税务局。2009 年,全区地方税收入库 14932 万元,与 1995 年 1326 万元相比,增长近 11 倍。

2004 年 5 月,成立定西市安定区地税局车辆税收征收管理分局,对车辆税收进行专业化管理。

2005 年 10 月,撤销定西市安定区地方税务局稽查局的机构设置,由定西市地方税务局稽查局在安定区地税征管范围内实行一级稽查。

2005 年 10 月开始,着手实施税收征管模式的改革,变直接控管为间接控管。

2006 年,实施以信息化为依托,以分析评估为主、实地核查为辅的税源间接控管新模式。

2007 年 6 月 1 日起,在全区范围内全面推行银税联网、自动扣缴的纳税方式。

2008 年,省级地税系统数据大集中工程在安定区成功上线,使系统内各征管单位征管质量进一步提高,操作系统更加规范,制度更加完善。

2010 年 7 月,撤并车辆税收征收管理分局,恢复安定区税务稽查局建制,行使原来的职责。

农业税收改革

农业各税包括农业税、牧业税、农业特产税、耕地占用和契税,由财政部门负责征收(1994 年 10 月国、地税分设移交县地税局征收。2000 年 11 月又划归财政管理),成为本县财政税收收入的重要来源。

农业税 计征农业税,定西县财政部门贯彻执行"以率计证,依法减免,稳定负担,增产不增税"的政策,农业税的征收一直以征收实物为主,就是由纳税人把农业税——粮食,按规定缴到粮食管理所,即为完成任务。粮食价款由征收机关(财政部门)按省规定结算价与粮食部门结算。自 2002 年农村税费改革后的三年,农业税征收实行了折征代金,由纳税人直接到财政所缴纳。附加农业税,农业各税附加按正税的15%征收,2002年农村税费改革调整为按正税的20%征收。减免农业税,农业税优惠减免是农业税制度的一个重要组成部分,是国家鼓励纳税人增加生产,照顾纳税人某些实际困难所采取的一项措施。2004年,省、市根据各年份受灾的具体情况,共下达安定区农业税灾歉减免838.5万元。

2005年5月,依照省税改办《关于全面取消农(牧)业税有关问题的通知》文件精神,全区一次性取消农业税。至此,全区38万农民告别了2600余年的皇粮国税。

1986—2004年安定区(定西县)农业税征收情况统计表

表14-2-1　　　　　　　　　　　　　　　　　　　　　　　　　　　单位:万元

年度	农业税	灾歉减免	年度	农业税	灾歉减免
1986	122.7	0	1996	536	22
1987	154.9	8.2	1997	403	18
1988	157.9	7	1998	517	29
1989	198.1	20	1999	408	67
1990	198.8	5.3	2000	376	32
1991	198.9	6	2001	229	215
1992	234	14	2002	1116.9	65
1993	239	9	2003	1075	103
1994	374	20	2004	889	153
1995	318	45			

牧业税　牧业税是针对牲畜饲养量征收的税种。税率为5%,实行从量定额征收,即应税大畜6.50元/头(匹、峰)、羊2.50元/只。定西县没有牧区和牧场,大家畜属役畜不征税,牧业税收入主要是按羊只饲养量征收。1986—2003年,累计征收牧业税274.7万元,年均15.26万元。

农业特产税　农业特产税是国家对从事农业特产经营生产的单位和个人开征的一项税收。根据《农业特产税税目税率表》,定西县的农业特产税税目主要是园艺产品中的梨果、药材、林木产品,其税率分别为12%、7%、7%,均在生产环节征收。1989年开征以来,截至2010年,累计征收农业特产税445.7万元,年均20.26万元。

耕地占用税　耕地占用税是国家为合理利用土地资源,加强土地管理,保护农田,对占用耕地建房或者从事其他非农业建设的单位和个人按占地面积征收的一种税种。1987—2006 年,累计征收耕地占用税 864 万元。

契税　契税是指土地房屋权属转移时,向取得土地使用权、房屋所有权的单位和个人征收的一种税。其中,土地权属转移指的是土地使用权的转移,包括土地使用权出让和土地使用权转让两种方式;房屋权属转移指的是房屋所有权的转移,包括买卖、赠产和交换三种方式。1990 年,契税征管新条例规定,契税的税率为 3%～5%,具体适用税率由省、自治区、直辖市人民政府根据本地区的实际情况确定。甘肃省人民政府甘政发电〔1997〕9 号文规定:甘肃省的契税税率暂按 3% 征收,普通住宅减半征收。1995 到 2000 年为定西县起步阶段。从 2001 年起,每年都有大幅度增加。至 2010 年,累计收入 4021.17 万元,年均 251.32 万元。

1995—2010 年安定区(定西县)契税征收统计表

表 14-2-2

单位:万元

年度	契税	年度	契税
1995	4.00	2003	40.00
1996	1.00	2004	234.94
1997	8.00	2005	221.94
1998	7.00	2006	230.49
1999	5.00	2007	378.17
2000	8.00	2008	305.25
2001	23.00	2009	1091.20
2002	22.00	2010	1441.19

第二节　国家税务

管理机构

甘肃省定西县税务局,成立于 1978 年 10 月。1986 年 3 月,内设办公室、人事教育股、税政股、征管股、会计股。外设基层税务所 10 个。职工人数 89 人。

1994 年 8 月,实行税务机构改革,原定西县税务局分设为定西县国家税务局和定西县地方税务局。

2004 年 2 月 19 日,定西县国家税务局更名为定西市安定区国家税务局。设置办公室、监察室、人事教育股、税政法规股、征收管理股、计划统计财务股、办税服务厅 7 个股室和稽查局、信息中心。派出机构有 4 个税务分局和 1 个税务所。定西市安定区国家税务局城关第一税务分局，负责安定区城区范围内的企业纳税户管理；定西市安定区国家税务局城关第二税务分局，负责安定区城区范围内个体纳税户管理；定西市安定区国家税务局内官营税务分局，管辖范围为内官营、符家川、黑山、香泉、西寨、东岳、高峰 7 个乡镇；定西市安定区国家税务局巉口税务分局，管辖范围为巉口、称钩驿、景家泉、鲁家沟、白碌、新集等 6 个乡镇；定西市安定区国家税务局宁远税务所，管辖范围为宁远、李家堡、张湾、杏园、石泉等 5 个乡镇。

2009 年 12 月 31 日，经甘肃省国家税务局批准《定西市国家税务局主要职责机构设置和人员编制规定》，定西市安定区国家税务局，设置内设机构 9 个：办公室、政策法规股、税源管理股、收入核算股、纳税服务股、征收管理股、人事教育股、监察股、办税服务厅。另设机关党委（总支）办公室。直属机构 1 个：稽查局。税务分局 4 个：第一税务分局、第二税务分局、巉口税务分局、内官税务分局。事业单位 1 个：信息中心。

税种、税率、税源、税收

税种　从 1983 年 1 月起征集国家能源交通重点基金，从 1986 年 7 月起征教育附加费，从 1989 年 1 月起征国家预算调节基金和粮食补贴基金。1994 年 8 月前，定西县税务局在全县税务征收中，共有 20 个税种，即产品税、增值税、营业税、工商所得税、国有企业所得税、私营企业所得税、城乡个体工商业户所得税、个人收入调节税、盐税、车船使用牌照税与车船使用税、屠宰税、印花税、奖金税、建筑税、资源税、城镇土地使用税、文化娱乐税、筵席税、固定资产投资方向调节税、城市维护建设税。

国、地税分开后属于国税部分的有 5 个税种，即增值税、消费税、车辆购置税、企业所得税、储蓄存款利息所得个人所得税。其中，储蓄存款利息所得税从 2008 年 10 月 9 日后免征。

税率　主要包括增值税、企业所得税和车辆购置税三个税种的征收比例。

增值税、企业所得税、车辆购置税税率表

表 14-2-3

单位:%

税种	分类	税率
增值税	基本税率	17
	低税率	13
	出口货物	0
企业所得税	基本税率	25
	优惠税率	20、15、10
车辆购置税	基本税率	10

税源 安定区国税局在培育税源、开辟税源工作中,着重抓税源的管理工作。2000 年以来,在税收收入大幅增长的背景下,通过强化税源管理,在摸清税源规模分布、把握税源增长规律的基础上科学编制税收计划,实现计划治税与依法治税的统一。

1986—2010 年安定区(定西县)国家税务局历年工商户数统计表

表 14-2-4

单位:户

年份	数目	年份	数目	年份	数目
1986	2509	1995	2115	2004	2965
1987	2673	1996	2143	2005	3419
1988	2854	1997	2257	2006	3816
1989	2704	1998	2391	2007	4417
1990	2633	1999	2532	2008	4851
1991	2040	2000	2698	2009	5351
1992	2686	2001	2998	2010	5436
1993	2443	2002	3168		
1994	2078	2003	3297		

税收 1986 年至 2010 年, 安定区国税局共计组织入库各项税收收入 141522.2 万元,税收收入从 1986 年的 1041.3 万元,到 2010 年的 21281.3 万元,增长近 19.44 倍。

表14-2-5 1986—2010年安定区（定西县）国税税收统计表

单位：万元

年份	增值税	营业税	个人所得税	企业所得税	消费税	车辆购置税	集体企业所得税	产品税	城镇土地使用税	固定资产投资方向调节税	城市维护建设税	印花税	教育费附加	奖金税	建筑税	工商所得税	国有企业所得税	私营企业所得税	城乡个体工商业户所得税	个人收入调节税	车船使用牌照税	屠宰税	房产税	牲畜交易税	合计
合计	83785	8421	3905	12230	4895	21063	725.9	2021	142.2	35.8	566.2	41.3	131.1	204	312.9	41	2503	6.2	123.3	24.3	37.5	9.4	294.6	4.8	141523.5
1986	103.5	321.1	/	/	/	/	/	433.9	/	/	33.3	/	/	36.1	70.9	41	/	/	/	/	/	0.8	/	0.7	1041.3
1987	224.3	569.3	/	/	/	/	41.4	222.1	/	/	43.5	/	/	1.8	62.1	/	371.9	/	0.2	/	7	1.5	59.4	0.9	1605.4
1988	381.1	801.3	/	/	/	/	70.9	161.4	/	/	58.4	/	/	8.6	63.9	/	498.3	/	7.6	3.5	8.3	1.8	54.7	1.2	2121
1989	463.3	863.6	/	/	/	/	71.1	181.7	31.6	/	69.3	/	/	32	39.5	/	469.1	0.1	13.4	4.2	7	2	49.6	0.9	2298.4
1990	510.7	990.4	/	/	/	/	142.7	224.1	27.6	/	78.4	/	/	10.5	40.7	/	380.5	2	18.5	1.9	7.8	3.3	63.2	1.1	2503.4
1991	503.5	964.6	/	/	/	/	165.7	265	26.2	/	74	27	34.4	43.4	35.8	/	240.6	3	22.3	4.5	7.4	/	67.7	/	2485.1
1992	575.3	1107.6	/	/	/	/	144.1	17.6	25.8	22.7	87	9.4	40.7	29.9	/	/	295.6	0.8	27.8	5.9	/	/	/	/	2390.2
1993	882.2	1322	/	/	/	/	90	514.7	31	13.1	122.3	4.9	56	41.7	/	/	246.6	0.3	33.5	4.3	/	/	/	/	3362.6
1994	2133.4	597.4	20.9	116.4	7.2	/	/	/	/	/	/	/	/	/	/	/	/	/	/	/	/	/	/	/	2875.3
1995	2276.6	64	16.8	8.2	11.6	/	/	/	/	/	/	/	/	/	/	/	/	/	/	/	/	/	/	/	2377.2
1996	2821.3	81.6	17.9	35.3	7.3	/	/	/	/	/	/	/	/	/	/	/	/	/	/	/	/	/	/	/	2963.4
1997	3286.3	137.7	0	30.8	8.6	/	/	/	/	/	/	/	/	/	/	/	/	/	/	/	/	/	/	/	3463.4
1998	3286.7	160.7	0	35.8	1.3	/	/	/	/	/	/	/	/	/	/	/	/	/	/	/	/	/	/	/	3484.5
1999	3296.6	161.3	0.9	27.6	1.3	/	/	/	/	/	/	/	/	/	/	/	/	/	/	/	/	/	/	/	3487.7

续表 14-2-5

单位：万元

税种\年份	增值税	营业税	个人所得税	企业所得税	消费税	车辆购置税	集体企业所得税	产品税	城镇土地使用税	固定资产投资方向调节税	城市维护建设税	印花税	教育费附加	奖金税	建筑税	工商所得税	国营企业所得税	私营企业所得税	城乡个体工商业户所得税	个人收入调节税	车船使用牌照税	屠宰税	房产税	牲畜交易税	合计
2000	3457.6	129.2	187.4	95.3	2.1	—	—	—	—	—	—	—	—	—	—	—	—	—	—	—	—	—	—	—	3871.6
2001	3842.9	108.7	326	196.9	2.5	—	—	—	—	—	—	—	—	—	—	—	—	—	—	—	—	—	—	—	4477
2002	4036.8	36.5	373.3	227.1	4.3	—	—	—	—	—	—	—	—	—	—	—	—	—	—	—	—	—	—	—	4678
2003	4127.4	6.4	383.1	260.7	2.6	—	—	—	—	—	—	—	—	—	—	—	—	—	—	—	—	—	—	—	4780.2
2004	4136.9		403.5	227.7	2.7	—	—	—	—	—	—	—	—	—	—	—	—	—	—	—	—	—	—	—	4770.8
2005	4110.2		423.3	242.8	2.7	—	—	—	—	—	—	—	—	—	—	—	—	—	—	—	—	—	—	—	4779
2006	5187.4	-2.8	493.3	1001	3.4	8.6	—	—	—	—	—	—	—	—	—	—	—	—	—	—	—	—	—	—	6690.9
2007	6661.2		566.2	2237	3.2	2829	—	—	—	—	—	—	—	—	—	—	—	—	—	—	—	—	—	—	12296.6
2008	8916		415	2630	3.3	3692	—	—	—	—	—	—	—	—	—	—	—	—	—	—	—	—	—	—	15656.3
2009	9701.8		240.7	2449	1773	7037	—	—	—	—	—	—	—	—	—	—	—	—	—	—	—	—	—	—	21201.5
2010	8280.9		37	2409	3058	7497	—	—	—	—	—	—	—	—	—	—	—	—	—	—	—	—	—	—	21281.9

税法宣传、稽查管理

税法宣传　税法宣传的形式主要包括日常宣传和集中宣传。日常宣传由税务机关通过税收管理员,对纳税人开展送政策上门、政策辅导、政策解读等宣传;集中宣传主要由税务机关集中组织纳税人举办税收政策培训或者利用重大节假日在人流密集地区集中开展宣传。

从1981年起,安定区(定西县)国家税务局将每年的4月份定为税法宣传月。安定区国家税务局都要组织大量人力、物力,在城区重要广场设置咨询台,散发税法宣传单,接受纳税人咨询,向社会各界宣传各项税收政策。

全国税收宣传月期间,安定区国税局组织税务干部和纳税服务志愿者在友谊广场开展税法宣传活动

随着税收信息化建设水平的提升,税法宣传已经由过去的口头宣传、传单宣传扩大到利用报纸、杂志、广播、电视等媒体宣传。同时,税务机关开通了"12366"纳税服务热线和"12366"短信平台,纳税人可通过拨打热线咨询税收政策,税务机关定期通过短信平台,以短信的形式向纳税人宣传税收政策。

稽查管理　安定区国家税务局稽查局自成立18年来,共检查纳税人2052户次,查补税款、滞纳金及罚款收入4273.77万元。

1996—2009年安定区(定西县)稽查税款统计表

表14-2-6

年份	检查户数(户)	税款(万元)	滞纳金(万元)	罚款(万元)	合计(万元)
合计	2052	3122.03	190.1	176.74	4273.77
1996	165	266.6	4.3	2.67	273.57
1997	255	784.9	8.4	8	801.3
1998	213	316	13	2.1	331.1
1999	134	243	36	2.4	281.4

续表 14-2-6

年份	检查户数(户)	税款(万元)	滞纳金(万元)	罚款(万元)	合计(万元)
2000	77	543	25	8.6	576.6
2001	118	507	5.6	24.8	537.4
2002	388	381	6.8	15.8	403.6
2003	121	29	5.4	22	56.4
2004	147	90.4	16.6	13	120
2005	110	41.3	6.2	24.1	71.6
2006	121	59.5	9.8	18.2	87.5
2007	102	127	6	7.3	140.3
2008	64	71.23	9	16.77	97
2009	37	447	38	11	496

第三节　地方税务

管理机构

1994 年 9 月,定西县税务局分设为定西县地方税务局和定西县国家税务局。定西县地方税务局管理体制实行上级地方税务局和县政府双重领导。内设办公室、征管股、计财股、税政股、农税股、人教股、稽查局 7 个股室。下设城关、巉口、内官营、西巩驿、葛家岔、鲁家沟、李家堡、宁远、香泉等 9 个税务所,编制 58 人。

2010 年,安定区地方税务局内设人教科、监察科、计财科、纳税服务科、税政科、办公室、计算机信息管理科 7 个科室。下设稽查分局、社保费征收管理局、发票分局、征收分局、中华路管理分局、新城区管理分局、永定路管理分局、凤翔征收管理分局、巉口征收管理分局、内官营征收管理分局 10 个直属分局,承担着近 4000家企事业单位、7000 家个体工商户养老保险基金和失业保险基金等“五金”的征管工作,管辖面积达 3000 平方公里。

税种、税源、税收入

税种　1994 年实施新税制,划入安定区地方税务机关征收的税种有 15 个,即营业税、企业所得税、个人所得税、土地使用税、土地增值税、城市维护建设税、车船使用税、房产税、屠宰税、资源税、城镇土地使用税、固定资产投资方向调节税、印花税、筵席税、遗产及赠予税。其后,国务院批准原由财政部门办理的农业税收移交地税部门征管,又增加4个税种,即农业税、农业特产税、耕地占用税、契税。2000年,农业税征管业务又划归财政部门。固定资产税、屠宰税暂停征收,筵席税、遗产税未开征。

税源 安定区地税局负责着全区19个乡镇和2个街道办事处3700余家企事业单位和个体工商业户的税收征管工作。2000年以来,随着引洮工程、平定高速、天定高速等一批重点建设工程的开工,又开辟了新的税源。并依法对建筑行业、房地产行业、金融行业、城市改造建设进行征税。国有企业的税收历年占全区税收任务的35%左右。随着扶正药业有限公司、高强度螺钉有限公司等一批地方企业发展迅速,它们成了纳税大户。安定区的房地产业、交通运输业发展迅速,对其营业税、车船税的征收也随之大幅度增长。

税费收入 1994年9月,定西县地方税务局建立后,于当月开始征管,到年末,征收地税1001万元。1995年,全年地方税收入库1333万元,超计划38%。1996年,全年组织地方各项收入入库1411万元,比上年增长5.85%。2008年,安定区地税、费、基金收入首次过亿,达11571万元。2010年,安定区地税收入8336万元,非税收入3463万元,两项合计11799万元。自成立以来,累计入库税、费、基金7.15亿元。

税法宣传、稽查管理

税法宣传 1995年,第一季度,围绕地方税收基本内容,开展一系列宣传活动;第二季度,以税收与法制和地方税收服务于地方经济为主要内容,开展为期一月的宣传活动;第三季度,以庆祝地税局成立一周年为契机,开展税法宣传。

1997年,在税法宣传月,围绕"税收与文明"主题,通过《定西日报》和定西电视台等媒体,广泛开展税法宣传和税收咨询,并对纳税人进行税收知识的再培训。

1999年,围绕"依法治税·强国富民"主题,采取在《定西日报》出宣传专版,在街头开展咨询活动和散发宣传资料等形式,突出农业税法的宣传。

2003年,开展主题为"依法诚信纳税·共建小康社会"的税收宣传月活动,散发宣传材料6万余份,社保征缴管理手册1500余本。

2006年,以"依法诚信纳税·共建和谐社会"为税法宣传主题,将有关个人所得税、涉及房地产领域的税收政策、支持社会主义新农村建设的税收政策和下岗职工再就业税收优惠政策等内容,印发宣传材料3000余份。

2007年4月13日,在安定区团结镇开展税法宣传活动,发放宣传资料1000

余份,书籍200余本。为当地农民捐赠了2吨化肥、2台电脑、4套桌椅、1000元现金,总计金额达5000余元。

2009年,联合定西市物价局、定西市房管局、安定区财政局,举办定西市房地产交易法律法规宣传活动。发放传单600余份。

稽查管理 1996年,安定区地方税务局稽查局共稽查纳税户166家,查补地方各税96万元。1997年,在依法治税强化稽查中,严格按《税务稽查工作规程》开展工作,全年稽查纳税户175家,查补地方各税131万元。1998年,根据群众举报线索,稽查局通过内查外调,对某房地产开发公司税收违法行为进行查处,掌握违法事实,依据《征管法》按照法定程序和权限采取强制执行措施,确保62万元国家税款及时入库。1999年,将清欠税款、打击涉税违法行为作为稽查的重点。2000年3月27日,成立公安、地税打击涉税办公室,形成公安、地税联手打击涉税犯罪活动的格局,全年共查补地方税入库127万元。2004年,共清理整顿专业市场12个,稽查纳税人358家,查处税收违法案件26起,查补税款、滞纳金和罚款56万元。

截至2010年底,共稽查各类案件956件,查补入库税款、滞纳金和罚款共计2135万元。

表14-2-7

1994—2010年安定区（定西县）地税各项收入分类统计表

单位：万元

序号	项目	合计	1994	1995	1996	1997	1998	1999	2000	2001	2002	2003	2004	2005	2006	2007	2008	2009	2010
1	总计	157392	991	1329	1512	2065	2772	3210	4701	2990	6576	7475	8043	8584	9526	12265	17131	25618	39604
2	一、税费收入	115162	991	1326	1495	2046	2739	3180	4216	5201	5528	6043	6324	6720	7068	9154	12572	14932	25627
3	（一）税收收入	111186	975	1285	1411	1934	2615	3052	4070	5017	5312	5818	6099	6496	6791	8815	12297	14394	24805
4	营业税	68516	557	649	833	1101	1633	1879	2559	3035	3413	3363	3599	3683	4175	5335	8770	8292	15640
5	企业所得税	8714	106	247	205	261	280	206	335	696	361	593	339	485	416	504	805	1386	1489
6	个人所得税	16183	1	35	8	30	101	345	578	672	827	1142	1189	1390	1022	1482	1309	2290	3762
7	固定资产调节税	767	83	93	117	104	98	150	103	12	7								
8	城建税	7868	104	111	118	195	180	212	218	287	356	372	462	473	579	700	657	1126	1718
9	房产税	4635	87	108	92	150	179	192	208	244	285	264	349	301	361	393	243	440	736
10	印花税	690	5	7	7	8	15	12	19	16	26	41	36	41	65	68	61	123	140
11	城镇土地使用税	1425	25	24	23	25	29	24	22	25	27	21	98	85	89	172	149	253	334
12	土地增值税	503		2						5					40	105	148	18	185
13	车船税	1733	7	9	7	15	20	17	21	23	8	19	27	38	44	56	155	466	801
14	屠宰税	152			1	45	80	15	7	2	2								
15	契税																		
16	耕地占用税																		
17	（二）教育费附加	3810	16	41	84	112	120	125	142	178	208	216	213	214	261	319	258	514	789
18	（三）文化事业建设费	151								6	8	9	12	10	14	18	13	22	28

续表 14-2-7

单位:万元

序号	项目	合计	1994	1995	1996	1997	1998	1999	2000	2001	2002	2003	2004	2005	2006	2007	2008	2009	2010
19	(四)税务部门罚没收入	15													2	2	4	2	5
20	二、基金类收入	42230		3	17	19	33	30	485	789	1048	1432	1719	1864	2458	3111	4559	10686	13977
21	(一)甘肃教育附加	1406		3	17	19	33	30	39	49	63	57	80	93	91	117	126	150	439
22	(二)养老保险基金	24780							401	655	682	724	805	866	1248	1724	2581	6428	8666
23	(三)失业保险基金	1951							45	61	61	71	84	90	95	136	210	464	634
24	(四)医疗保险基金	12936								24	242	580	750	815	936	1009	1464	3299	3817
25	(五)工伤保险基金	272													14	25	31	96	106
26	(六)生育保险基金	84															2	37	45
27	(七)散装水泥基金	18													3	4	4	4	3
28	(八)价格调节基金																		
29	(九)工会经费	321													16	30	57	97	121
30	(十)残疾人保障金	462													55	66	84	111	146

第三章 金 融

第一节 金融体制改革

1978年12月,中共十一届三中全会做出党和国家工作重点转移到社会主义现代化建设上来的战略决策之后,定西地区金融事业进入新的发展时期。为适应商品经济发展需要,定西地区银行体制改革不断深化,改变了大一统的银行经营管理体制。人民银行专门行使中央银行的金融管理职能,各专业银行陆续恢复和建立,基层网点和从业人员增加。同时对货币、信贷、利率政策相应进行改革和调整,各项金融业务相继恢复并快速发展。1996年底,定西地区金融机构各项存款余额达到218222万元,比1978年增长25.36倍;各项贷款217193万元,比1978年增长11.76倍。

1997年,按照社会主义市场经济发展和加入世贸组织的要求,定西地区金融管理体制进行重大改革。人民银行开始运用价值规律和间接调控方式进行管理,国家专业银行开始向国有商业银行转变。对以往信贷资产中存在的各种问题进行梳理。主要是随着经济体制和经济结构的大调整,给银行形成了不良贷款;部分企业盲目生产,发展前景不好,经济效益不佳,出现资不抵债的局面,无力归还银行贷款;由于金融生态环境欠佳,部分企业信用观念淡薄,利用改制等各种机会逃废、悬空银行债务;地方政府对银行信贷工作不同程度地进行干预;银行信贷管理粗放,存在一定漏洞。这些问题导致银行不良信贷资产大幅度增加,亏损严重,给经营带来沉重的包袱和压力。1998年,定西地区金融机构共亏损11992万元。1999年至2000年,根据国家有关政策,四家国有商业银行剥离了一批不良贷款,定西地区金融机构不良信贷资产达144705万元,占全部贷款余额的35.83%。对于这些问题,人民银行加强对不良贷款的监管工作,各金融机构采取行政、经济、法律等各种手段,加大对不良贷款的清收力度,并按有关规定逐年进行核销;运用营销优质贷款、精简机构人员、拓展中间业务等办法增收节支,不良贷款和亏损数额整体有所减少。截至2003年底,定西市金融机构不良信贷资产率降到28.69%,比2000年降低7.14个百分点;五家银行的亏损额由1998年的11992万元降到6802万元,减亏5190万元,减幅43.28%;农村信用社盈利324万元。各家金融机构信贷资产质量提高,扭转了亏损局面,经营状况得到改善,起到防范和化解金融风险的作用。定西市金融机构各项存款余额达到 617949 万元, 比 1996 年增长 1.83 倍, 年平均增长 26.17%; 各项贷款余额达到 517751 万元, 比 1996 年增长 138.38%, 年平均递增 19.77%。

第二节　金融机构

中国人民银行定西市中心支行

1949 年 11 月,成立中国人民银行定西中心支行。 1984 年 11 月,人行定西地区中心支行更名为中国人民银行定西地区分行,内设 8 个科室,随后内部科室

增至 13 个。1985 年 10 月,将会宁、靖远两县人行业务组划归白银市人行,将岷县、漳县人行业务组划入定西地区人行。1986 年,在辖属 7 个县成立了县支行。1998 年 9 月,撤销定西县支行, 人员和业务并入地区分行。1999 年 1 月, 人行定西地区分行更名为人行定西地区中心支行。内设纪检委和 15 个科室,辖

中国人民银行定西市中心支行

6 个县支行。2004 年 3 月,中国人民银行定西地区中心支行更名为中国人民银行定西市中心支行。2004 年 5 月,机构设为职能科室有办公室、货币信贷管理科、调查统计科、会计财务科、科技科、货币金银科、国库科、内审科、人事科、外汇管理科、保卫科;党群工作机构有党委办公室(与行政办公室合署办公)、组织部(与人事科合署办公)、纪检监察室、宣传群工部;直属单位有营业室和后勤服务中心。

中国工商银行定西市分行

1984 年 12 月,成立中国工商银行(简称工行)定西地区中心支行,内设 7 个科室,之后增至 12 个科室。辖 8 个支行和 1 个办事处。对外营业网点 49 个,在职员工 463 人。1985 年 10 月,因行政区划变动,辖 7 个县支行,营业网点 38 个,在职员工 428 人。1994 年,有员工 730 人。1997 年,有营业网点 58 个。1997 年 10

中国工商银行定西市分行

月,地区中心支行更名为中国工商银行定西地区分行。1999年,将漳县、渭源、通渭3县支行降格为分理处,同时将定西县支行整合为地区分行营业部,保留陇西、临洮、岷县3个县支行。2002年6月,在机构改革中,地区分行营业部改为工行中华路支行,内部12个科室改为部室,营业网点减为27个,在职员工减为394人。2003年10月,中国工商银行定西地区分行更名为中国工商银行定西市分行。

中国银行定西分行

1994年成立中国银行(简称中行)定西分行,内设办公室、财会科、存汇科、计划信贷科、信用卡科;网点6个:有营业室、陇西分理处、南川分理处、火车站分理处、中华路储蓄所、解放路信用卡专柜。1998年至2000年,内设行长(党委)办公室、保卫科、公司业务科、零售业务科、风险管理科、财会科;网点有营业室、陇西分理处、南川分理处、火车站分理处、新市区分理处、中华路储蓄所。2001年,内设行长(党委)办公室、监察保卫部、公司业务部、零售业务部、风险管理部、财会部、营业部;网点有陇西分理处、南川分理处、火车站分理处、新市区分理处、中华路储蓄所。2002年,内设部门有行长(党委)办公室、

中国银行定西分行

业务管理部、业务发展部、营业部；网点有陇西分理处、南川分理处、火车站分理处、新市区分理处、中华路分理处。2005年，内设部门5个：有行长(党委)办公室、业务管理部、业务发展部、风险内控部、营业部；网点有火车站分理处、公园路分理处。2010年，内设综合管理部、公司业务部、个人金融部、营业部；网点有火车站分理处和公园路分理处。

中国建设银行定西市分行

1956年上半年，成立中国建设银行(简称建行)定西专署办事处，办理专区基本建设拨款和结算业务，日后几经撤并。1973年1月，地区和各县恢复建行机构，地区设立支行，县上设立办事处。1984年3月，将定西县支行并入地区中心支行。1987年10月，地、县建设银行开始设立储蓄网点。1988年底，地区中心支行有6个科室。1992年底，设有营业网点23个，有员工212人。1994年5月，恢复定西县支行，办理定西县的建行业务。1996年3月，中国人民建设银行定西地区中心支行更名为中国建设银行定西地区分行。2000年至2002年，陆续撤销漳县、渭源、通渭3个县支行，定西县支行归并于分行。2003年11月，中国建设银行定西地区分行更名为中国建设银行定西市分行。2003年底，内设办事机构14个，辖3个县支行，20个营业网点，全行员工311人。

中国建设银行定西市分行

中国农业银行定西市安定支行

中国农业银行股份有限公司(简称农行)定西市安定支行是中国农业银行股份有限公司的县域分支机构。公司建于1956年5月15日，1957年6月1日与中国人民银行合并，1964年4月再次建立，1965年12月6日再次与中国人民银行合并,1965 年 12 月 6 日再次被中国人民银行批准,前后设立营业所、分理处、储蓄所等类型营业网点 19 个。1997 年至 2010 年,农业银行系统进行机构和股份制改革,2010 年 7 月 15 日完成股改上市。2010 年底,支行机关设立综合管理部、财会运营部、客户部,辖属支行营业室、解放路支行、

中国农业银行定西市安定支行

中华路支行、城关支行、内官营支行、南川分理处、交通路分理处、新市区分理处、西河分理处、友谊分理处、巉口分理处等营业网点 11 个。

中国农业发展银行定西市安定支行

　　1996 年 12 月 23 日,组建中国农业发展银行(简称农发行)定西县支行,作为农业发展银行最基层的营业机构,支行隶属于中国农业发展银行定西市分行管理。建行初期,内部机构设置有:办公室、会计股、信贷股、安全保卫股。2000 年将信贷股变更为信贷部,又成立了综合业务部。2002 年机构设置为办公室、计划信贷部、会计出纳部。2003 年更名为中国农业发展银行定西市安定支行。2006 年,增设农业发展银行定西市安定支行临洮客户经理部。职工人数基本稳定,从 1997 年至 2010 年,大致保持在 20 人左右。

中国农业发展银行定西市安定区支行

安定区农村信用合作联社

安定区农村信用合作联社组建于1951年,其最初形态是信用互助组,先后由人民银行、人民公社、农业银行管理。1985年8月,成立定西县联社。2003年,定西县信用社设县联社1个,独立法人信用社25个,分支信用社17个,储蓄所1个,信用站145个。在编员工215人,代办员57人。2003年10月,定西县信用联社更名为安定区信用联社。信用联社的职能部门有社务股、业务股、财务股、稽核股、安全保卫股、联社营业部。2008年3月以后,原安定

安定区农村信用合作联社

区信用社和联社统一为一级法人,联社的职能部门有综合管理部、市场发展部、风险管理部、计划财务部、审计稽核部、安全保卫部、联社营业部。管理人员43人。

中国邮政储蓄银行股份有限公司定西市分行

定西市分行辖临洮、陇西、岷县、漳县、通渭、渭源6个县支行,其中临洮、陇西、渭源、漳县、岷县支行有自营机构,通渭支行营业网点处于启动阶段。全市共有41个营业网点,其中自营网点12个,二类支行7个,邮政代理网点22个。根据省分行机构设置要求,设置15个内设机构与8个办公机构。从业人员174人,合同工A类116人,B类13人,劳务工45人。至2010年12月31日,累计发放各类贷款4.5亿元,其中向农户、小企

中国邮政储蓄银行股份有限公司定西市分行

业主发放小额贷款4.2亿元;招揽个人储蓄16.22亿元。

兰州银行定西分行

2010 年 9 月 16 日设立,地址设在定西市区友谊广场。内部机构设置有办公室、风险合规部、客户经理部、计划财务部四个部门。随后又成立了陇西支行、安定支行、岷县支行、火车站支行。有从业人员 117 人

兰州银行定西分行

第三节　货币　流通

现金投放是货币流通的主要形式之一。80 年代以来,随着改革开放不断深入,安定区现金投放量不断增加。

2001 年年底,定西地区市场现金流量为 139416 万元,较上年增加 760 万元,增长 0.55%。其具体分布状况为集体单位库存现金 19803 万元。其中:国家机关、部队、团体、事业单位库存现金 2518 万元,较上年增加 155 万元,增长 6.56%;国有和集体工交企业库存现金 3354 万元,较上年增加 59 万元,增长 1.79%;国有和集体商业、服务业库存现金 9042 万元,较上年增加 314 万元,增长 3.6%;供销合作社库存现金 1022 万元,较上年减少 732 万元;信用合作社库存现金 819 万元,较上年增加 194 万元,增长 31%;农村乡镇机关和企事业单位及村委会库存现金 3048 万元,较上年增加 110 万元,增长 3.74%。

城乡居民手持现金 119613 万元,占现金流通总量的 86%,其中,农民手持现金 95085 万元,较上年增加 460 万元,增长 0.49%;城镇居民手持现金 13187 万元,较上年增加 800 万元,增长 6.5%。

2001 年,定西地区流出辖区现金估计达到 13.72 亿元,流入现金 2.76 亿元,净流出 10.96 亿元。定西地区属贫困农业区,大部分商品仍需从外地购入。2001 年,商业部门在外地购买商品带出现金 2.5 亿元,较上年增加 5000 余万元,增长 25%。本地群众到外地购买商品带出现金 1.8 亿元,比去年增加 1200 万元,增长 7%。

1987—2010年安定区(定西县)现金投放(+)回笼(-)数据表

表 14-3-1

年份	余额(万元)	比年初增减(万元)	比上年同期增减(%)
1987	1808		
1988	2257		24.83
1989	725		-67.88
1990	3386		367.03
1991	4990		47.37
1992	8746		75.27
1993	7879		-9.91
1994	11858		50.5
1995	4066	-7792	-65.71
1996	2576	-1490	-36.63
1997	10244	7668	297.64
1998	26082	15838	154.61
1999	26112	30	0.12
2000	35079	8967	34.34
2001	33931	-1148	-3.27
2002	12827	-21104	-62.2
2003	18603	5776	45.03
2004	18322	-281	-1.51
2005	19369	1047	5.71
2006	21100	1731	8.94
2007	10372	-10728	-50.84
2008	28341	17969	173.25
2009	20791	-7550	-26.64
2010	20341	-450	-2.16

第四节　储蓄　信贷

储蓄

80年代初期,定西全地区各银行根据各县的经济发展状况、人口密度、储蓄潜力和发展前景,开始全面规划,合理布局,大抓储蓄网点建设。1997年年底,全地区储蓄网点达到189个。同时,全地区各县银行陆续开办有奖储蓄、定活两便储蓄、储蓄旅行支票、存本取息定期储蓄、人民币保值储蓄、贴水储蓄等等。试办以定期储蓄户小额住房和消费贷款为主的存贷结合,以贷促存业务;创办集存、放、汇于一体的多功能储蓄所。

1997年全国金融工作会议后,商业银行体制改革加快,银行储蓄业务方式也有了全新的改变。储蓄业务由手工操作全部转换为电脑操作。实行储蓄业务全国联网,活期储蓄存款从全城通存通兑发展到全地区、全省、全国通存通兑。推行个人电子汇款"即时通"、"速汇通",储户汇款当天到达对方账户,加急汇款2小时即可到达。为加速客户款项收付,促进市场经济流通领域资金高效运转,建立了绿色通道;逐步开通网上银行、电话银行和自助银行,设置自动取款机,实行24小时全程服务。开办各种信用卡业务,增加储蓄业务产品,开设个人储蓄存单抵押贷款吸存、教育储蓄、七天通知存款转存、"本外币定期一本通"、"本外币活期一本通"等一系列新的业务种类,适应广大客户各种不同的储蓄需要。

2006年年底,安定区金融机构财政存款余额达19542万元,机关团体存款余额为41507万元,城乡居民储蓄存款余额达211629万元,企业存款余额为42474万元。2007年年底,全区金融机构财政存款余额为15806万元,城乡居民活期储蓄存款余额为99508万元,企业活期存款余额为60101万元,农业存款余额为6507万元,居民定期储蓄存款余额为120068万元,企业定期存款余额7105万元。2008年年底,全区金融机构机关团体存款余额为101080万元,城乡居民定期储蓄存款余额为171570万元,活期储蓄存款余额121175万元,企业定期存款余额7800万元,企业活期存款余额为54379万元。2009年年底,全区企业存款余额为170143万元,机关团体存款余额130342万元,居民储蓄存款余额376457万元,财政存款余额为45842万元。2010年年底,全区金融机构居民储蓄存款余额459676万元,其中活期储蓄存款余额为216584万元,定期储蓄存款余额为243092万元,企业存款余额为172521万元。

1987—2010年安定区(定西县)企业存款数据表

表 14-3-2

年份	余额(万元)	比年初增减(万元)	比上年同期增减(%)
1987	3268	−220	
1988	3975	1119	21.63

续表 14-3-2

年份	余额(万元)	比年初增减(万元)	比上年同期增减(%)
1989	3356	−619	−15.57
1990	4121	765	22.79
1991	4934	813	19.73
1992	7055	2300	42.99
1993	8342	−714	18.24
1994	8475	3784	1.59
1995	10613	−1287	25.23
1996	14485	3957	36.48
1997	12214	−2270	−15.68
1998	16232	3914	32.9
1999	16448	218	1.33
2000	26307	6217	59.94
2001	36663	8617	39.37
2002	34851	−1709	−4.94
2003	40623	5772	15.56
2004	51384	10778	26.49
2005	49518	−1866	−3.63
2006	42474	−2674	−14.23
2007	67206	24730	58.23
2008	62179	−5027	−7.48
2009	170143	102389	173.63
2010	172521	14359	1.4

1987—2010 年安定区(定西县)储蓄存款数据表

表 14-3-3

年份	余额(万元)	比年初增减(万元)	比上年同期增减(%)
1987	3581	89	
1988	5519	824	54.12
1989	7299	1780	32.25
1990	9385	2086	28.58

续表 14-3-3

年份	余额(万元)	比年初增减(万元)	比上年同期增减(%)
1991	12021	2636	28.09
1992	15063	3042	25.31
1993	20315	5252	34.87
1994	25104	5489	23.57
1995	31158	5355	24.12
1996	38658	7500	24.07
1997	44572	5914	15.3
1998	54810	10237	22.97
1999	59101	4291	7.83
2000	73877	8194	25
2001	103861	11149	40.59
2002	121722	17861	17.2
2003	136865	15143	12.44
2004	157766	20886	15.27
2005	185392	27627	17.51
2006	211629	26238	14.15
2007	219579	7946	3.76
2008	292745	73169	33.32
2009	376457	83711	28.6
2010	459676	83219	22.11

1987—2010 年安定区(定西县)财政存款数据表

表 14-3-4

年份	余额(万元)	比年初增减(万元)	比上年同期增减(%)
1987	−222	−171	
1988	−19	143	−91.44
1989	−7	12	−63.16
1990	176	183	−2614.29
1991	−158	−335	−189.77
1992	−82	77	−48.1

续表 14-3-4

年份	余额(万元)	比年初增减(万元)	比上年同期增减(%)
1993	7	89	−108.54
1994	3873	1866	55228.57
1995	1793	−80	−53.71
1996	2031	237	13.27
1997	3626	1594	78.53
1998	723	−298	−80.06
1999	1207	275	66.94
2000	971	138	−19.55
2001	690	−77	−28.94
2002	1182	491	71.3
2003	888	−294	−24.87
2004	7321	5588	724.44
2005	19999	12677	173.17
2006	19542	−457	−2.29
2007	15806	−3736	−19.12
2008	7545	−8312	−52.26
2009	45842	38296	507.58
2010	45389	−453	−0.99

1987—2010 年安定区(定西县)金融机构人民币各项存款数据表

表 14-3-5

年份	余额(万元)	比年初增减(万元)	比上年同期增减(%)
1987	8713	−15	
1988	12304	2228	41.21
1989	13795	1494	12.12
1990	17108	3314	24.02
1991	19546	2437	14.25
1992	25579	6033	30.87
1993	30905	5324	20.82
1994	36844	7938	19.22

续表 14-3-5

年份	余额(万元)	比年初增减(万元)	比上年同期增减(%)
1995	44889	5234	21.84
1996	56372	1153	25.58
1997	62354	5968	10.61
1998	79508	14739	27.51
1999	85805	5685	7.92
2000	113985	17963	32.84
2001	156656	20746	37.44
2002	176327	19726	12.56
2003	197677	21351	12.11
2004	237287	39612	20.04
2005	282387	42064	19.01
2006	328695	46290	16.4
2007	388167	59471	18.09
2008	502416	114249	29.43
2009	750768	248354	49.43
2010	924964	174196	23.2

信贷

农业信贷 1991年至1993年，农业银行和信用社累计发放农业贷款73572万元,除支持农户购买化肥、良种和农用车辆等生产资料外,重点投向支农物资的调运销售、科技兴农示范项目和开发地方农业资源优势项目。1994年,支持调整产业结构,增加农民收入,全年累计发放农业贷款30455万元,其中,投入1亿元贷款支持农村白色工程(地膜)、绿色工程和养殖工程。1995年,累计发放农贷55822万元,比上年增长83.29%。1996年至1998年,累计发放农业贷款242489万元,除继续支持以上项目外, 还支持了"121"雨水集流工程和农业科技的应用推广项目。1998年,农村信用社还发放1025万元的小额信贷,扶持困难乡村的农户。

1999年后, 农业银行和农村信用社围绕地方特色资源优势, 重点支持马铃薯、中药材、畜牧、蔬菜四大支柱产业和花卉、食用菌两个新型产业的发展。1999年至2003年,定西县累计发放农业产业发展贷款597459万元。

2006年年底, 农业贷款余额达37554万元。2009年年底, 农业贷款余额

58249万元,私营企业及个体贷款额25302万元,工业贷款余额8888万元,中长期贷款余额199415万元。当年新增中长期贷款主要是由于农发行安定支行向辖内两家公司共发放4.1亿元中长期贷款余额用于农业基础设施建设。截至2010年底,全区金融机构中长期贷款余额297489万元。其中,中长期个人贷款余额为87640万元,中长期单位贷款余额为209849万元。新增中长期单位贷款主要用于农村基础设施建设、县域城镇建设、农村流通体系建设以及粮食流转等。

工业贷款 1986年以来,随着全区经济的发展,国有和集体工业企业的数量和生产规模不断发展,工业贷款数额迅速增加。1990年年底,工业贷款余额达到28451万元。在这期间,地区工商银行重点解决国有敬东电视配件总厂、西北铝加工厂、定西起重机厂、定西制药厂等8家骨干企业流动资金需求,支持企业发展生产。1990年后,定西县工业生产继续稳步发展,工业贷款持续增加。银行坚持扶优限劣的信贷政策,优化信贷结构,视企业销售、利润在当地经济地位及还款情况,对其贷款实行增、保、减、压,集中资金支持经营管理和经济效益比较好的企业。1993年,确定陇西酒精厂、定西无纺厂、定西制药厂等56家企业为重点支持对象。这些企业的产值、销售、利税额占到全区企业效益额的50%以上。将陇西皮革厂等60家严重亏损、长期拖欠利息、贷款发生流失的企业作为压贷企业,压回的贷款向重点支持企业倾斜,使新增贷款的70%投向重点企业。是年,全区工业贷款余额42533万元,比上年增长17%。1998年年底,工业贷款余额达65300万元,较1993年增长53.53%。1998年之后,定西县内各国有商业银行向现代商业银行转变,银行信贷资金投向发生变化。面向符合国家倡导的产业倾斜,向经济效益看好,有长远发展前景的重点领域和行业的优质项目及优良客户倾斜,向私营个体经济和个人消费领域渗透。

至2003年,地区工商银行系统先后为200余家工业企业累计发放流动资金贷款30余亿元。

商业贷款 2003年年底,贷款余额1977万元,当年实现主营收入16832万元,利润1247万元,上缴税金694万元。地区农业银行自1980年成立到2003年,累计发放农村商业贷款442061.2万元,其中商业企业贷款72196.2万元,农副产品收购贷款200581万元,供销社贷款169284万元,基本保证全地区粮油等各类农副产品收购和农村商品供应的资金需求。1997年至2003年,地区农发行累计投放粮油储备、收购、调销、加工贷款187989万元,保证了全区公购粮的及时收购,保证了国有粮油购销企业按保护价敞开收购农民余粮,解决了他们卖粮难的问题。并确保了全区农村退耕还林补助粮的足额供应。2010年,定西市农发行累计发放贷款

17.71亿元,同比增长21.23%,年底贷款余额达32亿元,比2005年净增26亿元。

　　2006年年底,商业贷款余额达44967万元,较年初增加11570万元。截至2010年底,全区短期贷款余额为177389万元。其中,个人贷款及透支余额为79011万元,单位贷款及透支余额96881万元。

　　基建资金信贷　1998年,基本建设贷款年末余额22953万元。2001年年末,贷款余额23732万元,比1998年增长3.39%;2002年末,贷款余额37251万元,比上年增长56.97%;2003年年末,贷款余额35054万元,比上年略有减少。2000年代初期,定西地区建设银行发放基本建设贷款3000万元,继续支持甘肃扶正医药科技股份有限公司扩大生产规模。2003年年底,该公司完成颗粒剂、胶囊剂的GMP达标改造,新增颗粒剂5000万袋,胶囊剂3亿粒,销售收入3.5亿元,实现利润5200万元,缴纳税金3800万元。建行还给重点支持的华兴铝业公司累计发放基本建设贷款23470万元,使之完成了一、二期工程建设。到2003年年底,该公司累计生产铝锭23万吨,实现销售铝锭收入27.5亿元,出口创汇9588万美元,上缴税金12000万元。2003年,地区中行向海甸峡水电站贷款2000万元,使基本建设资金得到保证,加速了工程的进度。

1987—2010年安定区(定西县)银行中长期贷款数据表

表14-3-6

年份	余额(万元)	比年初增减(万元)	比上年同期增减(%)
1987	3056	−37	
1988			−100
1989			
1990			
1991			
1992			
1993			
1994	10670	2008	
1995	11284	134	5.75
1996	12147	863	7.65
1997	14824	2678	22.04
1998	12106	814	−18.34
1999	18836	6730	55.59

续表 14-3-6

年份	余额(万元)	比年初增减(万元)	比上年同期增减(%)
2000	27552	9033	46.27
2001	34909	2881	26.7
2002	38646	6155	10.7
2003	49976	11290	29.32
2004	52645	4180	5.34
2005	60698	6857	15.3
2006	60024	−672	−1.11
2007	73033	11987	21.67
2008	95369	44244	30.58
2009	199415	103924	109.1
2010	297489	99371	49.18

1987—2010 年安定区(定西县)银行金融机构人民币各项贷款数据表

表 14-3-7

年份	余额(万元)	比年初增减(万元)	比上年同期增减(%)
1987	20789	−73	
1988	26339	2809	26.7
1989	29161	2823	10.71
1990	35234	6073	20.83
1991	39660	4426	12.56
1992	46439	6779	17.09
1993	53643	7204	15.51
1994	48557	−5107	−9.48
1995	69075	8768	42.26
1996	82089	13013	18.84
1997	104308	22220	27.07
1998	118396	17554	13.51
1999	121655	3097	2.75
2000	133176	6978	9.47
2001	134757	−6550	1.19

续表 14-3-7

年份	余额(万元)	比年初增减(万元)	比上年同期增减(%)
2002	144316	9560	7.09
2003	156656	12113	8.55
2004	157753	4099	0.7
2005	155616	18652	−1.35
2006	175623	20008	12.86
2007	226187	50564	28.79
2008	248906	53114	10.04
2009	366737	117832	47.34
2010	474878	108141	29.49

1987—2010 年安定区(定西县)银行短期贷款数据表

表 14-3-8

年份	余额(万元)	比年初增减(万元)	比上年同期增减(%)
1987	14533		
1988			−100
1989			
1990			
1991			
1992			
1993			
1994	85630	−7838	
1995	56701	9322	−33.78
1996	68860	11783	21.44
1997	88415	19555	28.4
1998	105880	24374	19.75
1999	102436	−3440	−3.25
2000	104826	−2336	2.33
2001	99652	−9303	−4.94
2002	101702	2050	2.06
2003	103012	1124	1.29

续表 14-3-8

年份	余额(万元)	比年初增减(万元)	比上年同期增减(%)
2004	101123	-397	-1.83
2005	94913	11950	-6.14
2006	115113	20197	21.28
2007	151148	37058	31.3
2008	153537	10875	1.58
2009	166502	13088	8.44
2010	177389	9590	6.54

第五节 债券 基金

债券

国库券 国库券是国家为调节国库收入和募集重点建设项目所需资金而发行的一种政府债券。其债务人是中央政府,偿还债务的资金来源于中央财政收入,风险很小。发行对象一般都有规定,如有些国库券是专门供城乡居民购买的,发给国库券,不记名、不挂失。有些债券是专供企业、企业主管部门、地方政府、机关团体、部队、事业单位、个体工商户、私营企业和农村富裕社队购买的,发给国库券收据,可以记名和挂失。1986年至1989年,发行方式采取合理分配的认购办法,对国家分配认购的任务,单位和个人都能按期完成。1990年起,采取分配任务和柜面直接向顾客销售发行的办法。1991年又增加了财政、银行、财团等承购包销的发行方式。至1992年,全地区共发行国库券3912.30万元,其中,单位认购767.67万元,个人认购3144.63万元。

国家重点建设债券 是我国政府为筹集国家重点建设资金于1987年发行的国债。发行额为55亿元,发行对象是地方政府、全民所有制和集体所有制企业、机关团体和事业单位,中央、国务院各部委,武警部队,城乡个人。对单位发行采取分配任务的办法,对个人采取自愿认购的办法。单位购买的发给国家重点建设债券收据,个人购买的发给国家重点建设债券。发行债券募集的资金,由中国人民银行转入中国建设银行账户,作为"拨政贷"的专项资金,全部用于国家计划的重点项目建设。债券期限为3年,单位购买的年息6%,个人购买的年息10.5%。全地区共发行198.62万元,到期后一次性偿还本息。

国家建设债券 是政府为筹集国家建设资金于1988年发行的国家债券,实际发行 30 亿元。发行对象是城乡居民、基金会组织及金融机构。期限二年,年利率为 9.5%,全地区共发行 373 万元,其中单位购买 123 万元,个人购买 250 万元,到期后一次性偿还本息。

保值公债　是国家在对国民经济进行治理整顿期间由国务院批准财政部发行的一种利率浮动加保值补贴率的国家债券,1989 年 7 月 1 日开始发行,发行对象为城乡职工、居民、个体工商户、各种基金会、保险公司以及有条件的工商企业。期限三年,利率随人民银行规定的三年定期储蓄利率浮动,加保值补贴率外加一个百分点。全地区共发行 696.18 万元,其中单位购买 16.97 万元,个人购买 679.21 万元。到期后本息全部兑付。

财政债券　本债券由国家财政部发行,用于弥补财政赤字。1988 年首发,发行对象是各专业银行、综合性银行以及其他金融机构。1988 年发行五年期和二年期两种,利率分别为年息 7.5% 和 8%。全地区发行 142 万元。1990 年发行五年期一种,年息为 10%,全地区发行 39.9 万元。1991 年发行五年期一种,年息为 9%,全地区发行 22.8 万元。1993 年发行五年期一种,年息为 14%,全地区发行 2.68 万元。到期本息全部兑付。

凭证式国债　从 1994 年开始至 2003 年,基本连年发行,均由各商业银行承购包销和代销,在本系统内发售和兑付。期限有二年期、三年期和五年期,利率略高于人民银行同期定期储蓄利率。全地区中国工商银行共发行 10671 万元,农业银行共发行 10565 万元,中国银行共发行 823 万元。

企业债券　是企业按照法定程序申请发行在约定期限内还本付息的债券。1988 年,定西地区建设银行根据省建行下达的任务,代理发行企业债券 546.41 万元。发行对象为地方企事业单位和城乡居民个人。1988 年,定西地区工商银行代理发行重点企业债券 46.47 万元,期限五年,年息 6%。

金融债券　定西地区建设银行 1994 年代理甘肃省建设银行发行金融债券 522 万元,面额为一百元和五百元两种,面向全地区城乡居民个人发行。1987—1992 年,定西地区工商银行共发行金融债券 942.6 万元,期限为一年、二年、三年、四年、五年不等,利率为 9% ~ 14%。

基金

1997 年 11 月 14 日,《证券投资基金管理暂行办法》颁布,为国家证券投资基金业的规范发展奠定法律基础。2000 年 10 月 8 日,中国证监会发布《开放式证券投资基金试点办法》,为国家开放式基金的试点作指引。2003 年 10 月颁布《基金法》，该法于 2004 年 6 月 1 日实施。从此，国家基金业迎来健康发展、规范运行的时期。

建行定西分行于 2004 年 11 月 10 日销售第一笔开放式基金，开启了建行证券投资业务。

2005 年 4 月，正式启动的股权分置改革，使上市公司不断优化，全面提升价值。工行、建行、农行、中行等一大批大盘蓝筹股(发行数额 50 亿元以上，国有优质股)登陆 A 股市场，改善了国家上市的整体素质，大幅度拓展了证券市场的广度和深度，中国证券市场进入“全面炒股”阶段。2005 年至 2007 年的大牛市行情中，定西建行趁势而为，积极拓展基金业务，利用网点优势和电子银行渠道，占领市场。截至 2007 年底，共开立基金账户 58661 户，销售基金 27892 万元，代理基金 212 只，取得中间业务收入 418 万元，市场占比 32%。

2008 年，受外围市场打击，中国股市开始暴跌，股民与基民损失惨重。投资信心遭受沉重打击，定西建行适时而为，向广大客户推出基金定投业务，以摊薄投资成本，尽力降低损失，保护客户利益。年底建行定西分行共开立基金账户 59711 户，销售基金 10490 万元，代理基金 312 只，取得中间业务收入 209 万元，市场占比30%。

2009 年，随着中国 4 万亿投资规模拉动内需的进展，中国经济进入快速增长阶段。股市进入一个小牛市行情，建行基金业务发展也进入恢复时期。年底，建行定西分行共开立基金账户 31002 户，销售基金 7888 万元，代理基金 325 只，基金定投 2559 户，取得中间业务收入 136 万元，市场占比 27%。

2010 年，受世界经济发展不确定的影响和中国控制通胀政策的调整，股市进入一个大箱体震荡阶段。建行定西分行积极拓展高中端客户，事先给客户制作《投资理财规划》，投资阶段出具《投资报告书》，积极完善投资理财流程，增加客户收益，提升服务质量，增强客户依赖度，扩大市场占有份额。年底，建行定西分行共开立基金账户 21015 户，销售基金 7072 万元，代理基金 335 只，基金定投 2592 户，取得中间业务收入 177.54 万元，市场占比 45.3%。

至 2010 年 6 月，中国工商银行定西分行代理个人基金业务收入达到 682 万元，极大地满足了广大城乡客户日益增长的金融需求，从而扩大了业务范围，增加了收益。

中国银行定西分行与嘉实、易方达、南方、富通等 40 余家基金管理公司合作，代销开放基金 250 余只，168 万元。至 2010 年，共销售 9173.78 万元。

中国农业银行安定支行自代售开放式基金以来，已累计代售博时、长城、长盛等23 类 75 只基金，累计销售额 8.523 亿元。

第六节 金融管理

信贷资金管理

1949 年中华人民共和国成立以来，信贷资金管理经历了如下阶段：1950—1957 年为统收统支，统一管理阶段；1958—1961 年为存贷下放，差额包干阶段；1962—1973 年为集中统一，分口平级负责阶段；1972—1980 年为统一计划，分级管理阶段；1981—1982 年为统一计划，分级管理，存贷挂钩，差额包干阶段；1985—1993 年为统一计划，分级管理，实贷实存，互相融通阶段；1994—1997 年为总量控制，比例管理，分类指导，市场融通阶段；1998 年以后为计划指导，自求平衡，比例管理，间接调控阶段。

现金管理

中国人民银行为现金管理执行机关。1951 年至 1977 年，现金管理工作执行1950 年颁布的《政务院关于实行国家机关现金管理的决定》和人民银行总行制定的《货币管理实施办法》等有关规定。1978 年 8 月，人民银行总行下发《现金管理实施办法(试行草案)》，对单位库存现金限额核定、现金使用范围、现金的缴存、现金账目设置、现金使用计划统制、违规惩处以及工商企业采购支付，军工、公安和军队系统的现金管理等问题作出更加明确、符合实际的规定。1981 年 3 月，明确规定农村集体单位的现金管理，由农行的各级机构负责办理。1997 年，中国人民银行总行发出《关于现金管理工作有关问题的通知》，各行加强账户管理。大额现金支付"一支笔"审批，严禁公款私存，堵塞套取现金漏洞。

工资基金管理

1984 年，国务院规定，在实行第二步利改税后，奖金一律实行上不封顶、下不保底的办法，省上不再下达控制限额。接着出现了全国性的消费基金失控的局面。1985 年 2 月，国务院办公厅发出关于严格控制发放奖金、补贴的紧急通知，各地严格执行，使失控现象得到有效遏制。1990 年 11 月，国务院颁布《关于进一步加强工资基金管理的通知》，使工资基金管理工作有章可循。

利率管理

利率是实现国家货币政策目标的重要工具之一。随着国家经济体制改革和发展,银行在国民经济中的地位和作用不断增强,利率成为国家调节经济和实现货币政策的重要手段。1979—1989 年,一年期的流动资金贷款利率由 5.04%逐步提高到 11.34%,从而有效遏制了通货膨胀。1996—2003 年,贷款利率 9 次下调,一年期的流动资金贷款利率由 12.06%下调到 5.31%。贷款利率下调大大减少了企业的利息费用,对正在进行的国企改革起了很大的推动作用。2010 年 10 月 20 日和 12 月 26 日两次提高金融机构人民币存款和贷款基准利率,对遏制通货膨胀和平抑物价起到了一定的作用。

1990—2010 年金融机构人民币存款基准利率对照表

表 14-3-9

单位:年利率%

调整时间	活期	定 期					
		3 个月	6 个月	1 年	2 年	3 年	5 年
1990.04.15	2.88	6.3	7.74	10.08	10.98	11.88	13.68
1990.08.21	2.16	4.32	6.48	8.64	9.36	10.08	11.52
1991.04.21	1.8	3.24	5.4	7.56	7.92	8.28	9
1993.05.15	2.16	4.86	7.2	9.18	9.9	10.8	12.06
1993.07.11	3.15	6.66	9	10.98	11.7	12.24	13.86
1996.05.01	2.97	4.86	7.2	9.18	9.9	10.8	12.06
1996.08.23	1.98	3.33	5.4	7.47	7.92	8.28	9
1997.10.23	1.71	2.88	4.14	5.67	5.94	6.21	6.66
1998.03.25	1.71	2.88	4.14	5.22	5.58	6.21	6.66
1998.07.01	1.44	2.79	3.96	4.77	4.86	4.95	5.22
1998.12.07	1.44	2.79	3.33	3.78	3.96	4.14	4.5
1999.06.10	0.99	1.98	2.16	2.25	2.43	2.7	2.88
2002.02.21	0.72	1.71	1.89	1.98	2.25	2.52	2.79
2004.10.29	0.72	1.71	2.07	2.25	2.7	3.24	3.6
2006.08.19	0.72	1.8	2.25	2.52	3.06	3.69	4.14
2007.03.18	0.72	1.98	2.43	2.79	3.33	3.96	4.41
2007.05.19	0.72	2.07	2.61	3.06	3.69	4.41	4.95
2007.07.21	0.81	2.34	2.88	3.33	3.96	4.68	5.22
2007.08.22	0.81	2.61	3.15	3.6	4.23	4.95	5.49

续表 14-3-9

单位:年利率%

调整时间	活期	定 期					
		3个月	6个月	1年	2年	3年	5年
2007.09.15	0.81	2.88	3.42	3.87	4.5	5.22	5.76
2007.12.21	0.72	3.33	3.78	4.14	4.68	5.4	5.86
2008.10.09	0.72	3.15	3.51	3.87	4.41	5.13	5.58
2008.10.30	0.72	2.88	3.24	3.6	4.14	4.77	5.13
2008.11.27	0.36	1.98	2.25	2.52	3.06	3.6	3.87
2008.12.23	0.36	1.71	1.98	2.25	2.79	3.33	3.6
2010.10.20	0.36	1.91	2.2	2.5	3.25	3.85	4.2
2010.12.26	0.36	2.25	2.5	2.75	3.55	4.15	4.55

1991—2010 年金融机构人民币贷款基准利率对照表

表 14-3-10

单位:年利率%

调整时间	6个月	1年	1—3 年	3—5 年	5年以上
1991.04.21	8.1	8.64	9	9.54	9.72
1993.05.15	8.82	9.36	10.8	12.06	12.24
1993.07.11	9	10.98	12.24	13.86	14.04
1995.01.01	9	10.98	12.96	14.58	14.76
1995.07.01	10.08	12.06	13.5	15.12	15.3
1996.05.01	9.72	10.98	13.14	14.94	15.12
1996.08.23	9.18	1.08	10.98	11.7	12.42
1997.10.23	7.65	8.64	9.36	9.9	10.53
1998.03.25	7.02	7.92	9	9.72	10.35
1998.07.01	6.57	6.93	7.11	7.65	8.01
1998.12.07	6.12	6.39	6.66	7.2	7.56
1999.06.10	5.58	5.85	5.94	6.03	6.21
2002.02.21	5.04	5.31	5.49	5.58	5.76
2004.10.29	5.22	5.58	5.76	5.85	6.12
2006.04.28	5.4	5.85	6.03	6.12	6.39
2006.08.19	5.58	6.12	6.3	6.48	6.84
2007.03.18	5.67	6.39	6.57	6.75	7.11

续表14-3-10

单位:年利率%

调整时间	6个月	1年	1—3年	3—5年	5年以上
2007.05.19	5.85	6.57	6.75	6.93	7.2
2007.07.21	6.03	6.84	7.02	7.2	7.38
2007.07.21	6.03	6.84	7.02	7.2	7.38
2007.07.21	6.03	6.84	7.02	7.2	7.38
2007.08.22	6.21	7.02	7.2	7.38	7.56
2007.09.15	6.48	7.29	7.47	7.65	7.83
2007.12.21	6.57	7.47	7.56	7.74	7.83
2008.09.16	6.21	7.2	7.29	7.56	7.74
2008.10.09	6.12	6.93	7.02	7.29	7.47
2008.10.30	6.03	6.66	6.75	7.02	7.2
2008.11.27	5.04	5.58	5.67	5.94	6.12
2008.12.23	4.86	5.31	5.4	5.76	5.94
2010.10.20	5.10	5.56	5.6	5.96	6.14
2010.12.26	5.35	5.81	5.85	6.22	6.4

金银管理

80年代以来,我国金银管理发生变化,由过去的单纯收售、保管型转变为多方位放开管理型。1983年6月以后,定西地区一方面支持金银生产,一方面逐步开放金饰品市场。从90年代起,岷县开始大力发展黄金生产。岷县选矿场、岷县金矿等生产厂家,年生产黄金约50公斤。1992年10月,定西县第一家金店—玉泽金店在定西县友谊南路正式开业,随后各县共有11家金店开业。国家先后19次调整金银收售价格,到1991年,金银价格基本理顺。2000年,国内全面开放白银市场。2002年,国内全面开放黄金市场。近年来,黄金、白银价格一路上涨,2010年底,黄金原料每克360元,饰品376元(千足)、386元(万足);白金原料每克480元,饰品498元(千足)、508元(万足);白银原料每克12元,饰品15元。

金融行政管理

中国人民银行对各类金融机构的准入和准出实行规范化管理。从1985年开始,凡是新设立或撤销、搬迁、更名的金融机构,必须严格履行申报、审核和审批规定,未经人民银行审批,不得擅自开业、歇业、更名和搬迁。1987年,对全地区已有的 303 个金融机构进行了全面登记注册，核发了金融业务许可证，并由工商行政管理部门颁发了营业执照。自 1997 年起，坚持机构年检制度和 3 年一换证制度。至 2003 年，共批准新成立金融机构 115 个，撤销 81 个，取缔非法金融机构 25 个。地区人民银行稽核科从 1986 年成立到 2003 年，查出少缴财政

中国银行业监督委员会定西监管分局

性存款、延解国库款、公款私存、违规放款、违规揽存、提高利率、账外经营、违规理赔等 26 类问题，涉及金额 142.551 万元。

外汇管理

1987 年年底，全地区实有外汇额度 204.52 美元。1989 年 4 月，国家外汇管理局定西分局成立。地区人民银行内设外汇管理科，具体办理外汇业务，其业务内容有 5 项，即留成外汇额度管理、调剂外汇额度管理、银行结售管理、资本项目外汇管理、国际收支间接申报业务管理。1994 年，中国银行定西分行吸收外币存款为 23.6 万美元。1994—2003 年，全地区银行结汇 181.55 万美元。1996—2003 年，全地区累计完成国际间接申报业务 171 笔，金额 139.53 万美元。

2001—2003 年，外币存款直线上升，达到 357.8 万美元。从 2004 年开始下降，2009 年为 39.8 万美元，2010 年为 42.1 万美元。

第四章 保 险

第一节 保险业发展综述

1983年1月,中国人民银行定西县支行设立保险股。1984年12月,经甘肃省人民银行批准,中国人民保险公司定西地区中心支公司成立。1996年,原中国人民保险公司实行产、寿险分业经营,分别成立中保财产保险定西县支公司和中保人寿保险定西县支公司。

2000年,中保财产定西县支公司更名为中国人保财险定西地区分公司营业部。2003年又更名为中国人保财险定西市分公司营业部,经营非寿险业务。2003年,保费收入突破千万元大关。当年股改上市后,平均每年以15%的速度递增。2008年,保费收入达1828万元。2009年,达到2328万元,为1986年保费收入的50倍。2010年,保费收入突破3000万元大关。25年时间里,累计收取保费2.1亿元,支付赔款1.1亿元,赔付率为52.3%。

中国人寿保险股份有限公司定西分公司安定区营销服务部,2010年保费收入接近4000万元。

安定区另有12家民营保险公司,其中寿险公司3家,财险公司9家。

第二节 财产保险

机构

中国人保财产保险定西市分公司营业部,成立之初由人民银行代管。1987年,根据业务发展需要,先后设立人险股、财险股、计财股、人秘股4个股室。1996年,财产险、人寿险分业经营后,公司更名为中保财产保险公司定西县支公司,专营非寿险业务。公司内设

中国人民财产保险股份有限公司定西市分公司

运输工具科、财险科、农险科、综合科 4 个科室。后又更名为中国人民财产保险股份有限公司定西市分公司。营业部根据市场化的需求，设立专业化的销售团队，分为大客户销售团队、综合销售团队、中介销售团队和北川营销服务部四个销售团队，并设立营业室和北川营销服务部两个出单网点。2010 年，有员工 40 名。

保险种类

公司开设的险种有 718 个，其中开办的险种有 200 余个，涉及机动车辆保险、财产保险、意外健康险、责任与信用保险四大险种。

公司拥有和全国人保财险系统联网的信息技术平台，与全国联网的汽车零配件报价系统，拥有涵盖 70 多个生产厂家 500 多种车型的 PEDS 汽车定损系统，所有业务均实行计算机处理和管理，收入支出均实行无现金收付，所有险种均实行"见费出单"。

投保理赔

投保方式由原来的手工投保发展为后来的柜台电脑投保和电话投保、网上投保三种方式。私家车主只需拨通 4008195518 投保专用电话，就能得到保险公司方便、实惠的销售服务。

2000 年，在全国各省地(市)设立统一的 24 小时人保服务专线"95518"电话综合服务平台和登录网上 www.e-picc.com.cn 车险自助查询平台，为所有客户随时提供出险报案、救援、查勘定损调度、投诉、咨询、预约投保、网上投保等热线服务。公司对事故责任明确，车辆损失在 1000 元以下的案件，24 小时内支付赔款，车辆损失在 5000 元以下的案件，车主在公司推荐修理厂维修，保证 7 日内接车(特殊车型协商解决)，车主自选修理厂维修的，在事故材料提供齐全后，3 日内支付赔款；保险事故损失在 5000 元以上的案件，被保险人在材料提供齐全后，10 日内支付赔款；对涉及人员伤亡的重特大案件，公司协助客户预算费用金额，涉及法律诉讼的，将提供法律咨询援助，个人确实无法支付费用的，在保险事故责任明确后，公司可根据实际，在损失金额超过保险金额的 30% 之内预付赔款。

2008—2010 年，累计处理赔案 12000 余起，为近万个家庭、1000 余家企事业单位支付各类保险赔款 3600 万元，缴纳税金 400 余万元，代收代征车船税 500 余万元。

1986—2010年人保财产保险定西分公司营业部保险金收支一览表

表 14-4-1

年 份	保险收入(万元)	事故理赔(万元)	赔付率(%)
合计	21055	10970	52.10
1986	47	13	27.66
1987	76	31	40.79
1988	107	41	38.32
1989	151	52	34.44
1990	267	88	32.96
1991	299	133	44.48
1992	473	196	41.44
1993	470	196	41.70
1994	557	340	61.04
1995	520	221	42.50
1996	367	207	56.40
1997	500	198	39.60
1998	693	267	38.53
1999	700	315	45.00
2000	735	400	54.42
2001	890	430	48.31
2002	993	393	39.58
2003	1268	529	41.72
2004	1182	560	47.38
2005	1137	689	60.60
2006	1210	765	63.22
2007	1397	1110	79.46
2008	1828	1317	72.05
2009	2328	1237	53.14
2010	2860	1242	43.43

第三节　人寿保险

机构

1984 年 12 月,经甘肃省人民银行批准,中国人民保险公司定西地区中心支行成立。1996 年,中国人民保险公司实行机构改革,定西地区中心支行分设了中保人寿保险定西有限公司营业部和中保财产保险定西有限公司定西营业部。1997 年 9 月,经人民银行批准,人寿保险定西营业部更名为中保人寿保险有限公司定西县支行。1999 年 6 月,又改名为中国人寿保险公司定西分公司营业部。2003 年 10 月,营业部完成了股份制改造。2008 年 12 月,人寿保险定西分公司营业部更名为中国人寿保险股份有限公司定西市分公司。2010 年,安定区共有城区营销分部 3 个,农村营销服务部 10 个,个人代理人总数达到 253 人。

中国人寿保险股份有限公司定西市分公司

保险种类

人身保险包括人寿保险、人身意外伤害保险和健康保险三大类 60 余个险种。2010 年,经营的人寿保险业务有康宁定期、祥和定期、祥运定期、安居定期、附加定期(A)(B)型、康宁终身、祥瑞终身、祥瑞还本终身、国寿少儿两全险、国寿福瑞(馨)两全险、国寿如意两全险、国寿独生子女两全险、国寿 99 鸿福两全险、国寿英才少儿保险以及国寿简易人身、国寿松柏(鹤)、国寿养老金还本、国寿个人养老金、国寿金色夕阳养老年金、国寿养老保险、子女教育保险等 28 个。与人民群众生产、生活息息相关的养老金保险、医疗保险、人身意外伤害保险,以及集投资、理财、保险功能于一体的分红保险等险种大量开办。2007 年保费收入为 2179 万元,2008 年保费收入为 2086 万元,2009 年保费收入为 2928 万元。2010 年,安定区开办的险种有 100 余个。

投保理赔

中国人寿定西分公司安定区营销服务部,通过建立业务员销售资格预警机制和诚信评估机制,实行业务管理连带责任制和过时追究制,使理赔业务质量得到明显提高。理赔手续合理、简化,理赔人员配备加强,做到理赔案件及时调查,及时通知客户领款,对有特殊困难的客户,实行送赔款上门服务。有效发挥95519二线岗接待、投诉、反馈处理职能,建立首问责任制、客户接待日制、大客户走访制、限时赔付承诺制,增强员工责任感,提高公司社会信誉度。尤其对一些重大理赔案例按规定进行及时兑现。

定西敬东厂余某,于2002年6月为其女投保国寿英才少儿两全保险。不久该被保险人因患肺癌身故,保险公司赔付身故保险金6万元,免缴2003年以后未到期保险费13180元,保险合同继续有效,被保险人还可领取18～25周岁的成才、立业、安家保险金2万元,累计赔付93180元。

安定区中华路中学初三级学生金某,于2002年3月患"鞍区尖性肉芽肿"病,先后住院共支付医药费78701.61元,保险公司赔付医疗保险金6万元。2010年9月25日,平安客户高女士发生车祸,意外身亡。事后客户家人在整理逝者遗物时发现杨女士生前投保的平安人寿智盈万能寿险的保单。12月7日,杨女士的家人向平安人寿定西支公司报案申请理赔,支公司工作人员于当天整理全部理赔审核材料提交总公司。12月8日,总公司下达理赔通知:依照保险责任,公司向杨女士的受益人支付赔款15万元人民币。

1996—2010年人保人寿保险定西分公司营业部保费收支一览表

表 14-4-2

年　份	保费收入(万元)	事故理赔(万元)	赔付率(%)
1996	245	112.7	46.00
1997	421	146.9	34.89
1998	606	261.2	43.10
1999	750	195	26.00
2000	882	379.26	43.00
2001	1050	409.5	39.00
2002	1226	429	34.99
2003	1534	644.3	42.00

续表14-4-2

年　份	保费收入(万元)	事故理赔(万元)	赔付率(%)
2004	1728	708.5	41.00
2005	2216	773	34.88
2006	2334	802	34.36
2007	2558	917	35.85
2008	2685.9	972	36.19
2009	2928.8	980	33.46
2010	3013	997	33.09

第四节　定西市保险行业协会

组织活动

定西市保险行业协会于2006年1月22日经甘肃保监局核批成立,同年2月22日,经定西市民间组织管理局核准登记。2007年9月,协会与有关保险公司签订《定西市机动车辆保险行业自律公约》《定西市寿险行业自律公约》。2008年8月,协会主编发行《协会工作动态》月刊,登载各保险公司的业务统计数据,反映各公司经营动态。2009年3月甘肃保监局授权,设立定西市保险销售从业人员电子化考试中心,组织高管人员培训工作。

2010年,定西市保险行业协会共有会员公司12家,其中寿险公司3家,财险公司9家。县级机构23家,城乡保险网点35个。

另外有两个县域分会:临洮分会,陇西分会。

业务活动

2007年,全市保费收入达2.33亿元,其中,财产险保费收入0.82亿元,人身险保费收入1.51亿元。

2008年,全市实现保费收入3.29亿元,同比增长41.2%,其中,财产险保费收入1.02亿元,同比增长24.39%;人身险保费收入2.27亿元,同比增长50.33%。保险深度3.13%,保险密度110元。全行业为经济社会承担各类风险责任254.38亿元,累计支付赔款9690万元,上缴税款681.29万元,"三农"保险保费收入295.85万元。

2009年,全市实现保费收入4亿元,同比增长21.58%,其中,财产险保费收入

1.43 亿元,同比增长 40.19%;人身险保费收入 2.57 亿元,同比增长 13.22%。

2010 年,全市实现保费收入 5.66 亿元,同比增长 41.5%,其中,财产险保费收入 2.14 亿元,同比增长 49.65%;人身险保费收入 3.52 亿元,同比增长 36.96%。

2010 年定西市保险行业协会会员公司一览表

表 14-4-3

名　　称	成立时间
中国人民财产保险股份有限公司定西分公司	1984 年 3 月
中国人寿保险股份有限公司定西分公司	1996 年 5 月
太平洋人寿保险股份有限公司定西中心支公司	2004 年 6 月
平安人寿保险股份有限公司定西中心支公司	2008 年 2 月
安邦财产保险股份有限公司定西市安定支公司	2005 年 6 月
永安财产保险股份有限公司定西中心支公司	2006 年 6 月
中国大地财产保险股份有限公司定西中心支公司	2006 年 6 月
中华联财产保险股份有限公司定西市安定支公司	2007 年 10 月
中国人寿财产保险股份有限公司定西中心支公司	2008 年 9 月
阳光财产保险股份有限公司定西中心支公司	2008 年 10 月
平安财产保险股份有限公司定西中心支公司	2009 年 3 月
太平洋财产保险股份有限公司定西中心支公司	2009 年 5 月
泰康人寿保险股份有限公司定西中心支公司	2010 年 12 月

表14-4-4

2010年12月份定西市保险行业协会人身保险业务统计表

项目	合计 保险业务收入 当月	合计 保险业务收入 本年累计	合计 上年同期 累计	中国人寿定西 保险业务收入 当月	中国人寿定西 保险业务收入 本年累计	中国人寿定西 上年同期 累计	太保寿定西 保险业务收入 当月	太保寿定西 保险业务收入 本年累计	太保寿定西 上年同期 累计	平安寿定西 保险业务收入 当月	平安寿定西 保险业务收入 本年累计	平安寿定西 上年同期 累计	人民人寿定西(互动点) 保险业务收入 当月	人民人寿定西(互动点) 保险业务收入 本年累计	人民人寿定西(互动点) 上年同期 累计
总保费收入（万元）	2380.99	35217.72	25804.51	1581.62	21571.84	17247.71	439.30	7713.00	6919.63	189.36	2753.32	1317.17	170.71	3179.56	320.00
市场份额%				66.43	61.25	66.84	18.45	21.90	26.82	7.95	7.82	5.1	7.17	9.03	1.24
一、个险保费（万元）	1774.58	24818.56	19182.27	1237.42	16373.54	13233.10	347.80	5691.70	4632.00	189.36	2753.32	1317.17			
A.首期保费	399.58	6886.91	5555.09	246.11	3433.10	2847.10	44.30	2127.60	1784.23	109.17	1626.21	923.76			
1.寿险:期交	363.18	6133.45	4971.35	236.11	2740.10	2595.10	34.00	1928.50	1548.63	93.07	1464.85	827.62			
趸交	32.90	997.40	554.05	10.00	693.00	252.00	10.30	199.10	235.60	12.60	105.30	66.45			
2.意外险	7.92	125.71	95.92				7.70	123.10	93.83	0.22	2.61	2.09			
3.健康险	4.37	72.96	33.36				1.10	18.50	5.76	3.27	53.46	27.60			
a)传统险	11.99	404.76	718.14				7.90	344.20	675.70	4.09	60.56	42.44			
b)分红险	73.78	2034.56	1206.94				26.10	1594.90	872.93	47.68	439.66	379.01			
c)投资连接															
d)万能寿险	58.90	1172.90	638.31	991.31	12940.44	10386.00	1.50	46.90	136.01	57.40	1126.00	502.30			
B.续期保费	1375.00	17631.65	13627.19	61.00	1609.20	1189.51	303.50	3564.10	2847.77	80.19	1127.11	393.42			
二、团险保费（万元）	76.20	1867.10	1237.35	61.00	1609.20	1189.51	15.20	258.60	51.37						
A.首期保费	76.20	1867.10	1237.35				15.20	257.90	47.84						
1.寿险:期交															
趸交	15.20	257.90	47.84				15.20	257.90	47.84						

续表 14-4-4

项目	合计 当月	合计 本年累计	合计 上年同期累计	中国人寿定西 当月	中国人寿定西 本年累计	中国人寿定西 上年同期累计	太保寿定西 当月	太保寿定西 本年累计	太保寿定西 上年同期累计	平安寿定西 当月	平安寿定西 本年累计	平安寿定西 上年同期累计	人民人寿定西(互动点) 当月	人民人寿定西(互动点) 本年累计	人民人寿定西(互动点) 上年同期累计
2.意外险	52.43	1190.09	668.45	37.23	938.79	628.54	15.20	251.30	39.91						
3.健康险	23.77	672.31	568.28	23.77	670.41	560.97		1.90	7.31						
a)传统险		0.40	0.18					0.40	0.18						
b)分红险		4.30	0.44					4.30	0.44						
c)投资连接															
d)万能寿险		0.70	3.53				0.00	0.70	3.53						
B.续期保费															
三.银行代理保费(万元)	530.21	8531.36	5381.36	283.20	3589.10	2825.10	76.30	1762.70	2236.26				170.71	3179.56	320.00
A.首期保费	340.80	5251.50	5043.16	283.20	3589.10	2825.10	57.60	1662.40	2218.06						
1.寿险:期交	21.60	312.30	215.30	20.00	149.90	128.10	1.60	162.40	87.20						
趸交	319.20	4939.20	4827.86	263.20	3439.20	2697.00	56.00	1500.00	2130.86						
2.意外险	0.60	5.00	7.63				0.60	5.00	7.63						
3.健康险															
a)传统险			0.23						0.23						
b)分红险	57.00	1664.40	1401.70				57.00	1664.40	1401.70						
c)投资连接															
d)万能寿险			808.50						808.50						
B.续期保费	18.70	100.30	18.20				18.70	100.30	18.20						

续表 14-4-4

项　目	合　计 保险业务收入人		上年同期	中国人寿定西 保险业务收入人		上年同期	大保寿定西 保险业务收入人		上年同期	平安寿定西 保险业务收入人		上年同期	人民人寿定西（互动点） 保险业务收入人		上年同期
	当月	本年累计	累计	当月	本年累计	累计	当月	本年累计	累计	当月	本年累计	累计	当月	本年累计	累计
四、承保数量（万元）	6312.1	8580809.9	7979683.83	6100	8577719	7977630	10.10	198.90	80.83	202	2892	1973			
五、保险金额（万元）	18577.65	463797.56	271877.05	6000.00	66937.00	52509.60	10997.60	369832.34	203476.72	1580.05	27028.22	15890.73			
六、死伤医疗给付（万元）	80.26	806.28	607.01	42.00	698.10	520.00	35.20	68.50	66.70	3.06	39.68	20.31			
七、满期/年金给付（万元）	122.66	1359.78	979.78	120.00	1135.00	820.00	2.30	224.32	159.62	0.36	0.46	0.16			
八、业务员人数（人）	371	2368	1944		1216	1126	97	878	597	266	266	221	8	8	
其中：持证人数（人）	279	2252	1676		1182	858	5	796	597	266	266	221	8	8	
九、营销职场数（个）	4	62	62	58	58	58	3	3	3	1	1	1			

第十五编

交通 邮电

第十五编 交通 邮电

第一章 交 通

第一节 机构与改革

公路建管

1984 年,定西县工交局撤销,成立定西县经济委员会,设定西县县乡公路管理站,与运输管理所、定西县运输公司统一归定西县经委领导。

1995 年 8 月 24 日,恢复定西县交通局,机构与定西县经济委员会分设。

2003 年 9 月,定西县交通局更名为定西市安定区交通局。内设办公室、公路建设项目管理股及公路运输管理股。

2010 年 12 月 31 日,更名为定西市安定区交通运输局。

公路养管

1984 年,定西县工交局撤销,成立定西县经济委员会,设定西县县乡公路管理站。

2003 年,更名为定西市安定区县乡公路管理站。

2009 年,农村公路管理养护体制改革后,更名为定西市安定区农村公路管理局,属公益性事业单位。下辖工程管理站、养护管理站、路政执法站,内设办公室、财务室。

2003 年,定西市交通局联合各县(区)成立定西恒通公路工程有限责任公司,取得公路工程施工二级资质,安定区农村公路管理局属第二分公司,主要经营公路桥梁施工和咨询服务,以及工程机械设备租赁业务等。

2009 年农村公路管理养护体制改革后,安定区农村公路管理局主要承担安定区农村公路建设设计、农村公路管理养护、农村公路路政执法等工作。负责安定区农村公路通达、畅通及各乡镇其他项目设计;大、中、小型养护维修工程建设;县乡道路及已硬化的村道日常管理养护,检查指导乡镇乡村公路管理及日常养护工作;维护辖区县乡道路路产路权,改善公路路容路貌,保障道路安全畅通。

2010年,实施养护维修工程建设项目6项,总投资301.4万元。巉郭公路维护工程重铺路面2千米,维修面积1.4万平方米,新建浆砌片石边沟1200米648立方米,浆砌片石路肩墙1500米656立方米。完成红岘桥加固维修工程,铺筑钢筋砼桥面,安全带、栏杆、锥坡。红马公路重铺路面2千米,面积1.2万平方米,新建浆砌片石边沟1200米854立方米,维修原管涵1道8米。高内公路重铺路面1千米,面积600平方米。巉郭公路赵家铺桥维修加固工程。王定公路安全保障工程项目。

公路运输管理

运输管理是交通管理的重要组成部分,主要办理各种运输工具的登记,组织社会物资运量,调节平衡运输市场,核定批准客运线路,管理运价等;负责道路运输发展规划、方针政策、有关规定和管理制度的制定和组织实施,负责道路运输行政许可、运输市场监管、运输安全生产、运输站场建设、运输行业调查和运输资料统计等工作。

1949年中华人民共和国成立后,较长一段时间内,由于运输能力较小,定西地、县两级没有专门的运输管理机构,多由交通部门交叉管理。

1958年6月,始成立定西交通运输管理局。1960年以后,定西县成立群运站。

1975年,成立定西县机关、企事业单位车辆管理办公室。

1983年10月,成立定西县运输管理所。

2003年12月,更名为定西市安定区公路运输管理所。

2005年,更名为定西市公路运输管理局安定直属分局,由定西市公路运输管理局垂直管理。下设办公室、业务股、运政股(运政执法大队)。

主要职责是:道路运输行业管理,依法行使行政管理职能;道路运政执法,道路运输基础设施建设,监管国有资产运营;运输市场准入、竞争、监督、退出和市场资源配置;运输市场服务质量监管,维护旅客、货主和经营者及其他当事人的合法权益。

第二节　公路建设

干线公路

国道312线定西段　国道312线西安至兰州段,始名兰平路(兰州—平凉)、西平路(西安—平凉),是甘肃境内修建的第一条干线公路。基本沿清末"左公大道"整修而成。从民国十三年(1924年)起至20世纪90年代末,经过近70年时间的使用与改造。1989—1992年,车道岭改线及车道岭隧道工程先后竣工。

天巉二级专用公路 G310天巉公路贯穿甘肃省天水、定西两市,是连接甘肃省省会兰州与主要工业城市天水的经济干线。2001年11月1日开始通车。起自天水,经秦安、叶堡、通渭、马营,止于定西十八里铺,北接巉柳(巉口—柳沟河)高速公路,全长192千米,安定区境内49千米。

天巉公路全线按汽车专用二级公路建设,设计行车速度平原微丘区为80千米/小时,山岭重丘区为60千米/小时,全线路基宽度均为12米,行车道宽9米,路肩宽为2×1.5米,并用混凝土硬化。路面采用沥青砼高级路面。桥涵宽度与路基宽度相同,设计荷载为汽车—超20,挂车—120。桥梁净宽为11米,隧道净宽10.5米,行车道宽9米,全线全封闭,并设置了管养站和服务区。1998年6月开工,2002年6月竣工。

巉柳高速公路　G22青

国道312线　摄于青岚山乡花岔村

天(水)巉(口)二级专用公路　摄于杏园乡牛营村

巉(口)柳(沟河)高速公路　摄于巉口镇巉口村

兰高速巉柳高速公路,安定区境内东起十八里铺,西止土家湾隧道进口(k1779+756 ~ k1807+500)终点在兰州市近郊柳沟河。途经定西县城关、巉口、称钩驿、景家泉和榆中县甘草店、清水驿、三角城、连搭、定远、来紫堡、和平11个乡镇,路线全长77.74千米。巉

巉(口)柳(沟河)高速公路巉口出入口

柳高速公路按全立交、全封闭双向4车道高速公路标准设计,计算行车速度80千米/小时,路基宽度24.5米,分离式段为2×12.5米,桥涵路基同宽,桥涵设计荷载汽车—超20,挂车—120,设计洪水频率1/100,定西县境内长27千米。1999年9月26日开工,2002年9月基本竣工,2002年10月26日开始通车。

平定高速公路　平定高速公路是国家高速公路网福银高速和G22青兰高速的重要组成路段,横穿甘肃、宁夏两省区,连接庆阳、平凉、固原、定西、白银5市,是甘肃省公路建设史上投资规模最大(亚洲开发银行贷款建设的公路项目)的平凉(罗汉洞)—定西的高速公路。2005年10月31日开工建设,2009年12月25日建成通车。

平(凉)定(西)高速公路　摄于青岚山乡下湾村

平定高速公路由东西两段组成,东段起于平凉市泾川县的罗汉洞,经泾川、崆峒区,止于甘宁界的沿川子;西段

平(凉)定(西)高速公路西巩驿出入口

天(水)定(西)高速公路十八里铺互通立交

起于甘宁界静宁县司桥，经静宁、太平店、会宁、西巩驿，止于定西市安定区的十八里铺，接嶙柳高速公路。线路全长258千米，西段全长131千米。安定区境内，东起会宁县鸡儿嘴西至安定区十八里铺（k1741～k1779+756）全长44.6千米。全线采用双向四车道高速公路标准建设，新建段路基宽度24.5米，设计行车速度为每小时80千米，改造段路基宽度25.5米，设计行车速度为每小时100千米。全线共建有大桥61座，互通式立交桥13处，该项目概算总投资76.8亿元人民币。建成通车后，兰州至平凉的运行时间缩短为4小时。

天定高速公路 是国家高速公路东西横向线G30连霍高速公路的组成部分。天定高速公路是甘肃省"四纵四横四重"公路网主骨架的重要组成部分。批准建设全长241千米，实际建成长度235千米。设计速度80千米/小时，总投资80.6亿元。路基宽度24.5米，双向四车道（2×12.25），全封闭、全立交，总工期4年。东起天水市秦州区西十里平峪沟，止于定西市安定区十八里铺枢纽，接高速嶙柳段和G22青兰高速（即平定高速公路），G30连霍高速与G22青兰高速在十八里铺至兰州段共线。安定区境内全长32千米。

全线经过天水市秦州区、甘谷县、武山县、定西市陇西县、渭

天(水)定(西)高速公路定西出入口

天(水)定(西)高速公路定西北出入口

源县、安定区 6 个县(区)。在关子、甘谷、磐安、龙泉、武山、鸳鸯、文峰、陇西东、通安驿、定西南(马家铺)、定西、定西北(马家庄)等处设置 12 个互通式立交,预留李家堡互通立交。定西境内沿现有定陇公路布线,经通安驿至景家店与天巉二级汽车专用公路、定陇公路和原 312 国道连通,再利用现有天巉公路扩线布设,路线止于定西十八里铺高速公路枢纽。通车后兰州至天水车程缩至 3 小时以内。

定临公路(S311) 定西县通往临洮县的主要公路。起自定西县城,经内官营、

定(西)临(洮)公路厘金局桥

胡麻岭、泉头、连儿湾、塔儿湾、蔡家岭、东二十铺至临洮县,全长 101 千米。原为清末左宗棠攻打河州(今临夏州)时的运粮通道。1953 年,在原大车道基础上进行整修,但仍无法通行汽车。1957—1968 年,虽经多次整修,限于当时财力,仍未达到设计要求。1970 年列为战备公路项目修建(701 公路),1970 年 1 月开工,8 月竣工。定西县承建 0～45 千米路基、路面,临洮县承建 45～101 千米路基、路面。工程验收后,于同年 10 月,由定西地区交通邮政局接管养护。

县乡公路

定渭公路(X083) 定西县厘金局经香泉、马家岔、北寨、朱家山、阳坡至渭源县城的一条重要公路,全长 89 千米。1956 年开始陆续修建,1960 年 10 月,线路完成 63.7%后停建。1963—1965 年,重新施工,初步达到简易公路标准。1970 年代初,定

定(西)渭(源)公路仓沟桥

渭公路列为省养干线公路,经过加强养护,改善整修,路况标准逐步达到三级公路技术标准。1992 年,甘肃省计划委员会将北寨桥列入"以工代赈"建设计划,投资 93

万元,由定西行署交通处工程队设计施工,于 1993 年 11 月 18 日建成通车。

　　红马公路　自定西县红土窑(原西兰公路 563.628 千米处),经杏园、牛营,通渭县的白土坡、油房,至马陇公路 1.895 千米处与该路衔接,全长 26.32 千米,其中定西县境内 19.3 千米,通渭县境内 7.02 千米,是连接西兰公路和华双公路,通往通渭、秦安、张家川、天水的一条捷径。原系西汉平襄古道的一部分。民国时期,修建兰州—秦州(天水)公路时,曾几次拟定线路从此经过,后因桥涵工程多,资金短缺,材料缺乏,无力修建,遂改移华家岭。抗日战争时期,此线作为华双公路的辅助路线,辟为驿道通行。定西红土窑至通渭马营,须经西兰公路至华家岭,再沿华双公路至马营,绕道 50 余千米。由于华家岭海拔高,气候寒冷,雨雪路滑,行车困难,1984 年,定西行署交通处提出开通红马公路的

红(土)马(营)公路红土桥

设想,并经定西、通渭两县论证,取得有价值的数据和资料,为修建红马公路提供了科学依据。1985 年 7 月,甘肃省交通厅规划设计院按山岭重丘区三级公路标准测设。其走向基本按古道而行,即由红土窑—牛营—牛营大山—白土坡,接马陇公路后下行 2 千米至马营,全行程 28.5 千米。与华家岭线比较,具有路程短(缩短21 千米)、线型好,海拔低,视距良好,行车标准较高等优点。1986 年,红马公路被甘肃省计委列入重点建设项目,1986 年 4 月动工建设,由定西、通渭两县负责施工,1987年 12 月 12 日竣工验收,由定西、通渭两县县乡公路管理站接管养护。

　　巉郭公路　(X327)　定西通往靖远县、白银市的一条捷

巉(口)郭(城驿)公路石沟寺桥

径,起自西兰公路611.303千米处(巉口镇),经赵家铺、鲁家沟、峡口、红土台、马家堡、头寨、冯家堡、大坪营至会宁县郭城乡新堡子村与慢靖公路相接,全长77千米。1984年6月中旬动工建设,1987年6月路基路面工程竣工,1987年8月1日通车。巉郭公路为定西、陇西、临洮、漳县、岷县以及甘南、陇南等地区从靖远运煤开辟了一条捷径,比原来绕道西兰、慢靖公路缩短61千米。1993年,将台河过水路面改建为全长64.04米,宽7.0米,3孔24米钢筋混凝土T形桥梁1座,1993年3月动工,1995年7月1日建成通车。2003年1月,定西至靖远全线按平原微丘区三级公路标准施工改造。起点为靖远县黑城子,终点为定西县城,全长118千米,其中定西境内59千米。

白高公路(X102) 白(磏)高(家渠)公路是连通榆中县甘草镇、中连川乡、韦营乡及安定区鲁家沟镇、巉口镇、白磏乡等六乡镇的重要县道,也是连接兰州、定西两市的唯一通道,起点为安定区白磏乡,终点是榆中县高家渠,全长31.6千米,服务沿线42村7万余人。2005年列入甘肃省交通厅通乡等级公路改造项目,安定区县乡公路管理站进行勘测设计并施工建设。全线按山岭重丘

王(公桥)定(西)公路王公桥

区四级公路标准修建,路基宽6.5米,路面宽6米,2006年9月10日竣工。

王定公路(X112) 王定公路起点位于王公桥,与国道312线K2023+500处相接,终点至定西城东郊朱家河坪。1989年国道312线改线后,王公桥至界石铺段与国道312线重合,剩余王公桥至定西段路线全长27.1千米。原路段为等外公路,2004年通村油路项目已完成改建铺油5千米;剩余22.1千米,2005年省公路局列为通乡等级公路改建及铺油项目。2008年,省公路局列为大维修改造铺油工程,定西市交通局批复该项目由安定区农村公路管理局按四级公路技术标准实施,沥青路面。2008年批复8千米,省上补助资金193万元。剩余19.1千米,2009年市交通局批复为当年的灾后重建项目,2009年7月开工建设,2010年5月竣工。

高内公路(X125) 高内公路起点榆中县高崖镇,终点安定区内官营镇,路线

全长 14.72 千米。高内公路原为等外公路,1999 年,以工代赈修建为四级沙砾路。2002 年,由定西县县乡公路管理站负责施工,将路面改造为四级沥青路。

马塬公路(X330)　马塬公路起点位于会宁县头寨乡马家堡村,途经安定区的石峡湾、葛家岔、巉口、青岚山 4 乡镇 17 个行政村 102 个社,终点在安定区青岚山乡塬坪豁岘,与国道 312 线相接,安定区境内全长 40.1 千米,服务沿线 10 万余人。马塬公路 K11+027.9 至 K39+400 段是在原马家堡至巉口公路的基础上改建而成,路面为 15 厘米厚天然沙砾路面,原公路属等外公路,晴通雨阻。K34+000 至 K51+100 段为乡村公路改建,路面为 20 厘米厚天然沙

马(家堡)塬(坪)公路　摄于石峡湾乡石峡湾村

砾路面。1998 年,定西县交通局勘测论证,计划改建工程分两阶段实施。2000 年,马塬公路第一期 K34+000 至 K51+100 段 17.1 千米工程开工,由定西县县乡公路管理站负责承建,2001 年 10 月竣工。2002 年 3 月,第二期 K11+027.9 至 K34+158.2 段 23.13 千米工程开工,工程分别由石峡湾乡政府、定西县县乡公路管理站、葛家岔镇政府负责承建,2004 年 3 月竣工。一、二期工程总投资 696 万元。2006 年,马塬公路被确定为安定区"十一五"交通建设铺油工程重点项目之一,按四级公路技术标准实施,批复总投资 1712 万元。其中,国家通乡公路补助资金 1600 万元,自筹 112 万元。由甘肃鑫成公路建筑有限公司中标承建,甘肃通勤公路工程监理有限公司中标监理,工期 13 个月。2006 年 7 月下旬开工建设,2007 年 8 月竣工。

景西公路(X449)　原为 S209 线,俗称定陇公路。全线贯穿安定区和陇西县 6 个乡镇,服务沿线 10 万余人,全线共计 73 千米。安定区境内养护里程为 0—26K+000,路线全长 26 千米,为山区三级公路。1997 年,在原有车马道基础上进行简易油路铺筑,由定西县公路管理段养护和管理。2005 年,新的 S209 线建成通车后,交通量下降,省公路局扣减了养护经费,10 余年没有得到大的维修。天定高速公路建设过程中,运料车辆对原路造成严重损坏,车辆通行能力严重受阻,直接影响当地农村经济的发展和广大群众的生产生活。2009 年 7 月,甘肃省公路局将该路正式更名为景(家店)—西(大桥)路 X499 线,降级为县乡道路。

西漫公路(Y161) 安定区东部西巩驿至漫湾的一条主要公路,起点位于西巩驿镇中驿村,途经石泉乡与县道 X076 线界(石铺)-红(土窑)公路相连接。1986 年至1999 年,仅为乡村道路,供人背马驮行驶,山高坡陡,现代运输工具无法通行。后经有关单位实地调查论证,定西县县乡公路管理站测设,2000 年被列为国务院第七批以工代赈工程项目,核准投资 264.29 万元。同时,甘肃省计委列入同年以工代赈计划,下达投资计划 40 万元,其中,以工代赈资金 30 万元,自筹 10 万元。由于 2001 年没有续列以工代赈计划,2002 年,甘肃省交通厅核准总投资 283.84 万元,其中,以工代赈资金 230 万元, 自筹 53.84 万元,路线全长 14.2

西(巩驿)漫(湾)公路

千米,按山岭重丘区四级公路标准建设,天然沙砾路面。工程分别由定西县县乡公路管理站、石泉乡乡政府、西巩驿镇政府承建,2000 年 8 月开工,2003 年 12 月竣工。2006 年,安定区委、区政府决定提高该路等级,并将公路延伸至漫湾,与县道界石铺至红土窑公路相连。2007 年,定西市交通局批复工程施工图设计,采用四级公路技术标准。批复总投资 1091 万元,其中,国家通乡公路补助资金 1000 万元,自筹 91 万元。由定西恒通公路工程有限公司中标承建,兰州铁道学院工程建设监理公司中标监理。工期 12 个月,2007 年 8 月开工建设,2008 年 8 月底竣工。

李通公路(Y162) 原为韩家坪至张湾的等外公路,路线全长 8 千米。李家堡至张湾至通安驿公路,起点位于安定区李家堡镇韩家坪村,途经张湾村,终点至陇西县通安驿镇韩家湾村,路线全长 15.909 千米,采用四级公路技术标准,设计行车速度 20 千米/小时。路基宽度为 6.5 米,路面宽度 5 米。在 K0+365 处新建 3—13 米钢筋混凝土空心板桥 1 座,桥梁全长 43.04 米。桥涵设计荷载为公路—Ⅱ级,涵洞、路基洪水频率为 1/25,涵洞与路基同宽。总投资 637 万元,其中,国家通乡油路补助资金 600 万元,地方自筹 37 万元。由甘肃正立建筑安装(集团)公司承建,甘肃铁道学院监理公司监理。2008 年 8 月开工建设,2009 年 6 月底竣工。

梁称公路(Y163) 梁称公路是称钩驿镇连接 G312 线的一条主要通道,起点在梁家坪，终点在称钩驿镇区，路线全长 6.11 千米，属等外公路。由于巉柳高速公路以及宝兰铁路复线的修建，重型车辆的破坏性使用，路面坑槽严重。2005 年，甘肃省公路局将该路列为通乡等级公路改建铺油项目，批复补助资金 36.67 万元，按四级公路技术标准实施，2005 年 7 月开工建设，2006 年 5 月竣工。

梁(家坪)称(钩驿)公路回头沟铁桥

内高公路(Y165)　内(官营)–高(峰)公路是连接高峰乡与内官营镇的唯一乡道，起点位于内官营镇，终点至高峰乡政府，途经锦花、边家湾(盖家庄)、贡马、麻地湾 4 个行政村，服务沿线 2 万余人。1986 年至 2006 年，内高公路为乡村大道，供人背马驮行驶，山高路险，坡陡弯急，汽车无法通行。2007 年，定西市交通局将内高公路追加为 2006 年安定区通乡公路改造工程(四级公路)，路线全长 11.1 千米，总投资 134 万元。由安定区县乡公路管理站负责勘测和建设，工程于 2007 年 10 月 20 日竣工。2008 年，内高公路列为安定区"十一五"交通建设铺油工程建设项目之一。2009 年 3 月 23 日，通过公开招标，由定西恒通公路工程有限公司承建，兰州路通工程咨询公司监理。路线全长 12.627 千米，其中，主线长 11.027 千米，内官复线长 1.6 千米，采用四级公路技术标准。工程总投资 578 万元，其中，国家通乡油路补助资金 480 万元，区政府自筹 98 万元。工程于 2009 年 3 月开工建设，10 月底竣工。

葛西公路(Y167)　葛西公路是连接安定区葛家岔、新集、西巩驿三乡镇的唯一乡道。起点在葛家岔乡 K0+000 与马源公路 K32+643 处相接，途经东湾、巩家湾、史家背后、新集乡、杜家坪、上樊家岘、下樊家岘、北坡村至西巩驿镇营房村，与 G312 线在 K2009+524 处相接，路线全长 36.257 千米。葛西公路原为乡村大道，现代运输工具无法通行。2004 年，甘肃省发改委批复工程初步设计。

梁高公路（Y217）　原为国道 312 线，1989 年国道 312 线改线后将该路段降为乡道，在称钩驿镇境内，由定西县县乡公路管理站养护，改名为梁高路。起点梁家坪，终点高家渠，全长 16.3 千米。

御大公路(Y222)　御大公路是定西县北部山区的一条重要乡级公路，全线贯通御风、鲁家沟两乡镇。西起御风乡政府并与高白路连通,东接巉郭公路。御大公路原为乡村大道,仅供人背马驮行驶。1996年,定西县县乡公路管理站进行测设,1997年批复新建四级公路15.5千米,路基宽7米,路面宽6米。工程总投资297万元,其中,以工代赈工程资金149万元,省养路费专项配套资金60万元,地县自筹88万元。1998年3月开工建设,1999年9月竣工。2007年,甘肃省发改委批复御风至大崖沟至白碌通乡公路改建工程可行性研究报告,路线全长24.949千米。总投资1074.9985万元,其中,国家通乡公路补助资金1000万元,安定区政府自筹74.9985万元。起点位于鲁家沟镇大崖沟村,经御风、洒浪沟,终点白碌乡碌丰村,路线全长40千米。其

御(风)大(崖沟)公路

中,御风至洒浪沟段由榆中县列为2007年通乡油路项目已经实施,铺为沥青路面。安定区实施的路段为大崖沟至御风段,洒浪沟至白碌段。大崖沟至御风段起点为鲁家沟镇大崖沟村,路线途经山林村、山湾村,终点御风,路线长15.56千米;洒浪沟至白碌段起点为洒浪沟村,路线途经张家圈村、铧尖村,终点为白碌乡碌丰村,路线长9.209千米,白碌街道长0.18千米。采用四级公路技术标准,设计行车速度为20千米/小时,路基宽度6.5米,路面宽度6.0米。新建桥涵设计荷载为公路—Ⅱ级。2008年5月开工建设,2009年8月底竣工,交由安定区县乡公路管理站养护。

定西市安定区境内公路一览表

表 15-1-1

单位：千米

线路名称	起讫地点	长度	经过安定区主要乡镇
国道 6 条 264.4 千米			
巉柳高速公路	安定区境内：凤翔十八里铺—巉口常川土家窑	27	凤翔镇、巉口镇
平定高速公路	安定区境内：凤翔十八里铺—西巩驿镇河畔村	44.6	凤翔镇、西巩驿镇
天定高速公路	安定区境内：凤翔十八里铺—李家堡镇联合村马家山	32	凤翔镇、李家堡镇
天巉公路	安定区境内：凤翔十八里铺—通渭马营	49	凤翔镇、李家堡镇、宁远镇、杏园乡
上霍公路(G312)	安定区境内：巉口车道岭—会宁县鸡儿嘴	71.8	巉口镇、西巩驿镇、称钩驿镇、凤翔镇
兰宜公路(G309)	安定区境内：白碌撒拉沟—会宁县马家堡	40	白碌乡
省道 2 条 70 千米			
定临公路(S311)	安定区境内：定西—临洮站滩	45	凤翔镇、内官营镇
景殿公路(S209)	安定区境内：定西景家店—陇西马家山	26	凤翔镇、李家堡镇
县道 11 条 306.82 千米			
定通公路(X093)	南川—马营镇水泉湾	44.5	凤翔镇、李家堡镇
苟文公路(X094)	苟家渠—文家门	2	团结镇
白高公路(X102)	白碌—高家渠	41.1	白碌乡
王定公路(X112)	王公桥—定西	27.1	凤翔镇、青岚山乡
高内公路(X125)	高崖—内官营	14.72	内官营镇、符家川镇
巉郭公路(X327)	巉口—郭城	38.3	巉口镇、鲁家沟镇、白碌乡
马塬公路(X330)	马家堡—塬坪	40.1	青岚山乡、葛家岔镇、石峡湾乡
界红公路(X076)	界石铺—红土窑	23	宁远镇、石泉乡
定渭公路(X083)	定西—渭源	29	凤翔镇、香泉镇
巉定公路(X120)	巉口—定西南川	21	巉口镇、凤翔镇

续表 15-1-1

单位：千米

线路名称	起讫地点	长度（千米）	经过安定区主要乡镇
景西公路(X499)	景家店—陇西西大桥	26	凤翔镇、团结镇
乡道 10 条 149.83 千米			
西漫公路(Y161)	西巩驿镇区—漫湾	24.73	西巩驿镇、石泉乡
李通公路(Y162)	韩家坪—韩湾	16	李家堡镇
梁称公路(Y163)	梁家坪—称钩驿	6.1	称钩驿镇
内东公路(Y164)	内官营—东岳	6.1	内官营镇
内高公路(Y165)	内官营—高峰	11.1	内官营镇、高峰乡
崖黑公路(Y166)	崖湾—黑山	1.6	内官营镇
葛西公路(Y167)	葛家岔—西巩驿	37.1	葛家岔镇、新集乡、西巩驿镇
梁高公路(Y217)	梁家坪—高家渠	16.3	称钩驿镇
大巉公路(Y219)	大营—巉口	15.2	葛家岔镇、巉口镇
御大公路(Y222)	御风—大崖沟	15.6	鲁家沟镇
村道 249 条 1505.88 千米			

截至 2010 年，安定区共有县道 11 条 306.8 千米、乡道 10 条 149.8 千米、村道 249 条 1505.8 千米、专用道 2 条 11.2 千米。乡镇通油路率达到了 100%，建制村通畅率为 38.6%，公路密度达到了 63.4 公里/百平方千米，每万人拥有公路长度 48.1 千米，公路总长度达到 2308.2 千米。

第三节　公路桥及隧道

干线公路桥梁

天巉路定西支线立交桥　是国道主干线天巉公路连接定西城区的交通要道。支线立交桥起点与天巉公路互通式立交匝道 S 终点相连，在支线 0 千米 + 588.709 米处上跨陇海铁路

天(水)巉(口)二级专用公路定西支线立交桥

之后,通过螺旋式展线降坡,终点与原国道 312 线(定西县城交通路)平交。立交桥全长 780.44 米,其线型为螺旋式降坡。该支线平面设计车速 30 千米/小时,设计荷载汽—20、挂—120,路基宽度 15 米,路面宽度 14 米,桥梁与路基同宽,全线最小半径 40 米,最大纵坡 3%。该工程包括公路铁路立交桥 1 座,全长 189.32 米,人行旋梯 2 座。1998 年 11 月 1 日开工,1999 年 11 月 10 日竣工。

巉(口)柳(沟河)高速关川河大桥

巉柳高速公路关川河大桥为 11 孔 30 米预应力连续梁桥,桥长 336.9 米,宽 24.5 米。位于定西县巉口镇巉柳高速公路 10 千米加 985 米处半径为 4000 米的曲线上,设计荷载汽—20、挂—120。定西公路总段工程处承建。1999 年 11 月 7 日开始建设,2001 年建成。

巉(口)柳(沟河)高速公路道沟河大桥

巉柳高速公路道沟河大桥位于巉柳高速公路 (k1798+153)称钩驿北道回沟河,全长 208.79 米。清末甘肃布政司使毛庆藩曾修建,名"丰桥",左宗棠题桥名,有碑文。1952 年,于此修建陇海线铁路钢架桥,1954 年曾入《新中国建设成就》邮票。西兰公路、312 国道都于此修建公路桥。

平定高速王公大桥　位于西巩驿旧王公桥附近(G22 线 k1758+200),箱梁 6 孔(50 米),全长 310 米。此处地形复杂,施工难度极大。早在明清时期就

平(凉)定(西)高速公路王公大桥

建有桥梁,且屡毁屡建。中华人民共和国成立后曾修建有:1958年,重建纯木质结构的桥梁,通行了近30年;1981年8月24日至1983年5月,又修建3孔20米T形桥梁,全长70.5米,建筑高度33.9米,桥面净宽7米,荷载汽—10、挂—80。

巉柳高速公路桥梁(中桥以上)明细表

表15-1-2

单位:米

序号	桩 号	桥梁名称	结构形式	桥梁总长	分类
1	G22线 k1783+935	马家湾中桥	箱梁	80.4	中桥
2	k1788+527	石家岔中桥	箱梁	96.9	中桥
3	k1789+336	K9+770互通立交	空心板梁	46.54	中桥
4	k1790+495	关川河大桥	箱梁	336.9	大桥
5	k1798+153	道沟河大桥	空心板梁	208.79	大桥
6	k1799+829	K20+303天桥	空心板梁	52	中桥

平定高速公路桥梁(中桥以上)明细表

表15-1-3

单位:米

序号	桩 号	桥梁名称	结构形式	桥跨组合	桥梁总长	分类
1	G22线 k1741+000	天桥1	T型梁	1孔50米	50	中桥
2	K1743+010	天桥2	T型梁	1孔45米	50	中桥
3	K1745+100	天桥1	箱梁	4孔35米	156	大桥
4	K1748+100	天桥2	箱梁	4孔30米	128	大桥
5	K1754+300	大桥3(西巩驿大桥)	T型梁	5孔45米	98	中桥
6	K1755+100	西巩驿立交桥	空心板梁	4孔20米	90	中桥
7	K1758+200	大桥4(王公大桥)	箱梁	6孔50米	310	大桥
8	K1759+700	大桥5	空心板梁	4孔25米	96	中桥
9	K1760+100	大桥6	箱梁	5孔30米	256	大桥
10	K1762+800	大桥7	空心板梁	2孔20米	40	中桥
11	K1767+040	天桥5	空心板梁		44	中桥
12	K1774+500	中桥1	空心板梁		42	中桥
13	K1776+340	天桥	T型梁		50	中桥
14	K1777+150	中桥2	T型梁		42	中桥
15	K1779+000	十八里铺立交桥	T型梁		572	大桥
16	K1779+200	中桥3(十八里铺)	空心板梁		86	中桥

天定高速公路桥梁(中桥以上)明细表

表 15-1-4

单位:米

序号	桩 号	桥梁名称	结构形式	桥跨组合	桥梁总长	分类
1	K1559+900	马家山大桥	箱梁	9孔40米	364	中桥
2	K1563+820	西岔大桥	箱梁	9孔30米	270	中桥
3	K1565+200	唐湾大桥	箱梁	9孔30米	274	大桥
4	K1574+150	无名桥	箱梁	6孔30米	180	大桥
5	K1575+240	景家口大桥	箱梁	40孔20米	100	中桥
6	K1575+600	无名桥	箱梁	9孔20米	185	中桥
7	K1576+450	景家口互通立交	空心板梁	4孔20米	82	大桥
8	K1578+500	景家口桥	T型梁	3孔20米	82	中桥
9	K1581+160	景家口中桥	箱梁	3孔20米	62	大桥
10	K1593+240	定西北立交	T型梁		575	中桥
11	K1595+500	响河沟桥中桥	T型梁	1-64米	64	中桥
12	K0+385	定西支线立交	T型梁	3*20+8*16	189.32	中桥

县乡公路桥梁

巉口双曲拱桥 位于西兰公路(国道 312 线)611.252 千米处,为 3 孔 25 米、全长93.6 米的 6 肋 5 波空腹式等截面悬链线钢筋混凝土双曲拱桥。桥面净宽 9 米,设计荷载汽—20、挂—100,总建筑高度 21.834 米。1981 年 7 月附属工程动工,10 月 1 日桥梁工程正式开工。1983 年 7 月工程竣工。由定西公路总段工程队承建。属全优工程。

将台河桥 由定西县县乡公路管理站负责施工,于 1993 年开工建设,预算投资 124.58 万元,实际投资 120 万元,于 1995 年 6 月竣工通车。

王家十字桥 高内公路 18K+800 米处,全长 41.98 米,由定计发〔1995〕126

国道 312 线巉口双曲拱桥

高(崖)内(官营)公路王家十字桥

号文件批复立项，县乡公路管理站负责承建，总投资 70 万元，于 1995 年 4 月开工建设，1996 年 7 月竣工通车。

甘河桥　由定计发〔1996〕148 号文件批复立项，全长 29 米，宽 8.5 米，属 2 孔-13 米板空心桥，总投资 50 万元，于 1998 年 9 月 1 日开工建设，1999 年 5 月 1 日竣工。

大崖沟石拱桥　位于御大公路 K13+100 米处，由省计委、省交通厅以甘交计〔1997〕078 号文件列入 1997 年以工代赈建设计划，全长 78 米，1 孔 6 米，于 1998 年 2 月 28 日开工建设，1999 年 9 月 18 日竣工通车。

西巩驿镇马家河桥　总投资 36.6 万元，于 2001 年 4 月开工建设，2001 年 8 月竣工。

西巩驿镇南河桥　全长 29.92 米，宽 7.5 米，于 2002 年 4 月开工建设，2002 年 9 月竣工。

葛西大桥　2005 年，甘肃省交通厅批复施工图设计，路线全长 37.066 千米，采用四级公路技术标准。路基宽 6.5 米，

高(崖)内(官营)公路甘河桥

御(风)大(崖沟)公路大崖沟石拱桥

西巩驿镇马家河桥

西(巩驿)漫(湾)公路南河大桥

葛(家岔)西(巩驿)公路葛西大桥

行车道宽 6.0 米。新建大桥 1 座,桥型采用 4—30 米"Ⅰ"组合桥梁,桥面净宽为 7+2×0.5 米安全带,桥长 126.6 米,荷载为公路—Ⅱ级,2007 年竣工。2010 年,葛西公路被列为安定区通乡公路铺油项目,定西市发改委批复工程可行性研究报告,市交通局批复施工图设计,工程计划于 2011 年全面完成。

隧道

车道岭隧道 国道 312 线车道岭隧道位于定西县景家泉乡官兴岔村马儿湾。隧道全长 660 米,拱高 7 米,净宽 9 米,其中路面宽 7.5 米,两边各设 0.75 米人行道,内设照明、排水设施,整个隧道为钢筋混凝土拱形结构,可供汽车双向行驶。

国道 312 线车道岭隧道

车道岭隧道东距兰州市 65 千米,西距定西县 35 千米。省交通厅按照交通部的总体规划,改建兰州至定西巉口路段为二级公路,车道岭隧道是改建工程的重点工程之一,由兰州公路总段承建。1990 年 6 月 20 日动工,1992 年 7 月 25 日举行通车典礼。车道岭隧道建成后,兰州至定西县城缩短了 10 千米,行车时速由原来的30 千米提高到 80 千米。

平(凉)定(西)高速公路青岚隧道

青岚隧道 位于平定高速公路 (k1768+600)安定区青岚乡境内。上行线 1415 米、下行线 1345 米。

马家山隧道 位于定西市安定区李家堡镇张湾村与陇西县的交界处(G30 线 k1561+200),双线总长 4076 米 (其中上行线长 2048

天(水)定(西)高速公路马家山隧道

米,下行线长 2030 米),是连霍高速公路天水至定西高速公路较长隧道。该隧道成岩性差,施工难度极大,施工单位按照短开挖、少扰动、强支护、早衬砌、实回填、严治水、勤量测的原则组织施工,邀请有关专家驻守现场指导,隧道于 2009 年 6 月 15 日顺利贯通。

天(水)定(西)高速公路定西隧道

定西隧道 位于定西市城区东山脚下(天定高速公路G30线 k1590+700),上行线全长 2505 米。

第四节 公路运输

1986 年以后的公路运输变化

自 1978 年改革开放以来,定西县公路运输发展迅速,运输质量和效益不断提高。1985 年年底,定西县有农村客运路线 15 条、673 千米。全县不通班车的乡只有 6 个。1986 年以来,县运输公司增加城区停车点 3 处,售票处 2 处,每日从县城发车 23 个班次。同时新开辟定西至兰州、定西至陇西县马河镇、定西至临洮县泉头乡 3 条跨县、跨地区路线。截至2010 年年底,安定区已形成由铁路、公路构成的交通运输网络。客货运输车辆达11984 辆,其中客车 320 辆、货车 11664 辆、出租车 404 辆;开通客运班线 144 条,日发班次 586 个;拥有客货运等级站 113 个,其中一级站 1 个 ,三级站 1 个,1 个物流中心,18 个乡镇汽车站,93 个行政村停靠站,客货运输业户发展到 35 户,从业人员 1 万人,其中客运业户 3 户,货运业户 29 户,出租企业 3 户;汽车维修企业发展到 133 户,其中一、二类企业 10 户,三类企业 123 户;全区有驾驶员培训学校 7 所,其中综合二类 3 所,综合三类 4 所;全区乡镇通车率达到 100%,行政村通车率达到 85%;道路运输年完成客运量 552 万人次, 旅客周转量 33066 万人千米,货运量 392 万吨,货运周转量 36938 万吨千米;年产值达到 2.3亿元。

安定区道路运输业从全区实际出发,按照先集团后股份改革步骤,通过政策推动,行业引导,改组与整合,实施国退民进,发展优先战略,全区有两户国有企业完成了两置换一保障改制。通过结构调整、资源整合,城乡公交一体化得到发展,开通市区到 19 个乡镇的城郊车,道路运输结构不断完善。安定区道路运输业经营主体已由过去单一的国有体制,向民营、集体、私营、个体多种经济成分并存,共同竞争,多元化的格局发展。

定西宏达运输公司　定西宏达汽车运输有限责任公司的前身是定西县运输公司,始建于1959年6月,1986年更名为定西县汽车运输公司,1997年企业改制后变更为定西宏达汽车运输有限责任公司。2005年10月,公司又进行全面企业改制,公司设立董事会、监事会。公司占地面积11347平方米,下设客运分公司、大修厂、定西客货中心汽车站。2010年,共完成营运收入685.6万元,上缴税金37.7万元。现有从业人员350人。总资产3350万元。现有营运客车137辆,营运线路96条,其中,跨区线路47条,跨县线路8条,农村线路62条,营运里程25694千米。

定西客货中心汽车站的前身是定西县汽车运输公司车站,始建于1970年,车站位于交通路393号。1997年10月,建成新的公用型客货汽车站,建筑面积4060平方米,总投资566万元,其中,甘肃省交通厅投资320万元,地区投资160万元,自筹资金86万元。截至2010年年底,车站现有职工30人,承担着兰州、秦安、合作、长征、靖远、陇西、渭源等市、县及安定区各乡镇的客运任务,进站车辆156辆,日发班次286个。

定西交运集团　定西交运集团始建于1970年,其前身为甘肃省汽车运输公司第六车队,后更名为定西地区汽车运输公司。1997年,定西交运集团成立,通过调整结构、转变机制、深化改革、加快发展,初步形成了集旅客运输、驾驶员培训、集中供热、物业管理、站务服务、汽车修理、汽车配件销售、特种车辆服务、物流配载等多业并举的发展格局。截至2016年年底,公司下设8个生产经营单位,三家加盟公司。

1997年,企业生产经营形势十分严峻,定西地委、行署组织部分代表前往山东诸城学习借鉴,推行售股改制。职工以入股的形式投资企业,成为企业资产的所有者。通过出售产权,职工全员持股,实现了产权重组。1999年,公司推行客车产权转移,以职工个人购买为主,充分发挥职工自主经营的积极性,增加了收入,促进了企业的发展。几经周折,转移客车36部,完成客车产权转移,有效化解经营风险。2000年,燃油价格大幅上涨,运输成本上升240万元,全省道路运输企业面临着前所未有的困难。集团公司由于实行了产权转移,依靠广大职工努力,渡过难关,实现年终盈利的成绩。2002年,公司进行"两置换、一保障"改革。改革历时3年,平稳过渡。这个改制前总负债935.55万元、濒临破产的企业,改制后职工人均工资比改制前增长了6倍,人均月工资突破2000元;银行贷款由改制前的621万元下降到零;负债率由改制前的62.15%下降为29.34%;营运客车总数由原来的69辆增长到180辆。2007年,开工建设新的定西中心汽车站,2009年投入使用。2004年,公司被甘肃省运管局命名为"十佳优秀企业",2009年,被中共甘肃公路运输管理局委员会评为"文明单位"。

定西亨运公交有限责任公司 定西市区公交线路几度上马，又几度下马，难以维持。为适应西部大开发和交通运输业全方位、多领域发展的要求，完善城市功能，提高城市品位，2003年6月，定西宏达汽车运输有限责任公司组建了公交分公司，投资120万元，购入车辆43辆，首先开通了3条定西市区公交线路。2004年3月4日，公交分公司正式注册为定西市亨运公交有限责任公司。公司位于安定区南川开发区飞天路，占地面积2500平方米。2010年年底，公司有公交车辆70辆，经营公交线路4条：一路：南川洋芋市场—火车站，线路里程9.3千米，共设站点27个；二路：市运管局—锌厂，运距6.5千米，共设站点27个；三路：火车站—定西师专，运距5.8千米，共设站点20个；六路：城区循环线路，线路里程7.9千米，共设站点37个。四条线路合计运营里程29.5千米，共设站点111个。2005年4月至2009年9月，公司分次分批，自筹资金750余万元，购进双开门、低噪声、外观美观大方、乘坐舒适的公交车70辆，对现有四条线路车辆全部进行了更新，解决了城市公交车辆老旧、档次低等问题。各条线路主要公交车停靠站已修建了候车站台、凉厅，设立了线路标示牌，极大地方便了市民出行。截至2010年底，公司共有从业人员150人，其中管理人员10人，司乘人员140人。

定西汽车站 定西汽车站始建于1958年，隶属于定西交通运输集团公司的开放型汽车客运站。2002年，甘肃省公路运输管理局评定为一级三星汽车客运站。由于建站时间长，基础设施老化，2007年公司自筹资金1100万元，省运管局投资300万元，实施旧站拆除重建。新建定西汽车站占地面积10034.60平方米，建筑面积6630平方米，候车室面积1104平方米，停车场面积5200平方米。车站日均发送旅客3000人次，日发班次140个，进站车辆120辆，经营班线26条，职工70人。定西汽车站担负着定西至宁夏、内蒙古、陕西、新疆跨省（区）和省内敦煌、酒泉、兰州、天水、临夏、西峰、平凉、白银等跨市及市内各县的旅客发送任务，2010年，客运收入突破2000万元，是甘

定西汽车站

肃省旅客运输主要枢纽中转站。

1986 年被甘肃省交通厅、1992 年被交通部分别评为"文明车站",2000 年至 2001 年被交通部评为"文明汽车客运站",2004 年被省运管局评为"十佳汽车站"和"文明客运汽车站"。

定西交通运输集团客运公司 截至 2010 年,该公司是一家已有 30 多年发展历史,具有交通部评定的客运二级资质且通过 ISO9001 质量认证、专门从事公路旅客运输的专业运输企业。拥有各类客运线路 48 条,其中,省际班线 13 条、市际班线 25 条、市内班线 10 条(详见附表),跨省、市线路北到白银、银川、临河、五原、包头,西到兰州、酒泉、敦煌、乌鲁木齐,东到西安,市内线路通达各县,营运总里程 20412 千米。拥有各类车辆 129 辆,其中,高二级客车 12 部,高一级客车 33 部,中级客车 68 部,普通型客车 16 部。所有客车全部安装了 GPS 卫星定位系统,由专人负责对客车运行动态进行实时监控。

定西交通运输集团客运公司现有跨省、市及市内客运班线一览表

表 15-1-5

省际客运班线 13 条			
定西—乌鲁木齐	岷县—银川	定西—银川	通渭—银川
定西—临河	定西—包头	岷县—西安	岷县—五原
定西—乌海	陇西—银川	定西—西安	漳县—临河
通渭—包头			
市际客运班线 25 条			
龙山—兰州	牛坡—兰州	通渭—兰州	通渭—敦煌
定西—酒泉	通渭—会宁	黑石头—兰州	北寨—兰州
定西—兰州	定西—西峰	定西—会宁	定西—平凉
定西—刘寨	定西—甘谷	定西—四矿	定西—白银
秦安—兰州	静宁—兰州	会宁—兰州	陇西—兰州
榜罗—兰州	临洮—金昌	内官营—兰州	岷县—兰州
陇西—四矿			
市内客运班线 10 条			
陇西—通渭	陇西—岷县	通渭—陇西	定西—漳县
定西—岷县	定西—通渭	定西—临洮	定西—陇西
定西—渭源	秦祁—定西		

汽车维修与检测

定西汽车修理业是随着汽车运输业的发展而兴起的附属行业。1958年6月,定西专署交管局成立后,始设汽车修配厂。1969年12月,定西地区运输公司始建汽车保修厂,仅对本公司的车辆进行二级保养和小修小保业务,1970年5月后,始能进行大中修业务。1978年,定西县运输公司修理厂成立,也仅能进行小型保养。1980年代以后,定西县汽车数量迅速增加,促进了汽车修理业的蓬勃发展。大修设施不断更新和引进,如吊车、清障车、油泵试验台、举升机、大型龙门吊、电脑解码器、钣金复原器、二氧保护焊、传动轴校正台、平衡台、钢圈自动焊接机、免拆换油机、轮胎平衡器、氩弧焊、烤漆房等维修设备纷纷投入使用。2005年后,安定区私家小汽车保有量迅速增长,汽车维修行业遍布定西市城区。截至2010年底,安定区共有汽车维修单位54家。取得甘肃省一级汽车维修企业资质的有5家:定西市交运集团大修厂、定西盛德汽修有限公司、定西鸿发小汽车技术服务公司、定西宏达小汽车技术服务公司、定西恒生汽车修理厂;二类6家;三类43家。

定西汽车综合性能检测中心 原称定西地区汽车检测中心,1998年6月成立。是定西市唯一一家汽车性能检测服务行业组织机构。地址:定西市安定区交通路287号。

第五节 铁路运输

机 构

定西铁路系统属国有直属企业,单位众多,互不隶属。主要有:定西工务段,负责线路的大修、维护等,有大修队、养路工区等;定西火车站,有客运室、货运室等,负责定西客货运转、调度等;接触网,负责线路电力运行,保证电气化列车运行的供电安全保障。另外,有信号工区、列检所、派出所、卫生所及乘务员公寓等单位。

陇海铁路宝兰复线

线路与站点

陇海线天兰段 1952年7月5日,陇海铁路天兰段铺轨至定西,同年 9 月 30 日,天兰铁路全线通车,定西县境内首次通火车。1984 年 5 月 1 日,陇海铁路天兰线电气化陇西至兰州段一次送电成功,天兰线全部实现电气化,结束了蒸汽机车的历史。

陇海线宝兰复线　2000 年 1 月 10 日,陇海线宝鸡至兰州复线工程开工,2002 年 6 月通车,结束了宝天、天兰铁路单线运行的历史。安定区境内铁路长 150 千米,为准轨双线电气化铁路。

兰渝铁路　2008 年 9 月 26 日开工,线路全长 820 公里,起兰州,经榆中、渭源、岷县入陇南至四川广元,至重庆。通车最低

兰渝铁路胡麻岭隧道符家川镇东古路斜井施工现场

时速达到 200 公里。线路仅从安定区内官营镇黑山经过,有隧道,无站点。原计划 2015 年 12 月通车。

定西火车站　截至 2010 年,日均有 44 列客车停靠,其中,特快列车有 T192 次、T151 次、T152 次,快车有 K119 次、K120 次、K136 次、K220 次、K228 次、K376 次、K378 次、K419次、K420 次、K1026 次、K542 次、K544 次、K1028 次、K864 次、K842 次、K858 次、K174 次、K172 次、K132 次、K134 次、K1058 次、K169 次、K175 次,日客运量 1500 人次,年货运吞吐量 92213.1 万吨。

定西火车站

定西市安定区境内火车站点一览表

表 15-1-6

站　名	等级	技术性质	业务性质	站　名	等级	技术性质	业务性质
寒水岔	5	中间站	非	定　西	3	中间站	客、货
石品湾	5	中间站	非	红　崖		线路所	
雍家湾		线路所		梁家坪	5	中间站	非
唐家堡	4	中间站	非	红　庄	4	中间站	客
景家店	4	中间站	货	李家坪	4	中间站	客

专用铁路线　截至 2010 年,安定区境内有专用铁路线 5 条,分别为:唐家堡专用线,全长 1.118 千米;景家店粮库专用线,全长 0.760 千米;定西火车站共有铁路专用线 3 条,总长 1.448 千米。

定西铁路运输对定西地方经济建设发展有不可磨灭的重大贡献。无论粮食等救灾物资的调运,还是蔬菜、马铃薯等农产品的运销,都对地方经济发展起到了至关重要的作用。2008 年 9 月 18 日,定西至广州首趟马铃薯专列的发送,解决了定西马铃薯上市高峰期运力不足的问题,实现产地和市场的直接对接,为农业增效、农民增收起到了非常积极的作用。自 2004 年以来,共调配车皮 25000 多个,发送马铃薯鲜薯专列 32 列,淀粉专列 8 列,外销鲜薯 200 多万吨。

第六节　公路交通管理

路政管理

路政管理是公路管理的重要组成部分,其主要任务是保护路产、维护路权、维护秩序、保护权益。其管理范围包括公路路基、路面、桥涵、防护设施、标志、标线、行道树、公路用地和公路两侧建筑控制区等。

1983 年,定西地区成立路政管理小组,会同公安、交通等有关部门巡回检查,重点制止在公路上打场晒粮,教育群众遵章守法,爱路护路。1986 年 10 月,公路交通安全工作划归公安部门管理,地区路政管理机构也随之撤销,并划定了公安与交通部门在交通安全管理方面的职责范围。

2002 年 3 月,组建天巉公路定西高速路政大队。同年 7 月,撤销定西公路总段路政科,成立定西公路总段公路路政支队。2003 年 8 月以来,定西公路总段根据甘肃省人民政府《关于加强超限运输行驶公路管理的通知》,加强超限运输的监控检测。投资 80 多万元,在定西公路管理段十八里铺道班修建了卸货场和贵重物品保管库房、超限运输车辆检测附道等设施。根据甘肃省公路局《关于开展全省路政管理专项集中整治活动的通知》精神,路政部门与工商、公安交警、城建等部门联手,有计划、有目的、有重点地开展以"治理乱批广告、乱建各类建筑、

定西高速公路管理处

查处各类侵犯路产路权行为"为主要内容的公路路政管理专项整治活动。

交通管理

交通管理包括车辆管理与驾驶员管理两大部分。1986 年 10 月,公路交通安全工作划归公安部门管理,并划定公安与交通部门在交通安全管理方面的职责范围。

定西市公安局交通警察支队包括各县(区)交警大队、高速公路巡逻大队及车辆管理所等部门。车辆管理所成立于 1987 年,前身为定西地区交通监理所。主要负责机动车注册、发牌、发证,机动车检测、年检,车辆和驾驶员管理及其他业务。

车辆管理 包括检验和核发牌照两方面,检验又分初检、年检和临时检验。现由车辆管理所负责。初检是对单位或个人车辆的初次检验,由受检者持车源凭证,向交通监理机关申请检验,合格者领取车辆牌照,方可在公路上行驶。监理部门对车辆的长、宽、高、轮距、引擎号码、载重吨位均进行检验,并注册登记。年检是对已领取牌照的车辆,每年进行的一次总检验。目的是鉴定车辆是否符合技术标准,督促维修保养,提高车辆技术性能,保证行车安全。

驾驶员管理 汽车驾驶是一种具有一定技术能力的社会职业,驾驶人员必须具备相应的实际操作能力,经考试合格,方可领取驾驶执照。技术考验是驾驶员管理的一项主要内容, 也是每个汽车驾驶人员必须履行的手续。考验分桩考、路考及包括交通规则、汽车机械知识、地理知识等内容的理论考试。1987 年以后,省公安厅在各地区(州、市)均设汽车驾驶培训中心,各地(州、市)运输公司仍设驾驶学校,双方均面向社会招生。考试统一由各地(州、市)公安部门负责。

牌照管理 车辆检验合格后,领取号牌和行车执照。号牌和行车执照是产权

凭证,是合法行车的凭证,以此识别车辆归属,适应交通管理和治安维护的需要。1985年11月5日,交通部、公安部通知使用新的机动车辆号牌。新号牌采用上下两排结构,上排注省、市、自治区名称,并用两位阿拉伯数字表示发牌机关代号;下排为5位数车辆编号。定西地区为: 甘肃36 00001

1994年9月1日,又改为省、市、自治区简称加大写拼音字母后为5位数的牌照,定西地区为: 甘J·00001 。

行车管理　包括公路交通管理与城市交通管理两部分。由安定区公安局交警大队和定西市公安局交巡警支队共同负责。区交警大队受市交通警察支队和区公安局双重领导。2000年,巉柳高速公路开通,省交警总队成立高速支队,定西县设巉口、凤翔两个高速大队。2010年,巉口大队撤至会宁县成立会师大队,安定区内高速公路全部由凤翔大队管理。

安定区交警管辖道路总里程858.76千米,其中,国道3条201.2千米,省道2条71千米,县道8条239.74千米,乡道16条325.36千米,专用道8条21.46千米,乡村道路259条2900千米。多种机动车辆22929辆,驾驶员28861人。交通管理以"降事故、保安全、促畅通"为目标,采取多种措施、多种形式宣传教育。深入学校上交通安全课,组织驾驶员学习交通法规,出动宣传车,制作宣传版面,散发宣传材料,创建文明村、文明学校、文明社区,增强群众交通安全意识和遵守交通规则的自觉性。重点整治道路交通秩序,预防、减少交通事故。路查路检,纠正无牌无证、车辆超载、超员超速、酒后驾车等严重交通违法行为及安全隐患。对事故多发路段和隐患点段,汇报有关部门改建治理。设置、规范警示牌,施划标线。要求客运车辆企业和车主,建立健全落实安全责任制,严格营运车辆和驾驶员资质审核,加强客运车辆源头管理,从严查处酒后驾车违法行为。

1986—2010年,定西县(安定区)境内共发生交通事故2078起,死639人,伤1859人,平均每年伤亡99.9人,直接经济损失879.21万元。2003年8月,成立由县政府领导为组长,公安、安监、交通、农机等部门为成员的预防道路交通事故工作领导小组。2001年,按照公安部统一部署,开展创建平安大道和实施畅通工程工作,巉口公路巡逻中队荣获"全国创建平安大道工作先进集体"荣誉。2005年,城市交通秩序管理职能划归市公安局,城区事故仍由区公安局交警大队承担。

1972年9月,城区首设由12名民警组成的交警队,管理城市交通秩序和县辖区公路交通安全,在新市区大什字设立指挥岗亭。2010年,城市交通管理民警34人,协管员30人。城区主次干道已达13条,长22.1千米,支路13条,长5.8千米,交通路口 20 个。市区有常住户籍人口 9.1 万余人。长途客车 160 辆,短途客车 84 辆,出租车 457 辆,三轮摩托车 800 余辆,电动、人力客运黄包车 300 余辆,自行车 7 万余辆。2004 年后,区政府在加强城市道路改扩建的同时,筹措资金,购置设施,在中华路、永定路、友谊路、北城路、文化路、解放路、民主路、西岩路等 13 条主要街道施划道路标线、人行横道线、减速让行标志、导向箭头,喷涂路面提醒文字,设立交通标志 140 块。1999 年,在大十字和立交桥什字安装信号灯,2005 年开始在中华路、解放路等主要路段设置中心隔离栏和机动车与非机动车隔离栏。拆除了大十字中心花坛和原两处信号灯,在大十字、东关十字、公园路十字、正立广场十字、北关十字安装 5 处多相位信号灯,立交桥十字、南关十字、西关十字、火车站、北城路、公园路 T 形路口安装 6 处单相位信号灯,在小北街路口、中华桥南、镇龙路与友谊南路丁字路口、中华路市政府门口等地安装黄闪警示灯。2010 年,在南川、西川、北川 3 个出口安装超速自动抓拍系统,在城区主要路段安装闯红灯自动抓拍系统。通过这些措施,优化通行条件,提高城市品位,减少事故隐患,保障安全畅通。城区人多、车多、商业服务网点多,交通秩序时好时坏。针对管理重点、乱点和难点,交警实行"高峰站点、平峰巡线、点线互补"的勤务方法,及时检查纠正违章驾车、乱停乱放、行人乱走、占道经营、以路为市等违章行为,疏堵治乱,规范车辆、行人交通行为。2007 年以后,建立了交通违法信息系统,机动车、驾驶员户籍化信息系统,办案办公系统、警备查询系统、无线查询机动车和驾驶员信息系统。为执勤交警配备了投影仪、照相机、酒精测试仪、反光锥筒、反光背心等技术检测和警用安全设施,推进了交通安全管理信息化、规范化建设。

养路费征稽　1987 年 6 月,省交通厅养路费征稽处成立,同年 8 月,定西养路费征稽所成立,下设定西、陇西、临洮、岷县、漳县、通渭(华家岭)养路费征稽站。10 月,新增渭源养路费征稽站。1996 年 11 月,更名为甘肃省定西交通征稽处、甘肃省定西交通征稽所。

根据《中华人民共和国公路法》,国家将用"燃油附加税"替代养路费,国务院决定,2009 年 1 月 1 日起实施。自此,公路养路费全面停收。

县乡公路养护

1980 年代初,县乡公路养护使用的是土篮、铁锨、手推车、小拉车等传统工具。"养护人员苦,一天能吃二斤土。"养护工作非常艰苦。随着改革开放的深入和公路建设的推进,养护作业方式和水平也不断改进和提高。80 年代后期,公路养护开始逐步由人工向机械化方向发展,陆续添置了一些车辆和养护设备,2000 年以来,安定区县乡公路管理站(现名安定区农村公路管理局)先后购置了推土机、压路机、切割机、沥青拌和炉、装载机、平地机、小型挖掘机、冲击夯等大型机械设备,并配备了翻斗车、小型客车,大大节省了工作时间,改善了养护工养护条件,提高了养护效率。按照上级公路主管部门统一部署,依照"有路必养、养必优良,有路必管、管必到位"的目标,对每条公路实行"三定一包二挂"(定线路、定标准、定人员,包干经费,考核挂钩、工资挂钩)的养护管理体制,认真贯彻执行《定西市农村公路建设养护管理办法》和《养护人员上路作业办法》,改变了过去以分散的道班和小半径划区域进行养护的传统模式,采取机械和人力相结合,集中养护的方式。2003年以来,乡村公路的养护管理得到加强,重建轻养的问题得到一定解决,建设养护逐步进入良性循环。

2009年,定西市实施农村公路管理养护体制改革,市、区政府相继出台了《定西市农村公路管理养护体制改革实施意见的通知》和《定西市安定区农村公路管理养护体制改革实施意见》,将农村公路管理养护纳入各级政府行政管理和公共服务范畴,明确了养护主体、经费来源、工作目标和具体责任。按照"县道县管,乡道乡管,村道村管"的养护管理原则,建立了县、乡道由区农村公路管理局管养,乡村道由乡村公路管理所管养的分级管护网络,保证了安定区农村公路管养覆盖面,达到了"建设一条,养护一条,管好一条,造福一方"的目标,有效扭转了以往"一年修,二年丢,三年变成水沟沟"的状态,对推动安定区经济社会持续快速发展起到了决定性作用。

1986—1990年,国家利用粮棉布和中低档工业品,采取以工代赈的方式投资修建县乡公路,新建县乡公路58.59千米,改造县乡公路4.3千米,新建永久性桥梁9座,铺沙砾路面58.59千米,油路16千米,公路等级有所提高,养护里程也随之增加。

1992年,完成抢修红马、巉郭2条公路水毁工程15处,人工构造物110.6立方米。

1997年,新建巉口、符家川两个道班。

2007年,筹措资金购置摊铺机1台,切割机1台,压路机2台,沥青洒铺机1台,沥青拌和炉1套,并配备1辆养护专用车和2辆农用三轮车,总资金达130余万元,为保质保量地完成养护工作任务、提高路况质量奠定了基础。全年列养的县乡公路其中两条主要线路(巉郭、红马两路)总长57.18千米,优等路达到了4.04千米,良等路达到了31.21千米,好路率达到61.65%,综合值为69.12;6条一般线路(高内、白高、马源、王定、苟文、梁高)总长169.29千米,优等路达到了

10.71 千米，良等路达到了 72.22 千米，好路率为 48.99%，综合值为 60.90。保持标准化养路里程 60 千米。

2009 年，安定区县乡公路管理站更名为安定区农村公路管理局。筹措资金 50 万元购置平地机 1 台、钻孔取芯机 1 台，采取机械和人力相结合，集中和分散相结合的养护方式。健全各乡镇养护机构，成立乡镇乡村道路养护管理所，配备专职养护人员，已配备专、兼职管理人员 57 人，专业养护人员 303 人，具体负责组织实施本行政区域内村社道的日常养护工作，维护辖区内村社道的路产路权，对乡村公路建档立卡，设立乡村公路档案，勾绘本乡镇公路交通图，图表上墙，做到数字清、路线明，使农村公路养护管理一步步实现规范化和标准化。

2010 年上半年，购置小型挖掘机 1 台 8 万余元，公路养护车 1 辆 20 余万元，翻斗车 1 辆 5 万元，小型切割机、平板夯各 1 台 2 万余元。年初，组织人员对管养的 7 条 182.48 千米县道、10 条 149.83 千米乡道进行了一次全面巡查，认真详细地摸底，列出了需要处治的病害，结合存在的病害，逐路制定处治计划；按照制定的计划，对管养线路存在的病害进行全面处治，集中对马源公路、梁称公路、王定公路、红马公路、高内公路、梁高公路、巉郭公路等通乡油路存在的塌方、边沟淤塞、沉陷、翻浆进行清理、挖补罩面。全年共完成清理塌方 92 立方米，清理边沟 172 千米，切割坑槽 31278 平方米，挖除油皮 5100 平方米，铺油罩面 2531 平方米，填坑槽 13100 平方米，抢修水毁 6 处 110 立方米。

安定区公路养护综合一览表

表 15-1-7

单位：千米

年度	管养公路里程	优等公路里程	良等公路里程	好路率（%）	综合值	自力更生修路	标准化养路里程
1990	268.75		79.8	30.80	50.4	2	47.9
1991			100	48.00	56.4		
1992			105.46	53.00	60	1	23.5
1993	239.74		105.68	50.00	58.6	3.2	26
1994		6.17	100.62	50.70	61.1	3.5	60
1995	210.74	7.38	100.74	51.30	61.4	2.5	60
1996	210.74	4.76	7.5	57.10	61.4	2.5	

续表 15-1-7   单位:千米

年度	管养公路里程	优等公路里程	良等公路里程	好路率（%）	综合值	自力更生修路	标准化养路里程
1997	210.74	5.21	74.7	37.93	56.34	1	
1998	210.74	4.76	76.36	38.49	56.53	1	60
1999	210.74	4.53	76.79	38.67	56.65	2.5	60
2000	210.74	4.11	76.78	38.86	56.87	1.5	60
2001	210.21	4	80.64	40.27	57.76		60
2002	210.2	5.41	85.81	43.40	59.68	7.5	60
2003	226.4	8	98.05	46.83	60.23	2.5	
2004	226.47	11.37	99.35	48.89	61.53	1.5	
2005	226.74	13.08	101.43	59.95	62.25		
2006	226.74	14.41	101.94	51.38	62.89		60
2007	226.74	14.75	103.43	52.18	63.24		60
2008	226.74	14.79	103.36	55.11	64.63		60
2009		14.5	106.55	53.45	64.16		60
2010	332.31	13.8	85.7	50.66	62.63		53

第二章　邮电通信

第一节　邮　政

机构与改革

清光绪三十年(1904 年)六月十六日,今定西市境内第一个邮政局——"安定邮政代办分局",在安定县城东大街锡福永药铺设立。

1985 年 5 月,定西行政区划变更,定西地区原辖靖远、会宁县邮电局划归白银市邮电局管辖,岷县、漳县邮电局划归定西局管辖。1986年 1 月 1 日起,正式履行地区邮电局的管理职能。1998年 10 月 18 日,定西地区邮电局业务分营,分设为定西地区邮政局、定西地区电信局。2003 年 12 月,定西地区撤地设市,定西地区邮政局更名为定西市邮政局。

定西市邮政大楼

2008 年 3 月 21 日,中国邮政储蓄银行定西市分行正式成立,在邮政储蓄管理体制改革的基础上,组建为商业银行,独立运营。

1986 年,定西县共有城乡邮电分支机构 11 家,直属地区邮电局管辖。城市有新市区、火车站邮电支局;农村有内官营(包括内官营、高峰、符家川、东岳和黑山 5 个乡镇的邮电业务)、巉口(包括巉口、景泉两个乡镇)、宁远邮电支局(包括宁远、杏园两个乡镇)、香泉(包括西寨乡)、唐家堡、李家堡(包括张湾乡)、称钩驿、西巩驿(包括石泉乡)、鲁家沟(包括御风乡)、葛家岔(包括葛家岔、石峡湾 2 个乡)、新集邮电所、白碌邮电所。

1998 年邮电分营之后,所有城乡邮电支局、所同时分设。截至 2010 年底,城市新增的邮政支局有西关、汽车站、永定路,邮政所有定西中学、定西师专、西岩路。农村邮政支局、(所)基本保持原来的规模,个别无邮政局、(所)的乡,多采取成立代办所的办法解决群众使用邮政的需求。

国内函件业务

函　件　函件分为信函、明信片、邮简、印刷品、盲人读物、邮送广告等。其中信函和明信片属于信件性质,由邮政部门专营。函件的收寄规格、重量及资费,由国家统一规定。

国内邮政快件　省管局根据邮电部通知,1987年11月10日起,在兰州市邮政局,天水、白银、金昌、嘉峪关市邮电局开办"国内邮政快件"业务。1988年5月10日,定西、陇西、临洮、岷县局开办。其后,通渭、渭源、漳县局相继开办。

明信片　明信片是一种露封交寄的具有通信性质的卡片式邮件。明信片分为带邮资和不带邮资两种。国家邮政局印制、发行的明信片可以印邮标图案,表示邮资。1991年12月1日,开办中国邮政贺年(有奖)明信片。

港澳函件　1998年10月,定西地区各局所经办的港澳邮政业务有信函、明信片、印刷品、印刷品专袋、邮件回执、存局候领、盲人读物、航空邮简、小包、保价信函、邮政快件、特快专递等。

印刷品　除规定按信函寄递以外的各种书籍、报纸、期刊、教材、目录及各种印刷的图文资料等可按印刷品寄递。

邮送广告　1999年4月,经国家工商行政管理局批准,国家邮政局在全国范围内开办"中邮专送广告"业务,定西地区各县局该项业务由地区局统一办理。

1998年以来,随着市场需求的不断扩大,明信片业务与邮政代发广告业务融合,全地区邮政相继开办了广告邮资明信片业务。截至2010年年底,定西境内各局经办的国内函件业务有:信函、明信片、印刷品、盲人读物、义务兵免费平信、中国邮政贺年(有奖)明信片、企业拜年卡、中国邮政礼仪(邮资)信函、邮简、回执、回音卡、商业信函、邮送广告等,各类函件均可挂号。

国际函件

1914年5月,中国加入万国邮政联盟,但国际邮政业务仍受外国控制。中华人民共和国成立后,1950年1月10日,恢复收寄国际普通和挂号国际函件。截至2010年年底,定西市各邮政局经办的国际函件有信函、明信片、印刷品、印刷品专袋、邮件回执、存局候领、盲人读物、航空邮简、小包、保价信函、邮政快件、特快专递等。

函件资费

清光绪二十八年三月（1902 年 4 月），国内各局互寄信函每重半英两（约 15 克），收银币 1 分。

宣统二年七月一日（1910 年 8 月 5 日），信函资费调整为 3 分。

民国十四年（1925 年）11 月 1 日，信函资费调整为 4 分；民国二十一年（1932 年）5 月 20 日，调整为 5 分。民国二十九年（1940 年）9 月 20 日，信函资费调整为 8 分。

1955 年 3 月 1 日，资费改按新人民币折算，平常函件按新旧人民币比例折算为：本埠 4 分，外埠 8 分。直至 1985 年，国内函件资费基本上没有变化。2010 年，信函资费每 20 克已调整为 1.20 元，挂号费每件 3.00 元。

包 裹

光绪三十年（1904 年），定西邮政代办分局设立，始收寄普通包裹。1951 年 5 月，邮政总局印发《国内包件寄递办法》，规定包裹限重 50 公斤。1986 年 7 月，邮电部调整部分邮件分类范围，将包裹业务分为民用包裹和商业包裹。2000 年 12 月，国家邮政局将包裹分为一般包裹和直递包裹两种。

汇 兑

邮政汇兑是邮政部门经办的主要业务之一。中国开办邮政国内汇兑业务始于清光绪二十四年（1898 年）1 月。甘肃开办汇兑业务始于光绪三十四年（1908 年）。定西开办于民国九年（1920 年）。

1953 年 3 月起，邮政汇兑业务恢复由邮政部门自主经营，邮政与银行办理汇兑业务有了明显分工：邮政汇兑属于个人汇款性质，因此，一般只收现金。2008 年 3 月以后，汇款业务由邮政储蓄银行负责办理。

电报汇款 电报汇款是邮政部门通过拍发汇款电报通知兑付局的一种汇款方式。由于电报业务严重萎缩，2002 年后，各地电报业务大部分停办，电报汇款改为电子汇兑。

电子汇兑 邮政部门依托邮政综合计算机网，实现国内、国际汇兑业务全过程电子化、网络化。自 2002 年 1 月 1 日起，定西各局邮政汇兑业务均实现电子化处理。

资 费 光绪三十四年（1908 年），每元汇款收取汇费 2 分。1959 年，邮电部规定汇费按汇款额 1% 收取，汇票金额在 10 元以下的，最低收汇费 1 角。2002 年起，邮政电子汇款的单笔最高限额为 5 万元,限额内按汇款额的 1% 收取汇费,最低汇费 2 元,最高汇费 50 元。1986 年,汇款业务 39528 笔,2010 年达 180884 笔,增长 4.6 倍。

报刊发行

报刊发行是报刊出版机构委托邮政部门采取订阅和零售的发行方式,将报刊通过邮政网及时送到读者手中。采取这种方式发行的报刊,称作"邮发报刊"。

报刊订阅在每年的 2、5、8、11 月份进行。其中,10 月下旬至 11 月份收订下年度报刊,又称年度收订;2、5、8 月份分别收订下月、下一季度和下半年报刊。报刊的收订方式有窗口收订、上门收订和报刊发行站员收订。在每年 10 月份开始进行全年收订,届时,邮政部门配合地县宣传部门,召开发行会议,宣传党报党刊发行工作。从 1980 年代开始,报刊品种大幅增加。1986 年,定西地区邮电局报刊累计份数 4688331 份,报刊流转额达到 395633 元;2010 年,定西市邮政局报刊累计份数达到 23899043 份,报刊流转额达到 20680092 元。其中,安定区报刊累计份数 5695585 份。

邮政储蓄

邮政储蓄业务最早始于民国八年(1919 年)7 月。1949 年 11 月,中华人民共和国政务院财经委员会决定,邮政继续办理储蓄业务。1953 年 9 月 1 日停办。1986 年 1 月 8 日,中央财经领导小组办公会议决定邮政部门恢复办理储蓄业务。同年 4 月 1 日起,全国各地邮局陆续开办。定西境内定西、陇西、临洮等局,先后于5 月 1 日正式开办。截至 2003 年年底,定西地区开办邮政储蓄业务的网点已达 32处,全部实现计算机联网运作,储蓄余额 80468 万元。

2008 年 3 月 21 日,中国邮政储蓄银行定西市分行正式成立,在邮政储蓄管理体制改革的基础上,组建为商业银行,独立运营,定西市邮政局仅保留部分窗口储蓄业务。2010 年年底,全市邮政窗口储蓄余额达 101887.04 万元,其中,安定区邮政窗口储蓄余额达 23891.79 万元。(中国邮政储蓄银行定西市分行,另见第十四编)

特快专递

特快专递分为国内特快专递和国际特快专递两种,特快专递邮件从收寄到投递全过程均由专人处理、专袋封发。选用最快捷的运输手段,是邮政部门传递速度最快的邮件。1984 年 11 月,邮政总局决定开办特快专递业务,首先在全国大、中以上城市开办。甘肃开办特快专递业务始于 1987 年,首先在兰州、白银、天水等城市开办。定西局于 1993 年 7 月 1 日开办,随后全地区各县局陆续开办。定西市邮政局为了更进一步发展快递业务,于 2005 年成立了定西速递局,专门负责全市速递业务的发展与管理。截至 2010 年年底,特快专递(异地)达 123379 件,特快专递(同城)26518 件。

特快专递业务资费,起重 200 克收费 20 元,每续重 200 克或其零数,根据距离远近分别加收 6 元。

集　邮

集邮是一项收集、鉴赏、研究、收藏邮票及其他集邮品的高雅文化活动。集邮源于邮票的诞生。30 年代,定西县冯汉三等少数人开始集邮活动,收藏邮票。1978 年后,定西群众集邮活动开始恢复,集邮爱好者自发地开展活动。1984 年 8 月 17 日,全区第一个集邮协会——定西敬东机器厂集邮协会成立。1984 年 9 月 28 日,定西地区集邮协会成立。

定西县各基层集邮协会成立时间

表 15-2-1

成立时间	集邮协会名称	成立时间	集邮协会名称
1984 年 8 月 17 日	定西敬东机器厂集邮协会	1989 年 8 月 5 日	定西地区建筑公司集邮协会
1986 年 11 月 22 日	定西地区车辆厂集邮协会	1992 年 1 月 25 日	定西地区电力局集邮协会
1987 年 5 月 26 日	定西县青少年集邮协会		

集邮业务　1987 年 12 月 1 日,成立定西地区邮票公司,成为全区最早的专门经营、管理集邮票品的机构。1982 年 12 月 1 日,定西地区局第一次专设集邮台,开始办理集邮业务。嗣后,各县局陆续设立集邮台,1987 年后,全地区各局均办理集邮业务。

邮　展　定西地区的集邮展览活动,最早始于 1959 年 9 月,定西专署在定西县“红旗展览馆”(现定西地区活塞环厂)举办的中华人民共和国建国十周年邮展。曾展出邮票 10 余展框,主要内容为中华人民共和国成立 10 周年以来,中国人民邮政发行的反映新中国的经济建设成就邮票。定西地区较大规模和频繁的集邮展览活动,始于 1984 年定西地区集邮协会成立之后。

1987 年 10 月 1 日至 3 日,地区集邮协会、地区工会、共青团定西地委和县委,联合在地区工人俱乐部举办"定西地区首届邮展"(又称国庆邮展),共有 33 部邮集入选参展。1989 年 9 月 30 日至 10 月 2 日,定西地区集邮协会与定西敬东机器厂,为庆祝中华人民共和国成立 40 周年,在地区工人俱乐部联合举办"定西地区第二届邮展",有 14 部邮集参展,参观群众达 5000 多人次。1991 年 2 月 28 日至 3 月 2 日,地区集邮协会、地区邮电局和地区群艺馆,在地区群艺馆联合举办"定西地区第三届暨辛未新春邮展",共有 14 部邮集入选参展。1994 年 10 月 1 日至 3 日,地区邮电局和地区集邮协会在地区邮电局举办"定西地区第四届暨庆祝地区邮协成立十周年邮展",参展邮集共 14 部。1999 年 9 月 28 日,定西地区举办全区"庆国庆、迎回归"邮展活动,共展出作品 25 部,145 框,847 个贴片。

定西市集邮活动自定西地区集邮协会成立以来,发展平稳,集邮队伍不断壮大。2010 年,全市集邮业务量达 556314 枚,其中,安定区集邮业务量 454110 枚,占全市集邮业务量的 81.63%。

邮政新业务

邮政业务自 1998 年与电信分营以来, 随着电信业的迅速发展和移动通信技术在全球迅猛发展,传统的邮政业务不断萎缩。如平常函件(平信),从 1986 年的 1026304 件,降至 2010 年的 653891 件,降幅达 63.71%。平常函件中,真正的民间信件,不超过 10%,传统的邮政业出现生存危机。为了确保邮政普遍服务,市邮政局开办一些新的业务。

中邮广告　为适应市场经济发展的需要,充分发挥邮政网络优势,开办"中邮专送广告业务"。通过邮政渠道,为商品经营者提供推销商品、劳务、宣传企业形象等传媒信息服务,作为邮政商函业务的一种特定形式,发行定西"中邮专送广告"。2000 年,成立定西邮政广告公司,承接大型户外广告和路边灯箱广告,为美化定西城做出了一定贡献。

物流业务　依托邮政网络,开展物流业务。点对点和多点式的运销网络,扩大业务范围。

"三农"服务　利用农村邮政网络优势,开展送化肥、送农药、送农资到农村的服务。

邮政网络

1998 年邮电分营之后,鉴于邮政业务逐渐萎缩,对于农村局所和邮路作了一些调整。农村业务量较小的局所,改作委办。对城乡投递路线进行了调整。截至2010年年底,安定区共有邮政支局(所)21处,其中,农村支局(所)13处。定西市城区有城市投递段道13个,安定区农村投递线路25条,邮路总长度(单程)258千米。总体上保证了邮政通信质量需求,进一步发展了城乡邮政业务。

第二节　中国电信

机　构

宣统三年(1911年),安定报房改为电报局,这是定西最早的电信机构。

1985年5月,定西行政区划变更,定西地区原辖靖远、会宁县邮电局划归白银市邮电局管辖,岷县、漳县邮电局划归定西局管辖。1986年1月1日起,正式履行地区邮电局的管理职能。

1998年4月1日,国务院撤销邮电部,在原邮电部和电子工业部基础上,组建信息产业部,并成立中国电信总公司。同年10月18日,定西地区邮政、电信分设。2000年7月,定西地区电信局更名为"甘肃省电信公司定西地区分公司"。2003年12月,定西地区撤地设市,甘肃省电信公司定西地区分公司随之更名为"甘肃省电信公司定西市分公司"。2008年3月,按照打造中国电信企业品牌和法人体制调整的要求,企业更名为中国电信股份有限公司定西分公司,简称"中国电信定西分公司"。

中国电信定西分公司

长途线路维护机构

光绪十六年(1890年)10月,路经安定的西安至兰州铁报线路架通后,定西境内长途线路

中国电信定西分公司机房

由兰州段所配巡线工丁负责维护。中华人民共和国成立后,成立兰州、天水等5个长途中心站,定西、陇西两个线务段。1985年,甘肃省线务总站对下属线务站进行调整,定西线务站下设定西、陇西、临洮、会宁4个线务段。岷县线务段由武都线务站管辖。1987年1月,甘肃省长途线务总站改设为甘肃省电信传输局,1月25日,定西线务站改为甘肃省电信传输局定西线务站。1993年1月1日,定西线务站改设定西线务分局。2010年12月,定西线务分局正式与定西市电信公司合并。

电信业务

电报 光绪十六年(1890年),西安经兰州至肃州横贯甘肃东西的电报线路建成,定西始开办电报业务。

在移动通信业务普及之前,电报曾是普通民众使用最广泛的通信手段之一,在电话还没有普及之前,一般民众的紧急事务,全靠电报传递。1985年至1990年,电报进出口交换量达到最高峰。1985年定西地区电报进出口交换量达到83.25万份,1990年达到65.38万份。20世纪末,随着各种新型通信手段的出现,电报业务迅速衰落,业务量逐年减少,1998年降至15.69万份。截至2010年,电报业务已全部停办。

长途电话 民国二十三年(1934年)12月18日,兰州至定西等地区民用长途电话开通。

1984年,定西长途半自动交换设备投入使用。1994年,实现长话通信交换自动化。1998年年底,全地区各地至兰州和省内地、市(州)之间,长途通信线路均实现了光缆化,长途交换全部实现了自动化。建成了以定西为中心,长话线路纵横交错,网点星罗棋布,通往国内、外的长途电信网。

市内电话 1949年10月,定西开始建设市内电话专用网路,配置专用设备。市话由初期的人工磁石式,先后更新为共电式、自动交换机。1992年8月18日,定西地区实现市话自动化,甩掉了"摇把子"(人工电话)。1995年12月,实现了市话交换程控化。2003年,定西地区数字程控市话局用交换机总容量已达98215门。

农村电话 定西农村电话创办于民国二十二年(1933年),其产权均为当地驻军和政府所有,故称"地方电信"。1962年,县内电话正式改名为农村电话,网路建设以县城为中心,联通境内各区、乡和广大农村用户。产权分为全民所有制和集体所有制两种。1997年8月,农话交换全部实现自动化、程控化,农村电话即纳入本地网进行管理。

无线市话 又名小灵通,采用微蜂窝技术,以无线方式接入固定电话网,使电话在无线网络覆盖的范围内可随身携带使用,随时随地接听、拨打市内、本地网和国内、国际电话,也可方便地拨打寻呼和移动电话,是市内电话的延伸和补充。其收费标准与固定电话相近。具有随身携带,在覆盖范围内自动漫游通话,经济实用等特点。

2000年4月,定西地区开始无线市话建设。5月19日起,定西地区电信局无线市话基站安装。6月6日,全地区无线市话小灵通相继开通。年底,全地区无线市话用户达到4102户。2001年,小灵通用户达7505户。2002年年底,达到25637户。2003年12月,无线市话用户达到48131户。至2007年初,达到峰值的9.3万户。由于移动通信业务具有的优越性,移动电话逐渐替代了小灵通,无线市话(小灵通)业务逐渐萎缩。截至2010年年底,仍有用户1万余户。

会议电话和会议电视 会议电话业务指不同地点的用户利用长途电话电路、设备召开会议。1985年4月1日,定西地区按照邮电部的规定开始办理会议电话业务。1996年3月1日,会议电视业务开办,逐步替代了会议电话。1998年,定西全区会议电视系统建成,后经装修改造,现在的会议电视系统设施先进、环境优雅,能够满足地区性、全省性乃至全国性的电视电话会议需要。

无线寻呼系统 无线寻呼系统是一种没有话音的单向广播式无线选呼系统,他将自动电话交换网送来的被寻呼用户的号码和用户的主要消息,变换成一定码型和格式的数字信号,经数据电路传送到各基站,并由基站寻呼发射机发送给被叫寻呼机的系统。

1992年7月1日,定西开通150MHZ数字无线寻呼系统,用户容量2万户。12月28日,陇西建成150MHZ数汉兼容无线寻呼系统,用户容量2万户。截至1998年底,除实现全地区、全省无线寻呼系统联网外,在地区内主要乡(镇)建成开通了定西县内官营、渭源县会川、临洮县辛甸、中铺、尧甸等5个基站。1999年,全地区建成了覆盖7县和部分重点乡(镇)的96126、96127无线寻呼通信系统。随着移动通信技术的飞速发展,无线寻呼业务迅速下降,用户退网。至2003年年底,用户总数减为3201户。2004年,无线寻呼网关闭。

移动通信 2009年,中国电信正式办理移动通信业务。由于中国移动、中国联通的移动业务已发展近10年,市场份额很大。定西电信发展移动业务异常艰难,通过市场竞争,截至2010年年底,定西电信移动通信业务用户发展到18.6万个,其中,安定区有定西电信移动通信业务用户5.5万个。

自邮电分营以来,定西电信积极采用与世界同步的通信技术,已初步建成一个覆盖全地区,具有较大容量、较高技术层次、服务手段比较先进的基础通信网,及双纤双向复用段保护环,提高了网络的安全可靠性。2003年,局用交换机总容量达到17万多门,实装率74.85%,数据通信端口达到1807个。本地中继光缆长度1615皮长/千米,通光缆的乡(镇)达到129个。为解决农村偏远地区的通信,开通了无线接入系统,"村村通电话"工程也进展顺利,全市通电话的行政村达到3339个,占82.65%。全市电话用户20.8万户,电话普及率6.69%。互联网业务用户从无到有,达到1.3万多户,其中,标志社会信息化发展的宽带业务用户已达3000多户。

截至2010年年底,定西电信全市交换机总容量达18.35万门,本地中继光缆长度达1579皮长/千米,全市119个乡镇全部通了光缆。全市共有电话用户24.4万户,其中,安定区有电话用户5.9万户。互联网宽带用户达到7.63万户,其中,安定区有宽带互联网用户2.68万户。移动通信用户全市达18.60万户,其中,安定区有定西电信的移动用户5.50万户。建成基站368个。

电信网络设施

电报网路 宣统元年(1909年),利用西安至兰州电报线路,开通兰州至安定(今定西)报路。这是定西地区最早的一条报路。1949年前,全区均无县内电报电路。1956年开始办理县内电报业务。1996年底,全区共有县内报路24条。2002年后基本停用。

明线话路 1983年,由定西长途线务分局新架定西至临洮长途通信杆路。该线路全长79.72杆千米159.41线对千米,4线担,定西至临洮实现了直达通话。至此,定西至各县均有了直达长途通信线路。1986年,兰州至定西,定西至全区各县长途实线电路已全部停用,被载波电路所代替,明线杆路建设停建。

载波话路 1990年,定西地区共有省到地、县载波话路37条,地区至辖县载波话路36条,地区县间和外地区、县间载波话路31条,以上共104条。1996年,省至地、地至县大量增开光缆数字电路,载波电路大量被淘汰。1997年,省(兰州)至地、地至县载波话路全部被淘汰,均为光缆话路所代替。仅剩地区间载波话路2路。

光缆话路 光纤通信是利用光波作载波,以光纤作为传输媒质将信息从一地传至另一地的通信方式。1974年,中国开始光纤通信研究。甘肃光纤通信始于1990年。定西地区光纤通信始于1993年10月,陇西县局在县城至文峰之间架设60路光缆并开通投产。1994年起,定西地区各地开始大量使用光纤通信。是年8

月,西兰(30 芯)干线光缆开通,兰州至定西开通光缆电路 90 路。1998 年 4 月,兰州至成都光缆(30 芯)工程竣工,并在定西、通渭等地设分歧点,大量增开省至地、地区本地网和地区间光缆电路。兰州至定西光缆数字电路增开至 1053 路(含出租电路);定西地区本地网光缆数字长话电路增至 1110 路;区内各地跨外地区光缆数字电路达到 1052 路。

DDN(数字数据)话路 1996 年,定西地区开始办理数字数据通信业务。1997年,定西至天水、白银增开 DDN 专用话路各 30 路。1998 年,兰州至定西增开 DDN电路 60 路,总数达到 181 路(含出租 1 路),定西至白银增开 60 路。年底,DDN 电路总计达到 420 路。截至 2003 年底,全区 DDN 端口总数达到 819 个,实占率为38.7%。

微波话路 1976 年 7 月 1 日,西兰 216 微波干线(960 路)工程竣工投产。1991 年,216 干线在定西开口。1994 年,西安至兰州 1800 路数字微波改制工程竣工投产,开通兰州至定西数字微波长话电路 90 路。1995 年,定西至天水开通数字微波话路 30 路。1996 年,定西至天水增开数字微波话路 60 路。1997 年,西兰干线光缆、区内各地光缆及地区间光缆开通。至此,兰州至定西、天水至定西的数字微波话路全部撤销,改开光缆数字话路。

农村电话网路 1958 年,为配合工农业"大跃进"和人民公社化需要,各地政府提出了"队队通电话,户户有喇叭"的号召,并由公社、生产大队投资建设。年内80%以上的生产大队通了电话,但电话线路质量较差,多为杂木电杆、单铁线,仅能勉强通话。1959 年,继续架设尚未通话生产大队的线路。1960 年后,已架设的通信线路破坏严重。1962 年,县内电话改称农村电话(简称农话)。1964 年起,重点大修县至公社的中继线路。1976 年后,农话线路建设重点解决各县至公社直达电路和新增公社通话问题。通过单线改双线和装设载波设备,基本上实现了县至各公社至少有一条直达电路。1986 年起,农村电话通信线路建设开始向载波、电缆等现代化方向迈进,将线路建设重点放在大修和整修方面。1998 年,农村电话杆路达到最高峰,定西县杆路总长达 324 千米,其中,中继杆路 212 千米,水泥杆路147 千米,明线线条总长 675 对/千米,中继线条长 511 对/千米,光缆长度 180 皮长/千米,光缆芯线长度 1222 芯/千米。

载波机 定西地区装设载波机始于 1955 年。1985 年起,全地区载波设备开始向提高线路载波复用系数和大通路、大容量发展。载波机达到 56 部,容量 557路,实占 251 路。1994 年,西兰光缆通信工程竣工投产,定西地区开始使用光端机和光中继器。数字终端复用设备 6 端(4 次群),总容量 11520 路。1996 年起,由于数字光缆和数字微波的投产,载波机转入备用,后逐渐被淘汰。

数字终端复用设备 1996年,全地区长途电话多路传输开始进入光纤和数字微波现代化阶段。是年,定西安装数字终端复用设备6端(4次群)。1997年,定西地区电话本地网基本建成。定西增装光纤数字终端复用设备6端,数字终端复用设备容量达到38400路。1998年,定西地区长途传输向同步光纤网/同步数字系列(SONET/SDH)高科技方向发展。是年,全地区安装同步(SDH)数字终端复用设备15端,总容量175740路。

通信电源 清宣统元年(1909年)四月,安定(今定西)设立电报房后,即设湿电池40副。民国二十三年(1934年),定西创办长途民用电话,磁石式交换机设置,使用干电池。1954年起,全专区各地逐步安装整流器、变换器,盐脑电池被固定蓄电池组所代替。1998年后,逐渐更新电源油机,电源转换设备由市电转换屏改为全自动屏,并将长话、市话电源分开,增装大容量免维电池。电源设备更加稳定、安全。

人工交换设备 1949年后,定西所有交换设备均为人工磁石式交换机,市话、长话、农话(县内电话)继续合用。1978年8月1日,500门准电子交换机在定西安装投入运行,取代原装磁石交换机。定西历史上第一次装设使用自动电话。1992年8月18日,全地区7个地、县局全部实现了市话交换自动化。人工交换机淘汰。

自动交换设备 通过人工操作市内电话交换设备,接通市话网络中的每一个用户相互间通话,一是耗费人力,二是由于口音失误等原因时常造成误接,且效率较低。1978年8月1日,定西500门准电子交换机投产运营,此为定西地区使用市内自动电话之始。1982年底,定西安装HJ920型1000门纵横制市话自动交换机,取代原有设备。1988年12月,定西增装HJ921型1000门纵横制市话自动交换机一部,使定西市内自动电话总容量达到2000门。1992年8月,全地区7个地、县局市内电话交换全部实现了自动化。

程控交换设备 程控电话交换机分为程控空分电话交换机和程控数字电话交换机两种,是一种更为先进的自动电话交换设备。1994年,定西正式开通利用西班牙政府贷款引进的S1240型8000门程控数字电话交换机,使定西地区历史上第一次实现了市话交换全部电子化。1997年3月30日,以定西为端局的全区扩大的本地电话网建成,全区长途电话区号由7个减至1个,电话号码全区升至7位。

长途干线 长途电信线路(省内二级以上线路)是电信通信的基础设施。定西地区长途通信线路从开始直至 80 年代末期,均以架空明线为主。1981 年起,才少量铺设地下电缆。1994 年 4 月,西安至兰州、乌鲁木齐国家一级干线光缆施工,途经定西并设分歧点;1995 年起,定西区内地县间长途通信光缆进行大规模建设;1998 年 4 月,兰州—成都国家一级干线光缆建设又途经定西、通渭,并设分歧点;1998 年,定西地区地至县以及地至省和地、县跨省内其他地区长途通信线路已全部实现光缆化,长途线路传输手段更趋完善。

明线杆路　1994 年前,电信线路主要以架设、大修架空明线为主。1978 年后,全地区长途通信线路建设逐渐采用新设备、新技术,向多路传输等现代化方向发展。1994 年起,明线杆路停建,重点转入维护和标准整治,并随着电缆、光缆、微波等通信线路的建设,明线干路完成了 100 多年来的历史使命,被逐步拆除。

微波干线　微波通信是利用 300 兆赫以上频率的电波,在对流层的视距范围内的传播,进行无线通信的一种新技术和新方式。定西地区始于 1976 年。定西地区内微波通信干线,系西安至兰州微波干线途经区内定西、陇西两地,并在定西开口而受益。1971 年,经勘察、选址、定点,建设有 233 微波站(陇西县永吉乡去头沟),234 微波站(陇西县种和乡大山顶)。

电缆干线　1981 年 6 月,西安至兰州明线改建高频对称电缆工程兰州至天水段施工,1983 年全线竣工投产。该电缆工程途经定西、通渭两县,区内全长 268.16 皮长/千米,在定西设有人增音站 1 处,并在两县境内设置无人增音站 11 处。

光缆干线　1994 年 8 月,国家一级四纵四横光缆干线之一西兰乌干线光缆(30 芯,直埋式)建成。定西长途线务站维护的共 3 段,总长 148.91 皮长/千米,途经定西地区境内的约 85 皮长/千米。1998 年,国家一线干线兰州至成都光缆建成。定西地区境内全长为 158.86 皮长/千米(30 芯,直埋式)。截至 1998 年底,全区境内共设有国家一、二级干线光缆 13 段约 625 皮长/千米。省、地、县三级光缆线路也逐步建成。截至 2003 年,全区本地中继光缆线路长度达到 1579 千米,已逐步进入光缆时代。

线路灾害　线路灾害是指自然或人对线路造成的破坏,致使通信中断,造成严重后果。通信线路盗割事件不断发生。另外建设施工,如放炮、土方开挖等,都会对埋设的电缆造成破坏。自然界发生的灾害,如凌霜、冰雪、暴雨、洪水、泥石流、滑坡等,也会对线路产生严重危害造成直接或间接的经济损失。定西地区传输分局一方面利用媒体开展经常性的宣传活动,一方面配合各地公安部门加强对盗割线路案件的侦破,发案率逐年减少。

第三节　中国移动

机　构

1998年,定西地区邮电局分营,1999年6月,定西电信局经营的移动电话业务单独剥离,同年9月6日,定西移动通信分公司正式成立。同年12月31日,全地区各县经营部更名为某某县移动通信公司。

线路与设施

移动通信系指沟通移动用户与固定点用户之间或移动用户之间的通信方式。世界上移动通信始于1899年,80年代以后,移动通信得到了飞速发展。1993年10月1日, 定西全区开通450MHZ

中国移动通信集团甘肃有限公司定西分公司

无线集群电话。1996年3月18日,定西在全区开通900MHZ蜂窝式(模拟)移动电话系统。1998年9月18日,定西全区开通900MHZ数字(GSM)蜂窝式移动电话系统。

1997年底,定西地区900MHZ蜂窝式(模拟)移动通信网建成,并实现了全区、全省联网。1996年3月至1997年10月,移动业务交换区设在天水。1997年,天水成为定西各地900MHZ数字蜂窝式(GSM)移动业务交换区后,蜂窝式(模拟)移动业务交换区改为平凉。1998年9月18日,定西900MHZ数字蜂窝(GSM)移动电话通信系统开通投产。截至1998年年底,全区共有900MHZ蜂窝式(模拟)移动电话通信基站5个,900MHZ蜂窝式(GSM)移动电话通信基站8个(其中开通1个),用户总数达到1404户(含模拟用户)。

网　络

1996年2月17日, 定西地区局900MHZ模拟蜂窝式移动电话正式开通投产,并经省移动通信局批准入网运行。1998年9月18日,全地区GSM数字移动电话开通投产,区内各地139(GSM)数字移动电话均进入天水交换基站;模拟电话改入平凉交换基站,实现了全地区移动电话全省、全国漫游。是年,还建成全地区 7 号信令网并投入运行。1999 年 9 月,定西地区移动公司运行模拟数字技术基站 7 个, 电话交换属天水移动通信分公司的虚拟交换局,100%外租传输电路,服务客户 4320 户。2001 年,模拟移动通信技术退网,第二代移动通信技术全面推广应用。同年,定西移动自建第 1 条本地传输电路。同年 10 月,建成移动通信网络本地交换中心,结束了全区移动通信虚拟交换的历史。2002 年,开通第 2.5 代移动通信技术 GPRS 业务,同年,数据网 CMNET 开通。截至 2010 年年底,定西移动公司建成基站 900 个,其中,安定区有 150 个。

业 务

截至 2010 年,定西市移动公司拥有手机用户约 100 万户,其中,安定区移动手机用户达 20 万户。有各类营业网点 260 个,其中,安定区 150 个。移动业务品牌有:

全球通(GoTone) 是中国移动通信的旗舰品牌,知名度高,品牌形象稳健,拥有众多的高端客户,是国内网络覆盖最广泛、国际漫游国家和地区最多、功能最为完善的移动信息服务品牌。

动感地带(M-zone) 是中国移动通信为年轻时尚人群量身定制的移动通信客户品牌,不仅资费灵活,还提供多种创新的个性化服务,给用户带来前所未有的移动通信生活。

神州行(Easyown) 是中国移动通信旗下客户规模最大、覆盖面积最广的品牌,也是我国移动通信市场上客户数量最大的品牌。该业务以"快捷和实惠"为原则,带着"轻松由我"的主张服务于大众。

第四节 中国联通

机 构

1994 年 7 月 19 日,中国联合网络通信有限公司(简称"中国联通")正式成立。2000 年 10 月,中国联通定西分公司成立。1998 年邮电分营时,无线寻呼业务与定西地区电信局剥离分营,直接成立定西地区无线寻呼公司。2009 年初,根据国务院关于电信体制改革要求,中国联通又与中国网通合并成立电信运营企业。2000 年 10 月,定西地区无线寻呼公司与新成立的中国联通定西分公司合并。中国联通定西分公司下设陇西、临洮、岷县、渭源、通渭及漳县等 6 个县级分公司,在定西市设有市区营销中心,市分公司共设有 11 个职能部门。

业　务

中国联通定西分公司经营业务范围包括 GSM 通信业务、移动 WCDMA 通信业务、固定通信业务、数据通信业务、长途通信业务、互联网业务及其他电信增值业务等。截至 2010 年年底，有各类自办、合作营业厅 185 个，业务代办点（含经销商）超过 200 家。中国联通定西分公司用户达 20 万余户，收入达到 7500 余万元。中国联通的 3G 技术—WCDMA 是全球第三代移动通信主流技术标准，可在全球范围内实现最广泛的国际漫游，WCDMA 制式在全球上百个国家通用。2009 年 10 月 1 日起，中国联通 3G 服务正式商用，3G 专属"186"号码全面放号。联通提供的

中国联合网络通信集团有限公司定西市分公司

3G 业务主要有：手机上网、手机音乐、手机电视、可视电话、手机邮箱、无线上网卡及国际漫游等。

网　络

从 2000 年开始，中国联通定西分公司用 4 年时间完成固定资产投资 2 亿多元人民币，完成了覆盖定西市各县、乡（镇）的总容量达 10 万户的 GSM、CDMA 两大移动网络，建成贯通全市的本地网光缆 1300 多千米，省内传输光缆 300 多千米，建成 GSM 基站 60 多个，CDMA133 基站 110 个。CDMA 二期目标网工程建设结束后，实现全市 7 县 CDMA 全部覆盖，乡（镇）覆盖率达到 80%，高速公路总体覆盖率达到 95%，国道覆盖率达到 70%，省道覆盖率达到 50%。截至 2010 年年底，中国联通定西分公司有 GSM 基站 400 多个，WCDMA 基站约 200 个。定西境内一干传输光缆 90 多千米，二干光缆 400 多千米，本地网 2800 多千米。

第五节　互联网

互联网是 20 世纪末，计算机在网络通信方面最具革命性的创造。互联网是指将两台计算机或者是两台以上的计算机终端、客户端、服务端通过计算机信息技

术的手段互相联系起来。人们可以与远在千里之外的朋友相互发送邮件,共同完成一项工作,共同娱乐。是人们相互交流,相互沟通,相互参与的互动平台。是私人之间通信的极好工具。在互联网中,电子邮件始终是使用最为广泛也最受重视的一项功能。电子邮件的出现,人与人的交流更加方便,更加普遍。互联网通过大量的、每天至少有几千人乃至几十万人访问的网站,实现了真正的大众传媒的作用。网页是互联网上的出版物,它具有印刷出版物所应具有的几乎所有功能。与印刷出版物相比较,网页具有印刷出版物所不具有的许多特点。网页只是一种电子出版物,建立网页并不需要纸张,而且读者面广,不必花钱。一个好的网页通常每天都有多少万人浏览,网页的传播速度也是印刷出版物所不能比拟的。随时更新内容。读者可以常看常新,随时追踪事件的发展。

2010 年年底,中国互联网上网人数 4.57 亿人,其中宽带上网人数 4.50 亿人,互联网普及率达到 34.3%。中国网民规模已跃居世界第一位。手机上网的发展,使得网民的上网选择更加丰富,在中国 6.4 亿手机用户中,使用手机上网的用户超过 1.176 亿,手机上网情况的变化也从一个侧面反映了网民上网条件的变化。

互联网在定西的发展

1996 年,定西开始发展互联网。随着宽带技术的应用,以及搜索引擎(百度、谷歌)的出现,上网速度更加快捷、便利。政府及各行各业都建立起了自己的网站,公开和公布各类信息,人们了解信息更加方便。农民靠上网了解致富渠道,考生通过网络查询考试成绩。2002 年,全省第一家地级农经网——定西地区农村综合经济信息网开通;2007 年 12 月,定西教育信息网开通运行;2007 年年底,定西市实现"村村通电话","乡乡通宽带"。

安定区互联网也发展迅猛,截至 2010 年年底,定西市互联网用户(定西电信)达到 7.63 万户,其中,安定区互联网用户达 2.63 万户。中共安定区党委、区政府合创办"中国定西安定网",中共安定区组织部创办的"定西安定党建网"、安定区教育体育局创办的"安定教育信息

中国定西安定网

中国安定网

网",安定区政府其他各局都有网站开通。这些网站都为宣传安定,介绍安定区经济、文化、建设起到积极的促进作用。也为信息公开、群众办事,提供了方便。在搜索引擎"百度"贴吧上,"安定区吧"非常活跃,已累计发帖15万份,经常活跃的用户6400余人。乡镇也有"百度"贴吧,如"内官营吧"也非常活跃。

互联网已经渗透到各行各业和千家万户。人们利用互联网了解新闻,看电影、看电视、听音乐,利用网络搜索各种信息和知识。"博客"、"依妹儿"、"QQ"、"黑客"等新名词流传非常广泛。

互联网及网吧管理

安定区公安局网安大队成立于2010年年底,主要开展网上信息巡查处置、舆情控制、网上情报侦查和案件侦查、网上违法犯罪打击、互联网公开管理等业务工作。

互联网在信息时代体现出无比的优越性,但互联网的弊端随之显现出来,比如,利用网络传播有害信息;传播虚假信息和谣言,造成民众恐慌;传播淫秽、色情影像;青少年沉迷于网络,形成"网瘾",影响工作和学习。这些弊端对社会和家庭造成损害。

定西安定党建网

2002年8月14日,《互联网上网服务营业场所管理条例》在国务院第62次常务会议上通过,自2002年11月15日起施行。加强了对互联网上网服务营业场所的管理,规范经营者的经营行为,维护公众和经营者的合法权益,保障互联网上网服务经营活动健康发展,促进社会主义精神文明建设。条例规定:中学、小学校园周围 200 米范围内和居民住宅楼(院)内不得设立互联网上网服务营业场所。设立互联网上网服务营业场所经营单位,应当向县级以上地方人民政府文化行政部门提出申请。擅自设立互联网上网服务营业场所,或者擅自从事互联网上网服务经营活动的,由工商行政管理部门或者由工商行政管理部门会同公安网络安全部门依法予以取缔,查封其从事违法经营活动的场所,扣押从事违法经营活动的专用工具、设备;触犯刑律的,依照刑法关于非法经营罪的规定,依法追究刑事责任。根据网络管理要求,安定区公安局网络安全大队,已核对安定区范围内互联网备案单位 327 家,配备安全员 519 名,已对安定区 18 家网吧严格落实实名制登记管理。

第十六编

商业贸易 饮食服务业

第十六编　商业贸易　饮食服务业

第一章　发展概述

第一节　机构网点与人员

1986年，定西县属商业、粮食、物资企业职工1123人，其中，百货公司136人、百货楼117人、糖业烟酒公司42人、五金公司49人、燃料公司56人、食品公司106人、蔬菜公司37人、饮食服务公司186人、医药公司71人、物资局56人、基层粮食管理所267人。地直商业、物资企业职工622人，其中，食品公司24人、盐站22人、良种场30人、定西饭店62人、行署招待所99人、配件公司33人、物资局171人。省属企业389人，其中，医药公司120人、石油公司211人、新华书店26人、其他32人。中央属企业272人，其中，外经贸120人，其他152人。

1987年，县属企业增加23人，地直企业减少70人，省属企业减少18人，中央企业增加53人。景家店粮库职工79人、西源粮库77人、粮油公司72人。

1988年，全民商业管理机构20个，经营网点121个，其中，工业批发网点14个、零售网点54个、农副产品网点37个、其他门店16个。集体商业管理机构22个、经营网点135个。

1991年，粮油、百货、农业生产资料等14类零售商店共设机构1894个、员工4314人，其中，有证个体工商业1524个、员工2104人；国有、集体企业370个、职工2210人。饮食服务业国有、集体企业106个，职工770人；个体企业374个、员工1042人。

1993年，县商业局系统有陇中贸易大厦、食品工业公司、网点开发公司、杂货公司、罐头厂等15个企业，网点67个，职工1001人（全民、集体、招聘工各占三分之一），离退休职工250人。

1996年，零售贸易业机构41个，网点204个，人员1466人；同年，国有批发企业机构16个，网点57个，人员882人；集体批发企业机构6个，网点60个，人员571人；国有零售企业机构25个，网点96个，人员997人；集体零售企业机构16个，网点125个，人员487人；餐饮业国有机构3个，网点8个，人员54人。与

1993 年相比,机构数持平,网点增加 8 倍,人员增加 3 倍。

1986—1991 年定西县商业零售机构人员统计表

表 16-1-1
单位:家、人

项目	1986		1987		1988		1989		1990		1991	
	机构	人员	机构	人员	机构	人员	机构	人员	机构	人员	机构	人员
总计	1582	3724	1636	3742	1581	4131	1482	3684	1566	4134	1902	4354
1. 粮油商店	5	84	6	62	7	33	5	16	6	89	7	114
2. 副食品商店	25	120	30	258	22	64	31	130	32	148	29	159
3. 其他食品商店			2	5	28	314	4	17	30	694	21	402
4. 纺织品商店	10	40	23	259	10	30	7	40				
5. 百货商店	31	272	27	264	45	577	27	357	40	480	53	548
6. 医药商店	5	26	5	25	8	45	8	40	10	54	10	58
7. 书店	4	6	7	16	5	32	4	32	4	32	4	26
8. 日用杂品商店	6	31	6	28	13	41	16	52	10	30	13	42
9. 煤炭商店	1	55	3	37	3	66	1	72	1	66	1	98
10. 石油商店	1	14	3	29	3	38	4	33	8	55	8	59
11. 五金交电化工商店	3	29	4	65	4	39	4	35	5	48	5	66
12. 农业生产资料商店	24	83	24	92	29	95	31	100	31	100	33	104
13. 其他专业商店	4	13	8	44	7	54	2	43	24	80	6	8
14. 综合性商店	228	691	203	381	60	517	83	681	177	323	180	526
15. 个体有证商业	1228	2240	1278	2145	1334	2172	1251	2015	1182	1911	1524	2104
16. 工业部门附设零售门市部	7	20	7	22	3	14	5	21	6	24	8	40

1986—1991 年定西县饮食服务业机构人员统计表

表 16-1-2　　　　　　　　　　　　　　　　　　　　　　　　　　　　单位:家、人

项目		1986		1987		1988		1989		1990		1991	
		机构	人员	机构	人员	机构	人员	机构	人员	机构	人员	机构	人员
全民	饮食业	4	75	12	153	11	130	8	117	9	126	10	131
	服务业	4	126	21	208	20	228	17	210	17	224	17	223
集体	饮食业	25	193	18	70	23	257	25	195	17	71	15	74
	服务业	46	196	42	119	40	80	43	83	61	314	64	342
个体	饮食业	312	519	320	552	276	522	271	511	251	452	423	691
	服务业	285	426	312	467	362	516	171	236	176	238	275	351
行业	旅馆业	90	284	105	326	101	306	94	291	83	349	99	402
	理发业	35	81	32	52	42	75	42	73	51	92	104	146
	浴池业	2	34	1	15	1	13	1	12	1	12	1	12
	摄影业	31	57	19	35	18	41	18	32	16	34	20	34
	日用品修理行业	146	205	174	260	185	238	26	37	48	117	54	110
	其他居民服务业	31	87	44	106	105	151	50	84	52	150	77	203
	洗染业			1	8					3	22	1	9

1993—1996 年定西县贸易业、餐饮业机构网点人员统计表

表 16-1-3　　　　　　　　　　　　　　　　　　　　　　　　　　　　单位:家、人

年份		批发		零售			餐饮业			
		国有经济	集体经济	国有经济	集体经济	个体商业	国有经济	集体经济	正餐	其他餐
1993	机构	11	8	25	18	3691	3	1	3	1
	网点	19	9	6	3	3691	23	1	23	1
	人员	429	100	75	9	5322	75	11	75	11
1994	机构	16	8	24	18		3	1	3	1
	网点	82	42	85	136		26	1	26	1
	人员	1318	241	1105	801		140	20	140	20
1995	机构	17	6	22	16		3		3	
	网点	62	64	59	119		7		7	
	人员	1093	722	875	444		82		82	
1996	机构	16	6	25	16		3		3	
	网点	57	60	96	125		8		8	
	人员	882	571	997	487		54		54	

1993—1996 年定西县零售贸易业机构网点人员统计表

表 16-1-4　　　　　　　　　　　　　　　　　　　　　　　　　　　　　　单位:家、人

年份		食品饮料	粮油	烟草	日用百货	杂品	五金交电化工	农资	图书报刊	其他	煤炭	石油	汽车摩托车及零配件
1993	机构	18	17	1	17	1	1	1	2	3	1	1	1
	网点	4	3	1	3	1	1	1	2		1	1	1
	人员	58	48	10	18	1	10	7	15			29	2
1994	机构	19			17	1	1		1	3			
	网点	14			132	4	4		10	18			
	人员	500			950	26	70		131	239			
1995	机构	17			15	1	1		1	3			
	网点	37			119	2	1		2	17			
	人员	454			589	9	39		18	210			
1996	机构	19	1		15		1		1	4			
	网点	47	6		120		2		2	27			
	人员	480	70		626		10		17	263			

第二节　购进销售与库存

　　1986—1992 年,定西县社会消费品零售总额各年分别为 9130 万元、9254 万元、10340 万元、11038 万元、13636 万元、15181 万元和 16698 万元。7 年共销售粮食 15.43 万吨、食用植物油 7035 吨、猪和猪肉 21.4 万头、食糖 3829 吨、卷烟 1.27 万箱、酒 2907 吨、棉布 615.94 万米、缝纫机 1.60 万架、手表 9.05 万只、自行车 3.66 万辆、电视机 1.14 万台、录音机 1.11 万部、洗衣机 6030 台、煤炭 33.5 万吨。1988 年开始销售电风扇,1991 年开始供应水产品,1992 年照相机首次面市。1993 年,零售粮食 1.33 万吨、卷烟 1879 箱、酒 306.3 吨、茶叶 137.4 吨、布 22.68 万米、自行车 4424 辆、电视机 1679 台(其中彩电 979 台)、录音机 616 部、照相机 20 架、电风扇 17 台、洗衣机 524 台、电冰箱 120 台、空调器 25 台、汽车 24 辆、煤炭 3.25 万吨、汽油 2806 吨、柴油 2291 吨、煤油 51 吨、润滑油 137 吨。

　　1993—1997 年,社会消费品零售总额各年分别为 18305 万元、25559 万元、28556 万元、28760 万元和 32197 万元。其中,国有经济合计 50626 万元,集体经济

合计 14301 万元,批发零售贸易业合计 86206 万元。1998—2010 年,社会消费品零售总额各年分别为 36424 万元、39600 万元、43706 万元、58733 万元、64863 万元、71873 万元、79927 万元、87848 万元、98541 万元、110196 万元、126341 万元、153020 万元和 175908 万元。1999 年,开始执行限额以上企业和限额以下企业及个体户两项统计指标。1999—2010 年,限额以上企业社会消费品零售总额各年分别是 5082 万元、8574 万元、24018 万元、25163 万元、29517 万元、37327 万元、48911 万元、52704 万元、61491 万元、72076 万元、91646 万元和 104969 万元;限额以下企业及个体户社会消费品零售总额各年分别是 34518 万元、35133 万元、34715 万元、39700 万元、27224 万元、32610 万元、29261 万元、35548 万元、36368 万元、40641 万元、45602 万元和 70939 万元。1998 年,集体企业零售总额 15739 万元,个体和其他企业 20685 万元,分别占零售总额的 43%、57%。饮食商品零售额 10479 万元,服装商品零售额 5213 万元,日用品零售额 19031 万元,燃料零售额 1701 万元,分别占零售总额的 29%、14%、52.0%、5%。

1986—1992 年, 定西县国有和供销商业的国内纯购进总额各年分别是 4923 万元、6201 万元、8017 万元、9815 万元、9445 万元、14026 万元和 15275 万元;国内纯销售总额各年分别是 7004 万元、7694 万元、9792 万元、10975 万元、12608 万元、15745 万元和 15239 万元。年末库存总额各年依次是 4836 万元、6786 万元、6772 万元、7066 万元、7280 万元、7895 万元和 12114 万元。1993—1997 年,定西县国内商业商品购进总额各年分别是 25977 万元、27436 万元、28219 万元、30938 万元和 9196 万元;销售总额各年分别是 30544 万元、27801 万元、31325 万元、36479 万元和 10257 万元; 年末库存各年分别是 7791 万元、9485 万元、15543 万元、12081 万元和 1127 万元。1997 年,购、销、存总额大幅度下降,分别比上年下降 70%、65%和 90%。1994 年,食品、饮料、烟酒批发 4145 万元、零售 1237 万元、库存 2670 万元;纺织品批发 261 万元、零售 81 万元、库存 100 万元;中西药品批发 1206 万元、零售 433 万元、库存 1255 万元;建筑材料批发 121 万元、零售 610 万元、库存 295 万元。1997 年,家用电器批发 63 万元、零售 148 万元、库存 28 万元,音像制品 3 项分别为 29 万元、16 万元和 28 万元。1995—1997 年化妆品各年销售额分别是 60 万元、123 万元、153 万元。

表16-1-5

1986—1992年定西县社会消费品零售总额和主要消费品零售量统计表

单位：万元

商品名称	单位	1986 数量	1986 金额	1987 数量	1987 金额	1988 数量	1988 金额	1989 数量	1989 金额	1990 数量	1990 金额	1991 数量	1991 金额	1992 数量	1992 金额
社会消费品零售总额			9130		9254		10340		11038		13636		15181		16698
粮食	吨	20729	869	21270	958	23618	992	17271	724	31121	1245	18871	1044	21414	1414
食用植物油	吨	2493	757	412	103	721	258	348	150	992	496	951	370	1118	479
猪和猪肉	百头	462	596	126	252	388	815	433	979	197	493	250	750	284	928
鲜蛋	吨	24	5	174	63	1244	473			267	134	166	100	237	142
食盐	吨	1125	36											838	45
食糖	吨	2315	373	681	109	178	45	201	48	181	54	134	48	139	42
卷烟	箱	3368	400	1370	160	1448	253	2289	393	1207	242	1563	235		281
酒	吨	943	469	838	469	177	181	367	294	131	118	231	230	1404	242
茶叶	吨	190	137	655	511	160	259			69	70	48	48	220	
棉布	百米	18674	488	6956	139	13454	336	8053	153	7609	320	3969	139		108
棉花化纤混纺布	百米	6216	416	4839	397	5979	299	3923	142	2402	144	1704	103	2879	66
其中:涤棉混纺布	百米	4293	160	3181	305	3481	209	1236	75	1528	84	1136	68	1057	
化纤布	百米	4434	240	2101	231	2481	248	2150	140	1192	107	2227	134		34
呢绒	百米	2166	409	385	135	653	264	255	115	450	135	208	81	528	65
绸缎	百米	2227	92	1073	43	1649	99			1634	98	1136	65	163	48
汗衫背心	百件	3133	95									460	16	791	
棉毛衫裤	百件	1554	85									486	43		
各种服装	百件	1277	186	745	112	1529	306			744	126	2452	392	2618	885
毛线	百公斤	89	35											1238	308

续表 16-1-5

单位：万元

商品名称	单位	1986 数量	1986 金额	1987 数量	1987 金额	1988 数量	1988 金额	1989 数量	1989 金额	1990 数量	1990 金额	1991 数量	1991 金额	1992 数量	1992 金额
皮鞋	百双	567	102	161	34	370	74			138	35	96	28	2174	545
胶鞋	百双	1301	53	880	41					1165	104	690	58	1633	244
火柴	百件	56	17	50	15	94	56			56	33				
肥皂	百箱	31	7	510	31	62	31			35	19	51	27		
洗衣粉	吨	214	45	141	25	196	55					179	66	71	23
保温瓶	百个	370	18							163	61	493	39		
缝纫机	架	4852	88	2528	48	1962	41	1702	43	960	22	1688	36	2347	54
手表	百只	103	75	494	206	80	44	60	48	56	28	29	14	83	42
自行车	辆	7461	135	6769	137	6841	154	6677	181	3305	83	2791	64	2714	83
半导体收音机	台	4992	33	4158	21	3299	16	1750	19	2632	12	1354	6	910	5
电视机	台	1251	101	1846	128	1450	87	1864	149	1493	105	1066	101	2392	228
其中:彩色电视机	台	295	49	209	30	149	32			298	66	85	15	424	76
录音机	台	1836	110	1867	96	2381	79	2262	102	1351	54	1121	50	301	12
洗衣机	台	949	30	1182	38	1417	53	787	32	544	23	662	29	489	17
煤油	吨	941	68	388	27	452	33			166	11	806	70		
煤炭	吨	47781	235	51299	267	53299	234	53771	296	57500	322	35218	317	36470	365
牛和牛肉	百头			9	36	12	48			31	174	6	36	5	35
羊和羊肉	百头											29	18	49	35
水产品	吨											22	11		
针织内衣裤	百件	2540	203	2540	203	4922	445	3491	290	1618	94			890	64
卫生衫衣裤	百件											185	12		
电冰箱	台			10	2					28	4	9	2	42	8
电风扇	台					28	1					39	1		
照相机	台													81	1

1993—1997 年定西县社会消费品零售总额统计表

表 16-1-6

单位：万元

项	目	1993	1994	1995	1996	1997
销售地区	县	11319	17667	17529	17860	21040
	县以下	6986	7892	11027	10900	11157
经济类型	国有	8064	9974	10766	10652	11170
	集体	2205	2488	3155	2826	3627
	个体	4173	8122	8903		10080
	其他	3863	4975	5731	15282	7320
行业	批零贸易业	12520	15725	19671	18797	19493
	餐饮业	686	1233	1111	1489	2434
	制造业	888	1642	456	634	1676
	其他	348	1984	1587	1829	1274
	农民对居民零售	3863	4975	5731	2510	7320
消费构成	吃的		11115	7594	9577	9637
	穿的		4403	3464	3996	4726
	用的		7438	15332	13483	15907
	烧的		2603	2166	1704	1927
零售总额		18305	25559	28556	28760	32197

1998—2010年安定区(定西县)社会消费品零售总额统计表

表 16-1-7　　　　　　　　　　　　　　　　　　　　　　　　　　　　单位:万元

项目		1998	1999	2000	2001	2002	2003	2004	2005	2006	2007	2008	2009	2010
社会消费品零售总额		36424	39600	43706	58733	64863	71873	79927	87848	98541	110196	126341	153020	175908
销售地区	县(市)的	23433	19963	21671	35422	38918	42965	47534	51943	63098	71409	93166	120599	
	县(区)以下的	12991	19637	22035	23311	25945	28908	32392	35904	35444	38787	33175	32421	
经济类型	国有	10803												
	集体	4936												
	个体	11103												
	其他	9582												
行业	批零贸易业	20145	25890	27576	42662	49878	56741	69936	78172	88252				
	餐饮业	2823	6127	6780	5828	7099	5900	8610	9575	10289	12338	13625	15772	17071
	制造业	2874	1590	1800	1385	1802	2266							
	农民对居民(农业生产者)	9582	5993	7550	8858	6081	6757							
	其他行业						210	1380	100					
销售构成	吃的	10479												
	穿的	5213												
	用的	19031												
	烧的	1701												
规模	限额以上企业		5082	8574	24018	25163	29517	37327	48911	52704	61491	72076	91646	104969
	限额以下及个体		34518	35133	34715	39700	27224	32610	29261	35548	36368	40641	45602	70939

1986—1992年定西县社会商品零售总额统计表

表16-1-8 单位:万元

项 目		1986	1987	1988	1989	1990	1991	1992
按行业分	商业	6967	7607	8554	9052	11146	12892	13655
	饮食业	320	335	492	497	495	487	636
	工业	1111	593	673	788	979	630	653
	其他	393	109	73	286	86	161	173
	农民对居民	1108	1416	1476	1700	1980	2570	3155
按销售对象分	对居民和集团	9130	9254	10340	11038	13636	15186	16698
	对农民的生资	769	806	928	1285	1050	1554	1574
社会消费品零售总额	食品	3664	3679	3938	3964	5410	5710	6246
	衣着	1246	1375	1759	2090	2631	2884	3265
	日用品	2895	2697	2883	2785	2900	3192	3674
	文娱	388	98	180	254	57	185	226
	书报		236	186	225	400	291	318
	医疗	336	340	412	374	627	433	506
	建筑	58	131	242	467	601	825	879
	燃料	543	698	740	879	1010	1366	1584

1998—2010年安定区(定西县)批发零售贸易业商品销售总额统计表

表16-1-9 单位:万元

年份	类别	总计	行业		规模		
			批发业	零售业	限额以上	限额以下	个体户
1998	合计				10158	42340	
	批发				7015	21149	
	零售				3142	21191	
1999	合计		189669	113537	147436	155270	
	批发						
	零售						

续表 16-1-9

年份	项目 类别	总计	行业		规模		
			批发业	零售业	限额以上	限额以下	个体户
2000	合计				25788		
	批发				17218		
	零售				8570		
2001	合计	77884	60085	17799	48711	15855	13318
	批发	34843	32957	1886	24692	7482	2669
	零售	43041	27128	15914	24019	8373	10649
2002	合计	75341	49955	25386	45984	15263	14094
	批发	25463	24529	934	20821	2384	2258
	零售	49878	25426	24452	25163	12879	11836
2003	合计	84865	57554	27311	50985	33880	
	批发	28125	26826	1299	21468	6657	
	零售	56741	30729	26012	29517	27224	
2004	合计	105401	73631	31770	65184	40217	
	批发	35464	34083	1382	27857	7608	
	零售	69936	39548	30389	37327	32610	
2005	合计	121990	88042	33948	81734	40255	
	批发	43817	35744	8073	32823	10994	
	零售	78172	52298	25874	48911	29261	
2006	合计	185937	149647	36290	139441	46496	
	批发	97685	97685		86737	10948	
	零售	88252	51962	36290	52704	35548	
2007	合计	206639	167800	38839	159094	47546	
	批发	108781	108121	660	97603	11178	
	零售	97858	59680	38178	61491	36368	
2008	合计	263836	220886	42951	209895	53941	
	批发	151120	151120		137820	13300	
	零售	112716	69765	42951	72075	40640	

续表 16-1-9

单位:万元

年份	项目 类别	总计	行业		规模		
			批发业	零售业	限额以上	限额以下	个体户
2009	合计	295927	238598	57329	235977	59951	
	批发	158679	158678		144330	14349	
	零售	137248	79919	57329	91646	45602	
2010	合计	366665	124483	242182	291069	75596	
	批发	124483	124483		106161	18322	
	零售	242182		242182	184908	57274	

第三节　扩权承包与改制

1986年,国家管理的日用工业品和农副产品全部取消统购派销、统购包销,计划管理的188种商品减至不多的几种。对粮油等主要农副产品由派购改为合同订购,订购任务以外实行议购议销。农副产品一律放开由市场调节,允许个体工商业户长途贩运。逐步缩小指令性计划物资调配的范围和数量,生产资料进入市场。

1980年,定西县饮食服务公司推行"独立核算、自负盈亏、利润包干、超额留用"的改革探索。1982年,糖酒公司进行利改税试点。1983年,县商业系统改革全面启动,扩大企业经营自主权,调动企业和职工的积极性。1986年12月,定西县商业改革推行承包租赁,对年利润8万元以上的批零企业,由县商业局引入竞争机制,向社会公开招标承包,多由本单位职工出头承包;对年利润8万元以下的零售及饮食服务门店,由主管公司按改、转、租、卖等形式,放开经营。承包经营的基本特征是包死基数,确保上缴,超收自留,欠收自补。1987—1989年,为第一轮承包期,中型企业承包4个、小型企业承包8个、小型租赁企业29个。1990—1992年,为第二轮承包期。通过推行承包责任制,实现企业所有权与经营权的分离。供销社改革主要是改官办为民办,恢复组织上的群众性、管理上的民主性和经营上的灵活性,把工作重点转移到发展农村商品生产服务的轨道上来。打破经营上的"大锅饭",责权利紧密结合,增强了为农服务的活力。

1992年元月,陇中贸易大厦试行经营、分配、用工、价格"四放开"。8月,实行以柜组大包干为主要内容的国有民营改革,效益大增,面貌一新。接着在百货楼、百货公司等全面实行这一改革,关键措施是铺底资金按期收回;有问题商品一次性处理;确保上缴,超收自留,照章纳税。在不到一年的时间内,商业局系统零售门店推行国有民营的达到88%,195个柜组中,搞了大包干的柜台占99%,总的推广面达到95%以上。1993年2月,陇中贸易大厦国有民营改革经验在全省推广。1999年,14个基层供销社推行抽资经营,核心是"四个一次性":一次性抽回社有资金、一次性安置退休人员、一次性处理有问题商品、一次性处理不良资产。2000年末,99个门市部的178人抽回资金372万元(其中划转银行贷款167万元,抽回社有资金188万元)。粮食企业"一业为主,综合发展",宜工则工,宜农则农,宜商则商,多种经营。购销平议结合,经营生熟并举,1999年末,全系统创办经营实体30余个,发展经营项目10余项,分流职工344人,占职工总数的64%。

1999年,在百货零售公司开展"三置换一保障"改革试点。"三置换"是:置换国有或城镇集体企业净资产、置换生产性土地使用权、置换职工全民身份。"一保障"是:所有职工进入社会保障体系。以产权制度和劳动用工制度为重点,通过产权转让,出资人一次性置换企业的固有产权(包括土地使用权)。通过一次性补偿,置换职工的全民身份,所有职工进入社会保障体系。2000年全面推广,2001年全部完成。2001年5月,地区行署推广定西县改革经验。定西县兴百百货有限责任公司前身为县百货公司,改制时固定资产430万元(房屋建筑302万元、土地使用权价值128万元)全员买断;2006年,将所有库存积压商品一次性削价处理,完全退出流通市场,全方位转型为物业管理;2006—2010年,累计实现租赁收入200万元,上缴税金35万元。定西县饮食服务公司改制时在册职工158人,在职职工90人,下岗职工68人。国资部门确认资产总额611万元,负债373万元,净资产238万元。按照经营者持大股的要求,将集体净资产一次性量化给职工个人,置换职工身份,97名职工的风险抵押金虽然转为股金,但仍然没有成为社会自由劳动者。2007年,进一步深化改革,经清产核资、资产评估,原企业资产(包括土地使用权价值)全部转让给新的公司。经委托会计事务公司和评估咨询公司评估,确认公司总资产780万元(其中土地资产362万元)。原企业的债务由新公司承担,出让企业资产所得资金用于安置职工,支付拖欠的养老金及扶养人员、离退休人员费用,其余上缴财政。改制中共收股本780万元,每股股值1万元,其中,法定代表人持股705万元,占总股本的90.4%;普通股东25人,每人持股3万元,共75万元,占总股本的9.6%。符合改制安置条件的134人,按照县上"年补偿金兑付一个月工资"的规定,发给置换补偿金200多万元。97名离退休人员移交街道办事处社区管理。县商业局(商业总公司)撤销后组建大同有限责任公司。定西县蔬菜公司置换资产429万元,职工全部置换为自由劳动者。县粮食局对城区5家企业置换国有性质,解除企业对政府的依赖关系;置换职工全民身份,解除职工对企业的依附关系。定西县面粉厂买断产权和国有土地,改组为民营性质的同兴面粉有限责任公司,部分职工买断身份,成为社会自然人。粮食宾馆改组为惠宾住宿服务有限责任公司,部分职工搞个体经营。1997年设立的中兴粮油商贸公司(原县粮油总公司)、兴盛商贸公司(原城关粮库)、旌胜供应公司(原城关粮油供应站)部分职工搞个体经营,部分走向社会。五企业参加改制职工287人,置换集体产权2977平方米,置换土地24420平方米,参改人员全部纳入社会保障体系。2003年,17个农村粮管所(站、库)进行改制,按照2002年度平均一个月的档案工资标准(基础工资加17%的工资性补贴再加固定津贴)计算工龄补偿金,最低3000元、最高2万元,共支付补偿金120万元。126人与企业解除劳动关系成为社会自然人。巉口国家储备库人员由安定区粮食局代管,"一置换一保障",不动产权,只置换人员身份。改制安置职工485万元,其中,省上拨款121万元,由拍卖土地、固定资产解决364万元。定西县供销合作社按照一企一策、因企施策、分类指导的原则,全面推行产权制度改革。县生资公司、县农副公司分别更名为定西县农业生产资料公司、定西县孚明农副有限责任公司。2002年10月,资不抵债、无力偿还到期债务的城关供销社、内官供销社依法破产。2003年3月,对虽已通过产权制度改革,但仍不能扭转亏损局面、难以继续经营的供销大楼、土产公司和贸易公司依法破产。经过实施破产,5家削减债务负担2404万元。2004年4月,县供销社和本社职工共同筹资200万元,使647名在册职工和191名退休人员参加了社会养老保险。

第二章　国有商业

定西县商业局辖企业 10 个,其中全民所有制商业单位 9 个(科级),集体所有制商业 1 个(杂货商店,股级)。网点 60 个,其中商业零售门店 26 个,饮食服务门店 23 个,食品加工车间 3 个,食品收购组 8 个。1986 年末职工人数 781 人,1987 年全局职工 767 人,1988 年职工 876 人,其中新招收职工 135 人。上年的 46 个中小型企业减为 41 个,以资带劳工人主要安排在新成立的陇中贸易大厦。

1985—1987 年,县煤炭、烟草企业划出商业系统。1989 年,商业系统下属 7 个商业公司、2 个百货楼厦、2 个商办工厂(食品厂、罐头厂)。仓储面积 1 万多平方米,营业面积 23000 平方米,职工 880 人,其中干部 77 人,固定工、招聘工、集体工、计划内临时工、以资带劳工 803 人。离退休职工 158 人。

1993—1994 年,商业系统人员逾千,是国有商业队伍人数最多的时期。1995 年以后,随着承包、租赁责任制的推广和国有民营改革,退休人员增加,人员逐渐分流,职工大幅减少。2000 年前后,大体在 700 人左右。2010 年,原国有、集体商业企业改制为非公有制企业,职工置换为社会劳动者,原企业职工在改制后的新企业继续聘用留任的近 200 人,约占在岗职工的三分之二。

第一节　工业品购销

改革开放以后,主要工业品从天水、兰州二级站进货逐年减少,从厂家直接进货比重逐年增加。二级站进货搭配现象突出,致使零售企业库存积压,销售不畅。1991 年,五金公司采取货到验收付款、延期付款、销完后付款等三种形式,扩大从厂方进货,金额达到总进货额的 40%。大厦等企业从 50 多家厂家进货,代销、分期结算 160 余万元。1989 年,国家列入计划目录商品 36 种,其中,国有商业 12 种(名酒、食糖、棉布、涤棉布、中长纤维布、呢绒、胶鞋、洗衣粉、普通灯泡、元钉、铁丝、生猪)、粮食系统 2 种、供销系统 10 种、医药系统 4 种、石油及其他 8 种。1987—1990 年,新建商业网点 17074 平方米。1988 年 8 月,陇中贸易大厦开业,一年实现利税 27.8 万元,归还银行贷款 25.7 万元。1989 年,百货公司零售门市部 6 个,营业面积 2550 平方米,仓储面积 3313 平方米(其中零售仓库 738 平方米)。

1988年是80年代第三个全国消费高潮年，也是大涨价的一年。全年销售4172万元，企业利润95万元，实现利税170万元，上缴利税101万元，归还银行贷款33万元。肥皂、洗衣粉、毛呢、毛线、卫生纸、食盐、火柴货源不足，供应紧张，但市场上个体经营者有售，价格较高。国有企业百货类商品涨价80%，文化类涨价50%，针织品、纺织品分别上涨80%、70%，全部总值上涨80%以上。百货公司品种最多时7982种，当年经营4816种，纺织品1984年库存125万米，1988年库存24.4万米，皮箱、搪瓷、纸张等商品二级站无货，托收承付减少，款到发货增加。县糖酒公司经营香烟、白酒、副食品共483种，销售549万元，同比增加56%，实现利润10.6万元，增长57%。蔬菜公司春节时供应花椒每斤6.46元，姜皮1.60元、葵花籽0.75元，核桃1.67元；尖庄酒每瓶7.02元、汾酒18.90元、五粮液79.20元。9月份价格，汾酒45元、西凤酒24元、陇南春11元。1989年4月，省人民政府做出关于严格控制物价，稳定市场的决定，19种人民生活必需品和服务收费不涨价：定量供应的面粉、大米、石油、食糖、猪肉、牛羊肉、民用煤、大路菜、酱油、食醋、婴儿奶粉、普通火柴、肥皂、洗衣粉、纯毛毛线、中小学课本、学生作业本、卫生纸、医疗收费等，属于国有商业的13种。国家统一零售价：白砂糖每千克（下同）2.48元、白绵糖2.58元、红糖2.12元、食醋0.24元、酱油0.32元，甘南全脂奶粉每包6.61元、低脂奶粉5.68元、黑龙江奶粉5.17元，火柴每包0.40元（普通）、0.60元（粗梗），卫生纸每包0.42元（宁夏产）、0.42元（平凉产），晨光肥皂每条0.90元、燕牌洗衣粉每包1.80元、飞天牌1.72元、熊猫牌1.62元，天水产不同规格的纯毛毛线每斤66.10~94.10元不等，中学学生作业本0.39元、小学学生作业本0.13元。

1984年起，按照国务院、省政府、县政府部署，定西县分三次向25个乡镇、4.57万户困难农户赊销棉布158.2万米，总金额275.7万元，百货公司从银行贷款256.8万元，银行贴息76.8万元，财政应贴息180万元，但因当地财政困难，贴息欠拨四分之一，而银行仍全额收取利息。1993年省政府指示，对商业、供销部门逾期的"两棉"赊销贷款，暂停息挂账处理。1988年8月，中华路扩路改造，拆迁百货公司的琼华商店、中华路门市部，五金公司的大门市部、综合门市部及修理部，糖酒公司的第一门市部，饮食服务公司的小吃部、照相馆及镶牙、刻字等10个网点，影响年销售额410万元、年利润18万元及职工102人的安置。1992年6月，东大街（商业一条街）扩建改造，拆除百货公司第三门市部、蔬菜公司门市部及饮食服务公司门店及住户，共2060平方米。网点的减少对正常经营造成一定的影响。各公司顾全大局，克服困难，千方百计扩大销售，维持生计。

1989年，国家紧缩银根，流动资金不足，国有企业市场应变能力差。1990年8

月,全国国有商业全行业亏损,是历史上从来没有过的,定西地区当年商业利润仅4万元,较上年下降99%,定西县仍实现利润18.7万元。1992年4月,全地区亏损36万元,同比增亏74万元,7县中5亏2盈(定西、陇西)。定西县全年销售3568万元,实现利润9万元(11户企业盈亏相抵后),蔬菜、食品、饮食服务、家电、服装、纺织等国有商业销量逐渐萎缩,个体私营企业逐渐占领市场。1994年,全地区商业亏损194万元,7县中5亏2盈,定西、岷县盈利。对离休、退休老干部继续从优照顾供应。1986年春节,高干(76人)每人供应精海洋、嘴牡丹烟各1条,金奖白兰地、竹叶青、陇南春酒各1瓶;地县离休干部(300人)每人供应陇南春酒1瓶,奔马烟1条。1990年春节,老干部每人供应陇南春酒3斤(6.84元/斤,市场价7.60元、8.00元),汾酒2斤(15.90元/斤,市场价17.80元、18元),白糖10斤。

1990年,定西县商业系统库存1200万元,滞销商品53万元(1984年处理143.4万元)。1989年,对百货公司等销售单位少年儿童商品的供应状况调查:小百货、玩具300种60万元,鞋帽150种30万元,针织300种50万元,文化用品240种25万元,副食品700种70万元,合计1600余种235万元。全局经营少儿商品2000余种约300万元。

第二节　农副产品购销

生　猪

1986年,继续执行省上1985年6月通知精神:取消生猪派购,实行议购议销,自由成交,多渠道运销。允许乡镇企业、集体、个体进城卖肉,不受区划限制,不再统一价格;国有食品公司积极参与市场调节,平抑市价,搞好淡旺季调运调节;为保护生产者利益,掌握最低价格,用国家的平价粮食,签订以粮换猪收购合同;放开收购,每斤由0.72元渐增至0.77元;今后逐步拉开肥瘦肉差率、鲜冻肉差价;原供饮食业优待价一律取消,自收自宰;给城镇居民适当补贴,全省统一每人每月3元,中央、省财政各补1元,地县财政、企业补贴1元,随工资发放(包括离退休人员、临时工),由男方单位发,居民由民政发;逐步放开其他鲜活商品价格。定西毛重170斤的猪可供粮食200斤,收购价每斤最高0.78元,最低0.62元,销售价不分级每斤1.36元;牛肉收购价每斤1.05元,销售价1.35元,可上下浮动20%;羊肉收购价每斤0.85元,销售价每斤1.20元,可上下浮动20%(牛羊肉均为参考价)。猪价放开,食品公司甩掉了亏损帽子。1987年春节,供应肉食10万斤,调地区冷库、临洮县9万斤。市场瞬息万变,上年猪肉卖不出去,当年又收不进来,农户存栏由户均 2.31 头下降到 1.27 头。市场上收猪客多,价高一角多,而冷库有肉又不能卖(每斤 1.44 元,而零售价 1.34 元)。1987 年 7 月,收购价由 0.77 元提高到 0.84 元,销售价由 1.34 元提高到 1.45 元。收购价调高了,但收购数量仍不见增长,全年仅收购 6171 头(1985 年收购 2.88 万头),且膘情差,出肉率仅 54%(标准为 63% 以上),不够等级。因旱灾,市场粮价上涨,小麦由每斤 0.245 元涨至 0.343 元,市场猪肉每斤卖到二块七八。同年 9 月,定西行署召开由各县县长及有关部门参加的生猪收购紧急会议,指出去年此时猪肉涨库,压级压价,限制收购,取消了奖售粮,农民养猪赔钱,挫伤了养猪积极性,全县存栏下降 40% 以上。10 月,省人民政府召开生猪收购上调工作会议,对 1986 年卖猪难、冷库拒收问题作自我批评,"兰州库存只够卖 6 天了",要求各级签订责任书,确保兰州供应。收购价一等 0.89 元、二等 0.87 元、三等 0.83 元、四等 0.79 元,同时加饲料差价每头 8.32 元;计划外议购价一等 1 元、二等 0.97 元、三等 0.92 元,"双轨制"同时并举。县人民政府与各乡签订收购责任书,并关闭生猪市场,县上组织督察组分三片进行督察,省商业厅领导在定西检查工作。年末,内官营、杏园等 4 乡完成任务,宁远等乡完成90%,城关、葛家岔等 6 乡完成 20% 以下。1988 年,收购量仍然不高,净收 7695头,上调 5341 头,出肉率 57%。1990 年,食品公司亏损 23.4 万元。1991 年,开始搞多种经营,收购洋芋、扁豆、羊毛,卖茶叶、水产品,开饭馆,生产粉条、玻璃纤维和仿瓷玻璃瓦等,年末略有盈余。1992 年,收购羊毛值 5.5 万元。1993 年,生产活动房 120 个。

蔬 菜

蔬菜公司以粮换菜,1986 年销售额 112 万元,其中销售蔬菜 70 多万元,外调南京洋芋 37 万斤。1985 年供给粮食比例价,1986 年平价,5 斤细菜或 7 斤粗菜供一斤粮,每年县财政补贴 1 万元。1988 年,与菜农签订合同 56 份,种菜 77.5 亩,共收购粗菜 43.7 万斤,细菜 1.4 万斤,价值 45.1 万元(粗菜 5 斤或细菜 3 斤供粮 1斤,供应粮食 10 万斤,统销粮价每斤 0.135 元)。从兰州调进芹菜、辣椒、包菜和西红柿。从成都拉菜,每斤运费 0.10 元。1990 年,第三门市部外销洋芋 25 万公斤。1991 年 3 月,从四川调入蔬菜 10 万斤,从兰州调入酱油、醋,12 月收购外调洋芋16 个车皮。新兴食品厂 1985 年 7 月开办,至 1986 年末,生产水果(杏子、苹果、梨、西瓜等)罐头、蔬菜(青豆、辣子等)罐头 10 个品种 412 吨,其中收购杏子 15.5万斤,产值近百万元。1990 年,食品厂生产糖果 42 吨、糕点 156 吨、酱油 445 吨、醋 739 吨。实现利润 1987、1988 年各 3 万元,1989 年 3.6 万元,1990 年 5.9 万元。

1986—2010年,前12年计划经济时期,年商品销售额3000~4600多万元,年实现利润最高94.7万元;后13年转向市场经济,国有商业年商品销售额从3000万元降至2000万元又降至1000万元以下, 年利润降至一位数（没有出现全局性亏损）。1949年10月至1997年9月(撤销县商业局机构)的48年间,效益最好的是1979年(利润95.4万元)、1985年(94万元)、1986年(97万元)和1988年(94.7万元)。

1986—1997年定西县商业局系统销售总额等情况统计表

表16-2-1

单位:万元

年份	销售总额	实现利润	上缴利税
1986	3848	96.9	
1987	3372	68.6	81.3
1988	4172	94.6	97.4
1989	4643	75.5	115.0
1990	3655	18.6	92.6
1991	3966	36.0	130.0
1992	3568	9.0	
1993	2989	7.0	
1994	2300	8.0	
1995	2227	14.0	
1996	2210		
1997	753		

第三节　惠民工程

万村千乡市场工程

是商务部在全国实施的完善农村消费网络的惠民工程,即通过流通企业在农村建设加盟店形式的"农家店",使农民购买日常消费品和农资品更加方便和放心。工程从2005年开始,用3年时间,培育若干"农家店",形成以城市店为龙头、乡镇店为骨干、村级店为基础的农村现代流通体系,逐步缩小城乡消费差距。安定区核准定西飞佳工贸有限责任公司、兴百百货有限责任公司、鸿源杂货有限责任公司、百惠连锁超市等四家企业为开展连锁经营、集中配送的试点企业。2005

年申报验收合格"农家店"53家,其中乡级店1家(内官营镇),村级店52家(内官营20家、巉口23家、宁远9家)。2006年申报101家,其中乡级店2家,村级店99家,分布在内官营、凤翔、巉口、宁远、高峰等5个乡镇。2007年在全区其他14个乡镇全面推开。

双百市场工程

2006年,商务部在全国实施的旨在重点改造100家大型农产品批发市场和着力培育100家大型农产品流通企业的重点建设工程。定西马铃薯综合交易中心进入100家大型农产品批发市场之列。马铃薯综合交易中心位于南川开发区,始建于2004年3月,改造前占地面积90亩,建筑面积20318平方米,总资产1600万元。设交易棚5200平方米,配送中心5170平方米,气调库1208平方米,地窖等仓储设施8740平方米。2006年11月,改扩建工程动工,占地面积158亩,设信息区、交易区、贮藏区、配载区。收购高峰时上市农用车1500余辆,日交易量2000余吨。马铃薯贮藏能力达到1.5万吨,年吞吐量30万吨。交易中心与全国30个大型终端市场建立稳定的协作关系。

家电下乡推广

2009年2月起实施,财政补贴对象是具有农业户籍的农村居民,补贴标准为销售价格的13%。每户购买补贴范围内的彩电、冰箱(冰柜)、手机、洗衣机每类产品数量不超过1台(部)。2010年10月,安定区经贸局确定的销售网点是:定西广电商城、宏林家电有限责任公司、蓝宝信电脑专卖店、汇科电脑专卖店、新世纪家电城、美的电器专卖店、内官营满平家电超市等79家。各网点备足货源,摆全品种,进齐型号,稳定价格,设专卖柜区,摆放醒目,便于选购。强化售后服务,送货上门,3日内录入销售信息,以便农民及时享受到补贴。产品发生故障,确保24小时内提供上门维修服务。农民持个人居民身份证和户口本到任何一家备案的家电下乡销售网点购买规定范围内的补贴类家电产品,持购货发票、专用标识卡等有关票据和证件到户籍所在地财政所申报补贴。截至2010年10月底,安定区销售各类家电下乡产品24561台(件),销售额4381万元,已补贴21203台(件),补贴金额3754万元。截至2010年12月7日,全区销售冰箱7892台,销售金额1740万元;彩电7094台,金额1651万元;手机2079部,金额80万元;洗衣机6132台,金额533万元;计算机1479台,金额546万元;空调50台,金额19万元;热水器1678台,金额357万元;微波炉431台,金额28万元;电磁炉761台,金额33万元。合计 27596 台(件),销售总额 4987 万元。截至记载日,已补贴 23963 台(件)的 4338 万元。

家电以旧换新

2010 年 6 月,商务部等 7 部门联合发布《家电以旧换新实施办法》,同年 11 月底,全区确定定西广电商城、宏林家电有限责任公司、蓝宝信电脑专卖店、汇科电脑专卖店等 6 家回收网点。凡具有甘肃省户口的个人,到定点回收企业交售旧家电,并到中标销售企业购买新家电时(不受旧家电品种对应限制),可享受家电补贴。以旧换新补贴家电产品范围:电视机、冰箱(含冰柜)、洗衣机、空调、电脑。按新家电销售价格的 10% 给予补贴,补贴上限为:电视机 400 元/台、电脑 400 元/台、空调 350 元/台、冰箱(冰柜)300 元/台、洗衣机 250 元/台。购买人可选择回收企业,回收企业上门收购旧家电,或购买人先购买新家电,中标企业在向购买人配送新家电的同时回收旧家电,同时向购买人开具国家统一指定的家电以旧换新凭证。对符合补贴条件的,家电销售企业在销售新家电时直接向购买人垫付补贴资金,并将信息录入相关系统,凭销售发票和有关凭证经县区商务部门审核后,到同级财政部门申领补贴资金。

“放心肉”体系建设

2000 年 10 月,县政府确定在南川开发区建立定点屠宰场。九隆生猪屠宰场占地 8000 平方米,厂房建筑面积 2200 平方米,办公、宿舍 2000 平方米,猪舍羊舍 900 平方米。安装机械化自动流水生产线,设计生产能力每小时屠宰生猪 60 头。厂设检疫室、冷藏室、病畜隔离区、高温处理区、屠宰车间和屠宰区。总投资 860 万元。年屠宰生猪 4～5 万头,年实现利润 15～18 万元。2001 年在内官营镇建设定西县盛泰生猪屠宰厂,投资 75 万元,占地 5000 平方米,建筑面积 2000 平方米,设计能力年屠宰生猪 1.5 万头。屠宰车间 400 平方米,建屠宰生产线一条。2010 年屠宰生猪 2000 余头,实现利润 8 万元。在市场监管方面,加强对屠宰点和食品销售市场的监督检查,查处私宰窝点,规范肉食品经营户和餐饮业用肉行为,肉品必须加盖二章具备二证(定点屠宰专用章、肉品检疫合格章、肉品检疫合格证明、肉品品质检验合格证明)。实行索证索票、货证货票相符制度,确保人民群众的食肉安全。

商贸流通业项目建设

2010 年规划目标有 10 项。2 项已经投入使用:甘肃农资中部物流化肥配送中心,总投资 2000 万元,建成 2600 平方米的营业大厅和办公用房、8000 平方米的仓储大棚, 总建筑面积 9800 平方米。定西市通达农产品仓储中心, 占地面积 21344 平方米,新建 18 间蔬菜恒温库,面积 5040 平方米;新建 3600 平方米钢架大棚 1 座及 1500 平方米综合办公楼 1 栋,购买制冷设备 1 套及电子地磅等设备。3 项完成部分工程或正在建设中:定西国际精品家居会展中心,占地 40000 平方米(60 亩),建筑面积 30000 平方米(45 亩),主业家居生产经营、批发零售、建材五金及广告业等,一期工程 2010 年 7 月动工,主体工程基本完成。定西市汽车维修中心,建成 1800 平方米配件经营大厅和办公楼。甘肃巨鹏工贸有限公司,特色农产品保鲜加工冷链物流扩建项目,在循环经济工业园区征地 60 亩,已动工建设。5 项签订了意向性协议、正在衔接洽谈或做前期工作:规划东部物流园区 1200 亩,中心商贸城 230 亩,房地产用地 300 亩,共计 1730 亩,预计投资 15 亿元;马铃薯交易中心二期项目,总投资 6209 万元;汽车城开发项目,总投资 3 亿元,占地 300 亩;现代草业公司饲草加工储藏配送园项目,总投资 5000 万元;安定区西南部物流中心项目,总投资 2100 万元;南川百货批发市场基本建成。中药材批发市场、新城区蔬菜市场、南关步行街、定西市商业街、凤安路商贸城、敬东商贸城等市场建设正在做前期工作。

第四节　企业简介

定西县百货公司

1986—1988 年,年均销售额 700 多万元,实现利润 20 万元,纳税 45 万元。其中,1988 年销售额 1341 万元,实现利润 30.7 万元,上缴财政 10.8 万元,库存 666 万元,销售、利润、库存分别占全局系统三项总额的 30%、30% 和 40%。1989 年,大量轻工业产品紧缺,进价高、平价少、高价多。国有商店商品花色陈旧、品种单调、千篇一律。1989—1992 年,销售额逐年下降,经营亏损,市场占有率不断缩小。1993 年,推行民营改革,从公司分出零售业务成立百货零售公司,企业不再统一进货。1994—1996 年,个体私营百货业逐步占据市场主导地位。1997 年股份制改革时,公司总资产 690.7 万元(固定资产 209.3 万元,流动资产 481.4 万元),总负债 690.7 万元。2000 年,改制更名为兴百百货有限责任公司,公司净资产负 140.3 万元。2005 年,总资产 534 万元(其中土地使用权价值 153 万元,固定资产 110 万元,流动资产 270 万元)。2006 年,将所有库存积压商品一次性削价处理,完全退出流通市场,全方位转型为物业管理。原库房全部拆除后,投资 500 多万元创建旧货市场,占地面积 6000 平方米,营业面积 4500 平方米,固定资产 1500 多万元,拥有经营旧货、书画、装裱、古玩等商铺 100 余间,由省经贸委发经营许可证。2006—2010 年,累计房屋租赁收入近 200 万元,纳税 35 万元。

定西百货楼

建筑面积 4800 平方米,总造价 90.7 万元(其中土建 75.8 万元)。省商业厅、地区商业处、县商业局分别投资 10 万元、10 万元、21 万元;地区和定西县分别投入 18 万元、7 万元;贷款 24.7 万元。后院盖库房 (2 层)663 平方米,造价 8 万元。1986 年,与兰州兰光摄影冲印公司合办摄影冲印部。当年,销售额 590 万元,实现利润 15.7 万元。1986—1988 年,纳税 34 万元,年进货 260 ~ 340 万元,年均库存 220 万元。1992 年 4 月,首批 7 个柜组实行租赁经营,顾客交易与个体户一样,可以讨价还价。1993 年 2 月,与陇中贸易大厦合并为陇中商贸公司。

定西百货楼　摄于 1980 年代

定西百货楼　摄于 2010 年

陇中贸易大厦

占用原饮食服务公司新市区食堂和蔬菜公司第一门市部及后院部分场地建设,7 层大楼原以食品加工业设计,后改为综合零售业。1988 年 8 月 1 日开业。时有职工 106 人,经营百货、五金、交电、针纺、食品等 7500 多个品种。由于基建贷款

陇中贸易大厦

和商品贷款负担重(分别为180万元、230万元),年应付银行利息46万元。开业4年,累计亏损9万元(潜亏150万元)。1992年8月,实行"大包干"为主的"国有民营"改革,销售额增长,实现利税增加,职工月收入由人均100元增至250元。及时归还铺底资金,自筹资金,自主经营,自负盈亏,保证上缴。1993年2月,与定西县百货楼合并。

陇中商贸公司

1993年2月,百货楼、陇中贸易大厦合并成立定西陇中商贸公司,1997年更名为盛兴工贸有限责任公司,2000年更名为飞佳工贸有限责任公司。占地面积3000平方米,建筑面积10700平方米,经营面积7000平方米,总资产4000万元。公司辖两座购物中心及大什字集中供热实体(位于大厦后院)。合并时职工249人,其中,干部9人、固定工76人、集体工51人、合同制工72人、长期临时工3人、以资代劳工25人、临时工13人。设65个营业柜组、344节柜台。原铺底资金178万元,2000年12月以前已全部收回。1997年公司总资产398.2万元,其中固定资产289.9万元。2000年总资产744.2万元,其中固定资产645万元,总负债717万元。2002年贸易大厦改扩建,增加营业面积400平方米,2003年百货大楼改扩建(加高三层),增加营业面积1728平方米,两项增加固定资产115.4万元。2003年,将位于解放路的6间门面(498平方米)以209.2万元出让,出让金核销银行长期贷款及利息747万元。2010年,在职员工86人,退休35人。公司资产总额1001万元。其中,固定资产713万元,土地使用权价值175万元,流动资产113万元。百货大楼内出租一楼的飞佳超市、二楼的鞋城、三楼的家具城;大厦内出租二楼的服装城,三、四楼先后设小肥羊馆、足浴馆、私立学校、KTV及其他。各经营实体从业260余人。本企业管理部分2009年销售额660万元,纳税22万元。2000—2010年,共上缴税金360.4万元,年均32.8万元。

定西县蔬菜公司

1986—1993 年,在中华路、火车站、小北街、西大街设三个蔬菜门市部及酱菜加工厂。1993—1995 年,旧城改造拆除小北街、西大街两个网点。1995 年以后,新建小北街网点和大什字市场(62 间,1800 平方米)、新兴商场二楼(930 平方米)予以拍卖,大什字市场和火车站门店又分别扩建 500 多平方米和 400 多平方米。从 1995 年起,主营业务由经营蔬菜、调料、小食品改为房屋和门面出租及物业管理。1997 年股份制改制,更名为定西县新兴蔬菜副食品有限责任公司,2000 年又更名为定西兴隆商贸有限责任公司。股东 5 人,经营场所 3 处,即新兴商场一楼及地下室(2116 平方米)、大十字市场门面 50 间(1266 平方米)、火车站新隆商场(260 平方米),合计建筑面积 4242 平方米,经营面积 3642 平方米。1997 年总资产 243 万元(不含土地使用权价值),其中固定资产 136.6 万元;2000 年改制时总资产 486.2 万元,其中固定资产 317 万元;2009 年总资产 448 万元,其中固定资产 280 万元,土地价值 153 万元。

定西县饮食服务公司

1997 年更名为定西县通业服务公司,2003 年更名为安定区通业服务公司,2007 年又更名为安定区通业房地产开发有限责任公司。原占地面积 17233 平方米,经营网点 25 个,其中,1993 年建起汽车站综合批发市场,占地 3400 平方米,铺面 100 间,入驻个体户 90 家。2010 年有经营场所 4 处,即解放路综合楼、中华路综合楼、南川批发市场和火车站招待所,占地面积 7309 平方米,建筑面积 9706 平方米。解放路综合楼一度作为招待所(凤城宾馆)和公司办公地,2008 年 7 月出租改造为定西市生殖保健院;中华路综合楼先后出租给县社会保险局办公、三合楼旅店餐饮业及家具店;南川批发市场 1998 年在停车场基础上修建,2008 年重新翻建,占地面积 8930 平方米,建筑面积 20000 平方米(下面商铺,上层住宅),总投资 3600 万元,2010 年年底主体工程完成。2007 年,在册职工 107 人,其中,在岗 69 人,下岗 38 人。2010 年,员工 26 人,主要从事物业管理。

定西县杂货公司

县商业局下属唯一集体所有制商业企业,位于永定东路 132 号,职工 44 人,经营网点 7 个,分布于汽车站、中华路、西门外、小北街等地,占地面积 1120 平方米。城市改造中 6 个网点被无偿拆除。1992 年 5 月,引进个体经营机制,将集体所有部分生产资料(营业场地、柜台货架、商品资金)分解给每个职工,包租到人。2000 年,产权制度改革,由个人出资买断企业,更名为安定区鸿源杂货有限责任公司。2010年,股东6人,资产99万元,其中固定资产47万元,土地资产20万元,流动资金32万元,负债为零。网点仅东门口一处综合楼,营业面积760平方米(出租)。

定西县五金公司

位于安定区交通路325号,占地面积5326平方米(其中交通路2000平方米、中华路68号189平方米、南城巷46号3237平方米)。主要经营五金工具、交通配件、电工电料等商品。2001年3月,改制更名为盛达五交化有限责任公司。资金短缺、存货不足、销售不畅、连年亏损。2000年总资产237万元,负债145万元。2010年总资产153万元,其中固定资产71万元,土地资产86万元。

定西县糖酒公司

地址交通路254号,2000年更名为定西顺兴糖酒有限公司,2002年更名为定西兴源糖酒有限责任公司。2000年总资产38万元,占地面积2217平方米。2002年,火车站经营部1842平方米土地使用权转让给盐业分公司。2010年,占地面积375平方米(营业室、仓库及锅炉房),总资产44万元,其中固定资产30万元,流动资产14万元。

定西县食品公司

位于交通路北端(东河村),占地面积32318平方米(其中内官营镇15320平方米、东河村11678平方米、宁远镇2220平方米、西巩驿镇3100平方米)。1980年代,有经营网点12个,其中农村6个收购组主营生猪收购,城区6个门市部销售肉禽蛋。在城市改造和小城镇建设中,农村2个、城区6个经营场所无偿拆除,面积各为5020平方米、8000平方米。其中,2004年修建友谊北路时,无偿占用1600平方米,已筹建的综合楼被迫停工,先期投入损失12万元。1998—2010年,企业长期处于停产关闭状态,无经营活动,未予改制。2002年,县国资局确认公司净资产为负220万元,企业虽改名泰昌食品有限责任公司,但"三置换"没有进行。在册职工82人,下岗77人,留守人员5人。2010年总资产203万元,其中固定资产29万元,土地价值161万元。

定西县商业总公司

位于中华路38号,前身为定西县商业局,1992年5月成立定西县商业总公司,两块牌子,一套人马,职能由政府行政管理逐步向商业经营实体转化。总公司实体有百货、纺织品、糖酒副食、综合等四个经营部和商业网点开发公司;下属企业有五金、食品、蔬菜、陇中商贸、食品工业、饮食服务、杂货等七个公司和食品厂(罐头厂)等。公司机关设办公室、财务会计、业务信息、零售管理、基建等科室及内部银行。总公司经理、副经理由县人民政府任命,总公司党委下属12个党支部,党委成员由县委任命。1997年9月,撤销定西县商业局(合并于经济贸易局),大部分人员留任商业总公司。2000年8月,改制为民营企业,更名为定西大同商业有限责任公司。2005年3月,更名为定西大同物业有限责任公司,主要从事集中供热和物业管理,系区政府确定的中华路南区连片集中供热点。具有物业管理3级资质,集中供热面积18万平方米,物业管理面积4万平方米。2010年,员工22人,总资产453万元,流动资产123万元,固定资产301万元,土地资产28万元。占地面积2258平方米,建筑面积500平方米。

定西县煤炭运销公司

原址火车站(交通路),1981年迁西门外大同巷21号。占地面积21476平方米,城区设自由街、火车站、西门外三处经营场地。2001年3月,更名为定西县温源煤炭有限责任公司。2004年6月,更名为安定区温源煤炭有限责任公司。1993—2000年,在公司旧址承办蔬菜批发市场(时名陇中商城),2000年改建为陶瓷市场,2007年扩大改建为建材市场。1999年投身房地产市场,挂靠天祥房地产公司,10年中开发自由街南北两侧包括公司土地在内的共70000多平方米土地,建设住宅楼11栋、594套。1997年职工145人(退休20人),在岗125人;2000年在岗122人;2005年在岗28人;2010年在册46人、在岗27人(其中股东11人),待岗17人,内退2人。内设物业管理公司、供暖站、煤炭经营站及建材批发市场。2009年,公司资产总额1220万元,其中固定资产673万元,土地价值323万元,流动资产224万元。

定西县医药公司

位于中华路78号。2001年3月,改制组建定西民康药业有限责任公司。占地面积2180平方米。设药品批发部、2个零售门市部、物业管理公司(物业管理与集中供热),员工38人。2002年,拆除公司院内大部分建于60—70年代的土木结构仓库,新建1000平方米框架结构库房。2005年,争取到中华路中段集中供热项目工程,当年完成锅炉房土建、锅炉安装及一期管网敷设,2009年完成二期管网敷设。投资 300 万元新增 20 吨热水锅炉，供热面积增至 40 万平方米。2010 年总资产 1328 万元，其中固定资产 1013 万元，土地资产 178 万元，流动资产 137 万元。

13 家商贸企业中，飞佳工贸有限责任公司所属的大楼、大厦仍以日用百货、服装鞋帽、床上用品、家电家具、糖酒副食等综合性经营为主，经营者由国家职工变为个体劳动者；民康药业和温源煤炭两个公司仍经营药品和煤炭，但工作中心转移到集中供热和物业管理，其他企业均以物业管理为主业（盛达五交化和兴源糖业尚有少量商品经销）。大部分企业基本上退出了流通领域，利用原有场地和设施，从事物业管理和社会化服务。统计表中的"销售额或营业收入"，2000 年以前基本上是商品营业收入，2000 年以后基本上是房租、取暖费和物业管理费。2000 年上缴税收 139.1 万元，2005 年纳税 181.2 万元。

1986—2010 年安定区（定西县）商业企业基本情况统计表

表 16-2-2

单位：平方米、万元、人

名称		百货楼	陇中贸易大厦	陇中商贸公司	百货公司	蔬菜公司	杂货公司	商业总公司	饮食服务公司	煤炭公司	医药公司	五金公司	糖酒公司	食品公司
更名		陇中商贸公司	陇中商贸公司	定西盛兴工贸(1997)	甘肃定西兴百货	兴隆商贸(2000)	安定区鸿源杂货(2000)	大同商业(2005)	通业服务公司(1997)	温源煤炭(2001)	民康药业(2001)	盛达五交化(2001)	顺兴糖酒(2000)	泰昌食品(2002)
地址		大什字	大什字	大什字	中华路38号	中华路	永定东路132号	中华路38号	解放路18号	大同巷21号	中华路78号	交通路325-7号	汽车站	东河村
面积	占地			3000	6000	4046	500	2258	7309	33184	2180	5326	375	32318
	建筑	4044	5339	10700	5000	4242	760	500	9706	45508	400	1600	514	3023
	营业			2800	7000	4500	3642	760	500	9706	22269	350	1000		
	总计			1001	160	448	99	378	780	1220	1328	285	44	203

续表 16-2-2 单位:平方米、万元、人

名称		百货楼	陇中贸易大厦	陇中商贸公司	百货公司	蔬菜公司	杂货公司	商业总公司	饮食服务公司	煤炭公司	医药公司	五金公司	糖酒公司	食品公司
更名		陇中商贸公司	陇中商贸公司	定西盛兴工贸(1997)	甘肃定西兴百货	兴隆商贸(2000)	安定区鸿源杂货(2000)	大同商业(2005)	通业服务公司(1997)	温源煤炭(2001)	民康药业(2001)	盛达五交化(2001)	顺兴糖酒(2000)	泰昌食品(2002)
地址		大什字	大什字	大什字	中华路38号	中华路	永定东路132号	中华路38号	解放路18号	大同巷21号	中华路78号	交通路325-7号	汽车站	东河村
资产状况	土地			175	53	153	20	28	362	323	178	86		161
	固定			713	97	280	47	232	386	673	1013	71	30	29
	流动			113	10	15	32	118	32	224	137	128	14	13
	负债			882	239	270	0	302	0	411	1277	71	30	307
人员状况	共计			200	11	5	6	16	26	46	38	9	4	82
	在岗			200	11	5	6	16	26	27	10	6	3	5
	股东			96		5	6	14	26	11		9		

备注:

1. 经济贸易局除管理上述 13 家企业外,还管理事业单位市场建设服务中心,位于永定市场内,占地面积 5120 平方米,建筑面积 3134 平方米,总资产 119 万元,其中土地资产 23 万元,固定资产 111 万元,流动资产 8 万元,负债 43 万元。人员 15 人。2010 年营业收入(房租、场租)59 万元,纳税 3.6 万元。

2. 1993 年 2 月,百货楼、陇中贸易大厦合并,更名为定西陇中商贸公司。

3. 2000 年更名后,各公司全称(除食品公司外)均冠有限责任公司字样。

2000—2010 年安定区（定西县）商业企业经济效益统计表

表 16-2-3

单位：万元

年份	数目\公司名称	合计	飞佳工贸	兴百百货	盛达五交化	天源糖业	兴隆商贸	通业服务	鸿源染货	大同商业	宏星百货	泰昌食品	民康药业	温源煤炭
2000	营业收入		400	18	92	105	230	91	140	17	142		551	403
	实现利润		1		1	-12		1	1		1	-16	-65	-20
	上缴税金	139.1	24.7	1.4	4.3	2.8	19.4	12.4	7.2	1.2	6.4	0.5	40.8	18
2001	营业收入		480	28	85	100	185	84	147	24	185		291	309
	实现利润		1			-4	1	1	2		1	-2	-31	
	上缴税金	120.7	24	2	3.8	1.4	22.8	10.7	7.3	1.8	12.7	1.4	11.1	21.7
2002	营业收入		481	20	61	34	221	55	148	28	140		341	330
	实现利润		6		1	-4			2			-1	-34	
	上缴税金	126.6	42.4	2.1	4	2	9.6	9.1	6.3	1.6	8.4	0.5	13.6	27
2003	营业收入		552	7	55	25	271	4	129	250	96		449	290
	实现利润		1		1		1		2			-2	-54	2
	上缴税金	90.5	26.4	3.8	4	1.3	13.6	6.2	5.8	1.9	5	0.5	4.1	17.9
2004	营业收入		772	1	56	185	280	43	160	57	83		221	303
	实现利润		2	1	-2			3	3			-2	-41	3
	上缴税金	118.1	44.1	11.9	3.8		19	6.3	8.5	2.4	4.9	0.5	7.9	8.8
2005	营业收入		772	391	30	24	247	42	160	145			67	357
	实现利润				-6				3			-2	-51	3
	上缴税金	181.2	39.1	18	3		10.7	6.5	2.4	2			14	85.5
2006	营业收入		768	20	44	30	309	56	180	96			143	420
	实现利润								3			-1	3	3
	上缴税金	116.2	42.3	3.8	4.4	1	14.7	6.2	2.6	4.6			6.3	30.3
2007	营业收入		713	6	41	14	320	62	136	98			340	389
	实现利润		1						3			-2	-156	3
	上缴税金	121.3	35.7	1	2.9	0.5	16	7.7	2.8	1.3			4.4	49
2008	营业收入		763	14	42	12	342	30	180	150			460	210
	实现利润		2		1		1	-24	4	1		-2	4	5
	上缴税金	129.9	38.7	2.5	3.4	0.5	17	7.8	2.8	7.3		0.5	10.4	39

续表 16-2-3　　　　　　　　　　　　　　　　　　　　　　　　　单位：万元

年份	数目\公司名称	合计	飞佳工贸	兴百百货	盛达五交化	天源糖业	兴隆商贸	通业服务	鸿源染货	大同商业	宏星百货	泰昌食品	民康药业	温源煤炭
2009	营业收入		660	3	1	4	320	38	180	235			403	237
	实现利润		2		−4		0.5	−37	3			−3	−6	4
	上缴税金	72.6	22	2.9	1.1	0.3	16	5.2	1.3	4.4		0.2	9.9	9.3
2010	营业收入		503		2.8	3.5	197	26	120	189			277	107
	实现利润		0.4		−1.9	0.1	0.2	−4.9	2	3		−1	2	1.4
	上缴税金	77.9	21		0.8		11	4.9	0.6	24.6			6.2	8.8

第三章　供销商业

第一节　机构设置

1985年年末,定西县供销合作社联合社(以下简称县社)辖农副公司、贸易信托公司,城关、御风等21个基层供销社(以下简称基层社),黑山等4个分社,梁家坪等9个分销店及159个农村代购代销店。全系统职工560人,其中县社26人、公司131人、基层社403人。

1986年,并社留店,高峰、东岳供销社划归内官营供销社,杏园、青岚、景家泉供销社分别划归宁远、城关、巉口供销社领导。同年8月,成立定西县农业生产资料公司(以下简称生资公司,从县农副公司分出)。当年召开第六届社员代表大会,县联社及各基层社换届选举新一届班子。

1988年9月,成立定西县供销社供销公司(11月撤销,合并于供销大楼),从事五金交电、民用建材和日用杂品经销。接着成立土产废旧物资购销公司(从农副公司分出),从事小杂粮、中药材、土特产品、废旧物资购销业务。

1988年10月,成立定西县供销大楼。

1991年11月,成立定西县供销联社供销集团公司,与县联社两块牌子、一套人马。

1991—1992年,石峡湾、新集供销社先后并入葛家岔供销社。1992年3月,供销大楼由股级升为科级。1993年底,县社机关设人秘股、财计股、业务股,辖农副公司、生资公司、土产废旧物资购销公司、贸易公司和供销大楼等5家县级公司,辖城关、内官营、符家川、香泉、团结、李家堡、宁远、石泉、西巩驿、葛家岔、巉口、称钩驿、鲁家沟、御风等14个基层社及农具加工厂,辖青岚、高峰、东岳、杏园、新集、石峡湾、景家泉、白碌、西寨、黑山、张湾、李家嘴、柏林、景家店、高泉、蒿家羿廾、刘家湾、大营、梁家坪等20个分社(店)及87个农村代购代销店。

2000年10月,城关供销社、内官营供销社申请破产。同月,召开县联社第七届社员代表大会。2003年3月,供销大楼、土产公司、贸易公司申请破产。2003年7月—2004年3月,安定区人民法院依法裁定五家企业破产。破产清算组将破产财产移交区社,由区社清偿破产费用,按比例清偿优先受偿债权。通过实施破产,企业削减债务负担 2404.4 万元。农村商业市场逐渐被个体从业者所占领,商业网点遍布乡镇村社,而集体性质的基层分社、分销店、农村代购代销店不复存在。

2010 年底,安定区供销合作社联合社机关设综合办公室、财计股两个股室,辖农副公司、生资公司两个企业,辖符家川、香泉、团结、李家堡、宁远、石泉、西巩驿、葛家岔、鲁家沟、御风、称钩驿、巉口等 12 个基层社和农具加工厂。已破产的土产公司、贸易公司、城关供销社、内官营供销社有待重组。在册职工 432 人,其中区社 7 人、县属企业 120 人、基层社 305 人,离退休人员 270 人。职工人数降至最少。

1986—2010 年安定区(定西县)供销系统职工人数统计表

表 16-3-1

单位:人

年份	总数	县(区)社	直属公司	基层社
1986	560	26	131	403
1988	553	21	145	387
1990	644	19	242	383
1992	672	20	253	399
1994	655	19	251	385
1996	672	17	275	380
1998	693	13	277	403
2000	668	10	260	398
2002	646	10	251	385
2004	618	10	229	379
2006	580	10	212	358
2008	534	9	186	339
2010	432	7	120	305

第二节 日用工业品销售

1986 年,供销系统经营十大类日用工业品 5000 多个品种,销售额 1131.8 万元。大部分日用工业品从县百货公司、五金公司、糖业烟酒公司进货,食盐、煤油、煤炭从地、县专业公司调入。1988 年,全系统 20 个经营企业全部实行了集体承包经营。1990 年,县社推行工业品联购分销经营办法。系统内企业联合起来,以专业公司为依托,以基层供销社为基础,直接向工业品生产厂家和国有批发公司联合采购,由基层社分头销售。当年纯购进 1209 万元,纯销售 2943 万元,其中工业品销售 1885 万元。销售食盐 828 吨、香烟 2231 箱,销售食糖 173 吨、酒 142 吨、自行车 1737 辆。继 1990 年全县亏损 57 万元之后,连续数年仍呈亏损局面,经营业务疲软,经济效益下滑。1993 年,推行"公有私营、承包经营、优化组合、竞争上岗、风险抵押、税费递增、自负盈亏"的"社有自营"改革,全系统 185 个柜组全部实行个人承包。1996 年第一轮承包期结束,对边远山区分社、分销店,压缩规模,逐步抽回资金;对县级公司和各生产资料门店,不搞个人承包,定额管理,统一经营。当年销售食盐 277 吨、自行车 2199 辆、缝纫机 959 台、洗衣机 119 台。到 2004 年,销售量分别为 47 吨、125 辆、92 台和 10 台。2010 年,销售自行车 14 辆、缝纫机 5台、洗衣机 12 台。1997 年,贸易公司等 4 家企业售股改制,73 名职工认购股金 20.3 万元,因基础条件差,运行不规范,未能成功。1999—2000 年,全县 14 个基层社推行抽资经营,生资公司、农副公司进行股份合作制改革。2004 年,企业和职工共同筹集资金 200 万元,一次性解决了 647 名在册职工和 191 名退休人员参加社会养老保险的问题。1994 年,为了遏制供销系统经营下滑、效益亏损的现状,在县工商局的鼓励帮助下,在团结供销社院内筹建唐家堡集贸市场(占地 5000 平方米),占道经营十年的马路市场正式迁入,房屋出租增加了收入。1996 年以后,计划商品取消,计划经济向市场经济转轨,工业品经营主体多元化,市场竞争日趋激烈,供销系统工业品市场占有率急速下滑,纯销售总额的比重由 1986 年的 66%降至 1996 年的 26%,再降至 2008 年的 17%。随着个体私营经济的快速发展,覆盖面的快速扩大,供销社的工业品经销业务基本停顿。至 2001 年,西巩(市场占地面积 6800 平方米)、香泉(占地 5792 平方米)、巉口(占地 5500 平方米)、内官(占地 5200 平方米)、葛家岔(占地 3400 平方米)、李家堡(占地 2820 平方米)、鲁家沟供销社相继开门办市场,闲置资产得以有效利用。8 个市场占地面积 4.5 万平方米,联建、改建营业设施建筑面积 1.5 万平方米。2005 年以后,积极探索合作经济组织发展的新路,把工作重心转移到大力发展农村合作经济组织上来。依托基层社和社会能人,先后组建政文(御风)、菊兰(东岳)、国荣(宁远)、宝玉(李家堡)、国文(香泉)等农副农资专业合作社,为农业、农村、农民服务。2010 年年末,累计发展行业协会 5 个,农民专业合作社 17 个,村级综合服务社 32 个。

1986—2010年安定区（定西县）供销社主要日用工业品销售统计表

表 16-3-2

品名	1986	1990	1992	1994	1996	1998	2000	2002	2004	2006	2008	2010
盐（吨）	711	828	579	389	277	94	94	151	47	114	131	151
食糖（吨）	331	173	84	50	210	36	34	39	19	37	76	133
茶叶（吨）	165	62	62	77	54	29	32	24	25	19	27	43
烟（吨）	3215	2231	1934	937	737	569	505	796	384	463	900	491
酒（箱）	279	142	99	113	123	51	40	46	26	101	149	188
自行车（辆）	3381	1737	1465	2561	2199	1460	793	374	125	48	5	14
缝纫机（台）	3649	861	2147	1833	959	776	753	244	14	7	7	5
肥皂（箱）	914	1300	310	3558	921	128	169	155	92	91	147	145
洗衣粉（箱）	86	75	36	286	52	77	25	27	20	38	68	67
电视机（台）	141	307	1430	1098	422	553	168	188	65	29	61	29
洗衣机（台）	28	104	90	406	119	82	21	57	10	14	28	12
电冰箱（台）		3		39		12	2					

1986—2010年安定区（定西县）供销系统购销情况统计表

表 16-3-3

单位：万元

年份	国内纯购进	其中农副产品购进	国内纯销售	售给居民和社会集团消费品	售给农村和农民的生产资料
1986	582.14	269.65	1987.28	1311.75	300.44
1988	1043.18	523.89	2750.21	1733.75	406.86
1990	1208.59	736.19	2942.64	1885.32	556.81
1992	5656.55	1834.39	6251.63	1841.56	769.12
1994	7760.39	3196.69	7063.50	2109.20	988.69
1996	4732.20	937.37	6206.84	1628.70	1002.50
1998	4053.40	1310.00	4400.10	1279.20	1088.20
2000	5912.10	1184.10	6889.10	1973.70	2793.80
2002	7533.30	758.20	7393.00	2213.80	4417.80
2004	8963.00	185.40	9753.40	1682.20	8071.20
2006	13725.10	1188.00	14350.00	4312.40	10037.60
2008	24358.00	1606.00	20383.00	3469.00	16914.00
2010	25200.00	3000.00	28000.00	7949.00	19242.00

1986—2010年安定区(定西县)供销系统主要经济指标完成情况统计表

表 13-3-4

单位:万元、元、天、次、%

项目	1986	1988	1990	1992	1994	1996	1998	2000	2002	2004	2006	2008	2010
销售总额	3421	3929	4494	6255	6464	6094	4400	6897	7394	9753	14350	20212	2800
流通费用	244	306	413	524	593	789	600	404	357	394	490	991	859
费用率	7.12	7.78	9.2	8.38	9.17	12.94	13.64	5.86	4.83	4.04	3.42	4.9	3.1
税金	50.6	59.8	62.1	72.9	80	68.9	51.9	63.8	51.6	66	89.1	64	51
税金率	1.48	1.52	1.38	1.17	1.24	1.13	1.18	0.92	0.7	0.68	0.62	0.32	0.18
利润额	58.1	50.3	−57	25	−30.9	−60.7	165.1	−20.1	10	5	16.7	36	53
利润率	1.7	1.28	−1.27	0.04	−0.48	−1	3.75	−0.29	0.01	0.01	0.12	0.18	0.19
平均流动资金占用	1665	1893	1976	2688	2853	3658	3670	3690	158	3919	4621	7951	7596
其中:商品资金	1201	1526	1634	1870	1542	1879	1409	554	664	2328	3183	9907	6348
非商品资金	49	57	69	548	191	1091	1373	777	303	265	435	1344	1248
销售百元商品占用流动资金	48.7	48.2	44	43	44.1	60	83.4	53.5	42.7	40.2	32.2	39	27
资金周转天数	176	173	159	155	159	216	300	193	154	145	116	144	97
资金周转次数	2.05	2.08	2.27	2.33	2.27	1.67	1.2	1.87	2.34	2.49	3.11	2.5	3.7

第三节 农副产品收购与农业生产资料供应

农副产品收购

农副产品收购是供销合作社的传统经营业务,1986年农副产品购进额占纯购进总额的46.4%。1987年,以西巩驿、新集、符家川、内官营、石泉、青岚、团结、李家堡、城关供销社为依托,在全县范围建立葵花籽、杏仁、杏干、高粱笤帚、蜂蜜、花椒等15个商品生产基地,年收购葵花籽200吨、杏仁100吨、杏干150吨、高粱笤帚2万把、蜂蜜75吨。1989年,全县供销系统投放一定扶持商品生产资金,投放各种化肥74吨。当年落实马尾高粱种植面积283亩、党参1084亩、葵花200亩,栽植花椒1000株、杏树2000株,扶持养羊、养兔百余户348只。1990年以后,为了发挥供销社点多面广、规模经营优势,由县土产公司牵头组织收购,收购中统一价格、统一标准、统一调运,上少下多,让利基层。1994年,分购联销,以小杂粮、杏产品、畜产品、蜂产品为重点,建立县公司、基层社、双代店三级联合收购网络。收购总额3197万元,创历史最高纪录,占纯购进总额的41.2%,占纯销售总额的

45.3%。收购大麻57担、蜂蜜88.9吨、绵羊毛119.5吨、杏仁73吨、葵花籽997吨。1995年以后,农民交售农副产品的渠道更多,更方便,参与市场收购业务的经营者众多,机制灵活,竞争更激烈,供销社的收购锐减。1996年收购总额937万元,比1994年下降71%。1998年以后,山羊毛、杏仁、大麻等主要品种难以收购进来。2004年绵羊毛收购为零。当年收购额185.4万元,占纯购进总额8963万元的2.1%,占销售总额的1.9%。2008年,农副产品收购额占纯购进总额的6.6%。2010年国内纯购进25200万元。收购蜂蜜200吨,葵花籽1408吨,粮食2598吨。

农业生产资料供应

县农业生产资料公司主要从事化肥、农药、农膜、中小农具及防汛物资的购销业务。县公司向基层社批发或调拨,基层社的农资门市部向农民销售。1989年1月,国务院通知化肥、农药、农膜由供销社实行专营。1994年3月,发挥供销社在农资商品上的主渠道作用,实行统一进货、统一库存、统一配送、统一价格、统一管理的经营模式。1998年化肥市场放开,化肥生产企业、经营企业都可以自主购销,自主定价。生资公司设农资系列化服务中心站、14个基层社设"庄稼医院"、双代店设综合服务站。积极开展配方施肥、田间送肥送药、防治植物病虫害、宣传科学种田知识、农药机械租赁维修等服务工作。1986年,销售化肥8429吨、农药21.6吨、农药机械1222架、中小农具19万件。1990年,上述各项分别为11204吨、8.75吨、2184架、11.7万件,农膜销售6.1吨。1996年,全县大面积推广玉米、洋芋、药材、蔬菜地膜覆盖技术,农膜供应量达到168吨,2002年达到183吨。化肥供应量自1988年上万吨(1.2万吨)以后,1992年达到1.4万吨,2000年2.8万吨,2002年4.4万吨,2004年6.4万吨,2006年7.9万吨,2008年11.5万吨,2010年13.2万吨。2000年起,中小农具销售渐渐淡出供销社市场,农膜供应也渐以农技推广等部门成为销售主渠道。以化肥为主的生产资料销售总额1996年超过千万元,从1998年销售1088万元开始,2000年达到2794万元、2004年达到8017万元、2008年达到16914万元,2010年实现19242万元。化学肥料种类分氮肥、磷肥、钾肥、复合肥、微肥(微量元素肥)五大类,品种有尿素、碳酸氢铵、氨水(1983年起退出市场)、过磷酸钙、磷酸二氢铵、氮磷复合肥等。2002年,国家禁止将硝酸铵作化肥销售。农用药剂以防治对象不同分为杀虫剂、杀螨剂、杀菌剂、除草剂、杀线虫剂、杀鼠剂、植物生长调节剂等七类。2003年,国家禁用毒鼠强。农药机械主要有喷雾器、拌种机和喷粉机。农业生产资料的销售在供销系统国内纯销售总额中占举足轻重的地位。

1986—2010年的25年,定西县(安定区)供销合作事业长足发展。国内纯购进、纯销售均跨越三大步:购进1990年1208万元,2002年7533万元,2010年25200万元;销售1990年2943万元,2002年7393万元,2010年28000万元。1988年,在城区中华路南段建成供销大楼。1989年,新建县社四层砖混结构办公楼,建筑面积858平方米。1994年,在民主路建设供销住宅楼,投资192万元,建筑面积4181平方米。1997年,利用部分空闲场地,新建大什字批发市场,建筑面积3087平方米,总投资180万元。内官供销社自筹资金47万元,建成二层营业楼,建筑面积1100平方米。2002年,配合旧城改造,在民主路新建综合楼一幢,建筑面积4800平方米,投资480万元,一层商用,二至六层住宅。2002—2006年,各乡镇在小城镇建设中,采取集资、联建、工程队垫资等办法,先后建成香泉、团结、西巩驿、葛家岔、李家堡、鲁家沟、巉口供销社综合营业楼,总建筑面积12100平方米,总投资580万元。

第四节　企业简介

供销大楼

1989年10月,利用城关供销社部分经营场地建成。建筑面积2848平方米,1—3层营业用楼,4—5层办公用楼。隶属县供销社,主营糖茶烟酒、针织纺织、鞋帽文具、日用百货、五金交电、民用建材的批发零售业务。县供销公司人员和业务合并于供销大楼。1992年3月,县政府同意大楼由股级升为科级。2000年,实行剥离分立改制,利用部分有效资产,重新组建"汇都供销有限责任公司"。虽经产权制度改革,大楼仍然不能扭转亏损局面,2003年3月,县联社理事会决定申请实施破产,定西县人民法院裁定企业破产。2007年10月,大楼资产公开拍卖,用拍卖所得对61名职工计发身份置换补偿金,解除职工与原企业的劳动关系。

定西县农业生产资料公司

成立于1986年8月,位于民主街,库址中华路北段。占地面积8000平方米,建筑面积3000平方米(办公面积370平方米)。2000年,公司总资产179.3万元。同年12月,改制为股份合作制企业,全员参股(基本股、收益股、岗位股),合伙经营。原有职工33人全部安置,无下岗待岗人员。2010年,净资产达到2258万元,员工安置率100%、债务归还率100%、资产保值率100%、医疗参保率100%。是定西市安定区商贸流通企业产权制度改革中鲜有的一步到位、一次成功的企业,也是甘肃省供销社农业生产资料系统改制成功的 4 个企业之一。2001—2006 年,每年增加化肥供应量 10000 个实物吨,增加销售额 100 余万元。2007—2010 年,每年增加供应量 2 万余吨,增加销售额 2000 万元。2009 年,销售化肥达到 16.2 万吨,年销售额 1.9 亿元,纳税 12 万元。在南川开发区征地 60 亩,组建甘肃中部农资配送中心,基建投资 500 万元(已投资 300 万元,其中省供销社 120 万元、省农资公司 90 万元、安定区农资公司 90 万元),建设仓库 7 座,面积 8000 平方米,办公室 200 平方米,目前储藏能力 2.4 万吨,计划达到 6 万吨规模,年化肥吞吐量 20 万吨,年营业额 2.3 亿元(该目标预计 2012 年年底实现)。2006 年,被甘肃省消费者协会等部门授予"3·15"消费维权先进单位奖牌,省农业银行连续十年认定 AA 级信用企业,省农业发展银行连续三年认定 A 级信用企业。2009 年,获"甘肃省供销合作社系统十强企业"称号。1997 年,销售农膜 840 吨,销售中小农机具 3000 多台(件)。1998 年以后,农膜供应以农技中心为主,生资公司销售百余吨。2008 年,农膜、农药、农机具基本退市,塑料袋、彩条布、水囊等防汛物资仍然有所储备,以应急需。2009 年,公司实现利税 126 万元。2010 年,有股东 27 人,股份 2143 万元。主营化肥,除确保安定区农业生产所需外,还供应会宁、榆中、陇西、渭源、通渭、临洮等周边县的部分乡镇用户。

1986—2010 年安定区(定西县)供销系统农副产品收购统计表

表 16-3-5

年份	收购总额	大麻	蜂蜜	绵羊毛	山羊毛	杏仁	葵花籽	粮食	羊绒	兔毛	牛皮
	万元	担	百公斤	百公斤	百公斤	百公斤	吨	吨	百公斤	千克	张
1986	269.65	66	376	1677	17	1205	2198	375	7	400	75
1990	736.19		383	383	4	3030	275	4111	1	23	12
1992	1834.39	18	1171	287	3	3850	1628	9490			
1994	3196.69	57	889	1195	2	73	997	1213			
1996	937.37	342	6292	428	61	122	551	1080			
1998	1310.00		2321	566			380	4562			
2000	1184.10		558	104			520	3361			
2002	758.20		516	187			624	1576			
2004	185.40						433				
2006	1188.00						460				
2008	1606.00		3000				630				
2010	3000.00		2000				1408				

1986—2010 年安定区(定西县)供销社生产资料销售统计表

表 16-3-6

年份	销售总额(万元)	化肥(吨)	农药(吨)	农药机械(件)	中小农具(件)	农膜(件)
1986	300.44	8429	21.59	1222	189926	
1988	406.86	11911	26.71	299	126865	2.80
1990	556.81	11204	8.75	2184	117325	6.09
1992	769.12	13904	4.96	173	50906	23.98
1994	988.69	14892	6.22	96	53697	3.00
1996	1002.50	12169	15.81	941	49523	168.00
1998	1088.20	9536	5.08	400	24200	127.81
2000	2793.80	28742	1.04			136.27
2002	4417.80	44156	2.57			183.02
2004	8017.20	64140	0.40			103.62
2006	10037.60	78990				40.89
2008	16914.00	115132				22.14
2010	19242.00	131925				0.85

第四章　粮食商业

第一节　机构设置

1986 年,定西县粮食局机关设人秘股、财务股、购销股、储运股和议价股。下设独立核算粮食企业 18 家,定西县面粉厂、定西县城关仓库(分设南川仓库)为科级建制,其他为股级建制。有城关粮油供应站(设 4 个供应站)、饲料加工厂、粮油议购议销公司、梁家坪粮食仓库和内官营、符家川、香泉、团结、宁远、李家堡、西巩驿(分设石泉粮站)、新集、葛家岔、石峡湾、白碌(分设御风粮站)、巉口粮食管理所。1986 年,全局职工 332 人,1997 年 564 人,1998 年以后职工人数逐渐下降,2010 年 51 人,其中县局机关 10 人,企事业单位 41 人。

1987 年 8 月,城关粮油供应站、饲料加工厂升格为科级单位(后者于 1997 年 12 月,由定西地区粮油饲料工业公司兼并)。1988 年 12 月,建立石泉粮食管理所。1989 年 8 月,粮油议购议销公司更名为粮油贸易公司。1990 年,建立杏园粮站(隶属宁远粮食管理所)。1992 年,建立御风粮食管理所。同年建立粮食宾馆,独立核算,集体性质。1992 年 5 月,成立定西县粮油总公司,主营议价粮油和多种经营,与县粮食局两块牌子、一套班子,合署办公。1994 年,城关粮油供应站设立第五粮站(1999 年撤销)。至 1999 年末,全县粮食系统创办经营实体 30 余个,经营项目 10 余项,分流职工 344 人(占职工总数的 64%)。1997 年 10 月,定西县粮油总公司分设中兴粮油贸易有限责任公司;同年 11 月,定西县面粉厂更名为定西县同兴面粉有限责任公司,定西县城关粮食仓库设兴盛粮油商贸有限责任公司,定西县城关粮油供应站分设定西县旌盛粮油商贸有限责任公司。1998 年,成立定西县谷丰粮油收储公司,与粮食局合署办公。注销定西县城关粮油供应站,设立定西县城关粮油收储军供站,成立粮油批发交易市场(2000 年年底撤销)。1999 年 10 月,成立粮食市场巡查大队(股级事业编制)。2000 年,同兴面粉有限责任公司等 5 家企业产权制度改革,置换企业国有性质,解除职工对企业的依赖关系。粮食宾馆扩股增资,改组为惠宾住宿服务有限责任公司,部分职工搞个体经营。中兴粮油商贸公司、兴盛商贸公司、旌盛供应公司将商业性经营业务分离,部分职工买断工龄成为社会自然人。5 家企业置换土地 24420 平方米,置换产权 2977 平方米,安置职工

287人(其中个体经营126人、社会自然人49人,返聘93人)。

2002年8月,建立甘肃定西巉口国家粮食储备库,由定西县粮食局代管;2003年9月,由中央储备库兰州直属库代管;2005年,又由中央储备库平凉直属库代管;2006年4月,人财物再次移交中央直属库兰州分公司垂直管理。

2003年4月,符家川、白碌、御风、新集、石峡湾、石泉等粮管所改为粮站,分别由内官营、巉口、葛家岔、宁远粮管所管理。2005年5月,恢复石泉粮管所机构。2006年10月,安定区人民政府批准保留谷丰粮油收储公司和粮油收储军供站为国有独资粮食购销企业,管好国家储备粮,保障军需民食,管理国有资产,维护市场稳定;其他企业退出国有。同年12月,撤销内官营、香泉、团结粮食管理所,人财物及债权债务全部归并到粮油收储军供站;撤销葛家岔、西巩驿、石泉、李家堡、鲁家沟、宁远粮食管理所。2007年3月,撤销巉口粮食管理所。2009年7月,撤销城关粮食仓库、梁家坪粮食仓库、粮油总公司和惠宾住宿服务有限责任公司,人财物及债权债务全部归并到谷丰粮油收储公司。为了筹措企业改革中安置职工所需经费,2007—2010年,对巉口粮管所等15家企业的房地产进行公开拍卖,共获金额469.65万元。安置经费485万元,其中363.8万元来自拍卖固定资产所得,省上拨付121.2万元。

2007—2010年定西市安定区粮食企业房地产公开拍卖情况统计表

表16-4-1

企业名称	地面面积 (万元)	建筑物面积 (平方米)	评估金额(元)	出让参考价	实际拍卖金额(万元)	政府批准时间	拍卖时间
御风粮站	1701.73	290	31947	3.2	4.3	2007.4.17	2007.4.18
符川粮站	2627.54	930	54197	6	20.3	2007.4.17	2007.4.18
符川气象新村仓库	661.39	192	91635	10	15.5	2007.4.17	2007.4.18
新集粮站	2456.06	840	38240	4.5	14.6	2007.4.17	2007.4.18
石峡湾粮站	8940	720	95478	10	10.2	2007.4.17	2007.4.18
粮油总公司铺面		96.8	296014	29	30	2007.4.17	2007.4.18
白碌粮站	2047.66	402	25496	1.8	1.8	2007.5.30	2007.8.8
巉口粮管所	6288.83	1668	454937	48	48	2007.5.30	2007.8.8
鲁家沟粮管所	3875.94	724	86329	9	16.2	2007.5.30	2007.8.8
西巩粮管所	4633.06	1086	162518	16	16.7	2007.5.30	2007.8.8
葛家岔粮管所	6645.5	702	34934	3.5	3.5	2007.11.2	2008.1.10

续表 16-4-1

企业名称	地面面积（万元）	建筑物面积（平方米）	评估金额（元）	出让参考价	实际拍卖金额（万元）	政府批准时间	拍卖时间
粮油总公司铺面		140		40	52	2007.11.2	2008.1.10
巉口粮管所粮食宾馆	716	550	398801	35	35	2007.11.2	2008.1.10
石泉粮食所	5604.42	1118	180700	18	23.4	2009.8.13	2009.9.22
宁远粮管所	12360	2369.78	920100	92	83	2010.3.14	2010.5.14
团结粮食所	7954.89	1415.15	329400	33	34.65	2010.3.14	2010.5.14
香泉粮管所	6304.3	1605.9	517500	52	60.5	2010.3.14	2010.5.14
合计	72817.32	14849.63	3718226	411	469.65		

拍卖单位：兰州国际商品拍卖有限责任公司　委托单位：定西市安定区粮食局

第二节　粮油收购

粮油购销是粮油商品流通的起点和终点，国家粮食政策随着经济发展状况不时进行调整。

1985 年 4 月 1 日起，取消执行了 31 年的粮食统购，实行粮食合同定购，即通过协商采取签订合同的办法收购粮食。省政府原定的农村粮食购销包干"一定三年"的办法停止执行。1986 年，国家列入的定购品种是小麦、稻谷和玉米，甘肃省增加了谷子、糜子、莜麦、荞麦、豌豆、蚕豆、大豆等品种。定西县合同定购品种主要是小麦和胡麻籽。粮食部门按倒三七（即三成按原统购价，七成按原超购价）固定比例价计价。胡麻籽按倒四六比例计价，基本收料不收油，收料退饼。

1986 年，粮食定购合同与供应生产资料挂钩。1988—1990 年，实行省对地、地对县的粮食产量、收购、销售、调拨、财务"五包干"，继续实行奖售平价化肥、柴油和发放预购定金的"三挂钩"政策。

1992 年，提高定购价。1993 年 1 月，全面放开食油购销价格。1996 年，国务院决定粮食定购任务完成后，实行保护价敞开收购粮食。市场价格高于保护价时，按市场价格收购；市场价格低于保护价时，按保护价收购，以保护农民利益。

1986—1997 年，定西县合同定购粮食任务 67460 吨，其中农业税 52438 吨，均按时如数完成，农业税占粮食总产量（139.1 万吨）的 3.77%。农业人口人均负担农业税11千克(1986—1990年)或12千克(1991—1997年)。

1996年,根据省政府通知,全县实行政策性业务与商业性业务分开的两条线运行新机制,把国家定购粮、专储粮、军供粮、救灾粮、城镇居民平价供应粮和平抑市场粮等定为政策性粮食业务,除此范围以外的粮食企业在一、二、三产业领域的各项活动,都属商业性业务。县粮食局按照精简机构、精干队伍、分流人员的要求,一部分职工搞政策性业务,一部分人员搞商业性经营。分设政策性和商业性会计账务。1998年5月,国务院做出《关于进一步深化粮食流通体制改革的决定》,实行政企分开、中央和地方责任分开、储备与经营分开、新老财务账目分开,完善价格机制(即"四分开一完善")。重点贯彻"三项政策、一项改革":按规定范围以保护价敞开收购农民余粮;国有粮食购销企业实行顺价销售;对收购资金实行封闭运行和加快国有粮食企业自身改革。同年8月,国务院颁布《粮食收购条例》和《粮食购销违法行为处罚办法》。2000年,定西县旱情严重,夏粮减产,政府决定定购任务中的购粮部分缓征,由粮食企业以敞开收购弥补缺口。2001年,省上通知放开销区,保护产区,推动粮食市场化改革。1998—2003年,合同定购任务每年7000吨,其中农业税4646吨,6年实际完成27876吨,农业税占粮食总产量的2.9%,农业人口人均负担12千克。1999年,以保护价收购粮食1350吨,2000年3000吨,2001年2000吨。油料总产大部分年景在7100~8600吨之间,少数年份或低在3300~5300吨之间,或高在1~1.5万吨之间。1999年,油料总产15420吨,折合油品5080吨,定购任务400吨,占总产量的7.9%,人均负担1千克。大多数年份人均负担0.8~0.9千克。

2004年4月1日起,国务院决定全面放开粮食购销市场,不再实行按保护价敞开收购粮食的政策,国有粮食企业一律按照"购得进、销得出、有效益"的原则,随行就市,自主定价,自主收购,计划经济指导下的粮食购销模式终止。退耕还林粮食补助改为现金补助,农业税征实物改为征现金(由财政部门负责)。同年5月,实施《粮食流通管理条例》。2006年,国务院决定,在全国农村免征农业税。粮食行政管理部门做好落实本地粮食总量平衡、粮食流通行政管理、行业指导、社会粮食统计等项工作。继续按照"积极收购、保证供需、稳定库存、提高效益"的原则,掌握粮源,调控市场,保证供应。2004年,议价收购原粮2100吨、成品粮910吨、油品50吨;2005—2010年,以市场价收购原粮68350吨、成品粮2940吨、油品460吨。其中,2006年收购原粮34620吨、成品粮380吨,合计35000吨。

粮食部门坚持方便农民、有利收购、节约劳动、降低费用的原则,在每年8月至10月,集中人力、物力、财力,完成合同订购收购任务。对小杂粮、小油料、扫尾粮油,一年四季随到随收。门市收购与村社收购灵活运用,一般情况下划分区域,让农民到指定的粮管所(站)交售;对未设立所站的乡镇,生产粮油较集中、数量较大、运力不足的地方,设临时收购点现场收购。以粮管所(库、站)为中心,全县划分为内官营、梁家坪等18个定购区域。粮油合同定购工作由各级人民政府和粮食部门组织实施,政府逐级下达任务,基层粮食所(站)与农户签订《粮油定购合同书》,农民持合同书到指定收购网点交售。遇到严重灾害,乡政府可作适当调整。入库前做好人员培训、工具器械配置、仓房整修消毒工作;入库中做好质量检验、评级定价、计量分等、付款结算全方位服务;入库后做好进度报告、互通情况、相互促进等项工作。

1986—2003年定西县粮食收购(合同定购)情况统计表

表16-4-2

年度	粮食总产 (吨)	农业人口 (万人)	人均占有量(千克)	定购粮食任务(吨)	农业税 (吨)	农业税占产量比例(%)	人均负担(千克)	保护价收购粮食(吨)
1986	124870	34	367	4950	4000	3.2	12	
1987	109390	35	313	4740	4000	3.7	11	
1988	88760	35	254	4450	4000	4.5	11	
1989	101230	36	281	5170	4000	4.0	11	
1990	128200	36	356	5100	4500	3.5	12.5	
1991	127460	37	344	5100	4500	3.5	12	
1992	115990	37	313	5100	4500	3.9	12	
1993	138140	38	364	4850	4500	3.3	12	
1994	125250	38	330	7000	4500	3.6	12	
1995	70110	38	184	7000	4646	6.6	12	
1996	148050	38	390	7000	4646	3.1	12	
1997	113500	39	291	7000	4646	4.1	12	
1998	161030	40	403	7000	4646	2.9	12	1220
1999	166840	40	417	7000	4646	2.8	12	1350
2000	125890	39	323	7000	4646	3.7	12	15420
2001	170360	38	448	7000	4646	2.7	12	21890
2002	148140	38	390	7000	4646	3.1	12	30430
2003	176600	38	465	7000	4646	2.6	12	44685

1986—2003年定西县油品收购(合同定购)情况统计表

表 16-4-3

年度	油料总产(吨)	折合油品(吨)	农业人口(万人)	人均占有(千克)	定购任务(吨)	占总产比重(%)	人均负担(千克)
1986	7280	2400	34	7	400	16.3	0.8
1987	7450	2450	35	7	400	16.4	0.8
1988	7150	2360	35	7	400	17.6	0.8
1989	5320	1750	36	5	400	22.5	0.8
1990	8320	2740	36	8	400	14.3	0.9
1991	8400	2770	37	7	400	14.4	0.9
1992	7700	2540	37	7	400	15.7	0.9
1993	10380	3420	38	9	400	11.7	0.9
1994	9240	3050	38	8	400	13.1	0.9
1995	3370	1110	38	3	400	36.2	0.9
1996	12290	4050	38	11	400	9.8	0.9
1997	4640	1530	39	4	400	26.1	0.8
1998	11110	3660	40	9	400	10.9	1.0
1999	15420	5080	40	13	400	7.9	1.0
2000	5310	1750	39	4	400	22.8	0.9
2001	10850	3580	38	9	400	11.1	0.9
2002	8600	2830	38	7	400	14.1	0.9
2003	10000	3300	38	9	400	12.1	0.9

1986—2010 年安定区(定西县)粮食油品收购(议价)情况统计表

表 16-4-4

年份	原粮(吨)	成品粮(吨)		油品(吨)
		面粉	大米	
1986	1970	210	510	360
1987	9010	310	1390	110
1988	7390	820		130
1989	7010	2020	390	820
1990	12010	10	200	1770
1991	16300	80	740	1800
1992	3030	710	1200	680
1993	900	340	210	30
1994	800	890		680
1995	950	300		580
1996	6000	640	520	640
1997	6390	230	200	580
1998	1220	370	230	280
1999	2890	390	170	350
2000	300	730	100	180
2001	700	1590		40
2002	200	570		90
2003	200	480		20
2004	2100	910		50
2005	1770	330		360
2006	34620	380		
2007	8800	330		
2008	9300	200		100
2009	9400	1700		
2010	4460			

第三节　粮油销售

　　粮食销售分为城镇粮油销售、农村粮油销售和军队粮油供应三大部分。城镇粮油销售包括市镇人口粮油、工商行业粮油、市镇饲料供应和其他用粮。1985年4月起，工业用粮平价改为议价供应，用油仍按下达计划按统销价供应。1986年，工商行业粮油取消平价，改为议价供应。1988年开始，返销粮"包干到乡、按实支付、节约归乡、超销自负"，指标包干，一定一年不变。1993年4月1日起，省政府决定取消城镇居民平价供应，各种粮票停止使用，城镇居民结存的粮食指标予以冻结，城镇定量人口的粮食关系保留，实行挂牌敞开供应。1995年4月，城镇居民凭证限量限价供应。1997年以后，居民上市场购买粮油。农村粮油销售包括农村灾区返销粮、退耕还林(草)供应粮和其他销售粮。1993年4月，全省农村粮食销售全面放开，取消农村返销粮食平价供应，价格随行就市。2000年，全县实施退耕还林生态建设工程，粮食企业向退耕农户无偿供应粮食。每亩退耕地每年补助粮食100千克(小麦80%、玉米20%)。2004年，由粮食部门供应粮食改为由财政部门支付现金。军队粮油供应包括对解放军驻军、武警、消防部队的供应。1986年，军粮分价购供应和供给票供应。1994年，取消价购供应，保留凭供给票供应。

市镇居民定量供应

　　市镇居民口粮口油供应办法、供应标准、供应品种及比例都由省政府、省粮食局统一规定，并据各个时期实际情况调整，县人民政府、县粮食局严格管理、严格执行。定西县对非农业人口"依人定量、归户计划、划片定点、凭证供应"，用户凭《市镇居民购粮证》和《机关团体购粮证》到指定粮站(所)购买粮油。1985—1993年3月底，执行《甘肃省市镇供应人口劳别划分粮食定量标准》，劳别分为特重体力劳动者、重体力劳动者、轻体力劳动者、干部及脑力劳动者、大中专学生、居民和儿童七种31个级别，各劳别包括的级别个数不等，详情如下表。

甘肃省市镇供应人口劳别划分粮食定量标准表

表 16-4-5

劳　别	级别	定量标准（千克）	劳别	级别	定量标准（千克）
特重体力劳动者	一	27	在中专学生	一	20
	二	26		二	17.5
	三	25		三	16.5
	四	24		四	15.5
重体力劳动者	一	22	居民	十周岁以上	14
	二	21	儿童	九周岁	13
	三	20		八周岁	12
	四	19		七周岁	11
轻体力劳动者	一	18		六周岁	10
	二	17		五周岁	9
	三	16		四周岁	8
	四	15.5		三周岁	7
干部及脑力劳动者	一	15.5		二周岁	6
	二	15		一周岁	4.5
	三	14		不满一周岁	3

　　20 千克以上定量（包括 20 千克）的女职工，按同工种定量标准低一级执行。食油定量标准每人每月 0.25 千克。1993 年 3 月，粮油销价全面放开，取消城镇居民平价供应，各种粮票、居民粮证结存粮食指标不再流通。1993 年 8 月，清理上解全国通用粮票 162367 千克，甘肃省粮票 168734 千克。主要供应小麦粉和玉米粉。1980 年代后期，小麦粉供应比例提高到 90%，有时 100%，大米、食油供应量也逐渐增加。1986 年，供给城镇居民口粮 7520 吨，口油 300 吨；1989 年，供给口粮 10100 吨，口油 270 吨；1992 年，供给口粮 10680 吨，口油 340 吨。2001 年 5 月 1 日起，《市镇居民粮油供应证》停止办理和发放。

其他市镇粮油供应

　　工业、食品业、副食品和酿造等工业用粮改为议价供应后，用油仍按计划统销价供应。熟食业凭证凭粮票供应，食油按实际购粮数的 3% 搭供。糕点业凭证凭粮票供应，食油按实际购粮数的 12% 搭供。副食业按定量人口每人每月 0.25 千克的标准,指定粮站按标准发给副食票或粮票,并给副食生产单位按照上级下达的副食用粮计划和副食票(粮票)供应副食用粮。酿造业根据上级下达的季度供应数量销售给生产单位,不收粮票。1991年2月,食品业、副食业、酿造业由平价改为议价供应。1988年,供应副食业粮食2350吨、食品业790吨、酿造业40吨;1993年,上述各业分别供粮1480吨、450吨、120吨。根据中央和省上的有关规定,凭《老干部离休荣誉证》《离休老干部粮油供应证》,在定量以外对离休老干部每人每月增供食油0.5千克、黄豆1.5千克、定量内大米5千克。高级知识分子持《高级知识分子生活照顾证》,每人每月增供食油0.25千克,本人定量内不受品种限制,任意选购。二等以上革命残废军人、退休老红军,除按居民供应外,每人每月增供食油0.1千克、黄豆1.5千克。对归国华侨、港澳同胞、外宾和外国留学生给予特殊供应。

各项补助用粮供应

凡县以上人民政府召开的会议,体育运动会及各种选拔训练等,每人每天按0.5~0.7千克不等补助供应,另外每人每天补助食油0.01千克;干部、职工、学生到农村蹲点、劳动、巡回医疗,技术人员到生产单位、厂矿参加劳动,满一个月的都有不等的粮油补助;少数民族节日也有增供;刑拘、判刑等劳动改造、教养人员,凡属农村户口的,按规定标准供应。

市镇饲料供应

指售给运输、商业、动物园、科学研究部门的牲畜和禽兽的粮食饲料。凡实行分类定量供应的,经县粮食部门审核报地级粮食部门批准;凡不定量的,依省粮食局下达的指标供应。1986—1993年,供应饲料粮1590吨,年平均供应199吨,1986年和1989年各供应300吨。

军粮供应

坚持"先前方后后方、先军队后地方"的原则,保证驻定部队的粮油供应。定量供应时期,军队也按体力消耗情况对干部战士规定粮食定量。地方对军队实行定量供应,军队内部实行预决算制度。1994年6月,国务院和中央军委出台《军粮供应与管理办法》,将军队原按国家定购价筹措粮源改按议价筹措粮源。军供大米和大豆由省粮食局统一采购,面粉就地加工供应,议价食油保证供应。2003年1月,国家粮食局印发《军粮服务公约》,不断提高军粮供应水平。2006年粮食企业改制中,保留粮油收储军供站为国有独资企业,为当地驻军供应粮油。供应品种主副并举,增加绿豆、黄豆、小米、玉米珍、糯米、粳米、菜籽油等小品种调剂部队伙食。严把进货关、储存关、销售关,做到保质、保量、保退、保换的"四保证"。中午不休息,节假日不放假,随到随供,热情服务。坚持每年为边远部队上门送粮油5万千克,费用开支2万余元。1986—2000年,供应军粮3260吨;2001—2010年,供应军粮2020吨。

农村返销粮供应

农村返销粮是国家有计划地从商品粮中拿出一部分对农村缺粮农民、受灾农民、经济作物集中产区的口粮、种子、饲料和其他粮食的供应,主要对象是重灾民和特殊困难户。所缺口粮每人每天按400~500克安排供应,销售价格为倒三七固定比例收购价。省地县粮食部门逐级下达缺粮农民口粮支付命令,民政部门下达救济粮款指标,乡村干部负责落实到户,基层粮管所签发粮证,农民凭证分月打粮。80—90年代初,全部供应玉米;90年代后期,民政救灾粮主要供应小麦。返销粮一般分三个时段安排:四至接新(4月~7月),夏不接秋(8月~12月),来年元月至三月。1993年4月,取消农村平价粮食供应。1994—1996年,定西县遭遇旱、雹、洪等自然灾害,农民生产、生活困难。1995年,县政府决定动用民政救灾粮251.5吨,安排元月至三月灾区群众口粮,供应25个乡镇,玉米、小麦每千克销价分别为1.18元、1.38元,钱粮挂钩,非现金结算,一次性供给。1996年,安排元月至三月救灾粮指标3300.5吨,四至接新救灾粮1750吨,供应玉米每千克销价1.52元。1986—1993年,农村销售粮食32520吨,其中农民口粮30570吨。1994—2004年,议价销售农村粮食128280吨。2005—2010年,市场价销售农村粮食63490吨。

退耕还林补助粮供应

2000—2003年,全县退耕还林34.3万亩,其中2003年20万亩。每亩退耕地每年补助原粮100千克(补助期限8年),其中80%为小麦,20%为玉米。粮食部门配合林业部门建立农户台账等专项档案,凭乡镇政府提供的退耕农户花名册和省政府统一印制的《退耕还林(草)补助粮、款供应证》和《退耕还林(草)检查验收卡》向退耕农户如数供应粮食。2000—2003年,向全区25个乡镇的23415户农户,供应退耕还林粮食58400吨(2004年兑付完毕)。

市场粮油购销

粮食企业适应市场经济的发展,积极探索新的营销方式。大力开拓采购渠道,解决当地粮源不足问题,从新疆、河南、四川和本省河西等地年均采购10000吨;充分利用安定区豆类、薯类和小杂粮等特色农产品的优势,搞好余缺调剂;走出安定,广泛联系,外购外销,争创效益;送货上门,服务到家。价格上保本微利,品种上需要什么采购什么,不脱销、不断供,便民利民。加强粮油市场管理,培育"放心粮店",搞好行业指导和协调服务。

1986—1993年定西县城镇平价粮油销售统计表

表16-4-6

年份	非农业人口(万人)	城镇居民(吨)		副食业(吨)	食品业(吨)	饲料(吨)	酿造业(吨)
		口粮	口油				
1986	3.90	7520	300	1360	1200	300	70
1987	4.07	8930	320	1760	860	140	50
1988	4.23	10880	280	2350	790	170	40
1989	4.47	10100	270	1690	540	300	80
1990	4.75	9480	330	2300	460	220	70
1991	4.86	16940	320	860	580	160	60
1992	5.23	10680	340	1560	340	180	40
1993	5.40	9560	360	1480	450	120	30

1986—2010年安定区(定西县)军粮(成品粮)供应统计表

表16-4-7

年份	供应量(吨)	年份	供应量(吨)	年份	供应量(吨)
1986	180	1996	240	2006	180
1987	170	1997	260	2007	200
1988	200	1998	240	2008	190
1989	210	1999	240	2009	200
1990	200	2000	230	2010	170
1991	180	2001	220		
1992	210	2002	200		
1993	200	2003	250		
1994	230	2004	220		
1995	270	2005	190		

2000—2004 年安定区(定西县)退耕还林补助粮供应统计表

表 16-4-8

年份	退耕还林		粮食供应			
	任务(万亩)	实际(万亩)	乡(个)	农户(户)	应供量(吨)	实际供应(吨)
合计	34.3	34.3			58400	58400
2000	4.0	4.0	16	21255	16000	2290
2001	1.8	1.8	12	3900	5400	3560
2002	8.5	8.5	25	11571	17000	8950
2003	20.0	20.0	25	23415	20000	21210
2004						22300

1986—1993 年定西县农村粮食销售统计表

表 16-4-9

年份	合计(吨)	口粮(吨)	饲料(吨)
1986	1830	1530	300
1987	4000	3800	200
1988	2470	2320	150
1989	5140	4880	260
1990	5340	5000	340
1991	3800	3520	280
1992	5170	5000	170
1993	4770	4520	250

1986—2010年安定区(定西县)粮油购销经营效益情况表

表 16-4-10

年份	收购(吨)							销售(吨)					经营效益(万元)		
	合计	议价			市场价			合计	议价			市场价	销售额	税金	利润
		原粮	成品粮	油品	原粮	成品粮	油品		城镇	农村	其他				
1986	2870	1790	720	360									1700	3	−70
1987	10820	9010	1700	110									2806	6	−90
1988	8340	7390	820	130									3485	1	−50
1989	10240	7010	2410	820									2718	20	207
1990	13990	12010	210	1770									3626	47	−185
1991	18920	16300	820	1800									4427	23	−296
1992	5620	3030	1910	680									5953	21	−471
1993	1480	900	550	30				9860					4789	24	−179
1994	2370	800	890	380				12950	3320	6540			3675	19	−71
1995	1830	950	300	580				9090	4700	8250			5227	36	209
1996	7800	6000	1160	640				11970	3420	5670			4975	31	−115
1997	7400	6390	430	580				1350	4370	7600			3747	32	−660
1998	2100	1220	600	280				14750	790	560			1981		−893
1999	3800	2890	560	350				23460	3950	8080	2720		2640	31	−1313
2000	1310	300	830	180				20660	2560	16620	4280		1928	13	−923
2001	2330	700	1590	40				15160	2690	17970			2610	7	−1213
2002	860	200	570	90				26220	1250	13910			3187	9	−1095
2003	700	200	480	20				22500	2230	23990			6604	4	−1508
2004	3060	2100	910	50				6450	3320	19180			6292	7	−1524
2005	3460				1770	330	360	13840				6450	1243	6	−1834
2006	35000				34620	380		23520				13840	2234	5	−175
2007	9130				8800	330		8470				23520	4027	7	−561
2008	9600				9300	200	100	4160				8470	1383	111	4
2009	11100				9400	1700		7050				4160	517	2	−596
2010	4460				4460							7050			

第四节　仓储管理

仓库建设

1985 年年末,定西县粮食仓库建筑面积 15113 平方米,仓容量 20000 吨,其中基建仓 5000 吨,简易仓 13500 吨,窑洞仓 1500 吨。1990—2010 年,新建仓库 10 栋(不含巉口国储库),建筑面积 4476 平方米,仓容量 14300 吨,投资 373 万元。新建内官营粮管所、城关粮库简易罩棚 2 个 1556 平方米,容量 3500 吨,造价 106 万元。2007—2010 年,在企业改制中拍卖出售仓库 101 栋,减少建筑面积 7907 平方米,减少仓容量 10270 吨。2010 年 9 月,拆除内官营粮管所简易罩棚(造价 40 万元),减少容量 500 吨。2010 年 12 月底,安定区实有仓库 17 栋,建筑面积 11682 平方米, 仓容量 24000 吨, 其中基建仓 5000 吨, 简易仓 14000 吨, 高大平房仓 5000 吨,简易罩棚 3000 吨。

1991—2010 年安定区(定西县)粮食仓库建设情况统计表

表 16-4-11

库点名称	建库时间	建筑结构(平方米)	面积(平方米)	仓型	容量(吨)	造价(万元)	资金来源
合　计			13024		39300	1823	
城关粮库	1991	砖混	772	基建仓	2500	22	拨补
城关粮库	1993	砖混	772	基建仓	2500	25	拨补
巉口粮管所	1994	砖混	335	基建仓	1000	20	自筹
鲁家沟粮管所	1995	砖混	167	基建仓	500	9	自筹
团结粮管所	1996	砖混	280	基建仓	500	15	自筹
杏园粮管所	1997	砖混	146	基建仓	250	7	自筹
粮油总公司	1998	砖混	360	基建仓	1300	35	贴息贷款
巉口国储库	2001	排架	8548	高大平房仓	25000	1450	中央财政
葛家岔粮管所	2001	砖混	270	基建仓	250	10	贴息贷款
宁远粮管所	2001	砖混	210	基建仓	500	30	贴息贷款
谷丰公司	2010	排架	1164	高大平房仓	5000	200	自筹

2007—2010年安定区粮食仓库拍卖出售情况统计表

表16-4-12

出售单位名称	出售时间	建筑面积(平方米)	仓容量(吨)
合计		7907	10270
白碌粮站	2007	552	400
御风粮站	2007	322	300
符川粮站	2007	576	520
新集粮站	2007	384	350
石峡湾粮站	2007	531	680
巉口粮管所	2007	694	1260
鲁家沟粮管所	2007	423	700
西巩粮管所	2007	619	940
葛家岔粮管所	2008	572	630
石泉粮管所	2009	432	600
宁远粮管所	2010	1235	1720
团结粮管所	2010	730	910
香泉粮管所	2010	837	1260

粮油储备

分为国家专项储备粮、省级储备粮、县(区)级储备粮、代储中央临时储备粮和代储民政救灾粮等5类。1990年,国务院决定建立国家专项储备粮,以便丰欠调剂,提高粮食应急能力,保证粮食市场供应。要求"一符三专四落实",即账实相符,专人、专账、专仓(或专垛)保管,数量、质量、品种、地点落实。定期轮换,推陈出新。1990年储备1700吨,1993年储备9320吨,1996—1999年储备3760吨。2000年,省粮食局等单位通知,将国家专项储备粮划转为地方商品粮周转,库存3750吨(报损10吨)。1993年,省政府为增加全省粮食宏观调控能力,决定建立省级粮油储备,其所有权、动用权属省政府,地方和部门不得擅自动用,必须与商品粮油分开储存和管理,建立专卡、台账,调拨实行增减价。1993—1998年,省粮食局下达储备小麦任务11000吨,1999—2001年下达任务7450吨,2002—2010年下达任务4000吨。1998年,安排市场供应3550吨,2001年调出3450吨。定西县城关粮食仓库和梁家坪粮食仓库具备省级储备粮承储资格,按照省上规定,每安全储存3～5年轮换一次,轮换费用、保管费用及银行利息逐级下达拨补。2004年,建立县(区)级地方粮食储备,安定区任务 500 吨,费用补贴标准每年每千克 0.14 元,同级财政列入预算,按季核拨,不留缺口。梁家坪为区级储备粮承储库点,当年夏粮收购时,以每千克小麦 1.52 元收购入库 500 吨。2004—2007 年,储备 500 吨。2008—2010 年,分别储备 1500 吨、2500 吨和 3500 吨。2008 年,区政府拨补轮换费用 5 万元,轮换 2004 年入库的 500 吨储备粮,以每千克 1.90 元收购小麦 1000 吨入库。2009 年,新增区级储备 1000 吨(每千克 2.10 元收购)。2010 年,新增区级储备 1000 吨,收购价每千克 2.36 元。区级储备粮权属区人民政府,由区粮食局分级集中管理,企业专仓储存、专人保管、专账管理、单独核算统计。代储中央临时储备粮 2008 年 5000 吨,2010 年 8000 吨,存点梁家坪粮库和李家堡粮管所,仍实行专人、专库、专账管理,每千克保管费 0.06 元。1997—1999 年,县人民政府决定建立农村救灾储备粮制度,民政部门牵头,粮食部门配合,乡镇政府负责募集。三年共募集粮食 660 吨,各农村粮管所负责保管和救灾供应,保管费用和正常损耗由民政部门支付。2005 年,将救灾供应剩余的 258 吨小麦由民政局转存同兴面粉公司。1986—2010 年,包括各项储备粮、周转粮、周转油在内,存量最多时达到 41560 ~ 43610 吨(2003、2002 年),多数年份存量在 21000 ~ 38000 吨之间。2007—2010 年,年均储存 14263 吨。

陈化粮处理

1990 年以后,国家加大对农业基础的投入,粮食产量稳步提高,出现了阶段性、局部性的粮食过剩,国有粮食企业粮食超期储存,质量下降,营养品质陈化。1999—2000 年,根据省粮食局等部门通知精神,逐级检验扦样,上报省粮油质量监督检验站审核鉴定,确认全县小麦陈化 7000 吨,分两批予以处理。

清仓查库

每年结合春秋两季粮油普查工作,对全县粮管所(站)、库、公司现存粮油进行全面清查核对。2001 年 4 月,行署从地县计划经济委员会(以下简称计委)、粮食、财政等部门抽调人员组成工作组,与兰州市交叉互查。对定西县 19 个存粮单位彻底清查,共查各类粮食 31999 吨,与保管账面数 32239 吨相差 0.74%,短少 240 吨,在 3% 的差率范围内,账实相符,账账相符,保存完好。2009 年 4 月,在"有仓必到、有粮必查、有账必核、查必彻底"思想指导下,对辖区中央储备粮定西直属库等 8 户国有粮食企业库存实物丈量、测算,清查各类粮食 142907 吨,保管账面数 142930 吨,短少 23 吨,相差 0.02%,经省粮食清查工作组复查,库存数量真实,质量良好。

粮油损耗

粮油储存期间,由于粮油正常生命活动的消耗、检验和计量的合理误差、化验用样品、虫鼠雀危害、粮食搬倒移库等原因,从入库到出库,会发生自然损耗和水分杂质减量。损耗处理按规定权限审批,定额损耗由企业审查核销,超定额损耗县粮食局批销权为粮食 1 吨、油品 700 千克,地(市)粮食局为粮食 5 吨、油品 1 吨,超过以上范围报省粮食局审批。1996 年规定,省粮食局批销每一个损失现金 1000 元以上、粮食 1 吨以上、油品 200 千克以上的案例。1986—2010 年,定西县(安定区)报批各类粮油损耗 1530 吨。省上制定的粮油保管自然损耗率标准:粮食保管 6 个月以内,仓内 0.10%、露天 0.12%;半年至一年各为 0.15%、0.20%;1 年以上 0.20%、0.25%;油料 3 个月以内,仓内 0.15%、露天 0.20%;3 个月至 6 个月分别为 0.25%、0.30%;6 个月以上各为 0.32%、0.37%。1989 年油品损耗率为:半年内仓内 0.09%、露天 0.12%;半年至一年各为 0.15%、0.18%;一年以上至出库各为 0.20%、0.23%。

粮油保管

进出库时仓房、器材清洁消毒,分开储存,严格计量验质;定期不定期检查粮温、水分、虫害、油品酸价、气味、成品粮色泽等。要求做到一日一小查、三日一大查、天阴下雨随时查;一月一化验、半年一普查,小事不过天,大事不过夜;做好检疫防治和清洁卫生防治,做到仓内"面面光"(无尘土杂物)、仓外三不留(垃圾、杂草、污水);日晒降水防虫霉,严冬低温宜储藏,自然通风降湿温,压盖平紧促缺氧,油脂密封防酸败,夹板窗帘设防网,熏蒸药剂慎使用,保粮减耗保健康。坚持开展"一符四无"(账实相符,无鼠雀、无虫害、无变质、无事故)粮仓建设活动。油库四无是无酸败、无渗漏、无混杂、无油垢。1987 年,翻仓倒垛,晾晒高水分粮 2000 吨,空仓消毒9630 吨,粘贴防潮层 1857 平方米,并进行了打防虫线、打沥青地坪、打水泥晒场等建设。1988 年,一举实现"四无"粮仓县,通过省地主管部门验收。同年 12 月,被商业部授予"全国粮油仓储工作先进单位"荣誉。1991 年 4 月,省粮食局颁发"四无粮仓标兵县"奖牌。粮食系统年年量化"一符四无"指标,层层签订目标管理责任书,建立健全仓储管理各项制度。2009 年起,有效开展规范化管理,确保库存粮食数字真实、质量完好和储存安全。

第五节　企业简介

安定区谷丰粮油收储公司

1998年8月,保留组建谷丰粮油收储公司为国有独资粮食购销企业,下设城关粮食仓库、梁家坪粮食仓库、李家堡粮站、物业管理办公室和陇欣宾馆,职工29人。总占地面积4万平方米,建筑面积12682平方米,仓容量41000吨。2010年底,总库存粮油16263吨,其中代储中央储备粮8027吨,省级储备粮4000吨,区级储备粮3500吨,周转粮736吨。总资产6053万元,其中固定资产520万元,流动资产5533万元。

安定区粮油收储军供站

原为1956年4月成立的城关粮管所。1998年,分为城关粮油收储军供站和旌盛粮油商贸有限责任公司。军供站主要承担定西驻军、武警、消防部队的粮油供应任务,2006年批准为国有独资粮食购销企业,下设内官营粮站,职工12人。占地面积37560平方米,建筑面积1272平方米,仓容量2500吨。资产582万元,其中固定资产207万元,流动资产375万元。2010年末,库存粮油220吨,其中军粮100吨。负责各部队粮油供应证的核发、军供粮票的回收和军粮销售预算业务,组织采购、平衡安排年度军需粮源,年供粮200余吨。

定西市同兴面粉有限责任公司

由原定西县面粉厂改制,占地面积13686平方米,建筑面积4000平方米。1985年,设置粉车间、机修车间、酿造车间。1989年,率先研制成功"特二粉"产品,推广全省。1997年前,亏损120多万元,潜亏80多万元,银行贷款340万元,拖欠职工工资30多万元,企业面临破产。2000年12月,产权制度改

定西市同兴面粉有限责任公司

革,企业重组,成立股份合作制的同兴面粉有限责任公司。2003年1月,获全国首批"全国工业产品生产许可证"。2007年9月,投入120万元对制粉生产线全面技术改造,日加工小麦由120吨提高到150吨,年加工能力由3万吨提高到4.5万吨。2009年,又投入40万元更新生产设备。2010年,固定资产615万元,大小设备70余台,24小时加工小麦能力150吨。有员工42人,主要产品"雪花"牌特一、特二面粉和标准面粉,占有安定市场的30%份额,产品销往会宁、兰州、甘南等地。年产值1986年270万元,2010年达1600万元。25年中,13年盈利189万元,4年亏损294万元,8年盈亏持平。

甘肃定西巉口国家粮食储备库

位于安定区凤翔镇北二十里铺村,巉柳高速公路、陇海铁路沿线,占地面积100.85亩(区政府无偿划拨)。2000年11月,国家计委、国家粮食局批准立项。

2001年4月,开工建设,投资1450万元,建筑面积8788平方米(其中2007年自筹786万元扩建平房仓4栋6552平方米),仓容量25000吨,其他辅助设施2236平方米。2003年4月,竣工运营。2010年年底,库容量50000吨,储存国家小麦50000吨。资产总额

甘肃定西巉口国家粮食储备库

32210万元,其中固定资产2385万元。内设综合科、仓储科、财务科、轮换经营科,有职工48人(在岗42人)。获得"一符四无粮仓"荣誉。

第五章　专营专卖与对外贸易

第一节　烟草盐业

烟　草

1985 年,兰州、天水烟草分公司成立。1992 年 5 月,定西烟草分公司成立,原属天水供区的定西县改从定西分公司购进卷烟。1995 年 6 月,全省放开县级公司卷烟购进渠道,定西县烟草公司开始参加全国卷烟批发交易会,可直接从烟厂购进卷烟。1999 年,为确保地产烟占领市场,省外烟调入计划由分公司统一管理。分公司对县公司进行计划分配、协商衔接、签订合同、按季调拨。定西县购进量从 1987 年 1350 箱逐年递增至 1992 年 3500 箱、1997 年 6084 箱、2001 年 8775 箱,购进总值从 372 万元增至 2001 年的 6245 万元。1993—2010 年,购进甲级烟 12636 箱、乙级烟 20761 箱、丙级烟 18002 箱、丁戊级烟 11817 箱,合计 63216 箱。

1985 年,分公司给定西县糖业烟酒公司调拨卷烟,县公司除自营零售外,给持有烟草专卖许可证的零售单位和零售户批供。批供时搭配低等次烟、滞销烟。1987—2010 年,定西县(安定区)卷烟批发销售 79195 箱,1988 年销售 2000 箱,1993 年 4800 箱,1997 年 6184 箱,2010 年 8810 箱。

1992 年 12 月,全面放开国产卷烟的出厂价和调拨价。2001 年,多次调高三级批发价和省外烟批发最低限价。1997 年末,定西县烟草公司网点 6 处, 从业 26 人, 营业面积 316 平方米,供应 529 家,年销售额 3248 万元。1987—2001 年,仓储量每年保持 500 箱,吞吐量年均 12368 箱,年末库存年均 378 箱。实现税费 1992 年 19.2 万元,1996 年 42.8 万元,2001 年 191.3 万元。

中国烟草定西市分公司

实现利润 1993 年 26 万元,1998 年 39 万元,2001 年 300 万元。

 2004 年 1 月,定西县烟草专卖局(公司)更名为安定区烟草专卖局(公司),在南川、文化路、内官营、巉口、宁远等地设 5 个批发部,职工 75 人。年销售收入 6838 万元,实现利润 450 万元,上缴税金 301 万元。2006 年 5 月,安定区烟草专卖局变更为营销部,取消三级法人资格,实行报账制,与区烟草专卖局合署办公,内设一股一室,下辖友谊路、内官营、巉口等 3 个专卖管理所,推行"集中呼叫,统一订单;集中物流,统一配送;集中营销,统一结算;集中管理,统一信息平台"的营销模式。全区分为 9 个营销片区,客户电话订货率 100%。销售量 2006 年 10250 箱,2007 年 10707 箱,2008 年 10950 箱,2009 年 11687 箱。2007—2009 年人均销量由 5.74 条上升到 6.26 条,增长 9.1%。2010 年,卷烟订购由电话订购向网上订购转变,网上订货率达到 50%。

2002—2009 年安定区(定西县)烟草销售统计表

表 16-5-1   单位:箱、条、%

年份	销售总量	其中 4 类以上	地产烟	省外烟	人均销量
2002	9823		8052	1771	
2003	8742		7384	1358	
2004	7456		5784	1672	
2005	11232		10160	1076	
2006	10250		9204	1046	
2007	10708	61.4	8537	2171	5.74
2008	10950	62.7	7806	3144	5.87
2009	11687	70.9	6529	5158	6.26

 注:每件 50 条,每箱 5 件即 250 条;零售价分类:每条 160 元以上的为 1 类,100 元以上 1 类以下为 2 类,60 元以上 2 类以下为 3 类,50 元以上 3 类以下为 4 类,50 元以下为 5 类。

 1987 年 4 月,定西县糖业烟酒公司分离出烟草业务,成立定西县烟草专卖局(公司),两块牌子,一套班子,由天水烟草专卖分局(分公司)领导。1992 年 5 月,划归定西分局(分公司)管辖。重点对烟草及其制品实行"三证"(烟草专卖许可证、准购证、准运证)管理。二、三级局(公司)主要管理零售许可证(国家局统一印制),在发零售许可证的同时发给准购证,指定进货渠道,凭证进货。"托运或者自运烟草专卖品必须持有烟草专卖行政主管部门签发的准运证",无准运证承运人不得承运,加强烟草专卖品运输中的监督检查。1998 年年底,开始实施农村卷烟销售网络管理,建立零售户档案,把卷烟销售任务特别是地产烟任务细化入户,管销配送,送烟上门。1993年,以巇口路口为重点,以经营大户为重点,定期不定期巡查夜访,堵截非法贩运烟草制品车辆。1999年,"依法治烟",取缔一批无证经营户,端掉黑批发窝点,查扣违法卷烟,查处案件严格遵守处理程序。烟草专卖零售许可证五年一版,2003年对1998年版进行换发,2009年对2003年版进行换发。2010年,持证卷烟零售户1833户,其中正常经营1714户。2002—2010年,查获各类违法案件1649起,登记保存大量卷烟,涉案金额89.4万元,上缴财政罚款19.7万元。

1987—2001年定西县烟草公司卷烟购进统计表

表 16-5-2   单位:万元、箱

年份	购进总值	购进数量	甲级	乙级	丙级	丁戊级
合计	37515	80066				
1987	372	1350				
1988	710	2100				
1989	1105	3150				
1990	1198	3300				
1991	1230	3450				
1992	950	3500				
1993	2835	4950	1147	1295	2508	
1994	2510	5500	1100	2800	1450	150
1995	3125	9050	2134	3875	3041	
1996	5503	8798	2265	4073	2460	
1997	3002	6084	2000	3900	184	
1998	2723	6983	289	301	2800	3593
1999	3045	6753	838	757	1777	3381
2000	2962	6323	906	1297	1130	2990
2001	6245	8775	1957	2463	2652	1703

1987—2001 年定西县烟草公司卷烟批发销售统计表

表 16-5-3

单位：箱

年份	销售数量	甲级	乙级	丙级	丁戊级
合计	79195				
1987	1300				
1988	2000				
1989	3000				
1990	3200				
1991	3500				
1992	3500				
1993	4800	1110	1280	2410	
1994	5327	1071	2702	1309	245
1995	9000	2101	3889	3010	
1996	8678	2260	4069	2348	
1997	6184	1900	3810	474	
1998	6547	310	289	2910	3038
1999	5991	176	142	109	5564
2000	7358	955	1229	1859	3315
2001	8810	1952	2475	2648	1735

1992—2001 年定西县烟草公司主要经济指标统计表

表 16-5-4

单位：万元

年份	固定资产原值	自有流动资金	商品销售总额	销售毛利	毛利率%	费用总额	费用率%	利润总额
1992	15	20	905	44	4.06	17	1.88	21
1993	16	44	3171	90	2.87	55	1.75	26
1994	84	62	2502	83	3.31	52	2.08	30
1995	98	108	3273	92	2.81	72	2.20	20
1996	178	127	5575	125	2.24	100	1.79	23
1997	203	164	2981	125	4.19	95	3.18	29
1998	220	181	2672	144	5.38	99	3.68	39
1999	179	205	2685	117	4.34	88	3.25	7
2000	179	223	3424	164	4.79	113	3.30	46
2001	158	364	6708	438	6.53	135	2.01	300

盐　业

1988年,盐业专卖由定西地区商业局直接主管。1994年年底,盐业批发站上划省盐务管理局、省盐业公司,更名为甘肃省盐业公司定西购销站,依托盐站成立甘肃省盐务管理局定西分局,一套机构两块牌子,负责原供区(定西县、通渭县、会宁县、临洮县的四乡、陇西县的三乡及静宁县等共185万人)的盐业市场管理、盐政执法、食盐加碘供应和碘缺乏病防治等工作。1995年,成立巉口批发部。1998年,企业改革后,更名为甘肃省盐业(集团)股份有限责任公司定西分公司,职工48人(1998年)、43人(2002年)。1988年,4县销售食盐7500～8000吨,年销售额195～240万元;年利润24～31万元。固定资产55.6万元。主销原盐,定西县城销售少量粉碎盐和0.5千克的纸袋包装盐。1988—1993年,年销量仍为8000吨左右,年实现利润14万元,上缴税金31万元,固定资产23.5万元。

1995年,体制变更,负责原供区二级分配调拨业务和定西县三级批发业务,盐业购销计划及盐种分配由省盐业公司安排下达。1996年3月,停止销售原盐、粉碎盐,全部供应精碘盐,实现精细化、小袋化、碘盐化(1000克小袋单膜袋)。1998—2002年,固定资产190余万元,销售收入500～600万元,上缴税金60～70万元,实现利润20万元左右。2001年10月起,食盐小包装全部使用1000克、500克复合膜袋(1000克单膜袋停止使用)。2006年3月,定西盐务分局与高速巡警配合,查获一东风车25.5吨无碘伪劣盐。2007年12月底,分局(分公司)撤销,其相关职能并入兰州、天水分局。

第二节　药　品

定西县医药公司

占地面积8932平方米,其中经营用地3846平方米。资产总额553万元,其中固定资产241万元。经营西药、中草药、中成药、医疗器械等商品。经营方式为批发、零售、地产药材收购调拨、中药饮片加工。零售门市部5个(东门口、火车站、中华路、友谊路),经营品种1800余种。地产药收购地有定西、岷县、漳县、陇西、渭源等县,收购品种有党参、当归、秦艽、黄芪、甘草、柴胡、麻黄、因陈、杏仁、蒲公英等。年收购500吨左右,收购金额400余万元,其中当归占收购额的70%。执行计划,统一上调出省。中药批发地县医院、各乡镇卫生院及零售网点。商品销售额1990年561万元,1993年700万元,1997年291万元、1999年605万元。1990—1999年,年均销售490万元。实现利润1990年11.8万元,1994年2万元,1995年亏损

19万元,1999年亏损29.3万元。1990—1999年,7年盈利32.6万元,3年亏损49.8万元,累计亏损17.2万元。市场放开之后,购销竞争激烈,收购量、销售额逐年下降。2007年,收购业务中止,饮片加工歇业。

2001年,企业改制后,更名为定西县民康药业有限责任公司,经营重点转向物业管理和集中供热项目。2010年末,药品经营3个网点,批发部年销售500万元,两个门市部销售150万元。2000年职工102人,2010年员工34人,"一岗双责",既销售药品,又管理物业(冬季供暖)。21世纪后,销售额统计中,相当一部分是暖气费和物业管理收入。

1990—2009年安定区(定西县)医药公司(民康药业公司)经营情况统计表

表16-5-5

单位:万元

年份	销售额	利润额	年份	销售额	利润额
1990	561	11.8	2000	550	-65
1991	588	7.4	2001	291	-31
1992	597	10.0	2002	341	-34
1993	700	0.2	2003	449	-54
1994	354	2.0	2004	221	-41
1995	389	-19.0	2005	89	-60
1996	397	0.2	2006	93	-3
1997	291	-1.5	2007	340	-156
1998	432	1.0	2008	589	-81
1999	605	-29.3	2009	904	-29

定西地区医药公司

1984年10月,改称甘肃省医药总公司定西分公司。2001年7月,企业濒临破产,分设为定西地区医药公司(2005年更名为博远药业有限责任公司)和同仁药业有限责任公司,前者员工50人,年营业额1800万元。

个体医药经营户

从80年代至90年代,个体医药经营户发展迅速。2010年,安定区个体药店110家,其中城区60多家,经营西药、中药、化学制剂、医疗器械等。1996年8月开办的保和堂,四年间陆续设立6个分店,经营西药1800多种,中药400多种。2000

定西德生堂医药连锁有限责任公司医药商场

年，扩大为保和医药超市，购进药品30%由生产厂家直接供货，70%自行从西安、兰州等地采购，走平价、薄利、多销之路。2005年，销售额270万元，办会员卡4900多份（凭证优惠价供给）。2010年，保和药业有限责任公司发展为安定区最大的私营医药批发、零售企业，占地面积3300平方米，建筑面积2800平方米。12个分店连锁经营，品种达到4300余种，办理会员卡3万余份。配备商务车2台，送货车5台，专事物流配送。2009年，固定资产净值1300万元，员工57人，销售额2900万元，实现利润56万元，缴纳税金29万元。2008年，新建办公楼、仓库，长年库存额800万元左右。

位于解放桥的东方医药超市2007年8月开业，店面300平方米，员工15人，经营OTC类、安神补益类、心脑血管类及解热止痛、胃肠道、跌打损伤、妇科、儿科、中药等各类药品，设有医疗器械和保健品专柜。办理会员卡8500份，日接待顾客300多人。2009年，确定为定西市基本医疗保险定点药店。

第三节　燃　料

石　油

1984年，形成计划管理与市场调节相结合的石油供应体制。对议价油实行最高限价。对供销社继续贯彻"保证重点、控制消费、合理分配、节约用油"的政策，保证粮油、棉油挂钩油品的供应，对机耕、排灌、机收、田间作业、田间运输、饲料、口粮和鲜活农产品加工用油保证供应。对能源、交通、公安、消防等特殊用油和调粮运菜、节日客货运输用油等保证供应。1986年7月，国家虽然取消了农业用油的定额补贴，但始终把农业用油供应摆在第一位，优先安排、优先调拨、优先供应。对抗旱、救灾、扶贫、植保专项用油，由计划部门下达指标如数兑现。对农村和城镇无电区居民实行凭证定量供应灯用煤油，年供应量每户不少于6千克，由基层供销社和代销店供应。1989年，定西地区石油公司有公路运输接卸点18处，接卸和发油方式由笨重的人工作业发展改进为机械化自流作业。时有自备油罐车 14 辆、运油卡车 10 辆,客货两用车 4 辆。2003 年,有定西油库(焦家坡)和陇西分输油库(东郊)两座现代化油库。设立资产型加油站 53 座,其中定西县 12 座。

1986 年,销售量 29774 吨,销售额 2533 万元,上缴利税 101 万元,固定资产原值 774 万元,库站点容量 20659 吨,职工 427 人。

1989 年年底,全地区共有各类汽车(包括柴油车)4077 辆,大中小型拖拉机 10744 台 13.5 万千瓦,内燃机 5509 台 5.96 万千瓦。全区四大类 30 种成品油年销售量 32616 吨,年销售额 3103 万元,上缴利税 129 万元。固定资产原值 1045 万元,库站点容量 20800 吨。

90 年代中期,市场无序状况严重,表现为油品资源分散、经营多头、价格失控、税收流失。1998 年,石油行业进行重大改革,转换机制,开拓创新,扩大市场份额,企业整体竞争能力增强。当年购进四大类成品油 42621 吨,销售 41315 吨,销售总额 10804 万元,缴税 301 万元,实现利润 84.2 万元。1999 年,市场占有率达到 90%。按照省公司要求,职工下岗 46 人、分流 16 人、内退 30 人。1999 年,购进成品油 47309 吨,销售 54677 吨,销售总额 14294 万元,上缴

定西市石油公司

税金 574 万元,实现利润 213.5 万元,比盈利最高的 1993 年增加一倍多,实现地区石油系统有史以来的最好成绩。油品价格回升,达 1994 年以来最高点,市场供不应求。定西油库连续十年获全省"优秀油库"称号,六座加油站进入全省"红旗加油站"行列。2004 年,销售四大类成品油 121312 吨,加油站单站日销量 5.76 吨,销售收入 41207 万元,销售成本 35796 万元,毛利率 13.1%。

2000 年后,各县石油公司油库全部报废。2010 年底,陇西油库扩容开始施工,一期扩容 3 万立方米,达到 4 万立方米,扩建后属二级一类石油库。2003—2008 年,收购改造了通渭路路通加油站、定西东关加油站、临洮金田加油站、定西巉南加油站;新建定西鲁家沟加油站、临洮新添加油站、渭源峡城加油站、陇西云田加油站、临洮五里铺和韭菜湾及井儿坪加油站;迁建陇西通安加油站、渭源清源加

油站、岷县龙望台加油站。通过收购、新建,资产型加油站达到59座,控股加油站1座,年销万吨以上加油站7座。公司系统外联营特许加油站4座,包括安定区内官营1座。1999年以后,成品油销量以平均15%的速度递增。1999年销量5.47万吨。2000—2010年, 各年销售量依次是6.65万吨、8.33万吨、9.46万吨、10.09万吨、12.13万吨、13.63万吨、14.83万吨、16.82万吨、20.09万吨、20.23万吨和22.36万吨。

2000—2010年中国石油天然气股份有限公司甘肃定西销售分公司经营情况统计表

表16-5-6

年份	成品油销售量(吨)	零售率(%)	销售收入(万元)	上缴税金(万元)
2000	66535		24549.53	656.09
2001	83311	86.3	31586.29	437.28
2002	94667	82.4	26265.38	457.87
2003	100939	87.3	30718.07	
2004	121312	91.5	41206.75	
2005	136253	92		
2006	148353	92.4	71102.28	960.17
2007	168170	92	83759.63	1221.57
2008	200902	95	123516.80	1709.97
2009	202295		12.45(亿元)	人均利润列全省前列
2010	23.36(万吨)	94	16.25(亿元)	1706.33

煤　炭

1985年,石油体制改为条条垂直管理后,石油与煤炭经营分家。定西县煤炭运销公司占地面积8044平方米,建筑面积3714平方米,实现利润30万元。1987年,销售额271万元,实现利润19.8万元,纳税24.4万元;1991年,销售额447.9万元,实现利润18.9万元,纳税40.3万元;1994年,销售额640万元,实现利润4.3万元,纳税57.6万元。1987—1996年的十年中,合计销售额4064万元,实现利润88.2万元(其中前9年盈利135.3万元,1996年首次出现亏损47.1万元),纳税365.6万元,是经济效益最好的历史时期。销售各种块煤、原煤、渣煤、末煤及煤球、煤砖,也包括自办加油站销售的汽油、柴油。1997年以后,销售额中煤炭的经营比重逐年下降,公司主办的蔬菜市场的物业管理费占一定份额,房地产开发、集中供热及相应的管理收入占经济效益的基本数额。1997—2010年,实现利润−158.6万元,纳税361.7万元。1990年代中期,年销煤炭7万吨左右。21世纪初,降至3万吨以下。原有火车站、西门外、南川、内官营、香泉、李家堡、宁远、西巩驿等8个煤场,2000年中后期,减至内官营、西门外等5个经营点,年销量3万吨左右,销售额2000万元左右。煤炭价格逐年提高,2010年灵武(宁夏)块煤每吨850元。煤砖、煤球1990年代末期基本不再生产,取而代之的蜂窝煤兴起,每吨末煤加工蜂窝煤1400~1500块,每块售价0.20~0.22元,年加工能力3000~4000吨。

1997年,全县有个体私营煤场165家。经过清理整顿,2003年,定西城区有私营煤场29家,主要分布在南川一带。2010年,经省经委办证登记,在册的有12家。位于张家湾的燎原煤炭有限责任公司,2002年建立,经营靖远国矿及会宁县矿原煤(发热量4800~5000千卡)。以批发为主,主要供应锅炉用煤,年销售3万吨。除供安定区外,汽车从矿上直运临洮、陇西、渭源等地。2005年,原煤每吨售价110元,块煤205元;2007年,分别涨至510元、700元;2009年,分别为520元、750元。每吨利润20~30元。成型煤主要是蜂窝煤,城区最多时加工点有十多处,由于厨房家电产品和液化气的广泛使用,蜂窝煤逐渐退出市场,2010年只剩两家。位于西川的节能型蜂窝煤厂,占地1000平方米,2000年生产100吨,后因销量有限,降至10~20吨。原料为宁夏汝箕沟和甘肃武威九条岭无烟煤,送到户每块价格0.20~0.30元。该煤厂销售王家山块煤每吨860~900元,块煤年销500~600吨。

液化气

石油液化气进入定西百姓家始于1990年,个别有条件的用户从兰州购买使用。

定西市石油液化气供应站　1992年9月建立,原名定西县南川液化气站。占地面积2000平方米,设3立方、30立方、50立方贮气罐各一个,石油液泵2台、电子秤3台、运气车6辆及办公室、库房、宿舍等。员工由最初4人增加到12人,年供应量由最初的几十吨增加到450~480吨。货源初以新疆炼油厂为主,90年代末以兰州炼油厂为主。煤气罐每罐装气10千克,初价25~30元,一再涨价,2010年价每罐76元(送到家78元)。1993—1999年,办理供气证吸引用户,每证优惠5元,70%的居民在这里购气。年实现利润20万~30万元。送气工月收入2000~5000元,按劳取酬。

腾达液化石油气供应站　2001年年底建立,在城东310公路边,2009年搬迁至东山坡,占地 6400 平方米(9.7 亩),建筑面积 2000 平方米,投资 127 万元。设 50 立方米储存罐一个、5 吨残液罐一个,有送气车 5 辆,年销售量 200 吨(其中餐饮业 50 吨),年销售额 150 万元。每罐售价历经 40 元、30 元、60 元、80 元、78 元。

敬东机器厂液化气站 建立较早,位于定临公路 12 公里处(红土坡),年销量 200 吨左右。

荣达液化气站(内官营镇) 2007 年开业,年销量 70 吨上下。内官营镇政府所在地两个村及商户多在这里灌气。

1987—2010 年安定区(定西县)温源煤炭有限公司(定西县煤炭运销公司)经营情况统计表

表 16-5-7
单位:万元

年份	销售额	利润额	纳税额	年份	营业收入	利润额	纳税额
1987	271.3	19.8	24.4	1999	264.6	−39.3	23.8
1988	351.7	2.1	31.6	2000	402.7	−19.7	36.2
1989	368.6	33.5	33.2	2001	203.3	0.04	19.2
1990	246.3	17.4	22.2	2002	212.9	0.1	19.1
1991	447.9	18.9	40.3	2003	188.2	0.2	16.9
1992	339.2	17.6	30.5	2004	214.2	0.16	19.3
1993	494.0	17.9	44.4	2005	195.3	0.19	17.6
1994	640.2	4.3	57.6	2006	420.1	3.12	37.8
1995	472.5	3.8	42.5	2007	234.5	1.41	21.1
1996	432.6	−47.1	38.9	2008	211.0	8.26	19.0
1997	390.3	−73.4	35.1	2009	389.4	0.37	35.0
1998	304.6	−40.4	23.8	2010	149.7	0.38	37.8

注:2000 年改制以后,各煤场以个体方式从事煤炭经营,表列未作统计,故改为营业收入(开办市场、集中供热、物业管理的各项收入)。

第四节 物 资

1986 年 8 月,定西县物资局与物资公司一套班子,两块牌子。占地 10868 平方米,地址在县城北头西兰公路 596 公里处。1994 年,更名为县物资总公司,下设几个独立核算的分公司。经营金属、机电、建筑材料、木材、化工及轻工产品。金属类有各种钢材和有色金属;机电类有载重汽车、电动机、电焊机、柴油机、摩托车、轴承、仪器仪表、钢瓶、阀门、电线等;建筑材料有水泥、玻璃、沥青、油毡、胶合板、暖气片、卫生陶瓷等;化工类有轮胎、胶管、烧碱、聚乙烯、聚丙烯等。1985年,购进额473万元,销售额483万元,库存186万元,实现利润5.6万元。1987年,销售钢材2494吨、水泥2476吨、木材1596立方米,其中计划外调入的销售量分别为609吨、1776吨、633立方米,分别占整个销量的24%、72%和40%。当年销售纯碱30吨、汽车9辆(上年17辆)。销往农村钢材143吨、木材561立方米,水泥463吨、平板玻璃538立方米。1988年,实行价格"双轨制",市场主体多元化,竞争激烈,国有企业销售额下降41%,"三材"销量大减。报废削价处理积压物资47万元,库存积压尚有35万元。长期外欠收回无望的款项22万元。90年代初期,价格放开,市场疲软,资金短缺,负担过重,进销两难。1992年,情况有所好转,盈利2.1万元。1993年,取消计划分配,全部市场调节,销售锐减,只盈利295元,销售钢材548吨、水泥155吨、木材377立方米。1994年,实行国有民营改革,虽然"分灶吃饭"、"自负盈亏",全公司仍亏损28.8万元。1995年,亏损49万元,资不抵债,难以为继。以后几年处于歇业、半歇业状态。2000年民营化改制中,该公司关闭、解散。(原址由金大地食品有限公司使用)

1986—1993年定西县物资局经营情况统计表

表16-5-8

单位:万元

年份	销售额	利润额	销售(吨、立方米)		
			钢材	水泥	木材
1986	503		2550	3352	3090
1987	410	0.86	2494	2476	1596
1988	242	1.2	1231	758	510
1989	246	1.6			
1990	209	1.8			
1991	254	1.6	1037	107	552
1992	384	2.1	1132		833
1993	284	0.03	548		377

注:1994年亏损28.8万元。1995年销售额120万元,亏损49万元。

1991年开业的定西物资贸易联营公司,位于西河桥西,员工6人,年销钢材4000~5000吨,吨价3000元。批零兼营线材(盘元)、元钢、方钢、槽钢、角钢、带钢(扁钢),管材及板材等,主要销往各建筑工地。货源来自甘肃酒钢、新疆八钢、陕西龙钢、内蒙古包钢等钢厂。2000年前后,连续数年年销量万余吨。位于交通路中段的怀仁金属公司,年进货量600～1000吨。2006年,城关经营木材24家,内官营经营木材32家,陈家、朱家各占地300多平方米,拥有资金100多万元。主要经营檩条、椽材、锯材。松原木居多,多来自东北等地。2010年,安定区建筑材料经营户87家,其中专营水泥12家、钢材12家、玻璃34家、木材29家。凤翔镇、内官营镇设木材市场,各有10余家经营者。

第五节　对外贸易

80至90年代,定西县企业尚无独立进出口权,业务由有外贸出口权的企业作代理。1986—1996年,定西县龙头产业地毯生产引进设备较多。1986年4月,投资145万美元,从奥地利、西德引进针刺地毯生产线,组建甘肃无纺织地毯厂;1992年,以450万美元从德国、英国引进机织提花栽绒地毯、宽幅大提花无纺地毯生产线。1993—1996年,陇海乳品有限责任公司产品干酪素出口美国、加拿大、巴西、德国、意大利、比利时等国。定西制药厂的扶正颗粒销往美国、日本和东南亚地区。

1996—2005年,以猪鬃、手工地毯、干酪素为出口主要产品。1997—2005年,出口总额634万美元,其中1999年地毯出口173万美元,2005年干酪素出口186万美元。猪鬃指猪的颈部、背脊部生长的5厘米以上的刚毛,刚韧而富有弹性,不易变形,耐潮湿,不受冷热温度影响,主要用于制刷,是工业和军需用刷的主要原料,系定西县传统出口物资。手工地毯有栽绒地毯、平针地毯、绳条盘结地毯等,尤以栽绒地毯使用普遍。它以纯羊毛为原料,图案艳丽,工艺精巧,立体感强。防火、抗静电、隔潮、透气、染色牢,优于以化学合成纤维为原料的机织地毯。既有实用性,又有艺术观赏性和收藏价值。干酪素是本县(区)重点出口产品,十几年来出口总额约1000万美元,占全部出口总额的三分之一。干酪素(酪蛋白)用于皮革、涂料、塑料、纺织、化学等工业生产和食品加工业,作为

地　毯

食品配料用于食品、饮料、乳品和保健品。2006—2010 年,出口品种发展到菊粉、鲜薯、精淀粉、冲剂、蚕豆、麻豌豆、洋葱、锌锭等共十余种。出口企业除陇海乳品有限责任公司、地毯厂等外(以下公司名称"有限责任"四字略),新增南峯粮油公司、陇朊生物科技公司、新丝路农产品公司、巨鹏工贸公司、扶正药业科技公司、超兴淀粉公司、众星锌业公司、金大地食品公司、丰源贸易公司等企业(县经贸局登记备案的外贸出口企业 24 家,大部分尚无出口记录)。2006 年,出口菊粉 900 吨、全粉 400 吨、干酪素 270 吨、鲜薯 660 吨。菊粉又称菊糖,由菊芋加工出品。菊芋又称洋姜,是耐寒耐旱多年生根茎类作物,传统做泡菜食用,含菊粉糖浆的食品风靡国外市场。菊芋块根洗净、切碎后,用热水萃取(或渗滤)得原汁,经脱盐、脱色、超滤,然后蒸发浓缩、喷雾干燥而成。为白色无定形易吸湿粉末状,有防治便秘、调节肠胃、增强免疫、排毒养颜等功能,广泛用于低糖、低脂、低热量食品,特别是保健食品和老年食品。2006 年出口创汇 257 万美元,2007 年创汇 200 万美元,2008 年创汇 221 万美元,2009 年创汇 186 万美元,2010 年创汇 142 万美元, 五年共计创汇 1000 万美元, 占全区 5 年出口创汇总额的 37%。安定区 2009 年种植菊芋 3500 亩,产量 7300 吨,鲜品销售额 306 万元。马铃薯被欧洲称之为"第二面包",含维生素种类最多,营养成分齐全。可加工炸条、炸片、速溶全粉、糕点。马铃薯精淀粉富含对人体极为重要的蛋白质、维生素和氨基酸等营养物质,并以其独有的特性成为纺织品、造纸业、化工、建材等许多领域的优良添加剂、增强剂、黏合剂、稳定剂,在医学上也有广泛用途。2006 年, 新丝路农产品公司向斯里兰卡出口马铃薯鲜薯。2007—2008 年,巨鹏工贸公司出口鲜薯及洋葱 39 万美元。2007—2010 年,超兴淀粉公司出口精淀粉创汇 172 万美元, 众星公司锌锭出口创汇 335 万美元,丰源进出口公司出口豌豆到台湾,金额 35 万美元。2008—2010 年,金大地食品公司、南峰粮油公司、巨鹏工贸公司从荷兰、加拿大等国进口机械设备及海产品价值 825 万美元。

1997—2010 年安定区(定西县)外贸出口情况统计表

表 16-5-9

	出口总额 (万美元)	出口主要商品	出口(进口)单位、品种及金额(美元)
1997	18	猪鬃	定西地区外贸总公司
1998	42	干酪素	陇海乳品有限责任公司
1999	173	手工地毯	甘肃无纺织地毯厂
2000	66	猪鬃、干酪素	
2001	15	猪鬃、地毯	地毯 5 万元
2002			
2003	41	猪鬃、干酪素	
2004	89	干酪素、地毯	干酪素 87 万元、地毯 2 万元(华艺地毯公司)
2005	190	干酪素、地毯、蚕豆	干酪素 186 万元、地毯 2 万元、蚕豆 2 万元(南峰粮油公司)
2006	287	干酪素、菊粉、地毯 鲜薯、扶正冲剂	干酪素 9 万元(陇原生物科技公司)、鲜薯 1 万元(新丝路农产品公司)、菊粉 257 万元(陇海乳品公司)、地毯 17 万元(巨鹏工贸公司) 扶正冲剂 3 万元(扶正科技公司)
2007	735	干酪素、菊粉、地毯、 精淀粉、鲜薯、洋葱、 锌锭	陇海乳品公司干酪素、菊粉 398 万元,陇朊生物公司干酪素 89 万元,巨鹏工贸公司鲜薯、洋葱 28 万元,地毯 18 万元,超兴淀粉公司精淀粉 5 万元,众星锌业公司锌锭 197 万元
2008	434	菊粉、干酪素、精淀 粉、鲜薯、扶正冲剂、 锌锭、进口设备	陇海乳品公司菊粉 221 万元,陇朊生物公司干酪素 40 万元,超兴淀粉公司精淀粉 18 万元,巨鹏工贸公司鲜薯 11 万元,扶正药业公司冲剂 1 万元,众星锌业公司锌锭 138 万元,金大地有限公司进口设备 5 万元
2009	1081	菊粉、干酪素、精淀 粉、扶正冲剂、进口设 备	陇朊乳品公司菊粉 186 万元,陇朊生物公司干酪素 27 万元,超兴淀粉公司精淀粉 83 万元,扶正药业公司冲剂 3 万元,南峰粮油公司进口 782 万元
2010	1017	菊粉、干酪素、精淀 粉、蚕豆、麻豌豆 进口海产品、设备	陇海乳品公司菊粉 142 万元,陇朊生物公司干酪素 76 万元,超兴淀粉公司精淀粉 66 万元,南峰粮油公司蚕豆 660 万元,丰源贸易公司麻豌豆 35 万元,巨鹏工贸公司进口海产品 27 万元,金大地有限公司进口设备 11 万元

第六章　个体私营商业

第一节　稳步发展

1986 年,定西县个体商业 1228 家,饮食服务业 631 家,从业人员 3237 人,注册资金 193 万元,营业额 1137 万元。1988 年定西县注册私营企业 13 家(原登记为个体工商户或合作社)。1990 年,全县个体工商户 2116 家,商品零售额占社会商品零售总额的 18%。1993 年,发展到 3691 家,商品零售额占社会商品零售总额的 37%,纳税额占全县工商税收的 12%。1994 年,首次出现注册资金在 150 万元以上、雇工超过 200 人的私营企业。1995 年,全县从事商贸流通服务的个体私营企业 4911 家,比 1986 年增长 164%,平均每年增长 18%。从业人员 7055 人,注册资金 1567 万元,营业额 9607 万元。1998 年,个体户增加到 8410 家,上缴税金 721 万元。1999 年私营企业 72 家,2000 年发展到 96 家。1990—2000 年,私营企业增长 5.9 倍,注册资金增长 14 倍,户均达到 51 万元,营业额增长 2.7 倍。

2000 年以后,个体私营经济发展既重视速度,更重视质量,迈入平稳有序发展阶段。2005 年,从事个体商业、住宿餐饮业、服务业的员工 8127 人,营业额 36906 万元。2010 年,个体商业 5983 家、从业 8522 人、注册资金 31391 万元、营业额 4587 万元;住宿餐饮业各数为 861 家、1984 人、9187 万元、654 万元;服务业 1244 户、2828 人、1974 万元、923 万元;个体文化娱乐业 47 家、107 人、254 万元和 44 万元。私营商业 198 家、住宿餐饮业 12 家、服务业 10 家、文化业 6 家。个体私营企业两项合计 8361 户、从业 15574 人、注册资金 63475 万元、营业额 14416 万元。2010 年比 2000 年户数增加 4455 家,增长 114%,年均增长 11%,比 1990 年代减缓 10% 左右,但是从业人员增长 147%,年均增长 14.7%;注册资金增长 14 倍,年均增长 150%;营业额增长近 5 倍,年均增长 59%。2010 年,私营商贸餐饮服务业达到 220 户,营业额 8208 万元,占非公企业营业总额的 57%。个体商业户均注册资金由 2000 年的 7023 元增加到 2010 年的 52466 元;私营企业由户均 33.5 万元增加到 96.1 万元,经济实力不断增强。2004 年,商品零售额占社会商品零售额的 48%,2010 年后占到 90% 以上。行业门类不断拓宽,由传统的商业、饮食业、修理业、服务业向信息咨询、广告中介、文化娱乐、美容保健、花卉虫草、电脑数码科技等新型行业拓展。个体私营经济商贸餐饮服务网点占整个社会商业服务网点的98%以上,人们衣食住行基本的生活资料几乎都由个体私营企业供给。个体私营企业成为下岗再就业的主要门路,而商贸服务业又成为吸纳社会富裕劳动力的主要行业。个人、家庭经营为主向以个人与雇工结合经营的方向发展,较大商店或餐厅雇佣员工上百至二百余人。

随着市场导向逐步取代生产导向,流通与市场的地位日益提高。超市即自选商场或销售食物、日用百货的新型交易商店,新世纪初传入定西。2000年5月,河北籍人士高某在定西县原百货公司院内创建春天百货超市,占地700平方米,年销售额300多万元。之后,百惠超市、胖玲玲超市(面积800平方米,用工30多人)相继开业。2003年10月,福建籍人士在百货楼一楼开办的飞佳超市开业,占地540平方米,经营商品万余种,年销售额200多万元。2004年,佳佳乐超市在原蔬菜公司地下室建立。2005年6月,占地8500平方米、营业面积7560平方米的文祥购物中心在原定西饭店旧址隆重开业,设生鲜、食品、百货、服装、文体、音像等区域以及电器、首饰、化妆品、小吃城等柜组,员工300多人,有计算机管理系统、地暖设施和门前文艺广场(2008年停业,重修改建)。2007年8月,万家和超市在友谊商城负一楼开业。临洮奇乐超市入驻定西城区,单店门面虽然不大,却开设4家。各类超市成为零售业广泛采用的新型业态,刷卡消费、电话购物、网上购物受到许多消费者特别是年轻消费者的青睐,不出家门便可买到从奶粉到药品,从服装到家电,从文具到书籍几乎无所不包、应有尽有的各种商品。超市、便利店、专卖店、会员制的大卖场等商业形式已经广泛使用,给消费者带来多样化的选择,引导和促进消费需求的实现。

2005年,电子商务在定西出现,2009年,有了快递公司,网上购物购买品种逐步发展到服装鞋帽、日用百货、家用电器、糖酒副食、手机电脑、家具等,送货上门,方便快捷。2010年定西商铺在网上竞拍(2013年,有淘宝网店铺20多户,快递公司10余户,年成交二三十万单)。

第二节　服装鞋帽

服装

2010年,安定区有服装商店437家,其中城区300多家。大部分是时装店,其中专营运动服的34家、专营儿童服的60家。解放路中段、永定市场、大什字市场、友谊商城等地是时装铺面集中区,有大得力精品服装城、绿茵服装城、鑫多利服装城、东海源服装城及大西洋服装城、大厦服装城等。经营模式主要以专卖店、专营店、直销店、服装城、中心、总汇等专业化经营。服装追逐"名、优、特、新、精"品牌，不再以结实耐用为标准，休闲服、四季装、牛仔服、皮衣、睡衣、毛衣裤、生动活泼的儿童服饰，受到各年龄段顾客的欢迎。毛巾、枕巾、浴巾、汗衫背心、卫生衫裤、床单被褥等花色齐全。针织品务求纯棉，纺织品以纯棉、全毛、真丝为主，化纤、化棉混纺布位居其次。1996年，百货楼商业改革时，床上用品组两个营业员，铺底资金6万元，两年后全部还清，2001年自有资金达到16万元。经营毛毯、被子、床单、枕套、枕芯、枕巾、珊瑚绒、童毯等六七十种。四件套(床单、双人被套、枕套)成为新人结婚贺礼佳品。2010年，该楼有床上用品柜组8间，一字排开，个个生意兴隆。

鞋帽

安定区有鞋业商店199家，其中皮鞋店62家、布鞋店52家、运动鞋店50家，城区有150家。有蜘蛛王专卖店3家，有惠特、邦赛、鸿利等皮鞋店几十家。百货大楼二楼鞋城、中华路南头的奔牛鞋城（营业面积800平方米）都是购鞋好去处。1986年开业的新亚皮鞋经营部（1989年更名为皮鞋总汇，2007年更名为商贸城），四个门店，员工16人，经销国内外名牌皮鞋，年销售15000双，销售额300余万元。2005年销售8000双，销售额180万元(每双价100～500元)；2009年每双鞋价140～2500元不等。该店多次获"五星级文明个体户"、"信得过商店"等荣誉。帽子专营摊点有几处，售有不同季节、不同年龄、不同材质的各种帽子，以装饰、时尚为主，尤其是妇女儿童帽。

第三节　百货

2010年，安定区有钟表铺16家，眼镜铺14家，金银首饰店7家，工艺饰品店55家，化妆品店124家，文化用品店57家，儿童玩具店21家，合计294家。市区193家，占全区同类店铺的66%。

钟表

60—70年代，国产钟表统占市场，手表与自行车、缝纫机构成热门商品"三大件"。80年代，石英电子钟表纷纷上市，国产、进口、组装花色众多，电子表占到钟表市场70%以上的份额，机械表销量减少。城区钟表网点不到10个。2003年开业的依波名表行经销国产依波、日本西铁城、瑞士英纳格、天梭、瓦时针等品牌手表，日本表价 1000～2000 元,依波表每只 400～1200 元。机械表销售于 2000 年开始渐渐转旺。

眼镜

位于中华路东门口附近的群偿眼镜店、周家眼镜行的经理都是湖北籍人士,80 年代来到定西,起初摆地摊,后来租赁门面卖眼镜,有了一定积蓄之后于 90 年代都盖起四层楼房,配备验光机、磨片机、裂隙灯、曲光仪、焦度计等三四十万元的设备。货源江苏常州、丹阳等地,雇员各有七八人。柯达眼镜行等加入竞争行列。90 年代,青年人佩戴隐形眼镜。

相机

陇中贸易大厦照相器材柜组的凤凰、海鸥、甘光、潘太克斯等相机市场看好。2000 年,三星、佳能、尼康、索尼相机走俏。数码相机占领市场,胶片相机逐渐淘汰。该组年销各类相机 300 多架,售价每架 1300～1700 元或 2000～2900 元,年营业额 60 多万元。飞利浦、飞科、超人剃须刀和电熨斗、电话机、计算器、U 盘、MP3、MP4 等小商品销路很好。

金店

定西最早的金店是西关市场对面的玉泽金店,在地区人民银行支持下于 1992 年开办。老凤祥、玉盛等金店陆续开业。1995 年,位于东门口的应文金店开张。店主 1986 年摆小摊、打戒指起家,2004 年占铺面 180 平方米,从业 12 人,年销售额 100 多万元,上缴税金 7.2 万元。经销山东、深圳等地同心、蓝天及香港赛菲尔等品牌的金银饰品、钻戒、珠宝 700 多种。友谊广场开分店一处,面积 60 平方米。年广告费 5 万元(累计开支 30 多万元)。定西市场金价(每克),由 1998 年 128～130 元,涨至 2010 年 320～340～358 元。

工艺饰品

工艺饰品店以经营时尚小商品、饰品为主,利润颇丰,还有瓶罐壁画,文房四宝,工艺考究,时髦新颖。字号有梦幻爱点、创意空间、哎呀呀等。梦幻爱点营业面积 40 平方米,经营的毛绒玩具、针织品等小百货来自上海、浙江义乌等地。2006 年开始经销十字绣,有皇室蒙娜丽莎、星光、乐家家等 6 个品牌,人物、风景、花草、卡通、中国风、挂钟等 9 个类别。原来绣好后送到兰州装裱,2009 年在当地开展装裱业务。买十字绣,绣十字绣,挂十字绣风靡一时。

化妆品

70—80年代,护肤润面的化妆品仅有棒棒油、雪花膏等屈指可数的几种。2000年后期,不仅要求美容,同时还期望有营养、抗皱、防衰老的医疗保健作用。市区化妆品店80余家,其中17家不仅销售化妆品,同时做推背、养生、按摩、美容服务。姚氏女子美容美体生活馆(面积240平方米)、宝玳美容美发康体中心、桂林美肤宝、红玫瑰、天平等是其中较大的几家。2002年,姚会荣开办姚氏化妆精品城两处。2005年,在友谊广场增设新点,经销自然堂、珀莱雅、欧莱雅、玉兰油等品牌。四个网点营业面积600多平方米,用工20人,每天营业额2万元左右。2002年12月创办的以大众化为特点的凯尔亮日化店(2009年1月更名为家欣日化饰品广场),营业面积600平方米,员工21人,主营护肤品、家庭清洁用品、洗涤用品。设柜台50节、8个商品区域。代理玉兰油、梦迪莎、欧莱雅等19个品种,共经销二三千种,年销售额百万余元。看样订货,产品来自广州、上海、兰州等地。批零兼营,连锁配送(送货车3辆),下辖南川、西关、南关等6个门店。

文化用品

以经销笔墨纸张、账本表册、作业本、办公用品为主的文化用品商店遍布各条大街,其中以长乐超市为最。

玩具

2003年,定西兴起玩具热,一下子建起9家玩具店,字号有家家乐、童环、银鑫等。品种可分大件、小件,智力玩具,早教玩具,毛绒类、积木类、模型类、电动类、枪类、车类。家家乐玩具店经销玩具700多种,年销售额5万元,利润2万多元。

第四节 五金交电

五金家电

定西五金交电化工公司(简称五交化公司)等国有企业基本歇业后,五金交电商品的供应由全县(区)400多家个体私营企业承担。80年代初,电视机进入寻常百姓家。伴随着改革开放的迅速推进,从黑白到彩色,从小屏到大屏,从无线到有线,再到纯平、液晶、数码等的现代化、多元化、智能化产品,不断更新换代。1988

年全县农村户均电视机 0.1 台,1994 年户均 0.65 台,2000 年达到 1 台以上, 城市有的家庭拥有二三台。城区小北街什字形成家电"金三角",广电商城、金太阳、天平、新世纪、阳光、泰昌等字号聚集在这里。百货楼杨令彬柜台经营电磁炉、微波炉、电饭煲、苏泊尔锅、阿迪锅、"好太太"抽油烟机、饮水机、暖风机、净水器、加湿器等厨房及其他小家电产品。1999—2010 年,年销售额 80 万元;2001—2005 年,年销售 210 万元;2009—2010 年, 年销售 120 万元。致富不忘扶贫助学,2007—2010 年,他积极牵线搭桥,并带头捐款,由广东东莞供货商资助 25 万元建起符家川镇秦家岔希望小学,又捐助价值 10 万元的电脑、桌凳和体育器材。华帝灶具商店 2007 年开业,年销售额三四十万元。灯具网点 41 个,有南亚、晶鑫、银利来灯饰超市或灯具城。

电脑手机

电脑、手机引领新世纪的新消费。1997 年以销售电脑为主的唐声电器商行开业,2001 年蓝宝信开业,电脑及耗材经销商还有天地、新天地、七鑫、世博、开元、汇科、甲子等三四十家电子公司,年销量数千台。手机已经在城市农村全面普及,全区手机经销商 97 户,市区集中在中华路原县人民政府和电信局一带,门面 20 多个,大卖场(每间 30 多节柜台)3 个,主要经销三星(韩国)、LG(韩国)、诺基亚(芬兰)、OPPO(广东)、联想、夏新(厦门)、万利达、朵唯(广东)、天语等品牌。定西市场以国产品牌为主,中低端产品为主,月销量 3000 ~ 4000 部,年销量 4 ~ 5 万部。2003—2006 年, 国产手机占 50% 市场份额,2010 年不到 20%。大雁手机城 2006 年 6 月开业,营业面积 60 平方米,员工 8 人,年销售量 3000 部,销售额 20 余万元。

太阳能热水器

节能环保方便的太阳能热水器全区经销商 30 家,其中城区 17 家,品牌有皇明、华扬、环普、天普、太阳雨、清华阳光、巨能亿、澳柯玛、雨昕等。清华阳光 1999 年销售 500 多台。

自行车

2010 年,自行车商店 22 家。百货楼西侧的陇原自行车超市占地不大,品类不少,批零兼营。销售量淡季每月 200 ~ 300 辆,旺季月销 400 多辆,年零售 5000 多辆,销售额 200 多万元,实现利润 20 万元。老牌子有永久、凤凰,新牌号有斯波兹曼、爱玛、川玛、津日阳光等。儿童车有学步车、婴儿车,有扭扭车、滑板车、玩具车。批发销售本县乡镇和邻近通渭、渭源、岷县、漳县,远及甘南、天水、临夏等地。

摩托车

2005年,安定区摩托车店近百家,城区达六七十家,内官营一月内开业6家。1997年开业的飞乐摩托车公司,经销豪爵、宗申车,年销售五六百辆,每辆4000多元,销售额二三百万元。2002年7月从青岚乡迁店进城的金宝商行(后改为金宝商贸有限责任公司),用工10人,2005年销售杂牌摩托车2300多辆,2010年销售雅马哈、钱江、嘉陵、铃木等摩托车9000多辆,销售额400多万元,实现利润40万元。主要销售区为广大农村。

物资电器

经销五金电料、电力器材、水泵水管、机电工具、油漆化工、PVC管、钢丝焊条、量刃器具等物资的个体私营企业全区有90多户,较有规模的是伟远、茂盛、陇中等几家。安定区伟远物资公司是津成电线电缆、德力西电器、飞雕电器等三家企业的定西总代理。设两个门市部,2005年7月开业。以80万元买断交通路商会大厦一楼130平方米的门面。从业7人,库存100多万元,年销售额300余万元,2009年缴税10万元。部分商品供应引洮工程和电力企业。

水暖器材

水暖经营的店铺主要集中在中华路市场(原地区物资局旧址)。暖气片除传统柱状立式的之外,2008—2010年出现矮式、片式、挂式彩色等新产品,适应人们装修住房的多种需求,融实用性与装饰性为一体。地暖的使用增添了取暖的新方式。各种品牌、各种规模、各种造型的热水器、淋浴器、散热器、坐便器、淋浴房、面盆、浴缸、浴霸、暖风机、水龙头等的应市,使卫生间的设施日新月异,清洁、温暖、方便、舒适、可人。经销卫生器材的33家商店主要分布在城区和内官营、巉口。

第五节 家具 装修

家具

80年代,定西县城乡百姓家庭的大型家具主要是木制沙发、大衣柜、写字台三大件。1986年农村户均不到1件,1987年才1.30件,1992年达到2.3件,1999

年家具基本普及。居民仍以自备木料请木工打制,有三人沙发、单人沙发、拐角沙发,有高低柜、电视柜、床头柜、粮柜、书柜、橱柜,有梳妆台、博古架等。2000年前后,随着住宅楼装修的流行,衣柜开始装修在墙壁内,席梦思床和各种材质的沙发及电视柜、茶几、桌椅等都买现成的。家具店、家具市场应运而生。定西最早的家具商是浙江东阳人士张国芳,开办西湖床垫厂,后来打入兰州市场,成立甘肃国芳百盛集团,在东方红广场建成兰州国芳购物广场。其同乡开办的红星家具城1997年在大什字新兴商场展售,后在百货楼销售。2005年更名为双虎生活馆,营业面积1500平方米,经营各类办公家具系列、品牌套房系列、真皮沙发系列、宾馆客房系列及高档书柜、文件柜、保险柜等。货源来自成都,主要品牌为掌上明珠

定西家具市场九天家俬

和双虎,年销售额150万元,被确定为市直机关办公家具定点供应商。2010年,又在南川开发区筹办大型家具物流中心。1989年11月,南方家俬城开业,销售成都产的南方、龙太子等牌号家具,两处网点营业面积2060平方米。2000年开办的金华家私城,主营成都全友家私名牌系列家具、港府太子沙发及伟特牌和东业牌办公用品等,年销售额300多万元。产品注重绿色环保。家具和装修的环保受到消费者的高度重视。中拓家具卖场设在原敬东厂车间楼上,占地两层,营业面积2000平方米,员工26人,重视品牌宣传,年广告费三四万元。全区家具经销商62家,市区还有上海家具店、红玫瑰家具店、金虎家私、双凤家私等企业。金牛家具有限责任公司,在定西县木器厂原址创办家具市场,占地面积2000平方米,建筑面积3500平方米,设3个大厅、31个门面,2000年开业,入住24户。

装　修

房地产的商品化,围绕住房形成新兴的、独具特色的装修材料行业。钢管、阀门、铝合金、门窗、木板、木条、保温防渗材料、地砖、墙砖、涂料、玻璃等类店铺纷纷开办。以前从兰州大量采购装修材料的现象,2000年后逐步减少。2004年前后,西河村大街形成经营地板砖、铝合金材料、大白粉、各种管材、水泥等的建材一条街,

有 50 多家参与竞售。2002 年,定西县煤炭运销公司开办陶瓷市场,设门面 20 多间,福建籍客商销售各地地板砖。2007 年 5 月,改建扩建成综合性建材市场,总投资 1380 万元,占地 10000 多平方米,建筑面积 4472 平方米,门面 106 间。经营中高档地板、名牌门业、陶瓷洁具、五金交电、水暖配件、涂料等各类建材装修材料。2010 年 11 月入驻的 56 家中,主营瓷砖的 16 家,木地板 8 家,油漆、石材各 3 家,装潢材料 5 家,水暖配件、橱柜各 4 家,水暖材料、灯具各 3 家,保温材料、套装门、电热器各 2 家,经营锅炉的 1 家。货源以广东、福建居多,业主福建、定西各半。商品中有德象、蒙娜丽莎牌地板,创维、宇宙牌太阳能热水器和恒乐卫浴等。市场西排钰源洁具城 2009 年销售法恩沙洁具、殴迅热水器、温的雅暖气片等,销售额 50 万元。位于广厦小区北头民主街的丽家城装潢材料市场 2009 年开业,入驻经营者四五十户。

第六节　糖酒副食米面油

2010 年,安定区糖酒副食品店 1382 家,许多商店糖烟酒副食品综合经营。1990 年代以后,货源充足。糖类大都产自云南、新疆。红白糖零售价一样,9 月份每斤 2.50 元,11 月为 4.50 元,冰糖也由 3 元涨至 5 元。糖果类有喜糖、软糖、硬糖、酥糖、QQ 糖、棉花糖、奶糖、口香糖、巧克力、果冻等,从兰州进货(产地青岛、上海、厦门等地)。副食品有乳制品、蜜制品、豆制品、罐头、各种小食品、调味品、饮料等。安定区有调料行 108 家,销量中上水平的年销售额 70 多万元。纯净水、矿泉水经营户 16 家。

糕　点

饼干糕点类有夹心饼干、苏打饼干、威化饼、月饼、酥饼、面包、蛋糕、蛋卷、沙琪玛等。饮料类有白酒、啤酒、葡萄酒、汽水、果汁、可乐、凉茶、酸奶、露露、矿泉水、奶茶、咖啡等。瓜子、核桃、开心果、蜜饯、花生、薯片、海苔、果脯、豆腐干、肉干、豆类、爆米花等休闲食品种类繁多,大小超市、城乡副食店均有。面包房全区 53 家。老陈面包房 1990 年开业,主营蛋糕、面包、干点、油炸食品,从业 5 人。入驻飞佳超市,年销售成品 20 吨,销售额 34 万元。A 里西饼屋系全国连锁店,原料、包装物等由兰州厂家提供,经营面包、蛋糕 100 多种,城区两个点,营业面积 200 平方米,用工 20 人,年销售额 200 万元。生日蛋糕从水果喜洋洋到高层蛋糕共 80 多个品种,价格从 58 元至千元以上不等,可电话预约定做,送货上门。

酒　类

城区酒类批发商 29 家,经销各类白酒、红酒、啤酒,其中有汾酒、五粮液、郎酒、洋河、二锅头等系列白酒,及古井贡、全兴、泸州、西凤、金土地、杏花村、红高粱、老作坊、口子窖、河套老窖、天池玉液、世纪金徽、高鹏满座、九粮液等品牌酒。西河综合经营部 1988 年开展批发业务。蒋雄名酒行 1992 年开业,2005 年销售额 200 万元。2001 年三鼎酒业公司在兰州注册,2004 年更名天和商贸有限责任公司,经销茅台、剑南春、莫高干红等名酒及名烟、名茶。2003 年 3 月开办的张南名酒营销中心,营业面积 100 平方米,2009 年淡雅五粮醇销售额 90 万元,长城干红直销金额 48 万元,双沟大曲 42 万元,1618 五粮液 36 万元,剑南春 11 万元。2010 年 4 月,该营销中心被商务部审核确定为甘肃省 39 家监测样本企业之一。城区酒类零售企业 2008 年备案 225 家。1984 年张滔开设凤城商行,2009 年销售额 150 万元。2006 年,被中央文明办、中国个协、全国争创光彩之星活动组委会评选为"光彩之星"。

茶　叶

专营茶叶的双益悦、泽润、展川、万道香、劲松等 20 多家茶庄、茶行、茶店、茶居,主要从云南、福建、安徽、江苏等地厂家进货。劲松茶行经营西湖龙井、黄山毛峰、碧螺春、安溪铁观音、云南滇红、毛峰、普洱、绿茶、安吉白茶、祁门红茶、云海白毫、茉莉花茶等十多种。年接待顾客 5 万人次,销量 3 吨,销售额 40 万元(批发占二分之一以上)。

米面油

米面油店铺 77 家,大都经销定西、平凉、武威、宝鸡面粉,黑龙江、辽宁、吉林大米。2009 年,每袋面粉(25 千克)均价 80 元,宁夏塞北雪面粉质优价高,每千克 8 元。定西面粉每千克 3 元。民康粮油店年销面粉 800 吨,大米 60 吨。嘉禾米店经销武威面粉占销量的一半以上,平均每天售 10 袋;主营黑龙江产珍珠、方正、稻花香三种大米,每次发一个车皮,一年发两次计 120 吨,大米零售每袋(10 千克)均价 55 元。食用油有胡麻油、金龙鱼、香满园、芝麻油、菜籽油、色拉油等品种,以定西特产胡麻油为主,每千克 20 元左右。榨油作坊 55 家,一般经营方式为前店后坊,连加工带销售。永定朱家油坊 1980 年包产到户时开办,1994 年起名粮油配送中心,经销米面油及小杂粮(豆子)、牛肉面专用粉等,年均销售面粉 360 吨、大米 72 吨、食油 50 吨。2009 年收购胡麻籽 100 吨,产油 30 吨。方园粮油店 1995 年开业,近年来营业额450万元,年均实现利润3万元。城区各油坊年销油在250吨以上。市区定西土特产店7家,经销定西市各县及邻县土特产品。位于友谊广场的乡草坊,2003年开业,从业6人,营业面积100平方米。商品有安定区的马铃薯、粉条、菊粉,通渭县的苦荞挂面、苦荞茶、小米、燕麦片,陇西县的腊肉、牛肉、驴肉,岷县的当归、党参、红黄芪、点心、草莓,渭源县的山野菜(蕨菜)、土鸡蛋,漳县的精盐、干蕨菜,临洮县的酥糖,还有康县的野生菌类(木耳、花菇、猴头菇)、景泰的蜂蜜、兰州百合、永登玫瑰花、宁夏枸杞等,日销售额2000多元。定西土特产日渐成为探亲访友的送礼佳品。

第七节　蔬菜水果肉禽蛋

蔬　菜

定西县由于自然条件的限制,大量蔬菜从天水、河西地区调进,也从陕西、河南进货。1986年以后,随着地膜覆盖技术的推广和塑料大棚的兴起,蔬菜种植面积不断扩大,由1985年的3200亩发展到2005年的4万亩、2010年的6.45万亩。主要分布在内官营、符家川、香泉、凤翔、团结等五个乡镇的20个水川区村。主要种植甘蓝(包菜)、大白菜、芹菜、西葫芦、辣椒、花椰菜(菜花)、胡萝卜等大宗产品,番茄、黄瓜、茄子、菠菜、油菜、芫荽、豇豆等小面积栽种。上市销售的当地菜还有韭菜、雪里蕻、蒜苗、蒜薹、土豆、大葱、洋葱、黄瓜、笋子、菜瓜、南瓜、冬瓜、黄花、笪莲等。2006年,内官营包菜、芹菜通过公路销售20万吨。1999年,定西国家农业科技园区日光温室西甜瓜、油桃试种成功,以双孢菇、金针菇、白灵菇、杏鲍菇为代表的食用菌大面积推广种植。

内官营镇兴盛蔬菜恒温保鲜库

2000年后,外地菜茼蒿、苦瓜、金瓜、乳瓜、丝瓜、生菜、莲藕、香椿、百合、西兰花、山药等进入定西市场,茼蒿、生菜、筱麦菜等开始在定西栽培。东关市场、西关市场、内官营蔬菜市场年交易额超过亿元。内官营镇、凤翔镇151间恒温保鲜库单库贮藏能力30吨、年销量3000吨,保鲜库年销售总量45.3万吨。以甘蓝为主的高原夏菜输出福州、广州、武汉、厦门、成都等地。地软、苜蓿、苦苣、咸菠子等野菜受到城里人的青睐。蔬菜水果商店、摊点355家,其中城区268家。

2003年开始出现蔬菜店铺经营,7年后进店经营96户。西岩山下、东门口、中华桥头、大操场北等几处早市、摊点,给群众提供买菜的便利。2010年12月批发市场价格(每千克):青椒7元、蘑菇6元、蒜薹11元、青笋3元、菜花4元、西红柿4元、白菜1.6元、芹菜2元、长茄子5元、洋葱3元、莲花菜3元、油菜3元、菠菜4元、冬瓜3元、土豆3元、胡萝卜2元、大蒜17元;水果类香蕉4元、苹果6元、橘子4元、水晶梨4元。上述22个品种中,高于全省市州价格的5种,低于全省各地价格的为零,总体上处于全省高位水平,多数价格高于兰州市场一倍以上。

水　果

水果类品种有桃、李、杏、苹果、西瓜、甜瓜、白兰瓜、柿子、杧果、芦柑、橘子、橙子、葡萄、菠萝、荔枝、香蕉、猕猴桃、樱桃以及红枣、核桃、桂园、松子、瓜子、葵花籽、板栗等。有时可见桑甚、甘蔗、石榴、椰子、榴梿上市。

肉禽蛋　水产

肉禽蛋主要指猪肉、牛肉、羊肉、鸡、鸭、鸡蛋。1991年春节,个体卖肉摊点50多家。1998年以后,在南川、内官营建立两个定点屠宰厂。生猪收购者将猪送到屠宰厂宰杀后,送肉到各销售店铺。顾客买肉挑肥拣瘦,自由选购;活鸡活鱼可由经营者代宰退毛粗加工。鱼类有鲤鱼、鲢鱼、带鱼、草鱼、甲鱼、鲳鱼、黄鱼等。2009年,常年肉食经营户110家,其中专营猪肉65家,牛羊肉18家,活鱼11家,活鸡16家。年销量3000~4000吨。2010年年底,每千克猪肉24元、羊肉38元、牛肉36元、鸡蛋10元、活鸡24元、鲤鱼13元。

第八节　农资杂品及其他

农业生产资料

化肥、农药、种子、地膜等生产资料以生产资料公司、农技推广中心为主渠道经销,个体私营企业零售点有270家,遍布各乡镇。其中,城区45家,内官营片57家(一些商店是综合经营)。1995年,全县使用化肥23847吨,其中氮肥8432吨、磷肥12657吨;2000年,使用化肥29884吨,其中氮肥10583吨、磷肥14653吨;2009年,使用化肥44657吨,其中氮肥15092吨、磷肥19269吨。1995年,全县地膜使用量 10 吨,2007 年达到 280 吨,2010 年达到 2449 吨。常用农药有苦参碱、阿维菌素、辛硫磷、敌敌畏、乐果、叮虫咪等杀虫剂,氧化亚铜、代森锰锌、多菌灵、三唑酮等杀菌剂,大隆、溴敌隆、绿亨鼠克等杀鼠剂,百草枯、乙草胺、草甘膦、玉无草、氟乐灵等除草剂。

农业机械

1986 年,全县有大中型拖拉机 302 台、小型拖拉机 1420 台、大中型机引农具 206 部、小型机引农具 1112 部、排灌动力机械 373 台、农产品加工机械 2570 台(其中粮食加工 1750 台、棉花加工 6 台、油料加工 107 台、饲料加工 1004 台)、农用水泵 362 台、农用汽车 89 辆、机动喷雾器 12 台,总动力合计 69212 马力。农业机械以农业局、农机公司为主要销售渠道。1995 年农用机械总动力 103089 千瓦,2000 年总动力 163912 千瓦,2009 年总动力 564455 千瓦。其中大中型拖拉机 571 台、小型拖拉机 7291 台、耕整机 1048 台、播种机 3041 台、排灌动力机械 2758 台、农用水泵 2829 台、联合收获机 2 台、牧草收获机 1829 台、马铃薯收获机 157 台、其他收获机械 2016 台、割晒机 16 台、机动胶离机 504 台、农产品初加工动力机械 2256 台、农副产品加工作业机械 2187 台(粮食、油料加工机械分别为 1750 台、437 台)、畜牧养殖机械 22965 台、农用运输车 33465 辆、三轮运输车 31740 辆、低速载货车 1704 辆、农田基本建设机械 157 台。1999 年,销售各类农业机械 8000 余台,销售额 3800 万元。2010 年,全区有农用拖拉机、农用运输车、畜牧业机械、农副产品加工机械等农业机械整机和农机零配件销售经营户 92 家,销售总额 9200 万元,实现利润 3500 万元。

日用杂品

日用杂品有水缸、砂锅、壶、盆、碗、碟、杯、匙、坛、罐等陶瓷品及餐具、清洁卫生用品、鞭炮烟火等。永定桥头李家日杂山货店,是改革开放后第一家经营扫帚、竹筐、背斗、木糖等山货的个体户。东灵日杂门市部 1992 年开业,经销灶具、铁锨、劳保用品、山货等 800 多种。开春时建筑类水管、绳子、篷布旺销,秋后扫帚、杖耙多销,上冻时火炉、烟筒、水桶热销。2006 年,进货方式改上门采购为物流公司托运,大部分商品来自兰州,山货来自武山、陇西,铁器当地生产。过去烟筒每节一米左右,现在长达三四米,根据用户实际需要,裁剪销售。厨具经销商 23 家,其中城区 15 家。宏亮厨具城主营石材橱柜,以米计价,现场制作。东街(永定路中段)营业面积 100 平方米,2010 年 10 月扩大经营,在自由街新开一间 150 平方米,两地用工 8 人，石材来源四川成都。鞭炮俗称爆竹，又把单响、双响称"炮"，连续多响的称"鞭"。烟花分喷花、旋转、旋转升空、火箭、吐珠、小礼花、烟雾、组合、礼花弹等类。龙盛烟花爆竹经销部年销售额 50 多万元，其中鞭炮占 30%，烟花占 70%。盛宝烟花经营有限公司年营业额百余万元。城区常年经营的 10 家，春节时卖鞭炮烟花的 120 家。

汽车配件、丧葬用品等

交通路形成汽车配件一条街，全区配件商店 67 家。中华路旧货市场出售旧家电、旧家具、旧自行车等物，营业面积 4500 平方米；从事货物运输、旧机动车交易的二手车交易经营户 18 家；从事再生资源回收的经营户 51 家，主要分布在南川、西河一带，占地面积一般 100～200 平方米，个别的 500～600 平方米。废旧金属、废旧物资回收必须办理许可证。南川有 8 家废品收购站，其中一户年收废钢铁 60 吨，收啤酒瓶 20 多万个，收废纸（书报、纸箱）240 吨以及大量塑料、玻璃等杂品。丧葬用品商店 48 家，其中城区 17 家。2000 年以后，寿衣制售商店发展较快，2010 年已达 20 家。花圈经营户 28 家，殡仪馆附近较多。典当是一个古老的行业，是现代金融业的鼻祖、抵押银行的前身，50 年代取缔，80 年代复兴。位于友谊北路的百惠典当有限公司，2005 年 11 月由市工商局颁发营业执照。2009 年 3 月，国家商务部发典当经营许可证，办理典当、续当、赎当业务。经营范围为动产抵押典当、房地产抵押典当，主要办理房产抵押。典当借款与银行贷款相比，灵活多样，手续简便，期限较短，收取费用高。全区仅此一家。

第九节　企业简介

大得力精品服装城（大德兴品牌服饰广场）

李家堡乡窑坡村张鹏弟兄 4 人于 1988 年开设，5 个店营业面积 800 平方米。2006 年，拓展中华路门市部（广场），营业面积 1000 平方米，用工 20 多人，年销售量 5000～6000 件，销售额 200 多万元。代理意大利、法国等国

大得力精品服装城

际名牌和全盾、波司登、森达、高科暖卡、浅秋、南极人、爱登堡、金利来等国内品牌服饰,包括西服、衬衫、裤子、羊毛衫、夹克、女式时装。同时开设大得力绿色干洗城和精品皮具城,承接服装干洗、皮衣干洗和经销驰名皮具(皮包、箱包、皮带、公文包、钱夹等)。"5·12"汶川大地震,捐助服装价值17万元。

长乐文化超市(长乐纸业有限责任公司)

1996年3月开办,资产200万元,无银行贷款。批零兼营,年营业额250万元,厂家进货率占70%以上。附设印刷厂,生产高中档胶套本、软抄本、环形本、作业本。经营办公用品、学生用品、电脑耗材、办公设备。2002年3月时,解放路门面仅240平方米。2007年12月,以420万元购买电影公司影城楼(四层),建筑面积4310平方米,底层设文化超市,员工40人(其中下岗职工20人,印刷厂20人)。2009年10月,注册"长乐"商标,经营各类笔墨纸张、账本表册等用品万余种,2009年销售额800余万元,固定资

长乐文化超市

产达1000万元。该公司是中国真彩、得力、树德等品牌定西总代理,科密、惠普京瓷等办公打印设备定西总经销。客户从定西扩大到西安、西宁、兰州、酒泉等地。2010年,供应拉萨学校作业本价值30多万元。该企业是政府办公用品定点供应单位,荣获甘肃省首届创业明星、纳税先进个体户荣誉。增设在友谊广场的长乐文化大世界占地7000平方米,投资4000万元,增加儿童玩具、体育器械、图书经营等项目。

唐声电子科技有限责任公司

1997年8月,唐声电器商行开业,经营音响设备和通讯、卫视器材。2000年9月,更名为唐声电子科技有限责任公司,经销计算机及设备、耗材、数码产品、摄像机等。系惠普、联想、步步高、商务通等知名电脑品牌定西地区代理商。年销量300～400台(全区销量2000～3000台),销售额240万元。2002—2006年,承担20多所学校的多媒体教室建设、市政府行政服务中心等几十个单位办公局域网

定西唐声电子科技有限公司

络的设备配置和综合布线工程。是定西市行政事业单位和安定区办公设备及办公耗材定点供应商。公司下辖两个专卖店及苏泊尔生活馆、财源宾馆、唐声影院。2009年,销售电脑700多台,销售额500万元。联想电脑2002年售价8900多元。同年12月,承包经营凤城大酒店,有各类客房86间, 入住率50%;餐饮包厢23间,可容400人就餐;员工100多人。十多年来,热心社会公益活动,为山区学校捐赠电脑,免费举办计算机培训,赞助农民运动会,为抗震救灾捐款。

广电商城

1993年成立,1997年4月定名,2002年扩大规模,2004年建敬东电器商贸城(3000平方米)。直营店4处:广电楼一楼(2000平方米)、粮食大厦(1600平方米)、友谊广场、陇西家电超市。县乡销售网点100多家,遍及定西市各县区及榆中、武山等地,是定西市规模最大、品种齐全、价格较宜的综合性家电商场。代理国内外知名厂家的33个品牌家电产品,各类电视、冰箱、洗衣机、电脑、空调、家庭音响、热水器、煤气灶、小家电等品种2000多种。2000年后期年销售额6000万元以上, 占安定区家电市场份额的70%以上。售后、配送服务中心承担各品牌产品在定西区域的保修任务。累计纳税近1000万元, 为赈灾、助学、扶贫济困、光彩事业捐款捐物300万元。投资300多万元帮扶乡镇开办家电商店或超市,举办10多个乡镇"广电杯"、"五好家庭"、"致富能手"的表彰活动。荣获甘青宁

广电商城

藏四省区家电行业"诚信经销商"、"金牌经销商"和省市区工商、税务部门评选的"重合同守信用"、"消费者信得过"、"先进纳税户"、"市级诚信商店"等荣誉。2009年9月,投资1000多万元的金太阳大酒店开业,大楼6层,4000多平方米,一、二层为家电门市,三层以上为客房、餐饮。从业人员200余人,其中定西广电商城70多人,大酒店60人。

万家和超市

万家和购物广场有限责任公司租用兴隆房地产有限责任公司友谊广场负一楼(年租金100万元)开办万家和超市。万家和公司2000年5月在西安成立,全国各地设20家分店,定西店2007年8月开业,董事长、经理均浙江省温州人士。使用面积8000多平方米,超市4000多平方米。设百货部、食品部、生鲜部,销售日化、针织、酒水饮料、糖茶干果、蔬菜水果、肉制品、冷藏制品等30000多种。超市场外设服装部、工艺部、家电部、金银首饰部、餐饮部、娱乐城

定西万家和购物广场有限责任公司

等。发会员卡3000多份。年销售额2000多万元。

田丰面粉有限责任公司

原巉口粮油加工厂,始建于1990年,占地面积1500平方米。原属巉口镇乡镇企业,2000年11月改制为私营企业。2001年,投资200余万元,引进日产80吨的面粉生产设备,年总产量5000吨,产值750万元,销售收入700万元。2005年,投资560万元,

田丰面粉有限责任公司

在巉口镇开发区新建厂址,占地面积4166平方米,生产车间楼建筑面积1200平方米,使用面积960平方米。安装国内领先的出粉设备,日产能力150吨。2006年,推出"天田雪"系列特一高精粉和雪花粉,注册商标,更新包装,适应市场需求。2001—2010年,共加工粮食100170吨,工业总产值15192万元,实现利润206万元,上缴税金68万元。十年累计销售面粉87190吨,2001年5000吨,2010年达12800吨,年均增长15.6%。销售收入累计14639万元,2001年700万元,2010年达2561万元,年均增长26.6%。固定资产原值前5年为200万元,后5年为560万元;员工前5年8人,后5年22人。2010年占地面积7000平方米。"天田雪"面粉畅销安定、白银、兰州及定西周边地区,社会效益、经济效益良好。

1999—2005年安定区(定西县)个体贸易业基本情况统计表

表16-6-1

单位:户、人、万元

年份		户数	从业人员	注册资金	销售总额	消费品零售额
1999	贸易餐饮业	6772	10029	2835	16309	
	服务业	1404	1937	674	3778	
	其他业	6	6	1	19	
2000	贸易餐饮业	3354	5071	2176	14164	
	服务业	623	901	465	2238	
	其他业	168	205	210	1164	
2001	贸易餐饮业	3432	5068	2290	16828	12337
	服务业	671	982	601	2167	1456
	其他业					
2002	贸易餐饮业	4016	5831	2820	20231	15823
	服务业	818	1172	618	3200	2435
	其他业	1	1			
2003	贸易餐饮业	4352	6328	3545	22718	17917
	服务业	1010	1454	863	3384	2386
	其他业	1	1			
2004	贸易餐饮业	3534	4965	3981	24422	17234
	服务业	882	1249	1206	4561	3375
	其他业	584	1470	864	2917	2236
2005	贸易餐饮业	3516	4434	3869	23603	15612
	服务业	17	30	27	7462	2986
	其他业	1438	2725	1636	3657	3107

1999—2005 年安定区(定西县)私营贸易业基本情况统计表

表 16-6-2

单位:户、人、万元

年份		户数	投资人	雇工	注册资金	销售总额	消费品零售额
1999	合计	46			1268	1025	
	贸易餐饮业	38			1029	997	
	服务业	8			239	28	
2000	合计	50			1526	1136	
	贸易餐饮业	33			1084	1069	
	服务业	17			442	64	
2001	合计	70	394	616	2442	2056	356
	贸易餐饮业	50	343	514	2005	2056	356
	服务业	20	51	102	437		
2002	合计	115	513	934	4247	2546	1602
	贸易餐饮业	84	421	678	3223	2546	1335
	服务业	31	92	256	1024		267
2003	合计	127	531	931	5048	2567	1624
	贸易餐饮业	85	416	666	3557	2567	1350
	服务业	42	115	265	1491		274
2004	合计	141	604	907	5753	2515	1624
	贸易餐饮业	80	442	571	3667	2240	1450
	服务业	11	13	140	264	21	8
	其他业	50	149	196	1822	254	166
2005	合计	136	612	892	5681	1438	833
	贸易餐饮业	73	425	451	3213	1300	725
	服务业	8	10	117	193	11	4
	其他业	55	177	324	2275	127	104

2006—2010 年安定区个体贸易业基本情况统计表

表 16-6-3　　　　　　　　　　　　　　　　　　　　　　　　单位:户、人、万元

年份		合计	批发零售业	信息传输计算机服务业	住宿餐饮业	租赁商务服务业	居民和其他服务业	卫生保障社会福利业	文化体育娱乐业	其他
2006	户数	5128	3628	36	627	17	758	24	38	
	从业人员	7376	4542	37	1442	30	1231	27	67	
	资金数额	5070	3320	82	828	27	697	26	90	
	销售总额	27561	19363	274	3727	111	3819	75	192	
	社会消费品零售额	20019	13573	240	2794	47	3161	60	144	
2007	户数	6062	4127	41	794	11	1030	26	33	
	从业人员	7647	4982	50	1304	15	1207	29	60	
	资金数额	5500	3613	62	1113	16	574	30	92	
	销售总额	29674	22077	313	3199	110	3696	86	193	
	社会消费品零售额	22329	15839	152	2630	50	3445	61	152	
2008	户数	6621	4576	48	826	28	1075	31	37	
	从业人员	8942	5939	58	1481	35	1327	34	68	
	资金数额	6711	4520	67	1022	40	844	38	180	
	销售总额	37359	27595	326	3254	150	5738	93	203	
	社会消费品零售额	29403	20741	302	2443	90	5552	79	196	
2009	户数	8070	5722	59	912	35	1216	35	44	47
	从业人员	11128	7406	72	1768	47	1634	39	99	63
	资金数额	10252	6685	88	1741	48	1308	43	212	127
	销售总额	48445	36575	396	3943	272	6743	116	288	112
	社会消费品零售额	38089	27639	341	2926	185	5817	80	227	874
2010	户数	9747	6414	68	910	36	1310	35	47	5
	从业人员	16223	9184	83	2061	47	2929	20	67	6
	资金数额	50364	32271	105	9249	48	2030	43	254	81
	销售总额	71627	49176	712	6864	291	9929	135	459	497
	社会消费品零售额	63289	38652	648	5605	207	9372	436	367	265

注:2010 年户数、人数、资金数中,包括农林牧渔业 70 户、189 人、114 万元,制造业 846 户、1552 人、5038 万元,建筑业 6 户、45 人、106 万元。

2006—2010年安定区私营贸易业基本情况统计表

表16-6-4

单位:户、人、万元

年份		合计	批发零售业	信息传输计算机服务业	住宿餐饮业	房地产业	租赁商务服务业	居民和其他服务业	文化体育娱乐业	其他行业
2006	户数	186	98	24	5	14	32	10	3	
	投资者人数	713	517	30	6	66	73	18	3	
	雇工人数	994	545	68	45	115	90	123	8	
	注册资金	7350	4355	500	124	1136	933	239	63	
	销售总额	5454	3680	50	36	1565	98	23	2	
	社会消费品零售额	2524	1497	50	36	888	40	8	5	
2007	户数	185	103	21	4	20	27	5	2	3
	投资者人数	709	494	27	7	91	72	12	2	4
	雇工人数	1290	836	59	57	150	114	26	3	45
	注册资金	9864	6246	422	110	2073	780	68	35	130
	销售总额	5060	3150	200	20	1600	80	5	3	2
	社会消费品零售额	2469	559	200	20	1600	80	5 ·	3	2
2008	户数	241	135	19	7	26	42	4	2	6
	投资者人数	695	466	25	8	97	70	11	2	16
	雇工人数	1507	866	55	124	184	145	19	3	111
	注册资金	12763	6415	456	330	3875	913	60	35	679
	销售总额	10351	6850	85	80	3200	100	12	4	20
	社会消费品零售额	4336	850	85	80	3200	100	12	4	5
2009	户数	320	185	23	9	31	52	7	5	8
	投资者人数	805	529		12	111	75	21	8	49
	雇工人数	2057	952	30	431	213	146	44	18	193
	注册资金	39168	14223	640	1158	5441	1200	160	268	16078
	销售总额	10146	7900	90	86	1800	220	14	8	28
	社会消费品零售额	3203	1200	45	70	1800	70	10	8	

续表16-6-4

单位:户、人、万元

年份		合计	批发零售业	信息传输计算机服务业	住宿餐饮业	房地产业	租赁商务服务业	居民和其他服务业	文化体育娱乐业	其他行业
2010	户数	672	198	26	12	39	67	10	6	
	投资者人数	1430	530	35	13	122	82	26	10	
	雇工人数	10518	1034	120	430	297	181	56	33	
	注册资金	111593	19024	1071	1158	1250	1365	216	271	
	销售总额	36820	5820	62	2335	9221	110	23	30	
	社会消费品零售额	7824	1550	35	2335	2075	80		30	

注:合计数中,包括农林牧渔业、采矿业、制造业、建筑业和交通运输邮政业。

2010年安定区商业饮食服务业户数统计表

表16-6-5

单位:户

工商所	商业	饮食业	旅店业	服务业	修理业	文娱	废品收购	其他	合计
永定	1483	232	65	149	52	61	12		2054
凤翔	1465	234	58	170	35	47	14	20	2043
巉口	746	73	13	59	41	18	7		957
西巩	195	28	1	17	0	0	0		241
香泉	163	34	0	12	12	2	0		223
宁远	460	45	0	30	5	4	0		544
内官	736	77	31	48	32	18	7		949
小计	5248	723	168	485	177	150	40	20	7011

注:

1. 工商所辖区:永定所城区;凤翔所凤翔镇、城区、青岚;巉口所巉口、称钩驿、景家泉、鲁家沟、御风、白碌;西巩驿所西巩驿、石泉、新集、石峡湾、葛家岔;香泉所香泉、西寨、团结;宁远所宁远、杏园、李家堡、张湾;内官营所内官营、符川、黑山、高峰、东岳。

2. 个体工商业登记总数9747户,其中农林牧业70户,工业(制造业、采矿业)、卫生、文体等1007户,合计1077户(占个体户总数的11.3%)。个体工商业登记批发零售业、服务业、住宿餐饮业等8634户,占个体户总数的88.7%。

3. 私营企业登记总数672户,其中商贸等250户,占私企总数的37.2%。

4. 个体私营批发零售服务住宿餐饮等业合计8884户,占个体私营企业总户数10419户的85.3%。

第七章 饮食服务业

第一节 国 有

1986年,定西县饮食服务公司是县内唯一的国有饮食服务企业,有服务网点25个,占地面积17233平方米,职工185人,其中餐饮业47人,旅店业80人,服务业37人,商业12人,公司9人。

1986—1995年,饮食业网点有大众饭店、清真食堂、大什字炒菜馆、火车站饭馆、惠宾餐厅、新市区小吃部和旅行服务站。服务站职工21人,手推车20辆,每天6点至17点上站,为过往列车旅客供应饼子、麻花、饼干、面包、蛋糕、苹果、烧鸡、熟鸡蛋、猪蹄、大豆、瓜子、酿皮、凉粉、饮料等食品。

火车站旅社,营业面积1100平方米,床位40张;汽车站旅社,面积3400平方米,床位150张;汽车站第二旅社(俗称马车店),面积2600平方米,床位70张;南川停车场,面积4717平方米,床位200张;1985年浴池改建的陇春旅馆,面积242平方米,床位30张。合计营业面积12059平方米,床位490张。人民旅社有床位336张(1974—1985年4月),后改作县人民政府。地区商业处管辖的定西饭店,有床位160张;地委、行署管理的地委宾馆、行署招待所,有床位392张。地县旅店业千余张床位,满足了90年代定西召开会议和过往旅客的住宿需求。理发馆由四处减为火车站、新市区两处,照相馆由一处增为两处。

随着个体私营饮食服务业的异军突起,国有企业营业收入大幅度下滑,由1990年的202万元降至1995年的74万元。1993年,公司筹资在汽车站对面建起批发市场。1998—1999年,批发市场、清真食堂、惠宾餐厅、汽车站旅社、二旅社、火车站旅社及商店等共9924平方米的建筑物被无偿拆除,场地被无偿占用,公司年减少收入57万元,部分职工失业。

1996—2000年,饮食业网点有小吃部等4处;旅店业有3处(中华路招待所、解放路招待所、停车场),床位370张;理发店新市区1处,职工13人;旅行服务站被限上站车9辆,职工12人(另一半车辆由铁路提供),自行加工业务停止,从市场进货出售。

2000—2010年,凤城宾馆(原解放路招待所、公司驻地)和中华路招待所,有床位 170 张,后期旅店停办,出租给他人。2000 年 12 月—2002 年,公司部分资产出售:中华路门面 5 间 239 平方米,东大街门面 5 间 131 平方米,镇龙路门面 5 间 165 平方米,锅炉 1 台,共计 535 平方米,出售收入 157.4 万元。公司 1995 年以前的营业收入,即餐饮住宿服务业收入;1996—2000 年的营业收入,部分为本业收入,部分为房屋租赁收入;2001—2010 年,基本为租赁业务收入。

1986—2010 年安定区(定西县)饮食服务公司
(通业房地产开发公司)营业额统计表

表 16-7-1

单位:万元

年份	营业额	税金	年份	营业额	税金	年份	营业额	税金
1986	175	6.0	1995	74	5.1	2004	43	6.3
1987	171	6.4	1996	85	8.1	2005	42	6.4
1988	175	6.5	1997	76	5.2	2006	34	6.2
1989	189	6.5	1998	74	20.5	2007	36	7.6
1990	202	8.5	1999	85	10.5	2008	24	11.2
1991	162	9.2	2000	91	10.6	2009	38	3.4
1992	78	9.9	2001	84	10.6	2010	38	4.5
1993	80	9.0	2002	55	5.5			
1994	76	5.1	2003	44	6.2			

第二节　个体私营

改革开放后,个体私营经济最早进入饮食服务业。1983 年,全县饮食摊点 152 个,从业 207 人;修理服务点 125 个,从业 134 人,其中城区家电维修点 15 处。1986 年,饮食业 312 家、服务业 285 家、修理业 137 家,从业人员是同期饮食服务公司的 4 倍,三业分别占到个体工商户总户数的 14%、13% 和 6%。1991 年,分别为 15%、10% 和 8%。2003 年,餐饮业 551 家、服务业 403 家、修理业 220 家。2010 年,个体私营住宿餐饮业 922 家,从业 2531 人;居民服务业 1320 家,从业 3010 人。两项注册资金 12654 万元,营业额 16793 万元,分别占到个体私营工商业注册资金的 7.8%,营业收入的 17.7%。

餐饮业

1986年,定西县有饮食业312家,1987年319家,1991年423家。县城最早的牛肉面馆是1984年麻乃开设的。几年后,东门口海天阁精心装修的店堂,新颖新奇,引人注目。县医院门前的皇冠火锅城是第一家火锅店。1991年8月,敬东厂下岗女工曾好苹在夜市开办第一家麻辣烫,1996年起字号荣华川味王。1995年租用文化馆门面房开办的万隆酒店经营川菜,用工22人,可一次接待250人同时就餐。这一时段,鼎元食府、悦宾楼、芳春园、金门、居正酒家、陇达、阳光海鲜、八仙酒家、陇中酒家的炒菜,草原兴发、小肥羊、洮河手抓美食城、马忠华手抓等的涮羊肉、手抓羊肉吸引食客。天府酒家、太阳宫、蜀馨餐馆、天月红酒店(煲汤)、天泰、凯悦、秦妈、聚祥楼、金阳、谢记、京跃华等相继开业,各色菜肴齐备,顾客有了更多的选择。2005年,安定区酒楼、餐厅61家,饭馆133家(其中牛肉面61家、火锅店55家),出售凉粉、酿皮、大饼、甜醅、浆水面、豆浆、油条、油饼等的小吃、早点摊217家,合计411家。2010年全区餐饮经营户达到723家,增加312家。城区有466家,内官营片77家,巉口片73家。从经营项目看,炒菜馆96家、火锅店40家、面馆190家(其中牛肉面馆104家)、农家饭13家、羊肉泡14家、小吃141家(其中酿皮86家、烧烤33家)、卤肉烧鸡65家、烤饼馒头店121家、早点43家。1990年,肖聪勇牛肉面馆开业,年销售额150万元。阳光海鲜营业面积1500平方米,以海鲜、川菜、粤菜为支柱。

火锅饮食1990年代传入定西,2000年代风靡各县(区)。2005年5月,秦妈火锅店开业(全国加盟连锁店),设15个包厢,平均每天400多人来此就餐。同年8月开业的京跃华肥牛城,日均接待600人,用工120多人。总店统一配送牛羊肉,年营业收入300万元。消费对象机关单位占四成,家庭消费占6成,一般人均消费25~30元。同年,重新装修后开业的聚祥楼一楼经营快餐,二三楼中餐。2010年一楼又改为巴将军火锅城,月营业额20万元。底料和方竹笋、酸萝卜等菜从重庆发来。2009年1月开业的重庆奇火锅定西店,营业面积1600平方米,30个包厢、61张桌子。经营麻辣火锅、养生火锅、乌鸡煲、鸽子煲、芦荟骨头煲,食客不少,一般上座率80%。当年营业额700万元,缴税12万元。同月开业、位于友谊广场西边的周渔府火锅店,服务对象三分之二为家庭式消费,为方便用餐,设小小儿童乐园,受到小朋友及家长欢迎。家庭饮食趋向"外食化",尤其是双职工家庭。西川园区的煌佳、薯都、河州村各显特色。煌佳山庄的农家饭有搅团、撒饭、懒疙瘩、血馍馍、炒摊饼、起面油饼、玉米饼、土锅子、地软包子、酸拌汤、臊子面、雀舌面、浆水面、荞面削片、鸡肉粉汤、高块子、韭饼、南瓜饼、鸡血面等二三十种。河州村清真餐厅业主是广河县人士,场地占地面积 3000 平方米,建筑面积 1000 平方米。以手抓羊肉为主,辅之各种炒菜。包厢 15 个,大厅 13 桌,容纳 200 多顾客,从业人员 25 人,年宰羊 5000~6000 只(设有羊圈养羊)。薯都生态园占地 30 亩,绿树成荫,园林化餐厅,全部投资 8000 万元。顶部为透光不渗雨保温设施,地面装地暖设备(冬季室温 18℃),包厢 30 个,散座分布于花草树木、假山流水之间。大厅营业面积 2000 平方米,种有滴水观音、中东海藻、榕树、针葵等 100 余种热带植物。经营中餐、烤全羊、农家菜、小牛犊火锅、煲汤肥牛。接待婚宴、团体用餐,机关接待占三分之二。2009 年营业额 700 多万元。业主安定区青岚乡人士,员工 76 人。定西宾馆评定为全省食品卫生信誉度 A 级单位,马铃薯宴被认定为"甘肃名宴"。金阳酒店包席价 2005 年 288 元、2008 年 388 元、2010 年 488 元、528 元、628 元不等。

住宿业

1976 年开设的定西行署招待所大礼堂成为定西地区、定西县大型会议的重要场所。2005 年,安定区住宿业 73 家,其中较大型宾馆 10 家,招待所、旅社 36 家,家庭小旅馆 27 家。区委招待所、铁路公寓、敬东机器厂招待所等机关、企业招待所,对外开放,接待内外宾客。2010 年,全区宾馆、酒店、招待所 112 家,旅社、家庭旅馆 56 家,住宿业共计 168 家。全区住宿业床位 3500~4000 张。中华路及周边 200 米以内有欣大、双星凯悦、银珠、陇欣、凤城、西锦等较大型酒店、宾馆 13 家。1990 年代初建设的陇达宾馆,于 2005 年装修后更名为金阳酒店,建筑面积 3250 平方米。单人套房价每间 200 元,双人套房价 180 元,标准间 92 元,普通间 72 元,入住率保持在 70% 以上。1996 年地区粮食处建设的金谷宾馆,建筑面积 3500 平方米,客房 54 间(标准间 43 间),床位 110 张。1990 年代入住率 80% 以上,2000 年代入住率 70% 以上,标准价挂牌每间 92 元。金谷、金阳两处宾馆旅客以出差人员为多。市公路总段建设的公路宾馆、市运输公司建设的交通宾馆(后更名为怡家宾馆)为过路旅客提供了方便。2004—2006 年,市邮政局建设的西锦大酒店、市烟草公司建设的欣大宾馆相继开业;2009—2010 年的两年间,汽车站建设的凤城大酒店,由粮食大厦改造的金太阳大酒店,工商银行改造后的银珠酒店,供销大楼改造的富丽酒店,市工商局迁址后新开的佳和宾馆,小吃部原址上的三合楼,大什字粮食宾馆改造后的陇欣宾馆,定西宾馆对面的双星凯悦大酒店等 8 家酒店、宾馆,纷纷开业。凤城大酒店各类客房 86 间,入住率 50%;双星凯悦大酒店客房 64 间,入住率 30%(豪华套房挂牌价 388~688 元,标准间 138~238 元)。欣大宾馆建筑面积 3000 平方米,客房 42 间,床位 72 张,其中双人间 30 间,标准间价

138~168 元(团体价 110 元)。住宿超过中午 12 点可以延伸至 14 点(各宾馆大致如此)。会议宾客较多,入住率 80%。二楼餐饮部光线明亮,红灯高照,环境雅致,包席甚多。地区电力局于 1980 年代建起友谊饭店,后易地建起海天宾馆,设客房 100 间,设施先进,床位 160 余张。富丽酒店建筑面积 6000 平方米,3~6 层为宾馆住宿,2009 年 11 月开业,装修典雅清逸,融中西式与现代设计风格为一体。由商店改造为宾馆,设施装修耗资 1000 多万元。行政套房挂牌价 828 元,打折后 668 元;标准间挂牌价 368 元,门市价 188 元,优惠活动期间 138 元,入住率 50%。装潢设施为同时期最新颖讲究,也是价位最高的。位于新城区的天庆国际大酒店,2010 年年末土建工程基本完工。旌盛招待所、大什字招待所等 42 家招待所主要接待个人消费者,招待所、旅社大多分布在车站、市场、学校、医院附近,中学学生及陪读家长、求医患者及家属、小商小贩生意人等就近住宿。招待所每人每天 30~50 元,小旅社每人每天 10~30 元,常年包房每间每月 40~100 元,可以自己做饭,经济方便。房屋出租业是 2000 年后十分火爆的新兴行业。

服务业

随着社会经济全面发展,人们的物质文化需求日益增长,生活方式不断丰富,推动服务门类不断增加,服务项目推陈出新,服务领域不断扩大。除传统的住宿、理发、洗澡、洗涤、照相、修理六大行业外,舞厅、卡厅、棋馆、健身馆、画店、花店、酒吧、网吧等成为文化娱乐型服务的一大门类,打字复印、家政旅游、广告婚庆等亦成为日趋热门的新型服务业。

理发洗浴 1986 年,县城理发店 10 家,其中国有 2 家(营业面积 285 平方米),理发员 15 人;个体 8 家,理发员 12 人。1979 年 11 月,定西县物资交流会期间,牛三平之母上街理发,成为改革开放后最早的个体理发员。1983 年,15 岁的牛三平跟母亲学艺。城市扩建,几易店址。90 年代末,小夫妻经营 20 多平方米的“牛家发室”,对象以老人、儿童居多,回头客占九成,每天工作十多个小时,无礼拜天,无节假日,年服务 8000 多人次。小郑发艺 1988 年 11 月创办,2003 年租房 60 多平方米,从业 8 人。室内设洗头区(2 台洗发床)、烫染区、剪发区,7 张座椅,时尚烫染,年轻顾客占 90%。一般理发价 10 元,烫头 88~280 元,新娘造型 10~30 元(曾经每位 30~80 元的盘头业务,已由婚纱照全套服务取代),年服务约万人次。80 年代,当学徒学理发每月交学费 500 元;2000 年后,不但免收学费,业主还要付给一定报酬。2005 年,理发业 262 家,从业 321 人,年营业额 1175 万元。美容美发、造型设计店铺逐渐增多。美丽“从头做起”,理发业不再囿于长发理短、胡须刮净,更注重美化发型、化妆美容。

2000 年定西县城沐浴业 7 家,2003 年 12 家。2005 年 8 家,从业 25 人,年营业收入 113 万元。2010 年洗浴业 13 家,其中桑拿 4 家,足浴 2 家。2004 年开业的盛世洗浴广场,从业 10 人,经营面积 670 平方米;2008 年开业的云海洗浴,从业 20 多人,同年开设的位于文化路的便民洗浴中心,每天接待五六十人,月营业额 1 万余元。定西镶牙业除地县医院牙科外,最早的是饮食服务公司的王国彦,原设在县照相馆过厅,镶牙 39 年(病逝)。赵连璧镶牙 35 年,年接待 2000 人次,营业收入 4 万多元,实现利润 3 万多元。2010 年城区镶牙近 30 家,多数乡镇有镶牙店。

照相婚庆　2010 年,安定区有照相馆 33 家,其中城区 16 家。最早开馆的是原饮食服务公司照相馆退休的姚瑞生、乔建英夫妇,1984 年开设东街照相馆。东大街旧城改造,姚家建造 4 层楼房一栋,建筑面积 400 平方米,下面 2 层营业,用工 14 人。1995 年更名为中州影楼,后增婚纱业务,改称中州婚纱影楼,开展黑白照、彩照、彩色扩印、数码摄影、设计制作业务,市场占有率 20% 以上。嗣后,乐凯、巴黎春天、生生、红太阳、天丽等相馆相继开业。乐凯摄影冲印中心营业面积 200 平方米,固定资产 300 万元,开展彩色摄影、彩扩、婚纱、证件照等业务。2006 年 8 月开办的光与影激光数码冲印公司,主打数码婚纱、艺术摄影、儿童套照和图片制作,28 万元购置索菲亚彩扩机,是定西首家承接数码彩扩业务的照相馆(以前需到兰州彩扩),从业人员 13 人。2006 年缘缘婚庆公司开业以来,爱之诺、梦之缘、今生有缘等纷纷开办,2010 年发展到 10 家。从事婚礼策划、现场布置、婚礼主持、摄像摄影、形象设计、婚纱婚车租赁等业务。服务价格分单项或全套,全套价一般在 1000 元以上。许多婚礼选择婚庆公司来操办,时尚、温馨、热烈、欢快,渐成气候。

修理缝纫　从修鞋、修表、修锁、修自行车到维修家电、修理汽车、修理屋顶,维修队伍日益壮大,经营者与消费者两利双赢。1983 年,全民、集体修理服务网点 20 个,从业 57 人;个体网点 125 个,从业 134 人。2010 年,修理业 187 家,其中城区 97 家,巉口片 41 家。56 家汽车修理厂(店),以德盛汽车维修公司为最。占地面积 1 万平方米,建筑面积 4000 平方米,拥有资金 600 万元,固定资产 150 万元。有通用设备 15 台,检测设备 4 台,专用设备 10 多台,年检修汽车 2000 多辆,营业收入 200 多万元, 实现利润 30 万 ~ 50 万元。永定桥头的志刚家电维修部开业于 1985 年 10 月,修理收音机、电视机、录音机、洗衣机,先后培训徒弟二三十人。随着广电商城等家用电器经销商设立"三包"维修部,志刚维修部修理家电渐少,以电机维修为主,年营业收入 6 万余元。中华桥头的安家自行车修理部,1989 年开始修车、补胎、打气,持有残疾证,国家免收各种税费,服务热情,年修自行车(电动车、架子车)10000多辆。城区自行车修理门店、摊点约30家,多数兼修锁、配钥匙。专业修锁门市部3家,门锁、保险柜锁、小汽车锁能开、能修、有售。公园路军纪开锁部2007年开办,上门开锁服务收费依难易程度每次10~50元,月营业收入7000元。北城路小席开锁店2010年3月办证开业,每次收费50~100元。全区修表户22家,其中城区8家,周五通修表30多年,年修表2000多块。改革开放初期,定西擦鞋、修鞋的多是外地人,随着思想的解放,观念的转变,1993年以后,城乡擦鞋基本上由定西人承担。服务工作开始由街头巷尾进入店铺。友谊广场东北角的革美特皮美容店是安定区第一家皮鞋美容店,从业4人,从事修鞋、皮革保养,日接待顾客100多人。擦鞋每位2元,修鞋依部位20~60元不等,保养5~50元不等。城区此类店有三家。2010年,城区从事搬家、保姆、接送学生、擦玻璃、清洗油烟机、疏通下水道、安装太阳能、水电暖施工、维修等业务的家政服务公司有零点、怡彤等三四家。城乡服装加工83家,其中改衣店8家,洗衣店26家(干洗店18家、水洗店8家),染衣店五六家,弹棉花的三四家。小汽车与日俱增,洗车店应运而生。城区及巉口、内官营两镇设洗车网点18家。驾驶员省时省力,洗车工有所得,两全其美。

刻字打印 城区刻字业5家。贾堂夫妇刻字30多年,经历了手工刻字到机器刻字的变化。刻字属特种行业,须经公安部门审查备案。行政区划变动时刻公章的多。电脑的普及,促使打字复印业兴起,全区50家,其中城区26家。

文化娱乐 80年代的台球热,90年代的舞会热,2000年后的网吧热、歌厅热,是城乡居民的主要娱乐项目。台球最盛时,城区街头巷尾有100多张球案,乡村集市也有五六张。跳舞最热时,定西宾馆、行署招待所、工人俱乐部、群众艺术馆等设舞厅八九处。2010年,城区网吧21家,卡拉OK、KTV18家。设在文化城二楼的金阳光网络休闲会所,营业面积500平方米,设置电脑250台。星河、蓝宝信、博客等网吧均设电脑200台左右。全区音像店40家、书店50家、歌厅18家、舞厅1家、古玩店45家、书画店48家。2000年开设的来宝音像行,有本市陇西小曲、通渭小曲光盘出售。2003年10月创办的阳光书城,营业面积200平方米。货源来自各地出版社,兰州供货商为补充,库存史学、美学、哲学、古典文学、现代当代文学、美术、工具书和少儿读物4万余册,2009年销售9万册。办理会员卡(购书优惠)8000多份,从业人员5人。古玩店主要分布在民主街古玩市场和立交桥北侧一带。画廊在中华路旧货市场内较多。歌厅较有规模的有万象门、蓝色月光、良桥、富焱、大富豪、天茂、威摩尔等几家。万象门商务会所投资300多万元装潢环境,配置硬件。营业面积880平方米,包厢21个,分豪华、大、中、小包厢四个档次,可容纳 200 人同时娱乐(一般达到百人左右)。群众休闲健身活动场所有威娜康体中心(2006—2009 年经营,占地 350 平方米)、红玫瑰等 6 家健身馆、星星乒乓球俱乐部、城区老年人活动中心等。鲜花店有花语世界等 7 家。主要街道上的电话亭、书报亭方便、实用。节假日广场上的气垫蹦蹦床、儿童车很受小朋友欢迎。

广告中介　1992 年,仅有县广播电台兼营广告业务。2000 年,广告经营单位 5 家,从业 14 人,年营业额 8.5 万元。2005 年,安定区广告经营户增至 15 家,从业 114 人,年营业额 124.1 万元。2009 年,广告经营 20 家,从业 89 人,其中国有企事业单位 2 家 11 人,个体私营企业 18 家 78 人,广告经营额 204.7 万元。涵盖药品、食品、保健品、化妆品、酒类、家用电器、服装服饰、农资、汽车等商品的推销和美容、医疗服务、房地产、招生招工、旅游业、信息业、服务业、金融保险业。广告发布形式多种多样,利用报纸、期刊、图书、名录刊登;利用广播、电视、影像、幻灯播映;利用街道、广场、车站的建筑物或空间设置路牌、霓虹灯、橱窗、灯箱、墙壁、电子显示屏宣传;利用影剧院、体育场馆、文化馆、宾馆、饭店、游乐场、商场等场所内外设置、张贴;利用公交车、出租车等交通工具设置、绘制、张贴;通过邮局邮寄各类广告宣传品;利用讲座、馈赠、演出、演示以及其他形式进行宣传。定西地区邮电局 1999 年 4 月成立的邮政商函广告公司,固定资产 200 余万元。从业设计人员、经销人员、制作施工人员共 23 人,从事邮政商函广告、户外灯箱广告、楼顶楼面广告以及平面设计策划制作。承担了市区街道灯箱广告"亮点工程"建设,承接各县(区)大型指路牌广告和交运集团、百货楼、西关市场、邮政大楼楼顶广告及农科大厦三面翻新型广告、永定路彩虹桥广告等。县城第一家民间广告单位是 1995 年建立的桃花浪总汇,虽然店小人少,2009 年营业收入仍达 50 万元,纳税 5 万多元。2000 年 6 月开业的文苑广告装饰有限责任公司,营业面积 200 平方米,从业 13 人,主营房外广告、霓虹灯、铜字铜牌、单立柱广告牌等,年营业额 100 余万元,2008—2009 年缴税 19 万元。龙创意工作室策划陇西中药产业发展大会、渭源马铃薯良种大会庆典活动,分别收入 20 多万、10 多万元。各房地产公司在开发建设期间(3~5 年),都设有临时性售楼处(中心),摆有建筑模型和房间结构样品,供购楼者挑选。长期从事二手房中介服务的店铺城区有四五处。

旅游服务　安定区旅游资源有西岩寺、玉湖公园、巉口汉墓、宋代安西城和平西寨遗址及当代小流域治理景观等。1994 年开业的通远旅行社是定西第一家旅行社。经过几年的发展,2009 年接待游客 1000 多人,2010 年接待 3000 多人。2005 年 4 月,康辉旅行社入驻定西。2007 年夏天,顺通旅行社、蓝天旅行社开业。2010 年 1~5 月,连续注册艺龙、金桥、翔云、青年等 4 个旅行社。常规路线有华东五市江南游,北京北戴河承德游,峨眉成都三峡游,庐山武夷山厦门游,大理丽江西双版纳游,韶山张家界海南游等十多条。2009年,开放甘肃台湾游市场后,定西人游台湾争先恐后。每年的首都、威海夏令营活动,长江情千名老人下江南活动,阳光沙滩海韵夕阳红专列等都吸引了不少青少年和老年人参加。

第三节　企业简介

定西宾馆

地址中华路43号,1976年筹建,1979年9月开业。原名定西饭店二部。占地面积8135平方米,建筑面积2680平方米。1982年改称定西行署招待所。2000年更名为行署宾馆。撤地设市后,与定西宾馆合并,遂定名为定西宾馆。2005年,客房122套,床位260张,宴会厅、西餐厅可容600人就餐。几经装修,2010年,客房部套房16间,标准房62间,单人间14间,床位196张。大小会议室6间。餐饮部包厢8间,大厅餐桌30张,可供450人就餐。经营马铃薯系列、羊肉系列、杂粮系列等陇菜精品菜肴。普通间房价80~90元。职工176人(在岗

定西宾馆

126人)。营业额1996年127万元,2009年737万元。住宿客人早餐免费,中午结账延至下午两点半。定西市委、市人民政府接待服务单位。省卫生厅评定为全省食品卫生信誉度A级单位。先后接待过十几位党和国家领导人。

西锦大酒店

地址民主路6号,火车站对面,定西市首家三星级宾馆。占地面积1200平方米,建筑面积9层6813平方米。设客房部(A、B区)、餐饮部、康体中心(唱歌、足浴)、精品城、果品城、停车场等。总统套房1间(1280元/天),豪华间3间,套房3间,标准间62间,其他69间,入住率50%~60%,2007年接待4.1万人(次)。大小

西锦大酒店

会议室 7 间。24 小时供应热水,有互联网宽带、闭路电视、智能 IC 门锁管理。A 区豪华单套房 800 元、标准套房 268 元,豪华单人间 138 ~ 158 元,标准双人间 138 元,标准单人间 110 元。B 区标准单人间 65 元,标准双人间 90 元,普通双人间 46 元。餐厅主营川菜、粤菜、淮扬菜和西式、中式自助早餐。

肖老四餐楼

由牛肉面馆、中餐炒菜、煲汤店(火车站民主街)三部分组成。1988 年清真牛肉面馆开业,1990 年迁至大什字,先租房后盖房五层,一楼牛肉面及烧烤、砂锅,面积 150 平方米,设桌 20 张。2 ~ 5 楼东乡手抓。日接待顾客 400 ~ 500 人,日用面粉 200 千克(8 袋)、牛肉 50 千克、蔬菜 90 多千克。中餐厅包厢 18 间,散座 12 台,可容 400 人就餐。2008 年 7 月扩大经营,以 460 万元购买民主街金荣房产二楼,主营火锅,面积 1500 平方米,设包厢 22 间,散座 30 台。两处门市后堂操作间共有 50 人(其中高级厨师 10 人,中级厨师 30 人),用工 240 人。2007 年 8 月,在香泉镇建养牛场,名定西伊兰纯牛业有限责任公司,占地 108 亩,建筑面积 6300 平方米,固定资产 936 万元,用工 30 多人。为城内酒楼自用提供自宰牛羊肉。2008—2010 年高考期间,为考生免费提供早餐牛肉面,3 年供给 3600 多人次。为四川汶川、甘南舟曲灾区捐款捐物 10 万

肖老四餐饮楼

余元。1997年地委、行署表彰为先进个体户;2001年县委、县政府表彰为五星级文明个体户;2002年省委、省政府颁发全省发展非公有制经济先进个体工商户奖状;系定西市公务接待定点餐楼。年营业额1200多万元。

京跃华大酒店

不带住宿的纯餐饮业酒店。地址解放路36号,原敬东机器厂北院。2005年8月开业,用工120人,主营牛羊肉火锅,设桌60张,可供800人用餐。2009年3月扩大经营,通过拍卖会以1070万元购得整座6层楼产权,营业面积7200平方米,装修费1280万元,员工280人(管理层20人),年营业收入600万元,纳税60万元,上座率90%以上。婚宴多,家庭消费多。一楼员工宿舍,2~3楼肥牛城(火锅),包厢52个,大厅台面32个,接待700余人。4~5楼中餐宴席,包

定西市京跃华商贸有限公司

厢29个,大厅台面80个,接待1200人。结账优惠让利返午餐券(各大酒店惯例)。企业全称定西市金跃华商贸有限责任公司,辖定西、天水、庆阳三个店。

第八章　集市贸易

第一节　农村市场

　　1986—2010 年,延续定西县人民政府 1981 年 7 月所定的各集镇集日,插花开市,统以农历计日。城关、葛家岔为三、六、九日集,内官营、西巩驿、宁远、杏园为一、四、七日集,巉口、新集、李家堡、香泉为二、五、八日集,石泉、称钩驿为五、十日集。延续 1984—1985 年开放和设立的符家川、鲁家沟三、六、九日集,石峡湾、御风、唐家堡一、四、七日集,牛营五、十日集等。

　　1986 年,城乡集贸市场 39 个,其中城区市场 7 个,农村市场 32 个。集市贸易成交额 1354 万元,占城乡社会商品零售总额的 15.9%。集贸市场由农民调剂余缺、互通有无的场所发展为商品流通的重要渠道,在方便人民生活、解决劳动就业、增加财政收入、促进区域经济发展方面发挥了积极作用。

　　1993 年以后,消费品市场迅速发展,市场体系不断完善,国有、集体、个体、私营经济共同发展,批发、零售、连锁、配送齐头并进,商业、饮食业、加工业、服务业交易活跃,依托当地资源优势和特色经济,兴起一批具有一定规模和辐射力的农副产品、建筑材料等专业市场。内官营镇综合市场、蔬菜市场、木材市场、锦屏市场,巉口洋芋市场、综合市场,石泉综合市场等都发挥了很好的社会作用。生产资料市场,房地产、劳动力、金融、信息交流等生产要素市场较快发展。1994 年,全县集贸市场成交额首次突破 1 亿元,达

内官营商贸集市

到 1.03 亿元，比 1993 年增长 67.8%，消费品市场零售额占社会商品零售总额的 36.9%。2005 年末，安定区有各类市场 49 处，其中消费品市场 36 处(综合市场 24 处、农副产品市场 7 处、工业消费品市场 4 处、其他市场 1 处)，生产资料市场 13 处(工业生产资料市场 5 处，农业生产资料市场 8 处)。基本形成以城区为核心，遍布城乡的大中小结合、多层次、多门类的市场网络；形成以综合市场为主，其他专业市场同步发展的市场格局。市场机制的作用明显增强，国家计划调拨物资的比重大大降低。1994 年，国家定价、国家指导价、市场调节价所占比重分别为 14.7%、5.3% 和 80%。市场形成价格的机制基本确立，市场在资源配置中的基础性作用增强。市场主体多元化、企业行为自主化，在生产、销售、定价、用工、分配等方面，依靠市场调节和导向，自主经营，自主决策。2005 年年末，全区共有内资企业 323 家，私营企业 248 家，个体工商户 5551 家。2010 年年末，全区共有内资企业 221 家，私营企业 672 家，个体工商户 9747 家、农民专业合作社 79 家。市场活跃，竞争有序。

第二节　物资交流大会

1993 年 10 月，定西县第 7 届物资交流大会在城区东门口举行。主旨为加大对外交流与合作，拓宽招商引资渠道，刺激消费，扩大需求，搞活流通，繁荣市场，促进县域经济健康快速发展。东门口搭台设主会场，商业一条街(东大街)、永定市场、汽车站综合市场为主要场地，安排摊点 2115 个，其中来自西安、兰州、白银及本地区各县的工商企业、个体户 50 多家，总成交额 205 万元，日均 18.6 万元。成交工业品 121 万元，蔬菜 14.6 万元，干鲜果 19.5 万元，饮食业 21 万元，其他 28.9 万元。个体户摊位占绝对优势。定西地区秦剧团演出秦腔 22 场，陕西省兴平等地歌舞团演出 80 余场，定西县电影公司放映电影 10 场，刘三山农民业余剧团、定西县老年协会时装队参加演出助兴。

第 8 届物资交流会更名为商品交易会，1997 年 10 月举办。主会场设在西关市场，延伸到邻近友谊路、永定路、小北街等街道。参加经营户 1100 多家，其中外地客商 400 多家，10 天期间人流量 20 万人次以上，交易额 460 万元。各地艺术团体演出戏剧、文娱节目 120 场次，观众逾 6 万人。

第 9 届商品交易会于 1998 年 6 月在西关市场举办，参会 1100 家，成交额 500 万元，比上届增长 40 万元。榆中秦剧团等演出秦腔、歌舞等节目 28 场次，活跃了大会气氛。

1998 年 10 月举办第 10 届商品交易会，地点仍在西关市场及附近地段，参加的国有、集体和个体经营者1000家,其中外地客商87家,市场成交额669万元。

第11届名为99招商引资商品交易会,1999年10月在东关市场及周边地带举行,宗旨之一为启动刚刚建起的东关农贸市场。参加经营户1017户,其中外地客商276家,本地经营者741家,日均人流量2万人次,市场成交额1020万元。2000年6月定西县夏季招商引资交易会在东关市场及周边路段举行,参加交易会客商1058户,成交额439万元。

第三节　城区市场

1985年年末,全县38处市场占地38440平方米。城区市场4处,均设在街道两旁。建货棚217间,制作售货台63个,占地面积9419平方米。在火车站地区活塞环厂附近街道建营业室45间(530平方米)及少量货棚,安排商户45户。风吹雨打太阳晒,经营者辛苦,还影响交通和市容。1986年6月,永定市场建成投入运营。占地8700平方米,投资58万元(其中县财政拨款7万元,银行贷款30万元,经营户集资10.4万元,工商局自筹10.6万元)。建成营业室115间(2874平方米),货棚57间(912平方米),总建筑面积3786平方米。东、西、中三条街布局,室棚结合,水暖电配套,入驻个体户264家(其中外省外县49家,进城农民178家),国有、集体企业14家,银行2家。这是全县也是全地区第一所设施较全的室内市场,以经营服装、布料及缝纫业为主。

1986年7月,定西地区行署出台《关于"七五"期间城乡集市贸易市场建设的安排意见》,要求基本完成县城和交通沿线集贸市场的新建和扩建任务。定西县委、县政府把市场建设列入议事日程,县工商局多方筹措资金,积极协调解决交易场地、设计施工等具体问题。1990年,累计投资179万元,其中市场管理费101万元,财政拨款11万元,其他67万元。1990年,集贸市场成交额2242万元,是10年前的7.3倍,集贸市场零售额占社会商品零售总额的18%。

1992年10月,地委、行署号召全社会办市场,鼓励商贸流通企业、街道组织、个体私营业户等社会力量投资独办或联办市场。建设单位负责市场设施的建设、管理和服务(设施出租、商品存储、安全、卫生),工商行政管理部门负责市场监督管理,努力形成"政府决策,统一规划,多方兴建,工商行政管理部门统一监督管理"的市场建设模式。

1992—2001年,煤炭运销公司创办陇中商城蔬菜批发市场,蔬菜市场搬迁后,改建为陶瓷市场,又扩建改建为建材市场;饮食服务公司创办汽车站批发市场,市场因城市建设拆除后,迁建南川综合批发市场;华兴工贸有限公司(原定西饭店)创办解放路服装鞋帽城;旌盛粮油公司创办粮油批发交易市场;兴百百货有限公司创办旧货市场;蔬菜公司、供销大楼、铁器厂联办大什字综合市场;凤翔镇友谊村建起西关市场;凤翔镇永定村建起东关农贸市场;地区物资有限公司建起中华路市场;金牛家具有限公司建起定西家具市场等。1995年以后,工商行政管理机关与所办市场逐步脱钩,乡镇、村社、企业和个体私营经营者投资建市场渐成趋势,市场成为独立的法人组织和营利性的经营实体。市场建筑向多样化、永久化、高档次发展。2000年后,兴隆房地产有限公司建起友谊商城,辛泰农产品开发有限公司建成定西马铃薯综合交易中心,广厦建筑有限公司兴建丽家城装修材料市场等。

第四节　市场简介

永定市场

经过1990—2000年前后的多次改造扩建,建筑面积达到8153平方米,投资额160多万元。90年代入驻个体工商户208家,从业318人,主要经营服装、布匹、鞋帽、小百货、皮衣加工等,年成交额2580万元。自1987年起,连续九年被甘肃省工商局评为"省级文明集贸市场";1989—1990年度、1994—1995年度被评为"全国文明集贸市场"。2010年,市场内有个体户189家,其中商铺165家,摊位24个,员工560多人,仍以经营服装为多。经历25年,设施装潢已显陈旧,亟待改造,几度酝酿设计,准备重建。

永定市场

香泉牲畜市场

地址香泉镇,占地面积1500平方米,可容纳大牲畜500多头、羊1000余只。年牲畜上市量近万头,成交量1000多头,成交额百余万元。市场分为大牲畜、羊、

香泉镇牛羊交易市场

猪三个区,牛、马、驴分类拴桩交易。在市场的带动影响下,当地发展养牛户180家,养羊户170多家,长期贩运户577家,安置农村劳动力900多人。养牛在20头以上的大户20家,年吸引外地皮张贩运户20多家,当地羊毛、皮张贩运户40家,带动了饲料加工业。每天送往县城及各乡镇牛、羊肉2000多千克,并且送往榆中、临洮、陇西等县。1986—1991年,连续评为地区级、县级文明市场,1989—1994年,评为省级文明市场。

内官营蔬菜市场

位于内官营镇中心,1996年投资28万元开发兴建。占地面积6619平方米,建筑面积868平方米。经营各类蔬菜、瓜果、肉类、豆制品、水产品、干鲜调味品等,市场日均客流量2400多人次,年成交蔬菜600多万千克,成交额700多万元。内官营具有发展蔬菜产业的天然优势,是安定区蔬菜主产区。进入2000年以来,先后聚集社会资金6000多万元,建成规模较大的马铃薯交易市场4处,马铃薯恒温库、蔬菜保鲜库63间,可一次性存贮蔬菜2000多吨。全镇年产蔬菜20万吨,全镇人均收入(含蔬菜加工及运输收入)350元。2006年,蔬菜种植面积4.2万亩,总产41.6万吨,销售额6296万元,农民人均收入1200元,占农民人均收入的37.3%。为树立"绿色、品牌、诚信"的内官营蔬菜形象,在清溪村、乌龙村等地建立了1000亩的出口蔬菜生产基地,在永安村、永丰村建立了2.26万亩的供港洋芋生产基地,同时建立了面积2000多亩的港澳专供蔬菜生产基地。菜农按照无公害蔬菜生

内官营蔬菜市场

产技术标准和要求进行生产,顺利通过农业部对甘蓝、大白菜的无公害蔬菜产地产品认证,注册了"内官"、"绿瑞"两个蔬菜商标。在北京、广州、浙江义乌、杭州、温州、台州等地开辟销售窗口 33 个,年销售量 9 万吨。

西关市场

西关市场

1996 年,西关市场列为县委、县政府城市建设的重点项目之一。位于县城西关,占地面积 1.5 万平方米。市场东北南三面建营业楼四栋,营业室 258 间,建筑面积 19255 平方米。建设镀锌铁皮钢架售货大棚 2 栋,建筑面积 4366 平方米。市场总建筑面积 2.8 万平方米,总投资 1200 多万元。1997 年 12 月建成开业,入驻经营户 350 多户,从业 830 人。安排摊位 560 多个,经营蔬菜、牛羊猪肉、活鸡、鲜鱼等以及饮食业、修理业、服装、百货等 1300 多个品种。市场内分为农副产品区、饮食副食区及百杂货区,月营业额 400 多万元,日客流量万人次。

东关市场

位于城区交通路繁华地段,是城关乡永定村开办的市场。1998 年 4 月筹建,1999 年 6 月动工,2000 年 6 月开市。占地面积 30 亩,建筑面积 2.8 万平方米,建设总投资 1500 万元。临街一二层为双向开门的营业楼,中间建钢架大棚两座。共容纳商户 1500 家。主要经营蔬菜、水果、肉类、水产、干鲜果及饮食业等。年成交额 3000 多万元,蔬菜成交量 1.6 万吨。2005 年,在东南方向紧靠铁路西侧扩展场地 1.2 万平方米,主要安排蔬菜批发。

东关农贸市场

2010年,计有钢瓦大棚三座,建筑面积3240平方米,棚内建塑钢简易房64间,固定摊位96个。住宅楼下铺面211间。场内蔬菜、瓜果、小吃摊点136个,年成交额3600万元。蔬菜批发70家,主要从武山、洛门、兰州、武威、汉中等地进货,当地季节性蔬菜占市场销售的10%左右。年经销蔬菜2万吨,水果1万吨。2010年,蔬菜批发迁至定西马铃薯综合交易中心。

家具市场

位于中华桥头(原木器厂地址),占地面积2000平方米,建筑面积3500平方米。二层楼房,三个大厅,单间门面房30间。家具陈列一般占地面积较大,共入驻来自四川、浙江、上海、兰州及当地商户24家,汇集"掌上明珠"、"皇朝"等精品家具及办公用品。2001年9月开业以来,年销售额由800万元起逐年递增,每年增加税收50多万元。由金牛家具有限责任公司管理,工作人员12人。

火车站建材市场

占地面积10000多平方米(原煤建公司地址),2007年5月开业。四周为铺面,中部平房8排106间,总投资1380万元。由安定区温源煤炭有限责任公司招商引资建设,入驻47户。经营中、高档系列名牌地板、名牌房门、陶瓷洁具、涂料和五金交电、水暖配件等各类建筑装修材料。货源大都来自广东、福建。经营者最初多为福建籍人,2010年时,福建、定西籍商户各半。为筹集资金,70%的铺面产权出售给了商户。

定西马铃薯综合交易中心

又称南川洋芋市场,是农业部定点农产品批发市场,商务部"双百市场工程"项目,定西市建设"中国薯都"的标志性工程。位于安定区城南凤翔镇石坪村,占地面积158亩。2006年11月开工,2007年9月建成投入使用。场内分四个功能区:信息区(二层综合信息大楼)、交易区(三层商铺100套,每套288平方米,共计28800平方

定西马铃薯综合交易中心

米。以鲜薯交易为主,兼营蔬菜等鲜活农产品批发)、贮藏区(地下恒温气调库,自然通风式贮藏库)、配载区(运输配载、停车服务)。一期工程投资 6836 万元(其中自筹 4836 万元,银行贷款 1000 万元,其他投入 1000 万元)。贮藏区、交易区已经建成。建设钢瓦大棚两座 4800 平方米,服务用房 23000 平方米(含 2 栋地下恒温库),修建三纵一横四条道路 3.9 千米,硬化地面 8600 平方米。2007 年冬入驻收购洋芋个体户 73 家,2010 年入驻 216 家(其中蔬菜批发户 87 家)。2007 年,火车发运 3000 多个车皮计 18 万吨,汽车运输 11.2 万吨,加工转化 20.1 万吨。在马铃薯购销旺季,每天有 120 多个收购摊点进场收购,有 1000 多人从事装包分拣,高峰时上市农用车 1500 多辆,日交易量 2000 吨以上。贮藏能力达到 1.5 万吨,年吞吐量 30 万吨,交易额 4.8 亿元。2009 年,完成贮藏区 10000 平方米的场地硬化、60 个地下恒温式贮藏库的建设、电子结算和冷链系统设备的安装。市场管理办公室由安定区农业办公室、工商、公安、物价等部门人员组成,加强市场交易秩序的管理,为收购户车皮配载、信贷、信息共享"三优先"服务。2007—2010 年,连续 4 年在这里举办中国马铃薯大会,举办全国马铃薯科技成果展览。

2003 年定西县城乡市场一览表

表 16-8-1

单位:万元、平方米

市场名称	占地面积	建筑面积	上市主要商品	年成交额	市场主办单位
永定市场		2030	服装　布料	4586	定西县市场建设服务中心
城关木材市场	7000	500	木材	213	定西县市场建设服务中心
城关牲畜市场	700		牲畜　猪羊　家禽	893	定西县市场建设服务中心
西关市场	13060	28800	果蔬　水产　熟食	5592	城关乡友谊村
青岚山综合市场	6000	2476	百货　农副产品	7	青岚山乡人民政府
南川综合批发市场	8927		百货　副食　杂货	4427	定西县通业服务有限公司
北关蔬菜批发市场			蔬菜		定西县温源煤炭有限公司
解放路服装鞋帽城		2800	服装　鞋帽　百货	3948	定西地区华兴工贸有限公司
粮油批发交易市场			粮油　副食　蔬菜	308	定西县旌盛粮油供应有限公司
东关市场	14000	11280	果蔬　熟食　水产	1755	城关乡永定村
旧货市场		4000	旧家具　家电　百货	1677	定西县兴百百货有限公司
中华路市场	3000	700	水暖　建材　其他	12	原定西地区物资有限公司
家具市场			家具　装饰材料	270	定西金牛家具有限公司

续表 16-8-1

单位：万元、平方米

市场名称	占地面积	建筑面积	上市主要商品	年成交额	市场主办单位
定西东南建材批发市场			建筑材料		定西东南建材批发商行
定西市旧机动车交易市场			旧机动车		定西富燧旧机动车交易有限公司
宁远综合市场	2000		百杂货　农副产品	999	宁远镇人民政府
宁远牲畜市场	400		牲畜　家禽	209	宁远镇人民政府
李家堡综合市场	9648	6000	百杂货　农副产品	244	李家堡乡人民政府
李家堡牲畜市场	2000	80	牲畜　家禽	218	李家堡乡人民政府
张湾综合市场			百货　蔬菜	12	张湾乡人民政府
香泉综合市场	3300	500	百货　农副	248	香泉镇人民政府
香泉牲畜市场	4000		牲畜　家禽	187	香泉镇人民政府
唐家堡综合市场	1600	800	百货　蔬菜	165	团结乡人民政府
高泉综合市场			百货　蔬菜	58	团结乡高泉村
内官营综合市场	4500	1300	百货　农副产品	1173	内官营镇人民政府
锦屏综合市场	7900	7400	服装　布料	1132	内官营镇锦屏村
内官营牲畜市场	3300		牲畜	91	定西县食品公司
内官营猪羊市场			猪羊	51	定西县食品公司
内官营木材市场	20000	1000	木材	113	定西县食品公司
内官营粮食市场			粮食	8	内官营镇人民政府
内官营蔬菜市场	8500	3600	蔬菜　果品	599	内官营镇内官村
高峰综合市场	1800	800	百货　农副产品	41	高峰乡人民政府
符家川综合市场	6156	456	百货　农副产品	55	符家川乡人民政府
巉口综合市场	14165	7800	百货　农副产品	2213	巉口乡人民政府
巉口牲畜市场			牲畜　家禽	164	巉口乡人民政府
东方洋芋市场	20000	13292	洋芋	1158	巉口乡人民政府
称钩驿综合市场	2000	1000	百货　农副产品	1135	称钩驿乡人民政府
鲁家沟综合市场	2000	3000	百货　蔬菜	853	鲁家沟乡人民政府
鲁家沟洋芋市场	3000	500	洋芋	188	定西金龙食品有限公司
御风综合市场		600	百货　蔬菜	297	御风乡人民政府
白碌综合市场			百货　蔬菜	28	白碌乡人民政府
西巩驿综合市场	16300	7000	百货　农副产品	1005	西巩驿乡人民政府

续表 16-8-1

单位:万元、平方米

市场名称	占地面积	建筑面积	上市主要商品	年成交额	市场主办单位
西巩驿牲畜市场	4000		牲畜 家禽	179	西巩驿乡人民政府
石泉综合市场			百货 农副产品	379	石泉乡人民政府
赵河综合市场			百货 农副产品	10	石泉乡赵河村
葛家岔综合市场			百货 农副产品	369	葛家岔乡人民政府
葛家岔牲畜市场			牲畜 家禽	172	葛家岔乡人民政府
新集综合市场	25400	5000	百货 蔬菜	179	新集乡人民政府
石峡湾综合市场			百货 蔬菜	161	石峡湾乡人民政府

(占地面积、建筑面积为 2010 年统计数,不详者空)

2004—2010 年安定区新建市场一览表

表 16-8-2

单位:平方米、吨、万元

市场名称	地址	业主	占地面积	建筑面积	室内面积	年交易量	年交易额
友谊商城	友谊北路	兴隆房地产公司	14500	13000	13000		7000
马铃薯交易中心	南川开发区	马铃薯协会	105386	32000		400000	53000
北关市场	民主街	农副公司	1800	1900			2000
农机市场	交通路	农机公司	6000	1000			10000
温源建材市场	交通路	温源煤炭公司	1500	2000			800
内官营镇农机修理市场	内官营镇	内官营镇人民政府	3000	2000	2000		500
内官营镇洋芋市场	内官营镇	内官营镇人民政府	30000	8900	900	100000	12000
西巩驿镇蔬菜市场	西巩驿镇	西巩驿供销社	4000	1000	1000		800
符家川镇洋芋市场	符家川镇	符家川镇人民政府	13840	4141	4141	36750	2205
青岚山乡原坪村农贸市场	青岚山乡原坪村	青岚乡原坪村	2000	360	340		880
内官营镇蔬菜恒温保鲜库	内官营镇	张 得 朱爱武	49340	21000	3600	90000	7200
内官营镇锦屏蔬菜保鲜库	内官营镇	张 得	47670	20000	300	84000	6720

1991—1994年定西县城乡集贸市场基本情况统计表

表16-8-3　　　　　　　　　　　　　　　　　　　　　　单位:个、万元、件、%

项目	1991	1992	1993	1994
一、集贸市场总数	38	39	43	43
1.综合集贸市场数	23	24	25	25
2.工业品专业市场数	2	2	5	5
3.农副产品专业市场数	13	13	13	13
二、集贸市场成交总额	2919	4872	5511	10274
1.综合集贸市场成交额	1405	2415	1901	4607
2.工业品专业市场成交额	526	1288	2850	4163
3.农副产品专业市场成交额	988	1169	761	1504
三、价格总水平	+9	+6.49	+14.27	+1.61
四、市场管理费	7.1		19.21	12.32
五、市场税收	125.1			87.43
六、集贸市场零售额占社会商品零售总额	18.1	26.77	36.9	
七、查处违法违章案件	518	987	533	352

1999—2003年定西县市场基本情况统计表

表16-8-4　　　　　　　　　　　　　　　　　　　　　　　单位:个、万元

项目	1999	2000	2001	2002	2003
一、消费品市场总数	33	35	36	36	36
1.消费品综合市场	23	24	24	24	24
2.农副产品市场	6	6	7	7	7
其中:农副产品综合市场	2	2	2	2	2
农副产品专业市场	4	4	5	5	5
3.工业消费品市场	4	4	4	4	4
其中:工业消费品综合市场	4	4	4	4	4
4.工业消费品旧货市场		1	1	1	1
二、生产资料市场总数	10	11	13	13	13
1.工业生产资料市场	2	3	5	5	5
其中:木材交易市场	2	2	2	2	2
2.农业生产资料市场	8	8	8	8	8

续表 16-8-4　　　　　　　　　　　　　　　　　　　　　　单位:个、万元

项目	1999	2000	2001	2002	2003
其中:农业生产资料综合市场	8	8	8	8	8
三、消费品市场成交总额	27683	26025	30646	30886	31555
1.消费品综合市场	17253	12847	16875	16996	17567
2.农副产品市场	2623	4042	4813	4861	4969
其中:农副产品综合市场	702	471	1157	1176	1236
农副产品专业市场	1921	3571	3656	3685	3730
3.工业消费品市场	7807	6316	8838	8907	8877
其中:工业消费品综合市场	7807	6316	8838	8907	8877
4.工业消费品旧货市场		3000	120	122	145
四、生产资料市场成交总额	6859	8284	8324	8515	7914
1.工业生产资料市场	1264	1300	1995	6183	5926
其中:木材交易市场	1264	1300	521	764	738
2.农业生产资料市场	5631	6940	5539	1359	1102
其中:农业生产资料综合市场	5631	6940	5539	1359	1102

1986—2000 年定西县集贸市场各类商品成交额统计表

表 16-8-5　　　　　　　　　　　　　　　　　　　　　　单位:万元

项目＼年份	粮食类	油脂油料类	棉烟麻类	肉食禽蛋类	水产品类	蔬菜类	干鲜果类	大牲畜类	家畜幼禽类	工业品类	其他类
1986	70	64	17	184	1	137	64	176	65	475	52
1987	71	42	18	184	2	180	64	217	136	520	85
1988	62	62	24	246	2	208	115	227	190	529	75
1989	88	55	18	283	3	220	132	260	183	671	48
1990	99	78	29	272	1	255	146	266	154	806	80
1991	119	82	25	310	2	380	144	325	159	1129	161
1992	111	102	34	556	7	424	241	315	145	242	344
1993	138	88	54	430	16	665	385	295	103	266	463
1994	589	356	126	680	9	1235	768	604	310	4485	893
1995	729	472	100	825	108	1976	731	1120	624	6823	1675

续表 16-8-5

单位：万元

项目\年份	粮食类	油脂油料类	棉烟麻类	肉食禽蛋类	水产品类	蔬菜类	干鲜果类	大牲畜类	家畜幼禽类	工业品类	其他类
1996	1487	668	120	1692	366	2305	867	718	701	8012	1732
1997	1678	668	239	1883	339	3908	999	777	1153	11110	2070
1998	3521	986	402	2091	278	3495	1067	780	1237	12399	4186
1999	932	910	283	3456	522	4663	1682	721	512	11524	2378
2000	497	913	264	2403	547	5071	2558	577	615	9267	2493

1986—2000 年定西县主要农产品集市价格统计表

表 16-8-6

单位：千克、头

年份\项目	1986	1987	1988	1989	1990	1991	1992	1993	1994	1995	1996	1997	1998	1999	2000
大米	0.85	0.92	1.20	2.02	1.93	1.45	1.44	1.20	2.62	3.40	3.11	2.69	2.81	2.53	2.50
小麦	0.64	0.67	0.77	1.09	0.97	0.78	0.8	0.79	1.28	1.98	1.69	1.46	1.36	1.38	
玉米	0.44	0.56	0.59	0.79	0.68	0061	0.64	0.69	0.72	1.81	1.41	1.20	1.00	1.04	
菜籽油	3.08	3.25	4.04	5.62	5.51	5.35	4.50	4.58					7.67	9.16	8.39
烟叶	1.47	2.1	2.28	3.54	3.49	3.81	3.88	5.05	5.92	6.36	7.80	11.43	9.25	9.33	9.33
猪肉	2.77	3.65	5.24	5.72	5.02	4.98	5.12	5.37	11.29	12.96	11.77	12.01	10.14	6.88	8.63
牛肉	4.07	4.5	5.26	6.49	5.76	5.21	5.94	8.73	12.56	17.00	16.13	12.53	12.86	12.5	13.5
羊肉	3.44	4.45	5.25	7.32	5.45	5.08	6.04	8.48	16	18.5	16.71	11.20	10.6	10	8.8
鸡蛋	2.37	2.74	3.78	4.14	4.32	4.48	4.7	5.24	6.38	8.20	8.29	6.11	6.43	5.17	5.34
活母鸡	2.74	3.29	4.52	4.5	5.02	5.38	5.86	6.06	8.13	9.88	11.90	10.50	10.06	9.55	9.33
白菜	0.21	0.25	0.36	0.33	0.37	0.48	0.35	0.45	0.70	0.55	0.51	0.77	0.4	0.51	0.64
萝卜	0.17	0.24	0.33	0.4	1.38	0.43	0.40	0.42	0.66	0.43	0.47	0.62	0.56	0.37	0.45
芹菜	0.38	0.39	0.58	0.63	0.73	0.72	0.57	0.61	0.74	1.27	1.11	1.34	0.96	1.25	1.23
苹果	1.29	1.61	1.96	2.41	2.33	2.18	2.87	2.41	2.93	2.57	2.65	2.55	1.26	1.36	1.10
梨		0.92	1.42	1.21	1.94	1.96	1.94	2.02	2.18	2.17	2.17	2.27	2.71	2.30	1.80
黄牛	345	336	349	363	362	412	442	517	814	1919	1159	1119	1096	1155	1170
骡	524	442	458	502	505	513	521	605	953	1178	1077	988	1107	883	1164
克郎猪	1.43	2.05	2.77	2.74	2.32	2.73	2.60	3.05	6.05	7.11	7.13	7.85	7.88	7.80	5.50
仔猪	1.85	2.35	7.84	3.56	3.47	5.64	5.89	12.48	12.48	11.05	11.38	10.8	11.12	5.50	6.40

第十七编

教育 科技 卫生 体育

第十七编　教育　科技　卫生　体育

第一章　教育

第一节　管理机构

1986 年,定西县教育局内设办公室、人事股、计划财务股、教育股、职业技术教育股、成人教育股 6 个行政股室和教研室、招生办公室、勤工俭学办公室、档案资料室 4 个事业股室,共 10 个机构,直属 17 个校(园),下属 25 个学区。1987 年至 1990 年,成立县、乡教育管理委员会和县政府教育督导室,县教育局增设电教仪器室、自学考试办公室。1991 年 8 月,县教育局与县体委合并成立定西县教育体育局(简称县教体局),成立县体育活动中心,隶属县教体局。1996 年,设立项目建设办公室。2003 年 9 月,定西县教育体育局更名为定西市安定区教育体育局。2005 年,成立安定区青少年学生校外活动中心,隶属区教体局。2007 年,成立安定区语言文字工作委员会和安定区学生资助管理中心。2010 年,区教体局内设办公室、人事股、计划财务股、教育股(职教成教股)、区政府教育督导室、区教育科学研究室、区学生资助管理中心、区语言文字工作委员会办公室、区招生委员会办公室、电教仪器室、勤工俭学办公室、项目建设办公室、档案室等股室,直属体育活动中心、青少年学生校外活动中心和 18 个校(园),下属 19 个学区。区教体局曾获全国促进贫困地区女童教育项目先进单位和甘肃省扫除文盲先进集体、高等教育自学考试先进集体、基础教育课程改革实验工作先进集体、法制宣传教育先进单位、职业教育工作先进集体等荣誉称号。

2010 年安定区教体局直属校(园)一览表

表 17-1-1

类别	学校名称	占地面积（㎡）	建筑面积（㎡）	班级（个）	学生（人）	教师（人）
幼儿园	区幼儿园	5764	3961	23	1135	101
	友谊幼儿园	1892	1800	11	506	38
小学	大城小学	10522	8190	41	2275	106
	东关小学	20917	5306	28	1826	90
	西关小学	14119	4746	30	1916	87
	北关小学	5091	2672	18	1046	55
	公园路小学	32667	6264	25	1445	80
	永定路小学	4145	2177	12	565	43
中学	东方红中学	51319	25965	68	4533	230
	中华路中学	15990	18468	51	3663	193
	内官营中学	34642	15558	34	1693	133
	巉口中学	34500	14839	26	1317	117
	宁远中学	35516	8997	33	2087	123
	香泉民族中学	30000	4049	19	907	66
	交通路中学	20658	7106	37	2508	124
	公园路中学	24937	7144	36	2613	142
中专	定西理工中等专业学校	31968	26568	60	5143	162
职中	西巩驿职业中学	28550	4793	20	980	87
合　计		403197	168603	572	36158	1977

2010 年安定区各学区概况表

表 17-1-2

学　区	学　校					班级（个）	学生（人）	教师（人）
	小计	幼儿园（所）	小学（所）	九年制学校(所)	初级中学（所）			
凤翔学区	26		19	6	1	146	2267	339
内官营学区	40	1	33	2	4	250	5112	469
符家川学区	14		11	2	1	93	1868	158
高峰学区	7		5	1	1	45	1050	90
香泉学区	20	1	18		1	108	1798	198
团结学区	11		10		1	88	2095	173
李家堡学区	27	1	23	2	1	153	2781	206
宁远学区	17	1	13	3		103	1833	185
杏园学区	9		7	2		49	1030	88
石泉学区	12	1	8	2	1	74	1431	145
青岚山学区	21		17	2	2	94	1422	164
西巩驿学区	19		15	3		83	1774	166
新集学区	17		15		2	106	1543	166
葛家岔学区	12		10	1	1	87	1537	129
石峡湾学区	13	1	11		1	72	1261	122
鲁家沟学区	15	1	11	1	2	82	1426	157
白碌学区	8		7		1	38	538	63
称钩驿学区	15		12	2	1	90	1533	156
巉口学区	19	1	12	5	1	128	2576	262
合　　计	322	8	257	34	22	1889	34875	3436

说明：小学数中含教学点 33 个。

第二节 体制改革

改革管理体制

1986年,贯彻《中共中央关于教育体制改革的决定》,在全县试行基础教育县、乡、村三级办学,分级管理体制。县上和教育局管理直属校(园),乡政府和学区管理四年制以上学校,行政村管理三年制以下小学。全县中小学教学业务由县教育局管理。1988年,县委、县政府批转县教育局《关于全县中小学教育实行分级管理的意见》,在全县正式实行县、乡两级管理,县、乡、村三级办学的教育管理体制。成立县、乡教育管理委员会和县政府教育督导室,全面加强基础教育管理工作。2003年,贯彻全国基础教育工作会议精神,实行分级管理、以县为主的农村义务教育管理体制。2005年,区委区政府做出《关于进一步深化教育改革,加快教育事业发展的决定》,进一步划分和明确县、乡政府发展教育特别是农村义务教育工作中所负的责任。区政府负责教育事业发展规划的制定和组织实施、中小学布局调整、建设和管理、教职工工资统一发放、中小学校长教师管理、教育经费的筹措和管理、中小学危房改造和校舍建设、学校治安和正常教学秩序维护、农村中小学教育教学工作督导评估等工作;乡镇政府主要负责义务教育、学校治安和正常教学秩序维护、校园周边环境治理、新建和扩建校舍所需土地的申请划拨、项目资金的争取和筹措等工作,配合教育行政部门管理当地学校和教师。

改革人事制度

1986年,试行分级管理体制,公办教师由县教育局统一管理,农村学校领导班子的配备和社请教师、代理教师的任用由乡政府审批,报县教育局审核备案。完全中学、职业中学校长由教育局推荐,县政府考察任命,城区小学、学区校长由县教育局考察任命。在内官营小学和石峡湾学区试行教师招聘制。1988年,完成首次教师职务评聘工作任务,全县有1124名教师获任职资格并被聘任,占全县公办教师总数的58%,其中,副高职称36人,中级职称332人,初级职称756人。不具备国家规定学历的中、小学教师,通过考核取得教材教法合格证或专业合格证。1992年,开始对教师政治思想表现和专业技术工作进行年度考评。1998年,在全县实行校长负责制和持证上岗制及教师聘任制,试行教师津贴和浮动工资分类发放办法。按照德才兼备的原则考察和任命中小学校长,实行校长任期目标制,建立校长考评和民主监督制度,发放校长岗位津贴。各学校聘任教师实行定编、定岗、定责、定量"四定"制,考核教师的政治思想、文化专业水平、教育教学能力、工作成绩、出勤和履行职责情况,建立考核档案,为教师聘任提供依据。设立教师奖励基金,教师每人每月扣除30元(民办和招聘教师20元)津贴作为奖励基金,年终按教师考核情况分等发放。为调动艰苦地区教师工作积极性和鼓励教师向农村学校流动,农村教师享受浮动工资。从2001年开始,实行教师职称评聘分开制和教师聘用合同制,按核定的结构比例和岗位职数选聘专业技术职务。2002年建立以县为主的教育管理体制后,全县中小学校长和教师的任用调动全部归县教体局管理。对1994年后参加工作的1200余名在职教师首次认定教师资格。2005年,严格按照省政府制定的标准核定各中小学编制,师范类毕业生分配、中小学教师调配、聘用(聘任)、职务评审、教师继续教育,均由教育行政主管部门归口管理。对师范类大中专毕业生按照编制和专业需要通过考试考核择优录用。执行教师准入制度,逐步清退未取得教师资格证书的教学人员和代课教师。建立城镇中小学教师到农村学校任教服务期制度,并将此作为教师职务晋升的必备条件。2010年,实行教师岗位绩效工资制。是年,全区聘任各类专业技术人员5015人,占教师总数的91.7%,其中,副高职称244人,中级职称2117人,初级职称2654人。

实行九年义务教育

1986年,贯彻实施《中华人民共和国义务教育法》,县上制定普及九年义务教育(简称"普九")规划和实施方案,党政齐抓共管,全力推进"普九"工作。1992年、2000年,定西县普及初等(小学)义务教育和普及初级中等(初中)义务教育先后通过省上和国家教委(教育部)验收,教育部颁发普及九年义务教育县合格证、牌。2004年,开始实施国家义务教育"两免一补"政策,至2010年,全区所有小学生和初中学生免除学杂费,96%的学生享受免费教科书,78%的寄宿制学生享受生活补助费。全区小学学龄儿童入学率、辍学率、毕业率分别为100%、0.003%、99.8%,15周岁人口初等教育完成率99.8%,17周岁人口初中学龄人口入学率、初级中等教育完成率分别为99.8%、99.2%。

发展民办教育

1995年,创建全县第一所民办幼儿园——交通路幼儿园。2004年,贯彻《民办教育促进法实施条例》,加快民办教育发展步伐。至2007年,创办英才高级中学、机电工程学校等民办中学和民办中等职业技术学校5所。2010年,全区有民办校(园)21所,其中,幼儿园9所,高级中学4所,中等职业技术学校和艺术学校2

所,其他学校6所,在校(园)学生(幼儿)12030人,教职工478人。

改革学制

1986年,改革高中学制,4所农村完全中学高中由两年制改为三年制,高二学生当年不毕业,升入高三学习,至此,全县所有完全中学均为三三制。2002年秋季学期,五年制小学从一年级开始使用六年制统编教材,至2006年,全县五年制小学全部过渡为六年制小学。

第三节 学前教育

幼儿园与学前班

1986年,辖区有定西地区幼儿园、定西县幼儿园、宁远幼儿园3所幼儿园,均为公办幼儿园, 小学附设学前班1个, 在园(班)幼儿1362人, 幼儿园教职工98人。此后,各乡镇逐步增加学前班,部分乡镇成立幼儿园,并创建民办幼儿园,学前教育全面发展。县教育主管部门对幼儿园、学前班分类指导,逐步规范各幼儿园、学前班的管理和教育工作。1991

定西市幼儿园举行庆"六·一"活动

年,城关乡友谊村投资20万元建成友谊幼儿园,当年招收幼儿4个班180人。至

镇泰幼儿园教学楼

1999年,先后建立内官营、李家堡、友谊、巉口、鲁家沟5所公办幼儿园,创建交通路和小博士2所民办幼儿园,学前班增至141个,在园(班)幼儿和幼儿园教职工分别增加到6668人、233人。地区幼儿园和县幼儿园被评为首批省级一类幼儿园,地区幼儿园获全

省教育系统先进集体称号,受到中共甘肃省委和省政府的表彰。2000 年至 2009

年, 先后建立西巩驿镇常
安、石峡湾、西寨、石泉 4 所
公办幼儿园和早慧、镇泰、
小天鹅、虹桥 4 所民办幼儿
园,学前班减至 42 个。市幼
儿园获全国"三八"红旗集
体、全省教育系统先进集体
荣誉称号,镇泰幼儿园被评
为全国流动人口子女、农村
留守儿童"示范家长学校"

友谊幼儿园

和甘肃省未成年人思想道德建设家长示范学校。2010 年,新建天爱江厦名城、景
家店村和香泉 3 所民办幼儿园,辖区幼儿园发展到 21 所,其中,公办幼儿园 12
所、民办幼儿园 9 所,有学前班 48 个,在园(班)幼儿 5983 人,幼儿入园(班)率为
62%,幼儿园教职工 403 人(其中公办教师 275 人)。

幼儿教育教学

1986 年以来,各幼儿园贯彻实施《幼儿园教育纲要(草案)》和《幼儿园工作规
程(试行)》《幼儿园管理条例》等规定,开设语言、计算、常识、体育、音乐、美术等课
程,使用全国统编教材。通过上课、游戏、观察、娱乐等活动,对儿童进行德、智、体、
美、劳诸方面教育。

安定区幼儿园

位于市区中华路,占地
面积 5764 平方米,建有教学
楼、综合服务楼、苗苗乐园
等,设有图书室、音体室、电
脑室、保健室、多功能活动
室、多媒体会议室等,总建筑
面积 4191 平方米,是辖区规
模最大的幼儿园。1992 年,
被省教育厅评为甘肃省首批

安定区幼儿园庆"六•一"活动

一级一类幼儿园。2010年,又被省教育厅确定为甘肃省示范性幼儿园。2010年末,有教职工99人,其中,大专、本科学历88人,中专学历11人;幼儿高级教师48人,幼儿一级教师46人。设幼儿班22个,在园幼儿1105人。

1986—2010年安定区学前教育发展情况统计表

表 17-1-3

年 度	园 数(所)	幼儿班数(个)	学前班数(个)	在园(班)幼儿数(人)	教职工数(人)
1986	3	29	1	1362	98
1987	5	39		2035	126
1988	3	26		1317	53
1989	6	47	26	2947	115
1990	6	52	38	3915	135
1991	7	57	50	4883	156
1992	8	57	84	5587	182
1993	8	62	91	5795	194
1994	8	62	115	7986	288
1995	9	66	123	8220	269
1996	8	57	101	6825	256
1997	9	59	118	7265	245
1998	8	61	125	7937	195
1999	8	64	141	6668	233
2000	8	68	125	6747	232
2001	8	63	125	5238	222
2002	8	58	128	5183	222
2003	11	63	106	3952	237
2004	11	67	91	4314	240
2005	18	170	62	4405	245
2006	17	105	65	4391	249
2007	18	109	55	4528	246
2008	18	106	55	4607	257
2009	17	110	42	5161	256
2010	19	136	48	6025	275

说明:教职工人数不含民办幼儿园教职工。

2010年安定区幼儿园概况一览表

表 17-1-4

园　名	建园时间	性质	占地面积（㎡）	建筑面积（㎡）	班级数（个）	在园幼儿（人）	教职工（人）
安定区幼儿园	1952	公办	5764	3961	23	1135	101
定西市幼儿园	1980	公办	5595	2049	21	919	67
宁远幼儿园	1984	公办	437	188	3	84	6
内官营幼儿园	1987	公办	3999.95	927.82	8	374	21
李家堡幼儿园	1989	公办	1914	387	3	125	8
友谊幼儿园	1991	公办	1892	1800	11	506	38
巉口幼儿园	1992	公办	2016	778	3	138	8
交通路幼儿园	1995	民办	1500	950	10	510	21
鲁家沟幼儿园	1998	公办	1800	342	3	77	6
小博士幼儿园	1999	民办	2134	780	11	500	20
早慧幼儿园	2000	民办	2000	1250	10	318	18
镇泰幼儿园	2002	民办	2001	1539	5	260	16
西巩驿镇常安幼儿园	2005	公办	962	415	4	131	10
小天鹅幼儿园	2003	民办	400	300	4	101	5
石峡湾幼儿园	2003	公办	1800	160	2	51	5
西寨幼儿园	2003	公办	328	168	2	48	5
虹桥幼儿园	2007	民办	685	295	5	144	11
天爱江厦名城幼儿园	2010	民办	2000	950	4	79	16
景家店村幼儿园	2010	民办	300	100	3	55	3
香泉幼儿园	2010	民办	600	128	1	28	3

第四节　小学教育

学校设置

1986 年，全县有 444 所小学。1997 年，香港邵氏影视集团公司董事长邵逸夫先生投资 50 万元，县上配套 110 万元，建成北关小学。城关乡朝阳小学改由县教体局直属，更名为永定路小学。2001 年，开始调整小学布局，合并一些农村小学,三年制和两年制小学全部改为教学点,当年全县小学调整为329所。2009年秋季,中华路小学整体搬迁至公园路新校园,更名为公园路小学,原校园划归中华路中学使用。2010年,全区有224所小学。

永定路小学

课程开设

1986年,城区小学和乡镇中心小学及条件较好的一些小学全面执行部颁教学计划,开设思想品德、语文、数学、自然常识、地理常识、历史常识、体育、音乐、美术、劳动10门课程。以复式教学为主的全日制小学和条件较差的农村小学,只开设思想品德、语文、数学、常识4门课程。1999年,城区小学开设英语课,部分小学增设信息技术教育课。2002年,各学校开设艺术课。2004年,全区各小学开设英语课。

义务教育

1986年,全县小学教育工作以基本普及小学义务教育为重点。当年,宁远、李家堡等5个乡基本普级义务教育,全县小学学龄儿童入学率、巩固率、毕业率和小学义务教育普及率分别为93.9%、97.1%、91%、84.7%。1989年,全县有23个乡(镇)基本普及小学义务教育,占乡镇总数的88.5%。1992年,定西

大城小学

县基本普及初等义务教育工作通过省、地验收。当年,小学学龄儿童入学率和小学生巩固率、毕业率、升学率、15 周岁人口初等义务教育完成率分别为 98.2%、98.9%、98.2%、91.3%、97.3%。此后,继续提高初等义务教育普及率。2010 年,全区小学学龄儿童入学率、毕业率、巩固率、15 周岁人口初等义务教育完成率分别为 100%、100%、99.997%、99.8%。

教育教学

1986 年,首批 8 所城乡小学开始实施联合国教科文组织亚太地区办事处开展的"提高小学生能力水平革新计划"(简称 JIP)实验项目。各学校开展学雷锋、学赖宁等活动,东关小学被省少工委评为全省"准备着,做 21 世纪开发大西北的主力军"活动先进集体。1988 年,实施《小学生德育大纲》《小学生守则》《小学生日常行为规范》,全面加强德育工作。1990 年,各学校贯彻"学生为主体,教师为主导,思维训练为主线,主动发展为宗旨,培养创新能力为核心"的教育改革思想,逐步构建"主动、合作、创造"的课堂教学模式。在农村小学逐步实施"加强贫困地区小学教育"实验项目,实验和推广"目标教学法""情景教学法""合作教学法"等先进的教学方法,提高课堂教学质量。当年,团结中心小学被评为全省教育系统先进集体。1995 年至 1996 年,小学教育由应试教育向素质教育转轨,各学校组织教师学习素质教育理念,开展素质教育教学方法研讨和实践,全面提高教育教学质量,大城小学被评为全省教育系统先进集体。1997 年,组织全县小学教师开展"三字一话一画"(粉笔字、毛笔字、钢笔字、普通话、简笔画)基本功训练。2000 年,各学校贯彻《中共中央国务院关于进一步加强和改进未成年人思想道德建设的若干意见》精神,进一步加强和改进德育工作。通过思想品德课教学和举行升国旗仪式、召开主题校(班、队)会、开办红领巾广播站、举行入队仪式、开展"雏鹰行动"和"五星队员"达标活动、建设"三结合"(学校、社会、家庭)教育网络等方式,对学生进行思想道德、法制观念和行为养成教育。是年,城区小学和各学区全部配备法制副校长。2002 年,启动基础教育课程改革工作,在 7 所小学进行实验的基础上逐步在全县实施新课程教学计划,使用六年制统编教材。2006 年,开展关心流动人口子女和农村留守儿童教育活动,内官营中心小学被全国妇联确定为流动人口子女、农村留守儿童"示范家长学校"。2009 年至 2010 年,区教体局下发一系列文件,进一步规范和加强全区中小学教育教学工作,小学全科合格率达 82.4%,有 212 名学生在全国小学英语竞赛中获奖,大城小学被评为甘肃省未成年人思想道德建设先进单位。

特殊教育

1986 年以来，多数残疾儿童在住家附近小学随班就读。1994 年，在西关小学附设特教班，县政府和县残联投资 5 万元为特教班建教室、餐厅、活动室等。西关小学和县残联为特教班配

2008 年 11 月 9 日，安定区永新特教学校举行落成典礼

备教师、保育员 3 名。当年，特教班开设聋儿语训班，招收学生 9 人。2008 年，山东省青岛海沃置业有限责任公司董事长李永新捐助 30 万元，区政府配套 87 万元，在西关小学后院建成安定区永新特教学校，区教体局为特教学校配备教师和管理人员 13 人。学校招收聋、哑、盲学生 55 人，随班就读 86 人。2010 年，国家投资、政府配套，在新城区开工建设定西市特教学校，建筑面积 4102 平方米。是年，全区残疾儿童入学率达到 87.3%。

1986—2010 年安定区小学教育发展情况统计表

表 17-1-5

年 度	学校（个）	班级（个）	在校学生（人）	招生人数（人）	毕业学生（人）	教 职 员 工 数(人)			
						合 计	公 办	民 办	代理招聘
1986	444	2002	52744	8562	6528	2334	861	1473	
1987	436	1966	51034	7319	6462	2192	823	1369	
1988	433	1942	49147	7410	6377	2353	988	1365	
1989	429	1994	45591	7209	6259	2472	983	1348	141
1990	424	1874	43339	7167	6438	2685	1001	1429	255
1991	404	1835	41987	7223	6532	2644	1004	1317	323
1992	402	1858	42876	8864	6217	2635	1113	912	610
1993	402	1841	43465	9655	6361	2693	1153	886	654
1994	402	1898	46215	10610	6253	2678	1220	821	637
1995	402	1894	49651	11592	6320	2689	1377	691	661

续表 17-1-5

年　度	学校（个）	班级（个）	在校学生（人）	招生人数（人）	毕业学生（人）	教职员工数（人）			
						合　计	公　办	民　办	代理招聘
1996	402	1931	52415	12828	6597	2785	1556	489	740
1997	398	1940	57573	12161	6964	2894	1867	263	764
1998	397	1970	59489	11365	7194	2838	2004	78	756
1999	397	1992	61008	11575	8976	2902	2176		726
2000	329	1974	61908	11179	9458	2931	2199		732
2001	329	1969	61175	11300	10861	2924	2286		638
2002	329	1994	59874	11001	11523	2876	2287		589
2003	321	1913	55444	8894	12012	2865	2423		442
2004	319	1844	50256	6672	10976	2843	2482		361
2005	311	1794	44340	5711	10782	2783	2481		302
2006	274	1708	39207	5643	10740	2717	2439		278
2007	267	1812	41677	5074	1778	2687	2519		168
2008	264	1610	35132	4273	10033	2737	2628		109
2009	262	1489	29912	3685	8451	2635	2587		48
2010	224	1351	26751	4004	6695	2552	2505		47

第五节　中学教育

学校设置

1986 年,辖区有定西中学(省重点中学,地区教育处管理)、东方红中学(地区重点中学)、内官营中学、巉口中学、宁远中学、香泉中学 6 所完全中学,有 10 所独立初中,62 所八年制(小学附设初中)学校。此后,为普及初中义务教育,逐步增设农村初级中学和调整八年制学校。当年,全县各完全中学高中均改为三年制。1987 年,香泉中学改为香泉民族中学。1989 年,中华路中学开始以"三代"(代招、代管、代教)形式增设高中班,由东方红中学验印颁发毕业证书。1997 年,定西教育学院附属初级中学增设高中部,更名为定西教育学院附属中学。2000 年,全县初级中学发展为 24 所,八年制学校调整为 35 所。2002 年,建成公园路中学(初级中学,后更名为上海中学),招收首届一年级 12 个班 822 人。定西中学和东方红中学初中未招生,开始向独立高级中学过渡。2003 年 7 月,西巩驿职业中学改为西巩驿中学。同年,定西教育学院附属中学改建为定西实验中学,挂定西西川中学牌子。2004 年,创办博源中学、成功中学 2 所民办高级中学,定西铁路职工子弟学校(九年制学校)由兰州铁路局移交安定区

中华路中学

管理,更名为交通路中学。同年,定西西川中学因定西师专扩建而撤并。2005 年,中华路中学改为完全中学,成立定西市英才高级中学(民办公助中学)。2006 年,建成五丰高级中学(民办中学)。2008 年,西巩驿中学恢复西巩驿职业中学名称。2010 年,辖区有高级中学 6 所(公办 2 所,民办 4 所),完全中学 5 所,初级中学 23 所,九年制学校 34 所。

课程开设

1986 年,初、高中开设政治、语文、数学、英语、物理、化学、历史、地理、生物、体育、职业技术等课程,初中还开设音乐、美术课,高中开设人口教育课。2000 年,初、高中开设信息技术课,增设艺术课。

义务教育

1993 年,在基本普及初等义务教育的基础上,加快全县基本普及初级中等义务教育步伐。1997 年,取消小学升初中统考,小学毕业生全部就近升入初中接受义务教育。2000 年,定西县普及初级中等义务教育工作通过省上和教育部的验收。是年,在校初中学生 23554 人,初中学龄人口入学

交通路中学

率和初中学生毕业率、辍学率、17周岁人口中等义务教育完成率、升学率分别为96.19%、99.8%、0.65%、94.2%、58.2%。2010年,全区有初中学生24971人,初中学龄人口入学率达99.8%,初级中等教育完成率为99.2%。

高中招生

1986年,6所完全中学共招收高一新生1447人。1988年,实行高中招生全县统一命题,一次招生,自愿报考。从1991年开始,高中招生由省教委统一命题,全县统一组织考试,实行"三考合一"制度(初中毕业、高中招生、中专预选三次考试合为一次)。2005年,实行高中招生全区统一组织考试、统一组织阅卷、统一划定录取分数线,当年全区共录取高一新生5146人。2009年,省、市级示范性高中实行按招生计划6%比例录取保送生的招生新政策。2010年,全区高中招生5736人。

教育教学

1986年,高中采取分科选修的方式进行教学。1988年,各校贯彻《中学生行为规范二十条》,加强学生行为规范教育。1990年秋季学期,高中一年级使用新编教材,不再实行文理分科,同步实行高中毕业会考制度和高、初中毕业证验印制度,由省教委统一命题,统一组织考试和统一颁发毕业证书。从1995年开始,各学校围绕素质教育开展教育教学活动,重视培养学生的科学精神、创新意识和获取知识、分析研究、解决问题、动手实践的能力。2001年,各中学广泛开展国防教育活动,中华路中学被中共甘肃省委和省政府、省军区、省国防教育委员会联合命名为甘肃省国防教育十佳阵地,定西中学被省国防教育委员会确定为甘肃省国防教育示范学校。2003年,开始实施《高级中学学生军事训练教学大纲》,每年对入学新生集中进行两个周的军事训练和军事常识教育。同年,东方红中学被国家禁毒委和教育部基础教育司列为"全国百所中学生毒品预防教育示范学校",公园路中学被教育厅确定为首批甘肃省教育科学研究所实验学校。2006年,初中毕业考试实行"5+X"制(语文、数学、英语、物理、化学5科和思想品德、历史)。2009年,有84名学生在全国初中数理化竞赛中获奖。2010年秋季学期,启动高中课改工作,全区11所普通高中从一年级开始执行新课程标准,对300余名高中一年级教学和管理人员进行岗前培训。

校外教育

2005年,由国家专项彩票公益金支持、地方政府配套,建成安定区青少年学

中小学生在安定区青少年学生校外活动中心观看星象

公园路中学开展科技实践活动

生校外活动中心（简称区学生校外活动中心）。区学生校外活动中心是全国第一批立项建设的学生校外活动场所，占地面积6760平方米，建筑面积1810平方米，建有活动室（厅、场）12个，设置科学探究、器乐等活动项目20余个。2009年，区学生校外活动中心被市委宣传部、市科协、市教育局确定为定西市"青少年科普教育基地""科普示范基地"。至2010年，区学生校外活动中心组织群众性活动36次，播放专题教育影片86场（次），接待中、小学生1.6万人（次）；在寒暑假、双休日及其他节假日，组织开放性活动年均160余天，接待学生及家长7.2万人（次）；组织兴趣小组活动45组（次），参加学生1.8人（次）。

高考升学

1977年恢复高考制度后，一直分为文科（语、数、外、史、地、政）和理科（语、数、外、理、化、生），并实行先地方或学校预选考生。1986年，全县有517名高中毕业生考入省内外高等院校和中等专业学校，其中，考入高校248人，考入中专学校269

定西市第一中学高考考点

人。1993年起取消预选，直接参加统考。1994年改革高考，实行3+2考试，所有考生考语、数、外，文科考史、地，理科考理、化。2000年，全县有1092名考生被全国各大专院校录取，高考录取人数首次突破千人大关；有657名学生考入中等专业学校，创15年来中考升学人数最高纪录。2002年再度改革高考，实行3+X考试，所有考生考语、数、外，文科考文综（政、史、地合卷），理科考理综（理、化、生合卷）。从2003年开始，高考时间由每年7月7日—9日，改为6月7日～9日。2010年，安定区考生考入高校4993人，其中，本科2691人；中专录取390人，共5383人。至2010年，考入全国知名院校的考生有1725人，其中，考入北京大学、清华大学和复旦大学的13人。

学校简介

定西市第一中学　位于城区正龙路，前身为定西中学，属甘肃省重点中学。学校占地面积13.5万平方米，为省内校园面积较大的中学。先后建成教学楼、办公楼、实验楼、学生公寓楼、体育场等，总建筑面积45482平方米。1998年，学校被评为甘肃省教育系统先进集体和省级文明单位。2001年，学校被评为甘肃省国防教育示范学校和甘肃省艺术教育先进单位。2003年9月，定西中学更名为定西市第一中学（简称市一中），隶属定西市教育局。2004年，改为高级中学，被确定为甘肃省示范性

定西市第一中学

普通高中。2009至2010年，先后被教育部和省教育厅确定为国家教育部重点实验项目实验基地、甘肃省普通高中课程改革实验样本校。2010年，有教职工204人，其中，高级教师62人，全国优秀教师和省特级教师6人，省管拔尖、创新人才和省、市级教学能手38人。有教学班48个，在校学生3000余人。25年来，学校先后向北大、清华等高校输送学生5000余人。

安定区东方红中学　位于城区凤羽街，属定西市重点中学。学校占地面积

东方红中学

51319平方米，建有教学楼、教学实验综合楼、学生宿舍楼、餐饮中心、多媒体教室和标准化操场等，设有多功能报告大厅、艺术排练厅和图书阅览厅等，总建筑面积37134平方米。2004年改为高级中学。2005年被列为市级示范性高中。2008年至2010年，每年高考本科上线人数都在800人以上。2010年，学校被评为甘肃省教育系统先进集体、甘肃省群众体育工作先进集体。是年，有教学班54个，在校学生3680人；教职工231人，其中，高级教师59人，区级以上骨干教师、学科带头人82人。25年来，学校获省部级奖11次，区级以上奖60余次。

定西市英才高级中学　位于城区民主路，2005年成立，为辖区唯一的一所民办公助高级中学。学校占地面积3.4万平方米，建有综合楼、学生公寓、图书馆、餐饮中心、塑胶操场等，建筑总面积3万平方米，总投资3288万元。2010年，有教职工132人，在校学生3249人。建校以来，学校每年高考本科上线人数在100~150人。学校被国家教育部、中国教师发展基金会、甘肃省民政厅分别评为全国先进

定西英才高级中学

社会组织、全国民办教育先进集体、甘肃省民办非企业单位自律与诚信建设先进单位。

1986—2010年初级中学发展概况表

表 17-1-6　　　　　　　　　　　　　　　　　　　　　　　　　　单位：个、人

年度	学校	班级	招生	在校学生	毕业学生	教　工　数				
						公办	民办	代理招聘	临工	总数
1986	12	446	5473	17349	3916	604	184	21	52	861
1987	14	452	5269	18875	4177	594	187	66	43	890
1988	17	461	5510	19490	4359	695	176			871
1989	17	448	5317	17607	4561	670	168	1	7	846
1990	17	386	5411	14601	4707	692	161	1	7	861
1991	19	374	5555	16718	4850	836	153	15	46	1050
1992	20	371	5568	16003	4900	882	100	40	27	1049
1993	21	369	5509	15484	4404	971	89	42	49	1151
1994	21	376	6208	16596	4393	1031	62	1	18	1112
1995	21	389	5704	17366	4870	1060	29			1089
1996	21	384	5709	17650	5235	1102	21		16	1139
1997	22	387	6170	18085	5695	1069	16	112		1197
1998	22	404	6690	18613	6124	1116	6	103		1225
1999	22	423	7786	20517	5690	1157		72		1229
2000	22	445	9098	23554	6086	1267		70		1337
2001	22	489	10328	27429	6928	1384		76		1460
2002	23	533	11398	30920	8143	1504		97		1601
2003	23	579	11938	34528	9036	1696		87		1783
2004	23	599	11507	35751	11035	1784		58		1842
2005	24	609	10965	35009	12258	1861		46		1907
2006	24	607	11174	34950	12208	1865		34		1899
2007	24	461	1920	25709	12236	1798		25		1823
2008	24	475	10105	25508	12181	1779		21		1800
2009	24	461	8551	23170	13210	1733		14		1747
2010	23	527	6629	24971	4258	1801		15		1816

1986—2010年高中教育发展概况表

表 17-1-7   单位:个、人

年度	学校数	班级数	招生数	在校生数	毕业生数	教职工数
1986	6	82	1447	5258	1437	221
1987	5	84	1583	3920	1566	242
1988	6	88	1916	5608	1694	262
1989	6	84	1811	5382	1810	275
1990	6	87	1744	5470	1979	288
1991	6	98	1693	5810	2190	313
1992	6	94	1373	5162	2047	304
1993	6	85	1153	3603	2236	282
1994	6	80	1138	3597	1409	295
1995	6	89	1234	4112	1369	290
1996	6	88	1345	4283	1185	291
1997	7	88	1348	4391	1636	348
1998	7	90	1664	4276	1741	330
1999	7	91	1591	5033	2338	357
2000	7	99	1937	5429	1838	324
2001	7	113	2402	7128	1890	316
2002	7	137	3292	8942	2191	360
2003	8	159	3590	10118	3083	422
2004	8	182	4410	12141	3421	533
2005	8	230	5146	15558	4162	551
2006	8	280	5400	18088	5942	628
2007	8	299	5550	18864	7518	654
2008	7	310	5595	20128	6421	601
2009	7	322	6209	21178	6262	628
2010	7	304	3307	18924	8340	623

说明:本表教职工数不含定西市一中、定西教育学院附中和民办中学。

1986—2010 年安定区(定西县)高考升学概况表

表 17-1-8   单位:人

年度	总计	普通高校			中专	
		合计	本科	专科	高中中专	初中中专
1986	517	248			72	197
1987	437	232			79	126
1988	476	253			75	148
1989	501	249			63	189
1990	512	270			46	196
1991	554	305			56	193
1992	564	329			52	183
1993	707	463			83	161
1994	721	483			53	185
1995	749	546			47	186
1996	721	446			69	206
1997	779	458			81	240
1998	918	580			96	242
1999	1287	876			77	334
2000	1749	1092			35	622
2001	3124	2471	612	1859	未录取	653
2002	2991	2153	686	1467		838
2003	3219	2430	805	1625		789
2004	2678	1983	568	1415		695
2005	2839	2278	1101	1177(高职682)		561
2006	3214	2876	1535	1341(高职836)		338
2007	3236	2863	1620	1243(高职667)		373
2008	4181	3803	1968	1835(高职1055)		378
2009	4592	4252	2120	2132(高职1189)		340
2010	5383	4993	2691	2302(高职1478)		390

第六节 中等专业与职业技术教育

中等专业学校

1986年,辖区有定西地区卫生学校(简称定西卫校)和定西地区体育运动学校(简称定西体校)2所中等专业学校。1995年、1996年,定西卫校获国家人事部、卫生部、医药管理局授予的"全国卫生系统先进集体"称号,定西体校被国家体育总局评为全国群众体育先进集体。2000年,定西体校又获国家教育部、国家体育总局授予的"全国青少年体育训练先进集体"称号。2009年8月,经省教育厅审批,定西职业中等专业学校改为定西理工中等专业学校(简称定西理工中专),为全日制普通中等专业学校,隶属于安定区人民政府管理。2010年,辖区有3所中等专业学校,在校(籍)学生14659人,有教职工375人。

学校简介

定西市卫生学校 位于城区解放路,属国家级重点中等专业学校。1956年创建于兰州,1970年迁至定西。学校占地面积8.7万平方米,建筑面积4.7万平方米。1986年以来,在开设中专课程的同时,与省电大、兰州医学院、省中医学院联办成人医学检验、临床医学等大专班,在全省率先开办乡村医生、乡镇卫生院专业技术人员中专学历函授教育班。学校每年与市人才交流中心联办毕业生人才交流洽谈会,并与省内外23个单位、7个医院签订用人和就业实习协议。2010年,学校开设医学检验、妇产、卫生检验、乡村医生等12个专业,在校(籍)学生9499人,有教职工148人,其中,高级讲师42人。至2010年,共毕业学生2.23万人,年均就业率为94.5%。学校曾获全国卫生系统先进单位、省级文

2008年1月,定西市卫校获得全国红十字模范校,同学们怀着喜悦的心情观看奖牌

明单位等荣誉称号。

定西理工中等专业学校　始建于 1985 年,时称定西县职业中学,校址在城区永定路。学校占地面积 31968 平方米,建筑面积 26568 平方米。1992 年,学校通过省教委 B 级验收,被确定为甘肃省职业高中示范学校。1994 年 8 月,改为定西职业中等专业学校。2001 年,学校通过省上 A 级验收,被确定为省级重点职业高级中学。2005 年,晋升为全国重点中等职业学校。2009 年 8 月,改建为定西理工中等专业学校。学校开设六大

定西理工中等专业学校

类 14 个专业,建有计算机应用技术、汽车驾驶与维修、机械加工和综合畜禽养殖 4 个实训基地,有各类实训车间 40 余个。在省内外建立 30 余个毕业生就业基地,并在上海建立实习就业管理站,长期跟踪管理实习和就业学生。近三年,有 3600 余名毕业生就业,稳定就业率达 96%。2010 年,在籍学生 5000 余人,教职工 189 人,其中,高级教师 33 人。学校曾获甘肃省教育系统先进集体、职业教育先进集体、学校艺术工作先进集体、勤工俭学先进集体等省级荣誉称号。

2010 年中等专业学校一览表

表 17-1-9

校名	建校时间(年)	占地面积(m²)	建筑面积(m²)	班级数(个)	在校生数(人)	教职工数(人)	主　要　专　业
定西市卫生学校	1956	87204	47065	72	9499	148	检验、药剂、卫生保健、护理、助产、涉外护理、康复技术、食品工艺、口腔工艺技术等

续表 17-1-9

校名	建校时间(年)	占地面积(m²)	建筑面积(m²)	班级数(个)	在校生数(人)	教职工数(人)	主 要 专 业
定西理工中等专业学校	1985	31968	21568	60	5000	189	计算机网络技术、电子技术应用、机电技术应用、电气技术应用、数控技术应用、电算会计、电子商务、市场营销等
定西市体育运动学校	1986	26770	15000	4	160	38	田径、男子篮球、武术、柔道、跆拳道、垒球等

中等职业技术教育

1986 年,定西县有县职业中学、内官营农业中学、西巩驿农业中学、团结农业中学和县卫生学校、县农业技术广播学校 6 所中等职业技术学校。1990 年,县职业中学、内官营农业中学、西巩驿农业中学、团结农业中学分别改为定西县第一、二、三、四职业中学,县卫生学校更名为定西县卫生职业技术学校。1994 年 8 月,第一职业中学经省计委和省教委批准改为甘肃省定西职业中等专业学校(简称定西职专)。1997 年,县第四职业中学改为团结初级中学。1998 年,以定西职专为基地,建立定西县职业技术教育发展中心。2000 年,定西职专被列为甘肃职业教育"461"工程建设项目学校。第二职业中学和第三职业中学分别更名内官营职业中学、西巩驿职业中学。2003 年,定西职专被教育部确定为国家级中等职业学校,被教育厅评为全省职业教育先进单位。同年,西巩驿职业中学改为西巩驿中学。2004 年,内官营职业中学并入定西职专,设立为定西职专内官营分校。2006 年,定西职专被教育部列为国家级重点中等职业学校。2007 年,成立定西市机电工程学校(民办中等职业技术学校),当年招生 1064 人。2008 年,西巩驿中学恢复西巩驿职业中学名称。2009 年 8 月,定西职业中等专业学校改办为定西理工中等专业学校(简称定西理工中专)。2010 年,辖区有西巩驿职业中学、区卫生职业技术学校和定西市机电工程学校 3 所中等职业技术学校,就读学生 3287 人,有教职工 190人。

1986—2010 年中等职业技术教育概况表

表 17-1-10　　　　　　　　　　　　　　　　　　　　　　　　单位:所、人

年　度	学　校	招　生	在校学生	毕业生	教职工
1986	4	427	1011	94	99
1987	4	540	1279	279	111
1988	4	407	989	357	115
1989	4	281	712	322	122
1990	4	281	731	255	122
1991	4	366	843	184	124
1992	4	412	964	293	137
1993	4	341	806	240	144
1994	4	457	615	373	115
1995	4	300	652	163	125
1996	3	463	1004	203	124
1997	3	502	1165	210	117
1998	3	501	984	305	122
1999	3	468	984	342	120
2000	3	562	1179	434	136
2001	3	753	1387	545	157
2002	3	886	1846	423	143
2003	3	720	1596	635	132
2004	3	899	1807	688	150
2005	3	1398	2653	543	158
2006	3	1326	2469	616	165
2007	2	3463	5122	810	163
2008	2	2454	6912	607	251
2009	2	3187	8389	1615	270
2010	2	2372	7577	2632	264

第七节 高等教育

高等教育概况

1986年，辖区只有定西教育学院（简称定西教院）1所高等学校。1988年，成立甘肃广播电视大学定西地区分校（简称定西电大）。2003年，定西教院改建为定西师范高等专科学校（简称定西师专）。2010年，两所高校有教职工398人，其中，教授、副教授101人，在校（籍）学生11094人。25年来，两所高校为本区和周边县培养各类人才2.6万人。

学校简介

定西师范高等专科学校　位于城区西郊。1986年，称为定西教育学院，属成人高等师资培训专科学校，开设小教师资、汉语言文学、英语、数学等9个大专专业和中文、数学2个函授专业。2000年，学校招生列入国家普通高等教育招生计划，始设高职专业，并与兰州大学联办区域经济研究生课程进修班。2003年4月，经教育部批准改建为定西师范高等专科学校（简称定西师专）。学校占地面积23.8万平方米，建有6个实验室、9个微机室、26套多媒体投影教学

定西师范高等专科学校成立典礼

系统、语音教学系统和现代远程双向网络教育系统，建筑总面积11.7万平方米，固定资产1.4亿元。2010年，学校开设成人、高职和普通师范专科专业23个，设立全国计算机和英语等级考试考点、普通话等级测试站、中德合作同济大学职教师资培养项目甘肃基地、定西市国家职业技能鉴定所和定西市继续教育基地。有教职工308人，其中，教授4人，副教授86人，研究生学历教师60人，全国和省级优秀教师20余人，在校（籍）学生5200人。至2010年，先后培训中小学教师和校长7000余人（次），为定西市及周边地区培养专科学历中小学教师和其他类型人才6400余人。

甘肃广播电视大学定西市分校　简称定西电大,位于城区正龙路,1988 年 4 月成立,下设陇西、通渭、临洮、渭源、漳县、岷县 6 县电大工作站。学校成立初期,主要通过组织收看中央电大播放的电视课程和面授教学、看录像、听录音等形式进行教学工作。2000 年,实施中央广播电视大学人才培养模式改革和开放

甘肃广播电视大学定西市分校

教育试点项目,电大教育由广播电视教育阶段步入远程开放教育阶段。2006 年,试点项目通过教育部和省教育厅评估验收,获优秀等级。2008 年,市政府在新城区划拨 3.7 万平方米土地建设定西电大新校园,建成教学楼、宿舍楼、综合服务楼等,建筑面积 2.2 万平方米。2010 年,学校开设 17 个本科专业和 18 个专科专业,开办教育部"一村一名大学生计划"项目,启动奥鹏教育,开拓非学历教育。是年,有教职工 45 人,其中,高级职称 11 人,在籍学生 5894 人(校本部约 3000 余人)。定西电大建校以来先后为社会培养各类人才 1.3 万余人。

第八节　成人教育

扫盲与培训

1986 年至 1989 年,全县举办扫盲班 228 期(次),参加学员 7018 人;举办各类实用技术培训班 500 余期,培训农民 4.3 万人(次)。1990 年,全县办扫盲班 252 期(次),有 8800 余人脱盲,占文盲半文盲 5.5 万人的 16%,有 3 个乡(镇)实现基本脱盲。1991 年,全县青壮年非文盲率达 81.6%,有 10 个乡(镇)达到国家规定的基本脱盲标准。1994 年,定西县青壮年非文盲率提高到 88.2%,通过省颁基本脱盲标准验收,被省教委评为全省扫除文盲工作先进集体。1995 年,实施县委、县政府制定的《定西县成人教育及高标准扫除青壮年文盲规划》,有 12 个乡镇通过高标准脱盲验收,全县非文盲率达到 91%。同年,各乡镇开始成立农民技校。2000 年,定西县青壮年非文盲率和巩固率均达 95% 以上,通过国颁基本脱盲验收,教育部颁发基本扫除青壮年文盲县合格证、牌。当年全县成立乡镇农民技校 25 所、村农民技校 297 所,举办各类实用技术培训班 76 期,80% 的青壮年农民接受培训一次以上,共投入

扫盲和培训经费62.8万元。2006年,全区青壮年非文盲率为97.2%,参加农村各类实用技术培训的有1.6万人(次)。2010年,各乡镇(学区)配备扫盲专干,深入开展扫盲工作,全区青壮年非文盲率达98.1%,发放脱盲人员小学成人毕业证2.5万本。

自学考试

1986年,成立定西县自学考试办公室,负责自学考试各项管理工作,省自考办开始在定西县设立考场。全县报名参加高等教育和中等教育自学考试的有2040人,其中,高等教育1425人,中等教育615人,获得单科合格证的966人。至1989年,全县有98人通过自学考试取得大专毕业证书,14人取得中专毕业证书。1990年,全县有5557人报名参加自学考试,其中,高等教育4333人,中等教育1224人,有16人取得大专毕业证书。1991年,参加自学考试的人数达6006人,是历年参加自学考试人数最多的一年。2004年,参加高等教育自学考试的有3977人,获得单科合格证的2076人,取得本、专科毕业证书的201人,区教体局被评为全省自学考试工作先进集体。2010年,有3561人报名参加高等教育自学考试,3588人获得单科合格证,197人取得高等教育毕业证书,其中,本科165人,专科32人。至2010年,全区有3058人通过自学考试取得高等、中等教育毕业证书,其中本科1077人,专科1923人,中专58人。

1986—2010年自学考试概况表

表17-1-11　　　　　　　　　　　　　　　　　　　　　　　　　　　单位:人

年份	总人数		高等教育					中等教育		
	报考人数	毕业人数	报考人数	获单科证人数	毕业人数	本科	专科	报考人数	获单科证人数	毕业人数
1986	2040	18	1425	687	18		18	615	279	
1987	2672	40	1958	905	36		36	714	282	4
1988	2965	27	2015	787	19		19	950	399	8
1989	2827	27	2181	1077	25		25	646	222	2
1990	5557	16	4333	1663	16		16	1224	293	
1991	6006	38	5542	1330	38	1	37	464	144	
1992	4654	52	4575	1598	49	3	46	79	39	3
1993	3280	75	3188	1586	73	2	71	92	41	2
1994	4042	193	3802	1839	188	2	186	240	212	5

续表 17-1-11

年份	总人数		高等教育					中等教育		
	报考人数	毕业人数	报考人数	获单科证人数	毕业人数	本科	专科	报考人数	获单科证人数	毕业人数
1995	5100	117	4862	2111	106	8	98	238	125	11
1996	4232	131	4119	1781	117	10	107	113	70	14
1997	3858	110	3758	1713	108	11	97	100	62	2
1998	3879	97	3749	1467	95	12	83	130	90	2
1999	3737	128	3731	1622	127	22	105	66	51	1
2000	3664	193	3644	1797	191	48	143	20	10	2
2001	4593	158	4585	2595	156	49	107	8	5	2
2002	4185	230	4185	2768	230	58	172			
2003	3499	242	3499	1965	242	108	134			
2004	3977	201	3977	2076	201	107	94			
2005	5188	194	5188	2569	194	57	137			
2006	4701	209	4701	3302	209	131	78			
2007	4020	140	4020	2104	140	108	32			
2008	2647	109	2647	1617	109	87	22			
2009	2991	116	2991	1665	116	88	28			
2010	3561	197	3561	3588	197	165	32			

第九节 教师队伍

教师队伍概况

1986年,全县有教师3540人,其中,公办教师1883人,民办教师1657人。教师数远未达到规定编制,此后,在分配师范类大中专毕业生的同时,采取多种方式发展教师队伍。1987年至1999年,招转民办教师1099人,其中,民教班招录239人,转正860人,全县民办教师全部转为公办教师。1990年至2008年,从"五大生"和普通高校毕业生中考录教师500余人,清退所有代课教师。2010年,全区教师队伍发展到5468人,其中,男教师3462人,女教师2006人;幼儿园教师275人,小学教师2505人,初中教师1801人,高中教师623人,中等专业和职业技术学校教师264人;副高职称244人,中级职称2117人,初级职称2654人,共5015

人,占教师总数的91.7%;大专以上学历4012人(本科1640人,大专2372人),占教师总数的73.4%。小学、初中、高中教师学历合格率分别为98.4%、96.5%、91.1%。

1986—2010年安定区(定西县)公办教职工统计表

表 17-1-12
单位:人

年份	教师总人数		各类学校教师人数				
	合计	其中女	高中	初中	中等职业学校	小学	幼儿园
1986	1883	496	221	604	99	861	98
1987	1896	435	242	594	111	823	126
1988	2113	318	262	695	115	913	128
1989	2165	416	275	670	122	983	115
1990	2218	446	288	692	122	1001	115
1991	2433	501	313	836	124	1004	156
1992	2618	513	304	882	137	1113	182
1993	2744	475	282	971	144	1153	194
1994	2949	544	295	1031	115	1220	288
1995	3115	614	290	1060	125	1371	269
1996	3329	694	291	1102	124	1556	256
1997	3646	774	348	1069	117	1867	245
1998	3767	837	330	1116	122	2004	195
1999	4043	890	357	1157	120	2176	233
2000	4158	964	324	1267	136	2199	232
2001	4365	1092	316	1384	157	2286	222
2002	4516	1130	360	1504	143	2287	222
2003	4910	1238	422	1696	132	2423	237
2004	5189	1347	533	1784	150	2482	240
2005	5296	1623	551	1861	158	2481	245
2006	5346	1628	628	1865	165	2439	249
2007	5380	1721	654	1798	163	2519	246
2008	5516	1819	601	1779	251	2628	257
2009	5474	1978	628	1733	270	2587	256
2010	5468	2006	623	1801	264	2505	275

1986—2010年安定区大中专毕业生分配概况表

表 17-1-13

单位:人

年份	小计	本科	专科	中专	年份	小计	本科	专科	中专
1986	101	2	31	68	1999	185	6	84	95
1987	35	5	12	18	2000	164	12	73	79
1988	96	10	17	69	2001	262	8	112	142
1989	144	9	32	103	2002	266	3	133	130
1990	166		74	92	2003	417	15	228	174
1991	121	6	61	54	2004	296	34	195	67
1992	137	1	55	81	2005	217	53	108	56
1993	172		68	104	2006	151	62	63	26
1994	119		38	81	2007	130	85	37	8
1995	142	3	44	95	2008	221	119	96	6
1996	157	1	69	87	2009	238	149	89	
1997	192	2	80	110	2010	144	84	60	
1998	180	10	70	100					

1987—1999年民办教师转招概况表

表 17-1-14

单位:人

年份	民教转正	民教班招收	年份	民教转正	民教班招收	年份	民教转正	民教班招收
1987	89		1992	49	22	1997	158	14
1988	16		1993	31	31	1998	221	
1989	25	20	1994		37			
1990	14	32	1995	131	30			
1991	55	17	1996		36			

师德建设

1986年,在全县开展教风教育和整顿活动。1991年,组织全县教师学习《教育法》《教师法》《中小学教师职业道德规范》等教育法律法规,进行依法执教和依法治校教育。1998年至1999年,组织全县教师学习贯彻新颁布的《中小学教师职业道德规范》。 2004年,建立假期教师集中学习教育制度,并将每学期开学前一周定为教师职业道德建设周,实行师德师风"一票否决制"。2005 年,贯彻执行市教育局制定的教师职业道德建设"八条禁令"及"三项处罚措施"。2007 年,各学校完善教师学习、例会、考勤、考核等制度,建立健全师德师风评议制度。 2009 年至 2010 年,组织全区教师开展"加强师德师风建设,办人民满意的教育"、"创先争优当师德标兵"等主题讨论和实践活动。

教师培训

1986 年,组织中小学教师参加教材教法过关培训和考核,有 1247 名教师取得专业合格证。从 1987 年开始,逐步开展教师学历达标培训、中小学校长培训、学科短缺教师培训和骨干教师培训。至 1998 年,有 1017 名教师通过离职进修、函授和参加自学考试、卫电高师培训取得大专以上学历,培训中小学校长和英、音、体、美教师及骨干教师 252 人。1999 年至 2004 年,先后启动教师继续教育、新课程教师培训和新任教师岗前培训等工作。有 2646 名中小学教师参加省、地 (市)、县(区)举办的继续教育培训班学习,1300 余名教师参加新课程培训班,对新分配的 1590 名教师进行岗前培训和资格考核。2005 年,全区有 330 名中小学校长取得省教育厅颁发的岗位培训证书,完全小学以上学校校长全部持证上岗。与新东方教育科技集团联办中学英语教师培训班,培训英语教师 309 人。实施骨干教师"366"培养计划,培养市、区级骨干教师和省、市、区级青年教学能手 226 人。2010 年,培训中小学骨干教师、高中新课程改革年级专任教师、新教师、英语教师、班主任 2761 人。至 2010 年,累计培训教师 11500 余人(次),其中,参加省级培训的有 1992 人(次),有 2686 名中小学教师取得大专以上学历。

教师待遇

1986 年,进行工资套改,教师最高工资 230 元,最低工资 70 元。从 1988 年起,全县教师享受各项津贴,农村教师享受浮动工资。1993 年,公办教师工资实行专业技术人员工资标准,共有 2757 名教师参加工资套改,工资平均提高 35 元以上。民办教师每人每月增加工资和补助 45 元。1996 年,教师开始享受艰苦边远地区津贴及物价补贴。1997 年,招聘教师月工资标准每人提高 30 元。2000 年,中小学教师工资最高 1400 元,最低 700 元左右。2002 年,按照"以县为主"管理体制要求,农村教师工资全部由县财政拨付,保证教师工资按时、优先、足额发放。2006 年,大专以上和中专以下学历的招聘教师月工资分别增加到 940 元、820 元,给符合条件的不在岗代课人员发放一次性补助费和养老补助、工龄补助等。2010 年,在全区实行教师岗位绩效工资制,中小学教师月工资最高 3800 元,最低 2000 元。至 2010 年,全区有 621 名教师获全国劳动模范、全国优秀教师、全国模范教师等荣誉称号,251 名教师被评为甘肃省特级教师, 享受省政府特殊津贴,113 名教师获甘肃省"园丁奖",89 名教师被评为甘肃省骨干教师、青年教学能手,有 8 名教师担任过县(区)政协副主席。建教师住宅楼 12 栋 525 户。

第十节 教研与督导

教研机构

1986 年,县教育局设有教研室,各完全中学设有学科教研室(组),成立城区小学教育教学研究领导小组。1996 年,各学区成立教研室,配备专职教研员,城区各小学成立学科教研组,形成县、乡、校三级教研网络。1999 年,成立城区英语教研组。2005 年,建立 6 个义务教育阶段教研中心和 5 个高中学科教研中心,局教体局教研室聘请县级兼职教研员 29 人。

教研活动

1986 年,实施甘肃省"JIP"联合革新计划(联合国教科文组织亚太地区教育办事处亚洲教育革新为发展服务计划)实验项目,又称"提高小学生能力水平革新计划" 实验项目。县教育局确定大城小学、东关小学、内官营小学等 10 所城乡小学为该项目第一批实验学校,组织实验学校校长参加省上举办的项目培训班,选派实验班教师代表去武汉学习"六课型单元教学法",组织 10 校开展实验教学研究和观摩交流活动,实验班教学质量普遍提高。至 1989 年,10 所实验小学实验班双合率平均达 77.5%,比全县小学平均双合率高出 43.5%。此后,逐步扩展"JIP"计划实验项目学校,并在全县推广应用实验班教学方法。从 1995 年开始,组织教师围绕素质教育开展各科教研活动,鼓励教师撰写和发表交流教育教学论文。先后选派 500 余名教师到北京、西安、武汉等地学习先进的教育管理经验和教育教学方法,组织 160 余名中小学教师分别到兰州一些学校听课学习和参加地区组织的中学示范课教学活动,组织教师观看卫电中师教材录像、特级教师教学实录和各种教法改革录像。1999 年,组织 15 个学区 300 名教师观摩全省特级教师和青年教坛新秀的优质课教学,评选全县首批中小学"教学能手"和"教学新秀"137 人。同年,县教体局教研室创办《教育教研通讯》,选登全国教育教研信息,通报本县教育教研工作情况和刊登中小学教师教育教研论文等,定期出刊,给各直属校(园)

和学区发送。2002年至2005年,实施小学新课程改革实验和"中欧甘肃基础教育项目"。区教体局教研室先后举办新课程教师培训班3期,培训教师500余人。举办小学实验课程教学观摩研讨会,邀请北师大出版社编委、北京市特级教师作专题报告,本区5名教师进行示范教学,300余名小学教师听讲。组织344名教师参加省、市"新课程评价中的重点、难点及教学方式转变"研讨会、小学教学研讨会和班主任队伍建设与教学改革学术研讨会。组织城区骨干教师和青年教学能手"送教下乡",在70所农村学校上示范课200余节。组织中小学教师参加新课程优秀论文、教案评选活动,有100名教师获奖,其中,省级奖31人。有6名教师编辑出版教育教学专著。区教体局教研室被省教育厅评为甘肃省基础教育课程改革实验工作先进集体。2007年,选派46名语文骨干教师参加省教科所组织的全省小学语文课堂教学观摩研讨活动,观摩国家小学语文教学研究专家的阅读、习作课。2010年,为搞好高中新课改工作,区教体局教研室先后组织240名高中教师赴兰州、银川等地参加全国著名教育专家课堂教学研讨会和普通高中新课程改革研讨会。至2010年,全区有500余名教师获优质课奖,其中,省级92人,市级171人,730余名教师获省、市优秀教学案例奖。全区教师在地区级以上报刊发表各种教育教学论文889篇,其中,《中国教育》16篇,《北京教育》《甘肃教育》《陕西教育》等131篇。有24篇论文获甘肃省教育教学论文优秀奖和甘肃省教科所论文评比奖,其中一等奖6篇。有133项教研课题通过中央教科所、省教科所、省教育科学规划领导小组办公室和市教科所等主管部门鉴定结题,其中省级64项,有17人获省、市基础教育科研优秀成果奖。教师编辑出版专著28部。

教育督导

1988年县政府教育督导室成立后,围绕"两基"(基本普及九年义务教育、基本扫除青壮年文盲)和"两全"(全面贯彻党的教育方针、全面提高教育质量),采取平时督查和集中督查相结合的方法对全县教育工作进行督导。1994年,"普九"工作在全县分阶段推进,从当年开始,县教体局实行对各学区(校)《教育工作目标管理责任书》的考核、局机关干部包片联校制度,此项工作从此成为教育督导的常规化工作。1995年,县政府教育督导室会同县教体局有关股室对全县26个乡镇的"双基"开展情况进行全面督导检查。1998年,督导室落实教育部《关于在全国开展基础教育专项督导检查的通知》精神,分三个阶段督导检查全县基础教育各项工作进展情况。2000年,督导室抽调24人组成8个考核小组,对25个学区、17个直属校(园)落实《教育目标管理责任书》的情况进行督导检查和考核验收。2006

年10月,区督导室被省教育厅、省人民政府教育督导团评为甘肃省教育督导工作先进单位。

第十一节　基础设施建设

校舍建设

1986年,县财政拨款180万元建成中华路中学教学楼、县幼儿园教学楼和县职业中学教学楼,总建筑面积8181平方米。1988年至1989年,建成县职业中学2号教学楼, 建筑面积1789平方米,投资36万元,其中敬东厂捐资15万元, 学校集资4万元。西关小学集资4万元建教学楼。1990年至1995年,在全县开展集资办学和排危建校工作,实施县上校舍重点建设项目, 建成东方红中学、宁远中学、中华路小学(2幢)教学楼和大城小学、西关小学、朝阳小学、县教体局办公

东方红中学教学实验综合楼

楼,建筑面积8943.4平方米,总投资250.6万元,其中县财政拨款232.6万元,集资18万元。实施援助项目, 建成大城小学2号教学楼和城关乡南十里铺希望小学,建筑面积3004平方米,总投资137.5万元, 其中香港邵逸夫和杜晓山捐款70万元,地方(省、地、县)配套资金67.5万元。各乡镇也多方筹措资金排危建校,西寨乡群众集资30.7万元建成西寨初中教学楼,城关乡友谊村投资20万元建成友谊幼儿园(建教学楼1幢),城关乡利用35万元捐款建成

中华路中学教学楼

宁远中学

朝阳小学教学楼。全县95%的学校实现"一无两有"(无危房,有教室,有课桌凳)。1996年至2000年,实施"贫三"项目(世界银行贷款第三个贫困地区基础教育发展项目),改扩建巉口中心小学、青岚初中、宁远镇红土学校等农村学校20所(小学10所,初中8所,八年制学校2所),其中13所学校建3~4层教学楼,7所学校建砖木或砖混结构平房,建筑面积24420平方米,总投资1040.1万元,其中世行贷款509.85万元,县上筹集资金530.25万元。实施国家"义教工程"项目(国家贫困地区义务教育工程项目),改扩建宁远中心小学、石峡湾初中、杏园学校等农村学校18所(小学6所,初中5所,八年制学校7所),其中8所学校建2~3层教学楼,10所学校建砖木结构平房,建筑面积20913平方米,总投资949.25万元,其中中央拨付专款349.54万元,地方配套资金599.71万元(县上共筹集配套资金368.8万元),定西县被省政府评为全省"义教工程"项目先进县。实施职业技术教育项目,建成定西职业中专综合楼,建筑面积2474平方米,投资168万元,其中中央和省上拨款60万元,县上筹资40万元,其余自筹。实施援助项目,建成北关小学(建有4层教学楼一幢),建筑面积2429平方米,投资306万元,其中香港邵逸夫捐资50万元,地方配套资金256万元。改扩建白碌乡平定小学、西巩驿乡镇泰小学、上海希望小学等农村小学9所,建筑面积5504平方米,总投资293万元,其中台湾郑铭家、香港镇泰集团公司、上海同济大学等9个单位和个人捐资206万元,地方配套资金87万元。2001年至2009年,先后实施"转移支付"、"校舍维修

巉口中学

改造""高中扩招""中西部农村初中校舍改造"和"灾后维修重建"等基建项目。称钩驿金川小学、杏园大河学校、香泉民族中学等114所农村中小学实施转移支付项目,建筑面积35882.6平方米,总投资1718.36万元,其中转移支付资金1474.45万元,占总投资的85.8%。宁远中学、新集初中、凤翔镇李家咀学校、团结镇高泉小学等17所农村中小学实施校舍维修改造项目,建筑面积15857.4平方米,总投资1129万元,其中中央和省拨资金897万元,转移支付资金137万元,学校自筹和社会捐助资金95万元。东方红中学实施高中扩招项目,建筑面积1万余平方米,总投资约1000万元,其中,项目资金200万元,自筹资金5万元,不足资金在其他项目中逐年解决。李家堡初中、葛家岔初中等17所农村初中实施中西部农村初中校舍改造项目,建筑面积20440平方米,总投资2309万元,全部为中央和省拨资金。定西理工中专、东方红中学、中

内官营中学综合楼

上海瑞安公司援建的瑞安希望小学

巉口中学生物实验

华路中学、内官营中学、中华路小学、大城小学、石泉中心小学等 38 所中小学实施灾后维修重建项目,建筑面积 63496.9 平方米,总投资 8853 万元,其中中央和省拨资金 7992 万元,区乡配套 511 万元,社会捐助 350 万元。2010 年,开始实施"校安工程"项目,规划动工新建福台中学,分期完成东方红中学餐饮楼、宁远中学学生宿舍楼、团结初中教学楼等 12 所学校的项目建设任务,规划总面积 23295 平方米、建筑面积 2353 平方米,规划总投资 3638 万元,其中中央专项资金 2634 万元,省上专项资金 50 万元(用于东方红中学餐饮楼建设),区财政配套 178 万元,学校自筹 376 万元,其他 400 万元。年内,东方红中学、宁远中学和团结初中 3 所学校的项目建设工程已竣工并投入使用。

图书与仪器装备

1986 年,投入仪器装备资金 19.4 万元,重点装备东方红中学、中华路中学、内官营中学、巉口中学和部分初中学校,城区小学和乡镇中心小学配发数学教具箱、行程问题演示仪、教学挂图等,给中小学配发课桌凳 3000 套。1988 年,实施"实验中心"项目,建立李家堡初中、石泉初中和鲁家沟初中 3 个农村实验中心,按部颁二类标准共配备教学仪器 3 套,总价值 2.1 万元。1991 年,实施"世行贷款"项目,给 12 所初级中学共配备三类教学仪器 12 套及初中英语教学录音带等,总价值 19.4 万元。1993 年,全县有 264 所学校达到教学设备"六配套"标准,五年制以上学校全部配备"两箱两仪"。1996 年至 2000 年,实施"贫三"项目,17 所中学(6 所完全中学、2 所职中和 9 所初中、八年制学校)共配备初中三类仪器 17 套,55 所中学(6 所完全中学、2 所职中、20 所初中、27 所八年制学校)配备项目图书,总价值 98.88 万元。24 所城区小学和乡镇中心小学共配备小学二类仪器 24 套,50 所小学配备项目图书,总价值 71.65 万元。18 所"义教工程"项目学校共配备二、三类仪器 18 套、图书 8.4 万册、双人课桌凳 4861 套,总价值 201.3 万元。在此期间,学校购置课桌凳、办公桌椅 7385 套、图书

东方红中学物理实验室

11.4 万册(价值 57.8 万元)。社会各界给学校捐送图书 12.5 万册。2004 年,在全区中小学开展图书仪器配备达标工作。全区图书总量达 73 万册,城区小学 10 册/生,初中 15 册/生;农村小学 6 册/生,初中 10 册/生。实验室、图书室、仪器室、阅览室"四室"增加到 508 个, 总面积 1.9 万平方米。7 所完全中学图书仪器装备全部达到国家一、二类标准,32 所独立初中和八年制学校初中部达到国家三类标准,62 所小学达到国家二类标准,51 所小学达到国家三类标准,各小学均有"两箱三仪"(数学教具箱、自然教具箱、三球仪、地球仪、行程问题演示仪)。2010 年,全区生均拥有图书 14.4 册,演示实验开出率为 75%。

定西市第一中学图书馆

定西市第一中学化学实验课

信息化建设

　　1986 年,县教育局成立电教室,各中学和城区小学、乡镇中心小学也先后设立电教室,配备电教管理人员。1989 年,巉口乡、内官营镇设立电教中专班,石峡湾、宁远、西巩驿 3 乡设立电化教学点。1999 年,大城小学由天津河西区援助 40万元建成多媒体教室并开设计算机课, 成为全地区第一所开设计算机课程的学校。2001 年,局直属校(园)均有计算机教室,装配计算机 715 台,东方红中学和县职业中专建成校园网。2002 年,开始实施"中欧甘肃基础教育项目",在各乡镇逐步建立教育资源中心。2003 年,实施国家"农村中小学现代远程教育工程项目",全区有 174 所中小学校被纳入项目学校。至 2006 年,全区建立教育资源中心 26

定西理工中等专业学校微机室

个,装配计算机、投影仪、卫星接收器、激光打印机等设备952件(台、套)。252所小学装备卫星收视主控室、光盘播放室"两室",6所完全中学和20所初中、九年制学校装备计算机教室、多媒体教室、卫星收视主控室、光盘播放室"四室"。全区有计算机教室83个,计算机4221台,生机比为23∶1。有多媒体教室97个,教学光盘播放设备970套,全区远程教育覆盖率达94%。2008年,19个学区和16所直属校(园)安装OA办公系统,36所中小学开通校园宽带网,全区中小学有计算机4243台。2010年,全区中小学有计算机教室91个,多媒体教室234个,卫星接收设备325台,计算机5959台,生机比为14∶1,教育系统实现办公自动化。

第十二节　教育经费

经费管理

1986年,实行"划分税种、核定收支、分级包干"的财政体制。县教育局直属校(园)经费由县财政拨付,其他学校经费由乡财政拨付。2002年,实行以县为主的教育管理体制后,全县教师工资和学校基建维修、公杂开支、校产购置及教师福利、学生助学金等费用均纳入国家经济计划,按县财政局规划数字,由县教育局统一筹划拨付各校。同年秋季,中小学实行"一费制"(一次性向学生收取每学期的杂费、课本费、作业本费等三项费用),收费实行填卡、公示和亮证制度,接受社会监督。

经费来源

1986年以来,教育经费(教职工工资、校舍建设资金、学校办公费、"两免一补"资金等)一直以中央财政和省、地(市)、县(区)地方财政拨款为主,高中收取学费和杂费,小学和初中收取杂费(2007年始免收),部分学校通过发展校办产业和勤工俭学补充教育经费。从 1988 年开始,一些单位和个人陆续捐资助学。1992年,开始在城乡征收教育费附加。1996 年,开始实施各类教育发展项目,逐步加大教育投资力度。2004 年秋季学期始,逐步实施"两免一补"(义务教育阶段学生免除学杂费,免费提供教科书,给寄宿制贫困学生补助生活费)政策,免除的学杂费、教科书费和寄宿补助费由中央财政和地方财政按比例拨付给学校。2006 年,安定区被列入首批农村义务教育经费保障新体制实施区(县),农村义务教育经费全部纳入公共财政保障范围,建立中央和地方分项目、按比例分担农村义务教育经费保障机制。2007 年,开始实施"大学生生源地信用助学贷款"项目(政府和国家开发银行联合项目)。

财政拨款

1986 年,全县教育经费总支出 524.9 万元,其中校舍建设等公用经费 119.6 万元,生均占有教育经费 69.8 元。1999 年,全县教育经费总支出 3434 万元,其中校舍建设、特殊教育等公用经费 230 万元,生均占有教育经费 363.7 元。2010 年,全区教育经费支出 35424.1 万元(中央预算内教育经费投入 10237.8 万元),其中,校舍建设、"两免一补"等公用经费 9042.6 万元,生均占有教育经费 4202.6 元。

项目资金

1996 年至 2000 年,"贫三"项目总投资 1576.3 万元, 其中改扩建校舍资金 1040 万元,仪器设备购置资金 16.7 万元,图书购置资金 74.7 万元,其他资金 444.9万元。"义教工程"项目总投资 1244.7 万元(中央财政拨付 461 万元,地方财政拨付 783.7 万元),其中改扩建校舍资金 944.3 万元,仪器设备购置资金 95.82 万元,图书购置资金 74.7 万元,课桌凳购置资金 38.1 万元,其他资金 91.76 万元。

1986—2010年安定区(定西县)教育经费支出统计表

表17-1-15

年度	教育经费占财政支出比重			公用经费占教育经费支出比重		生均占有教育经费	
	财政总支出(万元)	教育经费支出(万元)	所占比例(%)	公用经费支出(万元)	所占比例(%)	学生数(人)	生均占有经费(元)
1986	2428.0	524.9	21.6	119.6	22.8	75182	69.8
1987	2163.6	553.5	25.6	140.3	25.3	76335	72.5
1988	2667.4	671.3	25.2	139.7	21.8	71312	94.1
1989	2870.5	720.2	25.1	129.3	18.0	71683	100.5
1990	3055.7	832.8	27.3	170.5	20.5	67523	123.4
1991	3230.9	840.4	26.0	130.8	15.5	66477	126.4
1992	3738.0	1013.5	27.1	127.4	12.6	64178	157.9
1993	4092.0	1156.4	28.2	121.4	10.5	69437	166.5
1994	4137.6	1332.8	32.2	29.4	2.2	66737	199.7
1995	5591.0	1924.0	34.4	52.0	2.7	74057	259.8
1996	6135.0	1842.0	30.0	24.7	1.3	84015	219.3
1997	7526.0	1923.0	25.6	30.5	1.6	86672	218.4
1998	8590.0	2482.0	28.9	20.0	0.8	91896	270.1
1999	10547.0	3434.0	32.6	230.0	6.7	94417	363.7
2000	14584.0	4211.0	28.9	273.0	6.5	98817	426.1
2001	19501.0	5103.0	26.2	369.0	7.2	102357	498.6
2002	23827.0	6942.0	29.1	584.7	8.4	106765	650.2
2003	26747.0	8414.6	31.5	955.1	11.4	105938	794.3
2004	28414.0	8963.0	31.5	748.4	8.4	104269	859.6
2005	34595.0	9320.0	26.9	714.2	7.7	101838	915.2
2006	46746.0	15030.3	32.2	3794.8	25.3	99105	1516.6
2007	65528.0	18508.7	28.3	3016.3	16.8	95876	1930.5
2008	91484.0	27539.0	30.1	7316.3	26.6	92248	2984.1
2009	117280.0	28031.0	23.9	5961.0	21.3	87855	3190.5
2010	140948.0	35424.1	25.1	9042.6	25.5	84291	4202.6

2002年至2009年,危房改造、高中扩招、农村初中校舍改造、转移支付、校舍维修改造、灾后维修重建、农村初中等项目总投资17606万元。2010年,"校安工程"项目规划总投资3638万元。

学费杂费

1986年,高中收取学费杂费,小学和初中只收取杂费。1992年至2001年,各学校和幼儿园按定西地区教育处、物价委员会、财政处制定的普通中小学、幼儿园收费项目及标准收取学费杂费。2002年春季学期开始,农村学校收费实行"一费制"(初中每学期每生115元,小学每学期每生60元)。2004年至2006年,小学、初中部分学生免收杂费。2007年秋季学期开始,全区小学、初中学生全部免除杂费。

"两免一补"资金

2004年秋季学期始,逐步实施义务教育阶段"两免一补"政策,免除的学杂费资金由中央财政奖励50%,其余资金由省级和市区财政按5:5比例分担;免费提供教科书资金由中央财政全部承担;家庭经济困难寄宿生补助金由中央和地方财政按照5:5比例分担,地方财政分担资金由省级财政和市区财政按照6:4比例承担。当年,全区有58995名小学和初中学生享受免费教科书,占小学和初中学生总数的62.7%,中央财政拨付免费学生教科书费239.5万元。2009年秋季学期起,中等职业学校家庭经济困难和涉农专业学生免除学费,由中央和省级财政按8:2比例分担。2010年,全区有53127名小学和初中学生免除学杂费,50842名学生享受免费教科书,分别占学生总数的100%、96%,6143名初中和中职学校寄宿学生享受补助费,占寄宿生总数的78%,中央和地方财政共拨付"两免一补"资金3429.6万元。

教育费附加

1992年,开始征收教育费附加。农村教育费附加按照乡征、县管、乡用的政策征收和使用。至2000年,全县共征收教育费附加2960.7万元。2002年,农村费改税后,停止农村教育费附加征收。2004年至2010年,全区共征收教育费附加3157万元。

2004—2010 年"两免一补"专项资金统计表

表 17-1-16　　　　　　　　　　　　　　　　　　　　　单位:人、万元

年份	免除学杂费			免费提供教科书			补助寄宿生生活费		
	人数	金额	占百分比	人数	金额	占百分比	人数	金额	占百分比
2004				58995	239.5	62.7			
2005	34751	223.5	38.9	33444	335.4	38.90	903	23.0	26.0
2006	71927	1688.0	72.5	57256	370.0	72.2	4819	115.3	84.0
2007	74157	1643.5	100.0	56630	387.6	76.4	6034	256.2	100.0
2008	67386	2005.0	100.0	59444	504.7	88.2	5031	360.0	81.0
2009	60640	2109.0	100.0	52838	512.0	90.0	5012	366.0	71.0
2010	53127	2430.0	100.0	50842	550.6	96.0	6143	449.0	78.0

勤工俭学收入

1989 年,全县有 315 所学校开展勤工俭学活动,占学校总数的 69.5%,有农场 65.9 公顷,林场 70.8 公顷,校办工厂 8 个,第三产业 19 个,生产总值 17.4 万元,纯收入 12.5 万元,生均 1.8 元。1995 年,勤工俭学开展率为 94%,有农业基地 325 个,工业、企业和第三产业 25 个,总收入 50 万元,生均收入 7 元。2000 年,全县勤工俭学开展率达 99%,有各类生产基地 325 个,土地面积 172 公顷,校办产业 7 个,第三产业 25 个,总收入 118.5 万元,生均收入 17 元。2005 年,全区有 100 所校园经济重点学校,勤工俭学总收入 135 万元,生均收入 19 元。2005 年以后,随着义务教育阶段经费保障机制的建立,教育经费运转正常,大部分学校停办各类校办产业。

社会捐助资金

1988 年,国有敬东厂捐款 15 万元帮助县职中建教学楼。此后,社会各界和香港、台湾同胞踊跃捐款,大力支持定西县(安定区)发展教育事业。至 2010 年,共接受社会各界和海外同胞捐款 2313.9 万元,其中,捐款 10 万元以上的有 58 个单位和个人(见附表),新建和改扩建学校 72 所。未列入附表捐款名单,捐款捐物的还有美国欣欣教育基金会、美籍华人邵子凡夫妇、广州越秀丰达公司总经理陈宝丰、上海市审计事务所、上海城建学院教授陈德坤、浙江舜杰建筑集团公司、上海钢琴有限公司陈心斌、同济大学软件学院陈旭日、民进浙江省湖州市委、上海叶兴公司、兰

州乐邦公司、甘肃瓜州宏光建业有限责任公司经理成文笔、甘肃省扶贫办、金川公司、兴隆房地产公司、甘肃新潮装饰公司经理王文奎、定西师专、定西市体委、定西市消防支队、定西地区中兴安装公司经理赵宁、定西县三建公司铝合金门窗厂厂长景利明、定西红星家具有限责任公司经理赵少欣、满江捐助小组等。

1988—2010 年捐资 10 万元以上单位或个人名录

表 17-1-17   单位:万元

年份	捐助单位或个人	捐助金额	年份	捐助单位或个人	捐助金额
1988	国有敬东厂	15	2005	上海市建业集团公司	40
1990	兰州市七里河区煤炭运销处李生江	35	2005	兰州市演艺界	15
1994 1997 2001	香港邵氏影视集团公司董事长邵逸夫	115	2006	上海康乃尔投资有限公司叶银兴	25
1994	香港新界社团联会大陆代理人杜晓山	20	2006 2007	民盟中央、上海建桥集团	78
1996	香港镇泰集团公司	20	2006	浙江金华金盾公司	10
1996	香港新华银行秦锦钊	20	2006	上海市政府	40
1997	广州市妇女联合会	20	2006 2007	省侨联	捐11,联系捐21
1997	中国南方航空公司飞行部	15	2006	国芳百盛集团公司	25
1998	台湾古奇峰观光公司董事长郑铭家	50	2006	华夏基金会	160
1998	贝林达装饰公司	10	2007	山西百圆裤业	15
1998	上海同济大学	28	2007	金川公司	35
1999	天津师范大学	10	2008	香港小平教育基金会	12
1999	北京市少先队组织	40	2008	深圳房地产公司周旭	25
1999	亚欧友谊促进会	40	2008	香港慈善会	84
2001 2002 2007	定西县第三建筑公司总经理景利军	20.6	2008	青岛海沃置业有限公司董事长李永新	30
2001	香港爱国人士李嘉诚	45	2009	香港游汉雄夫人	20
2001	台湾慈心基金会	15	2009	香港惩教社余启繁	20

续表 17-1-17

年份	捐助单位或个人	捐助金额	年份	捐助单位或个人	捐助金额
2002	天津红十字会	10	2009	香港慈善人士潘元培	18
2002	美籍华人张汝京	32	2009	香港健行杏社	20
2002	天津对口支援项目	30	2009	田青青联系加拿大华侨	25
2003 2010	甘肃常安置业有限责任公司总经理常贵	30.4	2009	北京仁爱慈善基金会	26
2003	甘肃省慈善会	10	2009	中国红十字会	90
2003 2004	浙江省金华市	61	2009	甘肃烟草公司	80
2004	上海瑞安公司	75	2010	兰州军区	60
2004	浙江金华基业公司	20	2010	香港古天乐慈善基金会	36
2004 至 2009	台湾台塑集团董事长王永庆	180	2009	可口可乐公司	100
2005	李钜能香港九龙东区扶轮社	14.8	2010	上海恩德斯豪斯公司总经理助理陈曦莹、黎静	10
2005	重庆市力帆集团	30	2010	香港慈善人士张国华	15
2005	香港乐施会	39	2010	香港周大福慈善基金会	38

大学生助学贷款

2007 年,由区学生资助管理中心负责实施"大学生生源地信用助学贷款"项目,帮助本区 739 名大学生办理信用助学贷款 36.5 万元。2010 年,为 2574 名大学生办理信用助学贷款 1307.5 万元。至 2010 年,共办理大学生生源地信用助学贷款 7415 人(次)3356.4 万元。

第二章　科　技

第一节　管理机构

1986年,县科委与县科协合署办公。1988年,县科委与县科协机构分设。1990年,全县25个乡镇均成立科委(办),配备科技副乡(镇)长,由乡(镇)农技站、农机站、畜牧站、供销社等单位负责人兼任科委(办)主任。同时成立乡(镇)科技领导小组,设立科技咨询服务部(站),306个行政村全部配备科技副主任。1991年8月,县科协与县科技局又合并。之后,县科协曾一度被撤销。1996年5月,恢复县科协组织,与县科技局合署办公,两块牌子一套人员。1999年7月,成立定西县地震局,与科技局合署办公。2003年9月,在撤县设区时县科技局、县科协、县地震局更名。同年,成立区、乡镇农业、畜牧、林业、水利水保、农技等科技服务部和推广(站)76个。

第二节　科技研究

科研机构

2005年,依托定西明珠生物有限公司,聘请兰州大学、甘肃农业大学、甘肃省农科院等院校专家组成科技专家委员会,成立甘肃省食用菌工程技术研究中心。2008年,依托定西市旱农中心,成立定西马铃薯脱毒繁育工程技术研究中心。2009年,依托甘肃圣大方舟变性淀粉有限公司,与美国神州淀粉公司、丹麦国际淀粉研究所等5家国外科研机构和华南理工大学、中科院理化研究所等6家国内科研院所,成立甘肃省变性淀粉工程技术研究中心,申报省级重点实验室。同年,依托定西陇海乳品有限责任公司,建立菊粉系列产品研发中心,在甘肃超兴淀粉制品有限公司建立马铃薯精淀粉、全粉系列产品研发中心。

科研项目

1986年,实施省科委下达的"IS1100气缸盖螺栓及螺丝、摇臂轴座螺栓"研究项目,投资1万元。1987年至1999年,先后实施省科委、国家科委和省科技厅下达的"优质皮肉兼用兔引种繁殖推广"、"科普工程重点示范县建设"、"2BX-3 畜力播种机生产线"等 10 项研究项目,总投资 306.9 万元。2001 年至 2009 年,实施国家科技部和省科技厅下达的 "甘肃定西国家农业科技园区建设"、"甘肃省旱区寒区专用型马铃薯品种脱毒选育及示范推广"、" 集雨节水与农村高效农业生态经济集成"、"半干旱地区水土保持性扶贫高效途径研究" 等 26 项研究项目,总投资 12989.4 万元。2010 年,实施国家科技部和省科技厅下达的"机引式双垄沟起垄全铺膜机"、" 深根头茎中药材挖掘机"、"甘肃省中西部中学人才教育研究"等 6 项研究项目,总投资 195 万元。投入科技三项费、科普经费、科技发展创新基金 2600 余万元,规模以上工业企业技术开发经费 4226.47 万元,占产品销售收入的 2.4%。至 2010 年,全区共实施科研项目 281 项,其中,农业 112 项,畜牧 57 项,林业 25 项,水利 17 项,工业 40 项,卫生 21 项,其它 9 项。

1986—2010 年安定区(定西县)重点科研项目一览表

表 17-2-1

项目名称	起始年限	投资(万元)	项目来源
IS1100 气缸盖螺栓及螺丝、摇臂轴座螺栓	1986	1	省科委
杏脯、水果罐头生产线技术改造	1987	10	省科委
优质皮肉兼用兔引种繁殖推广	1988	5	省科委
应用免疫法提高绵羊产羔率试验	1989	11.4	省科委
四、六旋盖玻罐生产线	1990	5	省科委
果酱营养素系列产品开发	1991	5	省科委
2BX-3 畜力播种机生产线	1992	5	省科委
科普工程重点示范县建设	1997	19	国家科委
创建国家级科技先进县	1998	4.5	国家科委
连续喷射液化双酶法制糖技术推广	1998	241	省科技厅
不同营养水平对繁育母猪生产成绩的实验研究	1999	1	省科技厅
半干旱地区水土保持性扶贫高效途径研究	2001	20	省科技厅
甘肃定西国家农业科技园区建设	2003	15	国家科技部
马铃薯渣生产高蛋白饲料技术开发	2003	20	省科技厅
草食畜良种引进繁育及畜草产业开发与示范	2004	6	省科技厅
旱作节水特色基地-马铃薯示范基地建设	2004	2.4	省科技厅
菊粉生产线及原料基地建设	2004	26	省科技厅

续表 17-2-1

项目名称	起始年限	投资(万元)	项目来源
高产荷斯坦奶牛引进繁育	2005	4	省科技厅
半干旱贫困山区草食畜舍养殖技术示范推广	2006	323	省科技厅
法式速冻薯制品生产开发	2007	90	省科技厅
马铃薯变性淀粉的开发与生产	2007	125	省科技厅
奶牛性控冻精试验研究与示范推广	2007	21	省科技厅
陇薯5号、6号扩繁与示范推广	2007	50	省科技厅
优质獭兔高产配套技术试验研究与推广示范	2007	17	省科技厅
集雨节水与农村高效农业生态经济集成	2007	115	省科技厅
圣大方舟变性淀粉年产6万吨马铃薯变性淀粉	2008	9900	省科技厅
甘肃省马铃薯变性淀粉	2008	2000	省科技厅
安定区集雨抗旱抑蒸技术研究与示范	2008	80	省科技厅
陇中干旱半干旱区菜用型马铃薯标准化示范基地建设	2008	59	省科技厅
干旱半干旱区能源林建设可持续开发研究	2008	25	省科技厅
菊芋加工废液中提取菊粉糖浆的产业化开发	2009	4	省科技厅
细胞培养用特级动物血清产业化开发	2009	20	省科技厅
生物农药在无公害蔬菜生产中的引进试验及应用	2009	2	省科技厅
优质马铃薯良种新大坪试验示范	2009	5	省科技厅
根类中药材挖掘机械试制与应用	2009	5	省科技厅
环境亲和型新型缓释农药颗粒剂的研发及产业化	2009	50	省科技厅
甘肃省旱区寒区专用型马铃薯品种脱毒选育及示范推广	2009	5	省科技厅
定西市安定区蔬菜名优新品种引进试验示范与推广	2010	8	省科技厅
甘肃省中西部中学人才教育研究	2010	5	省科技厅
安定区地道中药材加工	2010	12	省科技厅
深根头茎中药材挖掘机	2010	70	国家科技部
太阳能热水器水位测控装置	2010	50	国家科技部
机引式双垄沟起垄全铺膜机	2010	50	国家科技部

科技成果

1989年，成立定西县科技进步奖评审委员会，下设农业、医疗、卫生、工业三个行业评审组，开始对县内科技成果进行评审和报审。至2010年，有36项科研项目通过省科委、省科技厅鉴定，其中，1项达到国际先进水平，25项达到国内领先水平，10项达到国内先进水平。有49项科研成果获县级以上科技进步奖，其中，省级科技进步奖4项，市级科技进步奖31项。引进、开发新产品、新技术150项。争取实施科技项目340项，其中，国家级16项，省级23项，地（市）级32项，县（区）级269项。项目总投资5.2亿元，其中，争取国家、省、市科技经费1300万元。科技项目实施后，新增产值3.1亿元，实现利税7800万元，全区农民人均依靠科技增收540元。

1995—2010年安定区（定西县）省级科技成果一览表

表17-2-2

项目名称	完成单位	鉴定单位	鉴定日期	技术水平
机械化旱作农业工程试点	定西县农机服务中心	省科委	1995.4	国内领先
流肝酶治疗慢性活动性肝炎早期肝硬化临床及病理观察	定西县第一人民医院	省科委	1997.12	国内先进
甘肃中部干旱半干旱地区定西县旱作农业示范基地建设项目	定西县农技中心	省科委	1998.6	国内先进
行走式节水灌溉技术与机具开发试验示范研究	定西县农机局	省科委	1998.11	国内先进
定西县万头良种仔猪繁育点建设	定西县畜牧兽医站	省科委	1998.12	国内先进
果树丰产坑栽培技术研究	定西县林业局	省科委	1999.4	国内先进
甘肃中部半干旱区春膜秋覆抗旱增产技术示范推广	定西县农技中心	省科委	2000.7	国内先进
定西县旱作区粮食集雨沟播栽培技术示范推广	定西县农技中心	省科委	2000.7	国内领先
塑料暖棚养畜（禽）技术整县推广	定西县畜牧工作站	省科委	2000.12	国内先进
半干旱地区水土保持开发性扶贫高效途径研究	定西县九华沟流域指挥部	省科技厅	2001.11	国际先进
陇中黄土丘陵沟壑区退耕还林草畜转化模式试验示范	定西县林业局 定西县饲草饲料站	省科技厅	2003.12	国内领先
半干旱区食用菌集雨生产栽培技术研究及产业化开发	定西县畜牧兽医站 定西金泉菌业公司 甘肃定西国家农业科技园区管委会办公室	省科技厅	2003.12	国内领先

续表 17-2-2

项目名称	完成单位	鉴定单位	鉴定日期	技术水平
马铃薯速冻薯条生产线及专用薯基地建设	甘肃金大地马铃薯产业开发公司	省科技厅	2003.12	国内领先
定西无公害甘蓝生产技术研究与示范	安定区园艺工作站	省科技厅	2004.10	国内领先
定西市安定区优势农作物主要病虫害调查及控制	安定区农技中心	省科技厅	2004.11	国内领先
菊粉生产工艺新技术研究及示范	定西陇海乳品公司、定西市生产力促进中心、新达科技集团三达膜科技(厦门)公司	省科技厅	2004.7	国内领先
特色马铃薯旱作节水技术研究与推广	安定区农技中心	省科技厅	2004.10	国内领先
半干旱区水保生态修复技术及可持续发展研究	安定区水利水保局、定西市水土保持科学研究所	省科技厅	2005.12	国内领先
马铃薯新品种新大坪选育及示范推广	安定区农技中心	省科技厅	2005.12	国内领先
黄土高原半干旱区草畜良种引进繁育研究与示范	安定区畜牧技术推广站	省科技厅	2007.12	国内领先
菊粉糖浆工艺技术研究与开发应用	定西陇海乳品公司 定西市生产力促进中心、三达膜科技(厦门)有限公司	省科技厅	2007.8	国内领先
骨折后期的康复研究	定西市第二人民医院	省科技厅	2007.12	国内领先
甘肃中部高海拔冷凉灌区夏菜无公害栽培技术试验与推广	安定区园艺工作站	省科技厅	2008.6	国内领先
定西市安定区测土配方施肥技术研究与示范	安定区农技中心	省科技厅	2008.8	国内领先
复方中药(清肝补肾)治疗慢性丙型肝炎的临床与病理观察	定西市第二人民医院	省科技厅	2008.1	国内领先
陇中黄土丘陵沟壑区生态系统植被恢复技术研究	安定区林业局	省科技厅	2008.12	国内领先
马铃薯变性淀粉系列产品工艺研究及其中试	甘肃圣大方舟马铃薯变性淀粉公司	省科技厅	2009.5	国内领先

续表 17-2-2

项目名称	完成单位	鉴定单位	鉴定日期	技术水平
羧甲基系列变性淀粉新工艺研究及其中试	甘肃圣大方舟马铃薯变性淀粉公司	省科技厅	2009.5	国内领先
中药治疗苯丙酮尿症(PKU)的临床研究	安定区妇幼保健站	省科技厅	2009.12	国内领先
食物性 IgG 抗体与 IGA 肾病相关性的研究	定西市第二人民医院	省科技厅	2009.12	国内领先
羟丙基系列变性淀粉新工艺研究及其中试	甘肃圣大方舟马铃薯变性淀粉公司	省科技厅	2009.8	国内领先
脱毒马铃薯种薯快速高效繁育研究与推广	甘肃圣大方舟马铃薯变性淀粉公司	省科技厅	2010.9	国内领先
优质马铃薯新品种新大坪抗旱高产高效技术研究与示范推广	安定区农技中心	省科技厅	2010.8	国内领先
中西医结合保守治疗异位妊娠临床研究	定西市第二人民医院	省科技厅	2010.10	国内领先
干旱半干旱区肉牛产业技术应用研究与示范	定西伊兰纯牛业有限公司	省科技厅	2010.12	国内领先
甘肃定西国家农业科技园区标准化规模养猪技术研究与示范	甘肃定西国家农业科技园区管委会办公室	省科技厅	2010.12	国内领先

2000—2010 年安定区(定西县)获省、市科技进步奖一览表

表 17-2-3

项目名称	获奖单位	获奖年份	获奖等次
创伤后血清心肌酶变化的研究	定西市第二人民医院	2000	地区科技进步二等奖
热侵镀锌紧固件新产品	定西螺钉有限公司	2000	地区科技进步二等奖
中部半干旱区仁用杏高接换种技术示范推广	定西县林业局	2001	地区科技进步三等奖
宇泉牌纯马铃薯精粉皮	定西环宇淀粉制品公司	2001	地区科技进步三等奖
应用细胞遗传学技术对 256 例智残儿检查与早期预防研究	定西县妇幼保健站	2001	地区科技进步三等奖
半干旱地区水土保持开发性扶贫高效途径研究	定西县九华沟流域指挥部	2002	省科技进步二等奖

续表 17-2-3

项目名称	获奖单位	获奖年份	获奖等次
马铃薯速冻薯条生产线及专用薯基地建设	甘肃金大地马铃薯产业开发公司	2004	地区科技进步三等奖
半干旱区食用菌集雨生产栽培技术研究及产业化开发	金泉菌业公司、定西国家农业科技园区管委会	2004	市科技进步三等奖
钢结构用高强度螺栓连接的研究与开发	定西高强度螺钉有限公司	2004	市科技进步三等奖
复方蜂珍珠胶囊治疗乙型肝炎临床及病理观察	定西市第二人民医院	2004	市科技进步三等奖
菊粉生产工艺新技术研究与开发	定西陇海乳品公司	2005	地区科技进步二等奖
特色马铃薯旱作节水研究与示范推广	安定区农技中心	2005	市科技进步二等奖
定西无公害甘蓝生产技术研究与开发	安定区园艺站	2005	市科技进步二等奖
马铃薯变性淀粉新产品工艺研究及其中试	甘肃圣大方舟变性淀粉公司	2005	省科技进步二等奖
西部地区不孕不育病因分析治疗方法探讨研究	安定区妇保站	2005	市科技进步二等奖
马铃薯新品种新大坪选育及示范推广	安定区农技中心	2006	省科技进步二等奖
马铃薯新品种新大坪选育及示范推广	安定区农技中心	2006	市科技进步一等奖
半干旱地区水保生态修复技术及可持续发展研究	安定区水利水保局	2006	市科技进步二等奖
半干旱地区农作物节本增效高产栽培技术示范推广	安定区农技中心	2006	市科技进步二等奖
利用菊粉废液回收菊粉糖浆工艺技术研究	定西陇海乳品公司	2006	市科技进步二等奖
稀土肥料应用研究与示范推广	安定区农技中心	2007	市科技进步三等奖
骨折后期的康复研究	市第二人民医院	2008	市科技进步二等奖
黄土高原半干旱区羊畜良种引进繁育研究与示范	区畜牧兽医站	2008	市科技进步三等奖
甘肃中部半干旱区春膜秋覆抗旱增产技术示范推广	安定区农技中心	2008	市科技进步三等奖
半干旱地区水土保持性扶贫高效途径研究	安定区九华沟流域指挥部	2009	省科技进步三等奖

续表 17-2-3

项目名称	获奖单位	获奖年份	获奖等次
可调式艾药施灸器	惠民中药械科技开发公司	2009	市科技进步一等奖
珍稀食用菌白灵菇栽培技术研究与示范	定西明珠生物工程公司	2009	市科技进步一等奖
安定区测土配方施肥技术研究与示范	安定区农技中心	2009	市科技进步二等奖
复方中药治疗慢性丙型肝炎的临床研究与病理观察	定西市第二人民医院	2009	市科技进步二等奖
食物性 IGQ 抗体与 IGA 肾病相关性的研究	定西市第二人民医院	2009	市科技进步二等奖
中药治疗苯丙酮尿症(PKO)的临床研究	安定区妇幼保健站	2009	市科技进步二等奖
机引式双垄沟全铺膜机	定西三牛农机制造公司	2010	市科技进步二等奖
塑料暖棚养畜综合技术整县推进示范建设	安定区畜牧兽医工作站	2010	市科技进步二等奖
定西县旱作区粮食作物集雨沟播栽培技术示范推广	安定区农技中心	2010	市科技进步三等奖
马铃薯变性淀粉新产品工艺研究及其中试	甘肃圣大方舟变性淀粉公司	2010	市科技进步一等奖

产权专利

2009 年，安定区被国家知识产权局列为实施国家知识产权强县工程重点县(区)。至 2010 年,共向国家专利局申请专利 115 件,已获得专利 16 件,其中,实用新型专利 12 件,外观设计专利 3 件,发明专利 1 件。

2008—2009 年安定区获产权专利情况一览表

表 17-2-4

专利名称	发明专利人	专利类型	授予时间
可调式艾药施灸器	王志勇 王晓霞 王珍等	实用新型	2008
包装盒(虫草杞芝颗粒)	甘肃扶正药业科技股份公司	外观设计	2009
太阳能热水器水位测试装置	赵瑞林	实用新型	2009
光导插入器	李长文	实用新型	2009
全自动玉米点播机	王正德	实用新型	2009
马铃薯种植机	王正德	实用新型	2009
人畜力双垄沟起垄全铺膜机	赵 明	实用新型	2009
马铃薯组培苗培养瓶透明封口盖	蒲育林	实用新型	2009
机引式双垄沟起垄全铺膜机	赵 明	实用新型	2009
摄制机动车识别号码的摄影架	周 勇	发明	2009
太阳能热水器测试装置	赵瑞林	实用新型	2009
电子介质磁卡	祁风岳	实用新型	2009
手提袋(杞黄茶)	甘肃宏安生乐生物科技公司	外观设计	2009
一种节能饮水机	彭 飞	实用新型	2009
高效低排放煤柴综合节能炉	安定区伍明太阳灶厂	外观设计	2009
可调式起垄铺膜机	赵 明	实用新型	2009

第三节　科技推广

科普宣传

从 1986 年开始,县科技部门与文化、卫生部门联合组织科技、文化、卫生"三

农业科技干部向群众发放科技资料

下乡"及"科普之春(冬)"活动。2001 年,由县委宣传部牵头, 建立科技、财政、计划、科协、医疗卫生、教育等部门组成的科普工作联席会议制度,每年召开科普联席会议 2~3 次。组建以专业技术人员为主体的农村科普宣传队、文化宣传队和卫生服务队及农业科技讲师团。成立定西县科技信息

中心,开辟"定西县农经网",与全县各部门、企业、乡镇实现互联互通。至 2002 年,县科技信息中心提供信息帮助企业签订合同和意向性协议 48 项, 签约资金 4.46 亿元。2005 年,省科技部门在安定区设全省"科技活动周"主会场,进行大型科普宣传活动。同年,安定区承办全省"科技活动周"和"科普宣传日"启动仪式,在内官

2005 年 5 月 14 日,甘肃省科技活动周启动仪式在定西国家农业科技园区举行

营镇建立"科技小康图书馆",建立区、乡(镇)、村社三级科普培训宣传体系。2007年, 区科技信息中心与中国互联网信息中心、中科院兰州分院合作实施"乡乡有网站"工程,在全区 19 个乡镇、两个街道办事处建立政府网站和农业科技网站。至 2010年, 科技部门和农村科普宣传队、农业科技讲师团在全区组织开展各种科普宣传活

动 386 场(次),发放科普图书、农村实用科技资料 10 余种 19.6 万余册,举办科技专题讲座 86 场(次),科技咨询 2.2 万人次。

农业科技推广

1986 年,实施农业科技开发第一批重点项目林果栽培和小家禽家畜饲养。至 1990 年,委托甘肃农业大学、省农科院培训农技人员 1000 余人,建立科技示范村 25 个、示范点 50 个。建成符家川和西巩驿乡两个 2000 亩杏树示范基地和品种试验园,在红土苗圃建立 20 亩良种杏苗圃。在鲁家沟、景家泉、巉口等 9 个乡建立丰产示范基地 4500 亩。建成 500 只纯种养兔场 1 个,全县引进繁育良种皮肉兼用兔 21 万只,出栏 150 万只。1991 至 1995 年,组织实施科技"星火计划"等重点科技项目 49 项,产生直接经济效益 100 万元。推广低产农田改造和新修梯田培肥技术、粮油作物综合增产技术、农作物优良品种更新换代技术等 20 项先进适用技术。完成低产杏果园、滞后水库、机井、盐碱地等 10 项技术改造工程。科技对工农业生产增长贡献率达到 40%,

大面积推广地膜覆盖种植技术

农村重点技术覆盖率达到 70%,科技成果推广应用率达到 90%。1996 至 2000 年,引进推广大棚日光温室蔬菜种植技术和地膜种植、膜侧沟播、双垄沟种植、科学配方等 17 项生产技术。2001 至 2005 年,全区广泛应用地膜覆盖、施水沟播、节水灌溉、机械化耕作、工程化配套、反季节栽培、保鲜贮运等生产技术。建立饲草料基地和良种繁育体系,全面实施"五配套"技术,畜禽品种良种化程度达到 60% 以上,规模养殖户良种化程度达 100%。工业企业完成技术项目 68 项,新产品开发 82 项。发展中介科技服务组织 32 个,建立马铃薯、家畜胚胎移植、食用菌三个工程技术研究中心,初步形成"科研+公司(协会)+农户"的科技推广模式。2006 至 2010 年,以马铃薯、畜草和现代旱作高效农业三大特色优势产业为科技实验、示范和推广重点,在全区大力推广农业实用技术。从农业、农技等 7 部门为各乡镇选派科技特派员 90 名,有 2 名科技特派员被科技部评为全国优秀科技特派员。举办各类技术培训班 52 期(次),培训农村科技管理人员和企业技术人员 120 余人(次)、农村

全膜双垄沟起垄覆膜机

技术骨干 2600 余人（次）。成立区级科技协会 110 个，区、乡镇技术推广站 48 个，村级农业技术服务站 272 个，建立科技实验示范基地 43 个。组织试验、推广农业先进适用技术 18 项，开发和引进农作物新品种 51 个。马铃薯良种覆盖率达到 95% 以上，脱毒种薯应用面积达 65 万亩，成为全省最大的马铃薯良种生产基地。

畜禽良种化程度达到 90% 以上。在全区 19 个乡镇建立设施农业推广示范基地，推广应用黑光灯、黄板诱杀害虫、营养钵育苗、温室卷帘机、滴灌等新技术种植博耐系列黄瓜、航椒系列辣椒、冬玉系列西葫芦等新品种。进一步加强与合作，先后与中国扶贫基金会、联合国儿童基金会、爱德基金会、香港乐施会、施永青基金、中国基督教会签订救济赈灾、植树造林、沼气建设、圈舍改建、养殖、农村道路建设等方面的援助与合作项目，到位援助资金 1200 多万元，直接受益农户 3 万余户。

创建科技工作先进县

1997 年，开展科技工作先进县达标工作，至 1999 年，定西县连续三年被评为定西地区科技工作先进县。2000 年，国家科技部授予定西县全国科技工作先进县称号。至 2010 年，连续 4 次通过国家科技部复查验收，保持全国科技工作先进县(区)称号。

第四节　地震监测与气象测报

地震监测

安定区属地震重点监视防御区。1999 年，成立定西县地震局。同年，县委、县政府制定《定西县防震减灾对策方案》，县地震局制定抗震救灾工作实施方案和应急预案。在全县开展防震救灾科普知识宣传活动，给城区中小学和各学区配备防震减灾知识辅导员，定期给师生上防震减灾教育课。在全县各行政村建立群测群防宏观观测点，配合县地震局开展地震监测工作。2000年，将工程建设项目地震安全性评价及抗震设防工作纳入基本建设管理程序。据各观测点观测和地震局核查，2002年以来安定区共发生5次有震感的地震。2002年3月10日，巉口、景家泉一带发生MS3.1级地震。2002年11月6日，石泉乡合

地震专家向小学生宣讲地震知识

营村发生MS3.5级地震。2004年5月28日，鲁家沟镇将台村发生MS3.2级地震。2006年8月30日，李家堡镇锦鸡村发生MS3.6级地震。2008年5月12日，四川汶川8.0级地震波及本区，地震烈度为6度。造成19个乡镇292个村9860户农民不同程度受灾，2622户10587间房屋受损，239所(个)学校和单位的房屋受损，受损房屋总面积达7.7万平方米，24处农林水利交通等设施不同程度损坏，直接经济损失27671.7万元。至2010年，在防震救灾科普知识宣传活动中，共放映地震科教片227场，发放《防震减灾工作手册》1万余册、防震救灾科普知识宣传资料25万份，印发《家庭防震减灾常识》《地震是怎么回事》等应急宣传彩页15万余份，展出防震减灾常识展板160余块(幅)。区广播电台广播《防震减灾法》专题节目512期。邀请专家到东方红中学、大城小学等11所城区中小学宣讲防震减灾知识11场(次)，听讲师生2.7万余人。

气象测报

2001年以前，在县农业局设立人工影响天气(简称人影)管理机构。2001年，成立定西县人影办公室，与县气象观测站合并组建定西县气象局。县气象局开展有重要性和灾害性天气预测、预报、预警服务，重要降水过程分析服务，土壤墒情测定分析服务，气候条件分析服务，未来气候趋势预测服务等，通过广播电视、传真、手机短信等方式向群众发布天气预测信息。从2006年6月开始，区气象局以自动观测为主，逐月编制气象月报表，逐年编制年报表。每天8时、14时、20时定时采集气温、气压、相对湿度、降水、地温、日照、风向风速、蒸发、冻土、云、能见度、积雪深度等气象要素，对本区天气进行比较科学、准确的分析和预报。至2010年，

人影办共施放人雨弹 3 万余发,大大减轻本区由于干旱和冰雹等所造成的经济损失。2010 年,区气象局有职工 14 名,其中,中级职称 5 名,高级技师 1 名,均为大专以上文化程度。区人影办有管理人员 10 人,炮手 44 人;有"三七"高炮 25 门,服务车 2 辆,建立炮点 11 个、弹药库 1 处。

第三章 卫 生

第一节 管理机构与体制改革

管理机构

1986年,县卫生局内设人秘股、业务股、财务股、爱卫办、地病办5个机构。同年,成立定西县爱国卫生运动委员会,由政府副县长兼任爱国卫生运动委员会主任,卫生局局长任副主任,并兼任爱国卫生运动委员会办公室主任。1988年,卫生局增设药政股,负责全县药品市场及药品质量监管工作。1995年,成立定西县健康教育所。2002年,成立第二届红十字会理事会。2003年9月,定西县卫生局更名为定西市安定区卫生局。2005年10月,成立安定区新型农村合作医疗管理委员会,在区卫生局设办公室。同年,成立安定区红十字会,设1名专职副会长和2名工作人员。

改革经费管理机制

1986年至1996年,乡镇卫生院工资由乡镇财政发放,乡镇政府对卫生院财政拨款要求达到60%,大部分卫生院只达到30%～40%。1996年以后,卫生院财务归县(区)卫生局管理,按人头费的60%拨付。2008年后,实行乡镇卫生院财政全额拨款和收支两条线管理。

1986—2009年安定区(定西县)政府卫生投入统计表

表 17-3-1

年 度	投资量(万元)	年 度	投资量(万元)
1986	153.5	1998	413.0
1987	172.5	1999	427.0
1988	203.4	2000	543.8
1989	236.4	2001	724.0
1990	245.3	2002	884.8

续表 17-3-1

年　度	投资量(万元)	年　度	投资量(万元)
1991	257.6	2003	1026.8
1992	236.5	2004	990.0
1993	227.3	2005	1084.3
1994	257.4	2006	2406.4
1995	295.0	2007	2040.8
1996	274.0	2008	3567.2
1997	303.0	2009	3898.1

建立岗位竞争机制

1992 年,逐步在各医疗机构实行全员竞聘上岗,医务人员收入与业务收入挂钩。2003 年,实行乡镇卫生院院长负责制和任期目标责任制。2010 年,推行乡镇卫生院院长竞聘上岗制度,当年竞聘 6 所乡镇中心卫生院院长,考察任命 43 名副院长。同年,制定《安定区关于病人选择医生,促进医疗机构内部改革的实施方案(试行)》,各医院全部实行病人选择医生制度,公示医生照片和简历,悬挂值班医生卡。

推行新农合制度

1997 年,团结镇和鲁家沟镇在国家资金支持下,农民每人筹资 10 元,开展恢复和重建合作医疗制度重建工作。2005 年 10 月,成立安定区新型农村合作医疗管理委员会(下设办公室)、安定区新型农村合作医疗试点工作领导小组和安定区新型农村合作医疗监督委员会,负责实施全区新农合各项工作。2006 年,在全区推广新型农村合作医疗制。当年,全区新农合参合率为 83.9%,统筹资金 1413 万元,住院人数 12884 人,住院费用 1767 万元,报销费用 641 万元,报销率为 36.3%。2010 年,全区新农合参合率达 90.4%,统筹资金 4816 万元,住院人数 31788 人(次),住院费用 6231 万元,报销费用 3182 万元,报销率为 51.1%。

2006—2010年安定区新型农村合作医疗概况表

表17-3-2

年份	参合率%	报销比%			参合资金人均筹资额度（元）						统筹资金（万元）	住院率（%）	住院人数	住院费用（万元）	报销费用（万元）	报销比%	以户为单位受益率%
		区以上	区级	乡镇级	中央	省	市	区	个人	总额度							
2006	83.9	40	50	60	20	10	1	4	10	45	1413	3.6	12884	1767	641	36.3	13.8
2007	87.5	40	50	60	20	15	1	4	10	50	1612	4.5	14460	2701	1001	37.1	18.19
2008	89.5	45	55	70	40	30	2	8	10	90	2943	7.1	23116	4729	2502	52.9	28.9
2009	90.1	60	70	80	40	30	2	8	20	100	3264	9.9	32260	6231	3182	51.1	39.89
2010	90.4	60	70	80	60	50	2	8	30	150	4816	9.46	31788	7008	3465	49.99	38.9

第二节　医疗机构

医疗机构概况

1986年，定西县有县人民医院、县第二人民医院（内官营医院）、县中医院、县妇幼保健站、县疾控中心、县卫生学校6所（个）县级医疗卫生机构，有26个乡镇卫生院（分院）。1990年，县卫生学校更名为县卫生职业技术学校。2003年，撤县设区，各医疗机构相继更名为安定区医疗机构，定西县人民医院改为定西市安定区第一人民医院。2004年撤乡并镇时，撤销6个乡卫生院。2005年，城关镇卫生院改为永定路街道社区卫生服务中心。2006年，安定区第一人民医院更名为定西市第二人民医院，安定区中医院更名为定西市中医院。2008年，成立中华路街道社区卫生服务中心，各社区相继成立卫生服务站。2010年，全区共有医疗卫生机构353所（个），其中，区级卫生机构6所（市第二人民医院、区第二人民医院、市中医院、区妇幼保健站、区疾控中心、区卫生职业技术学校），乡镇卫生院（分院）21所，社区卫生服务中心2个，社区卫生服务站6个，村卫生室312所，厂校医务室7所。全区有医疗卫生人员1317人，其中，区直卫生事业单位755人，乡镇卫生院（社区卫生服务中心）562人；副高职称59人，主治医师34人；乡村医生312人，社区卫生服务站工作人员49人。

2010 年安定区医疗卫生机构概况表

表 17-3-3

机构名称	地　址	职工人数	医疗设施
定西市第二人民医院	解放路 32 号	325	占地面积 9805 平方米,建筑面积 12977 平方米,病床 503 张,诊疗科室 20 个,万元以上医疗设备 86 台(件)
定西市中医院	民主街 35 号	139	占地面积 13700 平方米, 建筑面积 5574 平方米, 病床 85 张,诊疗科室 18 个,大型医疗设备 20 余台(件)。
安定区第二人民医院	内官营镇锦屏村	128	建筑面积约 6877 平方米,病床 80 张,诊疗科室 19 个,医疗设备 24 台(件)。
安定区妇幼保健站	友谊北路 92 号	67	建筑面积 1822 平方米, 床位 15 张, 主要医疗设备 8 台(件)。
安定区疾病预防控制中心	友谊北路 50 号	53	建筑总面积 2924 平方米,设有传染病预防控制、检验、地方病及慢性非传染性疾病预防控制、结核病防治、预防诊疗门诊、性艾科等科、室、所、部 6 个,有大型诊疗设备 4 台(件)。
安定区卫生职业技术学校	正龙路	16	占地面积 6760 平方米,建筑面积 1323 平方米。设护理、药学、临床医学等教育专业,有实验室切片、显微镜等仪器设备。
巉口镇中心卫生院	巉口镇	33	诊疗科室 13 个。
香泉镇中心卫生院	香泉镇	38	占地面积 1215 平方米,业务用房 1099 平方米,病床 32 张,诊疗科室 11 个,主要诊疗设备 9 台(件)。
鲁家沟镇中心卫生院	鲁家沟镇	29	有病床 30 张,诊疗科室 11 个,大中型医疗设备 30 余台件,救护车 1 辆。
葛家岔镇中心卫生院	葛家岔镇	20	占地面积 1127 平方米,有病床 30 张,诊疗科室 17 个,中、小型医疗设备 20 余台(件),救护车 1 辆。
宁远镇中心卫生院	宁远镇	34	占地面积 6840 平方米,建筑面积 1812 平方米,床位 15 张,诊疗科室 12 个,中、小型医疗设备 25 台(件)。
西巩驿镇中心卫生院	西巩驿镇	30	占地面积 5563 平方米,建筑面积 1362 平方米,床位 30 张,诊疗科室 12 个,主要医疗设备 5 台(件),救护车 1 辆。
称钩驿镇卫生院	称钩驿镇	25	占地面积 3147 平方米,建筑面积 520 平方米,床位 20 张,诊疗科室 9 个,主要医疗设备 8 台(件)。
李家堡镇卫生院	李家堡镇	37	占地面积 3143 平方米,建筑面积 2155.88 平方米,病床 30 张,诊疗科 12 个,主要医疗设备 14 台(件)。
团结镇卫生院	团结镇	24	占地面积 5000 平方米,建筑面积 720 平方米,病床 15 张,诊疗科室 11 个,主要诊疗设备 8 台(件)。

续表 17-3-3

机构名称	地　址	职工人数	医疗设施
符家川镇卫生院	符家川镇	26	占地面积 3600 平方米,建筑面积 700 平方米,主要诊疗科室 6 个,诊疗设备 20 余台(件)。
凤翔镇卫生院	交通路	33	占地面积 2100 平方米,建筑面积 776 平方米,诊疗科室 13 个,医疗设备 20 余件(台)。
内官营镇卫生院	内官营镇黑山村	13	病床 3 张,诊疗科室 9 个,医疗设备 13 件(台)。
高峰乡卫生院	高峰乡	14	占地面积 1922 平方米,建筑面积 912 平方米,病床 9 张,诊疗科室 8 个,主要医疗设备 9 件(台)。
杏园乡卫生院	杏园乡	20	占地面积 2500 平方米,建筑面积 558 平方米,床位 14 张,诊疗科室 8 个,医疗设备 16 件(台),救护车 1 辆。
石泉乡卫生院	石泉乡	17	占地 1600 平方米,建筑面积 656 平方米,病床 12 张,诊疗科室 7 个,医疗设备 7 件(台)。
青岚山乡卫生院	青岚山乡	23	占地面积 2662 平方米,建筑面积 1042 平方米,床位 12 张,诊疗科室 10 个,医疗设备 13 件(台)。
石峡湾乡卫生院	石峡湾乡	12	占地面积 1300 平方米,建筑面积 900 平方米,病床 8 张,诊疗科室 7 个,主要医疗设备 5 件(台),急救车 1 辆。
新集乡卫生院	新集乡	15	占地面积 2054 平方米,建筑面积 476 平方米,床位 10 张,诊疗科室 9 个,主要医疗设备 10 余件(台)。
白碌乡卫生院	白碌乡	18	医疗设备 11 件(台)。
李家堡镇卫生院张湾分院	张湾村	11	占地面积 1040 平方米,建筑面积 400 平方米,诊疗科室 5 个,医疗设备 12 件(台)。
鲁家沟镇卫生院御风分院	御风村	11	占地面积 839 平方米, 建筑面积 639 平方米, 诊疗科室 7 个,医疗设备 10 余件(台)。
内官营镇卫生院东岳分院	东岳村	12	占地面积 2737 平方米,建筑面积 980 平方米,诊疗科室 7 个,医疗设备 13 件(台)。
中华路社区卫生服务中心	市区	24	床位 12 张,诊疗科室 6 个,主要医疗设备 5 件(台)。下设汽车站、北街、新市区 3 个社区卫生服务站。
永定路社区卫生服务中心	市区	32	占地面积 398 平方米,建筑面积 1021 平方米,病床 10 张,诊疗科室 9 个,主要医疗设备 7 件(台)。下设南街、中西、西河 3 个社区卫生服务站。

医院简介

市人民医院　位于城区正龙路，前身为定西地区人民医院，2003年9月更名为定西市人民医院，属综合性三级甲等医院。医院设置病床1000张，实际开放床位608张，有5个市级重点专科。医院有西门子4层面螺旋CT、心血管成像系

定西市人民医院

统、超声诊断扫描仪、西门子彩超、腹腔镜、钴60等大型医疗设备。年门诊量35万余人次，住院病人1.6万余人次，年手术量3500余例次。2009年，在新城区开工建设市第一人民医院新院区，设计床位700张、总建筑面积6.8万平方米、概算报审总投资1.61亿元。2010年，医院有职工534人，其中，专业技术人员470人，占职工总数的88%，享受国务院政府特殊津贴专家4人。

市第二人民医院　位于城区解放路，原名定西县人民医院。2003年9月，改称定西市安定区第一人民医院。2006年，更名为定西市第二人民医院。医院占地面积1万平方米，建筑面积1.3万平方米，开放病床500余张。2010年，医院有15个临床科室和5个医技科室，有卫生专业技术人员269人，其中，正高级职称3人，副高级职称36人。有万元以上医疗设备86台，固定资产总值3554万元。

市中医院　1986年，称为定西县中医院，院址在中华路。2006年，更名为定西中

定西市第二人民医院

定西市中医院

医院,11月更名为定西市中医院。2008年,医院整体搬迁至民主街新院址。医院占地面积1.4万平方米,建筑面积0.6万平方米,设置200张病床,实际开放140张,配备高频电刀、微波治疗仪、洗胃机、电动手术床、免疫荧光化学发光仪等医疗设备。2010年,医院有职工138人,其中,副高以上职称8人。

区第二人民医院　1986年,称为定西县第二人民医院,院址在内官营镇,与定西县精神病医院合并办公,两块牌子,一套人员。2003年9月,更名为定西市安定区第二人民医院。医院建筑面积6877平方米,有专科病床80张,设有12个临床科室、7个护理部、7个医技科室和10个职能科室。2010年,职工总数128人,其中,副高以上专业技术人员5名。

安定区第二人民医院

第三节　妇幼保健

妇幼保健机构

1986年,辖区有定西地区妇幼保健站和定西县妇幼保健站2个妇幼保健机构。2003年9月,定西地区妇幼保健站更名为定西市妇幼保健院,内设办公室、妇女保健科、儿童保健科、医技科、临床部等科室。定西县妇幼保健站更名为定西市安定区妇幼保健站,内设妇幼保健科、围产保健科、优生咨询科、儿童保健科、妇儿营养科、生殖健康科、计划生育科、妇产科、儿科、健康教育科等业务科室。设有药剂科、检验科、影像诊断科、手术室、消毒供应室等医技科室。2010年,区妇幼保健站有职工68人,其中专业技术人员59人。

妇幼保健工作

从1986年开始,在全县逐步开展婚前医学检查、妇女"四期"(孕前期、孕期、产期、哺乳期)保健和儿童疾病防治工作。妇女从怀孕开始至产后42天,妇保站及各医疗单位妇产科为孕期妇女发放孕产妇保健手册,对孕产妇进行保健教育。对孕妇进行孕期系统保健检查,每年城市人口不少于8次, 农村人口不少于5

次,产后访视不少于3次,并按照高危孕妇评分表进行高危筛查。新生儿出生72小时后,采集新生儿足根血进行检测,及时发现先天性甲状腺功能减低症和苯丙酮尿症,并早期治疗,防止孩子智力障碍和体格发育迟缓。对出生24~72小时的婴儿进行听力筛查和检测,对听觉障碍患儿进行治疗和康复训练,提高患儿语言能力。对1周岁内的婴幼儿每3个月进行一次健康检查,1~3周岁幼儿每半年检查1次,3~7周岁儿童每年检查1次。通过检查,监测幼儿生长发育各项指标,对查出的各类疾病及时治疗。从1997年开始,实施"世行贷款卫生Ⅷ项目"妇幼卫生重点干预项目。至2005年,孕产妇系统管理率、产前检查率、产后访视率、高危孕产妇管理率、住院分娩率、非住院分娩新法接生率分别达到66.8%、91.3%、88%、93.1%、81%、93.8%;婴儿死亡率、孕产妇死亡率分别由项目执行前的28.3‰、122.8/10万下降为15.5‰、65/10万。2008年至2010年,实施降低孕产妇死亡率、防治出生婴儿缺陷和预防艾滋病母婴传播项目,总投资474万元。进一步加强育龄妇女生殖健康教育,指导育龄妇女在孕前3个月和孕后3个月服用叶酸片。为孕产妇进行预防艾滋病咨询服务4270人次,病毒抗体检测3923人次,为4482名育龄妇女免费发放叶酸6087瓶,叶酸服用率和随访率分别达57.5%、7%。婴儿出生缺陷由2000年15人,发生率为42.4/万,下降到2010年10人,发生率27.4/万。孕产妇系统管理率由2009年的75.1%上升到2010年的82.2%。2010年,全区7岁以下儿童保健管理率达98.6%,幼儿家长家庭保健教育知识知晓率99.8%,城区4~6岁幼儿入园率达99%。规模较大的幼儿园设有保健室,配有专职保健医生,每班配备1名保育员。

第四节　疾病诊治与医疗科技

疾病诊治

市二院、市中医院和区二院开展心血管、消化、肾病、内分泌、呼吸、血液神经系统疾病、妇幼各种常见疾病、眼科疾病、耳鼻喉口腔疾病诊治业务,做上下腹部手术,用放射和CT技术检查诊断疾病,进行血液、尿液分析,血凝、骨髓分类等70余项检验。市二院、中医院可进行颅脑血肿清除、颅骨开窗减压等手术。乡镇卫生院可诊治各种常见和一般疾病,能做下腹部手术。市二院用比较先进的手术治疗一些疾病。妇产科做妇产腹腔镜手术。耳鼻喉科治疗各型听力损失、中耳功能、肥厚性鼻炎、鼻息肉、鼻出血、慢性扁桃体炎等疾病。口腔科固定矫治和活动矫治各类牙合畸形、错合畸形及烤瓷牙修复、铸造义齿修复。皮肤科治疗色素痣、寻常病、扁平疣、血管瘤、尖锐湿疣、鸡眼、皮脂腺囊肿，文身等疾病。放射科开展核磁检查诊断业务。眼科治疗外眼病、眼前段疾病及眼底病，用小切口白内障囊外摘除并人工晶体植入术、眼球破裂伤张缝合术、翼状胬肉切除并角膜缘干细胞移植术、斜视矫正术、角膜溃

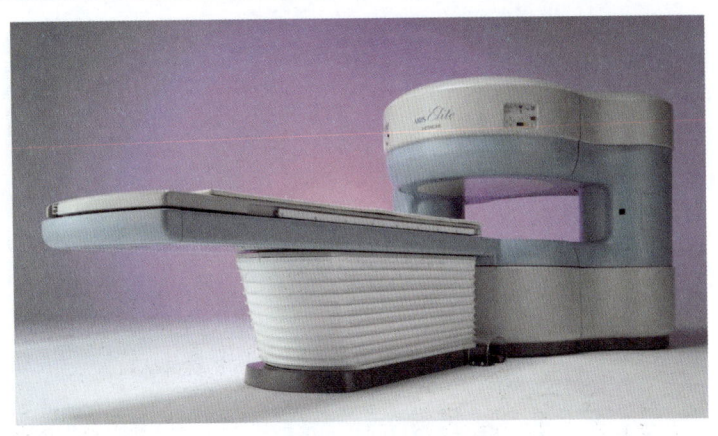

AIRIS Elite 型 MRI

疡球结膜遮盖或羊膜遮盖术、鼻泪管阻塞再通术、眼球摘除并义眼植入术和睑内翻矫正手术治疗各类眼病。实施"加强中国农村贫困地区基本卫生服务项目"（简称卫生Ⅷ项目），为 1064 名白内障病人患者免费实施手术治疗。普外科自 2003 年起，用腹腔镜胆囊切除术、腹腔镜下阑尾切除术、疝修补术、肝囊肿开窗术、腹腔粘连松解术、胆总管结合切开取石术等，治疗腹部疾病。外二科（骨科、脑外科），以诊治颅脑创伤、骨科疾病为特色的重点科室。科室拥有臭氧治疗发生仪、C 型臂透视机、50mA 床边透视拍片机、心电监护仪、骨

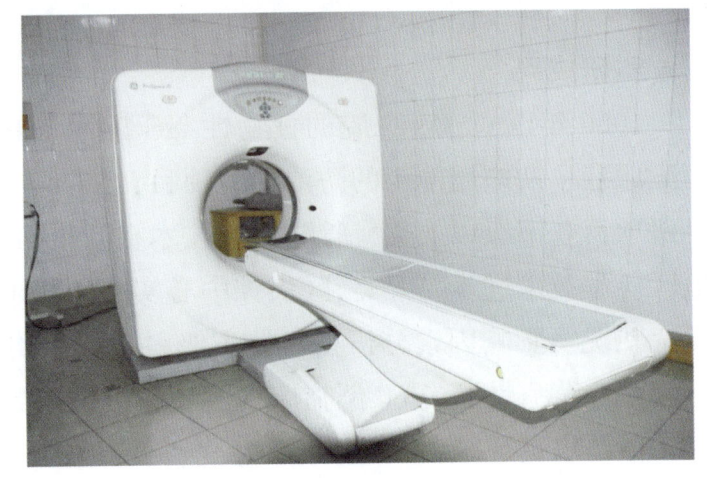

PrespeedAI 型 CT

科专用手术床等一系列先进设备。手术治疗四肢复杂骨关节损伤、脊椎骨折、骨结核、良性骨肿瘤和腰椎滑脱、腰椎间盘突出等骨科疾病。用带血管蒂皮瓣转移术治疗四肢创伤皮肤缺损，做人工股骨头及全髋关节置换手术。在定西市率先开展多功能外固定架治疗四肢骨折及经皮臭氧消融核治疗腰椎间突出症，并取得良好效果。用颅脑损伤开颅手术、高血压脑出血椎颅血肿引流术和脑凸面肿瘤切除术治疗脑部疾病。

科技推广

1986 年至 2010 年，各医院引进和推广多项外地科研成果，开展慢性硬膜下血肿钻孔引流术、股骨颈骨折人工股骨头置换术、慢性骨髓炎开窗灌洗引流术、

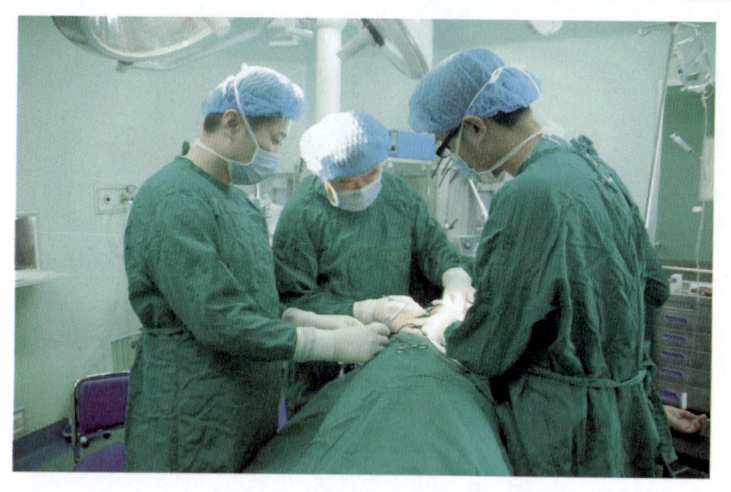

手术室

白内障超声乳化人工晶体植入术等手术治疗技术。进行白血病的规范化化疗、房颤的规范化抗凝治疗、乙型病毒性肝炎规范化抗病毒治疗、急性冠脉综合征的硝酸盐连续恒量静脉点滴治疗、溶血性贫血的诊断及规范化治疗、阵发性睡眠性血红蛋白尿的诊断及规范化治疗、癫痫连续状态的安定连续静脉点滴规范化治疗。开展阿托品激发试验、临时性和永久性心脏起搏器安装、尿毒症中药灌肠治疗等业务。

科研成果

1986 年以来，市二院的食物性 IgG 抗体与 IgA 肾病相关性的研究项目和苯丙酮尿症早期应用中药的防治研究项目，经省级鉴定达到国内先进水平，有 11 项科研项目获市级以上奖，骨髓穿刺技术在儿科的临床应用成果获 1999 年度定西地区科学技术进步一等奖，区疾控中心实施的甘肃省贫困县 4～12 月龄婴儿生长发育状况及影响因素分析项目获省级科技成果奖，区妇保站研究的中西医结合治疗小儿黄疸性肝炎 60 例临床观察项目，被世界传统卫生组织学术委员会评为"WHO 圣塔莫尼卡科技进步"三等奖，贫困地区 306 例习惯性流产早期干预减少先天性愚型出生研究项目获省卫生医学协会三等奖；发现一例 46.xx.t (7:16)(7q22::16q22) 染色体核型，世界首次报道。

第五节 卫生防疫与爱国卫生运动

卫生防疫概况

1986 年，定西县疾病预防控制中心，前身为定西县卫生防疫站，负责各种传染病的预防控制工作。2003 年国家卫生防疫体制改革及政府区划变动，成立安定区疾病预防控制中心，设有传染病防治所、传染病综合管理科、免疫规划科、结核病防治所、地方病防治所、办公室等科室，负责全区各类传染病的预防控制和免疫规划工作。从 1987 年开始，建立冷链系统，冷链运转每年最少 6 次，累计运转

150 余次,运送疫苗 13 种,计 800 万人(份)。于 1988 年、1990 年、1995 年分别实现计划免疫以县为单位以乡为单位 c 三个 85% 的目标,"四苗"接种率稳定达到 95% 以上,1995 年实现消灭脊髓灰质类目标,2002 年将乙肝疫苗纳入免疫规划管理,2008 年实施扩大免疫规划工作,免疫规划由原来的 c 五苗,增加到现在的 13 苗,使相关传染病得到有效的控制。

突发公共卫生事件处理

2003 年,成立安定区突发公共卫生事件处置领导小组,区卫生局设立卫生应急办公室,组建卫生应急医疗救治队伍、卫生应急疫情处置队伍和卫生应急指挥部,负责辖区卫生应急事件的报告和处理。制定突发公共卫生事件应急处置、传染性非典型肺炎防控、霍乱疫情防控、人感染高致病性禽流感应急处理、甲型 H1N1 流感防控应急处理、重大传染病疫情应急处理、群体性不明原因疾病应急处理、食物中毒事故应急处理、生活饮用水污染事故应急处理、放射事故应急处理、重大食品安全事件应急处理等预案(程序、方案)。举办非典型肺炎、禽流感、艾滋病等重点传染病防治知识师资培训班, 提高卫生应急能力。应急办公室储备疫情隔离观察床 40 张(套),可同时隔离观察 40 人,急救担架 120 副, 各类应急急救车辆 25 辆, 红外线测温仪 40 件。储备物资基本满足应对一般突发公共卫生事件的需要。2004 年 4 月,全区启动疾病监测信息报告管理系统,

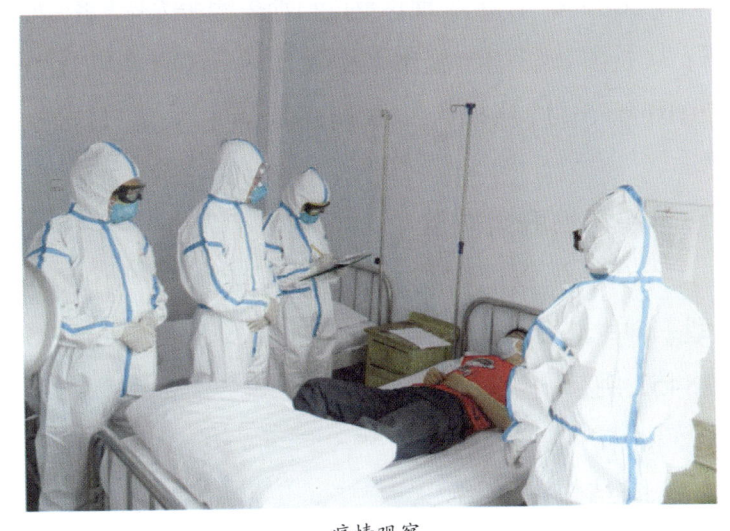

疫情观察

逐步建立乡→区→市→省→国家直报网络,直报率达 98%。2010 年,区疾控中心传染病防治所有专业技术人员 13 人,其中,高级职称 1 人,中级 2 人。

非典型肺炎防治

2003 年 4 月 19 日至 5 月 27 日,定西县发现非典病人 5 例,全部为北京输入,经治疗后全部康复,无死亡病例。疫情发生后,按照《中华人民共和国传染病防治法》甲类传染病报告、处理程序开展工作,并制定防治机构网络图、病人处置

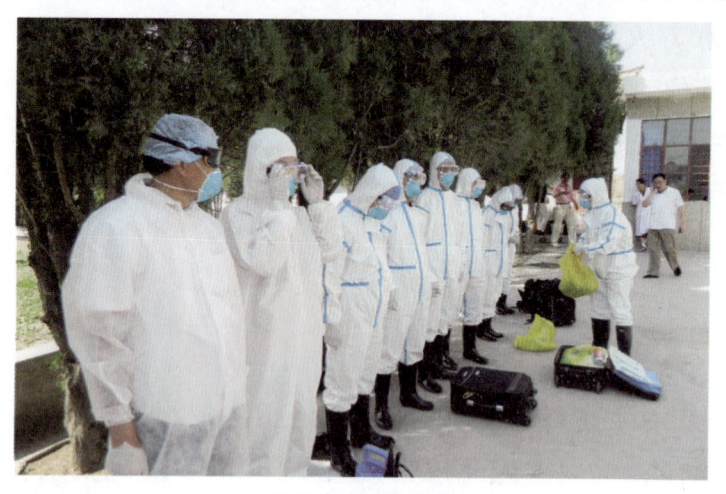

防治非典型性肺炎

示意图、车站健康检疫站工作流程图、检疫工作程序、应急处理方案及相关工作制度，制定外地打工人员返乡家庭留观要求和解除留观的程序及要求，全面开展非典防治。确定地区医院120、县医院999、县疾控中心救护车为疫情处理、病人接送专用。完成全县消毒防护用品的采购、下发工作,各疫点、留验点和公共场所、学校均按统一要求消毒。由于各项疫情控制措施到位,全县未发生二代疫情病例,非典型肺炎疫情得到有效控制。

艾滋病防治

2003年7月发现区内首例艾滋病感染者后,采取宣传教育、监测检测和高危行为干预、病人督导治疗及随访等措施,有效阻止艾滋病在本区的扩散和蔓延。至2010年5月,共报告艾滋病感染者和病人12例。

病毒性肝炎防治

1989年以前,只报告为病毒性肝炎。1990年开始,病毒性肝炎分为甲型、乙型、非甲非乙、戊型、未分型进行报告治疗。至2009年,全区累计发生病毒性肝炎18452例,死亡11例。

肺结核病防治

在"七五"、"八五"规划实施阶段,实行肺结核病治疗费用减免政策,发现和管理治疗活动性肺结核病人3000余例。1992—2001年,开始长期实施世行贷款结核病控制项目,建立县、乡镇、村三级防痨网络。查治活动性肺结核病人1102例,初治涂阳、复发涂阳、复治涂阳,治愈率分别达到97.3%、87.7%、85.1%,传染源得到有效控制。2001年9月,实施爱德基金加强与促进结核病控制项目,执行期3年,覆盖全区一半乡镇一半人口。累计接诊疑似病人2741例,登记活动性肺结核病人500例,其中涂阳115例,复治涂阳29例,涂阴356例,初治和复治治愈率分别达到98.8%、80%。2002年7月,实施世行贷款/英国赠款定西县肺结核防控项目,实施期7年。累计接诊疑似肺结核症状者14911人次,发现活动性肺结核病人2147例,其中,初治涂阳病人536例,复治涂阳病人96例,涂阴1515例。年均就诊率达到414.00/10万,涂阳检出率4.2%,年均活动性肺结核病人登记率为59.56/10万,涂阳登记率为17.56/10万,新涂阳登记率为14.89/10万。

卫生防疫项目

、　1992年至2010年,先后实施世行贷款结核病控制项目(卫Ⅴ项目)、卫生部/世界卫生组织/澳大利亚政府消除新生儿破伤风及加强安全注射合作项目、甘肃省爱德基金结核病控制项目、世行贷款/英国赠款结核病控制项目(简称卫Ⅹ项目)、GAVI项目(卫生部与全球疫苗免疫联盟GAVI/儿童疫苗基金合作项目)等卫生防疫项目,总投资106.7万元。利用项目配备高压清毒锅和注射器291套、低

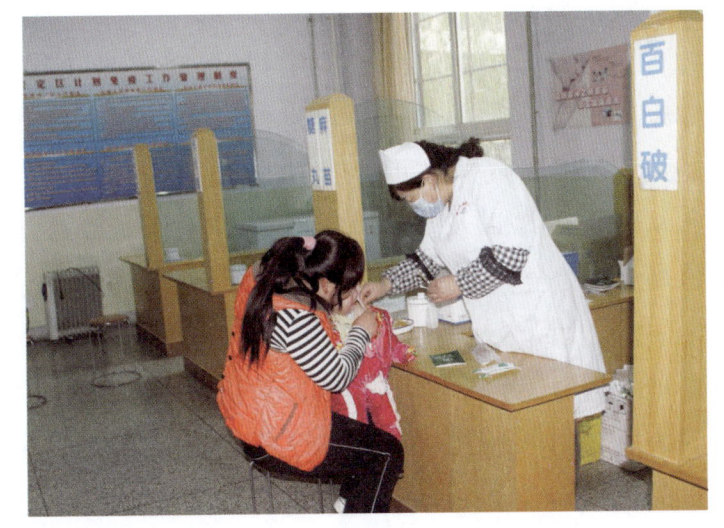

疫苗接种

温冰柜和普通冰箱45台、疫苗冷藏箱和疫苗冷藏包293个、皮卡车1辆、放像机、摄像机、电脑等4台,培训防疫人员1418人次。

城市爱国卫生运动

　1990年,开展创建省级卫生县城活动。贯彻“政府领导、部门协作、群众动手、广泛参与”的爱国卫生工作方针,成立定西县创建领导小组,制定实施方案,开展“五小”行业整治、除害灭病、环境卫生综合治理和定期检查评比环境卫生等工作。1997年,经省爱卫会检查评审,定西县城达到省级卫生县城标准。2002年,省爱卫会进行复查,仍达标。2003年,设立城市管理行政执法局和成立城市管理办公室,实行门前“五包”责任制和环境卫生目标管理责任制。2008年,安定区城市再次被省爱卫会评为省级卫生城市。

农村爱国卫生运动

　1986年以来,县(区)政府爱国卫生运动委员会针对农村卫生状况,开展管

水、管粪和改水井、改厕所、改畜圈、改炉灶、改造环境的"两管五改"工作。2009年,利用国家投资安定区的150万元改厕专项资金,建成"两瓮漏斗"式卫生厕所100座、粪尿分集式卫生厕所300座。后又在能源项目建设资金中拨款建成卫生厕所12000座。

第六节　食品药品管理与采供血管理

食品管理

1986年,成立定西县卫生科,配备专业人员10人,负责食品从业人员培训,体检和健康证、卫生许可证发放及食品卫生监测、现场督导、行政处罚等工作。1995年,卫生局成立卫生执法监督股,具体负责食品卫生许可证、健康证明发放和从业人员培训及卫生监督管理等工作。2002年3月,成立定西县卫生局卫生监督所,负责全县食品卫生、公共卫生监督检查。当年,监督所发放培训教材1533本,办理食品卫生许可证1696户。对食品从业人员3486人进行体检,给3301人办理健康证,分别占从业人员的98%、94.7%。监测各类食品903份,监测合格率为100%。监测餐具消毒1867份,合格1383份,监测合格率为74.8%。监督检查食品从业单位6800户次,监督覆盖率100%。书写现场检查笔录644份,提出卫生监督意见573份,实施行政处罚236户,罚款6580元,销毁不合格食品2679千克。2003年,卫生监督所划归市卫生局。2007年4月,成立安定区食品药品监督管理局,按照市、区权限划分,主要监管全区农村食品安全工作。2010年,成立安定区食品安全委员会,负责协调全区食品安全监管工作。

药品管理

2001年,县上成立药品监督管理局,挂靠县卫生局,负责全县药品购销及药品市场和质量的监督管理。2005年市上成立药品监督管理局安定分局后,职责上划,工作终止。区卫生局制定《安定区药品分别核算分别管理实施方案》和《安定区药品集中招标采购实施意见》,实行区、乡两级医疗机构药品收支分别核算和分别管理制度。当年参与招标采购的药品有71个品规,签订合同价值85万元。2007年,成立安定区食品药品监督管理局,内设药品市场监督科和药品安全监管科,进一步加强全区药品监管工作。从2008年开始,所有乡镇卫生院和社区卫生服务中心实行药品收支两条线管理。2010年,执行甘肃省药品集中招标采购价格,医院药品除中药外,全部为甘肃省药品集中招标采购中标品种,实行挂网阳光采购。冷链用疫苗经过疾控中心逐级供货,美沙酮由省卫生厅确定定点采购,结核病治疗药物由上级配发,其他各医疗卫生机构药品自行采购。全区乡镇卫生院(含社区卫生服务中心)实行基本药物零差率销售。

采供血管理

1988年前,实行个体供血,各医疗卫生单位自采自输。1988年3月,经甘肃省卫生厅批准成立定西献血站,隶属于定西地区医院。1995年8月,定西献血站更名为定西地区红十字中心血站(副县级事业单位,简称定西中心血站),为血液采集、检验、储存、供应机构,隶属于行署卫生处,经费实行差额补贴,定编20人,人员编制由定西地区医院成建制划转。同年9月,开始实行公民义务献血制度,定西中心血站统一采血,统一管理血源,统一供血,保证临床用血需求和质量。2002年4月,定西地区行署制定《定西地区公民无偿献血规定》,全面停止有偿职业献血和公民义务献血,实行全民自愿无偿献血,逐步实现由指令性无偿献血向群众

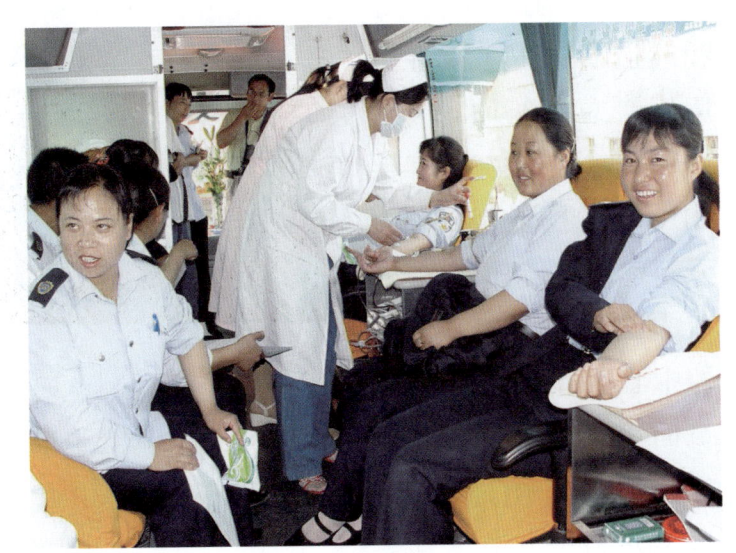

定西交运集团职工义务献血

自发自愿的无偿献血转移,一次献血由200ml逐步向300ml、400ml转移,由捐献全血向捐献血液成分转移,由以城镇职工为主的少数献血群体面向全社会的广泛献血群体延伸。同年,选址新建定西中心血站,建筑面积2054平方米。2003年12月,定西地区红十字中心血站更名为定西市红十字中心血站。2007年3月,定西中心血站被确定为公益性事业单位,实行全额预算拨款。2010年,定西中心血站在陇西和临洮两县设采血点。是年,定西中心血站内设办公室、质量控制科、宣传招募科、血液采集科、检验科、血液成分制备科、血液管理科7个业务科室,有职工46人。定西中心血站承担全市20所县级医院和部分乡镇卫生院的临床血液供给。

第七节　基础设施建设

业务用房建设

1985年至2002年,投资1519.5万元建成县医院行政办公楼、火车站门诊部、急救中心和县妇保站妇幼保健楼、县中医院门诊楼、县疾控中心业务办公楼、县二院精神病院门诊综合楼、住院部楼,扩建和改造乡镇卫生院业务用房,总建筑面积3.09万平方米。2003年至2010年,投资3820.6万元新建市二院住院大楼、市中医院门诊楼和区疾控中心业务综合楼,总建筑面积2.22万平方米。投资350万元新建和扩建社区卫生服务中心业务用房2800万平方米。投资1410万元改建扩建乡镇卫生院业务用房和新建村卫生室用房1.08万平方米。

定西市第二人民医院住院部大楼

1986—2009年医疗卫生机构业务用房建设概况表

表17-3-4

单位名称	项目名称	建设年限(年)	投入资金(万元)	建设面积(㎡)
乡镇卫生院	改建和扩建业务用房	1985—1990	138.0	4978.0
		1998—2002	397.0	6041.7
		2007—2009	1270.0	9000.0
疾控中心	新建业务办公楼	2000	80	1680.0
	新建业务综合楼	2003	130.0	1244.0
中医院	新建门诊楼	1987—1988	52.0	2600.0
	新建新门诊楼	2003—2008	1380.6	5574.0
妇保站	新建妇幼保健楼	1985—1987	48.0	2000.0

续表 17-3-4

单位名称	项目名称	建设年限(年)	投入资金(万元)	建设面积(㎡)
区二院	新建精神病院	1985—1987	14.0	500.0
	新建门诊综合楼	1994—1997	118.0	1883.8
	新建住院部楼	2000	77.5	1393.2
市二院	新建行政办公楼	1986—1987	25.0	1547.0
	新建火车站门诊部	1990—1991	16.0	670.0
	新建急救中心	1998—2000	614.0	7550.0
	新建住院大楼	2008—2010	2310.0	15419.7
社区卫生服务中心	新建和扩建业务用房	2008—2009	350.0	2800.0
村卫生室	新建卫生室	2008—2009	140.0	1800.0

医疗设施建设

1990 年以前,县级医院有 200MAX 光机、B 超机和心电图机和常用检验设备。巉口、李家堡、宁远、西巩驿、鲁家沟等卫生院有 50MAX 光机,其他乡镇卫生院主要设备有 30MAX 光机。1990 年以后,省卫生厅陆续为一些乡镇卫生院配备 100MAX 光机、显微镜、分析天平、心电图机等医疗设备。1999 年至 2007 年,实施"加强中国农村贫困地区基本卫生服务项目"(简称卫生Ⅷ项目),为全区医疗机构配置各种医疗设备 3597 台件。市二院配备大型设备 (10 万元以上)CS-600 型牙科治疗机、SIEMENS SOMATOM Emotion CT 机、XL—500 全自动生化分析仪、血凝仪、电解质仪等设备,配备 200MAX 光机 17 台。市中医院配备大型设备 KJ-2 型多普勒血流仪、自动血球计数器、德国西门子 CT 机、日本东芝彩超、HMC-36C 型臂 X 线机、F51-SC22 床双管 X 线机等。区二院配备大型设备彩超机、全自动生化分析仪、数字肠胃机、数字拍片机、核磁共振成像系统和免疫分析仪等。21 所乡镇卫生院全部安装 50MA 以上的 X 光机,配备 B 超、心电图机、显微镜等设备,6 所中心卫生院配备生化分析仪,全区村卫生室共配置各种常用医疗设备 2960 台件。

第四章 体 育

第一节 管理机构与体制改革

管理机构

1986年,定西县体育运动委员会(简称县体委)内设办公室、群体股、竞训股,下辖业余体校和农村体育工作技术辅导站。1991年8月,县体委并入县教育局,成立定西县教育体育局,体委更名为定西县体育活动中心,内设机构未变,为县教育体育局下属科级事业单位。2003年9月,定西县体育活动中心更名为定西市安定区体育活动中心(简称区体育活动中心)。2006年1月,区体育活动中心设立体育彩票站。2010年,区体育活动中心有工作人员28人,其中,副高职称4人。区体育活动中心曾被评为全省"99全民健身宣传月"先进单位、第五次全国体育场地普查工作先进集体、全省"中国体育彩票杯"新春全民健身大拜年活动先进单位,获全省全民健身活动优秀组织奖。

体制改革

1986年,贯彻国家体委《关于体育体制改革的决定(草案)》,恢复定西县体协组织,成立行业体育协会和定西县篮球、田径、武术等体育协会,发动全社会办体育。对竞赛体制、训练体制、科研体制等进行改革,组织各行业体育协会开展体育比赛活动。1993年,贯彻国家体委《关于深化体育改革的意见》,制定《定西县体育改革发展规划》,组织各中小学开展"三操二课一活动"和实施《国家体育锻炼标准》,完善社区体育组织机构,开展创建全省体育先进乡镇活动。1995年,实施《全民健身计划纲要》,成立定西县实施全民健身计划纲要领导小组,在全县广泛开展全民健身活动,并把全民健身工作纳入全县国民经济发展、小康建设的总体工作和目标管理范围。

第二节　群众体育

学校体育

1986年,各学校贯彻实施《学校体育工作条例》和《国家体育锻炼标准》,坚持"三操二课一活动",开展体育达标工作,东关小学被省体委评为甘肃省群体工作先进集体。1987年,各中小学组织学生参加雏鹰起飞田径通讯赛活动,东关小学获全省雏鹰起飞田径通讯赛第一名。至1994年,全县学生体育达标率上升到91.3%,定西县两次被省教委、省体委评为全省学校体育达标先进县。1995年至2010年,各学校建立健全学生体育档案,把

东方红中学校园艺术节学生体操表演

体育课列入考试考核科目,组织师生参加全民健身月、周活动和县上举办的各类体育比赛活动,全面推进群众体育工作。全区学生体育达标率提高到96.6%,安定区被评为全省学校体育达标提高幅度大县(区)。西关小学被评为全国全民健身周活动先进单位,定西中学、东方红中学(两次)和东关小学(两次)被评为全省群众体育工作先进单位,大城小学、交通路中学等5所中小学被评为全省全民健身月(周)活动先进集体。在全区开展体育优质课评选、观摩活动,有125名体育教师参加观摩,评选奖励优质课教师52人。

学生体操表演

1986—2010 年学校体育工作获奖一览表

表 17-4-1

年份	获奖学校	奖项名称	授奖单位
1986	东关小学	甘肃省群体工作先进集体	省体委
1986	东关小学	体育卫生两个暂行规定检查合格单位	省教育厅、卫生厅、体委、团省委
1987	东关小学	甘肃省体育传统项目先进单位	省教育厅、省体委
1987	东关小学	全省雏鹰起飞田径通讯赛第一名	省体委
1996	东方红中学	全省群众体育先进单位	省体委
1996	定西中学	全省群众体育先进单位	省体委
1998	东方红中学	全民健身活动宣传月先进单位	省体委
2000	东关小学	全省群众体育工作先进集体	省体育局
2001	西关小学	全省第一届全民健身月先进单位	省体育局
2002	大城小学	全省第二届全民健身月先进单位	省体育局
2004	西关小学	全国全民健身周活动先进单位	国家体育总局
2005	交通路中学	全省全民健身月活动先进单位	省体育局
2006	东关小学	甘肃省群众体育工作先进集体	省体委
2010	东方红中学	全省群众体育先进集体	省体育局

职工体育

1986 至 1999 年,县上举办职工篮球等级赛,各行政机关和企事业单位举办乒乓球、羽毛球等项目的小型运动会,坚持做广播体操和工间操。县土地管理局被国家体委、全国八运会组委会评为全国群众体育先进集体。2000 年至 2010 年,各机关单位组织职工参加全民健身月活动,区粮食局被评为全省群众体育工作先进集体,区水利水保局和区国家

职工拔河比赛

税务局分别被评为甘肃省第六、第七届全民健身月活动先进单位。

农村体育

1988年至1990年,各乡镇组织农民参加全省第一、二、三届春节、元旦通讯活动和全省春节、元旦农(牧)民体育活动,新集、内官营、西巩驿3乡5次获全省春节、元旦体育活动先进单位奖。1991年至1998年,全面开展全民健身活动和创建全省体育先进乡活动。县上先后举办三届乡镇农民篮球赛,巉口镇连续举办三届"税务农行杯"农民运动会,各乡镇每年元旦、春节组织农民参加篮球、乒乓球、羽毛球、拔河、登山、自行车、象棋等比赛活动。石峡湾乡被国家农业部、体委和农民体协评为"全国亿万农民健身活动"先进乡,有12个乡镇被评为全省体育先进乡,4个乡被评为全省元旦、春节百万农民健身活动先进集体,香泉乡被评为甘肃省第四届民族运动会民族体育先进集体,定西县两次被评为全省农村体育达标先进县,并获全省全民健身活动月组织奖。在1999年至2006年期间,巉口镇承办北部七乡镇"和谐杯"农民运动会,有19个代表队,480名运动员参加篮球、乒乓球、拔河、自行车、象棋比赛,观众达1.5万余人。全区又有9个乡镇14次获全国、全省体育工作先进集体奖,其中巉口镇被评为全国群众体育先进单位,香泉镇再次获全省民族体育工作先进集体奖。2007年,全区19个乡镇全部挂牌成立文化体育工作站。当年,内官营镇在中央文献研究室的支持下,承办安定区南部八乡镇"庆五一文献杯"农民运动会,42个代表队,500余名运动员参加篮球、拔河等项目比赛。至2010年,西巩驿镇新街村车路沟社连续十六年举办春节篮球邀请赛。

1988—2005年农村体育工作获奖一览表

表17-4-2

年份	获奖乡镇	奖项名称	授奖单位
1988	新集乡	全省春节元旦通讯活动先进单位	省体委
1989	新集乡	全省元旦春节农(牧)民体育活动先进单位	省体委
			省农协
1989	内官营镇	全省元旦春节通讯活动先进单位	省体委
1990	西巩驿镇	全省春节元旦通讯活动先进单位	省体委
1990	内官营镇	全省元旦春节农(牧)民体育活动先进单位	省体委、省农协
1991	内官营镇	全省体育先进乡	省体委

续表 17-4-2

年份	获奖乡镇	奖项名称	授奖单位
1993	香泉乡	全省第四批体育先进乡(镇)	省体委
1993	团结乡	全省第四批体育先进乡(镇)	省体委
1993	张湾乡	全省第四批体育先进乡(镇)	省体委
1993	西巩驿乡	全省第四批体育先进乡(镇)	省体委
1996	石峡湾	全省第五批体育先进乡(镇)	省体委、省农委
1996	石峡湾	全国亿万农民健身活动先进乡	国家农业部、国家体委、农民体协
1996	葛家岔乡	全省第五批体育先进乡(镇)	省体委、省农委
1996	御风乡	全省第五批体育先进乡(镇)	省体委、省农委
1998	香泉乡	第四届民族运动会民族体育先进集体	省民委、省体委
1998	香泉乡	全省元旦春节百万农民健身活动先进集体	省农委、省体委
1998	西寨乡	全省元旦春节百万农民健身活动先进集体	省农委、省体委
1998	西巩驿乡	全省元旦春节百万农民健身活动先进集体	省农委、省体委
1998	石泉乡	全省第六批体育先进乡(镇)	省体委、省农委
1998	李家堡乡	全省第六批体育先进乡(镇)	省体委、省农委
1998	西寨乡	全省第六批体育先进乡(镇)	省体委、省农委
1998	称钩驿乡	全省第六批体育先进乡(镇)	省体委、省农委
1999	新集乡	全省元旦春节百万农民健身活动先进单位	省农委、省体委、省农民体协
1999	李家堡乡	全省农村体育先进单位	省农委、省体委、省农民体协
2000	巉口乡	全省群众体育工作先进集体	省体育局
2000	巉口乡	全省第七批体育先进乡(镇)	省体育局
2000	宁远乡	全省第七批体育先进乡(镇)	省体育局
2000	内官营镇	全省元旦春节百万农民健身活动先进单位	省农业办公室、省体育局、省农民体协
2001	巉口镇	全国群众体育先进单位	国家体育总局
2002	内官营镇	全省元旦春节百万农民健身活动先进单位	省农业办公室、省体育局、省农民体协
2002	西巩驿镇	全省元旦春节百万农民健身活动先进单位	省农业办公室、省体育局、省农民体协
2003	东岳乡	全省农村体育先进单位	省农业办公室、省体育局、省农民体协
2003	东岳乡	全省元旦春节百万农民健身活动先进单位	省农业办公室、省体育局、省农民体协
2004	李家堡镇	全省元旦春节百万农民健身活动先进单位	省农业办公室、省体育局、省农民体协
2005	香泉镇	全省民族体育先进集体	省民委、省体育局

社区体育

2000 年至 2010 年,先后在大操场、玉湖公园、汽车站广场、西岩山公园、友谊广场、正立广场、南山、东山和居民小区等建立群众健身活动站(点)15 个(包括内官营镇和巉口镇 2 个活动站),各活动站(点)均安装各类体育健身器材。社区居民每天早晨和黄昏在活动站（点）散步、跑步、登山、打太极拳（剑）、做集体健身操（舞）等,经常参加社区健身活动的居民有 8000 人左右。永定路街道办事处和中华路街道办事处每年与区体育活动中心联

友谊广场群众体育活动

合举办企业、个体、社区组织的篮球、拔河、自行车、滚轮胎、袋鼠跳、象棋等体育比赛活动,社区体育锻炼覆盖面由 1986 年的 21.6% 提高到 2010 年的 37.8%。有 12 个单位 14 次获全国、全省体育工作先进集体奖,其中汽车站社区和西关小学分别被评为全国群众体育工作先进单位、全国全民健身周活动先进单位,西河社区被评为甘肃省第四批城市体育先进社区。

老年体育

1986 年,在省、地、县有关部门支持下,县老年体协投资 19 万元,在县体育场北端修建一处二层砖混结构老年活动室,活动项目有乒乓球、台球、象棋、跳棋、麻将等,并修建一处门球场。此后, 县老年体协逐步扩展老年活动场所, 建立以大操场活动站(点)为主的多个老年活动站(点)。2005 至 2006 年,省体育局、市区财政局和市民政局投资 11 万元,在老年活动室二层楼顶又加盖一层 150 平方米的砖混结构活动室, 为门球场安装防护栏。老年体协和各老年

太极拳

活动站(点)组织老年人开展太极拳、门球、柔力球、健身操等体育健身活动,并组队参加省、市和全国老年人体育比赛。至2010年,有4个老年体育组织和活动站(点)获全国、全省体育工作奖,其中,大操场健身站被国家体育总局评为全国优秀全民健身站(点),区老年人体育协会和大操场太极拳辅导站被评为全省基层老年体协先进集体,区太极柔力球推广站被评为全省全民健身优秀活动站。

体育彩票　2006年,成立安定区体育彩票管理工作站和区体育活动中心体育彩票站,逐步建立体育彩票销售网点,全面开展体育彩票销售工作。至2010年,全区有体育彩票销售点38个,累计销售体育彩票3000余万元,利用体育彩票公益金为城镇学校配置篮球架、乒乓球台等体育器材40副(件),在公共体育活动场所安装体育健身器材26套。

第三节　竞技体育

区业余体校

从1986年开始,定西县业余体育运动学校(简称县业余体校)开办田径、男、女篮球、男、女排球、武术、射击等训练班(1995年后停止排球和射击项目训练)。学校按照"选好苗子,面向未来,打好基础,系统训练,积极提高"的原则,逐步建立选才和育才培训体系,不断提高训练水平和成绩。2010年,学校开设田径、篮球、武术3个训练班,有学生120余人,学生均为城区中小学擅长体育的在校学生。至2010年,区业余体校和中小学先后向大专院校体育学科输送学生555人,向省、市体校输送232人,向省体工队输送8人。区业余体校4次被省体育局(省体委)评为全省业余训练工作先进集体,并被评为全省优秀少儿体校。

体育队伍

2010年,全区有体育裁判员82人,其中国家荣誉裁判员1人,一级裁判员13人,二级裁判员68人。有专职教练员20人,其中高级教练2人。各级各类学校有体育教师298人,其中高级教师6人。有社会体育指导员329人,其中国家级1人,一级7人,二级49人,三级272人。有29人获全国优秀裁判员、全省优秀教练员、全国优秀社会体育指导员、全省群众体育先进个人等荣誉称号。

体育场地

1991年,地、县财政投资20万元,对定西体育场(大操场)进行改建扩建,建成

定西体育场

定西县第三届运动会开幕式

占地面积 23400 平方米, 建筑面积 1470 平方米, 绿化面积 350 平方米, 设有 400 米 8 跑道标准田径场和足球场、跳高、跳远场的综合性体育场。1996 年, 投资 120 万元对定西灯光球场进行改建扩建, 球场占地面积 2450 平方米, 建筑面积 1830 平方米, 能容纳 5000 名观众。2004 年, 实施国家体育总局第二期中国体育彩票"雪炭工程"援建项目和定西市社会公益事业投资重点项目, 在定西体育场南端建成二层全框架结构, 建筑面积 3170 平方米, 总投资 400 余万元, 可开展篮球、排球、羽毛球、乒乓球、

武术、柔道、摔跤、棋牌、健身、健美等多种项目训练、比赛的定西体育健身训练中心。

体育运动会

1989 年至 1994 年, 定西县承办"旱塬杯"全国男篮甲级邀请赛, 举办"三八"妇女运动会、"五一"职工篮球赛、拔河赛和老年文体表演及门球、乒乓球、台球、跳棋、象棋等体育竞赛活动。1997 年, 举办定西县第三届运动会, 设少年组、成年组和田径、篮球、象棋、拔河等比赛项目, 参加比

2001 年定西县第四届运动会裁判员入场

赛的运动员有 600 余人次。2000 年至 2010 年，举办定西县第四届运动会，承办"农行杯"全国女篮四强邀请赛、"地税杯"全国青年男篮巡回定西赛区对抗赛、甘肃省农行系统河东片篮球比赛、"建行杯"全国甲级女篮四强对抗赛、中国储备粮库兰州分公司第二届职工篮球运动会等大型比赛与运动会。

全国女子篮球甲级四强对抗赛

体育参赛成绩

1986 年至 1993 年，定西县体育代表队在地区运动会田径、射击、篮球等项目比赛中获奖牌 207 枚，其中金牌 113 枚。在省运会获奖牌 15 枚，其中金牌 11 枚，银牌 4 枚。陈雪丽(一级运动员)获

中学生田径运动会

全国田径分龄赛女子 100 米第一名、200 米第一名、四项全能第一名，张小明获全国田径分龄赛男子 4×400 米第二名、四项全能第五名，石永强获全国中学生田径运动会男子 1500 米第二名、800 米第六名，宋晓旭获全国田径分龄赛男子 110 米栏第五名，李彩娥获全国精英赛女子 1000 米第六名。1994 年至 2001 年，定西县体育代表队在地区运动会上获奖牌 240 枚，其中金牌

2010 年 8 月，定西市第一中学男子篮球队获甘肃省第一届中学生运动会冠军

114枚。在省运会获金牌2枚。杨丽获全国田径分龄赛女子800米第二名,王艳花(一级运动员)获全国女垒赛第二名、第四名,蒋成礼获全国运动校田径运动会男子10000米第三名,王艳花获全国青年女垒联赛第三名,王江获全国青年山地车锦标赛暨分站赛总决赛男子青年组第二名、25公里赛第二名、5公里越野赛第二名,南玉宁获全国无线电测向锦标赛80米波段女子第四名、2米波段第四名、个人全能第五名,蒋成礼(一级运动员)参加全国马拉松锦标赛。2002年至2009年,安定区体育代表队在市运会上获奖牌182枚,其中金牌74枚。在省运会获奖牌45枚,其中金牌16枚,银牌17枚。在全国中学生运动会获银牌1枚。高永宁获世界中学生田径锦标赛第一名和第三名、全国中学生田径锦标赛第二名,董英强获厦门国际马拉松赛男子10公里第一名,杨伟强获全国中长跑冠军赛第四名,杨彦雄获国际竞走挑战赛暨全国竞走锦标赛10000米竞走第三名、3000米竞走第五名、全国中学生运动会5000米赛第二名,牟彪获全国中学生运动会800米赛第七名,林发源获全国CUBA西北赛区篮球赛第四名,蒋成礼参加北京国际马拉松赛。2010年,安定区体育代表队在市运会田径和武术比赛中获奖牌28枚,其中金牌8枚。

1986—2010年安定区(定西县)体育参赛成绩一览表

表17-4-3

年　度	项目		级别	名次	获奖牌数(枚)			
					总数	金牌	银牌	铜牌
1986	田径		地级	3	34	17	14	3
	射击		地级	1	12	8	3	1
	篮球	男	地级	1	1	1		
		女	地级	2	1			1
1987	武术		省级		3	3		
	田径		地级	3	4	4		
	篮球	男	地级	1	1	1		
	田径	女	地级	1	1	1		
1988	田径		地级	4	25	6	8	11
	射击		地级	1				
	篮球	男	地级	2	1		1	
	田径	女	地级	1	1	1		
1989	田径		地级	4	22	10	7	5

续表 17-4-3

年 度	项目		级别	名次	获奖牌数(枚)			
					总数	金牌	银牌	铜牌
1990	田径		地级	3	48	24	16	8
	射击		地级	1				
	篮球	男	地级	1				
		女	地级	2				
1991	田径		地级	3	12	5	2	5
	篮球	男	地级	1				
		女	地级	2	2	1	1	
	射击		地级	2	9	6	3	
1992	田径		地级	1	15	9	4	2
	田径		省九运会		1	1		
	射击		省九运会		10	7	3	
1993	田径		地级	2	26	18	7	1
	篮球	男	地级	1				
		女	地级	2	2	1	1	
	田径		省小学生比赛		1		1	
1994	田径		地级	3	32	12	14	6
	篮球		地级	2	1		1	
	武术		地级	3	3	1	2	
	射击		地级		33	13	14	6
	田径		地级	2	22	9	6	7
	篮球	男	地级	1	1	1		
		女	地级	1	2	2		
1996	田径		地级	2	18	10	3	5
1997	田径		地级	3	17	13	2	2
	篮球		地级	1	1	1		
1998	田径		地级	1	24	15	5	4
1999	田径		地级	1	49	22	9	18
	田径		省级	3	1	1	1	1
	垒球				1		1	

续表 17-4-3

年度	项目		级别	名次	获奖牌数(枚)			
					总数	金牌	银牌	铜牌
2000	田径		地级	3	20	8	7	5
	篮球		省十运会	1	1	1		
	武术		省十运会	1	1	1		
2001	田径		地级	3	23	6	9	8
2002	田径		地级	1	22	9	8	5
	田径		省级		17	7	5	5
2003	田径		地级	3	18	7	7	4
	篮球	男	地级	1				
		女	地级	2	2	1	1	
2004	田径		市级	3	17	7	5	5
	武术		市级	3	1			1
2005	田径		市级	2	32	11	11	10
	篮球		市级	1	1	1		
	田径中长跑集训比赛		省级	1	12	7	4	1
	首届运动会		市级	1	1	1		
2006	武术		市级		15	5	5	5
	田径		省十一运		5	1	3	1
	田径		省级		8	1	3	4
	田径中长跑集训点赛		省级	1	10	6	3	1
2007	田径		市级		5			
	武术		市级		5		5	
	青少年运动会		省级	3	9		4	5
	省农运会		省级	3	1	1		
2008	田径		市级	1	28	11	8	9
	武术		市级		5	1	2	2
2009	中学生运动会		全国		1		1	
	田径		市级	1	9	4	5	
	武术		市级		4	2	2	
2010	田径		市级	1	22	7	9	6
	武术		市级		6	1	2	3

体育人才输送

1986年至1994年(1990年没统计),定西县共输送体育人才182人,其中,省体工队5人,省、地体校61人,大专院校116人。1995年至2002年,共输送体育人才310人,其中,省体工队2人,省、地体校75人,大专院校233人。2003至2010年,共输送体育人才285人,其中省体工队1人,省、市体校96人,大专院校188人。24年累计输送体育人才777人,其中省体工队8人,省、市体校232人,大专院校537人。

1986—2010年安定区输送体育人才一览表

表17-4-4

年 份	总数	省市体校	省体工队	大专院校	年 份	总数	省市体校	省体工队	大专院校
1986	23	4	1	18	1999	38	10		28
1987	22	5	1	16	2000	49	5	1	43
1988	13	6		7	2001	41	11		30
1989	22				2002	31	9		30
1990					2003	30	9		21
1991	18	6	1	11	2004	40	7		33
1992	22	9	1	12	2005	44	8		36
1993	22	9		13	2006	36	6		30
1994	40	14	1	25	2007	38	10		28
1995	47	14	1	32	2008	36	16		20
1996	42	14		28	2009	44	24		20
1997	37	12		25	2010	17	16	1	
1998	25			25					

第十八编

文化 媒体

第十八编　文化　媒体

第一章　文化艺术

第一节　管理机构

安定区文化出版广播影视局

1986 年,定西县文化广播局(简称县文广局,科级建制),下辖县广播站、文化馆、图书馆、电影放映公司 4 个科级建制事业单位,实行局站合一。1989 年 10 月,成立定西县广播电台。 1996 年 11 月,成立定西县博物馆。2003 年 9 月,定西县文化广播局更名为定西市安定区文化广播局(简称区文广局)。2006 年 12 月,定西市安定区文化广播局更名为定西市安定区文化出版广播影视局。 2007 年 7 月,成立文化市场综合执法队(股级建制)。2010 年,区文化出版广播影视局内设办公室、文化文物股、影视股、综合执法队,有工作人员 22 人。下辖区广播电视台、文化馆、图书馆、博物馆、电影放映公司 5 个科级单位。

安定区文化馆

1986 年,定西县文化馆内设文物、摄影、美术、群众文化、文学创作及总务 6 个组。2003 年 9 月,定西县文化馆更名为定西市安定区文化馆(简称区文化馆)。2004 年、2008 年, 区文化馆两次被文化部考核评为国家二级文化馆。2010 年,区文化馆内设办公室、美工部、群文部 3 个机构,有干部职工 32 人,其中,中国美协会员、中国书协会员各 1 人, 省美协会员 5 人,省书协会员 10 人。

安定区文化馆、博物馆、图书馆办公大楼

乡镇文化站

1986年,有内官营、巉口、宁远等14个乡文化站。1988年,全县26个乡镇全部建立文化站。1998年,称钩驿、巉口、葛家岔、城关4个乡镇文化站被列为省级示范文化站,石泉、宁远、鲁家沟、李家堡、内官营、青岚山6乡镇文化站被评为省级达标文化站。2003年9月,在撤乡并镇时乡镇文化站撤并为19个。2008年,实施中宣部和省乡镇综合文化站建设项目,青岚山、宁远、符家川等10个乡镇文化站改扩建为乡镇综合文化站,总投资216万元。2010年,又建成内官营、称钩驿、香泉等9个乡镇综合文化站,总投资216万元。至2010年,全区19个乡镇全部为综合文化站,有文化专干33人,其中,干部23人,聘用人员10人。

第二节 文化活动

节日庆典活动

1986年以来,先后举办庆祝中华人民共和国成立40周年、45周年、50周年、60周年和庆祝建党75周年、迎香港回归、迎澳门回归、喜迎新千年及庆祝定西撤地设市、撤县设区等大型庆典活动。

2009年9月28日,"中华人民共和国成立60周年红歌百人大合唱"会演

主题文化活动

从1996年开始,定西地(市)委、行署(市政府)每年承办由农业部与省政府主办的"中国·定西马铃薯"大会。在大会期间,区文化馆组织美工在城区各个广场进行马铃薯主题义画义写活动,组织民间艺人助兴演出。文化馆每年5月在香泉镇举行"民族团结进步宣传月"演出和书画赠送活

2009年,定西市"情系陇原"送文化下乡暨"千台大戏送农村"活动启动仪式在立交桥广场举行

动。2008年,配合省委宣传部"千台大戏进农村"活动,文化馆组织艺术团体到各乡镇义演20余场,义写义画书画作品3000余幅。2009年10月,举行"中华人民共和国成立60周年红歌百人大合唱"汇演,全区14个合唱团近2000人参加演出。2010年,特邀省歌剧院在马铃薯大会上演出。

艺术展览活动

1986年以来,县(区)文化馆每年举办书法、美术、摄影、图片等专项或综合性展览。城区和乡镇学校每年举办学生书画展,部分机关单位不定期举办系统或单位职工书画展。1989年至1999年,县文化馆举办"庆祝建国40周年"书画展、"喜迎香港回归"书画展等大型书画展览活动,巉口镇文化站举办定西县北部地区书画艺术展。2007年至2010年,区文化馆先后与有关部门联合举办首届"残疾人暨爱心助残"书画展、庆祝建馆六十周年书画展和"移动杯"薯都妇女艺术展。至2010年,县(区)文化馆和乡镇文化站举办各类艺术展览83次。

春节庆祝活动

1980年代后期至1990年代,每年春节期间,城乡普遍开展玩秧歌活动(也称耍秧歌,属传统文娱活动)。农村各庄社组织秧歌队并举办社火会演活动。社火多在晚上演出,主要有灯火表演、蜡花表演、舞狮子、跑旱船、跑黑驴纸马和演唱秧歌曲、小曲、戏剧等节目。城乡居民在大门、阳台和屋檐悬挂各式花灯,有些人家挂高灯,城区有灯会和焰火活动。1990年代末,由于电视普及和农村剩余劳动力大量外出,秧歌活动逐渐减少。2000年后,秧歌活动又逐渐复兴,各乡镇和一些村社组建大型秧歌队,在乡镇所在地和县城进行表演、会演,演出时间多为白天。秧歌表演增加高台、彩车、踩高跷、太平鼓、舞龙灯等节目。城区临近年节在主要街道口搭建五彩灯门,并在各公园、街道悬挂各式各样的彩灯和大型主题灯展,春节期间每天晚上灯火辉

2010年,"和谐定西"春节社火会演

玉湖公园灯会

"安定新春"秧歌会演

内官营镇净街活动

煌。一些机关单位和居民住宅区还制作谜语花灯，供人们观灯猜谜。正月十六晚上的焰火活动，起初在玉湖公园集中燃放，后来改为在西环路举行焰火燃放仪式，各大广场、公园同时燃放。2007年，在巉口镇举行"安定新春"秧歌会演，17个乡镇秧歌队参加演出，新华社、中央电视台、人民日报、甘肃电视台、定西电视台等新闻媒体现场采访拍摄，在春节期间播放宣传。2010年正月十五，在西岩广场举行全区社火会演，观众达数万人。是年，全区有社火队325支。内官营镇每年正月十三举行净街活动（独特民俗活动）。举荐一位德高望重的人装扮成施公（俗称"老爷"）坐轿，由三班衙役鸣锣开道，簇护"老爷"随卒勇沿四关六街巡视。最后在十字路口驻轿，由"老爷"简短训话，内容为春节伊始，打扫街道，注意火患及国泰民安之类祝福话语。晚上有灯山（舞台上支起架子，架子上由小灯组成"吉祥如意"等字样展出)。

广场娱乐活动

2000 年代,在城区兴起广场文化活动。立交桥广场每天有文艺爱好者自发组织娱乐活动,从清唱、独唱逐渐演变为乐器伴奏、着戏装演唱秦腔、眉户、秧歌、小曲等。各大广场每天早上和晚饭后有许多人成群结队跳秧歌舞、健身舞、民族舞等,同时还有儿童游艺、气枪电子枪打靶等。

立交桥广场的广场舞活动

第三节　文艺创作

概况

1986 年以来,一些安定籍及外籍在安定工作的作家和文学爱好者陆续创作和发表各类题材的文学作品。产生了一批全国、全省有一定影响的作家作品。1997 年,农民刘居荣创办民间刊物《杏花》,先后出刊 22 期。2000 年代,兴起学校创办校报校刊之风,东方红中学、中华路中学、巉口中学校报校刊获省教育厅优秀校园报刊奖。地方刊物逐渐培养了一批文学新人。2010 年,安定区有夏羊、何来、洋雨、孙云乾和杨学文 5 名中国作家协会会员。

小说

1980 年代至 1990 年代,涌现出一批安定籍小说作家及作品。女作家牛正寰以创作短篇小说《风雪茫茫》一举成名,先后发表《漫着花儿上昆仑》《"外交"部长》《翻过橡皮山》等中短篇小说,与人合作出版短篇小说集《驽马》。薛霞发表《花儿》《两个老女人》《女之耽兮》《夏夜也难眠》等中短篇小说,出版小说集《女之耽兮》和长篇小说《西域探秘》。2000 年代,侯川(贺兴)在省城从事教学工作之余倾心小说创作,出版小说集《侯川中短篇小说选》,其长篇小说《游子意》在各大文学网站广

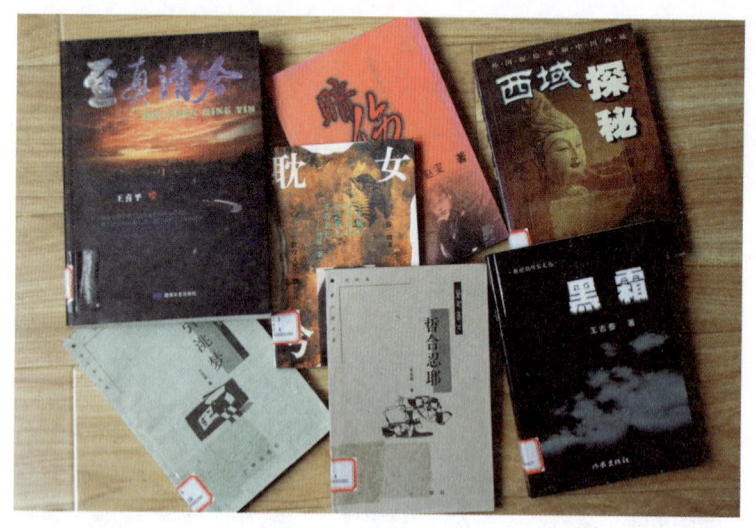

安定籍小说作家部分作品

为传播，并在甘肃报业集团出版的《第一视线》报纸上连载。王吉泰出版长篇小说《哲合忍耶》《引洮梦》《黑霜》。青年作家孙云乾发表长篇小说《有因缘》。青年作家王喜平出版长篇小说《至真清吟》。2010年，农民作家刘居荣在《中国文学》发表短篇小说《胡麻开花》，女作家赵雯创作出版长篇小说《暗伤》。定西师专副教授李成业翻译介绍美国作家杰泽·科辛斯基的长篇小说《着色的鸟》。

诗歌

1986年至2010年，夏羊出版诗集《唿哨的季风》《悠悠心声》《夏羊诗选》等，曾担任甘肃省作家协会第二届理事会理事，第三届理事会名誉理事。何来在省内外报刊发表《果实变得坚硬》《侏儒酒吧》《牛骨头》《漂移的希基岛》和《先驱者最后的信息》《什么在锯着灵魂》《记住这些古歌》等诗歌，出版诗集《爱的磔刑》《何来诗选》《何来短诗选》（中英文对照本），其诗歌作品被收入《中国新诗名篇鉴赏辞典》等辞书。郝明德（甘肃省作家协会第三、四届理事会理事）在《飞天》等刊物发表《纸的联想》《大山孕育的故事》《山村教师》《村民们的日子》等诗歌，并获优秀作品奖。潘汉东、邵军祥、尚军等一批年轻诗歌作者均有诗作在《诗刊》《星星》《诗神》《新诗人》等刊物发表，有的已出版多部诗集。杨学文出版诗歌集《老屋》《漂萍》，主编《陇中青年诗选》，收集定西籍35名作者的诗歌作品

安定籍诗人部分作品

104 首。

散文 杂文

1986 年至 2010 年,定西籍一批作家不断在省级以上报刊发表散文、杂文,并出版专辑。夏羊发表散文《常绿的擎天树》《秋叶》等。郝明德发表系列散文随笔《庄子随想录》《燃烧的情境》《感悟书法》。俞陶来发表《天籁》《涟漪》《秋尽解板沟》。杨有年发表《红蜻蜓》《铺满野菊的草地》,并获"飞天优秀文学奖"。汪德的《情暖陇中》获第二届中华"大地之光"一等奖。孙云乾的散文诗集《阳光的手指》《葵花的语言》,散文集《月上溪头

安定籍散文作家部分作品

俗笔选》《土豆开花》等相继问世。何素平发表《家有花木》,孙雪舞发表《流沙井》,分别获《飞天》散文大赛一等奖、二等奖。在甘肃省杂文学会、《甘肃经济日报》联合举办的第 18 届优秀杂文评选中南生祥《欣逢天下年》获一等奖,张慧、刘居荣作品分获三等奖。乌龙川人(张文采)的散文集《心灵的家园》由中国言实出版社出版发行。郝明德的杂文《下去"随笔"》《由上海宝贝到美女作家》分别获《党的建设》杂文征稿一等奖、甘肃省第 14 届中国优秀杂文一等奖。杨学文、支禄等人的杂文作品在甘肃省杂文评选中获奖。

民间文学

1986 年以来,县(区)文化馆逐步开展《中国民间故事集成·甘肃卷》等三套集成县卷的搜集整理工作,经过多年努力,编辑出版《定西民间传说》一书。区文化馆馆员张隽被中国民间文艺家协会评为优秀民间文学集成编纂工作者。

报告文学

2007 年,贵荣在宁夏回族自治区文联和西部影视城组织的报告文学评选中,

《在非典袭击定西的日子里》
获全国报告文学奖。 2009
年,杨学文由中国文联出版社
出版马铃薯专集《土豆随想
录》和被誉为"中国第一部马
铃薯文化专著"的报告文学
《土豆天下》。

安定籍报告文学作家部分作品

戏剧 曲艺

1986 年至 2010 年,刘山
三陇曲剧团团长刘福,先后收
集整理 50 多个陇曲曲调和 30 多个剧目,改编陇曲传统剧《合凤裙》《兰桥担水》
《牧牛》《下四川》等,新编反映计划生育工作和宣传有关法律法规的短剧《孙桂花》
《独生女》《车鉴》《节约用地》《受灾后》《参加保险好》等 40 多个小剧本,并编写《陇
中小曲初探》。由区文化馆张
隽创作,李彩霞、刘茂林等演
出的小品《开锁》《我要上学》
《潘金莲开店》等在众多场合
演出,深受观众欢迎。居民朱
熙武先后创作《朱老板的喜
悦》《反腐倡廉"了"字歌》《母
亲水窖》等快板,其中《母
亲水窖》在《甘肃日报》发表。张
隽创作的剧本《山塬绿风》在
省文化厅第四届中国艺术节

安定籍戏剧家部分作品

征集剧本评奖活动中获三等奖。贵荣创作的戏曲《红腰带》获全省戏曲调演二等
奖,小戏曲《贤妻》获省曲协"三分钟笑话"优秀奖,表演一等奖。

书法

1986 年, 史彦明的作品入选甘肃省书法篆刻展览和全国第四届书法篆刻展
览。 1991 年 5 月,成立以篆刻创作为主的群众印学组织陇中印社,莫邪任社长。
1992 年,史彦明的作品再次入选全国第五届书法篆刻展览。此后,史彦明的作品

又入选全国第七届书法篆刻展览,获中共甘肃省委、甘肃省人民政府颁发的"敦煌文艺奖"和中国书协授予的"德艺双馨会员"称号,并当选为甘肃省书法家协会第二届理事会理事。2006年至2010年,张文颖的作品入展全国第四届妇女书法篆刻展,获第三届甘肃省群星艺术节银奖;陈子强的作品,先后入展建党八十五周年全国展、首届中国西部书法篆刻作品展、第四届全国书法百家精品展、第二届全国草书艺术大展、第六届楹联书法展、第二届中国西部书法篆刻展;丁彦平的作品入展纪念老子诞辰2578周年全国书法展、第二届中国西部书法篆刻展;蒲林的作品入展第二届中国西部书法篆刻展;杨红、芦建华等人的20篇书法理论文章在《中国书法》《甘肃书法》《中国书法通讯》等专业报刊上发表。2010年,有中国书协会员4人(史彦明、张文颖、陆平、陈子强),甘肃省书协会员53人。

美术

1986年以来,涌现出一批优秀美术人才和作品。在油画方面,刘文彪的《黄土塬》《走进草原》《失去的记忆》入选全国新人新作展和全国少数民族美展。张四民的《收获季节》《塬上人家》《雪塬》分别入选全国新人新作展、中国西部大地情山水风景画作品展。陈志平的《黄土地》和李卫国的《冬日》分别入选爱我中华—中国画、油画大展。刘文彪的《雪霁》、陈卫国的《祭春》、胡亮的《岁月的遗存》等6幅作品入选第三届全国油画展,定西成为甘肃省地市级入选该届画展作品最多的地区。农民美术家胡亮获甘肃省农村实用人才高级职称,作品在中国美协等主办的大展中获奖。在国画方面,王铭的山水画入选第一届中国美术金彩奖全国美术作品展,获全国诗书画作品展优秀奖、纪念《延座讲话》发表六十周年全国美术作品展优秀奖。《喜到陇上》获"敦煌文艺奖"。毛文琳等人创作的山水画作品入选全国美展并获奖。李献珍的山水画在当地影响较大、在北京等地的画廊评价较高。周玉兰的工笔花鸟画入选第二届全国花鸟画展,获全国诗书画大展佳作奖、第五届工笔画大展收藏奖。刘学信的国画《北国雪霁》《新绿》《黄土情》等十二幅作品在中国美术家协会举办的各种展览展出。芦建华《乡梦》入选中美协举办的中国各民族美术作品展。在版画方面,研究馆员颜重鼎的版画作品《霜晨》《禽流感祭》《甲申禽流感祭之二》等获全国铜奖3次,其油画作品《康多的秋天》《远声》和水彩画《陇南八月》《旺藏的秋天》等入选全国美展,赴美国展览,获甘肃省一等奖5次,敦煌文艺奖2次。2010年,有中国美协会员4人(颜重鼎、周玉兰、刘学信、王铭)。甘肃省美协会员35人。

音乐 舞蹈

1990年以来,定西市(地区)文联音协配合市群艺馆先后举办三届声乐器乐大赛活动,组织第二届全国少年儿童艺术风采展示大赛定西赛区活动和选拔黄河流域九省区民歌演唱甘肃代表队队员活动。张永强创作的歌曲《不要说这是异想天开》,获"宇宏杯"全国校园歌曲电视大赛优秀奖及"奔向新世纪全国校园歌曲征歌"二等奖,通俗歌曲《我该如何向你说》,获甘肃省第四届敦煌文艺奖。丁天兰演唱的《尕马儿骑上下四川》获第九届全国"群星奖"银奖,《哎呀我的亲哥哥》获中国西部民歌邀请赛金奖。何永红应邀参加中央电视台《中国民歌》栏目"陇中民歌"的演唱录制,录制的民歌在中央电视台文艺节目中播出,个人演唱专辑《陇中民歌·织手巾》由甘肃音像制品发行公司出版发行。张元秀演唱的《我的永恒》获全省首届音乐大赛三等奖。本区在全国舞蹈大赛中获奖13人次,在省级舞蹈大赛中获奖22人次。魏殿魁创作歌曲《三个代表胸中装》在《甘肃日报》发表并获甘肃省第七届中老年人调演一等奖,收集当地民歌编成《定西民间音乐集萃》一书。2010年,有中国音协会员1人(张永强),甘肃省音协会员6人。

摄影

1987年,成立定西地区文联摄影协会。此后,摄影队伍逐步发展壮大,涌现出一批摄影工作者和优秀摄影艺术作品。宋有德、安铎、曹绪贤等人拍摄胡耀邦、江泽民、胡锦涛等20多位党和国家领导人视察定西时的珍贵照片。众多摄影工作者创作出一批记录定西历史变迁,展现家乡风光,反映民俗风情,聚焦美好山川的艺术作品,一部分摄影作品入选《走进甘肃》《丝路新歌》等大型画册。周勇的《狂欢节之夜》获第四届中国艺术节最佳作品奖。陈习田为《土豆的微笑:定西洋芋的故事》提供摄影作品60余幅。至2010年,有甘肃省摄协会员12人。

社会科学类著作出版概况表

表 18-1-1

著作名	作者	出版社	出版时间
唿哨的季风	夏羊	甘肃人民出版社	1986
辩证唯物主义哲学原著选编及注释	郭海云	天津教育出版社	1987
断山口	何来	甘肃人民出版社	1988
爱的磔刑	何来	百花文艺出版社	1989
厚薄治印	厚薄	四川大学出版社	1989
美国的历史文献	李登科	三联出版社	1989
敦煌研究文集	杨雄	甘肃人民出版社	1995
老屋	杨学文	中国戏剧出版社	1995
定西地区农谚集	赵棠	兰州大学出版社	1996
何来诗选	何来	作家出版社	1997
女之耽兮	薛霞	敦煌文艺出版社	1997
三名集	雍涛	敦煌文艺出版社	1997
漂萍	杨学文	作家出版社	1998
引洮梦	王吉泰	广州出版社	2001
野生动物故事集	李登科	译林出版社	2001
黄河风情与奇石	张民	甘肃人民美术出版社	2001
陇中青年诗选	杨学文	中国文联出版社	2002
兰州古今碑刻	薛仰敬	兰州大学出版社	2002
人生的故事	汪德	中国文联出版社	2003
刘阳河诗联选集	刘阳河	作家出版社	2003
铁堂诗草释注(学术)	李成业	敦煌文艺出版社	2003
土豆天下	杨学文	甘肃民族出版社	2003
陇中历代诗词选注(学术)	赵景泉　赵明泉	香港新文化出版社	2004
陇右文史笔谈(学术)	金枚	香港天马出版有限公司	2004
甘肃明清进士翰林传略(学术)	金枚	香港天马出版有限公司	2005
飞鸿泥爪	王统仁	香港天马出版有限公司	2005
枫叶集	雍涛	作家出版社	2005
厚薄作品集	厚薄	四川美术出版社	2005
阳光的手指	孙云乾	百家出版社	2005

续表 18-1-1

著作名	作者	出版社	出版时间
水与生命:日本城市的供水节水考察	李喜群	香港书艺出版社	2006
土豆随想录	杨学文	中国文联出版社	2007
陇中名人志(学术)	金 枚	香港天马出版有限公司	2008
周玉兰国画作品集	周玉兰	中国文艺出版社	2008
夏羊诗选	夏 羊	敦煌文艺出版社	2008
哲合忍耶	王吉泰	中国文联出版社	2008
黑霜	王吉泰	作家出版社	2008
峡口那朵云	布谷	大众文艺出版社	2008
破茧化蝶:定西	贵 荣　何晓云 高红烈　刘 科	中国青年出版社	2008
至真清吟	王喜平	敦煌文艺出版社	2009
安定书画集	安定区政协	甘肃人民出版社	2009
太阳里的扎龙	孙云乾	百家出版社	2009
暗伤	赵 雯	陕西太白文艺出版社	2010
心灵的家园	乌龙川人	中国言实出版社	2010
文苑掠影录	牟豪戎	敦煌文艺出版社	
葵花的语言	孙云乾	江苏人民出版社	2010
月上溪头俗笔选	孙云乾	江苏人民出版社	2010
外国文学名典释读	何素平	甘肃文化出版社	2010

注:以上著作以正规出版物为准,非正规出版物概未收入。

第四节　史志编研

1986 年以来,县(区)党史办和政协文史委坚持每年征集、整理党史资料和文史资料。一些部门成立史料整理小组,编写出版行业志书。一些志书爱好者多方收集资料,编写出版专业志书或地方志书。1990 年 10 月,《定西县志》编成出版。该志上自金代皇统初(公元 1142 年)建县治时,下至 1985 年,分设地理、人口、民族、政治、经济、文化、人物编,共 110.9 万字。2010 年 5 月,成立《定西市安定区志》(1986—2010)编辑部,开始着手收集资料、续编区志。2010 年 10 月,区政协文史委组织人员对郭杰三编写的《重修定西县志》（手抄本,共16册40卷约30万字）进行校注,并正式出版。至2010年,全区共编辑出版各类史志资料10余种,区政协文史委征集文史资料270余篇,约60万字。征集的部分文史资料入选《甘肃省文史资料选辑》和全国政协文史资料委员会编辑的《中华人民共和国减灾实录》。

重修定西县志校注

1987—2007年安定区（定西县）史志资料出版概况表

表 18-1-2

资料名称	编著者	出版单位	出版时间
定西县科委科协志(1987)	定西县科委科协	内部出版	1987.05
中共定西县党史资料汇编(1926—1949)	定西县党史资料征集办公室	内部出版	1987.12
定西县粮食志(1646—1985)	定西县粮食局	内部出版	1987.12
定西县主要历史事件和人物	定西县志办公室	内部出版	1988.05
中共定西县组织史资料(1936.10—1987.10)	定西县委组织部	内部出版	1989.08
定西县科技成果汇编(1978—1989)	定西县科协技术委员会	内部出版	1989.09
定西县志	定西县志编纂委员会	甘肃人民出版社	1990.10
定西县地名资料汇编	定西县人民政府	中国人民解放军七二二七工厂印	1992.05
定西县机构改革资料汇编	定西县人民政府	内部出版	1992.05
定西县历史沿革考	定西县文化馆	内部出版	1995
中共定西县组织史资料(1987.11—1995.12)	定西县委组织部	内部出版	1997.05
定西县土地志	定西县土地管理局	内部出版	1997.08
定西县文史资料选辑(第一辑)	政协定西县委员会文史资料委员会	内部出版	1999.11
中共定西县大事记(1921—1991)	定西县党史资料征集办公室	内部出版	2001.12

续表 18-1-2

资料名称	编著者	出版单位	出版时间
政协定西县委员会简史	政协定西县委员会	定西神力印刷有限责任公司	2002.08
定西烟草志	《定西烟草志》编纂委员会	甘肃文化出版社	2003.04
安定文史资料(第二辑)	政协安定区文史资料委员会	内部出版	2006.08
中共定西市安定区组织史资料（第三卷）(1996.1—2007.6)	安定区委组织部	内部出版	2007.07

第五节　图书档案

图书

管理机构　1984年,定西县图书馆与文化馆分设,内设采编、阅览、辅导3个组和1个办公室，有职工6人。1989年5月被文化部授予"全国文明图书馆"称号,1995年被省文化厅授予"文明图书馆"称号。2003年9月,定西县图书馆更名为定西市安定区图书馆(简称区图书馆)。2004年在全国公共图书馆评估定级中被文化部评为国家二级图书馆。2005年被文化部确定为"全国文化信息资源共享工程市级分中心",2009年被确定为"全国文化信息资源共享工程县级支中心"。2010年,内设图书借阅室、报刊借阅室、少儿借阅室、电子阅览室、地方文献室、古籍室、报告厅等服务窗口,阅览座位250个,干部职工19人,其中中级职称6人,副研究馆员1人。

安定区图书馆少儿阅览室

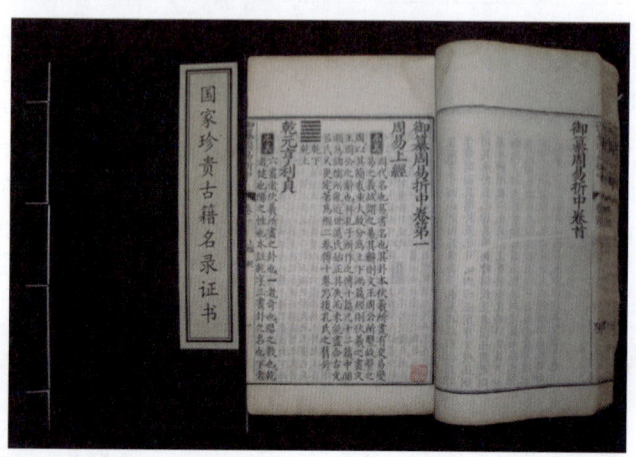

《御纂周易折中》(康熙五十四年武英殿刻本)

馆藏文献　截至 2010 年 12 月,区图书馆馆藏图书、报刊、电子等文献 11.76 万多册,其中地方文献 630 册、历年报纸及期刊合订本 1.2 万多册,开架书刊 8.5 万多册,开架率达 72.3%。

馆藏古旧图书 1297 部,多数为清朝、民国期间的版本,系定西知名人士康锡晋、郭汉儒先生及有关单位捐赠,内容涉及经、史、子、集四部中的易、书、诗、礼、春秋、孝经、群经总义、乐、小学、纪传、编年、纪事本末、杂史、史钞、史评、政书、时令、地理、目录、丛编、儒、道、法、兵、农家、总集、别集等 43 个小类,包括清乾隆以前的善本书、道光至辛亥革命前的普通古籍和中华民国至中华人民共和国成立前的古旧图书。古籍有《御纂周易折中二十二卷》(清李光地著,康熙五十四年御制武英殿刻本)、《国史经籍志五卷附录一卷》(明焦竑辑、徐象橒校刊,明曼山馆刻本)、《晚唐诗抄二十六卷》(清查克弘、凌绍乾著,清康熙四十二年刻本)、《新编事文类聚翰墨大全二百零八卷》(明刘应李著,明初刻本,存 106 卷)、《子史精华一百六十卷》(清允禄、吴

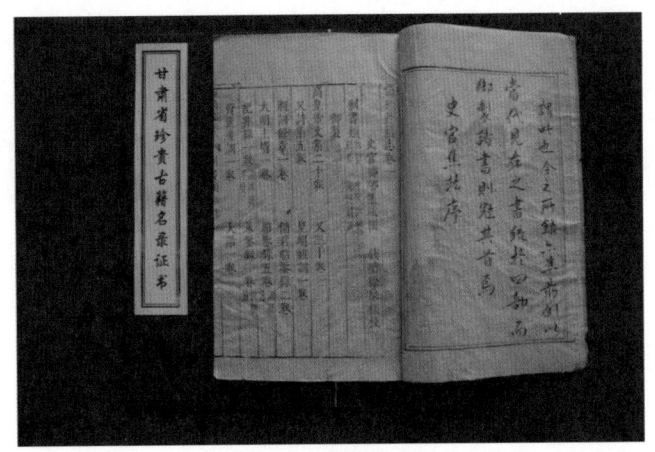

《国史经籍志》(明刻本)

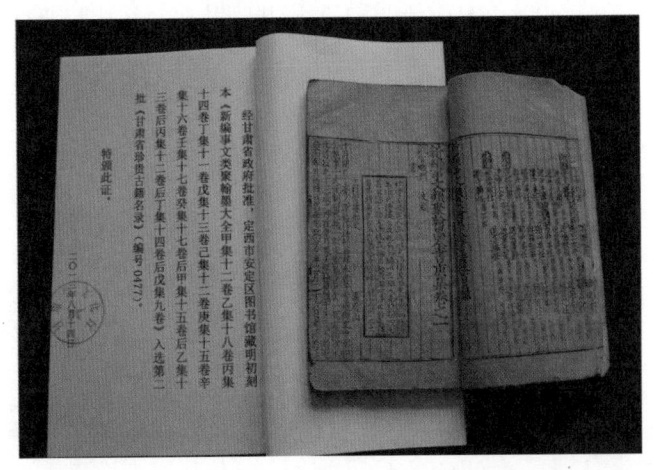

《新编事文类聚翰墨大全》(明初刻本)

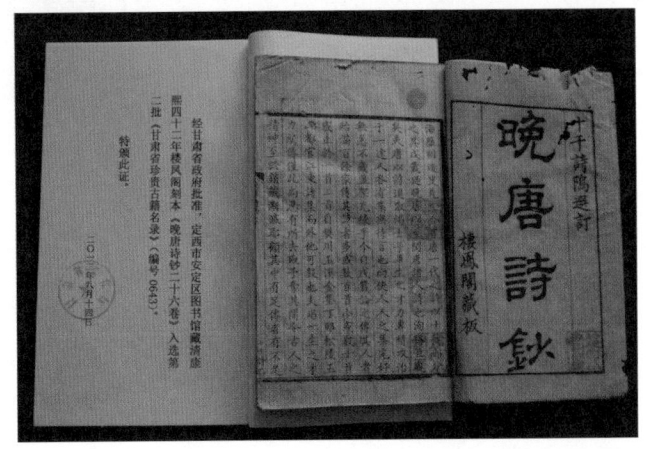

《晚唐诗抄》(康熙四十二年刻本)

襄著,清雍正五年敕刊清坊间翻刻本,存 117 卷)、《铁堂诗草二卷》(清许珌著,清道光十六年抄本)、《甘肃新通志一百卷首五卷》(清安维峻等著,清宣统元年刻本,存 103 卷)、《陇右文献录二十四卷目录二卷》(郭杰三先生民国三十七年手稿本)

等765部,其中《御纂周易折中》被列入首批国家珍贵古籍名录,《国史经籍志》《晚唐诗抄》《新编事文类聚翰墨大全》3部被列入甘肃省珍贵古籍名录。

服务工作　从1998年开始至今,区图书馆每年编印《报刊信息选编》和《农村科技信息选编》,宣传党的方针政策、传播农业适用信息。全年为读者提供电子文献阅览、互联网信息浏览、计算机知识培训及音频、视频资料的外借服务和中外文图书的借阅、报刊阅览、期刊外借、古旧图书的查阅、宣传辅导、参考咨询等服务。依托文化信息资源共享工程平台设"节假日剧场",每逢"双休日"、节假日组织读者观看爱国主义教育、人生励志等影片,播放老年人养生保健、国学讲座等视频。坚持开展读书征文、演讲比赛、摄影大赛、"全民阅读"、"图书宣传周"等读者活动。2010年底,逐步取消了办证费、验证费、自修室使用费、电子阅览室上网费、存包费、公益性讲座和展览等收费,实现了免费开放,年均接待读者达6万多人次,图书流通量达5万多册次。

农家书屋　2005年以来,先后在19个乡镇建成农家书屋117个,配送图书15.8万册,音像制品1.2万张(盒),报纸杂志10万份。配套书架337个,阅览桌椅183套,灭火器材117个,总投资278.7万元。受益农户3.4万余户13.3万余人,分别占全区农村行政村、农户、人口的40%、34.2%、36%。

农家书屋

档案

管理机构　1986年,县档案馆与县档案局合署办公。1991年8月,撤销县档案局。1993年,县档案馆晋升为省一级综合档案馆。1997年10月,恢复县档案局机构,与县档案馆一个机构两块牌子。2003年9月,定西县档案局(馆)更名为定西市安定区档案局(馆)。2010年,区档案局(馆)内设办公室、业务指导股、保护利用股、收集编研股4个股室,有职工15人,其中8人持有省人事厅和省档案局颁发的档案干部资格证书。全区各行政企事业单位均设有档案室,配备专职或兼职管理人员。区档案局(馆)曾3次被评为全省档案工作先进集体。

基础设施　1988年5月,建成档案馆二层楼,建筑面积969平方米,库房面积 390 平方米。2010 年 5 月,在民主路建成新档案馆。新档案馆占地面积 5430 平方米,主楼四层，总建筑面积 2886.6 平方米，库房面积 1100 平方米,安装视频监控、消防报警和灭火设施,总投资 726 万元。馆内设有残疾人无障碍通道和接待室、展览厅、档案检索室、档案查阅室、现行文件查阅室、报告

安定区档案局(馆)办公楼

厅、计算机房等,成为集档案保管、查阅利用、信息传播、展览教育、学术交流等功能于一体的新型档案馆和多方位展现安定区历史、政治、经济、文化发展轨迹的重要窗口。

　　档案管理　1988 年,县档案馆贯彻实施国家新颁布的《中华人民共和国档案法》,依法规范档案管理工作。2000 年,县直各部门和 26 个乡镇机关档案室全部达到省级档案管理标准,306 个行政村全部建档。2002 年,启动档案信息化管理工作,购置电脑,安装档案管理软件,开始进行计算机录入目录等工作。同年,实施《归档文件整理规则》,县档案局举办新规则培训班 2 期,培训基层档案员 120 余人。2004 年,全区 11 个社区居委会全部建档,区档案馆设立现行文件查阅室,启动民营企业建档工作。2005 年,创建凤翔镇、巉口镇、内官营镇 3 个乡镇机关示范档案室,并在 3 个镇各创建村级示范档案室 1 个。2008 年,3 家民营企业完成建档工作任务。文书档案执行新的保管期限表,50 多个单位完成分类方案、归档范围和文书档案保管期限表的编制审批工作。2009 年,指导建立家庭档案 40 余户,扩大档案工作领域，增强社会档案意识。2010 年，区档案馆完成全区集体林

档案馆馆藏珍贵档案

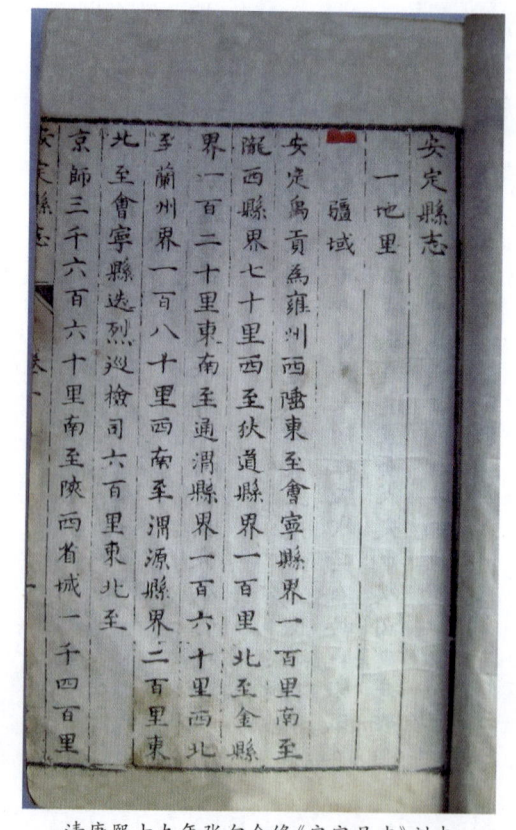

明万历悼应翼新修《定西县志》钞本

权制度改革档案整理工作，指导 19 个乡镇、292 个行政村建立林改档案 9800 余盒。将《胡锦涛同志视察定西纪实》《温家宝同志视察定西纪实》《今日安定》和《国务院总理华国锋给青岚公社大坪大队的嘉奖令》等碟片镜框及《大坪村民俗剪纸集》等征集进馆，并将复制件上报省市档案馆。至 2010 年，全区 119 个机关档案室晋等升级，其中省一级 68 个，省二级 37 个，省三级 14 个，创建省级示范档案室 2 个。全区 19 个乡镇，2 个街道办事处，74 个区直单位均配备档案专(兼)职人员。区档案馆抢救保护档案 2842 卷，对一些纸质差、字迹模糊不清的档案全部重新抄写和装订。

馆藏档案　区档案馆收藏的档案中有少量明代、清代和民国时期的档案资料，大部分为 1949 年 8 月 14 日定西县解放至 2009 年本县(区)机关档案资料。明、清时期的资料主要有：明万历二十五年县令悼应翼增修《安定县新志》2 卷，明弘治十五年曹氏族谱 1 册；清康熙十九年知县张尔介编撰的《安定县志》8 卷，清乾隆年间百峦山人编著的《定山野志》1 册，清光绪三十一年王幼陶编撰的《安定县乡土志》1 册，清咸丰年间编撰的《安定县赋役全书》1 册，清代记载佛教的《法派源流》1 册。民国时期的资料主要有：民国十八年(1929 年)周祯编撰的《定西县志稿》3 册，民国三十八年(1949 年)郭杰三编撰的《重修定西县志》16 册 38 卷。民国时期的资料还有复制的《甘肃民国日报》《西北日报》《和平日报》等民国政府报纸记载有关定西的资料，以及《汝遮》杂志(民国 26 年定西旅兰学生创办)创刊号 1 册和定西县知名人士诗词文集等。收藏有《二十四史》《资治通鉴》及各种地图和常用工具书

清康熙十九年张尔介修《安定县志》刻本

《辞海》《辞源》等。1949年至2009年的资料主要有：法令汇编、文件汇集、《新华月报》《甘肃历代灾情考略》《定西县历年国民经济统计资料》《定西县地名资料汇编》《定西县气候资料汇编》《土壤志》等。馆藏档案共108个全宗、34264卷，排架长度1516米。其中，文书档案25843卷；专业档案7553卷(袋、册)，包括人事、会计、教学、声像档案等；科技档案112卷，包括农业、水利、工业、交通和城市基建等；照片1586贴，有党和国家领导人视察定西的摄影，也有反映定西政治、军事、文化、教育、医疗卫生、工交、农牧、水电、财贸、社队企业、劳务输出等方面的照片；其他756卷(枚)。馆藏社会科学、

档案库房密集架

历史地理、工具书、史志谱牒、报刊等各类资料7800册。

　　档案编研和利用　1986年以来，县档案馆先后编写《定西县历届党代会简介》《定西县历届人代会简介》《定西县委组织机构沿革》《定西县行政组织机构沿革》《定西县历任书记简介》《定西县历任县长简介》《定西县历史沿革》《定西县记事》和《定西县气象概况》《定西县自然灾害》《定西县基本概况》《定西县记事资料汇编》《定西县档案馆资料室简介》《定西县重要会议简介》《定西县沿革考》(素材)《定西县商业一条街纪实》《定西县经济开发区建设纪实》《定西县农田基本建设简述》《定西县电力建设概况》《定西县计划生育基本国策实施概要》《定西县乡镇企业的起步与发展》《定西县农村教育综合改革概要》《定西县卫生医疗事业档案简辑》《定西县实行土地经营承包责任制概况》《定西县市政建设概况》《定西县自来水公司档案史料》《定西县退耕还林(草)档案资料汇编》《定西县大事记》及《安定区马铃薯产业发展概况》《安定区发展中的畜牧产业》《安定区旱作农业发展方式探析》等30余项专题档案资料。从1992开始，分期分批鉴定、整理、编写开放目录，申请报批开放33个全宗3878卷档案。至2010年，年均接待查阅资料者2600余人(次)，提供利用档案资料7800余卷(册)。

第六节 文艺院团

文艺院团概况

1986年,辖区有定西地区秦剧团(简称定西秦剧团)、刘山三陇曲剧团等专业、业余剧团,有81个乡镇业余剧团。此后,陆续成立张家湾群艺剧团、安定区秦剧团等一批剧团。各剧团参加市、区组织的各种演出活动和送戏下乡活动,每年营业性演出400余场次,年营业收入20余万元。定西秦剧团多次参加全省、全国戏剧会演并获奖。各乡镇每年组建业余剧团和秧歌队,在春节期间演出。个别地方组建皮影戏班,在腊月农闲季节进行流动演出。2010年,全区有9家民营剧团,62个业余剧团和325支秧歌队。

剧团简介

定西秦剧团 1986年,定西地区秦剧团有演职人员70余人,主要演员有刘月娥、王月平、雷润天、王秀英、张春玲、党小平、靳菊、孔桂玲、赵英平、雷通霞、张建兴、安东旭等。1988年,剧团实行招聘制和职称评定等一系列改革。1992年,进行"两刀切三块"机构改革。1998年,剧团向产业化转移,开始创作剧目参加演出。1999年,由高增岐创作的现代剧《大道情涛涛》参加甘肃省现代剧创作剧目调演获五项奖,高增岐获创作三等奖,李亚斌、孟芬获表演二等奖。2001年,剧团举办建团50周年及挂榜台陕甘秦腔名家大型演出活动,邀请窦凤琴、谭建勋、雷通霞、李小锋等名家演出。2007年,剧团中标创作和编排甘肃省献给艾滋病日公益性大型现代秦剧《百合花开》。2008年5月,在兰州金城剧院首演《百合花开》,戏剧界给予高度评价。8月,《百合花开》剧组参加第四届中国秦腔艺术节演出,获综合一等奖和导演、作曲、表演三个优秀奖。同年,《百合花开》剧组在全省14个市州进行巡回演出。2009年,《百合花开》入选中央电视台《戏曲采

定西市秦剧团《百合花开》演出剧照

风》栏目播出剧目和文化部举办的第三届全国地方优秀戏剧展演剧目,获第十一届全国精神文明建设"五个一"工程奖。同年,《百合花开》剧组参加全省"千台大戏送农村"和西北五省区巡回演出活动,演出45场,观众达60万人次。

刘山三陇曲剧团 成立于1984年。刘山三陇曲剧团先后整理、移植、创编演出《合凤裙》《砸缸》等陇曲剧目40余本,折子戏70多个。新编演出《独生女》《许铁堂》等现代陇曲剧目13本,折子戏38个,表演唱200多个。剧团先后在定西市7县区30个乡镇300余个村演出1000余场,其中,义务演出410余场。24次参加县级以上调演评比活动,获奖70余人次,为5个地(市)、县专业剧团输送演员8人。1999年,刘山三陇曲剧团创建人刘福获省文联授予的"农民陇曲艺人"和甘肃

刘山三陇曲剧团团长刘福做客中央电视台《艺术人生》

省首批"德艺双馨"文艺家称号,被中国戏剧家协会破例吸纳为农民戏剧家会员。后又成为中国民间文艺家协会会员,并入选《中国艺术界名人录》等25本专辑。人民日报、中央电视台、甘肃日报、甘肃电视台等新闻媒体曾报道刘山三陇曲剧团和刘福的事迹。 2002年至2005年,刘山三陇曲剧团和刘福被省文化厅等十三厅局和文化部等十三部委评为甘肃省和全国"三下乡"先进集体、先进个人和全国服务农民服务基层文化工作先进集体。2006年,刘福自筹资金创办 "陇曲大院",同年, 刘福被省委宣传部评为首届 "感动甘肃十大陇人骄子"。至2010年,刘福整理、编辑戏曲资料100余万字,其中,《陇中小曲曲谱》《陇曲初探》《秦腔板眼》《秦腔浅识》《陇中小曲》等资料在市内刊印发行。

安定区群艺剧团在玉湖公园城隍庙演出

安定区群艺剧团 1995年,城关乡农民杨力创建张家湾群艺剧团,演员工闲时排练节目,节假日演出。2004年,张家湾群艺剧团注册更名为定西市安定区群艺剧团。至2010年,剧团参加送文化下乡20余场次,每年演出80余场次,演出《火焰驹》《生死牌》《周仁回府》等秦腔本戏30本和《断桥》《放饭》等折子戏20余出。杨力现为甘肃省戏剧家协会会员,任定西市文联戏剧家协会群众文艺委员会主任。

安定区秦剧团 2006年,凤翔镇农民薛勇创办安定区秦腔艺术团。2008年,安定区秦腔艺术团注册更名为定西市安定区秦剧团。剧团在演出传统秦腔剧目的同时,先后演出现代剧《大山的呼唤》、表演唱《安定和谐展辉煌》、舞蹈《好日子》《英飒战士》《咱当兵的人》《恭喜恭喜》和小品《看病》《约会》等剧目。多次参加区上组织的各种演出活动和送文化下乡活动。2009年,参加全省"千台大戏送农村"演出活动赴渭源县演出。2010年,

安定区秦剧团在鲁家沟镇紫云村演出

剧团有演职人员38人,固定资产40余万元。

定西艺友民乐团 2008年1月,由杨行(中国音乐学院音乐考级扬琴专业优秀辅导教师)、张子忠(定西师专副教授)牵头组建定西艺友民乐团并任正副团长,有固定演奏员30余人,乐器10种。曾在市直机关团拜会、市专家协会团拜会演出,为定西师专个人专场音乐会伴奏,在市、区组织的宣传、节庆、慰问以及广场活动演出30余场次。

乡镇剧团 1986年,21个乡镇组建业余剧团81个,其中,乡办业余剧团2个(内官营、高峰),村办(包括自然村联办)剧团79个,在春节期间搭台演出,演后解散,来年重组。后来,各业余剧团以演出秧歌社火为主,每年从正月初九开始,正月十六结束。一些乡镇在秧歌社火活动结束后组织秦腔会演,一般5天左右。

第七节 民间艺术

皮影戏

皮影戏俗称"牛皮灯影子",是安定区的一种民间戏剧,历史悠久,盛行于20

世纪六七十年代。皮影戏中的人物、动物及桌、椅、轿子等道具用牛皮或驴皮、羊皮等刻制而成,形象透明鲜亮,线条流畅,纹路疏密有致,花纹图案富有装饰性。皮影戏演出戏台小,用人少,但演出场面热闹。演出时,将影人用灯光照映在白布或白纸制作的"亮子"(映幕)上,然后提"线子",用小竹棍操纵影人

刘山三陇曲剧团团长刘福表演皮影戏

动作。通常一人说唱生、旦、净、丑等多种角色。乐队人员兼"龙套"与"配角"进行道白和帮腔,形成"一口叙述千古事,双手对舞百万兵"的生动场景。皮影戏一般为前半本用秦腔演唱,后半本用小曲或道情演唱。伴奏乐器有板胡、二胡、三弦、笛子、板鼓、锣钹、牙子、唢呐、碰铃、渔鼓、简板等。皮影戏班多在十一腊月农闲季节在农村流动演出,或在庙会等场合演出。现在皮影戏班逐渐稀少,人们难以看到皮影戏。

剪纸艺术

农民付忠明的剪纸《七十二贤人》在文化部、民政部举办的"中美剪纸六十年代表作巡回展"中展出。剪纸老艺人李玉香的剪纸作品曾在北京中国民族文化宫展出,有19件作品被中国民族文化宫和中国民间美术博物馆收藏。王智、魏永红等10人被中华民族文化促进会评选为"陇中剪纸十大传人"。2007年2月17日,

剪纸七十二贤人 付忠明

剪纸窗花 曹玉萍

胡锦涛总书记在青岚山乡大坪村慰问村民时,看到冉菊英正在剪窗花,便接过剪刀剪成《回娘家》,此作品在全国各地巡回展览。2008年,大坪村成立剪纸协会,现有会员17人。剪纸已成为安定区文化产业的重要组成部分。陇中剪纸入选《甘肃省非物质文化遗产名录》

工艺美术

安定民间盛行刺绣并具地域特色。

陇中刺绣

刺绣用料是绸缎和彩色丝线,绣品大到被面、锦幛、桌裙、衣服、裙子,小到香包、针插、烟袋、帽子、鞋面、枕顶、手帕等。制作时先在面料上描绘出花纹样稿,然后绷在特制的框架或绣床上,按图样需要配线,用绣花针绣出完整的绣品,一件绣品的完成需要许多时日。刺绣作品的纹样多为寓意吉祥如意、喜结良缘、福寿满堂之类的画面。安定民间工艺还有剁绣、烙画、十字绣、玻璃粘贴、草编、珠编、工艺地毯、挂毯、熏画等。剁绣是用特制的剁床和剁针制作的刺绣品,主要做枕头的堵头、鞋垫、门帘等,流行于20世纪八九十年代。烙画是用电烙铁在三合板等材质上烙出来的画或书法。十字绣是按照十字格做出来的刺绣悬挂装饰品。玻璃粘贴是将玻璃切割成不同的形状用胶粘成的装饰品或实用品。草编是用麦秆编制草帽等实用品或装饰品。珠编是用塑料珠子等编制的实用品或装饰品。工艺地毯、工艺挂毯是用毛线编制的实用品或装饰品。

陇中小曲

陇中小曲是农村百姓创作的在农闲或婚丧嫁娶时演唱或用唢呐及弦乐演奏的地方曲子。一般曲子较为简单,反复演唱,歌词多有重复。近年来,在城区广场人们也演唱陇中小曲。民间艺人、刘山三陇曲剧团团长刘福收集整理陇曲曲调50余

内官营锦鸡塬陇中小曲表演

个、剧目 30 余个,编写《陇中小曲》和《陇中小曲初探》等资料,其中,《陇中小曲》入选《甘肃省非物质文化遗产名录》。

第八节 非物质文化遗产保护

根据国务院办公厅《关于加强我国非物质文化遗产保护工作的意见》(国办发〔2005〕18 号)和国务院《关于加强文化遗产保护的通知》(国办〔2005〕42 号)文件精神,安定区成立非物质文化遗产保护工作领导小组,由区文化馆具体承担全区非物质文化遗产保护工作。从 2007 年开始着手非遗普查、挖掘、整理、申报、保护工作。首先对全区特有的民间音乐(陇中花儿、陇中小调、陇中秧歌铰儿、陇中山歌、陇中唢呐曲牌 5 项)、民间舞蹈(载腊花、划旱船、闪高拽 3 项)、传统戏剧(陇中小曲、陇中皮影戏 2 项)、民间文学(安定民间传说故事、陇中山花和花儿歌词、民间谚语、定西八大景、秧歌铰儿唱词 5 项)、民间美术(陇中剪纸、灶花 2 项)、传统手工技艺(旱窖技术、手工地毯技艺 2 项)、民俗(四月八山会、五月十八庙会、七月十二节庆、正月十三内官镇“净街”4 项)共七大类二十三项非物质文化遗产进行了系统的挖掘、搜集和整理,于 2008 年 10 月被区政府审批公布为全区首批非物质文化遗产保护名录。2009 年 9 月,又被市政府审批公布为全市第二批非物质文化遗产名录。2010 年又将陇中小曲,陇中剪纸,申报省级非遗项目。至此,通过建立传习所,授徒传艺、举办展览、展演等形式,非物质文化遗产申报、传承保护工作逐渐迈上轨道。

第九节 文化市场

1986 年,定西县有社会文化市场管理委员会,下设办公室,负责文化市场检查和管理工作。部分机关单位播放科技、教育等录像。全县有录像厅 4 家,卡拉OK厅 5 家,台球摊点 15 个,电子游戏室 3 家,书店 5 家。1987 年 5 月,定西县社会文化市场管理委员会改为定西县社会文化市场领导小组,宣传、文广、公安、工商、教育等部门为领导小组成员。1991 年,县文广局增设文化市场管理股,负责全县文化市场日常管理和行政执法工作。2003 年,部分行政处罚权划归市执法局,县文广局主要负责文化市场日常监管和行政许可工作。到 2010 年,全区经文化部门许可的经营单位有 193 家。

20 世纪 90 年代初,安定城区出现了从事电脑服务的场所。这类场所为游戏爱好者和需要网上信息查询者服务。后来,电脑台数慢慢增多,逐步发展为互联网营业场所——网吧。1997年,文化部门开始参与网吧的管理,截至2010年年底有19家网吧,大的有蓝宝石网络会所、金阳光网络休闲会所、星河网吧、天宇网络会所等。90年代初,城区较大规模酒店大厅设有卡拉OK点歌系统,一人或二人唱歌,舞蹈爱好者或单人舞或双人舞。90年代后期,城区出现专门从事唱歌、喝酒、跳舞的休闲场所KTV量贩。2010年年底,有KTV休闲场所9家,大的有蓝色月光、大富豪、万象门、良桥等。80年代,定西城区有定西地区印刷厂、电力公司印刷厂、税务印刷厂、定西职中印刷厂(后更名为定西网典印业包装有限公司)4家印刷企业,均为国有企业或集体企业。至2010年发展到19家,其中,网典、恒瑞、佶业、长乐等年产值超过1000万元,另区内2010年在册打字复印店近60家。80年代,定西城区大型的音像店有两家,一家位于定西电影院内,另一家位于定西剧院内,其名为录像厅或放映厅。到90年代被专设音像店取而代之,经营内容主要为歌曲、影视剧等碟片,2000年达90家之多。从2000年开始随着有线电视、互联网的普及、移动手机上网、城市数字影院建成,逐渐萎缩,到2010年只有16家了。大的有宝林音像总汇、雨露音像社等。80年代以前,定西城区仅定西市新华书店经营图书,2000年之后经营图书的私营企业逐渐增多,2010年文化图书店(城)达到27家。经营范围日趋丰富,品种齐全,涉及教辅教材、工具书、实用技术、文学作品等各个方面,部分书店还兼营文化用品。大的有开明书店、阳光图书城、三益书城、百汇图书零售店等。90年代画廊主要集中在西关市场和旧货市场,主要经营国画,包含少量的油画和装饰画等,到2010年,共有画廊20多家,书画装裱店70多家。规模较大的画廊6家,如中书协西部教育基地、柳遮桥画廊、瀚海画廊、怡心画廊等。80年代,古玩爱好者主要以摆地摊形态进行,到了90年代有了专门经营的店铺,主要集中在北关市场。品种有玉石、珠宝、字画、古董、家具等。到2010年共有古玩店26家,如钰荣斋等。

2010年定西城区有影剧院两家:定西影剧院,始建于1953年,地处定西县城解放路东,十字路口东南侧,设置长木凳400个,俗称“戏园子”。1964年,正式扩建为定西人民剧院,砖木结构,面积1500平方米,有座位930个。以戏剧演出为主,兼营电影放映。1992年拆除后在原址重建并更名为“定西影剧院”,1996年投入使用。2003年,因计划修建“陇中文化城”被拆除。定西电影院,位于定西县中华路北,十字路口西北侧,建于1958年,土木结构,有座位700个,1965年扩建为砖木结构,面积1532平方米,座位增至1024个,1966年改换为固定单人靠背椅,除放映电影,亦是戏剧演出的场所,2003年11月定西撤地设市,更名为“定西市人民政府礼堂”。

第二章 文物 旅游

第一节 文物

组织机构

1997年以前,安定区的文博工作由原定西县文化馆承担。1998年4月,文化馆分设成立定西县博物馆。2003年撤地设市后,更名为安定区博物馆。

安定区博物馆于2008年12月被列为甘肃省首批免费开放博物馆之一。截至2010年年底,共有在职人员13名,内设馆藏部、陈展部和办公室三个部室。分别承担的职责是藏品保管、维修保护、征集收藏、研究鉴定;展览设计、观众服务、宣传推介、社会教育;综合协调、后勤保障、安全保卫、图书文档。建筑面积800平方米,其中展厅面积488平方米,文物库房面积80平方米。

馆藏文物

2010年安定区博物馆共收藏各类文物1580件。其中,一级文物6件,二级文物43件,三级文物130件,一般文物1401件。馆藏文物主要有化石、陶器、瓷器、铜器、玉器、经卷、彩砖、古代书画等十大类。彩陶、唐写经、西夏文经卷、明清书画为馆内特色藏品。

安定区博物馆陈列室

一级文物统计表

表 18-2-1

序号	名　　称	质地	时代	来　　源
1	马厂类型四大圆圈菱格纹彩陶双耳罐	陶	新石器时代	定西县石峡湾乡大泉湾村征集
2	星占卜骨	有机质	汉代	2000 年出土于巉口村遗址
3	敦煌写经《大乘无量寿经》	纸	唐代	康平侯捐赠
4	西夏文金书《大方广佛华严经》	纸	西夏	康平侯捐赠
5	扬威征行义兵万户府印	铜	元代	定西巉口镇原定西地区林业试验站基建工地出土
6	《孔子圣迹图》画册	纸	明代	定西县城关镇旧废物品收购站拣选

　　马厂类型四大圆圈菱格纹彩陶双耳罐　1976 年 6 月，在安定区石峡湾乡大泉湾村征集。口径 15 厘米，底径 14 厘米，重量 4.70 公斤。泥质红陶，侈口，短颈溜肩，鼓腹平底。腹部有半环形对称耳，施黑红二色彩。主体纹饰为四大圆圈，圈内排列菱格纹，口沿内装饰连弧纹。颈外壁绘斜线菱格纹，排列匀称精巧，整体和谐美观，为马厂彩陶中的精品。保存完好，色泽光亮，墨红彩相同，沉稳而清晰。

四大圆圈菱格纹彩陶双耳罐

　　星占卜骨　该卜骨长 43 厘米，系大型牛肩胛骨制成，正面紫红色圆点是用墨线连接起来的星座，组合规律很强。图案

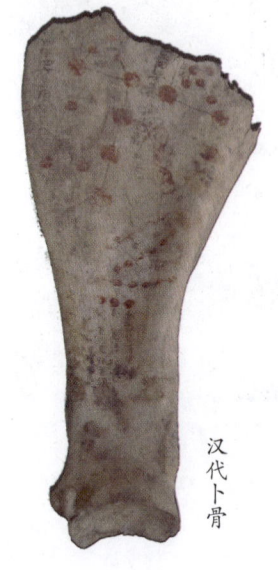

汉代卜骨

分为上、中、下三个部分：上部用墨竖写，可辨认有"陽卫四方"、"四方生吉"字样；中部有竖书墨迹，可辨认有"平夷"、"黄老头"字样，下部有四行竖写的墨迹，可辨认的有"冬秋夏春""四十"字样，观看整体是一幅星象图。星占和符箓融为一体，主要作为汉代民间根据天象占卜人间凶吉的工具，包含了一些朴素的探索精神和科学思想，对了解和研究汉代历史有一定历史价值和文化价值。

敦煌写经《大乘无量寿经》(经卷) 系定西现代文化名人康平侯先生捐赠。《大乘无量寿经》(首题),尾题"佛说无量寿宗要经"。题记"孟郎子"首尾俱全。白麻纸制作,卷长184.5厘米,高31厘米,天头2厘米,地脚2厘米。乌丝栏,栏宽1.45厘米。单纸长45.5厘米,书31行,行30～32字。共四纸,总115行。书法流畅精美,对研究佛经有一定的历史价值。

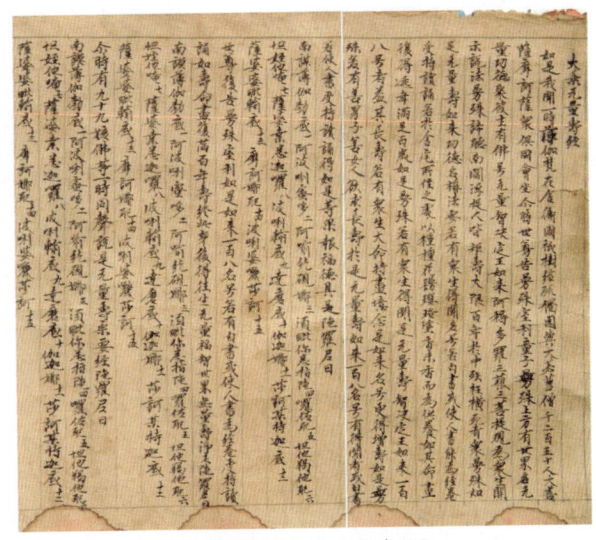

敦煌写经《大乘无量寿经》

西夏文金书《大方广佛华严经》系定西现代文化名人康平侯先生捐赠。横94厘米,高31厘米,重量0.20克,紫青纸质,泥金抄写,西夏文楷书,卷十五《贤首品第十二之二》中的部分偈语,页面高31厘米,宽11.5厘米,上下双栏框,框高23.7厘米,每面6行,每行14字,纸质保存完好,界栏精细,字迹清晰,色泽较新。20世纪80—90年代曾作为国家文物精品两度在日本展出。

西夏文金书大方广佛华严经

扬威征行义兵万户府铜印 1984年出土于安定区巉口镇北一公里的原定西地区巉口林场林业试验站院内,印文为八思巴文"扬威征行义兵万户府印"。印呈正方形,边长8.2厘米,厚1.7厘米;印纽呈梯形,高7.6厘米,下宽4.5厘米,厚1.8厘米,上宽3.7厘米,厚1.4厘米。印背右侧阴刻"扬威征行义兵万户府印"10字。左侧阴刻"中书府部造"及"至正十一年十月日"13字。

孔子圣迹图 50年代从原定西

元代扬威征行义兵万户府铜印

县城关废品收购站发现，画册共39页，是一部明代刻板填彩画册。黄绵纸质，经折装，开版装裱，高35.2厘米，宽28.5厘米，刻印序文中有"正统甲子"题记。正统为明英宗年号，即公元1444年。画册内容为孔子生平事迹，37幅画都配有事迹说明和赞美诗句。

孔子圣迹图·谷会齐图

不可移动文物

通过全国第三次文物普查，全区共有不可移动文物180余处。其中县(区)级文物保护单位47处(新发现20处，安定区人民政府2010年10月15日公布)。

高家门城遗址　高家门城众称熨斗坪或青石陕堡遗址，位于安定区鲁家沟镇太平村高家门社东200米的台地上，古城坐落在一个小山顶平台上，东接喜家岘后沟，南壤喜家岘小学，西临关川河，北靠马沟山。城址呈长方形，长210米，宽70米，分布面积约14700平方米。四角有角墩，城门朝西南开，外有瓮城，瓮城周长

高家门城遗址

160米，城门宽12米。城墙基宽8米，高8~10米，系黄土夯筑，夯土层厚16～18厘米，城内、城外地表暴露有瓷片、砖瓦等遗物，其中有宋代青瓷残片。高家门城和史有记载的安西、平西两城相比较，基本相似，根据城内采集的宋代青瓷片等遗物分析，可以确认该城为北宋时期所筑，有较高文物价值。

朱家庄北遗址　朱家庄北遗址位于安定区巉口镇三十里铺村朱家庄和周家庄之间，东望关川河，南临朱家庄，西靠朱家山，北至周家庄，南北长350米，东西

宽300米，面积105000平方米，地埂、沟沿可看到清晰灰层遗迹，地表暴露有十分丰富的彩陶片及多种泥质、夹砂绳纹和蓝纹等红陶片，彩陶片主要是黑彩，纹饰以几何纹、圆点纹、波浪纹为主，内彩较多，根据陶质、纹饰特别是彩陶特征分析，应属一处较大型的马家窑文化、马家窑类型文化遗存，对研究安定乃至甘肃马家窑类型文化提供了珍贵的资料，有较高文物价值。

朱家庄北遗址

　　石门遗址　石门遗址位于安定区符家川镇兰星村、长丰村交界石门水库西北

1000～1850米的山梁上，南北长1750米，东西宽600米，面积1050000平方米。地形为较陡坡地，地表为耕地及荒山，地表断面暴露有灰层、灰坑、红烧土层等遗迹和丰富的各种陶片、残石器等遗物，陶片主要有篮纹泥质红陶片、篮纹夹细砂红陶片及素面泥质红陶片等。经普查征集到3件该遗址出土的完整石斧和石刀，从陶片质地、纹饰等特征判断，可以确定为一处大型齐家文化居址遗存，对研究安定区域原始先民的生活提供了资料。

　　堡子山遗址　堡子山遗址位于安定区香泉镇云山村岔口社西南100～800

石门遗址

堡子山遗址

米堡子山台地山梁上,东为朱家岔河及岔口社,南接朱家沟,北临杨家沟庄及云文公路。南北长 1300 米,东西宽 1000 米,面积 1300000 平方米。地表及断面暴露有丰富的篮纹红陶片、素面及夹砂红陶片等遗物和白灰面灰坑、窑址等遗迹,文化层厚达 1~5.5 米。特别是在遗址中心部位断面台地上,发现一处完整的白灰面房址,从以上遗迹遗物特征分析,该遗址为一处大型齐家文化聚落遗址,对研究齐家文化居住情况提供了丰富而珍贵的资料,有较高的文物研究价值。

文物保护单位

全区有省级文物保护单位 6 个:巉口村墓群遗址、朱家庄墓群、安西城遗址、平西城遗址、堡子坪遗址、巉口村墓群;县级文物保护单位 52 个:朱家庄遗址、磨石沟遗址、牛营肃府蟾母山碑、红沟山化石点、万崖子遗址、庙坪遗址、湾儿下遗址、红土崖遗址、张湾遗址、张家𡐤遗址、吕家庄顶遗址、郭杰三墓、庙山遗址、新庄遗址、陈氏祖莹碑刻、贾氏墓群、赵家坪墓群、麻子川墓群、阳坡川墓群、福台遗址、堡子山遗址、高家门城址、碉堡山遗址、庙梁顶遗址、刘家窠遗址、大泉湾梁遗址、夏羊故居、西岩寺建筑群、许公纪念馆、内官营烈士陵园、三里铺汉墓群、栗川汉墓群、洞沟里遗址、朱家庄北遗址、张庄遗址、李家湾遗址、正岔沟遗址、石门遗址、刺沟遗址、寺科子遗址、福台西遗址、崖湾遗址、东山堡子及烽燧遗址、蛟龙堡子遗址、花岔烽燧遗址、漫塬烽燧遗址、王氏墓群、安氏故居、榆林巷古榆树和怪柳、马疏墓、张氏墓群、回头沟铁桥。

朱家庄墓群

安西古城遗址

县(区)级文物保护单位一览表

表 18-2-2

分类	名 称	级 别	时 代	所 在 地	公布时间
古遗址	红沟山化石点遗址	县(区)级	旧石器时代	高峰乡马营村十一社	1989.04.03
	朱家庄北遗址	县(区)级	新石器时代	巉口镇三十里铺村朱家庄	2010.10.15
	福台遗址	县(区)级	新石器时代	凤翔镇福台村二社	1989.04.03
	福台西遗址	县(区)级	新石器时代	凤翔镇福台村十一社	2010.10.15
	小张湾吕家庄顶遗址	县(区)级	新石器时代	李家堡镇姚家岔六社	1989.04.03
	张家凷遗址	县(区)级	新石器时代	石泉乡石泉村刘坪社	1989.04.03
	庙山遗址	县(区)级	新石器时代	石泉乡石泉村石泉社	1989.04.03
	新庄遗址	县(区)级	新石器时代	石泉乡中寺村	1989.04.03
	洞沟里遗址	县(区)级	新石器时代	符川镇黄坪村	2010.10.15
	石门遗址	县(区)级	夏代	符川镇兰星村、长丰村交界石门水库	2010.10.15
	堡子山遗址	县(区)级	夏代	香泉镇云山村岔口社	1982.02.15
	李家湾遗址	县(区)级	夏代	巉口镇龙潭村李家湾社	2010.10.15
	崖湾遗址	县(区)级	夏代	内官营镇崖湾村	2010.10.15
	张庄遗址	县(区)级	夏代	内官营镇清溪村	2010.10.15
	张湾遗址	县(区)级	夏代	李家堡镇张湾村四社	1989.04.03
	寺科子遗址	县(区)级	夏代	李家堡镇韩湾村三社	2010.10.15
	刺沟遗址	县(区)级	夏代	杏园乡李河村	2010.10.15
	庙坪遗址	县(区)级	夏代	石泉乡合营村	2005.09.23
	湾儿下遗址	县(区)级	夏代	石泉乡赵河村	1989.04.03
	红土崖遗址	县(区)级	夏代	石泉乡赵河村	1989.04.03
	花岔遗址	县(区)级	夏代	鲁家沟镇花岔村一社	2010.10.15
	碉堡山遗址	县(区)级	夏代	团结镇高泉村二社	1989.04.03
	正岔沟遗址	县(区)级	夏代	葛家岔镇正岔沟村	2010.10.15
	蛟龙渠堡子遗址	县(区)级	宋代	宁远镇王坪村	2010.10.15
	高家门城遗址	县(区)级	北宋	鲁家沟镇太平村高家门社	1989.04.03
	东山堡子及烽燧遗址	县(区)级	明代	巉口镇松川社	2010.10.15
	漫塬烽燧遗址	县(区)级	明代	葛家岔镇鹿坪村	2010.10.15
古建筑	安氏故居	县(区)级	清代	凤翔镇柏林村	2010.10.15
	西岩寺建筑群	县(区)级	清代	安定区西岩山	1989.04.03

续表 18-2-2

分类	名 称	级别	时代	所 在 地	公布时间
石刻	蟾母山石刻	县(区)级	明代	杏园乡牛营村	1989.04.03
	陈氏祖茔碑刻	县(区)级	清代	内官营镇边家村	2005.09.23
古墓葬	赵家坪汉墓群	县(区)级	汉代	宁远镇红土村	1989.04.03
	栗川汉墓群	县(区)级	汉代	西巩驿镇栗川村	2005.09.23
	三里铺汉墓群	县(区)级	汉代	西巩驿镇花沟村	2005.09.23
	阳坡川汉墓群	县(区)级	汉代	青岚乡付家村郭沟川社	1989.04.03
	贾氏墓群	县(区)级	清代	巉口镇巉口村	1989.04.03
	马疏墓	县(区)级	清代	凤翔镇友谊村十一社	2010.10.15
	张氏墓群	县(区)级	清代	内官营镇鲍家村	2010.10.15
	王氏墓群	县(区)级	清代	团结镇中化村八社	2010.10.15
	郭杰三墓	县(区)级	近代	安定区凤翔镇友谊村	1989.04.03
	古榆树遗址	县(区)级	清代	安定区南大街榆林巷16号	2010.10.15
	回头沟铁桥	县(区)级	现代	称钩镇称钩驿村一社	2010.10.15
	夏羊故居	县(区)级	现代	安定区小北街小北巷15号	2009.06.10
	许公纪念馆	县(区)级	现代	凤翔镇永定村东山	2005.09.23
	夏羊墓	县(区)级	现代	凤翔镇李家嘴村红土坡社	2009.06.10

爱国主义教育基地

曹家河畔阻击战遗址　1936年9月30日,驻扎在宁夏同心县的红十五军团长徐海东、政委程子华向直属骑兵团团长韦杰、政委夏云飞下达立即抢先占领会宁县城的命令。团长率领四个骑兵连绕过海原县城,于10月2日凌晨占领会宁县城,并选择距会宁县城15公里的曹家河畔村(今安定区西巩驿镇河畔村)为阻击敌军的阵地。10月3日上午,红军骑兵团在曹家

河畔阻击战纪念亭

河畔村与驻定西国民党新编第一军所属刘保堂的一个师开战,敌军伤亡惨重,虽多次反扑,终未能过河。阻击战一直打到黄昏,骑兵团执行撤退命令,返回会宁县城。这场阻击战为红军一、二、四方面军在会宁胜利会师起到重要作用。

吴家堡子遭遇战遗址 1936年10月16日,驻扎在西巩驿的红四方面军一个师与国民党毛炳文部第八师在吴家川一带相遇,激战两天一夜,击退毛部后向北转移。红军一个排40余名战士在掩护大部队转移时,在吴家堡子与敌人浴血奋战,终因敌众我寡、弹尽粮绝,大部分战士壮烈牺牲。

吴家堡子遭遇战遗址

内官营烈士公园 1951年10月,为纪念陈超群、王英才、陈清俊、程振纲、杨积玺五位革命烈士,定西县人民政府在内官营建成内官营烈士公园,属县级文物保护单位。公园占地面积2000平方米,建有一座五角碑亭,简朴庄重,纪念碑正面刻“为人民而死”五个大字,背面镌刻着五烈士的革命事迹。1995年9月,内官营烈士公园被中共定西地委命名为地(市)级爱国主义教育基地。2001年1月,公园又被定西地区国防教育委员会确定为地(市)级国防教育基地。2009

内官营烈士公园

年,公园整体搬迁至内官营锦鸡塬山上。每逢清明佳节,到陵园祭奠烈士的人络绎不绝。

另两处爱国主义教育基地为区博物馆展区和九华沟流域(见第二节旅游)。

第二节 旅 游

旅游业管理机构

2000年8月,成立定西县旅游局,与定西县园林局合署办公,两块牌子,一套人员。2003年9月,定西县旅游局更名为定西市安定区旅游局(简称区旅游局)。2010年8月,区旅游局并入区文化广播影视局,核定事业编制12人(含导游4名),由财政全额供给。

旅游业发展概况

21世纪初,建成玉湖公园、儿童乐园、西岩山公园、南山公园、东山许公堂纪念馆等旅游景点。内官营烈士陵园、符家川石门水库和九华沟流域也逐渐成为旅游景点。在各旅游景点出现一批为旅游者服务的农家乐场所。各旅游景点多次接待省内外和国内外旅游者游览观光。至2010年,全区有国家AA级旅游景区2处,旅行社8家,旅游宾馆15家(星级6家),农家乐14家,AAA星级旅游厕所3处。共接待游客239.5万人次,旅游产业收入52000余万元。举办旅游专业人员培训班114期(次),培训旅行社经理、导游员和酒店、旅游区(点)旅游行政管理人员等11000余人(次)。

旅游景点简介

玉湖公园　位于城区西南部,由定西市一中高级教师赵龙创意并义务设计,1998年8月开工建设,1999年8月竣工开园运营。公园占地面积8.13万平方米,建筑面积2.53万平方米,绿化面积4.4万平方米,水域面积1.2万平方米,总投资4000余万元。园内建有希望碑、玉湖楼、凤城龙门、湖心岛、秋花仙子、城隍棋台、儿童游乐城、愚公移山、文天祥纪念馆等20余个小景区。 2003年

玉湖公园　国家AA级旅游景区

10 月,玉湖公园被评为国家 AA 级旅游景区。2007 年 7 月 1 日起实行免费游园。

西岩山公园 位于城区西郊,距城 1.5 千米,建于 1983 年。公园占地面积1582万平方米,主要景点有西岩寺、喷泉假山、八仙过海壁画、牡丹仙子雕像、山门、石踏台长梯、六角亭、四角亭、华严寺、关帝圣君庙、古典牌坊门等。1998 年,西岩山公园被评为省级森林公园。2009 年,被评为国家 AA 级旅游景区。

西岩山公园 国家 AA 级旅游景区

南山公园 位于城区东南郊 3.5 千米处,占地面积 473.6 万平方米。2000 年 9 月,定西县园林局投资 30 万元在园内修建魁星阁。2009 年 4 月,区上投资 100 余万元硬化景区主干道 3 千米、小道 10 千米。2010 年 9 月,定西市建委投资 50 余万元对魁星阁进行亮化装修。

内官营烈士公园 安定区唯一的红色旅游景点(见文物节爱国主义教育基地目)。

符家川石门水库 位于安定区西南部符家川镇长丰村境内,距市区 38 千米、省城 80 千米,总库容量 80 万立方米,可保灌 8000 余亩农田,满足库区周围 8000 余户居民的牲畜饮水。先后投资 480 余万元修成通往库区的

南山公园

符家川镇石门水库

高标准农二级道路,绿化库区周围荒山4000亩,建成蒙古包、凉亭12个,投放鱼苗170万尾。库区绿树环绕,碧波荡漾,鸟语花香,空气清新,生态良好,集垂钓、观光、食宿为一体。年接待游客3000人,直接经济收入80余万元。

九华沟流域 位于安定区西北部。流域包括巉口镇、称钩驿镇5个村35个社1476户,总面积83平方千米。1997年,九华沟流域被列为甘肃省重点治理项目。经过多年治理,全流域实现梯田化,梯田面积达4.6万亩,人均6.5亩;造林4.5万亩,种草4.8万亩,建日光温室和塑料大棚36座,挖水窖2466眼,治沟骨干坝7座,新修主干道路149千米,治理水土流失面积71.6

九华沟流域

平方千米,治理程度86.3%,治理总投资600余万元。九华沟流域治理被誉为"全国水土保持的一面旗帜"。江泽民、胡锦涛等党和国家领导人多次到九华沟流域视察和调研,对九华沟流域治理工作给予高度评价。近年来,有不少游客到九华沟流域游览观光。

旅游服务业

农家乐 2010年,辖区有农家乐14家:南川开发区金龙绿色食府,西川农业科技园区薯都生态园,定临路煌佳山庄,西川开发区河州村清真餐厅,凤翔镇李家坪田园山庄、胡乡月、永乐人家、桃源居、坪乐人家、陇居人家、和谐人家、坪源

农家乐

人家,巉口镇巉口生态乐园,内官营镇国润山庄。

旅行社 2010年,辖区经营入境和国内旅游的旅行社有8家:自由街定西康辉旅行社,中华路定西顺通旅行社、定西蓝天旅行社、金桥旅行社、定西市通远旅行社、

文化路定西市翔云旅行社,永定西路艺龙旅行社,南大街定西市青年旅行社。

旅游宾馆 2010 年,辖区有旅游宾馆 15 家,其中,三星级 2 家,二星级 3 家,一星级 1 家,其他旅游宾馆 9 家:解放路京跃华大酒店、陇欣宾馆,中华路欣大宾馆、富丽大酒店,大什字肖老四清真餐楼,交通路凤城大酒店、凤城商务快捷酒店,小北街财源宾馆,南大街金太阳大酒店。

2010 年辖区星级旅游宾馆概况表

表 18-2-3

名　称	地　址	服务项目	床位(张)	星等级	评星时间
定西宾馆	中华路	食宿、娱乐	196	二星级	2000 年
西锦大酒店	交通路	食宿、娱乐	260	三星级	2005 年
金谷宾馆	中华路	食宿、娱乐	97	二星级	2005 年
海天宾馆	交通路	食宿、娱乐	163	二星级	2008 年
聚祥楼宾馆	永定路	食宿、娱乐	34	二星级	2009 年
怡家宾馆	交通路	食宿、娱乐	155	一星级	2009 年

旅游业收入

1999 年至 2010 年, 全区共接待境外旅游者 5 万余人次, 旅游外汇收入 410 万元;接待国内旅游者 234 万人次,旅游收入 15000 万元人民币。旅游业总收入为 52000 余万元。

1999—2010 年全区(县)旅游业收入概况表

表 18-2-4

年份	游客人次(万)	门票收入(万元)	综合收入(万元)	年份	游客人次(万)	门票收入(万元)	综合收入(万元)
1999 年	14	28	30	2006 年	17.5	35	5700
2000 年	15	30	33	2007 年	12	6	7000
2001 年	16	32	37	2008 年	29		8500
2002 年	17	34	1100	2009 年	35		9000
2003 年	15.5	31	1200	2010 年	37		11000
2004 年	16	30	4100	合计	239.5		52000
2005 年	16.5	33	4300				

第三章 媒体 电影

第一节 媒体

安定区广播电视台

1986年,设有定西县广播站,在编职工28人。1989年10月,在定西县广播站的基础上,成立定西人民广播电台,呼号为"定西人民广播电台"。1998年,国家广播电影电视部批准成立定西县广播电视台。2003年9月,定西县广播电视台更名为定西市安定区广播电视台,呼号为"安定区广播电视台"。2010年,区广播电视台内设办公室、新闻部、专题部、制作部、技术部5个机构,下设岳家山、高峰、葛家岔3个转播站。有干部职工45人,其中,大专以上学历20人,专业技术人员19人(中级职称6人,初级及以下13人),技术工人16人(高级工9人,中级工6人,初级工1人)。

安定区广播电视台

乡镇广播电视放大站

1986年,全县26个乡镇全部设立广播放大站,人员隶属县广播站管理。广播放大站每天按时接收和转播县广播站的各套节目。1992年,乡镇广播放大站归乡镇人民政府管理,县广播电视台负责业务指导工作。1998年,乡镇广播放大站改为广播电视放大站。2010年,全区19个乡(镇)全部有卫星电视收转站,转播央视一套和甘肃卫视二套节目。小调频广播发射站转播上级台站广播节目。全区306个行政村都有村级广播室,收转中央、省、市、县台的广播节目和本乡镇小调频广播节目。

广播

1986 年，县广播站使用 TP-50-Ⅱ型电子管调频发射机在城区试播调频广播。同年,在高峰乡麻地湾村建成建筑面积 80 平方米的调频发射台,发射铁塔为高 50 米的三角拉线,使用 TP-50-Ⅱ型电子管调频发射机。信号覆盖全县 26 个乡镇，结束定西县有线载波的历史。1987 年,县广播站建成标准化广播机房，购置 BK86-Ⅰ型控制台、标准化大盘式单声道录音机和 2×275 型电子管扩音机 6 台。1989 年 1 月，在岳家山安装 MF1000-Ⅰ-Ⅱ型 1 千瓦调频发射机。5 月,定西人民广播电台正式开播。1996 年至 1999 年,新建乡级调频广播

广播播音室

站 8 个，村级小片调频广播网 46 个，提高边远山区群众收听广播节目的传输效率。2005 年 5 月,购置广播音频工作机 2 台。调频广播覆盖范围逐年扩大,有线广播逐步消失。2005 年,对采、编、制、播设备进行升级改造。自筹资金 5 万元购置广播硬盘制作播出系统,配备"百灵鸟"等名牌 MP3 采访机。2007 年,由省广电局投资 60 余万元,对高峰转播台进行无线覆盖改造。新架设高压输电线路 400 米,更新 10KVA 变压器和增设低压配电盘各 1 台,铺设地埋低压输电线路 40 米、高频接地线 2.88 平方米,新增避雷地网 27 平方米,购置直径 1.8 米铁塔工作平台与天线挂架。对铁塔进行防锈处理和垂直度校正,安装卫星电视接收天线和机房制冷空调,机房房顶防漏水采用 SBS 材料处理。 2010 年,将 MP3 采访机全部更换为录音笔。

安定人民广播电台正式开播以来,广播节目设置逐步完善,节目、栏目基本固定。自办广播节目日程设置:早上(第一次播出)开始曲、转播中央人民广播电台新闻节目、转播甘肃台新闻、安定新闻、安定天气预报、为您服务、专题节目、广告·金曲欣赏、小说联播。中午(第二次播出)重播早上自办节目。晚上(第三次播出)转播甘肃台新闻、中央台新闻、重播早上自办节目。专题节目周一至周日分别为致富指南、市场瞭望、政策与法律、文明窗口、生活之友、双休话题、文学园地 7 个栏目。

电视

1992 年 9 月，在县广播电台台址架设 1 套 TTV-50 全固态 50 瓦电视发射机，转播中央电视台二套节目。1993 年，利用定西地、县党政部门、企事业单位赞助的 3.9 万元购置摄像机、字幕机、接收机、发射机等电视设备。设立定西县电视转播台，收转

电视演播室

中央四套、二套和云南台、贵州台卫视节目。1994 年，购置第 1 台 M9000 型摄像机，开始制作和试播专题片。1995 年，购置 1 套 868 型电视编辑机和 286 型字幕机，在中央二套节目中插播自办节目《凤城新闻》。1996 年，新购 2 台 M9000 摄像机和 1 套 386 型线性编辑机。将《凤城新闻》栏目改为《定西县新闻》栏目，每周播

新闻制作室

出两期，并正式打出"定西县广播电视台"台标。1997 年 5 月，县电视台正式开播。1996 年至 1999 年，县政府投入 58 万元资金对县电视台电视采、录、制、播设备进行全面更新。购置新型电视发射机、摄像机、编辑机、特技机、电脑启动字幕机、有线电视前端调频器等电视设备 11

套(台、架)，并对制作室、演播室兼电视会议室进行装修和改造，县办电视节目与城区有线电视传输系统联网。电视台每天按时转播中央电视台《新闻联播》和播出自办节目《定西县新闻》《定西天气预报》《点播与欣赏》《欢乐动画城》《电视连续剧》等节目。1999 年，在岳家山安装 TTV-500-Ⅰ全固态电视发射机，电视节目使用硬盘播出系统。开始在全县逐步实施广播电视"村村通"工程。从当年国庆节开始，制作播出 50 集大型电视系列报道《话说定西》。

2001 年，购置 DPS 非线性编辑机和 DVRIX 非线性编辑机，使用播音提词器和冷光源照明。全县建成"村村通"工程无线发射点站 96 个，个体接收 21000 余

户，全县广播电视综合覆盖率98%，电视覆盖率94%。2002年，正式使用电视硬盘播出系统，广播电视制作播出系统初步实现网络化。2003年，购置第1台SDR-100AP数字摄像机。2005年，区政府拨款30万元，购置车载移动调频广播电台，开始对区内大型会议和重大活动

播控中心

进行现场直播。此后，又逐步购置广播硬盘制作播出系统，对4台非线性编辑机、6部采集站和电视硬盘播出系统进行改造升级，对采、编、制、播诸环节进行内部区域网联结，实现采、编、制、播程控化、网络化、数字化。2006年，开始白天播出电视剧及广告等，电视节目日播出近16小时。2007年，省广电局为高峰转播台配发2

高峰转播台

套300W全固态电视发射设备，转播中央一套、七套电视节目。同年11月，开始将广告经营整体对外承包，年商业广告承包额为32万元。内官营、巉口、李家堡、新集、凤翔五乡镇设立有线电视站，传送央视与省级卫视节目26套，覆盖农户2500余户。2008年，电视节目采集、编辑、制作、播出、存储再次升级改造。新购置ME200X2非线性编辑机、3000硬盘播出系统、250P摄像机、SPD190P型摄像机13套(台)，彻底解决设备老化、故障率高的问题。2009年，争取到中央财政支持文化传媒项目资金34万元，购置比较先进的非线性编辑机、硬盘播出系统、硬盘存储器3套(台)和摄像机等器材。2010年，购置办公电脑等设备，

建立区域网,实行稿件电子编审。从当年 4 月 1 日开始,晚间转播《甘肃新闻》和《定西新闻》,增设《一周要闻回顾》《今日安定》栏目。次日早上重播《安定新闻》和《今日安定》节目。

定西日报

1986 年,中共定西地委秘书处内部出版发行《定西建设》,四开四版,1987 年 11 月 30 日停刊。1988 年 9 月 1 日,中共定西地委机关报《定西报》复刊,1989 年 1 月正式发行, 为四开四版周二刊。1998 年 1 月,《定西报》改为周三刊。2000 年 1 月,经国家新闻出版总署批准为日报,恢复原《定西日报》名,周五刊,为四开四版,国内统一刊号 CN62—0050,国内邮发代号 53—37。2003 年 1 月,《定西日报》扩版为对开四版, 并于周日增出四开八版《定西日报·西部周末》。2006

1959 年前的《定西日报》

年 12 月,《定西日报》创办开通《定西日报手机版》和《定西日报电子网络版》。2008 年 7 月,《定西日报》采用彩版印刷,10 月,创办开通数字版。2010 年,《定西日报》发行量达 3 万余份。

第二节 电 影

安定区电影放映公司

1986 年,设有定西县电影放映公司,下辖 39 个放映队,其中,县办 1 个,乡镇办 18 个,厂办 1 个,个体办 19 个。1993 年,进行体制改革,县电影放映公司实行企业化管理和全员劳动合同制,择优聘用,承包经营,自负盈亏。1997 年,乡镇放映队由乡政府管理。2000 年,贯彻执行国家的"文化产业"政策,县电影放映公司由事业单位转制为企业,实行聘用制。2003 年 9 月,定西县电影放映公司更名为定西市安定区电影放映公司。2008 年,因电影市场疲软,区电影放映公司业务处于瘫痪状态,电影放映统一由省上中标的院线公司承包。同年,区电影放映公司所有资产经评估,作为国有资产移交区国资局,区财政拨付资金,缴纳拖欠职工的养老保险。

影片发行与放映

1986 年,全县放映队共放映电影 5390 场。至 1991 年,全县一直有 39 个放映队,每年放映电影约 5000 场,观众约 400 万人次。1994 年电影发行放映转为企业经营后,乡镇放映队逐渐停业。2002 年,实施全省农村电影放映"2131"工程(21 世纪每村每月放映 1 场电影),成立定西县农村电影放映"2131"办公室,县电影发行放映公司到各乡镇进行巡回放映,每村每月放映 1 场。2004 年,区文化广播局面向社会聘用区电影放映公司负责人,恢复 3 个乡办放映队,但举步维艰,影片发行和放映工作仍处于瘫痪状态。至 2007 年,全区电影发行一直由县(区)电影放映公司负责。2008 年至 2010 年,农村电影放映、发行、服务管理工作由省农村电影院线公司具体承担。

文学作品选录

爱心的起点

夏　羊

有颗小樱桃树
站在静寂的庭院
它用无声语言的力
将我吸住又推远——
推向草场的萎缩
推向塬山的秃瘦
推向河水的污淀……

我的思悟为小树纠缠
啊,爱心活动的起点

不就在自己的身边——
这茎小草欲滴的嫩尖
这片小树沾露的叶面
这声小鸟湿润的鸣啭……
从这里开始,开始
您求索守护的步度
将走得宽远而又宽远

　　　　　　1999 年 3 月 21 日　寓楼

＊此诗收入《中国诗人自选代表作》第一卷。

热　雨

何　来

是谁的手
把两道阀门同时开启
用太阳的泪水
用月亮的血液
交混成这场滂沱大雨
必是天地初开的第一次降水过程
今天　才向我们浇淋下来
对我们举行洗礼
每个细胞都暴涨了
都在寻找宣泄的缝隙
我们的性别

第一次使我们恐惧
我们必将决堤

不　这是别种沐浴
我们在水中燃烧
我们的外壳已被剥离
我屡屡触摸到
在我们的浅层
竟藏匿着一颗
小巧而坚韧的星体
那必是我们的核

我为此幸福的不住战栗

我已寻找你几个世纪了

你你你

　

当我们被生命抛弃

这场热雨　仍然

还会浇淋着我们冷却的骨灰

无止无息

噢一场热雨

宝贝你可知道

也许再过若干年

＊发表于 2000 年第一期《创作》

那月弯里有我的故乡

孙云乾

那月弯里有我的故乡

挂在朦胧的榆树梢

好多年漂泊

好多年和我一道

画在榆钱上的故乡

戴着马兰花冕的故乡

枸杞刺端悬挂着的故乡啊

月夜里我的心常常滴血

忧愁时几滴清泪就可洗过

像一场春雨

欢愉时一个微笑就能晴朗

似一片湛蓝

我漂泊过

我徘徊过的地方

每年都开着茂盛的杜鹃

啊,精致的故乡

躺在月弯里的故乡

＊发表于 2007 年江苏人民出版社散文与诗
全集《太阳里的扎龙》

大山孕育的故事(选一)

郝明德

寿星的微笑

是大山的近代史

一百年雷风霜雨

在鬓角凝聚

厮守着青青的崔巍

记忆犹如黄土层厚重

岁月的刻刀

镂出纯朴与刚毅

镂出自负
镂出今天的微笑

仿佛已经很遥远了
兵燹和饥馑
与歧视的白眼
茅屋为秋风所破的苍凉
以及那一段囚禁的时光
均来争锋
属于你的是大难不死
这古榆般蓊茸的
第一百年
正在安怡地延续
微笑对于你来说
是生命的宣言
跟子孙的子孙
一道嬉戏
回答露珠样晶亮的问题
从童话的王国里
引出一条淙淙小溪

仿佛一切全被忘记

微笑对于你来说
标志着新的纪元
听燕子呢喃
播种的时刻到了
走在杏花覆盖的村巷
(显然有点龙钟蹒跚)
比雪峰还矍铄
比飞瀑还快活
充实的灵魂
不曾诅咒衰老
仿佛一切刚刚开始

寿星的微笑
是大山举起的
一朵红云

* 发表于 1983 年第三期《飞天》,获第五届
优秀文学作品奖

秋天,在黄河与敦煌之间

杨学文

秋天,在黄河与敦煌之间
放蜂人经历了一个梦幻的时代
开始向西迁移,向西的境况又令他担忧
而一路辉煌的风水,使一个思想经历了战乱
的人
开始有了内心的菩提和宗教……

城邦荒凉着,秋雨淋湿的几个外乡人
修鞋的、磨刀的和算卦的。总在路上

谈论五谷和绵羊的气数

在今世的路上辨认着前世的灯火
在黄河与敦煌不见一棵树的村庄
看秋日的雨水汇入黄河的波涛

那帝国的鹰隼却胸怀万水千山的情绪
将自己置身于西部落日的大背景中

* 发表于《飞天》2003 年第一期

比梦还遥远的村落

潘汉东

〈之一〉

戴着怎样的桂冠

打马上山

大水漫过青草

大水走过青屋瓦舍

骑马的人扯下面罩

额似清梦,发若流岚

一团火凝固了

一颗心点燃了

打马走过高原

三千佛陀,经卷无数

大水过后,留下明月和故乡

〈之二〉

目光蔚蓝,胸膛潮汐

怀揣蚌蛤,风雨无边

柔软的黄土裹住大海的遗骸

精卫踩着天空走过

美人鱼踩着大海走过

蜂群和民谣踩着花儿走过

〈之三〉

青瓦木函的村落

黄昏的炊烟

一只木制的酒碗里溢出米酒

我把炊烟一饮而尽

〈之四〉

牧歌的女子归来

乌发飘垂,枕着黑夜

枕着梦,为了梦见

曾经梦过的那些星座

比梦还遥远

〈之五〉

一把骨头,视而不见

一把骨头,撑住黑夜

就像大陆架撑住

国土的辽阔

撑住肺叶之门

〈之六〉

一把骨头　在黑夜走动

在大地的内部走动

小心翼翼

怕划伤月亮的脸

划伤你象牙的肤色

诗神啊! 你忧伤的乳房

少女般的甜蜜

＊发表于2006年《星星》第六期

家里花木(散文)

何素平

真正爱花的人,会侍弄花木而不言,其心意都在上了。我见过有人养的橡皮树高过人头,绿宝石高及屋顶……森然欲搏人。我养的花大都焦毛害刺,叶黄茎瘦,所以,繁衍出这些文字来,聊表艳羡之心。

——题记

1. 对兰一点都不对,趋光本能使叶子长不直,总向一边倒。换一个方向,后面长出来的又长斜了。换来换去,就乱了。旁逸斜出,完全迷失了方向。

一片叶子,被哪一片叶子攫住,没一点道理。因而就蓬勃成一束光,刺向四周。

名曰对兰,本性是对,却又不对,完全异化了。它好像不会长了。一片叶子是对另一片叶子的修正,越修越乱,越乱越修,不如不修,让它长,看看会长成什么形状。

开过一次花,发现时已有二三寸,绝似一支笔,渐渐长到七八寸,简直就是一枝大楷毛笔了。花开三朵,也不对。沉静地红了好些天。

或曰:不是花迷,不是叶乱,是心乱。不是心乱,是世事乱。

2. 君子兰好一点,不管怎么放,怎么长,不失大体。苍绿,阔叶,慢慢长,不着急,很多天没什么变化。

能守住本性,不大受外界影响的,是君子。

也开过一次花,宽而扁的长茎上,顶了十几朵花,像一个王冠。花期很长,前后持续了一个多月。如此有耐心的,也是君子。

给花根喂过几次鱼子,丰茂过一阵,渐渐委顿。换盆时发现,粗壮的根被虫咬去一块,奇丑无比。忘了它本来是吃素的。

初来时过于亲近,搬到阳台上,晒过了头,晒伤了叶,一道一道的焦痕至今未退。所有的兰都不喜强光照射,它们都喜欢偏处一隅,在阴湿地带,静悄悄地生长,是隐士。

3. 总之是有些枯索,像一个人写不出好句子的情景。枯藤如细绳,疏叶似寒星。希望的线拖了那么长,绕屋顶一周,现实的根却萎缩在门背后,连墙角也长不出去。

土不行了,干碴碴的一些粉末,没一点营养,完全不是个土了。盆太小。光线不足。呵护也不够。花事人事一回事,初来时新鲜,天天侍弄天天看,长得疯快。后来就淡了,忘了,好多天不浇水,不看一眼,想起来了猛灌一大勺。因此上它把我们也淡了,忘了,不再表演给谁看。自生自长,自荣自衰。

估计也开花,从未见一朵。

它会支撑多久呢?

移栽到阳台上,长势凶猛,满阳台都是。此物好养,有阳光就成。也喂过鱼子,也喝过肉汤,却不生虫,不害病,因为它本身就是药。

说的是三七。

4. 这是个懒花蕾,原本就懒得长出来,那么慢,磨磨蹭蹭十几天,只长了多半寸。像林黛玉做女红,半年才绣得一只香袋儿。几十天过去了,还是多半寸。一拿就拿下来了。原来干了。不像话。

既做了花,既已有了想开花的那么一点念想,就该使劲长出来,噌噌噌地往上蹿,蹿多高是多高,蹿够了,嘭的一声炸开:一朵俊气的花,枝是枝,叶是叶。多美。

毫无道理嘛,说不长就不长了。这个懒花蕾,一定有它的懒道理:四周围的泥土那么重,老往下拽,却还要使劲往上长,多累呀。水土呢,也不和,旱就旱死了;冷不丁又哗地一瓢水,劈头盖脸泼下来,呛得喘不过气来。长也长不了多少,没完没了,没想没望,长多高才算是高呢?还要叫那个小胖孩天天拿尺子量来量去,抱怨长得慢。即便是开花,也没趣,美一阵子就完了,接着是蔫掉,干掉,往死里难看,还不如不开的好……

这是个灵性的花蕾。只为了证明它不是那野地里乱长的薹草,而是中国兰。

5. 我们家的花草,不是兰,就是刺。兰娇贵,不好养,总也养不出齐整模样。刺皮实,往阳台上一搁,有阳光,有水,自己就蓬勃起来了:仙人掌、仙人柱、仙人球……

我们家的仙人掌,是个奇迹。别人扔在园子里的,是个弃物。捡来的时候,蔫巴巴的,放在盆里,生息繁衍,速度惊人。一年四季,掌上生掌,掌上开花,无穷无已。

谁家的仙人掌开得如此恣肆?它总不会是报知遇之恩吧,人都说"草木无情"。可是,你既不是草木,又怎么知道草木它无情呢?

很多人家求造型,这里掰一片,那里又掰一片,让它随人愿长成十字架形,花篮形……我们没管过,是掌的都长出来,是花的都开出来。就长成了这般:芜杂,没章法,不中看。但是那些花我喜欢。

仙人掌花,果然美!君子兰、对兰、令箭的花都比较干涩。仙人掌花精神。黄的。黄色过黄,容易黄成皇帝龙袍的那种恶俗,也容易黄成牛黄解毒片那种苦涩。这种黄很鲜,很嫩,花瓣挺括,不荏弱,如玉琢成,自然地含着光泽。很多花都愿开成喇叭形状,自吹自擂,不遮掩,不含蓄。此花内敛如一小盏,小心地掬着一簇颤巍巍细密敏感的蕊,无风自动。

仙人掌之掌是变态的茎,叶是那些刺。扎哇哇的刺往往会捧出娇丽的花,如玫瑰,枸杞……刺由花发,刻意护花呢,还是花因刺生,一种补

偿?没有刺的仙人掌,还能叫仙人掌么?设想仙人掌不长刺,横七竖八支棱着一些光溜溜傻乎乎肥厚的巴掌片子,怪难受的。听说仙人掌很好吃,如果不长刺,就可能栽到地里去,跟萝卜菜瓜一个价。瓜花也怪好看,可是没见谁养菜瓜。

我疑心那些刺是故意长的!即是矛,又是盾,让目光也不敢放肆,怕扎!

今年开得又很凶,新生的掌只有一片,花苞多得没法数。开得太滥了,就俗了,贱了,又怕累坏了。可是我不懂花语,没法劝劝它:慢慢来,别着急,留得仙掌在,不愁没花开。即便懂花语,未必劝得住。开花是一种势,一种能,势来如山倒,谁能挡得住?

又何必挡呢?

还是孝庄说得好:"好生活着,使劲儿地给我长!"

6. 散竹:还没看出一点竹子的风韵,就成了一把干柴。风一吹,阔阔作响。留得枯竹听雨声吗? 不是的,因为懒。

7. 水葫芦:泡在水里,根上生茎,中间慢慢肿起一个泡,越肿越大,大到一定程度就不大了,只在水面上浮着。顶头是圆圆的叶子,看着有趣,容易发黑、腐烂,养不长。

8. 凤仙花: 我一直觉得凤凰是飞到神话中的孔雀,孔雀是掉进现实中的凤凰。

花似孔雀开屏,花后拖一纤细长尾,顶端开叉,如一精巧凤头。粗枝大叶,枝杆通红,似荞麦秆;叶子像樱桃的;花苞小时酷似回回豆,渐长渐扁,略成三角形。此花是慢性子,几天才绽开一点点,因而开得长。

花不大,脾气不小,须每天浇水,又不能浇太多;须采点阳光,又不能晒过头。早晚各喷淋数次,有时忙碌,忘了顾恤,隔天就不精神,爱理不理的。它哪里知道,生而为人,有好多事,哪有一整天一整天的囫囵时日去陪它?做一个人,哪里像做一棵花草那般自在,不看人脸势,还要给人脸势看。可以不言不语不动弹,有一口水,一点

光,就够活命了,之后就安安静静地,舒枝展叶地长自己的,不必为一嘴饭去折腾。——光顾一张嘴,也还跟草木差不多,问题是吃了饭长了精神,还要生出许多妄想,人他往往就是为了这些个痴心妄想而心累身累——这些你都知道吗?不知道,知道可就害死了,被人琢磨就够受了,还要被花草树木石头瓦碴琢磨,还活不活呢?虽然叫凤仙,我可不想跟花仙花妖花魅花精之类纠缠不清。我怕这个。

闲时也看花。坐对一丛花,日长如小年。用心看花的时候,不觉得是看,只觉得一些美好的事物,慢慢地滋生,慢慢地消失……就希望这样过下去,一些花开完了,另一些接着开,一天又一天……

忽然有一天,三根花枝软塌塌地倒伏下来,另三枝也蔫巴巴的。怎么回事呢?谁惹你们了?我们家没有险恶之人,就我还比较险恶一点,但也绝无害人之心,何况一盆自己爱惜的花呢?或许是溺爱过头了,惯得它娇气无比,一点不周到,就要死要活?随它去吧,如此矫情任性薄情寡义反复无常的东西不要有罢。我是个凡人,凤呀仙呀的,恕不奉陪了。水照浇,这是惜命,不是抒情。煞一煞它的仙气,磨一磨它的娇气,也是好的。

一些花开了,败了,没有了,我就会记不起它们的模样。

＊本文获 2002 年《飞天》第一届"新兴花卉杯"散文大奖赛一等奖,《飞天》(2002.9)刊发

山塬绿风(戏剧)

张 隽

剧情简介:

六场现代戏曲《山塬绿风》创作于 1992 年 8 月,全剧通过"代政受挫"、"家务财案"、"解囊救亲"、"菜棚风景"、"砸锅荐贤"、"咬定黄土"等六场剧情的曲折发展,反映了赵满库一家在农村改革开放中的矛盾冲突,刻画了赵满库这个精明强悍的庄稼汉,面对农村改革、科技种田的新课题所带来的追求、思考、苦恼的内心变化,揭示新旧两代人对农村改革不同的思想认识。最后任人唯贤,将家务大权交给富有远见、掌握蔬菜种植技术的儿媳掌管。该剧本荣获第四届中国艺术节剧本创作三等奖。全剧发表于《黄土地》1995 年第一期。

现摘录第五场《砸锅让贤》中赵满库一段唱词附后:

(唱)

手揣着半边碗思前想后,三十年往事历历涌心头。
常言说湿柴难烧子难教,活到老才悟出其中根由。
中年后失老伴难辛受够,又当爹又当娘寸心情柔。
三九天怕衣单手冻脚抖,吃酸的喂甜的怕伤胃口。
平日里我喝稀儿女吃稠,逢节令娃吃肉我啃骨头。
那时候儿和女双双年幼,怕的是离娘娃照顾不周。
睡觉时怕掀被又亲又搂,下雨时我背他们把学求,
不偏儿不偏女都是骨肉,老光棍拉扯儿谁怜苦愁。
熬到今舒心日子刚开头,借东风靠勤劳再填锦绣。
想的是一家人又帮又凑,想的是妯娌和睦不结仇,
想的是幸福日子永长久,想的是摆脱那世代贫愁。
原以为儿女大不把气怄,谁料想吃饱穿暖又添忧。
地里干活绕道走,你推他辞踢皮球。
花钱都向我伸手,明里要来暗里偷。
穿衣不图布料厚,奇装怪服赶潮流。
这个家我难统筹,砸锅分家排内忧。
麻雀出窝终飞走,分了家各自搅稀稠。
叫来儿媳同研究,房屋钱财大小东西都抓阄。

书法美术作品选录

▲王铭　佛山圣水　国画

▶颜重鼎　禽流感祭　版画

▶刘学信　一年一度又秋风　国画

▶ 周玉兰　春色满园　国画

逍遥游　莊子

窮髮之北有冥海者天池也有魚焉其廣數千里未有知其脩者其名為鯤有鳥焉其名為鵬背若泰山翼若垂天之雲摶扶搖羊角而上者九萬裏絕雲氣負青天然後圖南且適南冥也斥鴳笑之曰彼且奚適也我騰躍而上不過數仞而下翺翔蓬蒿之間此亦飛之至也而彼且奚適也此小大之辯也

歲在癸巳春月　惠蘭書

▶ 李惠兰　逍遥游书法

▲ 刘文彪　雪原系列之二　油画

▲张四民　雪原　油画

▲胡亮　古塬西照　油画

▶丁彦平　孟浩然诗　书法

▶史彦明　临战国金文 书法

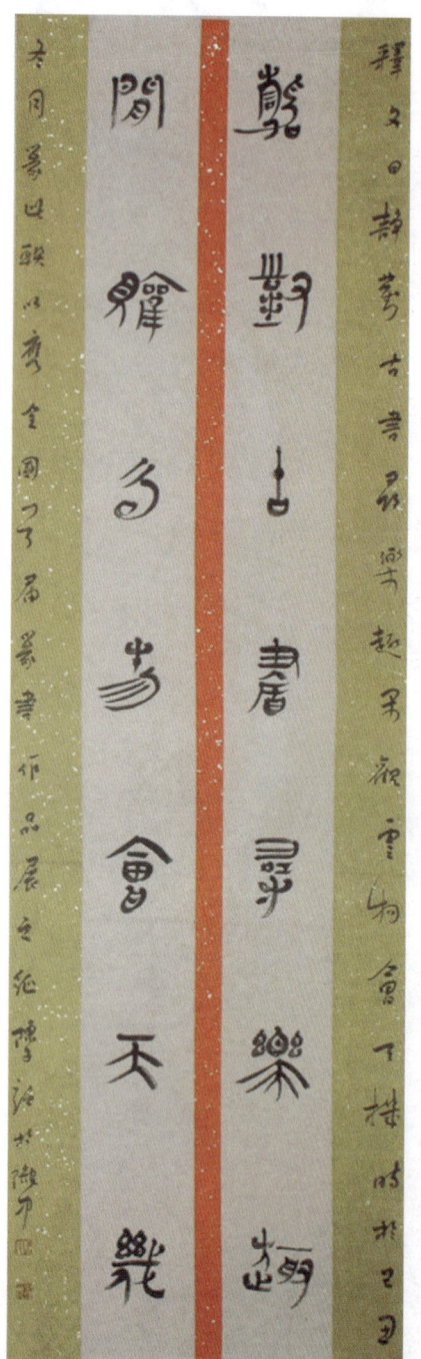

▲陈子强　楹联 书法

▶张镔　荷趣 国画

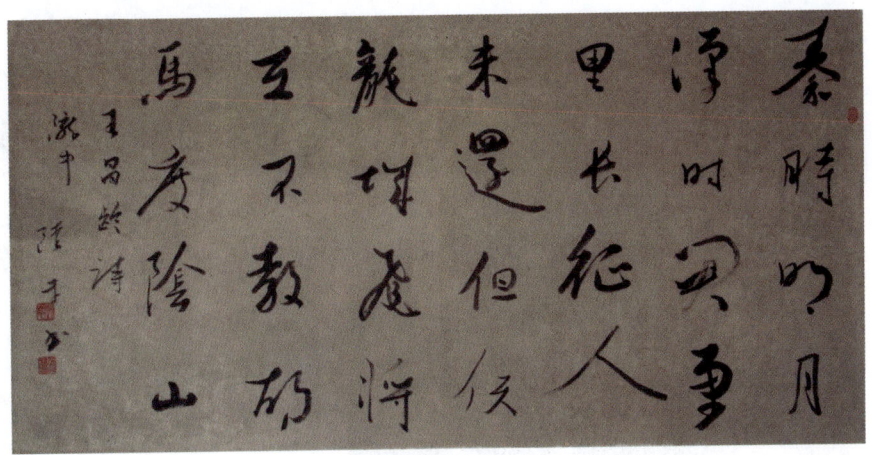

▲陆平　王昌龄诗 书法

秦时明月汉时关，万里长征人未还。但使龙城飞将在，不教胡马度阴山。
王昌龄诗
淞平陆平书

春江潮水连海平，海上明月共潮生。滟滟随波千万里，何处春江无月明。江流宛转绕芳甸，月照花林皆似霰。空里流霜不觉飞，汀上白沙看不见。江天一色无纤尘，皎皎空中孤月轮。江畔何人初见月，江月何年初照人。人生代代无穷已，江月年年祇相似。不知江月待何人，但见长江送流水。白云一片去悠悠，青枫浦上不胜愁。谁家今夜扁舟子，何处相思明月楼。可怜楼上月裴回，应照离人妆镜台。玉户帘中卷不去，捣衣砧上拂还来。此时相望不相闻，愿逐月华流照君。鸿雁长飞光不度，鱼龙潜跃水成文。昨夜闲潭梦落花，可怜春半不还家。江水流春去欲尽，江潭落月复西斜。斜月沉沉藏海雾，碣石潇湘无限路。不知乘月几人归，落月摇情满江树。

录张若虚诗春江花月夜
庚寅夏月文颖书

▲张文颖　春江花月夜 书法

▶ 水卫东　陇原早春　国画

▶ 李献珍　九秋时节满山红　国画

▲ 芦建华　三国演义开篇词 书法

▶苏梦翔 陋室铭 书法

▲蒲林 书印岂随古法 书法

▶李永强 王维诗 书法

第十九编

民族 宗教 方言 民俗

第十九编　民族　宗教　方言　民俗

第一章　民族　宗教

第一节　民　族

安定区是一个以汉族为主体的多民族居住的地方,几千年来,各民族间相互接纳,相互融合,形成"你中有我,我中有你"的民族共同体,呈现出一种小聚居、大杂居和交错居住的状态。纵观历史,夏、商、周至先秦时期的氐羌、氐族、羌族,两汉时期的西羌、研种羌、烧当羌、烧何羌、匈奴,魏、晋十六国时期的鲜卑族,隋、唐时期的吐蕃,宋、元时期的女真,明、清至民国时期的藏族、回族、东乡族,先后与汉族共同劳动、生活在安定区这块土地上。正是民族间的接触、交往、融合,创造了安定区的历史。中华人民共和国成立后,社会主义制度的确立,民族政策的颁布,特别是中国共产党十一届三中全会以来,经济的繁荣和发展,外籍人士及少数民族相继来安定区开发创业,促进了各民族的共同繁荣和发展。

安定区有 12 个民族,依照国务院颁布的《民族乡行政工作条例》,成立了香泉回族乡,为甘肃省 19 个回族乡之一。多年来,中共安定区委、区政府将每年 5 月定为安定区民族团结进步宣传月,营造温馨、和谐、团结、友好的氛围。

25 年中,少数民族先后有 14 个先进集体、26 个先进个人受到国家、省、市、区的表彰奖励。1990 年,国家民委授予定西县民族团结进步先进县称号;1992 年,中共甘肃省委、省政府授予定西县民族团结进步先进集体称号;1994 年,香泉乡政府被省委、省政府命名为全省民族团结先进集体;2006 年,香泉镇党委被省委、省政府授予全省民族团结进步模范集体荣誉称号;2009 年,香泉镇政府被国务院授予全国第五次民族团结进步模范集体荣誉称号;2009 年团结镇好地掌村委会被省委、省政府授予全省第六次民族团结进步模范集体称号。

2010年安定区少数民族人口统计表

表19-1-1　　　　　　　　　　　　　　　　　　　　　　　　　　　单位：人

乡镇	总计	回族		蒙古族		藏族		维吾尔族		壮族		布依族		朝鲜族		满族		土家族		东乡族		土族	
		男	女	男	女	男	女	男	女	男	女	男	女	男	女	男	女	男	女	男	女	男	女
总计	9335	4662	4323	10	8	29	21	1	2	3	5	1	1	1	2	40	26	12	3	113	64	4	4
中华路街道	830	458	247	4		24	4					1	1			29	11	9		41	1		
永定路街道	810	369	357	5	6	3	12		1	2	3					11	15	2	2	7	9	4	2
凤翔镇	64	31	28	1	1				1		2												
内官营镇	66	34	28		1									1	2								
巉口镇	26	15	9				2																
称钩驿镇	5	1	1			1				1													1
西巩驿镇	6	2	2															1	1				
李家堡镇	170	78	89			1	2																
团结镇	1479	726	740																	6	7		
香泉镇	5867	2944	2815					1												59	47		1
符家川镇	2	1	1																				
葛家岔镇	5	2	3																				
新集乡	2		2																				
高峰乡	2	1	1																				
杏园乡	1						1																

第二节　宗　教

1989年10月,定西县民族宗教局成立,局长由统战部副部长兼任。2003年,撤县设区,定西县民族宗教事务局更名为定西市安定区民族宗教事务局,设局长1名、副局长1名、工作人员2名,全面负责管理民族宗教事务工作。

安定区有伊斯兰教、基督教、天主教、佛教、道教5个宗教团体,信教群众17696人,占全区总人口的3.7%,开放宗教活动场所41处。

2010年安定区宗教活动场所统计表

表19-1-2　　　　　　　　　　　　　　　　　　　　　　　　　　　　　单位:处

乡镇、街道办事处 教别	凤翔	团结	香泉	内官营	巉口	符家川	李家堡	宁远	青岚山	鲁家沟	中华路	永定路
伊斯兰教		4	19	1			1					1
基督教	2		1		1	1	1	1	2			1
天主教											1	
佛教	1				1				1			
道教										1		

伊斯兰教

"伊斯兰"一词出自阿拉伯语,是顺从的意思,伊斯兰教徒称穆斯林,意即信仰"真主"安拉的人。伊斯兰教在唐代传入中国,宋、元有一定发展,清朝时传入安定区。中华人民共和国成立后,国家实行宗教信仰自由政策,安定区的穆斯林享有宗教信仰自由的权利。安定区的伊斯兰教教派

香泉清真寺

较多,共建清真寺26个。哲赫忍耶有城关寺、内官营寺、李家堡寺、魏家山寺、牟家沟寺、马窑湾寺等。伊赫瓦尼有香泉寺、大庄寺、史家庄寺、上沙坡寺、红堡子寺、花屏嘴

团结镇好地掌清真寺

寺、杨家台寺、陈家屲寺、东湾寺、王家大庄寺、青岗寺、泉湾寺、寺坪寺、上庄寺等。老格地木有下水岔口寺、好地掌寺、寒水岔寺等。北庄门宦有干旦子寺。尕得忍耶有上水岔口寺、马莲滩寺等。

1987年8月,定西县伊斯兰教协会成立,马怀德任会长,马振西、穆文祥任副会长,马振西兼任秘书长。1994年7月,定西县伊斯兰教协会第三届委员会召开,选举马振西为会长,马正林、肖连俊为副会长,马恒为秘书长。1997年7月,定西县伊斯兰教协会第四届委员会召开,选举马永新为会长,马正林、马林为副会长,马俊英为秘书长。2002年10月,定西县伊斯兰教协会第五届委员会召开,选举李俊海为会长,马秀全、马全林、马鹏举为副会长,冯禄任秘书长,肖连俊、安志荣、肖志刚、马贵仁为委员。2003年11月,定西县伊斯兰教协会更名为定西市安定区伊斯兰教协会。有开学阿訇27人,未开学阿訇29人,信教群众12003人。

基督教

基督教在我国专指基督教新教,也叫耶稣教。鸦片战争之后,由外国传教士传入甘肃,信奉者基本上是汉族。民国16年(1927年),内地会派遣传教士来定西传教。民国34年(1945年),兰州基督教会协助定西成立中华基督教联合会定西县基督教会。

定西市安定区基督教三自爱国运动委员会

中华人民共和国成立后,1954 年,成立了定西县基督教三自爱国运动委员会。"文化大革命"期间,停止宗教活动。1985 年 1 月,恢复定西县基督教三自爱国运动委员会。1986 年 5 月,汉尚礼任会长,徐敬须任副会长。2000 年 8 月,基督教三自爱国运动委员会换届选举,汉尚礼任会长,肖涛任副会长。2003 年 11 月,定西县基督教三自爱国运动委员会更名为定西市安定区基督教三自爱国运动委员会。教会在城区解放路 31 号设立教堂 1 所,在巉口镇三十里铺、宁远镇王家湾、青岚山乡郭川、香泉镇后湾、李家堡镇南湾、凤翔镇上台及花坪、青岚山乡老虎湾、符川镇杨湾等地有活动点 9 个。有教徒 1827 人,教职人员 5 人。

天主教

天主教,又称罗马公教。明代传入中国。民国十八年(1929 年),由德国弗神甫(中文名字王明林)传入定西县。中华人民共和国成立后,外国传教士回国,天主教徒开展独立自主的教会活动。1959 年,天主教教徒达 111 人,主要分布在城关、内官营、巉口等乡镇。同年,在宗教改革中停止宗教活动。1980 年代,宗教政策得到全面落实,天主教又恢复宗教活动。1989 年 8 月,成立定西县天主教爱国会管理小组,张效莲任组长,王基厢任副组长。1999 年 8 月,天主教爱国会管理小组改为定西县天主教爱国会,薛志宏任主任,牛炳彦任副主任,张效莲任爱国会教堂管委会主任。2003 年 11 月,定西县天主教爱国会更名为定西市安定区天主教爱国会。2008 年 6 月,牛占川任安定区天主教爱国会教堂管委会主任。爱国会教堂设在安定区气象新村,信教群众 46 人。

佛　教

佛教是世界三大宗教之一,西汉末年传入中国,在传播中逐渐发展成为具有中国特色的佛教,并形成许多派别。源于佛教的主要节日有佛诞节(亦称浴佛节)、成道节(亦称佛道日)、涅槃节、观音节（中国汉族于农历二、六、九三个月的十九日为纪念观音节日)、佛陀节、驱鬼

西岩寺

节、跳神节等。佛教约于金大定二年（1162年）传入安定区。后经元、明、清、民国诸代,时盛时衰。民国二十八年（1939年）,定西县成立中国佛教会甘肃省定西县佛教分会,以西关武圣庙为会址。民国三十一年（1942年）改组,设正副理事长各1人,常务理事5人,理事11人,监事5人,会员70人,心印和尚任理事长。中华人民共和国成立后,人民政府实行宗教信仰自由政策,1953年定西县成立佛教协会,"文化大革命"时期停止活动。1970年代末,恢复了正常的宗教活动。2003年,定西市安定区佛教协会成立,释法闻任会长,持瑞、郭宝麟任副会长,昌智、智慧为常务理事,妙果、王兰英为理事,

巉口青烟寺

郭宝麟兼任秘书长。有城区西岩寺、巉口青烟寺、青岚山净慧禅院3处活动场所。佛教信徒2320人、教职人员10人。

道　教

　　道教是唯一土生土长的宗教。渊源于古代的巫术、秦汉时的神仙方术,黄老道（假托黄帝、老子思想而成的一种宗教）是早期道教的前身。东汉顺帝时（125—144年）,张道陵倡导的五斗米道,奉老子为教主,以《老子五千文》为主要经典,于是逐渐形成道教。到元代分为正一、全真两大宗派。明、清时期由盛转衰。宗教仪式有斋醮、祈祷、诵经、礼拜。道士一般住在宫、观、庙中,出家的称道士或道人,女道士也称道姑,主持一个道观的道士叫住持。安定区鲁家沟镇紫云村有龙山北海观是道教的活动场所。

　　道教信奉的神祇比较复杂,有自然神,

内官营镇锦鸡塬老子纪念馆

如雷公、风伯等；有人间特征的英雄神，如关帝等；有专门保护个人、家庭和城乡公众安全的保护神，如门神、灶君、城隍、土地等；有特定职能的行业神，如药王、财神、瘟神等。民间城乡多建有庙、观，所奉之神各异，定西城区明、清至民国修建庙、观、宫、坊甚多。县城隍庙原址在大城，

鲁家沟镇紫云村有龙山北海观

始建于金兴定年间（1218—1222年），后经兵燹，几遭毁坏，至民国又成规模。中华人民共和国成立后，庙中道教徒还俗，有了正式职业，自食其力，依靠劳动为主。

文天祥纪念馆

1958年，隍庙在破除迷信中被毁坏拆除。1985年，又修于西岩山。1994年，始建于玉湖公园，即文天祥纪念馆，恢复了昔日盛况。

民间专门从事念经、超度、看风水、书符、念咒、下葬、安魂、祭土为职业的一类人，叫"阴阳先生"，是由道教派生出来的。

第二章　方　言

第一节　安定方言简述

安定方言属北方官话中原官话区陇中方言片,方言区面积3638平方千米,覆盖人口约48万人。

安定区地处陇中腹地,古丝绸之路穿境而过,历史上一直居于通道地位,各种语言的渗透和融合是很自然的现象,形成了安定方言独特的地域特征。特别是自明代至清末的数次大的移民和明肃王等诸藩军屯之后,定西方言在原住民方言的基础上又增加了大量的移民方言特色,虽未完全覆盖原方言层,但在语音、词汇上增加了不少跨地域的方言特色。至今,在少数偏僻山区,还有"方言岛"、"方言点"、"方言井"现象存在。

安定方言词汇非常丰富,与普通话比较,构词形式有其特点。句法结构与西北方言大体相同。与普通话比较具有较多的内部一致性。语音、词汇中保留了一些中古音和文言词汇,也有汉民族与少数民族语言融合的一些痕迹。在语音和语调方面,与普通话有一定的差异。随着社会和时代的变迁,安定方言的语音、语调有向标准音逐渐靠拢的趋势。

根据安定方言区内部语音、语调和历史上人口迁徙状况,安定方言大致可分为4种方言小片类型:

安定主方言片

在语音、语调、语法方面与普通话较为接近,流行地域广泛,主要包括定西市城区和凤翔、青岚山、西巩驿、内官营、巉口、称钩驿、鲁家沟、葛家岔、新集(大部)、石峡湾、白碌、石泉(西部)、宁远(北部)、李家堡、团结(中、西部)、香泉(汉民聚居区)等乡镇,覆盖人口约38万人。

通渭语音方言片

语音、语调和通渭方言非常接近。流行地域主要包括石泉(南部)、杏园(大部)、宁远(大部)、东岳(大部)、高峰(大部)等乡镇,覆盖人口约 4 万～5 万人。主要在清朝末年至中华民国时期通渭移民后裔中流行。

临夏语音方言片

语音、语调接近临夏(古河州)口音,流行区域呈现不规则的独立方言点,有一定的"方言岛"现象。主要包括青岚山(青湾、石碑湾、上湾、下湾等村)、西巩驿(新街、花沟、营坊、涝池等村社)、新集(大园、平塬、西坪等村)、符家川(大部)等乡镇。覆盖人口约 2 万余人。

回族方言片

语音、语调呈陕西关中口音,流行区域主要包括香泉镇(香泉、马莲、花屏、双庙、泉湾、中庄、陈家岇等村),以及团结镇(寒水、中寺等村)回族、东乡族群众聚居区,覆盖人口约 1 万人。

普通话与安定方言词汇、语音差异比较

表 19-2-1

普通话	主方言片	通渭语音片	临夏语音片	回族方言片
我(wo)	我[ŋe]	我(ge)	我下的([ŋe]ha di)	我[ŋe]
不要那样	候达兀门	候达伢门	包那样	不要那样
我爸爸	我达	格达	窝爹	我阿爸
一点点	一点点	一点点	一剪哦	一剪剪
棉衣	棉衣	裹托(谐音)	主腰	棉袄
这是人家的	治四伢斗	宙四加兜	仔是伢的	这是人家的
你说的啥	扭说的涩	久所刀所么	你说啥呢	你舍啥
咱干活去	曹足活节走	曹足活节走	咱干活走	咱干活儿乞
他们去耕地	伢该替乞	家乞该替	他们乞该替	他们该替乞
钱丢在哪儿了	钱撇着阿达老	钱撇着阿里乞了	钱撇着阿里了	钱尔哪达了
今天你干啥去	今日扭足涩乞	今热扭足涩乞	今千你奏啥乞	今千你干啥去

注:方言字皆读谐音。

在漫长历史过程中,方言的发展变化较为缓慢。由于受地理位置及政治、经济、文化、交通等人文环境的制约,安定方言总体上是一个较为封闭的方言区。但在时空的交汇中,社会形态的剧烈变化,人口的大量迁徙,也会使方言相对产生较

大的变化。80年代前后,随着国家改革开放步伐的加快,人口流动和社会交流日益频繁,现代文化教育的快速发展,安定方言也产生不小的变化,除了在词汇方面呈现兼收并蓄的明显倾向外,在读音上更有向普通话靠拢的趋势,排斥现象逐渐减弱,妨碍人们交流的部分方言词汇慢慢消亡,一些古老的词汇正在被现代词汇所取代,语音、语调也在发生着微妙变化,年轻人学说普通话成为一种新的时尚,不再被贬称为"变言子",这种现象城市明显比乡村突出。与此同时,人们并没有歧视方言的运用,承载着安定主流方言的地方文艺形式依然受到普遍喜爱,人们的"话语权"受到充分尊重。在社会和家庭之间,形成一种和谐的"双语式"的现象。

第二节　语音、语调演变

方言语音、语调的形成,有其深厚的历史渊源。其演变又无不与社会发展、地理位置、民族融合及方言使用范围的大小、强弱有着密切的关联。安定自古处于中原汉族政权与西北少数民族部落及政权争夺地盘的要冲地段,历史上战争不断,政权更迭频繁,到宋元之后,才趋于稳定。语言发展较滞后于中原地带,因此保留了一定数量的古汉语词汇与读音,这一点与整个北方官话区不太一致;安定又处于中原官话西部边缘,与兰银官话接壤,语音、语调也受到影响,与东面秦陇片方言(天水一带)有明显的差别。因此,安定方言在语音方面有其独特性和复杂性。从总体上讲,西北方言都属于弱势方言,安定方言尤其突出,极易受到其他方言的影响。安定方言也是开放性方言,在时尚的官方语言引导、冲击下较容易产生变化。安定人学说普通话,与东邻几县相比,相对困难较少。说明今安定方言音系与普通话比较,内部差异较小。

安定方言语音又有一些与普通话不同的特点,保留了部分中古音演变为北方音系的过渡痕迹。如:① [z]舌尖前不送气浊擦音,为定西方言"二"、"儿"、"耳"的声母发音,略同于上海话"事"的读音。② [v]唇齿不送气浊擦音,普通话为双唇舌根半元音[w],定西方言仍保留[v]的读音。③ [ŋ]舌根不送气浊鼻音,加在"我"、"爱"、"鹅"等零声母字前。④ 方言中[tʃ]、[tʃʻ]、[ʃ]、[ʒ]是一组舌叶音,是zh、ch、sh、r的一种过渡形式。当zh、ch、sh、r与合口呼(u和u起头的结合韵)相拼时,声母就变为[tʃ]、[tʃʻ]、[ʃ]、[ʒ]。

安定方言的声调只有3个,平声不分阴、阳。与普通话声调比较,依照"五度标调法",普通话调值:阴平55、阳平35、上声214、去声51。安定方言调值:平声13,

属低平调;上声52,属高降调,略近普通话去声51,因此,安定方言上声似去,极易混淆;去声44,属低平调,发音低而短。隋陆法言《切韵序》上说:"秦陇则去声为入。"意即秦陇人去声的发音好像入声一样短促。安定方言的声调起伏小,说话的语调较为平缓。古入声字几乎多派入平声或轻声,又与普通话入声派入四声不同。

语调是一个句子的语音系统,每个句子都有一定的语调。连读的语调就像一串珍珠,把句子中的每个词组装起来,表示一个复杂的、特定的、带有主观感情色彩的各种句型。语调与声调的四声有直接关系,但声调并不等于语调。因此,方言区的人在学说普通话的时候,尽管你在读音和四声等方面完全依照普通话,还是能识别出你的方言母语是什么。成年人学说普通话,尤其明显,是母语的语调产生影响。由于安定方言的声调起伏较小,总是用语调的长短来表达情感或程度的不同与大小。如给问路人回答目的地远近的时候,语调短促表示很近,语调悠长则表示较远。

问:"张家庄在哪里?"

答:①"在前头兀达↘。"(很近)②"在前头兀——↗哩……↗。"(较远)

老派与新派

按照汉语方言学概念,老年人与青年人因年龄层次不同而产生的异读称为"老派"和"新派"。与青年人相比,一般60岁以上老年人较多地保留了本地方言的词汇与读音。比如"味道",安定方言原读(yū tāo),持此读音的人已经非常少了。"渭河"读(yú hé),"老骨肉亲亲"中的"肉"读(ru),"藏"读(qiáng),"仇"读(shóu),"翘"读(cāo)等,这些读音在年青群体中,基本不这样读了,取而代之的是普通话读音。

1970年代,定西城区的青年人方言读音已经发生变化,方言中[tʃ]、[tʃ']、[ʃ]、[ʒ]这一组舌叶音,逐渐变为 zh、ch、sh、r 舌尖后音(卷舌音),如,方言"猪爪爪"([tʃu][tʃa][tʃa]),青年人读 zhu zhua zhua,但仍保持方言声调。

文读与白读

文读是指方言在用于读书或比较文雅场合的读音,白读则是方言在日常生活的口语中所使用的读音。有时也称为"书音"和"方音"。文读与白读古已有之。古时的文读是方言单字的读音依标准音韵(《切韵》系统的《广韵》《诗韵》及后来的《中原音韵》)来读。方言一个字读音如果有两种读法时,才能确定文读与白读。如:

白 读		文 读	
例 词	读 音	例 词	读 音
藏下	"藏"读 qiáng	收藏	"藏"读 cáng
笨得很	"笨"读 mēng	笨重	"笨"读 bēng
辩不来	"辩"读 piān	狡辩	"辩"读 biān
严严格	"严"读 niǎn	严重	"严"读 yǎn
仇人	"仇"读 shóu	仇恨	"仇"读 chóu
通达	"达"读 tá	到达	"达"读 dá

方言区最基层民众对某个字的两种读音,才有文读与白读的分别。今天大量引入的普通话读音,严格意义上讲,不能算作"文读"。

城乡异读

城乡异读是城市与乡村因教育层次、信息交流及文化观念等城乡差别所造成的方言异读现象。城区对方言的离心力以及普通话推广与运用,明显高于乡村。城乡异读对方言的发展和变化,有很好地参照和比较作用。在安定乡村,随着时代发展,人们的观念也有所变化,但与城区比较,对普通话的认同和接受,要比城区明显缓慢,除学校依照国家政令推广和运用普通话外,一般人际之间的交流,很少用普通话。乡镇干部给农民开会讲话则很少用普通话,以免产生距离感;外地工作的人回到家乡,即使他的普通话非常娴熟,也不敢轻易流露;在外打工的年轻人回到家里,虽然已学会普通话,也照样不讲普通话。这种现象,不但安定方言存在,就是南方发达省份也是如此。因此,担忧方言很快消亡的观点是不正确的。

安定方言城乡异读的特点:

城区较少使用方言区以外人们难懂、难读的词汇和读音,但基本保持方言的语音、语调,保持语言交流不会发生困难即可,这种类型包括大部分人群;有些人则迅速向普通话靠拢,或直接说普通话。乡村则较好地保存安定方言的原貌,成为探讨、整理安定方言的田野调查的原始依据。

"学生腔"

安定方言所称的"学生腔"没有贬义,与"词汇贫乏、空虚、呆板无生气的言语、文风"没有丝毫关系,而是指安定方言从 50 年代开始,干部、教师、学生或知识阶层在词汇、语音方面向普通话学习、引进,逐渐形成的较为雅致的安定方言变体。

也有称"干部腔"的。安定方言区的人最早接触、学习普通话,有两个渠道:一是上小学接触汉语拼音,朗诵课文用普通话;二是与外地讲普通话的人交流。"学生腔"在演变过程中,普通话要素不断增加,方言成分逐渐减少,流传和应用于社会交往和口头表达,机关单位、文化教育部门运用最为广泛。使用"学生腔"的群体有一部分最终演变为"定普话"。"学生腔"仅仅是安定方言的一种变体,只是部分引入标准普通话的个别词汇和读音而已,并没有完全改变方言的语法结构和语音、语调的基本特点。

"学生腔"主要特点是:对方言中使用频率较高的,或与方言区外语言交流中难懂的词汇、读音,尽量向普通话和书面标准词汇和读音靠拢;主动引进新词汇也是主要特点之一。常运用于会议讲话、政策宣传、学习交流和教师授课。

常用代词 多用标准代词取代方言代词。如:①人称代词:"咯"(ge)或我[ŋe]—我(wǒ)、"几"(jì)—你(nì)、"陶"(táo)—他(tá)、"袄"[ŋɔ]或[kɔ]—我们、"伢"(niǎ)—他们、"曹"(cáo)—咱们。②指示代词:"致搭"—这儿、"兀搭"—那儿、"喝头"—里面。

常用词汇 以普通话的词汇、语音直接取代日常用语中的方言词汇、语音。如:"就"(jiu)—蹲、"缓"(huan)—休息、"汗褡"—衬衣。

"定普话"

"定普话"是定西县(即今定西市安定区)人对说普通话的戏称。其特点是:定西人在讲普通话时,仍夹杂着方言的词汇、语音,但显示出逐渐向普通话语调靠拢的明显趋势。"定普话"的发展大致经过三个阶段:

抵制 60年代前,人们普遍抵制说普通话,把讲普通话叫做"变言子",把本籍人士说普通话,与轻浮、炫耀、忘本等人格、道德联系在一起。这一时期,会说一点普通话的人并不是很多。

模仿 70—90年代,随着时代的发展变化和交流的需要,安定人对普通话的态度开始有了转变,学习、模仿普通话的人逐渐增加。但词汇和读音的运用比较混乱,随意性大,才出现了"定普话"现象。

普及 90年代后,随着国家推广普通话的一系列政策、法规出台,再加上人们社会交流的实际需求,普通话的普及程度越来越高。一是国家公务人员、学校教师要求讲普通话。二是人们对普通话的认识发生改变,认为能讲一口流利的普通话,对于社会交往、商务交流都有好处,甚至打工、就业都视为有利条件。为了让孙子学好普通话,一时间,老爷爷、老奶奶都操起生硬的普通话。在城区,有相当一部分家庭实行"双语制",即在家时说方言,在社会上讲普通话;大人之间交流用方言,和小孩、学生交流讲普通话。

"定普话"在模仿阶段读音、用词不够准确,最常见的误读有两种:

① 用普通话词汇,但读方言音:同志(tóng zì)、生产(sēng cǎn)、上课(shàng kuò)、诗歌(sī gē);② 用方言词汇,但读普通话标准音:"米滚水"(mǐ gǔn shuǐ)应改为"粥"(zhōu)或"稀饭","插插子"(chāchā zǐ)应改为"口袋"(kǒu dài),"零干了"(líng gán le)应改为"坏了"。

"定普话"除了按照《汉语拼音方案》练习普通话外,在生活中模仿、学习的对象主要有3类群体。①"铁路普通话",即安定区内所有铁路系统职工所说的普通话。这种普通话并不太标准,最大的缺陷是吸收了部分讲话人原籍及安定方言词汇,用普通话读音讲出来,造成一些混乱。②"工矿普通话",即安定区境内大型厂矿企业职工所讲的普通话,这种普通话个别字词读音明显带有东北方言的读音,如:"水",普通话读 shuǐ,东北话读 suǐ,安定方言读[ʃɥei];"干啥",普通话读 gàn shá,东北话读 gàn há,安定方言作"做啥",读 zū sè。但总体上要比"铁路普通话"规范得多。③"北京普通话",1969年末,北京东四儿童医院按照毛主席"把医疗卫生工作的重点放到农村去"的号召(即"6.26"指示),落户定西县,建立定西县第二人民医院(院址:内官营),这使定西县土著居民有机会听到,一个单位群体全都说京腔京韵的普通话。尽管范围并不是很广,但影响却不小。定西人学普通话,有了一个鲜活的群体样本。

安定区人学说普通话,与定西市东邻各县比较,相对容易些。主要原因是:说话的语调较为平缓,即民间所谓"口腔不硬"。与普通话的差异,仅仅是部分字、词的读音和声调。安定区又处于定西市政治、经济、文化中心地位,对外交往较为频繁。所有这些,都为学普通话提供了有利的条件。

第三节　词汇演变

词汇是语言里所有的词和固定词组的总汇,是构成语言的建筑材料和最基本的要素。安定方言的词汇非常丰富,保留了许多古代文言词汇,还有相当数量的宋、金、元时期的白话词汇,和以吴语为主的南方方言词汇,至今还在人们的口头流传和使用。1949年中华人民共和国成立以后,随着社会形态的变化,安定方言词汇也有不少变化。从80年代以来,人们在正常社会交流中,大量使用现代汉语标准词汇,安定方言中较为难懂的方言词汇逐渐被标准词汇所代替。新事物所产生的新词汇,一般来说不会再创造方言词,但也有个别情况,方言区的人以他们认识新事物的角度,也会创造一部分新的方言词汇,以别于标准词汇。另外,随着互联网进入普通家庭,网络语言也流行于方言区内,人们对网络语言虽然褒贬不一,但对待上较为宽容。总体上,方言词汇应用范围在逐渐缩小,这是不争的事实,也是总的趋势所致。

古代文言词汇

在安定方言中,至今仍保留有《诗经》等典籍中的古汉语词汇,依然非常鲜活,在方言中经常使用。安定地处西北,历史上自汉唐以后很长一段时期,不在中原汉族政权的管辖范围之内,加上地理位置偏僻,经济文化相对落后,因此造成与中原主方言区语汇的一定差异性。主方言区某个词已被新的词汇代替,安定方言仍使用着旧词。不过,只是保留了个别古汉语词汇,读音已与北方官话区差别很小。

安定方言古代文言词汇举例

迈迈格　安定方言意谓见了熟人不理不睬。《诗经·小雅·白华》:"念子懆懆,视我迈迈。"朱熹《诗集传》训为"不顾",即不理睬。方言直接承古义。也作"眼迈过"。

玷玦　安定方言指缺点、过失或人格缺陷。玷,玉的缺损或斑点。《诗经·大雅·抑》:"白圭之玷,尚可磨也;斯言之玷,不可为也。"朱熹《诗集传》:"玷,缺也。"引申为缺点、过失。玦,玉佩,似环而有缺口。安定方言承古义加以引申。

烜 xuǎn　方言义为服装打扮新鲜、讲究,有威仪。《诗经·卫风·淇奥》:"瑟兮僩兮,赫兮咺兮。"瑟(瑟),庄重的样子;僩,威严的样子;赫,光明的样子;咺,通烜,显著的样子。《毛传》:"威仪容止宣著也。"方言承古义。

务艺　方言指种庄稼的技艺。艺(藝),初文作"埶",似一人执禾苗之形,本为种植之义。《诗经·唐风·鸨羽》:"王事靡盬,不能艺黍稷。父母何食?"后泛指一切有技能的活动,如,手艺、工艺、艺术等。方言将一切农活称"务艺",则保存了"艺"的最初本义。

老成人　方言称忠厚、老练的人为老成人。《诗经·荡》:"虽无老成人,尚有典刑。"《诗集传》:"老成人,旧臣也。典刑,旧法也。"可见它是古代文言词汇的沿用。

乱　安定方言把办理繁杂事情、整理器物都叫做"乱"(亂)。"爫"与"又"为双手,好像整理一束丝织物或纤维。杨树达《积微居小学述林》:"从爪从又者,人以一手持丝,又一手持互以收之,丝易乱,以互收之,则有条不紊,故字训治、训理也。"

《尚书·禹贡》:"乱于河。"即是治理黄河之义。可见方言"乱"词源很古,直接源于古文字初义。方言中"抚乱"、"撩乱"、"操乱""反乱"都有整理、收拾的意思。

宋元白话词汇

在宋、金、元时代,安定方言的演变基本与北方官话区一致,至今较好地保存了相当数量的宋元白话词汇,有许多词汇还能在元杂剧及宋元话本小说中找到证据。这些词汇在今天的现代汉语词汇中很难找得到,但安定人依然在日常生活中使用。

安定方言宋元白话词汇举例

冤业　迷信谓前世所欠的孽债。长辈常用来责骂败家子孙,如:"怎么养了你这个冤业"!《来生债》楔子:"我当初本做些善事来,谁想倒做了冤业。"

凑数儿　方言意为勉强充数。如"我是来凑数儿的"。《度柳翠》楔子:"行者云:'甚么不中?又不要他看经,则把来凑数儿罢了。'"

上台盘　凡能和上流社会人物打交道,叫上台盘。如:"这个人上不了台盘"。《桃园结义》第一折:〔混江龙〕夹白:"咱这桩买卖虽是低都儿低,可也上台盘。"

可擦擦　表示速度极快。如:"这个人干活可擦擦的"。尚仲贤《洞庭湖柳毅传书》第二折,〔紫花儿序〕:"则俺这两只脚争些儿踏空,可擦擦坠落红尘。"

齐臻臻　方言形容整齐、划一。元·白朴《梧桐雨》第三折:"齐臻臻雁行班排,密匝匝鱼鳞似亚。"元·郑德辉《伊尹耕莘》第三折:"你道是齐臻臻的摆开阵势,明晃晃列萧剑戟。"

冻钦钦　冻得发抖的样子。如:"这娃娃冻钦钦的。"《灰阑记》第三折:"早来到山坡直下,冻钦钦的难立扎。"

安定方言中带江、浙特点的词汇

安定方言保存一定数量的江、浙方言词汇和读音。自明朝开国以来,有大量的移民进入安定。明肃王朱楧建内官营于甸子川,安定县另有屯田3处(南屯、孔屯、南亭屯)。这些江南移民和屯田的军队、眷属所讲的江浙方言,可能被他们定居在安定的后裔传承下来,至今保留在今安定方言中。同所有北方地区一样,安定人睡觉都使用炕,农村使用床也才是最近几年的事。但方言词汇中,"床"的使用率非常高,比如:"诧床"、"尿床",俗语"久病床前无孝子",从不说"久病炕前无孝子"。

江浙方言举例:

死挨哉 安定方言指事物顺序、数量已排定,不可能改变。哉,文言助词,表示结束或感叹。今北方话多不用,只有吴方言还大量保存。

不容哉 "不容易哉"的省略。安定方言指日子过得很艰难,事情办得很曲折。

兮兮 语助词。前可加形容词或动词,组成一种描写事物状态的词汇,流行于沪、杭一带。安定方言也有此类词,如,脏兮兮、饿兮兮、疼兮兮、苦兮兮、醉兮兮、甜兮兮、乱兮兮等。有时也表示程度为:有一点儿,但不是太严重。

脱 用在动词后面,表示动作已完成。流行于苏、沪一带。安定方言这种例子非常多,如,撬脱、踏脱、腾脱、掼脱、溜脱、拧脱、摔脱、整脱、辞脱、耍脱、撇脱等。

开年 来年、明年。(上海)

春头 春天刚开始。(吴语)

定规 双方商定的规矩。(吴语)

对命 ① 不怕死;② 抵命。(吴语)

耳风 探听到的不太确定的消息。(吴语)

饭堂 即食堂,集体吃饭的地方。(吴语)

开首 开始;起头。(吴语)

老衣 寿衣。(吴语)

茅坑 厕所。(吴语)

娘老子 父母。(吴语)

婆娘 ① 已婚妇女;② 妻子。(吴语)

咬手 价格高,买不起。(吴语)

捍 拿;拿来。安定方言读 hàn,浙江金华读 hà。

完结 ① 垮掉,毁灭;② 事情以不成功而告结束。(吴语)

贼骨头 小偷;无赖。(吴语)

挖掐 刻薄;吝啬。(吴语)

坦 做事不慌不忙,动作缓慢。(苏州)

角角落落 (gěgě làlà) 每个角落。(杭州)

坐夜 守岁,通宵不睡。(南京)

我的乖乖 惊奇时发出的感叹声。(南京)

年成 收成(苏州)。安定方言把歉收的年份称"年成不好"或"遭年成"。

肉头 笨拙,呆板,遇事决断迟疑之人。(南京)

休 (hou) 读如"侯"。表示禁止,劝阻;不要,不许。(徐州)

划不来 不合算。即投入多,收效少。(南京)

老成　经历多,做事稳重。(金华、宁波)

老八古(股)　形容很久以前的,非常老式的。(南京)

半中腰间　事物进展过程的中间段落(温州)。安定方言也作"半中腰里"。

半大　介于大小之间;中不溜。(扬州)

犯毛鬼神　即所谓孤魂野鬼作祟某家之意。(宁波)

用饭　请吃饭的雅语。(上海、南京)

代笔先生　旧时代替别人写状子、书信或文章的人。(扬州、苏州)

挖(读去声)　用容器舀颗粒、粉状、糊状类的东西。(南京)

力气连戗子称着哩　形容偷懒或不愿出力气。余杭方言作"力气施戗子。"

两个胛骨抬下一个口　指不干活,光吃饭。余杭方言作"两个肩胛扛得个头。"

只吃饭,不管事　余杭方言作"吃粮勿管事"。

嘴是软的,舌头是扁的　指人说的话随意性很大,未可全信。余杭方言"嘴婆是圆咯,舌头是软咯。"

三棍子打不出个响屁　指动作迟缓、语言迂讷之人。余杭方言"三棍子打勿出一个屁。"

出头的椽先孽　比喻挑头的人最先受到冲击。余杭方言"出头椽子先烂。"

一片树叶子害怕把头打破哩　胆小怕事。余杭方言"一张树叶爿跌落来怕头打开。"

安定方言的语言特色

安定方言的语言特色非常明显,词语雅致,近文而不近俗,除保留一些文言词汇外,民间词汇中还保留有数量很大的类似于成语的四字固定词组,另外,"ABB"式固定词组也有一定数量,非常生动、风趣。

四字固定词组举例

脏眉洼眼　形容容貌肮脏。

雷霆独肆　指声势很大。

瘆(cān)迷打小　形容环境冷清、安静。

胡连打忳　稀里糊涂。

黏(rán)头縻沫　语言表达不清。

麻里苦揣　颜色黯淡而不协调。

搭托卖拐　说谎忽悠人。例如:你搭托卖拐的谁信哩。

尕达麻细　零碎东西。

刻齐麻擦　迅速、快捷。

日急慌忙　慌慌张张。

权八柯拉　仪态不雅，缺乏教养。

嚼舌烂根　编造谎言。

苦楚了道　说话絮絮叨叨，没完没了。

搓脚按手　人在着急或尴尬时，不知所措的样子。

抡天舞地　发脾气的样子。

勾头弯尾（yì）　低着头，心不在焉的样子。

佯搭不睬　不爱搭理的样子。

装神弄鬼　以诡秘方式捉弄人。

出出咪咪　窃窃私语。

呕天哇地　呕吐不止。

戳三倒四　挑拨是非。

五麻六道　① 心中烦乱，拿不定主意。② 物体表面的污痕。

苦里苦揣　说话吞吞吐吐，不光明正大。

压压塌塌　说话、教训人毫不保留。

挡挡挂挂　妨碍、阻挡别人的行动或语言。

浑吃海喝　大块吃肉，大碗喝酒，毫不节制。

匝长径短　议论别人的长短、是非。匝，周长；径，直径。

抠心挖嗓　反复思考，想尽办法。

ABB 式词组举例

冷次次　① 态度冷漠，不关心他人。② 没有是非观念，随意发表看法。

稀哇哇　不稠密。

胀膨膨　膨胀。

喝守守　冷得发抖。

苦处处　以闲言碎语拨弄是非；低声说悄悄话。

软嗨嗨　软弱无能。

麻喇喇　颜色灰暗；视觉不清。

暗昏昏　光线不好，看不清楚东西。

拍呔呔　极度疲劳的样子。

各哇哇　惊恐时发生的尖叫声；翻腾东西时发出的响声。

绺点点　脸皮厚，面无表情。

瓜丢丢　痴呆的样子。

坦抓抓　行动很迟缓。

几白白　反应迟钝。

喝闪闪　故意让别人晓得,动静很大。

汪吼吼　呆呆地坐着。

佯愣愣　走神,精力不集中。

酢(zuó)够够　傲慢、瞧不起人。

镇狠狠　心里很踏实。

冰爪爪　手感冰凉。

实压压　东西密集堆放。

安定方言中"子"的运用

安定方言中,"子"的用法很多,加"子"与不加"子",不仅语意不同,还有感情色彩的变化。

1. 加"子"与不加"子",感情色彩不同。

如:"小姑"称作"小姑子",略带有轻蔑或厌恶的感情色彩。把"模样"称作"样子",略表明责备或生气,如"看你的样子!"

2. 单音节名词+"子",属普通话正常方式。

如:"本子"、"房子"、"车子"。

3. 单音节名词重叠+"子"(AA+"子"),则表示事物较小,并有不正规、看不起的意味。

本本子　也许就是随便乱划的小本子,不是正式的作业本。

房房子　随便搭建的装杂物的小房子。

门门子　简易的、不正规的门。

件件子　意谓一件完整的物件已拆卸为一堆废料。

插插子　口袋。

娃娃子　刚出生的小动物。

芽芽子　植物的嫩芽。

梢梢子　植物的顶梢部分。

4. 单音节动词重叠后+"子",表示事物不正常或不端正的状态。

拧拧子　衣着不整洁或比喻人性格古怪。

翻翻子　东西放反了或放倒了。

斜斜子　东西未放平正。

划划子　不端正。

棱棱子　不光滑,不平正。

瞪瞪子　眼睛斜视,表示不满。

5. 动宾词组(或偏正词组)+"子",多为人物的贬称。

翻车子　头抬得很高,非常高傲之人。

烂眼子　害眼病。

烧料子　冒失、不成熟、不稳重者。

嗲舌子　说话发音不准的人。

耍家子　指不顾个人经济条件,一味追求吃、穿讲究的人。

转关子　说话绕来绕去,使人无法相信。

绺娃子　小偷。

折(she)腰子　腰间有病痛导致走路姿势难看;也表示事情前后衔接不上。

二心子　理智不健全的人。

半吊子　不够机敏的人。

二杆子　言行不合常理之人。

顽筋子　执迷不悟的人。

但也有不带贬义的,如:

盖碗子　一种叫"三炮台"的三件套茶具。

剜耳子　取耳垢的器具。

推车子　独轮车。

6. 名词作状语的偏正词组+"子",多形容各种不好看的姿势。

街(gai)溜子　游手好闲、不务正业的人。

马爬(pa)子　俯爬在地上。

狗蹲子　蹲在地上。

安定方言还有几个比较常用的词,比较有特色。如:

稀不　程度副词,放在形容词和动词前,表示达到极致,而且有感叹的意味。如,"稀不好!""稀不心疼!""稀不讨厌!""稀不认真!""稀不干散!"

皮子(球子)　语助词,放在动词后,表示命令或强硬的语气,增加语言表达的粗犷、决绝、豪爽色彩。如,"吃皮子!""滚皮子着去!""整皮子!""放皮子下!""拿皮子来!""来了来球子! 不来了算球子! 说球多少废话着做球啥哩!"

方言词汇逐渐边缘化

方言词汇是在特定地域约定俗成的,词意的规定性很强,语法结构也和普通话存在不同程度的差异。正是这种"规定性"和"差异",使方言在大范围语言交流中产生一定的障碍和局限。21世纪以来,安定人的社交范围迅速扩展,通用词汇正逐渐取代方言词汇,方言词汇的边缘化已是大势所趋。

安定方言属于弱势方言 凡是在与其他方言或普通话的接触中,易受影响、受排挤、受蚕食,具有离心型的方言必定是弱势方言。方言的强弱与方言区的政治、经济、文化和对待方言的心态有很大的关系。弱势方言区人们的普遍心态是:本地话太土,不如普通话好听,因而说普通话成为文明的标志。另外,安定方言处在中原官话区的边缘地带,极易受到其他方言的蚕食。因此,使用范围较小,呈萎缩趋势。

安定方言萎缩的现状 整体上,安定方言词汇萎缩、消亡的速度逐渐加快。首先,使用频次最高的词汇最先被通用词汇代替。如① 人称代词:咯(我)、袄(我们)、曹(咱们)、陶(他们)、纽(你们)、伢(人家)。② 指示代词:宙搭(这儿)、兀搭(那儿)。③ 疑问代词:阿门个(怎么样?)、"啧司哩"(做啥哩!)。④ 常用名词:裹托(棉衣)、汗褟(衬衣)、夹夹(背心)、奄子(筐子)、茶笼(篮子)、多脑(头)、搅然(开支、花销)、奅(pào)子(榔头)、插插(口袋)、洋楼(楼房)、洋碱(肥皂)、洋胰子(香皂)、洋糖(水果糖)、洋柿子(西红柿)、电壶(暖水瓶)、红苕(红薯)、马杓(水瓢)、电奔子(摩托车)、死爬牛(小轿车)、证明(介绍信)、台头(单位名称)、露布(广告)、班房子(监狱),等等。其次,作为方言载体,许多曾长期广泛流传于安定民间的方言谜语、谚语、歇后语、歌谣,也在时代潮流的冲击下逐步消亡。如:谜语"谜,谜,没谜了,一群黑羊进地了"(蚂蚁);"一个木娃娃,人来先爬下"(炕桌);"一个木大汉,人来先叫唤"(门扇);"一个红娃娃,站在墙上叫大大"(公鸡);"一个老汉瘦干了,脖子越甩越欢了"(木耧);"一只黑狗,朝着天爷张口"(烟囱);"高高山上种胡麻,胡麻地里藏娃娃"(头发里的虱子);"高高山上一根棍,人人过来不敢碰"(蛇);"头上的火,肚里的水,老汉来了先过(亲)嘴"(水烟瓶)等。谚语"伏里戳一杈,秋里耕半年";"驴吃油渣没劲,给牛说去不信"等。歇后语"帽纟丈子上挽辣椒,甩到哪红到哪";"精腿子婆娘撵狼哩,胆大不识羞";"城墙上的麻雀儿,大炮轰下的";"老猪婆契的三字经,咬文嚼字";"乡里人背锅,定(钉)的"等。

新词汇很少创造对应的方言词 对于新出现的词汇,安定方言一般不会再去创造一种方言词汇来代替。由于现代社会人们的社交活动越来越频繁,报纸、广播、电视及互联网的普及,新的词汇层出不穷。教育、出版、文化、宣传是人们吸纳新词汇的主要渠道,以适应社会交往需要。目前,全民学习、使用新词汇已成趋势,就连农村老大爷、老大娘也能说一些从广播、电视里听来的新词汇。如:"工程项目"、"地膜"、"棚膜"、"耕地保护"、"打工仔"、"节能"、"提灌"、"立交"、"高速公路"、"高铁"、"低保"、"合作医疗"、"养老保险"、"手机"、"B超"、"CT"、"DVD"、"剖腹产"、"电脑"、"奥运"、"春晚"、"歌星"、"粉丝"、"农民工"、"股票"、"基金"、"金融危机"、"经济危机"、"通货膨胀"、"楼市"、"超市"、"升值"、"贬值"、"下岗"、"空难"、"矿难"、"团拜"、"承包"、"转包"、"理发"、"酒吧"、"网吧"、"社保"、"低保"、"租赁"、"埋单"、"二手房"、"再就业"、"按揭"、"山寨版"、"电子版"等,不胜枚举。一些网络词汇如"上网"、"网站"、"网页"、"网友"、"网邮"、"点击"、"下载"、"博客"、"软件"、"黑客"、"草根"、"跟帖"、"给力"、"雷人"等,也融入安定人的语言交流。人们对网络语言虽采取宽容的态度,但对于某些标新立异的网络语言,依然持谨慎态度,使用率并不高。

与此同时,安定方言也创造了少量新的方言词汇,并具有描述事物形象的特色。如:电奔子(摩托车)、三马子(三轮农用车)、四轮子(四轮农用车)、面蛋蛋(面包车)、小卧车(小轿车)、招手停(短途公交车)。这些新方言词汇,并不是与新的标准词汇抗衡,而是体现方言区人们语言审美的一种风趣,演变过程也很有意思。比如,"面蛋蛋",最开始叫"面包车",形容体型小,像一块面包;后来又叫"面的",即"可以出租的面包车"(英语音译"的司"简称),方言叫作"面蛋蛋",形容其小巧。

谚语和歇后语,也是安定方言的一大特色。1985年以前广为流传的谚语和歇后语,1990年版《定西县志》辑录较全,1986年至今新产生的极少,故不再收录。

方言是地方文化的载体

伴随着普通话推广的影响,安定方言逐渐会向普通话靠拢,但由于方言的地域性特点也有相对稳定性,这种趋势是一个渐进的非常漫长的过程。方言会马上消失的担忧是不现实的。方言变化主要产生于人口密集和社交程度高的城市,乡村的变化仍然比较小。

方言是地方文化赖以传承的重要载体,方言之间语音的差异对方言韵律、语音、构词、辞格的构成都有重要的影响。不同的地方戏曲、民歌就是在这种差异之下形成了各自不同的风格。如果"陇中小曲"不用安定方言表演,很难想象会是什么感觉。地方戏曲、民歌的传播,会使当地方言升华为一种艺术语言,从而推动地域文化的发展。方言区有没有方言艺术形式,其艺术水平如何,对于方言的活力也有相当大的影响。

　　方言反映地方文化最底层的蕴涵,深刻体现这个群体成员体察世界、表达情感及交流的方式,沉淀着这一群体的文化传统、生活习俗、人情世故等人文因素,折射出他们的社会心态、文化观点和生活方式的变化。方言的遣词造句和表情达意的方式,是方言区群体固有的。如果换作普通话的表达形式,则失去了原有的风趣和那种心领神会的默契,感情色彩也明显淡化。

第三章　生活习俗

安定区目前有 12 个民族,以汉族为主,约占总人口的 97.8%;回族次之,约占 2.1%。自古以来,民风淳朴,习俗受中原文化影响,又兼容全国各地的汉族习俗,虽然"地连四郡,俗杂五方"(《大明一统志》),但"高尚气力,民俗直木"(《汉书》),"尚节约,习仁义"(《隋书》),"厚重质直"(《宋史》),一直是当地习俗的优良传统。中华人民共和国成立后,随着政治、经济、文化的发展和社会进步,习俗中的优良传统得到发扬光大,一些陈规陋习逐渐淘汰,代表时代文明的新的社会风尚,正在潜移默化中走进人们的日常生活。

第一节　服　饰

服饰是人民生活水平的重要标志。80 年代以后,安定人民的服饰从过去的灰色、黑色、中山装、军便服等单调服装向多元、多彩发展。在材质上从廉价向名贵发展,在色彩上由质朴向华丽发展。现在,一般人很少自己做衣服,在缝纫店做衣服也不是人们的首选。由于服装制造业的日趋发达,服饰流行速度明显加快,一般在发达城市开始流行的款式、色调,可能两三个月就会在安定出现。

服装　80 年代前,的确良、凡立丁、涤卡、腈纶华达呢等化纤布料已大量进入市场,城乡青年男女春、夏、秋季节穿军便服的较多,铁路服、公安蓝、海军服曾十分流行。男性中老年人则以中山装为主,女人已有穿裙子的。冬装,男人以军大衣、呢子大衣为时髦,女性以毛裤、毛衣外套、直筒裤、绒(毛)领短大衣为体面。80 年代后,随着人民生活水平的不断提高,服装的花色、款式变化日新月异,追求港澳和外国品牌成为流行时尚。男子夏季多穿短袖衬衣、T 恤衫,春秋两季着中山装、西装、夹克、休闲服、迷彩服、风衣;冬季则穿羽绒服、防寒服、皮夹克、呢子大衣。女人夏季多穿各种花色、面料的裙子,有长裙、短裙、连衣裙、百褶裙、一步裙、筒裙、裙裤、旗袍、西裤、直筒裤、喇叭裤、健美裤、靴裤、甩裤、铅笔裤、打底裤;春秋季节穿羊毛衫、棉毛衫、牛绒衫、运动服、休闲服、牛仔衣、牛仔裤。农村老年妇女仍以毛衣、毛裤(加外套)、唐式对襟女便装和绸缎面料的"活套棉衣"为主。人民解放军、武装警察的军装,公检法、税务、工商、质检、邮政等部门公职人员的制服,款式都非常时尚。近年来,中国香港、韩国、法国、意大利等地的名牌服装已进入安定市场,城乡居民的服装差别正在趋于消失。

帽子 80年代初,成年男子多戴解放帽,个别戴鸭舌帽,冬季则以棉暖帽、皮暖帽和绒暖帽(俗称"火车头")为主。现在,春、夏、秋时节流行八角帽、休闲帽、运动帽、长舌旅游帽、礼帽、凉帽、草帽。到了冬季,男女都用羽绒服连体帽御寒,也有缠围脖儿、戴针织帽或皮帽的。安定妇女历来四季围头巾,以保持头、脸卫生和防寒、防风、防晒,农村妇女夏天戴草帽或凉帽。近年来,女人戴帽子日益盛行,以太阳帽和针织帽为主。童帽样式多变,海军帽、大檐帽、贝雷帽和仿清"瓜皮帽带辫子"曾流行数年,具有中国传统色彩的虎头帽、狮头帽、牛头帽、兔儿帽仍然比较流行。同时,各种面料、样式的太阳帽、运动帽、针织帽和皮、棉暖帽,每年都有新品面世。

鞋袜 中华人民共和国成立后,男人穿草鞋、毛鞋、麻鞋、八条弦、毡窝窝和布袜的生活现象逐渐淡入历史,代之以胶鞋(亦称球鞋、运动鞋)、雨鞋、大头皮鞋、擦油皮鞋、塑料鞋、凉鞋(机制和手工)等,但由当地妇女手工制作的平底布鞋一直深受欢迎。手工平底布鞋的面料以卡几、毕几、冲锋呢、华达呢、条绒为主。款式很多,男式有圆口、深眼、八眼、面包、绑带、牛鼻子(鞋口正面两侧缝有松紧布)等;女式以方口配以系带为主。从改革开放到现在,男、女式便鞋、皮鞋、运动鞋、旅游鞋、休闲鞋、防滑鞋、拖鞋逐渐普及,材质、工艺、款式、品牌逐步升级,尤以女鞋、童鞋为最。

首饰 首饰向来被人们看作奢侈品。中华人民共和国成立后相当一段时间,戴首饰被视为资产阶级生活方式,大部分人不敢问津,但民间妇女也有戴耳环、耳钉、耳坠、戒指或手镯的,多为白银或玉材。80年代后,佩戴首饰逐渐成为时尚,戴首饰者越来越多。目前流行的首饰主要有:发卡、耳环、耳钉、耳坠、戒指、手镯、臂钏、项链、胸针等,材质多为金、银、玉、钻石、宝石、玛瑙、珍珠,亦有仿制品。孩子"满月"、"百岁"(一百天)时,亲戚朋友也有赠送金银锁、蟾蜍、手镯和生肖玉坠的。

发型 中华人民共和国成立后,城市男子以分头、平头、背头和"一边倒"为主,农村中老年人多剃光头。青年女子多为双长辫、羊角辫(又称"短刷刷")和"剪发头",中老年妇女则为挽髻和盘髻(俗称"纂纂")。80年代后,开始流行烫发;90年代染发流行。女人发型种类变化尤多,主要有"清水挂面"(披肩长发)、"短穗"、披肩烫发、盘头、乌云式、螺纹式、爆炸式、蘑菇式、"半边坠"、"招手停"、大波浪、"马尾辫"等;近年来,陶瓷烫、锡纸烫、数码烫等烫发技术也十分流行。染发则不分男女,或将白发染成黑发,或将黑发染成金黄色、棕色、紫色、红色。男青年以留"西皮头"为时髦。从事艺术行业的男子把留胡须、留鬓角、留长发视为时尚和职业象征。

化妆　安定妇女自古以来就有"净脸"、画眉、涂脂抹粉和抹口红、染指甲的习俗。80年代后,化妆重新流行,随着社会经济的发展和时代潮流的驱动更加花样翻新。美容:如文眉、涂脂粉、抹口红、染指甲、去痣、祛斑、增白、取眼袋、做双眼皮等;美发:如染发、烫发、更新发型等;头饰:花、卡、夹、簪、钗等;首饰:耳环、耳钉、耳坠、戒指、项链、手镯、胸针等。丰胸、瘦身、健美在妇女中间也开始流行;出门臂挽精美小包,佩戴名贵手表,使用高档手机,穿著名品牌服装,正在融入新的化妆理念。

第二节　饮　食

长期以来,由于经济贫穷落后,人民饮食质量较低。80年代初期,农村大多数人的饮食还以杂粮、洋芋为主,辅以当地常见蔬菜和少量清油(胡麻油),逢年过节才有肉吃,但数量有限。城镇居民每月人均供应面粉28斤(其中白面70%,玉米面30%),清油4两,过重要节日时以少量大米搭配供应,饮食水平高于农民。饮料以喝茶为主,城里人和公职人员喝开水或泡茶,农民自饮和待客喝"罐罐茶",回民喝"盖碗茶"。改革开放以后,人民饮食水平大幅度提高,饮食习惯也在悄然改变。原来的主食变成了副食,外地大米、新鲜蔬菜、应时果品、鱼虾海鲜源源不断登上百姓餐桌,新的饮食品种不断增多,当地传统美食和烹调工艺不断开发并走向市场,正受到关注和青睐。待客方式也产生变化,由家中做菜招呼客人,逐渐改为在餐馆吃饭。

家庭传统食谱

面食品　安定面食主要有白面(小麦面)和杂面(杂粮面)两大类。有"饭"和"馍"两大系列。饭有"甜饭"和"酸饭"之分。在制作、烹调中,"甜饭"可加入肉片、肉丝、臊子、鸡蛋、蔬菜、清油(或大油)、酱油、食盐和调料,食用时常以食醋和油泼辣子为佐料。"酸饭"则是在煮好的饭里调入"浆水"即可。目前流行的饭食品种有:白面类有面条(机器面、手擀面、扯面、拉条子)、面片子、碎面叶、饺子、麻食、旗花子等;杂面类有撒饭、搅团、雀舌面、削片子、懒疙瘩、拌汤、小米饭、米汤、方片儿、棒棒儿、馇馇儿等。粮食统购统销取消后,大米也成安定人的主食之一,米饭炒菜成为家常便饭。

馍　安定人通常叫"馍馍",有"活面"、"死面"之分。"活面"又叫起面或发面,先用酵母(酵子)将面粉发酵;"死面"是直接用凉水、温水、开水和面后即投入制作。馍馍有蒸、烙、烤、炸、焖等各种做法。主要品种:白面类:馒头、刀把子、高块子、包子、花卷、大饼、锅盔、摊饼、血馍馍、油旋子、糖酥饼、油馓子(麻花)、油饼、油糕、油条、烂草帽、鼓儿、菜角儿、韭饼、合页饼等;杂面类:倒罐罐、碗拓子、干炕儿、发糕等。

包子、馒头

肉食品　猪、牛、羊、鸡是安定传统肉食的主要原料,改革开放后,兔肉、驴肉、狗肉、鱼和海鲜也成为新的美食。现在常见于大众餐桌的肉食品种有:卤肉、腊肉、糟肉、酱肉、扣肉、红烧肉、排骨肉、烧鸡、牛排、手抓羊肉等,而以肉为主料,与洋芋、蔬菜、粉条、禽蛋等一起烹调的佳肴更是品类繁多,不胜枚举。

红烧肉

油炸食品　油炸食品以胡麻油、面粉为主,以洋芋、蔬菜、鸡蛋和肉、糖为辅料,清脆爽口,深受人们喜爱,主要品种有:油饼、油条、麻花、馓子、油锞儿、荞圈圈、菜角儿、地软角儿、麻腐角儿等。

饮　茶　喝罐罐茶是安定人民相沿成习的饮茶方式。早先喝罐罐茶,普遍使用小砂罐,俗称"催催罐"。熬茶时,将茶罐倒入清水置火炉上,待水沸后,注入茶叶继续熬煮。

麻　花

为了防止茶水外溢,就要用专用的竹片或木棍儿不断搅和,所以,喝罐罐茶又叫"捣罐罐"。茶水熬煮到注入茶盅时能"挂住线"的浓度为宜,茶色重,味醇厚稍苦。茶叶多用陕青、绿茶,以耐熬煮为宜。一般用炒面、入油锅盔和油饼为茶点。在农村,喝茶即是吃早点。如果早上不喝茶,也许就会失去吃早点的机会。现在,农村熬罐罐茶的炉子已由原来的土炉、镔铁制的小炉子、煤油炉变为小功率电炉。茶罐也以不锈钢专用茶罐为主,小巧玲珑的搪瓷茶盅也多被玻璃杯或紫砂杯所代替。城里人熬罐罐茶已不多见,多以开水在玻璃杯、保温杯、紫砂壶泡茶喝。近年来,用电磁炉茶具煮茶也开始流行。

地方风味小吃

安定风味小吃历史悠久,素以用料考究、做工精细、香醇可口闻名于世。目前流行于饮食市场的主要品种有:

牛肉面　以面白、菜绿、汤清、香味浓为特色,是当地回民的主营食品,分大宽、二细、三细、毛细、韭叶等品种,可做成汤面、干拌、炒面,因人而异。

雀舌面　以扁豆面为主,加入适量莜麦面,揉成面团后擀成薄片,晾干后以精细刀工切成"雀儿舌"样的长菱形小块,下锅煮熟后调进以白菜、萝卜、芹菜或苦苣、地软酿制的浆水,佐以油泼辣子、葱韭咸菜和各色凉拌素菜,清香爽口,润肺驱暑。

搅团　以扁豆、荞麦、莜麦面粉为主。做饭时,水烧开后先撒入少许莜麦面,均匀搅动,然后投入豆面和荞面,用撒饭权儿不停地搅,至稠稀适度时停火。以饭勺将"搅团"舀入盛有油炝浆水的碗里,佐以油泼辣子、葱韭咸菜和凉拌素菜,食之清热健胃。

懒疙瘩　用豆面加入适量莜麦面,和成黏稠的面糊,用"铲锅子"(一种专用的厨具)和筷子将面糊切分成约2厘米长、筷子粗细、纺锤形的疙瘩,投入持续沸腾的开水中煮熟,加入少量洋芋块,调入浆水,以咸菜、油泼辣子、酸白菜和泡洋姜佐餐,精道、有韧劲、耐饥饿,具有浓烈的乡土气息。

粉汤　原是家庭招待嘉宾的饭食,近年来逐渐进入市场。烹制方法是,先将豆面精淀粉徹成凉粉,倒入容器,待凝固后切成条或片待用;然后将鸡汤、胡麻油、肉片或肉丝、杂烩、丸子、蒜苗、辣椒丝、菠菜、木耳、蛋饼片等烩成汤,加入调料和酱油,以淀粉条(或片)汆入并烧滚即可。食用时,以醋、油泼辣子、蒜片佐餐,味道鲜美异常。

鸡肉粉汤

酿皮 将白面团在凉水中搓洗成汁,倾入蒸盘,蒸熟后晾冷,切成长条,拌以香醋、油泼辣子、韭花、蒜泥、芥末等佐料,即可食用。色泽鲜嫩,柔韧滑腻,口感清爽,别有风味。

甜醅 将子粒饱满的莜麦装入口袋反复甩打,直到全部颗粒白净光滑,然后用清水淘洗干净,煮熟后晾至一定温度,将甜醅曲均匀拌入,置缸内,盖严捂实,24小时后即成。香甜可口,四季咸宜。

酿皮

第三节 民 居

民居是人们生活的物质基础之一。选址和房屋结构、样式、装修等,都积淀着独特的地域文化内涵,也标志着人们生活水平的变化。

中华人民共和国成立初,安定民居普遍以崖窑、箍窑、土房为主,富裕人家有瓦房、间架房、四合院或二进式庄院。80年代后,民居条件逐渐改善,砖木结构的新式瓦房、砖混结构的平顶房已成为农村建房的主流。在经济较发达的集镇,二三层小楼房较为普遍,一楼店铺出租,二三楼居住。市区和城郊居民相继入住单元楼房。

新式瓦房 旧式瓦房多为土坯墙、木质门窗、小青瓦覆顶、内外墙壁用砂灰和大白粉覆面。新式瓦房墙壁用机制红砖砌成。横梁为直径30厘米以上的松木檩条,外加钢管"人字梁"。屋面为一个斜面的俗称"一坡水",用半人字梁;两个斜面的叫"两坡水",

传统民居

用全人字梁。木椽上面的泥浆支撑物原来用札子(即用木棒劈划的细木条),现在一般用五合板、七合板。屋面多覆以红色小洋瓦。室内墙壁以水泥砂浆抹平,用白粉涂料粉刷,地面铺地板砖,前墙外壁用瓷砖贴面,顶棚多用五合板、石膏板或塑料板,门、窗一般使用制式铝合金和塑钢。房屋起架和进深都比旧式瓦房增加,配以华美灯饰和新潮家具,显得宽阔、大气、舒适。在设计样式上,有一幢独立的,有与专用卧室、厨房和其他房连接一体的,有的前面附有上明下暗的廊檐(亦称"封闭式")。

平顶房　属砖混结构,墙壁四周基础部分有钢筋水泥浇铸的底梁(亦称"底圈梁"),门窗顶部或屋面下有上圈梁,屋面用制式楼板覆盖,现在多用钢筋水泥整体浇铸,称为"现浇"。其他方面与新式瓦房基本相同,但总体造价略高。

活动房　用铁皮和塑料等轻质材料做成构件、可以按需要随意组装拆卸的活动房,原来主要用于建筑工地临时办公,近年来也有居民作为住宅用房,多安装于楼房顶层。

楼房　作为住宅的楼房,初为四至六层砖混结构,近年来为提高防震性能,多采用框架式钢砼结构。其中,有自建的,但大量是商品房、经济适用房和保障房。自建的楼房,有旧宅改建的,也有城镇拆迁改造中由政府统一安置的。自建的一般为庭院式,高度以二、三层为多,也有五六层的,单间面积15平方米左右。商品楼房多为套房,每套面积从50平方米左右到200平方米不等;有一室一厅、二室一厅一卫、三室一厅一卫、三室二厅二卫等多种设计模式。近年来,单元房也开始流行,即一户独居一个单元,或一层,或两层,客厅、卧室、书房、厨房、卫生间、洗澡间、库房等一应俱全。

新农村　是2000年前后,国家支援兴建的集群式单户型农村住宅模式。其特点是:因地制宜、统筹规划、统一设计、分户施工。建设资金一般由项目援建部门支付60%～70%,其余由农户支付。建筑风格为庭院式结构,客厅、卧室、厨房、库房、厕所、圈舍、园圃和道路、电路、供水、排水布局合理,最大限度满足农民生产、生活的实际需求。由于建设资金数额的差异,房屋有砖木结构的新瓦房、砖混结构的平

鲁家沟将台村新农村

顶房、二层楼房等多种形式。目前,安定区乡镇已建成新农村示范点42处,入住居民2万余人。

第四节　出　行

出行是人们日常生活的重要内容,出行方式和出行工具则是一个地方经济发展水平和社会文明程度的重要参照标准之一。

安定区素以"苦瘠甲于天下"称著于世,在旧社会,人们出行主要靠步行,也有少数人骑毛驴或骡子赶集、走亲访友,只有富人和达官贵人可以骑马坐轿,1945年前后,才有人骑自行车代步,但人数寥寥无几。中华人民共和国成立后相当一段时间内,步行仍是老百姓出行的主要方式,但公路、铁路运输事业的发展,使人们可以乘坐火车和汽车远行。60年代以后,自行车和摩托车才逐渐流行,并由工薪人员、城市居民逐步扩大到农民家庭。改革开放以来,随着地方经济的发展和城乡居民收入的不断提高,不仅机关单位的小车数量逐年增加,档次也逐年提高,由"北京吉普"、"巡洋舰"、"蓝鸟"、"红旗"等国产轿车向日本"三菱"、德国"奔驰"、法国"雪铁龙"等外国名牌、豪华车型升级;百姓出行,亦由自行车、摩托车(农民则用拖拉机、三码子、农用小汽车)代步,逐步变为乘坐班车、面的和各类小轿车,坐豪华旅游车、高铁、飞机、轮船外出旅游的也越来越多。不少普通公民因外出务工,在全国各地留下他们的身影,还有少数人因公务、商务、旅游、探亲访友,足迹到达港、澳、台地区和新加坡、马来西亚、菲律宾、泰国、韩国等周边国家,以及欧洲、美洲、非洲、澳洲的部分国家。

近年来,乘私家车出行已成为时尚,并由城区向农村蔓延。据不完全统计,截至2010年10月底,全区私家车数量已超过1600辆,其中农村约占8%。在农村经济发展较快的内官营镇清溪村,已购置"吉利金刚"、"夏利"等私家小汽车的农户,约占当地农户总数的22%以上。

第五节　家具器物

家具器物是衡量居民生活水平的重要物化标志。

中华人民共和国成立前,安定区较富裕的城里人和农村富豪人家,家具器物大都比较讲究。在主房(俗称"厅房")内置有长条桌(俗称"吊桌")、方桌、神主堂(即供奉先祖牌位的神龛)、太师椅、炕柜(俗称"炕床子")、茶桌和招待客人喝茶的火炉(以木制的带抽屉的茶炉或铜、铁铸造的火盆为上品)等。其他房间,一般置有装面粉的面柜、装衣物的衣柜或板箱、吃饭用的炕桌和妇女专用的梳妆匣等。普通居民家庭,一般仅有简陋的桌、凳、箱、柜和自制的茶炉而已。

中华人民共和国成立后,城乡居民家庭的家具器物与时俱进,为满足日益提高的生活需求,不仅数量不断增加,材质、品种、花色、样式也不断推陈出新,从60年代后期的"三转一响"(自行车、缝纫机、手表、收音机),逐步扩展到写字台、大衣柜、高低柜、靠背椅、梳妆台、独脚台、沙发、折叠椅、席梦思床、床头柜、收录机、组合音响、电视机、电话机等。烧水取暖的火炉,也由各式烤箱逐步取代了流行多年的"北京炉"(铸铁火炉)。换气扇、小功率鼓风机、压面机、绞肉机也成为许多家庭的常用厨具。

进入21世纪后,人民生活水平显著提高,家庭生活用具用品的升级换代日新月异,不仅室内装饰用品的品类和档次普遍增加、提高,由原来的普通字画(俗称"中堂")、镜框、相框、穿衣镜升级为名人书画、十字绣、电脑钟等,较高档次的书柜、老板桌、沙发、茶几、组合式立柜、制式床、婴儿床、婴儿车和百元以上的儿童玩具已成为一般居民家庭的基本设施,各种电器如洗衣机、电风扇、饮水机、平板电视机、Vcd、Dvd、Evd、放相机、电冰箱、电冰柜、家庭影院、手机、电脑和太阳能热水器也源源不断地涌入寻常百姓家。城市居民固然是新时尚的引领者,使用空调设备、品牌家具和精美物品成为时髦,各类墙饰、灯饰、观赏品和家用健身、医疗器具及组合音响、照相机、摄像机、电子琴、钢琴、手风琴、二胡、小提琴等器物名目繁多、难以备述,就连许多较富裕的农村家庭,也建有书房、餐厅和洗澡间,客厅里组合式电视柜、真皮沙发、布艺沙发、组合沙发、高档茶几、电茶炉、酒柜、鞋柜、古玩或奇石陈列柜、花架、花盆、鱼缸等应有尽有,拥有液晶电视、智能手机和联网电脑者随处可见。厨房也不再是传统的土灶台和笨重的灶板子、碗柜、案板之类,而代之以现代化的橱柜、抽油烟机、煤气炉、电磁炉、电饭煲、电饼铛、电烤箱、微波炉、豆浆机等。

第六节 娱乐健身

娱乐和健身是人们正常的文化和健康需求。随着经济社会的发展和城乡公共文化设施的日臻完善,娱乐健身的场所、规模、方式、质量,尽管城乡差距较大,但总体上都在不断改善和提高。

娱乐健身场所。城区主要有公园、广场、俱乐部、老年活动中心和私人开办的棋牌室、麻将馆、歌厅、舞厅等,农村则以农家书屋、文化活动室为主。

娱乐健身方式。城区主要有看电视、看碟片、唱歌、跳舞、扭秧歌、散步、爬山、打拳、下棋、玩牌、打麻将、玩网络游戏等,或利用公园和居民住宅小区的公共体育健身设施进行体育锻炼,或打门球、乒乓球、羽毛球、篮球、排球等。每天清晨,许多人登西岩山、南山,或扶老携幼,或夫妇同行,在花木环抱中,有的唱戏曲、哼小调,有的习练太极拳、太极剑活动腿脚,显得闲适自在。每到傍晚,友谊、正立、立交、江夏等广场和玉湖、体育公园里,人们或跳舞,或打球,或围成"地摊"吹拉弹唱,一派祥和景象。农村以看电视、看光盘、打麻将、玩纸牌、下象棋为主,有的地方,男女青年也自发组织起来,唱歌、跳舞、扭秧歌,或排练以定西小曲为主的文艺节目。

在"五·一"、国庆、元旦,许多乡镇还举办篮球、乒乓球比赛、歌咏比赛、书画展览、拔河比赛等文体活动,机关文化生活日趋活跃。"六·一"国际儿童节,农村学区都要举办少儿文艺会演,各中、小学也分别举行多种形式的文体活动。每年春节,几乎每个村都进行社火排演,直到农历正月十七日才结束。

第四章 生产习俗

第一节 农耕习俗

安定方言把种庄稼的技巧叫作"务艺"。艺(藝)，最初作"埶"，好似一个人扶着一株禾苗，本为种植的意思，即种庄稼的技艺。《诗经·鸨羽》："不能艺黍稷，父母何食？"《管子·牧民》："不务地利，则仓廪不盈。"可见安定方言"务艺"一词源渊很古老，先民们很早就创立了农耕文化。务艺、牲畜、土地、气象是安定传统农耕习俗涉猎的内容，这些农耕习俗，往往通过农谚(1990年版《定西县志》收集较多，这里不再列举)反映出来，在生产实践中得到验证。既是庄稼人必须恪守的生产秩序，也是农耕文化习俗的具体内容。过去，每年腊月二十三日，家家要给碌碡烧香表、点蜡烛，两边用石块固定以防滚动，名曰"卧碌碡"；正月初一要给磨眼里烧香等。现在，由于农业机械的普及和科学种田的推广，传统农耕习俗已淡出生活，进入历史。

务艺 安定人种庄稼讲究精耕细作，技艺非常细腻。农谚中如"针扎胡麻卧牛谷"，是说胡麻适合密植，而大谷则以稀植为佳。又如捆田禾，不同的庄稼使用不同的捆法。"拧"，扁豆矮小，无法捆，就用拧的方法；"束"，小麦、莜麦等用束的方法，所谓"一转三盘勒"，勒把要偏上，不许"拦腰贯"；"笼"，豌豆较长，用草勒捆起来，捆成豆笼子。摞垛子，是庄稼打碾前传统的一种保存方式，技术难度很大，要保证垛内不能进水。用镰刀割的麦捆，由于少了根须，最容易滑动，摞垛子时技术要求更高。传统的大麦垛常

麦场

摞成如瓷器"将军罐"的形状，非常雄伟壮观。

扬场 是利用风力分离外壳和粮食颗粒的技术。有风时，几人手操木锨，根据风向和风力大小，铲起带"衣"(壳)的麦粒或高或低或直或斜地扬起，让风吹走麦衣，落下颗粒，俗称"扬场"。其中，有两个人用扫帚轻轻掠出麦梢或麦渣。持毛竹扫把的人，既要把麦衣、杂草掠到旁边，又不能带走一颗粮食。技术要求娴熟，扫把左右翻腾，脚底生风，前后腾挪，好似武术表演。一人掠和(hu)颗(小麦外皮未脱离)；还有一人在风头"拔堆子"，将干净的麦粒扬到远处，堆成一大堆，可以听到"唰唰"的声音。一边是金黄的麦粒，一边是麦衣碎草。

扬场

使役牲畜 牲畜是农本，安定农民在使役和喂养牲畜时，非常细致。"马无夜草不肥"，指对牲畜要精心喂养。"驴吃油渣没劲，给牛说去不信。"是说油渣适合喂牛，不宜喂驴。农谚："牛儿生得苦，就等三月二十五。"每年三月二十五日对牛不仅不使役，还要添上好草好料让它吃饱。

倒茬 合理倒茬是来年有收成的第一关，农谚有"茬口倒顺，好比上粪"的说法。在安定最佳方式是以豆科作物跟禾本科作物互倒，如蚕豆、豌豆、扁豆茬下种小麦，有的地方以三倒茬为最佳。在人少地多的边远山区，农民多以轮歇方式耕种，俗称"铺地"，即当年收后将地翻耕，来年不种，让土地歇一年，待地力恢复后，第三年再耕种。

犁地

施肥 这是庄稼人务农的第一道工序，"庄稼一枝花，全靠粪当家"，"种地不上粪，等于瞎胡混"。积肥常常在上一年的秋冬开始，主要肥料有人畜粪便、草木灰、化肥等。肥料沤好后，运到地里。播种时，按横竖间一定距离散成小堆，再用铁锨均匀撒开,称为"散粪"。"干搬湿翘,不如睡觉",是说土地太干或太湿都不宜耕作。

　　气象谚语　安定方言中,气象谚语非常丰富。是千百年来观察气候与种植的关系后,总结的经验。"七月七,连阴带下十月一。"阴历七月七日天气不好,可能秋冬之际没有好晴天。"春寒不算寒,惊寒冷半年。"春寒还不打紧,最怕的是惊蛰天气冷,可能春夏之交,气温上升太慢。"水缸出汗,房檐水不断。"水缸外出现水珠,说明空气中湿度很大,快要下雨了。"立夏种胡麻,十月里绿疙瘩",则告诫人们胡麻必须在立夏前播种,否则不会成熟。

第二节　工匠习俗

　　安定方言有"家有万贯,不如薄技在身"的说法。一般情况,掌握某种技术的农民要比单纯种庄稼的农民经济收入好得多。改革开放以来,先致富的农民多为有一技之长的人。在安定,传统的工匠种类很多,从业者有明显的地域特色。如:铁匠,河南省孟津人居多;裁缝,陕西省临潼人居多;碗儿匠,通渭县人居多,更多是通渭县榜罗人;石匠,以静宁人居多;炉院(翻沙),以榆中县人居多;箩儿匠,通渭县人居多;木匠,也以通渭人居多。

　　安定传统工匠非常多:

　　毡　匠　擀毡,将羊毛、牛毛加工成毛毡。

　　褐子匠　用牛、羊毛织成一种厚实的布,俗称"褐子"。

　　钉锅匠　用码簧、铆钉修补破损的锅。

　　碗儿匠　以粘、钉等方法修补碗、碟等瓷器及眼镜片等,必备工具是金刚钻。

　　口袋(tai)匠　将牛、羊毛拧成线,再织成粗厚的布,再缝成条状的口袋,用以装粮食。

　　瓦　匠　烧制传统的小青瓦、小青砖及兽头、筒瓦、

铁匠

滴水等,在窑顶要浇水、扼烟,使砖瓦出窑时变成青色,技术难度较高。用于传统

民居及公园、庙宇等建筑。

鞋　匠　传统鞋匠以修补布鞋为主,用较薄的黑色皮革修补破损之处,用细白线缝边。给布鞋底钉胶掌、绱鞋也是鞋匠的必备技艺之一。1980年代,浙江修鞋匠遍布安定城乡,用专用缝纫机补鞋,胶水粘底。安定传统鞋匠一度绝迹。浙江鞋匠退出安定后,重新操业的鞋匠均改为新工艺。

银　匠　专做金银首饰,其技艺源自西南少数民族。

骟　匠　专为畜、禽做绝育手术,有一杆扎着动物毛发和红布条的"望子"。随着养殖技术的推广,传统的专职骟匠基本绝迹。

石匠

石　匠　打制石磨、碌碡、石槽、石条、础石等。石材多为取自通渭县马营镇附近的花岗岩。

箩儿匠　笼幢匠　制作面箩、蒸笼等,原材料用薄似三合板、柔韧性非常好的柳木板。今改用镀锌铁皮或铝皮制作,传统工艺遂绝迹。

理发匠　俗称"代章",是"待诏"的音转。是古代对各种手艺人的尊称,工艺精湛者曾受皇家待诏封赏,因此称"待诏"。理发师称"待诏",始于北宋,见《水浒》第19回。

装裱匠　打纸顶棚和装裱字画。技术难点主要在打糨糊和掌握湿度、温度。糨糊要洗去面精,经数天发制取性后方可使用。技艺好的装裱师裱成的字画,挺括、柔韧,上墙不卷曲。今多已改为机器背胶装裱。

纸火

画　匠　主要指为庙宇塑、画神像的传统水陆画技艺,至今在民间流传不绝。

纸火匠　主要指具有制作丧葬用品及扎制灯笼等技艺的手艺人。用竹篾制骨架，手工扎制纸花，作品有花圈、纸幡、金银斗、纸人、纸马、童男女、仙鹤、丧车等。今已改为批量生产，从外地购进花朵、部件，在当地加工组装，传统工艺部分已失传，但制品种类在不断翻新。

泥水匠　原指盖房、砌炕、盘灶的专业技术人员，现在通称"瓦工"。

木　匠　原指会做门、窗、家具和其他木制用品的能工巧匠，现在通称"木工"。

随着时代的进步，许多传统技艺已被现代技术所取代，其行规也和新的社会职业道德相融合。

安定方言中至今保存有许多与工匠有关的民谚、俗语、歇后语。如："木匠缺一寸，胶粘钉子钉；铁匠缺一寸，火烧锤子镇；石匠缺一寸，干把眼睛瞪。"说明原材料不同，补救的措施也不一样。"画匠的妈妈，会说不会画。"讽刺光说不练的人。"箩儿匠妈妈"、"箩儿簸箕"，形容人忙得不可开交。"乡里人背锅——钉(定)的"，表示肯定某种行动、趋势。反映出工匠习俗在安定民间生活中留下的深远影响。

第三节　其他行业习俗

安定区的传统行业习俗以民居建筑最为复杂，在民众心理上至今尚有较强的影响力。

选址，要请风水先生按《阳宅三要》的理论规范来确定位置，用罗盘标明四址。打庄，即修筑宅院围墙，开工时要先用铁犁在庄子中央画十字，由男性户主焚烧香表，奠以茶酒，向土神祈祷，俗称"破土"。庄墙竣工叫"合龙口"，要选择黄道吉日。在庄墙上开门，要选吉日吉时及规定方位。门挖开后，主人将事先准备的纸币和硬币由门外抛入院内，由工人和围观者随意"哄抢"，谓之"开财门"。宅院的大门及主房、厨房、排水口(俗称"水眼"或"水床眼")的位置，不仅要符合或基本符合阳宅配置要求，还要参照户主年命的"纳音"，生、比和者为吉，冲、克者为凶。房门的高度和宽度要以传统的"门尺"的黑红格子来定，落于"官"、"财"二字为吉，落于"病"、"苦"、"死"三字为凶。主房立柱、架梁须择吉日吉时，写梁祭(即"上梁文")，挂红，鸣放鞭炮。迁入新居和厨房第一次点火，要选择吉日并举行祭祀仪式，亲友多来祝贺，谓之"进火"。另外，大门前和院内忌挖坑；宅院总体建筑以方正、齐整为佳，忌凸出或凹进；在宅院内(包括房间)增修或补修，要看当年山向和当月吉星、凶星，不可随意动工，非动工不可的，工程结束后要祭祀或禳解。现在，由于时代进步和人们新的生活理念的提升，这些习俗有的已被革除，有的淡化，有的被新风尚所代替。

第五章　礼仪习俗

第一节　生　辰

满月　百岁

小孩出生是每个家庭的喜事。安定民俗有办"满月"或"百岁"(即出生第100天)进行祝贺的习俗。不论以哪种名目祝贺,男方都要提前带上礼品去请媳妇娘家人,邀请他们光临。届时,小孩的外婆、姨娘、妗子等娘家人和相关亲戚要带上礼物来看孩子,一般以幼儿衣帽鞋袜为主,外婆还要为女儿买套新衣服,为小孩准备小毛毯或斗篷、大衣、银锁、手镯等。到了男方家里,由小孩的奶奶抱着孙子在门口迎接娘家人,并把小孩递给外婆,外婆以自带的毯子包住小孩抱回屋里,迎宾之礼即告完毕。然后主人以茶点糖果招待,客人展示礼品,互致问候,聊家常。最后,娘家人和所有宾朋都吃过宴席,祝贺活动即告结束。

生日

60岁以下的人庆贺生日,称为"过生日"。多在本家庭、家族成员和姨、舅、姑、表等亲友圈内进行。礼品较随意,无须特别准备。小孩一周岁(即"百晬")过生日时,民间有"抓周"的习惯。在席间除了摆上糖、果、点心,还特意摆上纸、笔、脂粉盒、算盘、鞭子、兵器(玩具)等,让小孩随意抓取,以预兆孩子未来的兴趣和职业。无论过生日的年龄大小,现在好多人都引进西方风俗,买生日蛋糕,吹蜡烛,齐唱"祝你生日快乐",过生日已经中西合璧。

祝寿

为年逾花甲的老人过生日,民间称 为"祝寿"。一般逢十年较为隆重。六十为"花甲"(即六十甲子轮回),七十为"古稀"(杜甫诗"人生七十古来稀"),八十以上为"耄耋"。给老人祝寿民间称"上寿"或"办寿"。寿诞之日,子孙和亲友要举行拜寿仪式,主房要点香烛,悬挂写有"福如东海长流水,寿比南山不老松"、"鹤寿松龄"、"宝婺星松"之类的寿幛,晚辈向"寿主"行磕头跪拜之礼,同辈施"作揖"礼。然后吃长寿面、寿桃、寿糕,东家设宴招待前来祝寿的亲友,宾客们馈送酒、食品、幛、匾或现金等作为"寿礼"。近年,在祝寿活动中,增加了诵读贺词和祝寿词等内容,有子女写的,也有亲友写的。祝寿虽然是普通的民间习俗,也凝聚了中华民族感恩和孝敬老人的传统美德。

第二节　婚　嫁

男婚女嫁,民间称"红事"。旧俗遵"父母之命、媒妁之言",且程序烦琐。中华人民共和国成立前,实行包办婚姻,繁文缛节很多,主要有:提亲、相亲、合八字、换庚帖、订婚、择良辰、通话、迎娶、回门、吃试手面、看亲、转对月等。现在,传统程序和礼仪明显简化。90年代前后,又增加了一些赋有时代精神、具有积极意义的新内容,如新式结婚,不要彩礼、不迎娶、不待客,只举行简单婚礼,由主婚人、证婚人讲话,新郎新娘介绍恋爱经过,互赠纪念品。以糖果、香烟、葡萄酒招待同事和亲友。有的单位举办集体婚礼,几对新人和同事、家长、主要亲友同时出席,既热闹又节俭。还有举行旅游结婚的,在旅游胜地欢度蜜月。

提亲

即"说媒"。为婚姻双方牵线搭桥之人,民俗称媒人,又叫介绍人,多由男方聘请。一般由年纪较大、稳重老练、能说会道、并和女方家长人缘关系较好的人担任。妇女当媒人,民俗叫"媒婆婆"。媒人在男女两家都颇受尊重,安定民间素有"媒婆婆,吃着两家子的油馍馍"的民谚。提亲即把男方的年龄、住址、文化程度、职业、身体状况、家庭状况等告知女方家长和本人。如女方有意愿,则约定见面的时间、地点。如今,好多媒人实际上是"名义媒人"。男女双方早已情投意合,婚姻条件已经成熟,请媒人不过表示对终身大事的重视,对婚嫁习俗的尊重。

相亲

安定民间把男女双方首次会面谓之"相亲",一般多在女方家举行。女方家长会特意安排他们单独相处,以便在交谈中加深互相了解。相亲时,男方会准备一些象征性的礼物,送给女方家长和本人。如果相亲成功,女方会告知媒人进行未尽事宜的商谈;相亲失败,则通知媒人退回礼品。

彩礼

也叫"聘礼"或"财礼",是谈婚论嫁的前提条件之一,通常包括实物和现金两大类。中华人民共和国成立后,人民政府倡导婚姻自主、自由恋爱、移风易俗,买卖婚姻大为收敛。60年代前后,年轻人结婚,一般不收彩礼,有的仅要一两件衣服,一点象征性的现金。80年代后,嫁女索要彩礼之风日盛,逐渐从四季衣物发展到"三转一响"(即手表、自行车、缝纫机、收录机)、"四十八条腿"(即写字台、大立柜、沙发、席梦思、床头柜、折叠椅)、"三金一银"(即金项链、金戒指、金耳环、银手镯)等。现在,摩托车、彩电、DVD、家庭影院、洗衣机、电冰柜也成为彩礼的首选物品,聘金则由几百元、几千元攀升至数万元。城市里则要求有一套住宅楼房。因索要彩礼太高而导致男方债台高筑、生活拮据的情况屡屡发生。甚至新婚夫妻反目,婚姻破裂,翁婿不和,女儿与娘家断绝来往等生活悲剧也时有发生。

订婚

男女双方相亲后互相满意,在彩礼等方面达成共识即可订婚,安定人俗称"喝酒"、"许亲"或"定亲"。订婚日期须择双月双日,以媒人为中介,男方在家长、媒人及一二名德高望重的亲朋陪同下,带上好酒、茶叶、糕点等礼品,衣料、首饰、化妆用品等聘礼及聘金,去女方家行订婚之礼。女方家除约请本家族和亲戚中的年长者作陪"认亲戚"外,还要"请纸"(在堂屋设祭品告慰祖先)。男方一行进门后,先将所带礼品(喜酒两瓶用红线拴在一起,聘金用红纸包成两包)置于香案上,洒奠茶、酒,跪拜女方先祖后才能入座。吃饭后,先由男方长辈提议喝喜酒,第一杯必须先奠于香案前,然后按辈分高低和年龄大小依次向女方在座亲友敬酒,互称"亲家"。女婿、女儿向双方长辈敬酒时,讲究酒杯成双,并用红线拴在一起,男方执杯,女方斟酒。喝酒者须喝双杯,还要给盛酒盅的碟子里放"要笑钱"。酒毕,亲友随意闲聊。吃过两顿饭之后,男方一行方可告别。媒人当众人面将聘礼、聘金一并交割、清点。喜酒瓶子由女方装上少量五谷粮食、米、面,拴上绿线交给男方带回。自此,婚姻关系基本确立,男方称女方父母为"姨父"、"姨娘"(即岳父、岳母),每逢端午、中秋和春节,男方必须拿上礼品去丈人家,俗称"追节"。

通话

男方选定结婚日期后,须在10天前由媒人通知女方,并商定好一切未尽事宜,俗称"通话"或"提话"。提话的主要内容是:男方的聘礼、聘金是否交清,是否增加或减免;女方的陪嫁,送亲的人数;"拦门"、"开箱"等"要笑钱"的大体数目和馈赠方式;女方对娶亲的其他要求,如:是否要带"满斗"、大馍馍、离娘肉、鸡之类的食品和物品,娶亲车辆的数目和规格,必须遵守的习俗规矩等。一般绝大多数人家都会本着互谅、互让的精神,只求婚礼顺利、圆满。也有女方借通话的最后时刻,额外索要彩礼(民间称之为"翻礼"),或提出苛刻要求,致使婚事拖延或告吹的。

迎亲

举办结婚仪式,男方称之为"引新媳妇"或"引亲",女方叫"打发"或"过门"。男方提前整理院落、打扫房屋、擦洗门窗、邀请亲友,采办肉、菜、烟、酒、茶、糖、果等。前三日,请"总理"、聘厨师、邀陪客、借桌凳、联系车辆。前一日,贴喜联,安装、调试音响设备,招待庄间人,天黑前设香案、请先人。迎亲之日,先以茶饭招呼娶亲人员,其中包括媒人、新郎叔伯、伴娘、司机,人数必须是单数,伴娘属相须是当年属相的"三合"者(喜相)。迎亲的出发时间按女方住地路程远近而定。迎亲人员到达女方门前,先将车头调向喜神方位,然后下车,由新郎、媒人叫门。女方由小孩守堵大门,等塞足了"填门钱",才开门纳客。进入院内,男士由主人招呼进屋,置、献礼品和供品,向女方先祖行跪拜礼,然后就座。新郎和伴娘则去新娘房间叫门,还是给足"填门钱"后才允许进入。新郎向新娘献花,与新娘互戴"新郎"、"新娘"胸花后,伴娘用自带梳篦为新娘作象征性的梳妆打扮。女方家中将全部嫁妆摆放在院内显眼位置供亲友观赏,即所谓"摆嫁妆"。大件如电脑、电冰箱、洗衣机、缝纫机、电视机、摩托车、自行车等,由男女双方商定购置。女方家庭经济条件好的,则由女方主动陪送。小件则是女方为女儿陪送,如床上用品、衣物、鞋帽等,还有新娘的亲朋赠送的结婚纪念品,如毛巾、脸盆、暖水瓶、化妆品等,通称"添箱"。女方家招待迎亲人用餐后,即刻按时启程。新郎将新娘抱入娶亲轿车(民俗:新娘从闺房到进入新房,双脚不能粘泥土),临行前,女方家长要给"伴娘"送红包,新娘要拜别父母,感谢养育之恩。还要准备几件小手帕之类的礼物,路上遇见别人迎亲,两新娘默默交换礼物,谓之"冲喜"。

迎亲车队来到时,先鸣放鞭炮,由总理指挥众人在大门口候迎"尊客"(女方娘家人),总理和男方嫡亲上前嘘寒问暖、热情招呼。新娘下车前,男方要给跟随的小孩散发红包,新娘才被允许下车,由新郎抱进新房。拿着陪嫁物的尊客,都要收"赎金",才肯把东西交给男方。尊客进屋后,由女方尊长者率男宾上香行礼,然后按辈分依次入席,由新郎长辈作陪。女宾也由专人另屋款待。80年代前,招待娘家人的饭菜,多为"鸡肉粉汤"。现在品种较多,有扯面、羊肉泡、牛肉泡,或设席招待。吃完头顿饭,便上凉菜喝酒,先由新郎的父亲或兄长敬酒,即所谓"认亲戚",再由新郎、新娘依次敬酒。然后由酒量大、能划拳的庄间人轮番上阵"敬娘家",直到多数尊客喝好为止。稍事休息后,便吃第二顿饭。此时,新娘嫡亲如叔伯、兄长在媒人引领下,代表娘家人向新郎的至亲长辈敬酒,认亲戚。尊客回程时,新郎家置"拦门酒",在大门内摆上较大的酒杯和菜肴,男尊客须喝酒一杯或三杯才可放行。现在,和农村相比,城里人"迎亲"程序较为简便,且富有时代文明特色。先将新娘和娘家人接到新郎家小坐,以茶点糖果招待,让大家参观新房、了解男方居住情况和生活条件,然后送到预订酒店,和其他宾客一起设宴招待。席前,隆重举行结婚典礼,聘请知名司仪主持。仪程主要有:一,司仪演说开场白,请新郎、新娘入场;二,证婚人介绍新郎、新娘情况,出示并宣读《结婚证书》;三,新郎、新娘拜天地、拜父母、互拜;四,新娘认公婆,公婆给新娘发红包;五,新郎、新娘交换礼物,介绍恋爱经过,向亲友、宾客鞠躬致谢;六,主婚人讲话;七,新娘娘家人代表讲话;八,宾客代表致贺词。典礼结束后,婚宴开始。由新郎斟酒,新娘端盘,用红线连着的一对酒杯,向娘家人和来宾巡回敬酒,饮者须喝双杯,忌谦让。宴毕,娘家人主事者向新郎父母敬酒告别,由专车送回家中,"迎亲"仪程方算圆满完成。

安床

又称"铺床"。先一天由属喜相的男童"占床"。新婚之夜,新郎、新娘正式"入洞房"之时,由男傧相和伴娘主持安床仪式。大致程序是:让新郎、新娘脱去外套,面对面坐于床上,先端来小菜二碟,让"新人"互喂三口;以小碟置二酒杯,斟满酒,让"新人"分别以左右手执杯交臂而饮,谓之喝"交杯酒";用红线拴红色苹果一只,悬于一对"新人"上方,让他们吃完为止。还有让"新人"亲嘴等恶作剧"特别节目",均由"主持人"别出心裁、随意安排,只为玩乐逗笑而已,也就是常说的"闹洞房"。最后,端来核桃、花生、红枣、水果糖等,主持人一边唱"铺床歌",如"一把核桃一把枣,养下的娃娃满炕跑","花生香,枣儿甜,养下的娃娃挣大钱","花生寫(音吊,安定方言,有细长之意),核桃圆,养下的娃娃会当官"之类,都是祝愿新郎、新娘早生贵子之意,一边将花生、糖果等抛撒在床上。撒完,为"新人"盖上被子让其就寝,并嘱咐他们通宵不许熄灯。

耍阿公

在婚庆活动中,一般农村以"耍阿伯子"(丈夫之兄)为主,限于"礼数"等原因,耍公婆不是传统风俗。近年来,耍阿公才逐渐流行。通常以鞋油、牙膏、油彩之类,把公公、婆婆抹成类似小丑和妖旦的大花脸,戴上特制的纱帽,穿上彩衣,婆婆的耳朵上常被拴上两根又红又长的辣椒。或命新娘执鞭扶犁,让公、婆牵引;或命新娘坐在独轮车上,让婆婆在前边拉,公公在后边推;或命新娘执酒杯请公公倒满后,再敬公公"干杯"。也有命公公拉着新娘唱歌、跳舞的,可谓花样翻新,难以备述。

回门

新郎、新娘结婚的第二天清晨必须回女方娘家,谓之"回门"。即《诗经》上所谓"归宁"。多以酒、肉为礼品,讲究早去早回。新娘的母亲则打理好女儿平常穿用的衣服鞋袜等生活用品,并添加其他礼物,让女儿带回婆家。

第三节 喜 庆

喜庆是约定俗成的民间社会活动,随着社会发展和时代潮流的推动,其内容、形式、规模均在不断与时俱进、推陈出新,但又无不凸显着时代特色。目前城乡比较流行的喜庆活动主要有:

贺开业

随着社会主义市场经济的发展繁荣,从事工商、餐饮、加工、装潢、养殖、文化和其他社会服务的各类私营企业、网点越来越多,庆贺开业作为一项新的喜庆活动和人际交往,日益受到人们的重视。参加庆贺的宾客,既有亲朋好友,也有相关部门的领导、工作人员,以及相关行业负责人。通常的庆贺方式是:一,由业主选择黄道吉日、吉时,在企业门口张灯结彩,铺设红地毯,安排好迎宾仪仗和接待事宜;二,燃放鞭炮、礼花。规模较大的企业,会特邀当地政府或部门有关领导讲话,举行揭牌仪式。普通企业,则由宾客代表致贺词,并赠送花篮、牌匾、锦旗、镜框、礼金等;三,业主简介企业概况,致答谢词;四,让宾客参观企业,然后招待就餐。有的业主还举办小型演唱会答谢领导和宾朋。

贺升学

80 年代以后,庆贺高考学生升入大学、大专成为新的社会风气。不论城市或农村,谁家的孩子考上大学或大专,亲朋好友、左邻右舍、学校老师和乡村社干部都会赶来祝贺。有的乡镇政府和村委会还拨付一定数量的现金给予资助,亲友们也多以 30、50 到 100 元现金表示赞助。家长则以宴席或丰盛的饭菜、较高档次的烟酒招待宾客,表示感谢。

贺乔迁新居

从改革开放后期至目前,由于城市现代化建设、农村小城镇建设、新农村建设速度不断加快,城乡居民经济收入普遍提高,每年都有大批居民搬入新居,祝贺乔迁新居便成为新的时尚。祝贺程式和规格虽因人而异,但总体上大同小异,主要内容是:一,进火。由户主选择吉日吉时,先在门口燃放鞭炮,然后在厨房的锅台或安置炉灶的橱柜上,由家庭主妇点燃香、蜡,跪在地上虔诚祷告,祈求灶王爷赐福、保佑全家平安吉祥,并奠以茶酒,行跪拜礼。再将盛有清水的锅放置于煤气灶或电炉上,倒进适量大米(或小米),点火熬粥,熬成后供家人享用,进火之仪就算结束。二,迎接宾客。客人莅临,必先在门外放鞭炮,主人在门口迎客,并引导他们入户就座,接受礼品后,以烟、茶、酒、糖果、糕点等小吃招待,或引领客人参观房间、介绍有关情况。三,设宴招待。对前来祝贺的亲友和客人,主人大多设宴招待,以饭饱酒足、欢洽尽兴为谢忱之要。客人的贺礼,品类繁多,主要有床上用品、烟、酒、花篮、花瓶、名贵花卉、时尚盆景、字画、镜框、工艺品、古玩或现金等。

贺新车

改革开放后,农民家庭购买了摩托车、拖拉机、三马子、农用小汽车,亲友们都要带上烟酒或现金争相祝贺一番。近年来,城乡居民购买挖掘机、装载机等施工机械,旋耕机、收割机、铺膜机等农用机械,各类小汽车、面包车和运输车辆的越来越多,"贺新车"蔚然成风。贺礼的价值逐年递增,由早先的几十元增至百元或数百元,招待贺客的规格也越来越高,招待宴席的费用少则数百元,多则数千元,豪华宴席达一万元左右。

另外,除了上述喜庆活动外,学生考入高中、中专,青年人"贺参军"、"贺就业"、"贺提干"、"贺升职"等,也在悄然进入喜庆之列。这一方面说明广大人民生活水平的提高,同时也反映出大众生活理念、消费观念的与时俱进。庆贺"工程奠基"、"工程竣工"、"超市开业"、"新产品上市"以及校庆、厂庆、店庆等活动也进入常态化。

第四节 称 谓

由于新中国成立后多年推广、普及普通话,60年代以后,安定人的称谓用语开始逐渐由传统方言向普通话靠拢。改革开放以来,这一趋势不断加快。目前,大量的方言称谓仍在中老年人口头流传,但是其中一部分已由标准词语代替,特别是城里的少年儿童基本不讲方言,这就形成了方言称谓和标准称谓并行不悖、同时使用的社会现象。

　　父亲　达、达达,今多称爸爸。

　　祖父　爷爷。

　　外祖父　自称爷爷,对他人称外爷,今也称姥爷。

　　祖母　奶奶。

　　外祖母　自称奶奶,对他人称外奶奶,今也称姥姥。

　　曾祖父　太爷。

　　曾祖母　太太。

　　伯父　大达、大伯。

　　伯母　大妈。

　　叔父　二爸、三爸或二叔、三叔,排行最小者称尕爸。

　　叔母　二妈、三妈或二婶、三婶,最小者称尕妈。

　　父亲之姐妹　姑娘、姑姑、娘娘,或大姑娘、二姑娘,或大娘、二娘,排行最小者称尕娘、尕姑娘。

　　母亲之姐妹　姨娘,或姨娘前冠以排行,称大姨娘、二姨娘、尕姨娘,今亦称大姨、二姨、小姨。

　　继母　自称"妈妈",对他人称新妈。

　　公公　自称同丈夫,对他人称阿公、公公。

　　婆婆　自称同丈夫,对他人称阿家或婆婆。

　　丈夫　自称多以男孩乳名代替或直呼其名,对他人称掌柜的、老汉、孩子他爸,今亦称老公。

　　妻子　自称多以女孩乳名代替或直呼其名,对他人称婆娘、老婆、当家的、屋里人、掌柜的,中老年人或称老伴、老奶奶。娶妻叫成家,丧妻叫失家。

　　儿子　后人

　　儿媳　媳妇子。

　　夫之兄　自称同丈夫,对他人称阿伯子或他大达。

　　夫之弟　对他人称小叔子,或他二爸、他尕爸等。

　　舅母　妗子。

　　岳父　自称姨父,对他人称丈人。对岳父的兄弟,在姨父前冠以排行,称大姨父、三姨父、尕姨父。

　　岳母　自称姨娘,对他人称丈母娘。

内兄(弟)　自称同妻,对他人称实虚哥、小舅子、妻兄、妻弟。

婆家姐(妹)夫　直称同丈夫,对他人称他姑夫。

妻家姐(妹)夫　直称同妻子,对他人称挑担。

妯娌　直称同丈夫,对他人称先后。

同于祖辈之男性　冠以姓氏称张家爷或张爷。

同于祖辈之女性　冠以姓氏称张家奶奶、张奶。

同于父辈之男性　冠以姓氏称李家爸、李爸,但不可对王姓称王爸;今亦称王叔、张叔叔。

同于母辈之女性　冠以姓氏称李家妈、李家婶婶,今亦称李姨、李姨姨、李阿姨。

同于兄辈之男性　冠以姓氏称赵家哥、赵哥。

同于姊辈之女性　冠以姓氏称陈姐。

未婚女青年　女子,对他人称某家女子。

已婚妇女　媳媳妇、媳妇、婆娘,对他人称则冠以姓氏称张家媳媳妇、张家媳妇、张家婆娘。

第一胎孩子　头寿子。

末胎孩子　老生胎。

男婴　种家。

女婴　亲亲。

小孩爱称　狗狗、狗蛋、蛋蛋。

同姓之人　互称一家子。

同宗之人　伙子里、亲房。

同一祖父之人　亲堂弟兄、亲堂姊妹。

姑、舅的儿女　互称表兄、表弟、表姐、表妹,对他人称姑舅姊妹(也包括表兄弟)。

姨娘的儿女　互称表兄、表弟、表姐、表妹,对他人称两姨姊妹(也包括表兄弟)。

同一自然村的人　庄里人。

同乡之人　互称"老乡"。在外省、市、县,同省、同市、同县之人亦称"老乡"。也有公职人员称农民为"老乡"。

医生　先生,今多称大夫(dai fu)。

厨师　大师傅、厨子。

驼背之人　背锅子。

中性人　二尾(yi)子。也戏称说话不算数的人。

吝啬之人　啬皮、小气鬼、掐掐鬼、撕不展、细磨石。

懒惰之人　懒干手、懒偢。

没出过远门之人　窝里佬。

扒手　绺娃子、贼娃子、三只手。

游手好闲之人　狗食、狗油儿。

顽固之人　木头、顽筋子、犟板筋。

说话不算数之人　转关子。

举止轻浮的未婚女孩子　马六精。

轻狂蛮干之人　烧料子、二杆子、混水、烧包、半吊子。

弱智之人　瓜子、瓜呆子、潮子(亦指精神病患者)。

不务正业之人　狗油儿、街溜子、二溜子、老刀客。

有名无实之人　笼幢客。

善钻营之人　钻骨溜。

蛮不讲理之人　混天王。

产妇　月婆子。

悍妇　夜叉、荏荏。

伙伴　连手、搭档。

习武之人　拳棍手。

拨弄是非之人　戳事鬼、和百繁。

卖淫者　野鸡、窠子、婊子。

不讲信用之人　麦衣。

不孝敬父母、不务正业之人　忤逆贼。

偏爱打扮的妇女　耍家子。

说话办事不稳重之人　谎张三、鸡毛。

说话不着边际之人　牛皮客、炮手、炮筒子。

机灵而不正派的人　鬼刀精。

办事轻率的年轻人　耍娃子、二杆子。

自以为是的之人　死在行、假在行。

言行轻浮之人　骚情货。

趋炎附势之人　高照眼。

耍贫嘴的人　牙叉骨、嘴儿匠。

专职祭祀之人　阴阳。

神汉　马脚。

言行古板的老年人　老粘滞。

有威望之人　大汉人。

陌生人　诧人。

知识分子　念书人。

行家里手　把式。

乞丐　叫花子、要馍馍。

外行　白伙式。

农民　庄农人、庄稼人。

演员　戏班长。

社火组织者　头家。

第五节　丧葬祭祀

丧事

亦称"白事"。民间葬仪多沿袭古俗,实行土葬,而且礼仪甚繁,费用不菲。1970年代,定西县建起殡仪馆后,政府大力推进殡葬改革,对去世的公职人员逐步实行火葬。现在,城市居民去世后自愿实行火葬者日渐增多,农村亦有采取火葬者。

寿衣　也叫"老衣"。通常情况下,父母年过花甲后,若逢闰年,儿女便为之缝制寿衣。寿衣,布料忌用缎子(谐音"断子")、斜纹布(谐音"邪")及皮革、毛料、化纤纺织品,颜色忌蓝色(谐音"难"),忌金属或塑料纽扣。制作寿衣时,剪裁要选择黄道吉日,布料多以直纹的绸子、棉、麻和棉麻混纺的纺织品为主;颜色以咖啡色、黑色、红色和灰色为主;棉衣、夹衣、单衣俱全,但总件数必须是单数;同时,讲究衣服和鞋帽、枕头配套。逢重要节令和喜庆日,让老人穿戴一下,看是否合身,老人是否满意。最后,在临终前穿戴整齐。

寿材

棺材的雅称。由一大一小套叠组合的棺材叫"套材",老人在世时做好的棺材叫"活寿"。做"活寿"一般选择闰年闰月,木料以柏木、松木为佳。寿材样式多"靴子头"(两侧棺木前端作倒寿桃形,棺盖前端作反斜圆弧形),加"重底"(棺底四周加3~4厘米厚梯形侧板,预防棺底过早腐朽)。开工破木要择吉日,由子女烧香焚表(祭祀用的黄纸)、叩头行礼,并向双亲及木匠敬长寿酒。柏木棺材一般刷净水清漆或桐油,松木棺材则以红色漆为底色,绘制的图案以"北斗七星"、"莲花送子"、

"回头望子"、"松鹤鹿"、"五蝠捧寿"等为多。

报丧

年岁大的老人卧床不起，俗称"害老病"，要准备好寿衣，儿女要在身边守护服侍，并通知亲友探望。一旦病危，要理发、梳头、擦洗身子，倾听老人"交代后事"，在咽气前穿好寿衣。一旦寿终正寝，就要设灵堂、设丧铺，准备祭奠、守灵事宜。设好灵堂，将逝者安置妥当后，下一步就是"报丧"。父亲去世，向"骨主"（祖母娘家）报丧；母亲去世，向"娘家"（即"舅舅家"，亦称"外家"）报丧。通常是由孝子委托两位办事稳重老练的"庄里人"，带上礼品，去骨主家或娘家告知亲人逝世的消息，说明逝世的原委和情形，以及埋葬日期，请求参加葬礼，并诚恳征求对安葬活动的意见和要求，承诺全部转达给孝子。

吊丧

即吊唁，俗称"烧纸"。一般在出殡前一天举行。在大门旁竖一高杆，悬挂一只纸糊白鹤，寓亡人即将"驾鹤西去"之意。吊唁前的第一个程序是"成服"，俗称"出纸"，也叫"出告"。届时，全部孝眷按照各自的服制戴孝帽、披孝衫、柱丧棒、席地而跪，挥泪举哀。在哀乐伴奏和爆竹声中，先由孝子中的长子披麻戴孝，将贴着"告牌"的木板从灵堂背负至大门外。"告牌"相当于讣告，上写亡人生卒年月日时、出殡时辰、葬地山向、孝子名字及服制。成服后即开始吊丧。对"骨主"和"娘家"敬献的纸火、花圈，必须由孝子端着"香马盘"跪着在大门外迎接。其他亲友送纸火、花圈、挽幛的，则由孝子陪同上香、叩头回礼，由"总理"招呼就座、用餐。吊客进门出门，一般由"执事"迎来送往，孝子只在上香时举哀。至晚间，要举行隆重的祭祀活动，由聘请的礼宾安排、指挥。亲邻祭者称"公祭"（宾祭），子孙祭者称"家祭"，外甥女婿祭者称"堂祭"。基本内容是上香、献饭、奠茶、奠酒、读祭文、行礼、举哀等。最后掩门合户，在孝眷的彻夜守护下，让亡灵享用祭品。

服制

安定丧葬民俗基本延续中国传统丧葬礼俗，按照血缘的亲疏关系，孝服有所不同。有"斩衰(cui)"（用粗麻布，不缝边）、"齐衰"（用粗麻布，缝边）、"大功"（用粗熟布）、"小功"（用精粗熟布）、"缌麻"（用稍细熟布）。另外，若父亲先于祖父而亡，嫡孙为祖父承办丧事，称为"承重孙"。亡人如无男性后代，由侄子承孝，称"犹子"，即"犹子比儿"，旧俗侄儿"顶孝子盆"，要继承家产。现在，纯女户家庭由女儿直接继承家产，在法律保护下逐渐流行。亡人过继给他人的儿子又回来给生父办丧事，称"降服子"，意即重新降服。

纸火

是安定葬礼中最重要的祭奠用品之一。不仅孝子必备，亲友吊丧也以奉送纸火为常礼。骨主、娘家人送纸火到门，孝子必须跪迎。纸火品类繁多，亦与时俱进。1980年代前，多为纸鹤、纸钱（打纸）、黄表、往生钱、冥票、纸幡、纸马（包括马夫）和"童男"、"童女"。现在，随着人们生活水平的不断提高，纸火的种类显著增加，制作工艺不断改进。目前大量使用的纸火主要有：自制纸钱、机制冥票、往生、万通、银圆、金币、金银斗、金银花、金银元宝、摇钱树、金银山、花果山、花圈、挽联、孝幡、香幡、斗幡、对幡、锞幡、自行车、摩托车、小轿车、电视机、单房、套房、四合院、二层楼、三层楼等，也有遵照逝者生前遗嘱和喜好扎制的其他物品。

出殡

出殡仪式，各地至今有较大差异。通常是：拆掉灵堂，为遗体正身、净面，苫好衾布，盖好铺寒，合上棺盖，将亡人正式入殓；乡邻、亲友、孝子先吃发丧饭，阴阳先生念咒、贴符、出殃，烧"迁柩纸"，孝眷按嫡庶亲疏排成两行，长子头顶"孝子盆"跪于灵前，焚烧纸钱后倒退至大门外。由乡邻抬灵柩置于大门外"辁车"（俗称"丧驹"，作轿车形，圆顶，四周系白色绣球），系好抬杠，挽好"掣辁"白布，递于孝眷手中，鸣爆竹起丧，乐工奏哀乐，孝眷痛哭，长子搭"引魂幡"，长孙抱遗像，由乡邻搀扶着在灵柩前缓缓而行，谓之"发引"。送葬队伍由乐队和纸火为前导，沿途抛撒纸钱，遇桥梁、路口、河湾时要放炮、烧纸。穿越村庄时，路边人家在各自门前点燃柴火，是古代"路祭"之遗风。灵柩到达墓地后绕墓穴一匝，停柩于墓穴下侧，松绑绳、卸丧担，去"丧驹"。孝眷们绕墓穴一周，名曰"看墓"，要给墓穴里撒钞票酬谢"土工"（开墓之人）。然后由乡邻揭开棺盖，孝眷们最后瞻仰遗容，便阖棺。抬至墓穴上悬空而停，行"悬棺点主"之礼，即由孝子邀请当地一位有功名的人执新毛笔一枝，用针刺破长子左手中指，蘸鲜血于笔端，点在棺材前端神主名字上，也有点"主"字缺"王"上一点的。行礼毕，下葬。土工在墓穴里开棺，检查遗体是否偏斜，扶正后盖好。阴阳先生以罗盘校正棺木，使之安置于规定的山向，随即将棺盖清理干净。若属一次"安稳"，就铺上"铭旌"，覆以白纸，放好"抱砖"。如果还须迁葬，则仅以白纸护之。一切妥当后，先从"骨主"或"娘家人"开始，孝眷随后，每人绕墓撒土三锹。随即行"点纸"礼，男丧由"骨主"点纸，女丧由娘家点纸，由乡邻掩埋盖穴成坟冢。此时,孝子大放悲声,直至纸火焚化殆尽。众人扶起孝子,插好引魂幡、丧棒,全体人员面对墓冢叩头行礼。孝子先行一步,在家门口跪迎宾客,并置一盆热水、一条毛巾、一把菜刀于门前。乡邻进门前须洗手,然后进屋向神主叩头,享受孝子招待,出殡仪式即告结束。

烧纸

一般有"请纸"、"坐纸"、"上坟"、"送纸"四个基本程序,是民间流传已久、最普遍的追思先祖、悼念亡灵仪式,也是具有地域特色的"感恩"活动。亲人去世后,出殡结束,便开始"烧纸"。出殡后的第二天凌晨要去坟上烧纸,俗称"扶山"。第一、二、三个晚上烧"旋门纸",意思是虽已出殡,但亡人的灵魂仍在门口盘旋,不忍离去,故烧旋门纸以示告慰。从第七天晚上开始,孝子每隔七天"烧纸"一次(六期纸不烧,因"六"与"留"谐音,儿女怕留住亡灵。),直到第四十九天,名曰"断七"(女儿不烧),"七期纸"自此结束。亡人去世后的第一百天要烧"百日纸",这是比较盛大的悼念活动,为期一天,除了孝子外,亲友和乡邻也来参加。若逢亡人生日,要到墓地去烧"生期纸"。从亲人去世后的第一年起,每逢忌日要烧"一年纸"、"二年纸"、"三年纸"直到第九年结束(现在有的地方只烧到"三年纸")。通常是偶数年份,仅孝子和亲戚参加。奇数年份,乡邻和亲朋好友也会参加,并敬献水果、点心等供品,奉送花圈、纸幡、挽联或礼金。同时,还有"百日纸"以前孝子不理发、不刮脸、不洗衣服、不办喜事的民俗,以示悲哀,也不能去亲戚、朋友、邻居家,谓之"忌孝"。

祭祀

祭祀之俗由来已久,其源头可以上溯至原始社会晚期,是民间信仰的文化积淀,多具迷信色彩。祭祀活动都有明确的针对性,或祈福,或禳灾,或"答报神灵",多由阴阳先生、巫师等专职人员筹划、运作、完成。现在仍然流行的祭祀活动有:除夕夜请先人(坐纸)、扫墓、烧纸、带线线(多用于"犯是非"的婴、幼儿)、祭灶神、祭土神、祭坟、安天狗、镇宅、还愿、超度亡灵、打醮(敬神)等。

第六节　交际与宴席

中华是礼仪之邦,安定先民自古以来就有"崇礼尚义"、"礼让为先"、"礼尚往来"、"待人以礼"的优良传统。所以直到现在,人们十分注重人际交往中的礼节和礼仪。

待客

客人上门,笑脸相迎,热情问候。招呼入座后,上茶递烟,待以茶点、水果和小吃。逢酒友,则以小菜数碟作为下酒之物,斟酒满杯,先敬客人,然后碰杯共饮,或划拳行令,尽兴方休。若招呼吃饭时,饭不要盛得太满,并请客人先吃。民间素以"茶七饭八酒满杯"为待客之道。为客人敬茶、酒、香烟,须双手递送,否则被视为"失礼"。忌与上门的客人作无谓的争论;忌在客人面前训斥小孩或家人;忌客人在座时扫地、干家务和较长时间离开。客人告别时,要热情挽留。若客人坚意动身,则让其先行,务必送到大门外,待其离开后才能转身回屋。

宴饮

自设宴席,先按设宴情由和规模邀请客人。俗话说:"备席容易请客难。"所以,请客也要讲究"礼数"。长辈和尊贵客人,或发请帖,或亲自上门邀请。其他客人,也须自己和家人亲自通知。客人赴宴,长辈和同辈亲友中最年长者安排坐上位(亦称"上席"和"主席"),自己坐下位或"席口"。开席时,饭菜先从"主席"前依次摆放,主席举筷动嘴,其他客人相继吃喝,即曰"开席"。"全鸡"、"全鱼"必须头朝"主席",由"主席"首先品尝。吃鱼时,按"头三尾四"之惯例向"主席"和对面客人分别敬酒。喝酒时,主人从"主席"开始先向客人一一敬酒,一般敬两杯。碰杯时,主人举杯先碰客人酒杯的下沿,先干为敬。席间交谈,态度谦和,语言文雅,多用谦辞。忌讲粗话或令客人尴尬的内容。如果应邀赴宴,要准时、备礼。就座时忌"越位"(即坐在与自己身份不符的位置,如小辈坐主席或上席)。吃饭、喝酒时讲谦让,忌争先。席间诸事,以"客随主便"为常礼。

筹办宴席既是一种礼义交往,也是美食享受,其规模和档次则根据主办人经济条件或待客目的而有不同。一般来讲,开宴前,备以糖果、香烟、茶,互相问候、寒暄;开宴时,先上凉盘,再上热菜,最后上汤类,名曰"扫席"。目前较流行的宴席规格是:凉盘多以"四素四荤"为常,热菜则以"六素六荤"或"四素八荤"为多,汤类以鱼、虾、羊肉片、蘑菇、紫菜、木耳等为主料,菜、肉、汤的名目繁多,不胜枚举,一些当地特色小吃如"烂草帽"、"麻腐角儿"、"烧烤洋芋"、"苦苣菜"等,也成为颇受欢迎的宴席"新秀",流行多年、象征和谐甜美的扫席米饭(以糯米、红枣、白糖熬制)已不多见。宴饮事由也由1980年代较为单纯的儿女婚庆、儿孙满月发展到子女升入大学、乔迁新居、私企开张营业,以及老乡、同学、战友、亲友聚会等,规模由数十人增至数百人。

第六章　岁时节令习俗

第一节　重要传统节日

春节

农历正月初一为春节,是汉族一年中最重要的传统节日。安定民俗称为"过年"。为区别阳历新年,也称"过旧年"。这一天,家家贴上春联,挂上灯笼,院子内外打扫得干干净净,人们穿上新衣,开始过年。旧俗,从清晨起,家里的男主人先要祭拜天、地、灶神和祖先,给门神、畜圈、碌碡、磨子烧香化表,还要去当地的神庙给神灵叩头烧香,祈求保佑。然后儿孙为长辈磕头拜年,并享用"年饭"。忌扫地、泼水、喝粥、吃懒疙瘩、讨债、打人、骂人、动刀剪、走亲戚。正月初五俗称"破五",此日吃搅团、洗衣服,叫"缠五穷"、"洗五穷"。妇女不转娘家,防破财。亦称"牛日",禁鞭打或屠宰耕牛。正月初七称"人七",若天气晴暖,象征人体康泰;遇阴冷风雪,预示人有灾难。初八日称"地八",晴主风调雨顺、五谷丰登,阴主庄稼歉收。初九称"天九",晴暖主国泰民安,风雪主自然灾害频繁。从这天起开始闹社火。十七日称"黑十

贴春联

七",因灯会已结束,月亮升起较迟,故称"黑十七"。社火在自家地盘狂欢至深夜,社火要完最后一场,将纸糊的闪灯、旱船等全部烧掉,俗称"烧秧歌"。正月二十三日送瘟神,俗称"断(驱赶义)瘟神"。由扮相狰狞的"魁头"在各家驱赶瘟神恶鬼,为古代傩文化的孑遗。新中国成立后,春节被国家定为法定节假日(初一至初三),旧俗多已淘汰。现在,许多单位大年前举行团拜和慰问活动,人们多以放鞭炮、贴春联、挂红灯、燃放礼花、张贴年画辞旧迎新。从初一开始走亲访友,或以打电话、发

手机短信等方式互相拜年。初十左右要秧歌、闹社火、搭彩门、搞灯展,直到元宵节过后才正规上班和生产。内官营镇素有正月十三民众自发搞"净街"活动的传统,在全国绝无仅有,别具一格。

元宵节

正月十五称元宵节,亦称"上元节"和"灯节"。其活动主要在晚上,以挂灯、玩灯、观灯为主要内容。中国古代,连皇帝也要出游观灯,名曰"普天同庆"、"与民同乐"。新中国成立初,每年元宵节,城镇居民和机关单位、商家店铺家家都要挂灯,灯笼皆由竹片、木条和彩纸扎制裱糊而成,以蜡烛为光源,造型多取材于十二生肖和瓜果蔬菜,制作考究、工艺精湛、形状各异,观赏性很强。在内官营、巉口、宁远等镇还有搭"灯山"(即"鳌山")的习俗。安定民间还有"打花"的风俗。元宵节晚上,炉院(翻砂作坊)将熔化的铁水置于容器后,放在木锨上,利

元宵节灯会

用杠杆原理,打上天空,钢花四散,非常壮观。近年来,人们把传统习俗与现代技术结合起来,除了家家吃象征"阖家团圆"的汤圆和饺子,张挂的灯笼种类也五花八门,特别是安定城区和经济发达的乡镇,彩灯、转灯、造型灯、广告灯、行业标志灯、霓虹灯、激光灯等色彩纷呈,美不胜收。由政府举办的大型灯展、灯谜、焰火晚会,使元宵灯会盛况空前。城区街道、广场、公园火树银花、五彩缤纷,成为社会和谐、国泰民安的生动写照。近年来,燃放孔明灯(亦称"许愿灯")也成为城区青少年欢度元宵节的"新时尚",以固体燃料为光源的数百盏明灯冉冉升空、随风飘荡,为定西城区的元宵之夜增添新的风景。

清明节

清明节前三日至前一日扫墓,安定民俗称"上坟"。三年以内的坟叫"新坟",提前在"春社"(即立春后第五个戊日)时上坟。扫墓时要给坟头培土(新坟、闰年不培土),并用纸钱撕成长条插在土中,俗称"帽纥(gé)子"。并在墓地右上方祭"后土",

以保佑祖茔安稳。然后烧香表,敬献茶、酒、饭、菜、果品等供品。待烧完纸钱和冥票,就向祖先叩头行礼,最后吃完"献饭",扫墓即告结束。新中国成立后,机关、单位、部队、学校还在清明节组织干部职工、官兵、师生到革命烈士陵园为先烈扫墓,请老红军、老革命讲革命故事,进行革命传统教育。

端午节

即农历五月五日,也叫端阳节。为纪念战国时期的伟大爱国主义诗人屈原。过端午节,家家要在门楣上插柳枝,大人小孩要到田间以露水洗手洗脸、采艾叶,据说端午这天采集的艾叶针灸疗效最佳。妇女们要给孩子们的手腕、脚腕绑花线,给耳朵、鼻子、手心抹雄黄酒,脖子和衣服上戴香包(俗称"荷包")。香包一般由妇女手工制作,样式很多,多以十二生肖、八仙庆寿、各种动物昆虫为题材,用各色绸缎和精细布料剪出对称式样,内填棉花、香草和雄黄,将其边缘用彩线缝合,既含"辟邪护身"之义,又有观赏价值。目前已发展为一种小规模地方产业,每年端午前,市场上都有大量香包上市,生意十分火爆。端午这天,人们多以粽子、甜醅、油糕、韭饼、凉粉、醪糟为主要食品。有的地方还举办庙会、运动会、唱大戏或其他文体活动,更增加了节日的喜庆气氛。

中秋节

农历八月十五叫中秋节,亦称"团圆节"。这天,人们以赏月、团聚为主要活动内容。儿孙要探望分居的老人,女婿要探望岳父、岳母(俗称"追节")。月饼和瓜果是这天的主要食品,也是走亲访友的首选礼品。通常的过节方式是,晚饭后如果天晴月朗,在庭院内置一小桌,供上月饼、瓜果及酒肴,全家人围桌而坐,由年长者以茶酒奠于地,名曰"祭月"。然后边吃边聊,以示合家团圆。

第二节　其他传统节日

二月二

民间传说这天是土地神诞辰,还有"二月二,龙抬头"的谚语至今流传。过去,农村有"打灰簸箕"的习俗,即用簸箕端着草木灰在住宅周围撒一圈,据说可以辟邪和防止蛇、"瞎瞎"(即中华鼢鼠)进入宅内。现在安定民间还保留着炒豆子的习俗,蚕豆、豌豆、扁豆、回回豆、黄豆都在可炒之列。人们还把豆子泡软炒熟后,用棉线或彩线串成项圈、手镯让小孩佩带,祈求来年丰收。

四月八

又称浴佛节,相传为佛祖释迦牟尼诞辰。境内各佛寺都要举行佛事活动,进香献供、诵经礼佛。定西城区西岩寺原来也有庙会。今以内官营四月八山(亦称"锦鸡塬")的山会最为盛大,每年都有数万人参加,除了求神拜佛、赏花踏青、品尝地方小吃外,还有唱大戏、"碰鸡蛋"等民俗活动。

六月六

又叫"虫王节"。中华人民共和国成立前,农民多在田间插上纸做的各色小旗祭祷"虫王",祈求蚜蚄等害虫不要祸害庄稼。传说此日为龙王晒鳞日,人们便在骄阳下翻晒衣物、被褥、书籍,寺院道观也在这一天曝晒经书。同时,民间过去还有六月六洗浴猫、狗、牛、羊,灭虱蚧的习俗,现在已不多见。

七月七

也叫"乞巧节",民间传说是牛郎织女鹊桥相会的日子,现有"中国情人节"的说法。过去,女孩子们聚在一起做嫁妆、鞋垫、绣花等针线活,互相学巧、比巧。或对月穿针,说"悄悄话"。现在,此俗已基本消失。

七月十二

有的地方也叫"新麦节"。人们用刚收割的麦子磨的白面烙"麦蝉"(蝉形面饼)、炒"棋颗"(宽厚各约1厘米的小面块),作为全家的过节食品。民谚:"七月十二,羊肉茄儿"。时值羊肥菜鲜,人们也在这一天煮羊肉,炒辣椒、茄子,一饱口福,以示过节。

九月九

即重阳节,也叫"登高节"。这天,人们多结伴野游、赏菊,或登高望远,接天地正气以避御疾疫、强身健体。现在,国家将此日定为"老人节",党政机关慰问老干部,一些社会团体组织老年人参加文体活动,许多家庭也以各种形式敬祝老人健康长寿,使尊老敬老蔚然成风。

十月一

民间也称"鬼节"。这天傍晚,人们要给祖先"送寒衣"。这是民间流传的一种感恩活动,家家提前用白、蓝、黑、红等纸剪成衣、裤、鞋、帽,用糨糊粘好(棉衣还要垫以棉花),谓之"寒衣"。傍晚时,在家门口或十字路口与纸钱、冥票一起焚烧,并烧香、奠茶酒、泼凉浆水、行叩头礼。如果家居外地,还要将"寒衣"用写着先人名讳、坟茔地址的"封包"封好后焚化。

冬至节

冬至是农历二十四节气之一,在农历十一月,是立冬后白天最短的一天。按中国阴阳学说,从冬至起,阳气回归,故有"冬至一阳生"的说法。在过去,冬至不出行,守候在家,商旅不行,关隘关闭,以为能保存一阳生气。安定人多以炸油饼过节。

腊八节

农历腊月初八俗称"腊八节",相传为释迦牟尼得道之日。农家用小米熬米饭作为当日主食,叫作吃"腊八粥"。还用莜麦、青稞做甜醅,放上冰块,消成甜醅水随时饮用,可清热润肺止咳。

腊月二十三

是民间祭灶日。先给灶神焚香化表,敬献茶酒、干果、家馔、灶糖。到了晚上,奠以茶酒后将灶神像从墙上取下,嘴部用糖涂抹后焚于灶前,并祷告"上天言好事,回宫降吉祥",谓之"送灶爷"。从这天起,人们置办年货,洒扫房屋庭院,准备过年。民间又把腊月二十三叫作"过小年"。

除夕

农历腊月的最后一天叫"除夕"。家家贴春联、挂红灯。外出的人要回家。借别人的东西和债务要偿还。民间所谓"一把折(she)筷子都要归家"。傍晚要"请纸"(或称"请先人"),在堂屋坐纸、上献饭,接祖先回家过年。正月初三日晚,门前"送纸",先人重归地府。安定民俗,三十晚上吃"长面"(取"长久"及"连年有余"之意),或吃"甜搅团"(即肉汤浸的萝卜菜汤搅团,民谚:"三十日吃搅团,一年够搅然")。饭后,长辈要给孩子们"压岁钱",全家人围坐一起,或看电视、闲聊,或打牌、下棋、玩麻将,还要给先人续香,谓之"坐夜"或"守夜"。零时时钟报岁,燃放鞭炮,辞旧迎新。

国家法定节日

中华人民共和国成立后,已公布的国家法定节日有:

1 月 1 日　元旦

3 月 8 日　国际劳动妇女节

3 月 12 日　植树节

5 月 1 日　国际劳动节

5 月 4 日　中国青年节

6 月 1 日　国际儿童节

7 月 1 日　中国共产党建党节

8 月 1 日　中国人民解放军建军节

9 月 10 日　中国教师节

农历九月九日　中国老年节(重阳节)

10 月 1 日　中华人民共和国国庆节

第三节　庙　会

庙会是古代先民流传下来的、具有地域民俗文化特色的集体祭祀活动。安定境内的庙会,以内官营锦鸡塬山和城区城隍庙最为热闹。

城隍庙庙会

据民间传说,安定城隍为南宋民族英雄文天祥,清康熙四年和安定知县许䋤同时到任。每年农历五月十八日,当地称"隍爷圣诞",安定民众都要举行盛大庙会纪念他。庙会一般从十五日开始,十八日达到高潮,十九日结束。主要内容是向隍爷烧香点蜡、献鸡献羊、敬献牌匾、添油捐资、还愿抽签、许愿祈福,还要唱三五天大戏。从十八日凌晨开始,群众以抢烧"头香"(即当天的第一炷香)为虔诚之举,庙院内人头攒动,摩肩接踵,香烟缭绕,彰显出安定人民对这位民族英雄的敬仰与怀念。

安定城隍庙原址在大城,庙宇峥嵘,建制恢宏。1958 年破除迷信,拆除殿

定西城隍庙会

宇、神像,扩建大城小学。神牌被群众藏在城关乡石坪村大屺上一个山洞中。80年代后期,群众自发在石坪村大屺山掌金山重建隍庙。今城隍庙在玉湖公园,与其他 10 多处神庙和附属建筑浑然一体。每年五月十八日,人们既祭祀城隍,又逛公园,兼休闲娱乐、看戏购物、品尝美食。每年参加者达数万人,终日熙熙攘攘,热闹非凡。因民俗信仰,在城区近郊和其他地方如大屺、内官营镇、葛家岔乡、新集乡等地还有"城隍庙"多处,民间称之为"城隍爷歇马殿",亦多在五月十八日举办庙会。

锦鸡塬山庙会

锦鸡塬山又叫"四月八山",位于内官营镇以东约 2 公里处。山上庙宇连亘,建筑宏伟,林荫蔽日,花草繁茂。每年农历四月八日举行庙会,方圆数十里群众都赶

来参加,除了求神拜佛、看大戏、品尝小吃、赏花踏青,沿袭已久的"碰鸡蛋"习俗也是庙会的一大特色。人们各自拿着煮熟的鸡蛋互相碰撞,完好者赢,碰破的鸡蛋归胜者。充满生活情趣,参加者十分踊跃。近年,还增加了笔会、书画展览,歌舞演唱、物资交流等活动项目。

内官营锦鸡塬庙会

龙泉观庙会

龙泉观原址在巉口镇以西约 2 公里处的金鳌山,在明代即是安定境内道教圣地。因年久失修,2000 年由群众集资迁移至巉口镇以东约 1.5 公里处的卧龙山。现有庙宇 3 座,经堂、道舍、膳房多间,戏楼、山门建制宏伟,观内荫翳覆盖,四周绿树环绕,是安定区目前最大的道教文化活动场所。每年五月五日举办庙会,除设坛念经、打醮、做道场,祭祀神灵,为百姓祈福,还唱大戏、举办书画展、宣讲《弟子规》等中华传统文化。届时,当地和相邻各乡镇上万名群众赶来参加,终日香烟缭绕、人头攒动、热闹非凡。

第二十编

人物

第二十编 人 物

第一章 人物传
（以生年为序）

马锡玉（1916—1988），字蓝天，原定西县城关镇人，甘肃学院文史系肄业。1937年在校期间，向往革命，与兰州师范定西籍学生陈世德创办文史刊物《汝遮》杂志，并成立"汝遮学会"，被推选为理事长。1948年，参加"西北人民民主同盟"（中共兰州地下党领导的外围组织），任委员。1949年，以国民党119军蒋云台部244师政工处长的公开身份，会同爱国进步人士，与国民党顽固势力进行了4个多月的周旋和斗争，促使119军军长王治岐，副军长兼244师师长蒋云台，在武都顺利举行起义。后部队改编为西北人民解放军独立第三军，蒋云台任军长，马锡玉前后任九师副师长、七师副师长。1950年10月后，在甘肃省政协学习并参加土改工作。1952年9月至1958年7月，在甘肃省劳动局工作。1981年11月，加入中国国民党革命委员会。1981年11月至1988年11月，任民革定西县支部筹委会、第一届委员会主任委员。1982年9月起，任政协定西县第一届、第二届、第三届委员会副主席，政协甘肃省第四届委员会委员。

马景仲（1916—1991），名希景，字景仲，原定西县城关镇人，1928年毕业于甘肃省立第五师范学校。受其父影响，少年时代便悉心钻研医书。1953年，任定西县中医联合诊所中医师。1954年，发起成立定西县卫生协会，被选为常委兼秘书。1963年后，历任县卫生院、东门卫生所、汽车站卫生所中医师，城关镇卫生院副院长，当选为定西县第一届人民代表大会代表。70年代初，身患瘫疾仍坐轮椅准时出诊，下班后又坐炕头家诊，数十年未曾间断。德高医精，行医40余年，诊疗病人达130万人次以上。其事迹曾在中央电视台"新闻联播"节目中播出。总结撰写的《疟治治验一例》入选《甘肃中医医论医察医方选》。专著有《说医记效》，内收医案共计98症，147例。

杨见三（1919—2002），名际泰，字见三，原定西县城关镇人，中共党员。1940年，毕业于西北技术专科学校。是定西中学的创建者之一。中华人民共和国成立后，一直在定西中学从事数学教学工作，深受师生的爱戴和社会的好评。先后担任定西中学副校长、调研员,甘肃省数学学会理事。在教学中勇于创新,制作和改进了中学数学教学的大量教具。1957年,获甘肃省优秀教师称号。1958年,发表《我是怎样创制教具的》等2篇文章,并被评为甘肃省先进工作者。1978年,与他人合作创制的"三角函数盘"等三件教具,获甘肃省科技成果奖,本人获甘肃省先进科技工作者称号。

夏　羊(1922—2006),本名张祖训,字伊三,原定西县城关镇人,中共党员。1947年7月,西北师范学院毕业后,长期在定西一中从事语文教学工作。是中国作家协会会员、中国诗歌学会会员、中华诗词学会会员、中外散文诗研究会理事、甘肃省作家协会理事、名誉理事和创作指导委员会委员。从1942年发表处女作散文诗《野鸽》至21世纪初,笔耕60多个春秋,创作了大量新诗和古体诗词及散文、小说、剧本等,特别是中华人民共和国成立以来,先后在《人民文学》《诗刊》《星星》《新港》《新观察》《甘肃文艺》等杂志,发表诗歌、散文诗、散文、格律诗词等千余首(篇)。1980年,力倡并参与筹建成立定西地区文联,历任副主席、主席、名誉主席。已出版诗集有《山塬春》《唿哨的季风》《希望的调色》《三颗草》,散文诗集《花串与火石》《悠悠心声》,格律诗词集《秋鹤晚蚕集》,结集有《追火者》《稊米集》《苦心斋艺简》《夏羊诗选》等。亦工书法,楷、行、隶、篆皆能,尤擅花鸟、山水。夏羊逝世后,中国作家协会发来唁电称:"夏羊先生一生热爱文学,热爱生活,常怀赤子之心,深入民间体察生活,勤奋创作,默默耕耘;身虽退而文心不改,多有园丁之美,上下奔走,八方协调,扶持青年,鼓励先进,为甘肃多民族的文学繁荣和发展做出了重要贡献。"

冯　麟(1924.10—2009.07),字生力,原定西县城关镇人。1947年7月国立西北师范学院毕业,先后在定西中学、临洮中学、西巩驿中学、宁远中学、东方红中学等学校任教,并担任定西中学教导主任、东方红中学副校长等职务,任甘肃省和定西地区中学语文教学研究会会员。是甘肃省第六、第七届人民代表大会代表,定西县第九至十一届人民代表大会代表,政协定西县第一至五届常委和第三、四届副主席。受聘担任政协定西地区工委特邀参政议政员、《定西县志》编纂委员会委员、副主编。在省级以上报刊发表教育教学论文多篇,其中,《作文命题与批改》被列为甘肃省教育科研项目。擅长书法,隶书尤精。1982年12月,被评为甘肃省特级教师,享受省政府特殊津贴。1994年,获定西地区"教师世家"称号。

宋得寿(1931—2010),定西市安定区内官营镇人,中共党员。1951年4月参加工作,在中共定西县委当通讯员、组织部干事。1954年后,历任中共定西县委组织部副部长,中共定西县西巩驿区区委书记。1958年参加引洮工程建设,担任定西工区组织部长、副书记、书记。1961年11月起,先后担任中共甘南州委机关委员会副书记、中共舟曲县委组织部部长、县委常委、副书记。1966年6起,相继担任甘肃省畜牧厅玛曲县西科河细毛羊繁育场党委书记、场长,中共碌曲县委副书记,中共夏河县委书记,中共甘南州委副书记。1983年12月,调任中共定西地委副书记,先后兼任甘肃省人大常委会定西地区联络处主任、政协甘肃省定西地区联络处主任、中共定西地委党校校长、中共定西县委书记。1991年5月,任甘肃省人大常委会定西地区工作委员会主任、党组书记。是中共甘肃省第五、第六次代表大会代表,甘肃省第八届人代会代表。1993年5月退休。

祁鸿基(1937—1995),通渭县襄南乡人,初中文化学历,中共党员。1956年3月参军,先后在解放军某部队和公安部队某部队服役9年,曾荣立"三等功"一次,获"军事训练标兵"、"先进工作者"称号各一次。1965年2月转业到定西县工作,历任青岚公社武装部长、革委会副主任、党委副书记;张湾公社党委副书记、管委会主任;新集公社党委书记。1982年至1992年任定西县关川河流域水土保持综合治理指挥部党组书记、副指挥。1993年元月起担任定西县副县长,兼任关川河流域水土保持综合治理指挥部党组书记、副指挥,直至1995年元月因病逝世。他在乡镇(公社)担任党政负责人期间,因带领群众艰苦创业、真抓实干、造福于民,中共甘肃省委《党的建设》发表的长篇人物通讯称他为"坚韧的柠条"。调县级部门工作后,全心全意致力于全县水土保持和小流域治理工程建设,在一系列重大工程项目的论证、立项、引资、实施、验收中,统筹协调、精准指挥,保证了预定目标任务的高效优质完成。因工作业绩突出,1986年11月被中央组织部树立为"全国优秀共产党员",出席了全国先进党支部、优秀共产党员经验交流会,受到邓小平等中央领导同志的亲切接见。曾先后24次受到国家级、省部级和地、县党政部门表彰奖励,并当选为中共定西县第七、八、九、十届代表大会代表,第八、九、十届县委委员,定西县第九、十、十二届人民代表大会代表,第九、第十届人大常委会委员。

李兰图(1943—1995),会宁县新庄乡人,本科学历,中共党员。1968年西北师范大学化学系毕业后,到会宁县河畔中学任教。先后任会宁二中、定西一中校长。1985至1991年,先后任定西地区行署教育处处长、中共定西地委宣传部部长。1992年后,任中共定西地委委员、定西县委书记。在担任定西县委书记期间,平易近人,热情接待每一位来访群众;关注民生,大旱之年,曾倡议并带头捐资为干旱山区群众送水解困;全力推进定西县水土保持事业,促成多项水保法规、条例等政策性文件的颁布和实施;善于把宣传部门任职时的理性思考和工作经验运用于党政领导实践,十分重视舆论宣传的导向功能,不仅要求县委、县政府与中央、省、地区新闻媒体经常保持和谐顺畅的沟通渠道,并身体力行,策划举办了大型图片展览《陇中治贫之道》,促成了电视专题片《旱塬写辉煌》(中共定西县委、定西县人民政府、甘肃电视台联合录制,李兰图担任"总策划")等一批富含正能量的宣传精品的产生和发布,对宣传定西县改革开放成果、小流域水保综合治理经验、争取项目资金,发挥了积极而重要的助推作用。1994年被确诊为肝癌后,仍抱病参与有关水土保持监督保护法规、条例、公告的起草、制定、审核。在病榻弥留之际,还念念不忘新上马的小流域治理工程和城区改造拆迁工作,叮嘱前来探视的县上领导同志:"我走了,希望你们把这两样造福定西人民的大事办好。"1995年春在兰州病逝,享年53岁。

第二章 人物简介

（以生年为序）

第一节 散留在安定区的红四方面军战士

李进和（1913.10—2012.01），原籍四川省南堡县。1930年，在四川省南堡县参加红军，任红四方面军八十一团一营三连班长。从军期间，先后经过云南、四川江油县、甘南腊子口，爬雪山过草地，由夹金山到大渡河，再到会宁。1937年7月，随部队途经临洮县时因病掉队，与部队失去联系后安身到内官营镇林川村。后和当地妇女张桂芳结婚，一直在该地生活。

周维祯（1916.04—1999.11），原籍四川省万源县人。1933年参加红军，系红四方面军第四军十师二十八团第一营通讯排战士。长征途中过雪山草地时，左手严重冻伤，致使手指脱落。1936年，在甘肃省凉州，因左臂中弹伤残住院。其后，因部队被打散，流落到定西县西巩驿乡河畔村，拉长工维生。中华人民共和国成立后，一直在西巩驿镇中驿村务农。

敖秀敏（1921.03—1997.09），原籍四川省乐至县。1936年在四川江油县参加红军，系红四方面军七十四团战士。1937年，随军到高台县时，因战斗失利而失散。后安身于安定区内官营镇中河村。1997年9月因病去世。

熊占辉（1925.03—   ），原籍陕西省城固县，居住地宁远镇王坪村。1935年4月，在陕西省城固县参加红军，为红四方面军第五军三十九团一营卫生员。1936年，红军在徐向前的带领下西进经华家岭时，与胡宗南部队作战被打散。失散后，流落到宁远镇王家坪村王家岔社，以出卖苦力为生。1960年，与该社村民王玉秀结婚，一直在该地生活。

张金川（女）、周兰香（女）、王世敬，原籍四川省，生卒不详，中国工农红军第四方面军战士。1936年10月跟随红四方面军总部东渡黄河至河西走廊地带后，4个多月中，先后随第五军、30军，在吴家山、一条山、高台县城、山丹县城、永昌县城及古浪县城等地，与马步芳、马步青军队浴血奋战，参加战斗80余次。1937年1月20日，在高台县城攻防战役中城陷被俘，被押送到青海西宁毛纺厂强迫做苦工，饱受虐待和欺凌，后来三人冒死逃出，历尽千辛万苦辗转到达兰州，因找不到革命组织，年纪又小，在流浪中被一位好心人领到定西，从此分别在巉口镇三十里铺村和定西县城与当地人结婚,安家落户。1979 年后,他们的"红军身份"得到当地政府确认,享受到相关的抚恤、优惠政策,晚年生活幸福安逸。

第二节 荣立一等功的解放军官兵

赵学武(1930.01—2010.09),原定西县城关镇人,初中学历,中共党员。1944年,参加中国人民解放军,在陕甘宁边区先后参加了泥川战役、瓦子街战役、共龙山战役。1949 年,参加了解放兰州的战役,时任卫生员,在著名的兰州狗娃山战役中,抢救伤员 800 多名,被授予一等功勋。兰州解放后,长期担任兰州劳改医院(现康泰医院)副院长。1962 年,因受战争伤病后遗症影响不能正常工作,自请退职,在家休养。

张春生(1963.01—),定西市安定区内官营镇人,中共党员,1982 年 10 月参军,原中国人民解放军某部战士。1985—1987 年,参加了对越自卫反击作战。1987年 7 月 15 日,在老山执行构筑工事任务中,张春生担负开辟道路的任务,他不顾个人安危,时时走在战友前面,一个人开辟通道 1500 余米,率先爆破,在快要完成任务时不幸触雷,身负重伤,做了右腿截肢手术。战后部队党委给他记一等功。

张彦荣(1964.05—),定西市安定区称钩驿镇人,中共党员,1982 年 10 月参军,原中国人民解放军某部队排长。1985—1987 年,参加了对越自卫反击作战。雨季作战中,他带领本排的两个班,坚守在十三号界碑火力队。在"10·14""10·19"两次战斗中,组织指挥全体人员战斗,一个人抱着电台,坐在机枪工事内,成功地封锁了敌人的进攻。"8·26"、"9·23"战斗中,他指挥部分人员压弹,部分人员负责12.7 高机,自己一人负责一挺 14.5 高机,射击时间长达 4 个小时之久,以猛烈的火力支援前沿战斗,从而保障了 166、156 无名阵地上战友的安全。几次战斗中,取得了歼敌 17 人,俘敌 23 人的好战果。旱季作战中,带领本排十二班,在 168、166阵地运送各种物资 1000 余斤。在累计 150 天的作战中, 带领全排打死打伤敌人101 人,构筑工事 6 个,抗敌偷袭 4 次,运送各类保障物资 4560 斤,全排无一伤亡,出色地完成了作战任务。战后被授予一等功。

李应春(1964.09—),定西市安定区鲁家沟镇人,中共党员,1982 年 10 月参军,原中国人民解放军某部队某部班长。1985—1987 年,参加了对越自卫反击作战。1986 年 8 月 9 日,他和全班战友在给 166 无名高地运送物资时,敌军忽然向他们开火,他只身吸引火力,让其他战友顺利通过封锁线,将物资安全送到前沿阵地。接着和全班战友奉命坚守 166 阵地。8 月 26 日晚 9 点多,敌一个加强排的兵力向 166 阵地发起了猛烈攻击。坚守在 3 号哨位的李应春发现敌情后,冲出哨位将准备好的手榴弹投向敌群,当场炸死 1 人,炸伤 3 人。10 时许,敌人再次摸上阵地,他又用定向地雷打退了敌人的进攻,守住了哨位。战后被授予一等功。

郝　礼(1964.09—),定西市安定区鲁家沟镇人,中共党员,1982 年 10 月参军。1985—1987 年,参加对越自卫反击作战,担任阵地长,荣立一等功。在老山前线猫耳洞坚守阵地期间,共指挥抗敌偷袭反扑 38 次,毙敌 20 余名,伤敌 20 余名,并在"2·26"战斗中,缴获越军单兵火箭一具,创造了奇迹,牢牢守住了阵地,并创造了"146 阵地"轮战防守以来无伤亡的先例。在 229 工事和"百米生死线那拉坑道"的抢修中,他共扛 120 多斤重的水泥柱 158 根,百斤重的水泥板 142 块,其他各种材料 80 余件,出色地完成了作战任务。

易思智(1964.10—),定西市安定区称钩驿镇人,中共党员,1982 年 10 月参军,原中国人民解放军某部队班长。1985—1987 年,参加对越自卫反击作战。1986 年 7 月,第一次接防阵地后,坚守在某高地 1 号哨所,担任哨位长,坚守哨所 120 多天,被敌人视为"眼中钉"。先后 3 次接防阵地,在前沿阵地坚守 260 多天,成功挫败了越军"8·26"、"9·19"、"10·14"、"10·26"等偷袭活动。因战斗中机智、果敢、沉稳,战绩突出,被集团军党委授予"钢铁哨所"和"钢铁战士"等称号,荣立一等功勋。

刘永相 (1964.10—),原定西县御风乡人,中共党员,1982 年 10 月参军。1985—1987 年,参加对越自卫反击作战,荣立一等功。在坚守阵地的近百日内,先后多次孤身潜出,摸到敌人眼皮底下潜伏侦查,有效地上报准确的位置,打击了来犯之敌。尤其在 8 月 17 日的战斗中,勇猛出击,机智灵活地指挥全班战友打退敌人多次进攻,守住了阵地,取得了歼敌 7 人的战果,以小的代价换取了大的胜利,并为"8·26"、"9·2"、"9·23"战斗胜利创造了条件。

史永宽(1964.11—),原定西县御风乡人,中共党员,1982 年 10 月参军,原中国人民解放军某部队班长。1985—1987 年,参加对越自卫反击作战,荣立一等功。在老山作战期间,担负军工保障任务。在 100 多天的时间中,往返阵地 150 多次,行程 600 多公里,运送物资 1500 多公斤,架设线路 50 余次,抢运伤员 6 人,带领全班出色地完成了军工任务。8 月 6 日 5 时 20 分,敌人一个加强排偷袭 577、408 阵地,两阵地间的通信线路全部被炸断。他冒着生命危险,强行架线,在右大腿中弹的情况下,坚持架通线路。8 月 16 日,越军伺机偷袭我军架设的通信线路,他跟踪追击,毙敌 1 人,伤敌 1 人。在返回途中,他的脸部被弹片炸伤 5 处,中弹片 6 块。战后,部队党委给他记了一等功。

陈小平（1964.11—），定西市安定区内官营镇人，中共党员，1982年10月参军。1985—1987年，参加对越自卫反击作战，荣立一等功。在雨季和旱季作战中，他担负观察任务，不顾个人安危，多次冒着敌人的炮火观察敌情，发现新目标6个，及时准确地向上级汇报各种敌情350余次。并积极配合炮兵进行了8月3日、9月26日、10月14日和10月19日对越东山守敌的炮击，取得了毙敌16人，伤敌11人，摧毁敌军工事4个的重大战绩。

白有谦（1966.12—），定西市安定区内官营镇人，中共党员，1985年10月参军。1985—1987年，参加对越自卫反击作战。在"10·14"出击968高地战斗中，接到爆破敌火力点任务后，不顾一切向敌人障碍物雷区冲击，打开了通路。在爆破器材用完、敌炮火封锁严密的情况下，他主动利用炮火间隙，返回取炸药，抱起炸药包又冲了上去，被敌炮弹炸伤。战后被授予一等功。

杨增堂（1967.09—），定西市安定区鲁家沟镇人，中共党员，1985年10月参军。1985—1987年，参加对越自卫反击作战，荣立一等功。在执行作战任务中，配合全班发射炮弹97发，直接命中58发，取得毙敌20人，伤敌8人，击毁高射机枪6挺，摧毁敌各类工事和屯兵洞9个的战绩。1986年5月27日，在对越军432高地观察所屯兵洞的炮击中，毙敌3人，伤敌2人。7月21日，在抢修662.6高地火炮工事过程中，被越军炮弹击中，身负重伤仍坚持战斗。

第三节　全国党代会、人代会代表，获国家级奖先进个人

冉桂英（1937.05—　），女，定西市安定区青岚山乡大坪村人，小学文化，中共党员。从1961年起，冉桂英先后任大坪生产队队长、大坪大队党支部书记、妇女主任，定西县革委会副主任，带领众乡亲开展"改土造田，改变落后面貌"的农业基础建设，使大坪村成为全省农业学大寨的一面旗帜和全省干旱山区脱贫致富建设美好新生活的先进典型。1969年，冉桂英作为农村基层代表，进京参加国庆20周年观礼。1973年8月，当选为中共第十次全国代表大会代表。1977年8月，当选为中共第十一届中央委员会候补委员。2002年，当选为中共甘肃省第十次代表大会代表。2009年，被评为"感动甘肃"人物之一。

李纯禄（1943.6—　），定西市安定区鲁家沟镇太平村人，中专学历，林业高级工程师，中共党员。1966年7月在西藏山南地区洛扎县政府参加工作。1982年后调山南地区农牧局、林业局工作，历任科长、局长和西藏自治区政协委员等职务。在洛扎县试种冬小麦成功并大面积推广，还试种成功并推广了以苹果为主的多

种经济林木和蔬菜作物种植技术。1977年,出席西藏自治区科学大会。1978年,出席全国科学大会,受到党和国家领导人接见,获得"在我国科技工作中做出重大贡献的先进工作者"奖。在雅鲁藏布江中游沿岸所谓造林"禁区"发现大面积宜林地,成功实施了造林工程,建成了世界上第一个高海拔地区"万亩林"基地,同时完成了《西藏山南地区雅鲁藏布江防护林营林技术体系研究》课题,产生了巨大的社会、生态和经济效益。1991年获"全国造林绿化劳动模范"称号。1994年获"西藏自治区科学进步奖"二等奖。1995年获"国家科技进步奖"三等奖。2004年9月,被西藏自治区授予"全区民族团结进步先进个人"称号。2005年5月,被国务院授予"全国民族团结进步模范个人"荣誉称号。

刘玉秀(1947.01—),女,定西市安定区凤翔镇榆河村人,小学文化,中共党员。1966年,任青岚山公社大坪大队碾盘生产队民兵连副连长。1977年,当选为甘肃省革命委员会委员和省人大代表。1978年2月,当选为第五届全国人大代表。1978年,担任大坪村党支部副书记和妇联主任等职务。2008年,担任大坪村党总支副书记。

朱文玉(1950.07—2002.03),定西市安定区巉口镇三十里铺村人,高中学历,中共党员。1968年3月,在兰空某部队服役。1980年代初任中共三十里铺村党支部书记期间,带领全村群众改土造田,兴办乡镇企业,被评为"甘肃省优秀农民企业家",受到省政府表彰奖励。1987年3月,当选为第七届全国人大代表。

王亚丽(1955—),女,定西市安定区人。本科学历,主任护士。1977年省卫校毕业后分配到定西市人民医院从事护理工作。1986年加入中国共产党。2003年非典疫情肆虐期间,她不顾个人安危,坚守工作岗位,恪尽职守,为定西市抗击非典做出了突出贡献。2005年荣获第40届国际南丁格尔奖章,在人民大会堂接受了国家主席胡锦涛的颁奖。2007年当选为中共十七大代表。曾荣获"全国三八红旗手"、"甘肃省巾帼建功标兵"、"甘肃省医德医风先进个人"、"甘肃省优秀共产党员"、20位感动甘肃杰出女性等荣誉称号。

董淑芳(1958.12—),女,定西市安定区香泉镇西寨村人,大专学历,中共党员。1985年,任内官营镇永丰村妇代会主任、专业会计。1998年3月,由于长期全心全意服务群众,当选为第九届全国人大代表。2003年3月,招录为内官营镇政府公务员。

王淑萍(1961.12—),女,定西市安定区内官镇人,中共党员。2000年起,带领周边群众发展日光温室设施反季节蔬菜,为全区的设施蔬菜发展创出了路子。2010年,注册成立安定区安泰蔬菜产销专业合作社,为促进当地蔬菜产业发展起到了积极作用。同年,被国务院授予"全国劳动模范"称号。

尚振明(1962.12—),定西市安定区内官营镇人,大专学历,中共党员。1979年参军,荣立三等功1次。1984年12月转业到地方工作,先后在定西县内官营镇、东岳乡、农业生产资料公司、香泉镇和区交通局等单位工作和担任领导职务。在担任香泉镇党委书记期间,2005年5月被国务院评为全国民族团结进步模范个人。

刘大江(1970.12—),原定西县城关镇人,大专学历。1990年7月,毕业于定西广播电视大学,分配到定西县大城小学任教。1995年,下海经商,从事马铃薯营销。2005年7月,组建安定区马铃薯经销协会,任会长。先后获得中国"五四"青年奖章、全国农村青年致富带头人、甘肃"五四"青年标兵等荣誉。2008年3月,当选为第十一届全国人大代表。

第四节　副地级以上领导干部

咸有仁(1925—),定西市安定区香泉镇人,回族,中共党员。1948年,毕业于甘肃省立兰州高级农业职业学校森林科,留校工作,期间加入中国共产党,开展地下工作。1949年中华人民共和国成立后,先在定西专区民族事务委员会工作,接着任定西县教育科长、建设科长、区长等职。1954年至1965年,任定西县副县长、县长。1972年,任定西地区民委主任、水电局局长,甘肃省第一次第六届民族事务委员会委员。1984年后,担任甘肃省伊斯兰教协会秘书长、副会长、名誉会长。在定西地区水电局局长任内,争取实施了一些小流域治理、水保工程、引黄灌溉工程。为配合引洮河水到定西的工程实施,做了一些基本的准备工作。得知他的生平事迹编入《甘肃省统一战线名人录》后,坚辞不肯,只好尊重他的意见。

李进德(1929.09—),定西市安定区凤翔镇人,本科学历,中共党员。1950年2月参加工作。1958年9月,任中共武威县委书记处书记、武威县县长。1978年5月,任中共酒泉地委副书记、行署专员。1980年8月起,任中共定西地委副书记、书记。1983年5月,任中共甘肃省委农村工作部副部长。1984年7月,任中共甘肃省医药总公司党委书记。2002年10月退休。

纪文林(1930.11—),原定西县城关镇人,本科学历,中共党员。1954年毕业于兰州大学,先后在甘肃省商业厅、服务厅、供销社及省财贸学校等单位工作,后任兰州商学院副院长至退休。

张继协(1933.01—),定西市安定区西巩驿镇人,中共党员。1951年参加工作。1955年6月,任定西地区粮食局副局长。1969年后,历任定西地区物资局副主任、定西地区行署计划处处长、定西地区计划委员会副主任、定西地区行署副专员。1994年退休。

周芹香(1931.03—),女,原定西县城关镇人,本科学历,中共党员。1952年8月在兰州大学参加工作后,先后任学校经济系、数学系、历史系办公室主任及组织部副部长等职。1984年,任兰州大学党委常委、副校长。

梁　岐(1933.8—),定西市安定区李家堡镇窑坡村人。中共党员,大专学历。1956年于陕西师范大学毕业后,先后担任二机部长沙地质学校教师、湖南维尼纶厂第一副厂长。1982年接受纺织工业部任务,组织武汉钢铁设计研究院与湖南维尼纶厂进行电石炉新炉衬研究项目,取得成功并获得国家科技进步三等奖、湖南省科技进步二等奖。1984年任湖南纺织高等学校校长(副厅级)、党委副书记。1990年,与二同事共同承担的高等学校《专科教育研究》项目获得湖南省优秀教学成果二等奖。

杨毓才(1933—),又名洋雨,定西市安定区人。1949年,参加中国人民解放军进驻新疆,历任副处长、《绿洲》杂志主编。1953年至1981年,参与编辑《天山战歌》《长征路上》《新疆维吾尔自治区概况》等书籍。为中国作家协会会员,新疆生产建设兵团文联副主席。

陈　玺(1933.07—),定西市安定区内官营镇人,中共党员,副师职武官。1960年,毕业于西安外语学院,并留校任教。2007年,被中国翻译协会授予"资深军事翻译家"荣誉称号。80年代以来,署名翻译《高精度武器》《未来战争》等著作23部420多万字。

张重禄(1934.09—),定西市安定区内官营镇乌龙村人,中共党员。1952年,在定西地委干校参加工作。1963年, 中国人民大学计划统计专业研究生毕业。1971年,在甘肃工业大学任教。80年起,在兰州商学院先后担任商贸系副主任、科研处处长、党委组织部部长等职务。1991年,任商学院纪检委书记。1996年退休。

续　墉(1936.06.19—),定西市安定区内官营镇人,大专学历,中共党员。1954年8月在天祝煤矿参加工作,随后担任行政管理员至1957年。1958年任矿团委书记、党委委员。1971年任煤炭部第二工程处政工组长、党委常委。1984年在北京煤炭管理干部学院学习。1988年5月起,先后任甘肃省建委副主任、建设厅副厅长。1997年退休,担任甘肃省建筑业联合会一、二届会长。1999年任中国建筑业协会第三届理事会常务理事。2013年年底辞职。

张汝教(1937.09—),原定西县城关镇人,本科学历,中共党员,高级工程师。

1957年兰州工业学校毕业后,分配到宁夏工作,先后担任工业厅助理工程师、宁夏科技馆馆长。1990年,任宁夏经贸委安全设备处处长、自治区安全领导小组办公室主任等职务。1996年,任宁夏回族自治区经济贸易委员会副厅级助理巡视员。

马兴中(1938.05—),定西市安定区团结镇人,中共党员,本科学历。1964年,毕业于西北师范大学。1965年至1993年,长期在甘肃省公安厅工作,先后任处长、副厅长。1994年后,历任甘肃省国家安全厅厅长、党委书记,省政协委员、常委。

王 菠(1943.04—),山西省临猗县人,中共党员。1960年入伍,先后在张掖、酒泉、临夏等地任排长、大队长等职务。1986年后,任定西军分区参谋长、副司令员。1995年退休,居家定西。

赵宪文(1943.8.14—),定西市安定区凤翔镇人,中共党员。1961年8月在杏园公社信用社任主任;1963年8月在定西县农业银行任农金员;1964年12月入伍,在青海省玉树军分区工作15年;1979年8月调定西县武装部,任定西县委常委、武装部政委、党委书记;1983年1月任定西军分区政治部主任,被聘为定西地区经济建设顾问;1985年9月—1989年7月在国防大学基本系学习;1989年1月任天水军分区副司令员,预备役师副师长;1990年7月任甘南军分区司令员、党委书记、州委常委;1997年1月退休。

葛兴才(1944.06—),定西市安定区内官营镇人,中共党员。1960年4月参加工作。1993年2月,任定西地区行署财政处处长。2001年3月,任甘肃省人大常委会定西地区工作委员会副主任。2004年6月退休。

裴云天(1944.10——),定西市安定区团结镇庙川村人,本科学历,中共党员。1968年兰州大学中文系毕业,先后在中共高台县委、甘肃省委组织部工作,退休前任甘肃省经济体制改革办公室副主任。出版《春之恋》《夏之梦》《秋之旅》和《冬之语》4部诗歌、散文和小说集。

王志诚(1944—2001),原定西县东岳乡人。1965年1月考入甘肃省物资干部训练学校,毕业后留校工作。1975年3月任甘肃省建材化轻公司副经理。1982年3月任陇西县政府副县长,1988年4月任中共陇西县委副书记、县长,1992年12月任中共陇西县委书记。1994年6月任定西行署副专员,2001年病逝。

黄续祖(1945.08—),定西市安定区内官营镇人。毕业于甘肃师范大学地理系。1969年参加工作,任内官营公社锦屏大队党支部副书记。1975年,任甘肃师范大学靖远分校副主任。1981年,任敦煌县委副书记。1983年,任敦煌县委书记。

1985年起,历任中共庆阳地委副书记,行署专员、委书记。1998年,任甘肃省委政法委常务副书记、省社会治安综合治理委员会副主任。1999年,任甘肃省民政厅厅长、党组书记。2005年,任甘肃省人大法制委员会副主任委员。为中共甘肃省第九届、十届委员会委员,中国共产党第十五次全国代表大会代表。

邵　昕(1947.04—),定西市安定区石泉乡人,大专学历,中共党员。1980年后,历任甘肃中部工作组组长、定西地区编制委员会主任、定西地区旱作农业研究中心主任、中共通渭县委书记、中共定西地委政法委书记等职。

景　江(1947.07—),定西市安定区凤翔镇人,大专学历,中共党员,1968年参加工作。1973年1月至2000年5月任共青团定西县委书记,定西县内官营公社党委书记,定西县乡镇企业管理局局长,经计委主任,中共定西县委常委、副县长,中共漳县县委书记,中共定西地委副书记。2000年5月至2010年3月,任甘肃省乡镇企业管理局、甘肃省中小企业管理局党组书记、局长,政协甘肃省农业委员会副主任(正厅级)等职务。

刘　敏(1947—),定西市安定区凤翔镇人,本科学历,中共党员。1969年大学毕业,先后在定西县部分乡镇和县直部门工作。1979年从事社会科学研究。先后主持和合作完成国家级研究项目11项,发表专著、合著13部,论文90多篇。曾任甘肃省社会科学院副院长。

薛金山(1950.01—)定西市安定区凤翔镇人,中共党员,硕士研究生学位。1970年5月参加工作,先后在定西县商业局、宣传部工作。1985年至1993年,在省"两西"建设指挥部及"三西"建设兰州工作处工作,参与了"三西"地区扶贫开发的启动、战略方针制定、项目论证等工作,主持起草了不同阶段的指导性文件,主编了两部"三西"农业建设干部培训教材。1993年后,在省政协工作8年,任办公厅主任等职务。2001年至2008年,任省扶贫开发办公室主任、省"两西"农业建设指挥部总指挥、党组书记。2008年3月后,任省人大常委会副秘书长、办公厅主任等职务。

杜占祥(1950.05—),定西市安定区李家堡镇人,中共党员。1968年2月,在兰空政治部工作。1983年6月,任机关副营级助理员。1991年1月,任兰空司令部管理处处长。1992年12月,晋升大校军衔。2005年7月退休。

吕　贵(1952—),原定西县景家泉乡人,中共党员,本科学历,副研究员。1982年1月,毕业于吉林工业大学农机专业。历任吉林工业大学副校长、上海理工大学党委书记、中共上海市委党校常务副校长、上海行政学院常务副院长等职务。

宋敬国(1952.10—),定西市安定区称钩驿镇人,本科学历,中共党员。1983年

3月,在定西地委工作。1993年2月至2000年4月,在定西地区行署工作,先后任办公室主任、秘书长。2000年4月,任定西地委秘书长。2001年12月,任中共天水市委副书记、纪委书记。2009年2月,当选为政协天水市委员会主席。

景亚安(1952.11—),定西市安定区凤翔镇人,本科学历,中共党员。1977年9月毕业于西北农学院水利系,长期从事水保生态建设工作。1987年后,历任定西关川河指挥部总工程师、副指挥、定西县政协副主席、定西地区水保总站站长等职务。1991年,被水利部评为全国水土保持先进工作者。1992年,破格晋升为高级工程师,同年享受国务院特殊津贴。1994年,被甘肃省政府授予"甘肃省优秀专家"称号。2003年12月,当选为政协定西市委员会副主席。

董继信(1953.03—),定西市安定区西巩驿镇人,本科学历,中共党员。1978年9月参加工作。1985年后,历任定西地区林业处副处长、处长、林业工程师。2003年12月,当选为政协定西市委员会副主席。

刘金保(1953.12—),原定西县城关镇人,本科学历,中共党员,高级经济师。1983年10月,任中国有色二十一冶汽车队队长,机械化公司经理、党委书记。后历任中国有色二十一冶党委常委、副经理,白银市建委主任、市长助理和市人大常委会副主任等职。

张敏政(1954.09—),定西市安定区宁远镇人,本科学历,中共党员。1979年11月,招录为教师。1985年后,历任定西县副县长,通渭县县长、中共通渭县委书记,中共定西地委政法委员会副书记等职务。2003年12月,当选为定西市人大常委会副主任。

胡富斌(1955.10—),定西市安定区内官营镇人,本科学历,中共党员。参加工作后,曾多年担任中学教师。1993年2月,任定西地区行署办公室副主任。1996年后,历任定西地区行署计划处处长、定西市发展和改革委员会主任、定西市人民政府市长助理等职务。

杨国爱(1955.11—),定西市安定区符家川镇人,本科学历,中共党员。1982年1月,任甘肃省农机学校教师。1989年后,历任中共漳县县委组织部长、县委副书记,中共定西县委副书记,中共定西地委组织部副部长,中共临洮县委书记,中共平凉地委组织部长、地委副书记、市委副书记等职务。2005年7月,任甘肃省国有资产监督管理委员会党委副书记。

孙　铭(1956.02—),定西市安定区石泉乡人,本科学历,中共党员。1989年10月,任定西地区中级法院党组成员、副院长。2001年11月,任甘肃省金昌市中级人民法院党组书记、院长。2010年1月,任定西市人大常委会副主任。

吴丙申(1956.04—)，原定西县城关镇人，硕士研究生学位，中共党员。1982年1月兰州大学毕业后，分配到定西地区计划处工作。1984年起，任岷县、通渭县副县长，定西地区体改委主任等职。1997年后，历任定西地区行署经济贸易处处长、定西地委秘书长、定西市政协秘书长等职。2006年1月，当选为政协定西市委员会副主席。

白　明(1956.05—)，定西市安定区宁远镇人，本科学历，中共党员。1982年7月，在甘肃省统计局参加工作，后任处长、副局长。2002年8月，任中共甘肃省委政策研究室副主任。

韩中林(1956.10—　)，定西市安定区石泉乡人，本科学历，中共党员。1976年9月参加工作。1992年后，历任中共陇西县委副书记、中共漳县县长、漳县县委书记、定西市人大常委会秘书长等职务。2007年1月，当选为定西市人大常委会副主任。

刘伯权(1956.11—　)，原定西县城关镇人，中共党员，教授、博士生导师，享受国务院特殊津贴的中青年科技管理专家。1992年，在重庆建筑大学结构工程专业攻读博士研究生获博士学位。1995年后，历任西北建筑工程学院院长、长安大学副校长等职务。出版专著《抗震结构的破坏准则及可靠性分析》《钢筋混凝土基本理论指南》等。

郭维俊(1957.04—　)，定西市安定区内官营镇人，本科学历，中共党员。1982年，毕业于甘肃农业大学，并留校工作。历任机电工程系党总支副书记、教务处长，秦安县挂职副县长，兰州工业专科学校副校长。2010年5月开始，任陇东学院院长。自参加工作以来，先后主持和参与完成教学科研项目20余项，荣获各类奖励9项，发表论文30余篇。

咸　辉(1958.03—)，女，回族，定西市安定区香泉镇人，本科学历，中共党员。1982年，进中共甘肃省委统战部工作，历任副处长、助理巡视员、处长、副部长等职。2003年3月，任中共甘肃省委组织部副部长、老干部工作局局长、省纪委常委。2005年3月，挂职中共兰州市委副书记。2007年3月任甘肃省副省长、甘肃省政府党组成员，省红十字会会长等职。2007年，当选为中共第十七届中央委员会候补委员。

赵　树(1958.04—　)，定西市安定区凤翔镇人，中共党员，大专学历。1976年参军，先后担任司务长、处长、副部长等职务。2005年，获大校军衔。2010年4月，担任嘉峪关军分区司令员。

成柏恒(1958.06—)，定西市安定区凤翔镇人，本科学历，中共党员。1981年8

月参加工作。1992年12月,任通渭县副县长。1997年后,历任定西地区扶贫办公室主任、党组书记,定西地区财政处处长等职务。2003年月12月,当选为定西市人民政府副市长。2008年8月,任定西市委常委、副市长。

赵新文(1960.07—),定西市安定区凤翔镇人,大学文化,中共党员。1981年8月参加工作,先后在定西县种子公司、农技推广中心、农业局、农委等单位工作。1993年10月,任中共定西县委副书记。1995年至2002年,先后担任岷县县长、岷县县委书记。2002年10月,任中共定西地委统战部部长。2003年12月,当选为政协定西市委员会副主席。

郭锦诗(1963.09—),定西市安定区内官营镇人,本科学历,中共党员。1984年7月毕业于西北师范大学,并留校任教。1986年7月,在中共甘肃省委宣传部工作。2009年7月,任中共甘肃省委宣传部副巡视员。2010年3月,任甘肃省精神文明建设指导委员会办公室副主任。

李 江(1964.03—),定西市安定区石泉乡人,本科学历,中共党员。1982年10月参军,历任兰州军区某部营长、正团职主任和正师职高级工程师。

第五节 安定区(定西县)党委人大政府政协主要领导

刘汉杰(1926.10—),定西市安定区葛家岔镇人,初中文化,中共党员。解放初参加工作,1954年8月任中共定西县第四区委副书记,1958年6月任中共城关公社党委书记,1961年任定西县农村工作部部长,1968年后历任定西县革委会常委、农办主任、革委会副主任、县委常委。1981年起,先后担任定西县人大常委会主任、定西县政协主席。1987年1月退休。

谢 安(1931.08—),定西市安定区巉口镇人,初中文化,中共党员。1951年9月在定西县三区工作。1952年7月任定西县九区团工委干事。1956年7月任定西县监委副书记。1959年9月任中共定西县鲁家沟公社党委副书记。1960年后历任中共定西县委书记处书记、副县长,巉口林场场长、华家岭林业站站长、通渭县生产指挥部副主任、革委会副主任、中共陇西县委副书记、定西地区医院院长,定西地区卫生局局长、定西地区医院党委书记等职务。1987年1月当选为定西县第十届人大常委会主任。1990年1月,当选为定西县第十一届人大常委会主任。1993年7月退休。

卢秀华(1933.02—),定西市安定区内官营镇人。初中文化,中共党员。1950年5月在定西县内官营区公所担任会计,1952年3月在定西县财政科工作,1955

年3月任定西县财政科副科长。1956年7月任定西县农业银行行长,1957年6月任定西县人民银行行长(期间在省委党校学习一年)。1961年6月任定西县农林水牧局局长、组长,1970年10月任定西县农业局副局长、局长,1978年4月任定西县农办主任。1978年11月任会宁县革命委员会副主任,1980年12月任会宁县人民政府副县长。1982年3月任陇西县人民政府县长,1983年10月任定西县人民政府县长。1987年3月任中共定西地委党校校长,1988年1月任定西地区监察局局长。1993年8月退休。

杨见教(1933.07—),榆中县人,初中文化,中共党员。1949年9月参加工作。1950年3月在定西地区公安处工作,同年7月任定西县公安局看守所长、预审股长。1956年2月起先后担任临洮县公安局秘书股长、副局长,临洮县人民检察院检察长,临洮县公安局局长。1970年后历任定西县农宣队队长,定西地区电厂党委副书记、副主任,中共定西县委常委、公安局长,纪委书记。1987年1月至1993年1月,担任政协定西县第三届、第四届委员会主席。1994年1月离休。

左俊文(1934—2010.04),湖南省湘阴县人,本科学历,中共党员。1957年1月起在定西一中担任高中物理教员。1974年7月调定西县工交局工作。1982年任定西县高强度螺钉厂厂长。1989年2月起先后担任中共定西县委副书记、定西县政府副县长,分管工业和乡镇企业。1993年1月至1995年1月,担任定西县第十二届人大常委会主任。1995年2月退休。

秦贵仁(1936.08—),定西市安定区符家川镇人,初中文化,中共党员。1955年8月起,先后在定西县符家川乡政府、临洮农校、皋兰炼钢厂工作和学习。1959年1月起在中共定西县委组织部、县政府民政科工作。1963年后历任定西县法院审判员、秘书,中共定西县城关、高峰公社党委副书记。1979年9月起历任定西县检察院副检察长、法院副院长、院长,定西县政法委员会书记。1993年1月至1996年1月,担任政协定西县第五届委员会主席。1996年12月退休。

张根生(1940.04—),上海市人,大专学历,中共党员。1956年在甘肃水利技术干部培训班结业后分配到临洮县水利科工作。1959年3月调定西地区水利局工作,先后任副科长、科长、副处长。1982年4月任靖远兴堡子川电灌工程指挥部副总指挥。1985年任定西地区水利处处长。1987年1月起担任中共定西县委副书记、定西县县长。1990年9月至1992年10月,担任中共定西县委书记。1992年12月后,历任甘肃引洮工程筹备处副主任,甘肃省水利水电工程局局长、党委书记,甘肃省疏勒河建设管理局局长、党委书记,甘肃省水利厅巡视员。2002年7月退休。

李仁兴(1944.07—),兰州市人,大学文化,中共党员。1966年12月在陇西县文昌小学任教,1972年11月后在陇西县文教局、中共陇西县委宣传部工作。1980年7月调中共定西地委秘书处工作。1984年起历任陇西县副县长、中共定西县委副书记。1995年1月至1998年12月,担任定西县第十二届、第十三届人大常委会主任。

高存弟(1945.02—),陕西省白水县人,本科学历,中共党员。1964年9月起在兰州大学经济系政治经济专业学习,毕业后于1970年8月参加甘肃省农宣队。1971年9月起任临夏市桥寺公社秘书。1973年起先后在中共临夏市委办公室、临夏州委宣传部工作,任秘书处秘书、副科长。1981年后历任甘肃省政府办公厅农村处副处长、法治处副处长。1985年2月至1989年12月,担任中共定西地委副书记兼定西县委书记。1990年后,相继担任中共定西地委副书记、行署专员,甘肃省农业委员会副主任,甘肃省审计厅厅长、党组书记,政协甘肃省委员会常委、副秘书长。

王明义(1946.03—),会宁县人,初中文化,中共党员。1964年12月起,在中国人民解放军某部队服役,历任班长、排长、指导员、政治部主任。1978年转业地方后历任定西地区靖会电灌管理局副局长、定西地区行政干部学校副校长、通渭县人大常委会副主任。1993年任定西县人大常委会副主任。1997年12月任政协定西县第六届常务委员会主席。2002年12月任定西县第十四届人大常委会主任。2006年3月退休。

崔振乾(1947.05—),通渭县人,本科学历,中共党员。1970年参加工作,先后在通渭县担任初中教员、中学校长、公社党委书记、县文教局局长。1985年10月起担任定西县人民政府副县长、中共定西县委副书记,主要分管农业。1990年9月至1994年6月,担任定西县政府县长。1994年7月以后,相继担任兰州气象学校校长、党委书记,甘肃省气象厅副厅长、巡视员(正厅级)。

朱同心(1948.10—),兰州市人,本科学历,中共党员。1969年1月起在兰州市七里河塑料树脂化工厂工作。1977年8月在甘肃省工业大学学习,毕业留校后派往东北重型机械学院物理师资班学习,毕业后回校从事教学工作。1985年选派到陇西县工作,历任陇西县副县长、中共陇西县委副书记、县长、中共陇西县委书记。1995年10月至1997年10月任中共定西县委书记。1998年后,历任定西地区行署副专员、中共定西地委副书记、定西行署专员。2003年1月任甘肃省工商局局长。

虎登岗(1949.08—2001.06),回族,定西市安定区香泉镇人,大学文化,中共党员。1972 年参加工作后相继担任定西县团结公社管委会主任、党委副书记,中共香泉公社党委书记。1987 年 4 月任定西地区民族宗教处副处长。1989 年 9 月任中共定西县委副书记。1996 年 1 月至 1997 年 12 月,担任政协定西县第五届委员会主席。1998 年 1 月任定西地区民政处副处长。2001 年 6 月病逝。

杨海荣(1950.11—),陇西县人,大学文化,中共党员。1969 年 11 月在解放军某部独立团服役,1975 年转业后在靖远矿务局红会一矿工作。1985 年 4 月后在中共定西地委纪律检查委员会任副科长、科长。1989 年 11 月起,相继担任中共定西县委常委、纪委书记、县委副书记。2002 年 12 月至 2010 年 6 月,担任政协定西县第七届、第八届委员会主席。2010 年 12 月退休。

王仲谦(1954.04—),定西市安定区内官营镇人,大专学历,中共党员。多年从事乡镇企业经营管理和党务工作,1984 年至 1988 年,历任内官营砖厂副厂长、党支部书记,暖泉工业公司党支部书记。1989 年起,先后担任内官营镇乡镇企业管理委员会主任、党总支书记,内官营镇副镇长、镇长、党委书记,定西县经贸局局长,中共定西县委常委、纪委书记,通渭县副县长、中共通渭县委常委、副书记、纪委书记等职。2006 年 3 月至 2010 年 12 月,担任定西市安定区第十四届、十五届人大常委会主任。

何振中(1954.09—),会宁县人,本科学历,中共党员。1982 年毕业于甘肃农业大学农学系,先后任定西地区农业科研所、旱农科研所技术员,旱农科研推广中心科研部副主任,定西地区农技站站长。1989 年起历任定西县副县长、中共定西县委常委、定西地区行署农业处处长、中共定西县委副书记、代县长。1996 年 7 月任定西县县长。1997 年 10 月至 2001 年 4 月任中共定西县委书记。2001 年 5 月后相继担任中共庆阳地委副书记,中共张掖地委副书记、张掖市代市长,甘肃省审计厅党组书记、厅长。

刘金良(1955.03—),陇西县人,本科学历,中共党员。1975 年 9 月参加工作,历任共青团陇西县委干事、副书记、书记,定西地区团委副书记、纪委书记,中共陇西县委副书记、县委常委、副县长,中共定西县委副书记。1994 年 7 月至 1996 年 7 月,任定西县人民政府县长。1996 年 9 月后相继担任定西地区国家税务局党组书记、局长,甘肃省国家税务局纪检组副组长、监察室主任、党组成员、副局长,宁夏回族自治区国家税务局党组书记、局长。

王冠军(1958.12—),通渭县人,本科学历,中共党员。1982 年 11 月起在定西行署工作,曾任人事处副科长、科长、副处长。1995 年 10 月至 2001 年 9 月,担任中共定西县委副书记、定西县人民政府县长。2002 年 12 月至 2004 年 1 月,担任中共定西县委书记、中共安定区委书记。2004 年 7 月后,历任中共嘉峪关市委常委、政法委书记,甘肃省扶贫办"两西"建设指挥部党组成员、纪检组长。

郭景虎(1962.07—),靖远县人,本科学历,中共党员。1984 年 7 月起在定西地区行署计划处工作。1992 年 7 月后历任定西地区行署计划处基建科副科长、工交科科长、副处长。2002 年 11 月后,相继担任中共定西县委常委、定西县政府副县长、中共安定区委副书记、安定区政协党组副书记、副主席、党组书记。2010 年 6月任政协安定区第八届委员会主席。

位志荣(1963.01—),平凉市人,硕士研究生学位,中共党员。1984 年 7 月甘肃农业大学兽医系毕业后,分配到平凉地委农村工作部工作。1990 年 4 月起历任平凉地委组织部组织员、科长。1997 年 12 月任中共庄浪县委副书记、县长,期间在甘肃农业大学动物医学预防兽医专业读研究生。2002 年起历任中共岷县县委书记,中共定西市委副秘书长,中共定西市委常委、市委秘书长。2009 年 7 月至 2010年 12 月,任中共定西市委常委、安定区委书记。

郭维团(1963.05—),会宁县人,硕士研究生学位,中共党员。1982 年 7 月庆阳师范专科学校毕业后在会宁县政府办公室工作。1984 年 12 月调定西行署办公室,历任副科长、科长。1993 年 12 月起历任中共定西地委督察室主任,秘书处副处长、处长,中共定西(地)市委副秘书长、办公室主任、秘书处处长。2004 年 1 月,任定西市人民政府市长助理、中共安定区委副书记、区政府区长。2010 年 6 月任中共临洮县委书记。

李旺泽(1963.12—),会宁县人,硕士研究生学位,中共党员。1984 年 7 月甘肃农业大学兽医系毕业后,分配到定西地区行署畜牧处兽医站工作,曾任副站长、站长。1994 年 10 月起历任定西地区行署畜牧处副处长,定西地区扶贫开发办公室副主任,中共岷县县委副书记、代县长、县长。2001 年 9 月任定西县县长。2004年 1 月至 2009 年 5 月,任中共定西市委委员、安定区委书记。2009 年 5 月任中共陇南市武都区委书记。

赵众炜(1968.09—),静宁县人,硕士研究生学位,中共党员。1990 年 7 月西北师范大学化学系毕业后从业于甘肃省白银公司,历任质量检验处化验室助理工程师;药物部检验科副科长、工程师;质量检查处产品科副科长、工程师;质量检查处物料科副科长、工程师;质量检查处副处长、工程师。2002 年 1 月起相继担任白银公司检测中心副主任、高级工程师;中共渭源县委常委、副县长;中共通渭县委副书记。2010 年 6 月任中共安定区委副书记、区政府区长。

第六节 享受国务院或省政府特殊津贴专业技术人员

张兆吉(1924—1999),定西市安定区称钩驿镇人,中共党员,小学高级教师。1949年8月参加工作,曾任青岚山小学、中华路小学校长。1988年6月,被评为全国德育先进工作者。同年,当选为中共甘肃省党代会代表。1991年1月,被评为甘肃省特级教师,享受省政府特殊津贴。1994年,获甘肃省首批"教师世家"称号。

史海滨(1935.03—),定西市安定区永定路街道人,高级工程师,中共党员。1956年4月,在定西县农林水牧局参加工作。先后担任定西县林业局副局长、关川河流域综合治理指挥部治理科科长等职务,曾参与100多个林场、公路绿色长廊及城区绿化建设的规划、指导,负责实施了多项定西县小流域综合治理项目。先后多次被国家水利部、国家林业总局评为先进个人。1993年10月,享受国务院政府特殊津贴。1995年4月退休。

牛天择(1937.12—2002.06),通渭县人,大专学历,中专高级讲师,中共党员。1958年8月参加工作,先后在定西中学、定西教育学院、定西县教师进修学校任教。发明制作了《支农水准仪》和《谷物估量尺》,并在实践中得到推广使用。1994年6月,被评为甘肃省特级教师,享受省政府特殊津贴。1998年1月退休。

曹国琥(1938.02—),渭源县上湾乡人,陕西师范大学化学系毕业,中学高级教师,中共党员。1959年7月参加工作,先后在陕西省户县一中、定西县巉口中学、东方红中学任教,历任中华路中学党支部书记、东方红中学校长。1996年7月,被评为甘肃省特级教师,享受省政府特殊津贴。1998年8月退休。

耿仁杰(1941.08—),四川省南充市人,甘肃师范大学中文系毕业,中学高级教师,中共党员。1964年9月参加工作,先后在定西中学、定西地区文工团、定西地区教育处工作,历任定西中学副校长、党支部书记等职务。1989年,被中国教育学会和中国语文教学研究会评为全国优秀语文教师。1994年9月,被评为甘肃省特级教师,享受省政府特殊津贴。2001年9月退休。

贺 澄(1942.09—),定西市安定区凤翔镇人,本科学历,农业技术推广研究员,中共党员。1966年甘肃农业大学毕业后,分配到新疆生产建设兵团工作。1985年,调定西地区旱农中心。主持和承担的高寒课题、地下鼠害防治课题获全国农牧渔业丰收奖,在国家和省级报刊发表科研论文10余篇。1993年,享受国务院政府特殊津贴。2003年退休。

田生福(1943.10—),定西市安定区内官营镇人,大专学历,小学高级教师,中共党员。1963年3月参加工作,长期从事小学教育工作,曾任内官营小学校长。1992年9月获甘肃省"园丁奖"。1995年5月,被评为全国优秀教师。1998年9月,被评为甘肃省特级教师,享受省政府特殊津贴。2003年11月退休。

张　铃(1944.05—),定西市安定区永定路街道人,本科学历,中学高级教师,中共党员。1968年9月,在永登县马军学校参加工作。1978年,调定西中学从事英语教学工作。曾任定西中学办公室主任、教务处主任,甘肃省中小学高级教师、特级教师评审委员会委员。在国家和省级报刊发表论文20余篇。专著《中学英语词汇语法手册》获甘肃省基础教育科研成果三等奖。1996年9月,被评为甘肃省特级教师,享受省政府特殊津贴。2004年6月退休。

马　英(1944.12—),定西市安定区李家堡镇人,中专学历,小学高级教师,中共党员。1964年8月参加工作,多年从事小学教育,曾任李家堡学区校长。1995年9月,获甘肃省园丁奖。2000年12月,被评为甘肃省特级教师,享受省政府特殊津贴。2005年1月退休。

曹玉琴(1945.09—),女,定西市安定区凤翔镇人,本科学历,农业技术推广研究员,中共党员。1968年参加工作,先后任定西地区旱农中心育种室主任、党支部书记等职务。主持省科委攻关项目"旱地莜麦新品种选育"等农技科研工作,育成莜麦新品种4个,有两项科研成果获国家科技进步奖,7项科研成果获甘肃省和甘肃省农业厅科技进步奖。在国家和省级报刊发表科研论文20余篇。1993年,享受国务院政府特殊津贴。2000年退休。

马明德(1945.10—1999.04),定西市安定区凤翔镇人,大学学历,中学高级教师,中共党员。1967年8月参加工作,先后在榆中县和定西县巉口中学、葛家岔中学、东方红中学任教。1992年9月,获甘肃省园丁奖。1994年7月,被评为甘肃省特级教师,享受省政府特殊津贴。

杨继胜(1946.02—),定西市安定区凤翔镇人,本科学历,主任医师,中共党员。1968年参加工作,先后任定西市人民医院院长、调研员等职务,是定西市人民医院泌尿科专业创始人之一。在省级以上报刊发表医学论文23篇,获省级科技进步奖1项。1993年9月,享受国务院政府特殊津贴。1997年,被中宣部、卫生部评为全国"三下乡"先进个人。2006年退休。

郑长发(1945.10—),上海市人,本科学历,中学高级教师,中共党员。1969年至1981年,在定西地区农宣队、会宁一中工作。1981年9月,调定西中学任教。1984年,受甘肃省教育厅委派,到北京四中任校长助理。1985年回定西中学,先后担任副校长、校长等职务。1997年9月,获甘肃省园丁奖。1998年9月,被评为甘肃省特级教师,享受省政府特殊津贴。2005 年 11 月退休。

王永明(1946.09—),定西市安定区巉口镇人,本科学历,中学高级教师,中共党员。1969 年 7 月北京师范大学外语系毕业后,留校工作。1972 年 6 月,调定西县工作。先后任东方红中学副校长、中华路中学校长等职务。1989 年 9 月,获全国优秀教师称号。1996 年 7 月,被评为甘肃省特级教师,享受省政府特殊津贴。2006 年 10 月退休。

杨戈中(1948.01—),定西市安定区符家川镇人,本科学历,中学高级教师。1971 年 2 月参加工作,先后在安定区符家川学校、香泉中庄学校、定西中学任教。2005 年 4 月,被评为甘肃省先进工作者。2005 年 12 月,被评为甘肃省特级教师,享受省政府特殊津贴。2008 年 2 月退休。

冯惠东(1948.07—),定西市安定区永定路街道人,本科学历,中学高级教师,中共党员。1975 年 8 月至 1983 年 7 月,在定西县内官营中学任教和在甘肃教育学院进修。1983 年 8 月,调安定区东方红中学工作,先后任教师、副校长、校长、督学等职务,是政协定西市第二届委员会委员和政协安定区第八届委员会委员。曾获"全国语文教研先进工作者"等荣誉称号。2005 年 12 月,被评为甘肃省特级教师,享受省政府特殊津贴。2008 年 12 月退休。2010 年 9 月,受聘担任《定西市安定区志(1986—2010)》执行主编。

潘玉珍(1951.10—),女,陇西县人,中专学历,中学高级教师,中共党员。1970 年 7 月参加工作,先后在陇西县、定西县多所小学和中学任教。1991 年 8 月,任定西县友谊幼儿园园长。2001 年,被文化部、全国妇联评为"优秀读书家庭"。2003 年 10 月,被评为甘肃省特级教师,享受省政府特殊津贴。2006 年,破格晋升为中学高级教师,同年 11 月退休。

闫素珠(1952.12—),女,定西市安定区中华路街道人,中专学历,中学高级教师,中共党员。1974 年 7 月参加工作,一直在定西县中华路小学(现安定区公园路小学)工作,曾任校长。1994 年 9 月,获甘肃省园丁奖。1997 年 3 月,享受国务院政府特殊津贴。1998 年 3 月,被评为"全国优秀教师"、甘肃省特级教师,享受省政府特殊津贴。2008 年 1 月退休。

贾怀忠(1954.02—),定西市安定区巉口镇人,本科学历,中学高级教师。1978 年 8 月参加工作,先后在安定区新集中学、中华路中学等学校任教,历任内官营中学、公园路中学校长和东方红中学副校长等职务。1996 年 9 月,获甘肃省园丁奖。2006 年 12 月,被评为甘肃省特级教师,享受省政府特殊津贴。

张凤英(1954.10—),女,定西市安定区巉口镇人,中专学历,中学高级教师,中共党员。1975年10月参加工作,先后任安定区(定西县)幼儿园教师、园长。论文《课堂教育教学新探》,获甘肃省教科研优秀论文二等奖。1995年,获"全国巾帼建功十佳明星"称号。1998年,获甘肃省园丁奖。2000年12月,被评为甘肃省特级教师,享受省政府特殊津贴。2008年10月,破格晋升为中学高级教师。2009年11月退休。

周 谦(1957.03—),定西市安定区凤翔镇人,农业技术推广研究员,中共党员。1978年参加工作后,一直从事冬春小麦新品种选育及良种推广工作,任定西市旱农中心粮食作物研究室主任。先后选育出小麦新品种6个,主持完成农业科研项目23项,获国家发明专利1项,省级科技鉴定成果2项。2001年,享受国务院政府特殊津贴。2007年至2010年,先后获甘肃省星火科技先进工作者、甘肃省农业技术推广标兵等荣誉称号。

董淑琴(1957.03—),女,定西市安定区石泉乡人,大专学历,中学高级教师,中共党员。1977年1月参加工作,先后在石泉乡中山学校、宁远中学、东关小学任教,并担任东关小学校长。2009年3月,被评为甘肃省特级教师,享受省政府特殊津贴。

赵 荣(1957.08—),定西市安定区称钩驿镇人,本科学历,中学高级教师,中国民主促进会会员。1983年参加工作,长期在定西中学从事历史教学工作。先后任总务主任、副校长等职务。是政协甘肃省第八届委员会委员,政协定西市第一届常委会委员,民进安定区第一届委员会主任委员。2005年12月,被评为甘肃省特级教师,享受省政府特殊津贴。

曹碧莲(1960.03—),女,会宁县汉岔乡人,本科学历,中学高级教师,中共党员。1976年参加工作,先后在巉口中学、西巩驿中学和东方红中学任教。2006年12月,被评为甘肃省特级教师,享受省政府特殊津贴。

刘惠玲(1962.07—),女,渭源县人,本科学历,中学高级教师,中共党员。1982年参加工作,长期在定西中学任数学教师,被中国数学学会专业委员会评为优秀辅导员。2000年,被评为甘肃省首批中学骨干教师。2004年,获甘肃省园丁奖。2005年12月,被评为甘肃省特级教师,享受省政府特殊津贴。

赵玉城(1962.11—),定西市安定区香泉镇人,本科学历,中学高级教师,中共党员。1982年7月参加工作,先后在中华路中学、定西中学任教,任定西中学教研处主任。在省级以上报刊发表教学教研论文40余篇。2003年,获中国中学数学教育最高奖—苏步青数学教育奖。2005年,被评为甘肃省特级教师,享受省政府特殊津贴。

　　韩相鹏(1963.08—),定西市安定区凤翔镇人,本科学历,农业技术推广研究员,九三学社社员。1986年参加工作,长期在定西市植保植检站从事植物保护技术研究与推广工作。主持和参与制定的10项地方标准,由甘肃省质量技术监督局发布实施。在国家级和省级报刊发表科研论文22篇。2006年,被评为甘肃省555创新人才、甘肃省优秀专家。2008年享受国务院政府特殊津贴。

　　董　勇(1963.12—),定西市安定区永定路街道人,本科学历,中学高级教师,中共党员。1981年7月参加工作,先后在安定区宁远中学、中华路中学、东方红中学任教,历任宁远中学、东方红中学和定西中学校长。1993年,获甘肃省园丁奖。1998年9月,被评为全国优秀教师。2005年12月,被评为甘肃省特级教师,享受省政府特殊津贴。

　　魏文斌(1965.04—),定西市安定区人,中共党员。1988年北京大学考古系毕业后,分配到甘肃文物考古研究所工作。2002年,调至麦积山石窟艺术研究所,任副所长、研究员。2009年,取得兰州大学历史学博士学位。2010年,进入甘肃省千名领军人才,享受省政府特殊津贴。

　　易巧兰(1965.05—),女,定西市安定区称钩驿镇人,大专学历,中学高级教师,中共党员。1984年8月参加工作,先后在巉口小学、大城小学任教,曾担任大城小学教导主任、副校长。2005年12月,被评为甘肃省特级教师,享受省政府特殊津贴。

　　高　嶙(1966.07—),定西市安定区葛家岔镇人,本科学历,高级工程师,中共党员。1989年8月参加工作,长期致力于水保生态环境建设和研究,曾任定西县关川河综合治理指挥部治理科长、定西市环保局副局长等职务。先后在国家和省市报刊发表科技论文10余篇,有3项科研成果获得甘肃省科技进步奖。2004年,被评为甘肃省优秀专家。2007年2月,享受国务院特殊津贴,入选甘肃省领军人才第二层次人选。

　　赵克荣(1966.09—),定西市安定区称钩驿镇人,本科学历,高级工程师,中共党员。1987年12月参加工作,长期工作在安定区水保生态环境治理第一线。曾任定西县关川河流域综合治理指挥部治理科科长、定西市发改委科长等职务。先后在国家级和省级刊物发表科研论文10余篇,有5项科研课题获甘肃省科技进步奖,入选甘肃省555创新人才工程第二层次人选。2005年8月,享受国务院政府特殊津贴。

第七节 正高级职称专业技术人员

王超人(1915—1994),原名王绳祖,字结三,定西市安定区凤翔镇南二十里铺村人。1944年,毕业于贵州陆军兽医学校兽医专科。中华人民共和国成立后,一直在兰州西北畜牧兽医学院(甘肃农业大学前身)从事教学和畜牧兽医科研工作。先后担任甘肃农业大学讲师、副教授、教授、兽医系内科教研组主任、家畜病院主任等职务,并担任国家某畜病攻关课题组负责人、《家畜内科学》副主编,参与编写我国首部高校兽医类统编教材,先后发表科研论文20余篇,《1402例疝痛临床分析和探讨》理论,在兽医临床上推广应用,其中《马类动物气喘病研究》获1988年甘肃省科技进步二等奖。

张祖荣(1923—1994),字耀青,定西市安定区内官营镇人,中国农工民主党党员,教授,硕士生导师。1952年毕业于兰州大学医学院,自愿到青海省中山医院工作。曾任农工民主党青海省第一、二届委员会主任委员,农工民主党第九届、第十届中央委员。晚年主编出版了70多万字的《耳鼻咽喉症状鉴别诊断学》一书。

郑祥麟(1931—),定西市安定区内官营镇永丰村人,本科学历,中共党员,教授。1955年赴苏联留学,1957年在莫斯科大学受到毛泽东主席接见。1979年后,在南京林学院重点研究金州江三堆子顺河缆水工模型试验,于1984年通过了国家林业部的鉴定。主要著作有《湖运木捆排抗浪性的研究》《波浪作用方向对木排抗浪性的影响》《新型材料—玻璃钢》等。

陈振中(1931.10—2005.8),定西市安定区青岚山乡人,中国经济史研究员,中共党员。1956年中国人民大学研究生毕业后留校任教,从事中国经济史的教研工作。1980年调中国社会科学院经济研究所工作。主要从事先秦经济史研究。所著《青铜生产工具与中国奴隶制社会经济》获国家社会科学基金项目奖、中国社会科学院优秀科研成果奖。毕生致力于中国经济史和发秦史研究,成果丰硕。由他改编的《先秦青铜生产工具》、与他人合作编著的《中国经济通史》《中国近代经济史》《中国农业经济通史》《中国经济史辞典》等,获得学术界高度评价。

李亚乔(1934—),定西市安定区香泉镇云山村人,本科学历,高级编辑。1950年参加工作,先后在定西县税务局、定西县委农村工作部、宣传部报导组工作。1964年,调《甘肃日报》社。1981年,创办《少年文史报》,并担任总编辑。

景荣华(1938—),笔名于定,定西市安定区人,兰州大学中文系毕业。历任新疆石河子市电视台台长、主任编辑等职。先后发表散文、特写、文艺评论、长篇通讯、电视解说词等数百篇。主要作品有散文《周总理,石河子人民怀念你!》,长篇通讯《献给边疆女医生》，电视纪录片《新生之路》。

郭海云（1938.06—），定西市安定区石泉乡吕坪村人，本科学历，教授。1964年后，任职于西北民族大学，长期担任本科生、研究生的马克思主义哲学原理、原著等课程的教学任务，发表论文30多篇。专著有《路德·维希〈费尔巴哈和德国古典哲学的终结〉解说》。1992年，获甘肃省园丁奖。

牟豪戎（1938—），定西市安定区凤翔镇北二十铺村人，本科学历，教授。1961年后，多年担任中学教师。1976年调入西北民族学院汉语系任教。1979年，调入西北师大。1961年开始，发表文章70多篇、50余万字。文艺理论专著《甘肃毛泽东文艺美学思想研究专集》《邓小平文艺思想论稿》，获甘肃第二届敦煌文艺奖三等奖。系甘肃省作家协会会员、中国社会主义文艺学会会员、中国毛泽东思想研究会理事。

梁　峰（1938.11—），定西市安定区李家堡镇窑坡村人，本科学历，研究生导师。在中科院西安原子能研究所工作期间，与同事成功研制出我国第一代变像管。1988年，调至西安石仪研究所。《微型测井中子管》的设计研究，获国家发明专利。

何　来（1939.12—），原定西县城关镇人，大学文化，中共党员。新中国成立初上小学时即在上海《少年文艺》发表诗歌处女作，自此坚持诗歌创作，1960年代初上西北师范大学期间，以诗歌代表作《烽火台抒情》等，享誉甘肃诗坛。1963年大学毕业后，先后在定西中学、中共定西地委宣传部、甘肃省文联工作，长期担任《飞天》文艺月刊社编审，系甘肃省作家协会副主席、诗歌创作委员会主任委员、文学艺术家联合会委员、中国诗歌协会理事。在省内外报刊发表大量诗歌、散文及文学评论，多首诗歌被全国多种诗集选录。曾荣获甘肃省"期刊责任编辑奖"、函授中心"人梯奖"及全国少数民族文学"园丁奖"，有《侏儒酒吧》《何来诗选》等诗集和文论集《探索与贡献》出版。

李登科（1941—），笔名蒲隆，原定西县城关镇人，硕士学位，教授。1963年参加工作，在兰州二中任教，后任兰州大学外语系教授。译著有长篇小说《洪堡的礼物》。

张儒林（1942—），定西市安定区巉口镇赵家铺村人，大学学历，教授。1964年毕业于西北师范大学外语系英语专业，现任西北师范大学外语系主任，硕士研究生导师。主要译著有《美国的历程》《次文化》等。

杨　雄（1947—），定西市安定区凤翔镇友谊村人，本科学历。1982年西北师范学院中文系毕业后分配到定西教育学院任教，后调到敦煌研究院从事敦煌学研究工作，先后担任敦煌研究院学术委员会秘书长兼科研处处长、甘肃省考古研究所所长,重庆市三峡学院中文系教授、敦煌研究所所长。曾随中国敦煌学者访问团应邀出访日本、美国等进行学术交流,其研究成果受到国内外敦煌学界关注。主要敦煌学论著有:《关于李白言妇女的诗》《敦煌写本李白诗刍议》《敦煌艺术》(三册)等。多年坚持文学创作,先后在省内外文艺刊物发表诗歌、小说、剧本、电影文学剧本等百余篇,剧本《小斑头遇险记》入选甘肃省建国30年《甘肃儿童文学选》。

魏　义(1947—),原定西县城关镇人,大学文化。1971年参加工作,历任《少年文史报》记者、编辑,《甘肃日报》记者、编辑、报社编委、总编室主任、高级编辑。1968年以来,先后在省内外报刊发表新闻、通讯、诗歌、散文、杂文、游记、文艺评论、科普文章、学术论文等600余篇,部分新闻论文及编辑版面获第七届中国新闻奖,多篇作品入选有关论文集并获奖。主要作品有:诗组《丝路行》《两幅面孔》《机器人趣话》(获甘肃省科普作品二等奖)、《草堂忆诗圣》《耕耘不息的"拓荒牛"——诗人夏羊》《东风不择木》等。有专著《荧火集》《探珠集》等出版。

张凤鸣(1948—),女,定西市安定区人,本科学历。1982年,青海医学院毕业后留校任教,晋升为副教授。1994年调山东省泰安市医学院工作,任解剖教研室主任、教授。

安　江(1949.12—),定西市安定区石峡湾乡人,本科学历。1982年,毕业于兰州医学院医疗系,长期在定西市人民医院工作。任定西市人民医院感染性疾病科主任医师,是兰州大学医学院和兰州中医学院兼职教授。在省级以上医学刊物发表论文12篇。由于在定西市2003年抗非典疫情中绩效显著,2005年,荣获甘肃省先进工作者称号。

颜重鼎(1950—),原定西县城关镇人,毕业于四川美术学院绘画系。现为中国美术家协会会员、定西市文化馆研究馆员、定西市政协委员。创作各类美术作品60余件,入选国家级大型展览9件,获全国展览铜奖3次,获甘肃省展览一等奖4次,获省"敦煌文艺奖"3次。作品《禽流感祭》获第十届全国美术作品展览铜奖、甘肃省"敦煌文艺奖"一等奖。

傅伯仁(1950—),定西市安定区新集乡景坪村人,定西市委党校教授。1972年参加工作,先后发表论文30多篇。2008年,出版《黄土高原生态建设效率研究》科研论著。

冯兆东(1955—),定西市安定区石泉乡中坪村人,博士、教授。先后在美国堪萨斯大学取得地理博士学位、哥伦比亚大学地理博士后职位,是国际知名专家,现为美国犹他大学教授、兰州大学客座教授。

吴勇杰(1955.7—)，定西市安定区宁远镇人，教授，博士生导师。1988年3月，公派出国，在日本国岐阜大学进修"新药药理学"、"肿瘤药理学"及"抗炎免疫药理学"。2005年以来，累计承担或负责各类科研课题10余项，其中国家自然科学基金1项。现任兰州大学基础医学院药理学研究所所长、甘肃省新药临床前研究重点实验室副主任。

劲天庆(1956—)，定西市安定区李家堡镇人，本科学历。现任定西高等师范专科学校中文系教授、副校长，兼任定西市社科联副主席。教学之余，主要研究文学理论、中国现当代作家作品评述和学校管理等。2006年，荣获甘肃省"园丁奖"。

李宝明(1957—)，定西市安定区凤翔镇人，大学学历。任定西市人民医院门诊部主任，主任医师。1984年，与同事一起组建定西地区医院五官科。1989年，创建定西地区医院口腔颌面外科。

张晓宝(1958—)，定西市安定区人，博士后职位。曾任中国科学院兰州地质研究所教授级研究员、博士生导师，兰州大学兼职教授。后入加拿大国籍，担任加拿大国家地质研究院教授级研究员。

丁学洲(1958.07—)，定西市安定区凤翔镇福台村人。1976年应征入伍，1994年复旦大学硕士研究生毕业，在北京解放军后勤学院参加工作，任教授，硕士研究生导师。从军40年，始终工作在国防教育一线。提出并创立了"国防人口学"，出版了《国防人口学》等10多部专著。

肖锦龙(1960—)，回族，定西市安定区香泉镇香泉村人，本科学历。1997年获英国沃克大学博士学位，现为兰州大学教授。中国比较文学学会会员、甘肃省外国文学学会常务理事。发表专著1部、译著1部、编著2部、学术论文20多篇。专著《中西文化深层结构和中西文学的思想导向》，荣获甘肃省教委社科成果二等奖和甘肃省社科优秀成果三等奖。

吴　江(1961—)，定西市安定区人。1999年获中国人民大学经济学博士学位，同年8月进中国社会科学院经济所博士后流动站做研究工作。任暨南大学经济系主任、教授、博导。主要研究社会主义市场经济、知识经济与产业转型、劳资关系。出版著作《知识运行论》《中国经济热点问题探索》等。

马启明(1962.09—)，定西市安定区凤翔镇人，本科学历。1982年参加工作，先期在定西县人民医院从事医疗工作。1992年起，历任定西县人民医院院长、定西市人民医院副院长，定西市优秀人才促进会理事兼医疗卫生组组长。2003年9月，晋升为心血管内科主任医师，同年当选为定西市第一届人民代表大会代表。

安玉坤(1962.09—)，定西市安定区内官营镇清溪村人。中共党员，理学博士学位,南京航空航天大学理学院教授、数学系主任。长期从事数学教学与研究,专于"非线性泛函分析"、"偏微分方程"方向,研究成果常见于国内外权威学术期刊,多次参加国际学术交流,其中关于"非线性吊桥方程"、"非线性电报方程"和"高阶椭圆方程(组)"的部分研究成果受到国内外数学界广泛关注和引用。

孙　钧(1962.10—),定西市安定区石泉乡张岔村人,本科学历。长期从事中医诊疗工作。2006年,晋升为中西医结合主任医师。兰州大学、甘肃中医学院兼职教授,甘肃省科技专家库专家。发表《乙肝的辨病与辩证》等专业论文80余篇,出版《儿童心理魔方》等专著3部。

李有堂(1963.05—),定西市安定区人,硕士学位。1998年,在甘肃工业大学毕业后留校工作,主要从事先进制造技术、断裂理论与应用等方面的教学与研究。2002年,破格晋升为教授。为甘肃省高校跨世纪学科带头人、甘肃省"555创新人才工程"第一层次入选人员。获得国家级科研成果10项、省部级科研成果奖4项,其中5项获得国家专利。

梁小波(1963—),定西市安定区李家堡镇窑坡村人,研究员级高级工程师,博导。毕业于大连理工大学,获硕士学位。就职于湘电集团湘电重型装备股份有限公司,任常务副总经理。主持研发国内首创并具有自主知识产权的大吨位电动轮自卸车,以及工矿机车、城市轨道车辆等系列产品,构建大型电动轮自卸车的开发、虚拟实验平台和评价体系,填补了国家该领域缺乏系统研究的空白。所主持研发的产品多次荣获国家"优质产品"金奖、国家科技进步成果特等奖等荣誉。

刘永生(1963—),女,原定西县城关镇人,本科学历,儿科主任医师。长期在定西县人民医院从事儿科疾病诊疗工作,现任定西市第二人民医院副院长。系定西市第一届人民代表大会代表,安定区第七、第八届政协委员,安定区党外知识分子联谊委员会秘书长。主持的科研项目《贫困地区习惯性流产综合诊断早期干预降低智残儿出生缺陷》,获甘肃省科技进步三等奖。

张彦峰(1964.01—),定西市安定区巉口镇人,本科学历,内科主任医师,现任定西市第二人民医院院长。独立完成14项临床诊疗新课题。主持完成的《复方陇马陆片工艺与临床前实验研究》,2008年通过甘肃省科技厅鉴定,评语为"达到国内领先水平"。

古进仓(1964.11—),定西市安定区人,九三学社社员,文学博士,教授。任兰州理工大学人文社会科学院副院长。长期从事中国现代文学研究,在CSSCI(中文社会科学引文索引)发表论文20多篇。代表作品有《老舍个性气质论》《开创"老舍世界"诠释与研究的新局面》等。

李 政(1964—),定西市安定区石泉乡赵河村人,博士后职位,教授。1986年开始,在华东理工大学精细化工专业从事功能染料的设计合成及应用开发工作。1989年后,在西北师范大学任教。1995年,考取华东理工大学精细化工专业博士研究生,从事茂金属催化剂的合成及催化烯烃聚合研究。1998年,在香港理工大学作博士后研究。2001年,在师范大学工作,从事精细有机合成及植物生长调节剂的设计合成和应用开发研究。2006年,在美国TOedo大学作高级访问学者。先后在国内外权威学术杂志发表论文48篇。曾荣获甘肃省青年教师成才奖和甘肃省高校科技进步一等奖。

陈永军(1964.03—),定西市安定区人团结镇人,本科学历。1986年7月,在定西市旱农科研推广中心参加工作,一直从事中药材、荞麦、胡麻等作物的新品种选育及示范推广工作。获得农牧渔业部、省、市科技进步奖10项。2010年3月,被聘为研究员,并享受政府特殊津贴。

蒲育林(1964.09—),定西市安定区永定路街道人,博士学位。1984年,在定西市旱作农业科研推广中心参加工作。2001年11月,晋升为研究员。2008年9月,任定西市旱农中心副主任。长期从事马铃薯等作物新品种引进选育、作物高产栽培技术等专业技术及科研管理工作,获省部级科技成果二等奖4项、三等奖3项,实用新型发明专利1项。2004年,被省委、省政府评为甘肃省优秀专家。

李文霞(1964.11—),定西市安定区人,大学学历。1986年,在定西地区人民医院参加工作。2010年9月,晋升为主任药师。主持完成的"复方奥硝唑大黄缓释膜治疗口腔溃疡的实验研究",通过甘肃省科技厅鉴定。

孙天明(1964.11—),定西市安定区凤翔镇人,本科学历,中共党员。长期在定西市人民医院从事外科医疗工作,先后任主任医师、泌尿外科主任、党委副书记、副院长。曾主持完成多项在该院具有开创意义的泌尿外科手术,如经尿道前列腺电切术、腹膜后淋巴清扫术、根治性膀胱全切等,均获得成功。其优良的医术、高尚的医德赢得广泛社会赞誉。

吕亚龙(1966.01—),定西市安定区李家堡镇窑坡村人,本科学历,主任记者,中共党员,军转干部。1983年参加工作。任中国摄影家协会会员、甘肃省摄影家协会副主席、甘肃日报社摄影部副主任。其新闻作品《草丰牛壮心里甜》《亲切关怀》等荣获全国党报和甘肃好新闻一等奖。先后荣获"中国抗洪抢险优秀摄影家"、"甘肃报业集团'十佳'记者"等荣誉称号。

姜应明(1968.11—),定西市安定区人,本科学历。1994年10月至今,在定西市广播电视台工作,任高级记者、副台长。采编的消息《除夕,总书记来到咱农家》,

获全国广播电视大奖一等奖。

苏孜(1969.10—),定西市安定区新集乡人,工商管理硕士,教授,中国民主同盟盟员。任兰州商学院继续教育学院院长。系甘肃省领军人才第二层次入选者和甘肃省"555"第二层次创新人才入选者。先后获"全国先进个人"、甘肃省"社会科学成果二等奖"等奖励10余项。

劲存德(1969.11—),定西市安定区宁远镇丰盛村人,博士学位。就职于中央气象局,研究员,博士生导师。先后8次参加国内外野外科学考察,主持和参加科技部、中国科学院和中国气象局项目16项。系中国气候系统协调观测与预测研究(COPES)的首席科学家,国家基础研究重点规划(973)项目课题负责人,欧、美、中、日、韩联合项目—格陵兰NEEM冰芯计划—中国代表。2005年,获全国先进工作者称号和世界气象组织(WMO)青年科学家研究奖。

梁发祥(1970.09—),定西市安定区巉口镇人,本科学历。1992年到定西师专工作,任政史系教授。在国家、省级学术刊物发表论文30余篇。主持省教育厅课题3项。出版著作《纳税人权利纵论》。获甘肃省高等学校青年教师成才奖。

王屹山(1970.10—),定西市安定区凤翔镇柏林村人,博士学位。任中科院西安光机所瞬态光学与光子技术国家重点实验室副主任、研究员、博士生导师,国家863某专题专家组成员。主要从事固体及光纤超快激光技术及应用研究。曾创造国内飞秒钛宝石激光12飞秒的最短脉宽记录,研制并建立了国内首台KHZ超短超强钛宝石多通放大系统。获得中科院科学技术进步三等奖1项,陕西省科学技术一等奖1项,发表论文100余篇,申请专利20项,授权10项。

水涌涛(1973.05—),定西市安定区西巩驿镇人,中共党员,硕士研究生,研究员。1998年,毕业于哈尔滨工业大学飞行器设计专业,后一直在中国运载火箭技术研究院工作。2010年,任研究院第十四所总体室主任。

第八节　地方知名人物

杨于天(1901—1998),原名杨丕声,原定西县城关镇人。擅长书法,初临赵、魏小楷,渐自成一家。定西城区商号匾额多出其手,书法作品甚多。1981年,行书对联作品获定西地区优秀佳作奖。95岁高龄时,仍临池不辍,为众多求字者挥毫作书。

陈浩(1909—1987),字养峰。原定西县西寨乡仓沟村人。1941年甘肃学院毕业后,被甘肃省教育厅委派到定西创办中学,为定西中学首任校长。中华人民共和国成立后,在定西县城关镇任文教助理员。善诗文,著有《养峰诗词集》,收入诗词1400余首。

张继业(1912—1993),原定西县城关镇人。自幼爱好民间音乐,15岁拜当地老艺人朱民廷为师,专攻三弦弹奏。20岁能熟练弹奏眉户及地方民间小曲。1960年,应邀出席甘肃省第三届职工业余文艺会演,三弦独奏《眉户》荣获第二名。

张汝伟(1913—1999),字勋廷,原定西县城关镇人。1930年,毕业于甘肃省立第一师范学校。中华人民共和国成立前后,曾任张掖市民乐县县长。1978年后,在定西县医院担任中医师。1981年后,任民革甘肃省委顾问,热心服务于两岸统一事业。

王祥生(1915—1988),名恺,字祥生,原定西县城关镇人。1942年,毕业于兰州西北公共卫生训练所。中华人民共和国成立后,任定西专区医务所医师、定西县医院院长。1956年后,任定西县医联会主任。毕生精力贡献于人民医疗事业。

王统仁(1920—),定西市安定区人。1948年,毕业于苏州国立社会教育学院图书馆系,获学士学位。曾受聘于国民党中央监察院图书资料室,任管理员。中华人民共和国成立后,在华东革命大学南京分校学习。1952年回到甘肃,先后在兰州师范、成县师范任教。1983年,被任命为兰州市图书馆副馆长。一生致力于图书馆的建设和图书版本的研究,精于版本之学,抢救了一批极有收藏价值的图书资料和地方文史书稿,如《兰州春秋》等。

赵重原(1920—2003),字君平,定西市安定区内官营镇人,农民。系甘肃省书法家协会、美术家协会会员。擅长国画、书法。15岁时即刻苦自学书画,曾拜本县书法家陈世安为师,多年勤临《孙过庭书谱》等各家书法碑帖,书画技艺均有较高造诣。

马玉堂(1921—2003),原定西县城关镇人,本科学历,副教授。1948年1月参加工作,先后在定西中学、东方红中学、定西教育学院任教,并担任教研组长、化学系主任。是定西教育界化学教学的学科带头人,先后创建定西一中、东方红中学、定西教育学院等三个化学实验室。学识渊博,教法得当,讲课通俗生动,幽默有趣,注重精讲巧练,曾自编教材《中学化学教材教法》。被甘肃省人民政府授予"甘肃省教育名人"称号。

牛明德(1921—),甘谷县人,本科学历。1950年8月参加工作,先后在临洮农校、临洮师范学校、定西师专、定西一中、东方红中学等校任体育教师。1978年,调定西县体委工作。1983年,被国家体委授予"体育运动荣誉裁判员"称号。1985年,被评为全国优秀裁判员、新中国体育开拓者。1991年,获"中华人民共和国体育工作贡献奖章"。

马友肃(1932—),原定西县城关镇人,大专学历,中学一级教师。1949年9月参加工作,先后在中华路中学、定西职业中专等校任教。博学多能,精于方言训诂,热心于安定方言搜集整理和地方文史考证。为人极有爱心,乐于奉献,先后捐资三十余万元资助多名贫困学生完成学业。1985年被评为"全省优秀工会积极分子",1989年被评为"全国优秀教师"。1992年4月离休(享受副县级待遇)后,关心地方文化事业建设,笔耕不辍,有多篇论文发表。

魏殿魁(1935—),笔名牧琴,原定西县城关镇人,中共党员,中国音乐家协会甘肃分会会员。在部队时擅长手风琴演奏,并能独立作曲、配器、编导文艺节目。转业后,长期在定西县文化馆从事群众文化普及工作。在省市报刊发表音乐作品40多篇(部),有个人专著《定西县民间音乐集萃》出版。2005年,由中国书画家协会等四家专业机构授予"中国当代书画艺术杰出成就奖"。

姚永福(1935.08—),定西市安定区西巩驿镇人。初中文化,中共党员。1950年参军,转业后在定西县基层单位工作,1984年初担任中共定西地区制药厂党委书记兼第一副厂长,与厂领导班子密切配合,以贞芪扶正冲剂的开发、生产为突破口,攻坚克难,并亲自多次带人赴北京、天津、内蒙古、宁夏和沈阳、长春等地采购药材,考察制药工艺,联系27省市的400多位知名医药专家举办多场临床验证报告会,推介产品,开拓市场,终于使定西制药厂(后改名"甘肃定西扶正制药科技股份有限公司")由一个固定资产60多万元、仅有84名职工的地方小厂升级为固定资产超亿元、职工1000余人的先进民营企业,产品由原来的2个剂型、21个品种,增至8个剂型、112个品种,以优质享誉全国,除供应国内29省、市,还远销东亚13个国家。自1990年后,平均每年上缴国家利税1000万元以上,成为定西地区名列前茅的纳税大户之一。1995年退休后,热心赞助社区公益事业,深受群众称赞。

李成业(1938.12—),原定西县城关镇人,1963年西北师范大学外语系毕业后,先后在张掖中学、定西师范专科学校任教,1988年晋升为副教授。在从事外语教学之余,发表《浅谈英语新词的形成》《英语动词句型》等学术论文多篇,并坚持外国文学作品翻译,所译作品有《清晨的圣诞》《善人难觅》和美国长篇小说《着色的鸟》等,其中《着色的鸟》获甘肃省外国文学学会颁发的"新时期回顾奖"。曾担任甘肃省中小学外语教学研究会理事、甘肃省外国文学学会理事、甘肃省翻译学会会员,以及政协定西县第六、第七届委员会常委、民盟定西县支部主委,为定西市安定区社会、文化、教育事业发展积极建言献策。退休后致力于地方历史文化遗产研究,并为重建许铁堂墓作出了积极贡献。有个人著作《铁堂诗草释注》出版。

刘 福(1938.12—),字贵德,艺名山三,定西市安定区凤翔镇人,中共党员,中国戏剧家协会会员。自幼酷爱戏剧艺术。1963 年,创建刘山三家庭皮影戏班。1984 年,自筹资金创办刘山三农民陇曲剧团。40 多年来,在定西市七县(区)演出1000 余场,其中近 400 场为义务演出。收集、整理了 100 多万字的陇曲剧本、200多个陇曲曲谱和 100 多个陇曲打击乐谱,编著出版 50 余万字的《陇中小曲》一书,创作《独生女》《车鉴》等 16 个折子戏。2005 年,刘山三陇曲剧团被中宣部、文化部评为"全国服务农民服务基层文化工作先进集体"。2006 年 12 月,刘福被评选为"感动甘肃十大陇人娇子",其事迹在《人民日报》、中央电视台等 22 家媒体广泛宣传。

汪 德(1939.12—),原定西县城关镇人,大专文化,中共党员。1953 年 7 月参加工作,由小学文化自学成才,历任中共定西县委报道组组长、县委宣传部副部长、定西人民广播电台副总编兼编播部主任。1987 年通过自学考试取得大专文凭,1993 年破格晋升为主任编辑(副高职称),系中国广播电视学会会员、甘肃省作家协会会员、甘肃省楹联协会会员。在定西县从事新闻工作三十余年,采写新闻 3000 多篇、500 多万字,其中 108 篇作品在全国和省、地获奖。通讯《总书记关怀的盲人重见光明》获中国新闻奖,通讯《情暖陇中》获"中华大地之光"一等奖,并出席了在北京人民大会堂举行的颁奖大会。有《人生的故事》(获定西市"五个一工程"优秀作品奖)、《黄土情》《联语集萃》等著作出版。

王永瑞(1940—),定西市安定区白碌乡录丰村人,农民。1964 年,面对因贫困妻女出走的困境,他按照父亲"做人多读书,过家多栽树"的遗言,开始义务种树。30 多年来,他几乎将所有的收入投入到栽树中,义务植树 30 余万棵,将寸草不生的 400 多亩荒山变成一片绿山。"活一天就要种一天树,趁活着的时候多栽几棵,给国家做一点贡献,死后我要无偿捐献给国家"。2001 年,被评为甘肃省首届绿化奖章获得者。2002 年,被评为全国绿化奖章获得者。

孙承文(1942.10—),定西市安定区鲁家沟镇人,原定西县城建局退休干部。1967 年,拜杨式太极拳传人黄权钜为师。1984 年,代表甘肃武术队参加在山东潍坊举办的全国武术对抗大赛,获铜牌。2001 年 3 月,在海南举办的首届国际太极拳健康大会上,获太极拳组一等奖。2009 年 8 月,代表甘肃武术队参加国家体育总局在河南焦作市举办的第五届国际太极拳交流大会,获男子太极拳长器械传统套路银奖、男子太极拳规定套路第三名。

郝明德(1949.07—),定西市安定区内官营镇内官村人,中共党员,本科学历,曾任定西市文化局副局长、第三届定西地区文联主席,系甘肃省书法家协会会员、甘肃省作家协会理事、甘肃省第四届文联委员。发表诗歌 300 余首,其中《大山孕育的故事》获甘肃省优秀文学作品奖;《村民们的日子》获《飞天》"大学生诗苑"优秀作品奖;《如歌如梦的岷山》入选甘肃 1949—1999 文学作品选萃《诗歌卷》;《梨花泛白的时候》入选《飞天》60 周年珍藏版诗选。另外,在省级以上刊物发表杂文、报告文学多篇,其中《宝贝们的卖点》《忧患的去处》获甘肃省优秀杂文二等奖,随笔《"下去"的随笔》获全国党建杂文二等奖。

　　莫　邪(1949—),定西市安定区内官营镇人,定西市邮政局退休干部。自幼酷爱读书与写作,高中毕业参加工作后,利用业余时间刻苦自学,广泛涉猎文学、书画、音韵、训诂等学科专著,并长期关注陇中人文历史及非物质文化遗产的搜集整理与考证。精研书法、篆刻,以章草,大篆和古玺印见长,部分作品参展 1974 年西北五省书法篆刻联展,入选西泠印社《中国印学年鉴(1988—1992)》。1987 年经自学考试获汉语言文学专业大专文凭。1993 年创立陇中印社,被推举为社长。曾受聘担任定西市政协和安定区政协特约文史研究员(任定西市文史研究会副会长)、定西师专"陇中文化研究所"特约研究员、《定西地区志》副主编、定西市地方志评审专家、《定西市安定区志》(1986—2010)副主编,发表地方文史论文多篇,应邀担任封面、封底、装帧、版式设计的书籍近百本。收藏书籍 6000 余册,被评为全国第二届"书香之家"。

第三章　人物表

第一节　参加解放战争、朝鲜战争军人表

表 20-3-1

姓　名	出生年月	籍贯	参战类型	入伍退伍时间	备注
张尚德	1918.02	石泉乡吕坪村	解放战争	1947—1951	
李崇喜	1921	符家川镇大岔村	解放战争	1948—1954	
苏兴基	1924.04	香泉镇仓沟村	解放西北	1949.06—1954	二等功
赵学武	1930.01	中华路街道	解放西北	1944—1962	一等功
水荣宗	1930.06	西巩驿镇新街村	解放西北	1949—1956	
王仲禄	1931.03	内官营镇边家村	解放西北	1949—1962	一等功
邵志国	1931	石泉乡	解放西北	1947—1952	
马均德	1932.01	凤翔镇柏林村	解放西北	1949—1955	
翟应元	1932.06	杏园乡南川村	解放西北	1949—1955	（已故）
赵　玉	1932.11	凤翔镇柏林村	解放西北	1949—1956	
孙长胜	1933.03	中华路街道	解放战争	1951—1957	
姬喜成	1933.03	高峰乡坪湾村	解放西北	1951—1957	
王明根	1933.01	中华路街道	朝鲜战争	1951—1956	
张　桐	1933.02	永定路街道	朝鲜战争	1951—1963	三等功
赵宗普	1933.05	中华路街道	朝鲜战争	1951—1955	
王德胜	1918.01	内官营镇永丰村	朝鲜战争	1949—1952	二等功
张健英	1923.09	内官营镇乌龙村	朝鲜战争	1951—1953	已故
李　聪	1928.08	内官营镇万崖村	朝鲜战争	1949—1955	已故
王　安	1930.11	内官营镇锦屏村	朝鲜战争	1951—1956	已故
陈光祖	1931.09	内官营镇边家村	朝鲜战争	1949—1955	已故
王　琪	1934.02	内官营镇永安村	朝鲜战争	1951—1954	三等功
马　镒	1923.08	凤翔镇柏林村	朝鲜战争	1951—1955	已故
李世全	1925.12	凤翔镇东河村	朝鲜战争	1949—1956	
冶万禄	1926.12	李家堡镇联合村	朝鲜战争	1949—1952	

续表 20-3-1

姓 名	出生年月	籍贯	参战类型	入伍退伍时间	备注
杨树林	1927.01	凤翔镇口下庄村	朝鲜战争	1948—1955	
李 锐	1927.09	凤翔镇上台村	朝鲜战争	1951—1956	
康 毅	1928.11	凤翔镇友谊村	朝鲜战争	1949—1954	三等功
郭士明	1929.01	凤翔镇北廿铺村	朝鲜战争	1949—1955	
于双禄	1929.06	凤翔镇中川村	朝鲜战争	1949—1957	
康胜荣	1929.09	凤翔镇中川村	朝鲜战争	1951—1956	
张国栋	1931.01	凤翔镇北廿铺村	朝鲜战争	1951—1958	
张保安	1927.01	巉口镇胜利村	朝鲜战争	1951—1954	三等功
陈松有	1929.06	巉口镇常川村	朝鲜战争	1949—1956	二等功
吴辉祖	1929.08	巉口镇胜利村	朝鲜战争	1951—1957	
张 有	1927.01	宁远镇红土村	朝鲜战争		
杜 玺	1927.09	宁远镇宁远村	朝鲜战争		
杨 实	1930.01	宁远镇红土村	朝鲜战争		
董 蕃	1930.07	宁远镇红土村	朝鲜战争		
梁 礼	1930.11	宁远镇丰盛村	朝鲜战争		
杜 珍	1931.02	李家堡镇李家堡村	朝鲜战争	1949—1955	三等功2次
卢 仪	1931.04	宁远镇薛川村	朝鲜战争		
何凤奇	1931.09	宁远镇前川村	朝鲜战争		
赵成禄	1931.11	宁远镇李犴村	朝鲜战争		
尚廷臣	1931.11	宁远镇羊营村	朝鲜战争		
张彦胜	1932.01	宁远镇长湾村	朝鲜战争		
朱 泰	1932.01	宁远镇薛川村	朝鲜战争		
吴玉林	1932.12	宁远镇红土村	朝鲜战争		
李兴德	1932.12	宁远镇红土村	朝鲜战争		
杨祥祥	1933.04	宁远镇宁远村	朝鲜战争		
朱文孝	1933.01	宁远镇李塘村	朝鲜战争		
常鸿志	1933.02	宁远镇薛川村	朝鲜战争		
王振洲	1933.10	内官营镇内官村	朝鲜战争	1951—1954	
彭有泽	1934.01	宁远镇宁远村	朝鲜战争		
王建基	1934.12	宁远镇高河村	朝鲜战争		
李 杰	1935.12	宁远镇闫岔村	朝鲜战争		
连生贵	1917.07	李家堡镇张湾村	朝鲜战争	1945—1953	
梁财禄	1930.01	李家堡镇联合村	朝鲜战争	1950—1955	

续表 20-3-1

姓 名	出生年月	籍贯	参战类型	入伍退伍时间	备注
潘进忠	1931.02	李家堡镇堡子村	朝鲜战争	1949—1960	
张 林	1933.04	李家堡镇	朝鲜战争	1951—1957	
张 连	1934.01	李家堡镇红川村	朝鲜战争	1951—1954	
焦 福	1934.04	李家堡镇锦鸡村	朝鲜战争	1951—1954	
史明顺	1929.01	鲁家沟镇山湾村	朝鲜战争	1949—1953	
马登荣	1930.09	鲁家沟镇将台村	朝鲜战争	1951—1957	三等功
雷世忠	1926.12	团结镇苟家弁村	朝鲜战争	1949—1956	
郭志忠	1922	符家川镇红庄村	朝鲜战争	1949—1955	三等功
陈玉林	1923	符家川镇高阳村	朝鲜战争	1949—1953	
陈仲满	1924	符家川镇长丰村	朝鲜战争		
唐生禄	1924.08	符家川镇金星村	朝鲜战争	1949—1952	
张克明	1926.03	符家川镇黄坪村	朝鲜战争	1949—1954	三等功
李进福	1927	符家川镇秦岔村	朝鲜战争	1951—1956	
李德清	1930	符家川镇高阳村	朝鲜战争		
王守礼	1930	符家川镇罗岔村	朝鲜战争		
秦怀礼	1930	符家川镇秦岔村	朝鲜战争	1950—1954	
刘吾贤	1932	符家川镇杨湾村	朝鲜战争	1951—1953	
王生林	1932	符家川镇高阳村	朝鲜战争	1950—1962	
王兴国	1934	符家川镇红庄村	朝鲜战争	1951—1955	
张 润	1925.06	香泉镇西寨村	朝鲜战争	1949—1955	三等功
王应奎	1925.06	香泉镇青岗村	朝鲜战争	1949—1955	
蔺 杰	1926.09	香泉镇陈家㠃村	朝鲜战争	1949—1952	三等功
陈 健	1928.02	香泉镇关门口村	朝鲜战争	1949—1954	
苏玉海	1930	香泉镇云山村	朝鲜战争	1949—1955	
董俊明	1931.04	香泉镇云山村	朝鲜战争	1949—1955	
蔺成仁	1933.06	香泉镇仓沟村	朝鲜战争	1949—1955	
陈进良	1920.08	葛家岔镇南林村	朝鲜战争	1951—1953	已故
马 伟	1923.08	葛家岔镇康乐村	朝鲜战争	1951—1956	已故
杨根庭	1926.05	葛家岔镇黄家湾村	朝鲜战争	1949.9—	
闫 珍	1924.08	石泉乡石元村	朝鲜战争	1951—1955	已故
卢 福	1925.04	石泉乡石元村	朝鲜战争	1949—1952	
张具英	1927.06	石泉乡石泉村	朝鲜战争	1951—1956	
姚海山	1927.08	石泉乡中寺村	朝鲜战争	1949—1955	

续表 20-3-1

姓　名	出生年月	籍贯	参战类型	入伍退伍时间	备注
王金荣	1931.01	石泉乡中坪村	朝鲜战争	1949—1954	已故
丁　英	1932.11	石泉乡中山村	朝鲜战争	1951—1954	已故
曹富吉	1932.03	石泉乡石泉村	朝鲜战争	1951—1956	已故
张宝德	1932.09	石泉乡大坪村	朝鲜战争	1949—1957	
杨永清	1935.01	石泉乡岳曲村	朝鲜战争	1951—1957	三等功
杜　元	1935.03	石泉乡中寺村	朝鲜战争	1949—1955	已故
窦援朝	1934.01	新集乡景坪村	朝鲜战争	1951—1957	
寇石云		新集乡田坪村	朝鲜战争		
陈怀彪	1931.3	新集乡田坪村	朝鲜战争	1949—1957	已故
康　勤	1924.11	杏园乡康庄村	朝鲜战争	1949—1954	
赵护祥	1928.07	杏园乡康庄村	朝鲜战争		
付进有	1928.01	杏园乡刘湾村	朝鲜战争	1951—1958	
朱海包	1929.03	杏园乡郑川村	朝鲜战争		
朱　云	1929.04	杏园乡牛营村	朝鲜战争	1951—1957	
朱　礼	1930.02	杏园乡牛营村	朝鲜战争		
冯　明	1931.09	杏园乡白虎村	朝鲜战争	1950—1964	
王富礼	1936.09	杏园乡康庄村	朝鲜战争		
孙振邦	1925.03	高峰乡马营村	朝鲜战争	1949—1954	
李应山	1931.05	高峰乡马营村	朝鲜战争	1949—1952	
何宗伟	1933.11	高峰乡贡马村	朝鲜战争	1951—1954	
仇　仁	1930.09	西巩驿镇罗川村	朝鲜战争	1949—1956	
王富铭	1932.02	西巩驿镇寺坪村	朝鲜战争	1950—1955	
令宝堂	1924.08	青岚山乡青岚村	朝鲜战争	1951—1954	
孙万有	1927.09	青岚山乡打鹿村	朝鲜战争	1949—1955	
史祥荣	1928.06	青岚山乡榆林村	朝鲜战争	1949—1951	
韩耀华	1931.04	石峡湾乡景子岔村	朝鲜战争		
王真祥	1933.05	石峡湾乡三湾村	朝鲜战争		

第二节 省党代会代表、省人代会代表、省政协委员表

甘肃省党代会代表

表20-3-2

届 次	姓 名	出生年月	籍 贯	单位及职务
第六次	顾志平	1937.12	甘肃定西	中共定西县委书记
	刘鸿藻	1926	甘肃会宁	定西县东方红中学党支部部书记
	祁鸿基	1937	甘肃通渭	定西县副县长
	虎登岗	1949.08—2001.06	甘肃定西	政协定西县委员会主席
	韦桂珍			
第七次	高存弟	1945.02	陕西白水	中共定西地委副书记兼定西县委书记
	冉志功	1936.9	甘肃定西	定西县青岚乡大坪村党支部书记
	张兆吉	1924	甘肃定西	定西县中华路小学校长
第八次	李兰图	1943—1995	甘肃会宁	中共定西县委书记
	崔振乾	1947.05	甘肃通渭	中共定西县委副书记、县长
第九次	何振中	1954.09	甘肃会宁	中共定西县委书记
	王冠军	1958.12	甘肃通渭	中共定西县委副书记、县长
第十次	王冠军	1958.12	甘肃通渭	中共定西县委书记
	李旺泽	1963.12	甘肃会宁	中共定西县委副书记、县长
第十一次	李旺泽	1963.12	甘肃会宁	中共安定区委书记
	赵红霞	1964	陕西宝鸡	定西市安定区公园路中学副校长
	杨维国		甘肃定西	定西市安定区马铃薯协会党支部书记

甘肃省人民代表大会代表

表20-3-3

届 次	姓 名	出生年月	籍 贯	单位及职务
第六届 (1983—1988)	冯麟	1924.10	甘肃定西	定西县东方红中学副校长
	邢肇俊	1945.07	甘肃定西	定西县西寨乡后湾村党支部书记
	刘依民			
	孙克勤	1945.01	甘肃定西	定西县团结乡农技站长
	李向斌	1958.1	甘肃定西	定西县内官营乡农技站副站长

续表 20-3-3

届 次	姓 名	出生年月	籍 贯	单位及职务
	李屺阳	1918	陕西三原	甘肃省人大常委会副主任
	张汉豪	1918	甘肃临洮	甘肃省林业厅高级工程师
	咸有仁	1925	甘肃定西	甘肃省伊斯兰教协会秘书长
	蒲海清	1935.03	甘肃会宁	定西县人大常委会主任
	鄡学桂		四川成都	定西地区旱农中心研究员
第七届 (1988—1993)	马占才		甘肃定西	定西县香泉乡农民
	冯麟	1924.10	甘肃定西	定西县东方红中学副校长
	曲秀梅	1923.01	甘肃定西	定西县运输公司司机
	李子奇	1923.09	甘肃定西	中共甘肃省委书记
	宋得寿	1931.01	甘肃定西	中共定西县委书记
	张根生	1940.04	上海	定西县县长
	程培祥	1934.11	陕西三原	定西县人民医院院长
第八届 (1993—1998)	左俊文	1934.05	湖南湘阴	定西县常务副县长
	申效曾	1927.11	陕西米脂	甘肃省政协副主席
	刘生荣	1939.11	甘肃庆阳	中共定西地委书记
	安巧兰	1942.07	甘肃定西	定西塑料包装厂厂长
	苏凤英	1965.11	甘肃定西	定西县香泉乡政府干部
	李兰图	1943.01	甘肃会宁	中共定西县委书记
	吴神沙	1944.02	上海	甘肃无纺织地毯厂总工程师
	董世德	1933.11	甘肃定西	定西县东方红中学教师
	张继武	1943.07	甘肃庆阳	定西行署专员
	朱同心	1948.01	甘肃兰州	中共定西县委书记
第九届 (1998—2003)	仲兆隆	1944.05	江苏铜山	中共甘肃省委副书记
	关春枫	1946.02	山西襄汾	甘肃省建行信贷风险处处长
	苏凤英	1965.01	甘肃定西	定西县凤翔镇干部
	李仁兴	1944.07	甘肃兰州	定西县人大常委会主任
	李建国	1947.12	甘肃定西	定西县政协副主席
	何振中	1954.09	甘肃会宁	定西县委书记
	张继武	1943.07	甘肃庆阳	中共定西地委书记
	贾国江	1964.03	甘肃陇西	定西教育学院副院长
	马芳兰	1967.07	甘肃定西	香泉镇香泉村农民
	王明义	1946.03	甘肃会宁	定西县人大常委会党组书记
	王冠军	1958.12	甘肃通渭	中共定西县委书记

续表 20-3-3

届 次	姓 名	出生年月	籍 贯	单位及职务
第十届 (2003—2008)	石 晶	1957.02	甘肃西峰	中共定西地委书记
	杨继宏	1959.04	甘肃定西	定西建材有限责任公司董事长
	陈绮玲	1973.01	湖南耒阳	甘肃省人大常委会副主任
	曾海珊	1944.12	甘肃靖远	定西市医院放射科主任、九三定西支社主委
第十一届 (2008—2013)	李 金	1965.01	甘肃定西	定西市安定区东方红中学教师
	肖银花	1977.06	甘肃定西	香泉镇花屏村村民
	郭维团	1963.05	甘肃会宁	定西市安定区政府区长
	景利军	1968.06	甘肃定西	甘肃正立建筑安装有限公司董事长

政协甘肃省委员会委员

表 20-3-4

届 次	姓 名	出生年月	籍 贯	单位及职务
第八届	左俊文	1934.05	湖南湘阴	定西县常务副县长
	申效曾	1927.11	陕西米脂	甘肃省政协副主席
	刘生荣	1939.11	甘肃庆阳	中共定西地委书记
	安巧兰	1942.07	甘肃定西	定西塑料包装厂厂长
	苏凤英	1965.01	甘肃定西	定西县香泉乡政府干部
	李兰图	1943—1995	甘肃会宁	中共定西县委书记
第九届	仲兆隆	1944.05	江苏铜山	中共甘肃省委副书记
	苏凤英	1965.01	甘肃定西	定西县凤翔镇干部
	李仁兴	1944.07	甘肃兰州	定西县人大常委会主任
	李建国	1947.12	甘肃定西	定西县政协副主席
	何振中	1954.09	甘肃会宁	定西县县长
	张继武	1943.07	甘肃庆阳	中共定西地委书记
	贾国江	1964.03	甘肃陇西	定西教育学院副院长
第十届	马芳兰	1967.07	甘肃定西	定西县香泉乡农民
	王明义	1946.03	甘肃会宁	定西县政协主席
	王冠军	1958.12	甘肃通渭	中共定西县委书记
	杨继宏	1959.04	甘肃定西	定西建材有限责任公司董事长
	陈绮玲	1973.01	湖南耒阳	甘肃省人大常委会副主任
	曾海珊	1944.12	甘肃靖远	定西市医院放射科主任、九三定西支社主委

续表 20-3-4

届 次	姓 名	出生年月	籍 贯	单位及职务
第十一届	李 金	1965.01	甘肃定西	定西市安定区东方红中学教师
	肖银花	1977.06	甘肃定西	香泉镇花屏村村民
	郭维团	1963.05	甘肃会宁	定西市安定区政府区长
	景利军	1968.06	甘肃定西	定西市安定区政协副主席
第十二届	赵众炜	1968.09	甘肃静宁	定西市安定区政府区长
	刘大江	1970.12	甘肃定西	定西市安定区马铃薯经销协会会长
	田应良			甘肃圣大方舟变性淀粉有限公司厂长
	刘彩霞			

第三节　安定区离休干部表

表 20-3-5

姓 名	性别	出生年月	籍 贯	参加革命工作时间	入党时间	原工作单位及职务	批准离休单位及时间	享受待遇
叶子万	男	1911.01	四川省	1949.9	1951.3	县供销社干部	县委 1984.9	其他
刘 堃	男	1918.05	安定区	1949.9	1958.2	螺钉厂干部	政府 1980.4	其他
刘进英	男	1918.06	山西省	1945.8	1946.9	粮食局干部	政府 1981.3	其他
金 海	男	1918.09	榆中县	1949.8	1949.8	收容站干部	政府 1982.5	其他
单景祥	男	1919.07	河北省	1938.3	1938.3	商业局工会主席	县委 1979.10	副县
赵 克	男	1919.09	陕西省	1937.2	1953.3	劳动局副局长	地委 1983.4	副地
王化楠	男	1919.11	渭源县	1948.7	1919.11	宁远乡干部	县委 1985.12	副县
刘芝山	男	1920.05	陕西省	1948.7	1948.7	群运站站长	县委 1982.5	科级
周尚礼	男	1920.11	渭源县	1949.9		政府办干部	县委 1980.11	其他
王弼真	男	1921.03	安定区	1942.9	1949.1	团结供销社主任	县委 1982.4	副县
王 华	男	1921.04	甘谷县	1948.8	1948.8	工商局干部	政府 1983.3	其他
董应清	男	1921.05	安定区	1946.1	1946.1	西巩驿乡	县委 1984.6	科级
谢银才	男	1921.09	河南省	1937.1	1940.11	粮食局副局长	县委 1983.9	副地
孙继贤	男	1922.02	安定区	1949.9	1953.3	林业局干部	政府 1982.5	其他
卢士林	男	1922.04	兰州市	1949.9		称钩驿乡干部	政府 1983.4	其他
徐永昌	男	1922.08	渭源县	1949.3	1949.3	饮食服务公司干部	政府 1984.3	其他
杨 荣	男	1922.09	安定区	1949.9		运输公司干部	政府 1983.3	其他
连爱江	男	1922.11	山西省	1938.1	1938.1	县工会主席	县委 1983.4	副县

续表 20-3-5

姓 名	性别	出生年月	籍贯	参加革命工作时间	入党时间	原工作单位及职务	批准离休单位及时间	享受待遇
郭正祥	男	1922.11	安定区	1947.3	1947.3	符家川乡干部	县委 1988.4	其他
王鸿祥	男	1922.12	安定区	1948.9	1948.9	水利局副局长	县委 1984.11	副科
连贵先	男	1923.01	山西省	1947.2	1947.1	建材厂副厂长	县委 1982.9	副县
蒲 荷	男	1923.02	渭源县	1947.7	1949.5	粮食局干部	县委 1980.9	其他
王 猛	男	1923.02	安徽省	1949.2	1950.7	中华路中学副校长	县委 1984.7	副县
祁忠昌	男	1923.05	安定区	1949.8	1954.7	劳动局局长	县委 1984.11	副县
伍 仁	男	1923.05	广东省	1949.7		城关园林站干部	政府 1988.2	其他
路迁汤	男	1923.07	宁夏州	1949.8	1956.11	饮食服务公司副经理	县委 1982.10	科级
喻精诚	男	1923.09	云南省	1948.1	1950.8	螺钉厂干部	县委 1985.6	副县
杜 信	男	1924.01	安定区	1949.9	1954.4	县医院干部	劳人 1992.7	其他
范庆忠	男	1924.02	山东省	1945.2	1945.2	商业局干部	县委 1984.7	副县
郭庆生	男	1924.03	安徽省	1949.9		城关粮库干部	政府 1989.3	其他
苏兴基	男	1924.04	安定区	1949.9	1951.11	香泉供销社干部	政府 1983.1	其他
郝云天	男	1924.05	陕西省	1935.1	1946.1	水利局干部	县委 1982.5	副县
段锦章	男	1924.06	兰州市	1949.8		食品公司干部	政府 1982.6	其他
董成林	男	1924.07	安定区	1949.9	1950.1	兽医站副站长	县委 1982.5	副县
尚德兴	男	1924.09	山西省	1940.3	1946.3	县医院总务主任	县委 1982.4	副县
王德川	男	1924.09	安定区	1949.8	1952.1	香泉粮管所所长	县委 1984.5	其他
苑嘉惠	男	1924.11	河北省	1949.9		收容站主任科员	政府 1986.5	科级
秦主敬	男	1924.12	山东省	1944.12	1948.3	建材厂工会主席	县委 1982.5	副县
成 琪	男	1925.01	安定区	1949.8	1952.2	文广局调研员	县委 1985.11	副县
李 讷	男	1925.03	河北省	1949.8		城关粮站干部	政府 1989.3	其他
郭建基	男	1925.03	山西省	1949.9		鲁家沟粮管所所长	县委 1984.11	副县
杜灿焰	男	1925.04	山西省	1947.6		巉口粮管所干部	政府 1982.5	其他
景昆仑	男	1925.07	安定区	1949.8	1949.8	县委统战部长	地委 1982.5	副县实职
和蕴玉	男	1925.07	安定区	1949.8	1949.8	水利局干部	县委 1983.3	其他
王玺瑞	男	1925.08	宁夏自治区	1949.9	1956.8	香泉公社副主任	县委 1983.4	科级
李生林	男	1925.08	安定区	1949.8		白碌乡干部	县委 1986.3	副县
段续生	男	1925.08	安定区	1949.8		文化馆馆长	县委 1982.5	科级
程玉良	男	1925.12	四川省	1949.1	1949.7	粮食局主任科员	政府 1988.2	科级
牛润山	男	1925.12	安定区	1949.8	1950.4	食品公司副经理	县委 1983.11	副县
曹丕丽	男	1926.01	山西省	1946.5	1948.6	商业局副局长	县委 1984.2	副县

续表 20-3-5

姓　名	性别	出生年月	籍　贯	参加革命工作时间	入党时间	原工作单位及职务	批准离休单位及时间	享受待遇
常振声	男	1926.02	吉林省	1948.8		城关粮站干部	政府 1989.3	其他
吴培录	男	1926.02	山东省	1948.7	1950.6	石峡湾粮管所干部	县委 1984.7	其他
姜绍先	男	1926.02	安定区	1949.9	1955.11	贸易公司干部	政府 1982.5	其他
王金泉	男	1926.03	临洮县	1949.8	1956.6	人大副主任	地委 1986.7	副县实职
马元利	男	1926.03	河北省	1946.1	1948.6	粮食局副局长	县委 1986.8	副县
魏生财	男	1926.03	陕西省	1949.9	1956.12	农副公司干部	政府 1988.2	其他
刘德华	男	1926.04	河北省	1943.6	1996.7	水利局干部	政府 1986.9	其他
孙庭英	男	1926.07	安定区	1949.9	1959.8	手管局干部	县委 1983.4	科级
董效狐	男	1926.09	安定区	1949.8	1950.6	西巩驿乡干部	政府 1986.6	其他
李吉祥	男	1926.11	山西省	1948.12		城关粮库干部	政府 1989.3	其他
席进财	男	1926.12	安定区	1949.8	1954.4	林业局副局长	县委 1986.5	科级
曹克蓉	男	1927.01	临洮县	1949.8		经管站调研员	县委 1989.3	副县
刘定邦	男	1927.01	安定区	1949.9	1952.11	运输公司工会主席	县委 1991.10	副县
胡润堂	男	1927.03	秦安市	1949.8		李家堡乡干部	政府 1984.8	其他
牛海成	男	1927.04	山西省	1945.8		城关粮库干部	政府 1988.12	其他
倪公达	男	1927.06	河南省	1948.11		城关粮站干部	政府 1982.5	其他
张克谦	男	1927.07	山西省	1948.8	1951.2	计生办主任	县委 1984.7	副县
张文圭	男	1927.07	河南省	1945.2	1981.4	防疫站医师	县委 1986.5	副县
姬乃衣	男	1927.07	陕西省	1947.9	1949.12	鲁家沟粮管所干部	政府 1986.11	其他
王生英	女	1927.09	山西省	1949.9	1946.9	城关镇干部	县委 1990.11	其他
朱光明	男	1927.12	陕西省	1949.1		巉口中学高级教师	县委 1989.3	副县
周荣光	男	1927.12	湖北省	1948.1	1950.2	运输公司干部	政府 1988.2	其他
陈天才	男	1928.02	安定区	1949.8		中华路小学教师	政府 1984.4	其他
张维翰	男	1928.07	安定区	1949.8	1978.11	乡镇局调研员	县委 1989.3	副县
刘彦选	男	1928.09	安定区	1949.8	1956.12	称钩小学校长	政府 1985.7	其他
张振维	男	1928.09	山西省	1945.6		百货公司门市部主任	政府 1989.3	副县
陈国安	男	1929.01	安徽省	1949.5	1954.4	社管局主任科员	政府 1983.11	其他
李　文	男	1929.02	安定区	1949.7	1950.6	李家堡供销社主任	政府 1989.3	其他
王明安	男	1929.05	安定区	1949.8		内官营粮管所干部	政府 1989.10	其他
张　明	男	1929.05	渭源县	1949.8		农副公司干部	政府 1990.11	其他
许耀斌	男	1929.07	临洮县	1949.5	1949.5	黑山乡干部	县委 1988.3	副县
王天兴	男	1929.08	河南省	1948.4	1949.11	螺钉厂干部	政府 1990.5	其他

续表 20-3-5

姓 名	性别	出生年月	籍 贯	参加革命工作时间	入党时间	原工作单位及职务	批准离休单位及时间	享受待遇
刘定德	男	1929.09	安定区	1949.8	1982.12	经管站主任科员	劳人 1992.7	科级
周瑞琪	女	1929.11	会宁县	1949.7	1949.7	人大副主任科员	县委 1985.11	副县
崔德才	男	1929.11	山西省	1947.1	1948.1	社管局供销公司干部	政府 1987.10	其他
徐满良	男	1929.11	河北省	1944.5		县二院药师	县委 1982.11	副县
闫秉直	男	1929.11	安定区	1948.8	1951.2	水利局主任科员	政府 1989.1	正科
鲁翠亭	女	1929.12	吉林省	1949.9		县医院药师	政府 1984.10	其他
尤德芳	男	1929.12	西吉县	1949.9	1956.8	电影公司调研员	县委 1988.3	副县
赵道阳	男	1929.3	河南省	1945.6	1949.9	人大财经科调研员	县委 1989.3	副县
李 贵	男	1930.01	安定区	1949.8	1957.7	就业中心干部	劳人 1992.9	其他
刘春富	男	1930.01	山西省	1945.8	1949.3	饮食服务公司干部	县委 1984.10	副县
范景华	男	1930.02	西安市	1949.6	1956.12	县财政局干部	政府 1990.5	其他
吴良智	男	1930.02	安定区	1949.8		百货公司干部	政府 1983.9	其他
蒲成海	男	1930.05	安定区	1949.9	1951.4	县九社经委主任	县委 1984.10	科级
朱文华	男	1930.06	安定区	1949.8	1955.1	石泉峡口学校教师	政府 1983.11	其他
赵俊卿	男	1930.07	陕西省	1949.8		经计委干部	政府 1990.9	其他
康 乐	男	1930.07	安定区	1949.9	1950.2	李家堡粮管所干部	政府 1980.4	其他
张精一	男	1930.09	安定区	1949.9		县财政局干部	政府 1981.3	其他
吕 忠	男	1930.11	安定区	1949.9	1956.11	东岳乡干部	政府 1991.3	其他
马义山	男	1930.12	安定区	1949.9	1956.6	香泉乡干部	政府 1990.9	其他
王庆发	男	1930.12	陕西省	1947.7	1947.7	政协副主席	地委 1991.6	副县实职
刘 彩	男	1931.01	安定区	1949.9		兽医站兽医师	政府 1991.3	其他
张守谦	男	1931.02	安定区	1949.8	1951.4	手联社副主任	县委 1991.10	科级
年德芳	男	1931.03	渭源县	1949.4	1949.4	经计委副主席	县委 1989.10	副县
牛汉章	男	1931.03	安定区	1949.8		西巩学校教师	县委 1988.5	其他
孙占鳌	男	1931.04	安定区	1949.9	1954.11	法院主任科员	劳人局 1992.7	正科
张俊岩	女	1931.05	河北省	1948.11		县二院护士	政府 1982.11	其他
张 伦	男	1931.06	安定区	1949.9	1952.1	人大副主任	地委 1991.9	副县实职
慕守阳	男	1931.06	环县	1948.1	1953.6	运管所党支书	县委 1991.12	副县
张筱康	男	1931.07	山西省	1949.1	1962.3	统计局调研员	县委 1991.11	副县
徐应奎	男	1931.07	渭源县	1949.5	1949.5	县检察院检察长	县委 1990.6	副县
马治邦	男	1931.09	安定区	1949.9	1991.1	关川河主任科员	政府 1991.8	科级
汤天佐	男	1931.09	河南省	1949.5	1950.11	社管局局长	县委 1984.2	副县

续表 20-3-5

姓 名	性别	出生年月	籍 贯	参加革命工作时间	入党时间	原工作单位及职务	批准离休单位及时间	享受待遇
魏建基	男	1931.09	安定区	1949.9	1956.1	医药公司调研员	县委 1991.12	科级
丁 昌	男	1931.09	安定区	1949.8	1953.4	殡仪馆主任科员	政府 1991.10	正科
王步云	男	1931.11	安定区	1949.9	1953.1	防疫站主任科员	县委 1991.12	科级
杨文杰	男	1931.12	安定区	1949.4	1949.4	县政府调研员	地委 1991.6	副县实职
桑桂芳	男	1931.12	会川镇	1949.9	1949.9	县医院主治药师	政府 1986.12	其他
麻润荣	男	1932.01	安定区	1949.9		第一职业中学教师	政府 1991.10	其他
刘 枢	男	1932.02	安定区	1949.8	1973.9	粮食局干部	政府 1992.4	其他
张效忠	男	1932.02	榆中县	1949.9	1958.11	物资公司干部	政府 1988.4	其他
马友肃	男	1932.03	安定区	1949.9		一职中教师	政府 1992.3	副县
梁再兴	男	1932.05	陇西省	1949.8		螺钉厂工程师	政府 1992.6	其他
张 辉	男	1932.06	安定区	1948.1		内官营粮管所干部	政府 1984.6	其他
杨秀卿	女	1932.07	安定区	1949.8		中医院主治药师	政府 1988.6	其他
刘 荣	男	1932.07	安定区	1949.9	1952.12	宁远粮管所干部	政府 1991.5	其他
邵希平	男	1932.08	安定区	1949.8	1960.9	城关粮库党支书	县委 1993.3	科级
董 林	男	1932.08	安定区	1949.8		宁远粮管所干部	政府 1989.10	其他
高香林	女	1932.08	长春市	1948.2	1966.1	城关供销社干部	政府 1987.8	其他
远克荣	男	1932.09	山东省	1948.12	1950.3	饮食服务公司干部	政府 1983.9	其他
张永川	男	1932.11	榆中县	1949.8	1954.4	县委老干中心主任	县委 1993.3	副县
朱 俊	男	1932.12	安定区	1949.9	1952.11	饮食服务公司副经理	县委 1992.4	科级
张 颖	男	1933.01	安定区	1949.9	1990.11	粮食局调研员	县委 1994.1	科级
杨见教	男	1933.07	榆中县	1949.9	1952.12	政协主席	地委 1994.1	正县
麻文良	男	1933.08	河南省	1949.8	1950.2	卫校主治医师	县委 1986.5	其他
刘秀兰	女	1933.08	河北省	1948.8	1982.12	医药公司干部	政府 1989.6	其他
郭振声	男	1933.09	武山县	1949.9	1956.12	人大办主任科员	县委 1991.10	科级
李如海	男	1933.11	榆中县	1949.8	1955.8	人大科教主任	县委 1994.2	副县
李国华	男	1933.11	会宁县	1949.7	1961.6	劳动局调研员	县委 1993.11	科级
王 忠	男	1934.05	山东省	1939.1	1945.11	县医院副院长	县委 1982.5	副县
钱学贤	男	1934.06	洛阳市	1949.7	1978.12	广播电台主任科员	政府 1990.5	科级
张 麒	男	1929.07	安定区	1934.9	1986.6	凤翔镇主任科员	政府 1989.3	科级

第四节 安定区副县级领导干部表

中共安定区(定西县)委副书记、常委、调研员

表 20-3-6

姓 名	性别	出生年月	籍 贯	学历	工作单位与职务
李志昌	男	1934.10	渭源	高中	中共定西县委常委,公安局长
董肇葵	男	1935.08	康乐	中师	中共定西县委副县级调研员
张万年	男	1938	内官营镇清溪村	大专	中共定西县委调研员
吕振民	男	1941.11	陇西	高中	中共定西县委常委、人武部政委
郭 南	男	1943.08	临洮	中专	中共定西县委副书记
宋继业	男	1945	凤翔镇	本科	中共定西县委副书记
虎登岗	男	1947	香泉镇	大专	中共定西县委副书记
刘长发	男	1948	江苏南通	大专	中共定西县委副书记
赵 文	男	1948	兰州市	本科	中共定西县委副书记
刘怀成	男	1948.01	河南邓州	本科	中共定西县委常委、人武部政委
陈 珍	男	1948	香泉镇东寨村	大专	中共定西县委调研员
李发智	男	1949.01	通渭	高中	中共定西县委调研员
张尔信	男	1949.06	会宁	本科	中共定西县委副书记
李金川	男	1950	白碌乡	大专	中共定西县委副书记
张 璧	男	1950.09	石泉乡	本科	中共定西县委常委、人武部部长
牛芳琴	女	1953	通渭	大专	中共定西县委副书记
段虎祥	男	1955.09	通渭	本科	中共定西县委常委、政法委书记
张俊德	男	1955.09	宁远镇	大专	中共定西县委副书记
张兆祥	男	1958.08	通渭	本科	中共定西县委副书记
张小平	男	1959.09	陇西	大专	中共安定县委常委、纪检委书记
陈登科	男	1959.09	渭源	大专	中共定西县委常委、人武部政委
郭荣祥	男	1962.08	通渭	本科	中共定西县委常委、组织部部长
郭燕宏	男	1963.04	陇西	本科	中共定西市安定区委常委、组织部部长
张新梅	女	1964.01	湖北襄阳	博士	中共定西市安定区委常委、区政府副区长(挂职)
李兆权	男	1964.02	渭源	本科	中共定西市安定区委常委、组织部部长
常正贵	男	1964.05	临洮	大专	中共定西市安定区委副书记
卢建军	男	1964.11	通渭	本科	中共定西市安定区委常委、宣传部部长

续表 20-3-6

姓　名	性别	出生年月	籍　贯	学历	工作单位与职务
苏　奇	男	1964.12	陇西	大专	中共定西市安定区委常委、组织部长
燕胜三	男	1965	鲁家沟镇	大专	中共定西县委副书记
许树德	男	1967.10	漳县	本科	中共定西市安定区委副书记
柳生坠	女	1967.12	渭源	本科	中共定西市安定区委常委、纪检委书记
曹　信	男	1968.02	西巩驿镇	大专	中共定西市安定区委常委、统战部部长
王嘉魁	男	1968.04	陕西乾县	大专	中共定西市安定区委常委、人武部部长
乔　俊	男	1968.08	陇西	本科	中共定西市安定区委常委、宣传部部长
祁永和	男	1968.12	临洮	本科	中共定西市安定区委副书记
武海玉	男	1969.04	兰州	本科	中共定西市安定区委常委、人武部部长
杨振军	男	1969.08	临洮	本科	中共定西市安定区委常委、区政府常务副区长
尹建中	男	1962.10	岷县	本科	中共定西市安定区委常委、纪检委书记
赵　爱	男	1965.06	临洮	本科	中共定西市安定区委常务副书记
汪咏国	男	1966	天水	本科	中共定西市安定区委副书记(挂职)
闫粉棠	女	1966.02	陇西	本科	中共定西市安定区委常委、纪检委书记
宗学谦	男	1972.02	安定区	本科	中共安定区委常委,宣传部长
宋军兵	男	1976.08	陇西	本科	中共定西市安定区委常委、组织部部长

安定区(定西县)副区长(副县长)、调研员

表 20-3-7

姓　名	性别	出生年月	籍　贯	学历	工作单位与职务
水明珍	男	1933.07	西巩驿镇	高中	定西县政府调研员
吕守和	男	1933.11	巉口镇	小学	定西县政府调研员
张国安	男	1935.03	内官营镇	本科	定西县政府调研员
李孔忠	男	1936.08	巉口镇	中专	定西县政府调研员
祁鸿基	男	1937.05	通渭	初中	定西县政府副县长
徐延充	男	1937.06	天津	本科	定西县政府副县长
张超栋	男	1940.04	内官营镇	中专	定西县政府调研员
张志礼	男	1940.05	内官营镇	高中	定西县政府调研员
安　界	男	1941.05	永定路街道	高中	定西县政府调研员
宋国余	男	1941.08	山西霍州	本科	定西县政府调研员

续表 20-3-7

姓　名	性别	出生年月	籍　贯	学历	工作单位与职务
赵九一	男	1944.03	巉口镇	高中	定西县政府调研员
景　江	男	1946.07	凤翔镇	本科	定西县政府副县长
张祖荣	男	1947.03	李家堡镇	大专	定西县政府调研员
刘　雄	男	1947.05	宁远镇	高中	定西县政府调研员
梁益凤	男	1948	江苏滨海	本科	定西县政府副县长
张尔信	男	1949.06	会宁	本科	定西县政府副县长
杨瑞英	女	1950.09	符家川镇	大专	定西县政府副县长
颜华东	男	1950.01	兰州	本科	定西县政府副县长(挂职)
蒲　丰	男	1951.02	会宁	大专	定西县政府副县长
牛芳琴	女	1953	通渭	本科	定西县政府副县长
郭宽宇	男	1955	平凉	大专	定西县政府副县长
段习文	男	1956.09	陇西	大专	定西县政府副县长
曹成章	男	1957.05	会宁	本科	定西县政府副县长
王美萍	女	1961.02	靖远	大专	定西市安定区政府副区长
赵学仁	男	1962.08	会宁	本科	定西市安定区政府副区长
黄万林	男	1962.12	会宁	本科	定西市安定区政府副区长
刘娟玉	女	1963.05	临洮	本科	定西市安定区政府副区长
郑维莉	女	1963.11	浙江杭州	本科	定西市安定区政府副区长(挂职)
赵　爱	男	1965.06	临洮	本科	定西市安定区政府副区长
董惠琴	女	1966	通渭	本科	定西市安定区政府区长助理
焦　烈	男	1967.11	通渭	本科	定西市安定区政府副区长
魏其祝	男	1968.03	山丹	本科	定西市安定区政府副区长(挂职)
柴生芳	男	1969.07	宁县	本科	定西市安定区政府副区长
胡世祯	男	1969.09	内官营镇	本科	定西市安定区政府副区长
孙淑芳	女	1970.01	通渭	本科	定西市安定区政府副区长
贾文举	男	1973.01	渭源	本科	定西市安定区政府副区长
唐　斫	女	1973.12	黑龙江佳木斯	本科	定西市安定区政府副区长(挂职)
赵　凯	男	1974.11	吉林前郭	本科	定西市安定区政府副区长(挂职)
马建林	男	1975.06	临洮	本科	定西市安定区政府副区长(挂职)
李艳萍	女	1978.02	凤翔镇	本科	定西市安定区政府副区长

安定区(定西县)人大常委会副主任

表 20-3-8

姓　名	性别	出生年月	籍　贯	学历	工作单位与职务
齐乃武	男	1925.02	山西浮山	小学	定西县人大常委会副主任
王湘州	男	1925.03	内官营镇	小学	定西县人大常委会副主任
王金泉	男	1926.03	临洮	高中	定西县人大常委会副主任
杨文杰	男	1930.08	内官营镇	初中	定西县人大常委会副主任
张　伦	男	1931.06	团结镇	初中	定西县人大常委会副主任
康文章	男	1931.11	内官营镇	高中	定西县人大常委会副县级专职委员
陆国良	男	1936.02	临洮	中专	定西县人大常委会副主任
姚汉杰	男	1940.03	团结镇	小学	定西县人大常委会副主任
景　宏	男	1940.09	中华路街道	本科	定西县人大常委会副主任
杨生茂	男	1943.01	巉口镇	小学	定西县人大常委会副主任
周学彦	男	1944.01	榆中	本科	定西县人大常委会副主任
李存科	男	1947.02	陕西咸阳	大专	定西县人大常委会副主任
刘保华	男	1948.01	凤翔镇	大专	定西市安定区人大常委会副主任
祁建华	男	1953.03	通渭	大专	定西市安定区人大常委会副主任
南廷富	男	1954.05	巉口镇	大专	定西市安定区人大常委会副主任
田怀林	男	1954.09	青岚山乡	大专	定西市安定区人大常委会副主任
师小平	女	1955.01	会宁	高中	定西县人大常委会副主任
王　勇	男	1956.01	凤翔镇	本科	定西市安定区人大常委会副主任
王桂莲	女	1956.02	凤翔镇	大专	定西市安定区人大常委会副主任
王明海	男	1957.01	内官营镇	本科	定西市安定区人大常委会副主任
水兆林	男	1959.09	西巩驿镇	大专	定西市安定区人大常委会副主任
赵云青	女	1962.12	中华路街道	本科	定西市安定区人大常委会副主任

安定区(定西县)政协副主席

表 20-3-9

姓 名	性别	出生年月	籍 贯	学历	工作单位与职务
黄权钜	男	1924.02	浙江杭州	大专	定西县政协副主席
冯 麟	男	1924.10	永定路街道	大专	定西县政协副主席
郭正元	男	1926.02	高峰乡	初中	定西县政协副主席
刘鸿藻	男	1926.05	通渭	本科	定西县政协副主席
强钧国	男	1927.01	白银市	本科	定西县政协副主席
王庆发	男	1930.12	陕西榆林	初中	定西县政协副主席
王 晰	男	1932.01	凤翔镇	中专	定西县政协副主席
董世德	男	1932.11	石泉乡	大专	定西县政协副主席
程培祥	男	1934.11	陕西	本科	定西县政协副主席
王 让	男	1935.02	称钩驿镇	初中	定西县政协副主席
陆世荣	男	1936.05	内官营镇	初中	定西县政协副主席
周汉漪	男	1940.12	江苏邳州	中专	定西县政协副主席
黄继祖	男	1942.08	内官营镇	中专	定西县政协副主席
燕思三	男	1945.02	鲁家沟镇	中专	定西市安定区政协副主席
张新民	男	1945.03	凤翔镇	中专	定西县政协副主席
刘 俭	男	1947.07	巉口镇	初中	定西市安定区政协副主席
李建国	男	1947.11	杏园乡	高中	定西市安定区政协副主席
王 辉	男	1948.08	内官营镇	中专	定西市安定区政协副主席
庞汉三	男	1949.02	永定路街道	初中	定西县政协副主席
贵天成	男	1951.07	团结镇	大专	定西市安定区政协副主席
高永伟	男	1956.02	山西清徐	本科	定西市安定区政协副主席
李良荣	男	1956.05	符家川镇	大专	定西市安定区政协副主席
杨世雄	男	1956.11	永定路街道	大专	定西市安定区政协副主席
张亚玲	女	1957.08	会宁	本科	定西县政协副主席
张荐贤	男	1958.01	巉口镇	大专	定西市安定区政协副主席
鲍秀珍	女	1963.02	内官营镇	大专	定西市安定区政协副主席
景利军	男	1968.06	凤翔镇	本科	定西市安定区政协副主席

其他岗位副县级领导干部

表 20-3-10

姓　名	性别	出生年月	籍　贯	学历	工作单位与职务
宋希崇	男	1937.01	金塔	本科	东方红中学党支部书记
曹国琥	男	1938	渭源	大专	东方红中学校长
侯克斌	男	1938.12	渭源	大专	教育督学
李　珩	男	1940.12	靖远	中专	教育督学
陈生善	男	1943.08	通渭	初中	公安局局长
靳泰安	男	1944.08	静宁	大专	公安局政委
马崇孝	男	1944.12	会宁	中专	武装部部长
苏源泉	男	1947.03	巉口镇	高中	法院院长
赵富忠	男	1947.08	符家川镇	高中	公安局政委
徐应奎	男	1948.05	渭源	中专	检察院检察长
冯惠东	男	1948.07	永定路街道	本科	东方红中学校长
陈学勤	男	1948.10	内官营镇	大专	东方红中学党支部书记
李正清	男	1949.02	凤翔镇	大专	甘肃无纺地毯厂厂长
文　礼	男	1951.05	通渭	本科	检察院检察长
王国俊	男	1951.05	内官营镇	中专	中共内官营镇党委书记
陈宝财	男	1951.10	内官营镇	大专	城建局党支部书记
李克勤	男	1952.11	临洮	大专	公安局局长
傅聚才	男	1953	鲁家沟镇	大专	定西理工中专党支部书记
文继承	男	1953.02	山东济宁	大专	武装部政委
徐长海	男	1953.02	江苏沛县	中专	公安局局长
张利明	男	1955.01	临洮	本科	法院院长
刘宝山	男	1955.04	河北新城	本科	武装部部长
刘卫民	男	1955.11	河南商州	大专	武装部政委
王广平	男	1956.09	山东平邑	大专	武装部部长
杨若平	男	1957.07	临洮	大专	检察院检察长
黄林生	男	1958.05	天水	本科	武装部部长
秦明喜	男	1959.01	陕西白水	本科	武装部部长
燕立三	男	1959.12	鲁家沟镇	大专	关川河治理指挥部副指挥
李俊生	男	1960.06	香泉镇	大专	定西市执法局安定分局局长

续表 20-3-10

姓　名	性别	出生年月	籍　贯	学历	工作单位与职务
韩　荣	男	1960	西巩驿镇	本科	东方红中学党支部书记
余宏理	男	1961.06	临洮	本科	公安局局长
张茂堂	男	1962.02	白碌乡	大专	南川工业开发区管委会副主任
杜　琳	男	1962.07	鲁家沟镇	大专	引洮工程建设管理局局长
杨学东	男	1963.02	陇西	本科	法院院长
董　勇	男	1963	永定路街道	本科	东方红中学校长
马天正	男	1963	杏园乡	本科	东方红中学校长
张　宏	男	1965.03	渭源	本科	公安局局长
李文娟	女	1966.01	会宁	本科	检察院检察长
南俊武	男	1966.01	会宁	本科	定西市教育局驻安定区教育督学
刘　荣	男	1967	会宁	本科	中共内官营镇党委书记
胡全良	男	1967.03	内官营镇	本科	关川河治理指挥部副指挥
令　让	男	1968.08	西巩驿镇	大专	中共巉口镇党委书记
付　贵	男	1968.09	杏园乡	本科	西川农业园区管委会副主任
亢卫忠	男	1970.02	临洮	本科	公安局局长
周维进	男	1972.03	会宁	本科	法院院长
杨永吉	男	1972.07	通渭	大专	中共内官营镇党委书记
潘燕军	男	1973.03	巉口镇	大专	关川河治理指挥部副指挥

第五节　定西市域内安定籍副县级以上领导干部表

表 20-3-11

姓　名	性别	出生年月	籍　贯	工作单位与职务
孙　俊	男	1934.09	凤翔镇友谊村	定西市卫生计划生育委员会副调研员
韩　绅	男	1936.02	石泉乡	定西中学党支部书记
史　祯	男	1937.09	鲁家沟镇	陇西县政协主席
陈俊德	男	1938.05	原城关镇	定西市人民医院工会主席
李宝珍	男	1938.06	原城关镇	定西市人民医院调研员
王治邦	男	1938.09	巉口镇松川村	定西地区行署司法处处长
高俊岐	男	1942.12	李家堡镇	定西地区行署农委纪检组长

续表 20-3-11

姓　名	性别	出生年月	籍　贯	工作单位与职务
燕圣时	男	1943	永定路街道	定西地区行署畜牧处处长
宋继业	男	1945.11	原城关镇	定西地区行署农业处调研员
史宗英	男	1945	青岚山乡	中国银行定西分行行长
李宝才	男	1945.07	香泉镇西寨村	中共定西市委党史办公室主任、档案馆馆长
陈玑	男	1946.03	内官营镇先锋村	定西市乡镇企业局副调研员
韩江	男	1946.08	宁远镇前川村	定西地区行署民政处副处长
朱映兰	女	1947.02	内官营镇内官村	定西地区行署公安处纪委书记
王天民	男	1947	内官营镇	定西地区行署畜牧兽医处副处长
杨坤	男	1947	凤翔镇	定西地区行署计划处处长
安玉琦	男	1947.09	内官营镇清溪村	定西市人大常委会人事与代表工作委员会主任
李翰	男	1948	永定路街道	定西市科技局纪检书记
何焕文	男	1948.06	内官营镇清溪村	定西市安全局副局长、正县级调研员
张仲强	男	1950	永定路街道	定西市文联主席
焦功	男	1950	宁远镇李塘村	定西市人大农业与农村工作委员会主任
李金川	男	1950.02	白碌乡	定西市人大农业委员会主任
张克武	男	1950.04	宁远镇	定西市人民医院纪委书记、调研员
杨瑞英	女	1950.09	符家川镇	定西市老干局局长
张镔	男	1951	永定路街道	定西市政协科教文卫体委员会副主任
郑森	男	1951	香泉镇关门口村	定西市劳动就业局局长
陈雪兰	女	1951	内官营镇	中共定西市委宣传部正县级调研员
陆平	男	1951	内官营镇边家湾村	定西市文化局局长
张华	男	1951.06	李家堡镇	定西市粮食局调研员
贵荣	男	1952.01	香泉镇西寨村	定西日报社工会主席、副总编、调研员
马勤	男	1952.01	凤翔镇	定西市信访局副调研员
朱秉银	男	1952.01	巉口镇	中共定西市委党校副调研员
吴德祥	男	1952.02	李家堡镇	定西市林业局调研员
孙振天	男	1952.02	凤翔镇	定西市文化出版局副调研员
胡明权	男	1952.08	称钩驿镇	定西市卫生局局长
翟玉义	男	1952.11	宁远镇宁远村	定西市城市建设投资经营管理办公室调研员
李建国	男	1952.11	凤翔镇	定西市畜牧兽医局调研员
杨有年	男	1952.12	中华路街道	定西市水务局调研员

续表 20-3-11

姓 名	性别	出生年月	籍 贯	工作单位与职务
侯明忠	男	1953.05	内官营镇	定西市公安局副调研员
梁 海	男	1953.05	李家堡镇	定西市政府法制办公室副调研员
陈正章	男	1953.08	西巩驿镇	定西市疾病预防控制中心党支部书记
张 仁	男	1953.08	西巩驿镇	定西市人民检察院监察委员会专职委员
宋敬才	男	1953.08	称钩驿镇	定西市司法局调研员
宋世豪	男	1953.09	巉口镇	中共定西市委政法委副书记兼610办公室主任
李 涛	男	1954.01	葛家岔镇	甘肃省广播电视大学定西市分校党支部书记
李国栋	男	1954.02	青岚山乡	定西市人民检察院副县级干部
申克俭	男	1954.04	葛家岔镇	定西市农业局调研员
杨万荣	男	1954.05	香泉镇	定西市人大常委会信访室主任
刘 杰	男	1954.06	凤翔镇	定西市工业和信息化委员会调研员
王天珍	男	1954.07	内官营镇	中共定西市委老干部工作局副局长
裴佑军	男	1954.08	香泉镇	定西市民政局老龄工作委员会副主任
朱 虔	男	1954.08	凤翔镇	定西市人大常委会财政经济与城市工作委员会主任
杨海江	男	1954.09	新集乡	定西市卫生局调研员
茹俊海	男	1954.09	新集乡	定西市中级人民法院监察室主任
王天纲	男	1954.09	团结镇	陇西县公安局副县级侦查员
杨 文	男	1954.11	石泉乡	定西市公安局调研员
杨 勤	男	1954.11	凤翔镇	定西市人大常委会环境资源保护工作委员会主任
王怀仁	男	1954.12	内官营镇	定西市中级人民法院纪检组长、正县级审判员
韩琦珊	男	1955	宁远镇前川村	中国银行定西分行副行长
李宝环	男	1955.01	凤翔镇	定西市工业和信息化委员会主任(局长)、党组书记
李鸿吉	男	1955.04	内官营镇	定西市农业机械管理局调研员
亢建庆	男	1955.07	中华路街道	定西市公安局禁毒警察支队支队长
王 仪	男	1955.07	永定路街道	定西市教育局总督学
王惠东	男	1955.07	凤翔镇	中共定西市委组织部人才领导小组办公室正县级组织员
张广吉	男	1955.08	永定路街道	定西市公安局经济犯罪警察支队支队长
张俊德	男	1955.09	宁远镇前川村	中共定西市委宣传部常务副部长、广播电影电视处处长
丁素贞	女	1955.09	凤翔镇	定西市农业局副调研员
张保安	男	1955.11	宁远镇李塘村	定西市政府法制办公室副主任
赵宗义	男	1955.11	符家川镇	定西市林业局副调研员

续表 20-3-11

姓　名	性别	出生年月	籍　贯	工作单位与职务
李源良	男	1956	宁远镇红土村	中国人寿保险公司定西分公司经理
张中的	男	1956	永定路街道	中国银行定西分行副行长
史发建	男	1956.01	凤翔镇	中共定西市人民医院党委书记
苏　勤	男	1956.01	新集乡	甘肃省定西监狱纪委书记
王靳山	男	1956.04	凤翔镇李家岔村	定西市卫生局副调研员
马焕彪	男	1956.05	宁远镇罗川村	定西市体育运动学校校长
李鸿连	男	1956.08	西巩驿镇	中共定西市委研究室副调研员
宋有德	男	1956.08	称钩驿镇	中共定西市委宣传部调研员
杨大林	男	1956.11	永定路街道	定西市扶贫开发办公室副调研员
马军生	男	1956.11	凤翔镇	定西市中级人民法院审判委员会专职委员
何志俭	男	1957.01	永定路街道	定西市公安局行动技术支队支队长
杨　明	男	1957.01	永定路街道	定西市教育局市政府教育督导室主任
张文琳	男	1957.03	鲁家沟镇	定西市财政局副调研员
朱　勤	男	1957.04	杏园乡	中共定西市公安局党委副书记、纪委书记
王　伟	男	1957.07	凤翔镇	中共定西市委组织部副部长、编制办公室主任
续天理	男	1957.08	内官营镇	定西市民政局老龄工作委员会办公室副主任
宋彦荣	男	1957.11	内官营镇	定西市交警支队调研员
冯进承	男	1957.11	李家堡镇	定西市红十字中心血站党支部书记
侯克勤	男	1958.01	石泉乡	定西市体育局局长、党组书记
王国忠	男	1958.07	香泉镇	定西市体育局调研员
王耀前	男	1958.08	高峰乡	定西市公安局行动技术支队政委
魏　林	男	1958.11	永定路街道	定西市人民检察院法警支队支队长
李向荣	男	1958.12	李家堡镇	定西市民族宗教事务局局长
石建平	男	1959	永定路街道	中国人民银行定西分行副行长
蔡呈祥	男	1959.1	称钩驿镇	定西市审计局副局长
陈伟兴	男	1959.02	永定路街道	定西市人力资源和社会保障局副局长
冯跃进	男	1959.02	永定路街道	定西市审计局副调研员
曹世吉	男	1959.02	巉口镇	定西市公路运输管理局副局长
张　涛	男	1959.03	称钩驿镇	定西市畜草产业办公室副主任
郭建华	男	1959.03	凤翔镇	定西市发展和改革委员会重点项目办公室副主任
刘叔权	男	1959.04	凤翔镇	定西市中级人民法院审判监督庭庭长

续表 20-3-11

姓 名	性别	出生年月	籍 贯	工作单位与职务
陈 勤	男	1959.06	西巩驿镇	陇西县第一中学校长
王 侃	男	1959.07	永定路街道	定西市粮食局副局长
朱维国	男	1959.10	鲁家沟镇	定西市教育局督学
李永清	男	1959.12	鲁家沟镇	定西市供销合作社副调研员
范作秉	男	1959.12	巉口镇	甘肃省广播电视大学定西市分校副校长
刘作仁	男	1960.02	内官营镇	定西市卫生学校纪委书记
王俊明	男	1960.06	香泉镇	定西市民族宗教事务局副局长
孙克智	男	1960.06	西巩驿镇	中共定西市委研究室副县级研究员
王 兆	男	1960.06	宁远镇	定西市中级人民法院审判委员会专职委员
张汝勤	男	1960.07	宁远镇长湾村	定西市中级人民法院副院长、党组副书记
王天贵	男	1960.07	西巩驿镇	定西市扶贫开发办公室副主任
李 卿	男	1960.08	石泉乡	定西市科学技术局纪检组长
胡世祥	男	1960.09	内官营镇	定西市外事侨务办公室主任
张东旭	男	1960.11	宁远镇长湾村	定西市广播电影电视局副局长
李 军	男	1961.04	永定路街道	定西市公安局警务警察支队支队长
张永喜	男	1961.04	凤翔镇	定西市住房和城乡建设局党工委副书记
张首智	男	1961.07	新集乡	定西市体育运动学校党支部书记
鲍世福	男	1961.09	内官营镇	定西市劳务工作办公室副主任
燕胜三	男	1961.09	鲁家沟镇小岔口村	定西市发展和改革委员会主任、党组书记
陈国栋	男	1961.11	内官营镇林川村	中共岷县县委书记
张永红	男	1961.12	宁远镇长湾村	定西市中级人民法院办公室主任
郭 忠	男	1961.12	中华路街道	定西市教育科学研究所副所长
金 钟	男	1962.01	新集乡	定西市人民政府秘书长
魏 嵋	男	1962.01	西巩驿镇	定西市第一中学副校长
王 钦	男	1962.02	内官营镇	定西市教育局副局长、教育科学研究所所长
梁发昌	男	1962.02	巉口镇	定西市人力资源和社会保障局纪检组长
张 宁	男	1962.03	鲁家沟镇	中共定西市委讲师团副团长
安永刚	男	1962.04	内官营镇	定西市中级人民法院副院长
史永新	男	1962.05	鲁家沟镇	中共定西市委统战部副部长、市社会主义学院院长
王树林	男	1962.05	李家堡镇	定西市人民检察院公诉处副处长
陈卫东	男	1962.08	中华路街道	定西市公安局指挥中心主任

续表 20-3-11

姓 名	性别	出生年月	籍 贯	工作单位与职务
王黎明	男	1962.09	永定路街道	定西市人力资源和社会保障局副调研员
周子清	男	1962.09	宁远镇	定西市农业局副局长兼市农业技术推广中心主任
刘继笃	男	1962.09	宁远镇薛川村	定西市农业局党组成员、市支柱产业领导小组办公室副主任
吉秀	男	1962.09	内营营镇	中共渭源县委书记
杨旭升	男	1962.09	凤翔镇	中共定西市纪委常委、监察局副局长
马启明	男	1962.09	凤翔镇	中共定西市人民医院党委书记
马小平	男	1962.11	永定路街道	定西市人口和计划生育委员会副主任
杜辉珍	男	1962.11	宁远镇红土村	定西市公安局副局长、交警支队支队长
曹旭	男	1962.11	称钩驿镇	定西市人大常委会副秘书长、研究室主任
张荣德	男	1962.11	巉口镇	政协定西市委员会科教文卫体委员会副主任
刘永胜	男	1963.01	团结镇	定西市政法委社会治安综合治理委员会办公室副主任
李旗	男	1963.01	内官营镇	定西市疾病预防控制中心主任
赵生茂	男	1963.01	鲁家沟镇	定西市公安局刑事警察支队支队长
杜玉晖	男	1963.01	李家堡镇	定西市公安局森林警察支队政委
郑荣	男	1963.01	称钩驿镇	定西市工业和信息化委员会纪检组长
汪克林	男	1963.02	内官营镇	定西市委讲师团副团长
张振科	男	1963.02	鲁家沟镇	定西市农业局副局长
汪卫东	男	1963.02	新集乡	定西市人力资源和社会保障局副局长、劳务办主任
贾萍	男	1963.03	内官营镇	定西市卫生局副局长
张作政	男	1963.06	宁远镇前川村	定西市信访局副局长
姚晓临	女	1963.07	中华路街道	定西市公安局国内安全保卫支队政委
焦钟	男	1963.09	杏园乡	中共漳县县委常委、县政府副县长
马勇	男	1963.09	李家堡镇	定西市商务局副局长
水清峰	男	1963.11	西巩驿镇	定西市广播电视台副台长
张政	男	1963.11	石泉乡	定西市人民检察院检查处处长
曲琳	女	1963.6	永定路街道	定西市妇女联合会副主席
武再奇	男	1963	永定路街道	中国银行定西分行副行长
贵国强	男	1964.01	团结镇	中共定西市委党校校务委员
张亚勤	男	1964.01	内官营镇	定西市水土保持局局长
张银川	男	1964.01	白碌乡	定西市妇幼保健院党支部书记
王华	男	1964.01	中华路街道	定西市价格监督检查局副局长

续表 20-3-11

姓 名	性别	出生年月	籍 贯	工作单位与职务
柴繁荣	男	1964.02	西巩驿镇	临洮县人民政府副县长
韩荃林	男	1964.02	石泉乡吕坪村	定西市安全生产监督管理局副局长
杨西慧	女	1964.03	永定路街道	定西市工业和信息化委员会副调研员
汪 东	男	1964.04	杏园乡刘湾村	定西市人力资源和社会保障局局长、党组书记
陈怀军	男	1964.04	葛家岔镇	通渭县公安局政委、副县级侦查员
宋俊明	男	1964.06	永定路街道	定西市接待办公室副主任
连 禧	男	1964.07	西巩驿镇	定西市商务局局长、党组书记
杨 成	男	1964.08	内官营镇	定西市农业局副局长
康学良	男	1964.09	西巩驿镇	定西市卫生局党工委专职副书记
姚建武	男	1964.09	鲁家沟镇	中共定西市委研究室副主任
叶登科	男	1964.11	高峰乡	定西市城乡规划局局长
何 国	男	1964.11	称钩驿镇	定西市司法局副局长
蒲小兵	男	1964.11	原城关镇	定西市供销合作社副主任
陈学俭	男	1964.12	内官营镇	定西市住房和城乡建设局副局长
杨建勋	男	1965.01	新集乡	定西市人力资源交流开发服务中心主任
马 琴	女	1965.01	团结镇	陇西县政府副县长
张 平	男	1965.01	石泉乡	中共临洮县委常委、组织部部长
王建中	男	1965.01	内官营镇	定西市地方志工作办公室副主任
朱爱军	男	1965.01	内官营镇	定西市卫生学校副校长
陈晓峰	男	1965.01	李家堡镇	定西市粮食局副局长
朱始建	男	1965.04	永定路街道	中共陇西县委常委、统战部部长
李铁军	男	1965.04	葛家岔镇	定西市住房和城乡建设局人民防空办公室副主任
吴政渊	男	1965.04	巉口镇	中共定西市委组织部部务委员
张 锐	男	1965.05	巉口镇	定西市人民政府副秘书长
董 昱	男	1965.06	新集乡	通渭县人民法院院长
张世杰	男	1965.07	内官营镇	定西市工商业联合会副调研员
李茂荣	男	1965.07	李家堡镇	定西市交通运输局副局长
张文汉	男	1965.08	凤翔镇	定西市发展和改革委员会工程咨询办公室主任
罗宝科	男	1965.09	宁远镇罗川村	定西市旅游局副局长
杨天贵	男	1965.09	称钩驿镇	岷县公安局局长、副县级侦查员

续表 20-3-11

姓　名	性别	出生年月	籍　贯	工作单位与职务
张发魁	男	1965.09	巉口镇	定西市人民检察院副检察长
安　莉	女	1965.11	中华路街道	陇西县人民法院院长
张　剑	男	1965.11	高峰乡麻地湾村	定西市文化局副局长
王万平	男	1965.11	永定路街道	定西市工业和信息化委员会副主任
姚明东	男	1965.11	石泉乡	中共漳县县委常委、县政府副县长
剡　谨	男	1965.11	巉口镇	中共定西市委党校校务委员
刘　文	男	1965.12	称钩驿镇	定西市统计局农村经济调查队队长
王天俊	男	1966.01	内官营镇	中共陇西县委常委、宣传部部长
鲁　泽	男	1966.01	鲁家沟镇	中共陇西县委副书记、县政府县长
秦少波	男	1966.01	符家川镇高阳村	定西市交通运输局副局长、市公路运输管理局局长
马立德	男	1966.01	凤翔镇	定西市发展和改革委员会西部开发办公室副主任
董志强	男	1966.03	西巩驿镇	中共定西市委宣传部副部长
贠思聪	男	1966.03	内官营镇	中共定西市委老干部工作局老干部活动中心
焦永宾	男	1966.03	李家堡镇	定西市林业局华岭林业站党支部书记
赵云玲	男	1966.04	永定路街道	定西市中级人民法院赔偿委员会主任
令续鹏	男	1966.04	青岚山乡	中共通渭县委副书记、县政府县长
蒋　玮	男	1966.04	内官营镇	中共陇西县委常委、纪委书记
曹雪清	男	1966.04	内官营镇	中共定西市委宣传部调研员
姜　国	男	1966.04	凤翔镇	定西市城乡规划局副局长
朱志宇	男	1966.05	永定路街道	定西市机构编制工作办公室副主任
汪宝德	男	1966.05	西巩驿镇	定西市卫生学校副校长
陈艳明	女	1966.05	香泉镇仓沟村	定西市非税收入管理局副局长
文志国	男	1966.09	新集乡	中共定西市纪委效能监察室主任
宋敬学	男	1966.09	称钩驿镇	定西市交警支队副政委
付　红	男	1966.11	凤翔镇	定西市引进外国智力领导小组办公室主任
田富林	男	1966.12	香泉镇	通渭县人民政府副县长
姚建民	男	1966.12	凤翔镇	定西市城乡规划局副局长
纪　祥	男	1967.01	西巩驿镇	定西市人民检察院反贪污贿赂局副局长
邵志刚	男	1967.01	内官营镇	中共通渭县委副书记
谢占武	男	1967.01	称钩驿镇	中共定西市委副秘书长
牛兴国	男	1967.04	中华路街道	中共临洮县委常委、政法委书记

续表 20-3-11

姓 名	性别	出生年月	籍 贯	工作单位与职务
张学忠	男	1967.04	宁远镇	定西市公安局禁毒警察支队政委
马学武	男	1967.04	李家堡镇	定西市广播电视台副台长
水生喜	男	1967.06	西巩驿镇新街村	政协定西市委员会办公室副调研员
李 虹	女	1967.06	凤翔镇	定西市科学技术局副局长
陈国明	男	1967.07	青岚山乡	中共定西市纪委办公室主任
高红烈	男	1967.07	称钩驿镇	中共定西市委宣传部调研员
文学斌	男	1967.11	石泉乡	定西市中级人民法院副院长
刘 霞	女	1967.11	称钩驿镇	定西市广播电视台副台长
宋富荣	男	1967.11	巉口镇	渭源县政府副县长
刘 明	男	1967.11	凤翔镇	定西市卫生局卫生监督所副所长
汪 哲	男	1967.12	杏园乡刘家湾村	定西市民政局社会救助办公室主任
王应征	男	1967.12	内官营镇	定西市科学技术局副调研员
陈耀邦	男	1968.01	香泉镇	陇西县公安局政委、副县级侦查员
南锡诚	男	1968.01	凤翔镇	中共渭源县委常委、政法委书记
李 文	男	1968.01	白碌乡	漳县人民政府副县长
王居仁	男	1968.02	宁远镇	中共定西市委党校副校长
张国盛	男	1968.03	李家堡镇	定西市广播电影电视局副局长
李玉福	男	1968.03	李家堡镇	定西市住房和城乡建设局副县级干部
杨晓明	男	1968.06	团结镇	中共定西市委组织部副县级组织员
马 荣	男	1968.07	香泉镇	定西市工商业联合会副会长、秘书长
邵 贤	男	1968.07	西巩驿镇	定西市地震局副局长
田向荣	男	1968.07	团结镇	中共岷县县委常委、政法委书记
马锦林	男	1968.09	宁远镇李塘村	中共定西市委机要局局长
吴丙军	男	1968.09	巉口镇	定西市防汛抗旱指挥部副指挥
史书昌	男	1968.11	鲁家沟镇	中共临洮县委常委、县政府副县长
党 伟	男	1969.02	杏园乡	陇西县人民政府副县长
祁 中	男	1969.02	石泉乡	中共漳县三岔镇党委书记
景建军	男	1969.03	团结镇	定西市商务局副局长
焦国华	男	1969.05	青岚山乡	中共定西市委组织部副县级组织员
尚志江	男	1969.06	称钩驿镇	中共渭源县委常委、宣传部部长
吴智渊	男	1970.04	巉口镇	定西市金融管理办公室副主任

续表20-3-11

姓　名	性别	出生年月	籍　贯	工作单位与职务
杨海文	男	1970.12	西巩驿镇	中共漳县县委常委、组织部部长
张　俊	男	1970.12	凤翔镇	中共定西市委保密委员会副主任
张维德	男	1971.05	巉口镇	定西市循环经济产业园区管委会党工委副书记
马金龙	男	1971.09	称钩驿镇	定西市公安局城区交警支队教导员
尤世成	男	1971.11	香泉镇	定西市工商业联合会纪检组长
卢兆宾	男	1972.01	石峡湾乡	中共定西市委农村工作部副部长
宋进卫	男	1972.01	巉口镇	定西市卫生局副局长
宗学谦	男	1972.02	白碌乡	中共通渭县委常委、政法委书记
李　珍	男	1972.03	团结镇	中共定西市委组织部部务委员
张岸林	男	1972.09	符家川镇	中共定西市委办公室副主任
董福义	男	1972.12	团结镇	岷县开发区副主任
张　乾	男	1972.12	宁远镇	定西市农业机械管理局纪检组长
焦银福	男	1973.01	香泉镇	中共定西市纪委党风廉政建设室主任
陈济生	男	1973.03	鲁家沟镇	中共定西市委办公室机关事务管理处处长
韩耀平	女	1973.06	宁远镇	定西市残疾人联合会副理事长
王晓东	男	1973.12	内官营镇	中共定西市委研究室副主任
贾　元	男	1974.02	宁远镇	定西市人大常委会办公室副主任
燕永春	男	1974.11	鲁家沟镇	中共定西市委办公室副主任
高胜宇	男	1975.06	符家川镇	中共定西市委办公室副主任
成晓东	男	1975.12	石泉乡	政协定西市委员会办公室副主任
寇继军	男	1976.09	凤翔镇	定西市人民政府研究室副主任
包世权	男	1976.12	称钩驿镇	渭源县政府副县长
景　璀	男	1977	凤翔镇	定西市人民政府驻上海办事处主任
杨　福	男	1977.03	巉口镇	定西市人大常委会机关事务管理中心副主任
曹　福	男	1977.07	称钩驿镇	定西市人大常委会农业与农村工作委员会副主任
李艳萍	女	1978.02	凤翔镇	岷县人民政府副县长
史炬炜	男	1970.02	鲁家沟镇	岷县人民政府副县长
邵　鹏	男	1978.09	内官营镇	陇西县人民政府副县长
张丽君	女	1979.09	凤翔镇	共青团定西市委副书记

第六节　定西市域外安定籍副县级以上领导干部表

表 20-3-12

姓　名	性别	出生年月	籍　贯	工作单位与职务
梁新旺	男	1979.06	巉口镇	云南省大理市某驻军少校
张　富	男		巉口镇	中国农科院秘书处、中国农业科技国际交流协会主任
张玉山	男	1928.09	巉口镇	解放军驻陕西省大荔县某部政委
宋世杰	男	1946.02	巉口镇	新疆人事厅干部处处长
宋进军	男	1951.04	巉口镇	兰州军区后勤部工程处上校处长
刘海明	男		称钩驿镇	湖北省武汉市机械设计院处长
王　海	男		称钩驿镇	海南省高级法院副院长
谢永宽	男		称钩驿镇	中共新疆维吾尔自治区伊犁州统计局局长
杨景春	男		称钩驿镇	兰州铁路局军事处处长
赵琼礼	男	1957.03	称钩驿镇	国务院新闻办秘书处副处级公务员(已故)
成柏勇	男	1952	凤翔镇	中共甘肃省委组织部干部处处长
李　骞	男		凤翔镇	兰州市人民检察院副检察长
李　勇	男		凤翔镇	内蒙古自治区呼和浩特市铁路公安局局长
杨　宗	男	1961.08	凤翔镇	新疆维吾尔自治区哈密县武装部政委
支　健	男		凤翔镇	兰州铁路局副局长
郭宏斌	男	1976.07	凤翔镇	甘肃省政府督查室副主任
贺建强	男	1963.09	凤翔镇	甘肃省建委城建处副处长
陈生贵	男	1946	符家川镇	陕西省西安市交通局局长
魏　杰	男		葛家岔镇	甘肃省教委勤工俭学处处长
李宝成	男	1965.08	葛家岔镇	新疆维吾尔自治区吐哈油田工程处处长
李鸿章	男	1962.10	葛家岔镇鹿坪村	西藏自治区山南地区桑日县人民武装部政委
李鸿武	男	1966.03	葛家岔镇鹿坪村	航天工业部青岛半导体研究所副所长
染习军	男	1964.11	葛家岔镇鹿坪村	中国石油宁夏石化公司工程管理处处长
李　荣	男	1963.12	葛家岔镇北坪村	铁道部第一勘察设计院甘肃勘察院副院长
李维江	男	1952.1	李家堡镇	新疆维吾尔自治区喀什行署法制办主任
李维森	男	1965.12	李家堡镇	中共甘肃省委党校服务中心主任
劲延庆	男	1954.9	李家堡镇	甘肃省农行办公室副主任、法律事务处处长

续表 20-3-12

姓 名	性别	出生年月	籍 贯	工作单位与职务
张 宏	男	1962	李家堡镇	陕西省西安市卫星发射测控中心(中校)
陈 汉	男		鲁家沟镇	甘肃省国土厅采矿局局长
陈寅生	男		鲁家沟镇	陕西省西安市三八油库政委
费喜亮	男	1965.01	鲁家沟镇	中共兰州市水保试验站纪委书记
高宝平	男	1969.03	鲁家沟镇	兰州市电信局局长
高宝伟	男		鲁家沟镇	兰州军区雷达站站长
李春禄	男	1943.08	鲁家沟镇	西藏山南地区林业处处长
李耀春	男	1965.03	鲁家沟镇	天水师范学院招生处处长
李迎胄	男	1976.05	鲁家沟镇	成都军区副团长
李永春	男	1963.04	鲁家沟镇	白银军分区政委
刘 雄	男		鲁家沟镇	中共甘肃省中医学院党委书记
王尚礼	男	1970.09	鲁家沟镇	兰州社会科学研究院院长
武建民	男	1957.09	鲁家沟镇	甘肃省兰山宾馆党委书记兼总经理
张文伟	男		鲁家沟镇	兰州市工会法律保障部部长
李富明	男		鲁家沟镇	西藏自治区拉萨市空军雷达站站长
魏宏安	男		鲁家沟镇	中共甘肃农业大学机电工程系党委书记
张 珍	男	1947	内官营镇	中共甘肃省纪检委大案要案处处长
陈天宁	男	1948	内官营镇	中科院兰州大气物理研究所处长助理兼党支部书记
陈公辙	男	1951	内官营镇	兰州市贫困地区干部培训学院处长
郝 蕾	女	1977.05	内官营镇	国家新闻出版总署世界汉语编辑部主任
黄德祖	男	1952.02	内官营镇	兰州铁路局工务总段段长
黄 霓	女	1972.12	内官营镇	中共武威市凉州区委常委、组织部部长
李玉学	男	1965.08	内官营镇	青海省公安厅保安处处长
尚俊元	男	1968.05	内官营镇	新疆生产建设兵团 53 团团长
孙兆林	男	1962.08	内官营镇	甘肃省检察院反贪局局长
王彩云	女	1957.06	内官营镇	甘肃省招生办副主任
王国平	男	1974.08	内官营镇	嘉峪关市武警支队参谋长
王丕夫	男	1951.09	内官营镇	甘肃省外事办公室巡视员
吴发林	男	1971.02	内官营镇	新疆维吾尔自治区阿克苏地区八支队政委

续表20-3-12

姓　名	性别	出生年月	籍　贯	工作单位与职务
姚锦春	男	1948.07	内官营镇	辽宁省本溪市钢铁工程公司工程处处长
张海燕	男	1965.09	内官营镇	甘肃省财政厅非税处副处长
张汝太	男	1942	内官营镇	甘肃省引大入秦工程指挥部后勤处长
张天明	男	1976.1	内官营镇	解放军驻张掖市某部第55旅参谋长
张廷新	男	1966.05	内官营镇	新疆和田地区和田县副县长
赵　乾	男	1946.9	内官营镇	青海省西宁市税务局副局长
仲向平	男	1973.06	内官营镇	上海第二军医大学教导处处长
张　鹤	男	1945.8	内官营镇乌龙川村	甘肃省引大入秦工程指挥部财务处处长
祁建邦	男	1965.11	内官营镇	甘肃省财政厅预算处处长
王丕军	男	1962.5	内官营镇	中央统战部信息中心主任
胡　军	男	1962.4	宁远镇	四川一八四六部队师长
李　新	男	1954.05	宁远镇	甘肃省科学技术委员会外事处处长
宋春明	男	1967.08	宁远镇	武警青海总队处长
吴凤莲	女	1965.15	宁远镇	甘肃省妇联组织部部长
张立公	男	1965.03	宁远镇	中共甘肃省委党校干部教育学院院长
张宗礼	男		宁远镇	甘肃省安全管理局处长
韩明珊	男	1964.10	宁远镇前川村	中国人寿保险公司副总经理
陈　瑞	男	1948.07	青岚山乡	中共青海广播电视台党支部书记
刘　诚	男	1975.08	青岚山乡	中共甘肃省委统战部办公室副主任
马海龙	男	1963.09	青岚山乡	靖远煤业集团大水头矿矿长
任　乾	男	1961.09	青岚山乡	中共甘肃省煤田地质局党委副书记
王　栋	男		青岚山乡	中共河北省石家庄市棉麻厂党委书记
周宏平	男	1969.12	青岚山乡	甘肃省消防部队政治处处长
朱仲元	男		青岚山乡	西藏自治区政策研究室主任
丁　仪	男		石泉乡	中共甘肃省水利工程二处党委书记

续表 20-3-12

姓　名	性别	出生年月	籍　贯	工作单位与职务
韩　戎	男	1939.01	石泉乡	陕西石油化工学院院长
韩先理	男	1968.05	石泉乡	航空集团一公司大队办公室主任
李廷越	男	1936.03	石泉乡	铁道部工程局组织部长
孙　铨	男	1966.05	石泉乡	上海空军政治学院副团长
杨军昌	男	1973.01	石泉乡	北京市海滨区卫生局副局长
马兴忠	男		团结镇	甘肃省安全厅厅长
邢　斌	男		团结镇	青海铁路局湟源工务段党委书记
康文华	男		西巩驿镇	新疆石河子市工会主席
杜　宁	男	1971.09	西巩驿镇	甘南藏族自治州迭部县武装部部长
罗克俊	男		西巩驿镇	青海省武警总队第五支队副队长
李志坚	男		香泉镇	甘肃省宗教局副局长
肖玉春	男	1957.01	香泉镇	甘肃省宗教事务局副局长
杨　江	男	1954	香泉镇西寨村	解放军驻新疆某部团长
张致祥	男	1943.06	香泉镇西寨村	乌鲁木齐市天山区物价局局长、副县级调研员
赵亚军	男	1953	香泉镇西寨村	解放军驻新疆某部团长
马　龙	男		香泉镇	甘南州检察院副检察长
咸大明	男	1961.11	香泉镇	中共兰州市红古区委书记
崔建国	男		新集乡	窑街矿务处处长
孔进忠	男	1966.02	新集乡	靖远王家山煤矿矿长
李建平	男	1971.09	新集乡	青海省西州大柴旦发改局局长
蔺德英	男	1965.03	新集乡	兰州市皋兰公路段副段长
蔺永红	男	1965.01	新集乡	甘肃省商务厅国际商贸关系处处长
刘继东	男	1965.10	新集乡丰旺村	甘肃煤田地质局局长、党委书记
王树富	男	1964.12	新集乡	银川市地震局党组成员、副调研员
席　军	男	1965.02	新集乡	兰州市车管所所长
席银海	男	1956.12	新集乡	青海省大通县人武部部长
杨向军	男	1968.1	新集乡	白银市公路段副段长
张发奎	男	1965.01	新集乡	平凉市人民检察院检察长
张志民	男		新集乡	兰州市交警大队副队长

续表 20-3-12

姓 名	性别	出生年月	籍 贯	工作单位与职务
高应举	男	1964.8	石峡湾乡三湾村	宁夏回族自治区教育厅职业与成人教育处处长
王安仁	男	1965.10	石峡湾乡三泉村	中共甘肃省委老干部工作局党总支书记
康维忠	男	1961.07	杏园乡康家庄村	青海省格尔木市武警支队副参谋长
吴永宏	男		杏园乡	解放军驻新疆石河子某部处长
夏彦林	男	1970.08	杏园乡	解放军驻新疆某部团长
连 统	男	1965.04	永定路街道	珠海市社保局副局长
汪水飞	男	1968.9	永定路街道	广东省国际问题研究中心处长
李 忠	男	1955.11	中华路街道	甘肃省残疾人联合会就业中心主任
窦宝山	男	1969.3	香泉镇东寨村	新疆农三师武警支队教导大队大队长
孙 铨	男	1966.05	石泉乡户峡村	上海空军政治学院中校
杜占祥	男	1950.05	李家堡镇	兰空司令部管理处处长
张亚军	男	1974.04	香泉镇西寨村	解放军驻新疆某部防化团政委
陈 权	男	1972.06	西巩驿镇百页村	中国石油集团东方地区物探物资公司经理、党委副书记
陈文峰	男	1972.02	西巩驿镇百页村	兰州军区机要训练大队训练处处长(中校军衔)
曲 龙	男	1963.07	西巩驿镇百页村	红原县武装部长(正团级)
高 彦	男	1975.11	西巩驿镇涝池村	兰州军区某部队(上校军衔,正团级)
马亚平	男	1973	巉口镇	中科院成都制药集团海南中和集团有限公司副总经理

第七节 获省部级奖先进个人表

(多次获省部级奖者,选最高的一次入志)

表 20-3-13

姓 名	工作单位	荣誉称号	授奖时间	颁奖单位
吴继业	定西交通运输集团	优秀工会积极分子	1983	全国总工会
杨汉武	计生局	计划生育工作先进个人	1986	国家计生委
陈效德	体委	优秀裁判员	1986	国家体委
张首智	体委	优秀裁判员	1986	国家体委
吴 蘋	裕通货栈	先进个体劳动者	1986	国家工商局、中国个协
刘应麒	政研室	农技推广先进个人	1986	农牧渔业部

续表 20-3-13

姓　名	工作单位	荣誉称号	授奖时间	颁奖单位
刘鸿藻	东方红中学	党风工作先进个人	1986	中共甘肃省委
常富贤	马家岔小学	园丁奖	1986.9	甘肃省委、省政府
沈玉珍	定西一中	园丁奖	1986.9	甘肃省委、省政府
宋国余	县医院	先进工作者	1987	卫生部
曲秀梅	县运输公司	双文明建设先进个人	1987	甘肃省委、省政府
张芝秀	计生委	生育节育抽调先进工作者	1988	国家计生委
苏汉武	城关乡	生育节育抽调先进个人	1988	国家计生委
马　龙	石羊制鞋厂	优秀厂长	1988	团中央、国家体改委
杨润泉	符家川镇政府	统计先进工作者	1988	国家统计局
朱　珍	青义初中	园丁奖	1988	甘肃省委、省政府
康爱民	李家堡中心小学	园丁奖	1988	甘肃省委、省政府
李　海	大城小学	园丁奖	1988	甘肃省委、省政府
张　瑛	公安局	先进工作者	1988	甘肃省政府
张兆吉	中华路小学	全国德育先进工作者	1988.6	国家教育委员会
李政清	无纺厂	新产品开发贡献突出奖	1989	轻工部
吴神沙	无纺厂	新产品开发贡献突出奖	1989	轻工部
唐有清	无纺厂	新产品开发贡献突出奖	1989	轻工部
安　荣	县幼儿园	劳动模范	1989	国家教委、人事部
陈显德	内官营小学	全国优秀教师	1989	国家教委、人事部
马友肃	职业中学	优秀教师	1989	国家教委、人事部
张玉贤	大营小学	优秀教师	1989	国家教委、人事部
李向斌	内官营镇	全国青年星火带头人	1989	团中央、国家科委
秦桂兰	县供销社工人	劳动模范	1989	甘肃省政府
漆兰芳	鬃毛厂	三八红旗手	1989	全国妇联
方振元	定西中学	全国优秀教师	1989.9	国家教育部
杨敏学	公安局	先进个人	1989.9	甘肃省委、省政府
王　术	定西一中	园丁奖	1989.9	甘肃省委、省政府
杨　芳	新民小学	园丁奖	1989.9	甘肃省委、省政府
陈启仁	新集中心小学	园丁奖	1989.9	甘肃省委、省政府
陈广宗	青岚山中心小学	园丁奖	1989.9	甘肃省委、省政府
丁奉祖	薛川学校	园丁奖	1989.9	甘肃省委、省政府

续表 20-3-13

姓 名	工作单位	荣誉称号	授奖时间	颁奖单位
康 英	东关小学	园丁奖	1989.9	甘肃省委、省政府
曹连舟	西关小学	园丁奖	1989.9	甘肃省委、省政府
魏孔珍	大城小学	园丁奖	1989.9	甘肃省委、省政府
张有才	巉口中心小学	园丁奖	1989.9	甘肃省委、省政府
李世忠	定西一中	园丁奖	1989.9	甘肃省委、省政府
谢 玮	定西一中	园丁奖	1989.9	甘肃省委、省政府
张 禄	畜牧局	长期坚持农牧渔业技术推广工作者	1989.12	农牧渔业部
徐克谦	农技中心	农经信息先进个人	1990	农业部
杨 江	计生委	计生先进工作者	1990	甘肃省政府
苏汉武	城关乡政府	计生先进工作者	1990	甘肃省政府
鲁 忠	公安局	甘肃省政法系统先进个人	1990.03	甘肃省委、省政府
邵 忠	南二十里铺小学	优秀德育工作者	1990.9	甘肃省委、省政府
李振华	巉口中学	优秀德育工作者	1990.9	甘肃省委、省政府
王治青	东关小学	园丁奖	1991.9	省委、省政府
陈国玺	西关小学	全国优秀教师	1991	国家教委、人事部
王志贵	公安局	颁发居民身份证先进工作者	1991	公安部
牛明德	县体委	体育工作贡献奖	1991	国家体委
马明生	县体委	优秀裁判员	1991	国家体委
牟 玲	西关小学	优秀裁判员	1991	国家体委
林其光	中华路小学	优秀裁判员	1991	国家体委
卫耀军	大城小学	优秀裁判员	1991	国家体委
康耀明	大城小学	优秀裁判员	1991	国家体委
王 信	西巩中学	园丁奖	1991	甘肃省政府
孙克勤	团结镇政府	农技推广先进个人	1991	甘肃省政府
王尊羲	鲁家沟镇政府	计划生育先进工作者	1991.01	省委、省政府
董万福	定西中学	园丁奖	1991.9	甘肃省委、省政府
史廷玺	白碌学区	园丁奖	1991.9	甘肃省委、省政府
王得仓	锦屏小学	园丁奖	1991.9	甘肃省委、省政府
秦耀林	治安联防队	见义勇为积极分子	1992	甘肃省委、省政府等
王 卿	农委	两西建设扶贫开发先进个人	1992	甘肃省政府
麻润碧	中共定西县委	保密先进工作者	1992	国家保密局

续表 20-3-13

姓　名	工作单位	荣誉称号	授奖时间	颁奖单位
刘　锐	县委信访室	信访工作先进个人	1992	甘肃省委、省政府
许志能	白碌学区	园丁奖	1992.9	甘肃省委、省政府
何永峰	三岔小学	园丁奖	1992.9	甘肃省委、省政府
王　仁	康庄小学	园丁奖	1992.9	甘肃省委、省政府
高　峰	李家堡初中	园丁奖	1992.9	甘肃省委、省政府
肖彩云	大城小学	园丁奖	1992.9	甘肃省委、省政府
史海滨	水利局	全国八片水保工程先进个人	1993.9	国家水利部
毛焕彩	农业区划办	省柴节煤工作先进个人	1993	国家计划委员会
骆　青	农业区划办	省柴节煤工作先进个人	1993	国家计划委员会
杨涌泉	赵家铺学校	全国优秀教师	1993	国家教委
胥献民	东方红中学	优秀裁判员	1993	国家体委
李　珩	职业中学	全国优秀教师	1993	国家教委、人事部
高常青	农业局	先进农经信息员	1993	农业部
周汉漪	关川河治理指挥部	水土保持先进个人	1993	甘肃省委、省政府
董芝义	中华路小学	全省学雷锋先进个人	1993	甘肃省委、省政府
侯定邦	内官学区	优秀教师	1993	甘肃省政府
刘　诩	青岚山学区	优秀教师	1993	甘肃省政府
张顺义	杏园学区	优秀教师	1993	甘肃省政府
杜守刚	石峡湾乡	农村青年星火带头人	1992	团中央、国家科委
张帧荣	周家河初中	国家"希望工程园丁奖"	1994	团中央、国家教委
张　祺	巉口小学	国家"希望工程园丁奖"	1994	团中央、国家教委
杨振清	西寨乡政府	农牧渔业丰收奖	1994	农业部
白文成	公安局	优秀人民警察	1994	公安部
黄　镒	暖泉工业公司	全国乡镇企业家	1994	农业部
成振林	无纺织地毯厂	省劳动模范	1994	甘肃省委、省政府
王尚仁	石泉乡政府	计划生育先进个人	1994	甘肃省委、省政府
万亚平	东关小学	优秀教师园丁奖	1994.9	甘肃省委、政府
王作斌	牛营小学	园丁奖	1994.9	甘肃省委、省政府
杨　林	东方红中学	优秀教师	1994	甘肃省政府
董志越	西巩驿职中	优秀教师	1994	甘肃省政府

续表 20-3-13

姓　名	工作单位	荣誉称号	授奖时间	颁奖单位
王作斌	鲁家沟学区	优秀教师	1994	甘肃省政府
杨玉霞	妇幼保健站	计划生育万例手术无事故先进个人	1994.12	国家计生委、卫生部
夏星斗	畜牧局	科技推广先进工作者	1995	农业部
刘　祥	农技中心	农技推广先进个人	1995	农业部
杜　玺	农技中心	农牧渔业丰收奖	1995	农业部
常永光	土管局	土地详查先进个人	1995	国家土地管理局
史秉仁	青岚山乡政府	农技推广先进个人	1995	农业部
李　仁	水利局	先进工作者	1995	农业部、人事部等
殷长秀	东方红中学	教育系统劳动模范	1995	国家教委、人事部
牛芳琴	定西县委	计划生育先进工作者	1995	甘肃省委、省政府
邱玉福	宁远乡政府	计划生育先进工作者	1995	甘肃省委、省政府
王　钦	定西地区教教育处	全省会考先进个人	1995	甘肃省委、省政府
苏　孝	县第二建筑安装公司	省乡镇企业家	1995	甘肃省政府
金兴旺	鲁家沟学区	优秀教师园丁奖	1995	甘肃省委、省政府
杨　勤	葛家岔学区	优秀教师园丁奖	1995	甘肃省委、省政府
宋宗信	巉口学区	优秀教师	1995	甘肃省政府
李小清	北关小学	优秀教师	1996	甘肃省政府
王希贤	张湾学区	优秀教师园丁奖	1996	甘肃省委、省政府
马志军	香泉学区	优秀教师	1996	甘肃省政府
刘志聪	内官营学区	扫盲先进工作者	1996	甘肃省政府
张广宏	区个私协会	全省百强个体户	1996	甘肃省政府
王建业	区个私协会	全省百强个体户	1996	甘肃省政府
任海明	司法局	法制宣传教育先进工作者	1996	中宣部、司法部
曲维民	民政局	双拥工作先进个人	1996.12	省委、省政府、省军区
王怀玉	东岳鲍家学校	省园丁奖	1997	甘肃省委、省政府
杜　琳	水利局	雨水集流建设先进个人	1997	甘肃省委、省政府
高　翔	第二建筑安装公司	省乡镇企业家	1997	甘肃省委、省政府
景利军	第三建筑安装公司	省乡镇企业家	1997	甘肃省委、省政府
张银翔	中华路中学	优秀教师	1997	甘肃省政府
宋香莲	青岚山学区	优秀教师	1997	甘肃省政府

续表 20-3-13

姓　名	工作单位	荣誉称号	授奖时间	颁奖单位
杨树禄	高峰学区	优秀教师	1997	甘肃省政府
陈镱	石泉学区	优秀教师	1997	甘肃省政府
赵翠英	黑山学区	省希望工程园丁奖	1997	甘肃省政府
杜恭	李家堡学区	省希望工程园丁奖	1997	甘肃省政府
张国禹	汽车站派出所	政法系统先进个人	1997	甘肃省政府
庞泽	鲁家沟乡政府	农经工作先进个人	1998	农业部
张永红	城关乡政府	农牧渔业丰收奖	1998	农业部
周玉兰	安定区文化馆	敦煌文艺奖	1998	甘肃省委、省政府
张凤英	安定区幼儿园	园丁奖	1998.9	甘肃省委、省政府
马力雄	东方红中学	优秀教师园丁奖	1998	甘肃省委、省政府
梁孝武	城关学区	优秀教师园丁奖	1998	甘肃省委、省政府
史生荣	御风学区	优秀教师园丁奖	1998	甘肃省政府
阎青录	团结镇政府	民族团结先进个人	1999	国务院宗教局
宋彦邦	城建局	建设系统劳动模范	1999	人事部、建设部
李信堂	城管办	城建监察先进个人	1999	建设部
冯强	畜牧局	undp 项目先进个人	1999	外贸部
王天华	农技中心	农技推广先进个人	1999	农业部
韩鸿鸣	水利局	水利工作先进个人	1999	水利部
王泰	李家堡学区	烛光奖	1999	教育部
姚庆丰	团结镇寒树村	省劳动模范	1999	甘肃省委、省政府
赵琏	工商局	粮食市场监督管理先进个人	1999	国家工商局
代秉昌	东方红中学	园丁奖	1999.9	甘肃省委、省政府
付礼仓	红土学校	园丁奖	1999.9	甘肃省委、省政府
杜宏伟	电大定西分校	第五届巾帼扫盲奖	1999	全国妇联、教育部
贾萍	卫生局	全国合作医疗试点先进个人	2000	卫生部
王辉	教育局	义务教育工程先进个人	2000	甘肃省委、省政府
董希武	东方红中学	省优秀教师	2000.9	甘肃省委、省政府
张振荣	定西一中	园丁奖	2000.9	甘肃省委、省政府
邢建东	内官营中学	园丁奖	2000.9	甘肃省委、省政府
刘保华	政法委	社会治安综合治理先进工作者	2001	中央综治委、人事部

续表 20-3-13

姓　名	工作单位	荣誉称号	授奖时间	颁奖单位
张荐贤	扶贫办	扶贫工作先进个人	2001	甘肃省委、省政府
秦全忠	林业局	人民满意的公务员	2001	中组部、中宣部、人事部
邵　恭	纪委监察局	全国纪检监察系统先进工作者	2002.1	中央纪委、人事部、监察部
魏正中	统计局	第五次全国人口普查选进个人	2002.1	国务院第五次全国人口普查领导小组
李文林	石峡湾乡政府	全省勘界工作三等功	2002.8	甘肃省人民政府
杨作栋	定西一中	园丁奖	2002.9	甘肃省委、省政府
冉守华	青岚山中心小学	园丁奖	2002.9	甘肃省委、省政府
王翔燕	定西市幼儿园	园丁奖	2002.9	甘肃省委、省政府
何小谦	内官营镇农技站	农牧渔业丰收奖	2002	农业部
曲存忠	司法局	司法行政系统公务员基本素质考试考核组织工作先进个人	2002.11	国家司法部
刘　福	凤翔镇文化站	全国"三下乡"先进个人	2003.2	中宣部、文化部
秦少波	原城关镇	拥军优属先进个人	2003	省委、省政府、省军区
陈云花	鲁家沟镇太平村	全国"三八红旗手"	2003	全国妇联
刘　军	李家堡镇政府	农经统计先进个人	2003	农业部
胡明权	市卫生局	抗击非典先进个人	2003	卫生部、人事部
谢重新	巉口中学	全国"学习雷锋、志愿服务"先进个人	2003.02	中央宣传部、中国人民解放军总政治部、团中央联合颁发
刘冬梅	葛家岔镇卫生院	全国人口和计划生育科技工作先进个人	2003.09	国家人口和计划生育委员会
李润林	石泉初中	园丁奖	2004.9	甘肃省委、省政府
赵红霞	公园路中学	园丁奖	2004.9	甘肃省委、省政府
李俊生	定西市执法局安定执法分局	2001—2004 年度全国社会治安综合治理先进个人	2004	中央社会治安综合治理委员会 国家人事部
焦宏汉	定西市体校	全国优秀裁判员	2004	国家体育总局
刘惠玲	定西一中	园丁奖	2004.9	甘肃省委、省政府
马荣华	定西建材公司	省劳动模范	2005	甘肃省委、省政府
万孝文	巉口镇联星村	省劳动模范	2005	甘肃省委、省政府

续表 20-3-13

姓　名	工作单位	荣誉称号	授奖时间	颁奖单位
杨维国	鲁家沟镇	省劳动模范	2005	甘肃省委、省政府
刘建中	高峰乡政府	农技推广先进个人	2005	农业部
陈天禧	西巩驿中学	全国群众体育先进个人	2005.9	国家体育总局
刘中伟	安定区总工会	全国工会系统"四五"普法先进个人	2005.11	中华全国总工会
姚秀珍	安定区城建局	劳动模范	2006.1	甘肃省总工会、省妇联
刘娟玉	安定区政府	法制宣传先进个人	2006	甘肃省委、省政府
刘　荣	中共内官营镇党委	优秀党务工作者	2006	中共甘肃省委
吴建章	中共凤翔镇党委	双拥工作先进个人	2006	省委、省政府、省军区
柴越隆	共青团安定区委	全国保护母亲河行动先进个人园丁奖	2006.4	共青团中央、水利部、农业部、国家林业局
张耀明	新集学区	园丁奖	2006.9	甘肃省委、省政府
丁　琳	民政局	全国民间组织登记管理工作先进个人	2006.12	国家民政部
魏　嵋	定西一中	全国优秀教师	2007.9	人事部、教育部
安小宁	公安局	防范和处理邪教犯罪工作先进个人	2007	公安部
田梅花		全国第六届"五好文明家庭"	2007	全国妇联、全国"五好文明家庭"创建活动领导小组
蔺　贵	区安监局	安定生产监管先进个人	2007.01	国家安全生产监督管理总局
张永斌	巉口镇镇政府	全国退耕还林先进个人	2007.8	国家林业局
董廷明	公安局	全国自行车专项治理先进个人	2008.1	中央综治委
王国芳	三湾小学	园丁奖	2008.9	甘肃省委、省政府
樊　俊	西巩驿学区	园丁奖	2008.9	甘肃省委、省政府
张　荣	东方红中学	园丁奖	2008.9	甘肃省委、省政府
荆珊玲	周家庄学校	园丁奖	2008.9	甘肃省委、省政府
潘燕平	永定路街道办	全国征兵工作先进个人	2009	国防部
杨惠琴	中华路街道	全国"三八红旗手"	2009	全国妇联

续表 20-3-13

姓 名	工作单位	荣誉称号	授奖时间	颁奖单位
马俊英	香泉镇	民族团结模范个人	2009.9	省委、省政府
杨继柏	定西中学	园丁奖	2010.9	甘肃省委、省政府
马凤英	香泉中心小学	园丁奖	2010.9	甘肃省委、省政府
杜鼎升	西巩驿中学	园丁奖	2010.9	甘肃省委、省政府
王 勤	中华路中学	园丁奖	2010.9	甘肃省委、省政府
王亚萍	定西市幼儿园	园丁奖	2010.9	甘肃省委、省政府
刘宗香	人口计生局	人口计生阳光统计之星	2010.10	国家人口和计划生育委员会
蒲 林	区粮食局	全国粮食清仓查库先进个人	2010.11	国家粮食局
丁耀文	香泉清真寺	首届全国创建和谐寺观教堂先进个人	2010.12	中央统战部、国家宗教事务局

第八节 安定区副高级以上职称专业技术人员表(含定西一中)

表 20-3-14

姓 名	性别	籍贯	出生年月	文化程度	工作单位	专业技术职务
石 瑛	男	新集乡	1928.03	本科	区教育体育局	中学高级教师
王应岚	男	榆中县	1934.12	大专	区教育体育局	中学高级教师
张鸿猷	男	称钩驿镇	1936.07	本科	区教育体育局	中学高级教师
侯克斌	男	渭源县	1939.02	大专	区教育体育局	中学高级教师
赵 鼎	男	称钩驿镇双乐村	1954.02	中师	区教育体育局	中学高级教师
梁应魁	男	李家堡镇窑坡村	1955.08	大专	区教育体育局	中学高级教师
刘志聪	男	称钩驿镇周家河村	1958.05	大专	区教育体育局	中学高级教师
董志越	男	西巩驿镇营坊村	1959.09	本科	区教育体育局	中学高级教师
马有福	男	香泉镇	1959.11	本科	区教育体育局	中学高级教师
张银翔	男	通渭县第三铺镇	1962.07	本科	区教育体育局	中学高级教师
王培军	男	符家川镇高阳村	1963.01	大专	区教育体育局	中学高级教师
杨天明	男	西巩驿镇涝池村	1963.11	大专	区教育体育局	中学高级教师

续表 20-3-14

姓 名	性别	籍贯	出生年月	文化程度	工作单位	专业技术职务
陈文林	男	符家川镇高阳村	1964.08	本科	区教育体育局	中学高级教师
汪建平	男	凤翔镇中川村	1966.02	本科	区教育体育局	中学高级教师
马爱国	男	西巩驿镇新寺村	1966.08	本科	区教育体育局	中学高级教师
纪学武	男	青岚山乡青湾村	1967.01	本科	区教育体育局	中学高级教师
杜重九	男	李家堡镇菜坪村	1970.09	本科	区教育体育局	中学高级教师
何正中	男	新集乡	1926.05	本科	教师进修学校	高级讲师
赵克正	男	鲁家沟镇	1926.07	本科	教师进修学校	高级讲师
李玉庆	男	民勤县	1935.12	本科	教师进修学校	高级讲师
刘治中	男	永定路街道	1936.11	本科	教师进修学校	高级讲师
杨润智	男	符家川镇	1939	本科	教师进修学校	高级讲师
马绥西	男	安定区	1924.01	本科	定西市一中	中学高级教师
谢胜云	男	湖南省莱阳市	1930.04	本科	定西市一中	中学高级教师
王膺杰	男	李家堡镇李家堡村	1930.06	初中	定西市一中	中学高级教师
李绍青	男	永定路街道	1931.02	本科	定西市一中	中学高级教师
方振元	男	江苏省南京市	1932	本科	定西市一中	中学高级教师
魏振国	男	临洮县	1932.06	本科	定西市一中	中学高级教师
杨治邦	男	巉口镇赵家铺村	1933.01	本科	定西市一中	中学高级教师
蔺启义	男	新集乡	1933.01	本科	定西市一中	中学高级教师
李万根	男	李家堡镇南湾村	1933.02	本科	定西市一中	中学高级教师
汪元龙	男	陕西省富平县	1934.03	本科	定西市一中	中学高级教师
师三锁	男	陕西省西安市	1934.12	本科	定西市一中	中学高级教师
景耀庚	男	原城关镇	1935.01	本科	定西市一中	中学高级教师
罗进忠	男	渭源县上湾乡	1935.09	中专	定西市一中	中学高级教师
任 琳	男	永定路街道	1936.02	本科	定西市一中	中学高级教师
高贵堂	男	内官营镇	1936.07	本科	定西市一中	中学高级教师
孙志民	男	陕西省富平县	1936.08	本科	定西市一中	中学高级教师
梁守业	男	原城关镇	1937.01	大专	定西市一中	中学高级教师
漆世彩	男	武山县	1937.01	大专	定西市一中	中学高级教师

续表 20-3-14

姓　名	性别	籍贯	出生年月	文化程度	工作单位	专业技术职务
雷德明	男	陕西省眉县	1937.11	本科	定西市一中	中学高级教师
李克俭	男	凤翔镇响河村	1938.01	本科	定西市一中	中学高级教师
周瑞麟	男	白银市平川区	1938.03	大专	定西市一中	中学高级教师
杨延芳	女	陕西省华阴县	1938.07	本科	定西市一中	中学高级教师
张继汉	男	安定区	1938.08	本科	定西市一中	中学高级教师
白云鹤	男	榆中县莲家岔乡	1938.09	中专	定西市一中	中学高级教师
刘绪德	男	原城关镇	1938.11	本科	定西市一中	中学高级教师
沈玉珍	女	会宁县	1939	本科	定西市一中	中学高级教师
安　辉	男	鲁家沟镇南川村	1939.01	本科	定西市一中	中学高级教师
赵　龙	男	庄浪县	1940.01	本科	定西市一中	中学高级教师
文怀珍	男	会宁县	1940.02	本科	定西市一中	中学高级教师
常金龙	男	永定路街道	1940.08	本科	定西市一中	中学高级教师
张振荣	男	临洮县	1942	本科	定西市一中	中学高级教师
马　忠	男	凤翔镇福台村	1942.06	本科	定西市一中	中学高级教师
张　涛	男	泾川县	1942.06	本科	定西市一中	中学高级教师
王　术	男	安定区	1943.03	中专	定西市一中	中学高级教师
赵桂芬	女	河南省偃师市	1943.04	本科	定西市一中	中学高级教师
俞陶来	女	江苏省江都市	1944.11	本科	定西市一中	中学高级教师
王发顺	男	称钩驿镇花园村	1944.12	本科	定西市一中	中学高级教师
谢　玮	男	河南省封丘县	1945	本科	定西市一中	专学高级教师
杨作栋	男	原城关镇	1945.5	本科	定西市一中	中学高级教师
陆国宪	男	原城关镇	1945.5	本科	定西市一中	中学高级教师
李映春	男	会宁县	1945.11	本科	定西市一中	中学高级教师
张淑华	女	临洮县	1946.04	本科	定西市一中	中学高级教师
王立民	男	临洮县	1947.01	大专	定西市一中	中学高级教师
阎炫至	男	临洮县	1953.01	本科	定西市一中	中学高级教师
董万福	男	陕西省华阴县	1954.01	本科	定西市一中	中学高级教师
陈有余	男	新集乡中义村	1954.09	大专	定西市一中	中学高级教师

续表 20-3-14

姓 名	性别	籍贯	出生年月	文化程度	工作单位	专业技术职务
王俊杰	男	通渭县陇山乡	1956.01	本科	定西市一中	中学高级教师
魏新民	男	内官营镇洞子门村	1957.01	本科	定西市一中	中学高级教师
王 绪	男	石泉乡	1957.09	本科	定西市一中	中学高级教师
张 亮	男	会宁县	1958.11	本科	定西市一中	中学高级教师
宋淑花	女	山东省冠县	1959.02	大专	定西市一中	中学高级教师
刘占溪	男	巉口镇	1960.12	本科	定西市一中	中学高级教师
张东锐	男	会宁县	1960.07	本科	定西市一中	中学高级教师
卫凌云	男	灵台县邵寨乡	1961.09	本科	定西市一中	中学高级教师
何振君	男	石峡湾乡三泉村	1962.07	本科	定西市一中	中学高级教师
丁智廉	男	内官营镇马龙村	1962.08	本科	定西市一中	中学高级教师
缪荣生	男	通渭县会川乡	1962.08	本科	定西市一中	中学高级教师
裴光宇	男	兰州市	1963.01	本科	定西市一中	中学高级教师
王国仁	男	内官营镇安连村	1963.02	本科	定西市一中	中学高级教师
张 源	男	巉口镇大柏林村	1963.04	本科	定西市一中	中学高级教师
刘 方	女	陇西县通安驿镇	1963.04	本科	定西市一中	中学高级教师
王 玺	男	通渭县徐川乡	1963.04	本科	定西市一中	中学高级教师
杜全弟	男	天水市	1963.06	本科	定西市一中	中学高级教师
李国敬	男	巉口镇石家岔村	1963.08	本科	定西市一中	中学高级教师
张延卓	女	内官营镇内官营村	1963.08	本科	定西市一中	中学高级教师
何志强	男	石泉乡户峡村	1963.07	本科	定西市一中	中学高级教师
杨继柏	男	会宁县	1963.09	本科	定西市一中	中学高级教师
臧 恒	男	通渭县陇山乡	1963.12	本科	定西市一中	中学高级教师
何甚鼎	男	通渭县陇川乡	1964.03	本科	定西市一中	中学高级教师
马 斌	男	李家堡镇华尖村	1964.04	本科	定西市一中	中学高级教师
邢旭东	男	凤翔镇友谊村	1964.07	本科	定西市一中	中学高级教师
陈康栋	男	会宁县头寨乡	1964.07	本科	定西市一中	中学高级教师
王爱民	女	通渭县新景乡	1964.08	本科	定西市一中	中学高级教师
曹继仁	男	通渭县平襄镇	1964.09	本科	定西市一中	中学高级教师
王振国	男	西巩驿镇铧尖村	1964.11	本科	定西市一中	中学高级教师
刘兴宇	男	会宁县郭城乡	1965.01	本科	定西市一中	中学高级教师

续表 20-3-14

姓名	性别	籍贯	出生年月	文化程度	工作单位	专业技术职务
尚宝刚	男	石泉乡中山村	1965.01	本科	定西市一中	中学高级教师
杨天顺	男	通渭县平襄镇	1965.03	本科	定西市一中	中学高级教师
杨爱静	女	陕西省商洛市商州区	1965.06	本科	定西市一中	中学高级教师
何会平	男	符家川镇兰星村	1965.09	本科	定西市一中	中学高级教师
王进宝	男	杏园乡牛营村	1966.12	本科	定西市一中	中学高级教师
宋有文	男	称钩驿镇平安村	1967.03	本科	定西市一中	中学高级教师
高淑玲	女	李家堡镇麻子川村	1967.03	本科	定西市一中	中学高级教师
王学民	男	西巩驿镇罗川村	1967.05	本科	定西市一中	中学高级教师
周炜	男	白银市平川区	1968.01	本科	定西市一中	中学高级教师
王继红	男	石峡湾乡站湾村	1968.04	本科	定西市一中	中学高级教师
邵彩莲	女	会宁县汉岔乡	1968.09	本科	定西市一中	中学高级教师
苏可伟	男	渭源县秦祁乡	1968.11	本科	定西市一中	中学高级教师
宋威	男	石峡湾乡站湾村	1969.02	本科	定西市一中	中学高级教师
张耀军	女	会宁县头寨乡	1969.04	本科	定西市一中	中学高级教师
李国胜	男	青岚山乡	1970.03	本科	定西市一中	中学高级教师
王烈华	女	秦安县西川乡	1971.02	本科	定西市一中	中学高级教师
陈爱萍	女	内官营镇岘底村	1971.01	本科	定西市一中	中学高级教师
陈俊	男	通渭县华家岭乡	1971.04	本科	定西市一中	中学高级教师
蔚泽军	男	葛家岔镇南林村	1971.11	本科	定西市一中	中学高级教师
付俊	男	凤翔镇中川村	1971.11	本科	定西市一中	中学高级教师
何涛	男	石泉乡石泉湾村	1973.04	本科	定西市一中	中学高级
刘定发	男	石峡湾乡站湾村	1974.02	本科	定西市一中	中学高级
张更新	男	河南省商丘市	1974.06	本科	定西市一中	中学高级教师
王发祯	男	靖远县	1927.04	本科	东方红中学	中学高级教师
王发政	男	鲁家沟镇	1931.9-2010	大专	东方红中学	中学高级教师
董世德	男	石泉乡	1932.11	本科	东方红中学	中学高级教师
马从汉	男	凤翔镇	1934.9-2010	大专	东方红中学	中学高级教师
马玉珍	女	兰州市	1935.12	大专	东方红中学	中学高级教师
雷玉兰	女	临洮县	1936.01	大专	东方红中学	中学高级教师
田继祖	男	李家堡镇李家堡村	1936.01	本科	东方红中学	中学高级教师

续表 20-3-14

姓 名	性别	籍贯	出生年月	文化程度	工作单位	专业技术职务
杨志诚	男	原城关镇	1936.07	本科	东方红中学	中学高级教师
张 军	女	临洮县	1936.07	大专	东方红中学	中学高级教师
刘盛德	男	永定路街道	1936.09	本科	东方红中学	中学高级教师
宋希崇	男	金塔县	1937.01	大专	东方红中学	中学高级教师
杨 林	男	团结镇	1938.05	大专	东方红中学	中学高级教师
刘兴源	男	青岚山乡	1938.05	大专	东方红中学	中学高级教师
何好德	男	永定路街道	1938.09	本科	东方红中学	中学高级教师
陈 直	男	香泉镇	1938.12	大专	东方红中学	中学高级教师
邢 猛	男	青岚山乡	1939.01	大专	东方红中学	中学高级教师
陈树德	男	青岚山乡	1939.05	大专	东方红中学	中学高级教师
何青枝	女	河南省辉县	1939.04	本科	东方红中学	中学高级教师
郭永康	男	永定路街道	1939.06	大专	东方红中学	中学高级教师
陈 键	男	鲁家沟镇	1940.01	大专	东方红中学	中学高级教师
马力雄	男	凤翔镇	1940.09	大专	东方红中学	中学高级教师
张映华	女	称钩驿镇	1942.09	大专	东方红中学	中学高级教师
殷长秀	女	兰州市	1944.04	本科	东方红中学	中学高级教师
杨淑兰	女	永定路街道	1944.07	本科	东方红中学	中学高级教师
陈公英	女	内官营镇	1944.11	本科	东方红中学	中学高级教师
张仲英	男	渭源县	1945.09	本科	东方红中学	中学高级教师
孙学桂	女	临洮县	1945.11	本科	东方红中学	中学高级教师
王瑞强	男	河南省开封市	1945.12	本科	东方红中学	中学高级教师
王富民	女	江苏省盐城市	1946.03	本科	东方红中学	中学高级教师
刘思寿	男	永定路街道	1946.06	大专	东方红中学	中学高级教师
陈发祥	男	团结镇	1947.04	中师	东方红中学	中学高级教师
赵景泉	男	符家川镇	1947.09	本科	东方红中学	中学高级教师
陈学勤	男	内官营镇	1948.09	本科	东方红中学	中学高级教师
杨树林	男	团结镇	1949.01	大专	东方红中学	中学高级教师
李生芳	女	李家堡镇	1949.07	大专	东方红中学	中学高级教师
张德明	男	西巩驿镇	1949.12	大专	东方红中学	中学高级教师
张玉成	男	称钩驿镇称钩驿村	1952.09	大专	东方红中学	中学高级教师

续表 20-3-14

姓 名	性别	籍贯	出生年月	文化程度	工作单位	专业技术职务
史彩云	女	凤翔镇友谊村	1953.07	大专	东方红中学	中学高级教师
刘 清	男	团结镇唐家堡村	1953.12	大专	东方红中学	中学高级教师
董希武	男	石泉乡中坪村	1954.01	大专	东方红中学	中学高级教师
李玉舟	男	李家堡镇鹿马岔村	1954.03	大专	东方红中学	中学高级教师
宋贵林	男	巉口镇康庄村	1954.11	大专	东方红中学	中学高级教师
董展志	男	永定路街道	1954.12	本科	东方红中学	中学高级教师
董 艮	男	石峡湾乡清水村	1955.01	大专	东方红中学	中学高级教师
王怀勇	男	李家堡镇麻子川村	1956.01	本科	东方红中学	中学高级教师
张廷珍	男	宁远镇红土村	1956.12	大专	东方红中学	中学高级教师
李俊江	男	符家川镇	1957.01	本科	东方红中学	中学高级教师
文万正	男	临洮县新添镇	1957.11	本科	东方红中学	中学高级教师
陈桂芳	女	渭源县齐家庙乡	1958.01	本科	东方红中学	中学高级教师
吴建新	男	山东省莱芜市牛泉镇	1958.01	大专	东方红中学	中学高级教师
韩 荣	男	西巩驿镇河畔村	1960.02	本科	东方红中学	中学高级教师
何志刚	男	石泉乡户峡村	1960.05	本科	东方红中学	中学高级教师
于慧玲	女	内官营镇文山村	1961.07	本科	东方红中学	中学高级教师
纪平安	男	凤翔镇永定村	1961.12	本科	东方红中学	中学高级教师
徐登高	男	称钩驿镇双乐村	1961.12	本科	东方红中学	中学高级教师
张富林	男	符家川镇	1962.04	本科	东方红中学	中学高级教师
崔永胜	男	团结镇金花村	1962.06	本科	东方红中学	中学高级教师
付金玲	女	内官营镇先锋村	1962.06	本科	东方红中学	中学高级教师
魏 兵	男	凤翔镇永定村	1962.08	本科	东方红中学	中学高级教师
苏 伟	男	凤翔镇二十里铺村	1962.09	本科	东方红中学	中学高级教师
孙爱军	男	凤翔镇石坪村	1962.11	本科	东方红中学	中学高级教师
南彩珍	女	凤翔镇丰禾村	1962.11	本科	东方红中学	中学高级教师
邢建东	男	凤翔镇柏林村	1962.12	本科	东方红中学	中学高级教师
岳 宏	男	凤翔镇柏林村	1963.01	本科	东方红中学	中学高级教师
曲德才	男	永定路街道	1963.01	本科	东方红中学	中学高级教师
代秉昌	男	江苏省淮阴市淮阴县	1963.01	本科	东方红中学	中学高级教师
马天正	男	杏园乡	1963.01	本科	东方红中学	中学高级教师

续表 20-3-14

姓名	性别	籍贯	出生年月	文化程度	工作单位	专业技术职务
孙志英	男	新集乡鲁家岔村	1963.02	本科	东方红中学	中学高级教师
张荣	男	新集乡小南岔村	1963.06	本科	东方红中学	中学高级教师
马瑞思	女	凤翔镇中川村	1963.07	本科	东方红中学	中学高级教师
杨生海	男	榆中县	1963.7—2010.7	本科	东方红中学	中学高级教师
杨金平	男	宁远镇宁远村	1963.08	本科	东方红中学	中学高级教师
张信	男	巉口镇巉口村	1963.11	本科	东方红中学	中学高级教师
万学哲	男	巉口镇上岘村	1964.01	本科	东方红中学	中学高级教师
丁克刚	男	宁远镇李家渠村	1964.04	本科	东方红中学	中学高级教师
朱向东	男	永定路街道	1964.11	本科	东方红中学	中学高级教师
连玉平	男	渭源县大安乡	1964.12	本科	东方红中学	中学高级教师
陈士强	男	巉口镇花林村	1965.01	本科	东方红中学	中学高级教师
何彦壁	男	青岚山乡赵家岔村	1965.01	本科	东方红中学	中学高级教师
李金	男	葛家岔镇黑营村	1965.01	本科	东方红中学	中学高级教师
尚伟	男	李家堡镇李家堡村	1965.08	本科	东方红中学	中学高级教师
李继承	男	称钩驿镇周家河村	1966.05	本科	东方红中学	中学高级教师
肖彦军	男	青岚山乡东门川村	1966.06	本科	东方红中学	中学高级教师
马银凡	男	新集乡大园村	1966.08	本科	东方红中学	中学高级教师
张吉	男	李家堡镇安家岔村	1967.06	本科	东方红中学	中学高级教师
曹富英	男	称钩驿镇平安村	1967.08	本科	东方红中学	中学高级教师
廖廷文	男	李家堡镇李家堡村	1967.11	本科	东方红中学	中学高级教师
刘小凡	女	庆阳市宁县平子镇	1969.02	本科	东方红中学	中学高级教师
乔学武	男	巉口镇胜利村	1970.01	本科	东方红中学	中学高级教师
张军	男	杏园乡牛营村	1971.03	本科	东方红中学	中学高级教师
付兵锋	男	石峡湾乡九岔村	1971.08	本科	东方红中学	中学高级教师
李小舟	男	鲁家沟镇太平村	1972.11	本科	东方红中学	中学高级教师
王钰	男	内官营镇永安村	1936.04	大专	中华路中学	中学高级教师
赵菊香	女	临洮县城关镇	1936.07	大专	中华路中学	中学高级教师
王佐臣	男	凤翔镇柏林村	1937.01	大专	中华路中学	中学高级教师
王琳	男	凤翔镇石坪村	1937.01	大专	中华路中学	中学高级教师
张凤英	女	永定路街道	1944.07	大专	中华路中学	中学高级教师

续表 20-3-14

姓　名	性别	籍贯	出生年月	文化程度	工作单位	专业技术职务
成博赟	男	新集乡仁义村	1948.02	大专	中华路中学	中学高级教师
陈巧玉	女	鲁家沟镇元坪村	1949.09	大专	中华路中学	中学高级教师
张凤英	女	临洮县红旗镇水泉村	1952.11	大专	中华路中学	中学高级教师
王　勤	男	西巩驿镇寺坪村	1954.01	本科	中华路中学	中学高级教师
赵振国	男	天水市麦积区中滩镇	1954.01	本科	中华路中学	中学高级教师
鲁曰增	男	鲁家沟镇南川村	1954.01	大专	中华路中学	中学高级教师
康舒静	女	河南省漯河市郾城县	1956.02	本科	中华路中学	中学高级教师
李万龙	男	李家堡镇马家岔村	1956.07	大专	中华路中学	中学高级教师
王恒勇	男	李家堡镇麻子川村	1956.12	大专	中华路中学	中学高级教师
苏梦宁	女	内官营镇内官营村	1957.04	大专	中华路中学	中学高级教师
陈　尧	男	香泉镇西寨村	1957.05	大专	中华路中学	中学高级教师
刘　晓	男	凤翔镇永定村	1957.11	本科	中华路中学	中学高级教师
马　瑛	男	中华路街道	1960.04	大专	中华路中学	中学高级教师
杨振清	男	团结镇中化村	1960.05	大专	中华路中学	中学高级教师
刘凤英	女	称钩驿镇周家河村	1961.12	大专	中华路中学	中学高级教师
崔全民	男	香泉镇池沟村	1962.07	大专	中华路中学	中学高级教师
师彦英	男	西巩驿镇中驿村	1962.08	大专	中华路中学	中学高级教师
张应才	男	巉口镇康家庄村	1963.02	本科	中华路中学	中学高级教师
郭剑平	男	陕西省浦城县党木镇	1963.06	本科	中华路中学	中学高级教师
贾宝源	男	凤翔镇李家咀村	1963.07	本科	中华路中学	中学高级教师
王新军	男	西巩驿镇罗川村	1963.08	本科	中华路中学	中学高级教师
窠孝	男	鲁家沟镇太平村	1963.08	本科	中华路中学	中学高级教师
周建民	男	巉口镇三十铺村	1963.08	本科	中华路中学	中学高级教师
梁　玉	男	凤翔镇丰禾村	1963.09	本科	中华路中学	中学高级教师
韩宝琦	男	白碌乡录丰村	1963.11	本科	中华路中学	中学高级教师
董志斌	男	西巩驿镇营坊村	1968.11	本科	中华路中学	中学高级教师
马梅芳	女	宁远镇红土村	1963.11	大专	中华路中学	中学高级教师
陈　云	男	内官营镇万崖村	1964.12	本科	中华路中学	中学高级教师
刘菊香	女	永定路街道	1965.04	本科	中华路中学	中学高级教师
汉　珍	女	永定路街道	1965.11	本科	中华路中学	中学高级教师

续表 20-3-14

姓　名	性别	籍贯	出生年月	文化程度	工作单位	专业技术职务
杨秀芬	女	宁远镇宁远村	1966.07	本科	中华路中学	中学高级教师
方红霞	女	陇西县首阳镇首阳村	1966.01	本科	中华路中学	中学高级教师
马晓梅	女	凤翔镇友谊村	1966.09	本科	中华路中学	中学高级教师
杨海兰	女	巉口镇赵家铺村	1969.08	本科	中华路中学	中学高级教师
胡续文	男	宁远镇红土村	1969.11	本科	中华路中学	中学高级教师
杨尚荣	男	葛家岔镇清明村	1971.11	本科	中华路中学	中学高级教师
吴西江	女	李家堡镇李家堡村	1973.09	本科	中华路中学	中学高级教师
董效文	男	西巩驿镇营坊村	1955.01	本科	公园路中学	中学高级教师
陈小平	男	内官营镇乌龙村	1960.09	大专	公园路中学	中学高级教师
李仁才	男	鲁家沟镇罗川村	1961.01	本科	公园路中学	中学高级教师
田　勇	男	会宁县韩集乡	1961.08	大专	公园路中学	中学高级教师
周世勇	男	巉口镇周家庄村	1962.07	本科	公园路中学	中学高级教师
杨　述	男	称钩驿镇杨家河村	1962.06	本科	公园路中学	中学高级教师
张　媛	女	辽宁省黑山县姜屯镇	1962.08	本科	公园路中学	中学高级教师
杨登荣	男	鲁家沟镇太平村	1964.08	本科	公园路中学	中学高级教师
邱玉莲	女	宁远镇前川村	1965.02	本科	公园路中学	中学高级教师
金彩萍	女	内官营镇锦花村	1965.07	本科	公园路中学	中学高级教师
李立新	男	杏园乡刘家湾村	1965.09	本科	公园路中学	中学高级教师
赵淑红	女	渭源县莲峰镇	1966.01	本科	公园路中学	中学高级教师
王　振	男	新集乡西坪村	1966.06	本科	公园路中学	中学高级教师
赵红霞	女	永定路街道	1966.12	本科	公园路中学	中学高级教师
杨立群	女	永定路街道	1967.01	本科	公园路中学	中学高级教师
杨天育	男	符家川镇黄家坪村	1968.03	本科	公园路中学	中学高级教师
朱光平	男	武威凉州区发放乡	1969.04	本科	公园路中学	中学高级教师
康　军	男	巉口镇新坪村	1969.08	本科	公园路中学	中学高级教师
燕　珂	女	鲁家沟镇小岔口村	1969.11	本科	公园路中学	中学高级教师
高生贵	男	李家堡镇马家岔村	1970.09	本科	公园路中学	中学高级教师
水兆胜	男	西巩驿镇黄家坪村	1973.01	本科	公园路中学	中学高级教师
韩文俊	男	内官营镇锦花村	1962.05	大专	交通路中学	中学高级教师
王晓萍	女	称钩驿镇好麦村	1964.02	本科	交通路中学	中学高级教师

续表 20-3-14

姓　名	性别	籍贯	出生年月	文化程度	工作单位	专业技术职务
王丑奎	男	秦安县吊湾乡	1965.08	大专	交通路中学	中学高级教师
成卫国	男	石泉乡石泉村	1965.12	本科	交通路中学	中学高级教师
朱　方	女	陕西大荔县下寨乡	1966.07	本科	交通路中学	中学高级教师
王　赟	男	张家川县马关乡	1968.08	本科	交通路中学	中学高级教师
杨永珍	男	鲁家沟镇南川村	1969.11	本科	交通路中学	中学高级教师
秦　岭	男	会宁县土高乡	1970.11	本科	交通路中学	中学高级教师
杨爱玲	女	李家堡镇	1971.05	本科	交通路中学	中学高级教师
王丑缠	男	秦安县王甫乡	1972.01	本科	交通路中学	中学高级教师
王友仁	男	永定路街道	1925.08	本科	定西理工中等专业学校	中学高级教师
师成杰	男	内官营镇	1936.02	本科	定西理工中等专业学校	中学高级教师
陈世珍	女	内官营镇	1937.07	大专	定西理工中等专业学校	中学高级教师
雒其沛	男	靖远县	1938.02	本科	定西理工中等专业学校	中学高级教师
赵瑾云	男	凤翔镇	1939.06	大专	定西理工中等专业学校	中学高级教师
杨永清	男	青岚山乡	1940.09	本科	定西理工中等专业学校	中学高级教师
李　珩	男	靖远县	1940.12	中师	定西理工中等专业学校	中学高级教师
李维平	男	李家堡镇	1944.09	大专	定西理工中等专业学校	中学高级教师
吴良忠	男	鲁家沟镇	1948.04	本科	定西理工中等专业学校	中学高级教师
朱天赐	男	永定路街道	1950.11	本科	定西理工中等专业学校	中学高级教师
罗荣农	男	渭源县大安乡	1952.01	本科	定西理工中等专业学校	中学高级教师
王　孝	男	葛家岔镇贾家湾村	1952.05	大专	定西理工中等专业学校	中学高级教师
傅聚才	男	鲁家沟镇太平村	1953.12	大专	定西理工中等专业学校	中学高级教师
汪国壁	男	杏园乡	1956.11	大专	定西理工中等专业学校	中学高级教师
王　炜	男	内官营镇	1957.01	本科	定西理工中等专业学校	中学高级教师
马桂珍	女	内官营镇内官营村	1961.07	本科	定西理工中等专业学校	中学高级教师
张闻天	男	石泉乡大坪村	1962.01	本科	定西理工中等专业学校	中学高级教师
张瑞峰	男	会宁县杨集乡	1962.02	本科	定西理工中等专业学校	中学高级教师
张新全	男	鲁家沟镇南川村	1962.05	本科	定西理工中等专业学校	中学高级教师
林永宪	男	称钩驿镇梁家坪村	1962.08	本科	定西理工中等专业学校	中学高级教师
赵克诚	男	称钩驿镇阳坡村	1963.02	本科	定西理工中等专业学校	中学高级教师
张桂云	女	凤翔镇西二十铺村	1963.03	本科	定西理工中等专业学校	中学高级教师

续表 20-3-14

姓　名	性别	籍贯	出生年月	文化程度	工作单位	专业技术职务
董怀军	男	新集乡石湾村	1963.11	本科	定西理工中等专业学校	中学高级教师
孙　琪	男	临洮县洮阳镇	1963.11	本科	定西理工中等专业学校	中学高级教师
何忠岭	男	会宁县翟所乡	1964.01	本科	定西理工中等专业学校	中学高级教师
孙彦林	男	内官营镇内官营村	1964.07	本科	定西理工中等专业学校	中学高级教师
李玉萍	女	临洮县洮镇阳	1964.11	本科	定西理工中等专业学校	中学高级教师
张有山	男	新集乡中义村	1964.11	本科	定西理工中等专业学校	中学高级教师
许陇新	男	河南省上蔡县	1965.08	本科	定西理工中等专业学校	中学高级教师
焦　伟	男	凤翔镇东河村	1965.09	本科	定西理工中等专业学校	中学高级教师
康淑玲	女	凤翔镇中川村	1965.11	本科	定西理工中等专业学校	中学高级教师
刘　祯	男	凤翔镇福台村	1965.12	本科	定西理工中等专业学校	中学高级教师
孙晓惠	女	临洮县八里铺镇	1966.04	本科	定西理工中等专业学校	中学高级教师
王晓云	女	巉口镇巉口村	1970.01	本科	定西理工中等专业学校	中学高级教师
李珍萍	女	葛家岔镇黑营村	1971.08	本科	定西理工中等专业学校	中学高级教师
高淑云	女	李家堡镇	1939.09	本科	安定区卫生学校	副主任医师
李小清	女	称钩驿镇双乐村	1961.09	大专	西关小学	中学高级教师
陆振玲	女	临洮县漫洼乡	1965.11	大专	西关小学	中学高级教师
吴　海	男	凤翔镇友谊村	1958.07	大专	大城小学	中学高级教师
田俊锦	女	白碌乡	1966.06	大专	大城小学	中学高级教师
赵　英	女	漳县盐井乡	1964.04	本科	公园路小学	中学高级教师
张维德	男	巉口镇康家庄村	1950.11	大专	青少年学生校外活动中心	中学高级教师
陈志强	男	西巩驿镇罗川村	1962.08	研生	青少年学生校外活动中心	中学高级教师
杨生林	男	永定路街道	1953.05	大专	体育活动中心	中学高级教师
赵　鹤	男	鲁家沟镇南川村	1955.09	大专	体育活动中心	高级教练
陶世虎	男	内官营镇内官营村	1963.04	大专	体育活动中心	高级教练
尚珍瑞	男	内官营镇	1935.02	本科	内官营中学	中学高级教师
王献璋	男	内官营镇	1935.11	本科	内官营中学	中学高级教师
李作栋	男	内官营镇	1937.09	本科	内官营中学	中学高级教师
赵钦普	男	内官营镇	1940.07	本科	内官营中学	中学高级教师
陈显斌	男	内官营镇	1945.11	大专	内官营中学	中学高级教师

续表 20-3-14

姓 名	性别	籍贯	出生年月	文化程度	工作单位	专业技术职务
田生有	男	内官营镇	1947	本科	内官营中学	中学高级教师
负怀文	男	高峰乡	1947.07	本科	内官营中学	中学高级教师
刘建基	男	凤翔镇	1953.07	大专	内官营中学	中学高级教师
陈国耀	男	内官营镇	1954.01	本科	内官营中学	中学高级教师
陈有庆	男	内官营镇	1955.07	本科	内官营中学	中学高级教师
景凤莲	女	香泉镇西寨村	1956.01	本科	内官营中学	中学高级教师
郭俊卿	男	内官营镇	1960.09	大专	内官营中学	中学高级教师
梁 贵	男	凤翔镇	1962.06	本科	内官营中学	中学高级教师
程 雄	男	巉口镇	1962.11	本科	内官营中学	中学高级教师
李 琳	男	凤翔镇	1964.09	大专	内官营中学	中学高级教师
陈 玮	男	内官营镇	1964.12	大专	内官营中学	中学高级教师
康玉忠	男	青岚山乡青岚山村	1966.02	本科	内官营中学	中学高级教师
田福海	男	内官营镇	1966.08	本科	内官营中学	中学高级教师
雪保安	男	内官营镇乌龙村	1966.12	本科	内官营中学	中学高级教师
宋志雄	男	称钩驿镇	1968.01	本科	内官营中学	中学高级教师
田 浩	男	凤翔镇	1968.09	本科	内官营中学	中学高级教师
纪载华	男	青岚山乡	1970.09	大专	内官营中学	中学高级教师
何亚琴	女	内官营镇	1971.08	本科	内官营中学	中学高级教师
张效宗	男	巉口镇	1921	本科	巉口中学	中学高级教师
朱光明	男	陕西省富平县	1927.02	大专	巉口中学	中学高级教师
麻起茂	男	鲁家沟镇	1942.06	中师	巉口中学	中学高级教师
万海青	男	巉口镇	1944.08	本科	巉口中学	中学高级教师
张 荣	男	称钩驿镇	1946.09	本科	巉口中学	中学高级教师
范海明	男	巉口镇	1947.11	大专	巉口中学	中学高级教师
张有铭	男	巉口镇	1948.05	本科	巉口中学	中学高级教师
王友中	男	巉口镇巉口村	1951.09	本科	巉口中学	中学高级教师
田发沐	男	白碌乡复兴村	1955.06	本科	巉山中学	中学高级教师
李海诚	男	称钩驿镇川坪村	1959.08	本科	巉口中学	中学高级教师
苏 杰	男	鲁家沟镇将台村	1960.03	本科	巉口中学	中学高级教师
邵吉智	男	石峡湾乡三泉村	1962.07	本科	巉口中学	中学高级教师

续表 20-3-14

姓 名	性别	籍贯	出生年月	文化程度	工作单位	专业技术职务
魏建国	男	巉口镇康家庄	1963.01	本科	巉口中学	中学高级教师
康有德	男	西巩驿镇新街村	1963.03	本科	巉口中学	中学高级教师
石生宝	男	新集乡新集村	1963.11	本科	巉口中学	中学高级教师
赵翠萍	男	凤翔镇赴福台村	1964.02	本科	巉口中学	中学高级教师
张 福	男	巉口镇大柏林村	1965.03	本科	巉口中学	中学高级教师
杜天应	男	称钩驿镇称钩村	1965.12	本科	巉口中学	中学高级教师
寇 慧	男	鲁家沟镇南川村	1966.01	本科	巉口中学	中学高级教师
屠建明	男	巉口镇巉口村	1966.05	本科	巉口中学	中学高级教师
刘志伟	男	称钩驿镇周家河村	1967.07	本科	巉口中学	中学高级教师
李福伟	男	鲁家沟镇太平村	1968.01	本科	巉口中学	中学高级教师
莫我智	男	石峡湾乡清水村	1968.05	本科	巉口中学	中学高级教师
张继政	男	称钩驿镇花园村	1968.05	本科	巉口中学	中学高级教师
曹就正	男	宁远镇	1931.03	大专	宁远中学	中学高级教师
李作善	男	宁远镇	1939.04	本科	宁远中学	中学高级教师
高尚智	男	宁远镇红土村	1954.09	中师	宁远中学	中学高级教师
郑 伟	男	杏园乡刘家湾村	1955.03	大专	宁远中学	中学高级教师
胡 颖	男	宁远镇红土村	1955.09	大专	宁远中学	中学高级教师
付直言	男	宁远镇前川村	1956.01	大专	宁远中学	中学高级教师
李宗仁	男	杏园乡李家河村	1956.11	大专	宁远中学	中学高级教师
贾 笃	男	宁远镇王家山村	1960.07	大专	宁远中学	中学高级教师
马振洲	男	石泉乡石泉村	1962.08	本科	宁远中学	中学高级教师
梁建雄	男	鲁家沟镇大湾村	1964.12	本科	宁远中学	中学高级教师
胡应忠	男	宁远镇李曲村	1968.03	本科	宁远中学	中学高级教师
师海福	男	西巩驿镇箫川村	1968.08	本科	宁远中学	中学高级教师
祁旭东	男	内官营镇永丰村	1963.04	大专	香泉民族中学	中学高级教师
赵志勇	男	凤翔镇丰禾村	1964.09	本科	香泉民族中学	中学高级教师
赵新全	男	凤翔镇丰禾村	1968.03	本科	香泉民族中学	中学高级教师
王 敏	男	西巩驿镇	1921.04	大专	西巩驿中学	中学高级教师
王统国	男	西巩驿镇花沟村	1936.05	大专	西巩驿中学	中学高级教师
杜生桂	男	石泉乡大坪村	1938.03	本科	西巩驿中学	中学高级教师

续表20-3-14

姓　名	性别	籍贯	出生年月	文化程度	工作单位	专业技术职务
王玺铭	男	西巩驿镇寺坪村	1947.11	中师	西巩驿中学	中学高级教师
陈天禧	男	新集乡坪塬村	1954.01	中师	西巩驿中学	中学高级教师
何玉胜	男	青岚山乡	1954.03	本科	西巩驿中学	中学高级教师
李有忠	男	新集乡	1962.01	大专	西巩驿中学	中学高级教师
车起红	男	西巩驿镇新街村	1956.08	中师	西巩驿中学	中学高级教师
王　信	男	西巩驿镇	1958.04	中师	西巩驿中学	中学高级教师
杜鼎升	男	李家堡镇黄金村	1961.08	本科	西巩驿中学	中学高级教师
董　忠	男	西巩驿镇营房村	1965.04	大专	西巩驿中学	中学高级教师
马　琪	男	凤翔镇福台村	1959.01	大专	凤翔学区	中学高级教师
李　君	男	西巩驿镇营坊村	1961.11	大专	凤翔学区	中学高级教师
孙　卫	男	凤翔镇景家口村	1962.09	大专	凤翔学区	中学高级教师
孙继仁	男	新集乡中义村	1962.02	大专	石坪初中	中学高级教师
张梅芳	女	杏园乡康庄村	1963.06	本科	石坪初中	中学高级教师
陈　鸿	男	西巩驿镇罗川村	1961.02	大专	柏林学校	中学高级教师
李　祥	男	巉口镇松川村	1965.08	大专	柏林学校	中学高级教师
靳兴华	男	团结镇庙川村	1972.05	本科	花岘子学校	中学高级教师
马文明	男	李家堡镇	1967.09	本科	中岔学校	中学高级教师
苏　荣	男	内官营镇先锋村	1950.12	中师	内官营学区	中学高级教师
陈　云	男	内官营镇东岳村	1957.08	中师	内官营学区	中学高级教师
陆玉祥	男	内官营镇文山村	1958.03	大专	内官营学区	中学高级教师
陈兆宁	男	新集乡	1971.11	本科	黑山初中	中学高级教师
赵宗礼	男	内官营镇崖湾村	1948.01	大专	黑山中心小学	中学高级教师
赵宗敏	男	内官营镇米粮村	1962.02	大专	黑山初中	中学高级教师
安锦云	男	凤翔镇柏林村	1958.01	大专	巉口学区	中学高级教师
张明文	男	巉口镇石家岔村	1958.01	大专	松川学校	中学高级教师
李成军	男	巉口镇松川村	1962.07	大专	松川学校	中学高级教师
王天禄	男	巉口镇松川村	1969.12	本科	松川学校	中学高级教师
乔发科	男	巉口镇胜利村	1956.11	中师	景泉初中	中学高级教师
陈生国	男	巉口镇大柏林村	1962.11	大专	大柏林学校	中学高级教师
黄世杰	男	巉口镇常川村	1961.12	大专	常川学校	中学高级教师

续表 20-3-14

姓 名	性别	籍贯	出生年月	文化程度	工作单位	专业技术职务
荆珊玲	女	巉口镇胜利村	1974.07	本科	周家庄学校	中学高级教师
颉育民	男	甘谷县	1934.12	本科	鲁家沟初中	中学高级教师
黄有才	男	鲁家沟镇	1954.11	中师	御风初中	中学高级教师
麻存茂	男	鲁家沟镇南川村	1957.08	大专	鲁家沟初中	中学高级教师
田 阔	男	鲁家沟镇南川村	1958.03	大专	鲁家沟学区	中学高级教师
古文君	男	鲁家沟镇	1958.12	本科	御风初中	中学高级教师
陈 佩	男	香泉镇	1961.09	大专	鲁家沟初中	中学高级教师
蔺德文	男	新集乡田坪村	1962.12	大专	鲁家沟初中	中学高级教师
王 平	男	香泉镇	1969.12	本科	鲁家沟初中	中学高级教师
杨艳春	男	内官营镇	1939.08	大专	李家堡初中	中学高级教师
焦庆斌	男	李家堡镇锦鸡村	1958.08	大专	李家堡学区	中学高级教师
王秀兰	男	李家堡镇李家堡村	1961.12	大专	李家堡初中	中学高级教师
周 江	男	李家堡镇花川村	1965.06	大专	李家堡初中	中学高级教师
成甘霖	男	李家堡镇张湾村	1966.07	大专	李家堡初中	中学高级教师
李维林	男	李家堡镇张湾村	1966.08	本科	李家堡初中	中学高级教师
李鹏山	男	李家堡镇窑坡村	1967.01	本科	李家堡学区	中学高级教师
田勇秀	男	鲁家沟镇	1938.09	本科	西寨初中	中学高级教师
曹 鸿	男	西巩驿镇	1945.08	本科	西寨初中	中学高级教师
靳 祥	男	会宁县中川乡	1948.11	大专	香泉中学	中学高级教师
杨振福	男	香泉镇	1959.11	大专	香泉中学	中学高级教师
梁有林	男	香泉镇	1966.05	本科	西寨初中	中学高级教师
杨晓军	男	团结镇	1971.09	本科	西寨初中	中学高级教师
贾建堂	男	宁远镇宁远村	1961.01	大专	宁远学区	中学高级教师
马尚伟	男	宁远镇宁远村	1950.07	大专	红土学校	中学高级教师
陈吉芳	男	符家川镇兰星村	1962.02	大专	符家川学区	中学高级教师
成顺清	男	符家川镇兰星村	1951.08	中师	符家川初中	中学高级教师
杨天祯	男	符家川镇黄坪村	1962.04	大专	符家川初中	中学高级教师
张海翔	男	团结镇小山村	1951.01	中师	团结初中	中学高级教师
郭 礼	男	团结镇联庄村	1951.11	大专	团结初中	中学高级教师
董继悟	男	凤翔镇景家口村	1954.11	大专	团结初中	中学高级教师

续表 20-3-14

姓　名	性别	籍贯	出生年月	文化程度	工作单位	专业技术职务
陈　浩	男	石泉乡	1955.05	中师	团结学区	中学高级教师
王立辉	男	团结镇庙川村	1961.01	大专	团结初中	中学高级教师
支　华	男	称钩驿镇	1962.08	大专	团结初中	中学高级教师
孙亚军	男	巉口镇	1972.01	本科	团结初中	中学高级教师
樊　俊	男	新集乡坪塬村	1953.09	大专	西巩驿学区	中学高级教师
王　宏	男	西巩驿镇栗川村	1962.09	大专	西巩驿学区	中学高级教师
于云章	男	内官营镇	1939.11	本科	南鹰学校	中学高级教师
曹　珣	男	西巩驿镇河畔村	1955.08	中师	南鹰学校	中学高级教师
夏仁义	男	西巩驿镇营坊村	1956.01	大专	南鹰学校	中学高级教师
赵　平	男	称钩驿镇好麦村	1968.04	本科	称钩驿学区	中学高级教师
巩汉山	男	称钩驿镇新民村	1947.02	高中	称钩驿初中	中学高级教师
李世红	男	称钩驿镇双乐村	1963.02	大专	称钩驿初中	中学高级教师
张发汉	男	称钩驿镇好麦村	1957.06	中师	阳坡学校	中学高级教师
杨福祥	男	鲁家沟镇紫云村	1960.02	中师	葛家岔学区	中学高级教师
李应田	男	葛家岔镇北坪村	1946.11	大专	葛家岔初中	中学高级教师
苏　惠	男	鲁家沟镇杨家山村	1938.07	大专	葛家岔初中	中学高级教师
王武天	男	杏园乡白虎村	1952.02	本科	杏园学区	中学高级教师
韩宪章	男	杏园乡南川村	1928.02	大专	杏园中心学校	中学高级教师
张治雄	男	石泉乡石泉村	1956.09	大专	石泉初中	中学高级教师
李润林	男	石泉乡户峡村	1959.01	大专	石泉初中	中学高级教师
张辉天	男	石泉乡合营村	1963.07	大专	石泉初中	中学高级教师
李　军	男	石泉乡中寺村	1969.08	本科	石泉初中	中学高级教师
张万英	男	李家堡镇	1939	大专	大坪学校	中学高级教师
李金白	男	青岚山乡青岚山村	1957.01	中师	青岚山学区	中学高级教师
刘晓英	男	青岚山乡赵家岔村	1962.06	大专	赵家岔小学	中学高级教师
刘　东	男	青岚山乡贾川村	1969.01	本科	青义初中	中学高级教师
张耀明	男	石峡湾乡石峡湾村	1966.01	本科	新集学区	中学高级教师
田树国	男	新集乡田坪村	1948.08	大专	新集坪塬初中	中学高级教师
霍学智	男	新集乡小南岔村	1952.01	中师	新集初中	中学高级教师
赵　华	男	新集乡鲁家岔村	1956.01	中师	新集初中	中学高级教师

续表 20-3-14

姓　名	性别	籍贯	出生年月	文化程度	工作单位	专业技术职务
陈天禄	男	新集乡田坪村	1959.09	大专	新集初中	中学高级教师
刘　英	男	鲁家沟镇	1962.08	本科	石峡湾学区	中学高级教师
苏克诚	男	石峡湾乡	1959.12	中师	石峡湾学区	中学高级教师
秦玉辉	男	白碌乡录丰村	1950.01	中师	白碌初中	中学高级教师
张庆玲	男	白碌乡复兴村	1951.01	中师	白碌初中	中学高级教师
魏莲英	女	安定区			定西市第二人民医院	副主任护师
王　义	男	符家川镇	1942.07	本科	定西市第二人民医院	副主任医师
王成义	男	临洮县	1946.01	本科	定西市第二人民医院	副主任医师
文进才	男	青岚山乡	1948		定西市第二人民医院	副主任医师
史满仓	男	鲁家沟镇	1950.08	大专	定西市第二人民医院	副主任医师
郑宝珊	男	巉口镇	1950.12	大专	定西市第二人民医院	副主任医师
张思贵	男	鲁家沟镇	1951.11	中专	定西市第二人民医院	副主任医师
支莲英	女	巉口镇	1951.12	大专	定西市第二人民医院	副主任医师
朱德银	男	杏园乡	1955.08	大专	定西市第二人民医院	副主任医师
焦立栋	男	安定区	1955.11	中专	定西市第二人民医院	副主任医师
陈慧芳	女	安定区	1956.9	中专	定西市第二人民医院	副主任检验师
雷继刚	男	通渭县	1956.10	大专	定西市第二人民医院	副主任医师
水思源	男	高峰乡	1957.01	大专	定西市第二人民医院	副主任医师
张　刚	男	团结镇	1957.04	中专	定西市第二人民医院	副主任医师
雷成多	男	靖远县	1958.08	大专	定西市第二人民医院	副主任医师
李永盛	男	通渭县	1962.06	本科	定西市第二人民医院	副主任医师
郭宝俊	男	临洮县	1963.02	本科	定西市第二人民医院	副主任检验师
吴建伟	男	永定路街道	1963.02	本科	定西市第二人民医院	副主任医师
刘永生	女	永定路街道	1963.03	本科	定西市第二人民医院	主任医师
刘　华	女	风翔镇	1963.06	本科	定西市第二人民医院	副主任医师
韩　瑾	女	巉口镇	1963.08	大专	定西市第二人民医院	副主任检验师
雷庆林	男	临洮县	1963.09	本科	定西市第二人民医院	副主任医师
魏春兰	女	内官营镇	1963.10	本科	定西市第二人民医院	副主任医师
张彦峰	男	巉口镇	1964.01	本科	定西市第二人民医院	主任医师
孙希明	男	临洮县	1964.01	本科	定西市第二人民医院	副主任医师

续表 20-3-14

姓 名	性别	籍 贯	出生年月	文化程度	工作单位	专业技术职务
张永胜	男	会宁县	1964.01	本科	定西市第二人民医院	副主任医师
刘 俭	男	称钩驿镇	1964.03	大专	定西市第二人民医院	副主任药师
张晓红	女	通渭县	1964.05	大专	定西市第二人民医院	副主任医师
王爱红	女	靖远县	1964.10	本科	定西市第二人民医院	副主任护师
吴 勇	男	会宁县	1965.05	本科	定西市第二人民医院	副主任医师
周 勤	男	永定路街道	1965.11	本科	定西市第二人民医院	副主任医师
张 魄	男	凤翔镇	1966.09	本科	定西市第二人民医院	副主任医师
李殿成	男	安定区	1966.09	本科	定西市第二人民医院	副主任医师
张立新	女	河南省商丘市	1967.11	本科	定西市第二人民医院	副主任医师
吴昀蓉	女	漳县	1968.05	本科	定西市第二人民医院	副主任医师
魏彩梅	女	渭源县	1968.07	本科	定西市第二人民医院	副主任护师
马纪琳	男	通渭县	1968.12	本科	定西市第二人民医院	副主任医师
黄 静	女	中华路街道	1969.03	本科	定西市第二人民医院	副主任医师
王君和	男	新集乡	1969.08	本科	定西市第二人民医院	副主任医师
李长文	男	榆中县	1969.10	本科	定西市第二人民医院	副主任医师
张政明	男	安定区	1969.12	本科	定西市第二人民医院	副主任医师
曲晓莉	女	通渭县	1969.12	本科	定西市第二人民医院	副主任医师
何文娟	女	通渭县	1970.03	本科	定西市第二人民医院	副主任医师
张 萍	女	中华路街道	1970.04	本科	定西市第二人民医院	副主任医师
张继红	男	安定区	1970.09	本科	定西市第二人民医院	副主任医师
白晓雯	女	通渭县	1970.10	本科	定西市第二人民医院	副主任护师
徐文静	男	李家堡镇	1970.11	本科	定西市第二人民医院	副主任医师
刘翠珍	女	巉口镇	1970.11	本科	定西市第二人民医院	副主任护师
陈胜伟	男	凤翔镇	1970.11	本科	定西市第二人民医院	副主任医师
马瑞雪	女	凤翔镇	1970.11	本科	定西市第二人民医院	副主任医师
崔学珍	女	新集乡	1970.12	本科	定西市第二人民医院	副主任护师
姚忠仪	男	青岚山乡	1971.04	本科	定西市第二人民医院	副主任医师
刘荷江	女	永定路街道	1971.09	本科	定西市第二人民医院	副主任检验师
李 生	男	凤翔镇	1971.11	本科	定西市第二人民医院	副主任医师
高彩霞	女	西巩驿镇	1971.11	大专	定西市第二人民医院	副主任药师

续表 20-3-14

姓　名	性别	籍贯	出生年月	文化程度	工作单位	专业技术职务
董治银	男	内官营镇	1972.07	本科	定西市第二人民医院	副主任药师
古月娟	女	巉口镇	1974.01	本科	定西市第二人民医院	副主任医师
柳小东	男	榆中县	1974.03	本科	定西市第二人民医院	副主任医师
樊晓明	男	新集乡	1978.10	本科	定西市第二人民医院	副主任药师
刘德儒	男	凤翔镇	1939.10	大学	定西市中医院	副主任医师
柳月霞	女	永定路街道	1956.04	中专	定西市中医院	副主任医师
王福林	男	安定区	1962.11	本科	定西市中医院	副主任医师
姚志毅	男	通渭县	1963.01	本科	定西市中医院	副主任医师
高俊峰	男	永定路街道	1963.08	大专	定西市中医院	副主任医师
袁　雄	男	安定区	1963.12	本科	定西市中医院	副主任医师
杨玉林	男	安定区	1964.09	本科	定西市中医院	副主任医师
郝仲德	男	内官营镇	1964.11	本科	定西市中医院	副主任医师
崔金平	男	通渭县	1965.11	本科	定西市中医院	副主任医师
常建勋	男	通渭县	1966.12	本科	定西市中医院	副主任医师
席　恒	男	通渭县	1967.06	本科	定西市中医院	副主任医师
许晓莉	女	山西省万荣县	1967.11	本科	定西市中医院	副主任医师
郭　礼	男	永定路街道	1968.01	本科	定西市中医院	副主任医师
王世才	男	安定区	1968.12	本科	定西市中医院	副主任医师
石　珉	男	永定路街道	1973.03	本科	定西市中医院	副主任医师
苟小军	男	通渭县	1972.09	本科	定西市中医院	副主任医师
冯建鹏	女	永定路街道	1974.12	本科	定西市中医院	副主任医师
付世龙	男	内官营镇	1976.02	本科	定西市中医院	副主任医师
赵志英	男	榆中县	1940.03	本科	安定区疾控中心	流行病副主任医师
刘兆吉	男	青岚山乡	1948.03		安定区疾控中心	副主任医师
李广元	男	杏园乡	1948.09	中专	安定区疾控中心	结核病副主任医师
罗克福	男	安定区	1952.12	本科	安定区疾控中心	副主任医师
何佩琴	女	陕西省礼泉县	1962.09	本科	安定区疾控中心	副主任医师
李　宏	男	香泉镇	1963.11	本科	安定区疾控中心	副主任医师
康卫东	男	杏园乡	1955.08	本科	安定区疾控中心	副主任医师
张　斌	男	临洮县	1964.06	本科	安定区妇幼站	副主任医师

续表 20-3-14

姓　名	性别	籍贯	出生年月	文化程度	工作单位	专业技术职务
寇巧兰	女	安定区	1952.02	大专	安定区妇幼站	副主任医师
杨玉霞	女	安定区	1955.07	中专	安定区妇幼站	副主任医师
杨菊英	女	安定区	1956.12	中专	安定区妇幼站	副主任医师
王淑琴	女	安定区	1966.08	本科	安定区妇幼站	副主任医师
杨小菊	女	安定区	1976.09	本科	安定区妇幼站	副主任医师
景丽芳	女	安定区	1972.09	大专	安定区妇幼站	副主任医师
文成章	男	石泉乡	1950.04	大专	永定路社区卫生服务中心	副主任医师
冯海山	男	香泉镇		大专	香泉中心卫生院	副主任医师
原小丽	女	陇西县	1968.12	中专	安定区计生站	副主任医师
乔发奎	男	巉口镇	1956.03	大专	安定区水利水保局	高级工程师
杜　琳	男	鲁家沟镇	1962.07	本科	安定区水利水保局	高级工程师
席国珍	男	内官营镇	1964.11	本科	安定区水利水保局	高级工程师
韩鸿鸣	男	杏园乡	1965.01	本科	安定区水利水保局	高级工程师
蔡向东	男	巉口镇	1965.07	大专	安定区水利水保局	高级工程师
杜栓梅	女	静宁县贾河乡	1966.01	本科	安定区水利水保局	高级工程师
邢永泰	男	香泉镇	1967.01	本科	安定区水利水保局	高级工程师
成昌军	男	秦安县	1967.02	大专	安定区水利水保局	高级工程师
王应刚	男	李家堡镇	1974.01	本科	安定区水利水保局	高级工程师
芦建华	男	凤翔镇	1962.05	本科	安定区文化馆	副研究馆员
张　隽	男	内官营镇	1940	本科	安定区文化馆	副研究馆员
朱海德	男	凤翔镇	1950.08	本科	安定区文化馆	副研究馆员
张克仁	男	会宁县	1965.01	本科	安定区博物馆	副研究馆员
赵凤英	女	凤翔镇	1955.06	中专	安定区图书馆	副研究馆员
王　玉	男	内官营镇永丰村	1939—2009	本科	安定区电视台	副主任编辑
汪　德	男	原定西县城关镇	1939	大专	安定区电视台	副主任编辑
张鸿年	男	原定西县城关镇	1938		定西县城建环保局	高级工程师
李顺荣	男	宁远镇	1965.12		安定区畜牧兽医局	高级畜牧师
冯　强	男	石泉乡大坪村			安定区畜牧兽医局	高级畜牧师
刘彦江	男	西巩驿镇	1964.06		安定区饲草饲料站	高级畜牧师
张　禄	男	团结镇唐家堡村	1941.11	中专	定西县畜牧中心	高级畜牧师

续表 20-3-14

姓 名	性别	籍贯	出生年月	文化程度	工作单位	专业技术职务
田 华	男	鲁家沟镇	1970.01		安定区畜牧兽医局	高级兽医师
张思明	男	葛家岔镇	1953.01		安定区动物医控中心	高级兽医师
王 惠	男	称钩驿镇	1943.05	本科	定西县畜牧兽医局	高级兽医师
效 廉	男	宁远镇	1940.01	本科	定西县畜牧兽医局	高级兽医师
张凡华	男	安定区	1969.07	本科	安定区畜牧兽医局	高级畜牧师
何 镒	男	巉口镇康家庄	1947.03	中专	定西县畜牧兽医局	高级畜牧师
王天华	男	符家川镇	1955.11	中专	安定区农业局	高级农艺师
张克礼	男	鲁家沟镇	1957.02	大专	安定区园艺站	高级农艺师
王 华	男	西巩驿镇	1965.06	本科	安定区园艺站	高级农艺师
马 杰	男	凤翔镇	1965.01	本科	安定区园艺站	高级农艺师
邢 国	男	团结镇	1964.03	大专	安定区农技中心	高级农艺师
何 勤	男	内官营镇	1955.01	中专	安定区农技中心	高级农艺师
张世文	男	巉口镇	1964.09	本科	安定区农技中心	高级农艺师
万海山	男	高峰乡	1964.07	本科	定西国家农业园区管委办公室	高级农艺师
贾永国	男	凤翔镇	1966.06	本科	安定区农广校	高级农艺师
胡汉民	男	内官营镇	1963.12	本科	安定区良种场	高级农艺师
水建兵	男	西巩驿镇	1969.03	大专	安定区农技中心	高级农艺师
景泰来	男	凤翔镇	1963.08	大专	安定区农广校	高级农艺师
蔡呈明	男	称钩驿镇	1950.01	大专	中共安定区委党校	高级讲师
付钟堂	男	葛家岔镇	1966.01	本科	中共安定区委党校	高级讲师
王彦昌	男	青岚山乡	1957.03	本科	中共安定区委党校	高级讲师
史国勇	男	鲁家沟镇	1961.07	本科	中共安定区委党校	高级讲师
马 福	男	内官营镇	1958.11	本科	安定区就业培训中心	高级讲师
李焕堂	男	内官营镇	1958.09	本科	安定区园林绿化站	高级工程师
陈正才	男	新集乡	1961.09	本科	安定区园艺站	高级工程师
刘莲芳	女	李家堡镇	1955.05	本科	安定区林业局	高级工程师
安 彪	男	香泉镇	1964.01	本科	安定区林业局	高级工程师
刘聚福	男	称钩驿镇	1946.01	中专	安定区林业局	高级工程师

第九节 市直部门及外地安定籍副高级以上职称专业技术人员表

表 20-3-15

姓 名	性别	籍 贯	学历与学位	工作单位与职务	职 称
王安国	男	石峡湾乡	本科	定西市教育局	中学高级教师
肖进雄	男	葛家岔镇	本科	定西市教育局	中学高级教师
景日东	男	内官营镇	本科	定西市教育局	中学高级教师
朱维国	男	鲁家沟镇	本科	定西市教育局	中学高级教师
王 钦	男	内官营镇	本科	定西市教育局	中学高级教师
张 程	男	凤翔镇	本科	定西市林业局	高级工程师
何振荣	男	石峡湾乡	本科	定西市林业局	高级工程师
董 鑫	男	新集乡	本科	定西市林业局	高级工程师
刘芳农	女	安定区	本科	定西市畜牧兽医局	农技推广研究员
王晓琴	女	安定区	本科	定西市畜牧兽医局	高级畜牧师
马先锋	男	安定区	本科	定西市畜牧兽医局	高级畜牧师
刘 明	男	凤翔镇	本科	定西市卫生局卫生监督所	副主任医师
张银川	男	石峡湾乡	本科	定西市妇幼保健院	中西医结合副主任医师
李 旗	男	内官营镇	本科	定西市疾控中心	副主任医师
赵立生	男	安定区	本科	定西市红十字中心血站	副主任检验师
刘继德	男	原城关镇	本科	定西市人民医院	副主任医师
史振声	男	原城关镇	本科	定西市人民医院副院长	副主任医师
王文琳	男	原城关镇	本科	定西市人民医院	副主任医师
张 军	男	宁远镇	硕士	定西市人民医院工会主席	主任医师
刘建宁	女	团结镇	本科	定西市人民医院	主任医师
王福兰	女	内官营镇	本科	定西市人民医院	主任药师
李文霞	女	新集乡	本科	定西市人民医院	主任药师
吴金娥	女	巉口镇	本科	定西市人民医院	主任护师
张玉屏	女	原城关镇	本科	定西市人民医院	主任医师
陈世伟	男	内官营镇	本科	定西市人民医院	主任医师
陈光武	男	团结镇	本科	定西市人民医院	主任医师

续表 20-3-15

姓 名	性别	籍 贯	学历与学位	工作单位与职务	职 称
张 萍	女	永定路街道	本科	定西市人民医院	主任医师
李宝林	男	团结镇	本科	定西市人民医院	主任医师
王 珍	男	巉口镇	本科	定西市人民医院	主任医师
梁飞燕	男	宁远镇	本科	定西市人民医院	主任医师
郭碧莲	女	凤翔镇	本科	定西市人民医院	主任医师
张祖赞	男	永定路街道	本科	定西师专	副教授
康 义	男	凤翔镇	本科	定西师专	副教授
张志忠	男	凤翔镇	本科	定西师专	副教授
景振基	男	凤翔镇	本科	定西师专	副教授
梁 枢	男	中华路街道	本科	定西师专	副教授
朱 孝	男	青岚乡	本科	定西师专	副研究员
梁发祥	男	巉口镇	本科	定西师专	教 授
郑 明	男	西巩驿镇	本科	定西师专	副教授
邵鼎文	男	鲁家沟镇	本科	定西师专	副教授
韩黎明	男	宁远镇	本科	定西师专	副教授
吴振勇	男	凤翔镇	本科	定西师专	副教授
张学东	男	巉口镇	本科	定西师专	副教授
何 荣	男	香泉镇	本科	定西师专	副教授
于 成	男	凤翔镇	本科	定西师专	副教授
张 忠	男	内官营镇	本科	定西师专	副教授
张尚智	男	香泉镇	本科	定西师专	副教授
杨正元	男	符家川镇	本科	定西师专	副教授
石小俭	女	凤翔镇	本科	定西师专	副教授
肖玉珍	女	巉口镇	本科	定西师专	副教授
何素萍	女	内官营镇	本科	定西师专	副教授
张淑琴	女	内官营镇	本科	定西师专	副教授
曾建国	男	内官营镇	硕士	定西师专	副教授
巩占龙	男	称钩驿镇	本科	定西师专	副教授
马文芸	女	鲁家沟镇	本科	定西师专	副教授
张 勇	男	内官营镇	本科	定西师专	副教授

续表 20-3-15

姓 名	性别	籍 贯	学历与学位	工作单位与职务	职 称
罗卫国	男	鲁家沟镇	硕士	定西师专	副教授
曹娟玲	女	内官营镇	硕士	定西师专	副教授
李德春	男	宁远镇	本科	定西师专	副教授
李 涛	男	葛家岔镇黑营村	硕士	定西电大	副研究员
范作秉	男	巉口镇龙潭村	本科	定西电大	副教授
杨彩霞	女	永定路西河社区	本科	定西电大	副教授
肖武德	男	鲁家沟镇三湾村	本科	定西电大	副教授
梁九义	男	李家堡镇	本科	定西电大	副教授
蒋天祥	男	兰州市	本科	定西市体校	高级讲师
王国忠	男	安定区	本科	定西市体校	高级讲师
孙晓凤	女	安定区	本科	定西市体校	高级讲师
姚凤萍	女	安定区	本科	定西市体校	高级讲师
韩相鹏	男	凤翔镇	大专	定西市植保植检站	推广研究员
魏周全	男	内官营镇	本科	定西市植保植检站站长	高级农艺师
贺 澄	男	凤翔镇	本科	定西市植保植检站	推广研究员
郭 理	男	内官营镇	中专	定西市植保植检站	高级农艺师
陈克刚	男	内官营镇	大专	定西市农业技术推广站	高级农艺师
梁 铎	男	李家堡	大专	定西市农业技术推广站	高级农艺师
肖盛才	男	巉口镇	本科	定西市种子管理站副站长	高级农艺师
郑 勤	男	李家堡镇	中专	定西园艺站站长	高级农艺师
马 骥	男	石泉乡	大专	定西园艺站支部书记	高级农艺师
赵得俊	男	符家川镇	本科	定西市经管站支部书记	高级农艺师
刘 明	男	凤翔镇	大专	定西市农村能源站	高级农艺师
周 祥	男	李家堡镇	大专	定西市农业广播电视学校副校长	高级农艺师
李维忠	男	符家川镇	本科	定西市农广校	高级农艺师
王海菊	女	内官营镇	本科	定西市农广校	高级讲师
李清萍	女	葛家岔镇	本科	定西市农产品质量安全监督管理站	高级农艺师
魏永宽	男	葛家贫	在职大学	定西市临洮农业学校场长	高级讲师
燕 彪	男	鲁家沟镇	在职大学	定西市临洮农业学校主任	高级讲师
吴玉明	男	原城关镇	博士	华南理工大学	副教授

续表 20-3-15

姓 名	性别	籍 贯	学历与学位	工作单位与职务	职 称
冯治权	男	安定区	博士	广西大学	副教授
史彦斌	男	安定区	宇航推进博士	北京大学	教授
易立新	男	安定区	地理博士	空军航空大学	教授
赵永琴	女	安定区	医学博士	天津武警医学院	教授
赵 洁	女	安定区	法学硕士	兰州大学西南少数民族研究中心	副教授
燕爱玲	女	安定区	工学硕士	西安理工大学	副教授
燕秀玲	女	安定区	在读博士研究生	复旦大学计算机专业	副教授
赵永青	女	称钩驿镇	博士后	天津武警附属医院	副教授
王统仁	男	凤翔镇中川村	本科	兰州市图书馆馆长	高级研究员
王希仁	男	凤翔镇中川村	本科	兰州农校校长	教授
王安仁	男	凤翔镇中川村	本科	甘肃省靖远县矿区指挥部基建处	高级工程师
王敬仁	男	凤翔镇中川村	本科	甘肃省邮电设计院	高级工程师
蒋永明	男	香泉镇西寨村	硕士	北京装潢设计院	高级工程师
张金帆	男	香泉镇西寨村	硕士研究生	中铁一局第一集团公司总工办公室主任	高级工程师
张庆年	男	安定区	本科	宁夏中卫县畜牧站	高级畜牧师
冯学智	男	原城关镇	博士	南方大学城市与资源学院	博导
吴 江	男	原城关镇	博士	广东暨南大学经济系主任	教授
汪水伟	男	原城关镇	本科	兰州商学院	副教授
汪水娟	男	原城关镇	本科	南京大学生命科学院	高级工程师
汪水飞	男	原城关镇	国际政治学硕士	广东省国际问题研究中心	研究员
王 琮	男	凤翔镇南二十里铺村	本科	甘肃省合作中学校长	中学高级教师
王 瑜	男	凤翔镇南二十里铺村	本科	甘肃省林业科技推广总站	高级工程师
郝 薇	女	内官营镇内官营村	本科	中国外文局总编室副主任	主任编辑
苏 孜	男	新集乡	硕士	兰州商学院	教授
杨振中	男	凤翔镇石坪村	硕士	兰州大学	副教授
张大伟	男	香泉镇西寨村	博士	复旦大学发展与政策研究中心副主任	副教授
王 莉	女	凤翔镇柏林村	博士	江南大学食品学院院长	副教授
张旭东	男	内官营镇内官村	博士	甘肃省人民医院	副主任医师
颜文炳	男	安定区	中专	定西电力局政工处主任	高级政工师

续表 20-3-15

姓 名	性别	籍 贯	学历与学位	工作单位与职务	职 称
李廷越	男	石泉乡赵河村	本科	铁道部第四工程局	高级政工师
杨昌军	男	石泉乡	硕士研究生	北京市海淀区卫生局	高级政工师
韩先锂	男	石泉乡	硕士研究生	中国航空第一集团公司	研究员高级工程师
李 江	男	石泉乡赵河村	本科	兰州军区	高级工程师
魏文斌	男	鲁家沟镇御风村	博士	甘肃麦积石窟艺术研究所副所长	研究员
仲向平	男	原黑山乡杏花村	博士	上海第二军医大学	副教授
陈民星	男	内官营镇林川村	大专	兰州市第二十六中学校长、处级教研员	中学高级教师
陈 琪	男	内官营镇林川村	博士研究生	西北民族大学外国语学院教研室主任	副教授
雍 涛	男	团结镇	本科	《定西日报》社总编辑	副主任编辑
贵 荣	男	香泉镇西寨村	本科	《定西日报》社正县级调研员	副主任编辑
杨正海	男	原城关镇	大专	《定西日报》社通联部主任	副主任编辑
贵向泉	男	香泉镇西寨村	博士	兰州理工大学硕士生导师	副教授
杜玉明	男	李家堡镇	本科	天水师范学院	副教授
何继元	男	凤翔镇	大专	定西广播电视台	高级工程师
刘 勇	男	巉口镇	本科	定西市扶正制药厂	副主任药师
史海智	男	葛家岔镇鹿坪村	本科	甘肃铁道综合工程勘察院有限公司	高级工程师
刘 海	男	葛家岔镇黄家湾村	本科	甘肃省交通厅工程处	高级工程师
梁孝忠	男	葛家岔镇鹿坪村	本科	长庆科技工程有限责任公司	高级工程师
冯彩霞	女	新集乡大南岔村	硕士研究生	甘肃省康复中心医院	神经内科副主任医师
丁正忠	男	巉口镇	本科	甘肃省地震大队	高级工程师
刘韩英	男	称钩驿镇	本科	甘肃省人民医院	主任医师
张 涛	男	称钩驿镇	本科	定西市畜牧局	高级兽医师
王玉琴	女	凤翔镇	本科	兰州市图书馆	副研究馆员
张 勤	男	称钩驿镇	本科	甘肃水利报社	主任记者
易立新	男	称钩驿镇	博士	南京大学环境科学与工程学院	副教授
董定邦	男	安定区	本科	中国冶金地质总局地球物理勘查院	高级工程师
刘杰英	女	称钩驿镇	大专	定西市农科研究所	高级农艺师
王正中	男	凤翔镇	本科	甘肃省工艺美术研究所	高级工程师

第十节　中国文联各专业协会安定区籍会员表

表 20-3-16

姓　名	籍　贯	出生年月	会　别	入会时间
夏　羊	原城关镇	1922	作家协会	1983
何　来	天水市(生于定西县)	1939	作家协会	1984
史彦明	山西省宁武县(安定区工作)	1956	书法家协会	1984
颜重鼎	安定区	1950	美术家协会	1984
洋　雨	安定区	1933	作家协会	1985
周玉兰	陇西县(安定区工作)	1949	美术家协会	2001
刘学信	通渭县(安定区工作)	1964	美术家协会	2001
王　铭	通渭县(安定区工作)	1948	美术家协会	2004
张文颖	内官营镇	1965	书法家协会	2007
张永强	安定区	1961	音乐家协会	2008
孙云乾	安定区	1967	作家协会	2009
陈子强	安定区	1970	书法家协会	2009
杨学文	安定区	1975	作家协会	2010
陆　平	内官营镇	1952	书法家协会	2010
牛正寰	内官营镇	1950	作家协会	
史光武	安定区	1931	戏剧家协会	
刘　福	凤翔镇	1938	戏剧家协会	
王彭寿	安定区	1946	书法家协会	
邓子政	安定区	1941	摄影家协会	

第十一节 省级以上体育竞赛获前三名运动员表

表20-3-17

姓 名	性别	出生年月	籍贯	获奖时间和项目名次
陈雪莉	女	1979	鲁家沟镇	1992年全国少年田径分龄赛100米、200米第一名
杨 丽	女	1979	内官营镇	全国少年田径分龄赛800米第三名
曹小军	男	1975	凤翔镇	1988年全省田径分龄赛四项全能第三名
陈 刚	男	1971	新集乡	甘肃省第九、十届运动会篮球比赛第一名
杨国军	男	1979	会宁县	甘肃省第九、十届运动会篮球比赛第一名
彭 胜	男	1983	西巩驿镇	2000年甘肃省第十届运动会篮球比赛第一名
水清宴	男	1985	西巩驿镇	2000年甘肃省第十届运动会篮球比赛第一名
刘 毅	男	1980	鲁家沟镇	2000年甘肃省第十届运动会篮球比赛第一名
侯明君	男		内官营镇	1996年8月,甘肃省第九届运动会获10000米竞走第一名
赵亚凤	女	1988.07	凤翔镇	2006年8月,甘肃省第十一届运动会获400米第一名
史雪雁	女	1992.08	永定路街道	2010年9月,甘肃省第十二届运动会获10000米第一名
张巧玲	女	1992.03	新集乡	2010年9月,甘肃省第十二届运动会获400米第二名
王国珍	男	1992.12	西巩驿镇	2010年9月,甘肃省第十二届运动会获10000米竞走第三名
王艳花	女	1979	凤翔镇	2000、2001年两次代表甘肃省女垒参赛,在昆明举行的全国女垒比赛中,两次获团体总分第二名。1996年,在金昌举行的甘肃省第九届运动会中,获七项全能第三名
王 江	男	1980	凤翔镇	1998年7月,在山西太原举行的全国青年山地车锦标赛及分站赛总决赛中,获男子越野赛青年组第二名,并获得25公里越野赛第二名,5公里计时赛第二名
蒋成礼	男	1980	安定区	1998年在江西举行的全国运动校田径运动会中,获10000米第三名;2002年十运会中,获3000米障碍赛第三名
石永强	男	1975	安定区	1991年甘肃省第八届运动会800米第一名,1500米第一名;1991年全国中学生田径运动会1500米第二名
张小明	男	1975	安定区	1989年全省少年田径分流赛四项全能第二名
南玉宁	男	1975	安定区	1996年在甘肃省第九届运动会中,获无线电测向中二米波段第一名,识图越野第二名

续表 20-3-17

姓　名	性别	出生年月	籍贯	获奖时间和项目名次
李彩娥	女	1975	凤翔镇	1993 年在石家庄举行的精英赛 10000 米获第六名,并达一级运动员标准;1991 年甘肃省第八届运动会获 1500 米第三名,3000 米第二名
王彩风	女	1975	安定区	1990 年全省中小学生田径运动会获团体总分第二名,四项全能第一名,跳远破省纪录
王爱萍	女	1972	凤翔镇	1990 年在全省田径比赛中,获跳远第一名
魏红云	女	1973	安定区	1988 年,在临洮举行的全省田径分流赛中,获四项全能第二名
王晓峰	男	1974	宁远镇	1987 年全省少年田径分流赛四项全能第二名
王彩萍	女	1978	宁远镇	1996 年甘肃省第九届运动会中,4×100 米,4×400 米接力破两项省纪录,2000 年甘肃省十运会中,获 4×400 米接力第一名并破省纪录
郭　宁	女	1977.02	会宁县	1996 年 9 月甘肃省第九届运动会,获篮球比赛第一名
苏凌云	女	1977.01	安定区	1996 年 9 月甘肃省第九届运动会,获篮球比赛第一名
王　莉	女	1981.08	内官营镇	1996 年 9 月甘肃省第九届运动会,获篮球比赛第一名
张巧玲	女	1976.8	宁远镇	1996 年 9 月甘肃省第九届运动会,获篮球比赛第一名
祁宏玲	女			1986 年在全国业余体校乒乓球分区赛中,获单打第一名、双打第二名
钱　峰	女		洛阳市	1988 年 8 月在西北协作区射击比赛中,平世界记录
祁喜荷	女		安定区	1988 年 7 月在全国中学生分龄赛中,获铁饼第三名
亢志林	女			1989 年 3 月全国少年乒乓球赛,获第三名
张亚平	男		城关镇	1989 年 9 月在全国第四届中学生运动会中,获三级跳远第一名
陈新艳	女	1980.10	凤翔镇	2002 年 9 月甘肃省大学生田径运动会,获女子甲组 100 米第一名,女子甲组 4×400 米第一名,女子甲组 4×100 米第二名
高永宁	男	1987.01	西巩驿镇	2008 年在世界中学生锦标赛中,获中长跑第一名
杨彦雄	男	1990.04	凤翔镇	2009 年在国际竞走挑战赛中,获竞走 10000 米第三名
董英强	男			2007 年在厦门国际马拉松赛中,获 10 公里第一名

续表 20-3-17

姓　名	性别	出生年月	籍贯	获奖时间和项目名次
王　莹	女	1994.02	称钩驿镇	2010 年 3 月甘肃省青少年田径比赛获女乙 10000 米第三名
贺建国	男	1989.01	安定区	2010 年在第八届国际武术节,获刀、棍第一名
朱永会	男	1990.04	安定区	2010 年在第八届国际武术节,获枪、剑第一名
刘美君	女	1991.11	凤翔镇	第八届国际武术节,获刀、棍第一名
刘守斌	男	1998.01	安定区	第八届国际武术节,获枪、剑第一名

第十二节　百岁老人表

表 20-3-18

姓　名	性别	生卒年月	职业	籍　贯
郭淑珍	女	1900–2011	家庭妇女	原定西县城关镇
赵桃娥	女	1901.2.23–	城镇居民	原籍山西省静平县,定西电力局干部家属
陈世昌	男	1904.9.20–2005.10.4	农民	巉口镇甘林村胡家川社
刘玉莲	女	1910.7.8–	农民	宁远镇红土村中川社
蔺玉莲	女	1911.09–	农民	新集乡大南岔村梁家川社

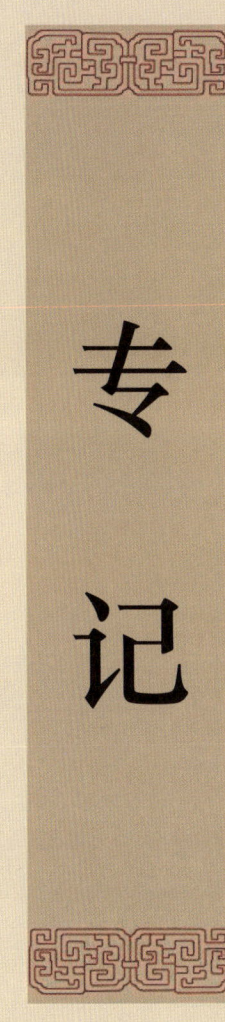

专 记

定西抗击非典纪实

2003年,一场突如其来,不为人们认识的传染性非典型肺炎(简称非典,SARS,世界卫生组织将其命名为严重急性呼吸综合症)疫情,像肆虐的台风,迅速覆盖广东、席卷华北、辐射全国。这场灾难不仅考验着我国政府和重点疫区,也考验着虽不是疫区却受到侵袭的定西。

定西,是全国有名的扶贫对象,整个地区缺医少药,人均医药费不足发达地区的四分之一。如此贫困状态,能否治愈非典病人,能否战胜非典疫情,是摆在人们面前的一场严峻考验。

然而,在当地党委、政府的得力领导和社会各界的大力支持下,广大医务工作者奇迹般地打胜了这场战役。他们治好了5名输入性非典病人,制止了非典在本地的传播,全地区未发生1例二次传染病例,所有医务人员安然无恙。对此,中国共产党中央督察组深有感触地说:"在这样一个物质条件菲薄、医疗设施落后的贫困地区,能取得如此好的成果,真是一个奇迹。在这一点上,定西为广大农村乃至全国做出了贡献。"

2003年4月18日,在北京马华拉面馆从业的甘肃定西香泉镇农民马斌,乘T151次列车在定西火车站下车之后,感到身体不适,就匆匆走进了定西县医院;就在马斌住进医院的第二天,和他一起在马华拉面馆从业,已搭乘MU2112航班回来的58岁的马思成,也步履沉重地走进了定西地区医院。当时,马思成心里清楚自己患了什么病,因他的老伴已患非典离他而去,儿子也被隔离在外地。

在非典爆发时期,两位从疫区回来,还伴有咳嗽、发烧等症状的病人,医护人员知道这意味着什么,马上逐级上报,省上专家组迅速赶来。热烧不退、呼吸急促、胸部阴影……省地专家连夜会诊,两位病人被确诊为甘肃省首次发现的输入性非典型肺炎。

4月20日,甘肃在定西首次发现非典患者的消息通过媒体迅速传遍陇原。中共中央总书记、国家主席胡锦涛得知定西疫情后,当即批示:"要警惕疫情扩散,尤其要采取得力措施,防止医护人员感染。"

非典开始打乱定西人民的正常生活,非典慢慢搅扰着定西人民平静的日子。当疫情降临时,当谣言惑众时,当恐惧开始滋生时,当下一个未知的困难即将袭来时,省委书记宋照肃、省长陆浩亲临定西慰问一线医护人员,省委副书记马西林深入定西督查非典防治工作,地县领导说:"困难吓不到我们,病魔难不倒我们,我们有决心、有信心打赢这场硬仗!"党和政府火速行动,人民的生命高于一切,在疫情发现之日,定西地委、行署立即召开会议研究制定防治措施。

20日上午,地委又召开四大班子联席会议,重新调整加强了全区非典防治领导小组,又设立了医疗救治、隔离观察、宣传教育　、后勤保障四个工作组,每个工作组制定方案,责任到人。之后,各种防治会议接连召开,其中心议题就是控制传染源、切断传播途径、保护易感人群、全力救治患者;确保医务人员不能有一人感染,确保发病人员百分之百治愈,确保在定西不出现二代感染,确保定西农村不出现问题。

在许多场合,地县领导不断强调:"一定要本着对人民群众高度负责的态度,万众一心,众志成城,科学防治,取得抗击非典战斗的胜利。"在疫情面前,他们每天主持召开各种防治会议,多次深入到医院和车站等公共场所,检查各种防治措施的落实,到医疗一线看望慰问医护人员。在财政吃紧的情况下,想方设法,使地县投入抗非典资金达到数百万元。在定西县景家店留观人员隔离区,行署一位领导现场办公,从小到隔离房的拉手、插销、护栏,大到消毒、用水等,一件件落实到人。定西县委、县政府主要领导同样是每天亲临一线,紧急处理各种问题,指挥综合防治。各级领导和各部门负责人成为抗击非典前沿的指挥官。

霎时间,板蓝根药材、各种醋、酒精、消毒液一抢而空。一个纱布制作的口罩售价15元。宾馆、酒店、饭馆几乎全部停业,谣言四起,人们生活在急度恐慌之中。马路少有行人。定西城区除师专、卫校、高中应届毕业班外,其余中小学、幼儿园一律放假,各医院普通病人全部出院。个人、家庭、单位的电话费增高数十倍。

众志成城,牵手筑起生命的防线。在定西的大街小巷,企事业单位,处处可见人们在细心地清扫垃圾;机关单位上班的第一件事就是打扫卫生、喷洒消毒剂;公共场所、单位家庭到处可见人们在专心阅读防治资料;楼宇平房到处张贴着宣传组编印的防治非典的《三字经》;地县大批的环卫工人对厕所、垃圾箱进行细致的清理和消毒,将各处的垃圾收运到集中点焚烧……这是定西为阻断可能存在的传播源、消除隐患而实施的大规模爱国卫生运动。

学校、幼儿园、商场、集贸市场、宾馆、饭店、娱乐场所、美容美发屋等人群密集、流动性大的公共场所,是非典防治的重点部位和重点环节。地县组建了应急监督执法队伍,对哄抬物价、造谣惑众者进行坚决打击,并设立了留置检测点。各乡镇中小学都加强了公共卫生、师生个人卫生、通风换气、防寒保暖等工作,建立了每日晨检、定期检测、疫情报告、学生出勤检查、门卫出入登记等各项制度,学校厕所消毒及环境保洁做得非常细致。对不认真执行防治措施的单位领导,实行"一票否决制"。政令空前畅通,责任心大大提升。

当人们从愉快的梦中惊醒过来时,怅惘的心情真不是滋味。非典袭来小城惊,风萧萧兮SARS寒。定西地县疾控中心及早动手,全面准备,他们做到了有备无患。

针对广东、北京等省市SARS病例报告和疫情不断扩大蔓延的报道,从3月份开始,定西地县疾控中心及时组织全体职工认真学习党中央、国务院及各级政府有关防治SARS的一系列政策措施和地委、行署的安排部署,解决思想认识问题,克服麻痹思想,防治SARS工作在中心领导和全体职工中达成了共识,引起了高度重视。4月3日,成立了定西地区疾病预防控制中心防治非典型肺炎领导小组和疫情处理领导小组,并于4月5日成立了疫情管理组、流行病学调查组、消毒管理组、实验室检测组、综合协调组、综合办公室及咨询热线组等7个工作小组,制定了定西地区SARS应急处理工作流程图。4月10日,制定了《SARS应急处理方案》和《定西地区SARS病例流行病学调查方案》,明确了各相关组织的工作任务、职责和操作程序,建立了快速流畅的工作运行机制,强化了工作措施,对工作人员进行了快速反应实战演练,确保了在发生疫情时有序应对。同时,在物资上也做了充分准备,在疫情发生前,疾控中心已经购进了防护服、防护眼镜,制作了口罩、防护帽等防护用品,购进了过氧乙酸、"84"消毒液、农用喷雾器和小型喷雾器等消毒用药和用具,装备了疫情处理箱。4月中旬,对全地区疾控中心防治SARS准备情况和县级以上医疗单位"发热门诊"设置情况进行了检查指导。从3月下旬开始,他们通过撰写文章、电视访谈等形式在《定西日报》、定西电视台等新闻媒体大力宣传SARS防治知识,同时,印发防治非典型肺炎宣传材料50万份,用各种方式向群众宣传SARS防治知识,解除群众的恐慌心理,增强群防群治的意识和自我保护意识。4月19日,定西县发生SARS疫情后,即向各县疾病预防控制中心印发了《关于尽快做好控制SARS应急准备工作的通知》,安排和指导各县从思想上、技术上、物品器材上做好充分的准备。通过大量卓有成效的准备工作,面对突如其来的SARS疫情,做到了沉着应对,临场不乱。

确保"非典"不通过交通工具扩散蔓延,是防治工作的关键措施。在定西火车站出口处,设立了由公安、疾控中心和车站工作人员联合负责的"免费健康检查处",从疫情重点地区来的客人,一一接受严格的身体检查。全区境内的铁路、公路、运管、交警、农机监理等部门迅速行动,层层设立了监测防御体系,完善了消毒、监测、疫情报告、留验检疫、调查处理等制度。全区在各要道口设立检查站60个,留验站41个,对出入的车辆一律消毒,对可疑班线客人进行登记留验。

严查严控,让非典远离农村。发现疫情后,定西卫校的95名医士班学生迅速投入到了防治流行病调查中。从村到乡到县再到地区层层建立了信息报告系统。从4月20日开始,公安、卫生、疾病控制中心人员,对与先后发现的5名患者和疑似病例有过接触的人员,上至领导下至普通百姓,全部隔离观察。

在定西县的香泉、巉口、内官营和西巩驿等镇,一批又一批流动调查队伍进村入户,所有基层干部分片包干,进行流行病学调查。村庄的每个要道口都设立了消毒站和过路人员留验检查站,村口张贴了本村外出打工人员的名单,各村还建起了10户联防制度。全区印制的120万份防治宣传资料发放到了农户,农村严把交通要道免疫关,务工人员排查、登记、报告、检测关和农村医疗单位诊疗、报告及消毒隔离关,县乡村社层层明确责任,实行各级领导包乡包村包社责任制,逐级实行零报告制度,以村为单位对外出打工人员全部造册登记,对返回的人员当即进行检查。

社会各界同舟共济,纷纷伸出热情之手,献上一片爱心。白银市有关领导4月25日匆匆赶来,率先送来了抗非典资金10万元和20台多功能纳米消毒机;省妇女联合会向奋战在一线的女医护工作者发出了慰问信,送来抗非典资金5万元;省工商局有关负责人带来了10万元;省委统战部送来了15万元;安西县委书记杨克忠带领西脉科技公司总经理张新龙千里迢迢赶来,送来了3万元抗非典资金。在定西地区,从单位到个人,从领导到百姓,捐款捐物一直不断,定西地区烟草专卖分局捐助了最多的一笔善款100万元,定西地区石油公司捐助资金12.3万元,临洮三易建筑安装工程公司董事长兼总经理刘宗仁捐款10万元,华威建筑集团董事长兼总经理何维彪捐助资金3万元,陇西柯寨乡崖坪村养猪专业户李继贤卖了60多头猪,向北京、广东和定西捐款6万多元。在岷县岷山乡捐款现场,崖王村特困户王燕萍颤抖着双手将自己仅有的1元钱塞进了捐款箱,他脸上带着不好意思的表情,一个劲儿地说:"不要嫌少,这是我的一点心意。"非典防治期间,定西地区前后收到各界捐助资金300多万元。这一笔笔钱款、一件件实物、一封封慰问信,给战斗在全省抗击非典前沿的定西人民以极大的鼓舞。"让我到一线去!"伴随着定西地区抗击非典战役的打响,一份份饱含激情的"请战书"纷至沓来。在这些请战书中,有德高望重的老专家,有技术精湛的中年骨干,有经验丰富的护理人员,也有刚分配来不久的大中专学生和实习生。

定西县医院党支部书记王玥对院长马启明说:"全院已收到了150多人交来的请战书,有10名医务人员在火线递上了入党申请书。""在疫情面前,没有人退缩,'让我上'这三个字是大家说得最多的。"地区医院院长杨继盛说起一线医务人员,非常动情;工会主席何建民等多次慰问第一线工作人员。定西中医院院长刘德儒亲自负责地委书记石晶等领导的防治、检测。

用生命践约,救死扶伤,白衣天使们义不容辞。定西地区医院和定西县医院已先后有5名患者和1名疑似病例入住,并有一批重点隔离留观人员,是全省救治非典患者的主战场。这里的医护工作者有的放弃休假,有的推迟婚期,有的丢下还在哺乳的婴儿,有的告别年迈病重的老人,他们大都来不及和家人告一声别,就拎着装有洗漱用品的简易口袋,义无反顾地踏进了隔离病区的门。定西县医院的18名医护人员,在战斗进入最关键的时刻,饱含热泪地向组织递交了一份述职报告:"在这场没有硝烟的战斗中,我们全体18名医护人员,在支莲英副主任医师、刘翠珍护士长的带领和领导下,无怨无悔,义不容辞地投入到一线战斗中。支莲英副主任医师和刘翠珍护士长连日来几乎彻夜不眠,既要考虑患者的治疗和留观人员的情况,又要关心我们医护人员的安全,眼看着她们的身体一天天消瘦,我们都感到心里很不是滋味,有的甚至难过得哭出声来。"地区医院传染科主任、党支部书记安江已是50多岁的人了,面对非典疫情的潜在危险,他义不容辞地承担起了重点救治的重担。他冒着自己随时被感染的可能,毫无顾忌地担起了第一病区主任的要职,并具体负责马思成的救治工作。

为了搞好自身的防护,每个医护人员都穿着2至4件隔离衣裤,戴2至4只12层以上的口罩,还要戴眼罩、隔离帽,穿隔离鞋……一阵子时间,就大汗淋漓,气喘吁吁,但他们一工作就是七八个小时,为了和病魔抢速度,他们连厕所都不敢上,在接班前四五个小时就开始禁食、禁水,连小孩用的"尿不湿"也派上了用场。一个班下来,颜面、嘴唇青紫,不得不借助吸氧缓解。

花样年华的女护士们用柔弱的肩膀扛起了拯救生命的千斤重担。她们在污染区待的时间最长,接触病人最多,干的活儿最杂,感染概率最高。给病人打针、输液、量体温要她们干,上厕所要扶,吃饭要喂,翻身要托,病人的分泌物、排泄物和生活垃圾要她们处理。

医护人员不仅要对患者进行救治和处理,解答患者提出的每个问题,遇到一些情绪不稳定的患者,还要苦口婆心地劝导,直到病人配合治疗。住进地区医院的非典患者马某,因合并有多种病症,病情很严重,情绪每况愈下,几次拒绝治疗。护士们来到床前,亲切地叫着马叔叔,鼓励他积极配合治疗,这位患者最终被感动了,通过一段治疗,病情逐渐平稳且向好的方向发展。

医护人员走进病区,就意味着隔离。隔离了亲人,但隔离不了亲人对他们的关爱和支持。电话成了医护人员安慰家人,家人鼓励支持医护人员的唯一工具。在县医院病区,护士张芳每当想起家里可爱的儿子时,就偷偷地抹一把泪,5月1日正好是儿子3周岁生日,儿子给她打来电话,哭着要她回来过生日,她流着泪,只能反复地劝说,让家人给儿子买了一个大蛋糕;新婚不久的护士高炜在电话里与丈夫匆匆地聊了几句,就将话筒迅速转给他人,让别人多说说话;从妇产科抽调的护士王晓萍成了大家的义务读报员,每当寂寞难耐时,她就用自己甜润的声音给大家带来欢乐;地区医院护理部主任王亚丽心里总是放心不下年幼的女儿,有一天女儿给她打来电话,要为妈妈唱支歌,护士们都围了上来,"天上的星星不说话,地上的娃娃想妈妈……"听着电话里稚嫩的歌声,在场护士们的泪水夺眶而出。

5月5日,中央电视台《新闻调查》栏目一行五人赴定西采访农村非典防治工作,他们是从国务院有关会议上获悉定西非典防治工作扎实到位的情况,决定派出阵容强大的采访团,拟采访8天,并与中央电视台《新闻调查》栏目连线直播。可是一个意想不到的事情发生了……

中央电视台记者杨春5月5日下午一到定西,就自感身体不适。当晚,地区医院一名主任医师和一名护士长到杨春所住房间进行检查诊治和医疗护理。6日上午,病情未见好转。经与杨春的同行记者商讨并汇报中央电视台同意,下午3时杨春转入地区医院观察治疗。到7日下午,病情仍未见好转,其中诸多迹象符合"非典"病特征。地委、行署随即向甘肃省委、省政府作了汇报。省委、省政府主要领导十分重视,下午即派省上专家组到定西进行会诊。7日晚,省专家组会诊后,认为不排除传染性非典型肺炎。8日下午,省上又派专家组来定西对杨春病情进行会诊,讨论认为,杨春同志来自"非典"重点流行地区,到定西后一直高烧不退,伴有乏力、头痛、头昏、头重、发冷、胸痛、咳血及呼吸困难等症状,抗菌治疗效果不明显,白细胞降低,胸透疑右下肺炎,CT右肺下叶背段肺炎,据此作出诊断,杨春身患传染性非典型肺炎。

这可是个天大的不幸,杨春一行接触过的人太多了,除同行的王猛等4位记者外,还直接接触过地区4位领导及陪同人员、宾馆服务人员、群众等约30多人。

"怎么办?怎么办?"

"必须就地隔离!"地委书记石晶坚定地回答着,但他心里觉得有点难受。客人要被隔离,自己的助手要被隔离,自己的同事要被隔离……这可是一件难做的工作。

石晶和武文斌两人详细商量了有关隔离的具体事宜,并分头做工作,于8日凌晨一时许,将杨春接触过的35名同志全部就地隔离到位。

一石激起千层浪,人们怎么也想不明白,天若无情,为什么我们有美好的人间?天若有情,为什么天不降福祉而降下祸端?由于恐慌,一时谣言四起,"地区领导也感染了非典,大院被封了……"定西人民的正常秩序被一下子打乱了,生活失去了昔日的平静。

面对着风云突变的SARS病毒,山雨欲来风满楼。曾"苦甲天下",才刚刚告别绝对贫困的定西,人们面对着深厚的土地,仿佛命运就像断了线的风筝,随着尘土漫卷的山风,在天空中飘浮着,摇摆着,不知所措。旅游业被迫停业,餐饮业被迫关门,学校也被迫停课……

定西仿佛成了一个非典疫区,全省8例非典患者,定西就有5例。外面的人不来了,自己的人也不外出了。偶尔去兰州出差办事的人也被拒之门外,去餐馆吃碗牛肉面,开票时发现定西人,便连碗送给你,钱也不收……一时,交通几乎停运。人们戴着口罩出行,相互见面,只是作揖,免去握手。

定西县香泉镇是个少数民族聚集的乡镇,这里不仅是定西县、定西地区的非典重灾区,而且也是全省非典重灾区,全省第一例非典病人马斌的家,就住在这里,是这里的人打破了甘肃省无非典病例的记录。短短几天时间,全镇在外打工的1300多人,就有150多人回到家乡,有70多人被隔离留观,其中2名被确诊为SARS患者。

此时此刻,镇党委书记尚振明成了个大忙人,他既要参加地、县随时召开的防治非典专题会议,又要统筹安排全镇防非典各项中心工作。他多次主持召开全镇干部紧急会议,研究对策,层层落实,将预防非典作为压倒一切工作的任务来抓,制定一系列预防监控措施,签订责任书,各把一方,严防紧盯,在全镇范围内采取"四早、三关键、三到位"工作职责,即:早发现、早报告、早隔离、早治疗;关键在加强领导,关键在统一思想,关键在振奋精神;思想宣传到位,干部包村包户到位,排摸调查到位。制定"家庭三有、三配套、两手硬措施",即:家庭有一份宣传资料、有一个明白人、重点户有一间留观室;镇村社干部配备口罩、手套、专用鞋;抗非典抓生产两手硬。

依靠法律,相信科学,群防群控是保证。不到半个月,镇上先后召开党委扩大会5次,镇干部会9次,以村为单位的会34次,以社为单位的会104次,散发宣传资料5万余份,张贴标语196条,悬挂横幅9条,办板报20期,印发致全镇农户防非典信3000余份。留观72人,每两天进行一次查体,建立疫情档案。全镇筹资5万元,购置防护衣18套,手套2200双,口罩2200只,喷雾器32台,84消毒液330瓶,过氧乙酸50公斤,对12所小学、14个镇单位、12个个体摊位、4个专业市场、8个行政村、19个清真寺进行巡回消毒,出动消毒车辆217车次,检查病人161人次。同时,镇上成立了领导小组,设立了处置室,村有小组,社有信息员,实行日报告制度和"10户联保"承包制,政法、工商、宣传、教育部门多管齐下,还成立了排摸监控组、消毒组、治疗组、宣传信息组、后勤保障组。扎实的防护措施,使疫情没有扩散,确保全镇不出现一例二代传染病人,群众生命安全有保障,能静下心来抓生产,搞建设。在非常时期,全镇的小城镇建设、养殖园区及排危建校工作如火如荼,进展良好,农村中心工作超常推进。

在镇党委、镇政府的统一指挥下,香泉卫生院挑起了前所未有的重担。面对设备简陋、医疗条件差的现状,院长冯海山不顾年老体弱,以一个共产党员的责任感勇敢地冲在了最前沿。他组织全院医护人员召开紧急会议,严密布置防治工作,快速成立了发热门诊,并迅速印制了外出务工人员检查登记簿和诊断证明,组成了医疗组、消毒组,设立了留观室,调查排摸和检查消毒工作紧张有序地进行着。他多方奔走,宣传教育当地群众,并印发宣传资料,快速办起了专题板报,悬挂了横幅,张贴了标语。与此同时,他按照本民族定期礼拜的习惯,跑遍了辖区内所有清真寺,与伊斯兰教长们联系,在礼拜时大力宣传非典防治知识,稳定了人心,稳定了社会。5月6日,他接到县留观送回人员冯富川父亲的报告:儿媳马晓燕感觉乏力,不思饮食,晨起咳痰带有血丝。他觉得情况危急,一面向卫生局汇报,一面迅速赶往现场检查消毒。午夜时分他不能回家,全身被消毒液湿透,拖着疲惫的身子回到办公室,还没等方便面泡好他已经在沙发上睡着了。5月13日晚7时,他刚刚端起一碗面条就接到了青岗村农民何成发烧38.5度的报告,他坐了一辆摩托车就出发了,经过全面检查诊断,病人是感冒发烧,服药后安然入睡。他回到家时已接近午夜时分,端起剩下的半碗面条又津津有味地吃了起来。

相见在医院,相别在医院,相见亦难别亦难。5月25日,迎着灿烂的阳光,呼吸着清新的空气,非典重病患者马思成终于走出了定西地区医院病房。他简直是"疯了",欢奔跳跃。凝望着欢送他出院的医护人员,他怎么也按捺不住自己激动的心情,情不自禁地跑上前去,紧紧地拥抱住他的主治医生安江,泪水流个不停。

马思成刚住院时,病情非常严重,本人情绪十分低落,连后事都给孩子交代好了。是医护人员亲人般的关爱给了他最大的精神支持,帮助他树立起了战胜疾病的信心。四十多天来,经过定西地区医院救治组采取中西药配合施治的办法,精心治疗和护理,马思成的非典临床症状完全消失,省、地专家组讨论后确定,他已达到卫生部制定的非典病例治愈出院标准。

为了感谢定西地区医院给了他第二次生命,马思成向医护人员敬献了一面写着"精心科学防治,战胜非典病魔"的锦旗,并为地区医院捐赠了5万元现金。马思成手捧着医护人员献给他的一束鲜花,擦着泪水,激动地说:"我这辈子不能忘记白衣天使,是你们给了我第二次生命,是你们给了我重新生活下去的勇气和信心,是你们给了我无微不至的关怀和照顾,你们是最可敬可爱的人。"人有心,地有情。马思成哭了,现场的人都哭了。

随着马斌、马思成的康复出院,杨春、田奋武、马得俊都一个个先后走出病房,满面笑容地告别白衣天使,回到自己久别的亲人身边。与此同时,第二批、第三批留观人员也相继解除留观,走出留观区。他们同样一个个、一批批泪花满面,笑迎春风,在向一线医护工作者深表感谢的同时,敬献上一束束鲜花。截至5月30日,定西5例非典患者全部康复,实现了零死亡。医护人员安然无恙,实现了零感染。同时非典没有向农村扩散,实现了二代零感染。定西抗击非典型肺炎战斗,已经取得了阶段性的胜利。

一年一度的高考、中考,是多少家长和学子热切期盼的日子,必须在全国统一的时间进行。在这特殊的时期和环境中,定西县委、县政府决定高考集中在城区进行,中考在有关乡镇分片进行。对异地对调监考的教师采取全封闭管理。对所有考点及每个考场都配备专门大夫和远红外测温设备,一日四次消毒,两次体检。对身体不适的学生设有专门的考场,整个考试过程井然有序。

40多个日日夜夜,风风雨雨,定西人民站在全省抗击非典的最前沿,切断传染源,从城市到农村,拉起了一张堵截SARS的巨网,作了大量艰苦细致的工作。经过了40多天的抗击,定西人民摆脱了SARS的阴影,走进了初夏明媚的阳光。不久前空旷的马路上车辆川流不息,街上久违的来来往往的人群摘下了口罩……非典带来的心理恐慌没有了,继之而来的,是大力发展经济的热潮。

截至 5 月底,定西完成国内生产总值 15.74 亿元, 同比增长 7.69%。其中第一产业增长 5.49%,乡镇企业完成增加值 5.11 亿元,同比增长 16.21%;第二产业中 168 家限额以上工业增加值同比增长 21.35%,为 10 年来所鲜见;完成固定投资总额 5.09 亿元,同比增长 46.15%;招商引资 18 亿多元,超过全年任务的 80%;完成大口径财政收入 1.32 亿元,同比增长 33.41%。

定西抗击非典的战果,得到了人民的认可,得到了领导的赞许。省委书记宋照肃,省长陆浩,省委常委、宣传部长陈宝生,省委常委、统战部长黄亦纯,副省长贠小苏、李膺等,都对定西的抗击非典工作作了充分的肯定,他们深有感触地说,定西站在了全省抗击非典的最前沿,定西担起了全省抗击非典的重担。定西在抓非典防治和抓经济工作上,两手都抓得硬,抓出了成效,充分体现了各级政府驾驭复杂工作局面的坚强能力,体现了对党和人民高度负责的精神。定西为全省抗击非典做出了重要贡献,定西为全省抗击非典创造了成功的经验。

定西人民同心协力,终于取得了抗击非典的胜利。定西县医院、定西地区医院、定西电视台及胡明权、杨琴英、高红烈、李文刚等人受到全国表彰;定西县香泉镇、定西邮政局、定西县工商局、定西县医院、定西地区行署卫生处、计划生育处、定西地区疾控中心、定西县卫生局、计划生育局、定西地区广播电视台获得省级表彰。还有行署副专员刘为民、定西地区医院院长杨继胜、传染科主任安江、护士长杨琴英、定西县医院副院长支莲英等 25 名个人受到省级表彰。全区受到表彰奖励的单位 37 个,个人 53 名。

在非典袭击定西这段特殊的日子里,在这没有硝烟的战场上,人们收获了健康,收获了人间真情,收获了许多平日无法收获的东西。非常时期的定西,生活并没有失去光彩,而且变得更加丰富,更加精彩。

补

遗

补 遗

《定西县志》(1990年版)因当时历史客观原因,对有关安定区(定西县)的少量人文史料未能编入,本志特设"补遗"栏目予以补记。

一、人物

梢腾汉　(生卒不详),明巩昌府安定县(今定西市安定区)人。其先祖居关中,是宋太祖赵匡胤后裔。宋亡后,元人荡灭赵宋宗藩,祖上之一裔为避难遂改姓"梢",迁徙安定,成为当地望族。梢腾汉以国子生,初任灵石(今山西灵石)知县,后擢知郑州。在职勤慎,决疑狱,除弊风,卓有政声,钦取奉大夫。后官肃王府(在今兰州市)左长史,以正规王,肃王礼重之。

刘跃龙　(生卒不详),字禹门,明巩昌府安定县人,天启元年举人,博学好文,尤精史地之学。崇祯四年(1631年)任河北怀柔知县,以廉能晋河南开封府同知,抑强扶弱,颂声载道。后主持阳武府政事,未几居家。遇李自成部围攻安定县,刘跃龙与知县应昌士、邑人张国宏等率民捍御县城,以寡不胜众,城陷被逮,终不屈,痛骂而死。入祀乡贤祠。有《佐郡实录》《牧民实政》刊行。其墓在安定区青岚乡史家山。

龚佳育　(1622—1683),字祖锡,晚又字介岑,清浙江仁和(今杭州市)人,康熙二年出任安定县(今定西市安定区)知县。明末清初,民不聊生,赋税过重,百姓多逃亡。龚佳育到任后,因积欠赋税遭罢黜的前任知县王浴涕泣对龚道:"县事不可为。"龚笑道:"天下宁有不可为之地乎?"于是缮学官、葺民居、立市集、修驿务、清图圄,焚刑具于县堂。逾年,以治行擢户部主事,历任江南布政使、除太常寺卿。许珌继任安定知县后,其友蒋超给他的信中写道:"安定古岩疆,逋课积不治。新闻龚君莅,破产尽偿之。颂声满山谷,渐次集流离。"有王士祯撰《龚佳育墓志铭》传世。

张鉴三　(生卒不详),字宝斋,号淡尘子,清巩昌府安定县(今定西市安定区东部樊家堡)人。光绪初年贡生,曾任西宁府教授。博览群书,多才艺,精经史,通音韵,工诗赋。设馆课士,入贡入举者颇多。光绪七年(1881)年陕西巡抚谭仲麟任陕甘总督,在兰州建求古书院,张鉴三来兰任教。甘肃学政陆延黻荐张鉴三为总督府西席。谭延闿即受教于张鉴三门下,后登进士。张鉴三著作颇丰,有《淡尘子养元记》《安砚学语》《耕心堂古今诗文》《花门乱志》《世史蒙求汇典》《选钞梓潼帝圣经释注》《续钞枝阳王世斋先生批点四书》等著作行世。

劲维国 （1891—1943），字管民，原定西县李家堡人。先后就读于政法专门学校（兰州大学前身）、北京大学。民国初期即投身甘肃民主共和运动，与慕寿祺、马良弼等甘肃贤达力倡法制宪政。1913 年（二十二岁）即被推选为甘肃省临时议会议员（共 13 人）之一。1915 年赴京参加北京政府县知事实验考试及格，分发吉林，任黑龙江榷运局榷运使。1921 年返陇，历任洮沙（后并入临洮县）、民乐、盐池（今宁夏回族自治区盐池县）、临夏、宁县县长，和临夏地方法院首席检察官、甘肃兵站总监、少将粮秣处长等职，以清明廉洁、精明强干著称。任宁县县长时，曾举荐蒋云台担任该县府巡长官。

二、古人咏安定诗

安定口占

（明）张维新

凤凰山嘴吐官衙，锦鸡原东俯万家。
一自乘槎人去后，至今边地饭胡麻。

兴云寺

（明）张璧

寺接云霄碧落中，仰高密处几能通？
鬼神莫测寻真路，物我俱忘见太空。
玄鹤听经松露冷，老龙吸砚竹风融。
永祈圣水消民渴，好务春田日有丰。

安定感秋

（清）魏定一

三山天外落，岚翠压孤城。
月出山头晓，泉飞屋角鸣。
公庭爱鸟迹，客枕厌虫声。
一夜西风起，无眠白发生。

孟冬经青岚山感成二首

（清）顾光旭

落日炊烟绝，行人且脱骖。
饥年悲赤子，寒色怆青岚。
产破妻孥贱，肠枯草木甘。
道旁一相顾，欲语泪先含。

夏旱赤千里，秋霜杀六盘。
谁云为父母，而使忍饥寒。
瘠土供输薄，灾黎慰问难。
共承筐篚泽，五夜圣心殚。

注：顾光旭（1731—1797），号晴沙，清代无锡人。乾隆三十三年（1768）任宁夏知府，翌年调平凉庄凉道。这两首诗是他赴兰州申请赈灾途中经过安定县境时，目睹灾民啼饥号寒、卖妻卖女的凄惨景象后有感而作。

定西怀古(二首)

(清)周应沣

旧迹安通县地留,当年原号定西州。
四山合匝围城峙,二水回环抱郭流。
市井荒凉莽榛棘,衣冠零落郁松楸。
我今再遇登临恨,不见元明古寺楼。

面对南安翼凤凰,河流永定北归黄。
魏国英名森壁垒,文山正气壮城隍。
人才度越王冰鼎,宦绩追怀许铁堂。
抚此凋残休养义,弦歌莞尔笑潮方。

注:周应沣(1865—1944),字伯清,号棣园,
甘肃永登县人。光绪十四年(1888)举人,宣统二
年(1910年)被保举为秦安知县。有《棣园文集》
刊行。这首诗是他1934年游历定西时所作。

春日从安定返郡城

(清)纪元

三十六回广武道,往来八百敢辞艰。
嘶风马识通安驿,残月人归双峪山。
板屋落花飞片片,荒村曲涧水潺潺。
陇头不是勾留地,何事七年尚未还。

赴任陇西安定遇雨感怀

(清)李介春

嵯峨山势已心惊,况是霏霏雨不停。
马傍危崖依壁立,人从峻岭附萝行。
恩深未觉云车稳,命重何辞径路生。
萧瑟梧桐秋气冷,秋风开霁日光晴。

前出塞过青岚山题秤钩驿壁
今还题前诗后

(清)史善长

又到秤钩驿,苍茫忆旧门。
青岚山在望,粉壁字犹存。
兔脱无消息,鸿归有爪痕。
重题还堕泪,蹒跚负乾坤。

注:史善长(1768—1830),字春林,浙江山阴
(今绍兴市)人,有治才。后因失察去职,遣戍新疆伊
犁,三年后放归。善作诗,著有《味根山房诗钞》八
卷。

安定新城旅夜偶成

(清)张荫桓

西州豪人党人家,新旧城楼落照斜。
汀柳不知时序变,凤城初共玉梅花。

秤钩驿馆六迭前韵柬次珊

(清)张荫桓

蛇形荒驿秤钩尖,苦水煎茶不假盐。
比户废书民俗俭,虎堂坐啸宰官廉。
汉回恩怨销兵后,年岁丰穰祝社占。
太息旧时黄老治,尚闻野柝警宵恹。

注:张荫桓(1837—1900),字皓峦,广东海南
人,洋务运动著名人物,曾任清政府总理各国事
务衙门大臣。1898年因参与"戊戌变法"被捕入
狱,后改判为革职流戍新疆,被处死于戍所。所选
诗为流戍途中经过安定县境时所作。

晚至西巩驿

(清)杨芳灿

目送归鸦尽,行人尚着鞭。

霜浓疑作雨,霞暗欲成烟。

局促嗟车宦,蹉跎愧壮年。

尘劳何日息,回首意茫然。

注:杨芳灿,号蓉裳,江苏无锡人,清代诗坛名家,曾受陇右著名学者、诗人吴镇约请,参与《铁堂诗草》的编选和校定。

兵燹后过许铁堂祠(四首选二)

(清)王作枢

其 二

诗人老去凤徽在,游客归来意绪长。

山色满庭花草寂,夕阳无主为谁芳?

其 四

毕竟文翁教泽深,口碑千古在人心。

官声久并诗名著,二百年来说到今。

注:王作枢(1827—1886),字宸垣,号少湖,晚年别号慕陶,清巩昌府安定县人。同治十三年进士,选翰林院庶吉士。散馆后任翰林院编修、国史馆协修,后应聘主讲平凉柳湖书院、兰州求古书院,弟子中中举入仕者众多。勤思好读,博学工诗,现存《慕陶山房诗文集》四卷,收诗一百八十余首。

车道岭

(清)张祥河

前旌车道岭,一岭一周遮。

残雪在峰背,荒柴堆树丫。

村官马上牵,耆老掌上茶。

似有攀留意,连宵看烛花。

注:张祥河,清代道光年间任甘陕巡抚,多次下榻安定县,曾捐资、倡修许公祠。

八月三日登南山谒奎星阁(二首选一)

(清)马 疏

南岑形胜登临壮,新霁郊原禾黍秋。

二水波澜环处聚,千家门巷望中收。

惊人难得谢公句,怀古空贻谐辈羞。

却忆三年逢再会,老来岁月去如流。

注:1. 奎星阁,清光绪十五年建于安定南山之巅,民国十九年(即1930年)毁于兵乱。2. 马疏(1789—1853),字经帷,号南园,清巩昌府安定县人。嘉庆二十五年进士,选翰林院庶吉士,散馆后历任陕西府谷、富平等县知县,勤政爱民,卓有政声,百姓呼为"马青天"。道光九年因父丧辞官归里,坚拒再仕。后主讲兰州五泉书院,著述甚富,有《日损益斋文集》八卷、《古今体诗》十八卷传世。

王负宸招引西岩寺看花

(清)许 珌

新官命酒旧官饮,昨日花留今日开。

酒债不随流水去,花枝偏喜故人来。

芳菲桃李三年绩,烂漫金银万里台。

须与令公共流赏,无情风雨莫相催。

注:许珌,字天玉,号铁堂,清福建福州府侯官县人,著名诗人。生于明万历四十二年,康熙四

年选授安定县知县,廉正悯农,为民请命遭罢官。贫不能归,流寓临洮。殁后由安定士绅百姓迎葬于东山之麓,置冢建祠以祭祀。2001年,定西县人民政府在定西东山重建许铁堂墓,作为弘扬传统美德和历史文化的爱国主义教育基地。

三、史料辑录

敕赐崇福寺碑

(明)胡濙

巩昌府安定县阛阓中有古刹曰崇福寺,年深倾圮。洪武中创建正殿,至宣德七年,本寺僧悟瑁,番名也失端竹,悯兹废坠,逐发宏愿,志图兴复。首捐已赀,及募众缘,建立前殿。甫完,财用不足,因往南京劝募檀越。亲书《华严经》一部,奉回供养,及收买金箔、颜料。于正统初年,陆续兴建廊庑、三门、天王殿,以至祖师伽蓝、庖湢库庾、左右钟鼓二楼,以次就绪。缘旧基狭隘,逐购寺旁空地,扩充旧址,俾方圆宽广。起盖方丈僧房,装塑殿堂圣像,彩饰廊庑画壁,规模雄壮,金碧交辉,逐兴大方之体。正统九年讫役,延请高僧八十余众,启建庆赞道场九昼夜。本县知县密云杜让、通家子弟石水康等,始终助成善事。正统十二年四月,又赴京谢恩,及奏兹寺系敕建大崇教寺下院。也失端竹乃西天佛子大国师班丹札失之徒请乞赐额。钦蒙恩旨,还与做崇福寺,给与敕谕,赐以"崇善翊教"喇嘛图书。恩宠之隆,蔑以加矣。瑁师自幼出家,投礼了让为师,习诸经典。先于永乐十五年赴京进贡,即蒙存留海印寺,书写《大藏金经》,全部乃还,得以助其修造。宣德十年,又于本府万寿寺,与僧演藏书金字《华严经》一部,人以至宝而载来也。其拳拳致力斯寺,经营综理之勤,兴复构缔之美,成此宝方,壮观西土。俨然祇园精舍,诚为开山第一代之住持焉。遂并书以为记。

注:此碑约立于明正统十二年,胡濙(尚书)撰文,黄养正(太常少卿)书,王英(礼部尚书)篆额。

许铁堂先生祠碑记

(清)胡荐夔

按邑志见先生《别安定父老》诗,异之。洎游西岩寺,壁刻题咏甚多。因访全集,得吴松崖上下卷。知先生与王渔洋同时唱和,名相颉颃。惜宰土不数载罢官,流寓不克归,卒,葬东山之麓。蔓草夕阳,幽魂奚妥?既慕其才,兼悲其遇,思建祠堂,用表唏仰。适林节里故,询其墓所,余对以意,甚喜,且趣鸠工。爰延孝廉陈星圃、允升,明经李竹坞等集议。度地于先农坛右,距墓西数百步。买田十亩许,筑周墙五十六丈。正殿三楹,陪以左右廊二、客斋二,别院安灶碓。前门俯临官道,盖瓦阶砖,黝垩齐新。于道光二十七年春仲兴工,夏竣,中秋迎神祠之。是岁,年谷顺,成礼闱。举进士二,民人胥庆。先生卒于康熙十年。岁清明邑人祭墓,迄今不替。通安驿佛寺中塑像供香火,其有德于民甚厚。殁后越七十年,前令许公宗崍树碑表墓。又越六十余年,前令陈公观礼立神道碑,置田产。及今,又四十年祠堂特建,其有不没于人者耶!城隍庙有先生题联云:"自信飘零如武部,不知昭假有文山"。相传梦晤神,识姓字,其诸城隍化身欤?语涉怪诞。然昌黎作《柳州罗池庙碑》,谓生能泽其民,死能福之,以食其土,此亦理之所有者。吾署眉山民事守令,既去,画像以祀,见于东坡《远景楼记》。立祠以颂遗爱,以所以培民风也。城乡捐钱估祠费三百二十余千,以一百六十千入书院,宾兴歇生息,既出示遍谕。陈孝廉等请书其事于石。余谓多置祠地,俾守者岁取其入踽事润色,是吾志也。以俟来兹。兹据规模,已观成者,记其始末云。

注:胡荐夔,字云亭,四川铜梁人,清道光年间任安定知县。此碑文最早见于马疏著《日损益斋文集》。

附 录

附录一

中共定西县委　定西县人民政府
关于进一步搞活经济的若干暂行规定

（一九八八年三月二十九日）

为了进一步促进改革、开放和经济发展,现根据中央和省上有关政策规定,结合我县实际,对进一步搞活经济作如下暂行规定:

一、大力发展乡镇集体企业和各种联营企业、个体企业

1. 城镇集体企业、乡村企业和各种联营企业、私营企业,除已经营的行业外,还可开发、创办其他工业、商业和各种服务业,拓宽经营范围,并允许企业根据经营业务需要,经登记注册,自立企业名称,或冠以"定西县"的牌名对外和在银行设立账户。私营工业企业申请挂靠乡镇集体企业者,经工商部门批准和企业同意,并办理应尽义务手续后,可以享受集体企业的优惠政策。

2. 承租城乡各类集体企业产值达百万元以上,实现利润二十万元以上,连续三年完成和超额完成各项承包指标者,承包人除按合同规定提取奖金外,拿固定工资的可晋升一级工资;是工人、农民的,按照国家有关规定,可选聘为国家干部。

3. 允许科技、企事业单位支援、帮办和承包、租赁乡镇企业。凡提供技术、人才、信息、开发产品,拓宽销售、提供原材料,使其提高经济效益的,可以领取一定报酬,作为本单位自有资金使用,不上交,不征税,也不计入工资总额。

二、鼓励干部、职工和科技人员从事各种合法经济活动,为振兴定西经济贡献力量

1. 鼓励行政、科技、企事业单位的干部、职工停薪留职到农村领办或承包租赁乡镇企业,粮户关系留城,住房不退,工龄连续计算,不影响正常提级;承租期满或提前解除合同的,允许回原单位或回城另行安排工作。到边远贫困山区领办或承租乡镇企业的,可留职带薪一年,同时按企业规定另外取得报酬;带薪一年满后,可留职停薪继续承租。

2. 允许在职干部职工和科技人员在搞好本职工作的前提下,利用八小时之外时间从事技术性或各种服务性第二职业。

3. 凡能利用我县资源或采取来料加工、来样加工、来件配装等形式,创办或改造企业,新吸收五十人以上劳动力从业,县经济效益显著者,可向上浮动一至两级工资。五年以后企业仍具有发展潜力者,浮动工资可转为固定工资。

4. 凡向各类企业提出具有开拓性合理化建议并被采纳年取得万元以上利润的,给建议者从实现利润中提出10%的一次性奖金。

5. 凡自愿报名去农村帮村扶贫,经组织考核认可,签订合同,依靠本人艰苦努力和科学技术进步等手段,三年内使一个贫困村的90%以上贫困户达到稳定脱贫标准(人均产粮400公斤,纯收入400元)的国家干部、科技人员、招聘人员,可晋升一至两级工资;如能带动一个乡的85%以上贫困户脱贫者,除晋升工资外,还要给予重奖。

6. 允许离退休人员和在职干部家属经商、办企业,取得合法收入。

7. 允许党政部门在完成和搞好本职工作的前提下,办经济实体、安排劳动就业,合法增加经济收入。

三、拓宽金融市场,多渠道筹集资金发展商品经济

1. 鼓励国家干部、职工投资入股兴办城乡集体企业,欢迎在外地工作的定西籍干部职工来家乡投资入股办企业,实现利润按规定比例分红。

2. 欢迎外地客商、企事业单位来我县投资兴办企业。不论独资兴办或联合经营,在场地、水、电、核发营业执照、银行贷款开户等方面提供方便。金融、工商行政管理、公安等部门对外来客商、企事业单位的财产依法给予保护。

3. 鼓励农民集资入股办企业,实行按股分红、保本付息、国家企事业单位也可与集体、个人合股承办乡镇企业。

四、积极引进技术、人才、加强信息工作

1. 鼓励定西县籍的外地干部、职工和科技人员对家乡建设进行智力投资。凡介绍一项技术成果,办起一个企业,收到显著效益者,按一次性效益利润的10%提取奖金,并颁发"建设家乡光荣证书"。

2. 欢迎外地科研单位、大专院校及城市企业或科技人员承包我县的粮食、瓜菜、林果、畜禽和"五个龙头"经济开发项目或各类企业,按签订合同完成任务或实现创收指标的,按当年增收和实现利润部分的10%~30%提取报酬。

3. 外地科技人员来我县工作有突出贡献者或承包救活一个企业扭亏为盈者,除按合同享受优惠报酬外,优先安排家属或子女就业,解决住房和家属城镇户口。

4. 我县党政干部、科技人员、中小学教师工作成绩显著受到国家级或省级命名、授予荣誉称号者,可向上浮动一至两级工资,并优先安排家属或子女就业、解决住房和城市户口;利用业余时间为企事业单位进行科技咨询活动,或任教、担任技术顾问、承担科研项目等,取得显著成果者,可按签订合同获得实现利润10%的一次性奖金。

5.鼓励创办民间科研机构和建立个体信息咨询服务点,工商行政管理、公证等有关部门要给予大力支持,他们向各单位、各企业提供科技服务和信息咨询,可按合同规定提取报酬。

五、进一步完善企业承包租赁制度,把竞争机制引入企业内部

1.县工交、商业企业和城镇集体企业年内都要实行承包租赁,在此基础上,搞好内部配套改革,加强全面质量管理,实行厂内银行和满负荷工作法,乡村集体企业也要逐步实行承包、租赁。

2.国有企业、城镇集体企业和乡村企业,可以试行股份制形式,相互参股,小型全民所有制企业的产权,可以有偿转让给集体或个人,并可采取"母鸡下蛋"办法,新办企业。

3.所有的集体企业全部实行"企业自营、厂长自选、工人自招、工资奖金自定、盈亏自负"的方针。

4.城镇集体企业和乡村企业用工,由企业与劳动部门协商,可在职业中学毕业生和城镇待业青年中择优选招,也可招聘雇用农村剩余劳动力。集体企业职工与全民企业招聘工,一样具有选干、进修学习资格。

5.农、林、水、牧和科技、教育、文化、卫生等部门有投入产出或经营效益的工作,都要逐步进行承包,引进竞争机制,达产达标者,给予奖励,超产超标者给予重奖。

六、放宽税收政策,增强企业内部活力

1.乡、村集体企业和城镇集体企业,从一九八七年开始,以上一年实现的利润为基数,每年超基数增长部分报经批准减免所得税,企业应将减免税收入的百分之六十以上转为生产发展基金。对于年人均留利在二百五十元以下的,可以免征所得税。

集体企业开发的新产品,经鉴定认可,免征产品税、增值税一至两年。

2.新办的乡、村集体企业和城镇集体企业和街道企业,当年安置待业青年超过职工总数百分之六十的,经批准可给予一次性免征集体企业所得税五年;对从事旅店、饮食、修理、修配、加工、浴池、理发、缝纫等服务性业务的免征营业税两年。

3.对新办的乡、村和城镇集体企业(包括勤工俭学企业),免征工商所得税三至五年。对新办乡、村和城镇集体企业生产销售的产品,除烟、酒、粮、手表、鞭炮、焚化品等高税率产品外,从投产销售月份起免征产品税(增值税)一年;对经营饮食、旅店、宾馆、旅游、修理、修配、加工、浴池、理发、缝纫等服务性业务和装卸搬运、修缮业务的,从开始经营月份起免征营业税两年。

4. 乡、村和城镇集体企业,用贷款或自有资金进行的技术改造项目投产后,纳税有困难的,报经税务部门批准可再给予一至三年的免征税照顾。

5. 外省、外县和本县新办从事工业生产(不包括烟、酒、鞭炮、焚化品)、服务业的个体生产经营者,从生产经营之日起,两年内免征所得税和减半征收营业税。

七、确定重点发展区,鼓励干部到边远山区工作

1. 交通方便、自然条件比较好的城关镇、城关乡、内官乡、巉口乡、宁远乡、李家堡乡、团结乡、西寨乡、香泉乡、鲁家沟乡等十个乡(镇)为全县乡镇企业和商品经济的重点发展区,集中力量、集中技术、集中资金,重点扶持,优先发展,迅速建立起一定规模的集贸市场和乡镇企业,树立样板,以推动全县经济的发展。

2. 在自然条件比较差、偏远的白碌、御风、高峰等三个乡工作的干部(含教师、医务工作者),从八八年七月一日起,每月增发五元的山区补助费。一年后,经群众评议和组织考核,对确有政绩者,从第二年起,向上浮动一级工资。一年一评,每年浮动面不超过乡镇干部总人数(包括乡招聘干部、集体人员和中小学教师、医务工作者)的百分之五。连续三年享受浮动工资者,从第四年开始转为固定工资。

3. 今年提拔干部首先在基层考察,未在乡镇或基层工作三年以上的年轻干部,一般不能选拔到县直党政部门任职;过去从县直机关直接提拔起来的年轻科级干部,也要分期分批到基层去锻炼。

八、本规定从发布之日起执行,解释权属县委政策研究室。

中共定西县委　定西县人民政府
关于进一步解放思想加快改革步伐的意见

（一九九二年三月二十八日）

各乡镇党委、人民政府,县直各单位:

为了认真贯彻落实邓小平同志的重要谈话和中央政治局会议精神,贯彻落实好省委〔1992〕17 号文件(中共甘肃省委甘肃省人民政府关于进一步解放思想加快改革步伐的意见)精神,坚定不移地贯彻党的"一个中心、两个基本点"的基本路线,抓住有利时机,加快改革步伐,集中精力把我县的经济搞上去,县委、县政府提出以下贯彻意见:

一、以冲破各种思想障碍为先导,振奋精神,进一步增强改革开放的紧迫感

加快改革开放的步伐,首先必须冲破思想障碍,进一步解放思想,消除疑虑,转变观念。改革开放以来,我县经济有了很大发展,但步伐还是慢了一些,最根本的原因是思想上深层次问题没有彻底解决。一是"左"的影响。越是贫穷,"左"的积习越深,害怕资本主义的东西多了,许多人不敢创,不敢"冒",看准了的东西也不敢大胆坚持。二是因循守旧的思想。满足于年年有进步,盲目乐观,自我感觉良好;甘居中游"守摊子",一味求稳;单纯强调客观条件,怨天尤人,无所作为,不思进取。三是小农经济和产品经济观念。自给自足,万事不求人;故步自封,小富即安;怕"肥了别人的田,瘦了自己的地"。四是旧的用人观念。对人才求全责备,不看主流,不用所长,不注重实绩;有的甚至嫉贤妒能,不干的议论、指责干的。这四种思想归结为一点,就是思想僵化。因此,克服僵化思想是我们解放思想的主要任务。要以邓小平同志关于建设有中国特色社会主义的一系列重要论述为强大思想武器,在坚持四项基本原则,反对资产阶段自由化,始终警惕右的同时,着力清除"左"的影响。当前,要着重破除平均主义"大锅饭"的观念,树立公平竞争,提高效率,按劳分配的思想;破除"一大二公"是社会主义特征的观念,树立以公有制经济为主体,大力发展多种经济成分,放手发展地方工业、城市集体经济、乡镇企业和非公有制经济的思想;破除传统计划经济统分统配的观念,树立面向市场求发展的思想;破除因循守旧、无所作为、小富即安的观念,树立奋发图强,艰苦创业,不断进取,加快发展的思想;破除小生产和产品经济的传统观念,树立多方位、大跨度联合经营的社会化大生产和商品经济思想;破除唯书唯上的观念.树立敢闯敢干,大胆实践的思想;破除用人问题上的求全责备、片面平衡观念,树立看主流,用所长,保护和使用敢创敢干的改革者的思想。

在指导方针上,必须坚持以下几条:

——必须紧紧抓住经济建设这个中心。要正确估量不断变化的新形势。时刻保持清醒的头脑和政治敏感性。集中精力抓经济建设,各方面的工作都要服从服务于经济建设这个中心。

——必须坚持"以城带乡,以大带小,整体推动定西经济"的发展战略,走好综合治理、全面发展的路子,看准了的事情要大胆坚持。要抓住时机,发挥优势,尽快发展自己。在提高效益的前提下,保持一定的发展速度,使我县经济每隔几年上一个新台阶,力争尽快稳定地解决温饱。

——必须放开胆量搞改革。坚持革命是解放生产力,改革也是解放生产力的观点,进一步发展生产力。判断改革得失成败的标准,主要是看是否有利于解放和发展社会主义社会的生产力,是否有利于增强社会主义国家的综合国力,是否有利于提高人民群众的生活水平。凡是符合这三条标准的改革,都要大胆地试,大胆地闯。要加大改革分量,加快改革步伐。

——必须坚定不移地把企业推向市场。经济体制改革的总目标是建立有计划的商品经济新体制和计划经济与市场调节相结合的运行机制。要大力发展商品经济,必须把企业推向市场,实现公平竞争,优胜劣汰。要以打破"三铁"为突破口,转换企业经营机制。要大胆吸收和借鉴沿海开放地区发展社会主义商品经济的经验,大胆吸收和借鉴人类社创造的一切文明成果,包括资本主义发达国家的一切反映现代化生产规律的先进经营方式、管理方式。

——必须坚持实事求是的思想路线,保持改革政策的连续性和稳定性。近几年,县委、县政府制定的贯彻中央和省委关于改革开放搞活的一系列方针政策的基本措施,凡是被实践证明有利于经济发展的,都必须继续坚持执行,并随着改革的不断深化,不断探索、完善和发展。各乡镇、各部门都要结合实际,继续发扬"三苦"精神,大胆探索,认真贯彻,务求落实。

——必须坚持两手抓的方针。一手抓物质文明建设, 一手抓精神文明建设;一手抓改革开放,一手抓打击各种犯罪活动。这两手都要硬。

各级领导要带头解放思想,振奋精神,深入展开基本路线和经济思想大讨论,引导全社会关心、支持、投身改革,把党内外的力量凝聚起来,把各方面的积极性调动起来。各级各部门都要紧密联系实际,结合自己的业务,检查"左"的和各种影响改革的思想障碍,实实在在地针对思想、观念和精神状态方面存在的突出问题,下大气力把思想、观念转变到改革上来,增强改革的紧迫感和使命感,切实把我们定西的事情办好。

二、以"双带整推"为发展战略,综合治理,加快稳定解决温饱的步伐

省委、省政府提出的"以城带乡,以大带小,整体推动"的战略方针,是对全省这些年来经济发展思路的总结、提高和深化,是对坚持以生产资料社会主义公有制为主体,带动其他经济成分适当发展,发挥社会主义制度优越性的一个探索和实践,是发展社会主义有计划商品经济的客观要求,是计划和市场相结合的一种有效途径,是对省情科学认识的必然选择。这个发展战略切中了我县实际,我们要在实践中认真探索实施这一发展战略的途径和路子。

要紧紧抓住发展商品经济这个重点,强化农业基础。要主攻单产,增加总产,摆脱吃回销粮的局面,尽快实现粮食自给;要始终不渝地把改变农业基本条件作为发展农村经济的战略措施来抓,兴修基本农田,大搞水利建设,坚持小流域治理,继续搞好植树种草;要用大农业的思想指导农业,抓好多种经营,农林牧种养加全面发展;要调整优化农业结构,走优质、高产、效益的路子,利用城市的技术、人才、资金、市场、信息等多方面的优势,实行管理帮带、技术扶持、信息传递,大力发展商品生产。

要充分用足用活中央、省、地、县关于扶持和发展乡镇企业的各项政策,继续坚持"立足当地,发挥优势;背靠兰州,依托辐射;面向全国,引进联营"的方针,坚持四个轮子一起转,大力发展二、三产业和乡镇企业,鼓励个体企业适度发展。要立足改革,加快发展地方工业和城市集体企业,疏通城乡资金、商品、信息、科技、人才流通渠道,鼓励技术成果、科技人才、管理干部方面的联合与流动,实现资源合理配置、产品适地扩散,达到以城带乡、城乡互补的目的,促进城乡经济向一体化方向发展。

城关、内官、巉口三个开发小区建设,要抓住改革的机遇,按照"特事特办、新事新办、急事急办"的原则,加快建设和改革速度。要借鉴外地城镇建设和集市建设的有效做法,制定优惠政策,吸引资金搞建设,率先发展地方经济。要本着着眼于长远的原则,制定好规划,抓紧建设。巉口开发小区要利用"312"国道改建的交通优势,加强市场建设。要吸引地县单位办商店、旅社和其他类型企业;要鼓励村社和农民办集体和个体企业,既可以利用交通便利的优势,办一些"两头在外"的外向型企业,也可充分利用当地农副产品资源,办一些加工企业。县上国有、集体企业要瞄准这一优势,发挥以城带乡、以大带小的骨干作用,率先把巉口开发小区办成原材料的储藏地、产品和技术的集散地,整体推动城乡、企业和地方经济共同繁荣。

三、以转变职能为重点,强化服务,进一步推动机构改革向纵深发展

要按照"政企分开,转变职能,精兵简政,提高效率"的原则,转变政府职能,增强服务功能,规范政府行为,改进宏观调控。要全面贯彻《企业法》,继续简政放权,落实企业自主权。改变企业的政府附属物地位,树立为企业和基层服务的观念,清理规章制度,凡不利于搞活企业和影响企业改革,阻碍生产力的解放和发展的,都要修订和废止;要坚决制止"三乱",制止明文规定不允许的检查、评比、摊派、罚款等行为,切实减轻企业负担。要下决心解决部门之间职责不清、互相掣肘、力量内耗的现象,按照有利于发挥地方整体综合功能的原则,协调好条块关系。行业主管部门的职能向行业规划、协调、服务、监督转变,主要管好直属企业的领导班子、承包合同、工效挂钩三件事。经济综合部门要运用经济和法律手段进行宏观调控,管好规划、总量和政策。

要按照政事分开的原则,进一步搞好事业单位管理体制改革。要鼓励有条件的事业单位向社会化方向发展,走自收自支的路子,尽量做到自负盈亏,逐步与财政脱钩。对经费已经自收自支的,要实行企业化管理;经费部分自理的,由财政定额补贴,逐年递减;完全由财政拨款的,实行基金制的办法。党政机关的后勤服务都要积极摸索路子,开展有偿服务,创办经济实体。对政府序列中适合于企业化的经济技术部门,要逐步向经济实体过渡。过渡期间创办的各种经济实体,不视为党政干部经商办企业。

企业要进一步理顺党政工三者关系,发挥党组织的政治核心作用,坚持和完善厂长负责制。充分发挥职代会的作用,依靠工人阶级的力量,搞好企业的思想政治工作和两个文明建设。企业内部的机构要本着"精简、效能"的原则,根据生产经营的需要设置,任何部门不得强行要求企业对口设立机构。企业内部生产经营可实行"一厂两制",优化劳动组合,完善分配制度,提高生产效益。

要做好县级机构改革的配套延伸工作,加快实施乡镇机构改革。要根据加强农业、加强基层政权建设和加强党对农村工作的领导的要求,坚持"小政府,大服务"的方向,按照有利于农村经济的发展,有利于农村生产力的解放,有利于人民群众物质文化生产水平的提高的指导思想,清理整顿并精简现有机构和人员,科学合理设置机构,提高干部队伍素质,理顺条块关系,健全乡镇政府职能,强化基层组织的服务功能。乡镇机构设置党委、人大主席团、政府、人武部,撤销经委。经

济较发达的乡镇组建乡镇企业总公司,实行财务单列,独立核算,自主经营,自负盈亏的企业化管理;其余乡镇经委的职能由乡镇政府行使,随着经济的发展逐步组建乡镇企业总公司。要理顺县乡关系及乡镇政府与经济组织的关系,下放县直部门的权力,完善乡镇管理体制。对县级部门派驻乡镇的机构,属一般服务性的,都要下放到乡镇;具有执法、监督职能和专业性较强的机构,根据工作需要,由乡镇和主管部门双重管理,乡镇要有一定的人事管理权。要积极发展农业社会化服务体系,鼓励和组织乡镇富余人员和社会各方面创办不以盈利为目的,为农业产前、产中、产后服务的经济实体,强化服务功能,提高服务质量,减轻财政和农民负担。

乡镇机构改革,要总结、完善、推广内官镇政治体制改革的经验,在巉口乡、城关镇试点的基础上,全面规划,普遍展开,方案的实施工作在6月底前完成。

四、以打破"三铁"为突破口,理顺关系,促进企业经营机制的转变

当前企业改革的重点是转换经营机制。打破干部人事制度上的"铁交椅",用工制度上的"铁饭碗",分配制度上的"铁工资",做到"干部能上能下,职工能进能出,工资能升能降",使企业逐步成为自主经营、自负盈亏、自我发展、自我约束的社会主义商品生产者和经营者。破"三铁"是转换企业经营机制的突破口,必须以铁的决心、铁的手段、铁的纪律,动真的,来硬的,积极稳妥地在全县范围内全面推开。

改革干部人事制度,建立能上能下的用人机制。对企业实行干部冻结。经营性亏损企业的主要负责人,在本企业扭亏为盈之前,不得调出,不得易地做官。对企业管理干部和技术干部实行聘任制,打破干部和工人的身份界限,按照领导提名和群众推荐,公开考核,平等竞争,优胜劣汰,择优聘用的原则,从优秀工人中选拔企业管理干部。企业原有干部身份的人员和统配人员,符合聘任条件的留用,对落聘、解聘或降免职干部,另行安排岗位,工资、福利待遇均随岗位变动;要打破行业界限和全民所有制与集体所有制的界限,不拘一格选拔政治上过硬,开拓创新,政绩突出的优秀人才,充实到企业的各级领导岗位,让他们在领导改革的第一线施展才干。要建立干部定期考核制度,坚持"四化"方针和德才兼备的标准,突出以经济效益论政绩,定升迁,定去留。

改革用工制度,积极推行全员劳动合同制。要在企业内部全面推行上岗、试岗、待岗的"三岗"制,由企业与职工签订全员劳动合同制。企业所有职工都要通过考核竞争上岗,与企业签订上岗合同,明确双方的责任、权利和义务。对达不到上岗要求和优化劳动组合后的落岗人员,实行试岗期,经考核合格再上岗;不合格的转入内部待岗。要加强企业就业服务体系建设，鼓励企业建立厂内劳务市场，按照企业消化为主、社会调剂为辅的原则，对"待业"人员进行转岗培训和挖掘内部潜力，广开生产门路，采取多种措施妥善安置。允许职工辞职自谋职业，也可提前退休、病退。国家统配的工人，要按照所学专业和技术特长，在生产经营第一线锻炼。要放宽劳动用工计划，除国家规定必须安排的人员外，允许企业根据编制定员编报用工计划和招工办法，面向社会招收，择优录用，自行补充空缺。允许企业面向社会选拔调入急需的专门技术人员，指标不限，待遇从优。企业可按照国家法律规定，对不服从安置的待业、富余人员和违法违纪职工，企业可以解除、辞退和开除。近两年控制在1%以内。

改革工资制度，落实企业内部分配自主权。国家对企业只控制工资总额，不再规定企业普调职工工资。内部分配形式由企业经营状况自主决定。总的原则是，工资总额 增长必须低于劳动生产率和经济效益增长幅度，按照工效挂钩的办法，在经营效益增加时，企业工资总额按规定比例上浮，经济效益下降时，工资总额按同样挂钩比例下调。企业内部分配要打破等级工资制，按生产经营特点，实行以岗位技能工资制为主要形式的多种分配办法。允许企业要在现有工资总额中拿出一定比例作为浮动，向苦、脏、累、险和高技术岗位倾斜。对待岗人员只发生活费。亏损企业职工工资、奖金，要与扭亏、减亏目标挂钩浮动。经营性亏损企业实行扭亏目标责任制，扭亏期间停发奖金。一年内不能实现扭亏目标，领导班子成员，降一级工资。两年内不能实现扭亏目标，领导班子成员降两级工资、职工降一级工资。确无能力扭亏的企业，可申请停产整顿，整顿期间，厂级领导降级、降职，职工只发生活费。对政策性亏损企业，实行减亏目标责任制。按造成亏损的政策因素，制定控亏、减亏目标，按期不能实现控亏、减亏目标的，仍参照实行扭亏目标责任制的有关规定执行。按规定停发和下浮的工资、奖金，一律从工资总额计划中予以核减，扭亏为盈后恢复正常发放。对虚盈实亏、弄虚作假、滥发工资和奖金的企业，所发钱物如数追回，并按违反财经纪律论处。

要从实际出发，因厂制宜，改革企业领导体制，扩大企业决策权。县上行政主管部门对企业的干部管理，要坚持管人与管事相统一、责任与权利相统一的原则，重点是管好企业领导干部，强化企业领导班子的思想作风建设，提高政策水平、管理水平和决策水平，其他干部主要由企业管理。减少和清除对企业生产经营活动的不必要干预，给企业放权，实行生产经营、产品定价、企业内部分配、人事劳动用工和技术改造"五自主"。企业根据产业政策和结构调整的要求，用留用资金搞一般性技术改造，可以自主决策，不再层层审批。在国家政策指导下，允许并鼓励企业根据实际情况,选择不同的经营形式,拓宽经营渠道,实行一业为主,多种经营,真正下决心把企业推向市场。国有小型企业,普遍推行厂长、书记一人兼的领导制度,集体企业厂长实行民主选举制。

要大胆探索,积极进行不同形式的配套改革试点。如:股份制试点;投入产出总承包试点;引入"三资"企业经营机制试点;亏损企业资产挂账,放开经营试点;税利分流,税后承包,税后还贷的试点等,逐步形成经营机制合理、产品质量优、销路畅、效益高的新格局。县委、县政府和主管部门要着力抓好螺钉厂、建材厂、制鞋厂、服装厂的改革,摸索经验,指导面上的改革。

要积极推进住房、公费医疗和社会保险制度改革,为企业转换经营机制创造良好的社会环境和外部条件。

五、以"四放开"为主要内容,公平竞争,推动国合商业和流通体制改革

要认真贯彻落实国家和省、地关于搞活流通的各项政策,面向市场,搞活流通。国合商业要全面推行经营、价格、用工、分配"四放开"。县商业局要组建国有商业总公司,实行"两块牌子一套机构",既行使行政管理职能,统管社会商业,又搞业务经营,实行统一组织购销业务,统一核算,统一对财政承包,逐步办成经营实体,减轻财政负担。县供销联社要面向农村市场,放权于供销集团公司,打破地区封锁,采购、销售、贩运多元化、系列化发展,把服务与经营有机结合起来。县粮食局要以"服务社会,服务农业,方便群众,调剂余缺,搞活流通,活跃市场,繁荣经济"为宗旨,组建粮油交易公司,"两块牌子一套机构",集管理、服务、经营于一体,开展粮油产销直接见面的公平交易和副营服务。适时吞吐,调节供求,平抑粮价,搞活粮油市场。流通部门和企业都要积极组建一支职业推销队伍,允许建立销售代理机构、专业推销机构、长途运销机构。企业可以实行销售额和推销人员的销售费用(含工资在内)总挂钩的承包办法。企业还可以面向社会聘请推销员,按其销售额付给相应的服务费。这部分费用,由推销员自主使用。

实行"四放开"之后,用工、分配制度上要打破"铁饭碗"、"铁工资",扩大商供企业的自主权。要逐步扩大市场机制的调节范围,使产品在市场竞争中形成符合价值规律的价格,按照价格分工管理权限,扩大企业定价权,搞好定价资格认证管理。对一些商品在核定限价范围,直接由柜组、营业员(推销员)与顾客面议成交。凡产大于销或产销基本平衡的产品,要逐步放开,由企业自主定价。由县物价部门进行价格管理的一些工业品价格和服务收费标准,可逐步放开。放活工业品和农副产品、副食品差率控制。物价部门要加强企业定价政策的宣传和业务指导,搞好分析预测,及时发布价格信息。陇中贸易大厦要在试点的基础上全面放开,由商业局抓点,总结经验,指导商业系统的"四放开"工作。县供销社要在供销系统全面推行"四放开"的同时,重点抓好供销大楼,以破"三铁""四放开"促进扭亏增盈。

要进一步加强集贸市场建设,有计划地在城乡发展一批综合性、多功能的商品交易市场和专业化批发市场。城区东街商业一条街和火车站批发市场,要作为"八五"期间城市建设的头等大事,从现在起要抓紧全面规划,立即上马,建一块,用一块,活一块,近期竣工,全面投入使用。要把集贸市场建设当作政府行为,利用政府力量,按照"谁建、谁管、谁受益"的原则,调动社会各界的积极性,采取多种形式,吸引、聚集、入股、捐资多种渠道解决建设资金,也可划定地域,按规划统一要求,鼓励企事业单位和党政部门自办联办,多家建设市场。金融部门要积极扩大资金拆借业务,运用优惠政策,融通资金,支持市场建设。农村集贸市场建设要结合当地实际,合理布局,积极开发。工商行政管理部门要依法对市场进行检查、监督,建立健全市场管理规章和平等交易规则,做到"管而有法、管而不死、活而有序",杜绝不正当竞争和扰乱市场秩序的违法行为。同时要积极培育科技市场,加速发展劳务市场,加强城市基础设施建设,为进一步放开搞活创造宽松、良好的环境。

六、以"四四分流"为动力,定期考核,全面进行干部人事制度改革

实行干部"四四分流",是县级机构改革的进一步深化,也是把管人和管事结合,进行干部人事制度改革的探讨和尝试。今后要不断探讨、总结和完善,坚持下来。对分流人员要因才施用,以能定岗。不论分流到什么岗位,必须服从组织分配,对经做思想工作拒不服从分配的,按自行离职处理,今后不再安排工作。按照加强基层、服务基层的原则,分流到基层挂职锻炼的干部,必须要坚持四项基本原则,敢闯敢干,工作能力强,严防甩"包袱",挂名应付。今后凡国家计划内分配的大中专毕业生都要到农村和企业基层第一线锻炼,增长才干,不得直接安排到县直单位工作。

要逐步改革和完善干部人事管理制度,建立健全干部的选拔、培训、考核、使用、奖惩、监督等制度,培育全面实施国家公务员制度的基础。结合乡镇机构改革,对乡镇干部一律实行聘任制,一次聘期为三年,到期重聘。对不符合聘任条件的,进行待聘培训,待聘期间停发奖金,并按待聘时间扣发一定工资。

要建立县直党政机关工作定期考评制度,实行季度汇报,半年初评,年终总评,基层评议。考评按得分高低分级奖罚兑现,并建立考评档案,作为评选先进、奖罚和部门领导升降的主要依据。定期考评的目的,是转变机关作风,提高办事效率,强化服务功能。要改革党政部门奖金分配办法,岗位职责,目标任务,工作实绩与奖金挂钩,克服平均主义,"大锅饭"现象。行政事业单位的工人,要参照企业改革用工制度的办法,实行劳动合同制。对乡镇要实行分级竞赛、分类考核的办法。对县委、县政府与26个乡镇党委、政府签订党的建设、精神文明建设和经济目标管理责任书的落实情况,由综合部门阶段考核,群众评议,县委、县政府年度检查鉴定,并按目标任务、考核指标、任务完成的好坏划定级别,分级挂牌奖罚。要建立激励机制,增添竞赛动力。对改革和经济建设中做出显著成绩的乡镇,适当奖励"农转非"指标,并在生产资料配套等方面给予优惠,对乡镇主要领导晋级、提拔,对工作平庸、群众意见大、各项任务指标完不成的乡镇,除在经济上受处罚外,对无改革意识,不愿进取,工作失职、渎职的乡镇主要领导,要视其情节予以降薪、降职、就地免职处理,不得易地做官。

七、以农科教一体化建设为主体,提高素质,加速科技成果向生产力的转化

实现农科教一体化,主要目的是科技事业要围绕农业生产和农村经济建设的发展规划和开发项目,加强科技成果的转化;教育事业要围绕农村经济发展与科技进步的需要,大力发展职业技术教育和农业实用技术培训,为农村经济建设培养有用人才,不断提高劳动者素质。实现科研与推广结合,农业丰收的潜力与科技成果的转化结合,教育内容与农村经济建设结合,紧紧围绕定西经济建设搞科研、办教育。

教育部门要抓住农业发展、科技进步、人才培养这条主线,按照隶属关系和职能不变、经费渠道和用途不乱的要求,统筹实施农业综合开发、扶贫开发和"丰收"、"星火"、"燎原"等计划项目,统筹制定人才培养和适用技术培训方案,统筹组织各方面的技术力量,统筹使用各部门的实验基地和设施,以及统一筹措、合理安排科教兴农资金。农业主管部门做好具体组织工作,密切依靠科技、教育等部门和行业。计划、财政、金融、商业、供销、物资、劳动人事等各部门要积极参与农科教一体化服务工作。民主党派和民兵、共青团、妇联等群众团体,充分发挥优势,积极开展农科教结合的活动。各学校特别是农职业学校要进一步改革教育内容、招生和就业制度,培养农村急需的适用人才。

在实现农科教一体化的工作中,要逐步形成以县农技、林业、畜牧、农机、乡镇企业服务中心为龙头,以乡、村示范、试验基地为网点,挂靠科技、教育单位,联系村、社示范户的科技培训与推广网络。县上要集中力量办好四所职业学校和农广校;乡镇办好农民文化技术学校;农村中小学要在适当阶段引进劳动技术课等职业技术教育内容,开展"三加一"教育,举办多种形式的农技培训班,培养适宜农村经济建设的技术人才。县、乡要注意选拔有一定实践经验的优秀教师和回乡青年学生，输送到有关大中专学校定向培养专业师资；农业、科技等部门要选派一批技术人员担任职业学校及乡镇农民文化技术学校的兼职教师。还要组织农业、科技、教育等有关部门的力量，编写富有特色的农业实用乡土教材。

要鼓励科研单位和生产单位结成生产联合体，允许从推广科技成果的收益中提取一定的比例奖给推广科技成果的有功人员。科技人员承包、租赁、领办和创办乡镇企业和农村进行技术承包和技术服务，除三年内保留原单位编制和福利待遇工资照发、原单位晋升工资和评定职称不受影响外，可按承包、租赁合同参加所在企业收益分配，所得收入，按协议与原单位分成，个人分成比例一般不低于30%；如不参与收益分配，所在企业再发给一份工资。党政机关和事业单位干部可以照此办理。要采取有效措施，把"星期日工程师"、科技人员业余兼职等能够充分发挥科技人员作用的第二职业引到生产第一线，报酬由招、应聘双方共同商定。对在农村职业技术学校连续兼任教师满三年以上并继续从事教学工作的科技人员可参加教师职称的评定，从事农业技术推广工作的学校教师也可以参加相关专业技术职称评定，在岗期间享受相应待遇。对有突出贡献的科技人员给予重奖，并在农转非、住房、子女就业、上学等方面给予优先照顾。要逐步建立和完善农民技术员职称制度和农民技术资格证书制度。对获得技术员资格和获得技术资格证书的农民，优先安排项目承包和贷款。农村基层干部的招聘录用，从获得技术资格证书的优秀农民和回乡青年学生中选拔。

八、以社会化服务体系建设为基础，积极扶持，把农村改革不断引向深入

大力发展农业社会化服务体系建设，提供高层次、全过程、标准化的服务，是发展农村商品生产的需要，是广大农民群众稳定解决温饱的迫切愿望。农业社会化服务体系建设是把农村改革引向深入的重要内容，内涵丰富，涉及面广，长期渐进的艰巨任务。要统一规划，加快步伐，逐步健全完善，形成以县直业务部门为依托，以乡级服务组织为骨干，以村合作经济组织为基础，以民间服务组织为补充，纵横贯穿、成龙配套、灵活高效的农业社会化服务体系，向全程化、系列化、实体化、规范化的方向迈进。

乡镇服务组织是整个农业社会化服务体系的枢纽，要作为重点建设。服务范围要放在先进技术推广、技术培训和指导、生产资料供应、农业开发、基本建设、农副产品销售以及农机具统一维修上。逐步办成经济实体，开展有偿服务。

农技服务体系建设要由阵地建设向产前、产中、产后全程服务迈进，强化服务功能，开展技术培训、技术咨询、物质供应等多层次多规格的服务内容。畜牧、林果服务体系建设要有一个大的突破。畜牧服务体系建设根据农民已经基本解决温饱,向稳定解决温饱迈进的要求,要在增加数量,优化质量提高商品率上下功夫。要逐步实现牧工商一体化,建立县乡良种繁育、防疫、饲料加工和供应体系、产品收购和加工体系,以全程化优质服务,激励农民增加饲养量,并通过科学饲养缩短育肥期,缩短从饲养到变成商品的周转时间,提高经济效益。同时,要搞好综合开发,进行深加工,多次增值,增加农民收入,带动乡镇企业和地方工业的发展。林业服务体系在抓好基地和队伍建设的同时,把工作的重点放在林业科技推广,林木种子苗木、病虫害防治与检疫等技术和物资调剂服务上,充分发挥已有基地的先导、示范的作用,发展绿色企业和家庭林果业。农机、水利、乡镇企业等都要制订切实可行规划,提出进度要求,分期分批组织实施。力争在"八五"期间,把全县农业社会化服务体系基本建立起来。

要改变单纯依赖国家和完全无偿服务的僵化模式,坚持多种成分、多种方式并存,提供的有偿服务,实行国家、集体和个人一齐上的方针。县、乡对农业社会化服务体系建设资金扶持上要给予倾斜,拨付一定数量的专项资金搞好基本建设。财政、信贷要把服务体系建设作为投放的重点之一,实行有偿服务,滚动发展,逐步形成服务体系建设基金。税务部门对经营有困难和新开办的服务实体,以及乡、村、服务实体,给予必要的减免税收优惠。

搞好双层经营,壮大集体经济是深化农村改革的重点,也是搞好社会化服务的基础。主要是通过进一步发展乡镇企业,发展村社办的集体企业,开发新的农业资源,开辟新的生产门路,逐步增加集体积累。把服务工作从无到有、从低水平到高水平地开展起来,逐步增加服务内容,提高服务质量,向全方位全程化服务的方向发展。要认真贯彻落实县委关于《进一步开创农业和农村工作新局面的决定》,把农村各方面的改革不断引向深入。

九、以强化领导为保证,简政放权,为进一步深化改革保驾护航

各乡镇、县直各单位以及各行各业都要把改革开放当作振兴定西经济的根本大计,作为衡量工作好坏的重要标志。党政主要领导要亲自议改革、抓改革,协调各部门之间的关系和改革步调。各级领导要认真转变作风,力戒形式主义,克服官僚主义,集中精力,多办实事,狠抓落实。

要加强改革开放中的思想政治工作,善于和妥善处理出现的各种矛盾和问题。在改革中既要敢闯敢干,又要掌握重大改革政策,采取得力措施,征求群众意见,取得大多数群众的理解和支持。真正把改革变成各部门各单位的事,变成全社会广大人民群众的自觉行动。新闻宣传部门要坚持正确的舆论导向。大力宣传改革的方针政策、改革的新经验和改革者的政绩,为解放思想、深化改革大造舆论,逐步在全社会形成一种参与改革、支持改革、推动改革的气氛。

各级领导层要简政放权。走"小政府,大服务"的路子。党政职能部门要精简,改行政型为服务型,管理部门要进行宏观调控,权力下放,多服务,少干预,增强基层或企业管理的自主权,放开搞活,促进定西经济的发展。

各乡镇、各部门、各单位、各行各业要一鼓作气抓好改革方案的落实,大胆地试,大胆地闯,大胆地干。各级纪检、监察、审计、政法部门要坚决贯彻党的"一个中心,两个基本点"的基本路线,把工作的立足点放到支持、服从和服务于改革开放,促进经济建设上来。深入一线,了解情况,正确地、实事求是地处理改革中出现的违纪、违法问题。对改革中大胆创新,勇于探索的,旗帜鲜明地给予保护和支持;因改革经验不足,在改革中出现失误的,帮助总结经验教训;改革中既有成绩又有错误的,要肯定成绩,指出问题,帮助其继续前进;对改革中受到诬陷和打击报复的,为其澄清是非,予以保护,并严肃处理诬陷报复者;对治理整顿以来处理错了的,要实事求是地给予纠正;对打着改革旗号,钻改革空子,以权谋私,中饱私囊的,坚决查处。公安等政法部门要充分发挥社会治安综合治理的骨干作用,打击各种违法犯罪活动,为改革开放创造良好的社会环境。要为经济建设提供法律支持,依法维护党政部门、企业正常的工作和生产经营秩序,保护部门领导和厂长、经理正当行使权利。

各乡镇和县直有关部门要根据本意见,结合实际制定实施细则,保证这些意见的全面贯彻落实。

附录三

中共定西县委　定西县人民政府
关于印发定西县畜牧产业化 1998 年
实施方案等四个实施方案的通知

各乡镇党委、人民政府,县直各单位:

　　现将《定西县畜牧产业化实施方案》、《定西县林果产业化实施方案》、《定西县蔬菜产业化实施方案》、《定西县洋芋产业化实施方案》印发给你们,请认真抓好落实。

一九九八年三月二十三日

定西县畜牧产业化实施方案

　　产业化是市场经济条件下农业和农村经济振兴的根本出路,作为我县农村经济的一条支柱,畜牧业走产业化的道路,对于振兴我县经济具有积极的战略意义。现根据我县畜牧业发展现状,结合我县县情,制定本年度畜牧产业化实施方案。

　　一、基本现状:

　　"八五"以来,我县养殖业稳"存"快"出",畜产品产量持续增长,畜群结构日趋合理,生产水平进一步提高,规模养殖和经营势头强劲。围绕养殖业,饲料工业和畜产品加工业得到了同步发展。到 1997 年,全县大家畜年底存栏 11.70 万头,羊存栏 21.05 万只,猪存栏 17.62 万头,鸡存栏 79.65 万只。当年生产各类肉品 1.82 万吨,禽蛋 2389.5 吨,羊毛 382.22 吨,鲜奶 152.1 吨。规模养殖户达到 6320 户,饲养畜禽 23 万头(只),占全县总饲养量的 15.39%。全年饲草加工处理 1.1 万吨,引进、生产配(混)合饲料 2.2 万吨,畜产品加工业产值达 1500 万元。全年畜牧业总产值为 9500 万元,占农业总产值的 35%,人均牧业收入 310.9 元。成为农村经济的一条稳固支柱。

　　二、发展目标

(一)指导思想

"九五"期间,发展我县畜牧产业化总的指导思想是:以党的十五大精神为指针,以市场为导向,以效益为中心,以区域化规模养殖为突破口,依靠科技兴牧,依托龙头带动,逐步实现产加销、贸工牧系列化生产经营,建立适合农区特点的现代化集约型畜牧经济体系,使畜牧业成为县域经济崛起的一项支柱产业。

(二)奋斗目标

1. 畜禽产品产量

(1)肉类总产量:达到 1.89 万吨,比上年增长 4%;(2)禽蛋产量:达到 2500 吨(+4.6%);(3)牛奶产量:达到 165 吨(+8.5%);(4)毛类产量:达到 400 吨(+4.65%)。

2. 牧业产值:达到 9800 万元,比上年增长 3.2%。

3. 出栏率:达到牛 28%、羊 52%、猪 98%,分别比上年增长 0.8、2.1 和 1.2 个百分点。

4. 规模养殖:规模养殖户达到 7000 户,占总农户的 8.75%,畜禽饲养量达到 20 万羊单位,占全县总饲养量的 15.75%。

三、建设重点

在发展畜牧经济中,致力于一个转变,三个加快和五系开发。

一个转变,即由粗放经营向集约经营转变。

三个加快,即:加快饲草开发和饲料工业发展,加快商品化养殖业发展,加快畜产品加工业发展。饲料草开发:重点推广牧草丰产技术,饲草青贮、微贮、氨化技术。饲料工业:要进一步抓好配合饲料生产与推广。畜产品加工业:以肉品精选加工和生产熟制肉品为主,面向区外市场。

五系开发,即在水川地区发展养猪,南山区发展养牛,北面山区发展养羊,东北地区发展肉驴,千家万户养鸡。牛:推广肉牛育肥综合配套技术,进一步提高出栏率和个体生产能力。羊:稳定存栏,调整结构,增加繁殖母羊比重,推广新疆细毛羊和小尾寒羊,提高个体产毛量,加大肉羊和羔羊生产比重。猪:稳定存栏,改良品种,提高规模集约化饲养管理水平,加快周转,提高出栏率和商品率。鸡:改良品种,扩大饲养规模,增大肉鸡饲养比重。驴:主要靠畜产品加工促发展,积极引进开发畜产品深加工技术,通过多级加工提高畜产品附加值。

四、主要措施

1. 以圈舍改建带动规模养殖。我县的畜禽规范化圈舍改建已在畜牧部门近几年的大力推广下,逐渐被广大农户所认识,县委、县政府已有了在 21 世纪末消灭土坑土圈的初步打算,因而,趁此契机,1998年要确保完成2万间的改建任务。各乡镇要把圈舍改建工作作为农村经济工作的一项重点来抓,做好动员与组织实施,畜牧部门负责培训乡村干部掌握技术,每两个乡镇配备1名技术员进行指导,并组织验收。

圈舍改建在全县25个乡镇全面推广的同时,拟在内官的内官、锦屏、林川、永安、文丰、乌龙、先锋、城关的叩下庄、福台、安家坡、柏林、北廿里铺、西廿里铺、东河、巉口的三十里铺、东川、康家庄、北川、赵家铺、鲁家沟的将台、南川、小岔口、太平、团结的高泉、唐家堡、联庄、景泉的常川、官兴和符川的南星、高阳等30个行政村整村推进,实现户均1间。

在城关叩下庄和景泉常川建立圈舍改建示范点,集中修建,分别完成300间和200间。

2. 以区域开发促进一体化经营。按照资源优化配置,以资金投入引导川沿河谷、交通便利地区的农户养殖上规模、上水平,辐射带动周边农户,形成一乡一业、一村一品的区域特色,使畜产品"集装"输出,从而促进产、供、销联结,使养殖、饲料供应、畜产品营销同步发展。1997年,我县已建成了年产良种仔猪1万头的良种猪繁育基地,主要分布于内官、城关、巉口等水川区。1998年要从农发行争取资金,在原有20户的基础上,新增加30户,使全县饲养20头繁殖母猪的农户达到50户,年产良种仔猪2万头以上。同时,将饲料站千头仔猪场进行扩建,年生产仔猪达到2千头,保证全县重点繁殖户的良种供应。畜牧中心建成一处规模为年产种猪1000头的种猪场和一处年产3千只鸡的良种鸡场,解决县内养殖户的良种需求。

畜牧业区域开发始终坚持因地制宜,分类指导的原则,在城郊集镇鼓励农户饲养奶牛、兴办工厂化鸡场,在山区发展牛、羊、驴短期育肥和肉鸡生产,畜牧部门重点抓好以内官、城关、巉口等川水区为主的商品猪生产基地,以南部的香泉、团结等地为主的商品牛羊育肥基地,东北部的商品肉驴生产基地,北部山区商品羊生产基地和城郊奶牛生产基地,发展规模养殖大户1000户以上,到年底达到7000户。

3. 以畜产品加工提高牧业收入。肉、毛、皮类多层次加工是实现畜产品增值的唯一途径。我县的皮张加工(以内官制革厂为代表)已具有省内先进水平,1998年,要完成兔肉冷冻厂熟肉制品真空包装线,生产五香肉、熏兔熏鸡、猪蹄凤爪等精制产品。

4. 坚持科教兴牧,抓好科技推广。重点推广青贮氨化饲料、配合饲料、暖棚养畜、绵羊杂交改良、牛羊寄生虫综合驱治、秸秆微贮等一批辐射面广,带动性强的畜牧实用技术。1998 年要在地膜玉米种植比较集中的区域推广青贮氨化加工技术,完成青贮氨化 1.4 万吨;暖棚养畜增加到 30 万头(只);黄牛冻配及绵羊杂交改良 5 万头(只)。加强技术的组装配套,推广一批综合配套技术,如瘦肉型猪直线育肥综合配套技术等,全面提高畜禽集约化饲养管理水平和个体生产能力,提高畜牧业生产效益。

抓好香泉乡香泉村这 1 个养牛小区,内官的内官、锦屏、林川、巉口的赵家铺、城关西甘铺、北甘里铺、团结的高泉 7 个养猪小区,杏园的尹家湾、新集的新集、内官的锦花、香泉的双庙 4 个养羊小区和鲁家沟南川、西巩栗川、城郊 3 个养鸡小区建设,每个养猪小区和养羊小区的规模养殖户不少于 40 户,养牛小区和养鸡小区不少于 20 户,推广畜牧新科技,提高饲养管理和经营水平。

兽医防检在继续加强春秋两季防疫的基础上,要根据畜禽规模养殖条件下疫病发生的新情况、新特点,推行程序化免疫技术,加以疫性监测,严格检疫制度,进一步强化产地检疫和定点屠宰检疫。

完成两期重要的科技培训:一是对乡镇专管畜牧工作的干部和村干部进行《动物防疫法》及畜牧经济管理知识培训,二是对养殖户进行饲养管理及畜禽疫病防治知识培训。在县城和各集镇不定期组织科技兴牧宣传活动。畜牧部门要编写一本《畜牧实用技术手册》,做到户均一册。

5. 加强服务和经营体系建设,确保牧业生产。各乡镇要制定计划,争取用 3 年时间,把乡级畜牧兽医站建成疫病防治、良种供给、饲料加工销售、示范养殖、产品收购等产前、产中、产后综合服务的中心站,大力发展各种形式的农民养殖协会,最终建成县、乡、村三级信息服务网,通过上下联络,向农民传播生产科技、市场供需、价格等信息,指导农民组织生产,防止市场波动给生产者带来损失。规范内官、城关、宁远三个畜禽及畜产品交易市场,防疫检疫到位,协同工商部门控制市场价格,疏通畜产品县内流通渠道。

6. 加强组织领导,夯实责任,确保落实。

(1)成立由县委、县政府、县农委、县畜牧局及有关单位主要领导为成员的项目领导小组,小组下设办公室,设在畜牧局。其主要职责是协调各方关系,多方筹集资金,统一部署工作,审定实施方案和年度计划,检查工作进展,年终考核总结评议。

(2)成立由畜牧兽医业务骨干为主要成员的技术指导小组,具体负责技术咨询和培训,搞好服务,抓好落实。

(3)实行双轨承包责任制,项目实施后,县上和各乡(镇)政府,乡(镇)政府和村上签订责任书,明确责任。县、乡两级业务部门要签订责任书,各级业务人员建立自己的示范点,常年蹲点,坚持第一线工作,通过定人员、定任务、定地点、定效益、定奖罚,确保各项任务落到实处,干出成效。

定西县林果产业化实施方案

林果支柱产业已成为我县农村经济发展的主要产业之一。为了认真贯彻落实党的十五大精神,推进全县农业产业化进程,根据县委、县政府关于加快全县农业产业化发展的要求,推进果业产业化,进一步调动广大群众发展林果的积极性,加快基地建设步伐,建立果品加工"拳头"企业,面向市场,搞活流通,形成产、加、销一体化发展模式,通过加快果业产业化进程,推动农村经济大力发展,特制定本方案。

一、发展现状

定西县林业建设在县委、县政府的高度重视和上级业务部门的指导下,认真贯彻落实党的一系列林业方针政策,使林业事业得到较大发展,特别是党的十一届三中全会以来,县委,县政府在林业建设上,根据定西县实际,提出了"三林"共造,把果业建设作为增加群众收入,培植地方财源的根本措施来抓,取得了显著成绩。截至1997年底,全县人工林保存面积达到51.07万亩,其中防护林13.75万亩,用材林0.996万亩,薪炭林1.004万亩,经济林4.51万亩(果树2.3万亩,花椒1.39万亩,杏树0.82万亩)。活立木蓄积82.49万立方米,森林覆盖率9.2%。1997年林业总产值达587.42万元,年产木材4607立方米,干果产量21.05吨,鲜果产量6182吨,实现利税8.5万元,农民人均林业纯收入15元。

我县果业发展刚刚起步,还存在许多问题,主要是发展规模小,总量不足,管理粗放,品质差,贮藏保鲜和加工落后,商品化程度不高,管理和服务工作滞后。

二、指导思想及遵循的原则

(一)指导思想

全县果业发展的指导思想:以市场为导向,科技为保证,因地制宜,合理布局,突出重点,建好基地,发展名优,逐步形成种植、加工、产销、农工贸一体化的生产格局,最终达到提质增效,强县、富民的目的。

(二)遵循的原则

1. 坚持适地适树,良种壮苗,科学种植,高产、优质、高效的原则。

2. 坚持新建与老果园更新改造相结合,基地建设与发展庭院经济林相结合的原则。

3. 坚持生产、贮藏、保鲜、包装、加工、销售一体化发展的原则。

4. 坚持自力更生为主,国家扶持为辅,多渠道筹措资金的原则。

三、目标任务

随着人们生活水平的提高和市场对林果业发展的需求,结合我县果业发展实际,重点抓好以下几方面的工作。

(一)林果种植

1998年全县栽植经济林果1万亩,其中梨树5000亩,杏树2000亩,花椒3000亩,经济林面积累计达到5.51万亩,果品总产量达到7384吨,林业产值达到634万元,完成果品税收9.2万元,农民人均林业纯收入18元。具体包括:

1. 优质梨基地:梨是广大群众最易接受的经济树种之一,对改善人民生活水准, 提高人民生活水平和提高土地利用率增加群众收入都有着十分重要的意义。1998年规划面积5000亩,建设范围以城关、内官、西寨、团结、西巩、青岚、巉口、鲁家沟等水川二阴区为重点,品种以早酥梨、韩鲜洋梨、苹果梨、软儿梨、红巴梨等为主。

2. 花椒基地:花椒是与千家万户密切相关的上乘调味树种,见效快,经济价值高,市场需求量大,销路广,适应性强,在我县东西南北,山川水旱都能栽植,特别在北部地区建立花椒基地有很大潜力。1998年规划面积3000亩,以白碌、御风、石峡湾、新集、葛家岔、高峰、东岳、香泉、景泉、称钩等乡为重点,品种以大红袍、秦椒二号、秦选一号等为主。

3. 杏基地:杏树在我县具有悠久的栽培历史,全县广为分布,是经济林中重要的乡土树种,适应性强,易管理。尤其杏仁利用价值高,市场供不应求,发展前景广阔。1998年计划完成面积2000亩。建设范围以景泉、黑山、杏园、宁远、符川、李家堡、西巩、石泉等乡为重点,品种以龙王帽、优一、一窝蜂等仁用杏为主。

(二)果品贮藏保鲜

在搞好林果种植的同时,要注重抓好果品的贮藏保鲜,依靠贮藏调节市场,实现增值。在充分利用好车道岭林场、城关友谊原有小果窖的基础上,1998年力争在巉口、城关两乡建立10吨的果品库两座,争取建成现代化的气调果库。

（三）果品加工网点建设

通过果品加工是实现果品转换增值的有效途径,即可以推动果业基地建设快速发展,又可以培育壮大连接市场和农户的果品加工"龙头"企业。重点是实行优惠扶持政策,集中资金和技术,从 1998 年开始,逐步改建、扩建县食品厂和城关、巉口小型食品加工厂,在城关、内官新建专业化果品加工厂两处,通过加强技术改造,引进一流加工设备,改进加工工艺,提高加工水平和质量,促进果品加工转化增值,提高果品利用率。

（四）果品销售网络建设

随着人们生活水平的提高,市场上果品销售势头看好。但因果业基地建设的大力发展,将会冲击着果品的销售市场,所以,加强果品销售网络建设,对果业产业化发展起到积极的推动作用。一是建立城市果品专业批发市场,重点配套完善西关市场、汽车站两大果品批发市场,使其成为我县最大的果品集散基地,以带动全县果品市场销售的全面发展。二是建立完善乡镇果品市场,重点新建西巩、鲁家沟、巉口、内官等几个乡镇果品销售市场,以满足乡村果品供求和外销的需要。三是驱动广大果农进入市场,使我县的果品产销基本形成批发市场——零售市场——个体运销相统一的市场网络和果品销售格局,为大宗林果产品提供多渠道的产销途径,从而推动林果支柱产业的规模化、商品化发展。

四、主要措施

（一）加强组织领导

一是成立果业发展领导小组。为了切实加强对果业发展的组织领导,组织、协调、解决全县果业发展中的重大问题,县上拟成立由人大主要领导任组长,县政协、县政府分管领导任副组长,计委、财政局、科技局、农发行、农委、扶贫办、农业局、水利局、林业局主要负责同志为成员的果业产业发展领导小组,领导小组下设办公室,办公室主任由林业局局长魏旭升兼任,具体负责全县果业发展的实施工作。各乡镇也要组织相应的果业发展领导小组,明确任务,靠实责任,从组织措施上确保果业产业的顺利实施。二是搞好规划。各乡镇根据县上的总体规划,结合本地条件,认真制定发展规划和年度实施计划,明确奋斗目标和发展重点,把目标任务具体落实到户和地块。三是建立目标责任制。把发展果业纳入县、乡领导任期目标管理,层层签订责任书,落实责任人,与领导干部政绩考核挂起钩来。四是实行优惠扶持政策,促进果业发展。

（二）全力抓好集雨节灌庭院经济林配套建设

"121"工程和集雨节灌工程的全面实施,为林果支柱产业的发展提供了可靠保证。要紧紧依托"两项工程"。1998年计划完成"121"庭院经济林配套5000户5000亩,充分发挥"121"最后一个"1"工程的综合效益,未配套的一次性配套起来,同时,采取综合措施完成低产果园改造3000亩,建立新果园,巩固老果园,提高果品的产量和质量。

(三)重点搞好"两乡十村一流域"林果业整体推进工作

"两乡"即西寨乡和符川乡列为林果业整体推进重点乡,1998年规划完成700亩(西寨乡完成300亩,符川乡完成400亩),"十村"即内官文丰村、青岚郭沟川、团结高泉、城关中川和李家嘴、巉口东川、宁远贾堡、鲁家沟太平和小岔口、石泉上川村,每村100亩,1998年共完成1000亩,确定的重点乡村在规划上要求以社集中,以户连片,形成规模。"一流域"即九华沟流域,1998年规划总造林7000亩,果园建设740亩,地埂花椒15万株,户均100株。

(四)强化服务

一是要抓好技术培训。使每个果农真正掌握果树栽培实用技术。二是抓好示范点建设。为了做到以点带面,促进全局,全县要突出抓好已规划的80个经济林示范点,林业局要全力配合各乡镇抓好两乡(符川、西寨)、十村一流域的经济林示范点建设。各乡镇也要选择抓好1—2个示范点,以带动和促进果业的发展。三是鼓励、支持科技人员深入基层,实行科技承包。任务与下乡补贴挂钩,成活率与下浮工资挂钩,保存率与奖金挂钩,严格检查验收,年终兑现奖罚。四是抓好低产老果园的改造,对品种老化、树势衰退的老果园进行逐年改造,加强修剪、病虫防治、土肥水综合管理措施,千方百计提高果品质量和产量。

(五)大力培育名优特新苗木

一是立足本地,继续巩固建设好内官岩坪庄经济林苗木基地,为全县果业发展提供优质壮苗。二是积极引进适宜本地生长的新品种,通过试验推广栽植,大面积发展。今后凡不是适宜本地的名优特新品种,一亩不能建,一株不能栽。

(六)多方筹措建设资金

一是动员群众自筹苗木资金;二是充分利用"两西"、扶贫、以工代赈等专项投资;三是县乡各级财政为培植地方财源,给予倾斜扶持;四是认真选立切实可行的实力项目,争取银行贷款。通过各种渠道,广筹建设资金,确保果业产业的快速发展。

(七)采取抗旱措施,确保造林成活率

去冬今春以来,我县降雨量稀少,土壤墒情极差,对林果业发展影响较大。要采取各种行之有效的抗旱措施,从苗木质量到起苗、包装、运输、栽植等环节上严格把关,尽量减少周转环节。全县确定的果业示范点上,栽植时必须穴穴灌水,保证造林成活率,提高造林质量。

定西县蔬菜产业化实施方案

农业的根本出路在于产业化。农业产业化是我国农村实行家庭联产承包责任制以来一次全面而深刻的历史变革,是我们从根本上解决农业、农村、农民问题的重要途径。蔬菜产业化作为农业产业化的重要内容,从中央到省地县对其发展都十分重视,1998年全县经济会议将蔬菜列为农业产业化的主导产业和商品基地建设内容之一,这为我县加快蔬菜产业化的发展创造了前所未有的好机遇。根据县委、县政府关于农业产业化的实施意见,特制定本方案。

一、基本生产现状

在党的十一届三中全会以来,我县蔬菜生产在县委、县政府的高度重视和正确领导下,在新技术、新成果不断转化引导下,在市场利益驱动下得到了迅速发展。1997年面对大旱,全县完成了菜篮子工程19829.6亩,总产达到46998吨,实现产值2436万元。向市场提供蔬菜28199吨,获经济收益1462万元,商品率达到60%,以日光温室为重点的保护地蔬菜发展到5793.6亩,较上年新增1282.6亩。总产量达到20610吨,总产值达到1468.9万元,占全县蔬菜总量的43.9%,总产值的60.3%。其中:日光温室累计达到257亩,新增125亩,平均亩产值10220元,总产值达到134.9万元。大棚蔬菜发展到1020亩,新增719亩,平均亩产值3450元,总产值达到351.9万元。

以日光温室为"龙头"的蔬菜生产,逐步解决了上市迟、产量低、品种单、档次低,避旺补淡等矛盾和问题,丰富了全县城乡蔬菜市场,实现了四季有鲜,周年供给的目的,而且成为农村脱贫致富的带头项目。城关、内官、巉口、西寨、西巩等七大优质商品蔬菜基地建设不断巩固和发展,生产条件较优,技术组装较先进,示范水平较高,辐射带动能力强。1997年七大商品基地共种植蔬菜5753亩,总产量20273.5吨,总产值1621.9万元,分别占全县蔬菜总产量的43.1%,总产值的66.6%,商品率占全县的60%以上。从而促进了全县蔬菜生产的健康发展,同时,由于火车站、西关市场专业蔬菜农贸市场的建成和内官、巉口、宁远等乡镇农贸市场集散地以及一些蔬菜加工企业的发展和完善，带动了我县蔬菜生产的发展，促进了蔬菜的产销流通，出现了一支进入流通领域的农民队伍，为搞活蔬菜市场增添了活力，更为加快我县的蔬菜产业化进程创造了条件，奠定了基础。群众在菜篮子工程中获得较佳收入。全县种植蔬菜户均收益245元。

二、指导思想

蔬菜产业化要以市场为导向，以效益为中心，以本地资源为基础，按照市场牵"龙头"，龙头带基地，基地联农户的形式，优化组合各种蔬菜生产要素，对蔬菜主导产业实行专业化生产，系列化加工，企业化管理，一体化经营，社会化服务，逐步形成产加销、贸工农、农科教一体化的生产经营体系。使蔬菜生产走向自我积累，自我发展壮大，自我调节供给的良性发展轨道，加快推进蔬菜产业化进程。

三、目标任务

为了发展蔬菜支柱产业，加快产业化进程，1998年的奋斗目标和任务是：

1. 完成各类蔬菜种植面积2万亩，总产量达到5.9万吨，总产值达到3672万元。其中：(1)露地蔬菜7000亩，总产量达18200吨，总产值达到770万元；(2)保护地蔬菜10000亩，总产量达到36000吨，总产值达2662万元(其中日光温室累计达到500亩，新增250亩，总产量达到2700吨，总产值达到500万元，大棚蔬菜1400亩，新增380亩，总产量达到4900吨，总产值达到490万元，地膜蔬菜7600亩，新增3078亩，总产达到27740万吨，总产值达到1672万元)；(3)复种蔬菜种植完成3000亩，总产量达到7500吨，总产值达到240万元。全县蔬菜商品量增加到3.8万吨，提高到65%；

2. 在全县25个乡镇建立示范基地7个，定点在城关、内官、西寨、团结、宁远、西巩、巉口7个乡镇。完成基地优质商品蔬菜8000亩，总产量达到2864万公斤，总产值达到2280万元。提供商品菜2291万公斤，商品收益达到1986万元，提供商品蔬菜占全县商品总量的60.3%。

3. 在基地辐射带动下形成瓜、菜、果多种经营产区。多种经营产值达到5000万元，占农业产值的27%。

4. 以农科院蔬菜研究所为依托，拟在县良种场建立蔬菜良种培育基地，引进、试种、选育及提纯复壮蔬菜良种，逐步实现良种生产专业化，精选加工包装商品化，开发经营规模化，产供销一体化，服务社会化。

5. 开发大蒜、大葱、大白菜、绿萝卜、韭菜、黄瓜、西葫芦、辣椒、西瓜、草莓、绿豆芽、食用菌等等名特优蔬菜生产建设，使之成为我县的高效蔬菜产业。

6. 建议年内新上马年贮藏量500吨的恒温冷藏库项目一个，实现产值200万元。

四、保证措施

为了加快我县蔬菜产业化进程,立足县情,依靠科技,面向市场,抓好以下措施:

(一)抓科教兴菜。建立和完善蔬菜科技推广体系,强化"三个结合",即科研与生产相结合,引进与创新相结合,实用技术与高新技术相结合。力争"五个突破",即:一是在名特优品种上突破,发展"两高一优"蔬菜生产。我县蔬菜良种自给率达到30%以上,良种覆盖率达到90%以上。二是在无公害绿色食品技术上突破。加强生物防治,合理施用农药,增施有机肥料,应用植物生长激素,改善农田灌溉水质,控制"三废"污染,提倡无土栽培,提高蔬菜及加工产品品质,发展绿色食品。三是在病虫害统防统治上突破。坚持以防为主的方针,防重于治,走综合防治的路子。四是在贮藏、保鲜、加工技术上突破。五是在蔬菜生产设施,工厂化育苗,无土栽培技术上突破。为确保城市蔬菜周年均衡供应,必须以主攻春、秋"两淡"为重点,大力推广地膜、塑料大棚和日光温室等保护地栽培技术。

(二)抓"龙头"企业。要立足市场,集中资金,重点培植上连市场,下连农户的"龙头"企业,在县域内改建扩建原有蔬菜冷藏库工程的同时,新建贮藏量为500吨的蔬菜恒温冷藏库,并配套好其设施建设,提高利用率,达到精细菜旺贮淡销,减少损失和均衡供应市场的目的。

(三)抓市场体系建设。为了改变我县蔬菜市场建设滞后的被动局面,必须强化市场体系建设,努力建设一批与蔬菜商品生产基地相配套的蔬菜专业批发市场和产地批发市场。

1. 城市蔬菜专业批发市场建设。重点扩建、改建、配套完善城内火车站、西关两大蔬菜批发市场,使之成为我县最大的蔬菜产品集散中心,逐步跨入全省蔬菜批发市场的先进行列。

2. 乡镇蔬菜批发市场建设。重点新建、扩建内官、巉口、宁远等几个乡镇蔬菜批发销售市场,以满足市场供应和商品外销的需要。

3. 发展壮大农民运销队伍,变坐门招商为招商外运两条腿走路,扩大流通能力。努力使我县蔬菜流通体系建设逐步形成以批发市场为中心的农贸市场与零售市场及个体运销相结合的市场网络和蔬菜大流通格局,为"菜篮子"产品提供多层次的集散中心和销售渠道,促进蔬菜产品更多进入市场。

(四)强化培训。充分利用我县现有的职业中学、农广校等培训体系,以实施绿色工程为纽带,结合扫盲教育,切实抓好农民的科技培训,提高广大农民的科技文化素质,为农民进入蔬菜产业化流通领域创造条件。同时,要改善对农技人员的管理,探索蔬菜产业系统管理的路子,把科技人员组织到蔬菜产业系统中去,特别要提高蔬菜"龙头"企业中高科技人才的比重。

(五)抓领导工程。实施蔬菜产业化关键在领导,同时技术指导也十分重要,为了切实加领导和提高技术服务质量;一是县上成立行政领导小组和技术指导小组。行政领导小组负责面积落实、物资配套、督促检查等工作;技术指导小组全面负责技术指导及实施工作。县上制定奖罚办法,对完成任务者重奖,完不成任务者重罚。二是动员和组织有关部门积极参与,搞好服务,形成大合力,大合唱。三是制定和落实投入、税收、流通、科技等方面的优惠政策,支持蔬菜产业化的大发展。

定西县洋芋产业化实施方案

为了充分发挥我县洋芋生产的优势,把我县建成全区乃至全国最大的洋芋生产加工基地和销售集散地之一,使洋芋这一传统作物尽快成为我县发展市场农业的优势作物,成为富民富县的一大支柱产业,根据县委发〔1998〕3号文件《关于实施农业产业化的意见》,特制定本实施方案。

一、现状

洋芋种植在我县有着悠久的历史,种植面积广、产量高、经济效益好。近年来,县委、县政府把洋芋产业列为"四大工程"之一来抓,取得了显著成效。1997年在严重干旱的情况下,全县洋芋种植完成38.7万亩,比上年增加9.68万亩,占到粮食播种面积的23%,洋芋平均亩产640.8公斤,总产达到2.48亿公斤,提供商品洋芋1.54亿公斤,商品率达到62%。县内已有县淀粉工业公司、城关、内官、香泉、巉口淀粉厂、九华沟洋芋淀粉公司等7户洋芋精淀粉加工企业,年加工洋芋淀粉4.5万吨。已建成巉口东方洋芋集贸市场和200多个洋芋个体加工点,全年加工洋芋6.92万吨,外销量8.46万吨,洋芋产值达到1.4亿元,其中销售收入0.86亿元,人均增加收入223元,占农民人均纯收入的24.8%。目前,洋芋产业已初步形成了生产、加工、销售一条龙的经营格局。

二、目标任务

洋芋产业必须以市场为导向,以效益为中心,按照产加销、贸工农、农科教一体化的要求,实行区域化布局、专业化生产、一体化经营、社会化服务、企业化管理,努力扩大种植面积,依靠科技进步,不断提高产量和质量,提高商品率,稳定增加群众收入。

具体目标任务是:洋芋种植要在稳定面积的基础上,主攻单产,增加总产,提高商品率,1998 年全县种植洋芋 40 万亩,平均亩产 1300 公斤,总产达到 5.3 亿公斤,1999 年平均亩产 1400 公斤, 总产达到 5.7 亿公斤,2000 年平均亩产 1500 公斤,总产达到 6.2 亿公斤,2001 年平均亩产 1600 公斤,总产达到 6.4 亿公斤,2002 年平均亩产 1700 公斤,总产 6.8 亿公斤。要通过多种途径,提高洋芋的加工及销售能力,现有 7 户大型淀粉加工企业要全面启动,正常运转,力争扩产达标。在此基础上,1998 年再新上 2—3 个规模较大的淀粉加工企业, 新建 150 个洋芋小型加工点,每点生产规划 100 吨以上。要发挥巇口东方洋芋市场的骨干作用,年内销售总量达到 4 万吨,同时,各乡镇牵线搭桥,培育一支自己的农民销售队伍,开拓市场,扩大销售,组建洋芋购销市场,使全县洋芋商品率达到 66%,商品量达到 3.5 亿公斤,其中外销 1.75 亿公斤,县内加工消化 1.75 亿公斤,做到外销、加工消化和群众自食各占 1/3。洋芋产业产值 1998 年达到 1.8 亿元,农民人均获纯收入 252 元。2002 年达到 2.5 亿元,其中销售收入 1.6 亿元,农民人均获纯收入 400 元。

三、保证措施

1. 加强组织领导,靠实目标责任。县乡各级领导都要把实施洋芋产业化作为全县解决温饱发展农村经济的一条关键措施,思想上高度重视,工作上精心部署,认真研究解决实施过程中的具体问题。一是县上成立了洋芋产业化实施领导小组,协调各方关系,加强组织领导。领导小组下设办公室,办公室设在县农委,负责制定规划、落实项目、技术指导、督查验收、总结考核等日常事务。二是分工负责,靠实责任。洋芋产业在县委、县政府的领导下,由县农委抓总,科技局、农技中心共同负责技术服务、良种推广、宣传培训工作;乡镇局、计划局、经贸局等部门共同负责洋芋产品加工项目的立项、论证、设备引进及技术指导等工作;工商局、供销社配合有关乡政府做好洋芋销售市场的设计、论证和体系建设和组织鲜薯的收购外销;财政局、农行、农发行、信用联社共同负责筹集洋芋生产、加工、销售各环节所需资金;三是各乡镇也要成立相应的机构,制定出切实可行的实施规划,并负责洋芋种植面积的落实,良种兑换及组织销售工作,提供洋芋种植面积的落实,良种兑换及组织销售工作,提供洋芋种植户花名册,各有关部门都要按照自己的业务分工,靠实责任,积极配合,狠抓落实。四是严格考核。要将洋芋产业的实施作为农村经济发展的重点,列入各级党委政府的重要议事日程,并作为考核领导干部政绩的重要内容,领导小组要定期不定期地进行督查,并制定具体考核办法,对完成任务好,成绩突出的乡镇和单位要给予奖励,对完不成配套服务任务的要予以处罚。

2. 推广实用技术,抓好基地建设。一是要在推广优良品种上下功夫。根据各乡镇不同的地理类型和气候特点,选择种植适宜的品种,要重点推广渭薯1号、陇薯1号、高原4号、青引5号及脱毒种薯等新品种,种子部门要千方百计引进试种和推广洋芋最新品种。1998年要抓好青岚乡的大坪村、鲁家沟乡的花岔村、景泉乡的常川村、御风乡的御风村、内官镇的永丰村各200亩的优质高产洋芋种植基地建设。二是要积极推广先进的栽培技术。要将传统种植与高新技术结合起来,大力推广地膜覆盖种植和整薯坑种、牙栽、脱毒洋芋等种植技术,积极发展洋芋、豆类等多种形式的间套带和复种栽培技术,地膜洋芋的推广重点放在城郊水川区和高海拔山区,通过多种措施使洋芋生产向"高产、优质、高效"方向发展。三是要建立一批洋芋生产基地。1998年围绕40万亩洋芋工程的实施,重点抓好北部的白碌、御风、鲁家沟、新集、石峡湾、葛家岔、景泉、称钩、巉口、青岚等10乡的20万亩高淀粉洋芋基地建设,农技部门要配合搞好技术示范指导,各乡镇党政一把手要分别抓好1—2个洋芋种植示范村。通过抓点带面,树立样板,以此推动洋芋产业化进程。

3. 积极培育市场,拓宽流通渠道。我县洋芋加工能力弱,洋芋流通不畅是洋芋产业化实施中的难点和重点。因此,要下决心解决销售中的短腿问题。一是要加强宣传引导,鼓励群众积极参与流通。各乡镇在抓好洋芋基地的同时,在洋芋购销旺季,每个村建立1个洋芋收购点,定点收购,同时组建专门的队伍走家串户搞贩运,各帮扶单位要全力以赴组织好贫困户的洋芋销售。二是要抓好集贸市场建设,县上要重点抓好巉口东方洋芋市场的基础设施建设扩大库容量,力争吞吐全县一半以上的洋芋销售量,要加强广告宣传,完善服务功能,提高定西洋芋的知名度。同时要抓好城关、内官、宁远、巉口、鲁家沟等农贸市场建设,扩大洋芋销售渠道。三是要积极开拓区外市场,帮助消化定西洋芋,拓宽销售渠道。四是商业、供销各企业要把洋芋作为一项主要业务,走出家门搞推销,商业和供销系统分别完成销售5000吨和20000吨。各帮扶单位、各乡镇要齐心协力,多层次,多形式,根据各自的任务、职责,全方位搞好洋芋供销服务。

4. 建好龙头企业,实现加工增值。在洋芋加工上,一是要重点抓好龙头企业,实现洋芋的精、深加工和就地转化增值,要对现有加工企业进行技术改造,力争尽快上规模、上档次,实现达产达标。县淀粉工业公司要在挖潜改造的基础上,进一步向生产预糊化淀粉、变性淀粉等精、深加工方向发展,力争8000吨规模的扩产项目年内上马,年可消化洋芋5.6万吨。二是乡镇企业要将洋芋作为一个拳头产品进行开发,要采取国家投资、股份制、租赁承包制等多种形式兴办洋芋加工企业。九华沟、城关、内官、香泉、巉口等乡镇洋芋淀粉企业要尽快启动,发挥效益,在此基础上积极争取马铃薯全粉生产项目和洋芋塑料编织包装袋项目的论证及实施。三是要采取切实措施,在农村发展小型洋芋粗淀粉加工点,实现洋芋初级加工增值,要引导群众大力生产粉条、粉皮,使农民年加工消化洋芋达到3万吨以上。要在条件便利的城关、巉口、鲁家沟、内官、宁远等乡镇建立50户小型洋芋加工点,全县要建立150个洋芋加工点,从而为洋芋的就地加工增值提供便利的服务。

5.制定优惠政策,增加资金投入。洋芋市场建设要坚持"谁投资,谁受益"的原则,放宽登记条件,简化登记手续,对进入洋芋批发市场从事自产洋芋销售一律不收费;从事经营活动的贩运户,工商部门两年内减半收取市场管理费和个体户登记费;税务部门对洋芋运销企业和个体贩运户,按有关政策减免部分税种;扶贫部门要对贫困村新上的洋芋淀粉加工点给予重点扶持;农行、农发行、农村信用社等金融部门,要按照各自业务分工,筹措信贷资金,扶持洋芋生产、加工和销售。总之,各行各业都要围绕洋芋产业的开发,积极协调配合,献计献策,搞好服务,为洋芋产业的发展创造一个宽松的环境。

附录四

中共定西县委　定西县人民政府
关于贯彻实施西部大开发战略的决定

（二○○○年二月十五日）

党中央做出的实施西部大开发的战略,给我县经济社会的可持续发展提供了千载难逢的历史性机遇。为了把中央关于西部大开发的战略决策和省、地一系列安排部署真正落到实处,深入推动全县改革开放和现代化建设事业的全面发展,特作如下决定:

一、充分认识实施西部大开发战略的重大意义

实施西部大开发战略,加快西部地区发展,是以江泽民同志为核心的党中央根据邓小平同志关于我国现代化建设"两个大局"的战略思想,高瞻远瞩、统揽全局、面向新世纪做出的重大决策。这是进行经济结构战略性调整,促进地区经济协调发展的重大部署;是扩大国内需求,促进国民经济快速健康发展的重大举措;是逐步缩小地区差距,最终实现共同富裕的必然要求。这不仅在经济上,更重要的在政治上,都具有重大的现实意义和深远的历史意义。贯彻实施西部大开发战略,对我们这样一个生态脆弱、基础设施建设滞后,财力困难、发展任务繁重的县份来说,显得尤为重要和迫切。因此,各行业、各单位、各部门一定要从全局的高度、政治的高度认识西部大开发的重大意义,明确肩负的重大责任,增强使命感、紧迫感,满怀信心地迎接西部大开发,投入西部大开发。

二、抢抓机遇,把握重点

当前和今后很长一个时期的工作重点就是抢抓国家西部大开发的机遇,认真扎实地抓好左右我县经济社会发展的各项目标任务和重点项目的实施工作。国家西部大开发的主要任务:一是加强基础设施建设。二是加强生态环境建设。三是调整产业结构。四是实施科教兴国战略。五是扩大改革开放。这些都完全符合我县实际,全县上下都要认真学习和领会其精神实质,结合实际抓好落实。抢抓西部大开发的机遇主要有两个方面:一是抓政策机遇。要牢牢抓住和充分利用西部大开发的优惠政策,不失时机地推进全县经济社会的全面快速发展。二是抓项目资金。要利用西部大开发的机遇,不失时机地抓项目抓资金,特别要抓那些既符合国家产业政策,又左右我县经济社会发展的大项目好项目。各行各业、各级领导都要围绕这个思路去思考问题、研究问题,特别是分管领导、主管部门要明确职责,定任务,定措施,把指标、项目"焊接"到人到部门,促进工作落实。围绕实施西部大开发战略,结合全县实际,要突出抓好五个方面的重点工作。

一是加快基础设施建设步伐。要在国家的大力支持下,集中力量,加强以交通、水利、小城镇建设、环境保护为重点的基础设施建设。要把水利建设特别是节水农业作为一大产业来发展,使水资源的利用更加科学化、合理化,同时积极配合引洮工程做好有关准备工作。要抓好县城、乡镇基础设施建设和县改市、乡改镇工作。今年巉口、鲁家沟、西巩、宁远、李家堡、内官等乡镇的小城镇建设要在规划、实施上加大力度,加速城市"五四三二一"工程的实施。努力抓好县乡道路、乡村道路建设,力争巉郭公路、定渭公路、定临公路改造工程的立项和建设。积极配合交通部门加快兰巉高速公路和宝兰铁路二线项目建设。紧紧抓住西部大开发战略和国家扶贫基础工程试验示范项目实施的机遇,千方百计加大固定资产投资力度,改善基础条件,优化投资环境,扩大经济总量。

二是切实加强生态农业建设。要把不断改善生态环境和生产条件作为增强农业发展后劲和实现农业可持续发展的战略性措施去抓。一方面,要全面实施水保立县战略,坚持不懈地抓好梯田建设、乡村道路建设、流域治理、集雨节灌、农电建设等基础设施建设。另一方面,要集中精力落实朱总理"退耕还林(草)、封山绿化、以粮代赈、个体承包"的重要指示精神,加大农业结构的调整力度。要按照总体规划和试点方案,积极稳妥地推进退耕还林(草)工作,确保把退耕还林(草)的各项优惠政策落实到基层,落实到农户,用政策调动农民群众的积极性、主动性和创造性,使之成为广大群众的自觉行动。退耕还林(草)工作要与小流域治理、梯田建设、四荒地治理等工作结合起来,与支柱产业开发结合起来,与稳定解决温饱奔小康结合起来,与农业产业化经营结合起来,与农业结构调整结合起来,把权益一次落实到农户,落实到个人。在具体工作中要按照因地制宜、分类指导、科学规划、分步实施的原则,做到农林牧结合,乔灌草结合、工程措施与生物措施结合,实现生态效益、经济效益和社会效益的统一。有关部门要尽快把实施方案具体化,特别是示范点实施方案要具体到地块和农户,认真组织实施。

三是积极调整产业结构。调整产业结构,总的要求是加强第一产业,改造提高第二产业,大力发展第三产业。在工业内部,要立足当地资源优势,大力开发支柱产业和龙头企业;在农业内部,要围绕农业增效、农民增收,遵循自然规律和经济规律,下决心压夏扩秋,压粮增经。要大力发展乡镇企业和非公有制经济,解决后续财源不足的问题。以县城为中心,带动小城镇和区域经济全面发展。

四是全面推进科教兴县。科学技术是第一生产力。谁拥有人才、掌握了科技,谁就掌握了快发展、大发展的主动权,科学技术的回报率很高,贫困地区更应该重视科技,要把加速科技进步与创新,培育和发展高新技术产业作为加快经济社会发展的关键性措施去抓。必须把提高劳动者的科技文化素质作为根本任务,通过优先发展教育事业,特别是职业技术教育和成人教育,实行多层次多形式的科技培训、科技宣传和科技教育,大力推广各类适用新技术,加快科学技术向现实生产力的转化,提高科技对生产的贡献率,使全县人民牢固树立依靠科技发展生产、振兴经济的意识。要加强同省内外大专院校、科研单位的联系,走大联合、大协作的路子,全方位地引进和开发新技术,招揽急需人才。要加强对科技人员的管理和使用,激励优秀科技人才特别是拔尖人才脱颖而出。要认真落实《定西县专业技术人员管理暂行办法》和县上招贤纳士的有关政策措施,为科技人员创造良好的环境。

五是深化改革扩大开放。市场经济是开放经济。在今后的工作中,一要强化扩大开放的意识,坚决破除封闭保守、画地为牢、"以我为中心"的思想,彻底打破地方主义和本位主义。要认真落实好县上关于招商引资、招贤纳士的有关政策,凡是有利于全县经济社会发展,有利于生产力发展的事,各级领导、各行各业都要给予大力的帮助和支持,绝不能站在局部利益、个人利益的立场上掣肘或者阻止。二要优化政策环境。要用足用活上面的政策。对中央、省、地的各项政策,要紧密结合自己的实际,充分挖掘政策的含金量,灵活地运用,创造性地执行。同时,要针对发展中出现的新情况、新问题,制定更加切合实际、更有吸引力、更有利于发展的政策措施;要全方位地实行对外开放,把定西宣传出去,尽可能多地引进能够加快我县经济发展的资金和人才。三要致力于投资的"硬"、"软"环境建设,在"硬"环境建设方面,要紧抓国家加强基础设施建设的战略机遇,全力抓好城镇基础设施、交通、水利和农村小城镇建设。在"软"环境建设方面要克服单纯靠制定优惠政策、靠减税让利吸引投资的观念,在各行各业大力开展文明承诺、窗口示范服务活动,向来自各方面的客商和人士及时迅速地提供优质、高效服务,用良好的软环境来弥补硬环境的不足。

三、加强领导、精心组织

实施西部大开发战略,是一项规模宏大的系统工程,也是空前艰巨的历史任务。对我们来说既是机遇,又是挑战。各级领导、各行各业都要引起高度重视,将其列入重要议事日程,加强领导,精心组织,狠抓落实。

一要加强宣传引导,营造良好舆论氛围。要结合当前在全县范围内开展的解放思想、加快发展的大讨论活动,进一步开展实施西部大开发战略的大学习、大讨论活动。特别是宣传新闻单位要采取生动活泼、寓教于乐、灵活多样的多形式、多层次的宣传引导,深化全县广大干部群众对西部大开发战略重大意义的认识,克服等、靠、要和消极观望等错误观念,激发积极性,增强自觉性,统一思想,坚定信心,切实从思想上、组织上、工作上和行动上做好迎接西部大开发的各项准备,为西部大开发战略在我县的实施创造良好的舆论氛围,把全社会的力量凝聚到实施西部大开发战略的实践中来。

二要理清思路,科学规划。西部大开发战略是一项前无古人的伟大事业,没有现成的经验可资借鉴。必须根据新形势、新任务的要求,在深入研究县情、乡情、厂情的基础上,准确把握参与西部大开发的自身优势和突破口,理清思路,制定科学合理的实施规划,并在实践中不断充实和完善。在具体工作中,一定要注意按经济规律办事,防止简单照搬。既要确定总体目标,又要制定出分步实施的计划,做到总体开发紧跟中央、省、地的部署,紧扣国家的产业政策。各行业、各部门都要牢固树立大开发、大发展的意识,围绕全县工作的大局,结合各自实际,不断理清思路,制定实施规划,全力抓好落实。

三要强化措施,狠抓落实。全县各级党政组织要把实施西部大开发战略作为当前和今后工作的重中之重,加强领导,精心组织,做到领导到位,措施到位,政策到位,并要制定出台切实可行的管理办法和规章制度,为贯彻实施西部大开发战略提供坚强有力的组织保证,各级干部特别是领导干部要身体力行,率先垂范,以良好的精神状态引导和带领全县广大干部群众树雄心、立壮志,进一步发扬自力更生、艰苦奋斗的精神,埋头苦干,锐意进取,以饱满的热情投身西部大开发的伟大实践。

中共定西县委　定西县人民政府
关于抢抓西陇海兰新线经济带建设机遇
加快实施工业富县战略的决定

（二〇〇二年十一月十五日）

各乡镇党委、人民政府，县直各单位：

为了认真贯彻落实地委、行署关于"产业富民、工业强区"的战略部署，组织实施好西陇海兰新线经济带定西段建设，加快我县工业化进程，促进县域经济的全面发展，县委、县政府在认真研究讨论的基础上，做出如下决定：

一、实施工业富县战略的目标定位和基本思路

1999年以来，我县通过实施"工业富县"战略，相继建成了一批培植财源的重点骨干企业，新上了一批投资百万元以上的技改项目，开发了一批科技含量高、市场空间大的优势产品，提高了企业的核心竞争力，有力推进了地方工业的全面发展。工业体系逐步健全，工业结构发生了较大变化，逐步形成了以地毯、淀粉、机电、建材、化工塑料、农副产品加工为主体的工业体系，促进了全县经济的持续、快速、健康发展。到2001年底，全县工业总产值5.03亿元，比"九五"末增长39.95%；工业增加值1.25亿元，比"九五"末增长16.8%；实现利润739.8万元，比"九五"末增长85.5%。全县工业企业上缴税金3300万元，占全县财政收入的40%左右，工业富县的作用进一步得到发挥。

通过实施"工业富县"战略，我县工业经济保持了快速发展势头，全县工业经济发展有了一定的基础和条件，蕴藏着加快发展的巨大潜力。但是，我们也应该同时看到，发展地方工业，实现富民富县，还面临着许多困难和问题，这主要有：一是经济总量不足。企业规模小，竞争力不强。全县工业企业总产值刚刚达到国家一个大型企业的标准。各企业之间产业分割，各自为政，主导产业不明显，优势企业不明显，品牌效益不明显，没有真正形成一个能带动发展，起支撑作用的优势产业群体和企业组织群体，规模优势不突出，发展总量不足。二是运行质量不高。企业管理薄弱，经济效益低下，抵御市场风险的能力不强。三是技术装备落后。大部分企业的设备还是20世纪六七十年代的水平，只有少量设备达到20世纪90年代装备水平，具备现代化水平的设备几乎没有。另外产品结构单一,科技含量不高,附加值低,没有品牌优势,市场占有率低,发展后劲严重不足。四是企业发展缺乏人才。职工队伍整体素质低下,中级工较少,高级工奇缺,特别是缺乏一批懂技术、善经营、会管理的科技队伍和企业经营者队伍。五是企业历史包袱沉重,资本结构不合理。企业负债重,融资渠道单一,发展资金严重不足,一些好项目、好产品因资金短缺而无法实施。六是企业发展还存在着体制性障碍,政府职能转变不到位,社会化服务体系建设滞后,对企业的服务跟不上,企业发展的环境还不宽松。

正确分析我县工业发展的现状和存在的问题,既有不利因素,更有难得的发展机遇和优势:从区位优势分析,定西县是全区的政治、经济、文化中心,距省会兰州较近,靠近国家有色金属、煤、石油等原料工业基地和皮毛、轻纺、瓜果、食品等工业原料产地,省地大中型企业对我县发展地方工业有很大的辐射带动作用;从交通优势分析,距兰州中川机场150公里,陇海铁路宝兰二线、国道310线、312线、兰巉高速公路穿境而过,地县和县乡公路纵横交错,交通十分便利;从产业优势分析,我县通过实施农业产业化经营,初步形成了洋芋、畜草、药材、食用菌等农业四大支柱产业,发展加工业有较为丰富的原料;从土地、劳动力资源优势分析,全县土地资源广阔,劳动力价格低廉;从地方工业发展的基础优势分析,工业生产已经形成了地毯、淀粉、机电、化工塑料、建材、农产品加工六大主导产业,"五洲—飞天"牌无纺织地毯、"宇泉"牌精淀粉、"南山"牌紧固件、"陇海"牌乳品等产品在国内市场上有一定影响;从政策优势分析,国家西部大开发战略的实施、国家经济发展战略重点向西部转移、西陇海兰新线经济带的开发、"工业强省"战略的提出以及县上制定的一系列发展经济的优惠政策,为定西经济发展带来了历史机遇。

根据以上分析,按照江泽民总书记指出的在新世纪、新阶段,发展要有新思路,改革要有新突破,开放要有新局面的要求,我们要把可能性和主观能动性有机结合起来,立足现有基础,充分发挥优势,正视和解决好存在的问题,加快县域经济发展。我们对定西县在西部大开发西陇海兰新线经济带定西段建设中实施工业富县战略的目标定位是:把定西建成以马铃薯和中药材深加工为支撑,集绿色农业、新兴工业和现代商贸为一体,承接兰州、天水两大工业城市的特色经济强县。

实施"工业富县"战略的基本思路是:积极应对我国加入WTO后国内外经济形势的变化,努力实践"三个代表"的要求,按照省上提出的"工业强省"战略,进一步解放思想,紧抓西部大开发的历史机遇,立足当地资源,发挥区位比较优势,突出两个重点(扩充经济总量、提高经济运行质量),培育壮大先导产业(绿色食品加工、现代制药),改造提升重点产业(建材、化工塑料、地毯、机电),加快技术创新、制度创新、管理创新的步伐,稳步推进"工业富县"战略,实现民营强县、品牌营销、开放带动、产业兴县的突破,加速工业化进程,努力把定西县建成西陇海兰新线经济带甘肃中部的新型工业城市。

奋斗目标是:"十五"期间,要通过组织实施"511"工程,即:培育或新建5户销售额上亿元、上缴税金过千万的优势企业;培育10户销售额过千万元、上缴税金过百万元的骨干企业;培植发展10户销售额上500万元、上缴税金50万元以上的成长型企业,把我县的中小企业做强。要依托农业产业化经营,发展地方工业,实现标志性的"5个5"调产目标,即:5亿粒医药产业各种胶囊、5万吨洋芋精淀粉、5千吨马铃薯薯条、5千吨干酪素、5千吨肉制品,把我县的工业结构调优、产品结构调精。全县工业增长速度不低于15%。到"十五"末,完成重点建设项目40项,总投资8亿元,工业总产值达到10.8亿元,工业增加值达到3.3亿元,上缴税金总额7500万元,力争实现一亿元,把我县的工业总量做大。工业占GDP比重达到35%,非公有制经济占GOP的比重达到60%,促进地方工业持续、快速、健康发展。

二、工业布局及产业发展重点

面对新的历史机遇和挑战,今后发展地方工业要以加快发展为主题,以量的扩张和质的提高为主线,以"五区一带"区域经济发展、培育主导产业、做大做强中小企业为重点,努力实现工业结构的战略性调整和产业结构的优化升级,提高地方工业发展的质量和水平。

(一)加快"五区一带"区域经济发展规划的实施

我们要把加强开发区建设与内鲁经济开发带建设相结合,认真组织实施"五区一带"区域经济发展规划,打造片带开发经济增长平台,即:以南川工业开发区、巉口开发区、内官开发区、西川国家农业科技园区和新办北川非公有制经济园区为载体,以内鲁经济开发带建设为依托,加强基础设施建设,改善投资环境,吸引和聚集生产要素,培育经济新板块,形成发展新高地,努力把我县的地方工业做大做强。

1. 南川经济开发区要充分发挥已晋升为全国乡镇企业东西合作示范区这一优势,紧抓国家东西合作和西部大开发的有利时机,进一步加强基础设施建设,调整结构,提升档次,在现有投资规模4.12亿元,进区企业56户,销售收入1.8亿元,上缴税金680万元的基础上,力争"十五"末投资规模达到4.5亿元,进区企业达到60户,销售收入2亿元,上缴税金1400万元。

2. 北川非公有制经济园区要坚持高起点、高层次、高标准的原则,抓紧搞好规划,加强基础设施建设,制定更加优惠的政策,招商引资,尽快启动。力争"十五"末,投资规模 2 亿元,进区企业 20 户,工业产品销售收入 1 亿元,上缴税金 600 万元,使其成为定西工业经济发展的新亮点。

3. 巉口经济开发区要依托国家级小城镇试点镇和交通枢纽的区位优势,以生化制药和中药现代化为重点,积极协助扶持甘肃金羚集团药业有限公司生化制药一期工程和甘肃定西扶正制药有限公司二期工程早日竣工投产。力争"十五"末,投资规模 5 亿元,进区企业 50 户,工业产品销售收入 4 亿元,上缴税金2500 万元。

4. 内官经济开发区要紧紧抓住部级小城镇试点单位和"三个代表"示范区的机遇,发挥辐射四县八乡的区位优势和支柱产业优势,在巩固发展现有纺织、建材、化工等乡镇工业的基础上,把农业资源优势开发与发展乡镇工业相结合,搞好规划,突出特色,加大招商引资的力度,寻求新的突破。力争"十五"末投资规模达到 1亿元,进区企业达到 30 户,工业产品销售收入 5000 万,上缴税金 300 万元。

5. 西川国家农业科技园区要坚持科技农业、高效农业、观光农业的原则,按照高标准、高起点、高效益的要求,突出旱作农业的特点,充分发挥农业科技示范效应,集中大规模地进行农业产业化技术示范,发展科技型企业和龙头产业,以"公司+基地+农户"产业化模式,带动广大农民采用旱作高效农业技术,走规模化生产、社会化服务、产业化经营的路子,培育壮大洋芋、畜草、食用菌、药材四大支柱产业。"十五"期间,要通过组织实施二期工程建设,力争"十五"末,园区面积由现在的 4000 亩扩大到 10000 亩,进园区企业由 93 户发展增加到 200 户,总投资由现在的 1.2 亿元增加到 2 亿元,总产值达到 1 亿元左右,实现总收入 5000 万元,上缴税金 250 万元,使其真正成为我县洋芋产业、食用菌产业、畜草产业、特种养殖产业的研发基地、工厂化生产基地,带动全县四大支柱产业的发展壮大,为工业生产提供充足的原料,实现工农产业的良性互动。

6. 内鲁经济开发带建设要把发展地方工业与农业支柱　产业开发、第三产业以及小城镇建设有机结合起来,坚持因地制宜、分类指导、重点突破、梯次推进的原则,舞好龙头,搭好龙身,摆好龙尾,以县城为中心,以内官、凤翔、巉口、鲁家沟为主体,同时辐射带动西寨、香泉、符川、李家堡、团结、西巩驿等乡镇,点轴状布局,规模化发展,构筑"一市十镇"经济增长新高地。一是利用巉口的交通区位优势,在加快巉口小城镇建设的同时,定西新城建设向巉口方向延伸,建设定巉世纪大道,开发土地资源,聚集生产要素,加快巉口开发区建设,把巉口建成交通运输中心、商贸重镇、生态旅游开发区,形成主动接受兰州经济辐射的前沿。同时,充分利用十八里铺的交通枢纽优势,以国家粮食储备库为依托,建设货运周转集散中心,发展新鲜蔬菜、肉类贮藏业,使其成为定西新城与巉口镇对接的突破口。从而在定西与巉口之间,以北川非公有制经济园区、十八里铺现代仓储区、巉口开发区为支点,形成定巉产业经济发展长廊。二是紧紧抓住定郭公路建设的机遇,把巉口与鲁家沟沿线建成洋芋经济长廊和菜用型洋芋集散中心,带动北部山区洋芋产业规模化发展。三是以西川国家农业科技园区为依托,加快农业集约化整体开发,发展高效设施现代农业,逐步向内官延伸,结合内官开发区建设,建成定内高效农业经济长廊,成为西南部区域经济增长点。四是借助310国道开发定陇公路改扩建的东风,扩展提升南川工业开发区的规模聚集效应,同时,建立以李家堡、团结、宁远、香泉等为主的东南部药材、洋芋、畜草产品集散交易中心,带动东南部经济的快速发展。这样,通过增长极的辐射带动,加快以内官、巉口、鲁家沟为代表的10个建制镇的建设步伐及内鲁经济开发带的形成。

(二)培育主导产业

要借助我国加入WTO和国家实施西部大开发的良好机遇,积极参与产业分工,立足当地资源,发挥比较优势,培育先导产业,改造提升传统产业,实现产业技术升级。一方面,要发挥我县的区位优势,主动接收东南沿海发达地区劳动密集型产业西移,特别是把兰州劳动密集型企业对接到定西,改造提升建材、化工塑料、地毯、机电等传统产业,合理配置工业资源,有效膨胀工业经济总量,加快地方工业发展步伐。另一方面,要发挥我县的农业资源优势,围绕洋芋、药材、畜草、食用菌四大支柱产业的开发,根植于农业,发展工业,培育绿色食品加工、现代制药等先导产业,发展龙头企业,延伸产业链条,实现工农产业的良性互动,促进工业结构的调整和优化。

1. 以绿色食品加工为主的农产品加工业,要充分挖掘我县洋芋产业、畜草产业两个农业资源优势,利用现代科技,提升农副产品的档次和增加值,促进产业发展。一是洋芋产业要发挥"中国马铃薯之乡"这一品牌优势和甘肃省马铃薯工程研发中心的科技支撑作用,努力形成产品研发、基地建设、加工增值、销售转化相互促进的发展格局,把定西建设成全国最大的马铃薯产业基地。依托金大地食品有限公司和环宇淀粉有限责任公司,联合县内其他6家淀粉加工企业,新上2万吨精淀粉加工项目,按照绿色食品、有机食品、无公害食品生产质量规范要求,开发系列产品,形成淀粉、粉条、粉皮、薯片、薯条、薯泥加工产业链,加工销售一条龙。同时,加大招商引资力度,主动与省内外客商、厂家联系,力争新上变性淀粉生产线和全粉生产线,尽快开发出能够满足不同消费层次需求的高科技产品,发展产业化经营,带动本地洋芋资源的转化增值。力争"十五"末发展产品销售收入过千万元的龙头企业 4 个,洋芋淀粉加工达到 50000 吨左右,洋芋薯条加工 5000吨,洋芋产业销售收入达到 2 亿元,上缴税金 1400 万元。二是畜草产业要抢抓国家实施退耕还林草工程的机遇,发展以牛羊舍饲育肥为主的高效生态畜牧业,加快草畜转化步伐,发展圈舍养羊 50 万只,建设万头奶牛基地,依托陇海乳品有限公司、华祥乳品有限公司、金龙绿色食品有限公司等龙头企业,开展产业化经营,开发生产干酪素、酪朊酸钠、酪蛋白磷酸肽等系列产品,新上乳品、熟肉制品、草粉加工生产线,在畜产品的深度开发上做文章。"十五"末,干酪素生产达到 5000 吨,肉类加工达到 5000 吨,草粉加工 2 万吨,畜草产业销售收入达到 2 亿元,上缴税金 1400 万元。

2. 现代制药产业要以建设生物制药和中药现代化加工基地为契机。做好甘肃金羚集团药业有限公司、甘肃定西扶正制药有限公司二期扩建项目的建设,以此为龙头,加大中药材中间体提取、中成药品、保健药品的系列开发力度,把巉口镇建成定西的"药城",以生物制药带动畜牧业和药材种植业的发展,力争"十五"末,生产各类医药胶囊 5 亿粒,药材产业销售收入达到 4 亿元,上缴税金 3000 万元。

3. 建材产业要以西部大开发为契机,以定西建材有限责任公司为龙头,改造传统建材业,发展新型建材业,联合县内 25 家建材、预制件、玻璃纤维生产厂家,根据国家有关建材行业新规定,以开发新型建材为重点,加快技术创新步伐,新上新型墙体材料、包装和安装材料等项目,力争"十五"末产品销售收入达到 1 亿元,上缴税金 600 万元。

4. 化工塑料产业要以全省建设综合性石化基地为契机,积极培育化工塑料产业,改造、提升现有塑料化工包装业,扩大规模,将定西建成兰州石化基地的相关产品供应地,依靠佶业工贸公司、内官塑料厂、宏利塑料制品有限责任公司、五丰农工贸有限公司等县内塑料制品行业 14 户企业,努力培育 4 户销售收入上1000 万元的企业,4 户销售收入上 500 万元的企业,6 户销售收入上 100 万元的企业。开发农用地膜、工程塑料、塑钢门窗、PVC 管材,形成高、中、低档产品系列,力争"十五"末产品销售收入达到 8000 万元,上缴税金 500 万元。

5. 地毯产业要以扩大规模,提升档次为目标,以无纺织地毯厂和华艺地毯厂为龙头,进一步创新机制,研究市场,开发新产品,扩大规模,提高效益,发挥辐射带动作用,形成区域内地毯产业发展的新格局。"十五"末,地毯产业销售收入达到 5000 万元,上缴税金 300 万。

6. 机电产业要以定西高强度螺钉有限公司、通用机械配件厂、电力变压器厂为龙头，与地区活塞环厂等其他厂家开展全方位的经济技术协作，围绕工程机械、农业机械、电工电器,加快技术改造和新产品开发,积极引进新工艺、新技术,改进工艺流程,实现产品的更新换代,提高市场占有率。到"十五"末,产品销售收入达到5000万元,上缴税金300万元。

在培育6个主导产业的基础上，我们还要在有色冶金产品的深加工上做文章,努力把有色冶金产业扶优壮大。

(三)做大做强中小企业

针对我县中小企业居多,竞争力差,运行质量不高的实际,要按照主业突出、经济实力强、经营规模较大、发展势头好和有项目带动,可实现跨越式发展的要求,培育龙头企业,提升企业档次。认真组织实施"511"工程,发挥"支柱板块"的优势,在做大做强上取得新的突破。即:重点把扶正制药、金羚集团、众星锌业、陇海乳品、金大地食品等五户企业培育成年销售收入过亿元,上缴税金超1千万元的企业,把甘肃无纺、高强度螺钉、定西建材、环宇淀粉、国盛不锈钢、薯峰淀粉、兴旺淀粉、金龙食品、佶业工贸、三建铝合金等10户企业培育成年销售收入上1000万元、上缴税金超100万元的企业,将工艺美术、华艺地毯、同兴面粉、天丹活性炭、杭州家具、内官塑料厂、双龙电器、宏利塑料、内官福利淀粉厂、华祥乳品等10户企业培育成年销售收入超500万元、上缴税金超50万元的企业。对列入"511"的企业,县上将给予优惠政策,集中力量在资金、技术、管理、信息及产业上引导扶持。县财政每年拿出100万元用于重点企业的技改贴息,同时积极向省、地有关部门争取技改贴息、能源补贴和其他费用,协调银行解决流动资金。对列入"511"工程的企业,实行动态管理,每年认定一次,连续两年其经济指标达不到企业认定条件的撤销其称号,不再享受优惠政策。通过加强管理和多方面的扶持,使"511"工程企业成为成长性较好企业,使企业核心竞争力进一步得到提升。

三、保证措施

根据我县实施工业富县战略的定位、目标和重点,在保证措施上要走好六条路子。

1. 大力发展非公有制经济,走好"民营强县"的路子。实践证明,要加快发展县域经济,就必须依靠民力,吸引民资,做活民营经济。随着我县企业改革的深入,民营经济已成为县域经济的主体,因此,要大力实施"民营强县"战略,把发展重点放在民间,把市场定位于民营,壮大私营企业和乡镇企业,使其成为加快经济发展的优势板块。按照这一思路,我们要以建设定西非公有制经济园区为契机,进一步强化政府服务职能,继续实行"三不限、五放开"的政策,创造良好的发展环境,把发展非公有制经济与支柱产业开发、企业改制以及小城镇建设有机结合起来,建设工业经济长廊,启动民间资本发展一批,招商引资引进一批,嫁接改制激活一批,加强管理提高一批,把我县非公有制经济总量做大、经营做强、效益提高,推动我县非公有制经济快速发展,每年发展 50 户民营企业,500 户工商个体户,力争"十五"末,非公有制经济比重占 GDP 的 60%以上,实现"民营强县"的战略目标。

2. 改善投资环境,走好对外开放的路子。借助西部大开发和中央政策向中西部地区倾斜的有利时机,努力改善投资环境,全面落实各项优惠政策,切实保护投资者的合法权益,进一步提高对外开放的质量和水平,大胆探索利用外资的新形式,加大与区内外、省内外、国内外经济的融合,积极发展劳务、技术、产品合作项目,努力开拓合作新领域。一是千方百计吸引国内外资金,创新招商引资机制,放开资源使用权,以资源换资金,以市场换项目,以产权换项目。同时结合深化企业改革,鼓励县内优势企业吸纳县外资本,组建股份公司,吸引县外优势企业兼并、联合县内困难企业,借助外力,启动内力,增强活力。二是要充分利用政府招商团的作用,及时收集和提供招商引资信息,积极开展网上招商、节会招商、组团招商,同时要借鉴发达地区的经验,探索专业招商、代理招商。聚集社会力量,发动外来人士和在外工作的定西籍人士,利用他们的社会关系广交朋友,吸引国内外客商前来我县投资发展,真正引进一批技术含量高、市场前景好、经济效益高的龙头项目。三是加快经济技术协作步伐,积极与东南沿海地区开展经济技术交流,充分发挥自己已有的对口资源关系,实现优势互补,积极向外地名牌产品和名牌企业靠拢,合作挂靠,攀亲结缘,加挂他们的牌子,打出我们的产品。通过开放带动,促进工业经济的发展。四是强化与国内大专院校、科研院所的合作,大力引进技术、人才,为定西经济发展寻找智力支持。

3. 推进技术创新,走好品牌营销的路子。在"十五"期间,要通过新上项目、技术改造、引进先进工艺流程,逐步形成技术装备先进、产业结构优化、整体效益良好的工业发展势头。努力培育一批小而专、小而精、小而高、小而优的"小巨人"群体,形成特色经济优势。一是新上项目在突出特色产业优势的基础上,集中力量引进高新技术和先进工艺。今后要重点搞好甘肃扶正制药二期扩产项目、金羚集团生化制药项目、1 万吨精淀粉加工项目、1 万吨变性淀粉加工项目、3000 吨薯饼、薯泥加工项目、2 万吨草粉加工项目、800 吨食用菌冷冻干燥项目,为争每年新上和技改投资不少于 2 亿元,新产品开发 15 项。二是要根据国家产业政策导向和市场需求,依靠科技进步,加大技术改造和新产品开发的力度,开发一批科技含量高、附加值高、市场前景好的优势产品。要在巩固"五洲飞天"牌地毯、"南山"牌紧固件、"陇海"牌干酪素、酪朊酸钠、"西湖"牌床垫等知名品牌的基础上,着力培育"众星"牌锌锭、"金大地"牌薯条、"宇泉"牌淀粉、"雪山狐"牌重质碳酸钙等优势品牌,实施品牌营销战略,扶持发展一批具有定西特色,在省内外市场有一定影响的陇货精品,以优质产品占领市场,增强我县工业产品的市场占有份额和竞争能力。

4. 依法自主经营,走好管理创新的路子。加强管理,最终目标是提高企业运行质量。针对我县企业管理的现状,一是要抓好基础管理工作,重点搞好成本管理、资金管理、质量管理、营销管理和安全管理。在成本管理上,要引导企业结合实际,建立一套降低成本的管理机制和办法。在资金管理上,要抓好资金监督与控制,降低财务费用。在质量管理上,要建立质量保证体系,严格执行国家标准和行业标准,并积极向 ISO9000 系列国际标准靠拢。在营销管理上,要加强营销队伍建设,调整营销策略,强化品牌意识,培育陇货精品,充分运用现代营销方式,提高经营水平。在安全管理上,要坚持预防为主,落实安全措施,保证万无一失。二是推进企业信息化建设。在有条件的企业积极采用先进的计算机网络技术、计算机管理系统、计算机辅助设计、制造,加强企业生产经营和管理各环节的信息化建设。三是积极推进中小企业信用体系建设,增强资信透明度,提高信用等级,改善企业的融资环境。四是加强人才队伍建设,鼓励、引导、帮助全县工商企业开发人力资源,优化人才资源配置,创造平等、竞争、择优的用人环境,建设一支懂经营、会管理、适应市场竞争的企业经营管理者队伍。五是加强社会保障体系建设,保护弱势群体利益,保持社会政治稳定。总之,要通过管理创新,培育企业的核心竞争能力,做大做强中小企业,促进县域经济的全面发展。

5. 以改革为动力,走好制度创新的路子。坚持以市场为导向,以"三个有利于"为标准,以"三置换一保障"为主要形式,继续深化改革,加快制度创新的步伐,逐步建立适应社会主义市场经济发展的新体制。按照民营化、公司化、集团化三步走战略目标,一是要抓好未改制企业的改制,要在充分研讨论证的基础上,制定切实可行的方案,积极推进无纺织地毯厂和工艺美术地毯厂的民营化、公司化改革。二是要加强对已改制企业的规范管理和深化改革,健全公司法人治理结构和党组织、工会工作制度,进一步发挥企业的决策机制、执行机构、监督机构的职能作用,形成分工明确、各负其责、协调运转、有效制衡的公司法人治理结构。要进一步深化企业内部三项制度改革,真正建立企业优胜劣汰、管理人员能上能下、员工能进能出、收入能增能减、技术不断创新、资产保值增值的企业管理运营新机制。要通过企业内部股权流转，实现经营者持大股，真正树立经营者的责任意识、风险意识、增强企业发展的动力。三是以资本联结为纽带，以名牌产品或名牌企业为龙头，以实现效益最大化为目的，合理配置生产要素，加快企业组织结构和资产结构调整步伐，将劣势企业的存量资产向优势企业、优秀企业家集中，在制药、淀粉、塑料包装等行业通过企业间联合兼并，组建较大型企业集团，争取股票上市，拓宽融资渠道，发展规模经济。四是加快资产重组步伐。要通过招商引资工作，对县内具有一定扩张优势的企业进行嫁接改制，实行强手联合，盘活资产存量，加快资产重组，利用市场机制，使经济发展所需资源和生产要素实现优化配置，把我县的中、小企业进一步做大做强。

6. 转变政府职能，走好社会化服务体系的路子。为了进一步实施好工业富县战略，把我县的地方工业做大做强，一是县委、县政府出台了特殊优惠政策，鼓励引导企业开展技术创新、管理创新、制度创新，加强企业信息化建设，引进人才，优化人才资源配置，在土地政策、税收政策、产业政策方面给予企业扶持，进一步转变职能，强化服务，切实减轻企业负担，尽快适应我国加入"WTO"的新形势，提高按国际规则办事的能力。二是加快企业社会化服务体系建设，构建诊断指导、人才培育、管理咨询、信息服务、科技支撑、资金担保为主要内容的企业服务机构，为企业招商引资、新上项目、技术创新提供人才、技术、信息、资金服务，为管理经验不足特别是经营困难的企业，在结构调整、经营计划、营销策略等方面进行管理咨询。三是要进一步改革和减少行政审批手续，全面落实招商引资的各项优惠政策和配套措施，对外来投资者的投资项目审批和各种证照的办理，继续实行"一门式"服务，建立重点引资开发项目跟踪服务责任制，主动为前来投资的客商排忧解难，并在法制环境、政策环境、舆论环境等方面提供优质服务。四是加强领导，靠实责任。县上将成立由党政一把手任组长和副组长，县委、人大、政府、政协分管领导、各有关部门负责人为成员的协调领导小组，通过研究制定重大政策措施、定期调研督查、定期汇报交流、及时解决重大问题等方式，促进工业富县战略的实施。同时要继续坚持县级领导联系企业和重点项目制度，要求每个副县级以上干部每年完成一项有一定投资规模的招商引资任务。对实施"工业富县"战略的各项经济指标，要纳入部门目标管理责任制，进一步明确任务，明确负责部门，明确责任领导，加强效能督查考核，严格监督，促进责任落实，保证"工业富县"战略的顺利实施。

附录六

中共安定区委　安定区人民政府
关于实施工业强区战略加速经济转型的意见

（二○○八年十二月二日）

各乡镇（街道）党（工）委,人民政府（办事处）,区委各部门,区直各单位:

为了认真贯彻落实省委、省政府《关于深入实施工业强省战略的决定》和市委、市政府《关于实施工业强市战略加快推进工业发展的意见》精神,进一步加快产业富民、工业强区步伐,加速推进农业主导型向工业主导型经济格局转变,结合我区实际,特提出如下实施意见。

一、指导思想和奋斗目标

（一）充分认识工业强区的重要意义。近年来,我区工业经济发展迅速,骨干企业发展壮大,项目建设成效明显,技术创新步伐加快,经济效益显著提升,初步形成了以绿色食品加工、现代制药、冶金机电、化工建材为主的四大工业体系,对全区经济发展的支撑能力不断增强。但是,仍然存在着工业总量不足、存量不活、质量不高、资金不足、技术落后、人才短缺等突出问题,这些问题严重制约着全区工业经济的持续快速发展。只有加快工业发展速度,才能使我区资源优势转化成产业优势,才能使产业优势转化成经济优势,进而推动全区经济社会又好又快发展。根据经济发展的一般规律和我区经济结构目前呈现的特点,综合判断我区经济社会发展阶段和所处的历史方位,我区已接近工业化初级阶段。当前,正处于战略机遇期、经济转型期和发展加速期,工业发展既面临良好机遇,又面临严峻挑战,我们一定要深刻认识到,加快工业发展步伐,加速推进经济转型,是充分利用有利机遇的切实措施,是扩充经济总量的迫切需要,是优化产业结构的重要途径,是统筹城乡发展的现实选择。因此,全区上下必须站在战略和全局的高度,进一步增强加快工业发展、加速经济转型的紧迫感、责任感和使命感,充分发挥各方面的主动性、积极性和创造性,抢抓发展机遇,积极应对各种挑战,充分发挥比较优势和后发优势,把发展差距转化为发展动力,大抓、狠抓、特抓工业建设,进一步加快工业化进程,加速推进农业主导型向工业主导型经济格局的转变。

（二）指导思想:以科学发展观为指导,大力实施工业强区战略,依托区位、交通、电力资源和引洮工程开工建设的基础优势,抢抓国家实施西部大开发的政策机遇、东南沿海产业梯度转移的投资机遇和建设兰州一小时经济圈的辐射带动机遇,发挥比较优势,坚持依托产业办工业、立足资源上项目、依靠区位扩总量、推动创新提质量,以结构调整和项目建设为主线,以培育壮大优势产业和骨干企业为重点,加快技术创新、制度创新和管理创新,构筑绿色食品加工、现代制药、冶金机电和建筑建材工业体系,打造陇中物流中心,构建市域经济中心,实现农业主导型向工业主导型经济格局的转变,努力把我区建成甘肃中部的新型工业城市。

(三)奋斗目标:培育壮大绿色食品加工、现代制药、冶金机电、建筑建材四大工业体系。培育 10 户产值上亿元、10 户产值上 1 千万元、100 户产值上百万元的企业。培育 3—5 个具备创国家名牌实力的产品,培育 5—7 个省级名牌产品;争创 1 个国家级企业技术中心,1 个省级企业技术中心。

到 2010 年,全区工业总产值达到 23 亿元,工业增加值达到 7.1 亿元,年均增长保持在 26%,上缴税金达到 9000 万元。一、二、三产比达到 24∶30∶46。到 2012 年, 全区工业总产值达到 30 亿元, 工业增加值达到 8.4 亿元, 年均增长保持在 19%,上缴税金达到 1.2 亿元;万元 GDP 能耗降低 25%;万元工业增加值用水量降低 30%,工业固体废物综合利用率达到 50%以上。

二、主要任务和发展重点

(一)做大做强绿色食品加工业。以打造"中国薯都"为目标,以马铃薯产业为支撑,把绿色食品加工业作为发展区域工业经济的一个突破口和增长极,把变性淀粉、全粉、休闲食品、菊芋及亚麻等作为发展重点和主攻方向,加大招商引资和技术改造力度,全面推进技术创新,以圣大方舟马铃薯变性淀粉工程技术研发中心为龙头,依托科技支撑,进行深度开发,注重纵向延伸、拉长产业链条,横向拓展、加强配套,提高产品附加值,增强企业核心竞争力,不断优化产品结构和产业结构,实现多元化发展。经过 3—5 年的努力,培育一批产业链条长、市场份额大、带动作用强的龙头加工企业,形成主业突出、特色鲜明的地方工业体系,努力把我区建成全国最大的马铃薯加工基地。重点扶持发展圣大方舟变性淀粉、薯峰变性淀粉、宏煊水晶粉丝、金大地速冻薯制品、陇海菊粉、孚泰亚麻胶系列产品等项目建设。力争到 2012 年,马铃薯加工产品达到 30 万吨,其中精淀粉 13 万吨、变性淀粉 10 万吨、全粉 3 万吨、休闲食品 3 万吨、纤维素 1 万吨;绿色食品加工业总产值达到 17.5 亿元,工业增加值达到 4.9 亿元,上缴税金达到 7000 万元。

(二)发展壮大现代制药业。抢抓市委、市政府打造"中国药都"的有利机遇,充分发挥当地及周边县(区)药材资源优势,依托扶正制药和金羚集团,瞄准国内外医药产业的发展方向,积极鼓励民间投资,吸引外来投资,引进康缘药业公司等一批制药企业。通过技术创新,扩大现有知名产品优势,加快生物工程技术、中药饮片浓缩颗粒、中药材中间提取、中成药品、保健药品、化妆品等系列产品的开发,促使中药材由初级加工向精深加工转变,开发一批有市场竞争力的名优产品,推动现代制药业迅速崛起。力争到2012年,现代制药业产值达到4.6亿元,增加值达到1.2亿元,上缴税金达到2000万元。

(三)培育壮大冶金机电业。冶金行业要在主动承接东南沿海产业梯度转移引进新企业的同时,支持螺钉、众星等有一定技术基础和生产规模的企业,采用先进工艺,引进先进设备,进行技术改造,延长产业链条,积极开发上、下游关联产品,加快冶炼产业的滚动扩张发展。机电行业要以现有产品为基础,抓好技术创新和新产品开发,选择产品附加值高、市场成长性好的产品作为升级改造的重点,积极引进新工艺、新技术,改进工艺流程,实现产品的更新换代,提高市场竞争力。同时,要结合马铃薯产业的发展,发挥配套支撑作用,研究开发适合马铃薯生产加工的机械设备。重点抓好众星锌业公司二期扩产、鑫龙钢铁公司年产25万吨钢型材、螺钉公司出城入园、长津机电鼓风机技改扩产、热电联产项目。力争到2012年,冶金机电业产值达到5.6亿元,增加值达到1.6亿元,上缴税金达到1500万元。

(四)改造提升建筑建材业。抢抓新城区建设和新农村建设的机遇,在引进新企业的同时,支持建材公司、利民门窗装饰公司等有一定技术基础和生产规模的企业,通过传统产品调整与新产品开发相互融合渗透,积极引进新技术、新工艺、新设备,开发生产新型墙体材料、市政工程材料、安装材料等产品,促进建筑建材产业向高技术、新材料、低成本、多品种、低污染方向发展。建材公司要在标砖、空心砖年产量达到1亿块的基础上,重点发展新型墙体材料;利民门窗装饰公司要重点实施新型塑钢门窗、高中档PVC门窗改造项目。力争到2012年,建筑建材业产值达到1.3亿元,增加值达到4000万元,上缴税金1000万元。

(五)加快工业集中区建设。抢抓市上将我区确定为市级工业集中区的有利机遇,以"甘肃定西经济开发区"冠名为契机,加快南川物流园、北川工业园、巉口工业园和巉口以北工业园建设,全力打造"一区四园",使开发区面积达到20平方公里,把开发区建成招商引资的窗口、工业发展的平台、聚集项目的"硅谷"、技术创新的基地。要坚持多策并举,按照"总体规划、分期建设"的思路,多渠道争取资金,分期分批做好土地征用和基础设施配套建设,完善发展功能。南川物流园要利用现有基础,优化布局、整合资源、盘活资产,依托马铃薯综合交易中心和物流园区建设,大力发展现代物流业,使面积扩大到7.5平方公里,把南川物流园区打造成全区现代物流业的龙头。北川工业园要在配合市上做好布局规划、产业定位、加快基础设施建设的基础上,使面积达到8.5平方公里,引导医药、食品等高科技含量的优势企业、优势项目、优势产业向集中区聚集。巉口工业园以巉口镇区为中心,要依托圣大方舟等马铃薯精深加工企业和扶正制药等现代制药企业,进一步加大科技创新力度,加快技术升级步伐,使面积达到2平方公里,着力打造淀粉加工企业集群和现代制药企业集群。巉口以北工业园要依托国家级小城镇试点镇和交通区位优势,搞好布局规划,使面积扩大到2平方公里,重点承接中东部产业梯度转移,引导冶金、化工等工业企业聚集。

(六)加快现代物流园区建设。充分发挥交通区位优势,依托定西马铃薯综合交易中心、甘肃中部农资配送中心、沿川沿路的马铃薯贮藏库群等贮藏设施,培育壮大以现代仓储为主的新兴产业,不断加快以马铃薯、蔬菜、粮食仓储和物流配送为主的仓储物流业,形成现代物流集散中心。在南川以马铃薯综合交易中心及拟建的甘肃中部农资配送中心为依托,配套建设铁路专用线,建成面积为7.5平方公里的甘肃中部最大的物流园区。继续坚持“政府加铁路加协会”的路地联运模式,配合铁路部门积极争取货场扩建改造,进一步提高定西火车站的货运吞吐能力。依托铁路、公路设施的改善和运输能力的提升,进而带动餐饮、住宿、水电等服务业的迅速发展。力争到2012年,仓储物流业销售收入达到6亿元,完成增加值8700万元,上缴税金达到2000万元。

三、基本政策和主要措施

(一)全力拓宽融资渠道。积极争取国家政策性投资,加大招商引资力度,鼓励民间资本投资。在区财政每年筹措500万元工业发展资金的基础上,建立健全工业发展资金增长机制,按照市委、市政府的要求,视地方财力增长情况,将每年新增财力的5%追加为工业发展资金,主要用于工业企业技术创新、重点项目贴息、项目前期工作经费、人员培训等,促使其滚动发展,逐年积累,发挥政府导向和“四两拨千斤”的作用,有效解决工业企业发展的瓶颈问题。积极创造条件,重点培育圣大方舟、众星、螺钉、超兴、陇海等5家企业成为上市公司,实现直接融资。建立健全信用担保体系,力争于2008年底组建中小企业信用担保公司,开展以中小企业为主要对象的贷款担保服务。强化银政银企联动,加大金融资金对工业的扶持力度,对重点项目要优先保证信贷,并在项目完成后,根据企业需要补充流动资金贷款。通过多渠道筹措资金,从根本上解决企业融资难、贷款难、担保难等问题,为企业发展提供融资平台。

（二）大力推进技术创新。加强科技合作和自主创新,积极引导企业引进、消化、吸收先进技术和工艺,加大技术改造力度,促进技术升级,争创一批国家级、省级名牌产品,增强企业的核心竞争力。大力支持和鼓励螺钉紧固件争创国家级名牌产品,圣大变性淀粉、陇海菊粉、超兴全粉、众星锌锭力争 2009 年获得省级名牌产品,进而争创国家级名牌产品;圣大方舟公司争取申报专利达到 3—5 个,马铃薯变性淀粉工程技术研发中心争创为国家级企业技术中心, 孚泰公司争创省级企业技术中心;陇海公司通过自主技术创新和与科研院所合作,进一步提升企业的科技含量,争取申报专利。对新获得国家级技术中心和国家级名牌产品、著名商标的企业,分别给予 50 万元的奖励,对新获得省级技术中心和省级名牌产品、著名商标的企业,分别给予 20 万元的奖励。

（三）扶持壮大骨干企业。坚持分类指导、扶优扶强的原则,整合资源,以项目建设为支撑,通过资本运作,技术创新,实施品牌战略,集中力量培育和扶持有核心技术、有知名品牌、有市场份额的重点骨干企业,促使其做大做强。重点组织实施好"双十百户"工程,即培育圣大方舟、陇海、超兴、螺钉、众星等 10 户年产值上亿元的优势企业,培育博瑞、建材、长津、佶业等 10 户年产值上千万元的骨干企业,培植发展 100 户年产值上 100 万元的成长型企业。通过一批具有自主创新能力、自主品牌和较强竞争力的核心企业的辐射带动,进一步延长产业链条,构筑企业发展集群,促进地方工业集群化、集团化、规模化发展。

（四）加大项目建设力度。每年在工业发展资金中划出一定比例,通过外引内联和建改并举,认真组织实施项目带动战略,对科技含量高、投资强度大、拉动作用好的引资新建、合作合资、改造提升项目给予重点奖励。依托现有企业抓改造提升,加强银企合作,积极向上争取资金,吸收民间投资,在抓好现有精淀粉设备升级换代的同时,突出抓好变性淀粉、全粉、休闲食品、菊粉、亚麻等高附加值产品的开发,不断提升精深加工水平;依托招商引资抓总量扩充,抢抓东南沿海产业转移的良好机遇,发挥资源优势,集中力量引进一批优势突出、效益良好的工业项目和领军企业,培育新的经济增长点。重点抓好圣大方舟变性淀粉、薯峰变性淀粉、宏煊水晶粉丝、金大地速冻薯条、孚泰亚麻胶、陇海菊粉、超兴休闲食品、康缘制药、镙钉公司出城入园、众星精镏锌、热电联产、鑫龙公司钢型材、建材多孔砖等项目建设。经过 3—5 年的努力,工业项目总投资达到 8 亿元以上,新增工业增加值达到 5.8 亿元。

（五）完善人才保障机制。通过组织培训、学习交流等方式加快企业家队伍建设,建立一支善经营、会管理的高素质企业家队伍。结合"三支一扶"等政策,每年有选择、有针对性地引进一批专业对口的大中专毕业生到企业工作,提高企业管理水平和技术水平。充分利用区内职业技术教育等资源,重点围绕主导产业,培养一批食品、化工、机械加工等方面的技术工人,引导企业加大对现有工人的技能培训,不断提高员工素质,加强生产工人队伍建设。通过各种措施的落实,真正使企业成为人才聚集的"洼地"。

(六)推进管理制度创新。坚持"因企制宜、一企一策"的原则,深化和完善企业改革。对资产状况良好、市场发展前景广阔、已进行公司化改制的企业,重点实施以扩股增资、优化股权结构为主要内容的深化改革;对资产状况一般、发展后劲不足、公司化改制不到位的企业,重点通过破产重组、兼并联合、引资嫁接等途径改制盘活;对资不抵债、市场衰退、改造无望的企业依法实施破产,实行"退二进三",处置变现存量资产,妥善安置职工。引导、鼓励和支持民营企业推进企业重组、行业整合、产权转让,加快以产权多元化为主要内容的体制创新,建立规范的现代产权制度和现代企业制度。坚持以节能减排为核心,督促企业完善排污设施,规范企业排污行为,发展循环经济,促进资源节约和废物综合利用。全面落实企业安全生产责任制,努力消除安全隐患。鼓励企业加强质量管理,重点企业全部通过 ISO 系列质量认证。加强企业诚信体系建设,拓宽企业融资渠道。加强企业文化建设,增强企业内部凝聚力和向心力,提高企业核心竞争力。

四、组织领导和考核奖惩

(一)加强组织领导。成立由区委主要领导任组长,区人大、区政府、区政协主要领导任副组长,四大班子分管领导、区直有关部门、乡镇(街道)负责人为成员的工业强区领导小组,主要负责统筹研究工业发展的重大事项,指导协调工业发展中的突出问题。领导小组下设办公室,办公室主任由分管领导兼任,承担领导小组职责范围内的具体日常工作及领导小组交办的工作。继续坚持和完善四大班子领导联系重点企业、重点项目建设的制度,及时听取企业的意见和建议,协调解决企业发展的具体问题。

(二)优化发展环境。各有关部门要高度重视工业发展,进一步转变职能,完善工作制度,简化办事程序,提高办事效率,牢固树立"面向基层、服务企业"的意识,切实为企业提供优质高效的服务。设立企业服务中心,推行一条龙服务,实行"一个窗口收费,一张表审批,一套人员服务"。由企业主管部门负责,对项目规划、选址、征地、解决水电等问题与相关部门统一衔接办理,所有涉及企业项目审批、证照办理等工作,统一印制一张表册,到相关部门统一盖章、审批,组织一套专门人员对企业发展中所遇到的困难和问题全程跟踪服务,对企业的投诉和举报,衔接相关部门,认真做好调查处理,坚决纠正部门和行业不正之风。大力加强对全区实施工业强区战略的宣传力度,在全社会营造大抓工业建设的浓厚氛围,为加强工业发展创造良好的环境。

(三)完善考核机制。建立和完善工业发展目标考核机制,层层落实工作责任,按照年初分解落实任务责任、年中督促检查、年末考核奖惩的要求,将加快工业发展的任务和责任进行分解,落实到各部门和各企业,确保目标任务、工作责任、督促检查和奖励惩处"四到位"。每年要对发展快、贡献大的工业企业和支持工业、服务企业做出突出贡献的部门和单位进行表彰奖励;对在工作中办事拖拉、吃拿卡要、严重影响全区工业发展的,要严肃追究有关领导及责任人的责任。

索引

索　引

索引编制说明

一、设置大事索引、目与子目索引、图表索引、机构团体单位索引、人名索引五类索引。

二、大事索引收入大事记、特载、专记、附录及编章中记载的大事,分设"党和国家领导人视察安定(定西)索引" "其他大事索引"两小类。目与子目索引收入各章节有资料价值和一定信息量的目与子目标题。图表索引收入各章节表格(包括文字形式的表格)、示意图、地图标题。机构团体单位索引收入专节专目简介的各类机构、团体和企事业单位名称。人名索引收入人物编中人物传和人物简介人名。

三、多数索引条目由标引词(检索词目)和出处(标引词在书中的具体位置,用上卷、下卷的简称"上"" 下"和页码标引)组成,如"安家沟流域治理 … 上 822",表示标引词"安家沟流域治理"在上卷第 822 页。标引词含归属、地域、义域、时间、届次等概念的,在标引词后括注,如"动物(饲养类)"。

四、按照标引词的文字表达应简明、规范、专指,中心词尽量前置的原则,对一些不能直接标引的目与子目标题、图表标题等进行适当加工(提炼、补充、分离、修改等),改造成标引词。

五、共编制检索词目 1907 条(大事索引 128 条、目与子目索引 1017 条、图表索引 320 条、机构团体单位索引 244 条、人名索引 198 条)。

六、各类检索词目均按首字汉语拼音字母次序排列,首字同音按音调排列,同音同调按笔画数排列。首字同形,按第二个字排列,以此类推。

大事索引

党和国家领导人视察安定(定西)索引

其他大事索引

目与子目索引

图表索引

机构团体单位索引

人名索引

编 后 记

编 后 记

2010年5月,安定区第二轮修志工作正式启动。历时五载,六易志稿,至2015年5月,《定西市安定区志(1986—2010)》送审稿终告完成。一路走来,大致经历了六个阶段。

一、设计编目,编写提纲

2010年5月30日,召开第一次区志编辑部会议。学习了《地方志工作条例》《地方志书质量规定》等一系列重要文件,讨论了名称与时限、背景与原则、质量与进度、全面与特色等问题。

2010年6月25日,编辑部会议专题讨论区志编目提纲第一稿。与会同志各抒己见,提出了很多切中要害、符合地情的意见,几位同志踊跃承担了修改部分编目的任务。

2010年7月18日,《定西市安定区志(1986—2010)》编目提纲征求意见稿完成,报送省、市地方志办公室及区委、区政府审批。

2010年7月底,按照省、市地方志办公室的指导意见,在第一编中增加了"物候"一节,并对编目提纲作了进一步充实完善,完成了第三稿。

2010年8月22日,编辑部就区志编目提纲问题,向区政府常务会议作了专题汇报。政府常务会议对总体设计和编目提纲表示肯定和满意,并提出了"精心编写,提高质量"和"体现时代脉搏,突出地方特色"的要求。汇报会后,我们对编目提纲再作修订,拿出了第四稿。

2010年9月1日,区委办公室、区政府办公室以安办发〔2010〕57号文件,将《〈定西市安定区志(1986—2010)〉编目提纲》下发各单位和各乡镇,并对征集和撰写资料提出了具体要求,同时配发了《编写手册》。

二、分担任务,靠实责任

2010年7月18日,编辑部对组成人员的工作进行了具体分工。

执行主编冯惠东,负责志书的总体设计,编目提纲的制定,总纂统稿,并承担序言、凡例、编后记的撰写。

副主编莫邪,编写第十一编水利、电力和第十五编交通、邮电,并承担图片收集、志书编排等工作。

副主编段立永,编写第十三编城乡建设和第十六编商业贸易、饮食服务业,并承担组织校勘等工作。2016年夏,不幸病故,没有等到区志正式出版的那一天。

副主编张伯权,编写大事记和第三编中国共产党,第四编人大、政府、政协,并承担部分搜集资料的工作。

副主编刘瑾,编写第九编马铃薯产业和第十编生态环境建设,协助编写"特载",并承担图片搜集、拍摄、选编等工作。

副主编杜蔚,编写第七编综合政务和第八编农业。2011年底,在奋力完成第一稿的编写后,杜蔚同志不幸去世。他倒在了修志的岗位上,我们深切怀念他!

副主编孙彦林,编写概述和第十七编教育、科技、卫生、体育,第十八编文化、媒体。

副主编王侃,编写第五编党派群团和第六编政法、军事,承担部分协助统稿和搜集资料的工作,并整理编写全志"索引"。

副主编李维平,编写第十二编工业、建筑业、乡镇企业和第十四编财政、税务、金融、保险。

副主编杨树林,编写第一编政区、环境和第二编人口、计划生育、人民生活,第十九篇第一章民族、宗教。

副主编张林如,编写第十九编方言、习俗和第二十编人物,并承担"补遗"的搜集编写。2013年冬,在完成人物编第一稿后,因健康原因,该编的补充修改工作由张吉林接替,并委托张伯权、王侃二同志协助人物资料的搜集补充。嗣后,张林如对该编又作了进一步打磨完善。

副主编马宝珊,2012年2月参加区志编修工作,承担第七编综合政务第八编农业的修改打磨工作,负责"特载"和"专记"的编写,并参与"补遗"的搜集工作。

区志办公室负责人张吉林,主管办公室日常工作。2012年12月调区农业局后,仍参与区志编辑部工作,并承担人物编的部分后续工作。

2013年8月,新任命的区志办公室负责人到职,苏文学任主任,张宏绩任副主任,常务工作由张宏绩负责。

工作人员张艳芸,承担文印、文档管理、日常服务等工作。

2012年9月至2018年8月,甘肃定西网典印业包装有限公司邵占武、段彩霞、张春娟、刘建红、贾建凤等同志承担了印刷前的整理排版工作。

三、培训队伍,制定标准

2010年9月3日上午,区政府召开《定西市安定区志(1986—2010)》编纂工作会议,区政府常务副区长祁永和到会作动员讲话,并代表区政府给执行主编和各位副主编颁发了聘书。

同日下午,召开撰稿人培训会议。采用先大会后分组会的方式,对撰稿人进行了扎实培训。会议明确提出撰稿要求:1. 内容全面、系统、充实,覆盖25年的情况;突出时代、地方、行业特色;真实可靠,客观准确。2. 时序清楚,主线明晰,要素齐全;行文规范,表述准确,文笔流畅;用现代语体文记述,用第三人称叙写;语言文字、标点符号、计量单位和数字的运用符合国家有关规定。3. 表格设计科学规范,内容要素齐全,形式清楚美观,尽可能采用竖表。

2010年10月21日,编辑部专题讨论《人物入志有关规定》《关于征集艺文资料的意见》和《关于征集大事记资料的意见》。

2010年11月9日,经汇报区政府分管领导同意,在新闻媒体上向全社会发布了《征集资料通告》。

2010年12月2日,就《人物入志有关规定》《关于征集艺文资料的意见》和《关于征集大事记资料的意见》向区委常委会作了专题汇报。常委会对编辑部的意见表示同意,并做了四点重要指示:1. 人物入志标准与全市各县基本保持一致;2. 入选文章,要选载有较大社会影响的;3. 作品和著作,采用表录登载;4. 书画作品,遴选获国家级奖的入志。

四、收集资料,编写初稿

2010年10月25日至11月5日,编辑部全体人员集体坐班,收集审查各部门志稿资料。未按期交来的部门资料,采用不断催促、不断索要的方式逐步获取。2010年12月4日,召开编辑部会议,学习编辑部选辑的《专家谈修志》,安排编辑部制订的《各编字数计划》,讨论研究两个具体问题:1. 地名问题,2003年9月30日前称定西县,2003年10月1日始称定西市安定区。有些地方可用括注的办法处理——定西市安定区(定西县)。2. 时限问题,在严格控制规定时限的前提下,为了写清事情的来龙去脉,有些问题在时间上可以适当上溯或下延。此次会议后,修志工作全面转入整理资料、编写初稿阶段。

2011年1月至4月,多次召开编辑部工作会议,汇总、交流、通报部门资料收集情况,对编辑部工作进行细化安排、提出具体要求:1. 加快进度,按期完成;2. 精心编写,保证质量;3. 合理取舍,详略得当;4. 细心打磨,务求精品;5. 坚持两个制度——副主编责任制,审稿评稿制;6. 主动出去,调研采访;7. 围绕"提纲",插缺补漏;8. 发挥群体智慧,创造性地开展工作;9. 展示高度,追求完美。2011年5月始,各副主编按分工编写第一稿,至年底陆续完成。

五、精心修改,反复打磨

2012年1月11日,召开总纂工作会议。区政府常务副区长杨振军主持会议并讲话:一要高度认识总纂在修志中的地位和作用;二要认真把关,把差错硬伤降到最低程度。要把好政治关、资料关、体例关、特色关和文字关;三要强化责任意识,加强协调配合,确保按期完成任务。

2012年2月23日,编辑部召开主题为"认真贯彻总纂工作会议精神,全面落实2012年工作安排"的会议。会议决定:总纂由冯惠东牵头,要求:1. 责任到人;2. 坚持原则;3. 把好"五关";4. 达到"六统一"。编排由莫邪牵头,要求:1. 发挥特长,展示高度,突出特色;2. 图片照片,要体现典型性、资料性和存史价值;3. 图片说明文字,要素齐全,准确精要;4. 总体编排,图文并茂,美观大气。校勘由段立永牵头,要示:1. 熟悉质量规定,坚持校勘标准,把握行文规范;2. 认真细心,逐字逐句,点滴不漏;3. 坚持多次校对,直至志书出版。

2012年7月13日,召开编辑部工作会议,全面分析总结了第一稿的成败得失,安排了第二稿的编写要求:1. 坚持副主编责任制,责任到人,负责到底;2. 坚持审稿制度和评稿制度;3. 坚持质量第一的原则,精雕细琢,务求精品;4. 内容:围绕改革发展,紧扣要项主线,展现优势成果,突出特色亮点;5. 资料处理:把握平衡,突出重点,纵不断主线,横不缺要项;观点统摄材料,而不能堆砌材料;点面结合,详略结合,分述和综述结合,个性和共性结合,全面和重点结合;挤掉水分,补充干货;6. 行文:运用规范的语体文、记述体撰写,述而不论,认真处理好每一个细节。

2013年4月9日,召开编辑部工作会议,通报交流第二稿编写情况,提出"为历史负责,为志书质量负责"和"锲而不舍,精心打磨,绝不降低标准,绝不降低质量,绝不留下遗憾"的要求。

2013年9月23日,在第二稿基本完成时,编辑部安排了志稿进一步修改打磨工作,提出了明确要求:1. 修志不易,马虎不得,打造精品,不负重托;2. 反复斟酌,精心打磨,挤出水分,补充干货;3. 遵循规定,消除差错,坚持标准,勿滥勿缺;4. 责任到人,各负其责,展示高度,突出特色。

2014年3月8日,第三稿完成,编辑部安排了内部交叉审稿工作。同月24日,召开编辑部评稿会议,会议开得热烈而高效。各位副主编开诚布公、直言不讳,发表了大量符合实际、切中肯綮的意见。会后,参照评稿意见,志稿进入第四轮修改打磨环节。

六、征求意见,专家指导

2014年4月28日,区政府常务副区长杨振军主持召开安定区志编纂会议。

杨振军在讲话中指出,第四稿(征求意见稿)完成后,四大班子领导带领编辑人员,到具体部门单位座谈,征求意见。按照要求,区志办公室对征求意见工作做了具体安排。

此前,2012年8月17日和11月16日,由区人大常委副主任杨世雄带领并主持,分别召开了城乡建设和工业、乡镇企业座谈会,补充资料,勘正差错。

2014年7月至9月,在征求意见稿(第四稿)完成并下发一段时间后,在区人大常委副主任张荐贤和区政协副主席高永伟带领并主持下,深入具体部门单位,先后召开了文化媒体、生态环境、卫生、教育、水利、林业、财政、民政、农业、工业等10次征求意见座谈会。其他部门单位采用书面方式征求了意见。征求意见,获益匪浅:补充了资料,校勘了差错,梳理了纲目,挤出了水分,贴近了实情,突出了重点。我们深切体会到,翔实、准确、鲜活、有价值的资料是修志的关键。2014年10月至11月,根据征求到的意见,对志稿进行了进一步修改打磨,拿出了第五稿。

安定区志的编写工作,自始至终在上级地方志领导部门的关注、支持和指导下进行。2013年12月2日,市地方志办公室领导王建中、张伦一行来安定区考察指导方志工作,肯定了成绩,提出了指导意见。同月11日,省地方史志办公室领导李振宇一行来安定区考察指导方志工作,提出"把质量放在第一位,一定要真实,要精心打磨,搞成精品志书"的要求。

2014年1月27日,市地方志办公室领导王建中、张伦一行来安定区考核方志工作,对安定区志的编写工作给予了具体指导,对存在的不足提出了针对性的修改意见。

2015年3月20日,省地方史志办公室领导李振宇、张正龙一行来安定区考核方志工作。李振宇在讲话中强调:要提高对地方志工作重要性的认识;要进一步推进地方志工作科学发展;要以目标责任书为抓手,进一步推进工作;要把志书质量放在第一位。

以前述六个阶段的工作为基础,我们还安排进行了认真校勘、收集图片、精心编排等一系列工作。2014年11月26日,召开编辑部会议,扎实安排了校勘工作,对校勘的程序性、针对性、科学性、合理性及责任制提出了具体要求。会议强调:"要过细,粗枝大叶绝对不行!"校勘全面完成后,拿出了第六稿(送审稿)。

2012年5月,编制出《〈定西市安定区志〉采图计划》,并以安政办函〔2012〕11号文件下发有关部门单位,开始图片征集工作。2013年8月2日,两位履新的办公室领导参加编辑部会议,研究安排了图片的征集、选用、补拍工作。会后,负责图片工作的两位同志用两个多月时间,征集拍摄了大量照片,并编写了《〈定西市安定区志〉图片编辑总表》。2015年2月6日,对照《图片编辑总表》(第二稿),采用投影的方式,编辑部全体人员审查了图片。所选图片计1166多张,能配合文字形成"图文并茂"的效果,能反映安定区的特色。至此,修志工作进入编排等后期工作。

经历五年时间各阶段各环节的修志工作,我们的体会是:区委、区政府的高度重视和大力支持是修志的保证,编辑队伍的素质是修志的关键,敬业、务实、积极性和创造性是修志的根本,科学合理的组织安排是修志的基础。区志的编辑队伍,大多是退休老同志。正是缘于他们的努力和奉献,才有了区志120多万字的送审稿。2013年严冬,在人物资料缺乏,编写出现困难时,两位老同志在出色完成自己的编写工作后,主动承担搜集补充人物资料的任务。经过两个月的奔波,收集了大量人物资料,充实了人物编的内容。在本志的编写过程中,我们得到了区财政局、教育局等几十个部门和社会各界的大力支持、配合和帮助,在此我们表示诚挚的感谢!

2017年10月,区政府常务副区长包世权分管区志工作,对区志编纂的后期工作作了全面部署安排。同月,新任命的区志办公室副主任张旭到职,于10月17日召开区志工作会议,安排了联系评审及进一步修改打磨工作。评审会议后,12月6日,分管副区长包世权主持召开区志工作会议并做了讲话,对图片、专记、附录、人物等问题做了具体要求,特别强调了补充资料、文字表述、精心打磨、打造精品、把好政治关等问题。

2017年11月23日,《定西市安定区志(1986—2010)》评审会议召开。省地方史志办公室市县志指导处副处长陈谦,市委常委、市政府常务副市长黄爱菊,市人大常委会副主任冯立娟,市政协副主席汪东出席会议,市政府副秘书长、办公室主任杨浩武主持会议。区委副书记、区政府区长祁永和,区委常委、区政府常务副区长包世权,区人大常委会副主任马尚智,区政协副主席李俊生参加会议,市地方志编纂委员会成员单位负责人和专家,各县政府分管领导、县志办负责人,区直有关部门负责人参加会议。

编写本志,尽管我们尽心尽力了,但由于能力水平和资料的限制,不足和缺憾想必存在不少,敬请领导、专家和广大读者批评指正。

《定西市安定区志(1986—2010)》编辑部